〔明〕王守仁 著
王强 彭啓彬 彙校

王文成公全書彙校 一

廣陵書社

圖書在版編目（CIP）數據

王文成公全書彙校 / （明）王守仁著 ； 王强，彭啓彬彙校. -- 揚州 : 廣陵書社，2022.11
ISBN 978-7-5554-1913-6

Ⅰ. ①王… Ⅱ. ①王… ②王… ③彭… Ⅲ. ①王守仁（1472-1528）—全集 Ⅳ. ①B248.21

中國版本圖書館CIP數據核字(2022)第154416號

書　　名　王文成公全書彙校
著　　者　〔明〕王守仁　著
　　　　　王强　彭啓彬　彙校
特約編輯　張宏敏
責任編輯　戴敏敏　白星飞　李佩
出 版 人　曾學文
出版發行　廣陵書社
　　　　　揚州市四望亭路 2-4 號　　郵編 225001
　　　　　http://www.yzglpub.com　　E-mail:yzglss@163.com
印　　刷　北京虎彩文化傳播有限公司
開　　本　787 毫米 × 1092 毫米 1/32
印　　張　164.5
字　　数　1500 千字
版　　次　2022 年 11 月第 1 版
印　　次　2022 年 11 月第 1 次印刷
標準書號　ISBN 978-7-5554-1913-6
定　　價　980.00 圓（全 5 册）

國家社科基金項目階段性成果
批准號：20BZX070

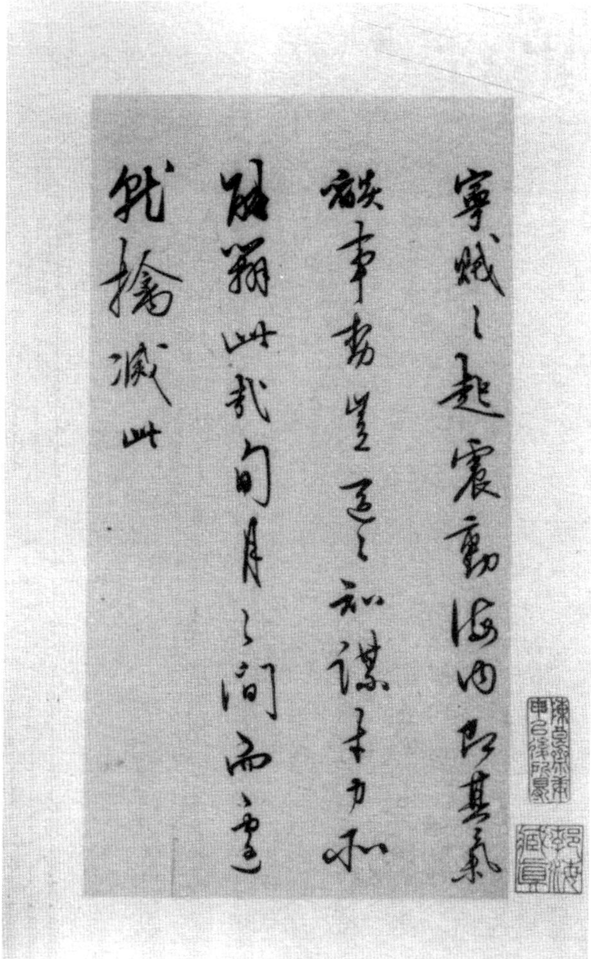

陽明手札

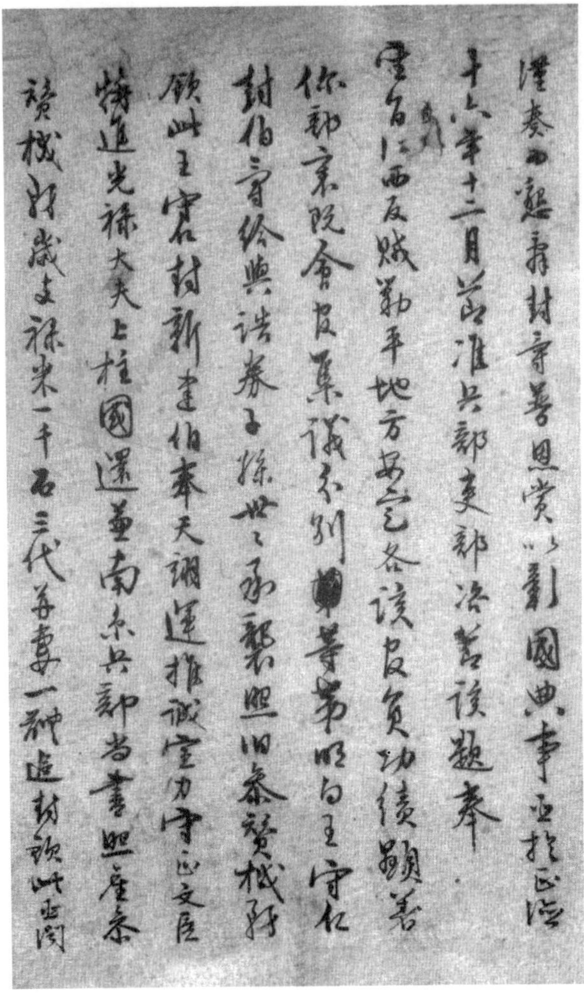
謹奏為懇辭封爵普恩賞以彰國典事。正德十六年十二月節准兵部吏部咨，該題奉
聖旨：江西反賊剿平，地方安定，各該官員功績顯著，你部裏既會官集議，分別等第明白，王守仁封伯爵，給與誥券，子孫世世承襲，照舊參贊機務。欽此。王守仁封新建伯，奉天翊運推誠宣力守正文臣，特進光祿大夫上柱國，還兼南京兵部尚書，照舊參贊機務，歲支祿米一千石，三代并妻一體追封。欽此。

陽明奏疏手稿

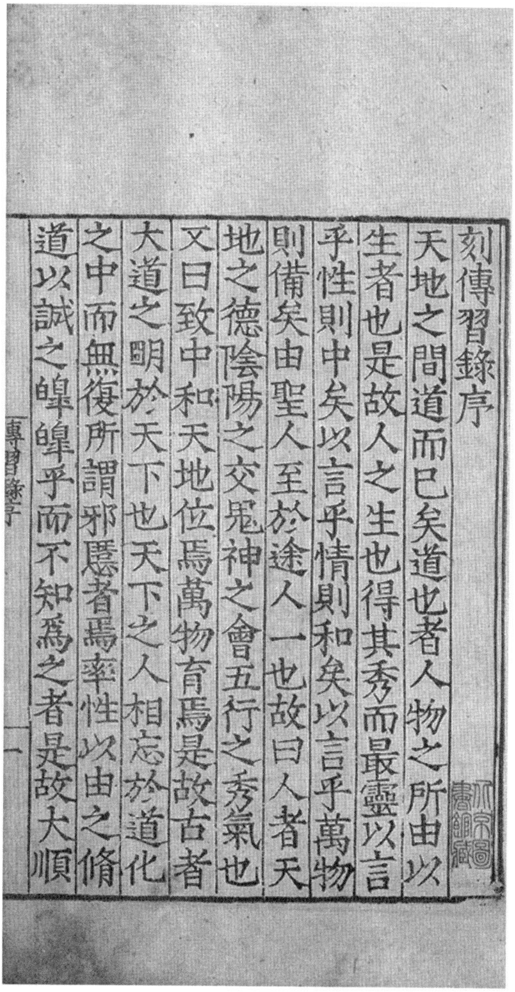

刻傳習錄序

天地之間道而已矣道也者人物之所由以生者也是故人之生也得其秀而最靈以言乎性則中矣以言乎情則和矣以言乎萬物則備矣由聖人至於途人一也故曰人者天地之德陰陽之交鬼神之會五行之秀氣也又曰致中和天地位焉萬物育焉是故古者大道之明於天下也天下之人相忘於道化之中而無復所謂邪慝者焉率性以由之脩道以誠之皞皞乎而不知為之者是故大順

傳習錄序　一

嘉靖二十九年蕭彦補刻本傳習録書影

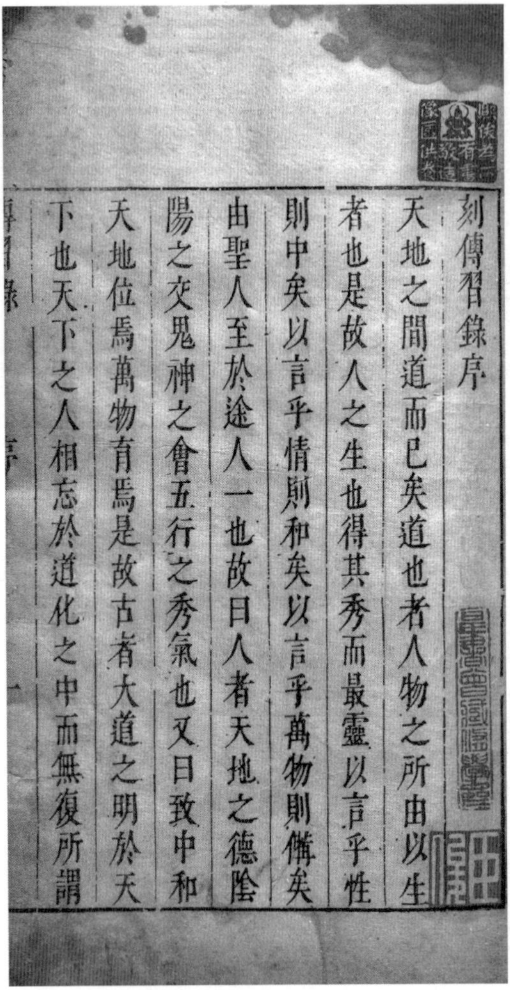

刻傳習錄序

天地之間道而已矣道也者人物之所由以生者也是故人之生也得其秀而最靈以言乎性則中矣以言乎情則和矣以言乎萬物則備矣由聖人至於途人一也故曰人者天地之德陰陽之交鬼神之會五行之秀氣也又曰致中和天地位焉萬物育焉是故古者大道之明於天下也天下之人相忘於道化之中而無復所謂

傳習錄　序　一

美國國會圖書館藏傳習録書影

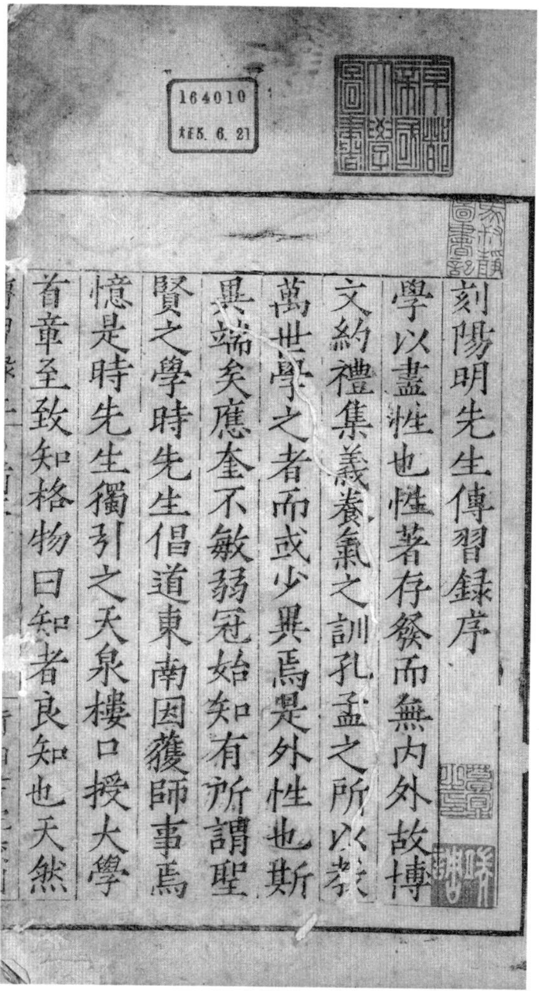

刻陽明先生傳習録序

學以盡性也性著存發而無内外故博文約禮集義養氣之訓孔孟之所以教萬世學之者而或少異焉是外性也斯異端矣應奎不敏弱冠始知有所謂聖賢之學時先生倡道東南因獲師事焉憶是時先生獨引之天泉樓口授大學首章至致知格物曰知者良知也天然

嘉靖三十年孫應奎本傳習録書影

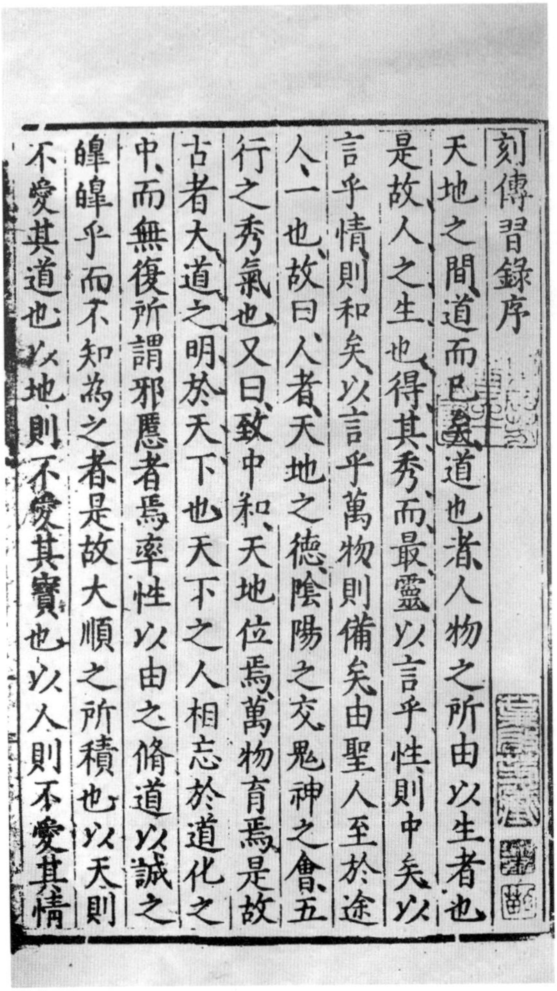
刻傳習録序

天地之間道而已矣道也者人物之所由以生者也
是故人之生也得其秀而最靈以言乎性則中矣以
言乎情則和矣以言乎萬物則備矣由聖人至於途
人一也故曰人者天地之德陰陽之交鬼神之會五
行之秀氣也又曰致中和天地位焉萬物育焉是故
古者大道之明於天下也天下之人相忘於道化之
中而無復所謂邪慝者焉率性以由之脩道以誠之
皡皡乎而不知為之者是故大順之所積也以天則
不愛其道也以地則不愛其寶也以人則不愛其情

嘉靖三十三年水西精舍本傳習録書影

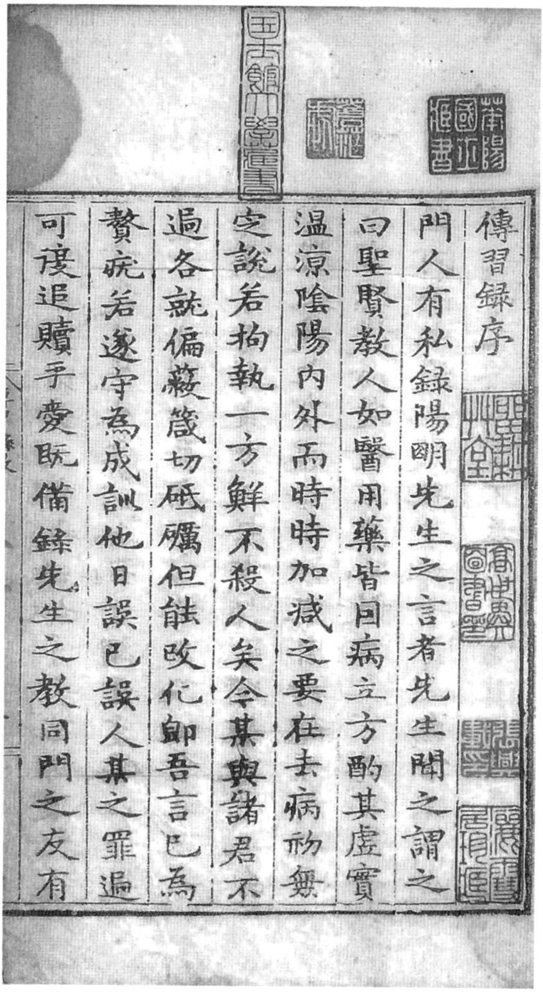
傳習録序

門人有私録陽明先生之言者先生聞之謂之曰聖賢教人如醫用藥皆因病立方酌其虛實温涼陰陽内外而時時加減之要在去病初無定説若拘執一方鮮不殺人矣今某與諸君不過各就偏蔽箴切砥礪但能改化即吾言已為贅疣若遂守為成訓他日誤已誤人某之罪過可復追贖乎愛既備録先生之教同門之友有

日本國士館大學藏嘉靖三十八年胡宗憲本傳習録書影之一

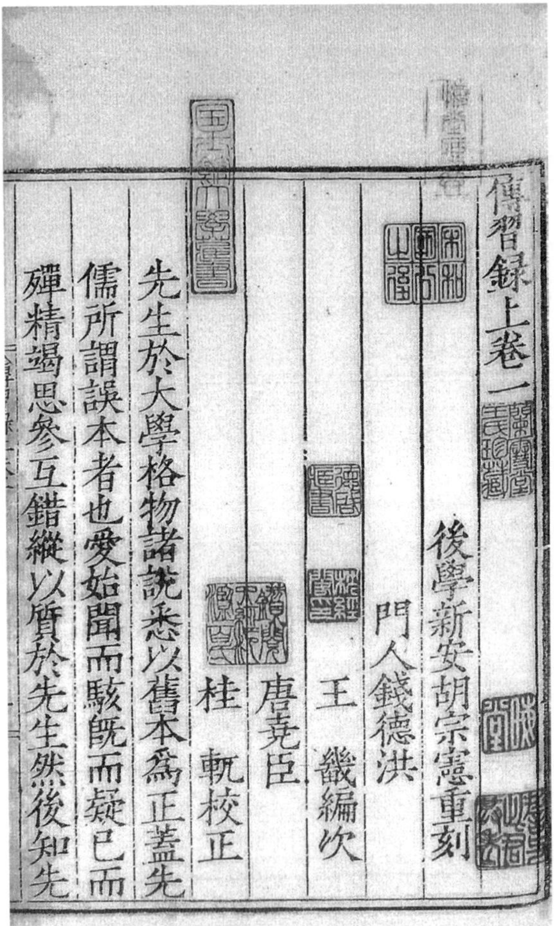
傳習錄上卷一

後學新安胡宗憲重刻

門人錢德洪

王　畿編次

唐堯臣

桂　軏校正

先生於大學格物諸説悉以舊本爲正蓋先儒所謂誤本者也愛始聞而駭既而疑已而殫精竭思參互錯縱以質於先生然後知先

日本國士館大學藏嘉靖三十八年胡宗憲本傳習録書影之二

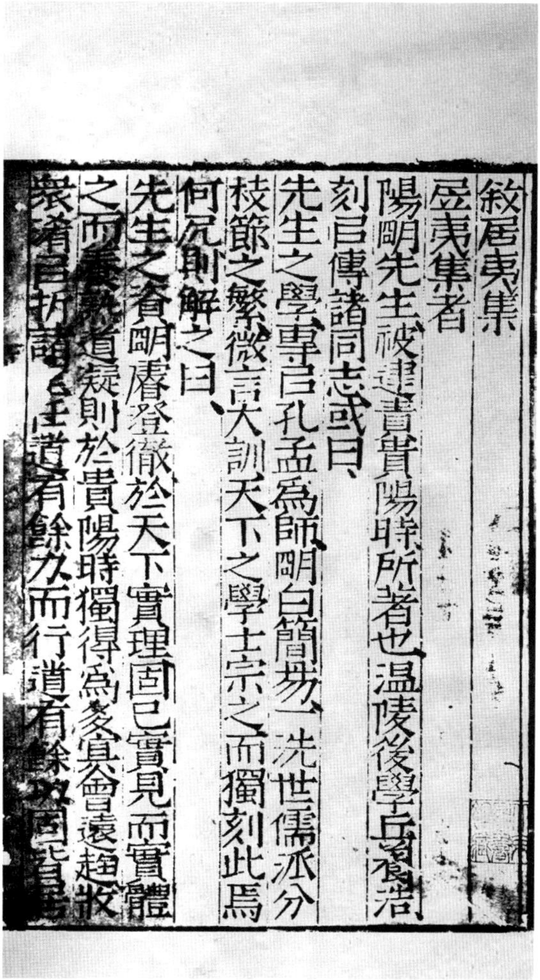
敘居夷集
居夷集者
陽明先生被逮貴陽時所著也溫陵後學丘養浩
刻以傳諸同志或曰
先生之學專以孔孟爲師明白簡易一洗世儒泒分
枝節之繁微言大訓天下之學士宗之而獨刻此焉
何兄則解之曰
先生之資明睿澄徹於天下實理固已實見而實體
之而養熟道凝則於貴陽時獨得爲多其會遠趨妙
衷諸已折諸[illegible]生道有餘及而行道有餘以困其[illegible]

嘉靖三年丘養浩本居夷集書影

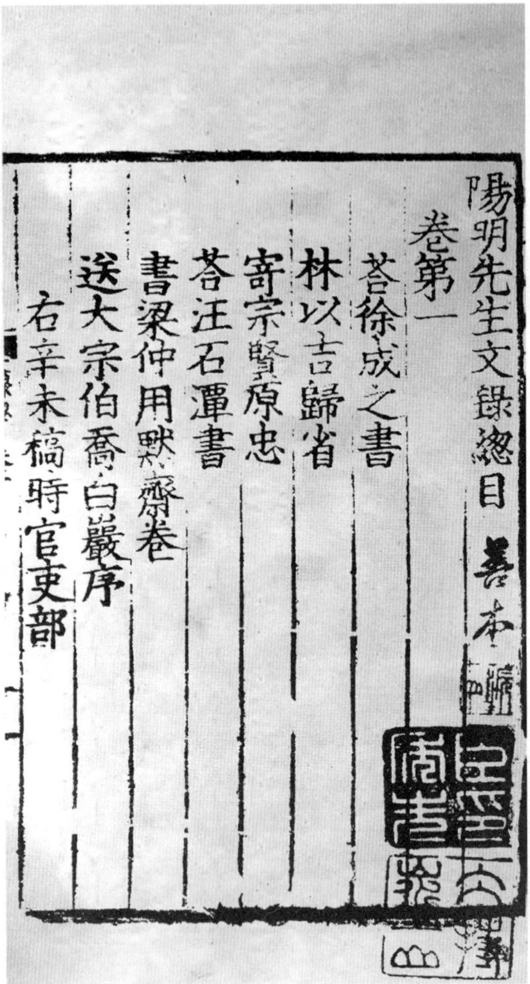
陽明先生文録總目

卷第一

荅徐成之書

林以吉歸省

寄宗賢原忠

荅汪石潭書

書梁仲用默齋卷

送大宗伯喬白巖序

右辛未稿時官吏部

中國人民大學圖書館藏陽明先生文録書影

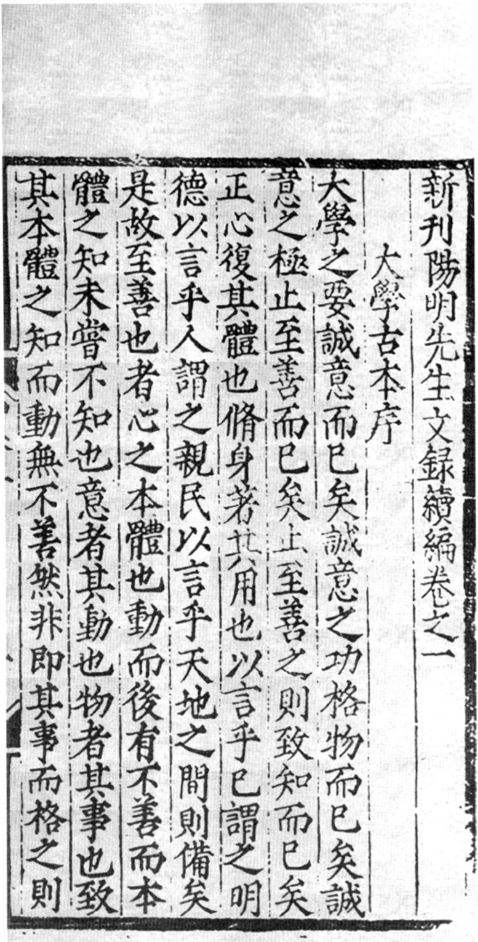
新刊陽明先生文録續編卷之一

大學古本序

大學之要誠意而已矣誠意之功格物而已矣誠
意之極止至善而已矣止至善之則致知而已矣
正心復其體也脩身著其用也以言乎己謂之明
德以言乎人謂之親民以言乎天地之間則備矣
是故至善也者心之本體也動而後有不善而本
體之知未嘗不知也意者其動也物者其事也致
其本體之知而動無不善然非即其事而格之則

上海圖書館藏嘉靖十四年王杏刊本新刊陽明先生文録續編書影

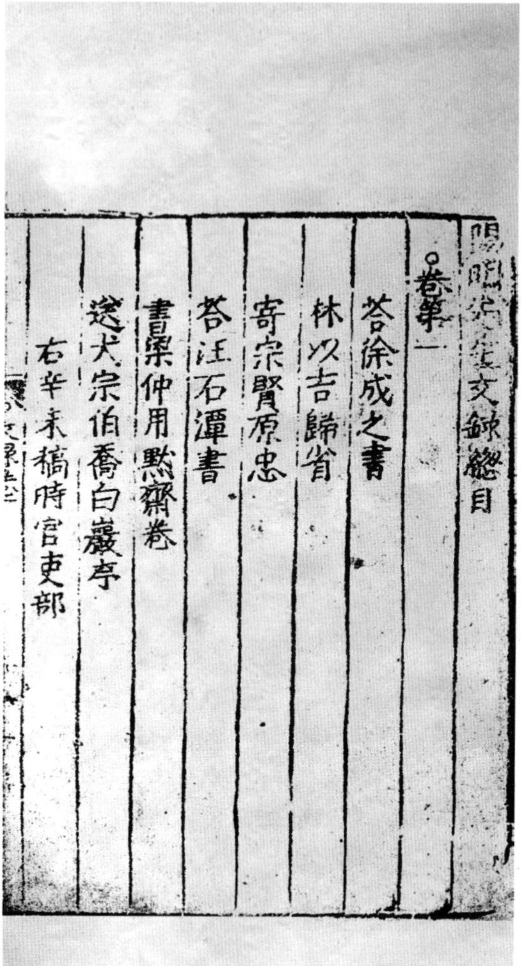
陽明先生文錄總目

〇卷第一

答徐成之書

林以吉歸省

寄宗賢原忠

答汪石潭書

書梁仲用默齋卷

送大宗伯喬白巖序

右辛未稿時官吏部

日本九州大學文學部藏陽明先生文録書影

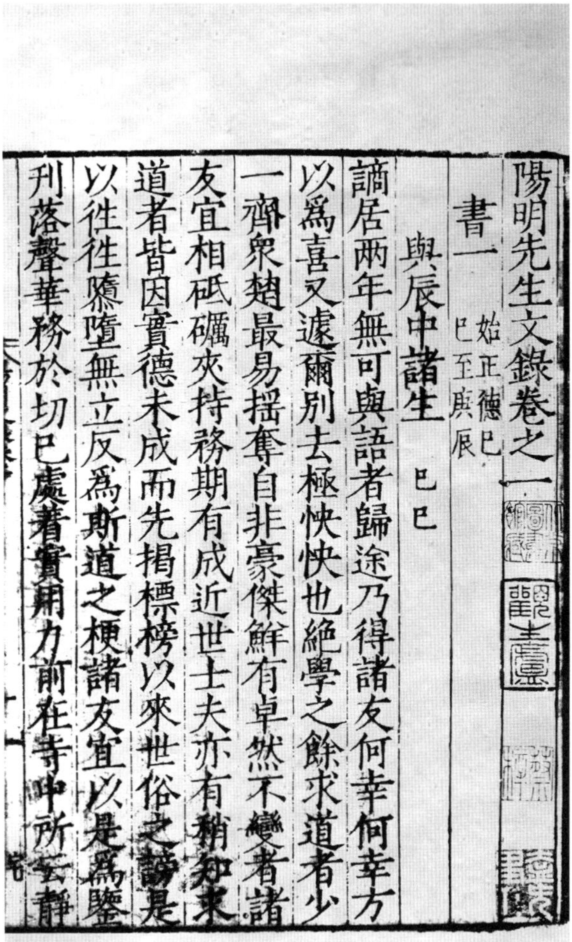
陽明先生文録卷之一

書一 始正德己巳至庚辰

與辰中諸生 己巳

謫居兩年無可與語者歸途乃得諸友何幸何幸方以爲喜又遽爾別去極快快也絶學之餘求道者少一齊衆楚最易揺奪自非豪傑鮮有卓然不變者諸友宜相砥礪夾持務期有成近世士夫亦有稍知求道者皆因實德未成而先揭標榜以來世俗之謗是以往往隳墮無立反爲斯道之梗諸友宜以是爲鑒刊落聲華務於切己處着實用力前在寺中所云靜

嘉靖十二年黄綰本陽明先生文録書影

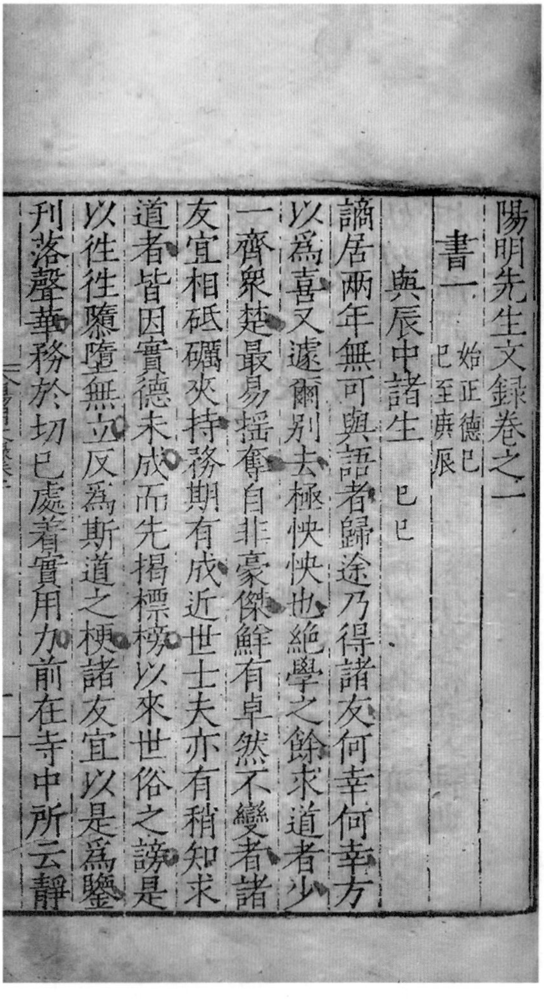
陽明先生文録卷之一

書一 始正德己巳至庚辰

與辰中諸生 己巳

謫居兩年無可與語者歸途乃得諸友何幸何幸方以爲喜又遽爾别去極怏怏也絶學之餘求道者少一齊衆楚最易揺奪自非豪傑鮮有卓然不變者諸友宜相砥礪夾持務期有成近世士夫亦有稍知求道者皆因實德未成而先揭標榜以來世俗之謗是以往往隳墮無立反爲斯道之梗諸友宜以是爲鑒刊落聲華務於切己處着實用力前在寺中所云静

嘉靖十四年聞人詮本陽明先生文録書影

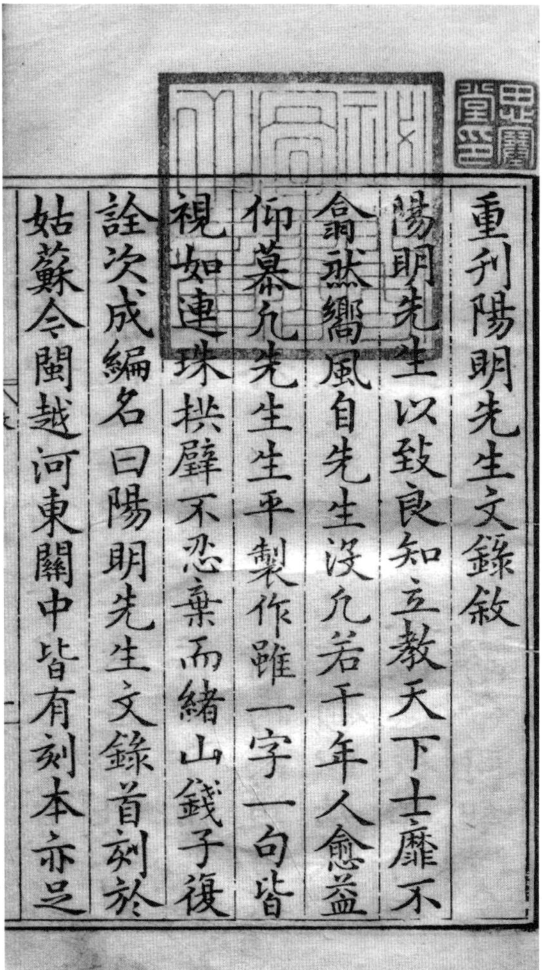
重刊陽明先生文錄敘
陽明先生以致良知立教天下士靡不
翕然嚮風自先生沒凡若干年人愈益
仰慕凡先生生平製作雖一字一句皆
視如連珠拱璧不忍棄而緒山錢子復
詮次成編名曰陽明先生文錄首刻於
姑蘇今閩越河東關中皆有刻本亦足

嘉靖三十六年胡宗憲本陽明先生文録書影之一

陽明先生文録卷之一

後學新安胡宗憲重刻

門人錢德洪

王　畿編次

唐堯臣校正

書一　始正德己巳至庚辰

與辰中諸生　己巳

謫居兩年，無可與語者，歸途乃得諸友，何幸何幸！方以爲喜，又遽爾别去，極怏怏也。絶學之餘，求道

嘉靖三十六年胡宗憲本陽明先生文録書影之二

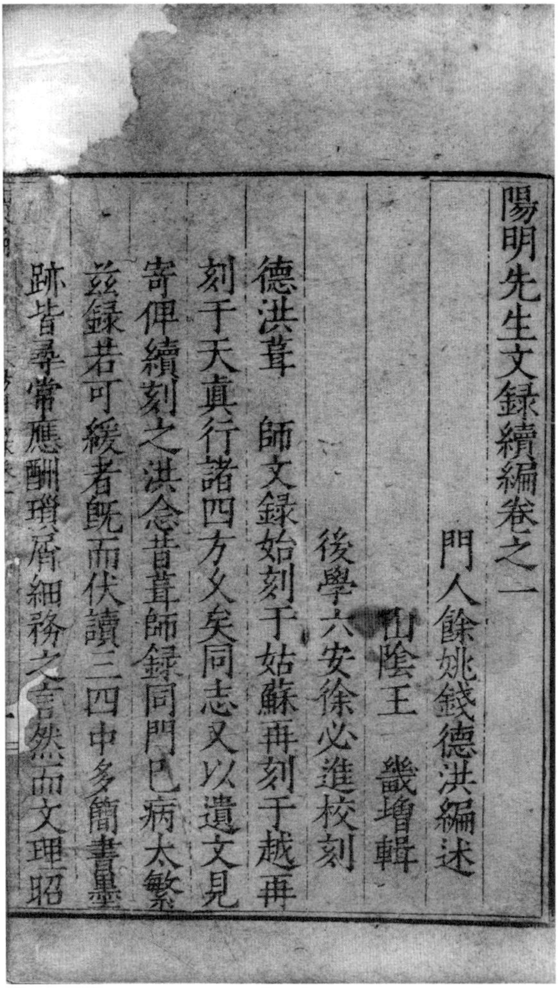
陽明先生文錄續編卷之一

門人餘姚錢德洪編述

山陰王　畿增輯

後學六安徐必進校刻

德洪葺　師文錄始刻于姑蘇再刻于越再刻于天真行諸四方久矣同志又以遺文見寄俾續刻之洪念昔葺師錄同門已病太繁兹録若可緩者既而伏讀三四中多簡書墨跡皆尋常應酬瑣屑細務之言然而文理昭

嘉靖四十五年徐必進本陽明先生文録續編書影

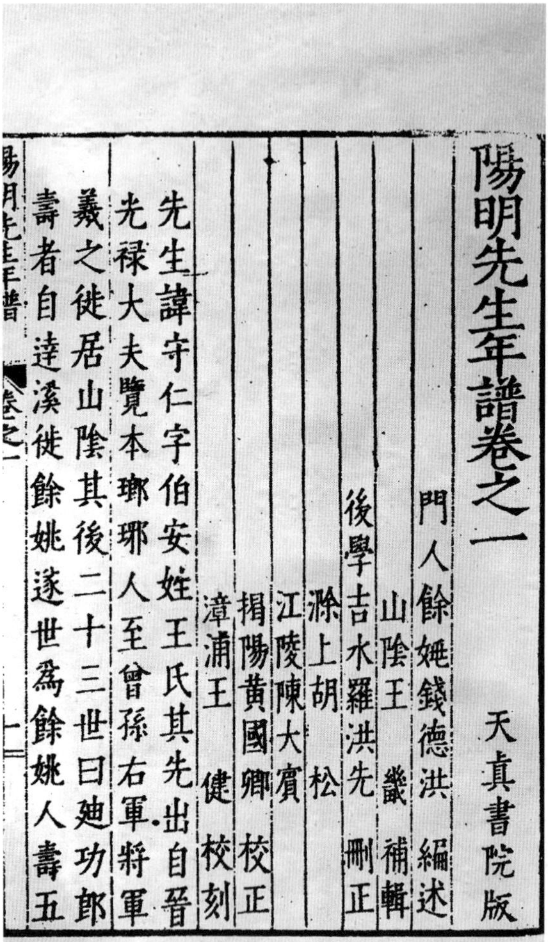

陽明先生年譜卷之一　天真書院版

門人餘姚錢德洪　編述

山陰王　畿　補輯

後學吉水羅洪先　刪正

滁上胡　松

江陵陳大賓

揭陽黃國卿　校正

漳浦王　健　校刻

先生諱守仁字伯安姓王氏其先出自晉光祿大夫覽本瑯琊人至曾孫右軍將軍羲之徙居山陰其後二十三世曰廸功郎壽者自達溪徙餘姚遂世爲餘姚人壽五

陽明先生年譜　卷之一

日本蓬左文庫藏天真書院本陽明先生年譜書影

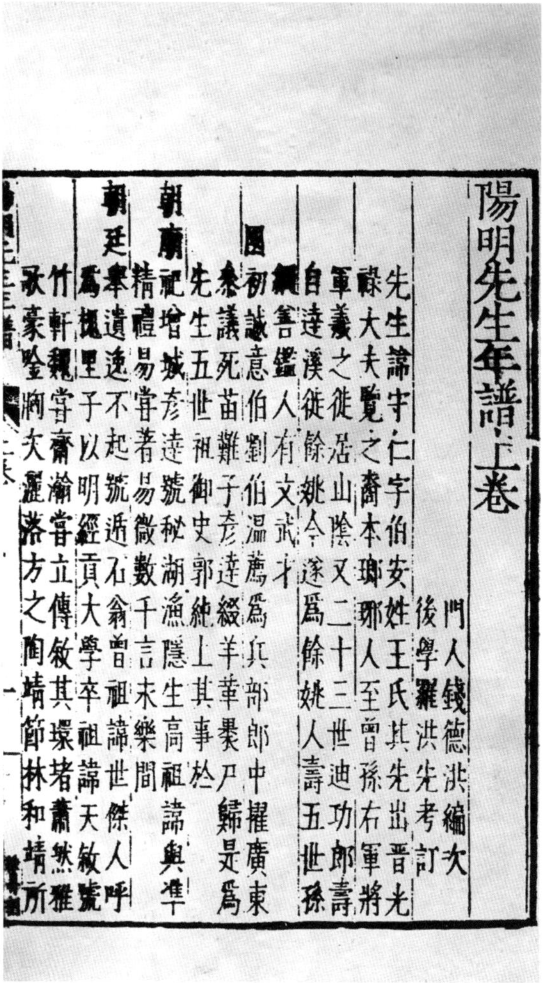

嘉靖四十二年毛汝麒本陽明先生年譜書影

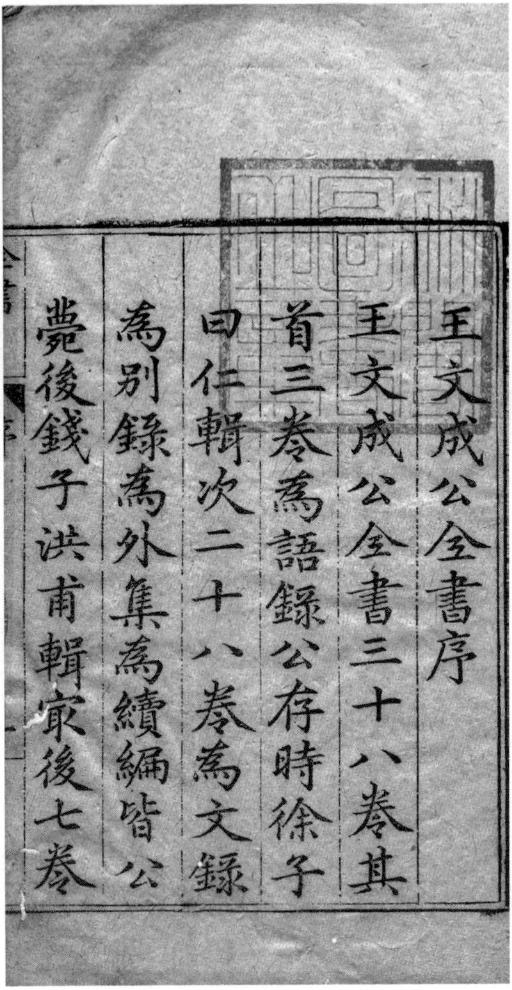
王文成公全書序
王文成公全書三十八卷其
首三卷爲語錄公存時徐子
曰仁輯次二十八卷爲文錄
爲別錄爲外集爲續編皆公
薨後錢子洪甫輯宲後七卷

隆慶六年郭朝賓本王文成公全書書影之一

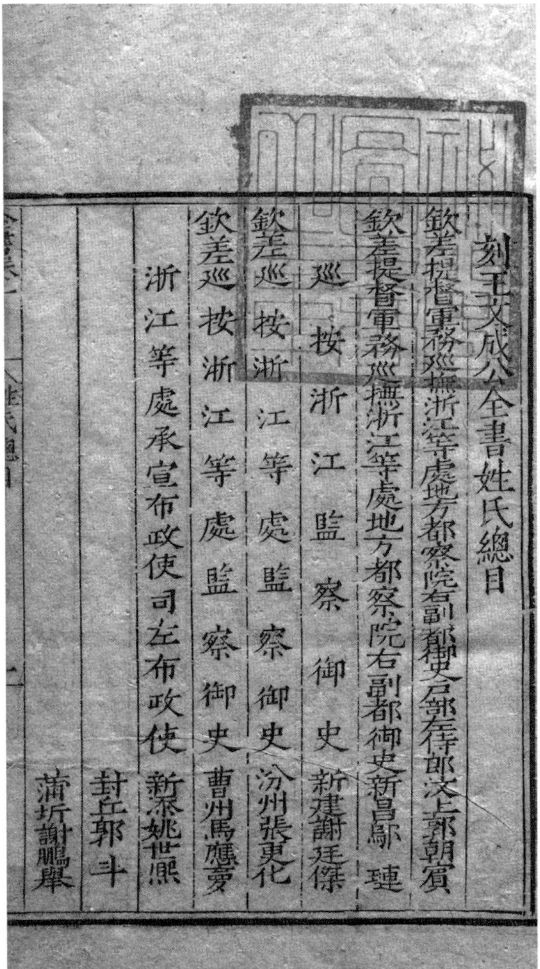
刻王文成公全書姓氏總目

欽差提督軍務巡撫浙江等處地方都察院右副都御史戶部右侍郎汶上郭朝賓

欽差提督軍務巡撫浙江等處地方都察院右副都御史新昌鄔璉

巡按浙江監察御史新建謝廷傑

欽差巡按浙江等處監察御史汾州張更化

欽差巡按浙江等處監察御史曹州馬應夢

浙江等處承宣布政使司左布政使新添姚世熙

封丘郭斗

蒲圻謝鵬舉

全書卷一 姓氏總目 二

隆慶六年郭朝賓本王文成公全書書影之二

隆慶六年郭朝賓本王文成公全書文成王公小像

（原在卷首舊序之前）

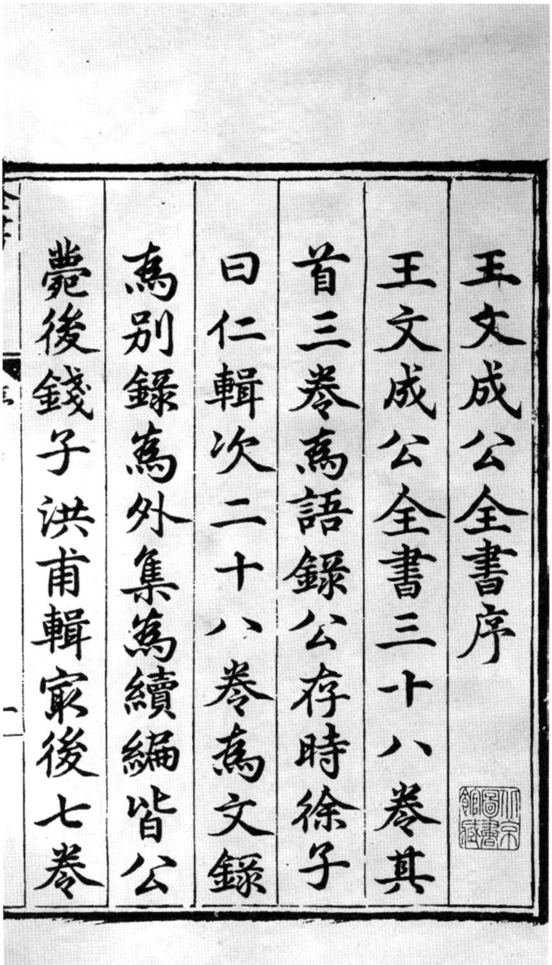
王文成公全書序
王文成公全書三十八卷其
首三卷爲語錄公存時徐子
曰仁輯次二十八卷爲文錄
爲別錄爲外集爲續編皆公
薨後錢子洪甫輯㝡後七卷

國家圖書館藏王文成公全書書影

國家圖書館藏王文成公全書文成王公小像

四部叢刊本王文成公全書文成王公小像

孰肖夫子之形孰傳夫子之神形有涯而有盡神無方而無垠孰亡
孰存孰疎孰親萬物皆備於我而自足千聖不離于心而可馴反
身而觀見夫炯然者不容以毀是謂本來面目庶幾不失夫
子之真

門人王畿百拜贊

舜江濬祥禹穴炳靈良知一振群寐咸醒接温聽厲尚及典
刑仁為己任勿謂丹青

門人鄒守益百拜贊

昔侍師顔相承以心師既逝矣相証以言惟日究乎精微見師造
之淵泉未酬師志何以假年懼惟日之不足庶相屬乎後賢

門人錢德洪百拜贊

思自孩童即聞至教言詞動履並皆心妙學問由成中和體
効功業所就仁義肯要千聖一心良知孔竅俯仰古今至誠合道

姪子正思百拜贊

翁貌不凡翁性不羈撇天揭他電掣風馳謀猷所立固非人之
所可及而淵源所自直擬上遡于孔尼真當朝柱石後世表儀山河
同誓日月增輝不肖垂髫撫恤提携耿耿不昧猶憶
英威

姪子正愚百拜贊

四部叢刊本王文成公全書文成王公小像所附贊

整理説明

王陽明（一四七二—一五二九），原名王雲，後更名王守仁，字伯安，浙江餘姚縣人。因曾築室陽明洞學導引術，自稱陽明子，學者尊稱爲陽明先生。明孝宗弘治十二年進士，歷官刑部雲南清吏司主事、貴州龍場驛驛丞、江西廬陵縣知縣、南京太僕寺少卿、江西南贛巡撫等職。正德十六年十二月，以平定江西寧王反叛之功，封爲新建伯。嘉靖六年五月，兼都察院左都御史，總制四省軍務，撫定廣西思恩、田州土目之亂并平定八寨、斷藤峽等地。次年底，在歸途卒於江西南安青龍鋪。

作爲學者，王陽明在思想史上有著巨大的影響。他的教言斟酌飽滿、析理入微，在當時吸引了大量的追隨者，開啓了一種新的學術風格。陽明非常重視師友之間的砥礪，在他後半生，由於思想的鼓蕩與感召，他的周圍聚集了衆多的陽明學者。在講學活動中，陽明對儒家思想進行了深入探索，提出「知行合一」、「致良知」、「萬物同體」等經典命題。作爲儒家哲學的特殊形態，陽明學在思想史上受到高度評價，清初黄宗羲説，若「無姚江，則古來之學脉絶矣」。

王文成公全書是王陽明的語録、詩文、公移以及年譜傳記等資料的彙編本，原書刊於明穆宗隆慶六年。全書三十八卷，包括傳習録三卷（原書卷一—三），文録五卷（卷四—八），别録十卷（卷九—一八），外集七卷（卷一九—二五），續編六卷（卷二六—三一），年譜、世德紀及附録七卷（卷三二—三八）。在全書刊行以前，明代正德後期以及嘉靖年間，隨著陽明學的發展，陽明弟子以及後學先後編有居夷集、傳習録、陽明先生文録、文録續編、陽明先生年譜等文獻，全書是對這些早期文獻綜合編輯的結果。本書是王文成公全書的彙校本，對底本以及校本的選擇，涉及到陽明文獻歷史源流的很多細節。爲了使讀者更好地了解并利用本書，今將有關問題簡述如後。

一

傳習録是陽明學的經典文本，其原始形態是陽明弟子的問學記録。陽明一生熱衷講學，早期的問學記録有多種，其中以徐愛録影響最深。徐愛，字曰仁，浙江餘姚縣人。正德二年，陽明赴謫前夕，徐愛以父命師事陽明。正德七年六月，徐愛以祁州知州考滿進京，尋陞南京工部員外郎。同年底，陽明陞南京太僕寺少卿，二人同舟歸越。一般認爲，今本傳習録的開篇部分即爲正德七年下半年陽明與徐愛的論學記録。至正德八年下半年，已有徐愛本傳習録在學者中流傳。徐愛卒於正德十二年五月，從正德八年到十二年，徐愛録當有所增補。據同門所述，徐愛録共有三卷。

正德九年，陽明在南京，徐愛、陸澄、馬明衡、季本等「同聚師門，日夕漬礪」，同年五月，薛侃及門受教。薛侃，字尚謙，廣東揭陽人。正德十二年正月，陽明以南贛巡撫至贛，軍務倥傯之餘，不廢講學。同年，薛侃登進士第，以未能自信，遂告歸侍母於玉山。後以母命，攜其弟薛僑、侄薛宗鎧等，從學陽明於贛州。正德十三年八月，薛侃在贛州刻傳習録三卷，該書合併徐愛、陸澄、薛侃録爲一書。刻書時徐愛已經逝世，薛侃僅得徐愛録十餘條。由弟子記録并刊刻老師的語録，這是自宋元以來儒家學術的傳統。兩宋大儒，如程子、朱子、象山等人皆有語録傳世。傳習録的問世，爲陽明文獻的編輯提供了經典的形式。

嘉靖三年，陽明家居講學，紹興知府南大吉師事陽明。同年十月，南大吉取陽明論學書數篇，合併薛本，編爲新本傳習録。在存世文獻中，有南本的補刻、翻刻以及增删本。其中比較接近原本者有嘉靖二十九年蕭彦補刻本。該書二册，上册爲上卷，又分爲三小卷。卷首有南大吉序、王畿序，王序説到蕭彦補版事。正文依次爲徐愛録、陸澄録、薛侃録。下册爲下卷，又分爲五小卷，包括新增論學書九篇以及雜著二篇。卷一録三書：答徐成之書（承以朱陸同異見詢云云）、又（答徐成之書）（昨所奉答云云）、答羅整庵少宰書（守仁頓首啓云云）；卷二爲答顧東橋書，而題作答人論學書（來書云近時學者云云）；卷三録三書：答周道通書（吴曾兩生至云云）、答陸原静書（來書云下手工夫云云）、又（答陸原静書）（來書云良知心之本體云云）；卷四録二書：答歐陽崇一（崇一來書云師云德性之良知云云）、答聶文蔚書（春間遠勞迂途枉顧云云）；末卷爲示弟立志説、訓蒙大意示教讀劉伯頌等（含教約）二篇以及蕭彦跋語。蕭彦補版時，距初刻已經過了二十多年，舊版有漶漫殘損之處，補版重刻了嚴重漶漫的頁面。補版頁面的字體、版框與原書略有出入，頗易分別。此外，美國國會圖書館藏傳習録二册，原書卷首有嘉靖二十九年王畿序，與蕭本同，但全書字體工整，首尾一致，没有補版的痕迹。異文表明，蕭本與國會本有密切的源流關係。如上卷之二有「問先儒曰聖人之道」云云，其中「賢人之言則引而自高」句，蕭本「言」訛作「而」，而國會本作「道」，其他各本皆作「言」，此必國會本承蕭本之訛而臆改。又下卷答人論學書，書末有「通其説究其術」云云，蕭本「究」字漶漫，其他各本皆作「究」，唯國會本作「行」；同例又見下卷又答陸元静書，書中「及有本來面目」云云，蕭本「及有本」三字漶漫，其他各本皆無異文，唯國會本「及」作「反」；此必國會本承蕭本之漶漫而改訂。據推測，或者當時有補刻，即蕭本；有翻刻，即國會本。蕭本與國會本的篇目篇次幾乎完全一致，可以被認爲保存了南本初刻的面貌。與南本初刻比較接近的版本，還有嘉靖三十年的孫應奎本。據孫氏所述，該本據陽明手授之本重刻，其祖本當爲南本的初刻。孫本的篇目較蕭本少答歐陽崇一、答聶文蔚書二篇，其餘篇目篇次相同。值得注意的是，孫本的書眉位置附刻了評語，這或許是傳習録最早的評點本。

南本傳習録的增補本，有嘉靖二十三年德安府本。該書八卷，較蕭本增入答聶文蔚書二篇（得書近來所學之驟進云云，又：來書所詢，草草奉復一二云云）[一]，答儲柴墟書二篇（盛价來，適人事云云；又：昨者草率奉報云云），答何子元書一篇（來書云禮曾子問云云），共五篇[二]。此外，嘉靖三十三年，錢錞等重刻傳習録，又較蕭本新增修道説、親民説（即親民堂記，文字較原文有節略潤色之處）二篇。

南本傳習録的節略本，今存有日本内閣文庫本。全書六卷，前三卷大略與薛本同，而具體條目多有出入。或者意示存其警策，即所選録者亦加以節略。如卷二上，開卷爲「澄問立志」云云、「問後世著述之多」云云，較蕭本略去「先生曰持志」云云、「日間工夫覺紛擾」云云等四條。同卷第四條爲「聖如堯舜」云云，即蕭本同卷之第八條，兩相比照，該條略去蕭本「義理無定在」云云等四十餘字。其書卷四爲示弟立志説、訓蒙大意示教讀劉伯頌等（含教約），卷五爲答羅整庵少宰書，

[一] 按，此即胡本傳習録（全書本同）增補之答聶文蔚第二書。

[二] 按，德安本增補答儲柴墟書二篇、答何子元書一篇，在答徐成之書之後，篇次順序與聞人詮本文録同（聞本外集卷五、全書卷二十一），刊刻者或即據文録連類增入。

卷六爲答人論學書（即答顧東橋書），較蕭本少七篇。在傳習録的衆多版本中，此本最爲簡略。

陽明逝世以後，陽明文獻的主要編者是錢德洪。錢德洪，本名錢寬，字德洪，因避先世諱，以字行，浙江餘姚縣人。正德十六年九月，陽明便道歸越，錢德洪及門受業。陽明居越期間，錢德洪除歸省外，無日不侍左右。嘉靖五年以後，錢德洪與王畿成爲王門教授師，凡初及門者，皆令其引導。嘉靖十四年二月，錢德洪編定陽明先生文録（即聞人詮本）以後，又擬將陳九川等人的問學記編爲傳習續録，後遭母喪，未能終事。錢氏草稿流傳到湖北，同門曾才漢「傍爲採集」，編爲遺言。錢德洪讀遺言，以爲採録未精，於是又與同志劉起宗等人商量删訂，編爲傳習續録，其中包括陳九川、黄勉叔、錢德洪、王畿等人的記録。嘉靖三十三年，傳習續録刊於安徽寧國府水西精舍。嘉靖三十五年，錢德洪在湖北崇正書院，應門人沈寵之請，取陽明逸稿「語之不背者，得一卷」（即全書本傳習録卷下「黄以方問博學於文」以下諸條），附於水西本之後，編爲新本傳習録。據學者推測，崇正書院本極有可能是全書本傳習録的祖本。

現今存世的明刻傳習録版本中，尚有殘本數種，各家著録多無定説，此略而不論。傳習録之外陽明教言的簡編本，有嘉靖十六年薛侃、王畿編訂的陽明先生則言二卷。又嘉靖三十二年，宋儀望在河東書院翻刻聞本文録，又綜合傳習録、文録，拔其精粹，編爲陽明先生文粹十一卷。明代後期，尤其是萬曆以後，陽明從祀孔廟，陽明學風靡一時，陽明文獻的各種選本層出不窮。

二

嘉靖三年夏，陽明門人徐珊、後學丘養浩等輯録陽明正德二年前後在龍場以及赴謫途次所作的詩文，編爲居夷集三卷。居夷集是陽明詩文集最早的單行本，具有重要的校勘價值，其中有詩一首始得東洞遂改爲陽明小洞天不見於其他各本。

嘉靖六年四月，門人鄒守益請刻文録。陽明取文稿三之一，不分體類，標以年月，命錢德洪編次。錢德洪編定陽明文稿，又掇拾所遺請刻，陽明體其意，許刻附録一卷。文録編定以後，由鄒守益刊於廣德，世稱廣德本。廣德本凡四册，卷數不明。在存世的陽明文獻中，有中國人民大學圖書館藏陽明先生文録三卷，與廣德本關係最爲密切。該書於書信、論説、墓誌等，不分體類，最接近陽明先生年譜對廣德本的描述。但原書卷一有與王晉叔書三首，版式與前後不類，明顯出於補刻。原書末尾署「門人陳文學、葉梧重校」，陳、葉皆貴州人，則原書當刊於貴州。

陽明逝世以後，錢德洪、王畿等相約同門，收集遺言，準備編輯更爲完備的文集。嘉靖九年夏天，錢德洪、薛侃等人編定陽明先生詩録四卷。由於陽明弟子衆多，遍佈各地，且廣德本文録已流行開來，因此在嘉靖前期出現了文録的續編本。今存有上海圖書館藏新刊陽明先生文録續編三卷，嘉靖十四年巡按貴陽監察御史王杏刊。原書卷一以及卷二上部包括文類、書類、雜著、祭文等作品八十餘篇，卷二下部以及卷三爲詩歌。原書卷三之末署「貴州都司經歷趙昌齡、耀州知州門人陳文學、鎮安縣知縣門人葉梧校刊」，則其刊刻與人大本關係頗密。通檢全編，其中有文十八篇、詩二首，皆全書所未録。該本篇目與人大本無一重複，這不可能是巧合。合理的推測是，人大本當爲廣德本的翻刻本，而王杏本即廣德本的續編。

又日本九州大學文學部藏有陽明先生文録八卷，其中文録四卷（卷四末尾部分附有詩四十餘首，與詩録部分多重複）、詩録四卷（即嘉靖九年錢德洪、薛侃編訂本）。九大本文録部分，篇目次序與人大本大體相同，但略有增補。該書在有關篇目下注明了其所依據的「舊本」的某些特徵，如卷二與朱守忠書下注「已下舊本在夏敦夫書下」；卷三大學古本序下注「舊本無」；卷四象山文集序下注「已下舊本在正録纂言序下」。這些「舊本」的特徵，與人大本基本相符，而人大本補刻的與王晉叔書，也不見於九大本。可以肯定，人大本與九大本的文録部分必然同出一源。

從異文來看，九大本、王杏本、人大本構成陽明文獻的早期序列。如全書卷四答徐成之書，唯獨九大本與人大本篇末有「延禧先生，吾鄉之善人長者」云云四十餘字；同卷寄希淵書之三，亦唯九大本與人大本篇末有「言不能盡，守忠行匆匆，餘惟心照」等數語。又卷七示弟立志説「一有私欲，即便知覺」等語，唯九大本與王杏本無「欲」字；又卷十九京師詩，即憶龍泉山等八首，唯九大本、王杏本題爲雜詩，無單首題名。凡此種種，足以佐證源流。

嘉靖十年初，王畿、錢德洪在南京準備廷試，會晤鄒守益、黄綰等人并討論文録編輯事。黄綰以爲「集文不必擇其可否，概以年月體類爲次」；而鄒守益以爲陽明「終身命意，惟以提揭人心爲要。故凡不切講學明道者，不録可也」。錢德洪反覆斟酌，「乃兩是而俱存之」。嘉靖十一年秋，錢德洪携文録草稿至姑蘇，與同門黄勉之重爲釐類。嘉靖十二年，黄綰序陽明先生文録二十八卷本問世，全編文録五卷，外集九卷，别録十四卷。嘉靖十四年，錢德洪謀於同門聞人詮等，刊行二十四卷本陽明先生文録，全編文録五卷，外集九卷、别録十卷。黄、聞二本皆分爲文録、外集、别録三部分，卷次篇次大略相同。錢德洪之意，「以純於講學明道者爲正録，曰明其志也；以詩賦及酬應者爲外集，曰盡其全也；以奏疏及文移爲别録，曰究其施也。」今比較二本，除公移外，有出入的篇次并不是特别多，或者黄綰衹是反對過度分析，因爲「講學明道」與「酬應」并没有截然的界限。

黄本、聞本的篇目并不完全重複，黄本有書信十三篇、公移一百餘篇不見於聞本。聞本外集中，如卷一守儉弟歸曰仁歌楚聲爲别予亦和之、卷三忘言巖次謙之韻、卷八竹江劉氏族譜跋、卷九文橘庵墓誌、祭孫中丞文等篇，黄本皆無。凡此各篇，或是錢德洪至姑蘇以後新得的遺文。黄本公移七卷，存録批文、告諭等四百餘篇，其中約有一百五十篇不見於閩本。如此多的篇目被刊落，令人驚訝，今考其内容，似亦有故。如黄本平寧藩叛亂上，輯録公移八十八條。其一牌行贛州府集兵策應、其二牌行南昌吉安袁州臨江撫州建昌饒州廣信南安九江南康瑞州十二府集兵策應。閩本别録卷九征寧藩公移僅保留黄本「其一」，而刊落「其二」，兩篇内容高度相似，祇是同一公文發往不同部門。又黄本同卷其七咨兩廣總制都御史楊共勤國難、其八案行廣東布政司共勤國難，閩本保留「其七」，刊落「其八」，刊落之故當與前例相似。黄本「其八」祇有四十字，頗爲瑣碎，史料價值微弱。其餘刊落各篇，大體類此。

閩本、黄本重複的公移篇目，黄本的内容有多篇詳於閩本。閩本在部分公移的末尾删去了常用的套語，也有部分删略似乎出於節省篇幅的考慮。由於涉及删略的篇目很多，難免有可議之處。如閩本别録卷八案行分守嶺北道官兵戴罪剿賊篇，黄本篇首有「據參議黄宏呈」云云一百四十餘字，其中開列千户劉彪以及兵夫傷亡事。閩本删此百餘字，使得篇末「仍將陣亡千户劉彪」云云事體不備。又如嘉靖七年，陽明處置思恩、田州事，所謂「分設土官巡檢以散各夷之黨」（參處置平復地方以圖久安疏）。聞本別録卷十有分派思田土目辦納兵糧篇（全書卷十八），其中説「照得思恩、田州二府」云云，又説「除割田州八甲，分立土官知府，以存岑氏之後」云云，詳其文義，則思恩爲一事，田州爲一事，又岑氏八甲爲一事，而聞本以及全書僅存公移一篇。檢黄本公移「總督兩廣平定思田始末」條下，其四十七仰田州龍寄等各目分管各城頭，其四十八牌行田州土目暫管岑氏八甲，其四十九牌仰思恩府土目分管各城頭，三篇次第分明。其四十七即聞本分派思田土目辦納兵糧篇。比較二篇，黄本於文末詳細開列凌時甲以下共四十甲夏税秋糧、兵役、官禾等項，而聞本自凌時甲以下盡數省略。

從編輯體例而言，黄本有不可泯没的長處。黄本存録公移四百餘條，分爲「巡撫南贛等處通行」、「巡撫南贛征漳寇始末」等十目。各目之下以事體年月爲次，條理分明。全書公移分散在卷十六、十七、十八、三十、三十一等卷，或屬於同一事體而分散兩處，讀者非細心尋繹，不易見其始末。如「巡撫南贛征漳寇始末」，共九條，黄本「其一」「其二」在全書卷三十，而「其三」至「其九」在卷十六。又如「征剿八寨斷藤峽」，共四十五條。黄本其四十一批參將張經撫恤來降呈，其四十二告諭十冬里，二篇事體非常相近，而全書一見於卷十八，一見於卷三十。

聞本文録是隆慶六年全書的底本來源，從初刻到全書，源流并不十分清晰。通常認定的聞本開篇爲黄綰陽明先生文録序，次爲鄒守益陽明先生文録序，又下爲陽明先生文録總目，正文部分半頁十行二十字〔一〕。黄綰本卷首爲黄綰陽明先生存稿序，其次即爲正文。今存有國家圖書館藏陽明先生文録二十四卷十行二十一字本。該本卷首爲寫刻鄒守益陽明先生文録序，其次爲刻文録叙説，又下爲總目。此十行二十一字本（爲叙述方便，以下簡稱鄒本）與嘉靖三十六年胡宗憲本有明顯的沿襲關係。胡本開篇爲胡宗憲重刊陽明先生文録序，其次爲黄序、鄒序，又下爲刻文録叙説以及總目。鄒本、胡本在鄒序之後，皆在下一頁首行刻「陽明先生文録總目」八字，又次行爲刻文録叙説。叙説結束之後，二本徑接總目，并不按通常的格式另起一頁。目録部分，鄒本、胡本别録末卷最後一條爲批廣東市舶司提舉故官水手呈，而此條之正文，二本皆在外集卷九之末，即祭六世祖廣東參議性常府君文之下。而所謂聞本及其翻刻本，其目録皆止於撫恤來降條，即鄒本、胡本末卷倒數之第二條。

從異文來看，鄒本、胡本明顯屬於一系。如文録卷一與辰中諸生篇，末句「所謂知得灑掃應對，

〔一〕各家著録，見沈津美國哈佛大學哈佛燕京圖書館中文善本書志（上海辭書出版社一九九九年二月第一版第六八八頁）、崔建英明别集版本志（中華書局二〇〇六年七月第一版第九五頁）、連玉明等王陽明著述提要（學苑出版社二〇一九年五月第一版第二六頁）等。

便是精義入神也」，鄒本、胡本與全書本同，而黄本、董聰本、閭東本，以及所謂聞本、宋儀望本、邵廉本，各本於「知得」下并有「則」字。又文録卷二與黄勉之，篇中舉黄氏來書中語「詩云有女如雲，未嘗不知其姣也，其姣也匪我思存」云云。鄒本、胡本與全書本同，而黄本以及所謂聞本一系於「如雲」下皆有「言如雲」三字，又皆不重「其姣也」三字。通校全書，這樣的例子很多。據胡宗憲自序，胡本根據「姑蘇本再加校正」。胡氏重刊此書，合作者爲王畿、錢德洪、唐堯臣等人，其所述版本依據當非虚語。

綜合各種證據，似乎可以認爲鄒本才是聞本的初刻，即姑蘇本。考十行二十字本被稱爲聞本的理由，或是因爲黄綰序中有「謀諸提學侍御聞人邦正刻梓以行」等表述，而錢德洪刻文録叙説同样説明「謀諸提學侍御聞人邦正入梓以行」。如果鄒本才是聞本的初刻，則其書不録黄序也理由充足，因爲黄綰與鄒守益（錢德洪從鄒）在編輯思路上正是處於對立的兩方。此結論與各家著録不符，仍有待深入研究。

在傳習録以及文録的諸多翻刻本中，胡宗憲本值得特别關注。胡宗憲，字汝貞，號梅林，嘉靖十七年進士，曾任餘姚縣令，故習聞陽明之學。嘉靖三十三年，胡宗憲出任浙江巡按，與提學副使阮鶚修復杭州天真書院。又應錢德洪、王畿的要求，捐資重刻陽明先生文録以及傳習録。胡本文録據聞本重刊，成書於嘉靖三十六年九月。原書二十册，單頁九行十九字，册首多標注「後學新安胡宗憲重刻、錢德洪王畿編次、唐堯臣校正」等字樣。胡本傳習録三卷，各卷之下又細分，共十一小卷（上卷三、中卷五、下卷三），單頁九行十九字，卷首題「後學新安胡宗憲重刻、門人錢德洪王畿編次、唐堯臣桂軏校正」等字樣。胡本傳習録綜合了南本、水西精舍本、崇正書院本的内容，删去答徐成之二書，增入答聶文蔚書。錢德洪於卷首有小序一首，説明去取之故〔一〕。胡本文録、傳習録的諸多特徵皆爲王文成公全書初刻本所繼承。

聞本文録行世以後，錢德洪又陸續收到同門寄來的遺文。錢德洪以爲「師没既久，表儀日隔，苟得一紙一墨，如親面覿」，因而將新得的遺文連同陽明早年的詩文作品彙編爲陽明先生文録續編，并在嘉靖四十五年，由嘉興知府徐必進刊刻行世。據年譜記載，徐本續編共六卷，附家乘三卷，則爲九卷。今有首都師範大學圖書館藏本，原書八卷，卷一至卷四爲陽明作品，文字内容相當於全書卷二十六至二十九。徐本卷五卷首標注「附録」字樣，收録陸澄辯忠讒以定國是疏等文獻，卷五之後爲家乘三卷。徐本卷五以及家乘部分與全書卷三十七、三十八的文字内容大體相當。

〔一〕水西本傳習録有多處異文不見於胡本，而崇正書院本與胡本的刊刻時間非常接近，或者崇正本已完成了全部的删改工作，而胡本即據崇正本翻刻。因無原書實證，故不論。

三

編纂陽明先生年譜，是陽明學史上的重要事件。據錢德洪所述，約在嘉靖十年，薛侃等人即動議編輯陽明年譜。參與編纂者不止一人，按照計劃，同門諸人分年分地，收集遺事，編成草稿，由鄒守益統一删訂。編纂年譜并非易事，嘉靖二十七年六月，距動議編輯年譜已經過了十七年，鄒守益、羅洪先、王畿、錢德洪等人在青原山大會上討論年譜編纂事，將「丁丑以後五年」（正德十二年到十六年）陽明巡撫南贛并平定寧王叛亂事囑羅洪先編次考訂。嘉靖三十五年底，又是青原山聚會，錢德洪還就年譜事與鄒守益商議。

錢德洪作爲年譜的主要編者，起初僅僅負責陽明始生至謫龍場一段。嘉靖二十九年，錢德洪在溧陽（今屬常州）嘉義書院完成草稿。此後又過了十年，年譜尚未成稿，鄒守益致書催促，謂「同志注念師譜者，今多爲隔世人矣。後死者寧無懼乎？譜接龍場，以續其後，修飾之役，吾其任之」。嘉靖四十一年底，錢德洪携年譜稿訪問鄒守益，行至南昌（鄒爲江西安福人），得知鄒已於十一月逝世。錢德洪與胡松吊唁之後，便道訪問羅洪先，相約共同考訂。

羅洪先，字達夫，號念庵，江西吉水人。正德十二年，陽明巡撫南贛，羅洪先有志及門，因父母愛護不讓出門，故終身止稱後學。嘉靖四十一年底，錢德洪與羅洪先分别之後，取道江西省城，準備在南昌完成年譜的編纂工作。因爲省城同志很多，無端應酬，分散精力，因而於四十二年初前往上饒懷玉書院。同年四五月間，年譜草稿略就，同時寫寄羅洪先删訂。錢德洪完成草稿以後，回到杭州天真書院，又與王畿、黄國卿、陳大賓等人對年譜進行校正，并「亟謀梓行」。在錢德洪四十三年春寫給羅洪先的信中，曾提及天真本年譜的刊刻，書信説「滄溪物故，見吾閩去，刻將半矣」。黄滄溪卒於四十二年年底，是天真本當成書於四十三年初。羅洪先收到年譜稿以後，取陽明文集「一一詳究」，「手自批校，凡三四易稿」，對原稿作了很多修訂，又增録了若干引文以及傳聞。最終定稿爲三卷本，由胡松、陸穩、毛汝麒等人刊於贛州。

天真本、贛州本年譜刊行以後，又過了六七年，謝廷傑巡按浙江，彙刊王文成公全書并附録年譜，於是又據二本進行删訂。今檢郭朝賓本王文成公全書，原書卷三十二、三十三（年譜一、二）兩卷，卷首標注「新昌呂光洵增訂」；卷三十四（年譜三）一卷，卷首標注「新昌呂光新增訂」；卷三十五年譜附録一增録陽明身後事，卷首標注「秀水沈啓源增訂」，卷三十六年譜附録二存録年譜舊序以及論年譜書，卷首標注「後學秀水沈啓原録」。呂光洵、呂光新對年譜舊本進行「增訂」，先是刊落原譜中大量的引文，必要的引文也節略存録。對於叙述性的文字，全書本據天真本、贛州本綜合删訂而成，删訂之後的版本較原本整飭，但未能盡免沿襲之累。

年譜定稿期間，羅洪先與錢德洪有書信就年譜的修辭原則以及若干傳聞事實進行討論。錢德洪的年譜稿中有「鋪序」「文飾」（羅洪先語）之處，大概是一些推尊陽明的話。羅洪先以爲大可不必，他舉象山年譜爲例，説「每見友人於門生推尊處，輒有厭心」，而陽明功業昭著，無需再加揚詡，祇宜「平平説去，令人自看」。今檢天真本「鋪序」「文飾」之處，如正德十四年擒獲宸濠條，錢德洪概歎「此聖學之全功，三王之遺智也」云云。又正德十五年「正月居贛」條，錢德洪叙陽明處權竪事，按語説「（前略）及與忠等酬對，守正而不屈，旁行而不流，出入變化，妙應無迹，而奸黨終不敢逞，身亦免難。三代以下，證聖學之全功，徵矣哉」云云。贛州本「微涉揚詡，不敢存一字」，於此徑自刊落。

羅洪先也不認可天真本中某些辯證學術的文字。如正德四年，陽明始論「知行合一」。錢德洪説「先生以晦庵分知行爲進學之次第，先之以格致而於知無不明，然後實之以誠正而於行無所繆。是使學者影響測憶以求知，而不知性體有自然之明覺也；拘執固滯以爲行，而不知性體有自然之感應也」云云。又正德十三年七月，刻古本大學，錢德洪説「先生在龍場時，疑朱子大學章句非聖門本旨」云云。這兩條都包含了對朱子的批評，第一條與陽明的意思似乎也有出入。其中「先之以格致」、「然後實之以誠正」云云，語本陽明答徐成之書，而原書分明説：「此乃後世學者之弊，而當時晦庵之自爲，則亦豈至是乎？」是天真本欲推尊陽明而反失陽明之意。贛州本删此二條，於第一條代以徐愛録知行答問語（後徐愛因未會先生知行合一之訓云云），第二條則删存大學古本序，較爲平實。

陽明弟子衆多。年譜稿羅列弟子姓字，羅洪先認爲「太濫」，有「不必强入」者。羅洪先尤其質疑舒芬稱門生一事，他舉舒芬書信以及贈詩爲證，以爲舒芬稱門生乃僚屬之常稱，并非服膺陽明之學。錢德洪對此略有辯論。今檢天真本在正德十五年九月條下記舒芬稱弟子事[一]，共百餘字，而詳其意味，似猶未免矜飾，或者并非實録。

羅洪先在通信中還指出了年譜稿中某些可疑之處。如正德十五年，年譜稿記陽明「正月，居贛」，「九月，還南昌」。羅洪先以爲此「非巡撫所宜」，乃考開先寺刻石以及詩文，訂作「正月赴召」，「二月，如九江，還南昌」，「六月如贛」，「九月」，又「還南昌」。從刊行的天真本來看，羅洪先的意見没有被盡數採納，或者錢德洪自有定見，故不爲所移；或天真本定稿之時，事經多手，

[一] 此年月與舒芬傳記不符，考證見黃宗羲明儒学案卷五十三，又見束景南王陽明年譜長編（上海古籍出版社二〇一七年十一月第一版第一三四二頁）。

非錢氏一人所能主張。

在定稿刊行的版本中，贛州本與天真本有一個重要區别。贛州本輯録陽明遺言遺事頗多。如弘治十四年陽明就道者蔡蓬頭問仙術、地藏洞訪異人；正德十二年十月，陽明與謝志珊問答語；正德十三年九月，修濂溪書院，「設酒食以勞諸生」等事，皆僅見於贛州本。通檢全譜，贛州本所録遺事有三十多條不見於天真本。其中有些記録頗涉神怪，如弘治五年舉鄉試條，有考場中夜半見巨人事，又正德四年有書院斬妖事，是皆不免「怪力亂神」。贛州本輯録遺事有明顯出於傳聞異辭的例子。如正德十三年正月誘擒池大鬢，天真本據浰頭捷音疏改寫，而贛州本據傳聞記録。贛州本於叙事之末，説「紿仲容事，難顯言，故上捷之辭稍異」。又叙擒宸濠始末，贛州本據龍光之言與羅洪先所親聞者，增補遺聞若干條。此雖出自傳聞，但作爲當事者口述，自有特殊的價值。

天真本、贛州本皆屬綱目體，全譜以大字提要爲綱，雙行小字爲目，二本在具體綱目上略有出入。如正德十二年，六月「疏請疏通鹽法」、九月「疏謝陞賞」、「疏處南贛商税」，正德十四年，正月「疏乞致仕不允」等，皆贛州本有而天真本無。又正德十二年五月，贛州本有「疏請申明賞罰」條，而天真本相同的内容繫於「九月改授提督」條下。又正德十三年，「二月奏移小溪驛」，天真本有綱無目，贛州本於其下注「小溪驛舊當南康」云云。

陽明一生的學術活動經歷過多次轉變，年譜對於某些關鍵環節以及重要論述皆有提示性的標注。今檢二本，標注大體一致，但也不完全相同。如弘治二年下標「是年，先生有志聖學」；又十年下標「是年，先生學兵法」；二本大體相同。又嘉靖三年下，天真本標「舒柏有敬畏累灑落之問、劉侯有入山養靜之問」、「論聖賢之學無妨于舉業」等，贛州本皆無標注。在標注形式上，天真本於各目皆黑底白字，頗爲醒目，而贛州本僅在諸字之外加一綫框。

天真本、贛州本以及全書本有密切的源流關係。如弘治二年陽明見婁諒事，天真本作：「**是年，先生有志聖學**。先生舟至廣信，謁婁一齋諒，語以宋儒格物之學，謂聖人必可學而至，先生深契之。」贛州本作：「**是年，先生始慕聖學**。先生以諸夫人歸，至廣信，謁婁一齋諒，語宋儒格物，且謂聖人必可學而至，遂深契之。」全書本作：「**是年，先生始慕聖學**。先生以諸夫人歸，舟至廣信，謁婁一齋諒，語宋儒格物之學，謂聖人必可學而至，遂深契之。」

從嘉靖四十二年的草稿到最終刊行的天真本，或許訂正的地方并不是很多。所以在某種程度上，贛州本可以視爲天真本的删訂本。以此條爲例，贛州本改「有志」爲「始慕」，改「先生舟至廣信」爲「先生以諸夫人歸，至廣信」，又删下文「以」字，删「之學」二字，補「且」字與「遂」字，又删「先生」二字。全書據兩本删訂，作「始慕」，從贛州本；「先生以諸夫人歸，舟至廣信」，從贛州本，但仍從天真本補一「舟」字；「語宋儒格物之學」，同天真本，但從贛州本刪去「以」字；「謂聖人必可學而至」，從天真本；「遂深契之」，從贛州本。這些改動大體都是一些枝葉上的調整，并非絶對必要。如天真本没有「以諸夫人歸」等字，是因爲大綱已經説明「夫人諸氏歸于姚」。删「以」字，補「且」字與「遂」字，這種虚詞上的删改，全譜中例子極多。以上這些改動，如果説有删述的意圖，則改「有志」爲「始慕」似乎較有分寸。「有志」當出自孔子「吾十有五而志於學」。陽明非常重視「立志」，他曾經説「學本於立志，志立而學問之功已過半矣」（與克彰太叔）。陽明見婁一齋，時年十八，其後又學兵法，學養生，有很多曲折，龍場悟道更在十九年之後，則「有志」二字似乎不如「始慕」準確。全書本從贛州本，或亦有見於此。總之，三本中異文很多，很難概論，大體如此。

四

明穆宗隆慶元年，追贈陽明新建侯，謚文成。隆慶六年九月，浙江巡按謝廷傑見傳習録、文録、年譜等各自單行，學者傳習不便，遂將各書彙編爲王文成公全書三十八卷。重刻之時，傳習録、文録皆以胡本爲底本，對二書重複的部分，即傳習録卷中與文録論學書重複的篇章，作了相應調整。原始文録首正録，次外集，次别録，全書調整爲首正録，次别録，次外集。文録外集詩歌四卷（外集卷一、二、三、四），全書壓縮爲兩卷（卷十九、二十）。全書基本上保留了傳習録、陽明先生文録等早期文本的原始形態，但是早期文本的編輯原則并不完全一致，比如文録分爲正録、外集、别録，而文録續編并無類似的區分。聞本文録的公移是經過删存之後的版本，而文録續編中的「三征公移逸稿」是沈啓原的輯佚成果，這幾乎是兩種衝突的編輯原則。全書仍其舊制，故公移部分較爲散亂。

彙編全書，錢德洪等人又對部分文字作了潤色節略處理。如卷二答周道通書引來書中語「或游衍經行」，傳習録、文録諸本皆作「或行動」；同篇「然終不如朋友講聚，精神流動，生意更多也」，傳習録、文録諸本僅作「然終不如講學時，生意更多也」。此兩例，早期版本措語質直，而潤色之後，雅正飽滿，與陽明的思想頗爲契合。節略之例見卷六與王公弼之二，全書本終於「别有一段困勉之事也」云云，而文録諸本「也」字下又有「王汝止久候不至」云云等三十餘字。又同卷與歐陽崇一，全書本略去文録諸本末尾兩百餘字。

隆慶六年杭州刊行的王文成公全書流傳較少，有關研究十分薄弱。編者所據爲日本國立公文書館藏本，該書原始裝訂二十四册，第一册爲序言、目録，第二册开篇爲刻王文成公全書姓氏總目，以下備列「欽差提督軍務巡撫浙江等處地方都察院右副都御史户部左侍郎汶上郭朝賓、欽差提督軍務巡撫浙江等處地方都察院右副都御史新昌鄔璉、巡按浙江監察御史新建謝廷傑」等三十七人職銜、姓名。其中包括浙江布政使、參政、按察使、副使、僉事、杭州知府、同知、通判等，署名最末者爲「海寧縣知縣奉新余良楨」。自第二册起，原書每册之首備列葺録、編次、校閲諸人姓字。如第二册全書卷一之首開列「門人餘姚徐愛傳習、揭陽薛侃葺録、餘姚錢德洪編次、山陰王畿增葺、南昌唐堯臣校閲」等五項，是因仍胡本而略有損益。通檢全書，正文部分主要校閲者爲唐堯臣、嚴中，年譜部分爲王畿、胡松。世德紀附録的校閲者爲「後學諸暨酈琥」，酈琥也是胡宗憲本傳習録以及文録的主要校對者。

杭州本全書有一個十分重要的版本特徵，原書各卷之首多有版面壓縮或者擴展的情況。一般而言，全書單頁九行，行十九字，這與其所依據的底本大體相同。但是杭州本多卷的卷首都出現了改變字數甚至行數的頁面。編者的基本結論是，杭州本刊刻時比較倉促，不得不充分利用胡本以及徐本的舊板片，而僅僅新刻了各卷的卷首以及年譜、年譜附録部分。也就是説，杭州本是用新舊板片混合刷印而成的書。這對於本書的校勘工作影響不是很大，但却爲我們理解杭州本的某些文獻細節提供了思路。具體情況，編者在郭朝賓本王文成公全書的版本及其有關問題一文中作了詳細説明，此處不再贅述。

隆慶六年底，謝廷傑調任南京督學，又據杭州本全書進行翻刻[一]。翻刻本與杭州本内容相同，唯杭州本字體方正，尚存幾分嘉靖本的意味，而南京本却是萬曆時期新興的寫刻風格。南京本於各册之首删去「編次、葺録、校正」等條目，而將杭州本中的諸人姓字總結爲「編輯文録姓氏」（包括徐愛、錢德洪、嚴中、王畿、陳九川、唐堯臣等十一人）、「校閲文録姓氏」（包括羅洪先、胡松、吕光新、沈啓原等四人）兩條，置於總目之前。南京本於「校閲文録姓氏」之下爲「彙集全書姓氏」，僅列「提督學校直隸監察御史豫章謝廷傑」一人。又下爲「督刻全書姓氏」，下列「應天府推官太平周恪、上元縣知縣莆田林大黼、江寧縣知縣長陽李爵」等三人。

南京本據杭州本翻刻，書中因襲之迹，歷歷可指。如卷二答周道通書有「略下轉語」云云，杭州本「下」字末筆作一短横與首筆平行，字形如未完全之「干」字，南京本沿襲訛作「干」。又卷十二江西捷音疏「敗潰之卒皆奔告城中」云云，杭州本「潰」字倒數第二筆與「之」字首筆相連，南京本由此誤作「潰乏」。又卷十三辭封爵普恩賞以彰國典疏「夫寧藩不軌之謀」云云，

［一］有關考證參朱鴻林王文成公全書刊行與王陽明從祀争議的意義，文見孔廟從祀與鄉約（生活·讀書·新知三聯書店二〇一五年六月第一版第一二九—一四〇頁）。

杭州本「夫」字中間部分略微殘損，字形近「矣」，南京本訛作「矣」，通行整理本皆讀屬上句，以爲末尾語助。又卷二十寄潘南山詩，有句云「他年還許卜西鄰」，南京本「卜」訛作「上」。考其致誤之故，蓋將「卜」字與「西」字首筆連綴誤認。又卷三十八霍韜地方疏，篇末有「雖勿崇焉可也」等語，編者所據杭州本自「勿」字而下整行墨色漶漫，而「崇」字猶略可辨，南京本「崇」字爲墨釘，文淵閣本闕字，摛藻堂本訂作「論」，通行整理本或訂作「計」，今檢霍文敏公全集亦作「崇」。

編者所據杭州本尚有美國普林斯頓大學圖書館藏本，該書與日本國立公文書館藏本屬於同版異本，字體版框等特徵皆高度一致，但原書中有一兩處足以佐證文獻源流的細節，值得特別關注。全書卷首有錢德洪刻文録叙説，其中有句「德洪輩在侍者踪迹尚寥落」，南京本以下各本皆脱「在」字，而國立公文書館本「在」字墨色分明，唯普林斯頓本「輩在」二字殘損，似於墨色未乾之際經人擦拭，「在」字絶不可辨。又全書卷三十六羅洪先陽明先生年譜考訂序，其中有句「其安焉而弗之覺者」，國立公文書館本字畫清晰，而普林斯頓本「之覺」二字及其邊欄皆殘損，「之」字大體尚存，而「覺」字全體脱落。南京本「覺」字皆爲墨釘，四庫本承南京本之墨釘，據文義補訂，文淵閣本作「悟」，摛藻堂本作「儆」。據此二例，可知南京本據以翻刻的杭州本必爲後刷本，故而沿襲了其中的缺損脱落之處。

由於偶然的歷史原因，從杭州本到南京本幾乎成爲陽明文獻源流史上的分水嶺。明萬曆、天啓年間，杭州本與南京本皆有補修或翻刻[一]。清乾隆時期修四庫全書，即以南京本爲底本。直到近代，南京本又通過四部叢刊廣爲流通，成爲民國時期乃至當代諸多整理本的底本。今比較二本，無論字體規範、校讎精審，皆以杭州本爲勝，而有異文之處，杭州本多與早期文録一致。如卷二答顧東橋書中舉顧氏來書中語，有謂「鄉愿之亂忠信」，「亂」字，杭州本、文録本不誤，而南京本訛作「辭」。詳其文義，亦頗可疑，文淵閣本仍之，而摛藻堂本改「辭」爲「似」。又卷十九九華山賦，有句「飲鉢盂之朝露」，「飲」字，杭州本、文録本不誤，而南京本、四庫本皆訛作「欽」。又卷二十四示徐曰仁應試篇，有謂「務須絶飲酒」云云，杭州本、文録本不誤，而南京本作「務須絶飲食」，「絶飲食」，義不可通，文淵閣本、摛藻堂本遂改作「節飲食」。南京本及其翻刻本存世較多，其源流仍需略爲辨析。編者所見明刻本全書，杭州本有國立公

[一]　明别集版本志著録王文成公全書四種，其中兩種與杭州本有關，據其描述，則一爲補修，一爲翻刻，著録見原書第九八頁，編號〇四四八、〇四四九。又據學苑汲古目録，復旦大學圖書館亦藏杭州本，原書三十册，典藏號〇五五三。

文書館藏本、普林斯頓大學圖書館藏本。南京本有國家圖書館藏本、天津圖書館藏本、四部叢刊本、哈佛大學圖書館藏本。這幾種南京本在很多字形細節上高度相似，因而造成一種廣泛的誤解，以爲各本之間并無源流問題，實則不然。

以上所舉南京本，叢刊本、哈佛本爲同版異本，高度相似，但有因校改形成的細微差異。各書卷首，國圖本、天圖本的「新建侯文成王公小像」皆「清癯」〔一〕，與杭州本同，而叢刊本、哈佛本的「小像」體態豐腴，服飾亦與前三本不同。清人俞嶙於康熙初年重刊王陽明先生全集，該書卷首「王陽明先生遺像」與杭州本同。俞嶙爲餘姚人，據其所述，書中小像與餘姚之陽明廟像相似。叢刊本於「小像」之後有王畿、鄒守益、王正思等五人所題之贊語，杭州本、國圖本、天圖本皆無。此外，杭州本與國圖本在卷三十一之下無山東鄉試録，而天圖本、叢刊本有。

哈佛本、叢刊本有明顯出於補刻的頁面，如全書卷二，即傳習録卷中答歐陽崇一書（原書頁五十一、五十二），字體行款與前後不類，由於將一段跋語（答原靜書出，讀者皆喜澄善問云云）刻作單行十九字（原書正文單行十九字，跋語退一格爲十八字），以致第五十一頁較原式提前一行，至第五十二頁末尾則空白一行。補刻數頁疏於校勘，其中訛誤爲四庫本所沿襲。又卷三十六論年譜書之「承別簡數百言」

〔一〕全書卷十九泗州寺詩：老僧熟認直呼姓，笑我清癯只似前。

篇，自「也今之稱後學者恒不易易」以下（原書頁十九、二十），國圖本、天圖本脱去二頁，而叢刊本、哈佛本此二頁明顯出於補刻。此補刻部分有羅洪先與錢德洪論「稱後學不稱門人」一篇，該篇末尾一句，杭州本作「惟兄聽其言」，叢刊本脱「聽其」二字，版面尚有墨釘，四庫館臣據此本整理，文淵閣本訂作「惟兄無多言」，擒藻堂本作「惟兄諒其言」，而通行整理本或删去墨釘，徑作「惟兄言」。

雖然同屬南京本的各本高度相似，幾乎不能分别，但書中仍有異文足以證其源流。如卷一傳習録上「又曰五經亦只是史」條，有云「時存其迹以示法」，「時」字，杭州本、國圖本無疑，而天圖本、叢刊本「日」字偏旁不甚規範，四庫本承襲訛作「特」。同卷「希淵問聖人可學而至」條，有云「學者學聖人，不過是去人欲而存天理耳」，「天理」二字，杭州本、國圖本、天圖本不誤，唯叢刊本訛作「大理」。又卷二傳習録中開篇錢德洪序，有云「此孔孟以來賢聖苦心」，杭州本、國圖本、天圖本同，而叢刊本「賢聖」作「聖賢」。同卷答顧東橋書中「故先生特倡誠意一義」云云，「特」字，杭州本、國圖本、天圖本不誤，叢刊本訛作「持」，又國圖本、天圖本「特」字皆在該頁第三行之首，而叢刊本在第二行之末。同篇「夫問思辨行，皆所以爲學，未有學而不行者也」云云，杭州本、國圖本同，天圖本、叢刊本「夫問思辨行」作「夫學問思辨行」，且「夫學」二字小字并列占一字格，明顯爲補刻。又卷六寄鄒謙之之三，書中有兩句「除卻良知，還有甚麽説得」，其中二「卻」字，杭州本、國圖本作「卻」，天圖本、叢刊本皆作「却」。又同卷寄鄒謙之之五，其中有「不必呼而能覺之類」云云，國圖本「類」字訛作「纇」，與杭州本同，而天圖本、叢刊本皆已改正。又卷八書王一爲卷，篇首「負笈來學」云云，國圖本「來」字訛作「夾」，此因杭州本「來」字「丨」筆下端殘損，因襲致誤，而天圖本、叢刊本皆已改正。又卷九添設清平縣治疏「先已伐木畚土」云云，杭州本、國圖本、天圖本同，而叢刊本「土」訛作「上」。同卷申明賞罰以勵人心疏「主將不固守條」，杭州本、國圖本同，天圖本、叢刊本「條」訛作「調」。又卷十立崇義縣治疏「一面竪立木柵」云云，杭州本、國圖本、天圖本同，叢刊本「竪」字爲墨釘；同篇列舉地名「長潭、杰壩、石玉」，杭州本、國圖本、天圖本同，而叢刊本「杰壩」訛作「杰潭」，「石玉」訛作「不玉」。又卷十九夜雨山翁家偶書詩，有句云「浩歌入蒼茫」，杭州本、國圖本、天圖本同，而叢刊本「入」字訛作「人」。綜合種種證據，可見國圖本最接近杭州本，有理由被認爲是南京本的初刻，而天圖本則爲國圖本的翻刻本或補修本（翻刻或補修之時補入山東鄉試録并對原文做了校改），同時也是叢刊本的祖本。時至今日，仍有不少讀者以爲叢刊本是全書的初刻，或至少是南京本的初刻，這與事實不符。編者廣事舉證，希望廓清這種認識。

五

當代通行的整理本王文成公全書或内容相似的文本，林林總總，不下十餘種。中國大陸地區通行的學術版大約有四本，即浙江古籍出版社浙江文叢本王陽明全集、上海古籍出版社王陽明全集、中華書局理學叢書本王文成公全書、北京大學儒藏本王文成公全書。雖然各本都亨有較高的學術聲望，但無一例外，各本所據底本皆爲南京本，并且都没有用居夷集、傳習録、陽明先生文録等早期文獻進行校勘。

彙校王文成公全書，是陽明文獻經過長期歷史衍變之後留給後人的文獻學任務。本書立項之初，版本尚且不備，我們對彙校的意義并没有清晰的認識。經過初步的文獻調查，我們發現明代中期陽明文獻的源流并不十分清晰，其中幾種關鍵文本没有受到重視。本次彙校發掘了多種珍稀文獻，基本上釐清了王文成公全書的文獻源流。從校勘的結果來看，本書通校本十四種，參校本十四種，正文部分校記二千六百餘條，合計全書，校記多達五千餘條。在本書的校記中，從傳習録、文録，到杭州本以及南京本全書，陽明文獻呈現出清晰的源流特徵。晚清、民國直至當代的整理本中若干輾轉沿襲的訛誤以及疑似之處，多能由本書的校記得到訂正或者澄清。

通行整理本有一處重大的脱漏，也由彙校得到補正。全書卷二十九送方壽卿廣東僉憲序，底本原書第三十一頁末行爲「朝廷不忍一民冒極惡之名而無辜以死也是」，第三十二頁有「以屢下矜恤之詔……猶在數年之外時」云云，共計三百二十餘字。在編者的校本中，國圖本、天圖本、叢刊本、文淵閣本、摛藻堂本皆脱此三百餘字，或者南京本的初刻即已脱此一頁。脱漏之後，正文由第三十一頁直接第三十三頁，正文遂作「是俗之論皆然」。揆之前後語境，文義頗爲勉强，四庫館臣致疑於此，於是改「是」爲「世」。通行整理本，雖然所據底本略有不同，但皆脱此三百餘字。

王文成公全書是哲學史、思想史等領域的基本文獻，從古到今，一直擁有大量的讀者。全書刊行四百多年以來，歷代學者不斷整理翻刊，這已經成爲陽明學傳統的一部分。本書雖然彙校了早期陽明文獻的主要版本，在文獻視野上較以前的整理本略有進步，但限於學力以及其他各種因素，本書還遠遠没有到毫髮無遺憾的地步。於此，敬希讀者不吝教言，有所賜正。

二〇二〇年二月草稿 二〇二一年八月定稿

凡例

一、本書以日本國立公文書館藏明隆慶六年郭朝賓本王文成公全書爲底本。在整理過程中，凡底本可讀通之處，概從底本。部分由於字形以及讀音相近（如「已、巳、己」、「戌、戊」、「剌、刺」、「拆、坼」、「干、千」、「弩、拏」、「類、纇」、「梁、粱」、「穎、潁」等例）導致的訛誤，徑自改正。通假字一般不在校勘範圍，但有部分字例，在原文中兩讀皆可通（如「到、倒」、「從、縱」等例），且有微弱的修辭差異，則適當存録。底本中異體字以及俗字混用的情況比較普遍，這似乎是明代刻書的一般特點。本書遵照通行的古籍整理規則，對大部分異體字作了統一處理。底本中「踈劣」之「踈」與「奏疏」之「疏」，「庄田」之「庄」與「老莊」之「莊」，分別頗爲清晰，并從底本。

二、校本中的訛誤，一般不入校記，但校本中異文很多，孰是孰非，并非一目了然。又通行整理本皆未經彙校，其中沿襲了各自底本中的若干訛文。綜合考慮，本書對校本中的異文，總體上持一種寬泛的原則。一方面希望避免脱漏有價值的異文，同時也爲了方便讀者，可藉本書獲得對文獻源流的認識。總之，本書校記中存録了部分校本中的訛文以及疑似之處。

三、校記以簡要爲主，一般祇記文字異同。校本衆多，各本篇卷次序多有出入，爲避免繁瑣，校記不涉及這些内容。校本的異文呈現清晰的源流特徵，但不能十分確定各書在刊刻之時是否别有考證或有其他依據，故校記中慎用「訛」「脱」等判斷用語。對於某些涉及人物、日期以及事實的異文，凡可據其他文獻訂正者，亦略下按語，稍作辯證。其中有取束景南王陽明年譜長編者，校語稱長編。

四、底本總目與正文實際標目略有出入，如總目卷四寄薛尚謙，正文「寄」作「與」，又卷十再議疏通鹽法疏，正文「議」作「請」。又有一二例總目與正文似有繁簡之分，如總目卷二十詩天成臨别索贈，正文目録長達四十字。諸如此類，整理本參照前後統一訂正。又總目與正文標題下的編年或略有出入，且不易考證，則出校兩存之。底本於每卷之首的標目字樣不甚整齊，如卷九於卷次之下標「别録一奏疏」，而正文之上又另行標「奏疏一」，重複「奏疏」二字；而卷十於卷次之下僅標「别録二奏疏」，正文之前無「奏疏二」三字，據前後辭例，則「奏疏」下當補「二」字。諸如此類，整理本亦統一訂正。又底本各卷末尾皆標注「王文成公全書卷某終」等字樣，整理本重排之後，有書眉以便檢索，則將卷末標注字樣統一删除。又校本的目録以及有關標注與底本時有出入，如底本卷四答徐成之，人大本作答徐成之書；底本答黄宗賢應原忠，人大本作寄宗賢原忠；標注之異，如卷十九「歸越詩三十五首」下，底本標注「弘治壬戌年以刑部主事告病歸越并楚遊作」，九大本無「越并楚遊作」五字，黄本、范本無「并楚遊」三字，宋本則無「并楚遊作」四字。諸如此類，無關宏旨，并不出校。

五、校本中的逸稿，本書彙爲附録卷，仍以校本原書名作爲標目，分别存録。黄本的公移部分，相關篇目以類相從，讀者循序尋繹，可見陽明軍旅之政，次第井然。原書公移篇目之下的編年信息有重要的考證價值。本書在附録黄本公移逸稿的同時，存録了原書公移的全部篇目。爲了便於讀者參照，對黄本公移與底本重複的篇目，本書在具體篇目之下附録了底本中對應的篇名及其卷次。

六、底本與早期文録相比，具體篇目時有節略，主要涉及書信末尾以及公文首尾的套語，但也有涉及事實的文字。對於節略部分，本書視具體情況，或録入校記，或録入正文。凡録入正文者，於其起訖皆加【】標誌。

七、底本中的年譜據天真本以及贛州本綜合删訂而成，三本之間出入較大。贛州本引文的篇目遠遠多於天真本以及底本，對於贛州本有而底本没有的引文，校記衹記篇名。若爲語録，則標記起訖，正文則作省略處理。又底本節録引文，而校本幾乎全文引録，則導致底本與校本有長段的出入。爲避免繁瑣，校記僅於節略處略爲提示，而并不備録所節略的文字。爲了方便讀者檢索，校記標注了引文篇目在本書中的卷次。此外，陽明年譜中有疏於考證以及叙述不實之處，自清代以來，學者多有論證。本書僅限於文獻校勘的範圍，一般不對年譜中的史實進行考證。

底本、通校本、參校本一覽

底本

王文成公全書　三十八卷　日本國立公文書館藏隆慶六年郭朝賓本

通校

居夷集　三卷　嘉靖三年丘養浩本　校記稱居夷集[一]

傳習録　八卷　嘉靖二十九年蕭彦本　校記稱蕭本

傳習録　八卷　美國國會圖書館藏本　校記稱國會本

參校　傳習録　八卷　嘉靖二十三年德安府本　校記稱德安本

傳習録　七卷　嘉靖三十年孫應奎本　校記稱孫本

[一]　本書參校居夷集二本，通校者爲國圖本，亦存録部分上圖本的異文，校記標注上圖本爲「居夷集或本」。

傳習録 八卷	嘉靖三十年錢錞本	校記稱錢本[一]
傳習録 五卷	嘉靖三十三年水西精舍本	校記稱水西本
傳習録 三卷	嘉靖三十八年胡宗憲本	校記稱胡本
陽明先生文録 三卷	中國人民大學藏嘉靖本	校記稱人大本
陽明先生文録續編 三卷	上海圖書館藏嘉靖十四年王杏本	校記稱王本
陽明先生文録 八卷	日本九州大學藏嘉靖本	校記稱九大本[二]
陽明先生文録 二十八卷	嘉靖十二年黄綰本	校記稱黄本

參校

陽明先生文録 二十八卷	嘉靖二十九年閭東本	校記稱閭本
陽明先生文録 二十八卷	嘉靖三十五年董聰本	校記稱董本
陽明先生文録 二十卷	嘉靖二十六年范慶本	校記稱范本

[一] 本書没有將内閣文庫本作爲參校本，因爲原書中删改的痕迹很多，而其中能反映文獻源流的異文，則與其他各本大致相同。

[二] 此本文録卷四有詩四十餘首，與同書詩録部分重複，文字時有出入。校記於卷四詩中的異文，標注爲「九大本卷四」，其餘文録以及詩録之部，校記統稱爲「九大本」。

陽明先生文録　二十四卷

嘉靖十四年聞人詮本　校記稱聞本

參校　陽明先生文録　二十四卷

明刻本　卷首有鄒守益序，校記稱鄒本〔一〕

陽明先生文録　二十四卷

嘉靖三十六年胡宗憲本　校記稱胡本

河東重刻陽明先生文録　二十四卷

嘉靖三十二年宋儀望本　校記稱宋本

陽明先生文録　二十四卷

隆慶六年邵廉翻刻宋儀望河東本　校記稱邵本

陽明先生文録續編　八卷

嘉靖四十五年徐必進本　校記稱徐本

陽明先生年譜　七卷

日本蓬左文庫藏天真書院本　校記稱蓬左本

陽明先生年譜　三卷

嘉靖四十二年毛汝麒本　校記稱毛本

王文成公全書　三十八卷

國家圖書館藏本　校記稱國圖本

參校　王文成公全書　三十八卷

天津圖書館藏本　校記稱天圖本

王文成公全書　三十八卷

四部叢刊本　校記稱叢刊本

王文成公全書　三十八卷

文淵閣四庫全書本　校記稱文淵閣本

王文成公全書　三十八卷

摛藻堂四庫全書薈要本　校記稱摛藻堂本

〔一〕此本在陽明文獻源流中的屬性頗爲可疑，辨析見説明，因未能實證，校記仍從常稱。

王陽明書法作品全集　北京故宫出版社　校記稱手稿或刻石

全書卷首序言以及附録部分，收鄒守益、王畿、費宏、汪必東等人的文字，亦各據本集進行校勘，集名版本并見校記。有少數條目爲了澄清文獻源流，間或參考施邦曜陽明先生集要以及俞嶙王陽明先生全集，校記簡稱施本、俞本。

目録

卷之三 語録三……一四七

卷之四 文録一……二三七

卷之七　文録四……三四六

序記説……三四六

第二册

卷之十　別録二

卷之十一　別録三

卷之十二　別録四……五六八

卷之十六　別録八……七四一

卷之十七 別録九

卷之十八　別録十……八七四

第三册

卷之十九　外集一

目録

卷之二十　外集二……一〇三五

卷之二十一 外集三……一一四七

卷之二十三 外集五……一二二三

卷之二十四　外集六……一二五一

卷之二十五　外集七……一二八一

卷之二十六　續編一

卷之二十七　續編二

卷之二十八　續編三……一四〇九

卷之二十九　續編四……一四三八

第四册

卷之三十一　續編六

第五册

王文成公全書序

王文成公全書三十八卷，其首三卷爲語録，公存時徐子曰仁輯；次二十八卷爲文録，爲別録，爲外集，爲續編，皆公薨後錢子洪甫輯；最後七卷爲年譜，爲世德紀，則近時洪甫與汝中王子輯而附焉者也。隆慶壬申，侍御新建謝君奉命按浙，首修公祠，置田以供歲祀。已而閲公文，見所謂録若集各自爲書，懼夫四方之學者或弗克盡讀也，遂彙而壽諸梓，名曰全書，屬階序。

階聞之：道無隱顯，無小大。隱也者，其精微之藴於心者也，體也；顯也者，其光華之著於外者也，用也。小也者，其用之散而爲川流者也；大也者，其體之斂而爲敦化者也。譬之天然不已之妙，默運於於穆之中，而日月星辰之麗，四時之行，百物之生，燦然呈露而不可掩，是道之全也。古昔聖人，具是道於心而以時出之，或爲文章，或爲勳業。至其所謂文者，或施之朝廷，或用之邦國，或形諸家庭，或見諸師弟子之問答，與其日用應酬之常。雖製以事殊，語因人異，然莫非道之用也。故在言道者，必該體用之全，斯謂之善言；在學道者，亦必得體用之全，斯謂之善學。嘗觀論語述孔子心法之傳曰「一貫」，既已一言盡之，而其紀孔子之文，則自告時君、告列國之卿大夫、告諸弟子、告避世之徒，以及對陽貨、詢廄人、答問饋之使，無一弗録，將使學者由顯與小，以得其隱與大焉。是善言道者之準也，而其爲學因亦可以見矣。

唯文成公奮起聖遠之後，慨世之言致知者求知於見聞，而不可與酬酢，不可與佑神。於是取孟子所謂「良知」，合諸大學以爲「致良知」之説。其大要以謂人心虚靈，莫不有知，唯不以私欲蔽塞其虚靈者，則不假外索，而於天下之事，自無所感而不通，無所措而不當。蓋誠意正心、修身齊家、治國平天下，必先致知之本旨，而千變萬化一以貫之之道也。故嘗語門人云：「良知之外更無知，致知之外更無學。」于時曰仁最稱高第弟子，其録傳習，公微言精義率已具其中。乃若公他所爲文，則是所謂製殊語異，莫非道之用者。彙而梓之，豈唯公之書於是乎全，固讀焉者所由以覩道之全也。謝君之爲此，其嘉惠後學不已至歟。

雖然，謝君所望於後學，非徒讀其書已也。凡讀書者，以身踐之，則書與我爲一；以言視之，則判然二耳。論語之爲書，世未嘗有不讀，然而「一貫」之「唯」，自曾子以後無聞焉。豈以言視之之過乎？自公「致良知」之説興，士之獲聞者衆矣。其果能自致其良知，卓然踐之以身否也？夫能踐之以身，則於公所垂訓，誦其一言而已足，參諸傳習録而已繁。否則，雖盡讀公之書，無益也。階不敏，願相與戒之。謝君名廷傑，字宗聖。其爲政崇節義，育人才，立保甲，厚風俗，動以公爲師，蓋非徒讀公書者也。

賜進士及第、特進光禄大夫、柱國、少師，兼太子太師、吏部尚書、建極殿大學士、知制誥、知經筵事、國史總裁致仕後學華亭徐階序。

奉天承運，皇帝制曰：竭忠盡瘁，固人臣職分之常；崇德報功，實國家激勸之典。矧通侯班爵，崇亞上公，而節惠易名，榮逾華衮。事必待乎論定，恩豈容以久虛？爾故原任新建伯南京兵部尚書兼都察院左都御史王守仁，維岳降靈，自天佑命。爰從弱冠，屹爲宇宙人豪；甫拜省郎，獨奮乾坤正論。身瀕危而志愈壯，道處困而造彌深。紹堯孔之心傳，微言式闡；倡周程之道術，來學攸宗。蘊蓄既宏，猷爲丕著。遺艱投大，隨試皆宜；戡亂解紛，無施弗效。閩粤之箐巢盡掃，而擒縱如神；東南之黎庶舉安，而文武足憲。爰及逆藩稱亂，尤資仗鉞淵謀。旋凱奏功，速于吴楚之三月；出奇决勝，邁彼淮蔡之中霄。是嘉社稷之偉勳，申盟帶礪之異數。既復撫夷兩廣，旋致格苗七旬。謗起功高，賞移罰重。爰遵遺詔，兼采公評。續相國之生封，時而旌伐；追曲江之殁䘏，庶以酬勞。兹特贈爲新建侯，謚文成，錫之誥命。於戲！鍾鼎勒銘，嗣美東征之烈；券綸昭錫，世登南國之功。永爲一代之宗臣，實耀千年之史册。冥靈不昧，寵命其承。

隆慶二年十月二十七日〔一〕　制誥之寶

〔一〕十月二十七日　國圖本、天圖本、叢刊本無「二」字。

舊序

傳習録序

門人徐愛 撰

門人有私録陽明先生之言者。先生聞之，謂之曰：「聖賢教人，如醫用藥，皆因病立方，酌其虚實温凉、陰陽内外，而時時加減之，要在去病，初無定説。若拘執一方，鮮不殺人矣。今某與諸君[一]，不過各就偏蔽，箴切砥礪，但能改化，即吾言已爲贅疣。若遂守爲成訓，他日誤己誤人，某之罪過，可復追贖乎？」愛既備録先生之教，同門之友有以是相規者。愛因謂之曰：「如子之言，即又拘執一方，復失先生之意矣。孔子謂子貢嘗曰『予欲無言』，他日則曰『吾與回言終日』，又何言之不一邪？蓋子貢專求聖人於言語之間，故孔子以無言警之，使之實體諸心，以求自得。顏子於孔子之言，默識心通，無不在己，故與之言終日，若决江河而之海也。故孔子於子貢之無言不爲少，於顏子之終日言不爲多，各當其可而已。今備録先生之語，固非先生之所欲，

[一] 今某與諸君　「某」，國會本作「守仁」，下文仿此。

使吾儕常在先生之門，亦何事於此？惟或有時而去側，同門之友又皆離群索居，當是之時，儀刑既遠，而規切無聞。如愛之駑劣，非得先生之言，時時對越警發之，其不摧墮靡廢者幾希矣。吾儕於先生之言，苟徒入耳出口，不體諸身，則愛之録此，實先生之罪人矣。使能得之言意之表，而誠諸踐履之實，則斯録也，固先生終日言之之心也，可少乎哉？」録成，因復識此於首篇以告同志〔一〕。門人徐愛序。

陽明先生文録序

門人鄒守益　撰

錢子德洪刻先師文録于姑蘇，自述其裒次之意：以純于講學明道者爲正録，曰明其志也；以詩賦及酬應者爲外集，曰盡其全也；以奏疏及文移爲別録，曰究其施也。於是先師之言燦然聚矣。以守益與聞緒言之教也〔二〕，寓簡使序之。

守益拜手而言曰：知言，誠未易哉！昔者孔夫子之在春秋也，從遊者三千，速肖者七十矣，

〔一〕因復識此於首篇以告同志　「首篇」，國會本、德安本、孫本、錢本、水西本、胡本作「篇首」。

〔二〕以守益與聞緒言之教也　「與」，隆慶本東廓鄒先生文集（以下簡稱鄒集）作「預」。

而猶有「莫我知」之嘆，嘆夫以言語求之而眩其真也[一]。夫子既没，門弟子欲以所事夫子者事有子。夷攷其取于有子，亦曰「甚矣，其言之似夫子也」，則下學上達之功，其著且察者鮮矣。推尊之詞，要亦足以及之[二]，賢於堯舜，堯舜未易賢也。走獸之於麟，飛鳥之於鳳，雖勉而企之，其道無繇，不幾于絶德乎？禮樂之等，最爲近之，然猶自聞見而求，終不若秋陽江漢，直悟本體，爲簡易而切實也。蓋在聖門，惟不遷怒、不貳過之顔，語之而不惰；其次則忠恕之曾，足以任重而道遠。故再傳而以祖述憲章，譬諸天地四時；三傳而以仕止久速之時，比諸大成，比諸巧力；宛然江漢秋陽家法也。秦漢以來，專以訓詁，雜以佛老，侈以詞章，而皜皜肫肫之學，淆雜偏陂而莫或救之。逮于濂洛，始粹然克續其傳[三]，論「聖之可學」，則以「一者無欲」爲要；答「定性」之功，則以「大公順應學天地聖人之常」。嗟乎！是豈嘗試而懸斷之者乎？其後剖析愈精[四]，考擬愈繁，著述愈富，而支離愈甚。間有覺其非而欲挽焉，則又未能盡追窠臼而洗濯之。至我陽

[一] 嘆夫以言語求之而眩其真也　鄒集無「語」字。
[二] 要亦足以及之　鄒集「亦」下有「未」字。
[三] 始粹然克續其傳　鄒集無「粹然」二字。
[四] 其後剖析愈精　「析」，底本訛作「拆」，據國圖本、天圖本、叢刊本改。

明先師〔一〕，慨然深探其統，歷艱履險，磨瑕去垢，獨揭良知，力拯群迷，犯天下之謗而不自恤也。有志之士〔二〕，稍稍如夢而覺，泝濂洛以達洙泗，非先師之功乎？以益之不類，再見于虔，再別于南昌，三至于會稽。竊窺先師之道，愈簡易，愈廣大，愈切實，愈高明，望望然而莫知其所止也〔三〕。

當時有稱先師者曰：「古之名世，或以文章，或以政事，或以氣節，或以勳烈，而公克兼之。獨除却講學一節，即全人矣〔四〕。」先師笑曰：「某願從事講學一節，盡除却四者，亦無愧全人〔五〕。」又有訾訕之者。先師曰：「古之狂者，嘐嘐聖人而行不揜，世所謂敗闕也，而聖門以列中行之次〔六〕。忠信廉潔，刺之無可刺，世所謂完全也，而聖門以爲德之賊。某願爲狂以進取，

〔一〕至我陽明先師　鄒集無「我」字。
〔二〕有志之士　鄒集作「天下之人」。
〔三〕望望然而莫知其所止也　鄒集無「其」字。
〔四〕即全人矣　鄒集作「便是全人」。
〔五〕亦無愧全人　鄒集作「亦是全人」。
〔六〕而聖門以列中行之次　「門」，鄒集作「人」。

不願爲愿以媚世。」嗚呼！今之不知公者，果疑其爲狂乎[一]？其知公者，果能盡除四者，而信其爲全人乎？良知之明，蒸民所同，本自皜皜，本自肫肫，常寂常感，常神常化，常虛常直，常大公，常順應。患在自私用智之欲所障，始有所尚，始有所倚。不倚不尚，本體呈露，宣之爲文章，措之爲政事，犯顔敢諫爲氣節，誅亂討賊爲勳烈。是四者，皆一之流行也。學出于一，則以言求心矣[二]；學出于二，則以言求言矣[三]。守益力病於二之而未瘳也[四]，故反覆以質于吾黨。吾黨欲求知言之要，其惟自致其良知乎？嘉靖丙申春三月。

陽明先生文録序

門人錢德洪　撰

古之立教有三：有意教，有政教，有言教。太上之世，民涵真性，嗜慾未涉，聖人者特相示以意已矣。若伏羲陳奇偶以指象是也，而民遂各以意會，不逆於心，群物以游，熙如也，是之謂

[一]　果疑其爲狂乎　鄒集作「果信其爲中行之次乎」。
[二]　則以言求心矣　鄒集作「則以心求言矣」。
[三]　則以言求言矣　「求言」，鄒集作「求心」。
[四]　守益力病於二之而未瘳也　「力」，鄒集作「方」。

意教。中古之民，風氣漸開，示之以意，若病不足矣。聖人者出，則爲之經制立法，使之自厚其生，自利其用，自正其德，而民亦相忘於政化之中，各足其願，日入於善，而不知誰之所使，是以政教之也。自後聖王不作，皇度不張，民失所趨，俗非其習，而聖人之意日湮以晦。懷世道者憂之，而處非其任，則曉曉以空言覺天下，是故始有以言教也。

噫！立教而至於以言，則難矣。昔者孔子之在春秋也，其所與世諄諄者，皆性所同也。然於習俗所趨無徵焉，乃鬨起而異之曰：「是將奪吾之所習，而蹶吾之所趨也。」或有非笑而詆訾之者。三千之徒，其庶幾能自拔於流俗，不與衆非笑詆訾之者乎？然而天下之大也，其能自拔於俗，不與衆非笑詆訾者，僅三千人焉。豈非空言動衆，終不若躬見於政事之爲易也？夫三千之中，稱好學者，顏氏之外，又無多聞焉。豈速肖之士，知自拔於俗矣，尚未能盡脱乎俗習耶？一洗俗習之陋，直超自性之真，而盡得聖人千古不盡之意者，豈顏氏之所獨耶？然而三千之徒，其於夫子之言也，猶面授也。秦火而後，掇拾於漢儒者，多似是而失真矣。後之儒者，復以己見臆説，盡取其言而支離決裂之。噫！誠面授也，尚未免於俗習焉，并取其言而亂之，則後之懷世道者，復將何恃以自植於世耶？

吾師陽明先生，蚤有志於聖人之道，求之俗習而無取也，求之世儒之學而無得也，乃一洗俗習之陋、世儒之説，而自証以吾之心焉。殫思力踐，竭精瘁志，卒乃豁然有見於良知，而千古聖人不盡之意，復得以大明於世。噫！亦難矣。世之聞吾先生之言者，其皆肯自拔於流俗，不與衆非笑詆訾之乎？其皆肯一洗俗習之陋、世儒之説，而獨証以吾之心乎？夫非笑詆訾，在孔子猶不免焉，於當世乎奚病，特病其未之或聞焉耳。如其有聞也，則知先生之所言者，非先生之言也，吾之心也。吾心之知，不以太上而古，不以當世而今，不待示而得，不依政而行，俗習所不能湮，異説所不能淆，特在乎有超世特立之志，自証而自得之耳。有超世特立之志者，而一觸其知，真如去目之塵沙以還光也，拔耳之木楔以還聰也，解支體之束縛以自舒也。去污穢而就高明，撤藩障而合大同〔一〕，以復中古之政，超太上之意，亦已矣。又奚以俗習之陋、世儒之説爲哉？

先生之言，世之信從者日衆矣。特其文字之行於世者，或雜夫少年未定之論。愚懼後之亂先生之學者，即是先生之言始也。乃取其少年未定之論，盡删而去之，詳披綈閲，參酌衆見，得至一之言五卷焉。其餘或發之題詠，或見之政事者，則釐爲外集、别録。復以日月前後，順而次之，庶幾知道者讀之，其知有所取乎？雖然，是録先生之言也，特入珍藏之扃鑰也。珍藏不守，乃屑屑焉扃鑰之是競，豈非舍其所重，而自任其所輕耶？兹不能無愧於是録之成云爾。

〔一〕撤藩障而合大同　「藩」，國圖本、天圖本、叢刊本作「蔽」。

重刻陽明先生文録後語

門人王畿　撰

道必待言而傳，夫子嘗以無言爲警矣。言者，所由以入於道之詮[一]。凡待言而傳者，皆下學也。學者之於言也，猶之暗者之於燭，跛者之於杖也。有觸發之義焉，有培栽之義焉[二]，而其機則存乎心悟。不得于心而泥於言，非善於學者也。我陽明先師倡明聖學，以「良知」之説覺天下，天下靡然從之。是雖入道之玄詮，亦下學事，載諸録者詳矣。吾黨之從事於師説也，其未得之[三]，果能有所觸發否乎？其得之也，果能有所栽培否乎？其得而玩之也，果能有所印正否乎？得也者，非得之於言，得之於心也。契之於心，忘乎言者也。猶之燭之資乎明，杖之輔乎行，其機則存乎目與足，非外物所得而與也。若夫玩而忘之，從容默識，無所待而自中乎道，斯則無

[一] 所由以入於道之詮　「詮」，萬曆本龍谿王先生全集（以下簡稱王集）作「筌」。

[二] 有培栽之義焉　王集、胡本「培栽」作「栽培」，又「焉」下有「有印正之義焉」六字。

[三] 吾黨之從事於師説也其未得之　王集「也」在「之」字下。

言之旨，上達之機，固吾梅林公重刻是録[一]，相與嘉惠而申警之意也。不然，則聖學亡而先師之意荒矣。吾黨勖諸[二]。

陽明先生文録續編序

後學徐階 撰

餘姚錢子洪甫既刻陽明先生文録以傳，又求諸四方，得先生所著大學或問、五經億説、序、記、書、疏等若干卷，題曰文録續編，而屬嘉興守六安徐侯以正刻之。刻成，侯謀於洪甫及王子汝中，遣郡博張編、海寧諸生董啓予問序於階。

階曰：先生之文，非淺薄所敢序也。雖然，階嘗從洪甫、汝中竊聞先生之學矣。夫學，非獨倡始難也，其傳而不失其宗，蓋亦不易焉。自孔子没，大學格致之旨晦。其在俗儒，率外心以求知，終其身汨溺於見聞記誦，而高明之士，又率慕徑約，貴自然，淪入於二氏而不自覺。先生崛起千載之後，毅然以謂致知者，致吾心之良知也。吾心之良知，不待慮而知，不待學而能，是乃

[一] 梅林公 王集作「胡子」。

[二] 胡本篇末署「嘉靖丁巳冬十一月門人王畿百拜書」。

天命之性，吾心靈昭明覺之本體也。惟不自欺其良知，斯知致而意可誠矣。格者，正也，正其不正以歸於正也。物者，事也，事各歸於正，而吾良知之所知，始無虧缺障蔽，得以極其致矣。舉知而歸諸良，舉致知而歸諸正物。蓋先生之學，不汩於俗，亦不入於空如此。于時聞者，幸知口耳之可耻，然其辟之或激於大過；幸有見夫心體之當求，然其擬之或涉於太輕。於是超頓之說興，至舉踐履之實，積累之功，盡詆以爲不足。務脱於俗，顧轉而趨於空，則先生之學，有不待夫傳之既久乃始失其宗者。兹豈非學先生者之所憂乎？洪甫輯爲是編，其志固將以救之。其自序曰：「言近而旨遠，此吾師中行之證也。」又曰：「吾師之教，平易切實，而聖智神化之機，固已躍然，不必更爲別説。」洪甫之於師傳，其闡明翼衛，視先生之於孔氏，有功等矣。

夫三代以前，學與政合而出於一。虞廷之命官，與其所陳之謨，皆精一執中之運用也。故曰三代之治本於道，三代之道本於心。而後世論學，既指夫俗與空者當之，其論政，又指夫期會簿書當之，謬迷日甚而未已也。徐侯方從事於政，獨能聚諸生以講先生之學，汲汲焉，刻是編以詔之，其異於世之爲者歟？使凡領郡者皆徐侯其人，先生之學明，而洪甫之憂可釋也。階生晚，不及登先生之門。然昔孟子自謂於孔子爲私淑，至其自任，閑先王之道以承孔子〔一〕，則雖見目爲好辯

〔一〕閑先王之道　「王」，國圖本、天圖本、叢刊本訛作「生」。

而不辭。故輒以俟請，僭爲之序。嗚呼！觀者其尚亮階之志也夫。

刻文録叙説

德洪曰：嘉靖丁亥四月，時鄒謙之謫廣德，以所録先生文稿請刻。先生止之曰：「不可。吾黨學問幸得頭腦，須鞭辟近裏，務求實得。一切繁文靡好，傳之恐眩人耳目，不録可也。」謙之復請不已。先生乃取近稿三之一，標揭年月，命德洪編次。復遺書曰：「所録以年月爲次，不復分別體類者，蓋專以講學明道爲事，不在文辭體製間也。」明日，德洪掇拾所遺，復請刻。先生曰：「此愛惜文辭之心也。昔者孔子删述六經，若以文辭爲心，如唐虞三代，自典謨而下，豈止數篇？正惟一以明道爲志，故所述可以垂教萬世。吾黨志在明道，復以愛惜文字爲心，便不可入堯舜之道矣。」德洪復請不已。乃許數篇，次爲附録，以遺謙之。今之廣德板是也。

先生讀文録，謂學者曰：「此編以年月爲次，使後世學者知吾所學前後進詣不同。」又曰：「某此意思，賴諸賢信而不疑，須口口相傳，廣布同志，庶幾不墜。若筆之於書，乃是異日事，必不得已然後爲此耳。」又曰：「講學須得與人人面授，然後得其所疑，時其淺深而語之。纔涉紙筆，便十不能盡一二。」戊子年冬，先生時在兩廣，謝病歸，將下庾嶺。德洪與王汝中聞之，乃自錢塘趨迎，至龍游聞訃，遂趨廣信，訃告同門，約每越三年，遣人裒録遺言。明日又進貴溪，扶喪還玉山，至草萍驛，戒記書篋，故諸稿幸免散逸。自後同門各以所録見遺，既七年壬辰，德洪居吴，始較定篇類。復爲購遺文一疏，遣安成王生，自閩粤由洪都入嶺表，抵蒼梧，取道荆湘，還自金陵，又獲所未備。然後謀諸提學侍御聞人邦正入梓以行。文録之有外集、别録，遵附録例也。

先生之學凡三變，其爲教也亦三變：少之時，馳騁於辭章，已而出入二氏，繼乃居夷處困，豁然有得於聖賢之旨，是三變而至道也。居貴陽時，首與學者爲「知行合一」之説，自滁陽後，多教學者静坐，江右以來，始單提「致良知」三字，直指本體，令學者言下有悟，是教亦三變也。讀文録者，當自知之。先生嘗曰：「吾始居龍場，鄉民言語不通，所可與言者，乃中土亡命之流耳。與之言知行之説，莫不忻忻有入，久之，并夷人亦翕然相向。及出與士夫言，則紛紛同異，反多扞格不入，何也？意見先入也。」德洪自辛巳冬，始見先生於姚，再見於越，於先生教，若恍恍可即，然未得入頭處。同門先輩有指以静坐者，遂覓光相僧房，閉門凝神浄慮，倏見此心真體，如出蔀屋而覩天日。始知平時一切作用，皆非天則自然，習心浮思，炯炯自照，毫髮不容住著。喜馳以告。先生曰：「吾昔居滁時，見學者徒爲口耳同異之辯，無益於得，且教之静坐，一時學者亦若有悟。但久之漸有喜静厭動，流入枯槁之病，故邇來只指點致良知工夫[一]。學者真見得良知本體，昭明洞徹，是是非非，莫非天則。不論有事無事，精察克治，俱歸一路，方是格致實功，不落却一邊。故較來無出『致良知』話頭無病，何也？良知原無間動静也。」德洪既自喜學得所入，又承點破病痛，退自省究，漸覺得力。「良知」之説，發於正德辛巳年。蓋先生再罹寧藩之變，張許之難，而學又一番証透。故正録書凡三卷，第二卷斷自辛巳者，志始也。格致之辯，莫詳於答顧華玉一書，而「拔本塞源」之論，寫出千古同體萬物之旨，與末世俗習相沿之弊。百世以俟，讀之當爲一快。

先生嘗曰：「吾『良知』二字，自龍場已後，便已不出此意。只是點此二字不出，於學者言，費却多少辭説。今幸見出此意，一語之下，洞見全體，直是痛快，不覺手舞足蹈。學者聞之，亦省却多少尋討功夫。學問頭腦至此，已是説得十分下落，但恐學者不肯直下承當耳。」又曰：「某於『良知』之説，從百死千難中得來，非是容易見得到此。此本是學者究竟話頭，可惜此體淪埋已久，學者苦於聞見障蔽，無入頭處。不得已，與人一口説盡，但恐學者得之容易，只把作一種光景玩弄，孤負此知耳。」

[一] 只指點致良知工夫　「點」，國圖本、天圖本、叢刊本作「破」。

甲申年，先生居越，中秋月白如洗，乃燕集群弟子於天泉橋上。時在侍者百十人，酒半行，先生命歌詩。諸弟子比音而作，翕然如協金石。少間，能琴者理絲，善簫者吹竹，或投壺聚筭，或鼓棹而歌，遠近相答。先生顧而樂之，遂即席賦詩，有曰「鏗然舍瑟春風裏，點也雖狂得我情」之句。既而曰：「昔孔門求中行之士不可得，苟求其次，其惟狂者乎？狂者志存古人，一切聲利紛華之染無所累其衷，真有鳳凰翔于千仞氣象。得是人而裁之，使之克念，日就平易切實，則去道不遠矣。予自鴻臚以前，學者用功尚多拘局，自吾揭示良知頭腦，漸覺見得此意者多可與裁矣。」

先生自辛巳年初歸越，明年居考喪，德洪輩在侍者踪迹尚寥落〔一〕，既後四方來者日衆。癸未已後，環先生之室而居，如天妃、光相、能仁諸僧舍，每一室常合食者數十人。夜無卧所，更番就席，歌聲徹昏旦。南鎮、禹穴、陽明洞諸山，遠近古刹，徙足所到，無非同志遊寓之地。先生每臨席，諸生前後左右，環坐而聽，常不下數百人。送往迎來，月無虚日，至有在侍更歲，不能遍記其姓字者。諸生每聽講出門，未嘗不踴躍稱快，以昧入者以明出，以疑入者以悟出，以憂憤愊憶入者以融釋脱落出。嗚呼休哉！不圖講學之至於斯也。嘗聞之同門，南都以前，從遊者雖衆，未有如在越之盛者。雖講學日久，孚信漸博，要亦先生之學益進，感召之機亦自不同也。今觀文

〔一〕德洪輩在侍者　國圖本、天圖本、叢刊本脱「在」字。

録前後論議，大略亦可想見。

先生嘗語學者曰：「作文字亦無妨工夫。如詩言志，只看爾意向如何。意得處自不能不發之於言，但不必在詞語上馳騁。言不可以僞爲，且如不見道之人，一片粗鄙心，安能説出和平話。總然都做得，後一兩句露出病痛，便覺破此文原非充養得來。若養得此心中和，則其言自别。」

門人有欲汲汲立言者。先生聞之，嘆曰：「此弊溺人，其來非一日矣。不求自信而急於人知，正所謂以己昏昏，使人昭昭也。耻其名之無聞於世，而不知知道者視之，反自貽笑耳。宋之儒者，其制行磊犖，本足以取信於人，故其言雖未盡，人亦崇信之，非專以空言動人也。但一言之誤，至於誤人無窮，不可勝救，亦豈非汲汲於立言者之過耶？」

或問：「先生所答示門人書稿，删取歸併，作數篇訓語，以示將來，如何？」先生曰：「有此意。但今學問自覺所進未止，且終日應酬無暇。他日結廬山中，得如諸賢有筆力者，聚會一處商議，將聖人至緊要之語發揮作一書，然後取零碎文字都燒了，免致累人。」德洪事先生，在越七年，自歸省外，無日不侍左右。有所省豁，每得於語默作止之間。或聞時訕議，有動於衷，則益自奮勵以自植。有疑義即進見請質，故樂於面炙，一切文辭俱不收録。每見文稿出示，比之侍坐時精神鼓舞，歉然常見不足。以是知古人「書不盡言，言不盡意」，非欺我也。不幸先生既没，謦欬無聞，儀刑日遠，每思印證，茫無可即。然後取遺稿次第讀之，凡所欲言而不能者，先生皆爲我先發之矣。雖其言之不能盡意，引而不發，躍如也。由是自滁以後文字，雖片紙隻字，不敢遺棄。四海之遠，百世之下，有同此懷者乎？苟取正録，順其日月以讀之，不以言求，而惟以神會，必有沛然江河之決，莫之能禦者矣。

別録成，同門有病其太繁者。德洪曰：「若以文字之心觀之，其所取不過數篇。若以先生之學見諸行事之實，則雖瑣屑細務，皆精神心術所寓，經時贊化，以成天下之事業。千百年來，儒者有用之學，於此亦可見其梗槩，又何病其太繁乎？」

昔門人有讀安邊八策者。先生曰：「是疏所陳，亦有可用。但當時學問未透，中多激忿抗厲之氣[一]。若此氣未除，欲與天下共事，恐於事未必有濟。」

陳惟濬曰：昔武宗南巡，先生在虔，奸賊在君側，間有以疑謗危先生者，聲息日至，諸司文帖，絡繹不絶。請先生即下洪，勿處用兵之地，以堅奸人之疑。先生聞之，太然不動。門人乘間言之，先生姑應之曰：「吾將往矣。」一日，惟濬亦以問。先生曰：「吾在省時，權豎如許勢焰，疑謗禍在目前，吾亦帖然處之。此何足憂？吾已解兵謝事乞去，只與朋友講學論道，教童生習禮歌詩，

[一] 中多激忿抗厲之氣　「多」，國圖本、天圖本、叢刊本作「心」。

烏足爲疑？縱有禍患，亦畏避不得。雷要打，便隨他打來，何故憂懼？吾所以不輕動，亦有深慮焉爾。」又一人使一友亦告急。先生曰：「此人惜哉不知學，公輩曷不與之講學乎？」是友亦釋然，謂人曰：「明翁真有赤舄几几氣象。」愚謂别録所載，不過先生政事之迹耳。其遭時危謗，禍患莫測，先生處之太然，不動聲色，而又能出危去險，坐收成功。其致知格物之學至是，豈意見擬議所能及，是皆别録所未及詳者。洪感惟濬之言，故表出之，以爲讀别録者相發。

復聞人邦正書：裒刊文録，諸同門聚議不同久矣。有曰：「先生之道無精粗，隨所發言，莫非至教，故集文不必擇其可否，槩以年月體類爲次，使觀者隨其所取而獲焉。」此久庵諸公之言也。又以「先生言雖無間於精粗，而終身命意，惟以提揭人心爲要，故凡不切講學明道者，不録可也」。此東廓諸公之言也。二説相持，罔知裁定。去年廣回舟中，反覆思惟，不肖鄙意，竊若有附於東廓子者。夫傳言者，不貴乎盡其博，而貴乎得其意。得其意，雖一言之約，足以入道；不得其意，而徒示其博，則泛濫失真，匪徒無益，是眩之也。且文别體類，非古也，其後世侈詞章之心乎？當今天下士方馳騖於辭章，先生少年亦嘗没溺于是矣，卒乃自悔，惕然有志于身心之學。學未歸一，出入於二氏者又幾年矣，卒乃自悔，省然獨得于聖賢之旨。反覆世故，更歷險阻，百鍊千磨，斑瑕盡去而輝光焕發，超然有悟于「良知」之説。自辛巳年已後，而先生教益歸於約矣。故凡在門墻者，不煩辭説而指見本體，真如日月之麗天，大地山河，萬象森列。陰崖鬼魅，皆化而爲精光；斷溪曲徑，皆坦而爲大道。雖至愚不肖，一觸此體，真知皆可爲堯舜。考三王，建天地，質鬼神，俟百世，斷斷乎知其不可易也。有所不行者，特患不加致之之功耳。今傳言者不揭其獨得之旨，而尚吝情于悔前之遺、未透之説，而混焉以誇博，是愛其毛而不屬其裏也，不既多乎？既又思之，凡物之珍賞于時者，久而不廢，況文章乎？先生之文既以傳誦於時，欲不盡録，不可得也。自今尚能次其月日，善讀者尤可以驗其悔悟之漸，後恐迷其歲月，而槩以文字取之混入焉，則并今日之意失之矣。久庵之慮，殆或以是與？不得已，乃兩是而俱存之。故以文之純于講學明道者裒爲正録，餘則別爲外集，而總題曰文録。疏奏批駁之文，則又釐爲一書，名曰別録。夫始之以正録，明其志也；繼之以外集，盡其博也；終之以別録，究其施也；而文稽其類，以從時也。識道者讀之，庶幾知所取乎，此又不肖者之意也。問難辯詰，莫詳於書，故正録首書，次記、次序、次説，而以雜著終焉。諷詠規切，莫善于詩賦，故外集首賦，次詩、次記、次序、次説、次雜著，而傳誌終焉。別録則卷以事類，篇以題別，先奏疏而後公移。刻既成，懼讀者之病于未察也，敢敬述以求正。乙未年正月。

刻王文成公全書姓氏總目[一]

欽差提督軍務巡撫浙江等處地方都察院右副都御史戶部左侍郎汶上郭朝賓

欽差提督軍務巡撫浙江等處地方都察院右副都御史新昌鄔璉

巡按浙江監察御史新建謝廷傑

欽差巡按浙江等處監察御史汾州張更化

欽差巡按浙江等處監察御史曹州馬應夢

浙江等處承宣布政使司左布政使新添姚世熙

[一] 國圖本編校姓氏：「編輯文録姓氏：門人餘姚徐愛、錢德洪、孫應奎、嚴中、揭陽薛侃、山陰王畿、渭南南大吉、安成鄒守益、臨川陳九川、泰和歐陽德、南昌唐堯臣。校閱文録姓氏：後學吉水羅洪先、滁陽胡松、新昌吕光新、秀水沈啓原。彙集全書姓氏：提督學校直隸監察御史豫章謝廷傑。督刻全書姓氏：應天府推官太平周恪、上元縣知縣莆田林大黼、江寧縣知縣長陽李爵。」

封丘郭斗
蒲圻謝鵬舉
左參政晉江史朝宜
靈壁劉繼文
右參政平凉周鑑
左參議廣安蘇松
右參議清江徐雲程
浙江等處提刑按察司按察使德化勞堪
副使閩縣鄭雲鎣
興化趙宋
定興郭天禄
番禺蒙詔
嘉定沈人种
高郵張守中

壽光丁應璧
僉事崑山徐廷祼
衛輝戴延容
江陰沈奎
常熟王嘉言
留都胡汝嘉
兩浙都轉運鹽使司運使桂陽朱炳如
同知青州王基
杭州府知府南昌涂淵
同知嵩明段絲錦
通判新建孫烺
吴江周兆南
豐城賴守中
推官涇縣蕭彦

仁和縣知縣新建張謩
錢塘縣知縣長洲闕成章
海寧縣知縣奉新余良楨

王文成公全書卷之一

語録一　傳習録上

門人餘姚徐愛　傳習
揭陽薛侃　葺録
餘姚錢德洪　編次
山陰王畿　增葺
南昌唐堯臣　校閲

先生於大學「格物」諸説，悉以舊本爲正，蓋先儒所謂誤本者也。愛始聞而駭，既而疑，已而殫精竭思，參互錯縱[一]，以質於先生。然後知先生之説，若水之寒，若火之熱，斷斷乎

[一] 參互錯縱　「縱」，文淵閣本、擒藻堂本作「綜」。

百世以俟聖人而不惑者也。先生明睿天授，然和樂坦易，不事邊幅。人見其少時豪邁不羈，又嘗泛濫於詞章，出入二氏之學，驟聞是説，皆目以爲立異好奇，漫不省究。不知先生居夷三載，處困養静，精一之功，固已超入聖域，粹然大中至正之歸矣。愛朝夕炙門下，但見先生之道，即之若易，而仰之愈高；見之若粗，而探之愈精；就之若近，而造之愈益無窮。十餘年來，竟未能窺其藩籬。世之君子，或與先生僅交一面，或猶未聞其謦欬，或先懷忽易憤激之心，而遽欲於立談之間、傳聞之説，臆斷懸度，如之何其可得也？從遊之士，聞先生之教，往往得一而遺二，見其牝牡驪黄，而棄其所謂千里者。故愛備録平日之所聞，私以示夫同志，相與考而正之，庶無負先生之教云。門人徐愛書。

愛問：「『在親民』，朱子謂當作『新民』，後章『作新民』之文似亦有據。先生以爲宜從舊本作『親民』，亦有所據否？」

先生曰：「『作新民』之『新』，是自新之民，與『在新民』之『新』不同，此豈足爲據？『作』字却與『親』字相對，然非『親』字義[一]，下面治國平天下處，皆於『新』字無發明。如云『君

[一] 然非親字義　「親」，蕭本、國會本、德安本、孫本、錢本、水西本、范本作「新」。

子賢其賢而親其親，小人樂其樂而利其利』、『如保赤子，民之所好好之，民之所惡惡之，此之謂民之父母』之類，皆是『親』字意。『親民』，猶孟子『親親仁民』之謂，親之即仁之也。百姓不親，舜使契爲司徒，敬敷五教，所以親之也。堯典『克明峻德』，便是明明德；『以親九族』至『平章』『協和』，便是親民，便是明明德於天下。又如孔子言『修己以安百姓』，修己便是明明德，安百姓便是親民。說『親民』便兼教養意[一]，說『新民』便覺偏了。」

愛問：「『知止而後有定』，朱子以爲『事事物物皆有定理』，似與先生之説相戾？」

先生曰：「於事事物物上求至善，却是義外也。至善是心之本體，只是明明德到至精至一處便是。然亦未嘗離却事物，本註所謂『盡夫天理之極，而無一毫人欲之私』者得之。」

愛問：「至善只求諸心，恐於天下事理有不能盡？」

先生曰：「心即理也。天下又有心外之事、心外之理乎？」

愛曰：「如事父之孝，事君之忠，交友之信，治民之仁，其間有許多理在，恐亦不可不察？」

[一] 説親民便兼教養意　國圖本、天圖本、叢刊本、文淵閣本、摛藻堂本「便」下有「是」字。

先生嘆曰：「此説之蔽久矣，豈一語所能悟，今姑就所問者言之。且如事父，不成去父上求箇孝的理？事君，不成去君上求箇忠的理？交友治民，不成去友上、民上求箇信與仁的理？都只在此心，心即理也。此心無私欲之蔽，即是天理，不須外面添一分。以此純乎天理之心，發之事父便是孝，發之事君便是忠，發之交友治民便是信與仁。只在此心去人欲、存天理上用功便是。」

愛曰：「聞先生如此説，愛已覺有省悟處。但舊説纏於胸中，尚有未脱然者。如事父一事，其間温清定省之類，有許多節目，不知亦須講求否[一]？」

先生曰：「如何不講求？只是有箇頭腦，只是就此心去人欲、存天理上講求。就如講求冬温，也只是要盡此心之孝，恐怕有一毫人欲間雜；講求夏清，也只是要盡此心之孝，恐怕有一毫人欲間雜。只是講求得此心。此心若無人欲，純是天理，是箇誠於孝親的心，冬時自然思量父母的寒，便自要去求箇温的道理[二]；夏時自然思量父母的熱[三]，便自要去求箇清的道理。這

[一] 不知亦須講求否　國圖本、天圖本、叢刊本、文淵閣本、摛藻堂本無「知」字。

[二] 便自要去求箇温的道理　「自」，水西本作「是」。

[三] 夏時自然思量父母的熱　國圖本、天圖本、叢刊本脱「母」字。

都是那誠孝的心發出來的條件，却是須有這誠孝的心，然後有這條件發出來。譬之樹木，這誠孝的心便是根，許多條件便是枝葉。須先有根，然後有枝葉，不是先尋了枝葉，然後去種根。禮記言：『孝子之有深愛者，必有和氣；有和氣者，必有愉色；有愉色者，必有婉容。』須是有箇深愛做根，便自然如此。」

鄭朝朔問：「至善亦須有從事物上求者？」

先生曰：「至善只是此心純乎天理之極便是，更於事物上怎生求？且試説幾件看。」

朝朔曰：「且如事親，如何而爲温凊之節，如何而爲奉養之宜，須求箇是當，方是至善，所以有學問思辯之功。」

先生曰：「若只是温凊之節，奉養之宜，可一日二日講之而盡，用得甚學問思辯？惟於温凊時，也只要此心純乎天理之極；奉養時，也只要此心純乎天理之極。此則非有學問思辯之功，將不免於毫釐千里之繆，所以雖在聖人，猶加『精一』之訓。若只是那些儀節求得是當，便謂至善，即如今扮戲子，扮得許多温凊奉養的儀節是當，亦可謂之至善矣。」

愛於是日又有省。

先生曰：「試舉看。」

愛因未會先生「知行合一」之訓，與宗賢、惟賢往復辯論，未能決，以問於先生。

愛曰：「如今人儘有知得父當孝，兄當弟者，却不能孝，不能弟，便是知與行分明是兩件。」

先生曰：「此已被私欲隔斷，不是知行的本體了。未有知而不行者，知而不行，只是未知。聖賢教人知行，正是要復那本體，不是着你只恁的便罷。故大學指箇真知行與人看，說『如好好色，如惡惡臭』。見好色屬知，好好色屬行，只見那好色時已自好了，不是見了後又立箇心去好。聞惡臭屬知，惡惡臭屬行，只聞那惡臭時已自惡了，不是聞了後別立箇心去惡。如鼻塞人，雖見惡臭在前，鼻中不曾聞得，便亦不甚惡，亦只是不曾知臭。就如稱某人知孝，某人知弟，必是其人已曾行孝行弟，方可稱他知孝知弟。不成只是曉得說些孝弟的話，便可稱爲知孝弟。又如知痛，必已自痛了方知痛；知寒，必已自寒了[一]；知饑，必已自饑了。知行如何分得開？此便是知行的本體，不曾有私意隔斷的。聖人教人，必要是如此，方可謂之知。不然，

[一] 必已自寒了　「已自」，水西本作「自已」，下句仿此。

只是不曾知。此却是何等緊切着實的工夫。如今苦苦定要説知行做兩箇，是甚麽意？某要説做一箇[一]，是甚麽意？若不知立言宗旨，只管説一箇兩箇，亦有甚用？」

愛曰：「古人説知行做兩箇，亦是要人見箇分曉，一行做知的功夫[二]，一行做行的功夫，即功夫始有下落。」

先生曰：「此却失了古人宗旨也。某嘗説知是行的主意，行是知的功夫，知是行之始，行是知之成。若會得時，只説一箇知，已自有行在；只説一箇行，已自有知在。古人所以既説一箇知，又説一箇行者，只爲世間有一種人，懵懵懂懂的任意去做，全不解思惟省察，也只是箇冥行妄作，所以必説箇知，方纔行得是。又有一種人，茫茫蕩蕩，懸空去思索，全不肯着實躬行，也只是箇揣摸影響，所以必説一箇行，方纔知得真。此是古人不得已補偏救弊的説話。若見得這箇意時，即一言而足。今人却就將知行分作兩件去做，以爲必先知了，然後能行。我如今且去講習討論，做知的工夫，待知得真了，方去做行的工夫。故遂終身不行，亦遂終身不知。此不是小病痛，其來已非一日矣。某今説箇知行合一，正是對病的藥。又不是某鑿空杜撰，知

[一] 某要説做一箇 「某」，蕭本、國會本作「守仁」，下文仿此。

[二] 一行做知的功夫 「行」，國會本作「知」。

行本體，原是如此。今若知得宗旨時，即説兩箇亦不妨，亦只是一箇。若不會宗旨，便説一箇，亦濟得甚事，只是閒説話。」

愛問：「昨聞先生『止至善』之教，已覺功夫有用力處，但與朱子『格物』之訓，思之終不能合。」

先生曰：「格物是止至善之功，既知至善，即知格物矣。」

愛曰：「昨以先生之教推之格物之説，似亦見得大略。但朱子之訓，其於書之『精一』，論語之『博約』，孟子之『盡心知性』，皆有所證據，以是未能釋然。」

先生曰：「子夏篤信聖人，曾子反求諸己，篤信固亦是，然不如反求之切。今既不得於心，安可狃於舊聞，不求是當。就如朱子亦尊信程子，至其不得於心處，亦何嘗苟從？『精一』、『博約』、『盡心』，本自與吾説脗合，但未之思耳。朱子『格物』之訓，未免牽合附會，非其本旨。精是一之功，博是約之功，曰仁既明『知行合一』之説，此可一言而喻。盡心、知性、知天，是生知安行事；存心、養性、事天，是學知利行事；夭壽不貳、修身以俟，是困知勉行事。朱子錯訓『格物』，只爲倒看了此意。以盡心知性爲物格知至，要初學便去做生知安行事，如何做得？」

愛問：「盡心知性，何以爲生知安行？」

先生曰：「性是心之體，天是性之原，盡心即是盡性。惟天下至誠，爲能盡其性，知天地之化育。存心者，心有未盡也。知天，如『知州』『知縣』之『知』，是自己分上事，已與天爲一；事天，如子之事父、臣之事君，須是恭敬奉承，然後能無失，尚與天爲二。此便是聖賢之別。至於天壽不貳其心，乃是教學者一心爲善，不可以窮通夭壽之故，便把爲善的心變動了。只去修身以俟命，見得窮通壽夭有箇命在，我亦不必以此動心。事天雖與天爲二，已自見得箇天在面前；俟命便是未曾見面，在此等候相似。此便是初學立心之始，有箇困勉的意在。今却倒做了，所以使學者無下手處。」

愛曰：「昨聞先生之教，亦影影見得功夫須是如此。今聞此說，益無可疑。愛昨晚思『格物』的『物』字[一]，即是『事』字，皆從心上說。」

先生曰：「然。身之主宰便是心，心之所發便是意，意之本體便是知，意之所在便是物。如意在於事親，即事親便是一物；意在於事君，即事君便是一物；意在於仁民愛物，即仁民愛物便是一物；意在於視聽言動，即視聽言動便是一物。所以某說無心外之理，無心外之物。中庸言『不

[一] 愛昨晚思格物的物字　「晚」，國圖本、天圖本、叢刊本、文淵閣本、摛藻堂本作「曉」。

誠無物』。大學明明德之功，只是箇誠意；誠意之功，只是箇格物。」

先生又曰：「格物，如孟子『大人格君心』之『格』，是去其心之不正，以全其本體之正。但意念所在，即要去其不正，以全其正，即無時無處不是存天理，即是窮理。天理即是明德，窮理即是明明德[一]。」

又曰：「知是心之本體，心自然會知。見父自然知孝，見兄自然知弟，見孺子入井自然知惻隱，此便是良知，不假外求。若良知之發，更無私意障碍，即所謂『充其惻隱之心，而仁不可勝用矣』。然在常人，不能無私意障碍，所以須用致知格物之功，勝私復理。即心之良知更無障碍，得以充塞流行，便是致其知。知致則意誠。」

愛問：「先生以博文爲約禮功夫，深思之未能得，略請開示。」

[一] 窮理即是明明德　「窮理」，錢本作「存天理」，蕭本、國會本、德安本、孫本、水西本、范本、胡本無此二字。

先生曰：「『禮』字即是『理』字。理之發見可見者謂之文，文之隱微不可見者謂之理，只是一物。約禮，只是要此心純是一箇天理。要此心純是天理，須就理之發見處用功。如發見於事親時，就在事親上學存此天理；發見於事君時，就在事君上學存此天理；發見於處富貴貧賤時，就在處富貴貧賤上學存此天理；發見於處患難夷狄時，就在處患難夷狄上學存此天理。至於作止語默，無處不然，隨他發見處，即就那上面學箇存天理。這便是博學之於文，便是約禮的功夫。博文即是惟精，約禮即是惟一。」

愛問：「『道心常爲一身之主，而人心每聽命』，以先生『精一』之訓推之，此語似有弊？」先生曰：「然。心一也。未雜於人謂之道心，雜以人僞謂之人心。人心之得其正者即道心，道心之失其正者即人心，初非有二心也。程子謂『人心即人欲，道心即天理』，語若分析而意實得之。今曰『道心爲主，而人心聽命』，是二心也。天理人欲不並立，安有天理爲主，人欲又從而聽命者？」

愛問文中子、韓退之。

先生曰：「退之，文人之雄耳。文中子，賢儒也。後人徒以文詞之故推尊退之，其實退之去文中子遠甚。」

愛問：「何以有擬經之失？」

先生曰：「擬經恐未可盡非。且說後世儒者著述之意，與擬經如何？」

愛曰：「世儒著述，近名之意不無，然期以明道，擬經純若爲名。」

先生曰：「著述以明道，亦何所效法？」

曰：「孔子删述六經以明道也。」

先生曰：「然則擬經獨非效法孔子乎？」

愛曰：「著述即於道有所發明，擬經似徒擬其迹，恐於道無補。」

先生曰：「子以明道者，使其反朴還淳，而見諸行事之實乎？抑將美其言辭，而徒以譊譊於世也？天下之大亂，由虛文勝而實行衰也。使道明於天下，則六經不必述。删述六經，孔子不得已也。自伏羲畫卦，至於文王、周公，其間言易，如連山歸藏之屬，紛紛籍籍，不知其幾，易道大亂。孔子以天下好文之風日盛，知其説之將無紀極，於是取文王、周公之説而贊之。以爲惟此爲得其宗，於是紛紛之説盡廢，而天下之言易者始一。書詩禮樂春秋，皆然。書自典謨以後，詩自二南以降，如九丘八索，一切淫哇逸蕩之詞，蓋不知其幾千百篇。禮樂之名物度數，至是亦不可勝窮。孔子皆刪削而述正之，然後其説始廢。如書詩禮樂中，孔子何嘗加一語。今之禮記諸説，皆後儒附會而成，已非孔子之舊。至於春秋，雖稱孔子作之，其實皆魯史舊文。所謂筆者筆其舊，所謂削者削其繁，是有減無增。孔子述六經，懼繁文之亂天下，惟簡之而不得，使天下務去其文以求其實，非以文教之也。春秋以後，繁文益盛，天下益亂。始皇焚書得罪，是出於私意，又不合焚六經。若當時志在明道，其諸反經叛理之説，悉取而焚之，亦正暗合刪述之意。自秦漢以降，文又日盛，若欲盡去之，斷不能去。只宜取法孔子，録其近是者而表章之，則其諸怪悖之説，亦宜漸漸自廢。不知文中子當時擬經之意如何，某切深有取於其事〔一〕，以爲聖人復起，不能易也。天下所以不治，只因文盛實衰，人出己見，新奇相高，以眩俗取譽。徒以亂天下之聰明，塗天下之耳目，使天下靡然，争務修飾文詞，以求知於世，而不復知有敦本尚實、反朴還淳之行，是皆著述者有以啓之。」

愛曰：「著述亦有不可缺者，如春秋一經，若無左傳，恐亦難曉。」

先生曰：「春秋必待傳而後明，是歇後謎語矣。聖人何苦爲此艱深隱晦之詞？左傳多是魯史舊

〔一〕某切深有取於其事　「某切」，蕭本、國會本作「守仁竊」。

文，若春秋須此而後明，孔子何必削之？」

愛曰：「伊川亦云『傳是案，經是斷』，如書弒某君、伐某國，若不明其事，恐亦難斷？」

先生曰：「伊川此言，恐亦是相沿世儒之說，未得聖人作經之意。如書弒君，即弒君便是罪，何必更問其弒君之詳？征伐當自天子出，書伐國，即伐國便是罪，何必更問其伐國之詳？聖人述六經，只是要正人心，只是要存天理，去人欲。於存天理、去人欲之事則嘗言之。或因人請問，各隨分量而說，亦不肯多道，恐人專求之言語，故曰『予欲無言』。若是一切縱人欲、滅天理的事，又安肯詳以示人，是長亂導奸也。故孟子云『仲尼之門[一]，無道桓文之事者，是以後世無傳焉』，此便是孔門家法。世儒只講得一箇伯者的學問，所以要知得許多陰謀詭計，純是一片功利的心，與聖人作經的意思正相反，如何思量得通？」因嘆曰：「此非達天德者，未易與言此也。」

又曰：「孔子云『吾猶及史之闕文也』，孟子云『盡信書，不如無書，吾於武成，取二三策而已』。孔子刪書，於唐、虞、夏四五百年間，不過數篇，豈更無一事，而所述止此？聖人之意可知矣。聖人只是要刪去繁文，後儒却只要添上。」

愛曰：「聖人作經，只是要去人欲，存天理。如五伯以下事，聖人不欲詳以示人，則誠然矣。

[一] 仲尼之門　「門」，孫本作「徒」。

至如堯舜以前事，如何略不少見？」

先生曰：「羲黄之世，其事闊踈，傳之者鮮矣。此亦可以想見，其時全是淳龐朴素，略無文采的氣象。此便是太古之治，非後世可及。」

愛曰：「如三墳之類，亦有傳者，孔子何以删之？」

先生曰：「縱有傳者，亦於世變漸非所宜。風氣益開，文采日勝，至於周末，雖欲變以夏商之俗，已不可挽，況唐虞乎？又況羲黄之世乎？然其治不同，其道則一。孔子於堯舜則祖述之，於文武則憲章之，文武之法，即是堯舜之道。但因時致治，其設施政令，已自不同。即夏商事業，施之於周，已有不合。故周公思兼三王，其有不合，仰而思之，夜以繼日。況太古之治，豈復能行，斯固聖人之所可略也。」

又曰：「專事無爲，不能如三王之因時致治，而必欲行以太古之俗，即是佛老的學術；因時致治，不能如三王之一本於道，而以功利之心行之，即是伯者以下事業。後世儒者許多講來講去，只是講得箇伯術。」

又曰：「唐虞以上之治，後世不可復也，略之可也。三代以下之治，後世不可法也，削之可也。

惟三代之治可行，然而世之論三代者，不明其本而徒事其末，則亦不可復矣。」

愛曰：「先儒論六經，以春秋爲史，史專記事，恐與五經事體終或稍異？」

先生曰：「以事言謂之史，以道言謂之經。事即道，道即事。春秋亦經，五經亦史。易是包犧氏之史，書是堯舜以下史，詩禮樂是三代史[一]。其事同，其道同，安有所謂異？」

又曰：「五經亦只是史，史以明善惡，示訓戒。善可爲訓者，時存其迹以示法；惡可爲戒者，存其戒而削其事以杜奸。」

愛曰：「存其迹以示法，亦是存天理之本然。削其事以杜奸，亦是遏人欲於將萌否？」

先生曰：「聖人作經，固無非是此意，然又不必泥着文句。」

愛又問：「惡可爲戒者，存其戒而削其事以杜奸，何獨於詩而不刪鄭衛？先儒謂『惡者可以懲創人之逸志』，然否？」

先生曰：「詩非孔門之舊本矣。孔子云『放鄭聲，鄭聲淫』，又曰『惡鄭聲之亂雅樂也』，『鄭

[一] 詩禮樂是三代史 國圖本、天圖本、叢刊本、文淵閣本、摛藻堂本無「詩」字。

衛之音，亡國之音也』，此是孔門家法。孔子所定三百篇，皆所謂雅樂，皆可奏之郊廟，奏之鄉黨。皆所以宣暢和平，涵泳德性，移風易俗，安得有此？是長淫導奸矣。此必秦火之後，世儒附會，以足三百篇之數。蓋淫泆之詞，世俗多所喜傳，如今閭巷皆然。『惡者可以懲創人之逸志』，是求其說而不得，從而爲之辭。」

愛因舊說汩没，始聞先生之教，實是駭愕不定，無入頭處。其後聞之既久，漸知反身實踐，然後始信先生之學爲孔門嫡傳，舍是皆傍蹊小徑，斷港絶河矣。如說格物是誠意的工夫，明善是誠身的工夫，窮理是盡性的工夫，道問學是尊德性的工夫，博文是約禮的工夫，惟精是惟一的工夫。諸如此類，始皆落落難合，其後思之既久，不覺手舞足蹈。

右曰仁所録〔二〕

〔二〕蕭本、國會本、德安本、孫本、水西本、胡本此下有跋語：「曰仁所紀凡三（水西本作「二」）卷，侃近（胡本作「僅」）得此數條并兩小序，其餘俟求其家附録之。正德戊寅春薛侃識。」

陸澄問[一]：「主一之功，如讀書則一心在讀書上，接客則一心在接客上，可以爲主一乎？」先生曰：「好色則一心在好色上，好貨則一心在好貨上，可以爲主一乎？是所謂逐物，非主一也。主一，是專主一箇天理。」

問立志。先生曰：「只念念要存天理，即是立志。能不忘乎此，久則自然心中凝聚，猶道家所謂結聖胎也。此天理之念常存，馴至於美大聖神，亦只從此一念存養擴充去耳。」

日間工夫，覺紛擾則静坐，覺懶看書則且看書，是亦因病而藥。

處朋友務相下則得益，相上則損。

孟源有自是好名之病，先生屢責之。一日警責方已，一友自陳日來工夫請正，源從傍曰：「此方

[一] 陸澄問　蕭本、國會本、德安本、孫本、錢本、水西本、范本、胡本無「陸」字。

是尋着源舊時家當。」先生曰：「爾病又發。」源色變，議擬欲有所辨[一]。先生曰：「爾病又發。」因喻之曰：「此是汝一生大病根。譬如方丈地内，種此一大樹，雨露之滋，土脉之力，只滋養得這箇大根。四傍縱要種些嘉穀，上面被此樹葉遮覆，下面被此樹根盤結，如何生長得成？須用伐去此樹，纖根勿留，方可種植嘉種。不然，任汝耕耘培壅，只是滋養得此根[二]。」

問：「後世著述之多，恐亦有亂正學？」

先生曰：「人心天理渾然，聖賢筆之書，如寫真傳神，不過示人以形狀大略，使之因此而討求其真耳。其精神意氣、言笑動止，固有所不能傳也。後世著述，是又將聖人所畫，摹倣謄寫，而妄自分析加增，以逞其技，其失真愈遠矣。」

問：「聖人應變不窮，莫亦是預先講求否？」

先生曰：「如何講求得許多？聖人之心如明鏡，只是一箇明，則隨感而應，無物不照。未有已

[一] 議擬欲有所辨 「議擬」，孫本作「擬議」。

[二] 蕭本、國會本、德安本、孫本、錢本、水西本、范本、胡本此條在薛侃録之末。

往之形尚在，未照之形先具者。若後世所講，却是如此，是以與聖人之學大背。周公制禮作樂以文天下，皆聖人所能爲，堯舜何不盡爲之，而待於周公？孔子删述六經以詔萬世，亦聖人所能爲，周公何不先爲之，而有待於孔子？是知聖人遇此時，方有此事。只怕鏡不明，不怕物來不能照。講求事變，亦是照時事，然學者却須先有箇明的工夫。學者惟患此心之未能明，不患事變之不能盡。」

曰：「然則所謂『冲漠無朕而萬象森然已具』者，其言何如？」

曰：「是説本自好，只不善看，亦便有病痛。」

「義理無定在，無窮盡。吾與子言，不可以少有所得，而遂謂止此也。再言之十年、二十年、五十年，未有止也。」他日又曰：「聖如堯舜，然堯舜之上善無盡；惡如桀紂，然桀紂之下惡無盡。使桀紂未死，惡寧止此乎？使善有盡時，文王何以望道而未之見？」

問：「静時亦覺意思好，才遇事便不同，如何？」

先生曰：「是徒知静養，而不用克己工夫也。如此，臨事便要傾倒。人須在事上磨，方立得住，方能静亦定，動亦定。」

問上達工夫。

先生曰：「後儒教人，纔涉精微，便謂上達未當學，且説下學，是分下學上達爲二也。夫目可得見，耳可得聞，口可得言，心可得思者，皆下學也。目不可得見，耳不可得聞，口不可得言，心不可得思者，上達也。如木之栽培灌溉，是下學也。至於日夜之所息，條達暢茂，乃是上達，人安能預其力哉？故凡可用功，可告語者，皆下學，上達只在下學裏。凡聖人所説，雖極精微，俱是下學。學者只從下學裏用功，自然上達去，不必別尋箇上達的工夫。」

持志如心痛，一心在痛上，豈有工夫説閒話、管閒事[一]。

問：「惟精惟一，是如何用功？」

[一] 蕭本、國會本、德安本、孫本、錢本、水西本、范本、胡本此條在陸澄録之首，句首有「先生曰」三字。

先生曰：「惟一是惟精主意，惟精是惟一功夫，非惟精之外復有惟一也。『精』字從『米』，姑以米譬之。要得此米純然潔白，便是惟一意。然非加舂簸篩揀惟精之工，則不能純然潔白也。舂簸篩揀是惟精之功，然亦不過要此米到純然潔白而已。博學、審問、慎思、明辨、篤行者，皆所以爲惟精而求惟一也。他如博文者即約禮之功，格物致知者即誠意之功，道問學即尊德性之功，明善即誠身之功，無二說也[一]。」

知者行之始，行者知之成。聖學只一箇功夫，知行不可分作兩事。

漆雕開曰：「吾斯之未能信。」夫子説之。子路使子羔爲費宰，子曰：「賊夫人之子。」曾點言志，夫子許之。聖人之意可見矣。

問：「寧静存心時，可爲未發之中否？」先生曰：「今人存心，只定得氣。當其寧静時，亦只是氣寧静，不可以爲未發之中。」

[一] 無二説也　孫本「無」上有「初」字。

曰：「未便是中，莫亦是求中功夫？」

曰：「只要去人欲，存天理，方是功夫。靜時念念去人欲，存天理；動時念念去人欲，存天理。不管寧靜不寧靜。若靠那寧靜，不惟漸有喜靜厭動之弊，中間許多病痛，只是潛伏在，終不能絶去，遇事依舊滋長。以循理爲主，何嘗不寧靜？以寧靜爲主，未必能循理。」

問：「孔門言志，由、求任政事，公西赤任禮樂，多少實用。及曾皙説來，却似耍的事[一]，聖人却許他，是意何如？」

曰：「三子是有意必，有意必，便偏着一邊，能此未必能彼。曾點這意思，却無意必，便是素其位而行，不願乎其外。素夷狄，行乎夷狄；素患難，行乎患難；無入而不自得矣。三子所謂『汝器也』，曾點便有『不器』意。然三子之才，各卓然成章，非若世之空言無實者，故夫子亦皆許之。」

問：「知識不長進，如何？」

[一] 却似耍的事　「似」，蕭本、國會本、德安本、孫本、錢本、水西本、范本作「是」。

先生曰：「爲學須有本原，須從本原上用力，漸漸盈科而進。仙家説嬰兒，亦善譬。嬰兒在母腹時，只是純氣，有何知識？出胎後方始能啼，既而後能笑，又既而後能識認其父母兄弟[一]，又既而後能立能行，能持能負，卒乃天下之事無不可能。皆是精氣日足，則筋力日强，聰明日開。不是出胎日便講求推尋得來，故須有箇本原。聖人到位天地、育萬物，也只從喜怒哀樂未發之中上養來。後儒不明『格物』之説，見聖人無不知，無不能，便欲於初下手時講求得盡，豈有此理？」

又曰：「立志用功，如種樹然。方其根芽，猶未有榦，及其有榦，尚未有枝，枝而後葉，葉而後花實。初種根時，只管栽培灌溉，勿作枝想，勿作葉想，勿作花想，勿作實想。懸想何益？但不忘栽培之功，怕没有枝葉花實？」

問：「看書不能明，如何？」

先生曰：「此只是在文義上穿求，故不明。如此，又不如爲舊時學問，他到看得多[二]，解得去。

[一] 能識認其父母兄弟　「識認」，蕭本、國會本、德安本、錢本、水西本、范本作「認識」。

[二] 他到看得多　「到」，蕭本、國會本、德安本、孫本、錢本、水西本、范本作「倒」。

只是他爲學雖極解得明曉，亦終身無得。須於心體上用功[一]，凡明不得，行不去，須反在自心上體當即可通[二]。蓋四書五經，不過説這心體。這心體，即所謂道，心體明即是道明，更無二。此是爲學頭腦處。」

虚靈不昧，衆理具而萬事出。心外無理，心外無事。

或問：「晦庵先生曰『人之所以爲學者，心與理而已』，此語如何？」

曰：「心即性，性即理，下一『與』字，恐未免爲二。此在學者善觀之。」

或曰：「人皆有是心，心即理，何以有爲善，有爲不善[三]？」

[一] 須於心體上用功　水西本無「於」字。

[二] 須反在自心上體當即可通　蕭本、國會本、德安本、錢本、水西本、范本「須」上有「便」字；孫本「便須」作「須便」。

[三] 有爲不善　水西本作「有不爲善」。

先生曰：「惡人之心，失其本體。」

問：「『析之有以極其精而不亂，然後合之有以盡其大而無餘』，此言如何？」

先生曰：「恐亦未盡。此理豈容分析，又何須湊合得？聖人說『精一』，自是盡。」

省察是有事時存養，存養是無事時省察。

澄嘗問象山在人情事變上做工夫之說。先生曰：「除了人情事變，則無事矣。喜怒哀樂，非人情乎？自視聽言動，以至富貴貧賤、患難死生，皆事變也。事變亦只在人情裏，其要只在致中和，致中和只在謹獨。」

澄問：「仁義禮智之名，因已發而有？」

曰：「然。」

他日，澄曰：「惻隱、羞惡、辭讓、是非，是性之表德邪？」

曰：「仁義禮智，也是表德[一]。性一而已，自其形體也謂之天，主宰也謂之帝，流行也謂之命，賦於人也謂之性，主於身也謂之心。心之發也，遇父便謂之孝，遇君便謂之忠。自此以往，名至於無窮，只一性而已。猶人一而已，對父謂之子，對子謂之父，自此以往，至於無窮，只一人而已。人只要在性上用功，看得一『性』字分明，即萬理燦然。」

一日，論爲學工夫。先生曰：「教人爲學，不可執一偏。初學時心猿意馬，拴縛不定，其所思慮，多是人欲一邊，故且教之静坐，息思慮。久之，俟其心意稍定，只懸空静守，如槁木死灰，亦無用，須教他省察克治。省察克治之功，則無時而可間。如去盜賊，須有箇掃除廓清之意。無事時，將好色、好貨、好名等私，逐一追究，搜尋出來，定要拔去病根，永不復起，方始爲快。常如貓之捕鼠，一眼看着，一耳聽着，纔有一念萌動，即與克去。斬釘截鐵，不可姑容與他方便，不可窩藏，不可放他出路，方是真實用功，方能掃除廓清。到得無私可克，自有端拱時在。雖曰『何思何慮』，非初學時事。初學必須思，省察克治，即是思誠。只思一箇天理[二]，到

[一] 也是表德 「也」，孫本作「亦」。
[二] 只思一箇天理 「思」，孫本作「是」。

得天理純全，便是何思何慮矣。」

澄問：「有人夜怕鬼者，奈何？」

先生曰：「只是平日不能集義，而心有所慊，故怕。若素行合於神明，何怕之有？」

子莘曰：「正直之鬼不須怕，恐邪鬼不管人善惡，故未免怕。」

先生曰：「豈有邪鬼能迷正人乎？只此一怕，即是心邪，故有迷之者，非鬼迷也，心自迷耳。如人好色，即是色鬼迷；好貨，即是貨鬼迷；怒所不當怒，是怒鬼迷；懼所不當懼，是懼鬼迷也。」

定者，心之本體，天理也。動静，所遇之時也。

澄問學庸同異。

先生曰：「子思括大學一書之義爲中庸首章。」

問：「孔子正名，先儒説上告天子，下告方伯，廢輒立郢，此意如何？」

先生曰：「恐難如此。豈有一人致敬盡禮，待我而爲政，我就先去廢他，豈人情天理？孔子既肯與輒爲政，必已是他能傾心委國而聽。聖人盛德至誠，必已感化衛輒，使知無父之不可以爲人，必將痛哭奔走，往迎其父。父子之愛，本於天性，輒能悔痛真切如此，蒯聵豈不感動底豫。蒯聵既還，輒乃致國請戮。聵已見化於子，又有夫子至誠調合其間，當亦决不肯受，仍以命輒。群臣百姓又必欲得輒爲君，輒乃自暴其罪惡，請於天子，告於方伯諸侯，而必欲致國於父。聵與群臣百姓亦皆表輒悔悟仁孝之美，請於天子，告於方伯諸侯，必欲得輒而爲之君。於是集命於輒，使之復君衛國。輒不得已，乃如後世上皇故事，率群臣百姓尊聵爲太公，備物致養，而始退復其位焉。則君君、臣臣、父父、子子，名正言順，一舉而可爲政於天下矣。孔子正名，或是如此。」

澄在鴻臚寺倉居，忽家信至，言兒病危，澄心甚憂悶，不能堪。

先生曰：「此時正宜用功。若此時放過，閒時講學何用？人正要在此等時磨鍊。父之愛子，自是至情，然天理亦自有箇中和處，過即是私意。人於此處，多認做天理當憂[一]，則一向憂苦，不知已是有所憂患，不得其正。大抵七情所感，多只是過，少不及者。才過便非心之本體，必須調停適中始得。就如父母之喪，人子豈不欲一哭便死，方快於心，然却曰『毁不滅性』，非聖人强制之也。天理本體，自有分限，不可過也。人但要識得心體，自然增減分毫不得。」

不可謂未發之中常人俱有。蓋體用一源，有是體，即有是用，有未發之中，即有發而皆中節之和。今人未能有發而皆中節之和，須知是他未發之中亦未能全得。

易之辭，是「初九，潛龍勿用」六字；易之象，是初畫；易之變，是值其畫；易之占，是用其辭。

夜氣是就常人説。學者能用功，則日間有事無事，皆是此氣翕聚發生處。聖人則不消説夜氣。

澄問「操存舍亡」章。

[一] 多認做天理當憂　「憂」，蕭本、國會本、德安本、孫本、錢本、水西本、范本作「愛」。

曰：「『出入無時，莫知其鄉』，此雖就常人心説，學者亦須是知得心之本體，亦元是如此，則操存功夫，始没病痛。不可便謂出爲亡，入爲存。若論本體，元是無出無入的。若論出入，則其思慮運用是出，然主宰常昭昭在此，何出之有？既無所出，何入之有？程子所謂『腔子』，亦只是天理而已。雖終日應酬而不出天理，即是在腔子裏。若出天理，斯謂之放，斯謂之亡。」

又曰：「出入亦只是動静。動静無端，豈有鄉邪？」

王嘉秀問：「佛以出離生死誘人入道，仙以長生久視誘人入道，其心亦不是要人做不好，究其極至，亦是見得聖人上一截，然非入道正路。如今仕者，有由科，有由貢，有由傳奉，一般做到大官，畢竟非入仕正路，君子不由也。仙佛到極處，與儒者略同，但有了上一截，遺了下一截，終不似聖人之全，然其上一截同者不可誣也[一]。後世儒者，又只得聖人下一截，分裂失真，流而爲記誦、詞章、功利、訓詁，亦卒不免爲異端。是四家者，終身勞苦，於身心無分毫益，視彼仙佛之徒，清心寡慾，超然於世累之外者，反若有所不及矣。今學者不必先排仙佛，且當篤志爲聖人之學，聖人之學明，則仙佛自泯。不然，則此之所學，恐彼或有不屑，而反欲其俯就，

[一] 然其上一截同者不可誣也　水西本無「上」字。

不亦難乎？鄙見如此，先生以爲何如？」

先生曰：「所論大略亦是，但謂上一截、下一截，亦是人見偏了如此。若論聖人大中至正之道，徹上徹下，只是一貫，更有甚上一截、下一截？一陰一陽之謂道，但仁者見之便謂之仁，知者見之便謂之智，百姓又日用而不知，故君子之道鮮矣。仁智豈可不謂之道，但見得偏了，便有弊病。」

蓍固是易，龜亦是易。

問：「孔子謂武王未盡善，恐亦有不滿意？」

先生曰：「在武王自合如此。」

曰：「使文王未没，畢竟如何？」

曰：「文王在時，天下三分已有其二。若到武王伐商之時，文王若在，或者不致興兵，必然這一分亦來歸了。文王只善處紂，使不得縱惡而已。」

問孟子言「執中無權猶執一」。

先生曰：「中只是天理，只是易，隨時變易，如何執得？須是因時制宜，難預先定一箇規矩在。如後世儒者，要將道理一一説得無罅漏，立定箇格式，此正是執一。」

唐詡問：「立志，是常存箇善念[一]，要爲善去惡否？」

曰：「善念存時，即是天理。此念即善，更思何善？此念非惡，更去何惡？此念如樹之根芽，立志者，長立此善念而已。從心所欲不踰矩，只是志到熟處。」

精神、道德、言動，大率收斂爲主，發散是不得已，天地人物皆然。

問：「文中子是如何人？」

先生曰：「文中子庶幾具體而微[二]，惜其蚤死。」

[一] 是常存箇善念　孫本「存」下有「一」字。

[二] 庶幾具體而微　「幾」，孫本作「乎」。

問：「如何却有續經之非？」

曰：「續經亦未可盡非。」

請問。良久曰：「更覺良工心獨苦。」

許魯齋謂「儒者以治生爲先」之説亦誤人。

問仙家元氣、元神、元精。

先生曰：「只是一件，流行爲氣，凝聚爲精，妙用爲神。」

喜怒哀樂，本體自是中和的。纔自家着些意思，便過不及，便是私。

問「哭則不歌」。

先生曰：「聖人心體自然如此。」

克己須要掃除廓清，一毫不存方是。有一毫在，則衆惡相引而來。

問律吕新書。先生曰：「學者當務爲急[一]。算得此數熟，亦恐未有用，必須心中先具禮樂之本方可。且如其書說，多用管以候氣，然至冬至那一刻時，管灰之飛，或有先後，須臾之間，焉知那管正值冬至之刻？須自心中先曉得冬至之刻始得，此便有不通處。學者須先從禮樂本原上用功。」

曰仁云：「心猶鏡也，聖人心如明鏡，常人心如昏鏡。近世格物之說，如以鏡照物，照上用功，不知鏡尚昏在，何能照？先生之格物，如磨鏡而使之明，磨上用功，明了後亦未嘗廢照。」

問道之精粗。先生曰：「道無精粗，人之所見有精粗。如這一間房，人初進來，只見一箇大規模如此；處久，便柱壁之類，一一看得明白；再久，如柱上有些文藻，細細都看出來。然只是一間房。」

[一] 學者當務爲急 「爲急」，水西本作「本原」。

先生曰：「諸公近見時少疑問，何也？人不用功，莫不自以爲已知爲學，只循而行之是矣。殊不知私欲日生，如地上塵，一日不掃，便又有一層。着實用功，便見道無終窮。愈探愈深，必使精白，無一毫不徹方可。」

問：「知至然後可以言誠意，今天理人欲，知之未盡，如何用得克己工夫？」先生曰：「人若真實切己用功不已，則於此心天理之精微日見一日，私欲之細微亦日見一日。若不用克己工夫，終日只是説話而已，天理終不自見，私欲亦終不自見。如人走路一般，走得一段，方認得一段。走到岐路處，有疑便問，問了又走，方漸能到得欲到之處。今人於已知之天理不肯存，已知之人欲不肯去，且只管愁不能盡知，只管閒講，何益之有？且待克得自己無私可克，方愁不能盡知，亦未遲在。」

問：「道一而已，古人論道往往不同，求之亦有要乎？」

先生曰：「道無方體，不可執着，却拘滯於文義上求道，遠矣。如今人只説天，其實何嘗見天？謂日月風雷即天，不可；謂人物草木不是天，亦不可。道即是天，若識得時，何莫而非道？人但各以其一隅之見，認定以爲道止如此，所以不同。若解向裏尋求，見得自己心體，即無時無處不是此道。亘古亘今，無終無始，更有甚同異？心即道，道即天，知心則知道知天。」

又曰：「諸君要實見此道，須從自己心上體認，不假外求始得。」

問：「名物度數，亦須先講求否？」

先生曰：「人只要成就自家心體，則用在其中。如養得心體果有未發之中，自然有發而中節之和，自然無施不可。苟無是心〔一〕，雖預先講得世上許多名物度數，與己原不相干，只是裝綴，臨時自行不去。亦不是將名物度數全然不理，只要知所先後則近道。」

又曰：「人要隨才成就，才是其所能爲。如夔之樂，稷之種，是他資性合下便如此。成就之者，亦只是要他心體純乎天理，其運用處皆從天理上發來，然後謂之才。到得純乎天理處，亦能不器。使夔、稷易藝而爲，當亦能之。」

〔一〕苟無是心　「是」，國會本作「自」。

又曰：「如『素富貴，行乎富貴，素患難，行乎患難』，皆是不器。此惟養得心體正者能之。」

「與其爲數頃無源之塘水，不若爲數尺有源之井水，生意不窮。」時先生在塘邊坐，傍有井，故以之喻學云。

問：「世道日降，太古時氣象，如何復見得？」

先生曰：「一日便是一元。人平旦時起坐，未與物接，此心清明景象，便如在伏羲時遊一般。」

問：「心要逐物，如何則可？」

先生曰：「人君端拱清穆，六卿分職，天下乃治。心統五官，亦要如此。今眼要視時，心便逐在色上；耳要聽時，心便逐在聲上。如人君要選官時，便自去坐在吏部；要調軍時，便自去坐在兵部。如此，豈惟失却君體，六卿亦皆不得其職。」

善念發，而知之、而充之；惡念發，而知之、而遏之。知與充、與遏者，志也，天聰明也。聖人只有此，學者當存此。

澄曰：「好色、好利、好名等心，固是私欲。如閒思雜慮，如何亦謂之私欲？」

先生曰：「畢竟從好色、好利、好名等根上起，自尋其根便見。如汝心中，決知是無有做劫盜的思慮，何也？以汝元無是心也。汝若於貨色名利等心，一切皆如不做劫盜之心一般，都消滅了，光光只是心之本體，看有甚閒思慮？此便是寂然不動，便是未發之中，便是廓然大公。自然感而遂通，自然發而中節，自然物來順應。」

問「志至氣次」。

先生曰：「志之所至，氣亦至焉之謂，非極至、次貳之謂。持其志，則養氣在其中。無暴其氣，則亦持其志矣。孟子救告子之偏，故如此夾持說。」

問：「先儒曰『聖人之道，必降而自卑，賢人之言[一]，則引而自高』，如何？」

先生曰：「不然，如此却乃僞也[二]。聖人如天，無往而非天。三光之上，天也；九地之下，亦天也。天何嘗有降而自卑，此所謂『大而化之』也。賢人如山嶽，守其高而已。然百仞者不能引而爲千仞，千仞者不能引而爲萬仞，是賢人未嘗引而自高也。引而自高則僞矣。」

問：「伊川謂不當於喜怒哀樂未發之前求中，延平却教學者看未發之前氣象，何如？」

先生曰：「皆是也。伊川恐人於未發前討箇中，把中做一物看，如吾向所謂認氣定時做中，故令只於涵養省察上用功。延平恐人未便有下手處，故令人時時刻刻求未發前氣象，使之正目而視惟此[三]，傾耳而聽惟此，即是戒慎不睹，恐懼不聞的工夫。皆古人不得已誘人之言也。」

澄問：「喜怒哀樂之中和，其全體常人固不能有。如一件小事，當喜怒者，平時無有喜怒之心，

[一] 賢人之言　「言」，蕭本訛作「而」，國會本作「道」。
[二] 如此却乃僞也　「乃」，德安本、孫本、錢本、水西本、范本作「是」。
[三] 使之正目而視惟此　「之」，國圖本、天圖本、叢刊本、文淵閣本、摛藻堂本作「人」。

至其臨時亦能中節，亦可謂之中和乎？」

先生曰：「在一時一事，固亦可謂之中和，然未可謂之大本達道。人性皆善，中和是人人原有的，豈可謂無？但常人之心既有所昏蔽，則其本體雖亦時時發見，終是暫明暫滅，非其全體大用矣。無所不中，然後謂之大本。無所不和，然後謂之達道。惟天下之至誠，然後能立天下之大本。」

曰：「澄於中字之義尚未明。」

曰：「此須自心體認出來，非言語所能喻，中只是天理。」

曰：「何者爲天理？」

曰：「去得人欲，便識天理。」

曰：「天理何以謂之中？」

曰：「無所偏倚。」

曰：「無所偏倚是何等氣象？」

曰：「如明鏡然，全體瑩徹，略無纖塵染着。」

曰：「偏倚是有所染着，如着在好色、好利、好名等項上，方見得偏倚。若未發時，美色名利皆未相着，何以便知其有所偏倚？」

曰：「雖未相着，然平日好色、好利、好名之心原未嘗無。既未嘗無，即謂之有；既謂之有，則亦不可謂無偏倚。譬之病瘧之人，雖有時不發，而病根原不曾除，則亦不得謂之無病之人矣。須是平日好色、好利、好名等項，一應私心，掃除蕩滌，無復纖毫留滯，而此心全體廓然，純是天理，方可謂之喜怒哀樂未發之中，方是天下之大本。」

問：「『顔子没而聖學亡』，此語不能無疑。」

先生曰：「見聖道之全者惟顔子，觀喟然一嘆可見。其謂『夫子循循然善誘人，博我以文，約我以禮』，是見破後如此説。博文約禮，如何是善誘人，學者須思之。道之全體，聖人亦難以語人，須是學者自修自悟。顔子『雖欲從之，末由也已』，即文王『望道未見』意。望道未見，乃是真見，顔子没而聖學之正派遂不盡傳矣。」

問：「身之主爲心，心之靈明是知，知之發動是意，意之所着爲物，是如此否？」

先生曰：「亦是。」

只存得此心常見在，便是學。過去未來事，思之何益，徒放心耳。

言語無序，亦足以見心之不存[一]。

尚謙問：「孟子之『不動心』與告子異？」

先生曰：「告子是硬把捉着此心，要他不动。孟子却是集義到自然不動。」又曰：「心之本體，原自不動。心之本體即是性，性即是理。性元不動，理元不動，集義是復其心之本體。」

萬象森然時亦冲漠無朕，冲漠無朕即萬象森然。冲漠無朕者，一之父；萬象森然者，精之母。一中有精，精中有一。

心外無物。如吾心發一念孝親，即孝親便是物。

[一] 亦足以見心之不存 孫本「見」下有「其」字。

先生曰：「今爲吾所謂『格物』之學者，尚多流於口耳。況爲口耳之學者，能反於此乎？天理人欲，其精微必時時用力省察克治，方日漸有見。如今一說話之間，雖只講天理[一]，不知心中倏忽之間，已有多少私欲。蓋有竊發而不知者。雖用力察之，尚不易見，況徒口講，而可得盡知乎？今只管講天理來頓放着不循，講人欲來頓放着不去，豈格物致知之學？後世之學，其極至只做得箇義襲而取的工夫。」

問「格物」。

先生曰：「格者，正也。正其不正，以歸於正也。」

問：「知止者，知至善只在吾心，元不在外也，而後志定。」

曰：「然。」

問：「格物於動處用功否？」

[一] 雖只講天理　「只」，水西本作「口」。

先生曰：「格物無間動靜，靜亦物也。孟子謂『必有事焉』，是動靜皆有事。」

工夫難處，全在格物致知上，此即誠意之事。意既誠，大段心亦自正，身亦自修。但正心、修身工夫，亦各有用力處。修身是已發邊，正心是未發邊。心正則中，身修則和。

自「格物致知」至「平天下」，只是一箇「明明德」。雖「親民」亦「明德」事也。明德，是此心之德，即是仁。仁者以天地萬物爲一體，使有一物失所，便是吾仁有未盡處。

只說「明明德」而不說「親民」，便似老佛。

至善者，性也。性元無一毫之惡，故曰至善。止之，是復其本然而已。

問：「知至善即吾性，吾性具吾心，吾心乃至善所止之地，則不爲向時之紛然外求而志定矣。定則不擾擾而静，静而不妄動則安，安則一心一意只在此處，千思萬想，務求必得此至善，是能慮而得矣。如此説是否？」

先生曰：「大略亦是。」

問：「程子云『仁者以天地萬物爲一體』，何墨氏兼愛，反不得謂之仁？」

先生曰：「此亦甚難言，須是諸君自體認出來始得。仁是造化生生不息之理，雖瀰漫周遍，無處不是，然其流行發生，亦只有箇漸，所以生生不息。如冬至一陽生，必自一陽生而後漸漸至於六陽，若無一陽之生，豈有六陽？陰亦然。惟其漸，所以便有箇發端處；惟其有箇發端處，所以生；惟其生，所以不息。譬之木，其始抽芽，便是木之生意發端處。抽芽然後發榦，發榦然後生枝生葉，然後是生生不息。若無芽，何以有榦、有枝葉？能抽芽，必是下面有箇根在。有根方生，無根便死，無根何從抽芽？父子兄弟之愛，便是人心生意發端處，如木之抽芽。自此而仁民、而愛物，便是發榦、生枝、生葉。墨氏兼愛，無差等，將自家父子兄弟，與途人一般看，便自没了發端處。不抽芽，便知得他無根，便不是生生不息，安得謂之仁？孝弟，爲仁之本，却是仁理從裏面發生出來。」

問：「延平云『當理而無私心』，當理與無私心，如何分别？」

先生曰：「心即理也。無私心即是當理，未當理便是私心。若析心與理言之，恐亦未善。」

又問：「釋氏於世間一切情欲之私都不染着，似無私心，但外棄人倫，却似未當理？」

曰：「亦只是一統事，都只是成就他一箇私己的心[一]。」

侃問：「持志如心痛，一心在痛上，安有工夫説閑語，管閑事？」

先生曰：「初學工夫如此用亦好。但要使知『出入無時，莫知其鄉』，心之神明，原是如此，工夫方有着落。若只死死守着，恐於工夫上又發病[二]。」

侃問：「專涵養而不務講求，將認欲作理，則如之何？」

[一] 蕭本、國會本、德安本、孫本、錢本、水西本、胡本此條之下署「右門人陸澄録」。

[二] 蕭本、國會本、德安本、孫本、錢本、水西本、范本、胡本無此條，各本自「侃問專涵養」云云以下爲薛侃録。

先生曰：「人須是知學，講求亦只是涵養；不講求，只是涵養之志不切。」

曰：「何謂知學？」

曰：「且道爲何而學，學箇甚？」

曰：「嘗聞先生教，學是學存天理。心之本體，即是天理，體認天理，只要自心地無私意。」

曰：「如此，則只須克去私意便是，又愁甚理欲不明？」

曰：「正恐這些私意認不真。」

曰：「總是志未切[一]。志切，目視耳聽皆在此，安有認不真的道理？是非之心，人皆有之，不假外求。講求，亦只是體當自心所見，不成去心外別有箇見。」

先生問在坐之友：「比來工夫何似？」一友舉虚明意思。先生曰：「此是說光景。」一友叙今昔異同。先生曰：「此是說效驗。」二友惘然，請是。先生曰：「吾輩今日用功，只是要爲善之心真切。此心真切[二]，見善即遷，有過即改，方是真切工夫。如此，則人欲日消，天理日明。

[一] 總是志未切　「未」，孫本作「不」。

[二] 此心真切　「此」，蕭本、國會本、德安本、孫本、錢本、水西本、范本作「這箇」。

若只管求光景，説效驗，却是助長外馳病痛，不是工夫。」

朋友觀書，多有摘議晦庵者。先生曰：「是有心求異，即不是。吾説與晦庵時有不同者，爲入門下手處，有毫釐千里之分，不得不辯。然吾之心與晦庵之心，未嘗異也。若其餘文義解得明當處，如何動得一字？」

希淵問：「聖人可學而至，然伯夷、伊尹於孔子，才力終不同，其同謂之聖者安在？」先生曰：「聖人之所以爲聖，只是其心純乎天理而無人欲之雜。猶精金之所以爲精，但以其成色足而無銅鉛之雜也。人到純乎天理方是聖，金到足色方是精。然聖人之才力，亦有大小不同，猶金之分兩有輕重。堯、舜猶萬鎰，文王、孔子猶九千鎰[一]，禹、湯、武王猶七八千鎰，伯夷、伊尹猶四五千鎰。才力不同而純乎天理則同，皆可謂之聖人。猶分兩雖不同而足色則同，皆可謂之精金。以五千鎰者而入於萬鎰之中，其足色同也；以夷、尹而厠之堯、孔之間，其純乎天理同也。蓋所以爲精金者，在足色而不在分兩；所以爲聖者，在純乎天理而不在才力也。故雖

[一] 文王孔子猶九千鎰　「猶」，國圖本、天圖本、叢刊本作「有」。

凡人而肯爲學，使此心純乎天理，則亦可爲聖人。猶一兩之金，比之萬鎰，分兩雖懸絶，而其到足色處可以無愧。故曰人皆可以爲堯、舜者，以此。學者學聖人，不過是去人欲而存天理耳。猶鍊金而求其足色，金之成色所争不多，則煅鍊之工省而功易成，成色愈下，則煅鍊愈難。人之氣質，清濁粹駁，有中人以上、中人以下；其於道，有生知安行、學知利行；其下者必須人一己百，人十己千，及其成功則一。後世不知作聖之本是純乎天理，却專去知識才能上求聖人。以爲聖人無所不知，無所不能，我須是將聖人許多知識才能逐一理會始得。故不務去天理上着工夫，徒弊精竭力，從册子上鑽研，名物上考索，形迹上比擬，知識愈廣而人欲愈滋，才力愈多而天理愈蔽。正如見人有萬鎰精金，不務煅鍊成色，求無愧於彼之精純，而乃妄希分兩，務同彼之萬鎰。錫鉛銅鐵，雜然而投，分兩愈增，而成色愈下，既其梢末，無復有金矣。」

時曰仁在傍，曰：「先生此喻，足以破世儒支離之惑，大有功於後學。」

先生又曰：「吾輩用功，只求日減，不求日增。減得一分人欲，便是復得一分天理。何等輕快脱洒！何等簡易！」

士德問曰：「『格物』之説，如先生所教，明白簡易，人人見得。文公聰明絶世，於此反有未審，何也？」

先生曰：「文公精神氣魄大，是他早年合下便要繼往開來，故一向只就考索著述上用功。若先切己自修，自然不暇及此。到得德盛後，果憂道之不明，如孔子退修六籍，删繁就簡，開示來學，亦大段不費甚考索。文公早歲便著許多書，晚年方悔是倒做了。」

士德曰：「晚年之悔，如謂『向來定本之悞』[一]，又謂『雖讀得書，何益於吾事』，又謂『此與守書籍，泥言語，全無交涉』。是他到此，方悔從前用功之錯，方去切己自修矣。」曰：「然。此是文公不可及處。他力量大，一悔便轉，可惜不久即去世，平日許多錯處，皆不及改正。」

侃去花間草，因曰：「天地間何善難培，惡難去？」先生曰：「未培未去耳。」少間曰：「此等看善惡，皆從軀殼起念，便會錯。」侃未達。曰：「天

[一] 如謂向來定本之悞　「悞」，國圖本、天圖本、叢刊本、摛藻堂本訛作「悟」。按，此朱子答黃直卿書中語，見朱子晚年定論。

地生意，花草一般，何曾有善惡之分？子欲觀花，則以花爲善，以草爲惡；如欲用草時，復以草爲善矣。此等善惡，皆由汝心好惡所生，故知是錯。」

曰：「然則無善無惡乎？」

曰：「無善無惡者，理之静；有善有惡者，氣之動。不動於氣，即無善無惡，是謂至善。」

曰：「佛氏亦無善無惡，何以異？」

曰：「佛氏着在無善無惡上，便一切都不管，不可以治天下。聖人無善無惡，只是『無有作好』，『無有作惡』，不動於氣。然『遵王之道』，『會其有極』，便自一循天理[一]，便有箇裁成輔相。」

曰：「草既非惡，即草不宜去矣？」

曰：「如此却是佛老意見。草若有礙，何妨汝去。」

曰：「如此又是作好作惡。」

曰：「不作好惡，非是全無好惡，却是無知覺的人。謂之不作者，只是好惡一循於理，不去又着一分意思。如此，即是不曾好惡一般。」

[一] 便自一循天理 「天」，蕭本、德安本、孫本、錢本、范本、胡本作「夫」。

曰：「去草如何是一循於理，不着意思？」

曰：「草有妨礙，理亦宜去，去之而已。偶未即去，亦不累心。若着了一分意思，即心體便有貽累，便有許多動氣處。」

曰：「然則善惡全不在物？」

曰：「只在汝心。循理便是善，動氣便是惡。」

曰：「畢竟物無善惡？」

曰：「在心如此，在物亦然。世儒惟不知此，舍心逐物，將格物之學錯看了。終日馳求於外，只做得箇義襲而取，終身行不著，習不察。」

曰：「如好好色，如惡惡臭，則如何？」

曰：「此正是一循於理，是天理合如此，本無私意作好作惡。」

曰：「如好好色，如惡惡臭，安得非意？」

曰：「却是誠意，不是私意，誠意只是循天理。雖是循天理，亦着不得一分意，故有所忿懥好樂，則不得其正。須是廓然大公，方是心之本體，知此即知未發之中。」

伯生曰：「先生云『草有妨礙，理亦宜去』，緣何又是軀殼起念？」

曰：「此須汝心自體當。汝要去草，是甚麽心？周茂叔窗前草不除，是甚麽心？」

先生謂學者曰：「爲學須得箇頭腦，工夫方有着落。縱未能無間，如舟之有舵，一提便醒。不然，雖從事於學，只做箇義襲而取[一]，只是行不著，習不察，非大本達道也。」

又曰：「見得時，横説竪説皆是。若於此處通，彼處不通，只是未見得。」

或問爲學以親故，不免業舉之累[二]。

先生曰：「以親之故而業舉[三]，爲累於學，則治田以養其親者，亦有累於學乎？先正云『惟患奪志』，但恐爲學之志不真切耳。」

[一] 只做箇義襲而取　「做」，水西本作「是」。

[二] 不免業舉之累　「業舉」，孫本、水西本作「舉業」。

[三] 以親之故而業舉　「業舉」，孫本作「舉業」。

崇一問：「尋常意思多忙，有事固忙，無事亦忙，何也？」

先生曰：「天地氣機，元無一息之停，然有箇主宰，故不先不後，不急不緩。雖千變萬化，而主宰常定，人得此而生。若主宰定時，與天運一般不息。雖酬酢萬變，常是從容自在，所謂『天君泰然，百體從令』。若無主宰，便只是這氣奔放，如何不忙？」

先生曰：「爲學大病在好名。」

侃曰：「從前歲自謂此病已輕，比來精察，乃知全未。豈必務外爲人，只聞譽而喜，聞毀而悶，即是此病發來。」

曰：「最是。名與實對，務實之心重一分，則務名之心輕一分。全是務實之心，即全無務名之心。若務實之心，如饑之求食，渴之求飲，安得更有工夫好名？」

又曰：「『疾没世而名不稱』，『稱』字去聲讀，亦『聲聞過情，君子耻之』之意。實不稱名，生猶可補，没則無及矣。『四十五十而無聞』，是不聞道，非無聲聞也。孔子云『是聞也，非達也』，安肯以此望人？」

侃多悔。先生曰：「悔悟是去病之藥，然以改之爲貴。若留滯於中，則又因藥發病。」

德章曰：「聞先生以精金喻聖，以分兩喻聖人之分量，以鍛鍊喻學者之工夫，最爲深切。惟謂堯舜爲萬鎰，孔子爲九千鎰，疑未安。」

先生曰：「此又是軀殼上起念，故替聖人爭分兩。若不從軀殼上起念，即堯舜萬鎰不爲多，孔子九千鎰不爲少。堯舜萬鎰，只是孔子的，孔子九千鎰，只是堯舜的，原無彼我。所以謂之聖，只論精一，不論多寡。只要此心純乎天理處同，便同謂之聖。若是力量氣魄，如何盡同得？後儒只在分兩上較量，所以流入功利。若除去了比較分兩的心，各人儘着自己力量精神，只在此心純天理上用功，即人人自有，箇箇圓成。便能大以成大，小以成小，不假外慕，無不具足。此便是實實落落，明善誠身的事。後儒不明聖學，不知就自己心地良知良能上體認擴充，却去求知其所不知，求能其所不能，一味只是希高慕大。不知自己是桀紂心地，動輒要做堯舜事業，如何做得？終年碌碌，至於老死，竟不知成就了箇甚麽，可哀也已。」

侃問：「先儒以心之静爲體，心之動爲用，如何？」

先生曰：「心不可以動静爲體用。動静，時也。即體而言用在體，即用而言體在用，是謂體用一源。若説静可以見其體，動可以見其用，却不妨。」

問：「上智下愚，如何不可移？」

先生曰：「不是不可移，只是不肯移。」

問「子夏門人問交」章。

先生曰：「子夏是言小子之交，子張是言成人之交。若善用之，亦俱是。」

子仁問：「『學而時習之，不亦説乎』，先儒以『學』爲『效先覺之所爲』，如何？」

先生曰：「學是學去人欲，存天理。從事於去人欲，存天理，則自正諸先覺，考諸古訓，自下許多問辨思索、存省克治工夫。然不過欲去此心之人欲，存吾心之天理耳。若曰『效先覺之所爲』，則只説得學中一件事，亦似專求諸外了。時習者，坐如尸，非專習坐也，坐時習此心也；立如齋，非專習立也，立時習此心也。説，是『理義之説我心』之『説』。人心本自説理義，如目本説色，耳本説聲。惟爲人欲所蔽所累，始有不説。今人欲日去，則理義日洽浹[一]，安得不説？」

國英問：「曾子『三省』雖切，恐是未聞『一貫』時工夫？」

先生曰：「『一貫』，是夫子見曾子未得用功之要，故告之。學者果能忠恕上用功，豈不是一貫？『一』如樹之根本，『貫』如樹之枝葉，未種根，何枝葉之可得？體用一源，體未立，用安從生？謂『曾子於其用處，蓋已隨事精察而力行之，但未知其體之一』，此恐未盡。」

黄誠甫問「汝與回也孰愈」章。

先生曰：「子貢多學而識，在聞見上用功，顏子在心地上用功，故聖人問以啓之。而子貢所對，又只在知見上，故聖人嘆惜之，非許之也。」

[一] 則理義日洽浹 孫本作「則義理日浹洽」。

顔子不遷怒、不貳過，亦是有未發之中始能。

「種樹者必培其根，種德者必養其心。欲樹之長，必於始生時删其繁枝；欲德之盛，必於始學時去夫外好。如外好詩文，則精神日漸漏泄在詩文上去，凡百外好皆然。」又曰：「我此論學，是無中生有的工夫。諸公須要信得及，只是立志。學者一念爲善之志，如樹之種，但勿助勿忘，只管培植將去，自然日夜滋長，生氣日完，枝葉日茂。樹初生時，便抽繁枝，亦須刊落，然後根幹能大。初學時亦然，故立志貴專一。」

因論先生之門，某人在涵養上用功，某人在識見上用功。先生曰：「專涵養者，日見其不足；專識見者，日見其有餘。日不足者，日有餘矣；日有餘者，日不足矣。」

梁日孚問：「居敬、窮理是兩事，先生以爲一事，何如？」

先生曰：「天地間只有此一事，安有兩事？若論萬殊，禮儀三百，威儀三千，又何止兩？公且道居敬是如何？窮理是如何？」

曰：「居敬是存養工夫，窮理是窮事物之理。」

曰：「存養箇甚？」

曰：「是存養此心之天理。」

曰：「如此，亦只是窮理矣。」

曰：「且道如何窮事物之理？」

曰：「如事親便要窮孝之理，事君便要窮忠之理。」

曰：「忠與孝之理，在君親身上，在自己心上？若在自己心上，亦只是窮此心之理矣。且道如何是敬？」

曰：「只是主一。」

「如何是主一？」

曰：「如讀書便一心在讀書上，接事便一心在接事上。」

曰：「如此，則飲酒便一心在飲酒上，好色便一心在好色上，却是逐物，成甚居敬功夫？」

曰孚請問。曰：「一者，天理。主一，是一心在天理上。若只知主一，不知一即是理，有事時便是逐物，無事時便是着空。惟其有事無事，一心皆在天理上用功，所以居敬亦即是窮理。就窮理專一處説，便謂之居敬；就居敬精密處説，便謂之窮理。却不是居敬了，别有箇心窮理，窮理時别有箇心居敬。名雖不同，功夫只是一事。就如易言『敬以直内，義以方外』，敬即是無事時義，義即是有事時敬，兩句合説一件。如孔子言『修己以敬』，即不須言義。孟子言『集義』，即不須言敬。會得時，横説竪説，工夫總是一般。若泥文逐句，不識本領，即支離決裂，工夫都無下落。」

問：「窮理何以即是盡性？」

曰：「心之體，性也，性即理也。窮仁之理，直要仁極仁[一]；窮義之理，直要義極義。仁義只是吾性，故窮理即是盡性。如孟子説『充其惻隱之心』，至『仁不可勝用』，這便是窮理工夫。」

曰孚曰：「先儒謂『一草一木亦皆有理，不可不察』，如何？」

先生曰：「夫我則不暇。公且先去理會自己性情，須能盡人之性，然後能盡物之性。」曰孚悚然有悟。

[一] 直要仁極仁 「直」，國圖本、天圖本、叢刊本、文淵閣本、摛藻堂本作「真」，下句仿此。

惟乾問：「知如何是心之本體？」

先生曰：「知是理之靈處，就其主宰處説便謂之心，就其稟賦處説便謂之性。孩提之童，無不知愛其親，無不知敬其兄。只是這箇靈能不爲私欲遮隔，充拓得盡，便完完是他本體，便與天地合德。自聖人以下，不能無蔽，故須格物以致其知。」

守衡問：「大學工夫，只是誠意；誠意工夫，只是格物。修齊治平，只誠意盡矣。又有正心之功，有所忿懥好樂，則不得其正，何也？」

先生曰：「此要自思得之。知此，則知未發之中矣。」

守衡再三請。曰：「爲學工夫有淺深。初時若不着實用意去好善惡惡，如何能爲善去惡？這着實用意，便是誠意。然不知心之本體原無一物，一向着意去好善惡惡，便又多了這分意思，便不是廓然大公。書所謂『無有作好、作惡』，方是本體，所以説『有所忿懥好樂，則不得其正』。正心只是誠意工夫，裏面體當自家心體，常要鑑空衡平，這便是未發之中。」

正之問：「戒懼是己所不知時工夫，慎獨是己所獨知時工夫，此説如何？」

先生曰：「只是一箇工夫，無事時固是獨知，有事時亦是獨知。人若不知於此獨知之地用力，只在人所共知處用功，便是作僞，便是『見君子而後厭然』。此獨知處，便是誠的萌芽。此處不論善念惡念，更無虛假，一是百是，一錯百錯，正是王霸義利、誠僞善惡界頭。於此一立立定，便是端本澄源，便是立誠。古人許多誠身的工夫，精神命脉，全體只在此處。真是莫見莫顯，無時無處，無終無始，只是此箇工夫。今若又分戒懼爲己所不知，即工夫便支離，亦有間斷[一]。既戒懼，即是知，己若不知，是誰戒懼？如此見解，便要流入斷滅禪定。」

曰：「不論善念惡念，更無虛假，則獨知之地，更無無念時邪？」

曰：「戒懼亦是念，戒懼之念，無時可息。若戒懼之心稍有不存，不是昏聵，便已流入惡念。自朝至暮，自少至老，若要無念，即是己不知[二]，此除是昏睡，除是槁木死灰。」

[一] 亦有間斷　「亦」，蕭本、國會本、德安本、孫本、錢本、水西本、范本、胡本作「便」。

[二] 即是己不知　「是」，國會本作「自」。

志道問：「荀子云『養心莫善於誠』，先儒非之，何也？」

先生曰：「此亦未可便以爲非。誠字有以工夫説者，誠是心之本體，求復其本體，便是思誠的工夫。明道説『以誠敬存之』，亦是此意。大學『欲正其心，先誠其意』。荀子之言固多病，然不可一例吹毛求疵。大凡看人言語，若先有箇意見，便有過當處。『爲富不仁』之言，孟子有取於陽虎，此便見聖賢大公之心。」

蕭惠問：「己私難克，奈何？」

先生曰：「將汝己私來，替汝克[一]。」

先生曰：「人須有爲己之心，方能克己；能克己，方能成己。」

蕭惠曰：「惠亦頗有爲己之心，不知緣何不能克己？」

先生曰：「且説汝有爲己之心是如何？」

惠良久曰：「惠亦一心要做好人，便自謂頗有爲己之心。今思之，看來亦只是爲得箇軀殼的己，不曾爲箇真己。」

[一] 蕭惠問……替汝克　蕭本、國會本、德安本、孫本、錢本、水西本、范本此二十字爲一條，胡本已合併。

先生曰：「真己何曾離着軀殼，恐汝連那軀殼的己也不曾爲。且道汝所謂『軀殼的己』，豈不是耳目口鼻四肢？」

惠曰：「正是。爲此目便要色，耳便要聲，口便要味，四肢便要逸樂，所以不能克。」

先生曰：「美色令人目盲，美聲令人耳聾，美味令人口爽，馳騁田獵令人發狂。這都是害汝耳目口鼻四肢的，豈得是爲汝耳目口鼻四肢？若爲着耳目口鼻四肢時，便須思量，耳如何聽，目如何視，口如何言，四肢如何動，必須非禮勿視聽言動，方才成得箇耳目口鼻四肢〔一〕，這箇才是爲着耳目口鼻四肢。汝今終日向外馳求，爲名爲利，這都是爲着軀殼外面的物事。汝若爲着耳目口鼻四肢，要非禮勿視聽言動時，豈是汝之耳目口鼻四肢自能勿視聽言動，須由汝心。這視聽言動，皆是汝心。汝心之視發竅於目，汝心之聽發竅於耳，汝心之言發竅於口，汝心之動發竅於四肢。若無汝心，便無耳目口鼻。所謂汝心，亦不專是那一團血肉。若是那一團血肉，如今已死的人，那一團血肉還在，緣何不能視聽言動？所謂汝心，却是那能視聽言動的。這箇便是性，便是天理。有這箇性才能生，這性之生理便謂之仁。這性之生理，發在目便會視，發在耳便會聽，發在口便會言，發在四肢便會動。都只是那天理發生，以其主宰一身故謂之心。

〔一〕方才成得箇耳目口鼻四肢　「成」，國會本作「誠」。

這心之本體，原只是箇天理，原無非禮，這箇便是汝之真己。這箇真己是軀殻的主宰。若無真己，便無軀殻，真是有之即生，無之即死。汝若真爲那箇軀殻的己，必須用着這箇真己。便須常常保守着這箇真己的本體，戒慎不覩，恐懼不聞，惟恐虧損了他一些。才有一毫非禮萌動，便如刀割，如針刺，忍耐不過。必須去了刀，拔了針，這才是有爲己之心，方能克己。汝今正是認賊作子，緣何却説有爲己之心，不能克己？」

有一學者病目，戚戚甚憂。先生曰：「爾乃貴目賤心。」

蕭惠好仙釋。先生警之曰：「吾亦自幼篤志二氏，自謂既有所得，謂儒者爲不足學。其後居夷三載，見得聖人之學，若是其簡易廣大，始自嘆悔，錯用了三十年氣力。大抵二氏之學，其妙與聖人只有毫釐之間。汝今所學，乃其土苴，輒自信自好若此，真鴟鴞竊腐鼠耳。」

惠請問二氏之妙。先生曰：「向汝説聖人之學簡易廣大，汝却不問我悟的，只問我悔的。」惠慚謝，請問聖人之學。先生曰：「汝今只是了人事問。待汝辦箇真要求爲聖人的心來，與汝説。」

惠再三請。先生曰：「已與汝一句道盡，汝尚自不會。」

劉觀時問：「未發之中是如何？」

先生曰：「汝但戒慎不覩，恐懼不聞，養得此心純是天理，便自然見。」

觀時請略示氣象。先生曰：「啞子喫苦瓜，與你說不得。你要知此苦[一]，還須你自喫。」時曰仁在傍，曰：「如此才是真知，即是行矣。」一時在座諸友皆有省。

蕭惠問死生之道。

先生曰：「知晝夜即知死生。」

問晝夜之道。

曰：「知晝則知夜。」

曰：「晝亦有所不知乎？」

先生曰：「汝能知晝？懵懵而興，蠢蠢而食，行不著，習不察，終日昏昏，只是夢晝。惟息有

[一] 你要知此苦　「你」，孫本作「若」。

養，瞬有存，此心惺惺，明明天理，無一息間斷，才是能知晝。這便是天德，便是『通乎晝夜之道而知』，更有甚麽死生？」

馬子莘問：「修道之教，舊説謂『聖人品節吾性之固有，以爲法於天下，若禮樂刑政之屬』，此意如何？」

先生曰：「道即性即命，本是完完全全，增減不得，不假修飾的。何須要聖人品節，却是不完全的物件。禮樂刑政是治天下之法，固亦可謂之教，但不是子思本旨。若如先儒之説，下面由教入道的，緣何舍了聖人禮樂刑政之教，别説出一段戒慎恐懼工夫，却是聖人之教爲虚設矣。」

子莘請問。先生曰：「子思性、道、教，皆從本原上説。天命於人，則命便謂之性；率性而行，則性便謂之道；修道而學，則道便謂之教。率性是誠者事，所謂自誠明，謂之性也；修道是誠之者事，所謂自明誠，謂之教也。聖人率性而行，即是道。聖人以下，未能率性，於道未免有過不及，故須修道。修道，則賢知者不得而過，愚不肖者不得而不及。都要循着這箇道，則道便是箇教。此『教』字，與『天道至教』、『風雨霜露，無非教也』之『教』同，『修道』

字，與『修道以仁』同。人能修道，然後能不違於道，以復其性之本體，則亦是聖人率性之道矣[一]。下面戒慎恐懼，便是修道的工夫；中和，便是復其性之本體。如易所謂『窮理盡性以至於命』，中和位育，便是盡性至命。」

黄誠甫問：「先儒以孔子告顏淵爲邦之問是『立萬世常行之道』[二]，如何？」先生曰：「顏子具體聖人，其於爲邦的大本大原都已完備。夫子平日知之已深，到此都不必言，只就制度文爲上説，此等處亦不可忽略，須要是如此方盡善。又不可因自己本領是當了，便於防範上踈闊，須是要『放鄭聲，遠佞人』。蓋顏子是箇克己向裏，德上用心的人，孔子恐其外面末節或有踈略，故就他不足處幫補説。若在他人，須告以『爲政在人，取人以身，修身以道，修道以仁』，『達道』『九經』及『誠身』許多工夫，方始做得這箇，方是萬世常行之道。不然，只去行了夏時，乘了殷輅，服了周冕，作了韶舞，天下便治得？後人但見顏子是孔門第一人，又問箇爲邦，便把做天大事看了。」

[一] 則亦是聖人率性之道矣 「亦是」，蕭本、國會本、德安本、孫本、錢本、水西本、范本作「是亦」。
[二] 顏淵 蕭本、國會本、德安本、孫本、錢本、水西本、范本作「顏子」。

蔡希淵問：「文公大學新本，先『格致』而後『誠意』，工夫似與首章次第相合。若如先生從舊本之説，即『誠意』反在『格致』之前，於此尚未釋然。」

先生曰：「大學工夫，即是明明德；明明德，只是箇誠意；誠意的工夫，只是格物致知。若以誠意爲主，去用格物致知的工夫，即工夫始有下落，即爲善去惡，無非是誠意的事。如新本先去窮格事物之理，即茫茫蕩蕩，都無着落處。須用添箇『敬』字，方才牽扯得向身心上來，然終是没根源。若須用添箇『敬』字，緣何孔門倒將一箇最緊要的字落了，直待千餘年後要人來補出。正謂以誠意爲主，即不須添『敬』字。所以提出箇誠意來説，正是學問的大頭腦處。於此不察，真所謂毫釐之差，千里之繆。大抵中庸工夫只是誠身，誠身之極便是至誠；大學工夫只是誠意，誠意之極便是至善；工夫總是一般。今説這裏補箇『敬』字，那裏補箇『誠』字，未免畫蛇添足〔一〕。」

〔一〕蕭本、國會本、德安本、孫本、錢本、水西本、胡本此條之下署「右門人薛侃録」。

王文成公全書卷之二

語録二　傳習録中

門人餘姚錢德洪　編次
渭南南大吉　葺録
安成鄒守益　校正
山陰王畿　增葺
餘姚孫應奎　校閲

德洪曰：昔南元善刻傳習録於越，凡二册。下册摘録先師手書，凡八篇。其答徐成之二書，吾師自謂：「天下是朱非陸，論定既久，一旦反之爲難。二書姑爲調停兩可之説，使人自思得之。」故元善録爲下册之首者，意亦以是歟？今朱陸之辨明於天下久矣，洪刻先師文録，置二書於外集者，示未全也，故今不復録。其餘指知行之本體，莫詳於答人論學，與答周道通、陸清伯、歐陽崇一四書。而謂格物爲學者用力日可見之地，莫詳於答羅整庵一書。平生冒天下之非詆推陷，萬死一生，遑遑然不忘講學。惟恐吾人不聞斯道，流於功利機智，以日墮於夷狄禽獸而不覺，其一體同物之心，譊譊終身，至於斃而後已。此孔孟已來賢聖苦心，雖門人子弟，未足以慰其情也。是情也，莫見於答聶文蔚之第一書。此皆仍元善所録之舊。而揭「必有事焉」即「致良知」功夫，明白簡切，使人言下即得入手，此又莫詳於答文蔚之第二書，故增録之。元善當時洶洶，乃能以身明斯道，卒至遭奸被斥，油油然惟以此生得聞斯學爲慶，而絶無有纖芥憤鬱不平之氣。斯録之刻，人見其有功於同志甚大，而不知其處時之甚艱也。今所去取，裁之時義則然，非忍有所加損於其間也。

答顧東橋書[一]

來書云：「近時學者務外遺内，博而寡要，故先生特倡誠意一義，針砭膏肓，誠大惠也。」

吾子洞見時弊如此矣，亦將何以救之乎？然則鄙人之心，吾子固已一句道盡[二]，復何言哉！復何言哉！若誠意之説，自是聖門教人用功第一義。但近世學者乃作第二義看，故稍與提掇緊要出來，非鄙人所能特倡也。

來書云：「但恐立説太高，用功太捷，後生師傳，影響謬誤，未免墜於佛氏明心見性[三]、定慧頓悟之機，無怪聞者見疑。」

區區格致誠正之説，是就學者本心，日用事爲間，體究踐履，實地用功。是多少次第，多少積累在？正與空虚頓悟之説相反。聞者本無求爲聖人之志，又未嘗講究其詳，遂以見疑，亦無足怪。若吾子之高明，自當一語之下便瞭然矣，乃亦謂「立説太高，用功太捷」，何邪？

[一] 答顧東橋書　蕭本、國會本、德安本、孫本、錢本、胡本作「答人論學書」；黄本、閭本、董本、范本、閩本、鄒本、胡本、宋本、邵本題下標注「乙酉」。

[二] 吾子固已一句道盡　「道」，黄本、范本作「説」。

[三] 未免墜於佛氏明心見性　「墜」，國會本作「墮」。

來書云：「所喻知行並進，不宜分別前後，即中庸『尊德性而道問學』之功，交養互發，内外本末，一以貫之之道。然工夫次第，不能無先後之差。如知食乃食，知湯乃飲，知衣乃服，知路乃行，未有不見是物，先有是事。此亦毫釐倏忽之間，非謂有等今日知之而明日乃行也。」既云「交養互發，内外本末，一以貫之」，則知行並進之説，無復可疑矣。又云「工夫次第，不能不無先後之差」，無乃自相矛盾已乎？「知食乃食」等説，此尤明白易見，但吾子爲近聞障蔽，自不察耳[一]。夫人必有欲食之心然後知食，欲食之心即是意，即是行之始矣。食味之美惡，必待入口而後知，豈有不待入口，而已先知食味之美惡者邪？必有欲行之心然後知路，欲行之心即是意，即是行之始矣。路岐之險夷，必待身親履歷而後知，豈有不待身親履歷，而已先知路岐之險夷者邪？「知湯乃飲、知衣乃服」，以此例之，皆無可疑。若如吾子之喻，是乃所謂不見是物，而先有是事者矣。吾子又謂「此亦毫釐倏忽之間，非謂截然有等今日知之而明日乃行也」，是亦察之尚有未精。然就如吾子之説[二]，則知行之爲合一並進，亦自斷無可疑矣。

來書云：「真知即所以爲行，不行不足謂之知，此爲學者喫緊立教，俾務躬行則可。若

[一] 自不察耳　「自不」，黄本、閭本、董本、范本、聞本、鄒本、胡本、宋本、邵本作「不自」。

[二] 然就如吾子之説　「之説」，范本作「所云」；聞本、鄒本、胡本、宋本、邵本、閭本「説」作「論」。

真謂行即是知，恐其專求本心，遂遺物理，必有闇而不達之處，抑豈聖門知行並進之成法哉？」

知之真切篤實處即是行，行之明覺精察處即是知。知行工夫，本不可離。只爲後世學者分作兩截用功，失却知行本體，故有合一並進之説。真知即所以爲行，不行不足謂之知，即如來書所云「知食乃食」等説可見，前已略言之矣。此雖喫緊救弊而發，然知行之體，本來如是，非以己意抑揚其間，姑爲是説，以苟一時之效者也。「專求本心，遂遺物理」，此蓋失其本心者也。夫物理不外於吾心，外吾心而求物理，無物理矣；遺物理而求吾心，吾心又何物邪？心之體，性也，性即理也。故有孝親之心，即有孝之理；無孝親之心，即無孝之理矣。有忠君之心，即有忠之理；無忠君之心，即無忠之理矣。理豈外於吾心邪？晦庵謂「人之所以爲學者，心與理而已。心雖主乎一身，而實管乎天下之理；理雖散在萬事，而實不外乎一人之心。」是其一分一合之間，而未免已啓學者心理爲二之弊。此後世所以有專求本心，遂遺物理之患，正由不知心即理耳。夫外心以求物理，是以有闇而不達之處，此告子「義外」之説，孟子所以謂之不知義也。心一而已，以其全體惻怛而言謂之仁，以其得宜而言謂之義，以其條理而言謂之理。不可外心以求仁，不可外心以求義，獨可外心以求理乎？外心以求理，此知行之所以二也。求理於吾心，此聖門知行合一之教，吾子又何疑乎？

來書云：「所釋大學古本，謂致其本體之知，此固孟子『盡心』之旨。朱子亦以虛靈知覺爲此心之量，然盡心由於知性，致知在於格物。」

「盡心由於知性，致知在於格物」，此語然矣。然而推本吾子之意，則其所以爲是語者，尚有未明也。朱子以盡心、知性、知天爲物格、知致[一]；以存心、養性、事天爲誠意、正心、修身；以殀壽不貳、修身以俟爲知至仁盡[二]，聖人之事。若鄙人之見，則與朱子正相反矣。夫盡心、知性、知天者，生知安行，聖人之事也；存心、養性、事天者，學知利行，賢人之事也；殀壽不貳、修身以俟者，困知勉行，學者之事也。豈可專以盡心知性爲知，存心養性爲行乎？

吾子驟聞此言[三]，必又以爲大駭矣。然其間實無可疑者，一爲吾子言之。夫心之體，性也；性之原，天也。能盡其心，是能盡其性矣。中庸云：「惟天下至誠，爲能盡其性。」又云：「知天地之化育」，「質諸鬼神而無疑，知天也」。此惟聖人而後能然，故曰此生知安行，聖人之事也。存其心者，未能盡其心者也，故須加存之之功。必存之既久，不待於存而自無不存，然後可

[一] 爲物格知致　國會本「物格」作「格物」，范本「致」作「至」。按，孟子「盡心章」注作「物格知至」。

[二] 知至仁盡　按，本注作「知盡仁至」。

[三] 吾子驟聞此言　「言」，黄本爲墨釘，范本作「論」，聞本、鄒本、胡本、宋本、邵本、閭本、董本作「説」。

以進而言盡。蓋「知天」之「知」，如「知州」「知縣」之「知」。知州，則一州之事皆己事也；知縣，則一縣之事皆己事也；是與天爲一者也。事天，則如子之事父、臣之事君，猶與天爲二也。天之所以命於我者，心也，性也。吾但存之而不敢失，養之而不敢害，如「父母全而生之，子全而歸之」者也。故曰此學知利行，賢人之事也。至於殀壽不貳，則與存其心者又有間矣。存其心者，雖未能盡其心，固已一心於爲善，時有不存，則存之而已。今使之殀壽不貳，是猶以殀壽貳其心者也[一]。猶以殀壽貳其心，是其爲善之心猶未能一也。存之尚有所未可，而何盡之可云乎？今且使之不以殀壽貳其爲善之心。若曰死生殀壽，皆有定命，吾但一心於爲善，修吾之身，以俟天命而已，是其平日尚未知有天命也。事天雖與天爲二，然已真知天命之所在，但惟恭敬奉承之而已耳。若俟之云者，則尚未能真知天命之所在，猶有所俟者也，故曰所以立命。「立」者，「創立」之「立」，如立德、立言、立功、立名之類。凡言「立」者，皆是昔未嘗有而今始建立之謂[二]，孔子所謂「不知命，無以爲君子」者也。故曰此困知勉行，學者之事也。

今以盡心、知性、知天爲格物、致知，使初學之士，尚未能不貳其心者，而遽責之以聖人生

[一] 是猶以殀壽貳其心者也　黃本、董本、范本、聞本、鄒本、胡本、宋本、邵本無「是」字。
[二] 皆是昔未嘗有而今始建立之謂　「今」，國圖本、天圖本、叢刊本、摛藻堂本作「本」。

知安行之事。如捕風捉影，茫然莫知所措其心，幾何而不至於率天下而路也？今世致知格物之弊，亦居然可見矣。吾子所謂「務外遺内，博而寡要」者，無乃亦是過歟？此學問最緊要處，於此而差，將無往而不差矣。此鄙人之所以冒天下之非笑，忘其身之陷於罪戮，呶呶其言，有不容已者也[一]。

來書云：「聞語學者，乃謂『即物窮理』之説，亦是玩物喪志。又取其厭繁就約、涵養本原數説，標示學者，指爲晚年定論，此亦恐非。」

朱子所謂「格物」云者，在即物而窮其理也[二]。即物窮理，是就事事物物上求其所謂定理者也，是以吾心而求理於事事物物之中[三]，析心與理而爲二矣[四]。夫求理於事事物物者，如求孝之理於其親之謂也。求孝之理於其親，則孝之理其果在於吾之心邪？抑果在於親之身邪？假而果在於親之身，則親没之後，吾心遂無孝之理歟？見孺子之入井，必有惻隱之理，是惻隱之理，果在於孺子之身歟？抑在於吾心之良知歟？其或不可以從之於井歟？其或可以手而援之歟？是皆所謂

[一] 有不容已者也　「有」，國圖本、天圖本、叢刊本、文淵閣本、擒藻堂本作「其」。
[二] 在即物而窮其理也　黄本、閭本、董本、范本、聞本、鄒本、胡本、宋本、邵本無「也」字。
[三] 是以吾心而求理於事事物物之中　孫本無「而」字。
[四] 析心與理而爲二矣　孫本「析」上有「乃」字。

理也。是果在於孺子之身歟？抑果出於吾心之良知歟？以是例之，萬事萬物之理莫不皆然，是可以知析心與理爲二之非矣。夫析心與理而爲二，此告子「義外」之説，孟子之所深闢也。「務外遺内，博而寡要」，吾子既已知之矣，是果何謂而然哉？謂之玩物喪志，尚猶以爲不可歟？若鄙人所謂致知格物者，致吾心之良知於事事物物也。吾心之良知，即所謂天理也。致吾心良知之天理於事事物物，則事事物物皆得其理矣。致吾心之良知者，致知也；事事物物皆得其理者，格物也；是合心與理而爲一者也。合心與理而爲一，則凡區區前之所云，與朱子晚年之論，皆可以不言而喻矣。

來書云：「人之心體，本無不明，而氣拘物蔽，鮮有不昏[一]，非學問思辨以明天下之理，則善惡之機，真妄之辨，不能自覺，任情恣意，其害有不可勝言者矣。」

此段大略似是而非，蓋承沿舊説之弊，不可以不辨也。夫問思辨行，皆所以爲學，未有學而不行者也。如言學孝，則必服勞奉養，躬行孝道，而後謂之學[二]，豈徒懸空口耳講説而遂可以

[一] 鮮有不昏 「昏」，蕭本、國會本、德安本、孫本、錢本、黄本、董本、范本作「蔽」，閩本、鄒本、胡本、宋本、邵本、閭本作「偏」。

[二] 而後謂之學 「而」，國圖本、天圖本、叢刊本訛作「則」。

謂之學孝乎？學射，則必張弓挾矢，引滿中的；學書，則必伸紙執筆，操觚染翰。盡天下之學，無有不行而可以言學者，則學之始，固已即是行矣。篤者，敦實篤厚之意，已行矣，而敦篤其行，不息其功之謂爾。蓋學之不能以無疑，則有問，問即學也，即行也；又不能無疑，則有思，思即學也，即行也；又不能無疑，則有辨，辨即學也，即行也。辨既明矣，思既慎矣，問既審矣，學既能矣，又從而不息其功焉，斯之謂篤行。非謂學問思辨之後，而始措之於行也。是故以求能其事而言謂之學，以求解其惑而言謂之問，以求通其説而言謂之思[一]，以求精其察而言謂之辨，以求履其實而言謂之行。蓋析其功而言則有五，合其事而言則一而已。此區區心理合一之體，知行並進之功，所以異於後世之説者，正在於是。

今吾子特舉學問思辨，以窮天下之理而不及篤行，是專以學問思辨爲知，而謂窮理爲無行也已。天下豈有不行而學者邪？豈有不行而遂可謂之窮理者邪？明道云：「只窮理，便盡性至命。」故必仁極仁，而後謂之能窮仁之理；義極義，而後謂之能窮義之理。仁極仁，則盡仁之性矣；義極義，則盡義之性矣。學至於窮理，至矣，而尚未措之於行，天下寧有是邪？是故知不行之不可

[一] 以求通其説而言謂之思　「説」，蕭本、國會本、德安本、孫本、錢本、胡本、黄本、閭本、董本、范本、聞本、鄒本、胡本、宋本、邵本作「理」。

以爲學，則知不行之不可以爲窮理矣；知不行之不可以爲窮理，則知知行之合一並進，而不可以分爲兩節事矣。

夫萬事萬物之理，不外於吾心，而必曰「窮天下之理」，是殆以吾心之良知爲未足，而必外求於天下之廣，以裨補增益之，是猶析心與理而爲二也。夫學問、思辨、篤行之功，雖其困勉至於人一己百，而擴充之極至於盡性知天，亦不過致吾心之良知而已。良知之外，豈復有加於毫末乎？今必曰「窮天下之理」，而不知反求諸其心，則凡所謂「善惡之機，真妄之辨」者，舍吾心之良知，亦將何所致其體察乎[一]？吾子所謂「氣拘物蔽」者，拘此蔽此而已。今欲去此之蔽，不知致力於此，而欲以外求，是猶目之不明者，不務服藥調理以治其目，而徒倀倀然求明於其外，明豈可以自外而得哉？「任情恣意」之害，亦以不能精察天理於此心之良知而已。此誠毫釐千里之謬者，不容於不辨，吾子毋謂其論之太刻也。

來書云：「教人以致知明德，而戒其即物窮理，誠使昏闇之士，深居端坐，不聞教告，遂能至於知致而德明乎？縱令静而有覺，稍悟本性，則亦定慧無用之見。果能知古今，達事變，而致用於天下國家之實否乎？其曰知者，意之體；物者，意之用；格物，如『格君心之非』

[一] 亦將何所致其體察乎　「所」，黄本、閭本、范本、聞本、鄒本、胡本、宋本、邵本作「以」。

之『格』，語雖超悟獨得，不踵陳見，抑恐於道未相脗合。」

區區論致知格物，正所以窮理，未嘗戒人窮理，使之深居端坐，而一無所事也。若謂「即物窮理」，如前所云務外而遺内者，則有所不可耳。昏闇之士，果能隨事隨物精察此心之天理，以致其本然之良知，則雖愚必明，雖柔必强，大本立而達道行，「九經」之屬，可一以貫之而無遺矣。尚何患其無致用之實乎？彼頑空虚静之徒，正惟不能隨事隨物精察此心之天理，以致其本然之良知，而遺棄倫理，寂滅虚無以爲常，是以要之不可以治家國天下。孰謂聖人窮理盡性之學而亦有是弊哉？

心者，身之主也，而心之虚靈明覺，即所謂本然之良知也。其虚靈明覺之良知，應感而動者謂之意，有知而後有意，無知則無意矣，知非意之體乎？意之所用，必有其物，物即事也。如意用於事親，即事親爲一物；意用於治民，即治民爲一物；意用於讀書，即讀書爲一物；意用於聽訟，即聽訟爲一物。凡意之所用[一]，無有無物者，有是意即有是物，無是意即無是物矣，物非意之用乎？

「格」字之義，有以「至」字訓者。如「格于文祖」、「有苗來格」，是以「至」訓者也。然「格

[一] 凡意之所用　「用」，聞本、鄒本、胡本、宋本、邵本、閭本作「在」。

于文祖」，必純孝誠敬，幽明之間，無一不得其理，而後謂之格；有苗之頑，實以「文德誕敷」而後格，則亦兼有「正」字之義在其間，未可專以「至」字盡之也。如「格其非心」、「大臣格君心之非」之類[一]，是則一皆正其不正，以歸於正之義，而不可以「至」字爲訓矣。且大學「格物」之訓，又安知其不以「正」字爲訓，而必以「至」字爲義乎？如以「至」字爲義者，必曰「窮至事物之理」而後其説始通，是其用功之要，全在一「窮」字；用力之地，全在一「理」字也。若上去一「窮」[二]，下去一「理」字，而直曰「致知在至物」[三]，其可通乎？

夫「窮理盡性」，聖人之成訓，見於繫辭者也。苟格物之説而果即窮理之義，則聖人何不直曰「致知在窮理」，而必爲此轉折不完之語，以啓後世之弊邪？蓋大學「格物」之説，自與繫辭「窮理」大旨雖同，而微有分辨。窮理者，兼格致誠正而爲功也，故言窮理，則格致誠正之功皆在其中；言格物，則必兼舉致知、誠意、正心，而後其功始備而密。今偏舉格物而遂謂之窮理，此所以專以窮理屬知，而謂格物未常有行，非惟不得格物之旨，并窮理之義而失之矣。此後世之學，所以

[一] 大臣格君心之非 「臣」，孫本作「人」。
[二] 若上去一窮 孫本、黄本、間本、董本、范本、聞本、鄒本、胡本、宋本、邵本「窮」下有「字」字。
[三] 而直曰致知在至物 孫本無「而」字。

析知行爲先後兩截，日以支離决裂，而聖學益以殘晦者，其端實始於此。吾子蓋亦未免承沿積習，見則以爲於道未相脗合〔一〕，不爲過矣。

來書云：「謂致知之功，將如何爲温凊，如何爲奉養，即是誠意，非别有所謂格物，此亦恐非。」

此乃吾子自以己意揣度鄙見而爲是説，非鄙人之所以告吾子者矣。若果如吾子之言，寧復有可通乎？蓋鄙人之見，則謂意欲温凊，意欲奉養者，所謂意也，而未可謂之誠意。必實行其温凊奉養之意〔二〕，務求自慊而無自欺，然後謂之誠意。知如何而爲温凊之節，知如何而爲奉養之宜者，所謂知也，而未可謂之致知。必致其知如何爲温凊之節者之知而實以之温凊〔三〕，致其知如何爲奉養之宜者之知而實以之奉養，然後謂之致知。温凊之事、奉養之事，所謂物也，而未可謂之格物。必其於温凊之事也，一如其良知之所知當如何爲温凊之節者，而爲之無一毫之不盡；於奉養之事

〔一〕見則以爲於道未相脗合　「見則」，蕭本、國會本、德安本、孫本、錢本、黄本、閭本、董本、范本、閬本、鄒本、胡本、宋本、邵本作「則見」。

〔二〕必實行其温凊奉養之意　「其」，閬本、鄒本、胡本、宋本、邵本、閭本作「欲」。

〔三〕必致其知如何爲温凊之節者　孫本無「知」字，「何」下有「而」字，下句仿此。

也，一如其良知之所知當如何爲奉養之宜者，而爲之無一毫之不盡，然後謂之格物。温凊之物格，然後知温凊之良知始致；奉養之物格，然後知奉養之良知始致，故曰「物格而後知至」。致其知温凊之良知，而後温凊之意始誠；致其知奉養之良知，而後奉養之意始誠，故曰「知至而後意誠」。此區區誠意、致知、格物之説蓋如此。吾子更熟思之，將亦無可疑者矣。

來書云：「道之大端，易於明白，所謂良知良能，愚夫愚婦可與及者，至於節目時變之詳，毫釐千里之謬，必待學而後知。今語孝於温凊定省，孰不知之，至於舜之不告而娶、武之不葬而興師、養志養口、小杖大杖、割股廬墓等事[一]，處常處變，過與不及之間，必須討論是非，以爲制事之本，然後心體無蔽，臨事無失。」

「道之大端，易於明白」，此語誠然。顧後之學者，忽其易於明白者而弗由，而求其難於明白者以爲學，此其所以道在邇而求諸遠，事在易而求諸難也[二]。孟子云：「夫道，若大路然，豈難知哉？人病不由耳[三]。」良知良能，愚夫愚婦與聖人同，但惟聖人能致其良知，而愚夫愚

[一] 割股廬墓等事 「割」，孫本作「刲」。
[二] 事在易而求諸難也 「諸」，黄本、閭本、董本、范本、聞本、鄒本、胡本、宋本、邵本作「之」。
[三] 人病不由耳 「由」，孫本作「求」。

婦不能致，此聖愚之所由分也。節目時變，聖人夫豈不知，但不專以此爲學。而其所謂學者，正惟致其良知，以精察此心之天理，而與後世之學不同耳。吾子未暇良知之致，而汲汲焉顧是之憂，此正求其難於明白者以爲學之弊也。

夫良知之於節目時變，猶規矩尺度之於方圓長短也。節目時變之不可預定，猶方圓長短之不可勝窮也。故規矩誠立，則不可欺以方圓，而天下之方圓不可勝用矣；尺度誠陳，則不可欺以長短，而天下之長短不可勝用矣；良知誠致，則不可欺以節目時變，而天下之節目時變不可勝應矣。毫釐千里之謬，不於吾心良知一念之微而察之，亦將何所用其學乎？是不以規矩而欲定天下之方圓，不以尺度而欲盡天下之長短，吾見其乖張謬戾，日勞而無成也已。吾子謂「語孝於温凊定省，孰不知之」，然而能致其知者鮮矣。若謂粗知温凊定省之儀節，而遂謂之能致其知，則凡知君之當仁者，皆可謂之能致其仁之知；知臣之當忠者，皆可謂之能致其忠之知，則天下孰非致知者邪？以是而言，可以知致知之必在於行，而不行之不可以爲致知也明矣。知行合一之體，不益較然矣乎？

夫舜之不告而娶，豈舜之前已有不告而娶者爲之準則，故舜得以考之何典，問諸何人而爲此邪？抑亦求諸其心一念之良知，權輕重之宜，不得已而爲此邪？武之不葬而興師，豈武之前已有不葬而興師者爲之準則，故武得以考之何典，問諸何人而爲此邪〔一〕？抑亦求諸其心一念之良知，權輕重之宜，不得已而爲此邪？使舜之心而非誠於爲無後，武之心而非誠於爲救民，則其不告而娶與不葬而興師，乃不孝不忠之大者。而後之人不務致其良知，以精察義理於此心感應酬酢之間，顧欲懸空討論此等變常之事，執之以爲制事之本，以求臨事之無失，其亦遠矣。其餘數端，皆可類推，則古人致知之學，從可知矣。

來書云：「謂大學『格物』之説，專求本心，猶可牽合。至於六經四書所載：『多聞多見』、『前言往行』、『好古敏求』、『博學審問』、『温故知新』、『博學詳説』、『好問好察』〔二〕，是皆明白求於事爲之際，資於論説之間者，用功節目，固不容紊矣。」

「格物」之義，前已詳悉，牽合之疑，想已不俟復解矣。至於「多聞多見」，乃孔子因子張之務外好高，徒欲以多聞多見爲學，而不能求諸其心以闕疑殆。此其言行所以不免於尤悔，而所謂見聞者，適以資其務外好高而已。蓋所以救子張多聞多見之病，而非以是教之爲學也。夫子嘗曰：「蓋有不知而作之者，我無是也。」是猶孟子「是非之心，人皆有之」之義也。此言正所以

〔一〕問諸何人而爲此邪　「諸」，聞本、鄒本、胡本、宋本、邵本作「之」。

〔二〕好問好察　孫本「察」下有「等語」二字。

明德性之良知非由於聞見耳。若曰「多聞，擇其善者而從之，多見而識之」，則是專求諸見聞之末，而已落在第二義矣，故曰「知之次也」。夫以見聞之知爲「次」，則所謂「知之上」者，果安所指乎？是可以窺聖門致知用力之地矣。夫子謂子貢曰：「賜也，汝以予爲多學而識之者歟？」「非也，予一以貫之。」使誠在於「多學而識」，則夫子胡乃謬爲是說以欺子貢者邪[一]？「一以貫之」[二]，非致其良知而何？易曰：「君子多識前言往行，以畜其德。」夫以畜其德爲心，則凡多識前言往行者，孰非畜德之事，此正知行合一之功矣。「好古敏求」者，好古人之學，而敏求此心之理耳。心即理也。學者，學此心也；求者，求此心也。孟子云：「學問之道無他，求其放心而已矣。」非若後世廣記博誦古人之言詞以爲好古，而汲汲然，惟以求功名利達之具於其外者也。「博學審問」，前言已盡。「温故知新」，朱子亦以温故屬之尊德性矣，德性豈可以外求哉？惟夫知新必由於温故，而温故乃可以知新[三]，則亦可以驗知行之非兩節矣。「博學而詳説之」者，將以反説約也。若無「反約」之云，則博學詳説者，果何事邪？舜之「好問好察」，惟以用中，而致

[一] 則夫子胡乃謬爲是説以欺子貢者邪　孫本無「者」字。
[二] 一以貫之　孫本「一」上有「然」字。
[三] 而温故乃可以知新　「可」，國圖本、天圖本、叢刊本、文淵閣本、擒藻堂本作「所」。

其精一於道心耳。道心者，良知之謂也。君子之學，何嘗離去事爲而廢論說，但其從事於事爲論說者，要皆知行合一之功，正所以致其本心之良知，而非若世之徒事口耳談說以爲知者，分知行爲兩事，而果有節目先後之可言也。

來書云：「楊、墨之爲仁義，鄉愿之亂忠信[一]，堯、舜、子之之禪讓，湯、武、楚項之放伐，周公、莽、操之攝輔，謾無印正，又焉適從？且於古今事變，禮樂名物，未嘗考識，使國家欲興明堂，建辟雍，制曆律，草封禪，又將何所致其用乎？故論語曰：『生而知之者，義理耳。若夫禮樂名物，古今事變，亦必待學而後有以驗其行事之實。』此則可謂定論矣。」

所喻楊、墨、鄉愿、堯、舜、子之、湯、武、楚項、周公、莽、操之辨，與前舜、武之論，大略可以類推。古今事變之疑，前於「良知」之說，已有「規矩尺度」之喻，當亦無俟多贅矣。至於明堂、辟雍諸事，似尚未容於無言者。然其說甚長，姑就吾子之言而取正焉，則吾子之惑，將亦可以少釋矣。夫明堂、辟雍之制，始見於呂氏之月令、漢儒之訓疏，六經四書之中未嘗詳及也。豈呂氏、漢儒之知，乃賢於三代之賢聖乎？齊宣之時，明堂尚有未毀，則幽、厲之世，周之明堂皆無恙也。堯、舜茅茨土階，明堂之制未必備，而不害其爲治。幽、厲之明堂，固猶文、武、成、

[一] 鄉愿之亂忠信　「亂」，國圖本、天圖本、叢刊本、文淵閣本訛作「辭」，摛藻堂本作「似」。

康之舊，而無救於其亂，何邪？豈能以不忍人之心，而行不忍人之政，則雖茅茨土階，固亦明堂也；以幽、厲之心而行幽、厲之政，則雖明堂，亦暴政所自出之地邪？武帝肇講於漢，而武后盛作於唐，其治亂何如邪？

天子之學曰辟雍，諸侯之學曰泮宫，皆象地形而爲之名耳。然三代之學，其要皆所以明人倫，非以辟不辟、泮不泮爲重輕也。孔子云：「人而不仁，如禮何？人而不仁，如樂何？」制禮作樂，必具中和之德，聲爲律而身爲度者，然後可以語此。若夫器數之末，樂工之事，祝史之守，故曾子曰：「君子所貴乎道者三，籩豆之事，則有司存也。」

堯命羲、和，「欽若昊天，曆象日月星辰」，其重在於「敬授人時」也。舜「在璿璣玉衡」，其重在於「以齊七政」也。是皆汲汲然，以仁民之心而行其養民之政，治曆明時之本，固在於此也。羲、和曆數之學，皋、契未必能之也，禹、稷未必能之也。「堯、舜之知而不徧物」，雖堯、舜亦未必能之也。然至於今，循羲、和之法而世修之，雖曲知小慧之人，星術淺陋之士，亦能推步占候而無所忒，則是後世曲知小慧之人，反賢於禹、稷、堯、舜者邪？封禪之説，尤爲不經，是乃後世佞人諛士，所以求媚於其上[一]，倡爲誇侈，以蕩君心而靡國費。蓋欺天罔人，無耻之大者，

［一］　所以求媚於其上　「上」，孫本作「君」。

君子之所不道，司馬相如之所以見譏於天下後世也。吾子乃以是爲儒者所宜學，殆亦未之思邪？

夫聖人之所以爲聖者，以其生而知之也。而釋論語者曰：「生而知之者，義理耳。若夫禮樂名物，古今事變，亦必待學而後有以驗其行事之實。」夫禮樂名物之類，果有關於作聖之功也，而聖人亦必待學而後能知焉，則是聖人亦不可以謂之生知矣。謂聖人爲生知者，專指義理而言，而不以禮樂名物之類，則是禮樂名物之類，無關於作聖之功矣。聖人之所以謂之生知者，專指義理，而不以禮樂名物之類，則是學而知之者，亦惟當學知此義理而已；困而知之者，亦惟當困知此義理而已。今學者之學聖人，於聖人之所能知者，未能學而知之，而顧汲汲焉，求知聖人之所不能知者以爲學，無乃失其所以希聖之方歟？凡此，皆就吾子之所惑者，而稍爲之分釋，未及乎拔本塞源之論也[一]。

夫拔本塞源之論不明於天下，則天下之學聖人者，將日繁日難，斯人淪於禽獸夷狄[二]，而猶自以爲聖人之學。吾之説雖或蹔明於一時，終將凍解於西而冰堅於東，霧釋於前而雲滃於後，

[一] 未及乎拔本塞源之論也　「乎」，孫本作「於」。

[二] 斯人淪於禽獸夷狄　「淪」，黄本、閭本、董本、范本、聞本、鄒本、胡本、宋本、邵本作「入」。

呶呶焉危困以死，而卒無救於天下之分毫也已〔一〕。夫聖人之心，以天地萬物爲一體，其視天下之人，無外内遠近，凡有血氣，皆其昆弟赤子之親，莫不欲安全而教養之，以遂其萬物一體之念。天下之人心，其始亦非有異於聖人也。特其間於有我之私，隔於物欲之蔽，大者以小，通者以塞，人各有心，至有視其父子兄弟如仇讎者。聖人有憂之，是以推其天地萬物一體之仁，以教天下，使之皆有以克其私、去其蔽，以復其心體之同然。其教之大端，則堯、舜、禹之相授受，所謂「道心惟微，惟精惟一，允執厥中」，而其節目，則舜之命契，所謂「父子有親，君臣有義，夫婦有別，長幼有序，朋友有信」五者而已。唐、虞、三代之世，教者惟以此爲教，而學者惟以此爲學。當是之時，人無異見，家無異習，安此者謂之聖，勉此者謂之賢，而背此者，雖其啓明如朱，亦謂之不肖。下至閭井田野農工商賈之賤，莫不皆有是學，而惟以成其德行爲務。何者？無有聞見之雜，記誦之煩，辭章之靡濫，功利之馳逐，而但使之孝其親，弟其長，信其朋友，以復其心體之同然。是蓋性分之所固有，而非有假於外者，則人亦孰不能之乎？

學校之中，惟以成德爲事，而才能之異，或有長於禮樂，長於政教，長於水土播植者，則就其成德，而因使益精其能於學校之中。迨夫舉德而任，則使之終身居其職而不易。用之者惟知同

〔一〕無救於天下之分毫也已　黄本、閭本、董本、范本、聞本、鄒本、宋本、邵本無「已」字。

心一德，以共安天下之民，視才之稱否，而不以崇卑爲輕重，勞逸爲美惡[一]。效用者亦惟知同心一德，以共安天下之民，苟當其能，則終身處於煩劇而不以爲勞，安於卑瑣而不以爲賤。當是之時，天下之人熙熙皞皞，皆相視如一家之親。其才質之下者，則安其農工商賈之分，各勤其業，以相生相養，而無有乎希高慕外之心。其才能之異，若臯、夔、稷、契者，則出而各效其能。若一家之務，或營其衣食，或通其有無，或備其器用，集謀并力，以求遂其仰事俯育之願，惟恐當其事者之或怠而重己之累也。故稷勤其稼，而不耻其不知教，視契之善教，即己之善教也；夔司其樂，而不耻於不明禮，視夷之通禮，即己之通禮也。蓋其心學純明，而有以全其萬物一體之仁，故其精神流貫，志氣通達，而無有乎人己之分，物我之間。譬之一人之身，目視耳聽，手持足行，以濟一身之用。目不耻其無聰，而耳之所涉，目必營焉；足不耻其無執，而手之所探，足必前焉。蓋其元氣充周，血脉條暢[二]，是以痒痾呼吸，感觸神應，有不言而喻之妙。此聖人之學，所以至易至簡，易知易從，學易能而才易成者，正以大端惟在復心體之同然，而知識技能非所與論也。

三代之衰，王道熄而霸術焻；孔、孟既没，聖學晦而邪説横。教者不復以此爲教，而學者

[一] 勞逸爲美惡 「勞逸」，王本、九大本作「逸勞」。
[二] 血脉條暢 「條」，孫本作「調」。

不復以此爲學。霸者之徒，竊取先王之近似者，假之於外，以内濟其私己之欲，天下靡然而宗之[一]，聖人之道遂以蕪塞，相倣相效，日求所以富强之説，傾詐之謀，攻伐之計，一切欺天罔人，苟一時之得，以獵取聲利之術，若管、商、蘇、張之屬者，至不可名數。既其久也，鬭争劫奪，不勝其禍，斯人淪於禽獸夷狄，而霸術亦有所不能行矣。

世之儒者慨然悲傷，蒐獵先聖王之典章法制，而掇拾修補於煨燼之餘。蓋其爲心，良亦欲以挽回先王之道。聖學既遠，霸術之傳，積漬已深，雖在賢知，皆不免於習染。其所以講明修飾，以求宣暢光復於世者，僅足以增霸者之藩籬[二]，而聖學之門墻遂不復可覩[三]。於是乎有訓詁之學，而傳之以爲名；有記誦之學，而言之以爲博；有詞章之學，而侈之以爲麗。若是者，紛紛籍籍，群起角立於天下，又不知其幾家，萬徑千蹊，莫知所適。世之學者，如入百戲之場，讙謔跳踉，騁奇鬭巧，獻笑争妍者，四面而競出，前瞻後盼，應接不遑，而耳目眩瞀，精神恍惑，日

[一] 天下靡然而宗之　黄本、閭本、董本、范本、聞本、鄒本、胡本、宋本、邵本無「而」字。

[二] 僅足以增霸者之藩籬　「足」，黄本、閭本、董本、范本、聞本、鄒本、胡本、宋本、邵本作「可」。

[三] 遂不復可覩　孫本作「遂不可復睹」。

夜遨遊淹息其間，如病狂喪心之人[一]，莫自知其家業之所歸。時君世主，亦皆昏迷顛倒於其說，而終身從事於無用之虛文，莫自知其所謂。間有覺其空疎謬妄、支離牽滯，而卓然自奮，欲以見諸行事之實者，極其所抵，亦不過爲富强功利五霸之事業而止。

聖人之學日遠日晦，而功利之習愈趨愈下。其間雖嘗瞽惑於佛老，而佛老之說，卒亦未能有以勝其功利之心；雖又嘗折衷於群儒，而群儒之論，終亦未能有以破其功利之見。蓋至於今，功利之毒，淪浹於人之心髓[二]，而習以成性也，幾千年矣。相矜以知，相軋以勢，相争以利，相高以技能，相取以聲譽。其出而仕也，理錢穀者則欲兼夫兵刑[三]，典禮樂者又欲與於銓軸[四]，處郡縣則思藩臬之高，居臺諫則望宰執之要。故不能其事，則不得以兼其官[五]；不通其說，則不可以要其譽。記誦之廣，適以長其敖也；知識之多，適以行其惡也；聞見之博，適以

[一] 如病狂喪心之人　「病狂」，王本、九大本作「狂病」。
[二] 淪浹於人之心髓　「浹」，孫本作「洽」。
[三] 則欲兼夫兵刑　「兼」，胡本作「并」。
[四] 又欲與於銓軸　「於」，孫本作「夫」。
[五] 則不得以兼其官　「得」，孫本作「可」。

肆其辨也；辭章之富，適以飾其僞也。是以皋、夔、稷、契所不能兼之事，而今之初學小生，皆欲通其說，究其術[一]。其稱名借號，未嘗不曰，吾欲以共成天下之務，而其誠心實意之所在，以爲不如是，則無以濟其私而滿其欲也。

嗚呼！以若是之積染，以若是之心志，而又講之以若是之學術，宜其聞吾聖人之教，而視之以爲贅疣枘鑿，則其以良知爲未足，而謂聖人之學爲無所用[二]，亦其勢有所必至矣。嗚呼！士生斯世，而尚何以求聖人之學乎？尚何以論聖人之學乎？士生斯世，而欲以爲學者，不亦勞苦而繁難乎？不亦拘滯而險艱乎？嗚呼！可悲也已。所幸天理之在人心，終有所不可泯，而良知之明，萬古一日，則其聞吾拔本塞源之論，必有惻然而悲，戚然而痛，憤然而起，沛然若決江河，而有所不可禦者矣。非夫豪傑之士，無所待而興起者[三]，吾誰與望乎[四]？

[一] 究其術　「究」，蕭本漶漫，國會本作「行」，范本作「窮」。

[二] 而謂聖人之學爲無所用　王本、九大本無「爲」字。

[三] 無所待而興起者　蕭本、國會本、德安本、孫本、錢本、胡本、王本、九大本、黃本、閭本、董本、范本、聞本、鄒本、胡本、宋本、邵本無「起」字。

[四] 來書云楊墨之爲仁義……吾誰與望乎　王本、九大本此段獨立成篇，題作「答人論學書」。

答周道通書[一]

吴、曾兩生至，備道道通懇切爲道之意，殊慰相念[二]。若道通，真可謂篤信好學者矣。憂病中，曾不能與兩生細論[三]，然兩生亦自有志向[四]，肯用功者，每見輒覺有進。在區區誠不能無負於兩生之遠來，在兩生則亦庶幾無負其遠來之意矣。臨別，以此册致道通意，請書數語。荒憒無可言者，輒以道通來書中所問數節，略下轉語，奉酬草草，殊不詳細，兩生當亦自能口悉也。

來書云：「日用工夫，只是立志。近來於先生誨言，時時體驗，愈益明白。然於朋友

[一] 答周道通書 國圖本、天圖本、叢刊本、文淵閣本、摛藻堂本作「啓問道通書」；黄本、閭本、董本、范本、閒本、鄒本、胡本、宋本、邵本題下標注「甲申」。

[二] 殊慰相念 「相」，蕭本、國會本、德安本、孫本、錢本、胡本、黄本、閭本、董本、范本、閒本、鄒本、胡本、宋本、邵本作「想」。

[三] 曾不能與兩生細論 「曾」，底本訛作「會」，據蕭本、國會本、德安本、孫本、錢本、胡本、黄本、閭本、董本、范本、閒本、鄒本、胡本、宋本、邵本改。

[四] 然兩生亦自有志向 黄本、閭本、董本、范本、閒本、鄒本、胡本、宋本、邵本無「自」字。

不能一時相離。若得朋友講習[一]，則此志纔精健闊大[二]，纔有生意。若三五日不得朋友相講，便覺微弱，遇事便會困，亦時會忘。乃今無朋友相講之日，還只静坐，或看書，或游衍經行[三]。凡寓目措身，悉取以培養此志，頗覺意思和適。然終不如朋友講聚，精神流動[四]，生意更多也。離群索居之人，當更有何法以處之？」

此段足驗道通日用工夫所得，工夫大略，亦只是如此用。只要無間斷，到得純熟後，意思又自不同矣[五]。大抵吾人爲學，緊要大頭腦只是立志，所謂困忘之病，亦只是志欠真切。今好色之人，未嘗病於困忘，只是一真切耳。自家痛痒，自家須會知得，自家須會搔摩得。既自知得痛痒，自

[一] 近來於先生誨言……若得朋友講習　蕭本、國會本、德安本、孫本、錢本、胡本、黄本、閭本、董本、范本、聞本、鄒本、胡本、宋本、邵本作「近來於先生誨言，愈益明白，然須朋友講習」。

[二] 則此志纔精健闊大　「志」，黄本、閭本、董本、范本、聞本、鄒本、胡本、宋本、邵本作「意」。

[三] 或游衍經行　蕭本、國會本、德安本、孫本、錢本、胡本、黄本、閭本、董本、范本、聞本、鄒本、胡本、宋本、邵本作「或行動」。

[四] 然終不如朋友講聚精神流動　蕭本、國會本、德安本、孫本、錢本、胡本、黄本、閭本、董本、范本、聞本、鄒本、胡本、宋本、邵本作「然終不如講學時」。

[五] 意思又自不同矣　「自」，黄本、閭本、董本、范本、聞本、鄒本、胡本、宋本、邵本作「是」。

家須不能不搔摩得。佛家謂之方便法門，須是自家調停斟酌，他人總難與力，亦更無别法可設也。

來書云：「上蔡嘗問『天下何思何慮』，伊川云：『有此理，只是發得太早。』在學者工夫，固是必有事焉而勿忘，然亦須識得何思何慮底氣象，一併看爲是。若不識得這氣象，便有正與助長之病。若認得何思何慮而忘必有事焉工夫，恐又墮於無也[一]。須是不滯於有，不墮於無，然乎否也？」

所論亦相去不遠矣，只是契悟未盡。上蔡之問與伊川之答，亦只是上蔡、伊川之意，與孔子繫辭原旨稍有不同[二]。繫言「何思何慮」，是言所思所慮只是一箇天理，更無别思别慮耳，非謂無思無慮也。故曰「同歸而殊途，一致而百慮，天下何思何慮」。云「殊途」，云「百慮」，則豈謂無思無慮邪？心之本體，即是天理，天理只是一箇[三]，更有何可思慮得？天理原自寂然不動，原自感而遂通。學者用功，雖千思萬慮，只是要復他本來體用而已，不是以私意去安排思索出來。故明道云：「君子之學，莫若廓然而大公，物來而順應。」若以私意去安排思索，便是

[一] 恐又墮於無也　「又」，黄本、閭本、閩本、鄒本、胡本、宋本、邵本作「有」。
[二] 與孔子繫辭原旨稍有不同　「稍」，國圖本、天圖本、叢刊本、摛藻堂本訛作「稱」。
[三] 天理只是一箇　黄本、閭本、董本、范本、閩本、鄒本、胡本、宋本、邵本無「天理」二字。

用智自私矣。何思何慮，正是工夫，在聖人分上便是自然的，在學者分上便是勉然的。伊川却是把作效驗看了，所以有「發得太早」之説。既而云「却好用功」，則已自覺其前言之有未盡矣。濂溪「主静」之論[一]，亦是此意。今道通之言，雖已不爲無見，然亦未免尚有兩事也。

來書云：「凡學者纔曉得做工夫，便要識認得聖人氣象。蓋認得聖人氣象，把做準的，乃就實地做工夫去，纔不會差，纔是作聖工夫。未知是否？」

「先認聖人氣象」，昔人嘗有是言矣，然亦欠有頭腦。聖人氣象，自是聖人的，我從何處識認？若不就自己良知上真切體認，如以無星之稱而權輕重，未開之鏡而照妍媸，真所謂以小人之腹而度君子之心矣。聖人氣象，何由認得？自己良知，原與聖人一般。若體認得自己良知明白，即聖人氣象不在聖人而在我矣。程子嘗云：「覰著堯，學他行事，無他許多聰明睿智，安能如彼之動容周旋中禮？」又云：「心通於道，然後能辨是非。」今且説通於道在何處？聰明睿智從何處出來？

來書云：「事上磨煉，一日之内，不管有事無事，只一意培養本原。若遇事來感，或自己有感，心上既有覺，安可謂無事？但因事凝心一會，大段覺得事理當如此，只如無事處之，

[一] 濂溪主静之論　「論」，孫本作「説」。

盡吾心而已。然乃有處得善與未善，何也？又或事來得多，須要次第與處，每因才力不足，輒爲所困。雖極力扶起，而精神已覺衰弱。遇此未免要十分退省，寧不了事，不可不加培養，如何？」

所說工夫，就道通分上，也只是如此用，然未免有出入在。凡人爲學，終身只爲這一事。自少至老，自朝至暮，不論有事無事，只是做得這一件，所謂「必有事焉」者也。若說「寧不了事，不可不加培養」，却是尚爲兩事也。必有事焉，而勿忘勿助，事物之來，但盡吾心之良知以應之，所謂「忠恕違道不遠」矣。凡處得有善有未善，及有困頓失次之患者，皆是牽於毀譽得喪，不能實致其良知耳。若能實致其良知，然後見得平日所謂善者，未必是善；所謂未善者，却恐正是牽於毀譽得喪，自賊其良知者也。

來書云：「致知之說，春間再承誨益，已頗知用力，覺得比舊尤爲簡易。但鄙心則謂與初學言之，還須帶格物意思，使之知下手處。本來致知、格物一併下，但在初學，未知下手用功，還說與格物，方曉得致知」云云[一]。

格物是致知工夫。知得致知，便已知得格物；若是未知格物，則是致知工夫亦未嘗知也。近

[一] 方曉得致知云云　「云云」，孫本作「如何」。

有一書，與友人論此頗悉，今往一通[一]，細觀之，當自見矣。

來書云：「今之爲朱、陸之辨者尚未已。每對朋友言，正學不明已久，且不須枉費心力，爲朱、陸争是非，只依先生『立志』二字點化人。若其人果能辨得此志來[二]，决意要知此學，已是大段明白了。朱、陸雖不辨，彼自能覺得。又嘗見朋友中，見有人議先生之言者輒爲動氣。昔在朱、陸二先生，所以遺後世紛紛之議者，亦見二先生工夫有未純熟，分明亦有動氣之病，若明道則無此矣。觀其與吴涉禮論介甫之學[三]，云『爲我盡達諸介甫，不有益於他[四]，必有益於我也』，氣象何等從容。嘗見先生與人書中亦引此言，願朋友皆如此，如何？」此節議論得極是極是，願道通遍以告於同志，各自且論自己是非，莫論朱、陸是非也。以言

[一] 今往一通　「往」，德安本作「録」。

[二] 若其人果能辨得此志來　「辨」，錢本、黄本、閭本、范本、聞本、鄒本、胡本、宋本、邵本、國圖本、天圖本、叢刊本、文淵閣本、摛藻堂本作「辦」。

[三] 吴涉禮　「涉」當爲「師」之訛，原文見二程遺書卷一。陳注：吴師禮，字仲安，杭州人。

[四] 不有益於他　「他」，蕭本、國會本、德安本、孫本、錢本、胡本、黄本、閭本、董本、范本、聞本、鄒本、胡本、宋本、邵本作「彼」。

語謗人，其謗淺；若自己不能身體實踐，而徒入耳出口，呶呶度日，是以身謗也，其謗深矣。凡今天下之論議我者，苟能取以爲善，皆是砥礪切磋我也，則在我無非警惕修省進德之地矣。昔人謂「攻吾之短者是吾師」，師又可惡乎？

來書云：「有引程子『人生而静以上不容説，才説性，便已不是性』，何故不容説？何故不是性？晦庵答云：『不容説者，未有性之可言；不是性者，已不能無氣質之雜矣。』二先生之言皆未能曉[一]，每看書至此，輒爲一惑，請問。」

「生之謂性」，「生」字即是「氣」字，猶言「氣即是性」也。氣即是性，人生而静以上不容説，才説氣即是性，即已落在一邊，不是性之本原矣。孟子「性善」是從本原上説，然性善之端，須在氣上始見得。若無氣，亦無可見矣。惻隱、羞惡、辭讓、是非，即是氣。程子謂：「論性不論氣，不備；論氣不論性，不明。」亦是爲學者各認一邊，只得如此説。若見得自性明白時，氣即是性，性即是氣，原無性氣之可分也。

[一] 皆未能曉　孫本「曉」上有「通」字。

答陸原静書[一]

來書云：「下手工夫，覺此心無時寧静，妄心固動也，照心亦動也。心既恒動，則無刻暫停也？」

是有意於求寧静，是以愈不寧静耳。夫妄心則動也，照心非動也。恒照，則恒動恒静，天地之所以恒久而不已也。照心固照也，妄心亦照也。其爲物不貳，則其生物不息，有刻暫停則息矣，非至誠無息之學矣。

來書云：「良知亦有起處」云云。

此或聽之未審。良知者，心之本體，即前所謂恒照者也。心之本體，無起無不起。雖妄念之發，而良知未嘗不在，但人不知存，則有時而或放耳；雖昏塞之極，而良知未嘗不明，但人不知察，則有時而或蔽耳。雖有時而或放，其體實未嘗不在也[二]，存之而已耳；雖有時而或蔽，其體實未嘗不明也，察之而已耳。若謂「良知亦有起處」，則是有時而不在也，非其本體之謂矣。

[一] 黄本、閭本、董本、范本、聞本、鄒本、胡本、宋本、邵本題下標注「甲申」。

[二] 其體實未嘗不在也　「體實」，孫本作「實體」，下文仿此。

「精一」之「精」以理言，「精神」之「精」以氣言。理者，氣之條理；氣者，理之運用。無條理則不能運用，無運用，則亦無以見其所謂條理者矣。精則精[一]，精則明，精則一，精則神，精則誠；一則精，一則明，一則神，一則誠；原非有二事也。但後世儒者之説，與養生之説，各滯於一偏，是以不相爲用。前日「精一」之論[二]，雖爲原靜愛養精神而發，然而作聖之功，寔亦不外是矣。

來書云：「元神、元氣、元精，必各有寄藏發生之處，又有真陰之精、真陽之氣」云云[三]。

夫良知，一也。以其妙用而言謂之神，以其流行而言謂之氣，以其凝聚而言謂之精，安可以形象方所求哉？真陰之精，即真陽之氣之母；真陽之氣，即真陰之精之父。陰根陽，陽根陰，亦非有二也。苟吾「良知」之説明，則凡若此類，皆可以不言而喻。不然，則如來書所云「三關」「七返」「九還」之屬，尚有無窮可疑者也。

[一] 精則精 國會本作「人之心」。
[二] 前日精一之論 「論」，黄本、閭本、董本、范本、聞本、鄒本、胡本、宋本、邵本作「諭」。
[三] 真陽之氣云云 孫本無「云云」二字。

又[一]

來書云：「良知，心之本體，即所謂性善也。未發之中也[二]，寂然不動之體也，廓然大公也，何常人皆不能而必待於學邪[三]？中也，寂也，公也，既以屬心之體，則良知是矣。今驗之於心，知無不良，而中、寂、大公實未有也。豈良知復超然於體用之外乎？」

性無不善，故知無不良。良知即是未發之中，即是廓然大公、寂然不動之本體，人人之所同具者也。但不能不昏蔽於物欲，故須學以去其昏蔽，然於良知之本體，初不能有加損於毫末也。知無不良，而中、寂、大公未能全者，是昏蔽之未盡去，而存之未純耳。體即良知之體，用即良知之用，寧復有超然於體用之外者乎？

來書云：「周子曰『主静』，程子曰『動亦定，静亦定』，先生曰『定者，心之本體』。是静定也，决非不覩不聞，無思無爲之謂，必常知常存，常主於理之謂也。夫常知常存，常

[一]　又　黄本、閭本、董本、范本、聞本、鄒本、胡本、宋本、邵本無此字。

[二]　未發之中也　范本「未」上有「即」字。

[三]　何常人皆不能而必待於學邪　蕭本、國會本、孫本、錢本、胡本、黄本、閭本、董本、聞本、鄒本、胡本、宋本、邵本「何」在前句「未發之中也」之「未」字之上；范本無「何」字。

主於理，明是動也，已發也，何以謂之靜？何以謂之本體？豈是靜定也，又有以貫乎心之動靜者邪？」

理無動者也。常知常存，常主於理，即不覩不聞，無思無爲之謂也。不覩不聞，無思無爲，非槁木死灰之謂也。覩聞思爲一於理，而未嘗有所覩聞思爲，即是動而未嘗動也。所謂「動亦定，靜亦定」，「體用一原」者也[一]。

來書云：「此心未發之體，其在已發之前乎？其在已發之中而爲之主乎？其無前後内外而渾然一體者乎？今謂心之動靜者，其主有事無事而言乎？其主寂然感通而言乎？其主循理從欲而言乎？若以循理爲靜，從欲爲動，則於所謂『動中有靜，靜中有動，動極而靜，靜極而動』者，不可通矣。若以有事而感通爲動，無事而寂然爲靜，則於所謂『動而無動，靜而無靜』者，不可通矣。若謂未發在已發之先，靜而生動，是至誠有息也，聖人有復也，又不可矣[二]。若謂未發在已發之中，則不知未發已發俱當主靜乎？抑未發爲靜，而已發爲動乎？抑未發已發俱無動無靜乎？俱有動有靜乎？幸教。」

[一] 理無動者也……體用一原者也　王本、九大本此段獨立成篇，題作「答陸元靜書」。

[二] 又不可矣　孫本「可」下有「通」字。

未發之中，即良知也，無前後内外而渾然一體者也。有事無事可以言動静，而良知無分於有事無事也。寂然感通可以言動静，而良知無分於寂然感通也。動静者，所遇之時，心之本體固無分於動静也。理無動者也，動即爲欲。循理，則雖酬酢萬變而未嘗動也；從欲，則雖槁心一念而未嘗静也。「動中有静，静中有動」，又何疑乎？有事而感通固可以言動，然而寂然者未嘗有增也；無事而寂然固可以言静，然而感通者未嘗有減也〔一〕。「動而無動，静而無静」，又何疑乎？無前後内外而渾然一體，則「至誠有息」之疑不待解矣。未發在已發之中，而已發之中未嘗别有未發者在；已發在未發之中，而未發之中未嘗别有已發者存。是未嘗無動静，而不可以動静分者也。

凡觀古人言語，在以意逆志，而得其大旨。若必拘滯於文義，則「靡有孑遺」者，是周果無遺民也。周子「静極而動」之説，苟不善觀，亦未免有病。蓋其意從「太極動而生陽」説來。太極生生之理，妙用無息而常體不易。太極之生生，即陰陽之生生。就其生生之中〔二〕，指其妙用無息者而謂之動，謂之陽之生，非謂動而後生陽也。就其生生之中，指其常體不易者而謂之静，

〔一〕然而感通者未嘗有減也　黄本、閭本、董本、范本、聞本、鄒本、胡本、宋本、邵本無「而」字。
〔二〕就其生生之中　「其」，王本作「在」。

謂之陰之生，非謂静而後生陰也。若果静而後生陰[一]，動而後生陽，則是陰陽動静截然各自爲一物矣。陰陽，一氣也，一氣屈伸而爲陰陽；動静，一理也，一理隱顯而爲動静。春夏可以爲陽爲動，而未嘗無陰與静也；秋冬可以爲陰爲静，而未嘗無陽與動也。春夏此不息，秋冬此不息，皆可謂之陽，謂之動也；春夏此常體，秋冬此常體，皆可謂之陰，謂之静也。自元會運世，歲月日時，以至刻杪忽微，莫不皆然。所謂「動静無端，陰陽無始」，在知道者默而識之，非可以言語窮也。若只牽文泥句，比擬倣像，則所謂心從法華轉，非是轉法華矣[二]。

來書云：「嘗試於心，喜怒憂懼之感發也，雖動氣之極，而吾心良知一覺，即罔然消阻，或遏於初，或制於中，或悔於後。然則良知常若居優閒無事之地而爲之主，於喜怒憂懼若不與焉者，何歟？」

知此，則知未發之中、寂然不動之體，而有發而中節之和，感而遂通之妙矣。然謂「良知常若居於優閒無事之地」，語尚有病。蓋良知雖不滯於喜怒憂懼，而喜怒憂懼亦不外於良知也。

[一] 若果静而後生陰　「若果」，王本、九大本作「夫謂」。

[二] 未發之中即良知也……非是轉法華矣　王本、九大本此段獨立成篇，題作「答陸元静書」。

來書云：「夫子昨以良知爲照心。竊謂良知，心之本體也。照心，人所用功[一]，乃戒慎恐懼之心也，猶思也。而遂以戒慎恐懼爲良知，何歟[二]？」

能戒慎恐懼者，是良知也[三]。

來書云：「先生又曰『照心非動也』，豈以其循理而謂之静歟？『妄心亦照也』，豈以其良知未嘗不在於其中，未嘗不明於其中，而視聽言動之不過則者皆天理歟？且既曰妄心，則在妄心可謂之照，而在照心則謂之妄矣。妄與息何異？今假妄之照，以續至誠之無息，竊所未明，幸再啓蒙。」

照心非動者，以其發於本體明覺之自然，而未嘗有所動也。有所動即妄矣。妄心亦照者，以其本體明覺之自然者未嘗不在於其中，但有所動耳。無所動即照矣。無妄無照，非以妄爲照，以照爲妄也。照心爲照，妄心爲妄，是猶有妄有照也。有妄有照，則猶貳也，貳則息矣。無妄無照則不貳，不貳則不息矣。

[一] 人所用功 黄本、閭本、董本、范本、聞本、鄒本、胡本、宋本、邵本「用」下有「之」字。
[二] 何歟 德安本作「可歟」。
[三] 是良知也 孫本作「即所謂良知也」。

來書云：「養生以清心寡欲爲要。夫清心寡欲，作聖之功畢矣。然欲寡則心自清[一]，清心，非舍棄人事而獨居求静之謂也。蓋欲使此心純乎天理，而無一毫人欲之私耳。今欲爲此之功，而隨人欲生而克之，則病根常在，未免滅於東而生於西。若欲刊剥洗蕩於衆欲未萌之先，則又無所用其力，徒使此心之不清。且欲未萌而搜剔以求去之，是猶引犬上堂而逐之也，愈不可矣。」

必欲此心純乎天理，而無一毫人欲之私，此作聖之功也。必欲此心純乎天理，而無一毫人欲之私，非防於未萌之先，而克於方萌之際不能也。防於未萌之先，而克於方萌之際，此正中庸「戒慎恐懼」、大學「致知格物」之功。舍此之外，無别功矣。夫謂「滅於東而生於西」、「引犬上堂而逐之」者，是自私自利、將迎意必之爲累，而非克治洗蕩之爲患也。今曰「養生以清心寡欲爲要」，只「養生」二字，便是自私自利、將迎意必之根。有此病根潛伏於中，宜其有「滅於東而生於西」、「引犬上堂而逐之」之患也。

來書云：「佛氏於不思善、不思惡時，認本來面目，於吾儒隨物而格之功不同。吾若於

[一] 然欲寡則心自清　「欲寡」，黄本、閭本、董本、范本、聞本、鄒本、胡本、宋本、邵本作「寡欲」。

不思善[一]、不思惡時，用致知之功，則已涉於思善矣。欲善惡不思，而心之良知清靜自在，惟有寐而方醒之時耳[二]。斯正孟子『夜氣』之說。但於斯光景不能久，倏忽之際，思慮已生。不知用功久者，其常寐初醒而思未起之時否乎？今澄欲求寧靜，愈不寧靜；欲念無生，則念愈生。如之何而能使此心前念易滅，後念不生[三]，良知獨顯，而與造物者遊乎[四]？」

不思善、不思惡時，認本來面目，此佛氏爲未識本來面目者設此方便。本來面目，即吾聖門所謂良知。今既認得良知明白，即已不消如此說矣。隨物而格，是致知之功，即佛氏之常惺惺，亦是常存他本來面目耳。體段工夫，大略相似，但佛氏有箇自私自利之心，所以便有不同耳。今欲善惡不思，而心之良知清靜自在，此便有自私自利、將迎意必之心。所以有不思善、不思惡時，用致知之功，則已涉於思善之患。孟子說「夜氣」，亦只是爲失其良心之人，指出箇良心萌動處，

[一] 吾若於不思善　「若」，黃本、閭本、董本、范本、聞本、鄒本、胡本、宋本、邵本作「儒」。

[二] 惟有寐而方醒之時耳　蕭本、國會本、德安本、孫本、錢本、黃本、閭本、董本、范本、聞本、鄒本、胡本、宋本、邵本無「而」字。

[三] 後念不生　孫本「後」上有「而」字。

[四] 而與造物者遊乎　黃本、閭本、董本、范本、聞本、鄒本、胡本、宋本、邵本無「者」字。

使他從此培養將去。今已知得良知明白，常用致知之功，即已不消説夜氣。却是得兔後不知守兔，而仍去守株，兔將復失之矣。欲求寧静，欲念無生，此正是自私自利、將迎意必之病，是以念愈生而愈不寧静。良知只是一箇，良知而善惡自辨，更有何善何惡可思？良知之體，本自寧静，今却又添一箇求寧静；本自生生，今却又添一箇欲無生；非獨聖門致知之功不如此，雖佛氏之學，亦未如此將迎意必也。只是一念良知，徹頭徹尾，無始無終，即是前念不滅，後念不生。今却欲前念易滅，而後念不生，是佛氏所謂斷滅種性[一]，入於槁木死灰之謂矣。

來書云：「佛氏又有『常提念頭』之説，其猶孟子所謂『必有事』[二]，夫子所謂『致良知』之説乎？其即常惺惺、常記得、常知得、常存得者乎？於此念頭提在之時[三]，而事至物來，應之必有其道。但恐此念頭提起時少，放下時多，則工夫間斷耳。且念頭放失，多因私欲客氣之動而始，忽然驚醒而後提[四]。其放而未提之間，心之昏雜，多不自覺。今欲日精日明，

[一] 是佛氏所謂斷滅種性　孫本「是」下有「即」字。

[二] 其猶孟子所謂必有事　「猶」，黄本訛作「有」，聞本、鄒本、胡本、宋本、邵本、間本、董本作「即」。

[三] 於此念頭提在之時　「此」，黄本、間本、董本、范本、聞本、鄒本、胡本、宋本、邵本作「是」。

[四] 忽然驚醒而後提　「驚」，黄本、間本、董本、范本、聞本、鄒本、胡本、宋本、邵本作「警」。

常提不放，以何道乎？只此常提不放，即全功乎？抑於常提不放之中，更宜加省克之功乎？雖曰常提不放，而不加戒懼克治之功，恐私欲不去。若加戒懼克治之功焉，又爲思善之事，而於本來面目又未達一間也。如之何則可？」

戒懼克治，即是常提不放之功，即是必有事焉，豈有兩事邪？此節所問，前一段已自說得分曉。末後却是自生迷惑，說得支離，及有「本來面目未達一間」之疑[一]，都是自私自利、將迎意必之爲病。去此病[二]，自無此疑矣。

來書云：「『質美者明得盡，查滓便渾化』，如何謂明得盡[三]，如何而能便渾化[四]？」

良知本來自明。氣質不美者，查滓多，障蔽厚，不易開明。質美者，查滓原少，無多障蔽，略加致知之功，此良知便自瑩徹。些少查滓，如湯中浮雪，如何能作障蔽？此本不甚難曉，原静

[一] 及有本來面目未達一間之疑　「及」，蕭本漶漫，國會本作「反」。

[二] 去此病　黄本、閭本、董本、范本、聞本、鄒本、胡本、宋本、邵本「病」下有「根」字。

[三] 如何謂明得盡　黄本、閭本、董本、范本、聞本、鄒本、胡本、宋本、邵本「謂」下有「之」字。

[四] 如何而能便渾化　「便」，國圖本、天圖本、叢刊本、文淵閣本、摛藻堂本作「更」。

所以致疑於此，想是因一「明」字不明白[一]，亦是稍有欲速之心。向曾面論「明善」之義，明則誠矣，非若後儒所謂明善之淺也。

來書云：「聰明睿知，果質乎？仁義禮智，果性乎？喜怒哀樂，果情乎？私欲客氣，果一物乎？二物乎？古之英才，若子房、仲舒、叔度、孔明、文中[二]、韓、范諸公，德業表著，皆良知中所發也，而不得謂之聞道者，果何在乎？苟曰『此特生質之美耳』[三]，則生知安行者，不愈於學知困勉者乎？愚意竊云，謂諸公見道偏則可，謂全無聞，則恐後儒崇尚記誦訓詁之過也。然乎，否乎？」

性，一而已。仁義禮知，性之性也；聰明睿知，性之質也；喜怒哀樂，性之情也；私欲客氣，性之蔽也。質有清濁，故情有過不及，而蔽有淺深也。私欲客氣，一病兩痛，非二物也。張、黃、諸葛及韓、范諸公，皆天質之美，自多暗合道妙。雖未可盡謂之知學，盡謂之聞道，然亦自有其

[一] 想是因一明字不明白　「不」，黃本、閭本、董本、范本、聞本、鄒本、胡本、宋本、邵本作「欠」。

[二] 文中　國圖本、天圖本、叢刊本、摛藻堂本訛作「文仲」。

[三] 苟曰此特生質之美耳　「此」，黃本、閭本、董本、范本、聞本、鄒本、胡本、宋本、邵本作「斯」。

學[一]，違道不遠者也。使其聞學知道，即伊、傅、周、召矣。若文中子，則又不可謂之不知學者。其書雖多出於其徒，亦多有未是處，然其大略，則亦居然可見。但今相去遼遠，無有的然憑證，不可懸斷其所至矣。夫良知即是道，良知之在人心，不但聖賢，雖常人亦無不如此。若無有物欲牽蔽，但循着良知發用流行將去，即無不是道。但在常人多爲物欲牽蔽，不能循得良知。如數公者，天質既自清明，自少物欲爲之牽蔽，則其良知之發用流行處，自然是多，自然違道不遠。學者，學循此良知而已[二]。謂之知學[三]，只是知得專在學循良知。數公雖未知專在良知上用功，而或泛濫於多岐，疑迷於影響，是以或離或合而未純[四]。若知得時，便是聖人矣。後儒嘗以數子者[五]，尚皆是氣質用事，未免於行不著，習不察，此亦未爲過論。但後儒之所謂著察者，亦是狃於聞見之狹，蔽於沿習之非，而依擬倣象於影響形迹之間，尚非聖門之所謂著察者也。則亦安

[一] 然亦自有其學 「有其」，國圖本、天圖本、叢刊本、文淵閣本、摛藻堂本作「其有」。
[二] 學循此良知而已 孫本「學」上有「亦」字。
[三] 謂之知學 「知學」，黄本、閭本、董本、范本、聞本、鄒本、胡本、宋本、邵本作「學知」。
[四] 是以或離或合而未純 「或離或合」，孫本作「或合或離」。
[五] 後儒嘗以數子者 孫本無「者」字。

得以己之昏昏，而求人之昭昭也乎？所謂「生知安行」，「知行」二字，亦是就用功上説[一]。若是知行本體，即是良知良能。雖在困勉之人，亦皆可謂之生知安行矣。「知行」二字，更宜精察。

來書云：「昔周茂叔每令伯淳尋仲尼、顔子樂處，敢問是樂也，與七情之樂同乎、否乎？若同，則常人之一遂所欲，皆能樂矣，何必聖賢？若別有真樂，則聖賢之遇大憂大怒、大驚大懼之事，此樂亦在否乎？且君子之心，常存戒懼，是蓋終身之憂也，惡得樂？澄平生多悶，未嘗見真樂之趣，今切願尋之。」

樂是心之本體，雖不同於七情之樂，而亦不外於七情之樂。雖則聖賢別有真樂，而亦常人之所同有。但常人有之而不自知，反自求許多憂苦，自加迷棄。雖在憂苦迷棄之中，而此樂又未嘗不存。但一念開明，反身而誠，則即此而在矣。每與原静論，無非此意，而原静尚有何道可得之問，是猶未免於騎驢覓驢之蔽也。

來書云：「大學以『心有好樂忿懥、憂患恐懼』爲『不得其正』，而程子亦謂『聖人情順萬事而無情』，所謂『有』者，傳習録中以病瘧譬之，極精切矣。若程子之言，則是聖人之情不生於心而生於物也，何謂耶？且事感而情應，則是是非非，可以就格。事或未感時，

[一] 亦是就用功上説 「是就」，黄本、閭本、范本、聞本、鄒本、胡本、宋本、邵本作「就是」。

謂之有，則未形也；謂之無，則病根在有無之間，何以致吾知乎？學務無情，累雖輕，而出儒入佛矣，可乎？」

聖人致知之功，至誠無息。其良知之體，皦如明鏡，略無纖翳，妍媸之來，隨物見形，而明鏡曾無留染，所謂情順萬事而無情也。「無所住而生其心」，佛氏曾有是言，未爲非也。明鏡之應物，妍者妍，媸者媸，一照而皆真[一]，即是生其心處；妍者妍，媸者媸，一過而不留，即是無所住處。病瘧之喻，既已見其精切[二]，則此節所問可以釋然。病瘧之人，瘧雖未發而病根自在，則亦安可以其瘧之未發，而遂忘其服藥調理之功乎？若必待瘧發而後服藥調理，則既晚矣。致知之功，無間於有事無事，而豈論於病之已發未發邪？大抵原靜所疑，前後雖若不一，然皆起於自私自利、將迎意必之爲祟。此根一去，則前後所疑，自將冰消霧釋，有不待於問辨者矣[三]。

答原靜書出，讀者皆喜澄善問，師善答，皆得聞所未聞。師曰：「原靜所問，只是知解上

[一] 自「一照而皆真」至下文答歐陽崇一篇「發用流行除却見聞酬」，原書二頁，叢刊本爲補刻。

[二] 既已見其精切　「既」，黄本、閭本、董本、范本、聞本、鄒本、胡本、宋本、邵本作「誠」。

[三] 聖人致知之功……有不待於問辨者矣　王本、九大本此段獨立成篇，題作「答陸原靜書」。

轉，不得已，與之逐節分疏。若信得良知，只在良知上用工，雖千經萬典，無不脗合，異端曲學，一勘盡破矣。何必如此節節分解？佛家有『撲人逐塊』之喻，見塊撲人，則得人矣；見塊逐塊，於塊奚得哉？」在座諸友，聞之惕然，皆有惺悟。此學貴反求，非知解可入也[一]。

答歐陽崇一[二]

崇一來書云：「師云：『德性之良知，非由於聞見。若曰「多聞，擇其善者而從之，多見而識之」，則是專求之見聞之末，而已落在第二義。』竊意良知雖不由見聞而有，然學者之知，未嘗不由見聞而發[三]，滯於見聞固非，而見聞亦良知之用也。今曰『落在第二義』，恐爲專以見聞爲學者而言。若致其良知而求之見聞，似亦知行合一之功矣。如何？」

良知不由見聞而有，而見聞莫非良知之用，故良知不滯於見聞，而亦不離於見聞。孔子云：「吾有知乎哉？無知也。」良知之外，別無知矣。故「致良知」是學問大頭腦，是聖人教人第一

[一] 答原靜書出……非知解可入也　蕭本、國會本、德安本、孫本、錢本、胡本無此跋。

[二] 閭本、董本、聞本、鄒本、胡本、宋本、邵本題下標注「丙戌」。

[三] 未嘗不由見聞而發　「由」，蕭本、國會本、德安本、錢本、黄本、閭本、董本、范本、聞本、鄒本、胡本、宋本、邵本作「因」。

義[一]。今云「專求之見聞之末」，則是失却頭腦，而已落在第二義矣。近時同志中，蓋已莫不知有「致良知」之説，然其功夫尚多鶻突者[二]，正是欠此一問。大抵學問功夫，只要主意頭腦是當。若主意頭腦專以致良知爲事，則凡多聞多見，莫非致良知之功。蓋日用之間，見聞醻酢，雖千頭萬緒，莫非良知之發用流行。除却見聞醻酢，亦無良知可致矣，故只是一事。若曰「致其良知而求之見聞」，則語意之間，未免爲二。此與專求之見聞之末者，雖稍不同，其爲未得精一之旨，則一而已。「多聞，擇其善者而從之，多見而識之」，既云「擇」，又云「識」，其良知亦未嘗不行於其間[三]。但其用意[四]，乃專在多聞多見上去擇識，則已失却頭腦矣。崇一於此等處，見得當已分曉。今日之問，正爲發明此學，於同志中極有益。但語意未瑩，則毫釐千里，亦不容不精察之也。

[一] 是聖人教人第一義 「聖人」，德安本、錢本、黃本、閭本、董本、范本、聞本、鄒本、胡本、宋本、邵本作「聖門」。

[二] 然其功夫尚多鶻突者 黃本、閭本、董本、范本、聞本、鄒本、胡本、宋本、邵本「其」下有「間」字；德安本、錢本「間」訛作「問」。

[三] 其良知亦未嘗不行於其間 「其」，德安本、錢本作「則」。

[四] 但其用意 「用」，德安本、錢本、黃本、閭本、董本、范本、聞本、鄒本、胡本、宋本、邵本作「立」。

來書云[一]：「師云：『繫言「何思何慮」，是言所思所慮只是天理，更無別思別慮耳，非謂無思無慮也。心之本體，即是天理，有何可思慮得？學者用功，雖千思萬慮，只是要復他本體，不是以私意去安排思索出來。若安排思索，便是自私用智矣。』學者之敝[二]，大率非沉空守寂，則安排思索。德辛壬之歲，着前一病，近又着後一病。但思索亦是良知發用，其與私意安排者，何所取別？恐認賊作子，惑而不知也。」

「思曰睿，睿作聖」，「心之官則思，思則得之」，思其可少乎？沉空守寂與安排思索，正是自私用智，其爲喪失良知，一也。良知是天理之昭明靈覺處，故良知即是天理。思是良知之發用，若是良知發用之思，則所思莫非天理矣。良知發用之思，自然明白簡易，良知亦自能知得。若是私意安排之思，自是紛紜勞擾，良知亦自會分別得。蓋思之是非邪正，良知無有不自知者。所以認賊作子，正爲致知之學不明，不知在良知上體認之耳。

來書又云：「師云：『爲學，終身只是一事。不論有事無事，只是這一件。若說寧不了

[一] 來書云　德安本、錢本「書」下有「又」字。

[二] 學者之敝　德安本、錢本、黄本、閭本、董本、范本、聞本、鄒本、胡本、宋本、邵本無「者」字；又德安本、錢本「敝」作「弊」。

事，不可不加培養，却是分爲兩事也。』竊意覺精力衰弱，不足以終事者，良知也。寧不了事，且加休養，致知也。如何却爲兩事？若事變之來，有事勢不容不了，而精力雖衰，稍鼓舞亦能支持，則持志以帥氣可矣。然言動終無氣力，畢事則困憊已甚，不幾於暴其氣已乎？此其輕重緩急，良知固未嘗不知，然或迫於事勢，安能顧精力；或困於精力，安能顧事勢。如之何則可？」

「寧不了事，不可不加培養」之意，且與初學如此説，亦不爲無益。但作兩事看了，便有病痛在。孟子言「必有事焉」，則君子之學，終身只是集義一事。義者，宜也，心得其宜之謂義。能致良知，則心得其宜矣，故集義亦只是致良知。君子之酬酢萬變，當行則行，當止則止，當生則生，當死則死，斟酌調停，無非是致其良知以求自慊而已。故君子素其位而行，思不出其位。凡謀其力之所不及，而强其知之所不能者，皆不得爲致良知。而凡勞其筋骨，餓其體膚，空乏其身，行拂亂其所爲，動心忍性，以增益其所不能者，皆所以致其良知也。若云「寧不了事，不可不加培養」者，亦是先有功利之心，較計成敗利鈍，而愛憎取舍於其間，是以將了事自作一事，而培養又别作一事。此便有是内非外之意，便是自私用智，便是義外，便有不得於心，勿求於氣之病，便不是致良知以求自謙之功矣。所云「鼓舞支持，畢事則困憊已甚」，又云「迫於事勢，困於精力」，皆是把作兩事做了，所以有此。凡學問之功，一則誠，二則僞。凡此，皆是致良知之意欠誠一真切之故。大學言：「誠其意者，如惡惡臭，如好好色，此之謂自謙。」曾見有惡惡臭、好好色，而須鼓舞支持者乎？曾有畢事則困憊已甚者乎〔一〕？曾有迫於事勢，困於精力者乎？此可以知其受病之所從來矣。

來書又有云：「人情機詐百出，御之以不疑，往往爲所欺，覺則自入於逆億。夫逆詐即詐也，億不信即非信也，爲人欺又非覺也。不逆不億而常先覺，其惟良知瑩徹乎？然而出入毫忽之間，背覺合詐者多矣。」

不逆不億而先覺，此孔子因當時人專以逆詐、億、不信爲心，而自陷於詐與不信，又有不逆不億者，然不知致良知之功，而往往又爲人所欺詐，故有是言。非教人以是存心，而專欲先覺人之詐與不信也。以是存心，即是後世猜忌險薄者之事，而只此一念，已不可與入堯舜之道矣。不逆不億而爲人所欺者，尚亦不失爲善，但不如能致其良知，而自然先覺者之尤爲賢耳。崇一謂「其惟良知瑩徹」者，蓋已得其旨矣。然亦穎悟所及，恐未實際也。蓋良知之在人心，亘萬古，塞宇宙，

〔一〕曾有畢事則困憊已甚者乎　「有」，國圖本、天圖本、叢刊本、文淵閣本、摛藻堂本作「見」。

而無不同。不慮而知，恒易以知險；不學而能，恒簡以知阻。先天而天不違，天且不違，而況於人乎？況於鬼神乎？

夫謂「背覺合詐」者，是雖不逆人，而或未能無自欺也；雖不億人，而或未能果自信也。是或常有求先覺之心，而未能常自覺也。常有求先覺之心，即已流於逆億，而足以自蔽其良知矣。此「背覺合詐」之所以未免也。君子學以爲己，未嘗虞人之欺己也，恒不自欺其良知而已；未嘗虞人之不信己也，恒自信其良知而已；未嘗求先覺人之詐與不信也，恒務自覺其良知而已。是故不欺，則良知無所僞而誠，誠則明矣；自信，則良知無所惑而明，明則誠矣。明誠相生，是故良知常覺常照。常覺常照，則如明鏡之懸，而物之來者，自不能遁其妍媸矣。何者？不欺而誠，則無所容其欺，苟有欺焉，而覺矣；自信而明〔一〕，則無所容其不信，苟不信焉，而覺矣。是謂「易以知險，簡以知阻」，子思所謂「至誠如神，可以前知」者也。然子思謂「如神」，謂「可以前知」，猶二而言之。是蓋推言思誠者之功效，是猶爲不能先覺者説也。若就至誠而言，則至誠之妙用，即謂之神，不必言「如神」；至誠則無知而無不知，不必言「可以前知」矣。

〔一〕自信而明　「明」，德安本、錢本、黄本、閭本、董本、范本、聞本、鄒本、胡本、宋本、邵本作「誠」。

答羅整庵少宰書[一]

某頓首啓[二]：昨承教及大學，發舟匆匆，未能奉答。曉來江行稍暇，復取手教而讀之，恐至贛後人事復紛沓，先具其略以請。

來教云：「見道固難，而體道尤難。道誠未易明，而學誠不可不講，恐未可安於所見，而遂以爲極則也。」幸甚幸甚。何以得聞斯言乎？其敢自以爲極則而安之乎？正思就天下之有道以講明之耳。而數年以來，聞其説而非笑之者有矣，詬訾之者有矣，置之不足較量辨議之者有矣。其肯遂以教我乎？其肯遂以教我，而反覆曉諭，惻然惟恐不及救正之乎？然則天下之愛我者，固莫有如執事之心深且至矣。感激當何如哉！夫德之不修，學之不講，孔子以爲憂，而世之學者，稍能傳習訓詁，即皆自以爲知學，不復有所謂講學之求，可悲矣。夫道必體而後見，非已見道而後加體道之功也[三]；道必學而後明，非外講學而復有所謂明道之事也。然世之講學者有二[四]，

[一] 黄本、閭本、董本、范本、聞本、鄒本、胡本、宋本、邵本題下標注「庚辰」。

[二] 某頓首啓 「某」，蕭本、國會本作「守仁」，下文倣此。

[三] 而後加體道之功也 「加」，黄本、范本作「知」。

[四] 然世之講學者有二 「講」，黄本、閭本、范本、聞本、鄒本、胡本、宋本、邵本作「論」。

有講之以身心者，有講之以口耳者。講之以口耳，揣摸測度，求之影響者也；講之以身心，行著習察，實有諸己者也。知此，則知孔門之學矣。

來教謂某：「大學古本之復，以人之爲學，但當求之於內，而程朱格物之説，不免求之於外，遂去朱子之分章，而削其所補之傳。」非敢然也。學豈有内外乎？大學古本，乃孔門相傳舊本耳。朱子疑其有所脱誤，而改正補緝之，在某則謂其本無脱誤，悉從其舊而已矣。失在於過信孔子則有之，非故去朱子之分章而削其傳也。

夫學貴得之心，求之於心而非也，雖其言之出於孔子，不敢以爲是也，而況其未及孔子者乎？求之於心而是也，雖其言之出於庸常，不敢以爲非也，而況其出於孔子者乎？且舊本之傳，數千載矣。今讀其文詞，既明白而可通；論其工夫，又易簡而可入。亦何所按據，而斷其此段之必在於彼，彼段之必在於此，與此之如何而缺，彼之如何而補[一]，而遂改正補緝之，無乃重於背朱而輕於叛孔已乎？

來教謂：「如必以學不資於外求，但當反觀内省以爲務，則『正心誠意』四字，亦何不盡之有？何必於入門之際，便困以格物一段工夫也？」誠然誠然。若語其要，則「修身」二字亦足矣，

[一] 彼之如何而補　「補」，黄本、閭本、董本、范本、聞本、酈本、胡本、宋本作「誤」。

何必又言「正心」？「正心」二字亦足矣，何必又言「誠意」？「誠意」二字亦足矣，何必又言「致知」，又言「格物」？惟其工夫之詳密，而要之只是一事。此所以爲精一之學，此正不可不思者也。夫理無内外，性無内外，故學無内外。講習討論，未嘗非内也；反觀内省，未嘗遺外也。夫謂學必資於外求，是以己性爲有外也，是義外也，用智者也；謂反觀内省爲求之於内，是以己性爲有内也，是有我也，自私者也；是皆不知性之無内外也。故曰「精義入神，以致用也；利用安身，以崇德也」；「性之德也，合内外之道也」。此可以知格物之學矣。

格物者，大學之實下手處，徹首徹尾，自始學至聖人，只此工夫而已，非但入門之際有此一段也。夫正心誠意，致知格物，皆所以修身，而格物者，其所用力日可見之地[一]。故格物者，格其心之物也，格其意之物也，格其知之物也；正心者，正其物之心也；誠意者，誠其物之意也；致知者，致其物之知也。此豈有内外彼此之分哉？理一而已。以其理之凝聚而言，則謂之性；以其凝聚之主宰而言，則謂之心；以其主宰之發動而言，則謂之意；以其發動之明覺而言，則謂之知；以其明覺之感應而言，則謂之物。故就物而言謂之格，就知而言謂之致，就意而言謂之誠，就心而言謂之正。正者，正此也；誠者，誠此也；致者，致此也；格者，格此也；皆所謂窮理以

[一] 其所用力日可見之地 黄本、閭本、董本、范本、聞本、鄒本、胡本、宋本「所」下有「以」字。

盡性也。天下無性外之理，無性外之物。學之不明，皆由世之儒者認理爲外，認物爲外，而不知「義外」之說，孟子蓋嘗闢之，乃至襲陷其內而不覺〔一〕，豈非亦有似是而難明者歟？不可以不察也。

凡執事所以致疑於格物之說者，必謂其是內而非外也；必謂其專事於反觀内省之爲，而遺棄其講習討論之功也；必謂其一意於綱領本原之約，而脱略於支條節目之詳也；必謂其沉溺於枯槁虛寂之偏，而不盡於物理人事之變也。審如是，豈但獲罪於聖門，獲罪於朱子，是邪説誣民，叛道亂正，人得而誅之也，而況於執事之正直哉？審如是，世之稍明訓詁，聞先哲之緒論者，皆知其非也，而況執事之高明哉？凡某之所謂格物〔二〕，其於朱子九條之說，皆包羅統括於其中，但爲之有要，作用不同，正所謂毫釐之差耳。然毫釐之差，而千里之繆實起於此，不可不辨。

孟子闢楊墨，至於「無父無君」。二子亦當時之賢者，使與孟子並世而生，未必不以之爲賢。墨子兼愛，行仁而過耳；楊子爲我，行義而過耳。此其爲說，亦豈滅理亂常之甚，而足以眩天下哉？而其流之弊，孟子至比於禽獸夷狄，所謂以學術殺天下後世也。今世學術之弊，其謂之學仁而過者乎？謂之學義而過者乎？抑謂之學不仁不義而過者乎？吾不知其於洪水猛獸何如也。孟子云：

〔一〕　襲陷其内而不覺　「覺」，蕭本、國會本、德安本、孫本、錢本、黄本、閭本、董本、范本作「免」。

〔二〕　凡某之所謂格物　「凡」，鄒本、胡本、宋本、閭本作「況」。

「予豈好辨哉？予不得已也。」楊墨之道塞天下，孟子之時，天下之尊信楊墨，當不下於今日之崇尚朱説，而孟子獨以一人呶呶於其間。噫！可哀矣。韓氏云：「佛老之害，甚於楊墨。韓愈之賢不及孟子，孟子不能救之於未壞之先，而韓愈乃欲全之於已壞之後，其亦不量其力，且見其身之危，莫之救以死也。」嗚呼！若某者，其尤不量其力，果見其身之危，莫之救以死也矣。夫衆方嘻嘻之中，而獨出涕嗟若；舉世恬然以趨，而獨疾首蹙額以爲憂。此其非病狂喪心，殆必誠有大苦者隱於其中，而非天下之至仁，其孰能察之？

其爲朱子晚年定論，蓋亦不得已而然。中間年歲早晚，誠有所未考，雖不必盡出於晚年，固多出於晚年者矣。然大意在委曲調停，以明此學爲重。平生於朱子之説，如神明蓍龜，一旦與之背馳，心誠有所未忍，故不得已而爲此。「知我者，謂我心憂。不知我者，謂我何求？」蓋不忍牴牾朱子者，其本心也；不得已而與之牴牾者，道固如是，不直則道不見也。執事所謂「決與朱子異」者，僕敢自欺其心哉？夫道，天下之公道也；學，天下之公學也；非朱子可得而私也，非孔子可得而私也。天下之公也，公言之而已矣。故言之而是，雖異於己，乃益於己也；言之而非，雖同於己，適損於己也。益於己者，己必喜之；損於己者，己必惡之。然則某今日之論，雖或於朱子異[一]，未必非其所喜也。君子之過，如日月之食，其更也，人皆仰之，而小人之過也必文。某雖不肖，固不敢以小人之心事朱子也。

執事所以教，反覆數百言，皆以未悉鄙人格物之説。若鄙説一明，則此數百言，皆可以不待辨説而釋然無滯。故今不敢縷縷，以滋瑣屑之瀆。然鄙説非面陳口析，斷亦未能了了於紙筆間也。嗟乎！執事所以開導啓迪於我者，可謂懇到詳切矣。人之愛我，寧有如執事者乎？僕雖甚愚下，寧不知所感刻佩服？然而不敢遽舍其中心之誠然，而姑以聽受云者，正不敢有負於深愛，亦思有以報之耳。秋盡東還[二]，必求一面，以卒所請，千萬終教。

[一] 雖或於朱子異　「於」，蕭本、國會本、閭本、聞本、鄒本、胡本、宋本作「與」。
[二] 秋盡東還　「東」，孫本作「冬」。

答聶文蔚[一]

春間遠勞迂途枉顧[二]，問證惓惓[三]，此情何可當也。已期二三同志更處静地，扳留旬日[四]，少效其鄙見，以求切劘之益，而公期俗絆，勢有不能。别去極怏怏，如有所失。忽承箋惠，反復千餘言，讀之無甚浣慰[五]。中間推許太過，蓋亦奬掖之盛心，而規礪真切，思欲納之於賢聖之域。又托諸崇一，以致其勤勤懇懇之懷，此非深交篤愛，何以及是？知感知媿，且懼其無以堪之也。雖然，僕亦何敢不自鞭勉，而徒以感媿辭讓爲乎哉？

其謂「思、孟、周、程，無意相遭於千載之下，與其盡信於天下，不若真信於一人。道固自在，

[一] 黄本、閭本、董本、范本、聞本、鄒本、胡本、宋本、邵本題下標注「丙戌」。

[二] 春間遠勞迂途枉顧　「春」，聞本、鄒本、胡本、宋本、邵本作「夏」。

[三] 問證惓惓　蕭本、國會本、德安本、錢本、胡本、黄本、閭本、董本、范本、聞本、鄒本、胡本、宋本、邵本無此四字。

[四] 已期二三同志更處静地扳留旬日　蕭本、國會本、德安本、錢本、胡本、黄本、閭本、董本、范本、聞本、鄒本、胡本、宋本、邵本作「甚欲扳留旬日」。

[五] 反復千餘言讀之無甚浣慰　蕭本、國會本、德安本、錢本、胡本、黄本、閭本、董本、范本、聞本、鄒本、胡本、宋本、邵本作「浣慰可知」。

學亦自在，天下信之不爲多，一人信之不爲少」者，斯固君子不見是而無悶之心，豈世之譾譾屑屑者，知足以及之乎？乃僕之情，則有大不得已者存乎其間，而非以計人之信與不信也。

夫人者，天地之心。天地萬物，本吾一體者也。生民之困苦荼毒，孰非疾痛之切於吾身者乎？不知吾身之疾痛，無是非之心者也。是非之心，不慮而知，不學而能，所謂良知也。良知之在人心，無間於聖愚，天下古今之所同也。世之君子，惟務致其良知，則自能公是非，同好惡，視人猶己，視國猶家，而以天地萬物爲一體，求天下無治，不可得矣。古之人所以能見善不啻若己出，見惡不啻若己入，視民之饑溺，猶己之饑溺，而一夫不獲，若己推而納諸溝中者，非故爲是而以蘄天下之信己也，務致其良知，求自慊而已矣。堯舜三王之聖，言而民莫不信者，致其良知而言之也；行而民莫不説者，致其良知而行之也。是以其民熙熙皞皞，殺之不怨，利之不庸，施及蠻貊，而凡有血氣者莫不尊親，爲其良知之同也。嗚呼！聖人之治天下，何其簡且易哉！

後世良知之學不明，天下之人，用其私智，以相比軋。是以人各有心，而偏瑣僻陋之見，狡僞陰邪之術，至於不可勝説。外假仁義之名，而内以行其自私自利之實，詭辭以阿俗，矯行以干譽。揜人之善，而襲以爲己長；訐人之私，而竊以爲己直。忿以相勝，而猶謂之徇義；險以相傾，而猶謂之疾惡。妬賢忌能，而猶自以爲公是非；恣情縱欲，而猶自以爲同好惡。相陵相賊，自其一家骨肉之親，已不能無爾我勝負之意，彼此藩籬之形，而況於天下之大，民物之衆，又何能一體而視之？則無怪於紛紛籍籍〔一〕，而禍亂相尋於無窮矣。

僕誠賴天之靈，偶有見於良知之學，以爲必由此，而後天下可得而治。是以每念斯民之陷溺，則爲之戚然痛心，忘其身之不肖，而思以此救之，亦不自知其量者。天下之人見其若是，遂相與非笑而詆斥之，以爲是病狂喪心之人耳。嗚呼！是奚足恤哉？吾方疾痛之切體，而暇計人之非笑乎？人固有見其父子兄弟之墜溺於深淵者，呼號匍匐，裸跣顛頓，扳懸崖壁而下拯之。士之見者，方相與揖讓談笑於其傍，以爲是棄其禮貌衣冠，而呼號顛頓若此，是病狂喪心者也。故夫揖讓談笑於溺人之傍而不知救，此惟行路之人，無親戚骨肉之情者能之，然已謂之無惻隱之心，非人矣。若夫在父子兄弟之愛者，則固未有不痛心疾首，狂奔盡氣，匍匐而拯之。彼將陷溺之禍有不顧，而況於病狂喪心之譏乎？而又況於蘄人之信與不信乎？嗚呼！今之人雖謂僕爲病狂喪心之人，亦無不可矣。天下之人心，皆吾之心也。天下之人猶有病狂者矣，吾安得而非病狂乎？猶有喪心者矣，吾安得而非喪心乎？

〔一〕則無怪於紛紛籍籍　蕭本、國會本、德安本、錢本「則」下有「有」字，黄本、閭本、董本、范本、聞本、鄒本、胡本、宋本、邵本「則」下有「亦」字。

昔者孔子之在當時，有議其爲諂者，有譏其爲佞者，有毁其未賢，詆其爲不知禮，而侮之以爲「東家丘」者，有嫉而沮之者，有惡而欲殺之者。晨門、荷蕢之徒，皆當時之賢士，且曰「是知其不可而爲之者歟」，「鄙哉，硜硜乎，莫己知也，斯己而已矣」。雖子路在升堂之列，尚不能無疑於其所見，不悦於其所欲往，而且以之爲迂，則當時之不信夫子者，豈特十之二三而已乎[一]？然而夫子汲汲遑遑，若求亡子於道路，而不暇於煖席者，寧以蘄人之知我信我而已哉？蓋其天地萬物一體之仁，疾痛迫切，雖欲已之，而自有所不容已。故其言曰「吾非斯人之徒與而誰與」，「欲潔其身而亂大倫」，「果哉，末之難矣」。嗚呼！此非誠以天地萬物爲一體者，孰能以知夫子之心乎？若其遯世無悶，樂天知命者，則固無入而不自得，道並行而不相悖也。

僕之不肖，何敢以夫子之道爲己任，顧其心亦已稍知疾痛之在身，是以徬徨四顧，將求其有助於我者[二]，相與講去其病耳。今誠得豪傑同志之士，扶持匡翼，共明良知之學於天下，使天下之人，皆知自致其良知，以相安相養，去其自私自利之蔽，一洗讒妬勝忿之習，以濟於大同，則僕之狂病，固將脱然以愈，而終免於喪心之患矣。豈不快哉！嗟乎！今誠欲求豪傑同志之士於

[一] 豈特十之二三而已乎　「二三」，閭本、鄒本、胡本、宋本、邵本作「一二」。

[二] 將求其有助於我者　「將」，閭本、鄒本、胡本、宋本、邵本、閶本、范本作「相」。

天下，非如吾文蔚者而誰望之乎？如吾文蔚之才與志，誠足以援天下之溺者。今又既知其具之在我，而無假於外求矣。循是而充[一]，若決河注海，孰得而禦哉！文蔚所謂「一人信之不爲少」，其又能遜以委之何人乎？

會稽素號山水之區，深林長谷，信步皆是，寒暑晦明，無時不宜，安居飽食，塵囂無擾，良朋四集，道義日新，優哉游哉，天地之間，寧復有樂於是者[二]！孔子云：「不怨天，不尤人，下學而上達。」僕與二三同志，方將請事斯語，奚暇外慕？獨其切膚之痛，乃有未能恝然者，輒復云云爾。咳疾暑毒，書札絶懶，盛使遠來，遲留經月[三]，臨岐執筆[四]，又不覺累紙。蓋於相知之深，雖已縷縷至此，殊覺有所未能盡也[五]。

[一] 循是而充　黄本、董本、范本「而」作「以」；聞本、鄒本、胡本、宋本、邵本、閭本「而充」作「以往」。
[二] 寧復有樂於是者　「者」，國會本作「哉」。
[三] 遲留經月　「月」，聞本、鄒本、胡本、宋本、邵本作「日」。
[四] 臨岐執筆　「岐」，黄本、閭本、董本、范本、聞本、鄒本、胡本、宋本、邵本作「期」。
[五] 殊覺有所未能盡也　蕭本、國會本、德安本、錢本、黄本、閭本、董本、范本、聞本、鄒本、胡本、宋本、邵本無「覺」字。

二[一]

得書，見近來所學之驟進[二]，喜慰不可言。諦視數過，其間雖亦有一二未瑩徹處，却是致良知之功尚未純熟，到純熟時自無此矣。譬之驅車，既已由於康莊大道之中，或時横斜迂曲者，乃馬性未調，銜勒不齊之故。然已只在康莊大道中，決不賺入傍蹊曲徑矣。近時海内同志，到此地位者曾未多見，喜慰不可言，斯道之幸也。賤軀舊有咳嗽畏熱之病，近入炎方，輒復大作。主上聖明洞察，責付甚重，不敢遽辭。地方軍務冗沓，皆輿疾從事。今却幸已平定，已具本乞回養病。得在林下，稍就清凉，或可瘳耳。人還，伏枕草草，不盡傾企。外惟濬一簡，幸達致之[三]。

來書所詢，草草奉復一二。近歲來山中講學者，往往多説勿忘勿助，工夫甚難。問之則云：「才著意便是助，才不著意便是忘，所以甚難。」區區因問之云：「忘是忘箇甚麽，助是助箇甚麽？」其人默然無對，始請問。區區因與説：我此間講學，却只説箇「必有事焉」，不説「勿忘勿助」。

[一] 黄本、閭本、董本、范本、聞本、鄒本、胡本、宋本、邵本題下標注「戊子」。
[二] 見近來所學之驟進 德安本無「見」字。
[三] 幸達致之 「達」，德安本作「轉」。按，德安本此下空格四行，第五行標「又」字，以下「來書所詢云云」作又一篇。

必有事焉者，只是時時去集義。若時時去用必有事的工夫，而或有時間斷，此便是忘了，即須勿忘；時時去用必有事的工夫，而或有時欲速求效，此便是助了，即須勿助。其工夫全在必有事焉上用，勿忘勿助，只就其間提撕警覺而已。若是工夫原不間斷，即不須更說勿忘；原不欲速求效，即不須更說勿助。此其工夫，何等明白簡易，何等灑脱自在。今却不去必有事上用工，而乃懸空守著一箇勿忘勿助。此正如燒鍋煮飯，鍋内不曾漬水下米[一]，而乃專去添柴放火，不知畢竟煮出箇甚麽物來。吾恐火候未及調停，而鍋已先破裂矣。近日一種專在勿忘勿助上用工者，其病正是如此。終日懸空去做箇勿忘，又懸空去做箇勿助，漭漭蕩蕩[二]，全無實落下手處。究竟工夫，只做得箇沉空守寂，學成一箇癡騃漢，才遇些子事來，即便牽滯紛擾，不復能經綸宰制。此皆有志之士，而乃使之勞苦纏縛，擔閣一生，皆由學術誤人之故，甚可憫矣。

夫必有事焉，只是集義，集義只是致良知。說集義，則一時未見頭腦；說致良知，即當下便

[一] 鍋内不曾漬水下米　「漬」，黄本、范本作「漫」，董本作「注」。

[二] 漭漭蕩蕩　德安本、黄本、閭本、范本、聞本、鄒本、胡本、宋本、邵本、國圖本、天圖本、叢刊本、摛藻堂本作「漭漭蕩蕩」。

有實地步可用工；故區區專説致良知。隨時就事上致其良知［一］，便是格物；著實去致良知，便是誠意；著實致其良知，而無一毫意必固我，便是正心。著實致良知，則自無忘之病；無一毫意必固我，則自無助之病；故説格致誠正，則不必更説箇忘助。孟子説忘助，亦就告子得病處立方。告子强制其心，是助的病痛，故孟子專説助長之害。告子助長，亦是他以義爲外，不知就自心上集義，在必有事焉上用功，是以如此。若時時刻刻就自心上集義，則良知之體，洞然明白，自然是是非非，纖毫莫遁，又焉有「不得於言，勿求於心，不得於心，勿求於氣」之弊乎？孟子「集義養氣」之説，固大有功於後學，然亦是因病立方，説得大段。不若大學格致誠正之功，尤極精一簡易，爲徹上徹下，萬世無弊者也。

聖賢論學，多是隨時就事，雖言若人殊，而要其工夫頭腦，若合符節。緣天地之間，原只有此性，只有此理，只有此良知，只有此一件事耳。故凡就古人論學處説工夫，更不必攙和兼搭而説，自然無不脗合貫通者。才須攙和兼搭而説，即是自己工夫未明徹也。近時有謂集義之功，必須兼搭箇致良知而後備者，則是集義之功尚未了徹也。集義之功尚未了徹，適足以爲致良知之累而已矣。謂致良知之功，必須兼搭一箇勿忘勿助而後明者，則是致良知之功尚未了徹也。致良知之功

［一］隨時就事上致其良知　「時」，德安本、黄本、閭本、董本、范本、聞本、宋本、邵本作「事」。

尚未了徹，適足以爲勿忘勿助之累而已矣。若此者，皆是就文義上解釋牽附，以求混融湊泊，而不曾就自己實工夫上體驗，是以論之愈精而去之愈遠。文蔚之論，其於大本達道，既已沛然無疑，至於致知窮理及忘助等説，時亦有攙和兼搭處，却是區區所謂康莊大道之中，或時横斜迂曲者。到得工夫熟後，自將釋然矣。

文蔚謂「致知之説，求之事親從兄之間，便覺有所持循」者，此段最見近來真切篤實之功。但以此自爲，不妨自有得力處，以此遂爲定説教人，却未免又有因藥發病之患，亦不可不一講也。蓋良知只是一箇天理自然明覺發見處，只是一箇真誠惻怛，便是他本體。故致此良知之真誠惻怛以事親便是孝，致此良知之真誠惻怛以從兄便是弟，致此良知之真誠惻怛以事君便是忠。只是一箇良知，一箇真誠惻怛。若是從兄的良知不能致其真誠惻怛，即是事親的良知不能致其真誠惻怛矣；事君的良知不能致其真誠惻怛，即是從兄的良知不能致其真誠惻怛矣。故致得事君的良知，便是致却從兄的良知；致得從兄的良知，便是致却事親的良知。不是事君的良知不能致，却須又從事親的良知上去擴充將來。如此又是脱却本原，着在支節上求了。

良知只是一箇，隨他發見流行處，當下具足，更無去來，不須假借。然其發見流行處，却自有輕重厚薄，毫髮不容增減者，所謂天然自有之中也。雖則輕重厚薄，毫髮不容增減，而原又只是一箇。雖則只是一箇，而其間輕重厚薄，又毫髮不容增減。若可得增減[一]，若須假借，即已非其真誠惻怛之本體矣。此良知之妙用，所以無方體，無窮盡，語大，天下莫能載；語小，天下莫能破者也。

孟氏「堯舜之道，孝弟而已」者，是就人之良知發見得最真切篤厚、不容蔽昧處提省人。使人於事君處友，仁民愛物，與凡動静語默間，皆只是致他那一念事親從兄真誠惻怛的良知，即自然無不是道。蓋天下之事，雖千變萬化，至於不可窮詰，而但惟致此事親從兄一念真誠惻怛之良知以應之，則更無有遺缺滲漏者，正謂其只有此一箇良知故也。事親從兄一念良知之外，更無有良知可致得者，故曰「堯舜之道，孝弟而已矣」。此所以爲「惟精惟一」之學，放之四海而皆準，施諸後世而無朝夕者也。文蔚云「欲於事親從兄之間，而求所謂良知之學」，就自己用工得力處如此説，亦無不可。若曰「致其良知之真誠惻怛，以求盡夫事親從兄之道焉」，亦無不可也。明道云：「行仁自孝弟始，孝弟是仁之一事，謂之行仁之本則可，謂是仁之本則不可。」其説是矣。

「億逆先覺」之説，文蔚謂「誠則旁行曲防，皆良知之用」，甚善甚善。間有攙搭處，則前

[一] 若可得增減　「若可得」，德安本作「得若可」，「得」字屬上讀；胡本、黄本、閭本、范本、聞本、鄒本、胡本、宋本、邵本作「若得可」；董本無「得」字。

已言之矣。惟濬之言，亦未爲不是。在文蔚須有取於惟濬之言而後盡，在惟濬又須有取於文蔚之言而後明。不然，則亦未免各有倚着之病也。舜察邇言而詢蒭蕘，非是以邇言當察、蒭蕘當詢而後如此，乃良知之發見流行，光明圓瑩，更無罣碍遮隔處，此所以謂之大知。才有執着意必，其知便小矣。講學中自有去取分辨，然就心地上着實用工夫，却須如此方是。

「盡心」三節，區區曾有生知、學知、困知之說，頗已明白，無可疑者。蓋盡心、知性、知天者，不必說存心、養性、事天，不必說殀壽不貳、修身以俟，而存心養性與修身以俟之功已在其中矣。存心、養性、事天者，雖未到得盡心知天的地位，然已是在那裏做箇求到盡心知天的工夫，更不必說殀壽不貳、修身以俟，而殀壽不貳、修身以俟之功已在其中矣。譬之行路，盡心知天者，如年力壯健之人，既能奔走往來於數千百里之間者也。存心事天者，如童穉之年，使之學習步趨於庭除之間者也。殀壽不貳、修身以俟者，如襁抱之孩，方使之扶墻傍壁，而漸學起立移步者也。既已能奔走往來於數千里之間者，則不必更使之於庭除之間而學步趨，而步趨於庭除之間自無弗能矣。既已能步趨於庭除之間，則不必更使之扶墻傍壁而學起立移步，而起立移步自無弗能矣。然學起立移步，便是學步趨庭除之始；學步趨庭除，便是學奔走往來於數千里之基，固非有二事。但其工夫之難易，則相去懸絶矣。心也，性也，天也，一也，故及其知之成功則一。然而三者人品力量，自有階級，不可躐等而能也。

細觀文蔚之論，其意似恐盡心知天者[一]，廢却存心修身之功，而反爲盡心知天之病。是蓋爲聖人憂工夫之或間斷，而不知爲自己憂工夫之未真切也。吾儕用工，却須專心致志，在殀壽不貳、修身以俟上做。只此，便是做盡心知天功夫之始。正如學起立移步，便是學奔走千里之始。吾方自慮其不能起立移步，而豈遽慮其不能奔走千里？又況爲奔走千里者而慮其或遺忘於起立移步之習哉？文蔚識見，本自超絶邁往，而所論云然者，亦是未能脱去舊時解説文義之習。是爲此三段書分疏比合，以求融會貫通，而自添許多意見纏繞，反使用工不專一也。近時懸空去做勿忘勿助者，其意見正有此病，最能擔誤人，不可不滌除耳。所謂「尊德性而道問學」一節[二]，至當歸一，更無可疑。此便是文蔚曾著實用工，然後能爲此言。此本不是險僻難見的道理，人或意見不同者，還是良知尚有纖翳潛伏。若除去此纖翳，即自無不洞然矣。

已作書後，移臥簷間，偶遇無事，遂復答此。文蔚之學，既已得其大者，此等處，久當釋然自解，本不必屑屑如此分疏。但承相愛之厚，千里差人遠及，諄諄下問，而竟虚來意，又自不能

[一] 其意似恐盡心知天者　「似」，國圖本訛作「以」。

[二] 所謂尊德性　「謂」，德安本、黄本、閭本、董本、范本、聞本、鄒本、胡本、宋本、邵本作「論」。

已於言也。然直戇煩縷已甚，恃在信愛，當不爲罪。惟濬處及謙之、崇一處，各得轉録一通寄視之，尤承一體之好也[一]。

右南大吉録

訓蒙大意示教讀劉伯頌等

古之教者，教以人倫，後世記誦詞章之習起，而先王之教亡。今教童子，惟當以孝弟忠信、禮義廉耻爲專務。其栽培涵養之方，則宜誘之歌詩，以發其志意；導之習禮，以肅其威儀；諷之讀書，以開其知覺。今人往往以歌詩習禮爲不切時務，此皆末俗庸鄙之見，烏足以知古人立教之意哉？

大抵童子之情，樂嬉遊而憚拘檢。如草木之始萌芽，舒暢之則條達，摧撓之則衰痿。今教童子，必使其趨向鼓舞，中心喜悦，則其進自不能已。譬之時雨春風，霑被卉木，莫不萌動發越，自然

[一] 恃在信愛……一體之好也　德安本、胡本、黄本、閭本、董本、范本、聞本、鄒本、胡本、宋本、邵本作「不罪不罪，惟濬處，得轉録一通寄視之，尤好也」。

日長月化。若冰霜剥落，則生意蕭索，日就枯槁矣。故凡誘之歌詩者，非但發其志意而已，亦所以洩其跳號呼嘯於詠歌，宣其幽抑結滯於音節也；導之習禮者，非但肅其威儀而已，亦所以周旋揖讓而動蕩其血脉，拜起屈伸而固束其筋骸也；諷之讀書者，非但開其知覺而已，亦所以沉潛反復而存其心，抑揚諷誦以宣其志也。凡此，皆所以順導其志意，調理其性情，潛消其鄙吝，默化其麤頑，日使之漸於禮義而不苦其難，入於中和而不知其故，是蓋先王立教之微意也。

若近世之訓蒙稺者，日惟督以句讀課倣，責其檢束，而不知導之以禮；求其聰明，而不知養之以善；鞭撻繩縛，若待拘囚。彼視學舍如囹獄而不肯入，視師長如寇仇而不欲見，窺避掩覆以遂其嬉遊，設詐飾詭以肆其頑鄙，偷薄庸劣，日趨下流。是蓋驅之於惡，而求其爲善也，何可得乎？

凡吾所以教，其意實在於此。恐時俗不察，視以爲迂，且吾亦將去，故特叮嚀以告。爾諸教讀，其務體吾意，永以爲訓，毋輒因時俗之言，改廢其繩墨，庶成蒙以養正之功矣。念之念之。

教約

每日清晨，諸生參揖畢，教讀以次遍詢諸生：在家所以愛親敬長之心，得無懈忽，未能真切否？温清定省之儀，得無虧缺，未能實踐否？往來街衢，步趨禮節，得無放蕩，未能謹飭否？一應言行心術，得無欺妄非僻，未能忠信篤敬否？諸童子務要各以實對。有則改之，無則加勉。教讀復隨時就事，曲加誨諭開發，然後各退，就席肄業。

凡歌詩，須要整容定氣，清朗其聲音，均審其節調。毋躁而急，毋蕩而囂，毋餒而懾。久則精神宣暢，心氣和平矣。每學量童生多寡，分爲四班。每日輪一班歌詩，其餘皆就席，斂容肅聽。每五日，則總四班遞歌於本學；每朔望，集各學會歌於書院。

凡習禮，須要澄心肅慮，審其儀節，度其容止。毋忽而惰，毋沮而怍，毋徑而野。從容而不失之迂緩，修謹而不失之拘局。久則體貌習熟，德性堅定矣。童生班次，皆如歌詩。每間一日，則輪一班習禮，其餘皆就席，斂容肅觀。習禮之日，免其課倣。每十日，則總四班遞習於本學；每朔望，則集各學會習於書院。

凡授書，不在徒多，但貴精熟。量其資稟，能二百字者，止可授以一百字。常使精神力量有餘，則無厭苦之患，而有自得之美。諷誦之際，務令專心一志，口誦心惟，字字句句，紬繹反覆，抑揚其音節，寬虛其心意。久則義禮浹洽[一]，聰明日開矣。

[一] 久則義禮浹洽 「禮」，蕭本、國會本、德安本、孫本、錢本、胡本作「理」。

每日工夫，先考德，次背書誦書，次習禮或作課倣，次復誦書講書，次歌詩。凡習禮歌詩之類，皆所以常存童子之心，使其樂習不倦，而無暇及於邪僻。教者知此，則知所施矣。雖然，此其大略也，神而明之，則存乎其人[一]。

[一] 則存乎其人　孫本無「則」字。

王文成公全書卷之三

語録三　傳習録下

門人餘姚錢德洪 續録
臨川陳九川 葺録
泰和歐陽德 校正
山陰王畿 增葺
餘姚嚴中 校閲

正德乙亥[一]，九川初見先生於龍江。先生與甘泉先生論格物之説，甘泉持舊説。先生曰：「是求之於外了」。甘泉曰：「若以格物理爲外，是自小其心也。」九川甚喜舊説之是[二]。先生

[一] 自此以下，水西本爲傳習續録卷上之始，卷首署「門人陳九川録」。
[二] 九川甚喜舊説之是 「喜」，水西本作「善」。

又論「盡心」一章，九川一聞，却遂無疑。後家居，復以「格物」遺質。先生答云：「但能實地用功，久當自釋。」山間乃自録大學舊本讀之，覺朱子「格物」之説非是，然亦疑先生以「意之所在爲物」，「物」字未明。己卯，歸自京師，再見先生於洪都。先生兵務倥偬，乘隙講授，首問：「近年用功何如？」

九川曰：「近年體驗得明明德功夫，只是誠意。自明明德於天下，步步推入根原，到誠意上再去不得，如何以前又有格致工夫？後又體驗，覺得意之誠僞，必先知覺乃可，以顏子『有不善未嘗不知，知之未嘗復行』爲證，豁然若無疑，却又多了格物功夫。又思來吾心之靈，何有不知意之善惡，只是物欲蔽了，須格去物欲，始能如顏子未嘗不知耳〔一〕。又自疑功夫顛倒，與誠意不成片段。後問希顏，希顏曰〔二〕：『先生謂格物致知是誠意功夫，極好。』九川曰：『如何是誠意功夫？』希顏令再思體看，九川終不悟，請問？」

先生曰：「惜哉！此可一言而悟，惟濬所舉顏子事便是了。只要知身心意知物是一件。」

九川疑曰：「物在外，如何與身心意知是一件？」

〔一〕始能如顏子未嘗不知耳　水西本無「始」字。

〔二〕希顏曰　水西本無「希顏」二字。

先生曰：「耳目、口鼻、四肢，身也。非心，安能視聽言動[一]？心欲視聽言動，無耳目、口鼻、四肢亦不能[二]。故無心則無身，無身則無心。但指其充塞處言之謂之身，指其主宰處言之謂之心，指心之發動處謂之意，指意之靈明處謂之知，指意之涉着處謂之物，只是一件。意未有懸空的[三]，必着事物。故欲誠意，則隨意所在某事而格之，去其人欲而歸於天理，則良知之在此事者無蔽而得致矣。此便是誠意的功夫[四]。」九川乃釋然破數年之疑。

又問：「甘泉近亦信用大學古本，謂『格物』猶言『造道』，又謂『窮理』，如『窮其巢穴』之『窮』，以身至之也。故格物亦只是隨處體認天理，似與先生之説漸同[五]。」

先生曰：「甘泉用功，所以轉得來。當時與説『親民』字不須改，他亦不信。今論格物亦近，但不須换『物』字作『理』字，只還他一『物』字便是。」

[一] 安能視聽言動　「言動」，水西本作「嗅食運動」。
[二] 無耳目口鼻四肢亦不能　水西本無「無」字。
[三] 意未有懸空的　水西本無「意」字。
[四] 此便是誠意的功夫　水西本無「的」字。
[五] 似與先生之説漸同　「似」，水西本作「以」。

後有人問九川曰：「今何不疑物字？」曰：「中庸曰『不誠無物』，程子曰『物來順應』，又如『物各付物』、『胸中無物』之類，皆古人常用字也。」他日，先生亦云然。

九川問：「近年因厭泛濫之學，每要静坐，求屏息念慮，非惟不能，愈覺擾擾，如何？」

先生曰：「念如何可息，只是要正。」

曰：「當自有無念時否？」

先生曰：「實無無念時。」

曰：「如此，却如何言静？」

曰：「静未嘗不動，動未嘗不静。戒謹恐懼即是念，何分動静？」

曰：「周子何以言『定之以中正仁義而主静』？」

曰：「『無欲故静』，是『静亦定，動亦定』的『定』字，『主』其本體也。戒懼之念是活潑潑地[一]，此是天機不息處，所謂『維天之命，於穆不已』。一息便是死，非本體之念，即是私念。」

[一] 戒懼之念是活潑潑地　「活潑潑」，國圖本、天圖本、叢刊本、擒藻堂本作「活潑」。

又問：「用功收心時，有聲色在前，如常聞見，恐不是專一？」

曰：「如何欲不聞見？除是槁木死灰，耳聾目盲則可。只是雖聞見，而不流去便是。」

曰：「昔有人静坐，其子隔壁讀書，不知其勤惰。程子稱其甚敬，何如？」

曰：「伊川恐亦是譏他。」

又問：「静坐用功，頗覺此心收斂，遇事又斷了。旋起箇念頭，去事上省察，事過又尋舊功。還覺有内外，打不作一片。」

先生曰：「此格物之説未透，心何嘗有内外？即如惟濬今在此講論，又豈有一心在内照管？這聽講説時專敬，即是那静坐時心，功夫一貫，何須更起念頭？人須在事上磨鍊做功夫乃有益，若只好静，遇事便亂，終無長進。那静時功夫，亦差似收斂，而實放溺也。」

後在洪都，復與于中、國裳論内外之説。渠皆云：「物自有内外，但要内外並着功夫，不可有間耳。」以質先生。曰：「功夫不離本體，本體原無内外。只爲後來做功夫的分了内外，失其本體了。如今正要講明功夫不要有内外，乃是本體功夫。」是日俱有省。

又問：「陸子之學何如？」

先生曰：「濂溪、明道之後，還是象山，只還粗些。」

九川曰：「看他論學，篇篇説出骨髓，句句似鍼膏肓，却不見他粗。」

先生曰：「然。他心上用過功夫，與揣摹依倣，求之文義自不同。但細看有粗處，用功久當見之。」

庚辰，往虔州再見先生，問：「近來功夫，雖若稍知頭腦，然難尋箇穩當快樂處？」

先生曰：「爾却去心上尋箇天理，此正所謂理障。此間有箇訣竅。」

曰：「請問如何？」

曰：「只是致知。」

曰：「如何致？」

曰：「爾那一點良知，是爾自家底準則。爾意念着處，他是便知是，非便知非，更瞞他一些不得。爾只不要欺他，實實落落，依着他做去，善便存，惡便去，他這裏何等穩當快樂。此便是格物的真訣，致知的實功。若不靠着這些真機，如何去格物？我亦近年體貼出來，如此分明，初猶疑只依他恐有不足，精細看來[一]，無些小欠闕。」

在虔，與于中、謙之同侍。先生曰：「人胸中各有箇聖人，只自信不及，都自埋倒了。」因顧于中曰：「爾胸中原是聖人。」

于中起，不敢當。

先生曰：「此是爾自家有的，如何要推？」

于中又曰：「不敢。」

先生曰：「衆人皆有之，況在于中，却何故謙起來？謙亦不得。」于中乃笑受。

又論良知在人，隨你如何，不能泯滅。雖盜賊亦自知不當爲盜，喚他做賊，他還忸怩。

于中曰：「只是物欲遮蔽，良心在內，自不會失。如雲自蔽日，日何嘗失了。」

先生曰：「于中如此聰明，他人見不及此。」

先生曰：「這些子看得透徹，隨他千言萬語，是非誠僞，到前便明。合得的便是，合不得的便非，

[一] 精細看來　國圖本、天圖本、叢刊本、文淵閣本、摛藻堂本無「來」字。

如佛家說『心印』相似。真是箇試金石、指南針。」

先生曰：「人若知這良知訣竅，隨他多少邪思枉念，這裏一覺，都自消融。真箇是靈丹一粒，點鐵成金。」

崇一曰：「先生『致知』之旨，發盡精藴，看來這裏再去不得。」

先生曰：「何言之易也？再用功半年，看如何？又用功一年，看如何？功夫愈久，愈覺不同，此難口說。」

先生問九川：「於『致知』之說，體驗如何？」

九川曰：「自覺不同。往時操持，常不得箇恰好處，此乃是恰好處。」

先生曰：「可知是體來與聽講不同。我初與講時，知爾只是忽易，未有滋味。只這箇要妙[一]，再體到深處，日見不同，是無窮盡的。」

[一] 只這箇要妙　「這」，水西本作「是」。

又曰：「此『致知』二字，真是箇千古聖傳之秘，見到這裏，百世以俟聖人而不惑。」

九川問曰：「伊川說到『體用一原，顯微無間』處，門人已說是泄天機。先生『致知』之說，莫亦泄天機太甚否？」

先生曰：「聖人已指以示人，只爲後人掩匿，我發明耳，何故說泄？此是人人自有的，覺來甚不打緊一般。然與不用實功人說，亦甚輕忽可惜，彼此無益。與實用功而不得其要者提撕之，甚沛然得力。」

又曰：「知來本無知，覺來本無覺，然不知則遂淪埋。」

先生曰：「大凡朋友，須箴規指摘處少，誘掖獎勸意多方是。」後又戒九川云：「與朋友論學，須委曲謙下，寬以居之。」

九川卧病虔州。先生云：「病物亦難格，覺得如何？」

對曰：「功夫甚難。」

先生曰：「常快活，便是功夫[一]。」

九川問：「自省念慮，或涉邪妄，或預料理天下事，思到極處，井井有味，便繾綣難屏。覺得早則易，覺遲則難，用力克治，愈覺扞格，惟稍遷念他事，則隨兩忘。如此廓清，亦似無害？」

先生曰：「何須如此，只要在良知上着功夫。」

九川曰：「正謂那一時不知。」

先生曰：「我這裏自有功夫，何緣得他來？只爲爾功夫斷了，便蔽其知。既斷了，則繼續舊功便是，何必如此？」

九川曰：「直是難鏖，雖知，丢他不去。」

先生曰：「須是勇。用功久，自有勇，故曰『是集義所生者』。勝得容易，便是大賢。」

九川問：「此功夫却於心上體驗明白，只解書不通。」

[一] 便是功夫　水西本無「便」字。

先生曰：「只要解心。心明白，書自然融會。若心上不通，只要書上文義通，却自生意見。」

有一屬官，因久聽講先生之學，曰：「此學甚好，只是簿書訟獄繁難，不得爲學。」先生聞之，曰：「我何嘗教爾離了簿書訟獄，懸空去講學？爾既有官司的事，便從官司的事上爲學，纔是真格物。如問一詞訟，不可因其應對無狀，起箇怒心；不可因他言語圓轉，生箇喜心；不可惡其囑托，加意治之；不可因其請求[一]，屈意從之；不可因自己事務煩冗，隨意苟且斷之；不可因旁人譖毀羅織，隨人意思處之。這許多意思皆私，只爾自知。須精細省察克治，惟恐此心有一毫偏倚，枉人是非[二]，這便是格物致知。簿書訟獄之間，無非實學。若離了事物爲學，却是着空。」

虔州將歸，有詩別先生云：「良知何事繫多聞，妙合當時已種根。好惡從之爲聖學，將迎無處是乾元。」

[一] 不可因其請求　「求」，水西本作「托」。

[二] 枉人是非　「枉」，國圖本、叢刊本訛作「杜」。

先生曰：「若未來講此學，不知說『好惡從之』，從箇甚麽。」敷英在座曰：「誠然。嘗讀先生大學古本序，不知所説何事，及來聽講許時，乃稍知大意。」

于中、國裳輩同侍食。先生曰：「凡飲食，只是要養我身，食了要消化。若徒蓄積在肚裏，便成痞了，如何長得肌膚？後世學者，博聞多識，留滯胸中，皆傷食之病也。」

先生曰：「聖人亦是學知，衆人亦是生知。」

問曰：「何如？」

曰：「這良知人人皆有，聖人只是保全，無些障蔽，兢兢業業，亹亹翼翼，自然不息，便也是學。只是生的分數多，所以謂之生知安行。衆人自孩提之童，莫不完具此知，只是障蔽多。然本體之知，自難泯息。雖問學克治，也只憑他，只是學的分數多，所以謂之學知利行。」

黄以方問[一]：「先生『格致』之説，隨時格物，以致其知，則知是一節之知，非全體之知也。

[一] 黄以方　水西本作「王以方」。

何以到得『溥博如天，淵泉如淵』地位？」

先生曰：「人心是天、淵。心之本體，無所不該，原是一箇天，只爲私欲障礙，則天之本體失了。心之理無窮盡，原是一箇淵，只爲私欲窒塞，則淵之本體失了。如今念念致良知，將此障礙窒塞一齊去盡，則本體已復，便是天淵了。」乃指天以示之，曰：「比如面前見天，是昭昭之天；四外見天[一]，也只是昭昭之天。只爲許多房子墻壁遮蔽，便不見天之全體。若撤去房子墻壁[二]，總是一箇天矣[三]。不可道眼前天是昭昭之天，外面又不是昭昭之天也[四]。于此便見一節之知，即全體之知；全體之知，即一節之知，總是一箇本體。」

已下門人黄直録[五]

[一] 比如面前見天……四外見天 水西本二「見」下有「的」字。
[二] 若撤去房子墻壁 水西本作「若撤去這房子，開了墻壁」。
[三] 總是一箇天矣 水西本「總」上有「便」字，又「矣」作「也」。
[四] 外面又不是昭昭之天也 水西本「面」下有「天」字。
[五] 已下門人黄直録 水西本作「以下王以方録」。

先生曰：「聖賢非無功業節氣[一]，但其循着這天理，則便是道，不可以事功氣節名矣。」「發憤忘食」，是聖人之志如此，真無有已時；「樂以忘憂」，是聖人之道如此，真無有戚時，恐不必云得不得也[二]。

先生曰：「我輩致知，只是各隨分限所及。今日良知見在如此，只隨今日所知擴充到底；明日良知又有開悟，便從明日所知擴充到底，如此方是精一功夫。與人論學，亦須隨人分限所及。如樹有這些萌芽，只把這些水去灌溉，萌芽再長，便又加水。自拱把以至合抱，灌溉之功，皆是隨其分限所及[三]。若些小萌芽，有一桶水在，盡要傾上，便浸壞他了。」

問「知行合一」。

[一] 聖賢非無功業節氣　「節氣」，文淵閣本、摛藻堂本作「氣節」。
[二] 按，此條以及上文「先生曰聖賢非無功業節氣」云云，二條，水西本無。
[三] 皆是隨其分限所及　「其」，水西本作「他」。

先生曰：「此須識我立言宗旨。今人學問，只因知行分作兩件，故有一念發動，雖是不善，然却未曾行，便不去禁止[一]。我今説箇知行合一，正要人曉得一念發動處，便即是行了。發動處有不善，就將這不善的念克倒了[二]。須要徹根徹底，不使那一念不善潛伏在胸中[三]。此是我立言宗旨。」

聖人無所不知，只是知箇天理；無所不能，只是能箇天理。聖人本體明白，故事事知箇天理所在，便去盡箇天理。不是本體明後，却於天下事物都便知得，便做得來也。天下事物，如名物度數、草木鳥獸之類，不勝其煩，聖人雖是本體明了[四]，亦何緣能盡知得？但不必知的，聖人自不消求知；其所當知的，聖人自能問人。如「子入太廟，每事問」之類，先儒謂「雖知亦問，敬謹之至」，此説不可通。聖人於禮樂名物，不必盡知，然他知得一箇天理，便自有許多節文度

[一] 便不去禁止　水西本「止」下有「他」字。
[二] 就將這不善的念克倒了　水西本「的」下有「一」字，「了」下有「他」字。
[三] 不使那一念不善潛伏在胸中　水西本「念」下有「的」字。
[四] 聖人雖是本體明了　「雖」，國圖本、天圖本、叢刊本、摛藻堂本作「須」。

數出來。不知能問，亦即是天理節文所在。

問：「先生嘗謂善惡只是一物，善惡兩端，如冰炭相反，如何謂只一物？」先生曰：「至善者，心之本體。本體上才過當些子，便是惡了。不是有一箇善，却又有一箇惡來相對也。故善惡只是一物。」直因聞先生之說，則知程子所謂「善固性也，惡亦不可不謂之性」，又曰「善惡皆天理，謂之惡者，本非惡，但於本性上過與不及之間耳」，其說皆無可疑。

先生嘗謂：「人但得好善如好好色，惡惡如惡惡臭，便是聖人。」直初時聞之，覺甚易，後體驗得來，此箇功夫着實是難。如一念，雖知好善惡惡，然不知不覺，又夾雜去了。才有夾雜，便不是好善如好好色，惡惡如惡惡臭的心。善能實實的好，是無念不善矣；惡能實實的惡，是無念及惡矣。如何不是聖人？故聖人之學，只是一誠而已。

問：「修道說言率性之謂道，屬聖人分上事；修道之謂教，屬賢人分上事。」

先生曰：「衆人亦率性也，但率性在聖人分上較多，故率性之謂道屬聖人事；聖人亦修道也，但修道在賢人分上多，故修道之謂教屬賢人事。」

又曰：「中庸一書，大抵皆是說修道的事。故後面凡說君子、說顏淵、說子路，皆是能修道的；說小人、說賢知愚不肖、說庶民，皆是不能修道的；其他言舜、文、周公、仲尼，至誠至聖之類，則又聖人之自能修道者也。」

問：「儒者到三更時分，掃蕩胸中思慮，空空靜靜，與釋氏之靜只一般，兩下皆不用，此時何所分別？」

先生曰：「動靜只是一箇。那三更時分空空靜靜的，只是存天理，即是如今應事接物的心；如今應事接物的心，亦是循此天理，便是那三更時分空空靜靜的心。故動靜只是一箇，分別不得。知得動靜合一，釋氏毫釐差處，亦自莫掩矣。」

門人在座，有動止甚矜持者。先生曰：「人若矜持太過，終是有弊。」

曰：「矜持太過，何如有弊[一]？」曰：「人只有許多精神，若專在容貌上用功，則於中心照管不及者多矣。」

有太直率者。先生曰：「如今講此學，却外面全不檢束，便又分心與事爲二矣[二]。」

門人作文送友行，問先生曰：「作文字不免費思，作了後，又一二日常記在懷。」曰：「文字思索亦無害[三]。但作了常記在懷，則爲文所累，心中有一物矣，此則未可也。」又作詩送人，先生看詩畢，謂曰：「凡作文字，要隨我分限所及。若説得太過了，亦非修辭立誠矣。」

文公「格物」之説，只是少頭腦。如所謂「察之於念慮之微」，此一句不該與「求之文字之中，驗之於事爲之著，索之講論之際」混作一例看，是無輕重也。

[一] 何如有弊　「何如」，文淵閣本作「何以」，摛藻堂本作「如何」。
[二] 便又分心與事爲二矣　國圖本、天圖本、叢刊本、文淵閣本、摛藻堂本無「便」字。
[三] 文字思索亦無害　水西本「字」下有「去」字。

問「有所忿懥」一條。

先生曰：「忿懥幾件，人心怎能無得？只是不可有耳。凡人忿懥，着了一分意思，便怒得過當，非廓然大公之體了。故有所忿懥，便不得其正也。如今於凡忿懥等件，只是箇物來順應，不要着一分意思，便心體廓然大公，得其本體之正了。且如出外見人相鬬，其不是的，我心亦怒。然雖怒，却此心廓然，不曾動些子氣。如今怒人，亦得如此，方纔是正。」

先生嘗言：「佛氏不着相，其實着了相；吾儒着相，其實不着相。」請問。曰：「佛怕父子累，却逃了父子；怕君臣累，却逃了君臣；怕夫婦累，却逃了夫婦。都是爲箇君臣、父子、夫婦着了相，便須逃避。如吾儒有箇父子，還他以仁；有箇君臣，還他以義；有箇夫婦，還他以別。何曾着父子、君臣、夫婦的相？」

黃勉叔問：「心無惡念時，此心空空蕩蕩的，不知亦須存箇善念否？」

先生曰：「既去惡念，便是善念，便復心之本體矣。譬如日光被雲來遮蔽，雲去光已復矣。若惡念既去，又要存箇善念，即是日光之中添燃一燈。」

已下門人黄修易録[一]

問：「近來用功，亦頗覺妄念不生，但腔子裏黑窣窣的，不知如何打得光明？」

先生曰：「初下手用功，如何腔子裏便得光明？譬如奔流濁水[二]，纔貯在缸裏，初然雖定，也只是昏濁的。須俟澄定既久，自然渣滓盡去，復得清來。汝只要在良知上用功，良知存久，黑窣窣自能光明矣。今便要責效，却是助長，不成功夫。」

先生曰：「吾教人致良知，在格物上用功，却是有根本的學問，日長進一日，愈久愈覺精明。世儒教人事事物物上去尋討，却是無根本的學問。方其壯時，雖暫能外面修飾，不見有過，老則精神衰邁，終須放倒。譬如無根之樹，移栽水邊，雖暫時鮮好，終久要憔悴。」

[一] 已下門人黄修易録　水西本作「以下黄勉叔録」。

[二] 譬如奔流濁水　「奔」，水西本作「長」。

問「志於道」一章。

先生曰：「只『志道』一句，便含下面數句，功夫自住不得。譬如做此屋，『志于道』是念念要去擇地鳩材，經營成箇區宅。『據德』却是經畫已成，有可據矣。『依仁』却是常常住在區宅內，更不離去。『游藝』却是加些畫采，美此區宅。藝者，義也，理之所宜者也。如誦詩、讀書、彈琴、習射之類，皆所以調習此心，使之熟於道也。苟不志道而游藝，却如無狀小子，不先去置造區宅，只管要去買畫掛，做門面，不知將掛在何處？」

問：「讀書所以調攝此心，不可缺的。但讀之之時，一種科目意思牽引而來[一]，不知何以免此？」

先生曰：「只要良知真切，雖做舉業，不爲心累。總有累，亦易覺，克之而已。且如讀書時，良知知得强記之心不是，即克去之；有欲速之心不是，即克去之；有誇多鬭靡之心不是，即克去之。如此，亦只是終日與聖賢印對[二]，是箇純乎天理之心。任他讀書，亦只是調攝此心而已，何累之有？」

[一] 一種科目意思牽引而來　水西本「牽」上有「便」字。

[二] 亦只是終日與聖賢印對　「印」，水西本作「相」。

曰：「雖蒙開示，奈資質庸下[一]，實難免累。竊聞窮通有命，上智之人，恐不屑此。不肖爲聲利牽纏，甘心爲此，徒自苦耳。欲屏棄之，又制於親，不能舍去，奈何？」

先生曰：「此事歸辭於親者多矣，其實只是無志。志立得時，良知千事萬爲，只是一事。讀書作文，安能累人？人自累於得失耳。」因嘆曰：「此學不明，不知此處擔閣了幾多英雄漢。」

問：「『生之謂性』，告子亦說得是，孟子如何非之？」

先生曰：「固是性，但告子認得一邊去了，不曉得頭腦。若曉得頭腦，如此說亦是。孟子亦曰『形色，天性也』，這也是指氣說。」

又曰：「凡人信口說，任意行，皆說此是依我心性出來，此是所謂生之謂性，然却要有過差。若曉得頭腦，依吾良知上說出來，行將去，便自是停當。然良知亦只是這口說，這身行，豈能外得氣，別有箇去行去說？故曰『論性不論氣，不備；論氣不論性，不明』。氣亦性也，性亦氣也，但須認得頭腦是當。」

[一] 奈資質庸下　「質」，國圖本、天圖本、叢刊本訛作「資」。

又曰：「諸君功夫最不可助長。上智絶少，學者無超入聖人之理。一起一伏，一進一退，自是功夫節次。不可以我前日用得功夫了，今却不濟，便要矯强做出一箇没破綻的模樣。這便是助長，連前些子功夫都壞了，此非小過。譬如行路的人，遭一蹶跌，起來便走，不要欺人，做那不曾跌倒的樣子出來。諸君只要常常懷箇『遁世無悶，不見是而無悶』之心，依此良知忍耐做去，不管人非笑，不管人毁謗，不管人榮辱。任他功夫有進有退，我只是這致良知的主宰不息，久久自然有得力處。一切外事，亦自能不動。」

又曰：「人若着實用功[一]，隨人毁謗，隨人欺慢，處處得益，處處是進德之資。若不用功，只是魔也，終被累倒。」

先生一日出遊禹穴，顧田間禾曰：「能幾何時，又如此長了。」

范兆期在傍曰：「此只是有根，學問能自植根，亦不患無長。」

先生曰：「人孰無根？良知即是天植靈根，自生生不息。但着了私累，把此根戕賊蔽塞[二]，

[一] 人若着實用功　水西本「功」下有「夫」字。

[二] 把此根戕賊蔽塞　「根」，水西本、胡本作「幾」。

不得發生耳。」

一友常易動氣責人。先生警之曰：「學須反己。若徒責人，只見得人不是，不見自己非。若能反己，方見自己有許多未盡處，奚暇責人？舜能化得象的傲，其機括只是不見象的不是。若舜只要正他的姦惡，就見得象的不是矣。象是傲人，必不肯相下，如何感化得他？」是友感悔。曰：「你今後只不要去論人之是非。凡當責辯人時，就把做一件大己私，克去方可。」

先生曰：「凡朋友問難，縱有淺近粗疏，或露才揚己，皆是病發，當因其病而藥之可也。不可便懷鄙薄之心[一]，非君子與人爲善之心矣。」

問：「易，朱子主卜筮，程傳主理，何如？」

先生曰：「卜筮是理，理亦是卜筮。天下之理，孰有大於卜筮者乎？只爲後世將卜筮專主在占卦上看了，所以看得卜筮似小藝。不知今之師友問答、博學、審問、慎思、明辨、篤行之類，

[一] 不可便懷鄙薄之心　「鄙」，水西本作「輕」。

皆是卜筮。卜筮者，不過求決狐疑，神明吾心而已。易是問諸天，人有疑，自信不及，故以易問天。謂人心尚有所涉，惟天不容僞耳。」

黄勉之問：「『無適也，無莫也，義之與比』，事事要如此否？」

先生曰：「固是事事要如此，須是識得箇頭腦乃可。義即是良知，曉得良知是箇頭腦，方無執着。且如受人餽送，也有今日當受的，他日不當受的；也有今日不當受的，他日當受的。你若執着了今日當受的，便一切受去；執着了今日不當受的，便一切不受去；便是『適』『莫』，便不是良知的本體，如何喚得做義？」

已下門人黄省曾録[一]

問：「『思無邪』一言，如何便蓋得三百篇之義？」

先生曰：「豈特三百篇，六經只此一言便可該貫，以至窮古今天下聖賢的話，『思無邪』一言

[一] 已下門人黄省曾録　水西本作「以下黄勉之録」。

也可該貫。此外更有何説，此是一了百當的工夫。」

問道心、人心。

先生曰：「率性之謂道，便是道心；但着些人的意思在，便是人心。道心本是無聲無臭，故曰『微』；依着人心行去，便有許多不安穩處，故曰『惟危』。」

問：「『中人以下，不可以語上』，愚的人，與之語上尚且不進，况不與之語，可乎？」

先生曰：「不是聖人終不與語。聖人的心，憂不得人人都做聖人，只是人的資質不同，施教不可躐等。中人以下的人，便與他説性説命，他也不省得，也須謾謾琢磨他起來。」

一友問：「讀書不記得，如何？」

先生曰：「只要曉得，如何要記得？要曉得，已是落第二義了，只要明得自家本體。若徒要記得，便不曉得；若徒要曉得，便明不得自家的本體。」

問：「『逝者如斯』，是說自家心性活潑潑地否？」

先生曰：「然。須要時時用致良知的功夫，方才活潑潑地，方才與他川水一般。若須臾間斷，便與天地不相似。此是學問至極處[一]，聖人也只如此。」

問「志士仁人」章。

先生曰：「只爲世上人都把生身命子看得來太重，不問當死不當死，定要宛轉委曲保全，以此把天理都丟去了[二]。忍心害理，何者不爲？若違了天理，便與禽獸無異，便偷生在世上百千年，也不過做了千百年的禽獸。學者要於此等處看得明白。比干、龍逢，只爲他看得分明，所以能成就得他的仁[三]。」

[一] 此是學問至極處　「至極」，國圖本、天圖本、叢刊本、文淵閣本、擒藻堂本作「極至」。
[二] 以此把天理都丟去了　「都」，國圖本、天圖本、叢刊本、文淵閣本、擒藻堂本作「却」。
[三] 所以能成就得他的仁　「仁」，國圖本、天圖本、叢刊本、文淵閣本、擒藻堂本作「人」。

問：「『叔孫武叔毀仲尼』，大聖人如何猶不免於毀謗？」

先生曰：「毀謗自外來的，雖聖人如何免得？人只貴於自修。若自己實實落落是箇聖賢，縱然人都毀他，也説他不着。却若浮雲掩日，如何損得日的光明？若自己是箇象恭色莊、不堅不介的，縱然没一箇人説他，他的惡慝終須一日發露。所以孟子説：『有求全之毁，有不虞之譽。』毁譽在外的，安能避得，只要自修何如爾。」

劉君亮要在山中静坐。先生曰：「汝若以厭外物之心去求之静[一]，是反養成一箇驕惰之氣了。汝若不厭外物，復於静處涵養，却好。」

王汝中、省曾侍坐，先生握扇，命曰：「你們用扇。」省曾起對曰：「不敢。」先生曰：「聖人之學，不是這等綑縛苦楚的，不是粧做道學的模樣。」汝中曰：「觀仲尼與曾點言志一章略見。」

[一] 汝若以厭外物之心去求之静　「厭」，水西本作「惡」，下文仿此。

先生曰：「然。以此章觀之，聖人何等寬洪包含氣象。且爲師者問志於群弟子，三子皆整頓以對，至於曾點，飄飄然，不看那三子在眼，自去鼓起瑟來，何等狂態。及至言志，又不對師之問目，都是狂言。設在伊川，或斥罵起來了。聖人乃復稱許他，何等氣象。聖人教人，不是箇束縛他通做一般。只如狂者，便從狂處成就他；狷者，便從狷處成就他。人之才氣，如何同得？」

先生語陸元静曰：「元静少年亦要解五經，志亦好博。但聖人教人，只怕人不簡易，他説的皆是簡易之規。以今人好博之心觀之，却似聖人教人差了。」

先生曰：「孔子無不知而作，顔子有不善未嘗不知，此是聖學真血脉路[一]。」

何廷仁、黄正之、李侯璧、汝中、德洪侍坐。先生顧而言曰：「汝輩學問不得長進，只是未立志。」侯璧起而對曰：「珙亦願立志。」先生曰：「難説不立，未是必爲聖人之志耳。」

[一] 水西本、胡本無此條。

對曰：「願立必爲聖人之志。」

先生曰：「你真有聖人之志，良知上更無不盡。良知上留得些子别念掛帶，便非必爲聖人之志矣。」

洪初聞時，心若未服，聽説到此[一]，不覺悚汗[二]。

先生曰：「良知是造化的精靈，這些精靈生天生地，成鬼成帝，皆從此出，真是與物無對。人若復得他完完全全，無少虧欠，自不覺手舞足蹈，不知天地間更有何樂可代。」

一友静坐有見，馳問先生。答曰：「吾昔居滁時，見諸生多務知解，口耳異同，無益於得，姑教之静坐，一時窺見光景，頗收近效。久之，漸有喜静厭動，流入枯槁之病，或務爲玄解妙覺[三]，動人聽聞，故邇來只説致良知。良知明白，隨你去静處體悟也好，隨你去事上磨鍊也好。

[一] 聽説到此　國圖本、天圖本、叢刊本、文淵閣本、摛藻堂本無「此」字。

[二] 水西本自此條以下爲傳習續録下，卷首署「門人錢德洪、王畿録」。

[三] 或務爲玄解妙覺　「爲」，水西本作「於」。

良知本體，原是無動無静的，此便是學問頭腦。我這箇話頭，自滁州到今，亦較過幾番，只是『致良知』三字無病。醫經折肱，方能察人病理。」

一友問：「功夫欲得此知時時接續，一切應感處，反覺照管不及。若去事上周旋，又覺不見了。如何則可？」

先生曰：「此只認良知未真，尚有内外之間。我這裏功夫不由人急心，認得良知頭腦是當，去朴實用功，自會透徹。到此，便是内外兩忘，又何心事不合一？」

又曰：「功夫不是透得這箇真機，如何得他充實光輝？若能透得時，不由你聰明知解接得來。須胸中渣滓渾化，不使有毫髮沾帶始得。」

先生曰：「『天命之謂性』，命即是性；『率性之謂道』，性即是道；『修道之謂教』，道即是教。」

問：「如何道即是教？」

曰：「道即是良知。良知原是完完全全，是的還他是，非的還他非，是非只依着他，更無有不是處。這良知便是你的明師[一]。」

問：「不覩不聞是説本體，戒慎恐懼是説功夫否？」

先生曰：「此處須信得本體原是不覩不聞的，亦原是戒慎恐懼的。戒慎恐懼，不曾在不覩不聞上加得些子。見得真時，便謂戒慎恐懼是本體，不覩不聞是功夫亦得。」

問：「通乎晝夜之道而知。」

先生曰：「良知原是知晝知夜的。」

又問：「人睡熟時，良知亦不知了。」

曰：「不知，何以一叫便應？」

曰：「良知常知，如何有睡熟時？」

曰：「向晦宴息，此亦造化常理。夜來天地混沌，形色俱泯，人亦耳目無所覩聞，衆竅俱翕，

[一] 這良知便是你的明師　「便」，國圖本、天圖本、叢刊本、文淵閣本、摛藻堂本作「還」。

此即良知收斂凝一時。天地既開，庶物露生，人亦耳目有所覩聞，衆竅俱闢，此即良知妙用發生時。可見人心與天地一體，故上下與天地同流。今人不會宴息，夜來不是昏睡，即是妄思魘寐。」

曰：「睡時功夫如何用？」

先生曰：「知晝即知夜矣。日間良知，是順應無滯的；夜間良知，即是收斂凝一的，有夢即先兆。」

又曰：「良知在夜氣發的，方是本體，以其無物欲之雜也。學者要使事物紛擾之時，常如夜氣一般，就是『通乎晝夜之道而知』。」

先生曰：「仙家說到虛，聖人豈能虛上加得一毫實？佛氏說到無，聖人豈能無上加得一毫有[一]？但仙家說虛，從養生上來；佛氏說無，從出離生死苦海上來；却於本體上加却這些子意思在，便不是他虛無的本色了，便於本體有障礙。聖人只是還他良知的本色，更不着些子意在。良知之虛，便是天之太虛；良知之無，便是太虛之無形。日月風雷、山川民物，凡有貌象形色，

[一] 聖人豈能虛上加得一毫實……聖人豈能無上加得一毫有　水西本二「能」下有「於」字。

皆在太虛無形中發用流行，未嘗作得天的障礙。聖人只是順其良知之發用，天地萬物，俱在我良知的發用流行中，何嘗又有一物超於良知之外，能作得障礙？」

或問：「釋氏亦務養心，然要之不可以治天下，何也？」

先生曰：「吾儒養心，未嘗離却事物，只順其天則自然，就是功夫。釋氏却要盡絶事物，把心看做幻相，漸入虛寂去了，與世間若無些子交涉，所以不可治天下。」

或問「異端」。

先生曰：「與愚夫愚婦同的，是謂同德；與愚夫愚婦異的，是謂異端。」

先生曰：「孟子不動心，與告子不動心，所異只在毫釐間。告子只在不動心上着功，孟子便直從此心原不動處分曉。心之本體，原是不動的，只爲所行有不合義，便動了。孟子不論心之動與不動，只是集義，所行無不是義，此心自然無可動處。若告子只要此心不動，便是把捉此心，將他生生不息之根反阻撓了。此非徒無益，而又害之。孟子集義功夫，自是養得充滿，並無餒歉，自是縱橫自在，活潑潑地，此便是浩然之氣。」

又曰：「告子病源，從『性無善無不善』上見來。性無善無不善，雖如此説亦無大差。但告子執定看了，便有箇無善無不善的性在内。有善有惡，又在物感上看，便有箇物在外，却做兩邊看了，便會差。無善無不善，性原是如此，悟得及时，只此一句便盡了，更無有内外之間。告子見一箇性在内，見一箇物在外，便見他於性有未透徹處。」

朱本思問：「人有虛靈，方有良知。若草木瓦石之類，亦有良知否？」

先生曰：「人的良知，就是草木瓦石的良知。若草木瓦石無人的良知，不可以爲草木瓦石矣。豈惟草木瓦石爲然，天地無人的良知，亦不可爲天地矣。蓋天地萬物，與人原是一體，其發竅之最精處，是人心一點靈明。風雨露雷、日月星辰、禽獸草木、山川土石，與人原只一體。故五穀禽獸之類，皆可以養人；藥石之類，皆可以療疾；只爲同此一氣，故能相通耳。」

先生遊南鎮，一友指岩中花樹問曰：「天下無心外之物，如此花樹，在深山中自開自落，於我心亦何相關？」

先生曰：「你未看此花時，此花與汝心同歸於寂；你來看此花時，則此花顏色一時明白起來，便知此花不在你的心外。」

問：「大人與物同體，如何大學又説箇『厚薄』？」

先生曰：「惟是道理自有厚薄。比如身是一體，把手足捍頭目，豈是偏要薄手足，其道理合如此。禽獸與草木同是愛的，把草木去養禽獸，又忍得？人與禽獸同是愛的，宰禽獸以養親與供祭祀、燕賓客，心又忍得？至親與路人同是愛的，如簞食豆羹[一]，得則生，不得則死，不能兩全，寧救至親，不救路人，心又忍得？這是道理合該如此。及至吾身與至親，更不得分別彼此厚薄。蓋以仁民愛物，皆從此出，此處可忍，更無所不忍矣。大學所謂『厚薄』，是良知上自然的條理，不可踰越，此便謂之義；順這箇條理，便謂之禮；知此條理，便謂之智；終始是這條理，便謂之信。」

[一] 如簞食豆羹　「豆」，水西本、胡本作「荳」。

又曰：「目無體，以萬物之色爲體；耳無體，以萬物之聲爲體；鼻無體，以萬物之臭爲體；口無體，以萬物之味爲體；心無體，以天地萬物感應之是非爲體。」

問「天壽不貳」。

先生曰：「學問功夫，於一切聲利嗜好，俱能脱落殆盡。尚有一種生死念頭，毫髮掛帶，便於全體有未融釋處。人於生死念頭，本從生身命根上帶來，故不易去。若於此處見得破，透得過，此心全體方是流行無礙，方是盡性至命之學。」

一友問：「欲於静坐時，將好名、好色、好貨等根，逐一搜尋，掃除廓清，恐是剜肉做瘡否？」先生正色曰：「這是我醫人的方子，真是去得人病根[一]。更有大本事人，過了十數年，亦還用得着。你如不用，且放起，不要作壞我的方子。」是友愧謝。少間，曰：「此量非你事，必吾門稍知意思者爲此説以誤汝。」在坐者皆悚然。

[一] 真是去得人病根　水西本無「根」字。

一友問：「功夫不切。」

先生曰：「學問功夫，我已曾一句道盡。如何今日轉説轉遠，都不着根？」

對曰：「致良知，蓋聞教矣，然亦須講明。」

先生曰：「既知致良知，又何可講明？良知本是明白，實落用功便是。不肯用功，只在語言上轉説轉糊塗[一]。」

曰：「正求講明致之之功。」

先生曰：「此亦須你自家求，我亦無別法可道。昔有禪師，人來問法，只把麈尾提起。一日，其徒將麈尾藏過，試他如何設法。禪師尋麈尾不見，又只空手提起。我這箇良知，就是設法的麈尾，舍了這箇，有何可提得？」

少間，又一友請問功夫切要。先生旁顧曰：「我麈尾安在？」一時在坐者皆躍然。

或問「至誠前知」。

先生曰：「誠是實理，只是一箇良知。實理之妙用流行就是神，其萌動處就是幾。『誠、神、

[一] 只在語言上轉説轉糊塗　「語言」，水西本作「言語」。

幾，曰聖人』。聖人不貴前知，禍福之來，雖聖人有所不免。聖人只是知幾，遇變而通耳。良知無前後，只知得見在的幾，便是一了百了。若有箇前知的心，就是私心，就有趨避利害的意。邵子必於前知，終是利害心未盡處。」

先生曰：「無知無不知，本體原是如此。譬如日，未嘗有心照物，而自無物不照。無照無不照，原是日的本體。良知本無知，今却要有知；本無不知，今却疑有不知，只是信不及耳。」

先生曰：「『惟天下至聖，爲能聰明睿知』，舊看何等玄妙，今看來原是人人自有的。耳原是聰，目原是明，心思原是睿知，聖人只是一能之爾。能處正是良知，衆人不能，只是箇不致知，何等明白簡易。」

問：「孔子所謂『遠慮』、周公『夜以繼日』，與將迎不同，何如？」

先生曰：「遠慮，不是茫茫蕩蕩去思慮，只是要存這天理。天理在人心，亘古亘今，無有終始。

天理即是良知，千思萬慮，只是要致良知。良知愈思愈精明，若不精思，漫然隨事應去，良知便粗了。若只着在事上，茫茫蕩蕩去思，教做遠慮，便不免有毀譽得喪人欲攙入其中，就是將迎了。周公終夜以思，只是戒慎不覩，恐懼不聞的功夫。見得時，其氣象與將迎自别。」

問：「『一日克己復禮，天下歸仁』，朱子作效驗説，如何？」

先生曰：「聖賢只是爲己之學，重功夫，不重效驗。仁者以萬物爲體，不能一體，只是己私未忘。全得仁體，則天下皆歸於吾仁，就是『八荒皆在我闥』意，天下皆與其仁亦在其中。如『在邦無怨，在家無怨』，亦只是自家不怨，如『不怨天，不尤人』之意，然家邦無怨於我亦在其中，但所重不在此。」

問：「孟子『巧力聖智』之説，朱子云『三子力有餘而巧不足』，何如？」

先生曰：「三子固有力，亦有巧。巧力實非兩事，巧亦只在用力處；力而不巧，亦是徒力。三子譬如射，一能步箭，一能馬箭，一能遠箭。他射得到，俱謂之力，中處俱可謂之巧。但步不能馬，馬不能遠，各有所長，便是才力分限有不同處。孔子則三者皆長，然孔子之和，只到得柳下惠而極；清，只到得伯夷而極；任，只到得伊尹而極。何曾加得些子？若謂三子力有餘而巧不足，則其力反過孔子了。巧力只是發明聖知之義，若識得聖知本體是何物，便自了然[一]。」

先生曰：「『先天而天弗違』，天即良知也；『後天而奉天時』，良知即天也。」

「良知只是箇是非之心，是非只是箇好惡，只好惡就盡了是非，只是非就盡了萬事萬變。」又曰：「是非兩字，是箇大規矩，巧處則存乎其人。」

聖人之知，如青天之日，賢人如浮雲天日，愚人如陰霾天日。雖有昏明不同，其能辨黑白則一。雖昏黑夜裏，亦影影見得黑白，就是日之餘光未盡處。困學功夫，亦只從這點明處精察去耳。

問：「知譬日，欲譬雲，雲雖能蔽日，亦是天之一氣合有的，欲亦莫非人心合有否？」

[一] 便自了然　「了然」，國圖本、天圖本、叢刊本、摛藻堂本作「然了」。

先生曰：「喜怒哀懼愛惡欲，謂之七情，七者俱是人心合有的，但要認得良知明白。比如日光，亦不可指着方所，一隙通明，皆是日光所在。雖雲霧四塞，太虛中色象可辨，亦是日光不滅處。不可以雲能蔽日，教天不要生雲。七情順其自然之流行，皆是良知之用，不可分別善惡。但不可有所着，七情有着，俱謂之欲，俱爲良知之蔽。然纔有着時，良知亦自會覺，覺即蔽去，復其體矣。此處能勘得破，方是簡易透徹功夫。」

問：「聖人生知安行，是自然的，如何有甚功夫？」

先生曰：「知行二字即是功夫，但有淺深難易之殊耳。良知原是精精明明的，如欲孝親，生知安行的，只是依此良知實落盡孝而已；學知利行者，只是時時省覺，務要依此良知盡孝而已；至於困知勉行者，蔽錮已深，雖要依此良知去孝，又爲私欲所阻，是以不能。必須加人一己百，人十己千之功，方能依此良知以盡其孝。聖人雖是生知安行，然其心不敢自是，肯做困知勉行的功夫。困知勉行的，却要思量做生知安行的事，怎生成得？」

問：「樂是心之本體，不知遇大故，於哀哭時，此樂還在否？」

先生曰：「須是大哭一番了方樂，不哭，便不樂矣。雖哭，此心安處即是樂也。本體未嘗有動。」

問：「良知，一而已。文王作彖，周公繫爻，孔子贊易，何以各自看理不同？」

先生曰：「聖人何能拘得死格，大要出於良知同，便各爲説，何害？且如一園竹，只要同此枝節，便是大同。若拘定枝枝節節，都要高下大小一樣，便非造化妙手矣。汝輩只要去培養良知，良知同，更不妨有異處。汝輩若不肯用功，連笋也不曾抽得，何處去論枝節？」

鄉人有父子訟獄，請訴於先生，侍者欲阻之，先生聽之，言不終辭，其父子相抱慟哭而去。柴鳴治入問曰：「先生何言，致伊感悔之速？」

先生曰：「我言舜是世間大不孝的子，瞽瞍是世間大慈的父。」

鳴治愕然，請問。

先生曰：「舜常自以爲大不孝，所以能孝；瞽瞍常自以爲大慈，所以不能慈。瞽瞍只記得舜是我提孩長的，今何不會豫悦我[一]，不知自心已爲後妻所移了，尚謂自家能慈，所以愈不能慈。舜只思父提孩我時如何愛我，今日不愛，只是我不能盡孝，日思所以不能盡孝處，所以愈能孝。及至瞽瞍底豫時，又不過復得此心原慈的本體。所以後世稱舜是箇古今大孝的子，瞽瞍亦做成箇慈父。」

先生曰：「孔子有鄙夫來問，未嘗先有知識以應之，其心只空空而已。但叩他自知的是非兩端，與之一剖决，鄙夫之心便已了然。鄙夫自知的是非，便是他本來天則，雖聖人聰明，如何可與增減得一毫？他只不能自信。夫子與之一剖决，便已竭盡無餘了。若夫子與鄙夫言時，留得些子知識在，便是不能竭他的良知，道體即有二了。」

先生曰：「『烝烝乂，不格姦。』本註説象已進進於義，不至大爲姦惡。舜徵庸後，象猶日以殺

[一] 今何不會豫悦我　「會」，國圖本、天圖本、叢刊本、文淵閣本、摛藻堂本作「曾」。

舜爲事，何大姦惡如之。舜只是自進於乂，以乂薰烝[一]，不去正他姦惡。凡文過掩慝[二]，此是惡人常態。若要指摘他是非[三]，反去激他惡性[四]。舜初時致得象要殺己，亦是要象好的心太急[五]，此就是舜之過處[六]。經過來，乃知功夫只在自己，不去責人[七]，所以致得『克諧』[八]，此是舜動心忍性[九]，增益不能處。古人言語，俱是自家經歷過來，所以說得親切，遺之後世，曲當人情。若非自家經過，如何得他許多苦心處[一〇]？」

[一] 以乂薰烝　水西本作「以乂去薰烝他」。
[二] 凡文過掩慝　水西本「凡」上有「大」字。
[三] 若要指摘他是非　水西本「他」下有「的」字。
[四] 反去激他惡性　水西本「性」下有「起來」二字。
[五] 亦是要象好的心太急　水西本「是」下有「舜」字，「急」下有「了」字。
[六] 此就是舜之過處　「之」，水西本作「的」。
[七] 不去責人　水西本「責」下有「望」字。
[八] 所以致得克諧　「致」，水西本作「便」。
[九] 此是舜動心忍性　水西本「舜」下有「的」字。
[一〇] 古人言語……許多苦心處　水西本作「古人言語，不是自家親身經歷過來，如何見得他許多苦心處」。

先生曰：「古樂不作久矣。今之戲子，尚與古樂意思相近。」未達，請問。

先生曰：「韶之九成，便是舜的一本戲子；武之九變，便是武王的一本戲子。聖人一生實事，俱播在樂中，所以有德者聞之，便知他盡善盡美，與盡美未盡善處。若後世作樂，只是做些詞調，於民俗風化絶無關涉，何以化民善俗？今要民俗反朴還淳，取今之戲子，將妖淫詞調俱去了，只取忠臣孝子故事，使愚俗百姓人人易曉，無意中感激他良知起來，却於風化有益，然後古樂漸次可復矣。」

曰：「洪要求元聲不可得，恐於古樂亦難復。」

先生曰：「你說元聲在何處求？」

對曰：「古人制管候氣，恐是求元聲之法。」

先生曰：「若要去葭灰黍粒中求元聲，却如水底撈月[一]，如何可得？元聲只在你心上求。」

曰：「心如何求？」

先生曰：「古人爲治，先養得人心和平，然後作樂。比如在此歌詩[二]，你的心氣和平，聽者

[一] 却如水底撈月　水西本「撈」下有「明」字。
[二] 比如在此歌詩　水西本「如」下有「你」字。

自然悦懌興起，只此便是元聲之始。書云『詩言志』，志便是樂的本；『歌永言』，歌便是作樂的本；『聲依永，律和聲』，律只要和聲，和聲便是制律的本。何嘗求之於外？」

曰：「古人制候氣法，是意何取？」

先生曰：「古人具中和之體以作樂，我的中和，原與天地之氣相應。候天地之氣，協鳳凰之音，不過去驗我的氣果和否。此是成律已後事，非必待此以成律也。今要候灰管，先須定至日，然至日子時恐又不准，又何處取得准來？」

先生曰：「學問也要點化，但不如自家解化者，自一了百當。不然，亦點化許多不得。」

孔子氣魄極大，凡帝王事業，無不一一理會，也只從那心上來。譬如大樹，有多少枝葉，也只是根本上用得培養功夫，故自然能如此，非是從枝葉上用功做得根本也。學者學孔子，不在心上用功，汲汲然去學那氣魄，却倒做了。

人有過，多於過上用功，就是補甑，其流必歸於文過。

今人於喫飯時，雖無一事在前，其心常役役不寧。只緣此心忙慣了，所以收攝不住。

琴瑟簡編，學者不可無。蓋有業以居之，心就不放。

先生嘆曰：「世間知學的人，只有這些病痛打不破，就不是善與人同。」崇一曰：「這病痛，只是箇好高不能忘己爾。」

問：「良知原是中和的，如何却有過不及？」先生曰：「知得過不及處，就是中和。」

「所惡於上」是良知；「毋以使下」即是致知。

先生曰：「蘇秦、張儀之智，也是聖人之資。後世事業文章，許多豪傑名家，只是學得儀、秦故智。儀、秦學術，善揣摸人情，無一些不中人肯綮，故其說不能窮。儀、秦亦是窺見得良知妙用處，但用之於不善爾。」

或問「未發已發」。

先生曰：「只緣後儒將未發已發分說了，只得劈頭說箇無未發已發，使人自思得之。若說有箇已發未發，聽者依舊落在後儒見解。若真見得無未發已發，說箇有未發已發，原不妨，原有箇未發已發在。」

問曰：「未發未嘗不和，已發未嘗不中。譬如鍾聲，未扣不可謂無，既扣不可謂有。畢竟有箇扣與不扣，何如？」

先生曰：「未扣時原是驚天動地，既扣時也只是寂天寞地。」

問：「古人論性，各有異同，何者乃爲定論？」

先生曰：「性無定體，論亦無定體。有自本體上説者，有自發用上説者；有自源頭上説者，有自流弊處説者。總而言之，只是這箇性，但所見有淺深爾。若執定一邊，便不是了。性之本體，原是無善無惡的；發用上也原是可以爲善，可以爲不善的；其流弊也原是一定善，一定惡的。譬如眼，有喜時的眼，有怒時的眼；直視就是看的眼，微視就是覻的眼。總而言之，只是這箇眼。若見得怒時眼，就説未嘗有喜的眼；見得看時眼，就説未嘗有覻的眼；皆是執定，就知是錯。孟子説性，直從源頭上説來［一］，亦是説箇大槩如此。荀子性惡之説，是從流弊上説來，也未可盡説他不是，只是見得未精耳。衆人則失了心之本體。」

問：「孟子從源頭上説性，要人用功在源頭上明徹；荀子從流弊説性，功夫只在末流上救正，便費力了。」

先生曰：「然。」

先生曰：「用功到精處，愈着不得言語，説理愈難。若着意在精微上，全體功夫反蔽泥了。」

［一］直從源頭上説來　水西本「來」下有「的」字。

楊慈湖不爲無見，又着在無聲無臭上見了[一]。

人一日間，古今世界都經過一番，只是人不見耳[二]。夜氣清明時，無視無聽，無思無作，淡然平懷，就是羲皇世界；平旦時，神清氣朗，雍雍穆穆，就是堯舜世界；日中以前，禮儀交會，氣象秩然，就是三代世界；日中以後，神氣漸昏，往來雜擾，就是春秋、戰國世界；漸漸昏夜，萬物寢息，景象寂寥，就是人消物盡世界。學者信得良知過，不爲氣所亂，便常做箇羲皇已上人。

薛尚謙、鄒謙之、馬子莘、王汝止侍坐，因嘆先生自征寧藩已來，天下謗議益衆，請各言其故。有言先生功業勢位日隆，天下忌之者日衆；有言先生之學日明，故爲宋儒争是非者亦日博；有言先生自南都以後，同志信從者日衆，而四方排阻者日益力。先生曰：「諸君之言，信皆有之，但吾一段自知處，諸君俱未道及耳。」諸友請問。

[一] 又着在無聲無臭上見了 「上見」，水西本作「見上」。
[二] 只是人不見耳 「見」，水西本作「覺」。

先生曰：「我在南都已前，尚有些子鄉愿的意思在。我今信得這良知真是真非，信手行去，更不著些覆藏。我今纔做得箇狂者的胸次，使天下之人都説我行不掩言也罷。」

尚謙出曰：「信得此過，方是聖人的真血脉。」

先生鍛鍊人處，一言之下，感人最深。一日，王汝止出遊歸，先生問曰：「遊何見？」對曰：「見滿街人都是聖人。」先生曰：「你看滿街人是聖人，滿街人到看你是聖人在。」又一日，董蘿石出遊而歸，見先生曰：「今日見一異事。」先生曰：「何異？」對曰：「見滿街人都是聖人」。先生曰：「此亦常事耳，何足爲異。」蓋汝止圭角未融，蘿石恍見有悟，故問同答異，皆反其言而進之。

洪與黄正之、張叔謙、汝中丙戌會試歸，爲先生道途中講學，有信有不信。先生曰：「你們拏一箇聖人去與人講學，人見聖人來，都怕走了，如何講得行？須做得箇愚夫愚婦[一]，方可與人講學。」

洪又言：「今日要見人品高下最易。」

先生曰：「何以見之？」

對曰：「先生譬如泰山在前，有不知仰者，須是無目人。」

先生曰：「泰山不如平地大，平地有何可見？」

先生一言剪裁，剖破終年爲外好高之病[二]，在座者莫不悚懼。

癸未春，鄒謙之來越問學，居數日，先生送別于浮峰。是夕，與希淵諸友移舟宿延壽寺，秉燭夜坐。先生慨悵不已，曰：「江濤煙柳，故人倏在百里外矣。」

一友問曰：「先生何念謙之之深也？」

先生曰：「曾子所謂『以能問於不能，以多問於寡，有若無，實若虚，犯而不較』，若謙之者，

[一] 須做得箇愚夫愚婦　「愚夫愚婦」，水西本作「市井小人」。
[二] 剖破終年爲外好高之病　「年」，水西本作「身」。

良近之矣。」

丁亥年九月，先生起復征思、田。將命行時，德洪與汝中論學，汝中舉先生教言曰：「無善無惡是心之體，有善有惡是意之動，知善知惡是良知，爲善去惡是格物。」

德洪曰：「此意如何？」

汝中曰：「此恐未是究竟話頭。若説心體是無善無惡，意亦是無善無惡的意，知亦是無善無惡的知，物是無善無惡的物矣。若説意有善惡，畢竟心體還有善惡在。」

德洪曰：「心體是天命之性，原是無善無惡的，但人有習心，意念上見有善惡在。格致誠正修，此正是復那性體功夫。若原無善惡，功夫亦不消説矣。」

是夕，侍坐天泉橋，各舉請正。

先生曰：「我今將行，正要你們來講破此意。二君之見，正好相資爲用，不可各執一邊。我這裏接人，原有此二種。利根之人，直從本源上悟入。人心本體，原是明瑩無滯的，原是箇未發之中。利根之人，一悟本體，即是功夫，人己内外，一齊俱透了。其次不免有習心在，本體受蔽，故且教在意念上實落爲善去惡。功夫熟後，渣滓去得盡時，本體亦明盡了。汝中之見，是我這裏接利根人的；德洪之見，是我這裏爲其次立法的。二君相取爲用，則中人上下[一]，皆可引入於道。若各執一邊，眼前便有失人，便於道體各有未盡。」

既而曰：「已後與朋友講學，切不可失了我的宗旨。無善無惡是心之體，有善有惡是意之動，知善知惡的是良知[二]，爲善去惡是格物。只依我這話頭，隨人指點，自没病痛。此原是徹上徹下功夫。利根之人，世亦難遇。本體功夫，一悟盡透，此顔子、明道所不敢承當，豈可輕易望人？人有習心，不教他在良知上實用爲善去惡功夫，只去懸空想箇本體，一切事爲俱不着實，不過養成一箇虚寂。此箇病痛，不是小小，不可不早説破。」

是日，德洪、汝中俱有省。

先生初歸越時，朋友踪迹尚寥落，既後四方來遊者日進。癸未年已後，環先生而居者比屋。如天妃、

[一] 則中人上下 「人」，水西本、胡本作「根」。

[二] 知善知惡的是良知 水西本無「的」字。

光相諸刹，每當一室，常合食者數十人，夜無卧處，更相就席，歌聲徹昏旦。南鎮[一]、禹穴、陽明洞諸山，遠近寺刹，徙足所到，無非同志游寓所在。先生每臨講座，前後左右環坐而聽者，常不下數百人。送往迎來，月無虚日，至有在侍更歲，不能遍記其姓名者。每臨别，先生常嘆曰：「君等雖别，不出在天地間。苟同此志，吾亦可以忘形似矣。」諸生每聽講出門，未嘗不跳躍稱快。嘗聞之同門先輩曰：「南都以前，朋友從游者雖衆，未有如在越之盛者。」此雖講學日久，孚信漸博，要亦先生之學日進，感召之機，申變無方[二]，亦自有不同也。

此後黄以方録

黄以方問：「『博學於文』，爲隨事學存此天理，然則謂『行有餘力，則以學文』，其説似不相合？」

先生曰：「詩書六藝，皆是天理之發見，文字都包在其中。攷之詩書六藝，皆所以學存此天理也，不特發見于事爲者方爲文耳。『餘力學文』，亦只『博學於文』中事。」

或問「學而不思」二句。曰：「此亦有爲而言，其實思即學也。學有所疑，便須思之。思而不

[一] 南鎮　水西本作「南陽」。

[二] 申變無方　水西本、胡本無此四字，據文義，「申」當爲「神」之訛。

學者，蓋有此等人，只懸空去思，要想出一箇道理，却不在身心上實用其力，以學存此天理，思與學作兩事做，故有『罔』與『殆』之病。其實思只是思其所學，原非兩事也。」

先生曰：「先儒解『格物』爲格天下之物，天下之物如何格得？且謂一草一木亦皆有理，今如何去格？縱格得草木來，如何反來誠得自家意？我解『格』作『正』字義，『物』作『事』字義。大學之所謂身，即耳目、口鼻、四肢是也。欲修身，便是要目非禮勿視，耳非禮勿聽，口非禮勿言，四肢非禮勿動。要修這箇身，身上如何用得功夫？心者，身之主宰，目雖視，而所以視者，心也；耳雖聽，而所以聽者，心也；口與四肢雖言動，而所以言動者，心也。故欲修身，在於體當自家心體，常令廓然大公，無有些子不正處。主宰一正，則發竅于目，自無非禮之視；發竅于耳，自無非禮之聽；發竅于口與四肢，自無非禮之言動，此便是修身在正其心。然至善者，心之本體也。心之本體，那有不善？如今要正心，本體上何處用得工？必就心之發動處纔可着力也。心之發動不能無不善，故須就此處着力，便是在誠意。如一念發在好善上，便實實落落去好善；一念發在惡惡上，便實實落落去惡惡。意之所發既無不誠，則其本體如何有不正的，故欲正其心在誠意。工夫到誠意，始有着落處，然誠意之本，又在于致知也。所謂人雖不知，而已所獨知者，此正是吾心良知處。然知得善，却不依這箇良知便做去；知得不善，却不依這箇良知便不去做；則這箇良知便遮蔽了，是不能致知也。吾心良知既不能擴充到底，則善雖知好，不能着實好了；惡雖知惡，不能着實惡了，如何得意誠？故致知者，意誠之本也。然亦不是懸空的致知，致知在實事上格。如意在于爲善，便就這件事上去爲；意在于去惡，便就這件事上去不爲。去惡固是格不正以歸於正，爲善則不善正了，亦是格不正以歸於正也。如此，則吾心良知無私欲蔽了，得以致其極，而意之所發，好善去惡，無有不誠矣。誠意工夫實下手處，在格物也。若如此格物，人人便做得，人皆可以爲堯舜，正在此也。」

先生曰：「衆人只說格物要依晦翁，何曾把他的説去用？我着實曾用來。初年，與錢友同論做聖賢要格天下之物，如今安得這等大的力量，因指亭前竹子，令去格看。錢子早夜去窮格竹子的道理，竭其心思，至於三日，便致勞神成疾。當初說他這是精力不足，某因自去窮格，早夜不得其理，到七日，亦以勞思致疾，遂相與嘆聖賢是做不得的，無他大力量去格物了。及在夷中三年，頗見得此意思，乃知天下之物，本無可格者。其格物之功，只在身心上做，決然以聖人爲人人可到，便自有擔當了[一]。這等意思[二]，却要説與諸公知道。」

門人有言邵端峰論童子不能格物，只教以灑掃應對之説。先生曰：「灑掃應對，就是一件物。童子良知只到此，便教去灑掃應對，就是致他這一點良知了。又如童子知畏先生長者，此亦是他良知處。故雖嬉戲中，見了先生長者，便去作揖恭敬，是他能格物以致敬師長之良知了。童子自有童子的格物致知。」又曰：「我這裏言格物，自童子以至聖人，皆是此等工夫。但聖人格物，便更熟得些子，不消費力。如此格物，雖賣柴人亦是做得，雖公卿大夫以至天子，皆是如此做。」

或疑知行不合一，以「知之匪艱」二句爲問。先生曰：「良知自知，原是容易的。只是不能致那良知，便是『知之匪艱，行之惟艱』。」

[一] 便自有擔當了　「當」，胡本作「帶」。

[二] 這等意思　「等」，國圖本、天圖本、叢刊本、文淵閣本、摛藻堂本作「裏」。

門人問曰：「知行如何得合一？且如中庸言『博學之』，又說箇『篤行之』，分明知行是兩件？」

先生曰：「博學，只是事事學存此天理；篤行，只是學之不已之意。」

又問：「易『學以聚之』，又言『仁以行之』，此是如何？」

先生曰：「也是如此。事事去學存此天理，則此心更無放失時，故曰『學以聚之』；然常常學存此天理，更無私欲間斷，此即是此心不息處，故曰『仁以行之』。」

又問：「孔子言『知及之，仁不能守之』，知行却是兩箇了。」

先生曰：「說『及之』已是行了，但不能常常行，已爲私欲間斷，便是『仁不能守』。」

又問：「心即理之說，程子云『在物爲理』，如何謂心即理？」

先生曰：「『在物爲理』，『在』字上當添一『心』字，此心在物則爲理。如此心在事父則爲孝，在事君則爲忠之類。」

先生因謂之曰：「諸君要識得我立言宗旨。我如今說箇心即理是如何？只爲世人分心與理爲二，故便有許多病痛。如五伯攘夷狄，尊周室，都是一團私心[一]，便不當理。人却說他做得當理，

[一] 都是一團私心　「團」，國圖本、天圖本、叢刊本、文淵閣本、摛藻堂本作「箇」。

只心有未純，往往悦慕其所爲，要來外面做得好看，却與心全不相干。分心與理爲二，其流至于伯道之僞而不自知。故我説箇心即理，要使知心、理是一箇，便來心上做工夫，不去襲義於外[二]，便是王道之真。此我立言宗旨。」

又問：「聖賢言語許多，如何却要打做一箇？」

曰：「我不是要打做一箇。如曰『夫道，一而已矣』，又曰『其爲物不二，則其生物不測』。天地聖人，皆是一箇，如何二得？」

心不是一塊血肉，凡知覺處便是心。如耳目之知視聽，手足之知痛癢，此知覺便是心也。

以方問曰：「先生之説格物，凡中庸之『慎獨』，及『集義』『博約』等説，皆爲格物之事。」

先生曰：「非也。格物，即慎獨，即戒懼。至於集義、博約，工夫只一般，不是以那數件都做格物底事。」

[二] 不去襲義於外　「外」，國圖本、天圖本、叢刊本、摛藻堂本作「義」；文淵閣本作「不去襲取於義」。

以方問「尊德性」一條。

先生曰：「道問學，即所以尊德性也。晦翁言『子静以尊德性誨人，某教人，豈不是道問學處多了些子』，是分『尊德性』『道問學』作兩件。且如今講習討論，下許多工夫，無非只是存此心，不失其德性而已。豈有尊德性只空空去尊，更不去問學？問學只是空空去問學，更與德性無關涉？如此，則不知今之所以講習討論者，更學何事？」

問「致廣大」二句。

曰：「盡精微，即所以致廣大也；道中庸，即所以極高明也。蓋心之本體，自是廣大底，人不能盡精微，則便爲私欲所蔽，有不勝其小者矣。故能細微曲折，無所不盡，則私意不足以蔽之，自無許多障礙遮隔處，如何廣大不致？」

又問：「精微還是念慮之精微，是事理之精微？」

曰：「念慮之精微，即事理之精微也。」

先生曰：「今之論性者，紛紛異同，皆是說性，非見性也。見性者，無異同之可言矣。」

問：「聲色貨利，恐良知亦不能無？」

先生曰：「固然。但初學用工，却須掃除蕩滌，勿使留積，則適然來遇，始不爲累，自然順而應之。良知只在聲色貨利上用工，能致得良知精精明明，毫髮無蔽，則聲色貨利之交，無非天則流行矣。」

先生曰：「吾與諸公講致知格物，日日是此，講一二十年，俱是如此。諸君聽吾言，實去用工，見吾講一番，自覺長進一番。否則，只作一場話説，雖聽之亦何用？」

先生曰：「人之本體，常常是寂然不動的，常常是感而遂通的，未應不是先，已應不是後。」

一友舉佛家以手指顯出，問曰：「衆曾見否？」衆曰：「見之。」復以手指入袖，問曰：「衆還見否？」衆曰：「不見。」佛説還未見性，此義未明。

先生曰：「手指有見有不見，爾之見性常在。人之心神，只在有覩有聞上馳騖，不在不覩不聞上着實用功。蓋不覩不聞，是良知本體；戒慎恐懼，是致良知的工夫。學者時時刻刻，常覩其所不覩，常聞其所不聞，工夫方有箇實落處。久久成熟後，則不須着力，不待防檢，而真性自不息矣。豈以在外者之聞見爲累哉？」

問：「先儒謂『鳶飛魚躍』與『必有事焉』同一活潑潑地。」

先生曰：「亦是。天地間活潑潑地，無非此理，便是吾良知的流行不息。致良知，便是必有事的工夫。此理非惟不可離，實亦不得而離也。無往而非道，無往而非工夫。」

先生曰：「諸公在此，務要立箇必爲聖人之心。時時刻刻，須是一棒一條痕，一摑一掌血，方能聽吾說話，句句得力。若茫茫蕩蕩度日，譬如一塊死肉，打也不知得痛癢，恐終不濟事。回家只尋得舊時伎倆而已，豈不惜哉？」

問：「近來妄念也覺少，亦覺不曾着想定要如何用功，不知此是工夫否？」

先生曰：「汝且去着實用工，便多這些着想也不妨，久久自會妥帖。若纔下得些功，便說效驗，何足爲恃？」

一友自嘆：「私意萌時，分明自心知得，只是不能使他即去。」

先生曰：「你萌時這一知處，便是你的命根。當下即去消磨，便是立命功夫。」

夫子說「性相近」，即孟子說「性善」，不可專在氣質上說。若說氣質，如剛與柔對，如何相近得？惟性善則同耳。人生初時，善原是同的，但剛的習於善則爲剛善，習於惡則爲剛惡；柔的習於善則爲柔善，習於惡則爲柔惡，便日相遠了。

先生嘗語學者曰：「心體上着不得一念留滯，就如眼着不得些子塵沙。些子能得幾多，滿眼便昏天黑地了。」又曰：「這一念不但是私念，便好的念頭，亦着不得些子。如眼中放些金玉屑，眼亦開不得了。」

問：「人心與物同體，如吾身原是血氣流通的，所以謂之同體。若於人便異體了，禽獸草木益遠矣，而何謂之同體？」

先生曰：「你只在感應之幾上看，豈但禽獸草木，雖天地也與我同體的，鬼神也與我同體的。」

請問。

先生曰：「你看這箇天地中間，甚麼是天地的心？」

對曰：「嘗聞人是天地的心。」

曰：「人又甚麼教做心？」

對曰：「只是一箇靈明。」

「可知充天塞地，中間只有這箇靈明，人只爲形體自間隔了。我的靈明，便是天地鬼神的主宰。天没有我的靈明，誰去仰他高？地没有我的靈明，誰去俯他深？鬼神没有我的靈明，誰去辯他吉凶災祥？天地鬼神萬物，離却我的靈明，便没有天地鬼神萬物了。我的靈明離却天地鬼神萬物，亦没有我的靈明。如此，便是一氣流通的，如何與他間隔得？」

又問：「天地鬼神萬物，千古見在，何没了我的靈明，便俱無了？」

曰：「今看死的人，他這些精靈游散了，他的天地萬物尚在何處？」

先生起行征思、田，德洪與汝中追送嚴灘，汝中舉佛家「實相」「幻相」之説。

先生曰：「有心俱是實，無心俱是幻；無心俱是實，有心俱是幻。」

汝中曰：「有心俱是實，無心俱是幻，是本體上説功夫；無心俱是實，有心俱是幻，是功夫上説本體。」

先生然其言。洪於是時尚未了達，數年用功，始信本體功夫合一。但先生是時因問偶談，若吾儒指點人處，不必借此立言耳。

嘗見先生送二三耆宿出門，退坐于中軒，若有憂色。德洪趨進請問。

先生曰：「頃與諸老論及此學，真員鑿方枘。此道坦如大路，世儒往往自加荒塞，終身陷荊棘之場而不悔，吾不知其何説也。」

德洪退謂朋友曰：「先生誨人，不擇衰朽，仁人憫物之心也。」

先生曰：「人生大病，只是一傲字。爲子而傲必不孝，爲臣而傲必不忠，爲父而傲必不慈，爲友而傲必不信。故象與丹朱俱不肖，亦只一傲字，便結果了此生。諸君常要體此。人心本是天然之理，精精明明，無纖介染着，只是一無我而已。胸中切不可有，有即傲也。古先聖人許多好處，也只是無我而已。無我自能謙，謙者，衆善之基；傲者，衆惡之魁。」

又曰：「此道至簡至易的，亦至精至微的。孔子曰『其如示諸掌乎』，且人於掌，何日不見，及至問他掌中多少文理，却便不知。即如我『良知』二字，一講便明，誰不知得？若欲的見良知，却誰能見得？」

問曰：「此知恐是無方體的，最難捉摸。」

先生曰：「良知即是易，『其爲道也屢遷，變動不居，周流六虚，上下無常，剛柔相易，不可爲典要，惟變所適』。此知如何捉摸得，見得透時，便是聖人。」

問：「孔子曰『回也，非助我者也』，是聖人果以相助望門弟子否？」

先生曰：「亦是實話。此道本無窮盡，問難愈多，則精微愈顯。聖人之言[一]，本自周遍[二]，但有問難的人，胸中窒礙[三]，聖人被他一難，發揮得愈加精神。若顏子聞一知十，胸中了然，如何得問難[四]。故聖人亦寂然不動，無所發揮，故曰『非助』。」

鄒謙之嘗語德洪曰：「舒國裳曾持一張紙，請先生寫『拱把之桐梓』一章。先生懸筆爲書，到『至於身而不知所以養之者』，顧而笑曰：『國裳讀書中過狀元來，豈誠不知身之所以當養，還須誦此以求警？』一時在侍諸友皆惕然。」

[一] 聖人之言　「之」，水西本作「的」。

[二] 本自周遍　水西本「本」上有「他出」二字。

[三] 胸中窒礙　水西本作「胸中自家窒碍的」。

[四] 如何得問難　水西本「難」下有「及」字。

嘉靖戊子冬，德洪與王汝中奔師喪至廣信，訃告同門，約三年收録遺言。繼後同門各以所記見遺，洪擇其切於問正者，合所私録，得若干條。居吴時，將與文録並刻矣，適以憂去未遂。當是時也，四方講學日衆，師門宗旨既明，若無事於贅刻者，故不復營念。去年，同門曾子才漢得洪手抄，復傍爲采輯，名曰遺言，以刻行於荆。洪讀之，覺當時采録未精，乃爲删其重復，削去蕪蔓，存其三之一，名曰傳習續録，復刻於寧國之水西精舍。今年夏，洪來遊蘄，沈君思畏曰：「師門之教，久行于四方，而獨未及于蘄。蘄之士得讀遺言，若親炙夫子之教，指見良知，若重覩日月之光，惟恐傳習之不博，而未以重復之爲繁也。請裒其所逸者增刻之，若何？」洪曰：「然。師門致知格物之旨，開示來學，學者躬修默悟，不敢以知解承，而惟以實體得。故吾師終日言是而不憚其煩，學者終日聽是而不厭其數，蓋指示專一，則體悟日精，幾迎於言前，神發於言外，感遇之誠也。今吾師之没未及三紀，而格言微旨，漸覺淪晦，豈非吾黨身踐之不力，多言有以病之耶？學者之趨不一，師門之教不宣也。」乃復取逸稿，采其語之不背者，得一卷，其餘影響不真，與文録既載者皆削之，并易中卷爲問答語，以付黄梅尹張君增刻之。庶幾讀者不以知解承，而惟以實體得，則無疑于是録矣。嘉靖丙辰夏四月，門人錢德洪拜書于蘄之崇正書院。

附録 朱子晚年定論

定論首刻於南贛。朱子病目静久，忽悟聖學之淵微，乃大悔中年註述誤己誤人，遍告同志。師閲之，喜己學與晦翁同，手録一卷，門人刻行之，自是爲朱子論異同者寡矣。師曰：「無意中得此一助。」隆慶壬申，虬峰謝君廷傑刻師全書，命刻定論附語録後，見師之學與朱子無相繆戾，則千古正學，同一源矣。并師首序與袁慶麟跋，凡若干條，洪儹引其説。

朱子晚年定論

陽明子序曰：洙泗之傳，至孟氏而息，千五百餘年，濂溪、明道始復追尋其緒。自後辨析日詳，然亦日就支離決裂，旋復湮晦。吾嘗深求其故，大抵皆世儒之多言有以亂之。守仁早歲業舉，溺志詞章之習，既乃稍知從事正學，而苦於衆説之紛撓疲痛，茫無可入，因求諸老釋，欣然有會於心，以爲聖人之學在此矣。然於孔子之教，間相出入，而措之日用，往往缺漏無歸，依違往返，且信且疑。其後謫官龍場，居夷處困，動心忍性之餘，恍若有悟[一]，體驗探求[二]，再更寒暑，證諸五經四子，沛然若决江河而放諸海也。然後嘆聖人之道坦如大路，而世之儒者妄開竇逕，蹈荆棘，墮坑塹，究其爲説，反出二氏之下，宜乎世之高明之士厭此而趨彼也。此豈二氏之罪哉？間嘗以語同志，而聞者競相非議，目以爲立異好奇。雖每痛反深抑，務自搜剔斑瑕，而愈益精明的確，洞然無復可疑。獨於朱子之説，有相牴牾，恒疚於心，切疑朱子之賢，而豈其於此尚有未察？及官留都，復取朱子之書而檢求之，然後知其晚歲固已大悟舊説之非，痛悔極艾，至以爲自誑誑人之罪，不可勝贖。世之所傳集註或問之類，乃其中年未定之説，自咎以爲舊本之誤，思改正而未及，而其諸語類之屬，又其門人挾勝心以附己見，固於朱子平日之説，猶有大相繆戾者。而世之學者局於見聞，不過持循講習於此，其於悟後之論，槩乎其未有聞，則亦何怪乎予言之不信，而朱子之心無以自暴於後世也乎？予既自幸其説之不繆於朱子，又喜朱子之先得我心之同然。且慨夫世之學者，徒守朱子中年未定之説，而不復知求其晚歲既悟之論，競相呶呶，以亂正學，不自知其已入於異端。輒採録而裒集之，私以示夫同志，庶幾無疑於吾説，而聖學之明可冀矣。

[一] 恍若有悟　「悟」，底本訛作「悮」，據天圖本、叢刊本、文淵閣本、摛藻堂本改。

[二] 體驗探求　「驗」，國圖本、天圖本、叢刊本、文淵閣本、摛藻堂本訛作「念」。

正德乙亥冬十一月朔，後學餘姚王守仁序

答黄直卿書

爲學直是先要立本，文義却可且與説出正意，令其寬心玩味。未可便令考校同異，研究纖密，恐其意思促迫，難得長進。將來見得大意，略舉一二節目，漸次理會，蓋未晚也。此是向來定本之誤，今幸見得，却煩勇革。不可苟避譏笑，却誤人也。

答吕子約

日用工夫，比復何如？文字雖不可廢，然涵養本原，而察於天理人欲之判，此是日用動静之間不可頃刻間斷底事。若於此處見得分明，自然不到得流入世俗功利權謀裏去矣。熹亦近日方實見得向日支離之病，雖與彼中證候不同，然忘己逐物，貪外虚内之失，則一而已。程子説：「不得以天下萬物撓己，己立後，自能了得天下萬物。」今自家一箇身心，不知安頓去處，而談王説伯，將經世事業别作一箇伎倆商量講究，不亦誤乎？相去遠，不得面論，書問終説不盡，臨風嘆息而已。

答何叔京

前此僭易，拜禀博觀之敝，誠不自揆，乃蒙見是，何幸如此。然觀來喻，似有未能遽舍之意，何邪？此理甚明，何疑之有，若使道可以多聞博觀而得，則世之知道者爲不少矣。熹近日因事方有少省發處，如「鳶飛魚躍」，明道以爲與「必有事焉勿正」之意同者，今乃曉然無疑。日用之間，觀此流行之體，初無間斷處，有下工夫處，乃知日前自誑誑人之罪，蓋不可勝贖也。此與守書册，泥言語，全無交涉。幸於日用間察之，知此則知仁矣。

答潘叔昌

示喻「天上無不識字底神仙」，此論甚中一偏之弊。然亦恐只學得識字，却不曾學得上天，即不如且學上天耳。上得天了，却旋學上天人，亦不妨也。中年以後，氣血精神，能有幾何，不是記故事時節。熹以目昏，不敢着力讀書，閒中静坐，收斂身心，頗覺得力。間起看書，聊復遮眼，遇有會心處，時一喟然耳。

答潘叔度

熹衰病，今歲幸不至劇，但精力益衰，目力全短，看文字不得。冥目靜坐，却得收拾放心，覺得日前外面走作不少，頗恨盲廢之不早也。「看書鮮識」之喻，誠然。然嚴霜大凍之中，豈無些小風和日暖意思，要是多者勝耳。

答吕子約

孟子言學問之道，惟在「求其放心」，而程子亦言「心要在腔子裏」。今一向耽着文字，令此心全體都奔在册子上，更不知有己，便是箇無知覺、不識痛癢之人。雖讀得書，亦何益於吾事邪？

與周叔謹

應之甚恨未得相見，其爲學規模次第如何？近來吕、陸門人互相排斥，此由各徇所見之偏，而不能公天下之心，以觀天下之理，甚覺不滿人意。應之蓋嘗學於兩家，未知其於此看得果如何？因話扣之，因書諭及爲幸也。熹近日亦覺向來説話有大支離處，反身以求，正坐自己用功亦未切耳。

因此減去文字功夫，覺得閒中氣象甚適。每勸學者亦且看孟子「道性善」「求放心」兩章，着實體察收拾爲要。其餘文字，且大槩諷誦涵養，未須大段着力考索也。

答陸象山

熹衰病日侵，去年災患亦不少，比來病軀方似略可支吾。然精神耗減，日甚一日，恐終非能久於世者。所幸邇來日用功夫頗覺有力，無復向來支離之病。甚恨未得從容面論，未知異時相見，尚復有異同否耳？

答符復仲

聞向道之意甚勤，向所喻義利之間，誠有難擇者，但意所疑以爲近利者，即便舍去可也。向後見得親切，却看舊事，又有見未盡、舍未盡者，不解有過當也。見陸丈回書，其言明當，且就此持守，自見功效，不須多疑多問，却轉迷惑也。

答吕子約

日用功夫，不敢以老病而自懈，覺得此心操存舍亡，只在反掌之間。向來誠是太涉支離，蓋無本以自立，則事事皆病耳。又聞講授亦頗勤勞，此恐或有未便。今日正要清源正本，以察事變之幾微。豈可一向汩溺於故紙堆中，使精神昏弊，失後忘前，而可以謂之學乎？

與吴茂實

近來自覺向時工夫，止是講論文義，以爲積集義理，久當自有得力處，却於日用工夫全少檢點。諸朋友往往亦只如此做工夫，所以多不得力。今方深省而痛懲之，亦欲與諸同志勉焉。幸老兄徧以告之也。

答張敬夫

熹窮居如昨，無足言者。但遠去師友之益[一]，兀兀度日，讀書反己，固不無警省處，終是旁無彊輔，因循汩没，尋復失之。近日一種向外走作，心悦之而不能自已者，皆準止酒例，戒而絶之，似覺省事。此前輩所謂「下士晚聞道，聊以拙自修」者。若充擴不已，補復前非，庶其有

[一] 但遠去師友之益　「但」，國圖本、天圖本、叢刊本、文淵閣本、摛藻堂本作「自」。

日。舊讀中庸「慎獨」、大學「誠意」「毋自欺」處，常苦求之太過，措詞煩猥，近日乃覺其非。此正是最切近處，最分明處，乃舍之而談空於冥漠之間，其亦誤矣。方竊以此意痛自檢勒，懔然度日，惟恐有怠而失之也。至於文字之間，亦覺向來病痛不少。蓋平日解經，最爲守章句者，然亦多是推衍文義，自做一片文字，非惟屋下架屋，説得意味淡薄，且是使人看者將註與經作兩項工夫做了，下稍看得支離，至於本旨，全不相照。以此，方知漢儒可謂善説經者，不過只説訓詁，使人以此訓詁玩索經文，訓詁經文不相離異，只做一道看了，直是意味深長也。

答呂伯恭

道間與季通講論，因悟向來涵養功夫全少，而講説又多彊探必取、尋流逐末之弊。推類以求，衆病非一，而其源皆在此，恍然自失，似有頓進之功。若保此不懈，庶有望於將來，然非如近日諸賢所謂頓悟之機也。向來所聞誨諭諸説之未契者，今日細思，脗合無疑。大抵前日之病，皆是氣質躁妄之偏，不曾涵養克治，任意直前之弊耳。

答周純仁

閒中無事，固宜謹出，然想亦不能一併讀得許多。似此專人來往勞費，亦是未能省事，隨寓而安之病。又如多服燥熱藥，亦使人血氣偏勝，不得和平，不但非所以衛生，亦非所以養心。竊恐更須深自思省，收拾身心，漸令向裏，令寧静閒退之意勝，而飛揚燥擾之氣消，則治心養氣，處世接物，自然安穩，一時長進，無復前日内外之患矣。

答竇文卿

爲學之要，只在着實操存，密切體認，自己身心上理會。切忌輕自表襮，引惹外人辨論，枉費酬應，分却向裏工夫。

答吕子約

聞欲與二友俱來而復不果，深以爲恨。年來覺得日前爲學不得要領，自做身主不起，反爲文字奪却精神，不是小病。每一念之，惕然自懼，且爲朋友憂之，而每得子約書，輒復恍然，尤不知所以爲賢者謀也。且如臨事遲回，瞻前顧後，只此亦可見得心術影子。當時若得相聚一番，彼此極論，庶幾或有判決之助[一]。今又失此幾會，極令人悵恨也。訓導後生，若説得是當，極有可自警省處，不會減人氣力。若只如此支離，漫無統紀，則雖不教後生，亦只見得展轉迷惑，無出頭處也。

答林擇之

熹哀苦之餘，無他外誘，日用之間，痛自斂飭，乃知敬字之功，親切要妙乃如此。而前日不知於此用力，徒以口耳浪費光陰，人欲横流，天理幾滅。今而思之，怛然震悚，蓋不知所以措其躬也。

又

此中見有朋友數人講學，其間亦難得朴實頭負荷得者。因思日前講論，只是口説，不曾實體於身，故在己在人，都不得力。今方欲與朋友説，日用之間，常切點檢氣習偏處、意欲萌處，與平日所講相似與不相似，就此痛着功夫，庶幾有益。陸子壽兄弟，近日議論却肯向講學上理會，其門人有相訪者，氣象皆好，但其間亦有舊病。此間學者，却是與渠相反。初謂只如此講學漸涵，

[一] 庶幾或有判決之助　「判」，國圖本、天圖本、叢刊本、文淵閣本、摛藻堂本作「剖」。

自能入德，不謂末流之弊，只成説話，至於人倫日用最切近處，亦都不得毫毛氣力，此不可不深懲而痛警也。

答梁文叔

近看孟子見人即道性善，稱堯舜，此是第一義。若於此看得透，信得及，直下便是聖賢，便無一毫人欲之私做得病痛。若信不及，孟子又説箇第二節工夫，又只引成覸、顔淵、公明儀三段説話教人。如此發憤，勇猛向前，日用之間，不得存留一毫人欲之私在這裏，此外更無别法。若於此有箇奮迅興起處，方有田地可下功夫。不然，即是畫脂鏤冰，無真實得力處也。近日見得如此，自覺頗得力，與前日不同，故此奉報。

答潘恭叔[一]

學問根本，在日用間持敬集義工夫，直是要得念念省察。讀書求義，乃其間之一事耳。舊來雖知此意，然於緩急之間，終是不覺有倒置處，誤人不少，今方自悔耳。

[一] 潘恭叔 國圖本、天圖本、叢刊本、文淵閣本、摛藻堂本訛作「潘叔恭」。

答林充之

充之近讀何書？恐更當於日用之間爲仁之本者，深加省察，而去其有害於此者爲佳。不然，誦説雖精而不踐其實，君子蓋深耻之。此固充之平日所講聞也。

答何叔景[一]

李先生教人，大抵令於静中體認大本未發時氣象分明，即處事應物，自然中節。此乃龜山門下相傳指訣。然當時親炙之時，貪聽講論，又方竊好章句訓詁之習，不得盡心於此。至今若存若亡，無一的實見處，辜負教育之意。每一念此，未嘗不愧汗沾衣也。

又

熹近來尤覺昏憒，無進步處。蓋緣日前偷墮苟簡，無深探力行之志。凡所論説，皆出入口耳之餘，以故全不得力。今方覺悟，欲勇革舊習，而血氣已衰，心志亦不復彊，不知終能有所濟否。

[一] 答何叔景　按，「景」當爲「京」之訛。何鎬，字叔京，福建邵武人。原書見朱熹集卷四十。

又

向來妄論「持敬」之説，亦不自記其云何。但因其良心發見之微，猛省提撕，使心不昧，則是做工夫底本領。本領既立，自然下學而上達矣。若不察良心發見處，即渺渺茫茫，恐無下手處也。中間一書，論「必有事焉」之説，却儘有病，殊不蒙辨詰，何邪？所喻「多識前言往行，固君子之所急」，熹向來所見，亦是如此。近因反求，未得箇安穩處，却始知此未免支離。如所謂「因諸公以求程氏，因程氏以求聖人」，是隔幾重公案？曷若默會諸心，以立其本，而其言之得失，自不能逃吾之鑒邪？欽夫之學，所以超脱自在，見得分明，不爲言句所桎梏，只爲合下入處親切。今日説話，雖未能絶無滲漏，終是本領是當，非吾輩所及，但詳觀所論，自可見矣。

答林擇之

所論顏、孟不同處，極善極善。正要見此曲折，始無窒礙耳。比來想亦只如此用功。熹近只就此處見得向來未見底意思，乃知「存久自明，何待窮索」之語，是真實不誑語。今未能久，已有此驗，況真能久邪？但當益加勉勵，不敢少弛其勞耳。

答楊子直

學者墮在語言，心實無得，固爲大病，然於語言中罕見有究竟得徹頭徹尾者。蓋資質已是不及古人，而功夫又草草，所以終身於此若存若亡，未有卓然可恃之實。近因病後不敢極力讀書，閒中却覺有進步處。大抵孟子所論「求其放心」是要訣爾。

與田侍郎子真

吾輩今日事事做不得，只有向裏存心窮理，外人無交涉。然亦不免違條礙貫，看來無着力處，只有更攢近裏面安身立命耳。不審比日何所用心，因書及之，深所欲聞也。

答陳才卿

詳來示，知日用工夫精進如此，尤以爲喜。若知此心此理，端的在我，則參前倚衡，自有不容捨者，亦不待求而得，不待操而存矣。格物致知，亦是因其所已知者推之，以及其所未知。只是一本，原無兩樣工夫也。

與劉子澄

居官無修業之益，若以俗學言之，誠是如此。若論聖門所謂德業者，却初不在日用之外，只押文字，便是進德修業地頭，不必編綴異聞，乃爲修業也。近覺向來爲學，實有向外浮泛之弊，不惟自誤，而誤人亦不少。方別尋得一頭緒，似差簡約端的。始知文字言語之外，真別有用心處，恨未得面論也。浙中後來事體，大段支離乖僻，恐不止似正似邪而已。極令人難説，只得惶恐痛自警省，恐未可專執舊説以爲取舍也。

與林擇之

熹近覺向來乖繆處，不可縷數，方惕然思所以自新者，而日用之間，悔吝潛積，又已甚多，朝夕惴懼，不知所以爲計。若擇之能一來，輔此不逮，幸甚。然講學之功，比舊却覺稍有寸進，以此知初學得些靜中功夫，亦爲助不小。

答吕子約

示喻日用工夫如此，甚善。然亦且要見一大頭腦分明，便於操舍之間有用力處。如實有一物，把住放行，在自家手裏，不是謾説「求其放心」，實却茫茫無把捉處也。

子約復書云：「某蓋嘗深體之。此箇大頭腦，本非外面物事，是我元初本有底。其曰『人生而静』，其曰『喜怒哀樂之未發』，其曰『寂然不動』，人汩汩地過了日月，不曾存息，不曾實見此體段，如何會有用力處？程子謂『這箇義理，仁者又看做仁了，智者又看做智了，百姓日用而不知，此所以君子之道鮮』。此箇亦不少，亦不剩，只是人看他不見，不大段信得此話。及其言『於勿忘勿助長間認取』者，認乎此也。認得此，則一動一静，皆不昧矣。惻隱、羞惡、辭讓、是非，四端之著也，操存久則發見多；忿懥、憂患、好樂、恐懼，不得其正也，放舍甚則日滋長。記得南軒先生謂『驗厥操舍，乃知出入』，乃是見得主腦，於操舍間有用力處之實話。蓋苟知主腦，不放下，雖是未能常常操存，然語默應酬間，歷歷能自省驗。雖非實有一物在我手裏[一]，然可欲者是我底物，不可放失；不可欲者，非是我物，不可留藏，雖謂之實有一物在我手裏亦可也。

[一] 雖非實有一物在我手裏　「非」，國圖本、天圖本、叢刊本、文淵閣本、摛藻堂本作「其」。

若是謾説，既無歸宿，亦無依據，縱使彊把捉得住，亦止是襲取，夫豈是我元有底邪？愚見如此，敢望指教。」

朱子答書云：「此段大槩甚正當親切。」

答吴德夫

承喻仁字之説，足見用力之深。熹意不欲如此坐談，但直以孔子、程子所示求仁之方，擇其一二切於吾身者，篤志而力行之。於動静語默間，勿令間斷，則久久自當知味矣。去人欲，存天理，且據所見去之存之。功夫既深，則所謂似天理而實人欲者，次第可見。今大體未正，而便察及細微，恐有「放飯流歠，而問無齒决」之譏也。如何如何？

答或人[一]

「中和」二字，皆道之體用。舊聞李先生論此最詳，後來所見不同，遂不復致思。今乃知其爲人深切，然恨已不能盡記其曲折矣。如云「人固有無所喜怒哀樂之時，然謂之未發則不可，言

[一] 答或人 按，此篇節選自答林擇之書，見朱熹集卷四十三。

無主也」；又如「先言慎獨，然後及中和」，此亦嘗言之。但當時既不領略，後來又不深思，遂成蹉過，孤負此翁耳。

答劉子澄

日前爲學，緩於反己，追思凡百，多可悔者。所論註文字，亦坐此病，多無着實處。回首茫然，計非歲月功夫所能救治，以此愈不自快。前時猶得敬夫、伯恭時惠規益，得以自警省，二友云亡，耳中絕不聞此等語。今乃深有望於吾子澄，自此惠書，痛加鐫誨，乃君子愛人之意也。

朱子之後，如真西山、許魯齋、吳草廬，亦皆有見於此，而草廬見之尤真，悔之尤切。今不能備録，取草廬一說附於後。

臨川吳氏曰：天之所以生人，人之所以爲人，以此德性也。然自聖傳不嗣，士學靡宗，漢、唐千餘年間，董、韓二子，依稀數語近之，而原本竟昧昧也。逮夫周、程、張、邵興，始能上通孟氏而爲一。程氏四傳而至朱，文義之精密，又孟氏以來所未有者，其學徒往往滯於此而溺其心。

夫既以世儒記誦詞章爲俗學矣，而其爲學，亦未離乎言語文字之末。此則嘉定以後，朱門末學之敝，而未有能救之者也。夫所貴乎聖人之學，以能全天之所以與我者爾。天之與我，德性是也。是爲仁義禮智之根株，是爲形質血氣之主宰。舍此而他求，所學何學哉？假而行如司馬文正公，才如諸葛忠武侯，亦不免爲習不著，行不察，亦不過爲資器之超於人，而謂有得於聖學則未也。況止於訓詁之精，講説之密，如北溪之陳，雙峰之饒，則與彼記誦詞章之俗學，相去何能以寸哉？聖學大明於宋代，而踵其後者如此，可嘆已！澄也鑽研於文義，毫分縷析，每以陳爲未精，饒爲未密也。墮此科臼中，垂四十年而始覺其非。自今以往，一日之内子而亥，一月之内朔而晦，一歲之内春而冬，常見吾德性之昭昭。如天之運轉，如日月之往來，不使有須臾之間斷，則於尊之之道，殆庶幾乎！於此有未能，則問於人，學於己，而必欲其至。若其用力之方，非言之可喻，亦味於中庸首章、訂頑終篇，而自悟可也。

朱子晚年定論，我陽明先生在留都時所採集者也。揭陽薛君尚謙舊録一本，同志見之，至有不及抄寫，袖之而去者。衆皆憚於翻録，乃謀而壽諸梓，謂「子以齒，當志一言」。惟朱子一生，勤苦以惠來學，凡一言一字，皆所當守，而獨表章是，尊崇乎此者，蓋以爲朱子之定見也。今學者不求諸此，而猶踵其所悔，是蹈舛也。豈善學朱子者哉？麟無似，從事於朱子之訓餘三十年，非不專且篤，而竟亦未有居安資深之地，則猶以爲知之未詳，而覽之未博也。戊寅夏，持所著論若干卷，來見先生，聞其言，如日中天，睹之即見；如五穀之藝地，種之即生。不假外求，而真切簡易，恍然有悟。退求其故而不合，則又不免遲疑於其間，及讀是編，始釋然盡投其所業，假館而受學，蓋三月而若將有聞焉。然後知嚮之所學，乃朱子中年未定之論，是故三十年而無獲。今賴天之靈，始克從事於其所謂定見者，故能三月而若將有聞也。非吾先生，幾乎已矣。敢以告夫同志，使無若麟之晚而後悔也。若夫直求本原於言語之外，真有以驗其必然而無疑者，則存乎其人之自力，是編特爲之指迷耳。正德戊寅六月望，門人雩都袁慶麟謹識。

王文成公全書卷之四

文録一　書一　始正德己巳至庚辰

門人餘姚錢德洪　編次
安成鄒守益　葺録
泰和歐陽德　校正
山陰王畿　增葺
南昌唐堯臣　考訂

與辰中諸生　己巳

謫居兩年，無可與語者，歸途乃得諸友，何幸何幸。方以爲喜，又遽爾别去，極怏怏也。絶學之餘，求道者少，一齊衆楚，最易摇奪，自非豪傑，鮮有卓然不變者。諸友宜相砥礪夾持，務期有成。近世士夫，亦有稍知求道者，皆因實德未成，而先揭標榜以來世俗之謗，是以往往隳墮無立，反爲斯道之梗。諸友宜以是爲鑒，刊落聲華，務於切己處着實用力。

前在寺中所云静坐事，非欲坐禪入定。蓋因吾輩平日爲事物紛拏，未知爲己，欲以此補小學收放心一段功夫耳。明道云：「纔學，便須知有着力處；既學，便須知有得力處。」諸友宜於此處着力，方有進步，異時始有得力處也。「學要鞭辟近裏着己」，「君子之道，闇然而日章」，「爲名與爲利，雖清濁不同，然其利心則一」，「謙受益」，「不求異於人而求同於理」，此數語，宜書之壁間，常目在之。舉業不患妨功，惟患奪志，只如前日所約，循循爲之，亦自兩無相礙。所謂知得洒掃應對[一]，便是精義入神也。

答徐成之　辛未

汝華相見於逆旅，聞成之啓居甚悉，然無因一面，徒增悒怏。吾鄉學者幾人，求其篤信好學，如吾成之者誰歟？求其喜聞過，忠告善道[二]，如吾成之者誰歟？過而莫吾告也，學而莫吾與也，非吾成之之思而誰思歟？嗟吾成之，幸自愛重。

[一] 所謂知得洒掃應對　黄本、閭本、董本、范本、聞本、宋本、邵本「得」下有「則」字。

[二] 忠告善道　人大本、九大本「道」下有「人」字。

自人之失其所好，仁之難成也久矣。向吾成之在鄉黨中，刻厲自立，衆皆非笑以爲迂腐，成之不爲少變。僕時雖稍知愛敬，不從衆非笑，然尚未知成之之難得如此也。今知成之之難得，則又不獲朝夕相與，豈非大可憾歟？修己治人，本無二道，政事雖劇，亦皆學問之地，諒吾成之隨在有得，然何從一聞至論，以洗凡近之見乎？愛莫爲助。近爲成之思進學之功，微覺過苦。先儒所謂「志道懇切，固是誠意，然急迫求之，則反爲私己」，不可不察也。日用間，何莫非天理流行，但此心常存而不放，則義理自熟，孟子所謂「勿忘勿助」，「深造自得」者矣。學問之功何可緩，但恐著意把持振作，縱復有得，居之恐不能安耳。成之之學，想亦正不如此。以僕所見，微覺其有近似者，是以不敢不盡，亦以成之平日之樂聞，且欲以是求教也。【延禧先生，吾鄉之善人長者，先達中極爲難得。同處客鄉，亦爲成之之一樂也。行次草率，不奉狀，相見望道情。】[一]

答黄宗賢應原忠 辛未

昨晚言似太多，然遇二君，亦不得不多耳。其間以造詣未熟，言之未瑩則有之，然却自是吾儕一段的實工夫。思之未合，請勿輕放過，當有豁然處也。

[一] 據人大本、九大本補。

聖人之心，纖翳自無所容，自不消磨刮。若常人之心[一]，如斑垢駁雜之鏡，須痛加刮磨一番，盡去其駁蝕，然後纖塵即見，纔拂便去，亦自不消費力。到此，已是識得仁體矣。若駁雜未去，其間固自有一點明處，塵埃之落，固亦見得，亦纔拂便去，至於堆積於駁蝕之上，終弗之能見也。此學利困勉之所由異，幸弗以爲煩難而疑之也。凡人情好易而惡難，其間亦自有私意氣習纏蔽在，識破後，自然不見其難矣。古之人至有出萬死而樂爲之者，亦見得耳。向時未見得向裏面意思，此工夫自無可講處。今已見此一層，却恐好易惡難，便流入禪釋去也。昨論儒釋之異，明道所謂「敬以直内則有之，義以方外則未，畢竟連敬以直内亦不是」者，已説到八九分矣。

答汪石潭内翰　辛未

承批教，連日瘡甚，不能書，未暇請益。來教云：「昨日所論，乃是一大疑難。」又云：「此事關係頗大，不敢不言。」僕意亦以爲然，是以不能遽已。

夫喜怒哀樂，情也。既曰不可謂未發矣，喜怒哀樂之未發，則是指其本體而言性也。斯言自子思，非程子而始有，執事既不以爲然，則當自子思中庸始矣。喜怒哀樂之與思、與知覺，皆心

[一]　若常人之心　「若」，人大本、九大本作「蓋」。

之所發。心統性情。性，心體也；情，心用也。程子云：「心一也，有指體而言者，寂然不動是也；有指用而言者，感而遂通是也。」斯言既無以加矣，執事姑求之體用之説。夫體用一源也，知體之所以爲用，則知用之所以爲體者矣。雖然，體微而難知也，用顯而易見也。執事之云，不亦宜乎？夫謂「自朝至暮，未嘗有寂然不動之時」者，是見其用而不得其所謂體也。君子之於學也，因用以求其體。凡程子所謂「既思即是已發，既有知覺即是動」者，皆爲求中於喜怒哀樂未發之時者言也，非謂其無未發者也。朱子於「未發」之説，其始亦嘗疑之。今其集中所與南軒論難辯析者，蓋往復數十而後決其説，則今之中庸註疏是也。其於此亦非苟矣。獨其所謂「自戒懼而約之，以至於至静之中；自謹獨而精之，以至於應物之處」者，亦若過於剖析。而後之讀者遂以分爲兩節[二]，而疑其别有寂然不動，静而存養之時。不知常存戒慎恐懼之心，則其工夫未始有一息之間，非必自其不睹不聞而存養也。吾兄且於動處加工，勿使間斷。動無不和，即静無不中，而所謂寂然不動之體，當自知之矣。未至而揣度之，終不免於對塔説相輪耳。然朱子「但有知覺者在，而未有知覺」之説，則亦未瑩，吾兄疑之，蓋亦有見。但其所以疑之者，則有因噎廢食之過，不可以不審也。君子之論，苟有以異於古，姑毋以爲决然，宜且循其説而究之，極其説而果有不達也，

[二]　而後之讀者遂以分爲兩節　「以」，人大本、九大本、董本、范本作「爾」，黄本作「而」。

然後從而斷之，是以其辯之也明而析之也當，蓋在我者有以得其情也。今學如吾兄，聰明超特如吾兄，深潛縝密如吾兄，而猶有未悉如此，何邪？吾兄之心，非若世之立異自高者，要在求其是而已，故敢言之無諱。有所未盡，不惜教論，不有益於兄，必有益於我也。

寄諸用明 辛未

得書，足知邇來學力之長，甚喜。君子惟患學業之不修，科第遲速，所不論也。況吾平日所望於賢弟，固有大於此者，不識亦嘗有意於此否耶？便中時報知之。階、陽諸姪，聞去歲皆出投試，非不喜其年少有志，然私心切不以爲然。不幸遂至於得志，豈不誤却此生耶？凡後生美質，須令晦養厚積，天道不翕聚則不能發散，況人乎？花之千葉者無實，爲其華美太發露耳。諸賢姪不以吾言爲迂，便當有進步處矣。

書來勸吾仕，吾亦非潔身者，所以汲汲於是，非獨以時當斂晦，亦以吾學未成。歲月不待，再過數年，精神益弊，雖欲勉進而有所不能，則將終於無成，皆吾所以勢有不容已也。但老祖而下，意皆不悅，今亦豈能決然行之，徒付之浩嘆而已。

答王虎谷 辛未

承示「別後看得一『性』字親切」，孟子云：「盡其心者，知其性也，知其性，則知天矣。」此吾道之幸也，喜慰何可言。「弘毅」之説極是，但云「既不可以棄去，又不可以減輕，既不可以住歇，又不可以不至」，則是猶有不得已之意也。不得已之意，與自有不能已者，尚隔一層。程子云：「知之而至，則循理爲樂，不循理爲不樂。」自有不能已者，循理爲樂者也。非真能知性者，未易及此，知性則知仁矣。仁，人心也。心體本自弘毅，不弘者，蔽之也；不毅者，累之也。故燭理明，則私欲自不能蔽累，私欲不能蔽累，則自無不弘毅矣。弘非有所擴而大之也，毅非有所作而强之也，蓋本分之内，不加毫末焉。曾子「弘毅」之説，爲學者言，故曰「不可以不弘毅」。此曾子窮理之本，真見仁體而後有是言。學者徒知不可不弘毅，不知窮理，而惟擴而大之以爲弘，作而强之以爲毅，是亦出於一時意氣之私，其去仁道尚遠也。此寔公私義利之辯，因執事之誨而并以請正。

與黄宗賢　辛未

所喻皆近思切問，足知爲功之密也。甚慰。夫加諸我者，我所不欲也，無加諸人。我所欲也，出乎其心之所欲，皆自然而然，非有所强，勿施於人，則勉而後能，此仁恕之别也。然恕，求仁之方，正吾儕之所有事也。子路之勇，而夫子未許其仁者，好勇而無所取裁，所勇未必皆出天理之公也。事君而不避其難，仁者不過如是，然而不知食輒之禄爲非義，則勇非其所宜勇，不得爲仁矣。然勇爲仁之資，正吾儕之所尚欠也。鄙見如此，明者以爲何如？未盡，望更示[一]。

二　壬申

使至，知近來有如許忙，想亦因是大有得力處也。僕到家，即欲與曰仁成雁蕩之約，宗族親友相牽絆，時刻弗能自由。五月終，决意往，值烈暑，阻者益衆且堅，復不果。時與曰仁稍尋傍近諸小山，其東南林壑最勝絶處，與數友相期，候宗賢一至即往。又月餘，曰仁憑限過甚，乃翁督促，勢不可復待。乃從上虞入四明，觀白水，尋龍溪之源，登杖錫，至於雪竇，上千丈巖，以

[一] 未盡望更示　黄本「未」字爲墨釘，范本作「不」；國圖本、天圖本、叢刊本、文淵閣本、摛藻堂本「更」作「便」。

望天姥、華頂，若可睹焉。欲遂從奉化取道至赤城，適彼中多旱，山田盡龜裂，道傍人家，徬徨望雨，意慘然不樂，遂自寧波買舟還餘姚，往返亦半月餘。相從諸友，亦微有所得，然無大發明，其最所歉然，宗賢不同茲行耳。歸又半月，曰仁行去，使來時已十餘日。思往時在京，每恨不得還故山，往返當益易，乃今益難。自後精神意氣，當日不逮前，不知回視今日又何如也。念之可嘆可懼。留居之説，竟成虛約。親友以曰仁既往，催促日至，滁陽之行，難更遲遲，亦不能出是月。聞彼中山水頗佳勝，事亦閒散，宗賢有惜陰之念，明春之期，亦既後矣。此間同往者，後輩中亦三四人，習氣已深，雖有美質，亦消化漸盡。此事正如淘沙，會有見金時，但目下未可必得耳。

三

癸酉

滁陽之行，相從者亦二三子，兼復山水清遠，勝事閑曠，誠有足樂者。故人不忘久要，果能乘興一來耶？得應元忠書，誠如其言，亦大可喜。牽制文義，自宋儒已然，不獨今時學者，遂求脱然洗滌，恐亦甚難，但得漸能疑辯，當亦終有覺悟矣。自歸越後，時時默念年來交遊，益覺人才難得，如元忠者，豈易得哉！京師諸友，邇來略無消息，每因己私難克，輒爲諸友憂慮一番。誠得相聚一堂，早晚當有多少砥礪切磋之益。然此在各人，非可願望得。

四

癸酉

春初，姜翁自天台來，得書聞山間況味，懸企之極。且承結亭相待，既感深誼，復媿其未有以副也。甘泉丁乃堂夫人憂，近有書來索銘，不久且還增城，道途邈絶，草亭席虚，相聚尚未有日。僕雖相去伊邇，而家累所牽，遲遲未决，所舉遂成北山之移文矣。應原忠久不得音問，想數會聚，聞亦北上，果然否？此間往來極多，友道則實寥落。敦夫雖住近，不甚講學，純甫近改北驗封且行，曰仁又公差未還，宗賢之思，靡日不切。又得草堂報，益使人神魂飛越，若不能一日留此也。如何如何。去冬解册吏到，承欲與原忠來訪，此誠千里命駕矣。喜慰之極，日切瞻望，然又自度鄙劣，不足以承此。曰仁入夏，當道越中來此，其時得與共載，何樂如之。

五

癸酉

書來及純甫事，懇懇不一而足，足知朋友忠愛之至。世衰俗降，友朋中雖平日最所愛敬者，亦多改頭换面，持兩端之説，以希俗取容，意思殊爲衰颯可憫。若吾兄，真可謂信道之篤，而執德之弘矣。何幸何幸。

僕在留都，與純甫住密邇，或一月一見，或間月不一見。輒有所規切，皆發於誠愛懇惻，中心未嘗懷纖毫較計，純甫或有所踈外，此心直可質諸鬼神。其後純甫轉官北上，始覺其有拂然者。尋亦痛自悔責，以爲吾人相與，豈宜有如此芥蔕，却是墮入世間較計坑陷中，亦成何等胸次？當下冰消霧釋矣。其後人言屢屢而至，至有爲我憤辭厲色者，僕皆惟以前意處之，實是未忍一日而忘純甫。蓋平日相愛之極，情之所鍾，自如此也。旬月間，復有相知自北京來，備傳純甫所論。僕竊疑有浮薄之徒，幸吾黨間隙，鼓弄交搆，增飾其間，未必盡出於純甫之口。僕非矯爲此説，實是故人情厚，不忍以此相疑耳。僕平日之厚純甫，本非私厚；縱純甫今日薄我，當亦非私薄。然則僕未嘗厚純甫，純甫未嘗薄僕也，亦何所容心於其間哉？往時見世俗朋友易生嫌隙[一]，以爲彼蓋苟合於外，而非有性分之契，是以如此，私竊嘆憫。自謂吾黨數人，縱使散處敵國仇家，當亦斷不至是，不謂今日亦有此等議論，此亦惟宜自反自責而已。孟子云：「愛人不親，反其仁；行有不得者，皆反求諸己。」自非履涉親切，應未識斯言味永而意懇也[二]。

僕近時與朋友論學，惟説「立誠」二字。殺人須就咽喉上着刀，吾人爲學，當從心髓入微處

[一] 往時見世俗朋友易生嫌隙　「時」，國圖本、天圖本、叢刊本、文淵閣本、摛藻堂本作「往」。

[二] 味永而意懇也　「懇」，閭本、范本、邵本、國圖本、天圖本、叢刊本、文淵閣本、摛藻堂本作「懇」。

用力，自然篤實光輝。雖私欲之萌，真是洪爐點雪，天下之大本立矣。若就標末粧綴比擬，凡平日所謂學問思辯者，適足以爲長傲遂非之資，自以爲進於高明光大，而不知陷於狠戾險嫉[一]，亦誠可哀也已。以近事觀之，益見得吾儕往時所論，自是向裏。此蓋聖學的傳，惜乎淪落堙埋已久，往時見得，猶自恍惚。僕近來無所進，只於此處看較分曉，直是痛快，無復可疑。但與吾兄別久，無告語處耳。原忠數聚論否？近嘗得渠一書，所見迥然與舊不同。殊慰殊慰。今亦寄一簡，不能詳細，見時望并出此。歸計尚未遂，旬月後且圖再舉。會期未定，臨楮耿耿。

六　丙子

宅老數承遠來，重以嘉貺，相念之厚，媿何以堪。令兄又辱書惠，禮恭而意篤，意家庭旦夕之論，必於此學有相發明者，是以波及於僕。喜幸之餘，媿何以堪。別後工夫，無因一扣，如書中所云，大略知之。用力習熟然後居山之説，昔人嘗有此，然亦須得其源。吾輩通患，正如池面浮萍，隨開隨蔽。未論江海，但在活水，浮萍即不能蔽。何者？活水有源，池水無源，有源者由己，無源者從物。故凡不息者有源，作輟者皆無源故耳。

[一] 而不知陷於狠戾險嫉　「狠」，鄒本、國圖本、天圖本、叢刊本、摛藻堂本作「狼」。

七 戊寅

得書見相念之厚，所引一詩，尤懇惻至情〔一〕，讀之既感且媿，幾欲涕下。人生動多牽滯，反不若他流外道之脱然也。奈何奈何。近收甘泉書，頗同此憾。士風日偷，素所目爲善類者，亦皆雷同附和，以學爲諱。吾人尚栖栖未即逃避，真處堂之燕雀耳。原忠聞且北上，恐亦非其本心。仕途如爛泥坑，没入其中〔二〕，鮮易復出，吾人便是失脚樣子，不可不鑒也。承欲枉顧，幸甚幸甚。好事多阻，恐亦未易如願，努力圖之。籠中病翼，或能附冥鴻之末而歸，未可知也。

與王純甫 壬申

别後有人自武城來，云純甫始到家，尊翁頗不喜，歸計尚多牴牾。始聞而惋然，已而復大喜。久之，又有人自南都來者，云純甫已蒞任，上下多不相能。始聞而惋然，已而復大喜。吾之惋然者，世俗之私情；所爲大喜者，純甫當自知之。吾安能小不忍於純甫，不使動心忍性，以大其所就乎？譬之金之在冶，經烈焰，受鉗錘。當此之時，爲金者甚苦，然自他人視之，方喜金之益精煉，而

〔一〕尤懇惻至情 「懇」，底本訛作「懇」，據邵本、范本、國圖本、天圖本、叢刊本改。

〔二〕没入其中 「没」，國圖本、天圖本、叢刊本、擒藻堂本訛作「勿」。

惟恐火力錘煅之不至。既其出冶，金亦自喜其挫折煅煉之有成矣。

某平日亦每有傲視行輩，輕忽世故之心，後雖稍知懲創，亦惟支持抵塞於外而已。及謫貴州三年，百難備嘗，然後能有所見，始信孟氏「生於憂患」之言非欺我也。嘗以爲君子素其位而行，不願乎其外。素富貴，行乎富貴；素貧賤，行乎貧賤；素患難，行乎患難，故無入而不自得。後之君子，亦當素其位而學，不願乎其外。素富貴，學處乎富貴；素貧賤患難，學處乎貧賤患難，則亦可以無入而不自得。向嘗爲純甫言之，純甫深以爲然，不審迩來用力却如何耳？近日相與講學者，宗賢之外，亦復數人，每相聚，輒嘆純甫之高明。今復遭時磨勵若此，其進益不可量，純甫勉之。

汪景顏近亦出宰大名，臨行請益。某告以變化氣質，居常無所見。惟當利害，經變故，遭屈辱，平時憤怒者，到此能不憤怒；憂惶失措者，到此能不憂惶失措；始是能有得力處，亦便是用力處。天下事雖萬變，吾所以應之，不出乎喜怒哀樂四者。此爲學之要，而爲政亦在其中矣。景顏聞之，躍然如有所得也。甘泉近有書來，已卜居蕭山之湘湖，去陽明洞方數十里耳。書屋亦將落成，聞之喜極。誠得良友相聚會，共進此道，人間更復有何樂？區區在外之榮辱得喪，又足掛之齒牙間哉？

二　癸酉[一]

純甫所問，辭則謙下，而語意之間，實自以爲是矣。夫既自以爲是，則非求益之心矣。吾初不欲答，恐答之亦無所入也，故前書因發其端，以俟明春渡江而悉。既而思之，人生聚散無常，純甫之自是，蓋其心尚有所惑而然，亦非自知其非，而又故爲自是以要我者。吾何可以遂已，故復備舉其説以告純甫。

來書云：「學以明善誠身，固也。但不知何者謂之善，原從何處得來，今在何處。其明之之功當何如，入頭當何如。與誠身有先後次第否，誠是誠箇甚的。此等處細微曲折，儘欲扣求啓發，而因獻所疑，以自附於助我者。」

反覆此語，則純甫近來得力處在此，其受病處亦在此矣。純甫平日徒知存心之説，而未嘗實加克治之功，故未能動静合一，而遇事輒有紛擾之患。今乃能推究若此，必已漸悟往日之墮空虚矣。故曰純甫近來用功得力處在此，然已失之支離外馳而不覺矣。夫心主於身，性具於心，善原於性，孟子之言「性善」是也。善即吾之性，無形體可指，無方所可定，夫豈自爲一物，可從何處得來

[一] 癸酉　人大本、九大本作「甲戌」。

者乎？故曰受病處亦在此。

純甫之意，蓋未察夫聖門之實學，而尚狃於後世之訓詁，以爲事事物物各有至善，必須從事事物物求箇至善，而後謂之明善，故有「原從何處得來，今在何處」之語。純甫之心，殆亦疑我之或墮於空虛也，故假是説以發我之蔽。吾亦非不知感純甫此意，其實不然也。夫在物爲理，處物爲義，在性爲善，因所指而異其名，實皆吾之心也。心外無物，心外無事，心外無理，心外無義，心外無善。吾心之處事物，純乎理而無人僞之雜謂之善，非在事物有定所之可求也。處物爲義，是吾心之得其宜也，義非在外，可襲而取也。格者，格此也；致者，致此也。必曰事事物物上求箇至善，是離而二之也。伊川所云「纔明彼[一]，即曉此」，是猶謂之二。性無彼此，理無彼此，善無彼此也。

純甫所謂「明之之功當何如，入頭處當何如，與誠身有先後次第否，誠是誠箇甚的」，且純甫之意，必以明善自有明善之功，誠身又有誠身之功也。若區區之意，則以明善爲誠身之功也。夫誠者，無妄之謂；誠身之誠，則欲其無妄之謂；誠之之功，則明善是也。故博學者，學此也；審問者，問此也；慎思者，思此也；明辯者，辯此也；篤行者，行此也。皆所以明善而爲誠之之

[一] 纔明彼 「明」，國圖本、天圖本、叢刊本、文淵閣本、摛藻堂本作「用」。

功也。故誠身有道，明善者，誠身之道也。不明乎善，不誠乎身矣，非明善之外，别有所謂誠身之功也。誠身之始，身猶未誠也，故謂之明善。明善之極，則身誠矣。若謂自有明善之功，又有誠身之功，是離而二之也，難乎免於毫釐千里之謬矣。其間欲爲純甫言者尚多，紙筆未能詳悉。尚有未合[一]，不妨往復。

三 甲戌

得曰仁書，知純甫近來用工甚力。可喜可喜。學以明善誠身，只兀兀守此昏昧雜擾之心，却是坐禪入定，非所謂「必有事焉」者矣。聖門寧有是哉？但其毫釐之差，千里之謬，非實地用功，則亦未易辯别。後世之學，瑣屑支離，正所謂採摘汲引，其間亦寧無小補，然終非積本求原之學。句句是，字字合，然而終不可入堯舜之道也。

四 甲戌

屢得汪叔憲書，又兩得純甫書，備悉相念之厚，感媿多矣。近又見與曰仁書，貶損益至，三

[一] 尚有未合 「尚」，范本作「倘」。

復赧然。夫趨向同而論學或異，不害其爲同也；論學同而趨向或異，不害其爲異也。不能積誠反躬，而徒騰口說，此僕往年之罪，純甫何尤乎？因便布此區區，臨楮傾念無已。

寄希淵 壬申

所遇如此，希淵歸計良是，但稍傷急迫。若再遲二三月，托疾而行，彼此形迹泯然，既不激怒於人，亦不失己之介矣。聖賢處末世，待人應物，有時而委曲，其道未嘗不直也。若己爲君子，而使人爲小人，亦非仁人忠恕惻怛之心。希淵必以區區此說爲太周旋，然道理實如此也。區區叨厚禄，有地方之責，欲脱身潛逃固難。若希淵所處，自宜進退綽然，今亦牽制若此，乃知古人掛冠解綬，其時亦不易值也。

二 壬申

向得林蘇州書，知希顔在蘇州，其時守忠在山陰矣。近張山陰來，知希顔已還山陰矣，而守忠又有金華之出[一]。往歲希顔居鄉，而守忠客祁，今兹復爾，二友之每每相違，豈亦有數存焉邪？

[一] 而守忠又有金華之出　「有」，人大本、九大本、范本作「聞」。

爲仁由己，固非他人所能與，而相觀砥礪之益，則友誠不可一日無者。外是子雍、明德輩，相去數十里，決不能朝夕繼見，希顔無亦有獨立無與之嘆歟？曩評半圭，誠然誠然。方今山林枯槁之士，要亦未可多得，去之犇走聲利之場者則遠矣。人品不齊，聖賢亦因材成就。孔門之教，言人人殊，後世儒者始有歸一之論，然而成德達材者鮮，又何居乎？希顔試於此思之，定以爲何如也？

三 癸酉

希顔煢然在疚，道遠無因一慰。聞友朋中多言希顔孝心純篤[一]，哀傷過節。某素知希顔者[二]，宜爲終身之慕，毋徒毁傷爲也。守忠來，承手札喻及出處，此見希顔愛我之深[三]，他人無此也。然此義亦惟希顔有之，他人無此也。牽於世故，未能即日引決，爲愧爲怍，然亦終須如希顔所示耳。患難憂苦，莫非實學，今雖倚廬，意思亦須有進。

向見季明德書，觀其意向甚正，但未及與之細講耳。「學問之道無他，求其放心而已。」蓋

[一] 聞友朋中多言希顔孝心純篤　「聞」，人大本、九大本、黄本、董本、范本作「問」，讀屬上句。

[二] 某素知希顔者　「某」，國圖本、天圖本、叢刊本、文淵閣本、摛藻堂本作「其」。

[三] 此見希顔愛我之深　「此」，人大本作「尤」。

一言而足，至其功夫節目，則愈講而愈無窮者。孔子猶曰：「學之不講，是吾憂也。」今世無志於學者，無足言。幸有一二篤志之士，又爲無師友之講明，認氣作理，冥悍自信，終身勤苦而卒無所得，斯誠可哀矣。讀禮之餘，與明德相論否？幸以其所造者示知。某無大知識，亦非好爲人言者。顧今之時，人心陷溺已久，得一善人，惟恐其無成。期與諸君共明此學，固不以自任爲嫌而避之，譬之婚姻，聊爲諸君之媒妁而已。鄉里後進中，有可言者，即與接引，此本分内事，勿謂不暇也。

樓居已完否？糊口之出非得已，然其間亦有説。聞朋友中多欲希顔高尚不出，就中亦須權其輕重，使親老饘粥稍可繼，則不必言高尚，自不宜出。不然，却恐正是私心[一]，不可不察也。【言不能盡，守忠行匆匆，餘惟心照。】[二]

四　己卯

[一] 却恐正是私心　「是」，國圖本、天圖本、叢刊本、文淵閣本、摛藻堂本作「其」。
[二] 據人大本、九大本補。

正月初二得家信，祖母於去冬十月背棄[一]，痛割之極。縻於職守，無由歸遁，今復懇疏，若終不可得，將遂爲徑往之圖矣。近得鄭子冲書，聞與當事者頗相牴牾。希淵德性謙厚和平，其於世間榮辱炎凉之故，視之何異飄風浮靄，豈得尚有芥蔕於其中耶？即而詢之，果然出於意料之外，非賢者之所自取也。雖然，有人於此，其待我以横逆，則君子必自反曰：「我必無禮。」自反而有禮，又自反曰：「我必不忠。」希淵克己之功，日精日切，其肯遂自以爲忠乎？往年區區謫官貴州，横逆之加，無月無有，迄今思之，最是動心忍性，砥礪切磋之地。當時亦止搪塞排遣，竟成空過，甚可惜也。聞教下士甚有興起者，莆故文獻之區，其士人素多根器，今得希淵爲之師，真如時雨化之而已。吾道幸甚。近有責委，不得已，不久且入閩，苟求了事，或能乘便至莆一間語。不盡不盡。

與戴子良 癸酉

汝成相見於滁，知吾兄之質，温然純粹者也。今兹乃得其爲志，蓋將從事於聖人之學，不安於善人而已也。何幸何幸。有志者，事竟成，吾兄勉之。學之不明，已非一日，皆由有志者少。

[一] 祖母於去冬十月背棄 「背」，國圖本、天圖本、叢刊本訛作「皆」。

好德，民之秉彝，可謂盡無其人乎？然不能勝其私欲，竟淪陷於習俗，則亦無志而已。故朋友之間，有志者甚可喜，然志之難立而易墜也，則亦深可懼也。吾兄以爲何如？宗賢已南還，相見且未有日。京師友朋，如貴同年陳佑卿、顧惟賢，其他如汪汝成、梁仲用、王舜卿、蘇天秀，皆嘗相見。從事於此者，其餘尚三四人，吾兄與諸友處〔一〕，當自識之。自古有志之士，未有不求助於師友。匆匆別來，所欲爲吾兄言者，百未及一，沿途歆嘆雅意，誠切怏怏。相會未卜，惟勇往直前，以遂成此志是望。

與胡伯忠 癸酉

某往在京，雖極歆慕，彼此以事，未及從容一叙，別去以爲憾，期異時相遇，决當盡意劇談一番耳。昨未出京師，即已預期彭城之會，謂所未决於心，在兹行矣。及相見，又復匆匆而別，別又復以爲恨，不知執事之心亦何如也？

君子與小人居，决無苟同之理，不幸勢窮理極，而爲彼所中傷，則安之而已。處之未盡於道，或過於疾惡，或傷於憤激，無益於事，而致彼之怨恨讐毒，則皆君子之過也。昔人有言：「事之

〔一〕吾兄與諸友處　國圖本、天圖本、叢刊本、文淵閣本、擒藻堂本「兄」訛作「見」，又脱「處」字。

無害於義者，從俗可也。」君子豈輕於從俗，獨不以異俗爲心耳。「與惡人居，如以朝衣朝冠坐於塗炭」者，伯夷之清也；「雖袒裼裸裎於我側，彼焉能浼我哉」，柳下惠之和也。君子以變化氣質爲學，則惠之和，似亦執事之所宜從者。「不以三公易其介」，彼固未嘗無伯夷之清也。「德輶如毛[一]，民鮮克舉之。我儀圖之，惟仲山甫舉之，愛莫助之。」僕於執事之謂矣。正人難得，正學難明，流俗難變，直道難容。臨筆惘然[二]，如有所失，言不盡意，惟心亮。

與黄誠甫 癸酉

「立志」之説，已近煩瀆，然爲知己言，竟亦不能舍是也。志於道德者，功名不足以累其心；志於功名者，富貴不足以累其心。但近世所謂道德，功名而已；所謂功名，富貴而已。「仁人者，正其誼不謀其利，明其道不計其功。」一有謀計之心，則雖正誼明道，亦功利耳。諸友既索居，曰仁又將遠别，會中須時相警發，庶不就弛靡。誠甫之足，自當一日千里，任重道遠，吾非誠甫誰望耶？臨别數語，彼此闇然，終能不忘，乃爲深愛。

[一] 德輶如毛 「輶」，底本訛作「猷」，據宋本、邵本、范本、國圖本、天圖本、叢刊本改。
[二] 臨筆惘然 「筆」，黄本、董本、范本作「書」。

二　丁丑

區區正月十八日始抵贛，即兵事紛紛。二月往征漳寇，四月班師，中間曾無一日之暇，故音問缺然。然雖擾擾中，意念所在，未嘗不在諸友也。養病之舉，恐已蹔停，此亦順親之心，未爲不是。不得以此日縈於懷，無益於事，徒使爲善之念不專。何處非道，何處非學，豈必山林中耶？希顔、尚謙、清伯登第，聞之喜而不寐。近嘗寄書云：「非爲今日諸君喜，爲陽明山中異日得良伴喜也。」吾於誠甫之未歸亦然。

答王天宇書　甲戌

書來，見平日爲學用功之槩，深用喜慰。今之時，能稍有志聖賢之學，已不可多見，況又果能實用其力者，是豈易得哉！辱推擬過當，誠有所不敢居，然求善自輔，則鄙心實亦未嘗不切切也。今乃又得吾天宇，其爲喜幸，可勝言哉！厚意之及，良不敢虚，然又自嘆愛莫爲助，聊就來諭，商確一二。

天宇自謂「有志而不能篤」，不知所謂志者，果何如？其不能篤者，又誰也？謂「聖賢之學，能静可以制動」，不知若何而能静，静與動有二心乎？謂「臨政行事之際，把捉摸擬，强之使歸於道，固亦卒有所未能，然造次顛沛必於是」者，不知如何其爲功？謂「開卷有得，接賢人君子，便自觸發」，不知所觸發者何物？又賴二事而後觸發，則二事之外，所作何務？當是之時，所謂志者，果何在也？

凡此數語，非天宇實用其力不能有，然亦足以見講學之未明，故尚有此耳。或思之有得，不厭寄示。

二 甲戌

承書惠，感感。中間問學之意，懇切有加於舊，足知進於斯道也。喜幸何如。但其間猶有未盡區區之意者，既承不鄙，何敢不竭？然望詳察，庶於斯道有所發明耳。

來書云：「誠身以格物，乍讀不能無疑，既而細詢之希顔，始悉其説。」

區區未嘗有「誠身格物」之説，豈出於希顔邪？鄙意但謂君子之學，以誠意爲主，格物致知者，誠意之功也。猶饑者以求飽爲事，飲食者，求飽之事也。希顔頗悉鄙意，不應有此，或恐一時言之未瑩耳。幸更細講之。

又云：「大學一書，古人爲學次第。朱先生謂『窮理之極而後意誠』，其與所謂『居敬窮理』，『非存心無以致知』者，固相爲矛盾矣。蓋『居敬存心』之説，補於傳文，而聖經所指，直謂其窮理而後心正。初學之士，執經而不考傳，其流之弊，安得不至於支離邪？」大學次第，但言「物格而後知至，知至而後意誠」。若「窮理之極而後意誠」，此則朱先生之説如此，其間亦自無大相矛盾，但於大學本旨，却恐未盡合耳。「非存心無以致知」，此語不獨於大學未盡，就於中庸「尊德性而道問學」之旨，亦或有未盡。然此等處言之甚長，非面悉不可。後之學者，附會於補傳，而不深考於經旨；牽制於文義，而不體認於身心。是以往往失之支離，而卒無所得，恐非執經而不考傳之過也。

又云：「不由窮理而遽加誠身之功，恐誠非所誠，適足以爲僞而已矣。」此言甚善，但不知誠身之功，又何如作用耳。幸體認之。

又言：「譬之行道者，如大都爲所歸宿之地，猶所謂至善也。行道者不辭險阻艱難，決意向前，猶存心也。如使斯人不識大都所在而泛焉欲往，其不南走越而北走胡幾希矣[一]。」

[一] 其不南走越而北走胡幾希矣　「胡」，底本訛作「吴」，據摛藻堂本改。

此譬大略皆是。但以不辭險阻艱難，決意向前，別爲存心，未免牽合之苦，而不得其要耳。夫不辭險阻艱難，決意向前，此正是「誠意」之「意」。審如是，則其所以問道途，具資斧，戒舟車，皆有不容已者。不然，又安在其爲決意向前，而亦安所前乎？夫不識大都所在而泛焉欲往，則亦欲往而已，未嘗真往也。惟其欲往而未嘗真往，是以道途之不問，資斧之不具，舟車之不戒。若決意向前，則真往矣。真往者，能如是乎？此最工夫切要者，以天宇之高明篤實而反求之，自當不言而喻矣。

又云：「格物之説，昔人以『扞去外物』爲言矣。扞去外物，則此心存矣。心存，則所以致知者皆是爲己。」

如此説，却是扞去外物爲一事，致知又爲一事。扞去外物之説，亦未爲甚害，然止捍禦於其外，則亦未有拔去病根之意，非所謂克己求仁之功矣。區區格物之説，亦不如此。大學之所謂「誠意」，即中庸之所謂「誠身」也。大學之所謂「格物致知」，即中庸之所謂「明善」也。博學、審問、慎思、明辯、篤行，皆所謂明善而爲誠身之功也。非明善之外，別有所謂誠身之功也。格物致知之外，又豈別有所謂誠意之功乎？書之所謂「精一」，語之所謂「博文約禮」，中庸之所謂「尊德性而道問學」，皆若此而已。是乃學問用功之要，所謂毫釐之差，千里之謬者也。心之精微，口莫能述，亦豈筆端所能盡已。喜榮擢，北上有期矣，倘能迂道江濱，謀一夕之話，庶幾能有所發明。冗遽中不悉。

寄李道夫 乙亥

此學不講久矣。鄙人之見，自謂於此頗有發明，而聞者往往詆以爲異，獨執事傾心相信，確然不疑，其爲喜慰，何啻空谷之足音。别後時聞士夫傳説，近又徐曰仁自西江還，益得備聞執事任道之勇，執德之堅，令人起躍奮迅。「士不可以不弘毅，任重而道遠」，誠得弘毅如執事者二三人，自足以爲天下倡。彼依阿僂儞之徒[一]，雖多亦奚以爲哉？幸甚幸甚。

比聞到郡之始[二]，即欲以此學爲教，仁者之心，自然若此。僕誠甚爲執事喜，然又甚爲執事憂也。學絶道喪，俗之陷溺，如人在大海波濤中，且須援之登岸，然後可授之衣而與之食。若以衣食投之波濤中[三]，是適重其溺，彼將不以爲德，而反以爲尤矣。故凡居今之時，且須隨機

[一] 彼依阿僂儞之徒　「僂儞」，范本作「傴僂」，文淵閣本作「摟羅」。
[二] 比聞到郡之始　「到」，國圖本、天圖本、叢刊本、文淵閣本、擒藻堂本作「列」。
[三] 若以衣食投之波濤中　「投」，王本作「授」。

導引[一]，因事啓沃，寬心平氣以薰陶之，俟其感發興起，而後開之以其説，是故爲力易而收效溥。不然，將有扞格不勝之患，而且爲君子愛人之累，不知尊意以爲何如耶？

病疏已再上[二]，尚未得報，果遂此圖，舟過嘉禾，面話有日。

與陸元静 丙子[三]

書來，知貴恙已平復，甚喜。書中勤勤問學，惟恐失墜，足知進修之志不怠，又甚喜。異時發揮斯道，使來者有所興起，非吾子誰望乎？所問大學、中庸註，向嘗略具草稿，自以所養未純，未免務外欲速之病，尋已焚毁。近雖覺稍進，意亦未敢便以爲至，姑俟異日山中，與諸賢商量共成之，故皆未有書。其意旨大略，則固平日已爲清伯言之矣。因是益加體認研究，當自有見，汲汲求此，恐猶未免舊日之病也。

博學之説，向已詳論，今猶牽制若此，何邪？此亦恐是志不堅定，爲世習所撓之故。使在我果無功利之心，雖錢穀兵甲，搬柴運水，何往而非實學，何事而非天理，況子史詩文之類乎？使

[一] 且須隨機導引 「導」，王本作「接」。
[二] 病疏已再上 王本「病」上有「保」字。
[三] 丙子 人大本、九大本作「丁丑」。

在我尚存功利之心，則雖日談道德仁義，亦只是功利之事，況子史詩文之類乎？一切屏絶之説，是猶泥於舊習，平日用功未有得力處，故云爾。請一洗俗見，還復初志，更思平日飲食養身之喻，種樹栽培灌溉之喻，自當釋然融解矣。「物有本末，事有終始，知所先後，則近道矣。」吾子之言，是猶未是終始本末之一致也。是不循本末終始天然之序，而欲以私意速成之也。

二　戊寅

尚謙至，聞元静志堅信篤，喜慰莫踰[一]。人在仕途，如馬行淖田中，縱復馳逸，足起足陷，其在駑下，坐見淪没耳。乃今得還故鄉，此亦譬之小歇田塍。若自此急尋平路，可以直去康莊，馳騁萬里，不知到家工夫却如何也？自曰仁没後，吾道益孤，致望元静者亦不淺。子夏聖門高弟，曾子數其失，則曰：「吾過矣。吾離群而索居亦已久矣。」夫離群索居之在昔賢已不能無過，況吾儕乎？以元静之英敏，自應未即摧墮。山間切磋砥礪，還復幾人？深造自得，便間亦可寫寄否？尚謙至此，日有所進。自去年十二月到今，已八踰月，尚未肯歸視其室[二]，非其志有所專，

[一]　喜慰莫踰　「踰」，人大本、黄本、董本作「諭」，范本作「喻」。
[二]　尚未肯歸視其室　「肯」，人大本作「嘗」。

宜不能聲音笑貌及此也。區區兩疏辭乞，尚未得報，決意兩不允則三，三不允則五、則六，必得而後已。若再一舉，輒須三月，二舉則又六七月矣[一]。計吾舟東抵吴越，元静之旆當已北指幽冀，會晤未期，如之何則可？【訓導便，草草，臨紙惘然不盡。】[二]

與希顔台仲明德尚謙原静 丁丑

聞諸友皆登第，喜不自勝，非爲諸友今日喜，爲野夫異日山中得良伴喜也。入仕之始，意況未免摇動，如絮在風中，若非粘泥貼網，恐自張主未得，不知諸友却何如？想平時工夫，亦須有得力處耳。野夫失脚落渡船，未知何時得到彼岸。且南贛事極多掣肘，緣地連四省，各有撫、鎮，乃今亦不過因仍度日，自古未有事權不一而能有成者。告病之興雖動，恐成虚文，未敢輕舉，欲俟地方稍靖。今又得諸友在，吾終有望矣。曰仁春來頗病，聞之極憂念。昨書來，欲與二三友去田霅上，因寄一詩。今録去，聊同此懷也。

[一] 二舉則又六七月矣 「則」，人大本、九大本作「即」。
[二] 據人大本、九大本補。

與楊仕德薛尚謙 丁丑

即日已抵龍南，明日入巢，四路兵皆已如期並進，賊有必破之勢。某向在橫水，嘗寄書仕德云：「破山中賊易，破心中賊難。」區區翦除鼠竊，何足爲異。若諸賢掃蕩心腹之寇，以收廓清平定之功，此誠大丈夫不世之偉績。數日來，諒已得必勝之策，捷奏有期矣。何喜如之。日孚美質，誠可與共學，此時計已發舟，倘未行，出此同致意。廨中事以累尚謙，想不厭煩瑣。小兒正憲，猶望時賜督責〔一〕。

寄聞人邦英邦正 戊寅

昆季敏而好學，吾家兩弟得以朝夕親資磨勵，聞之甚喜。得書，備見向往之誠，尤極浣慰。家貧親老，豈可不求禄仕？求禄仕而不工舉業，却是不盡人事，而徒責天命，無是理矣。但能立志堅定，隨事盡道，不以得失動念，則雖勉習舉業，亦自無妨聖賢之學。若是原無求爲聖賢之志，雖不業舉，日談道德，亦只成就得務外好高之病而已。此昔人所以有「不患妨功，惟患奪志」之説也。夫謂之奪志，則已有志可奪。若尚未有可奪之志，却又不可以不深思疑省而早圖之。每念賢弟資

〔一〕人大本、九大本篇末有「寓龍南某白」五字。

質之美，未嘗不切拳拳。夫美質難得而易壞，至道難聞而易失，盛年難遇而易過，習俗難革而易流，昆玉勉之。

二 戊寅

得書，見昆季用志之不凡，此固區區所深望者[一]。何幸何幸。世俗之見，豈足與論？君子惟求其是而已。「仕非爲貧也，而有時乎爲貧。」古之人皆用之，吾何爲獨不然？然謂舉業與聖人之學相戾者，非也。程子云「心苟不忘，則雖應接俗事，莫非實學，無非道也」，而況於舉業乎？謂舉業與聖人之學不相戾者，亦非也。程子云「心苟忘之，則雖終身由之，只是俗事」，而況於舉業乎？忘與不忘之間，不能以髮，要在深思，默識所指，謂不忘者，果何事耶？知此則知學矣。賢弟精之熟之，不使有毫釐之差，千里之謬可也[二]。

[一] 此固區區所深望者　「所」，王本作「之」。

[二] 王本篇末有「當能口悉，不一一」七字。

三 庚辰

書來，意思甚懇切，足慰遠懷。持此不懈，即吾「立志」之説矣。「源泉混混，不舍晝夜，盈科而後進，放乎四海，有本者如是。」立志者，其本也。有有志而無成者矣，未有無志而能有成者也。賢弟勉之。色養之暇，怡怡切切，可想而知，交修罔怠，庶吾望之不孤矣。地方稍平，退休有日，預想山間講習之樂，不覺先已欣然。

與薛尚謙 戊寅

沿途意思如何？得無亦有走作否？數年切磋，只得立志，辯義利。若於此未有得力處，却是平日所講盡成虚語，平日所見皆非實得，不可以不猛省也。經一蹶者長一智，今日之失，未必不爲後日之得，但已落第二義。須從第一義上着力，一真一切真。若這些子既是，更無討不是處矣。此間朋友聚集漸衆，比舊頗覺興起。尚謙既去，仕德又往，歐陽崇一病歸，獨惟乾留此，精神亦不足。諸友中未有倚靠得者，苦於接濟乏人耳。乞休本至今未回，未免坐待。尚謙更静養幾月，若進步欠力，更來火坑中乘凉，如何？

二

得書，知日孚停舟鬱孤，遲遲未發，此誠出於意望之外。日孚好學如此，豪傑之士必有聞風而起者矣。何喜如之，何喜如之。昨見太和報效人，知歐、王二生者至，不識曾與一言否？歐生有一書，可謂有志，中間述子晦語頗失真，恐亦子晦一時言之未瑩爾。大抵工夫須實落做去，始能有見，料想臆度，未有不自誤誤人者矣。此間賊巢，乃與廣東山後諸賊相連，餘黨往往有從遁者。若非斬絶根株，意恐日後必相聯而起，重爲兩省之患，故須更遲遲旬日，與之剪除。兵難遥度，不可預料，大抵如此。小兒勞諸公勤勤開誨，多感多感。昔人謂教小兒有四益，驗之果何如耶？正之聞已到，何因復歸？區區久頓於外，徒勞諸友往返，念之極切懸懸。今後但有至者，須諸君爲我盡意吐露，縱彼不久留，亦無負其來可也。

三

日來因兵事紛擾，賤軀怯弱，以此益見得工夫有得力處。只是從前大段未曾實落用力，虚度虚説過了。自今當與諸君努力鞭策，誓死進步，庶亦收之桑榆耳。

日孚停館鬱孤，恐風氣太高，數日之留則可，倘更稍久，終恐早晚寒煖欠適。區區初擬日下即回，因從前征剿徹兵太速，致遺今日之患，故且示以久屯之形，正恐後之罪今，亦猶今之罪昔耳。但從征官屬已萌歸心，更相倡和，已有不必久屯之説。天下事不能盡如人意，大抵皆坐此輩，可歎可歎。聞仕德失調，意思何如？大抵心病愈，則身病亦自易去。縱血氣衰弱，未便即除，亦自不能爲心患也。小兒勞開教，駑駘之質，無復望其千里，但得帖然於皂櫪之間，斯已矣。門户勤早晚，得無亦厭瑣屑否？不一。

寄諸弟 戊寅

屢得弟輩書，皆有悔悟奮發之意，喜慰無盡。但不知弟輩果出於誠心乎？亦謾爲之説云爾。本心之明，皎如白日，無有有過而不自知者，但患不能改耳。一念改過，當時即得本心。人孰無過，改之爲貴。蘧伯玉，大賢也，惟曰「欲寡其過而未能」；成湯、孔子，大聖也，亦惟曰「改過不吝」，「可以無大過」而已。人皆曰「人非堯舜，安能無過」，此亦相沿之説，未足以知堯舜之心。若堯舜之心而自以爲無過，即非所以爲聖人矣。其相授受之言曰：「人心惟危，道心惟微，惟精惟一，允執厥中。」彼其自以爲人心之惟危也，則其心亦與人同耳。「危」即過也，惟其兢兢業業，嘗加精一之功，是以能允執厥中而免於過。古之聖賢，時時自見己過而改之，是以能無過，非其心果與人異也。戒慎不睹，恐懼不聞者，時時自見己過之功。吾近來實見此學有用力處，但爲平日習染深痼，克治欠勇，故切切預爲弟輩言之，毋使亦如吾之習染既深，而後克治之難也。

人方少時，精神意氣既足鼓舞，而身家之累尚未切心，故用力頗易。迨其漸長，世累日深，而精神意氣亦日漸以減，然能汲汲奮志於學，則猶尚可有爲。至於四十五十，即如下山之日，漸以微滅，不復可挽矣。故孔子云：「四十五十而無聞焉，斯亦不足畏也已。」又曰：「及其老也，血氣既衰，戒之在得。」吾亦近來實見此病，故亦切切預爲弟輩言之，宜及時勉力，毋使過時而徒悔也。

與安之 己卯

聞安之肯向學[一]，不勝欣願，得奮勵如此[二]，庶不負彼此相愛之情也。留都時偶因饒舌，遂致多口，攻之者環四面。取朱子晚年悔悟之説，集爲定論，聊藉以解紛耳。門人輩近刻之雩都，

[一] 聞安之肯向學　王本「之」下有「乃」字。

[二] 得奮勵如此　王本作「得友如此」。

初聞甚不喜，然士夫見之，乃往往遂有開發者[一]，無意中得此一助，亦頗省頰舌之勞。近年篁墩諸公嘗有道一等編，見者先懷黨同伐異之念，故卒不能有入，反激而怒[二]。今但取朱子所自言者表章之，不加一辭，雖有褊心，將無所施其怒矣。尊意以爲何如耶？聊往數册[三]，有志向者一出指示之[四]。所須文字，非不欲承命，荒疎既久，無下筆處耳。貧漢作事大難，富人豈知之？

答甘泉　己卯

旬日前楊仕德人來，領手教及答子莘書，具悉造詣用功之詳，喜躍何可言。蓋自是而吾黨之學歸一矣。此某之幸[五]，後學之幸也。

來簡勤勤訓責僕以久無請益，此吾兄愛僕之厚，僕之罪也。此心同，此理同，苟知用力於此，

[一] 乃往往遂有開發者　「開」，王本作「啓」。
[二] 反激而怒　「激而」，王本作「而激」。
[三] 聊往數册　「往」，王本作「致」。
[四] 有志向者一出指示之　王本「之」下有「安之處近人自贛往當已有傳之者矣必遠」十七字。
[五] 此某之幸　「某」，王本作「守仁」。

雖百慮殊途，終歸一致[一]。不然，雖字字而證，句句而求，其始也毫釐，其末也千里。老兄造詣之深，涵養之久，僕何敢望？至其向往直前，以求必得乎此之志，則有不約而契，不求而合者。其間所見，時或不能無小異，然吾兄既不屑屑於僕，而僕亦不以汲汲於兄者，正以志向既同，如兩人同適京都，雖所由之途間有迂直，知其異日之歸終同耳。向在龍江舟次，亦嘗進其大學舊本及「格物」諸説[二]，兄時未以爲然，而僕亦遂置，不復强聒者，知兄之不久自當釋然於此也。乃今果獲所願，喜躍何可言。崑崙之源，有時而伏流，終必達於海也。僕窶人也，雖獲夜光之璧，人將不信，必且以謂其爲妄爲僞。金璧入於猗頓之室[三]，自此至寶得以昭明於天下，僅亦免於遺璧之罪矣。雖然，是喻猶二也。夜光之璧，外求而得也；此則於吾所固有，無待於外也。偶遺忘之耳，未嘗遺忘也，偶蒙翳之耳。

叔賢所進超卓，海内諸友，實罕其儔。同處西樵，又資麗澤，所造可量乎？僕年未半百，而

[一] 終歸一致　「終」，王本、國圖本、天圖本、叢刊本、文淵閣本、摛藻堂本作「同」。

[二] 亦嘗進其大學舊本　王本「嘗」下有「以」字。

[三] 金璧入於猗頓之室　「金」，王本、董本作「今」。

衰疾已如六七十翁，日夜思歸陽明爲夕死之圖，疏三上而未遂[一]。欲棄印長往，以從大夫之後，恐形迹大駭[二]，必俟允報，則須冬盡春初乃可遂也[三]。一一世事，如狂風驟雨中落葉，倏忽之間，寧復可定所耶[四]？兩承楚人之誨，此非骨肉，念不及此。感刻[五]。祖母益耄，思一見，老父亦書來促歸，於是情思愈惡。所幸吾兄道明德立，宗盟有人，用此可以自慰。其諸所欲請，仕德能有述，有所未當，便間不惜指示。

二　庚辰

得正月書，知大事已畢，當亦稍慰純孝之思矣。近承避地髮履塚下[六]，進德修業，善類幸甚。傳聞貴邑盜勢方張，果爾，則遠去家室，獨留曠寂之野，恐亦未可長也。某告病未遂，今且

[一]　疏三上而未遂　「疏三」，王本作「謀之」。
[二]　恐形迹大駭　「大」，王本作「太」。
[三]　則須冬盡春初乃可遂也　「須」，王本作「謂」。
[四]　寧復可定所耶　「可」，閭本、范本、宋本、邵本作「有」。
[五]　感刻　王本重複此二字，作「感刻感刻」。
[六]　近承避地髮履塚下　「承」，范本、文淵閣本作「聞」。

暫告歸省[一]，去住亦未可必。悠悠塵世，畢竟作何稅駕，當亦時時念及，幸以教之。叔賢志節，遠出流俗，渭先雖未久處，一見知爲忠信之士，乃聞不時一相見，何耶？英賢之生，何幸同時共地，又可虛度光陰，容易失却此大機會，是使後人而復惜後人也。二君曾各寄一書，托宋以道轉致，相見幸問之。

答方叔賢 己卯

近得手教及與甘泉往復兩書，快讀一過，洒然如熱者之濯清風。何子之見超卓而速也，真可謂一日千里矣。大學舊本之復，功尤不小。幸甚幸甚。其論象山處，舉孟子「放心」數條，而甘泉以爲未足，復舉「東西南北海有聖人出，此心此理同」，及「宇宙内事，皆己分内事」數語。甘泉所舉，誠得其大，然吾獨愛西樵子之近而切也。見其大者，則其功不得不近而切，然非實加切近之功，則所謂大者，亦虛見而已耳。自孟子道性善，心性之原，世儒往往能言，然其學卒入於支離外索而不自覺者，正以其功之未切耳。此吾所以獨有喜於西樵之言，固今時對症之藥也。古人之學，切實爲己，不徒事於講說。書札往來，終不若面語之能盡，且易使人溺情於文辭，崇

[一] 今且暫告歸省 「暫」，底本訛作「蹔」，據黄本、閭本、董本、范本、聞本、鄒本、胡本、宋本、邵本改。

浮氣而長勝心，求其説之無病，而不知其心病之已多矣。此近世之通患，賢知者不免焉，不可以不察也。楊仕德去，草草復此。諸所欲言，仕德能悉[一]。

與陳國英 庚辰

別久矣，雖彼此音問闊踈，而消息動静，時時及聞。國英天資篤厚，加以静養日久，其所造當必大異於疇昔，惜無因一面叩之耳。凡人之學，不日進者必日退。譬諸草木，生意日滋，則日益暢茂；苟生意日息，則亦日就衰落矣。國英之於此學，且十餘年矣，其日益暢茂者乎？其日就衰落者乎？君子之學，非有同志之友日相規切，則亦易以悠悠度日，而無有乎激勵警發之益。山中友朋，亦有以此學日相講求者乎？孔子云「德之不修，學之不講，是吾憂也」，而況於吾儕乎哉？

復唐虞佐 庚辰

承示詩二韻五章[二]，語益工，興寄益無盡，深嘆多才，但不欲以是爲有道者稱頌耳。「撤

[一] 王本篇末有「不一一」三字。
[二] 承示詩二韻五章 「二」，人大本、九大本、董本作「一」。

講慎擇」之喻，愛我良多，深知感怍，但區區之心，亦自有不容已者。聖賢之道，坦若大路，夫婦之愚可以與知，而後之論者，忽近求遠，舍易圖難，遂使老師宿儒皆不敢輕議。故在今時，非獨其庸下者，自分以爲不可爲，雖高明特達[一]，皆以此學爲長物，視之爲虛談贅說亦許時矣。當此之時，苟有一念相尋於此，真所謂空谷足音，見似人者喜矣。況其章縫而來者，寧不忻忻然以接之乎？然要其間，亦豈無濫竽假道之弊，但在我不可以此意逆之，亦將於此以求其真者耳。正如淘金於沙，非不知沙之汰而去者且十九，然亦未能即舍沙而別以淘金爲也。孔子云：「與其進也，不與其退也，唯何甚。」孟子云：「君子之設科也，來者不拒，去者不追[二]。苟以是心至，斯受之而已矣。」蓋不憤不啓者，君子施教之方，有教無類，則其本心焉耳。多病之軀，重爲知己憂，惓惓惠喻及此，感愛何有窮已。然區區之心，亦不敢不爲知己一傾倒也。行且會面，悉所未盡[三]。

[一] 雖高明特達　「明」，國圖本、天圖本、叢刊本、文淵閣本、摛藻堂本作「者」。
[二] 去者不追　「去」，國圖本、天圖本、叢刊本、文淵閣本、摛藻堂本作「往」。
[三] 人大本、九大本篇末有「伏枕草草，略布謝私，不一一」十一字。

王文成公全書卷之五

文録二　書二 始正德辛巳至嘉靖乙酉

與鄒謙之 辛巳

別後德聞日至，雖不相面，嘉慰殊深。近來此意見得益親切，國裳亦已篤信，得謙之更一來，愈當沛然矣。適吴守欲以府志奉瀆，同事者于中、國裳、汝信、惟濬，遂令開館於白鹿，醉翁之意蓋有在，不專以此煩勞也。區區歸遯有日，聖天子新政英明，如謙之亦宜束裝北上。此會宜急圖之，不當徐徐而來也。蔡希淵近已主白鹿，諸同志須僕已到山，却來相講，尤妙。此時却匆匆不能盡意也，幸以語之。

二 乙酉

鄉人自廣德來，時常得聞動履，兼悉政教之善，殊慰傾想。遠使吊賻，尤感憂念之深。所喻「猝臨盤錯，蓋非獨以別利器，正以精吾格致之功耳」，又能以怠荒自懼，其進可知矣。近時四方來遊之士頗衆，其間雖甚魯鈍，但以「良知」之説略加點掇，無不即有開悟。以是益信得此二字，真吾聖門正法眼藏。謙之近來所見，不審又如何矣？南元善益信此學，日覺有進，其見諸施設，亦大非其舊，便間更相獎掖之，固朋友切磋之心也。方治葬事，使還，草草疏謝不盡。

與夏敦夫 辛巳

不相見者幾時，每念吾兄忠信篤厚之資，學得其要，斷能一日千里。惜無因亟會，親睹其所謂歷塊過都者以爲快耳。昔夫子謂子貢曰：「賜也，汝以予爲多學而識之者與？」對曰：「然。非與？」子曰：「非也。予一以貫之。」然則聖人之學，乃不有要乎？彼釋氏之外人倫，遺物理，而墮於空寂者，固不得謂之明其心矣。若世儒之外務講求考索，而不知本諸其心者，其亦可以謂窮理乎？此區區之心，深欲就正於有道者，因便輒及之，幸有以教我也。區區兩年來，血氣亦漸衰，無復用世之志。近始奉敕北上，將遂便道歸省老親，爲終養之圖矣。冗次不盡所懷。

與朱守忠 辛巳

乍別忽旬餘，沿途人事擾擾，每得稍暇，或遇景感觸，輒復興懷。齎詔官來，承手札，知警省不懈。幸甚幸甚。此意不忘，即是時時相見，雖别非别矣。道之不明，皆由吾輩明之於口，而不明之於身，是以徒騰頰舌，未能不言而信，要在立誠而已。向日謙虚之説，其病端亦起於不誠。使能「如好好色，如惡惡臭」，亦安有不謙不虚時邪？虞佐相愛之情甚厚，别後益見其真切，所恨愛莫爲助，但願渠實落做箇聖賢，以此爲報而已。相見時以此意規之。謙之當已不可留，國裳亦時時相見否？學問之益，莫大於朋友切磋，聚會不厭頻數也。明日當發玉山[一]，到家漸可計日，但與守忠相去益遠，臨紙悵然。

與席元山　辛巳

向承教札及鳴冤録，讀之見别後學力所到，卓然斯道之任，庶幾乎天下非之而不顧，非獨與世之附和雷同，從人悲笑者，相去萬萬而已。喜幸何極。中間乃有須面論者，但恨無因一會。近聞内臺之擢，決知必從鉛山取道，而僕亦有歸省之便，庶得停舟途次，爲信宿之談。使人候於分水，乃未有前驅之報，駐信城者五日，悵怏而去。天之不假縁也，可如何哉？

大抵此學之不明，皆由吾人入耳出口，未嘗誠諸其身。譬之談飲説食，何由得見醉飽之實乎？

[一] 明日當發玉山　「發玉山」，人大本作「發至□山」，九大本作「發至鉛山」。

僕自近年來，始實見得此學，真有百世以俟聖人而不惑者。朋友之中，亦漸有三數輩篤信不回。其疑信相半，顧瞻不定者，多以舊説沈痼，且有得失毁譽之虞，未能專心致志以聽[一]，亦坐相處不久，或交臂而別，無從與之細説耳。象山之學，簡易直截，孟子之後一人。其學問、思辨、致知、格物之説，雖亦未免沿襲之累，然其大本大原，斷非餘子所及也。執事素能深信其學，此亦不可不察。正如求精金者，必務煅煉足色，勿使有纖毫之雜，然後可無虧損變動。蓋是非之懸絶，所争毫釐耳。用熙近聞已赴京，知公故舊之情極厚，倘猶未出，亦勸之學問而已。存心養性之外，無別學也。相見時，亦望遂以此言致之[二]。

答甘泉 辛巳

世傑來，承示學庸測，喜幸喜幸。中間極有發明處，但於鄙見，尚大同小異耳。「隨處體認天理」[三]，是真實不誑語。鄙説初亦如是，及根究老兄命意發端處，却似有毫釐未協，然亦終

[一] 未能專心致志以聽 「志」，人大本、九大本作「知」。
[二] 人大本、九大本篇末有「冗次兼暑毒，莫罄所懷，伏惟尊照」等十三字。
[三] 隨處體認天理 「處」，人大本、九大本作「事」。

當殊途同歸也。修齊治平，總是格物，但欲如此節節分疏，亦覺説話太多。且語意務爲簡古，比之本文，反更深晦，讀者愈難尋求，此中不無亦有心病。莫若明白淺易其詞，略指路徑，使人自思得之，更覺意味深長也。高明以爲何如？「致知」之説，鄙見恐不可易，亦望老兄更一致意，便間示知之。此是聖學傳心之要，於此既明，其餘皆洞然矣。意到懇切處，不得不直，幸不罪其僭妄也。叔賢大學、洪範之説，其用力已深，一時恐難轉移。此須面論，始有可辯正耳，會間先一及之。去冬有方叟者過此，傳示高文。其人習於神仙之説，謂之志於聖賢之學，恐非其本心。人便，草草不盡。

答倫彦式 辛巳

往歲仙舟過贛，承不自滿足，執禮謙而下問懇，古所謂「敏而好學」，於吾彦式見之。别後連冗，不及以時奉問，極切馳想。近令弟過省，復承惠教，志道之篤，趨向之正，勤惓有加，淺薄何以當此？悚息悚息。

諭及「學無静根，感物易動，處事多悔」，即是三言，尤見近時用工之實。僕罔所知識，何足以辱賢者之問。大抵三言者，病亦相因。惟學而别求静根，故感物而懼其易動；感物而懼其易動，是故處事而多悔也。心無動靜者也，其靜也者，以言其體也；其動也者，以言其用也。故君子之學，無間於動靜，其靜也常覺，而未嘗無也，故常應；其動也常定，而未嘗有也，故常寂。常應常寂，動靜皆有事焉，是之謂集義。集義，故能無祇悔，所謂「動亦定，靜亦定」者也。心一而已，靜其體也，而復求靜根焉，是撓其體也；動其用也，而懼其易動焉，是廢其用也。故求靜之心即動也，惡動之心非靜也。是之謂動亦動，靜亦動，將迎起伏，相尋於無窮矣。故循理之謂靜，從欲之謂動。欲也者，非必聲色貨利外誘也，有心之私皆欲也。故循理焉，雖酬酢萬變皆靜也，濂溪所謂「主靜」「無欲」之謂也，是謂集義者也。從欲焉，雖心齋坐忘亦動也，告子之强制正助之謂也[一]，是外義者也[二]。雖然，僕蓋從事於此，而未之能焉，聊爲賢者陳其所見云爾。以爲何如，便間示知之。

與唐虞佐侍御　辛巳[三]

相與兩年，情日益厚，意日益真，此皆彼此所心喻，不以言謝者。別後又承雄文追送，稱許

[一] 告子之强制正助之謂也　「謂」，人大本、九大本、黄本、間本、董本、范本作「欲」。

[二] 是外義者也　「外義」，九大本作「義外」。

[三] 辛巳　人大本、九大本作「庚辰」。

過情，末又重以傅說之事，所擬益非其倫，感怍何既。雖然，故人之賜也，敢不拜受。果如是，非獨進以有爲，將退而隱於巖穴之下，要亦不失其爲賢也已，敢不拜賜。昔人有言：「投我以木桃，報之以瓊瑤。」今投我以瓊瑤矣，我又何以報之？報之以其所賜，可乎？

說之言曰：「學於古訓，乃有獲。」夫謂「學於古訓」者，非謂其通於文辭[一]，講說於口耳之間，義襲而取諸其外也。「獲」也者，得之於心之謂，非外鑠也。必如古訓，而學其所學焉，誠諸其身，所謂「默而成之，不言而信」，乃爲有得也。夫謂「遜志務時敏」者，非謂其飾情卑禮於其外[二]，汲汲於事功聲譽之間也。其「遜志」也，如地之下而無所不承也，如海之虛而無所不納也；其「時敏」也，一於天德，戒懼於不睹不聞，如太和之運而不息也。夫然百世以俟聖人而不惑[三]，溥博淵泉而時出之，言而民莫不信，行而民莫不悅，施及蠻貊，而道德流於無窮，斯固說之所以爲說也。以是爲報，虞佐其能以却我乎？孟氏云：「責難之謂恭。」吾其敢以後世

[一] 非謂其通於文辭　手稿作「非謂通其文辭」。
[二] 非謂其飾情卑禮　手稿無「其」字。
[三] 夫然百世以俟聖人而不惑　手稿「然」下有「後」字。

文章之士期虞佐乎？顔氏云[一]：「舜何人也，予何人也？」虞佐其能不以説自期乎？人還，燈下草草爲謝。相去益遠，臨楮怏悒[二]。

答方叔賢 辛巳

承示大學原，知用心於此深密矣。道一而已，論其大本大原，則六經四書，無不可推之而同者，又不特洪範之於大學而已。此意亦僕平日於朋友中所常言者。譬之草木，其同者生意也。其花實之疏密，枝葉之高下，亦欲盡比而同之，吾恐化工不如是之雕刻也。今吾兄方自喜，以爲獨見新得，鋭意主張是説。雖素蒙信愛如鄙人者，一時論説，當亦未能遽入。且願吾兄以所見者實體諸身，必將有疑；果無疑，必將有得；果無得，又必有見，然後鄙説可得而進也。學之不明，幾百年矣。近幸同志，如甘泉，如吾兄者，相與切磋講求，頗有端緒，而吾兄忽復牽滯文義若此，吾又將誰望乎？君子論學，固惟是之從，非以必同爲貴。至於入門下手處，則有不容於不辯者，所謂毫釐之差，千里之繆矣。致知格物，甘泉之説，與僕尚微有異，然不害其爲大同。若吾兄之説，

[一] 顔氏云 「氏」，手稿作「子」。
[二] 手稿篇末署「守仁再拜侍御虞佐鄉兄大人道契執事，七月五日寓廣信具，餘」。

近與甘泉書亦道此，似又與甘泉異矣。相去遠，恐辭不足以達意，故言語直冒，不復有所遜讓。當不以爲罪也。

二 癸未

此學蓁蕪，今幸吾儕復知講求於此，固宜急急遑遑，并心同志，務履其實[一]，以身明道學。雖所入之途稍異，要其所志而同，斯可矣。不肖之謬劣，已無足論。若叔賢之於甘泉，亦乃牽制於文義，紛爭於辯説，益重世人之惑，以啓呶呶者之口，斯誠不能無憾焉。憂病中，不能數奉問，偶有所聞，因謙之去，輒附此。言無倫次，渭先相見，望併出此。

與楊仕鳴 辛巳

差人來，知令兄已於去冬安厝，墓有宿草矣。無由一哭，傷哉！所委誌銘，既病且冗，須朋友中相知深者一爲之，始能有發耳。

喻及「日用講求功夫，只是各依自家良知所及，自去其障，擴充以盡其本體，不可遷就氣習

[一] 務履其實 「履」，國圖本、天圖本、叢刊本、文淵閣本、摛藻堂本作「求」。

以趨時好」，幸甚幸甚。果如是，方是致知格物，方是明善誠身；果如是，德安得而不日新，業安得而不富有？謂「每日自檢，未有終日渾成片段者」，亦只是致知工夫間斷。夫仁，亦在乎熟之而已。又云「以此磨勘先輩文字同異，工夫不合，常生疑慮」，又何爲其然哉？區區所論「致知」二字，乃是孔門正法眼藏。於此見得真的，直是建諸天地而不悖，質諸鬼神而無疑，考諸三王而不謬，百世以俟聖人而不惑。知此者，方謂之知道；得此者，方謂之有德。異此而學，即謂之異端；離此而說，即謂之邪說；迷此而行，即謂之冥行。雖千魔萬怪，眩瞀變幻於前，自當觸之而碎，迎之而解，如太陽一出，而鬼魅魍魎自無所逃其形矣。尚何疑慮之有，而何異同之足惑乎？所謂「此學如立在空中，四面皆無倚靠，萬事不容染着，色色信他本來，不容一毫增減。若涉些安排，着些意思，便不是合一工夫」。雖言句時有未瑩，亦是仕鳴見得處，足可喜矣。但須切實用力，始不落空。若只如此說，未免亦是議擬倣象，已後只做得一箇弄精魄的漢。雖與近世格物者症候稍有不同，其爲病痛，一而已矣。詩文之習，儒者雖亦不廢，孔子所謂「有德者，必有言」也。若着意安排組織，未有不起於勝心者，先輩號爲有志斯道，而亦復如是，亦只是習心未除耳。仕鳴既知「致知」之說，此等處自當一勘而破，瞞他些子不得也。

二　癸未

别後極想念，向得尚謙書，知仕鳴功夫日有所進，殊慰所期。大抵吾黨既知學問頭腦，已不慮無下手處，只恐客氣爲患，不肯實致其良知耳。後進中如柯生輩，亦頗有力量可進，只是客氣爲害亦不小，行時嘗與痛説一番，不知近來果能克去否？書至來相見，出此共勉之。前輩之於後進，無不欲其入於善，則其規切砥勵之間，亦容有直情過當者。却恐後學未易承當得起，既不我德，反以我爲仇者有矣，往往無益而有損。故莫若且就其力量之所可及者，誘掖奬勸之。往時亦嘗與仕鳴論及此，想能不忘也。

三　癸未

前者是備録區區之語，或未盡區區之心。此册乃直述仕鳴所得，反不失區區之見，可見學貴乎自得也。古人謂「得意忘言」，學苟自得，何以言爲乎？若欲有所記札，以爲日後印證之資，則直以己意之所得者書之而已，不必一一拘其言辭，反有所不達也。中間詞語時有未瑩，病中不暇細爲點檢[一]。

[一] 病中不暇細爲點檢　「點檢」，王本作「撿點」。

與陸元静　辛巳[一]

齎奏人回，得佳稿及手札，殊慰。聞以多病之故，將從事於養生，區區往年蓋嘗弊力於此矣。後乃知其不必如是，始復一意於聖賢之學。大抵養德養身，只是一事。元静所云真我者，果能戒謹不睹，恐懼不聞，而專志於是，則神住、氣住、精住，而仙家所謂長生久視之説，亦在其中矣。神仙之學與聖人異，然其造端托始，亦惟欲引人於道。悟真篇後序中，所謂「黄老悲其貪着，乃以神仙之術漸次導之」者，元静試取而觀之，其微旨亦自可識。自堯、舜、禹、湯、文、武，至於周公、孔子，其仁民愛物之心，蓋無所不至，苟有可以長生不死者，亦何惜以示人？如老子、彭籛之徒，乃其禀賦有若此者，非可以學而至。後世如白玉蟾、丘長春之屬，皆是彼學中所稱述以爲祖師者，其得壽皆不過五六十，則所謂長生之説，當必有所指矣。元静氣弱多病，但遺棄聲名，清心寡慾，一意聖賢。如前所謂真我之説，不宜輕信異道，徒自惑亂聰明，弊精勞神，廢靡歲月[二]，久而不返，將遂爲病狂喪心之人不難矣。昔人謂「三折肱，爲良醫」，區區非良醫，蓋嘗三折肱者。元静其慎聽毋忽。

[一] 辛巳　人大本、九大本作「庚辰」。

[二] 廢靡歲月　「廢靡」，人大本、九大本作「虚靡」，范本作「虚廢」。

區區省親本，聞部中已准覆，但得旨，即當長遯山澤。不久朝廷且大賚，則元静推封亦有日。果能訪我於陽明之麓，當能爲元静决此大疑也[一]。

二　壬午[二]

某不孝不忠，延禍先人，酷罰未敷，致兹多口，亦其宜然。乃勞賢者觸冒忌諱，爲之辯雪，雅承道誼之愛，深切懇至，甚非不肖孤之所敢望也。「無辯止謗」，嘗聞昔人之教矣，況今何止於是？四方英傑，以講學異同之故，議論方興，吾儕可勝辯乎？惟當反求諸己。苟其言而是歟，吾斯尚有所未信歟，則當務求其是，不得輒是己而非人也。使其言而非歟，吾斯既已自信歟，則當益致其踐履之實，以務求於自謙，所謂「默而成之，不言而信」者也。然則今日之多口，孰非吾儕動心忍性，砥礪切磋之地乎？且彼議論之興，非必有所私怨於我，彼其爲説，亦將自以爲衛夫道也。況其説本自出於先儒之緒論，固各有所憑據，而吾儕之言驟異於昔，反若鑿空杜撰者。乃不知聖人之學，本來如是，而流傳失真，先儒之論所以日益支離，則亦由後學沿習乖謬，積漸所致。彼

[一] 人大本、九大本篇末有「不一一」三字。
[二] 壬午　人大本、九大本作「癸未」。

既先横不信之念，莫肯虚心講究，加以吾儕議論之間，或爲勝心浮氣所乘，未免過爲矯激，則固宜其非笑而駭惑矣。此吾儕之責，未可專以罪彼爲也。

嗟乎！吾儕今日之講學，將求異其説於人邪？亦求同其學於人邪？將求以善而勝人邪？亦求以善而養人邪？知行合一之學，吾儕但口説耳，何嘗知行合一邪？推尋所自，則如不肖者，爲罪尤重。蓋在平時，徒以口舌講解，而未嘗體諸其身，名浮於實，行不掩言，己未嘗實致其知，而謂昔人致知之説有未盡[一]。如貧子之説金，乃未免從人乞食。諸君病於相信相愛之過，好而不知其惡，遂乃共成今日紛紛之議，皆不肖之罪也。雖然，昔之君子，蓋有舉世非之而不顧，千百世非之而不顧者，亦求其是而已矣。豈以一時毁譽而動其心邪？惟其在我者有未盡，則亦安可遂以人言爲盡非？伊川、晦庵之在當時[二]，尚不免於詆毁斥逐，況在吾輩行有所未至，則夫人之詆毁斥逐，正其宜耳。凡今争辯學術之士，亦必有志於學者也，未可以其異己而遂有所踈外。是非之心，人皆有之，彼其但蔽於積習，故於吾説卒未易解。就如諸君，初聞鄙説時，其間寧無非笑詆毁之者，久而釋然以悟，甚至反有激爲過當之論者矣。又安知今日相詆之力，不爲異時相信

[一] 而謂昔人致知之説有未盡 「有未」，國圖本、天圖本、叢刊本、文淵閣本、摛藻堂本作「未有」。

[二] 伊川晦庵之在當時 「在」，人大本、九大本作「存」。

之深者乎？哀絰哀苦中，非論學時，而道之興廢，乃有不容於泯默者，不覺叨叨至此。言無倫次，幸亮其心也。

「致知」之説，向與惟濬及崇一諸友極論於江西。近日楊仕鳴來過，亦嘗一及，頗爲詳悉。今原忠、宗賢二君復往，諸君更相與細心體究一番，當無餘藴矣。孟子云「是非之心，知也」，「是非之心，人皆有之」，即所謂良知也。孰無是良知乎？但不能致之耳。易謂「知至至之」，知至者，知也；至之者，致知也[一]。此知行之所以一也。近世「格物致知」之説，只一「知」字尚未有下落；若「致」字工夫，全不曾道著矣。此知行之所以二也。

答舒國用　癸未

來書足見爲學篤切之志。學患不知要，知要矣，患無篤切之志。國用既知其要，又能立志篤切如此，其進也孰禦！中間所疑一二節，皆工夫未熟，而欲速助長之爲病耳。以國用之所志向，而去其欲速助長之心，循循日進，自當有至，前所疑一二節，自將涣然冰釋矣。何俟於予言？譬之飲食，其味之美惡，食者當自知之，非人之能以其美惡告之也。雖然，國用所疑一二節者，近

[一] 至之者致知也　九大本無此六字，人大本缺頁。

時同志中往往皆有之，然吾未嘗以告也，今且姑爲國用一言之。

夫謂「敬畏之增，不能不爲灑落之累」，又謂「敬畏爲有心，如何可以無心而出於自然，不疑其所行」。凡此，皆吾所謂欲速助長之爲病也。夫君子之所謂敬畏者，非有所恐懼憂患之謂也，乃戒慎不睹，恐懼不聞之謂耳。君子之所謂灑落者，非曠蕩放逸，縱情肆意之謂也，乃其心體不累於欲，無入而不自得之謂耳。夫心之本體，即天理也。天理之昭明靈覺，所謂良知也。君子之戒慎恐懼，惟恐其昭明靈覺者，或有所昏昧放逸，流於非僻邪妄，而失其本體之正耳。戒慎恐懼之功，無時或間，則天理常存，而其昭明靈覺之本體，無所虧蔽，無所牽擾，無所恐懼憂患，無所好樂忿懥，無所意必固我，無所歉餒愧怍，和融瑩徹，充塞流行，動容周旋而中禮，從心所欲而不踰，斯乃所謂真灑落矣。是灑落生於天理之常存，天理常存生於戒慎恐懼之無間，孰謂敬畏之增乃反爲灑落之累耶？

惟夫不知灑落爲吾心之體，敬畏爲灑落之功，歧爲二物而分用其心，是以互相牴牾，動多拂戾，而流於欲速助長。是國用之所謂敬畏者，乃大學之「恐懼憂患」，非中庸「戒慎恐懼」之謂矣。程子常言：「人言無心，只可言無私心，不可言無心。」戒慎不睹，恐懼不聞，是心不可無也；有所恐懼，有所憂患，是私心，不可有也。堯舜之兢兢業業，文王之小心翼翼，皆敬畏之謂也，皆出乎其心體之自然也。出乎心體，非有所爲而爲之者，自然之謂也。敬畏之功，無間於動靜，是所謂「敬以直內，義以方外」也。敬義立而天道達，則不疑其所行矣。

所寄詐說，大意亦好，以此自勵可矣，不必以責人也。君子不蘄人之信也，自信而已；不蘄人之知也，自知而已。因先塋未畢功，人事紛沓，來使立候，凍筆潦草無次。

與劉元道 癸未

來喻「欲入坐窮山，絶世故，屏思慮，養吾靈明，必自驗至於通晝夜而不息，然後以無情應世故[一]」，且云「於靜求之，似爲徑直，但勿流於空寂而已」。觀此，足見任道之剛毅[二]，立志之不凡，且前後所論，皆不爲無見者矣。可喜可喜。

夫良醫之治病，隨其疾之虛實强弱、寒熱內外，而斟酌加減，調理補泄之，要在去病而已[三]。初無一定之方，不問證候之如何，而必使人人服之也[四]。君子養心之學，亦何以異於是？

[一] 然後以無情應世故　王本無「情」字。
[二] 足見任道之剛毅　王本作「足見信道之切毅」，「毅」下又有「原是」二字。
[三] 要在去病而已　王本「去」下有「其」字。
[四] 不問證候之如何而必使人人服之也　王本作「不問證候之何如，而必使人之服之也」。

元道自量其受病之深淺，氣血之强弱，自可如其所云者而斟酌爲之，亦自無傷。且專欲絶世故，屏思慮，偏於虚静，則恐既已養成空寂之性，雖欲勿流於空寂，不可得矣。大抵治病雖無一定之方，而以去病爲主，則是一定之法。若但知隨病用藥，而不知因藥發病，其失一而已矣。間中且將明道定性書熟味，意況當又不同。憂病不能一一，信筆草草無次。

答路賓陽 癸未

憂病中，遠使惠問，哀感何已。守忠之訃方爾痛心，而復□□不起[一]，慘割如何可言[二]！死者已矣，生者益孑立寡助，不及今奮發砥礪，坐待澌盡燈滅，固將抱恨無窮。日來山間[三]，朋友遠近至者百餘人，因此頗有警發，見得此學益的確簡易。真是考諸三王而不謬，百世以俟聖人而不惑者，惜無因復與賓陽一面語耳。郡務雖繁，然民人社稷，莫非實學。以賓陽才質之美，行之以忠信，堅其必爲聖人之志，勿爲時議所摇，近名所動，吾見其德日進而業日廣矣。

[一] 而復□□不起　底本缺二字，王本作「純甫」；董本作「惟乾」，在「而」字之下；摛藻堂本作「積疴」。

[二] 慘割如何可言　「如何」，王本作「何如」。

[三] 日來山間　「日」，國圖本、天圖本、叢刊本、文淵閣本、摛藻堂本作「自」。

荒憒不能多及，心亮。

與黄勉之[一]　甲申

屢承書惠，兼示述作，足知才識之邁，向道懇切之難得也。何幸何幸[二]。然未由一面，鄙心之所欲效者，尚爾鬱而未申[三]，有負盛情多矣[四]。君子學以爲己，成己成物，雖本一事，而先後之序，有不容紊。孟子云：「學問之道無他，求其放心而已矣[五]。」誦習經史，本亦學問之事，不可廢者，而忘本逐末，明道尚有「玩物喪志」之戒[六]。若立言垂訓[七]，尤非學者

[一]　與黄勉之　王本作「與門人書」。
[二]　何幸何幸　王本無此四字。
[三]　尚爾鬱而未申　王本作「尚爾鬱鬱」。
[四]　有負盛情多矣　王本無「多矣」二字。
[五]　求其放心而已矣　王本「矣」下有「學問而不以求放心爲事者，皆非學也」十五字。
[六]　明道尚有玩物喪志之戒　王本無「尚」字，又「戒」作「誡」。
[七]　若立言垂訓　王本無「若」字。

所宜汲汲矣[一]。所示格物説、修道註，誠荷不鄙之盛，切深慚悚[二]，然非淺劣之所敢望於足下者也[三]。且其爲説[四]，亦於鄙見微有未盡[五]，何時合并[六]，當悉其義[七]，願且勿以示人。孔子云：「五十以學易，可以無大過矣。」充足下之才志，當一日千里，何所不可到？而不勝駿逸之氣，急於馳驟奔放[八]，抵突若此[九]，將恐自蹶其足，非任重致遠之道也[一〇]。

[一] 尤非學者所宜汲汲矣 王本「尤」上有「則」字。
[二] 切深慚悚 王本無此四字。
[三] 然非淺劣之所敢望於足下者也 王本無「淺劣之」三字。
[四] 且其爲説 王本「説」下有「格物修道之義」六字。
[五] 亦於鄙見微有未盡 王本無此八字。
[六] 何時合并 「何」，王本作「異」。
[七] 當悉其義 王本「當」下有「口」字。
[八] 急於馳驟奔放 「放」，王本作「投」。
[九] 抵突若此 「突」，王本作「觸」。
[一〇] 非任重致遠之道也 王本「也」下有「承相念之厚，不敢不盡，憂病中，言多無次，千萬亮察，勉學自愛」二十四字。

古本之釋[一]，不得已也，然不敢多爲辭説，正恐葛藤纏繞，則枝幹反爲蒙翳耳。短序亦嘗三易稿[二]，石刻其最後者[三]。今各往一本[四]，亦足以知初年之見，未可據以爲定也[五]。

二　甲申

勉之別去後，家人病益狼狽，賤軀亦咳逆泄瀉相仍，曾無間日，人事紛沓未論也。用是大學古本曾無下筆處，有辜勤勤之意[六]。然此亦自可徐徐圖之，但古本白文之在吾心者，未能時時發明，却有可憂耳。來問數條，實亦無暇作答，綈觀簡末懇懇之誠，又自不容已於言也。

來書云：「以良知之教涵泳之，覺其徹動徹静，徹晝徹夜，徹古徹今，徹生徹死，無非

[一] 古本之釋　王本作「古人立言」。

[二] 短序亦嘗三易稿　「短序」，王本作「其大學序」。

[三] 石刻其最後者　王本無此六字。

[四] 今各往一本　「各」，王本作「付」。

[五] 未可據以爲定也　黄本、閭本、董本、范本「也」下有「承相念之厚，不敢不盡，憂病中，言無倫次」十六字。

[六] 有辜勤勤之意　「辜」，黄本、閭本、董本、范本、聞本、宋本、邵本作「孤」。

此物。不假纖毫思索，不得纖毫助長，亭亭當當，靈靈明明，觸而應，感而通，無所不照，無所不覺，無所不達，千聖同途，萬賢合轍。無他如神，此即爲神；無他希天，此即爲天；無他順帝，此即爲帝。本無不中，本無不公。終日酬酢，不見其有動；終日閑居，不見其有靜。真乾坤之靈體，吾人之妙用也。竊又以爲中庸『誠者』之『明』，即此良知爲明；『誠之者』之『戒慎恐懼』，即此良知爲戒慎恐懼。當與惻隱、羞惡一般，俱是良知條件。知戒慎恐懼，知惻隱，知羞惡，通是良知，亦即是明」云云。

此節論得已甚分曉。知此，則知致知之外無餘功矣。知此，則知所謂「建諸天地而不悖，質諸鬼神而無疑，百世以俟聖人而不惑」者，非虛語矣。誠明戒懼，效驗功夫，本非兩義。既知徹動徹靜，徹死徹生，無非此物，則誠明戒懼與惻隱羞惡，又安得別有一物爲之歟？

來書云：「陰陽之氣，訢合和暢而生萬物，物之有生，皆得此和暢之氣。故人之生理，本自和暢，本無不樂。觀之鳶飛魚躍，鳥鳴獸舞，草木欣欣向榮，皆同此樂。但爲客氣物欲攪此和暢之氣，始有間斷不樂。孔子曰『學而時習之』，便立箇無間斷功夫，悦則樂之萌矣；朋來，則學成而吾性本體之樂復矣，故曰『不亦樂乎』。在人雖不我知，吾無一毫慍怒以間斷吾性之樂，聖人恐學者樂之有息也，故又言此。所謂『不怨不尤』，與夫『樂在其中』、『不改其樂』，皆是樂無間斷否」云云。

樂是心之本體。仁人之心，以天地萬物爲一體，訢合和暢，原無間隔。來書謂「人之生理，本自和暢，本無不樂，但爲客氣物欲攪此和暢之氣，始有間斷不樂」是也。時習者，求復此心之本體也，悦則本體漸復矣。朋來，則本體之訢合和暢充周無間。本體之訢合和暢本來如是，初未嘗有所增也；就使無朋來，而天下莫我知焉，亦未嘗有所減也。來書云「無間斷」，意思亦是，聖人亦只是至誠無息而已。其工夫只是時習，時習之要，只是謹獨，謹獨即是致良知，良知即是樂之本體。此節論得大意亦皆是，但不宜便有所執着。

來書云：「韓昌黎『博愛之謂仁』一句，看來大段不錯，不知宋儒何故非之？以爲愛自是情，仁自是性，豈可以愛爲仁？愚意則曰：性即未發之情，情即已發之性，仁即未發之愛，愛即已發之仁，如何喚愛作仁不得？言愛，則仁在其中矣。孟子曰：『惻隱之心，仁也。』周子曰：『愛曰仁。』昌黎此言，與孟、周之旨無甚差別，不可以其文人而忽之也」云云。

「博愛」之説，本與周子之旨無大相遠[一]。樊遲問仁，子曰：「愛人。」「愛」字何嘗不可謂之仁歟？昔儒看古人言語，亦多有因人重輕之病，正是此等處耳。然愛之本體固可謂之仁，

[一] 周子　黄本、閭本、董本、范本、聞本、鄒本、胡本、宋本、邵本作「孟周」。

但亦有愛得是與不是者。須愛得是，方是愛之本體，方可謂之仁。若只知博愛，而不論是與不是，亦便有差處。吾嘗謂「博」字不若「公」字爲盡。大抵訓釋字義，亦只是得其大槩，若其精微奧藴，在人思而自得，非言語所能喻。後人多有泥文著相，專在字眼上穿求，却是心從法華轉也。

來書云：「大學云『如好好色，如惡惡臭』，所謂惡之云者，凡見惡臭，無處不惡，固無妨礙。至於好色，無處不好，則將凡美色之經於目也，亦盡好之乎？大學之訓，當是借流俗好惡之常情，以喻聖賢好善惡惡之誠耳。抑將好色亦爲聖賢之所同好，經於目，雖知其姣而思則無邪，未嘗少累其心體否乎？詩云『有女如雲』[一]，未嘗不知其姣也。其姣也『匪我思存』[二]，言匪我見存[三]，則思無邪而不累其心體矣。如見軒冕金玉，亦知其爲軒冕金玉也，但無歆羡希覬之心則可矣。如此看，不知通否」云云。

人於尋常好惡，或亦有不真切處。惟是好好色、惡惡臭，則皆是發於真心，自求快足，曾無纖假者。大學是就人人好惡真切易見處指示人，以好善惡惡之誠當如是耳，亦只是形容一「誠」

[一] 詩云有女如雲　黄本、閭本、董本、范本、聞本、宋本、邵本「雲」下有「言如雲」三字。

[二] 其姣也匪我思存　黄本、閭本、董本、范本、聞本、宋本、邵本無「其姣也」三字。

[三] 言匪我見存　「見」，黄本、閭本、董本、范本、聞本、鄒本、胡本、宋本、邵本作「思」。

字。今若又於「好色」字上，生如許意見，却未免有執指爲月之病。昔人多有爲一字一句所牽蔽，遂致錯解聖經者，正是此症候耳，不可不察也。中間云「無處不惡，固無妨礙」，亦便有受病處，更詳之。

來書云：「有人因薛文清『過思亦是暴氣』之説，乃欲截然不思者。竊以孔子曰『吾嘗終日不食，終夜不寢，以思』，亦將謂孔子過而暴其氣乎？以愚推之，惟思而外於良知，乃謂之過。若念念在良知上體認，即如孔子終日終夜以思，亦不爲過。不外良知，即是何思何慮，尚何過哉」云云。

「過思亦是暴氣」，此語説得亦是。若遂欲截然不思，却是因噎而廢食者也。來書謂「思而外於良知，乃謂之過。若念念在良知上體認，即終日終夜以思，亦不爲過。不外良知，即是何思何慮」。此語甚得鄙意。孔子所謂「吾嘗終日不食，終夜不寢，以思，無益，不如學也」者，聖人未必然，乃是指出徒思而不學之病以誨人耳。若徒思而不學，安得不謂之過思與？

答劉内重　乙酉

書來警發良多，知感知感。腹疾不欲作答，但内重爲學工夫，尚有可商量者，不可以虚來意之辱，輒復書此耳。

程子云：「所見所期，不可不遠且大，然而爲之亦須量力有漸。志大心勞，力小任重，恐終敗事。」夫學者既立有必爲聖人之志[一]，只消就自己良知明覺處朴實頭致了去，自然循循日有所至，原無許多門面摺數也。外面是非毁譽，亦好資之以爲警切砥礪之地，却不得以此稍動其心，便將流於心勞日拙而不自知矣。内重剛强篤實[二]，自是任道之器，然於此等處，尚須與謙之從容一商量[三]，又當有見也。眼前路逕，須放開闊，才好容人來往，若太拘窄，恐自己亦無展足之地矣。聖人之行，初不遠於人情。魯人獵較，孔子亦獵較；鄉人儺，朝服而立於阼階；難言之互鄉，亦與進其童子，在當時固不能無惑之者矣。子見南子，子路且有不悦。夫子到此，如何更與子路説得是非，只好矢之而已。何也？若要説見南子是，得多少氣力來説？且若依着子路認箇

[一] 夫學者既立有必爲聖人之志　「夫」，人大本、九大本作「今」。

[二] 内重剛强篤實　「剛强」，國圖本、天圖本、叢刊本、文淵閣本、摛藻堂本作「强剛」。

[三] 尚須與謙之從容一商量　「尚」，底本訛作「向」，據人大本、九大本、黄本、閭本、董本、范本、聞本、鄒本、胡本、宋本、邵本改。

不是[一]，則子路終身不識聖人之心，此學終將不明矣。此等苦心處，惟顏子便能識得，故曰「於吾言無所不悅」，此正是大頭腦處。區區舉似内重，亦欲内重謙虚其心，宏大其量，去人我之見，絕意必之私，則此大頭腦處，自將卓爾有見，當有「雖欲從之，末由也已」之嘆矣。

大抵奇特斬絕之行，多後世希高慕大者之所喜，聖賢不以是爲貴也。故索隱行怪，則後世有述焉，依乎中庸，固有遯世不見知者矣。學絕道喪之餘，苟有以講學來者，所謂空谷之足音，得似人者可矣。必如内重所云，則今之可講學者，止可如内重輩二三人而止矣。然如内重者，亦不能時時來講也，則法堂前草深一丈矣。内重有進道之資，而微失之於隘，吾固不敢避飾非自是之嫌，而叨叨至此。内重宜悉此意，弗徒求之言語之間可也。

與王公弼　乙酉

前王汝止家人去，因在妻喪中，草草未能作書。人來，遠承問惠，得聞動履，殊慰殊慰。書中所云「斯道廣大，無處欠缺，動靜窮達，無往非學。自到任以來，錢穀獄訟，事上接下，皆不

[一]　且若依着子路認箇不是　「且若」，人大本、九大本、黄本、閭本、董本、范本、聞本、鄉本、胡本、宋本、邵本作「若且」。

敢放過。但反觀於獨，猶未是夭壽不二根基，毀譽得喪之間，未能脱然」。足知用功之密。只此自知之明，便是良知；致此良知以求自慊，便是致知矣。殊慰殊慰。師伊、師顔兄弟久居於此，黄正之來此亦已兩月餘，何廷仁到亦數日，朋友聚此[一]，頗覺有益。惟齊不得力而歸[二]，此友性氣殊别，變化甚難，殊爲可憂爾。閒及之。

答董澐蘿石 乙酉

問：「某賦性平直守分，每遇能言之士，則以己之遲鈍爲慚，恐是根器弱甚。」

此皆未免有外重内輕之患[三]。若平日能集義，則浩然之氣，至大至剛[四]，充塞天地。自然富貴不能淫，貧賤不能移，威武不能屈；自然能知人之言，而凡詖淫邪遁之詞，皆無所施於前矣。况肯自以爲慚乎？集義只是致良知，心得其宜爲義，致良知則心得其宜矣。

[一] 朋友聚此 「朋友」，黄本、閭本、董本、范本作「友朋」。
[二] 惟齋不得力而歸 黄本、閭本、董本、范本、宋本、邵本「齋」下有「文明」二字。
[三] 此皆未免有外重内輕之患 黄本、閭本、董本、范本句首有「荅曰」二字，以下各條仿此。
[四] 至大至剛 「剛」，國圖本、天圖本、叢刊本、摛藻堂本作「公」。

問：「某因親弟糧役，與之謀，敗，致累多人。因思皆不老實之過也，如何？」

謂之老實，須是實致其良知始得。不然，却恐所謂老實者，正是老實不好也。昔人亦有爲手足之情受汙辱者，然不致知，此等事於良知亦自有不安[一]。

問：「某因海寧縣丞盧珂居官廉甚而極貧，饑寒餓死，遂走拜之，贈以詩襪，歸而胸次帖帖然，自以爲得也。只此自以爲得也，恐亦不宜。」

知得自以爲得之非宜，只此便是良知矣。民之秉彝也，故好是懿德，又多着一分意思不得。多着一分意思，便是私矣。

問：某見人有善行，每好録之，時以展閲。常見二醫，一姓韓，一姓郭者，以利相讓，亦必録之。

録善人以自勉，此亦多聞多見而識，乃是致良知之功。此等人只是欠學問，恐不能到頭如此，吾輩中亦未易得也。

與黄宗賢 癸未

[一] 然不致知此等事於良知亦自有不安 「致知」，黄本、閭本、董本、范本、聞本、宋本、邵本作「致如」，摛藻堂本作「知致」；黄本、閭本、董本、范本、宋本、邵本重複「此等事」三字。

南行想亦從心所欲，職守閒靜，益得專志於學，聞之殊慰。賤軀入夏來，山中感暑痢，歸卧兩月餘，變成痰咳，今雖稍平，然咳尚未已也。四方朋友來去無定，中間不無切磋砥礪之益，但真有力量能擔荷得，亦自少見。大抵近世學者，只是無有必爲聖人之志。近與尚謙、子莘、誠甫講孟子「鄉原狂狷」一章，頗覺有所省發，相見時試更一論，如何？聞接引同志，孜孜不怠，甚善甚善。但論議之際，必須謙虚簡明爲佳。若自處過任，而辭意重復，却恐無益有損。在高明斷無此，因見舊時友朋往往不免斯病，謾一言之。

寄薛尚謙

癸未[一]

承喻「自咎罪疾，只緣輕傲二字累倒」，足知用力懇切。但知得輕傲處，便是良知；致此良知，除却輕傲，便是格物。「致知」二字，是千古聖學之秘。向在虔時，終日論此，同志中尚多有未徹。近於古本序中改數語，頗發此意，然見者往往亦不能察。今寄一紙，幸熟味[二]。此是孔門正法

[一] 癸未　人大本、九大本作「乙酉」。

[二] 幸熟味　人大本、九大本「味」下有「之」字。

眼藏，從前儒者多不曾悟到，故其説卒入於支離。仕鳴過虔，常與細説[一]，不審閒中曾論及否？諭及甘泉論仕德處，殆一時意有所向而云，蓋亦未見其止之嘆耳[二]。仕德之學，未敢便以爲至，即其信道之篤，臨死不貳，眼前曾有幾人？所云「心心相持，如髲如鉗」，正恐同輩中亦未見有能如此者也。書來，謂仕鳴、海崖大進此學，近得數友皆有根力，處久當能發揮。幸甚，聞之喜而不寐也。海崖爲誰氏，便中寄知之。

[一] 常與細説　「常」，人大本、九大本作「嘗」。
[二] 蓋亦未見其止之嘆耳　「蓋」，國圖本、天圖本、叢刊本、文淵閣本、摛藻堂本作「益」。

王文成公全書卷之六

文録三　書三　始嘉靖丙戌至戊子

門人餘姚錢德洪　編次

安成鄒守益　葺録

泰和歐陽德　校正

山陰王畿　增葺

南昌唐堯臣　考訂

寄鄒謙之 丙戌

比遭家多難[一]，工夫極費力[二]，因見得「良知」兩字[三]，比舊愈加親切[四]。真所謂大本達道，舍此更無學問可講矣。「隨處體認天理」之説[五]，大約未嘗不是，只要根究下落，即未免捕風捉影。縱令鞭辟向裏，亦與聖門致良知之功尚隔一塵。若復失之毫釐，便有千里之謬矣。四方同志之至此者，但以此意提掇之，無不即有省發，只是著實能透徹者，甚亦不易得也。世間無志之人，既已見驅於聲利詞章之習[六]，間有知得自己性分當求者，又被一種似是而非之學兜絆羈縻，終身不得出頭。緣人未有真爲聖人之志，未免挾有見小欲速之私，則此種學問，極足支吾眼前得過[七]。是以雖在豪傑之士，而任重道遠，志稍不力，即且安頓其中者多矣。

[一] 比遭家多難　王本「比」下有「因」字。
[二] 工夫極費力　王本「極」下有「是」字。
[三] 因見得良知兩字　王本「因」作「然因此」。
[四] 比舊愈加親切　王本「舊」下有「日」字，又「親」作「真」。
[五] 隨處體認天理之説　「處」，王本作「事」。
[六] 既已見驅於聲利詞章之習　「驅」，王本作「絶」。
[七] 極足支吾眼前得過　「足」，王本、黄本、閭本、董本、范本、宋本、邵本作「是」。

謙之之學，既以得其大原，近想涉歷彌久，則功夫當益精明矣。無因接席一論，以資切劘，傾企如何！范祠之建，實亦有裨風教[一]。僕於大字，本非所長，況已久不作，所須祠扁，必大筆自揮之乃佳也。使還，值歲冗，不欲盡言[二]。

二 丙戌

承示諭俗禮要，大抵一宗文公家禮而簡約之，切近人情，甚善甚善。非吾謙之誠有意於化民成俗，未肯汲汲爲此也。古禮之存於世者，老師宿儒，當年不能窮其說，世之人苦其煩且難，遂皆廢置而不行。故今之爲人上，而欲導民於禮者，非詳且備之爲難，惟簡切明白，而使人易行之爲貴耳。中間如四代位次及祔祭之類，固區區向時欲稍改以從俗者，今皆斟酌爲之[三]，於人情甚協。蓋天下古今之人，其情一而已矣。先王制禮，皆因人情而爲之節文，是以行之萬世而皆準。其或反之吾心而有所未安者，非其傳記之訛闕，則必古今風氣習俗之異宜者矣。此雖先王未之有，

[一] 實亦有裨風教　「教」，王本作「化」。
[二] 不欲盡言　王本、黄本、閭本、董本、范本、閩本、鄒本、胡本、宋本、邵本作「不盡欲言」。
[三] 今皆斟酌爲之　人大本、九大本無「今」字。

亦可以義起，三王之所以不相襲禮也。若徒拘泥於古，不得於心而冥行焉，是乃非禮之禮，行不著而習不察者矣。後世心學不講，人失其情，難乎與之言禮。然良知之在人心，則萬古如一日，苟順吾心之良知以致之，則所謂「不知足而爲屨，我知其不爲蕢矣」。非天子不議禮制度，今之爲此，非以議禮爲也。徒以末世廢禮之極，聊爲之兆以興起之，故特爲此簡易之説，欲使之易知易從焉耳。冠婚喪祭之外，附以鄉約，其於民俗亦甚有補。至於射禮，似宜別爲一書，以教學者，而非所以求諭於俗。今以附於其間，却恐民間以非所常行，視爲不切，又見其説之難曉，遂并其冠婚喪祭之易曉者而棄之也。文公家禮所以不及於射，或亦此意也歟？幸更裁之。

今先公墓表，決不負約〔一〕，但向在紛冗憂病中，近復咳患盛作，更求假以日月耳。施、濮兩生，知解甚利，但已經爐鞲，則煆煉爲易，自此益淬礪之，吾見其成之速也。書院新成，欲爲諸生擇師，此誠盛德之事。但劉伯光以家事促歸〔二〕，魏師伊乃兄適有官務，倉卒往視，何廷仁近亦歸省。

〔一〕決不負約　人大本、九大本「不」下有「敢」字。
〔二〕但劉伯光以家事促歸　「促」，國圖本、天圖本、叢刊本、擒藻堂本作「捉」。

惟黄正之尚留[一]，彼意以登壇説法[二]，非吾謙之身自任之不可。須事定後，却與二三同志造訪，因而連留旬月，相與砥礪開發，效匡翼之勞，亦所不辭也。祠堂位次、祔祭之義[三]，往年曾與徐曰仁備論，曰仁嘗記其略，今使録一通奉覽，以備採擇。

或問：「文公家禮，高曾祖禰之位皆西上[四]，以次而東，於心切有未安。」

陽明子曰：「古者廟門皆南向，主皆東向。合祭之時，昭之遷主列於北牖，穆之遷主列於南牖，皆統於太祖東向之尊，是故西上以次而東。今祠堂之制既異於古，而又無太祖東向之統，則西上之説，誠有所未安。」

曰：「然則今當何如？」

曰：「禮以時爲大。若事死如事生，則宜以高祖南向，而曾祖禰東西分列，席皆稍降而弗正對，

[一] 黄正之　人大本、九大本作「黄振之」。

[二] 彼意以登壇説法　「説」，人大本、九大本作「設」。

[三] 祠堂位次祔祭之義　人大本、九大本「次」下有「及」字。

[四] 高曾祖禰之位皆西上　「上」，人大本、九大本、黄本、閭本、董本、范本、聞本、宋本、邵本作「向」，下文仿此。

似於人心爲安。曾見浦江鄭氏之祭，四代考妣皆異席，高考妣南向，曾祖禰考皆西向，妣皆東向，各依世次，稍退半席。其於男女之列[一]，尊卑之等，兩得其宜。今吾家亦如此行。但恐民間廳事多淺隘，而器物亦有所不備，則不能以通行耳。」

又問：「無後者之祔，於己之子姪固可下列矣。若在祖宗之行，宜何如祔？」

陽明子曰：「古者大夫三廟，不及其高矣；適士二廟，不及其曾矣。今民間得祀高曾[二]，蓋亦體順人情之至，例以古制，則既爲僭，況在其行之無後者乎？古者士大夫無子，則爲之置後，無後者鮮矣。後世人情偷薄，始有棄貧賤而不嗣者[三]。古所爲無後，皆殤子之類耳。祭法：王下祭殤五，適子、適孫、適曾孫、適玄孫、適來孫，諸侯下祭三，大夫二，適士及庶人祭子而止，則無後之祔，皆子孫屬也。今民間既得假四代之祀，以義起之，雖及弟姪可矣。往年湖湘一士人家[四]，有曾伯祖與堂叔祖，皆賢而無後者，欲爲立嗣，則族衆不可；欲弗祀，則思其賢有所不忍也。

[一] 男女之列 「列」，人大本、九大本、黄本、閭本、董本、范本、聞本、鄒本、胡本、宋本、邵本作「別」。
[二] 今民間得祀高曾 「高曾」，人大本、九大本作「曾高」。
[三] 始有棄貧賤而不嗣者 「嗣」，國圖本、天圖本、叢刊本、文淵閣本、摛藻堂本作「問」。
[四] 往年湖湘一士人家 「一」，九大本作「二」。

以問於某，某曰：不祀二三十年矣，而追爲之嗣，勢有所不行矣。若在士大夫家，自可依古族屬之義〔一〕，於春秋二社之次，特設一祭，凡族之無後而親者，各以昭穆之次配祔之，於義亦可也。」

三 丙戌

教札時及，足慰離索。兼示論語講章，明白痛快，足以發朱註之所未及。諸生聽之，當有油然而興者矣。後世人心陷溺，禍亂相尋，皆由此學不明之故。只將此「學」字頭腦處，指掇得透徹，使人洞然知得是自己生身立命之原，不假外求，如木之有根，暢茂條達，自有所不容已，則所謂悦樂不愠者，皆不待言而喻。書院記文，整嚴精確，迥爾不群，皆是直寫胸中實見，一洗近儒影響雕飾之習，不徒作矣。

某近來却見得「良知」兩字，日益真切簡易，朝夕與朋輩講習，只是發揮此兩字不出。緣此兩字，人人所自有，故雖至愚下品，一提便省覺。若致其極，雖聖人天地，不能無憾，故説此兩字，窮劫不能盡。世儒尚有致疑於此，謂未足以盡道者，只是未嘗實見得耳。近有鄉大夫請某講

〔一〕自可依古族屬之義　「屬」，人大本、九大本、黄本、閭本、董本、范本、聞本、鄒本、胡本、宋本、邵本作「厲」。按，族厲，古謂大夫之無後者之鬼，見禮記祭法篇。

學者[一]，云：「除却良知，還有甚麽説得？」某答云：「除却良知，還有甚麽説得！」不審邇來謙之於此兩字，見得比舊又如何矣？無因一面扣之，以快傾渴。正之去[二]，當能略盡鄙懷，不能一一[三]。

後世大患，全是士夫以虚文相誑，略不知有誠心實意，流積成風。雖有忠信之質，亦且迷溺其間，不自知覺。是故以之爲子則非孝，以之爲臣則非忠，流毒扇禍，生民之亂，尚未知所抵極。今欲救之，惟有返朴還淳是對症之劑。故吾儕今日用工，務在鞭辟近裏，删削繁文始得。然鞭辟近裏[四]，删削繁文，亦非草率可能，必須講明致良知之學。每以言於同志，不識謙之亦以爲何如也？講學之後，望時及之。

四

丙戌

[一] 近有鄉大夫誚某講學者　人大本、九大本「大」作「士」；國圖本、天圖本、叢刊本、文淵閣本、擒藻堂本「誚」訛作「請」。

[二] 正之　人大本、九大本作「振之」。

[三] 不能一一　人大本、九大本無「能」字。

[四] 然鞭辟近裏　人大本、九大本、黄本、閭本、董本、范本、聞本、宋本、邵本「然」下有「欲」字。

正之歸，備談政教之善，勤勤懇懇，開誘來學，毅然以斯道爲己任。其爲喜幸，如何可言。前書「虚文相誑」之説，獨以慨夫後儒之没溺詞章，雕鏤文字，以希世盗名，雖賢知有所不免。而其流毒之深，非得根器力量如吾謙之者[一]，莫能挽而回之也。而謙之顧猶歉然，欲以猛省寡過，此正吾謙之之所以爲不可及也。欣嘆欣嘆。

學絶道喪之餘，苟有興起向慕於是學者，皆可以爲同志，不必銖稱寸度，而求其盡合於此，以之待人可也。若在我之所以爲造端立命者，則不容有毫髮之或爽矣。道一而已，仁者見之謂之仁，知者見之謂之知，釋氏之所以爲釋，老氏之所以爲老，百姓日用而不知，皆是道也。寧有二乎？今古學術之誠僞邪正，何啻碔砆美玉，然有眩惑終身而不能辯者，正以此道之無二，而其變動不拘，充塞無間，縱横顛倒，皆可推之而通。世之儒者，各就其一偏之見，而又飾之以比擬倣像之功，文之以章句假借之訓，其爲習熟既足以自信，而條目又足以自安，此其所以誑己誑人，終身没溺而不悟焉耳。然其毫釐之差，而乃致千里之謬，非誠有求爲聖人之志，而從事於惟精惟一之學者，莫能得其受病之源，而發其神奸之所由伏也。

[一] 非得根器力量如吾謙之者　「根」，王本作「德」。

若某之不肖，蓋亦嘗陷溺於其間者幾年，倀倀然既自以爲是矣。賴天之靈，偶有悟於良知之學，然後悔其向之所爲者，固包藏禍機，作僞於外，而心勞日拙者也。十餘年來，雖痛自洗剔創艾，而病根深痼，萌蘗時生。所幸良知在我，操得其要，譬猶舟之得舵，雖驚風巨浪，顛沛不無，尚猶得免於傾覆者也。夫舊習之溺人，雖已覺悔悟，而其克治之功[一]，尚且其難若此。又況溺而不悟，日益以深者，亦將何所抵極乎？以謙之精神力量，又以有覺於良知，自當如江河之注海，沛然無復能有爲之障碍者矣。默成深造之餘，必有日新之得，可以警發昏惰者，便間不惜款款示及之。

五 丙戌

張、陳二生來，適歸餘姚祭掃，遂不及相見，殊負深情也。「隨事體認天理」，即戒慎恐懼工夫，以爲尚隔一塵，爲世之所謂事事物物皆有定理，而求之於外者言之耳。若致良知之功明，則此語亦自無害，不然，即猶未免於毫釐千里也。來喻以爲恐主於事者，蓋已深燭其弊矣。寄示甘泉尊經閣記，甚善甚善。其間大意，亦與區區稽山書院之作相同。稽山之作，向嘗以

[一] 雖已覺悔悟而其克治之功　王本、黄本、范本「而」作「創」，「覺悔悟創」四字連讀；董本「覺悔悟創」作「覺悟悔創」，「創」下又有「而」字。

寄甘泉，自謂於此學頗有分毫發明。今甘泉乃謂「今之謂聰明知覺，不必外求諸經者，不必呼而能覺之類」，則似急於立言，而未暇細察鄙人之意矣。後世學術之不明，非爲後人聰明識見之不及古人，大抵多由勝心爲患，不能取善相下。明知其説之已是矣，而又務爲一説以高之，是以其説愈多而惑人愈甚。凡今學術之不明，使後學無所適從，徒以致人之多言者，皆吾黨自相求勝之罪也。今「良知」之説，已將學問頭腦説得十分下落，只是各去勝心，務在共明此學，隨人分限，以此循循善誘之，自當各有所至。若只要自立門户，外假衛道之名，而内行求勝之實，不顧正學之因此而益荒，人心之因此而愈惑，黨同伐異，覆短争長，而惟以成其自私自利之謀，仁者之心，有所不忍也。甘泉之意，未必出此[一]，因事感觸，輒漫及之。蓋今時講學者，大抵多犯此症，在鄙人亦或有所未免，然不敢不痛自克治也。如何如何？

答友人 丙戌

君子之學，務求在己而已。毁譽榮辱之來，非獨不以動其心，且資之以爲切磋砥礪之地。故君子無入而不自得，正以其無入而非學也。若夫聞譽而喜，聞毁而戚，則將惶惶於外，惟日之不

[一] 未必出此 「出」，國圖本、天圖本、叢刊本、文淵閣本、擒藻堂本作「由」。

足矣。其何以爲君子？往年駕在留都，左右交讒某於武廟，當時禍且不測，僚屬咸危懼，謂群疑若此，宜圖所以自解者。某曰：「君子不求天下之信己也，自信而已。吾方求以自信之不暇，而暇求人之信己乎？」某於執事爲世交，執事之心，某素能信之，而顧以相訊若此，豈亦猶有未能自信也乎？雖然，執事之心，又焉有所不自信者？至於防範之外[一]，意料所不及，若校人之於子產者[二]，亦安能保其必無？則執事之懇懇以詢於僕，固君子之嚴於自治，宜如此也[三]。昔楚人有宿於其友之家者，其僕竊友人之履以歸，楚人不知也。適使其僕市履於肆，僕私其直而以竊履進，楚人不知也。他日，友人來過，見其履在楚人之足，大駭曰：「吾固疑之，果然竊吾履。」遂與之絶。逾年而事暴，友人踵楚人之門而悔謝曰：「吾不能知子，而繆以疑子，吾之罪也。請爲友如初。」今執事之見疑於人，其有其無，某皆不得而知。縱或有之，亦何傷於執事之自信乎？不俟逾年，吾見有踵執事之門而悔謝者矣。執事其益自信無怠，固將無入而非學，亦無入而不自得也矣。

[一] 至於防範之外　「防」，國圖本、天圖本、叢刊本、文淵閣本、摛藻堂本訛作「洪」。
[二] 若校人之於子產者　「校」，王本作「囯」。
[三] 宜如此也　「如」，王本作「若」。

答友人問 丙戌

問：「自來儒先皆以學問思辨屬知，而以篤行屬行，分明是兩截事。今先生獨謂知行合一，不能無疑。」

曰：「此事吾已言之屢屢。凡謂之行者，只是著實去做這件事。若著實做學問思辯的工夫，則學問思辯，亦便是行矣。學是學做這件事，問是問做這件事，思辯是思辯做這件事，則行亦便是學問思辯矣。若謂學問思辯之，然後去行，却如何懸空先去學問思辯得？行時又如何去得箇學問思辯的事？行之明覺精察處便是知，知之真切篤實處便是行。若行而不能精察明覺，便是冥行，便是學而不思則罔，所以必須說箇知。知而不能真切篤實，便是妄想，便是思而不學則殆，所以必須說箇行。元來只是一箇工夫。凡古人說知行，皆是就一箇工夫上補偏救弊說，不似今人截然分作兩件事做。某今說知行合一，雖亦是就今時補偏救弊說，然知行體段亦本來如是。吾契但著實就身心上體履，當下便自知得。今却只從言語文義上窺測，所以牽制支離，轉說轉糊塗，正是不能知行合一之弊耳。」

「象山論學，與晦庵大有同異。先生嘗稱象山於學問頭腦處，見得直截分明。今觀象山之論，却有謂學有講明，有踐履，及以致知格物爲講明之事，乃與晦庵之說無異，而與先生知行合一之說反有不同，何也？」

曰：「君子之學，豈有心於同異，惟其是而已。吾於象山之學有同者，非是苟同；其異者，自不掩其爲異也。吾於晦庵之論有異者，非是求異；其同者，自不害其爲同也。假使伯夷、柳下惠與孔、孟同處一堂之上，就其所見之偏全，其議論斷亦不能皆合，然要之不害其同爲聖賢也。若後世論學之士，則全是黨同伐異，私心浮氣所使，將聖賢事業作一場兒戲看了也。」

又問：「知行合一之說，是先生論學最要緊處。今既與象山之說異矣，敢問其所以同？」

曰：「知行，原是兩箇字說一箇工夫。這一箇工夫，須著此兩箇字，方說得完全無弊病。若頭腦處見得分明，見得原是一箇頭腦，則雖把知行分作兩箇說，畢竟將來做那一箇工夫，則始或未便融會，終所謂百慮而一致矣。若頭腦見得不分明，原看做兩箇了，則雖把知行合作一箇說，亦恐終未有湊泊處。況又分作兩截去做，則是從頭至尾更没討下落處也。」

又問：「致良知之說，真是百世以俟聖人而不惑者。象山已於頭腦上見得分明，如何於此尚有不同？」

曰：「致知格物，自來儒者皆相沿如此說，故象山亦遂相沿得來，不復致疑耳。然此畢竟亦是象山見得未精一處，不可掩也。」

又曰：「知之真切篤實處便是行，行之明覺精察處便是知。若知時其心不能真切篤實，則其知便不能明覺精察，不是知之時只要明覺精察，更不要真切篤實也。行之時其心不能明覺精察，則其行便不能真切篤實，不是行之時只要真切篤實，更不要明覺精察也。知天地之化育，心體原是如此；乾知大始，心體亦原是如此。」

答南元善 丙戌

别去忽踰三月，居嘗思念，輒與諸生私相慨嘆，計歸程之所及，此時當到家久矣。太夫人康强，貴眷無恙。渭南風景，當與柴桑無異，而元善之識見興趣，則又有出於元亮之上者矣。近得中途寄來書，讀之恍然如接顔色。勤勤懇懇，惟以得聞道爲喜，急問學爲事，恐卒不得爲聖人爲憂，亹亹千數百言，略無一字及於得喪榮辱之間，此非真有朝聞夕死之志者，未易以涉斯境也。浣慰何如。諸生遞觀傳誦，相與嘆仰歆服，因而興起者多矣。

世之高抗通脱之士，捐富貴，輕利害，棄爵禄，决然長往而不顧者[一]，亦皆有之。彼其或

[一] 决然長往而不顧者 「决」，九大本作「快」。

從好於外道詭異之説，投情於詩酒山水技藝之樂，又或奮發於意氣，感激於憤悱，牽溺於嗜好，有待於物以相勝，是以去彼取此而後能。及其所之既倦，意衡心鬱，情隨事移[一]，則憂愁悲苦隨之而作。果能捐富貴，輕利害，棄爵禄，快然終身，無入而不自得已乎？夫惟有道之士，真有以見其良知之昭明靈覺，圓融洞徹，廓然與太虚而同體。太虚之中，何物不有，而無一物能爲太虚之障礙。蓋吾良知之體，本自聰明睿知，本自寬裕温柔，本自發强剛毅，本自齋莊中正，文理密察，本自溥博淵泉而時出之，本無富貴之可慕，本無貧賤之可憂，本無得喪之可欣戚，愛憎之可取舍。蓋吾之耳而非良知則不能以聽矣，又何有於聰？目而非良知則不能以視矣，又何有於明？心而非良知則不能以思與覺矣，又何有於睿知？然則又何有於寬裕温柔乎？又何有於發强剛毅乎？又何有於齋莊中正、文理密察乎？又何有於溥博淵泉而時出之乎？故凡慕富貴，憂貧賤，欣戚得喪，愛憎取舍之類，皆足以蔽吾聰明睿知之體，而窒吾淵泉時出之用。若此者，如明目之中而翳之以塵沙，聰耳之中而塞之以木楔也。其疾痛鬱逆，將必速去之爲快，而何能忍於時刻乎？故凡有道之士，其於慕富貴，憂貧賤，欣戚得喪，而取舍愛憎也，若洗目中之塵而拔耳中之楔；其於富貴貧賤、得喪愛憎之相值，若飄風浮靄之往來變化於太虚，而太虚之體，固常廓然其無礙也。

[一] 情隨事移　「隨」，人大本、九大本、董本、范本作「逐」，黄本、閭本作「遂」。

元善今日之所造，其殆庶幾於是矣乎？是豈有待於物以相勝而去彼取此，激昂於一時之意氣者所能强，而聲音笑貌以爲之乎？元善自愛，元善自愛。

關中自古多豪傑，其忠信沈毅之質，明達英偉之器，四方之士，吾見亦多矣，未有如關中之盛者也。然自横渠之後，此學不講，或亦與四方無異矣。自此關中之士有所振發興起，進其文藝於道德之歸，變其氣節爲聖賢之學，將必自吾元善昆季始也。今日之歸，謂天爲無意乎？謂天爲無意乎？元貞以病不及别簡，蓋心同道同而學同，吾所以告之，亦不能有他説也。亮之亮之。

二 丙戌

五月初，得蘇州書，後月適遇王驛丞去，草草曾附短啓。其時私計行旆，到家必已久矣[一]。是月三日，余門子回[二]，復領手教，始知六月尚留汴城，世途之險澀難料，每每若此也。賤軀入夏咳作，兼以毒暑大旱，舟楫無所往，日與二三子講息池傍小閣中，每及賢昆玉，則喟然興嘆而已。郡中今歲之旱，比往年尤甚，河渠曾蒙開浚者，百姓皆得資灌溉之利，相與嘖嘖，追

[一] 到家必已久矣　王本「到」上有「爲」字。

[二] 余門子回　王本作「門子余廷振回」。

頌功德，然已控籲無及矣。彼奸妒憸人，號稱士類者，乃獨讒嫉排搆，無所不至，曾細民之不若，亦獨何哉？亦獨何哉？色養之暇，塤篪協奏，切磋講習，當日益深造矣。里中英俊，相從論學者幾人[一]？學絶道喪且幾百年，居今之時，而苟知趨向於是，正所謂空谷之足音，皆今之豪傑矣。便中示知之[二]。竊嘗喜晦翁涵育薰陶之説，以爲今時朋友相與，必有此意而後彼此交益。近來一二同志，與人講學，乃有規礪太刻，遂相憤戾而去者，大抵皆不免於以善服人之病耳。楚國寶又爾憂去，子京諸友亦不能亟相會，一齊衆楚，道之不明也，我知之矣。雖然，「風雨如晦，雞鳴不已」，「至誠而不動者，未之有也。」非賢昆玉，疇足以語於斯乎？其餘世情，真若浮虛之變態，亮非元善之所屑聞者也，遂不一一及。

答季明德　丙戌

書惠遠及，以咳恙未平，憂念備至，感媿良深。食姜太多，非東南所宜，誠然，此亦不過暫時劫劑耳。近有一友，爲易貝母丸服之，頗亦有效。乃終不若來喻，用養生之法拔去病根者，爲

[一]　相從論學者幾人　王本「人」下有「否」字。

[二]　便中示知之　黄本、閭本無「知」字，而「示」字下存空格，范本「知」作「及」。

得本源之論。然此又不但治病爲然，學問之功，亦當如是矣。

承示「立志益堅，謂聖人必可以學而至，兢兢焉，常磨鍊於事爲朋友之間，而厭煩之心，比前差少」，喜幸殊極。又謂「聖人之學，不能無積累之漸」，意亦切實。中間以堯、舜、文王、孔、老諸説，發明「志學」一章之意，足知近來進修不懈。居有司之煩，而能精思力究若此，非朋輩所及。然此在吾明德，自以此意奮起其精神，砥切其志意則可矣。必欲如此節節分疏引證，以爲聖人進道一定之階級，又連掇數聖人紙上之陳迹，而入之以此一款條例之中，如以堯之試鯀爲未能不惑、子夏之「啓予」爲未能耳順之類，則是尚有比擬牽滯之累。以此論聖人之亦必由學而至，則雖有所發明，然其階級懸難，反覺高遠深奥，而未見其爲人皆可學。乃不如末後一節，謂「至其極而矩之不踰，亦不過自此志之不已所積，而不踰之上，亦必有學可進，聖人豈絶然與人異哉」。又云「善者，聖之體也。害此善者，人欲而已。人欲，吾之所本無，去其本無之人欲，則善在我而聖體全。聖無有餘，我無不足，此以知聖人之必可學也。然非有求爲聖人之志，則亦不能以有成」。只如此論，自是親切簡易。以此開喻來學，足以興起之矣。若如前説，未免使柔怯者畏縮而不敢當，高明者希高而外逐，不能無弊也。聖賢垂訓，固有書不盡言，言不盡意者。凡看經書，要在致吾之良知，取其有益於學而已。則千經萬典，顛倒縱横，皆爲我之所用，一涉拘執比擬，則反爲所縛。

雖或特見妙詣，開發之益，一時不無，而意必之見，流注潛伏。蓋有反爲良知之障蔽，而不自知覺者矣。其云「善者，聖之體」，意固已好。善即良知，言良知則使人尤爲易曉，故區區近有「心之良知是謂聖」之説。其間又云「人之爲學，求盡乎天而已」。此明德之意，本欲合天人而爲一，而未免反離而二之也。人者，天地萬物之心也；心者，天地萬物之主也。心即天，言心則天地萬物皆舉之矣，而又親切簡易，故不若言「人之爲學，求盡乎心而已」。知行之答，大段切實明白，詞氣亦平和，有足啓發人者。惟賢一書，識見甚進，間有語疵，則前所謂意必之見，流注潛伏者之爲病。今既照破，久當自融釋矣。以「效」訓「學」之説，凡字義之難通者，則以一字之相類而易曉者釋之。若今「學」字之義，本自明白[一]，不必訓釋。今遂以「效」訓「學」，以「學」訓「效」，皆無不可，不必有所拘執，但「效」字終不若「學」字之混成耳。率性而行，則性謂之道；修道而學，則道謂之教；謂修道之爲教可也，謂修道之爲學亦可也。自其道之示人無隱者而言，則道謂之教；自其功夫之修習無違者而言，則道謂之學。教也，學也，皆道也，非人之所能爲也。知此，則又何訓釋之有？所須學記，因病未能着筆，俟後便爲之。

[一] 本自明白　「自」，人大本、九大本作「是」。

與王公弼 丙戌

來書比舊所見益進，可喜可喜。中間謂棄置富貴，與輕於方父兄之命，只是一事。當棄富貴，即棄富貴，只是致良知；當從父兄之命，即從父兄之命，亦只是致良知。其間權量輕重，稍有私意，於良知便自不安。凡認賊作子者，緣不知在良知上用功，是以有此。若只在良知上體認，所謂雖不中不遠矣。

二 丁亥

老年得子，實出望外，承相知愛念勤惓若此，又重之以厚儀，感媿何可當也。兩廣之役，積衰久病之餘，何能堪此？已具本辭免，但未知遂能得允否耳。來書「提醒良知」之説，甚善甚善。所云「困勉之功」，亦只是提醒工夫未能純熟。須加人一己百之力，然後能無間斷，非是提醒之外，別有一段困勉之事也。【王汝止久候不至，得渠家事稍間，即須速之一來。此間亦有一二事欲與商量，不可更遲遲也。】[一]

[一] 據黃本、閭本、董本、范本、聞本、鄒本、胡本、宋本、邵本補。

與歐陽崇一 丙戌

正之諸友下第歸，備談在京相與之詳。近雖仕途紛擾中[一]，而功力略無退轉，甚難甚難。得來書，自咎真切，論學數條，卓有定見，非獨無退轉，且大有所進矣[二]。文蔚所疑，良不爲過。孟子謂「有諸己之謂信」，今吾未能有諸己，是未能自信也，宜乎文蔚之未能信我矣。乃勞崇一逐一爲我解嘲[三]，然又不敢盡謂崇一解嘲之言爲口給。但在區區，則亦未能一一盡如崇一之所解者，爲不能無愧耳。固不敢不勉力也[四]。

【文蔚天資甚厚，其平日學問功夫，未敢謂其盡是，然却是朴實頭有志學古者。比之近時徒

[一] 近雖仕途紛擾中 黄本、閭本、董本、范本、聞本、鄒本、胡本、宋本、邵本作「知近年雖在仕途紛擾中」。

[二] 得來書……且大有所進矣 黄本、閭本、董本、范本、聞本、鄒本、胡本、宋本、邵本作「孫倉官來，得書，自咎真切。别紙論學數條，皆卓有定見，非獨無退轉，且又大有所進矣。喜幸何如」。又叢刊本「卓」訛作「草」，摛藻堂本作「早」。

[三] 乃勞崇一逐一爲我解嘲 黄本、閭本、董本、范本、聞本、鄒本、胡本、宋本、邵本「嘲」下有「如此負愧負愧」六字；底本「逐」訛作「遂」，據黄本、閭本、董本、范本、聞本、宋本、邵本、國圖本、天圖本、叢刊本改。

[四] 固不敢不勉力也 黄本、閭本、董本、范本、聞本、鄒本、胡本、宋本、邵本「勉」上有「自」字。

尚口說，色取行違，而居之不疑者，相去遠矣。前者承渠過訪，惜以公務不能久留，只就文義間草草一說，鄙心之所願致者，略未能少效，去後殊爲怏怏。「良知」之說，近時朋友，多有相講一二年，尚眩惑未定者。文蔚則開口便能相信，此其資質，誠有度越於人，只是見得尚淺，未能洞徹到得如有所立卓爾，是以未免尚爲舊見舊聞所障。然其胸中渣累絶少，而又已識此頭腦，加之篤信好學如是，終不慮其不洞徹也。因咳嗽正作，兼以人事紛沓，不暇寫書，故遲孫倉官久候。】[一]

寄陸原静 丙戌

原静雖在憂苦中，其學問功夫，所謂「顛沛必於是」者，不言可知矣。奚必論説講究而後可以爲學乎？南元善曾將原静後來論學數條刊入後録中[二]，初心甚不欲渠如此，近日朋輩見之，却因此多有省悟。始知古人相與辯論窮詰，亦不獨要自己明白，直欲共明此學於天下耳。蓋此數

[一] 據黄本、閭本、董本、范本、聞本、鄒本、胡本、宋本、邵本補。

[二] 論學數條刊入後録中 王本無「後」字。

條[一]，同志中肯用功者，亦時有疑及之，然非原静，則亦莫肯如此披豁吐露；就欲如此披豁吐露，亦不能如此曲折詳盡。故此原静一問，其有益於同志，良不淺淺也。自後但有可相啓發者，不惜時寄及之，幸甚幸甚。

近得施聘之書，意向卓然，出於流輩。往年嘗竊異其人，今果與俗不同也。閒中曾相往復否？大事今冬能舉得，便可無他絆繫，如聘之者，不妨時時一會。窮居獨處，無朋友相砥切，最是大一患也[二]。貴鄉有韋友名商臣者，聞其用工篤實，尤爲難得，亦曾一相講否？

答甘泉 丙戌

音問雖踈，道德之聲，無日不聞於耳，所以啓瞶消鄙者多矣。向承「狂生」之諭，初聞極駭，彼雖愚悖之甚，不應遽至於爾。既而細詢其故，良亦有因。近復來此，始得其實。蓋此生素有老佛之溺，爲朋輩所攻激，遂高自矜大，以誇愚泄憤。蓋亦不過怪誕妖妄，如近世方士呼雷斬蛟之説之類，而聞者不察，又從而增飾之耳。近已與之痛絶，而此生深自悔責，若無所措其躬。賴其

[一] 蓋此數條　王本「條」下有「者」字。

[二] 最是大一患也　「大一」，王本、董本、范本作「一大」。

資性頗可，或自此遂能改創，未可知也。學絶道喪之餘，苟以是心至，斯受之矣。忠信明敏之資，絶不可得。如生者，良亦千百中之一二，而又復不免於陷溺若此，可如何哉！可如何哉！龔生來訪，自言素沐教極深，其資性甚純謹，惜無可以進之者。今復遠求陶鑄，自此當見其有成也。

答魏師説 丁亥

師伊至，備聞日新之功，兼得來書，志意懇切，喜慰無盡。所云「任情任意，認作良知」，及「作意爲之，不依本來良知，而自謂良知」者，既已察識其病矣。意與良知，當分別明白。凡應物起念處，皆謂之意，意則有是有非，能知得意之是與非者，則謂之良知，依得良知，即無有不是矣。所疑「拘於體面，格於事勢」等患，皆是致良知之心未能誠切專一。若能誠切專一，自無此也。凡作事不能謀始，與有輕忽苟且之弊者，亦皆致知之心未能誠一，亦是見得良知未透徹。若見得透徹，即體面事勢中，莫非良知之妙用；除却體面事勢之外，亦别無良知矣。豈得又爲體面所局，事勢所格？即已動於私意，非復良知之本然矣。今時同志中，雖皆知得良知無所不在，一涉酬應，便又將人情物理與良知看作兩事，此誠不可以不察也。

與馬子莘　丁亥

連得所寄書，誠慰傾渴。締觀來書，其字畫文彩，皆有加於疇昔，根本盛而枝葉茂，理固宜然。然草木之花，千葉者無實，其花繁者，其實鮮矣。邇來子莘之志，得無微有所溺乎？是亦不可以不省也。

「良知」之説，往時亦嘗備講，不審邇來能益瑩徹否？明道云：「吾學雖有所受，然天理二字，却是自家體認出來。」良知即是天理，體認者，實有諸己之謂耳，非若世之想像講説者之爲也。近時同志，莫不知以良知爲説，然亦未見有能實體認之者，是以尚未免於疑惑。蓋有謂良知不足以盡天下之理，而必假於窮索以增益之者；又以爲徒致良知，未必能合於天理，須以良知講求其所謂天理者，而執之以爲一定之則，然後可以率由而無弊。是其爲説，非實加體認之功，而真有以見夫良知者，則亦莫能辯其言之似是而非也。

莆中故多賢，國英及志道二三同志之外，相與切磋砥礪者，亦復幾人？良知之外更無知，致知之外更無學。外良知以求知者，邪妄之知矣；外致知以爲學者，異端之學矣。道喪千載，良知之學久爲贅疣。今之友朋，知以此事日相講求者，殆空谷之足音歟？想念雖切，無因面會一罄此懷，臨書惘惘不盡。

與毛古庵憲副 丁亥

亟承書惠，既荷不遺，中間歉然下問之意，尤足以仰見賢者進修之功，勤勤不懈，喜幸何可言也。無因促膝一陳鄙見，以求是正，可勝瞻馳。

凡鄙人所謂「致良知」之説，與今之所謂「體認天理」之説，本亦無大相遠，但微有直截迂曲之差耳。譬之種植，致良知者，是培其根本之生意，而達之枝葉者也；體認天理者，是茂其枝葉之生意，而求以復之根本者也。然培其根本之生意，固自有以達之枝葉矣；欲茂其枝葉之生意，亦安能舍根本，而別有生意可以茂之枝葉之間者乎？

吾兄忠信近道之資，既自出於儕輩之上。近見胡正人[一]，備談吾兄平日工夫，又皆篤實懇切[二]，非若世之徇名遠迹[三]，而徒以支離於其外者。只如此用力不已，自當循循有至，所謂

[一] 胡正人 王本作「胡正之」。

[二] 又皆篤實懇切 「皆」，王本作「見」。

[三] 非若世之徇名遠迹 「遠」，王本作「逐」。

殊途而同歸者也。亦奚必改途易業，而别求所謂爲學之方乎？惟吾兄益就平日用工得力處，進步不息，譬之適京都者，始在偏州僻壤，未免經歷於傍蹊曲逕之中，苟志往不懈，未有不達於通衢大路者也。病軀咳作，不能多及。寄去鄙録，末後論學一書，亦頗發明鄙見，暇中幸示及之。

與黄宗賢 丁亥

人在仕途，比之退處山林時，其工夫之難十倍，非得良友時時警發砥礪，則其平日之所志向，鮮有不潛移默奪，弛然日就於頹靡者。近與誠甫言，在京師相與者少，二君必須預先相約定，彼此但見微有動氣處，即須提起「致良知」話頭，互相規切。凡人言語正到快意時，便截然能忍默得；意氣正到發揚時，便翕然能收斂得；憤怒嗜欲正到騰沸時，便廓然能消化得，此非天下之大勇者不能也。然見得良知親切時，其工夫又自不難。緣此數病，良知之所本無，只因良知昏昧蔽塞而後有。若良知一提醒時，即如白日一出，而魍魎自消矣。中庸謂「知耻近乎勇」，所謂知耻，只是耻其不能致得自己良知耳。今人多以言語不能屈服得人爲耻，意氣不能陵軋得人爲耻，憤怒嗜欲不能直意任情得爲耻。殊不知此數病者，皆是蔽塞自己良知之事，正君子之所宜深耻者。今乃反以不能蔽塞自己良知爲耻，正是耻非其所當耻，而不知耻其所當耻也。可不大哀乎！

諸君皆平日所知厚者，區區之心，愛莫爲助，只願諸君都做箇古之大臣。古之所謂大臣者，更不稱他有甚知謀才略，只是一箇「斷斷無他技，休休如有容」而已。諸君知謀才略，自是超然出於衆人之上，所未能自信者，只是未能致得自己良知，未全得「斷斷」「休休」體段耳。今天下事勢，如沉痾積痿，所望以起死回生者，實有在於諸君子。若自己病痛未能除得，何以能療得天下之病？此區區一念之誠，所以不能不爲諸君一竭盡者也。諸君每相見時，幸默以此意相規切之。須是克去己私，真能以天地萬物爲一體，實康濟得天下，挽回三代之治，方是不負如此聖明之君，方能報得如此知遇，不枉了因此一大事來出世一遭也。病卧山林，只好修藥餌，苟延喘息，但於諸君出處，亦有痛痒相關者，不覺縷縷至此，幸亮此情也。

答以乘憲副 丁亥

此學不明於世久矣，而舊聞舊習，障蔽纏繞，一旦驟聞吾説，未有不非詆疑議者。然此心之良知，昭然不昧，萬古一日，但肯平心易氣，而以吾説反之於心，亦未有不洞然明白者。然不能即此奮志進步，勇脱窠臼，而猶依違觀望於其間，則舊聞舊習，又從而牽滯蔽塞之矣。此近時同志中，往往皆有是病，不識以乘别後，意思却如何耳？

昔有十家之村，皆荒其百畝，而日惟轉糴於市，取其嬴餘以贍朝夕者。鄰村之農勸之曰：「爾朝夕轉糴，勞費無期，曷若三年耕，則餘一年之食，數年耕，可積而富矣。」其二人聽之，舍糴而田，八家之人，競相非沮遏。室人老幼亦交徧歸謫，曰：「我朝不糴則無以爲饔，暮不糴則無以爲餐，朝夕不保，安能待秋而食乎？」其一人力田不顧，卒成富家；其一人不得已，復棄田而糴，竟貧餒終身焉。今天下之人方皆轉糴於市，忽有舍糴而田者，寧能免於非謫乎？要在深信弗疑，力田而不顧，乃克有成耳。兩承書來，皆有邁往直進，相信不疑之志，殊爲浣慰。人還附知[一]，少致切劘之誠，當不以爲迂也。【儲侍御曾枉書問，伏枕不及具簡，相見時多爲致意。】[二]

與戚秀夫　丁亥

德洪諸友時時談及盛德深情，追憶留都之會，怳若夢寐中矣。盛使遠辱，兼以書儀，感怍何既。此道之在人心，皎如白日，雖陰晴晦明，千態萬狀，而白日之光未嘗增減變動。足下以邁特之資，而能篤志問學，勤勤若是，其於此道，真如掃雲霧而覩白日耳。奚假於區區之爲問乎？病廢既久，

[一]　人還附知　「知」，王本作「此」。

[二]　據王本補。

偶承兩廣之命，方具辭疏，使還正當紛沓，草草不盡鄙懷。

與陳惟濬 丁亥

江西之會極草草，尚意得同舟旬日，從容一談。不謂既入省城，人事紛沓，及登舟時，惟濬已行矣。沿途甚怏怏。抵梧後[一]，即赴南寧，日不暇給。亦欲遣人相期來此，早晚略暇時可閑話，而此中風土絕異，炎瘴尤不可當，家人輩到此，無不病者。區區咳患亦因熱大作，痰痢腫毒交攻，度惟濬斷亦不可以居此，又復已之。

近得聶文蔚書，知已入漳。患難困苦之餘，所以動心忍性，增益其所不能者，宜必日有所進。養之以福，正在此時，不得空放過也。聖賢論學，無不可用之工，只是「致良知」三字，尤簡易明白，有實下手處，更無走失。近時同志，亦已無不知有「致良知」之說，然能於此實用工者絕少。皆緣見得「良知」未真，又將「致」字看太易了，是以多未有得力處。雖比往時支離之說稍有頭緒，然亦只是五十步百步之間耳。就中亦有肯精心體究者，不覺又轉入舊時窠臼中，反爲文義所牽滯，工夫不得洒脱精一，此君子之道所以鮮也。此事必須得師友時時相講習切劘，自然意思日新。自

[一] 抵梧後 「梧」，底本訛作「悟」，據黄本、閭本、董本、聞本改。

出山來，不覺便是一年，山中同志結廬相待者，尚數十人，時有書來，儘令人感動，而地方重務勢難輕脱，病軀又日狼狽若此，不知天意竟如何也。文蔚書中所論，迥然大進，真有一日千里之勢，可喜可喜。頗有所詢，病中草草答大略，見時可取視之，亦有所發也。

寄安福諸同志　丁亥

諸友始爲「惜陰」之會，當時惟恐只成虚語。邇來乃聞遠近豪傑聞風而至者以百數，此可以見良知之同然，而斯道大明之幾，於此亦可以卜之矣。喜慰可勝言耶。

得虞卿及諸同志寄來書，所見比舊又加親切，足驗工夫之進，可喜可喜。只如此用工去，當不能有他岐之惑矣。明道有云：「寧學聖人而不至，不以一善而成名。」此爲有志聖人，而未能真得聖人之學者，則可如此説。若今日所講「良知」之説，乃真是聖學之的傳，但從此學聖人，却無有不至者。惟恐吾儕尚有一善成名之意，未肯專心致志於此耳。在會諸同志，雖未及一一面見，固已神交於千里之外。相見時，幸出此共勉之。

王子茂寄問數條，亦皆明切。中間所疑，在子茂亦是，更須誠切用功，到融化時，并其所疑亦皆釋然沛然，不復有相阻礙，然後爲真得也。凡工夫，只是要簡易真切。愈真切，愈簡易；愈簡易，愈真切。病咳中不能多及，亦不能一一備列姓字，幸以意亮之而已。

與錢德洪王汝中 丁亥

家事賴廷豹糾正，而德洪、汝中又相與薰陶切劘於其間，吾可以無内顧矣。紹興書院中同志，不審近來意向如何？德洪、汝中既任其責，當能振作接引，有所興起。會講之約，但得不廢，其間縱有一二懈弛，亦可因此夾持，不致遂有傾倒。餘姚又得應元諸友作興鼓舞，想益日異而月不同。老夫雖出山林，亦每以自慰。諸賢皆一日千里之足，豈俟區區有所警策，聊亦以此示鞭影耳。即日已抵肇慶，去梧不三四日可到。方入冗場，未能多及，千萬心亮。紹興書院及餘姚各會同志諸賢，不能一一列名字，幸亮。

二 戊子

地方事幸遂平息，相見漸可期矣。近來不審同志叙會如何，得無法堂前今已草深一丈否？想卧龍之會，雖不能大有所益，亦不宜遂爾荒落[一]，且存餼羊，後或興起，亦未可知。餘姚得應

[一] 亦不宜遂爾荒落　「遂爾」，國圖本、天圖本、叢刊本、摛藻堂本訛作「遂遂」，文淵閣本作「逐逐」。

元諸友相與倡率，爲益不小。近有人自家鄉來，聞龍山之講至今不廢，亦殊可喜。書到，望爲寄聲，益相與勉之。九十弟與正憲輩，不審早晚能來親近否？或彼自絶望[一]，且誘掖接引之，諒與人爲善之心，當不俟多喋也。【汝佩、良輔蘇松之行如何？胡惟一今歲在舍弟處設帳如何？】[二]魏廷豹决能不負所托，兒輩或不能率教，亦望相與夾持之。人行匆匆，百不一及，諸同志不能盡列姓字，均致此意。

三 戊子

德洪、汝中書來，見近日工夫之有進，足爲喜慰。而餘姚、紹興諸同志，又能相聚會講切，奮發興起，日勤不懈，吾道之昌，真有火然泉達之機矣。喜幸當何如哉！喜幸當何如哉！此間地方，悉已平靖，只因二三大賊巢，爲兩省盗賊之根株淵藪，積爲民患者，心亦不忍不爲一除翦，又復遲留二三月，今亦了事矣。旬月間便當就歸途也。守儉、守文二弟，近承夾持啓迪，想亦漸有所進。正憲尤極懶惰，若不痛加針砭，其病未易能去。父子兄弟之間，情既迫切，責善反難，其任乃在

[一] 或彼自絶望　「或彼」，黄本、閭本、董本、范本、聞本、宋本、邵本作「彼或」。
[二] 據黄本、閭本、董本、范本補。

師友之間，想平日骨肉道義之愛，當不俟於多囑也。書院規制，近聞頗加修葺，是亦可喜。寄去銀二十兩，稍助工費，墻垣之未堅完，及一應合整備者，酌量爲之。餘情面話不久[一]。

答何廷仁 戊子

區區病勢日狼狽，自至廣城，又增水瀉，日夜數行不得止，今遂兩足不能坐立，須稍定，即踰嶺而東矣。諸友皆不必相候，果有山陰之興，即須早鼓錢塘之舵，得與德洪、汝中輩一會聚，彼此當必有益。區區養病本去已三月，旬日後必得旨，亦遂發舟而東。縱未能遂歸田之願，亦必得一還陽明，與諸友一面而別[二]，且後會又有可期也。千萬勿復遲疑，徒躭誤日月。揔及隨舟而行，沿途官吏送迎請謁，斷亦不能有須臾之暇，宜悉此意。書至即撥冗，德洪、汝中輩，亦可促之早爲北上之圖。伏枕潦草[三]。

[一] 餘情面話不久 「久」，范本作「及」。
[二] 與諸友一面而別 黄本、閭本、范本「友」下有「亦必得」三字。
[三] 黄本、閭本、董本、范本篇末署「九月十六日」。

王文成公全書卷之七

文録四　序　記　説

別三子序 丁卯

自程朱諸大儒没，而師友之道遂亡，六經分裂於訓詁，支離蕪蔓於辭章業舉之習，聖學幾於息矣。有志之士，思起而興之，然卒徘徊嗟咨，逡巡而不振，因弛然自廢者，亦志之弗立，弗講於師友之道也。夫一人爲之，二人從而翼之，已而翼之者益衆焉，雖有難爲之事，其弗成者鮮矣。一人爲之，二人從而危之，已而危之者益衆焉，雖有易成之功，其克濟者亦鮮矣。故凡有志之士，必求助於師友，無師友之助者，志之弗立弗求者也。

自予始知學，即求師於天下，而莫予誨也；求友於天下，而與予者寡矣。又求同志之士，二三子之外，邈乎其寥寥也。殆予之志有未立邪？蓋自近年，而又得蔡希顔、朱守中於山陰之白洋，得徐曰仁於餘姚之馬堰。曰仁，予妹婿也。希顔之深潛，守中之明敏，曰仁之温恭，皆予所不逮。

三子者徒以一日之長，視予以先輩，予亦居之而弗辭。非能有加也，姑欲假三子者而爲之證，遂忘其非有也；而三子者〔一〕，亦姑欲假予而存師友之餼羊，不謂其不可也。當是之時，其相與也亦渺乎難哉！予有歸隱之圖，方將與三子就雲霞，依泉石，追濂洛之遺風，求孔顔之真趣，灑然而樂，超然而遊，忽焉而忘吾之老也。

今年三子者爲有司所選，一舉而盡之，何予得之之難，而有司者襲取之之易也？予未暇以得舉爲三子喜，而先以失助爲予憾；三子亦無喜於其得舉，而方且戚於其去予也。漆雕開有言，「吾斯之未能信」，斯三子之心歟？曾點志於詠歌浴沂，而夫子喟然與之，斯予與三子之冥然而契，不言而得之者歟？三子行矣。遂使舉進士，任職就列，吾知其能也，然而非所欲也；使遂不進而歸，詠歌優游有日，吾知其樂也，然而未可必也。天將降大任於是人，必先違其所樂，而投之於其所不欲，所以衡心拂慮，而增其所不能，是玉之成也，其在兹行歟？三子則焉往而非學矣，而予終寡於同志之助也。三子行矣。「沉潛剛克，高明柔克」，非箕子之言乎？温恭亦沉潛也，三子識之，焉往而非學矣。苟三子之學成，雖不吾邇，其爲同志之助也，不多乎哉！增城湛原明宦於京師，吾之同道友也。三子往見焉，猶吾見也已。

〔一〕 而三子者 「而」，人大本、九大本作「二」。

贈林以吉歸省序　辛未

陽明子曰：「求聖人之學而弗成者，殆以志之弗立歟？天下之人，志輪而輪焉，志裘而裘焉，志巫醫而巫醫焉，志其事而弗成者，吾未之見也。輪裘巫醫遍天下，求聖人之學者，間數百年而弗一二見，爲其事之難歟？亦其志之難歟？弗志其事而能有成者，吾亦未之見也。」

林以吉將求聖人之事，過予而論學。予曰：「子盍論子之志乎？志定矣，而後學可得而論。子閩也，將閩是求，而予言子以越之道路，弗之聽也。予越也，將越是求，而子言予以閩之道路，弗之聽也。夫久溺於流俗，而驟語以求聖人之事，其始也，必將有自餒而不敢當；已而舊習牽焉，又必有自眩而不能決；已而外議奪焉，又必有自沮而或以懈。夫餒而求有以勝之，眩而求有以信之，沮而求有以進之，吾見立志之難能也已。志立而學半，四子之言，聖人之學備矣。苟志立而於是乎求焉，其切磋講明之益，以吉自取之，尚其有窮也哉？見素先生，子諸父也。子歸而以予言正之，且以爲何如？」

送宗伯喬白巖序　辛未

大宗伯白巖喬先生將之南都，過陽明子而論學。陽明子曰：「學貴專。」先生曰：「然。予少而好奕，食忘味，寢忘寐，目無改觀，耳無改聽。蓋一年而詘鄉之人，三年而國中莫有予當者，學貴專哉！」陽明子曰：「學貴精。」先生曰：「然。予長而好文詞，字字而求焉，句句而鳩焉，研衆史，覈百氏。蓋始而希迹於宋唐，終焉浸入於漢魏，學貴精哉！」陽明子曰：「學貴正。」先生曰：「然。予中年而好聖賢之道，奕吾悔焉，文詞吾媿焉，吾無所容心矣。子以爲奚若？」陽明子曰：「可哉！學奕則謂之學，學文詞則謂之學，學道則謂之學，然而其歸遠也。道，大路也；外是，荆棘之蹊，鮮克達矣。是故專於道，斯謂之專；精於道，斯謂之精。專於奕而不專於道，其專溺也；精於文詞而不精於道，其精僻也。夫道，廣矣，大矣，文詞技能於是乎出，而以文詞技能爲者，去道遠矣。是故非專則不能以精，非精則不能以明，非明則不能以誠，故曰『惟精惟一』。精，精也；專，一也。精則明矣，明則誠矣。是故明，精之爲也；誠，一之基也。一，天下之大本也；精，天下之大用也。知天地之化育，而況於文詞技能之末乎？」先生曰：「然哉！予將終身焉，而悔其晚也。」陽明子曰：「豈易哉？公卿之不講學也久矣。昔者衛武公年九十，而猶詔於國人曰：『毋以老耄而棄予。』先生之年半於武公，而功可倍之也。先生其不媿於武公哉！某也敢忘國士之交警。」

贈王堯卿序　辛未

終南王堯卿爲諫官三月，以病致其事而去，交遊之贈言者以十數，而猶乞言於予。甚哉！吾黨之多言也。夫言日茂而行益荒[一]，吾欲無言也久矣。自學術之不明，世之君子以名爲實，凡今之所謂務乎其實，皆其務乎其名者也，可無察乎？堯卿之行，人皆以爲高矣；才，人皆以爲美矣；學，人皆以爲博矣；是可以無察乎？自喜於一節者，不足與進於全德之地；求免於鄉人者，不可以語於聖賢之途。氣浮者其志不確，心麄者其造不深，外誇者其中日陋。已矣[二]！吾惡夫言之多也。虎谷有君子，類無言者，堯卿過焉，其以予言質之。

別張常甫序　辛未

太史張常甫將歸省，告别於司封王某曰：「期之别也，何以贈我乎？」某曰：「處九月矣，未嘗有言焉。期之别，又多乎哉？」常甫曰：「斯邦奇之過也[三]。雖然，必有以贈我。」某曰：

[一] 夫言日茂而行益荒　王本「益」下有「於」字。
[二] 已矣　黄本、閭本、范本、聞本、宋本、邵本作「矣已」。
[三] 斯邦奇之過也　「奇」，國圖本、天圖本、叢刊本、摛藻堂本訛作「期」。

「工文詞，多論說，廣探極覽，以爲博也，可以爲學乎？」常甫曰：「知之。」「辯名物，考度數，釋經正史，以爲密也，可以爲學乎？」常甫曰：「知之。」「整容色，修辭氣，言必信，動必果，談說仁義，以爲行也，可以爲學乎？」常甫曰：「知之。」曰：「去是三者，而恬淡其心，專一其氣，廓然而虛，湛然而定，以爲靜也，可以爲學乎？」常甫默然良久，曰：「亦知之。」某曰：「然，知之。古之君子惟有所不知也，而後能知之；後之君子惟無所不知，是以容有不知也。夫道有本而學有要，是非之辯精矣，義利之間微矣，斯吾未之能信焉。曷亦姑無以爲知之也，而姑疑之，而姑思之乎？」常甫曰：「唯。吾姑無以爲知之，而姑疑之，而姑思之，期而見，吾有以復於子。」

別湛甘泉序

壬申

顏子没而聖人之學亡，曾子「唯」「一貫」之旨，傳之孟軻，絶又二千餘年而周程續[一]。自是而後，言益詳，道益晦，析理益精，學益支離無本，而事於外者益繁以難。蓋孟氏患楊墨，周程之際，釋老大行。今世學者，皆知宗孔孟，賤楊墨，擯釋老，聖人之道，若大明於世，然吾從而求之，聖人不得而見之矣。其能有若墨氏之兼愛者乎？其能有若楊氏之爲我者乎？其能有

[一] 絶又二千餘年而周程續 「絶」，國圖本、天圖本、叢刊本、文淵閣本、摛藻堂本作「終」。

若老氏之清净自守、釋氏之究心性命者乎？吾何以楊墨老釋之思哉？彼於聖人之道異，然猶有自得也。而世之學者，章繪句琢以誇俗，詭心色取，相飾以僞，謂聖人之道勞苦無功，非復人之所可爲，而徒取辯於言詞之間。古之人有終身不能究者，今吾皆能言其略，自以爲若是亦足矣，而聖人之學遂廢。則今之所大患者，豈非記誦詞章之習，而弊之所從來，無亦言之太詳，析之太精者之過歟？夫楊墨老釋，學仁義，求性命，不得其道而偏焉。固非若今之學者，以仁義爲不可學，性命之爲無益也。居今之時，而有學仁義，求性命，外記誦詞章而不爲者，雖其陷於楊墨老釋之偏，吾猶且以爲賢，彼其心猶求以自得也。夫求以自得，而後可與之言學聖人之道。

某幼不問學，陷溺於邪僻者二十年〔一〕，而始究心於老釋。賴天之靈，因有所覺，始乃沿周程之説求之，而若有得焉。顧一二同志之外，莫予翼也，岌岌乎仆而復興〔二〕。晚得友於甘泉湛子，而後吾之志益堅，毅然若不可遏，則予之資於甘泉多矣。甘泉之學，務求自得者也。世未之能知，其知者且疑其爲禪。誠禪也，吾猶未得而見，而況其所志卓爾若此，則如甘泉者，非聖人之徒歟？多言又烏足病也？夫多言不足以病甘泉，與甘泉之不爲多言病也，吾信之。吾與甘泉友，意之所在，

〔一〕陷溺於邪僻者二十年　人大本、九大本「者」下有「幾」字。

〔二〕岌岌乎仆而復興　「復」，國圖本、天圖本、叢刊本、文淵閣本、摛藻堂本作「後」。

不言而會，論之所及，不約而同，期於斯道，斃而後已者。今日之別，吾容無言？夫惟聖人之學難明而易惑，習俗之降，愈下而益不可回，任重道遠，雖已無俟於言，顧復於吾心，若有不容已也，則甘泉亦豈以予言爲綴乎[一]？

別方叔賢序

辛未

予與叔賢處二年，見叔賢之學凡三變：始而尚辭，再變而講説，又再變而慨然有志聖人之道。方其辭章之尚，於予若冰炭焉；講説矣，則違合者半；及其有志聖人之道，而沛然於予同趣。將遂去之西樵山中，以成其志，叔賢亦可謂善變矣。聖人之學，以無我爲本，而勇以成之。予始與叔賢爲僚，叔賢以郎中故事位吾上，及其學之每變而禮予日恭，卒乃自稱門生，而待予以先覺。此非脱去世俗之見，超然於無我者不能也。雖横渠子之勇撤臯比，亦何以加於此，獨愧予之非其人，而何以當之。夫以叔賢之善變，而進之以無我之勇，其於聖人之道也何有？斯道也，絶響於世餘三百年矣。叔賢之美有若是，是以樂爲吾黨道之。

[一] 則甘泉亦豈以予言爲綴乎　「綴」，范本、文淵閣本作「贅」。

別王純甫序

辛未[一]

王純甫之掌教應天也，陽明子既勉之以孟氏之言，純甫謂未盡也，請益曰：「道未之嘗學，而以教爲職，鰥官其罪矣。敢問教何以哉？」陽明子曰：「其學乎？盡吾之所以學者，而教行焉耳。」曰：「學何以哉？」曰：「其教乎？盡吾之所以教者，而學成焉耳。古之君子，有諸己而後求諸人也。」曰：「剛柔淳漓之異質矣，而盡之我教，其可一乎？」曰：「不一，所以一之也。天之於物也，巨微修短之殊，位而生成之，一也。惟技也亦然，弓冶不相爲能，而其足於用亦一也。匠斲也，陶埴也，圬墁也，其足以成室亦一也。是故立法而考之，技也，各詣其巧矣，而同足於用；因人而施之，教也，各成其材矣，而同歸於善。仲尼之答仁孝也，孟氏之論貨色也，可以觀教矣。」曰：「然則教無定法乎？昔之辯者則何嚴也？」曰：「無定矣，而以之必天下，則弓焉而冶廢，匠焉而陶圬廢。聖人不欲人人而聖之乎？然而質人人殊，故辯之嚴者，曲之致也。是故或失則隘，或失則支，或失則流矣。是故因人而施者，定法矣；同歸於善者，定法矣。因人而施，質異也；同歸於善，性同也。夫教以復其性而已，由堯舜而來未之有改，而謂無定乎？」

[一]　辛未　人大本、九大本作「壬申」。

别黄宗賢歸天台序 壬申

君子之學以明其心，其心本無昧也，而欲爲之蔽，習爲之害，故去蔽與害而明復，匪自外得也。心猶水也，污入之而流濁；猶鑒也，垢積之而光昧。孔子告顔淵，「克己復禮爲仁」，孟軻氏謂「萬物皆備於我，反身而誠」，夫已克而誠，固無待乎其外也。世儒既叛孔孟之説，昧於大學「格致」之訓，而徒務博乎其外，以求益乎其内，皆入污以求清，積垢以求明者也，弗可得已。

守仁幼不知學，陷溺於邪僻者二十年，疾疢之餘，求諸孔子、子思、孟軻之言，而恍若有見，其非守仁之能也。宗賢於我，自爲童子，即知棄去舉業，勵志聖賢之學，循世儒之説而窮之，愈勤而益難，非宗賢之罪也。學之難易失得也有原，吾嘗爲宗賢言之。宗賢於吾言，猶渴而飲，無弗入也，每見其溢於面。今既豁然，吾黨之良，莫有及者。謝病去，不忍予别而需予言。夫言之而莫予聽，倡之而莫予和，自今失吾助矣。吾則忍於宗賢之别而容無言乎？宗賢歸矣，爲我結廬天台、雁蕩之間，吾將老焉，終不使宗賢之獨往也。

贈周瑩歸省序　乙亥

永康周瑩德純嘗學於應子元忠，既乃復見陽明子而請益。陽明子曰：「子從應子之所來乎？」曰：「然[一]。」「應子則何以教子？」曰：「無他言也。惟日誨之以希聖希賢之學，毋溺於流俗。且曰『斯吾所嘗就正於陽明子者也，子而不吾信，則盍親往焉』。瑩是以不遠千里而來謁。」曰：「子之來也，猶有所未信乎？」曰：「信之。」曰：「信之而又來，何也？」曰：「未得其方也。」陽明子曰：「子既得其方矣，無所事於吾。」周生悚然，有間，曰：「先生以應子之故，望卒賜之教。」陽明子曰：「子既得之矣，無所事於吾。」周生悚然而起，茫然有間，曰：「瑩愚，不得其方。先生毋乃以瑩爲戲，望卒賜之教[二]。」陽明子曰：「子之自永康而來也，程幾何？」曰：「千里而遥。」曰：「遠矣。從舟乎？」曰：「從舟，而又登陸也。」曰：「勞矣。當兹六月，亦暑乎？」曰：「途之暑，特甚也。」曰：「難矣。具資糧，從童僕乎？」曰：「中途而僕病，乃舍貸而行。」曰：「兹益難矣。」曰：「子之來，既遠且勞，其難若此也。何不遂返而必來乎？

[一] 曰然　人大本、九大本「然」下有「曰」字；黄本、范本、聞本作「然曰」，「曰」字併屬下讀。

[二] 望卒賜之教　「望」，底本訛作「瑩」，據人大本、九大本、黄本、閭本、董本、范本、聞本、鄒本、胡本、宋本、邵本改。

將亦無有强子者乎？」曰：「瑩至於夫子之門，勞苦艱難，誠樂之，寧以是而遂返，又俟乎人之强之也乎？」曰：「斯吾之所謂子之既得其方也。子之志，欲至於吾門也，則遂至於吾門，無假於人。子而志於聖賢之學，有不至於聖賢者乎？而假於人乎？子之舍舟從陸，捐僕貸糧，冒毒暑而來也，則又安所從受之方也[一]？」生躍然起拜，曰：「茲乃命之方也已。抑瑩由於其方而迷於其説，必俟夫子之言而後躍如也，則何居？」陽明子曰：「子未覩乎爇石以求灰者乎？火力具足矣，乃得水而遂化。子歸就應子而足其火力焉，吾將儲擔石之水，以俟子之再見。」

贈林典卿歸省序

乙亥

林典卿與其弟遊於大學，且歸，辭於陽明子曰：「元叙嘗聞『立誠』於夫子矣。今茲歸，敢請益。」陽明子曰：「立誠。」典卿曰：「學固此乎[二]？天地之大也，而星辰麗焉，日月明焉，四時行焉，引類而言之，不可窮也。人物之富也，而草木蕃焉，禽獸群焉，中國夷狄分焉，引類而言之，不可盡也。夫古之學者，殫智慮，弊精力，而莫究其緒焉；靡晝夜，極年歲，而莫

[一] 則又安所從受之方也　人大本、九大本作「則又安受其方也」。

[二] 學固此乎　人大本、九大本、董本「固」下有「止」字。

竟其説焉；析蠶絲，擢牛毛[一]，而莫既其奥焉；而曰『立誠』，立誠盡之矣乎？」陽明子曰：「立誠盡之矣。夫誠，實理也。其在天地，則其麗焉者，則其明焉者，則其行焉者，則其引類而言之，不可窮焉者，皆誠也。其在人物，則其蕃焉者，則其群焉者，則其分焉者，則其引類而言之，不可盡焉者，皆誠也。是故殫智慮，弊精力，而莫究其緒也；靡晝夜，極年歲，而莫竟其説也；析蠶絲，擢牛毛，而莫既其奥也。夫誠，一而已矣。故不可復有所益，益之，是爲二也，二則僞。故誠不可益，不可益，故至誠無息。」典卿起拜曰：「吾今乃知夫子之教，若是其要也。請終身事之，不敢復有所疑。」陽明子曰：「子歸，有黄宗賢氏者、應元忠氏者，方與講學於天台、雁蕩之間，倘遇焉，其遂以吾言諗之。」

贈陸清伯歸省序

乙亥

陸清伯澄歸歸安[二]，與其友二三子，論繹所學贈處焉。二三子或曰：「清伯之學日進矣。始吾見清伯，其氣揚揚然，若浮雲；其言滔滔然，若流波。今而日默默爾，日慊慊爾，日雍雍爾，

[一] 擢牛毛　「毛」，國圖本、天圖本、叢刊本、文淵閣本、摛藻堂本作「尾」，下文仿此。

[二] 陸清伯澄歸歸安　人大本、九大本「澄」下有「將」字。

日休休爾，有大徑庭焉，以是知其進也。」或曰：「清伯始見夫子，一月一至，既而旬一至，又既而五六日、三四日而一至，又既而遷居於夫子之傍，後乃請於夫子，掃庾下之室，而旦暮侍焉。夫德莫淑於尊賢，學莫遄於親師，故趨權門者日進於勢，遊市肆者日進於利。清伯於夫子之道，日加親附焉。吾未遑其他，即是可以知其學之進也矣。」

清伯曰：「有是哉？澄則以爲日退也。澄聞夫子之教而茫然，已而歆然，忽耿然而疑，已而大疑焉。又閔然大駭，乃忽闖然若有覩也。當是時，則亦幾有所益矣。自是且數月，蓋悠焉游焉，業不加修焉。反而求焉，倀倀然[一]，頹頹然，昏蔽擴而愈進[二]，私累息而愈興，衆妄攻而愈固[三]。如上灘之舟，屢失屢下，力挽而不能前，以爲日退也[四]。」

明日，又辭於陽明子[五]，二三子偕焉，各言其所以。陽明子曰：「其然乎？其然乎？謂己

[一] 倀倀然　人大本、九大本作「悵悵然」。
[二] 昏蔽擴而愈進　九大本作「昏蔽撤而愈集」。
[三] 衆妄攻而愈固　「衆」，九大本作「謬」。
[四] 以爲日退也　九大本「以」上有「澄則自」三字，「澄則自以爲日」六字作雙行小字，或據上文辭例校改。
[五] 又辭於陽明子　「又」，九大本作「入」。

爲日退者，進修之勵，善日進矣。謂人爲日進者，與人爲善者[一]，其善亦日進矣。雖然，謂己爲日退也，而意阻焉，能無日退乎？謂人爲日進也，而氣歉焉[二]，亦能無日退乎？斯又進退之機，吉凶之所由分也，可無慎乎！」

贈周以善歸省序　乙亥

江山周以善究心格物致知之學有年矣，苦其難而不能有所進也。聞陽明子之説而異之，意其或有見也，就而問之。聞其説，戚然若有所省，歸求其故而不合，則遲疑旬日[三]。又往聞其説，則又戚然若有所省，歸求其故而不合，則又遲疑者旬日。如是往復數月，求之既無所獲，去之又弗能也，乃往告之以其故。陽明子曰：「子未聞昔人之論弈乎？『弈之爲數，小數也，不專心致志，則亦不可以得也。』今子入而聞吾之説，出而有鴻鵠之思焉，亦何怪乎勤而弗獲矣。」於是退而齋潔，而以弟子之禮請。陽明子與之坐，蓋默然良久，乃告之以「立誠」之説，聳然若仆而興也。

[一] 與人爲善者　人大本、九大本、董本無「者」字。
[二] 而氣歉焉　「歉」，人大本、九大本作「輕」。
[三] 則遲疑旬日　九大本「疑」下有「者」字，「者旬」二字爲雙行小字，或據下文辭例校改。

明日又言之加密焉，證之以大學；明日又言之加密焉，證之以論孟；明日又言之加密焉，證之以中庸。乃躍然喜，避席而言曰：「積今而後無疑於夫子之言，而後知聖賢之教，若是其深切簡易也；而後知所以格物致知，以誠吾之身。吾喜焉，吾悔焉，十年之攻[一]，徒以斃精神而亂吾之心術也。悲夫！積將以夫子之言告同志，俾及時從事於此，無若積之底於悔也。庶以報夫子之德，而無負於夫子之教。」居月餘，告歸，陽明子叙其言以遺之，使無忘於得之之難也。

贈郭善甫歸省序 乙亥

郭子自黄來學，踰年而告歸，曰：「慶聞夫子『立志』之説，亦既知所從事矣。今兹將遠去，敢請一言以爲夙夜勗。」陽明子曰：「君子之於學也，猶農夫之於田也。既善其嘉種矣，又深耕易耨，去其蝥莠，時其灌溉，早作而夜思，皇皇惟嘉種之是憂也，而後可望於有秋。夫志猶種也，學問思辨而篤行之，是耕耨灌溉以求於有秋也。志之弗端，是荑稗也。志端矣，而功之弗繼，是五穀之弗熟，弗如荑稗也。吾嘗見子之求嘉種矣，然猶懼其或荑稗也；見子之勤耕耨矣，然猶懼其荑稗之弗如也。夫農，春種而秋成，時也。由志學而至於立，自春而徂夏也；由立而至於不惑，

[一] 十年之攻 「攻」，人大本、九大本、董本作「功」。

去夏而秋矣。已過其時，猶種之未定，不亦大可懼乎？過時之學，非人一己百，未之敢望，而猶或作輟焉，不亦大可哀乎？從吾游者衆矣，雖開説之多，未有出於『立志』者，故吾於子之行，卒不能舍是而別有所説，子亦可以無疑於用力之方矣。」

贈鄭德夫歸省序　乙亥

西安鄭德夫將學於陽明子，聞士大夫之議者，以爲禪學也，復已之。則與江山周以善者，姑就陽明子之門人而考其説，若非禪者也，則又姑與就陽明子親聽其説焉。蓋旬有九日，而後釋然於陽明子之學非禪也，始具弟子之禮師事之。問於陽明子曰：「釋與儒孰異乎？」陽明子曰：「子無求其異同於儒釋，求其是者而學焉可矣。」曰：「是與非孰辨乎？」曰：「子無求其是非於講説，求諸心而安焉者是矣。」曰：「心又何以能定是非乎？」曰：「無是非之心，非人也。口之於甘苦也，與易牙同；目之於妍媸也，與離婁同；心之於是非也，與聖人同。其有昧焉者，其心之於道，不能如口之於味、目之於色之誠切也，然後私得而蔽之。子務立其誠而已。子惟慮夫心之於道，不能如口之於味、目之於色之誠切也，而何慮夫甘苦妍媸之無辯也乎？」曰：「然則五經之所載，四書之所傳，其皆無所用乎？」曰：「孰爲而無所用乎？是甘苦妍媸之所在也。使無誠心以求之，是談味論色而已也，又孰從而得甘苦妍媸之真乎？」既而告歸，請陽明子爲書其説，遂書之。

紫陽書院集序

乙亥

豫章熊侯世芳之守徽也，既敷政其境内，乃大新紫陽書院以明朱子之學，萃七校之秀而躬教之。於是校士程曾氏採摭書院之興廢爲集，而弁以白鹿之規，明政教也。來請予言以諗多士。夫爲學之方，白鹿之規盡矣；警勸之道，熊侯之意勤矣；興廢之故，程生之集備矣，又奚以予言爲乎？然予聞之，德有本而學有要，不於其本而泛焉以從事，高之而虚無，卑之而支離，終亦流蕩失宗，勞而無得矣。是故君子之學，惟求得其心。雖至於位天地，育萬物，未有出於吾心之外也[一]。孟氏所謂「學問之道無他，求其放心而已矣」者，一言以蔽之。故博學者，學此者也；審問者，問此者也；慎思者，思此者也；明辯者，辯此者也；篤行者，行此者也。心外無事，心外無理，故心外無學。是故於父子盡吾心之仁，於君臣盡吾心之義，言吾心之忠信，行吾心之篤敬，懲心忿，窒心欲，遷心善，改心過，處事接物，無所往而非求盡吾心以自慊也。譬之植焉，心其根也，學也者，其培擁之者也，灌溉之者也，扶植而删鋤之者也，無非有事於根焉耳矣。朱子白鹿之規，

[一] 未有出於吾心之外也 「吾」，人大本、九大本作「是」，黄本、閭本作「之」，范本作「此」。

首之以五教之目，次之以爲學之方，又次之以處事接物之要，若各爲一事而不相蒙者，斯殆朱子平日之意，所謂「隨事精察而力行之，庶幾一旦貫通之妙」也歟？然而世之學者，往往遂失之支離瑣屑，色莊外馳，而流入於口耳聲利之習，豈朱子之教使然哉？故吾因諸士之請，而特原其本以相勗，庶幾乎操存講習之有要，亦所以發明朱子未盡之意也。

朱子晚年定論序　戊寅〔一〕

洙泗之傳，至孟子而息，千五百餘年，濂溪、明道始復追尋其緒。自後辯析日詳，然亦日就支離決裂，旋復湮晦。吾嘗深求其故，大抵皆世儒之多言有以亂之。守仁蚤歲業舉，溺志辭章之習，既乃稍知從事正學，而苦於衆說之紛撓疲爾〔二〕，茫無可入，因求諸老釋，欣然有會於心，以爲聖人之學在此矣。然於孔子之教，間相出入，而措之日用，往往闕漏無歸，依違往返，且信且疑。其後謫官龍場，居夷處困，動心忍性之餘，恍若有悟，體驗探求，再更寒暑，證諸六經四子，沛然若決江河而放之海也。然後嘆聖人之道坦如大路，而世之儒者妄開竇逕，蹈荆棘，墮坑塹，究

〔一〕戊寅　按，卷三本篇文末署「正德乙亥冬十一月朔」。
〔二〕而苦於衆說之紛撓疲爾　「爾」，閭本、鄒本、邵本作「薾」，文淵閣本、摛藻堂本作「苶」。

其爲說，反出二氏之下，宜乎世之高明之士厭此而趨彼也。此豈二氏之罪哉？

間嘗以此語同志，而聞者競相非議，目以爲立異好奇[一]。雖每痛反深抑，務自搜剔斑瑕，而愈益精明的確，洞然無復可疑。獨於朱子之說，有相牴牾，恒疚於心，切疑朱子之賢，而豈其於此尚有未察？及官留都，復取朱子之書而檢求之，然後知其晚歲固已大悟舊說之非，痛悔極艾，至以爲自誑誑人之罪，不可勝贖。世之所傳集註或問之類，乃其中年未定之說，自咎以爲舊本之誤，思改正而未及，而其諸語類之屬，又其門人挾勝心以附己見，固於朱子平日之說，猶有大相繆戾者。而世之學者局於見聞，不過持循講習於此，其於悟後之論，槩乎其未有聞，則亦何怪乎予言之不信，而朱子之心無以自暴於後世也乎？予既自幸其說之不繆於朱子，又喜朱子之先得我心之同然。且慨夫世之學者，徒守朱子中年未定之說，而不復知求其晚歲既悟之論，競相呶呶，以亂正學，不自知其已入於異端。輒採録而裒集之，私以示夫同志，庶幾無疑於吾說，而聖學之明可冀矣。

别梁日孚序

戊寅

聖人之道若大路，雖有跛蹩，行而不已，未有不至。而世之君子，顧以爲聖人之異於人，若

[一] 目以爲立異好奇 「目」，宋本、閭本、國圖本、天圖本、叢刊本、摛藻堂本作「自」。

彼其甚遠也，其爲功亦必若彼其甚難也，而淺易若此，豈其可及乎？則從而求之艱深恍惚，溺於文離，騖於虚高，率以爲聖人之道必不可至，而甘於其質之所便，日以淪於污下。有從而求之者，競相嗤訕曰：「狂誕不自量者也。」嗚呼！其弊也，亦豈一朝一夕之故哉？孟子云：「徐行後長者謂之弟，疾行先長者謂之不弟。夫徐行者，豈人所不能哉？所不爲也。」世之人不知咎其不爲，而歸咎於其不能，其亦不思而已矣。

進士梁日孚携家謁選於京，過贛，停舟見予。始與之語，移時而别。明日又來，與之語，日昃而别。又明日又來，日入而未忍去。又明日，則假館而請受業焉。同舟之人强之北者，開譬百端，日孚皆笑而不應，莫不囂且異。其最親愛者曰：「子有萬里之行，戒僮僕，聚資斧，具舟楫，又挈其家室，經營閲歲而始就道，行未數百里而中止，此不有大苦，必有大樂者乎[一]？子亦可以語我乎？」日孚笑曰：「吾今則有大苦[二]，亦誠有大樂者，然未易以語子也。子見病狂喪心者乎？方其昏迷瞶亂[三]，赴湯火，蹈荆棘，莫不恬然自信，以爲是也。比遇良醫，沃之以清冷之漿，

[一] 必有大樂者乎　人大本、九大本無「乎」字。
[二] 吾今則有大苦　人大本、九大本「則」下有「誠」字。
[三] 方其昏迷瞶亂　「迷」，國圖本、天圖本、叢刊本、文淵閣本、摛藻堂本作「逸」。

而投之以神明之劑，始甦然以醒。告之以其向之所爲，又始駭然以苦；示之以其所從歸之途，又始欣然以喜，且恨遇斯人之晚也。彼病狂不復者，反從而哂啫之，以爲是變其常。今吾與子之事，亦何以異於此矣。」

居無何，予以軍旅之役出，而遠日孚者且兩月，謂日孚既去矣，及旋，而日孚居然以待。既以委其資斧於逆旅，歸其家室於故鄉，泊然而樂，若將終身焉。扣其學，日有所明，而月有所異矣。然後益嘆聖人之學，非夫自暴自棄，未有不可由之而至，而日孚出於流俗，殆孟子所謂豪傑之士者矣。復留餘三月[一]，其母使人來謂曰：「姑北行以畢吾願[二]，然後從爾所好。」知日孚者亦交以是勸。日孚請曰：「焯焉能一日而去夫子[三]，將復赴湯火，蹈荆棘矣[四]。」予曰：「其然哉？子以聖人之道爲有方體乎？爲可拘之以時，限之以地乎？世未有既醒之人，而復赴湯火，蹈荆棘者。子務醒其心，毋徒湯火荆棘之爲懼。」日孚良久曰：「焯近之矣。聖人之道，求

[一] 復留餘三月　「餘」，黄本、閭本、董本、范本、聞本、宋本、邵本作「於」，又董本「於」下有「贑」字。

[二] 姑北行以畢吾願　「北」，九大本作「且」。

[三] 焯焉能一日而去夫子　「焉」，人大本作「安」。

[四] 蹈荆棘矣　人大本、九大本無「矣」字。

之於心，故不滯於事；出之以理，故不泥於物；根之以性，故不拘以時；動之以神，故不限以地。苟知此矣，焉往而非學也，奚必恒於夫子之門乎？焯請暫辭而北，疑而復求正。」予莞爾而笑，曰：「近之矣，近之矣[一]。」

大學古本序 戊寅

大學之要，誠意而已矣。誠意之功，格物而已矣。誠意之極，止至善而已矣。止至善之則，致知而已矣。正心，復其體也；修身，著其用也。以言乎己謂之明德，以言乎人謂之親民，以言乎天地之間則備矣。是故至善也者，心之本體也。動而後有不善，而本體之知，未嘗不知也。意者其動也，物者其事也，致其本體之知而動無不善，然非即其事而格之，則亦無以致其知。故致知者，誠意之本也；格物者，致知之實也。物格則知致意誠，而有以復其本體，是之謂止至善。聖人懼人之求之於外也，而反覆其辭，舊本析而聖人之意亡矣。是故不務於誠意[二]，而徒以格

[一] 人大本、九大本篇末署「時正德戊寅六月十八日陽明山人書于虔之静觀亭」。
[二] 是故不務於誠意 「務」，九大本作「本」。

物者謂之支；不事於格物，而徒以誠意者謂之虛；不本於致知，而徒以格物誠意者謂之妄[一]。支與虛與妄[二]，其於至善也遠矣。合之以敬而益綴，補之以傳而益離。吾懼學之日遠於至善也，去分章而復舊本，傍爲之什以引其義[三]，庶幾復見聖人之心，而求之者有其要。噫！乃若致知，則存乎心悟，致知焉盡矣[四]！

禮記纂言序

庚辰

禮也者，理也；理也者，性也；性也者，命也。「維天之命，於穆不已」，而其在於人也謂之性，其粲然而條理也謂之禮，其純然而粹善也謂之仁，其截然而裁制也謂之義，其昭然而明覺也謂之知，其渾然於其性也，則理一而已矣。故仁也者，禮之體也；義也者，禮之宜也；知也者，禮之通也。經禮三百，曲禮三千，無一而非仁也，無一而非性也。天叙天秩，聖人何心焉，蓋無一

[一] 不本於致知而徒以格物誠意者謂之妄　九大本無此十六字。

[二] 支與虛與妄　九大本無「與妄」二字。

[三] 傍爲之什以引其義　「什」，王本、文淵閣本、摛藻堂本作「釋」。

[四] 刻石篇末署「正德戊寅七月丙午餘姚□□□書」，九大本作「正德戊寅秋七月丙午後學餘姚王守仁書」。

而非命也。故克己復禮則謂之仁，窮理則盡性以至於命，盡性則動容周旋中禮矣。後之言禮者，吾惑焉。紛紜器數之争，而牽制刑名之末，窮年矻矻，弊精於祝史之糟粕，而忘其所謂「經綸天下之大經，立天下之大本」者。禮云禮云，玉帛云乎，而人之不仁也，其如禮何哉？故老莊之徒，外禮以言性，而謂禮爲道德之衰，仁義之失，既已墮於空虚漭蕩。而世儒之説，復外性以求禮，遂謂禮止於器數制度之間[一]，而議擬倣像於影響形迹，以爲天下之禮盡在是矣。故凡先王之禮，煙蒙灰散，而卒以煨燼於天下，要亦未可專委罪於秦火者。僭不自度，嘗欲取禮記之所載，揭其大經大本，而疏其條理節目[二]，庶幾器道本末之一致。又懼其德之弗任，而時亦有所未及也。間嘗爲之説曰：「禮之於節文也，猶規矩之於方圓也。非方圓無以見規矩之用，非節文則亦無從而睹所謂禮矣。然方圓者，規矩之所出，而不可遂以方圓爲規矩。故執規矩以爲方圓，則方圓不可勝用；舍規矩以爲方圓，而遂以方圓爲之規矩，則規矩之用息矣。故規矩者，無一定之方圓；而方圓者，有一定之規矩。此學禮之要，盛德者之所以動容周旋而中也。」

[一] 遂謂禮止於器數制度之間　「器數制度」，人大本、九大本、黄本、閭本、董本、范本、聞本、宋本、邵本作「器制度數」。

[二] 而疏其條理節目　人大本、九大本「疏」下有「附」字。

宋儒朱仲晦氏，慨禮經之蕪亂，嘗欲考正而删定之，以儀禮爲之經，禮記爲之傳，而其志竟亦弗就。其後吴幼清氏因而爲纂言[一]，亦不數數於朱説，而於先後輕重之間，固已多所發明。二子之見，其規條指畫，則既出於漢儒矣。其所謂觀其會通，以行其典禮之原，則尚恨吾生之晚，而未及與聞之也。雖然，後聖而有作，則無所容言矣。後聖而未有作也，則如纂言者，固學禮者之箕裘筌蹄，而可以少之乎？姻友胡汝登忠信而好禮，其爲寧國也，將以是而施之，刻纂言以敷其説，而屬序於予。予將進汝登之道，而推之於其本也，故爲序之若此云[二]。

象山文集序

庚辰

聖人之學，心學也。堯、舜、禹之相授受曰[三]：「人心惟危，道心惟微，惟精惟一，允執厥中。」此心學之源也。中也者，道心之謂也。道心精一之謂仁，所謂中也。孔孟之學[四]，惟務求仁，蓋精一之傳也。而當時之弊，固已有外求之者，故子貢致疑於「多學而識」，而以「博

[一] 其後吴幼清氏因而爲纂言　人大本、九大本「爲」下有「之」字。

[二] 人大本篇末署「正德庚辰冬至後學餘姚王某序」；九大本略同，惟「序」作「書」。

[三] 堯舜禹之相授受曰　正德刊象山先生文集（以下簡稱象山集）無「受」字。

[四] 孔孟之學　「孟」，象山集作「門」。

施濟衆」爲仁。夫子告之以「一貫」[一]，而教以「能近取譬」，蓋使之求諸其心也。迨於孟氏之時[二]，墨氏之言仁，至於摩頂放踵，而告子之徒，又有「仁内義外」之説，心學大壞。孟子闢「義外」之説，而曰「仁，人心也，學問之道無他，求其放心而已矣」；又曰「仁義禮智，非由外鑠我也，我固有之，弗思耳矣[三]」。蓋王道息而伯術行，功利之徒，外假天理之近似以濟其私，而以欺於人曰：天理固如是。不知既無其心矣，而尚何有所謂天理者乎？自是而後，析心與理而爲二，而精一之學亡。世儒之支離，外索於刑名器數之末，以求明其所謂物理者，而不知吾心即物理，初無假於外也。佛老之空虚，遺棄其人倫事物之常，以求明其所謂吾心者，而不知物理即吾心，不可得而遺也。至宋周、程二子，始復追尋孔、顔之宗[四]，而有「無極而太極」、「定之以仁義中正而主静」之説[五]，「動亦定，静亦定，無内外，無將迎」之論，庶幾精一之旨矣。

[一]　夫子告之以一貫　象山集無「以」字。
[二]　迨於孟氏之時　「氏」，象山集作「子」。
[三]　弗思耳矣　象山集無「矣」字。
[四]　始復追尋孔顔之宗　「顔」，象山集作「孟」。
[五]　定之以仁義中正而主静之説　「仁義中正」，象山集作「中正仁義」。

自是而後，有象山陸氏，雖其純粹和平，若不逮於二子，而簡易直截，真有以接孟子之傳[一]。其議論開闢[二]，時有異者，乃其氣質意見之殊，而要其學之必求諸心，則一而已。故吾嘗斷以陸氏之學[三]，孟氏之學也。而世之議者，以其嘗與晦翁之有同異，而遂詆以爲禪。夫禪之說，棄人倫，遺物理，而要其歸極，不可以爲天下國家[四]。苟陸氏之學而果若是也，乃所以爲禪也。今禪之說與陸氏之說[五]，其書具存，學者苟取而觀之，其是非同異，當有不待於辯說者。而顧一倡群和，剿說雷同，如矮人之觀場，莫知悲笑之所自，豈非貴耳賤目，不得於言，而勿求諸心者之過歟？夫是非同異[六]，每起於人持勝心，便舊習而是己見，故勝心舊習之爲患，賢者不免焉。

[一] 真有以接孟子之傳 「子」，人大本、九大本、黄本、閭本、董本、范本、聞本、宋本、象山集作「氏」。
[二] 其議論開闢 「闢」，董本、象山集作「闔」。
[三] 故吾嘗斷以陸氏之學 「斷以」，象山集作「斷之以爲」。
[四] 不可以爲天下國家 「天下國家」，象山集作「家國天下」。
[五] 與陸氏之説 象山集「説」下有「孟氏之説」四字。
[六] 夫是非同異 象山集「異」下有「之争」二字。

撫守李茂元氏，將重刊象山之文集[一]，而請一言爲之序[二]。予何所容言哉？惟讀先生之文者，務求諸心，而無以舊習己見先焉，則糠粃精鑿之美惡，入口而知之矣[三]。

觀德亭記

戊寅

君子之於射也，内志正，外體直，持弓矢審固，而後可以言中，故古者射以觀德。德也者，得之於其心也。君子之學，求以得之於其心，故君子之於射，以存其心也。是故懆於其心者其動妄，蕩於其心者其視浮，歉於其心者其氣餒，忽於其心者其貌惰，傲於其心者其色矜。五者，心之不存也。不存也者，不學也。君子之學於射，以存其心也。是故心端則體正，心敬則容肅，心平則氣舒，心專則視審，心通故時而理，心純故讓而恪，心宏故勝而不張，負而不弛。七者備而君子之德成。君子無所不用其學也，於射見之矣。故曰：「爲人君者，以爲君鵠；爲人臣者，以爲臣鵠；爲人父者，以爲父鵠；爲人子者，以爲子鵠。射也者，射己之鵠也。」鵠也者，心也，

[一] 將重刊象山之文集　「刊」，象山集作「刻」。
[二] 而請一言爲之序　象山集「請」下有「予」字。
[三] 象山集篇末署「正德辛巳七月朔後學餘姚王守仁書」。

各射己之心也，各得其心而已。故曰可以觀德矣。作觀德亭記。

重修文山祠記 戊寅

宋丞相文山文公之祠，舊在廬陵之富田。今螺川之有祠，實肇於我孝皇之朝，然亦因廢爲新，多缺陋而未稱。正德戊寅，縣令邵德容始恢其議於郡守伍文定，相與白諸巡撫、巡按、守巡諸司，皆以是爲風化之所係也，争措財鳩工，圖拓而新之。協守令之力，不再踰月而工萃，圮者完，隘者闢，遺者舉。巍然焕然，不獨廟貌之改觀，而吉之人士，奔走瞻嘆，翕然益起其忠孝之心，則是舉之有益於名教也誠大矣。使來請記。

嗚呼！公之忠，天下之達忠也。結椎異類，猶知敬慕，而況其鄉之人乎？逆旅經行，猶存尸祝，而況其鄉之士乎？凡有職守，皆知尊尚，而況其士之官乎？然而鄉人之慕之也三，有司之崇尚之也三[一]。公之没，今且三百年矣。吉士之以氣節行義，後先炳燿，謂非聞公之風而興不可也。然忠義之降，激而爲氣節；氣節之弊，流而爲客氣。其上焉者，無所爲而爲，固公所謂成仁取義

[一] 有司之崇尚之也三 「三」，底本訛作「文」，據人大本、九大本、黄本、閭本、董本、范本、聞本、鄒本、胡本、宋本、邵本改。

者矣。其次有所爲矣，然猶其氣之近於正者也。迨其弊也，遂有憑其憤戾粗鄙之氣，以行其娼嫉褊鷙之私[一]，士流於矯拂，民入於健訟。人欲熾而天理滅，而猶自視以爲氣節。若是者，容有之乎？則於公之道，非所謂操戈入室者歟？吾故備而論之[二]，以勗夫茲鄉之後進，使之去其偏以歸於全，克其私以反於正，不媿於公而已矣。

今巡撫曁諸有司之表勵崇飾，固將以行其好德之心，振揚風教，詩所謂「民之秉彝，好是懿德」者也。人亦孰無是心，苟能充之，公之忠義在我矣，而又何羨乎？然而時之表勵崇飾，有好其實而崇之者，有慕其名而崇之者，有假其迹而崇之者。忠義有諸己，思以喻諸人，因而表其祠宇，樹之風聲，是好其實者也。知其美而未能誠諸身，姑以修其祠宇，彰其事迹，是慕其名者也。飾之祠宇而壞之於其身，矯之文具而敗之於其行，奸以掩其外，而襲以阱其中，是假其迹者也。若是者，容有之乎？則於公之道，非所謂毁瓦畫墁者歟？吾故備而論之[三]，以勗夫後之官茲土者，使無徒慕其名而務求其實，毋徒修公之祠而務修公之行，不媿於公而已矣。

[一] 以行其娼嫉褊鷙之私　「褊」，人大本、九大本作「偏」。
[二] 吾故備而論之　「故」，黄本、閭本、范本、聞本作「欲」。
[三] 吾故備而論之　「故」，人大本、九大本、黄本、閭本、范本、聞本作「固」。

某嘗令茲邑，睹公祠之圮陋而未能恢，既有媿於諸有司；慨其風聲氣習之或弊，而未能講去其偏，復有媿於諸人士。樂茲舉之有成也，推其媿心之言而爲之記。

從吾道人記

乙酉

海寧董蘿石者，年六十有八矣，以能詩聞江湖間。與其鄉之業詩者十數輩，爲詩社，旦夕操紙吟嗚[一]，相與求句字之工，至廢寢食，遺生業。時俗共非笑之，不顧，以爲是天下之至樂矣。嘉靖甲申春，蘿石來游會稽，聞陽明子方與其徒講學山中，以杖肩其瓢笠詩卷來訪。入門，長揖上坐。陽明子異其氣貌，且年老矣，禮敬之，又詢知其爲董蘿石也。與之語連日夜，蘿石辭彌謙，禮彌下，不覺其席之彌側也。退謂陽明子之徒何生秦曰：「吾見世之儒者，支離瑣屑，修飾邊幅，爲偶人之狀，其下者，貪饕爭奪於富貴利欲之場，而嘗不屑其所爲，以爲世豈真有所謂聖賢之學乎，直假道於是以求濟其私耳。故遂篤志於詩，而放浪於山水。今吾聞夫子『良知』之說，而忽若大寐之得醒，然後知吾向之所爲，日夜弊精勞力者，其與世之營營利禄之徒，特清濁之分，而其間不能以寸也。幸哉！吾非至於夫子之門，則幾於虛此生矣。吾將北面夫子而終身焉，得無既

[一] 旦夕操紙吟嗚 「嗚」，九大本作「鳴」。

老而有所不可乎？」秦起拜賀曰：「先生之年則老矣，先生之志何壯哉！」入以請於陽明子。陽明子喟然嘆曰：「有是哉？吾未或見此翁也。雖然，齒長於我矣。師友一也，苟吾言之見信，奚必北面而後爲禮乎？」蘿石聞之曰：「夫子殆以予誠之未積歟？」辭歸兩月，棄其瓢笠，持一縑而來，謂秦曰：「此吾老妻之所織也。吾之誠，積若茲縷矣，夫子其許我乎？」秦入以請。陽明子曰：「有是哉？吾未或見此翁也。今之後生晚進，苟知執筆爲文辭，稍記習訓詁，則已侈然自大，不復知有從師學問之事，見有或從師問學者，則鬨然共非笑，指斥若怪物。翁以能詩訓後進，從之遊者遍於江湖，蓋居然先輩矣。一旦聞予言，而棄去其數十年之成業如敝屣，遂求北面而屈禮焉。豈獨今之時而未見若人，將古之記傳所載，亦未多數也。夫君子之學，求以變化其氣質焉爾。氣質之難變者，以客氣之爲患，而不能以屈下於人，遂至自是自欺，飾非長敖，卒歸於兇頑鄙倍。故凡世之爲子而不能孝，爲弟而不能敬，爲臣而不能忠者，其始皆起於不能屈下，而客氣之爲患耳。苟惟理是從，而不難於屈下，則客氣消而天理行，非天下之大勇，不足以與於此。則如蘿石，固吾之師也，而吾豈足以師蘿石乎？」蘿石曰：「甚哉！夫子之拒我也。吾不能以俟請矣。」入而强納拜焉。陽明子固辭不獲，則許之以師友之間[一]。與之探禹穴，登爐峰，陟秦

[一] 則許之以師友之間 「許」，國圖本、天圖本、叢刊本訛作「計」。

望，尋蘭亭之遺迹，徜徉於雲門、若耶、鑑湖、剡曲。蘿石日有所聞，益充然有得，欣然樂而忘歸也。其鄉黨之子弟親友，與其平日之爲社者，或笑而非〔一〕，或爲詩而招之返。且曰：「翁老矣，何乃自苦若是耶？」蘿石笑曰：「吾方幸逃於苦海，方知憫若之自苦也，顧以吾爲苦耶？吾方揚鬐於渤澥，而振羽於雲霄之上，安能復投網罟而入樊籠乎？去矣，吾將從吾之所好。」遂自號曰「從吾道人」。陽明子聞之嘆曰：「卓哉蘿石！血氣既衰，戒之在得矣。孰能挺特奮發，而復若少年英鋭者之爲乎？真可謂之能從吾所好矣。世之人從其名之好也，而競以相高；從其利之好也，而貪以相取；從其心意耳目之好也，而詐以相欺；亦皆自以爲從吾所好矣，而豈知吾之所謂真吾者乎？夫吾之所謂真吾者，良知之謂也。父而慈焉，子而孝焉，吾良知所好也〔二〕；不慈不孝焉，斯惡之矣。言而忠信焉，行而篤敬焉，吾良知所好也〔三〕；不忠信焉〔四〕，不篤敬焉，斯惡之矣。

〔一〕或笑而非　人大本、九大本「非」下有「之」字。
〔二〕吾良知所好也　人大本、九大本、黄本、閭本、董本、范本「知」下有「之」字。
〔三〕吾良知所好也　人大本、九大本「知」下有「之」字；聞本、宋本、邵本「所」作「之」；黄本、閭本、董本、范本無「不慈不孝焉斯惡之矣言而忠信焉行而篤敬焉吾良知所好也」二十五字。
〔四〕不忠信焉　人大本、九大本無「焉」字。

故夫名利物欲之好，私吾之好也，天下之所惡也；良知之好，真吾之好也，天下之所同好也。是故從私吾之好，則天下之人皆惡之矣，將心勞日拙而憂苦終身，是之謂物之役；從真吾之好，則天下之人皆好之矣，將家國天下無所處而不當，富貴貧賤、患難夷狄，無入而不自得，斯之謂能從吾之所好也矣。夫子嘗曰『吾十有五而志於學』，是從吾之始也；『七十而從心所欲，不踰矩』，則從吾而化矣。蘿石踰耳順而始知從吾之學，毋自以爲既晚也。充蘿石之勇，其進於化也何有哉？嗚呼！世之營營於物欲者，聞蘿石之風，亦可以知所適從也乎[一]！」

親民堂記 乙酉

南子元善之治越也，過陽明子而問政焉。陽明子曰：「政在親民。」曰：「親民何以乎？」曰：「在明明德。」曰：「明明德何以乎？」曰：「在親民。」曰：「明德、親民一乎？」曰：「一也。明德者，天命之性，靈昭不昧，而萬理之所從出也。人之於其父也，而莫不知孝焉；於其兄也，而莫不知弟焉；於凡事物之感，莫不有自然之明焉。是其靈昭之在人心，亘萬古而無不同，無或昧者也，是故謂之明德。其或蔽焉，物欲也。明之者，去其物欲之蔽，以全其本體之明焉耳，

[一] 人大本、九大本篇末署「陽明山人王某書于第十一洞天之碧霞池上」。

非能有以增益之也。」曰：「何以在親民乎？」曰：「德不可以徒明也。人之欲明其孝之德也，則必親於其父，而後孝之德明矣；欲明其弟之德也，則必親於其兄，而後弟之德明矣。君臣也，夫婦也，朋友也，皆然也。故明明德必在於親民，而親民乃所以明其明德也，故曰一也。」

曰：「親民以明其明德，修身焉可矣，而何家國天下之有乎？」曰：「人者，天地之心也；民者，對己之稱也；曰民焉，則三才之道舉矣。是故親吾之父以及人之父，而天下之父子莫不親矣；親吾之兄以及人之兄，而天下之兄弟莫不親矣。君臣也，夫婦也，朋友也，推而至於鳥獸草木也，而皆有以親之，無非求盡吾心焉，以自明其明德也。是之謂『明明德於天下』，是之謂『家齊國治而天下平』。」

曰：「然則烏在其爲止至善者乎？」「昔之人固有欲明其明德矣，然或失之虛罔空寂，而無有乎家國天下之施者，是不知明明德之在於親民，而二氏之流是矣。固有欲親其民者矣，然或失之知謀權術，而無有乎仁愛惻怛之誠者，是不知親民之所以明其明德，而五伯功利之徒是矣。是皆不知止於至善之過也。是故至善也者，明德親民之極則也。天命之性，粹然至善，其靈昭不昧者，皆其至善之發見，是乃明德之本體[一]，而所謂良知者也。至善之發見，是而是焉，非而非焉，

[一] 是乃明德之本體　「乃」，國圖本、天圖本、叢刊本、文淵閣本、摛藻堂本作「皆」。

固吾心天然自有之則，而不容有所擬議加損於其間也。有所擬議加損於其間，則是私意小智，而非至善之謂矣。人惟不知至善之在吾心，而用其私智以求之於外，是以昧其是非之則，至於橫騖決裂，人欲肆而天理亡，明德親民之學大亂於天下。故止至善之於明德親民也，猶之規矩之於方圓也，尺度之於長短也，權衡之於輕重也。方圓而不止於規矩，爽其度矣；長短而不止於尺度，乖其制矣；輕重而不止於權衡，失其準矣；明德親民而不止於至善，亡其則矣。夫是之謂大人之學。大人者，以天地萬物爲一體也，夫然後能以天地萬物爲一體。」

元善喟然而嘆曰：「甚哉！大人之學若是其易簡也。吾乃今知天地萬物之一體矣；吾乃今知天下之爲一家，中國之爲一人矣。一夫不被其澤，若己推而內諸溝中，伊尹其先得我心之同然乎？」於是名其蒞政之堂曰「親民」，而曰：「吾以親民爲職者也，吾務親吾之民，以求明吾之明德也夫。」爰書其言于壁而爲之記。

萬松書院記 乙酉

萬松書院在浙省南門外，當湖山之間。弘治初，參政周君近仁因廢寺之趾而改爲之，廟貌規制，略如學宮，延孔氏之裔以奉祀事。近年以來，有司相繼緝理，地益以勝，然亦止爲遊觀之所，而講誦之道未備也。嘉靖乙酉，侍御潘君景哲奉命來巡，憲度丕肅，文風聿新。既簡鄉闈，收一省之賢而上之南宫矣。又以遺才之不能盡取爲憾，思有以大成之。乃增修書院，益廣樓居齋舍爲三十六楹，具其器用，置贍田若干頃，揭白鹿之規，掄彦選俊，肄習其間，以倡列郡之士，而以屬之提學僉事萬君汝信。汝信曰：「是固潮之責也。」藩臬諸君，咸贊厥成，使知事嚴綱董其役[一]，知府陳力、推官陳篪輩，相協經理。閲月踰旬，工訖事舉，乃來請言以紀其事。

惟我皇明，自國都至於郡邑，咸建廟學，群士之秀，專官列職而教育之。其於學校之制，可謂詳且備矣。而名區勝地，往往復有書院之設，何哉？所以匡翼夫學校之不逮也。夫三代之學，皆所以明人倫。今之學宫，皆以「明倫」名堂，則其所以立學者，固未嘗非三代意也。然自科舉之業盛，士皆馳騖於記誦辭章，而功利得喪分惑其心[二]，於是師之所教，弟子之所學者，遂不復知有明倫之意矣。懷世道之憂者，思挽而復之，卒亦未知所措其力。譬之兵事，當玩弛偷惰之餘，則必選將閲伍，更其號令旌旗，懸非格之賞，以倡敢勇，然後士氣可得而振也。今書院之設，固亦此類也歟？

[一] 嚴綱 黄本、范本、閩本、宋本、邵本作「嚴綱」。

[二] 分惑其心 「惑」，黄本、范本、閩本作「感」。

士之來集於此者，其必相與思之曰：「既進我於學校矣，而復優我於是，何爲乎？寧獨以精吾之舉業而已乎？便吾之進取而已乎？則學校之中，未嘗不可以精吾之業，而進取之心，自吾所汲汲，非有待於人之從而趨之也。是必有進於是者矣，是固期我以古聖賢之學也。」古聖賢之學，明倫而已。堯、舜之相授受曰：「人心惟危，道心惟微，惟精惟一，允執厥中。」斯明倫之學矣。道心也者，率性之謂也，人心則僞矣。不雜於人僞，率是道心而發之於用也，以言其情，則爲喜怒哀樂；以言其事，則爲中節之和，爲三千三百經曲之禮；以言其倫，則爲父子之親，君臣之義，夫婦之别，長幼之序，朋友之信，而三才之道盡此矣。舜使契爲司徒以教天下者，教之以此也。是固天下古今聖愚之所同具，其或昧焉者，物欲蔽之，非其中之所有不備，而假求之於外者也。是固所謂「不慮而知，其良知也；不學而能，其良能也。孩提之童，無不知愛其親」者也。孔子之聖，則曰：「所求乎子，以事父，未能也。」是明倫之學，孩提之童亦無不能，而及其至也，雖聖人有所不能盡也。人倫明於上，小民親於下，家齊國治而天下平矣。是故明倫之外無學矣。外此而學者，謂之異端；非此而論者，謂之邪説；假此而行者，謂之伯術；飾此而言者，謂之文辭；背此而馳者，謂之功利之徒，亂世之政。雖今之舉業，必自此而精之，而後不愧於敷奏明試[一]；雖今之仕進，必由此而施之，而後無忝於行義達道。斯固國家建學之初意，諸君緝書院以興多士之盛心也，故爲多士誦之。

稽山書院尊經閣記 乙酉

經，常道也。其在於天謂之命，其賦於人謂之性，其主於身謂之心。心也，性也，命也，一也。通人物，達四海，塞天地，亘古今，無有乎弗具，無有乎弗同，無有乎或變者也，是常道也。其應乎感也，則爲惻隱，爲羞惡，爲辭讓，爲是非；其見於事也，則爲父子之親，爲君臣之義，爲夫婦之別，爲長幼之序，爲朋友之信。是惻隱也，羞惡也，辭讓也，是非也，是親也，義也，序也，別也，信也，一也。皆所謂心也，性也，命也。通人物，達四海，塞天地，亘古今，無有乎弗具，無有乎弗同，無有乎或變者也，是常道也。是常道也，以言其陰陽消息之行焉，則謂之易；以言其紀綱政事之施焉，則謂之書；以言其歌詠性情之發焉，則謂之詩；以言其條理節文之著焉，則謂之禮；以言其欣喜和平之生焉，則謂之樂；以言其誠僞邪正之辯焉，則謂之春秋。是陰陽消息之行也，以至於誠僞邪正之辯也，一也。皆所謂心也，性也，命也。通人物，達四海，塞天地，

[一] 而後不愧於敷奏明試 「後」，國圖本、天圖本、叢刊本作「謂」。

亘古今，無有乎弗具，無有乎弗同，無有乎或變者也，夫是之謂六經。六經者非他，吾心之常道也。故易也者，志吾心之陰陽消息者也；書也者，志吾心之紀綱政事者也；詩也者，志吾心之歌詠性情者也；禮也者，志吾心之條理節文者也；樂也者，志吾心之欣喜和平者也；春秋也者，志吾心之誠僞邪正者也。君子之於六經也，求之吾心之陰陽消息而時行焉，所以尊易也；求之吾心之紀綱政事而時施焉，所以尊書也；求之吾心之歌詠性情而時發焉，所以尊詩也；求之吾心之條理節文而時著焉，所以尊禮也；求之吾心之欣喜和平而時生焉，所以尊樂也；求之吾心之誠僞邪正而時辯焉，所以尊春秋也。

蓋昔者聖人之扶人極，憂後世，而述六經也，猶之富家者之父祖，慮其産業庫藏之積，其子孫者或至於遺忘散失，卒困窮而無以自全也，而記籍其家之所有以貽之，使之世守其産業庫藏之積而享用焉，以免於困窮之患。故六經者，吾心之記籍也。而六經之實則具於吾心，猶之産業庫藏之實積，種種色色，具存於其家，其記籍者，特名狀數目而已。而世之學者，不知求六經之實於吾心，而徒考索於影響之間，牽制於文義之末，硜硜然以爲是六經矣。是猶富家之子孫，不務守視享用其産業庫藏之實積，日遺忘散失，至於窶人丐夫[一]，而猶囂囂然指其記籍曰：「斯吾

[一] 至於窶人丐夫 「於」，人大本、九大本、黄本、閭本、董本、范本、聞本、宋本、邵本作「爲」。

產業庫藏之積也。」何以異於是？嗚呼！六經之學，其不明於世非一朝一夕之故矣。尚功利，崇邪説，是謂亂經；習訓詁，傳記誦，没溺於淺聞小見，以塗天下之耳目，是謂侮經；侈淫辭，競詭辯，飾奸心盜行，逐世壟斷，而猶自以爲通經，是謂賊經。若是者，是并其所謂記籍者而割裂棄毁之矣。寧復知所以爲尊經也乎？

越城舊有稽山書院，在卧龍西岡，荒廢久矣。郡守渭南南君大吉，既敷政於民，則慨然悼末學之支離，將進之以聖賢之道。於是使山陰令吴君瀛拓書院而一新之，又爲尊經之閣於其後，曰：「經正則庶民興，庶民興，斯無邪慝矣。」閣成，請予一言，以諗多士。予既不獲辭，則爲記之若是。嗚呼！世之學者，得吾説而求諸其心焉，其亦庶乎知所以爲尊經也矣。

重修山陰縣學記 乙酉

山陰之學，歲久彌敝，教諭汪君瀚輩，以謀於縣尹顧君鐸而一新之，請所以詔士之言於予。時予方在疚，辭未有以告也。已而顧君入爲秋官郎，洛陽吴君瀛來代，復增其所未備，而申前之請。昔予官留都，因京兆之請記其學，而嘗有説矣。其大意以爲朝廷之所以養士者，不專於舉業，而實望之以聖賢之學。今殿廡堂舍，拓而輯之，餼廩條教，具而察之者，是有司之修學也；求天下之廣居安宅者，而修諸其身焉，此爲師、爲弟子者之修學也。其時聞者皆惕然有省，然於凡所以爲學之説，則猶未之及詳。今請爲吾越之士一言之。

夫聖人之學，心學也，學以求盡其心而已。堯、舜、禹之相授受曰：「人心惟危，道心惟微，惟精惟一，允執厥中。」道心者，率性之謂，而未雜於人，無聲無臭，至微而顯，誠之源也。人心則雜於人而危矣，僞之端矣。見孺子之入井而惻隱，率性之道也；從而内交於其父母焉，要譽於鄉黨焉，則人心矣。飢而食，渴而飲，率性之道也；從而極滋味之美焉，恣口腹之饕焉，則人心矣。惟一者，一於道心也；惟精者，慮道心之不一，而或二之以人心也。道無不中，一於道心而不息，是謂「允執厥中」矣。一於道心，則存之無不中，而發之無不和。是故率是道心，而發之於父子也無不親，發之於君臣也無不義，發之於夫婦、長幼、朋友也，無不別，無不序，無不信，是謂中節之和，天下之達道也。放四海而皆準，亘古今而不窮，天下之人，同此心，同此性，同此達道也。舜使契爲司徒，而教以人倫，教之以此達道也。當是之時，人皆君子而比屋可封，蓋教者惟以是爲教，而學者惟以是爲學也。

聖人既没，心學晦而人僞行，功利、訓詁、記誦、辭章之徒，紛沓而起，支離決裂，歲盛月新，相沿相襲，各是其非，人心日熾，而不復知有道心之微。間有覺其紕繆，而略知反本求源者，則又閧然指爲禪學而群訾之。嗚呼！心學何由而復明乎？夫禪之學與聖人之學，皆求盡其心也，以天地萬物爲一體也。吾之父子親矣，而天下有未親者焉，吾心未盡也；吾之君臣義矣，而天下有未義者焉，吾心未盡也；吾之夫婦别矣，長幼序矣，朋友信矣，而天下有未别、未序、未信者焉，吾心未盡也。吾之一家飽暖逸樂矣，而天下有未飽暖逸樂者焉，其能以親乎、義乎、别序信乎？吾心未盡也。故於是有紀綱政事之設焉，有禮樂教化之施焉。凡以裁成輔相，成己成物，而求盡吾心焉耳。心盡而家以齊，國以治，天下以平，故聖人之學，不出乎盡心。禪之學非不以心爲説，然其意以爲是達道也者，固吾之心也。吾惟不昧吾心於其中，則亦已矣，而亦豈必屑屑於其外？其外有未當也，則亦豈必屑屑於其中？斯亦其所謂盡心者矣。而不知已陷於自私自利之偏，是以外人倫，遺事物，以之獨善或能之，而要之不可以治家國天下。蓋聖人之學，無人己，無内外，一天地萬物以爲心，而禪之學起於自私自利，而未免於内外之分，斯其所以爲異也[二]。今之爲心性之學者，而果外人倫，遺事物，則誠所謂禪矣。使其未嘗外人倫，遺事物，而專以存心養性爲事，則固聖門精一之學也，而可謂之禪乎哉？

[一] 皆求盡其心也 「皆」，人大本、九大本作「其」。

[二] 斯其所以爲異也 人大本、九大本無「以」字；黄本、閭本、董本、范本、聞本、宋本、邵本無「所」字。

世之學者，承沿其舉業詞章之習，以荒穢戕伐其心，既與聖人盡心之學相背而馳，日騖日遠，莫知其所抵極矣。有以心性之説而招之來歸者，則顧駭以爲禪，而反仇讐視之，不亦大可哀乎？夫不自知其爲非，而以非人者，是舊習之爲蔽，而未可遽以爲罪也。有知其非者矣，藐然視人之非，而不以告人者，自私者也。既告之矣，既知之矣，而猶冥然不以自反者，自棄者也。吾越多豪傑之士，其特然無所待而興者，爲不少矣，而亦容有蔽於舊習者乎？故吾因諸君之請，而特爲一言之。嗚呼！吾豈特爲吾越之士一言之而已乎？

梁仲用默齋説

辛未

仲用識高而氣豪，既舉進士，鋭然有志天下之務。一旦責其志曰：「於呼！予乃太早，烏有己之弗治而能治人者？」於是專心爲己之學，深思其氣質之偏，而病其言之易也。以「默」名庵，過予而請其方。予亦天下之多言人也，豈足以知默之道？然予嘗自驗之：氣浮則多言，志輕則多言，氣浮者耀於外，志輕者放其中。予請誦古之訓，而仲用自取之。

夫默有四僞：疑而不知問，蔽而不知辯，冥然以自罔，謂之默之愚。以不言餂人者，謂之默之狡。慮人之覘其長短也，掩覆以爲默，謂之默之誣。深爲之情，厚爲之貌，淵毒阱狠，自託於默以售其奸者，謂之默之賊。夫是之謂四僞。又有八誠焉：孔子曰「君子恥其言而過其行」，「古者言之不出，恥躬之不逮也」，故誠知恥而後知默。又曰「君子欲訥於言而敏於行」，夫誠敏於行，而後欲默矣。「仁者，言也訒[一]」，非以爲默而默存焉。又曰「默而識之」，是故必有所識也，「終日不違如愚」者也。「默而成之」，是故必有所成也，「退而省其私，亦足以發」者也。故善默者莫如顔子。「闇然而日章」，默之積也。「不言而信」，而默之道成矣。「天何言哉？四時行焉，萬物生焉」，而默之道至矣。非聖人其孰能與於此哉？夫是之謂八誠。仲用盍亦知所以自取之。

示弟立志説 乙亥

予弟守文來學，告之以立志。守文因請次第其語，使得時時觀省，且請淺近其辭，則易於通曉也。因書以與之。

夫學莫先於立志。志之不立，猶不種其根，而徒事培擁灌溉，勞苦無成矣。世之所以因循苟且，隨俗習非，而卒歸於污下者，凡以志之弗立也。故程子曰：「有求爲聖人之志，然後可與共學。」人苟誠有求爲聖人之志，則必思聖人之所以爲聖人者安在，非以其心之純乎天理，而無人欲之私

[一] 言也訒 人大本、九大本、董本「言」上有「其」字。

歟？聖人之所以爲聖人，惟以其心之純乎天理而無人欲，則我之欲爲聖人，亦惟在於此心之純乎天理而無人欲耳。欲此心之純乎天理而無人欲，則必去人欲而存天理；務去人欲而存天理，則必求所以去人欲而存天理之方；求所以去人欲而存天理之方，則必正諸先覺，考諸古訓，而凡所謂學問之功者，然後可得而講，而亦有所不容已矣。

夫所謂正諸先覺者，既以其人爲先覺而師之矣，則當專心致志，惟先覺之爲聽。言有不合，不得棄置，必從而思之，思之不得，又從而辯之，務求了釋，不敢輒生疑惑。故記曰：「師嚴，然後道尊；道尊，然後民知敬學。」苟無尊崇篤信之心，則必有輕忽慢易之意。言之而聽之不審，猶不聽也；聽之而思之不慎，猶不思也；是則雖曰師之，猶不師也。

夫所謂考諸古訓者，聖賢垂訓，莫非教人去人欲而存天理之方，若五經四書是已。吾惟欲去吾之人欲，存吾之天理而不得其方，是以求之於此，則其展卷之際，真如饑者之於食，求飽而已；病者之於藥，求愈而已；暗者之於燈，求照而已；跛者之於杖，求行而已。曾有徒事記誦講說，以資口耳之弊哉？

夫立志亦不易矣。孔子，聖人也，猶曰：「吾十有五而志于學，三十而立。」立者，志立也[一]。雖至於「不踰矩」，亦志之不踰矩也。志豈可易而視哉？夫志，氣之帥也，人之命也，木之根也，水之源也。源不濬則流息，根不植則木枯，命不續則人死，志不立則氣昏。是以君子之學，無時無處而不以立志爲事。正目而視之，無他見也；傾耳而聽之，無他聞也。如猫捕鼠，如鷄覆卵，精神心思，凝聚融結，而不復知有其他。然後此志常立，神氣精明，義理昭著，一有私欲[二]，即便知覺，自然容住不得矣。故凡一毫私欲之萌，只責此志不立，即私欲便退聽；一毫客氣之動，只責此志不立，即客氣便消除。或怠心生，責此志，即不怠；忽心生，責此志，即不忽；懆心生，責此志，即不懆；妬心生，責此志，即不妬；忿心生，責此志，即不忿；貪心生，責此志，即不貪；傲心生，責此志，即不傲；吝心生，責此志，即不吝。蓋無一息而非立志責志之時，無一事而非立志責志之地。故責志之功，其於去人欲[三]，有如烈火之燎毛，太陽一出而魍魎潛消也。

[一] 志立也　蕭本、國會本、德安本、孫本、錢本、胡本、王本、九大本、黄本、閭本、董本、范本、閩本、宋本、邵本作「立志也」。

[二] 一有私欲　王本、九大本無「欲」字。

[三] 其於去人欲　蕭本、國會本、德安本、孫本、錢本、胡本、王本、九大本無「於」字。

自古聖賢，因時立教，雖若不同，其用功大指，無或少異。書謂「惟精惟一」，易謂「敬以直內，義以方外」，孔子謂「格致誠正」、「博文約禮」，曾子謂「忠恕」，子思謂「尊德性而道問學」，孟子謂「集義養氣」、「求其放心」。雖若人自爲説，有不可强同者[一]，而求其要領歸宿，合若符契。何者？夫道[二]，一而已。道同則心同，心同則學同，其卒不同者，皆邪説也。後世大患，尤在無志，故今以立志爲説。中間字字句句，莫非立志。蓋終身問學之功[三]，只是立得志而已。若以是説而合「精一」，則字字句句皆精一之功；以是説而合「敬義」，則字字句句皆敬義之功。其諸「格致」、「博約」、「忠恕」等説[四]，無不脗合。但能實心體之，然後信予言之非妄也。

約齋説　甲戌

滁陽劉生韶既學於陽明子，乃自悔其平日所嘗致力者，泛濫而無功，瑣雜而不得其要也。思

[一]　有不可强同者　王本、九大本無「者」字。

[二]　夫道　蕭本、國會本、德安本、孫本、錢本、胡本、王本、九大本無「夫」字。

[三]　蓋終身問學之功　「問學」，蕭本、國會本、胡本作「學問」。

[四]　忠恕等説　「等」，蕭本、國會本、胡本作「諸」。

得夫簡易可久之道而固守之，乃以「約齋」自號，求所以爲約之説於予。予曰：「子欲其約，乃所以爲煩也。其惟循理乎？理一而已，人欲則有萬其殊，是故一則約，萬則煩矣。雖然，理亦萬殊也，何以求其一乎？理雖萬殊，而皆具於吾心，心固一也，吾惟求諸吾心而已。求諸心而皆出乎天理之公焉，斯其行之簡易，所以爲約也已。彼其膠於人欲之私，則利害相攻，毁譽相制，得失相形，榮辱相纏，是非相傾，顧瞻牽滯，紛紜舛戻，吾見其煩且難也。然而世之知約者鮮矣。孟子曰：『學問之道無他，求其放心而已。』其知所以爲約之道歟？吾子勉之，吾言則亦以煩。」

見齋説　乙亥

辰陽劉觀時學於潘子，既有見矣，復學於陽明子。嘗自言曰：「吾名觀時，觀必有所見，而吾猶懵懵無睹也。」扁其居曰「見齋」以自勵，問於陽明子曰：「道有可見乎？」曰：「有，有而未嘗有也。」曰：「然則無可見乎？」曰：「無，無而未嘗無也。」曰：「然則何以爲見乎？」曰：「見而未嘗見也。」觀時曰：「弟子之惑滋甚矣。夫子則明言之以教我乎？」陽明子曰：「道不可言也，强爲之言而益晦；道無可見也，妄爲之見而益遠。夫有而未嘗有，是真有也；無而未嘗無，是真無也；見而未嘗見，是真見也。子未觀於天乎？謂天爲無可見，則蒼蒼耳，昭昭耳，日月之代明，四時之錯行，未嘗無也。謂天爲可見，則即之而無所，指之而無定，執之而無得，未嘗有也。夫天，道也；道，天也。風可捉也，影可拾也，道可見也。」曰：「然則吾終無所見乎？古之人則亦終無所見乎？」曰：「神無方而道無體，仁者見之謂之仁，知者見之謂之知，是有方體者也，見之而未盡者也。顏子則『如有所立卓爾』，夫謂之『如』，則非有也；謂之『有』，則非無也。是故『雖欲從之，末由也已』，故夫顏氏之子爲庶幾也。文王望道而未之見，斯真見也已。」曰：「然則吾何所用心乎？」曰：「淪於無者，無所用其心者也，蕩而無歸；滯於有者，用其心於無用者也，勞而無功。夫有無之間，見與不見之妙，非可以言求也。而子顧切切焉，吾又從而强言其不可見，是以瞽導瞽也。夫言飲者不可以爲醉，見食者不可以爲飽，子求其醉飽，則盍飲食之。子求其見也，其惟人之所不見乎？夫亦戒慎乎其所不覩也已，斯真覩也已，斯求見之道也已。」

矯亭説

乙亥

君子之行，順乎理而已，無所事乎矯[一]，然有氣質之偏焉[二]。偏於柔者，矯之以剛，然

[一] 無所事乎矯　「乎矯」，手稿作「於偏」。

[二] 然有氣質之偏焉　手稿無此七字。

〔明〕王守仁 著
王 强 彭啓彬 彙校

王文成公全書彙校 二

廣陵書社

王文成公全書卷之九

別録一　奏疏一

門人餘姚錢德洪　編次
安成鄒守益　葺録
泰和歐陽德　校正
山陰王畿　增葺
南昌唐堯臣　考訂

陳言邊務疏　弘治十二年時進士

迺者竊見皇上以彗星之變，警戒修省；又以虜寇猖獗，命將出師，宵旰憂勤，不遑寧處。此誠聖主遇災能警，臨事而懼之盛心也。當茲多故，主憂臣辱，孰敢愛其死？況有一二之見，而忍不以上聞耶？

臣愚以爲今之大患，在於爲大臣者，外託慎重老成之名，而内爲固禄希寵之計；爲左右者，内挾交蟠蔽壅之資，而外肆招權納賄之惡。習以成俗，互相爲奸，憂世者謂之迂狂，進言者目以浮躁，沮抑正大剛直之氣，而養成怯懦因循之風。故其衰耗頹塌，將至于不可支持而不自覺。今幸上天仁愛，適有邊陲之患，是憂慮警省，易轅改轍之機也。此在陛下，必宜自有所以痛革弊源，懲艾而振作之者矣。新進小臣，何敢僭聞其事，以干出位之誅。至於軍情之利害，事機之得失，苟有所見，是固芻蕘之所可進，卒伍之所得言者也，臣亦何爲而不可之有？雖其所陳未必盡合時論，然私心竊以爲必宜如此，則又不可以苟避乖剌而遂已於言也。謹陳便宜八事，以備採擇：一曰蓄材以備急，二曰舍短以用長，三曰簡師以省費，四曰屯田以足食，五曰行法以振威，六曰敷恩以激怒，七曰捐小以全大，八曰嚴守以乘弊。

何謂蓄材以備急？臣惟將者，三軍之所恃以動，得其人則克以勝，非其人則敗以亡，其可以不豫畜哉？今者邊方小寇，曾未足以辱偏裨，而朝廷會議推舉，固已倉皇失措，不得已而思其次，一二人之外，曾無可以繼之者矣。如是而求其克敵致勝，其將何恃而能乎？夫以南宋之偏安，猶且宗澤、岳飛、韓世忠、劉錡之徒以爲之將，李綱之徒以爲之相，尚不能止金人之衝突。今以一統之大，求其任事如數子者，曾未見有一人。萬如虜寇長驅而入[一]，不知陛下之臣，孰可使以禦之，若之何其猶不寒心而早圖之也？臣愚以爲今之武舉，僅可以得騎射搏擊之士，而不足以收韜略統馭之才。今公侯之家，雖有教讀之設，不過虛應故事，而實無所裨益。誠使公侯之子，皆聚之一所，擇文武兼濟之才，如今之提學之職者一人以教育之，習之以書史騎射，授之以韜略謀猷。又於武學生之内，歲升其超異者於此，使之相與磨礱砥礪，日稽月考，别其才否，比年而校試，三年而選舉。至於兵部，自尚書以下，其兩侍郎，使之每歲更迭巡邊，於科道部屬之内，擇其通變特達者二三人以從。因使之得以周知道里之遠近，邊關之要害，虜情之虛實，事勢之緩急，無不深諳熟察於平日，則一旦有急，所以遥度而往莅之者，不慮無其人矣。孟軻有云，「苟爲不畜，終身不得」，臣願自今畜之也。

何謂舍短以用長？臣惟人之才能，自非聖賢，有所長，必有所短；有所明，必有所蔽；而人之常情，亦必有所懲於前，而後有所警於後。吴起殺妻，忍人也，而稱名將；陳平受金，貪夫也，而稱謀臣[二]；管仲被囚而建霸，孟明三北而成功，顧上之所以駕馭而鼓動之者何如耳。故曰「用

[一] 萬如虜寇長驅而入　「如」，文淵閣本、摛藻堂本作「一」。
[二] 而稱謀臣　「稱」，黄本、閭本、董本、范本、聞本、鄒本、胡本、宋本、邵本作「爲」。

人之仁去其貪，用人之智去其詐，用人之勇去其怒」。夫求才於倉卒艱難之際，而必欲拘於規矩繩墨之中，吾知其必不克矣。臣嘗聞諸道路之言，曩者邊關將士，以驍勇强悍稱者，多以過失罪名，擯棄於閑散之地。夫有過失罪名，其在平居無事，誠不可使處於人上，至於今日之多事，則彼之驍勇强悍，亦誠有足用也。且被擯棄之久[一]，必且悔艾前非，以思奮勵。今誠委以數千之衆，使得立功自贖，彼又素熟於邊事，加之以積慣之餘，其與不習地利，志圖保守者，功宜相遠矣。古人有言，「使功不如使過」，是所謂「使過」也。

何謂簡師以省費？臣聞之兵法曰：「日費千金，然後十萬之師舉。」夫古之善用兵者，取用於國，因糧於敵，猶且日費千金。今以中國而禦夷虜，非漕輓則無粟，非征輸則無財，是故固不可以言因糧於敵矣[二]。然則今日之師，可以輕出乎？臣以公差在外，甫歸旬日，遥聞出師，竊以爲不必然者。何則？北地多寒，今炎暑漸熾，虜性不耐，我得其時，一也。虜恃弓矢，今大雨時行，觔膠解弛，二也。虜逐水草以爲居，射生畜以爲食，今已蜂屯兩月，邊草殆盡，野無所獵，三也。以臣料之，官軍甫至，虜迹遁矣。夫兵固有先聲而後實者，今師旅既行，言已無及，惟有簡師一事，

[一] 且被擯棄之久　「被」，黄本、閭本、董本、范本、聞本、鄒本、胡本、宋本、邵本作「彼」。
[二] 是故固不可以言因糧於敵矣　黄本、閭本、董本、范本、聞本、鄒本、胡本、宋本、邵本無「故」字。

猶可以省虚費而得實用。夫兵貴精，不貴多。今速詔諸將，密於萬人之内，取精健足用者三分之一，而餘皆歸之京師。萬人之聲既揚矣，今密歸京師，邊關固不知也。是萬人之威猶在也，而其實又可以省無窮之費，豈不爲兩便哉？況今官軍之出，戰則退後，功則争先，亦非邊將之所喜。彼之請兵，徒以事之不濟，則責有所分焉耳。今誠於邊塞之卒，以其所以養京軍者而養之，以其所以賞京軍者而賞之，旬日之間，數萬之衆，可立募於帳下，奚必自京而出哉？

何謂屯田以給食？臣惟兵以食爲主，無食，是無兵也。邊關轉輸，水陸千里，踣頓捐棄，十而致一。故兵法曰：「國之貧於師者遠輸，遠輸則百姓貧，近師貴賣，貴賣則百姓財竭。」此之謂也。今之軍官既不堪戰陣，又使無事坐食以益邊困，是與敵爲謀也。三邊之戍，方以戰守，不暇耕農。誠使京軍分屯其地，給種授器，待其秋成，使之各食其力。寇至則授甲歸屯，遥爲聲勢以相犄角；寇去仍復其業。因以其暇，繕完虜所拆毁邊墻亭堡，以遏衝突。如此，雖未能盡給塞下之食，亦可以少息輸餽矣。此誠持久俟時之道，王師出於萬全之長策也。

何謂行法以振威？臣聞李光弼之代子儀也，張用濟斬於轅門；狄青之至廣南也，陳曙戮於戲下；是以皆能振疲散之卒，而摧方强之虜。今邊臣之失機者，往往以計倖脱，朝喪師於東陲，暮調守於西鄙，罰無所加，兵因縱弛。如此，則是陛下不惟不寘之罪，而復爲曲全之地也。彼亦何憚而致其死力哉？夫法之不行，自上犯之也。今總兵官之頭目，動以一二百計，彼其誠以武勇而收録之也，則亦何不可之有？然而此輩非勢家之子弟，即豪門之夤緣，皆以權力而强委之也。彼且需求刻剥，騷擾道路，仗勢以奪功，無勞而冒賞，懈戰士之心，興邊戍之怨。爲總兵者，且復資其權力以相後先，其委之也，敢以不受乎？其受之也，其肯以不庇乎？苟戾於法，又敢斬之以殉乎？是將軍之威，固已因此輩而索然矣，其又何以臨師服衆哉？臣願陛下手敕提督等官，發令之日，即以先所喪師者，斬于轅門以正軍法，而所謂頭目之屬，悉皆禁令發回，毋使瀆擾侵冒，以撓將權，則士卒奮勵，軍威振肅，克敵制勝，皆原於此。不然，雖有百萬之衆，徒以虛國勞民，而亦無所用之也。

何謂敷恩以激怒？臣聞殺敵者，怒也。今師方失利，士氣消沮，三邊之戍，其死亡者，非其父母子弟，則其宗族親戚也。今誠撫其瘡痍，問其疾苦，恤其孤寡，振其空乏，其死者皆無怨尤，則生者自宜感動。然後簡其强壯，宣以國恩，喻以虜讐，明以天倫，激以大義，懸賞以鼓其勇，暴惡以深其怒。痛心疾首，日夜淬礪，務與之俱殺父兄之讐，以報朝廷之德，則我之兵勢日張，士氣日奮，而區區醜虜，有不足破者矣。

何謂捐小以全大？臣聞之兵法曰：「將欲取之，必固與之。」又曰：「佯北勿從，餌兵勿食。」

皆捐小全大之謂也。今虜勢方張，我若按兵不動，彼必出鋭以挑戰，挑戰不已，則必設詐以致師，或捐棄牛馬而僞逃，或揜匿精悍以示弱，或詐潰而埋伏，或潛軍而請和，是皆誘我以利也。信而從之，則墮其計矣。然今邊關守帥，人各有心，虜情虚實，事難卒辨[一]。當其挑誘之時，畜而不應，未免小有剽掠之虞[二]。一以爲當救，一以爲可邀，從之，則必陷於危亡之地；不從，則又懼於坐視之誅。此王師之所以奔逐疲勞，損失威重，而醜虜之所以得志也。今若恣其操縱，許以便宜，其縱之也不以其坐視，其捐之也不以爲失機。養威爲憤[三]，惟欲責以大成，而小小挫失皆置不問，則我師常逸，而兵威無損，此誠勝敗存亡之機也。

何謂嚴守以乘弊？臣聞古之善戰者，先爲不可勝，以待敵之可勝。蓋中國工於自守，而胡虜長於野戰。今邊卒新破，虜勢方劇，若復與之交戰，是投其所長，而以勝予敵也。爲今之計，惟宜嬰城固守，遠斥候以防奸，勤間諜以謀虜，熟訓練以用長，嚴號令以肅惰。而又頻加犒享，使皆畜力養鋭。譬之積水，俟其盈滿充溢，而後乘怒急決之，則其勢并力驟，至於崩山漂石而未已。

[一] 事難卒辨 「辨」，國圖本、天圖本、叢刊本、文淵閣本作「辦」。
[二] 未免小有剽掠之虞 「小」，國圖本、天圖本、叢刊本、文淵閣本、摛藻堂本作「必」。
[三] 養威爲憤 「爲」，黄本、閭本、董本、范本、聞本、鄒本、胡本、宋本、邵本作「畜」。

昔李牧備邊，日以牛酒享士，士皆樂爲一戰，而牧屢抑止之，至其不可禁遏，而始奮威并出，若不得已而後從之，是以一戰而破强胡。今我食既足，我威既盛，我怒既深，我師既逸，我守既堅，我氣既鋭，則是周悉萬全，而所謂不可勝者，既在於我矣。由是我足則虜日以匱，我盛則虜日以衰，我怒則虜日以曲，我逸則虜日以勞，我堅則虜日以虚，我鋭則虜日以鈍，索情較計，必將疲罷奔逃。然後用奇設伏，悉師振旅，出其所不趨，趨其所不意，迎邀夾攻，首尾横擊。是乃以足當匱，以盛敵衰，以怒加曲，以逸擊勞，以堅破虚，以鋭攻鈍，所謂勝於萬全，立於不敗之地，而不失敵之敗者也。

右臣所陳，非有奇特出人之見，固皆兵家之常談，今之爲將者之所共見也。但今邊關將帥，雖或知之而不能行，類皆視爲常談，漫不加省。勢有所軼，則委於無可奈何；事憚煩難，則爲因循苟且。是以玩習弛廢，一至於此。陛下不忽其微，乞敕兵部，將臣所奏熟議可否，轉行提督等官，即爲斟酌施行。毋使視爲虚文，務欲責以實效，庶於軍機必有少補。臣不勝爲國惓惓之至。

乞養病疏

十五年八月，時官刑部主事。

臣原籍浙江紹興府餘姚縣人，由弘治十二年二甲進士。弘治十三年六月，除授前職。弘治十四年八月，奉命前往直隸淮安等府，會同各該巡按御史，審决重囚，已行遵奉奏報外。切緣臣自去歲三月，忽患虚弱咳嗽之疾，劑灸交攻，入秋稍愈。遽欲謝去藥石，醫師不可，以爲病根既植，當復萌芽，勉强服飲，頗亦臻效。及奉命南行，漸益平復，遂以爲無復他慮，竟廢醫言，捐棄藥餌，衝冒風寒，恬無顧忌，内耗外侵，舊患仍作。及事竣北上，行至揚州，轉增煩熱，遷延三月，尪羸日甚。心雖戀闕，勢不能前，追誦醫言，則既晚矣。先民有云：「忠言逆耳利於行，良藥苦口利於病。」臣之致此，則是不信醫者逆耳之言，而畏難苦口之藥之過也。今雖悔之，其可能乎？臣自惟田野豎儒，粗通章句，遭遇聖明，竊禄部署，未效答於涓埃，懼遂填於溝壑。螻蟻之私，期得暫離職任，投養幽閒，苟全餘生，庶申初志。伏望聖恩垂憫，乞敕吏部，容臣暫歸原籍，就醫調治，病痊之日，仍赴前項衙門辦事，以圖補報。臣不勝迫切願望之至。

乞宥言官去權姦以章聖德疏

正德元年，時官兵部主事[一]。

臣聞君仁則臣直[二]，大舜之所以聖，以能隱惡而揚善也。臣邇者竊見陛下以南京户科給事

[一] 乞宥言官去權姦以章聖德疏正德元年時官兵部主事　人大本、九大本作「乞宥言官疏 正德丙寅」。

[二] 臣聞君仁則臣直　人大本、九大本「臣」上有「奏爲宥言官以彰聖德事」十字。

中戴銑等上言時事，特敕錦衣衛差官校拿解赴京。臣不知所言之當理與否，意其間必有觸冒忌諱，上干雷霆之怒者。但以銑等職居諫司，以言爲責。其言而善，自宜嘉納施行；如其未善，亦宜包容隱覆，以開忠讜之路。乃今赫然下令，遠事拘囚，在陛下之心，不過少示懲創，使其後日不敢輕率妄有論列，非果有意怒絶之也。下民無知，妄生疑懼，臣切惜之。今在廷之臣，莫不以此舉爲非宜，然而莫敢爲陛下言者，豈其無憂國愛君之心哉？懼陛下復以罪銑等者罪之，則非惟無補於國事，而徒足以增陛下之過舉耳。然則自是而後，雖有上關宗社危疑不制之事，陛下孰從而聞之？陛下聰明超絶，苟念及此，寧不寒心？況今天時凍沍，萬一差去官校督束過嚴，銑等在道或致失所，遂填溝壑，使陛下有殺諫臣之名，興群臣紛紛之議，其時陛下必將追咎左右莫有言者，則既晚矣。伏願陛下追收前旨，使銑等仍舊供職，擴大公無我之仁，明改過不吝之勇。聖德昭布，遠邇人民胥悦，豈不休哉！臣又惟君者，元首也；臣者，耳目手足也。陛下思耳目之不可使壅塞，手足之不可使痿痺，必將惻然而有所不忍。臣承乏下僚，僭言實罪。伏覩陛下明旨，有「政事得失，許諸人直言無隱」之條，故敢昧死爲陛下一言。伏惟俯垂有察，不勝干冒戰慄之至[一]。

[一] 不勝干冒戰慄之至　人大本、九大本「至」下有「謹具本，親齎奏聞，伏候敕旨」十一字。

自劾乞休疏 十年，時官鴻臚寺卿。

臣由弘治十二年進士，歷任今職，蓋叨位竊禄，十有六年，中間鰥曠之罪多矣。邇者朝廷舉考察之典，揀汰群僚，臣反顧内省，點檢其平日，正合擯廢之列。雖以階資稍崇，偶幸漏網，然其不職之罪，臣自知之，不敢重以欺陛下。近年以來，疾病交攻，非獨才之不堪，亦且力有不任。夫幸人之不知，而鼠竄苟免，臣之所甚耻也。淑慝混淆，使勸懲之典不明，臣之所甚懼也。伏惟陛下明燭其罪，以之爲顯罰，使天下曉然知不肖者之不得以倖免，臣之願死且不朽。若從末減，罷歸田里，使得自附於乞休之末，臣之大幸，亦死且不朽。臣不勝惶恐待罪之至。

乞養病疏 十年八月

頃者臣以朝廷舉行考察，自陳不職之狀，席藁待罪。其時臣疾已作，然不敢以疾請者，人臣鰥曠廢職，自宜擯逐以彰國法，疾非所言矣。陛下寬恩曲成，留使供職，臣雖冥頑，亦寧不知感激自奮，及其壯齒，陳力就列，少效犬馬，然臣病侵氣弱，力不能從其心。臣自往歲投竄荒夷，往來道路，前後五載，蒙犯瘴霧，魑魅之與游，蠱毒之與處。其時雖未即死，而病勢因仍，漸肌入骨，日以深積。後值聖恩汪濊，掩瑕納垢，復玷清班，收斂精魂，旋回光澤，其實内病潛滋，外强中槁。頃來南都，寒暑失節，病遂大作。且臣自幼失母，鞠於祖母岑，今年九十有六，耄甚，不可迎侍，日夜望臣一歸爲訣。臣之疾痛，抱此苦懷，萬無生理。陛下至仁天覆，惟恐一物不遂其生。伏乞放臣暫回田里，就醫調治，使得目見祖母之終，臣雖殞越下土，永啣犬馬帷蓋之恩。倘得因是苟延殘喘，復爲完人，臣齒未甚衰暮，猶有圖效之日。臣不勝懇切願望之至。

諫迎佛疏 稿具未上

臣自七月以來，切見道路流傳之言，以爲陛下遣使外夷，遠迎佛教，群臣紛紛進諫［一］，皆斥而不納。臣始聞不信，既知其實，然獨竊喜幸，以爲此乃陛下聖智之開明，善端之萌蘖。群臣之諫，雖亦出於忠愛至情，然而未能推原陛下此念之所從起。是乃爲善之端，作聖之本，正當將順擴充，遡流求原，而乃狃於世儒「崇正」之説，徒爾紛争力沮，宜乎陛下之有所拂而不受，忽而不省矣。愚臣之見，獨異於是，乃惟恐陛下好佛之心有所未至耳。誠使陛下好佛之心果已真切懇至，不徒好其名而必務得其實，不但好其末而必務求其本，則堯舜之聖可至，三代之盛可復矣。

［一］群臣紛紛進諫　「群」，國圖本、天圖本、叢刊本、文淵閣本訛作「郡」，下文「群臣之諫」同。

豈非天下之幸，宗社之福哉？

臣請爲陛下言其好佛之實。陛下聰明聖知，昔者青宫固已播傳四海。即位以來，偶值多故，未暇講求五帝、三王神聖之道。雖或時御經筵，儒臣進説，不過日襲故事，就文敷衍，立談之間[一]，豈能遽有所開發？陛下聽之，以爲聖賢之道不過如此，則亦有何可樂，故漸移志於騎射之能，縱心於遊觀之樂[二]。蓋亦無所用其聰明，施其才力，而偶託寄於此。陛下聰明，豈固遂安於是，而不知此等皆無益有損之事也哉？馳逐困憊之餘，夜氣清明之際，固將厭倦日生，悔悟日切，而左右前後，又莫有以神聖之道爲陛下言者，故遂遠思西方佛氏之教。以爲其道能使人清心絶欲，求全性命，以出離生死，又能慈悲普愛，濟度群生，去其苦惱，而躋之快樂。今災害日興，盜賊日熾，財力日竭，天下之民困苦已極，使誠身得佛氏之道而拯救之，豈徒息精養氣，保全性命，豈徒一身之樂，將天下萬民之困苦，亦可因是而蘇息。故遂特降綸音，發幣遣使，不憚數萬里之遥，不愛數萬金之費，不惜數萬生靈之困斃，不厭數年往返之遲久，遠迎學佛之徒。是蓋陛下思欲一洗舊習之非，而幡然於高明光大之業也。陛下試以臣言反而思之，陛下之心豈不如此乎？然則聖

[一] 立談之間 「立」，黄本、董本、范本作「與」。

[二] 縱心於遊觀之樂 國圖本、天圖本、叢刊本、文淵閣本、摛藻堂本作「縱觀於遊心之樂」。

知之開明，善端之萌蘖者，亦豈過爲諛言以佞陛下哉？

陛下好佛之心誠至，則臣請毋好其名而務得其實，毋好其末而務求其本。陛下誠欲得其實而求其本，則請毋求諸佛而求諸聖人，毋求諸外夷而求諸中國。此又非臣之苟爲遊説之談以誑陛下，臣又請得而備言之。夫佛者，夷狄之聖人；聖人者，中國之佛也。在彼夷狄，則可用佛氏之教以化導愚頑；在我中國，自當用聖人之道以參贊化育。猶行陸者必用車馬，渡海者必以舟航。今居中國而師佛教，是猶以車馬渡海，雖使造父爲御，王良爲右，非但不能利涉，必且有沉溺之患。夫車馬本致遠之具，豈不利器乎？然而用非其地，則技無所施。陛下若謂佛氏之道，雖不可以平治天下，或亦可以脱離一身之生死；雖不可以參贊化育，而時亦可以導群品之嚚頑。就此二説，亦復不過得吾聖人之餘緒。陛下不信，則臣請比而論之。

臣亦切嘗學佛，最所尊信，自謂悟得其藴奥。後乃窺見聖道之大，始遂棄置其説。臣請毋言其短，言其長者。夫西方之佛，以釋迦爲最；中國之聖人，以堯舜爲最；臣請以釋迦與堯舜比而論之。夫世之最所崇慕釋迦者，莫尚於脱離生死，超然獨存於世。今佛氏之書具載始末，謂釋迦住世説法四十餘年，壽八十二歲而没，則其壽亦誠可謂高矣。然舜年百有十歲，堯年一百二十歲，其壽比之釋迦則又高也。佛能慈悲施捨，不惜頭目腦髓，以救人之急難，則其仁愛及物，亦誠可謂至矣，然必苦行於雪山，奔走於道路，而後能有所濟。若堯舜則端拱無爲，而天下各得其所。惟克明峻德，以親九族，則九族既睦；平章百姓，則百姓昭明；協和萬邦，則黎民於變時雍。極而至於上下草木鳥獸，無不咸若。其仁愛及物，比之釋迦則又至也。佛能方便説法，開悟群迷，戒人之酒，止人之殺，去人之貪，絶人之嗔，其神通妙用，亦誠可謂大矣，然必耳提面誨而後能。若在堯舜，則光被四表，格于上下。其至誠所運，自然不言而信，不動而變，無爲而成，蓋與天地合其德，與日月合其明，與四時合其序，與鬼神合其吉凶。其神化無方，而妙用無體，比之釋迦則又大也。若乃詛呪變幻，眩怪捏妖，以欺惑愚冥，是故佛氏之所深排極詆，謂之外道邪魔，正與佛道相反者。不應好佛而乃好其所相反，求佛而乃求其所排詆者也。陛下若以堯舜既没，必欲求之於彼，則釋迦之亡亦已久矣。若謂彼中學佛之徒能傳釋迦之道，則吾中國之大，顧豈無人能傳堯舜之道者乎？陛下未之求耳。陛下試求大臣之中，苟其能明堯舜之道者，日日與之推求講究，乃必有能明神聖之道，致陛下於堯舜之域者矣。故臣以爲陛下好佛之心誠至，則請毋好其名而務得其實，毋好其末而務求其本，務得其實而求其本，則請毋求諸佛而求諸聖人，毋求諸夷狄而求諸中國者，果非妄爲遊説之談以誑陛下者矣。

陛下果能以好佛之心而好聖人[一]，以求釋迦之誠而求諸堯舜之道，則不必涉數萬里之遥，而西方極樂，只在目前；則不必縻數萬之費，斃數萬之命，歷數年之久，而一塵不動，彈指之間，可以立躋聖地，神通妙用，隨形隨足。此又非臣之謬爲大言以欺陛下，必欲討究其説，則皆鑿鑿可證之言。孔子云「我欲仁，斯仁至矣」，「一日克己復禮，而天下歸仁」，孟軻云「人皆可以爲堯舜」，豈欺我哉？陛下反而思之，又試以詢之大臣，詢之群臣，果臣言出於虚謬，則甘受欺妄之戮。臣不知諱忌，伏見陛下善心之萌，不覺踊躍喜幸，輒進其將順擴充之説。惟陛下垂察，則宗社幸甚，天下幸甚，萬世幸甚。臣不勝祝望懇切殞越之至。專差舍人某，具疏奏上以聞。

辭新任乞以舊職致仕疏　十一年十月，時陞南贛僉都御史。

臣原任南京鴻臚寺卿，去歲四月，嘗以不職，自劾求退；後至八月，又以舊疾交作，復乞天恩放回調理[二]，皆未蒙准允。黽勉尸素，因循日月，至今年九月十四日，忽接吏部咨文，蒙恩陞授前職。聞命驚惶，感泣之餘，莫知攸措。竊念臣才本庸劣，性復迂踈，兼以疾病多端，氣體

[一] 陛下果能以好佛之心而好聖人　黄本、閭本、董本、范本、聞本、宋本、邵本「下」下有「而」字。

[二] 復乞天恩放回調理　「放」，國圖本、天圖本、叢刊本、文淵閣本、擒藻堂本作「赦」。

羸弱，待罪鴻臚閒散之地，猶懼不稱，況茲巡撫重任，其將何才以堪？夫因才器使，朝廷之大政也；量力受任，人臣之大分也。膴仕顯官，臣心豈獨不願？一時貪倖苟受，後至潰政僨事，臣一身戮辱，亦奚足惜，其如陛下之事何？況臣疾病未已，精力益衰，平居無事，尚爾奄奄，軍旅驅馳，豈復堪任？臣在少年，粗心浮氣，狂誕自居，自後涉歷漸久，稍知慚沮，逮今思之，悔創靡及。人或未考其實，臣之自知，則既審矣，又何敢崇飾舊惡，以誤國事？伏願陛下念朝廷之大政不可輕，地方之重寄不可苟，體物情之有短長，憫凡愚之所不逮，别選賢能，委以兹任。憫臣之愚，不加謫逐，容令仍以鴻臚寺卿退歸田里，以免負乘之誅。臣雖顛殞，敢忘啣結！

臣自幼失慈，鞠於祖母岑，今年九十有七，旦暮思臣一見爲訣。去歲乞休，雖迫疾病，實亦因此。臣敢輒以螻蟻苦切之情控於陛下，冀得便道先歸，省視岑疾，少伸反哺之私，以俟矜允之命。臣衷情迫切，不自知其觸昧條憲。臣不勝受恩感激、瀆冒戰懼、哀懇祈望之至。

謝恩疏 十二年正月二十六日

臣原任南京鴻臚寺卿，正德十一年九月十四日，准吏部咨，爲缺官事。該部題奉聖旨：「王守仁陞都察院左僉都御史，巡撫南、贛、汀、漳等處地方，寫敕與他。欽此。」欽遵。臣自以菲才多病，懼不勝任以致僨事，當具本乞恩辭免，容令原職致仕。隨於十月二十四日，節該欽奉敕諭：「爾前去巡撫江西南安、贛州，福建汀州、漳州，廣東南雄、韶州、惠州、潮州各府及湖廣郴州地方，撫安軍民，修理城池，禁革奸弊。一應地方賊情、軍馬錢糧事宜，小則徑自區畫，大則奏請定奪。欽此。」欽遵外。十一月十四日，續准兵部咨，爲緊急賊情事。内開都御史文森遷延誤事，見奉敕書切責，乃敢託疾避難，奏回養病。見今盜賊劫掠，民遭荼毒，萬一王守仁因見地方有事，假託辭免，不無愈加誤事。該本部題奉聖旨：「既地方有事，王守仁着上緊去，不許辭避遲誤。欽此。」聞報憂惴，不遑寧處。一面扶疾候旨，至浙江杭州府地方，於十二月初二日，復准吏部咨，該臣奏爲乞恩辭免新任，仍照舊職致仕事。奏奉聖旨：「王守仁不准休致。南贛地方見今多事，着上緊前去，用心巡撫。欽此。」備咨到臣。感恩懼罪之餘，不敢冒昧復請。隨於本月初三日起程，至次年正月十六日，已抵贛州接管巡撫外。

伏念臣氣體羸弱，質性迂踈，聊爲口耳之學，本非折衝之才。鴻臚閒散，尚以疾病而不堪；巡撫繁難，豈其精力之可任？但前官以辭疾招議，適踵效尤之嫌；而聖旨以「多事」爲言，恐蹈避難之罪；遂爾冒於負乘，不暇虞於覆餗。黽勉蒞事，忽已踰旬。受恩思效，每廢寢食。顧兵糧耗竭之餘，加之以師旅，而盜賊殘破之後，方苦於瘡痍，尚爾一籌之未展，敢云期月而可觀？況炎毒舊侵，懼復中於瘴癘；尫衰日積，憂不任於驅馳。心有餘而才不逮，足欲進而力不前，徒切感恩之報，莫申效死之誠。臣敢不勉其智之所不足，竭砥礪於己；盡其力之所可爲，付利鈍於天。亮無補於河嶽，亦少致其涓埃。稍俟狐鼠巢穴之平，終遂麋鹿山林之請。臣不勝受恩感激。

給由疏　十二年二月二十五日

臣見年四十六歲，係浙江紹興府餘姚縣民籍。由進士，弘治十三年二月內，除授刑部雲南清吏司主事。弘治十五年八月內，告回原籍養病。弘治十七年七月內，病痊赴部，改除兵部武選清吏司主事。正德元年十二月內，爲有言官，去權奸，以彰聖德事，蒙恩降授貴州龍場驛驛丞。正德五年三月內，蒙陞江西吉安府廬陵縣知縣。本年十月內，陞南京刑部四川清吏司主事。正德六年正月內，調吏部驗封清吏司主事。本年十月內，陞本部文選清吏司員外郎。正德七年三月內，陞本部考功清吏司郎中。本年十二月初八日，蒙陞南京太僕寺少卿。正德八年十月二十二日到任，至正德九年四月二十一日止，歷俸六箇月。本日接到吏部劄付[一]，蒙陞南京鴻臚寺卿。本

[一] 本日接到吏部劄付　「接到」，國圖本、天圖本、叢刊本、文淵閣本、摛藻堂本作「到任」。

月二十五日到任，至正德十一年九月十四日止，連閏歷俸二十九箇月零二十日[一]。本日准吏部咨，蒙恩陞都察院右僉都御史，巡撫南、贛、汀、漳等府。於正德十二年正月十六日，前到地方行事支俸起，扣至本月二十五日止，又歷俸十日，連前共輳歷俸三十六箇月。三年考滿，例應給由。緣臣係巡撫官員，見在福建漳州等府地方，督調官軍，夾剿漳浦等處流賊，未敢擅離。緣係三年給由事理，爲此具本奏聞。

參失事官員疏　十二年三月十五日

據江西按察司整飭兵備帶管分巡嶺北道副使楊璋呈，據贛州府信豐縣及信豐守禦千户所各報稱，正德十二年二月初七日，有龍南强賊突來地名崇仙屯劄。已經差委興國縣義民蕭承，會同信豐、龍南官兵相機剿捕。續據申報，强賊突來本縣小河住劄，離縣約有四十餘里，乞要發兵策應。又據申報，本月初九日，有龍南流賊六百餘人，突至城下。除嚴督軍兵固守城池，緣本所縣無兵禦敵，誠恐前賊攻城，卒難止遏，乞調峰山弩手并該縣兵夫救護。又經差委南安府經歷王祚、南康縣縣

[一] 二十九箇月零二十日　「二十日」，國圖本、天圖本、叢刊本、文淵閣本、摛藻堂本作「十二日」。

丞舒富，統領弩手、殺手，前去約會二縣掌印官，并領兵官相機攻圍去後[一]。

續據縣丞舒富呈，本月初十日，蒙委統領殺手陳禮魴、打手吴尚能等共五百名，經歷王祚、義民蕭承統領峰山、加善、雙秀弩手各三百名，先後到於信豐縣會剿。至十一日止，有該所管屯千户林節，帶兵四十餘名出城。據鄉導、馬客等報稱，止有强賊六百餘人，在地名花園屯劄。當同各官將兵分布劄定，只見前賊一陣，止有百十餘徒先出。有前哨義民蕭承，領兵就與敵殺，斬獲賊級四顆，奪獲白旗一面。頃刻衆賊出營，分爲三哨，約有二千餘徒。瞰知龍南反招賊首黄秀魁，糾合廣東龍川縣浰頭賊首池大鬢、賊首池大安、新總并池大昇共爲一陣[二]，賊首楊金巢自爲一陣，勢甚猖獗。卑職督統本哨兵快，奮勇交鋒，殺死賊徒二十餘人。不意賊衆一湧前衝，殺手陳禮魴、百長鍾德昇等，見勢難當，俱各不聽約束，先行漫散。有南康縣報效義士楊習舉等，仍與前賊死敵不退，俱被戳傷身死[三]，及有經歷王祚上馬不便，亦被執去。賊勢得勝，仍要攻城，隨與蕭承、林節等收集衆兵，退至南營山把截。遇蒙本道親臨該縣督剿，各賊聞知，退至牛州，

[一] 并領兵官相機攻圍去後　「領兵官」，國圖本、天圖本、叢刊本、文淵閣本、擒藻堂本作「領官兵」。
[二] 新總并池大昇共爲一陣　「并」，文淵閣本作「兵」。
[三] 俱被戳傷身死　「戳」，黄本、間本、董本、聞本、宋本、邵本作「戮」。

離城少遠。至十二日，前賊差人告招。十三日，蒙本道差蕭承前去招撫，就將經歷王祚放回，賊往原巢去訖，等因到道。備呈到臣。

隨據龍南縣知縣盧鳳呈稱，本縣捕盜主簿周政，會同鎮撫劉鏜、千户洪恩，統領機兵旗軍，於本月十八日，前去信豐縣截捕，探得强賊池大鬢、黄秀魁等，從鵶鵲隘越過安遠縣住劄。本職督兵追截，前賊已往廣東龍川縣復回原巢浰頭去訖。據安遠縣知縣劉瑀稟稱，於本月十九日，統領水元、大石等保民兵、弩手，前去龍泉等保截剿，各賊遯回原巢去訖，難以窮追，以此掣兵回縣緣由。

查得先據該道及信豐縣所各稟報前事，已經批仰該道兵備等官，急調招撫義官葉芳，協同石背兵夫斷賊歸路，及調峰山弩手與南康打手人等，責委縣丞舒富統領，前後夾擊。又看得此賊既離巢穴，利在速戰，仍仰該府急行所屬鄰近官司，俱要乘險設伏，厚集以待，及於各鄉村往來路徑，多張疑兵，使賊不敢輕易奔突。仍調安遠縣知縣劉瑀，星夜起集水元、大石等保民兵一千，横接龍南，邀其不備。若賊猶屯信豐，急自龍南直趨浰頭，擣其巢穴。賊進無所獲，退無所處，不過旬日，可以坐擒。仰各遵照施行去後。今據前因，參看得縣丞舒富，承委督剿，不能相度機宜，輕率驟進，以致殺傷兵快。原其心雖出奮勇，責以師律，均爲敗事。經歷王祚，臨陣潰奔，爲賊所執，後雖倖免，終係失機。信豐所縣知縣黄天爵、千户鄭鐸、巡捕副千户朱誠，惟知固城自守，不肯發兵應援。龍南知縣盧鳳、捕盜主簿周政、隄備鎮撫劉鎧、千户洪恩，地當關隘，正可防遏，坐視前賊往來，略不出兵邀擊。千户林節，即其兵力之寡，似難全責，究其失律之罪，亦宜分受。安遠縣知縣劉瑀，承調追襲，緩不及事，俱屬違法。南康縣百長鍾德昇等，臨陣不前[一]，故違約束，先行潰散，失誤軍機，應合處以軍法。該道兵備副使楊璋、守備都指揮同知王泰，俱屬提督欠嚴。但楊璋往來調度，卒能招撫前賊，計其功勞，可以贖罪。及照廣東龍川縣掌印、捕盜等官，明知首賊池大鬢等在彼地方爲巢，却亦不行時嘗巡邏，縱其過境劫掠，又各不行乘機追捕，俱屬故違。所據前項失事官員，俱合遵奉敕諭事理[二]，即行提問。但前項賊徒，擁衆數千，變詐百出，今雖陽受招撫[三]，其實陰懷異圖。況其黨與根連三省，萬一乘間復出，爲患必大。正係緊關用人隄備之際，除將百長鍾德昇等，查勘的確，處以軍法，及方面軍職另行參究外。其餘前項各官，且量加督責，姑令戴罪隄備，各自相機行事，勉圖後功，以贖前罪。仍一面委官前去信豐縣地方，

[一] 臨陣不前　「陣」，黄本、閭本、董本、聞本、鄒本、胡本、宋本、邵本作「敵」。
[二] 俱合遵奉敕諭事理　「合」，底本訛作「屬」，據黄本、閭本、董本、聞本、鄒本、胡本、宋本、邵本改。
[三] 今雖陽受招撫　「今」，國圖本、天圖本、叢刊本訛作「命」；文淵閣本、摛藻堂本作「名」。

查勘前項殺死兵快數目，及有無隱匿別項事情，另行參奏。緣係地方緊急賊情，及參失事官員事理，未敢擅便，爲此具本請旨。

閩廣捷音疏 十二年五月初八日

據福建按察司整飭兵備兼管分巡漳南道僉事胡璉呈，會同分守右參政艾洪、經理軍務左參政陳策、副使唐澤、將領都指揮僉事李胤，督據河頭等哨委官指揮徐麒、知縣施祥、知事曾瑶等呈稱，各職統領軍兵五千餘人，進至長富村等處，見得賊衆地險，巢穴數多，兼且四路裝伏，勢甚猖獗。剋期於正德十二年正月十八日等，各分哨路，從長富村至闊竹洋、新洋、大豐、五雷、大小峰等處，與賊交鋒。前後大戰數合，擒斬首從賊犯黄燁等，共計四百三十二名顆，俘獲賊屬一百四十六名口，燒燬房屋四百餘間，奪獲馬牛等項。被賊殺死老人許六、打手黄富璘等六名。餘賊俱各奔聚象湖山拒守，各職又統官兵追至蓮花石，與賊對劄。誠恐賊衆我寡，呈乞添兵策應，等因到道。

行據大溪哨指揮高偉呈報，統兵約會蓮花石官兵，攻打象湖山，適遇廣東委官指揮王春等，領兵亦至彼境大傘地方。卑職與指揮覃桓、縣丞紀鏞，領兵前去會剿。不意大傘賊徒突出，卑職等奮勇抵戰。覃桓、紀鏞馬陷深泥，與軍人易成等七名、兵快李崇静等八名，俱被戳傷身死[一]。卑職亦被戳二鎗，勢難抵敵，只得收兵暫回聽候。緣象湖山係極高絶險，自來官兵所不能攻，今賊勢日盛，若不添調狼兵，稍俟秋冬會舉夾攻，恐生他變。通行呈禀間，續奉本院紙牌，爲進兵方略事。備行各職遵奉密諭，佯言犒衆退師，俟秋再舉，密切部勒諸軍，乘懈奮擊。依蒙密差義官曾崇秀，爪探虚實，乘賊怠弛，會選精兵一千五百名當先，重兵四千二百名繼後，分作三路。各職統領，俱於二月十九日夜，啣枚直趨，三路並進，直搗象湖山，奪其隘口。各賊雖已失險，但其間賊徒，類皆驍勇精悍，猶能淩塹絶谷，超躍如飛。復據上層峻險，四面飛打衮木礧石，以死拒敵。我兵奮勇鏖戰，自辰至午，呼聲震天，撼摇山谷。三司所發奇兵，復從間道鼓噪突登，賊始驚潰大敗。我兵乘勝追殺，擒斬大賊首黄猫狸、游四，并廣東大賊首蕭細弟、郭虎等二百九十一名顆，俘獲賊屬一百三十三名口，其間墜崖墮壑死者不可勝計。奪回水黄牛、贓銀、鎗刀等物，燒燬房屋五百餘間。餘賊潰散，復入流恩山岡等巢，與諸賊合勢。亦被各賊殺死頭目賴頤、打手楊緣等一十四名。次早，各職分兵追剿，指揮高偉、推官胡寧道，亦由大豐領兵來會。仍與前賊交鋒大戰，擒斬首從賊犯巫姐旺等一百六十三名顆，俘獲賊屬一百六名口。餘賊敗走，各又遯入廣東交界黄蠟溪、上下樟溪大山去訖。

[一] 俱被戳傷身死　「戳」，國圖本、天圖本、叢刊本、文淵閣本、擒藻堂本作「賊」。

又據金豐三團哨委官指揮王鎧、李誠、通判龔震等各呈稱，賊首詹師富等，恃居可塘洞山寨，聚糧守險，勢甚强固。各職依奉會議，分兵五路，連日攻打，生擒大賊首詹師富、江嵩、范克起、羅招賢等四名。餘賊敗走，復入竹子洞等處大山嘯聚。隨又分兵追襲，與賊連戰，擒首從賊犯范興長等二百三十五名顆，俘獲賊屬八十二名口，奪回被虜男婦五名口，奪獲馬牛等物。亦被各賊殺死老人胡文政一名，戳傷鄉夫葉永旺等五名。

又據指揮徐麒等呈稱，黄蠟溪、上下樟溪與廣東饒平縣，并本省永定縣山界相連。遵依約會廣東官兵，并金豐哨指揮韋鑑、大溪哨推官胡寧道等，於三月二十一日子時發兵，齊至黄蠟，廣東義民饒四等領兵亦至，會合我兵，三路進攻。賊出拒戰甚鋭，我兵奮勇大噪而前，擒斬首從賊犯温宗富等九十一名顆，俘獲賊屬一十三名口，餘賊敗走。各兵乘勝追至赤石巖，仍與大戰良久，賊復大敗，又擒斬首從賊犯游宗成等一百四十六名顆，俘獲賊屬九十名口。又據中營委官指揮張鉞、百户吕希良等呈稱，領兵追趕黄蠟溪等處逃賊，至地名陳吕村，遇賊拒戰，當陣擒斬首從賊犯朱老叔等六十六名顆，俘獲賊屬八名口。各另呈解到道，轉解審驗紀功外。續據委官知府鍾湘呈稱，蒙調官兵，先後兩月之間，攻破長富村等處巢穴三十餘處，擒斬首從賊犯一千四百二十餘名顆，俘獲賊屬五百七十餘名口，奪回被虜男婦五名口，燒燬房屋二千餘間，奪獲牛馬、贓仗無算。即今脅從餘黨，悉願携帶家口，出官投首，聽撫安插。本職遵照兵部奏行勘合，并巡撫都察院節行案牌事理，出給告示，發委知縣施祥、縣丞余道，招撫脅從賊人朱宗玉、翁景璘等一千二百三十五名，家口二千八百二十八名口，俱經審驗，安插復業緣由。呈報到道，轉呈到臣。

及據廣東按察司分巡嶺東道兵備僉事等官顧應祥等會呈，遵依本院案驗，委官統領軍兵，會同福建剋期進剿。隨奉本院進兵方略，當即遵依，揚言班師，一面出其不意，從牛皮石、嶺脚隘等處，分爲三哨，鼓噪並進。賊瞻顧不暇，望風瓦解。節據指揮楊昂、王春、通判徐璣、陳策、義官余黄孟等各報稱，於本年正月二十四等日，剋破古村、未窖[一]、禾村、大水、山柘林等巢，生擒大賊首張大背、劉烏嘴、蕭乾爻、范端、蕭王[二]即蕭五顯、薊釗、蘇瑢、賴隆等，并擒斬首從賊犯。乘勝前進，會同福建官軍剋期夾攻間，探知大傘賊徒潰圍，殺死指揮覃桓[三]、縣丞紀鏞等情，當即進兵策應。各賊畏我兵勢，燒巢奔走，生擒賊首羅聖欽，餘賊退入箭灌大寨，合勢乘險，併力拒敵。蒙委知縣張戩，督同指揮張天杰，分哨由別路進兵，攻破白土村、赤

[一] 未窖 黄本、閭本、董本、聞本、鄒本、胡本、宋本、邵本作「木窖」。
[二] 蕭王 黄本、閭本、董本、聞本、鄒本、胡本、宋本、邵本作「蕭玉」。
[三] 覃桓 底本訛作「覃相」，據黄本、閭本、董本、宋本、邵本、文淵閣本改。

石巖等巢[一]，直搗箭灌大寨。諸賊迎戰，我兵奮勇合擊，遂破箭灌，當陣斬獲首從賊犯，共計二百二十四名顆，俘獲賊屬八十四名口，及牛馬、贓仗等物。各寨賊黨聞風奔竄，已散復聚，愈相連結，各設機險，以死拒守。各職統兵分兵並進，於三月二十等日，攻破水竹、大重坑、苦宅溪、靖泉溪、白羅、南山等巢，直搗洋竹洞、三角湖等處。前後大戰十餘，生擒賊首温火燒、張大背、雷振、蔡晟、賴英等，并擒斬賊犯共一千四十八名顆，俘獲賊屬八百三十八名口，奪獲馬牛、贓銀、銅錢、衣布[二]、器仗、蕉紗等物。前後共計生擒大賊首一十四名，擒斬賊犯一千二百五十八名顆，俘獲賊屬九百二十二名口，奪獲水黄牛、馬一百三十九頭匹，贓仗衣布等物，共二千一百五十七件疋，葛蕉紗九十六斤一兩，贓銀三十二兩四錢八分，銅錢一百四十二文，各開報到道收審緣由。呈報前來。

卷查先爲急報賊情事，准兵部咨，該本部題，已經福建、廣東總鎮、巡按等衙門都御史陳金、御史胡文静等會議區畫，各該守巡、兵備等官欽遵，整備糧餉，起調軍兵，約會進剿間。臣於本年正月十六日，始抵贛州地方行事。先於本月初三日，於南昌地方，據兩省各官呈禀，師期不同，

[一] 赤石巖等巢 「石」，底本訛作「口」，據黄本、閭本、董本、聞本、宋本、邵本、文淵閣本改。

[二] 衣布 國圖本、天圖本、叢刊本、文淵閣本、摛藻堂本作「衣帛」。

事體參錯，誠恐彼此推調，致誤軍機。當臣備遵該部咨來事理，具開進兵方略，行仰各官協同上緊密切施行去後。續據福建右參政等官艾洪等會呈，指揮覃桓、縣丞紀鏞，被大傘賊衆突出，馬陷深泥，被傷身死。及據各哨呈稱，賊寨險惡，天氣漸暄，我兵遭挫，賊勢日甚，乞要奏添狼兵，候秋再舉。備呈到臣。參看得各官頓兵不進，致此敗衄，顯是不奉節制，故違方略。及照奏調狼兵，非惟日久路遥，緩不及事，兼恐師老財費，別生他虞。且勝敗由人，兵貴善用，當此挫折，各官正宜協憤同奮，因敗求勝，豈可輒自退阻，倚調狼兵，坐失機會？臣當日即自贛州起程，親率諸軍，進屯長汀、上杭等處。一面督令各官，密照方略，火速進剿，立功自贖，敢有支吾推調，定以軍法論處；一面查勘失事緣由，另行參奏間。隨據各呈捷音到臣。參照閩、廣賊首詹師富、温火燒等，恃險從逆，已將十年，黨惡聚徒，動以萬計。鼠狐得肆跳梁，蛇豕漸無紀極。劫剽焚驅，數郡遭其荼毒；轉輸征調，三省爲之騷然。臣等奉行誅剿，三月之内，遂克殲取渠魁，掃蕩巢穴，百姓解倒懸之苦，列郡獲再生之安，此非朝廷威德，廟堂成算，何以及此！及照福建領兵各官，始雖踈於警備，稍損軍威，終能戮力協謀，大致克捷，論過雖有，計功亦多。其間福建如僉事胡璉、參政陳策、副使唐澤、知府鍾湘，廣東如僉事顧應祥、都指揮僉事楊懋、知縣張戩，才調俱優，勞勩尤著。伏乞俯從惟重之典，以作敢戰之風。除將二省兵快，量留防守，其餘悉令歸農，及將功次另行勘報外。原係捷音事理，爲此具本題奏。

申明賞罰以勵人心疏

十二年五月初八日

據江西按察司整飭兵備帶管分巡嶺北道副使楊璋呈，伏覩大明律内，該載「失誤軍事」條：「從軍違期」條：「領兵官已承調遣，不依期進兵策應，若承差告報軍期而違限，因而失誤軍機者並斬」；「主將不固守」條[一]：「官軍臨陣先退，及圍困敵城而逃者斬[二]。」此皆罰典也。及查得原擬直隸、山東、江西等處征剿流賊陞賞事例：「若軍臨敵境，託故違期，三日不至者斬」；「一人并二人爲首，就陣擒斬以次劇賊一名者五兩，二名者十兩，三名者陞實授一級[三]，不願者賞十兩。陣亡者陞一級，俱世襲，不願者賞十兩。擒斬從賊六名以上至九名者，止陞實授二級，餘功加賞；不及六名，除陞一級之外，扣算賞銀。三人四人五人以上，共擒斬以次劇賊一名者，賞銀十兩均分；從賊一名者，賞五兩均分。領軍把總等官，自斬賊級，不准陞賞；部下獲功七十

[一] 主將不固守條　「條」，天圖本、叢刊本、文淵閣本、摛藻堂本訛作「調」。
[二] 及圍困敵城而逃者斬　「敵」，天圖本、叢刊本、文淵閣本、摛藻堂本作「越」。
[三] 三名者陞實授一級　「陞」，國圖本、天圖本、叢刊本、文淵閣本、摛藻堂本作「賞」。

名以上者，陞署一級；五百名者，陞實授一級，不及數者量賞。一人捕獲從賊一名者，賞銀四兩，二名者賞八兩，三名者陞一級。以次劇賊一名者陞署一級，俱不准世襲，不願者賞五兩。」此皆賞格也。賞罰如此，宜乎人心激勸，功無不立。然而有未能者，蓋以賞罰之典雖備，然罰典止行於參提之後，而不行於臨陣對敵之時；賞格止行於大軍征勦之日，而不行於尋常用兵之際故也。

且以嶺北一道言之，四省連絡，盜賊淵藪。近年以來，如賊首謝志珊、高快馬、黄秀魁、池大鬢之屬，不時攻城掠鄉，動輒數千餘徒。每每督兵追勦，不過遥爲聲勢，俟其解圍退散，卒不能取決一戰者，以無賞罰爲之激勸耳。合無申明賞罰之典，今後但遇前項賊情，領兵官不拘軍衛有司，所領兵衆，有退縮不用命者，許領兵官軍前以軍法從事；領兵官不用命者，許總統兵官軍前以軍法從事。所統兵衆，有能對敵擒斬功次，或赴敵陣亡，從實開報，覆勘是實，轉達奏聞，一體陞賞。至若生擒賊徒，鞫問明白，即時押赴市曹，斬首示衆。庶使人知警畏，亦與見行事例決不待時無相悖戾。如此，則賞罰既明，人心激勵，盜賊生發，得以即時撲滅，糧餉可省，事功可見矣。

具呈到臣。

卷查三省盜賊[一]，二三年前，總計不過三千有餘，今據各府州縣、兵備、守備等官所報，

[一] 卷查三省盜賊 「盜賊」，國圖本、天圖本、叢刊本、文淵閣本、擒藻堂本作「賊盜」。

已將數萬，蓋已不啻十倍於前。臣嘗深求其故，詢諸官僚，訪諸父老，采諸道路，驗諸田野，皆以爲盜賊之日滋，由於招撫之太濫；招撫之太濫，由於兵力之不足；兵力之不足，由於賞罰之不行。誠有如副使楊璋所議者，臣請因是爲陛下略言其故。

盜賊之性，雖皆兇頑，固亦未嘗不畏誅討。夫惟爲之而誅討不及，又從而招撫之，然後肆無所忌。蓋招撫之議，但可偶行於無辜脅從之民，而不可常行於長惡怙終之寇；可一施於回心向化之徒，而不可屢施於隨招隨叛之黨。南贛之盜，其始也，被害之民恃官府之威令，猶或聚衆而與之角，鳴之於官，而有司者以爲既招撫之，則皆置之不問。盜賊習知官府之不彼與也，益從而讐脅之。民不任其苦，知官府之不足恃，亦遂靡然而從賊。由是盜賊益無所畏，而出劫日頻，知官府之必將已招也；百姓益無所恃，而從賊日衆，知官府之必不能爲已地也。夫平良有冤苦無伸，而盜賊乃無求不遂，爲民者困征輸之劇，而爲盜者獲犒賞之勤，則亦何苦而不彼從乎？是故近賊者爲之戰守，遠賊者爲之鄉導，處城郭者爲之交援，在官府者爲之間諜。其始出於避禍，其卒也從而利之。故曰「盜賊之日滋，由於招撫之太濫」者，此也。

夫盜賊之害，神怒人怨，孰不痛心，而獨有司者必欲招撫之，亦豈得已哉？誠使强兵悍卒，足以殲渠魁而蕩巢穴，則百姓之憤雪，地方之患除，功成名立，豈非其所欲哉？然而南贛之兵素不練養，類皆脆弱驕惰。每遇征發，追呼拘攝〔一〕，旬日而始集；約束齎遣，又旬日而始至，則賊已稇載歸巢矣。或猶遇其未退，望賊塵而先奔，不及交鋒而已敗。以是禦寇，猶驅群羊而攻猛虎也，安得不以招撫爲事乎？故凡南贛之用兵，不過文移調遣，以苟免坐視之罰；應名剿捕，聊爲招撫之媒。求之實用，斷有不敢，何則？兵力不足，則剿捕未必能克；剿捕不克，則必有失律之咎；則必征調日繁，督責日至，糾舉論劾者四面而起，往往坐視而至於落職敗名者有之〔二〕。招撫之策行，則可以安居而無事，可以無調發之勞，可以無戴罪殺賊之責，無地方多事不得遷轉之滯。夫如是，孰不以招撫爲得計？是故寧使百姓之荼毒，而不敢出一卒以抗方張之虜；寧使孤兒寡婦之號哭，顛連疾苦之無告，而不敢提一旅以忤反招之賊。蓋招撫之議，其始也出於不得已，其卒也遂守以爲常策。故曰「招撫之太濫，由於兵力之不足」者，此也。

古之善用兵者，驅市人而使戰，收散亡之卒以抗强虜。今南贛之兵，尚足以及數千，豈盡無可用乎？然而金之不止，鼓之不進，未見敵而亡，不待戰而北。何者？進而效死，無爵賞之勸；退而奔逃，無誅戮之及；則進有必死，而退有幸生也，何苦而求必死乎？吴起有云：「法令不明，

〔一〕　追呼拘攝　「拘」，國圖本、天圖本、叢刊本、文淵閣本訛作「拒」，摛藻堂本作「勾」。
〔二〕　往往坐視而至於落職敗名者有之　「視」，摛藻堂本作「是」。

賞罰不信，雖有百萬，何益於用？」凡兵之情，畏我則不畏敵，畏敵則不畏我。今南贛之兵，皆畏敵而不畏我，欲求其用，安可得乎？故曰「兵力之不足，由於賞罰之不行」者，此也。

今朝廷賞罰之典，固未嘗不具，但未申明而舉行耳。古者賞不踰時，罰不後事。過時而賞，與無賞同；後事而罰，與不罰同。況過時而不賞，後事而不罰，其亦何以齊一人心而作興士氣？是雖使韓、白爲將，亦不能有所成；況如臣等腐儒小生，才識昧劣而素不知兵者，亦復何所冀乎？議者以南贛諸處之賊，連絡數郡，蟠據四省，非奏調狼兵大舉夾攻，恐不足以掃蕩巢穴，是固一說也。然臣以爲狼兵之調，非獨所費不貲，兼其所過殘掠，不下於盜。大兵之興，曠日持久，聲勢彰聞，比及舉事，諸賊渠魁，悉已逃遁，所可得者，不過老弱脅從，無知之氓。於是乎有横罹之慘，於是乎有妄殺之弊。班師未幾，而山林之間，復已呼嘯成群，此皆往事之已驗者。臣亦近揀南贛之精鋭，得二千有餘，部勒操演，略有可觀。誠使得以大軍誅討之賞罰而行之平時，假臣等以便宜行事，不限以時，而惟成功是責，則比於大軍之舉，臣竊以爲可省半費而收倍功。臣請以近事證之。臣於本年正月十五日抵贛，卷查兵部所咨，申明律例：今後地方，但有草賊生發，事情緊急，該管官司，即便依律調撥官軍，乘機剿捕，應合會捕者，亦就調發策應。但係軍情，火速差人申奏。敢有遲延隱匿，巡撫、巡按、三司官即便參問，依律罷職充軍等項發落。雖不係聚衆草賊，但係有名强盗，肆行劫掠，賊勢兇惡，或白晝攔截，或明火持杖，不拘人數多少，一面設法緝捕，即時差人申報合干上司，并具申本部知會處置。如有仍前朦朧隱蔽，不即申報，以致聚衆滋蔓，貽患地方，從重參究，决不輕貸等因。題奉欽依，備行前來。時以前官久缺，未及施行，臣即刊印數千百紙，通行所屬，布告遠近。未及一月，而大小衙門以賊情來報者接踵，亦遂屢有斬獲一二人，或五六人、七八人者。何者？兵得隨時調用，而官無觀望掣肘[一]，則自然無可推託逃避，思效其力。由此言之，律例具存，前此惟不申明而舉行耳。今使賞罰之典悉從而申明之，其獲效亦未必不如是之速也。

伏望皇上念盗賊之日熾，哀民生之日蹙，憫地方荼毒之愈甚，痛百姓冤憤之莫伸，特敕兵部，俯采下議，特假臣等令旗令牌，使得便宜行事。如是而兵有不精，賊有不滅，臣等亦無以逃其死。夫任不專，權不重，賞罰不行，以致於僨軍敗事，然後選重臣，假以總制之權而往拯之，縱善其後，已無救於其所失矣。臣才識淺昧，且體弱多病，自度不足以辦此，行從陛下乞骸骨，苟全餘喘於林下。但今方待罪於此，心知其弊，不敢不爲陛下盡言。陛下從臣之請，使後來者得效其分寸，收討賊之功，臣亦得以少逭死罪於萬一。緣係申明賞罰，以勵人心事理，爲此具本請旨。

[一] 而官無觀望掣肘 「掣」，國圖本、天圖本、叢刊本訛作「執」。

攻治盜賊二策疏 十二年五月二十八日

據江西按察司整飭兵備帶管分巡嶺北道副使楊璋呈，奉臣批，據南安府申大庾縣報，正德十二年四月内，被峯賊四百餘人，前來打破下南等寨。續被上猶、横水等賊七百餘徒，截路打寨，劫殺居民。又據南康縣報，峯賊一夥，突來龍句保，虜劫居民。續被峯賊三百餘徒，突來坊民郭加瓊等家，擄捉男婦八十餘口，耕牛一百餘頭。又有峯賊一陣，虜劫上長龍鄉耕牛三百餘頭，男婦子女不知其數。又據上猶縣申，被横水等村峯賊，糾同逃民，四散虜劫人財。續據三門總甲蕭俊報，峯賊與逃民約有數百，在於地名梁灘虜牽人牛。本月十六日，准本縣捕盗主簿利昱牒報，峯賊劫打頭里、茶坑等處，駐劄未散。已關統兵官縣丞舒富等前去追剿，賊已退回横水等巢去訖。各申本院，批兵備道議處回報。案照四月初五日，據南康府呈同前事。彼時本院見在福建漳州督兵未回，未知前賊向往，行查未報。續據龍南縣稟，被廣東浰頭等處强賊池大鬢等三千餘徒，突來攻圍總甲王受寨所，又經會委義官蕭承，調兵前去會剿。隨據本縣呈，前賊退去訖等因。又查得先據南康縣申稱[一]，上猶賊首謝志珊，糾合廣東賊首高快馬，統衆二千餘徒，攻圍南康縣治，

[一] 又查得先據南康縣申稱 「稱」，國圖本、天圖本、叢刊本作「呈」。

殺損官兵。已經議委知府邢珣等，查勘失事緣由呈報外。續該兵部題咨：巡撫都御史孫燧，會同南贛都御史王守仁，將前項賊犯謝志珊等，量調官軍，設法剿捕，務期盡絶。應該會同兩廣鎮巡官行事，照例約會施行。題奉欽依，轉行查勘前賊，見今有無出没，及曾否集有兵糧，相度機宜，即今可否剿捕。惟復應會兩廣調集軍馬，待時而動，務要查議明白，處置停當，具由呈報。仍督各該地方，牢固把截，用心防守，以備不虞等因。隨奉本院案驗，議照前賊連絡三省，盤據千里，必須三省之兵尅期並進，庶可成功。但今湖廣已有偏橋苗賊之征，廣東又有府江瑶僮之伐，雖欲約會夾攻，目今已是春深，雨水連綿，草木茂盛，非惟緩不及事，抑且虚糜糧餉。合無一面募兵練武，防守愈嚴，積穀貯糧，軍需大備。告招者俯順其情[一]，暫且招安；肆惡者乘其間隙，量搗其穴。候三省約會停當，然後大舉，庶有備無患，事出萬全。通行呈詳去後。

今奉前因，隨會同分守左參議黄宏、守備都指揮同知王泰，查勘得南安府所屬大庾、南康、上猶三縣，除賊巢小者未計，其大者總計三十餘處。有名大賊首，有謝志珊、志海、志全、楊積榮、賴文英、藍瑶、陳曰能、蔡積昌、賴文聰、劉通、劉受、蕭居謨、陳尹誠、簡永廣、蔡積慶、蔡西、薛文高、洪祥、徐華、張祥、劉清才、譚曰真、蘇景祥、藍清奇、朱積厚、黄金瑞、藍天鳳、藍文亨、

[一] 告招者俯順其情 「俯」，國圖本、天圖本、叢刊本訛作「撫」。

鍾鳴□[一]、鍾法官、王行、雷明聰、唐洪、劉元滿，所統賊衆約有八千餘徒。且與湖廣之桂陽、桂東、魚黄、聶水、老虎、神仙、秀才等巢，廣東之樂昌巢穴相聯，盤據流劫三省，爲害多年。贛州之龍南，因與廣東之龍川浰頭賊巢接境，被賊首池大鬢、大安、大升，糾合龍南賊首黄秀魁、賴振禄、鍾萬光、王金巢[二]、鍾萬貴、古興鳳、陳倫、鍾萬璇、杜思碧、孫福榮、黄萬珊、黄秀珏、羅積善、王金、曾子奈、王金奈、王洪、羅鳳璇、黎用璇、黄本瑞、鄭文鉞、陳秀玹、陳珪、劉經、藍斌、黄積秀等，所統賊衆約有五千餘徒，不時越境，流劫信豐、龍南、安遠等縣。已經夾攻三次，俱被漏網。所據前賊，占據居民田土數千萬頃，殺虜人民，尤難數計，攻圍城池，敵殺官兵，焚燒屋廬，姦汙妻女。其爲荼毒，有不忍言，神人之所共怒，天討所當必加者也。今聞廣、湖二省用兵將畢，夾攻之舉，亦惟其時。但深山茂林，東奔西竄，兼之本道兵糧寡弱，必須那借京庫折銀三萬餘兩，動調狼兵數千前來協力，約會三省並進夾攻，庶可噍類無遺等因。又據廣東樂昌縣知縣李增禀稱，本年二月内，有東山賊首高快馬等八百餘徒，在地名櫃頭村行劫。又據乳源縣禀報，賊徒千餘，在洲頭街等處打劫。備申照詳。

[一] 鍾鳴□　底本「鳴」下脱一字，南贛擒斬功次疏、横水桶岡捷音疏等篇有「鍾明貴」。

[二] 王金巢　按，參失事官員疏有「楊金巢」，浰頭捷音疏有「黄金巢」，或有誤。

及據湖廣整飭郴桂等處兵備副使陳璧呈稱，本年二月内，據黄砂保走報，廣東强賊三百餘徒，突出攻劫。又據宜章所飛報，樂昌縣山峒苗賊二千餘衆，出到九陽等處，搜山捉人未散。又報東西二山首賊，發票會集四千餘徒，聲言要出桂陽等處攻城。又報江西長流等峒峯賊六百餘徒，又一起四百餘徒，各出劫掠。及據桂東縣申報，强賊一起七百餘徒，前到本縣殺人祭旗，捉擄男婦未散。又據桂陽縣報，强賊六百餘徒，聲言要來攻寨等因。各稟報到道。看得前項苗賊，四山會集，報到之數，將及萬餘。我兵寡弱，防守尚且不足，敵戰將何以支？況郴桂所屬永興等縣，原無城池防守，地方重計，實難爲處。伏望軫念荼毒，請軍追捕等因。

又據郴州桂陽縣申，本縣四面俱係賊巢，正德三年以來，賊首龔福全等作耗，殺死守備都指揮鄧旻，雖蒙征剿，惡黨猶存。正德七年，兵備衙門計將賊首龔福全招撫，給與冠帶，設爲瑶官；賊首高仲仁、李賓、黎穩、梁景聰、扶道全、劉付興、李玉景、陳賓、李聰、曹永通、謝志珊，給與衣巾，設爲老人。未及兩月，已出要路劫殺軍民，動輒百千餘徒，號稱「高快馬」、「遊山虎」、「金錢豹」、「過天星」、「密地蜂」、「總兵」等名目，隨處流劫。正德十一年七月内，龔福全張打旗號，僭稱「延溪王」，李賓、黎穩、梁景聰，僭稱「總兵」、「都督」、「將軍」名目，各穿大紅，虜民擡轎，展打凉傘，擺列頭踏響器。其餘瑶賊，俱乘馬匹，千數餘徒，出劫樂昌及江西南康等縣，拒敵官軍。後蒙撫諭，將賊首高仲仁、李賓，給與冠帶，重設瑶官，未寧半月，仍前出劫。本年正月十六日，一起八百餘徒，出劫樂昌縣，虜捉知縣韓宗堯，劫庫劫獄。又一起七百餘徒，打劫生員譚明浩家。一起六百餘徒，從老虎等峒出劫。一起五百餘徒，從興寧等縣出劫。切思前賊陽從陰背，隨撫隨叛，目今瑶賊萬餘，聚集山峒，聲言要造呂公大車，攻打州縣城池。官民徬徨，呈乞轉達，請調三省官軍夾剿等情。各備申到臣。

除備行江西、廣東、湖廣三省該道守巡、兵備、守備等官，嚴督各該府州縣所掌印、巡捕、巡司、把隘、隄備等官，起集兵快人等，加謹防禦，相機截捕去後。查得先因地方盜賊日熾，民被荼毒，竊計兵力寡弱，既不足以防遏賊勢；事權輕撓，復不足以齊一人心。乞要申明賞罰，假臣等令旗令牌，使得便宜行事，庶幾舉動如意，而事功可成。已經具題間，今復據各呈申前因，臣等參看得前項賊徒，惡貫已盈，神怒人怨。譬之疽癰之在人身，若不速加攻治，必至潰肺决腸。然而攻治之方，亦有二説。若陛下假臣等以賞罰重權，使得便宜行事，期於成功，不限以時，則兵衆既練，號令既明，人知激勵，事無掣肘，可以伸縮自由，相機而動。一寨可攻，則攻一寨；一巢可撲，則撲一巢。量其罪惡之淺深而爲撫剿，度其事勢之緩急以爲後先。如此，亦可以省供饋之費，無征調之擾，日剪月削，使之澌盡灰滅。此則如昔人拔齒之喻，日漸動摇，齒拔而兒不覺者也。然而今此下民之情，莫不欲大舉夾攻，以快一朝之忿，蓋其怨恨所激，不復計慮其他。必須南調兩廣之狼達，西調湖湘之士兵，四路並進，一鼓成擒，庶幾數十年之大患可除，千萬人之積冤可雪。然此以兵法「十圍五攻」之例，計賊二萬，須兵十萬，日費千金，殆於道路，不得操事者七十萬家。積粟料財，數月而事始集；刻期舉謀，又數月而兵始交。聲迹彰聞，賊强者設險以拒敵，黠者挾類而深逃，迨於鋒刃所加，不過老弱脅從。且狼兵所過，不减於盜；轉輸之苦，重困於民。近年以來，江西有姚源之役，瘡痍甫起；福建有汀、漳之寇，軍旅未旋。府江之師方集於兩廣，偏橋之討未息於湖湘。兼之杼柚已空[一]，種不入土，而營建所輸，四征未已，誅求之刻，百出方新。若復加以大兵，民將何以堪命？此則一拔去齒而兒亦隨斃者也。夫由前之説，則如臣之昧劣，實懼不足以堪事，必擇能者任之而後可。若大舉夾攻，誠可以分咎而薄責，然臣不敢以身謀而廢國議。惟陛下擇其可否，斷而行之。緣係地方緊急賊情事理，爲此具本請旨。

類奏擒斬功次疏　十二年五月二十八日

據江西按察司整飭兵備帶管分巡嶺北道副使楊璋呈，正德十二年二月二十等日，據贛州府龍

[一] 兼之杼柚已空　「空」，國圖本、天圖本、叢刊本、摛藻堂本作「輕」。

南縣申，總甲王受等呈，蒙差各役領兵，與同已招大賊首黄秀璣等，前往安遠截捕流賊賴振禄等。行至地名湖江背，不料黄秀璣反招，主令伊弟黄大滿、黄細滿等，沿途打搶民財，放火燒燬民人劉必甫等房屋，仍與賊首賴振禄等連謀行劫。本役督率兵快人等，前到地名黎坑際下，與賊對敵，當陣殺獲賊首黄秀璣、黄大滿、黄細滿、黄積瑜首級四顆，奪獲黄黑旗二面，殺死賊徒三十餘名。本年四月初九日，又有廣東浰頭老賊首池大鬢，串同反招賊首黄秀魁、陳秀顯等，糾衆四百餘徒，打劫千長何甫等家。本役又率兵夫，至地名陳坑水，與賊交鋒，殺獲首從賊人陳秀顯等一十二顆，奪獲紅旗一面，大小黄牛五頭，餘賊歸巢去訖。及據南安府申，據大庾縣隘長張德報稱，湖廣桂陽縣魚黄峒峯賊首唐飛劍、總兵嚴宗清、千總賴必等，糾衆劫虜。當起兵夫，追至界首南流拗，與賊對敵，殺獲唐飛劍、嚴宗清首級二顆。及南安縣申，准縣丞舒富關，峯賊三百餘人出劫，當有保長王萬湖等，帶領鄉兵擒捕，殺獲賊級一顆，生擒賊二名，奪回被虜人口三名口，奪獲黄牛二頭。各解報到道，審驗明白等因。

又據廣東按察司分巡嶺南道僉事黄昭呈，韶州府乳源縣知縣沈淵申稱，本年二月十八日，有東山瑶賊首高快馬等衆，突來城外并附近鄉村打劫，欲行攻陷南城。當即起集鄉兵及打手民壯，固守城池及相機與敵，射傷賊徒三名，各賊退在北城外劄營。隨調深峒等處士兵，協力奮勇，與賊交鋒，射傷賊徒二十餘名，射死賊徒一十六名，奪回被虜人口三十二名口。又據捕盜老人梁真等，殺獲賊級二顆，生擒賊徒一名。及據樂昌縣知縣李增申，强賊六百餘徒出劫，當集打手兵壯，前去截捕，到地名雲門寺，與賊交鋒，斬獲賊級二十四顆，生擒賊徒二名，奪獲馬七匹。又據曲江縣瑶總盤宗興等，擒獲賊徒一名，奪獲馬一匹。各呈解到道，審驗是實等因。

并據潮州府揭陽縣申，流賊劫長樂、海豐等縣黄義官等家，隨調兵快，行至地名長門徑，與賊對敵，擒獲賊徒張宏福、王本四等一十六名，俘獲賊婦二口。及據惠州府申，准捕盜通判徐璣牒稱，流賊一夥，約有八十餘徒，圍劫新地屯徐百户等家[一]。當督兵快打手，追殺至地名馬騣逕，擒獲賊徒杜棟等四名，殺獲賊級一顆。又督總甲鄭全等，在地名葵頭障，擒獲賊徒張仔等一十二名。及千長彭伯璿等，率兵擒獲賊徒黄貴等一十五名，殺獲賊級一顆，俘獲賊婦一口。又有總甲黄廷珠，追獲賊徒雷進保等八名。俱解赴嶺東道審驗等因。

及據湖廣郴、桂等處兵備副使陳璧、守備指揮同知李璋各呈，廣東苗賊一千餘徒，出劫興寧等處。當起郴州殺手，令閑住千户孔世傑等管領，追襲至地名大田橋遇賊，當陣擒斬首從賊人龐廣等三十二名顆，奪獲贓仗四十七件，馬騾五匹，奪回被虜人口二百五十名口。并據老人劉宣等，

[一] 新地屯 黄本、閭本、董本、聞本、鄒本、胡本、宋本、邵本作「新田屯」。

捕獲賊徒雷克恕等六名，俘獲婦女三口。申報到道，審驗明白。各備由呈申，開報到臣。

先爲巡撫地方事，節該欽奉敕：「命爾巡撫江西南安、贛州，福建汀州、漳州，廣東南雄、韶州、惠州、潮州各府及湖廣郴州地方，但有賊盜生發，即便設法勦捕。欽此。」欽遵。已經備行各道守巡、兵備、守備等官，嚴督府、衛所、州縣掌印、捕盜等官，起集父子鄉兵[一]，及顧募打手、殺手、弩手人等，各於賊行要路去處，加謹防禦。遇有盜賊出沒，就便相機截捕，獲功呈報，以靖地方。今據各呈，除行各該兵備等官，將斬獲賊級閱驗明白，發仰梟首，生擒賊犯問招回報，俘獲賊屬并牛馬贓物，俱變賣價銀入官，與器械俱貯庫，被虜人口給親完聚，獲功人員，照例量行給賞外。緣係擒獲功次事理，爲此具本題知。

添設清平縣治疏[二]

十二年五月二十八日

據福建按察司兵備僉事胡璉呈，奉本院批，據漳州府呈，准知府鍾湘關，據南靖縣儒學生員張浩然等連名呈稱，南靖縣治僻在一隅，相離盧溪、平和、長樂等處，地里遥遠，政教不及。小

[一] 起集父子鄉兵　「起集」，國圖本、天圖本、叢刊本、文淵閣本、擒藻堂本作「集起」。

[二] 清平　文淵閣本作「平和」。按，據明史卷四十五地理六，作「平和」者是。

民罔知法度，不時劫掠鄉村，肆無忌憚，釀成大禍。今日動三軍之衆，合二省之威，雖曰殲厥渠魁，掃除黨類，此特一時之計，未爲久遠之規。乞於河頭中營處所，添設縣治，引帶汀潮，喉襟清寧，人煙輳集，道路適均，政教既敷，盜賊自息。考之近日，龍巖添設漳平而寇盜以靖，上杭添設永定而地方以寧，此皆明驗。今若添設縣治，可以永保無虞等情。

又據南靖縣義民鄉老曾敦立、林大俊等呈稱，河頭地方，北與盧溪流恩山岡接境[一]，西南與平和象湖山接境，而平和等鄉，又與廣東饒平縣大傘、箭灌等鄉接境，皆係窮險賊巢。兩省民居，相距所屬縣治各有五日之程，名雖分設都圖，實則不聞政教，往往相誘出劫，一呼數千，所過荼毒，有不忍言。正德二年，雖蒙統兵勦捕，未曾設有縣治，不過數月，遺黨復興。今蒙調兵勦撫，雖少寧息，誠恐漏網之徒，復踵前弊。呈乞添設縣治，以控制賊巢，建立學校，以移易風俗，庶得久安長治等因。

蒙漳南道督同本職，與南靖縣知縣施祥，帶領耆民曾敦立等，并山人洪欽順等，親詣河頭地方，踏得大洋陂背山面水，地勢寬平，周圍量度可六百餘丈，西接廣東饒平，北聯三團盧溪，堪以建設縣治。合將南靖縣清寧、新安等里，漳浦縣二三等都，分割管攝，隨地糧差。及看得盧溪枋頭

［一］北與盧溪流恩山岡接境　「境」，底本訛作「徑」，據天圖本、叢刊本、文淵閣本、摛藻堂本改。

坂地勢頗雄，宜立巡檢司以爲防禦，就將小溪巡檢司移建。仍量加編弓兵，點選鄉夫，協同巡邏。遇有盜賊，隨即撲捕。再三審據通都民人，合詞執稱，南靖地方極臨邊境，盜賊易生，上策莫如設縣。況今奏凱之後，軍餉錢糧尚有餘剩，各人亦願鑿山採石，挑土築城，砍伐樹木，燒造甎瓦，數月之内，工可告成。爲照南靖縣，相離盧溪等處委的寫遠，難以隄防管束。今欲於河頭添設縣治，枋頭坂移設巡檢司，外足以控制饒平鄰境，内足以壓服盧溪諸巢。又且民皆樂從，不煩官府督責，誠亦一勞永逸，事頗相應。具呈到道，呈乞照詳等因。奉批：「看得開建縣治，控制兩省瑶寨，以奠數邑民居，實亦一勞永逸之圖。但未經查勘奏請，仍仰該道會同始議各官，再行該府，拘集父老子弟，及地方新舊居民，審度事體，斟酌利害。如果遠近無不稱便，軍民又皆樂從，事已舉興，勢難中輟，即便具由呈來，以憑奏請定奪。仍一面俯順民情，相度地勢，就於建縣地内，預行區畫街衢井巷，務要均適端方，可以永久無弊。聽從願徙新舊人民，各先占地建屋，任便居住。其縣治、學校、倉場，及一應該設衙門，姑且規留空址，待奏准命下之日，以次建立。仍一面通行鎮巡等衙門，公同會議。此係設縣安民，地方重事，各官務要計處周悉，經畫審當，毋得苟且雷同，致貽後悔。批呈作急勘報」等因。依蒙拘集坊郭父老，及河頭新舊居民，再三詢訪，各交口稱便。有地者願歸官丈量以建城池，有山者願聽上砍伐以助木石，有人力者又皆忻然相聚，挑築土基，業已垂成，惟恐上議中止，下情難遂等情。具呈到臣。

爲照建立縣治，固係禦盜安民之長策，但當大兵之後，繼以重役，竊恐民或不堪。臣時督兵其地，親行訪詢父老，諏咨道路[一]，衆口一詞，莫不舉首願望，仰心樂從，旦夕皇皇，惟恐或阻。臣隨遣人私視其地，官府未有教令，先已伐木畚土，雜然並作，裹糧趨事，相望於道。究其所以，皆緣數邑之民積苦盜賊，設縣控禦之議，父老相沿已久，人心冀望甚渴，皆以爲必須如此，而後百年之盜可散，數邑之民可安，故其樂事勸工，不令而速。臣觀河頭形勢，實係兩省賊寨咽喉，今象湖、可塘、大傘、箭灌諸巢雖已破蕩，而遺孽殘黨，亦寧無有逃遯山谷者？舊因縣治不立，征剿之後，浸復歸據舊巢，亂亂相承，皆原於此。今誠於其地開設縣治，正所謂撫其背而扼其喉，盜將不解自散，行且化爲善良。不然，不過年餘，必將復起。其時再聚兩省之兵，又糜數萬之費，圖之已無及矣。臣竊以爲開縣治於河頭，以控制群巢，於勢爲便。雖使民甚不欲，猶將强而從之，況其祝望欣趨若此，亦何憚而不爲？至於移巡司於枋頭坂，亦於事勢有不容已。蓋河頭者，諸巢之咽喉；枋頭者，河頭之唇齒，勢必相須。兼其事體已有成規，不過遷移之勞，所費無幾。臣等皆已經畫區處，大略已備，不過數月，可無督促而成。民之所未敢擅爲者，惟縣治學校，須命下

[一] 諏咨道路 「諏」，國圖本、天圖本、叢刊本訛作「輒」。

之日乃舉行耳。伏願陛下俯念一方荼毒之久，深惟百姓永遠之圖，下臣等所議於該部，採而行之。設縣之後，有不如議，臣無所逃其責。今新撫之民，群聚於河頭者二千有餘，皆待此以息其反側。若失今不圖，衆心一散，不可以復合；事機一去，不可以復追。後有噬臍之悔，徒使臣等得以爲辭，然已無救於事矣。緣係添設縣治永保地方事理，爲此具本請旨。

疏通鹽法疏　十二年六月十五日

據江西按察司整飭兵備帶管分巡嶺北道副使楊璋呈，奉巡撫江西右副都御史孫燧案驗，准兵部咨，行移各該巡撫官員，今歲俱免赴京議事，各要在彼修舉職業。若有重大軍務應議事件，益於政體，便於軍民者，明白條陳，聽會官計議奏請等因。已經行仰所屬查訪去後。隨據吉安、臨江、袁州等府萬安、泰和、清江、宜春等縣商民彭拱、劉常、郭閏、彭秀連名狀告，正德六年，蒙上司明文，行令贛州府起立抽分鹽廠，告示商民，但有販到閩、廣鹽課，由南雄府曾經折梅亭納過勸借銀兩，止在贛州府發賣者，免其抽稅；願裝至袁、臨、吉三府賣者，每十引抽一引。閩鹽自汀州過會昌羊角水，廣鹽自黃田江、九渡水來者，未經折梅亭在贛州府發賣，每十引抽一引；願裝至袁、臨、吉三府發賣，每十引又抽一引。疏通四年，官商兩便。正德九年十月内，又蒙贛州府告示，該奉勘合，開稱廣鹽止許南、贛二府發賣，其袁、臨、吉不係舊例行鹽地方，不許越境，以致數年廣鹽禁絶。淮鹽因怯河道逆流，灘石險阻，止於省城，三府居民受其高價之苦，客商阻塞買賣之源。乞賜俯念吉、臨等府，與贛州地里相連，自昔至今，惟食廣鹽，一向未經禁革。況廣鹽許于南、贛二府發賣，原亦不係洪武舊制，乃是正統年間，爲建言民情事，奉總督兩廣衙門奏行新例。如蒙將廣鹽查照南、贛事例，照舊疏通下流發賣，萬民幸甚等因。

又據贛州府抽分廠委官照磨汪德進呈，近奉勘合，禁止廣鹽，止許南、贛發賣，不許下流，但贛州、吉安地里相連，水路不過一日之程。今年夏，驟雨泛漲，雖有橋船阻隔，水勢洶惡，衝斷橋索，以致奸商計乘水勢，聚積百船，執持兇器，用强越過。後雖拏獲數起，問罪不過十之一二。又有投託勢要官豪，夾帶下流發賣者；又有挑擔馱載，從興國、贛縣、南康等處小路越過發賣者；其弊多端，不禁則違事例，禁止則勢所難行，呈乞議處等因。

卷查正德六年，奉總制江西等處地方軍務左都御史陳金批，據江西布政司呈，准本司右布政使任漢咨稱，查得江西十三府，俱係兩淮行鹽地方。湖西、嶺北二道，灘石險惡，淮鹽因而不到，商人往往越境，私販廣鹽，射利肥己。先蒙總督衙門奏准，廣鹽許行南、贛二府發賣，仰令南雄照引追米納價，類解梧州軍門，官商兩便，軍餉充足。當時止是奏行南、贛，不曾開載袁、臨、吉三府。合無遵照敕諭，便宜處置，暫許廣鹽得下袁、臨、吉三府地方發賣，立廠盤掣，以助軍餉。及據江西按察司兵備副使王秩亦呈前事。隨該三司布政等官劉杲等[一]，議得委果於事有益，於法無礙。呈詳披允前來，遵照立廠照例抽税外。正德九年十月内，准户部咨，該巡撫都御史周南題，該本部覆議，内開廣東鹽課，仍照正德三年題奉欽依事理。有引官鹽，許於南、贛二府發賣，不許再行抽税。袁、臨、吉不係舊例行鹽地方，不許到彼。如有犯者，不分有引無引，俱照律例，問罪没官。又經行仰禁革去後。

今據前因，隨查得正德六年十一月二十七日設立抽分廠起，至正德九年五月終止，共抽過税銀四萬八百四十餘兩。陸續奉撫鎮衙門明文，支發三省夾攻大帽山等處賞功軍餉，并犒勞過狼兵官軍士兵口糧，并取赴饒州征剿姚源軍前應用，及起造抽分廠廳浮橋，修理城池，買穀上倉，預備賑濟，及遵巡撫軍門批申，借支贛州衛官軍月糧等項，支過税銀三萬八千二百九十餘兩。由此觀之，則地方糧賞之用[二]，歲費不貲，而仰給於商税獨重。前項商税所入，諸貨雖有，而取足於鹽利獨多。及查得近爲緊急賊情事，該兵部題奉欽依，轉行議處停當，具由呈報。該本道會同

[一] 劉杲 黄本、閭本、董本、聞本、鄒本、胡本、宋本、邵本作「劉果」。按，再請疏通鹽法疏亦作「劉果」。

[二] 則地方糧賞之用 「賞」，國圖本、天圖本、叢刊本、文淵閣本、摛藻堂本作「餉」。

分守、守備衙門，議得賊首謝志珊，有名大寨三十餘處，擁衆數萬，盤據三省，窮兇極惡，神怒人怨。已經呈詳轉達奏聞，動調三省官兵會剿去後。及議得本省動調官兵，以三萬爲率，半年爲期，糧餉等費，約用數萬。查得贛州府庫收貯前項稅銀，除支用外，止餘二千九百餘兩，又是節催起解赴部之數，續收銀兩，止有一千六百餘兩。但恐不日命下，剋期進剿，軍行糧食，所當預處。及查得廣東所奏前項鹽法，准行南、贛二府販賣，果係一時權宜，不係洪武年間舊例。合無查照先年總制都御史陳金便宜事例，一面行令前商，許於袁、臨、吉三府販賣，所收銀兩，少爲助給；一面別行議處，以備軍餉。庶使有備無患，不致臨期缺乏。候事少寧，另行具題禁止。庶袁、臨、吉三府居民無乏鹽之苦，南、贛二府軍門得軍餉之利，而關津把截去處免阻隔意外之變，誠爲一舉而三得矣等因。已經備由呈奉巡撫都御史孫燧批：「看得所議鹽稅，既不重累商人，抑且有裨軍餉，輿情允協，事體頗宜。但其至贛州府十取其一，吉、臨等府十而取二，似乎過重。仰行再加詳議，斟酌適中回報。」依奉訪得商民販鹽下至三府發賣者，倍取其利，既許越境販賣，乃其心悦誠服，並無稅重之辭。又經呈詳，奉批：「看得所議鹽稅事情，商賈疏通，軍餉有賴，一舉兩得。合遵照欽奉敕諭便宜處置事理，仰行各道并該府縣遵奉。仍禁革奸徒，不許乘機作弊，因而瞞官射利，擾害地方。具由繳申。」今照本院撫臨，理合再行呈請照詳等因。據呈到臣。

看得贛、南二府，閩、廣喉襟，盜賊淵藪。即今具題夾攻，不日且將命下，糧餉之費，委果缺乏，計無所措，必須仰給他省。但聞廣東以府江之師，庫藏漸竭；湖廣以偏橋之討，稱貸既多；亦皆自給不贍，恐無羨餘可推。若不請發内帑，未免重科貧民。然内帑以營建方新，力或不逮；貧民則窮困已極，勢難復征。及照前項鹽稅，商人既已心服，公私又皆兩便，庶亦所謂不加賦而財足，不擾民而事辦。臣除遵照敕諭徑自區畫事理，批行該道，暫且照議施行。候地方平定之日，將抽過税銀、支用過數目，另行具奏，抽分事宜，照例仍舊停止外。緣係地方事理，爲此具本題知。

王文成公全書卷之十

別録二　奏疏二

議夾勦兵糧疏　正德十二年七月初五日

准兵部咨，該本部題，職方清吏司案呈，奉本部送兵科抄出巡撫湖廣地方兼贊理軍務都察院右副都御史秦金題稱：「會同巡按御史王度，督同都、布、按三司掌印署都指揮僉事文恭、左布政使周季鳳、副使惲巍等，議照湖廣郴、桂等處，所屬地方，與廣東樂昌、江西上猶等處縣瑶賊密邇聯絡。彼處有名賊首龔福全、高仲仁、李斌、龐文亮、藍友貴等，素恃巢穴險固，聚衆行劫。先年用兵征勦，各賊漏殄未除，遂致禍延今日。臣等仰體皇上好生之心，設法撫處，冀圖靖安，以成止戈之武。奈犬羊之性，變詐不同，豺狼之心，貪噬無厭，陽雖聽招，陰實肆毒。今乃攻打縣堡，虜官殺人，窮兇極惡，神人共憤。雖經各官兵擒斬數輩，稍懼歸巢，緣其種類繁多，出没尚未可料。若非三省合兵，大彰天討，惡孽終不殄除，疆宇何由寧謐？所據各官會呈，乞要大舉，臣等再三籌議，非敢輕啓兵端，但審時度勢，誠有不容已者。況彼巢峒既多，賊黨亦衆，東追西竄，此出彼藏，必須調發本省土漢官軍、民兵、殺手人等，共三萬員名，分立哨道，刻期進剿。其兩廣、南贛，仍須各調官軍、狼兵，把截夾攻，協濟大事。臣等計算兵糧重大，區處艱難，抑且本省兵荒相繼，財力匱乏，前項合用錢糧，預須計處。今將應調土漢官軍數目、供給糧餉事宜，及戰攻方略，開坐具奏。」該本部覆稱：「閫外兵權，貴在專委；征伐事宜，切忌遥制。今郴、桂瑶賊，爲害日熾，既該湖廣鎮巡、三司官會議，兵不可已，要行剋期進剿，朝廷若復猶豫不決，往返會議，必致誤事。但七月進兵，天氣尚炎，況今五月將中，三省約會，期限太迫。再請敕兩廣總督等官左都御史陳金等，及請敕巡撫南贛左僉都御史王守仁，各照議定事理，欽遵會合行事，不許違期失誤。及改擬九月中取齊進兵，庶三省路遠，不誤約會。」本年五月十一日，少保兼太子太保本部尚書王瓊等具題，奉欽依，備咨到臣。

除欽遵外，卷查先據江西嶺北道副使楊璋，及湖廣郴桂兵備副使陳璧，并廣東韶州府各呈申前事。臣參看得前賊惡貫已盈，神怒人怨，天討在所必加。但近年以來，江西有桃源之役[一]，瘡痍甫起；福建有汀漳之寇，軍旅未旋。府江之師方集於兩廣，偏橋之討未息於湖湘。若復繼以

[一] 江西有桃源之役　據攻治盜賊二策疏等篇，「桃源」當爲「姚源」之訛。

大兵，惟恐民不堪命，合無申明賞罰，容臣等徐爲之圖。惟復約會三省，並舉夾攻，已經開陳兩端，具本上請去後。今准前因，則巡撫湖廣右副都御史秦金所題夾攻事理，既奉有成命矣，臣謹將南贛二府議處兵糧事宜開坐。緣係地方緊急賊情事理，爲此具本請旨。

計開：

一、南安府所屬大庾、南康、上猶三縣，各有賊巢聯絡盤據，有衆數千，西接湖廣桂陽等縣，南接廣東韶州府樂昌等縣。三省夾攻，必須湖廣自桂陽、桂東等處進，廣東自樂昌縣進，在南安者必須三縣地方並進。贛州府所屬，惟龍南縣賊巢與廣東惠州府龍川縣浰頭接境。浰頭係大賊池大鬢等巢穴，有衆數千，比之他賊，勢尤猖獗。前此二次夾攻，俱被漏網。龍南雖有賊徒數夥，除之稍易。但其倚藉浰頭兵力以爲聲援，攻之則奔入浰頭，兵退則復出爲害，必須廣東兵自龍川進，贛州兵自龍南進，庶可使無奔潰。

一、上猶去龍南幾四百里，兩處進兵，必須一時並舉，庶無驚潰之患[一]。大約計之，亦須用兵一萬二千名。今擬調南康、上猶二縣機兵、打手一千二百名；大庾縣機兵、打手一千二百名；贛州府所屬，除石城縣外，寧都、信豐二縣機兵、打手各一千名；其餘七縣機兵、打手三千名；

[一] 庶無驚潰之患 「潰」，黄本、董本作「突」。

龍泉縣機兵、打手一千名；安遠縣招安義民葉芳、老人梅南春等，龍南縣招安新民王受、謝鉞等兵共二千名；汀州府上杭縣打手一千名；潮州府程鄉縣打手一千名；共輳一萬二千之數。但廣、湖兩省之兵，皆狼土精悍，賊所素畏，勢必偏奔江西。江西之兵，最爲怯懦，望賊而潰乃其素習。今所擬調，皆新習未練，若使嚴以軍法處治，庶幾人心齊一，事功可成。

一、兵一萬二千餘名，每名日給米三升，一日該米三百七十餘石；間日折支銀一分五釐，一日該銀一百八十餘兩；以六箇月爲率，約用米三萬三千餘石，用銀二萬餘兩。領哨、統兵、旗牌等官，并使客合用廩給，及賞功犒勞牛酒、銀牌、花紅、魚鹽、火藥等費，約用銀二萬餘兩。通前二項，約共用銀五萬兩。二府商税銀兩，集兵以來，日有所費，見存銀止有四千餘兩。二府并贛縣、大庾、南康、上猶四縣，積穀約計有七八萬石，但貯積年久，恐舂米不及其數。見在前銀不足支用，就欲别項區處，但恐緩不及事。查得江西布政司并各府縣别無蓄積，止有該解南京折糧銀兩貯庫未解，并一應紙米贓罰銀兩，合無行巡撫江西都御史孫燧，轉行布政司并行各府，照數借給應用。候事寧之日，或將以後抽掣商税，或開中鹽引，另爲計處，奏請補還，庶克有濟。

一、合用本省巡按御史隨軍紀功、管理錢糧，及統兵、領哨官員，除本省三司、分守、分巡、兵備、守備并南贛二府官員臨時定委外。訪得九江府知府汪穎[一]、吉安府知府伍文定、汀州府知府唐淳、惠州府知府陳祥，俱各才識練達；程鄉縣知縣張戩、撫州府東鄉縣知縣黄堂、建昌府新城縣知縣黄文鸞、袁州府萍鄉縣知縣高桂、吉安府龍泉縣知縣陳允諧，俱有才名，俱各堪以領兵。候命下之日，聽臣等取用。臣等竊照師期已迫，自今七月上旬，至九月中旬，僅餘兩月，中間合用前項錢糧器仗，及擬調兵快、應委官員之類，悉皆百未有措。又事干各省，道途相去，近者半月，遠者月餘，萬一各官之中，違抗推託，不肯遵依約束，臨期誤事，罪將安歸。乞照湖廣巡撫都御史秦金所奏該部題准事理，各官之中，敢有抗違失誤者，許臣等即以軍法從事，庶幾警懼，事可易集。

南贛擒斬功次疏 十二年七月初五日

據江西按察司整飭兵備帶管分巡嶺北道副使楊璋呈，據統兵等官南安府知府季斆，呈解生

[一] 汪穎 底本訛作「汪頴」，國圖本、天圖本、叢刊本、文淵閣本、摛藻堂本作「汪賴」，據收復九江南康參失事官員疏改。

擒大賊首一名陳曰能，從賊林泉等二十七名[一]，斬獲首級十六顆，俘獲賊屬男女十三口，及馬牛等物。并開稱搗過禾沙坑、船坑、石圳、上龍、狐狸、朱雀、黄石等賊巢七處，燒死賊徒不計其數，并房屋、禾倉三百餘間。南康縣縣丞舒富，呈解生擒大賊首一名鍾明貴，從賊曾能志等二十一名，斬獲首級四十五顆，殺死未取首賊一百一十七名，俘獲賊屬男女一十六名口，及牛馬驢等物[二]。并開稱搗過石路坑、白水峒、杞州坑、旱坑、茶潭、竹壩、皮袍、樟木坑等賊巢八處，燒死賊徒三百四十六名，并燒毁房屋、禾倉四百七十餘間。贛縣義官蕭庾，呈解生擒大賊首一名唐洪，從賊蒲仁祥等六名，斬獲首級并射死賊從一百三十八名，燒毁賊巢房屋、禾倉一百二十間，及俘獲牛羊器械等物。并開稱搗過長龍、鷄湖、楊梅、新溪等處賊巢四處。各緣由到道。

隨據統兵官員并鄉導人等各呈稱，自本年正月，蒙本院撫臨以來，募兵練卒，各賊探知消息，將家屬婦女什物，俱各寄屯山寨林木茂密之處。其各精壯賊徒，晝則下山耕作，夜則各遁山寨。依奉本院方略，於六月二十日子時，各哨剋期進剿。每巢止有二三十人、或四五十人看守巢穴，見兵舉火奮擊，俱各驚潰。間有射傷藥弩，即時身死，墜於深巖。及據縣丞舒富、義官蕭庾各回

[一] 林泉 國圖本、天圖本、叢刊本、文淵閣本、擒藻堂本作「林杲」。

[二] 牛馬驢等物 「驢」，黄本、閭本、董本、聞本、宋本、邵本作「騾」。

呈，止有上猶縣白水峒、石路坑二巢、南康縣鷄湖一巢險峻，巢内賊屬頗多，被兵四面放火進攻[一]，賊無出路，燒死數多。天明看視，止存骸骨，頭面燒毀莫辨，以此難取首級等因。

案照先爲緊急賊情事，據上猶縣申稱，四月間，被輋巢賊徒不時虜掠耕牛人口，請兵追剿，鄉民稍得蒔插。今早穀將登，又聞各巢修整戰具出劫，乞爲防遏，庶得收割聊生等因。并據縣丞舒富及南安府呈，大庾縣申同前事，該本道查得上猶縣鄰近巢穴，則有旱坑、茶潭、杞州坑、樟木坑、石路坑、白水峒、竹壩[二]、川坳、陰木潭等巢；南康縣則有長龍[三]、鷄湖、楊梅、新溪等巢；大庾縣則有狐狸坑、船坑、禾沙坑、石圳、上龍、朱雀、黄石坑等巢；多則三五百名，少則七八十名。合無將本院選集之兵，委官統領，分投剿遏等因。已經呈奉本院批：「看得各賊名號日漸僭擬，惡毒日加縱肆。若果遂其奸謀，得以乘虚入廣，其爲患害，關繫匪輕。除密行南、韶等府分兵防截外，仰該道即便部勒諸軍，定哨分委，仍密召各巢附近被害知因之人，堪爲鄉導者，前來分引各兵。出城之時，不得張揚。今正當換班之月，就令俱以下班爲名，晝伏夜行，剋

[一] 被兵四面放火進攻　「進攻」，黄本、閭本、董本、聞本、鄒本、胡本、宋本、邵本作「攻進」。

[二] 竹壩　國圖本、天圖本、叢刊本、文淵閣本、摛藻堂本作「竹潭」。

[三] 南康　國圖本、天圖本、叢刊本、文淵閣本、摛藻堂本訛作「南安」。

期各至分地，掩賊不備，同時舉事。分領各官，務要嚴密奮勇，竭忠以副委託。如或推奸誤事，及軍士之中，敢有後期退縮者，悉以軍法從事，決不輕貸。該道亦要親帥重兵，隨後繼進，密屯賊巢要害處所，相機接應，以防不測。一應機宜，務須慎密周悉。仍要嚴緝各兵，所獲真正賊徒[一]，不許濫加良善」等因。遵奉統領各兵，刻期進剿，及加謹防遏。今據復呈前因，通查得各哨共計生擒大賊首三名，首從賊徒五十四名，斬獲首級六十八顆，殺死射死賊徒二百四十餘名，燒死賊徒二百餘名，搗過巢穴一十九處，燒燬房屋、禾倉八百九十餘間，俘獲賊屬男女二十九名口，水黃牛、馬、騾、羊一百四十四頭匹隻。所據各該領兵等官，所報擒斬之賊，數固不多，而巢穴已空，無可棲身；積聚已焚，無可仰給。就使屯集横水、桶岡大巢，將來人多食少，大舉夾攻，爲力已易等因。轉呈到臣。

卷查先據副使楊璋呈稱，據南安府并上猶等縣及縣丞舒富各呈申，訪得大賊首謝志珊，號「征南王」，糾率大賊首鍾明貴、蕭規模[二]、陳曰能、唐洪、劉允昌等，約會樂昌高快馬等，大修戰具，并造呂公車，欲先將南康縣打破，聞知廣東官兵盡調征剿府江，就行乘虛入廣等因。已經批仰該

[一] 所獲真正賊徒　「所」，黄本、閭本、董本作「斬」。

[二] 蕭規模　横水桶岡捷音疏有「蕭貴模」，「規」或爲「貴」之訛。

道部勒諸軍，酌量賊巢强弱，派定哨分，選委謀勇屬官統兵，密召知因向導引領，晝伏夜行，刻定於六月二十日子時，入各賊巢，同時舉火，併力奮擊，務使噍類無遺去後。今據前因，覆勘得前項賊巢，委果蕩平殆盡，蓄積委果焚燬無遺。獲功解報雖少，殺傷燒死實多。猖熾之勢少摧，不軌之謀暫阻，居民得以秋獲，地方亦爲一寧。此皆遵依兵部申明律例事理，仰仗天威，官兵用命之所致，非臣之知謀所能及也[一]。臣惟南贛之兵，素不練養，見賊而奔，則其常態。今各官乃能夜入賊巢，奮勇追擊，在他所未爲可異之功，於南贛則實創見之事。及照副使楊璋，區畫贊理，比於各官，勞勩尤多。今夾攻在邇，伏乞皇上特加勸賞，以作興勇敢之風，庶幾日後大舉，臣等得以激勵人心。除將獲功人員量加犒賞，生擒賊徒，監候審决，首級梟示，俘獲賊屬領養，牛馬賞兵，有功人員查審的確，造册奏繳外。緣係斬獲功次事理，爲此具本題知。

議夾剿方略疏　十二年九月十五日

據江西嶺北道副使楊璋呈，奉臣案驗，准兵部咨，該巡撫湖廣都御史秦金題，爲緊急賊情事。備行計處兵糧，約會三省，將上猶縣等處賊巢，剋期九月中進剿等因。遵依，隨將本道兵糧

[一] 非臣之知謀所能及也　黄本、閭本、董本、閒本、宋本、邵本無「知」字。

事宜，計呈本院，轉達奏聞定奪外。隨據南安府上猶、大庾等縣申稱，各縣鄉民早穀將登，各巢輋賊修整戰具，要行出刦。并據南康縣縣丞舒富呈，訪得大賊首謝志珊，號「征南王」，糾率桶岡等巢賊首鍾明貴等，約會廣東大賊首高快馬等，大修戰具并呂公車，欲要先將南康縣打破，聞知廣東官兵盡調府江，就行乘虚入廣流刦，乞要早爲撲剿等因。已經呈蒙本院密受方略〔一〕，行委知府季斆、縣丞舒富等領兵分剿。共生擒大賊首陳曰能等三名，首從賊徒五十四名，斬獲賊首級六十八顆，殺死、射死賊徒二百四十餘名，燒死賊徒二百餘名，搗過巢穴一十九處，燒燬房屋、禾倉八百九十餘間，俘獲賊屬二十九名口，水黄牛、馬、羊、騾一百四十四頭匹，通經呈報。

又蒙本院慮賊必將乘間復出，行委知府季斆、指揮來春等統兵屯南安，指揮姚璽、縣丞舒富統兵屯上猶，指揮謝昶、千户林節統兵屯南康，各於要害去處往來防剿。至七月二十五日，賊首謝志珊果復統衆一千五百餘徒，攻打南安府城。各官督兵迎敵，生擒賊犯楊鑾等七名，斬獲首級四十五顆，賊衆大敗而去。八月二十五日，賊首謝志珊又統領二千餘徒，復來攻打南安府城。各官督兵迎敵，生擒賊犯龍正等四十二名，斬獲首級一百五十七顆，賊又大敗而去。即今賊勢少挫，若乘此機會，直搗其巢，旬月之間，可期掃蕩。但聞湖廣之兵既已齊集，而廣東因府江班師未久，

〔一〕已經呈蒙本院密受方略　「受」，宋本、邵本作「授」。

復調狼兵，未有定期。謹按地圖，江西之南安有上猶、大庾、桶岡等處賊巢，與湖廣桂東、桂陽接境，夾攻之舉，止該江西與湖廣會合，而廣東止于仁化縣要害把截，夾攻不與焉。贛州之龍南有浰頭賊巢，與廣東龍川接境，夾攻之舉，止該江西與廣東會合，而湖廣不與焉。廣東樂昌、乳源賊巢，與湖廣宜章縣接境，惠州賊巢與湖廣臨武縣接境，仁化縣賊巢與湖廣桂陽縣接境，夾攻之舉，止該湖廣、廣東二省會合，而江西止於大庾縣要害把截，夾攻不與焉。名雖三省大舉，其實自有先後，舉動次第，不相妨礙。若不此之察，必欲通待三省之兵齊集然後進剿，則老師廢財，爲害匪細。合將前項事宜，約會三省，以次漸舉，庶兵力不竭，糧餉可省等因。據呈到臣。

看得三省夾攻，必須彼此剋期定日，同時並舉，斯乃事體之常。然兵無定勢，謀貴從時，苟勢或因地而異便，則事宜量力以乘機。三省賊巢，連絡千里，雖聲勢相因，而其間亦自有種類之分，界限之隔。利則爭趨，患不相顧，乃其性習。誠使三省之兵皆已齊備，會約並進，夫豈不善？但今廣東狼兵，方自府江班師而歸，欲復調集，恐非旬月所能。兩省之兵既集，久頓而不進，賊必驚疑愈生，其奸悍者奔突，黠者潛逃，老師費財，意外之虞，乘間而起，雖有智者，難善其後。誠使先合湖廣、江西之兵，併力而舉上猶諸賊，逮事之畢，廣東之兵亦且集矣；則又合湖廣、廣東之兵，併力而舉樂昌諸處，逮事之畢，江西之兵又得以少息矣；則又合廣東、江西之兵，併力而舉龍川。方其併力於上猶，則姑遣人佯撫樂昌諸賊，以安其心。彼見廣東既未有備，而湖廣之兵又不及己，苟幸旦夕之生，必不敢越界以援上猶。及夫上猶既舉，而湖廣移兵以合廣東，則樂昌諸賊，其勢已孤，二省兵力益專，其舉之益易。當是之時，龍川賊巢相去遼絶，自以爲風馬牛不相及。彼見江西之兵又撤，意必不疑，班師之日，出其不意，回軍合擊，蔑有不濟者矣。臣竊以爲因地之宜，先後合擊之便。除臣遵照兵部咨來題奉欽依，會兵征勦，亦聽隨宜會議施行事理，已將前項事宜，移咨廣東、湖廣總督、巡撫等官知會，一面相機行事外。緣係地方緊急賊情事理，爲此具本題知。

換敕謝恩疏　十二年九月十五日

近准兵部咨，爲申明賞罰以勵人心事。該臣奏，該本部覆題，節奉聖旨：「是。王守仁着提督南、贛、汀、漳等處軍務，換敕與他。欽此。」備咨到臣。本年九月十一日，節該欽奉敕諭：「江西南安、贛州地方，與福建汀、漳二府，廣東南、韶、潮、惠四府，及湖廣郴州桂陽縣，壤地相接，山嶺相連，其間盜賊不時生發，東追則西竄，南捕則北奔。蓋因地分各省，事無統屬，彼此推調，難爲處置。先年嘗設有都御史一員，巡撫前項地方，就令督勦盜賊。但責任不專，類多因循苟且，不能申明賞罰以勵人心，致令盜賊滋多，地方受禍。今因所奏及該部覆奏事理，特改命爾提督軍務，撫安軍民，修理城池，禁革奸弊。一應軍馬錢糧事宜，俱聽便宜區畫，以足軍餉。但有盜賊生發，即便設法調兵剿殺，不許踵襲舊弊，招撫蒙蔽，重爲民患。其管領兵快人等官員，不問文職武職，若在軍前違期，并逗遛退縮者，俱聽軍法從事。生擒盜賊，鞫問明白，亦聽就行斬首示衆。斬獲賊級，行令各該兵備守巡官，即時紀驗明白，備行江西按察司，造册奏繳，查照陞賞激勸。欽此。」

俱欽遵外，竊念臣以凡庸，繆膺重寄，思逃罪責，深求禍源，始知盜賊之日熾，由於招撫之太濫；招撫之太濫，由於兵力之不足；兵力之不足，由於賞罰之不明。輒敢忘其僭妄，爲陛下一陳其梗槩，其實言不量力，請非其分，方虞戮辱之及。陛下特採該部之議，不惟不加咎謫，而又悉與施行；不惟悉與施行，而又隆以新命。是蓋曲從試可之請，不忍以人廢言也。敕諭宣布之日，百姓填衢塞道，悚然改觀易慮，以爲聖天子明見萬里，洞察幽微，占群策之畢舉，知國議之有人。莫不警懼振發，强息其暴，僞息其奸，怯者思奮而勇，後者思效而前，三軍之氣自倍，群盜之謀自阻。所謂舞干格苗，運於廟堂之上，而震乎蠻貊之中者也。夫過其言而不酬，有志者之所耻也；冒寵榮而不顧，自好者不爲也。臣固譾劣，亦寧草木無知，不思鞭策以報知遇？雖其才力有所難强，而螻蟻之誠，决能自盡；雖於利鈍不可逆睹，而狐兔之穴，斷期掃平。臣不勝感恩激切之至。

交收旗牌疏　十二年九月二十五日

准工部咨，該本部題稱：「看得兵部咨開都御史王守仁奉敕提督軍務，應合照例給與旗牌以振軍威一節，既查有例，又奉欽依，合無於本部收有内給與旗牌八面副。就令原來百户尹麟前去交與本官，督軍應用，務加愛惜，不得輕意損壞。候到，先將收領過日期號數，徑自奏報查考」等因。具題，奉聖旨：「是，欽此。」欽遵，備咨到臣。隨於本年九月十六日，據百户尹麟領齎令旗令牌八副面前來。除照數收領，調度軍馬應用，務加愛惜，不敢輕意損壞外。緣係交收旗牌事理，爲此今將收領過日期、緣由并號數開坐，具本題知。

【計開：

令字旗八副并鐵槍頭鑽木杆全

令字三百六十五號

令字四百一號

令字四百十一號

令字四百二十一號

令字六百五十一號

令字六百六十二號

令字六百八十三號

令字六百八十七號

令字牌八面并皮袋全

令字七十二號

令字一百號

令字一百二十號

令字一百三十七號

令字一百六十二號

令字四百五十五號

令字五百四十九號

令字六百四十七號】[一]

[一] 據黄本、閻本、董本補。

議南贛商税疏　十二年九月二十五日

據江西按察司分巡嶺北道兵備副使楊璋呈，奉巡撫江西地方右副都御史孫燧案驗，備行各道兵備等官，有地方重大軍務，益於政體，便於軍民，果係應議事件，即便條列呈報，以憑施行等因。隨據南安府呈繳本年春季分折梅亭抽分商税循環文簿，看得該府造報册内，某日共抽税銀若干，不見開有某商人某貨若干、抽銀若干，中間不無任意抽報情弊，及看得一季總數，倍少于前。原其所自，蓋因抽分官員，止是典史、倉官、義民等項，不惜名節，惟嗜貪污。兼以官職卑微，人心玩視，以致過往客商，或假稱權要而挾放，或買求官吏而帶過，及被店牙通同客商，買求書筭，以多作少，以有作無，奸弊百端。卷查前項抽分，創于巡撫都御史金澤，一則甦大庾過山之夫，一則濟南贛軍餉之用。題奉欽依，遵行年久。及查贛州龜角尾設立抽分廠，建白于總制都御史陳金。自正德六年十一月二十七日起，至九年七月終止，共抽過商税銀四萬二千六百八十六兩六錢三分七毫五忽。本省大帽山、姚源、華林盜賊四起，大舉夾攻，一應軍餉，俱仰給于此，並未奏動内帑之積，亦未科派小民之財。以此而觀，則商税之有益地方多矣。緣贛州之税，正德十一年，該給事中黄重奏稱，廣貨自南雄經南安折梅亭，已兩税矣，贛州之税，不無重復，已經勘明停止贛河之税。近復大舉夾攻，軍餉仰給，全在折梅亭之税。今所入如此，非惟軍餉無益，實惟奸宄是資。隨會同分守左參議黄宏，議照合將南安之税移於龜角尾抽分，既有分巡道之監臨，又有巡撫之統馭，訪察數多，奸弊自少。其大庾縣顧夫銀兩，合令該縣，每季具印信領狀赴道，批行贛州府支領，支盡查筭，准令復支。如此，非惟大庾過嶺之夫不缺，而軍餉之用大增，合就會案呈詳等因。據呈到臣。

看得南贛二府商税，皆因給軍餉、裕民力而設。折梅亭之税，名雖爲夫役，而實以給軍餉；龜角尾之税，事雖重軍餉，而亦以裕民力。兩税雖若二事，其實殊途同歸。但折梅亭雖已抽分，而龜角尾不復致詰，未免有脱漏之弊；若折梅亭既已抽分，而龜角尾又復致詰，未免有留滞之擾。況監司既遠，胥猾得以恣其侵漁；頭緒既多，彼此得以容其奸隙。若革去折梅亭之抽分，而總税於龜角尾，則事體歸一，奸弊自消，非但有資軍餉，抑且便利客商。蓋分合雖異，而於商税事體無改纖毫，轉移之間，而於民商利害相去倍蓰。除臣欽遵節奉敕諭，「一應軍馬錢糧事宜，俱聽便宜區畫」事理，將副使楊璋等所議，行令該府一面查照施行外。緣係地方事理，爲此具本題知。

陞賞謝恩疏　正德十二年十月初一日[一]

節該欽奉敕：「得爾奏，該福建兵備僉事等官胡璉等，統領軍兵，各分哨路，於今年正月十八等日，先後攻破長富村、象湖山、可塘洞等處巢穴，擒斬首從賊級一千四百二十九名顆；及該廣東兵備僉事等官顧應祥等，統領軍兵，分哨並進，於今年正月二十四等日，克破古村、箭灌、水竹等寨，斬賊級一千二百七十二名顆；各俘獲賊屬，奪回人口、頭畜、器械等數多。賊害既除，良民安堵。蓋由爾申嚴號令，處置有方，以致各該官員奉行成算，有此成功。捷奏來聞，朕心嘉悦。除有功官軍民快人等，待查勘至日陞賞外，陞爾俸一級，賞銀二十兩，紵絲二表裏，仍降敕獎勵。爾其益竭心力，大展才猷，修明武備，多方計畫，務使四省交界之區，數年嘯聚之黨，撫勦盡絶，地方永獲安靖，斯稱朕委任之意。毋或狃于此捷，遽生怠玩，致有他虞。欽此。」欽遵。

臣惟賞及微勞，則有功者益勸；罰行親暱，則有罪者益警。近者閩、廣之師幸而成功，其方略議於該部，成筭出於朝廷，用命存於諸將，戮力因於士卒。臣不過申嚴號令，敷布督促之而已，曾有何功？而乃冒蒙褒賞，增其禄秩，錫以金幣，臣實不勝慚汗惶恐之至。然臣嘗有申明賞罰之

[一]　十月初一日　底本脱「一」字，摛藻堂本「一」作「二」，據黄本、聞本、董本、宋本、邵本補正。

奏矣，嘗有願陛下俯從惟重之典，以作敢勇之風之請矣。臣之微勞，懼不免於罪，而陛下曲從該部之議，特賜優渥之恩者，所謂賞及微勞，將以激勸有功也。昔人有云：「死馬且買之，千里馬將至矣。」臣敢畏避冒賞之戮，苟爲遜讓，以仰辜陛下激勵作興之盛心乎？受命之餘，感懼交集，誓竭犬馬之力，以效涓埃之報。臣不勝受恩感激之至。

横水桶岡捷音疏　十二年閏十二月初二日

據江西布、按二司巡守嶺北道兵備副使楊璋、左參議黄宏會呈，據一哨統兵贛州府知府邢珣呈，督同興國縣典史區澄等官兵，於十月十二等日，攻破磨刀坑等巢；十一月初一等日，攻破桶岡洞等巢；二十三日，會兵擊賊于上新地寨，共十四處。共擒斬大賊首雷鳴聰、藍文亨、梁伯安等六名顆，賊從王禮生等二百四十一名顆，俘獲賊屬并奪回被虜男婦二百五十七名口，燒毁賊巢房屋一百七十七間，及奪馬牛、贓仗等項。

二哨統兵福建汀州府知府唐淳呈，督同上杭縣縣丞陳秉等官兵，於十月十二等日，攻破左溪等巢；十一月初一等日，攻破十八磊等巢，共十二處。共擒斬大賊首藍天鳳、藍八[一]、蘇景祥

[一] 藍八　下文有「藍八蘇」。

等四名顆，賊從廖歐保等二百六十四名顆，俘獲賊屬并奪回被虜男婦五百四十四名口，燒毁賊巢房屋七百一十二間，及奪獲馬牛、器械、贓銀等項。

三哨統兵南安府知府季斆呈，督同同知朱憲、推官徐文英等官兵，於十月十二等日，攻破穩下等巢；十二月初三日，擊賊于朱雀坑等巢，共八處。生擒大賊首高文輝、何文秀等五名，擒斬賊從楊禮等三百六十一名顆，俘獲賊屬并奪回被虜男婦一百七十一名口，燒毁賊巢房屋五百七十八間，奪獲牛馬、贓仗等物。及先於七月二十五等日，二次被賊擁衆攻打本府城池，統領本營官兵，會同指揮來春、馮翔，與賊對敵。本職下官兵舍人，共擒斬賊從龍正等一百三名顆；來春下官兵，擒斬賊從王伯崇等二十五名顆；馮翔下官兵，擒斬賊從劉保等一百三十五名顆。

四哨統兵江西都司都指揮僉事許清開稱，督領千户林節等官兵，於十月十二等日，攻破鷄湖等巢，共九處。共擒斬大賊首唐洪、劉允昌、葉志亮、譚祐、李斌等共一十名顆，賊從王志成等一百四十六名顆，俘獲賊屬并奪回被虜男婦一百三名口，燒毁賊巢房屋二百間，及奪獲牛馬、贓仗等物。

五哨統兵守備南、贛二府地方以都指揮體統行事指揮使郟文呈，督領安遠縣義官唐廷華官兵，於十月十二等日，攻破獅子寨等巢；二十三日，會兵擊賊于上新地寨。斬獲首賊藍文昭等三名顆，擒斬賊從許受仔等一百六十六名顆，俘獲賊屬并奪回被虜男婦九十八名口，燒毁賊巢房屋四百一十二間，及奪獲牛馬、器械等項。

六哨統兵贛州衛指揮余恩呈，統領龍南縣新民王受等兵，於十月十二等日，攻破長流坑等巢，共五處。擒斬大賊首陳貴誠、薛文高、劉必深三名顆，賊從郭彦秀等一百七十七名顆，俘獲賊屬并奪回被虜男婦九十九名口，燒毁賊巢房屋五百一十七間，及奪獲馬驢、器械、贓銀等物。

七哨統兵寧都縣知縣王天與呈，督同典史梁儀等官兵，於十月十二等日，攻破樟木坑等巢，共□處[一]。擒斬大賊首鄧崇泰、王孔洪等八名顆，擒斬賊從陳榮漢等一百三十九名顆，俘獲賊屬并奪回被虜男婦二百七十五名口，燒毁賊巢房屋一百六間，及奪獲牛馬、贓物等項。

八哨統兵南康縣縣丞舒富呈，統領上猶縣義官胡述等兵，於十月十二等日，攻破箬坑等巢，共五處。擒斬賊從康仲榮等四百一十九名顆，俘獲賊屬并奪回被虜男婦一百八十三名口，燒毁賊巢房屋九百九十三間，及奪獲牛馬、贓銀等項。及先於九月二十一等日，大賊首謝志田等攻打白面寨，隨督發寨長廖惟道等，擒斬首從賊徒謝志田等三十五名顆。

[一] 共□處　底本闕一字，邵本作「五」，摛藻堂本作「三」。

九哨統兵廣東潮州府程鄉縣知縣張戩呈，統領本縣新民等兵，於十月二十四日等，攻破杞州坑等巢；十一月初一等日，攻破西山界、桶岡等巢，共九處。擒斬大賊首蕭貴富、鍾得昌等六名顆，賊從何景聰等二百五十七名顆，俘獲賊屬并奪回被虜男婦一百五十七名口，及奪獲牛馬、器械、贓銀等物。

十哨統兵吉安府知府伍文定呈，統領廬陵縣等官兵劉顯等，於十月二十四等日，攻破寨下等巢；十一月初一等日，攻破上池等巢；二十日，擊賊於穩下等寨〔一〕，共十二處。擒斬大賊首謝志珊、葉三等二十名顆，賊從王福兒等二百三十八名顆，俘獲賊屬并奪回被虜男婦二百八十四名口，燒毀賊巢房屋一百三十三間，及奪獲贓仗等物。

中營隨征參隨等官推官危壽、指揮謝昶等各呈，蒙提督軍門親統各職等官兵，於十月十二等日，攻破長龍、横水大巢及庵背等巢，共七處。生擒大賊首蕭貴模等一十四名，擒斬賊從蕭容等四百六十五名顆，俘獲賊屬并奪回被虜男婦二百四十八名口，燒毀賊巢房屋二百二間，及奪獲牛馬、金銀、贓仗等項。各呈報到道。

查得先爲地方緊急賊情事，節奉提督軍門案驗，備仰本道計處兵糧，約會三省官兵，將上猶

〔一〕擊賊於穩下等寨　「寨」，國圖本、天圖本、叢刊本、文淵閣本、擒藻堂本作「巢」。

等處賊巢，剋期進剿，奏請定奪外。本年六月初五日，據大庾、上猶等縣申，并據南康縣縣丞舒富呈稱，大賊首謝志珊，號「征南王」，糾率桶岡等巢賊首鍾明貴等，約會廣東大賊首高快馬等，大修戰具，并造呂公車，欲要先將南康縣打破，就行乘虛入廣，乞早爲撲捕等因。備呈本院，行委知府季斅等，分兵剿捕，獲功呈報奏聞訖。又經本院行委知府季斅、指揮來春、姚璽、謝昶、馮翔、縣丞舒富、千户林節，各於要害防遏，擒斬功次，俱發仰本道紀驗，解送本院梟示外。隨該本道會同分守參議黄宏，議照江西地方，惟桶岡一處，該與湖廣約會夾攻；龍川一縣，該與廣東約會夾攻。其餘三縣腹心之賊，不時奔衝，難以止遏，合無以次剿捕等因。具呈本院，移文廣東、湖廣鎮巡衙門，約會以次攻剿間。隨奉本院分定哨道，指授方略，將知府邢珣等刻期進剿，備仰各道不妨職事，照舊軍前紀驗贊畫等因。依奉催督各營官兵進攻去後。

今呈前因，除將擒斬賊徒首級，俱類送巡按衙門，會審紀驗明白，生擒仍解提督軍門處決，并賊級照例梟示，被虜人口給親完聚，賊屬男女并牛馬騾，變賣銀兩，收候賞功支用，器械贓物俱發贛縣貯庫外。職等議照上猶等縣横水等巢大賊首謝志珊、謝志田、謝志富、謝志海、蕭貴模、蕭貴富、徐華、譚曰志、雷俊臣、桶岡大賊首藍天鳳、藍八蘇、藍文昭、胡觀、雷鳴聰[一]、藍

[一] 雷鳴聰　國圖本、天圖本、叢刊本、文淵閣本、摛藻堂本作「雷明聰」。

文亨、鷄湖大賊首唐洪、新溪大賊首劉允昌、楊梅大賊首葉志亮、左溪大賊首薛文高、高誦、馮祥、朱雀坑大賊首何文秀、下關大賊首蘇景祥、義安大賊首高文輝、密溪大賊首陳玉瑄[一]、康永三、絲茅壩大賊首唐曰富、劉必深、長河壩大賊首蔡積富、葉三、梅伏坑大賊首陳貴誠、鼈坑大賊首藍通海、赤坑大賊首譚曰榮、雙壩大賊首譚祐、李斌等，冥頑兇毒，恃險爲惡，僭擬王號，僞稱總兵，聚集黨類數千，肆行流毒三省。攻圍南安南康府縣城池，殺害千户、主簿等官，流劫湖廣桂陽、酃縣、宜章、吉安府龍泉、萬安、泰和、永新等縣。良民子女被其奴戮，房屋倉廩被其焚燒。道路田土，被其阻荒占奪者以千萬頃；賦税屯糧，負累軍民陪納者以千萬石。其大賊首謝志珊、藍天鳳，各又自稱「盤皇子孫」，收有傳流寶印畫像，蠱惑群賊，悉歸約束。即其妖狐酷鼠之輩[二]，固知决無所就；而原其封豕長蛇之心，實已有不可言。比之姚源之王浩八、華林之胡雪二、東鄉之徐仰四、建昌之徐九齡，均爲賊首而奸雄實倍之。今則渠魁授首，巢穴蕩平，擒斬既多，俘獲亦盡，數十年之禍害已除，三省之冤憤頓釋。悉皆仰仗朝廷憐念地方之荼毒，大興征討之王師，并提督軍門指授成筭，號令嚴明，親臨督陣，身先士卒，以致各哨官兵用命争先，捐

[一] 陳玉瑄　國圖本、天圖本、叢刊本、文淵閣本、摛藻堂本作「高玉瑄」。

[二] 即其妖狐酷鼠之輩　「輩」，黄本、閭本、董本、聞本、鄒本、胡本、宋本、邵本作「謀」。

軀赴敵，獲臻是捷[一]。擬合會案呈詳施行等因。據呈到臣。

卷查先准兵部咨，爲申明賞罰以勵人心事。該本部覆議：「請敕南贛等處都御史，假以提督軍務名目，給與旗牌應用，以振軍威。一應軍馬錢糧事宜，徑自便宜區畫。文職五品以下，武職三品以下，徑自拏問發落。如遇盜賊入境，即便調兵勦殺，不許踵襲舊弊招撫，重爲民患。所部官軍，若在軍前違期，逗遛退縮，俱聽以軍法從事。」題奉聖旨：「是。王守仁着提督南、贛、汀、漳等處軍務，換敕與他。其餘事宜，各依擬行。欽此。」及爲地方緊急賊情事，准兵部咨：「看得所奏攻治賊盜二説，合無行文，交與都御史王守仁，悉依前項申明賞罰事理，便宜行事，期於成功，不限以時」等因。題奉聖旨：「是。這申明賞罰事宜，還行與王守仁知道。欽此。」又准兵部咨，該巡撫湖廣都御史秦金題，該本部覆題：「看得郴、桂等處，與廣東、江西所轄瑤峒，密邇聯絡，若非三省會兵夾攻，賊必遁散。合無請敕兩廣并南贛總督、巡撫等官，會同行事，剋期進兵」等因。節奉聖旨：「是。都依擬行。欽此。」又該巡按江西監察御史屠僑奏，要會同湖廣、江西撫鎮等官，各量起兵，約會剋期夾勦。又該本部覆題，奉聖旨：「是。這南贛地方賊情，只照依恁部裏原擬事宜，着都御史王守仁自行量調官軍，設法勦捕。如有該與江西、兩廣巡撫、總

[一] 獲臻是捷 「獲」，國圖本、天圖本、叢刊本、摛藻堂本作「或」，文淵閣本作「咸」。

督等官會兵征剿的，聽隨宜會議施行。欽此。」續准兵部咨，該臣題開計處南、贛二府兵糧事宜，及合用本省巡按御史紀功緣由。該本部覆題，奉聖旨：「是。都依擬行。欽此。」俱欽遵，陸續備咨到臣。俱經行江西、廣東、湖廣各道兵備、守巡等官，一體欽遵，調取官軍兵快，剋期夾攻，及咨巡撫江西都御史孫燧，并行巡按御史屠僑，各查照外。

續據領兵縣丞舒富等呈稱，各峯賊首，聞知湖廣士兵將到，集衆據險，四出殺掠，猖熾日甚，乞爲急處，等因到臣。當將進兵機宜，督同兵備副使楊璋、分守參議黄宏、統兵知府等官邢珣等，議得桶岡、横水、左溪諸賊，荼毒三省，其患雖同，而事勢各異。以湖廣言之，則桶岡諸巢爲賊之咽喉，而横水、左溪諸巢爲之腹心；以江西言之，則横水、左溪諸巢爲賊之腹心，而桶岡諸巢爲之羽翼。今不先去横水、左溪腹心之患，而欲與湖廣夾攻桶岡，進兵兩寇之間，腹背受敵，勢必不利。今議者紛紛，皆以爲必須先攻桶岡，而湖廣剋期乃在十一月初一日。賊見我兵未集，而師期尚遠，且以爲必先桶岡，勢必觀望未備。今若出其不意，進兵速擊，可以得志。已破横水、左溪，移兵而臨桶岡，破竹之勢，蔑不濟矣〔一〕。

於是臣等乃決意先攻横水、左溪，密切分布哨道，使都指揮僉事許清率兵千餘，自南康縣所

〔一〕 蔑不濟矣　「蔑」，底本訛作「篾」，據文淵閣本、摛藻堂本改。

溪入；知府邢珣率兵千餘，自上猶縣石人坑入；知縣王天與率兵千餘，自上猶縣白面入；令其皆會橫水。使守備指揮郟文率兵千餘，自大庾縣義安入；知府唐淳率兵千餘，自大庾縣聶都入；知府季斆率兵千餘，自大庾縣穩下入；縣丞舒富率兵千餘，自上猶縣金坑入；令其皆會左溪。知府伍文定、知縣張戩，候各兵齊集，令其亦從上猶、南康分入，以遏奔衝。臣亦親率兵千餘，自南康進屯至坪，期直擣橫水，以與諸軍會；而使兵備副使楊璋、分守參議黄宏，監督各營官兵，往來給餉，以促其後。分布既定，乃於十月初七日夜，各哨齊發。初九日，臣兵至南康。初十日，進屯至坪，使間諜四路分探，皆以爲諸賊不虞官兵猝進，各巢皆鳴鑼聚衆，往來呼噪奔走，爲分投禦敵之狀，勢甚張皇。然已於各險隘皆設有滾木礧石，度此時賊已據險，勢未可近。臣兵乘夜遂進，十一日小餉，未至賊巢三十里止舍，使人伐木立栅，開塹設堠，示以久屯之形。夜使報效聽選官雷濟、義民蕭庾，分率鄉兵及樵豎善登山者四百人，各與一旗，齎銃砲鉤鐮，使由間道攀崖懸壁而上，分列遠近極高山頂以覘賊。張立旗幟，爇茅爲數千竈，度我兵且至險，則舉砲燃火相應。十二日早，臣兵進至十八面隘，賊方據險迎敵，驟聞遠近山頂砲聲如雷，煙焰四起。我兵復呼噪奮逼，銃箭齊發，賊皆驚潰失措，以爲我兵已盡入，破其巢穴，遂棄險退走。臣預遣千户陳偉、高睿，分率壯士數十，緣崖上奪賊險，盡發其滾木礧石。我兵乘勝驟進，呼聲震天地，指揮謝昶、馮廷瑞兵，由間道先入，盡焚賊巢。賊退無所據，乃大敗奔潰。遂破長龍巢，破十八面隘巢，破先鵝頭巢，破狗脚嶺巢，破庵背巢，破白藍、横水大巢。

先是大賊首謝志珊、蕭貴模等，皆以横水居衆險之中，倚以爲固，聞官兵四進，倉卒分衆扼險，出禦甚力。至是見横水煙焰障天，銃砲之聲，撼摇山谷，亦各失勢棄險走。各哨官兵乘之，皆奮勇力戰而入。知府邢珣遂破磨刀坑巢，破茶坑巢，破茶潭巢；知縣王天與破樟木坑巢，破石王巢[一]；都指揮許清破鷄湖巢，破新溪巢，破楊梅巢；俱至横水。知府唐淳破羊牯腦巢，破上關巢，破下關巢，破左溪大巢；守備指揮郟文破獅寨巢，破義安巢，破苦竹坑巢；指揮余恩破長流坑巢，破牛角窟巢，破鼈坑巢；縣丞舒富破箬坑巢，破赤坑巢，破竹壩巢；知府季斆破上西峰巢，破狐狸坑巢，破鉛廠巢；俱至左溪。守巡各官，亦隨後督兵而至。是日，擒斬首從賊人賊級，并俘獲賊屬男婦，奪回被虜人口、牛馬、贓仗數多。其餘自相蹂踐，墮崖填谷而死者[二]，不可勝計。

當是時，賊路所由入，皆刊崖倒樹，設阱埋簽，不可行。我兵晝夜涉深澗，蹈叢棘，遇險絶，則掛繩崖樹，魚貫而上，猿臂而下，往往失足墮深谷，幸而不死，經數日始能出。各兵已至横水、

[一] 破石王巢　「王」，黄本、董本作「玉」。
[二] 墮崖填谷而死者　「崖」，國圖本、天圖本、叢刊本作「岸」，摛藻堂本作「岸」。

左溪，皆困甚，不復能驅逐，會日已暮，遂令收兵屯劄。次日，大霧，雨，咫尺不辯，連數日不開，乃令各營，休兵享士，而使鄉導數十人，分探潰賊所往，并未破巢穴動静。十五日，得各鄉導報，謂諸賊分陣，預於各山絶險崖壁，立有栅寨爲退保之計。有復合聚於未破之巢者，俱不意我兵驟入，未及搬運糧穀。若分兵四散追擊，可以盡獲。臣等竊計湖廣夾攻，在十一月初一，期已漸迫。此去桶岡尚百餘里，山路崄峻，三日始能達。若此中之賊圍之不克，而移兵桶岡，勢分備多，前後顧瞻，非計之得。乃令各營，皆分兵爲奇正二哨，一攻其前，一襲其後，冒霧速進，分投急擊。十六日，知府邢珣攻破旱坑巢、寫井巢；知府季敩、守備指揮郟文攻破穩下巢、李家巢。十七日，知府唐淳攻破絲茅壩巢。十八日，都指揮許清攻破朱雀坑巢、村頭坑巢、黄竹坳巢、觀音山巢。十九日，指揮余恩攻破梅伏坑巢、石頭坑巢。二十日，知府邢珣又攻破白封龍巢、芒背巢；知縣王天與攻破黄泥坑巢、大富灣巢。二十二日，縣丞舒富攻破白水洞巢。本日，知府伍文定、知縣張戩兵亦至。二十四日，知府伍文定攻破寨下巢，知縣張戩攻破杞州坑巢。二十五日，知縣張戩又破朱坑巢，知府伍文定破楊家山巢。二十六日，知府季敩又破李坑巢，都指揮許清又破川坳巢。二十七日，守備指揮郟文又破長河洞巢。連日各擒斬首從賊人賊級，并俘獲賊屬男婦，奪回被虜人口、牛馬、贓仗數多。

是日，各營官兵請乘勝進攻桶岡。臣復議得桶岡天險，四面青壁萬仞，中盤百餘里，連峰參天，深林絶谷，不睹日月，中所産旱穀、薯蕷之類，足餉凶歲。往者亦嘗夾攻，坐困數月，不能俘其一卒，竟以招撫爲名而罷。及詢訪鄉導，其所由入，惟鎖匙龍、葫蘆洞、茶坑、十八磊、新地五處，然皆架棧梯壑，龕懸絶壁而上。賊使數人於崖巔坐發礌石，可無執兵而禦我師。惟上章一路稍平，然深入湖廣，迂回取道，半月始至。湖兵既從彼入，而我師復往，事皆非便。今横水、左溪餘賊，皆已奔入其中，同難合勢，爲守必力。善戰者，其勢險，其節短。今我欲乘全勝之鋒，兼三日之程，長驅百餘里而争利，彼若拒而不前，頓兵幽谷之底，所謂强弩之末，不能穿魯縞矣。今若移屯近地，休兵養鋭，振揚威聲，先使人諭以禍福，彼必懼而請服。其或有不從者，乘其猶豫，襲而擊之，乃可以逞。乃使素與賊通戴罪義官李正巖、醫官劉福泰，釋其罪，并縱所獲桶岡賊鍾景，於二十八日夜懸壁而入，期以初一日早，使人於鎖匙龍受降。賊方甚恐，見三人至，皆喜，乃集衆會議，而横水、左溪奔入之賊，果堅持不可，往復遲疑，不暇爲備。臣遣縣丞舒富率數百人，屯鎖匙龍，促使出降，而使知府邢珣入茶坑，知府伍文定入西山界，知府唐淳入十八磊，知縣張戬入葫蘆洞，皆於三十日乘夜各至分地，遇大雨不得進。初一日早，冒雨疾登。大賊首藍天鳳方就鎖匙龍聚議，聞各兵已入險，皆驚愕散亂，猶驅其衆男婦千餘人，據内隘絶壁，隔水爲陣以拒。

知府邢珣之兵渡水前擊，張戩之兵衝其右，伍文定之兵自張戩右懸崖而下，遶賊傍擊。賊不能支，且戰且却，及午雨霽，各兵鼓奮而前，乃敗走。縣丞舒富、知縣王天與所領兵，聞前山兵已入，亦從鎖匙龍並登。各軍乘勝擒斬，賊悉奔十八磊，知府唐淳之兵復嚴陣迎賊，又敗。然會日晚，猶扼險相持。次早，諸軍復合勢併擊，大戰良久，遂大敗。知府邢珣破桶岡大巢，破梅伏巢，破烏池巢；知縣張戩破西山界巢、鎖匙龍巢，破黄竹坑巢；知府唐淳破十八磊巢；知府伍文定破鐵木里巢，破土池巢〔一〕，破葫蘆洞巢；知縣王天與破員分巢，破背水坑巢；縣丞舒富破太王嶺巢。擒斬首從賊人賊級，并俘獲賊屬男婦，奪回被虜人口、牛馬、贓仗數多。賊大勢雖敗，結陣分遁者尚多。是日，聞湖廣土兵將至。臣使知府邢珣屯葫蘆洞，知府唐淳屯十八磊，知府伍文定屯大水，守備指揮郟文屯下新地，知縣張戩屯磜頭，縣丞舒富屯茶坑，指揮姚璽、知縣王天與屯板嶺，而使副使楊璋巡行磜頭、茶坑諸營，監督進止，以繼其糧餉。又使知府季斆分屯聶都，以防賊之南奔；都指揮許清留屯横水，指揮余恩留屯左溪，以備腹心遺漏之賊；而使參議黄宏留劄南安，給糧餉以爲聶都之繼。臣亦躬率帳下屯茶寮，使各營分兵，與湖兵相會，夾剿遁賊。初五日，知府邢珣又破上新地巢，破中新地巢，破下新地巢。初七日，知府唐淳又破杉木坳巢，破原陂巢，破木里巢。

〔一〕破土池巢　「土」，黄本、閭本、董本、聞本、鄒本、胡本、宋本、邵本作「上」。

十一日，知縣張戩破板嶺巢，破天台庵巢；十三日，又破東桃坑巢，破龍背巢。連日各擒斬俘獲數多。其間巖谷溪壑之內，饑餓病疹顛仆死者，不可以數。於是桶岡之賊略盡。

臣以其暇，親行相視形勢，據險立隘，使卒數百，斬木棧崖，鑿山開道。又使典史梁儀領卒數百，相視横水，創築土城，周圍千餘丈，亦設隘以奪其險。議以其地請建縣治，控制三省諸瑶，斷其往來之路，事方經營。十六日，據防遏推官徐文英呈稱，廣東魚黄等巢被湖兵攻破，賊黨男婦千餘，突往鷄湖、新地、穩下、朱雀坑等處。臣復遣知府季斅，分兵趨朱雀坑等處；知府伍文定趨穩下、鷄湖等處；守備指揮郟文、知府邢珣趨上新等處；各相機急剿。二十日，知府伍文定兵，擊賊於穩下寨、西峰寨、苦竹坑寨、長河墈巢、黎坑巢。二十三日，守備指揮郟文、知府邢珣擊賊於上新地巢，知府伍文定又追擊于鷄湖巢。十二月初三日，知府季斅擊賊於朱雀坑寨、狐狸坑巢。擒斬首從賊徒，俘獲賊屬，奪獲贓仗數多。於是奔遁之賊始盡。然以湖、廣二省之兵方合，雖近境之賊悉以掃蕩，而四遠奔突之虞難保必無，乃留兵二千餘，分屯茶寮、横水等隘，而以是月初九日，回軍近縣，以休息疲勞，候二省夾攻盡絶，然後班師。兩月之間，通計搗過巢穴八十餘處，擒斬大賊首謝志珊、藍天鳳等八十六名顆，從賊首級三千一百六十八名顆，俘獲賊屬二千三百三十六名口，奪回被虜男婦八十三名口，牛、馬、騾六百八隻匹，贓仗二千一百三十一件，金銀一百一十三兩八錢一分，總計首從賊徒賊屬、牛馬、贓仗共八千五百二十五名顆口隻件。俱經行令轉解紀功官處，審驗紀録去後。

今呈前因，參照大賊首藍天鳳、謝志珊等，盤據千里，荼毒數郡，僭擬王號，圖謀不軌。基禍種惡，且將數十餘年，而虐焰之熾盛，毒流之慘極，亦已數年于兹。前此亦嘗夾剿，曾不能損其一毛，屢加招撫，適足以長其桀驁。乃今驅卒不過萬餘，用費不滿三萬，兩月之間，俘斬六千有奇[一]，破巢八十有四，渠魁授首，噍類無遺。此豈臣等能賢於昔人，是皆仰仗朝廷威德之被，廟堂處置得宜，既假臣以賞罰之權，復專臣以提督之任。故臣等得以伸縮自由，舉動如志，奉成算以行事，循方略而指揮，將士有用命之美，進止無掣肘之虞，則是追獲獸兔之捷，實由發縱指示之功。臣等偶叨任使，亦安敢冒非其績？夫謀定於帷幄之中，而勝決於千里之外；命出於廟堂之上，而威行於百蠻之表。臣等敢爲朝廷國議有人賀，且自幸其所遭，得以苟免覆餗之戮也。及照監軍副使楊璋、參議黄宏，領兵都指揮僉事許清，都指揮使行事指揮使郟文、知府邢珣、季斅、伍文定、唐淳、知縣王天與、張戩、指揮余恩、馮翔、縣丞舒富、隨征參謀等官指揮謝昶、馮廷瑞、姚璽、明德、同知朱憲、推官危壽、徐文英、知縣陳允諧、黄文鸑、宋瑢、陸瓛、千户陳偉、高

[一] 俘斬六千有奇 「俘斬」，國圖本、天圖本、叢刊本、文淵閣本、摛藻堂本作「俘獲」。

睿等，以上各官，或監軍督餉，或領兵隨征，悉皆深歷危險，備嘗艱難，各效勤苦之力，共成克捷之功。俱合甄録，以勵將來。伏願皇上普彰廟堂之大賞，兼收行伍之微勞。激勸既行，功庸益集，自然賊盜寢息，百姓安生，則地方幸甚，臣等幸甚。

立崇義縣治疏 十二年閏十二月初五日

據江西巡守嶺北道兵備副使楊璋、左參議黄宏會呈，據南安府知府季斆呈，備所屬致仕省祭義官監生楊仲貴等呈稱，上猶等縣横水、左溪、長流、桶岡、關田、鷄湖等處賊巢，共計八十餘處，界乎三縣之中，東西南北，相去三百餘里，號令不及，人迹罕到。其初輋賊原係廣東流來，先年奉巡撫都御史金澤行令安插于此，不過砍山耕活。年深日久，生長日蕃，羽翼漸多，居民受其殺戮，田地被其占據。又且潛引萬安、龍泉等縣避役逃民，并百工技藝遊食之人，雜處于内，分群聚黨，動以萬計。始漸虜掠鄉村，後乃攻劫郡縣。近年肆無忌憚，遂立總兵，僭擬王號，罪惡貫盈，神人共怒。今幸奏聞征剿，蒙本院親率諸軍，擣其巢穴，擒其首惡，妖氛爲之掃蕩，地方爲之底寧。三縣之民懽欣鼓舞，如獲更生。訪得各縣流來之賊，自聞夾攻消息，陸續逃出頗衆。但恐大兵撤後，未免復聚爲患，合無三縣適中去處，建立縣治，實爲久安長治之策，等因到道。隨取各縣鄉導，于軍營研審[一]。查得前項賊巢，係上猶、大庾、南康三縣所屬。上猶縣崇義、上保、雁湖三里，先年多被賊殺戮，田地被其占據；大庾縣義安三里，人户間被殺傷，田地賊占一半；南康縣至坪一里，人户皆居縣城，田地被賊阻荒；總計賊占田地六里有半。隨蒙本院委領兵知府邢珣、知縣王天與、黄文鸑，親歷賊巢踏勘，三縣之中，適均去處，無如横水。原係上猶縣崇義里地方，山水合抱，土地平坦，堪以設縣。隨會同分守左參議黄宏，議得合無于此建立縣治，盡將三縣賊人占據阻荒出地，通行割出。緣里分人户數少，查得南康縣上龍一里、崇德一里，亦與至坪相接。緣至坪三都，雖非全里，然而地方廣闊，錢糧數多，堪以拆作一里，合割併屬新縣。其間人户數少者，田糧尚存，招人佃買，可以復全。縣治既設，東去南康尚有一百二十里，要害去處則有長龍；西去湖廣桂陽縣界二百餘里，要害去處則有上保；南去大庾縣一百二十餘里，要害去處則有鉛廠；俱該設立巡檢司。查得上猶縣過步巡檢司，路僻無用，宜改移上保。備由呈詳，奉批：「看得横水開建縣治，實亦事不容已。但未經奏請，須候命下，方可決議。兼之工程浩大，一時恐未易就。今賊勢雖平，漏殄尚有，且宜遵照本院欽奉敕諭隨宜處置事理，先於横水建立隘所，以備目前不

[一] 于軍營研審 「審」，國圖本、天圖本、叢刊本作「深」。

測之虞。除委典史梁儀等，一面竪立木栅，修築土城，修建營房外。查得横水附近隘所，如至坪、雁湖、賴塘等處，盜賊既平，已爲虚設。其附近村寨，如白面、長潭、杰壩、石玉、過步、果木、烏溪、水眼等處居民，訪得多係通賊窩主，及各縣城郭村寨，亦多有通賊之人。合將各隘隘夫，悉行撥守横水，其通賊人户，盡數查出，編充隘夫，永遠守把。其不係通賊者，量丁多寡，抽選編僉，輪班更替，務足一千餘名之數。責委屬官一員統領，常川守把。遇有殘黨嘯聚出没，即便相機剿捕。候縣治既立，人煙輳集，地方果已寧靖，再行議處裁損。其開建縣治，本院親行踏勘，再四籌度，固知事不可已。但舉大事，須順民情，兵革之後，尤宜存恤。仰該道會同分守等官，再行拘集地方父老子弟，多方詢訪，必須各縣人民踴躍鼓舞，争先趨事，然後興工，庶幾事舉而人有子來之美，工成而民享偕樂之休。仍呈撫按等衙門，公同計議施行」等因。依奉會同參議黄宏，遵照批呈事理，先於横水設立隘所，防範不虞，及行該府，再行拘集詢訪外。隨據府縣各申，拘集父老到官，各交口懽欣，鼓舞趨事，别無民情不便等因。備呈到道，覆審無異，轉呈到臣。

會同巡撫江西等處地方都察院右副都御史孫燧、巡按江西監察御史屠僑，議照前項地方，大盜既已平蕩[一]，後患所當預防。今議立縣治并巡司等衙門，懲前慮後，杜漸防微，實皆地方至計。

[一] 大盜既已平蕩　「盜」，國圖本、天圖本、叢刊本、文淵閣本、摛藻堂本作「賊」。

及查得横水議建縣治處所，原係上猶縣崇義里，因地名縣，亦爲相應。如蒙皇上憫念地方屢遭荼毒，乞敕該部，俯順民情，從長議處，早賜施行，并儒學、巡司等衙門，一體銓選官員，鑄給印信。如此，則三省殘孽，有控制之所而不敢聚；三省奸民，無潛匿之所而不敢逃。變盜賊强梁之區爲禮義冠裳之地，久安長治，無出於此。

王文成公全書卷之十一

別録三　奏疏三

門人餘姚錢德洪　編次
安成鄒守益　葺録
泰和歐陽德　校正
山陰王畿　增葺
南昌唐堯臣　考訂

乞休致疏　正德十三年三月初四日

臣以菲才[一]，遭逢明盛[二]，荷蒙陛下滌垢掩瑕，曲成器使。既寬尸素之誅[三]，復冒清顯之職，增其禄秩，假以賞罰[四]，念其行事之難，授以提督之任，言行計聽。感激深恩，每思捐軀以效犬馬，奈何才蹇福薄，志欲前而力不逮，功未就而病已先。臣自待罪鴻臚，即嘗以病求退，後懼託疾避難之誅，輒復黽勉來此[五]。驅馳兵革，侵染瘴癘[六]，晝夜憂勞，疾患愈困[七]。自去歲二月往征閩寇，五月旋師，六月至於九月，俱有地方之警。十月攻橫水，十一月破桶岡，十二月旋師未幾，今年正月，又復出剿浰賊。前後一歲有餘，往來二三千里之内，上下溪澗，出

[一] 臣以菲才　人大本、九大本「臣」上有「奏爲久病待罪乞恩休致事」十一字。
[二] 遭逢明盛　「逢」，人大本、九大本作「際」。
[三] 既寬尸素之誅　「素」，人大本、九大本作「曠」。
[四] 假以賞罰　「賞罰」，人大本、九大本作「罰賞」。
[五] 輒復黽勉來此　人大本、九大本無「黽勉」二字。
[六] 侵染瘴癘　「染」，人大本、九大本作「尋」。
[七] 疾患愈困　「困」，人大本、九大本作「痼」。

入險阻，皆扶病從事。然而不敢輒以疾辭者，誠以朝廷初申賞罰之請［一］，再下提督之命，惟恐付託不效［二］，以辜陛下聽納之明［三］，負大臣薦揚之舉。且其時盜賊方熾，坐視民之荼毒而以罪累後人，非仁也；己逃其難而遺人以艱，非義也；徒有其言而事之不酬，非忠也。故寧委身以待罪，忍死以效職［四］。今賴陛下威德，廟堂成算［五］，上猶、南康之賊既已掃蕩，而浰寇殘黨亦復不多，旬日之間［六］，度可底定［七］，決不至於重遺後患［八］，則臣之罪責［九］，亦既可以

[一] 誠以朝廷初申賞罰之請　「請」，黄本、間本、董本、范本作「情」。
[二] 惟恐付託不效　人大本、九大本無「惟」字。
[三] 以辜陛下聽納之明　人大本、九大本「以」下有「仰」字。
[四] 故寧委身以待罪忍死以效職　人大本、九大本作「故寧委身待死以效職」。
[五] 廟堂成算　「算」，人大本、九大本作「謨」。
[六] 旬日之間　「日」，人大本、九大本作「月」。
[七] 度可底定　「定」，人大本、九大本作「平」。
[八] 決不至於重遺後患　人大本、九大本作「決不至貽後患」。
[九] 則臣之罪責　「臣之」，人大本、九大本作「區區」。

少逭於萬一[一]。但惟臣病月深日亟，百療罔效，潮熱咳嗽，瘡疽癰腫[二]，手足麻痺，已成廢人。昔人所謂緜弱之才[三]，不堪任重[四]，福薄之人，難與成功[五]，二者臣皆有焉。伏惟陛下覆載生成，不忍一物失所，憫臣輿病討賊所備嘗之苦[六]，哀臣忍死待罪不得已之情[七]，念福薄之有限，憐疾療之無期，准令旋師之日，放歸田里。豈曰保全餘息，尚圖他日之效。苟遂丘首[八]，臣亦感恩地下，能忘啣結之報乎[九]？臣不勝哀懇祈望之至[一〇]。

[一] 亦既可以少逭於萬一　人大本、九大本作「既可以少逭」。
[二] 潮熱咳嗽瘡疽癰腫　人大本、九大本作「潮熱壅腫」。
[三] 緜弱之才　人大本、九大本作「數奇之士」。
[四] 不堪任重　人大本、九大本作「不可重任」。
[五] 難與成功　「與」，人大本、九大本作「以」。
[六] 憫臣輿病討賊所備嘗之苦　人大本、九大本作「憫臣輿疾討賊之苦」。
[七] 哀臣忍死待罪不得已之情　人大本、九大本作「哀臣捐軀待罪之誠」。
[八] 苟遂丘首　「丘首」，人大本、九大本作「首丘」。
[九] 能忘啣結之報乎　「啣」，人大本、九大本、黄本、閭本、董本、范本作「含」。
[一〇] 哀懇祈望之至　人大本、九大本「至」下有「爲此具本，順差親齎，謹具奏聞，伏候敕旨」十六字。

移置驛傳疏　正德十三年二月二十五日

據江西按察司分巡嶺北道兵備副使楊璋呈，奉臣批，據南安府大庾縣峰山里民朱仕玦等連名告稱，本里先因敵禦崋賊，正德十一年，被賊復仇，殺害本里婦男一百餘命[一]。各民驚惶，自願築砌城垣一座，搬移城内。告申上司，蒙給官銀，修理三門。今幸完成，居民無虞。正德十二年六月十九日，奉調本里百長謝玉山等五百名，前去本府剿賊，已獲功次解報，未蒙發回。今風聞崋賊又要前來復讐，但本城缺兵防守，乞賜裁革宰屋、龍華二隘人夫，前來守城。其赤石巡檢司缺官[二]，就乞委官署掌印信，督兵防遏。及願出地，遷移小溪驛進城，城池驛舍，俱保無虞等情。奉批嶺北道議處[三]。依奉會同左參議黃宏，議將宰屋、龍華二隘人夫，撥付該城防守。該府照磨鄧華空閑，合委署掌印信，提督該司弓兵并該城兵衆，併力防遏。其小溪驛遷移峰山城内一節，合行該府查勘，應否遷移，過往使客有無便益，南北水路有無適均，移驛之費，計筭幾何，緣由呈詳本院。奉批去隘委官，俱准議行。移驛事，仰行該府作急勘報等因。已經行據南安府呈，蒙

[一] 殺害本里婦男　「婦男」，黃本、閭本、董本、聞本、鄒本、胡本、宋本、邵本、擒藻堂本作「男婦」。

[二] 赤石巡檢司　「石」，底本訛作「口」，據下文改。按，大庾縣有赤石巡檢司，見明史卷四十三地理四。

[三] 奉批嶺北道議處　黃本、閭本、董本、聞本、宋本、邵本「批」下有「仰」字。

二隘人夫，撥付峰山守城，行委照磨鄧華，署掌赤石巡檢司印信。及查議得小溪舊驛，止有人煙數家，孤處河邊，且與鷄湖等賊巢相近[一]。曾被强賊來驛，執虜官吏，燒毀公廳，見今賊勢猖獗，使客輒受驚惶，不敢停歇。往年亦曾建議遷驛，奈小溪人民俱各包當該驛夫役，積年射利得慣，官吏被其鈐制，往往告稱移驛不便。況移驛處所，雖在城中，離河不遠，工程所費，亦不過四五十兩。如此一舉，委果水陸俱便，不惟該驛可保無虞，而往來使客宿歇，亦無驚恐等因。回報到道，覆議相同。據呈到臣。簿查先爲前事，已經批仰該道議處回報去後。今據前因，看得小溪舊驛屢被賊患，移置峰山城内，委果相應。如蒙乞敕該部，查議相同，俯從所請，則一勞永逸，實爲地方之幸。

浰頭捷音疏　十三年四月二十日

據江西按察司分巡嶺北道兵備副使楊璋呈，據一哨統兵守備南、贛二府地方以都指揮體統行事指揮使郟文呈稱，統領安遠縣義民孫洪舜等兵[二]，於本年正月初七日，攻破曲潭等巢；十一

[一] 且與鷄湖等賊巢相近　黄本、閭本、董本、聞本、鄒本、胡本、宋本、邵本「等」下有「處」字。

[二] 統領安遠縣義民孫洪舜等兵　「安遠」，國圖本、天圖本、叢刊本訛作「遠安」。

日，攻破半逕等巢，共五處；二月二十六日，與賊戰於水源等處。擒斬大賊首吴積祥、陳秀謙、張秀鼎等七名顆，賊從陳希九等一百二十六名顆，俘獲賊屬男婦五十六名口，燒毁賊巢房屋、禾倉二百五十三間，及奪獲械器等物[一]。

二哨統兵贛州府知府邢珣呈稱，督同同知夏克義、知縣王天與[二]、典史梁儀、老人葉秀芳等官兵，於正月初七等日[三]，攻破芳竹湖等巢[四]；初九日，攻破黄田坳等巢，共四處；二十五等日，覆賊於白沙；二月十六日，與賊戰於芳竹湖等處。擒斬大賊首黄佐、張廷和、王鑾師、劉欽等一十名顆，賊從黄密等二百六十名顆，俘獲賊屬男婦八十三名口，燒毁賊巢房屋、禾倉二百二十二間，及奪獲贓仗、牛馬等項。

三哨領兵廣東惠州府知府陳祥呈稱，督同通判徐璣、新民盧琢等官兵，於正月初七等日，攻破熱水等巢；初九等日，攻破鐵石障等巢，共五處；二十五等日，覆賊於五花障等處；二月

[一] 及奪獲械器等物　「械器」，國圖本、天圖本、叢刊本、文淵閣本、摛藻堂本作「器械」。

[二] 王天與　底本訛作「黄天與」，據黄本、間本、董本、聞本、鄒本、胡本、宋本、邵本改。

[三] 於正月初七等日　黄本、間本、董本、聞本、宋本、邵本「七」下有「日」字。

[四] 攻破芳竹湖等巢　「芳」，國圖本、天圖本、叢刊本作「方」。

初二等日，與賊戰於和平等處。擒斬大賊首陳活鷂、黄弘閏、張玉林等十一名顆，賊從李廷祥四百三十一名顆，俘獲賊屬男婦二百二十名口，燒毁賊巢房屋、禾倉五百七十二間，及奪獲器械、贓銀、牛馬等項。

四哨統兵南安府知府季斆呈稱，統領訓導藍鐸、百長許洪等官兵，於正月初三等日，攻破右坑等巢；十一日，攻破新田逕等巢，共四處；二十七等日，覆賊於北山，又與戰於風門奥等處。擒斬大賊首劉成珍等四名顆，賊從胡貴琢等一百三十名顆，俘獲賊屬男婦一百六十五名口，燒毁賊巢房屋、禾倉七十三間，及奪獲贓銀等物。

五哨統兵贛州衛指揮僉事余恩呈稱，統領新民百長王受、黄金巢等兵，於正月初七日，會同推官危壽、千户孟俊，攻破上中下三浰大巢；十一日，攻破空背等巢，共四處；二十五日，覆賊於銀坑水等處。擒斬大賊首賴振禄、王貴洪、李全、鄒一惟等九名顆，賊從賴賤仔等三百五十名顆，俘獲賊屬男婦六十二名口，燒毁賊巢房屋、禾倉三百二十一間，及奪獲器械、牛馬等項。

六哨統兵贛州衛指揮僉事姚璽呈稱，統領新民梅南春等兵，於正月初七日，攻破淡方等巢；初九日，攻破岑岡等巢，共四處；二十七日，覆賊於烏虎鎮。擒斬大賊首謝鑾、曾用奇等五名顆，賊從盧任龍一百九十九名顆，俘獲賊屬男婦一百一十二名口，燒毁賊巢房屋、禾倉三百七十間，及奪獲器械、牛馬等項。

七哨統兵贛州府推官危壽呈稱，統領義官葉方等兵[一]，於正月初七日，會同指揮余恩、千户孟俊，攻破上中下三浰大巢；初十等日，攻破鎮里寨等巢，共四處；二十七日，覆賊於中村等處。擒斬大賊首池仲寧、高允賢、池仲安、朱萬、林根等十二名顆，賊從黄穩等二百一十一名顆，俘獲賊屬男婦三十三名口，燒毁賊巢房屋、禾倉三百二十三間，及奪獲贓仗、牛馬等項。

八哨統兵贛州衛千户孟俊呈稱，統領義官陳英、鄭志高、新民盧珂等兵，於正月初七等日，會同指揮余恩、推官危壽，攻破上中下三浰大巢；初十等日，攻破大門山等巢，共六處。擒斬大賊首謝鳳經、吴宇、張廷興[二]、石榮等九名顆，賊從張角子等一百九十二名顆，俘獲賊屬男婦一百四十三名口，燒毁賊巢房屋、禾倉一百七十三間，及奪獲器械、牛馬、贓銀等項。

九哨統兵南康縣縣丞舒富呈稱，統領義民趙志標等兵，於正月十一等日，攻破旗嶺等巢[三]，共二處；二月十四日，與賊戰於乾村等處。擒斬賊從劉三等一百七名顆，俘獲賊屬男婦

[一] 葉方　下文作「葉芳」。
[二] 張廷興　國圖本、天圖本、叢刊本、文淵閣本、摛藻堂本作「張廷與」。
[三] 攻破旗嶺等巢　「嶺」，國圖本、天圖本、叢刊本、摛藻堂本作「領」。

二十一名口，燒毁賊巢房屋、禾倉五十三間，及奪獲器械等物等因。各呈報到道。

查得先爲地方緊急賊情事，據信豐縣所呈稱，正德十二年二月初七日，龍南縣賊首黄秀魁，糾合廣東賊首池仲容等，突來本縣，殺人放火，見今攻城不退，乞要發兵救援等因。該本道議委經歷王祚、縣丞舒富，領兵剿捕，斬獲賊級四顆，被賊殺死報效義士楊習舉等十名，執去經歷王祚。隨該本道親詣該縣，暫將各賊招安，發回原巢〔一〕，經歷王祚送出。參將失事知縣王天爵〔二〕、盧鳳、千户鄭鐸、朱誠、洪恩、主簿周鎮、鎮撫劉鏜等，俱各有罪，及將前賊應剿緣由，呈詳轉達具奏外。正德十三年正月初三日，奉提督軍門紙牌：「議照上猶等縣賊巢既平，廣東龍川縣浰頭等處賊巢，奉有成命，應該會剿。其大賊首池仲容等，本院已行計誘擒獲。見今軍勢頗振，若不乘此機會，出其不意，搗其不備，坐視以待廣兵之來，未免有失事機之會。本院除遵奉敕諭内自行量調官軍，設法剿捕事理，部勒兵衆，分布哨道，行仰守備指揮并知府等官郟文、陳祥等統領，各授進止方略外。備行本職，前去軍前紀驗功次，及催各哨官兵，上緊依期進剿。仍行巡按衙門，前來覈實施行」等因。隨呈巡按江西監察御史屠僑，批行本道，先行紀驗明白，通候覈實施行。

〔一〕 發回原巢　「發」，國圖本、天圖本、叢刊本、文淵閣本、摛藻堂本作「撥」。

〔二〕 王天爵　參失事官員疏作「黄天爵」。

依奉督率各省官兵，依期進剿去後。

今據前因，除將前項功次，俱類巡按衙門會審紀驗明白，生擒賊犯，解赴提督軍門斬首梟示，賊屬男婦，變賣銀兩，器械、贓仗、贓銀俱貯庫外。參照浰頭大賊首池仲容、池仲寧、池仲安、高允賢、李全等，盤據一方，歷有歲年，僭稱王號，僞設官職。廣東翁源、龍川、始興，江西龍南、信豐、安遠、會昌等縣，屢被攻圍城池，殺害官軍，焚燒村寨，虜殺男婦，歲無虛日。曾經狼兵夾攻數次，俱被漏網，是乃衆賊奸雄之巨擘，三省群盜之根源也。今幸天奪其魄，仲容束手就擒，仲寧、仲安等一時授首，各巢賊從擒斬殆盡。此皆仰仗朝廷德威遠播，廟堂成筭無遺，提督軍門賞罰以信而號令嚴明，師出以律而機宜慎密，身先士卒而艱險之不辭，洞見敵情而撫剿之有道，以是數十年之巨寇一旦削平，連四省之編氓永期安輯。呈乞照詳轉達等因。據呈到臣。

卷查先爲地方緊急賊情事，准兵部咨，該巡按江西監察御史屠僑奏，該本部覆題，節奉聖旨：「是。這地方賊情，着都御史王守仁自行量調官軍，設法剿捕。欽此。」及爲申明賞罰以勵人心事，准兵部覆題：「請敕南贛等處都御史，假以提督軍務名目，給與旗牌應用，以振軍威。一應軍馬錢糧事宜，徑自便宜區畫。如遇盜賊入境，即便調兵剿殺，不許踵襲舊弊招撫，重爲民患。所部官軍，若在軍前違期，逗遛退縮，俱聽以軍法從事。生擒盜賊，亦聽斬首示衆。賊級聽本處兵備，會同該道守巡官，即時紀驗明白，備行江西按察司造册奏繳，查照剿殺南方蠻賊見行舊例，議擬陞賞」等因。具題，奉聖旨：「是。王守仁着提督南、贛、汀、漳等處軍務，換敕與他。其餘事宜，各依擬行。欽此。」又爲地方緊急賊情事，准兵部覆題：「看得所奏攻治盜賊二説，就令差來人賫文，交與都御史王守仁，悉依前項申明賞罰事理，便宜行事。期於功成，不限以時，相機攻剿」等因。具題，節該奉聖旨：「是。欽此。」陸續備咨到臣。俱經通行撫屬四省各道守巡、兵備、守備等官，一體欽遵，并咨總督兩廣左都御史陳金查照外。

續該臣看得南贛盜賊，其在南安之横水、桶岡諸巢，則接境於湖郴；在贛州之浰頭、桶岡諸巢，則連界於閩、廣。接境於湖郴者，賊衆而勢散，恃山谿之險以爲固；連界於閩、廣者，賊狡而勢聚，結黨與之，助以相援。臣等遵奉敕諭，及查照兵部咨示方略，初議先攻横水，次攻桶岡，而末乃與廣東會兵，徐圖浰頭。如攻堅木，先其易者，後其節目。自正德十二年九月，臣等議將進兵横水，恐浰賊乘虚出擾，思有以沮離其黨。臣乃自爲告諭，具述禍福利害，使報效生員黄表、義民周祥等，往諭各賊，因皆賜以銀布，一時賊黨亦多感動。各寨酋長，黄金巢、劉遜、劉粗眉、温仲秀等，遂皆願從表等出投。惟大賊首池仲容，即池大鬢，獨憤然謂其衆曰：「我等做賊已非一年，官府來招亦非一次，此亦何足爲憑。待金巢等到官後，果無他説，我等遣人出投，亦未爲晚。」其時臣等兵力既未能分，意且羈縻，令勿出爲患，故亦不復與較。金巢等至，臣乃釋其罪，推誠厚撫，各願出力殺賊立效。於是藉其衆五百餘，悉以爲兵，使從征横水。十月十二日，臣等已破横水，仲容等聞之始懼。計臣等必且以次加兵，於是集其酋豪池仲寧、高飛甲等謀，使其弟池仲安率老弱二百餘徒，亦赴臣所投招，求隨衆立效。意在緩兵[一]，因而窺覘虛實，乘間内應。臣逆知其謀，陽許之，及臣進攻桶岡，使領其衆截路於上新地，以遠其歸途，内嚴警禦之備以防其釁，外示寛假之形以安其心。陰使人分召鄰賊諸縣被賊害者，皆詣軍門計事，旬日之間，至者數十。問所以攻剿之策[二]，皆以此賊狡詐兇悍，非比他賊，其出劫行剽，皆有深謀，人不能測。自知惡極罪大，國法難容，故其所以扞拒之備，亦極險譎。前此兩經夾剿，皆狼兵二三萬，竟亦不能大捷，後雖敗遯，所殺傷亦略相當。近年以來，奸謀愈熟，惡焰益熾，官府無可奈何，每以調狼兵恐之。彼輒謾曰：「狼兵易與耳。縱調他來，也須半年；我縱避他，只消一月。」其意謂狼兵之來不能速，其留不能久也，是以益無忌憚。今已僭號設官，奸計逆謀，尤非昔比，必欲除之，非大調狼兵，事恐難濟。臣以爲兵無常勢，在因敵變化而制勝。今各賊狃於故常，且謂必待狼兵

[一] 意在緩兵　「緩」，國圖本、天圖本、叢刊本訛作「援」。
[二] 問所以攻剿之策　「剿」，黄本、閭本、董本、范本作「巢」。

而後敢攻，此所以不必狼兵而可以攻之也。乃爲密畫方略，使數十人者各歸部集，候我兵有期，則據隘遏賊。

十一月，賊聞臣等復破桶岡，益懼，爲戰守備。臣使人至賊所，賜各酋長牛酒，以察其變。賊度不可隱，則詐稱龍川新民盧珂、鄭志高等將掩襲之，是以密爲之防，非敢虞官兵也。臣亦陽信其言，因復陽怒盧珂、鄭志高等擅兵讐殺，移檄龍川，使廉其實，且趣各賊伐木開道，將回兵自浰頭取道往討之。賊聞，以爲臣等實有爲之之意，又恐假道伐之，且喜且懼。因遣來謝，且請無勞官兵，當悉力自防禦之。盧珂、鄭志高、陳英者，皆龍川舊招新民，有衆三千餘。遠近皆爲仲容所脅，而三人者獨與之抗，故賊深讐忌之。十二月望，臣兵回至南康。盧珂、鄭志高等各來告變，謂池仲容等僭號設官，今已點集兵衆，號召遠近各巢賊首，授以「總兵」「都督」等僞官，使候三省夾攻之兵一至，即同時並舉，行其不軌之謀，及以僞授盧珂等官爵「金龍霸王」印信文書一紙粘狀來首。臣先已諜知其事，及珂等來，即陽怒，以爲爾等擅兵仇殺投招之人，罪已當死。今又造此不根之言，乘機誣陷，且池仲容等方遣其弟領兵報效，誠心向化，安得有此。遂收縛珂等，將斬之。時池仲安之屬方在營，見珂等入首，大驚懼，至是皆喜，羅拜懽呼，競訴珂等罪惡。臣因亦陽令具狀，謂將并拘其黨屬盡斬之。於是遂械繫盧珂，而使人密喻以陽怒之意，欲以誘致仲容諸賊。且使盧珂等先遣人歸集其衆，候珂等既還乃發。臣又使生員黄表、聽選官雷濟，往喻仲容，使勿以此自疑。密購其所親信，陰説之，使自來投訴。二十日，臣兵已還贛，乃張樂大享將士，下令城中：今南安賊巢皆已掃蕩，而浰頭新民又皆誠心歸化，地方自此可以無虞。民久勞苦，亦宜暫休爲樂。遂散兵使各歸農，示不復用，而使池仲安亦領衆歸助其兄防守。且云：「盧珂等雖已繫於此，恐其黨致怨，或掩爾不虞。」仲安歸，具言其故，賊衆皆喜，遂弛備。臣又使指揮余恩賫曆往賜仲容等，令毋撤備，以防盧珂諸黨，賊衆益喜。黄表、雷濟因復説仲容：「今官府所以安輯勞來爾等甚厚，何可不親往一謝。況盧珂等日夜哀訴反狀，乞官府試拘爾等[一]。若拘而不至者，即可以證反狀之實。今若不待拘而往，因面訴珂等罪惡，官府必益信爾無他，而謂珂等爲詐，殺之必矣。」所購親信者復從力贊，仲容然之，乃謂其衆曰：「若要伸，先用屈。贛州伎倆，亦須親往勘破。」遂定議，率其麾下四十餘人自詣贛。臣使人探知仲容已就道，乃密遣人先行屬縣勒兵，分哨道，候報而發。又使千户孟俊先至龍川，督集盧珂、鄭志高、陳英等兵。然以道經浰巢，恐揺諸賊，則别賫一牌，以拘捕盧珂等黨屬爲名。各賊聞俊往，果遮迎問故，俊出牌視之，乃皆羅拜，相争導送出境。俊已至龍川，始發牌部勒盧珂等兵。衆賊聞之，皆以爲拘捕其屬，不

[一] 乞官府試拘爾等 「官府」，黄本、閭本、董本、范本作「府官」。

復爲意。閏十二月二十三日，仲容等至贛，見各營官兵皆已散歸，而街市多張燈設戲爲樂，信以爲不復用兵。密賂獄卒，私往覘盧珂等，又果械繫深固。仲容乃大喜[一]，遣人歸報其屬曰：「乃今吾事始得萬全矣。」臣乃夜釋盧珂、鄭志高等，使馳歸發兵，而令所屬官僚次設羊酒，日犒仲容等以緩其歸。正月三日，度盧珂等已至家，所遣屬縣勒兵當已大集，臣乃設犒於庭，先伏甲士，引仲容入，并其黨悉擒之。出盧珂等所告狀，訊鞫皆伏，遂寘于獄，而夜使人趨發屬縣兵，期以初七日同時入巢。

於是知府陳祥兵從龍川縣和平都入，指揮姚璽兵從龍川縣烏虎鎮入，千户孟俊兵從龍川縣平地水入，指揮余恩兵從龍南縣高沙保入，推官危壽兵從龍南縣南平入，知府邢珣兵從龍南縣太平保入，守備指揮郟文兵從龍南縣冷水逕入，知府季斆兵從信豐縣黄田岡入，縣丞舒富兵從信豐縣烏逕入。臣自率帳下官兵，從龍南縣冷水逕直搗下浰大巢，而使各哨分路同時並進，會於三浰。先是，賊徒得池仲容報，謂贛州兵已罷歸，皆已弛備[二]，散處各巢。至是驟聞官兵四路並進，

[一] 仲容乃大喜　黄本、董本「仲容」作「中」；范本無「乃」字；鄒本、胡本無「仲容」二字，而「乃」字上存一字空格；聞本、宋本「仲容」二字作小字雙行并列。

[二] 皆已弛備　「皆」，國圖本、天圖本、叢刊本、摛藻堂本作「他」。

皆驚懼失措，乃分投出禦，而悉其精鋭千餘，據險設伏，併勢迎敵於龍子嶺。我兵聚爲三衝，掎角而前，指揮余恩所領百長王受兵，首與賊遇，大戰良久，賊敗却。王受等奮追里許，賊伏兵四起，奮擊王受。推官危壽所領義官葉芳兵，鼓噪而前，復奮擊賊伏兵後。千户孟俊兵，從傍繞出岡背，横衝賊伏，與王受合兵，於是賊乃大敗奔潰。呼聲震山谷，我兵乘勝逐北，遂克上中下三浰。各哨官兵遥聞三浰大巢已破，皆奮勇齊進，各賊皆潰敗。知府陳祥兵遂破熱水巢、五花障巢；指揮姚璽兵遂破淡方巢、石門山巢、上下陵巢；知府邢珣兵遂破芳竹湖、白沙巢；守備指揮郟文兵遂破曲潭巢、赤唐巢；知府季斆兵遂破右坑巢[一]、三坑巢。是日，擒斬首從賊人賊級，俘獲賊屬男婦、牛馬、器仗數多。其餘墮崖填谷死者，不可勝計。

是夜，賊復奔聚未破巢穴。次日早，乃令各哨官兵，探賊所往，分投急擊。初九日，知府陳祥兵破鐵石障巢、羊角山巢，獲賊首「金龍霸王」印信旗袍。知府邢珣兵破黄田坳巢，指揮姚璽兵破岑岡巢，指揮余恩兵破塘含洞巢、溪尾巢。初十日，千户孟俊兵破大門山巢，推官危壽兵破鎮里寨巢。十一日，知府邢珣兵破中村巢，守備郟文兵破半逕巢、都坑巢、尺八嶺巢，知府季斆兵破新田逕巢、古地巢，指揮余恩兵破空背巢，縣丞舒富兵破旗嶺巢、頓岡巢。十三日，千户孟

[一] 右坑巢 「右」，國圖本、天圖本、叢刊本、文淵閣本、擒藻堂本作「布」。

俊兵破狗脚坳巢、水晶洞巢、五湖巢、藍州巢。十六日，推官危壽兵破風盤巢、茶山巢。連日各擒斬首從賊人賊級，并俘獲賊屬男婦、牛馬、器仗數多。

然各巢奔散之賊，其精悍者，尚八百餘徒，復哨聚九連大山，扼險自固。當臣看得九連山勢極高，横亘數百餘里，四面斬絶。我兵既不得進，而其内東接龍門山後諸處賊巢以百數[一]。若我兵進逼[二]，賊必奔往其間，誘激諸巢，相連而起，勢益難制[三]。然彼中既無把截之兵，欲從傍縣潛軍斷其後路，必須半月始達，緩不及事。止有賊所屯據崖壁之下一道可通，然賊已據險，自上發石滚木，我兵百無一全。於是乃選精鋭七百餘人，皆衣所得賊衣，佯若奔潰者，乘暮直衝賊所，據崖下澗道而過。賊以爲各巢敗散之黨，皆從崖下招呼，我兵亦佯與呼應，賊疑不敢擊。已度險，遂扼斷其後路。次日，賊始知爲我兵，并勢衝敵。我兵已據險，從上下擊，賊不能支，乃退敗。臣度其必潰，預令各哨官兵，四路設伏以待。賊果分隊潛遁。二十五日，知府陳祥兵覆賊於五花障，知府邢珣兵覆賊於白沙，指揮余恩兵覆賊於銀坑水。二十七日，指揮姚璽兵覆

[一] 賊巢以百數　「以」，國圖本、天圖本、叢刊本作「若」。
[二] 若我兵進逼　「若」，國圖本、天圖本、叢刊本作「以」。
[三] 勢益難制　「益」，國圖本、天圖本、叢刊本、文淵閣本、擒藻堂本作「亦」。

賊於烏虎鎮，推官危壽兵覆賊於中村，知府季斆兵覆賊於北山，又戰於風門奥。其餘奔散殘黨，尚三百餘徒，分逃上下坪、黄田坳諸處。各哨官兵復黏踪會追。二月初二日，知府陳祥兵復與賊戰於平和。初五日，復戰於上坪、下坪。初八日，推官危壽、指揮余恩兵復與賊戰於黄坳。十二日，知府陳祥兵復與賊戰於鐵障山。十四日，縣丞舒富兵復與賊戰於乾村，又戰於梨樹。十四日，知府邢珣、季斆兵，復與賊戰於芳竹湖。二十三日，縣丞舒富兵復與賊戰於北順，又戰於和洞。二十六日，守備郟文兵復與賊戰於水源，戰於長吉，戰於天堂寨。連日擒斬首從賊人賊級數多。

三月初三日，據鄉導人等四路爪探，皆以爲各巢積惡兇狡之賊，皆已擒斬略盡。惟餘黨張仲全等二百餘徒，其間多係老弱，及遠近村寨一時爲賊所驅脅〔一〕、從惡未久之人。今皆勢窮計迫，聚於九連谷口，呼號痛哭，誠心投招。臣遣報效生員黄表往驗虚實，果如所探。因引其甲首張仲全等數人，前來投見，訴其被脅不得已之情。臣量加責治，隨遣知府邢珣往撫其衆，籍其名數，遂安插於白沙。初七日，據知府邢珣等呈稱，我兵自去歲二月從征閩寇，迄今一年有餘，未獲少休。今幸各巢賊已掃蕩，餘黨不多，又蒙俯順招安，況今陰雨連綿，人多疾疫，兼之農功已動，人懷耕作，合無俯順下情，還師息衆。及義官葉芳等并各村鄉居民亦告前情。臣因親行相視險易，

〔一〕一時爲賊所驅脅　「驅」，底本訛作「軀」，據范本、文淵閣本、摛藻堂本改。

督同副使楊璋、知府陳祥等，經理立縣設隘，可以久安長治之策，留兵防守而歸。蓋自本年正月初七日起，至三月初八日止，前後兩月之間，通共搗過巢穴三十八處，擒斬大賊首二十九名顆，次賊首三十八名顆，從賊二千零六名顆，俘獲賊屬男婦八百九十名口，奪獲牛馬一百二十二隻匹，器械、贓仗二千八百七十件把，贓銀七十兩六錢六分，總計擒斬、俘獲、奪獲共五千九百五十五名顆口隻匹件把。俱經行令兵備等官審驗紀録，仍行紀功御史覈實施行，具由呈報去後。

今據前因，臣等會同江西巡按御史屠僑、廣東巡按御史毛鳳，參照大賊首池仲容等，荼毒萬民，騷擾三省，陰圖不軌，積有年歲，設官僭號，罪惡滔天，比之上猶諸賊，尤爲桀驁難制。蓋上猶諸賊雖有僭竊不軌之名，而徒惟劫掠焚燒是嗜；至於浰頭諸賊，雖亦剽劫擄掠是資，而實懷僭擬割據之志。故其招致四方無籍，隱匿遠近妖邪，日夜規圖，漸成奸計。兼之賊首池仲容、池仲安等，又皆力搏猛虎，捷競飛猱，兇惡之名久已著聞，四方賊黨素所向服，是以負固恃頑，屢征益熾。前此知其無可奈何，亦惟苟且招安，以幸無事，其實無救荼毒之慘，益養奸宄之謀。今乃臣等驅不練之兵，資缺乏之費，不踰兩月，而破奸雄不制之虜，以除三省數十年之患。此非朝廷威德，廟堂成算，何以及此！臣等切惟天下之事，成於責任之專一，而敗於職守之分撓。就今事而言，前此嘗夾攻二次，計剿數番，以兵則前者强而今者弱，前者數萬而今者數千；以時則前者期年，而今者兩月；以費則前者再倍，而今者什一；以任事之人，則前者多知謀老練之士，而今者乃若臣之迂踈淺劣。然而計功較績，顧反有加於昔，何哉？實由朝廷之上，明見萬里，洞察往弊，處置得宜。既假臣以賞罰之權，復改臣以提督之任。既以兵忌遥制，而重各省專征之責；又慮事或牽狃，而抑守臣干預之請。授之方略而不拘以制，責其功成而不限以時。以故詔旨一頒，而賊先破膽奪氣；咨文一布，而人皆踴躍争先。效謀者知無沮撓之患，而務竟其功；希賞者知無侵削之弊，而畢致其死。是乃所謂得先勝之算於廟堂，收折衝之功於樽俎，實用兵之要道，制事之良法也。事每如此，天下之治有不足成者矣。

臣等偶叨任使，何幸濫竽成功，敢是獻捷之餘，拜手稽首以賀。伏願皇上推成功之所自，原發縱之有因，庶無僭賞以旌始謀。及照兵備副使楊璋，監軍給餉，紀功督戰，備歷辛勤，宜加顯擢；守備指揮郟文、知府陳祥、邢珣、季敩、推官危壽、指揮余恩、姚璽，及千户孟俊、縣丞舒富等，皆身親行陳，屢立戰功，俱合奬擢，庶示激揚，以爲後勸。臣本凡庸，繆當重任，偶逢事機之會，幸免覆餗之誅。然功非其才，福已踰分，遂沾痿痺之疾，既成廢棄之人。除已别行請罪乞休外，緣係捷音，及該兵部議擬，期於成功，不限以時，題奉欽依事理，爲此具本題知。

添設和平縣治疏

十三年五月初一日

據江西按察司分巡嶺北道兵備副使楊璋、廣東按察司分巡嶺東道兵備僉事朱昂會呈，據贛州府知府邢珣、惠州府知府陳祥呈，奉臣案驗，據廣東惠州龍川、河源等縣省祭監生、生員、耆老陳震、余世美、黃宸等連名呈稱，浰頭、岑崗等處叛賊池大鬢等，魁首動以百十，徒黨不下數千，始則佔耕民田，後遂攻打郡縣。謝玉璘、鄒訓等倡亂於弘治之末，而此賊已爲之先鋒；徐允富、張文昌繼亂於正德之初，而此賊復張其羽翼，荼毒三省。二十餘年以來，乃爲三省逋逃之主，遂稱群賊桀驁之魁。捉河源縣之主簿，虜南安府之經歷，綁龍南縣之縣官，戮信豐所之千户，肆然無忌，規圖漸廣，兇惡日增，僭稱王號，僞建元帥、總兵、都督、將軍等名目。雖屢蒙上司動調官兵，多方征剿，俱被漏網爲患。今蒙提督軍門親搗賊巢，掃蕩殘黨，除數郡之荼毒，雪萬姓之冤憤。若不趁此機會，建立縣治，以控制三省賊衝之路，切恐流賊復聚，禍根又萌。切見龍川和平地方[一]，山水環抱，土地坦平，人煙輳集千有餘家。東去興寧、長樂、安遠，西抵河源，南界龍川，北際龍南，各有數日之程。其間山林阻隔，地里遼遠，人迹既稀，奸宄多萃。查得父老

[一] 和平　底本訛作「平和」，據下文及文淵閣本、摛藻堂本乙正。

相傳，原係循州一州龍川、雷鄉二縣。後因地方擾亂，人民稀少，除去循州、雷鄉兩處，止存龍川一縣。洪武初年[一]，龍川尚有五十五里，其後州縣既除，聲教不及。洪武十九等年，賊首謝士真等相繼作亂[二]，將前項居民盡行殺戮，數百里内人煙斷絶。自此賊巢日多，民居日耗，始將龍川縣都圖併作七里。迄於近年，民遭荼毒，遂至此極。如蒙憐念，於和平地方，設建縣治以控制瑶峒，興起學校以移易風俗，及將和平巡檢司改立浰頭，屯兵隄備，庶幾變盜賊之區爲冠裳之地，實爲保安至計等因。據呈到院。

看得東南地方，但係盜賊盤據，即皆深山窮谷，阻險遼絶之區。是以征剿之後，其民類皆願立縣治，以控制要害，敷施政教，而漸次化導之。故東南弭盜安民，則建立縣治亦其一策。近該本院親剿浰賊，見今住軍九連大山，往來浰頭、和平等處，備閱山溪形勢，講求賊情民俗，深思善後之圖，實有如各役所呈者。但開建縣治，置立屯所，必須分剖都圖[三]，創起關隘，城池宫室之費，力役輸調之貲，未經查勘議處，難便奏聞。案仰本道即行副使楊璋，會同僉事朱昂，督

[一] 洪武初年 「年」，國圖本、天圖本、叢刊本、文淵閣本、摛藻堂本作「間」。
[二] 謝士真 國圖本作「謝仕真」。
[三] 必須分剖都圖 「剖」，國圖本、天圖本、叢刊本、文淵閣本、摛藻堂本作「割」。

同府縣掌印官，拘集各該地方鄉老里甲人等，備勘和平、浰頭兩處，某處可以建築城池，某地宜以添設巡邏，某縣都圖相近可以分割，某里村寨接連堪以撥補，某所巡司可以移鎮，某鄉丁户可以編僉。其移民以就田，調兵以守隘，一應工役所需，作何區處。再行考求圖籍，諏諮耆老，必求至當歸一。具由呈來，以憑議處定奪。仍呈總督、總鎮、巡按衙門，公同計議施行等因。

各職遵依，督同龍川縣署縣事主簿陳甫、河源縣署縣事縣丞朱𤍽，就近拘集龍川縣通縣并河源縣惠化都里老沙海、鍾秀山等，與原呈陳震等到職。會勘和平峒地方，原有民二千餘家〔一〕，因賊首池大鬢等作耗，内有八百餘家投城居住，尚存一千餘家。本峒羊子一處，地方寬平，山環水抱，水陸俱通，可以築城立縣。於此招回投城之人，復業居住。分割龍川縣和平都、仁義都并廣三圖共三里，及割附近河源縣惠化都，與接近江西龍南縣鄰界，亦拆一里前來〔二〕，共輳一縣。及將先年各處流來已成家業寓民，盡數查出，責令立籍，撥補絶户圖眼，一體當差。其和平巡檢司，宜立浰頭以控制險阻，仍於本縣并龍南縣，量編隘夫幾百名，委官管領，兼同該司弓兵巡邏，使盜賊不得盤據。其蓋造衙門大小竹木，和平、浰頭各山産有，俱派本處人户採辦，不用官錢。

〔一〕原有民二千餘家　國圖本、天圖本、叢刊本、文淵閣本、摛藻堂本無「民」字。
〔二〕亦拆一里前來　「拆」，宋本、邵本、國圖本、天圖本、叢刊本、摛藻堂本作「折」。

其餘磚石灰瓦、匠作工食之費，須查支官庫銀兩。及差委公正府佐貳官一員，清查浰頭、岑岡等處田土，除良民産業被賊占耕者照數給主外，中間有典與新民得受價銀者，量追價銀一半入官，其田給還管業。其餘同途上盜田土，盡數歸官賣價，以助築修城池官廨之用。其龍川縣分割三圖，止存五圖在彼，路通衝要，答應繁難。查得鄰界長樂縣所屬清化都，正與龍川連近，乞於該都分割一圖，補輳管轄，庶爲適均等因。

又據龍南縣太平等保里老賴本立等呈稱，本縣東南與廣東龍川、河源二縣，西南與廣東始興縣連界，多深山窮谷。向因各處流賊過境劫掠，太平保設有横岡、角嵊二隘，上蒙、高沙二保設有牛岡、陽陂二隘，就於各保僉點隘夫鄉兵守把。後因池大鬢等不時出劫，各隘燒毁一空。今征剿既平，宜將前項隘所修築把守，可保四境無虞。及照本縣止有四里半，邑小民寡，遞年逋負追併，況與龍川縣又係隔省寫遠，乞免分割，以甦民困等因。

各職併行會議得賊平之後，經久良圖，誠無踰於添設縣治者。今龍川縣里老人等，願於和峒羊子鋪添設縣治，及分割都圖，清賣賊田，移置巡司，量僉隘夫等情，俱相應俯順。惟稱又要分拆江西贛州府龍南縣附近都圖，緣係兩省地方，相隔愈遠，未免影射差役，兩無歸著，難以准行。止該于龍南縣該管圖保，修築舊隘。其新興地方，係通始興縣要路，宜添設一隘，各於鄰近地方多僉鄉夫守把。及看得修築城池、學校、倉場、鋪舍等項，中間有礙百姓田廬税糧，亦該委官丈量，照數除豁。相距龍川縣二百里之程，該量設鋪舍十處。一應工程，除大小竹木，派令人户採辦，其餘磚石灰瓦等項料物[一]，各色匠作工食，猝難料計。應合委官估計，通該銀若干，扣除前項田價銀兩若干，餘於惠州府庫相應官銀支給，尚有不敷，另行申請。合用人工，該起龍川縣與河源縣惠化都民夫答應。其移置浰頭巡檢司，應隸新縣管轄。該司弓兵四十名，額數寡少，合於龍川縣和平、仁義、廣三圖量編四百名，龍南縣量編二百名，俱令該縣掌印官編僉造册，分爲二班，半年一換，俱各委官管領，兼同該司官巡邏。遇有盜賊生發，隨即撲獲[二]。隘夫限滿，亦須該班者交代方還。各該府縣巡捕官[三]，俱要不時往來巡點。其清賣賊田、修築城池等項，俱各委官，分投幹辦，方得集事。再照新縣里糧數少，官員應該減裁，且係偏僻之地，驛遞不必添設，遇有使客往來，總于龍川縣雷鄉驛應付。前項居民，被賊殘害，瘡痍未蘇，加以創縣勞費，困苦可矜。成縣之日，凡遇一應雜泛差役，坐派錢糧物料等項，俱各酌量減省，期待三年之後，方與各縣一

[一] 其餘磚石灰瓦等項料物　「料物」，國圖本、天圖本、叢刊本、文淵閣本、摛藻堂本作「物料」。
[二] 隨即撲獲　「隨即」，國圖本、天圖本、叢刊本、文淵閣本、摛藻堂本作「即隨」。
[三] 各該府縣巡捕官　「各該府縣」，國圖本、天圖本、叢刊本、文淵閣本、摛藻堂本作「各府州縣」。

體差科，庶幾輿情允愜，事體允當，等因到道。會同僉事朱昂，覆議相同，合就會案呈詳等因。據呈到臣。

會同欽差巡按廣東監察御史毛鳳，議照前項地方，實係山林深險之所，盜賊屯聚之鄉；當四縣交界之隙，乃三省閏餘之地，是以政教不及，人迹罕到。其間接連閩、廣，反覆賊巢，動以百數。據而守之，真足以控諸賊之往來，杜奸宄之潛匿；棄而不守，斷爲狐鼠之窟穴，終萃逋逃之淵藪。況前此本亦州縣舊區，始以縣存，而民猶恃爲保障；後因縣廢，而賊遂據以陸梁，是又往事之明驗矣。當賊盜猖熾之日[一]，地方父老屢有請復縣治之議[二]，然其時賊方盤據，勢有不能。今賴朝廷威德，巢穴蕩平，若不乘此機會，復建縣治，以扼其要害，將來之事斷未可知。臣等班師之日，脅從投招者尚不滿百，今未兩月，遠近牽引而至且二百矣。若縣治不立，制馭闊踈，不過一年，汎然投招之人必皆復化爲盜。其時又復興師征剿，剿而復聚，長此不已，亂將安窮？夫盜賊之患，譬如病人，興師征剿者，針藥攻治之方；建縣撫輯者，飲食調養之道。徒恃針藥之攻治，

[一] 當賊盜猖熾之日 國圖本、天圖本、叢刊本、文淵閣本、摛藻堂本作「當賊猖獗之日」。
[二] 地方父老屢有請復縣治之議 「請」，國圖本、天圖本、叢刊本作「取」。

而無飲食以調養之，豈徒病不旋踵，將元氣竭絶[一]，證患愈深，後雖扁鵲、倉公，無所施其術矣。臣等竊以設縣移司，實爲久安長治之策。伏願皇上鑒往事之明驗，爲將來之永圖，念事機之不可失，哀民困之不可再，俯采臣等所議，特敕該部，早賜施行。及照建縣之所，地名和平，以地名縣，似爲得宜[二]。乞從所奏，并將該設職官印信，即與銓選鑄給。簡員以省費，均地以平徭，移巡司以據險要，寬賦役以蘇窮民。如此，則夷險爲易，化盗爲良，可計日而效。不惟臣等得以幸逃日後之譴責，朝廷亦免再役之勤，百姓永享太平之樂矣。

三省夾剿捷音疏　十三年六月十五日

據廣東按察司等衙門整飭兵備監統僉事等官王大用等呈[三]，正德十二年九月内，據樂昌縣知縣李增禀稱，賊首龔福全、高快馬等，不時出没爲患。近蒙軍門案驗，内開三省會兵進剿。緣照官兵未到，誠恐各賊探知，自分必死，群合四出攻劫，不惟居民受害，抑恐患及城池。議要從

[一]　將元氣竭絶　「竭」，國圖本、天圖本、叢刊本、文淵閣、摛藻堂本作「渴」。
[二]　似爲得宜　「似」，國圖本、天圖本、叢刊本作「以」。
[三]　據廣東按察司等衙門　「據」，國圖本、天圖本、叢刊本訛作「具」，下文「據樂昌縣」云云同。

宜設法，以緩其勢，待軍兵到日，另行遵奉號令等因。本職看得各賊，俱係先前大征漏網，招亡納叛，踪迹詭秘。爲今之計，必先誘其腹心以爲我用，然後以次剪其羽翼，庶以賊攻賊，彼勢可孤而我患可保。已經呈奉軍門議處，設法誘致去後。續據知縣李增報稱，岐田山賊犯龍貴等十二名[一]、天塘賊犯陳滿等十名，各挈家赴縣首，願擒獲同伴解官。於本年十一月二十八日，督同龍貴等，計誘賊犯蕭緣等六十名。十二月初二日，陳滿等計誘賊犯李廷茂等二十三名等因。及據通判鄒級、仁化縣知縣李蕚呈稱，大賊首高快馬帶從賊一十五名、賊婦二口，潛住地名癩痢寨深坑結巢藏住[二]。隨統民壯兵夫譚志澤等，於閏十二月初一日戌時，進兵圍寨。至初二日早擒捕，本賊突出山頭迎敵，追至始興縣界，各兵奮勇同前，生擒大賊首高快馬，即高仲仁，從賊三名，賊婦、賊女各一口，及行兇器械，并被傷兵夫劉廷珍等，開報到道。節據知府姚鵬等呈稱，督率軍兵夫快，抵巢與賊交鋒，陸續擒斬首從賊犯李萬珊[三]、賴永達等一千三百二十名顆，俘獲賊屬男婦七十六名口，奪回被虜男婦一十三名口，及贓仗、牛馬等物。又據知縣李增呈，緝得賊首

[一] 岐田山賊犯龍貴等十二名　「十二」，黄本、閭本、董本、聞本、鄒本、胡本、宋本、邵本作「十一」。
[二] 結巢藏住　「巢」，黄本、閭本、董本、聞本、鄒本、胡本、宋本、邵本作「寮」。
[三] 李萬珊　國圖本、天圖本、叢刊本、文淵閣本、摛藻堂本作「李萬山」。

李斌，亡命在湖廣烏春山躲住，飛報到職。當就發遣捕盜老人李攻瓚等，星夜潛至地名姜陽峒，藏踪緝探，始擒本賊，餘黨俱各奔遯緣由，各開到道。參稱賊首李斌節與高快馬[二]、龔福全等，糾衆流毒三省，屢勞征討，各遵奉軍門號令，窮追深入，一旦就擒，各照懸示重賞。而知縣李增，督兵設策，屢有奇功，亦合獎勞，以勵將來等因。備呈轉報到臣。

亦據整飭兵備兼分巡嶺東道監統僉事等官顧應祥等呈，據領哨通判莫相等呈稱，統領漢達官軍、民壯、打手人等，照依刻期，進剿上下橫溪、闕峒、深峒等巢。賊黨竪立排栅，統衆迎敵，殺傷兵夫。彼時軍兵協謀，奮勇鬬戰，當將各巢攻破。陸續擒斬賊犯吴瑄、鄧仲玉等，共六百九十名顆，俘獲賊屬男婦三百九十五名口，奪回被虜男婦七口，及牛馬、器械等物，解送前來會審。又發兵搜斬賊級一十二顆，生擒賊人三名，并俘獲賊屬等項。隨據本官稟稱，横溪大賊首吴玑招集亡命，遯住地名東田村深山結巢。即稟蒙監督僉事顧應祥，出給重賞，指示方略，密切發兵，抵吴玑巢穴，四面圍攻，被玑等亂用藥弩射出拒敵。我兵冒傷奮勇進剿，先用銃箭將吴玑打倒，賊勢少却。我兵呼噪大進，將吴玑等首從并賊屬盡數擒斬，共十三名顆，俘獲賊屬六口，奪回被虜婦女二口，陣亡兵夫六口緣由。呈解到道。看得賊首吴玑，係是稔惡巨寇，流劫兩省，

[二] 參稱賊首李斌節　上文稱「緝得賊首李斌」云云，「節」字或爲衍文。

拒敵官軍，而通判莫相設法防捕，致縛前兇，應合獎勞等因。備呈開報到臣。

查得先准兵部咨，爲地方緊急賊情事。該巡撫湖廣都御史秦金奏，該本部覆題：「看得郴桂等處與廣東、江西諸峒聯絡，若非三省會兵夾攻，賊必遁散他處。合無請敕兩廣并南贛總督、巡撫等官，會同剋期進兵」等因。具題，節奉聖旨：「是。都依擬行。欽此。」續爲申明賞罰以勵人心事，臣節該欽奉敕諭：「但有盜賊生發，即便嚴督各該兵備、守備、守巡并軍衛有司，設法剿殺。其領兵官員，不問文職武職，若在軍前違期并逗遛退縮者，俱聽以軍法從事。仍要選委廉能屬官，密切體訪，或僉所在大户，量加糧賞，或購令賊徒自相斬捕，皆聽爾隨宜處置。欽此。」又准兵部咨，爲地方緊急賊情事。內開節據樂昌縣知縣李增禀稱，賊首高快馬等八百餘徒，在地名櫃頭村行劫。又據乳源縣禀稱，賊徒千餘人在洲頭街流劫。及據湖廣郴州申，賊首龔福全、高仲仁等，雖蒙征剿，黨惡猶存。正德七年，兵備衙門招撫龔福全，給與冠帶，設爲瑶官，高仲仁等給與衣巾，設爲老人。未及兩月，已出要路劫殺軍民，號稱「高快馬」、「遊山虎」、「金錢豹」、「過天星」、「密地蜂」、「總兵」等官名目。正德十一年七月內，流劫樂昌及江西南康等縣，後蒙撫諭，將高仲仁、李斌給與冠帶，重設瑶官。未寧半月，一起八百餘徒，出劫樂昌，虜捉知縣韓宗堯；一起七百餘徒，出劫生員譚明浩等家；一起六百餘徒，從老虎峒等處出劫；一起五百餘徒，從興寧縣出劫；呈乞轉達，請軍夾剿等因。各報到臣。看得前項盜賊，惡貫已盈，神怒人怨。譬之疽癰之在身，若不速加攻治，必至潰肺決腸，而攻治之方，亦有二說等因。該本部覆題：「看得所奏攻治盜賊二說，大意謂事權隆重，若無意於近功，而實足爲攻取之幾。征調四集，雖可以分咎，而不免爲地方之累。窮究根本，辯析詳明，言雖兩端，意實有在。合無本部行文，就令差來人賫回，交與都御史王守仁，悉依前項申明賞罰事理，便宜行事，期於成功，不限以時，相機攻剿」等因。具題，節該奉聖旨：「是。欽此。」欽遵。節經通行各省，及各該道守巡、兵備等官，一體欽遵，勘處調集兵糧，尅期攻剿，以靖地方。續據廣東布政司等衙門左布政使等官吳廷舉等會呈，奉臣并總督兩廣軍務，兼理巡撫，太子太保、都察院左都御史陳金案驗，各准兵部咨，備行欽遵，查勘計處呈報等因。遵依，會同都、布、按三司等官歐儒等，并嶺東道兵備僉事等官王大用等，議將應剿賊巢，起調漢達官軍士兵員名〔一〕，分定哨道，監統把截，進攻道路，及合用糧餉等項，備開呈詳。隨據監督兵備僉事王大用等，各將進兵機宜呈詳到臣。

參看得兩廣總督、總兵等官，雖已奉命行取回京，然軍馬錢糧，調度方略，悉經區畫，會有成案。

〔一〕官軍士兵員名　「士」，底本訛作「上」，據黃本、閭本、董本、聞本、鄒本、胡本、宋本、邵本改。

本院見督官兵征勦洌頭等賊，未能親往督戰。除分兵設策，督令副使楊璋等四面防截外。仰各官查照原議，上緊依期進勦，毋得遲疑參錯，致誤事機。一應臨敵制度，俱在各官相機順應。若賊勢難爲，兵力不逮，或先離散其黨與，或陰誘致其腹心，聲東擊西，陽背陰襲，勿拘一議〔一〕，惟求萬全。軍門遥遠，不必一一呈禀，反成牽滯。又經牌仰上緊相機督勦去後。今據前因，除將各道呈報前項擒斬首從賊人賊級共二千八百九名顆，俘獲賊屬并奪回被虜男婦五百四名口，奪獲械器〔二〕、贓物一百三十二件把，牛馬八十三隻匹，總計二千八百八名顆口隻匹件把，行仰各道徑送巡按紀功御史，審驗紀録，造册奏繳外。參照大賊首高仲仁、李斌、吴玑等，荼毒三省，稔惡多年，敵殺官兵，攻劫郡縣。即其奸計，雖亦不過妖狐黠鼠之謀；就其虐焰，乃已漸成封豕長蛇之勢。今其罪貫既盈，神怒人怨，數月之間，克遂殲殄，雪百姓之冤憤，解地方之倒懸。此皆仰仗天威，廟堂有先勝之筭，帷幄授折衝之謀，賊徒破膽，將士用命之所致也。臣等獲睹成功，豈勝慶幸。及照巡按紀功御史毛鳳，振揚風紀，作勵將士，既盡紀驗之職，復多調度之方，比於常格，勞績尤異。僉事王大用、顧應祥等，監統督調，備效勤勞，懋著經營之略，共收克捷之功。

〔一〕勿拘一議　「拘」，國圖本、天圖本、叢刊本作「拒」。
〔二〕奪獲械器　「械器」，國圖本、天圖本、叢刊本、文淵閣本、摛藻堂本作「器械」。

其都指揮王英、歐儒、知府姚鵬、通判鄒級、莫相、知縣李增、李萼，或領兵督哨，或追剿防截，類皆身親行陣，且歷艱難，均合甄收，普加旌擢。伏望皇上既行大賞於朝，復沛覃恩於下，庶示激奬，以勸後功。臣以凡庸，兼復多病，繆膺地方之責，屬征調四出，不能身親督戰，然賴總督諸臣先已布授方略，領哨諸將得以遵照奉行，戮力效死，竟收完績。真所謂碌碌因人成事，雖無共濟之功，實切同舟之幸。除先已具本請罪，告病乞休外。緣係捷音事理，爲此具本題知。

辭免陞廕乞以原職致仕疏

十三年六月十八日

臣於六月初六日，准兵部咨，爲捷音事。該臣題，該本部覆題，節該奉聖旨：「王守仁陞右副都御史，廕子一人做錦衣衛，世襲百户，寫敕奬勵。欽此。」欽遵。臣聞命驚惶，莫知攸措，感極而懼，若墜冰淵。切念臣以章句陋儒[一]，過蒙朝廷滌瑕掩垢，收録於擯棄之餘，既又求長於短，拔之閒散之中，授以巡撫之寄。其時臣以抱病在告，兩疏乞休，偶值前官有託疾避難之嫌，該部論奏之義甚嚴，朝廷督責之旨又切，遂不遑他計，狼狽就途。莅事之後，兵耗財匱，盜熾民窮，縮手四顧，莫措一籌。朝廷憫念地方之顛危，慮臣才微力弱，必致傾僨。謂其責任之不專，無以

[一] 切念臣以章句陋儒　「陋」，國圖本、天圖本、叢刊本、文淵閣本、摛藻堂本作「腐」。

聯屬人心；賞罰之不重，無以作興士氣；號令之不肅，無以督調遠近。於是該部議假臣以賞罰，朝廷從而假之以賞罰；議給臣以旗牌，朝廷從而給之以旗牌；議改臣以提督之任，朝廷從而改之以提督之任。授之方略而不拘以制，責其成功而不限以時。由是臣以賞罰之柄，而激勵三軍之氣；以旗牌之重，而號召遠近之兵；以提督之權，而紀綱八府一州之官吏，伸縮如志，舉動自由。於是兵威漸振，賊氣先奪，成軍而出，一鼓而破横水，再鼓而滅桶岡；全師克捷，振旅復舉，又一鼓而破三浰，再鼓而下九連；皆役不再藉，兵無挫刃。分遣官屬[一]，賫執旗牌，以麾督兩廣夾勦之師，亦莫不畏威用命，咸奏成功。由是言之，其始促臣之來莅事者[二]，該部之議，朝廷之斷也；旗牌之能號召者，該部之議，朝廷之斷也；提督之能紀綱者，該部之議，朝廷之斷也；方略之所分布，舉動之得展舒者，該部之議，朝廷之斷也。臣亦何功之有，而敢冒承其賞乎？譬之駑駘之馬而得良御，齊輯乎轡銜之際，而緩急乎唇吻之和，内得於人心，外合於馬志。故雖駑下，亦能盡日之力而至百里。人見其駑而百里，因謂之能，不知其能致此，皆御馬者驅策之力。不然，將數里而踣，或十數里而止矣。馬之疲勞，或誠有之，而遂以歸功於馬，其可乎？況臣驅逐之餘，

[一] 分遣官屬　「遣」，國圖本、天圖本、叢刊本、文淵閣本、摛藻堂本作「巡」。
[二] 其始促臣之來莅事者　「促」，國圖本、天圖本、叢刊本作「捉」。

疾病交作，手足麻痺，漸成廢人。前在賊巢，已嘗具本請罪，告病乞休，日夜伏候允報，庶幾生還畎畝。乃今求退而獲進，請咎而蒙賞，雖臣貪冒垂涎，忍恥苟得，其如朝廷賞功之典何？伏望皇上推原功之所始，無使賞有濫及，收回成命。臣苟有微勞，不加罪戮，容令仍以原職致仕，延餘喘於田野。如此，則上無濫恩，下無奸賞，宣力受任者，得免於覆餗之誅；量能度分者，獲遂其知止之願。臣無任感恩懼罪、懇切祈望之至。

再議崇義縣治疏　十三年十月十一日

據江西按察司分巡嶺北道兵備副使楊璋呈，奉臣案驗，准户部咨，覆題建立縣治以期久安事。卷查先該本道議橫水地方應行事宜，開列條款，備呈提督軍門，議委南康縣縣丞舒富，將大庾、南康、上猶三縣機快，各點集三百名，分作三班，專委本官統領，來往巡視。如有餘黨復集，即便擒拏，有功一體轉達陞賞。及於三縣起人夫各一百名，分作三班，就委本官不妨往來巡邏，兼督採辦木植，燒造磚瓦等役。俱經備行本官，將開去事宜查照施行外。隨奉提督軍門批，據縣丞舒富呈稱，依奉前去橫水建立縣治處所，將縣治公廨，儒學殿廡堂齋，布按分司及府館、旌善、申明等亭，倉廒、牢獄、養濟、倉場等房，并城中街道，帶同地理陰陽曾成倫等，定立向止，分處停當，已經畫圖貼説呈報外。合用木植，督令義官李玉璽，前去地名左溪、關田等處採運。隨拘各項匠作[一]，於正德十三年四月初六日，起手興工。即今先將縣治并儒學起造將完，各分司等衙門料物皆備，亦皆陸續起造。但甎瓦灰泥等匠工食，應該估計，不若包工論價，庶使工程易完。已經督同備估，共該銀一千零七十一兩七錢九分四釐，請給錢糧支用等因。批行本道再與詳審。看得所呈修理次第已是停當，所議包工論價亦爲有見，合行贛州府將大征支剩銀兩照數支給應用。及照衙門既已建立，必須城池保障，合無仍行通行計處城墻周圍高闊丈尺、工食，或先築土城，待後包砌，或應一時兼舉。就行本官，會同各縣掌印官，查照里分糧數多寡，均派修築，與夫城門城樓之費，一併估修。已經備由通行，呈奉撫按衙門依擬施行，俱行贛州府照數查發，及行縣丞舒富遵照支散估修外。續據縣丞舒富呈稱，量計新縣城墻，周圍五百丈，即今先築土城[二]，高一丈七尺，面闊七尺五寸，脚闊一丈。若令三縣里甲自行修築，不無延捱，

[一] 隨拘各項匠作　「匠」，國圖本、天圖本、叢刊本、文淵閣本、摛藻堂本作「木」。
[二] 即今先築土城　「先」，國圖本、天圖本、叢刊本、文淵閣本、摛藻堂本作「新」。

必須顧倩泰和縣土工數百〔一〕，先築土城。自七月十一日起工，扣至八月終，土城可以通完，然後用甎包砌，庶得堅久。其三縣徵收工價解給，庶得實用。并將城門、城樓、城墻，築砌甎石工食，共計估該銀八千四十五兩六錢七分二釐，備由開呈等因。奉批仰分巡道再加議看施行。查得大庾等縣，共計僅五十二里，而估計銀兩頗多，疲弊之民，誠所不堪。及照大征變賣賊屬牛馬贓銀二千六百七十一兩四錢九分，及本道問過贓罰紙米價銀一千餘兩見在，合查商税銀輳補三百七十四兩八分二釐，共四千四十五兩六錢之數，先行給發。止餘四千兩，查將三縣丁糧通融分派〔二〕，責委公正官員徵收監督，禁革侵漁騷擾等因。備由呈奉提督軍門批：「役三縣而建横水，似亦動衆勞民；建横水而屏三縣，實乃一勞永逸。但當疲困之餘，務以節省爲貴。議該并縣最合事宜，非獨民減科擾，抑且財獲實用，仰悉照議施行。仍行各縣，痛禁里胥，不得侵漁騷擾；曉諭居民，各宜樂事勸工。毋忘既往之患，共爲久安之圖。呈繳。」依奉遵照查支、分派修理去後。今照前項縣治、學校、分司、各該衙門蓋造將完，而土城扣至八月終亦可完，官民住坐，可

〔一〕泰和縣土工數百　「土」，底本訛作「上」，據黄本、閭本、董本、聞本、鄒本、胡本、宋本、邵本改。
〔二〕查將三縣丁糧通融分派　「將」，黄本、閭本、董本作「得」。

保無虞，燒甎包砌，計亦不難。其街道市廛，俱有次第，商賈往來，漸將貿易。緣縣名未立，官員未除，所轄里分之民心罔知趨向[一]，所安新民之版籍尚未歸着[二]。及照縣治既建，凡百草創，爲縣官者，若非熟知地方，與凡捕盜安民之術，民情土俗之宜，皆能洞曉，舉而用之，鮮不敗事。隨會同江西布政司分守嶺北道左參政吳大有，議得縣丞舒富，先因前賊攻圍該縣，戮力拒賊，得以保全，後因大征領哨，獲功居多，賊首謝志山獨爲所獲[三]。續委巡視三縣，招安新民六百餘名，帖然安堵，復委督修前項縣治衙門城池，半年俱各就緒，今委署掌上猶縣事，百廢俱興。及訪本官，存心剛直，行事公平，歷官已及四年，未有公私過犯，雖未出身學校，經義亦能通曉。合無念新縣草創之功，百務鼎新之始，轉達具奏，陞以新縣知縣職事。然而陞授正官，或于事例有礙，合無量授府州佐貳之職，令其署掌新縣縣事。候數年後，地方安妥，另行改選，庶官得其人，事得其理，而地方可保無虞等因。據呈到臣。

[一] 所轄里分之民心罔知趨向　黄本、閭本、董本、聞本、鄒本、胡本、宋本、邵本「心」下有「志」字。

[二] 所安新民之版籍尚未歸着　黄本、閭本、董本、聞本、鄒本、胡本、宋本、邵本無「之」字；又黄本、閭本、董本「所安新民」作「所新安民」。

[三] 謝志山　擒藻堂本作「謝志珊」。

卷查先據副使楊璋、參議黄宏會呈，上猶等縣，群賊猖獗爲害，幸蒙提督軍門躬督諸軍，蕩平巢穴，三縣之民懽欣鼓舞，如獲更生。但恐大兵撤後，餘黨未免嘯聚，要於橫水等處，建立縣治併巡司等衙門以絶後患，實爲久安長治之策等因。已經批仰該道重覆查勘無異，會同江西巡撫都御史孫燧、巡按江西監察御史屠僑，處議明白，各具本奏請定奪去後。隨准户部咨，該本部覆題：「看得添設縣治，既該撫按官員會議[一]，相應依擬，合咨提督南、贛、汀、漳軍務左僉都御史王守仁，同撫按官，會委該道守巡官，選委府縣佐貳能幹官員，先將添設縣治合用一應材木甎瓦等物料，先爲措置收買，并顧覓人夫工匠價銀，逐一估計輳處，就便興修。務使工日就而民力不勞，物咸備而財用不乏。候城池、公宇、縣治、學校、倉廒、街道、民居、吏舍等項，粗有規制，另爲會奏，以憑上請定擬縣名，及咨吏、禮二部，選官鑄印施行」等因。具題，奉聖旨：「是。欽此。」及准兵部覆題：「議得戡亂於已發[二]，固爲有功；弭亂於未然，尤爲有見。今都御史王守仁與巡撫、巡按及守巡官，深謀遠慮，議建縣治、巡司，以控制無統之民，事體民情，俱各順當。及先編僉隘夫，委官守把，事在必行，不可猶豫。合無本部，將開設縣治一節，移咨户部，奏請定

[一] 既該撫按官員會議　「撫」，國圖本、天圖本、叢刊本訛作「府」。

[二] 議得戡亂於已發　「戡」，國圖本、天圖本、叢刊本、文淵閣本、摛藻堂本作「勘」。

立縣名，速行遵守。仍依所奏，添設長龍、鉛廠二巡檢司[一]，及將過步巡檢司，行移吏、禮二部，選調官員，鑄換印信條記，并行江西布政司，查撥吏役，編僉弓兵。中間一應事宜，悉聽都御史王守仁會同巡撫都御史孫燧，查照原擬，從宜處置。務在事體穩當，賊害絶除，期副委任」等因。具題，奉聖旨：「是。欽此。」欽遵。備行守巡該道，一體欽遵施行，仍呈撫按衙門知會外。今呈前因，臣會同巡撫江西等處地方都察院右副都御史孫燧、巡按江西監察御史屠僑，議照該道所呈，前項縣治、學校、分司等衙門，蓋造不日通完，而城池砌築亦已將備。惟稱新縣草創之初，百務鼎新，必須熟知民情土俗之宜者以爲縣官，及會訪縣丞舒富才力堪任，乞要量陞府州佐貳之職，令其署掌新縣一節，實亦酌量時宜，保土安民之意。伏望皇上憫念遠土凋敝之餘，小邑草創之始，乞敕該部，俯采會議緣由，再加審察，將縣丞舒富量爲陞職，管理新縣。或別行諮訪諳曉夷情，熟知土俗，剛果有爲者，前來開創整理，庶幾瘡痍之民可以漸起，而反覆之地得以永寧矣。

再議平和縣治疏

十三年十月十五日

據福建布政司呈稱，漳州府知府鍾湘關稱，正德十二年四月撤兵之時，蒙福建參政陳策、

[一] 鉛廠 底本訛作「鉛廒」，據立崇義縣治疏以及明史卷四十三地理四改。

副使唐澤批，據南靖縣儒學生員張浩然等，及據本縣清寧、河頭社義民鄉老曾敦五[一]、林大俊等各呈，要於河頭地方，添設縣治以控制賊巢，建立學校以易風俗，改移小溪巡檢司，以防禦緩急。行仰本職踏勘，隨即呈蒙漳南道兵備僉事胡璉，督同本職并南靖縣知縣施祥等，踏勘河頭大洋陂一處堪設縣治，枋頭板一處堪設巡檢司，委果人心樂從，一勞永逸。議將南靖縣清河寧里七圖[二]，新安里三圖[三]，漳浦縣二都二圖，三都十圖，計一十二圖[四]，十班人户，查揭册籍，割屬新設縣治管攝。其南靖縣止有一十八圖，應當里役，邑小事繁，辦納不前。又查龍溪縣原有一百五十二圖，内有二十一都并二十五圖地方，與南靖密邇，相應撥補管轄，截長補短，里甲便於應當，錢糧易於催辦，事頗相應。轉呈鎮巡撫按等衙門，各具本題奉欽依，准於前項地方，添設縣治，及改移巡司衙門。其縣名并該設官吏印信，行令布政司徑自奏請，給賜銓撥鑄降。合用

[一] 曾敦五　添設清平縣治疏作「曾敦立」。

[二] 清河寧里七圖　上下文以及添設清平縣治疏皆無「河」字，或爲衍文；又國圖本、天圖本、叢刊本、文淵閣本、擒藻堂本「七」作「二」。

[三] 新安里三圖　「三」，下文作「五」。

[四] 計一十二圖　按，總計上文，當爲二十二圖，「一」或爲「二」之訛。

木石灰瓦等料，先儘本府并所屬縣分在庫贓罰銀兩支給買辦，若有不敷，從宜處置，不許動支軍餉錢糧，及科取小民等因。隨即呈委南靖縣知縣施祥、漳平縣知縣徐鳳岐，董工興作。於正德十二年十二月初九日，本職督同各官，親到河頭告祀社土，伐木興工。至次年五月内，據知縣徐鳳岐呈報，外築城垛俱已完備，惟表城因風雨阻滯，期在九月工完。及據知縣施祥呈報，縣堂、衙宇、幕廳、儀門、六房及明倫堂，俱各竪完[一]。惟殿廡、分司、府館、倉庫、城隍、社稷壇，亦因風雨阻滯，次第修舉，期在仲冬工完。又據南靖縣縣丞余道呈稱，帶同木石匠陳恩欽等，前到漳汀枋頭板地方，丈量土城，周圍一百一十丈，顧募鄉夫，春築完固。給發官銀，砍辦木植，督造巡司公館、前廳各一座，儀門一座，鼓樓一座，後堂各一座，各蓋完備。惟土城公館、巡司廂房欠瓦，暫將茅覆，候秋成農隙修舉等因。隨於正德十三年三月初六日，行令小溪巡檢郭森前去到任，防禦地方[二]。今據各委官員呈報，功已垂成，勢不容緩。照得縣名須因土俗，本職奉委親歷諸巢，詢知南靖縣河頭等鄉，俱屬平河社，以此議名平和縣。及割南靖縣清寧里七圖、新安里五圖，共計糧三千九百九石六斗七升四合七勺五抄，計一十二里，合爲裁減縣分，一知一典

[一] 俱各竪完 「竪」，國圖本、天圖本、叢刊本、文淵閣本、擒藻堂本作「竪」。
[二] 防禦地方 「防禦」，國圖本、天圖本、叢刊本訛作「前去」。

治之。原議漳浦縣二都二圖、三都十圖，地方隔遠，民不樂從，今議不必分割。再照新縣所屬，多係新民，須得廉能官員，庶幾開新創始，事不煩而民不擾。其學校教官，合無止選一員署印，先行提學道，將清寧、新安二里見在府縣儒學生員，就便撥補廪增之數；其有不足，於府縣學年深增附内量撥充補；又或不足，於新民之家，選取俊秀子弟入學，使其改心易慮，用圖自新。及照南靖縣邑小事繁，分割一十二里添設新縣，辦納愈見不堪，合無亦作裁減縣分，以一知一典治之。又查得龍溪縣一百五十二圖内，將二十一都七圖、二十五都五圖〔一〕，共計一十二圖，計糧一千六百八十一石七斗七升三合八勺三抄，撥輳南靖縣抵納糧科〔二〕。又照南靖小溪巡檢司既已改立漳汀，合改漳汀巡檢司印信，奏請改鑄，并新縣儒學、醫、陰陽等衙門，俱例該鑄印信，緣由備申到司。轉呈到臣。

卷查先據福建漳南道兵備僉事胡璉呈前事，已經查勘無異，具由奏請定奪去後。續據該道呈，備知府鍾湘呈，將分割南靖等縣都圖，隨近新設縣治管攝，以辦糧差，并估計過城垣、城樓、窩鋪等項工料銀兩數目，及查府庫各項官銀，實有一萬餘兩堪以支用，要行委官，擇日興工築砌。

〔一〕 二十五都五圖　底本脱「都五」二字，據下文及文淵閣本、摛藻堂本補。

〔二〕 撥輳南靖縣抵納糧科　「科」，底本訛作「料」，據國圖本、天圖本、叢刊本、文淵閣本、摛藻堂本改。

緣由備呈到臣。看得開設縣治，既於事體相應[一]，已行具奏，及令該府一面俯順民情，動支銀兩興工外。其間分割都圖，議估工價，一應事務，軍門路遠，難以遥斷，皆須該道及該府親民各官，自行查勘的確，果已宜於民情，便於事體，無他私弊，即便就行定議，以次舉行。候奏准命下之日，應奏聞者。若更繁文往復，徒爾遲悞日月，無益於事。又經批仰着實幹理，仍行鎮守、巡按衙門知會間。隨准户部覆題，内開前項情節，既該本官勘處停當，具奏前來，相應依擬。合無本部仍行左僉都御史王守仁，再查無異，准於前項地方，添設縣治，及改移巡檢司衙門等因。具題，奉聖旨：「是。這添設縣治事宜，各依擬行。欽此。」欽遵。備咨前來，節經行仰福建布政司，及分巡漳南道轉行該府，一體欽依施行去後。今據前因，參看得所呈新設縣治，既已議名平和，小溪巡檢司改名漳汀巡檢司，及學校例該一正二副，今稱草創之初，止乞選官一員掌管，并撥補廩增生員等項，俱於事體相應，除行該司徑自具奏外。爲照南靖縣原係全設衙門，今既分割都圖添補新縣，委係邑小費繁，似應裁減，止用一知一典，已足敷治。又龍溪縣一百五十二圖，將二十一都七圖、二十五都五圖，共計一十二圖，撥轄南靖抵納糧差，揆於事體，頗亦均平。伏望皇上俯順下情，乞敕該部，議處裁撥。庶幾量地制邑，得繁簡之宜；而興事任功，從遠近之便。

[一] 既於事體相應 「於」，國圖本、天圖本、叢刊本、文淵閣本、摛藻堂本作「以」。

緣係裁減官員，及撥都圖事理，爲此具本請旨。

再議疏通鹽法疏　十三年十月二十二日

據江西按察司分巡嶺北道兵備副使楊璋呈，備贛州府呈，蒙備仰本府，即將正德十二年正月起，至九月終止抽過稅銀，及上猶、龍川兩次用兵支過軍餉，并今餘剩銀兩查報等因。依蒙查得正德十一年十二月終止，舊管銀三千五百七十四兩三錢一釐二絲一忽九微，并新收正德十二年正月起，至正德十三年九月終止，共抽過商稅銀一萬六千七百八十八兩五錢八分七釐七毫五絲。兩次用兵，共用過銀四萬七千二百八十七兩二錢二分八釐四毫三絲八忽六微，米九千九百四十九石五斗六升九合四勺四抄，穀五百三十九石四斗。內除提督南、贛、汀、漳等處軍務都察院左僉都御史王守仁查發紙米價銀八十九兩六錢，巡撫江西等處地方都察院右副都御史孫燧查發紙米價銀二千兩，本道查發紙米價銀七千八百二十兩二錢七分八釐六毫，南、贛二府，查出在庫贓罰缺官柴薪等項銀一萬九千五十九兩四分六釐六毫八忽三微外，實支用過商稅銀一萬八千三百一十八兩三錢三釐三毫三絲三微，見今餘剩銀二千四十四兩五錢八分五釐七毫五絲一忽六微等因。開報到道。

案查先爲比例請官，專管抽分，以杜奸弊事。准户部咨，該巡撫右副都御史周南題，備仰本道照奉欽依事理，即將所收商税，再行參酌，從輕定議則例。仍嚴加稽考，務使税課所入，隨多寡以爲數，而不以多取爲能。其廣東鹽課，許於南、贛二府發賣，不許再行抽税。袁、臨、吉三府，不係舊例行鹽地方，不許到彼發賣。所抽分商税，除軍餉聽巡撫都御史動支外，其餘不許擅動。年終差人解部，輳支光禄寺賒欠鋪行厨料果品支用，以省加派小民。仍將再議過緣由，呈報施行等因。行據贛州府呈稱，依奉將貢水該抽諸貨，從輕定擬則例，及開稱廣東鹽引，不許放過袁、臨、吉三府發賣等因。備呈本院詳允，出給禁約，及將餘剩銀二千九百六十七兩一錢八分二釐二毫三絲一忽九微，行令起解間。隨據該府呈，奉巡撫江西等處地方都察院右副都御史陳金批，看得該府連年用兵之費，所積不多，近又定擬除減，所入亦少。況地方盜賊不時竊發，别無堪動錢糧，將餘剩税銀暫且存留在庫，以備軍餉等因。已該前兵備副使陳良珊，將自正德六年十一月二十七日立廠抽分起，至正德十二年終止，造册，差舍人王鼒［一］；續該本職將正德十一年正月起，至本年十二月終止，造册，差舍人屠賢，各奏繳訖。本年九月二十六日，抄奉提督軍門案驗，准户部咨，備行本道，照奉欽依事理，將廣東官鹽暫許袁、臨、吉三府發賣，自今爲始，至

［一］王鼒　國圖本、天圖本、叢刊本、文淵閣本、摛藻堂本作「王鼎」。

正德十三年終止。仍將先次未解，并今次抽税過銀兩，支用過數目，緣由造册，徑自奏繳，及造青册〔一〕，賫送該部并本院查考。除遵奉外，查得正德十三年將終，及上猶、龍川兩處征勦事畢，所據商税收支，應該造册解繳，備行該府查報去後。今據前因，查得南、贛地方兩次用兵，中間商税實爲軍餉少助，然而商税之中，鹽税實有三分之二。爲照南、贛二府，與廣東翁源等縣壤地接連，近該兩廣具奏征勦，前賊乘虚越境，難保必無。見今府庫空虚，民窮財盡，將來糧餉絶無仰給。況此鹽利一止，私販復生，雖有禁約，勢所難遏。與其利歸於奸人，孰若有助于軍國？合無轉達，將前項鹽税著爲定例，許於袁、臨、吉三府地方發賣，照舊抽税，以供軍餉。每年終依期造報，餘剩之數解部，轉發光禄寺支用，以省加派小民。如此，則奸弊可革，軍餉有賴，光禄寺供用亦得少資，誠所謂一舉而數得矣。呈乞照詳轉達等因。具呈到臣。

查得接管卷内，先爲處置鹽鐵以充軍餉事。江西布政司呈，奉總制江西左都御史陳金批，查得廣西嶺北二道灘石險惡，淮鹽不到，商人往往私販廣鹽，射利肥己。先蒙總督衙門奏准，廣鹽許行南、贛二府發賣，仰令南雄照引追納米價，類解梧州軍門，官商兩便，軍餉充足。當時止是奏行南、贛，不曾開載袁、臨、吉三府，合無遵照敕諭，便宜處置，暫將廣鹽許下三府發賣，立

〔一〕及造青册　底本「青」字之左誤刻「氵」之末筆，國圖本、天圖本、叢刊本、文淵閣本、摛藻堂本作「清」。

廠盤掣，以助軍餉。隨該布政司等官劉果等議稱〔一〕，委果于事有益，于法無礙，具呈詳允，批行遵照立廠抽税等因。續該户部覆議，内開廣東鹽課，許令南、贛二府發賣，不許到於袁、臨、吉三府，備行禁革外。正德十二年正月十五日，臣撫臨贛州，隨據副使楊璋呈稱，奏調三省官兵，夾剿上猶等巢，糧餉所費，約用數萬石，若不早行計處，必致有誤軍機。查得前項鹽法，准行南、贛二府販賣，果係一時權宜，不係洪武年間舊例。合無查照先年便宜事例，行令前商，許令袁、臨、吉三府販賣，所收銀兩，少備軍餉。候事少寧，另行具題禁止等因。呈詳到臣。看得即今調兵夾剿，糧餉缺乏，遵照敕諭徑自區畫事理，批行該道，暫且照議施行，候平定之日，照舊停止，具題去後。隨准户部覆議，將廣東官鹽暫於袁、臨、吉三府發賣，至正德十三年終止，行該道官照前抽分，將税課供給軍餉，不許多取妄用，至期照舊停止等因。具題，奉聖旨：「是。欽此。」欽遵。已經轉行該道，一體欽遵去後。

今呈前因，爲照袁、吉等地方，溪流湍悍，灘石峻險。淮鹽逆水而上，動經旬月之久；廣鹽順流而下，不過信宿之程。故民苦淮鹽之難，而惟以廣鹽爲便。自頃奉例停止，官府但有禁革之名，其實私鹽無日不行。何者？因地勢之便，從民心之欲，非但不能禁之於私，每遇水發，商舟動以

〔一〕隨該布政司等官「等」，國圖本、天圖本、叢刊本、文淵閣本、摛藻堂本作「管」。

百數，公然蔽河而下，如發機之弩。官府邏卒，寡不敵衆，袖手岸傍，立視其過，孰得而沮遏之？故廣鹽行則商税集，而用資於軍餉，賦省於貧民；廣鹽止則私販興，而弊滋於奸宄，利歸於豪右。此近事之既驗者。今南贛盜賊，雖已仰仗天威，克平巢穴，然漏殄殘黨，難保必無。且地連三省，千數百里之内，連峰參天，深林蔽日，其間已招之新民尚懷反覆，未平之賊壘多相勾聯，乘間窺竊，不時而有，方圖保戍之策，未有撤兵之期。況後山從化等處，見在調兵征勦，臣亦繆承方略之命，師行糧食，勢所必然。今府庫空虚，民窮財盡，若鹽税一革，軍餉之費，苟非科取於貧民，必須仰給於内帑。夫民已貧而斂不休，是驅之從盜也；外已竭而殫其内，是復殘其本也。矧内帑之發，非徒緩不及事，抑恐力有未敷。臣竊以爲宜開復廣鹽[一]，著爲定例，籍其税課，以預備軍餉不時之急，積其羨餘，以少助内府缺乏之需，實亦公私兩便，内外兼資。夫聚斂以爲功，臣之所素恥也；掊克以招怨，臣之所不忍也。況臣廢疾日深，决於求退，已可苟避地方之責，但其事勢不得不然。若已革而復舉，是遺後人以所難，而於職守爲不忠矣。願皇上憫地方之瘡痍，哀民貧之已甚，慮軍資之乏絶，察臣心之無他，特敕該部，俯采所議，酌量裁處，早賜施行，則地方幸甚。

[一]　臣竊以爲宜開復廣鹽　「竊」，國圖本、天圖本、叢刊本、文淵閣本、擒藻堂本作「切」。

陞廕謝恩疏 十四年正月初二日

正德十三年六月初六日，准兵部咨，爲捷音事。該臣題，該本部覆題，節該奉聖旨：「王守仁陞右副都御史，廕子一人做錦衣衛，世襲百户，寫敕奬勵。欽此。」備咨欽遵。臣竊自念功微賞重，深懼冒濫之誅，已於本月十八日具本，乞恩辭免陞廕，容照原職致仕。復蒙聖旨：「王守仁才望素著，屢次剿賊成功，陞官廕子，宜勉遵成命。不准休致，該部知道。欽此。」備咨欽遵。臣聞命自天，跼身無地。竊惟因勞而進秩者，朝廷賞功之典；量能而受禄者，人臣自守之節，故功疑惟重[一]。雖聖帝之寬仁，而食浮於行，尤君子所深耻。陛下之賜，行其賞功之典也；臣之不敢當者，亦惟伸其自守之節而已。軍志有之：「該罰而請不罰者有誅，該賞而請不賞者有誅。」古之人君，執其賞罰，堅如金石，信如四時，是以令之所播如轟霆，兵之所加無堅敵，而功之所成無愆期。今日之事，兵事也。漢臣趙充國云：「兵事當爲後法。」臣誠自知貪冒之耻，然亦安敢徇一己之小節，以亂陛下之軍政乎？但廕子實非常典，私心終有所未安，黽勉受命，憂慚交集。自恨疾病之已纏，深懼圖報之無日。感激洪恩，莫知攸措。除别行具本請罪乞休外，爲此具本稱謝。

[一] 故功疑惟重 「疑」，國圖本、天圖本、叢刊本訛作「宜」。

乞放歸田里疏

十四年正月初四日[一]

正德十三年十月初二日，准吏部咨，該臣奏，爲久病待罪乞恩休致事。奉聖旨：「王守仁帥師討賊，賢勞懋著，偶有微疾，着善調理，以副委任。所辭不允，該部知道。欽此。」備咨欽遵。又於本年十二月二十九日，准吏部咨，該臣奏，爲乞恩辭免陞廕，容照原職致仕事。奉聖旨：「王守仁才望素著，累次剿賊成功，陞官廕子，宜勉遵成命。不准休致，該部知道。欽此。」備咨欽遵。除已具本謝恩外，竊惟聖主之任官也，因才而器使，不强人以其所不能，是以上無廢令，而下無棄才。人臣之受職也，量力而承事，不强圖其所不任，是以言有可底之績，而身無鰥曠之誅。歷攷往昔，蓋未有不如此，而可以免於愆譴者也。臣以狂愚，收録擯廢，繆蒙推拔，授寄軍旅。當時極知叨非其分，不敢冒膺，辭避未伸，而迫於公議，倉卒就道。既已抵任，則復黽勉從事，私計迂怯，終將僨敗。遭際聖明，德威震赫，扶病策駑，仰遵成算，不意偶能集事，苟免顛覆，實皆出於臆料之外。然此僥倖之事，豈可恃以爲常者哉？廟堂之上，不暇深察其所以，增其禄秩，將遂舉而委之。人苦不自知耳，臣之自量，則既審且熟，深懼戮亡之無日也。譬之懦夫，驚破敗

[一] 正月初四日　「初四」，國圖本、天圖本、叢刊本、文淵閣本、摛藻堂本作「十四」。

之舟以涉險，偶遇順風安流，幸而獲濟。舟中之人既已狼狽失措，而岸傍觀者尚未之知，以爲是或有能焉，且將使之積重載，衝冒風濤，而試洪河大江之中，幾何其不淪溺也已！

今四方多故，鑾輿遠出，大小臣工，惶惶旦暮。臣雖鄙劣，竭忠效命以死國事，亦其素所刻心，安忍託故苟求退遯？顧力纖負巨，如以蒿支棟，據非其任，遂使殞身，徒以敗事，亦何益矣！且臣比年以來，百病交攻，近因驅馳賊壘，瘴毒侵陵，嘔吐潮熱，肌骨羸削，或時昏眩，偃几仆地，竟日不惺，手足麻痺，已成廢人。又以百歲祖母臥病床褥，切思一見爲訣[一]，悲苦積鬱，神志耗眊，視聽恍惚，隔宿之事，不復記憶。以是求延旦夕之生，亦已難矣，而況使之當職承務，從征討之後，其將能乎？夫豢畜牛羊，細事耳，亦且求良牧而付之，況於軍務重任，生靈休戚之所關，乃以疾廢瞶眊之人覆敗之。戮臣無足論，其如陛下一方之寄何？伏願陛下念四省關係之大，不可委於匪人；察病廢枯朽之才，不宜付以重任。憐桑榆之短景，而使得少遂其烏鳥之私；録犬馬之微勞，而使得苟延其螻蟻之息。別選賢能，委以茲任，放臣暫歸田里，就醫調治。倘存餘喘，尚有報國之日。臣不勝感恩待罪、懇切哀望之至。

[一] 切思一見爲訣　「見」，國圖本、天圖本、叢刊本訛作「念」。

王文成公全書卷之十二

别録四　奏疏四

飛報寧王謀反疏　十四年六月十九日

正德十四年六月初五日，節該欽奉敕：「福州三衛軍人進貴等脅衆謀反，特命爾暫去彼處地方，會同查議處置，參奏定奪。欽此。」欽遵。臣於本月初九日，自贛州啓行，至本月十五日，行至豐城縣地名黄土腦。據該縣知縣等官顧佖等禀稱，本月十四日，寧府稱亂，將孫都御史、許副使并都司等官殺死，巡按及三司、府縣大小官員，不從者俱被執縛，不知存亡。各衙門印信盡數收去，庫藏搬搶一空，見監重囚俱行釋放。舟楫蔽江而下，聲言直取南京，一面分兵北上。各官皆來沮臣，不宜輕進。其時臣尚未信，然逃亂之民，果已四散奔潰，人情洶洶。臣亦自顧單旅危途，勢難復進，方爾回程，隨有兵卒千餘，已夾江並進，前來追臣。偶遇北風大作，臣亦張疑設計，整舟安行，兵不敢逼，幸而獲免。本月十八日，回至吉安府，據知府伍文定等禀稱，地方無主，乞留暫回區畫。遠近軍民，亦皆遮擁呼號。隨據臨江府并新淦、豐城、奉新等縣，各差人飛報，寧府遣兵四出攻掠，拘收印信及拿掌印官員，調取兵快，水兑糧船盡被驅脅而去等因。

臣奉前旨，欲遂徑往福建，但天下之事，莫急於君父之難。若彼順流東下，萬一南都失備，爲彼所襲，彼將乘勝北趨，旬月之間，必且動摇京輔。如此，則勝負之算未有所歸。此誠天下安危之大機，慮念及此，痛心寒骨，義不忍舍之而去。故遂入城撫慰軍民，督同知府等官伍文定等，調集兵糧，號召義勇。又約會致仕鄉官右副都御史王懋中、養病評事羅僑等，與之定謀設策，收合渙散之心，作起忠義之氣，相機乘間，務爲躡後之圖，共成掎角之勢。牽其舉動，而使進不得前；搗其巢穴，而使退無所據。日望天兵之速至，庶解東南之倒懸。伏望皇上省愆咎己，命將出師。因難興邦，未必非此。臣以弱劣多病，屢疏乞休，況此地方之責，本亦非臣之任。今兹扶疾赴闕，實亦意圖便道歸省，臨發之前，已具哀懇。齎奏之人去纔數日，適當君父之急，不忍失此事機，姑復暫留，期紓國難。候區畫稍定，各官略可展布，朝廷命師一臨，亦遂遵照前旨，入闕了事，就彼歸省父疾。進不避嫌，退不避罪，惟民是保而利於主，臣之心也。直行其報國之誠，而忘其緩命之罪；求伸其哀痛之情，而甘冒棄職之誅，臣之罪也。

竊照都御史王懋中、評事羅僑，忠義自許，才識練達；知府伍文定，果捷能斷，忠勇有謀，累立戰功，皆抑而不賞，久淹外郡，實屈而未伸。今江西闔省見無一官，若待他求，緩無所及，乞遂將各官授以緊要職任，庶可責之拯溺救焚。其餘若裁革兵備副使羅循、養病副使羅欽德、郎中曾直、御史周魯、同知郭祥鵬、省親進士郭持平、驛丞李中、王思等，雖皆本土之人，咸秉忠貞之節。況亦見在同事，當多難之日，事宜從權，庶克有濟。再照寧府逆謀既著，彼若北趨不遂，必將還取兩浙，南擾湖湘，窺留都以斷南北，收閩、廣以益軍資。若不即爲控制，急遣重兵，必將噬臍無及。及照撫州府知府陳槐、臨江府知府戴德孺、贛州府知府邢珣、袁州府知府徐璉、寧都縣知縣王天與、豐城縣知縣顧佖、新淦縣知縣李美、奉新縣知縣劉守緒、泰和縣知縣李楫、南安府同知朱憲、贛州府同知夏克義、龍泉縣知縣陳允諧，及闔省各官，今見在者，乞敕吏部，就於其中推補本省方面知府、兵備等官，庶可速令供職。其有城守之責者，亦各量陞職銜，重其權勢，使可展布。又照南贛軍餉，惟資鹽商諸稅，近因户部奏革，顧募之兵，無所仰給，悉已散遣。今未兩月，即遇此變，復欲召募，將倚何資，輒復遵依敕旨便宜事理，仍舊舉行。然亦緩不及濟，必須先於兩廣積儲軍餉數内，量借一十餘萬，庶幾軍衆可集，地方有賴，國難可平。緣係飛報地方謀反重情事理，爲此具本，專差舍人來儀親齎，謹題請旨。

再報謀反疏 十四年六月二十一日

節該欽奉敕福州三衛云云。緣係飛報地方謀反重情事理，爲此具本，先於本月十九日，專差舍人來儀奏報外。但叛黨方盛，恐中途爲所攔截，合再具本，專差舍人任光親賫，謹題請旨。

乞便道省葬疏 十四年六月二十一日

臣以父老祖喪，屢疏乞休，未蒙憐准。近者奉命扶疾赴閩，意圖了事，即從彼地冒罪逃歸[一]。旬日之前，亦已具奏。不意行至中途，遭值寧府反叛，此係國家大變，臣子之義，不容舍之而去。又闔省撫巡方面等官，無一人見在者。天下事機，間不容髮，故復忍死暫留於此，爲牽制攻討之圖。俟命師之至，即從初心，死無所避。臣思祖母自幼鞠育之恩，不及一面爲訣，每一號慟，割裂昏殞，日加尪瘠，儘存殘喘。母喪權厝祖墓之側，今葬祖母，亦欲因此改葬。臣父衰老日甚，近因祖喪哭泣過節，見亦病卧苦廬。臣今扶病驅馳兵革，往來於廣信、南昌之間，廣信去家不數日，欲從其地不時乘間抵家一哭，略爲經畫葬事，一省父病。臣區區報國血誠，上通

[一] 即從彼地冒罪逃歸 「彼」，國圖本、天圖本、叢刊本、文淵閣本、摛藻堂本作「此」。

於天，不辭滅宗之禍，不避形迹之嫌，冒非其任以勤國難，亦望朝廷鑒臣之心，不以法例繩縛，使臣得少伸烏鳥之痛。臣之感恩，死且圖報。搶攘哀控，不知所云。緣係懇乞天恩，便道省葬事理，爲此具本奏聞。

奏聞宸濠僞造檄榜疏　十四年七月初五日

正德十四年七月初一日，據吉安府知府伍文定申，准領哨通判楊昉、千户蕭英，在於墨潭地方，捉獲寧府齎檄榜官趙承芳等二十員名，解送到臣。看得檄榜妄言惑衆，譏訕主上，當即毁裂；又以事合聞奏，隨即固封以進。審據趙承芳供係南昌府學教授，六月十三日，寧府生日。次日各官謝宴，突起反謀，殺死孫都御史、許副使，囚死黄參議、馬主事，其餘大小職官，脅從不遂者，俱被監禁。追奪印信，放囚劫庫，邀截兑米，分遣逋寇，四散摽掠，聲言要取南京，就往北京。十六日，親出城外，迎取安福縣舉人劉養正；十七日，迎取致仕都御史李士實；皆入府内〔一〕，號稱軍師、太師名目。二十一日，將原禁各官放回各司，差人看守。二十二日，令承芳

〔一〕皆入府内　「皆」，國圖本、天圖本、叢刊本作「該」。

并參政季斆代齎僞檄榜文，赴豐城、吉安、贛州、南安并王都御史及廣東南雄等處，俱各不寫正德年號，止稱大明己卯歲。比承芳等不合怕死，及因妻子被拘，旗校管押，只得依聽，齎至墨潭地方〔一〕，蒙本院防哨官兵將承芳等拿獲。隨審季斆，供係先任南安府知府，近陞廣西參政，裝帶家小由水路赴任，行至省城，適遇寧王生日〔二〕，傳令慶賀。次日隨衆謝宴，變起倉卒，俱被監禁。比斆自分死國，因妻女在船，寫書令妻要死夫，女要死母〔三〕。後因看守愈嚴，求死不遂，差旗校十二人，督押斆與承芳代齎。斆計欲投赴軍門，脱身報效，不期官兵執送前來等因。至二十一日放回本船〔四〕，懵死良久方甦。二十二日，又將妻女拘執，急呼斆進府，將前僞檄榜，

案照先爲飛報地方謀反重情事，已經二次差人具奏去後。今審據前因，參照寧王不守藩服，敢此稱亂，睥睨神器，指斥乘輿，擅殺大臣，放囚劫庫，稔不韙之罪，犯無將之誅。致仕都御

〔一〕齎至墨潭地方　「潭」，國圖本、天圖本、叢刊本訛作「池」。

〔二〕適遇寧王生日　黄本、董本、范本作「隨内遇寧王生日」；聞本「遇」上有墨釘；宋本、邵本、閭本作「内適遇寧王生日」。

〔三〕女要死母　「要」，國圖本、天圖本、叢刊本、文淵閣本、摛藻堂本作「俱」。

〔四〕至二十一日放回本船　黄本、閭本、董本、范本無「日」字。

史李士實，恩遇四朝，職託心膂[一]；舉人劉養正，舊假恬退之名，新叨録用之典；今皆反面事讐，爲之出謀發慮，既同狗彘之行，難逭斧鉞之誅。參政季敦、教授趙承芳，義未決於舍生，令已承於捧檄。但暴虐之威，恐動於中，鷹犬之徒，鈐制於外，在法固所當罪，據情亦有可憫。除將趙承芳、季敦監禁，一面檄召兵民，隨機應變，竭力討賊，一應事宜，陸續奏聞處置外。臣聞多難興邦，殷憂啓聖。陛下在位一十四年，屢經變難，民心騷動，尚爾巡遊不已，致使宗室謀動干戈[二]，冀竊大寶。且今天下之覬覦，豈特一寧王？天下之奸雄，豈特在宗室？言念及此，懔骨寒心。昔漢武帝有輪臺之悔而天下向治，唐德宗下奉天之詔而士民感泣。伏望皇上痛自克責[三]，易轍改絃，罷出奸諛，以回天下豪傑之心；絶迹巡遊，以杜天下奸雄之望。定立國本，勵精求治，則太平尚有可圖，群臣不勝幸甚。爲此具本，并將僞檄一紙封固，專差舍人秦沛親賫，謹題請旨。

[一]　職託心膂　「職」，國圖本、天圖本、叢刊本、文淵閣本、擒藻堂本作「實」。

[二]　致使宗室謀動干戈　國圖本、天圖本、叢刊本、文淵閣本、擒藻堂本無「使」字。

[三]　痛自克責　「克」，國圖本、天圖本、叢刊本、文淵閣本、擒藻堂本作「刻」。

留用官員疏 十四年七月初五日

照得江西寧府謀叛[一]，據城練兵，分兵攻劫，囚禁方面官員，有操戈向闕之勢。此君父之大難，臣子憤心之日也。臣在吉安地方，調兵討賊，四路阻絶，並無堪用官員。適遇欽差兩廣清軍御史謝源、刷卷御史伍希儒，各赴京復命，道經該府，不能前進。各官奮激，思效力討賊，以報朝廷。臣亦思軍務緊急，各官俱有印敕，方便行事，遂留軍前，同心戮力，經濟大難。待事寧之日，赴京復命。緣係留用官員事理，未敢擅便，爲此具本請旨。

江西捷音疏 十四年七月三十日[二]

照得先因寧王圖危宗社，興兵作亂，已經具奏請兵征剿外。隨看得寧王陰謀不軌，已將十年，畜養死士二萬餘人，招誘四方盜賊渠魁亦以萬數。舉事之日，復驅其護衛黨與并脅從之徒，又六七萬人，虐焰張熾。臣以百數疲弱之卒，勢不敢輕舉驟進，乃退保吉安，姑爲牽制之圖。時遠

[一] 照得江西寧府謀叛 「叛」，國圖本、天圖本、叢刊本、文淵閣本、摛藻堂本作「反」。

[二] 十四年七月三十日 「三十日」，文淵閣本、摛藻堂本作「二十二日」。按，陽明七月二十日破南昌，擒獲宸濠捷音疏有「於本月二十二日已經具題外」云云，此以「二十二日」爲是。

近軍民，劫於寧王之積威，道路以目，莫敢出聲。臣一面督率吉安府知府伍文定等，調集軍民兵快，召募四方報效義勇之士，會計一應解留錢糧，支給糧賞，造作軍器戰船，奏留公差回任監察御史謝源、伍希儒，分職任事。一面約會該府鄉官先任右副都御史致仕王懋中、養病痊可編修鄒守益、刑部郎中曾直、評事羅僑、丁憂監察御史張鰲山、先任浙江僉事今赴部調用劉藍、依親進士郭持平、軍門參謀驛丞王思、李中、先任福建按察使致仕劉遜、先任參政致仕黄繡、先任嘉興府知府閒住劉昭等，相與激發忠義，譬諭禍福，移檄遠近，布朝廷之深仁，暴寧王之罪惡。於是豪傑響應，人始思奮。區畫旬日，官兵稍稍四集。

時寧王聲言先取南京，臣慮南京尚未有備，恐一時爲彼所襲，乃先張疑兵於豐城，示以欲攻之勢。故寧王先遣兵出攻南康、九江諸處，而自留居省城以禦臣。至是七月初二日，探知臣等兵尚未集，乃留兵萬餘，屬其心腹宗支、郡王、儀賓、内官，并僞授都督、都指揮等官，使守江西省城，而自引兵向闕。臣晝夜促各郡兵，期以本月十五日，會臨江之樟樹，而身督知府伍文定等兵徑下。於是知府戴德孺引兵自臨江來，知府徐璉引兵自袁州來，知府邢珣引兵自贛州來，通判胡堯元、童琦引兵自瑞州來，通判談儲、推官王暐、徐文英、新淦知縣李美、泰和知縣李楫、寧都知縣王天與、萬安知縣王冕，亦各以其兵來赴。

十八日，遂至豐城，分布哨道，使知府伍文定爲一哨，攻廣潤門入，知府邢珣爲二哨，攻順化門入，知府徐璉攻惠民門入，知府戴德孺攻永和門入，通判胡堯元、童琦攻章江門入，知縣李美攻德勝門入，都指揮余恩攻進賢門入，通判談儲、推官王暐、知縣李楫、王天與、王冕等，各以其兵乘七門之釁，傍攻夾擊以佐其勢[一]。是日得諜報，寧王伏兵千餘於新舊墳廠，以備省城之援。臣乃遣奉新知縣劉守緒、典史徐誠，領兵四百，從間道夜襲破之，以摇城中。十九日，發市汊，臣乃大誓各軍，申布朝廷之威，再暴寧王之惡，約諸將一鼓而附城，再鼓而登；三鼓而不克，誅伍；四鼓而不克，斬將。已誓，莫不切齒痛心，踴躍激憤。薄暮齊發，二十日黎明，各至信地。

先是城中爲備甚嚴，滚木、灰瓶、火炮、石弩，機毒之械，無不畢具。及臣所遣兵已破新舊墳廠，敗潰之卒皆奔告城中，城中已驚懼，至是復聞我師四面驟集，皆震駭奪氣。我師乘其動摇，呼譟並進，梯絙而登，城中之兵土崩瓦解，皆倒戈退奔，城遂破，擒其居守宜春王栱樤，及僞太監萬鋭等千有餘人。寧王宫中眷屬聞變，縱火自焚，延及居民房屋。臣當令各官分道救火，撫定居民，散釋脅從，封府庫，謹關防，搜獲原被劫收大小衙門印信九十六顆。三司脅從官布政使胡濂、參政劉斐、參議許效廉、副使唐錦、僉事賴鳳、都指揮王玘等，皆自首投罪。

[一] 傍攻夾擊以佐其勢　「傍攻夾擊」，國圖本、天圖本、叢刊本、文淵閣本、摛藻堂本作「傍夾攻擊」。

除將擒斬功次發御史謝源、伍希儒，權令審驗紀録，一應事宜，查審明白，陸續具奏，及一面分兵，四路追躡寧王向往，相機擒剿，另行奏報外。竊照寧王逆焰熏天，衆號一十八萬，屠城破郡，遠近震懾。今其猖獗已一月有餘，而四方赴難之師，尚未有一人應者。前項領哨各官，及監軍御史、本土養病[一]、丁憂、致仕等官，皆從臣起於顛沛危急之際，并心協謀，倡率義勇，陷陣先登，以克破此堅城，據其巢穴。此雖臣子職分當然，亦其激切痛憤之本心。但當此物情睽貳動摇之日，非賞罰無以鼓士氣。今逆賊殺人如草芥，又挾其厚貨，賞賚所及[二]，一人動以千萬。伏願皇上處變從權，速將前項各官，量加陞賞，以勵遠近。事勢難爲之日，覆宗滅族之禍，臣且不避，況敢避邀賞之嫌乎？緣係捷音事理，爲此具本，專差千户詹明親齎，謹具題知。

擒獲宸濠捷音疏　十四年七月三十日

照得先因寧王圖危宗社，興兵作亂，已經具奏請兵征剿外。隨看得寧王虐焰張熾，臣以百數疲弱之卒，未敢輕舉驟進，乃退保吉安，姑爲牽制之圖。時遠近軍民，劫於寧王之積威，道路以目，

[一] 本土養病　「土」，國圖本、天圖本、叢刊本訛作「主」。
[二] 賞賚所及　「賚」，底本訛作「賫」，據黄本、閭本、董本、國圖本、天圖本、叢刊本改。

莫敢出聲。臣一面督率吉安府知府伍文定等，調集軍民兵快，召募四方報效義勇之士，奏留監察御史謝源、伍希儒，分職任事。一面約會該府鄉官都御史王懋中、編修鄒守益、郎中曾直、評事羅僑、監察御史張鰲山、僉事劉藍、進士郭持平、參謀驛丞王思、李中、按察使劉遜、參政黄繡、知府劉昭等，相與激發忠義，移檄遠近，布朝廷之深仁，暴寧王之罪惡。於是豪傑響應，人始思奮。

時寧王聲言先取南京，臣慮南京尚未有備，恐爲所襲，乃先張疑兵於豐城，示以欲攻之勢。故寧王先遣兵出攻南康、九江，而自留居省城以禦臣。至七月初二日，探知臣等兵尚未集，乃留兵萬餘，使守江西省城，而自引兵向闕。臣晝夜促兵，期以本月十五日，會臨江之樟樹，而身督知府伍文定等兵徑下。於是知府戴德孺、徐璉、邢珣、通判胡堯元、童琦、談儲、推官王暐、徐文英、知縣李美、李楫、王天與、王冕，各以其兵來赴。十八日，遂至豐城，分哨道，使知府伍文定等，進攻廣潤等七門。是日得諜報，寧王伏兵千餘於新舊墳廠，以援省城，臣乃遣奉新知縣劉守緒等，從間道夜襲破之，以摇城中。十九日，發市汊，大誓各軍，申布朝廷之威，再暴寧王之惡，莫不切齒痛心，踴躍激憤。薄暮齊發，二十日黎明，各至信地。先是城中爲備甚嚴，滚木、灰瓶、火炮、機械，無不畢具。臣所遣兵已破新舊墳廠，敗潰之卒皆奔告城中，城中皆已驚懼，至是復聞我師四面驟集，益震駭奪氣。我師乘其動揺，呼譟並進，梯絙而登，城中之兵皆倒戈退奔，城遂破，擒其居守宜春王拱樤[一]，及僞太監萬鋭等千有餘人。寧王宫中眷屬聞變，縱火自焚，延各居民房屋[二]。臣當令各官分道救火，散釋脅從，封府庫，謹關防，以撫軍民。

除將擒斬功次發御史謝源、伍希儒，權令審驗紀録，及一面分兵，四路追躡寧王向往，相機擒剿，於本月二十二日已經具題外。當於本日據諜報，及據安慶逃回被虜船户十餘人報稱，寧王於十六日攻圍安慶未下，自督兵夫運土填塹，期在必剋。是日，有守城軍門官差人來報[三]：贛州王都堂已引兵至豐城，城中軍民震駭，乞作急分兵歸援。寧王聞之大恐，即欲回舟，因太師李士實等阻勸，以爲必須徑往南京，既登大寶，則江西自服。寧王不應，次日，遂解安慶之圍，移兵泊阮子江，會議先遣兵二萬，歸援江西，寧王亦自後督兵隨來等因。

先是臣等駐兵豐城，衆議安慶被圍，宜引兵直趨安慶。臣以九江、南康皆已爲賊所據，而南昌城中數萬之衆，精悍亦且萬餘，食貨充積。我兵若抵安慶，賊必回軍死鬭，安慶之兵僅僅自守，

[一] 擒其居守 「守」，底本訛作「首」，據黄本、閭本、董本、范本、宋本、邵本、文淵閣本、擒藻堂本改。
[二] 延各居民房屋 「各」，江西捷音疏、黄本、董本、擒藻堂本作「及」。
[三] 有守城軍門官差人來報 「軍門官」，黄本、閭本、董本、范本、聞本、鄒本、胡本、宋本、邵本作「萬門官」；文淵閣本、擒藻堂本作「萬内官」。

必不能援我於湖中。南昌之兵絶我糧道，而九江、南康之賊合勢撓躡，四方之援又不可望，事難圖矣。今我師驟集，先聲所加，城中必已震懾，因而并力急攻，其勢必下。已破南昌，賊先破膽奪氣，失其根本，勢必歸救。如此，則安慶之圍自解，而寧王亦可以坐擒矣。至是得報，果如臣等所料。當臣督同領兵知府，會集監軍，及倡義各鄉官等官，議所以禦之之策。衆多以寧王兵勢衆盛，氣焰所及，有如燎毛。今四方之援尚未有一人至者，彼憑其憤怒，悉衆并力而萃於我，勢必不支，且宜斂兵入城，堅壁自守，以待四鄰之援，然後徐圖進止。臣以寧王兵力雖强，軍鋒雖鋭，然其所過，徒恃焚掠屠戮之慘，以威劫遠近，未嘗逢大敵，與之奇正相角，所以鼓動扇惑其下者，全以進取封爵之利爲説。今出未旬月而輒退歸，士心既已携沮。我若先出鋭卒，乘其惰歸，要迎掩擊，一挫其鋒，衆將不戰自潰，所謂「先人有奪人之氣，攻瑕則堅者瑕」也。

是日，撫州府知府陳槐兵亦至。於是遣知府伍文定、邢珣、徐璉、戴德孺，合領精兵伍百[一]，分道並進，擊其不意。又遣都指揮余恩，以兵四百，往來湖上以誘致賊兵。知府陳槐、通判胡堯元、童琦、談儲、推官王暐、徐文英、知縣李美、李楫、王冕、王軾、劉守緒、劉源清等，使各領兵百餘，四面張疑設伏。候伍文定等兵交，然後四起合擊。分布既定，臣乃大賑城中軍民，

[一] 合領精兵伍百　「合」，文淵閣本、摛藻堂本作「各」。

慮宗室郡王將軍或爲内應生變，親慰諭之，以安其心。又出給告示，凡脅從皆不問；雖嘗受賊官爵，能逃歸者皆免死；斬賊徒歸降者，給賞。使内外居民及鄉道人等，四路傳播，以解散其黨。

二十三日，復得諜報，寧王先鋒已至樵舍，風帆蔽江，前後數十里，不能計其數。臣乃分督各兵乘夜趨進，使伍文定以正兵當其前，余恩繼其後，邢珣引兵繞出賊背，徐璉、戴德孺張兩翼以分其勢。二十四日早，賊兵鼓譟，乘風而前，逼黄家渡，其氣驕甚。伍文定、余恩之兵佯北以致之。賊争進趨利，前後不相及。邢珣之兵從後横擊[一]，直貫其中，賊敗走。文定、恩督兵乘之，璉、德孺合勢夾攻，四面伏兵亦呼譟並起，賊不知所爲，遂大潰。追奔十餘里，擒斬二千餘級，落水死者以萬數。賊氣大沮，引兵退保八字腦，賊衆稍稍遁散。寧王震懼，乃身自激勵將士，賞其當先者以千金，被傷者人百兩，使人盡發九江、南康守城之兵以益師。

是日，建昌知府曾璵引兵亦至。臣以九江不破，則湖兵終不敢越九江以援我；南康不復，則我兵亦不能踰南康以躡賊。乃遣知府陳槐領兵四百，合饒州知府林城之兵，乘間以攻九江；知府曾璵領兵四百，合廣信知府周朝佐之兵，乘間以取南康。二十五日，賊復并力盛氣挑戰。時風勢不便，我兵少却，死者數十人，臣急令人斬取先却者頭。知府伍文定等立於銃砲之間，火燎其

[一] 邢珣之兵從後横擊　「從」，國圖本、天圖本、叢刊本、文淵閣本、摛藻堂本作「前」。

鬚，不敢退，奮督各兵，殊死並進。砲及寧王舟，寧王退走，遂大敗，擒斬二千餘級，溺水死者不計其數。賊復退保樵舍，連舟爲方陣，盡出其金銀以賞士。臣乃夜督伍文定等爲火攻之具，邢珣擊其左，徐璉、戴德孺出其右，余恩等各官分兵四伏，期火發而合。二十六日，寧王方朝群臣，拘集所執三司各官，責其間以不致死力，坐觀成敗者，將引出斬之。争論未决，而我兵已奮擊，四面而集，火及寧王副舟，衆遂奔散。寧王與妃嬪泣别，妃嬪、宫人皆赴水死。我兵遂執寧王，并其世子、郡王、將軍、儀賓，及僞太師、國師、元帥、參贊、尚書、都督、都指揮、千百户等官李士實、劉養正、劉吉、屠欽、王綸、熊瓊、盧珩、羅璜、丁饋[一]、王春、吴十三、凌十一、秦榮、葛江、劉勳、何鏜、王信、吴國七、火信等數百餘人，被執脅從官太監王宏[二]、御史王金、主事金山、按察使楊璋、僉事王疇、潘鵬、參政程果[三]、布政梁辰[四]、都指揮郟文、馬驥、白昂等。擒斬賊黨三千餘級，落水死者約三萬餘，棄其衣甲、器仗、財物，與浮尸積聚横

[一] 丁饋　重上江西捷音疏、黄本、閭本、董本、范本、聞本、宋本、邵本作「丁䕭」。

[二] 被執脅從官太監王宏　「官」，國圖本、天圖本、叢刊本訛作「宫」。

[三] 程果　處置從逆官員疏、黄本、閭本、董本、范本、文淵閣本作「程杲」。

[四] 梁辰　處置從逆官員疏作「梁宸」。

亘若洲焉。於是餘賊數百艘，四散逃潰，臣復遣各官分路追勦，毋令逸入他境爲患。二十七日，及之於樵舍，大破之，又破之於吴城，擒斬復千餘級，落水死者殆盡。二十八日，得知府陳槐等報，亦各與賊戰於沿湖諸處，擒斬各千餘級。臣等既擒寧王而入，闔城内外軍民，聚觀者以數萬，歡呼之聲，震動天地，莫不舉首加額，真若解倒懸之苦，而出於水火之中也。

除將寧王并其世子、郡王、將軍、儀賓、僞授太師、國師、元帥、都督、都指揮等官，各另監羈候解，被執脅從等官，并各宗室別行議奏，及將擒斬俘獲功次一萬一千有奇，發御史謝源、伍希儒，暫令審驗紀録，另行造册繳報外。照得臣節該欽奉敕諭：「但有盜賊生發，即便嚴督各該兵備、守備、守巡并各軍衛有司，設法調兵勦殺。其管領兵快人等官員，不問文職武職，若在軍前違期，并逗遛退縮者，俱聽以軍法從事。生擒盜賊，鞫問明白，亦聽就行斬首示衆。斬獲賊級，行令各該兵備、守巡、守備官，即時紀驗明白，備行江西按察司造册繳報，查照事例，陞賞激勸。欽此。」及准兵部題稱：「今後但草賊生發，事情緊急，該管官司，即便依律調撥官軍，乘機勦捕；應合會捕者，亦就調發策應」等因[一]。節奉欽依，備咨前來。又節該奉敕：「如或江西別府報有賊情緊急，移文至日，爾亦要及時遣兵策應，毋得違悮。欽此。」俱經欽遵外。竊照寧王烝淫

[一] 亦就調發策應等因　「就」，國圖本、天圖本、叢刊本、文淵閣本、擒藻堂本作「即」。

奸暴，腥穢彰聞，賊殺善類，剥害細民，數其罪惡，世所未有。不軌之謀，已踰一紀；積威所劫，遠被四方。士夫雖在千里之外，皆閉目摇手[一]，莫敢論其是非；小人雖在幽僻之中，且吞聲飲恨，不敢訴其冤抑。兼又招納叛亡，誘致劇賊渠魁，如吴十三、凌十一之屬，牽引數千餘衆，召募四方武藝驍勇，力能拔樹排關者，亦萬有餘徒。又使其黨王春等，分齎金銀數萬，陰置奸徒於滄州、淮揚、山東、河南之間，亦各數千[二]。比其起事之日，從其護衛姻族，連其黨與朋私，驅脅商旅軍民，分遣其官屬親暱，使各募兵從行，多者數千，少者數百，帆檣蔽江，衆號一十八萬。其從之東下者，實亦不下八九萬餘。且又矯稱密旨以脅制遠近，僞傳檄諭以摇惑人心。故其舉兵倡亂一月有餘，而四方震懾畏避，皆謂其大事已定，莫敢抗義出身，與之争衡。從事抱節者，僅堅城而自守，忠憤者惟集兵以俟時，非知謀忠義之不足，其氣焰使然也。

臣以孱弱多病之質，才不逮於凡庸，知每失之迂繆。當兹大變，輒敢冒非其任，以行旅百數之卒，起事於顛沛危疑之中。旬月之間，遂能克復堅城，俘擒元惡，以萬餘烏合之兵，而破强

[一] 皆閉目摇手 「閉」，國圖本、天圖本、叢刊本、文淵閣本、摛藻堂本作「蔽」。

[二] 亦各數千 「千」，底本字形殘損，國圖本、天圖本、叢刊本訛作「十」，據黄本、閭本、董本、范本、聞本、鄒本、胡本、宋本、邵本、文淵閣本、摛藻堂本補正。

寇十萬之衆。是固上天之陰騭，宗社之默佑，陛下之威靈，而廟廊謀議諸臣，消禍於將萌而預爲之處，見幾於未動而潛爲之制。改臣提督，使得扼制上流，而凛然有虎豹在山之威；申明律例，使人自爲戰，而翕然有臂指相使之形；敕臣以及時策應，不限以地，而隱然有常山首尾之勢。故臣得以不俟詔旨之下，而調集數郡之兵；數郡之民亦不待詔旨之督，而自有以赴國家之難。長驅越境，直擣窮追，不以非任爲嫌，是乃伏至險於無形之中，藏不測於常制之外。人徒見擘奚之多獲，而不知王良之善御有以致之也。然則今日之舉，廟廊諸臣預謀早計之功，其又孰得而先之乎？及照御史謝源、伍希儒，監軍督哨，謀畫居多，倡勇宣威，勞苦備嘗。領哨知府伍文定、邢珣、徐璉、戴德孺、陳槐、曾璵、林瑊、周朝佐、署都指揮僉事余恩、分哨通判胡堯元、童琦、談儲、推官王暐、徐文英、知縣李楫、李美、王冕、王軾、劉源清、劉守緒、傅南喬[一]、隨哨通判楊昉、陳旦、指揮麻璽、高睿、孟俊、知縣張淮、應恩、王庭、顧佖、萬士賢、馬津等，雖效績輸能，亦有等列，然皆首從義師，爭赴國難，協謀并力，共收全功。其間若伍文定、邢珣、徐璉、戴德孺等，冒險衝鋒，功烈尤懋。鄉官都御史王懋中、編修鄒守益、御史張鰲山、郎中曾直、評事羅僑、僉事劉藍、進士郭持平、驛丞王思、李中、按察使劉遜、參政黃繡、知府劉昭等，仗義興兵，協張威武，

[一] 傅南喬　底本訛作「傅南橋」，據黃本、閭本、董本、范本、聞本、宋本、邵本、天圖本、叢刊本改。

運籌贊畫，夾輔折衝。以上各官功勞，雖在尋常征剿，亦已甚爲難得。況當震恐摇惑，四方知勇莫敢一膺其鋒，而各官激烈忠憤，捐身徇國，乃能若此。伏願皇上論功朝錫之餘，普加爵賞旌擢，以勸天下之忠義，以勵將來之懦怯。仍詔示天下，使知奸雄若寧王者，蓄其不軌之謀〔一〕，已十有餘年，而發之旬月，輒就擒滅，于以見天命之有在，神器之不可窺，以定天下之志。尤願皇上罷息巡幸，建立國本，端拱勵精，以承宗社之洪休，以絶奸雄之覬覦，則天下幸甚，臣等幸甚。緣係捷音事理，爲此具本，專差千户王佐親齎，謹具題知。

奏聞益王助軍餉疏 十四年七月三十日

近蒙益府長史司呈，該本司啓，案查寧藩有變，已經啓行外。今照見奉提督都御史王案驗，内稱本院已於七月初九日，領兵前往豐城縣市汊等處住劄，刻日進攻省城。牌差百户楊鋭，前來建昌府守取掌印官，親自統兵，毋分日夜〔二〕，兼程前進。期本月十五、十六日，俱赴軍門，面授約束，并勢追剿。及照知府曾璵報稱，即日領兵起程，前赴軍門聽調進攻等因。看得國家之事，

〔一〕 蓄其不軌之謀 黄本、閭本、董本、范本、聞本、鄒本、胡本、宋本、邵本無「蓄」字。
〔二〕 毋分日夜 「日」，黄本、閭本、董本、聞本、鄒本、胡本、宋本、邵本作「雨」。

莫大於戎。今寧藩不軌，驚動多方，提督都御史等官，倡義協謀進攻，憤忠思剿，上以紓朝廷南顧之憂，下以解生民荼毒之苦。況我殿下，國朝分封至親，理宜助餉軍門，共紓國難。具本啓奉令旨：「發銀一千兩，差官胡敬儀、衛副陸澄、書辦官并旗校官等，前去提督軍務王都御史處犒賞。敬此。」敬遵。除將銀兩差官管送前來外，合行備由呈乞施行，等因到臣。

爲照寧王謀叛，稔釁多年，積威所劫，無不萎靡。況其舉事之初，擅殺重臣，衆號一十八萬，肆然東下，雖平日士夫號稱忠義，莫敢指斥。今益王殿下迺心宗社，出私帑以給軍餉，非忠義奮發，急於討賊，豈能倡言助正，以作興軍士之氣如此？伏望皇上特敕奬勵，以激宗室之義，以永益王殿下爲善之心，以夾輔帝室，天下臣民，不勝幸甚。除將原發白銀一千兩，唱名給散軍士外。緣係宗室出私帑以給軍餉事理，爲此具本請旨。

旱災疏 十四年七月三十日

據吉安等一十三府所屬廬陵等縣各申稱，本年自三月至於秋七月不雨，禾苗未及生發，盡行枯死，夏税秋糧，無從辦納，人民愁歎，將及流離，理合申乞轉達寬免，等因到臣。節差官吏老人踏勘，委自三月以來，雨澤不降，禾苗枯死。續該寧王謀反，乘釁鼓亂，傳布僞命，優免租税，小人惟利是趨，洶洶思亂。臣因通行告示，許以奏聞優免税糧，諭以臣子大義，申祖宗休養之德澤，暴寧王誅求無厭之惡。由是人心稍稍安集，背逆趨順，老弱居守，丁壯出征，團保饋餉，邑無遺户，家無遺夫。就使雨暘時若，江西之民亦已廢耕耘之業，事征戰之苦。况軍旅旱乾[二]，一時併作，雖富室大户，不免饑饉；下户小民，得無轉死溝壑，流散四方乎？設或饑寒所迫，徵輸所苦，人自爲亂，將若之何？如蒙乞敕該部，暫將江西正德十四年分税糧，通行優免，以救殘傷之民，以防變亂之階。伏望皇上罷冗員之俸，損不急之賞，止無名之徵，節用省費，以足軍國之需，天下幸甚。

請止親征疏 十四年八月十七日

正德十四年八月十六日，准兵部咨，該本部等衙門題，内開南京守備參贊官連奏十分緊急軍情，相應急爲議處。合無請命將官一員，掛平賊將軍印，充總兵官，關領符驗旗牌，挑選各營精鋭官軍三千餘名，各給賞賜銀兩布疋，文兑正馱馬匹，關給軍火器械，上緊前去南京，相機戰守。再有的報，就便會合各路人馬征進。再請敕都御史王守仁，選調堪用官軍民快，親自督領，於江

[二] 况軍旅旱乾 「旱乾」，國圖本、天圖本、叢刊本、文淵閣本、摛藻堂本作「乾旱」。

西東南要路，住劄把截，相機行事。仍委浙江布政司左參政閔楷，選募處州民兵，統領定擬住劄地方，聽調策應剿捕。再請敕一道，齎付都御史王守仁，不妨提督軍務原任，兼巡撫江西地方。前項所報軍情，如果南京守備差人體勘，再有的報，聽前項領軍官出給榜文告示，偏發江西地方張掛，傳説曉諭，但有能聚集義兵，擒殺反逆賊犯者，量其功蹟大小，封拜侯伯，及陞授都指揮、千百户等官世襲，賊夥内，有能自相擒斬首官者，與免本罪。具奏定奪等因。具題，節該奉聖旨："「這江西寧王謀爲不法，事情重大，你部裏既會官議處停當，朕當親率六師，奉天征討，不必命將。王守仁暫且准行。欽此。」欽遵。備咨到臣。

案查先爲飛報地方謀反重情事，屬者寧王宸濠殺害守臣，舉兵謀逆。臣於六月十九日具本奏聞之後，調集軍兵，擇委官屬，激勵士氣，振揚武勇。七月二十日，先攻省城，墟其巢穴。本月二十四等日，兵至鄱陽湖，與賊連日大戰。至二十六日，宸濠遂已就擒，謀黨李士實等，賊首淩十一等俱已擒獲，賊從俱已掃蕩，閩、廣赴調兵士俱已散還，地方驚擾之民俱已撫帖。臣一念忠憤，誓不與賊俱生[一]，而迂踈薄劣之才，實亦何能辦此？是皆祖宗在天之靈，我皇上聖武之懋昭，本兵謀略之素定，官屬協力，士卒用命所致。臣已節次具本奏報外。竊惟宸濠擅作辟威，虐焰已

[一] 誓不與賊俱生 「俱」，國圖本訛作「與」，通行本或訂作「共」。

張于遠；睥睨神器，陰謀久蓄於中。招納叛亡，輦轂之動靜，探無遺迹；廣置姦細[一]，臣下之奏白，百不一通[二]。發謀之始，逆料大駕必將親征，先於沿途伏有姦黨，期爲博浪、荆軻之謀。今逆不旋踵，遂已成擒，法宜解赴闕門，式昭天討。然欲付之部下各官押解，誠恐舊所潛布之徒尚有存者，乘隙竊發，或致意外之虞，臣死且有遺憾。況平賊獻俘，固國家之常典，亦臣子之職分。臣謹於九月十一日，親自量帶官軍，將宸濠并逆賊情重人犯督解赴闕外。緣係獻俘馘以昭聖武事理，爲此具本，專差舍人金昇親賫，謹具題知。

奏留朝覲官疏 十四年八月十七日

正德十四年八月十六日，臣駐軍江西省城，據各領哨知府吉安府伍文定、贛州府邢珣、袁州府徐璉、臨江府戴德孺、撫州府陳槐、饒州府林瑊、廣信府周朝佐、建昌府曾璵連名呈稱，正德十五年正月初一日，例應朝覲。近因寧王謀反，蒙臣督委各職，并各縣掌印正官，領兵征討。今雖掃平，尚留在省防禦及安輯地方，未得回任。其各縣掌印官，雖未曾領兵，緣各在任防禦城池，

[一] 廣置姦細 「置」，國圖本、天圖本、叢刊本、文淵閣本、摛藻堂本作「致」。
[二] 百不一通 「不」，國圖本、天圖本、叢刊本、文淵閣本、摛藻堂本作「無」。

措辦糧餉。況布、按二司及南昌府知府鄭瓛、瑞州府宋以方，俱自本年六月内，先被拘執，未經復職管事。南康、九江二府亦被殘破，近方收復，前項文册多未成造。緣查舊規，行期在即，恐致遲悮，合行呈乞奏知，及通行各府州縣，將册造完，行委佐貳首領官員齎繳應朝，及布、按二司，亦乞裁處施行，等因到臣。

據此，爲照三年述職，係朝廷大典，例該掌印正官赴京應朝。但今叛亂雖平，地方未輯，徵調尚存，瘡痍之民須撫；旱荒猶熾，意外之患當防。況各官在省，方圖防守之規，未有還任之日。若不查例奏留，未免顧此失彼，後悔無及。合准所呈，欲候奏請命下之日，行令各府州縣佐貳首領官齎册應朝，復恐遲悮。除一面通行各府州縣，造册完備，行委佐貳首領官依期啓行，其布、按二司，候有新任官員，及南昌府行見在通判陳旦，各造册赴朝，其九江、南康府縣，并南康、新建二縣[一]，委係官俱戴罪，聽候吏部徑自裁處外。緣係朝覲事理，未敢擅便，爲此具本請旨。

奏聞淮王助軍餉疏 十四年八月十七日

近該淮府長史司呈，該本司啓，案查寧藩有變，已經啓行外。今照見奉提督都御史王案驗，

[一] 南康 黄本、閭本、董本、聞本、宋本、邵本作「南昌」。

內稱本院已於七月初九日，領兵前往豐城縣市汊等處住劄，剋日進攻省城。牌差百户任全善，前來饒州府守取掌印官，親自統兵，毋分雨夜，兼程前進。期本月十五、十六日，俱赴軍門，面授約束，并勢追剿。及照知府林城報稱，即日領兵起程，前赴軍門聽調進攻等因。看得寧王敢爲逆謀，肆奸天紀，提督都御史王首倡忠義，作率智勇，身任國家之急，事關宗社之虞。殿下藩翰之親，憂心既切，饋餉之助，於理爲宜。具本啓奉令旨：「長史司將發下銀五百兩，差官胡祥等速賫前去，少資提督軍門之用。敬此。」敬遵。除將銀兩差官管送前來外，合行備由呈乞施行，等因到臣。

照得先該益府出帑餉軍，助義效忠，已經具題外。今淮王殿下亦能不靳私帑，以助軍餉，良由身同休戚之情，心切門庭之寇所致。伏望皇上特敕奬勵，以彰淮王殿下助正之心，以爲宗藩爲善之勸，天下臣民不勝幸甚。

恤重刑以實軍伍疏 十四年八月二十五日

據江西按察司呈，據本司經歷司呈，蒙巡按兩廣監察御史謝源、伍希儒各紙牌前事，俱奉本院送發犯人裘良輔等二百六十六名，轉送本司問報等因。依蒙問得犯人裘良輔，招係南昌府新建縣三十二都民，納粟監生，給假在家。正德九等年月日不等，與同在官南昌前、左二衛舍餘楊滋、楊富、軍餘董俞[一]、周大貴，及指揮何鏜等家人何祥、曹成等，各不合出入王府，生事害人，向未事發。正德十四年六月十四日，寧王謀反，良輔與楊滋等，各因畏懼寧王威惡，各不合知情從逆做兵，領受盤費銀二兩，米一石，跟同前去安慶等處攻打城池，各將銀米費用訖。於七月十二等日，行至湖口等縣，思係叛逆，懼怕官兵，就行四散逃回。各被南昌等府縣統兵知府等官并地方人等陸續拿獲，解赴提督王都御史處。蒙將良輔等一百八十四名轉送謝御史，將夏景、周大貴、熊受等八十二名轉送伍御史，俱發按察司審問。蒙將良輔等研審前情明白，取問罪犯楊滋等二百六十五名，各招與裘良輔、楊滋、楊富、王偉、夏景、黃俞、周大貴、何祥、曹成、丁進受、楊慶童、楊貴、萬徐七、萬羊七、徐四保、孫住保、周江、胡勝福、朱潑養、宋貴、王明、熊明、秦蘭、王仲鑑、張雄、朱其、添喜、蕭崇真、朱祥、彭隆保、徐仕貴、郭宣、舒鑾、萬岳、蕭述、羅俊、江潮漢、魏鳳、萬三、羅秀、熊福、蕭曰貴、蕭勝、雷天富、蕭文、尹天受、胡進保、李鑾、鄭鳳、黃信、劉勝、殷醮仔、甘奇、余福童、郭進福、沈仕英、李洪珊、許鳳、李景良、江鑾、江仁、李欽、鄧倫、胡福受、譚黑仔、趙正七、朱環二、鄒秋狗、陳良二、聶景祥、魏仲

[一] 董俞　下文有「黃俞」，當同爲一人，「董」「黃」二字因形近而訛。

華、王福、李壽、余珏、王貫、劉松、牛才、陳珂、陳興、陳釗、劉添鳳、余似虎、甘朴、謝天鳳、鄭貴、沈昌容、萬清、向楚秀、郭鑾、丁勝福、萬全、龔受、熊六保、陳諫、何晚仔、王杰一、王琪、胡宣、楊正、曾受、王鳳、王明、雷清、皮志淵、鄒奎高、馮軒四、毛守松、熊天祥、李伯錦、楊子秀、陳天一、廖進禄、魏紹、魏天孫、吴富、陳昭弟、李伯奇、姜福、廖奇四、夏莧奇、陳善五、羅勝七、郭謹、羅璽、朱長子、陳瑞、竹漢、王寛、江天友、陳良、陳召一[一]、陳子政、盧蕭勝[二]、馬龍、陳大倫、陳子倫[三]、李錢、陳九信、徐義、徐釗、劉儀、熊孟華、王尚文、王天爵、傅十三、徐受、萬奇、趙仕奇、鄭朴、馮軒二、馮進禄、周孟貞、周江、劉朋、唐朝賢、歐陽南、馬興、周興、王毛子、秦進興、羅興、李保一、萬元、林三十八、馬爵、張進孫、高四、譚受、吴俊、萬鏜、熊守貴、錢龍、胡通、金萬春、曹太、喻欽、劉後濟、胡二、王世通、魏友子、楊章、熊禄、熊剋名、童保子、余景[四]、陳四保、許虎保、熊受、蕭文榮、楊廷貴、羅富、

[一] 陳召一 「陳」，國圖本、天圖本、叢刊本、文淵閣本、摛藻堂本作「善」，通行本屬上讀。

[二] 盧蕭勝 底本「盧」訛作「廬」，據黄本、間本、董本、聞本、宋本、邵本改。

[三] 陳子倫 底本「倫」訛作「偷」，據黄本、間本、董本、聞本、鄒本、胡本、宋本、邵本改。

[四] 余景 黄本、間本、董本、聞本、宋本、邵本作「涂景」。

丁關保、江仕言、劉貴、丁朋、歐陽正、王引弟、熊富、唐天禄、王貴、周受、丘松、胡秀、李福、洪江、曾興、丘桂、劉鎮、鄧山、蕭清、夏勝四、夏由孫、甘繼[一]、張錦、謝魯仙、熊華、謝鳳、夏龍、婁奇、陸仲英、余勝虎、李進、胡勝、阮天祥、張全、彭天祥、洪經仔、徐受、樂福、張奇、馮進隆、馮詔、馮喜子、楊燁揭、文興萬、孔湖、易忠、黄延、曹天右、徐大貴、蕭曰高、蕭曰廣、李鑾、吴顯二、李貴、陳英、陳昇、李勝祖、蕭天佐、陸九成、郭欽、楊順、丁祖[二]、李萬杜、楊鑾、袁富、楊黄子、吴文、張鑾、方燦、萬天鑾、胡進童、黄勝德、凃祖、唐歷，所犯除不應輕罪外，合依謀反知情故縱者律，斬决不待時。但寧王平昔威惡慘毒，上下人心罔不震懾，各犯從逆，雖是可惡，原情終非得已。及照南昌前衛軍餘，多係脅從被殺，見今軍伍缺人，合無將各犯免其前罪，俱編發本衛，永遠充軍，庶使情法交申，衛所填實。呈詳到臣。

參看得裘良輔等，俱曾從逆，應該處斬。但該司參稱，寧王平昔威惡慘毒，上下人心罔不震懾，據法在所難容，原情亦非得已，宥之則失於輕，處斬似傷于重。合無俯順輿情，乞敕該部，查照酌量，或將各犯免其死罪，令其永遠充軍。不惟情法得以兩盡，抑且軍伍不致缺人。緣係恤重刑

[一] 夏由孫甘繼　鄒本「由」作「出」。通行本讀作「夏由、孫甘繼」，此從鄒本。

[二] 丁祖　黄本、閭本、董本、邵本作「丁相」，閩本、宋本作「丁柤」。

以實軍伍事理，爲此具本請旨。

處置官員署印疏

十四年八月二十五日

照得先因寧王圖危宗社，興兵作亂，劫奪江西都、布、按三司并南昌府縣大小衙門印信。臣隨調集各府官軍民快，於本年七月二十日，攻復省城，當於府内搜獲前項印信，共計一百六顆，到臣收候，已經捷報外。今照寧王已擒，餘黨誅戮，地方幸已稍寧，所有三司、府縣衙門，俱係錢糧刑名軍馬城池等項重務，關涉匪輕。況今兵亂之後，人民困苦，不可一日缺官幹辦撫輯。但三司等官，俱係被脅有罪人數，若待別除官員到日，非惟人心惶惑，抑且事無統紀。臣遵照欽奉敕諭便宜事理，將三司印信，布政司暫令布政使胡濂，按察司暫令按察使楊璋，各戴罪護管。隨該新任參議周文光，按察使伍文定，先後到任，各已替管外。其都司暫令都指揮馬驥，提學道關防令副使唐錦，南昌道印信令僉事王疇，南昌府印信令知府鄭瓛，南、新二縣印信令知縣陳大道、鄭公奇，各戴罪暫且管理外。及照南昌前、左二衛并各撫所衙門印信，俱各無官管理，除用木匣收盛，封發按察司，仍候事寧有官之日，該司徑發掌管外。緣係處置官員署印，以安地方事理，爲此具本題知。

二乞便道省葬疏　十四年八月二十五日

照得先准吏部咨，該臣奏稱，以父老祖喪，屢疏乞休，未蒙憐准。近者奉命扶疾赴閩，意圖了事，即從彼地冒罪逃歸。旬日之前，亦已具奏。不意行至中途，遭值寧府反叛，係國家大變，臣子之義，不容舍之而去。又闔省撫巡方面等官，無一人見在者。天下事機，間不容髮，故復忍死暫留於此，爲牽制攻討之圖[一]。俟命帥之至[二]，即從初心，死無所避。臣思祖母自幼鞠育之恩，不及一面爲訣，每一號慟，割裂昏殞，日加尫瘠，僅存殘喘。母喪權厝祖墓之側，今莝祖母，亦欲因此改莝。臣父衰老日甚，近因祖喪哭泣過節，見亦病卧苦廬。臣今扶病驅馳兵革，往來於廣信、南昌之間，廣信去家不數日，欲從其地不時乘間抵家一哭，略爲經畫莝事，一省父病。臣區區報國血誠，上通於天，不辭滅宗之禍，不避形迹之嫌，冒非其任，以勤國難，亦望朝廷鑒臣此心，不以法例繩縛，使臣得少伸烏鳥之痛。臣之感恩，死且圖報，搶攘哀控，不知所云等因。具本奏奉聖旨：「王守仁奉命巡視福建，行至豐城，一聞宸濠反叛，忠憤激烈，即便倡率所在官司，起集義兵，合謀剿殺，氣節可嘉。已有旨着督兵討賊，兼巡撫江西地方。所奏省親事情，待賊平

[一] 爲牽制攻討之圖　國圖本、天圖本、叢刊本、文淵閣本、摛藻堂本「爲」上有「而」字。

[二] 俟命帥之至　「帥」，乞便道省葬疏作「師」。

之日來説。該部知道。欽此。」備咨到臣，除欽遵外。近照寧王逆黨，皆已仰賴皇上神武[一]，廟堂成筭[二]，悉就擒獲。地方亦已平靖，百姓室家相慶，得免徵調之苦，復有更生之樂，莫不感激洪恩，沾被德澤。獨臣以父病日深，母喪未葬之故，日夜哀苦，憂疾轉劇。犬馬驅馳之勞，不足齒録，而烏鳥迫切之情，實可矜憫。已蒙前旨，許「待賊平之日來説」，故敢不避斧鉞，復伸前請。伏望皇上仁覆曲成，容臣暫歸田里，一省父病，經紀葬事。臣不勝哀懇苦切祈望之至。

處置從逆官員疏 十四年八月二十五日

正德十四年七月二十三日，據南昌府知府鄭瓛自寧王賊中逃出投到。本月二十六日，又據領兵官臨江府知府戴德孺等，臨陣奪獲先被寧王脅去巡按監察御史王金、户部公差主事金山、左布政使梁宸、參政程杲、按察使楊璋、副使賀鋭、僉事王疇、潘鵬、都指揮同知馬驥、許清、都指揮僉事白昂、守備南贛都指揮僉事郟文，并脅從用事參政王綸，及據先被脅從令赴九江用事僉事師夔，先被脅從賊敗脱走鎮守太監王宏，各投送到臣。

[一] 皆已仰賴皇上神武 「神武」，摛藻堂本作「威靈」。
[二] 廟堂成筭 「成」，國圖本、天圖本、叢刊本作「神」。

照得先因寧王宸濠於六月十四日，殺害巡撫右副都御史孫燧、副使許逵，將各官綁縛迫脅。遂時臣奉命福建勘事，行至豐城聞變。顧惟地方之責，雖職各有專，而亂賊之討，實義不容避。遂連夜奔還吉安，督同知府伍文定等，調集南贛等府軍兵，捐軀進剿。至七月二十日，攻破省城，搗其巢穴。隨有被脅在城右布政使胡濂、參政劉斐、參議許效廉、副使唐錦、僉事賴鳳、都指揮僉事王玘［一］，各投首到臣。彼時軍務方殷，暫將各官省候，督兵擒獲宸濠并逆黨李士實、劉吉、凌十一等。臣已先後具本奏報去後。

本年八月二十三日，會集知府伍文定等，將各事情逐一研審，得布政梁宸等各執稱：本年六月十三日，寧王生日，延待各官酒席。次日進府謝酒，不期寧王謀逆，喝令官校多人，將前各官并先存後監。故户部公差主事馬思聰、參議黄宏、原任參議今陞陝西參政楊學禮等，俱各背綁要殺。當將孫都御史、許副使押出斬首，其餘各官，俱杻鐐發儀衛司等處監禁。王綸留府用事，知府鄭瓛先被寧王誣奏，見監按察司。瑞州府知府宋以方緣事在省，本日俱拏監儀衛司。差人將各衙門印信搜奪入府。後參議黄宏、主事馬思聰各不食，相繼在監身故。寧王差人入監，蹂放各官杻鐐，王疇、鄭瓛二人不放。本月二十一日，將梁宸、胡濂、劉斐、賀鋭，各放回本司。本日寧

［一］王玘　底本訛作「王紀」，據下文以及江西捷音疏、文淵閣本、摛藻堂本改。

王傳檄各處，令人寫成布政司咨呈，備云檄文，轉呈府部，自將搜去印信印使，付與梁宸僉押，梁宸不合畏死，聽從僉押訖。本月二十三日，寧王告廟，出師祭旗，加授王綸贊理軍務，與劉吉等一同領兵，王綸不合畏死聽從。本日又差柴内官等，帶領人衆，將兩司庫内官銀强搬入府，梁宸、賀鋭在司署印，不合畏死，不行阻當。本日將楊璋仍拘儀衛司，各官改監湖東道。本月二十六七等日，寧王差儀賓李琳等，將伊收積米穀，散給省城軍民[一]，以邀人心，着令程杲、潘鵬監放，各不合畏死，到彼看放。二十七日，寧王因先遣承奉屠欽等，帶領賊兵往攻南京，各賊屯劄鄱陽湖上，久候寧王不出，自行攻破南康、九江，掠取財物，二府人民走散。寧王要得招撫以收人心，押令師夔前去曉諭，不合畏死，往彼安撫。本月二十八日，寧王因要起程往取南京，恐省城變動，欲結人心，又差僞千户朱真，送銀五百兩，與布政司梁宸、胡濂、劉斐、程杲、許效廉，各不合畏死，暫收入己。又將銀七百兩，送按察司楊璋、唐錦、賀鋭、王疇、師夔、潘鵬、賴鳳，亦不合畏死，暫收入己。又押令劉斐、王玘替伊巡守，并押令許效廉、賴鳳替伊接管放糧，各不合畏死，守城放米。七月初一日，差人將胡濂、唐錦送還本司，楊學禮放令之任，將梁宸、程杲、楊璋、賀鋭、王疇、潘鵬、馬驥、許清、白昂、郟文、鄭瓛、宋以方，脅拘上船，隨行分投差撥儀賓等

[一] 散給省城軍民　「散給」，國圖本、天圖本、叢刊本、文淵閣本、擒藻堂本作「給散」。

官張嵩等，帶領舍校看守。又將銀二百兩，差僞千户吴景賢，分送梁宸、胡濂、劉斐、許效廉等，及差萬鋭送銀三百兩，分送楊璋、唐錦、賀鋭、師夔、潘鵬、賴鳳，各又不合畏死，暫收入己。本月初八日至安慶，見攻城不克，因潘鵬係安慶人，差令逃引禮白泓，押同潘鵬，不合畏死聽從，賫捧檄文到彼招降。本月十五日，寧王因聞提督王都御史兵將至省，回兵歸救省城，行至鄱陽湖地方，屢戰屢敗。至二十六日早，蒙大兵突至，寧王被擒，各官因得脱走前來，知府宋以方不知存亡等因。隨據布、按二司呈開布政司梁宸、胡濂、劉斐、程杲[一]、許效廉、按察使楊璋、唐錦、賀鋭、王疇、師夔、潘鵬、賴鳳，各令家人首送前銀，各在本司貯庫等因。尤恐不的，吊取見監擒獲逆黨劉吉、屠欽、凌十一等，各供稱相同。

爲照參政王綸，脅受贊理，僉事潘鵬、師夔，被脅招降撫民，情罪尤重；王綸、師夔，又該直隸、湖廣撫按等衙門，各具本參奏；知府鄭瓛，已經別案問結奏請，俱合候命下之日，遵奉另行外。參照布政梁宸、參政劉斐、程杲、參議許效廉、副使賀鋭、僉事賴鳳、都指揮王玘，或行咨撫守，或盤庫放糧，勢雖由於迫脅，事已涉於順從。鎮守太監王宏、御史王金、主事金山、布政胡濂、按察使楊璋、副使唐錦、僉事王疇、都指揮馬驥、許清、白昂、郟文，或被拘於城內，或脅隨於

[一] 程杲　國圖本、天圖本、叢刊本訛作「程斐」。

舟中，事雖涉於順從，勢實由於迫脅。以上各官，甘被囚虜而不能死，忍受賊賄而不敢拒。責以人臣守身之節，皆已不能無虧；就其情罪輕重而言，尚亦不能無等。伏願皇上大奮乾剛，取其罪犯之顯暴者，明正典刑，以爲臣子不忠之戒；酌其心迹之堪憫者，量加黜謫，以存罪疑惟輕之仁；庶幾奸諛知警，國憲可明。

處置府縣從逆官員疏 十四年八月二十五日

正德十四年七月二十日，該臣興舉義兵，剿除逆賊，攻開省城。本日進城之後，隨據都、布、按三司首領等官邢清等，南昌府等衙門同知等官何維周等，各投首到臣。于時逆賊未獲，軍務方殷，暫將各官省候。本月二十六日，宸濠就縛，逆黨盡擒。除已奏報去後，隨拘邢清等到官，審得各供稱：本年六月十四日，寧王謀反，將鎮巡、三司等官，俱各被綁脅，當將孫都御史、許副使殺害。隨差人將南昌府同知何維周、通判張元澄、檢校曹楫、南昌縣知縣陳大道、縣丞王儒、新建縣知縣鄭公奇、南浦驛驛丞王洪、南浦遞運所大使張秀，俱拿紐鐐，發監儀衛司。隨將各官行李并各掌印，俱搜檢入府。彼有邢清與本司都事翟瓚、檢校董俊、理問張裕、案牘陳學、司獄張達、廣濟庫大使胡玉、副使姚麟、織染局大使秦尚夔、副使戴瓛、按察司經歷尹鵾、知事張澍、照磨雷燮、都指揮使司斷事章璠、吏目周鶴、司獄沈海、南昌前衛署指揮僉事夏繼春、經歷周孟禮、鎮撫忻偉、吕昇、正副千户徐賢、鄭春、張斌、傅英、唐榮、杜昂、李瀚、陳偉、姚鉞、吴耀、百户徐隆、陳韶、張綱、王春、龔昇、陳詔、馮淮、黄鑑、李欽、梅愣、茆富、陳瓚、王昇、吕輔、趙昂、董鈺、姚芳、劉麟〔一〕、李琇、李祥、陸奇、南昌府儒學訓導張桓、瞿雲、汪潭、税課司大使楊純、廣濟倉大使左儀、副使王大本、李譜、守支大使卓文正、陳琳、副使鄧謂、李彬、南昌縣主簿張譽、典史方汝實、儒學訓導達賓、新建縣縣丞劉萬鍾、主簿熊辟、典史楊儒、儒學訓導區賓、金清，俱各聞風逃躲，不曾被拿。後寧王臨行，將何維周等釋放，又將知事張澍拘拿上船，至今未知存亡。本年七月二十日，蒙大兵征剿，攻入省城，邢清等方得奔走軍門投首等因。據此，除將各官羈候，其鎮巡并三司堂上官、南昌府知府，另已參奏外。參照邢清等被執不死，全無仗節之忠〔二〕，聞變即逃，莫知討賊之義，俱合重罪。但責任既輕，賊勢復盛，力難設施，情可矜憫。合無行撫按衙門，依律問擬，以爲將來之戒。惟復别有定奪。

〔一〕 劉麟　國圖本、天圖本、叢刊本、文淵閣本作「劉璘」。

〔二〕 全無仗節之忠　「仗」，國圖本、天圖本、叢刊本作「伏」。

收復九江南康參失事官員疏 十四年九月初十日

據委官江西撫州府知府陳槐、饒州府知府林城、建昌府知府曾璵、廣信府知府周朝佐各呈，先因寧王謀反，奉臣案驗，備行各府起兵擒剿。各遵依，先後會集市汊等處，刻期破城之後，又奉臣牌，照得九江、南康二府，先被寧王攻破，分留逆黨，據守城池，西扼湖兵之應援，南遏我師之追躡。仰賴宗社威靈，幸已克復省城，除遣知府伍文定、邢珣、徐璉、戴德孺，分布哨道，邀擊寧賊，務在得獲。所據逆黨占據府縣，應合分兵剿復。牌仰知府陳槐、林城，前去九江；曾璵、周朝佐，前去南康，相機行事。務要攻復城池，以扼賊人之咽喉；平靖反側，以剪逆黨之羽翼。居民人等，不幸被脅，或因而逃竄者，就行出給告示，分投撫諭，使各回生理。務將人民加意賑恤，激以忠義，撫以寬仁，權舉有司之職以理庶事，查處倉庫之積以足軍資。一面分兵邀誘寧賊，毋令東下。仍備查各官棄城逃走，致賊焚掠屠戮之故，具由回報，以憑參拿究治等因。依奉陳槐選帶知縣傅南喬、陶諤等，林城選帶知縣馬津、趙榮顯等，曾璵選帶檢校典節知縣余瑩、縣丞陳全等，周朝佐選帶知縣譚縉、杜民表等，各兵快一千餘名，由水路分哨剿賊。七月二十四等日[一]，寧

[一] 七月二十四等日 「七」，國圖本、天圖本、叢刊本訛作「十」。

賊回援省城，舟至鄱陽湖等處，與吉、贛等官兵相遇大戰。職等各行領兵，連日在湖策應，與賊對敵。撫州府官兵擒斬賊犯共二百九十餘名顆，饒州府擒斬賊犯共五百餘名顆，建昌府擒斬賊犯共四百八十餘名顆，廣信府擒斬賊犯共五百餘名顆。陸續各解本院，轉送監察御史謝源、伍希儒處，覈實處決審發訖。

各官隨各統兵，直至九江、南康府地方，照臣牌内行事。知府陳槐、林城呈稱，先該九江兵備副使曹雷，同該府知府汪穎等，亦行督發瑞昌等縣兵快，與同九江衛掌印指揮劉勳等，收召操軍前來，聲復城池，被賊探知官兵齊集，先行望風逃遁。九江軍兵至城守劄，仍又分兵，追至湖口等處剿殺賊黨。職等入城，撫回逃竄男婦萬餘名口，復業生理。會案行拘九江府衛里老、旗軍，查訪得副使曹雷，先於六月初二日，帶同通判張雲鵬，前往彭澤縣水次兑糧。知府汪穎先因瘧痢，兼以母病，不能視事，於十五日，暫將印信牒行推官陳深署掌，庫藏未經交盤。至十七日丑時，德化縣老人羅倫口報寧王謀反，殺害巡撫等官。彼有汪穎會同陳深并劉勳等，點集城内官軍、機兵、火夫上城，照依原分，南門迤東，由盤石門、福星門城上朵子軍衛把守；南門迤西，由湓浦門至望京門城上朵子有司把守。東門把守官指揮丁睿等三十四員，南門把守官指揮蕭綱等二十一員，西門把守官指揮孫璋等二十員，九江門把守官指揮董方等十二員，福星北門把守官指揮李泮等十八員，共一百零五員。該衛軍人，先因放操回屯數多，一時不能齊集。十八日卯時，逆黨涂承奉等，領船二百餘隻，裝載兵至福星北門外劄營，就臨城下，喝叫開門。指揮李泮等不從，各賊忿怒，分兵燒毀西門外軍民房屋、潯陽驛官廳等處，殺死虜來四人，臨門祭旗。隨用銃砲、火槍、火箭等器，併力攻打至辰時，賊遂梯援上城，泮等俱各逃散。被賊將鎖鑰打脱擁入，口稱省城、南康等府俱已收服，巡撫等官俱各被害，官民不必逃散，只將印信來降。時汪穎、陳深、劉勳等，俱在各把門守〔一〕，因見力不能支，同德化縣知縣徐志道，并前各門把守指揮、千户、鎮撫及府縣儒學訓導、倉場、局務大小官員，各懷印信，從南門逃避去訖。内九江衛左千户所百户白昇、馬貴，各遺失本所銅印一顆。隨被各賊將大盈庫銀九千一百七十兩零，德化縣寄庫銀二百六十三兩零，湖口縣寄庫銀四百五十九兩零，鈔廠寄庫銀三千餘兩，司獄司囚重犯十二名，輕犯二十九名，廣盈倉糧米二千四百四十石零，盡行劫取釋放。又將軍器庫盔甲刀鎗劫去，共一十一萬九千二百二十四件。九江衛被賊劫去軍器二千六百三十九件，演武廳軍器一萬六百三十件，并響器八十餘件。鎮撫監賊犯蔡日奇等七名，盡行劫取釋放，及燒毀大哨船五隻，軍舍房屋七十六間，駕去大哨船二隻，小哨船十一隻。德化縣被賊將縣庫銀共三百二兩零，預備倉稻穀一

〔一〕俱在各把門守　「各把門守」，文淵閣本、摛藻堂作「各門把守」。

萬七千二百石零，縣監輕重囚犯二十名，盡行劫放，及燒毀官民房屋七百五十九間，殺死男婦一十五名。潯陽驛被賊燒毀官廳一座，耳房二間，及站船鋪陳等物。惟指揮劉勳，將兵備衙門賞功支剩銀三十兩六錢，及贓罰銀三十二兩，并運軍行糧折銀二十九兩六錢，收貯私家，揑開在衛被劫，事涉侵欺。及查九江府鈔廠寄庫銀兩，行拘庫子皮廷貴等，審供侵分料銀一千一百零六兩四錢，情由在官。將各犯送府監候，拘齊未到人犯，追問回報。及查得僉事師夔，持奉僞檄，前至九江安撫，因見府衛等官不從僞命，駕船去訖。

續查得該府所屬湖口縣，於六月十七日酉時，被逆黨熊内官等押兵到縣，因無城池，知縣章玄梅等，帶印暫避縣後嶺背集兵。次日對敵，殺死逆黨魏清等。被賊殺死民快壯丁共一百二十名，殺死居民一十一名，放出縣監重囚三名，輕犯一十一名，燒毀官屋二十間〔一〕，民房一千八百三十五間。本縣官庫銀兩先已窖藏，及各衙門印信俱各見在，止被劫去在倉米一百五十九石，在庫皮盔、鐵銃、弓弩三百件，鐵彈子三十二斤，及衣服、靴鈔等物，并將遠近年分卷册俱各毀壞。彭澤縣於六月十八日卯時，被賊蜂擁上街，延燒房屋吏舍一百餘間，並無擄掠男婦。當有知縣潘琨，督同巡捕官兵，守保印信，倉庫錢糧文卷俱全。德化縣於六月十七日，

〔一〕燒毀官屋二十間　「官」，國圖本、天圖本、叢刊本、文淵閣本、擒藻堂本作「房」。

被從逆護衛指揮丁綱等，統帶旗校到屯，點取軍丁，致被驚散鄉村男婦。該縣嚴督兵快人等，保守城池，俱各無虞。除重復查勘明白，將湖口、彭澤二縣被害人民，行令該府斟酌被害重輕，將見在錢糧加意賑恤。其德化縣被害之家，緣無錢可支，已行該府徑申本院，請發錢糧賑恤，使被害殘民得以存濟。職等仍行多方撫諭，激以忠義，戒以勤儉，人皆感服遵聽，遂有更生之樂等因。

又據知府曾璵、周朝佐呈稱，查勘得南康府六月十六日夜，被賊船一千餘隻，衝入本府。彼有該府通判俞椿、推官王詡公出未回。知府陳霖、同知張禄〔一〕、通判蔡讓，因見城池新築未完，民兵寡少，同附郭星子縣掌印、佐貳，并府縣儒學、倉場、局務等官，各帶印信，潛避廬山。賊遂入城，殺死官舍民快劉大等一十二名，被搬劫府庫金一兩五錢零，紫陽遺惠倉原貯穀一千七石零，劫放府獄重輕囚犯一百一十一名，燒毁六房卷宗黄册，及掠劫居民房屋家財。知府陳霖等潛住各鄉集兵，陸續擒斬賊犯共二百三十餘名顆。至二十七日，餘賊五百餘人奔來河下，知府陳霖同州縣各官，督兵擒斬賊犯一百餘名顆。適遇委官知府曾璵、周朝佐，各帶官兵，自王家渡一路追賊到府，協力剿殺各起餘賊，又擒殺賊共三百三十餘名顆，各解審訖。

查得星子縣知縣王淵之，被賊追跌致死。署印縣丞曹時中，當將印信付與吏熊正背負，同主

〔一〕 張禄　下文作「陳禄」。

簿楊本禄俱入廬山[一]，曹時中逃躲不知去向。兵快胡碧玉等五名，被賊殺死。及劫虜居民男婦徐仲德等五十八名口，焚燒房屋，并劫掠居民共五百三十六人家，劫放獄囚弓正道等四十四名。縣廊庫銀九十七兩零，及贓物鈔貫俱被劫去，止有銀二百一十三兩四錢八分，係庫子戴汶泗收藏回家，首出還官。陸續擒獲賊犯顔濟等二十名。又查得都昌縣原無城池，聞賊入境，署印主簿王鼎、典史王仲祥，率兵迎敵，保守倉庫，俱不曾被劫。被賊殺死、渰死兵快居民段容等三十一名，焚燒劫掠居民共一千二百一十六家。又查建昌縣原無城池，逆黨儀賓李世英等，帶領賊兵三百餘名來縣。知縣方鐸、縣丞錢惠、主簿王鉞，同儒學教諭唐汶等，見勢不敵，各帶印信，潛避集兵。當被李世英將獄禁囚犯熊澄等八十四名盡行劫放，並無劫掠焚燒倉庫錢糧官民房屋。隨被方鐸陸續擒獲李世英等一百七十五名口，解報訖。又查訪勘得安義縣新創城池未完，被逆黨旗校火信等，領兵到縣，將官廳燒毀三間，六房文卷俱被棄毀。知縣王軾因見賊勢衆多，退避集兵。主簿董國宣，因男董茂隆投入寧府，懼罪逃走。儒學訓導陳仕端等，亦隨縣官避出，其倉庫、獄禁、居民、房屋，俱不曾被焚劫。王軾同各官，前後領兵擒斬賊共一千餘名顆，轉解訖。撫回南康府各屬縣復業逃民一萬二千四百餘家。遵奉通行各屬，暫令管事，及賑恤事宜，另行申請等因。各呈到臣，

[一] 楊本禄　下文作「楊永禄」。

會同各官訪勘相同。

臣等議得九江、南康府衛所縣大小官員，均有守土之寄，俱犯失事之律。欲將各官通革管事待罪，緣地方殘破之餘，又係朝覲年分，無官可委更代，姑從權宜，暫行管事。其各府縣被害人民并缺乏軍資，已於先取見在錢糧内，量數查發，前去賑給外。參照九江地方，當水陸之衝，據湖湘之要，朝廷以其控帶南圻，屏蔽江右，實爲要地，故既有府衛之守，又特爲兵備之設。其城池三面臨水，地勢四圍險固，平時守備若嚴，臨變必難驟破。各該守備官員，安於承平，寬縱軍士，雖預知賊報而倉惶無備，及一聞賊至而望風奔走。指揮劉勳，除監守自盜官錢外，與李泮等棄城先遁，致賊殘破。知府汪穎、推官陳深、知縣徐志道等，因見守戰無兵，亦各懷印逃難。百户白昇等，一印不保，安望守城？副使曹雷，職專兵備，防守不嚴，雖城破之日，偶幸不與，而失事之責，終爲有因。

再照南康地方，固稱土瘠民稀，然亦負山阻水。雖新創之城，尚爾修築未完，而守土之職，惟當效死勿去。該府知府陳霖、同知陳禄、通判蔡讓、星子縣主簿楊永禄等，畏縮無備，逃難棄城。湖口、建昌二縣知縣章玄梅、方鐸，聞賊先遁，致殘縣治。安義縣知縣王軾，賊黨在境，不知先事之圖，後雖有功，無救地方之變。彭澤縣知縣潘琨、都昌縣主簿王鼎等，印信倉庫，雖獲無虞，而都昌被賊殺死兵快，彭澤被賊燒劫居民，失事之責，亦有攸歸。星子縣縣丞曹時中、安義縣主簿董國宣，一則脱逃不首，一則縱子投賊。至於各該府縣首領、儒學、倉場、局務等官，雖無守土之責，俱有棄職之罪。以上各官，求情固有輕重，揆義俱犯憲條，雖有後獲之功，難掩先失之罪。及照近年以來，士氣不振，兵律欠嚴，蓋由姑息屢行，激勵之方不立，規利避害者獲免，委身效職者難容，是以偷靡成習，節義鮮彰。伏望皇上大奮乾剛，肅清綱紀，乞敕法司，參詳情罪輕重，通將各官究治如律。雖或量功末減，亦必各示懲創，庶有作新之機，足爲將來之警。

王文成公全書卷之十三

别録五　奏疏五

門人餘姚錢德洪　編次
安成鄒守益　葺録
泰和歐陽德　校正
山陰王畿　增葺
南昌唐堯臣　考訂

乞寬免税糧急救民困以弭災變疏　十五年三月二十五日

照得正德十四年七月内，節據吉安等一十三府所屬廬陵等縣，各申爲旱災事。開稱本年自三月至于秋七月不雨，禾苗未及發生，盡行枯死，夏税秋糧，無從辦納，人民愁嘆，將及流離，申乞轉達寬免，等因到臣。節差官吏、老人，踏勘前項地方，委自三月以來，雨澤不降，禾苗枯死。續該寧王謀反，乘釁鼓亂，傳播僞命，優免租税，小人惟利是趨，洶洶思亂。臣因通行告示，許以奏聞優免税糧，諭以臣子大義，申祖宗休養生息之澤，暴寧王誅求無厭之惡。由是人心稍稍安集，背逆趨順，老弱居守，丁壯出征，團保饋餉，邑無遺户，家無遺夫。就使雨暘時若，江西之民亦已廢耕耘之業，事征戰之苦。況軍旅旱乾，一時併作，雖富室大户，不免饑饉；下户小民，得無轉死溝壑，流散四方乎？設或饑寒所迫，徵輸所苦，人自爲亂，將若之何？如蒙乞敕該部，暫將正德十四年分税糧通行優免，以救殘傷之民，以防變亂之階。伏望皇上罷冗員之俸，損不急之賞，止無名之徵，節用省費，以足軍國之需，天下幸甚緣由。於本年七月三十日，具題請旨，未奉明降。

隨蒙大駕親征，京邊官軍，前後萬數，沓至并臨，填城塞郭。百姓戍守鋒鏑之餘，未及息肩弛擔，又復救死扶傷，呻吟奔走，以給厮養，一應誅求，妻孥鬻於草料，骨髓竭於徵輸。當是之時，鳥驚魚散，貧民老弱流離，棄委溝壑，狡健者逃竄山澤，群聚爲盜。獨遺其稍有家業與良善守死者十之二三，又皆顛頓號呼於挺刃捶撻之下。郡縣官吏，咸赴省城與兵馬住屯之所，奔命聽役，不復得親民事。上下洶洶，如駕漏船於風濤顛沛之中，惟懼覆溺之不暇，豈遑復顧其他，爲日後之慮，憂及税賦之不免，征科之未完乎？當是之時，雖臣等亦皆奔走道路，危疑倉皇，恐不能爲小民請一旦之命，豈遑爲歲月之慮，憂及賦税之不免，征課之未完，而暇爲之復請乎？若是者又數月，京邊官軍始將有旅歸之期，而户部歲額之徵已下，漕運交兑之文已促，督催之使，切責之檄，已交馳四集矣。流移之民聞官軍之將去，稍稍脅息，延望歸尋其故業，足未入境，而頸已繫於追求者之手矣。夫荒旱極矣，而又因之以變亂；變亂極矣，而又加之以師旅；師旅極矣，而又竭之以供饋，益之以誅求，亟之以征斂。當是之時，有目者不忍睹，有耳者不忍聞，又從而刻其膏血，有人心者而尚忍爲之乎？

今遠近軍民，號呼匍匐，訴告喧騰，求朝廷出帑藏以賑濟，久而未獲，反有追征之令，閧然興怨，謂臣等昔日蠲賦之言爲詒己。竊相傷嗟，謂宸濠叛逆，猶知優免租税以要人心［一］。我輩朝廷赤子，皆嘗竭骨髓，出死力，以勤國難。今困窮已極，獨不蒙少加優恤，又從而追征之，將何以自全？是以令之而益不信，撫之而益憒憒，諭之而益呶呶。甫懷收復之望，又爲流徙之圖，計窮勢迫，匿而爲奸，肆而爲寇。兩月以來，有司之以鼠竊警報者，月無虚日，無怪也。彼無家業衣食之資，無父母妻子之戀，而又旁有追呼之苦，上有捶剥之災，自非禮義之士，孰肯閉口

［一］猶知優免租税以要人心　「猶」，國圖本、天圖本、叢刊本、文淵閣本、擒藻堂本作「獨」。

枵腹，坐以待死乎？

今朝廷亦嘗有寬恤之令矣，亦嘗有賑濟之典矣。然寬恤賑濟，内無帑藏之發，外無官府之儲，而徒使有司措置。措置者，豈能神輸而鬼運？必將取諸富民。今富民則又皆貧民矣，削貧以濟貧，猶割心臠肉以啖口，口未飽而身先斃。且又有侵剋之弊，又有漁獵之奸，民之賴以生者不能什一，民之坐而死者常十九矣。故寬恤之虚文，不若蠲租之實惠；賑濟之難及，不若免租之易行。今不免租税，不息誅求，而徒曰寬恤賑濟，是奪其口中之食，而曰「吾將療汝之饑」；刳其腹腎之肉，而曰「吾將救汝之死」。凡有血氣，皆將不信之矣。

夫户部以國計爲官，漕運以轉輸爲任，今歲額之催，交兑之促，皆其職之使然。但民者邦之本，邦本一摇，雖有粟，吾得而食諸？伏望皇上軫念地方塗炭之餘，小民困苦已極，思邦本之當固，慮禍變之可憂。乞敕該部，速將正德十四、十五年該省錢糧，悉行寬免。其南昌、南康、九江等府縣[一]，殘破尤甚者，重加寬貸，使得漸回喘息，修復生理。非但解江西一省之倒懸，臣等無地方變亂之禍，得免於誅戮，實天下之幸，宗社之福也。夫免江西一省之糧税，不過四十萬石，今各四十萬石而不肯蠲，異時禍變卒起，即出數百萬石，既已無救於難矣。此其形迹已見，事理

[一] 九江等府縣　國圖本、天圖本、叢刊本、文淵閣本、摛藻堂本無「縣」字。

甚明者。臣等上不能會計征歛以足國用，下不能建謀設策以濟民窮，徒痛哭流涕，一言小民疾苦之狀，惟陛下速將臣等黜歸田里，早賜施行，以紓禍變。緣係寬免稅糧，急救民困，以弭災變事理，爲此具本請旨。

計處地方疏 十五年五月十五日

臣惟財者，民之心也，財散則民聚；民者，邦之本也，本固則邦寧。故文帝以賜租致富樂之效，太宗以裕民成給足之風，君民一體，古今同符。臣會同巡按江西監察御史唐龍，議照寧賊宸濠志窮荒度，謀肆併吞，其於民間田地、山塘、房屋等項，或用勢強占，或減價賤買，或因官本准折，或摭別事抄收。有中人之家者，一遭其毒，即無棲身之所；有上農之田者，一中其奸，即無用鋤之地。尤且虛填契書以杜人言，私置簿籍以增租額，利歸一己，害及萬家。故先有副使胡世寧直言指陳，續該科道等官交章舉發，言皆有據，事非無徵。近奉詔書曰：「宸濠天性兇惡，自作不靖，強奪官民田產，動以萬計。」則陛下明以燭姦，深知宸濠田產，皆奪諸百姓者也。又曰：「占奪田產，悉還本主。」則陛下仁以憫下，盡欲舉百姓之田產而給還之也。聖言猶在，昭如日星；國信不移，堅如金石。始者宸濠既敗，該臣等已行守巡等官，將該府及各賊黨田地房屋，委令府縣等官[一]，俱抄没在官，造報在册矣。但委官查勘之時，正事變搶攘之際，業主驚散，俱未寧家。上司督責，急欲了事，依契溷查，憑人浪報，多寡是較，占買未分。明詔雖有「給主」之條，小民猶抱失業之恨。昔之居不得而居也，昔之田不得而食也，澤未下究，怨徒上歸。況屋無主則毁，地不耕則荒。故兵馬之後，瓦柱僅存，田野之間，草萊漸長。兼以勢室豪强，恣行包侵之計；奸徒私竊，動開埋没之端；及今審處不早，將來遺失益多。

再照前項田産，多在南昌、新建二縣，受害獨深，人人被其誅求，家家被其檢括。且賊師起事，抄掠尤慘，官兵破圍，傷殘未蘇，財盡已極，民困莫加。查得二縣額派、兑軍淮安、京庫三項糧米，共十一萬九千石有零，淮、益二府禄米，共四千二石，節奏寬免，未奉停徵，運官守催，旗校逼取，勢急若火，案積如山，民納不前，官宜爲處。及照一方之統會在於省城，各府之錢糧併於司庫。查得本布政司官庫，先被賊兵劫搶，繼因軍餉動支，官吏徒守乎空櫃，紙筆亦賒于鋪家。大兵必有荒年，民窮必有盜賊，萬一變生無常，釁起不測，則寸兵尺鐵皆無所需，束芻斗糧亦不能辦，公私失恃，緩急可憂。

[一] 委令府縣等官　「委」，國圖本、天圖本、叢刊本、文淵閣本、擒藻堂本作「許」。

再照省城各門城樓、窩鋪及諸司衙門，先是王府占據，多屬踈隘；近因兵火蔓延，半遭蕩焚。夫城樓者，一方防禦之所關；衙門者，諸司政令之所出。託始創新，固無民力；因陋就簡，見有官房。如蒙乞敕該部查議，將前項抄没過寧府及各賊黨下田地、山塘、房屋等項，行令布政司，會同按察司各掌印官，及分守、分巡官并府縣官，從實覆行查勘明白。委係占奪百姓者，遵照詔書内事理，給還本主管業[一]，及將於内官房，酌量移改城樓、窩鋪、衙門。餘外無碍田地、山塘、房屋，仍令各官，公同照依時估，變賣價銀入官[二]。先儘撥補南、新二縣兑軍淮安、京庫折銀糧米及王府禄米外，有羨餘收貯布政司官庫，用備緩急。仍禁約勢豪之家，不得用强占買，各委官亦不得畏勢市恩，致招物議。凡撥給變賣事情，若有勢豪强占强買，及委官畏勢市恩各情弊，許撫按衙門指實糾劾，懲究施行。事完，該司將各項數目，徑自造册奏報，并呈該部查考。是蓋以百姓之産納百姓之糧[三]，以地方之財還地方之用，民沾惠而國不費，事就緒而財不傷。書曰「守邦在衆」，易曰「聚人曰財」，惟陛下留意焉。緣係計處地方事理，未敢擅便，爲此具本請旨。

[一] 給還本主管業　黄本、閭本、董本、聞本、鄒本、胡本、宋本、邵本「給」上有「各」字。
[二] 變賣價銀入官　國圖本、天圖本、叢刊本、文淵閣本、摛藻堂本無「賣」字。
[三] 是蓋以百姓之産納百姓之糧　「産」，國圖本、天圖本、叢刊本、文淵閣本、摛藻堂本作「業」。

水災自劾疏　十五年五月十五日

臣惟有官守者[一]，不得其職則去。受人之牛羊而爲之牧者[二]，求牧與芻而不得，則反諸其人。臣以匪才[三]，繆膺江西巡撫之寄。今且數月，曾未能有分毫及民之政，而地方日以多故[四]，民日益困，財日益匱[五]，災變日興，禍患日促。自春入夏，雨水連綿，江湖漲溢，經月不退。自贛、吉、臨、瑞、廣、撫、南昌、九江、南康[六]，沿江諸郡，無不被害。黍苗淪没[七]，室廬漂蕩，魚鱉之民聚棲於木杪，商旅之舟經行於閭巷，潰城決隄，千里爲壑，煙火斷絶，惟聞哭聲。詢諸父老，皆謂數十年來所未有也。

[一] 臣惟有官守者　人大本、九大本「臣」上有「題爲非常水災，自劾不職，罷黜歸田，以弭天變事」十九字。
[二] 受人之牛羊而爲之牧者　人大本、九大本「牧」下有「之」字。
[三] 臣以匪才　「匪」，人大本、九大本作「菲」。
[四] 而地方日以多故　「以」，人大本、九大本作「益」。
[五] 民日益困財日益匱　人大本、九大本作「民日益匱」。
[六] 自贛吉臨瑞廣撫南昌九江南康　人大本、九大本無「吉」「廣」二字，又「撫」下有「建」「信」（九大本訛作「倍」）二字。
[七] 黍苗淪没　「没」，人大本、九大本作「汩」。

除行各該司府州縣，修省踏勘具奏外。夫變不虚生，緣政而起；政不自弊，因官而作。官之失職[一]，臣實其端，何所逃罪？夫以江西之民，遭歷宸濠之亂[二]，脂膏已竭，而又因之以旱荒，繼之以師旅，遂使豐稔連年[三]，曲加賑恤，尚恐生理未易完復。今又重以非常之災，危亟若此，當是之時，雖使稷、契爲牧，周、召作監，亦恐計未有措。況病廢昏劣[四]，如臣之尤者，而畀之倀然坐尸其間，譬使盲夫駕敗舟於顛風巨海中[五]，而責之以濟險，不待智者，知其覆溺無所矣。又況部使之催徵益急，意外之誅求未已。在昔一方被災，鄰省尚有接濟之望。今湖湘連歲兵荒，閩浙頻年旱潦，兩廣之征勦未息，南畿之供餽日窮，淮徐以北，山東、河南之間，聞亦饑饉相屬。由此言之，自全之策既無所施，而四鄰之濟又已絶望，悠悠蒼天，誰任其咎？

静言思究，臣罪實多，何者？宸濠之變，臣在接境，不能圖於未形[六]，致令猖突，震驚遠邇，

[一]　官之失職　「職」，人大本、九大本作「政」。

[二]　遭歷宸濠之亂　「遭歷」，人大本、九大本作「歷遭」。

[三]　遂使豐稔連年　「遂」，人大本、九大本作「縱」。

[四]　況病廢昏劣　「病廢」，人大本、九大本作「廢病」。

[五]　譬使盲夫駕敗舟於顛風巨海中　「海中」，人大本、九大本作「浪之中」。

[六]　不能圖於未形　「於」，人大本、九大本作「其」。

乃勞聖駕親征，師徒暴於原野，百姓殆於道路。朝廷之政令因而闕隔，四方之困憊由是日深，臣之大罪一也。徒避形迹之嫌[一]，苟爲自全之計，隱忍觀望，幸而脱禍[二]。不能直言極諫以悟主聽，臣之大罪二也。徒以逢迎附和爲忠，而不知日陷於有過；徒以變更遷就爲權，而不知日紊於舊章；徒以掇拾羅織爲能，而不知日離天下之心；徒以聚斂征索爲計，而不知日積小民之怨，此臣之大罪三也。上不能有裨於國，下不能有濟於民，坐視困窮，淪胥以溺，臣之大罪四也。且臣憂悸之餘，百病交作，尪羸衰眊，視息僅存[三]。以前四者之罪，人臣有一於此，亦足以召災而致變，況備而有之[四]。其所以速天神之怒[五]，深下民之憤，而致災沴之集，又何疑乎？伏惟皇上軫災恤變[六]，别選賢能，代臣巡撫。即以臣爲顯戮，彰大罰於天下[七]，臣雖隕首，亦

[一] 徒避形迹之嫌　「避」，人大本、九大本作「爲」。
[二] 幸而脱禍　人大本、九大本作「幸脱禍機」。
[三] 視息僅存　「視」，人大本、九大本作「喘」。
[四] 況備而有之　人大本、九大本無「而」字。
[五] 其所以速天神之怒　「其」，人大本、九大本作「此」。
[六] 伏惟皇上軫災恤變　「變」，人大本、九大本作「患」。
[七] 彰大罰於天下　「彰」，人大本、九大本作「示」。

云幸也。即不以之爲顯戮，削其禄秩[一]，黜還田里[二]，以爲人臣不職之戒[三]，庶亦有位知警，民困可息，人怒可泄[四]，天變可弭，而臣亦死無所憾[五]。

重上江西捷音疏

十五年七月十七日遵奉大將軍鈞帖

照得先因宸濠圖危宗社，興兵作亂，已經具奏請兵征剿間。蒙欽差總督軍務威武大將軍總兵官後軍都督府太師鎮國公朱鈞帖，欽奉制敕，內開一遇有警，務要互相傳報，彼此通知，設伏剿捕。務俾地方寧靖，軍民按堵。蒙此，臣看得宸濠虐焰張熾，臣以百數疲弱之卒，未敢輕舉驟進，乃退保吉安。一面督率吉安府知府伍文定等，調集軍民兵快，召募四方報效義勇之士，會計一應解留錢糧，支給糧餉，造作軍器戰船，奏留回任監察御史謝源、伍希儒，分職任事。一面約會該

[一] 削其禄秩　「禄」，人大本、九大本作「爵」。

[二] 黜還田里　「里」，人大本、九大本作「野」。

[三] 以爲人臣不職之戒　人大本、九大本無「人臣」二字。

[四] 人怒可泄　「人」，人大本、九大本作「神」。

[五] 而臣亦死無所憾　人大本、九大本「憾」下有「緣係非常水災，自劾不職，罷黜歸田，以弭天變事，爲此具本，順差舍人郎昇親齎，謹題請旨。正德十五年五月十五日」四十五字。

府鄉官致仕都御史王懋中、養病痊可編修鄒守益、刑部郎中曾直、評事羅僑、丁憂御史張鰲山、先任浙江僉事今赴部調用劉藍、依親進士郭持平、軍門參謀驛丞王思、李中、致仕按察使劉遜、參政黄繡、閑住知府劉昭等，相與激發忠義。

七月初二日，宸濠探知臣等兵尚未集，乃留兵萬餘，屬其心腹宗支、郡王、儀賓、内官，并僞授都督、都指揮等官，使守江西省城，而自引兵向闕[一]。臣晝夜促各郡兵，期以本月十五日，會臨江之樟樹，而嚴督知府等官伍文定等，各領兵，於十八日遂至豐城，分布伍文定等攻廣閏等七門[二]。是日得報，宸濠伏兵千餘於新舊墳廠，以備省城之援。臣遣知縣劉守緒等，領兵從間道夜襲破之。十九日，申布朝廷之威，再暴宸濠之惡，約諸將二十日黎明各至信地。我兵四面驟集，遂破江西，擒其居守宜春王拱樤，及僞太監萬鋭等千有餘人。宸濠宫中眷屬聞變，縱火自焚，延及居民房屋。臣當令各官分道救火，撫定居民，散釋脅從，搜獲原被劫收大小衙門印信九十六顆。三司脅從布政使胡濂、參政劉斐、參議許效廉、副使唐錦、僉事賴鳳、都指揮王玘等，皆自首投罪。

除將擒斬功次發御史謝源、伍希儒，權令審驗紀録，及一面分兵，四路追躡宸濠向往，相機

[一] 而自引兵向闕　「自」，底本訛作「日」，據黄本、閭本、董本、聞本、鄒本、宋本、邵本改。

[二] 廣閏　江西捷音疏作「廣潤」。

擒剿。二十二日，臣等駐兵省城，督同知府伍文定等，各領兵分道並進，擊其不意；都指揮余恩領兵往來湖上，誘致賊兵；知府等官陳槐等，各領兵四面設伏。二十三日，復得諜報，宸濠先鋒已至樵舍，風帆蔽江，前後數十里，不能計其數。二十四日早，賊兵鼓噪，乘風而前，逼黄家渡。臣督各兵四面擊賊，遂大潰，擒斬二千餘級，落水死者萬數。二十五日，又督各兵殊死並進，砲及宸濠舟，宸濠退走，遂大敗，擒斬二千餘級，溺水死者不計其數。二十六日，臣夜督伍文定等爲火攻之具，四面而集，火及宸濠副舟，衆遂奔散[一]。宸濠與其妃嬪泣別，妃嬪宮人皆赴水死。我兵遂執宸濠，并其世子、郡王、將軍、儀賓，及僞太師、國師、元帥、參贊、尚書、都督、都指揮、指揮、千百户等官李士實、劉養正、劉吉、屠欽、王綸、熊瓊、盧珩、羅璜、丁饋、王春、吴十三、秦榮、葛江、劉勳、何鏜、王信、吴國七、火信等數百餘人，被執脅從太監王宏、御史王金、主事金山、按察使楊璋、僉事王疇、潘鵬、參政程杲、布政梁宸、都指揮郟文、馬驥、白昂等。擒斬賊黨三千餘，落水死者萬餘，棄其衣甲、器仗、財物，與浮尸積聚，横亘十餘里。餘賊數百艘，四散逃潰。二十七日，戰樵舍等處，又復擒斬千餘，落水死者殆盡。二十八日，知府

[一] 衆遂奔散　底本「遂」訛作「逐」，據黄本、閭本、董本、聞本、鄒本、宋本、邵本、文淵閣本改；又國圖本、天圖本、叢刊本、文淵閣本、摛藻堂本「散」作「敗」。

陳槐等，各與賊戰於沿湖諸處，擒斬各千餘級。

除將宸濠并其世子、郡王、將軍、儀賓、僞授太師、國師、元帥、參贊、尚書、都督、都指揮、指揮等官，各另監羈候解，被執脅從等官，并各宗室别行議奏，及將擒斬俘獲功次一萬一千有奇，發御史謝源、伍希儒，暫令審驗紀録，另行造册繳報外。照得臣節該欽奉敕諭：「但有盜賊生發，即便嚴督各該兵備、守備、守巡、各軍衛有司，設法調兵剿殺。其管領兵快人等官員，不問文職武職，若在軍前違期，并逗遛退縮，俱聽以軍法從事。生擒盜賊，鞫問明白，亦聽就行斬首示衆。斬獲賊級，行令各該兵備、守巡官，即時紀驗明白，備行江西按察司造册奏繳，查照陞賞激勸。欽此。」及准兵部咨，爲飛報賊情事。該本部題稱：「合無本部通行申明，今後但有草賊生發，事情緊急，該管官司，即便依律調撥官軍，乘機剿捕。應合會捕者，亦就調發策應。如有仍前朦朧隱蔽，不即申報，以致聚衆滋蔓，貽害地方，從重參究，決不輕貸」等因。題奉欽依，備咨前來。又蒙欽差總督軍門發遣太監張永，前到江西查勘宸濠反叛事情。安邊伯朱泰、太監張忠、左都督朱暉，各領兵亦到南京、江西征剿。續蒙欽差總督軍務威武大將軍總兵官後軍都督府太師鎮國公朱，統率六師，奉天征討，及統提督等官司禮監太監魏彬、平虜伯朱彬等，并督理糧餉兵部左侍郎等官王憲等，亦各繼至南京。臣續又節該奉敕：「如或江西别府報有賊情緊急，移文至日，爾要及時遣兵策應，毋得違誤。欽此。」俱經欽遵外。

臣竊照宸濠烝淫姦暴，腥穢彰聞，數其罪惡，世所未有。不軌之謀，已踰一紀，積威所劫，遠被四方，而旬月之間，遂克堅城，俘擒元惡，是皆欽差總督威德，指示方略之所致也。及照御史謝源、伍希儒，監軍督哨，謀畫居多。知府伍文定、邢珣、徐璉、戴德孺、陳槐、曾璵、林城、周朝佐、署都指揮僉事余恩、通判胡堯元、童琦、談儲、推官王暐、徐文英、知縣李楫、李美、王冕、王軾、劉源清、劉守緒、傅南喬、通判楊昉、陳旦、指揮麻璽、高睿、孟俊、知縣張淮、應恩、王庭[一]、顧佖、萬士賢、馬津等，雖效績輸能，亦有等列，然皆首從義師，共收全功。其伍文定、邢珣、徐璉、戴德孺等，冒險衝鋒，功烈尤懋。鄉官都御史王懋中、編修鄒守益、御史張鰲山、郎中曾直、評事羅僑、僉事劉藍、進士郭持平、驛丞王思、李中、按察使劉遜、參政黄繡、知府劉昭等，仗義興兵，協張威武。以上各官功勞，雖在尋常征剿，亦已難得。伏望皇上論功朝錫之餘，普加爵賞旌擢，以勸天下之忠義，以勵將來之懦怯。緣係捷音事理，爲此具本請旨。

[一] 王庭　黄本、閭本、董本、聞本、宋本作「王廷」。

四乞省葬疏

十五年閏八月二十日

照得先准吏部咨［一］，該臣奏稱，以父老祖喪［二］，屢疏乞休，未蒙憐准。近者奉命扶疾赴闕，意圖了事，即從彼地冒罪逃歸。旬月之前，亦已具奏［三］。不意行至中途，遭值寧府反叛，此係國家大變，臣子之義，不容舍之而去。又蒙省撫巡方面等官［四］，無一人見在者。天下事機，間不容髮，故復忍死暫留於此，爲牽制攻討之圖。俟命帥之至［五］，即從初心，死無所避［六］。臣思祖母自幼鞠育之恩，不及一面爲訣，每一號痛，割裂昏殞，日加尫瘠，僅存殘喘。母喪權厝祖墓之側［七］，今葬祖母，亦欲因此改葬。臣父衰老日甚，近因祖喪哭泣過節［八］，見亦病卧苫

［一］照得先准吏部咨　人大本、九大本「照」上有「奏爲四乞天恩，歸省父疾，回籍待罪事」十五字。
［二］以父老祖喪　人大本、九大本無「以」字。
［三］亦已具奏　「亦」，人大本、九大本作「先」。
［四］撫巡方面等官　「撫巡」，人大本、九大本、國圖本、天圖本、叢刊本、文淵閣本、摛藻堂本作「巡撫」。
［五］俟命帥之至　「帥」，九大本作「師」。
［六］死無所避　「避」，人大本、九大本作「逃」。
［七］母喪權厝祖墓之側　「墓」，底本訛作「母」，據乞便道省葬疏、人大本、九大本改。
［八］近因祖喪哭泣過節　人大本、九大本「祖」下有「母之」二字。

廬。臣今扶病驅馳兵革，往來於廣信、南昌之間，廣信去家不數日[一]，欲從其地不時乘間抵家一哭[二]，略爲經畫葬事[三]，一省父病。臣區區報國血誠，上通於天，不辭滅宗之禍，不避形迹之嫌，冒非其任，以勤國難，亦望朝廷鑒臣此心，不以法例繩縛，使臣得少伸烏鳥之痛。臣之感恩，死且圖報，搶攘哀控，不知所云等因。具本奏奉聖旨：「王守仁奉命巡視福建，行至豐城，一聞宸濠反叛，忠憤激烈，即便倡率所在官司，起集義兵，合謀剿殺，氣節可嘉。已有旨著督兵討賊，兼巡撫江西地方。所奏省親事情[四]，待賊平之日來説。該部知道。欽此。」備咨到臣，除欽遵外。近照寧王逆黨[五]，皆已仰賴皇上神武，廟堂成算，悉就擒獲，地方亦已平靖。百姓室家相慶，得免徵調之苦，復有更生之樂，莫不感激洪恩，沾被德澤。獨臣以父病日深，母喪未葬之故，日夜哀苦，憂疾轉劇。犬馬驅馳之勞，不足齒録，而烏鳥迫切之情，實可矜憫[六]。已

[一] 廣信去家不數日　人大本、九大本無「不」字。
[二] 不時乘間抵家一哭　人大本、九大本無「一哭」二字。
[三] 略爲經畫葬事　人大本、九大本作「經紀喪事」。
[四] 所奏省親事情　人大本、九大本無「情」字。
[五] 近照寧王逆黨　人大本、九大本作「近幸寧府逆黨」。
[六] 實可矜憫　「矜」，人大本、九大本作「憐」。

蒙前旨，許「待賊平之日來説」[一]，故敢不避斧鉞，復申前請。伏望皇上仁覆曲成，容臣暫歸田里，一省父病，經紀葬事。臣不勝苦切祈望之至等因。又經具本，於正德十四年八月二十五日，差舍人來儀齎奏去後[二]，迄今已踰八月[三]，未奉明旨。

臣旦暮惶惶，延頸以待，内積悲痛之鬱，外遭窘局之苦，新患交乘，舊病彌篤，方寸既亂，神氣益昏，目眩耳聵，一切世事，皆如夢寐[四]。今雖抑情强處，不過閉門伏枕，呻吟喘息而已。豈能供職盡分[五]，爲陛下巡撫一方乎？夫人臣竭忠委命，以赴國事，及事之定，乃故使之不得一省其親之疾，是沮義士之志，而傷孝子之心也。且陛下既以許之，又復拘之，亦何以信於後？臣素貪戀官爵，志在進取，亦非高潔獨行[六]，甘心寂寞者。徒以疾患纏體，哀苦切心，不得已

[一]　許待賊平之日來説　人大本、九大本無「許」字。
[二]　差舍人來儀齎奏去後　人大本、九大本無「去後」二字。
[三]　迄今已踰八月　人大本、九大本作「迄踰八月」。
[四]　皆如夢寐　「如」，人大本、九大本作「爲」。
[五]　豈能供職盡分　人大本、九大本「豈」下有「復」字。
[六]　亦非高潔獨行　「行」，人大本、九大本作「能」，「獨能」二字或讀屬下句。

而爲此。今亦未敢便求休退[一]，惟乞暫回田里[二]，一省父疾，經營母葬，臣亦因得就醫調理，少延喘息。苟情事稍伸，病不至甚，即當奔走赴闕，終效犬馬，昔人所謂「報劉之日短，盡忠於陛下之日長也」。臣不勝哀痛號呼[三]、懇切控籲之至。具本，又於正德十五年三月二十五日，差舍人王鼒齎奏去後[四]，迄今復六月[五]，未奉明旨。

臣之痛苦，刻骨剜心，憂病纏結，與死爲鄰，已無足論。而臣父衰疾日亟，呻吟牀蓐，思臣一見，晝夜涕洟[六]。每得家書，號慟顛殞，蘇而復絶。夫虎狼惡獸，尚知父子；烏鳥微禽，猶懷反哺。今臣父病狼狽至此，惟欲望臣一歸，而臣乃依依貪戀官爵，未能决然逃去，是禽獸之不若，何以立身於天地乎？夫人之大倫，内則父子，外則君臣。事君以忠，事父以孝，不忠不孝，

[一] 今亦未敢便求休退 「未」，九大本作「安」。
[二] 惟乞暫回田里 「里」，人大本、九大本作「野」。
[三] 臣不勝哀痛號呼 「號呼」，人大本、九大本作「呼號」。
[四] 王鼒 人大本、九大本作「王鼎」。
[五] 迄今復六月 人大本、九大本作「今復又踰六月」。
[六] 晝夜涕洟 「涕洟」，人大本、九大本作「悲泣」。

爲天下之大戮。縱復幸免國憲[一]，然既辱於禽獸，則生不如死。臣之歸省父疾[二]，在朝廷視之，則一人之私情；自臣身言之，則一生之大節。往者寧藩之變，臣時欲歸省父疾[三]，然宗社危急，呼吸之間，存亡攸係，故臣捐九族之誅，委身以死國難，時則君臣之義爲重。今國難已平，兵戈已息[四]，臣待罪巡撫，不過素餐尸位，以苟歲月[五]，而臣父又衰老病篤若此[六]，尚爾貪戀禄位而不去，此尚可以爲子乎？不可以爲子者，尚可以爲臣乎？臣今待罪巡撫，若不請而逃，竊恐傳聞遠邇，驚駭視聽。夫人臣死君之難[七]，則捐其九族之誅而不恤，至其急父之危，則亦捐其

[一]　縱復幸免國憲　「國」，人大本、九大本作「刑」。
[二]　臣之歸省父疾　「疾」，人大本、九大本作「病」。
[三]　臣時欲歸省父疾　人大本、九大本「時」下有「雖」字。
[四]　兵戈已息　「兵」，人大本、九大本作「干」。
[五]　以苟歲月　人大本、九大本「苟」下有「延」字。
[六]　而臣父又衰老病篤若此　人大本、九大本無「而」字；又「衰老病篤」，人大本、九大本作「衰病危篤」，黄本、閭本、董本、聞本、宋本、邵本作「衰危病篤」。
[七]　夫人臣死君之難　「死」，人大本、九大本作「赴」。

一身之戮而不顧[一]。今復候命不至，臣必冒死逃歸。若朝廷憫其前後懇迫之請[二]，赦而不戮，臣死且圖啣結。若遂正以國典，臣獲一見老父而死，亦瞑目於地下矣。臣不勝痛隕苦切、號控哀祈之至。除冒死一面移疾舟次，沿途問醫，待罪候命外。緣係四乞天恩，歸省父疾，回籍待罪事理，爲此具本奏聞[三]。

開豁軍前用過錢糧疏

十五年九月初四日

照得先因寧王變亂，該臣備行南贛等府，起調各項官軍兵快人等追剿，合用糧餉等項，就仰聽將在官錢糧支給問。隨據吉安府申，爲處置軍餉事，開稱動調兵快數萬，本府錢糧數少，乞爲急處等情。已經通行各府，速將見貯不拘何項錢糧，以三分爲率，内將二分解赴軍前接濟外。續爲地方事，臣又看得各處軍兵雖已起調，但前項事情，係國家大難，存亡所關，誠恐兵力不敷，未免誤事。又行牌仰各該官司，即選父子鄉兵在官操練，聽將官錢支作口糧，候臣另有明文一至，

[一] 則亦捐其一身之戮而不顧 「捐」，人大本、九大本作「忘」。

[二] 若朝廷憫其前後懇迫之請 「請」，人大本、九大本作「情」。

[三] 爲此具本奏聞 人大本、九大本「本」下有「順差舍人親齎謹具」八字。

隨即啓行去後。續照前項首惡并其謀黨，俱已擒斬，原調各處軍兵，久已散歸。就經備行江西布政司，通將各府州縣，自用兵日起，至於掣兵日止，用過一應在官錢糧等項，逐一查明造報，以憑施行。未報查催間。又據江西按察司呈，爲緊急軍情事，開稱先准江西布政司照會，正德十四年十月初一日，該蒙户部員外郎黄著案驗，内開蒙本部題奉欽依，差在軍前整理糧草。今照各哨官軍，俱集江西省城，又聞聖駕亦將征討，跟隨官軍未知數目，駐劄月日未知久近，所有糧料草束，合仰備行本司掌印等官，從長設法處置。或支動在官銀兩，選委能幹官員，趁早多買糧草，預備支應，庶無失誤，等因到司。彼時巡按御史唐龍未到，本院押解逆犯宸濠等在途，查得江西省城司府及南、新二縣并南、康二府庫藏，俱被寧賊搶劫空虚，無從措置，誠恐臨期失誤。就經會同江西布政司，一面議借軍門發候解京贓銀，及南昌府縣追到官本等銀，給發委官汪憲等，各領買辦糧草供應；一面議將各府派銀接濟緣由，會呈本院。奉批俱准議，造册繳報查考等因。依奉，除南康、九江、南昌三府縣殘破未派，備行撫州等十府，動支在官銀兩接濟。續因起解首惡宸濠等并逆黨宫眷等項，及補還原借解京贓銀、官本等銀緊急，又經會呈，議行各該府縣，暫借在官銀兩前來應濟，共計用過銀九千七百七十一兩四錢。其餘見存銀兩，俱係該解之數，悉行各府差人領回，聽其收解外。呈乞施行，等因到臣。

看得所呈前項供應糧料、買辦草料，及自臣起兵以來費用過錢糧，中間多係京庫折銀及兑淮糧米等項[一]，俱係支給賞勞兵快人等，及供應北來官軍，并犒賑軍民緊急支用，計出無聊，事非得已，别無浪費分文，據法似應措補。但今兵荒殘破之餘，庫藏無不空虚，小民無不凋敝，遠近人情洶洶，方求公帑賑濟，若復派補，必致變生不測。其聽解賊贓、官本等銀，實係寧賊搶劫官庫積蓄，刻剥小民脂膏，相應存留，以救困竭。今又盡數解京，地方空匱，委果已極。查得各處用兵，請給内帑，或借别省錢糧接濟。邇者寧賊非常之變，事起倉卒，雖欲請給内帑，勢有不及。後蒙該部議准，許於廣東軍餉銀内支取十萬，隨幸賊勢平定，前項准借銀兩亦遂停止，分毫不曾取用。伏望皇上憫念地方師旅饑饉之餘，民窮財盡，困苦已極。近又加以水災爲患，流離益甚。乞敕該部查照，轉行江西布、按二司，將自用兵以來，支取用費過各該府縣京庫折銀及兑淮糧米等項，通行查明，各計若干，照數開豁，免行追補。仍仰備造文册，繳部查考。庶軍民得以少蘇，而地方可免於意外之虞矣。

[一] 兑淮糧米等項 「淮」，底本訛作「准」，據黄本、閭本、董本、閩本、鄒本、宋本、邵本改，下文仿此。

徵收秋糧稽遲待罪疏　十五年十二月初十日

據江西布政司呈，准布政使陳策等咨，照得正德十四年稅糧，先准參議周文光奉户部勘合，派屬徵解。隨因聖駕南巡，各府州縣官俱集省城聽用，前項錢糧不暇追徵。正德十五年正月初二日，蒙巡按江西監察御史唐龍案驗，爲乞救兵燹窮民，以固邦本事。該巡撫蘇松都御史李充嗣題稱，江西變亂，南昌、南康、九江等府，首被燒劫，其餘府縣，大軍臨省，供應浩繁，要將該年稅糧盡行停免等因。備行分守南昌五道，勘議得南昌府南、新二縣，被害深重，應免糧差三年；其餘州縣并瑞州等一十二府屬縣，俱應免糧差二年。回報到司，即轉呈本院具題外。本年二月內，續蒙欽差户部員外郎龍誥案驗，爲儹運糧儲事，備行本司，督催該年兑淮錢糧交兑。遵依節行催徵間。本年三月初五日，隨准漕運衙門照劄，坐到兑軍本色米八萬石，折色米三十二萬石，改兑米一十七萬石，每石連耗折銀七錢，備行作急徵完起運。本月二十八日，又蒙撫按衙門案驗，爲地方極疲，速賜恩恤以安邦本事。該南京工科給事中王紀等，奏奉欽依：「自正德十四年以前一應錢糧，果係小民拖欠未完的，俱准暫且停徵。還着各該官司設法賑濟，毋視虛文。」欽遵通行外。又蒙員外郎龍誥案牌，將糧里嚴加杖併，急如星火，小民紛紛援例，赴司告豁。呈蒙撫按衙門批行本司，給示曉諭納糧人户，先將兑軍徵解，小民方肯完納，轉行參議魏彦昭督運。續因本官去任，又經呈批參政邢珣暫管督兑。本官於五月二十日，徧歷催儹，通將徵完本色米八萬石兑完起運訖，其折色銀兩，催據廣信等府屬縣陸續徵解。近於十一月十三等日，抄奉漕運衙門照劄，備行本司，將兑運折色銀三十四萬三千兩，務要徵完足數，差官協同運官解部等因。依奉通行外，今照該年税糧，委因事變兵荒，經理不前，及專管提督官員更代不常，况奉部院明文，徵免不一，小民不服輸納，官府掣肘難行，因而稽延。若不預將前情轉達，誠恐查究，罪及未便等因。備呈到臣。

竊照江西錢糧，小民所以不肯輸納，與有司所以難於追徵者，其故各有三，而究其罪歸，則責實在臣。何者？宸濠之叛，首以僞檄除租要結人心。臣時起兵旁郡，恐其扇惑，即時移文遠近，宣布朝廷恩德，蠲其租賦，許以奏免，諭以君臣之分，激其忠義之心，百姓丁壯出戰，老弱居守。既而旱災益熾，民困益迫，然而小民不即離散者，以臣既爲奏請，雖明旨未下，皆謂朝廷必能免其租税，尚可忍死以待也。夫危急之際，則啗之免租以竭其死力；事平之後，又罔民而刻取之，人懷怨忿不平。此其不肯輸納之故，一也。及宸濠之亂稍定，而大軍隨至，供饋愈煩，誅求愈急，其顛連困踣之狀，臣於前奏已略言之。百姓不任其苦，强者竄而爲寇，弱者匿而爲奸。繼而水災助禍，千里之民皆爲魚鱉，號哭載途，喧騰求賑。其時臣等既無帑藏之儲，又無倉廩可發，所以綏勞撫定之者，更無别計，惟以奏免租税爲言。百姓睊睊胥讒，謂命在旦夕，不能救我，而徒曰免税，免税豈可待邪？蓋其心以爲免税已不待言，尚恨其無以賑之也。已而既不能賑，又從而追納之，人怨益深，不平愈甚。此其不肯輸納之故，二也。當大軍之駐省，臣等趨走奔命，日不暇給，亦以爲既有前奏，則賦税必在所免，不復申請。其時巡撫蘇松等處都御史李充嗣奏稱，江西首被宸濠之害，乞將該年税糧軍需等項，俱行停免。該户部覆題，奉聖旨：「是。各被害地方，着撫按官嚴督所屬，用心設法賑濟。欽此。」又該給事中王紀奏，本部覆題，奉聖旨：「是。這地方委的疲困已極，自正德十四年以前一應錢糧，果係小民拖欠未完的，俱准暫且停徵。還着各該官司設法賑濟，毋視虚文。欽此。」俱欽遵。該部備咨前來，臣等正苦百姓㗇㗇，咨文一至，如解倒懸，即時宣布。百姓聞之，歡聲雷動，遞相傳告，旦夕之間，深山窮谷，無不畢達。自是而後，堅守蠲免之説，雖部使督臨，或遣人下鄉催促，小民悉以爲詐妄，群起而驅縛之，催徵之令不復可行。此其不肯輸納之故，三也。

郡縣之官，親見百姓之困苦，又當震蕩顛危之日，懼其爲變。其始惟恐百姓不信免租之説，指天畫地，誓以必不食言。既而時事稍平，則盡反其説而徵之，固已不能出諸其口矣。況從而鞭笞捶撻之，其遽忍乎？此其難於追徵之故，一也。三司各官，舊者既被驅脅，新者陸續而至，至則正當擾攘，分投供應，四出送迎，官離其職，吏失其守，糾結紛拏，事無專責。如群手雜繰於亂絲之中，東牽西絆，莫知端緒。既而部使驟臨，欲於旬月之間，督併完集，神輸鬼運，有不能矣。此其難於追徵之故，一也。夫背信而行，勢已不順。若使民間尚有可徵之粟，必不得已，剜剥而取之，忍心者尚或能辦也，而民之瘡痍已極矣，實無可輸之物矣。別夫離婦，棄子鬻女，有耳者不忍聞，有目者不忍睹也。如是而必欲驅之死地，其將可行乎？此其難於追徵之故，三也。

夫小民之不肯輸納既如彼，而有司之難於追徵又如此。後值部使身臨坐併，急於風火，百姓怨謗紛騰，洶洶思亂，復如將潰之隄。臣於其時，慮恐變生不測，謂各官與其激成地方之禍，無益國事，身膏草野，以貽朝廷之憂，孰若姑靖地方，寧以一身當遲慢之戮乎？因諭各官，追徵毋急，以紓民怨。各官内迫於部使，外窘於窮民，上調下輯，如居顛屋之下，東撑則西頹，前支則後圮。强顔陵詬之辱，掩耳怨懟之言，身營閭閻之下，口説田野之間，曉以京儲之不可缺，諭以國計之不得已。或轉爲借貸，或教之典拆，忍心於捶骨剥脂之痛而浚其血，閉目於析骸食子之慘而責其逋。共計江西十四年分[二]，兑軍本色米八萬石，折色米三十二萬石，改兑米一十七萬石。臣始度其勢，以爲决無可完之理，其後數月之間，亦復陸續起解完納，是皆出於意料之外。在各

[二] 共計江西十四年分　「共」，黄本、閭本、董本作「其」。

官誠窘局艱苦，疲瘁已極，亦可謂之勞而有功矣。

今聞部使參奏，且將不免於罪，臣竊冤之。昔之人固有催科政拙而自署下考者，亦有矯制發廩而願受其辜者。各官之以此獲罪，固亦其所甘心。但始之因叛亂旱荒而爲之奏免者，臣也；繼之因水災兵困而復爲申奏者，臣也；又繼之因朝廷兩有停徵賑貸之旨，而爲之宣布於衆者，亦臣也；又繼之慮恐激成禍變，而諭令各官從權緩徵者，又臣也。是各官之罪，皆臣之罪也。今使各官當遲慢之責而臣獨幸免，臣竊耻之。夫司國計者慮京儲之空匱，欲重徵收後期者之罪，而有罰俸降級之議。此蓋切於謀國，忠於事君者之不得已也，亦且不念江西小民之困苦與各官之難爲哉？顧欲警衆集事，創前而戒後，固有不得不然者。正所謂救焚身之患，不遑恤毛髮之焦；攻心腹之疾，不得避針灼之苦耳。伏望皇上憫各官之罪，出於事勢之無已，特從眚災肆赦之典，寬而宥之，則法雖若屈而理亦未枉。必謂行令之始，不欲苟撓，則各官之罪實由於臣，即請貶削臣之禄秩，放還田里，以伸國議。如此，則不惟情法兩得，而臣亦可以藉口江西之民，免於欺上罔下之耻矣。臣不勝惶懼待罪之至。緣係徵收秋糧稽遲待罪事理，爲此具本請旨。

巡撫地方疏 十五年四月二十八日[一]

據江西布政司呈，奉臣案驗，照得本院前任巡撫衙門，近遭兵火廢毁，兼以地址僻隘低窪，每遇淋雨，潢潦浸灌。見今本院在於都司、貢院諸處衙門寄駐，遷徙不常，居無定止，人無定向，妨政失體，深爲未便，合行議取[二]。爲此仰抄案回司，即便會同都、按二司官，從長議查省城官民没官房屋，及革毁一應衙門，可以拆修改造者，會議停當，呈來定奪，毋得違錯等因。依奉會同都指揮僉事王繼善、按察使伍文定，議得前項衙門，先年建於永和門内，僻在一隅，地勢低窪，切近東湖，一遇淫雨，輒遭浸漫。近因大軍駐劄，人馬作踐，俱各倒塌，及查巡按衙門，亦皆年久，朽爛傴側，俱難居住，欲擇地蓋造。緣今地方兵荒之後，取之於官則官庫空竭，斂之於民則民窮財盡，反覆思惟，無從措置。查得承奉司并織造機房各一所，係是没官之數，俱各空閒，地勢頗高，規模頗廣。合無呈請，將承奉司暫改爲都察院衙門[三]，機房改爲巡按衙門，委官相度，趁時修理。如此，則工費不繁，民力少節，實爲兩便緣由。呈詳到臣。

[一] 十五年四月二十八日 「二十八」，國圖本、天圖本、叢刊本、文淵閣本、摛藻堂本作「二十五」。

[二] 合行議取 「取」，黄本、閭本、董本、聞本、宋本、邵本作「處」。

[三] 將承奉司暫改爲都察院衙門 「承」，底本訛作「呈」，據黄本、閭本、董本、聞本、宋本、邵本改。

查得先爲計處地方事，該臣會同巡按御史唐龍議奏，乞將抄没寧府及各賊黨田地、房屋，令布、按二司掌印，及守巡并府縣官員，從實覆查。委係占奪百姓，遵照詔書内事理，各給還本主管業，及將於内官房，酌量移改城樓、窩鋪、衙門。餘外田地、山塘、房屋，仍令各官，公同照依時估，變賣價銀入官，先儘撥補南、新二縣兑軍淮安、京庫折銀糧米及王府禄米外。有餘羨收貯布政司官庫，用備緩急緣由。會本具題去後，未奉明旨。今呈前來，爲照各項衙門，果已廢毁，當兹兵火之餘，民窮財盡，改創實難。今該司議將前項没官房屋暫改，不費於官，不勞於民，工省事易，誠亦兩便，似應准議。除行該司，一面委官趁時修改，暫且移駐，以便聽理。候民困既蘇，財用充給之日，力可改創，再行議處。

剿平安義叛黨疏　十六年五月十五日

據江西按察司按察使伍文定關稱，奉臣批，據南康府通判林寬、安義縣知縣熊价、奉新縣典史徐誠，呈開俱奉本院紙牌，及巡按御史唐龍、朱節等，計委追剿逆賊楊本榮等。依奉前後誘捕，及於沿湖各處敵戰擒斬，共一百二十六名顆，并於楊子橋巢内，搜獲伊原助逆領授南昌護衛中千户所印信一顆，合就解呈。奉批：「仰按察司會同都、布二司官，將解到賊級紀驗，賊犯鞫審明白，解赴軍門，以憑遵照欽奉敕諭事理，就行斬首示衆。有功員役，分別等第呈來，給賞施行。」并蒙巡按江西監察御史唐龍批：「按察司會同各掌印官審究，及將有功官役并陣亡之人查明，具招呈報。」又蒙巡按江西監察御史朱節批：「看得各犯罪惡貫盈，致勤提督衙門調兵擒剿，事情重大。按察司會勘明白，中間如有事出脅從，情可矜疑者，通具呈報」等因。依奉會同都指揮僉事高厚、左布政使陳策等，議得賊犯楊正賢等，累世窮兇，鄱湖劇患。近復從逆，幸而漏網，嘯聚劫囚，敵殺官兵，滔天之罪，遠近播聞。通判林寬等，克承方略，首事緝捕，雖有小衄，竟收成功。知縣熊价到任甫及半月，倉卒偶當其衝，終能有備，多所擒獲。典史徐誠，奉調領兵破賊，適中機會。署都指揮僉事馮勳，鼓勇而前，賊遂奔潰。其典史周祐，陰謀散黨，隱然之蹟，未可泯棄。合無呈乞鈞裁，將署都指揮僉事馮勳、通判林寬、知縣熊价、典史徐誠，俱優加犒獎。林寬、熊价，仍旌其除盜安民之勞[一]，典史周祐另行賞賚。隨征南昌前衛千户馬喜、新建縣縣丞黄仲仁、南昌縣主簿陳紀、安義縣主簿崔錠、建昌縣税課局大使江象、安義縣領哨義官楊震七，協守縣治安義縣縣丞何全、典史陳恒昭，把截九里三渡南昌前衛指揮梁端、千户周鎮，俱量行犒勞。其餘獲賊吏兵、哨長、保長、總小甲人等，查照近日告示事理，分別等第，一一給賞。陣亡陣傷義兵

[一] 仍旌其除盜安民之勞　「盜」，國圖本、天圖本、叢刊本、文淵閣本、摛藻堂本作「暴」。

程碧、程魁七等，俱各優恤其家，給賞湯藥之費。如此，庶使有功者録而人知所勸，死事者酬而人無所憾矣。仍行該府縣，將逆賊楊正賢等妻男財産，估變價銀，修築縣城，尤爲便益緣由。同查過功次文册，關繳到司，備由轉呈到臣。

簿查正德十五年十一月初十日，據江西按察司副使陳槐關稱，原問犯人胡順并楊子橋等家屬財産，通該查抄，解報呈詳。已批該司查照施行，務得的實，毋致虧枉外。續據安義縣申稱，依奉拏獲楊子橋妻周氏，男楊華五、華七、華八、月保，并伊同居親弟楊子樓，收監起解間。十二月二十二日辰時，不期子樓未獲男楊本榮，統集百十餘徒，各持鎗刀衝縣。當同巡捕主簿崔錠，督領機兵防禦。彼賊勢勇，打入獄門，劫去楊華五等，并原監楊正江、楊紹鑑，及别犯胡清等一十八名，燒燬總甲張惟勝房屋，劫掠鋪户傅甫七等貨物。隨即起集哨長陳魁四等，屯兵設法，擒獲楊華五等，仍舊收監，一面追獲餘賊楊子樓等，合行申報等情。又據通判林寬呈稱，首惡楊本榮、楊華二等，照舊立寨嘯聚。批仰按察司會同各官議處。隨據該司呈稱，依奉會同署都指揮僉事王繼善、左布政使陳策、副使顧應祥等，議得楊本榮等罪惡，據法即當督兵擒捕。但訪得楊姓一族，稔惡從亂者有數，若使兵刃一加，未免玉石未辨。合行該縣，再諭楊本榮等作急投首，庶幾楊紹鑑等之罪可辨，楊本榮之情可原。若使負固不服，即將稔惡賊黨指實申來議處。呈詳到臣。

照得本院前年駐兵省城，擒剿叛賊之後，即欲移兵撲滅逆黨楊子橋等。彼因訪得各犯親族，亦多良善連居，若大兵一臨，未免玉石俱焚，方爾遲疑。當據楊子橋等，自行投赴軍門，本院仰體朝廷好生之德，正欲保全一方之生靈。當即遵照詔書黃榜事理，將子橋等量加杖責，釋放回家，諭令改惡遷善，其餘黨惡悉不根究外。後因解京逆黨劉吉、陳賢等，供攀不已，朝廷之意，將復發兵加誅，則恐失信于下；將遂置而不問，則一般從逆之人，乃至極刑抄没，而子橋等獨不略加懲創，亦何以警戒將來？故照舊釋其黨從以示信，獨行拘子橋以明罰。其遷徙抄没，亦止及於子橋一身。朝廷之處，可謂仁至義盡矣。爲之親族黨與者，正宜感激朝廷浩蕩再生之恩，皆宜争出到官，輸誠效款，自相分别，洗滌其既往之愆，而顯明其維新之善，却乃略不改創，輒敢抗逆官府，衝縣劫囚，自求誅滅。據法論情，已在必誅無赦。但念中間良善尚多，止因楊子橋同居稔惡之徒，繆以危言激誘，族黨扇惑鼓動，以至於此，恐亦非其本心。今據三司各官呈議，亦與所訪略同，准依所議，姑且未即加兵。就經批行該道守巡官，先行分别善惡，令其親族素非同惡者，自行告明官司，各另屯住。其被脅之人，若能投首到官，亦准免罪。有能并力擒捕首惡送官者，仍一體給賞。俱限一月之内投首輸服，若過期不出，即將各犯背叛情由，備細呈來，以憑發兵剿滅。一面行仰該縣，及各附近官司，整集兵快義勇，固守把截，聽候本院進止。仍備出告示，曉諭遠近外。

續據通判林寬呈稱，遵照明文，密喚楊姓良善户丁楊庸、楊邦、十五等七名到職，示以禍福，給以犒賞，着令分別良善，止捕衝縣逆賊送官。隨該楊庸等誘擒逆賊九名到縣，又獲賊犯一十七名。隨給牌面，令通縣老人分投撫諭，而各賊仍前立寨不服。續又擒獲賊犯四名，後聞官司要搗巢穴，連夜鼓挾鄰族，約有百十餘徒，擄船奔入鄱陽湖。欲即率兵追剿，緣該縣空虛，誠恐賊計中途回鋒衝突，未可輕出。除差人飛報沿河保長，立寨防剿，一面牒府督率星子、建昌、都昌兵沿湖巡捕外。呈乞施行等因。

據呈，臣會同巡按御史等官，看得賊既入湖，良善已分，正可四面合兵追剿。除行南昌守巡、兵備點選兵快，就行都司馮勳統領，星夜前去跟躡賊踪，設法剿捕。就經批仰按察司，即便通行該道守巡官，及沿湖各該官司、地方保甲人等，一體集兵，防剿追捕，毋令遠竄貽患。臣等又慮安義縣治單弱，恐各賊乘虛歸劫。另行牌調奉新縣典史徐誠，選兵四百，密從間道，星夜前去該縣，會同知縣熊价，協力防剿。又行牌仰各官，於九姓良善之中，挑選義勇武藝，及於沿湖諸處，起集習水壯健慣戰之人，各官身自督領。密取知因鄉導，四路爪探，或躡賊踪，或截要路，或歸防縣治，張疑設伏，聲東擊西，一應事機，俱聽從宜施行。合用糧賞，就於司府庫内原貯軍餉銀内支給。及差官賫執令旗令牌，前去督押行事，軍兵人等，但有軍前不聽號令，及退縮逗遛，侵擾良善者，遵照敕諭事理，就以軍法從事。各官俱要竭忠盡力，慎重勇果，殺賊立功，以靖地方。若畏避輕忽，致賊滋蔓，貽患地方，軍令具存，決難輕貸。完日，通將擒斬功次、獲功人員等項，一併開報，以憑施行去後。

今呈前因，照得臣先節該欽奉敕諭：「但有盜賊生發，即便設法調兵剿殺，聽爾隨宜處置。欽此。」欽遵。除將前項有功官員吏兵人等[一]，及陣亡被傷等項，俱准議，於南昌府動支本院貯庫支剩軍餉銀兩，除已犒奬給賞優恤外。其未經奬犒給賞優恤者，批仰該司查照等第，逐一補給。賊屬男婦，估價變賣銀兩，亦准修築該縣城垣支用。擒獲賊犯，鞫問明白，仍解軍門斬首示衆。斬獲賊級，行令造册繳報，并行巡按衙門知會外。臣等議照叛黨楊正賢等，肆其兇獷之習，恃其族類之繁，稔惡一方，流劫遠近，既積有世代。比復興兵助逆，脱漏誅殄，略無悔創，乃敢攻縣劫獄，聚衆稱亂。惡貫滿盈，天怒人怨，遂爾一旦掃滅，在朝廷固猶疥癬之搔爬，在江西實亦疽癰之潰決。巡按御史唐龍、朱節，運謀監督，而按察使伍文定、布政使陳策等，相與協議贊畫，都指揮馮勳及通判林寬、知縣熊价等，又各趨事效命，并力于下，論各勞績，皆宜旌録。臣守仁卧病待罪之餘，儘存喘息，幸賴諸臣，苟免咎愆。緣係剿平叛黨事理，爲此具本題知。

[一] 官員吏兵人等　「吏」，底本訛作「支」，據黄本、閭本、董本、聞本、鄒本、胡本、宋本、邵本改。

乞便道歸省疏

臣於正德十六年六月十六日，欽奉敕旨：「以爾昔能剿平亂賊，安靖地方，朝廷新政之初，特兹召用。敕至，爾可馳驛來京，毋或稽遲。欽此。」欽遵。已於本月二十日，馳驛起程外。竊念臣自兩年以來，四上歸省之奏，皆以親老多病，懇乞暫歸省視，實皆出於人子迫切之至情。而其時復以權姦當事，讒嫉交興，非獨臣之愚悃無由自明，且慮變起不測，身罹曖昧之禍，冀得因事退歸，父子苟全首領於牖下，故其時雖以暫歸爲請，而實有終身丘壑之念矣。既而宗社有靈，天啓神聖，入承大統，革故鼎新，親賢任舊，向之爲讒嫉者，皆已誅斥略盡，陽德興而公道顯，臣於斯時，固已欣然改易其退遁之心矣。當明良之會，聖人作而萬物睹，天下之士，孰不顒然有觀光之願？而況臣之方在憂危，驟獲申雪者。若出陷穽而登之春臺，其爲喜幸感激，何啻百倍？豈不欲朝發夕至，以一快其拜舞踴躍之私，歸戴向往之誠乎？顧臣父既老且病，頃遭讒搆之厄，危疑震恐，洶洶朝夕，常有父子不及相見之痛。今幸脱洗殃咎，復睹天日，父子之情，固思一見顏面，以叙其悲慘離隔之懷，少盡菽水懽欣之樂[一]。況臣取道錢塘，迂程鄉土，止有一日，此

[一] 少盡菽水懽欣之樂　「少」，國圖本、天圖本、叢刊本、文淵閣本、摛藻堂本作「以」。

在親交之厚，將不能已於情，而況父子天性之愛，重以連年苦切之思乎？故臣之此行，其冒罪歸省，亦情理之所必不容已者。然不以之明請於朝而私竊行之，是欺君也；懼稽延之戮，而忍割情於所生，是忘父也。欺君者不忠，忘父者不孝，世固未有不孝於父，而能忠於其君者也。故臣敢冒罪以請。伏望皇上以孝爲治，範圍曲成，特寬稽命之誅，使臣得以少伸烏鳥之私，臣死且圖啣結。臣不勝惶懼懇切之至。

辭封爵普恩賞以彰國典疏

嘉靖元年正月初十日

南京兵部尚書王守仁謹奏，爲辭免封爵，普恩賞以彰國典事。臣於正德十六年十二月十九等日，節准兵部、吏部咨，俱爲捷音事。節該題奉聖旨：「江西反賊剿平，地方安定，各該官員，功績顯著。你部裏既會官集議，分別等第明白。王守仁封伯爵，給與誥券，子孫世世承襲，照舊參贊機務。欽此。」「王守仁封新建伯、奉天翊衛推誠宣力守正文臣、特進光禄大夫、柱國，還兼南京兵部尚書，照舊參贊機務，歲支禄米一千石，三代并妻一體追封。欽此。」前後備咨到臣，俱欽遵外。

臣聞命驚惶，莫知攸措。竊念臣以凡庸，誤受國恩。在正德初年，以狂言被譴，先帝察其無他，隨加收録，荐陟清顯，繆膺軍旅之寄，猥承巡撫之乏[一]。後值寧藩肇變，臣時適嬰禍鋒，義當死難，不量勢力，與之掎角，賴朝廷威靈，幸無覆敗。既而讒言朋興，幾陷不測，臣之心事，未及自明，先帝登遐，無階控籲。乃幸天啓神聖，陛下龍飛，開臣於覆盆之下，而照之以日月，憫惻慰勞，至勤詔旨。憐其烏鳥之情，使得歸省，推大孝之仁，優之以存問。超歷常資，授以留都本兵之任，懇疏辭免，慰旨益勤。在昔名臣碩輔，鮮有獲是於其君者，而況於臣之卑鄙淺劣，亦將何以堪此乎？今又加以封爵之崇，臣懼功微賞重，無其實而冒其名，憂禍敗之將及也。夫人主於嚬笑之微，不以假於匪人，而況爵賞之重乎？人臣之事君也，先其事而後其食，食且不可，而況於封爵乎？

且臣之所以不敢受爵，其説有四，然亦不敢不爲陛下一陳其實。夫寧藩不軌之謀[二]，積之十數年矣，持滿應機而發，不旬月而敗，此非人力所及也。上天之意，厭亂思治，將啓陛下之神聖，以中興太平之業，故蹶其謀而奪之魄。斯固上天之爲之也，而臣欲冒之，是叨天之功矣。其不敢受者，一也。

[一] 猥承巡撫之乏　「乏」，國圖本、天圖本、叢刊本、文淵閣本、摛藻堂本作「令」。

[二] 夫寧藩不軌之謀　「夫」，國圖本、天圖本、叢刊本、文淵閣本、摛藻堂本作「矣」，通行本讀屬上句。按，底本「夫」字殘損，國圖本等因襲致誤。

先寧藩之未變，朝廷固已陰覺其謀，故改臣以提督之任，假臣以便宜之權，使據上游以制其勢。故臣雖倉卒遇難，而得以從宜調兵，與之從事。當時帷幄謀議之臣，則有若大學士楊廷和等，該部調度之臣，則有若尚書王瓊等，是皆有先事禦備之謀，所謂發縱指示之功也。今諸臣未蒙顯褒，而臣獨冒膺重賞，是掩人之善矣。其不敢受者，二也。

變之初起，勢焰熖熾，人心疑懼退沮。當時首從義師，自伍文定、邢珣、徐璉、戴德孺諸人之外，又有知府陳槐、曾璵、胡堯元等，知縣劉源清、馬津、傅南喬、李美、李楫及楊材、王冕、顧佖、劉守緒、王軾等，鄉官都御史王懋中、編修鄒守益、御史張鰲山、伍希儒、謝源等諸人，臣今不能悉數。其間或摧鋒陷陣，或遮邀伏擊，或贊畫謀議，監録經紀。雖其平日人品，或有清濁高下，然就兹一事而言，固亦咸有捐軀效死之忠，戮力勤王之績，所謂同功一體者也。今賞當其功者，固已有之，然施不酬勞之人尚多也。其帳下之士，若聽選官雷濟、已故義官蕭禹、致仕縣丞龍光、指揮高睿、千户王佐等，或詐爲兵檄，以撓其進止，壞其事機；或僞書反間，以離其心腹，散其黨與。陰謀秘計，蓋有諸將士所不與知，而辛苦艱難，亦有諸部領所未嘗歷者。臣於捷奏本内，既不敢瑣瑣煩瀆，今聞紀功文册復爲改造者多所删削。其餘或力戰而死於鋒鏑，或犯難而委於溝渠，陳力效能者，尤不可以枚舉。是皆一時號召之人，臣於顛沛搶攘之際，今已多不能記憶其姓名籍貫。復有舉人冀元亨者，爲臣勸説寧濠，反爲奸黨搆陷，竟死獄中，以忠受禍，爲賊報讎，抱冤賫恨，實由於臣。雖盡削臣職移報元亨，亦無以贖此痛。此尤傷心慘目，負之於冥冥之中者。夫倡義調兵，雖起於臣，然猶有先事者爲之指措，而戮力成功，必賴於衆，則非臣一人之所能獨濟也。乃今諸將士之賞尚多未稱，而臣獨蒙冒重爵，是襲下之能矣。其不敢受者，三也。

夫周公之功大矣，亦臣子之分所當爲，況區區犬馬之微勞，又皆偶逢機會，幸而集事者，奚足以爲功乎？臣世受國恩，虀身粉骨亦無以報。繆當提督重任，承乏戎行，苟免鰥曠，況又超擢本兵，既已叨冒踰分。且臣近年以來，憂病相仍，神昏志散，目眩耳聾，無復可用於世。兼之親族顛危[一]，命在朝夕。又不度德量分，自知止足，乃冒昧貪進，據非其有，是忘己之耻矣。其不敢受者，四也。

夫殃莫大於叨天之功，罪莫甚於掩人之善，惡莫深於襲下之能，辱莫重於忘己之耻，四者備而禍全。故臣之不敢受爵，非敢以辭榮也，避禍焉爾已。伏願陛下鑒臣之辭出於誠懇，收還成命，容臣以今職終養老親，苟全餘喘於林下。以所以濫施於臣者普於衆，以明賞罰之典，以彰大小之功，

[一] 兼之親族顛危　「族」，黄本、閭本、董本、范本、聞本、宋本、邵本作「疾」。

以慰不均之望，以勵將來效忠赴義之臣，臣死且不朽矣。不勝受恩感激、懇切願望之至。緣係辭免封爵，普恩賞以彰國典事理，謹具本題[一]。

再辭封爵普恩賞以彰國典疏 嘉靖元年

臣於正德十六年十二月[二]，節准兵部、吏部咨，節該題奉聖旨：「江西反賊剿平，地方安静[三]，各該官員，功績顯著。你部裏既會官集議，分别等第明白。王守仁封伯爵，給與誥券，子孫世世承襲，照舊參贊機務。欽此。」「王守仁封新建伯、奉天翊運推誠宣力守正文臣[四]、特進光禄大夫、柱國[五]，還兼南京兵部尚書，照舊參贊機務，歲支禄米一千石，三代并妻一體追封。欽此。」臣聞命驚惶，竊懼功微賞重，禍敗將及，已經具本辭免去後。隨於嘉靖元年七月

[一] 謹具本題　黄本、閭本、董本、范本、聞本、鄒本、胡本、宋本、邵本無「題」字。
[二] 臣於正德十六年　手稿本「臣」上有「謹奏爲懇辭封爵，普恩賞以彰國典事」十五字；人大本、九大本「臣」上有「南京兵部尚書臣王守仁謹奏，爲懇辭封爵，普恩賞以彰國典事」二十五字。
[三] 地方安静　「静」，手稿作「定」。
[四] 奉天翊運推誠宣力守正文臣　「運」，辭封爵普恩賞以彰國典疏作「衛」。
[五] 柱國　手稿「柱」上有「上」字。

十九日，准吏部咨，該臣奏前事。節奉聖旨：「論功行賞，古今令典。《詩》《書》所載，具可考見。卿倡義督兵，剿除大患，盡忠報國，勞績可嘉，特加封爵，以昭公義。宜勉承恩命，所辭不允。該部知道。欽此。」欽遵。

臣以積惡深重，禍延先人[一]，臣方煢然瘠疚，儘未殞絶，聞命悸慄，魂魄散亂。已而伏塊沉思，臣以微勞，冒膺重賞[二]，所謂叨天之功，掩人之善，襲下之能，忘己之耻者，臣於前奏已具陳之矣。然而聖旨殷優，獨加於臣，餘皆未蒙採録者，豈以江西之功，果臣一人之所能獨辦乎？朝廷爵賞，本以公於天下，而臣以一身掠衆美而獨承之，是臣擁閼朝廷之大澤，而使天下有不均之望也[三]。罪不滋重已乎？夫廟堂之賞，朝廷之議也，臣不敢僭及，至於臣所相與協力同事之人，則有不得不爲一申白者。古者賞不踰時，欲人速得爲善之報也。今效忠赴義之士，延頸而待已三年矣。此而更不一言，事日已遠，而意日已衰，誰復有爲之論列者？故臣輒敢割痛忍哀，冒斧鉞而控籲，氣息奄奄之中，忽不自覺其言之躁妄，亦其事有所感於昔，而情有所激於其中也。

[一] 禍延先人　「禍延」，手稿作「延禍」。
[二] 冒膺重賞　「重」，手稿作「殊」。
[三] 而使天下有不均之望也　手稿無「天」字。

竊惟宸濠之變，實起倉卒[一]，其氣勢張皇，積威凌劫，雖在數千里外，無不震駭失措，而況江西諸郡縣，近切剥牀，觸目皆賊兵，隨處有賊黨。當此之時，臣以逆旅孤身，舉事其間，雖仰仗威靈，以號召遠近，然而未受巡撫之命，則各官非統屬也；未奉討賊之旨，其事乃義倡也[二]。若使其時郡縣各官，果懷畏死偷生之心，但以未有成命，各保土地爲辭，則臣亦可何如哉[三]？然而聞臣之調，即皆感激奮勵，或提兵而至[四]，或挺身而來，是非真有捐軀赴難之義，戮力報主之忠，孰肯甘粉虀之禍，從赤族之誅，蹈必死之地，以希萬一難冀之功乎[五]？然則凡在與臣共事者，皆有忠義之誠者也。夫均秉忠義之誠，以同赴國難，而功成行賞，臣獨當之，人將不食其餘矣。此臣所爲不敢受也[六]。

[一] 實起倉卒　「卒」，手稿作「率」。
[二] 其事乃義倡也　手稿、人大本、九大本「其」上有「則」字。
[三] 則臣亦可何如哉　「何如」，手稿作「如何」。
[四] 或提兵而至　「提」，手稿、人大本、九大本作「引」。
[五] 以希萬一難冀之功乎　「萬一難冀」，手稿、人大本、九大本作「萬難一冀」。
[六] 此臣所爲不敢受也　手稿「臣」下有「之」字。

且宸濠之變，天實陰奪其魄而摧敗之速，是以功成之後[一]，不復以此同事諸人者爲庸。使其時不幸而一蹶塗地，則粉身滅族之慘，亦同事諸人者自當之乎[二]？將猶可以藉衆議之解救而除免之乎[三]？夫下之人犯必死之難以赴義，則上之人有必行之賞以報功。今臣獨崇爵[四]，而此同事諸人者，乃或賞或否，或不行其賞而并削其績，或賞未及播而罰已先行，或虛受陞職之名而因使退閒，或冒蒙不忠之號而隨以廢斥。由此言之，亦何苦捐身赴義[五]，以來此呶呶之口，而自求無實之殃乎？乃不若退縮引避，反可以全身遠害，安處富貴[六]，而逭於衆口之誹也[七]。夫披堅執鋭，身親行伍，以及期赴難，而猶不免於不忠之罰，則容有托故推奸，坐而觀

[一] 是以功成之後　「功成」，手稿作「成功」。
[二] 亦同事諸人者自當之乎　手稿、人大本、九大本「亦」下有「此」字。
[三] 藉衆議之解救而除免之乎　手稿「救」下有「明其罪不當死」六字；又手稿、人大本、九大本、黄本、閭本、董本、范本、閩本、宋本、邵本「除」作「徐」。
[四] 今臣獨崇爵　手稿「獨」下有「濫」字。
[五] 亦何苦捐身赴義　手稿「亦」上有「人」字。
[六] 安處富貴　「處」，手稿作「取」。
[七] 而逭於衆口之誹也　「口」，手稿作「多」。

望者，又將何以加之？今不彼之議，而獨此之察，則已過矣。昔人有蹊田而奪牛者，君子以爲蹊田固有責，而奪牛則已甚。今人驅牛以耕我之田，既種且獲矣，而追究其耕之未盡善也[一]，復從而奪之牛，無乃太遠於人情乎？

方今議者，或以某也素貪而鄙[二]，某也素躁而狂，故雖有功而當抑其賞[三]，雖有勞而不贖其罪。噫！是亦過矣。當宸濠之變，撫按、三司等官，咸被驅縛，或死或從，其餘大小之職[四]，近者就縻，遠者逃潰矣。當此之時，苟知有從我者，皆可以爲忠義之士，尚得追論其平時邪？況所謂若貪與鄙者，或出於讒嫉之口而未皆真邪[五]？若居常處易[六]，選擇而使，猶不免於失人，況一時烏合之衆，而顧以此槩之[七]，其責於人，終無已乎？夫考素行，别賢否，以

[一] 而追究其耕之未盡善也 「究」，手稿作「咎」。
[二] 或以某也素貪而鄙 手稿「以」下有「爲」字。
[三] 故雖有功而當抑其賞 人大本、九大本無「而」字。
[四] 其餘大小之職 「大小」，手稿作「小大」。
[五] 而未皆真邪 手稿「未」下有「必」字。
[六] 若居常處易 「若」，手稿、人大本、九大本作「夫」。
[七] 而顧以此槩之 「顧」，手稿作「欲」。

激揚士風者，考課之常典；較功力，信賞罰，以振作士氣者，軍旅之大權。故鄙猥之行，平時不恥於士列，而使貪使詐，軍事有所不廢也。急難呼吸之際，要在摧鋒克敵而已，而暇逆計其他乎？當此之時，雖有禦人國門之寇，苟能效其智力，以協濟吾事，亦將用之，用之而事果有成，亦必賞之，況乎均在士人之列，同有勤事之忠者乎？人於平居無事，扼腕抵掌而談，孰不曰「我能臨大節，死大難[一]」，及當小小利害，未必至於死也，而或有倉皇失措者有矣[二]。又況矢石之下[三]，劍刃之間，前有必死之形，而後有夷滅之禍，人亦何不設以身處其地而少亮之乎？

夫考課之典，軍旅之政，固並行而不相悖，然亦不可以混而施之。今人方有可録之功，吾且遂行其賞可矣。縱有既往之愆，亦得以今而贖，但據其顯然可見者，毋深求其隱然不可見者。賞行矣，而其人之過猶未改也，則從而行其黜謫。人將曰「昔以功而賞，今以罪而黜」，功罪顯而勸懲彰矣。今也將明軍旅之賞，而陰以考課之意行於其間[四]，人但見其賞未施而罰已及，功

[一] 死大難　「難」，手稿作「義」。
[二] 而或有倉皇失措者有矣　手稿「或有」之「有」作「已」；人大本、九大本「或」作「忽」。
[三] 又況矢石之下　「石」，手稿、人大本、九大本作「砲」。
[四] 而陰以考課之意行於其間　「課」，手稿作「核」，人大本、九大本作「劾」。

不録而罪有加，不能創奸警惡，而徒以阻忠義之氣，快讒嫉之心。譬之投杯醪於河水，而曰「是有醪焉，亦可飲而醉也」，非易牙之口[一]，將不能辯之矣，而求飲者之醉，可得乎？

人臣於國家之難，凡其心之可望[二]，力之可爲，塗肝腦而膏髓骨，皆其職分所當然。則此同事諸臣者，遂敢以此自爲之功，而邀賞於其上乎？顧臣與之同事同功，今賞積於臣而彼有未逮，臣復抗顔直受而不以一言，是使朝廷之上，果以其功獨歸於臣，而此諸人者之績，因臣之爲蔽，而卒無以自顯於世也。且自平難以來，此同事諸人者，非獨爲已斥諸權奸之所誣搆挫辱而已也，群憎衆嫉，惟事指摘搜羅以爲快，曾未見有鳴其不平，而伸其屈抑者。幸而陛下龍飛，赫然開日月之光，英賢輔翼，廓清風而鼓震電，於是陰氣始散而魍魎潛消[三]，然而覆盆之下，尚或有未能自露者也。故臣敢不避矜誇僭妄之戮，而輒爲諸臣者一訴其艱難抑鬱之情[四]。

[一] 非易牙之口　手稿、人大本、九大本、宋本、邵本「非」下有「有」字，黄本、閭本、董本、范本「非」下有「其」字。
[二] 凡其心之可望　「望」，手稿作「盡」。
[三] 於是陰氣始散　「氣」，手稿作「氛」。
[四] 艱難抑鬱之情　「抑」，手稿作「壹」。

昔漢臣趙充國破羌而歸，人有諷之謙讓功能者[一]。充國曰：「吾老矣，爵位已極，豈嫌伐一時事以欺明主哉？兵政，國之大事，當爲後法。老臣不以餘命一爲主上明言其利害，卒死[二]，誰當復言之者？」卒以實對。夫人之忠於國也[三]，殺身夷族有不避，而乃避其自矜功伐之嫌乎？臣始遇變於豐城也，蓋舉事於倉卒茫昧之中[四]，其時豈能逆睹其功之必就，謂有今日爵賞之榮而爲哉？徒以事關宗社，是以不計成敗利鈍，捐身家，棄九族，但以輸忠憤而死節[五]，是臣之初心也。至於號告三軍[六]，則雖激之以忠義，而實歆之以爵禄延世之榮；勵之以名節，而復動之以恩賞絢耀之美，是非敢以虚言誘之也[七]。以爲功而克成，則此爵禄恩賞，

[一]　人有諷之謙讓功能者　「諷」，國圖本訛作「訪」。
[二]　卒死　「死」，國圖本、天圖本、叢刊本、擒藻堂本訛作「使」。按，引説見漢書卷六十九。
[三]　夫人之忠於國也　手稿「人」下有「臣」字，「於」下有「爲」字。
[四]　蓋舉事於倉卒茫昧之中　「卒」，手稿作「率」。
[五]　但以輸忠憤而死節　手稿「死」下有「臣」字。
[六]　至於號告三軍　「於」，手稿作「其」。
[七]　是非敢以虚言誘之也　手稿「是」下有「亦」字。

亦有國之常典，理所必有也。今臣受殊賞而衆有未逮，是臣以虚言罔誘其下，竭衆人之死而共成之，掩衆人之美而獨取之，見利忘信，始之以忠信[一]，終之以貪鄙[二]，外以欺其下，而内失其初心，亦何顔面以視其人乎？故臣之不敢獨當殊賞者，非不知封爵之爲榮也。所謂有重於封爵者[三]，故不爲苟得耳。

伏願陛下鑒臣之言，不以爲誇也，而因以察諸臣之隱；允臣之辭，不以爲僞也，而因以普諸臣之施。果以其賞在所薄與[四]，則臣亦不得而獨厚；果以其賞或可厚與[五]，則諸臣亦不得而遂薄也。江西同事諸臣[六]，臣於前奏亦已略舉[七]，且該部具有成册可查，不敢復有所塵瀆。

[一] 始之以忠信　「信」，手稿作「義」。
[二] 終之以貪鄙　手稿「終」上有「而」字。
[三] 所謂有重於封爵者　「謂」，手稿作「欲」。
[四] 果以其賞在所薄與　手稿「所」作「可」，「與」作「歟」。
[五] 果以其賞或可厚與　「與」，手稿作「歟」。
[六] 江西同事諸臣　「臣」，手稿作「人」。
[七] 臣於前奏亦已略舉　人大本、九大本無「臣」字。

臣在衰絰憂苦之中，非可有言之日，事不容已而有是舉，不勝受恩感激、含哀冒死、戰慄惶懼、懇切祈禱之至[一]。

[一] 不勝受恩感激含哀冒死戰慄惶懼懇切祈禱之至　手稿作「不勝含哀冒死、戰慄惶懼、激切祈望之至，謹具本」；人大本、九大本「禱」作「望」，又「至」下有「謹具本奏聞」五字。

王文成公全書卷之十四

別録六　奏疏六

辭免重任乞恩養病疏　嘉靖六年六月

臣自正德十四年江西事平之後，身罹讒構，危疑洶洶，不保朝夕。幸遇聖上龍飛，天開日朗，鑒臣螻蟻之忠，下詔褒揚洗滌，出臣於覆盆之下，進官封爵，召還京師。因乞便道歸省，隨蒙賜敕遣官，奬勞慰諭，錫以銀幣，犒以羊酒。臣感激天恩，雖粉骨碎身，云何能報？不幸遭繼父喪，未獲赴闕陳謝。服滿之後，又連年病臥，喘息奄奄，苟避形迹。皇上天高地厚之恩，迄今六年於此矣。尚未能一覩天顔，稽首闕廷之下，臣實瞻戴戀慕，晝夜熱中，若身在芒刺。邇者曾蒙謝恩之召，臣之至願，惟不能即時就道，顧迺病臥呻吟，徒北望感泣，神魂飛馳而已。

今年六月初六日，兵部差官齎文前到臣家，内開奏奉欽依，以兩廣未靖，命臣總制軍務，督同都御史姚鏌等勘處者。臣聞命驚惶，莫知攸措。伏自思惟，臣於君命之召，當不俟駕而行，矧茲軍旅，何敢言辭？顧臣病患久積，潮熱痰嗽，日甚月深，每一發咳，必至頓絶，久始漸甦。乃者謝恩之行，輕舟安卧，尚未敢强，又況兵甲驅勞，豈復堪任？夫委身以圖報，臣之本心也。若冒病輕出，至於僨事，死無及矣。

臣又伏思兩廣之役，起於土官讐殺，比之寇賊之攻劫郡縣，荼毒生靈者，勢尚差緩。若處置得宜，事亦可集。姚鏌平日素稱老成慎重，一時利鈍前却，斯亦兵家之常，要在責成，難拘速效。御史石金據事論奏，是蓋忠於陛下，將爲國家弘仁覆久遠之圖，所以激勵鏌等，使之集謀决策，收之桑榆也。臣本書生，不習軍旅，往歲江西之役，皆偶會機宜，幸而成事。臣之才識，自視未及姚鏌，且近年以來，又已多病。況茲用兵舉事，鏌等必嘗深思熟慮，得其始末條貫，中事少沮，輒以臣之庸劣參與其間，行事之際，所見或有同異，鏌等益難展布。夫軍旅之任，在號令嚴一，賞罰信果而已。慎擇主帥，授鉞分梱，當聽其所爲。臣以爲兩廣今日之事，宜專責鏌等，隆其委任，重其威權，略其小過，假以歲月，而要其成功。至於終無底績，然後别選才能，兼於民情土俗素相諳悉，如南京工部尚書胡世寧、刑部尚書李承勛者，往代其任。夫朝廷用人，不貴其有過人之才，而貴其有事君之忠。苟無事君之忠，而徒有過人之才，則其所謂才者，僅足以濟其一己之功利，全軀保妻子而已耳。如臣之迂踈多病，徒持文墨議論，未必能濟實用者，誠宜哀其不逮，容令養疾田野。俟病痊之後，不終棄廢，或可量置閑散之地，使得自效其涓埃[一]。則朝廷於任賢御將之體，因物曲成之仁，道並行而不相背矣。臣不敢苟冒任使以欺國事，不勝感恩激義、懇切祈望之至。

赴任謝恩遂陳膚見疏

六年十二月初一日

臣於病廢之餘，特蒙恩旨起用，授以兩廣軍旅重寄。臣自惟朽才病質，深懼不任驅使，以誤國事。具本辭免，過蒙聖旨：「卿識敏才高，忠誠體國。今兩廣多事，方藉卿威望，撫定地方，用紓朕南顧之懷。姚鏌已致仕了，卿宜星夜前去，節制諸司，調度軍馬，撫勦賊寇，安戢兵民。勿再遲疑推諉，以負朕望。還差官鋪馬裏賫文前去，敦趣赴任行事。該部知道。欽此。」欽遵。兵部移咨到臣，捧讀感泣，莫知攸措。伏念世受國恩，粉骨虀骸亦無能報。又況遭逢明聖，温旨勤拳若是，何能復顧其他？已於九月初八日，扶病起程，沿途就醫，服藥調理，晝夜前進。奈秋

[一] 使得自效其涓埃　「得自」，國圖本、天圖本、叢刊本、文淵閣本、摛藻堂本作「自得」。

暑旱澀，舟行甚難，至十一月二十日，始抵梧州[一]。思恩、田州之事，尚未及會同各官查審區處。然臣沿途涉歷，訪諸士夫之論，詢諸行旅之口，頗有所聞，不敢不爲陛下一言其略。

臣惟岑猛父子固有可誅之罪，然所以致彼若是者，則前此當事諸人，亦宜分受其責。蓋兩廣軍門，專爲諸瑶、僮及諸流賊而設，朝廷付之軍馬錢糧事權，亦已不爲不專且重。若使振其軍威，自足以制服諸蠻。然而因循怠弛，軍政日壞，上無可任之將，下無可用之兵，一有警急[二]，必須倚調土官狼兵，若猛之屬者而後行事[三]。故此輩得以憑恃兵力，日增其桀驁。今夫父兄之於子弟，苟役使頻勞，亦且不能無倦，況於此輩夷獷之性，歲歲調發，奔走道途，不得顧其家室，其能以無倦且怨乎？及事之平，則又功歸於上，而彼無所與，兼有不才有司，因而需索引誘，與之爲姦，其能以無怒且慢乎？既倦且怨，又怒以慢，始而徵發愆期，既而調遣不至，上嫉下憤，日深月積。劫之以勢而威益褻，籠之以詐而術愈窮，由是諭之而益梗，撫之而益疑，遂至於有今日，加以叛逆之罪而欲征之。夫即其已暴之惡，征之誠亦非過，然所以致彼若是，已非一朝一夕

[一] 始抵梧州　黄本、閭本、董本「始」下有「見」字，范本「始」下有「克」字。
[二] 一有警急　「警」，國圖本、天圖本、叢刊本、文淵閣本訛作「驚」。
[三] 若猛之屬者而後行事　黄本、閭本、董本、范本「猛」上有「岑」字。

之故，且當反思其咎。姑務自責自勵，修我軍政，布我威德，撫我人民，使内治外攘而我有餘力，則近悦遠懷而彼將自服。顧不復自反，而一意憤怒之。夫所可憤怒者，不過岑猛父子及其黨惡數人而已，其下萬餘之衆，固皆無罪之人也。今岑猛父子及其黨惡數人，既云誅戮，已足暴揚，所遺二酋，原非有名惡目，自可寬宥者也。又不勝二酋之憤，遂不顧萬餘之命，竭兩省之財，動三省之兵，使民男不得耕，女不得織，數千里内騷然塗炭者，兩年于兹，然而二酋之憤，至今尚未能雪也。徒爾兵連禍結，徵發益多，財饋益殫，民困益深，無罪之民，死者十已六七。山瑶海賊，乘釁摇動，窮迫必死之寇，既從而煽誘之；貧苦流亡之民，又從而逃歸之。其可憂危，何啻十百於二酋者之爲患？其事已兆而變已形，顧猶不此之慮，而汲汲於二酋，則當事者之過計矣。

今當事者之於是役，其悴心憔思，亦可謂勤且至矣。特發於憤激而狃爲其難，是以勞而未效。夫二酋者之沮兵拒險，亦不過畏罪逃死，苟爲自全之計。非如四方流劫之賊，攻城堡，掠鄉村，虜財物，殺良民，日爲百姓之患，人人欲得而誅之者。今驅困憊之民，使裹糧荷戈，以征不爲民患，素無讐怨之虜，此人心之所以不奮，而事之所以難濟也。又今狼達土漢官兵，亦不下數萬，與萬餘畏罪逋誅之虜，相持已三月有餘，而未能一决者，蓋以我兵發機太早，而四面防守太密。是乃投之無所往，而示之以必不活，益使彼先慮預備，并心協力，堅其必死之志以抗我師。就使我師將勇卒奮，决能取勝，亦必多殺士衆，非全軍之道。又況人無戰志，而徒欲合圍待斃，坐收成功，此我兵之所以雖衆而勢日以懈，賊雖寡而志日以合〔一〕，備日密而氣日以鋭者也。夫當事者之意，固無非欲計出萬全，然以用兵而言，亦已失之巧遲，所謂强弩之末，不能穿魯縞矣。

臣愚以爲且宜釋此二酋者之罪，開其自新之路，而彼猶頑梗自如，然後從而殺之，我亦可以無憾。苟可曲全，則且姑務息兵罷餉，以休養瘡痍之民，以絶覬覦之姦，以弭不測之變。迨於區處既定，德威既洽，蠻夷悦服之後，此二酋者遂能改惡自新，則我亦豈必固求其罪？若其尚不知悛，執而殺之，不過一獄吏之事，何至兵甲之煩哉？或者以爲征之不克而遽釋之，則紀綱疑於不振，臣竊以爲不然。夫天子於天下之民物，如天覆地載，無不欲愛養而生全之。寧有撮爾小醜，乃與之争憤求勝，而謂之振紀綱者？惟後世貪暴諸侯，强凌弱，衆吞寡，則必務於求勝而後已，斯固五霸之罪人也。昔苗頑不即工，舜使禹、益徂征，三旬，苗民逆命，禹乃班師振旅。夫以三聖人者爲之君帥，以征一頑苗，謂宜終朝而克捷，顧歷三旬之久，而復至於班師以歸。自今言之，其不振甚矣。然終致有苗之格，而萬世稱聖，古之所謂振紀綱者，固若是耳。

〔一〕賊雖寡而志日以合　底本「志日」作「日志」，閭本「而日志以」作雙行小字（或據上句辭例校改），黄本、董本、范本句作「賊雖寡，志日合」，兹據宋本、邵本、閭本、文淵閣本、摛藻堂本訂正。

臣以匪才，繆膺重命，得總制四省軍務，以從事於偏隅之小醜，非不知乘此機會，可以僥倖成功，苟免於怯懦退避。然此必多調軍兵，多傷士卒，多殺無罪，多費糧餉。又不足以振揚威武，信服諸夷，僅能取快於二酋之憤，而忘其遺患於兩省之民，但知徼功於目前，而不知投艱於日後。此人臣喜事者之利，非國家之福，生民之庇，臣所不忍也。

臣又聞兩廣主計之吏，謂自用兵以來，所費銀兩，已不下數十萬，梧州庫藏所遺，不滿五萬之數矣；所食糧米，已不下數十萬，梧州倉廩所存，不滿一萬之數矣。由是言之，尚可用兵不息，而不思所以善後之圖乎？臣又聞諸兩省士民之言，皆謂流官之設，亦徒有虛名而反受實禍。詰其所以，皆云思恩未設流官之前，土人歲出土兵三千，以聽官府之調遣；既設流官之後，官府歲發民兵數千，以防土人之反覆。即此一事，利害可知。且思恩自設流官以來，十八九年之間，反者五六起，前後征剿，曾無休息，不知調集軍兵若干，費用糧餉若干，殺傷良民若干。朝廷曾不能得其分寸之益，而反爲之憂勞徵發。浚良民之膏血，而塗諸無用之地，此流官之無益，亦斷然可睹矣。但論者皆以爲既設流官而復去之，則有更改之嫌，恐啓人言而招物議。是以寧使一方之民久罹塗炭，而不敢明爲朝廷一言，寧負朝廷而不敢犯衆議。甚哉！人臣之不忠也。苟利於國而庇於民，死且爲之矣，而何人言物議之足計乎？

臣始至地方，雖未能周知備歷，然形勢大略亦可槩見。田州切鄰交趾，其間深山絶谷，皆瑶、僮之所盤據，動以千百，必須仍存土官，則可藉其兵力以爲中土屏蔽。若盡殺其人，改土爲流，則邊鄙之患，我自當之，自撤藩籬，非久安之計，後必有悔。思恩、田州處置事宜，俟事平之日，遵照敕旨，公同各官另行議奏。但臣既有所聞見，不敢不先爲陛下一言，使朝廷之上早有定處，臣等得一意奉行，不致往復查議，失誤事機，可以速安反側，實地方之幸，臣等之幸。臣不勝受恩感激、竭忠願效之至。

辭巡撫兼任舉能自代疏　七年正月初二日

嘉靖六年十二月初二日，准本院咨，節該吏部題奉聖旨：「王守仁暫令兼理巡撫兩廣等處地方，寫敕與他。欽此。」欽遵外。臣聞命之餘，愈增惶懼。竊念臣以迂踈多病之軀，繆承總制四省軍務之命，既已有不勝其任之憂矣。方爾晝夜驅馳，圖其所以仰副朝廷之重委者，而尚未知所措。今又加以巡撫之責，豈其所能堪乎？況兩廣地方，比於他處，尤繁且難。蠻夷瑶、僮之巢穴，處處而是；攻劫搶擄之警報，日日而有。近年以來，加之以師旅，因之以饑饉，郡縣之凋敝日甚，小民之困苦益深。巡撫之任，非得才力精强者，重其事權，漸其官階，而久其職任，殆未可求效於歲月之間也。蓋非重其事權，則不可以漸其官階；非漸其官階，則不可以久其職任；非久其職任，則凡所舉動，多苟且目前之計，而不爲日後久長之謀，邀一時之虚名，而或遺百年之實禍。膏澤未洽於下，而小民無愛戴感戀之誠；德威未敷於遠，而蠻夷無信服歸向之志。此巡撫兩廣之任，雖才能相繼，而治效之所以未究也。切見致仕副都御史伍文定，質性勇果，識見明達，往歲寧藩之變，嘗從臣起兵討逆，臣備知其能。今年力未衰，置之閑散，誠有可惜。若起而用之，以爲巡撫，其於經略之方，撫綏之術，必能不負所委。及照刑部左侍郎梁材、新陞南贛副都御史汪鋐，亦皆才能素著，抑且舊在兩廣，備諳土俗民情，皆足以堪斯任。乞敕吏部，於三人之中選擇而使之。臣之駑劣多病，俾得專意思、田之役，幸而了事，容令照舊回還原籍調理，非獨巡撫得人，地方有所倚賴，而臣之不肖，亦苟免於覆餗之謀矣[一]。

奏報田州思恩平復疏 七年二月十三日

嘉靖七年正月二十七日，據廣西田州府目民盧蘇、陸豹、黄笋、胡喜、邢相、盧保、羅黄、

[一] 亦苟免於覆餗之謀矣　據辭例，「謀」或爲「誅」之訛。

王陳[一]、羅寛、戴慶等，連名具狀，爲悔罪投降，陳情乞恩事。投稱先因本府土官岑猛，與泗城州屢年互相讐殺，獲罪上司，於嘉靖五年六月内，致蒙奏請官兵征剿臨境。岑猛自思原無反叛情由，意得招撫，先自同道士錢一真及親信家人，逃躲歸順州界。蘇等俱各畏避四散，逃入山林，止有各處寄住客户千餘，躲避不及，冒犯官軍，俱蒙殺剿。目民人等，俱不敢抵抗官軍，惟有陸綬不曾遠遯，當被擒斬。其餘韋好、羅河等，俱蒙官軍陸續搜山殺死。驀於當年九月内，歸順土官岑璋，書報「岑猛見在該州，前月已將道士錢一真功次，假作岑猛解報軍門。爾可作急平定地方，來迎爾主」。蘇等聽信，遣人節送衣服、檳榔等件。岑璋一一收受，言説「岑猛不可輕易見人，官府得知累我」。續於十月内，岑猛又差人[二]，促令邀同王受招復鄉村，因見府治空虚，乘便入城休息。又遣迎岑猛，岑璋回説「爾今地方未定，姑候來春，我當發兵三十餘營，送爾主來，且替爾防守」。蘇等因此逃命屯聚，以候岑猛，並無叛心。嘉靖六年正月，有人傳説岑猛於天泉𨽻内急病身死，屍骨被岑璋燒燬，金銀盡被收獲。隨遣人去歸順探問，又被岑璋殺死。蘇等痛悔

[一] 羅黄王陳　黄本、閭本、董本、范本、聞本、宋本、邵本作「羅王、黄陳」。按，处置平復地方以圖久安疏有婁鳳土巡檢司土目黄陳，又有怕何甲土目羅玉，「羅王」或即「羅玉」之訛。

[二] 岑猛　黄本、閭本、董本、范本、聞本、宋本、邵本作「岑璋」。

無由，竊思官男岑邦彦先已齊村病故，今聞岑猛又死，無主可靠，欲出投訴，切見四方軍馬充斥，聲言務要盡剿，又恐飛蟲附火，必損其身。又蒙上司陰使王受圖殺盧蘇，又使盧蘇圖殺王受，反覆難信，投降無路，日切苦痛。今幸朝廷寛赦，欽命總制天星，體天行道，按臨在此，神鬼信服，蘇等方敢捨命求生，率領闔府目民，男子大小人等，共計四萬餘名口，盡數投降。伏乞憫念生靈草命，赦死立功，以贖前罪。哀乞憐憫岑猛，原無反叛情罪，存其一脉，俯順夷情，辦納糧差，實爲萬幸等情。

并據思恩府頭目王受、盧蘇[一]、黄容、盧平、韋文明、侶馬、黄留、黄石、陸宗、覃鑑、潘成等，亦連名具狀，告同前事。投稱本府原係土官，自改立流官，開圖立里，土俗不便。奈緣小人冥頑，不諳漢法，屢次擾亂不定。受等同辭，懇乞上司仍立目甲，不意反致官府嗔怪。近又蒙官兵征剿田州，要將受等一槩誅滅，必要窮追逐捕，只得逃遯山林。兼以八寨蠻子原以剽掠爲生，乘機假受姓名，每每攻圖城邑[二]，劫虜鄉村，虛名受禍。受等即欲挺身投訴，見得四方軍馬把截，

[一] 盧蘇 黄本、閶本、董本、范本、宋本、邵本作「蘇關」。按，據處置平復地方以圖久安疏，蘇關爲思恩那馬土巡檢司土目，此或以「蘇關」爲是。

[二] 每每攻圖城邑 「圖」，黄本、閶本、董本、范本、閩本、宋本、邵本作「圍」。

兼聞陰使盧蘇圖殺王受，又使王受圖殺盧蘇，反覆難信，以此連年抱苦，控訴無由。且受等頗知利害，豈敢自速滅亡？今幸朝廷寬恩，命總制天星按臨在此，神鬼信服，受等方敢率領所部目民，男女大小人等，共計三萬餘名口，捨命投降。伏乞詳情赦死，以全草命，更望俯順夷情，仍復目甲，使得辦納糧差，實爲萬幸等因。各投訴到臣。

據此，照得先於嘉靖六年七月初七日，爲地方事。節奉敕諭：「先該廣西田州地方，逆賊岑猛爲亂，已令提督兩廣等官都御史姚鏌等督兵進剿。隨該各官奏稱，岑猛父子悉已擒斬，巢穴蕩平。捷音上聞，已經降敕奬勵，論功行賞。續該各官復奏，惡目盧蘇倡亂復叛，王受攻陷思恩。又參及節據石金所奏，前項地方，盧蘇、王受結爲死黨，互相依倚，禍孽日深，將來不可收拾。又參稱先後撫臣舉措失當，姚鏌等攘夷無策，輕信寡謀，圖田州已不可得，并思恩胥復失之，要得通行查究追奪。兵部議奏，以各官先後所論事宜，意見不同，且兵連兩廣，調遣事干鄰境地方，必得重臣前去，總制督同議處，方得停當。今特命爾提督兩廣及江西、湖廣等處地方軍務，星馳前去彼處，即查前項夷情，田州因何復叛，思恩因何失守。督同姚鏌等斟酌事勢，將各夷叛亂未形者，可撫則撫；反形已露者，當剿即剿。一應主客官軍，從宜調遣，主副將官及三司等官，悉聽節制。公同計議，應設土官流官，何者經久利便，并先今撫鎮等官，有功有過，分別大小輕重，明白奏閩區處。事體十分重大者，具奏定奪。朕以爾勳蹟久著，才望素隆，特兹簡任。爾務以體國爲心，聞命就道，竭忠盡力，大展謀猷，俾夷患殄除，地方安靖，以紓朕西南之憂。仍須深慮却顧，事出萬全，一勞永逸，以爲廣人久遠之休。毋得循例辭避，以孤衆望。欽此。」欽遵。隨於九月内，節該兵部咨，爲辭免重任，乞恩養病事。臣奏奉聖旨：「卿識敏才高，忠誠體國。今兩廣多事，方藉卿威望，撫定地方，用紓朕南顧之懷。姚鏌已致仕了，卿宜星夜前去，節制諸司，調度軍馬，撫剿賊寇，安戢兵民。勿再遲疑推諉，以負朕望。還差官鋪馬裏賫文前去，敦趣赴任行事。該部知道。欽此。」欽遵。當即啓行，至十一月二十一日，抵梧州蒞任。十二月内，續准兵部咨，爲地方大計緊急用人事。該禮部右侍郎方獻夫奏，節奉聖旨：「方獻夫所奏，關係地方大計。鄭潤、朱麒[一]，與姚鏌事同一體，姚鏌已着致仕，鄭潤等因賊情未寧，暫且留用。今既這等説，鄭潤取回，代替的朕自簡用。朱麒應否去留，着兵部會議，并堪任更代的，推舉相應官兩員來看。田州應否設都御史在彼住劄，還着王守仁議處，具奏定奪。欽此。」備咨前來知會，俱經欽遵外。本月初五日，進至平南縣地方，與都御史姚鏌交代。二十二等日，太監鄭潤、總兵官朱麒，陸續各回梧州、廣州等處，聽候新任總兵、太監交代去訖。

[一] 朱麒　底本訛作「朱麟」，據黄本、閭本、董本、范本、聞本、宋本、邵本改，下文仿此。

當臣公同巡按紀功御史石金、右布政林富、參政汪必東、鄒輗、副使祝品、林大輅、僉事汪溱、張邦信、申惠、吴天挺、參將李璋、沈希儀、張經，及舊任副總兵今閑住都指揮同知張祐，并各見在軍前用事等官，會議得思恩、田州之役，兵連禍結，兩省荼毒，已踰二年，兵力盡於哨守，民脂竭於轉輸，官吏罷於奔走。即今地方，已如破壞之舟，漂泊於顛風巨浪中，覆溺之患，洶洶在目，不待智者而知之矣。今若必欲窮兵雪憤，以收前功，未論其不克，縱復克之，亦有十患。何者？

今皇上方推至孝以治天下，惻怛之仁，覆被海宇，惟恐一物不得其所。雖一夫之獄，猶慮有所虧枉，親臨斷決。況兹數萬無辜之赤子，而必欲窮搜極捕，使之噍類不遺，傷伐天地之和，虧損好生之德，其患一也。屯兵十萬，日費千金，自始事以來，所費銀米，各已數十餘萬。前歲之冬，二酋復亂，至今且餘二年，未嘗與賊交一矢，接一戰，而其費已若此。今若復欲進兵，以近計之，亦須數月，省約其費，亦須銀米各十餘萬。計今梧州倉庫所餘，銀不滿五萬，米不滿一萬矣。兵連不息，而財匱糧絶，其患二也。調集之兵，遠近數萬，屯戍日久，人懷歸思。兼之水土不服，而前歲之疫，死者一二萬人，衆情憂惑。自頃以來，疾病死者，不可以數，無日無之，潰散逃亡，追捕斬殺而不能禁。其未見敵而已若此，今復驅之鋒鏑之下，必有土崩瓦解之勢，其患三也。用兵以來，兩省之民，男不得耕，女不得織，已餘二年，衣食之道日窮，老稚轉乎溝壑。今春若復進兵，又將廢一年之耕，百姓饑寒切身，群起而爲盗，不逞之徒，因而號召之，其禍殆有甚於思、田之亂者，其患四也。論者皆以不誅二酋，則無以威服土官，是殆不然。今所賴以誅二酋者，乃皆土官之兵，而在我曾無一旅可恃之卒。又不能宣布主上威德，明示賞罰，而徒以市井狙獪之謀相欺相誘，計窮詐見，益爲彼所輕侮。每一調發，旗牌之官十餘往反，而彼猶驁然不出，反挾此以肆其貪求，縱其呑噬。我方有賴於彼，縱之而不敢問。彼亦知我之不能彼禁也，益狂誕而無所忌。岑猛之僭妄，亦由此等積漸成之。是欲誅一二逃死之遺孽，而養成十數岑猛，其患五也。兩廣盗賊瑶、僮之巢穴，動以數千百計，軍衛有司營堡關隘之兵，時嘗召募增補，然且不敷。今復盡取而聚之思、田之一隅，山瑶海寇，乘間竊發，遂至無可捍禦。近益窺我空虚，出掠愈頻，爲患愈肆。今若復聞進兵，彼知事未易息，遠近相煽蠭起，我兵勢難中輟，救之不能，棄之不可，其爲慘毒可憂，尤有甚於饑寒之民，其患六也。軍旅一動，饋運之夫，騎征之馬，各以千計。每夫一名，顧直一兩，馬一匹四兩，馬之死者，則又追償其主之直，是皆取辦於南寧諸屬縣。百姓連年兵疲[一]，困苦已極，而復重之以此，其不亡而爲盗者，則亦溝中之瘠矣，其患七也。兩省

[一] 百姓連年兵疲　「疲」，黄本、閭本、董本、范本、聞本、宋本、邵本作「疫」。

土官於岑猛之滅，已各懷唇齒之疑；其各州土目於蘇、受之討，又皆有狐兔之憾。是以遲疑觀望，莫肯效力，所憑恃者，獨湖兵耳。然前歲之疫，湖兵死者過半，其間固多借倩而來，兵回之日，死者之家，例有償命銀兩，總其所費，亦以萬數。今茲復調，踣頓道途，不得顧其家室亦已三年，勞苦怨鬱，潛逃而歸者，相望於道，誅之不能止。因一隅之小憤，而重失三省士人之心，其間伏憂隱禍，殆難盡言，其患八也。田州外捍交阯，内屏各郡，其間深山絶谷，又皆瑶、僮之所盤據。若必盡誅其人，異時雖欲改土設流，亦已無民可守。非獨自撤藩籬，勢有不可，抑亦藉膏腴之田以資瑶、僮，而爲邊夷拓土開疆，其患九也。既以兵克，必以兵守，歲歲調發，勞費無已。秦時勝、廣之亂，實興於閭左之戍，且一失制馭〔一〕，變亂隨生，反覆相尋，禍將焉極，其患十也。

故爲今日之舉，莫善於罷兵而行撫，撫之有十善。活數萬無辜之死命，以明昭皇上好生之仁，同符虞舜有苗之征，使遠夷荒服無不感恩懷德，培國家元氣，以貽燕翼之謀，其善一也。息財省費，得節縮贏餘，以備他虞，百姓無椎脂刻髓之苦，其善二也。久戍之兵，得遂其思歸之願，而免於疾病死亡，脱鋒鏑之慘，無土崩瓦解之患，其善三也。又得及時耕種，不費農作〔二〕，雖在困窮之際，

〔一〕且一失制馭　「失」，國圖本、天圖本、叢刊本、文淵閣本、擒藻堂本訛作「夫」。

〔二〕不費農作　「費」，諸本并同，通行本作「廢」。

然皆獲顧其家室，亦各漸有回生之望，不致轉徙自棄而爲盜，其善四也。罷散土官之兵，各歸守其境土，使知朝廷自有神武不殺之威，而無所恃賴於彼，陰消其桀驁之氣，而沮懾其僭妄之心，反側之姦自息，其善五也。遠近之兵，各歸舊守，窮邊沿海，咸得修復其備禦，盜賊有所憚而不敢肆，城廓鄉村免於驚擾劫掠，無虛内事外，顧此失彼之患，其善六也。息饋運之勞，省夫馬之役，貧民解於倒懸，得以稍稍甦復，起呻吟於溝壑之中，其善七也。士民釋免死狐悲之憾，土官無脣亡齒寒之危，湖兵遂全師早歸之願，莫不安心定志，涵育深仁，而感慕德化，其善八也。思、田遺民得還舊土，招集散亡，復其家室，因其土俗，仍置酋長，彼將各保其境土，而人自爲守，内制瑶、僮，外防邊夷，中土得以安枕無事，其善九也。士民既皆誠心悦服，不須復以兵守，省調發之費，歲以數千。官軍免踣頓道途之苦，居民無往來騷屑之患，商旅通行，農安其業，近悦遠來，德威覃被，其善十也。

夫進兵行剿之患既如彼，罷兵行撫之善復如此，然而當事之人，乃猶往往利於進兵者，其間又有二幸四毁焉。下之人幸有數級之獲，以要將來之賞；上之人幸成一時之捷，以蓋前日之愆[一]；是謂二幸。始謀請兵而終鮮成效，則有輕舉妄動之毁；頓兵竭餉而得不償失，則有浪費

[一] 以蓋前日之愆　「前日」，國圖本、天圖本、叢刊本、文淵閣本、摛藻堂本作「日前」。

財力之毀；聚數萬之衆，而竟無一戰之克，則有退縮畏避之毀；循土夷之情，而拂士夫之議，則有形迹嫌疑之毀；是謂四毀。二幸蔽於其中，而四毀惕於其外，是以寧犯十患而不顧，棄十善而不爲。夫人臣之事君也，殺其身而苟利於國，滅其族而有裨於上，皆甘心焉。豈以僥倖之私，毀譽之末，而足以撓亂其志者？今日之撫，利害較然，事在必行，斷無可疑者矣。於是衆皆以爲然。

二十六日，臣至南寧府，乃下令盡撤調集防守之兵，數日之内，解散而歸者數萬有餘。湖兵數千，道阻且遠，不易即歸，仍使分留南寧、賓州，解甲休養，待間而發。初，盧蘇、王受等，聞臣奉命前來查勘，始知朝廷亦無必殺之意，皆有投生之念，日夜懸望，惟恐臣至之不速。已而聞太監、總兵等官，復皆相繼召還，至是又見防守之兵盡撤，其投生之念益堅。乃遣其頭目黃富等十餘人，於正月初七日，先赴軍門訴告〔一〕，願得掃境投生，惟乞有免一死。臣等諭以朝廷之意，正恐爾等有所虧枉，故特遣大臣前來查勘，開爾等更生之路。爾等果能誠心投順，決當貸爾之死。因復開陳朝廷威德，備寫紙牌，使各持歸省諭盧蘇、王受等。大意以爲：岑猛父子縱無叛逆之謀，即其兇殘酷暴，慢上虐下，自有可誅之罪。今其父子黨與俱已伏其辜，爾等原非有名惡目，本無

〔一〕先赴軍門訴告　「赴」，國圖本、天圖本、叢刊本訛作「付」。

大罪，至於部下數萬之衆，尤爲無辜。今因爾等阻兵負險，致令數萬無辜之民[一]，破家失業，父母死亡，妻子離散，奔逃困苦，已將兩年；又上煩朝廷興師命將，勞擾三省之民，爾等之罪，固已日深。但念爾等所以阻兵負險者，亦無他意，不過畏罪逃死，苟爲自全之計，其情亦有可憫。方今聖上推至孝之仁，以子愛黎元，惟恐一物不得其所。雖一夫之獄，尚恐或有虧枉，親臨斷決，何況爾等數萬之命，豈肯輕意剿殺？故今特遣大臣前來查勘，開爾更生之路，非獨救此數萬無辜之民，亦使爾等得以改惡從善，捨死投生。牌至，爾等部下兵夫，即可解散，各歸復業安生。爾等即時出來投到，決當宥爾之死，全爾身家。若遲疑觀望，則天討遂行，後悔無及。限爾二十日內，爾若不至，是朝廷必欲開爾生路，而爾必欲自求死路，進兵殺爾，亦可以無憾矣。蘇、受等得牌，皆羅拜踴躍，歡聲雷動，當即撤守備，具衣糧，盡率其衆，掃境來歸。本月二十六日，俱至南寧府城下，分屯爲四營。明日，蘇、受等皆囚首自縛，各與其頭目數百人，赴軍門投見，號哀控訴，各具投狀，告稱前情，乞免一死，願得竭力報效。

臣等看得蘇、受等所訴情節，亦與臣等前後所聞所訪大略相同。其間雖有飾説，亦多真情，良可哀憫。因復照前牌諭所稱，諭以朝廷恩德，以爲朝廷既已赦爾等之死，許爾投降，寧肯誘

[一] 致令數萬無辜之民 「令」，國圖本、天圖本、叢刊本、文淵閣本、摛藻堂本訛作「今」。

爾至此，又復殺爾，虧失信義。爾之一死，決當宥爾矣，爾可勿復憂疑。但爾蘇、受二人，擁衆負險，雖由畏死，然此一方爲爾之故，騷擾二年有餘，至上煩九重之慮，下疲三省之民，若不略示責罰，亦何以舒泄軍民之憤。於是下盧蘇、王受於軍門，各杖之一百。衆皆合辭扣首，爲之請命，乃解其縛，諭以今日宥爾一死者，是朝廷天地好生之仁；杖爾一百者，乃我等人臣執法之義。於是衆皆扣首悦服。臣亦隨至其營，撫定餘衆，皆莫不感泣歡呼，皆謂朝廷如此再生之恩，我等誓以死報。及據狀末，告乞憐憫岑猛原無反叛情罪，存其一脉，俯順夷情，辦納糧差一節。自臣奉命而來，沿途詢諸商賈行旅，訪諸士夫軍民，莫不以爲宜從夷俗，仍立土官，庶可永久無變。不然，反覆之患，終恐不免。及臣至此，又公同大小各官，審度事勢，屢經酌量議處，亦皆以爲治夷之道，宜順其情。臣於先次謝恩本内，已經略具奏聞，至是因其控告哀切，當即遵照敕諭便宜事理，許以其情奏請。且諭以朝廷之意，無非欲生全爾等，爾等但要誠心向化，改惡從善，竭忠報國，勿慮朝廷不能順爾之情。於是又皆感泣歡呼，皆謂朝廷如此再生之恩，我等誓以死報，且乞即願殺賊立功，以贖前罪。臣因諭以朝廷之意，惟願生全爾等，今爾方來投生，豈忍又驅之兵刃之下。爾等逃竄日久，家業破蕩，且宜速歸，完爾家室，及時耕種，修復生理。至於各處盜賊，軍門自有區處，不須爾等剿除，待爾家事稍定，徐當調發爾等。於是又皆感泣歡呼，皆謂朝廷如此再生之恩，我等誓以死報。臣於是遂委右布政林富、舊任總兵官張祐，分投省諭，安插其衆。俱於二月初八日，督令各歸復業去訖。

地方之事，幸遂平定，皆皇上至孝達順之德，感格上下；神武不殺之威，震慴鬼神。風行於廟堂之上，而草偃於百蠻之表，是以班師不待七旬，而頑夷即爾來格。不折一矢，不戮一卒，而全活數萬生靈，是所謂「綏之斯來，動之斯和」者也。臣以蹇劣，繆承任使，仰賴鴻休，得免罪責，快覩盛明，豈勝慶幸！除將設立土官，及地方一應經久事宜，遵照敕旨，公同各官再行議處，另行具奏外。緣係奏報平復地方事理，爲此具本，專差冠帶舍人王洪親賫，謹具題知。

地方緊急用人疏 七年二月十五日

先該禮部右侍郎方獻夫奏前事，節奉聖旨：「田州應否設都御史在彼住劄，還着王守仁議處，具奏定奪。欽此。」兵部備咨前來知會，除欽遵外。隨於今年正月二十七日，該思恩、田州二府土目盧蘇、王受等，各率衆數萬，自縛歸降。該臣遵照敕諭事理，悉已撫定。當遣廣西右布政林富、舊任副總兵張祐，分投督領各夷，各歸原土，復業安生。已經具本奏報外。照得思恩、田州，連年兵火殺戮之餘，官府民居，悉已燒燬破蕩。雖蔀屋尋丈之廬，亦遭翻空發掘，曾無完土。荒村僻塢，不遺片瓦尺椽，傷心慘目，誠不忍見。各夷近已誠心投服，毁棄兵戈，賣刀買牛，見已各事田作，自後反側之患，以臣料之，或已可免。但其風景淒戚，生意蕭條，憂惶困苦之餘，無以自存，必得老成寬厚之人[一]，撫恤綏柔之。臣等見其悲慘無聊之狀，誠亦未忍一旦棄去而不顧。況思、田去梧州軍門，水路一月之程，一時照料有所不及。近又與各官議，欲於田州建立流官府治以制御土官，修復城池廨宇等項，必須勞民動衆，自非素得夷情者爲之經理區畫，各夷彫弊之餘，豈復堪此騷屑？況議設知府等官，皆未曾到，一應事務，莫有任其責者。看得右布政林富，慈祥愷悌，識達行堅，素立信義，見在思、田地方安插各夷。合無准如方獻夫所奏，將林富量改憲職，仍聽臣等節制，暫於思、田地方往來住劄，撫循緝理，其於事理亦甚相應。臣又看得思、田地方，原係蠻夷瑶、僮之區，不可治以中土禮法。雖流官之設，尚且不可，又況常設重臣住劄其地，豈其所堪？則其供饋之費，送迎之勞，必且重貽地方異日之擾，斯亦不可不預言之者。合無將本官廩給口糧，一應合用之費，及往來夫馬，一應合用之人，俱於南寧府衛取辦，銀兩於庫貯軍餉内支給，一不以干思、田之人。俟一年之後，各夷生理漸復，府治城廓廨宇漸以完備，則將林富量移別處任用，而思、田止存知府理治，或設兵備官一員於賓州住劄，或就以南寧兵備兼理，不時

[一] 必得老成寬厚之人　「必」，黄本、閭本、董本、聞本、鄒本、胡本、宋本、邵本作「非」。

往來撫循。如此，則目前既可以得撫定綏柔之益，而日後又可以免困頓煩勞之擾。臣之愚見，所議如此。惟復別有定奪，均乞聖明裁處。

地方急缺官員疏

七年二月十八日

先據廣西副總兵李璋呈前事。看得柳、慶地方新任參將王繼善近因病故，地方盜賊生發，不可一日缺官，乞暫委相應官一員，前去代理，等因到臣。該臣看得柳、慶地方，近因思、田用兵不息，瑶賊乘間出掠，參將王繼善既已病故，而該道守巡、兵備等官，又以思、田之役，皆在軍門督餉督哨，地方重寄，委無一官之托。爲照參將沈希儀，雖係專設田州住劄官員，然田州之事，臣與各官見駐南寧，自可分理。本官舊在柳、慶，夷情土俗，備能諳悉，而謀勇才能，足當一面，求可委用，無踰本官者。該臣遵照欽奉敕諭便宜事理，就行暫委本官前去管理參將行事，聽候奏請外。

近該思恩、田州土目盧蘇、王受等，率衆歸降。該臣行委右布政林富、閑住副總兵張祐，分投督領各夷，各歸原土，復業安生。今各夷見已賣刀買牛，争事農作，度其事勢，將來或可以無反側之患，則前項駐劄參將，似亦可以無設。但今議於田州修復流官府治以控制土官，則城廓廨宇之役，未免勞民動衆，瘡痍大病之後，各夷豈復堪此？臣等議調腹裏安靖地方官軍、打手之屬，約二千名，隱然有屯戍之形，而實以備修建之役。庶幾工可速就，而又得免於起夫之擾。然非統馭得人，則於各夷或亦未免有所驚疑。除布政林富已另行議奏外，看得閑住總兵張祐，才識通敏，計慮周悉，將略堪折衝之任，文事兼撫綏之長。今又見在思、田地方，安插各夷，皆能得其歡心。乞敕兵部，俯從臣議，將張祐復其舊職，暫委督令前項各兵，經理修建之役。仍令與布政林富，更互往來於思、田之間，省諭安撫諸夷。其合用廩給夫馬之類，悉照議處林富事例，於南寧府衛取辦。俟一二年後，各夷生理盡復，府治城郭廨宇悉已完備，則將張祐量改他處任用，而田州止存知府理治，仍乞將沈希儀或就改註柳、慶地方守備。惟復別有定奪，均乞聖明裁處。

處置平復地方以圖久安疏　七年四月初六日

臣聞傳説之告高宗曰：「明王奉若天道，建邦設都，樹后王君公，承以大夫師長，不惟逸豫，惟以亂民。」今天下郡縣之設，乃有大小繁簡之别，中土邊方之殊，流官土襲之不同者，豈故爲是多端哉？蓋亦因其廣谷大川，風土之異氣，人生其間，剛柔緩急之異稟，服食器用，好惡習尚之異類。是以順其情不違其俗，循其故不易其宜[一]，要在使人各得其所，固亦惟以亂民而已矣。臣以迂庸，繆膺重命，勘處兵事於茲土，節該欽奉敕諭，謂「可撫則撫，當剿即剿」，是陛下之心，惟在於除患安民，未嘗有所意必也。又節該欽奉敕諭，謂「賊平之後，公同議處，應設土官流官，何者經久利便」，是陛下之心，惟在於安民息亂，未嘗有所意必也。

始者思、田梗化，既舉兵而加誅矣；因其悔罪來投，遂復宥而釋之；固亦莫非仰體陛下不嗜殺人之心，惓惓憂憫赤子之無辜也。然而今之議者，或以爲流官之設，中土之制也，已設流官而復去之，則嫌於失中土之制；土官之設，蠻夷之俗也，已去土官而復設之，則嫌於從蠻夷之俗。二者將不能逃於物議，其何以能建事而底績乎？是皆不然。夫流官設而夷民服，何苦而不設流官乎[二]？夫惟流官一設[三]，而夷民因以騷亂，仁人君子，亦安忍寧使斯民之騷亂，而必於流官之設者？土官去而夷民服，何苦而必土官乎？夫惟土官一去，而夷民因以背叛，仁人君子，亦安忍寧使斯民之背叛，而必於土官之去者？是皆虞目前之毀譽，避日後之形迹，苟爲周身之慮，而

[一] 循其故不易其宜　「易」，國圖本作「異」。
[二] 夫流官設而夷民服何苦而不設流官乎　黄本、閭本、董本、范本無此十六字。
[三] 夫惟流官一設　黄本、閭本、董本、范本作「夫流官設」。

不爲國家思久長之圖者也。其亦安能仰窺陛下如天之仁，固平平蕩蕩，無偏無黨，惟以亂民爲心乎！

臣於思恩、田州平復之後，即已仰遵聖諭，公同總鎮、鎮巡、副參、三司等官太監張賜、御史石金等議，應設流官土官，何者經久利便，不得苟有嫌疑避忌，而心有不盡，謀有不忠。乃皆以爲宜仍土官以順其情，分土目以散其黨，設流官以制其勢。蓋蠻夷之性，譬猶禽獸麋鹿，必欲制以中土之郡縣，而繩之以流官之法，是群麋鹿於堂室之中，而欲其馴擾帖服，終必觸樽俎，翻几席，狂跳而駭擲矣。故必放之閒曠之區，以順適其獷野之性。今所以仍土官之舊者，是順適其獷野之性也。然一惟土官之爲，而不思有以散其黨與，制其猖獗，是縱麋鹿於田野之中，而無有乎墻墉之限，籓牙童梏之道，終必長奔直竄，而無以維縶之矣。今所以分立土目者，是墻墉之限，籓牙童梏之道也。然分立土目，而終無連屬綱維於其間，是畜麋鹿於苑囿，而無守視之人，以時修其墻墉[一]，禁其群觸，終將踰垣遠逝而不知，踐禾稼，决藩籬而莫之省矣。今所以特設流官者，是守視苑囿之人也。議既僉同，臣猶以爲土夷之心未必盡得，而窮山僻壤或有隱情也，則亦安能保其必行乎？則又備歷田州、思恩之境，按行其村落，而經理其城堡。因而以其所以處之之道，

[一]　以時修其墻墉　「修」，國圖本、天圖本、叢刊本、文淵閣本、摛藻堂本作「守」。

詢諸其目長，率皆以爲善；又以詢諸其父老子弟，又皆以爲善；又以詢諸其頑鈍無耻、厮役下賤之徒，則又亦皆以爲善。然後信其可以久行，而庶或幸免於他日之戮也矣。夫然後敢具本以請，亦恃聖明在上，洞見萬里，而無微不燭，故臣得以信其愚忠，不復有所顧忌。然猶反覆其辭而更互其説者，非敢有虞於陛下不能亮臣之愚，良以今之士人，率多執己見而倡臆説，亦足以摇衆心而僨成事，故臣不避頰舌之騰者，亦欲因是以曉之也。煩瀆聖聽，臣不勝戰慄惶懼之至。緣係處置平復地方，以圖久安長治事理，未敢擅便，爲此開坐具本請旨。

計開：

一、特設流官知府以制土官之勢。臣等議得思、田初服，朝廷威德方新，今雖仍設土官，數年之間，决知可無反側之慮。但十餘年後，其衆日聚，其力日强，則其志日廣，亦將漸有縱肆并兼之患，故必特設流官知府以節制之。其御之之道，則雖不治以中土之經界，而納其歲辦租税之入，使之知有所歸效；雖不蒞以中土之等威，而操其襲授調發之權，使之知有所統攝；雖不繩以中土之禮教，而制其朝會貢獻之期，使之知有所尊奉；雖不嚴以中土之法禁，而申其寃抑不平之鳴，使之知有所赴訴。因其歲時伏臘之請，慶賀參謁之來，而宣其間隔之情，通其上下之義，矜其不能，教其不逮，寓警戒於温恤之中，消倔强於涵濡之内，使之日馴月習[一]，忽不自知其爲善良之歸。蓋含洪坦易以順其俗，而委曲調停以制其亂，此今日知府之設，所以異於昔日之流官，而爲久安長治之策也。臣等看得田州故地，寬衍平曠，堪以建設流官衙門，但其衝射凶惡，居民弗寧。今擬因其城垣，略加改創修理，備立應設衙門，地僻事簡，官不必備。環府之田一甲，皆以屬之府官，府官既無民事案牘之擾，終歲可以專力於農，爲之闢其荒蕪，備其旱潦，通其溝洫。丁力不足，則聽其募人耕種，官給牛具種子，歲收其入三分之一以廩官吏，而其餘以食佃人。城之内外，漸置佃人廬舍，而歲益增募招徠以充實之。田州舊有商課，仍許設於河下，薄取其税，以資祭祀、賓旅、柴薪、馬夫之給。凡流官之所須者，一不以及於土夷。如此，則雖草創之地，而三四年後，亦可以漸爲富庶之鄉。若其經營之始，則且須仰給於南寧府庫。逮其城郭府治完備，事體大定，然後總會其土夷之所輸，公田之所入，商税之所積，每歲若干，而官吏之所需者每歲若干，斟酌通融，立爲經久之計。又必上司之制用者，務從寬假，無太苛削，官吏其土者，得以優裕展布，無局促牽制之繁，此又體悉遠臣，綏柔荒服之道也。至於思恩，舊已設有流官，但因開圖立里，繩以郡縣之法，是以其民遂亂。今宜照舊，仍設流官知府，聽其土目各以土俗自治，

[一] 使之日馴月習　「馴」，黄本、閭本、董本、范本作「馭」。

而其連屬制御之道，悉如臣等前之所議，庶可經久無患。均乞聖明裁處。

一、仍立土官知州以順土夷之情。臣等議得岑氏世有田州，其繫戀之私恩，久結於人心。今岑猛雖誅，各夷無賢愚老少，莫不悲愴懷思，願得復立其後。故蘇、受之變，翕然蠭起，不約而同，自官府論之，則皆以爲苗頑逆命之徒；在各夷言之，則皆自以爲嬰、臼存孤之義。故自兵興以來，遠近軍民，往往亦有哀憐其志，而反不直官府之爲者。況各夷告稱，其先世岑伯顔者，嘗欽奉太祖高皇帝敕旨：「岑、黄二姓，五百年忠孝之家，禮部好生看他。着江夏侯護送岑伯顔爲田州府土官知府職事，傳授子孫，代代相繼承襲。欽此。」欽遵。其後如岑永通、岑祥、岑紹、岑鑑、岑鏞、岑溥，皆嘗著征討之績，有保障之功。猛之暴虐騷縱，罪雖可戮，而往歲姚源之役，近年劉召之剿，亦皆間關奔走，勤勞在人。各夷告稱，官兵未進之先，猛尚遣人奉表朝賀貢獻，又遣人賚本赴京控訴；官兵將進之時，猛遂率衆遠遁，未嘗敢有抗拒。以此言之，其無反叛之謀，踪迹頗明。今欲仍設土官以順各夷之情，而若非岑氏之後，彼亦終有未服。故今日土官之立，必須岑氏子孫而後可。臣等看得田州府城之外，西北一隅，地形平坦，堪以居民。議以其地降爲田州，而於舊屬四十八甲之内，割其八甲以屬之，聽以其土俗自治。立岑猛之子一人，始授以署州事吏目；三年之後，地方寧靖，效有勤勞，則授以判官；六年之後，地方寧靖，效有勤勞，則授以爲同知；九年之後，地方寧靖，效有勤勞，則授以爲知州，使承岑氏之祀，而隸之流官知府。其制御之道，則悉如臣等前之所議。如此，則朝廷於討猛之罪，記猛之勞，追録其先世之忠，俯順其下民之望者，兼得之矣。昔文、武之政，罪人不孥，興滅繼絶，而天下之民歸心。遠近蠻夷，見朝廷之所以處岑氏者若此，莫不曰：「猛肆其惡而舉兵加誅，法之正也；明其非叛而不及其孥，仁之至也；録其先忠而不絶其祀，德之厚也；不利其土而復與其民，義之盡也；矜其冥頑而曲加生全，恩之極也。」即此一舉，而四方之土官，莫不畏威懷德，心悦誠服，信義昭布，而蠻夷自此大定矣。此今日知州之設，所以異於昔日之土官，而爲久安長治之策也。臣等又看得岑猛之子，存者二人，其長者爲岑邦佐，其幼者爲岑邦相。邦佐自幼出繼武靖州爲知州，前者徒以誅猛之故，有司奏請安置於漳州，然彼實無可革之罪。今日田州之立，無有宜於邦佐者。但武靖當瑶賊之衝，而邦佐素得其民心，其才足能制御。邇者武靖之民，以盜賊猖熾，州民無主之故，往往來告，願得復還邦佐爲知州，以保障地方。臣等方欲爲之上請。如欲更一人〔一〕，諸夷未必肯服，莫若仍以邦佐歸之武靖，而立邦相於田州。用其强立有能者，於折衝捍禦之所；而存其幼弱未立者，於安守宗祀之區，庶爲兩得其宜。至於思恩，則岑濬之後已絶，自不必復有土官之設矣。均乞聖明

〔一〕如欲更一人　「欲」，黄本、閭本、董本、范本作「若」。

裁處。

一、分設土官巡檢以散各夷之黨。臣等議得土官知州既立，若仍以各土目之兵盡屬於知州，則其勢并力衆，驕恣易生，數年之後，必有報讐復怨，吞弱暴寡之事，則土官之患猶如故也。且土目既屬於土官，而操其生殺予奪之權，則彼但惟土官之是從，寧復知有流官知府者？則流官知府雖欲行其控御節制之道，施其綏懷撫恤之仁，亦無因而與各土目者相接矣。故臣等議以舊屬八甲割以立州之外，其餘四十甲者，每三甲或二甲，立以爲一巡檢司，而屬之流官知府。每司立土巡檢一員，以土目之素爲衆所信服者爲之，而聽其各以土俗自治。其始授以署巡檢司事土目；三年之後，而地方寧靖，效有勤勞，則授以冠帶；六年之後，而地方寧靖，效有勤勞，則授以爲土巡檢。其糧稅之入，則徑納於流官知府，而不必轉輸於州之土官以省其費；其軍馬之出，亦徑調於流官知府，而不必轉發於州之土官以重其勞。其官職土地，各得以傳諸子孫，則人人知自愛惜，而不敢輕犯法；其襲授予奪，皆必經由於知府，則人人知所依附，而不敢輒携貳。勢分難合，息朋奸濟虐之謀；地小易制，絶恃衆跋扈之患。如此，則土官既無羽翼爪牙之助，而不敢縱肆於爲惡；土目各有土地人民之保，而不敢黨比以爲亂。此今日巡檢之設，所以異於昔日之土目，而爲久安長治之策也。至於思恩事體，悉與田州無異，亦宜割其目甲，分立以爲土巡檢司，聽其以土俗自治，而屬之流官知府，其辦納兵糧與連屬制御之道，一如田州。則流官之設，既不失朝廷之舊；巡司之立，又足以散土夷之黨；而土俗之治，復可以順遠人之情，一舉而兩得矣。均乞聖明裁處。

一、田州既改流官，亦宜更其府名。初，岑猛之將變，忽有石自田州江心浮出，傾臥岸側，其時民間有「田石傾，田州兵；田石平，田州寧」之謡。猛甚惡之，禁人勿言，密起百餘人，夜平其石，旦即復傾。如是者屢屢，已而果有兵變。今年二月，盧蘇等既來投順[一]，歸視其石，則已平矣，皆共喜異，傳以爲祥。臣至田州親視其石，聞士人之言如此。民間多取「田寧」二字，私擬其名，臣等欲乞朝廷遂以此意命之。雖非大義所關，亦足以新耳目而定人心之一端也。其該府所設官員，臣等擬於知府之外，佐貳則同知或通判一員，首領則經歷、知事各一員，吏胥略具而已。今見在者已有通判張華、知事林光甫、照磨李世亨，其知府亦已選有一員陳能，然至今尚未到任。臣嘗訪詢其故，咸謂陳能原奉朝旨，陞廣西布政司右參政，管田州府事，又賜之敕旨以重其權。吏部奏有欽依，令其先赴該司到任，然後往蒞田州。該司左布政嚴紘，謂其既掌府事，即係屬官，不得於該司到任。陳能遂竟還原籍，至今亦不復來。參照嚴紘妄自尊大，但知立上司

[一] 盧蘇等既來投順　「來」，國圖本、天圖本、叢刊本、文淵閣本、摛藻堂本作「有」。

之體勢，而輒敢慢視敕旨，蔑廢部移，固已深爲可罪。陳能則褊狹使氣，徒欲申一己之小憤，而遂爾委朝命於草萊，棄職任如敝屣。使爲人臣者而皆若是，則地方之責焉所寄託，而朝廷威令何以復行乎？臣等所訪如此，但未委虛的，乞將二人通行提究，重加懲戒，以警將來。臣觀陳能氣性悻悻若此，亦非可使以綏柔新附之民者。看得廣東化州知州林寬，舊任南康通判，翦緝安義諸賊，甚得調理，且其才識通敏，幹辦勤勵。臣時巡撫江西，深知其有可用。近因田州改建府治，修復城垣，地方無官可任，已經行文委令經理其事。即若陞以該府同知，而使之久於其職，其所建立必有可觀。迨其累有成績，遂擢以爲知府，使終身其地，彼亦欣然過望，必且樂爲不倦，爲益地方，決知不少矣。大抵田州之亂，起於搜剔太甚，今其歸附，皆出誠心，原非以兵力强取而得者。故不必過爲振厲駕抑，急其機防，反足生變，但與之休養生息，略施控御其間可矣。夫走狗逐兔，而捕鼠以狸，人之才器，各有所宜也。伏乞聖明采擇。

一、思恩府設立流官，亦宜如田州之數。其知府一員吴期英見在[一]，但已屢有奔逃之辱，難以復臨其下，然未有可去之罪，且宜改用於他所，姑使之自效可矣。看得柳州府同知桂鏊督餉賓州，思恩之人聞其行事，頗知信向。近以修復思恩府治，委之經理，其所謀猷，雖未見有大過

[一] 其知府一員吴期英見在　黄本、閭本、董本、宋本、邵本「見」上有「若」字，范本「見」上有「者」字。

於人，然皆平實詳審，不爲浮飾，似於思恩之人爲宜。苟未能灼知超然卓異之才，舉而用之以一新政化，則得如鑿者器而使之，姑且修弊補罅，休勞息困，以與久疲之民相安於無事，當亦能有所濟也。乞敕吏部，再加裁酌而改用之。

一、田州各甲，今擬分設爲九土巡檢司；其思恩各城頭，今擬分設爲九土巡檢司；各立土目之素爲衆所信服者管之。其連屬之制，陞授之差，俱已備有前議。但各甲城頭既已分析，若無人管理，復恐或生弊端。臣等遵照敕諭便宜事理，已先行牌仰各頭目，暫且各照分掌管，辦納兵糧。候奏請命下，然後欽遵施行。

一、田州凌時甲、完冠砦陶甲、腮水源坤官位甲、舊朔勒甲、兼州子半甲，共四甲半，擬立爲凌時土巡檢司，擬以土目龍寄管之。緣龍寄先來投順，故分甲比衆獨多。

一、田州砦馬甲、略羅、博温甲，共三甲，擬立爲砦馬土巡檢司，擬以土目盧蘇管之。

一、田州大田子甲、那帶甲、錦養甲，共三甲，擬立爲大田土巡檢司，擬以土目黄富管之。

一、田州萬洞甲、周甲，共二甲，擬立爲萬洞土巡檢司，擬以土目陸豹管之。

一、田州陽院右鄧甲、控講水册槐並畔甲，共二甲，擬立爲陽院土巡檢司，擬以土目林盛管之。

一、田州思郎那召甲、舍甲，共二甲，擬立爲思郎土巡檢司，擬以土目胡喜管之。

一、田州累彩甲、子軒憂甲、篤忻下甲[一]，共三甲，擬立爲累彩土巡檢司，擬以土目盧鳳管之。

一、田州怕何甲、速甲，共二甲，擬爲怕何土巡檢司，擬以土目羅玉管之。

一、田州武龍甲、里定甲，共二甲，擬立爲武龍巡檢司，擬以土目黄笋管之。

一、田州栱甲、白石甲，共二甲，擬立爲栱甲土巡檢司，擬以土目邢相管之。

一、田州床甲、呰例甲，共二甲，擬立爲床甲土巡檢司，擬以土目盧保管之。

一、田州婪鳳甲、工堯降甲，共二甲，擬立爲婪鳳土巡檢司，擬以土目黄陳管之。

一、田州下隆甲、周甲，共二甲，擬立爲下隆土巡檢司，擬以土目黄對管之。

一、田州縣甲、環甫蛙可甲，共二甲，擬立爲縣甲土巡檢司，擬以土目羅寬管之。

一、田州篆甲、煉甲，共二甲，擬立爲篆甲土巡檢司，擬以土目黄萊管之[二]。

一、田州呰桑甲、義寧江那半甲，共一甲半，擬立爲呰桑土巡檢司，擬以土目戴德管之。

一、田州思幼東平夫棒甲、盡甲子半甲，共一甲半，擬立爲思幼土巡檢司，擬以土目楊趙管之。

一、田州侯周怕豐甲一甲，擬立爲侯周土巡檢司，擬以土目戴慶管之。

[一] 篤忻下甲 「忻」，國圖本作「忭」。

[二] 黄萊 國圖本、天圖本、叢刊本、文淵閣本、擒藻堂本作「王萊」，宋本、邵本作「黄薛」。

一、思恩興隆七城頭，兼都陽十城頭，擬立爲土巡檢司[一]，擬以土目韋貴管之。緣韋貴先來向官，故授地比衆獨多。

一、思恩白山七城頭，兼丹良十城頭，擬立爲白山土巡檢司，擬以土目王受管之。

一、思恩定羅十二城頭，擬立爲定羅土巡檢司，擬以土目徐五管之。

一、思恩安定六城頭，擬立爲安定土巡檢司，擬以土目潘良管之。

一、思恩古零、通感、那學、下半四堡四城頭，擬立爲古零土巡檢司，擬以土目覃益管之。

一、思恩舊城十一城頭，擬立舊城土巡檢司，擬以土目黄石管之。

一、思恩那馬十六城頭，擬立爲那馬土巡檢司，擬以土目蘇關管之。

一、思恩下旺一城頭，擬立爲下旺土巡檢司，擬以土目韋文明管之。

一、思恩都陽中團一城頭，擬立爲都陽土巡檢司，擬以土目王留管之[二]。

右各目之内，惟田州之龍寄，思恩之韋貴、徐五，事體於各目不同，而韋貴又與徐五、龍寄稍異。蓋韋貴於事變之始，即來投順官府，又嘗效有勤勞，宜不待三年，而即與之以實授土巡

[一] 擬立爲土巡檢司　鄒本「爲」下有「興隆」二字。

[二] 王留　奏報思恩田州平復疏、牌仰思恩府土目分管各城頭有土目「黄留」，疑爲同一人。

檢以旌其功。徐五亦隨韋貴投順，而效勞不及，龍寄雖無功勞，而投順在一年之前。二人者，宜次韋貴，不待三年而即與之以冠帶，三年而即與之以實授土巡檢。如此，則功罪之大小，投順之先後，皆有差等，而勸懲之道著矣。或又以盧蘇、王受不當與各土目並立者，臣等又以爲不然。方其率衆爲亂，則蘇、受者，固所謂罪之魁矣；及其率衆來降，則蘇、受者，又所謂功之首也。況二府目民，又皆素服二人，今若立各土目而二人不與，非但二人者未能帖然於衆目之下，衆目固亦未敢安然而處其上，非所以爲定亂息争之道也。故臣等仍議以盧蘇、王受爲衆目之首，庶幾事體穩帖，而人心允服矣。

一、田州、思恩各官目人等見監家屬男婦，初擬解京，今各目人等既已投順，則其家屬男婦相應給還領養。均乞聖明裁允。

一、田州新服，用夏變夷，宜有學校。但瘡痍逃竄之餘，尚無受廛之民，焉有入學之士？況齋膳廪餼，俱無所出，即欲建學，亦爲徒勞，然風化之原，終不可緩。臣等議欲於附近府州縣學教官之内，令提學官選委一員，暫領田州學事。聽各學生徒之願改田州府學，及各處儒生之願來田州附籍入學者，皆令寄名其間。所委教官，時至其地，相與講肄游息，或於民間興起孝弟，或倡遠近舉行鄉約，隨事開引，漸爲之兆。俟休養生息一二年後，流移盡歸，商旅湊集，民居已覺既庶，財力漸有可爲，則如學校及陰陽、醫學之類，典制之所宜備者，皆聽該府官以次舉行上請，然後爲之設官定制。如此，則施爲有漸而民不知擾，似亦招徠填實之道，鼓舞作新之機也。均乞聖明裁處。

一、思、田去梧州，水陸一月之程[一]，軍門隔遠，難於控馭調度，兼之府治雖立而規制未成，流官雖設而職守未定，且瘡痍未復，人心憂惶，須得重臣撫理。臣等已經具題，乞將右布政林富量陞憲職，存留舊任副總兵張祐，使之更迭往來於二府地方，綏緝經理。仍乞賜以便宜敕書[二]，將南寧、賓州等府衛州縣，及東蘭、南丹、泗城、那地、都康、向武等土官衙門，俱聽林富等節制。臣等所議地方經久事宜，候奏請命下之日，悉以委之林富等，使之欽遵以次施行，庶幾事無隳墮，而功可責成矣。

[一] 水陸一月之程　「陸」，地方緊急用人疏、舉能撫治疏作「路」。

[二] 仍乞賜以便宜敕書　「宜」，黄本、閭本、董本作「益」。

王文成公全書卷之十五

别録七　奏疏七

門人餘姚錢德洪　編次
安成鄒守益　葺録
泰和歐陽德　校正
山陰王畿　增葺
南昌唐堯臣　考訂

征剿稔惡瑶賊疏　七年四月十五日

據留撫田州、思恩等處地方廣西布政司右布政林富、原任副總兵都指揮同知張祐等，會呈前事。開稱田州、思恩平復，居民悉已各安生理，土夷亦皆各事農耕，地方實已萬幸。但惟八寨民瑶賊，積年千百成徒，流劫州縣鄉村，殺害良民，虜掠子女生口財物，歲無虚月，月無虚旬。民遭荼毒冤苦，屢經奏告，乞要分兵勦滅者，已不知幾百十番。爲因地方多事，若要進兵，未免重爲民困，是以官府隱忍撫諭，冀其悔罪改過，而彼乃悍然不顧，愈加兇横，出劫益頻。蓋緣此賊有衆數萬，盤據山谷，憑恃險阻，南通交趾等夷，西接雲、貴諸蠻，東北與斷藤、牛腸、仙臺、花相、風門、佛子及柳慶、府江、古田諸處瑶賊，回旋連絡，延袤周遭二千餘里，東掠西竄，南摽北突。近因思、田擾攘，各賊乘機出攻州縣鄉村，遠近相煽，幾爲地方大變。仰賴朝廷威令傳播，苟幸未動。緣此瑶賊之與居民，勢不兩立，若瑶賊不除，則居民决無安生之理。乞要乘此軍威，速加征勦，庶不貽患地方緣由。呈乞照詳施行等因。

據此行間。隨據左江道守巡、守備等官左參議汪必東、僉事吴天挺、參將張經等會呈，爲請兵征勦積年窮凶極惡瑶賊，以除民患事。開稱斷藤峽、牛腸、六寺、磨刀等處瑶賊，上連八寨諸蠻，下通白竹、古陶、羅鳳、仙臺、花相、風門、佛子等峒各賊，累年攻劫郡縣鄉村，殺人放火，虜掠子女財畜。民遭荼毒，逃竄死亡，抛棄田業，居民日少，村落日空，延袤千百里内，皆已變爲盗賊之區。各處被害軍民，累奏請兵誅勦，爲因地方多事，兵力不敷，官府隱忍招撫，期暫少息，而各賊愈肆猖獗。近因思、田用兵，遂與八寨及白竹、古陶、羅鳳等賊，乘勢朋比連結，殺虜搶劫，月無虛旬，扇惑摇動，將成大變。仰賴神武傳播，幸未舉發。近幸思、田之諸夷感慕聖化，悉已自縛歸降，遠近向服。各山瑶、僮，亦皆出來投撫，請給告示，願求自新，從此不敢爲惡。雖其誠僞未可逆料，然皆尚有畏懼之心。獨此斷藤各巢逆賊，自知罪在不赦，恃險如故，截路劫村，略無忌憚。若不乘此軍威，進兵剿滅，將來禍患，焉有紀極緣由。會案呈詳到臣。

照得臣近因思、田之役，奉命前來駐軍南寧府地方，與八寨瑶賊相去六日之程。朝廷德威宣布，雖外國遠夷，皆知震懾向慕，輸情納款，而此瑶賊獨敢擁衆千百，四出劫掠武緣等處鄉村，殺人放火，略無忌憚。此臣所親知，即此猖熾桀驁，平時抑又可知。及照牛腸、六寺、磨刀、古竹[二]、古陶、羅鳳、仙臺、花相、風門、佛子等巢稔惡各賊，自弘治、正德以來，至於今日，二三十年之間，節該桂平等縣被害人户李子太等，前後控奏，乞行剿除民害，不下數十餘次，皆有部咨，行令勘議計剿。若不及今討伐，其爲地方之患，終無底極，誠有如各官所呈者。況臣駐劄南寧，小民紛然訴告，請兵急救荼毒，皆爲朝不謀夕。各賊之惡，委已數窮貫滿，神怒人怨，難復逋誅，即欲會案奏請，俟命下之日行事，切恐聲迹昭彰，反致衝突奔竄，則雖調十數萬之衆，以一二年爲期，亦未易平蕩了事。照得臣節該欽奉敕諭：「但遇賊寇生發，即便相機可撫則撫，

[二] 古竹　上文作「白竹」，「古」或爲「白」之訛。

可捕則捕。欽此。」欽遵。爲照思、田變亂之時，該前都御史等官姚鏌等，奏調湖廣永、保二司土兵，前來南寧等處聽用。近幸地方悉已平靖，各兵正在班師放回之際，歸途所經，正與各賊巢穴相去不遠。況思、田二府新附土目盧蘇、王受等，感激朝廷生全之恩，屢乞殺賊報效。俱合遵奉敕諭事理[一]，除一面量調官軍，協同前項各兵，行委左江道守巡、參將等官，監統永、保二司宣慰官男領各頭目土兵人等，分道進剿牛腸、六寺、仙臺、花相等賊，并行留撫思、田布政及右江分巡兵備、守備等官，監統思、田土目兵夫，分道進剿八寨等賊，所獲功次，俱仰該道分巡兵備官收解紀功御史紀驗，造册奏報，及行總鎮太監張賜，密切公同行事，并密行鎮巡等官知會外。緣係征剿積年稔惡瑶賊，以除民患，以安地方事理，爲此具本題知。

舉能撫治疏　七年正月二十五日[二]

案照先該禮部右侍郎方獻夫奏前事，節奉聖旨：「田州應否設都御史在彼住劄，還着王守仁議處，具奏定奪。欽此。」兵部備咨前來知會，隨欽遵外。隨於今年正月二十七日，該思恩、田

[一] 俱合遵奉敕諭事理　「合」，國圖本、天圖本、叢刊本、文淵閣本、摛藻堂本作「各」。

[二] 正月二十五日　「正月」誤，「正」或爲「五」之訛。

州二府土目盧蘇、王受等，各率衆數萬，自縛歸降。該臣遵照敕諭事理，悉已撫定，當遣廣東右布政林富[一]、舊任副總兵張祐，分投督領各夷，各歸原土，復業安生。已經具本奏報外。爲照思恩、田州，連年兵火殺戮之餘，官府民居，悉已燒毀破蕩。雖蔀屋尋丈之廬，亦遭翻窔發掘，曾無完土。荒村僻塢，不遺片瓦尺椽，傷心慘目，誠不忍見。各夷近已誠心投服，毀棄兵戈，賣刀買牛，見已各事田作，自後反側之患，以臣料之，或已可免。但其風景凄戚，生意蕭條，憂惶困苦之餘，無以自存，非得老成寬厚之人，撫恤綏柔之。臣等見其悲慘無聊之狀，誠亦未忍一旦棄去而不顧。況思、田去梧州軍門，水路一月之程，一時照料有所不及。近又與各官議，欲於田州建立流官府治以制御土官，修復城池廨宇等項，必須勞民動衆，自非素得夷情者爲之經理區畫，各夷彫弊之餘，豈復堪此騷屑？況議設知府等官，皆未曾到，一應事務，莫有任其責者。該臣看得右布政林富，慈祥愷悌，識達行堅，素立信義，見在思、田地方安插各夷，皆能得其歡心。合無准如方獻夫所奏，將林富量陞憲職，仍聽臣等節制，暫於思、田地方往來住劄，撫循緝理，其於事理亦甚相應。俟一二年後，各夷生理漸復，府治城郭廨宇漸已完備，則將林富量移別處任用，而思、田止存知府理治，或設兵備官一員於賓州住劄，或就以南寧兵備兼理，不時往來撫

[一] 當遣廣東右布政林富　據地方緊急用人疏、征剿稔惡瑶賊疏，林富爲廣西右布政。

循。如此，則目前既可以得撫定綏柔之益，而日後又可以免困頓勞煩之擾。已經具本，於本年二月十五日，差舍人湯祥賫奏請旨。

續爲處置平復地方，以圖久安長治事。節該臣看得思恩、田州二府地方，府治雖立而規制未成，流官雖設而職守未定，且瘡痍未復[一]，人心憂惶。乞將右布政林富量陞憲職，及存留舊任副總兵張祐，使之更迭往來於二府地方，綏緝經理。仍乞賜以便宜敕書，將南寧、賓州等府衛州縣，及東蘭、南丹、泗城、那地、都康、向武等土官衙門，俱聽林富等節制。臣等所議地方經久事宜，候奏請命下之日，悉以委之林富等，使之欽遵以次施行，庶幾事無隳惰，而功可責成。又經條陳具本，於本年四月初六日，差承差楊宗賫奏請旨。俱未奉明示。

本年五月二十二日，本官已蒙欽陞都察院右副都御史，撫治湖廣鄖陽等處地方去訖，所有思、田二府撫循緝理官員，尚未奉有成命。如蒙皇上軫念邊方，俯從臣等所請，乞於兩廣及鄰省附近地方各官内選用，庶可令其作速到任，不致久曠職業。臣本昧於知人，不敢泛然僭舉，切照廣東右布政使王大用、湖廣按察使周期雍，皆才識過人，可以任重致遠。臣往年巡撫南贛，二臣皆在屬司，爲兵備僉事，與之周旋兵革之間，知其皆肯實心幹事。江西未叛一年之前，臣嘗與周期雍

[一] 且瘡痍未復　「復」，國圖本、天圖本、叢刊本、文淵閣本、摛藻堂本訛作「服」。

密論宸濠之惡，不可不爲之備，期雍歸至汀、漳[一]，即爲養兵蓄鋭以待。及臣遇變豐城，傳檄各省，獨期雍與布政席書聞變即發。當是時，四方援兵皆莫敢動，迄宸濠就擒，竟無一人至者。獨席書行至中途，復受臣檄，歸調海滄打手，又行至中途，聞事平而止。其先後引兵至江西省城者[二]，惟周期雍、王大用兩人而已。當時以捷奏既上，隨復讒言朋興，各臣之忠勤，遂不及一白，臣爲之每懷歉然。即是而觀，其能竭忠赴義，不肯上負國家，亦可知矣。乞敕吏部，酌臣所議，於二臣之内選用其一，非惟地方付託得人，永有所賴，而臣等亦可以免於身後之戮。地方幸甚。

邊方缺官薦才贊理疏　七年七月初六日

邇者思恩、田州之變，諸夷感慕聖化，悔罪求生。已蒙浩蕩之仁，宥納而撫全之，地方亦既寧定矣。但凋弊之餘，必須得人以時綏緝。況兩府設立流官衙門，及修築城池營堡等項，百務並舉，若無專官夙夜經理催督，則事無統紀，功難責成。已經臣等具題，乞將右布政林富等陞職留撫，隨蒙將林富陞任去訖。又經臣等仍乞推選相應官員替任，俱未奉明旨。

[一]　期雍歸至汀漳　「歸至」，國圖本、天圖本、叢刊本作「歸去」，文淵閣本作「時去」，摛藻堂本作「後去」。

[二]　其先後引兵至江西省城者　「兵」，國圖本、天圖本、叢刊本、文淵閣本、摛藻堂本作「領」。

臣看得今歲例當朝覲，各該掌印官員，不久皆將赴京，而廣西布、按二司等官，適多遷轉去任者。右布政林富陞鄖陽副都御史，參政黄芳陞江西布政副使，李如圭陞陝西按察使，參政龍誥、參議汪必東、僉事吴天挺等，督押湖兵出境，往復之間，即須半年。參議鄒輗、僉事申惠，皆賫捧表箋進京。其餘雖有一二新除官員[一]，皆未到任，止存左布政嚴紘、按察使錢宏各掌司印。僉事張邦信分巡桂林，李傑分巡蒼梧，而臣在南寧、思田等處，輿疾往來調度，再無一官隨從贊理者。近日止有兵備副使翁素，來管右江道事，緣其才性乃慈祥愷悌之人，用之中土分理司事，足爲循良，而置之邊方瘴癘多事之鄉，則其禀質稍弱，不耐崎險，易生疾病，似於風土亦非所宜。臣看得爲民副使陳槐，平生奮志忠節，才既有爲，而又能不避艱險；致仕知府朱衮，年力壯健，才識通敏；去任副使施儒，學明氣充，忠信果斷；閑住副使楊必進，曉練軍務，識達事機。此四人者，皆堪右江兵備之任。施儒舊爲兵備於潮、惠，楊必進舊爲兵備於府江，皆嘗著有成績，兩地夷民至今思念不忘。若於四人之中，選用其一，其於地方之事必有所濟[二]。及照田州新附之地，知府陳能尚未到任。該臣看得化州知州林寬，舊在江西，知其才能足充任使，已經具奏行委，見

[一] 其餘雖有一二新除官員　「除」，國圖本、天圖本、叢刊本、文淵閣本、摛藻堂本作「任」。

[二] 其於地方之事必有所濟　「於」，國圖本、天圖本、叢刊本、摛藻堂本訛作「餘」。

在該府管事。但其禀質乃亦不禁炎瘴，於風土非宜，蒞事以來，終月卧病，呻吟床席，軀命且不能保，又何能經理地方之事乎？臣又訪得潮州府推官李喬木者，才力足以有爲，而又熟知土俗夷情，服於水土，但係梧州籍貫，稍有鄉里之嫌。臣看得廣西軍衛有司衙門所屬官員及各學教職，亦皆多用本省士人，今田州雖設流官知府，而其所屬乃皆土夷，自無鄉里之嫌可避，亦與各教職無異者。乞敕吏部，改用林寬於別地，俯採臣議，將李喬木改陞田州同知，庶可使之久於其任，以責成功，則地方之幸，臣之幸也。

臣惟任賢圖治，得人實難，其在邊夷絶域，反覆多事之地，則其難尤甚。何者？反覆邊夷之地，非得忠實勇果、通達坦易之才，固未易以定其亂；有其才矣，使不諳其土俗而悉其情性，或過剛使氣，率意徑行，則亦未易以得其心；得其心矣，使不耐其水土而多生疾病，亦不能以久居於其地，以收積累之效，而成可底之績。故用人於邊方，必兼是三者而後可。即如右江一兵備，此臣之所最切心者，臣竊爲吏部私計其人，終夜不寢而思之，竟未見有快心如意者，蓋兼是三者而求之也。如前所舉四人者，固皆可用之才，今乃皆爲時例所拘，棄置不用，而更勞心遠索，則亦過矣。

臣近於南寧、思、田諸處，因無可用之才，調取其發身科第以遷謫而至者三四人，其志向才識，果自不群，足可任用。但到未旬日，而輒以患病告歸，皆相繼狼狽扶携而去矣。不得已，就其見在者而使之，則皆庸劣陋下，素不可齒於士類者。然無可奈何，則略其全體之惡，而用其一肢之能，既其終事，所就不能以尺寸，而破壞則尋丈矣。用是觀之，亦何怪乎斯土之民愈困，亂愈積，而禍日以深也哉？是固相沿積習之弊，不及今一洗而改革之，邊患未見其能有瘳也。

夫今之以朝覲考察而去者，固多貪暴不才之人矣。其間乃有雖無過人之才，而亦無顯著之惡，尚在可用不可用之間者，皆未暇論。至其平生磊落自負，卓然思有所建立，而其學識才能，果足以有爲者，乃爲一時愛憎毀譽之所亂，亦遂忞然就抑而去，斯固天下之所共爲不平，公論弭彰者，孰得而終掩之？陛下何不使在位大臣一時各舉十餘人之可用者，陛下合而考之。若一人舉之而九人不舉，未可也；三人舉之而七人不舉，已在所察矣；五人舉之而五人不舉，其察又宜詳矣；或七人八人舉之而一二人不舉，則其人之可用，亦斷在不疑者矣。若此者，亦在朝覲一次二次之後，或七年或十年而後一舉。夫身退十年之後，則是非已明，公論已定，雖有黨比，自不能容。今邊方絶域無可用之人，至取其庸劣陋下者而使之，以滋益地方之苦弊，其豪傑可用之才，乃爲時例所拘，棄置而不用。夫所謂時例者，固朝廷爲之也，可拘而拘，不可拘而不拘，無不可者。陛下何忍一方之禍患日深月積，乃惜破例而用一人以救之乎？夫考察而去者，果皆貪惡庸陋之徒，則固營營苟苟，無時而不僥倖以求進。若磊落自負，有過人之見者，則雖屈抑而退，自放於山水田野之間，亦足以自樂。今若用之於邊夷困弊之地，殆亦未必其所欲。但爲朝廷愛惜人才，則當此宵旰側席，遑遑求賢之日，而使有用之才廢棄終身，乃不得已，至取其庸劣陋下者而用之，以益民困，豈不大可惜乎？臣因地方缺人，心切其事，不覺其言之煩瀆。伏望陛下恕其愚妄，下臣議於吏部，採擇而去取之。臣不勝瀆冒恐懼之至。

八寨斷藤峽捷音疏

七年七月初十日

據湖廣按察司分巡上湖南道監軍僉事汪溱、廣西按察司分巡左江道監軍僉事吴天挺、分巡右江道監軍副使翁素等會呈，節據廣西領哨潯州衛指揮馬文瑞、王勳、唐宏、卞琚、張縉、千户劉宗本、永順統兵宣慰彭明輔、官男彭宗舜、保靖統兵宣慰彭九霄，及辰州等衛部押指揮彭飛、張恩等，各呈前事。職等遵奉統領各該軍兵，依期於本年四月初二日，密到龍村埠登岸。當蒙統督參將張經、都指揮謝珮，督同宣慰彭明輔，分布官男彭宗舜、頭目彭明弼、彭杰，領士兵一千六百名；隨同領哨指揮馬文瑞、頭目向永壽、嚴謹，領士兵一千二百名；隨同領哨指揮王勳，又督同宣慰彭九霄等，分布官男彭蓋臣下報效頭目彭志明，領士兵六百名；隨同領哨指揮唐宏、頭目彭九皋，領士兵六百名；隨同領哨指揮卞琚、頭目彭輔，領士兵六百名；隨同領哨指揮張縉、頭目賈英，領土兵六百名；隨同領哨千户劉宗本并各哨官員，領潯州等衛所及武靖州漢土官兵、鄉導人等，共一千餘名。永順進剿牛腸，保靖進剿六寺等賊巢，刻定初三日寅時，一齊抵巢。

各賊先防湖兵經過，各將家屬生畜，驅入巢後大山潛伏。賊首胡緣二等，各率徒黨，團結防拒。然訪知本院住扎南寧，寂無征剿消息，又不見調兵集糧，而湖兵之歸，又皆偃旗息鼓，略無警備，遂皆怠弛，不以爲意。至是突遇官兵四面攻圍，各賊倉惶失措，然猶恃其驍悍，蜂擁來敵。當有彭明輔、彭九霄、彭宗舜并頭目田大有、彭輔等，督率目兵，奮不顧身，衝冒矢石[一]，敵殺數合，賊鋒摧敗。當陣生擒斬獲首賊并次從賊徒賊級六十九名顆，俘獲男婦及奪回被虜人口、牛隻、器械等項數多。餘賊退敗，復據仙女大山，憑險結寨。各兵追圍，攀木緣崖，設策仰攻。至初四日，復破賊寨，當陣生擒斬獲首賊并次從賊徒賊級六十二名顆。初五日，復攻破油碎、石壁、大陂等巢，生擒斬獲首賊及次從賊徒賊級七十九名顆，俘獲男婦、牛隻、器械等項數多。餘賊奔至斷藤峽横石江邊，因追兵緊急，争渡覆溺死者，約有六百餘徒。官兵復從後奮勇追殺，當陣生擒獲斬首賊及次從賊徒賊級六十五名顆[二]，俘獲男婦、牛畜、器械等項數多。各賊間有一二漏網，亦皆奔

[一] 衝冒矢石　「冒」，國圖本、天圖本、叢刊本、文淵閣本、摛藻堂本作「突」。

[二] 當陣生擒獲斬首賊　「獲斬」，摛藻堂本作「斬獲」。

竄他境。

官兵追殺，至於本月初十日，遍搜山峒無遺，稟蒙收兵，回至潯州府住劄間。隨蒙本院密切牌諭，復令職等移兵進剿仙臺等賊。就於本月十一日夤夜，仍前分布各哨官兵，遵照牌内方略，永順於盤石大黃江登岸，進剿仙臺、花相等處；保靖於烏江口丹竹埠登岸，進剿白竹、古陶、羅鳳等處。刻定於十三日寅時，一齊抵巢。各賊聞知牛腸等巢破滅，方懷疑懼，謀欲據險自固。賊首黃公豹、廖公田等，各率徒黨，沿途設伏埋簽，合勢出拒。官兵驟進，翕如風雨，各賊雖已奪氣，然猶舍死衝敵，比之牛腸等賊，兇惡尤甚。各該官兵奮勇夾擊，争先陷陣，生擒斬獲首賊及次從賊徒賊級四百九十名顆，俘獲賊屬男婦、牛畜、器械等項數多。各賊奔入永安邊界地名立山，恃險結寨。當蒙摘調指揮王良輔并目兵彭愷等，於本月二十四日，亦各分路並進，奮勇争先，四面仰攻，賊乃敗散。當陣生擒斬獲首賊及次從賊徒賊級一百七十二名顆，俘獲男婦、牛畜、器械數多。餘賊遠竄，追殺無遺。又據把截邀擊參將沈希儀解報，擒斬首從賊徒賊級八十六名顆。把截頭目鄧宗七、撫瑶老人陳嘉猷、旗軍洪狗驢等，及貴縣典史蘇桂芳、把隘指揮孫龍、官舍覃鋙、潯州府捕盜通判徐俊、平南知縣劉喬等，亦各呈解擒斬首從賊徒賊級八十一名顆，俘獲男婦、器械等項數多。

又該督兵右布政林富、舊任副總兵張祐等，遵奉本院方略，分督田州府報效頭目盧蘇等目兵，及官軍人等三千名；思恩府報效頭目王受等目兵，及官軍人等二千名；韋貴等目兵，及官軍、鄉款人等一千一百名；照依分定哨道，進剿八寨稔惡瑶賊。刻期於本年四月二十三日卯時，一齊抵巢。先於二十二日晚，於新墟地方，集各土目人等，申布本院密授方略，乘夜啣枚速進，所過村寨，寂然不知有兵。黎明，各抵賊寨，遂突破石門天險。我兵盡入，賊方驚覺，皆以爲兵從天降，震駭潰竄，莫知所爲。我兵乘勝追斬，各賊且奔且戰。薄午，四遠各寨驍賊，聚衆二千餘徒，各執長鏢毒弩，并勢呼擁來拒，極其猛悍。我兵鼓噪，奮擊而前，聲震巖谷，無不一當十。賊既失險奪氣，而我兵愈戰益憤[一]，賊不能支，遂大奔潰。當陣生擒斬獲首賊及次從賊徒賊級二百九十一名顆，俘獲男婦、畜産、器械數多。賊皆分陣聚黨，奔入極高大山，據險立寨。我兵亦分道追躡圍剿，然巖壁峻絶，我兵自下仰攻，戰勢不便。賊從巔崖發石滚木，多爲所傷，於是多方設策，夜發精鋭，掩其不備。二十四日，我兵復攻破古蓬等寨，生擒斬獲首賊及次從賊徒賊級共一百三名顆，俘獲數多。二十八日，復攻破周安等寨，生擒斬獲首賊及次從賊徒賊級共一百四十六名顆，俘獲數多。五月初一日，復攻破古鉢等寨，生擒斬獲首從賊徒賊級一百二十七

[一] 而我兵愈戰益憤　「憤」，國圖本、天圖本、叢刊本、文淵閣本、摛藻堂本作「奮」。

名顆，俘獲數多。初十日，復攻破都者峒等寨，斬獲首從賊徒賊級一百四名顆，俘獲數多。本月十二等日，復據參將沈希儀，解到督領指揮孫繼武等官軍及遷江土目兵夫人等，於高徑、洛春、大潘等處，追剿邀擊各寨奔賊，斬獲首從賊徒賊級九十八名顆；都指揮高崧解到督領指揮程萬全等官軍及土目兵夫人等，於思盧、北山等處，搜剿截捕各寨奔賊，斬獲首從賊徒賊級九十一名顆。又據同知桂鏊，監督思恩土目韋貴、徐五等目兵，分剿銅盆等寨，斬獲首從賊徒賊級一百九十二名顆，俘獲数多。又據通判陳志敬，督領武緣、應虚等處鄉兵，搜剿大鳴等山奔賊，斬獲首從賊徒賊級八十六名顆。又於本月十七等日，盧蘇、王受等，復攻破黄田等寨，斬首從賊徒賊級三百六十二名顆，俘獲数多。六月初七等日，復攻破鐵坑等寨，斬獲首從賊徒賊級二百五十三名顆，俘獲数多。又據指揮康壽松、千翼、王俊等，督領官兵，於緑茅等處把隘搜截，斬獲首從賊徒賊級四十八名顆。

各賊始雖敗潰，然猶或散或合，至是，見其渠魁驍悍悉就擒斬，遂各深逃遠竄。其稍有强力者，尚一千餘徒，將奔往柳、慶諸處賊巢。我兵四路夾追，及之於横水江，各賊皆已入舟離岸，兵不能及。然賊衆船小，皆層疊而載，舟不可運，復因争渡，自相格鬬，適遇颶風大作，各船盡覆，浮泊登岸得不死者[一]，僅二十餘徒而已。我兵既無舟渡，又風雨益甚，遂各歸營。既晴，我兵仍分路入山搜剿，各賊茫無踪迹。又復深入，見崖谷之間，顛墮而死者，不可勝計，臭惡薰蒸，不可復前。遠近巖峒之中，林木之下，堆疊死者，男婦老少，大約且四千有餘。蓋各賊皆倉卒奔逃，不曾賫有禾米，大雨之中，飢餓經旬，而既晴之後，烈日焚炙，瘴毒蒸熾，又且半月有餘，故皆糜爛而死。八寨之賊略已蕩盡，雖有脱漏[二]，亦不能滿數十餘徒矣。本院議於八寨之中，據其要害，移設衛所，以控制諸蠻。復於三里設縣，以迭相引帶，親臨相視思恩府基，景定衛縣規則。其時暑毒日甚，山溪水漲，皆惡流臭穢，飲者皆成疫痢。本院因見各賊既已掃蕩，而我兵又多疾疫死亡，乃遂班師而出。

照得各職於本年三月二十三等日，先奉本院鈞牌：「據左江道守巡、守備等官呈稱，斷藤峽等處瑶賊，上連八寨，下通仙臺、花相等峒，累年攻劫郡縣鄉村，被害軍民累奏請兵誅剿，乞要乘此兵威剿滅等因。行仰各職，監統各該官兵，進剿各賊。諭令未至信地三日之前，停軍中途，候約參將張經，與同守巡各官集議。先將進兵道路之險夷遠近，各巢賊徒之多寡强弱，及所過良

[一] 浮泊登岸得不死者　「泊」，國圖本、天圖本、叢刊本、摛藻堂本作「迫」。
[二] 雖有脱漏　「漏」，國圖本、天圖本、叢刊本、文淵閣本、摛藻堂本作「網」。

民村分之經由往復，面同各鄉導人等，逐一備細講究明白，務要彼此習熟，若出一人。然後刻定日時，偃旗息鼓，寂若無人，密至信地，乘夜速發，務使迅雷不及掩耳，將各稔惡賊魁盡數擒勦，以除民害，以靖地方。除臨陣斬獲外，其餘脅從老弱，一切皆可宥免。今兹之舉，惟以定亂安民爲事，不以多獲首級爲功。各官務要仰體朝廷憂憫困窮之心，俯念地方久罹荼毒之苦，仍要禁約軍兵人等，所過良民村分，毋得侵擾一草一木。有犯令者，當依軍法斬首示衆。各官既有地方責任，兼復素懷忠義，當兹委任，務竭心力，以祛患安民。事完之日，通將獲過功次，開報紀功御史紀驗，以憑奏報。」奉此，各職會同參議汪必東、僉事汪溱、吴天挺、參將張經、都指揮謝珮，遵照軍門成筭，分布各哨官兵，申明紀律，嚴督依期進勦前項各賊巢穴，獲功解報間。

隨准參將張經手本，密奉本院鈞牌：「仰候牛腸事畢，即便移兵，進勦古陶諸賊。就使各賊先已聞風逃遯，亦須整兵深入，掃其巢穴，以宣聲罪致討之威。若其遂能悔罪效順，亦宜姑與招安。如其仍前憑險縱恣，兩征不已至於三，三征不已至於四，務在殄滅，以絶禍根。各官就彼分定哨道，永順進勦仙臺諸處，保靖進勦白竹諸處，各分鄉導人等，引路進兵，務在計慮周悉，相機而行。各毋偏執己見，致有誤事。彼中事勢，參將張經久於其地，必能知悉，仍要本官勇當力任，斷決而行，不得含糊兩可，終難辭責。」又經遵照方略，依期進勦，獲功解報間。

又於四月初五等日，各職先奉本院密切鈞牌：「據右布政林富、副總兵張祐等呈稱，八寨瑶賊，既極毒害萬民，千百里内，塗炭已極，乞要乘此軍威，急除一方大患等因。本院看得八寨之賊，既極驍猛，而石門天險，自來兵不能入，此可以計取，未易以兵力圖者。邇者思、田既附，湖兵尚留，彼賊心懷疑懼，必已設有備禦。今各州狼兵悉已罷散，而思、田新附之民，方各歸事農耕，湖兵又已撤回。彼必以我爲無復有意於彼，是以近日稍稍復出剽掠，是殆以此探望官府舉動。今我若罔聞知，且聽其出没，彼亦放縱懈弛，謂我不復能爲。此正天亡之時，機不可失。前者思、田各目，感激朝廷再生之恩，求欲立功報效，當時許其休息三月，然後調用。今已及期，仰右布政林富、副總兵張祐，照牌事理，即便分投密切起調各目兵夫，迂路前到南寧，面聽約束行事。」各職遵奉起調，行至新墟地方，又密奉進兵方略，刻定日期。當即遵奉，連夜分哨速進，遂克攻破巢穴，連戰皆捷，斬獲功次解報間。

職等各蒙巡按廣西監察御史石金案驗，爲紀獲功次事。案行該道，各不妨監督，如遇參將張經、舊任副總兵張祐等官，各解到擒斬賊人賊級，并俘獲賊屬男婦、牛馬，俱要就彼審驗真的。事完，通查獲功員役，分別首從功次多寡緣由，造册賫報，以憑覆審奏報等因。除遵奉外，今據進剿斷藤峽谷各哨土目官兵〔一〕，解到生擒斬獲首從賊徒賊級一千一百四名顆，俘獲賊屬五百六十八名口；進剿八寨各哨土目官兵，解到生擒斬獲首從賊徒賊級一千九百一名顆，俘獲賊屬五百八十七名口。兩處共計擒斬獲三千五名顆，俘獲賊屬一千一百五十五名口。除遵照案驗事理，再行驗實，造册另報外，其各哨解到生擒、斬獲、俘獲等項功次數目，合先開報。

職等會同參照斷藤峽諸賊，連絡數十餘巢，盤亘三百餘里，彼此掎角結聚，憑險稔惡，流劫郡縣鄉村。自國初以來，屢征不服，至天順年間，該都御史韓雍，統兵二十餘萬，來平兩廣，然後破其巢穴。兵退未久，各賊復攻陷潯州，據城大亂，後復合兵攻剿，兼行招撫，然後退還巢穴。自是而後，官府曲加撫處，或時暫有數月之安，而稍不如意，輒復猖獗，殺掠愈毒。蓋其祖父以來，狼戾相承，兇惡成性，不可改化。近年以來，官府剿撫之計益窮，各賊殘毒之害日甚，蓋已至於不可支持矣。至於八寨諸賊，尤爲兇悍猛惡，利鏢毒弩，莫當其鋒；且其寨壁天險，進兵無路。自國初韓都督嘗以數萬之衆，圍困其地，亦不能破，竟從招撫。其後屢次合剿，一無所獲，反多撓喪。惟成化年間，土官岑瑛素能懾服諸瑶，嘗合各州狼兵一入其巢穴，斬獲二百餘功，已而賊勢大湧，力不能支，當遂退兵，亦以招安而罷。自是而後，莫可誰何，流劫遠近，歲無虚月，

〔一〕今據進剿斷藤峽谷各哨土目官兵　「據」，底本訛作「劇」，據黄本、閭本、董本、宋本、邵本改。

民遭荼毒，冤苦無所控籲。自思、田多事，兩地之賊，相連煽動，將有不可明言之變，千里之間，方爾洶洶朝夕。今幸朝廷威德宣揚，軍門方略密授，因湖廣之回兵，而利導其順便之勢；作思田之新附，而善用其報效之機。翕若雷霆，疾如風雨，事舉而遠近不知有兵興之役，敵破而士卒莫測其舉動之端。兩地進兵，各不滿八千之衆，而三月報績，共已踰三千之功。蓋其勞費，未及大征十之一，而其斬獲，加於大征三之二。遠近室家相慶，道路懽騰，皆以爲數十年來未見有斯舉也[一]。

職等承乏任使，雖衝冒炎毒，攀援險阻，不敢不竭力效命，但僅遵奉方略，安能仰贊一籌。照得宣慰彭明輔、彭九霄、官男彭宗舜等，扶病冒暑，督兵剿賊，顛頓崖谷，仆而益奮，遂能掃蕩窠穴[二]，殄滅渠黨，即其忠義激發，誠亦人所難能。其思、田報效頭目盧蘇、王受等，感激再生之恩，共竭效死之報，自備資糧，争先首敵，遂破賊險，擣自昔不到之巢，斬自來難敵之寇。蓋有仰攻險寨，墮崖而碎首者，猶曰「我死甘心」。民間傳誦，以爲盧蘇、王受昔未招撫，惟恐其爲地方之患；今既招撫，乃復爲地方除患。

[一]　未見有斯舉也　「有」，國圖本、天圖本、叢刊本、文淵閣本、摛藻堂本作「其」。
[二]　遂能掃蕩窠穴　「窠」，國圖本、天圖本、叢刊本、文淵閣本、摛藻堂本作「巢」。

嘖嘖稱嘆，謂其竭忠報德之誠，雖子弟之於父兄，亦不能是過矣。及照督兵、督哨、防截、給餉等項[一]，凡有事於軍前各官，雖其職有崇卑，功有大小，然皆衝冒矢石炎瘴，備歷險阻艱難，比之往來大征[二]，合圍困守[三]，坐待成功，其爲利害勞逸，相去倍蓰。均乞録奏，以勸將來，等因到臣。

照得先該各官呈稱，前項各巢各賊，積年窮兇稔惡，千百里内，被其慘毒，萬姓冤苦，朝不保夕，乞要乘此軍威，急救一方塗炭等因。其時臣方駐劄南寧，目覩其害，誠不忍坐視斯民之苦，一至此極。及查兵部屢次咨來題奉欽依事理，要將前項各賊，即行發兵計剿，以除民患，正亦臣等職所當盡之責。但慮賊衆勢大，連絡千里，可以計破，難以力攻。欲俟再行奏請，命下然後舉行，必致形迹彰聞[四]，雖用十萬之師，圖以歲年，亦未可克。故遂仰遵欽奉敕諭「但有賊盜生發，當撫則撫，可剿則剿」及「便宜行事」事理，一面密切相機行事，及密行總鎮太監張賜知會，隨

[一] 及照督兵督哨　「及」，國圖本、天圖本、叢刊本、文淵閣本、摛藻堂本作「再」。
[二] 比之往來大征　「來」，黄本、閭本、董本、聞本、宋本、邵本作「年」。
[三] 合圍困守　「困守」，國圖本、天圖本、叢刊本、文淵閣本、摛藻堂本作「守困」。
[四] 必致形迹彰聞　「彰」，國圖本、天圖本、叢刊本、文淵閣本、摛藻堂本作「昭」。

該鎮守兩廣豐城侯李旻亦相繼到任，又經轉行知會外。

今據各呈前因，該臣會同總鎮太監張賜、總兵李旻及鎮巡、三司等官，看得八寨、斷藤、牛腸、六寺、磨刀、古陶、白竹、羅鳳、龍尾、仙臺、花相等賊，巢穴連絡，盤據千百餘里，兇悍驍猛，酷虐萬姓，流毒一方，自來征剿所不能克，果已貫盈罪極，神怒人怨，委有如各官所呈者。是誠兩廣盜賊之淵藪根柢，此而不去，兩廣盜賊終未有衰息之漸也。乃今於三月之内，止因湖廣便道之歸師，及用思、田報效之新附，兩地進兵，不滿八千，而斬獲三千有奇，巢穴掃蕩，一洗萬民之冤，以除百年之患。此豈臣等知謀才略之所能及，是皆皇上除患救民之誠心〔一〕，默贊於天地鬼神，而神武不殺之威，任人不疑之斷，震懾遠邇，感動上下。且廟廊諸臣，咸能推誠舉任，公同協贊，惟國是謀，與人爲善。故臣等得以展布四體，無復顧慮，信其力之所能爲，竭其心之所可盡，動無不宜，舉無弗振，諸將用命，軍士效力，以克致此。雖未足爲可稱之功，而朝廷之上，所以能使臣等獲成是功者，實可以爲後世行事之法矣。不然，則兵耗財竭，凋弊困苦之餘，僅僅自守，尚恐未克，而況敢望此意外之事哉？

照得宣慰彭明輔、彭九霄、官男彭宗舜等，皆衝犯暑毒，身親陷陣，事竣之後，狼狽扶病而歸，

〔一〕是皆皇上除患救民之誠心　「是皆」，國圖本、天圖本、叢刊本、文淵閣本、摛藻堂本作「皆是」。

生死皆未可必。其官男彭藎臣者，亦遣家丁遠來報效。兩年之間，顛頓道途，疾疫死亡，誠有人情所不能堪者。而彭明輔等，忠義奮發，略無悔怠，即其一念報國之誠，殊有所不可泯者。至於思、田報效頭目盧蘇、王受等，感激朝廷再生之恩，自備資糧，力辭軍餉，實能舍死破敵，争先陷陣，惟恐功效不立，無以自白其本心。謂子弟之於父兄，亦不過是，誠非虛言。此皆臣所親見者也。及照留撫思、田右布政林富，已聞都御史之擢，而忠義激發，猶且不計體面，必欲督兵入巢，破賊而後出，是尤人所難能。舊任副總兵張祐、參將張經、沈希儀、湖廣督兵僉事汪溱、廣西督兵僉事吴天挺、參議汪必東、副使翁素[一]、湖廣督兵都指揮謝珮、廣西都指揮高崧，及各督哨、督押指揮等官馬文瑞、王勳、唐宏、卞琚、張繒、彭飛、張恩、周徹宗[二]、趙璇、林節、劉鎧、武鑾、千户劉宗本等，督剿縣丞林應驄[三]、主簿季本，并防截搜捕，調度給餉等項官員知府程雲鵬、蔣山卿、同知桂鏊、史立誠、舒柏、通判陳志敬、徐俊、知州林寬、李東、諭召知縣劉喬、縣丞杜桐、蕭尚賢、經歷周奎等，雖其才猷功績，各有大小等級之殊，而利害勤苦，亦有緩急久暫之

[一] 翁素　國圖本、天圖本、叢刊本、文淵閣本、摛藻堂本訛作「汪素」。

[二] 周徹宗　綏柔流賊、行左江道剿撫仙臺白竹諸瑶牌等篇有指揮「周胤宗」，「徹」或爲「胤」之訛。

[三] 林應驄　國圖本、天圖本、叢刊本、文淵閣本、摛藻堂本作「林應聰」。

異，然當兹炎毒暑雨之中，瘴疫薰蒸，經冒鋒鏑之場，出入崎險之地，固皆同效捍患勤事之績，均有百死一生之危者也。伏望皇上明昭軍旅之政，既行廟堂協贊舉任之上賞，亦録諸臣分職供事之微勞。及將宣慰彭明輔等，特加陞奬，官男彭宗舜、彭藎臣，免其赴京，就彼襲替，以旌其報國之義。土目盧蘇、王受等，亦曲賜恩典，或不待三年，而遂錫之冠帶，以勵其報效之忠。如此，庶幾功無不賞，而益興忠義之心；賞當其功，而自息僥倖之望矣。臣以懦劣迂疎，繆蒙不世之知遇，授以軍旅重任，言無不録，計無不行，且又慰以温旨，使之不必顧忌。臣伏讀感泣，自誓此生，鞠躬盡死，以報深恩。今兹之役，本無足言，然亦自幸苟無覆敗，以免戮辱。但恨身嬰危疾，自後任勞頗難，已具本告回養病，乞賜俯允，俾得全復餘生，尚有圖報之日。臣不勝願望。

處置八寨斷藤峽以圖永安疏

嘉靖七年七月十二日

照得臣於去歲，奉命勘處思、田兩府，皆蒙皇上天地好生之仁，悉從寬宥。兩府人民，今皆復業安居，化爲無事寧靖之地，自此可以永無反覆之患，而免於防守屯息之勞矣。惟是八寨及斷藤峽諸賊，積年痛毒生民，千百里内，塗炭已極。臣既目覩其害，不忍坐視而不救，遂遵奉敕諭事理，乘機舉兵征剿。仰賴神武威德，幸已翦滅蕩平，一方倒懸之苦，略已爲之一解。但將來之患，不可以不預防，而事機之會，亦不可以輕失。臣因督兵，親歷諸巢，見其形勢要害，各有宜改立衛所，開設縣治，以斷其脉絡而扼其咽喉者。若失今不爲，則數年之間，賊必漸復[一]，歸聚生息，不過十年，又有地方之患矣。臣以多病之故，自度精神力量，斷已不能了此，但已心知其事勢不得不然。不敢仰負陛下之託，俯貽地方之憂，輒已遵奉敕諭便宜事理，一面相度舉行，不避煩瀆之誅，開陳上請。乞賜採擇施行，實地方之幸，臣等之幸。

計開：

一、移築南丹衛城於八寨。臣等看得八寨之賊，實爲柳、慶諸賊之根柢。蓋其東連柳州隴蛤、三都、嶺三、北四等處賊峒以數十，北連慶遠忻城、東歐、莫往、八仙等處賊峒亦以數十，西連東蘭等州及夷江、土者等處賊峒以十數，南接思恩及賓州上林縣諸處賊村亦以十數。各處賊巢雖多，其小者僅百數人，大者不過數百人及千人而止。各賊巢穴皆有山谿之限，險扼之守，不相通和。至期有急，或欲有所攻劫，糾合會聚，然後有一二千之衆。多至數千者，惟八寨之賊，每寨有衆千餘，四山環合，同據一險，無事則分路出劫，有警急奔入其巢。數千之衆，皆不糾而聚，不約而同，不謀而合，故名雖爲八，實則一寨。此八寨之賊，所以勢衆力大，而自來攻之有不能

[一] 賊必漸復 「必」，國圖本、天圖本、叢刊本、文淵閣本、摛藻堂本作「以」。

克者也。各巢之賊，皆倚恃八寨爲逋逃主，每有緩急，一投八寨，即無所致其窮詰。八寨爲之一呼，則群賊皆應聲而聚。故群賊之於八寨，猶車輪之有軸，樹木之有本。若八寨不除，則群賊決無衰息之期也。今幸八寨悉已破蕩，正宜乘此平靖之時，據其要害，建置衛所，以控馭群賊。臣等看得周安堡，正當八寨之中，四方賊巢道路之所會，議於其地創築一城，度可以居數千之衆者，而移設南丹一衛於其間。蓋南丹衛舊在南丹州地方，爲廣西極邊窮苦之地，非中土之人所可居者。故自先年屢求内徙，今已三遷而至賓州，遂爲中土富樂之鄉。賓州既有守禦千户一所官軍，而又益以南丹一衛，自遠來徙，無片田尺土之籍，但惟安居坐食，取給於賓州。州城之内，皆職官旗舍之居，州民反避處於四遠村寨，每遇糧差徭役然後入城。故州官號令不行於城中，而政事牽沮，地方益弊。今計一衛之官軍，雖不滿五百之數，蓋盡移其家衆，則亦不下二千。以二千之衆而屯聚於一城，其氣勢亦已漸盛，足充守禦。遂清理屯田之在八寨者，使之屯種，又分撥各賊占據之田，使各官軍得以爲業，以稍省俸給月糧之費，彼亦無不樂從[一]。且賓州之城既空，又可以還聚居民，修復有司之治，亦事之兩便者也。臣等又看得遷江八所，皆土官指揮、千百户等職，舊有狼兵數千，以分制八寨瑶賊之勢。後因賊勢日盛，各官皆不敢復入，反遂與之交通結契，及爲之居停指引，

[一] 彼亦無不樂從　「不」，國圖本、天圖本、叢刊本、文淵閣本作「所」。

分其劫掠之所得，共爲地方之害，已非一日。官府察知其奸，欲加懲究，則又倚賊爲重，不可根極。近臣督兵其地，悉將各官遵照敕諭事理，綁赴軍門，議欲斬首示衆，以警遠近，而各官哀求免死，願得殺賊立功自贖。然其時賊勢已平，遂許其各率土兵，入屯八寨，就與該衛官軍分工效力，助築城垣。待城完之日，就與城外别築營堡，與南丹衛官軍掎角而守，亦各分撥賊田，使之耕種，以資衣糧。今八所土兵，雖已比舊衰耗，然亦尚有四千餘衆。若留其微弱者四所於外，以分屯其所遺之田，而調其强盛者四所於内，合南丹一衛之衆以守，亦且四千有餘，隱然足爲柳、慶之間一巨鎮矣。此鎮一立，則各賊之脉絡斷，咽喉絶，自將沮喪震懾，其勢莫敢輕動。稍有反側者，據險出兵而撲之，夕發而旦至，各賊之交，自不能合，如取机上之肉，下筯無弗得者。此真破車輪之軸而諸輻自解，伐樹木之本而衆幹自枯，不過十年，柳、慶諸賊不必征剿，皆將效順而服化矣。伏乞聖明裁允。

一、改築思恩府城於荒田。臣等看得思恩舊治，原在寨城山内，尚歷高山數十餘里。其後土官岑濬始移出地名橋利，就巖險壘石爲城而居，四面皆斬山絶壁，府治亦在礫确之上，芒利硿砑之石，衝射牴觸，如處戈矛劍戟之中。自岑濬被誅，繼是二十餘年，反者數起，曾不能有一歲之安。人皆以爲風氣所使。雖未可盡信，然頑石之上，不生嘉禾，而陰崖之下，必有狐鼠，要亦事理之有然者。況其地瘴霧昏塞，薄午始開，中土之人來居，輒生疾疫。自春初思、田歸附之後，臣時即已經營料理其事，竟未能有相應之地。近因督剿八寨，復親往相度，乃於未至橋利六十里外，地名荒田者，其地四野寬衍，皆膏腴之田，而後山起伏蜿蜒，敷爲平原，環抱涵畜，兩水夾繞後山而出，合流於前，屈曲數十里，入武緣江水，達於南寧。四面山勢，重疊盤迴，皆軒豁秀麗，真可以建立府治。臣因信宿其地，爲之景定方向，創設規則。諸夷來集，莫不踊躍歡喜，争先趨事赴工，遂令署府事同知桂鏊，督令各役擇日興工。蓋思恩舊治，皆在萬山之中，水道不通，故各夷所須魚鹽諸貨，類皆遠出展轉鬻買，往反旬月，十不致一，常多匱絶。舊府既地險氣惡，又無所資食，故各夷終歲不一至府治，情益疎離，易生嫌隙。今府治既通江水，商貨自集，諸夷所須皆仰給於府，朝夕絡繹，自然日加親附歸向。而武緣都里，舊嘗割屬思恩者，其始多因路險地隔，不供糧差。今荒田就係武緣止戈鄉一圖、二圖之地，四望平野，坦然大道，朝往夕反，無復阻隔，則該府之官，自可因城頭巡檢之制，循土俗以順各夷之情；又可開圖立里，用漢法以治武緣之衆。夷夏交和，公私兩便，則改築思恩府城於荒田者，是亦保治安民，勢不容已之事。伏乞聖明裁允。

一、改鳳化縣治於三里。臣等勘得思恩舊有鳳化一縣，然無城郭縣治廨宇。選來知縣等官，多借居民村，或寄其家眷於賓州諸處，而遷徙無常，如流寓者然。上司憐其無所依泊，則委之管理别印，或以公務差遣，往來於外，以苟歲月。故鳳化之在思恩，徒寄虛名，而實無縣治。臣近督剿八寨，看得上林縣地名三里者，乃在八寨之間，其地平廣博衍，東西數里外，石山周圍如城。自後極高石山之間，獨抽土山一脉，起頓昂伏，分爲兩股，環抱而前。遂有兩水夾流土山之外[一]，當心交合，出水之口，石山十餘重，錯互回盤，轉折二三十里。極外石山合爲城門，水從此出，是爲外隘。其間多良田茂林，村落相望，前此居民十餘家，皆極饒富，後爲寨賊所驅殺占據，遂各四散逃亡，不敢歸視其土者，已二十餘年。今各賊既滅，遂空其地，不及今創設縣治以據其險，或有漏殄之賊潛回其間，日漸生息結聚，後阻石門之險，前守外隘之塞，不過數年，又將漸爲地方之梗矣。故臣以爲宜割上林上下無虞鄉三里之地，屬之思恩，而移設鳳化縣治於其内，量爲築立城垣廨宇，選委才能之官興督其役。遠近聞之，不過三四月，而逃亡之民將盡來歸，各修復其田業，供其糧差，蔚然遂可以成一方之保障。且其南通南丹新衛五六十里，南丹在石門之内，鳳化當石門之外，内外聲勢連合，而石門之險亡。西至思恩一百餘里，取道於那學，沿途村寨荒塞日久，因此兩地之人，往來絡繹，而道路益通[二]。又上林舊在大鳴山與八寨各賊之間，

[一] 夾流土山之外　「土」，底本訛作「上」，據黄本、閭本、董本、范本、聞本、宋本、邵本改。

[二] 而道路益通　「路」，國圖本、天圖本、叢刊本、文淵閣本、擒藻堂本作「途」。

勢極孤懸，今得鳳化爲之唇齒，氣勢日盛，雖割三里之地以與鳳化，而緑茅、緑篠等村寨舊所亡失土田，皆將以次歸復，則亦失之於東而收於西矣。及照思恩雖已設立流官知府，然其所屬皆土目巡檢，而舊屬鳳化一縣，亦皆徒寄空名，實未嘗有。今割武緣止戈一圖二圖之地改築思恩府城，而又割上林上下無虞三里之地改設鳳化縣治，固於思恩亦已稍有資輔。但自鳳化三里至於思恩，一百五六十里，中間尚隔上林一縣，臣以爲并割上林一縣，而通以屬之思恩，似於事勢爲便，而於體統尤宜。何者？柳州一府，所屬二州十縣，賓州蓋柳州所屬者，且有上林、遷江兩縣，今思恩既設流官知府，固亦一府之尊，而反不若柳州所屬之一州也，其於體統亦有所未稱矣。況賓州自有十五里，而又有遷江一縣，雖割上林以與思恩，其地猶倍於思恩，未爲遽損也。上林之屬賓州與屬思恩，均之爲一屬邑，亦未有所加損也。然以之屬於思恩，則思恩始可以成一府之規模，而其間有無相須，緩急相援，氣勢相倚，流官之體統益尊，則土俗之歸向益謹；郡縣之政化日新，則夷民之感發日易，固有不可盡言之益也。夫立新縣以扼據地險，改屬縣以輔成府治，是皆所以乂安地方者也。伏乞聖明裁允。

一、添設流官縣治於思龍。照得南寧自宣化縣至於田寧，逆流十日之程，宣化所屬，如思龍十圖等處，相去尚有五日六日。其間錯以土夷村寨，地既隔越，而窮鄉小民畏見官府，故其糧差多在縣之宿奸老蠹與之包團。因而以一科十，小民不勝迫脅，往往逃入夷寨，土夷又從而侵暴之，地日凋殘，盜賊日起。近年以來，思龍之圖，鄉民屢次奏乞添設縣治，以便糧差。蓋亦内迫於縣民之奸，外苦於土夷之暴，不得已而然。臣因入撫田寧，親歷其所，民之擁道控告者以千數。因停舟其地，爲之經理相度，得村名那久者，其地亦寬平深厚，江水縈迴環匝，傍有一江來會，亦正於此合流。沿江居民千餘家，竹樹森翳，煙火相接，且向武各州道路，皆經由其傍，亦爲四通之地。若於此分割宣化縣思龍一、五、六、七、八、九、十、十二及西鄉之六、八圖，共十里之地，而設立一縣治，則非獨以便窮鄉小民之糧差賦役，亦足以鎮據要害，消沮盜賊。其間小民村居，如那茄、馬坳、三顔、那排之類，未可悉數，皆久已淪入於夷。今若縣治一立，則此等村寨，諸夷自不得而隱占，皆將漸次歸復流官，而其地遂接比於田寧，固可以所設之縣而遂以屬之田寧矣。夫南寧一府，所屬一州三縣，而宣化一縣，自有五十二里，今雖分割十里之地以與田寧，而宣化尚有四十二里，一縣之地，猶四倍於一府也。況田寧又係新創流官府治，所統皆土目巡檢，今得此一屬縣爲之傍輔，又自不同。臣於前割上林以屬思恩之議，已略言之矣。且左江一帶，自蒼梧以達南寧，皆在流官腹裏之地，自南寧以達於田寧，自田寧以通於雲、貴、交趾，則皆夷村土寨，稍有疑傳，易成閡隔。今田寧、思恩二府，既皆改設流官，與南寧鼎峙而立，而又得此新創一縣，以疏附交連於其間，平居無事，商貨流通，厚生利用，一旦或有境外之役，道路所經，皆流官衙門，從門庭中度兵，更無阻隔之患。此亦安民利國之事[一]，勢所當爲者也。伏乞聖明裁允，仍定賜縣名，選官給印，地方幸甚。

一、增築守鎮城堡於五屯。照得斷藤峽諸賊既平，守巡各官，議調土漢官兵數千於潯州，以防不測。該臣看得各賊既滅[二]，縱有一二漏網，其勢非三四年亦未能復聚。爲今之計，正宜剿撫並行。蓋破滅窮兇各賊者，所以懲惡；而撫恤向化諸瑶者，所以勸善。今懲惡之餘，即宜急爲勸善之政，使軍衛有司各官，分投遍歷向化村寨，慰勞而存恤之，給以告示，賜以魚鹽。因而爲之選立酋長，諭以朝廷所以征剿各巢者，爲其稔惡也。今爾等向化村寨，自宜安心樂業，益堅爲善之志，但有反側悖亂者，即宜擒送官府，自當重賞，以酬爾勞。其漏殄諸賊，果能誠心悔惡，亦皆許其歸附，待以良民。夫使向化者益勸於爲善而日加親附，則惡黨自孤，賊勢自散，不復能合，縱遺一二，終將屈而順服矣。乃今則不然，賊既破剿而猶屯兵不散，使漏殄之徒得以藉口，摇惑遠近。其向化村分又略不加恤，奸惡之民，復乘機而驅脅虐害之。彼見賊已破滅而復聚兵，已

[一] 此亦安民利國之事　國圖本闕「利」字，通行本或補訂作「經」。
[二] 該臣看得各賊既滅　「賊」，國圖本、天圖本、叢刊本訛作「職」。

心懷驚疑矣，而又外惑於賊黨之扇摇，内激於奸民之驅脅，遂勾結相連而起。此近年以來[一]，所以亂始平而變復作，皆迷誤於相沿之弊而不察也。今各賊新破，勢决未敢輕出，雖屯數千之衆[二]，不過困頓坐食，徒穢擾民居，耗竭糧餉，而實無益於事。吾民久被賊苦，今始一解其倒懸，又復自聚無用之兵以重困之，此豈計之得者哉？惟於各寨之中，相其要害之地，創立一鎮以控制之，此則事理之所當行，亦正宜乘此掃蕩之餘而速圖之者。其在斷藤、牛腸諸處，則既切近潯州府衛，不必更有所設。至於四方各寨，遍歷其要害險阻，則惟五屯，正當風門、佛子諸巢穴，而西通府江，北接荔浦各處瑶賊，最爲緊要之區，宜設一鎮，以控御遠邇。而舊已有千户所，統率官兵，亦幾及一千之數，困於差徭，日漸躲避於附近土目村寨，官司失於清理，止有五百。其後上司不聞地方之艱難，又於五百之中，分調哨守於他所，而所餘遂不滿二百。既而賊亂四起，守禦缺乏，則又取調潮州之兵數百以來協守五屯。事既紛亂，人無所遵，兼以統馭非人，故地方遂致大壞。且其屯堡墻垣，亦甚卑隘，不足以壯威設險。今宜開拓其地，增築高城，度可以居二千

[一] 此近年以來　「此」，國圖本、天圖本、叢刊本、文淵閣本、擒藻堂本作「也」，讀屬上句。
[二] 雖屯數千之衆　「千」，底本訛作「十」，據黄本、閭本、董本、范本、聞本、宋本、邵本改。

之衆〔一〕，而設守備衙門於其内，取回五百之中分調哨守於他所之兵，其自潮州調來協守者，則盡數發還原衛，以免兩地各兵背離鄉土之苦，往復道途之費。仍於附近土寨目兵之中，清查揀補其原避差役者，務足原數一千。選委智略忠勇之官一員，重任而專責之，使之訓練撫摩，敷之以威信，而懷之以仁恩，務在地險既設而士心益和，自然動無不克而行無不利。參將兵備各官，又不時親至其地，經理而振作之，或案行其村寨，或勸督其農耕，或召其頑梗而曲示訓懲，或進其善良而優加獎賜，或救恤其災患，或聽斷其是非。如農夫之去稂莠而養嘉禾，漸次耕耨而耘鋤之。無事之時，隨意取調附近土官兵款，或百人、或七八十人，以協同哨守爲名，使之兩月一更班，而絡繹往來於道路，以慣習遠近各巢之耳目。自後我兵出入，自將無所驚疑。果有兇梗，當事舉動，然後密調精悍可用土目一二千名，如尋常哨守然，以次潛集城中，畜力養鋭，相機而發。夫無事而屯數千之兵，則一月糧餉，費踰千金。若每一年無屯軍之費，用之以築城設險，犒賞兵士，招來遠人，亦何事不行，何工不就？此增築城堡以據要害，所謂謀成而敵自敗，城完而寇自解，險設而賊自摧，威震而奸自伏，正宜及今爲之，而亦事勢之不可已焉者也。伏乞聖明裁允。

〔一〕度可以居二千之衆　「二」，黄本、閭本、董本、范本、聞本、鄒本、胡本、宋本、邵本作「三」。

查明岑邦相疏 七年七月十九日

准兵部咨，該本部題，節奉欽依：「岑邦佐仍武靖知州，岑邦相着王守仁再查，明白具奏。欽此。」欽遵。照得先該臣等具題前事，内一件「仍立土官知州，以順土夷之情」。臣等議得岑氏世有田州，久結於人心，岑猛雖没，諸夷莫不願得復立其後。議於開設流官知府之外，就於該府四十八甲之内，割其八甲，降設田州，立岑猛之子一人。始授以署州事吏目，三年之後，地方寧靖，效有勤勞，則授以爲判官；六年之後，地方寧靖，效有勤勞，則授以爲同知；九年之後，地方寧靖，效有勤勞，則授以爲知州，使承岑氏之祀，而隸之流官知府。當時臣等通拘該府大小土目及鄉老人等，審問岑猛之子應該承立者何人，乃衆口一詞，以爲岑猛四子：長子岑邦佐，係正妻張氏所出；次子岑邦彦，係庶妾林氏所出；三子岑邦輔，係外婢所生；四子岑邦相，係次妾韋氏所出。猛嬖溺林氏而張氏失愛，故邦佐自幼出繼武靖，而以邦彦承襲官職。今邦彦既死，應該承立者莫宜於邦佐。

臣等當看得武靖地方，正當瑶賊之衝，而邦佐自幼出繼，該州之民信服歸戴已久，况其才力足能制禦各瑶。近日該州土目人等，又相繼懇懇來告，願得復還邦佐。今欲改立一人，亦未有可以代邦佐者。臣恐一失武靖各目之心[一]，則於地方又多生一事，莫若仍還邦佐於武靖，一以禦地方之患，一以順各夷之情。至於田州新立，不過苟以無絶岑氏之祀，此其才否優劣，固有不必深論者。因諭以邦佐出繼武靖既久，朝廷事體已定，不可復還，宜立其次者岑邦輔則可。於是各目人等又衆口一詞，以爲邦輔名雖岑猛外婢所生，其實來歷不明，闔府之民皆不欲立。惟邦相則次妾所生，實係岑猛的親骨血，况其質貌厚重謹實，衆心歸服，立繼岑氏，庶不絶其真正一脉。臣等議得仍立土官者，專爲不絶岑氏之後，以順諸夷之情也。今衆心若此，亦合俯順，故當時直斷邦輔，謂非岑猛之子，而止謂岑猛之子存者二人，亦所以正名慎始，杜日後之紛争也。但具奏之時，因本内事體多端，文已繁瑣，若再加詳説，誠恐有瀆聖聽，故遂簡略其詞。今蒙朝廷明見萬里，洞徹細微，復命臣等查奏，聞命惶懼，無所措躬。因思岑邦輔尚存，當時奏内不曾詳開所以不立邦輔之故，而直言岑猛之子存者二人，果係情節脱落，事體欠明。臣等疏漏之罪，萬死有不容赦者矣。臣等近復通拘該府土目、鄉老人等，再加審問，而衆口一詞，執説如前，陳請益篤。臣等反覆思惟其事，誠亦必須如此，而後穩帖無弊，故仍照原議上請。蓋此等關係地方之事，臣等言雖或有所不敢盡，而心已無所不用其極，必求事出萬全，永久無患，然後乃敢具奏。伏乞聖

[一] 臣恐一失武靖各目之心　「臣」，黄本、閭本、董本、聞本、鄒本、胡本、宋本、邵本作「兼」。

明有其踈漏萬死之誅，仍敕該部，俯從原議，立岑邦相於田州，以曲順各夷之情。其岑邦輔者，聽其以官族名目隨住。如此，則名正事成，而人心允服，實地方之幸，臣等之幸。

獎勵賞賚謝恩疏 七年九月二十日

准兵部咨，爲奏報平復地方事。該臣題，該本部覆題，節奉聖旨：「王守仁受命提督軍務，蒞任未久，乃能開誠宣恩[一]，處置得宜，致令叛夷畏服，率衆歸降，罷兵息民，其功可嘉。寫敕差行人賚去獎勵，還賞銀五十兩，紵絲四表裏，布政司買辦羊酒送用。欽此。」隨於本年九月初八日，該行人馮恩賚捧敕書，并前項綵幣銀兩等項，到於廣州府地方，奉迎入城。當除望闕謝恩，欽遵收領外。臣時卧病床褥，已餘一月，扶疾興伏，感激惶懼，顛頓昏眩，莫知攸措。已而漸復甦息，伏自念思恩、田州數萬赤子，皆畏死逃生，本無可誅之罪，而前此當事者議欲剿滅，故皆洶洶思亂，既已陷之必死之地，而無復生全之心矣。仰賴皇上好生之仁，軫念遠夷，惟恐一物不得其所，特遣臣來勘處。臣亦何能少效一籌，不過宣揚深仁，敷昭神武，而旬月之間，遂皆回心向化，舍死投生，面縛來歸。是皆皇上聖德格天，至誠所感，不疾而速，是以綏之斯來，動

[一] 乃能開誠宣恩 「宣」，國圖本、天圖本、叢刊本、文淵閣本、摛藻堂本作「布」。

之斯和，有莫知其所以然而然者。此豈臣等智謀才力能致毫髮於其間哉？今乃誤蒙洪恩，重頒大賞，且又特遣行人賚敕遠臨，事尤出於常格之外，臣亦何功而敢當此？臣亦何人而敢望此？祇受之餘，戰悚惶惑，徒有感泣。惟誓此生，鞠躬盡瘁，竭犬馬之勞，以圖報稱而已。臣病日亟，自度此生，恐不復能奔走闕廷，一覲天顔，以少罄其螻蟻葵藿之誠。臣不勝刻心鏤骨、感激戀慕之至。

乞恩暫容回籍就醫養病疏 七年十月初十日

臣以憂病，跧伏田野，六年有餘。蒙陛下賜之再生之恩，錫之分外之福，每思稽首闕廷，一覲天顔，以申其螻蟻感激之誠，遂其葵藿傾戴之願。既困疾病，復畏譏讒，六年之間，瞻望太息，竟未敢一出門庭。夫蒙人一顧之恩，尚必思其所以爲酬；受人一言之知，亦必圖其所以爲報。何況君臣大義，天高地厚之恩，上之所以施於其下者，如雨露之霑濡，無時或息；而下之所以承乎其上者，乃如頑石朽株，略無生動；此雖禽獸異類，稍有知覺者，亦不能忍於其心。是以每一念及，則哽咽涕下，徒日夜痛心惕骨，行吁坐嘆而已。

邇者繆蒙陛下過採大臣之議，授以軍旅重寄，自知才不勝任，病不任勞，輒乃觸冒上陳辭謝，又蒙温旨眷覆，慰諭有加。伏讀感泣，不復能顧其他，即日矢死就道。既而沿途備訪其所以致此變亂之由，熟思其所以經理斡旋之計，乃甚有牴牾矛盾者。而其事勢，既已顛覆破漏，如將傾之屋，半溺之舟，莫知所措。其惟恐付託不效，以孤陛下生成之德，以累大臣薦舉之明，於是始益日夜危懼，而病亦愈甚。乃不意到任以來，旬月之間，不折一矢，不戮一卒，而兩府頑民帖然來服〔一〕，千里之内，去荆棘而成坦途〔二〕。其間雖有數處强大賊巢，素爲廣西衆賊之淵藪根株，屢嘗征討而不克者，亦就湖廣撤回之兵，而乘其取道之便，用兩廣新附之民，而鼓其報效之勇，財力不致於大費，小民不及於疲勞，遂皆殲厥渠魁，蕩平巢穴，而遠近略已寧靖。是皆陛下好生之至德，昭格於上下；不殺之神武，幽贊於神明；是以不言而信，不怒而威，陰有默相，以克有此。固非愚臣意望之所敢及，豈其知謀才力爲能辨此哉？竊自喜幸，以爲庶得藉此以免於覆敗之戮，不爲諸臣薦揚之累足矣。而臣之病勢，乃日益增劇，百療無施。臣又思之，是殆功過其事，名浮其實，福踰其分，所謂小人而有非望之獲，必有意外之灾者也。

臣自往年承乏南贛，爲炎毒所中，遂患咳痢之疾，歲益滋甚。其後退伏林野，雖得稍就清凉，

〔一〕而兩府頑民帖然來服　國圖本、天圖本、叢刊本、文淵閣、摛藻堂本脱「府」字。

〔二〕去荆棘而成坦途　國圖本「而」下有「行」字；天圖本、叢刊本無「行」字存空格，摛藻堂本「而」下有「條」字。

親近醫藥，而病亦終不能止，但遇暑熱，輒復大作。去歲奉命入廣，與舊醫偕行，未及中途，而醫者先以水土不服，辭疾歸去。是後既不敢輕用醫藥，而風氣益南，炎毒益甚。今又加以遍身腫毒，喘嗽晝夜不息，心惡食飲[一]，每日强呑稀粥數匙，稍多輒又嘔吐。當思恩、田州之役，其時既已力疾從事。近者八寨既平，議於其中移衛設所，以控制諸蠻，必須身親相度，方敢具奏，則又冒暑輿疾，上下巖谷，出入茅葦之中，竣事而出，遂爾不復能興。今已輿至南寧，移卧舟次，將遂自梧道廣，待命於韶、雄之間。新任太監、總兵，亦皆相繼莅任，各能守法奉公，無地方騷擾之患。兩省巡按等官，又皆安靖行事，創滌往時煩苛搜刻之弊，方務安民。今日之兩廣，比之異時，庶可謂無事矣。臣雖病發而歸[二]，亦可以無去後之憂者。夫竭忠以報國，臣之素志也。受陛下之深恩，思得粉身虀骨以自效，又臣近歲之所日夜切心者也。病日就危，尚求苟全以圖後報，而爲養病之舉，此臣之所大不得已也。惟陛下鑒臣一念報主之誠，固非苟爲避難以自偷安，而憫其瀕危垂絶不得已之至情，容臣得暫回原籍，就醫調治，幸存餘息，鞠躬盡瘁以報陛下，尚有日也。臣不勝懇切哀求之至。

[一] 心惡食飲　「食飲」，國圖本、天圖本、叢刊本、文淵閣本、摛藻堂本作「飲食」。
[二] 臣雖病發而歸　「發」，黄本、間本、董本、聞本、宋本作「廢」。

王文成公全書卷之十六

別録八　公移一

提督南贛軍務，征横水桶岡三浰。

巡撫南贛欽奉敕諭通行各屬

正德十二年正月

節該欽奉敕諭：「江西、福建、廣東、湖廣各布政司地方，交界去處，累有盜賊生發。因地連各境，事無統屬，特命爾前去巡撫江西南安、贛州、福建汀州、漳州、廣東南雄、韶州、惠州、潮州各府及湖廣郴州地方[一]，安撫軍民，修理城池，禁革奸弊。一應地方賊情，軍馬錢糧事宜，小則徑自區畫，大則奏請定奪。但有盜賊生發，即便嚴督各該兵備、守禦[二]、守巡，并各軍衛有司，設法剿捕。選委廉能屬官，密切體訪，及僉所在大户，并被害之家有智力人丁，多方追襲，

[一] 郴州　國圖本訛作「彬州」。

[二] 守禦　黄本、間本、董本、閩本、宋本、邵本作「守備」。

量加犒賞。或募知因之人，陰爲鄉導，或購賊徒自相斬捕，或聽脅從并亡命窩主人等自首免罪。其軍衛有司官員中，政務修舉者，量加旌獎；其有貪殘畏縮誤事者，徑自拏問發落。爾風憲大臣，須廉正剛果，肅清奸弊，以副朝廷之委任。欽此。」欽遵。

照得撫屬地方，界連四省，山谿峻險，林木茂深。盜賊潛據其間[一]，不時出没剽劫，東追則西竄，南捕則北奔。各省巡捕等官，彼此推調觀望，不肯協力追剿，遂至延蔓日多。當職猥以菲才，濫膺重寄，大懼職業隳廢，仰負朝廷委託。爲照前項地方，延袤廣遠，未能遍歷，其間綏撫之方，隨時殊制；攻守之策，因地異宜。若非的確詢訪，難以臆見裁度。爲此仰抄案回司[二]，着落當該官吏，照依案驗内事理，即行本司該道分巡、分守、兵備、守備等官，并所屬大小衙門各該官吏，公同逐一會議，要見即今各處，城堡關隘，有無堅完；軍兵民快，曾否操練；某處賊方猖獗，作何擒剿；某處賊已退散，作何撫緝；某賊怙終，必須撲滅；某賊被誘，尚可招徠；何等人役堪爲鄉導，何等大户可令追襲；軍不足恃，或須别募精强；財不足用，或可别爲經

[一]　盜賊潛據其間　「據」，國圖本、天圖本、叢刊本、文淵閣本、摛藻堂本作「處」。
[二]　爲此仰抄案回司　「案」，黄本、閭本、董本、聞本、鄒本、胡本、宋本、邵本作「捧」。

晝；某處或有閒田[一]，可興屯以足食；某處或多浮費，可節省以供軍；何地須添寨堡，以斷賊之往來；何地堪建城邑，以扼賊之要害。姑息隱忍，固非久安之圖；會舉夾攻，果得萬全之策。一應足財養兵、弭寇安民之術，皆宜悉心計慮，折衷推求。山川道路之險易，必須親切畫圖；賊壘民居之錯雜，皆可按實開注。近者一月以裏，遠者一月以外，凡有所見，備寫揭帖，各另呈來，以憑採擇。非獨以匡當職之不逮，亦將以驗各官之所存。務求實用，毋事虛言。各該官吏，俱要守法奉公，長廉遠恥，祛患衛民，竭誠報國，毋以各省而分彼此，務須協力以濟艱難。果有忠勇清勤，績行顯著者，旌勸自有常典，當職不敢蔽賢；其或奸貪畏縮，志行卑污者，黜罰亦有明條，當職亦不敢同惡。深惟昧劣，庶賴匡襄，凡我有官，各宜知悉。

【布政司呈鎮守，按察司呈巡撫、巡按，都司呈總兵衙門知會。抄捧官吏，具依准呈來。

一、仰江西、福建、廣東、湖廣各都、布、按三司，及江西守巡嶺北道，福建守巡漳南道，廣東守巡嶺東、嶺南道，湖廣守巡上湖南道，并整飭郴、桂等處兵備道，并仰江西守備南、贛，福建守備汀、漳，廣東守備南、韶、惠、潮，湖廣守備郴、桂都指揮王泰等并同。】[二]

[一] 某處或有閒田 「閒」，底本作「間」，據黄本、閭本、董本、天圖本、叢刊本、文淵閣本、摛藻堂本改。

[二] 據黄本、閭本、董本補。以下公移各篇有補録者，所據皆同，不再説明。

選揀民兵

照得撫屬地方[一]，界連四省，山谷險隘，林木茂深，盜賊所盤，三居其一，乘間劫掠，大爲民患。本院謬當巡撫，專以弭盜安民爲職，欽奉敕諭，一應軍馬錢糧事宜，得以徑自區劃。蒞任以來，甫及旬日，雖未遍歷各屬，且就贛州一府觀之，財用耗竭，兵力脆寡，衛所軍丁，止存故籍；府縣機快，半應虛文；禦寇之方，百無足恃。以此例彼，餘亦可知。夫以羸卒而當强寇，猶驅群羊而攻猛虎，必有所不敢矣。是以每遇盜賊猖獗，輒復會奏請兵，非調土軍，即倩狼達，往返之際，輒已經年，糜費所須，動逾數萬。逮至集兵舉事，即已魍魎潛形，曾無可剿之賊；稍俟班師旋旅，則又鼠狐聚黨，復皆不軌之群。良由素不練兵，倚人成事，是以機宜屢失，備禦益弛，徵發無救於瘡痍，供饋適增其荼毒。群盜習知其然，愈肆無憚；百姓謂莫可恃，競亦從非。

夫事緩則坐縱烏合，勢急迺動調狼兵，一皆苟且之謀，此豈可常之策？古之善用兵者，驅市人而使戰，假閭戍以興師，豈以一州八府之地，遂無奮勇敢戰之夫？事豫則立，人存政舉。近據江西分巡嶺北道兵備副使楊璋呈，將所屬各縣機快，通行揀選，委官統領操練。即其處分，當亦

[一]　照得撫屬地方　「撫」，國圖本、天圖本、叢刊本訛作「府」。

漸勝於前。但此等機快，止可護守城郭，隄備關隘，至於擣巢深入，摧鋒陷陣，恐亦未堪。爲此案仰四省各兵備官，於各屬弩手、打手、機快等項，挑選驍勇絶群，膽力出衆之士。每縣多或十餘人，少或八九輩，務求魁傑異材，缺則懸賞召募。大約江西、福建二兵備，各以五六百名爲率；廣東、湖廣二兵備，各以四五百名爲率。中間若有力能扛鼎，勇敵千人者，優其廩餼，署爲將領。召募犒賞等費，皆查各屬商税、贜罰等銀支給。各縣機快，除南贛兵備已行編選外。餘四兵備，仍於每縣原額數内，揀選精壯可用者，量留三分之二，就委該縣能官統練，專以守城防隘爲事；其餘一分，揀退疲弱不堪者，免其着役，止出工食，追解該道，以益召募犒賞之費。所募精兵，專隨各兵備官屯劄，别選素有膽略屬官員，分隊統押。教習之方，隨材異技；器械之備，因地異宜；日逐操演，聽候徵調。各官常加考校，以核其進止金鼓之節；本院間一調遣，以習其往來道途之勤。資裝素具，遇警即發，聲東擊西，舉動由己，運機設伏，呼吸從心。如此，則各縣屯戍之兵，既足以護防守截[一]；而兵備募召之士，又可以應變出奇。盜賊漸知所畏而革心[二]，平良益有所恃而無恐，然後聲罪之義克振，撫綏之仁可施。弭盜之方，斯惟其要。本院所見如此，

[一] 既足以護防守截　「防守」，黄本、閭本、董本、聞本、鄒本、胡本、宋本、邵本作「守防」。
[二] 盜賊漸知所畏而革心　「革」，國圖本、天圖本、叢刊本、文淵閣本、摛藻堂本作「格」。

其間尚有知慮未周，措置猶缺者，又在各官酌量潤色，務在盡善，期於可久。亮愛民憂國之心既無不同，則拯溺救焚之圖自不容緩，案至即便舉行。或有政務相妨，未能一一親詣，先行各屬，精爲選發。先將召募所得姓名，及措置支費銀糧，陸續呈報。事完之日，通造文册，以憑查考。

十家牌法告諭各府父老子弟

本院奉命巡撫是方，惟欲翦除盜賊，安養小民，所恨才力短淺[一]，智慮不及，雖懷愛民之心[二]，未有愛民之政。父老子弟，凡可以匡我之不逮，苟有益於民者，皆有以告我。我當商度其可，以次舉行。今爲此牌，似亦煩勞，爾衆中間，固多詩書禮義之家，吾亦豈忍以狡詐待爾良民？便欲防奸革弊[三]，以保安爾良善，則又不得不然。父老子弟，其體此意。自今各家，務要父慈子孝，兄愛弟敬，夫和婦隨，長惠幼順。小心以奉官法，勤謹以辦國課，恭儉以守家業，謙和以處鄉里。心要平恕，毋得輕意忿争；事要含忍，毋得輒興詞訟。見善互相勸勉，有惡互相懲戒，務興禮讓

[一] 所恨才力短淺　「恨」，國圖本、天圖本、叢刊本作「限」。
[二] 雖懷愛民之心　「懷」，國圖本、天圖本、叢刊本、文淵閣本、摛藻堂本作「抰」。
[三] 便欲防奸革弊　「便」，黄本、閭本、董本、聞本、宋本、邵本作「但」。

之風，以成敦厚之俗。吾愧德政未敷，而徒以言教，父老子弟，其勉體吾意，毋忽。

輪牌人每日仍將告諭省曉各家一番。

十家牌式

某縣某坊

某人某籍

某人某籍

某人某籍

某人某籍

某人某籍

某人某籍

某人某籍

某人某籍

某人某籍

某人某籍

右甲尾某人

右甲頭某人[一]

此牌，就仰同牌十家輪日收掌。每日酉牌時分，持牌到各家，照粉牌查審：某家今夜少某人，往某處，幹某事，某日當回；某家今夜多某人，是某姓名，從某處來，幹某事。務要審問的確，仍通報各家知會。若事有可疑，即行報官。如或隱蔽，事發十家同罪。

各家牌式：

某縣某坊民户某人

某坊都里長某下甲首。軍户則云某所總旗、小旗某下。匠户則云某里甲下某色匠。客户則云原籍某處某里甲下某色人，見作何生理，當某處差役，有寄庄田在本縣某都，原買某人田，親徵保住人某某。若官户則云某衙門某官下舍人、舍餘。

若客户不報寫庄田在牌者，日後來告有庄田，皆不准。不報寫原籍里甲，即係來歷不明，即須查究。

[一] 右甲頭某人 「右」，黄本、閭本、董本、聞本、宋本、邵本作「左」。

男子幾丁

某　某項官，見任、致仕，在京聽選、或在家[一]。　某　某處生員、吏典。

某　治何生業，成丁、未成丁，或往何處經營。　某　見當某差役。

某　有何技能，或患廢疾。　某

某　　　　某

見在家幾丁。若人丁多者，牌許增闊，量添行格填寫。

一、婦女幾口

一、門面屋幾間　係自己屋，或典賃某人屋。

一、寄歇客人　某人係某處人，到此作何生理，一名名開寫浮票寫帖，客去則揭票，無則云無。

案行各分巡道督編十家牌

照得本院巡撫地方，盜賊充斥，因念禦外之策，必以治内爲先。顧蒞事未久，尚昧土俗，永惟撫緝之宜，懵然未有所措。訪得所屬軍民之家，多有規圖小利，寄住來歷不明之人，同爲狡僞

[一] 或在家　黄本、閭本、董本、聞本、宋本、邵本「家」下有「省祭」二字。

欺竊之事，甚者私通𡊮賊，而與之傳遞消息；窩藏奸宄，而爲之盤據夤緣。盜賊不靖，職此其由。合就行令所屬府縣，在城居民，每家各置一牌，備寫門户籍貫，及人丁多寡之數，有無寄住暫宿之人，揭於各家門首，以憑官府查考。仍編十家爲一牌，開列各户姓名，背寫本院告諭，日輪一家，沿門按牌審察動静。但有面目生踈之人，踪迹可疑之事，即行報官究理。或有隱匿[一]，十家連罪。如此，庶居民不敢從惡[二]，而奸僞無所潛形。爲此仰抄案回道，即行各屬府縣，着落各掌印官，照依頒去牌式，沿街逐巷，挨次編排，務在一月之内了事。該道亦要嚴加督察，期於着實施行，毋使虚應故事。仍令各將編置過人户姓名，造册繳院，以憑查考。非但因事以别勤惰，且將旌罰以示勸懲。

告諭各府父老子弟

告諭父老子弟，今兵荒之餘，困苦良甚，其各休養生息，相勉於善。父慈子孝，兄友弟恭，夫和婦從，長惠幼順。勤儉以守家業，謙和以處鄉里。心要平恕，毋懷險譎；事貴含忍，毋輕鬭

[一] 或有隱匿　「匿」，國圖本、天圖本、叢刊本訛作「慝」。

[二] 庶居民不敢從惡　「從」，國圖本、天圖本、叢刊本、文淵閣本、摛藻堂本作「縱」。

争。父老子弟，曾見有温良遜讓，卑己尊人，而人不敬愛者乎？曾見有凶狠貪暴，利己侵人，而人不疾怨者乎？夫嚚訟之人，争利而未必得利，求伸而未必能伸，外見疾於官府，内破敗其家業，上辱父祖，下累子孫[一]，何苦而爲此乎？此邦之俗，争利健訟，故吾言懇懇於此。吾愧無德政，而徒以言教，父老其勉聽吾言，各訓戒其子弟，毋忽。

剿捕漳寇方略牌 正月

據福建、廣東布、按二司參議等官張簡等，各呈剿捕事宜，已經行仰遵照案驗施行。所有方略，恐致泄露，不欲備開案内。爲此另行牌仰廣東嶺東、福建汀漳等處兵備僉事顧應祥、胡璉，密切會同守巡紀功贊畫等官，於公文至日，便可揚言本院新有明文，謂天氣向煖，農務方新，兼之山路崎險，林木蓊翳。若雨水洊至，瘴霧驟興，軍馬深入，實亦非便。莫若於要緊地方，量留打手機兵，操練隄備，其餘軍馬，逐漸抽回，待秋收之後，風氣凉冷，然後三省會兵齊進。或宣示遠近，或曉諭下人。此聲既揚，却乃大饗軍士，陽若犒勞給賞，爲散軍之狀，實則感激衆心，作興士氣。

[一] 下累子孫 「子」，國圖本、天圖本、叢刊本、文淵閣本、摛藻堂本作「兒」。

一面亦將不甚緊關人馬，抽放一處兩處，以信其事。其實所散人馬，亦可不遠而復。[一]預遣間諜，探賊虛實，有間可乘，即便齊糗啣枚，連夜速發。當此之時，却須捨却身家，有死無生，有進無退。若一念轉動，便成大害。勁卒當前，重兵繼後，伺至其地，鼓噪而入。仍戒當先之士，惟在摧鋒破陣，不許斬取首級。後繼重兵，止許另分五六十騎，沿途收斬，其餘亦不得輒亂行次，違者就便以軍法斬首。重兵之後，紀功贊畫等官，各率數隊，相繼而進，嚴整行伍，務令鼓噪之聲連亘不絶，使諸賊逃遁山谷者聞之，不得復聚。若賊首未盡，探其所如，分兵速躡，不得稍緩，使賊復得爲計。已獲渠魁，其餘解散黨與，平日罪惡不大，可招納者，還與招納，不得貪功，一槩屠戮。乘勝之餘，尤要振兵肅旅，如初遇敵，不得恃勝懈弛，恐生他虞。歸途仍將已破賊巢悉與掃蕩，經過寨堡村落，務禁摽掠。宜撫恤者，即加撫恤；宜處分者，即與處分。毋速一時之歸，復遺他日之悔。本院奉命而來，專以節制四省沿邊軍職爲務，即今進兵一應機宜，悉宜禀聽本院，庶幾事有總領，舉動齊一。授去方略，敢有故違，悉以軍法論處。各官知會之後，即連名開具遵依揭帖，密切差人回報[二]。

[一]「其實所散人馬」云云　底本小字，或爲附注，黄本、閭本、董本、聞本、鄒本、胡本、宋本、邵本同，國圖本、天圖本、叢刊本、文淵閣本、摛藻堂本與前後正文字號同，下文「當此之時」云云仿此。

[二]密切差人回報　國圖本、天圖本、叢刊本、文淵閣本、摛藻堂本無「差人」二字。

案行廣東福建領兵官進剿事宜

據福建、廣東按察司等衙門備呈到院。看得兩省剿捕事宜，設施布置，頗已詳備。誠使諸將齊心，軍士用命，並舉夾攻，已有必克之勢。但事干各省，舉動難一，頓兵既久，變故旋生，則謀筭機宜，旬日頓異，亦難各守初議，執爲定説。照得福建軍務，整緝既久，兼有海滄、浦城[一]、政和諸處打手，足可濟事。諸將咸有以功贖罪之心，意氣頗鋭。當道亦皆協謀并力，期收克捷之功，利在速戰。若當集謀之始，掩賊不備，奮擊而前[二]，成功可必。今既曠日持久，聲勢彰聞，各巢賊黨，必皆連絡糾合[三]，阻阱設械，以禦我師，其爲奸計[四]，當亦日加險密。至於今日，已爲持久之師，且宜示以寬懈，待間而發，而猶執其乘機之説，張皇於外以堅賊志，是謂知吾卒之可擊，而不知敵之未可擊也。廣東之兵，集謀稍緩，聲威未震，意在倚重狼達土軍然後舉事，利於持久，是亦慎重周悉之謀。諸賊聞之，雖相結聚，尚候土兵之集以卜戰期，其備

[一] 浦城　底本「浦」訛作「演」，據黄本、閶本、董本、聞本、鄒本、胡本、宋本、邵本改。
[二] 奮擊而前　「擊」，底本訛作「繫」，據黄本、閶本、董本、聞本、宋本、邵本、天圖本、叢刊本改。
[三] 必皆連絡糾合　「皆」，國圖本、天圖本、叢刊本、文淵閣本、摛藻堂本作「有」。
[四] 其爲奸計　「計」，國圖本、天圖本、叢刊本、文淵閣本、摛藻堂本作「黨」。

必猶懈弛。若因而形之以緩，乘此機候，正可奮怯爲勇，變弱爲强，而猶執其持重之説，必候土軍之至，以坐失事機，是徒知吾卒之未可擊，而不知敵之正可擊也。

善用兵者，因形而借勝於敵，故其戰勝不復，而應形於無窮。勝負之筭，間不容髮，烏可執滯？除江西南贛地方，凡通賊關隘，已行兵備副使楊璋，委官隄備截殺，及將進剿方略，各另差人，封付福建僉事胡璉、廣東僉事顧應祥，會同守巡等官，密切遵依行事外。仰抄案回司，即行各官，務要同心協德，乘間而動，毋得各守一見，縻軍僨事。一應進止，不必呈稟，以致誤事。領軍等官，隨機應變，就便施行，一面呈報。如復彼此偏執，失誤軍機，定行從重參拏，决不輕貸。其軍馬錢糧、紀功給賞等項，已行有成規，不再更定。【事完之日，通行造册繳報。守巡、兵備等官，總具遵依進剿方略揭帖，密切差人齎報，仍呈各總鎮、撫按衙門知會。】

案行漳南道守巡官戴罪督兵剿賊

據福建漳南道右參政艾洪等呈，准左參政陳策、副使唐澤手本，該三司遵依，議委各職隨軍紀功，運謀經略。依蒙前詣南靖縣小溪中營住札，查理軍情，審驗功次。大約賊衆以四分爲率：一分就擒，一分聽撫，俱已審驗查處明白；一分遠遯廣東境界，一分深藏本處山谷。狼子野心，絶巖峻嶺，易以計破，難以兵碎。必須通將調募見在官軍二萬二千餘名，再加議處，減冗兵以省費，留精兵以守險，待賊饑疲，隨加撫剿，庶幾軍餉不缺，農業不廢。節據各哨委官連日稟報，各賊恃居險阻，公然拒敵官軍，不聽招撫。合無繼處本省錢糧，以堅自守之謀；催請廣東狼兵，以助夾攻之計等因。隨據參政陳策等呈，據鎮海衛指揮高偉呈，指揮覃桓、縣丞紀鏞，被大傘賊衆突出，馬陷深泥，被傷身死，等因到院。

簿查先據參政陳策等呈，已經批各官酌量事機，公同會議。如是賊雖據險而守，尚可出其不趨，掩其不備，則用鄧艾破蜀之策，從間道以出奇；若果賊已盤據得地，可以計困，難以兵克，則用充國破羌之謀，減冗兵以省費。務在防隱禍於顯利之中，絶深奸於意料之外，萬全無失。僉謀皆同，然後呈來定奪去後。今據前因，參照指揮高偉，既奉差委督哨，自合與覃桓等相度機宜，協謀並進，却乃孤軍輕率，中賊奸計。雖稱督兵救援，先亦頗有斬獲，終是功微罪大，難以贖準。廣東通判陳策、指揮黄春、千百户陳洪、鄭芳等，既與覃桓等面議夾攻，眼見摧敗，略不應援，挫損軍威，壞事匪細，俱屬違法。各該領兵守備、兵備、守巡等官，督提欠嚴，亦屬有違，合就通行參究。但在緊急用人之際，姑且記罪，查勘督剿。及照添調狼兵一節[一]，案查該省節呈，兵糧預備已久，

[一] 及照添調狼兵一節 「照」，國圖本、天圖本、叢刊本、文淵閣本、擒藻堂本作「查」。

惟俟剋日進攻，今始成軍而出，一遇小挫，輒求濟師。況動調狼兵，往返數月，非但臨渴掘井，緩不及事，兼據見在官兵二千有餘，數已不少，兵貴善用，豈在徒多？況稱糧餉缺乏，正宜減兵省費，安可益軍匱財？除廣東坐視官員及應否動調狼兵，另行查議外。仰抄案回道，查勘指揮覃桓、縣丞紀鏞，是否領兵夾攻，被傷身死；各官原領軍兵若干，見在若干；其指揮仲欽、推官胡寧道、知事曾瑶、知縣施祥等，緣何不行策應，是否畏避退縮。俱要備查明白，從實開報。其覃桓等所統軍兵，就仰高偉管領，戴罪殺賊，立功自贖。仍仰福建布政司，作急查處堪以動支銀兩，就呈鎮巡衙門知會，差官領解軍前接濟，一面備數呈來，以憑查考。不許稽遲，致悮軍機。各該官員，俱要奮勇協心，乘機進剿，毋頓兵遥制以失機宜，毋坐待狼兵以自懈弛。務須連營犄角，以壯我軍之威；更休迭出，以蓄我軍之鋭。多方以誤賊人之謀，分攻以疲賊人之守，掃蕩巢穴，靖安地方，則東隅可收於桑榆，大捷不計其小挫。事完之日，通查功罪呈來，以憑酌量參奏[一]。

案行領兵官搜剿餘賊

據福建左參政陳策、副使唐澤會案呈，准漳南道參政艾洪、僉事胡璉手本，督據委官指揮徐

[一] 以憑酌量參奏　黄本、閭本、董本「奏」下有「施行」二字。

麒等呈稱，督領軍兵，粘踪追賊至象湖山，賊寨連營拒守。遵奉本院密諭，佯言犒衆退兵，俟秋再舉，密切部勒諸軍，乘懈奮擊云云。除將擒斬功次，審驗監候梟掛外，呈乞照詳，等因到院。

卷查先准兵部咨前事，已經備行福建、廣東二省漳南、嶺東二道守巡、兵備、守備等官，欽遵調兵，上緊相機剿撫，并將進兵方略，行仰各官密切遵照施行，敢有故違，悉以軍法論處去後。續據福建布、按二司守巡漳南道右參政等官艾洪等呈，據委指揮高偉呈稱，督同指揮等官覃桓等，領兵剋期夾攻，不意大傘賊衆突出[一]，陷入深泥，被傷身死，廣東官兵在彼坐視，不行策救。呈詳到院。參看得各官頓兵日久，老師費財，致此敗衄，顯是不奉節制，故違方略，正行查勘參提間。隨據廣東按察司等衙門僉事顧應祥等官會呈前事，開稱約會福建官兵，剋期進攻間，爪探執稱餘賊潛入箭灌巢内。率領官兵，直抵地名白上村[二]，遇賊交戰，斬獲賊級，俘獲賊屬等因。福建官軍被大傘賊徒殺死指揮覃桓等情。各職隨即統兵策應，當獲賊人一名，審係賊首羅聖欽，呈報前來。

[一] 不意大傘賊衆突出　底本脱「傘」字，據案行漳南道守巡官戴罪督兵剿賊補。

[二] 白上村　黄本、閭本、董本、聞本、鄒本、胡本、宋本、邵本作「白土村」。

看得象湖、箭灌，最爲峻絶，諸巢賊首悉遁其間，賊之精悍盡聚於此，自來兵力所不能攻〔一〕。今各官雖有前挫，隨能密遵方略，奮勇協力，竟破難克之寨，以收桑榆之功，計其大捷，足蓋小挫。但象湖雖破，而可塘猶存，賊首頗已就擒，而餘猾尚多逃遁。若不乘此機會，速行剿撲，薙草存根，恐復滋蔓，狡兔入穴，獲之益難。除將功次另行查奏外，爲此仰抄案回道，查照先行方略，乘此勝鋒，急攻可塘，破竹之勢，不可復緩。仍一面分兵搜斬餘猾，毋令復聚爲奸。罪惡未稔，可招納者，還與招納，毋縱貪功，一槩屠戮。務收一簣之功，勿爲九仞之棄。本院即日自汀州起程〔二〕，前來各營督戰，仍與各官備歷已破諸賊巢壘，共議經久之策。抄案【官吏，具不違依准呈來。】

奬勵福建守巡漳南道廣東守巡嶺東道領兵官

據福建參政陳策、艾洪，副使唐澤，僉事胡璉，都指揮僉事李胤，廣東參議張簡，僉事顧應祥，都指揮僉事楊懋各呈稱，據委官知府、通判等官鍾湘、徐璣等，率領軍兵，夾攻象湖、可塘、箭灌、

〔一〕自來兵力所不能攻　「力」，國圖本、天圖本、叢刊本、文淵閣本、摛藻堂本作「卒」。

〔二〕汀州　國圖本、天圖本、叢刊本、文淵閣本、摛藻堂本作「漳州」。

大傘等處賊巢。前後擒斬首賊詹師富[一]、羅宗旺等，共計一千五百餘名顆，及俘獲賊屬、牛馬、器械等數到院。看得象湖、箭灌諸寨，皆係極險最深賊巢，自來官兵所不能下。今各官乃能運謀設策，協力夾攻，旬月之間，擒斬賊首，掃蕩巢穴，謀勇顯著，功勞可嘉。除將功次查奏外，通合先行獎勵。爲此牌仰汀州府上杭縣，即便動支商稅銀兩，買辦綵段、銀花、羊酒，委官分投領齎，備用鼓樂，迎送各官處，用旌勤勞，以明獎勵之典。其餘領哨有功官員，知府鍾湘等，就行該道，照依定去賞格，酌量輕重，徑自支給官錢，買辦花紅等項，一體賞勞。仍具由回報，以憑查考。

【計開：

一等綵段二疋 價六兩　銀花二枝 價一兩　羊酒二付 價一兩

二等綵段二疋 價四兩　銀花二枝 價八錢　羊酒二付 價八錢

三等綵段一疋 價二兩五錢　銀花一枝 價五錢　羊酒一付 價五錢

牌仰汀州府上杭縣】

[一] 前後擒斬首賊詹師富　「首賊」，國圖本、天圖本、叢刊本、文淵閣本、擒藻堂本作「賊首」。

告諭新民

爾等各安生理，父老教訓子弟，頭目人等，撫緝下人。俱要勤爾農業，守爾門户，愛爾身命，保爾室家，孝順爾父母，撫養爾子孫。無有爲善而不蒙福，無有爲惡而不受殃。毋以衆暴寡，毋以强凌弱。爾等務興禮義之習，永爲良善之民。子弟群小中，或有不遵教誨，出外生事爲非者，父老頭目，即與執送官府，明正典刑。一則彰明爾等爲善去惡之誠，一則剪除莨莠，免致延蔓，貽累爾等良善。吾今奉命巡撫是方，惟欲爾等小民安居樂業，共享太平，所恨才識短淺，雖懷愛民之心，未有愛民之政。近因督征象湖、可塘諸處賊巢，悉已擒斬掃蕩，住軍於此。當兹春耕，甚欲親至爾等所居鄉村，面問疾苦，又恐跟隨人衆，或至勞擾爾民。特遣官耆諭告，及以布疋頒賜父老頭目人等，見吾勤勤撫恤之心。餘人衆多，不能遍及，各宜體悉此意。

欽奉敕諭切責失機官員通行各屬

照得本院於本年六月十五日，節該欽奉敕：「近該巡按福建監察御史程昌奏，今年正月内，被漳州南靖地方流賊，殺死領軍指揮覃桓、縣丞紀鏞，射死軍人打手一十五名。參稱指揮高偉、參政陳策、艾洪、副使唐澤、僉事胡璉、都指揮李胤，失機誤事，俱各有罪，及稱爾膺茲重寄，責亦難辭等因。下兵部議，謂前項賊情，自去年七月，已敕彼處撫巡等官，相機撫剿，日久未見成功。今反墮賊計，喪師失事，欲將高偉、陳策等，姑免提問，各令住俸，戴罪殺賊，并降敕切責，令爾立效贖罪。朕皆從之。敕至，爾宜親詣潮、漳二府地方，申嚴號令，詳審機宜。督同守巡、領軍等官，調集官軍、民快、打手人役，儹運糧餉，指授方略，隨賊向往，設法剿捕。其福建、廣東、江西官員，悉聽爾節制。有急，督令互相策應，約會夾攻，不許自分彼此，執拗誤事。如有不用命，及遲誤供軍者，宜照原奉敕内事理，徑自拏問施行。事有應與兩廣并江西巡撫等官議處者，公同計議而行，務要處置得宜，賊徒殄滅，以靖地方。欽此。」欽遵外。

照得本院於本年正月十六日抵贛莅事，當據福建參政陳策、僉事胡璉等呈，爲急報賊情事。已經密具方略，行各官遵照，約會廣東官兵，剋期夾攻。隨據各官呈稱，指揮覃桓、縣丞紀鏞，在廣東大傘地方，遇賊突出，抵戰身死。又稱象湖、可塘等寨，係極高絶險，自來官兵所不能攻，乞添調狼兵，俟秋再舉，等因到院。參看各官頓兵不進，致此敗衄，顯是不奉節制，故違方略，正宜協憤同奮，因敗求勝，豈可輒自退阻，倚調狼兵，坐失機會？本院即於當日選兵二千，自贛起程，進屯汀州。一面督令各官，密照方略，火速進剿，立功自贖；一面查勘失事緣由，另行參奏聞。隨據各官續呈，遵奉本院紙牌密諭，佯言犒衆班師，乘賊怠弛，銜枚直搗，攻破象湖等寨。又經行令各官，乘此勝鋒，速攻可塘，破竹之勢，不可復緩。仍一面分兵搜擒餘猾，毋令復聚爲奸。本院亦自汀州進軍上杭，期至賊寨親自督戰。隨據各官復呈，爲捷音事。開稱攻破巢穴三十餘處[一]，擒斬首從賊人一千四百二十餘名顆，俘獲賊屬五百七十餘名口，燒燬房屋二千餘間，奪獲牛馬、贓仗無筭。即今餘黨，悉願聽撫，出給告示，招撫得脅從賊人一千二百三十五名，家口二千八百二十八名口，乞要班師等因。已經具本奏報去後。

今奉敕諭切責，不勝惶恐待罪，然猶幸其因人成事，偶獲收功。愧雖難當，罪或可免。隨又訪得各賊徒黨尚多逃遁，諸巢餘孽又復萌芽，果爾，則憂患方興，罪累日重。深思其故，恐是各官急於成功，不能掃蕩；或是憚於久役，爲此隱瞞。本院聞此，實切慚懼，即欲遵奉敕諭事理，親至漳州體勘查處。但今南贛盜賊猖獗，方奉欽依夾剿[二]，師期緊迫，軍馬錢糧，必須調度，勢難遠出。又前項事情，出於傳聞，未委虚的，合行查勘。爲此仰抄捧回司，照依備奉敕諭，及查照先今案驗内事理，即委本司公正堂上官一員，會同守巡該道官，親詣漳州地方，督同知府等官，

[一] 開稱攻破巢穴三十餘處 「巢穴」，國圖本、天圖本、叢刊本、文淵閣本、摛藻堂本作「賊巢」。

[二] 方奉欽依夾剿 「夾」，底本訛作「來」，據黄本、閭本、董本、聞本、鄒本、胡本、宋本、邵本改。

將已破賊巢逐一查勘：前項强賊，曾否盡絶；所獲賊首，是否真正；徒黨有無逃遁，餘孽有無萌芽；是否各官苟且隱瞞，惟復别賊各另生發。若賊首果已擒獲，巢穴果已掃蕩是實，取具各官不致遺患重甘結狀，具由呈來。如或有所規避欺蔽，俱要明白聲説，以憑參究施行。若有脱漏殘黨，或是别項流賊，乘間嘯聚，事出意外，亦要從實開報。就將防剿機宜，作急議處停當，相機行事，一面呈來定奪。無得畏難推咎，以致貽患地方。國典具存，取罪愈大。俱無違錯遲延。

兵符節制

五月

先據該道具呈，計處武備，以便經久事。議將原選聽調人役，如寧都殺手廖仲器之屬，盡行查出，頂補各縣選退機兵，通拘贛城操演，以備征調。已經批仰施行去後。看得習戰之方，莫要於行伍；治衆之法，莫先於分數。所據各兵既集，部曲行伍，合先預定。爲此仰抄案回道，照依定去分數，將調集各兵，每二十五人編爲一伍，伍有小甲；五十人爲一隊，隊有總甲；二百人爲一哨，哨有長，協哨二人；四百人爲一營，營有官，有參謀二人；一千二百人爲一陣，陣有偏將；二千四百人爲一軍，軍有副將，偏將無定員，臨事而設[一]。小甲，於各伍之中，選材力優者爲之；

[一] 臨事而設 「事」，國圖本、天圖本、叢刊本、文淵閣本、摛藻堂本作「陣」。

總甲，於小甲之中，選材力優者爲之；哨長，於千百户義官之中，選材識優者爲之。副將得以罰偏將，偏將得以罰營官，營官得以罰哨長，哨長得以罰總甲，總甲得以罰小甲，小甲得以罰伍衆。務使上下相維，大小相承，如身之使臂，臂之使指，自然舉動齊一，治衆如寡，庶幾有制之兵矣。編選既定，仍每五人給一牌，備列同伍二十五人姓名，使之連絡習熟，謂之伍符；每隊各置兩牌，編立字號，一付總甲，一藏本院，謂之隊符；每哨各置兩牌，編立字號，一付哨長，一藏本院，謂之哨符；每營各置兩牌，編立字號，一付營官，一藏本院，謂之營符。凡遇征調，發符比號而行，以防奸僞。其諸緝養訓練之方，旗鼓進退之節，皆要逐一講求[一]，務濟實用，以收成績。事完，備造花名手册送院，以憑查考發遣。

預整操練

案照先經批仰將聽調人役，查拘操演，以備征調。即今兵威士氣，已覺漸有可觀，但各色人内[二]，尚有遺才，亦合通拘操演。看得龍南等縣捕盜老人葉秀芳、【黄啓濟】等部下兵衆，亦

[一] 皆要逐一講求 「皆要」，國圖本、天圖本、叢刊本、文淵閣本、摛藻堂本作「要皆」。
[二] 但各色人内 「各」，國圖本、天圖本、叢刊本、文淵閣本、摛藻堂本作「諸」。

多經戰陣，況各役向化日久，皆有竭忠報效之心。但其勇力雖有，而節制未諳；向慕雖誠，而情意未洽；一時調用，亦恐兵違將意，將拂士情，信義既未交孚，心志豈能齊一？爲此仰抄案回道，通將所屬向化義民人等，【如葉秀芳、黄啓濟、梅南春、王受、謝鉞之屬】，悉行查出。照依先行定去分數，行令各選部下驍勇之士，多者二三百人，少者一百人，或五十人，順從其便，分定班次。各役若無别故，自行統領，或有事故相妨，許令推選親屬爲衆所服者代領，前來贛城，皆於教場内操演。除耕種之月，放令歸農，其於農隙[一]，俱要輪班上操。仍於教場起蓋營房，使各有棲息之地；人給口糧，使皆無供饋之勞。效有功勤者，厚加犒賞；違犯約束者，時與懲戒。如此，則號令素習，自然如身臂手指之便；恩義素行，自然興父兄子弟之愛。居則有禮，動則有威，以是征誅，將無不可矣。

選募將領牌

看得所屬地方，盜賊充斥，一應撫勦事宜，各該兵備等官，既以地方責任，勢難頻來面議。若專以公文往來，非惟事情不能該悉，兼恐機宜多致瀉漏。爲此牌仰郴州兵備道，即於所屬軍衛

[一] 其於農隙 「於」，國圖本、天圖本、叢刊本、文淵閣本、摛藻堂本作「餘」。

有司官，或義官、耆老，推選素有膽略，才堪將領，熟知賊寨險夷，備曉盜情向背，忠慎周密，可相信任者一二人，前來軍門。凡遇地方機務，即與密切商度，往來計議，庶幾事可周悉，機無疏虞。

批留嶺北道楊璋給由呈

據副使楊璋呈給由事。看得朝廷設官，本因保障；臣子盡職，匪專給由。副使楊璋，才力精敏，識見練達，久在軍中，習知戎務。見今盜賊猖熾，方爾請兵會勦，一應軍馬錢糧，皆倚贊畫，方有次第。若因給由，遽爾輕動，更代之人，豈免事多生疏，交承之際，必至弊乘間隙，遂有出柙之虞，何益噬臍之悔[一]。仰本官勿以循例給由爲急，惟以效忠盡職爲先，益展謀猷，仍舊供職。地方安靖，足申體國之勤；懋績彰聞，豈俟天曹之考。仍行撫按衙門知會。呈繳。

批廣東韶州府留兵防守申

【據韶州府申稱，欲將樂昌等縣原編民壯，遵奉明文，量留三分之二，其一分減退，追銀召募，

[一] 何益噬臍之悔　「臍」，底本訛作「噴」，據國圖本、天圖本、叢刊本、文淵閣本、摛藻堂本改。

未免愈加缺人防守。】看得本院募兵選士，欲弭盗安民，正恐地利不能齊一，措置或有未周，故期各官酌量潤色，務求盡善可久。今據該府各縣所呈，非惟不能弭盗，而適以啓盗；非徒不能安民，而又以擾民。此豈本院立法之初意哉？【除行兵備僉事王大用，備歷所屬，親行編選外。仰韶州府知府姚鵬，即行所屬】（行仰）各縣掌印官[一]，務體本院立法不得已之意，各要酌量事勢，通融審處。苟無不盡之心，自無難處之事。兵法謂「守則不足，攻則有餘」，今各縣所留之兵，止於防守，而兵備所選之士，將以剿襲。防守之兵，雖老弱皆可以備數而張威；剿襲之士，非精鋭不可以摧鋒而陷陣。況各縣所留尚有三分之二，而兵備所取止得三分之一，其於大勢，未便虧損。今取三分之一，而遂以爲地方不復可守，假使原數止此，亦將别無措置之方耶？又況剿襲之兵既集，則兵威日振，聲東擊西，倏來忽往，賊將瞻前顧後，自然不敢輕出，各縣防守愈易爲力，此於事理亦皆明白易見。各官類皆狃於因循，憚於振作，惟知取私便之爲利，而不知妨大計之爲害。宜各除去偏小之見，共爲公溥之謀。若復推調遲延，夾攻在邇，已經奏有成命，苟誤軍機，定以軍法從事。【申繳。】

[一] 行仰各縣掌印官　黄本、閭本、董本無「行仰」二字。按，此蓋閭本删改之時，補「行仰」二字，使文義前後連貫，後此同例者不再説明。

咨報湖廣巡撫右副都御史秦防賊奔竄　八月

准巡撫湖廣都御史秦咨云云[一]。已經【備行江西、廣東、湖廣三省該道兵備、守巡等官】，一體欽遵施行。續據江西嶺北道副使楊璋，看得朱廣寨等處，係桂陽、樂昌二縣界内賊奔要路[二]，今夾攻在邇，要行各道預發精兵把截。又經備行廣東、湖廣各官，起集驍勇機快、父子鄉兵【人等】，選委素有能幹官員統領，各於賊行要路，晝夜嚴加把截。或遇前賊奔逃，就便詳察險易，相機截捕。或先於朱廣、魚黃，賊所潛逃諸山寨，多張疑兵，使賊不敢奔往。務要慮出萬全，不得墮賊奸計。各道仍須【多差乖覺人役】，分投爪探，出奇設伏，先事預防。但得賊中虚實，差人飛報軍門【知會。及仰嶺北道，亦要備督所屬，四路防遏，時加申嚴。】大抵防寇如水，四面隄防既固，但有一處滲漏，必致併力潰決。賊所奔逃，尚恐不止前項諸處，仍行各道再加詢訪，但有罅隙，即便行文知會，互相關防，必使皆無蟻穴之漏，庶可全收草薙之功[三]。今准前因，

[一] 准巡撫湖廣都御史秦咨　「秦」，底本訛作「奏」，據黄本、閭本、董本、聞本、鄒本、胡本、宋本、邵本改。

[二] 樂昌　底本訛作「樂平」，據黄本、閭本、董本改。按，樂昌屬廣東韶州府，與桂陽鄰近，樂平屬江西饒州府，與桂陽相去遼絶，下文「備行廣東、湖廣各官」云云，亦與此相應。

[三] 庶可全收草薙之功　「庶」，黄本、閭本、董本、聞本、宋本作「度」。

爲照前項各賊，屢經夾攻，狡猾有素，今聞大舉，預將妻子搬寄，此亦勢所必有。照得咨開龔福全、李斌，皆已搬送妻子，近往桶岡親識人家。除行嶺北道密行擒拏，一面行文湖廣各官，將前項窩户姓名密切知會，或住近桂陽，或住近上猶，就仰各該守把官兵相機剿捕外。擬合咨報（云云）。

【爲此合咨貴院，煩爲查照施行。】

欽奉敕諭提督軍務新命通行各屬 九月

正德十二年九月十一日，節該欽奉敕諭：「江西南安、贛州地方，與福建汀、漳二府，廣東南、韶、潮、惠四府，及湖廣郴州桂陽縣[一]，壤地相接，山嶺相連，其間盜賊不時生發，東追則西竄，南捕則北奔。蓋因地分各省，事無統屬，彼此推調，難爲處置。先年以此之故，嘗設有都御史一員，巡撫前項地方，就令督剿盜賊。但責任不專，類多因循苟且，不能申明賞罰以勵人心，致令盜賊滋多，地方受禍。今因爾所奏，及該部覆奏事理，特改命爾提督軍務，常在贛州或汀州住札。仍往前各處，撫安軍民，修理城池，禁革奸弊。一應軍馬錢糧事宜，俱聽便宜區畫，以足軍餉。但有盜賊生發，即便嚴督各該兵備、守備、守巡，并各軍衛有司，設法調兵剿殺，不許踵

[一] 郴州 國圖本、天圖本、叢刊本訛作「彬州」。

襲舊弊，招撫蒙蔽，重爲民患。其管領兵快人等官員，不拘文職武職，若在軍前違期，并逗遛退縮者，俱聽以軍法從事。生擒盜賊，鞫問明白，亦聽就行斬首示衆。斬獲賊級，行令各該兵備守巡官〔一〕，即時紀驗明白，備行江西按察司，造册奏繳，查照南方剿殺蠻賊事例，陞賞激勸。仍要選委廉能官員，密切體訪，或僉所在大户，并被害之家，及素有智力人丁，多方追襲，量加糧賞；或募知因之人，陰爲鄉導；或購令賊徒自相斬捕；或許令脅從并亡命窩主人等，自行出首免罪；皆聽爾隨宜處置，不必執定一説。其應捕人員，尤要嚴加戒約，不許妄拏平人，及容賊挾讐攀引，因而嚇詐財物，擾害良善。軍衛有司官員中，政務修舉者，量加獎勸；其有貪殘畏縮誤事者，文職五品以下，武職三品以下，徑自拏問發落。事有應與各該鎮巡官計議者，亦須計議而行。爾爲風憲大臣，受兹新命，尤宜廉能剛果，肅清積弊，以副朝廷委任之意。如違，責亦有所歸焉。爾其欽承之毋忽。故敕。欽此。」欽遵。擬合通行，爲此仰抄捧回司，照依案驗，備奉敕諭内事理，并行該道守巡、兵備、守備等官，及府衛等官，及府衛所縣大小衙門，一體欽遵施行。都司呈鎮守，布政司呈巡撫，按察司呈巡按衙門，各查照施行。

〔一〕行令各該兵備守巡官　「巡」，國圖本、天圖本、叢刊本、文淵閣本、摛藻堂本作「備」。

咨報湖廣巡撫右副都御史秦夾攻事宜

准巡撫湖廣都御史秦咨，内開夾攻江西該分哨道，并把截之路，及各該官軍不無追剿，往來過境，必須各給旗號識别，以防錯誤。凡遇賊勢縱横及攻堅去處，各領哨官，即便發兵策應，同舟共濟。又稱各省窩賊之家，今既各有指實，必須從長計處，絶其禍本，以收全功。煩爲參酌行止，并將合行事宜咨報，以憑轉行各該領兵等官遵守等因。

准此，先該本院訪得大庾、南康、上猶三縣，近附賊巢良民村寨甚多。往年大征，不曾分别善惡，給與良民旗號，及撥兵護守，以致狼土官兵貪功妄殺，玉石不分。亦有一二良民村寨，給與旗號，撥兵護守，又被不才領兵官員并良民寨主，受賊重賄，及將有名賊首隱藏其家，事定仍復還巢，至今貽患。及有吉安府龍泉、萬安、泰和三縣，并南安府所屬大庾等三縣，居民無籍者，往往携帶妻女，入輋爲盗，行劫則指引道路，征剿則通報消息，尤爲可惡。即今聞有大兵夾攻，俱各潛行回家，遇有盤詰，輒稱被虜逃歸，因而得脱誅戮。若不通行挨究，將來事定，仍復入巢，地方之患，何時可已？就預行上猶等三縣，着落當該掌印官員，查出附近賊巢居民村寨，通計若干，畫圖申報[一]，以憑每寨給與良善旗號，臨期撥兵護守。仍取各寨主并地方總甲甘結在官，如有應剿賊徒來投，希圖隱匿者，許其擒斬送官，照例重賞；容隱者事發，一寨之人，通行坐以奸細重罪。其大庾、龍泉等六縣[二]，各給告示，曉諭鄉村里老人等，但有平昔入夥爲盜，即今潛出，許其舉首，亦行照例給賞；容隱事發，本家并四鄰一體坐罪。如此，庶良善免於玉石俱焚，而盜賊得以根株悉拔。俱經牌仰該道遵照施行外。

又據委官知府等官季斆等呈稱，依奉本院方略，分兵於上猶、南康等處防遏，被賊兩次糾衆，出攻南安，俱幸我兵克捷。即今賊勢略已衰敗，若乘此機會，直搗其巢，旬月之間，可期掃蕩云云。本院看得三省夾攻事宜，集兵有先後，期約有遲速。如上猶、大庾之賊，江西先與湖廣夾攻，止令廣東之兵于仁化把截；候廣東兵力已齊，聽湖廣、廣東約會夾攻，江西之兵止于大庾把截；通候廣東、湖廣夾攻已畢，廣東之兵移于惠州，江西之兵移于龍南，又行約會夾攻。如此，庶先後有序，事機不失，兵力不竭，糧餉可省。又經移咨貴院查照施行外。

今准前因，看得官軍過境，必須各給旗號識别，以防錯誤，攻堅去處，必須各領哨官即便發

[一] 畫圖申報　「畫圖」，國圖本、天圖本、叢刊本、文淵閣本、摛藻堂本作「圖畫」。
[二] 其大庾龍泉等六縣　「縣」，國圖本、天圖本、叢刊本作「鄉」。

兵策應，庶得成功。持論既極公平，所處又甚詳悉，除行領哨等官遵照施行外。惟守備指揮李璋所呈窩賊之家，傳聞之言，未必皆實，已行該道再行查訪，務求的實，拔絶禍源。其進攻次第，惟桶岡一處，該與湖廣之兵會合。若長流坑、左溪等處，皆深入南安府所屬三縣腹心之内，見今不次擁衆奔衝，勢難止遏。本院欲將前項賊巢，以次相機剿撲，候貴治之兵齊集，會合夾攻桶岡。如此，則江西腹心之害已除，而二省夾攻之舉，得以併力從事。擬合移咨前去，煩爲查照定處，咨報施行。

征剿横水桶岡分委統哨牌

據守把金坑等處領兵縣丞舒富等申稱，探得各巢賊首，聞知湖廣土兵將到，集衆劫掠，猖熾日甚，鑿山開塹，爲備益堅。又聞於桶岡後山陡絶崖壁，結構飛梯，自此直入范陽大山，延袤千里，自來人迹所不能到。今皆搬運糧穀，設有機阱，意在悉力拒戰，戰而不勝，即奔入此中，截斷飛梯，雖有十萬之衆，亦無所施其力，乞要急爲區處，等因到院。隨將各巢擒獲賊徒，備細研審，亦與所呈略同。

照得先經具題，及備行兩省，將各處賊巢以次攻剿，先約湖廣官兵，會攻上猶諸賊未報。但南贛兵力，自來疲弱，爲賊所輕，必資湖廣土兵，然後行事。賊見土兵未至，必以爲夾攻尚遠。今若出其不意[一]，奮兵合擊，先以一哨急趨其後，奪其隘口，賊既失勢，殆可盡殪。若必俟土兵之至，果如各官所呈，陷賊計中，老師費財，復爲他日之患，追悔何及。本院節准兵部咨，題奉欽依，「南贛地方賊情，着都御史王守仁自行量調官軍，設法剿捕」，及近奉敕諭云云，「俱聽以軍法從事，欽此。」欽遵。除監督守巡官員，行令分投先往上猶[二]、大庾等處，調度催督外，本院身督中軍，直擣横水大巢，所據各哨官兵，合就分委督發，依期進剿。

一、仰贛州府知府邢珣，統領後開官兵，自上猶石坑進[三]，由上稍、石溪，入磨刀坑，過白封龍，一面分兵，搜茶潭、鴬井、杞州坑。正兵經過朱坑、早坑[四]，入楊梅村，攻白藍、横水，與都司許清、指揮謝昶、姚璽、知縣王天與等兵會合，共結爲一大營。及各選精鋭，用鄉導

[一]　今若出其不意　「今」，國圖本、天圖本、叢刊本訛作「雖」，文淵閣本、摛藻堂本作「莫」。

[二]　行令分投先往上猶　「行」，國圖本、天圖本、叢刊本、文淵閣本、摛藻堂本作「外」，通行本讀屬上句。

[三]　自上猶石坑進　黃本、閭本、董本、宋本、邵本「石」下有「人」字。

[四]　早坑　據横水桶岡捷音疏，「早」當爲「旱」之訛。

分引[一]，齎乾糧三日，四搜附近各山寨，如茶潭、鴬井、杞州坑、寨下等處，多方爪探，務期盡絶，互相援應，毋致踈虞。左溪諸賊既盡，然後分哨起營，過背烏坑，穿牛角窟，踰梅伏坑，過長流坑，涉果木口，搜芒背，上思順，過烏地，入上新地、中新地、下新地，攻桶岡峒諸賊，與知府唐淳、指揮余恩、謝昶等兵，合勢夾擊。賊既敗散，遂會各營，連絡犄角爲一大營，各選精鋭[二]，開合縱横，分布搜扒，必使噍類無遺[三]，候有班師期日，方許回兵。領哨各官及兵快人等，敢有臨陣退縮，違犯號令者，仰遵照本院欽奉敕諭内事理，聽以軍法從事。本官務要竭忠效命，益展才猷，嚴督諸軍，奮勇前進，蕩除群醜，以靖地方。如或怠忽乖謬，致有踈虞，國典具存，罪難輕貸。本院即日進屯南康，親臨督戰，一應進止機宜，密切差人，俱赴營所禀白。

牌候事完日繳。

計開：

[一] 用鄉導分引　「分」，國圖本、天圖本、叢刊本、文淵閣本、摛藻堂本作「兵」。

[二] 各選精鋭　「選」，國圖本、天圖本、叢刊本、文淵閣本、摛藻堂本作「營」。

[三] 必使噍類無遺　國圖本、天圖本、叢刊本、文淵閣本、摛藻堂本無「使」字。

安遠縣新民義官某某等名下打手八百名[一]，乾字營哨長趙某某等名下機兵四百名[二]，弓箭手一隊，銃手八名，鄉導二十名。火藥八十斤，地圖一張，軍令八十張，號色布一千五百件，兵旗大小九十面。令字藍絹大旗一面奇兵搜扒，用爲先導。尋常皆捲，遇各營兵始開。令字黄絹大旗一面正兵行動，用爲先導。尋常皆捲，遇各營兵始開。

軍令：

失誤軍機者，斬[三]。　臨陣退縮者，斬。　違犯號令者，斬。　經過宿歇去處，敢有攪擾居民，及取人一草一木者，斬。　劄營起隊，取火作食，後時遲慢者，照軍法治，因而誤事者，斬。　安營住隊，常如對敵，不許私相往來，及輒去衣甲器仗，違者照軍法治，因而誤事者，斬。　凡安營訖，非給有各隊信牌，及非營門而輒出入者，皆斬。守門人不舉告者，同罪。其出營樵牧、汲水、方便，而擅過營門外者，杖一百。　軍中呼號、奔走驚衆者，斬。雖遇賊乘暗攻營，將士輒呼動者，斬。　軍中卒遇火起，除奉軍令救火人外，敢有喧呼及擅離本隊者，斬。　軍中守夜巡夜之人，每夜各

[一] 安遠縣新民義官某某等　「某某」，黄本、閭本、董本作「葉芳、曾德禮」。
[二] 乾字營哨長趙某某等　「趙某某」，黄本、閭本、董本作「趙志標」。
[三] 黄本、閭本、董本各條別爲一行，各條之首有「一」字，兹於各條下加空格以存其意。

有號色，號色不應者，即便收縛。　軍中不許私議軍機，及妄言禍福休咎，惑亂衆心，違者皆斬。　凡入賊境，哨探可往而畏難不往，托故推調，及回報不實者，斬。　軍行遇敵人來衝[一]，及有埋伏在傍者，不許輒動，即便整隊，向賊牢把[二]，相機殺剿，違者斬。　軍行遇賊乞衆降[三]，恐有奸謀，即要駐軍嚴備，一面飛禀中軍，令其遠退，自縛來投，不許輒與相近。遇有自稱官吏及地方里老來迎接者，亦不許輒與相近，即便駐軍嚴備，一面飛禀中軍，審實發落，違者皆斬。　賊使入營，及來降之人，將士敢與私語，及問賊中事宜，凡漏泄軍情者，斬。　凡臨陣對敵，一隊失，全隊皆斬[四]；鄰隊不救，鄰隊皆斬。　賊敗，追奔不得太遠，一聽號令，聞鼓方進，聞金即止，違者斬。　賊巢財物，並聽殺賊已畢，差官勘驗給賞，敢有臨陣擅取者，斬。　乘勝逐賊，不許争取首級，路有遺下金銀寶物，不許低頭拾取，違者皆斬。

一、仰統兵官汀州府知府唐淳，統領後開官兵，前往南安府，自百步橋、浮江、合村等處，

[一] 軍行遇敵人來衝　「來」，國圖本、天圖本、叢刊本、文淵閣本、摛藻堂本作「往」。
[二] 向賊牢把　「把」，黄本、間本、董本、宋本作「札」。
[三] 軍行遇賊乞衆降　「乞衆」，黄本、間本、董本、文淵閣本、摛藻堂本作「衆乞」。
[四] 全隊皆斬　「隊」，國圖本、天圖本、叢刊本、文淵閣本、摛藻堂本作「伍」。

進屯聶都，會同把隘推官徐文英，將點集守把鄉夫，於内選取堪爲鄉導者一百名，分引哨路，進襲上關，破下關。乃分兵爲三哨：中一大哨，踰相見嶺，撲密溪，徑攻左溪；右一小哨，從下關分道，搜絲茅壩，復從中大哨於密溪，進攻左溪；左一小哨，自密溪搜羊牯腦山，復自密溪從中大哨，進攻左溪。三哨復合爲一，與本院會於横水，遂會同守備郟文、知府季敩、指揮余恩、縣丞舒富等兵，五營犄角，合爲一大營。乃各選精鋭，用鄉導分引，齎乾糧二三日，四搜山寨，多方爪探，務期盡絶，互相援應，毋致踈虞。左溪諸賊既盡，聽候本院再授方略，然後分哨起營，復自密溪回關田。推官徐文英，仍於關田厚集營陣，以待奔竄遺賊，勿輕散動。本官自關田率兵，由古亭進屯上保，復自上保歷茶坑，由十八磊依期進於木坳，攻桶岡諸賊，與知府邢珣、指揮余恩等兵，合勢夾擊。賊既敗散，遂會各營，連絡犄角爲一大營，各選精鋭，開合縱横，分布搜扒，必使噍類無遺，候有班師之日，方許回兵。領哨各官及兵快人等，敢有臨陣退縮，違犯號令者，仰即遵照本院（云云。）【欽奉敕諭内事理，聽以軍法從事。本官務要竭忠效命，益展才猷，嚴督諸軍，奮勇前進，蕩除群醜，以靖地方。如或怠忽乖謬，致有踈虞，國典具存，罪難輕貸。本院即日進屯南康，親臨督戰，一應進止機宜，密切差人，俱赴營所禀白。牌候事完日繳，先具依准，及起程日期呈來。】

計開（云云下同）【領哨縣丞二員陳秉，上杭縣李福英等名下打手一千二百名，聶都等寨鄉夫一百名，鄉導義官一名，銃手四名，弓箭手八名。

火藥八十斤，地圖一張，號色布一千五百件，兵旗大小八十四面。令字關防黄布大旗一面安營建。令字藍絹大旗一面 奇兵搶擊，用爲先導。尋常皆捲，遇各營兵始開。令字黄絹大旗一面 正兵行動，用爲先導。尋常皆捲，遇各營兵始開。】

一、仰南安府知府季斆，統領後開官兵，自南安府石人背進破義安，分兵搜朱雀坑，入西峰；分兵搜狐狸坑，進鉛廠；分兵搜李家坑，屯穩下；分兵搜李坑，遂踰狗脚嶺，搜陰木坑，攻左溪；與本院會於横水，遂與守備郟文、知府邢珣、唐淳、指揮余恩、縣丞舒富等兵合，連爲一大營。乃各選精鋭，齎乾糧三日，用鄉導分引，四搜附近山寨，多方爪探，務期盡絶，互相援應，毋致蹉虞。左溪諸賊既盡，然後分哨起營，過密溪，搜羊牯腦，踰相見嶺，歷上關、下關、關田，經古亭，分屯上保、茶坑，斷胡蘆洞等處賊路，四面設伏，以待桶岡奔賊，爲都指揮許清之繼。探候緩急，相機應援，必使根株悉拔，噍類無遺，候有班師期日，方許回兵。領兵各官及兵快人等，敢有臨陣退縮，違犯號令者，仰即遵照本院（云云。）【欽奉敕諭内事理，聽以軍法從事。本官務要竭忠效命，益展才猷，嚴督諸軍，奮勇前進，蕩除群醜，以靖地方。如或怠忽乖繆，致有蹉虞，國典具存，罪難輕貸。本院即日進屯南康，親臨督戰，一應進止機宜，密切差人，俱赴營所禀白。牌候事完日繳，先具依准，并起程日期呈來。

計開：

巽字營官兵一千二百一十五員名，弓箭手一隊二十五名，銃手八名，鄉導□十名[一]。火藥八十斤，地圖一張，軍令八十張，號色布一千五百件，兵旗大小五十八面。令字關防黄布大旗一面安營建。令字藍絹大旗一面奇兵搶擊，用爲先導。尋常皆捲，遇各營兵始開。令字黄絹大旗一面正兵行動，用爲先導。尋常皆捲，遇各營兵始開。】

一、仰江西都司都指揮僉事許清，統領後開官兵，自南康進破鷄湖，撲新地，襲楊梅坑，攻白藍，與本院會於横水，遂與知府邢珣等兵會合，共結爲一大營。乃各選精鋭，用鄉導分引，齎乾糧二三日，四搜附近各山寨，多方爪探，務期盡絶，互相援應，毋致疎虞。横水諸賊既盡，聽候本院再授方略，然後分哨起營，自横水穿牛角窟，搜川坳、陰木潭，會左溪，入密溪，過相見嶺，歷下關、上關、關田，上華山，過鱗潭，屯左泉，分斷西山界、胡蘆洞等賊路，四面設伏，以待桶岡奔賊。仍歸屯横水，控制諸巢，遥與知府季敦相機應援，必使根株悉拔，噍類無遺，候

[一] 鄉導□十名　黄本、董本「□」爲墨釘，間本作「二」。

有班師日期[一]，方許回兵。領哨各官及兵快人等，敢有臨陣退縮，違犯號令者，仰即遵照本院（云云。）【欽奉敕諭内事理，聽以軍法從事。本官務要竭忠效命，益展才猷，嚴督諸軍，奮勇前進，蕩除群醜，以靖地方。如或怠忽乖謬，致有踈虞，國典具存，罪不輕貸。本院即日進屯南康，親臨督戰，一應進止機宜，密切差人，俱赴營所稟白。牌候事完日繳，先具依准，及起程日期呈來。

計開：

信豐千户所千户林節所統信豐兵夫八百名，千户朱誠所統軍二百五十名，弓箭手一隊二十五名，銃手八名，鄉導□十名[二]。

火藥八十斤，地圖一張，軍令八十張，號色布一千一百件，兵旗大小□十面[三]。令字關防黄布大旗一面安營建。令字藍絹大旗一面奇兵搶擊，用爲先導。尋常皆捲，遇各營兵始開。令字黄絹大旗一面正兵行動，用爲先導。尋常皆捲，遇各營兵始開。】

一、仰守備南贛二府地方以都指揮體統行事指揮使郟文，統領後開官兵，前往南安府，自石

[一] 候有班師日期 「日期」，黄本、閭本、董本、聞本、宋本、邵本作「期日」。

[二] 鄉導□十名 黄本、董本「□」爲墨釘，閭本作「二」。

[三] 兵旗大小□十面 黄本、董本「□」爲墨釘，閭本作「九」。

人坑，度湯瓶嶺，破義安，上西峰，過鉛廠，破苦竹坑，剿長河洞，搜狐狸坑，攻左溪，與本院會於橫水，遂與知府唐淳、季斆、指揮余恩、縣丞舒富等兵，五營連絡爲一大營[一]。乃各選精鋭，用鄉導分引，齎乾糧二三日，四搜附近山寨，如天台庵、獅子山、絲茅壩等處，多方爪探，務期盡絶，互相援應，毋致踈虞。左溪附近諸賊既盡，聽候本院再授方略，然後分哨起營，自左溪過密溪，分兵搜絲茅壩，會下關，入關田，過古亭，踰上保，搜茶坑，屯於十八磊，分兵斷下章，設伏以待桶岡奔賊，爲知府唐淳之繼。使人探候消息，相機應援，必使遠近各賊噍類無遺，候有班師期日，方許回兵。領兵各官及兵快人等，敢有臨陣退縮，違犯號令者，仰即遵照本院（云云。）【欽奉敕諭内事理，聽以軍法從事。本官務要竭忠效命，益展才猷，嚴督諸軍，奮勇前進，蕩除群醜，以靖地方。如或怠忽乖繆，致有踈虞，國典具存，罪難輕貸。本院即日進屯南康，親臨督戰，一應進止機宜，密切差人，俱赴營所禀白。牌候事完日繳，先具依准，及起程日期呈來。

計開：

指揮馮翔所統安遠縣義官唐廷華、杜柏等名下打手四百名，唐克箎等名下弩手二百名，雩都

[一]　五營連絡　「五」，底本訛作「營」，據黄本、閭本、董本、聞本、鄒本、胡本、宋本、邵本改。

縣義官劉秩、易元名下兵夫二百名，會昌所百户葛興所統軍二百五十名，弓箭手一隊二十五名，銃手八名，鄉導十名。

火藥八十斤，地圖一張，號色布一千三百件，軍令八十張，弓十張，兵旗大小□十面。令字關防黄布大旗一面安營建。令字藍絹大旗一面奇兵搶擊，用爲先導。尋常皆捲，遇各營兵始開。令字黄絹大旗一面正兵行動，用爲先導。尋常皆捲，遇各營兵始開。】

一、仰贛州衛指揮余恩，統領後開官兵，自上猶官隘踰獨孤嶺至營前，進金坑，屯過步，破長流坑；分兵入梅伏坑，破牛角窟，撲川坳、陰木潭，與正兵合攻左溪；與本院會於横水，遂與縣丞舒富、知府唐淳、季斆、守備郟文等兵，連絡爲一大營。乃各選精鋭，齎乾糧二三日，用鄉導分引，四搜附近各山寨，多方爪探，務期盡絶，互相援應，毋致踈虞。左溪諸賊既盡，聽候本院再授方略，然後分哨起營，過密溪，搜羊牯腦，踰相見嶺，歷下關、上關、關田，經華山、鱗潭、網夾裏，從左溪入西山界，攻桶岡諸賊，與知府邢珣、唐淳、指揮謝昶等兵，合勢夾擊。賊既敗散，遂會各營，連絡犄角爲一大營，各選精鋭，開合縱横，分布搜扒，必使噍類無遺，候有班師期日，方許回兵。領兵各官及兵快人等，敢有臨陣退縮，違犯號令者，仰即遵照本院（云云。）【欽奉敕諭内事理，聽以軍法從事。本官務要竭忠效命，遵照方略，嚴督諸軍，奮勇前進，蕩除群醜，以靖地方。如或怠忽乖繆，致有疎虞，國典具存，罪難輕貸。本院即日進屯南康，親臨督戰，一應進止機宜，密切差人，俱赴營所禀白。牌候事完日繳，先具依准，及起程日期呈來。

計開：

龍南縣新民王受等、謝錢等名下兵一千一百名〔一〕，弓箭手一隊二十五名，銃手八名，鄉導十名。

火藥八十斤，軍令八十張，地圖一張，號色布一千□百件〔二〕，兵旗大小五十八面。令字關防黄布大旗一面安營建。令字藍絹大旗一面奇兵擯擊，用爲先導。尋常皆捲，遇各營兵始開。令字黄絹大旗一面正兵行動，用爲先導。尋常皆捲，遇各營兵始開。】

一、仰寧都縣知縣王天與，督同典史梁儀，統領後開官兵，自上猶官隘員坑，過琴江口，由白面寨至長潭，經杰壩，屯石玉，分兵搜樟木坑。正兵自黄泥坑過大灣，入員分，與本院會於横水，遂與知府邢珣、都司許清等兵會合，四營共結爲一大營。乃各選精鋭，用鄉導分引，齎乾糧二三日，四搜附近各山寨，多方爪探，務期盡絶，互相援應，毋致疎虞。横水等處諸賊既盡，聽候本院再

〔一〕　謝錢　議夾剿兵糧疏、預整操練牌皆作「謝鉞」，「錢」或爲「鉞」之訛。

〔二〕　號色布一千□百件　黄本、董本「□」爲墨釘，閭本作「三」。

授方略，然後分哨起營，過背烏坑、牛角窟、梅伏坑，涉長流，渡果木口，搜芒背，上思順，入烏地，經上新地、中新地，分屯下新地，分兵搜扒，斷絶要路，四面設伏，以待桶岡之賊[一]，爲知府邢珣之繼。使人探候緩急，仍與縣丞舒富[二]，聲息相接應援，必使噍類無遺，候有班師期日，方許回兵。領兵各官及兵快人等，敢有臨陣退縮，違犯號令者，仰即遵照本院（云云。）【欽奉敕諭内事理，聽以軍法從事。本官務要竭忠效命，益展才猷，嚴督諸軍，奮勇前進，蕩除群醜，以靖地方。如或怠忽乖謬，致有踈虞，國典具存，罪難輕貸。本院即日進屯南康，親臨督戰，一應進止機宜，密切差人，俱赴營所禀白。牌候事完日繳，先具依准，及起程日期呈來。

計開：

寧都縣打手一千名，興國縣機兵二百名，弓箭手一隊二十五名，銃手八名，鄉導□十名[三]。

[一] 以待桶岡之賊 「之」，黄本、閭本、董本、聞本、鄒本、胡本、宋本、邵本、擒藻堂本作「奔」。

[二] 仍與縣丞舒富 「仍」，國圖本、天圖本、叢刊本、擒藻堂本作「乃」。

[三] 鄉導□十名 黄本、董本「□」爲墨釘，閭本作「二」。

火藥八十斤，地圖一張，軍令八十張，號色布一千□百件[一]，兵旗大小□十面[二]。令字黄絹大旗一面正兵行動，用爲先導。尋常皆捲，遇各營兵始開。令字藍絹大旗一面奇兵搶擊，用爲先導。尋常皆捲，遇各營兵始開。令字關防黄布大旗一面安營建。】

一、仰南康縣縣丞舒富，統領後開官兵，自上猶營前、金坑，進屯過步，破長流坑，徑攻左溪，與本院會於横水，遂與知府邢珣、唐淳、季斆、守備郟文等兵，合四營共結爲一大營。乃分選精鋭，齎乾糧，用鄉導分引，四搜附近賊巢，如鱉坑、箬坑、赤坑、觀音山、奄場、仙鶴頭、源陂、左溪等處。諸賊既盡，聽候本院再授方略，然後分哨起營，復自長流坑過果木口，搜芒背，搜鐵木里，徇上池，遍搜東桃坑、山源、竹壩泉、大王嶺、板嶺諸巢，遂屯鎖匙龍外，四面埋伏，以待桶岡奔賊。仍與知縣王天與聲息相接，彼此相機應援，必使噍類無遺，候有班師期日，方許回兵。領兵各官及兵快人等，敢有臨陣退縮，違犯號令者，仰即遵照本院（云云。）【欽奉敕諭内事理，聽以軍法從事。本官務要遵照方略，嚴督諸軍，奮勇前進，蕩除群醜，以靖地方。如或怠忽乖謬，致有疎虞，定以軍法處治。本院即日進屯南康，親臨督戰，一應進止機宜，密切差人，俱赴營所

[一]　號色布一千□百件　黄本、董本「□」爲墨釘，閭本作「二」。

[二]　兵旗大小□十面　黄本、董本「□」爲墨釘，閭本作「六」。

稟白〔一〕。牌候事完日繳，先具依准，及起程日期呈來。

計開：

震字營官兵上猶胡述、吴明等二百名，南康王鎮定、賴養价等二百名，北鄉劉叔斐、鍾閏珠、譚喬植等三百名，石塘弩手嚴均顯等五十名，金坑、思順、過步兵一百名，白面廖惟道等兵一百名，童子里父子兵一百名，賴振禄等兵一百五十名，上猶打手李欽等一百名，信豐縣楊瓊等一百名，弓箭手一隊二十五名，銃手八名，鄉導□十名〔二〕。

火藥八十斤，地圖一張，軍令八十張，號色布一千五百件，兵旗大小□十面〔三〕。令字關防黄布大旗一面 安營建。令字藍絹大旗一面 奇兵搶擊，用爲先導。尋常皆捲，遇各營兵始開。令字黄絹大旗一面 正兵行動，用爲先導。尋常皆捲，遇各營兵始開。】

一、仰吉安府知府伍文定，統領後開官兵，前去屯劄穩下，會同守備郟文，併謀協力，搜剿稽蕪等處賊巢，進屯横水，聽候本院再授方略，然後進攻桶岡諸峒。本官仍須詳察地理險易，相

〔一〕俱赴營所稟白　黄本、董本脱「俱赴」二字，存空格，據閭本補。
〔二〕鄉導□十名　黄本、董本「□」爲墨釘，閭本作「二」。
〔三〕兵旗大小□十面　黄本、董本「□」爲墨釘，閭本作「八」。

度機宜，協和行事。毋得爾先我後，力散勢分，致失事機，國典具存，罪不輕貸[一]。其領哨各官及兵快人等，敢有臨陣退縮，違犯號令者，許即以軍法從事。軍中一應事宜，亦聽隨宜應變，應呈報者，仍呈軍門施行。【俱毋違錯，具依准隨牌繳來。】

計開：

廬陵等縣官兵三千員名，鄉導二名。軍令八十張，地圖一張。令字關防黃絹大旗一面安營建。令字藍絹大旗一面奇兵搶擊，用爲先導。尋常皆捲，遇各營兵始開。令字黃絹大旗一面正兵行動，用爲先導。尋常皆捲，遇各營兵始開。】

一、仰廣東潮州府程鄉縣知縣張戩，統領部下新民、打手、鄉夫人等，搜剿稽蕪、黃雀坳、新地等處賊巢，進屯橫水，聽候本院再授方略，然後進攻桶岡諸峒。本官仍須詳察（云云。）【地里險易，相度機宜，慎重行事，毋失事機，國典具存，罪不輕貸。其兵快人等，敢有臨陣退縮，違犯號令者，許照本院欽奉敕諭內事理，即以軍法從事。軍中一應事宜，亦聽隨宜應變，應呈報者，仍呈軍門施行。俱毋違錯，牌具依准繳來。

計開：

[一] 罪不輕貸　「罪」，國圖本、天圖本、叢刊本、文淵閣本、摛藻堂本作「决」。

程鄉縣新民、打手、鄉夫一千六百六十三名，鄉導二名。軍令八十張，地圖一張，兵旗大小五十六面，號色布一千七百件。令字關防黄布大旗一面安營建。令字藍絹大旗一面奇兵擀擊，用爲先導。尋常皆捲，遇各營兵始開。令字黄絹大旗一面正兵行動，用爲先導。尋常皆捲，遇各營兵始開。】

一、仰中軍營參隨官。

案行分守嶺北道官兵戴罪剿賊

【據參議黄宏呈，指揮郟文、知府季斆呈稱，訪得朱雀等坑峯賊，俱屯稽蕪大山絶頂。於十月十一日，責令鄉導，指引前進，奈賊據險，飛石流矢，殺傷巽字營千户劉彪，及打傷坎字營義官唐克簾等兵夫五十餘人。兩哨官兵冒險勇進，巽字營殺死賊徒割取耳四隻，小功三箇，坎字營斬首一級，奪獲牛三隻，及將賊巢米穀盡行燒燬緣由。備呈到院。】

參看稽蕪大山，不係進兵隘路。若使郟文[一]、季斆等，遵依本院方略，直趨左溪，與諸軍連營合勢，兵威既振，然後分兵四剿，則稽蕪等巢自然聞風而靡。今乃不遵約束，頓兵僻路，以攻險絶堅小之寇，反致損威挫鋭，非但有乖節制，抑且違誤師期。若使各哨官兵，皆若季斆等後

[一] 郟文　底本訛作「郁文」，據鄒本、宋本、邵本改。

期不進，則左溪、横水賊巢，根本腹心之地，何由攻破，諸軍何由得有今日之勝？論情定罪，俱合處以軍法。但今各營皆已乘勝追逐，賊徒四散奔潰，正係緊關搜截之際[一]，姑令戴罪剿絶，以贖前辜。爲此仰抄案回道，速督各官，分投把截搜剿，俱要勵志奮勇，毋徒退縮以自全，毋以小挫而自餒，務奮澠池之翼，以收桑榆之功。如復仍前畏縮違誤，軍令具存，難再容恕。仍將陣亡千户劉彪，及被傷兵夫人等，查驗紀録，量加優恤。

搜滅餘黨牌

照得本院於本月十二日，親督諸軍，進破横水等巢。諸軍皆奮勇敢死，奪險陷陣，賊乃大敗，擒斬功次數多，良已可嘉。但聞餘黨往往復相嘯聚，千百爲群，設栅阻險，復爲抗拒官兵之備。所據各兵進攻之日，攀崖緣壁，下上險阻，疲困已極，兼之陰雨，連日瘴霧，咫尺不辯，故且容令各兵暫爾休息。今天氣漸開，兵力已蘇，若不乘此破竹之勢，疾速急擊，使諸賊聲勢復得連絡，用力益難。爲此牌仰該道官吏，嚴督各營官兵，星夜疾進[二]，務在三日之内，掃蕩餘蘖，必使

[一] 正係緊關搜截之際 「截」，國圖本、天圖本、叢刊本訛作「節」。

[二] 星夜疾進 「疾」，國圖本、天圖本、叢刊本、文淵閣本、摛藻堂本作「速」。

從事。該道亦要身督各官，奮勇前進，毋虧一簣，務在萬全。

奬勵湖廣統兵參將史春牌

據副使楊璋呈稱，遵奉本院牌案，監督各營官兵，照依二省刻定日期，於十一月初一日午時[一]，攻破桶岡大峒，賊徒皆已擒斬，巢穴悉已掃蕩。但湖廣官兵未知，恐仍復前來，非但無賊可剿，抑且徒勞遠涉，乞將湖廣官兵留屯彼地，免其過境，實爲彼此兩便，等因到院。

看得桶岡天險，先經夾剿，圍困半年，終不能下，乃今一鼓而破。斯固諸將用命，軍士效力，實亦湖廣兵威大振，有以懾服其心，故破巢之日，不敢四散奔潰，以克收兹全功。訪得湖廣統兵參將史春，紀律嚴明，行陣肅整，故能遠揚威武，致兹克捷，雖兵不接刃，而先聲以張，相應差官奬勵。爲此牌差千户高睿，齎領後開花紅禮物，前去湖廣郴州[二]，親送本官營内，傳布本院

[一] 於十一月初一日午時　「初一」，國圖本、天圖本、叢刊本、文淵閣本、擒藻堂本作「初十」。
[二] 郴州　底本訛作「柳州」，據黄本、間本、董本、聞本、鄒本、胡本、宋本、邵本、國圖本、天圖本、叢刊本改。

獎勵之意，以彰本官不顯之功。

設立茶寮隘所

照得撫屬上猶等縣所轄桶岡天險，四面青壁萬仞，中盤二百餘里，連峰參天，深林絶谷，不睹日月。賊衆屯據其間，東出西没，遊劫殆遍，人民遭其荼毒，地方受其擾害。先年亦嘗用兵夾勦，坐困數月，不能俘其一卒，竟以招撫爲名而罷。近該本院奉命征勦，仗賴天威，悉已掃蕩。但恐官兵撤後，四方流賊，乘間復聚，必須於緊關去處，設立隘所，分撥軍兵，委官防禦，庶使地方得以永寧。

本院見屯茶寮，親督知府邢珣、唐淳等，偏歷各處險要，相視得茶寮正當桶岡之中，自來盜賊據以爲險，西通桂東、桂陽，南連仁化、樂昌，北接龍泉、永新，東入萬安、興國，堪以設隘保障。當因湖廣官兵未至，各營屯兵坐候，因以其暇，責委千户孟俊等，督領兵夫，先行開填基址，伐木立栅，起蓋營房，見今規模草創已具。本院即欲移營上猶，必須委官督工，庶幾垂成之功不致廢弛。及照茶寮既設隘所，就合摘撥官兵防禦。查得皮袍洞隘兵原非緊要，合改移茶寮，及於鄰近上保、古亭、赤水、鮮潭、金坑，編選隘夫，兼同防守，庶一勞永逸，事可經久。爲此仰抄案回道，坐委能幹縣官一員，前去茶寮督工完造，務要堅固永久，不得因循遲延。一面查照本院欽奉敕諭「隨宜處置」事理，即將原撥守把皮袍洞隘官兵，盡數移就茶寮住劄；一面於上保、赤水、古亭、鮮潭、金坑等寨，量丁多寡，每寨抽選精壯者一二百名，兼同防禦。其合用匠作工食等項，行令上猶、南康、大庾三縣，量支官錢給用。完日具數，及起撥官兵數目，一併回報查考。仍呈撫鎮、巡按衙門知會。

牌行招撫官 正德十三年二月

據縣丞舒富稟稱，横水等處新民廖成、廖滿、廖斌等，前來投招，隨又招出別山餘黨唐貴安等一百四十二名口，俱稱原係被脅無辜，乞要安插，照例糧差，等因到院。照得横水、桶岡諸賊，已經本院親調官兵，將賊首藍天鳳等，悉已擒剿奏捷去後。近准兵部咨，奏奉敕旨：「横水、桶岡等處賊首謝志山[一]、藍天鳳、蕭貴模等，既已擒剿，地方寧靖，有功官兵，俱陞一級，不願陞者，照例給賞。此後但有未盡餘黨，務要曲加招撫，毋得再行剿戮，有傷天地之和。其横水建立縣治，俱依所奏施行。」備咨。

[一] 謝志山　攻治盜賊二策疏、横水桶岡捷音疏等篇作「謝志珊」。

准此，除查照通行外。看得新民廖成等，誠心投撫，意已可嘉，又能招出餘黨，非但洗其既往之罪，亦當録其圖新之功。況今奉有敕旨，方欲大普弘仁，而廖成等投順，適當其時，相應量加陞賞，一以見朝廷之寛仁，一以勵將來之向化。爲此牌仰縣丞舒富，即將新民廖成授以領哨義官，廖滿、廖斌等各與巡捕老人名目，令其分統招出新民，編立牌甲，聽候調遣殺賊，更立新效，以贖舊愆。就於横水新建縣城内，立屋居住，分撥田土，令其照例納糧當差。本官務加撫恤，毋令失所，有虧信義。仍仰諭各新民，俱要洗心滌慮，永爲良善，毋得聽信讐家恐嚇，妄生驚疑，自取罪累。及照見今農時已逼，新民人等，牛具田種，當未能備[一]。今特發去商税銀一百兩，就仰本官置買耕牛農器，分給各民，督令上緊趁時布種。其有見缺食用者，亦與量給鹽米。一應撫安綏來之策，有可施行，俱仰本官悉心議處呈來。

批留兵搜捕呈

【據統兵官王英等，呈開各哨擒斬賊首龔福全、高快馬、李斌、藍友常等首從賊犯，及俘獲賊屬，奪回被虜男婦、牛馬、器仗等項。除將獲過功次查造，及督知府姚鵬等，率兵緝探撫處。】

[一] 當未能備　「當」，國圖本、天圖本、叢刊本、文淵閣本、摛藻堂本作「尚」。

看得樂昌等處賊徒，搆禍連年[一]，流毒三省。今兵備僉事王大用等，乃能身歷險阻，設謀調度，數月之内，致此克平，論厥功勞，良可嘉尚。除具本奏報，及一面先行犒獎外。所據各哨賊徒穴巢雖已底定，而漏殄難保必無。況聞湖兵撤後，各該巢穴多復嘯聚，河源、龍川諸處殘賊，亦復招群集黨，連結漸多，逆其將來，必復熾盛。今雖役久兵疲，且宜班師息衆，但留兵搜捕，亦不可苟。毋謂斬木之不蘖，死灰之不然，苟涓涓之不塞，將江河之莫禦。其狼兵既已罷散，難復追留。若機快、鄉兵之屬，暫令歸休，即可起集，爲輪番迭出之計，務使搜剿之兵，若農夫之耘耨，庶幾盜賊之種，如莨莠之可除。該道仍備行搜捕各官，務體此意，悉拔根苗，無遺後患。批，呈繳。

批將士争功呈

據兵備僉事王大用呈，樂昌縣知縣李增緝獲大賊首李斌等，審驗明白。續據湖廣永州府推官王瑞之呈稱，廣東差人邀奪等情。已拘知縣見在人役，追出原得獲李斌金簪銀兩荷包見在，顯是湖廣兵快計擒不得，妄報掩飾。

看得邇者大征之舉，湖廣實首其謀，江、廣亦協其力，既名夾攻，事同一體。湖兵有失，是

[一] 搆禍連年　「禍」，國圖本、天圖本、叢刊本、文淵閣本、摛藻堂本作「怨」。

亦廣兵之罪；廣人有獲，斯亦湖人之功。況今賊首既擒，則湖廣領哨之官亦復何咎？雖云因虞得鹿，而廣東計誘之人亦非無功。但求共成厥事，何必己專其伐？矧各呈詞，亦無相遠。就如湖廣各官所呈，即廣人乘機捕獲之功居然自見；就如廣東各官所呈，則湖官運謀驅逐之勞亦自不掩。獲級者，匹夫之所能；争功者，君子之大耻。仰該道備行湖廣守巡等官，彼此同心易氣，各自據實造册。

告諭浰頭巢賊　正德十二年五月

本院巡撫是方，專以弭盗安民爲職。莅任之始，即聞爾等積年流劫鄉村，殺害良善，民之被害來告者，月無虚日。本欲即調大兵，剿除爾等，隨往福建督征漳寇，意待回軍之日，剿蕩巢穴。後因漳寇既平，紀驗斬獲功次七千六百有餘，審知當時倡惡之賊，不過四五十人，黨惡之徒，不過四千餘衆，其餘多係一時被脅，不覺慘然興哀。因念爾等巢穴之内，亦豈無脅從之人？況聞爾等亦多大家子弟，其間固有識達事勢，頗知義理者。自吾至此，未嘗遣一人撫諭爾等，豈可遽爾興師剪滅？是亦近於不教而殺，異日吾終有憾於心。故今特遣人告諭爾等，勿自謂兵力之强，更有兵力强者；勿自謂巢穴之險，更有巢穴險者；今皆悉已誅滅無存，爾等豈不聞見？

夫人情之所共耻者，莫過於身被爲盜賊之名；人心之所共憤者，莫甚於身遭劫掠之苦。今使有人駡爾等爲盜，爾必怫然而怒，爾等豈可心惡其名，而身蹈其實？又使有人焚爾室廬，劫爾財貨，掠爾妻女，爾必懷恨切骨，寧死必報。爾等以是加人，人其有不怨者乎？人同此心，爾寧獨不知？乃必欲爲此，其間想亦有不得已者。或是爲官府所迫，或是爲大户所侵，一時錯起念頭，誤入其中，後遂不敢出。此等苦情，亦甚可憫，然亦皆由爾等悔悟不切。爾等當初去從賊時，乃是生人尋死路，尚且要去便去；今欲改行從善，乃是死人求生路，乃反不敢，何也？若爾等肯如當初去從賊時拼死出來，求要改行從善，我官府豈有必要殺汝之理？爾等久習惡毒，忍於殺人，心多猜疑。豈知我上人之心，無故殺一鷄犬，尚且不忍，況於人命關天？若輕易殺之，冥冥之中，斷有還報，殃禍及於子孫，何苦而必欲爲此？我每爲爾等思念及此，輒至於終夜不能安寢，亦無非欲爲爾等尋一生路。惟是爾等冥頑不化，然後不得已而興兵，此則非我殺之，乃天殺之也。今謂我全無殺爾之心，亦是誑爾；若謂我必欲殺爾，又非吾之本心。爾等今雖從惡，其始同是朝廷赤子。譬如一父母同生十子，八人爲善，二人背逆，要害八人。父母之心，須除去二人，然後八人得以安生。均之爲子，父母之心，何故必欲偏殺二子，不得已也。吾於爾等，亦正如此。若此二子者，一旦悔惡遷善，號泣投誠，爲父母者亦必哀憫而收之。何者？不忍殺其子者，乃父母之本心也。今得遂其本心，何喜何幸如之。吾於爾等，亦正如此。

聞爾等辛苦爲賊，所得苦亦不多，其間尚有衣食不充者。何不以爾爲賊之勤苦精力，而用之於耕農，運之於商賈，可以坐致饒富，而安享逸樂，放心縱意，遊觀城市之中，優游田野之內。豈如今日，擔驚受怕，出則畏官避讐，入則防誅懼剿，潛形遁迹，憂苦終身，卒之身滅家破，妻子戮辱，亦有何好？爾等好自思量，若能聽吾言，改行從善，吾即視爾爲良民，撫爾如赤子，更不追咎爾等既往之罪。如葉芳、梅南春、王受、謝鉞輩，吾今只與良民一槩看待，爾等豈不聞知？爾等若習性已成，難更改動，亦由爾等任意爲之。吾南調兩廣之狼達，西調湖湘之土兵，親率大軍，圍爾巢穴，一年不盡，至於兩年，兩年不盡，至於三年。爾之財力有限，吾之兵糧無窮。縱爾等皆爲有翼之虎，諒亦不能逃於天地之外。

嗚呼！吾豈好殺爾等哉？爾等苦必欲害吾良民[一]，使吾民寒無衣，饑無食，居無廬，耕無牛，父母死亡，妻子離散。吾欲使吾民避爾，則田業被爾等所侵奪，已無可避之地；欲使吾民賄爾，則家資爲爾等所擄掠，已無可賄之財。就使爾等今爲我謀，亦必須盡殺爾等而後可。吾今特遣人撫諭爾等，賜爾等牛酒、銀錢、布疋，與爾妻子，其餘人多，不能通及，各與曉諭一道，爾等好

[一] 爾等苦必欲害吾良民　「苦」，文淵閣本、擒藻堂本作「若」。

自爲謀。吾言已無不盡，吾心已無不盡。如此而爾等不聽，非我負爾，乃爾負我，我則可以無憾矣。嗚呼！民吾同胞，爾等皆吾赤子，吾終不能撫恤爾等，而至於殺爾。痛哉痛哉！興言至此，不覺淚下。

進剿浰賊方略

照得撫屬龍川縣地名浰頭積年老賊池大鬢等，不時糾衆，突出河源、翁源、安遠、龍南、信豐等處，攻打城池，殺擄人口。先年亦嘗征剿，皆因預失防禦，以致漏網。後雖陽爲聽招，其實陰圖不軌，班師未幾，肆出劫掠，數年以來，民受荼毒，控告紛紜，有不忍言。若不趁時計剿，地方何以寧謐？爲此仰抄案回道，會同分守、守備等官，即行該府知府陳祥，速將合用糧餉等項，一面從長議處；一面即於所屬，選集精壯驍勇、曾經戰陣機快兵壯人等三千名，少或二千名，各備鋒利器械，編成隊伍，坐委素能謀勇官員統領；一面密行龍川、河源等附近賊巢等縣，亦各選募慣戰殺賊兵快二千名，委官分押，督同近巢知因被害義官、新民、頭目人等，分截要路；就仰知府陳祥，總督諸軍，親至賊巢去處，指畫方略，剋期進剿。仍行先取知因鄉導數十人，令其備將賊巢道路險易，畫圖貼説。要見某處平坦，人馬可以直擣；某處險阻，可以把截；某處係賊必遁之路，可以設伏邀擊；某處賊所不備，可以間道撲掩。各要一一詳察停當，務盡機宜，具由連圖差人馬上齎報，以憑差官齎執令旗令牌，剋期併力進攻，必使根株悉拔，噍類無遺，以靖地方。【仍呈總督、總鎮、鎮守、巡按衙門知會。】

剋期進剿牌 正德十三年正月

案照浰頭老賊池大鬢等，不時糾衆，攻打城池，殺擄人口，屢征屢叛。近年以來，陰圖不軌，惡焰益熾。除將賊首池仲容設計擒獲外，其餘在巢賊黨，若不趁機速剿，不無禍變愈大，地方何由安息？本院已先密切分布哨道，行仰知府陳祥，統領典史姚思衡、驛丞何春、巡檢張行、報效生員陳經世、新民盧琢等官軍，從和平入〔一〕，攻熱水巢、五花障巢、鐵石障巢，直搗中浰大巢。知府邢珣統領知縣王天與、典史梁儀，并老人葉秀芳、黄啓濟、義官吴明等官兵，從太平入〔二〕，攻芳竹湖巢〔三〕、白沙巢、黄田坳巢、中村巢，直搗上浰大巢。指揮姚璽統領新民梅南

〔一〕從和平入　「和」，國圖本、天圖本、叢刊本訛作「何」。按，和平，即龍川縣和平都，見浰頭捷音疏。
〔二〕從太平入　「太」，底本訛作「大」，據國圖本、天圖本、叢刊本、文淵閣本、擒藻堂本改。
〔三〕攻芳竹湖巢　「芳」，浰頭捷音疏作「芳」。

春等兵，從烏虎鎮入，攻淡方巢，石門山巢[一]，直搗岑岡大巢。指揮余恩統領百長王受、黃金巢等兵，從龍子嶺入，攻溪尾巢、塘涵洞巢、古地巢、空背巢，直搗下浰大巢。千户孟俊統領義官陳英、鄭志高、新民盧琢等官兵，從和平入，攻平地水巢、大門山巢、黄狗坳巢，直搗中浰大巢。推官危壽統領義民葉芳、百長孫洪舜等官兵，從南步入，攻脱頭石巢、鎮里寨巢、羊角山巢，直搗中浰大巢。知府季斆兵從信豐縣黄田岡入，攻新田逕巢[二]、古地巢。縣丞舒富兵從信豐縣烏逕入，攻旗嶺巢、頓岡巢。及行仰守備指揮郟文，監督指揮姚璽、余恩、千户孟俊等三哨官兵，分路進剿。本院亦自行督領帳下隨征官屬兵快人等，從冷水逕直搗下浰大巢，親自督戰，刻期俱於本年正月初七日寅時四路並進外。牌仰兵備副使楊璋，不妨本道事務，遵照本院欽奉敕諭事理，前去軍前紀驗功次，處置糧餉，及行催督各哨官兵，依期進剿，所獲功次，務要審驗明白，從實紀録。仍候巡按紀功御史至日覆實，照例造册奏繳，及造青册一本，送院查考。其軍中一應進止機宜，俱仰密切呈來定奪。

[一] 石門山巢　「山」，底本訛作「由」，據黄本、閭本、董本、聞本、鄒本、胡本、宋本、邵本改。

[二] 攻新田逕巢　「田」，底本訛作「山」，據黄本、閭本、董本、聞本、鄒本、胡本、宋本、邵本改。

批汀州知府唐淳乞休申

據知府唐淳申稱患病，乞賜放歸。看得知府唐淳，沉勇多智，精敏有爲，兼之持守能謹，制事以勤。近因本院調委，領兵征剿南安諸賊，效勞備至，斬獲居多，雖克捷之奏已舉，而賞功之典未頒。況汀州所屬，多係新民，投招未久，反側無常，正賴本官威懷輯撫，以爲保障。縱有微疾，不便起居，即其才能，豈妨卧治？仰該府即行本官，不妨養疾，照舊管事，安心職務，善求藥餌。務竭委身之忠，勿動乞休之念。申繳。

告諭

告諭百姓，風俗不美，亂所由興。今民窮苦已甚，而又競爲淫侈，豈不重自困乏？夫民習染既久，亦難一旦盡變，吾姑就其易改者漸次誨爾：吾民居喪，不得用鼓樂，爲佛事。竭貲分帛，費財於無用之地，而儉於其親之身，投之水火，亦獨何心？病者宜求醫藥，不得聽信邪術，專事巫禱。嫁娶之家，豐儉稱貲，不得計論聘財裝奩，不得大會賓客，酒食連朝。親戚隨時相問，惟貴誠心實禮，不得徒飾虛文，爲送節等名目〔一〕，奢靡相尚。街市村坊，不得迎神賽會，百千成群。凡此，皆靡費無益。有不率教者，十家牌鄰互相糾察，容隱不舉正者，十家均罪。爾民之中，豈無忠信循禮之人〔二〕？顧一齊衆楚，寡不勝衆，不知違棄禮法之可耻，而惟慮市井小人之非笑。此亦豈獨爾民之罪？有司者教導之不明，與有責焉。至於孝親敬長，守身奉法，講信修睦，息訟罷争之類，已嘗屢有告示，懇切開諭。爾民其聽吾誨爾，益敦毋怠。

仰南安贛州府印行告諭牌

照得有司之政，風俗爲首，習俗侈靡，亂是用生。本院近因地方多盗，民遭荼毒，驅馳兵革，朝夕不遑，所謂救死不贍，奚暇責民以禮義哉？今幸盗賊稍平，民困漸息，一應移風易俗之事，雖亦未能盡舉，姑先就其淺近易行者開道訓誨。爲此牌仰本府官吏，即將發去告諭，照式翻刊，多用紙張，印發所屬各縣，查照十家牌甲，每家給與一通；其鄉村山落，亦照屯堡里甲分散。務遵依告諭，互相戒勉，共興恭儉之風，以成淳厚之俗。該府仍行各縣，於城郭鄉村，推選素行端方，

〔一〕爲送節等名目　「送」，黄本、閭本、董本、聞本、宋本、邵本作「追」。
〔二〕豈無忠信循禮之人　「禮」，國圖本、天圖本、叢刊本、文淵閣本、摛藻堂本作「理」。

人所信服者幾人，不時巡行曉諭。各要以禮優待，作興良善，以勵末俗。毋得違錯。

禁約榷商官吏

照得商人，比諸農夫，固爲逐末，然其終歲棄離家室，辛苦道途，以營什一之利，良亦可憫。但因南贛軍資無所措備，未免加賦於民，不得已而爲此，本亦寬恤貧民之意。奈何奉行官吏，不能防禁奸弊，以致牙行橋子之屬，騷擾客商，求以寬民，反以困商，商獨非吾民乎？除另行訪拏禁約外，仰抄案回道，即便備行收税官吏，今後商税，遵照奏行事例抽收，不許多取毫釐。其餘雜貨，俱照舊例，三分抽一。若資本微細，柴炭鷄鴨之類，一槩免抽。橋子人等，止許關口把守開放，不得擅登商船，假以查盤爲名，侵凌騷擾，違者許赴軍門口告，照依軍法拏問。其客商人等，亦要從實開報，不得聽信哄誘，隱匿規避，因小失大，事發照例問罪，客貨入官。及照船税一事，亦被總甲侵擾，今後官府合行船隻，俱要實價給顧，就行抽分廠查給票帖[一]，以防詐僞。該道仍將應抽免抽，逐一查議則例呈來。

[一] 查給票帖　「票」，黄本、閭本、董本作「税」。

批贛州府賑濟石城縣申

【據贛州府申，石城縣水旱相仍，兼係僻地，穀價湧貴，合令知縣林順查勘賑濟。】看得所申賑濟，既該府議許中户糴買，下户給散，准如所議施行。今出糴之數，止及一千[一]，而坐濟之民，不知幾許，附郭者得遂先獲之圖，遠鄉者必有不霑之惠。近日贛縣發倉，其弊可見。仰行知縣林順，會同先委縣丞雷仁，先選該縣殷實忠信可托者十數輩，不拘生員、耆老、義民，各給斗斛，候遠鄉之民一至，即便分曹給散。仍選公直廉明之人數輩，在傍糾察。如有貪緣頂冒，即時擒拏，照議罰治。庶幾小民得蒙救急之惠，而遠鄉可免久候之難。【事完具由回報。繳。】

議處河源餘賊

【據僉事王大用呈，惠州府河源縣前賊實慮復出，各民懇告，順掣樂昌等處回師征剿，恐難濟事，合會嶺東、嶺南守巡等官，各嚴督把截，相機撫捕，以圖後舉。】看得河源等處賊情，本院屢經批仰該道，會同守巡等官，從長計議，相機剿捕。今復據呈，看得賊勢漸盛，民患日深。

[一] 止及一千 「一」，國圖本、天圖本、叢刊本、文淵閣本、擒藻堂本作「二」。

該道既以兵力勞憊，勢未能克，即須會同守巡、守備等官，或親至賊巢，或於附近賊巢處所屯劄。選差知因通賊曉事人役，齎執告示榜文，權且撫諭各賊，委曲開譬。或姑賜以牛酒銀布、耕具種子之類，令其收衆入巢，趁時耕作，因使吾民亦得暫免防截之役，及時盡力農畝；一面選兵勵士，密切分布哨道，候收斂已畢，各巢亦積有糧米，然後的探虚實，刻期並舉，出其不虞，掩其不備。是乃籍兵於民，因糧於賊，非獨可以稍紓日前之急〔一〕，亦因得以永除日後之患矣。今若兵力不足，既未能剿，又不從權撫插，任其出没往來，則非惟民不安生，窮困愈甚，抑且賊亦失其農業，衣食不給，若非擄掠，何以爲生？是所謂益重吾民之苦，而愈長群賊之奸，兵糧日耗，後欲圖之，功愈難矣。仰該道會同守巡、守備等官，上緊議處施行回報，毋得徒事往復，致釀後艱。其各該官司兵快人等，不論或撫或剿，俱要時時操練整束，密切隄備，不得縱弛，致有踈虞。

告諭父老子弟 正德十四年二月

頃者頑卒倡亂，震驚遠邇，父老子弟，甚憂苦騷動。彼冥頑無知，逆天叛倫，自求誅戮，究言思之，實足憫悼。然亦豈獨此冥頑之罪，有司者撫養之有缺，訓迪之無方，均有責焉。雖然，

〔一〕非獨可以稍紓日前之急　「日」，黄本、閭本、董本、鄒本作「目」。

父老之所以倡率飭勵於平日，無乃亦有所未至歟？今倡亂渠魁，皆就擒滅，脅從無辜，悉已寬貸，地方雖已寧復，然創今圖後，父老所以教約其子弟者，自此不可以不預。故今特爲保甲之法，以相警戒聯屬，父老其率子弟慎行之。務和爾鄰里，齊爾姻族，德義相勸，過失相規，敦禮讓之風，成淳厚之俗。本院奉命撫巡兹土，屬有哀疚，未遑匍匐來問父老疾苦，廉有司之不職，究民之利弊而興除之，故先遺諭父老子弟，使各知悉。方春，父老善相保愛，督子弟及時農作，毋惰。

行龍川縣撫諭新民

先據推官危壽并龍川縣各申，依奉本院鈞牌，將新民盧源、陳秀堅、謝鳳勝等，安插和平，及撥田地耕種，并拘仇家當面開釋，各安生理，毋相搆害緣由。近訪得各民因聞廣東征剿從化等賊，自生疑惑，東逃西竄，致令和平居民因而驚擾，似此互相扇惑，地方何時寧靖？本當拏究爲首之人，綁赴軍門，斬首示衆，但念各民意亦無他，姑且記罪曉諭。爲此牌仰龍川縣掌印官，即將投城居民，諭以前項聽撫新民，俱已改惡從善，止因廣東調兵征剿，居民素懷仇隙者，因而假此恐嚇，致令東奔西竄。各民意在避兵，本非叛招出劫，爾等毋得妄生驚疑。及差人拘集新民盧珂[一]、陳秀堅等，諭以廣東官兵征剿，各有界限，爾等緣何輕信恐嚇，妄自驚竄。俱各省令回原村寨，安居樂業，趁此春和，各務農作。仍諭盧源、陳秀堅、謝鳳勝等，各要嚴束手下甲衆，各念死中得生之幸，悔罪畏法，保爾首領。如或面從心異，外托驚懼之名，内懷反覆之計，自求誅戮，悔後何及。

優獎致仕縣丞龍韜牌

訪得贛縣致仕縣丞龍韜，平素居官清謹，迨其老年歸休，遂致貧乏不能自存，薄俗愚鄙，反相譏笑。夫貪汙者，乘肥衣輕，揚揚自以爲得志，而愚民競相歆羡；清謹之士，至無以爲生，鄉黨鄰里，不知以爲周恤，又從而笑之。風俗薄惡如此，有司者豈獨不能辭其責。孟子云「使饑餓於我土地，吾耻之」，是亦有司者之耻也。爲此牌仰贛州府官吏，即便措置無礙官銀十兩，米二石，羊酒一付，掌印官親送本官家内，以見本院優恤獎待之意。仍仰贛縣官吏，歲時常加存問，量資柴米，毋令困乏。嗚嘑！養老周貧，王政首務，况清謹之士，既貧且老，有司坐視而不顧，其可乎？遠近父老子弟，仍各曉諭，務洗貪鄙之俗，共敦廉讓之風。具依准并措送過，繳牌。

[一] 盧珂　上下文皆作「盧源」，或有誤。

王文成公全書卷之十七

別録九　公移二　巡撫江西征寧藩

門人餘姚錢德洪　編次
安成鄒守益　葺録
泰和歐陽德　校正
山陰王畿　增葺
南昌唐堯臣　考訂

牌行贛州府集兵策應　正德十四年六月十八日

照得本院奉敕前往福建公幹，於六月初九日，自贛州啓行，由水路，十五日至豐城縣地名黄土腦。節據知縣顧佖等，并沿途地方總甲等禀報，江西省城突然變亂，撫巡、三司等官，俱遭拘執殺害，遠近軍民甚是驚惶，再三阻遏本院，且勿前進。本院原未帶有官軍，勢難輕進，欲馳還贛州起兵，則地里相去益遠，已暫回吉安府，就近住劄。一面調集兵糧，號召義勇；一面差人，分投爪探的確另行外。爲此牌仰本府官吏，照牌事理，并行附近衛所，各行所屬，起集父子鄉兵、軍餘人等，晝夜加謹，固守城池，以保不測。仍仰知府邢珣，查將貯庫錢糧，盡數開具印信手本，先行呈報，毋得隱匿。一面行取安遠等縣原操不論上下班次官兵，各備鋒利器械，通到教場，日逐操練，重加犒餉。選委謀勇官員管領，聽候本院公文一至，即刻就便發行。敢有違誤，定以軍法處治，決不輕貸。

咨兩廣總制都御史楊共勤國難

節該欽奉敕：「福州三衛軍人進貴等脅衆謀反，特命爾暫去彼處地方，會同查議處置，參奏定奪。欽此。」欽遵。於六月初九日，自贛啓行，於本月十五日，行至豐城縣地名黄土腦。據知縣顧佖等禀稱，本月十四日，寧府將巡撫孫都御史、許副使等官殺死，巡按及三司、府縣大小官員，不從者俱被執縛，各衙門印信盡數收去，庫藏搬搶一空，聲言直取南京，一面分兵北上。各官競阻本職，不宜輕進。本職自顧單旅危途，勢難復進，方爾回程，隨有兵卒千餘，已夾江並進來追。

偶遇北風大作，本職亦張疑設計，整舟安行，兵不敢逼，幸而獲免。本月十八日，回至吉安府，據知府伍文定等禀稱，地方無主，乞留暫爲區畫。遠近居民，亦皆遮擁呼號。隨又據臨江府并新淦、豐城、奉新等縣，各差人飛報，寧府遣兵四出攻掠，拘收印信等因。

本職奉有前旨，欲遂徑往福建，但天下之事，莫急於君父之難。若彼順流東下，萬一南都失備，爲彼所襲，彼將乘勝北趨，動摇京輔。如此，則勝負之筭，未有所歸。此誠天下安危之大機，慮念及此，痛心寒骨，義不忍舍之而去。故遂入城，撫慰軍民，督同知府伍文定等，調集兵糧，號召義勇，定謀設策，收合涣散之心，作起忠義之氣，牽其舉動，而使進不得前；擣其巢穴，而使退無所據；庶幾叛逆可擒，大難可靖。

本職自惟弱劣多病，屢疏乞休，况地方之責，亦非本職原任。今兹扶疾赴闕，實亦意圖便道歸省，適當君父之急，不忍失此事機，姑復暫留，期紓國難。除具奏外，爲照前項事情，係國家大難，存亡所關。雖經起調吉安等府兵快，非惟武藝無素，尤恐兵力不敷，必須添調兵馬，方克濟事。照得南、韶、惠、潮等府，各有慣戰精兵，堪以調用，擬合移咨督發。爲此合咨貴院，煩爲選取驍勇精壯兵快、夫款、打手人等，大約四五千名，各備鋒利器械，選委謀勇膽略官員，或就委嶺南道兵備僉事王大用監統，給與各兵行糧，不分雨夜，兼程前來，共勤國難。諒貴院素秉忠孝之節，久負剛大之氣，聞此必將奮袂而起，秉鉞長驅，當在郭汾陽之先，肯居祖士遠之後哉！紛擾之中，莫罄懇切，惟高明速圖之。

案行南安等十二府及奉新等縣募兵策應　六月二十六日

切照叛逆，天下之大惡；討賊，天下之大義。國家優禮藩封，恩德隆重，乃敢輒萌異圖，以干憲辟，上逆天道，下犯衆怒，滅亡之期，計日可待。本院職任雖非專責，危難安忍坐視，仗順伐逆，鼓率忠義，豪傑四起，發謀協力。除行吉安等府縣，起調兵快，防守地方，及行廣東、福建、湖廣等處，各調兵策應外。照得本省所屬各府州縣衛所，見今巡撫、都、布、按等衙門，俱各缺官，事無統束，擬合通行。爲此仰抄案回府，即行所屬縣分，并衛所衙門，各起調官軍、鄉兵，固守城池，保障地方。仍一面分調兵快，散布關隘，嚴加把截；一面選募驍勇精兵，大縣約四五千名，小縣約二三千名以上，各備鋒利器械，供給糧草，擇委能幹勇力官員，管領操練。其各項錢糧費用，聽將在官錢糧動支，隨申本院查考。其濱江去處，多備船隻，聽候本院差官齎捧旗牌至日，即刻依期啓行進攻。仍選差慣便人役，多方探聽消息，不時飛報，以憑區畫。此係守土官員切責，而臣子效忠致身，正在今日，各宜奮發義氣，鼓動軍民，共成滅賊之功，以輸報國之念。毋得遲違觀望[一]，失誤軍機，自取罪戾。

寬恤禁約

照得江西省城近遭變亂，各府州縣，兵戈騷動，供億勞費，兼值天時亢旱，秋成無望，人民窘迫，言之痛心。中間恐有無賴之徒，乘機竊發，驚擾地方，理合寬恤禁約。但巡撫衙門見今缺官，本院駐軍境内，不容坐視，合就權宜處置通行。爲此除一面奏聞外，仰抄案回府，照依案驗内事理，并行所屬各縣官員，務須軫念地方，痛恤民隱，凡一應不急詞訟工役，俱各停止[二]。其軍前合用兵夫糧草，各官俱要持廉秉公，親自編派，毋得因而科擾，及聽信下人受財作弊。仍嚴加曉諭軍民人等，務要各守本分，安居田里，不許扇惑搬移，妄生事端。大户毋逼債負，小民毋激仇嫌。鄉落居民，各自會推家道殷實、行止端莊一人，充爲約長，二人副之，將各人户編定排甲，自相巡警保守，各勉忠義，共勤國難。敢有抗違生事，驚擾地方者，就便拏解赴官，治以軍法。約長若有乘機侵害衆户，及受財不舉，許被害之人告發重治。仍仰各縣，將前項寬恤禁約事宜，翻刻

[一] 毋得遲違觀望　「違」，黄本、閭本、董本、聞本、鄒本、胡本、宋本、邵本作「回」。

[二] 俱各停止　「止」，黄本、閭本、董本作「徵」。

告示，發仰鄉村張掛曉諭，俟巡撫官員到日，再行議處。俱無違錯。

獎瑞州府通判胡堯元擒斬叛黨 六月二十七日

據瑞州府通判胡堯元報稱，擒獲從叛儀賓李蕃，斬獲叛黨九十四名等因。看得逆賊稱亂，天怒人怨，誅滅非久。然今勢焰正張，本官乃能獨奮忠勇，首挫賊鋒，遠近聞之，義氣自倍，合行獎勞，以勵人心。爲此牌仰瑞州府官吏，即行動支官錢，買辦花紅、羊酒，委官率領官吏師生，送至本官，用見本院獎勸之意。其餘有功人員，分別等第，量加犒賞，被傷兵夫，給與湯藥，陣亡者厚恤其家。候功成之日，通行造册，申報陞賞。仍一面起調驍勇精兵，固守城池，聽候本院調發。毋得違誤。

策應豐城牌

據豐城縣知縣顧佖稟稱，本縣起調鄉兵，固守城池，惟恐兵力不敷，必須請兵策應，庶保無虞等因。看係地方重務，已經調發龍泉、安福、永新等縣，并吉安千户所機快軍兵，陸續前去策應。

照得發去官兵，必須選委謀勇膽略官員統領，庶幾調度得宜。爲此仰通判楊昉，即將後開軍兵名數，督同千户蕭英監統，協同知縣顧佖等，計議攻守方略，相度險夷要害，遠斥堠以防奸，勤訓練以齊衆。探知賊人入境，即便設奇布伏，以逸待勞，擊其不意，務在先發制人，毋令乘間抵隙。軍兵人等，務要嚴爲約束，毋令侵擾，敢有違犯退縮，許以軍法從事。各官尤要同心并力，協和行事，共效忠貞之節，以紓國家之難。如或執拗參錯，觀望逗遛，違犯節制，致有跣虞，軍令具存，决難輕貸。

【計開：委官巡檢劉福、莫慶，百户石鼎，義官一名。龍泉縣兵二百名，安福縣兵二百名，永新縣兵四百五十名，安吉所軍四百名[一]，廬陵縣一百八十四名。】

調取吉水縣八九等都民兵牌

訪得吉水縣八九等都民人王益題、曾思温、易弘爵、王昭隆等，各户下人丁，素習武勇，人多尚義。前任知縣周廣，曾經起調征進，皆係驍勇慣戰之人。今兹逆黨倡亂，民遭荼毒，應合調取，以赴國難。爲此訪差致仕縣丞龍光，齎牌前去吉水縣，着落當該官吏，即將各户義兵照數調集，

[一] 安吉所軍四百名　據上文，「安吉」當作「吉安」。

各備鋒利器械，編成行伍，僉選百長、總小甲管領。就仰該縣查支官錢，給與口糧，暫且就屯本縣操演武藝，聽候本院指日東下，隨軍進剿。

照得江西一省人民，久被寧府毒害，侵肌削骨，破家蕩産，冤困已極，控訴無門。今其惡貫滿盈，天假義兵，爲民除暴，尚聞愚昧之徒，阻避寧府威勢，不敢舉動。殊不知寧府未叛之前，尚爲親王，人不敢犯；今逆謀既著，即係反賊，人人得而誅之，復何所憚？爾等義民，正宜感激忠義，振揚威武，爲百姓報讐泄憤，共立不世之勳，以收勤王之績。毋得稽遲觀望，自取軍法重究。差去官員，不許假此擾害，妄生事端，體訪得出，罪不輕貸。

預備水戰牌

案照已經行仰起調軍馬，前來策應，日久尚未見到。近據探報，逆黨南下，將攻南都，計此時南都必已有備，各逆黨進無所獲，必退保九江。如此，則水戰之具爲急，不可不備。爲此牌仰福建布政司，即行選募海滄打手一萬名，動支官庫不拘何項銀兩，從厚給與衣裝行糧，各備鋒利器械。就仰左布政使席書、兵備僉事周期雍，自行統領，星夜前赴軍門，相機前進，并力擒剿。

仍行巡按等衙門[一]，同心協力，後先監督應援。此係叛逆謀危宗社，天下荼毒所關，呼吸存亡，旦暮成敗，間不容髮，非比尋常賊情，不得遲違觀望，有虧臣節。嗚呼！主憂臣辱，主辱臣死，凡有血氣，孰無是心？況各官忠義自任，剛大素聞，必將奮臂疾驅，有不容已。兵快及領兵人等，敢有違犯節制，有誤軍機者，仰即遵照本院欽奉敕諭事理，許以軍法從事，無得姑息。

咨都察院都御史顔權宜進剿

七月初五日

節該欽奉云云，除具題及咨南京兵部知會外。爲照前項事情，係國家大難，安危所關，已經起調吉安等府兵快前去征剿，并備行湖廣、廣東、福建各調兵策應外。照得南畿係朝廷根本重地，今寧王謀逆搆亂，舉兵北行，圖據南都，必得四面合攻，庶克有濟。及照貴院奉命行勘前事，即今逆迹已露，别無可勘事情。合咨前去，煩爲隨處行令所屬，選取驍勇精兵及民間忠義，約二三萬名，選委謀勇官員分領，會約鄰近省郡，合勢刻期進討。仍煩貴院親督，兼程前來，共勤國難。諒貴院平日忠義存心，剛直自許，況今奉命查勘寧藩，正可權宜行事，號召遠邇。主憂臣辱，主辱臣死，他復何言。紛擾之中，莫罄懇切，惟高明速圖之。

[一] 仍行巡按等衙門　「按」，國圖本、天圖本、叢刊本、文淵閣本、摛藻堂本作「撫」。

權處行糧牌

據撫州府申稱，建昌、撫州、廣信、饒州四府，正德十三年兑軍糧米，不下十餘萬石。原蒙撥在龍窟，聽與撫州、建安、鉛山、廣信、饒州五所軍旗交兑。因運船阻凍回遲，於今年六月，始行較斛開兑，其已兑者裝載軍船，未兑者仍在民艘。不意十五日省城有變，遂行停兑，至十八日，逆黨乘機劫奪。各船順流放至饒州河下，得無驚擾，但今江河梗塞，難以兑運。節奉明文[一]，動調大軍，征討叛逆，要將兑軍淮糧暫留，以備軍餉。申詳到院。

查得先據吉安等府申稱，爲各府官軍將臨，欲將官庫紙米贓罰等銀，并京庫等銀，及將兑淮糧米，從權給支借用等情。已經批仰依擬查取去後。今申前因，擬合准行。爲此仰府官吏，即行掌印官，查將見在饒州灣泊兑軍淮糧，准從權宜，坐委能幹官員，無分雨夜，督運江西省城，聽候支給各兵行糧，毋違時刻。候事平之日，備造印信文册，繳報查照。仍令委官前去查照，免致下人因而侵欺未便。

牌行吉安府敦請鄉士夫共守城池　七月初八日

[一] 節奉明文　「奉」，國圖本、天圖本、叢刊本訛作「奏」。

照得寧府反叛，本院調兵進剿，即日啓行。各府縣掌印正官，既該統兵前進，所據各該府縣城池，雖已行委各佐貳官防守，但艱危之際，事變不測，必須歷練老成之人，相與維持鎮定，庶幾人心不致驚疑，政務有所倚賴。爲此案行吉安府官吏，通行各縣署印官員，徑自以禮敦請老成鄉宦，衆所推服者一二員，在城以備緊急，協同行事。該府城池，關係尤重，查得致仕按察使劉遜，素有才望，忠義奮激，就仰該府請至公館。仍仰署印官，待以賓師之禮，托以咨決之事［一］，一應軍機事宜，咨禀計議而行，以安人心，以濟大事。仍行本官，務以國家大難爲心，盡心竭力，共圖殄賊，毋以休致自嫌。諒朝廷報功之典，當亦自不相負。如誤大事，咎亦有歸。通無違錯。

牌行各哨統兵官進攻屯守 七月十七日

仰一哨統兵官吉安府知府伍文定，即統部下官軍兵快四千四百二十一員名，進攻廣潤門，就留兵防守本門，直入布政司屯兵，分兵把守王府南門［二］。

仰二哨統兵官贛州府知府邢珣，即統部下官軍兵快三千一百三十餘員名，進攻順化門，就留

［一］ 托以咨決之事　「事」，黄本、閭本、董本作「任」。

［二］ 分兵把守王府南門　「南」，國圖本、天圖本、叢刊本、文淵閣本、摛藻堂本作「内」。

兵防守本門，直入鎮守府屯兵。

仰三哨統兵官袁州府知府徐璉，即統部下官軍兵快三千五百三十一員名，進攻惠民門，就留兵防守本門，直入按察司察院屯兵。

仰四哨統兵官臨江府知府戴德孺[一]，即統部下官軍兵快新、喻二縣三千六百七十五員名，進攻永和門，就留兵防守本門，直入都察院提學分司屯兵。

仰五哨統兵官瑞州府通判胡堯元、童琦，即統部下官軍兵快四千員名，進攻章江門，就留兵防守本門，直入南昌前衛屯兵。

仰六哨統兵官泰和縣知縣李楫，即統部下官軍兵快一千四百九十二員名，夾攻廣潤門，直入王府西門屯兵守把。

仰七哨統兵官新淦縣知縣李美，即統部下官軍兵快二千員名，進攻德勝門，就留兵防守本門，直入王府東門屯兵守把。

仰中軍營統兵官贛州衛都指揮余恩，即統部下官軍兵快四千六百七十員名，進攻進賢門，直入都司屯兵。

[一] 仰四哨統兵官　底本脱「官」字，據黄本、閭本、董本、聞本、鄒本、胡本、宋本、邵本補。

仰八哨統兵官寧都知縣王天與，即統部下官軍兵快一千餘員名，夾攻進賢門，留兵防守本門，直入鍾樓下屯兵。

仰九哨統兵官吉安府通判談儲，即統部下官軍兵快一千五百七十六員名，夾攻德勝門，直入南昌左衛屯兵。

仰十哨統兵官萬安縣知縣王冕，即統部下官軍兵快一千二百五十七員名，夾攻進賢門，就守把本門，直入陽春書院屯兵。

仰十一哨統兵官吉安府推官王暐，即統部下官軍兵快一千餘員名，夾攻順化門，直入南、新二縣儒學屯兵。

仰十二哨統兵官撫州通判鄒琥、知縣傅南喬，即統部下官兵三千餘員名，夾攻德勝門，就留兵防守本門，隨於城外天寧寺屯兵。

承委官員，務要竭忠奮勇，擒剿叛逆，以靖國難。如或退縮觀望，違犯節制，定以軍法論處。軍兵人等，敢有臨陣退縮者，就仰本官，遵照本院欽奉敕諭事理，就於軍前斬首示衆。牌候事完日繳。

告示在城官兵 七月十八日

照得寧王造謀作亂，神人共憤[一]，法所必誅。在城宗支、郡王、儀賓，皆被逼脅，如鍾寧王無罪削爵，建安王父子俱死。軍民人等，或覆宗滅族，或蕩家傾産，或勒取子女，皆恨入骨髓，敢怒而不敢言。今日之事，豈其本心？本院仰仗朝廷威靈，調集兩廣并本省狼達漢土官兵二十餘萬，即日臨城，亦無非因民之怨，惟首惡是問。告示至日，宗支、郡王、儀賓，各閉門自保，商賈買賣如故，軍民棄甲投戈，各歸生理，無得驚疑。該府内臣、校尉、把守人員，開門出首，或反兵助順，擒斬首惡，一體奏聞陞賞。其有懷奸稔惡，從逆不悛者，必殺不赦。凡我良善軍民，即便去惡從善，毋陷族滅。故示。

示諭江西布按三司從逆官員

照得寧王悖逆天道，造謀作亂，殺戮大臣。都、布、按三司官員，各怵於暴虐，保其妻子，以致臨難之際不能自擇，或俛首幽囚，或甘心降伏，貪生畏死，反面事仇。春秋之義，雖嚴於無

[一] 神人共憤 「憤」，黄本、閭本、董本、聞本、宋本、邵本作「怒」。

將之誅，而志圖興復者，尚不忍於峻絶。探得各官，見今在城閉門自訟者有之，臨城巡閘者有之，出入府庫、運籌畫策者有之。此皆大義未分，孤立無助，揆之法理，固不容誅；推之人情，實爲可憫。即今本院統集狼達漢土官軍二十餘萬，後先臨城，各官果能去逆歸順，尚可轉禍爲福。故今特遣牌諭，兵臨之日，仰各開門出首。仍一面將本院發去告示給散張掛，撫諭良善百姓，宗支、儀賓人等，各閉門自保，毋輕出街市，横遭殺戮。該府把守内臣、校尉人等，亦各諭以大義，俾知背逆向順，尚可免死，投甲釋戈，蓬頭面縛，候本院臨審定奪。敢有從惡不悛，執迷不悟[一]，拒敵官兵者，必殺無赦。仍具改正緣由，親齎投首，以憑施行，毋得遲違，自取族滅。牌具依准繳來。

告示七門從逆軍民 七月二十一日

督府示諭省城七門内外軍民雜役人等，除身犯黨逆不赦另議外。其原被寧府迫脅，僞授指揮、千百户、校尉、護衛，及南昌前衛一應從亂雜色人役，家属在省城者，仰各安居樂業，毋得逃竄。有能寄聲父兄子弟，改過遷善，擒獲首惡，詣軍門報捷者，一體論功給賞；逃回報首者，免其本

[一] 執迷不悟 「悟」，底本訛作「悮」，據黄本、閭本、董本、文淵閣本、擒藻堂本改。

罪。仍仰各地方，將前項人役，一名名赴各該管門官處開報[一]。令各親屬一名，每五日一次打卯，其有收藏軍器，許盡數送官。各宜悔過[二]，毋取流亡[三]。

牌行江西二司安葬寧府宮眷

照得寧王造反，稱兵向闕，行委僞官萬鋭等把守省城，音信不通。本院所行告示，負固不納，以致討賊安民之義，俱未知悉。及至統兵攻城，該府宮眷一聞銃砲震響，閉門縊死，燒焚宮室。雖寧王背逆，罪在不赦，而朝廷惇睦之仁，何所不至。本院已同宗支，并原任布、按二司，及吉安等府知府等官伍文定等，親赴該府驗看，未焚庫藏已封號訖。所據各宮眷身屍，相應埋葬。爲此合行案仰布、按二司，即便啓知建安王，選委各郡王府老成内使火者三四員，會同南昌府南、新二縣官，措置棺木，以禮安葬。毋得違錯不便。

[一] 赴各該管門官處開報　「各」，國圖本、天圖本、叢刊本、文淵閣本、擒藻堂本作「合」。
[二] 各宜悔過　「過」，黄本、閭本、董本、聞本、宋本、邵本作「禍」。
[三] 毋取流亡　「流」，黄本、閭本、董本作「滅」。

手本南京内外守備追襲叛首 七月二十三日

本年七月二十日，准欽差南京内外守備揭帖，内開煩念南京根本重地，宗廟陵寢所在，作急整點精鋭軍兵數萬名，擇將統領，星夜兼程前來，粘踪追襲，攻擊其後，保固根本重地。所統官軍，煩沿途經過去處，應付廪給口糧、馬匹草料。事寧之日，獲功官軍，具奏陞賞，請勿遲延等因。

卷查先爲飛報地方謀反重情事，照得本院奉敕前往福建地方公幹，行至豐城縣，聞寧府謀反，遂返吉安住劄。看係謀危宗社重情，隨即具題，并行吉安、贛州等府[一]，起調官兵，俟釁而發。及咨南京兵部，并巡撫應天都御史李，煩爲通行在京大小衙門，會謀集議，作急繕完城守，簡練舟師，設伏沿江，旁檄列郡，先發操江之兵，聲義而西，約會湖湘，互爲犄角。本院亦砥鈍策駑，牽躡其後，以義取暴，以直加曲，不過兩月之間，斷然一鼓可縛去後。續據本院爪探人役回報，寧王已下南京，留有逆黨内官，驅脅官民人等一萬餘員名，固守城池，虐焰昌熾，阻絶往來等因。又經節催府縣兵快，分布哨道，親自統領，刻期於七月二十日寅時，直抵省城進攻。仍被逆黨砌塞城門，分兵拒固[二]，當幸官兵用命，奮勇攻破城門，各賊遂皆奔潰。當即分兵擒搜，及差人

[一] 并行吉安贛州等府 「府」，黄本、間本、董本、聞本、鄒本、胡本、宋本、邵本作「官」。
[二] 分兵拒固 「拒固」，文淵閣本、摛藻堂本作「固拒」。

分投爪探叛首向往的確，并發官兵前去追襲外。今准前因，合用手本前去，煩爲查照施行。

咨兩廣總督都御史楊停止調集狼兵

案照本院看得前項事情，係國家大難，存亡所關，雖調各府兵快，非惟武藝無素，尤恐兵力不敷。即隨備咨欽差總督右都御史楊，煩爲選取驍勇兵快，大約三五千名，就委嶺南道兵備僉事王大用監統，給與各兵行糧，兼程前來，共勤國難。及行廣東布政司，轉行各道，并呈鎮守、撫按等衙門，一體查照知會去後。節據知縣顧佖等報，寧王已下南京，留有逆黨内官，驅脅官民人等一萬餘員名，固守城池，阻絕往來等情。隨該本院催督所調兵快，分布哨道，親自統領，刻期於七月二十日寅時，直抵省城進攻。仍被逆黨砌塞城門，分兵固拒，當幸官兵用命，奮勇攻破城門，各賊遂皆奔潰。隨即分兵搜擒外。今照前項事情，見該欽命京邊官軍二十餘萬前來會剿，及本院見統官兵五萬餘員名，俱在江西省城，即今分遣委官監督前去，約會併勢追襲。所據原調廣東土漢狼兵人等，未審曾否齊集，但今南贛、吉安、南昌等處，沿江人民，俱各畏懼狼兵，悉皆驚惶。及又訪得狼達土兵曾受寧王贓物，私許助謀效力。今調各兵，本以爲國除害，惟恐返爲民害，不無有悮大事，擬合停止。爲此合行移咨貴院，煩爲查照，希將起調兵快，停留本省應用施行。

【案行廣東嶺南兵備道，同。】

牌行撫州知府陳槐等收復南康九江　七月二十四日

照得寧王謀反，興兵向闕，南康、九江見被攻破，分留逆黨，據守二府城池，意圖西扼湖兵之應援，南遏我師之追躡。仰賴宗社威靈，克復省城，除遣知府伍文定等，分布哨道，邀擊寧賊，務在得獲外。所據逆黨占據府縣，應合分兵剿復。爲此牌仰知府陳槐等，各選精兵，身自統領，星夜前去南康、九江地方，相機行事，務要攻復城池，平靖反側。仍將地方人民加意賑恤，激以忠義，撫以寬仁，權舉有司之職以理庶事，查處倉庫之積以足軍資。一面分兵邀誘寧賊，毋令東下，并差人爪探，飛報軍門。各官務要同心併力，協和行事，毋得人懷一心，彼此參錯，致誤事機。兵快人等，敢有違犯節制者，仰照本院欽奉敕諭事理，以軍法從事。一應事機，呈禀往復，慮有稽緩，俱聽一面從宜區畫，一面呈報軍門。仍備查各官棄城逃走，致賊焚掠屠戮之故，具由申報，以憑參拏究治。

【牌行饒州府知府林城、建昌知府曾璵、廣信知府周朝佐，同。七月二十四日】

犒賞福建官軍

據福建按察司整飭兵備兼管分巡漳南道僉事周期雍呈稱，依奉本院案驗，起取上杭等處軍兵，共五千餘名，分委指揮劉欽、知縣邢暄等；及起取漳州府海滄打手三千餘名，行委通判李一寧等管領；本道躬親統督，先後啓行前來，等因到院。

案照先爲飛報地方謀反重情事，看係國家大難，存亡所關，隨即備咨南京兵部，及巡撫兩廣、湖廣等衙門，并福建三司等官，選取驍勇兵快，選委謀勇官員監統，兼程前來，共勤國難去後。今據前因，看得逆賊已經成擒，餘黨悉漸殄滅，除將各該官兵先行發回外。切照福建漳南相距江西省城，約計程途，有一千七八百里之遥。該道乃能不滿旬月，調集官軍兵快八千員名之衆，首先各省而至，足見本官勇略多謀，預備有素。忠義之誠，足以感激人心；敏捷之才，足以綜理庶務。故一呼而集，兼程赴難。除另行旌奬外，及照調來官兵，衝冒炎暑，遠赴國難，忠義既有可嘉，勞苦尤爲足憫，合加犒賞，以勵將來。爲此除將支出官銀，差官領齎該道，仰抄案回司，即將原調領兵官員，并軍兵鄉夫人等，酌量犒賞，用見本院奬勞之心，以爲將來忠勤之勸。仍仰該道備查，各兵原係操練者，照舊在班操練，以備緊急調用；添募者，省令回還田里，各安生業，務爲良善之民，共嚮太平之福[一]。毋得分外爲非，致招身家之累。備行巡按衙門知會。

釋放投首牌

據吴國七、林十一等口稱[二]，閔念四等落水身死。今訪得閔念四等，見在寧州界上，告要投招。前者已曾發有告示，許令脅從新民，俱准投首免死，給照復業生理。近日朝廷降有黄榜，亦准投首免死。今聞各地方居民，不體朝廷及本院好生之意，輒便起兵剿殺，激使不敢出身投首[三]，反使朝廷及本院失信於人。本當綁拿重究，姑且再行誡諭。爲此牌仰寧州知州汪憲，探訪前項一起投首之人，是否閔念四等正身。若果有投首真情，即便帶領前赴軍門發落，准與楊子橋等一例釋放，給與執照，各自復業當差。如或聚衆不散，星夜飛報軍門，以憑發軍剿滅。俱毋違錯。

[一] 共嚮太平之福　「嚮」，文淵閣本、摛藻堂本作「享」。
[二] 林十一　擒獲宸濠捷音疏、行江西按察司知會逆黨宫眷姓名等篇作「凌十一」，以下不再出校。
[三] 激使不敢出身投首　「投」，黄本、閭本、董本作「授」。

牌仰沿途各府州縣衛所驛遞巡司衙門慰諭軍民

照得先因寧王謀反，請兵征剿。續該本院親督各哨，於七月二十日攻復省城，二十四等日，在鄱陽湖連日與賊大戰，至二十六日，遂將寧王俘執，及其謀黨李士實等，賊首林十一等，俱已前後擒獲，餘黨蕩平，地方稍靖。已於本月三十日具本奏捷訖。近因傳報京軍復來，愚民妄相逃竄，往往溺水自縊，本院親行撫諭，尚未能息。殊不知朝廷出兵，專爲誅剿寧賊，救民水火之中。況統兵將帥，皆係素有威望老臣宿將，紀律嚴明，遠近素所稱服，縱使復來，亦必自無擾害。況今寧賊已擒，地方已靖，京軍豈有無事遠涉之理？愚民無知，轉相驚惑，深爲可憫。誠恐沿途一帶居民，亦多聽信傳聞不實之言，而北來京軍，尚或未知寧王已就擒獲，合行差官，沿途曉諭軍民，及一面迎候北來官兵，煩請就彼回轉。除將寧王反逆黨與，本院親自量帶官兵，徑從水路解赴京師外。仰沿途軍衛有司、驛遞等衙門，照牌事理，即行抄牌，備出告示，曉諭遠近鄉村軍民人等，使知寧賊已擒，京軍已轉，免致驚疑，釀成他變。差去官員，仍仰程程護送，同與迎候京軍，堅請就彼回轉，以免沿途百姓供億之苦。仍諭以本院押解賊犯，量帶官兵，皆自備行糧廩給，沿途經過有司等衙門，止備人夫牽拽船隻，及略供柴草，給付各兵燒用，其他一無所擾，不得因此科害里甲軍民。差去官員，晝夜前進，毋得在途遲滯。抄牌官吏，各俱依准，候本院經過日繳。

案行江西按察司停止獻俘呈

據江西按察司呈，奉欽差提督軍務御馬監太監張劄付，内開會同欽差提督軍務平賊將軍充總兵官左都督朱，議得止兵息民[一]，不爲無見，但照奔潰黨惡，見該各屬日報嘯聚流劫，亦非已靖。黨惡閔念四等，又係職等行文之後拏獲之數，亦或尚多。撫按守臣，當此新亂之餘，正宜留心撫綏地方，聽候勘明解京。良由不知前因，固執一見，輒要自行獲解，私請回師。再照妃媵係宗藩眷屬，外官押解，恐有妨礙，設或越分擅爲，咎歸何人？職等體念民力，不堪供給軍餉，責令將官，將所領官兵分布各府住劄聽掣。當職止帶合用參隨、執打旗號等項人員，徑趨江西，公同巡撫等官，查驗巢穴，及遍給告示，曉諭撫安地方，一面具請定示另行。除差委錦衣衛都指揮僉事馬驥前來外，劄仰本司當該官吏[二]，照依劄付内事理，即便遵照鈞帖内事理，備行巡撫都御史王等，將已獲賊犯留彼，聽候明旨，欽遵施行等因。備呈到院。

[一] 議得止兵息民 「議」，國圖本訛作「儀」，天圖本、叢刊本爲墨釘。
[二] 劄仰本司當該官吏 「當」，國圖本、天圖本、叢刊本、文淵閣本、擒藻堂本作「各」。

卷查先爲飛報地方謀反重情事云云。本職將寧王并其逆黨，親自量帶官兵，徑赴水路，照依原擬日期啓行，解赴京師，已至廣信地方。今准前因，爲照前項逆黨，俱已擒獲；其餘脅從，遵照欽降黄榜事例，俱已許令投首解散；宗藩眷屬，俱係取到各將軍府内使管伴監守，保無他嫌。今欽差提督贊畫機密軍務御用監太監張，及欽差提督軍務御馬監太監張、欽差提督軍務平賊將軍充領兵官左都督朱，憂國愛民之心，素聞遠近，况號令嚴明，秋毫無犯。今來體勘，逆賊巢穴，果已破平，百姓貧困顛連，必能大加撫諭安輯，以仰布朝廷懷惠小民之仁。本職縱使復回省城，亦安能少效一籌，不過往返道途，違誤奏過程期，有損無益。爲此仰抄案回司，着落當該官吏，照依案驗内事理，即便備呈前去，煩請徑自查照施行。

咨兵部查驗文移

照得本職已將寧王宸濠并其黨與及宮眷人等，照依原擬具奏日期起程，親自解赴闕下間。隨據南康府申，并江西按察司呈，各奉欽差提督軍務御馬監太監張劄付，内開訪得宸濠已該本職擒獲，克復省城等語，未曾親到江西，又無堪信文移，止是見人傳説，遽難憑據。况係宗藩人衆，中間恐有撥置同謀，逆黨未盡等因。及節准欽差提督贊畫機密軍務御用監太監張揭帖，開稱將各犯委的當人員，用心防守，調攝飲食，獻俘闕下。會官封記庫藏，俱候按臨地方區畫等因。又准欽差提督軍務充總兵官安邊伯朱手本，開稱即查節次共擒斬叛賊級若干，内各處原奏報有名若干，無名若干，有名未獲漏網并自首，及得獲馬騾、器械等項各若干，連獲官軍衛所職役姓名[一]，備查明白，俱各存留江西省城，聽候審驗。仍查餘黨有無奔潰，及曾否殄滅盡絶緣由，通行開報，以憑回報等因。各到職。

爲照宸濠并其同謀黨與，俱已擒獲，餘孽亦就誅戮。雖有脅從，數亦不多，皆非得已，隨即遵奉欽降黄榜，曉諭俱赴所在官司，投首解散。其庫藏等項，該本職會同多官，於未准揭帖之先，眼同封貯在官，聽候命下定奪。官軍兵快擒斬功次，見該原經奏留兩廣監察御史謝源、伍希儒，查造奏繳。及照宸濠并各重犯宫眷人等，見解廣信地方，設若往返，恐致踈虞，及違悞本職奏報原擬日期。除照舊督解，前赴闕下獻俘，以昭聖武，及具揭帖各另回覆外。今照前因，照得本職繆當軍旅重寄，地方安危所關，三軍死生攸係，一應事機，若非奉有御寶敕旨，及兵部印信咨文，安敢輕易憑信？今前項各官文移，既非祖宗舊章成憲，就使果皆出於上意，亦須貴部行有知會公文。萬一奸人假托各官名目，乘間作弊，致有不測變亂，本職雖死，亦何所及？除奉欽差總督

[一] 連獲官軍衛所職役姓名　准答安邊伯朱留查功次手本「獲」下有「功」字。

軍務威武大將軍總兵官後軍都督府太師鎮國公朱鈞帖，曾奉朝旨，相應遵奉，其餘悉遵舊章施行外。緣前項各官文移，未委虛的，俱合備行咨報貴部，爲此備抄揭帖粘連，咨請查驗施行。

案行浙江按察司交割逆犯暫留養病 十月初九日

照得當職先因患病，具本乞休間，奉敕扶病，前往福建公幹。六月十五日，行至江西豐城地方，適遇寧王興兵作亂。看係君父大難，義不忍去，復回吉安府，督同知府伍文定等，起調兵夫，招集義勇，扶病親行統領，於七月二十日，攻復省城。本月二十四五六等日，於鄱陽湖連日大戰，擒獲寧王宸濠及逆黨李士實、劉養正、王春等，賊首吴十三、凌十一、閔念四、吴國七、閔念八等，先後具本奏報外。隨聞大駕南征，禮當解赴軍門，又因宸濠連日不食，慮恐物故，無以獻俘奏凱，彰朝廷討賊之義，兼之合省内外，人情洶洶，或生他變。當具本題知，於九月十一日啓行，將宸濠及逆黨宫眷解赴軍門。當職力疾沿途醫藥，親行押解，行至廣信地方，又奉欽差總督軍務鈞帖，備仰照依制諭内事理，即便轉行所屬司府、衛所、州縣、驛遞等衙門，欽遵施行等因。遵依通行間，續准欽差提督軍務御馬太監張照會，及准欽差總督軍務充總兵官安邊伯朱手本，各遣官邀回本職，并將所解宸濠等逆犯，回省聽候會審。本職看得既奉總督軍門鈞帖，自合解赴，面受節制。若復行至浙江杭州府地方，前退還省城，坐待駕臨，恐涉遲誤，且誤奏過程期。又復扶病日夜前進，病愈加沉重，不能支持。請醫調治間，適遇欽差提督贊畫機密軍務御用監太監張，奉命前來江西，體勘宸濠等反逆事情，及查理庫藏、宮眷等事。當准鈞帖，開稱宸濠等，待親臨地方，覆審明白，具奉軍門定奪等因。

爲照本職先因父老祖喪，累疏乞休，未蒙俞允。隨扶病赴闕，意圖了事，即從彼地冒罪逃歸，旬日之前，亦已具奏。不意行至中途，遭值寧王反叛，此係國家大變，臣子之義，不容舍之而去。又閩省撫巡地方等官[一]，無一人見在，天下事機，間不容髮。故復忍死暫留，爲牽制攻討之圖，候命師既至[二]，地方稍靖，即從初心，死無所避。臣區區報國血誠，上通於天，不辭滅宗之禍，不避形迹之嫌，冒非其任，以勤國難，亦望朝廷鑒臣此心，不以法例繩縛，使得少伸烏鳥之私等情。具奏外，今照前事，本職自度病勢日重，猝未易愈，前進既有不能，退回愈有不可，若再遲延，必成兩誤。除本職暫留當地，請醫調治，俟稍痊可，一面仍回省城，或仍前進，沿途迎駕；一面具本乞恩養病另行外。所據原解逆犯，合就查明交割，帶回省城，聽候駕臨審處通行。爲此仰抄

[一] 又閩省撫巡地方等官 「撫巡」，國圖本、天圖本、叢刊本、文淵閣本、摛藻堂本作「巡撫」。
[二] 候命師既至 「師」，黃本、閭本、董本、聞本、鄒本、胡本、宋本、邵本、摛藻堂本作「帥」。

案回司，着落官吏，備呈欽差提督軍務贊畫機密軍務御用監太監張，煩請會同監軍御史，公同當省都、布、按三司等官，將見解逆首宸濠及逆黨劉吉等各犯，并宫眷、馬匹等項，逐一交查明白。仍請徑自另委相應官員兵快人等管押[一]，帶回省城，從宜審處施行[二]。仍備呈兵部，查照知會。抄案依准，并行過日期，先行呈來。

告諭軍民　十二月十五日

告諭軍民人等，爾等困苦已極，本院才短知窮，坐視而不能救，徒含羞負愧，言之實切痛心。今京邊官軍，驅馳道路，萬里遠來，皆無非爲朝廷之事[三]。抛父母，棄妻子，被風霜，冒寒暑，顛頓道路，經年不得一顧其家，其爲疾苦，殆有不忍言者。豈其心之樂居於此哉？況南方卑濕之地，尤非北人所宜。今春氣漸動，瘴疫將興，久客思歸，情懷益有不堪。爾等居民，念自己不得安寧之苦，即須念諸官軍久離鄉土，抛棄家室之苦，務敦主客之情，勿懷怨恨之意。亮事寧之後，

[一] 另委相應官員兵快人等管押　黄本、閭本、董本、聞本、鄒本、胡本、宋本、邵本無「人等」二字。
[二] 從宜審處施行　黄本、閭本、董本、聞本、鄒本、胡本、宋本、邵本「施」上有「轉解」二字。
[三] 皆無非爲朝廷之事　「皆」，黄本、閭本、董本作「亦」。

凡遭兵困之民，朝廷必有優恤。今軍馬塞城，有司供應，日不暇給，一應争鬬等項詞訟，俱宜含忍止息，勿輒告擾。各安受爾命，寧奈爾心。本院心有餘而力不足，聊布此苦切之情於爾百姓，其各體悉無怨。

欽奉詔書寛宥脅從

節該伏覩詔書：「朕親統六師，正名討罪，除首惡宸濠并同謀有名逆賊不赦外，其餘脅從之徒，盡行寛宥釋放。欽此。」欽遵。照得先因寧府作亂，該本院出給告示，官兵臨城之日，惟首惡是問，宗支、郡王、儀賓人等，各閉門自保，商賈買賣如故，軍民棄甲投戈，各歸生理，毋得驚疑。其有懷奸稔惡不悛者，必殺無赦，脅從人等，但能赴官投首，即與釋放免罪等情。已經發仰遠近張掛曉諭外。後宸濠既擒，被脅之徒，前後赴官投首，不下千餘，皆經查審釋放。其間尚有欲赴首官司，多被地方攔阻，本院隨又督解逆犯出外，以是一向遲疑，未即出投。續該欽差提督軍務各衙門臨省，前項被脅之人，始各赴官投首，就與本院事體一同，即是去惡從善之民。近訪得有等無籍之徒，用言扇惑，乘機詐害，致使驚疑，未安生理。除訪拏究問外，仰按察司抄捧回司，即便大書出給告示，發仰人煙輳集去處，常川張掛曉諭。自破城以後，但有被脅旗校軍民人等，改惡遷善，已經赴官投首，驗有執照者，皆係良善，俱仰遵照前項詔書内事理，盡行寬宥釋放，各安生理，毋得信人恐嚇，自生猜疑。地方里鄰總甲人等，敢有懷挾私讐，羅織擾害，誑言扇惑，詐騙財物者，仰即赴院告理，以憑拏問發遣。仍取各首到官姓名，并給過告示曉諭緣由呈報。

批追徵錢糧呈

據江西布政司呈。看得江西一省重遭大患，民困已極，屢經奏免糧稅，日久未奉明旨。近因南科奏停〔一〕，隨復部使催督，一以爲蠲免，一以爲追徵，非惟下民無所遵守，亦且官府難於施行。今該司議，謂兑淮起運係京儲額數，而王府禄米亦歲用難缺〔二〕，要行所屬先納兑淮，次及京庫折銀，次及南京倉米，次及王府禄米，其餘俱候明降等因。此亦深覩民患，欲濟不能，委曲調停，計出無奈。仰司即如所議，備行各該府州縣，查照施行。後有恩旨，當亦止免十五年以後錢糧，其十四年以前拖欠，必須帶徵，終有不免，莫若速了爲便。各府州縣，宜以此意備曉下民，姑忍割肉之痛，以救燃眉之急。嗚呼！目擊貧民之疾苦而不能救，坐視徵求之急迫而不能止，徒切痛

〔一〕近因南科奏停　「因」，黄本、閭本、董本、聞本、宋本、邵本作「雖」。
〔二〕亦歲用難缺　「用」，國圖本、天圖本、叢刊本、文淵閣本、摛藻堂本訛作「月」。

楚之懷，曾無拯援之術，傷心慘目，汗背赧顔。此皆本院之罪，其亦將誰歸咎？各府州縣官，務體此意，雖在催科，恒存撫字。仍備出告示，使各知悉。此繳。

再批追徵錢糧呈

據江西布政司呈。看得本省十四年以前一應錢糧，已經給事等官奉奏明旨[一]：「果係小民拖欠，俱准暫且停徵。還着各該官司設法賑濟，毋視虚文。」此朝廷之深仁厚德，憫念窮民，誠愛惻怛之所發，小民莫不歡欣鼓舞，臣子所當遵守奉行。乃今停徵之令甫下，而催併之檄復行；賑濟之仁未布，而箠撻之苦已加。法令如此，有司何以奉行，下民何所取信？夫爲人臣者，上有益於國，下有益於民，雖死亦甘爲之。今日所行，上使朝廷失信於民，下使百姓歸怨於上，重貧民之困，益地方之災。縱使錢糧果可立辦，忍心害理，亦不能爲。況旬月之間，而欲追併了絶，就使神輸鬼運[二]，亦於事勢不能，徒使斂怨殃民[三]，何益於事？除本院身爲巡撫，不能爲國

[一] 奉奏明旨　據辭例，「奉奏」當作「奏奉」。
[二] 就使神輸鬼運　「就」，國圖本作「便」。
[三] 徒使斂怨殃民　「使」，黄本、閭本、董本、聞本、宋本、邵本作「爾」。

爲民，自行住俸待罪外。仰布政司，行各該府縣官，以理勸化小民，且諭以今日之舉，非關朝廷失信，實由京儲缺乏，司國計者勢不得已，興起其忠君親上之心，勉令漸次刻期完納。果克濟事，兩月之後，亦未爲遲。其各該官員，本非其罪，不必住俸，革去冠帶，行令照舊盡心職業，勿因事變之難，有灰愛民之志。後有違慢之戮，本院自當其罪。仍呈提督漕運，行督糧官，及巡按衙門知會。此繳。

批南昌府追徵錢糧呈

據南昌府所申凋弊徵求之苦，本院繆當斯任，實切憂慚。部堂諸公，非無恤民之念，但身司國計，不得不以空乏爲虞；在外有司，非無國計之憂，但目擊民痍，不能不以撫恤爲重。若使平民尚堪朘削，一時忍痛并徵，以輸國用，豈非臣子之心？但恐徒爾虐民，無濟國事，非徒無濟，兼恐生虞，斟酌調停，事在善處。仰布政司，會同二司各官，將該府所申事理，即加酌議。或先徵新糧，將舊糧減半帶徵；或儘其力量可及，分作幾限，令民依期逐漸辦納。但可通融調攝，皆須悉心議處，務使窮民不致重傷，而國用終亦無損。一面備行各該府縣，查照施行，一面具由呈來，以憑咨奏。此繳。

褒崇陸氏子孫 正德十五年正月

據撫州府金谿縣三十六都儒籍陸時慶告。看得宋儒陸象山先生兄弟，得孔孟之正傳，爲吾道之宗派，學術久晦，致使湮而未顯，廟堂尚缺配享之典，子孫未沾褒崇之澤。仰該縣官吏，將陸氏嫡派子孫差役，查照各處聖賢子孫事例，俱與優免。其間有聰明俊秀，堪以入學者，具名送提學官處，選送學肄業。務加崇重之義，以扶正學之衰。具依准繳。

告諭安義等縣漁户

告諭安義等縣漁户及遠近軍民人等[一]，地方不幸，近遭大變，加以師旅征輸，人民困苦已極，官府思欲休養賑恤而無其由[二]。近聞漁户人等，曾被寧王驅脅者，慮恐官府追論舊惡，心不自安，往往廢棄生業。詢其所以，皆由讐家煽動，意在激使爲惡，因而陷之死地，以快其憤。不知朝廷已屢有榜文，凡被寧賊驅脅者，一槩釋而不問。況訪得安義等處漁户，各係詩禮大家，素敦良善，雖或間有染於非僻，及爲王府所脅誘者，然鄉里遠近，自有公論，善惡終不可混。

[一] 告諭安義等縣魚户 「等縣」，國圖本、天圖本、叢刊本、文淵閣本、擒藻堂本作「縣等」。
[二] 官府思欲休養賑恤而無其由 「官府」，國圖本、天圖本、叢刊本作「府官」。

近據通判林寬稟稱，各户痛懲既往，已將漁船拆卸[一]。似此誠心改行，亦復何所憂懼。爲此特仰南康府通判林寬，將本院告諭，真寫翻刊，親齎各户，逐一頒諭，務使舍舊圖新，各安生理，不得輕信人言，妄有疑猜，自求罪累。其素敦詩禮良善者，愈加勸勉，務益興行禮讓，講信修睦，以爲改惡從善者之倡。族黨之中，果有長惡不悛，不聽勸諭者，衆共拘執送官，明正典刑，以安善類。毋容莨莠，致害嘉禾。若舊雖爲顯惡，今能誠心改化者，亦不得懷記舊讐，搜求羅織，激使爲非，事發究竟，責有所歸。嗚呼！吾民同胞，不幸陷於罪戮，惻然尚不忍見，豈有追尋舊惡，必欲置之死地之理？本院舊在南贛，曾行十家牌式，軍民頗安，盗賊頗息。除各該地方，行分巡、分守官編置外，前項漁户人等，就仰通判林寬，照式逐一編置，務在着實舉行，以收成效。特兹告諭，各宜知悉。

批按察使伍文定患病呈

據江西按察司呈。看得按察使伍文定，茂著戎功，新膺憲命。當其衆難交攻，尚以一身獨任，偶兹微恙，豈妨供職？諒本官自切百姓瘡痍之憂，豈遑一身痛痒之顧？仰該司即行本官，照舊

[一] 已將漁船拆卸　「拆」，底本訛作「折」，據黄本、閭本、董本、聞本、宋本、邵本、摛藻堂本改。

管事，果有疾患，一面調理，毋得再呈辭[一]，致曠職業。繳。

批臨江府耆民建立生祠呈

據臨江府清江縣耆民董惟謙等，呈立知府戴德孺生祠。看得知府戴德孺，素堅清白之守，久著循良之政。今其去任，而郡民建祠報德，此亦可見天理之在人心，自不容已。仰該府縣官，俯順民情，量行撥人看守，非徒激勵後人，俾有所興，且以成就民德，使歸於厚。繳。

批吉安府救荒申

據吉安府申，備廬陵縣申。看得所申，要將陳腐倉穀賑給貧民，此本有司之事，當茲災患，正宜舉行。但誠於愛民者，不徒虛文之舉；忠於謀國者，必有深長之思。故目前之災，雖所宜恤，而日後之患，尤所當防，以今事勢而觀，後患決有難測。近據崇仁縣知縣祝鰲申，要將預備倉穀，凶荒之時，則倍數借給，以濟貧民；收成之日，則減半還官，以實儲蓄。頗有官民兩便，已經本院批准照議施行。看得各縣事體，不甚相遠，此議或可通行，仰布政司再加裁酌，議處施行。各

[一] 毋得再呈辭　黄本、閭本、董本無「得」字。

屬遇災地方，凡積有稻穀者，俱查照此議而行。仍仰各該掌印官，務要身親給散，使貧民得實惠之沾，官府無虛出之弊乃可。其一應科派物料等項，當兹兵亂之餘，加以水災，民不聊生，豈堪追併？仰布政司酌量緩急，分別重輕，略定徵收先後之次，備行各屬以漸而行，庶幾用一緩二之意，少免醫瘡剜肉之苦。通仰該司定議施行回報。

批撫州府同知汪嵩乞休呈

據撫州府同知汪嵩呈。看得同知汪嵩久存恬退，遇難復留，已盡報國之忠，仍堅歸田之請，出處得宜，誠可嘉尚。但本官政素獲民，年未甚老，已經勉留照舊供職，而本官稱疾愈篤，求退益懇。仰府再行查看，如果病勢難留，准令就彼致仕，該府以禮起送還鄉。仍備行原籍官司，歲時以禮優待，務獎恬退，以勵鄙薄。此繳。

批提學僉事邵鋭乞休呈

據江西按察司呈。看得提學僉事邵鋭，求歸誠切，堅守考槃之操；而按察使伍文定，挽留懇至，曲盡緇衣之情；是亦人各有志，可謂兩盡其美。然求歸者雖亦明哲保身，使皆潔身而去，則君臣之義或幾乎息；挽留者雖以爲國惜賢，使皆靦顔在位，則高尚之風亦日以微。況本院自欲求退而未能，安可沮人之求退。仰該司備行本官，再加酌量，於去就之間，務求盡合於天理之至。必欲全身遠害，則掛冠東門，亦遂聽行所志。若猶眷顧宗國，未忍割情獨往，且可見危受命，同舟共艱，稍須弘濟，却遂初心，則臨難之義，既無苟免於搶攘之日；而恬退之節，自可求伸於事定之餘。興言及此，中心愴而 [一]。

禮取副提舉舒芬牌

照得當職奉命提督軍務，兼理巡撫，深慮才微責重，無以仰稱任使，合求賢能，以資贊翼。訪得福建市舶提舉司副提舉舒芬，志行高古，學問深醇，直道不能趨時，長才足以濟用，合就延引，以匡不及。爲此牌仰福建布政司官吏，即行泉州府，措辦羊酒禮幣，賫送本官，用見本院優禮之意。仍照例起關應付，前赴軍門，以憑諮訪。本官職任，就委別官暫替。

[一] 中心愴而　「而」，國圖本、天圖本、叢刊本、文淵閣本、摛藻堂本作「切」；又黄本、閭本、董本「而」下有「此緻」二字。

南贛鄉約

咨爾民，昔人有言：「蓬生蔴中，不扶而直；白沙在泥，不染而黑。」民俗之善惡，豈不由於積習使然哉？往者新民，蓋常棄其宗族，畔其鄉里，四出而爲暴，豈獨其性之異，其人之罪哉？亦由我有司治之無道，教之無方；爾父老子弟，所以訓誨戒飭於家庭者不早，薰陶漸染於里閈者無素，誘掖獎勸之不行，連屬叶和之無具，又或憤怨相激，狡僞相殘，故遂使之靡然日流於惡，則我有司與爾父老子弟，皆宜分受其責。嗚呼！往者不可及，來者猶可追，故今特爲鄉約，以協和爾民。自今凡爾同約之民，皆宜孝爾父母，敬爾兄長，教訓爾子孫，和順爾鄉里。死喪相助，患難相恤，善相勸勉，惡相告戒，息訟罷争，講信修睦，務爲良善之民，共成仁厚之俗。嗚呼！人雖至愚，責人則明；雖有聰明，責己則昏。爾等父老子弟，毋念新民之舊惡，而不與其善，彼一念而善，即善人矣；毋自恃爲良民，而不修其身，爾一念而惡，即惡人矣。人之善惡，由於一念之間。爾等慎思吾言，毋忽。

一、同約中，推年高有德，爲衆所敬服者一人爲約長，二人爲約副，又推公直果斷者四人爲約正，通達明察者四人爲約史，精健廉幹者四人爲知約，禮儀習熟者二人爲約贊。置文簿三扇，其一扇備寫同約姓名，及日逐出入所爲，知約司之；其二扇一書「彰善」，一書「糾過」，約長司之。

一、同約之人，每一會，人出銀三分，送知約具飲食，毋大奢，取免飢渴而已。

一、會期以月之望。若有疾病事故，不及赴者，許先期遣人告知約；無故不赴者，以過惡書，仍罰銀一兩公用。

一、立約所於道里均平之處，擇寺觀寬大者爲之。

一、彰善者，其辭顯而決，糾過者，其辭隱而婉，亦忠厚之道也。如人有不弟[一]，毋直曰不弟，但云聞某於事兄敬長之禮，頗有未盡，某未敢以爲信，姑書之以俟。凡糾過惡，皆例此。若有難改之惡，且勿糾，使無所容，或激而遂肆其惡矣。約長、副等，須先期陰與之言，使當自首，衆共誘掖獎勸之，以興其善念，姑使書之，使其可改。若不能改，然後糾而書之；又不能改，然後白之官；又不能改，同約之人執送之官，明正其罪。勢不能執，戮力協謀，官府請兵滅之。

一、通約之人[二]，凡有危疑難處之事，皆須約長會同約之人，與之裁處區畫，必當於理，濟於事而後已。不得坐視推託，陷人於惡，罪坐約長、約正諸人。

[一] 如人有不弟　「人有」，國圖本、天圖本、叢刊本、文淵閣本、摛藻堂本作「有人」。

[二] 通約之人　「通」，黃本、間本、董本作「同」。

一、寄庄人户，多於納糧當差之時，躲回原籍，往往負累同甲。今後約長等，勸令及期完納應承。如蹈前弊，告官懲治，削去寄庄。

一、本地大户，異境客商，放債收息，合依常例，毋得磊筭。或有貧難不能償者，亦宜以理量寬。有等不仁之徒，輒便捉鎖磊取，挾寫田地，致令窮民無告，去而爲之盜[一]。今後有此，告諸約長等，與之明白，償不及數者，勸令寬捨；取已過數者，力與追還。如或恃强不聽，率同約之人鳴之官司[二]。

一、親族鄉鄰，往往有因小忿，投賊復讐，殘害良善，釀成大患。今後一應鬭毆不平之事[三]，鳴之約長等，公論是非；或約長聞之，即與曉諭解釋。敢有仍前妄爲者，率諸同約，呈官誅殄。

一、軍民人等，若有陽爲良善，陰通賊情，販買牛馬，走傳消息，歸利一己，殃及萬民者，約長等率同約諸人指實，勸戒不悛，呈官究治。

[一]　去而爲之盜　黄本、閭本、董本、聞本、宋本、邵本無「之」字。

[二]　率同約之人鳴之官司　「鳴」，黄本、閭本、董本、聞本、鄒本、胡本、宋本、邵本作「明」。

[三]　今後一應鬭毆不平之事　黄本、閭本、董本無「後」字。

一、吏書、義民、總甲、里老、百長、弓兵、機快人等，若攬差下鄉，索求賫發者，約長率同約呈官追究[一]。

一、各寨居民，昔被新民之害，誠不忍言。但今既許其自新，所占田産，已令退還，毋得再懷前讐，致擾地方。約長等常宜曉諭，令各守本分。有不聽者，呈官治罪。

一、投招新民，因爾一念之善，貸爾之罪，當痛自克責，改過自新，勤耕勤織，平買平賣，思同良民，無以前日名目，甘心下流，自取滅絶。約長等各宜時時提撕曉諭，如踵前非者，呈官懲治。

一、男女長成，各宜及時嫁娶。往往女家責聘禮不充，男家責嫁裝不豐，遂致愆期。約長等其各省諭諸人，自今其稱家之有無，隨時婚嫁。

一、父母喪葬，衣衾棺槨，但盡誠孝，稱家有無而行。此外或大作佛事，或盛設宴樂，傾家費財，俱於死者無益。約長等其各省諭約内之人，一遵禮制，有仍蹈前非者，即與糾惡簿内書以不孝。

一、當會前一日，知約預於約所灑掃，張具於堂，設告諭牌及香案，南向。當會日，同約畢至，約贊鳴鼓三，衆皆詣香案前序立。北面跪聽，約正讀告諭畢，約長合衆揚言曰：「自今以後，凡

[一] 約長率同約呈官追究 國圖本、天圖本、叢刊本、文淵閣本、摛藻堂本無「同約」之「約」字。

我同約之人，祗奉戒諭，齊心合德，同歸於善。若有二三其心，陽善陰惡者，神明誅殛。」衆皆曰：「若有二三其心，陽善陰惡者，神明誅殛。」皆再拜，興，以次出會所，分東西立。約正讀鄉約畢，大聲曰：「凡我同盟，務遵鄉約。」衆皆曰：「是。」乃東西交拜，興，各以次就位。少者各酌酒於長者，三行，知約起，設彰善位於堂上，南向，置筆硯，陳彰善簿。約贊鳴鼓三，衆皆起，約贊唱：「請舉善。」衆曰：「是在約史。」約史出就彰善位，揚言曰：「某有某善，某能改某過，請書之以爲同約勸。」約正遍質於衆曰：「如何？」衆曰：「約史舉甚當。」約正乃揖善者進彰善位，東西立。約史復謂衆曰：「某所舉止是，請各舉所知。」衆有所知，即舉；無，則曰：「約史所舉是矣。」約長、副、正，皆出就彰善位，約史書簿畢，約長舉杯揚言曰：「某能爲某善，某能改某過，是能修其身也。某能使某族人爲某善，改某過，是能齊其家也。使人人若此，風俗焉有不厚？凡我同約，當取以爲法。」遂屬於其善者，善者亦酌酒酬約長，曰：「此豈足爲善，乃勞長者過獎，某誠惶怍，敢不益加砥礪，期無負長者之教。」皆飲畢，再拜謝約長，約長答拜，興，各就位。知約撤彰善之席，酒復三行，知約起，設糾過位於堦下，北向，置筆硯，陳糾過簿。約贊鳴鼓三，衆皆起，約贊唱：「請糾過。」衆曰：「是在約史。」約史就糾過位，揚言曰：「聞某有某過，未敢以爲然，姑書之以俟後圖，如何？」約正遍質於衆曰：「如何？」衆皆曰：「約史必有見。」約正乃揖過者出就糾過位，北向立。約史復遍謂衆曰：「某所聞止是，請各言所聞。」衆有所聞，即言；無，則曰：「約史所聞是矣。」於是約長、副、正，皆出糾過位，東西立。約史書簿畢，約長謂過者曰：「雖然，姑無行罰，惟速改。」過者跪請曰：「某敢不服罪。」自起酌酒，跪而飲，曰：「敢不速改，重爲長者憂。」約正、副、史皆曰：「某等不能早勸諭，使子陷於此，亦安得無罪。」皆酌自罰。過者復跪而請曰：「某既知罪，長者又自以爲罰，某敢不即就戮。若許其得以自改，則請長者無飲，某之幸也。」趨後酌酒自罰。約正、副咸曰：「子能勇於受責如此，是能遷於善也，某等亦可免於罪矣。」乃釋爵。過者再拜，約長揖之，興，各就位。知約撤糾過席，酒復三行，遂飯。飯畢，約贊起，鳴鼓三，唱：「申戒。」衆起，約正中堂立，揚言曰：「嗚呼！凡我同約之人，明聽申戒：人孰無善，亦孰無惡？爲善雖人不知，積之既久，自然善積而不可掩；爲惡若不知改，積之既久，必至惡極而不可赦。今有善而爲人所彰，固可喜，苟遂以爲善而自恃，將日入於惡矣。有惡而爲人所糾，固可愧，苟能悔其惡而自改，將日進於善矣。然則今日之善者，未可自恃以爲善；而今日之惡者，亦豈遂終於惡哉？凡我同約之人，盍共勉之。」衆皆曰：「敢不勉。」乃出席，以次東西序立，交拜，興，遂退。

旌奬節婦牌

訪得吉水縣民人陳文繼妻黃氏、廬陵縣生員胡兗妻曾氏，俱各少年守制，節操堅厲，遠近傳揚，士夫稱嘆。當茲風俗頹靡之時，合行旌奬，以勵澆薄。爲此仰府官吏，即行吉水、廬陵二縣掌印官，支給無礙官錢，買辦禮儀，前去各家，盛集鄉鄰老幼之人，宣揚本婦志節之美，務使姻族知所崇重，里巷知所表式，用奬貞節，以激偷鄙。仍備述各婦節操志行始末，及將奬勵過緣由，同依准隨牌繳報，以憑施行。

興學社學牌

看得贛州社學鄉館，教讀賢否，尚多淆雜，是以詩禮之教久已施行，而淳厚之俗未見興起。爲此牌仰嶺北道，督同府縣官吏，即將各館教讀通行詢擇[一]，務學術明正[二]，行止端方者，乃與茲選。官府仍籍記姓名，量行支給薪米，以資勤苦，優其禮待，以示崇勸。其各童生之

[一] 即將各館教讀通行詢擇　「詢」，國圖本、天圖本、叢刊本、文淵閣本、摛藻堂本作「訪」。

[二] 務學術明正　「術」，國圖本、天圖本、叢刊本作「述」。

家[一]，亦各通行戒飭，務在隆師重道，教訓子弟，毋得因仍舊染，習爲偷薄，自取愆咎。

頒定里甲雜辦

據龍南縣申稱，先年里甲使用，俱係丁糧分派，照日應當，以致多寡不均。要將正德十六年里甲通行查審，除逃絶人丁外，將一年使用、春秋祭祀、軍需歲報、使客夫馬等項，俱於丁糧議處，每石出銀若干，陸續稱收貯庫。推舉老人，公同里長，使用註簿，儻有餘剩，照多寡給還，等因到院。簿查先該贛州府知府盛茂、同知夏克義，議過贛縣里長額辦雜辦，已經批仰嶺北道再加酌議。續據副使王度呈稱，查筭本縣額辦使用，該銀三千七百三十一兩七分二釐四毫九絲。原轄里長一百一十里內，除十里逃絶，止有一百里。十六年分，每糧一石筭一分，人丁二丁算一分，一年丁糧，共該一千一百二十六分半，每分該出銀三兩三錢一分二釐一毫一絲一忽。合行該縣印鈐收銀文簿一扇，將各都該辦銀兩，分爲二次，查追貯庫。又置文簿一扇，一寫本縣支出數目，一發支用人役註附。每月選有行止老人二名，公同直日里長，赴縣支領。每月備具用過揭帖三本，一送都察院，一分巡道，一本府，各不時稽察。年終羨餘，並聽上司查處，以補無名徵需，府縣

[一] 其各童生之家　「其」，國圖本、天圖本、叢刊本作「以」。

不得擅支。仍將各里該納分數，刷印告諭，遍張鄉村曉諭。如有官吏額外科派，及收銀人役，多取火耗秤頭，并里甲恃頑不辦，許各呈告，以憑拏問。呈乞照詳，又經批仰照議，即行該縣永永查照。仍備刻告示，遍行曉諭，及多行刷印，頒給各里收照，以防後奸。

今申前因，看與本院新定則例相同，及照寧都等九縣，及南安所屬大庾等縣，事體民情，當不相遠，合就通行查編。爲此仰抄案回道，即便速行各縣，俱查本院近定規則，各照丁糧多寡，派編銀兩，追收貯庫。選委行止端實老人，公同該日里長支用，置簿稽察。刊榜曉諭，禁約事宜，悉照原議施行。敢有違犯者，就便拏問呈詳。通取各縣派定過緣由，類報查考。

批江西布政司設縣呈

據江西布政司呈，將新淦縣知縣田邦傑建言設縣緣由。看得近來各處設縣，皆因窮山絶谷，盗賊盤據，人迹罕通，聲教不及，不得已而爲權宜之計。若腹裏平衍、四通五達之區，止宜減并，不貴增添。蓋增一縣，即增一縣之事，官吏、供給、學校、倉庫、囹獄、差徭，一應煩費，未易悉舉。且又有彼此推避之奸，互相牽制之患，計其爲利，不償所害。古人謂「省吏不如省官，省官不如省事」。凡今作事，貴在謀始，仰布政司，再行會同二司各官〔一〕，從長計議，設縣之外，果無別策可以致理，具議呈奪。繳。

議處官吏廩俸

照得近來所屬各州縣、衛所、倉場等衙門，大小官吏，以贓問革者相望，而冒犯接踵。究詢其由，皆云家口衆多，日給不足，俸資所限，本已涼薄，而近例減削，又復日甚。加有上下接應之費，出入供送之繁，窮窘困迫，計出無聊。中間亦有甘貧食苦，刻勵自守者，往往狼狽繿縷，至於任滿職革，債負纏結，不得去歸其鄉。夫貪墨不才，法律誠所難貸，而其情亦可矜憫。夫忠信重禄，所以勸士，在昔任人，既富方穀，庶民在官，禄足代耕，此古今之通義也。朝廷賦禄，百司厚薄，既有等級，要皆使得裕其資養〔二〕，免其内顧，然後可望以盡心職業，責以廉耻節義。今定制所限，既不可得而擅增，至於例所應得，又從而裁削之，使之仰事俯育且不能遂。是陷之於必貪之地，而責之以必廉之守，中人之資，將有不能，而況其下者之衆乎？所據前項事理，非

〔一〕會同二司各官　「二」，黄本、閭本、董本作「三」。
〔二〕要皆使得裕其資養　「得」，國圖本、天圖本、叢刊本、文淵閣本、摛藻堂本作「各」。

獨人情有所未堪，其於政體亦有所損，合行會議查處。【爲此仰抄案回司，即便會同都、按二司多官】，參酌事理輕重，及查在外官員，自二品至九品，并雜職吏胥等俸米，除本色外，其折色原例，每石作銀若干，於何年月裁減，作銀若干，應否復舊，或量行加增，務要議處停當，呈來定奪施行。

咨六部伸理冀元亨[一]

照得湖廣常德府武陵縣舉人冀元亨[二]，忠信之行，孚於遠邇；孝友之德，化於鄉閭。本職往年謫官貴州，本生曾從講學，近來南贛，延之教子。時因寧藩宸濠潛謀不軌，虐焰日張，本職封疆連屬，欲爲曲突徙薪之舉，則既無其由；將爲發奸摘伏之圖，則又無其實。偶值宸濠飾詐要名[三]，禮賢求學，本職因使本生，乘機往見宸濠，冀得因事納規，開陳大義，沮其邪謀。如其不可勸喻，亦因得以審察動静，知其叛逆遲速之機，庶可密爲禦備。本生既與相見，議論大相矛

[一]　咨六部伸理冀元亨　人大本、九大本作「辯冀惟乾咨庚辰」。
[二]　照得湖廣常德府　人大本、九大本「照」上有「爲洗滌冤枉，表明忠義事」十字。
[三]　偶值宸濠飾詐要名　「值」，人大本、九大本作「因」。

盾。宸濠以本職所遣[一]，一時雖亦含忍遺發，而毒怒不已，陰使惡黨四出訪緝[二]，欲加陷害。本生素性愿愨，初不之知，而本職風聞其説，當遣密從間道，潛回常德，以避其禍。後宸濠既敗，痛恨本職起兵攻剿，雖反噬之心無所不至，而天理公道所在，無因得遂其奸[三]。乃以本生係本職素所愛厚之人，輒肆詆誣，謂與同謀，將以泄其讐憤。且本生既與同謀，則宸濠舉叛之日，本生何故不與共事[四]，却乃反回常德，聚徒講學？宸濠素所同謀之人，如李士實、劉養正、王春之流[五]，宸濠曾不一及，而獨口稱本生與之造始，此其挾讐妄指[六]，蓋有不待辯説，行道之人皆能知者[七]。但當事之人，不加詳察，輒爾聽信，遂陷本生一至於此。

本生篤事師之義，懷報國之忠，蹈不測之虎口，將以轉化凶惡，潛消奸宄，論心原迹，尤

[一] 宸濠以本職所遣　「以」，人大本、九大本作「知是」。
[二] 四出訪緝　「出」，人大本、九大本作「方」。
[三] 無因得遂其奸　人大本、九大本「無」上有「終」字。
[四] 本生何故不與共事　人大本、九大本作「何故不與其事」。
[五] 如李士實劉養正王春之流　人大本、九大本作「如李仕實、王春、劉養正之徒，殆未可枚舉」。
[六] 此其挾讐妄指　「妄」，人大本、九大本作「誣」。
[七] 行道之人皆能知者　「者」，人大本、九大本作「此」。

當顯蒙賞録[一]。乃今身陷俘囚，妻子奴虜，家業蕩盡，宗族遭殃，信奸人之口，爲叛賊泄憤報讐[二]，此本職之所爲痛心刻骨，日夜冤憤而不能自已者也。本職義當與之同死，幾欲爲之具奏伸理，而本生雖在拘囚，傳聞不一，或以爲既釋[三]，或以爲候旨。兼慮當事之人[四]，或不見諒，反致激成其罪，故復隱忍到今。又恐多事紛紜之日，萬一玉石不分，竟使忠邪倒置，徒以沮義士之志[五]，而快叛賊之心，則本職後雖繼之以死[六]，將亦無以贖其痛恨。爲此合行具咨貴部[七]，煩請咨詢鑒察，特賜扶持分辯施行。

【咨都察院，轉行十三道，照會大理寺，同。】

[一]　尤當顯蒙賞録　「尤」，人大本、九大本作「猶」。
[二]　爲叛賊泄憤報讐　「泄憤」，人大本、九大本作「洩忿」。
[三]　或以爲既釋　「既」，人大本、九大本作「已」。
[四]　兼慮當事之人　「之人」，人大本、九大本作「者」。
[五]　徒以沮義士之志　「志」，人大本、九大本作「氣」。
[六]　則本職後雖繼之以死　人大本、九大本無「後」字。
[七]　爲此合行具咨貴部　人大本、九大本無「合行」二字。

獎勵主簿于旺

看得近來所屬下僚，鮮能持廉守法。訪得興國縣主簿于旺，獨能操持清白，處事詳審。近委管理抽分，纖毫無玷，奸弊剗革。撫屬小官之内，誠不多見，相應獎勵，以勸其餘。爲此牌仰官吏，即便支給商税銀兩，買辦花紅、彩段、羊酒各一事，并將本院發去官馬一匹，帶鞍一付，備用鼓樂，差官以禮送付本官，用見本院獎勵之意［一］。

申諭十家牌法

本院所行十家牌諭，近來訪得各處官吏，類多視爲虚文，不肯着實奉行查考。據法即當究治，尚恐未悉本院立法之意，故今特述所以，再行申諭。

凡置十家牌，須先將各家門面小牌挨審的實。如人丁若干，必查某丁爲某官吏，或生員，或當某差役，習某技藝，作某生理，或過某房出贅，或有某殘疾，及户籍田糧等項，俱要逐一查審的實。十家編排既定，照式造册，一本留縣，以備查考，及遇勾攝及差調等項，按册處分，更無躲閃脱漏，一縣之事，如視諸掌。

［一］用見本院獎勵之意　黄本、閭本、董本「意」下有「毋得違錯」四字。

每十家，各令挨報甲内平日習爲偷竊，及喇唬教唆等項不良之人，同具不致隱漏重甘結狀，官府爲置舍舊圖新簿，記其姓名，姑勿追論舊惡，令其自今改行遷善。果能改化者，爲除其名。境内或有盗竊，即令此輩自相挨緝。若係甲内漏報，仍并治同甲之罪。又每日各家照依牌式，輪流沿門曉諭覺察。如此，即奸僞無所容，而盗賊亦可息矣。

十家之内，但有争訟等事，同甲即時勸解和釋。如有不聽勸解，恃强凌弱，及誣告他人者，同甲相率禀官，官府當時量加責治省發，不必收監淹滯。凡遇問理詞狀，但涉誣告者，仍要查究同甲不行勸禀之罪。又每日各家照牌，互相勸諭，務令講信修睦，息訟罷争，日漸開導。如此，則小民益知争鬭之非，而詞訟亦可簡矣。

凡十家牌式，其法甚約，其治甚廣。有司果能着實舉行，不但盗賊可息，詞訟可簡；因是而修之，補其偏而救其弊，則賦役可均；因是而修之，連其伍而制其什，則外侮可禦；因是而修之，警其薄而勸其厚，則風俗可淳；因是而修之，導以德而訓以學，則禮樂可興。凡有司之有高才遠識者，亦不必更立法制，其於民情土俗，或有未備，但循此而潤色修舉之，則一邑之治，真可以不勞而致。今特略述所以立法之意，再行申告，言之所不能盡者，其各爲我精思熟究而力行之。毋徒紙上空言搪塞，竟成掛壁之虚文，則庶乎其可矣。

申諭十家牌法增立保長

先該本院通行撫屬，編置十家牌式，爲照各甲不立牌頭者，所以防脅制侵擾之弊。然在鄉村，遇有盜賊之警，不可以無統紀，合立保長督領，庶衆志齊一。爲此仰抄案回司，即行各道守巡、兵備等官，備行所屬各府州縣，於各鄉村，推選才行爲衆信服者一人爲保長，專一防禦盜賊。平時各甲詞訟，悉照牌諭，不許保長干與，因而武斷鄉曲。但遇盜警，即仰保長，統率各甲，設謀截捕。其城郭、坊巷、鄉村，各於要地置鼓一面。若鄉村相去稍遠者，仍起高樓，置鼓其上，遇警即登樓擊鼓。一巷擊鼓，各巷應之；一村擊鼓，各村應之。但聞鼓聲，各甲各執器械，齊出應援，俱聽保長調度，或設伏把隘，或并力夾擊。但有後期不出者，保長公同各甲，舉告官司，重加罰治。若鄉村各家，皆置鼓一面，一家有警擊鼓，各家應之，尤爲快便。此則各隨才力爲之，不在牌例之内。俱仰督令各縣，即行推選增置，仍告諭遠近，使各知悉。各府仍要不時稽察，務臻實效，毋得虛文搪塞。查訪得出，定行究治不貸。

頒行社學教條

先該本院據嶺北道選送教讀劉伯頌等，頗已得人，但多係客寓，日給爲難。今欲望以開導訓誨，亦須量資勤苦，已經案仰該道，通加禮貌優待，給薪米紙筆之資。各官仍要不時勸勵敦勉，令各教讀，務遵本院原定教條，盡心訓導，視童蒙如己子，以啓迪爲家事。不但訓飭其子弟，亦復化喻其父兄；不但勤勞於詩禮章句之間，尤在致力於德行心術之本。務使禮讓日新，風俗日美，庶不負有司作興之意，與士民趨向之心，而凡教授於兹土者，亦永有光矣。仍行該縣，備寫案驗事理，揭置各學，永遠遵照去後。今照前項教條，因本院出巡忙迫，失於頒給，合就查發。爲此牌仰本道府，即將發去教條，每學教讀給與二張，揭置座右，每日務要遵照訓誨諸生。該道、該府官員，亦要不時親臨，激勵稽考，毋得苟應文具，遂令日就廢弛。

清理永新田糧

據參議周文光呈。看得江西田糧之弊，極於永新，相傳已非一日。今欲清理丈量，實亦救時切務，但恐奉行不至，未免反滋弊端。依議定委通判談儲、推官陳相、指揮高睿，會同該縣知縣翁璣，設法丈量。該道仍要再加區畫，曲盡物情。務仰各官，秉公任事，正己格物，殫知竭慮，削弊除奸，必能一勞永逸，方可發謀舉事。如其虛文塞責，則莫若熟思審處，以俟能者。事完之日，悉照該道所議，造册永永遵守施行。繳。

批寧都縣祠祀知縣王天與申

據寧都縣申。看得知縣王天與，舊隨本院征剿横水、桶岡諸賊，屢立戰功，後隨本院討平逆藩[一]，竟死勤事。况其平日居官，政務修舉，威愛兼行。仰該縣即從士民之請，建祠報祀，用伸士夫之公論，以慰小民之遺思[二]。

曉諭安仁餘干頑民牌 正德十五年二月

照得安仁、餘干各有梗化頑民數千餘家，近住東鄉，逃避山澤，沮逆王化，已將數年，即其罪惡，俱合誅夷無赦。但本院撫臨未及，况查本院新行十家牌諭，各官因各民頑梗，尚未編查，

[一] 後隨本院討平逆藩 「逆」，國圖本、天圖本、叢刊本、文淵閣本、摛藻堂本作「寧」。
[二] 以慰小民之遺思 黄本、閭本、董本「思」下有「此繳」二字。

若遽行擒剿，似亦不教而殺。爲此牌仰撫州府同知陸俸，督同東鄉縣知縣黄堂，及安仁縣知縣汪濟民、餘干縣知縣馬津，親詣各民村都，沿門挨編。推選父老子弟知禮法者，曉諭教飭，令各革心向化，自求生路。限在一月之内，仇者釋其怨，憤者平其心，逋者歸其負，罪者伏其辜，具由呈來，仍舊待以良善。若過限不改，不必再加隱忍姑息，徒益長奸縱惡，即便密切指實申來，以憑别有區處施行。

告諭頑民　十二月十五日

告諭安仁、餘干、東鄉等縣父老子弟，自本院始至江西，即聞三縣間有頑梗背化之民數千家，其時本院方事剿平閩、廣、湖郴諸蠻寇，且所治止於南贛，政教有所未及。自去歲征討逆藩，朝廷復有兼撫是方之命，隨因聖駕南巡，奔走道路，故亦未遑經理。今復還省城，備詢三司府縣各官，及遠近士夫軍民，皆謂爾民梗化日久，積惡深重，已在必誅無赦。夫朝廷威令，雷厲風行於九夷八蠻之外，而中土郡縣之民，乃敢悖抗若此，不有誅滅以示懲戒，亦將何以爲國？欲即發兵剿捕，顧其間尚多良善，恐致玉石無辨，且前此有司，所以處之亦有未善。何者？安仁、餘干里分，本少於東鄉，而地勢又限以山谷，顧乃割小益大，以啓爾民規避之端，其失一矣。既而兩邑之民，徭賦不平，争訟競起，其時若盡改復舊，亦有何説？顧又使其近東鄉者歸安仁，近安仁者附東鄉，以益爾民紛争之謗，其失二矣。及爾等抗拒之迹既成，尚當體悉爾等，中間或有難忍之怨，屈抑不平之情，亦須爲之申泄斷理，或懲或戒，使兩得其平。若終難化諭者，即宜斷然正以國法，顧乃憚於身任其勞，一切惟事姑息，欲逃租賦[一]，遂從而免其租賦；欲負逋債[二]，遂從而貸其逋債。於彼則務隱忍之政，而聽其外附；於此又信一偏之詞，而責其來歸。紀綱不立，冠履倒置，長奸縱惡，日增月熾，以成爾民背叛之罪，而陷之必死之地，其失三矣。

然爾等罪惡，皆在本院未臨之前，自本院撫臨以來，尚未曾有一言開諭爾等。況查本院新行十家牌諭，以弭盗息訟，勸善糾惡，而各該縣官，又因爾等恃頑梗化，皆未曾編查曉諭，爾等皆未知悉，其間或有悔創自新之願，亦未可知。若遽行擒剿，是亦不教而殺。雖爾等在前之惡，受此亦不爲過，然於吾心終有所未盡也。近日撫州同知陸俸，來禀爾等尚有可憫之情，各懷求生之願，故特委同知陸俸，親賫本院告諭，往諭爾等父老子弟。因而查照本院十家牌式，通行編排曉諭，使各民互相勸戒糾察，痛懲已往之惡，共爲維新之民。

[一] 欲逃租賦 「欲」，國圖本、天圖本、叢刊本作「外」。

[二] 欲負逋債 「負」，國圖本、天圖本、叢刊本、文淵閣本、擒藻堂本作「逃」。

爾等父老子弟，其間知識明達者，盍亦深思熟慮之。世豈有不納糧，不當差，與官府相對背抗，而可以長久無事，終免於誅戮者乎？世豈有恃頑樹黨，結怨搆仇，劫衆拒捕，不伏其辜，而可以長久無事，終免於誅戮者乎？就使爾等各有子弟奴僕，與爾抗拒背逆若此，爾等當何以處之？夫寧王宸濠，挾奸雄之資，藉宗室之勢，謀爲不軌，積十餘年，誘聚海内巨寇猾賊，動以萬計，奮其財力甲兵之强，自以爲無敵於天下矣。一旦稱亂舉事，本院奉朝廷威令，興一旅之師，不旬日而破滅之，如虜疋雛。爾輩縱頑梗兇悍，自視以爲孰與宸濠[一]？吾若聲汝之罪，不過令一偏裨，領衆數百，立虀粉爾輩，如机上肉耳。顧念爾等皆吾赤子，其始本無背叛之謀，止因規利争忿，肆惡長奸，日迷日陷，遂至於此。夫父母之於子，豈有必欲殺之心，惟其悖逆亂常之甚，將至於覆宗滅户，不得已而後置之法。苟有改化之機，父母之心，又未嘗不欲生全之也。前此官府，免爾租税，蠲爾債負，除爾罪名，而遂謂爾可以安居復業，是終非所以生汝。吾今則不然，不免爾租賦，不蠲爾債負，不除爾罪名，爾能聽吾言，改惡從善，惟免爾一死。限爾一月之内，釋怨解仇，逃税者輸其賦，負債者償其直，有罪者伏其辜，吾則待爾如故。爾不聽吾言，任汝輩自爲之，吾心既無不盡，吾可以無憾矣。爾後無悔。

[一] 自視以爲孰與宸濠　「視」，國圖本訛作「是」。

批江西都司掌管印信

【據江西都司呈。】看得三司各官，推舉該衛所掌印、僉書等官，頗已得宜。俱依議，【指揮使錢山掌印，指揮使朱章、指揮僉事孫蘭佐貳僉書，其指揮使魏清等管操管屯，運糧巡捕，及左所千户黄振等，各掌該所印信。】仰行按察司，將本院原發貯庫印信，看驗明白，照議給領掌管。兹當該衛改革之初，仍行各官，務在圖新更始，端本澄源，共惟同心同德之美，以立可久可大之規，不獨顯功業於當時，必欲垂模範於來裔，上不負廟堂之特選，而下可副諸司之舉任。其或庸碌浮沉，甚至欺公剥下，豈徒敗其身名，亦難免於刑憲。其餘空閒各官，觀其才識，皆可器使，但以闕少人多，未及盡用。各官惟務持身勵志，藏器待時，但恐見用而無才，勿慮有才而未用。若果囊中之錐，無不脱穎而出。毋謂上人不知，輒自頹靡，是乃自棄，非人棄汝矣。俱仰備行各官，查照施行。【仍備行巡按衙門知會。繳。】

牌行崇義縣查行十家牌法

看得新開崇義縣治，雖經本院委官緝理經畫，大略規模已具，終是草創之初，經制未習。該縣官員，若不假以威權，聽其從宜整理，則招徠安習之功，亦未可責效。除行守巡、兵備等衙門外，牌仰知縣陳瓚，上緊前去該縣，首照十家牌諭，查審編排，連屬其形勢，輯睦其鄰里，務要治官如家，愛民如子。一應詞訟、差徭、錢糧、學校等項，俱聽因時就事，從宜區處。應申請者申請，應興革者興革，務在畜衆安民，不必牽制文法。大抵風土習尚，雖或有異，而天理民彝則無不同。若使爲縣官者，果能殫其心力，悉其聰明，致其惻怛愛民之誠，盡其撫輯教養之道，雖在蠻貊，無不可化。況此中土郡縣之區，向附新民，本多善類，我能愛之如子，彼亦焉有不愛我如父者乎？夫仁慈以惠良善，刑罰以鋤兇暴，固亦爲政之大端。若此新民之中，及各縣分割都圖人户，果有頑梗强横，不服政化者，即仰遵照本院欽奉敕諭事理，具由申請，即行擒拏，治以軍法，毋容縱恣，益長刁頑。

牌諭都指揮馮勳等振旅還師

牌諭都指揮馮勳、通判林寬、典史徐誠等，本月二十一日，據知縣熊价所禀，已知安義叛賊略平[一]，所漏無幾，俟餘黨一盡，各官即可振旅而還[二]，就將所擒叛賊，通行牢固綁縛，分領解赴軍門。各官在途，務要肅整行伍，申嚴紀律，禁緝軍兵，不得犯人一草一木。今差參隨官詹明，賫執各官原領令旗令牌，監軍而回，但有違令侵擾於人者，即行斬首示衆。其奮命當先，被殺被傷義勇之士，及獲功人役，各官務要從公從實開報，以憑優恤給賞，不得互分彼此，輒有偏私輕重。但能推功讓美者，勤勞雖微，亦在褒賞；若有争功專利者，功蹟雖茂，亦從擯抑。其奉新兵快，往年從征多犯禁令，今既效有勤勞，尤宜保全始終，毋蹈前非，自取軍法重罪。知縣熊价不必解賊，且可在縣撫安被擾軍民，令各安居樂業。既行申嚴十家牌諭，互相保障，仍量留九姓義勇，分班守縣，候事體定帖，以漸散回。

批瑞州知府告病申

看得知府胡堯元，始以忠義興討賊之功，繼以剛果著及民之政。雖獲上之誠或有未孚，而守身之節初無可議。據申告病情由，亦似意有所爲。大抵能絜矩者，必推己及人；當大任者，在動

[一] 已知安義叛賊略平　黄本、閭本、董本無「安義」二字。
[二] 各官即可振旅而還　「可」，國圖本、天圖本、叢刊本、文淵閣本、摛藻堂本作「行」。

心忍性。仰布政司即行本官，照舊盡心管理府事，毋因一朝之忿，遂忘三反之功。事如過激，欲抗彌卑；理苟不渝，雖屈匪辱。此繳。

賑恤水災牌

據南康、建昌、撫州、宜黄等縣申稱，非常水災，乞賜大施賑恤，急救生靈流移等情。看得洪水非常[一]，下民昏墊，實可傷憫，但計府縣所積無多，實難溥賑。其地方被水既廣，而民困朝不謀夕，若候查實報名，造册給散，未免曠日遲久，反生冒濫。已行二府，各委佐貳官，及行所屬被水各縣掌印等官，用船裝載穀米，分投親至被水鄉村，驗果貧難下户，就便量行賑給。

爲照南昌所屬，水災尤劇，但居民稠雜，數多頑梗。若賑給之時，非守巡臨督於上，或致騰踴紛争。爲此仰分守巡南昌官吏，即便分督該府縣官，於預備倉内米穀，用船裝運，親至被水鄉村，不必揚言賑飢，專以踏勘水災爲事。其間驗有貧難下户，就便量給升斗，暫救目前之急。給過人户，略記姓名數目，完報查考，不必造册擾害。所至之地，就督各官，申嚴十家牌諭，通加撫慰開導，

[一] 看得洪水非常　「洪」，國圖本、天圖本、叢刊本、文淵閣本、擒藻堂本作「横」。

令各相安相恤。仍督各官，俱要視民如子，務施實惠，不得虛文搪塞，徒費錢糧，無救民患，取罪不便。

仰湖廣布按二司優恤冀元亨家屬

照得湖廣常德府武陵縣舉人冀元亨，忠信之行，孚於遠邇云云。已經備咨六部院寺等衙門詳辨去後[一]。今照冀元亨，該科道等官，文章申暴，各該官司，辨無干碍[二]，先已釋放，不期復染瘧痢身故。該部司屬官員，及京師賢士大夫，莫不痛悼，相與資給衣棺。本院亦已具舟，差人扶柩歸葬。但恐本生原籍官司，一時未知詳悉，仍將家屬羈監，未免枉受淹禁。除將本生節義，另行具本，奏請褒録外，擬合通行。爲此牌仰抄案回司，即行常德府，速將舉人冀元亨家屬通行釋放，財産等項，亦就查明，給還收管，仍將本生妻子，特加優恤，使奸人知事久論定之公，而善類無作德降殃之惑。其於民風士習，不爲無補矣。

[一] 詳辨去後 「辨」，國圖本、天圖本、叢刊本、文淵閣本作「辦」。
[二] 辨無干碍 「辨」，國圖本、天圖本、叢刊本、文淵閣本作「辦」。

批江西按察司故官水手呈

【案據江西按察司呈，備雲南洱海衛軍籍李和告稱，伊父僉事李素病故緣由。】看得僉事李素，處心和易，居官清謹，生既無以爲家，死復無以爲殮。寡妻弱妾，旅櫬萬里[一]，死喪之哀，實倍恒情。該司議欲加撥長夫、水手護送，非獨僚友之情[二]，實亦惇廉周急之義。准議行令各府，僉撥長夫、水手，照例起關，差人護送還鄉。

仰南康府勸留教授蔡宗兗

據南康府儒學申。看得教授蔡宗兗，德任師儒，心存孝義，今方奉慈母而行，正可樂英才之化。況職主白鹿，當宋儒倡道之區；勝據匡廬，又昔賢棲隱之地。偶有親疾，自可將調，輒興掛冠之請，似違奉檄之心。仰布政司，備行南康府掌印官，以禮勸留，仍與修葺學宫，供給薪水，稍厚養賢之禮，以見崇儒之意。繳。

[一] 旅櫬萬里　「櫬」，底本訛作「襯」，據文淵閣本、摛藻堂本改。按，以下同例者徑改，不再出校。

[二] 非獨僚友之情　黄本、閭本、董本「友」下有「朋友」二字。

批江西布政司禮送致仕官呈

據江西布政司呈，查勘新建知縣李時，告送僉事李素喪歸雲南，任内無礙緣由。看得知縣李時所呈，量才能而知止，已見恬退之節；因友喪而求去，尤見交誼之敦。既經查勘明白，亦合遂其高致。仰司即行該府，聽令本官以禮致仕，動支無礙官銀，置備綵帳、羊酒，從厚送餞，加撥長夫、水手，資送還鄉。該司仍將本官致仕緣由，行原籍官司，用彰行誼之美，以爲風俗之勸。繳。

王文成公全書卷之十八

别録十　公移三　總督兩廣，平定思田，征剿八寨。

欽奉敕諭通行　嘉靖六年十月初三日

嘉靖六年七月初七日，節該欽奉敕諭：「先該廣西田州地方，逆賊岑猛爲亂，已令提督兩廣等官都御史姚鏌等督兵進剿。隨該各官奏稱，岑猛父子悉已擒斬，巢穴蕩平。捷音上聞，已經降敕獎勵，論功行賞，及將改設流官[一]，添設參將等事條陳，又經該部議擬覆奏施行去後。續該各官復奏，惡目盧蘇倡亂復叛，王受攻陷思恩。又經切責各官計處不審，行令將失事官員戴罪督兵剿捕，及調江西畬兵、湖廣永保二司士兵，并力剿殺，務收全功，并敕巡按御史石金紀功外。但節據石金所奏，前項地方，盧蘇、王受結爲死黨，互相依倚，禍孽日深，將來不可收拾。又參

[一] 及將改設流官　「改」，國圖本、天圖本、叢刊本、文淵閣本、摛藻堂本作「該」。

稱先後撫臣舉措失當，姚鏌等攘夷無策，輕信寡謀，圖田州已不可得，并思恩胥復失之，要得通行查究追奪。朕以事難遥度，姚鏌等前功難泯，後有踈虞，得旨切責之後，能自奮勵，平寇有功，亦未可知，難遽别議。乃下兵部議，奏以各官先後所論事宜，意見不同，且兵連兩廣，調遣事干鄰境地方，必得重臣前去，總制督同議處，方得停當。今特命爾提督兩廣及江西、湖廣等處地方軍務，星馳前去彼處，即查前項夷情，田州因何復叛，思恩因何失守。督同姚鏌等斟酌事勢，將各夷叛亂未形者，可撫則撫；反形已露者，當勦則勦。一應主客官軍，從宜調遣，主副將官及三司等官，悉聽節制，治以軍法，明示威信，務要計處合宜。仍令御史石金，隨軍紀驗功次，從實開報，以憑陞賞。賊平之後，公同計處，應設土官流官，何者經久利便，并先今撫鎮等官，有功有過，分别大小輕重，明白奏聞區處。凡用兵進止機宜，及一應合行之事，敕内該載未盡者，悉聽便宜，從長處置。事體十分重大者，具奏定奪。朕以爾勳績久著，才望素隆，特兹簡任。爾務以體國爲心，聞命就道，竭忠盡力，大展謀猷，俾夷患殄除，地方安靖，以紓朕西南之憂。仍須深慮却顧，事出萬全，一勞永逸，以爲廣人久遠之休。毋得循例辭避，以孤衆望。爾欽哉！故諭。欽此。」欽遵。

照得當爵猥以菲才，濫膺重寄，多病之餘，精力既已減耗；久廢之後，事體又復闊踈；大懼弗堪，有負委托。及照兩廣之與江西、湖廣，雖云相去遼遠，而壤地相連，士夫軍民，往來絡繹，傳聞既多，議論有素。況在無嫌之地，是非反得其真；且處傍觀之時，區畫宜有其當。合行諮詢，以輔不逮。除委用職官，及調遣軍馬，臨時相機另行外，擬合通行。爲此仰抄捧回司，照依案驗，備奉敕諭内事理，即行本司掌印、佐貳，及各道守巡[一]、兵備、守備等官，并所屬大小衙門，各該官吏，凡有所見，勿憚開陳。其間或撫或剿，孰爲得宜；設土設流，孰爲便利；與凡積弊宿蠹之宜改於目前，遠慮深謀之可行於久遠者，備寫揭帖，各另呈來，以憑採擇。各該官吏，俱要守法奉公，長廉遠耻，袪患衛民，竭忠報國，毋以各省而分彼此，務在協力以濟艱難。果有忠勇清勤，績行顯著者，旌勸自有常典，當爵不敢蔽賢；其或奸貪畏縮，志行卑污者，黜罰亦有明條，當爵亦不敢同惡。深惟昧劣，庶賴匡襄，凡我有司，各宜知悉。仍行鎮守、撫按等衙門知會，一體欽遵施行。

湖兵進止事宜　十月

據廣西桂林道右參政龍誥、僉事申惠會禀，原調永、保二司宣慰、官舍、土兵，共六千餘員

[一] 及各道守巡　「守」，國圖本、天圖本、叢刊本、文淵閣本、擒藻堂本作「分」。

名，八月自辰州府起行，九月盡可到省城。各職即目起程[一]，前去全州、興安等處，接應督押。爲照大兵進止，自有機宜，今未奉節鉞撫臨，莫知適從。查得舊規，兵至，即發哨徑趨賓州聽遣。如至賓州而未用，恐接境思、田二府，不無致生疑變，合無將各兵前赴梧州府屯劄，聽候軍門撫臨調度等因。

照得本年八月二十四日，先准兵部咨，該本爵看得先任總督巡撫都御史姚，已蒙欽准致仕，而本爵又以扶病就醫，聽候辭本命下，未即起程。況湖兵未至，秋暑尚深，遥計賊情，正在懈弛，機有可乘，事宜從便。已經行仰各該失事帶罪立功守巡、參將，及各領兵、督哨等官，務要相度機宜，若各叛目誠心投撫，中間尚有可憫之情，朝廷豈以必殺爲事，且宜從權撫插，聽候本爵督臨查處。若是陽投陰叛，譎詐反覆，度其事勢，終難曲全，則宜密切相機乘間行事，務在獲厥渠魁，不得濫加無罪。各官務要協和行事，既無參錯牴牾，有乖共濟之義；亦無貪功輕率，仰戾好生之仁。又經行仰各遵照施行去後。

今據前因，看得湖兵既至，勢難中止，非徒無事漫行，有失遠人之信；亦且師老財費，重爲地方之憂。但聞諸道路，傳諸商旅，皆謂各目投撫之誠，今已甚切；致亂之情，尚有可原。且朝

[一] 各職即目起程 「目」，文淵閣本、摛藻堂本作「日」。

廷以好生爲德，下民無必死之讐，是以本爵尚爾遲疑，欲候督臨，乃決進止。顧傳聞未真，兵難遥度，各官身親其事，必皆的知；況原任總督雖已致政，尚在統領，老成慎重，當無遺策[一]。若果事在不疑，即宜乘機速舉，一勞永逸，以靖地方。如其尚有可生之道，亦且毋爲必殺之謀，匪曰姑息，將圖久安。及照各處流賊，素爲民患，非止一巢，若用聲東擊西之術，則湖兵之來，未爲徒行。各官俱密切慎圖，務出萬全。本爵亦已扶病晝夜速進，軍中事宜，從便施行。一面呈稟撫鎮、巡按等衙門，一體通行知會。俱毋違錯。

牌諭安遠縣舊從征義官葉芳等 十一月

往年本爵提督南、贛、汀、漳等處軍務，因地方盜賊未平，身親軍旅，四出剿除。爾葉芳等，乃能率領兵夫，來隨帳下，奮勇殺賊，效勞爲多。後遭寧藩之變，爾葉芳又能堅辭賊賄，一聞本爵起調牌到，當即統領曾德禮等，及部下兵衆，晝夜前來，遠赴國難，一念忠義，誠有可嘉。備歷辛苦，立有戰功，賞未酬勞，予心慊慊。嘗欲表奏爾一官，以勵忠勤，隨因本爵守制還家，未及舉行。今兹奉命，總制四省軍務，復臨是境，看得舊時從征軍士，多被忌功之徒百般屈抑，心

[一] 當無遺策 「遺」，國圖本、天圖本、叢刊本作「隨」。

殊爲之不平。念爾葉芳舊勞未酬，合就先行獎勵，故特差典史張縉，將帶花紅、羊酒，親至爾家，用旌爾功。爾其益謹禮法，以緝下人，益殫忠勤，以報上德，省諭部下之人，務要各安生理，各守家業。人惟不爲善，未有爲善而不獲善報者；人惟不爲惡，未有爲惡而不受惡殃者。聞爾所居之地，傍近各寨新民，雖云向化，其間尚多與爾爲讐，爾宜高爾墻垣，嚴爾警備，以戒不虞。爾等嘗與杜柏、孫洪舜等不和，各宜消釋，講信修睦，安集地方。吾所以惓惓誨諭爾等者，實念爾等辛勤，從我日久，吾視爾等，不啻如父子，雖欲已於言，情有所不容已也。吾今以軍機重務，即赴兩廣，不得久留贛城，爾等但體吾教戒之意，各安室家，不必遠來候見，徒勞無益。其曾德禮等，俱各諭以此意。

批南康縣生員張雲霖復學詞

看得張雲霖，原係本院檄召起兵從征人數，立有功次，已經核實造報，皆本院所親知。後因忌功之徒，搜求羅織，遂令此生屈抑至此，言之誠爲痛憤。仰分巡嶺北道，即與查審教官費廷芳招案，有無干涉；功賞銀兩，曾否收給。仍行提學道，收送復學，則有功之士不致於抱冤憤，而本生仗義勤王之節，庶亦不負其初心矣。　批贛縣生員雷瑞詞同

放回各處官軍牌　十二月二十五日

照得先因田州等處變亂，前任軍門抽撥兩省官軍，及差官取調左右兩江土官、目兵，前赴南寧等處駐劄，聽候征剿。今照各夷，皆來告要誠心向順，已漸有平復之機。且各處城池邊隘，缺人防守，往往來告盜賊乘間竊發，亦不可不爲之慮。況今春氣萌動，東作方興，各兵屯頓日久，露眠草宿〔一〕，勞苦萬端，應合放回。爲此牌仰本官，即將軍門原調各處官軍、機兵、打手，及各土官、目兵，盡數撤散，放回休息，及時農種，防守城池。惟湖廣永、保二司土兵，姑留聽候，俟沿途夫馬糧草完備，然後發回。各具由回報，毋得違錯。

犒諭都康等州官男彭一等　十二月二十八日

看得廣西某州縣官孫族某、官男頭目某等，統領土兵，前來南寧賓州地方，屯哨日久，勞苦良多。即今歲暮天寒，各兵遠離鄉土，豈無室家之念，故今特加犒勞，通放歸復業安生。本族官目，務要嚴整行伍，經過地方，毋得侵擾人家一草一木。有犯令者，即時照依軍法斬首。到家之後，

〔一〕露眠草宿　「露」，國圖本、天圖本、叢刊本、文淵閣本、摛藻堂本作「霜」。

仰本州縣官，仍要愛惜下人，輯和鄰境，毋得恃强凌弱，倚衆暴寡，越理踰分，自取罪累，遵守朝廷法制，保爾土地人民。牌仰本州縣官，執照遵守，到家之日，俱依准回報。

劄付永順宣慰司官舍彭宗舜冠帶聽調

據湖廣永順等處軍民宣慰使司領征冠帶舍把彭明倫[一]、田大有等呈稱，統兵土舍彭宗舜，係致仕宣慰彭明輔嫡生次男，伊兄彭宗漢身故，本舍應該襲替。嘉靖五年，宗漢奉征田州，蒙軍門劄付冠帶殺賊。惟本舍見統目兵聽用，又自備家丁三千報效。切恐未授官職，軍威無所瞻肅，呈乞比照故兄彭宗漢事體，授職便益，等因到爵。

爲照軍旅之政，非威嚴則不肅；等級之辯，非冠帶無以章。今官舍彭宗舜，於常調之外，自備家丁，隨父報效，不避艱險，勤勞王事，固朝廷之所嘉與。況又勘係應襲次男，今以土舍領兵，於體統未肅，合就遵照敕諭便宜事理，給與冠帶，以便行事。除事寧另行具奏外，爲此劄仰官舍彭宗舜，先行冠帶，望闕謝恩。仍須秉節持身，正己律下，申嚴約束，而使兵行所在，無犯秋毫；作興勇敢，而使兵威所加，有如破竹。務竭忠貞，以圖報稱，功成之日，具奏旌賞，國典具存。

[一] 領征冠帶舍把彭明倫　「冠」，國圖本、天圖本、叢刊本訛作「官」。

先具冠帶日期依准繳報，仍行本省鎮巡衙門知會。毋得違錯。

批廣西布按二司請建講堂呈

據參政汪必東、僉事吴天挺呈，請建講堂號舍，以便生員肄業事。看得感發奮勵，見諸生之有志；作興誘掖，實有司之盛心。不有藏修之地，難成講習之功。况境接諸蠻之界，最宜用夏變夷；而時當梗化之餘，尤當敷文來遠[一]。雖亦俎豆之事，實關軍旅之機。准如所議，動支軍餉銀兩，即爲起蓋[二]，務爲經久之計，毋飾目前之觀。完日，開數繳報。

批立社學師耆老名呈　嘉靖七年正月

據思明府申稱，要令土人譚勣、蘇彪，加以社學師名號；鄉老黄永堅，加以耆老名號。看得教民成俗，莫先於學。然須誠愛惻怛，實有視民如子之心，乃能涵育薰陶，委曲開導，使之感

[一] 尤當敷文來遠　「當」，黄本、閭本、董本、聞本、宋本、邵本作「須」。
[二] 即爲起蓋　「爲」，黄本、閭本、董本、聞本、宋本、邵本作「行」。

發興起。不然，則是未信而勞其民，反以爲厲己矣。據本官所申[一]，是亦良法，但須行以實心，節用愛民，施爲有漸，不致徒飾一時之名，務垂百年之澤始可。該道守巡官，仍加勞來匡直，開其不逮。備行該府，查照施行。

議處江古諸處瑶賊

節據各道哨守官兵呈報。照得廣西府江、古田、洛容諸處瑶賊，日來勢益猖熾。皆由近年以來，大征之舉，既爲虚文，而鵰剿又復絶響，是以爲彼所窺，肆無忌憚。今思田事體，漸就平息，湖兵西歸有日，正可相機行事。爲此牌行左布政嚴紘，密切會同參政龍誥、按察使錢宏、副使李如圭、翁素，將各稔惡賊巢，務訪的確，密拘知因鄉道，備詢我兵所由道路險夷遠近，及各賊巢所在。議謀既定，即可迎約湖兵，決機行事，要在聲東擊西，後發先至。但誅其罪大惡極者一處兩處，其餘且可悉行寬撫，容令改惡從善。務在去暴除殘，懲一戒百，不必廣捕多殺，致令玉石無分，驚疑遠邇，後難行事。若其事勢連絡廣遠，關係重大，亦且不宜輕動。本院尚駐南寧，彼中事機，勢難遥度，諒各官平日素有深謀沉勇，秉義奮功，一切機宜，自能周悉。近報劃平之獲，

[一] 據本官所申 「官」，國圖本、天圖本、叢刊本、文淵閣本、摛藻堂本作「縣」。

已見用心之勤，尚須後效，一并奏請。凡有申稟，密切封來。

批嶺西道立營防守呈 二月

據僉事李香呈稱，雇募打手，立營防守緣由。看得所議既得其要略，但屯兵固不可分，而合兵又不宜頓，必須該道及統兵官，時將屯聚之兵，督率於賊盗出没要害，往來巡視操演。因而或修復營堡，或開通道路，或戒飭反側瑶寨，或撫安凋弊民村。巡行慣熟，遠近不疑，擇其長惡不悛者，間行鵰剿，懲一戒百。如農夫之植禾，必逐漸而耕耨；如園丁之去草，必以次而芟除。庶屯聚之兵，無坐食之患，而有日新之功矣。仰備行各官，查照施行。

犒送湖兵

照得先該軍門，奏調湖廣永順、保靖二宣慰司土官、目兵，前來征剿田州等處。今照各夷自縛歸降，地方平靖。爲照宣慰彭明輔、彭九霄，雖未及衝冒矢石，摧堅破敵，然跋涉道途，間關山海，不但勞苦之備嘗，且其勤事之忠，赴義之勇，不戰而勝，全師以歸，隱然之功，亦不可掩。

所據宴勞之禮，相應照舊舉行。其沿途該用廩給口糧等項，亦合計算總支，庶免阻滯，及省偏州下邑之擾。爲此牌仰本官，行會左參政龍誥、僉事吴天挺、參議汪必東，督行南寧府，於賞功綵段、金銀花枝銀兩内，照依開數支出，齎送各宣慰，并給賞各舍目收領，以慰其勞。仍將永、保二司官舍、頭目人等，合用廩給口糧等項，查取見在確數，各有若干。亦行南寧府，查自本府起，至梧州府止，計算幾縣，每驛扣算該銀若干，就於軍餉銀内支給；又自梧州起，至桂林府止，查算縣驛若干，亦就行該府支銀應付；又自桂林府起，照前計算，至全州止，銀兩亦行該府查給。其各州縣，止是應付人夫，再不許别項科派於民。仍通行南寧、潯州、梧州、平樂、桂林、全州，各查照單内，預行整辦，犒勞下程，聽候各官舍目到彼，分送犒勞，給賞施行。

批嶺西道撫處盜賊呈

看得各處盜賊，全在撫處得宜，綏柔有道，使之畏威懷德，歲改月化，自然不敢爲惡，乃爲善策。雖鵰剿之舉，亦不得已而後一行，至於待其猖獗肆惡，然後懸金以購首級之獲，掩襲以求斬捕之多，抑亦末矣。今後該道官，務思撫處綏柔之長策，如駕舟之舵，御馬之轡，操持有要，而運動由己。若舍舵與轡，而廣求駕御之術，雖極工巧習熟，終亦不免傾跌之虞。一應賞罰，量功大小以爲多寡，軍門原有舊規，軍職累功陞級，亦有見行事例。臨陣退縮，仰遵敕諭事理，當時以軍法從事。俱仰查照施行。繳。

禁革輕委職官

據廣東布政司呈參，廣州左等四衛掌印指揮王冕、海信、杜隆、馮凝，千户陸宗等，百户劉愷等，不修職業，委棄城池，遠出經旬，肆無忌憚，應合參問。參看擅離職役，律有明條。今各處軍衛有司官，往往輒因私事，棄職遠出，或因上司經由，過爲趨諂，越境送迎，往回動經旬月，上下相安，恬不爲異。仰布政司，通行禁革究治。今後不係緊急軍機重務，其餘問候申請等項，雖亦公事，勢有輕緩者，止役吏胥差使，不許輕委職官。非但廩給夫馬，騷擾道途，勞費不少；抑且城池庫獄，一有虧失，貽累匪輕。各該衙門首領官，今後俱要置立文簿，凡遇掌印、佐貳，及帶俸等官，公事出入，俱要開記月日，因某事到某處送迎，或承何衙門到某處差委，某年月日回任。歲終繳報本院，以憑查究。大抵天下之不治，皆由有司之失職；而有司之失職，獨非小官下吏偷惰苟安，僥倖度日，亦由上司之人不遵國憲，不恤民事，不以地方爲念，不以職業經心。既無身率之教，又無警戒之行，是以蕩弛日甚，亦宜分受其責可矣。仰布政司，備行各該守巡、各兵備、守備，及府州縣衛所等大小衙門，仰各查照施行。該衛掌印等官，姑記未究，其陸宗、劉愷，遵照本院欽奉敕諭事，先行提究，以警其將來。此繳。

分派思田土目辦納兵糧 四月

照得思恩、田州二府，各設流官知府，治以土俗。其二府原舊甲分城頭，除割田州八甲分立土官知府，以存岑氏之後。其餘悉照舊規，不必開圖立里，但與酌量分析，各立土目之素爲衆所信服者，以爲土官巡檢，屬之流官知府，聽其各以土俗自治，照舊辦納兵糧，效有勤勞，遞加陞授。其襲授調發，必皆經由於知府；其官職土地，皆得各傳其子孫。除具題外，爲照各甲城頭既已分析，若不先令各目暫行分管，誠恐事無統紀，別生弊端。爲此牌仰田州府土目龍寄等，遵照後開甲分，每歲應該納辦官糧，查照開數，依期完納出辦，一應供役征調等項事情，悉聽知府調度約束。本目仍要守法奉公，正己律下，愛養小民，保安境土，毋得放縱恣肆，踰分干紀，自取罪累，後悔無及。候奏請命下，仰各欽遵施行。

計開：

凌時甲

每年納夏稅秋糧米八十八石八斗七升七合

每調出兵三百八十四名

每年表箋用銀三錢二分

須知一本赴廣西用銀一錢一分[一]

須知二本赴京用銀八錢八分[二]

每年納官猪等例銀一十三兩

每年納官禾四十担重一百斤

每年供皂隸禾七担

完冠呰陶甲

【每年納夏稅秋糧米六十九石一斗八升四合三勺

每調出兵三百三十八名

每年表箋用銀二錢七分八釐

[一] 須知一本 黄本、閭本、董本「知」下有「册」字。

[二] 須知二本 黄本、董本作「須知册一本」，閭本「知」下有「册」字。

三年大貢用銀八兩四錢二分

須知册一本赴廣西用銀九分三釐

須知册二本赴京用銀七錢五分五釐

每年納官猪等例銀一十四兩三錢

每年納官禾七十五担

每年供皂隸禾七担

腮水源坤宦位甲[一]

每年納夏税秋糧米六十九石一斗八升四合三抄

每調出兵三百四十名[二]

每年表箋用銀二錢七分五釐

三年大貢用銀八兩四錢二分

須知册一本赴廣西用銀九分三釐

[一] 腮水源坤宦位甲 「宦」，處置平復地方以圖久安疏作「官」。

[二] 每調出兵三百四十名 黄本、董本脱「百」字，據間本補。

須知册二本赴京用銀七錢六分

每年納官猪等例銀一十四兩三錢

每年納官禾七十五担

每年納供皂隸禾七担

峎答甲

每年納夏税秋糧米四十九石四斗四升二合二抄

每年調出兵三百七十一名

每年表箋用銀二錢

三年大貢用銀六兩零一分二釐五毫

須知册一本赴廣西用銀六分六釐二毫五絲

須知册二本赴京用銀五錢三分二釐五毫

每年納官猪等例銀五兩二錢

每年納官禾三十担

每年納供皂隸禾七担

廉州田子半甲

每年納夏税秋糧米四十八石八斗八升三合九勺六抄

每調出兵一百七十八名

每年表箋用銀二錢一分

三年大貢用銀五兩九錢五分

須知册一本赴廣西用銀七分

須知册二本赴京用銀五錢六分

每年納官猪等例銀七兩一錢五分

每年納官禾三十五担

每年納供皂隸禾三担半

右仰淩時巡檢司署土巡檢事土目龍寄准此

砦馬甲

每年納夏税秋糧米七十九石四斗一升二合八勺一抄

每調出兵四百四十八名

每年表箋用銀三錢二分二釐

三年大貢用銀九兩六錢七分

須知册一本赴廣西用銀一錢零七釐[一]

須知册二本赴京用銀八錢五分

每年納官猪等例銀一十五兩

每年納官禾五十担

每年納供皂隸禾七担

略甲

每年納夏税秋糧米六千二石八斗九升五合[二]

每調出兵三百名

每年表箋用銀二錢五分六釐

三年大貢用銀七兩六錢六分

[一] 用銀一錢零七釐　黄本、董本脱「用」字，據閭本補。

[二] 六千二石八斗　據上下文，「千」或爲「十」之訛。

須知册一本赴廣西用銀八分四釐
須知册二本赴京用銀六錢九分
每年納官猪等例一十三兩
每年納官禾五十担
每年納供皂隸禾七担

溫乞甲

每年納夏税秋糧米八十八石八斗七升七合
每調出兵三百三十一名
每年表箋用銀三錢三分
三年大貢用銀一十兩八錢二分
須知册一本赴廣西用銀一錢一分
須知册二本赴京用銀八錢八分
每年納官猪等例一十三兩
每年納官禾六十担

每年納供皂隸禾七担

右仰砦馬巡檢司署土巡檢事土目盧蘇准此

大田子甲

每年納夏稅秋糧米二百六十四石八斗一升五合

每調出兵九百一十名

每年表箋用銀一兩零九分

三年大貢用銀三十六兩一錢

須知册一本赴廣西用銀三錢六分

須知册二本赴京用銀二兩九錢

每年納官猪等例銀一十五兩六錢

每年納官禾八十担

每年納供皂隸禾七担

那帶甲

每年納夏稅秋糧米九十七石七斗六升二合七勺

每調出兵三百六十一名
每年表箋用銀四錢二分
三年大貢用銀一十兩九錢
須知册一本赴廣西用銀一錢四分
須知册二本赴京用銀一兩一錢二分
每年納官猪等例銀一十四兩三錢
每年納官禾五十担
每年納供皂隸禾七担

錦養甲

每年納夏税秋糧米四十四石零一升五合
每調出兵一百六十九名
每年表箋用銀一錢七分九釐
三年大貢用銀五兩三錢六分
須知册一本赴廣西用銀五分九釐

須知册二本赴京用銀四錢九分

每年納官猪等例銀九兩一錢

每年納官禾七十五担

每年納供皂隸禾七担

右仰大田巡檢司署土巡檢事土目黄富准此

累彩田子軒憂甲

每年夏税秋糧米五十三石八斗七升五合五勺

每調出兵二百四十一名

每年表箋用銀六兩六錢

須知册一本赴廣西用銀七分五釐

須知册二本赴京用銀五錢八分

每年納官猪等例銀一十一兩七錢

每年納官禾五十担

每年納供皂隸禾七担

篤忻下甲

每年納夏稅秋糧米四十七石八斗八升九合四勺

每調出兵一百九十九名

每年表箋銀一錢九分

三年大貢用銀五兩八錢五分

須知册一本赴廣西用銀六分四釐

須知册二本赴京用銀五錢二分

每年納官猪等例銀一十兩四錢

每年納官禾五十担

每年納供皂隸禾七担

右仰累彩巡檢司署土巡檢事土目盧龍准此

武龍煙負甲

每年納夏稅秋糧米五十九石八斗六升一合五勺

每調出兵三百六十四名

每年表箋用銀二錢五分

三年大貢用銀七兩三錢五分

須知册一本赴廣西用銀八分五釐

須知册二本赴京用銀六錢五分

每年納官猪等例銀一十三兩

每年納官禾五十担

每年納供皂隸禾七担

里定甲

每年納夏税秋糧米四十七石八斗八升九合四勺

每調出兵二百五十五名

每年表箋用銀一錢九分

三年大貢用銀五兩八錢五分

須知册一本赴廣西用銀六分四釐

須知册二本赴京用銀五錢二分

每年納官猪等例銀一十兩四錢
每年納官禾七十五担
每年納供皂隸禾七担
右仰武龍巡檢司署土巡檢事土目黄笋准此
萬洞甲
每年納夏税秋糧米六十三石二斗五升
每調出兵三百五十一名
每年表箋用銀二錢六分九釐六毫二絲五忽
三年大貢用銀七兩七錢零二釐
須知册一本赴廣西用銀八分六釐二毫五絲
須知册二本赴京用銀六錢八分二釐五毫
每年納官猪等例銀一十四兩
每年納官禾四十担
每年納供皂隸禾七担

永寧甲

每年納夏稅秋糧米四十九石四斗四升二合二抄

每調出兵二百七十七名

每年表箋用銀二錢

三年大貢用銀六兩零一分二釐五毫

須知册一本赴廣西用銀六分六釐二毫五絲

須知册二本赴京用銀五錢三分二釐五毫

每年納官猪等例銀五兩二錢

每年納官禾三十担

每年納供皂隸禾七担

右仰萬洞巡檢司署土巡檢事土目陸豹准此

陽院右鄧甲

每年納夏稅秋糧米六十三石二斗五升

每調出兵四百一十九名

每年表箋用銀二錢六分九釐六毫二絲五忽

三年大貢用銀七兩七錢零二釐

須知册一本赴廣西用銀八分六釐二毫五絲

須知册二本赴京用銀六錢八分二釐五毫

每年納官猪等例銀一十四兩

每年納官禾四十担

每年納供皂隸禾七担

葛羅彼甲

每年納夏税秋糧米四十九石四斗四升二合二抄

每調出兵二百六十六名

每年表箋用銀二錢

三年大貢用銀六兩零一分二釐五毫

須知册一本赴廣西用銀六分六釐二毫五絲

須知册二本赴京用銀五錢三分二釐五毫

每年納官猪等例銀五兩二錢
每年納官禾三十担
每年納供皂隸禾七担
右仰陽院巡檢司署土巡檢事土目林盛准此
思郎那召甲
每年納夏税秋糧米一百七十六石五斗四升二合
每年調出兵三百八十二名
每年表箋用銀七錢二分
三年大貢用銀二十一兩二錢二分
須知册一本赴廣西用銀二錢四分
須知册二本赴京用銀一兩九錢二分
每年納官猪等例銀一十兩四錢
每年納官禾八十担
每年納供皂隸禾七担

舍小田子憧甲

每年納夏税秋糧米一百一十石三斗三升七合五勺

每調出兵三百二十二名

每年表箋用銀四錢四分

三年大貢用銀一十二兩八錢

須知册一本赴廣西用銀一錢五分

須知册二本赴京用銀一兩一錢八分

每年納官猪等例銀六兩伍錢

每年納官禾二十四担

每年納供皂隸禾七担

右仰思郎巡檢司署土巡檢事土目胡喜准此

怕何甲

每年納夏税秋糧米九十七石七斗六升二合七勺

每調出兵三百二十六名

每年表箋用銀四錢二分
三年大貢用銀一十一兩九錢
須知册一本赴廣西用銀一錢四分
須知册二本赴京用銀一兩一錢二分
每年納官猪等例銀一十四兩三錢
每年納官禾五十担
每年納供皂隸禾七担

速甲

每年納夏税秋糧米八十八石九斗七升七合
每調出兵三百二十三名
每年表箋用銀三錢三分
三年大貢用銀一十兩八錢二分
須知册一本赴廣西用銀一錢一分
須知册二本赴京用銀八錢八分

每年納官猪等例銀一十三兩

每年納官禾五十担

每年納供皂隷禾七担

右仰怕何巡檢司署土巡檢事土目羅玉准此

拱甲

每年納夏税秋糧米四十九石四斗四升二合二抄

每調出兵三百二十六名

每年表箋用銀二錢

三年大貢用銀六兩零一分二釐五毫

須知册一本赴廣西用銀六分六釐二毫五絲

須知册二本赴京用銀五錢三分二釐五毫

每年納官猪等例銀五兩二錢

每年納官禾五十担

每年納供皂隷禾七担

白石甲

每年納夏税秋糧米四十九石四斗四升二合二抄

每調出兵三百二十六名

每年表箋用銀二錢

三年大貢用銀六兩零一分二釐五毫

須知册一本赴廣西用銀六分六釐二毫五絲

須知册二本赴京用銀五錢三分三釐五毫

每年納官猪等例銀五兩二錢

每年納官禾三十担

每年納供皂隸禾七担

右仰拱甲巡檢司署土巡檢事土目邢相准此

縣甲

每年納夏税秋糧米三十一石四斗四升七合五勺

每調出兵二百二十一名

每年表箋用銀一錢二分八釐
三年大貢用銀三兩八錢三分
須知册一本赴廣西用銀四分二釐
須知册二本赴京用銀三錢四分五釐
每年納官猪等例銀六兩五錢
每年納官禾無
每年納供皂隸禾七担

環甫蛙可甲

每年納夏稅秋糧米五十六石六斗一升一合
每調出兵二百九十五名
每年表箋用銀二錢七分八釐
三年大貢用銀六兩八錢九分
須知册一本赴廣西用銀七分五釐
須知册二本赴京用銀六錢二分

每年納官猪等例銀一十一兩七錢

每年納官禾六十担

每年納供皂隸禾七担

右仰縣甲巡檢司署土巡檢事土目羅寛准此

篆甲

每年納夏税秋糧米九十七石七斗六升二合七勺

每調出兵三百五十六名

每年表箋用銀四錢二分

三年大貢用銀一十一兩九錢

須知册一本赴廣西用銀一錢四分

須知册二本赴京用銀一兩一錢二分

每年納官猪等例銀一十四兩三錢

每年納官禾四十担

每年納供皂隸禾七担

煉甲

每年納夏税秋糧米七十一石零九升五合

每調出兵三百一十九名

每年表箋用銀三錢

三年大貢用銀八兩六錢五分

須知册一本赴廣西用銀一錢

須知册二本赴京用銀八錢

每年納官猪等例銀一十四兩四錢

每年納官禾三十五担

每年納供皂隸禾七担

右仰篆甲巡檢司署土巡檢事土目黄萊准此

思幼東平夫捧甲 [一]

每年納夏税秋糧米六十三石二斗五升

[一] 思幼東平夫捧甲 「捧」，處置平復地方以圖久安疏作「棒」。

每調出兵二百九十八名

每年表箋用銀二錢六分九釐六毫二絲五忽

三年大貢用銀七兩七錢零二釐

須知册一本赴廣西用銀八分六釐二毫五忽

須知册二本赴京用銀六錢八分二釐五毫

每年納官猪等例銀一十四兩

每年納官禾五十担

每年納供皂隷禾七担

滌喃甲

每年納夏税秋糧米六十二石二斗四升九合

每調出兵二百四十七名

每年表箋用銀二錢六分

三年大貢用銀七兩五錢七分

須知册一本赴廣西用銀八分

須知册二本赴京用銀六錢四分
每年納官猪等例銀九兩一錢
每年納供皂隸禾七担
右仰思幼巡檢司署土巡檢事土目楊趙准此

床甲

每年納夏税秋糧米四十九石四斗四升二合二抄
每調出兵二百九十一名
每年表箋用銀二錢
三年大貢用銀六兩零一分二釐五毫
須知册一本赴廣西用銀六分六釐二毫五絲
須知册二本赴京用銀五錢三分二釐五毫
每年納官猪等例銀五兩二錢
每年納官禾三十担
每年納供皂隸禾七担

呰例甲

每年納夏税秋糧米四十九石四斗四升二合二抄

每調出兵二百七十八名

每年表箋用銀二錢

三年大貢用銀六兩零一分二釐五毫

須知册一本赴廣西用銀六分六釐二毫五絲

須知册二本赴京用銀五錢三分二釐五毫

每年納官猪等例銀五兩二錢

每年納官禾三十担

每年納供皂隷禾七担

右仰床甲巡檢司署土巡檢事土目盧保准此

婪鳳甲

每年夏税秋糧米二百二十石六斗八升

每調出兵五百八十三名

每年表箋用銀九錢一分
三年大貢用銀二十六兩六錢
須知册一本赴廣西用銀三錢
須知册二本赴京用銀二兩四錢
每年納官猪等例銀一十三兩
每年納官禾六十担
每年納供皂隸禾七担

工蕘降甲

每年納夏税秋糧米八十八石二斗七升一勺八抄
每調出兵三百零五名
每年表箋用銀三錢五分
三年大貢用銀一十兩零五分
須知册一本赴廣西用銀一錢二分
須知册二本赴京用銀九錢四分

每年納官猪等例銀五兩二錢

每年納官禾二十八担

每年納供皂隷禾七担

右仰棼鳳巡檢司署土巡檢事土目黄陳准此

下隆甲

每年納夏税秋糧米七十五石四斗七升一合

每調出兵三百三十名

每年表箋用銀三錢零七釐

三年大貢用銀九兩一錢九分

須知册一本赴廣西用銀一錢

須知册二本赴京用銀八錢二分五釐

每年納官猪等例銀一十五兩六錢

每年納官禾一百担

每年納供皂隷禾七担

甲周弼柳哥田子甲

每年納夏税秋糧米六十二石八斗九升五合

每調出兵三百四十二名

三年大貢用銀七兩六錢六分

每年表箋用銀二錢五分六釐

須知册一本赴廣西用銀八分四釐

須知册二本赴京用銀六錢九分

每年納官猪等例銀一十三兩

每年納官禾一百担

每年納供皂隷禾七担

右仰下隆巡檢司署土巡檢事土目黄對准此

呰桑甲

每年納夏税秋糧米八十八石二斗七升二勺

每調出兵三百零五名

每年表箋用銀三錢五分
三年大貢用銀一十兩零五分
須知册一本赴廣西用銀一錢二分
須知册二本赴京用銀九錢四分
每年納官猪等例銀五兩二錢
每年納官禾四十担
每年納供皂隸禾七担

義寧江那半甲

每年納夏税秋糧米四十四石一斗三升五合一勺
每調出兵一百五十二名半
每年表箋用銀一錢七分五釐
三年大貢用銀五兩零五分五釐
須知册一本赴廣西用銀六分
須知册二本赴京用銀四錢七分

每年納官猪等例銀二兩六錢

每年納官禾二十担

每年納供皂隸禾三担半

右仰砦桑巡檢司署土巡檢事土目戴德准此

侯周怕豐甲

每年納夏税秋糧米六十三石二斗五升

每調出兵二百七十九名

每年表箋用銀二錢六分九釐六毫二絲五忽

三年大貢用銀七兩七錢零二釐

須知册一本赴廣西用銀八分六釐二毫五絲

須知册二本赴京用銀六錢八分二釐五毫

每年納官猪等例銀一十四兩

每年納官禾五十担

每年納供皂隸禾七担

右仰侯周巡檢司署土巡檢事土目戴慶准此】〔一〕

案行廣西提學道興舉思田學校

照得田州新服，用夏變夷，宜有學校。但瘡痍逃竄之餘，尚無受廛之民，即欲建學，亦爲徒勞，然風化之原，終不可緩云云。除具題外，擬合就行。爲此仰抄案回道，着落當該官吏，備行所屬儒學遵照，但有生員，無拘廩增，願改田州府學，及各處儒生願附籍入學者，各赴告本道，徑自查發。選委教官一員，暫領學事，相與講肄游息，或興起孝弟，或倡行鄉約，隨事開引，漸爲之兆。俟休養生息一二年後，該府建有學校，然後將各生徒通發該學肄業，照例充補增廩，以次起貢。俱無違錯。

揭陽縣主簿季本鄉約呈　四月

據揭陽縣主簿季本呈，爲鄉約事。足見愛人之誠心，親民之實學，不卑小官，克勤細務，使爲有司者，皆能以是實心修舉，下民焉有不被其澤，風俗焉有不歸於厚者乎？但本官見留軍門聽

〔一〕此據黄本、閭本、董本仰田州龍寄分管各甲篇補，所述皆田州事，思恩府處置見牌仰思恩府土目分管各城頭。

用，該縣若無委官相繼督理，未免一暴十寒。況本院近行十家牌諭，雖經各府縣編報，然訪詢其實，類是虛文搪塞。且編寫人丁，惟在查考善惡，乃聞加以義勇之名，未免生事擾衆，已失本院息盜安民之意。訪得潮州府通判張繼芳，持身端確，行事詳審，仰該府掌印官，將發去牌式，再行曉諭所屬，就委張繼芳，遍歷屬縣，督令各該縣官勤加操演，務要不失本院立法初意。仍先將牌諭所開事理，再四紬繹，必須明白透徹，真如出自己心，庶幾運用皆有脉絡，而施爲得其調理。該縣鄉約，仰委縣丞曹森管理，毋令廢墮。

賑給思田二府 四月

照得近因思、田二府擾亂，該前總鎮等官，奏調三省漢土官軍兵快人等，前來南寧府屯住防守。軍民大小，男不得耕，女不得織，而湖兵安歇之家，騷擾尤甚。今雖地方平靖，湖兵已回，然瘡痍未起，困苦未蘇，況自三月以來，天道亢旱，種未入土，民多缺食，誠可憫念。已經行仰同知史立誠，遍查停歇湖兵之家開報，相應量行賑給。爲此牌仰南寧府，着落當該官吏，專委同知史立誠，即將十名以上七十一家，各給米二石，鹽魚二十觔；五名以上三百五十六家，各給米一石三斗，鹹魚十三觔；五名以下四百五十四家，各給米一石，鹹魚十觔；就於該府軍餉米魚內支給開報。其餘大小軍民之家，諭以本院心雖無窮，而錢糧有限，各宜安心生理，勤儉立家，毋縱驕奢，毋習游惰，比之豐亨豫大之日雖不足，而方之兵戈擾攘之時則有餘矣。【具依准繳來。】

牌行靈山縣延師設教 六月

看得理學不明，人心陷溺，是以士習日偷，風教不振。近該本院久駐南寧，該府及附近各學師生，前來朝夕聽講，已覺漸有奮發之志，但窮鄉僻邑，本院既未暇身至其地，則諸生亦何由耳聞其説？合行委官，遍行訓告。看得原任監察御史，今降合浦縣丞陳逅，理學素明，志存及物，見在軍門，相應差委。除行本官外，爲此牌仰靈山縣當該官吏，即便具禮，敦請本官，於該縣學安歇，率領師生，朝夕考德問業，務去舊染卑汙之習，以求聖賢身心之功。該縣諸生，應該赴試者，臨期起送；不該赴試者，如常朝夕聽講。或時出與經書策論題目，量作課程，不得玩易怠忽，虚應故事，須加時敏之功，庶有日新之益。該縣仍要日逐供給薪米之類。候該縣掌印官應朝之日，本官不妨訓迪諸生，就行兼署該縣印信。

牌行委官陳逅設教靈山

看得理學不明云云，除行廉州府及所屬縣外。牌仰本官，即便前去該府及所屬縣，行各掌印官，召集各該縣師生，遍行開導訓告，務行立志敦本，求爲身心之學，一洗舊習之陋。度量道里折中處所，於靈山縣儒學住歇，令各縣師生可以就近聽講。其諸生該赴試者，臨期起送；不該赴試者，如常朝夕聚會，考德問業，毋令一暴十寒，虛應文具。亦或時出經書策論題目〔一〕，量作課程，就與講析文義，以無妨其舉業之工。大抵學絶道喪之餘，人皆駭於創聞，必須包蒙俯就，涵育薰陶，庶可望其改化。諒本官平日素能孜孜汲引〔二〕，則此行必能循循善誘。該縣掌印官應朝之日，本官不妨訓迪諸生，就行兼署該縣印信，待後縣官應朝回日，方許交還。【各具依准繳報。】

牌行南寧府延師設教

看得理學不明，人心陷溺，是以士習益偷，風教不振。近該本院久住南寧，與該府縣學師生，朝夕開導訓告，頗覺漸有興起向上之志。本院又以八寨進兵，前往賓州等處調度〔三〕，則興起諸生，

〔一〕亦或時出經書策論題目　「策論」，黄本、閭本、董本、聞本、宋本、邵本作「論策」。
〔二〕諒本官平日素能孜孜汲引　「諒」，國圖本作「誠」。
〔三〕賓州　底本訛作「貴州」，據黄本、閭本、董本、鄒本、宋本、邵本改。

未免又有一暴十寒之患。看得原任監察御史，今降揭陽縣主簿季本，久抱温故知新之學，素有成己成物之心，即今見在軍門，相應委以師資之任。除行本官外，仰南寧府掌印官，即便具禮，率領府縣學師生，敦請本官，前去新創敷文書院，闡明正學，講析義理。各該師生，務要專心致志，考德問業，毋得玩易怠忽，徒應虛文。其應該赴省考試者，扣算程期，臨時起送；不該赴試者，仍要如常，朝夕質疑問難，或時出與經書題目，量作課程。務加時敏之功，以求日新之益。該府縣仍要日逐量送柴米供給。

牌行委官季本設教南寧

看得理學不明，人心云云，除行該府掌印官，率屬敦請外。仰本官就於新創敷文書院内安歇，每日拘集該府縣學諸生，爲之勤勤開誨，務在興起聖賢之學，一洗習染之陋。其諸生該赴考試者，臨期起送；不該赴試者，如常朝夕聚會。考德問業之外，或時出與經書論策題目，量作課程，就與講析文義，以無妨其舉業之功。大抵學絶道喪之餘，未易解脱舊聞舊見，必須包蒙俯就，涵育薰陶，庶可望其漸次改化。諒本官平素最能孜孜汲引，則今日必能循循善誘。諸生之中，有不率教者，時行檟楚，以警其惰。本院回軍之日，將該府縣官員師生查訪勤惰，以示勸懲。

批嶺東道額編民壯呈 六月

據嶺東道巡守官呈，議將各額編民壯存留，照舊守城，并追工食，雇募打手調用。看得本院自行十家牌式，若使有司果能着實舉行，則處處皆兵，家家皆兵，人人皆兵。防守之備既密，則追捕之兵，自可以漸減省，以節民財，以寬民力。但今有司類皆視爲虛文，未曾實心修舉，一旦遂將額設民壯三分減一，則意外不測之虞，果亦有如各官所呈者。合且姑從所議，將各民壯照舊存留，備行該道所屬，查照施行。仍仰各官，務要用心舉行十家牌式，不得苟且因循，惟事支吾目前，徒倚繁難自弊之術以爲上策，反視易簡久安之法以爲迂緩。噫！果有愛民之誠心，處官事如家事者，其忍言者之諄諄，而聽之乃爾其藐藐耶？凡我各官，戒之敬之。此繳。

裁革文移

據布政司呈，今後但有牌案行屬者，則於「備仰」語後，止令奉行官吏具遵行過緣由回報。看得近來官府文移日煩，如造册依准等項，果係徒勞徒費，虛文無補。本院欲革此弊久矣，因軍務紛劇，未及舉行，據呈前因，可謂先得我心之同然者。自今事關本院，除例該奏報，及倉庫、錢糧、金帛、贓罰、紙價、預備稻穀等項，仍於每歲終開項共造手册一本，送院查考外。其餘一應不大緊要文册，及依准等項，通行裁革，務從簡實[一]，以省勞費。凡我有官，皆要誠心實意，一洗從前靡文粉飾之弊，各竭爲德爲民之心，共圖正大光明之治。通備行各該衙門，查照施行。繳。

批右江道調和寨目呈

據副使翁素呈，湖潤寨目兵，徑赴鎮安取調，准議備出印信下帖，給與該府該司，各永永執照，以杜後争。湖潤既已自知原屬鎮安，自此必益供事大之職；鎮安既欲自求仍統湖潤，自此必益施字小之仁。須要誠心協和，庶可永絶禍患。若徒迫脅矯誣於一時，終必反覆變亂於日後，此乃自取滅亡，後悔何及。仰各知悉遵照毋違。此繳。

批南寧府表揚先哲申

據南寧府申稱，北門外高嶺，原有廟宇，以祠宋樞密使狄武襄公青、經略使余公靖、樞密直學士孫公沔、邕州太守忠壯蘇公緘、推官忠愍譚公必，緣年久傾頹，止存基址。今思、田既平，

[一] 務從簡實　「務從」，底本訛作「從務」，據國圖本、天圖本、叢刊本、文淵閣本、摛藻堂本乙正。

所宜修復，以繫屬人心，以聳示諸夷。看得表揚先哲，以激勵有位，此正風教之首，況舊基猶存，相應修復。准支在庫無礙官銀，重建祠宇，其牌位祭物等項，照舊修舉。完日具由回報。此繳。

批增城縣改立忠孝祠申

據增城縣申稱，參得廣東參議王綱，字性常。洪武年間，因靖潮寇，父子貞忠大孝，合應崇祀，於城南門外天妃廟，改立忠孝祠。看得表揚忠孝，樹之風聲，以興起民俗，此最爲政之先務。而該縣知縣朱道瀾，乃能因該學師生之請，振舉廢墜若此，則其平日職業之修，志向之正，從可知矣。仰行該縣，悉如所議施行，其神像牌位及祭物等項，俱聽從宜酌處。完日具由回報。此繳。

批參政張懷奏留朝覲官呈

據左參政張懷所呈，憫念兵荒，欲留府縣正官，足見留心地方。但今歲應朝，事體頗重，朝廷勵精圖治，必有維新之政。各該正官，正宜一行以快觀感，似難通行奏留，仰各照例依期起程。況該道守巡，既得賢能官員，各肯憂勞盡心若此，各府州縣雖無正官，其各佐貳亦必警戒修省，自堪驅策。其間果有闒冗不才，不任委寄者，該道即行別委相應官員署管。仰即通行查照施行，毋再疑滯。繳。

經理書院事宜 八月

據參事吴天挺呈稱，將南寧城東西二壕花利，通收府庫，支與書院師生應用，剩銀修理，仍置教官私宅號房，以爲定規。看得所呈事宜，足見該道官留心學校，興起士習之美意，俱准照議施行。但事無成規，難垂久遠，而管理非人，終歸廢墜。該道仍須置立文簿，將區處過事宜逐件開載，給付該府縣學，及管理書院官，各收一本存照，相繼查考舉行，以防日後埋没侵漁之弊。仍於各教官内，推舉學行端方，堪爲師範者呈來，定委專管書院諸務，訓勵諸生。庶幾法立事行，人存政舉，而今日書院之設爲不虛矣。仍行提督學校官知會，一體查督舉行，及備行該府縣學官吏師生，查照施行。俱毋違錯。此繳。

牌行南寧府延師講禮 八月

照得安上治民，莫善於禮，冠婚喪祭諸儀，固宜家諭而户曉者，今皆廢而不講，欲求風俗之美，其可得乎？况兹邊方遠郡，土夷錯雜，頑梗成風，有司徒事刑驅勢迫[一]，是謂以火濟火，何益於治？若教之以禮，庶幾所謂「小人學道則易使」矣。近據福建莆田儒學生員陳大章，前來南寧遊學，進見之時，每言及禮，因而扣以冠婚鄉射諸儀，果亦頗能通曉。看得近來各學諸生，類多束書高閣，飽食嬉遊，散漫度日。豈若使與此生朝夕講習於儀文節度之間，亦足以收其放心，固其肌膚之會，筋骸之束，不猶愈於博奕之爲賢乎？爲此牌仰南寧府官吏，即便館穀陳生於學舍，於各學諸生之中，選取有志習禮，及年少質美者，相與講解演習。自此諸生得於觀感興起，砥礪切磋，修之於其家，而被於里巷，達於鄉村，則邊徼之地，自此遂化爲鄒魯之鄉，亦不難矣。諸生講習已有成效，該府仍要從厚措置禮幣，以申酬謝。仍備由差人，送至廣西提督學校官，以次送發各府州縣，一體演習。其於風教，要亦不爲無補。

劄付同知林寬經理田寧

照得思、田二府平復，議將田寧府改設流官，見今無官管理。看得化州知州林寬，才識通敏，

[一] 有司徒事刑驅勢迫 「刑」，黄本、董本作「形」。

幹辦勤勵。本爵巡撫江西，知其可用。近因改建府治，修復城垣，已經委令經理，即若陞以該府同知，而使久於其職，必有可觀。已經具題，奉有明旨。續該本院看得南寧，自宣化縣至於田寧，逆流十日之程，其間錯以土夷村寨，奸弊百出。本爵近因躬撫南寧思龍諸圖，鄉民擁道控告，願立縣治。因爲經理，相度得村名那久者，寬平深厚，江水縈迴，居民千餘家，竹樹森翳。且向武各州道路，皆經由其傍，亦爲四通之地，堪以設立縣治。屬之田寧，亦足以鎮據要害，消沮盜賊。又經具題外。爲照新陞知府張鉞尚未到任，合就劄仰本官，即便管理府事，撫綏目民。其修築城垣廨宇，及那久新立縣治等項事宜，公同各該委官，用心督理，務在修築堅固，工程早完，以圖經久。候知府張鉞到任，仰本官專督思龍縣治，務要清查所割圖里錢糧明白，毋令奸民飛詭影射，致貽紛争。本官素有才識，志在建功立業，況奉新命，擢佐專城，遠近土目人等，側耳注目，思有維新之政。本官務要竭心殫力，展布才猷，以仰答朝廷之恩，俯慰下民之望，中無負於軍門之委託。如其因循玩愒，隳事廢功，不但聲名毁辱，抑且罪責難逃。

劄付同知桂鏊經理思恩

照得思、田二府平復，已經具題，將柳州府同知桂鏊經理思恩府事，休勞息困，當有所濟。

續該本爵看得岑濬新移府治，皆斬山絶壁，如處戈矛劍戟之中，況瘴霧昏塞，薄午始開。本爵近因督剿八寨，親往相度，看得地名荒田，寬衍膏腴，可以建府治。而上林縣地名三里者，乃在八寨之間，其地多良田茂林，村落相望，堪以移設鳳化縣治，量築城垣廨宇，招撫逃亡，可以成一方之保障。仍將上林一縣，通割以屬思恩，似於事勢爲便等因。又經具題外。爲照署掌府印，遷築府城，新創縣治，及蓋廨宇等項，皆不可缺人督理。合就劄仰本官，即便星馳前去思恩府，署掌印信，撫綏目民。其遷築府城於荒田，移設縣治於三里，及創建廨宇等項，一應事宜，公同各該委官，用心督理云云。如其因循玩愒，隳事廢功，豈徒身名毁辱，兼亦罪責難逃。

牌行南昌府保昌縣禮送故官

照得保昌縣縣丞杜洞，久在軍門，管理軍賞，清介自持，賢勞茂著，郡屬之中，實爲翹然。今不幸病故，使人檢其行橐，蕭然無以爲歸殯之資，殊可傷悼。今尋常故官小吏，無洞一日之勞者[一]，猶且有水手殯殮之例。況洞從征惡寇，跋涉險阻，衝冒瘴毒，又且平日才而且賢，所謂以死勤事者矣。焉可以不從厚待之，是賢不肖略無所辨也。爲此牌仰本府官吏，即於庫貯無礙官

[一] 無洞一日之勞者　「洞」，黄本、董本作「他」。

錢内，給與水夫二名，棺殮銀十兩，就行照例起關，應付船隻脚力，查照家屬名數，給與口糧，務要從厚資送還鄉開報。及仰保昌縣官吏，即便僉撥長行水手二名，棺殮銀二十兩，及將本官應得俸糧馬夫銀兩，照數支給，交付伊男，及差的當人役，護送還鄉，毋致稽悮。

調發土兵　十月

【據鎮守廣西地方副總兵李璋，呈開廣西省城瑶僮密邇，屢年大征，皆係老弱就誅，而豪强竄伏，捷書方聞，警報隨至，明驗有徵，覆轍當戒。顧今日之事，大征未敢輕議，而鵰剿實所當行。除將見在官軍打手整搠聽候外，及照原擬防守省城東蘭、南丹、那地三州土兵，今皆逃回，正參呈催調間。據廣西布政司呈，奉軍門批，據將那地州土兵免其秋調，專在柳州，聽參將沈希儀調用，備行南丹州，前赴廣西省城聽調殺賊。自今八月初一日爲始，至下年八月初一日止，却調東蘭州土兵依期更替等因。照得南丹一州，兵力素弱，恐難濟事。東蘭每年出兵二千，更番防守省城，此係土官韋虎林先年告求實授，自願報效，比與秋調不同。合無再令韋虎林精選三千，前赴省城，聽本職會同三司，并該道守巡等官，從長酌量，相機鵰剿。仍乞行桂林道守巡官，監督軍務，紀驗功次。合用錢糧，乞於軍餉銀内量支，發仰布政司收貯聽支，事完造册繳報，等因到院。】

照得各州土兵，征調頻數，本非良法，非但耗費竭財，抑且頓兵剉鋭。必須各州輪年調發，一以省供饋之費，一以節各兵之勞，庶幾士人稍有休息之期，而官府亦獲精鋭之用。已經行仰該司遵照，備行南丹州官族莫振亨，即就揀選勇敢精鋭目兵三千名，躬親統領，照依剋定日期，前赴廣西省城，聽調殺賊。果能輸忠報效，立有奇功，即與具奏，准襲該州官職。自今八月初一日爲始，至下年八月初一日止，却調東蘭州土兵依期更替。自今各州目兵，軍門斷不輕易調發，致令奔疲勞苦；亦决不姑息隱忍，縱令驕惰玩弛。但有稽抗遲悮，違犯節制，輕則量行罰治，重則拏究，革去冠帶，又重則貶級削地，又重則舉兵誅討，斷不虚言。通行各土官兵目知悉，俱仰改心易慮，毋蹈前非，自貽後悔去後。

今據所呈，爲照本院軍令既出，難再輕改，失信下人。但本官呈稱，鵰勦缺兵，固亦一時權宜，况稱原係本州先年自願報效，不在秋調之數，亦合姑從所請，暫准取調。爲此牌仰本官，即便會同鎮守太監傅倫，行仰該州土官韋虎林，照數精選目兵，前赴省城，聽各官調遣勦賊。待三兩月間事畢，隨即撤放回州，遵照軍門批行事理，依期更班聽調，不許久留失信。其所呈鵰勦事宜，悉聽會同三司掌印、守巡、兵備等官，依擬施行。事完之日，通將獲過功次，用過錢糧數目，開報查考。俱毋違錯。仍行總鎮、總兵、鎮巡等衙門知會。

犒獎儒士岑伯高

照得思、田之亂，上厪九重命將出師，動調四省軍馬錢糧，洶洶兩年，功未告成，而變日不測。本院前來勘處，是固仰賴皇上好生之仁，格於天地，至誠動物，不疾而速，是以宣布威德，而旬月之間，諸夷即爾革心向化，翕然來歸。然而奔走服役，固有效勞於下者，其間乃有深謀秘計之士，潛開默導，以會合事機，其功隱而難見，此惟主將知之。功成行賞，是所謂首功者也。

照得儒士岑伯高，素行端介，立心忠直，積學待時，安貧養母。一毫無所苟取，而人皆服其廉；一言不肯輕發，而人皆服其信。遊學横州、南寧之間，遠近士夫，及各處土官、土夷，莫不聞風向慕，仰其高節。本院撫臨之初，即用此生，使之深入諸夷，仰布朝廷之德，下宣本院之誠，是以諸夷孚信之速，至於如此，本生實與有力焉〔一〕。當時平復奏内，即欲具列本生之功，而事變方息，深謀秘計，未欲張布於諸夷。且本生志在科第發身〔二〕，不肯異途苟進，堅辭力請。本院不欲重違雅志，遂爾未及奏列。今思、田既已大定，凡有微勞於兹役者，莫不開列，而本生之功，泯然未表，其於報功勵忠之典，誠有未當。仰抄案回司，即於軍餉銀内，動支一百兩，及置買彩

〔一〕本生實與有力焉　黄本、閭本、董本「實」下有「學」字。

〔二〕且本生志在科第發身　「且」，國圖本、天圖本、叢刊本、文淵閣本作「但」。

幣、羊酒，禮送本生，以見本院慰賞犒勞之意。仍仰遵本院欽奉敕諭便宜事理，給與軍功冠帶，以榮其身。該司仍備給劄付執照，并行原籍官司，以禮優待，免其雜泛差徭，明朝廷賞功之典，彰軍門激勵之道。既以遂其養母之願，且以遂其高尚之心。是後本生志求科第，其冠帶自不相妨。仍行兩廣總鎮、總兵、鎮巡等衙門知會。

征剿八寨斷藤峽牌 七年三月　以下俱征八寨

據留撫田州、思恩等處地方右布政使林富、原任副總兵都指揮同知張祐連名呈稱，田州、思恩平復，居民悉已各安生理，土夷亦皆各事農耕，地方實已萬幸，惟八寨瑶賊云云。合就仰遵敕諭事理，量撥官兵，協同盧蘇、王受等土兵，分路進剿。除差官舍賫捧令旗令牌，分投督押土兵，本院親至賓州、思恩等處，相機調度，面授方略外。爲此牌仰右布政使林富、副總兵張祐，即便統領官軍[一]，督發土目盧蘇、王受等兵夫，從公堯、思恩取路，進剿後開寨分。務要聲言各賊累年殺害良民，攻劫州縣鄉村之罪，殲厥渠魁，及其黨與罪惡顯著者，明正天討，以絶禍根。除臨陣擒斬外，其餘脅從老弱，一切皆可宥免。今兹之舉，惟以定亂安民爲事，不以黷武多獲爲功。

[一] 即便統領官軍　「統」，國圖本、天圖本、叢刊本、文淵閣本、摛藻堂本作「督」。

各官務要仰體朝廷憂憫困窮之心，俯念地方久遭盜賊屠戮之苦，督各官兵、目兵人等，務殲真正惡目，一洗民冤，永除民患，以靖地方。仍禁兵馬，所過鄉村，毋得侵擾民間一草一木。有犯令者，仰即遵本院欽奉敕諭事理，當即處以軍法。俱毋有違節制方略，自取罪戾。

牌行領兵官

牌行左參將署都指揮僉事張經，會同該道守巡、守備官，及湖廣督兵僉事汪溱、都指揮謝珮，督永順宣慰彭明輔，統兵進剿牛腸諸賊云云；及監都保靖宣慰彭九霄[一]，統兵進剿六寺、磨刀等寨諸賊云云。未至信地三日之前，停軍中途，候約參將張經，與同守巡各官集議。先將進兵道路之險易遠近，各巢賊徒之多寡强弱，及所過良民村分之經由往復，面同各鄉道人等，逐一備細講究明白，務要彼此習熟通曉，若出一人。然後刻定日時，偃旗息鼓，寂若無人，密至信地，乘夜速發，務使迅雷不及掩耳，將各稔惡賊魁，盡數擒剿，以除民害，以靖地方。除臨陣斬獲外，其餘脅從老弱，一切皆可宥免。今兹之舉，惟以定亂安民爲事，不以多獲首級爲功。各官務要仰體朝廷憂憫困窮之心，俯念地方久罹荼毒之苦，仍要禁約軍民人等，所過良民村分，毋得侵擾一

[一] 及監都保靖宣慰彭九霄　「都」，閭本作「督」。

草一木。有犯令者，當以軍法斬首示衆。本官既有地方責任，兼復素懷忠義，當兹委用，務竭心力，大展才猷，以祛患安民。一應機宜，牌内該載不盡者，聽公同各官計議，從便施行，一面呈報。事完之日，通將獲過功次，開報紀功御史衙門紀驗，以憑奏報。仍密行總鎮、鎮巡等衙門知會，俱毋違錯。

戒諭士目 五月

案照先經行委副總兵張祐，督率官土目兵人等，進剿思恩八寨瑶賊。今據頭目盧蘇、王受等稟報，皆已攻破各寨，斬獲賊級，雖未日久，苦亦無多，且又未見獲有真正首惡，中間恐有容隱脱放情弊，合行戒諭督促。爲此牌仰本官，上緊親行督諭各頭目，及土兵人等，俱要協力齊心，竭忠報效，務圖剿滅，以絶禍根，庶可以表明各目盡忠圖報之真心。若是少有縱容，復留遺孽，亦是徒勞一場，不足爲功，適足爲罪。非惟不能仰報朝廷再生之恩，其於本院所以勤勤懇懇，不顧利害是非，務要委曲成就爾等之意亦辜負矣。牌至，即以此意勉諭各目各兵，此舉非獨爲除地方之害，亦爲爾等建子孫久長之業，盡此一番辛苦，便可一勞永逸矣。發去良民旗榜[一]，可給

[一] 發去良民旗榜 「旗」，國圖本、天圖本、叢刊本、文淵閣本、摛藻堂本訛作「其」。

則給，可止則止，一應事機，俱仰相機而行。其號色等項，已付思、田報效人役徑自帶回分俵，亦宜知悉。

追捕逋賊

據同知桂鏊稟報，領兵土目盧蘇、王受等，各已屯兵八寨，斬獲賊首賊從數多，巢穴悉已破蕩，即今方在分兵四路搜剿。及稱附近上林縣一十八村，俱搬移上山躲住。又訪得鐵坑、那埋二堡賊村，界連遷江、洛春、高徑、大潘、思盧、北三、向北夷僮村分，今皆逃往潛住。又訪得八寨賊徒，我兵未進之前，陸續出劫鄉村，今皆不敢回巢，散入賓州淥里并貴縣凉傘、疊紙等夷僮村分藏躲，合行分兵搜捕等因。

看得八寨瑶賊，稔惡多年，攻劫鄉村，殺害人民，虜掠財畜，百姓怨恨，痛入骨髓。今惡貫滿盈，民怨神怒，巢穴破蕩，分崩離析，如失林之梟，投罝之兔，迷魄喪魂，正可蒐獮而盡，是乃上天欲亡此賊之秋。若不乘此機會，奉行天討，以雪百姓之冤，以舒人神之怒[一]，以除地方之禍，存其遺孽，復爲他日根芽，此豈爲民父母之心乎？及訪得平日哨守八寨官兵人等，往往與賊交通

[一] 以舒人神之怒　「人神」，國圖本、天圖本、叢刊本、文淵閣本、擒藻堂本作「神人」。

者，據法俱應明正典刑，今且姑未拏究，容其殺賊報效，立功自贖。除各差官督剿外，爲此牌仰指揮程萬全，督率遷江所土官指揮黄禄、千户黄瑞、百户凌顯等，各起集管下士兵人等，前去北三、思盧等處，搜捕各賊。仍行曉諭各良善向化村寨，務將逃躲各賊盡數擒斬，以泄軍民之憤，獲功解報，一體給賞。若是與賊通謀，容留隱蔽，訪究得出，國憲難逃。如是各賊果有誠心悔罪，願來投撫立功報效者，亦准免其一死，帶來軍門撫諭安插。各官務要盡忠竭力，上報國恩，下除民患，副軍門之委託，立自己之功名。仍督平日與賊交通之人，令其向道追捕，痛加懲改，及此機會，立功自贖。果能奮不顧身，多獲真正惡賊，非但免其既往之罪，抑且同受維新之賞。若猶疑貳觀望，意圖苟免，定行斬首示衆，斷不虚言。本院數日之後，亦且親臨地方，躬行賞罰，仰各上緊立功，毋自取悔。

牌行委官林應驄督諭士目 五月

看得田州、思恩領兵頭目盧蘇、王受等所領目兵，皆係驍勇慣戰之人，今又各爲身家子孫之計，自願出力報效，立功贖罪。既已攻破賊巢，分屯其地，則其搜捕潰散之賊，當如探囊取物，數日可盡。今已半月有餘，尚未見有成功，氣勢日見委靡。此必軍中收有賊巢婦女等項，貪戀女色財物，不肯割舍脱離，奮勇殺賊，苟且偷安，遂致兵氣日衰，軍威不振。若諸賊聞此消息，乘此懈怠，掩襲不備，我軍必致撓敗。如此，則是各目此舉，本欲立功而反敗事，本欲贖罪而反增罪，非惟不能仰報朝廷之德，抑且有損軍門之威矣[一]。正名定罪，後悔何及！

爲此牌仰原任户部郎中，今降徐聞縣縣丞林應驄，齎執令旗令牌，會同總兵、監軍等官，公同署田州府事知州林寬，身督領兵頭目盧蘇等，閲視各營，但有收得賊巢婦女財物者，通行搜出，俱各開紀名數，別立老營一所，選委老成頭目，另撥謹實小心兵夫，晝夜管守。將各貪戀女色財物[二]，不肯奮勇殺賊頭目兵夫，姑且免其罰治，責令即出搜山。果能多有擒斬，旬日之内，功成班師，仍將前項婦女財物，照名給還，亦不追究前罪。若有貪戀女贓，違犯軍令，仍前不肯效力者，仰即遵照軍門號令，當時斬首示衆，斷毋姑息容忍，致敗三軍大事。蓋前日之招撫，專以慈愛惻怛爲念者，乃是本院憐憫兩府之民無罪而就死地，乃是父母愛子之心[三]，惟恐一民不遂

[一] 抑且有損軍門之威矣　黄本、閭本、董本、宋本、邵本「抑」上有「而」字。

[二] 將各貪戀女色財物　「貪」，底本訛作「責」，據黄本、閭本、董本、聞本、鄒本、胡本、宋本、邵本、國圖本、天圖本、叢刊本改。

[三] 乃是父母愛子之心　「乃是」，黄本、閭本、董本作「是乃」。

其生也。至於今日用兵，却須號令嚴明，有功必賞，有罪必戮者，乃是本院欲安兩府之民，使之立功贖罪，以定其身家，而因以除去地方之患，是乃帥師行軍之道，不如此不足以取勝而成功也。差去旗牌官員，務要星火催督，毋事姑息。若旬日之後，再無成功，本院親臨分地，定先將監軍、督軍等官，明正軍法；其推奸避事，不肯奮勇殺賊頭目，通行斬首，决不虚言。

牌委指揮趙璇留剿餘賊 六月

牌仰指揮趙璇，前去督哨副總兵張祐處，查審各寨稔惡瑶賊，曾否剿絶，各兵見住何處。聞已出屯三里，仰就各營士兵目夫，凡有疾病老弱者，俱令在營將息調理。其精壯驍勇目兵，仍仰本官，務要三四日，或五六日，督令入山巡剿一番，出意外之奇，以示不測之武。須候各山果無潛遁之奸，各巢已無復歸之賊，俟軍門牌至，方許回兵。仍諭土目盧蘇、王受等，以如此炎毒天氣，如此暑雨連綿，各兵久在山中，辛勤勞苦。本院非不惓惓憂念，但一則欲爲爾等立功，一則欲爲地方除害，心雖不忍久勞爾等，而勢有所不能已也。爾等其務體本院之意，再耐旬日之苦，以成百年之功，毋得欲速一時，致貽後悔。事完之日，通至賓州，本院親行犒賞。就領牌劄，仰各知悉。

牌行副總兵張祐搜剿餘巢　七月

訪得上林相近地方，如淥茅等村[一]，皆係陽招陰叛，與八寨諸賊裏應外合，積年流毒地方，即其罪惡，尤有甚於八寨諸賊，若不剿滅，終遺禍根。爲此今差指揮趙璇，齎牌前去督哨副總兵張祐處計議，仰即密召領兵頭目盧蘇、王受等，令各挑選精兵一千，或一千五百，以搜巡八寨爲名，當日乘夜速發，分道夾剿後開各賊村分，務要殲除黨與，蕩平巢穴。若是各賊奔竄大名深山，各兵就可留屯其地，食其禾米六畜，分兵探賊向往追捕。本院先曾發有武緣鄉兵，分搜大名諸山，遥計此時，各賊正回山下各村躲住，及今往剿，正合事機。仰諭各目，務要潛機速發，不得遲留隔宿，必致透漏消息，徒勞無功。發兵進剿之後，一面差人飛報。

計開：緑茅、通親、緑小、批頭、羅煖。

其餘各巢，不能盡開，須要量其罪惡大小，可剿則剿，可撫則撫，相機而行[二]。

犒勞從征土目　八月

[一] 淥茅　下文作「緑茅」。

[二] 相機而行　「行」，國圖本、天圖本、叢刊本、文淵閣本、摛藻堂本作「應」。

照得思、田二府頭目盧蘇、王受等，率領部下兵夫，自備衣糧，征剿八寨瑤賊，渠魁殄滅，群黨削平。即今地方寧靖，旋師奏凱，實由各目兵夫不避炎蒸，奮勇效勞。但進兵以來，妨廢一年耕種，況今青黄不接之時，部下兵夫家屬，未免缺乏，相應量爲賑給，以慰人心。爲此牌仰同知桂鏊，即便會同南寧府掌印官，將該府軍餉糧米魚鹽内，照依開數，支給各頭目收領。但念思恩、南寧，道里相去隔遠，糧米搬運不便，合就於武緣縣見貯軍餉米内支給，與各領用，以見本院體恤之心。仍開給散過數目，繳報查考。毋得違錯。

綏柔流賊　五月

據左江道參議等官汪必東等呈稱，古陶、白竹、石馬等賊，近雖誅剿，然尚有流出府江諸處者，誠恐日後爲患。乞調歸順土官岑瓛兵一千名[一]，萬承、龍英共五百名，或韋貴兵一千名，住劄平南、桂平衝要地方。及該府知府程雲鵬等，亦申量留湖兵，及調武靖州狼兵防守等因。始觀論議，似亦區畫經久之圖；徐考成功，終亦支吾目前之計。蓋用兵之法，伐謀爲先；處

[一] 岑瓛　底本「瓛」訛作「瓛」，通行本或訂作「巘」，據黄本、閭本、董本、聞本、鄒本、胡本、宋本、邵本、文淵閣本、摛藻堂本改。

夷之道，攻心爲上。今各瑶征勦之後，有司即宜誠心撫恤，以安其心。若不服其心，而徒欲久留湖兵，多調狼卒，憑藉兵力，以威劫把持，謂爲可久之計，則亦末矣。殊不知遠來客兵，怨憤不肯爲用，一也。供饋之需，稍不滿意，求索訾詈，將無抵極，二也。就居民間，騷擾濁亂，易生讐隙，三也。困頓日久，資財耗竭，適以自弊，四也。欲借此以衛民，而反爲民增一苦；欲借此防賊，而反爲吾招一寇。各官之意，豈不虞各賊乘間突出，故欲振揚兵威，以苟幸目前之無事，抑亦不睹其害矣。前歲湖兵之調，既已大拂其情，乃今復欲留之，其可行乎？夫刑賞之用當，而後善有所勸，惡有所懲，勸懲之道明，而後政得其安。今稔惡各瑶，舉兵征勦，刑既加於有罪矣，然破敗奔竄之餘，即欲招撫，彼亦未必能信。必須先從其傍良善各巢，加厚撫恤，使爲善者益知所勸，而不肯與之相連相比，則黨惡自孤，而其勢自定。使良善各巢傳道引諭，使各賊咸有回心向化之機，然後吾之招撫可得而行，而凡綏懷御制之道，可以次而舉矣。

夫柔遠人而撫戎狄，謂之柔與撫者，豈專恃兵甲之盛，威力之强而已乎？古之人能以天地萬物爲一體，故能通天下之志。凡舉大事，必順其情而使之，因其勢而導之，乘其機而動之，及其時而興之，是以爲之但見其易，而成之不見其難。此天下之民所以陰受其庇，而莫知其功之所自也。今皆反之，豈所見若是其相遠乎？亦由無忠誠惻怛之心以愛其民，不肯身任地方利害，爲久遠之圖。凡所施爲，不本於精神心術，而惟事補輳掇拾，支吾粉飾於其外，以苟幸吾身之無事，此蓋今時之通弊也。合就通行計處，仰抄案回道，即行知府程雲鵬，公同指揮周胤宗，及各縣知縣等官，親至已破賊巢各鄰近良善村寨，以次加厚撫恤，給以告示，犒以魚鹽，待以誠信，敷以德恩。喻以朝廷所以誅剿各賊者，爲其稔惡不悛。若爾等良善守分村寨，我官府何嘗輕動爾等一草一木。爾等各宜益堅向善之心，毋爲彼所扇惑摇動。從而爲之推選衆所信服，立爲酋長，以連屬之，優其禮待，厚其犒賞，以漸綏來調習，使之日益親附。又喻以稔惡各賊，彼若不改，一征不已至於再，再征不已至於三，至於四五，至於六七，必使滅絶而後已[一]。此後官府若行剿除，爾等但要安心樂業，無有驚疑。若各賊果能改惡遷善，實心向化，今日來投，今日即待以良善，即開其自新之路，決不追既往之惡。爾等即可以此意傳告開喻之。我官府亦未嘗有必欲殺彼之心，若彼賊果有相引來投者，亦就實心撫安招來之，量給鹽米，爲之經紀生業，亦就爲之選立酋長，使有統率，毋令涣散。一面清查侵占田土，開立里甲，以息日後之争，禁約良民，毋使乘機報復，以激其變。如農夫之植嘉禾而去莨莠，深耕易耨，芸菑灌溉，專心一事，勤誠無惰，必有秋穫。夫善者益知所勸，則助惡者日衰；惡者益知所懲，則向善者益衆。此撫柔之道，而非專有恃於兵甲者也。

[一] 必使滅絶而後已　「後」，國圖本、天圖本、叢刊本訛作「復」。

至於本院近行十家牌諭，誠亦弭盜安民之良法，而今之有司，槩以虛文抵塞，莫肯實心推求舉行，雖已造册繳報，而尚不知其間所屬何意。所處地方該道，仍要用心督責整理。誠使此法一行，則不待調發而處處皆兵，不待屯聚而家家皆兵，不待蓄養而人人皆兵，無餽運之勞而糧餉足，無關隘之設而守禦固，習之愈久而法愈精，行之彌廣而功彌大。其前項區處摘調之兵，有虛名而無實用，可張皇於暫時，而不可施行於永久者，勞逸煩簡，相去遠矣。

惟有該府議欲散撤雇倩機快等項〔一〕，調取武靖州土兵，使之就近防守一節，區畫頗當。然以三千之衆，而常在一處屯頓坐食，亦未得宜。必須分作六班，每五百名爲一班，每兩箇月日而更一次。若有鵰勦等項，然後通行起調。然必須於城市別立營房，毋使與民雜處，然後可免於騷擾嫌隙。蓋以十家牌門之兵，而爲守土安民之本；以武靖起調之兵，而備追捕勦截之用。此亦經權交濟相須之意，合就准行。仰該道仍將行糧等項，再議停當，備行該州土目人等，遵照奉行。自今以後，免其秋調各處哨守等役，專在潯州地方，聽憑守備參將調用。凡遇緊急調取，即要星馳赴信地，不得遲違時刻。守巡各官，仍要時加戒諭撫輯，毋令日久玩弛，又成虛應故事。

〔一〕惟有該府議欲散撤雇倩機快　底本「有」下存空格，黄本、閭本、董本、聞本、宋本、邵本「有」下有「議」字。

本院踈才多病，精力不足，不能躬親細務。獨其憂患地方，欲爲建立久安長治一念，真切自不能已，是以不覺其言之叨叨。各官務體此意，毋厭其多言，而必務爲紬繹；毋謂其迂遠，而必再與精思；務竭其忠誠，務行其切實，同心協德，共濟時難。通行總鎮、總兵、鎮巡等衙門知會，仍行三司、各道守巡、守備等官，事有相類者，悉以此意推而行之。發去魚鹽，或有不足，再行計處定奪。

告諭村寨

近因牛腸等寨積年稔惡[一]，是以舉兵征剿。爾等良善村寨，我官府自加撫恤，决無侵擾，各宜益堅爲善之心，共享太平之樂。其間平日縱有罪犯，從今但能中心改過，官府决不追論舊惡。毋自疑沮，或爲彼所扇惑，自取滅亡，後悔無及。就使已剿餘黨，果能悔罪自新，官府亦待以良善，一體撫恤。若是長惡不悛，一剿十剿，至於百剿，必加殄滅，斷不虛言。爾等各寨，爲善爲惡，日後自見，各宜知悉。

[一] 近因牛腸等寨　「因」，國圖本、天圖本、叢刊本、文淵閣本、摛藻堂本作「年」。

議立縣衛

看得八寨瑶賊，稔惡爲患，巢穴連絡千里，實爲廣西衆賊之淵藪。近該本院進剿，掃蕩巢穴，不過數年，又將屯聚生息，禍根終未翦除。本院身親督調各兵，看得周安堡正當八寨之中，而三里堡亦當八寨之隘，俱各山勢回抱，堪以築立城郭，移衛設縣。但未經廣詢博訪，詳審水土之善惡，民情之逆順，中間有無利害得失，擬合再行查訪。爲此牌仰分巡右江道兵備副使翁素，會同該道分守官，即便督同同知桂鏊、指揮孫綱等，帶領高年知識，親至其地，經營相度。若果風氣包完，水土便利，即行料理規制，景定方向，各另畫圖貼説。仍要咨訪父老子弟通曉賊情、習知民俗者，即今移立衛縣，其於四遠賊巢，果否足能控制，民情有無便益妨損。務在人心樂順，足爲經長永久之計，然後備由呈來，以憑會奏。就將築立城垣合用木石、甎灰、人夫、匠作、料價、工食等項，議估停當，具揭呈來，以憑先行一面委官，分督辦理，及時興工，毋得忽意苟且，玩愒遲延，致悮事機。

若不及今設置軍屯衛縣，據其心腹要害，以阨塞各賊呼吸之咽喉，斷絶各賊牽引之脉絡，不過

撫恤來降 八月

據參將張經呈稱，武靖州耕守黄璋等一十四名，被十冬總甲黄鄧護等妄捏窩賊，乞行釋放，仍給榜諭。看得本院屢經牌仰該道該府等官，將各向化良善村寨，加意撫恤懷柔，以收其散亡之勢，而堅其向善之心，庶使遠近知勸，而惡黨自孤。各官略不體承本院勤勤懇懇之意，肆志妄行，輕信十冬奸民之言，輒便推求往事，爲之報復舊讐，沮抑歸向之望，驚疑反側之心。聽其所爲，必成激變，後雖寸斬奸民之骨，固亦何救地方之患。所據違法各官，即合治以軍法，姑且記罪，再行飭諭。仰將見監黄璋、李舉等一十四名，即行釋放，仍加慰諭，令其復業寧家。其十冬黄鄧護等，監候本院撫臨，解赴軍門發落。今後仍要備細開諭，該府該縣十冬里老人等，各要守法安分，務以寧靖地方爲重，不得乘機挾勢，侵剥新舊投撫之人，脅取財物，泄憤報怨，及至釀成變亂，却又貽累地方，勞煩官府。今後有違犯者，體訪得出，或被人告發，決行拿送軍門[一]，治以軍法，斷不輕恕。仍將發去告示，即行刊刻，給赴十冬里老人等，遵照奉行。具遵行過緣由繳報。

[一] 決行拿送軍門 「送」，黄本、閭本、董本、聞本、鄒本、胡本、邵本作「赴」。

批廣東市舶司提舉故官水手呈

看得廣東市舶司提舉已故錢邦用，平日果係清白自守，足稱廉能，乃今客死遠鄉，情殊可憫。仰廣州府即與量撥水手，起關資送還鄉，其原領文憑，發該衙門轉繳。此繳。

或失則傲；偏於慈者，矯之以毅，然或失則刻；偏於奢者，矯之以儉，然或失則陋。凡矯而無節則過，過則復爲偏。故君子之論學也，不曰「矯」而曰「克」。克以勝其私，私勝而理復[一]，無過不及矣。矯猶未免於意必也，意必亦私也。故克己則矯不必言，矯者[二]，未必能盡於克己之道也[三]。雖然，矯而當其可[四]，亦克己之道矣。行其克己之實，而矯以名焉[五]，何傷乎？古之君子也[六]，其取名也廉。後之君子，實未至而名先之。故不曰「克」而曰「矯」，亦矯世之意也。方君時舉以「矯」名亭[七]，請予爲之説[八]。

[一] 私勝而理復　手稿無此五字。

[二] 故克己則矯不必言矯者　手稿作「故言矯者」。

[三] 未必能盡於克己之道也　手稿作「未必能盡克己也」。

[四] 雖然矯而當其可　手稿作「矯而復其理」。

[五] 而矯以名焉　「矯以」，手稿作「以矯」。

[六] 古之君子也　手稿無「也」字。

[七] 方君時舉以矯名亭　手稿「方」上有「秋卿」二字。

[八] 請予爲之説　手稿作「嘗請家君爲之説，輒爲書之，陽明王守仁識」。按，據手稿，此篇或爲王華所作。

謹齋説　乙亥

君子之學，心學也。心，性也；性，天也。聖人之心，純乎天理，故無俟於學〔一〕。下是則心有不存，而汩其性，喪其天矣，故必學以存其心。學以存其心者，何求哉？求諸其心而已矣。求諸其心何爲哉？謹守其心而已矣。博學也，審問也，慎思也，明辯也，篤行也，皆謹守其心之功也。謹守其心者，無聲之中而常若聞焉，無形之中而常若睹焉。故傾耳而聽之，惟恐其或繆也；注目而視之，惟恐其或逸也。是故至微而顯，至隱而見，善惡之萌而纖毫莫遁，由其能謹也。謹則存，存則明，明則其察之也精，其存之也一。昧焉而弗知，過焉而弗覺，弗之謹也已。故謹守其心〔二〕，於其善之萌焉，若食之充飽也〔三〕；若抱赤子而履春冰，惟恐其或陷也；若捧萬金之璧而臨千仞之崖，惟恐其或墜也。其不善之萌焉，若鴆毒之投於羹也；若虎蛇横集，而思所以避之也；若盜賊之侵陵，而思所以勝之也。古之君子，所以凝至道而成盛德，未有不由於斯者。雖堯、舜、文王之聖，然且兢兢業業，而况於學者乎？後之言學者，舍心而外求，是以支離决裂，愈難

〔一〕故無俟於學　「俟」，國圖本、天圖本、叢刊本、文淵閣本、摛藻堂本作「事」。

〔二〕故謹守其心　九大本「心」下有「者」字，二字作雙行小字，或據上文辭例校改。

〔三〕若食之充飽也　「飽」，九大本作「飢」。

而愈遠，吾甚悲焉。

吾友侍御楊景瑞以「謹」名其齋，其知所以爲學之要矣。景瑞嘗遊白沙陳先生之門，歸而求之，自以爲有見，又二十年而忽若有得，然後知其向之所見猶未也。一旦告病而歸，將從事焉，必底於成而後出。君之篤志若此，其進於道也孰禦乎！君遣其子思元從予學，亦將別予以歸，因論君之所以名齋之義以告思元，而遂以爲君贈。

夜氣説 乙亥

天澤每過，輒與之論「夜氣」之訓，津津既有所興起。至是告歸，請益，復謂之曰：「夜氣之息[一]，由於旦晝所養，苟梏亡之反復，則亦不足以存矣。今夫師友之相聚於兹也，切磋於道義，而砥礪乎德業，漸而入焉，反而媿焉，雖有非僻之萌，其所滋也亦已罕矣。迨其離群索居，情可得肆而莫之警也，欲可得縱而莫之泥也，物交引焉，志交喪焉，雖有理義之萌，其所滋也亦罕矣。故曰『苟得其養，無物不長；苟失其養，無物不消』。夫人亦孰無理義之心乎？然而不得其養者多矣，是以若是其寥寥也。天澤勉之。」

［一］夜氣之息 「夜氣」，黄本、閭本、董本、范本、聞本作「氣夜」。

修道說　戊寅

「率性之謂道」，誠者也；「修道之謂教」，誠之者也。故曰「自誠明，謂之性；自明誠，謂之教」。中庸爲誠之者而作，修道之事也。道也者，性也，不可須臾離也；而過焉、不及焉，離也。是故君子有修道之功[一]，戒慎乎其所不睹，恐懼乎其所不聞，微之顯，誠之不可掩也。修道之功若是其無間，誠之也。夫然後喜怒哀樂之未發謂之中，發而皆中節謂之和，道修而性復矣。致中和，則大本立而達道行，知天地之化育矣。非至誠盡性，其孰能與於此哉？是修道之極功也[二]，而世之言修道者離矣，故特著其說。

自得齋說　甲申

孟子云：「君子深造之以道，欲其自得之也。自得之，則居之安；居之安，則資之深；資之深，則取之左右逢其原，故君子欲其自得之也。」夫率性之謂道。道，吾性也；性，吾生也；而何事於外求？世之學者，業辭章，習訓詁，工技藝，探賾而索隱，弊精極力，勤苦終身，非無所謂深

[一] 是故君子有修道之功　刻石無「是」字。
[二] 是修道之極功也　「是」，刻石作「此」。

造之者。然亦辭章而已耳，訓詁而已耳，技藝而已耳，非所以深造於道也，則亦外物而已耳，寧有所謂自得逢原者哉？古之君子，戒慎不睹，恐懼不聞，致其良知，而不敢須臾或離者，斯所以深造乎是矣。是以大本立而達道行，天地以位，萬物以育，於左右逢原乎何有？黄勉之省曾氏以「自得」名齋，蓋有志於道者，請學於予而蘄爲之説。予不能有出於孟氏之言也，爲之書孟氏之言。嘉靖甲申六月朔[一]。

博約説 乙酉

南元真之學於陽明子也[二]，聞「致知」之説，而恍若有見矣。既而疑於「博約先後」之訓，復來請曰：「致良知以格物，格物以致其良知也，則既聞教矣。敢問先博我以文，而後約我以禮也，則先儒之説，得無亦有所不同歟[三]？」

陽明子曰：「理一而已矣，心一而已矣，故聖人無二教，而學者無二學。博文以約禮，格物

[一] 嘉靖甲申六月朔 黄本、閭本、董本、范本、聞本、宋本、邵本「朔」下有「陽明山人王某書」七字。

[二] 南元真 人大本、九大本、董本作「南元貞」。

[三] 得無亦有所不同歟 「無」，人大本、九大本作「失」。

以致其良知，一也。故『先後』之説，後儒支繆之見也。夫禮也者，天理也。天命之性，具于吾心，其渾然全體之中，而條理節目，森然畢具，是故謂之天理。天理之條理謂之禮，是禮也，其發見於外，則有五常百行，酬酢變化，語默動静，升降周旋，隆殺厚薄之屬。宣之於言而成章，措之於爲而成行，書之於册而成訓，炳然蔚然，其條理節目之繁，至於不可窮詰，是皆所謂文也。是文也者，禮之見於外者也；禮也者，文之存於中者也。文，顯而可見之禮也；禮，微而難見之文也。是所謂體用一源，而顯微無間者也。是故君子之學也，於酬酢變化、語默動静之間，而求盡其條理節目焉，非他也，求盡吾心之天理焉耳矣；於升降周旋、隆殺厚薄之間，而求盡其條理節目焉，非他也，求盡吾心之天理焉耳矣。求盡其條理節目焉者，博文也；求盡吾心之天理焉者，約禮也。文，散于事而萬殊者也，故曰博；禮，根于心而一本者也，故曰約。博文而非約之以禮，則其文爲虚文，而後世功利辭章之學矣；約禮而非博學於文，則其禮爲虚禮，而佛老空寂之學矣。是故約禮必在於博文，而博文乃所以約禮。二之而分先後焉者，是聖學之不明，而功利異端之説亂之也。昔者顔子之始學於夫子也，蓋亦未知道之無方體形像也，而以爲有方體形像也；未知道之無窮盡止極也，而以爲有窮盡止極也。是猶後儒之見事事物物皆有定理者也，是以求之仰鑽瞻忽之間，而莫得其所謂。及聞夫子『博約』之訓，既竭吾才以求之，然後知天下之事，雖千變萬化，而皆不出於此心之一理，然後知殊途而同歸，百慮而一致。然後知斯道之本無方體形像，而不可以方體形像求之也；本無窮盡止極，而不可以窮盡止極求之也。故曰『雖欲從之，末由也已』，蓋顏子至是而始有真實之見矣。博文以約禮，格物以致其良知也，亦寧有二學乎哉？」

惜陰說 丙戌

同志之在安成者，間月爲會五日，謂之「惜陰」，其志篤矣。然五日之外，孰非惜陰時乎？離群而索居，志不能無少懈，故五日之會，所以相稽切焉耳。嗚呼！天道之運，無一息之或停；吾心良知之運，亦無一息之或停。良知即天道，謂之「亦」，則猶二之矣。知良知之運無一息之或停者，則知惜陰矣；知惜陰者，則知致其良知矣。子在川上曰：「逝者如斯夫，不舍晝夜。」此其所以學如不及，至於發憤忘食也。堯、舜兢兢業業，成湯日新又新，文王純亦不已，周公坐以待旦，惜陰之功，寧獨大禹爲然？子思曰：「戒慎乎其所不睹，恐懼乎其所不聞，知微之顯，可以入德矣。」或曰：「鷄鳴而起，孳孳爲利，凶人爲不善，亦惟日不足，然則小人亦可謂之惜陰乎？」

王文成公全書卷之八

文録五　雜著

書汪汝成格物卷　癸酉

予於汝成「格物致知」之説，「博文約禮」之説，「博學篤行」之説，「一貫忠恕」之説，蓋不獨一論再論、五六論、數十論不止矣。汝成於吾言，始而駭以拂，既而疑焉，又既而大疑焉，又既而稍釋焉，而稍喜焉，而又疑焉。最後與予遊於玉泉，蓋論之連日夜，而始快然以釋，油然以喜，冥然以契，不知予言之非汝成也，不知汝成之言非予言也。於戲！若汝成，可謂不苟同於予，亦非苟異於予者矣。卷首汝成之請，蓋其時尚有疑於予，今既釋然，予可以無言也已。叙其所以而歸之。

書石川卷　甲戌

先儒之學，得有淺深，則其爲言亦不能無同異。學者惟當反之於心，不必苟求其同，亦不必故求其異，要在於是而已。今學者於先儒之説，苟有未合，不妨致思，思之而終有不同，固亦未爲甚害，但不當因此而遂加非毁，則其爲罪大矣。同志中往往似有此病，故特及之。程先生云：「賢且學他是處，未須論他不是處。」此言最可以自警。

「見賢思齊焉[一]，見不賢而内自省」，則不至於責人已甚，而自治嚴矣。

議論好勝，亦是今時學者大病。今學者於道，如管中窺天，少有所見，即自足自是，傲然居之不疑。與人言論，不待其辭之終，而已先懷輕忽非笑之意，訑訑之聲音顔色，拒人於千里之外。不知有道者從傍視之，方爲之竦息汗顔[二]，若無所容，而彼悍然不顧，略無省覺，斯亦可哀也已。近時同輩中，往往亦有是病者，相見時可出此以警勵之。

某之於道，雖亦略有所見，未敢盡以爲是也。其於後儒之説，雖亦時有異同，未敢盡以爲非也。

[一] 底本、文録諸本於「見賢思齊」「議論好勝」「某之於道」等處句首皆空格一字，人大本、九大本以「〇」符間隔，或存原文手書分段之意，今分段從之。

[二] 方爲之竦息汗顔　「竦」，國圖本、天圖本、叢刊本訛作「踈」。

朋友之來問者，皆相愛者也，何敢以不盡吾所見？正期體之於心，務求真有所見其孰是孰非而身發明之[一]，庶有益於斯道也。若徒入耳出口，互相標立門户，以爲能學，則非某之初心，其所以見罪之者至矣。近聞同志中亦有類此者，切須戒勉，乃爲無負。孔子云：「默而識之，學而不厭。」斯乃深望於同志者也。

與傅生鳳　甲戌

祁生傅鳳志在養親而苦於貧，徐曰仁之爲祁也，憫其志，嘗育而教之。及曰仁去祁，生乃來京師謁予，遂從予而南。聞予言若有省，將從事於學。然痛其親之貧且老，其繼母弟又聾而愚，無所資以爲養，乃記誦訓詁，學文辭，冀以是干升斗之禄。日夜不息，遂以是得危疾，幾不可救。同門之士百計寬譬之，不能已，乃以質於予。予曰：「嘻！若生者，亦誠可憐者也。生之志，誠出於孝親，然已陷於不孝而不之覺矣。若生者，亦誠可憐者也。」生聞之悚然，來問曰：「家貧親老而不爲禄仕，得爲孝乎？」予曰：「不得爲孝矣。欲求禄仕，而至於成疾以殞其軀，得爲

[一] 務求真有所見其孰是孰非　國圖本、天圖本、叢刊本、文淵閣本、摛藻堂本「求」作「期」；人大本、九大本無「求」字；又人大本、九大本、董本「所」作「以」。

孝乎？」生曰：「不得爲孝矣。」「殞其軀而欲讀書學文以求禄仕，禄仕可得乎？」生曰：「不可得禄仕矣。」曰：「然則爾何以能免於不孝。」於是泫然泣下，甚悔，且曰：「鳳何如而可以免於不孝？」予曰：「保爾精，毋絶爾生[一]；正爾情，毋辱爾親；盡爾職，毋以得失爲爾惕；安爾命，毋以外物戕爾性。斯可以免矣。」其父聞其疾危來視，遂欲携之同歸。予憐鳳之志而不能成也，哀鳳之貧而不能賑也，憫鳳之去而不能留也。臨别，書此遺之。

書王天宇卷 甲戌

徐曰仁數爲予言天宇之爲人，予既知之矣。今年春，始與相見於姑蘇，話通宵，益信曰仁之言，天宇誠忠信者也，才敏而沉潛者也。於是乎慨然有志於聖賢之學，非豪傑之士能然哉？出兹卷，請予言。予不敢虚，則爲誦古人之言曰：「聖，誠而已矣。」君子之學以誠身，格物致知者，立誠之功也。譬之植焉，誠，其根也；格致，其培壅而灌溉之者也。後之言格致者，或異於是矣。不以植根，而徒培壅焉、灌溉焉，弊精勞力，而不知其終何所成矣。是故聞日博而心日外，識益

[一] 保爾精毋絶爾生　人大本、九大本、黄本、閭本、董本、范本、聞本、宋本、邵本「精」作「生」，「生」作「身」。

廣而僞益增，涉獵考究之愈詳，而所以緣飾其奸者愈深以甚。是其爲弊亦既可覩矣，顧猶泥其說而莫之察也，獨何歟？今之君子，或疑予言之爲禪矣，或疑予言之求異矣。然吾不敢苟避其說，而内以誣於己，外以誣於人也。非吾天宇之高明，其孰與信之？

書王嘉秀請益卷　甲戌

仁者以天地萬物爲一體，莫非己也，故曰「己欲立而立人，己欲達而達人」。古之人所以能見人之善若己有之，見人之不善則惻然，若己推而納諸溝中者，亦仁而已矣。今見善而妬其勝己，見不善而疾視輕蔑，不復比數者，無乃自陷於不仁之甚，而弗之覺者邪？夫可欲之謂善，人之秉彝，好是懿德，故凡見惡於人者，必其在己有未善也。瑞鳳祥麟，人争快覩；虎狼蛇蝎，見者持挺刃而向之矣。夫虎狼蛇蝎，未必有害人之心，而見之必惡，爲其有虎狼蛇蝎之形也。今之見惡於人者，雖其自取未必盡惡，無亦在外者猶有惡之形歟？此不可以不自省也。

君子之學，爲己之學也。爲己故必克己，克己則無己。無己者，無我也。世之學者，執其自私自利之心，而自任以爲爲己，漭焉入於隳墮斷滅之中，而自任以爲無我者，吾見亦多矣。嗚呼！自以爲有志聖人之學，乃墮於末世佛老邪僻之見而弗覺，亦可哀也夫。

「有一言而可以終身行之者[一]，其恕乎？」「强恕而行，求仁莫近焉。」「恕」之一言，最學者所喫緊。其在吾子，則猶對病之良藥，宜時時勤服之也。「見賢思齊焉，見不賢而内自省。」夫能見不賢而内自省，則躬自厚而薄責於人矣，此遠怨之道也。

書孟源卷 乙亥

聖賢之學，坦如大路，但知所從入，苟循循而進，各隨分量，皆有所至。後學厭常喜異，往往時入斷蹊曲徑，用力愈勞，去道愈遠。向在滁陽論學，亦懲末俗卑污，未免專就高明一路開導引接，蓋矯枉救偏以拯時弊[二]，不得不然。若終迷陋習者，已無所責，其間亦多興起感發之士，一時趨向皆有可喜。近來又復漸流空虚，爲脱落新奇之論，使人聞之甚爲足憂[三]。雖其人品高下，若與終迷陋習者亦微有間，然究其歸極，相去能幾何哉？孟源伯生復來金陵請益，察其意向，不

[一] 有一言而可以終身行之者 九大本「有」上有「夫」字。

[二] 蓋矯枉救偏以拯時弊 「偏」，人大本、九大本、黄本、閭本、范本、閩本、宋本、邵本作「傷」。

[三] 使人聞之甚爲足憂 「爲」，人大本、九大本作「有」。

爲無進，而説談之弊[一]，亦或未免。故因其歸而告之以此，遂使歸告同志，務相勉於平實簡易之道，庶無負相期云耳。

書楊思元卷[二]　乙亥

楊生思元自廣來學，既而告歸曰：「夫子之教，思元既略聞之，懼不克任，請所以砭其疾者而書諸紳。」予曰：「子强明者也，警敏者也。强明者病於矜高，是故亢而不能下；警敏者病於淺陋，是故浮而不能實。砭子之疾，其謙默乎？謙則虚，虚則無不容，是故受而不溢，德斯聚矣；默則慎，慎則無不密，是故積而愈堅，誠斯立矣。彼少得而自盈者，不知謙者也；少見而自衒者，不知默者也。自盈者，吾必惡之；自衒者，吾必耻之，而人有不我惡者乎？有不吾耻者乎[三]？故君子之觀人而必自省也，其謙默乎？」

[一]　而説談之弊　「説談」，人大本、九大本、黄本、閭本、董本、范本、聞本、鄒本、胡本、宋本、邵本作「談説」。

[二]　書楊思元卷　人大本、九大本作「書謙默卷」。

[三]　有不吾耻者乎　「吾」，人大本、九大本作「我」。

書玄默卷　乙亥

玄默志於道矣，而猶有詩文之好，何耶？奕，小技也，不專心致志則不得，況君子之求道，而可分情於他好乎？孔子曰：「詞達而已矣。」蓋世之爲詞章者，莫不以是籍其口，亦獨不曰「有德者必有言，有言者不必有德」乎？德猶根也，言猶枝葉也。根之不植，而徒以枝葉爲者，吾未見其能生也。予別玄默久，友朋得玄默所爲詩者，見其辭藻日益以進，其在玄默，固所爲根盛而枝葉茂者耶？玄默過留都，示予以斯卷，書此而遺之，玄默尚有以告我矣。

書顧維賢卷　辛巳[一]

維賢以予將遠去，持此卷求書警戒之辭。只此「警戒」二字，便是予所最丁寧者。今時朋友，大患不能立志，是以因循懈弛，散漫度日。若立志，則警戒之意，當自有不容已。故警戒者，立志之輔。能警戒，則學問思辨之功，切磋琢磨之益，將日新又新，沛然莫之能禦矣。程先生云：「學者爲氣所勝，習所奪，只好責志。」又云：「凡爲詩文，亦喪志。」又言：「且省外事，但明乎善，

[一]　書顧維賢卷辛巳　總目「維」作「惟」；人大本、九大本「辛巳」作「庚辰」。

惟盡誠心，其文章雖不中，不遠矣。所守不約，泛濫無功。」學問之道，四書中備矣。後儒之論，未免互有得失，其得者不能出於四書之外，失者遂有毫釐千里之謬，故莫如專求之四書。四書之言簡實，苟以忠信進德之心求之，亦自明白易見。

與不善人居，如入鮑魚之肆，久而不覺其臭，則與之俱化。孔子大聖，尚賴「三益」之資，致「三損」之戒。吾儕從事於學，顧隨俗同汙，不思輔仁之友，欲求致道，恐無是理矣。非笑詆毀，聖賢所不免，伊川有涪州之行，孔子尚微服過宋。今日風俗益偷，人心日以淪溺，苟欲自立，違俗拂衆，指摘非笑，紛然而起，勢所必至，亦多由所養未深，高自標榜所致。學者便不當自立門户，以招謗速毀，亦不當故避非毀，同流合污。

維賢温雅，朋友中最爲難得，似亦微失之弱〔一〕，恐詆笑之來，不能無動。纔爲所動〔二〕，即依阿隱忍，久將淪胥以溺。每到此，便須反身，痛自切責爲己之志未能堅定，亦便志氣激昂奮發。但知明己之善，立己之誠，以求快足乎己，豈暇顧人非笑指摘？故學者只須責自家爲己之志未能堅定。志苟堅定，則非笑詆毀，不足動揺，反皆爲砥礪切磋之地矣。今時人多言人之非毀，亦當

〔一〕似亦微失之弱　「亦」，國圖本、天圖本、叢刊本作「非」。
〔二〕纔爲所動　「纔」，國圖本、天圖本、叢刊本訛作「讒」。

顧恤，此皆隨俗習非之久，相沿其説，莫知以爲非。不知裹許盡是私意，爲害不小，不可以不察也。

壁帖 壬午

守仁鄙劣，無所知識，且在憂病奄奄中，故凡四方同志之辱臨者，皆不敢相見。或不得已而相見，亦不敢有所論説，各請歸而求諸孔孟之訓可矣。夫孔孟之訓，昭如日月。凡支離決裂，似是而非者，皆異説也。有志於聖人之學者，外孔孟之訓而他求，是舍日月之明，而希光於螢爝之微也，不亦繆乎？有負遠來之情，聊此以謝，荒迷不次。

書王一爲卷 癸未

王生一爲自惠負笈來學，居數月，皆隨衆參謁，默然未嘗有所請，視其色，津津若有所喜然。一日，衆皆退，乃獨復入堂下而請曰：「致知之訓，千聖不傳之秘也，一爲既領之矣。敢請益。」予曰：「千丈之木，起於膚寸之萌芽。子謂膚寸之外，無所益歟，則何以至於千丈？子謂膚寸之外，有所益歟，則膚寸之外，子將何以益之？」一爲躍然起拜曰：「聞教矣。」又三月，思其母老於家，告歸省視，因書以與之。

書朱守諧卷 甲申

守諧問爲學。予曰：「立志而已。」問立志。予曰[一]：「爲學而已。」守諧未達。予曰：「人之學爲聖人也，非有必爲聖人之志，雖欲爲學，誰爲學？有其志矣，而不日用其力以爲之，雖欲立志，亦烏在其爲志乎？故立志者，爲學之心也；爲學者，立志之事也。譬之奕焉，奕者其事也。專心致志者，其心一也；以爲鴻鵠將至者，其心二也。惟奕秋之爲聽，其事專也；思援弓繳而射之，其事分也。」

守諧曰：「人之言曰，『知之未至，行之不力』，予未有知也，何以能行乎？」予曰：「是非之心，知也，人皆有之。子無患其無知，惟患不肯知耳；無患其知之未至，惟患不致其知耳。故曰『知之非艱，行之惟艱』。今執途之人，而告之以凡爲仁義之事，彼皆能知其爲善也；告之以凡爲不仁不義之事，彼皆能知其爲不善也。途之人皆能知之，而子有弗知乎？如知其爲善也，致其知爲善之知而必爲之，則知至矣；如知其爲不善也，致其知爲不善之知而必不爲之，則知至矣。知猶水也，人心之無不知，猶水之無不就下也。決而行之，無有不就下者。決而行之者，致知之

[一] 予曰 王本無此二字。

謂也。此吾所謂知行合一者也。吾子疑吾言乎？夫道，一而已矣。」

書諸陽卷 甲申

妻姪諸陽伯復請學，既告之以「格物致知」之説矣。他日，復請曰：「致知者，致吾心之良知也，是既聞教矣。然天下事物之理無窮，果惟致吾之良知而可盡乎？抑尚有所求於其外也乎？」復告之曰：「心之體，性也，性即理也。天下寧有心外之性，寧有性外之理乎？寧有理外之心乎？外心以求理，此告子『義外』之説也。理也者，心之條理也。是理也，發之於親則爲孝，發之於君則爲忠，發之於朋友則爲信。千變萬化，至不可窮竭，而莫非發於吾之一心。故謂端莊静一爲養心，而以學問思辨爲窮理者，析心與理而爲二矣。若吾之説，則端莊静一亦所以窮理，而學問思辨亦所以養心，非謂養心之時無有所謂理，而窮理之時無有所謂心也。此古人之學所以知行並進，而收合一之功；後世之學所以分知行爲先後，而不免於支離之病者也。」曰：「然則朱子所謂如何而爲温清之節，如何而爲奉養之宜者，非致知之功乎？」曰：「是所謂知矣，而未可以爲致知也。知其如何而爲温清之節，則必實致其温清之功，而後吾之知始至；知其如何而爲奉養之宜，則必實致其奉養之力，而後吾之知始至，如是乃可以爲致知耳。若但空然知其爲如何温清奉養[一]，而遂謂之致知，則孰非致知者耶？易曰『知至至之』，知至者，知也；至之者，致知也。此孔門不易之教，百世以俟聖人而不惑者也。」

書張思欽卷　乙酉

三原張思欽元相將葬其親，卜有日矣。南走數千里，而來請銘於予。予之不爲文也久矣，辭之固而請弗已，則與之坐而問曰：「子之乞銘於我也，將以圖不朽於其親也，則亦寧非孝子之心乎？雖然，子以爲孝子之圖不朽於其親也，盡於是而已乎？將猶有進於是者也？夫圖之於人也，則曷若圖之於子乎？傳之於其人之口也，則曷若傳之於其子之身乎？故子爲賢人也，則其父爲賢人之父矣；子爲聖人也，則其父爲聖人之父矣。其與托之於人之言也，孰愈？夫叔梁紇之名至今爲不朽矣，則亦以仲尼之爲子耶？抑亦以他人爲之銘耶？」思欽蹙然而起，稽顙而後拜曰：「元相非至於夫子之門，則幾失所以圖不朽於其親者矣。」明日，入而問聖人之學，則語以格致之説焉；求格致之要，則語之以良知之説焉。思欽躍然而起，拜而復稽曰：「元相苟非至於夫子之門，

[一]　若但空然知其爲如何温凊奉養　「其」，國圖本、天圖本、叢刊本、文淵閣本、摛藻堂本作「之」。

則尚未知有其心，又何以圖不朽於其親乎？請歸葬吾親，而來卒業於夫子之門，則庶幾其不朽之圖矣。」

書中天閣勉諸生[一] 乙酉

「雖有天下易生之物，一日暴之，十日寒之，未有能生者也。」承諸君之不鄙，每予來歸，咸集於此，以問學爲事，甚盛意也。然不能旬日之留，而旬日之間，又不過三四會。一別之後，輒復離群索居，不相見者，動經年歲，然則豈惟十日之寒而已乎？若是而求萌蘖之暢茂條達，不可得矣。故予切望諸君，勿以予之去留爲聚散，或五六日、八九日，雖有俗事相妨，亦須破冗一會於此。務在誘掖獎勸，砥礪切磋，使道德仁義之習日親日近[二]，則世利紛華之染亦日遠日疎，所謂「相觀而善，百工居肆以成其事」者也。相會之時，尤須虛心遜志，相親相敬。大抵朋友之交，以相下爲益。或議論未合，要在從容涵育，相感以誠，不得動氣求勝，長傲遂非。務在默而成之，

[一] 書中天閣勉諸生　人大本、九大本作「書壁勉諸生」。

[二] 使道德仁義之習日親日近　「習」，黄本、閭本、聞本、宋本、邵本作「親」，范本作「規」，董本作「説」；人大本、九大本「日親日近」作「日新日密」。

不言而信。其或矜己之長，攻人之短，粗心浮氣，矯以沽名，訐以爲直，挾勝心而行憤嫉，以圮族敗群爲志[一]，則雖日講時習於此，亦無益矣。諸君念之念之。

書朱守乾卷 乙酉

黄州朱生守乾請學而歸，爲書「致良知」三字。夫良知者，即所謂「是非之心，人皆有之，不待學而有，不待慮而得」者也。人孰無是良知乎？獨有不能致之耳。自聖人以至於愚人，自一人之心，以達於四海之遠[二]，自千古之前，以至於萬代之後，無有不同。是良知也者，是所謂「天下之大本」也。致是良知而行，則所謂「天下之達道」也。天地以位，萬物以育，將富貴貧賤，患難夷狄，無所入而弗自得也矣。

書正憲扇 乙酉

今人病痛，大段只是傲。千罪百惡，皆從傲上來。傲則自高自是，不肯屈下人。故爲子而傲，

[一] 以圮族敗群爲志 「群」，人大本、九大本作「倫」。

[二] 以達於四海之遠 「遠」，人大本、九大本、范本作「廣」，黄本、閻本作「前」。

必不能孝；爲弟而傲，必不能弟；爲臣而傲，必不能忠。象之不仁，丹朱之不肖，皆只是一「傲」字，便結果了一生，做箇極惡大罪的人，更無解救得處。汝曹爲學，先要除此病根，方纔有地步可進。「傲」之反爲「謙」，「謙」字便是對症之藥。非但是外貌卑遜，須是中心恭敬，撙節退讓，常見自己不是，真能虚己受人。故爲子而謙，斯能孝；爲弟而謙，斯能弟；爲臣而謙，斯能忠。堯舜之聖，只是謙到至誠處，便是「允恭克讓，温恭允塞」也。汝曹勉之敬之，其毋若伯魯之簡哉！

書魏師孟卷 乙酉

心之良知是謂聖。聖人之學，惟是致此良知而已。自然而致之者，聖人也；勉然而致之者，賢人也；自蔽自昧而不肯致之者，愚不肖者也。愚不肖者，雖其蔽昧之極，良知又未嘗不存也。苟能致之，即與聖人無異矣。此良知所以爲聖愚之同具，而人皆可以爲堯舜者，以此也。是故致良知之外，無學矣。自孔孟既没，此學失傳幾千百年，賴天之靈，偶復有見，誠千古之一快，百世以俟聖人而不惑者也。每以啓夫同志，無不躍然以喜者，此亦可以驗夫良知之同然矣。間有聽之而疑者，則是支離之習，没溺既久，先横不信之心而然。使能姑置其舊見，而平氣以繹吾説，蓋亦未有不憣然而悔悟者也。南昌魏氏兄弟，舊學於予，既皆有得於「良知」之説矣。其季良貴師孟因其諸兄而來請，其資禀甚穎，而意向甚篤，然以偕計北上，不得久從於此。吾雖略以言之，而未能悉也，故特書此以遺之。

書朱子禮卷 甲申

子禮爲諸暨宰，問政，陽明子與之言學而不及政。子禮退而省其身，懲己之忿，而因以得民之所惡也；窒己之慾，而因以得民之所好也；舍己之利，而因以得民之所趨也；惕己之易，而因以得民之所忽也；去己之蠹，而因以得民之所患也；明己之性，而因以得民之所同也。三月而政舉，嘆曰：「吾乃今知學之可以爲政也已。」

他日，又見而問學，陽明子與之言政而不及學。子禮退而修其職，平民之所惡，而因以懲己之忿也；從民之所好，而因以窒己之慾也；順民之所趨，而因以舍己之利也；警民之所忽，而因以惕己之易也；拯民之所患，而因以去己之蠹也；復民之所同，而因以明己之性也。朞年而化行，嘆曰：「吾乃今知政之可以爲學也已。」

他日，又見而問政與學之要。陽明子曰：「明德親民，一也。古之人明明德以親其民，親民，所以明其明德也。是故明明德，體也；親民，用也；而止至善，其要矣。」子禮退而求至善之說，炯然見其良知焉，曰：「吾乃今知學所以爲政，而政所以爲學，皆不外乎良知焉。信乎！止至善其要也矣。」

書林司訓卷

丙戌

林司訓年七十九矣，走數千里，謁予於越。予憫其既老且貧，媿無以爲濟也。嗟乎！昔王道之大行也，分田制禄，四民皆有定制，壯者修其孝弟忠信，老者衣帛食肉，不負戴於道路，死徙無出鄉，出入相友，疾病相扶持，烏有耄耋之年，而猶走衣食於道路者乎〔一〕？周衰而王迹熄，民始有無恒産者。然其時聖學尚明，士雖貧困，猶有固窮之節，里閭族黨，猶知有相恤之義。逮其後世，功利之説日浸以盛，不復知有明德親民之實。士皆巧文博詞以飾詐，相規以僞，相軋以利，外冠裳而内禽獸，而猶或自以爲從事於聖賢之學。如是而欲挽而復之三代，嗚呼！其難哉。吾爲此懼，揭「知行合一」之説，訂致知格物之謬，思有以正人心，息邪説，以求明先聖之學，庶幾君子聞大道之要，小人蒙至治之澤。而嘵嘵者，皆視以爲狂惑喪心，詆笑訾怒，予亦不自知其力之不足，日擠於顛危，莫之救以死而不顧也。不亦悲夫！予過彭澤時，嘗憫林之窮，使邑令延爲

〔一〕而猶走衣食於道路者乎　王本、董本「走」上有「奔」字。

社學師，至是又失其業。於歸也[一]，不能有所資給，聊書此以遺之[二]。

書黄夢星卷 丁亥

潮有處士黄翁保，號坦夫者，其子夢星來越從予學。越去潮數千里，夢星居數月，輒一告歸省其父[三]，去二三月輒復來[四]，如是者屢屢。夢星質性温然，善人也，而甚孝，然禀氣差弱，若不任於勞者。竊怪其乃不憚道途之阻遠，而勤苦無已也。因謂之曰：「生既聞吾説，可以家居養親而從事矣，奚必往來跋涉若是乎？」夢星跽而言曰：「吾父生長海濱，知慕聖賢之道，而無所從求入[五]。既乃獲見吾鄉之薛、楊諸子者，得夫子之學，與聞其説而樂之。乃以責夢星曰：『吾衰矣，吾不希汝業舉以干禄。汝但能若數子者，一聞夫子之道焉，吾雖啜粥飲水，死填溝壑，無

[一] 於歸也　王本「於」下有「其」字。

[二] 聊書此以遺之　「以」，王本作「而」。

[三] 輒一告歸省其父　「一告」，王本作「告一」。

[四] 去二三月輒復來　王本「去」下有「未」字。

[五] 而無所從求入　王本無「求」字。

不足也矣。』夢星是以不遠數千里而來從。每歸省，求爲三月之留以奉菽水，不許；則求爲踰月之留，亦不許。居未旬日，即已具資糧，戒童僕，促之啓行。夢星涕泣以請，則責之曰：『唉！兒女子欲以是爲孝我乎？不能黄鵠千里，而思爲翼下之雛，徒使吾心益自苦。』故亟遊夫子之門者，固夢星之本心，然不能久留於親側，而倏往倏來〔一〕，吾父之命不敢違也。」予曰：「賢哉！處士之爲父；孝哉！夢星之爲子也。勉之哉！卒成乃父之志，斯可矣。」

今年四月上旬，其家忽使人來訃云，處士没矣。嗚呼惜哉！嗚呼惜哉！聖賢之學，其久見棄於世也，不啻如土苴。苟有言論及之，則衆共非笑詆斥，以爲怪物。惟世之號稱賢士大夫者，乃始或有以之而相講究。然至考其立身行己之實，與其平日家庭之間〔二〕，所以訓督期望其子孫者，則又未嘗不汲汲焉，惟功利之爲務，而所謂聖賢之學者，則徒以資其談論，粉飾文具於其外。如是者，常十而八九矣。求其誠心一志，實以聖賢之學督教其子，如處士者，可多得乎？而今亡矣，豈不惜哉！豈不惜哉！阻遠無由往哭，遥寄一奠，以致吾傷悼之懷。而叙其遺子來學之故若此，

〔一〕而倏往倏來　王本「來」下有「者」字。

〔二〕與其平日家庭之間　王本無「其」字。

以風勵夫世之爲父兄者[一]，亦因以益勵夢星，使之務底於有成，以無忘乃父之志[二]。

[一] 以風勵夫世之爲父兄者　王本無「爲」字。

[二] 黄本、閭本、范本篇末署「右二月望日書夢星卷」，而上文云「四月上旬」，或有誤。

王文成公全書彙校

三

〔明〕王守仁 著
王　強 彭啓彬 彙校

廣陵書社

南贛西接湖廣桂陽[一]，有桶岡、横水諸賊巢，南接廣東樂昌，東接廣東龍川，有浰頭諸賊巢。大賊首謝志珊，號征南王，糾率大賊鍾明貴、蕭規模、陳曰能等，約樂昌高快馬等[二]，大修戰具，并造呂公車，聞廣東官兵方有事府江，欲先破南康，乘虚入廣。先是，湖廣巡撫都御史陳金，題請三省夾攻。先生以桶岡、横水、左溪諸賊，荼毒三省，其患雖同，而事勢各異。以湖廣言之，則桶岡爲賊之咽喉，而横水、左溪爲之腹心；以江西言之，則横水、左溪爲之腹心[三]，而桶岡爲之羽翼。今議者不去腹心[四]，而欲與湖廣夾攻桶岡，進兵兩寇之間，腹背受敵，勢必不利。今議進兵横水、左溪，剋期在十一月朔[五]。賊見我兵未集[六]，師期尚遠，必以爲

[一] 南贛西接湖廣桂陽　蓬左本「南」上有「江西」二字。
[二] 約樂昌高快馬等　蓬左本、毛本「約」下有「會」字。
[三] 爲之腹心　蓬左本、毛本「爲」下有「賊」字。
[四] 今議者不去腹心　蓬左本、毛本無「議者」二字。
[五] 今議進兵横水左溪剋期在十一月朔　蓬左本、毛本作「今議者皆以爲必須先攻桶岡，然湖廣剋期，乃在十一月朔」。
[六] 賊見我兵未集　毛本作「横水左溪見我兵未集」。

先事桶岡[一]，觀望未備[二]，乘此急擊之[三]，可以得志。由是移兵臨桶岡[四]，破竹之勢成矣[五]。於是決意先攻横水、左溪，分定哨道，指授方略，密以十月己酉進兵。至十一月己巳，凡破賊巢五十餘[六]，擒斬大賊首謝志珊等五十六[七]，從賊首級二千一百六十八[八]，俘獲賊屬二千三百二十四[九]。衆請乘勝進兵桶岡，先生復以桶岡天險[一〇]，四塞中堅[一一]，其所

[一] 必以爲先事桶岡 蓬左本、毛本作「且以爲必先桶岡」。
[二] 觀望未備 蓬左本、毛本「觀」上有「勢必」二字。
[三] 乘此急擊之 蓬左本、毛本作「今若出其不意，進兵速擊」。
[四] 由是移兵臨桶岡 蓬左本、毛本作「已破横水、左溪，移兵而臨桶岡」。
[五] 破竹之勢成矣 蓬左本、毛本作「破竹之勢，蔑不濟矣」。
[六] 凡破賊巢五十餘 蓬左本「餘」下有「處」字。
[七] 五十六 蓬左本「六」下有「名顆」二字。
[八] 六十八 蓬左本「八」下有「名顆」二字。
[九] 二十四 蓬左本「四」下有「名口，盡拔諸巢」六字。
[一〇] 桶岡天險 蓬左本「險」下有「多畜，往者夾攻，數月無功」十字。
[一一] 四塞中堅 蓬左本無此四字；毛本「堅」下有「往者夾攻，數月無功」八字。

由入，惟鎖匙龍、葫蘆洞、茶坑[一]、十八磊、新地五處[二]，然皆架棧梯壑，於崖巔坐發礌石[三]，可以禦我師[四]。雖上章一路稍平[五]，然迂迴半月始達[六]。湖兵從入，我師復往，事皆非便。況横水、左溪餘賊悉奔入[七]，同難合勢，爲守必力。善戰者，其勢險，其節短。今我欲乘全勝之鋒，兼三日之程，争百里之利[八]，以頓兵于幽谷[九]，所謂强弩之末[一〇]，不能穿魯縞矣。莫若移屯近地，休兵養威，使人諭以禍福，彼必懼而請伏。或有不從，乘而襲

[一] 茶坑　國圖本、天圖本、叢刊本、文淵閣本、摛藻堂本訛作「察坑」。

[二] 新地五處　「新地」，底本訛作「新池」，據蓬左本、横水桶岡捷音疏改。

[三] 於崖巔坐發礌石　「於」，毛本作「夤緣」。

[四] 可以禦我師　蓬左本、毛本作「可無執兵而禦我師」。

[五] 雖上章一路稍平　「雖」，蓬左本、毛本作「惟」。

[六] 然迂迴半月始達　蓬左本、毛本無「始達」二字。

[七] 況横水左溪餘賊悉奔入　蓬左本作「今横水、左溪餘賊皆奔入」；毛本作「今横水、左溪餘賊皆已奔入」。

[八] 争百里之利　蓬左本、毛本作「百里争利」，又「利」下并有「彼若拒而不前」六字。

[九] 以頓兵于幽谷　蓬左本、毛本作「頓兵幽谷」。

[一〇] 所謂强弩之末　蓬左本無「所謂」二字。

之，乃可以逞。因使其黨往說之[一]，賊喜，方集議，而横水、左溪奔入之賊，果堅持不可。往復遲疑[二]，不暇爲備，而我兵分道疾進，前後合擊，賊遂大敗。破巢三十餘[三]，擒斬大賊首藍天鳳等三十四[四]，從賊首級一千一百四[五]，俘獲賊屬二千三百[六]。捷聞[七]，賜敕獎諭[八]。○是役也[九]，監軍副使楊璋、參議黄宏、領兵都指揮許清、指揮使郟文、知府邢珣、季斆、伍文定、唐淳、知縣王天與、張戩、指揮余恩、馮翔、縣丞舒富、隨征參謀等官指揮謝

[一] 因使其黨往說之　「因」，蓬左本作「乃」。

[二] 往復遲疑　蓬左本無「往復」二字。

[三] 破巢三十餘　蓬左本「餘」下有「處」字。

[四] 三十四　蓬左本「四」下有「名」字。

[五] 一百四　蓬左本「四」下有「名顆」二字。

[六] 二千三百　蓬左本「百」下有「名口」二字。

[七] 捷聞　蓬左本作「先生以捷聞」。

[八] 賜敕獎諭　蓬左本無此四字。

[九] ○是役也　蓬左本「是」上有「按疏言，大盜藍天鳳、謝志珊等（中略）苟免覆餗之戮也」云云（原文見卷十横水桶岡捷音疏）。

祀、馮廷瑞、姚璽、同知朱憲、推官危壽、徐文英、知縣陳允諧、黄文鸞、宋瑢、陸璥、千户陳偉、高睿等咸上功[一]。〇酋長謝志珊就擒，先生問曰：「汝何得黨類之衆若此？」志珊曰：「亦不容易。」曰：「何？」曰：「平生見世上好漢[二]，斷不輕易放過，多方鈎致之，或縱其酒，或助其急，待其相德，與之吐實，無不應矣。」先生退語門人曰[三]：「吾儒一生求朋友之益，豈異是哉[四]？」

十二月，班師。

[一] 咸上功　蓬左本作「或監軍督餉，或領兵隨征，皆深歷危險，備嘗艱難。各效勤苦，共成克捷，俱合甄録，以勵將來。伏願丕彰廟堂之大賞，兼收行伍之微勞。激勸既行，功庸益集，自然盜賊寢息，百姓安生。捷聞，賜敕獎諭」。毛本「功」下録遺事：「〇先生在贛，院左有旁門，通射圃，暇即走其中，與諸生論學，多至夜分，次早諸生入揖爲常。一夕夜坐，諸生請休，朝扣門，守者曰：昨夜公返未幾，即出兵，不知何往，今可至數十里外矣。其神速機變若此。是年，撫州陳九川見。」

[二] 平生見世上好漢　毛本「世」下有「界」字。

[三] 先生退語門人曰　毛本「人」下有「且」字。

[四] 〇酋長謝志珊就擒……豈異是哉　蓬左本無此條。

師至南康，百姓沿途頂香迎拜[一]。所經州縣、隘所[二]，各立生祠。遠鄉之民，各肖像于祖堂[三]，歲時尸祝。

閏十二月，奏設崇義縣治，及茶寮隘上堡、鉛廠、長龍三巡檢司。

先生上言：「橫水、左溪、桶岡諸賊巢，凡八十餘，界乎上猶、大庾、南康之中[四]，四方相距，各三百餘里，號令不及，以故爲賊所據。今幸削平，必建立縣治，以示控制[五]。議割上猶崇義等三里[六]，大庾義安三里[七]，南康至坪一里[八]，而特設縣治于橫水[九]，道里適均，

[一] 頂香迎拜　「頂」，毛本作「手」。
[二] 隘所　毛本作「關隘」。
[三] 各肖像于祖堂　毛本作「肖像祖堂」。
[四] 界乎上猶大庾南康之中　毛本作「在上猶、大庾、南康中」。
[五] 以示控制　毛本作「以圖久遠」。
[六] 議割上猶崇義等三里　毛本「猶」下有「縣」字。
[七] 大庾義安三里　毛本「庾」下有「縣」字。
[八] 南康至坪一里　毛本「康」下有「縣」字。
[九] 而特設縣治于橫水　毛本作「特設縣治于三巢」。

山水合抱，土地平坦，仍設三巡檢司，以遏要害。茶陵復當桶岡之中[一]，西通桂陽、桂東，南連仁化、樂昌，北接龍泉、永新，東入萬安、興國，宜設隘保障[二]。令千户孟俊伐木立柵，移皮袍洞隘兵，而益以鄰近隘夫守焉。」議上，悉從之，縣名崇義[三]。

十有三年戊寅，先生四十七歲，在贛[四]。

正月，征三浰[五]。

與薛侃書曰[六]：「即日已抵龍南，明日入巢，四路皆如期並進，賊有必破之勢矣[七]。向在橫水，

[一] 茶陵復當桶岡之中　此據設立茶寮隘所改寫，「陵」當爲「寮」之訛。
[二] 宜設隘保障　毛本「設」下有「關」字。
[三] 按，毛本卷上至此終。
[四] 戊寅先生四十七歲在贛　蓬左本無此十字。
[五] 征三浰　蓬左本作「出師征三浰」。
[六] 與薛侃書曰　蓬左本「與」下有「門人」二字。
[七] 賊有必破之勢矣　毛本無「矣」字。

嘗寄書仕德云：破山中賊易，破心中賊難。區區翦除鼠竊，何足爲異。若諸賢掃蕩心腹之寇，以收廓清平定之功，此誠大丈夫不世之偉績。數日來，諒已得必勝之策，奏捷有期矣。何喜如之。梁日孚、楊仕德誠可與共學，廨中事累尚謙[一]，小兒正憲，猶望時賜督責。」時延尚謙爲正憲師，兼倚以衙中政事，故云[二]。

二月，奏移小溪驛。

小溪驛舊當南康、南安中。丙子，大庾峰山里民懼賊讐殺，自願築城爲衛。至是年二月，奏移驛其中[三]。

三月，疏乞致仕，不允。

以病也[四]。

[一] 廨中事累尚謙　蓬左本「事」下有「以」字。

[二] 梁日孚楊仕德……故云　毛本無此四十四字。

[三] 小溪驛舊當南康……奏移驛其中　蓬左本無此條。

[四] 疏乞致仕不允以病也　蓬左本無此九字。

襲平大帽、浰頭諸寇。

先生議攻取之宜[一]，先横水，次桶岡[二]，次與廣東徐圖浰頭[三]。方進兵横水時[四]，恐浰頭乘之[五]，乃爲告諭[六]，頗多感動[七]。惟池仲容曰[八]：「我等爲賊非一年[九]，官府來

[一] 先生議攻取之宜　蓬左本作「先生初議」。
[二] 先横水次桶岡　蓬左本作「先攻横水，次攻桶岡」。
[三] 次與廣東徐圖浰頭　蓬左本作「而末乃會圖廣東，徐圖浰頭。如攻堅木，先其易者，後其節目」；毛本無「與」字。
[四] 方進兵横水時　「時」，蓬左本作「也」。
[五] 恐浰頭乘之　蓬左本作「恐浰頭乘虚出擾，思有以沮離其黨」。
[六] 乃爲告諭　蓬左本「諭」下有「具述禍福，賜以銀布」八字。
[七] 頗多感動　蓬左本作「亦多感動，寨首黄金巢等，皆願從使者出投」。
[八] 惟池仲容曰　蓬左本作「惟大賊首池仲容獨曰」。
[九] 我等爲賊非一年　蓬左本「非」上有「已」字；毛本作「家等爲賊久」。

招非一次[一]，告諭何足憑[二]？待金巢等無事，降未晚也。」金巢等至[三]，乃釋罪[四]，推誠撫之。各願自投[五]，於是擇其衆五百人[六]，從征橫水[七]。橫水既破[八]，仲容等始懼，遣其弟池仲安來附[九]，意以緩兵[一〇]。先生覺之[一一]。比征桶岡[一二]，使截路上新地，以

[一] 官府來招非一次　蓬左本「非」上有「亦」字；毛本作「官府多不可信」。

[二] 告諭何足憑　蓬左本作「何足爲憑」。

[三] 金巢等至　蓬左本「至」上有「既」字。

[四] 乃釋罪　蓬左本「罪」上有「其」字。

[五] 各願自投　蓬左本「自投」作「立效」；毛本「投」作「報」。

[六] 於是擇其衆五百人　蓬左本作「於是籍其衆五百餘徒」。

[七] 從征橫水　蓬左本無「從」字。

[八] 橫水既破　毛本無「橫水」二字。

[九] 遣其弟池仲安來附　蓬左本作「使其弟池仲安，率二百餘徒，求隨衆立效」。

[一〇] 意以緩兵　蓬左本作「意在緩兵，因爲内應」。

[一一] 先生覺之　蓬左本作「陽許之」；毛本作「先生陽許之」。

[一二] 比征桶岡　「比征」，蓬左本作「進攻」。

迂其歸[一]，内嚴警備[二]，外若寬假[三]。被害者皆言池氏凶狡[四]，兩經夾剿無功[五]，其曰：「狼兵易與耳，調來須半年[六]，我避不須一月[七]。」謂來不能速，留不能久也[八]。

[一] 使截路上新地以迂其歸　蓬左本作「使領其衆，截路于上新地，以遠其歸途」。底本「地」訛作「池」，據蓬左本、毛本改。

[二] 内嚴警備　毛本無「警」字。

[三] 外若寬假　蓬左本「若」作「示」；毛本「外」上有「而」字。

[四] 被害者皆言池氏凶狡　蓬左本作「陰使人分召鄰賊被害者，詣軍門計事，皆以此賊兇狡」；毛本作「陰召被害者計事，皆言池氏凶狡」。

[五] 兩經夾剿無功　蓬左本作「兩經夾剿，狼兵二三萬，竟無功」。

[六] 其曰狼兵易與耳調來須半年　蓬左本「其」作「且」，又「來」下有「亦」字；毛本作「常言狼兵來須半年」。

[七] 我避不須一月　「不須」，蓬左本作「只消」。

[八] 謂來不能速留不能久也　蓬左本作「蓋謂其來不能速，留不能久也」，又下有「今且僭號設官，逆謀益甚，非大調狼兵不可。先生以爲兵無常勢，因敵制勝，今賊謂必待狼兵，此所以不必狼兵，而可以攻之也」四十九字；毛本無二「能」字，又「也」下有「因指其僭號設官之罪」九字。

咸請濟師，不從[一]，乃密畫方略，使各歸部集，候期遏賊[二]。及桶岡破[三]，賊益懼，私爲戰守之備[四]。復使人賜酋牛酒[五]，以察其變。賊度不可隱，詐稱龍川新民盧珂[六]、鄭志高等將行掩襲[七]，故豫爲防[八]，非虞官兵也[九]。佯信之[一〇]，因怒珂等擅兵讐殺[一一]，

[一] 咸請濟師不從　蓬左本、毛本無此六字。
[二] 使各歸部集候期遏賊　蓬左本作「使各歸部集，候我兵有期，則據隘遏賊」；毛本作「使歸候期」。
[三] 及桶岡破　蓬左本作「及破桶岡」。
[四] 私爲戰守之備　蓬左本作「爲戰守備」；毛本「之」作「自」。
[五] 復使人賜酋牛酒　蓬左本作「復使人詣賊，賜各酋牛酒」；毛本「賜」上有「賫」字。
[六] 詐稱龍川新民盧珂　蓬左本、毛本「詐」上有「則」字。
[七] 將行掩襲　蓬左本作「將掩襲之」。
[八] 故豫爲防　「豫」，蓬左本作「自」。
[九] 非虞官兵也　蓬左本「非」下有「敢」字。
[一〇] 佯信之　蓬左本作「亦陽信其言」；毛本「佯」作「陽」。
[一一] 因怒珂等擅兵讐殺　蓬左本作「因復陽怒盧珂等擅兵讐殺」。

移檄龍川，使廉實[一]，將伐木開道討之[二]。賊聞，且信且懼[三]，復使來謝[四]。會珂等告變[五]，先生欲藉珂以給三浰[六]，密語珂曰：「吾姑毁狀，汝當再來，來則受杖三十，繫數旬乃可。」珂知[七]，既喜諾，先生復授其意參隨，密示行杖人，令極輕。至是假怒珂，數罪狀，且將逮其屬盡斬之，而陰縱其弟集兵。先生先期召巡捕官，佯曰：「今大征已畢，時和年豐，可令民家盛作鼓樂、大張燈會樂之，亦數十年一奇事也。」又曰：「樂户多住龜角尾，恐招盜，

[一] 使廉實　蓬左本「實」上有「其」字。
[二] 將伐木開道討之　蓬左本作「且令各賊伐木開道，將回兵取道討之」。
[三] 且信且懼　毛本作「信懼且半」。
[四] 復使來謝　蓬左本作「因使人來謝無勞官兵」。
[五] 會珂等告變　蓬左本作「會盧珂等各來報變」。
[六] 以給三浰　底本「給」訛作「紿」，據天圖本、叢刊本、文淵閣本、摛藻堂本改。按，「先生欲藉珂以給三浰……留兵防守而歸」云云，底本據毛本删存，蓬左本據浰頭捷音疏（原文見卷十一）改寫，詳見下文附録。
[七] 珂知　毛本「知」下有「之」字。

曷遷入城來。」於是街巷俱然燈鳴鼓。已旬餘，又遣指揮余恩及黄表頒曆三洲〔一〕，推心招徠之〔二〕。時仲容等疑先生圖己〔三〕，既得曆，稍安〔四〕。黄表輩從容曰：「若輩新民，禮節生疎，我來頒曆，若可高坐乎〔五〕？」於是仲容率其黨九十三人〔六〕，皆猙酋〔七〕，來營教場，而自以數人入見。先生呵曰〔八〕：「若皆吾新民，不入見而營教場，疑我乎？」仲容惶恐曰：「聽命耳。」即遣人引至祥符宫〔九〕，見物宇整潔，喜出望外。是時十二月二十三也。先生既遣參隨數人館

〔一〕又遣指揮余恩及黄表頒曆三洲　毛本「黄表」作「諸參隨」；底本「余」訛作「俞」，據毛本改。

〔二〕推心招徠之　毛本無此五字。

〔三〕時仲容等疑先生圖己　毛本「等」下有「因」字。

〔四〕既得曆稍安　毛本作「既喜得曆，宴勞良厚」。

〔五〕若可高坐乎　毛本「乎」下有「衆謂良是，於是老者促少者往，少者曰：往則俱往，勿使我當災也」二十五字。

〔六〕於是仲容率其黨九十三人　毛本「黨」下有「與豪健者」四字。

〔七〕皆猙酋　毛本無此三字。

〔八〕先生呵曰　毛本作「先生聞仲容來，固已匿兵，復飭祥符宫寬閒以居，故呵曰」。

〔九〕即遣人引至祥符宫　毛本無「祥符」二字。

伴，復製青衣油靴[一]，教之習禮[二]，以察其志意所向。審其貪殘終不可化，而士民咸詬于道曰：「此養寇貽害。」先生始决殲魁之念矣[三]。踰日辭歸，先生曰：「自此至三洊八九日，今即往，歲内未必至家[四]；即至，又當走拜正節[五]，徒自取勞苦耳[六]。聞贛州今歲有燈，曷以正月歸乎[七]？」數日復辭[八]，先生曰：「正節尚未犒賞[九]，奈何？」初二日，令有司

[一] 復製青衣油靴　毛本「青」上有「長」字。

[二] 教之習禮　毛本「禮」下有「而時試之。一日，漫給賞，老少互争，參隨以告。先生曰：多事，忘分别耳，汝何不開手本來。次日，依序給賞，老少不亂，衆始安。而私入衛獄覘珂，參隨先期故匣繫珂甚苦，衆莫不唾罵數之」七十字。

[三] 以察其志意……先生始决殲魁之念矣　毛本無此三十七字。

[四] 歲内未必至家　「内」，毛本作「前」。

[五] 又當走拜正節　毛本作「又當謁正」。

[六] 徒自取勞苦耳　毛本作「徒取勞苦」。

[七] 曷以正月歸乎　毛本「乎」下有「其少者固喜觀燈，冶遊不禁，諸參隨復代之銀，聞言欣然忘歸」二十四字。

[八] 數日復辭　毛本作「既復辭」。

[九] 正節尚未犒賞　毛本作「汝謁正尚未犒賞」。

大烹於宮，以次日宴。是夕，令龍光潛入甲士，詰旦，盡殲之[一]。先生自惜終不能化[二]，日已過未刻[三]，不食，大眩暈，嘔吐[四]。先時嘗密遣千户孟俊[五]，督珂弟集兵[六]，以防其

[一]　令龍光潛入甲士詰旦盡殲之　毛本作「潛入甲士六百人射圃，以六人制其一，復密語參隨吉水致仕縣丞龍光曰：每了十人，汝可立屏下安我，否則入告。計既定，詰旦，集仲容等院中，盛設鼓樂，内外不得聞聲。乃召屠人封牛豕階下，與銀曆酒肉，兩手莫勝，復以花采絆繫。已乃勞之酒，三叩頭出，令謝兵道。既出，甲士盡殲之外門。然人封肉勞酒，不令得見前後，故數刻始一發，而强甚者，須七八人乃屈。至八十七人，光以甲士且盡，入告，先生遥見色變。光故緩行上階，取茶造膝，曰：人盡矣。先生即指所賞者曰：汝後生，昨日何得先長行，須綁以示教。已而歷指未賞者六人，曰：是皆先長者，盡綁押出」。

[二]　先生自惜終不能化　毛本無此八字。

[三]　日已過未刻　毛本作「比畢事，日過未刻」。

[四]　不食大眩暈嘔吐　毛本作「先生退，大眩暈，嘔吐。黄昏，光入問，先生曰：勞甚，得此幸，食薄粥，坐數時，無傷也。光密曰：遣人乎？先生大呵之」。

[五]　先時嘗密遣千户孟俊　毛本「先」上有「蓋」字。

[六]　督珂弟集兵　毛本無「集」字，又「兵」下有「又爲僞牌，以捕珂黨爲言，故經池巢相給」十六字。

變[一]，及是夜將半[二]，自率軍從龍南冷水直搗下浰[三]。賊故阻水，石錯立水中，先生躡屩先行，諸軍繼之，無溺者。門堅甚，先生摘百人，捲旗持炮火[四]，緣後山登。須臾，後山炮火四發，旗幟滿山，守者狼顧，門遂破。時正月七日丁未也[五]。兵備副使楊璋[六]、守備指揮郟文、知府陳祥、邢珣、季斆、推官危壽、指揮余恩、姚璽、縣丞舒富皆從。凡破巢三十有八，擒斬賊首五十八，從賊二千餘，餘奔九連山往議。九連山橫亘數百里，四面陡絶，須半月始達，而賊已據險。先生選精鋭七百餘，皆衣賊衣，佯奔潰，乘暮至賊崖下。賊下招之，我兵佯應，既度險，扼其後路。次日，從上下擊，四路伏起[七]，一鼓擒之，撫其降酋張仲全等二百餘人。

[一] 以防其變 毛本無此四字。
[二] 及是夜將半 毛本作「及是珂已先歸，夜將半」。
[三] 自率軍從龍南冷水直搗下浰 毛本作「自率軍走三浰」。
[四] 捲旗持炮火 毛本「捲」上有「啣枚」二字。
[五] 時正月七日丁未也 毛本作「是爲正月七日丁未」。
[六] 兵備副使楊璋 毛本作「而兵備副憲楊璋」。
[七] 四路伏起 「四」，國圖本、天圖本、叢刊本、摛藻堂本訛作「西」。

視地里險易，立縣置隘，留兵防守而歸[一]。【附録：先生欲藉珂以紿……留兵防守而歸云云，蓬左本作：先已諜知其事，即陽怒，以爲爾等擅兵讐殺，乘機誣陷，且仲容等方遣弟報效，安得有此，遂收縛珂等，將斬之。時仲安之屬，初大驚懼，至是，皆羅拜懽呼，競訴珂等罪惡。因陽令具狀，謂將并拘其黨屬盡斬之。於是遂械繫珂等，而密諭以意，且使其先遣人歸，集衆以俟。又遣使諭仲容，使勿自疑，密購其所親信，陰説之使降。迨兵已還贛，乃張樂大享將士，散兵歸農，示不復用，而使仲安亦領衆以歸，以備珂等，賊衆皆喜，遂弛備。又使余恩賫曆往賜，賊衆益喜。所遣黄表等，因説使往謝，所購親信者，復從旁贊之。仲容遂率其麾下，共九十三人，自詣贛。乃密遣人，先行屬縣，勒兵分哨，候報而發。又遣孟俊，先至龍川督集珂等兵，以道經浰巢，别賫一牌，以拘捕珂等黨屬爲名。各賊聞俊往，果遮迎問故，見牌，不復爲意。仲容等至贛，見官兵散歸，以爲不復用兵，密賂獄卒，私覘珂等械繫深固，乃大喜，遣人歸報其屬曰：「乃今吾事始得萬全矣。」乃夜釋珂等，使馳歸發兵，而令官僚次設牛酒，日犒仲容等，以緩其歸。正月癸卯，度珂等已至，屬縣勒兵已集，乃設犒于庭，先伏甲士，引仲容入，并其黨悉殲之。出珂等所告狀，皆伏，悉寘于獄。夜使趣發屬縣兵，期以初七日丁未，同時入巢。知府陳祥、邢珣等，各從信地而入。先生自率帳下，從龍南冷水直搗下浰，别使副使楊璋，從後監督各哨，分路同時並進，會於三浰。遂破其巢穴三十八處，擒斬

[一] 留兵防守而歸　蓬左本「歸」下有「先生以捷聞，疏言大賊首池仲容等，荼毒萬民（中略）惟垂察焉云云」（「疏言」以下，據浰頭捷音疏改寫）；毛本「歸」下有「給仲容事，難顯言，故上捷之辭稍異」十四字。

大賊首池仲容二十九名顆，次賊首三十八名顆，從賊二千零六名顆。餘徒奔聚九連山，設計度險，斷其後路，盡擒之。乃撫其歸順張仲全等二百餘徒，遂相視地里險易，經理立縣設隘，爲久安長治之策，留兵防守而歸。】○先生未至贛時[一]，已聞有三省夾攻之議，即謂夾攻大舉[二]，恐不足以滅賊，乃進攻治疏[三]。謂：「朝廷若假以賞罰[四]，使得便宜行事，動無掣肘，可以相機而發。一寨可攻，則攻一寨；一巢可撲，則撲一巢。量其罪惡之淺深，而爲剿撫之先後[五]，則可以省供饋征調之費[六]，日剪月削，漸盡灰滅。此則如昔人拔齒之喻[七]，齒拔而兒不覺者也。若欲夾攻[八]，以快一朝之

[一] ○先生未至贛時　蓬左本「○」符下有「按」字。
[二] 即謂夾攻大舉　蓬左本無「即」字。
[三] 乃進攻治疏　蓬左本作「乃進疏攻治二説」。
[四] 謂朝廷若假以賞罰　蓬左本「罰」下有「重權」二字；毛本「罰」下有「重其權」三字。
[五] 而爲剿撫之先後　「剿撫」，蓬左本作「撫剿」。
[六] 則可以省供饋征調之費　蓬左本、毛本無「以」字。
[七] 此則如昔人拔齒之喻　蓬左本無「人」字；蓬左本、毛本「喻」下并有「日漸動摇」四字。
[八] 若欲夾攻　蓬左本、毛本作「然而下民之情，莫不欲大舉夾攻」。

忿[一]，則計賊二萬[二]，須兵十萬[三]，積粟料財，數月而事始集[四]。兵未出境，賊已深逃，鋒刃所加，不過老弱脅從之輩耳。況狼兵所過，不減於盜。近年江西有姚源之役，福建有汀漳之寇，府江之師方集於兩廣，偏橋之討未息於湖湘，若復加以大兵，民將何以堪命？此則一拔去齒而兒亦隨斃者也。」是疏方上[五]，而夾攻成命已下矣。先生又以爲夾攻之策[六]，名雖三省大舉，其實舉動次第，自有先後。如江西之南安，有上猶、大庾、桶岡等處賊巢，與湖廣桂東、桂陽接境，夾攻之舉，止宜江西與湖廣會合，而廣東於仁化縣要害把截，不與焉[七]。贛州之龍南，有浰頭賊巢，與廣東龍川接境，夾攻之舉，止宜江西與廣東會合，而湖廣不與焉。廣東

[一] 以快一朝之忿　蓬左本、毛本「忿」下有「必須南調兩廣之狼達，西調湖湘之土兵，四路並進，一鼓成擒。庶幾數十年之大患可除，千萬人之積冤可雪，然而以兵法十圍五攻之例」五十三字。
[二] 則計賊二萬　蓬左本、毛本無「則」字。
[三] 須兵十萬　蓬左本、毛本「萬」下有「日費千金，疲於道路，不得操事者七十萬家」十七字。
[四] 數月而事始集　蓬左本、毛本「集」下有「聲迹彰聞」四字。
[五] 是疏方上　「是」，蓬左本作「時」。
[六] 先生又以爲夾攻之策　蓬左本作「先生又進議夾攻」。
[七] 不與焉　蓬左本、毛本「不」上有「夾攻」二字。

樂昌、乳源賊巢，與湖廣宜章縣接境，惠州賊巢與湖廣臨武縣接境，仁化縣賊巢與湖廣桂陽縣接境，夾攻之舉，止宜湖廣、廣東二省會合，而江西於大庾縣要害把截，不與焉[一]。若不此之察，必欲通待三省兵齊然後進剿，則老師費財，爲害匪細矣[二]。今併力於上猶也[三]，則姑遣人佯撫樂昌諸賊，以安其心。彼見廣東既未有備，而湖廣之兵又不及已，乃幸旦夕之生，必不敢越界以援上猶。及上猶既舉[四]，而湖廣移兵以合廣東，則樂昌諸賊，其勢已孤，二省兵力益專，其舉益易。當是之時，龍川賊巢，相去遼絕，自以爲風馬牛不相及，彼見江西之兵又徹，意必不疑，班師之日，出其不意，回軍合擊，蔑有不濟者矣。疏上，朝廷許以便宜行事[五]。

[一] 不與焉　蓬左本、毛本「不」上有「夾攻」二字。

[二] 爲害匪細矣　蓬左本、毛本無「矣」字，又「細」下二本并有「今宜先合湖廣、江西之兵，併力而舉上猶諸賊，逮事之畢，廣東之兵亦且集矣。則又合湖廣、廣東之兵，併力而舉樂昌諸處，逮事之畢，江西之兵又得以少息矣。則又合廣東、江西之兵，併力而舉龍川」七十六字。

[三] 今併力於上猶也　「今」，蓬左本、毛本作「方其」。

[四] 及上猶既舉　蓬左本、毛本「及」下有「夫」字。

[五] 朝廷許以便宜行事　蓬左本作「朝廷許以申明賞罰事例，使之便宜行事。至是，諸巢撲滅，盡酬前議，而二省依期進兵，賊已蕩平矣」。

桶岡既滅，湖廣兵期始至[一]，恐其徒勞遠涉，即奬勵統兵參將史春，使之即日回軍。及計斬浰頭[二]，廣東尚不及聞[三]，皆與前議合[四]。

四月，班師，立社學。

先生謂民風不善，由於教化未明[五]。今幸盜賊稍平，民困漸息，一應移風易俗之事，雖未能盡舉，姑且就其淺近易行者，開導訓誨[六]。即行告諭，發南、贛所屬各縣[七]。父老子弟，互相戒

[一] 桶岡既滅湖廣兵期始至　蓬左本作「方桶岡之既滅也，而湖廣兵期始至」。

[二] 及計斬浰頭　蓬左本作「及設計擒斬浰頭」。

[三] 廣東尚不及聞　蓬左本作「而廣東之兵尚不及聞」，又「聞」下有「惟時當事者，尚以欺誑失信見責。噫！執尾白之信而趨，必無可成之功，毒民誤國甚矣。大信不約，善計者爲之乎」四十三字。

[四] 皆與前議合　蓬左本無此五字。

[五] 由於教化未明　蓬左本「明」下有「近因地方多盜，民遭荼毒，驅馳兵革，朝夕不遑，所謂救死不贍，奚暇治禮義哉」三十字。

[六] 先生謂民風不善……開導訓誨　毛本作「先生嘗有告示曰：百姓風俗不美（中略）十家牌均罪之」云云（原文見卷十六告諭）。

[七] 即行告諭發南贛所屬各縣　毛本作「仍告諭南贛所屬各縣」。

勉[一]，興立社學[二]，延師教子[三]，歌詩習禮。出入街衢[四]，官長至，俱叉手拱立[五]。先生或贊賞訓誘之[六]，久之，市民亦知冠服。朝夕歌聲，達於委巷，雍雍然，漸成禮讓之俗矣[七]。○按，訓蒙大意示教讀劉伯頌等曰[八]：「今教童子者[九]，當以孝悌忠信[一〇]、禮義

[一] 互相戒勉　毛本無此四字。

[二] 興立社學　蓬左本「學」下有「作訓蒙大意」五字。

[三] 延師教子　蓬左本「子」下有「弟」字。

[四] 出入街衢　蓬左本「出」上有「令童子」三字；毛本「街」作「階」。

[五] 俱叉手拱立　蓬左本「俱」下有「使」字。

[六] 先生或贊賞訓誘之　蓬左本作「先生遇見，或時贊賞訓誘之」。

[七] 雍雍然漸成禮讓之俗矣　蓬左本「矣」下有「觀者莫不興歎，謂古稱王道易易者，誠非虚語也」十九字；毛本無此十字。

[八] ○按訓蒙大意示教讀劉伯頌等曰　毛本作「示教讀劉伯頌等訓蒙大意曰」；蓬左本、毛本「曰」下并有「古之教者（中略）先王之教亡」云云（原文見卷二傳習録中）。

[九] 今教童子者　蓬左本、毛本無「者」字。

[一〇] 當以孝悌忠信　蓬左本、毛本「當」上有「惟」字。

廉耻爲專務。其培植涵養之方[一]，則宜誘之歌詩，以發其志意；導之習禮，以肅其威儀；諷之讀書，以開其知覺。今人往往以歌詩習禮爲不切時務，此皆末俗庸鄙之見[二]，烏足以知古人立教之意哉？大抵童子之情，樂嬉戲而憚拘檢[三]。如草木之始萌芽，舒暢之則條達，摧撓之則衰痿[四]。故凡誘之歌詩者，非但發其志意而已，亦所以洩其跳號呼嘯於咏歌，宣其幽抑結滯於音節也；導之習禮者，非但肅其威儀而已，亦所以周旋揖讓而動盪其血脉，拜起屈伸而固束其筋骸也；諷之讀書者，非但開其知覺而已，亦所以沉潛反復而存其心，抑揚諷誦以宣其志也[五]。若責其檢束而不知導之以禮[六]，求其聰明而不知養之以善[七]，彼視學舍如囹獄而

[一] 其培植涵養之方　「培植」，蓬左本、毛本作「栽培」。
[二] 此皆末俗庸鄙之見　毛本無「皆」字。
[三] 樂嬉戲而憚拘檢　「戲」，蓬左本、毛本作「遊」。
[四] 摧撓之則衰痿　蓬左本、毛本「痿」下有「今教童子，必使其趨向鼓舞（中略）日就枯槁矣」云云。
[五] 以宣其志也　蓬左本、毛本「也」下有「凡此，皆所以順導其志意（中略）先王立教之微意也」云云。
[六] 若責其檢束而不知導之以禮　蓬左本、毛本「若」下有「近世之訓蒙穉者，日惟督以句讀課倣」十五字。
[七] 不知養之以善　蓬左本、毛本「善」下有「鞭撻繩縛，若待拘囚」八字。

不肯入，視師長如寇讐而不欲見矣[一]。求其爲善也，得乎[二]？」

五月，奏設和平縣。

和平縣治，本和平峒羊子地，爲三省賊衝要路。其中山水環抱，土地坦平，人煙輳集，千有餘家。東去興寧、長樂、安遠，西抵河源，南界龍川，北際龍南，各有數日程。其山水阻隔[三]，道路遼遠[四]，人迹既稀，奸宄多萃。相傳原係循州龍川[五]、雷鄉一州二縣之地，後爲賊據，止存龍川一縣[六]。洪武中，賊首謝士真等相繼作亂，遂極陵夷。先生謂宜乘時修復縣治[七]，

[一] 而不欲見矣　蓬左本、毛本無「矣」字，「見」下有「窺避掩覆（中略）日趨下流」云云。

[二] 求其爲善也得乎　蓬左本、毛本作「是蓋驅之於惡，而求其爲善也，何可得乎」，又下并有「凡吾所以教（中略）念之念之」云云；毛本又下引立志說：「○是年，爲立志說遺（遺）弟，略曰：夫志，氣之帥也（中略）自然容住不得矣」（原文見卷七）。

[三] 其山水阻隔　蓬左本「其」下有「間」字。

[四] 道路遼遠　「路」，蓬左本、毛本作「里」。

[五] 相傳原係循州　「係」，底本訛作「非」，據蓬左本、毛本改。

[六] 止存龍川一縣　蓬左本「縣」下有「厥後州縣既廢，聲教不及」十字。

[七] 先生謂宜乘時修復縣治　「時」，蓬左本作「賊平」。

以嚴控制，改和平巡檢司於浰頭，以遏要害[一]。議上，悉從之[二]。

六月，陞都察院右副都御史[三]，**廕子錦衣衛，世襲百户。辭免，不允**[四]。

旌横水、桶岡功也。先生具疏辭免曰：「臣過蒙國恩[五]，授以巡撫之寄。時臣方抱病請告，偶值前官有托疾避難之嫌[六]，朝廷譴之簡書，臣遂狼狽蒞事。當是時，兵耗財匱，盜熾民窮，束手無策。朝廷念民命之顛危，慮臣力之薄劣[七]，本兵議假臣以賞罰[八]，則從之；

[一] 以遏要害　蓬左本「害」下有「庶爲保安至計」六字。

[二] 悉從之　毛本此下録遺事一條：「〇先生既平南贛，其相近各巢，令自取便利，分轄諸地，有警屬之。其後一二恃强相抗者，先生自携大兵剿之。雖幸逭誅，終來投首，至今飲食必祭，言及多泣下者。」

[三] 陞都察院右副都御史　蓬左本無「都察院」三字。

[四] 辭免不允　蓬左本無此四字。

[五] 臣過蒙國恩　蓬左本、毛本作「臣以章句陋儒，過蒙國恩，不終擯斥，投之閒散之中」。

[六] 有托疾避難之嫌　蓬左本、毛本「嫌」下有「本兵責以大義」六字。

[七] 慮臣力之薄劣　蓬左本、毛本「劣」下有「謂其責任不專（中略）無以督調遠近」云云（原文見卷十一辭免陞廕乞以原職致仕疏）。

[八] 本兵議假臣以賞罰　蓬左本、毛本「本」上有「於是」二字。

議給臣以旗牌，則從之；議改臣以提督，則從之。授之方略，而不拘以制；責其成功，而不限以時。由是臣得以伸縮如志[一]，舉動自由[二]，一鼓而破橫水，再鼓而滅桶岡，振旅復舉，又一鼓而破三浰，再鼓而下九連[三]，皆本兵之議，朝廷之斷也。臣亦何功之有，而敢冒承其賞乎[四]？況臣福過災生，已嘗懇疏求告，今乃求退獲進，引咎蒙賚，其如賞功之典何？」奏入，不允[五]。

七月，刻古本大學。

先生出入賊壘，未暇寧居。門人薛侃、歐陽德、梁焯、何廷仁、黃弘綱、薛俊、楊驥、郭治、周仲、

[一] 由是臣得以伸縮如志　蓬左本、毛本作「由是臣以賞罰之柄（中略）伸縮如志」云云。

[二] 舉動自由　蓬左本、毛本「由」下有「於是兵威漸振，賊氣先奪，成軍而出」十四字。

[三] 再鼓而下九連　蓬左本、毛本「連」下有「皆役不再籍（中略）凡臣之得藉以成功者」云云。

[四] 而敢冒承其賞乎　蓬左本、毛本「乎」下有「辟之駑馬而得良御（中略）而遂歸于馬可乎」云云。

[五] 不允　蓬左本「允」下有「辭」字。

周衡、劉魁[一]、郭持平、劉道、袁夢麟[二]、王舜鵬、王學益[三]、余光、黄槐密[四]、黄鍙、吴倫、陳稷、劉魯、扶黻、吴鶴、薛僑、薛宗銓、歐陽昱[五]，皆講聚不散[六]。至是回軍休士，始得專意于朋友，日與發明大學本旨，指示入道之方。先生在龍場時，疑朱子大學章句非聖門本旨，手録古本，伏讀精思，始信聖人之學，本簡易明白。其書止爲一篇，原無經傳之分，格致本於誠意，原無缺傳可補。以誠意爲主，而爲致知格物之功，故不必增一敬字，以良知指示至善之本體，故不必假於見聞。至是録刻成書，傍爲之釋，而引以叙[七]。

[一] 劉魁　國圖本、天圖本、叢刊本、文淵閣本、摛藻堂本作「周魁」。
[二] 袁夢麟　毛本作「袁慶麟」。
[三] 王學益　毛本「益」下有「等」字。
[四] 黄槐密　蓬左本作「王槐密」。
[五] 余光黄槐密黄鍙吴倫陳稷劉魯扶黻吴鶴薛僑薛宗銓歐陽昱　毛本無此十一人。
[六] 皆講聚不散　毛本無「皆」字。
[七] 指示入道之方……而引以叙　毛本作「始刻古本，自爲序，略曰：大學之道（中略）而聖人之意亡矣」云云（原文見卷七）。

刻朱子晚年定論。

先生序略曰[一]：「昔謫官龍場，居夷處困，動心忍性之餘，恍若有悟[二]，證諸六經四子，洞然無復可疑。獨於朱子之説，有相牴牾，恒疚於心，切疑朱子之賢，而豈其於此尚有未察？及官留都，復取朱子之書而檢求之，然後知其晚歲固已大悟舊説之非，痛悔極艾，至以爲自誑誑人之罪，不可勝贖。世之所傳集註或問之類，乃其中年未定之説，自咎以爲舊本之誤，思改正而未及，而其諸語類之屬，又其門人挾勝心以附己見，固於朱子平日之説[三]，猶有大相繆戾者。而世之學者局於見聞，不過持循講習於此，其於悟後之論，槩乎其未有聞，則亦何怪乎予言之不信，而朱子之心無以自暴於後世也乎？予既自幸説之不繆於朱子，又喜朱子之先得我心之同然。且慨夫世之學者，徒守朱子中年未定之説，而不復知求其晚歲既悟之論，競相呶呶，以亂正學，不自知其已入於異端。輒採録而裒集之，私以示夫同志，庶幾無疑於吾説，而聖學之明

[一] 先生序略曰　蓬左本作「先生自序其略曰」。
[二] 恍若有悟　蓬左本、毛本「悟」下有「體驗探求，再更寒暑」八字。
[三] 固於朱子平日之説　「朱」，底本訛作「諸」，據蓬左本、毛本、文淵閣本改。

可冀矣。」○與安之書曰[一]：「留都時偶因饒舌，遂至多口，攻之者環四面。取朱子晚年悔悟之説，集爲定論，聊藉以解紛耳。門人輩近刻之雩都，初聞甚不喜，然士夫見之，乃往往遂有開發者，無意中得此一助，亦頗省頰舌之勞。近年篁墩諸公嘗有道一等編，見者先懷黨同伐異之念，故卒不能有入，反激而怒。今但取朱子之所自言者表章之[二]，不加一辭，雖有褊心，將無所施其怒矣[三]。有志向者，一出指示之。」

八月，門人薛侃刻傳習録。

侃得徐愛所遺傳習録一卷，序二篇，與陸澄各録一卷，刻于虔[四]。○是年[五]，愛卒[六]，先

[一] ○與安之書曰　蓬左本「與」上有「按先生」三字。
[二] 朱子之所自言者　蓬左本、毛本無「之」字。
[三] 將無所施其怒矣　蓬左本、毛本「矣」下有「聊往數册」四字。
[四] 刻于虔　毛本「虔」下録徐愛序：「愛自述曰：先生於大學格物諸説（中略）庶無負於先生之教云」（原文見卷一傳習録上）。
[五] ○是年　毛本無「○」符。按，「○是年愛卒……輒傷之」云云，蓬左本在「○與安之書」條下。
[六] 愛卒　蓬左本作「門人徐愛卒」。

生哭之慟。愛及門獨先，聞道亦早[一]。嘗遊南岳，夢一瞿曇撫其背曰[二]：「爾與顔子同德，亦與顔子同壽。」自南京兵部郎中告病歸，與陸澄謀耕霅上之田以俟師[三]。年纔三十一，先生每語輒傷之[四]。

九月，修濂溪書院。

四方學者輻輳，始寓射圃[五]，至不能容，乃修濂溪書院居之[六]。○先生大征既上捷[七]，一

[一] 愛及門獨先聞道亦早 蓬左本作「始，愛及門問學，於同門獨先。聞師教，即能洞悟真修，不以影響敏穎爲得，其聞道也，於同門亦獨先。首録傳習録、同志考，以輔師教。接人和易謙冲，雖無意親人，而人自親之」；毛本「早」下有「接人和易謙冲，雖無意親人，而人自親之。所作有傳習録、同志考」二十五字。

[二] 夢一瞿曇撫其背曰 毛本無「夢」字。

[三] 以俟師 蓬左本作「以俟師歸，爲同志久聚計，不幸物故」；毛本作「以俟師歸，爲同志久聚計」。

[四] 年纔三十一先生每語輒傷之 蓬左本作「先生每言及輒哭，數爲文而傷之」。

[五] 始寓射圃 毛本無「始」字。

[六] 乃修濂溪書院居之 蓬左本「院」下有「以」字；毛本「之」下有「郷守益輩來見」六字。

[七] ○先生大征既上捷……愈省各畏 蓬左本無此條。

日，設酒食勞諸生，且曰：「以此相報。」諸生瞿然問故[一]。先生曰：「始吾登堂，每有賞罰，不敢肆[二]，常恐有愧諸君[三]。比與諸君相對久之，尚覺前此賞罰猶未也，於是思求其過以改之[四]。直至登堂行事，與諸君相對時無少增損，方始心安[五]。此即諸君之助[六]，固不必事事煩口齒爲也[七]。」諸生聞言，愈省各畏[八]。

十月，舉鄉約。

[一] 諸生瞿然問故　毛本「然」下有「不安」二字。
[二] 不敢肆　毛本作「不敢放肆」。
[三] 常恐有愧諸君　毛本「君」下有「自謂無過舉矣」六字。
[四] 於是思求其過以改之　毛本「之」下有「幾番磨擦」四字。
[五] 方始心安　毛本「安」下有「然已不知費多少力氣矣」十字。
[六] 此即諸君之助　毛本作「此即諸君教誨所在」。
[七] 固不必事事煩口齒爲也　毛本「煩」下有「諸君」二字。
[八] 愈省各畏　毛本作「愈益省畏」；又下引文：「〇黄弘綱問：戒懼是己所不知（中略）流入斷滅禪定」（原文見卷一傳習録上）。

先生自大征後，以爲民雖格面[一]，未知格心，乃舉鄉約[二]，告諭父老子弟[三]，使相警戒[四]。辭有曰[五]：「頃者頑卒倡亂，震驚遠邇，父老子弟，甚憂苦騷動。彼冥頑無知，逆天叛倫，自求誅戮，究言思之，實足憫悼[六]。然亦豈獨冥頑者之罪，有司撫養之有缺，訓迪之無方，均有責焉。雖然，父老之所以倡率飭勵於平日，無乃亦有所未至歟？今倡亂渠魁，皆就擒滅，脅從無辜，悉已寬貸，地方雖以寧復，然創今圖後，父老所以教約其子弟者，自此不可以不豫。故今特爲保甲之法，以相警戒聯屬，父老其率子弟慎行之。務和爾鄰里，齊爾姻族，德義相勸，過失相規，敦禮讓之風，成淳厚之俗[七]。」

[一] 以爲民雖格面　蓬左本作「以爲」，蓬左本作「謂」。

[二] 乃舉鄉約　蓬左本作「舉行鄉約」。

[三] 告諭父老子弟　蓬左本「告」上有「以」字。

[四] 使相警戒　蓬左本「使」下有「自」字。

[五] 辭有曰　蓬左本作「其辭曰」。

[六] 實足憫悼　蓬左本、毛本「足」下有「以」字。

[七] 成淳厚之俗　蓬左本、毛本「俗」下有「本院奉命巡撫茲土（中略）及時農作毋惰」云云（原文見卷十六告諭父老子弟）。

十有一月[一]，再請疏通鹽法[二]。

據户部覆疏，所允南、贛暫行鹽税，例止三年[三]。先生念連年兵餉，不及小民[四]，而止取鹽税[五]，所謂不加賦而財足，所助不少[六]。且廣鹽止行於南、贛，其利小，而淮鹽必行於袁、臨、吉，以灘高也[七]。故三府之民，長苦乏鹽。而私販者，水發舟多，蔽河而下，寡不敵衆，勢

[一] 十有一月　蓬左本無此四字；毛本作「十月」。按，蓬左本承「十月舉鄉約」條省「十月」二字，再請疏通鹽法疏作於「十月二十二日」。
[二] 再請疏通鹽法　「再」，蓬左本作「奏」。
[三] 據户部覆疏所允南贛暫行鹽税例止三年　蓬左本作「先是南贛鹽税，例滿三年當止」。
[四] 先生念連年兵餉不及小民　蓬左本作「先生以連年兵餉，不加於小民」。
[五] 而止取鹽税　蓬左本作「惟取給於鹽税」。
[六] 所謂不加賦而財足所助不少　蓬左本無此十二字；毛本「少」作「小」。
[七] 且廣鹽止行於南贛……以灘高也　蓬左本作「且廣鹽止行於南贛，而不及袁臨吉，淮鹽行於袁臨吉，而常止於南昌。蓋廣鹽順流易，而淮鹽逆流難也」。

莫能遏[一]。乃上議以爲廣鹽行則商稅集[二]，而用資於軍餉，賦省於貧民；廣鹽止則私販興，而弊滋於奸宄[三]，利歸於豪右。況南贛巢穴雖平，殘黨未盡，方圖保安之策，未有撤兵之期。若鹽稅一革，軍餉之費，苟非科取於貧民，必須仰給於内帑。夫民已貧而斂不休，是驅之從盜也；外已竭而殫其内，是復殘其本也。臣竊以爲，宜開復廣鹽，著爲定例[四]。朝廷從之，至今軍民受其利[五]。

[一] 而私販者……勢莫能遏　蓬左本作「而廣商什伯成群，越禁而下，勢不能止」；毛本無「私販者」三字。
[二] 乃上議以爲廣鹽行則商稅集　「乃上議以爲」，蓬左本作「先生乃上議」。
[三] 而弊滋於奸宄　「宄」，底本訛作「究」，據蓬左本、毛本、天圖本、叢刊本改。
[四] 著爲定例　「例」，蓬左本作「額」。
[五] 朝廷從之至今軍民受其利　毛本作「得俞旨，後嘉靖十五年十二月，奉新例，廣鹽止行於南贛吉，至于今」。

王文成公全書卷之三十三

附録二　年譜二　自正德己卯在江西至正德辛巳歸越

門人餘姚錢德洪編述
山陰王畿補葺
後學吉水羅洪先考訂
滁上胡松校閲
新昌吕光洵增訂

十有四年己卯，先生四十八歲，在江西[一]。

正月，疏謝陞廕。

以三淛、九連功，廕子錦衣衛，世襲副千户。上疏辭免，謂廕子實非常典，私心終有未安，疾

[一] 在江西　蓬左本無此三字。

病已纏，圖報無日。疏入，不允[一]。

疏乞致仕，不允。

以祖母疾亟故也。上書王晉溪瓊曰[二]：「郴、衡諸處群孽，漏殄尚多，蓋緣進剿之時，彼省士兵不甚用命，廣兵防夾稍遲，是以致此[三]。閩中之變，亦由積漸所致。始於延平，繼於邵武，又發於建寧，於汀漳，於沿海諸衛所。將來之禍，不可勝言，固非迂劣如某所能辦此也[四]。又況近日祖母病危，日夜痛苦，方寸已亂，望改授[五]，使全首領以歸[六]。」

[一] 正月……疏入不允　蓬左本繫於正德十三年之末，作「奏謝陞廕。是年，上淛頭捷音，論功，加廕子錦衣衛副千户。先生具疏謝，其略曰：正德十三年六月初六日（中略）深懼圖報之無日」云云（原文見卷十一陞廕謝恩疏）。按，蓬左本卷二至此終。「上疏辭免……疏入不允」，毛本作「辭免不准，疏謝略曰：臣竊惟因勞而進秩者（中略）深懼圖報之無日」云云（原文見卷十一陞廕謝恩疏）。

[二] 上書王晉溪瓊曰　毛本作「上王晉溪瓊書有曰」。

[三] 是以致此　毛本「此」下有「今亦未敢動作，但恐一二年後，不能保耳」十六字。

[四] 固非迂劣如某所能辦此也　「某」，毛本作「守仁」。

[五] 望改授　毛本作「伏望曲加矜憫改授」。

[六] 使全首領以歸　毛本作「使得全首領歸，非生一人之幸也」。按，「疏乞……以歸」云云，蓬左本無此條。

六月，奉敕勘處福建叛軍。十五日丙子，至豐城，聞宸濠反，遂返吉安起義兵[一]。

時福州三衛軍人進貴等脅衆謀叛，奉敕往勘[二]。以六月初九日啓行[三]，十五日午[四]，至豐城，知縣顧佖迎告濠反[五]，先生遂返舟[六]。〇先是，寧藩世蓄異志[七]，至濠奸惡尤甚[八]。正德初，與瑾納結，嘗風南昌諸生呈舉孝行[九]，撫按諸司表奏，以張聲譽[一〇]。安

[一] 聞宸濠反遂返吉安起義兵　蓬左本作「聞逆濠反，返吉安」。

[二] 脅衆謀叛奉敕往勘　蓬左本作「脅衆謀反，欽奉敕，往勘之」。

[三] 以六月初九日啓行　蓬左本無「以」字；毛本「行」下有「亦移之外境以防變，瓊之微也」十二字。

[四] 十五日午　蓬左本無「午」字。

[五] 知縣顧佖迎告濠反　蓬左本「濠反」作「是月十四日，寧濠之亂」；毛本「反」下有「蓋先期十有四日，是爲乙亥」十一字。

[六] 先生遂返舟　毛本無「先生」二字。

[七] 〇先是寧藩世蓄異志　蓬左本無「〇」符，「藩」作「邸」；毛本無「〇」符，「蓄異志」作「失德」。

[八] 至濠奸惡尤甚　蓬左本作「傳至濠，尤包藏禍心，矯飾文行」；毛本「尤」作「獨」，又「甚」下有「矯飾叵測，而婬虐凶穢，言不忍聞」十三字。

[九] 正德初……呈舉孝行　蓬左本作「自正德初，政在逆瑾，厚與結納，風南昌諸生舉其孝行」。

[一〇] 撫按諸司表奏以張聲譽　蓬左本作「撫按諸司爲之表奏，以鼓聲譽，要人心」。

成舉人劉養正[一]，素有詩文名[二]，屈致鼓衆。株連富民[三]，朘剥財産，縱大賊閔念四、凌十一等，四出劫掠，以佐妄費[四]。按察使陸完，因濠器重，遂相傾附[五]，及爲本兵，首復護衛，樹羽翼[六]。而濠欲陰入第二子爲武宗後[七]，其内官閻順等，潛至京師發奏[八]，

[一] 安成舉人劉養正　蓬左本作「而劉養正者，安成舉人也」。

[二] 素有詩文名　蓬左本「名」下有「濠屈己招致，遂爲知己」九字；毛本「名」下有「以不仕自高」五字。

[三] 株連富民　毛本「株」上有「然」字。

[四] 屈致鼓衆……以佐妄費　蓬左本無此三十字；毛本「費」下有「有不便己，即甘心焉，而仕江右者，又復多爲鷹犬自容」二十一字。

[五] 遂相傾附　「遂」，毛本作「頗」。

[六] 按察使陸完……樹羽翼　蓬左本作「尚書陸完，嘗爲按察使，濠獨器重，以故陸亦心附之。及是，完爲本兵，遂托之謀復護衛，羽翼既成，逆謀益急」。

[七] 而濠欲陰入第二子爲武宗後　蓬左本無此十二字；毛本「宗」下有「皇帝」二字，又「後」下有「大臣諸奄，故皆茹賄，至是多藏亡命京師」十六字。

[八] 其内官閻順等潛至京師發奏　蓬左本「發奏」作「奏發其事」；毛本作「内官閻順等被奏」。

朝廷置不問，且謫順等孝陵浄軍[一]，濠益無忌[二]。完改吏部，王瓊代爲本兵[三]，度濠必反[四]，乃申軍律，督責撫臣，修武備以待不虞[五]，而諸路戒嚴[六]，捕盜甚急。凌十一繫獄劫逃[七]，瓊責期必獲[八]。濠始恐，復風諸生頌己賢孝[九]，挾當道奏之[一〇]。武宗見

[一] 朝廷置不問且謫順等孝陵浄軍　蓬左本、毛本「廷」下有「悉」字，又毛本「且」作「止」。

[二] 濠益無忌　蓬左本作「濠益恃有内應，及聞上行邊，計納都督馬昂寡妹，密懷伺隙。陰養大盜閔念四、凌十一等，招引叛亡，已不便者，潛使盜屠其家」；毛本「忌」下有「聞上行邊，計納都督馬昂寡妹中之」十四字。

[三] 完改吏部王瓊代爲本兵　蓬左本「完」上有「及」字；毛本無「爲本兵」三字。

[四] 度濠必反　蓬左本「度」上有「瓊」字；毛本「度」作「策」。

[五] 乃申軍律督責撫臣修武備以待不虞　蓬左本作「乃申明軍律，督責天下撫臣，修武備以戒不虞」。

[六] 而諸路戒嚴　「而」，蓬左本作「自是」。

[七] 凌十一繫獄劫逃　蓬左本作「凌十一已獲繫獄，復爲其黨劫出」。

[八] 瓊責期必獲　蓬左本作「瓊具奏責限，期于必得」；毛本無「責」字。

[九] 濠始恐復風諸生頌己賢孝　蓬左本作「濠恐，復風諸生知厚者，頌其賢孝」。

[一〇] 挾當道奏之　蓬左本「之」下有「以惑衆聽」四字；毛本「之」下有「以解」二字，又下有「都御史孫燧不得已，隨衆類署，別奏其不法事，前後七上，皆爲濠卒遮留」二十八字。

奏[一]，驚曰：「保官好陞，保寧王賢孝，欲何爲耶[二]？」是時江彬方寵倖[三]，太監張忠欲附彬以傾錢寧[四]，聞是言，乃密應曰[五]：「錢寧、臧賢交通寧王，其意未可測也[六]。」太監張鋭初通濠[七]，復用南昌人張儀言[八]，附忠、彬自固[九]。而御史熊蘭居南昌[一〇]，

[一] 武宗見奏　毛本「武」上有「比」字。
[二] 武宗見奏驚曰保官好陞保寧王賢孝欲何爲耶　蓬左本無此十九字；毛本「爲」下有「且將置我何地」六字。
[三] 是時江彬方寵倖　蓬左本、毛本作「是時江彬寵倖日盛」。
[四] 太監張忠欲附彬以傾錢寧　蓬左本「忠」下有「因」字。
[五] 聞是言乃密應曰　蓬左本作「會奏至，忠因密言于上曰」。
[六] 錢寧臧賢交通寧王其意未可測也　蓬左本作「聞錢寧、臧賢者，交通寧王，將爲不軌耳，上疑之」。
[七] 太監張鋭初通濠　蓬左本作「會太監張鋭初亦通濠」。
[八] 復用南昌人張儀言　蓬左本作「既而信南昌人張儀言」。
[九] 附忠彬自固　蓬左本作「遂附忠、彬以自安」。
[一〇] 而御史熊蘭居南昌　蓬左本作「會南昌人熊蘭時爲御史」。

素讐濠〔一〕，少師楊廷和亦欲革護衛免患〔二〕，交爲内主〔三〕。上迺令太監韋霦傳旨〔四〕。故事，王府奏事人辭見有常〔五〕，今稽違非制〔六〕。於是試御史蕭淮上疏曰〔七〕：「近奉敕旨，王人無事不得延留京師〔八〕。臣有以仰窺陛下微意矣〔九〕，臣不忍隱默〔一〇〕。竊見寧王不遵祖

〔一〕素讐濠　蓬左本作「因父讐濠，見保奏至，不勝忿，播言王必反，密謀于儀，求鋭内應」。

〔二〕少師楊廷和亦欲革護衛免患　蓬左本作「而少師楊廷和亦欲復革護衛免後患」。

〔三〕交爲内主　蓬左本作「因許共成儀計，於是忠等乃洩濠計上前，且指姦細潛住交通爲證」。

〔四〕上迺令太監韋霦傳旨　「上迺」，毛本作「上入忠言」。

〔五〕王府奏事人辭見有常　蓬左本作「凡王人奏事，事竣辭回，無有愆期」；毛本「常」下有「無愆期者」四字。

〔六〕今稽違非制　蓬左本作「近或有遷延數月，或經年者，占居公館，有妨夷使。自今但有差奏事，及入賀進貢人員，所司剋期遣還，如或故違，所司并刺事衛門督促起程。託故潛住者，具奏治罪。蓋入忠等語也」；毛本作「今故違非制，曷治之」。

〔七〕上疏曰　蓬左本作「聞張儀述濠事甚悉，遂暴發其事，疏曰」；毛本作「疏略曰」。

〔八〕王人無事不得延留京師　蓬左本作「王人不得無故延留京師」。

〔九〕臣有以仰窺陛下微意矣　蓬左本、毛本無「仰」字；又蓬左本「意」下有「之所在」三字。

〔一〇〕臣不忍隱默　蓬左本作「臣有隱憂，不忍緘默」。

訓，包藏禍心，多殺無辜，横奪民産，虐害忠良，招納亡命，私造兵器，潛謀不軌。交通官校有年[一]，如致仕侍郎李士實[二]、前鎮守太監畢真，及諸前後附勢者[三]，皆今日亂臣賊子，關係宗社安危[四]，非細故也。或逮繫至京，或坐名罷削[五]。布政使鄭岳、副使胡世寧，皆

[一] 交通官校有年　蓬左本作「差來官校踵接，交通造謀，積有數年。近本府内官告變，流言籍籍」；毛本作「官校交通，積有年歲」。

[二] 如致仕侍郎李士實　蓬左本「實」下有「儀賓顧官祥、指揮葛江、王信、引禮丁璽、内使陳賢、王壽山、熊壽、凃欽、梁璋、義官倪慶、盧孔彰、徐紀、趙七、謝涪、省祭官王海、秦梁、舍人李顯忠、羅黄、盧榮、校尉查伍、火信、伶人秦鎔、賊首凌十一、閔念四等，或爲腹心，或爲爪牙，共圖逆謀，待時而發」九十二字；毛本「實」下有「等」字。底本「士」訛作「仕」，據蓬左本、毛本改。

[三] 前鎮守太監畢真及諸前後附勢者　蓬左本、毛本此十四字在下文「布政使鄭岳」云云之前。

[四] 皆今日亂臣賊子關係宗社安危　蓬左本「皆」作「實爲」，又蓬左本、毛本「社」下有「生靈」二字。

[五] 或逮繫至京或坐名罷削　蓬左本作「陛下已著離明，宜奮乾斷，特敕錦衣衛，逮繫黨與諸人至京，明正典刑。其潛住京師者，究治無失。其占奪官民事産，令所司盡爲覈實追給。謀復護衛屯田，敕兵部蚤爲革削，以快人心，以遏亂萌。前鎮守太監畢真等，輒爲保奏賢行，副使李夢陽、僉事李淳、王奎、參政白金、參議王泰，皆附勢爲害者，宜即加罷削」；毛本作「陛下宜敕錦衣衛，逮繫黨與，至京究治，以快人心。前鎮守太監畢真等首保賢行，及諸前後附勢者，宜坐名罷削」。

守正蒙害，宜亟起用[一]，庶幾人知順逆，禍變可彌矣[二]。」疏入，忠、彬等贊之[三]，欲內閣降敕責鎮巡[四]，而給事中徐之鸞、御史沈約等[五]，又俱奏其不法[六]。廷和恐禍及，欲濠上護衛自贖[七]，同官外廷不知也[八]。一日，駙馬都尉崔元遣問瓊曰[九]：「適聞宣召

[一] 布政使鄭岳副使胡世寧皆守正蒙害宜亟起用　蓬左本作「布政使鄭岳、謫戍副使胡世寧，皆守正蒙害者，宜亟爲起用」。
[二] 庶幾人知順逆禍變可彌矣　蓬左本「逆」下有「尚有典型」四字，又「禍」上有「而」字。
[三] 忠彬等贊之　蓬左本作「張鋭、江彬等復贊之」；毛本「贊之」作「極口贊羡」。
[四] 欲內閣降敕責鎮巡　蓬左本作「姑假當道求褒奬之非，傳諭內閣下敕，切責鎮巡以抑之」；毛本作「欲內閣降敕切責鎮巡以抑之」。
[五] 御史沈約等　「沈約」，蓬左本、毛本作「沈灼」。
[六] 又俱奏其不法　蓬左本作「俱交章上反狀」；毛本作「又俱連章」。「俱」，國圖本、天圖本、叢刊本、文淵閣本、摛藻堂本作「具」。
[七] 欲濠上護衛自贖　蓬左本作「欲密遣官戒諭寧王，令納護衛自解」；毛本「欲」作「將勸」。
[八] 同官外廷不知也　蓬左本「廷」下有「皆」字。
[九] 遣問瓊曰　蓬左本作「私令人問于瓊曰」。

明早赴闕[一]，何事[二]？」瓊問廷和[三]，廷和佯驚曰：「何事[四]？」瓊微笑曰：「公勿欺我[五]。」廷和忸怩[六]，徐曰：「宣德中，有疑于趙[七]，嘗命駙馬袁泰往諭[八]，竟得釋[九]，或此意也[一〇]？」明旦，瓊至左順門[一一]，見元領敕[一二]，謂曰[一三]：「此大事，

[一] 適聞宣召明早赴闕　蓬左本「召」下有「使元」二字。
[二] 何事　蓬左本「事」下有「也」字。
[三] 瓊問廷和　蓬左本作「瓊曰：不知也。遂過廷和問故」；毛本作「瓊莫應，詣詰廷和」。
[四] 廷和佯驚曰何事　蓬左本「何」上有「果」字；毛本「佯」作「陽」，無「事」字。
[五] 瓊微笑曰公勿欺我　蓬左本作「瓊笑曰：公欺我耶」。
[六] 廷和忸怩　毛本作「廷和愧發」。
[七] 有疑于趙　蓬左本作「趙府有異志」。
[八] 嘗命駙馬袁泰往諭　蓬左本作「命袁駙馬往諭」；毛本無「諭」字。
[九] 竟得釋　蓬左本作「事遂得息」。
[一〇] 或此意也　蓬左本作「今遣崔公，亦此意也。且將革其護衛，幸勿洩」。
[一一] 瓊至左順門　蓬左本無「左」字。
[一二] 見元領敕　蓬左本作「見崔元領敕諭」。
[一三] 謂曰　蓬左本作「瓊曰」。

何不廷宣[一]？」乃留當廷領之[二]。敕有曰[三]：「蕭淮所言，關係宗社大計。朕念親親，不忍加兵，特遣太監賴義、駙馬都尉崔元、都御史顏頤壽往諭，革其護衛[四]。」元領敕既行[五]，廷和復令兵部發兵觀變[六]。瓊曰：「此不可洩[七]。近給事中孫懋[八]、易讚建議選兵操江，爲江西流賊設備[九]。疏入[一〇]，留中日久，第請如擬行之[一一]。備兵之方，無出此

[一] 何不廷宣　蓬左本作「宜宣諭廷臣」。
[二] 乃留當廷領之　蓬左本作「乃留元等，翌日，宣諭于廷遣之」。
[三] 敕有曰　蓬左本無「有」字。
[四] 革其護衛　毛本「衛」下有「蓋用内閣意也」六字。
[五] 元領敕既行　蓬左本、毛本作「元等既行」。
[六] 廷和復令兵部發兵觀變　蓬左本作「廷和復奏，召兵部議發兵觀變」。
[七] 此不可洩　蓬左本作「此則可密不可泄」。
[八] 近給事中孫懋　蓬左本作「近部中因給事中孫懋」。
[九] 爲江西流賊設備　毛本作「爲江西備」。
[一〇] 疏入　毛本無此二字。
[一一] 第請如擬行之　蓬左本「第」上有「公」字。

矣[一]。」廷和默然[二]。會濠偵卒林華者[三]，聞朝議二三，不得實，晝夜奔告[四]。值濠生辰，宴諸司[五]，聞言大驚[六]，以爲詔使此來，必用昔日蔡震擒荆藩故事[七]。且舊制[八]，凡抄解宫眷，始遣駙馬親臣[九]，固不記趙王事也[一〇]。宴罷，密召士實、劉吉等謀之[一一]。養正曰：

[一]　備兵之方無出此矣　毛本無此八字。
[二]　廷和默然　蓬左本「然」下有「然外間不知，詔旨止以削寧府護衛爲事」十六字。
[三]　會濠偵卒林華者　蓬左本無「濠」字；毛本無「會濠」二字。
[四]　聞朝議二三不得實晝夜奔告　蓬左本作「聞朝議閧甚，又逮奸細，晝夜奔告，才十有八日至南昌」；毛本作「聞朝議二三，不得實，又逮奸細，晝夜才十八日奔告」。
[五]　宴諸司　蓬左本作「方宴諸司官僚。華請間具言之，且曰：差官兼程且至，嗣聞宣召兵部，不知何事也」。
[六]　聞言大驚　蓬左本作「濠大驚懼」。
[七]　必用昔日蔡震擒荆藩故事　蓬左本「事」下有「行且擒我」四字。
[八]　且舊制　蓬左本無「且」字。
[九]　始遣駙馬親臣　蓬左本「臣」下有「濠習知之」四字。
[一〇]　固不記趙王事也　蓬左本「事」上有「故」字。
[一一]　密召士實劉吉等謀之　蓬左本「密」上有「即」字；蓬左本、毛本「實」下并有「及承奉」三字。

「事急矣，明旦諸司入謝[一]，即可行事[二]。」是夜集兵以俟[三]。比旦，諸司入謝[四]，濠出立露臺，宣言于衆曰：「汝等知大義否？」都御史孫燧對曰[五]：「不知。」濠曰：「太后有密旨，令我起兵監國[六]，汝保駕否[七]？」燧曰[八]：「天無二日，民無二王[九]，此是大

[一] 明旦諸司入謝 蓬左本「入」上有「當」字。
[二] 即可行事 蓬左本作「可即擒之，因而起事」。
[三] 是夜集兵以俟 蓬左本作「濠深然之，乃夜集賊首閔念四、凌十一、吴十三等飭兵以俟」；毛本作「濠深謂然，是夜，集閔念四、凌十一、吴十三等飭兵以俟」。
[四] 比旦諸司入謝 蓬左本無「旦」字。
[五] 都御史孫燧對曰 蓬左本「都」上有「巡撫」二字。
[六] 令我起兵監國 蓬左本無「我」字。
[七] 汝等知大義否……汝保駕否 蓬左本無「汝保駕否」四字；毛本作「孝宗爲李廣所誤，抱養民間子，我祖宗不血食者十四年於茲矣。太后有旨，令起兵討賊，共伸大義，汝等知否？燧曰：請旨看。濠曰：不必多言，我往南京，汝保駕否」。
[八] 燧曰 蓬左本作「燧與副使許逵抗言曰」。
[九] 民無二王 蓬左本作「臣無二君」。

義，不知其他[一]。」濠怒[二]，令縛之[三]。按察司副使許逵從下大呼曰[四]：「朝廷所遣大臣[五]，反賊敢擅殺耶[六]？」駡不絶口。校尉火信曳出惠民門外，同遇害。是時日午，天忽陰曀[七]，遂劫鎮巡諸司下獄[八]，奪其印。於是太監王宏[九]、御史王金、公差主事馬思聰、金山、布政使胡濂、參政陳杲、劉斐、參議許效廉、黄宏、僉事顧鳳、都指揮許清[一〇]、白

[一] 不知其他　蓬左本作「惟有赤心耳，豈從汝反乎」。
[二] 濠怒　蓬左本作「濠大怒」；毛本作「濠戟手怒曰：你既説我孝行，如何又遣人奏我，如此反覆，豈知大義」。
[三] 令縛之　蓬左本作「令指揮王信等，並曳出斬之」。
[四] 按察司副使許逵從下大呼曰　毛本無「司」字。
[五] 朝廷所遣大臣　毛本「朝」上有「孫都御史」四字。
[六] 反賊敢擅殺耶　毛本作「汝反賊，敢擅殺耶！顧燧曰：我欲先發，不聽，今制於人，尚何言」。
[七] 按察司副使許逵從下大呼……天忽陰曀　蓬左本無此四十九字。
[八] 遂劫鎮巡諸司下獄　蓬左本無「遂」字，又「獄」作「吏」。
[九] 於是太監王宏　蓬左本無「於是」二字。
[一〇] 都指揮許清　蓬左本無「都」字。

昂，皆在繫[一]。思聰、宏不食死[二]。濠乃僞置官屬[三]，以吉暨余欽、萬鋭等爲太監[四]，迎士實爲太師[五]，先期迎養正南浦驛爲國師[六]，閔念四等各爲都指揮[七]，參政王倫爲兵部尚書[八]，季斆暨僉事潘鵬、師夔輩俱聽役[九]。脅布政使梁宸、按察使楊璋、副使唐錦、

[一] 皆在繫　蓬左本作「並繫獄」。

[二] 思聰宏不食死　蓬左本作「思聰與宏，皆不食而死」。

[三] 濠乃僞置官屬　蓬左本作「濠遂自置官屬」。

[四] 以吉暨余欽萬鋭等爲太監　蓬左本作「以吉暨萬鋭等爲僞太監」；毛本「余」作「涂」。

[五] 迎士實爲太師　蓬左本作「逼致仕侍郎李士實爲僞太師」。

[六] 先期迎養正南浦驛爲國師　蓬左本作「先期館舉人劉養正于南浦驛，擇吉親駕車迎入爲僞國師」；毛本「先」作「擇」。

[七] 閔念四等各爲都指揮　毛本「揮」下有「等官」二字。

[八] 王倫　毛本作「王綸」。按，下文以及擒獲宸濠捷音疏皆作「王綸」。

[九] 閔念四等各爲都指揮……師夔輩俱聽役　蓬左本作「參政王綸爲僞兵部尚書，季斆暨僉事潘鵬、師夔輩，各預密謀，爲之宣力，閔念四等各授僞都指揮等官」；毛本「俱聽役」作「甘聽役遣」。

都指揮馬驥[一]，移咨府部，傳檄遠近，革年號，斥乘輿[二]，分遣所親婁伯、王春等四出收兵[三]。○始，濠聞武宗嬖伶官臧賢，乃遣秦榮就學音樂，餽萬金及金絲寶壺。一日，武宗幸賢，賢以壺注酒，訝其精澤巧麗[四]，曰：「何從得此？」賢吐實。武宗曰：「寧叔何不獻我？」是時小劉新得幸，濠失賄，深啣之。比罷歸，小劉笑曰：「爺爺尚思寧王物，寧王不思爺爺物足矣，不記薦疏乎？」武宗乃益疑。忠、彬因贊蕭疏，遂及賢，賢不知也。濠遣人留賢家，多複壁，外鑰木橱，開則長巷，後通屋，甚隱，人無覺者。有旨大索賢家，林華遽走會同館，得馬，

[一] 脅布政使梁宸按察使楊璋副使唐錦都指揮馬驥　蓬左本作「布政使梁辰、按察使楊璋、副使唐錦、都指揮馬驥，並爲所脅」，語在上文「皆不食而死」句下；毛本作「布政使梁宸、按察使楊璋、副使唐錦、都指揮馬驥，復爲所脅」。

[二] 移咨府部傳檄遠近革年號斥乘輿　蓬左本作「移檄遠近，指斥乘輿，革正德年號，脅辰咨呈府部」；毛本「革」下有「正德」二字，「斥」上有「指」字。

[三] 王春等四出收兵　蓬左本「王春」「兵」三字闕損，又「收」作「招」，「兵」下有「中外洶洶」四字。按，下文「○始，濠聞武宗嬖伶官」云云、「○初，寧獻王臞仙」云云二條，蓬左本皆無。

[四] 訝其精澤巧麗　「精」，毛本作「光」。

故速歸。○初，寧獻王臞仙傳惠、靖、康三王，康王久無子，宮人南昌馮氏以成化丁酉生濠。康王夢蛇入宮，啖人殆盡，心惡之，欲弗舉，以内人争免，遂匿優人家，與秦灤同寢處[一]。稍長，淫宮中，康王憂憤且死，不令入訣。弘治丙辰襲位，通書史歌詞[二]。至是謀逆[三]，期以八月十五日，因入試官吏生校舉事，比林華至，始促反[四]。

[一] 秦灤　毛本作「秦滎」。

[二] 通書史歌詞　毛本「詞」下有「而是時武宗初生，李廣用事，外間不察，妄爲飛語，濠始懷異」二十三字。

[三] 至是謀逆　毛本無「謀逆」二字。

[四] 始促反　毛本作「始改謀」，又下録雜事：「○劉養正，字子吉，嘗舉奇童。會試時誤入飛語，有詩曰：桃紅李白年年是，誰識園林舊主非。」辛未後，不復會試，製隱士服，部使者候其門，得而爲幸。而士實以名士，數受濠餽，聞變就縊，爲群妾所守，不得死。白沙嘗簡以詩曰：風光何處可鄰（憐）生，共把閒愁向酒傾。今日花非前日看，少年人到老年更。秦傾武穆憑張俊，蜀取劉璋病孔明。千古此冤誰洗得，老夫無計挽東溟。若豫爲悲嘆者。吁，異哉！○先生發贛時，參隨取敕印作一扛，留後堂，俟隨輿出。少頃，倉卒封門，遂忘之。行至吉安，先生登岸取敕印，左右始覺，乃發指揮某往取，以是沿途遲留。不尔，正遘宸濠宴期，不聞報於豐城矣。於乎，天乎！」

十九日，疏上變[一]。

濠既戕害守臣[二]，因劫諸司[三]，據會城，乃悉拘護衛，集亡命[四]，括丁壯[五]，號兵十萬[六]，奪運船順下[七]。戊寅，襲南康，知府陳霖等遁[八]。己卯，襲九江，兵備曹雷、

[一] 疏上變　蓬左本作「上疏告變，遂起義兵」；毛本「變」下小字注：「豐城令顧佖別後，風迅，舟駛已至曲江。先生亟召參隨入，參隨望見色變，已疑有它。問曰：曾聞顧言否？曰：未。曰：寧王反矣。參隨口噤莫能對。先生曰：汝謀走計，何爲若此？且曰：若輩盤纏少，吾有俸銀可分。又曰：自此西可入瑞州，吾善行，無憂也。光曰：夫人在舟，奈何？先生曰：彼意在我，得老嫗何爲？光曰：善行莫如馬，傾刻十里，曷若舟便。於是始定小舟計。計甫定，舟已至黃土腦矣。」

[二] 濠既戕害守臣　毛本無「戕」字。

[三] 因劫諸司　毛本無「因」字。

[四] 集亡命　毛本無「集」字。

[五] 括丁壯　毛本「壯」下有「命凌十一等分將，欽監之」十字。

[六] 號兵十萬　蓬左本「萬」下有「分命賊首凌十一等將之，僞太監涂欽監焉」十七字；毛本無此四字。

[七] 奪運船順下　蓬左本作「大奪運船，順流東下」。

[八] 知府陳霖等遁　蓬左本「等」下有「棄其城」三字。

知府汪穎、指揮劉勳等遁[一]，屬縣聞風皆潰[二]。濠初謀欲徑襲南京[三]，遂犯北京，故乘勝剋期東下[四]。先生聞變返舟[五]，值南風急，舟弗能前，乃焚香拜泣告天曰[六]：「天若哀憫生靈，許我匡扶社稷，願即反風[七]。若無意斯民，守仁無生望矣[八]。」須臾[九]，風

[一] 指揮劉勳等遁　「遁」，蓬左本作「俱遁走」。
[二] 屬縣聞風皆潰　蓬左本、毛本作「屬縣皆下」。
[三] 濠初謀欲徑襲南京　毛本作「初，濠欲徑襲南京」。
[四] 故乘勝剋期東下　蓬左本作「至是，遂欲乘勝剋期東下」；毛本作「爲諸詐所沮」。按，「濠既戕害守臣……剋期東下」云云，毛本在下文「令濟、光等親人計入于濠」之下。
[五] 先生聞變返舟　蓬左本「返」上有「即」字。
[六] 先生聞變返舟值南風急舟弗能前乃焚香拜泣告天曰　毛本作「參隨牽小舟，苦風逆，先生自至舟首，焚香拜曰」。
[七] 願即反風　蓬左本、毛本「風」下有「助順」二字。
[八] 守仁無生望矣　毛本「矣」下有「言與淚下，遂與蕭禹、雷濟、龍光等登舟脱走」十七字。
[九] 須臾　毛本作「少頃」。

漸止，北帆盡起[一]。濠遣内官喻才領兵追急[二]，是夜乃與幕士蕭禹、雷濟等，潛入魚舟得脱[三]。然念兩京倉卒無備[四]，欲沮撓之，使遲留旬月[五]。於是故爲兩廣機密火牌[六]，備兵部咨及都御史顔咨[七]，云率領狼達官兵四十八萬江西公幹[八]，令雷濟等飛報揺之[九]。濠

[一] 風漸止北帆盡起　蓬左本作「忽轉北風」。
[二] 濠遣内官喻才領兵追急　蓬左本「濠」下有「已」字；毛本作「内官喻才來追，不及」。
[三] 是夜乃與幕士蕭禹雷濟等潛入魚舟得脱　蓬左本作「即夜，乃與幕士蕭禹、雷濟等計，潛入魚舟脱走」；毛本無此十七字。
[四] 然念兩京倉卒無備　蓬左本作「念濠徑襲南京，遂犯北京，必倉卒無備」；毛本「然」作「尤」。
[五] 欲沮撓之使遲留旬月　蓬左本無「之」字，又「月」下有「庶遠近有備」五字；毛本無此九字。
[六] 於是故爲兩廣機密火牌　毛本無「於是」二字；底本「火」訛作「大」，據蓬左本、毛本改。
[七] 備兵部咨及都御史顔咨　毛本「備」下有「云」字。
[八] 云率領狼達官兵四十八萬江西公幹　蓬左本、毛本無「云」字；又蓬左本「幹」下有「意示朝廷先遣顔輩勘事，已密於兩廣諸路□兵，乘時掩襲，冀以誤濠」二十七字。
[九] 令雷濟等飛報揺之　蓬左本作「令雷濟等計□□之」；毛本作「又令濟等故爲南贛飛報揺之。先生登小舟時，問光等何故遺忘一物？曰：何？曰：黄傘。比過臨江，語實，皆曰：是何誑我。及張蓋，舟夫始渡江來。至新淦，方登站船，邑令李美善練士，堅請留。先生登城，曰：汝意甚善，惜城小耳」。

見檄，果疑懼，遲延未發[一]。先生四晝夜至吉安[二]，明日庚辰[三]，上疏告變[四]。乃與知府伍文定等計[五]，傳檄四方，暴發逆濠罪狀[六]，檄列郡起兵以勤王[七]，疏留復命巡按御史謝源、伍希儒紀功[八]，張疑兵于豐城[九]。又故張接濟官軍公移，備云兵部咨題准[一〇]，令

[一] 濠見檄果疑懼遲延未發　蓬左本作「濠見檄，果生疑懼，遂遲延未發」；毛本無此十字。

[二] 先生四晝夜至吉安　蓬左本作「□□四日夜即達吉安」，又下有「又令濟等故爲□贛飛報前事，一以動揺省城，一以鼓□吉安忠義」二十六字；毛本「先生」作「凡」。

[三] 明日庚辰　蓬左本作「十九日」。

[四] 上疏告變　毛本「變」下有「因推都御史王懋中、評事羅僑才識。復薦裁革兵備副使羅循、養病副使羅欽德、郎中曾直、御史周魯、同知郭祥鵬、省親進士郭持平、驛丞李忠、王思，當擢用以勸忠貞」六十四字。

[五] 乃與知府伍文定等計　蓬左本作「乃與知府伍文定等共謀牽制之，於是遵便宜之制」；毛本作「乃與知府伍文定等共謀牽制，於是遵便宜制」。

[六] 暴發逆濠罪狀　毛本作「暴濠罪狀」。

[七] 檄列郡起兵以勤王　蓬左本「勤王」作「應」；毛本作「檄列郡兵」。

[八] 紀功　蓬左本作「充紀功官」。

[九] 張疑兵于豐城　蓬左本「城」下有「故示欲攻之勢」六字；毛本無「于」字。

[一〇] 又故張接濟官軍公移備云兵部咨題准　毛本作「詐爲接濟官軍公務，備云兵部題准」。

許泰、郤永分領邊軍四萬，從鳳陽陸路進[一]；劉暉、桂勇分領京邊官軍四萬，從徐淮水陸並進；王守仁領兵二萬，楊旦等領兵八萬，陳金等領兵陸萬，分道並進，剋期夾攻南昌[二]。且以原奉機密敕旨爲據，故令各兵徐行[三]，待其出城，遮擊前後以誤之[四]。又爲李士實、劉養正內應僞書[五]，賊將凌十一、閔念四投降密狀[六]，令濟、光等親人計入于濠[七]，濠乃留

[一] 從鳳陽陸路進　毛本無「陸路進」三字。
[二] 分道並進剋期夾攻南昌　毛本作「分道夾攻南昌」。
[三] 故令各兵徐行　「兵」，毛本作「軍」。
[四] 且以原奉機密敕旨……以誤之　蓬左本作「且曰原奉機密敕旨，皆是掩其不備，先發制人之謀。其時必以寧兵未舉，今彼兵出有期，却恐北來官軍有誤事機。若彼堅守南昌，則官軍遠來，天時地利，皆有不便，一時難圖。須是按兵徐行，或分兵先守南都。候其已離江西，或遮其前，或擊其後，破之必矣」。
[五] 又爲李士實劉養正內應僞書　毛本作「又爲士實養正僞書」。
[六] 賊將凌十一閔念四投降密狀　毛本作「凌十一、閔念四密狀反間」。
[七] 令濟光等親人計入于濠　毛本「濠」下有「濠既害守臣（中略）爲諸詐所沮」云云（即上文「疏上變」之下「濠既戕害守臣」云云）。

兵會城以觀變[一]。至七月三日，諜知非實[二]，乃屬宗支栱樤與萬鋭等[三]，留兵萬餘守南昌[四]，遣潘鵬持檄説安慶[五]，季敩説吉安[六]，而自與宗支栱栟、士實、養正等東下。賊衆六萬人[七]，號十萬，以劉吉爲監軍，王綸參贊軍務[八]，指揮葛江爲僞都督，總一百四十餘

[一] 又爲李士實……以觀變　蓬左本作「又行間，以爲其謀主李士實、劉養正，各密約爲内應。賊將凌十一、閔念四，亦密狀投降，約反戈報效。仍令濟等親人佯爲實事，使之潛行。又訪濠素交通之人，厚加結納，密與謀圖，冀泄其事於濠。濠果生猜忌，雖素恃爲謀主，亦不免致疑，乃自留兵會城，以觀其變」；毛本無「濠乃留兵會城以觀變」九字。

[二] 至七月三日諜知非實　毛本作「至七月二日，諜知非實，遂乘勝東下」。

[三] 乃屬宗支栱樤與萬鋭等　蓬左本作「乃屬其心腹宗支栱樤、僞太監萬鋭等」；毛本無「萬」字。

[四] 守南昌　蓬左本「守」上有「居」字。

[五] 遣潘鵬持檄説安慶　蓬左本「慶」下有「諸郡」二字；毛本作「而以鵬説安慶」，語在下文「過九江令師夔守之」之下。

[六] 季敩説吉安　蓬左本「安」下有「諸郡」二字；毛本無此五字。

[七] 而自與宗支栱栟……六萬人　蓬左本作「濠乃自引兵東下，與宗支栱栟、及士實、養正并閔念四，賊徒六萬人」；毛本作「而自與宗支栱栟、士實、養正并閔念四等六萬人」。

[八] 以劉吉……參贊軍務　蓬左本作「以僞太監劉吉爲監軍，僞尚書王綸參贊軍務」；毛本無「劉」「王」二字。

隊[一]，分五哨[二]，出鄱陽[三]，過九江，令師夔守之[四]，直趨安慶[五]。時欽、凌等攻圍雖已浹旬[六]，知府張文錦、守備都指揮楊鋭、指揮使崔文同守不下[七]。〇按[八]，是時巡撫南畿都御史李充嗣飛章告變，瓊請會議左順門[九]，衆觀望[一〇]，猶不敢斥言濠反[一一]。瓊獨

[一] 總一百四十餘隊　蓬左本無「總」字。
[二] 分五哨　蓬左本「分」下有「舟」字。
[三] 出鄱陽　蓬左本「陽」下有「舳艫蔽江而下」六字；毛本「陽」下有「舳艫蔽江」四字。
[四] 令師夔守之　毛本無「師」字。
[五] 直趨安慶　毛本作「而以鵬説安慶」。
[六] 時欽凌等攻圍雖已浹旬　蓬左本作「時欽、凌領兵攻圍，已浹旬矣」；毛本作「時欽等攻圍安慶浹旬」。
[七] 同守不下　蓬左本、毛本「同」作「固」；又毛本「不」下有「能」字。
[八] 〇按　毛本無「按」字。
[九] 瓊請會議左順門　蓬左本作「瓊請于順門會議」。
[一〇] 衆觀望　蓬左本作「衆多顧忌，且懷觀望」。
[一一] 猶不敢斥言濠反　蓬左本作「不敢正名曰濠反，但曰有故事」；毛本作「不敢斥言濠反，但稱故事」。

曰：「豎子素行不義，今倉卒舉亂[一]，殆不足慮[二]。都御史王守仁據上游躡之[三]，成擒必矣[四]。」乃從直房頃刻覆十三疏[五]，首請下詔削濠屬籍[六]，正賊名。次請命將出師，趨南都，命伯方壽祥防江[七]，都御史俞諫率淮兵翊南都[八]，尚書王鴻儒主給餉[九]。次請命守仁率南、贛兵由臨、吉[一〇]，都御史秦金率湖兵，由荆、瑞會南昌，充嗣鎮鎮江，許廷光鎮浙江，

[一] 今倉卒舉亂　毛本作「舉」，毛本作「造」。

[二] 殆不足慮　毛本作「豈足爲慮」。

[三] 據上游躡之　「躡之」，蓬左本作「躡濠後」。

[四] 成擒必矣　蓬左本作「擒濠者必守仁也」。

[五] 乃從直房頃刻覆十三疏　毛本無「從直房」三字。

[六] 首請下詔削濠屬籍　毛本無「請下」二字。

[七] 命伯方壽祥防江　「命」，毛本作「敕」。

[八] 御史俞諫率淮兵翊南都　蓬左本「都」下有「次請命南都守臣戒嚴」九字；毛本「都」下有「且戒嚴」三字。

[九] 尚書王鴻儒主給餉　蓬左本「尚」上有「次請命」三字。

[一〇] 次請命守仁率南贛兵由臨吉　毛本無「次請命」三字。

叢蘭鎮儀真，遏賊衝。傳檄江西諸路[一]，但有忠臣義士，能倡義旅以擒反者封侯[二]。又請南京守備、操江武職，并五府掌印僉書官，各自陳取上裁[三]，務在得人，以固根本。詔悉從之。○先生在吉安，守益趨見曰：「聞濠誘葉芳兵夾攻吉安。」先生曰：「芳必不叛。諸賊舊以茅爲屋，叛則焚之。我過其巢，許其伐鉅木，創屋萬餘，今其黨各千餘[四]，不肯焚矣。」益曰：「彼從濠望封拜，可以尋常計乎？」先生默然良久，曰：「天下盡反，我輩固當如此做。」益惕然，一時胸中利害如洗。次早復見，曰：「昨夜思之，濠若遣逮老父，奈何？」已遣報之，急避他所[五]。

[一] 傳檄江西諸路　蓬左本「傳」上有「次請」二字。
[二] 能倡義旅以擒反者封侯　蓬左本「封侯」作「封以侯爵」，「爵」下有「且曰：如此，則賊如釜中之魚，安能爲乎」十五字；毛本無「以」字，「侯」下有「且曰：如此，則賊如釜中魚，安能爲乎」十四字。
[三] 又請南京守備操江武職并五府掌印僉書官各自陳取上裁　蓬左本作「次請凡南京守備、操江武職，并五府掌印僉書官，各令自陳，取自上裁」；毛本作「且令南京守備、操江諸武職，并五府掌印僉書，即自陳取上裁」。
[四] 創屋萬餘今其黨各千餘　毛本作「創屋萬餘金，其黨各千餘金」。
[五] ○先生在吉安……急避他所　蓬左本無此條。

壬午，再告變[一]。

叛黨方盛，恐中途有阻[二]，故再上。

疏乞便道省葬，不允[三]。

先生起兵，未奉成命。上便道省葬疏，意示遭變暫留[四]，姑爲牽制攻討[五]，俟命師之至，即從初心[六]。時奉旨[七]：「着督兵討賊。所奏省親事，待賊平之日來説。」

疏上僞檄[八]。

[一] 再告變　「告」，毛本作「上」。
[二] 恐中途有阻　「有」，蓬左本作「攔」。
[三] 不允　蓬左本無此二字。
[四] 上便道省葬疏意示遭變暫留　毛本作「故疏意遭變暫留」。
[五] 姑爲牽制攻討　「討」，毛本作「守」。
[六] 即從初心　毛本無此四字。
[七] 時奉旨　毛本無「時」字。
[八] 疏上僞檄　「上」，蓬左本作「聞」。

六月廿二日，參政季斆，同南昌府學教授趙承芳、旗校十二人[一]，賫僞檄榜，諭吉安府[二]，至墨潭[三]，領哨官縛送軍門。先生即固封以進，其疏略曰[四]：「陛下在位一十四年，屢經變難，民心騷動，尚爾巡遊不已，致使宗室謀動干戈，冀竊大寶。且今天下之覬覦，豈特一寧王？天下之奸雄，豈特在宗室？言念及此，懍骨寒心。昔漢武帝有輪臺之悔而天下向治，唐德宗下奉天之詔而士民感泣。伏望皇上痛自克責，易轍改絃，罷出奸諛，以回天下豪傑之心；絶迹巡遊，以杜天下奸雄之望，則太平尚有可圖，群臣不勝幸甚[五]。」

甲辰，義兵發吉安[六]。**丙午，大會于樟樹**[七]。**己酉，誓師**[八]。**庚戌，次市汊。辛亥，拔南昌。**

[一] 參政季斆……旗校十二人　蓬左本作「濠遣旗校十二人，督押參政季斆、南昌府學教授趙承芳」。
[二] 賫僞檄榜諭吉安府　蓬左本作「賫僞造檄榜，至吉安府」；毛本無「府」字。
[三] 至墨潭　蓬左本無此三字。
[四] 其疏略曰　「其」，毛本作「上」。
[五] 群臣不勝幸甚　蓬左本「甚」下有「云云」二字。
[六] 甲辰義兵發吉安　蓬左本作「戊申，兵發吉安」。
[七] 丙午大會于樟樹　蓬左本作「己酉，會于樟樹」。
[八] 己酉誓師　蓬左本無此四字。

先生聞濠兵既出[一]，乃促列郡兵[二]，剋期會于樟樹[三]，自督知府伍文定等及通判談儲[四]、推官王暐，以十三日甲辰發吉安[五]。於是臨江知府戴德孺、袁州知府徐璉、贛州知府邢珣、瑞州通判胡堯元、童琦、南安推官徐文英、贛州都指揮余恩、新淦知縣李美、泰和知縣李楫、寧都知縣王天與、萬安知縣王冕[六]，各以其兵來赴[七]。己酉[八]，誓師于樟樹[九]。

[一] 先生聞濠兵既出　毛本無「先生聞」三字。

[二] 乃促列郡兵　毛本作「列郡兵亦漸集」。

[三] 剋期會于樟樹　毛本作「乃剋期會樟樹」。

[四] 自督知府伍文定等及通判談儲　毛本無「等及」二字。

[五] 以十三日甲辰發吉安　蓬左本作「發吉安」。

[六] 萬安知縣王冕　底本「王」訛作「黄」，據毛本及江西捷音疏改。

[七] 各以其兵來赴　毛本作「各以兵赴」，又下有「初，欲登臺誓師，以事多病作，乃自書牌曰：伍不用命者，斬隊將；隊將不用命者，斬副將；副將不用命者，斬主將」四十二字。

[八] 己酉　毛本作「次早己酉」，又下有「呼文定四知府入，手是牌授之曰：此是實語，不相誑也。師遂行」二十四字。

[九] 誓師于樟樹　毛本無此五字。

次豐城，諜知賊設伏于新舊廠，以爲省城之應[一]，乃遣奉新知縣劉守緒[二]，領兵從間道夜襲破之[三]。庚戌，發市汊，分布既定，薄暮齊發[四]。辛亥黎明，各至信地。先是，城中爲備甚嚴，及廠賊潰奔入城[五]，一城皆驚。又見我師驟集，益奪其氣[六]。衆乘之[七]，呼譟梯絙而登[八]，遂入城[九]，擒栱樤、萬鋭等千有餘人[一〇]。所遺宮眷[一一]，縱火自焚。先生乃撫定居

[一]　諜知賊設伏于新舊廠以爲省城之應　毛本作「諜知賊役伏新舊廠，以應省城」。
[二]　乃遣奉新知縣劉守緒　毛本無「乃」字。
[三]　領兵從間道夜襲破之　蓬左本「之」下有「以搖城中」四字；毛本作「從間道夜襲破之，以亂城中」。
[四]　分布既定薄暮齊發　毛本無此八字。
[五]　及廠賊潰奔入城　蓬左本作「及廠賊奔潰入城中」；毛本作「及廠潰」。
[六]　益奪其氣　毛本無「其」字。
[七]　衆乘之　蓬左本作「我師乘其動搖」。
[八]　呼譟梯絙而登　蓬左本「登」下有「城中兵土崩」五字。
[九]　遂入城　蓬左本作「師入據之」。
[一〇]　擒栱樤萬鋭等千有餘人　蓬左本「擒」下有「其居守」三字；毛本作「擒樤、鋭等千餘人」。
[一一]　所遺宮眷　「遺」，蓬左本作「留」。

民，分釋脅從，封府庫，收印信，人心始寧[一]。於是胡濂[二]、劉斐[三]、許效廉、唐錦、賴鳳、王玘等，皆自投首[四]。初，會兵樟樹[五]，衆以安慶被圍急[六]，宜引兵赴之[七]。先生曰[八]：「今南康、九江皆爲賊據[九]，我兵若越二城，直趨安慶[一〇]，賊必回軍死鬭[一一]，

[一] 人心始寧　「始」，蓬左本作「載」。

[二] 於是胡濂　蓬左本作「諸司脅從官胡濂」。

[三] 劉斐　底本「斐」訛作「裴」，據上文并毛本以及江西捷音疏改。

[四] 皆自投首　蓬左本作「皆自首投罪」。

[五] 會兵樟樹　毛本無「兵」字。

[六] 衆以安慶被圍急　蓬左本作「衆議以爲安慶被圍勢急」；毛本作「衆議安慶被圍甚急」。

[七] 宜引兵赴之　「赴」，毛本作「捄」。

[八] 先生曰　蓬左本、毛本作「公曰」。

[九] 今南康九江皆爲賊據　毛本無「今」字，「據」作「有」。

[一〇] 我兵若越二城直趨安慶　毛本作「若越二城趨安慶」。

[一一] 賊必回軍死鬭　蓬左本「鬭」下有「安慶僅能自守，不能援我。南昌絶我糧道，而九江、南康合勢撓躡，四方之援又不可望，事難圖矣。今我師驟集，先聲所加，城中震慴，併力急攻，其勢必下」五十八字；毛本「鬭」下有「安慶勢不能援」六字。

是我腹背受敵也[一]。莫若先破南昌[二]，賊失内據[三]，勢必歸援[四]。如此，則安慶之圍自解[五]，而賊成擒矣[六]。」卒如計云[七]。

遂促兵追濠。甲寅，始接戰[八]。乙卯，戰于黄家渡。丙辰，戰于八字腦[九]。丁巳，獲濠樵舍[一〇]，江西平。

[一] 是我腹背受敵也　蓬左本無此七字。
[二] 莫若先破南昌　蓬左本作「既破南昌」；毛本作「今南昌既破」。
[三] 賊失内據　「内」，蓬左本作「所」。
[四] 勢必歸援　毛本作「必且歸援」。
[五] 則安慶之圍自解　毛本無「則」字。
[六] 而賊成擒矣　毛本作「賊亦且成擒矣」。
[七] 卒如計云　毛本無「云」字。
[八] 遂促兵追濠甲寅始接戰　蓬左本作「甲寅，促兵追濠」。
[九] 戰于八字腦　蓬左本作「戰于樵舍」。
[一〇] 獲濠樵舍　蓬左本無「樵舍」二字。

初，濠聞南昌告急[一]，即欲歸援[二]，遂解安慶圍[三]，移沅子港[四]，先分兵二萬趨南昌[五]，身旋繼之[六]。二十二日，先生偵知其故，問衆計安出[七]，多以賊勢强盛[八]，宜堅壁觀釁[九]，徐圖進止。先生曰[一〇]：「賊勢雖强，未逢大敵[一一]，惟以爵賞

[一] 濠聞南昌告急　蓬左本作「濠既挫志堅城，且聞南昌告急」。
[二] 即欲歸援　蓬左本「欲」下有「回兵」二字。
[三] 遂解安慶圍　蓬左本「圍」上有「之」字。
[四] 移沅子港　蓬左本作「移兵泊沅子江」。
[五] 趨南昌　蓬左本「趨」上有「直」字。
[六] 身旋繼之　蓬左本作「而自督兵繼之」。
[七] 二十二日先生偵知其故問衆計安出　蓬左本作「先生集衆，議所以禦之之策」。
[八] 多以賊勢强盛　蓬左本作「衆多以賊勢强盛，我師無援」。
[九] 宜堅壁觀釁　蓬左本「宜」下有「歛兵入城」四字。
[一〇] 先生曰　蓬左本作「先生以爲」。
[一一] 未逢大敵　蓬左本「敵」下有「所以扇惑其下者」七字。

誘人[一]。今進不得逞，退無所歸，衆已消沮[二]。若出奇擊惰[三]，不戰自潰，所謂先人有奪人之氣也[四]。」會撫州知府陳槐、進賢知縣劉源清提兵亦至。乃遣伍文定、邢珣、徐璉、戴德孺，各領兵五百[五]，分道並進，擊其不意。又遣余恩，以兵四百，往來湖上誘致之[六]。陳槐、胡堯元、童琦、談儲、王暐、徐文英、李美、李楫、王冕、王軾、劉守緒、劉源清等，各引兵百餘[七]，四面張疑設伏，候文定等合擊之[八]。分布既定，甲寅，乘夜急進[九]。文定

[一] 惟以爵賞誘人　蓬左本作「惟以進取爵賞之利誘之」。
[二] 衆已消沮　「已」，蓬左本作「志」。
[三] 若出奇擊惰　蓬左本作「我若先出奇兵，擊其惰歸，一挫其鋒」。
[四] 所謂先人有奪人之氣也　蓬左本「氣」下有「者此」二字。
[五] 各領兵五百　蓬左本、毛本「兵」上有「精」字。
[六] 往來湖上誘致之　蓬左本「誘」上有「以」字。
[七] 各引兵百餘　蓬左本「各」上有「使」字。
[八] 候文定等合擊之　蓬左本作「候文定等兵交，四起合擊」。
[九] 乘夜急進　蓬左本「乘」上有「分督各兵」四字。

以正兵當賊鋒[一]，恩繼之[二]，珣遶出賊後[三]，璉、德孺張兩翼以分其勢。乙卯[四]，賊兵鼓譟乘風[五]，逼黄家渡，氣驕甚。文定、恩佯北以致之[六]，賊争趨利[七]，前後不相及。珣從後横擊[八]，直貫其中[九]，文定、恩乘之[一〇]，夾以兩翼[一一]，四面伏起[一二]，賊大潰，退

[一] 文定以正兵當賊鋒　蓬左本「文」上有「使」字。
[二] 恩繼之　蓬左本無「之」字。
[三] 珣遶出賊後　蓬左本「珣」下有「引兵」二字。
[四] 乙卯　蓬左本作「乙卯侵晨」。
[五] 賊兵鼓譟乘風　蓬左本「風」下有「而前」二字。
[六] 文定恩佯北以致之　蓬左本「恩」下有「兵交」二字；毛本作「文定、恩兵交佯北」。
[七] 賊争趨利　蓬左本「争」下有「進」字。
[八] 珣從後横擊　蓬左本「珣」下有「兵」字。
[九] 直貫其中　蓬左本「中」下有「賊敗走」三字。
[一〇] 文定恩乘之　蓬左本「恩」下有「兵反」二字。
[一一] 夾以兩翼　蓬左本作「兩翼夾攻」。
[一二] 四面伏起　蓬左本作「四面伏兵呼噪並進」。

保八字腦。濠懼，厚賞勇者[一]，且令盡發九江、南康守城兵益之[二]。是日，建昌知府曾璵兵亦至[三]。先生以爲九江不破，則湖無外援[四]；南康不復，則我難後躡[五]；乃遣槐領兵四百[六]，合饒州知府林瑊兵攻九江[七]，以廣信知府周朝佐取南康[八]。丙辰，賊復併力挑戰，我兵少却[九]。文定立銃砲間[一〇]，火燎其鬚，殊死戰[一一]。砲入濠副舟[一二]，賊大敗，擒

[一]　厚賞勇者　蓬左本作「乃厚賞當先者」。

[二]　且令盡發九江南康守城兵益之　蓬左本作「使人盡發九江、南康守城之兵以益師」；毛本「令」作「各」。

[三]　曾璵兵亦至　蓬左本作「曾璵亦引兵至」。

[四]　則湖無外援　蓬左本作「則湖兵不能援我」。

[五]　則我難後躡　蓬左本作「則我兵不能躡賊」。

[六]　乃遣槐領兵四百　「槐」，蓬左本作「陳槐」。

[七]　合饒州知府林瑊兵攻九江　蓬左本「兵」下有「乘間以」三字。

[八]　以廣信知府周朝佐取南康　蓬左本作「廣信知府周朝佐兵乘間以取南康」。

[九]　賊復併力挑戰我兵少却　蓬左本、毛本「戰」下有「時風勢不便」五字，又蓬左本「兵」作「師」。

[一〇]　文定立銃砲間　蓬左本「間」上有「之」字；底本「銃」訛作「鋭」，據蓬左本、毛本、摛藻堂本改。

[一一]　火燎其鬚殊死戰　蓬左本作「火燎其鬚，不敢退，奮督各兵殊死戰」。

[一二]　砲入濠副舟　「入」，蓬左本、毛本作「及」。

斬二千餘，溺死者無筭[一]。乃聚樵舍[二]，連舟爲方陣，盡出金銀賞士[三]。先生乃密爲火攻具[四]，使琦擊其左，璉、德孺出其右，恩等設伏，期火發以合[五]。丁巳[六]，濠方晨朝群臣[七]，責不用命者[八]，將引出斬之。争論未决，我兵掩至[九]，火及濠副舟，衆遂奔散。妃嬪與濠泣别，多赴水死[一〇]。濠爲知縣王冕所執，與其世子眷屬[一一]，及僞黨士實、養正[一二]、

[一] 賊大敗擒斬二千餘溺死者無筭　蓬左本作「賊退走大敗，擒斬二千餘級，溺水死者無筭」。

[二] 乃聚樵舍　蓬左本作「賊退保樵舍」。

[三] 盡出金銀賞士　蓬左本「賞」上有「以」字。

[四] 先生乃密爲火攻具　蓬左本「具」上有「之」字。

[五] 期火發以合　「以」，蓬左本作「而」。

[六] 丁巳　蓬左本作「丁巳侵晨」。

[七] 濠方晨朝群臣　蓬左本無「晨」字。

[八] 責不用命者　蓬左本「責」下有「其」字。

[九] 我兵掩至　蓬左本「我」上有「而」字。

[一〇] 妃嬪與濠泣别多赴水死　蓬左本作「濠與妃嬪泣别，妃嬪多赴水死」。

[一一] 與其世子眷屬　「與」，蓬左本作「執」。

[一二] 士實養正　蓬左本作「李士實、劉養正」。

劉吉、余欽[一]、王綸、熊瓊、盧衍、盧横、丁樌、王春、吴十三、秦榮、葛江、劉勳、何塘[二]、王行、吴七、火信等數百[三]，復執脅從官王宏、王金、楊璋、金山、王疇、程杲、潘鵬、梁宸、郟文、馬驥、白昂等，擒斬三千，落水二萬餘[四]，衣甲、器械、財物，與浮尸横十餘里[五]。餘賊數百艘逃潰[六]，乃分兵追剿[七]。戊午，及于昌邑[八]，大破之。至吴城，復斬擒千餘，死水中殆盡[九]。己未，得槐等報，各擒斬復千餘[一〇]。蓋自起兵至破賊，

[一] 余欽　蓬左本、毛本作「凃欽」。
[二] 何塘　蓬左本作「何瑭」。
[三] 火信等數百　蓬左本「百」下有「餘人」二字。
[四] 擒斬三千落水二萬餘　蓬左本作「擒斬黨賊三千餘級，落水死者二萬餘」。
[五] 衣甲器械財物與浮尸横十餘里　蓬左本作「棄其衣甲器械財物，與浮尸積聚横亘十餘里」。
[六] 餘賊數百艘逃潰　蓬左本「逃」上有「四散」二字。
[七] 乃分兵追剿　蓬左本作「乃遣兵分剿之」。
[八] 及于昌邑　蓬左本「及」上有「追」字。
[九] 至吴城復斬擒千餘死水中殆盡　蓬左本作「于吴城，擒斬復千餘給（級），落水死者殆盡」。
[一〇] 各擒斬復千餘　蓬左本作「各于沿湖擒斬復千餘級」。

曾不旬日[一]，紀功凡一萬一千有奇[二]。初，先生屢疏力疾赴闕[三]，值寧藩變，臣子義不容舍[四]。又闔省方面，並無一人[五]，事勢幾會[六]，間不容髮，故復圖爲牽制攻守[七]，以俟命師之至[八]。疏入未報，即以捷聞[九]。〇洪嘗見龍光述張疑行間事甚悉[一〇]，嘗問曰：

[一] 曾不旬日　蓬左本「日」下有「而亂平矣」四字。

[二] 紀功凡一萬一千有奇　蓬左本「紀功」作「其紀諸功載者」；毛本「紀」作「其」。

[三] 先生屢疏力疾赴闕　蓬左本作「先生之起兵討賊也，馳疏具言臣近奉命，力疾赴闕」。

[四] 值寧藩變臣子義不容舍　蓬左本作「中途值寧藩之反，國家大變，臣子之節，不容舍之而去」。

[五] 又闔省方面並無一人　蓬左本作「又闔省撫按方面無一人在」。

[六] 事勢幾會　蓬左本作「天下事幾」。

[七] 故復圖爲牽制攻守　蓬左本作「故復忍死留此，爲牽制攻守之圖」。

[八] 以俟命師之至　「師」，蓬左本作「帥」。

[九] 即以捷聞　蓬左本作「而即以捷聞，具言寧王烝淫奸暴（中略）則天下幸甚」云云；毛本作「即以捷聞，因具述寧王罪狀（中略）惟同事者知之」云云。按，二本俱隱括擒獲宸濠捷音疏（原文見卷十二）。

[一〇] 洪嘗見龍光述張疑行間事甚悉　蓬左本作「洪嘗見龍光稱述平藩始末張疑行間甚悉。葢濠搆禍有年，東下之兵，號稱二十萬。方舉事三日，即能襲破連城。使當時徑襲南京，以犯北京，倉卒無備，禍無抵極。謀欲沮撓，非多方以誤之不可。當其行間時」；毛本無「龍」字。

「事濟否〔一〕？」先生曰〔二〕：「未論濟與不濟，且言疑與不疑。」光曰：「疑固不免〔三〕。」曰：「但得渠一疑，事濟矣〔四〕。」後遇何圖爲武林驛丞〔五〕，又言公欲稽留宸濠，何時非間，何事非間〔六〕。嘗問光曰：「曾會劉養正否？」光對曰：「熟識。」即使光行間〔七〕，移養正家屬城内，善飲食之〔八〕。縛賫檄人欲斬，濟躡足，遂不問〔九〕。一日發牌票二百餘，左右莫

〔一〕嘗問曰事濟否　蓬左本作「光曰事得濟否」。

〔二〕先生曰　蓬左本作「師曰」；毛本作「公曰」。

〔三〕疑固不免　蓬左本作「是固不免於疑」。

〔四〕事濟矣　蓬左本作「吾事濟矣」，又下有「夫兵者，詭道，反間之事，捷書不言。人徒見襄難之易，而不知其伐謀之神也」二十九字。

〔五〕後遇何圖爲武林驛丞　蓬左本作「後見何圖選武林驛驛丞，以反間事覆之，圖曰：光所述特大端耳」；底本「何」訛作「河」，據蓬左本以及喪紀篇改。

〔六〕又言……何事非間　蓬左本作「公欲稽留宸濠，何時非間，何事非間，曰：得伊旬月不出，擒于江上必矣」。

〔七〕嘗問光曰……即使光行間　蓬左本作「問龍光曰：曾會養正否，光對曰熟識，即使龍光家人行間」。

〔八〕移養正家屬城内善飲食之　蓬左本作「養正家屬在廬陵，取入府城，厚養之，即以其家屬行間」。

〔九〕縛賫檄人欲斬濟躡足遂不問　蓬左本作「知府季斆率校尉二十人，賫僞檄至梅林渡，守者縛解軍門。公大怒碎檄，即令斬之。濟等躡足附耳，公乃緩殺，令收者款留之，即以賫檄人行間也」。

知所往[一]。臨省城，先以順逆禍福之理諭官民[二]。聞鋭與瑞昌王助逆[三]，遣其心腹胡景隆招回各兵[四]，以離其黨[五]。人徒見成功之易，而不知其伐謀之神也[六]。黄弘綱聞吉安居人

[一] 一日發牌票二百餘左右莫知所往　蓬左本無此十四字；毛本「一」作「每」。

[二] 臨省城先以順逆禍福之理諭官民　蓬左本作「師臨省城，先告諭從逆官民，示以順逆禍福之理，以離其黨」。

[三] 聞鋭與瑞昌王助逆　蓬左本作「聞内官萬鋭與瑞昌王助賊兵五千人」；底本「鋭」訛作「鋭」，據蓬左本、毛本改。

[四] 遣其心腹胡景隆招回各兵　蓬左本作「則以間使鋭遣其心腹胡景隆招回各兵」；毛本作「遣心腹胡景隆私招各兵」。

[五] 以離其黨　毛本無此四字。

[六] 人徒見成功之易而不知其伐謀之神也　蓬左本作「人見公師一出而賊已就擒，遂謂宸濠易與耳。然濠雖積穢，天人不與，士實、養正輩，誠非公敵，疑若易與。但時當武宗巡遊，天下洶洶思亂。聞濠倡禍，民心從違，一時未知所定。積年造謀，招納叛亡，所收皆劇賊，兵稱二十萬，而精悍亦不下十萬，烏在其爲易與也？當時若非伐謀之神，定計于未戰之前，其能撲之速若是哉？傍視者不究其源，徒欲論難易於臨戰之日，是豈可與論兵術哉」；毛本作「人見成功之易，不知制御之甚密也」。

疑曰：「王公之戈，未知何向[一]？」亟入告[二]，先生笑而不答。出兵誓師[三]，斬失律者殉營中[四]，軍士股慄，不敢仰視，不知即前賫檄人也[五]。後賊平，張、許謗議百出[六]，天下是非益亂，非先生自信于心，烏能遽白哉[七]？〇先是，先生思豫備，會汀、漳兵備僉事

[一] 黄弘綱……未知何向　蓬左本作「嘗聞黄弘綱言，吉安人不知公行反間，相詬於外曰：王公發兵，未知戈指何向」；「吉安」，底本訛作「安吉」，據蓬左本、毛本改。
[二] 亟入告　蓬左本作「弘綱聞之，亟進陳其狀」。
[三] 出兵誓師　毛本作「出兵日」。
[四] 斬失律者殉營中　蓬左本作「於教場擒失律者二十人，斬於營中以殉」。
[五] 不知即前賫檄人也　蓬左本作「尚不知所斬者即前賫檄人也」。
[六] 後賊平張許謗議百出　蓬左本作「既後賊平，張許輩害師成功，謗議百出」。
[七] 天下是非益亂非先生自信于心烏能遽白哉　蓬左本作「士人遂從而和之。予嘗疑師既蹈疑迹，使其時未及擒賊而身或先亡，其心何由白於天下？及爲師輯奏疏文移，六月二十一日，牌行各府州縣集兵策應，咨報各省巡撫共勤國難，反覆暴宸濠之穢惡，明臣子之大義，以激天下之忠憤，以鼓志士之義氣，一日齊發者二百餘紙。是近師左右尚未知信，而不知其心已遍布于天下矣。乃憮然自嘆曰：人須辨得真心。真心所在，千古不磨，況一時毀譽之迹乎？古人學明而知達，出入變化，妙應圓神。其潛若鬼神而莫測其端，其發若雷霆而莫究其至，卒能成天下之事，以濟國家之難。此聖學之全功，三王之遺智也。區區一時毀譽，烏足以動其衷哉」。

周期雍以公事抵贛[一]，知可與謀[二]，且官異省[三]，屏左右語之[四]。雍歸[五]，即陰募驍勇[六]，部勒以俟，故晨奉檄而夕就道[七]。福建左布政使席書、嶺東兵備僉事王大用[八]，亦以兵來[九]，道聞賊平乃還[一〇]。致仕都御史林俊聞變，夜範錫爲佛狼機銃[一一]，并火藥

[一] ○先是先生思豫備會汀漳兵備僉事周期雍以公事抵贛　毛本無「先是」二字，蓬左本、毛本「豫」下有「爲」字，又蓬左本「會」作「值」。
[二] 知可與謀　蓬左本作「知期雍可與計事」；毛本「謀」作「言」。
[三] 且官異省　蓬左本「省」下有「非濠念所及」五字；毛本無「官」字。
[四] 屏左右語之　蓬左本作「因屏左右語之故，遂與定議」；毛本無「之」字。
[五] 雍歸　蓬左本作「期雍歸」。
[六] 即陰募驍勇　蓬左本「勇」下有「具械束裝」四字。
[七] 故晨奉檄而夕就道　蓬左本作「故晨捧檄而夕即發。當其檄召，四方援兵，惟期雍先至」；毛本「奉」作「捧」。
[八] 福建左布政使席書嶺東兵備僉事王大用　蓬左本「福」上有「而」字，「嶺」上有「及」字。
[九] 亦以兵來　「來」，蓬左本作「赴」。
[一〇] 道聞賊平乃還　「乃」，蓬左本作「而」。
[一一] 夜範錫爲佛狼機銃　蓬左本「夜」作「即夜使人」；蓬左本、毛本「狼」并作「郎」。

法，遣僕從間道來遺[一]，勉以討賊[二]。〇先生入城[三]，日坐都察院[四]，開中門[五]，令可見前後，對士友論學不輟[六]。報至，即登堂遣之。有言伍焚鬚狀[七]，暫如側席，遣牌斬之[八]。還坐，衆咸色怖驚問[九]。先生曰[一〇]：「適聞對敵小却，此兵家常事，不足介意。」

[一] 遣僕從間道來遺　蓬左本作「手書遣僕從間道遺之」；毛本作「手書遣僕從間道相遺」。

[二] 勉以討賊　蓬左本「賊」下有「初，公嘗使門人常德冀元亨者，因講學說濠以君臣大義，或格其奸。濠意不懌，元亨辭去，曰：濠必反，公宜早計。遂遁去。及聞變，知必起師，即潛行赴難。先生曰：見素公在蒲陽，周官上杭，冀在常德，去南昌各三千餘里，乃皆同日而至，事若有不偶然者。因作佛郎機贊并以識其事云」一〇七字；毛本「賊」下有「識以詩」三字。

[三] 按，「〇先生入城」云云，及下文「〇濠就擒乘馬入」云云，蓬左本無此二條。

[四] 日坐都察院　毛本「院」下有「中」字。

[五] 開中門　毛本作「開照壁門」。

[六] 對士友論學不輟　毛本「對」上有「坐」字；底本「輟」訛作「輙」，據通行本改。

[七] 有言伍焚鬚狀　「鬚」，國圖本、天圖本、叢刊本、文淵閣本、摛藻堂本作「髮」。

[八] 遣牌斬之　毛本「之」下有「略不見顏色」五字。

[九] 衆咸色怖驚問　毛本作「衆惴惴驚問」。

[一〇] 先生曰　毛本作「先生從容曰」。

後聞濠已擒[一]，問故行賞訖[二]，還坐，咸色喜驚問。先生曰[三]：「適聞寧王已擒，想不僞，但傷死者衆耳。」理前語如常[四]，傍觀者服其學[五]。○濠就擒，乘馬入，望見遠近街衢行伍整肅[六]，笑曰：「此我家事，何勞費心如此。」一見先生，輒託曰：「婁妃，賢妃也。自始事至今，苦諫未納，適投水死，望遣葬之。」比使往，果得屍，蓋周身皆紙繩内結，極易辯。婁爲諒女，有家學，故處變能自全[七]。

八月，疏諫親征[八]。

[一] 後聞濠已擒　毛本作「後聞寧王已擎」。

[二] 問故行賞訖　毛本「問」上有「細」字。

[三] 先生曰　毛本作「從容曰」。

[四] 理前語如常　毛本「常」下有「不少遺」三字。

[五] 傍觀者服其學　毛本「學」下有「力」字。

[六] 望見遠近街衢行伍整肅　「衢」，毛本作「渠」。

[七] 故處變能自全　毛本此下録遺事一條：「○擒濠次日，守益入曰：喜成不世之功。先生曰：不然，且喜昨晚沉睡。蓋自聞報，至是私心稍安。」

[八] 疏諫親征　蓬左本作「諫止親征」。

是時兵部會議[一]，命將討賊[二]。武宗詔曰[三]：「不必命將，朕當親率六師，奉天征討。」於是假威武大將軍鎮國公行事，命太監張永、張忠[四]、安邊伯許泰、都督劉暉，率京邊官軍萬餘[五]，給事祝續[六]、御史張綸隨軍紀功。雖捷音久上[七]，不發[八]，皆云：「元惡雖擒[九]，逆黨未盡，不捕必遺後患[一〇]。」先生具疏諫止[一一]，略曰[一二]：「臣於告變之

[一] 是時兵部會議　蓬左本無「是」字。
[二] 命將討賊　蓬左本「命」上有「請」字。
[三] 武宗詔曰　蓬左本「詔」上有「下」字。
[四] 張忠　蓬左本作「及張忠」。
[五] 率京邊官軍萬餘　「萬餘」，蓬左本作「凡萬餘人」。
[六] 給事祝續　蓬左本「給」上有「命」字。
[七] 雖捷音久上　蓬左本作「是時捷音久至」。
[八] 不發　蓬左本「發」下有「諸奸在側，欲掩爲己功」九字。
[九] 皆云元惡雖擒　「皆」，蓬左本作「乃」。
[一〇] 不捕必遺後患　蓬左本作「不悉捕之，將遺後患」。
[一一] 先生具疏諫止　「止」，蓬左本作「阻之」。
[一二] 略曰　蓬左本作「其略曰」。

後[一]，選將集兵，振威揚武[二]，先攻省城，虛其巢穴，繼戰鄱湖[三]，擊其惰歸。今宸濠已擒[四]，謀黨已獲[五]，從賊已掃[六]，閩、廣赴調軍士已散[七]，地方驚攪之民已帖[八]。竊惟宸濠，擅作辟威[九]，睥睨神器，陰謀久蓄[一〇]。招納叛亡，輦轂之動静，探無遺迹；廣置姦細，臣下之奏白，百不一通。發謀之始，逆料大駕必將親征，先於沿途伏有姦黨，期爲博浪、荆軻之謀。今逆不旋踵，遂已成擒，法宜解赴闕門，式昭天討。然欲付之部下各官，誠恐潛布

[一] 臣於告變之後　「告」，蓬左本作「奏」。
[二] 選將集兵振威揚武　蓬左本作「調集軍兵，擇委官屬，激勵士氣，振揚武威」。
[三] 鄱湖　蓬左本作「鄱陽」。
[四] 今宸濠已擒　蓬左本作「今宸濠既已就擒」。
[五] 謀黨已獲　蓬左本作「謀黨俱已追獲」。
[六] 從賊已掃　蓬左本作「從賊俱已掃蕩」。
[七] 閩廣赴調軍士已散　「已散」，蓬左本作「俱已散還」。
[八] 地方驚攪之民已帖　蓬左本、毛本「攪」作「擾」；蓬左本「已帖」作「俱已撫帖」。
[九] 竊惟宸濠擅作辟威　蓬左本「威」下有「虐焰已張于遠」六字。
[一〇] 陰謀久蓄　蓬左本「蓄」下有「于中」二字。

之徒[一]，乘隙竊發，或虞意外[二]，臣死有餘憾矣[三]。」蓋時事方艱[四]，賊雖擒，亂未已也[五]。○是月，疏免江西稅，益王、淮王餉軍，留朝覲官，恤重刑以實軍伍，處置署印、府縣從逆人，參九江、南康失事，便道省葬，前後凡九上[六]。

再乞便道省葬，不允。

與王晉溪書曰：「始懇疏乞歸，以祖母鞠育之恩，思一面爲訣，後竟牽滯兵戈，不及一見，卒抱終天之痛。今老父衰疾，又復日亟，而地方已幸無事，何惜一舉手投足之勞，而不以曲全之

[一] 誠恐潛布之徒　蓬左本「潛」上有「舊所」二字。

[二] 或虞意外　蓬左本作「或致意外之虞」。

[三] 臣死有餘憾矣　蓬左本作「臣死且有遺憾。況平賊獻俘，固國家之常典，亦臣子之職分云云」；毛本「餘」作「遺」。

[四] 蓋時事方艱　蓬左本作「先生方憂時事之方艱」。

[五] 亂未已也　蓬左本作「亂未已故也」。

[六] 是月……前後凡九上　蓬左本作「按是月，疏凡十一上。因江西旱，寧王乘釁，僞命免稅。先生恐民從亂，爲奏乞免，及奏聞益王、淮王助軍餉，奏留朝覲官員，奏恤重刑以實軍伍，處置官員署印，處置從逆官員，處置府縣從逆官員，參九江、南康失事官員，二乞便道省葬，凡十一疏」。

乎[一]？」

九月壬寅[二]**，獻俘錢塘**[三]**，以病留。**

九月十一日[四]，先生獻俘，發南昌[五]。忠、泰等欲追還之[六]，議將縱之鄱湖[七]，俟武宗親與遇戰[八]，而後奏凱論功[九]。連遣人追至廣信[一〇]，先生不聽[一一]，乘夜過玉

[一] 再乞便道省葬……而不以曲全之乎　蓬左本無此條。

[二] 九月壬寅　蓬左本無此四字。

[三] 獻俘錢塘　蓬左本「俘」下有「至」字。

[四] 九月十一日　蓬左本無此五字。

[五] 發南昌　蓬左本「發」下有「舟」字。

[六] 忠泰等欲追還之　蓬左本作「忠泰等追還宸濠」。

[七] 議將縱之鄱湖　「鄱湖」，蓬左本作「鄱陽湖」。

[八] 俟武宗親與遇戰　「武宗」，蓬左本作「皇上」。

[九] 而後奏凱論功　蓬左本作「而後奏凱以歸，論功行賞」。

[一〇] 連遣人追至廣信　蓬左本「廣」上有「貴溪」二字。

[一一] 先生不聽　蓬左本「不」上有「俱」字。

山、草萍驛[一]。張永候於杭[二]，先生見永，謂曰：「江西之民，久遭濠毒，今經大亂，繼以旱災，又供京邊軍餉[三]，困苦既極[四]，必逃聚山谷爲亂。昔助濠尚爲脅從[五]，今爲窮迫所激[六]，奸黨群起[七]，天下遂成土崩之勢[八]，至是興兵定亂[九]，不亦難乎？」永深然之，乃徐曰：「吾之此出，爲群小在君側，欲調護左右，以默輔聖躬，非爲掩功來也[一〇]。

[一] 乘夜過玉山草萍驛　蓬左本作「過玉山，乘夜過草萍驛」。
[二] 張永候於杭　蓬左本作「張永已先候於杭」。
[三] 又供京邊軍餉　蓬左本作「又能供京邊軍饋餉乎」。
[四] 困苦既極　蓬左本作「民困既極」。
[五] 昔助濠尚爲脅從　「濠」，蓬左本作「宸濠」。
[六] 今爲窮迫所激　蓬左本作「今自爲亂，激于窮迫」。
[七] 奸黨群起　蓬左本作「四方奸黨，群起相應」。
[八] 天下遂成土崩之勢　蓬左本「勢」下有「矣」字。
[九] 至是興兵定亂　蓬左本「是」下有「而欲」二字。
[一〇] 非爲掩功來也　蓬左本「來」上有「而」字。

但皇上順其意而行，猶可挽回萬一[一]；若逆其意[二]，徒激群小之怒，無救於天下大計矣[三]。」於是先生信其無他[四]，以濠付之[五]，稱病西湖净慈寺[六]。○武宗嘗以威武大將軍牌遣錦衣千户追取宸濠，先生不肯出迎[七]，三司苦勸，先生曰：「人子於父母亂命，若可告語，當涕泣以從[八]，忍從諛乎？」不得已，令參隨負敕[九]，同迎以入。有司問勞錦衣禮，先生曰：「止可五金。」錦衣怒不納。次日來辭，先生執其手曰：「我在正德間，下錦衣獄甚久，未見輕財重義有如公者。昨薄物出區區意，只求備禮，聞公不納，令我惶愧。我無他長，止善

[一] 猶可挽回萬一　蓬左本作「猶可委曲挽回」。
[二] 若逆其意　蓬左本「意」下有「而行」二字。
[三] 無救於天下大計矣　「矣」，蓬左本作「也」。
[四] 於是先生信其無他　蓬左本「其」下有「心」字。
[五] 以濠付之　蓬左本作「遂以濠付永，復回江西」。
[六] 稱病西湖净慈寺　蓬左本作「先生乃稱病於西湖净慈寺」。
[七] 先生不肯出迎　毛本「迎」下有「曰：大將軍一品，文武元不相屬，何迎爲？往返數日」十九字。
[八] 當涕泣以從　「涕泣」，毛本作「泣涕」。
[九] 令參隨負敕　毛本「敕」下有「出」字。

作文字，他日當爲表章，令錦衣知有公也。」於是復再拜以謝，其人竟不能出他語而別[一]。

奉敕兼巡撫江西[二]。

十一月，返江西[三]。

先生稱病[四]，欲堅卧不出[五]，聞武宗南巡，已至淮揚[六]，群姦在側，人情洶洶[七]，不得已，從京口將徑趨行在[八]。大學士楊一清固止之。會奉旨兼巡撫江西[九]，遂從湖口還[一〇]。

[一] 〇武宗嘗以威武大將軍牌……不能出他語而别　蓬左本無此條。
[二] 奉敕兼巡撫江西　蓬左本「奉」上有「九月」二字。
[三] 十一月返江西　蓬左本無此六字。
[四] 先生稱病　蓬左本「病」下有「南屏」二字。
[五] 欲堅卧不出　蓬左本「欲」上有「即」字。
[六] 淮揚　底本「揚」訛作「陽」，據蓬左本、國圖本、天圖本、叢刊本、文淵閣本、擒藻堂本改。
[七] 人情洶洶　蓬左本作「民情洶洶，恐一失事機，禍亂無日矣」。
[八] 從京口將徑趨行在　蓬左本「從」上有「復」字。
[九] 會奉旨兼巡撫江西　蓬左本作「乃奉兼巡撫江西之命」。
[一〇] 遂從湖口還　蓬左本作「從湖口復江西」；毛本「還」下有「遂遊廬山白鹿洞及開先寺」十一字。

〇忠等方挾宸濠搜羅百出[一]，軍馬屯聚，糜費不堪[二]。續、綸等望風附會，肆爲飛語[三]，時論不平。先生既還南昌[四]，北軍肆坐慢罵[五]，或故衝導起釁[六]。先生一不爲動[七]，務待以禮，豫令巡捕官諭市人移家于鄉，而以老羸應門[八]。始欲犒賞北軍[九]，泰等預禁之，

[一] 〇忠等方挾宸濠搜羅百出　蓬左本作「忠等方挾宸濠，搜求隱伏，羅織善良，濫指妄戮以爲功，而籍没其貲者無筭」。
[二] 糜費不堪　蓬左本作「糜費困疲，民不堪命」。
[三] 續綸等望風附會肆爲飛語　蓬左本作「續、綸輩承望風旨，從臾附會，忌功嫉能，多爲飛語，以中傷當事，爲賊報讐」。
[四] 先生既還南昌　蓬左本作「先生至南昌」。
[五] 北軍肆坐慢罵　蓬左本「北軍」作「京邊軍」；毛本「坐」下有「曉夜呼名」四字。
[六] 或故衝導起釁　蓬左本作「或故衝前導，伺釁爲亂」；毛本「故」作「放」。
[七] 先生一不爲動　蓬左本「動」下有「第入院稱病不出」七字。
[八] 務待以禮豫令巡捕官諭市人移家于鄉而以老羸應門　蓬左本無此二十二字；毛本「門」下有「冬至將近，務哭奠如禮」九字。
[九] 始欲犒賞北軍　蓬左本作「始欲行犒賞」。

令勿受[一]。乃傳示内外，諭北軍離家苦楚[二]，居民當敦主客禮。每出遇北軍喪，必停車問故，厚與之櫬，嗟嘆乃去。久之，北軍咸服[三]。會冬至節近[四]，預令城市舉奠[五]，時新經濠亂[六]，哭亡酹酒者[七]，聲聞不絶。北軍無不思家，泣下求歸。先生與忠等語，不稍徇，漸已知畏[八]。忠、泰自居所長，與先生較射于教場中[九]，意先生必大屈[一〇]。先生勉應

[一] 令勿受　蓬左本作「不令受，乃以計處之」。
[二] 諭北軍離家苦楚　「諭」，毛本作「述」。
[三] 北軍咸服　毛本作「北軍咸曰：王都堂待我有禮，我安得犯之」。
[四] 會冬至節近　毛本無「節近」二字。
[五] 預令城市舉奠　毛本無此六字。
[六] 時新經濠亂　毛本作「又新經濠亂，家家上墳」。
[七] 哭亡酹酒者　毛本作「哭亡酹酒」。
[八] 乃傳示内外……漸已知畏　蓬左本作「會冬至近，先期令城市舉追奠禮，早夜哭聲相聞。復大揭告示城内外，敘京邊軍離家困苦情，令居民敦主客義，身復御之以禮。客死者厚殯之，卹其火侶特厚，聞之多感泣思歸，不敢相侮。先生與忠等往復，正言讜論，陰折其邪心，諸奸漸覺畏避」。
[九] 與先生較射于教場中　毛本作「較射教場中，對的莫上一矢，戲以相強」。
[一〇] 意先生必大屈　毛本無「先生」二字。

之[一]，三發三中[二]。每一中，北軍在傍哄然[三]，舉手嘖嘖[四]。忠、泰大懼曰[五]：「我軍皆附王都耶[六]？」遂班師[七]。

十有五年庚辰，先生四十九歲，在江西[八]。

正月赴召，次蕪湖[九]，尋得旨，返江西。

[一] 先生勉應之 毛本作「先生不得已，勉應之，忠、泰含笑相隨」。

[二] 三發三中 毛本作「連三發三中」。

[三] 北軍在傍哄然 毛本作「北軍在傍同聲喝彩」。

[四] 舉手嘖嘖 毛本作「遠近嘖嘖」。

[五] 忠泰大懼曰 毛本作「忠泰大不樂而罷，且曰」。

[六] 我軍皆附王都耶 毛本作「我軍皆附於彼，奈何」。

[七] 忠泰自居所長……遂班師 蓬左本作「又與忠、泰等較射於教場，三發三中，忠、泰俱屈。於是諸軍鬨然，舉手稱頌。忠、泰等始懼曰：吾軍士俱歸附王都耶？遂班師」。

[八] 在江西 蓬左本無此三字，而於前句「歲」字下有「正月居贛」四字大字爲綱，又下小字「先生至贛，大閲士卒」云云（即下文六月「是月至贛」條）。

[九] 正月赴召次蕪湖 蓬左本作「赴召，次于蕪湖」；按，蓬左本「正月赴召」條在上年「遂班師」云云之下。

忠、泰在南都，讒先生必反[一]，惟張永持正保全之[二]。武宗問忠等曰[三]：「以何驗反[四]？」對曰：「召必不至[五]。」有詔面見，先生即行[六]。忠等恐語相連，復拒之蕪湖半月[七]。不得已，入九華山[八]，每日宴坐草庵中。適武宗遣人覘之，曰：「王守仁，學道人也，召之即至，安得反乎？」乃有返江西之命[九]。始，忠等屢矯僞命，先生不赴，至是，永

[一] 忠泰在南都讒先生必反　蓬左本作「忠等從上南都，日進讒譖，謂王守仁必反」。
[二] 惟張永持正保全之　毛本無「持正」二字。
[三] 武宗問忠等曰　「武宗」，蓬左本作「上」。
[四] 以何驗反　「以何」，蓬左本作「何以」。
[五] 召必不至　蓬左本作「召之必不至矣」。
[六] 有詔面見先生即行　蓬左本作「上即召先生。先是，忠等屢矯僞命，先生俱不至。至是聞召，先生覺之，即趨赴」。
[七] 忠等恐語相連復拒之蕪湖半月　蓬左本作「忠等又懼其面奏語或相連，復使人拒於蕪湖，不得見者半月」。
[八] 不得已入九華山　蓬左本作「乃入九華山」。
[九] 乃有返江西之命　蓬左本作「乃命復還江西。自是信永言，不復疑先生矣」；毛本無「返」字。

有幕士順天檢校錢秉直急遣報，故得實[一]。○先生赴召，至上新河[二]，爲諸幸讒阻[三]，不得見，中夜默坐[四]，見水波拍岸，汩汩有聲。思曰：「以一身蒙謗，死即死耳，如老親何？」謂門人曰：「此時若有一孔，可以竊父而逃，吾亦終身長往不悔矣[五]。」○江彬欲不利於先生，先生私計彬有他，即計執彬武宗前，數其圖危宗社罪，以死相抵，亦稍償天下之忿[六]。徐得永解。其後刑部判彬[七]，有曰：「虎旅夜驚，已幸寢謀于牛首；宮車宴駕，那堪遺恨於豹房。」若代先生言之者。○以晦日重過開先寺，留石刻讀書臺後，詞曰：「正德己卯六月乙亥，寧藩

[一] 始忠等屢矯僞命……故得實　蓬左本作「先是，忠等屢矯僞命」云云，語在上文「上即召先生」句下。

[二] 先生赴召至上新河　毛本此條在「江彬欲不利於先生」條之下。按，「○先生赴召，至上新河」、「○江彬欲不利於先生」、「○以晦日重過開先寺」云云三條，蓬左本皆無。

[三] 爲諸幸讒阻　毛本作「爲諸幸所讒」。

[四] 中夜默坐　毛本作「默坐終夜」。

[五] 吾亦終身長往不悔矣　毛本「矣」下有「聞鷄鳴，促就寢曰：彼必不來」十一字；又下引詩：「○重遊化城寺（愛山日日望山晴）、有僧坐巖中三年詩勵吾黨」（原詩見卷二十）。

[六] 亦稍償天下之忿　毛本無「天下之」三字。

[七] 其後刑部判彬　「刑部」，毛本作「六科」。

濠以南昌叛[一]，稱兵向闕，破南康、九江，攻安慶，遠近震動。七月辛亥，臣守仁以列郡之兵，復南昌，宸濠擒，餘黨悉定。當此時，天子聞變赫怒，親統六師臨討，遂俘宸濠以歸。於赫皇威，神武不殺。如霆之震，靡擊而折。神器有歸，孰敢窺竊。天鑒於宸濠，式昭皇靈，嘉靖我邦國。正德庚辰正月晦，提督軍務都御史王守仁書。從征官屬列於左方。」明日遊白鹿洞，徘徊久之，多所題識。

二月，如九江。

先生以車駕未還京，心懷憂惶。是月出觀兵九江[二]，因遊東林、天池、講經臺諸處[三]。

是月，還南昌。

三月，請寬租[四]。

[一] 寧藩濠以南昌叛　毛本「濠」上有「宸」字。
[二] 先生以車駕未還京心懷憂惶是月出觀兵九江　毛本無此十九字。
[三] 二月如九江……講經臺諸處　蓬左本無此條。
[四] 是月還南昌三月請寬租　蓬左本作「三月疏請寬租」。

江西自己卯三月不雨[一]，至七月，禾苗枯死，繼遭濠亂，小民乘隙爲亂[二]。先生盡心安戢，許乞優恤[三]，至是部使數至，督促日迫[四]。先生上疏，略曰：「日者流移之民[五]，聞官軍將去[六]，稍稍脅息，延望歸尋故業[七]，足未入境，而頸已繫於追求者之手矣。夫荒旱極矣，而因之以變亂；變亂極矣，而又加之以師旅；師旅極矣，而又加之以供饋[八]，益之以誅求，亟之以徵斂。當是之時，有目者不忍觀[九]，有耳者不忍聞，又從而剝其膏血，有人心者尚忍

[一] 江西自己卯三月不雨　蓬左本「江」上有「是時武宗尚留南畿，四方民情，憂危不測，先是」十八字。
[二] 小民乘隙爲亂　「亂」，蓬左本作「奸」。
[三] 許乞優恤　蓬左本作「許以奏乞優恤」。
[四] 督促日迫　「促」，蓬左本作「征」。
[五] 略曰日者流移之民　蓬左本作「其略曰：日者兵荒之後（中略）已交馳四集矣，流移之民」（原文見卷十三乞寬免税糧急救民困以弭災變疏）。
[六] 聞官軍將去　蓬左本「軍」下有「之」字。
[七] 延望歸尋故業　蓬左本「尋」下有「其」字。
[八] 而又加之以供饋　「加」，蓬左本作「竭」。
[九] 有目者不忍觀　「觀」，蓬左本作「覩」。

乎[一]？寬恤之虛文[二]，不若蠲租之實惠；賑濟之難及，不若免稅之易行。今不免租稅，不息誅求，而徒曰寬恤賑濟，是奪其口中之食，而曰吾將療汝之饑；刳其腹腎之肉，而曰吾將救汝之死。凡有血氣者，皆將不信之矣[三]。」○按，是年，與巡按御史唐龍、朱節，上疏計處寧藩變産官銀，代民上納，民困稍蘇[四]。

三疏省葬，不允[五]。

五月，江西大水，疏自劾[六]。

是年四月，江西大水，漂溺公私廬舍，田野崩陷。先生上疏自劾四罪，且曰[七]：「自春入

[一] 有人心者尚忍乎　蓬左本作「有人心者而尚忍爲之乎」，又下有「今遠近軍民（中略）常十九矣」云云。
[二] 寬恤之虛文　蓬左本「寬」上有「故」字。
[三] 皆將不信之矣　蓬左本「矣」下有「云云」二字。
[四] ○按是年……民困稍蘇　毛本無此條。
[五] 三疏省葬不允　蓬左本無此六字。
[六] 江西大水疏自劾　蓬左本作「江西水，上疏自劾」。
[七] 先生上疏自劾四罪且曰　蓬左本作「先生於是上疏曰」。

夏[一]，雨水連綿，江湖漲溢，經月不退。自贛、吉、臨、瑞、廣、撫、南昌、九江、南康，沿江諸路，無不被害。黍苗淪没，室廬漂蕩，魚鱉之民聚棲於木杪，商旅之舟經行於閭巷，潰城決堤，千里爲壑，煙火斷絶，惟聞哭聲。詢之父老，皆謂數十年所未有也[二]。伏惟皇上軫災恤變，别選賢能，代臣巡撫[三]。即不以臣爲顯戮[四]，削其禄秩，黜還田里，以爲人臣不職之戒，庶亦有位知警，民困可息，天變可弭，人怒可泄，而臣亦死無憾矣[五]。」○按，是時武宗猶羈南畿，進諫無由，姑叙地方災異以自劾，冀君心開悟而加意黎元也[六]。

六月，如贛。

[一] 自春入夏　蓬左本「自」上有「臣惟有官守者（中略）禍患日促」云云（原文見卷十三水災自劾疏）。
[二] 數十年所未有也　蓬左本「年」下有「來」字，又「也」下有「夫變不虚生（中略）又何疑乎」云云。
[三] 代臣巡撫　蓬左本「撫」下有「即以臣爲顯戮，彰大罰於天下，臣雖隕首，亦云幸也」二十字。
[四] 即不以臣爲顯戮　「臣」，蓬左本作「之」。
[五] 死無憾矣　蓬左本作「死無所憾」。
[六] ○按是時武宗……而加意黎元也　蓬左本作「○按，是時，武宗久羈南畿，欲進諫無由，姑叙地方災異以自劾，冀君心開悟，加意黎元，庶其自悔以亟反乎。噫！當疑謗顛危之時，而猶不忘正諫，其亦苦心矣哉」；毛本無此條。

十四日，從章口入玉笥大秀宮。十五日，宿雲儲。十八日，至吉安，遊青原山，和黄山谷詩，遂書碑。行至泰和，少宰羅欽順以書問學[一]。先生答曰[二]：「來教謂某大學古本之復[三]，以人之學，但當求之於内，而程、朱格物之説，不免求之於外，遂去朱子之分章，而削其所補之傳，非敢然也。學豈有内外乎？大學古本，乃孔門相傳舊本耳。朱子疑其有脱誤，而改正補緝之，在某則謂其本無脱誤，悉從其舊而已矣。失在過信孔子則有之，非故去朱子之分章而削其傳也。夫學貴得之心，求之於心而非也，雖其言之出於孔子，不敢以爲是也，而況其未及孔子者乎？求之於心而是也，雖其言之出於庸常，不敢以爲非也，而況其出於孔子者乎？且舊本之傳，數千載矣。今讀其文辭，既明白而可通；論其工夫，又易簡而可入。亦何所按據，而斷其此段之必在於彼，彼段之必在於此，與此之如何而缺，彼之如何而誤，而遂改正補緝之，無乃重於背朱而輕於叛孔已乎？來教謂：如必以學不資於外求，但當反觀内省以爲務，則正心誠意四字，亦何不盡之有？何必入門之際，便困以格物一段工夫也？誠然誠然。若語其要，則修身二字亦

[一] 少宰羅欽順以書問學　毛本「羅」下有「整庵公」三字。
[二] 先生答曰　毛本作「公答曰」。
[三] 來教謂某大學古本之復　「謂」，國圖本、天圖本、叢刊本、文淵閣本、摛藻堂訛作「訓」。

足矣，何必又言正心？正心二字亦足矣，何必又言誠意？誠意二字亦足矣，何必又言致知，又言格物？惟其工夫之詳密，而要之只是一事。所以爲精一之學，此正不可不思者也。夫理無内外，性無内外，故學無内外。講習討論，未嘗非内也；反觀内省，未嘗遺外也。夫謂學必資於外求，是以己性爲有外也，是義外也，用智者也；謂反觀内省爲求之於内，是以己性爲有内也，是有我也，自私者也；是皆不知性之無内外也。故曰精義入神，以致用也；利用安身，以崇德也。性之德也，合内外之道也。此可以知格物之學矣。格物者，大學之實下手處，徹首徹尾，自始學至聖人，只此工夫而已，非但入門之際有此一段也。夫正心、誠意、致知、格物，皆所以修身[一]，而格物者，其所以用力日可見之地。故格物者，格其心之物也，格其意之物也，格其知之物也；正心者，正其物之心也；誠意者，誠其物之意也；致知者，致其物之知也。此豈有内外彼此之分哉？理一而已。以其理之凝聚而言，則謂之性；以其主宰而言，則謂之心；以其主宰之發動而言，則謂之意；以其發動之明覺而言，則謂之知；以其明覺之感應而言，則謂之物。故就物而言謂之格，就知而言謂之致，就意而言謂之誠，就心而言謂之正。正者，正此也；誠者，

[一] 皆所以修身　「所」，毛本作「可」。

誠此也；致者，致此也；格者，格此也；皆所謂窮理以盡性也。天下無性外之理，無性外之物。學之不明，皆由世之儒者，認理爲外，認物爲外，而不知義外之説，孟子蓋嘗闢之，乃至襲陷其内而不覺，豈非亦有似是而難明者歟？不可以不察也。凡執事所以致疑於格物之説者，必謂其是内而非外也；必謂其專事於反觀内省之爲，而遺棄其講習討論之功也；必謂其一意於綱領本原之約，而脱略於支條節目之詳也；必謂其沉溺於枯槁虚寂之偏，而不盡於物理人事之變也。審如是，豈但獲罪於聖門，獲罪於朱子，是邪説誣民，叛道亂正，人得而誅之也，而況於執事之正直哉？審如是，世之稍明訓詁，聞先哲之緒論者[一]，皆知其非也，而況執事之高明乎哉？凡某之所謂格物，其於朱子九條之説，皆包羅統括於其中，但爲之有要，作用不同，正所謂毫釐之差耳。然毫釐之差，而千里之謬實起於此，不可不辯[二]。」

是月至贛[三]。

[一] 聞先哲之緒論者　「論」，底本訛作「綸」，據毛本改。
[二] 六月如贛十四日……不可不辯　蓬左本無此條。
[三] 是月至贛　蓬左本作「正月居贛」，句在上文「先生四十九歲」之下。

先生至贛，大閲士卒，教戰法。江彬遣人來覘動静[一]，相知者俱請回省，無蹈危疑。先生不從，作啾啾吟解之[二]，有曰：「東家老翁防虎患，虎夜入室啣其頭。西家小兒不識虎，持竿驅虎如驅牛[三]。」且曰：「公等何不講學[五]？吾昔在省城處權豎[六]，禍在目前，吾亦帖然[七]。縱有大變，亦避不得[八]。吾所以不輕動者，亦有深慮焉耳。」門人陳九川等亦以爲言[四]，先生曰：○洪昔葺師疏，便道歸省與再報濠反疏同日而上，心疑之，豈當國家危急存亡之日而暇及此也？當是時，倡義興師，濠且旦夕擒矣，猶疏

[一] 江彬遣人來覘動静　蓬左本無此八字。
[二] 作啾啾吟解之　「解之」，蓬左本作「以答之」。
[三] 有曰……持竿驅虎如驅牛　蓬左本無此三十字。
[四] 門人陳九川等亦以爲言　蓬左本作「會物議益洶洶，門人陳九川等屢言之」。
[五] 公等何不講學　蓬左本作「公等何不與之講學，此何足慮」。
[六] 吾昔在省城處權豎　蓬左本作「吾昔在省城，權豎如許勢焰」。
[七] 吾亦帖然　蓬左本「然」下有「處之」二字。
[八] 縱有大變亦避不得　蓬左本作「縱有禍患，亦畏避不得，何故憂懼」。

請命將出師，若身不與其事者，至諫止親征疏，乃嘆古人處成功之際，難矣哉[一]。

七月，重上江西捷音。

武宗留南都既久[二]，群黨欲自獻俘襲功。張永曰：「不可。昔未出京，宸濠已擒，獻俘北上，過玉山，渡錢塘，經人耳目[三]，不可襲也。」於是以大將軍鈞帖，令重上捷音。先生乃節略前奏，

[一] ○洪昔葺師疏……難矣哉　蓬左本作「洪昔葺師奏疏，至乞便道歸省與再報濠謀反疏同日而上，心疑之。當國家顛沛，兵務倥傯，又何暇及此念也？當是時，倡義興師，指揮一定，擒濠可卜旦夕矣。而猶惓惓疏請命將出師，而自名以姑爲牽制征討之圖，若身不與其事者。至諫止親征疏，乃嘆古人處成功之際，難矣哉。蓋武宗好巡遊，諸奸協（邪）異志，賊雖就擒，而預知後患未已也。忠、泰輩屢追還宸濠，並不聽，至玉山，聞王師已至徐淮，乘夜過草萍驛，惟欲早脱江西，以免百姓重困。見永與言，乃知其有憂時報主之心，遂以俘馘畀之。使當時苟有計私自利之心，其能以已成之功，脱若遺迹，一毫無介烈（於）中耶。及與忠等酬對，守正而不屈，旁行而不流，出入變化，妙應無迹，而奸黨終不敢逞，身亦免難。三代以下，證聖學之全功，徵矣哉」；毛本無此條。

[二] 武宗留南都既久　蓬左本「久」下有「將歸」二字。

[三] 經人耳目　蓬左本「目」下有「多矣」二字。

入諸人名于疏内[一]，再上之。始議北旋[二]。○尚書霍韜曰[三]：「是役也，罪人已執，猶動衆出師；地方已寧，乃殺民奏捷。誤先朝於過舉，摇國是於將危。蓋忠、泰之攘功賊義，厥罪滔天，而縯、綸之詭隨敗類，其黨惡不才亦甚矣。」御史黎龍曰：「平藩事，不難于成功，而難於倡義。蓋以逆濠之反，實有内應，人懷觀望，而一時勤王諸臣，皆捐軀亡家，以赴國難。其後忌者搆爲飛語，欲甘心之，人心何由服乎？後有事變，誰復肯任之者？」費文憲公宏送張永還朝序曰[四]：「兹行也，定禍亂而不必功出於己，開主知而不使過歸乎上，節財用不欲久困乎民，扶善類而不欲罪移非辜[五]。且先是發瑾罪狀，首以規護衛爲言，實以逆謀之成，萌於護衛之復，其早辯預防，非有體國愛民之心，不能及此。」○洪謂平藩事[六]，不難於倡義，而難於處忠、

[一] 入諸人名于疏内　毛本無「于」字。
[二] 始議北旋　蓬左本作「大駕乃班師北旋」。
[三] ○尚書霍韜曰　蓬左本「○」下有「按」字。
[四] 費文憲公宏送張永還朝序曰　蓬左本、毛本「序」下并有「文」字；底本「憲」訛作「獻」，據蓬左本改。
[五] 扶善類而不欲罪移非辜　蓬左本、毛本無「而」字。
[六] ○洪謂平藩事　蓬左本「事」上有「之」字。按，「○洪謂平藩事……豈偶然哉」云云，毛本無此條。

泰之變[一]。蓋忠、泰挾天子以階亂[二]，莫敢誰何。豹房之謀，無日不在，畏即據上游不敢騁[三]，卒能保乘輿還宮，以起世宗之正始。開先勒石，所謂「神器有歸，孰敢窺竊」，又曰「嘉靖我邦國」，則改元之兆，先徵於兹矣。噫！豈偶然哉[四]。

○先生在贛時[五]，有言萬安上下多武士者。先生令參隨往紀之，命之曰：「但多膂力，不問武藝[六]。」已而得三百餘人，龍光問曰[七]：「宸濠既平，紀此何爲？」曰：「吾聞交趾有内

[一] 忠泰　蓬左本作「張、許」。

[二] 蓋忠泰挾天子以階亂　蓬左本作「蓋忠、泰挾天子威令，以崇亂階，勢焰熏炙」；國圖本、天圖本、叢刊本「階」作「偕」。

[三] 無日不在畏即據上游不敢騁　摛藻堂本「在」作「有」，又文淵閣本、摛藻堂本「即」作「師」。

[四] 豹房之謀……豈偶然哉　蓬左本作「先生守經行權，隨機運變，卒能奪其氣而褫其魄。知永可與托國，卒致聖駕還京，以啓今上之治。非其忠誠懇惻，識達時宜，消亂於已形，制變於不測者，其孰能與於此」。

[五] ○先生在贛時……計有所在也　蓬左本無此條。按，蓬左本卷三至此終。

[六] 不問武藝　毛本「藝」下有「如何」二字。

[七] 龍光問曰　毛本「曰」下有「不問武藝，何也？先生曰：膂力難得，有膂力，學武藝，特易易耳。至是光問曰」二十八字。

難，出其不意而搗之，一機會也。」後二十年，有登庸之役。人皆相傳先生有預事謀，而不知當時計有所在也[一]。

八月，咨部院雪冀元亨冤狀[二]。

先是，宸濠攬結名士助己[三]，凡仕江右者，多隆禮際[四]。武陵冀元亨爲公子正憲師[五]，忠信可託[六]，故遣往謝[七]，佯與濠論學[八]。濠大笑曰：「人癡乃至此耶？」立與絶[九]，

[一] 人皆相傳先生有預事謀而不知當時計有所在也　毛本無此二十字。

[二] 咨部院雪冀元亨冤狀　「雪」，蓬左本作「伸」。

[三] 宸濠攬結名士助己　蓬左本作「濠示謙恭，邀結名士」。

[四] 多隆禮際　蓬左本作「咸隆禮問」。

[五] 武陵冀元亨爲公子正憲師　蓬左本作「冀時爲公子正憲師」；毛本「亨」下有「時」字。

[六] 忠信可託　蓬左本作「信義可託」。

[七] 故遣往謝　蓬左本作「遣詣往謝」；毛本「謝」下有「濠不知，謂即其人，以它語相調」十二字。

[八] 佯與濠論學　蓬左本作「至與濠論不合」；毛本作「元亨詳與論學」。

[九] 濠大笑曰人癡乃至此耶立與絶　蓬左本無此十三字。

比返贛述故[一]，先生曰：「禍在兹矣[二]。」乃衛之間道歸[三]。及是張、許等索釁不得[四]，遂逮元亨[五]，備受考掠[六]，無片語阿順[七]。於是科道交疏論辯，先生備咨部院白其冤[八]。世宗登極[九]，詔將釋[一〇]，前已得疾[一一]，後五日卒於獄[一二]。同門陸澄、應典輩

[一] 比反贛述故　蓬左本作「比反虔，一一述濠言」。
[二] 禍在兹矣　「兹」，蓬左本作「是」。
[三] 乃衛之間道歸　蓬左本作「乃護之間道歸武陵」。
[四] 及是張許等索釁不得　蓬左本作「後濠既擒，張許巇先生不可得」。
[五] 遂逮元亨　蓬左本作「至是，誣元亨與濠通，逮至京」；國圖本、天圖本、叢刊本「逮」訛作「建」。
[六] 備受考掠　蓬左本「受」作「嘗」；毛本「考」作「拷」。
[七] 無片語阿順　蓬左本作「絶復甦，無一語相及」。
[八] 先生備咨部院白其冤　毛本「生」下有「尤痛苦之」四字。
[九] 世宗登極　毛本作「後遇今上登極」。
[一〇] 詔將釋　毛本「將」下有「見」字。
[一一] 前已得疾　「前」，毛本作「然」。
[一二] 於是科道交疏論辯……後五日卒於獄　蓬左本作「科道論辯，以先生伸雪爲證，事得白將釋，卒於獄」。

備棺殮[一]，訃聞，先生爲位慟哭之[二]。元亨，字惟乾[三]，舉鄉試。其學以務實不欺爲主[四]，而謹於一念。在獄視諸囚不異一體，諸囚日涕泣，至是稍稍聽學自慰[五]。湖廣逮其家，妻李與二女俱不怖[六]，曰：「吾夫平生尊師講學，肯有他乎？」手治麻枲不輟[七]，暇則誦書歌詩。事白，守者欲出之，李曰：「不見吾夫，何歸？」按察諸僚婦欲相會，辭不敢赴，已乃潔一室，就視則囚服，不釋麻枲。有問者，答曰：「吾夫之學，不出閨門衽席間。」聞者悚

[一] 應典輩備棺殮　蓬左本作「應典等爲棺殮」。
[二] 先生爲位慟哭之　蓬左本無「慟」字。
[三] 元亨字惟乾　蓬左本「元」上有「〇」符，「乾」下有「湖廣常德府武陵人」八字。
[四] 其學以務實不欺爲主　蓬左本無「務實」二字。
[五] 至是稍稍聽學自慰　「稍稍」，蓬左本作「稍」。
[六] 妻李與二女俱不怖　蓬左本作「被逮之日，其妻李與二女不色怖」；底本「俱」訛作「懼」，據毛本、天圖本、叢刊本、文淵閣本、摛藻堂本改。
[七] 手治麻枲不輟　蓬左本作「手持麻枲不徹」。

愧[一]。元亨既卒，先生移文恤其家。○羅洪先贈女兄夫周汝方序[二]，略曰：「憶龍岡嘗自贛病歸，附廬陵劉子吉舟。劉與陽明先生素厚善，會母死，往請墓誌，實濠事暗相邀結[三]，兩日數不合而返。至舟，顧龍岡呻吟昏瞀，意其熟寢也。呼門人王儲嘆曰：『初意專倚陽明，調以言，若不喻意，更不得一肯綮，不上此船明矣。此事將遂已乎，且吾安得以一身當重擔也？』儲拱手曰：『先生氣弱，今天下屬先生[四]，先生安所退託，陽明何足爲有無哉？』劉曰：『是固在我，多得數人更好，陽明曾經用兵爾。』儲曰：『先生以陽明爲才乎，吾見其怯也。』劉曰：『誠然。贛州峒賊，髦頭耳，乃終日練兵，若對大敵，何其張皇哉？』相與大笑而罷。龍岡反舍，語予若此，己卯二月也。其年六月，濠反，子吉與儲附之。七月，陽明先生以兵討賊。八月，俘濠。是時議者紛然，予與龍岡竊嘆莫能辯。比見詆先生者問之，曰：『吾惡其言是而行非，

[一] 聞者悚愧　蓬左本作「問者悚懼」。
[二] 羅洪先贈女兄夫周汝方序　毛本無「羅」字。
[三] 實濠事暗相邀結　毛本「實」下有「以」字。
[四] 今天下屬先生　毛本「下」下有「大事」二字。

蓋其僞也。』龍岡舌尚在，至京師見四方人士，猶有爲前言者否乎？盍以語予者語之[一]。」其後養正既死[二]，先生過吉安，令有司葬其母，復爲文以奠[三]。辭曰：「嗟嗟！劉生子吉，母死不葬，爰及干戈。一念之差，遂至于此。嗚呼哀哉。今吾葬子之母，聊以慰子之魂。蓋君臣之義，雖不得私于子之身；而朋友之情，猶得以盡於子之母也。嗚呼哀哉。」其事在是年六月。

閏八月，四疏省葬，不允。

初，先生在贛[四]，聞祖母岑太夫人訃及海日翁病[五]，欲上疏乞歸，會有福州之命[六]。比

[一] 羅洪先贈女兄夫……盍以語予者語之　蓬左本無此條。
[二] 其後養正既死　蓬左本作「劉養正既死」。
[三] 復爲文以奠　蓬左本作「爲文以奠之」。
[四] 先生在贛　蓬左本「贛」下有「時」字。
[五] 及海日翁病　蓬左本作「又聞海日翁病卧苫次」。
[六] 會有福州之命　蓬左本作「適福州三衛有叛軍之變，尚書王瓊具奏，降敕，差先生往勘之。軍變事微，本不必煩重臣。瓊蓋因南贛溪洞已靖，欲假師便宜敕書，以待他變也。先生初欲從汀漳入，冀了事，遂從廣信乞歸。因夫人公子在，乃從舟行」。

中途遭變[一]，疏請命將討賊[二]，因乞省葬，朝廷許以「賊平之日來説」[三]，至是凡四請[四]。嘗聞海日翁病危[五]，欲棄職逃歸[六]，後報平復，乃止。一日，問諸友曰[七]：「我欲逃回，何無一人贊行？」門人周仲曰[八]：「先生思歸一念，亦似着相。」先生良久曰[九]：「此相安能不着[一〇]？」

[一] 比中途遭變　「比」，蓬左本作「不意」。
[二] 疏請命將討賊　蓬左本「疏」上有「先生」二字。
[三] 賊平之日來説　蓬左本「説」下有「濠就擒，江西底寧，疏再上，不報」十二字。
[四] 至是凡四請　「請」，蓬左本作「上」。
[五] 嘗聞海日翁病危　「嘗」，蓬左本作「一日」。
[六] 欲棄職逃歸　蓬左本作「先生欲棄職逃歸，左右皆勸留」；毛本無「職」字。
[七] 一日問諸友曰　蓬左本作「先生問在坐諸友曰」。
[八] 門人周仲曰　蓬左本無「門人」二字。
[九] 先生良久曰　蓬左本、毛本無「良久」二字。
[一〇] 此相安能不着　「此」，蓬左本作「是」。

九月，還南昌[一]。

先生再至南昌[二]，武宗駕尚未還宫[三]，百姓嗷嗷[四]，乃興新府工役，檄各院道，取濠廢地逆産[五]，改造貿易，以濟饑代税，境内稍甦[六]。嘗遺守益書曰[七]：「自到省城，政務紛錯，不復有相講習如虔中者。雖自己舵柄不敢放手，而灘流悍急，須仗有力如吾謙之者，持篙而來，庶能相助更上一灘耳。」泰州王銀[八]，服古冠服，執木簡，以二詩爲贄，請見[九]。先生異其人，

[一] 還南昌　蓬左本「昌」下有「十月門人集」五字。
[二] 先生再至南昌　「再至」，蓬左本作「復」。
[三] 武宗駕尚未還宫　蓬左本作「武宗駕未還宫，北望懷憂」。
[四] 百姓嗷嗷　蓬左本作「百姓嗷嗷告飢」。
[五] 取濠廢地逆産　毛本無「逆産」二字。
[六] 乃興新府工役……境内稍甦　蓬左本作「至是，先生開新府，乃多興工役，以濟民飢。察院各司道，俱取寧藩入官廢屋改造，又取逆産銀，以代民税，於是境内稍安」，句在下文「更上一灘耳」之下。
[七] 嘗遺守益書曰　蓬左本作「遺書守益曰」。
[八] 泰州王銀　蓬左本「泰」上有「朋友日漸來集」六字。
[九] 執木簡以二詩爲贄請見　蓬左本作「手執木簡，以二詩求見」；毛本作「執木簡，二詩爲贄，以賓禮見」。

降階迎之[一]。既上坐，問[二]：「何冠？」曰[三]：「有虞氏冠。」問[四]：「何服？」曰：「老萊子服。」曰：「學老萊子乎[五]？」曰：「然[六]。」曰[七]：「將止學服其服[八]，未學上堂詐跌掩面啼哭也[九]？」銀色動，坐漸側[一〇]。及論致知格物，悟曰[一一]：「吾人之學，

[一] 先生異其人降階迎之　蓬左本「之」作「入」；毛本作「先生下階迎之」。
[二] 既上坐問　蓬左本作「待以客位，坐定，先生問」。
[三] 曰　蓬左本作「對曰」。
[四] 問　蓬左本作「曰」。
[五] 學老萊子乎　毛本無「子」字。
[六] 然　蓬左本作「學」。
[七] 曰　蓬左本作「先生笑曰」。
[八] 將止學服其服　蓬左本無「將」字；毛本無「學服」之「服」字。
[九] 未學上堂詐跌掩面啼哭也　「未學」，毛本作「抑學其」。
[一〇] 銀色動坐漸側　蓬左本作「銀竦然動色，坐不安席」。
[一一] 及論致知格物悟曰　蓬左本作「及論大學，至致知格物，豁然大悟曰」。

飾情抗節，矯諸外[一]；先生之學，精深極微，得之心者也[二]。」遂反服執弟子禮[三]。先生易其名爲艮，字以汝止[四]。○進賢舒芬以翰林謫官市舶[五]，自恃博學[六]，見先生[七]，問律呂。先生不答，且問元聲[八]，對曰：「元聲制度頗詳，特未置密室經試耳。」先生曰：「元聲豈得之管灰黍石間哉[九]？心得養則氣自和，元氣所由出也[一〇]。書云『詩言志』，志即是

[一] 矯諸外　毛本「矯」下有「强」字。

[二] 得之心者也　蓬左本無「者也」二字。

[三] 遂反服執弟子禮　蓬左本作「遂易服通贄執弟子禮」。

[四] 先生易其名爲艮字以汝止　蓬左本作「先生爲易名艮，字曰汝止」。

[五] ○進賢舒芬以翰林謫官市舶　蓬左本作「進賢舒芬以翰林修撰謫官福建市舶司副提舉，先生取至軍門」。
按，「○進賢舒芬……遂躍然拜弟子」云云，毛本無此條。

[六] 自恃博學　蓬左本「學」下有「無意及門也」五字。

[七] 見先生　蓬左本作「初見」。

[八] 先生不答且問元聲　蓬左本作「先生不言律呂而問元聲」。

[九] 元聲豈得之管灰黍石間哉　蓬左本「間」上有「之」字，又「哉」下有「不出吾心耳」五字。

[一〇] 元氣所由出也　「氣」，蓬左本作「聲」。

樂之本；『歌永言』，歌即是制律之本。永言和聲，俱本於歌，歌本於心，故心也者，中和之極也。」芬遂躍然拜弟子[一]。○是時陳九川[二]、夏良勝、萬潮、歐陽德、魏良弼、李遂、舒芬及裘衍日侍講席[三]，而巡按御史唐龍[四]、督學僉事邵鋭[五]，皆守舊學相疑[六]。唐復以「徹講擇交」相勸[七]，先生答曰[八]：「吾真見得良知人人所同，特學者未得啓悟，故甘隨俗習非。今苟以是心至，吾又爲一身疑謗，拒不與言，于心忍乎？求真才者，譬之淘沙而得金，非不知沙

[一] 芬遂躍然拜弟子　蓬左本作「芬躍然，悔舊學之非，遂拜弟子」。
[二] ○是時陳九川　蓬左本、毛本無「○」符；又蓬左本「是」作「於」。
[三] 舒芬及裘衍日侍講席　蓬左本無「舒芬及」三字；毛本無「舒芬」二字。
[四] 而巡按御史唐龍　蓬左本作「巡按御史唐虞佐龍」；毛本「唐龍」作「唐公虞佐」。
[五] 督學僉事邵鋭　蓬左本作「提學副使邵鋭」；毛本「邵鋭」作「邵公思抑」。
[六] 皆守舊學相疑　蓬左本作「俱以舊學疑先生，且四方謗議洶洶」。
[七] 唐復以徹講擇交相勸　蓬左本作「虞佐勸先生徹講擇交，徹講可以息天下之疑謗，擇交可以得天下之真才」。
[八] 先生答曰　蓬左本無「答」字。

之汰者十去八九，然未能舍沙以求金爲也[一]。」當唐、邵之疑，人多畏避[二]，見同門方巾中衣而來者，俱指爲異物[三]。獨王臣[四]、魏良政、良器[五]、鍾文奎、吴子金等[六]，挺然不變，相依而起者日衆[七]。

[一] 非不知……求金爲也　蓬左本作「非不知沙之汰者十去八九也，然而未能舍沙以求金爲也。虞佐以爲然」。
[二] 當唐邵之疑人多畏避　蓬左本作「三學諸生，畏主司異議」。
[三] 見同門方巾中衣而來者俱指爲異物　毛本無此十五字。
[四] 獨王臣　「獨」，蓬左本作「惟」。
[五] 良器　蓬左本作「魏良器」。
[六] 吴子金等　蓬左本、毛本無「吴子金」三字。
[七] 挺然不變相依而起者日衆　蓬左本作「挺然破群議，以力學爲己任，久之，相依而起者百十人」；毛本作「挺然不變，人難之」。又下録遺事一條：「十二月（大字爲綱）。先生官中稍暇，即静坐，比在都府無事。一日，嘿嘿坐花園亭中，龍光外侍。先生呼光入，問曰：外間有何聞？曰：無有。光喜得間，因造膝密告曰：光有一語，懷之甚久，不敢言。先生曰：弟言之。光曰：宸濠就擒，江西人人自慶再生，但後主未立，光輩報恩無地，以此耿耿耳。先生慰起之，良久曰：汝所言，吾亦思之，天地生人，自有分限，吾亦人耳。此學二千年來，不意忽得真竅，已爲過望。今僥倖成此功，若又得子，不大完全乎？汝不見草木，那有千葉石榴結果者。光聞之悚然。」

十有六年辛巳，先生五十歲，在江西[一]。

正月，居南昌。

是年，先生始揭致良知之教[二]。先生聞前月十日武宗駕入宮[三]，始舒憂念。自經宸濠、忠、泰之變，益信良知，真足以忘患難，出生死[四]，所謂考三王，建天地，質鬼神，俟後聖，無弗同者[五]。乃遺書守益曰[六]：「近來信得『致良知』三字，真聖門正法眼藏。往年尚疑未盡[七]，今自多事以來，只此良知，無不具足。譬之操舟得舵，平瀾淺瀨，無不如意。雖遇顛

[一]　在江西　蓬左本無此三字。
[二]　先生始揭致良知之教　毛本作「先生始言致良知」，又下有「先生自南都以來」云云（全文見下）。
[三]　武宗駕入宮　蓬左本「宮」下有「消息比舊頗佳」六字。
[四]　出生死　蓬左本「死」下有「斡旋化機，整齊民物」八字。
[五]　無弗同者　蓬左本「者」作「也」；毛本無「先生聞前月（中略）無弗同者」五十五字。
[六]　乃遺書守益曰　毛本無「乃」字。
[七]　往年尚疑未盡　蓬左本、毛本作「往年尚疑良知恐有未盡」。

風逆浪，舵柄在手，可免没溺之患矣[一]」。一日[二]，先生喟然發嘆。九川問曰：「先生何嘆也？」曰：「此理簡易明白若此，乃一經沉埋數百年[三]。」九川曰：「亦爲宋儒從知解上入，認識神爲性體，故聞見日益，障道日深耳。今先生拈出『良知』二字，此古今人人真面目，更復奚疑？」先生曰：「然。譬之人有冒别姓墳墓爲祖墓者[四]，何以爲辯？只得開壙[五]，將子孫滴血，真僞無可逃矣。我此『良知』二字，實千古聖聖相傳一點滴骨血也[六]。」〇又曰：「某於此良知之説，從百死千難中得來[七]。不得已，與人一口説盡。只恐學者得之容易，把作一

[一] 可免没溺之患矣　蓬左本、毛本作「矣」，蓬左本、毛本作「耳」。

[二] 一日　蓬左本、毛本作「一日，門人在侍」。

[三] 乃一經沉埋數百年　蓬左本、毛本作「乃一經沉埋，數百年來，不得出露頭面，是何説也」。

[四] 譬之人有冒别姓墳墓爲祖墓者　蓬左本「者」下有「鄰佑少年見其經管既久，俱不爲非。雖有知者，又先受賂，鳴之於官」二十六字。

[五] 只得開壙　蓬左本「壙」下有「驗其誌石，然誌石又爲前人改過，又何以辯，幸有骸骨」二十一字。

[六] 一點滴骨血也　蓬左本無「也」字。

[七] 從百死千難中得來　毛本「來」下有「不是容易見得到此，此本是學者究竟話頭，可惜淪落湮埋已久。學者苦於聞見障蔽，無入頭處」三十七字。

種光景玩弄，不實落用功[一]，負此知耳[二]。」先生自南都以來[三]，凡示學者[四]，皆令存天理、去人欲以爲本。有問所謂，則令自求之，未嘗指天理爲何如也[五]。間語友人曰：「近

[一] 不實落用功　毛本「不」下有「得」字。

[二] 負此知耳　毛本此下引文並按語：「〇又曰：此道至簡至易的（中略）便是聖人（原文見卷三傳習録下）。〇又曰：良知在夜氣發的（中略）就是通乎晝夜之道而知（原文見卷三傳習録下）。〇洪先考先生之學，始而馳騁於詞章，既以考索遇奇疾，乃學長生。居夷三年，困頓備嘗，無復雜念，而一專意聖學。然在滁以前，喜人靜中悟入，已而畏其沉空守寂，不可以經世宰物也。南都後，拳拳於『存天理、去人欲』兩言，久之，自覺此心本靈，不昧此靈，無往不善。故辛巳以後，方有致良知之説。而教人亦且三變，然其所指良知，固即悟入之處，天理之真，而未嘗一有所異。嘗語學者曰：我此良知，蒼蠅停脚不得。蓋言微乎其微。學者須用力而自得之，不可以言傳，而亦不能以言傳也。戊寅歲，叙大學古本有曰：不務誠意，而徒以格物，謂之支；不事格物，而徒以誠意，謂之虚。至是增曰：不本於致知，而徒以格物誠意者，謂之妄。支虚與妄，其於至善也遠矣。末又改曰：乃若致知，則存乎心悟。致知焉，盡矣。似與初本結語若兩人然。嗚呼！吾黨曷亦反覆先生之學，詳其始末所由，凡幾變而後良知益覺光瑩，其無輕於立言哉！」

[三] 先生自南都以來　毛本此條在上文「是年，先生始言致良知」之下。

[四] 凡示學者　「示」，毛本作「稟」。

[五] 未嘗指天理爲何如也　「何如」，毛本作「如何」。

欲發揮此[一]，只覺有一言發不出，津津然如含諸口，莫能相度。」久乃曰：「近覺得此學更無有他，只是這些子，了此更無餘矣。」旁有健羨不已者，則又曰：「連這些子亦無放處。」

今經變後[二]，始有良知之説[三]。

録陸象山子孫。

先生以象山得孔孟正傳，其學術久抑而未彰[四]，文廟尚缺配享之典，子孫未沾褒崇之澤[五]。牌行撫州府金谿縣官吏[六]，將陸氏嫡派子孫，倣各處聖賢子孫事例[七]，免其差役。

[一] 近欲發揮此　毛本「此」下有「學」字。

[二] 今經變後　毛本作「其後經宸濠、張許之難」。

[三] 始有良知之説　毛本「有」下有「致」字。按，「〇又曰……始有良知之説」，蓬左本無此條。

[四] 先生以象山得孔孟正傳其學術久抑而未彰　蓬左本「象山」作「宋儒陸象山」；毛本作「先生以陸象山學術久抑而未彰」。

[五] 文廟尚缺配享之典子孫未沾褒崇之澤　毛本無此十六字。

[六] 牌行撫州府金谿縣官吏　毛本無「府」「縣」二字。

[七] 倣各處聖賢子孫事例　「倣」，蓬左本、毛本作「訪」。

有俊秀子弟，具名提學道送學肄業。○按，象山與晦翁同時講學[一]，自天下崇朱説[二]，而陸學遂泯[三]。先生刻象山文集[四]，爲序以表彰之[五]。席元山嘗聞先生論學於龍場[六]，深病陸學不顯[七]，作嗚冤録以寄[八]。先生稱其身任斯道，庶幾天下非之而不顧[九]。

[一] 象山與晦翁同時講學　蓬左本「晦」上有「朱」字。
[二] 自天下崇朱説　蓬左本作「因天下崇尚朱説」。
[三] ○按象山與晦翁同時講學自天下崇朱説而陸學遂泯　毛本無此二十一字并「○」符。
[四] 先生刻象山文集　毛本作「先生嘗刻象山集」。
[五] 爲序以表彰之　蓬左本作「爲之序，以表彰其説」；毛本作「爲序略曰：世儒之支離（中略）陸氏之學，孟氏之學也」云云（原文見卷七象山文集序）。
[六] 席元山嘗聞先生論學於龍場　蓬左本「山」下有「書」字。
[七] 深病陸學不顯　毛本無此六字。
[八] 作嗚冤録以寄　蓬左本「寄」下有「先生」二字；毛本「寄」下引文：「○先生答楊士鳴書曰：此學如立在空中（中略）其爲病痛，一而已矣」（原文見卷五與楊仕鳴）。
[九] 先生稱其身任斯道庶幾天下非之而不顧　蓬左本「顧」下有「然中間有須詳論者（中略）所争毫釐耳」云云（此節略與席元山書，原文見卷五）；毛本無此十七字。

五月，集門人於白鹿洞[一]。

是月，先生有歸志，欲同門久聚，共明此學。適南昌府知府吴嘉聰欲成府誌，時蔡宗兖爲南康府教授，主白鹿洞事，遂使開局於洞中[二]，集夏良勝、舒芬、萬潮、陳九川同事焉。先生遺書促鄒守益曰[三]：「醉翁之意蓋有在，不專以此煩勞也。區區歸遁有日，聖天子新政英明，如謙之亦宜束裝北上。此會宜急圖之，不當徐徐而來也。」〇庚辰春[四]，甘泉湛先生避地髮履塚下，與霍兀崖韜、方叔賢同時家居爲會[五]。先生聞之曰：「英賢之生，何幸同時共地，又可虚度光陰，失此機會耶[六]？」是秋[七]，兀崖過洪都，論大學輒持舊見。先生曰：「若傳

[一] 集門人於白鹿洞　毛本作「修南昌府志于白鹿洞」。
[二] 遂使開局於洞中　毛本無「於」字。
[三] 先生遺書促鄒守益曰　毛本無「鄒」字。
[四] 〇庚辰春　蓬左本「〇」下有「是月與嶺南同志書（八字加黑底框），先是」十字；毛本「〇」下有「始」字。
[五] 同時家居爲會　蓬左本「居」下有「不數」二字。按，據下文語義，當以蓬左本爲是。
[六] 失此機會耶　蓬左本作「容易失却此大機會，是使後人而復惜後人也」。
[七] 是秋　蓬左本作「是年秋」。

習書史[一]，考正古今，以廣吾見聞則可[二]。若欲以是求得入聖門路[三]，譬之採摘枝葉，以綴本根，而欲通其血脉，蓋亦難矣。」至是，甘泉寄示學庸測，叔賢寄大學、洪範。先生遺書甘泉曰：「隨意體認天理[四]，是真實不誑語[五]。究兄命意發端[六]，却有毫釐未協[七]。修齊治平，總是格物，但欲如此節節分疏，亦覺説話太多。且語意務爲簡古，比之本文，反更深晦[八]。莫若淺易其詞[九]，略指路徑，使人自思得之，更覺意味深長也。」遺書叔賢曰[一〇]：「道

[一] 若傳習書史　「傳」，蓬左本、毛本作「博」。
[二] 以廣吾見聞則可　毛本無「吾」字。
[三] 求得入聖門路　毛本無「得」字。
[四] 隨意體認天理　「意」，蓬左本、毛本及原文作「處」。
[五] 是真實不誑語　蓬左本、毛本「語」下有「鄙説初亦如是」六字。
[六] 究兄命意發端　蓬左本、毛本「究」上有「及」字。
[七] 却有毫釐未協　蓬左本、毛本「協」下有「然亦終當殊塗同歸也」九字。
[八] 反更深晦　蓬左本、毛本「晦」下有「讀者愈難尋求，此中不無亦有心病」十四字。
[九] 莫若淺易其詞　蓬左本、毛本「若」下有「明白」二字。
[一〇] 遺書叔賢曰　蓬左本、毛本「曰」下有「承示大學原，知用心於此深密矣」十三字。

一而已，論其大本一原[一]，則六經四書，無不可推之而同者，又不特洪範之於大學而已。譬之草木，其同者，生意也。其花實之疏密，枝葉之高下，亦欲盡比而同之，吾恐化工不如是之雕刻也[二]。君子論學，固惟是之從，非以必同爲貴[三]。至於入門下手處，則有不容於不辯者[四]。」先是[五]，倫彦式以訓嘗過虔中問學[六]，是月[七]，遺弟以諒遺書問曰[八]：「學無静根，感物易動，處事多悔，如何？」先生曰：「三言者，病亦相因。惟學而別求静根，故

[一] 論其大本一原　「一」，蓬左本、毛本作「大」。
[二] 不如是之雕刻也　蓬左本、毛本「也」下有「學之不明，幾百年矣（中略）吾將誰望乎」云云（原文見卷五答方叔賢）。
[三] 非以必同爲貴　毛本無「必」字。
[四] 則有不容於不辯者　蓬左本、毛本「者」下有「所謂毫釐之差，千里之繆矣」十一字。
[五] 先是　毛本「先」上有「〇」符。
[六] 嘗過虔中問學　「虔中」，毛本作「贛」。
[七] 是月　蓬左本作「至是月」。
[八] 遺弟以諒遺書問曰　蓬左本、毛本「遺」下有「其」字。

感物而懼其易動；感物而懼其易動，是故處事而多悔也。心無動静者也[一]，故君子之學[二]，其静也常覺，而未嘗無也，故常應常寂[三]。動静皆有事焉，是之謂集義，集義故能無祇悔，所謂動亦定，静亦定者也。心一而已，静其體也，而復求静根焉，是撓其體也；動其用也，而懼其易動焉，是廢其用也。故求静之心即動也，惡動之心非静也。是之謂動亦動，静亦動，將迎起伏，相迎於無窮矣[四]。故循理之謂静，從欲之謂動[五]。」

六月，赴内召，尋止之[六]，陞南京兵部尚書，參贊機務，遂疏乞便道省葬[七]。

[一] 心無動静者也　蓬左本、毛本「也」下有「其静也者，以言其體也。其動也者，以言其用也」十八字。

[二] 故君子之學　蓬左本、毛本「學」下有「無間於動静」五字。

[三] 故常應常寂　蓬左本、毛本作「故常應；其動也常定，而未嘗有也，故常寂。常應常寂」。

[四] 相迎於無窮矣　「迎」，蓬左本、毛本作「尋」。

[五] 從欲之謂動　蓬左本、毛本「動」下有「欲也者非必聲色貨利（中略）是外義者也」云云（原文見卷五答倫彦式）；毛本又下引文：「〇或問未發已發（中略）只是寂天寞地」（原文見卷三傳習録下）。

[六] 尋止之　毛本作「尋中止」。

[七] 參贊機務遂疏乞便道省葬　蓬左本無此十一字。

六月十六日，奉世宗敕旨[一]：「以爾昔能剿平亂賊，安靜地方，朝廷新政之初，特兹召用。敕至，爾可馳驛來京，毋或稽遲。」先生即於是月二十日起程，道由錢塘。輔臣阻之[二]，潛諷科道建言[三]，以爲朝廷新政，武宗國喪，資費浩繁，不宜行宴賞之事。先生至錢塘，上疏懇乞便道歸省。朝廷准令歸省，陞南京兵部尚書，参贊機務。按，乞歸省疏略曰[四]：「臣自兩年以來[五]，四上歸省奏[六]，皆以親老多病，懇乞暫歸省視[七]。復權姦讒嫉[八]，恐罹曖昧之

[一] 世宗　蓬左本、毛本作「今上皇帝」。
[二] 輔臣阻之　毛本無此四字。
[三] 潛諷科道建言　「潛」，毛本作「有」。
[四] 按乞歸省疏略曰　蓬左本作「按乞便道歸省疏」（七字加黑底框）；毛本無「按」字。
[五] 臣自兩年以來　蓬左本、毛本「臣」上有「竊念」二字。
[六] 四上歸省奏　蓬左本、毛本「奏」上有「之」字。
[七] 懇乞暫歸省視　蓬左本、毛本「視」下有「實皆出於人子迫切之至情」十一字。
[八] 復權姦讒嫉　蓬左本、毛本作「而其時復以權姦當事，讒嫉交興」；又蓬左本「興」下有「非獨臣之愚悃無由自明，且慮變起不測」十六字。

禍［一］，故其時雖以暫歸爲請，而實有終身丘壑之念矣。既而天啓神聖［二］，入承大統［三］，親賢任舊，向之爲讒嫉者，皆以誅斥［四］，陽德興而公道顯，臣於斯時［五］，若出陷穽而登之春臺也［六］。豈不欲朝發夕至，一快其拜舞踴躍之私乎［七］？顧臣父老且病［八］，頃遭讒搆［九］，朝夕常有父子不相見之痛。今幸脱洗殃咎，復覩天日，父子之情，固思一見顔面，以叙其悲慘離

［一］恐罹曖昧之禍　蓬左本作「身罹曖昧之禍，冀得因事退歸，父子苟全首領於牖下」。
［二］既而天啓神聖　蓬左本「而」下有「宗社有靈」四字。
［三］入承大統　蓬左本「統」下有「革故鼎新」四字。
［四］皆以誅斥　蓬左本「斥」下有「略盡」二字。
［五］臣於斯時　蓬左本「時」下有「固已欣然改易（中略）驟獲申雪者」云云（原文見卷十三）。
［六］若出陷穽而登之春臺也　蓬左本作「若出陷穽而登之春臺，其爲喜幸感激，何啻百倍」。
［七］一快其拜舞踴躍之私乎　蓬左本作「以一快其拜舞踴躍之私，歸戴向往之誠乎」；毛本無「恐罹曖昧之禍……一快其拜舞踴躍之私乎」八十七字。
［八］顧臣父老且病　蓬左本「父」下有「既」字；毛本作「臣父既老且病」。
［九］頃遭讒搆　蓬左本、毛本作「頃遭讒搆之厄，危疑震恐，洶洶」。

隔之懷[一]。況臣取道錢塘，迂程鄉土，止有一日，此在親交之厚，將不能已於情，而況父子乎[二]？然不以之明請於朝而私竊行之，是欺君也；懼稽延之戮而忍割情於所生，是忘父也。欺君者不忠，忘父者不孝[三]，故臣敢冒罪以請[四]。」○與陸澄論養生[五]：「京中人回，聞以多病之故，將從事於養生，區區往年蓋嘗斃力於此矣。後乃知養德養身[六]，只是一事。元静所云真我者，果能戒謹恐懼[七]，而專心於是，則神住、氣住、精住，而仙家所謂長生久視

[一] 以叙其悲慘離隔之懷　蓬左本、毛本「懷」下有「少盡菽水懽欣之樂」八字。

[二] 而況父子乎　蓬左本、毛本作「而況父子天性之愛，重以連年苦切之思乎」，又蓬左本「乎」下有「故臣之此行，其冒罪歸省，亦情理之所必不容已者」二十字。

[三] 忘父者不孝　蓬左本「孝」下有「世固未有不孝於父而能忠於其君者也」十六字。

[四] 故臣敢冒罪以請　蓬左本「請」下有「伏望皇上以孝爲治（中略）不勝惶懼懇切之至」云云；毛本無「然不以之明請於朝……故臣敢冒罪以請」五十字。

[五] 與陸澄論養生　蓬左本作「與陸澄論養生之説」（八字加黑底框）；毛本作「與陸澄書曰」。

[六] 後乃知養德養身　蓬左本作「後來知其不必如是，始復一意於聖賢之學。大抵養德養身」；毛本略同，惟無「始」字。

[七] 果能戒謹恐懼　蓬左本、毛本作「果能戒謹不睹，恐懼不聞」。

之説，亦在其中矣[一]。老子、彭籛之徒[二]，乃其禀賦有若此者，非可以學而至。後世如白玉蟾、丘長春之屬，皆是彼所稱述以爲祖師者[三]，其得壽皆不過五六十，則所謂長生之説，當必有所指也[四]。元静氣弱多病，但宜清心寡慾[五]，一意聖賢。如前所謂真我之説，不宜輕信異道，徒自惑亂聰明，獘精竭神[六]，無益也[七]。」

八月，至越。

九月，歸餘姚省祖塋。

[一] 亦在其中矣　蓬左本、毛本「矣」下有「神仙之學與聖人異（中略）亦何惜以示人」云云（原文見卷五與陸元静）。

[二] 老子彭籛之徒　蓬左本、毛本「老」上有「如」字。

[三] 皆是彼所稱述以爲祖師者　蓬左本、毛本「彼」下有「學中」二字。

[四] 當必有所指也　「也」，蓬左本、毛本作「矣」。

[五] 但宜清心寡慾　蓬左本、毛本作「但遺棄聲名，清心寡慾」。

[六] 獘精竭神　蓬左本、毛本「神」下有「縻廢（毛本作「廢縻」）歲月（中略）其慎聽毋忽（毛本作「忽」））」云云；毛本又下引文：「○又嘗曰：仙家説到虚（中略）能作得障礙」云云（原文見卷三傳習録下）。

[七] 無益也　蓬左本、毛本無此三字。

先生歸省祖塋，訪瑞雲樓，指藏胎衣地[一]，收淚久之[二]，蓋痛母生不及養[三]，祖母死不及殮也。日與宗族親友宴遊，隨地指示良知[四]。德洪昔聞先生講學江右[五]，久思及門，鄉中故老，猶執先生往迹爲疑[六]。洪獨潛伺動止[七]，深信之[八]，乃排衆議，請親命[九]，率二姪

[一] 指藏胎衣地　蓬左本作「指胎衣所藏之地」。

[二] 收淚久之　「收」，毛本字形近「拔」，據文義，作「拔」者是。

[三] 蓋痛母生不及養　蓬左本「母」上有「其」字。

[四] 隨地指示良知　蓬左本「知」下有「父老子弟忘其崇貴，日親洽，如草木披拂春風，有忻忻向榮之意焉」二十六字。

[五] 德洪昔聞先生講學江右　毛本無「昔」字。

[六] 猶執先生往迹爲疑　蓬左本作「猶執先生少年豪曠，不拘繩束，私竊詆笑，□□□□□□□，但四方辯學，同異正競，爲黨僞之慮，人情恐恐，疑阻者閧然而起」；毛本無「先生」二字。

[七] 洪獨潛伺動止　蓬左本「洪」上有「至是」二字；底本「止」訛作「支」，文淵閣本，摛藻堂本作「定」，據蓬左本、毛本改。

[八] 深信之　蓬左本作「深信無疑」。

[九] 乃排衆議請親命　毛本作「乃請親命，排衆議」。

大經、應揚及鄭寅、俞大本，因王正心通贄請見[一]。明日，夏淳、范引年、吴仁、柴鳳、孫應奎、諸陽、徐珊、管州、谷鍾秀、黄文焕、周于德、楊珂等，凡七十四人[二]。

十有二月，封新建伯。

制曰：「江西反賊剿平，地方安定，各該官員，功績顯著。你部裏既會官集議，分别等第明白。王守仁封新建伯、奉天翊衛推誠宣力守正文臣[三]、特進光禄大夫、柱國，還兼南京兵部尚書[四]，照舊參贊機務，歲支禄米壹千石，三代并妻一體追封，給與誥券，子孫世世承襲。」正德十六年十二月十九日，准兵部、吏部題[五]，差行人賫白金文綺慰勞，兼下温旨，存問

[一] 因王正心通贄請見　蓬左本作「因先生姪王正心通贄請見，先生納焉」。
[二] 楊珂等凡七十四人　蓬左本作「楊珂等七十四人，相繼請見，大講于龍泉寺之中天閣」；毛本「等」下有「見」字，又下引詩：「〇歸興」（原詩見卷二十）。
[三] 奉天翊衛推誠宣力守正文臣　「衛」，毛本作「運」。
[四] 還兼南京兵部尚書　「南」，底本訛作「兩」，據蓬左本、毛本以及辭封爵普恩賞以彰國典疏改。
[五] 准兵部吏部題　毛本無「准」字。

父華於家[一]，賜以羊酒。至日[二]，適海日翁誕辰[三]，親朋咸集，先生捧觴爲壽。翁蹙然曰[四]：「寧濠之變，皆以汝爲死矣，而不死；皆以事難平矣[五]，而卒平[六]。讒搆朋興，禍機四發，前後二年，岌乎知不免矣[七]。天開日月，顯忠遂良，穹官高爵，濫冒封賞，父子

[一] 存問父華於家　「父華」，蓬左本作「海日翁」。

[二] 至日　蓬左本無此二字。

[三] 適海日翁誕辰　毛本「辰」下有「明旦，語門人曰：昨日腰玉，人謂至榮，晚來解衣就寢，依舊一身窮骨頭，何曾添得分毫，乃知榮辱原不在人，人自迷耳」四十五字。按，以下「親朋咸集……感盈成之戒」云云，毛本無。

[四] 翁蹙然曰　蓬左本「曰」下有「吾父子不相見幾年矣，始汝平寇南贛，日夜勞瘁，吾雖憂汝之疾，然臣職宜爾，不敢爲汝憂也」三十六字。

[五] 皆以事難平矣　蓬左本「事」下有「爲」字。

[六] 而卒平　蓬左本「平」下有「吾雖幸汝之成，然此實天意，非人力可及，吾不敢爲汝幸也」二十三字。

[七] 岌乎知不免矣　蓬左本「矣」下有「人皆爲汝危，吾能無危乎？然於此時，惟有致命遂志而動心忍性，不爲無益。雖爲汝危，又復爲汝喜也」三十九字。

復相見於一堂[一]，茲非其幸歟[二]。然盛者衰之始，福者禍之基，雖以爲幸[三]，又以爲懼也[四]。」先生洗爵而跪曰[五]：「大人之教，兒所日夜切心者也。」聞者皆歎會遇之隆，感盈成之戒[六]。

[一] 父子復相見於一堂　蓬左本「堂」下有「人皆以爲榮，吾謂非榮乎」十字。
[二] 茲非其幸歟　蓬左本無此五字。
[三] 雖以爲幸　「幸」，蓬左本作「榮」。
[四] 又以爲懼也　蓬左本「也」下有「夫知足不辱，知土（止）不殆。吾老矣，得父子相保於牖下，孰與犯盈滿之戒，覆成功而毀令名者耶」三十六字。
[五] 先生洗爵而跪曰　「跪」，蓬左本作「跽」。
[六] 感盈成之戒　蓬左本「戒」下有「一時相傳，以爲盛德獲福之徵云」十三字。

王文成公全書卷之三十四

附録三　年譜三

自嘉靖壬午在越至嘉靖己丑喪歸越

門人餘姚錢德洪　編述
山陰王畿　葺録
後學吉水羅洪先　考訂
滁上胡松　校閲
新昌吕光新　增訂

嘉靖元年壬午[一]**，先生五十一歲，在越**[二]。

正月，疏辭封爵。

[一] 嘉靖元年壬午　蓬左本、毛本「嘉」上有「今上皇帝」四字。

[二] 在越　蓬左本無此二字。

先是[一]，先生平賊擒濠[二]，俱瓊先事爲謀[三]，假以便宜行事。每疏捷，必先歸功本兵，宰輔憾焉[四]。至是，欲阻先生之進[五]，乃抑同事諸人，將紀功册改造[六]，務爲删削。先生曰[七]：「册中所載，可見之功耳。若夫帳下之士，或詐爲兵檄，以撓其進止；或僞書反間，以離其腹心；或犯難走役，而填於溝壑；或以忠抱冤，而搆死獄中。有將士所不與知，部領所未嘗歷，幽魂所未及泄者，非册中所能盡載。今於其可見之功，而又裁削之，何以勵效忠赴義之士耶？」乃上疏乞辭封爵，且謂：「殃莫大於叨天之功[八]，罪莫大於掩人之善，惡莫深於

[一]　先是　毛本無此二字。

[二]　先生平賊擒濠　蓬左本作「先生征贛勤王」。

[三]　俱瓊先事爲謀　「瓊」，蓬左本作「尚書王瓊」。

[四]　宰輔憾焉　毛本作「諸有懷憾者」。

[五]　至是欲阻先生之進　毛本作「欲阻其進」。

[六]　將紀功册改造　毛本無「改造」二字。

[七]　先生曰　毛本作「先生以爲」。

[八]　且謂殃莫大於叨天之功　蓬左本作「謂臣之不敢受者有四，寧藩謀逆數十年（中略）夫殃莫大於叨天之功」（此節略原疏而成，原文見卷十三辭封爵普恩賞以彰國典疏）。

襲下之能，辱莫重於忘己之耻，四者備而禍全。此臣之不敢受爵者，非以辭榮也，避禍焉爾已。」

疏上不報。

二月，龍山公卒[一]。

二月十二日己丑，海日翁年七十□[二]，疾且革。時朝廷推論征藩之功[三]，進封翁及竹軒、槐里公，俱爲新建伯[四]。是日，部咨適至，翁聞使者已在門[五]，促先生及諸弟出迎，曰：「雖倉遽，烏可以廢禮？」問已成禮，然後瞑目而逝[六]。先生戒家人勿哭，加新冕服，拖紳，飭內外含襚諸具，始舉哀，一哭頓絶，病不能勝。門人子弟紀喪，因才任使。以仙居金克厚謹恪，

[一] 龍山公卒　蓬左本作「居父龍山公喪」。

[二] 海日翁年七十□　蓬左本、毛本無「年七十」三字。按，底本「十」字下存空格，據海日先生行狀，王華享年七十有七，當據補「七」字。

[三] 時朝廷推論征藩之功　毛本無「時」字。

[四] 進封翁及竹軒槐里公俱爲新建伯　毛本作「進封翁及竹軒槐里兩公而下新建伯」。

[五] 翁聞使者已在門　毛本無「者已」二字。

[六] 問已成禮然後瞑目而逝　毛本作「問已成禮否，乃瞑」。

使監厨[一]，克厚出納品物惟謹，有不慎者追還之[二]，内外井井。室中齋食[三]，百日後，令弟姪輩稍進乾肉，曰：「諸子豢養習久，强其不能，是恣其作僞也[四]。稍寬之，使之各求自盡可也[五]。」越俗，宴吊客必列餅糖，設文綺，烹鮮割肥，以競豐侈[六]，先生盡革之。惟遇高年遠客，素食中間肉二器，曰：「齋素行于幕内，若使吊客同孝子食，非所以安高年而酬賓旅也。」後甘泉先生來吊，見肉食，不喜，遺書致責[七]，先生引罪不辯[八]。是年，克厚與洪

[一] 以仙居金克厚謹恪使監厨　蓬左本作「仙居金克厚時爲庠生，先生取其謹恪，使監厨」；毛本作「仙居金克厚典厨」。

[二] 克厚出納品物惟謹有不慎者追還之　蓬左本「追」下有「奪」字，又「之」下有「晝夜不息者百餘日」八字；毛本無此十五字。

[三] 室中齋食　毛本無此四字。

[四] 是恣其作僞也　毛本無「其」字。

[五] 使之各求自盡可也　毛本作「使各自盡」。

[六] 以競豐侈　「競」，底本訛作「兢」，據蓬左本、毛本、國圖本、天圖本、叢刊本改。

[七] 遺書致責　「致」，毛本作「相」。

[八] 先生引罪不辯　蓬左本「不」下有「敢」字。

同貢於鄉[一]，連舉進士[二]，謂洪曰：「吾學得司厨而大益[三]，且私之以取科第。」先生常謂學必操事而後實，誠至教也[四]。○先生卧病[五]，遠方同志日至，乃揭帖於壁曰：「某鄙劣，無所知識，且在憂病奄奄中，故凡四方同志之辱臨者，皆不敢相見。或不得已而相見，亦不敢有所論説，各請歸而求諸孔孟之訓可矣。夫孔孟之訓，昭如日月。凡支離决裂，似是而非者，皆異説也。有志於聖人之學者，外孔孟之訓而他求，是舍日月之明，而希光於螢爝之微也，不亦繆乎[六]？」

七月，再疏辭封爵。

七月十九日，准吏部咨，欽奉聖旨[七]：「卿倡義督兵，剿除大患，盡忠報國，勞績可嘉，特

[一] 克厚與洪同貢於鄉　「貢」，毛本作「舉」。
[二] 連舉進士　毛本「連」上有「克厚」二字。
[三] 吾學得司厨而大益　「司」，毛本作「典」。
[四] 且私之以取科第……誠至教也　毛本無此二十二字。
[五] ○先生卧病　毛本無「○」符。
[六] 不亦繆乎　蓬左本「乎」下有「有負遠來之情，聊此以謝，荒迷不次」十四字。
[七] 欽奉聖旨　蓬左本、毛本「旨」下有「論功行賞，古今令典，詩書所載，具可考見」十六字。

加封爵，以昭公義。宜勉承恩命，所辭不允[一]。」先是，先生上疏辭爵，乞普恩典。蓋以當國者不明軍旅之賞[二]，而陰行考察，或賞或否，或不行賞而并削其績，或賞未及播而罰已先行，或虚受陞職之名而因使退閒，或冒蒙不忠之號而隨以廢斥。乃嘆曰[三]：「同事諸臣，延頸而待且三年矣。此而不言，誰復有爲之論列者？均秉忠義之氣，以赴國難，而功成行賞，惟吾一人當之，人將不食其餘矣。」乃再上疏曰[四]：「日者宸濠之變[五]，其横氣積威，雖在千里之外，無不震駭失措，而況江西諸郡縣近切剥床者乎？臣以逆旅孤身，舉事其間，然而未受巡撫之命，則各官非統屬也；未奉討賊之旨，其事乃義倡也[六]。若使其時郡縣各官，果畏死偷生[七]，但

[一] 所辭不允　蓬左本、毛本「允」下有「欽此」二字。
[二] 蓋以當國者不明軍旅之賞　蓬左本、毛本無「蓋以」二字。
[三] 乃嘆曰　蓬左本、毛本作「先生曰」。
[四] 乃再上疏曰　毛本「疏」下有「略」字。
[五] 日者宸濠之變　蓬左本、毛本「變」下有「實起倉卒」四字。
[六] 臣以逆旅孤身……其事乃義倡也　毛本作「臣未受巡撫之命，各官未奉討賊之旨」。
[七] 若使其時郡縣各官果畏死偷生　蓬左本「果畏死偷生」作「果懷畏死偷生之心」；毛本作「使其果懷畏死偷生之心」。

以未有成命，各保土地爲辭，則臣亦可如何哉[一]？然而聞臣之調，即感激奮勵，挺身而來，是非真有捐軀赴難之義，戮力報主之忠[二]，孰肯甘粉虀之禍，從赤族之誅，以希萬一難冀之功乎[三]？然則凡在與臣共事者[四]，皆有忠義之誠者也[五]。夫考課之典，軍旅之政，固並行而不相悖[六]，然亦不可混而施之[七]。今也將明軍旅之賞，而陰以考課之意行于其間，人但見

[一] 但以未有成命各保土地爲辭則臣亦可如何哉　毛本作「臣亦可如何哉」。

[二] 即感激奮勵……戮力報主之忠　毛本無此二十五字。

[三] 孰肯甘粉虀之禍從赤族之誅以希萬一難冀之功乎　毛本無「孰肯」二字，無「乎」字。

[四] 然則凡在與臣共事者　毛本無此九字。

[五] 皆有忠義之誠者也　蓬左本「也」字下有「披堅執鋭，身親行伍，以及期赴難，而猶不免於不忠之罰，則容有托故推奸，坐而觀望者，又將何以加之？今不彼之議，而獨此之察，則已過矣。昔人有蹊田而奪牛者，然奪牛固已甚矣，猶有蹊田之責也。今人軀牛以耕我之田，既種且穫矣，而追究其耕之未盡善也，復從而奪之牛，無乃太遠於人情乎」一百十五字。

[六] 固並行而不相悖　毛本無「相」字。

[七] 然亦不可混而施之　蓬左本「之」下有「今人方其有可録之功，吾且遂行其賞，縱有既往之愆，亦得以今而贖，而其人之過猶未改也，則從而行其黜謫。人將曰昔以功而賞，今以罪而斥，功罪顯而勸懲彰矣」六十四字。

其賞未施而罰已及，功不録而罪有加，不能創奸警惡，而徒以阻忠義之氣，快讒嫉之心。譬之投杯醪於河水[一]，而求飲者之醉，可得乎？」疏上不報。○時御史程啓充[二]、給事毛玉倡議論劾[三]，以遏正學，承宰輔意也[四]。陸澄時爲刑部主事[五]，上疏爲六辯以折之[六]。先生聞而止之曰：「無辯止謗，嘗聞昔人之教矣，況今何止於是？四方英傑，以講學異同[七]，議論紛紛[八]，吾儕可勝辯乎？惟當反求諸己。苟其言而是歟，吾斯尚有未信與，則當務求其非，

[一] 譬之投杯醪於河水　蓬左本「水」下有「而曰是有醪焉，亦可飲而醉也。非易牙之口，將不能辯之矣」二十三字。

[二] ○時御史程啓充　蓬左本「○」符下有「按門人陸澄辯忠讒以定國是疏」十三字（十三字加黑底框）；毛本無「○」符，「時」上有「是」字。

[三] 給事毛玉倡議論劾　蓬左本「議」作「義」；毛本「倡議論劾」作「欲相率論劾，以公論皆不平」。

[四] 以遏正學承宰輔意也　蓬左本「也」下有「公議忿忿不平」六字；毛本無此九字。

[五] 陸澄時爲刑部主事　蓬左本無「陸」字；毛本無「時」字。

[六] 上疏爲六辯以折之　蓬左本「之」下有「理明而事核」五字；毛本作「欲折爲六辨上之」。

[七] 以講學異同　蓬左本、毛本「同」下有「之故」二字。

[八] 議論紛紛　蓬左本、毛本作「議論方興」。

不得輒是己而非人也。使其言而非與，吾斯既以自信與，則當益求於自慊[一]，所謂『默而成之，不言而信』者也。然則今日之多口，孰非吾儕動心忍性，砥礪切磋之地乎[二]？且彼議論之興，非必有所私怨於我，亦將以爲衛夫道也[三]。況其説本自出於先儒之緒論[四]，而吾儕之言，驟異於昔，反若鑿空杜撰者[五]，固宜其非笑而駭惑矣[六]，未可專以罪彼爲也[七]。」○是月，德洪赴省試，辭先生請益[八]。先生曰：「胸中須常有舜、禹有天下不與氣象[九]。」德洪請問。

[一] 則當益求於自慊　蓬左本、毛本作「則當益致踐履之實，以務求於自謙」。
[二] 砥礪切磋　「磋」，底本訛作「嗟」，據蓬左本、毛本、國圖本、天圖本、叢刊本改。
[三] 亦將以爲衛夫道也　蓬左本、毛本「亦」上有「彼其爲説」四字。
[四] 先儒之緒論　蓬左本、毛本「論」下有「固各有所憑據」六字。
[五] 反若鑿空杜撰者　蓬左本、毛本「者」下有「乃不知聖人之學，本來如是，而流傳失真耳。彼既先横不信之念，莫肯虚心講究，加以吾儕議論之間，或爲勝心浮氣所乘，未免過爲矯激」五十三字。
[六] 固宜其非笑而駭惑矣　蓬左本、毛本「固」上有「則」字，又「矣」下有「此吾儕之責」五字。
[七] 未可專以罪彼爲也　蓬左本「也」下有「云云」二字；毛本無「可」字，「也」下有「澄乃止」三字。
[八] 德洪赴省試辭先生請益　毛本作「德洪辭赴會試，請益」。
[九] 舜禹有天下不與氣象　毛本無「有」字。

先生曰[一]：「舜、禹有天下而身不與，又何得喪介於其中[二]？」

九月，葬龍山公于石泉山。

二年癸未[三]，先生五十二歲，在越[四]。

二月。

南宫策士以心學爲問[五]，陰以闢先生[六]。門人徐珊讀策問，嘆曰：「吾惡能昧吾知以倖時好

[一] 德洪請問先生曰　毛本作「請問，曰」。
[二] 又何得喪介於其中　蓬左本、毛本「中」下有「耶」字；又蓬左本「耶」下有「德洪聞之省然，領謝而别」十字。
[三] 二年癸未　蓬左本、毛本「二」上有「嘉靖」二字。
[四] 在越　蓬左本無此二字。
[五] 二月南宫策士以心學爲問　蓬左本「二月南宫策士」六字加黑底框。
[六] 陰以闢先生　蓬左本、毛本作「陰寓去取之意」。

耶[一]？」不答而出[二]。聞者難之，曰「尹彥明後一人也」。同門歐陽德、王臣、魏良弼等，直發師旨不諱，亦在取列，識者以爲進退有命[三]。德洪下第歸，深恨時事之乖。見先生，先生喜而相接曰：「聖學從茲大明矣[四]。」德洪曰：「時事如此，何見大明？」先生曰：「吾學惡得徧語天下士，今會試録，雖窮鄉深谷無不到矣。吾學既非，天下必有起而求真是者。」

○鄒守益、薛侃、黃宗明、馬明衡、王艮等侍[五]，因言謗議日熾[六]。先生曰：「諸君且言其故。」有言先生勢位隆盛，是以忌嫉謗；有言先生學日明[七]，爲宋儒爭異同，則以學術謗；

[一] 吾惡能昧吾知以倖時好耶　蓬左本、毛本「吾」下有「之」字，又毛本無「耶」字。
[二] 不答而出　蓬左本「不」上有「遂」字；毛本「不」上有「即」字。
[三] 識者以爲進退有命　「以爲」，蓬左本作「歎」。
[四] 聖學從茲大明矣　蓬左本無「矣」字。
[五] 王艮等侍　蓬左本「侍」下有「坐」字。
[六] 因言謗議日熾　蓬左本作「共言四方謗議日熾」。
[七] 有言先生學日明　毛本無「日」字。

有言天下從遊者衆，與其進，不保其往，又以身謗[一]。先生曰：「三言者[二]，誠皆有之，特吾自知，諸君論未及耳。」請問。曰：「吾自南京已前，尚有鄉愿意思在。今只信良知真是真非處[三]，更無掩藏迴護，纔做得狂者[四]。使天下盡説我行不掩言，吾亦只依良知行。」請問鄉愿、狂者之辯？曰：「鄉愿以忠信廉潔見取於君子，以同流合汙無忤於小人，故『非之無舉，刺之無刺』[五]。然究其心[六]，乃知忠信廉潔所以媚君子也[七]，同流合汙所以媚小人也。其心已破壞矣，故不可與入堯舜之道。狂者志存古人，一切紛囂俗染，舉不足以累其心，真有鳳

[一] 又以身謗　蓬左本作「又以身謗謗也」。
[二] 三言者　「三」，蓬左本作「之」。
[三] 今只信良知真是真非處　蓬左本、毛本作「今信得良知，只從良知真是真非」。
[四] 纔做得狂者　蓬左本、毛本「纔」上有「我今」二字。
[五] 刺之無刺　蓬左本、毛本「刺」下有「其處身亦周矣」六字。
[六] 然究其心　蓬左本、毛本「心」下有「則闇然以媚世也」七字。
[七] 乃知忠信廉潔　蓬左本、毛本「知」下有「其」字。

凰翔于千仞之意［一］，一克念即聖人矣［二］。惟不克念，故闊略事情，而行常不掩。惟其不掩，故心尚未壞，而庶可與裁。」曰：「鄉愿何以斷其媚世？」曰：「自其譏狂猖而知之。狂猖不與俗諧，而謂『生斯世也，爲斯世也，善斯可矣』，此鄉愿志也。故其所爲，皆色取不疑，所以謂之『似』。三代以下，士之取盛名於時者，不過得鄉愿之似而已。然究其忠信廉潔，或未免致疑於妻子也。雖欲純乎鄉愿，亦未易得，而況聖人之道乎？」曰：「狂猖爲孔子所思，然至于傳道，終不及琴張輩而傳曾子，豈曾子亦猖者之流乎？」先生曰：「不然。琴張輩，狂者之禀也，雖有所得，終止於狂。曾子，中行之禀也，故能悟入聖人之道。」○先生與黄宗賢書曰［三］：「近與尚謙、子莘［四］、宗明講孟子『鄉愿狂猖』一章，頗覺有所警發，相見時須更一論［五］。四方朋友來去無定［六］，中間不無切磋砥礪之益，但真有力量能擔荷得者，亦自少見。

［一］ 真有鳳凰翔于千仞之意　「翔於千仞」，蓬左本、毛本作「翱翔寥廓」。
［二］ 一克念即聖人矣　蓬左本、毛本「一」上有「特」字。
［三］ 先生與黄宗賢書曰　毛本無「黄」字。
［四］ 子莘　底本訛作「子華」，據蓬左本、毛本改。按，馬明衡，字子莘，福建莆田人。
［五］ 相見時須更一論　「更」，毛本作「與」。
［六］ 四方朋友來去無定　「來去」，毛本作「去來」。

大抵近世學者，無有必爲聖人之志，胸中有物，未得清脱耳。聞引接同志，孜孜不怠，甚善。但論議須謙虚簡明爲佳，若自處過任，而詞意重復，却恐無益而有損[一]。」○與尚謙書曰：「謂自咎罪疾，只緣輕傲二字[二]，足知用力懇切。但知輕傲處，便是良知；致此良知，除却輕傲，便是格物。得致知二字[三]，千古人品，高下真僞，一齊覷破，毫髮不容掩藏，前所論鄉愿，可熟味也。二字在虔時終日論此[四]，同志中尚多未徹。近于古本序中改數語，頗發此意，然見者往往亦不能察，今寄一紙，幸更熟味。此乃千古聖學之秘，從前儒者多不曾悟到，故其説入于支離外道而不覺也[五]。」

九月，改葬龍山公於天柱峰[六]、鄭太夫人於徐山。

[一] 却恐無益而有損　毛本「損」下有「也」字。
[二] 只緣輕傲二字　蓬左本、毛本「字」下有「累倒」二字。
[三] 得致知二字　蓬左本、毛本無「得」字，又「字」下有「是孔門正法眼藏」七字。
[四] 二字在虔時終日論此　毛本「二」上有「致知」二字。
[五] 入于支離外道而不覺也　毛本「也」下引詩：「别謙之」（原詩見卷二十次謙之韻）。
[六] 天柱峰　「柱」，底本訛作「住」，據毛本、文淵閣本改。

先生夢寐不寧，遂改葬。

十有一月，至蕭山[四]。

公相對感慨時事[七]，慰從行諸友，及時勉學，無負初志。○張元冲在舟中，問：「二氏與聖人之學，所差毫釐，謂其皆有得於性命也。但二氏於性命中着些私利，便謬千里矣。今觀二氏作用，亦

［一］既改殯郡南石泉山　毛本作「至是，欲改殯郡南石泉山」。
［二］及合葬公　毛本作「合葬公壙」。
［三］開壙有水患　毛本作「比啓土，有水患」。
［四］至蕭山　蓬左本作「都御史林俊會先生于蕭山」。
［五］見素林公自都御史致政歸　蓬左本無「自都御史」四字；毛本「見素林公」作「林見素公」。
［六］先生趨迎于蕭山宿浮峰寺　蓬左本作「先生趨蕭山迎，宿於浮峰寺」；毛本無「宿」字。
［七］公相對感慨時事　毛本無「時事」二字。

有功於吾身者[一]，不知亦須兼取否？」先生曰：「說兼取便不是。聖人盡性至命，何物不具，何待兼取？二氏之用，皆我之用，即吾盡性至命中完養此身謂之仙，即吾盡性至命中不染世累謂之佛。但後世儒者，不見聖學之全，故與二氏成二見耳。譬之廳堂三間，共爲一廳。儒者不知皆吾所用，見佛氏，則割左邊一間與之；見老氏，則割右邊一間與之；而己則自處中間，皆舉一而廢百也。聖人與天地民物同體，儒佛老莊，皆吾之用，是之謂大道；二氏自私其身，是之謂小道[二]。」

三年甲申[三]，先生五十三歲，在越[四]。

正月[五]。

[一] 亦有功於吾身者　「功」，毛本作「切」。
[二] 按，蓬左本卷四至此終。
[三] 三年甲申　蓬左本、毛本「三」上有「嘉靖」二字。
[四] 在越　蓬左本無此二字。
[五] 正月　蓬左本無此二字。

門人日進[一]。郡守南大吉以座主稱門生，然性豪曠[二]，不拘小節[三]。先生與論學有悟，乃告先生曰[四]：「大吉臨政多過，先生何無一言？」先生曰：「何過？」大吉歷數其事。先生曰：「吾言之矣。」大吉曰：「何？」曰：「吾不言，何以知之？」曰：「良知[五]。」先生曰[六]：「良知非我常言而何[七]？」大吉笑謝而去。居數日，復自數過加密，且曰[八]：「與其過後悔改，曷若預言不犯爲佳也[九]？」先生曰：「人言不如自悔之真。」大吉笑謝而去。居數日，復自

[一] 門人日進　毛本無此四字。
[二] 然性豪曠　蓬左本作「性豪邁」。
[三] 不拘小節　毛本「節」下有「不甚相信，見門人日益，心疑焉。故遣弟逢吉覘之，聞言歸，備以告。如是數日，悟曰：所學是也。始數來見」三十九字。
[四] 先生與論學有悟乃告先生曰　毛本作「且曰」。
[五] 曰良知　蓬左本作「曰良知自知之」。
[六] 先生曰　毛本作「先生笑曰」。
[七] 良知非我常言而何　蓬左本作「良知却是我言」。
[八] 且曰　蓬左本作「來告曰」。
[九] 曷若預言不犯爲佳也　蓬左本作「不若預言無犯爲佳也」；毛本無「也」字。

數過益密，且曰[一]：「身過可勉[二]，心過奈何？」先生曰：「昔鏡未開，可得藏垢，今鏡明矣，一塵之落[三]，自難住脚[四]，此正入聖之機也，勉之[五]。」於是闢稽山書院，聚八邑彦士，身率講習以督之[六]。於是蕭璆[七]、楊汝榮、楊紹芳等來自湖廣，楊仕鳴、薛宗鎧、黄夢星等來自廣東，王艮、孟源、周衝等來自直隸[八]，何秦、黄弘綱等來自南贛，劉邦采、劉文敏等來自安福，魏良政、魏良器等來自新建，曾忭來自泰和[九]。宫刹卑隘，至不能容[一〇]，蓋

[一] 且曰　蓬左本無「且」字。
[二] 身過可勉　蓬左本「可」下有「以」字；毛本「勉」作「免」。
[三] 一塵之落　毛本作「雖一塵落」。
[四] 自難住脚　「自」，毛本作「亦」。
[五] 勉之　蓬左本「之」下有「大吉謝别而去」六字。
[六] 身率講習以督之　毛本無此七字。
[七] 於是蕭璆　蓬左本「是」作「時」；毛本作「而蕭璆」。
[八] 周衝　蓬左本作「周衡」。
[九] 曾忭來自泰和　蓬左本無此六字，毛本在「劉文敏等來自安福」句之下。
[一〇] 至不能容　蓬左本「容」下有「先生臨講」四字。

環坐而聽者三百餘人[一]。先生臨之[二]，只發大學萬物同體之旨，使人各求本性，致極良知，以止於至善。功夫有得，則因方設教[三]，故人人悦其易從。〇海寧董澐[四]，號蘿石，以能詩聞於江湖[五]。年六十八，來遊會稽，聞先生講學，以杖肩其瓢笠詩卷來訪[六]。入門，長揖上坐，先生異其氣貌，禮敬之[七]，與之語連日夜[八]。澐有悟，因何秦强納拜[九]。先生與之

[一] 蓋環坐而聽者三百餘人　毛本無「坐」字。
[二] 先生臨之　蓬左本作「先生臨大衆」。
[三] 則因方設教　毛本無「則」字。
[四] 〇海寧董澐　蓬左本、毛本無「〇」符；毛本自此以下獨立爲一條，「海」上有「二月」二字大字爲綱。
[五] 以能詩聞於江湖　毛本作「以能詩聞江湖間」。
[六] 以杖肩其瓢笠詩卷來訪　毛本無「以」「其」二字。
[七] 禮敬之　毛本無「禮」字。
[八] 與之語連日夜　毛本無「之」字。
[九] 因何秦强納拜　蓬左本「因」上有「出」字；毛本作「因何秦請納拜，先生不許。歸，與其妻織一縑爲贄，復因秦來强」。

徜徉山水間[一]，澐日有聞，忻然樂而忘歸也[二]。其鄉子弟社友皆招之返，且曰：「翁老矣，何乃自苦若是？」澐曰：「吾方幸逃於苦海，憫若之自苦也，顧以吾爲苦耶？吾方揚鬐於渤澥，而振羽于雲霄之上，安能復投網罟而入樊籠乎？去矣，吾將從吾之所好。」遂自號曰從吾道人。先生爲之記。

八月[三]，宴門人于天泉橋[四]。

中秋，月白如晝[五]，先生命侍者設席于碧霞池上[六]，門人在侍者百餘人[七]。酒半酣，

[一] 先生與之徜徉山水間　蓬左本作「先生與之探禹穴，登秦望，尋蘭亭之遺迹，徜徉於雲門、若耶、鑑湖之間」。

[二] 忻然樂而忘歸也　蓬左本無「也」字。

[三] 八月　蓬左本作「八月十五日」。

[四] 宴門人于天泉橋　毛本無此七字。

[五] 中秋月白如晝　蓬左本「中秋」作「是夜」；毛本作「是年中秋夜，月色如晝」。

[六] 先生命侍者設席于碧霞池上　毛本無「于碧霞池上」五字。

[七] 門人在侍者百餘人　毛本作「款門人百餘天泉橋上」。

歌聲漸動[一]，久之，或投壺聚筭[二]，或擊鼓[三]，或泛舟[四]。先生見諸生興劇，退而作詩[五]，有「鏗然舍瑟春風裏，點也雖狂得我情」之句。明日，諸生入謝[六]。先生曰：「昔者孔子在陳[七]，思魯之狂士。世之學者，没溺于富貴聲利之場，如拘如囚[八]，而莫之省脱，及聞孔子之教，始知一切俗緣，皆非性體，乃豁然脱落。但見得此意，不加實踐以入於精微[九]，則漸有輕滅世故，闊略倫物之病[一〇]。雖比世之庸庸瑣瑣者不同，其爲未

[一] 酒半酣歌聲漸動　毛本作「酒半酣，先生退，令侍者勸飲，於是歌聲漸動」。
[二] 或投壺聚筭　「聚筭」，蓬左本作「或聚筭」；毛本作「或聚骰」。
[三] 或擊鼓　蓬左本「鼓」下有「或催花」三字。
[四] 或泛舟　蓬左本「舟」下有「碧霞池中」四字；毛本「舟」下有「盡興而罷」四字。
[五] 先生見諸生興劇退而作詩　蓬左本「退而作詩」作「自退密室作詩」；毛本作「先生旁覩悦之」。
[六] 諸生入謝　蓬左本作「諸生進見謝過」。
[七] 昔者孔子在陳　「者」，毛本作「日」。
[八] 没溺于富貴聲利之場如拘如囚　蓬左本、毛本作「没溺于富貴聲利嗜慾之場，如拘如囚，自投枷鎖」。
[九] 不加實踐以入於精微　蓬左本、毛本作「不加躬修實踐以日入於精微」。
[一〇] 則漸有輕滅世故闊略倫物之病　蓬左本、毛本「漸」作「便」，又毛本「物」作「理」。

得於道一也[一]。故孔子在陳[二]，思歸以裁之，使入於道耳[三]。諸君講學[四]，但患未得此意。今幸見此，正好精詣力造，以求至於道[五]，無以一見自足，而終止於狂也[六]。」

〇是月，舒柏有敬畏累灑落之問，劉侯有入山養静之問[七]。先生曰：「君子之所謂敬畏者[八]，非恐懼憂患之謂也[九]，戒慎不睹[一〇]，恐懼不聞之謂耳。君子之所謂灑落者[一一]，非曠蕩放逸

[一]　其爲未得於道一也　「其爲」，蓬左本、毛本作「然其過中失正」。
[二]　故孔子在陳　蓬左本「陳」下有「之思」二字。
[三]　思歸以裁之使入於道耳　毛本作「思歸裁以進之」。
[四]　諸君講學　蓬左本、毛本作「今諸君在此講學」。
[五]　今幸見此正好精詣力造以求至於道　毛本作「今幸有見，正好精詣力造，求志於道」。
[六]　而終止於狂也　毛本作「終止於狂可也」。
[七]　〇是月……劉侯有入山養静之問　蓬左本「〇」符下有「按」字；毛本此二十一字未加線框。
[八]　君子之所謂敬畏者　毛本作「君子之敬畏」。
[九]　非恐懼憂患之謂也　蓬左本、毛本「非」下有「有所」二字。
[一〇]　戒慎不睹　蓬左本「戒」上有「乃」字；毛本作「乃戒謹不睹」。
[一一]　君子之所謂灑落者　毛本作「君子之灑落」。

之謂也[一]，乃其心體不累於欲，無入而不自得之謂耳。夫心之本體，即天理也。天理之昭明靈覺，所謂良知也。君子戒懼之功[二]，無時或間，則天理常存，而其昭明靈覺之本體，自無所昏蔽[三]，自無所牽擾[四]，自無所歉餒愧怍[五]，動容周旋而中禮，從心所欲而不踰，斯乃所謂真灑落矣[六]。是灑落生於天理之常存，天理常存生於戒慎恐懼之無間，孰謂敬畏之心反爲灑落累耶[七]？」謂劉侯曰：「君子養心之學，如良醫治病，隨其虛實寒熱而斟酌補泄之，要在去病而已。初無一定之方，必使人人服之也。若專欲入坐窮山，絶世故，屏思慮，則恐既

[一] 非曠蕩放逸之謂也　蓬左本、毛本「逸」下有「縱情肆意」四字。

[二] 君子戒懼之功　蓬左本、毛本作「君子之戒慎恐懼，惟恐其（毛本無「其」字）昭明靈覺者，或有所昏昧放逸，流於非僻邪妄，而失其本體之正耳（毛本無「而」「其」二字），戒慎恐懼之功」。

[三] 自無所昏蔽　蓬左本、毛本作「無所虧蔽」。

[四] 自無所牽擾　蓬左本、毛本無「自」字，又「擾」下有「無所意必固我」六字。

[五] 自無所歉餒愧怍　蓬左本、毛本無「自」字，又「怍」下有「和融瑩徹，充塞流行」八字。

[六] 斯乃所謂真灑落矣　「矣」，毛本作「也」。

[七] 孰謂敬畏之心反爲灑落累耶　蓬左本作「孰謂敬畏之增乃反爲灑落之累耶」；毛本作「孰謂敬畏之增乃爲灑落累耶」。

已養成空寂之性，雖欲勿流於空寂，不可得矣[一]。」○論聖學無妨于舉業[二]。德洪攜二弟德

[一] 謂劉侯曰……不可得矣　蓬左本、毛本作「謂（毛本無「謂」字）劉侯入坐窮山，絶世故，屏思慮，養吾靈明，通晝夜而不息，然後以無情應世故。且云：於静中求之，以（毛本作「似」）爲徑直，但（毛本作「切」）勿流於空寂而已。觀前後所論，皆不爲無見。但爲學如良醫治病，隨其疾之虚實寒熱，而斟酌補泄之。要在去病而已，初無一定之方，必使人人服之也。君子養心之學，亦自量其受病之（毛本無「之」字）深淺，而斟酌爲之耳。但專欲絶世故，屏思慮，偏於虚静，則恐既已養成空寂之性，雖欲勿流於空寂，不可得矣。大抵治病雖無一定之方，而以去病爲主，則是一定之法。若但知隨病用藥，而不知因藥發病，其失一而已矣」。（原文見卷五與劉元道）。毛本又下録遺言遺事：「○又嘗見學者持守大堅，了無生意。問曰：『吾見諸生數日，得無差却宗指乎？』諸生曰：『先生嘗言不睹不聞是本體，戒慎恐懼是工夫，以此工夫，守此本體，未嘗敢錯。』先生曰：『今見得正不然。不睹不聞是工夫，戒慎恐懼是本體。』於是争論數日不决，久之，先生乃解曰：『不睹不聞若非工夫，安得逼真？戒慎恐懼若非本體，安得無意？故吾嘗言：合得本體，便是工夫；做得工夫，纔是本體。』一時聞者無不灑然。○一日，先生入寺訪黄宏綱、魏良器、良政。一道者在旁打坐，聞語起立。先生與二人問答移時，迨暮乃去，未嘗一目道者。王畿素善良器，嘗以妨誤舉業病之。良器多方誘勸，務俾轉移，竟與同門。後良器卒，畿語及必下涕。」

[二] ○論聖學無妨于舉業　蓬左本作「○是月，論聖賢之學無妨于舉業」；毛本無此八字，又下「德洪攜二弟」云云，毛本在上文「二月，海寧董澐」條之下。

周、仲實讀書城南[一]，洪父心漁翁往視之[二]，魏良政、魏良器輩與遊禹穴諸勝[三]，十日忘返[四]。問曰[五]：「承諸君相携日久，得無妨課業乎？」答曰[六]：「吾舉子業無時不習。」家君曰：「固知心學可以觸類而通，然朱説亦須理會否[七]？」二子曰：「以吾良知求晦翁之

[一] 德洪携二弟德周仲實讀書城南　蓬左本作「德洪與先生仲弟守文，讀書於城南之謝墅，携二弟德周仲實來越」；毛本作「德洪携二弟仲冕、仲實，與先生仲弟守文，讀書城南之謝墅」。

[二] 洪父心漁翁往視之　蓬左本作「是秋，家君心漁公往視之」；毛本無此八字。

[三] 魏良政魏良器輩與遊禹穴諸勝　蓬左本作「魏良政、魏良器輩相携遊南鎮、禹穴、陽明諸洞天」；毛本作「已而魏良器輩與遊禹穴諸勝」。

[四] 十日忘返　蓬左本「返」下有「家君三歲雙瞽，性雅好山水，隨地賦詩，登高擇勝，頓忘其歸也」二十四字；毛本「返」下有「德洪父心漁翁疑妨舉業」十字。

[五] 問曰　蓬左本作「家君問曰」。

[六] 答曰　蓬左本作「二子對曰」。

[七] 固知心學可以觸類而通然朱説亦須理會否　蓬左本作「固知學求心得，可通衆理，然舉業從朱説，亦須理會否」；毛本無「問曰承諸君相携日久……然朱説亦須理會否」四十六字。

説[一]，譬之打蛇得七寸矣[二]，又何憂不得耶[三]？」家君疑未釋，進問先生[四]。先生曰：「豈特無妨，乃大益耳[五]。學聖賢者，譬之治家，其産業第宅、服食器物，皆所自置[六]。欲請客，出其所有以享之；客去，其物具在，還以自享，終身用之無窮也。今之爲舉業者，譬之治家，不務居積，專以假貸爲功[七]。欲請客，自廳事以至供具百物，莫不遍借。客幸而來，則諸貸之物，一時豐裕可觀；客去，則盡以還人，一物非所有也[八]。若請客不至，則時過氣衰，

[一] 以吾良知求晦翁之説　蓬左本作「吾學明良知，晦翁之説」；毛本作「講學以求晦翁之説」。
[二] 譬之打蛇得七寸矣　毛本作「譬打蛇尋七寸也」。
[三] 又何憂不得耶　毛本作「翁何憂」。
[四] 家君疑未釋進問先生　蓬左本作「家君聞之，進問先生曰：聖賢之學，果無妨舉業乎」；毛本作「疑不釋，以問先生曰：聖賢之學，果無妨舉業乎」。
[五] 乃大益耳　蓬左本「耳」下有「請問，曰」三字；毛本「耳」下有「請問焉，曰」四字。
[六] 皆所自置　蓬左本、毛本「置」下有「而自享用」四字。
[七] 專以假貸爲功　「功」，蓬左本作「能事」。
[八] 一物非所有也　毛本作「一物非其所有」。

借貸亦不備[一]，終身奔勞，作一窶人而已。是求無益於得，求在外也[二]。」明年乙酉大比，稽山書院錢楩與魏良政並發解江、浙[三]。家君聞之[四]，笑曰：「打蛇得七寸矣[五]。」○是

[一] 借貸亦不備 蓬左本「備」下有「矣」字；毛本「亦」下有「須」字。

[二] 求在外也 蓬左本「也」下有「家君深以爲然，初至越，尚疑二弟棄舉業，及歸□鄉中父老，教子弟須使聞道，以務求□得，若徒慕富貴，志亦未矣」四十四字。

[三] 並發解江浙 蓬左本作「並發江浙省元」。

[四] 家君聞之 毛本作「翁聞之」。

[五] 打蛇得七寸矣 蓬左本「矣」下有「後季弟與諸姪亦相繼科第」十一字；毛本「矣」下有「後仲實與諸姪竟相繼登第」十一字，又下有「四月」條：「紹興名其涖政之堂曰親民。先生記之，略曰：至善也者，明德親民之極（中略）夫然後能以天地萬物爲一體（原文見卷七親民堂記）。○先生答陸澄書有曰：妄心則動也（中略）非至誠無息之學矣。又曰：良知者，心之本體（中略）非其本體之謂也。又曰：精一之精以理言（中略）然作聖之功，實亦不外此。又曰：良知，一也（中略）亦非有二也。又曰：未發之中，即良知也（中略）非可以言語窮也。又曰：照心非動者（中略）不貳則不息矣。又曰：樂是心之本體（中略）猶是未免騎驢覓驢之蔽也。又曰：聖人致知之功（中略）有不待於問辨者矣（原文見卷二傳習録中）。○答周道通書有曰：生之謂性（中略）原無性氣之可分也」云云（原文見卷二傳習録中）。

時大禮議起，先生夜坐碧霞池[一]，有詩曰[二]：「一雨秋凉入夜新，池邊孤月倍精神。潛魚水底傳心訣，棲鳥枝頭説道真。莫謂天機非嗜慾，須知萬物是吾身[三]。無端禮樂紛紛議，誰與青天掃宿塵[四]？」又曰：「獨坐秋庭月色新，乾坤何處更閒人。高歌度與清風去，幽意自隨流水春。千聖本無心外訣，六經須拂鏡中塵。却憐擾擾周公夢，未及惺惺陋巷貧。」蓋有感時事，二詩已示其微矣[五]。四月，服闋，朝中屢疏引薦。霍兀崖、席元山、黄宗賢、黄宗明，先後

[一] 先生夜坐碧霞池　毛本「池」下有「上」字。
[二] 是時大禮議起先生夜坐碧霞池有詩曰　蓬左本作「碧霞池夜坐詩曰」（七字加黑底框）。
[三] 須知萬物是吾身　「是」，毛本作「本」。
[四] 誰與青天掃宿塵　「宿」，國圖本、天圖本、叢刊本、文淵閣本、摛藻堂本作「舊」。
[五] 蓋有感時事二詩已示其微矣　蓬左本作「時朝臣議大禮，紛紛不决。先生曰：皇上大孝尊親，正宜將順擴充，以孝治天下。此一大机會也，顧乃多議紛紛，以阻遏之，何也？議禮不本于至情，徒泥已往之陳迹，是亦青天之宿塵耳。又曰：後世學術不明，非特邪説誣民，雖六經聖言，不得於心，徒以其詞，亦鏡中之塵耳。先生有感時事，二詩已示其微矣」；毛本作「蓋已示其微矣」。

皆以大禮問[一]，竟不答[二]。

十月，門人南大吉續刻傳習録。

傳習録，薛侃首刻於虔，凡三卷。至是年，大吉取先生論學書，復增五卷，續刻於越[三]。

四年乙酉，先生五十四歲，在越[四]。

正月，夫人諸氏卒。四月，祔葬于徐山[五]。

[一] 先後皆以大禮問　蓬左本、毛本無「大」字。

[二] 竟不答　毛本此下有「九月」條，下引詩：「秋聲」（原詩見卷二十）。

[三] 續刻於越　毛本「越」下引文并録遺事：「逢吉有疑於博約先後之訓，先生曰：理一而已矣（中略）亦寧有二學乎哉（原文見卷七博約説）。〇在越數年，門人日進，上自縉紳，下自藝術，莫不畢聚。每入見，各以類從，不相混雜。有疑問者，謂之曰：如此，彼此心安，不至動氣耳。〇示諸生（爾身各各自天真）（原詩見卷二十）」。按，毛本卷中至此終。

[四] 在越　蓬左本無此二字。

[五] 祔葬于徐山　毛本無「于」字。

是月，作稽山書院尊經閣記。略曰[一]：「聖人之扶人極[二]，憂後世，而述六經也，猶之富家者之父祖，慮其産業庫藏之積，其子孫者或至於遺亡失散[三]，卒困窮而無以自全也，而記籍其家之所有以貽之，使之世守其産業庫藏之積而享用焉，以免於困窮之患。故六經者，吾心之記籍也。而六經之實則具於吾心，猶之産業庫藏之實，種種色色，具存於其家，其記籍者，特名狀數目而已。而世之學者，不知求六經之實於吾心，而徒考索於影響之間，牽制於文義之末，硜硜然以爲是六經矣。是猶富家之子孫，不務守成規，享用其産業庫藏之實積，日遺忘散失，至於窶人丐夫，而猶囂囂然指其記籍曰：『斯吾産業庫藏之積也。』何以異於是[四]？」○按，

[一] 是月作稽山書院尊經閣記略曰　蓬左本作「作稽山書院尊經閣記（九字爲大字），記曰」，又「曰」下有「經常道也（中略）所以尊春秋也」云云（原文見卷七）；毛本作「稽山書院建尊經閣，先生記略曰」（十三字未加線框）。

[二] 聖人之扶人極　蓬左本「聖」上有「蓋昔者」三字；毛本「聖」上有「昔者」二字。

[三] 或至於遺亡失散　「失散」，蓬左本、毛本作「散失」。

[四] 何以異於是　蓬左本「是」下有「嗚呼（中略）寧復知所以爲尊經也乎」云云；毛本「是」下有「○山陰重修縣學，先生記略曰：夫聖人之學（中略）而可以謂之禪乎哉」云云（原文見卷七重修山陰縣學記）。

是年，南大吉匾蒞政之堂曰「親民堂」，山陰知縣吴嬴重修縣學[一]，提學僉事萬潮與監察御史潘倣拓新萬松書院於省城南，取試士之未盡録者廩餼之，咸以記請，先生皆爲作記[二]。

六月，禮部尚書席書薦。

先生服闋，例應起復[三]，御史石金等交章論薦，皆不報。尚書席書爲疏特薦曰[四]：「生在臣前者見一人，曰楊一清；生在臣後者見一人，曰王守仁。」且使親領誥券[五]，趨闕謝恩。於是楊一清入閣辦事。明年，有領券謝恩之召[六]，尋不果。

[一] 吴嬴 重修山陰縣學記作「吴瀛」。

[二] ○按是年……先生皆爲作記 蓬左本作「○按，是年作四大記，南大吉築尊經閣於稽山書院，匾蒞政之堂曰親民堂，又使山陰知縣吴嬴重修縣學，皆以記請。提學僉事萬潮淬礪兩浙之士，使來越問學。秋試後，與監察御史潘倣，拓新萬松書院於省城之南，取試士之録而未盡者，廩餼於書院，師聯之，亦以記請。先生皆爲作記，記見文録」；毛本無此條。

[三] 先生服闋例應起復 毛本無此八字。

[四] 尚書席書爲疏特薦曰 毛本無「爲疏」二字。

[五] 且使親領誥券 「使」，毛本作「欲」。

[六] 有領券謝恩之召 毛本「有」上有「先生」二字。

九月，歸姚省墓[一]。

先生歸，定會于龍泉寺之中天閣[二]，每月以朔望、初八、廿三爲期[三]。書壁以勉諸生曰[四]：「雖有天下易生之物，一日暴之，十日寒之，未有能生者也。承諸君之不鄙，每予來歸，咸集於此，以問學爲事，甚盛意也。然不能旬日之留，而旬日之間，又不過三四會。一别之後，輒復離群索居，不相見者，動經年歲，然則豈惟十日之寒而已乎？若是而求萌蘖之暢茂條達，不可得矣。故予切望諸君，勿以予之去留爲聚散，或五六日、八九日，雖有俗事相妨，亦須破冗一會於此。務在誘掖獎勸，砥礪切磋，使道德仁義之習日親日近，則勢利紛華之染亦日遠日疎[五]，所謂相觀而善，百工居肆以成其事者也。相會之時，尤須虚心遜志，相親相敬。大抵朋友之交，以相下爲益。或議論未合，要在從容涵育，相感以誠[六]，不得動氣求勝，長傲遂

[一] 歸姚省墓　蓬左本「墓」下有「集門人於中天閣」七字。
[二] 先生歸定會于龍泉寺之中天閣　蓬左本、毛本無此十三字。
[三] 每月以朔望初八廿三爲期　蓬左本、毛本此十一字在引文之末「亦無益矣」之下。
[四] 書壁以勉諸生曰　蓬左本作「先生書龍泉寺閣壁以勉諸生曰」；毛本略同，惟「閣」上有「中天」二字。
[五] 則勢利紛華之染　「勢」，毛本作「世」。
[六] 相感以誠　「誠」，底本訛作「成」，據蓬左本、毛本改。

非。務在默而成之，不言而信。其或矜己之長，攻人之短，麄心浮氣，矯以沽名，訐以爲直，挾勝心而行憤嫉，以圮族敗群爲志，則雖日講時習於此，亦無益矣[一]。」○答顧東橋璘書有曰[二]：「朱子所謂格物云者[三]，是以吾心而求理於事事物物之中[四]，如求孝子之理於其親之謂也[五]。求孝之理，果在於吾之心耶？抑果在於親之身耶？假而果在於親之身，而親没之後，吾心遂無孝之理與？見孺子之入井，必有惻隱之理，是惻隱之理，果在孺子之身與？抑在於吾

[一] 亦無益矣　蓬左本、毛本「矣」下有「諸君念之念之。會日，每月以朔望、初八、廿（毛本作「二十」）三爲期」等字。

[二] ○答顧東橋璘書有曰　蓬左本「答顧東橋璘書」六字加黑底框，「曰」下隱括原書：「吾子洞見時弊如此，亦將何以救之？誠意之説，自是聖門教人用功第一義。近世學者乃作第二義看，故稍與提掇緊要，非鄙人所能特倡也。格致誠正，就學者本心，日用事爲間，體究踐履，實地用功，本與空虚頓悟之説相反。學者有必爲聖人之志，不泥成説，則一語之下，自當瞭然矣」（原文見卷二傳習録中）。

[三] 朱子所謂格物云者　蓬左本、毛本「者」下有「在即物而窮其理，即物窮理，是就事事物物上求其所謂定理者也」二十六字。

[四] 是以吾心而求理於事事物物之中　蓬左本、毛本「中」下有「析心與理而爲二矣，夫求理於事事物物者」十七字。

[五] 如求孝子之理於其親之謂也　蓬左本、毛本無「子」字。

身之良知與[一]？以是例之，萬事萬物之理莫不皆然，是可以見析心與理爲二之非矣[二]。若鄙人所謂致知格物者，致吾心之良知於事事物物也。吾心之良知，即所謂天理也。致吾心之天理於事事物物，則事事物物皆得其理矣。故曰致吾心之良知者[三]，致知也；事事物物皆得其理者，格物也；是合心與理而爲一者也。合心與理而爲一，則凡區區前之所云，與朱子晚年之論，皆可不言而喻矣。」又曰[四]：「心者，身之主也，而心之虚靈明覺，即所謂本然良知也[五]。其虚靈明覺之良知，應感而動者謂之意，有知而後有意，無知則無意矣，知非意之體乎？意之所用，必有其物，物即事也。如意用於事親，即事親爲一物；意用於治民，則治民爲一物[六]；

[一] 抑在於吾身之良知與　蓬左本、毛本「身」作「心」，又「與」下二本并有「其或不可以從之於井歟（中略）抑果出於吾心之良知歟」云云。
[二] 是可以見析心與理爲二之非矣　蓬左本「矣」下有「夫析心與理而爲二（中略）尚猶以爲不可與」云云；毛本作「是可以知夫析心與理爲二（中略）尚猶以爲不可歟」云云。
[三] 故曰致吾心之良知者　蓬左本、毛本無「故曰」二字。
[四] 又曰　蓬左本、毛本「曰」下有「區區論致知格物（中略）而亦有是弊哉」云云。
[五] 即所謂本然良知也　毛本「然」下有「之」字。
[六] 則治民爲一物　「則」，毛本作「即」。

意用於讀書，即讀書爲一物；意用於聽訟，即聽訟爲一物。凡意之所在，無有無物者，有是意即有是物，無是意即無是物，物非意之用乎？『格』字之義，有以『至』字訓者。如『格于文祖』，必純孝誠敬，幽明之間，無一不得其理，而後謂之格；有苗之頑，實文德誕敷而後格，則亦兼有『正』字之義在其間，未可專以『至』字盡之也。如『格其非心』、『大臣格君心之非』之類，是則一皆正其不正，以歸於正之義，而不可以『至』字爲訓矣。且大學『格物』之訓，又安知不以『正』字爲義乎[一]？如以『至』字爲義者，必曰『窮至事物之理』而後其説始通，是其用功之要，全在一『窮』字；用力之地，全在一『理』字也。若上去一『窮』字，下去一『理』字，而直曰『致知在至物』，其可通乎？夫『窮理盡性』，聖人之成訓，見於繫辭者也。苟格物之説而果即窮理之義，則聖人何不直曰『致知在窮理』，而必爲此轉折不完之語，以啓後世之弊耶？蓋大學『格物』之説，自與繫辭『窮理』大旨雖同，而微有分辯。窮理者，兼格致誠正而爲功也，故言窮理，則格致誠正之功皆在其中；言格物，則必兼舉致知、誠意、正心，而後其功始備而密。今偏舉格物而遂謂之窮理，此非惟不得格物之旨[二]，并窮理之義

[一] 又安知不以正字爲義乎　毛本「知」下有「其」字。

[二] 此非惟不得格物之旨　蓬左本、毛本「此」下有「所以專以窮理屬知，而謂格物未嘗有行」十六字。

而失之矣[一]。」其末繼以拔本塞源之論，其略曰：「聖人之心[二]，視天下之人[三]，無内外遠近，凡有血氣，皆其昆弟赤子之親，莫不安全而教養之，以遂其萬物一體之念。天下之人心，其始亦非有異於聖人也。特其間於有我之私，隔於物欲之蔽，大者以小，通者以塞[四]，甚有視其父子兄弟如仇讐者[五]。聖人有憂之，是以推其天地萬物一體之仁，以教天下，使之皆有以克其私、去其蔽，以復其心體之同然。其教之大端，則堯、舜、禹之相授受，所謂『道心惟微[六]，惟精惟一，允執厥中』，而其節目，則舜之命契，所謂『父子有親，君臣有義，夫婦有别，長幼有序，朋友有信』五者而已[七]。當是之時，人無異見，家無異習，安此者謂之聖，

[一] 并窮理之義而失之矣　蓬左本、毛本「矣」下有「此後世之學（中略）不爲過矣」云云。
[二] 聖人之心　蓬左本、毛本作「夫聖人之心，以天地萬物爲一體」。
[三] 視天下之人　蓬左本、毛本「視」上有「其」字。
[四] 通者以塞　蓬左本、毛本「塞」下有「人各有心」四字。
[五] 甚有視其父子兄弟如仇讐者　「甚」，蓬左本、毛本作「至」。
[六] 所謂道心惟微　毛本「謂」下有「人心惟危」四字，而「人心惟危道心惟微」小字占四字格，或經改刻。
[七] 五者而已　蓬左本、毛本「已」下有「唐虞三代之世，教者惟以此爲教，而學者惟以此爲學」二十一字。

勉此者謂之賢，而背此者，雖啓明如朱[一]，亦謂之不肖。下至閭井田野農工商賈之賤[二]，莫不皆有是學，而惟以成其德行爲務。何者？無有聞見之雜，記誦之煩，辭章之靡濫，功利之馳逐，而但使之孝其親，弟其長，信其朋友，以復其心體之同然[三]，則人亦孰不能之乎？學校之中，惟以成德爲事[四]，有長於禮樂[五]，長於政教，長於水土播植者，則就其成德，而因使益精其能[六]。迨夫舉德而任，則用之者惟知同心一德[七]，以共安天下之民，視才之稱否，而不以崇卑爲輕重[八]。效用者亦惟知同心一德，以共安天下之民，苟當其能，則終身安於卑瑣而不以

[一] 雖啓明如朱　蓬左本、毛本「雖」下有「其」字。
[二] 農工商賈之賤　「工」，毛本作「夫」。
[三] 以復其心體之同然　蓬左本、毛本「然」下有「是蓋性分之所固有，而非有假於外者」十五字。
[四] 惟以成德爲事　蓬左本、毛本「事」下有「而才能之異」五字。
[五] 有長於禮樂　蓬左本、毛本「有」上有「或」字。
[六] 因使益精其能　蓬左本、毛本「能」下有「於學校之中」五字。
[七] 則用之者惟知同心一德　蓬左本、毛本「則」下有「使之終身居其職而不易」十字。
[八] 而不以崇卑爲輕重　蓬左本、毛本「重」下有「勞逸爲美惡」五字。

爲賤[一]。當是時[二]，才質之下者[三]，則安其農工商賈之分，各勤其業，以相生相養，而無有乎希高慕外之心。才能之異[四]，若臯、夔、稷、契者，則出而各效其能[五]。或營衣食，或通有無，或備器用[六]，集謀并力，以求遂其仰事俯育之願[七]。譬之一身[八]，目不耻其無聰，而耳之所涉，目必營焉；足不耻其無執，而手之所探，足必前焉。蓋其元氣充周，血脉條暢，是以痒痾呼吸，感觸神應，有不言而喻之妙。此聖人之學，所以惟在復心體之同然[九]，而知

[一] 則終身安於卑瑣而不以爲賤　蓬左本、毛本「身」下有「處於煩劇而不以爲勞」九字。
[二] 當是時　蓬左本、毛本作「當是之時，熙熙皥皥，皆相視如一家之親」。
[三] 才質之下者　蓬左本、毛本「才」上有「其」字。
[四] 才能之異　蓬左本、毛本「才」上有「其」字。
[五] 則出而各效其能　蓬左本、毛本「能」下有「若一家之務」五字。
[六] 或營衣食或通有無或備器用　蓬左本、毛本作「或營其衣食，或通其有無，或備其器用」。
[七] 以求遂其仰事俯育之願　蓬左本、毛本「願」下有「惟恐當其事者之或怠（中略）物我之間」云云。
[八] 譬之一身　蓬左本、毛本作「譬之一人之身，目視耳聽，手持足行，以濟一身之用」。
[九] 所以惟在復心體之同然　蓬左本、毛本「以」下有「至易至簡，易知易從，學易能而才易成者，正以大端」二十字。

識技能非所以與論也[一]。三代以降[二]，教者不復以此爲教，而學者不復以此爲學。霸者之徒，竊取先王之近似者，假之於外，以内濟其私[三]，天下靡然宗之[四]，聖人之道遂以蕪塞[五]。世之儒者慨然悲傷，蒐獵先聖王之典章法制，而掇拾修補於煨燼之餘[六]，聖學之門墻遂不復可觀[七]。於是乎有訓詁之學，而傳之以爲名；有記誦之學，而言之以爲博；有詞章之學，而侈之以爲麗[八]。相矜以知，相軋以勢，相爭以利，相高以技能，相取以聲譽。其出而仕也，理錢穀者則欲并夫兵刑，典禮樂者又欲與於銓軸，處郡縣則思藩臬之高，居臺諫則望宰執之要。

[一] 非所以與論也　蓬左本、毛本無「以」字。
[二] 三代以降　蓬左本、毛本作「三代之衰，王道熄而伯術焻，孔孟既没，聖學晦而邪説横」。
[三] 以内濟其私　蓬左本、毛本作「以内濟其私己之欲」。
[四] 天下靡然宗之　蓬左本、毛本「然」下有「而」字。
[五] 遂以蕪塞　蓬左本、毛本「塞」下有「相倣相效（中略）亦有所不能行矣」云云。
[六] 而掇拾修補於煨燼之餘　蓬左本、毛本「餘」下有「蓋其爲心（中略）僅足以增霸者之藩籬」云云。
[七] 聖學之門墻遂不復可觀　蓬左本、毛本作「而聖學之門墻遂不復可覩」；「不復可觀」，國圖本、天圖本、叢刊本、文淵閣本、摛藻堂本作「不可復觀」。
[八] 而侈之以爲麗　蓬左本、毛本「麗」下有「若是者紛紛籍籍（中略）幾千年矣」云云。

故不能其事，則不得以兼其官；不通其説，則不可以要其譽。記誦之廣，適以長其敖也；知識之多，適以行其惡也；聞見之博，適以肆其辯也；辭章之富，適以飾其僞也[一]。嗚呼！以若是之積染，以若是之心志，而又講之以若是之學術，宜其聞吾聖人之教[二]，而視之以爲贅疣枘鑿矣[三]。非豪傑之士[四]，無所待而興者，吾誰與望乎？」

十月，立陽明書院於越城[五]。

門人爲之也[六]。書院在越城西郭門内光相橋之東[七]。後十二年丁酉[八]，巡按御史門人周汝

[一] 適以飾其僞也　蓬左本、毛本「也」下有「是以皋夔稷契所不能兼之事（中略）而滿其欲也」云云。
[二] 宜其聞吾聖人之教　「教」，毛本作「學」。
[三] 而視之以爲贅疣枘鑿矣　蓬左本、毛本無「矣」字，又「鑿」下有「則以其良知爲未足（中略）而有所不可禦者矣」云云。
[四] 非豪傑之士　蓬左本、毛本「非」下有「夫」字。
[五] 立陽明書院於越城　蓬左本「立」上有「門人」二字。
[六] 門人爲之也　蓬左本無此五字。
[七] 光相橋之東　「東」，毛本作「西」。
[八] 後十二年丁酉　蓬左本作「後六年辛卯」。

員建祠於樓前，匾曰「陽明先生祠」。

五年丙戌，先生五十五歲，在越[一]。

三月，與鄒守益書[二]。

守益謫判廣德州，築復古書院以集生徒，刻諭俗禮要以風民俗。書至，先生復書贊之曰[三]：「古之禮存於世者[四]，老師宿儒，當年不能窮其説，世之人苦其煩且難，遂皆廢置而不行。故今之爲人上，而欲導民於禮者，非詳且備之爲難，惟簡切明白，而使人易行之爲貴耳。中間如四代位次及祔祭之類，向時欲稍改以從俗者[五]，今皆斟酌爲之，於人情甚協。蓋天下古今之人，其情一而已矣。先王制禮，皆因人情而爲之節文，是以行之萬世而皆準。其或反之吾心

[一] 在越　蓬左本無此二字。

[二] 三月與鄒守益書　蓬左本「與」下有「門人」二字；毛本作「正月」，無「與鄒守益書」五字。

[三] 先生復書贊之曰　蓬左本、毛本「曰」下有「禮要宗文公家禮（中略）未肯汲汲爲此也」云云（原文見卷六寄鄒謙之二）。

[四] 古之禮存於世者　「之禮」，蓬左本、毛本作「禮之」。

[五] 向時欲稍改以從俗者　蓬左本、毛本「向」上有「固區區」三字。

而有所未安者，非其傳記之訛闕，則必古今風氣習俗之異宜者矣。此雖先王未之有，亦可以義起，三王之所以不相襲禮也[一]。後世心學不講，人失其情，難乎與之言禮。然良知之在人心，則萬古如一日，苟順吾心之良知以致之，則所謂『不知足而爲屨，我知其不爲蕢矣』。非天子不議禮制度，今之爲此，非以議禮爲也[二]。徒以末世廢禮之極，聊爲之兆以興起之[三]，故特爲此簡易之説[四]，欲使之易知易從焉耳。冠婚喪祭之外，附以鄉約，其於民俗亦甚有補。至於射禮，似宜别爲一書，以教學者，而非所以求諭於俗。今以附於其間，却恐民間以非所常行，視爲不切，又見其説之難曉，遂并其冠婚喪祭之易曉者而棄之也[五]。文公家禮所以不及於射，或亦此意也與？」○按，祠堂位祔之制[六]。或問：「文公家禮，高曾祖禰之位皆西上，以次而東，

[一] 三王之所以不相襲禮也　蓬左本「也」下有「若徒拘泥於古（中略）而習不察者矣」云云。
[二] 非以議禮爲也　「議」，底本訛作「義」，據蓬左本改。
[三] 天下古今之人……聊爲之兆以興起之　毛本無此一七八字。
[四] 故特爲此簡易之説　毛本無「故」字。
[五] 遂并其冠婚喪祭之易曉者而棄之也　毛本無「其」字。
[六] 按祠堂位祔之制　蓬左本作「按徐愛録祠堂位祔之制」；毛本作「徐愛録祠堂位祔之制」（九字不加線框）。

於心切有未安。」先生曰[一]：「古者廟門皆南向，主皆東向。合祭之時，昭之遷主列於北牖，穆之遷主列於南牖，皆統於太祖東向之尊，是故西上以次而東。今祠堂之制既異於古，而又無太祖東向之統，則西上之説，誠有所未安。」曰：「然則今當何如？」曰：「禮以時爲大。若事死如事生，則宜以高祖南向，而曾祖禰東西分列，席皆稍降而弗正對，似於人心爲安。曾見浦江之祭，四代考妣皆異席，高考妣南向，曾祖禰考皆西向，妣皆東向，各依世次，稍退半席。其於男女之别，尊卑之等，兩得其宜[二]。但恐民間廳事多淺隘，而器物亦有所不備，則不能以通行耳。」又問：「無後者之祔，於己之子姪，固可下列矣。若在高曾之行，宜何如祔？」先生曰：「古者大夫三廟，不及其高矣；適士二廟，不及其曾矣。今民間得祀高曾，蓋亦體順人情之至，例以古制，則既爲僭，況在行之無後者乎[三]？古者士大夫無子[四]，則爲之置後，無後者鮮矣。後世人情偷薄，始有棄貧賤而不嗣者。古所謂無後，皆殤子之類耳。祭法：王下

[一] 先生曰　蓬左本、毛本作「陽明子曰」，下文仿此。
[二] 兩得其宜　蓬左本、毛本「宜」下有「今吾家亦如此行」七字。
[三] 況在行之無後者乎　蓬左本、毛本「在」下有「其」字。
[四] 古者士大夫無子　毛本無「大」字。

祭殤五，適子、適孫、適曾孫、適玄孫、適來孫，諸侯下祭三，大夫二，適士及庶人祭子而止，則無後之祔，皆子孫屬也。今民間既得假四代之祀，以義起之，雖及弟姪可矣。往年湖湘一士人家，有曾伯祖與堂叔祖，皆賢而無後者，欲爲立嗣，則族衆不可；欲弗祀，則思其賢有所不忍[一]。以問於某[二]，某曰：不祀二三十年矣，而追爲之嗣[三]，勢有所不行矣。若在士大夫家，自可依古族厲之義，於春秋二社之次，特設一祭，凡族之無後而親者，各以昭穆之次配祔之，於義亦可也[四]。」

四月，復南大吉書[五]。

[一] 有所不忍　蓬左本、毛本「忍」下有「也」字。
[二] 以問於某　「問」，國圖本、天圖本、叢刊本、文淵閣本、摛藻堂本訛作「聞」。
[三] 而追爲之嗣　「嗣」，國圖本、天圖本、叢刊本、文淵閣本、摛藻堂本作「祀」。
[四] 於義亦可也　毛本「也」下引文：「〇答友人問學，有曰：知之真切篤實處便是行（中略）心體亦原是如此（原文見卷六答友人問）。〇别諸生」（原詩見卷二十）。
[五] 復南大吉書　蓬左本「復」下有「門人」二字；毛本無此五字。

大吉入覲，見黜於時[一]，致書先生[二]，千數百言，勤勤懇懇，惟以得聞道爲喜，急問學爲事，恐卒不得爲聖人爲憂，略無一字及於得喪榮辱之間[三]。先生讀之歎曰：「此非真有朝聞夕死之志者，未易以涉斯境也[四]。」于是復書曰[五]：「世之高抗通脱之士，捐富貴利害[六]，棄爵禄，決然長往而不顧者[七]，亦皆有之。彼其或從好於外道詭異之説，投情於詩酒山水技藝之樂，又或奮發於意氣[八]，牽溺於嗜好，有待於物以相勝，是以去彼取此而後能。及其所之既倦，意衡心鬱，情隨事移，則憂愁悲苦隨之而作。果能捐富貴，輕利害，棄爵禄，快然終身，

[一] 見黜於時　毛本作「被黜」。
[二] 致書先生　毛本無「先生」二字。
[三] 及於得喪榮辱之間　毛本無「於」字。
[四] 未易以涉斯境也　蓬左本「也」下有「同門遞觀傳誦，相與嘆仰歆服，因而興起者多矣」十九字。
[五] 于是復書曰　蓬左本作「先生復書曰」；毛本作「復書略曰」。按，以下引文原文見卷六答南元善。
[六] 捐富貴利害　蓬左本、毛本「利」上有「輕」字。
[七] 决然長往而不顧者　「决」，毛本作「快」。
[八] 又或奮發於意氣　蓬左本、毛本「氣」下有「感激於憤悱」五字。

無入而不自得已乎？夫惟有道之士，真有以見其良知之昭明靈覺[一]，廓然與太虚而同體。太虚之中，何物不有，而無一物能爲太虚之障礙[二]。故凡慕富貴，憂貧賤，欣戚得喪，愛憎取舍之類，皆足以蔽吾聰明睿知之體，窒吾淵泉時出之用[三]。如明目之中而翳之以塵沙，聰耳之中而塞之以木楔也。其疾痛鬱逆，將必速去之爲快，而何能忍於時刻乎[四]？關中自古多豪傑[五]，横渠之後[六]，此學不講，或亦與四方無異矣。自此有所振發興起[七]，變氣節爲聖賢

[一] 昭明靈覺　蓬左本、毛本「覺」下有「圓融洞徹」四字。
[二] 太虚之障礙　蓬左本「礙」下有「蓋吾良知之體（中略）而時出之乎」云云；毛本「礙」下有「其於慕富貴，憂貧賤（中略）元善自愛」云云。
[三] 窒吾淵泉時出之用　蓬左本「用」下有「若此者」三字。
[四] 而何能忍於時刻乎　蓬左本「乎」下有「故凡有道之士（中略）元善自愛」云云。按，毛本無「故凡慕富貴……而何能忍於時刻乎」七十九字。
[五] 關中自古多豪傑　蓬左本、毛本「傑」下有「其忠信沉毅之質（中略）未有如關中之盛者也」云云。
[六] 横渠之後　蓬左本、毛本「横」上有「然自」二字。
[七] 自此有所振發興起　蓬左本、毛本作「自此關中之士有所振發興起，進其文藝於道德之歸」。

之學[一]，將必自吾元善昆季始也。今日之歸，謂天爲無意乎[二]？」

答歐陽德書[三]。

德初見先生於虔[四]，最年少，時已領鄉薦[五]，先生恒以「小秀才」呼之[六]。故遣服役[七]，德欣欣恭命[八]，雖勞不怠，先生深器之[九]。嘉靖癸未第進士，出守六安州[一〇]，

[一] 變氣節爲聖賢之學　蓬左本、毛本「變」下有「其」字。
[二] 謂天爲無意乎　蓬左本、毛本重複此六字。
[三] 答歐陽德書　蓬左本「答」下有「門人」二字；毛本無此五字。
[四] 德初見先生於虔　蓬左本作「歐陽德昔見先生於虔」；毛本作「〇歐陽德初見于丁丑年」。
[五] 最年少時已領鄉薦　毛本作「年最少，然已舉鄉試」。
[六] 先生恒以小秀才呼之　「恒」，毛本作「猶」。
[七] 故遣服役　毛本無此四字。
[八] 德欣欣恭命　「德」，毛本作「而」。
[九] 先生深器之　毛本作「嘗深器之」。
[一〇] 出守六安州　毛本無「出」字。

數月奉書，以爲初政倥傯[一]，後稍次第，始得與諸生講學[二]。先生曰：「吾所講學[三]，正在政務倥傯中，豈必聚徒而後爲講學耶？」又嘗與書曰[四]：「良知不因見聞而有，而見聞莫非良知之用，故良知不滯於見聞，而亦不離於見聞。孔子云：『吾有知乎哉？無知也。』良知之外，則無知矣[五]。故致良知是聖門教人第一義[六]。今云專求之見聞之末，則落在第二義矣[七]。若曰致其良知而求之見聞，則語意之間，未免爲二。此與專求之見聞之末者，雖稍不同，其爲未得精一之旨則一也[八]。」〇德洪與王畿並舉南宮，俱不廷對，偕黃弘綱、張元沖

[一] 以爲初政倥傯　「以爲」，蓬左本作「曰」。
[二] 後稍次第始得與諸生講學　毛本無「次第始」三字。
[三] 吾所講學　毛本「講」下有「之」字。
[四] 又嘗與書曰　蓬左本、毛本作「後嘗與書有曰」。按，以下引文原文見卷二答歐陽崇一。
[五] 則無知矣　「則」，毛本作「別」。
[六] 故致良知是聖門教人第一義　蓬左本、毛本「知」下有「是學問大頭腦」六字。
[七] 則落在第二義矣　蓬左本、毛本作「則是失却頭腦，而已落在第二義矣」，又「矣」下有「近時同志中（中略）故只是一事」云云。
[八] 其爲未得精一之旨則一也　蓬左本、毛本「也」作「而已」，又句下并有「多聞（中略）精察之也」云云。

同舟歸越。先生喜，凡初及門者[一]，必令引導，俟志定有入，方請見。每臨坐，默對焚香無語[二]。

八月，答聶豹書[三]。

是年夏[四]，豹以御史巡按福建[五]，渡錢塘來見先生。別後致書，謂：「思、孟、周、程，無意相遭於千載之下，與其盡信於天下，不若真信於一人。道固自在，學亦自在[六]。」先生

[一] 凡初及門者　蓬左本、毛本無「者」字。

[二] 默對焚香無語　毛本此下録遺言一則：「〇一日，王汝止出遊歸，先生問曰：遊何見？對曰：見滿街人都是聖人。先生曰：不然，滿街人到看你却是聖人在。又一日，董蘿石出遊而歸，見先生曰：今日見一異事。先生曰：何異？對曰：見滿街人都是聖人。先生曰：此亦常事耳，何足爲異？先生鍛煉人每如此。」

[三] 答聶豹書　蓬左本「答」下有「門人」二字；毛本無此四字。

[四] 是年夏　毛本無「年」字。

[五] 豹以御史巡按福建　「豹」，毛本作「聶豹」。

[六] 學亦自在　蓬左本、毛本「在」下有「天下信之不爲多，一人信之不爲少云云」十六字。

答書略曰[一]：「讀來諭[二]，誠見君子不見是而無悶之心[三]，乃區區則有大不得已者存乎其間[四]，非以計人之信與不信也。夫人者，天地之心。天地萬物，本吾一體者也。生民之困苦荼毒，孰非疾痛之切於吾身者乎？不知吾身之疾痛，無是非之心者也。是非之心，不慮而知，不學而能，所謂良知也。良知之在人心，無間於聖愚，天下古今之所同也。世之君子，惟務致其良知，則自能公是非，同好惡，視人猶己，視國猶家，而以天地萬物爲一體，求天下無治，不可得矣。古之人所以能見善不啻若己出，見惡不啻若己入，視民之饑溺，猶己之饑溺，而一夫不獲，若己推而納諸溝中者，非故爲是而蘄天下之信己也[五]，務致其良知，求其自慊而已矣[六]。後世

[一] 先生答書略曰　蓬左本、毛本無「略」字。按，以下引文原文見卷二答聶文蔚。
[二] 讀來諭　「諭」，國圖本作「書」。
[三] 誠見君子不見是而無悶之心　蓬左本、毛本「心」下有「世之謭謭屑屑者，知未足以及此」十三字。
[四] 乃區區則有大不得已者存乎其間　蓬左本、毛本「區區」下有「之情」二字。
[五] 而蘄天下之信己也　蓬左本、毛本「而」下有「以」字。
[六] 求其自慊而已矣　蓬左本、毛本無「其」字，「矣」下有「堯舜三王之聖（中略）何其簡且易哉」云云。

良知之學不明，天下之人[一]，外假仁義之名，而内以行私利之實[二]，詭辭以阿俗，矯行以干譽。掩人之善，而襲以爲己長；訐人之私，而竊以爲己直。忿以相勝，而猶謂之徇義；險以相傾，而猶謂之疾惡。妬賢嫉能，而猶自以爲公是非；恣情縱慾，而猶自以爲同好惡。相凌相賊，自其一家骨肉之親，已不能無彼此藩籬之隔[三]，而況於天下之大，民物之衆，又何能一體而視之乎[四]？僕誠賴天之靈，偶有見於良知之學，以爲必由此，而後天下可得而治。是以每念斯民之陷溺，則爲之戚然痛心，忘其身之不肖，而思以此救之，亦不自知其量者。天下之人見其若是，遂相與非笑而詆斥，以爲是病狂喪心之人耳。嗚呼[五]！吾方疾痛之切體，而暇計人之非笑乎[六]？昔者孔子之在當時，有議其爲諂者，有譏其爲佞者，有毁其未賢，詆其爲不知禮，

[一] 天下之人　蓬左本、毛本「人」下有「用其私智（中略）至於不可勝説」云云。
[二] 而内以行私利之實　蓬左本、毛本作「而内以行其自私自利之實」。
[三] 已不能無彼此藩籬之隔　蓬左本、毛本「無」下有「爾我勝負之意」六字，又「隔」作「形」。
[四] 又何能一體而視之乎　蓬左本、毛本無「乎」字，又「之」下有「則亦無怪於紛紛籍籍，而禍亂相尋於無窮矣」十八字。
[五] 嗚呼　蓬左本、毛本「呼」下有「是奚足恤哉」五字。
[六] 而暇計人之非笑乎　蓬左本、毛本「乎」下有「人固有見其父子兄弟（中略）吾安得而非喪心乎」云云。

而侮之以爲『東家丘』者，有嫉而阻之者，有惡而欲殺之者。晨門、荷蕢之徒，皆當時之賢士，且曰『是知其不可而爲之者與』，『鄙哉，硜硜乎，莫己知也，斯己而已矣』。雖子路在升堂之列，尚不能無疑於其所見，不悅於其所欲往，而且以之爲迂，則當時之不信夫子者，豈特十之一二而已乎？然而夫子汲汲遑遑，若求亡子於道路，而不暇於煖席者，寧以蘄人之信我知我而已哉[一]？僕之不肖，何敢以夫子之道爲己任，顧其心亦已稍知疾痛之在身，是以徬徨四顧，相求其有助於我者，相與講去其病耳。今誠得豪傑同志之士[二]，共明良知之學於天下，使天下之人，皆知自致其良知[三]，一洗讒妬勝忿之習，以躋於大同，則僕之狂病，固將脱然以愈，而終免於喪心之患矣。豈不快哉[四]！會稽素號山水之區，深林長谷，信步皆是，寒暑晦明，無時不宜[五]，良朋四集，道義日新[六]，天地之間，寧復有樂於是者！孔子云：『不怨天，不

[一]　信我知我而已哉　蓬左本、毛本「哉」下有「蓋其天地萬物一體之仁（中略）道並行而不相悖也」云云。

[二]　今誠得豪傑同志之士　蓬左本、毛本「士」下有「扶植贊翼」四字。

[三]　皆知自致其良知　蓬左本「知」下有「以相安相養，去其自私自利之蔽」十三字。

[四]　豈不快哉　蓬左本、毛本「哉」下有「嗟乎，今誠欲求豪傑同志之士（中略）又能遜以委之何人乎」云云。

[五]　無時不宜　蓬左本、毛本「宜」下有「安居飽食，塵囂無擾」八字。

[六]　道義日新　蓬左本、毛本「新」下有「優哉優哉」四字。

尤人，下學而上達。』僕與二三同志，方將請事斯語，奚暇外慕？獨其切膚之痛，乃有未能恝然者，輒復云爾。」○按，豹初見[一]，稱晚生，後六年出守蘇州，先生已違世四年矣[二]。見德洪、王畿曰：「吾學誠得諸先生，尚冀再見稱贄，今不及矣。兹以二君爲證，具香案，拜先生。」遂稱門人[三]。

十一月庚申[四]，子正億生。

繼室張氏出。先生初得子[五]，鄉先達有静齋、六有者[六]，皆踰九十，聞而喜[七]，以二詩爲

[一] 豹初見　蓬左本「見」下有「先生」二字。

[二] 先生已違世四年矣　蓬左本「矣」下有「欲刻所答二書於石」八字。

[三] 遂稱門人　蓬左本「人」下有「於石刻」三字。按，「○按豹初見……遂稱門人」，毛本作「○豹初見先生，未納拜，後在閩聞訃，始爲位哭，稱門生云」。

[四] 十一月庚申　「十一」，毛本作「十二」。

[五] 繼室張氏出先生初得子　蓬左本作「先生初得子，年已五十有五矣」；毛本作「正億初生，先生年五十五矣。初名正聰，後避諱改」。

[六] 鄉先達有静齋六有者　毛本作「鄉先達静齋、六有」。

[七] 皆踰九十聞而喜　蓬左本「皆」下有「年」字；毛本無此七字。

賀。先生次韻謝答之[一]，有曰「何物敢云繩祖武，他年只好共爺長」之句[二]，蓋是月十有七日也[三]。○先生初命名正聽，後七年壬辰，外舅黄綰因時相避諱，更今名[四]。

十二月，作惜陰説[五]。

劉邦采合安福同志爲會，名曰「惜陰」[六]，請先生書會籍[七]。先生爲之説曰：「同志之在安

[一] 以二詩爲賀先生次韻謝答之　毛本作「以詩賀，先生次韻」。

[二] 有曰何物敢云繩祖武他年只好共爺長之句　蓬左本作「其一曰：海鶴精神老益强……其二曰：自分秋禾後吐芒」云云，蓋全録二詩（原詩見卷二十）；毛本「曰」作「云」，又無「之句」二字。

[三] 蓋是月十有七日也　蓬左本無此八字；毛本無「也」字。

[四] ○先生初命名正聽……更今名　蓬左本作「○正億，先生初命名曰正聽。後七年壬辰，外舅黄綰時爲南京禮部侍郎，携至官邸，因時相避諱改名，責德洪爲文奠告先生，更今名。繼母張氏，貞静任惠，克敦師教，内外順德，不言而肅。時當旌年，未及表聞而卒。歲癸亥，以正億錦衣貴，贈宜人」；毛本作「初名正聽，後避諱改」，在「先生年五十五矣」句下。

[五] 十二月作惜陰説　毛本無此七字。

[六] 劉邦采合安福同志爲會名曰惜陰　毛本作「○安福劉邦采等合同志爲惜陰會」。

[七] 請先生書會籍　毛本無此六字。

成者，間月爲會五日，謂之『惜陰』，其志篤矣。然五日之外，孰非惜陰時乎[一]？離群而索居，志不能無少懈，故五日之會，所以相稽切焉耳。嗚呼！天道之運，無一息之或停；吾心良知之運，亦無一息之或停[二]。良知即天道，謂之『亦』，則猶二之矣。知良知之運無一息之或停者，則知惜陰矣；知惜陰者，則知致其良知矣。子在川上曰：『逝者如斯夫，不舍晝夜。』此其所以學如不及，至於發憤忘食也。堯、舜兢兢業業，成湯日新又新，文王純亦不已，周公坐以待旦，惜陰之功，寧獨大禹爲然？子思曰：『戒慎乎其所不覩，恐懼乎其所不聞，知微之顯，可以入德矣。』或曰：『鷄鳴而起，孳孳爲利，凶人爲不善，亦惟日不足，然則小人亦可謂之惜陰乎？』」

○按，先生明年丁亥過吉安[三]，寄安福諸同志書曰[四]：「諸友始爲『惜陰』之會，當時惟恐只成虛語。邇來乃聞遠近豪傑聞風而至者以百數，此可以見良知之同然，而斯道大明之幾，於

[一] 孰非惜陰時乎　毛本無「時」字。

[二] 吾心良知之運亦無一息之或停　毛本作「吾心之良知，其運亦無一息之或停」。

[三] ○按先生明年丁亥過吉安　毛本作「○明年，過吉安」。

[四] 寄安福諸同志書曰　蓬左本「書」在「寄」字之下；毛本無「諸」字。按，以下引文原文見卷六寄安福諸同志。

此亦可以卜之矣[一]。明道有云：『寧學聖人而不至[二]，不以一善而成名[三]。』此爲有志聖人，而未能真得聖人之學者，則可如此説。若今日所講良知之説，乃真是聖學之的傳，但從此學聖人，却無不至者[四]。惟恐吾儕尚有一善成名之意，未肯專心致志於此耳[五]。」

六年丁亥，先生五十六歲，在越[六]。

[一] 於此亦可以卜之矣　毛本無「之」字，蓬左本、毛本「矣」下有「喜慰可勝言耶（中略）不能有他岐之惑矣」云云。

[二] 寧學聖人而不至　「不」，毛本作「未」。

[三] 不以一善而成名　毛本「不」下有「欲」字。

[四] 却無不至者　蓬左本、毛本「無」下有「有」字。

[五] 未肯專心致志於此耳　蓬左本、毛本「耳」下有「在會諸同志（中略）幸出此共勉之」云云；又下録遺事：「〇先生既没，鄒守益以祭酒致政歸，復與邦采、劉文敏、劉子和、劉陽、歐陽瑜、劉肇衮、尹一仁等，建復古、蓮山、復真諸書院，爲一邑四鄉會（毛本「會」上有「分」字），出青原山，合五郡爲春秋二季會（「出」字以下十三字，毛本作「合五郡爲春秋二會于青原山」）。三十年來，師教日明（毛本無此四字），而四方同志之會日起者（毛本無「而」「者」二字），惜陰倡之也」。按，蓬左本卷五至此終。

[六] 在越　蓬左本無此二字。

正月。

先生與宗賢書曰：「人在仕途，比之退處山林時，工夫難十倍，非得良友時時警發砥礪，平日志向，鮮有不潛移默奪，弛然日就頹靡者。近與誠甫言，京師相與者少，二君必須彼此約定，但見微有動氣處，即須提起『致良知』話頭，互相規切。凡人言語正到快意時，便截然能忍默得；意氣正到發揚時，便翕然能收斂得；憤怒嗜慾正到騰沸時，便廓然能消化得；此非天下之大勇不能也。然見得良知親切時，其功夫又自不難。緣此數病，良知之所本無，只因良知昏昧蔽塞而後有。若良知一提醒時，即如白日一出，魍魎自消矣。中庸謂『知耻近乎勇』，只是耻其不能致得自己良知耳。今人多以言語不能屈服得人，意氣不能陵軋得人，憤怒嗜慾不能直意任情爲耻。殊不知此數病者，皆是蔽塞自己良知之事，正君子之所宜深耻者〔一〕。古之大臣〔二〕，更不稱他知謀才略〔三〕，只是一箇『斷斷無他技，休休如有容』而已。諸君智謀才略，自是超然

〔一〕正君子之所宜深耻者　毛本「者」下有「今乃反以不能蔽塞自己良知爲耻（中略）做箇古之大臣」云云（原文見卷六與黄宗賢）。

〔二〕古之大臣　毛本作「古之所謂大臣者」。

〔三〕更不稱他知謀才略　毛本「他」下有「有甚」二字。

出於衆人之上，所未能自信者，只是未能致得自己良知，未全得斷斷休休體段耳[一]。須是克去己私，真能以天地萬物爲一體，實康濟得天下，挽回三代之治，方是不負如此聖明之君，方能不枉此出世一遭也[二]。」

四月，鄒守益刻文録於廣德州[三]。

守益録先生文字請刻。先生自標年月[四]，命德洪類次[五]，且遺書曰：「所録以年月爲次，不復分別體類，蓋專以講學明道爲事，不在文辭體製間也。」明日，德洪掇拾所遺請刻[六]。先生曰：「此便非孔子删述六經手段。三代之教不明，蓋因後世學者繁文盛而實意衰，故所學忘

[一] 未全得斷斷休休體段耳　毛本「耳」下有「今天下事勢（中略）以此意相規切之」云云。
[二] 方能不枉此出世一遭也　毛本作「方能報得如此知遇，不枉了因此一大事來出世一遭也」，又下有「病卧山林（中略）不覺縷縷至此也」云云；按，「正月……不枉此出世一遭也」云云，蓬左本無此條。
[三] 鄒守益刻文録於廣德州　毛本無「州」字。
[四] 先生自標年月　「自」，毛本作「手」。
[五] 命德洪類次　「命」，毛本作「令」。
[六] 德洪掇拾所遺請刻　「請刻」，毛本作「以請」。

其本耳。比如孔子删詩[一]，若以其辭，豈止三百篇？惟其一以明道爲志，故所取止此。例六經皆然[二]。若以愛惜文辭[三]，便非孔子垂範後世之心矣[四]。」德洪曰：「先生文字，雖一時應酬不同，亦莫不本於性情。況學者傳誦日久，恐後爲好事者攙拾[五]，反失今日裁定之意矣[六]。」先生許刻附録一卷，以遺守益，凡四册。

五月，命兼都察院左都御史，征思、田[七]。

六月，疏辭，不允[八]。

[一]　比如孔子删詩　毛本無「比」字，蓬左本、毛本「詩」下并有「三千之多」四字。
[二]　例六經皆然　蓬左本、毛本「例」下有「之」字。
[三]　若以愛惜文辭　毛本無「以」字。
[四]　便非孔子垂範後世之心矣　毛本無「之」字。
[五]　恐後爲好事者攙拾　「拾」，毛本作「入」。
[六]　反失今日裁定之意矣　毛本無「矣」字。
[七]　命兼都察院左都御史征思田　蓬左本作「命兼左都御史，帥師征思田」。
[八]　六月疏辭不允　蓬左本無此六字。

先是廣西田州岑猛爲亂[一]，提督都御史姚鏌征之，奏稱猛父子悉擒，已降敕論功行賞訖[二]。遺目盧蘇、王受搆衆煽亂，攻陷思恩。鏌復合四省兵征之，久弗克，爲巡按御史石金所論[三]。朝議用侍郎張璁、桂萼薦，特起先生總督兩廣及江西、湖廣軍務，度量事勢，隨宜撫剿，設土官、流官孰便[四]，并覈當事諸臣功過以聞，且責以體國爲心，毋或循例辭避。先生聞命，上疏言[五]：「臣伏念君命之召[六]，當不俟駕而行[七]，矧茲軍旅，何敢言辭？顧臣

[一]　先是廣西田州岑猛爲亂　毛本無「先是」二字。

[二]　已降敕論功行賞訖　蓬左本「已」在「訖」字之上；毛本無「訖」字。

[三]　爲巡按御史石金所論　蓬左本作「巡按御史石金論鏌圖田州既不可得，并思恩胥復失之」。

[四]　設土官流官孰便　蓬左本「設」上有「議」字；毛本作「議設流土孰便」。

[五]　上疏言　蓬左本、毛本「言」下有「臣自江西事平之後，身罹讒搆危疑，幸得天日開明，進官封爵，召還京師。因乞便道歸省，尋遭父喪，未獲赴闕陳謝，服闋卧病，迄今六年于兹矣。尚未能一睹天顔，稽首闕下，耿耿熱中。今奉有成命，總制四省軍務，督同都御史姚鏌等，勘處夷情機宜」九十五字（按，此節略原疏而成，原文見卷十四辭免重任乞恩養病疏）。

[六]　臣伏念君命之召　蓬左本、毛本「伏」下有「自」字。

[七]　當不俟駕而行　毛本無「當」字。

患痰疾增劇，若冒疾輕出[一]，至於僨事，死無及矣。臣又復思思、田之役，起於土官讐殺，比之寇賊之攻劫郡縣，荼毒生靈者，勢尚差緩。若處置得宜，事亦可集。鏌素老成，一時利鈍，亦兵家之常[二]。御史石金據事論奏[三]，所以激勵鏌等，使之善後，收之桑榆也[四]。臣以爲今日之事[五]，宜專責鏌等，隆其委任，重其威權，略其小過，假以歲月，而要其成功。至於終無底績，然後別選才能，兼諳民情土俗，如尚書胡世寧、李承勛者，往代其任，事必有

[一] 若冒疾輕出　「疾」，蓬左本、毛本作「病」。

[二] 亦兵家之常　蓬左本、毛本「常」下有「要在責成，難拘速效」八字。

[三] 御史石金據事論奏　蓬左本「奏」下有「是蓋爲國遠圖」六字；毛本略同，惟無「是蓋」二字。

[四] 收之桑榆也　蓬左本、毛本「也」下有「臣本書生，不習軍旅，往歲江西之役，皆偶會機宜，幸而成事。臣之才識，殆不及鏌，況是役也（毛本無「也」字），必嘗熟慮，中事少阻，輒以臣之庸劣參之，所見或有異同，鏌等益難展布。夫軍旅之任，在號令嚴一，賞罰信果。已擇主帥，授以閫寄，且當聽其所爲」等字。

[五] 臣以爲今日之事　蓬左本、毛本「爲」下有「思田」二字。

濟[一]。」疏入，詔鏌致仕[二]，遣使敦促上道。

八月。

先生將入廣，嘗爲客坐私囑曰：「但願温恭直諒之友，來此講學論道，示以孝友謙和之行，德業相勸，過失相規，以教訓我子弟，使無陷於非僻[三]。不願狂懆惰慢之徒，來此博奕飲酒，長傲飾非，導以驕奢淫蕩之事，誘以貪財黷貨之謀，冥頑無耻[四]，扇惑鼓動[五]，以益我子弟之不肖[六]。嗚呼！由前之説，是謂良士；由後之説，是爲凶人；我子弟苟遠良士而近凶人，是謂逆子。戒之戒之。嘉靖丁亥八月，將有兩廣之行，書此以戒我子弟，并以告夫士友之辱臨

[一] 事必有濟　蓬左本、毛本「濟」下有「如（毛本作「而」）臣之迂疎多病，誠宜哀其不逮，病痊，或可量置閒散，使得自效其愚。則朝廷於任賢御將之體，因物曲成之仁，道並行而不相悖矣」五十一字。
[二] 詔鏌致仕　蓬左本「鏌」下有「已」字。
[三] 使無陷於非僻　「無」，毛本作「毋」。
[四] 冥頑無耻　「冥」，底本訛作「寘」，據毛本、文淵閣本、摛藻堂本改。
[五] 扇惑鼓動　毛本「惑」下有「子弟」二字。
[六] 以益我子弟之不肖　毛本無「之」字。

於斯者，請一覽教之[一]。」

九月壬午，發越中[二]。

是月初八日[三]，德洪與畿訪張元冲舟中，因論爲學宗旨。畿曰：「先生説知善知惡是良知，爲善去惡是格物，此恐未是究竟話頭[四]。」德洪曰：「何如[五]？」畿曰：「心體既是無善無惡，意亦是無善無惡，知亦是無善無惡，物亦是無善無惡。若説意有善有惡，畢竟心亦未是無善無惡[六]。」德洪曰：「心體原來無善無惡，今習染既久[七]，覺心體上見有善惡在[八]，爲

[一] 八月……請一覽教之 蓬左本無此條。
[二] 發越中 蓬左本作「發越城」。
[三] 是月初八日 蓬左本「是」上有「德洪王畿問學于天泉橋」十字（十字加黑底框）。
[四] 此恐未是究竟話頭 「竟」，底本訛作「意」，據蓬左本、毛本、文淵閣本、擒藻堂本改。
[五] 何如 毛本作「如何」。
[六] 畢竟心亦未是無善無惡 毛本作「畢竟心體還有善惡在」。
[七] 今習染既久 蓬左本作「今驗與物應感」；毛本作「今人與物應感」。
[八] 覺心體上見有善惡在 蓬左本、毛本無「覺心體上」四字。

善去惡，正是復那本體功夫。若見得本體如此，只説無功夫可用，恐只是見耳[一]。」畿曰：「明日先生啓行，晚可同進請問[二]。」是日夜分，客始散[三]，先生將入内，聞洪與畿候立庭下[四]，先生復出，使移席天泉橋上。德洪舉與畿論辯請問[五]。先生喜曰：「正要二君有此一問。我今將行，朋友中更無有論證及此者，二君之見，正好相取，不可相病。汝中須用德洪功夫，德洪須透汝中本體，二君相取爲益，吾學更無遺念矣。」德洪請問。先生曰：「有只是你自有。良知本體，原來無有，本體只是太虚[六]。太虚之中，日月星辰，風雨露雷，陰霾曀氣[七]，何物不有，而又何一物得爲太虚之障？人心本體，亦復如是[八]。太虚無形，一過而化，亦何費

[一] 只説無功夫可用恐只是見耳　蓬左本、毛本作「更無功夫可用矣」。
[二] 晚可同進請問　毛本作「今晚可同請問」。
[三] 是日夜分客始散　蓬左本作「是日，賀客夜分始散」。
[四] 聞洪與畿候立庭下　「洪」，毛本作「德洪」。
[五] 德洪舉與畿論辯請問　蓬左本無「請問」二字。
[六] 本體只是太虚　「只」，蓬左本、毛本作「即」。
[七] 陰霾曀氣　「曀」，底本訛作「饐」，據蓬左本、文淵閣本改。
[八] 太虚之中……亦復如是　毛本無此三十九字。

纖毫氣力[一]？德洪功夫須要如此，便是合得本體功夫。」畿請問。先生曰：「汝中見得此意，只好默默自修，不可執以接人。上根之人，世亦難遇。一悟本體，即見功夫，物我內外，一齊盡透，此顏子、明道不敢承當，豈可輕易望人？二君已後與學者言，務要依我四句宗旨：無善無惡是心之體，有善有惡是意之動，知善知惡是良知，爲善去惡是格物。以此自修，直躋聖位；以此接人，更無差失。」畿曰：「本體透後，於此四句宗旨何如？」先生曰：「此是徹上徹下語，自初學以至聖人，只此功夫[二]。初學用此，循循有入，雖至聖人，窮究無盡。堯舜精一功夫，亦只如此[三]。」先生又重囑付曰[四]：「二君以後，再不可更此四句宗旨[五]，此四

[一] 亦何費纖毫氣力　毛本「何」下有「須」字。
[二] 只此功夫　蓬左本、毛本「此」下有「一箇」二字。
[三] 亦只如此　蓬左本、毛本「此」下有「用」字。
[四] 先生又重囑付曰　蓬左本、毛本「生」下有「言止」二字。
[五] 再不可更此四句宗旨　蓬左本、毛本作「再不要更我四句宗旨」。

句[一]，中人上下，無不接着。我年來立教，亦更幾番[二]，今始立此四句[三]。人心自有知識以來[四]，已爲習俗所染，今不教他在良知上實用爲善去惡功夫，只去懸空想箇本體，一切事爲，俱不着實[五]，此病痛不是小小[六]，不可不早説破。」是日，洪、畿俱有省[七]。

甲申[八]，渡錢塘。

先生遊吴山、月巖、嚴灘，俱有詩[九]。過釣臺曰：「憶昔過釣臺，驅馳正軍旅。十年今始來，復以兵戈起。空山煙霧深，往迹如夢裏。微雨林徑滑，肺病雙足胝。仰瞻臺上雲，俯濯臺下水。

[一] 此四句　蓬左本、毛本「句」下有「宗旨」二字。
[二] 亦更幾番　蓬左本、毛本「更」下有「過」字。
[三] 今始立此四句　蓬左本、毛本「今」下有「較來較去」四字。
[四] 人心自有知識以來　蓬左本、毛本無「以來」二字。
[五] 俱不着實　蓬左本、毛本「實」下有「只養成一箇虚寂」七字。
[六] 此病痛不是小小　蓬左本、毛本「此」下有「箇」字。
[七] 洪畿俱有省　「洪」，蓬左本、毛本作「德洪」。
[八] 甲申　毛本作「甲午」。
[九] 俱有詩　「俱」，毛本作「皆」。

人生何碌碌，高尚乃如此。瘡痍念同胞，至人匪爲己。過門不遑入，憂勞豈得已。滔滔良自傷，果哉末難已[一]。」跋曰[二]：「右正德己卯，獻俘行在，過釣臺而弗及登。今兹復來，又以兵革之役，兼肺病足瘡，徒顧瞻悵望而已。書此付桐廬尹沈元材刻置亭壁，聊以紀經行歲月云耳[三]。時從行進士錢德洪、王汝中、建德尹楊思臣及元材，凡四人。」

丙申，至衢。

西安雨中諸生出候因寄德洪汝中并示書院諸生：「幾度西安道，江聲暮雨時。機關鷗鳥破，踪迹水雲疑。仗鉞非吾事，傳經媿爾師。天真泉石秀，新有鹿門期。」德洪汝中方卜築書院盛稱天真之奇并寄及之[四]：「不踏天真路，依稀二十年。石門深竹徑，蒼峽瀉雲泉。泮壁環胥海，龜疇見宋田。文明原有象，卜築豈無緣？」今祠有仰止祠、環海樓、太極、雲泉、瀉雲諸

[一] 果哉末難已　「已」，蓬左本、毛本作「矣」。
[二] 跋曰　毛本「跋」上有「〇」符。
[三] 聊以紀經行歲月云耳　蓬左本、毛本「耳」下有「嘉靖丁亥九月廿二日書」十字。
[四] 德洪汝中方卜築書院　毛本無「築」字。

亭[一]。

戊戌，過常山。

詩曰[二]：「長生徒有慕，苦乏大藥資。名山遍深歷[三]，悠悠鬢生絲。微軀一繫念，去道日遠而。中歲忽有覺，九還乃在兹。非爐亦非鼎，何坎復何離？本無終始究，寧有死生期？彼哉遊方士，詭辭反增疑。紛然諸老翁，自傳困多岐[四]。乾坤由我在，安用他求爲？千聖皆過影，良知乃吾師。」

十月，至南昌。

先生發舟廣信，沿途諸生徐樾、張士賢[五]、桂軏等請見，先生俱謝以兵事未暇，許回途相見。

[一] 太極雲泉瀉雲諸亭　毛本作「太極、雲泉二亭及塑像，皆當道慕公爲之者」。
[二] 詩曰　毛本作「過山詩曰」。
[三] 名山遍深歷　「深」，蓬左本、毛本作「探」。
[四] 自傳困多岐　「傳」，毛本作「縛」。
[五] 張士賢　毛本作「張仕賢」。

徐樾自貴溪追至餘干，先生令登舟。樾方自白鹿洞打坐[一]，有禪定意，先生目而得之，令舉似。曰：「不是。」已而稍變前語，又曰：「不是。」已而更端，先生曰[二]：「近之矣。此體豈有方所[三]？譬之此燭，光無不在，不可以燭上爲光。」因指舟中曰：「此亦是光，此亦是光。」直指出舟外水面曰：「此亦是光。」樾領謝而別[四]。明日至南浦，父老軍民，俱頂香林立[五]，填途塞巷[六]，至不能行，父老頂輿傳遞入都司[七]。先生命父老軍民就謁[八]，東入西出，有不舍者，出且復入，自辰至未而散[九]，始舉有司常儀。明日謁文廟，講大學於

[一] 樾方自白鹿洞打坐 毛本「坐」下有「歸」字。
[二] 先生曰 毛本作「先生點頭曰」。
[三] 此體豈有方所 毛本「此」上有「且曰」二字。
[四] 樾領謝而別 蓬左本作「樾領謝言有悟而別」；毛本作「樾受言有悟而別」。
[五] 俱頂香林立 毛本作「燃香擁聚」。
[六] 填途塞巷 「途」，毛本作「街」。
[七] 父老頂輿傳遞入都司 毛本作「先生乃趨都司」。
[八] 先生命父老軍民就謁 毛本無「先生」二字。
[九] 自辰至未而散 蓬左本「辰」下有「时」字；毛本「至」作「逮」。

明倫堂[一]，諸生屏擁[二]，多不得聞。唐堯臣獻茶，得上堂旁聽[三]。初，堯臣不信學，聞先生至，自鄉出迎，心已内動。比見擁謁，驚曰：「三代後安得有此氣象耶？」及聞講[四]，沛然無疑。同門有黄文明[五]、魏良器輩笑曰：「逋逃主亦來投降乎？」堯臣曰：「須得如此大捕人[六]，方能降我，爾輩安能[七]？」

至吉安，大會士友螺川。

諸生彭簪、王釗[八]、劉陽、歐陽瑜等[九]，偕舊遊三百餘，迎入螺川驛中。先生立談不倦，曰：

[一] 講大學於明倫堂　毛本「學」下有「首章」二字。
[二] 諸生屏擁　毛本無「屏擁」二字。
[三] 得上堂旁聽　毛本作「上得旁聽」。
[四] 及聞講　毛本作「及聽講」。
[五] 同門有黄文明　毛本無「有」字。
[六] 須得如此大捕人　「捕」，毛本作「力」。
[七] 爾輩安能　「能」，蓬左本、毛本作「知」。
[八] 王釗　蓬左本作「王釧」。
[九] 歐陽瑜等　蓬左本、毛本「歐陽瑜」下有「劉瓊治」。

「堯舜生知安行的聖人，猶兢兢業業，用困勉的工夫。吾儕以困勉的資質，而悠悠蕩蕩，坐享生知安行的成功，豈不誤己誤人？」又曰：「良知之妙，真是周流六虚，變通不居[一]。若假以文過飾非，爲害大矣。」臨别囑曰：「工夫只是簡易真切。愈真切，愈簡易；愈簡易，愈真切。」

十一月，至肇慶。

是月十八日，抵肇慶。先生寄書德洪、畿曰[二]：「家事賴廷豹糾正，而德洪、汝中又相與薰陶切劘於其間，吾可以無内顧矣。紹興書院中同志，不審近來意向如何？德洪、汝中既任其責，當能振作接引，有所興起。會講之約，但得不廢，其間縱有一二懈弛，亦可因此夾持，不致遂有傾倒。餘姚又得應元諸友作興鼓舞，想益日異而月不同。老夫雖出山林，亦每以自慰。諸賢皆一日千里之足，豈俟區區有所警策，聊亦以此視鞭影耳[三]。即日已抵肇慶，去梧不三四日可到。方入冗場，紹興書院及餘姚各會同志諸賢，不能一一列名字[四]。」

[一] 變通不居　「通」，蓬左本、毛本作「動」。
[二] 先生寄書德洪畿曰　蓬左本「寄書德洪畿」五字加黑底框；毛本作「寄德洪畿書曰」。
[三] 聊亦以此視鞭影耳　「視」，蓬左本、毛本作「示」。
[四] 不能一一列名字　蓬左本、毛本「字」下有「千萬心亮」四字。

乙未，至梧州，上謝恩疏。

二十日，梧州開府[一]。十二月朔，上疏曰：「田州之事，尚未及會議審處。然臣沿途諮訪，頗有所聞，不敢不爲陛下言其略[二]。臣惟岑猛父子固有可誅之罪，然所以致彼若是者，則前此當事諸人，亦宜分受其責。蓋兩廣軍門，專爲諸瑶僮及諸流賊而設，事權實專且重。若使振其兵威，自足以制服諸蠻。夫何軍政日壞，上無可任之將，下無可用之兵，有警必須倚調土官狼兵，若猛之屬者而後行事[三]。故此輩得以憑恃兵力，日增桀驁。及事之平，則又功歸于上，而彼無所與，固不能以無怨憤。始而徵發愆期，既而調遣不至，上嫉下憤，日深月積。劫之以勢而威益褻，籠之以詐而術愈窮，由是諭之而益梗，撫之而益疑，遂至於有今日[四]。今山瑶海賊，乘釁揺動，窮迫必死之寇，既從而煽誘之；貧苦流亡之民，又從而逃歸之。其可憂危，

[一] 梧州開府　蓬左本無「梧州」二字。

[二] 不敢不爲陛下言其略　毛本「言」上有「一」字。

[三] 若猛之屬者而後行事　「而」，毛本作「然」。

[四] 遂至於有今日　蓬左本、毛本「日」下有「加之以叛逆之罪（中略）尚未能雪也」云云（原文見卷十四赴任謝恩遂陳膚見疏）。

何啻十百於二酋者之爲患[一]？其事已兆而變已形，顧猶不此之慮，而汲汲於二酋，則當事者之過計矣[二]。臣又聞諸兩廣士民之言[三]，皆謂流官久設，亦徒有虚名而受實禍。詰其所以，皆云未設流官之前，土人歲出土兵三千，以聽官府之調遣；既設流官之後，官府歲發民兵數千，以防土人之反覆。即此一事，利害可知。且思恩自設流官，十八九年之間，反者數起，征剿日無休息[四]。浚良民之膏血，而塗諸無用之地，此流官之無益，亦斷可識矣。論者以爲既設流官而復去之，則有更改之嫌，恐招物議。是以寧使一方之民久罹塗炭，而不敢明爲朝廷一言，寧負朝廷而不敢犯衆議。甚哉！人臣之不忠也。苟利於國而庇於民，死且爲之，而何物議之足計乎？臣始至，雖未能周知備歷，然形勢亦可槩見矣[五]。田州切近交趾[六]，其間深山絶谷，

[一] 何啻十百於二酋者之爲患　「何」，國圖本、天圖本、叢刊本、文淵閣本、摛藻堂本作「奚」。
[二] 則當事者之過計矣　蓬左本「矣」下有「夫二酋之沮兵（中略）善其後乎」云云。
[三] 臣又聞諸兩廣士民之言　毛本無「又」字。
[四] 征剿日無休息　蓬左本、毛本「日」作「曾」，又「息」下并有「朝廷曾不得其分寸之益，而反爲之憂勞征發」十八字。
[五] 然形勢亦可槩見矣　毛本無「矣」字。
[六] 田州切近交趾　「近」，毛本作「鄰」。

瑶僮盤據，動以千百，必須存土官，藉其兵力，以爲中土屏蔽。若盡殺其人，改土爲流，則邊鄙之患，我自當之，自撤藩籬，後必有悔。」奏下，尚書王時中持之，得旨：「守仁才略素優，所議必自有見。事難遥度，俟其會議熟處，要須情法得中，經久無患。事有宜亟行者，聽其便宜，勿懷顧忌，以貽後患。」○初[一]，總督命下，具疏辭免，及豫言處分思、田機宜[二]，凡當路相知者[三]，皆寓書致意[四]。與楊少師曰[五]：「惟大臣報國之忠，莫大於進賢去讒。自信山林之志已堅，而又素受知己之愛，不復嫌避，故輒言之[六]，乃今適爲己地也[七]。昔有以

[一] ○初　蓬左本「○」下有「按文録」三字。
[二] 及豫言處分思田機宜　毛本無此九字。
[三] 凡當路相知者　毛本作「及當路知己」。
[四] 皆寓書致意　毛本無此五字。
[五] 與楊少師曰　毛本作「與楊少師一清書曰」。
[六] 故輒言之　「輒」，底本訛作「輙」，據蓬左本、毛本、文淵閣本、摛藻堂本改。
[七] 乃今適爲己地也　蓬左本、毛本「也」下有「某本書生，不諳軍旅，往歲江西之役，實倖偶成。憂病之餘，惟與鄉里子弟考訂句讀，使知向方。庶於保身及物，冀有少補，勿枉此生。聖天子方用賢圖治，明公薦賢爲國。苟有寸長，不以時出，則亦無其所矣」七十八字（原文見卷二十一寄楊邃庵閣老之四）。

邊警薦用彭司馬者，公獨不可，曰：『彭始成功，今或少挫，非所以完之矣。』公之愛惜人才，而欲成全之也如此[一]，獨不能以此意推之某乎？果不忍終棄，病痊，或使得備散局，如南北太常國子之任，則圖報當有日也。」與黃縮書曰：「往年江西赴義將士，功久未上，人無所勸，再出，何面目見之？且東南小醜，特瘡疥之疾，百辟讒嫉朋比，此則腹心之禍，大爲可憂者。諸公任事之勇，不思何以善後？大都君子道長，小人道消，疾病既除，元氣自復。但去病太亟，亦耗元氣，藥石固當以漸也。」又曰：「思、田之事，本無緊要，只爲從前張皇太過，後難收拾，所謂生事事生是已。今必得如奏中所請，庶圖久安，否則反覆未可知也。」與方獻夫書曰：「聖主聰明不世出[二]，今日所急，惟在培養君德，端其志向，於此有立[三]，是謂一正君而國定。然非真有體國之誠，其心斷斷休休者，亦徒事其名而已[四]。」又曰：「諸公皆有薦賢之疏，此誠君子立朝盛節，但與名其間，却有所未喻者。此天下治亂盛衰所繫，君子小人進退存

[一] 而欲成全之也如此　「全」，毛本作「就」。
[二] 聖主聰明不世出　蓬左本、毛本「出」下有「諸公既受不世之知，安可不思圖報」十四字。
[三] 於此有立　蓬左本、毛本「立」下有「政不足間，人不足適」八字。
[四] 亦徒事其名而已　蓬左本、毛本「已」下有「矣」字。

亡之機，不可以不慎也。譬諸養蠶，但雜一爛蠶其中[一]，則一筐好蠶盡爲所壞矣。凡薦賢于朝，與自己用人不同。自己用人，權度在我；若薦賢于朝，則評品宜定。小人之才，豈無可用？如砒硫芒硝，皆有攻毒破癰之功，但混於參苓蓍术之間而進之[二]，鮮不誤矣。」又曰：「思、田之事已壞，欲以無事處之，要已不能，只求減省一分，則地方亦可減省一分之勞擾耳。此議深知大拂喜事者之心，然欲殺數千無罪之人，以求成一將之功，仁者之所不忍也。」

十有二月，命暫兼理巡撫兩廣，疏辭，不允。

七年戊子，先生五十七歲，在梧[三]。

二月，思、田平。

先生疏略曰[四]：「臣奉有成命[五]，與巡按紀功御史石金、布政使林富等，副使祝品、林大輅

[一] 但雜一爛蠶其中　「但」，國圖本作「便」。
[二] 但混於參苓蓍术之間而進之　蓬左本、毛本「進之」下有「養生之人用之不精」八字。
[三] 在梧　蓬左本無此二字；毛本作「在梧州」。
[四] 先生疏略曰　蓬左本作「先生疏言」。
[五] 臣奉有成命　毛本無「有」字。

等[一]，參將李璋、沈希儀等，會議思、田之役，兵連禍結，兩省荼毒，已踰二年，兵力盡於哨守，民脂竭於轉輸，官吏罷於奔走。今日之事，已如破壞之舟，漂泊於顛風巨浪，覆溺之患，洶洶在目，不待知者而知之矣。」因詳其十患、十善、二幸、四毀，反覆言之[二]。且曰[三]：「臣至南寧，乃下令盡撤調集防守之兵，數日之內，解散而歸者數萬。惟湖兵數千，道沮且遠，不易即歸，仍使分留賓、寧[四]，解甲休養，待間而發。初，蘇、受等聞臣奉命處勘[五]，始知朝廷無必殺之意[六]，皆有投生之念，日夜懸望，惟恐臣至之不速。已而聞太監、總兵相繼召還，至是又見守兵盡撤，其投生之念益堅。乃遣其頭目黃富等，先赴軍門訴告，願得掃境投生，惟乞宥免一死。臣等諭以朝廷之意，正恐爾等有所虧枉，故特遣大臣處勘，開爾等更生之路。爾

[一] 林大輅等　「大」，底本訛作「文」，據蓬左本、毛本改。

[二] 因詳其十患十善二幸四毀反覆言之　蓬左本作「今若必欲窮兵雪憤（中略）於是衆皆以爲然」云云（原文見卷十四奏報田州思恩平復疏）。

[三] 且曰　蓬左本無此二字。

[四] 仍使分留賓寧　「賓」，毛本作「南」。

[五] 蘇受等聞臣奉命處勘　「蘇受」，毛本作「盧蘇、王受」。

[六] 始知朝廷無必殺之意　毛本「廷」下有「亦」字。

等果能誠心投順，決當貸爾之死。因復露布朝廷威德[一]，使各持歸省諭，克期聽降[二]。蘇、受等得牌[三]，皆羅拜踴躍，歡聲雷動，帥衆掃境，歸命南寧城下，分屯四營。蘇、受等囚首自縛，與其頭目數百人，赴軍門請命。臣等諭以朝廷既赦爾等之罪，豈復虧失信義。但爾等擁衆負固，雖由畏死，然騷動一方，上煩九重之慮，下疲三省之民，若不示罰，何以泄軍民之憤[四]。於是下蘇、受於軍門，各杖之一百[五]。乃解其縛，諭於今日宥爾一死者[六]，朝廷天地好生之仁；必杖爾示罰者，我等人臣執法之義。於是衆皆叩首悦服。臣亦隨至其營，撫定其衆，凡一萬七千[七]。溅溅道路，踴躍歡聞，皆謂朝廷如此再生之恩，我等誓以死報，且乞即願殺賊，

[一] 因復露布朝廷威德　「露布」，毛本作「開陳」。
[二] 克期聽降　「克」，毛本作「刻」。
[三] 蘇受等得牌　「得牌」，蓬左本作「聞命」。
[四] 何以泄軍民之憤　毛本作「何以泄憤」。
[五] 各杖之一百　毛本無「之」字。
[六] 諭於今日宥爾一死者　「於」，蓬左本、毛本作「以」。
[七] 一萬七千　蓬左本、毛本作「七萬一千」，下文仿此。

立功贖罪。臣因諭以朝廷之意，惟欲生全爾等，今爾等方來投生，豈忍又驅之兵刃之下[一]。爾等逃竄日久，且宜速歸，完爾家室，修復生理。至於諸路群盜，軍門自有區處，徐當調發爾等。於是又皆感泣歡呼，皆謂朝廷如此再生之恩，我等誓以死報。臣於是遂委布政使林富、前副總兵張祐[二]，督令復業，方隅平定[三]。是皆皇上神武不殺之威[四]，風行於廟堂之上，而草偃於百蠻之表，是以班師不待七旬，而頑夷即爾來格。不折一矢，不戮一卒，而全活數萬生靈，是所謂綏之斯來，動之斯和者也。」疏入，敕遣行人獎勵，賞銀五十兩，紵絲四襲，所司備辦羊酒，其餘各給賞有差[五]。○先生爲文勒石曰[六]：「嘉靖丙戌夏，官兵伐田，隨與思恩

[一] 爾等今爾等方來投生豈忍又驅之兵刃之下　毛本無此十八字。

[二] 前副總兵張祐　底本脱「兵」字，據毛本補。

[三] 方隅平定　「方」，毛本作「地」。

[四] 是皆皇上神武不殺之威　蓬左本、毛本作「是皆皇上至孝達順之德（中略）震懾鬼神」。

[五] 疏入……給賞有差　蓬左本作「疏入，制曰：王守仁受命提督軍務，莅事未久，乃能開誠宣恩，處置得宜，致令叛夷畏服，率衆歸降，罷兵息民，其功可嘉。寫敕遣行人獎勵，賞銀五十兩，紵絲四襲，所司備辦羊酒。張賜、石金，各賞銀二十兩，紵絲二襲。自餘各給賞有差，事竣并論功賞」；毛本無此三十字。

[六] ○先生爲文勒石曰　蓬左本無「○」符，「勒」下有「之」字。

之人相比相煽[一]，集軍四省，洶洶連年。于時皇帝憂憫元元：容有無辜而死者乎？迺令新建伯王守仁[二]：曷往視師，其以德綏，勿以兵虔。班師撤旅，信義大宣。諸夷感慕，旬日之間，自縛來歸者，一萬七千。悉放之還農，兩省以安。昔有苗徂征，七旬來格，今未期月而蠻夷率服，綏之斯來，速于郵傳，舞干之化，何以加焉。爰告思田，毋忘帝德。爰勒山石，昭此赫赫。文武聖神，率土之濱，凡有血氣，莫不尊親。」

四月，議遷都臺于田州，不果。

先是有制：「王守仁暫令兼理巡撫兩廣。」既受命，先生乃疏言：「臣以迂踈多病之軀，謬承總制四省軍務之命，方懷不勝其任之憂[三]，今又加以巡撫之責，豈其所能堪乎？且兩廣之事，實重且難，巡撫之任，非得才力精强者，重其事權，進其官階[四]，而久其職任，殆未可求效

[一] 相比相煽　「相煽」，蓬左本、毛本作「復煽」。
[二] 迺令新建伯王守仁　「令」，蓬左本、毛本作「命」。
[三] 方懷不勝其任之憂　毛本作「方憂不勝其任」。
[四] 進其官階　「進」，蓬左本、毛本作「漸」。

於歲月之間也[一]。致仕副都御史伍文定，往歲寧藩之變，常從臣起兵，具見經略；侍郎梁材、南贛副都御史汪鋐，亦皆才能素著，足堪此任，願選擇而使之。」會侍郎方獻夫建白，宜於田州特設都御史一人，撫綏諸夷。下議，先生復疏言：「布政使林富可用，或量改憲職，仍聽臣等節制，暫於思、田住劄，撫綏其衆。然而要之蠻夷之區，不可治以漢法，雖流官之設，尚且弗便，而又可益之以都臺乎？今且暫設，凡一切廪餼輿馬，悉取辦于南寧府衛，取給于軍餉，不以干思、田之人。俟年餘經略有次，思、田止責知府理治，或設兵備憲臣一人于賓州，或以南寧兵備兼理。如此，則目前既得輯寧之效，而日後又可免煩勞之擾矣。」又以柳、慶缺參將，特薦用沈希儀[二]，且請起用前副總兵張佑[三]，俾與富協心共事[四]。未幾，陞富副都御史，

[一] 歲月之間也 蓬左本、毛本「也」下有「前此當事諸人，雖才能相繼而治效未究者，職此之故也」二十二字。
[二] 特薦用沈希儀 毛本無「用」字。
[三] 且請起用前副總兵張佑 蓬左本「佑」作「祐」；毛本作「并前副總兵張祐」。
[四] 俾與富協心共事 蓬左本、毛本「事」下有「事竣别用」四字。

撫治鄖陽以去，先生再薦布政使王大用、按察使周期雍[一]。又以邊方缺官[二]，且言副使陳槐[三]、施儒、楊必進、知府朱衮，皆堪右江兵備之任；知州林寬可爲田州知府，推官李喬木可爲同知。且言「任賢圖治[四]，得人實難，其在邊方反覆多事之地，其難尤甚。蓋非得忠實勇果、通達坦易之才，未易以定其亂；有其才矣，使不諳其土俗，則亦未易以得其本心；得其心矣，使不耐其水土，亦不能以久居其地以成其功。故用人於邊方，必兼是三者而後可。如前四人者，固皆可用之才，今乃皆爲時例所拘，棄置不用，而更勞心遠索，則亦過矣」[五]。疏上，

[一] 按察使周期雍　蓬左本「雍」下有「皆才可大用，昔年寧藩之變，四方援兵無一人至者，惟大用以詔雄兵備、期雍以汀漳兵備，各率兵赴義，其不負國家可知矣」四十八字；毛本「雍」下有「才皆可大用」五字。
[二] 又以邊方缺官　蓬左本「官」下有「薦才贊理，奏請起廢」八字。
[三] 且言副使陳槐　「且」，蓬左本、毛本作「具」。
[四] 且言任賢圖治　「言」，毛本作「謂」。
[五] 則亦過矣　蓬左本「矣」下有「臣今求才於邊方（中略）豈不大可惜乎」云云；毛本「矣」下有「臣今求才於邊方（中略）未見其能有瘳也」云云（原文見卷十五邊方缺官薦才贊理疏）。

俱未果行[一]。

興思、田學校[二]。

先生以田州新服，用夏變夷，宜有學校。但瘡痍逃竄，尚無受廛之民，即欲建學，亦爲徒勞，然風化之原，又不可緩也。乃案行提學道，着屬儒學，但有生員，無拘廩增，願改田州府學，及各處儒生願附籍入學者，本道選委教官，暫領學事，相與講肄游息，興起孝弟。或倡行鄉約，隨事開引，漸爲之兆。俟建有學校，然後將各生徒通發該學肄業，照例充補廩增起貢[三]。

五月，撫新民[四]。

[一] 毛本此下録議論一條：「○嶺南士人曰：先生田州之兵，未嘗不善。田州南接交夷，須有障蔽。岑氏世有其地，裂土而官之，使自爲守。彼力既分，又可藩我，故田州自用兵後，迄今無變。而謗不止，豈君子所爲，衆人固不識也乎？」

[二] 興思田學校　毛本「興」上有「大」字。

[三] 照例充補廩增起貢　「廩增」，蓬左本、毛本作「增廩」。

[四] 撫新民　毛本作「綏遠人」。

先生因左江道參議等官汪必東等稱[一]，古陶、白竹、石馬等賊，近雖誅剿，然尚有流出府江諸處者，誠恐日後爲患。乞調歸順土官岑瓛兵一千名，萬承、龍英共五百名，或韋貴兵一千名，住劄平南、桂平衝要地方[二]。及該府知府程雲鵬等，亦申量留湖兵，及調武靖州狼兵防守[三]。乃諭之曰[四]：「始觀論議，似亦區畫經久之計[五]；徐考成功，終亦支吾目前之計。蓋用兵之法，伐謀爲先；處夷之道，攻心爲上。今各瑶征剿之後，有司即宜誠心撫恤，以安其心。若不服其心，而徒欲久留湖兵，多調狼卒，憑藉兵力，以威劫把持，謂爲可久之計，則亦末矣[六]。殊不知遠來客兵[七]，怨憤不肯爲用，一也。供饋之需，稍不滿意，求索訾詈，將無

[一] 先生因左江道參議等官汪必東等稱　蓬左本作「據左江道參議等官汪必東等呈稱」；毛本作「先生因左江道參議汪必東等呈稱」。
[二] 住劄平南桂平衝要地方　「住」，蓬左本作「往」。
[三] 及調武靖州狼兵防守　蓬左本「守」下有「等因」二字。
[四] 乃諭之曰　蓬左本無此四字。
[五] 似亦區畫經久之計　「計」，蓬左本、毛本作「圖」。
[六] 則亦末矣　毛本「矣」下有「何也」二字。
[七] 殊不知遠來客兵　毛本無「殊不知」三字。

抵極，二也。就居民間，騷擾濁亂，易生釁隙，三也。困頓日久，資財耗竭，適以自弊，四也。欲借此以衛民，而反爲民增一苦；欲借此以防賊[一]，而反爲吾招一寇[二]，其可行乎[三]？合行知府程雲鵬[四]，公同指揮周胤宗，及各縣知縣等官[五]，親至已破賊巢各鄰近良善村寨，以次加厚撫恤，給以告示，犒以魚鹽，待以誠信，敷以德恩。諭以朝廷所以誅剿各賊者，爲其稔惡不悛。若爾等良善守分村寨，我官府何嘗輕動爾等一草一木[六]。爾等各宜益堅向善之心，毋爲彼所扇惑摇動。從而爲之推選衆所信服，立爲酋長，以連屬之[七]。若各賊果能改惡遷善，實心向化，今日來投，今日即待以良善[八]，決不追既往之惡。爾等即可以此意傳告開諭之。

[一] 欲借此以防賊　毛本無「以」字。
[二] 而反爲吾招一寇　蓬左本、毛本「寇」下有「各官之意（中略）復欲留之」云云（原文見卷十八綏柔流賊）。
[三] 其可行乎　蓬左本、毛本「乎」下有「夫刑賞之用當（中略）此蓋今時之通弊也」云云。
[四] 合行知府程雲鵬　蓬左本作「合就通行計處，仰抄案回道，即行知府程雲鵬」；毛本無「合」字。
[五] 及各縣知縣等官　毛本無「各縣」二字。
[六] 何嘗輕動爾等一草一木　毛本無「等」字。
[七] 以連屬之　蓬左本、毛本「之」下有「優其禮待（中略）無有驚疑」云云。
[八] 今日即待以良善　蓬左本、毛本「善」下有「即開其自新之路」七字。

我官府亦就實心撫安招來[一]，量給鹽米，爲之經紀生業，亦就爲之選立酋長，使有統率，毋令涣散。一面清查侵占田土，開立里甲，以息日後之争，禁約良民，毋使乘機報復，以激其變。如農夫之植嘉禾以去稂莠，深耕易耨，芸菑灌溉，專心一事，勤誠無惰，必有秋穫。夫善者益知所勸，則助惡者日衰；惡者益知所懲，則向善者益衆。此撫柔之道，而非專有恃於甲兵者也[二]。」又曰[三]：「該府議欲散撤顧倩機快等項[四]，調取武靖州土兵，使之就近防守一節，區畫頗當。然以三千之衆，而常在一處屯頓坐食，亦未得宜。必須分作六班，每五百名爲一班，每兩箇月日而更一次。若有鵰剿等項，然後通行起調。然必須于城市别立營房，毋使與民雜處，然後可免於騷擾嫌隙。蓋以十家牌門之兵，而爲守土安民之本；以武靖起調之兵，而備追捕剿

[一] 我官府亦就實心撫安招來　蓬左本、毛本作「我官府亦未嘗有必欲殺彼之心，若彼賊果有相引來投者，亦就實心撫安招來之」。
[二] 而非專有恃於甲兵者也　蓬左本、毛本「甲兵」作「兵甲」，又「也」下有「至于本院（毛本無「本院」二字）近行十家牌諭（中略）相去遠矣」云云。
[三] 又曰　蓬左本、毛本無此二字。
[四] 該府議欲散撤顧倩機快等項　蓬左本「該」上有「惟有」二字；毛本「該府」作「惟」。

截之用，此亦經權交濟相須之意也[一]。自今以後，免其秋調各處哨守等役，專在潯州地方，聽憑守備參將調用[二]。凡遇緊急調取，即要星馳赴信地，不得遲違時刻[三]。守巡各官[四]，仍要時加戒諭撫輯，毋令日久玩弛，又成虛應故事[五]。」

六月，興南寧學校[六]。

先生謂理學不明，人心陷溺，是以士習日偷，風教不振。日與各學师生朝夕開講，已覺漸有奮發之志。又恐窮鄉僻邑，不能身至其地，委原任監察御史降合浦縣丞陳逅主教靈山諸縣[七]，

[一] 此亦經權交濟相須之意也　蓬左本無「也」字，「意」下有「合就准行，仰該道仍將行糧等項，再議停當，備行該州土目人等遵照奉行」二十九字；毛本「也」下有「其該州土目人等」七字。

[二] 聽憑守備參將調用　毛本無「守備參將」四字。

[三] 凡遇緊急調取……不得遲違時刻　毛本無此十九字。

[四] 守巡各官　毛本無「守巡」二字。

[五] 又成虛應故事　蓬左本「事」下有「本院踈才多病（中略）再行計處定奪」云云；毛本「事」下有「自惟踈才多病（中略）悉以此意推行之」云云。

[六] 興南寧學校　毛本「興」上有「大」字。

[七] 委原任監察御史……主教靈山諸縣　蓬左本、毛本「委」上有「仍」字，又蓬左本「教」在「縣」之下。

原任監察御史降揭陽縣主簿季本主教敷文書院[一]。仍行牌諭曰：「仰本官每日拘集該府縣學諸生，爲之勤勤開誨，務在興起聖賢之學，一洗習染之陋。其諸生該赴考試者，臨期起送；不該赴試者，如常朝夕聚會。考德問業之外，或時出與經書論策題目，量作課程，就與講析文義，以無妨其舉業之功。大抵學絶道喪之餘，未易解脱舊聞舊見，必須包蒙俯就，涵育薰陶，庶可望其漸次改化。諒本官平素最能孜孜汲引，則今日必能循循善誘。諸生之中，有不率教者，時行檟楚，以警其惰。本院回軍之日，將該府縣官員師生查訪勤惰，以示勸懲。」○又牌諭曰[二]：「照得安上治民[三]，莫善於禮，冠婚喪祭，固宜家喻而户曉者，今皆廢而不講，欲求風俗之美[四]，其可得乎？況兹邊方遠郡，土夷錯雜，頑梗成風，有司徒事刑驅勢迫[五]，是謂以火濟火，何益於治？若教之以禮，庶幾所謂小人學道則易使矣。福建莆田生員陳大章[六]，

[一] 原任監察御史降揭陽縣主簿季本主教敷文書院　蓬左本「原」上有「又委」二字，又「教」在「院」之下。
[二] ○又牌諭曰　蓬左本無「○」符。按，以下引文，原文見卷十八牌行南寧府延師講禮。
[三] 照得安上治民　毛本無「照得」二字。
[四] 欲求風俗之美　「俗」，毛本作「化」。
[五] 有司徒事刑驅勢迫　「事」，國圖本、天圖本、叢刊本、文淵閣本、摛藻堂本作「具」。
[六] 福建莆田生員陳大章　蓬左本、毛本作「近據福建莆田儒學生員陳大章」。

前來南寧遊學[一]，扣以冠婚鄉射諸儀，頗能通曉[二]。近來各學諸生[三]，類多束書高閣，飽食嬉遊，散漫度日。豈若使與此生朝夕講習於儀文節度之間，亦足以收其放心，固其肌膚之會，筋骸之束，不猶愈於博奕之爲賢乎？仰南寧府官吏[四]，即便館穀陳生於學舍，於各學諸生之中，選取有志習禮，及年少質美者，相與講解演習。自此諸生得於觀感興起，砥礪切磋，修之於其家[五]，而被於里巷[六]，達於鄉村，則邊徼之地，遂化爲鄒魯之鄉[七]，亦不難矣[八]。」

[一] 前來南寧遊學　蓬左本、毛本「學」下有「進見之時，每言及禮，因而」十字。

[二] 頗能通曉　蓬左本、毛本「頗」上有「果亦」二字。

[三] 近來各學諸生　蓬左本「近」上有「看得」二字；毛本作「看得近來各學生員」。

[四] 仰南寧府官吏　蓬左本、毛本「仰」上有「爲此牌」三字。

[五] 修之於其家　毛本無「其」字。

[六] 而被於里巷　毛本「而」下有「又」字。

[七] 遂化爲鄒魯之鄉　蓬左本、毛本「遂」上有「自此」二字。

[八] 亦不難矣　蓬左本「矣」下有「諸生講習已有成效（中略）要亦不爲無補」云云。按，蓬左本卷六至此終。

七月，襲八寨[一]**、斷藤峽，破之。**

八寨、斷藤峽諸蠻賊[二]，有衆數萬，負固稔惡。南通交趾諸夷，西接雲、貴諸蠻[三]，東北與牛腸[四]、仙臺、花相、風門、佛子及柳慶、府江、古田諸瑶，迴旋連絡，延袤二千餘里[五]，流劫出没，爲害歲久。比因有事思、田，勢不暇及。至是，先生以思、田既平[六]，蘇、受新附，乃因湖廣保靖歸師之便，令布政使林富、副總兵張祐等，出其不意，分道征之。富、祐率右江及思、田兵，進剿八寨諸賊[七]。參議汪必東、副使翁素、僉事汪溱率左江及永、保土兵，進

[一] 襲八寨　蓬左本「襲」上有「師」字。
[二] 八寨斷藤峽諸蠻賊　毛本作「八寨、斷藤峽諸處」。
[三] 南通交趾諸夷西接雲貴諸蠻　毛本作「南通交阯，西接雲貴」。
[四] 東北與牛腸　「腸」，底本訛作「場」，據蓬左本、毛本以及征剿稔惡瑶賊疏改。
[五] 延袤二千餘里　蓬左本、毛本「袤」下有「周遭」二字。
[六] 先生以思田既平　「先生」，蓬左本、毛本作「公」。
[七] 進剿八寨諸賊　毛本無「諸賊」二字。

剿斷藤峽諸賊[一]。令該道分巡兵備收解紀功御史册報[二]，及行太監張賜并各鎮巡知會[三]。一月之内[四]，大破其衆，斬獲三千有奇。先生見諸賊巢穴既已掃蕩[五]，而我兵疾疫[六]，遂班師奏捷。〇按，疏言[七]：「斷藤峽諸賊，犄角屯聚[八]，自國初以來，屢征不服，至天順間，都御史韓雍統兵二十萬，然後破其巢穴。撤兵無何，賊復攻陷潯州，據城大亂，後復合兵，量從剿撫。自後竊發無時[九]，兇惡成性，不可改化[一〇]。至於八寨諸賊，尤爲兇猛，利鏢毒弩，

[一] 進剿斷藤峽諸賊　毛本無「諸賊」二字。
[二] 令該道……御史册報　蓬左本作「令該道分巡兵備隨軍收解紀功御史紀驗册報」；毛本無「令」字。
[三] 及行太監張賜并各鎮巡知會　毛本「行」下有「始與」二字。
[四] 一月之内　蓬左本「一」作「三」；毛本作「三月内」。
[五] 先生見諸賊巢穴既已掃蕩　毛本作「先生見賊巢已掃」。
[六] 而我兵疾疫　蓬左本「疫」下有「時行」二字。
[七] 〇按疏言　蓬左本作「〇按别録，先生具疏言，富等呈稱」；毛本作「〇疏言富等呈稱」。
[八] 犄角屯聚　毛本無此四字。
[九] 自後竊發無時　毛本「時」下有「近復乘間縱横，不可支持」十字。
[一〇] 兇惡成性不可改化　蓬左本「化」下有「近復乘間縱横，不可支持」十字；毛本無此八字。

莫當其鋒；且其寨壁天險，進兵無路。自國初都督韓觀，嘗以數萬之衆，圍困其地，亦不能破，竟從招撫而罷[一]。報後興師合剿[二]，一無所獲，反多撓喪[三]。惟成化間，土官岑瑛嘗合狼兵深入[四]，斬獲二百，已而賊勢大湧，力不能支[五]，亦從撫罷[六]。今因湖廣之回兵[七]，而利導其順便之勢；作思、田之新附，而善用其報效之機[八]。兩地進兵，各不滿八千之衆，

[一] 竟從招撫而罷　毛本無「而罷」二字。
[二] 報後興師合剿　「報」，蓬左本、毛本作「厥」。
[三] 反多撓喪　毛本無此四字。
[四] 土官岑瑛嘗合狼兵深入　蓬左本「入」下有「其阻」二字。
[五] 已而賊勢大湧力不能支　蓬左本「支」下有「當遂退兵」四字；毛本無「賊勢大湧」四字。
[六] 亦從撫罷　蓬左本、毛本「罷」下有「自是而後，莫可誰何，比自思田起事，兩廣煽動，危不可言」二十二字。
[七] 今因湖廣之回兵　蓬左本「今」下有「幸朝廷威德宣揚，軍門經略密授」十三字；毛本「今」下有「幸朝廷威德」五字。
[八] 報效之機　蓬左本、毛本「機」下有「翕若雷霆，疾如風雨，事舉而遠近不知有兵，敵破而將卒莫測其用」二十六字。

而三月報捷，共已踰三千之功[一]。兩廣父老，皆以爲數十年來未有此舉也[二]。」

疏請經略思、田及八寨、斷藤峽。

初，先生既平思、田，乃上疏曰[三]：「臣以迂庸，繆當兵事於兹土[四]，承制假以撫剿便宜[五]，是陛下之心，惟在於除患安民，未嘗有所意必也。又諭令賊平之後，議設土流孰

[一] 共已踰三千之功　蓬左本、毛本「功」下有「蓋其勞費，未及大征十之一；而其斬獲，加於大征三之二」二十二字。

[二] 未有此舉也　蓬左本、毛本「也」下有「臣等伏念斷藤八寨諸賊（中略）尚有圖報之日」云云（原文見卷十五八寨斷藤峽捷音疏）；又下二本并爲引文，蓬左本作「〇按別録，是時有書與執政曰：思田之議，（中略）不宜自嫌矜伐者也」云云；毛本作「與執政書曰：思田之議（中略）不宜自嫌矜伐者也」云云（原文見卷二十一寄翟石門閣老。按，二本引文之末「所謂兵政……不宜自嫌矜伐者也」二十六字，爲年譜編者所擬，非原書所有）。毛本又下引詩：「〇破斷藤峽、平八寨」（原詩見卷二十）。

[三] 初先生既平思田乃上疏曰　蓬左本「先生」作「公」；毛本作「疏曰」；二本「曰」下并有「明王奉若天道（中略）惟以亂民而已」云云（原文見卷十四處置平復地方以圖久安疏）。

[四] 繆當兵事於兹土　毛本無「於兹土」三字。

[五] 承制假以撫剿便宜　毛本作「假以便宜」。

便[一]，是陛下之心，惟在於安民息亂，未嘗有所意必也。始者思、田梗化[二]，既舉兵而加誅矣[三]；因其悔罪投降，遂復宥而釋之[四]；固亦莫非仰承陛下不嗜殺人之心，惓惓憂憫赤子之無辜也[五]。」凡爲經略事宜有三：特設流官知府，以制土官之勢；仍立土官知府[六]，以順土夷之情；分設土官巡檢，以散各夷之黨。擬府名爲「田寧」，以應讖謠而定人心。設州治于府之西北，立猛第三子邦相爲吏目[七]，待其有功，漸陞爲知州。分設思恩土巡檢司九，田州土巡檢司十有八，以蘇、受并土目之爲衆所服者世守之。既而復破八寨、斷藤峽，又上疏曰：「臣因督兵，親歷諸巢，見其形勢要害，各有宜改立衛所，開設縣治，以斷其脉絡而扼其

[一] 議設土流孰便　「土流」，毛本作「土官流官」。
[二] 始者思田梗化　毛本「始」上有「是以」二字。
[三] 既舉兵而加誅矣　「矣」，毛本作「之」。
[四] 遂復宥而釋之　毛本「之」下有「然而今之議者（中略）乃敢具述以請」云云。
[五] 固亦莫非仰承陛下不嗜殺人之心惓惓憂憫赤子之無辜也　蓬左本「也」下有「然而今之議者（中略）乃敢具述以請」云云；毛本無此二十四字。
[六] 仍立土官知府　「府」，毛本作「州」。按，據原文，作「州」者是。
[七] 立猛第三子邦相爲吏目　毛本無「爲」字。

咽喉者。若失今不爲，則數年之間，賊復漸來[一]，必歸聚生息[二]，不過十年，又有地方之患矣。臣以遵制便宜[三]，相度舉行。」凡爲經略事宜有六：移南丹衛城于八寨，改築思恩府治于荒田，改鳳化縣治于三里，增設隆安縣治，置流官于思龍以屬田寧，增築守鎮城堡于五屯。事下[四]，本兵持之，户部復請覆勘[五]。學士霍韜等上疏曰：「臣等廣人也。是役也，臣等嘗爲守仁計曰：前當事者，凡若三省兵若干萬，梧州軍門費用軍儲若干萬[六]，復從廣東布政司支用銀米若干萬，殺死疫死官兵土兵若干萬，僅得田州小寧五十日，而思恩叛矣[七]。今守仁不殺一卒，不費斗米，直宣揚威德，遂使思、田頑叛稽首來服，雖舜格有苗，何以過此[八]？

[一] 賊復漸來　毛本作「賊必漸復」。
[二] 必歸聚生息　毛本無「必」字。
[三] 臣以遵制便宜　毛本無「以」字。
[四] 事下　毛本作「事下兵部」。
[五] 户部復請覆勘　毛本作「户部請覆」。
[六] 若干萬　「若」，底本訛作「合」，據蓬左本、毛本、文淵閣本、摛藻堂本改。
[七] 而思恩叛矣　蓬左本、毛本「矣」下有「吊岩賊出圍肇慶府（中略）奇功也」云云（原文見卷三十八地方疏）。
[八] 何以過此　蓬左本、毛本「此」下有「臣是以歎服守仁，不惟能肅將天威，實能誕敷天德也」二十一字。

乃若八寨賊、斷藤峽賊，又非思、田之比[一]，八寨爲諸賊淵藪[二]，而斷藤峽爲八寨羽翼也[三]。廣西有八寨諸賊，猶人有心腹病也。八寨不平，則兩廣無安枕期也。今守仁沉機不露，一舉平之，百數十年豺虎窟穴，掃而清之，如拂塵然[四]。臣等是以歎服守仁，能體陛下之仁，以懷綏思、田向化之民；又能體陛下之義，以討服八寨、斷藤梗化之賊，仁義兩得之也。夫守仁之成功，有八善焉：乘湖兵歸路之便，兵不調而自集，一也。因思、田效命之助，勞而不怨，二也。機出意外，賊不能遁，所誅者渠惡，非濫殺報功者比，三也。因歸師無糧運費，四也。一舉成功，民不知擾，五也。平八寨、平斷藤峽[五]，則極惡者先誅，其細小巢穴，可漸德化，得撫剿之宜，六也。八寨不平，則西而柳、慶，東而羅旁、淥水[六]、新寧、思平之賊[七]，合

[一] 又非思田之比　蓬左本、毛本「比」下有「蓋廣西在萬山之叢（中略）萬人莫敵」云云。
[二] 八寨爲諸賊淵藪　蓬左本、毛本「八」上有「故」字。
[三] 而斷藤峽爲八寨羽翼也　蓬左本、毛本無「峽」字。
[四] 如拂塵然　蓬左本、毛本「然」下有「非仰藉神武不殺之威，何以致此」十三字。
[五] 平斷藤峽　「平」，毛本作「與」。
[六] 淥水　蓬左本作「录水」。
[七] 思平之賊　「思平」，毛本以及地方疏作「恩平」。

數千里，共爲窟穴。雖調兵數十萬，未易平伏。今八寨平定，則諸賊可以漸次撫剿，兩廣良民可以漸次安業[一]，紓聖明南顧之憂，七也。韓雍雖平斷藤峽賊矣，旋復有倡亂者[二]，八寨乃百六十年所不能誅之劇賊[三]，今守仁既平其巢窟，即徙建城邑以鎮定之[四]，則惡賊失險，後日不能爲變，逋賊來歸，且化爲良民矣。誅惡綏良，得民父母之體，八也。或議守仁奉命，有事思、田[五]，遂剿八寨，可乎？臣則曰：昔吴、楚反，攻梁，景帝詔周亞夫救梁，亞夫不奉詔，而絶吴、楚糧道，遂破吴、楚而平七國，安漢社稷。傳曰『閫以外，將軍制之』，又曰『大夫出疆，有可以安國家，利社稷，專之可也』，古之道也。是故亞夫知制吴、楚在絶其食道，而不在於救梁，是故雖有詔命，有所不受。今守仁知思、田可以德懷也，遂納其降而安定之；知

[一] 兩廣良民可以漸次安業　蓬左本作「兩廣良民可漸安民業」；毛本作「兩廣良民可漸安業」。

[二] 旋復有倡亂者　蓬左本、毛本「者」下有「當時未及區畫其地，爲經久圖，俾餘賊復據巢穴，五十年生聚，則賊熾盛也亦宜」三十一字。

[三] 八寨乃百六十年所不能誅之劇賊　蓬左本、毛本「八」上有「若」字，又「賊」下有「山川天險，尤難爲功」八字。

[四] 即徙建城邑以鎮定之　「徙」，毛本作「圖」。

[五] 有事思田　蓬左本、毛本「田」下有「乃不剿思田，則亦已矣」九字。

八寨諸賊未易服也，遂因時仗義而討平之[一]。雖無詔命，先發後聞可也，況有便宜從事之旨乎？或曰：建置城邑，大事也；區處錢糧，户部職也；不先奏聞而輒興工，可乎？臣則曰[二]：昔者范仲淹之守西邊也，欲築大順城，慮敵人争之，乃先具版築，然後巡邊，急速興工，一月成城，西夏覺而争之，已不及矣[三]。守仁于建置城邑之役[四]，不仰足户部而後有處[五]。其以一肩而分聖明南顧之憂[六]，不以爲功，反以爲過，可乎[七]？臣等目擊八寨之賊[八]，爲地方大患百數十年，一旦仰賴聖明任用守仁以底平定，不勝慶忭。今兵部功賞未行，户部覆題再

[一] 遂因時仗義而討平之　蓬左本、毛本「平」下有「仁義之用，達天德也」八字。
[二] 臣則曰　蓬左本、毛本「曰」下有「古者帝王（中略）雖築城亦不能矣」云云。
[三] 已不及矣　蓬左本、毛本「矣」下有「是何（毛本「何」下有「也」字），若俟其奏報，豈不敗事」等字。
[四] 城邑之役　蓬左本、毛本「役」下有「計之熟矣，錢糧夫役」八字。
[五] 不仰足户部而後有處　蓬左本、毛本作「固不仰足户部而後有處矣」。
[六] 其以一肩而分聖明南顧之憂　蓬左本、毛本「憂」下有「可謂賢矣」四字。
[七] 可乎　蓬左本、毛本「乎」下有「先是宸濠反（中略）遂無所激勸以爲建功之地耳」云云。
[八] 臣等目擊八寨之賊　蓬左本、毛本「等」下有「廣人也」三字。

勘。臣恐機會一失，大功遂阻，城堡不築，逋賊復聚[一]，地方可慮。是故冒昧建言，唯聖明察焉[二]。」

九月，疏謝獎勵賞賚。

[一] 逋賊復聚　「聚」，蓬左本、毛本作「據」。

[二] 唯聖明察焉　蓬左本、毛本「焉」下并録遺事。蓬左本作「〇按，提督侍郎林富覆議曰：帝王御極，慮周萬世之防，以通變宜民爲本；威振八蠻之俗，以勸遹略遠爲圖。故事有不必更者，亦有不容不更者。守仁原議遷衛改府，設縣鎮與土流兼設，無非安邊闢國，保治防危之計。但當時身在行間，事欲乘時，中間有未暇致詳者。今據僉謀詳覆，固非苟爲異同。其言特設流官知府，似難比思恩（毛本作「田」）之例，止宜降府爲州，以岑邦相爲土知州。及分設土巡檢司，革鳳化縣，而移南丹衛于三里，仍屬南寧，自餘悉如守仁議」；毛本作「當時朝議呶呶於八寨者之役，故辭懇切若此。提督侍郎林富覆議曰：帝王御極云云（與蓬左本同）。〇嶺南士人曰：先生田州、斷藤峽、八寨，實爲偉功，至今民受其福，尚不之知。但爲當時用事所忌，故其言不盡行。且公之力，止可及此。北流斷藤不肯改設府縣，而思恩以流官知府，分八寨爲八巡檢統之，以分其勢，亦羈縻策也。今流官不隨俗爲治，而又多索賄，取侮蠻夷。八巡檢又非知府可制，遂各分争土地，專制生殺，將來尾大不掉之患，可勝言哉？蓋土官以夷治夷，爲夷所信，且供億差役，簡而不擾。流官文法太多，夷不堪命，況有八巡檢耶？此後來總督責也。天不慭遺，使至此極，悲夫」。

賞恩、田功也[一]。九月初八日[二]，行人馮恩賫捧欽賜至鎮[三]，故有謝疏。

○與德洪、畿書[四]：「地方事幸遂平息，相見漸可期矣。近來不審同志聚會如何[五]，得無法堂前今已草深一丈否？想卧龍之會，雖不能大有所益，亦不宜遂爾荒落，且存餼羊，後或興起，亦未可知。餘姚得應元諸友相與倡率，爲益不小。近有人自家鄉來，聞龍山之講至今不廢，亦殊可喜。書到，望遍寄聲[六]，益相與勉之。九十弟與正憲輩，不審早晚能來親近否？誘掖

[一] 賞恩田功也　蓬左本、毛本「也」下有「有旨：王守仁受命提督軍務（中略）買辦羊酒送用」云云（原文見卷十五獎勵賞賚謝恩疏）。

[二] 九月初八日　蓬左本、毛本「九」上有「本年」二字。

[三] 行人馮恩賫捧欽賜至鎮　蓬左本、毛本「行」上有「該」字。

[四] ○與德洪畿書　蓬左本作「與德洪、王畿書」；毛本作「與德洪、畿書曰」（六字未加線框）。

[五] 近來不審同志聚會如何　蓬左本、毛本「聚」作「叙」；國圖本、天圖本、叢刊本、文淵閣本、摛藻堂本「來」作「年」。

[六] 望遍寄聲　「遍」，蓬左本、毛本作「爲」。

接引之功[一]，與人爲善之心[二]，當不俟多喋也。魏廷豹决能不負所托，兒輩或不能率教，亦望相與夾持之[三]。」

十月，**疏請告**[四]。

先生以疾劇[五]，上疏請告，具言[六]：「臣自往年承乏南贛，爲炎毒所中，遂患咳痢之疾，歲益滋甚。其後退休林野，稍就醫藥，而疾亦終不能止。自去歲入廣，炎毒益甚[七]，力疾從事，竣事而出，遂爾不復能興。今已輿至南寧，移卧舟次，將遂自梧道廣，待命于韶、雄之

[一] 誘掖接引之功　蓬左本、毛本無「功」字。

[二] 與人爲善之心　蓬左本、毛本「與」上有「諒」字。

[三] 亦望相與夾持之　蓬左本「之」下有「人行匆匆，百不一及，諸同志不能盡列姓字，均致此意」二十一字；毛本無「魏廷豹……相與夾持之」二十三字。底本「與」訛作「興」，據蓬左本、天圖本、叢刊本改。

[四] 十月疏請告　毛本此條在下文「祀增城先廟」條之下。

[五] 先生以疾劇　蓬左本作「先是公以疾劇」；毛本無「以」字。

[六] 具言　毛本作「略曰」，又下蓬左本、毛本并有「臣以憂病（中略）必有意外之災者也」云云（原文見卷十五乞恩暫容回籍就醫養病疏）。

[七] 炎毒益甚　毛本作「炎毒驕亢」。

間。夫竭忠以報國，臣之素志也。受陛下之深恩，思得粉身虀骨以自效，又臣之所日夜切心者也。病日就危，而尚求苟全以圖後報，而爲養病之舉，此臣之所以大不得已也[一]。」疏入，未報[二]。

謁伏波廟

先生十五歲時，常夢謁伏波廟[三]，至是拜祠下，宛然如夢中[四]，謂茲行殆非偶然[五]。因識二詩，其一曰[六]：「四十年前夢裏詩，此行天定豈人爲。徂征敢倚風雲陣，所過如同時雨師[七]。尚喜遠人知向望，却慚無術救瘡痍。從來勝筭歸廊廟，耻說兵戈定四夷。」其二詩

[一] 此臣之所以大不得已也　毛本無「以」字。
[二] 未報　毛本作「不報」，又下引文：「〇與廷仁書曰：區區病勢（中略）伏枕潦草」云云（原文見卷六）。
[三] 常夢謁伏波廟　毛本「廟」下有「有詩」二字。
[四] 宛然如夢中　毛本無「然」字。
[五] 謂茲行殆非偶然　毛本作「謂茲行殆不偶」。
[六] 因識二詩其一曰　蓬左本作「因識一詩曰」；毛本無「其」字，「一曰」二字有線框。
[七] 所過如同時雨師　「如」，毛本作「須」。

曰[一]：「樓船金鼓宿烏蠻[二]，魚麗群舟夜上灘。月遶旌旗千嶂静，風傳鈴木九溪寒[三]。荒夷未必先聲服，神武由來不殺難。想見虞廷新氣象，兩階干羽五雲端。」是月，與豹書[四]：「近歲山中講學者[五]，往往多説勿忘勿助，工夫甚難。問之則云：『才著意便是助，才不著意便是忘，所以甚難。』區區因問之云：『忘是忘箇甚麽，助是助箇甚麽？』其人默然無對，始請問。區區因與説：我此間講學，却只説箇必有事焉，不説勿忘勿助。必有事焉者，只是時時去集義。若時時去用必有事的工夫，而或有時間斷，此便是忘了，即須勿忘；時時去用必有事的工夫，而或有時欲速求效，此便是助了，即須勿助。其工夫全在必有事焉上用，勿忘勿助，只就其間提撕警覺而已。若是工夫原不間斷，即不須更説勿忘；原不欲速求效，即不須更説勿助。此其工夫，何等明白簡易，何等灑脱自在。今却不去必有事上用工，而乃懸空守着一箇勿忘勿

[一] 其二詩曰　蓬左本無「其」字；毛本作「又曰」，二字有線框。
[二] 樓船金鼓宿烏蠻　「金」，蓬左本作「定」。
[三] 風傳鈴木九溪寒　「木」，蓬左本、毛本作「柝」。
[四] 是月與豹書　毛本「是」上有「〇」符，諸字無線框。
[五] 近歲山中講學者　蓬左本、毛本「歲」下有「來」字。按，引文原文見卷二答聶文蔚二。

助[一]，濟濟蕩蕩[二]，只做得箇沉空守寂，學成一箇癡騃漢，事來即便牽滯紛擾[三]，不復能經綸宰制。此皆由學術誤人之故[四]，甚可憫矣[五]。」○又與鄒守益書曰[六]：「隨處體認天理，勿忘勿助之説，大約未嘗不是，只要根究下落，即未免捕風捉影。縱令鞭辟向裏，亦與聖門致良知之功尚隔一塵。若復失之毫釐，便有千里之繆矣。世間無志之人[七]，既已見驅於聲利辭章之習，間有知得自己性分當求者，又被一種似是而非之學兜絆羈縻，終身不得出頭。緣人未有真爲聖人之志，未免挾有見小欲速之私，則此種學問，極足支吾眼前得過。是以雖在豪傑之士，而任重道遠，志稍不力[八]，即且安頓其中者多矣。」

[一] 勿忘勿助　蓬左本、毛本「助」下有「此正如燒鍋煮飯（中略）又懸空去做箇勿助」云云。
[二] 濟濟蕩蕩　蓬左本「蕩蕩」下有「全無實落下手處，究竟工夫」十一字。
[三] 事來即便牽滯紛擾　「事來」，蓬左本作「纔遇些子事來」。
[四] 此皆由學術誤人之故　蓬左本、毛本作「此皆有志之士，而乃使之勞苦纏縛，躭閣一生，皆由學術誤人之故」。
[五] 甚可憫矣　蓬左本、毛本「矣」下有「夫必有事焉（中略）只有此一事耳」云云。
[六] 又與鄒守益書曰　毛本作「又與守益書」。
[七] 世間無志之人　「間」，毛本作「有」。
[八] 志稍不力　「力」，毛本作「立」。

祀增城先廟。

先生五世祖諱綱者[一]，死苗難，廟祀增城。是月[二]，有司復新祠宇，先生謁祠奉祀[三]。過甘泉先生廬，題詩於壁曰[四]：「我祖死國事，肇禋在增城。荒祠幸新復，適來奉初蒸。亦有兄弟好，念言思一尋[五]。蒼蒼蒹葭色[六]，宛隔環瀛深。入門散圖史，想見抱膝吟。賢郎敬父執，童僕意相親。病軀不遑宿，留詩慰慇懃。落落千百載，人生幾知音。道同著形迹，期無負初心。」又題甘泉居曰[七]：「我聞甘泉居，近連菊坡麓。十年勞夢思，今來快心目。徘徊欲移家，

[一] 先生五世祖諱綱者　毛本無「者」字。
[二] 是月　蓬左本作「是年」。
[三] 先生謁祠奉祀　蓬左本「奉祀」作「奉初蒸」；毛本「祠」作「廟」。
[四] 題詩於壁曰　毛本「題詩於壁」四字無線框。
[五] 念言思一尋　「念言」，毛本作「言念」。
[六] 蒼蒼蒹葭色　「蒹」，底本訛作「見」，據蓬左本、毛本改。
[七] 又題甘泉居曰　毛本作「又甘泉居」。

山南尚堪屋。渴飲甘泉泉，饑飡菊坡菊[一]。行看羅浮雲，此心聊復足。」與德洪、畿書[二]：「書來[三]，見近日工夫之有進，足爲喜慰。而餘姚、紹興諸同志，又能相聚會講切，奮發興起，日勤不懈，吾道之昌，真有火燃泉達之機矣。喜幸當何如哉[四]！此間地方，悉已平靖，只因二三大賊巢，爲兩省盜賊之根株淵藪，積爲民患者，心亦不忍不爲一除剪，又復遲留二三月，今亦了事矣。旬月間便當就歸途也。守儉、守文二弟，近承夾持啓迪，想亦漸有所進。正憲尤極懶惰，若不痛加針砭，其病未易能去。父子兄弟之間，情既迫切，責善反難，其任乃在師友之間，想平日骨肉道義之愛，當不俟於多囑也[五]。」與何性之書[六]：「區區病勢日狼狽，自至廣城，又增水瀉，日夜數行不得止，至今遂兩足不能坐立，須稍定，即踰嶺而東矣。諸友皆不必相候，果有山陰之興，即須早鼓錢塘之舵，得與德洪、汝中輩一會聚，彼此當必有益。區

[一] 饑飡菊坡菊　「飡」，底本訛作「食」，據蓬左本、毛本改。
[二] 與德洪畿書　蓬左本「畿」作「王畿」；毛本作「〇與德洪畿書曰」，諸字無線框。
[三] 書來　蓬左本作「德洪、汝中書來」。
[四] 喜幸當何如哉　蓬左本、毛本重複此六字。
[五] 當不俟於多囑也　毛本「也」下有「書院規制（中略）酌量爲之」云云（原文見卷六與錢德洪王汝中三）。
[六] 與何性之書　毛本作「〇與廷仁書曰」（諸字無線框），語在「十月，疏請告」條之下。

區養病本去已三月，旬日後必得旨，亦遂發舟而東。縱未能遂歸田之願，亦必得一還陽明洞，與諸友一面而別，且後會又有可期也。千萬勿復遲疑，徒躭誤日月。總及隨舟而行[一]，沿途官吏送迎請謁，斷亦不能有須臾之暇，宜悉此意。書至即撥冗[二]，德洪、汝中輩，亦可促之早爲北上之圖。伏枕潦草。」

十一月丁卯[三]，先生卒於南安。

是月廿五日，踰梅嶺至南安。登舟時，南安推官門人周積來見[四]。先生起坐[五]，咳喘不已，徐言曰[六]：「近來進學如何？」積以政對，遂問道體無恙[七]。先生曰：「病勢危亟，所未

[一] 總及隨舟而行　「總」，毛本作「縱」。
[二] 書至即撥冗　毛本無此五字。
[三] 丁卯　國圖本、天圖本、叢刊本、文淵閣本、摛藻堂本作「乙卯」。
[四] 南安推官門人周積來見　蓬左本作「南安府推官門人周積見」。
[五] 先生起坐　毛本「生」下有「猶」字。
[六] 徐言曰　毛本無「言」字。
[七] 遂問道體無恙　毛本「恙」下有「否」字。

死者，元氣耳[一]。」積退而迎醫診藥[二]。廿八日晚泊，問：「何地？」侍者曰[三]：「青龍鋪。」明日，先生召積入[四]，久之，開目視曰：「吾去矣。」積泣下，問何遺言[五]？先生微哂曰[六]：「此心光明，亦復何言[七]？」頃之，瞑目而逝，二十九日辰時也[八]。贛州兵備門人張思聰追至南安，迎入南埜驛[九]，就中堂沐浴，衾斂如禮[一〇]。先是，先生出廣，布

[一] 所未死者元氣耳　毛本無「所」字，「耳」下有「侍者垂泣，以家事嗣子問。先生嘆曰：何須及此？少頃曰：惟未得與諸友了學問一事，爲可恨耳。時時作越聲，訝吉安何無一人至者」五十字。
[二] 積退而迎醫診藥　毛本無此七字。
[三] 侍者曰　蓬左本作「侍者對曰」；毛本作「旁對曰」。
[四] 先生召積入　毛本無「先生」二字。
[五] 問何遺言　蓬左本作「問先生有何遺言」；毛本無「何」字。
[六] 先生微哂曰　蓬左本「哂」作「笑」；毛本作「微笑曰」。
[七] 亦復何言　毛本無「亦」字。
[八] 二十九日辰時也　蓬左本「二」上有「蓋」字；毛本作「蓋二十九日丁卯辰時也」。
[九] 贛州兵備門人張思聰追至南安迎入南埜驛　蓬左本「南安」作「南康」；毛本作「南贛兵備門人張思聰追迎於南埜驛」。
[一〇] 就中堂沐浴衾斂如禮　蓬左本作「沐浴中堂，飯含如禮」；毛本「就」上有「積」字。

政門人王大用備美材隨舟[一]，思聰親敦匠事[二]，鋪梱設褥[三]，表裏裼襲[四]。門人劉邦采來奔喪事[五]。十二月三日[六]，思聰與官屬師生設祭入棺[七]。明日[八]，輿櫬登舟，士民遠近遮道，哭聲振地[九]，如喪考妣。至贛，提督都御史汪鋐迎祭于道[一〇]，士民沿途擁哭如南安[一一]。至南昌，巡按御史儲良材、提學副使門人趙淵等，請改歲行，士民昕夕哭奠[一二]。

[一] 先生出廣布政門人王大用備美材隨舟　毛本作「離廣，布政門人王大用備美材以隨」。

[二] 思聰親敦匠事　毛本作「思聰敦匠」。

[三] 鋪梱設褥　蓬左本「梱」作「裀」；毛本作「設裀褥」。按，「梱」當爲「裀」之訛。

[四] 表裏裼襲　毛本作「裼襲甚厚」，又下有「明日，爲十二月朔」七字。

[五] 門人劉邦采來奔喪事　蓬左本「喪」作「司」；毛本作「安成門人劉邦采適至，遂治殮」。

[六] 十二月三日　毛本作「又明日」。

[七] 設祭入棺　「祭」，毛本作「奠」。

[八] 明日　毛本作「初四日」。

[九] 哭聲振地　毛本無「聲」字。

[一〇] 迎祭于道　「祭」，毛本作「奠」。

[一一] 南安　蓬左本、毛本作「南康」。

[一二] 士民昕夕哭奠　蓬左本、毛本作「官吏師生、父老子弟，日有奠，憑哭如贛」。

八年己丑，正月，喪發南昌。

是月連日逆風[一]，舟不能行。趙淵祝於柩曰：「公豈爲南昌士民留耶？越中子弟門人來候久矣。」忽變西風，六日直至弋陽[二]。先是，德洪與畿西渡錢塘[三]，將入京殿試[四]，聞先生歸，遂迎至嚴灘，聞訃[五]。正月三日，成喪于廣信[六]，訃告同門。是日，正憲至。初六日，會于弋陽。初十日，過玉山，弟守儉、守文，門人欒惠、黄洪[七]、李珙、范引年、柴鳳至。

二月庚午，喪至越。

[一] 是月連日逆風　毛本無「連日」二字。
[二] 六日直至弋陽　毛本無「直」字。
[三] 先是德洪與畿西渡錢塘　毛本作「德洪與王畿已西渡錢塘」。
[四] 將入京殿試　毛本「京」下有「赴」字。
[五] 遂迎至嚴灘聞訃　毛本作「遂返迎，聞訃嚴灘」。
[六] 成喪于廣信　蓬左本無「于」字。
[七] 黄洪　毛本作「王洪」。

四日，子弟門人奠柩中堂[一]，遂飾喪紀[二]。婦人哭門内，孝子正憲，携弟正億，與親族子弟哭門外[三]，門人哭幕外。朝夕設奠如儀。每日門人來弔者百餘人[四]，有自初喪至卒葬不歸者。書院及諸寺院聚會如師存。是時朝中有異議，爵廕贈謚，諸典不行，且下詔禁僞學。詹事黄綰上疏曰：「忠臣事君，義不苟同；君子立身，道無阿比。臣昔爲都事，今少保桂萼時爲舉人，取其大節，與之交友。及臣爲南京都察院經歷，見大禮不明，相與論列，相知二十餘年，始終無間。昨臣薦新建伯王守仁堪以柄用，萼與守仁舊不相合，因不謂然，小人乘間搆隙，然臣終不以此廢萼平生也。但臣於事君之義，立身之道，則有不得不明者。臣所以深知守仁者，蓋以其功與學耳。然功高而見忌，學古而人不識，此守仁之所以不容於世也。蓋其功之大者有四[五]：其一，宸濠不軌[六]，謀非一日，内而内臣如魏彬等，嬖幸如錢寧、江彬等，文臣如陸

[一] 奠柩中堂 「奠」，毛本作「奉」。
[二] 遂飾喪紀 蓬左本作「門人飭喪紀」；毛本「飾」作「飭」。
[三] 與親族子弟哭門外 毛本無「與」字。
[四] 每日門人來弔者百餘人 蓬左本「餘」作「十」；毛本無「弔」字。
[五] 蓋其功之大者有四 毛本無「蓋」字。
[六] 宸濠不軌 毛本作「宸濠之爲不軌」。

完等爲之内應；外而鎮守如畢真、劉朗等，爲之外應；故當時中外諸臣，多懷觀望。若非守仁忠義自許，身任討賊之事，不顧赤族之禍，倡義以勤王，運籌以伐謀，則天下安危未可知。今乃皆以爲伍文定之功，是輕發縱而重走狗，豈有兵無勝筭，而濠可徒搏而擒者乎？其二，大帽、茶寮、浰頭、桶岡諸賊寨，勢連四省，兵連累歲，若非蚤平，南方自此多事。守仁臨鎮，次第底定。其三，田州、思恩，搆釁有年，事不得息，民不得已〔一〕。故起守仁以往，定以兵機，感以誠信，乃使盧、王之徒，崩角來降，感泣受杖，遂平一方之難。其四，自來八寨爲兩廣腹心之疾，其間守成官軍，與賊爲黨，莫可奈何。守仁假永順狼兵、盧王降卒，并而襲之，遂去兩廣無窮之巨害，實得兵法便宜之筭。夫兵凶戰危，守仁所立戰功，皆除大患，卒之以死勤事。夫兵政，國之大事，宜爲後世法，可以終泯其功乎？其學之大要有三：一曰致良知，實本先民之言，蓋『致知』出於孔氏，而『良知』出於孟軻『性善』之論。二曰親民，亦本先民之言，蓋大學舊本所謂『親民』者，即『百姓不親』之『親』。凡親賢樂利，與民同其好惡，而爲絜矩之道者是已〔二〕。此所據以從舊本之意，非創爲之說也。三曰知行合一，亦本先民之言，蓋『知

〔一〕民不得已　「得」，蓬左本、毛本作「能」。
〔二〕而爲絜矩之道者是已　「絜」，底本訛作「潔」，據蓬左本、國圖本、天圖本、叢刊本改。

至至之，知終終之』，只一事也。守仁發此，欲人言行相顧，勿事空言以爲學也。是守仁之學，弗詭於聖，弗畔於道，乃孔門之正傳也[一]，可以終廢其學乎？然以蕚之非守仁，遂致陛下失此良弼，使守仁不獲致君堯舜，誰之過與？臣不敢以此爲蕚是也。況賞罰者，御世之權。以守仁之功德，勞於王事，乃常典不及，削罰有加，廢褒忠之典，倡黨錮之禁，非所以輔明主也。以守仁客死，妻子孱弱，家童載骨，藁埋空山，鬼神有知，當爲惻然，臣實不忍見聖明之世有此事也。假使守仁生於異世，猶當追崇，況在今日哉？且永順之衆，盧王之徒，素慕守仁威德，如此舉措，恐失其望，關繫夷情，亦非細故。臣昔與守仁爲友，幾二十年，一日憤寡過之不能，守仁從而覺之，若有深省，遂復師事之。是臣於守仁，實非苟然相信，如世俗師友者也。臣於君父之前，處師友之間，既有所懷，不敢不盡。昔蕚爲小人所讒，臣爲之憤；既而得白，臣爲之喜[二]；固非臣之私也。今守仁之抱冤，亦猶蕚之負屈。伏願擴一視之仁[三]，特敕所司，優以卹典贈謚，仍與世襲，并開學禁，以昭聖政。若此事不明，則蕚之與臣，終不能以自忘。故

[一] 乃孔門之正傳也 「門」，蓬左本、毛本作「孟」。
[二] 臣爲之憤……臣爲之喜 二「爲」字底本訛作「謂」，據蓬左本、毛本改。
[三] 伏願擴一視之仁 「願」，蓬左本、毛本作「望」。

臣敢言及於此，所以盡事陛下之忠，且以補蕚之過，亦以盡臣之義也。」疏入，不報[一]。於是給事中周延抗疏論列，謫判官。

十一月，塟先生於洪溪[二]。

是月十一日發引，門人會葬者千餘人[三]，蔴衣衰履，扶柩而哭[四]，四方來觀者莫不交涕。洪溪去越城三十里，入蘭亭五里，先生所親擇也。先是，前溪入懷[五]，與左溪會，衝嚙右麓，術者心嫌，欲棄之。有山翁夢神人緋袍玉帶立於溪上[六]，曰：「吾欲還溪故道[七]。」明日雷

[一] 不報　毛本作「不聽」。
[二] 洪溪　毛本作「橫溪」，下文仿此。
[三] 門人會葬者千餘人　「會」，毛本作「衛」。
[四] 扶柩而哭　毛本無「而」字。
[五] 前溪入懷　毛本「溪」下有「水」字。
[六] 立於溪上　毛本無「於」字。
[七] 吾欲還溪故道　「溪」，毛本作「之」。

雨大作，溪泛[一]，忽從南岸[二]，明堂周闊數百丈[三]，遂定穴。門人李珙等築治，更番晝夜不息者，月餘而墓成[四]。

[一] 溪泛　毛本作「溪水泛」。
[二] 忽從南岸　毛本「岸」下有「行」字。
[三] 明堂周闊數百丈　「丈」，國圖本、天圖本、叢刊本、文淵閣本、摛藻堂本作「尺」。
[四] 月餘而墓成　蓬左本卷七至此終；毛本卷下至此終。

王文成公全書彙校

五

〔明〕王守仁 著
王强 彭啓彬 彙校

廣陵書社

王文成公全書卷之三十五

附録四　年譜附録一

自嘉靖庚寅建精舍於天真山至隆慶丁卯復伯爵

門人餘姚錢德洪　編述
山陰王畿　補葺
後學吉水羅洪先　考訂
滁上胡松　校閲
秀水沈啓源　增訂

嘉靖九年庚寅，五月，門人薛侃建精舍於天真山，祀先生。

天真距杭州城南十里，山多奇巖古洞，下瞰八卦田，左抱西湖，前臨胥海。師昔在越講學時，嘗欲擇地當湖海之交，目前常見浩蕩，圖卜築以居，將終老焉。起征思、田，洪、畿隨師渡江，

偶登兹山，若有會意者。臨發以告，師喜曰：「吾二十年前遊此，久念不及，悔未一登而去。」至西安，遺以二詩，有「天真泉石秀，新有鹿門期」，及「文明原有象，卜築豈無緣」之句。侃奔師喪，既終葬，患同門聚散無期，憶師遺志，遂築祠於山麓。同門董澐、劉侯、孫應奎、程尚寧、范引年、柴鳳等董其事，鄒守益、方獻夫、歐陽德等前後相役，齋廡庖湢具備，可居諸生百余人。每年祭期，以春秋二仲月仲丁日，四方同志如期陳禮儀，懸鐘磬，歌詩侑食。祭畢，講會終月。

十年辛卯，五月，同門黄弘綱會黄綰於金陵，以先生胤子王正億請婚。

先是師殯在堂，有忌者行譖於朝，革錫典世爵。有司默承風旨，媒孽其家，鄉之惡少遂相煽，欲以魚肉其子弟。胤子正億方四齡，與繼子正憲離仳竄逐，蕩析厥居。明年夏，門人大學士方獻夫署吏部，擇刑部員外王臣陞浙江僉事，分巡浙東，經紀其家，奸黨稍阻。弘綱以洪、畿擬是冬赴京殿試，恐失所托。適綰陞南京禮部侍郎，弘綱問計。綰曰：「吾室遠莫計，有弱息，願妻之，情關至戚，庶得處耳。」是月，洪、畿趨金陵爲正億問名。綰曰：「老母家居，未得命，不敢專。」洪、畿復走台，得太夫人命，於是同門王艮遂行聘禮焉。

十一年壬辰，正月，門人方獻夫合同志，會於京師。

自師没，桂蕚在朝，學禁方嚴。薛侃等既遭罪譴，京師諱言學。至是年，編修歐陽德、程文德、楊名在翰林，侍郎黄宗明在兵部，戚賢、魏良弼、沈謐等在科，與大學士方獻夫俱主會。於時黄綰以進表入，洪、畿以趨廷對入，與林春、林大欽、徐樾、朱衡、王惟賢、傅頤等四十餘人，始定日會之期，聚於慶壽山房。

九月，正億趨金陵。

正億外侮稍息，内釁漸萌，深居家扃，同門居守者，或經月不得見，相懷憂逼。於是同門僉事王臣、推官李逢，與歐陽德、王艮、薛僑、李珙、管州，議以正億趨金陵，將依舅氏居焉。至錢塘，惡少有躡其後載者，迹既露，諸子疑其行。請卜，得鼎二之上，吉，乃佯言共分胤子金以歸，惡黨信爲實，弛謀。有不便者，遂以分金騰謗，流入京師，臣以是被中黜職。

十二年癸巳，門人歐陽德合同志，會於南畿。

自師没，同門既襄事於越，三年之後，歸散四方，各以所入立教，合併無時。是年，歐陽德、季本、許相卿、何廷仁、劉暘、黄弘綱嗣講東南。洪亦假事入金陵，遠方志士四集，類萃群趨，

或講於城南諸刹，或講於國子、鷄鳴。倡和相稽，疑辯相繹，師學復有繼興之機矣。

十三年甲午，正月，門人鄒守益建復古書院於安福，祀先生。

師在越時，劉邦采首創惜陰會於安福，間月爲會五日。先生爲作惜陰説。既後守益以祭酒致政歸，與邦采、劉文敏、劉子和、劉陽、歐陽瑜、劉肇衮、尹一仁等建復古、連山、復真諸書院，爲四鄉會。春秋二季，合五郡，出青原山，爲大會。凡鄉大夫在郡邑者，皆與會焉。於是四方同志之會，相繼而起，惜陰爲之倡也。

三月，門人李遂建講舍於衢麓，祀先生。

先自師起征思、田，舟次西安，門人欒惠、王璣等數十人雨中出候，師出天真二詩慰之。明年師喪，還玉山，惠偕同門王修、徐霈、林文瓔等迎櫬於草萍驛，憑棺而哭者數百人。至西安，諸生追師遺教，莫知所寄，洪、畿乃與璣、應典等，定每歲會期。是年，遂爲知府，從諸生請，築室于衢之麓，設師位，歲修祀事。諸生柴惟道、徐天民、王之弼、徐惟緝、王之京、王念偉等，又分爲龍游水南會，徐用檢、唐汝禮、趙時崇、趙志皋等，爲蘭西會，與天真遠近相應，往來講會不輟，衢麓爲之先也。

五月，巡按貴州監察御史王杏建王公祠於貴陽。

師昔居龍場，誨擾諸夷，久之，夷人皆式崇尊信。提學副使席書延至貴陽，主教書院，士類感德，翕然向風。是年，杏按貴陽，聞里巷歌聲，藹藹如越音，又見士民歲時走龍場致奠，亦有遥拜而祀於家者，始知師教入人之深若此。門人湯哻、葉梧、陳文學等數十人，請建祠以慰士民之懷，乃爲贖白雲庵舊址立祠，置膳田以供祀事。杏立石，作碑記。記略曰：「諸君之請立祠，欲追崇先生也。立祠足以追崇先生乎？搆堂以爲宅，設位以爲依，陳俎豆以爲享祀，似矣。追崇之實，曾是足以盡之乎？未也。夫尊其人，在行其道，想像於其外，不若佩教於其身。先生之道之教，諸君所親承者也。德音鑿鑿，聞者飫矣；光範丕丕，炙者切矣；精蘊淵淵，領者深矣。諸君何必他求哉？以聞之昔日者而傾耳聽之，有不以道，則曰：非先生之法言也，吾何敢言？以見之昔日者而凝目視之，有不以道，則曰：非先生之德行也，吾何敢行？以領之昔日者而潛心會之，有不以道，則曰：非先生之精思也，吾何敢思？言先生之言，而德音以接也；行先生之行，而光範以覩也；思先生之思，而精蘊以傳也。其爲追崇也何尚焉！」

十四年乙未，刻先生文録於姑蘇。

先是洪、畿奔師喪，過玉山，檢收遺書。越六年，洪教授姑蘇，過金陵，與黄綰、聞人詮等議刻文録。洪作購遺文疏，遣諸生走江、浙、閩、廣、直隸，搜獵逸稿。至是年二月，鳩工成刻。

巡按直隸監察御史曹煜建仰止祠于九華山，祀先生。

九華山在青陽縣，師嘗兩遊其地，與門人江□、柯喬等，宿化城寺數月。寺僧好事者，争持紙索詩，通夕灑翰不倦。僧蓄墨迹頗富，思師夙範，刻師像于石壁而亭其上，知縣祝增加葺之。是年，煜因諸生請，建祠于亭前，扁曰「仰止」。鄒守益捐貲，令僧買贍田，歲供祀事。越隆慶戊辰，知縣沈子勉率諸生講學于斯，增葺垣宇贍田。煜祭文見青陽志。

十五年丙申，巡按浙江監察御史張景、提學僉事徐階，重修天真精舍，立祀田。

門人禮部尚書黄綰作碑記。記曰：「今多書院，興必由人，或仕於斯，或遊於斯，或生於斯，或功德被於斯。必其人實有足重者，表表在人，思之不見，而後立書院以祀之，聚四方有志，樹之風聲，講其道以崇其化。浙江之上，龍山之麓，有曰天真書院，立祀陽明先生者也。蓋先生嘗遊于斯，既没，故于斯創精舍，講先生之學，以明先生之道。夫人知之，豈待予言哉？正德己卯，寧濠之變，起事江右，將窺神器，四方岌岌，日危于死。浙爲下游，通衢八道，財賦

稱甲。濠意欲先得之，故陰置腹心，計爲之應。因先生據其上游，奮身獨當之，濠速敗，浙賴以寧，卒免鋒刃荼毒之苦，皆先生之功也。則今日書院之創，非徒講學，又以明先生之功也。書院始於先生門人行人薛侃，進士錢德洪、王畿合同志之資爲之。繼而門人僉事王臣、主事薛僑有事於浙，又增治之，始買田七十餘畝，蒸嘗輯理，歲病不給。侍御張君按浙，迺躋書院而歎曰：『先生之學，論同性善，先生之功，存於社稷，皆所宜祀。矧覆澤茲土尤甚，惡可忽哉？』乃屬提學僉事徐君階，命紹興推官陳讓，以會稽廢寺田八十餘畝爲庄，屬之書院。又出法臺贖金三百兩，命杭州推官羅大用及錢塘知縣王釴，買宋人所爲軀疇田九十餘畝以益之。於是需足人聚，風聲益樹，而道化行矣。昔宋因書院而爲學校，今於學校之外復立書院，蓋久常特新之意與？予嘗登茲山，坐幽巖，步危磴，俯江流之洄浙，引蒼渤之冥茫，北覽西湖，南目禹穴，雲樹蒼蒼，晴嵐窅窅。於是愴然而悲，悄然而戚，恍見先生之如在而不能忘也。乃知學校之設既遠，遠則常，常則玩，玩則怠，怠則學之道其踈乎？書院之作既近，近則新，新則惕，惕則勵，勵則學之道其修乎？茲舉也，立政立教之先務，益於吾浙多矣。」

十六年丁酉，十月，門人周汝員建新建伯祠于越。

是年，汝員以御史按浙。先是師在越，四方同門來遊日衆，能仁、光相、至大、天妃各寺院，居不能容。同門王艮、何秦等，乃謀建樓居齋舍于至大寺左，以居來學。師没後，同門相繼來居，依依不忍去。是年，汝員與知府湯紹恩拓地建祠于樓前，取南康蔡世新肖師像，每年春秋二仲月，郡守率有司主行時祀。

十一月，僉事沈謐建書院于文湖，祀先生。

文湖在秀水縣北四十里，廣環十里，中横一州，四面澄碧，書院創焉。謐初讀傳習録，有悟師學，即期執贄請見，師征思、田，弗遂，及聞訃，追悼不已。後爲行人，聞薛子侃講學京師，乃歎曰：「師雖没，天下傳其道者尚有人也。」遂拜薛子，率同志王愛等數十人講學於其中，置田若干畝以贍諸生。是年，巡按御史周汝員立師位於中堂，春秋二仲月，率諸生虔祀事，歌師詩以侑食。既後謐起僉江西，爲師遍立南贛諸祠。比没，參政孫宏軾、副使劉慤設謐位，附食於師。謐子進士啓原增置贍田，與愛等議附薛子位，祭期定季丁日。同志與祭天真者俱趨文湖，于今益盛。

十七年戊戌，巡按浙江監察御史傅鳳翔建陽明祠於龍山。

龍山在餘姚縣治右。辛巳年，師歸省祖塋，門人夏淳、孫陞、吴仁、管州、孫應奎、范引年、

柴鳳、楊珂、周于德、錢大經、應揚、谷鍾秀、王正心、正思、俞大本、錢德周、仲實等，侍師講學於龍泉寺之中天閣，師親書三八會期於壁。吳仁聚徒於閣中，合同志講會不輟。丁亥秋，師出征思、田，每遺書洪、畿，必念及龍山之會。是年，傅以諸生請，建祠於閣之上方。每年春秋二仲月，有司主行時祀。

十八年己亥，江西提學副使徐階建仰止祠於洪都，祀先生。

自階典江西學政，大發師門宗旨，以倡率諸生。於是同門吉安鄒守益、劉邦采、羅洪先，南昌李遂、魏良弼、良貴、王臣、裘衍，撫州陳九川、傅默、吳悌、陳介等，與各郡邑選士，俱來合會焉。魏良弼立石紀事。

吉安士民建報功祠于廬陵，祀先生。

祠在廬陵城西隅。師自正德庚午蒞廬陵，日進父老子弟告諭之，使之息爭睦族，興孝悌，敦禮讓，民漸向化。興利剔蠹，賑疫禳災，皆有實惠。七越月而去，民追思之。既提督南贛，掃蕩流賊，定逆濠之亂，皆切民命。及聞師訃，喪過河下，沿途哀號，如喪考妣，乃相與築祠，名曰「報功」，歲修私祀。後曾孔化、賀鈞、周祉、王時椿、時槐、陳嘉謨等，相與協成，制益宏麗。春秋，

郡有司主祀。

十九年庚子，門人周桐、應典等，建書院于壽岩，祀先生。

壽岩在永康西北鄉，岩多瑞石，空洞塏爽，四山環翠，五峰前擁。桐、典與同門李珙、程文德，講明師旨，嵌岩作室，以居來學。諸生盧可久、程梓等，就業者百有餘人。立師位於中堂，歲時奉祀，定期講會，至今不輟。

二十一年壬寅，門人范引年建混元書院于青田，祀先生。

書院在青田縣治。引年以經師爲有司延聘，主青田教事，講藝中時發師旨。諸生葉天秩七十有餘人，聞之惕然有感，復肅儀相率再拜，共進師學。又懼師聯無所，樹藝不固，乃糾材築室，肖師像於中堂。謂范子之學出於王門，追所自也。范子卒，春秋配食。乞洪作仰止祠碑記，御史洪恒紀其詳。後提學副使阮鶚增建爲心極書院，𢦏作碑記。記略曰：「心極之義，其昉諸古乎？孔子易有太極，是生兩儀，以至定吉凶而生大業，所以通神明之德，類萬物之情，而冒天下之道，無非易也。易者無他，吾心寂感、有無相生之機之象也。天之道爲陰陽，地之道爲剛柔，人之道爲仁義，三極于是乎立。象也者，像此者也。陰陽相摩，剛柔相盪，仁義相禪，藏乎無扃之鍵，

行乎無轍之途，立乎無所倚之地，而神明出焉，萬物備焉。故曰『無思也，無爲也，寂然不動，感而遂通天下之故』，此孔子之精藴也。當時及門之徒，惟顏氏獨得其宗。觀夫喟然之歎，有曰『如有所立，卓爾』，有無之間，不可以致詰，『雖欲從之，末由也已』。故曰發聖人之藴，顏子也，顏子没而聖學遂亡。後千餘載，濂溪周子始復追尋其緒，發爲『無極而太極』之説，蓋幾之矣。而後儒紛紛之議，尚未能一，無惑乎千載之寥寥也。蓋漢之儒者泥于有象，一切仁義忠孝、禮樂教化經綸之迹，皆認以爲定理，必先講求窮索，執爲典要，而後以爲應物之則，是爲有得于太極，似矣，而不知太極爲無中之有，不可以有名也。隋唐以來，老佛之徒起而攘臂其間，以經綸爲糟粕，乃復矯以窈冥玄虚之見，甚至掊擊仁義[一]，蕩滅禮教，一切歸之于無，是爲有得于無極，似矣，而不知無極爲有中之無，非可以無名也。周子洞見二者之弊，轉相謬溺，不得已而救之，建立圖説，以顯聖學之宗，定之以中正仁義而主静。中正仁義云者，太極之謂；而主静云者，無極之謂；人極于是乎立焉。議者乃以無極之言爲出于老氏，分中正仁義爲動静，而不悟主静無欲之旨，亦獨何哉？夫自伏羲一畫以啓心極之原，神無方而易無體，即無極也。孔子固已言之矣，而周子之得聖學之傳無疑也。夫聖學以一爲要，一者，無欲也。人之欲大約

[一] 甚至掊擊仁義 「掊」，底本訛作「培」，據文淵閣本改。

有二：高者蔽于意見，卑者蔽于嗜慾，皆心之累也。無欲則一，無欲則明通公溥，而聖可學矣。君子寡慾，故修之而吉；小人多慾，故悖之而凶。吉凶之幾，極之立與不立，于此焉分。知此，則知冏峰阮子所謂心極之説矣。」

二十三年甲辰，門人徐珊建虎溪精舍于辰州，祀先生。

精舍在府城隆興寺之北[二]。師昔還自龍場，與門人冀元亨、蔣信、唐愈賢等，講學于龍興寺，使静坐密室，悟見心體。是年，珊爲辰同知，請於當道，與諸同志大作祠宇，置贍田。鄒守益爲作精舍記，羅洪先作性道堂記。又有見江亭、玉芝亭、鷗鷺軒，珊與其弟楊珂俱多題誌。

二十七年戊申，八月，萬安同志建雲興書院，祀先生。

書院在白雲山麓，前對芙蓉峰，幕下秀出如圭，大江横其下。同志朱衡、劉道、劉弼、劉峴、王舜韶、吴文惠、劉中虚等，迎予講學於精修觀，諸生在座者百五十人有奇。晚遊城闉，見民居井落，邑屋華麗。洪曰：「民庶且富，而諸君敷教之勤若此，可謂禮義之鄉矣。」衡曰：「是城四十年前，猶爲赤土耳。」問之。曰：「南贛峒賊，流劫無常，妻女相牽而泣曰：賊來曷避，惟一

[二] 隆興寺　下文作「龍興寺」。

死可恃耳。師來蕩平諸峒，百姓始得築城生聚，乃有今日，皆師之賜也。」洪嘉嘆不已，乃謂曰：「沐師德澤之深若此，南來郡邑，俱有祠祀，何是地獨無？」衆皆蹙然曰：「有志未遂耳。」乃責洪作疏糾材。是夕，來相助者盈二百金。舉人周賢宣作文祀土，衆役並興。中遭異議，止之。至嘉靖甲子，衡爲尚書，賢宣爲方伯，與太僕卿劉愨復完舊業，祭祀規制大備，名曰雲興書院云。

九月，門人陳大倫建明經書院於韶，祀先生。

書院在府城。先是同門知府鄭騮作明經館，與諸生課業，倡明師學。至是大倫守韶，因更建書院，立師位，與陳白沙先生並祀。是月，洪謁甘泉湛先生，踰庾嶺，與諸生鄧魯、駱堯知、胡直、王城、劉應奎、鍾大賓、魏良佐、潘槐、莫如德、張昂等六十三人，謁師祠，相與入南華二賢閣，與鄧魯、胡直等共闡師說。至隆慶己巳，知府李渭大修祠宇，集諸生，與黃城等身證道要，師教復振。

二十九年庚戌，正月，吏部主事史際建嘉義書院于溧陽，祀先生。

書院在溧陽救荒滄。史際因歲眚[一]，築滄塘以活饑民，塘成而建書院于上，延四方同志講會，館穀之。籍其田之所入，以備一邑饑荒，名曰「嘉義」，欽玉音也。際與呂光洵議延洪主教事，

[一] 史際因歲眚　「眚」，國圖本、天圖本、叢刊本訛作「青」。

乃先幣聘，越三年，兹來定盟。是月，同志周賢宣、趙大河，諸生彭若思、彭适、袁端化、王襞、徐大經、陳三謨等數十人，際率子姪史繼源、繼志、史銓、史珂、史繼書、繼辰、致詹，偕吾子壻葉邁、鄭安元、錢應度、應量、應禮、應樂，定期來會，常不下百餘人。立師與甘泉湛先生位，春秋奉祀。○天成篇揭嘉義堂示諸生曰：「吾人與萬物混處於天地之中，爲天地萬物之宰者，非吾身乎？其能以宰乎天地萬物者，非吾心乎？心何以能宰天地萬物也？天地萬物有聲矣，而爲之辯其聲者誰歟？天地萬物有色矣，而爲之辯其色者誰歟？天地萬物有味矣，而爲之辯其味者誰歟？天地萬物有變化矣，而神明其變化者誰歟？是天地萬物之聲，非聲也，由吾心聽，斯有聲也；天地萬物之色，非色也，由吾心視，斯有色也；天地萬物之味，非味也，由吾心嘗，斯有味也；天地萬物之變化，非變化也，由吾心神明之，斯有變化也。然則天地萬物也，非吾心則弗靈矣。吾心之靈毁，則聲、色、味、變化不得而見矣；聲、色、味、變化不可見，則天地萬物亦幾乎息矣。故曰人者，天地之心，萬物之靈也，所以主宰乎天地萬物者也。○吾心爲天地萬物之靈者，非吾能靈之也。吾一人之視，其色若是矣，凡天下之有目者，同是明也；一人之聽，其聲若是矣，凡天下之有耳者，同是聰也；一人之嘗，其味若是矣，凡天下之有口

者，同是嗜也；一人之思慮，其變化若是矣，凡天下之有心知者，同是神明也。匪徒天下爲然也，凡前乎千百世已上，其耳目同，其口同，其心知同，無弗同也；後乎千百世已下，其耳目同，其口同，其心知同，亦無弗同也。然則明，非吾之目也，天視之也；聰，非吾之耳也，天聽之也；嗜，非吾之口也，天嘗之也；變化，非吾之心知也，天神明之也。故目以天視，則盡乎明矣；耳以天聽，則竭乎聰矣；口以天嘗，則不爽乎嗜矣；思慮以天動，則通乎神明矣。天作之，天成之，不參以人，是之謂天能，是之謂天地萬物之靈。○吾心爲天地萬物之靈，惟聖人爲能全之，非聖人能全之也，夫人之所同也。聖人之視色，與吾目同矣，而目能不引於色者，率天視也；聖人之聽聲，與吾耳同矣，而耳能不蔽於聲者，率天聽也；聖人之嗜味，與吾口同矣，而口能不爽於味者，率天嘗也；聖人之思慮，與吾心知同矣，而心知不亂於思慮者，通神明也。吾目不引於色，以全吾明焉，與聖人同其視也；吾耳不蔽於聲，以全吾聰焉，與聖人同其聽也；吾口不爽於味，以全吾嗜焉，與聖人同其嘗也；吾心知不亂於思慮，以全吾神明焉，與聖人同其變化也。故曰聖人可學而至，謂吾心之靈與聖人同也，然則非學聖人也，能自率吾天也。○吾心之靈與聖人同，聖人能全之，學者求全焉。然則何以爲功耶？有要焉，不可以支求也。吾

目蔽於色矣，而後求去焉，非所以全明也；吾耳蔽於聲矣，而後求克焉，非所以全聰也；吾口爽於味矣，而後求復焉，非所以全嗜也；吾心知亂於思慮矣，而後求止焉，非所以全神明也。靈也者，心之本體也，性之德也，百體之會也。徹動静，通物我，亘古今，無時乎弗靈，無時乎或間者也。或生而知之，或學而知之，或困而知之，皆自率是靈以通百物，勿使間于欲焉已矣。其功雖不同，其靈未嘗不一也。吾率吾靈而發之於目焉，自辯乎色而不引乎色，所以全明也；發之於耳焉，自辯乎聲而不蔽乎聲，所以全聰也；發之於口焉，自辯乎味而不爽乎味，所以全嗜也；發之於思慮焉，萬感萬應，不動聲臭，而其靈常寂，大者立而百體通，所以全神明也。人一能之己百之，人十能之己千之，必率是靈而無間于欲焉，是天作之，人復之，是之謂天成，是之謂致知之學。」○增刻先生朱子晚年定論。朱子定論，師門所刻止一卷，今洪增録一卷，共三卷，際令其孫致詹梓刻於書院。○重刻先生山東甲子鄉試録。山東甲子鄉試録，皆出師手筆，同門張峰判應天府，欲番刻於嘉義書院，得吾師繼子正憲氏原本刻之。

四月，門人呂懷等建大同樓于新泉精舍，設師像，合講會。

精舍在南畿崇禮街。初，史際師甘泉先生，築室買田爲館穀之資。是年，懷與李遂、劉起宗、何遷、

余胤緒、呂光洵、歐陽塾、歐陽瑜、王與槐、陸光祖、龐嵩、林烈，及諸生數十人，建樓于精舍，設師與甘泉像，爲講會。會畢，退坐昧昧室，默對終夕而别。是月，洪送王正億入胄監，至金山，遂入金陵趨會焉。何遷時爲吏部文選司郎中，偕四司同僚，邀余登報恩寺塔，坐第一層，問曰：「聞師門禁學者静坐，慮學者偏静，淪枯槁也，似也。今學者初入門，此心久濡俗習，淪浹膚髓，若不使求密室，耳目與物無所覩聞，澄思絶慮[一]，深入玄漠，何時得見真面目乎？師門亦嘗言之，假此一段以補小學之功，又云心罹疾痼，如鏡面班垢，必先磨去，明體乃見，然後可使一塵不容。今禁此一法，恐令人終無所入。」洪對曰：「師門未嘗禁學者静坐，亦未嘗立静坐法以入人。」曰：「舍此有何法可入？」曰：「只教致良知，良知即是真面目。良知明，自能辯是與非，自能時静時動，不偏于静。」曰：「何言師門不禁静坐？」曰：「程門歎學者静坐爲善學，師門亦然。但見得良知頭腦明白，更求静處精鍊，使全體著察，一滓不留；又在事上精鍊，使全體著察，一念不欺。此正見吾體動而無動，静而無静，時動時静，不見其端，爲陰爲陽，莫知其始，斯之謂動静皆定之學。」曰：「偏於求静，終不可與入道乎？」曰：「離喜怒哀樂以求中，必非未發之中；離仁敬孝慈以求止，必非緝熙之止；離視聽言動以求仁，必

[一] 澄思絶慮 「思」，國圖本、天圖本、叢刊本訛作「師」。

非天下歸仁之仁。是動静有間矣，非合内合外，故不可與語入道。」曰：「師門亦有二教乎？」曰：「師嘗言之矣，吾講學亦嘗誤人，今較來較去，只是致良知三字無病。」衆皆起而歎曰：「致知則存乎心悟，致知焉盡矣。」下塔，由畫廊指真武流形圖曰：「觀此，亦可以証儒佛之辯。」衆皆曰：「何如？」曰：「真武山中久坐，無得，欲棄去，感老嫗磨針之喻，復入山中二十年，遂成至道。今若畫堯流形圖，必從克明峻德，親九族，以至協和萬邦。畫舜流形圖，必從舜往于田，自耕稼陶漁，以至七十載陟方。又何時得在金碧山水中枯坐二三十年，而後可以成道耶？」諸友大笑而别。

三十年辛亥，巡按貴州監察御史趙錦建陽明祠於龍場。

龍場舊有龍岡書院，師所手植也。至是，錦建祠三楹於書院北，旁翼兩序，前爲門，仍題曰龍岡書院，周垣繚之，奠師位於中堂。巡撫都御史張鶚翼、廉使張堯年、參政萬虞愷、提學副使謝東山，共舉祠祀。羅洪先撰祠碑記。記略曰：「予嘗考龍場之事，於先生之學有大辯焉。夫所謂良知云者，本之孩童固有，而不假於學慮，雖匹夫匹婦之愚，固與聖人無異也。乃先生自叙，則謂困於龍場三年而後得之，固有不易者，則何以哉？今夫發育之功，天地之所固有也。然天

地不常有其功，一氣之斂閉而成冬，風露之撼薄，霜霰之嚴凝，隕穫摧敗，生意蕭然，其可謂寂寞而枯槁矣。鬱極而軋，雷霆奮焉，百蟄啓，群草茁，氤氲動盪於宇宙之間者，則向之風霰爲之也。是故藏不深則化不速，蓄不固則致不遠。屈伸剥復之際，天地且不違，而況於人乎？先生以豪傑之才，振迅雄偉，脱屣于故常，於是一變而爲文章，再變而爲氣節。當其倡言於逆瑾蠹政之時，撻之朝而不悔，其憂思懇款，意氣激烈，議論鏗訇，真足以淩駕一時而托名後世，豈不快哉！及其擯斥流離，而於萬里絶域，荒煙深箐，狸鼯豺虎之區，形影孑立，朝夕惴惴，既無一可騁者，而且疾病之與居，瘴癘之與親，情迫於中，忘之有不能；勢限於外，去之有不可。輾轉煩瞀，以需動忍之益，蓋吾之一身已非吾有，而又何有於吾身之外？至于是，而後如大夢之醒，强者柔，浮者實。凡平日所挾以自快者，不惟不可以常恃，而實足以增吾之機械，盜吾之聰明。其塊然而生，塊然而死，與吾獨存而未始加損者，則固有之良知也。然則先生之學，出之而愈張，晦之而愈光，鼓舞天下之人，至於今日不怠者，非雷霆之震，前日之龍場，其風霰也哉！嗟乎！今之言良知者，莫不曰固有固有。問其致知之功，任其固有焉耳，亦嘗於枯槁寂寞而求之乎？所謂盜聰明、增機械者，亦嘗有辯於中否乎？生於憂患，死於安樂，豈有待於

人乎？」

三十一年壬子，提督南贛都御史張烜建復陽明王公祠於鬱孤山。

祠在贛州鬱孤臺前，濂溪祠之後。嘉靖初年，軍衛百姓思師恩德不已，百姓乃糾材建祠于鬱孤臺，以虔尸祝。軍衛官兵建祠于學宫右，塑像設祀，俱有成式。繼後異議者移鬱孤祠像於報功祠後，湫隘慢褻，軍民懷忿。至是，署兵備僉事沈謐訪詢其故，父老子弟，相與涕泣申告，謐謁師像，爲之泫然出涕。報功祠舊有贍田米三十八石，見供春秋二祭，鬱孤祠則取諸贛縣均平銀兩，乃具申軍門。烜如其議，修葺二祠，迎師像於鬱孤臺，廟貌嚴飾，焕然一新，軍衛有司各申虔祝，父老子弟歲臘駿奔。烜作記，立石紀事。◯師自征三浰，山寇盡平，即日班師，立法定制，令贛屬縣俱立社學，以宣風教。城中立五社學：東曰義泉書院，南曰正蒙書院，西曰富安書院，又西曰鎮寧書院，北曰龍池書院。選生儒行義表俗者，立爲教讀。選子弟秀穎者，分入書院，教之歌詩習禮，申以孝悌，導之禮讓，未期月而民心丕變，革奸軌而化善良。市廛之民皆知服長衣，叉手拱揖，而歌誦之聲溢於委巷，浸浸乎三代之遺風矣。繼後異議者盡墮成規，而五院爲强暴者私據，禮樂之教息矣。至是，謐詢士民之情，罪逐僭據，修舉廢墜，五社之學復完。

慎選教讀、子弟而淬礪之，風教復興，渢渢乎如師在日矣。

建復陽明王公祠於南安。

南安青龍鋪，師所屬纊之地也。士民哀號哭泣，相與建祠於學宫之右，歲時父老子弟奔走祝奠，有司即爲崇祀，廟貌宏麗。後爲京師流言，承奉風旨者，遂遷祠於委巷，隘陋污穢，人心不堪。謐與有司師生議，復舊址原制，樓五楹，前門五楹，取委巷祠址之值於民，助完工作。具申軍門，烜從之。自是師祠與聖廟並垂不朽矣。

三十二年癸丑，江西僉事沈謐修復陽明王公祠於信豐縣。

按謐虔南公移録曰：「贛州府所屬十一縣，俱有前都察院右副都御史陽明王公祠，巍然並存。蓋因前院功業文章，足以匡時而華國；謀猷軍旅，足以禦暴而捍災。南贛士民咸思慕之，歌頌功德，久而不衰，尚有談及而下淚者。本縣原有祠堂，後有塞門什主者，廢爲宴憩之所，是誠何心哉？爲此仰本縣官吏，照牌事例，限三日内，即查究清理，仍爲灑掃立主，因舊爲新。不惟一邑師生故老，得以俱興瞻仰之私，而凡過信豐之墟者，咸得以盡展拜俎豆之禮。古人所謂愛禮存羊，禮失求野之意，即是可見矣。」時謐署南贛兵備事，故云。

三月，改建王公祠於南康。

南康舊有祠，在學宫右，後因異議者遷師像於旭山韓公祠内。謚往謁祠，見二像並存於一室，王公有祭而無祠，韓公有祠而無祭，其室且卑陋。訪祠西有鄉約所，前有堂三間，後有閣一座，規模頗勝，乃置師像於堂而復其祭，韓公祠另爲立祭。使原有祠者，因祠而舉祭；原有祭者，因祭而立祠。則兩祠之勢並峙，而各全其尊；報功之典同行，而咸盡其義矣。

三月，安遠縣知縣吴卜相請建王公報功祠。

安遠舊無師祠，百姓私立牌於小學，父老子弟相率餽奠，始伸歲臘之情。卜相見之，乃惕然曰：「此吾有司之責也。」乃具申舊院道，謂前都御史陽明王公，功在天下，而安遠爲用武之地；教在萬世，而虔州爲首善之區。本縣正德年間中，有廣寇葉芳，擁衆數千，肆行剽掠，民不聊生，自受本院撫剿以來，立籍當差，無異於士著之齊民。後生小子，不忘乎良知之口授。今詢輿情，擇縣西舊堤備所空處，堪以修建祠堂。本縣將日逐自理詞訟銀兩，買辦供費，庶財省而功倍，祀專而民悦。嘉靖二十九年，申據前提督軍門盧，俱如議行之。見今像貌森嚴，祠宇宏麗。申兵備僉事沈、提督軍門張，扁其堂曰「仰止」，門曰「報功祠」。烜爲作記，立石紀事。

四月，瑞金縣知縣張景星請建王公報功祠。

按虔南公移録，景星申稱：「正德初年，歲侵民饑，峯賊衝熾，民不聊生，逃亡過半。賴提督軍門王公剪除兇惡，宣布德威，發粟賑饑，逃民復業，感恩思德，欲報無酬。今有耆民蘇振等，願自助財鳩工，拓鄉校右以崇祠像；李珩禄願自助早田八十畝[一]，以承春秋尸祝。」僉事沈謐嘉奬之，申照軍門張烜，嚴立規制，題曰「報功」，立石紀事。

六月，崇義縣知縣王廷耀重修陽明王公祠。

崇義縣在上猶、大庾、南康之中，相距各三百餘里，師所奏建也。數十年來，居民井落，草木茂密，生聚繁衍，百姓追思功德，家設像以致奠祝。至是，廷耀請於前軍門盧，會民建師祠於儒學東隅，盧從之。僉事沈謐巡縣，廷耀請新舊制，謐爲增其未備，設制定祀，如信豐諸縣，立石紀事。

九月，太僕少卿吕懷、巡按御史成守節，改建陽明祠於瑯琊山。

山去城五里，舊有祠在豐樂亭右，湫隘不容俎豆，兹改建紫薇泉上。是年，畿謁師祠，與懷、戚賢等數十人，大會於祠下。十月，洪自寧國與貢安國謁師祠，見同門高年，猶有能道師教人

[一] 早田八十畝　「早」，文淵閣本、擒藻堂本作「旱」。

初入之功者。

三十三年甲寅，巡按直隸監察御史閭東、寧國知府劉起宗建水西書院，祀先生。

水西在涇縣大溪之西，有上中下三寺。初，與諸生會集，寓於各寺方丈。既而諸生日衆，僧舍不能容，乃築室於上寺之隙地，以備講肄。又不足，提學御史黄洪毘與知府劉起宗，創議建精舍於上寺右，未就。巡按御史閭東、提學御史趙鏜繼至，起宗復申議，於是屬知縣丘時庸恢弘其制，督成之。邑之士民好義者，競來相役。南陵縣有寡婦陳氏，曹按妻也，遣其子廷武輸田八十畝有奇，以廩餼來學。於時書院館穀具備，遂成一名區云。起宗禮聘洪、畿間年至會。

三十四年乙卯，歐陽德改建天真仰止祠。

德揭天真祠曰：「據師二詩，石門、蒼峽、龜疇、胥海，皆上院之景，吾師神明所依也。今祠建山麓，恐不足以安師靈。」適其徒御史胡宗憲、提學副使阮鶚，俱有事吾浙，即責其改建祠於其上院，扁其額曰「仰止」。江西提學副使王宗沐訪南康生祠，塑師像，遣生員徐應隆迎至新祠，爲有司公祭；下祠塑師燕居像，爲門人私祭。鄒守益撰天真仰止祠記。記曰：「嘉靖丙辰，錢子德洪聚青原、連山之間，議葺陽明先生年譜，且曰『仰止之祠，規模聳舊觀矣，宜早至一

記之』，未果趨也，迺具顛末以告。天真書院本天真、天龍、净明三寺地。歲庚寅，同門王子臣、薛子侃、王子畿暨德洪，建書院以祀先生新建伯。中爲祠堂，後爲文明閣、藏書室、望海亭；左爲嘉會堂、游藝所、傳經樓；右爲明德堂、日新館，傍爲翼室。置田以供春秋祭祀。歲甲寅，今總制司馬梅林胡公宗憲按浙，今中丞阮公鶚視學，謀於同門黄子弘綱、主事陳子宗虞，改祠於天真上院，距書院半里許。以薛子侃、歐陽子德、王子臣附，俱有事師祠也。左爲叙勳堂，右爲齋堂，後崖爲雲泉樓，前爲祠門。門之左通慈雲嶺，磴道横亘若虹，立石牌坊於嶺上，題曰『仰止』。下接書院，百步一亭，曰見疇，曰瀉雲，曰環海。右拓基爲净香庵，以居守僧。外爲大門，合而題之曰『陽明先生祠』。門外泮壁池[一]，跨池而橋，曰『登雲橋』，外即龜田，亭其上曰大極云。歲丁巳春，總制胡公平海夷而歸，思敷文教以戢武士，命同門杭二守唐堯臣重刻先生文録、傳習録於書院，以嘉惠諸生。重修祠宇，加丹堊泉石之勝[二]，闢凝霞、玄陽之洞，梯上真，躡蟾窟，經蒼峽，采十真，以臨四眺，湘煙越嶠，縱足萬狀，窮島怒濤，坐收樽俎之間。四方遊者愕然，以爲造物千年所秘也。文明有象，先生嘗詠之，而一旦盡發於群公，

[一] 門外泮壁池 「泮」，國圖本、天圖本、叢刊本、文淵閣本、擒藻堂本作「半」。
[二] 加丹堊泉石之勝 「堊」，底本訛作「亜」，據文淵閣本、擒藻堂本改。

鬼神其聽之矣。守益拜首而復曰：真之動以天也，微矣。果疇而仰應？又疇而止之？先師之訓曰：『有而未嘗有，是真有也；無而未嘗無，是真無也；見而未嘗見，是真見也。』而反覆師旨，慨乎顏子知幾之傳，故其詩曰『無聲無臭』，而『乾坤萬有基』焉，是無而未嘗無也；又曰『不離日用常行』，而『直造先天未畫』焉，是有而未嘗有也。無而未嘗無，故視聽言動于天則，欲罷而不能；有而未嘗有，故天則穆然，無方無體，欲從而末由；茲顏氏之所以爲真見也。吾儕之服膺師訓久矣，飭勵事爲，而未達行著習察之蘊，則倚於滯像；研精性命，而不屑人倫庶物之實，則倚於淩虚；自邇而遠，自卑而高，未免於岐也。而入門升堂，奚所仰而止乎？『獨知』一脉，天德所由立，而王道所由四達也。慎之爲義，從心從真，不可人力加損，稍涉加損，便入人爲而僞矣。古之人受命如舜，無憂如文，繼志述事，如武王、周公，格帝饗廟，運天下於掌，舉由孝弟以達神明，無二塗轍。故曰『夫微之顯，誠之不可掩如此』，指真之動以天也。先師立艱履險，磨瑕去垢，從直諫遠謫，九死一生，沛然有悟于千聖相傳之訣，析支離於衆淆，融闕漏於二氏，獨揭良知，以醒群夢。故惠流於窮民，威襲於巨寇，功昭于宗社，而教思垂於善類。雖罹讒而遇媢，欲揜而彌章。身没三十年矣，干戈倥偬中，表揚日力，此豈聲音笑貌可襲取哉？

惟梅林子嘗受學於金臺，至取師門學術勳烈，相與研之。既令餘姚，諳練淬勵，荐拜簡命，神謀鬼謀，出入千古，旁觀駭汗，而竟以成功，若於先師有默解者。繼自今督我同遊，曁於來學，駿奔詠歌，務盡齋明盛服之實。其望也若跂，其至也若休，將三千三百，盎然仁體，罔俾支離闕漏雜之。以古所稱忠信篤敬，參前倚衡，蠻貊無異於州里，省刑薄斂，親上死長，持挺於秦、楚。是發先師未展之秘，達爲赤舄，隱爲陋巷，俾聖代中和位育之休，熙光天化日之中，是謂仰止之真。」

三十五年丙辰，二月，提學御史趙鏜修建復初書院，祀先生。

書院在廣德州治。初，鄒守益謫判廣德，創建書院，置贍田，以延四方來學。率其徒濮漢、施天爵過越，見師而還，復初之會，遂振不息。後漢、天爵出宦遊，是會興復不常者二十年。至洪、畿主水西會，往來廣德，諸生張槐、黄中、李天秩等，邀會五十人，過必與停驂信宿。是年，漢、天爵致政歸，知州莊士元、州判何光裕、申鏜，復大修書院，設師位，以歲修祀事。

五月，湖廣兵備僉事沈寵建仰止祠於崇正書院，祀先生。

書院在蘄州麒麟山。寵與州守同門谷鍾秀建書院，以合州之選士，講授師學。是年，與鄉大夫

顧問、顧闕，迎洪於水西，諸生鍾沂、史修等一百十人有奇，合會於立誠堂。龍率州守首舉祀事，屬洪撰仰止祠記。其略曰：「二三子，爾知天下有不因世而異，不以地而隔，不爲形而拘者，非良知之謂乎？夫子於諸生，世異地隔形踈，而願祠而祀之，尸而祝之，非以良知潛通於其間乎？昔舜、文之交也，世之相後千有餘歲，地之相去千有餘里，揆其道則若合符節者，何也？爲其良知同也。苟求其同，豈惟舜、文爲然哉？赤子之心與大人同，夫婦之愚不肖與聖人同，蒸民之不識不知與帝則同。故考諸往聖而非古也，俟諸百世而非今也，無弗同也，無弗足也。故歷千載如一日焉，地不得而間也；通千萬人如一心焉，形不得而拘也。三代而降，世衰道微，而良知真體炯然不滅。故夫子一發其端，而吾人一觸其幾，恍然如出幽谷而覩天日，故諸生得之易而信之篤者，爲良知同也。雖然，諸生今日得之若易，信之若篤矣，亦尚思其難，而擬其信之若未至乎？昔者夫子之始倡是學也，天下非笑詆訾，幾不免于陷穽者屢矣。夫子憫人心之不覺也，忘其身之危困，積以誠心，稽以實得，見之行事。故天下之同好者共起，而以身承之，以政明之，故諸生之有今日。噫！亦難矣。諸生今日之得，若火燃泉達，能繼是無間，必信其燎原達海，以及于無窮，斯爲真信也已。是在二三子圖之。」

四十二年癸亥，四月，先師年譜成。

師既没，同門薛侃、歐陽德、黄弘綱、何性之、王畿、張元冲謀成年譜，使各分年分地搜集成稿，總裁於鄒守益。越十九年庚戌，同志未及合併。洪分年得師始生至謫龍場，寓史際嘉義書院具稿，以復守益。又越十年，守益遺書曰：「同志注念師譜者，今多爲隔世人矣，後死者寧無懼乎？譜接龍場，以續其後，修飾之役，吾其任之。」洪復寓嘉義書院具稿，得三之二。壬戌十月，至洪都，而聞守益訃，遂與巡撫胡松弔安福，訪羅洪先于松原。洪先開關有悟，讀年譜，若有先得者，乃大悦，遂相與考訂。促洪登懷玉，越四月而譜成。

八月，提學御史耿定向、知府羅汝芳，建志學書院于宣城，祀先生。

洪、畿初赴水西會，過寧國府，諸生周怡、貢安國、梅守德、沈寵、余珊、徐大行等二百人有奇，延至景德寺講會，相繼不輟。是年畿至，定向、汝芳規寺隙地，建祠立祀，于今講會益盛。後知府鍾一元扁爲「昭代真儒」，遵聖諭也。

四十三年甲子，少師徐階撰先生像記。

記曰：「陽明先生像一幅，水墨寫。嘉靖己亥，予督學江西，就士人家摹得先生燕居像二，朝

衣冠像一。明年庚子夏，以燕居之一贈吕生，此幅是也。先生在正德間，以都御史巡撫南贛，督兵敗宸濠，平定大亂，拜南京兵部尚書，封新建伯。其後以論學爲世所忌，竟奪爵。予往來吉、贛間，其父老云濠之未叛也，先生奉命按事福州，乞歸省其親，乘單舸下南昌，至豐城聞變，將走還幕府爲討賊計，而吉安太守松月伍公議適合，郡又有積穀可養士，因留吉安，徵諸郡兵，與濠戰湖中，敗擒之。其事皆有日月可按覆，而忌者謂先生始赴濠之約，後持兩端遁歸，爲伍所强，會濠攻安慶不克，乘其沮喪，幸成功〔一〕。夫人苟有約，其敗徵未見，必不遁。凡攻討之事，勝則侯，不勝則族，苟持兩端，雖强之必不留。武皇帝之在御也，政由嬖倖，濠悉與結納，至或許爲内應，方其崛起，天下皆不敢意其遽亡。先生引兵而西，留其家吉安之公署，聚薪環之，戒守者曰：『兵敗即縱火，毋爲賊辱。』嗚呼！此其功豈可謂倖成，而其心事，豈不皦然如日月哉？忌者不與其功足矣，又舉其心事誣之。甚矣，小人之不樂成人善也。自古君子爲小人所誣者多矣，要其終必自暴白。乃予所深慨者，今世士大夫，高者談玄理，其次爲柔愿，下者直以貪黷奔競，謀自利其身。有一人焉，出死力，爲國家平定大亂，而以忌厚誣之，其勢不盡驅士類入於三者之途不止。凡爲治，不患無事功，患無賞罰，議論者，賞罰所從出也。今天下漸以多事，

〔一〕幸成功　「功」，底本訛作「攻」，據叢刊本、文淵閣本、摛藻堂本改。

庶幾得人焉馳驅其間，而平時所議論者如此。雖在上智，不以賞罰爲勸懲，彼其激勵中才之具，不已踈乎？此予所深慨也。濠之亂，孫、許二公死于前，先生平定之于後，其迹不同，同有功於名教。江西會城，孫、許皆廟食，而先生無祠。予督學之二年，始祀先生于後圃。未幾被召，因摹像以歸，將示同志者，而首以贈吕生。予嘗見人言，此像于先生極似，以今觀之，貌殊不武，然獨以武功顯，於此見儒者之作用矣。吕生誠有慕乎，尚於其學求之。」

巡按江西監察御史成守節重修洪都王公仰止祠。

大學士李春芳作碑記。記曰：「陽明先生祠，少師存翁徐公督學江右時所創建也。公二十及第，宏詞博學，燁然稱首詞林，一時詞林宿學皆自以爲不及，而公則曰：『學豈文詞已也？』日與文莊歐陽公窮究心學，聞陽明先生良知之説而深契焉。江右爲陽明先生過化，公既闡明其學以訓諸生，而又爲崇祀無所，不足以繫衆志，乃於省城營建祀宇，肖先生像祀之，遴選諸生之儁茂者，樂群其中，名曰龍沙會。公課藝暇，每以心得開示諸生，而一時諸生多所興起云。既公召還，洊躋綸閣，爲上所親信，蓋去江右幾二十年矣。有告以祠宇傾圮者，公則愀然動心，捐賜金九十，屬新建錢令修葺之。侍御甘齋成君聞之曰：『此予責也。』遂身任其事，鳩工拓材，

飾其所已敝，增其所未備，堂宇齋舍，焕然改觀。不惟妥神允稱，而諸生之興起者，益勃勃不可禦矣。噫！公當樞筦之任，受心膂之寄，無論幾務叢委，即宸翰咨答，日三四至，而猶之不可以已也。夫『致知』學發自孔門，而孟子『良知』之說，則又發所未發。陽明先生合而言之，曰『致良知』，則好善惡惡之意誠，推其極，家國天下，可坐而理矣。公篤信先生之學，而日以體之身心，施之政事。秉鈞之初，即發私餽，屏貪墨，示以好惡，四海嚮風，不數年，而人心吏治翕然丕變。此豈有異術哉？好善惡惡之意誠於中也。故學非不明之患，患不誠耳。知善知惡，良知具存。譬之大明當天，無微不照。當好當惡，當賞當罰，當進當退，錙銖不爽，各當天則。循其則而應之，則平平蕩蕩，無有作好，無有作惡，而天下平矣。故誠而自慊，則好人所好，惡人所惡而爲仁；不誠而自欺，則好人所惡，惡人所好而爲不仁。苟爲不仁，生於其心，害於其事，蠹治戕民，有不可勝言者矣。公爲此懼，又舉明道定性、識仁二書，發明其義，以示海内學者，而致知之學益明以切。諸生能心惟其義而體諸身，則於陽明先生之學幾矣。業新舍者，其尚體公之意而殫力於誠，以爲他日致用之地哉！」

四十五年丙寅，刻先生文録續編成。

師文録久刻行于世，同志又以所遺見寄，彙録得爲卷者六。嘉興府知府徐必進見之曰：「此於師門學術皆有關切，不可不遍行同志。」董生啓予徵少師存齋公序，命工入梓，名曰文録續編，并家乘三卷行於世云。

今上皇帝隆慶元年丁卯，五月，詔贈新建侯，謚文成。

丁卯正月，詔病故大臣，有應得恤典贈謚而未得者，許部院科道官議奏定奪。於是給事中辛自修、岑用賓等，御史王好問、耿定向等上疏：「原任新建伯兵部尚書兼都察院左都御史王守仁，功勳道德，宜膺殊恤。」下吏、禮二部，會議得：「王守仁具文武之全才，闡聖賢之絶學。筮官郎署，而抗疏以犯中璫[一]，甘受炎荒之謫；建臺江右，而提兵以平巨逆，親收社稷之功。偉節奇勳，久見推於輿論；封盟錫典，豈宜遽奪於身終？」疏上，詔贈新建侯，謚文成。制曰：「竭忠盡瘁，固人臣職分之常；崇德報功，實國家激勸之典。矧通侯班爵，崇亞上公，而節惠易名，榮逾華衮。事必待乎論定，恩豈容以久虚？爾故原任新建伯南京兵部尚書兼都察院左都御史王守仁，維岳降靈，自天佑命。爰從弱冠，屹爲宇宙人豪；甫拜省郎，獨奮乾坤正論。身

[一] 而抗疏以犯中璫　「抗」，底本訛作「坑」，據天圖本、叢刊本、文淵閣本、摛藻堂本改。

瀕危而志愈壯，道處困而造彌深。紹堯孔之心傳，微言式闡；倡周程之道術，來學攸宗。藴蓄既宏，猷爲丕著。遺艱投大，隨試皆宜；戡亂解紛，無施勿效。閩粤之箐巢盡掃，而擒縱如神；東南之黎庶舉安，而文武足憲。爰及逆藩稱亂，尤資仗鉞渊謀。旋凱奏功，速於吴楚之三月；出奇决勝，邁彼淮蔡之中宵。是嘉社稷之偉勳，申盟帶礪之異數。既復撫夷兩廣，旋至格苗七旬。謗起功高，賞移罰重，爰遵遺詔，兼采公評。續相國之生封，時庸旌伐；追曲江之殊卹，庶以酬勞。兹特贈爲新建侯，謚文成，錫之誥命。於戲！鐘鼎勒銘，嗣美東征之烈；券綸昭錫，世登南國之功。永爲一代之宗臣，實耀千年之史册。冥靈不昧，寵命其承。」六月十七日，遣行人司行人賜造墳域，遣浙江布政使司堂上正官、參政，與祭七壇。

二年戊辰，六月，先生嗣子正億襲伯爵。

元年三月，給事中辛自修、岑用賓等，爲開讀事，上疏請復伯爵。吏部尚書楊博，奉旨移咨江西巡撫都御史任士憑，會同巡按御史蘇朝宗，查覆征藩實迹。及浙江巡撫都御史趙孔昭、巡按御史王得春，奏應復爵廕相同。于是吏部奉欽依，會同成國公朱希忠、户部尚書馬森等，議得「本爵一聞逆濠之變，不以非其職守，急還吉安，倡義勤王。未踰旬朔而元兇授首，立消東南

尾大之憂；不動聲色而奸宄蕩平，坐貽宗社磐石之固。較之開國佐命，時雖不同，擬之靖遠、咸寧[一]，其功尤偉。委應補給誥券，容其子孫承襲，以彰與國咸休，永世無窮之報」。議上，詔遵先帝原封伯爵，與世襲。至三年五月，御史傅寵奏議爵廕，吏部復請欽依，會同成國公朱希忠、户部尚書劉體乾，議得「誠意伯劉基食糧七百石，乃太祖欽定，靖遠伯王驥一千石，新建伯王守仁一千石，係累朝欽定，多寡不同。夫封爵之典，論功有六：曰開國，曰靖難，曰禦胡，曰平番，曰征蠻，曰擒反。而守臣死綏，兵樞宣猷，督府勦寇，咸不與焉。蓋六功者，關社稷之重輕，係四方之安危，自非茅土之封，不足以報之。至于死綏、宣猷、勦寇，則皆一身一時之事，錫以錦衣之廕則可，槩欲剖符，則未可也。竊照新建伯王守仁，乃正德十四年親捕反賊宸濠之功。南昌、南、贛等府，雖同邦域，分土分民，各有專責，提募兵而平鄰賊，不可不謂之倡義。南康、九江等處，首罹荼毒，且進且攻，人心摇動，以藩府而叛朝廷，不可不謂之勁敵。出其不意，故俘獻于旬月之間。若稍懷遲疑，則賊謀益審，將不知其所終。攻其必救，故績收乎萬全之略。若少有踈虞，則賊黨益繁，自難保其必濟。膚功本自無前，奇計可以範後。靖遠、咸寧，姑置不論，即如寧夏安化之變，比之江西，難易迥絶。遊擊仇鉞，于時得封咸寧伯，人

[一] 咸寧　下文作「威寧」。

無間言[一]。同一藩服捕反，何獨于新建伯而疑之乎？所據南京各道御史欲要改廕錦衣衛，于報功之典未盡，激勸攸關，難以輕擬。合無將王守仁男襲新建伯，正億不必改議[二]，以後子孫，仍照臣等先次會題明旨，許其世襲」。詔從之，准照舊世襲。

[一]　人無間言　「間」，底本訛作「聞」，據國圖本、天圖本、叢刊本、文淵閣本、摛藻堂本改。

[二]　正億不必改議　通行本或移「正億」二字於前句「男」字之下。

王文成公全書卷之三十六

附録五　年譜附録二

年譜舊序至論年譜書

後學秀水沈啓原録

增訂年譜刻成，啓原檢舊譜，得爲序者五，得論年譜書者二十，乃作而嘆曰：「譜之成也，非苟然哉！陽明夫子身明其道於天下，緒山、念庵諸先生心闡斯道於後世，上以承百世正學之宗，下以啓百世後聖之矩，讀是譜者，可忽易哉？」乃取叙書彙而録之，以附譜後。使後之志師學者，知諸先生爲道之心身，斯譜其無窮乎！

陽明先生年譜序

門人錢德洪

嘉靖癸亥，夏五月，陽明先生年譜成，門人錢德洪稽首叙言曰：昔堯、舜、禹開示學端，以

相授受，曰：「允執厥中，四海困窮，天禄永終[一]」。噫！此三言者，萬世聖學之宗與！執中不離乎四海也。中也者，人心之靈，同體萬物之仁也。執中而離乎四海，則天地萬物失其體矣。故堯稱「峻德」，必自親九族以至和萬邦[二]；舜稱「玄德」，必自定父子以化天下。堯、舜之爲帝，禹、湯、文、武之爲王，所以致唐虞之隆，成三代之盛治者，謂其能明是學也。後世聖學不明，人失其宗，紛紛役役，疲極四海，不知中爲何物。伯術興，假借聖人之似以持世，而不知逐乎外者遺乎内也。佛老出，窮索聖人之隱微以全生，而不知養乎中者遺乎外也。教衰行弛，喪亂無日，天禄亦與之而永終。噫，夫豈無自而然哉？寥寥數千百年，道不在位，孔子出，祖述堯、舜，顔、曾[三]、思、孟、濂溪、明道繼之，以推明三聖之旨，斯道燦燦然復明於世。惜其空言無徵，百姓不見三代之治，每一傳而復晦，寥寥又數百年。

吾師陽明先生出，少有志於聖人之學，求之宋儒不得，窮思物理，卒遇危疾，乃築室陽明洞天，

[一] 天禄永終　蓬左本「終」下有「夫天禄永終云者，勉戒詞也。堯、舜、禹，大聖人也，豈待勉之而後爲，戒之而後懼邪」三十一字。

[二] 必自親九族以至和萬邦　「必」，國圖本、天圖本、叢刊本訛作「以」。

[三] 顔曾　蓬左本無此二字。

爲養生之術。静攝既久，恍若有悟，蟬脱塵坌，有飄飄遐舉之意焉。然即之於心若未安也，復出而用世。謫居龍場，衡困拂鬱，萬死一生，乃大悟良知之旨。始知昔之所求，未極性真，宜其疲神而無得也。蓋吾心之靈，徹顯微，忘内外，通極四海而無間，即三聖所謂中也[一]。本至簡也而求之繁，至易也而求之難，不其謬乎？征藩以來，再遭張、許之難，呼吸生死，百鍊千摩而精光焕發[二]，益信此知之良，神變妙應而不流於蕩，淵澄静寂而不墮於空。徵之千聖，莫或紕繆，雖百氏異流，咸於是乎取証焉。噫！亦已微矣。始教學者悟從静入，恐其或病於枯也，揭明德、親民之旨，使加誠意、格物之功。至是而特揭「致良知」三字，一語之下，洞見全體，使人人各得其中。由是以味入者以明出，以塞入者以通出，以憂憤入者以自得出。四方學者，翕然來宗之。噫！亦云兆矣。天不憖遺，野死遐荒，不得終見三代之績，豈非千古一痛恨也哉！

師既没，吾黨學未得止，各執所聞以立教，儀範隔而真意薄，微言隱而口説騰。且喜爲新奇譎秘之説，凌獵超頓之見，而不知日遠於倫物。甚者認知見爲本體，樂踈簡爲超脱，隱幾智於權宜，蔑禮教於任性。未及一傳，而淆言亂衆，甚爲吾黨憂。邇年以來，亟圖合併，以宣明師訓，

[一] 即三聖所謂中也　蓬左本無此七字。
[二] 百鍊千摩而精光焕發　「摩」，蓬左本作「磨」。

漸有合異統同之端，謂非良知昭晰，師言之尚足徵乎？譜之作，所以徵師言耳。始謀於薛尚謙，顧三紀未就，同志日且凋落，鄒子謙之遺書督之。洪亦大懼湮没，假館於史恭甫嘉義書院，越五月，草半就，趨謙之，而中途聞訃矣。偕撫君胡汝茂往哭之。返見羅達夫閉關方嚴，及讀譜，則喟然嘆曰：「先生之學，得之患難幽獨中，蓋三變以至於道。今之談良知者，何易易也！」遂相與刊正，越明年正月，成于懷玉書院，以復達夫。比歸，復與王汝中、張叔謙、王新甫、陳子大賓、黄子國卿、王子健〔一〕，互精校閲，曰：「庶其無背師説乎？」命壽之梓。然其事則核之奏牘，其文則稟之師言，罔或有所增損。若夫力學之次，立教之方，雖因年不同，其旨則一，洪竊有取而三致意焉。噫！後之讀譜者，尚其志逆神會，自得於微言之表〔二〕，則斯道庶乎其不絶矣。僭爲之序〔三〕。

陽明先生年譜考訂序

後學羅洪先

〔一〕陳子大賓黄子國卿王子健　蓬左本作「陳見吾、黄滄溪、王肖溪」。
〔二〕自得於微言之表　「自得」，蓬左本作「解悟」。
〔三〕蓬左本篇末署「嘉靖癸亥八月朔門人餘姚錢德洪百拜書」。

嘉靖戊申，先生門人錢洪甫聚青原[一]，言年譜，僉以先生事業多在江右，而直筆不阿，莫洪先若[二]，遂舉丁丑以後五年相屬。又十六年，洪甫携年譜稿二三册來，謂之曰：「戊申青原之聚，今幾人哉？」洪甫懼，始堅懷玉之留。明年四月，年譜編次成書，求踐約[三]，會滁陽胡汝茂巡撫江右[四]，擢少司馬且行，刻期入梓，敬以旬日畢事。已而即工稍緩，復留月餘。自始至卒，手自更正，凡八百數十條[五]。其見聞可據者，删而書之，歲月有稽，務盡情實，微涉揚詡，不敢存一字，大意貴在傳信以俟將來[六]。於是年譜可觀[七]。

洪先因訂年譜，反覆先生之學，如適途者，顛仆沉迷泥淖中，東起西陷，亦既困矣。然卒不

[一] 門人錢洪甫　萬曆本石蓮洞羅先生文集（以下簡稱羅集）「甫」下有「王汝中」三字。

[二] 莫洪先若　「若」，國圖本、叢刊本訛作「君」。

[三] 求踐約　「求」，羅集作「來」。

[四] 巡撫江右　「右」，羅集作「西」。

[五] 凡八百數十條　「八」，毛本作「入」。

[六] 大意貴在傳信以俟將來　羅集無「大意」二字；毛本「來」下有「而提督歸安陸汝成梓于贛，是時亦有南京少司馬命，年譜適傳」二十五字。

[七] 於是年譜可觀　羅集「譜」下有「稍」字；毛本無此六字。

爲休也。久之，得小蹊徑，免於沾途，視昔之險道有異焉。在他人宜若可以已矣，然卒不爲休也。久之，得大康莊，視昔之蹊徑又有異焉。在他人宜若可以已矣，乃其意則以爲出於險道而一旦至是，不可謂非過幸[一]。彼其才力足以特立[二]，而困爲我者固尚衆也[三]，則又極力呼號，冀其偕來以共此樂，而顛迷愈久，呼號愈切。其安焉而弗之覺者[四]，顧視其呶呶，至老死不休，而翻以爲笑，不知先生蓋有大不得已者惻於中。嗚呼！豈不尤異也乎？故善學者，竭才爲上[五]，解悟次之，聽言爲下。蓋有密證殊資，嘿持妙契，而不知反躬自求實際，以至不副夙期者多矣[六]。固未有歷涉諸難，深入真境，而觸之弗靈，發之弗瑩，必有俟於明師面臨，至語私授[七]，而後信久遠也。

[一]　不可謂非過幸　「謂非」，羅集作「不謂」。
[二]　彼其才力足以特立　「才力足以」，羅集作「力能」。
[三]　而困爲我者固尚衆也　羅集「爲我者」作「猶夫我」；毛本「爲」作「猶」。
[四]　而弗之覺者　「覺」，國圖本、天圖本、叢刊本爲墨釘，文淵閣本作「悟」，擒藻堂本作「儆」。
[五]　竭才爲上　「才」，羅集作「力」。
[六]　不副夙期者多矣　羅集無「多」字。
[七]　必有俟於明師面臨至語私授　羅集作「必俟明師面臨私授」。

視此洪先談學三年而先生卒，未嘗一日得及門，然於三者之辨，今亦審矣[一]。學先生之學者，視此何哉？無亦曰是必有待乎其人[二]，而年譜者固其影也[三]。

刻陽明先生年譜序

門人王畿

年譜者何？纂述始生之年，自幼而壯，以至於終，稽其終始之行實而譜焉者也[四]。其事則倣於孔子家語，而表其宗傳[五]，所以示訓也。家語出于漢儒之臆說，附會假借，鮮稽其實，致使聖人之學黯而弗明，偏而弗備，駁而弗純，君子病焉。求其善言德行，不失其宗者，莫要於中庸。蓋子思子憂道學之失傳，發此以詔後世。其言明備而純，不務臆說，其大旨在於「未發之中」一言，即虞廷道心之微也。本諸心之性情，致謹於隱微顯見之幾，推諸中和位育之化，極之乎無聲無臭而後爲至，蓋家學之秘藏也。孟軻氏受業子思之門，自附於私淑，以致願學之誠。於尹、夷、

[一] 今亦審矣　「亦」，國圖本爲墨釘，天圖本、叢刊本、文淵閣本、擒藻堂本作「已」。

[二] 無亦曰是必有待乎其人　「待」，國圖本、天圖本、叢刊本、文淵閣本、擒藻堂本作「得」。

[三] 毛本篇末署「嘉靖四十二年癸亥七月朔後學吉水羅洪先書」。

[四] 稽其終始之行實　「終始」，萬曆本龍谿王先生全集（以下簡稱王集）作「中」。

[五] 而表其宗傳　王集「傳」下有「之自」二字。

惠則以爲不同道，於諸子則以爲姑舍是，自生民以來，莫盛於孔子。毅然以見而知之爲己任，差等百世之上，若觀諸掌中，是豈無自而然哉？所不同者何道，所舍者何物，所願學者何事，端緒毫釐之間，必有能辯之者矣。漢儒不知聖人之學本諸性情，屑屑然取證於商羊、萍實、防風之骨、肅慎之矢之迹。以偏物爲知，必假知識聞見助而發之，使世之學者不能自信其心，倀倀然求知於其外[一]，漸染積習，其流之弊，歷千百年而未已也。

我陽明先師崛起絶學之後，生而穎異神靈，自幼即有志於聖人之學。蓋嘗泛濫於辭章，馳騁於才能，漸漬於老釋，已乃折衷於群儒之言，參互演繹，求之有年，而未得其要。及居夷三載，動忍增益，始超然有悟於良知之旨，無内外，無精粗，一體渾然，是即所謂「未發之中」也。其説雖出於孟軻氏，而端緒實原於孔子。其曰「吾有知乎哉，無知也」，「蓋有不知而作，我無是也」，言良知無知而無不知也，而知識聞見不與焉。此學脉也[二]。師以一人超悟之見，呶呶其間，欲以挽回千百年之染習，蓋亦難矣。寖幽寖昌，寖微寖著，風動雷行，使天下靡然而從之，非其

[一] 倀倀然求知於其外　王集無「其」字。
[二] 此學脉也　王集無此四字。

有得於人心之同然［一］，安能舍彼取此，確然自信而不惑也哉？

雖然，道一而已，學一而已。良知不由知識聞見而有，而知識聞見莫非良知之用。文辭者，道之華；才能者，道之幹；虛寂者，道之原；群儒之言，道之委也；皆所謂良知之用也。有舍有取，是内外精粗之見未忘，猶有二也。無聲無臭，散爲萬有，神奇臭腐，隨化屢遷，有無相乘之機，不可得而泥也。是故溺於文辭則爲陋矣，道心之所達，良知未嘗無文章也；役於才藝則爲鄙矣，天之所降，百姓之所與，良知未嘗無才能也。老佛之沉守虛寂則爲異端，無思無爲，以通天下之故，良知未嘗無虛寂也［二］；世儒之循守典常則爲拘方，有物有則，以適天下之變，良知未嘗無典要也。蓋得其要，則臭腐化爲神奇；不得其要，則神奇化爲臭腐；非天下之至一，何足以與於此？

夫儒者之學，務於經世，但患於不得其要耳［三］。昔人謂以至道治身，以土苴治天下，是猶泥於内外精粗之二見也。動而天游，握其機以達中和之化，非有二也。功著社稷而不尸其有，澤究生民而不宰其能，教彰士類而不居其德，周流變動，無爲而成，莫非良知之妙用，所謂渾然一

［一］非其有得於人心之同然　「其」，王集作「真」。

［二］良知未嘗無虛寂也　「無」，王集作「不」。

［三］但患於不得其要耳　王集無「於」字。

信體者也。如運斗極，如轉户樞，列宿萬象，經緯闔闢，推盪出入於大化之中，莫知其然而然。信乎儒者有用之學，良知之不爲空言也[一]。師之纘承絶學[二]，接孔孟之傳以上窺姚姒，所謂聞而知之者非耶？友人錢洪甫氏與吾黨二三小子，慮學脉之無傳而失其宗也，相與稽其行實終始之詳[三]，纂述爲譜，以示將來[四]。其於師門之秘，未敢謂盡有所發，而假借附會，則不敢自誣[五]，以滋臆説之病。善讀者以意逆之，得於言詮之外，聖學之明，庶將有賴，而是譜不爲徒作也已，故曰所以示訓也。

又

後學胡松

人有恒言：「真才固難，而全才尤難也。」若陽明先生，豈不亶哉其人乎？方先生抗議忤權，投荒萬里，處約居貧，困心衡慮，煢然道人爾。及稍遷令尹，漸露鋒穎矣。未幾内遷，進南太僕、

[一] 良知之不爲空言也　王集無「之」字。
[二] 師之纘承絶學　「師之」，王集作「先師」。
[三] 相與稽其行實終始之詳　「終始」，王集作「始終」。
[四] 以示將來　「示」，王集作「俟」。
[五] 而假借附會則不敢自誣　王集作「然亦不敢假借附會」。

若鴻臚，官曹簡暇，日與門人學子講德問業，尚友千古，人皆譁之爲禪。後擢僉副都御史，至封拜，亦日與門人學子論學不輟，而山賊逆藩之變，一鼓殲之，於是人始服先生之才之美矣。雖服先生之才，而猶疑先生之學，誠不知其何也。

松嘗謂先生之學與其教人，大抵無慮三變。始患學者之心紛擾而難定也，則教人靜坐反觀，專事收斂。學者執一而廢百也，偏於靜而遺事物，甚至厭世惡事，合眼習觀，而幾於禪矣，則揭言「知行合一」以省之。其言曰「知者行之始，行者知之成」，又曰「知爲行主意，行爲知工夫」，而要於去人欲而存天理。其後又恐學者之泥於言詮，而終不得其本心也，則專以「致良知」爲作聖爲賢之要矣。不知者與未信者，則又病良知之不足以盡道，而群然吠焉。豈知「良知」即良心之别名，是「知」也，維天高明，維地廣博，雖無聲臭，萬物皆備。古今千聖萬賢，天下百慮萬事，誰能外此「知」者？而「致」之爲言，則篤行固執，允迪實際，服膺弗失，而無所弗用其極，並舉之矣。豈專守靈明，用知而自私耶？專守靈明，用智自私，而不能流通著察於倫物云爲之感，而或牽引轉移於情染伎倆之私，雖名無不周偏，而實難與研慮；雖稱莫之信果，而實近於蕩恣。甚至藐兢業而病防檢，私徒與而挾悻嫉，廢人道而群鳥獸，此則禪之所以病道者爾。先生之學，則豈其然乎？故其當大事，决大疑，夷大難，不動聲色，不喪匕鬯，而措斯民於衽席之安，皆其

良知之推致而無不足，而非有所襲取於外。

他日讀書，竊疑孔子之言，而曰：「我戰則克，祭則受福。」夫聖非誇也，未嘗習爲戰與鬭也[一]，又非有祝詛厭勝之術也，而云必「克」與「福」，得無殆於誣歟？是未知天人之心之理之一也。夫君子齊戒以養心，恐懼而慎事，則與天合德，而聰明睿知，文理密察，溥博淵泉而時出之矣。則何福之不獲，何戰之弗克，而又奚疑焉？不然，傳何以曰：「明乎郊社之禮，禘嘗之義，治國其如視諸掌乎？」夫郊社、禘嘗之禮，則何與於治國之事也？夫道，一而已矣。通則皆通，塞則皆塞，文豈爲文，武豈爲武？蓋尚父之鷹揚，本於敬義，而周公之東征破斧，寔哀其人而存之。彼依托之徒，呼喝叱詫[二]，豪蕩弗檢，自詭爲道與學，而欲舉天下之大事，祇見其勞而敝矣。

緒山錢子，先生高第弟子也。編有先生年譜舊矣，而猶弗自信，泝錢塘，踰懷玉，道臨川，過洪都，適吉安，就正於念庵諸君子。念庵子爲之刪繁舉要，潤飾是正，而補其闕軼，信乎其文則省，其事則增矣。計爲書七卷，既成，則謂予曰：「君滁人，先生蓋嘗過化，而今繼居其官，且與討論，君宜叙而刻之。」余謝不敢，而又弗克辭也，則以竊所聞於諸有道者論次如左，俾後世知先生之

[一] 未嘗習爲戰與鬭也 「未」，蓬左本、毛本作「非」。

[二] 呼喝叱詫 「叱」，底本訛作「吒」，據蓬左本、毛本、文淵閣本改。

才之全，蓋出於其學如此。必就其學而學焉，庶幾可以弗畔矣夫。

又

後學王宗沐

昔者孔子自序其平生得學之年，自十五以至七十，然後能從心所欲，不踰矩。其間大都詣入之深，如浚井者，必欲極底裏以成；而修持之漸，如歷階者，不容躐一級而進。至哉粹乎！千古學脉之的也。然宗沐嘗仰而思之，使孔子不至七十而没，豈其終不至於從心耶？若再引而未没也，則七十而後，將無復可庸之功耶？嗟乎！此孔子所謂苦心，吾恐及門之徒，自顏、曾而下，有不得而聞者矣。夫矩，心之體而物之則也。心無定體，以物爲體，方其應於物也，而體適呈焉。炯然焕然，無起無作，不以一毫智識意解參於其間，是謂動以天也。而自適於則，加之則涉於安排，減之則闕而不貫，毫釐幾微，瞬目萬里，途轍倚着，轉與則背。此非有如聖人之志，畢餘生之力，精研一守，以至於忘體忘物，獨用全真，則固未有能凑泊其藩者，而況於横心之所欲，而望其自然不踰於矩哉？此聖學所以别於異端，斃而後已，不知老之將至者也。不踰矩由不惑出，而不惑者，吾心之精明本體，所謂知也。

自宋儒濂溪、明道之没，而此學不傳。我朝陽明王先生，蓋學聖人之學者，其事功文章，與

夫歷涉發迹，頗爲世所奇，而争傳之以爲怪。年幾六十而没，而其晚歲，始專揭「致良知」爲聖學大端，良有功於聖門。予嘗覽鏡其行事，而參讀其書，見其每更患難則愈精明，負重難則愈堅定，然後知先生英挺之稟雖異於人，而所以能邃於此學，而發揮於作用者，亦不能不待於歷歲踐悟之漸，而世顧奇其發迹，與夫事業文章之餘，夫亦未知所本也與？先生高弟餘姚錢洪甫氏以親受業，乃能譜先生履歷始終，編年爲書。凡世所語奇事不載，而於先生之學，前後悟入，語次猶詳。書成，而俾予爲之序。

論年譜書

鄒守益

浮峰公歸浙，託書促聚復真，以了先師年譜，竟不獲報。烏泉歸，審去歲兄在燕峰館修年譜，以大水乃旋，今計可脱稿，爲之少慰。同門群公，如中離、静庵、善山、洛村、南野，皆勤勤在念，又作隔世人矣。努力一來，了此公案。師門固不藉此，然後死者之責，將誰執其咎？佇望佇望。歸自武夷，勞與暑并，静養寡出，始漸就瘉。老年精力，更須愛惜，願及時勵之。風便，早示瑶音，以快懸跂。

論年譜書 凡九首

羅洪先

數年一晤，千里而來，人生幾何，幾聚散遂已矣，可不悲哉！信宿相對，受益不淺。正通書爐峰問行踪，書扇至矣。好心指摘，感骨肉愛，兒輩何知，辱誨真語，且波其父，兩世啣戢，如何爲報。計南浦尚有數月留，稍暇裁謝也。年譜自別後即爲册事奪去，自朝至暮不得暇，竟無頃刻相對期，須於歲晚圖之，幸無汲汲。所欲語諸公者，面時當不忘。別後見諸友，幸語收静之功。居今之世，百務紛紛中，更不回首，寧有生意？不患其不發揚，患不枯槁耳。會語教兒輩者，可以語諸友也，如何？

天寒歲暮，孤舟漾漾，不知何日始抵南浦，此心念之。忽思年譜非細事，兄亦非閑人，一番出遊，一番歲月，亦無許多閑光陰，須爲决計，久留僻地一二月，方可成功。前所言省城内外，終屬紛囂是非之場〔一〕，斷非著書立言之地，又不過終日揖讓飲宴而已，何益於久處哉？今爲兄計，歲晚可過魯江公連山堂静處，且須謝絶城中士友，勿復往來。可久則春中始發，不然，初正仍鼓

〔一〕 終屬紛囂是非之場 「紛」，國圖本、天圖本、叢刊本訛作「終」。

懷玉之棹，閒居數月，日間會友，皆立常規。如此，更覺穩便。即使柏泉公有扳留意，亦勿依違。如此，方有定向，不至優游廢事矣。弟欲寄語并譜草，亦當覓便風，不長遠也。深思爲畫此策，萬萬俯聽，不惑人言，至懇至懇。

玉峽人來，得手書，知兄拳拳譜草。前遇便，曾附一簡，爲公畫了譜之計極周悉，幸俯聽。且近時人之好尚不同，訛言誚謗，極能敗人興味。縱不之顧，恐於侍坐之愆，不免犯瞽之戒，知公必不忍也。附此不盡。

倏焉改歲，區區者年六十矣。七十古稀，亦止十年間，十年月日，可成何事？前此只轉瞬耳，可不懼哉！前連二書，望留兄了譜事，只留魯江兄宅上，百凡皆便。有朋友相聚者，令寄食於鄰。如此，賓主安矣。不然，柏泉公有館穀之令，則處懷玉爲極當，好景好人好日月，最是難得。如不肖弟者，已不得從，可輕視哉？省中萬不可留，毋爲人言所誑，再囑再囑。年譜一卷，反覆三日，稍有更正。前欲書者，乃合叠日事，而觀綱上言學，心若未安，今已入目。於目中諸書揭標，令人觸目，亦是提醒人處，入梓日以白黑地別之。二卷、三卷，如舉「良知」之說，皆可揭標於目中矣，望增入。不識兄今何在，便風示知之。

正月，遣使如吴江迎沈君，曾附年譜稿并小簡上，想已即達。龍光之聚，言之使人興動。弟謬以不肖所講言之諸兄，是執事説假譬以興發之，在諸君或有自得，在不肖聞之愧耳。供張不煩有司，甚善。只恐往來酬應，亦費時日，兼彼此不便，則何如？諸君之意方專誠，不知何以爲去留也？年譜續修者，望寄示。柏泉公爲之序，極善，俟人至當促之。來簡「精詣力究」四字，真吾輩猛省處，千載聖人不數數，只爲欠此四字。近讀擊壤之集，亦覺此老收手太早。若是孔子，直是停脚不得也。願共勉之。

承別簡數百言，反覆於僕之稱謂，謂僕心師陽明先生，稱後學不稱門人，與童時初志不副。稱門人於没後，有雙江公故事可援，且謬加許可，以爲不辱先生門墻。此皆愛僕太過，特爲假借推引耳，在僕固有所不敢。竊意古人之稱謂，皆據實不苟焉，以著誠也。昔之願學孔子者，莫如孟子。孟子嘗曰：「予未得爲孔子徒也。」蓋嘆之也。彼其嘆之云者，謂未得親炙，見而知之，以庶幾於速肖焉耳，固未始即其願學，而遂自謂之徒也。夫得及門，雖互鄉童子亦與其進；不得

及門，雖孟子不敢自比於三千[一]。後之師法者，宜如何哉？此僕之所以不敢也。雖然，僕於先生之學，病其未有得耳。如得其門，稱謂之門不門，何足輕重？是爲僕謀者，在願學，不在及門也。今之稱後學者，恒不易易，必其人有足師焉，然後書之。如是，則僕之稱謂，實與名應，宜不可易。若雙江公與僕兩人[二]，一則嘗侍坐，一則未納贄，事體自别，不得引以相例。且使僕有不得及門之嘆，將自俛焉跂而及之，亦足以爲私淑之助，未爲慼也。惟兄聽其言[三]。

廿六日吐泄大作，醫云内有感冒，五日後方云無事。在五六日中，自分與兄永訣。方見門前光景，未能深入究竟[四]，亦無奈何，惟此自知耳。雖父子間，不能一語接也。初四日，復見正月念日書，始知廿四之期決不可留，又爲悵悵[五]。蓋兄在南浦一日未安，則弟不能安松原一日。今離去太遠，此心如何，此心如何。見兄論夜坐詩，中間指先天之病，非謂先天也，謂學也。記

[一] 自比於三千　「比」，底本訛作「北」，據國圖本、天圖本、叢刊本、文淵閣本、摛藻堂本改。
[二] 若雙江公與僕兩人　「雙」，叢刊本、文淵閣本、摛藻堂本作「故」。
[三] 惟兄聽其言　叢刊本「聽其」二字爲墨釘，文淵閣本作「無多」，摛藻堂本作「諒其」。
[四] 未能深入究竟　「竟」，叢刊本、文淵閣本、摛藻堂本訛作「意」。
[五] 又爲悵悵　「又」，叢刊本、文淵閣本、摛藻堂本作「人」。

得白沙夜坐有云：「些兒若問天根處，亥子中間得最真。」又云：「吾儒自有中和在，誰會求之未發前？」是白沙無心於言也，信口拈來，自與道合。白沙雖欲靳之，有不可得者也。不肖正欲反其意，而言不自達，爲之媿媿。然不敢妄言，乃遵兄終身之惠，不敢不敬承。病戒多言，復此喋喋，不任惶恐。附此再呈不次。

前病中承示行期，即力疾具復。未幾，王使來，復辱惠以年譜，即日命筆裁請。緣其中有當二三人細心商量者，而執事得先生真傳，面對口語，不容不才億度，比别樣叙作用不同。故須再請於執事，務細心端凝，曲盡當時口授大義，使他年無疑於執事可也。自整不妨連下，或至來年總寄來，不肖不敢不盡其愚。此千載之事，非一時草草，然舍今不爲，後一輩人更不可望矣。峽江胡君，知事者，書來託之，斷不稽緩。

八月十一日，始得兄六月朔日書，則知弟六月下旬所寄書，未知何日至也。柏泉公七月發年譜來，日夕相對，得盡寸長。平生未嘗細覽文集，今一一詳究，始知先生此學進爲始末之序，因之頗有警悟。故於年譜中手自披校，凡三四易稿，於兄原本，似失初制，誠爲僭妄。弟體兄虚心

求益，不復敢有彼我有限隔耳。如己卯十一月，始自京口返江西[一]，遊匡廬；庚辰正月，赴召歸，重遊匡廬；二月，九江還南昌；又乙亥年自陳疏，乃乙亥年考察隨例進本[二]，不應復有納忠切諫之語，亦遂舉據文集改正之。其原本所載本稿，不敢濫入，豈當時先生有是稿未上歟？愚意此稿只入集，不應遂入年譜。不及請正，今已付新建君入梓，惟兄善教之。草草裁復，不盡請正。

得吴堯山公書，知年譜已刻成，承陸北川公分惠，可以達鄙意矣。綿、竹共四十部，此外寄奉龍溪兄十部，伏惟鑒入。雖然，今所傳者，公之影響耳。至於此學精微，則存乎人自得之，固不在有與無、多與少也。弟去歲至今，皆在病中，無能復舊。然爲學之意，日夕懇懇，始知垂老惟有此事緊要。若得影響，即可還造化，無他欠事也。兄别去一年，此件自覺如何？前輩凋落，雙翁以歸土，所賴倡明此學者，却在吾輩。吾輩若不努力，稍覺散漫，即此已矣，無復可望矣。得罪千古，非細事也。悲哉悲哉！千里寄言，不盡繾綣。

[一]　也今之稱後學者恒不易易……始自京口返江西　國圖本、天圖本脱，叢刊本爲補刻。

[二]　乙亥年　底本「乙」訛作「己」，據卷九自劾乞休疏改。

答論年譜書 凡十首

錢德洪

承兄下榻，信宿對默，感教實多。兄三年閉關，焚舟破釜，一戰成功，天下之太宇定矣。斯道屬兄，後學之慶也。珍重珍重。更得好心消盡，生死毁譽之念忘，則一體萬物之情顯[一]，盡乎仁矣。如何如何。師譜一經改削，精彩迥别，謝兄點鐵成金手也。東去，譜草有繼上，乞賜留念。外詩扇二柄，寄令郎以昭，併祈賜正。詩曰：「我昔遊懷玉，而翁方閉關。數年論睽合，豈泥形迹間？今日下翁榻，相對無怍顔。月魄入簾白，松標當户閒。我默鏡黯黯，翁言玉珊珊。劍神不費解，調古無庸彈。喜爾侍翁側，傾聽嶷如山。見影思立圭，植根貴删繁。遠求憂得門，況乃生宫闈。毋恃守成易，俛惟創業艱。」又書會語一首：「程門學善静坐，何也？曰：其憫人心之不自覺乎？聲利百好，擾擾外馳，不知自性之靈，炯然在獨也。稍離奔騖默悟，真百感紛紜，而真體常寂，此極深研幾之學也。入聖之幾，庶其得於斯乎？」

奉讀手詔，感惓惓别後之懷。心同道同，不忘爾我，一語不遺，共徹心髓，真所謂「同心之言，

[一] 則一體萬物之情顯 「物」，國圖本、天圖本、叢刊本、文淵閣本、摛藻堂本作「化」。

其臭如蘭」也。感惕如之何。年來同志凋落，慨師門情事未終，此身倀倀無依[一]。今見兄誕登道岸，此理在天地間已得人主張，吾身生死短長，烏足爲世多寡，不覺脱然無係矣。此番相别，夫豈苟然哉？宜兄之臨教益切也。師譜得兄改後，謄清再上，尚祈必盡兄意，無容遺憾，乃可成書。令郎美質，望奮志以聖人爲己任，斯不辜此好歲月耳。鄉約成册，見兄仁覆一邑，可以推之天下矣。信在言前，不動聲色，天載之神也。餘惟嗣上不備。

别後沿途阻風，舟弗能前，至除夜，始得到龍光寺。諸友群聚，提兄「丕顯待旦」一語爲柄，聽者莫不聳然反惕，謂兄三年閉關，即與老師居夷處困、動忍熟仁之意同。蓋慨古人之學，必精詣力究，深造獨得，而後可以爲得，誠非忽慢可承領也。諸生於是日痛發此意。兄雖在關，示道標的，後學得所趨矣。喜幸喜幸。城中王緝諸生夙辦柴米，爲久留計，供應不涉有司。五日一講會，餘時二人輪班，代接賓客，使生得静處了譜。見其志誠懇，姑與維舟信宿以試之。若果如衆計，從之；若終涉分心，必難留矣。二書承示周悉，同體之愛也。今雖久暫未定，必行兄意，不敢如前堅執硬主也。柏泉公讀兄年譜，深喜經手自别，決無可疑，促完其後。昨乞作序冠首，兄有書達，

[一] 此身倀倀無依 「倀倀」，國圖本、天圖本、叢刊本、文淵閣本、摛藻堂本作「悵悵」。

幸督成之。留稿乞付來人，蓋欲付人謄真也。

兄於師譜，不稱門人而稱後學，謂師存日未獲及門委贄也。兄謂古今稱門人，其義止於及門委贄乎？子貢謂「得其門者或寡矣」。孔門之徒三千人，非皆及門委贄者乎？今載籍姓名，七十二人之外無聞焉，豈非委贄而未聞其道者，與未及門者同乎？韓子曰：「道之所在，師之所在也。」夫道之所在，吾從而師之，師道也，非師其人也。師之所在，吾從而北面之，北面道也，非北面其人也。兄嘗別周龍崗，其序曰：「予年十四時，聞陽明先生講學於贛，慨然有志就業。父母憐恤，不令出户庭，然每見龍崗從贛回，未嘗不憤憤也。」是知有志受業，已在童時，而不獲通贄及門者，非兄之心也，父母愛護之過也。今服膺其學既三紀矣，匪徒得其門，且升其堂，入其室矣，而又奚歉於稱門人耶？

昔者方西樵叔賢與師同部曹，僚也；及聞夫子之學，非僚也，師也，遂執弟子禮焉。黄久庵宗賢見師於京師，友也；再聞師學於越，師也，非友也，遂退執弟子禮。聶雙江文蔚見先生於存日，晚生也，師没而刻二書於蘇，曰：「吾昔未稱門生，冀再見也，今不可得矣。」時洪與汝中遊蘇，設香案告師，稱門生，引予二人以爲証。汪周潭尚寧始未信師學，及提督南贛，親見師遺政，乃

頓悟師學，悔未及門而形於夢，遂謁師祠稱弟子，遺書於洪、汝中以爲証。夫始未有聞，僚也，友也，既得所聞，從而師事之，表所聞也。始而未信師學於存日，晚生也，師没而學明，証於友，形於夢，稱弟子焉，表所信也。

吾兄初擬吾黨承領本體太易[一]，併疑吾師之教。年來翕聚精神，窮深極微，且閉關三年，而始信古人之學丕顯待旦，通晝夜，合顯微而無間。試與里人定圖徭册，終日紛囂，自謂無異密室。乃見吾師進學次第，每於憂患顛沛，百鍊純鋼，而自徵三年所得，始洞然無疑。夫始之疑吾師者，非疑吾師也，疑吾黨之語而未詳也；今信吾師者，非信吾師也，自信所得，而徵師之先得也。則兄於吾師之門，一啓關鑰，宗廟百官，皆故物矣。稱入室弟子，又何疑乎？譜草承兄改削，編述師學，惟兄與同。今譜中稱門人，以表兄信心，且從童時初志也，其無辭。

南浦之留，見諸友相期懇切，中亦有八九輩，肯向裏求入，可與共學矣。亦見其中有一種異説，爲不羈少年，助其愚狂，故願與有志者反覆論正，指明師旨，庶幾望其適道。諸生留此，約束頗嚴，但無端應酬，終不出兄所料，已與柏泉公論别，決二十日發舟，登懷玉矣。兄第伍簡復至，

[一] 吾兄初擬吾黨承領本體太易　「領」，國圖本作「顏」。

感一體相成之愛，無窮已也。仰謝仰謝。「精詣力究」，昨據兄獨得之功而言，來簡揭出四字以示，更覺反惕。謂「康節收手太早，若在孔門，自不容停脚矣」，實際之言，真確有味，聞者能無痛切乎？別簡謂「孟子不得爲孔子徒，蓋嘆已不得親炙以成速肖也」，誦言及此，尤負慚恐，親炙而不速肖，此弟爲兄罪人也。兄之所執，自有定見，敢不如教。

閒中讀兄夜坐十詩，詞句清絶，造悟精深，珍味入口，令人雋永。比之宋儒感興諸作，加一等矣。幸教幸教。然中有願正者，與兄更詳之。吾黨見得此意，正宜藏蓄，默修默証，未宜輕以示人。恐學者以知解承，功未至而知先及本體，作一景象，非徒無益，是障之也。蓋古人立言，皆爲學者設法，非以自盡其得也。故引而不發，更覺意味深長。然其所未發者，亦已躍如，何也？至道非以言傳，至德非以言入也。故歷勘古訓，凡爲愚夫愚婦立法者，皆聖人之言也；爲聖人説道妙，發性真者，皆賢人之言也。與富家翁言，惟聞創業之艱；與富家子弟言，惟聞享用之樂。言享用之樂，非不足以歆聽聞而起動作也，然終不如創業者之言近而實也。此聖賢之辯也。

調息、殺機、亥子諸説，知兄寓言，然亦宜藏默。蓋學貴精，最忌駁。道家説性命，與聖人所間毫釐耳。聖人於家國天下，同爲一體，豈獨自遺其身哉？彼所謂術，皆吾修身中之實功，特不以微軀係念，輒起絶俗之想耳。關尹子曰：「聖人知之而不爲。」聖人既知矣，又何不爲耶？

但聖人爲道，至易至簡，不必別立爐灶，只致良知，人己俱得矣。知而不爲者，非不爲也，不必如此爲也。夫自吾師去後，茫無印正。今幸兄主張斯道，慨同志凋落，四方講會雖殷，可與言者亦非不多，但爐中火旺，會見有融釋時，毫釐滓化未盡，火力一去，滓復凝矣。更望其成金足色，永無變動，難也，而況庸一言之雜其耳乎？兄爲後學啓口容聲，關係匪細，立言之間，不可不慎也。故敢爲兄妄言之，幸詳述以進我。情關血脉，不避喋喋，惟兄其諒之。

前月二十五日，舟發章江，南昌諸友追送，阻風樵舍。五日入撫州，吊明水兄，又十日而始出其境。舟中特喜無事，得安静搆思，譜草有可了之期矣。乏人抄寫，先録庚辰八月至癸未二月稿奉上，亟祈改潤，即付來手。到廣信再續上，出月中旬，計可脱稿也。龍溪兄玉山遺書，謂：「初以念庵兄之學偏於枯槁，今極耐心，無有厭煩，可謂得手。但恐不厭煩處落見，略存一毫知解；雖無知解，略着一些影子；尚須有針線可商量處，兄以爲何如？」不肖復之曰：「吾黨學問，特患不得手。若真得手，良知自能針線，自能商量。苟又依人商量而脱，則恐又落商量知解，終不若良知自照刷之爲真也」云云。昨接兄回書，云「好心指摘，感骨肉愛」，只此一言，知兄真得手矣。真能盡性盡仁，致踐履之實，以務求於自慊矣。滄海處下，盡納百川，而不自知其深也；

泰山盤旋，凌出霄漢，而不自知其高也。良知得手，更復奚疑？故不肖不以龍溪之疑而復疑兄也。兄幸教焉，何如？

舟中諸生問：「如何是知解？如何是影子？」洪應之曰：「念翁憫吉水徭賦不均，窮民無告，量己之智，足與周旋，而又得當道相知，信在言前，勢又足以完此，故集一邑賢大夫、賢士友，開局以共成此事。此誠出於萬物一體、誠愛惻怛之至情，非有一毫外念參於其中也。若斯時有一毫是非毀譽、利害人我相參於其中，必不能自信之真，而自爲之力矣。此非盡性盡仁，良知真自得手，烏足與語此？或有一毫影子，曰我閉關日久，姑假此以自試，即是不倚静知解；終日與人紛紛，而自覺無異密室，此即是不厭動知解；謂我雖自信，而同事者或未可以盡信，不信在人，於我無污，此即是不污其身之知解。謂我之首事，本以利民，若不耐心，是遺其害矣；我之首事，本以宜民，若不耐心，是不盡人情矣；我之首事，本承當道之托，若不耐心，無以慰知己，此又落在不耐心之知解也。良知自無是非毀譽、利害人我之間，自能動静合一，自能人我同過，自能盡人之情，慰知己之遇，特不由外入起此知解。毫釐影子，與良知本體尚隔一塵，一塵之隔，千里之間也。」諸生聞之，俱覺惕然有警，并附以奉陳左右，亦與局中同事諸君一照刷，可以發一笑也。幸教幸教。

連日與水洲兄共榻，見其氣定神清，真肯全體脱落，猛火爐煅，有得手矣。自是當無退轉也。但中有一種宿惑，信夢爲真，未易與破耳。久之，當望殊途同歸，然窺其微，終有師門遺意在也。師門之學，未有究極根柢者。苟能一路精透，始信聖人之道至廣大，至精微，儒佛老莊，更無剩語矣。世之學者，逐逐世累，固無足與論，有志者又不能純然歸一，此適道之所以難也。吾師開悟後學，汲汲求人，終未有與之敵體承領者。臨别之時，稍承剖悉，但得老師一期望而已，未嘗滿其心而去也。數十年來，因循歲月，姑負此翁。所幸吾兄得手，今又得水洲共學，師道尚有賴也。但願簡易直截，於人倫日用間無事揀擇，便入神聖，師門之囑也。大學一書，此是千古聖學宗要，望兄更加詳究，略涉疑議，便易入躐等徑約之病也。慎之慎之。即日上懷玉，期完譜尾，以承批教。歸日，當卜出月終旬也。

譜草苟完，方自懷玉下七盤嶺[一]，忽接手教，開緘宛如見兄於少華峰下，清灑殊絶，感賜深也。四卷所批種種，皆至意，先師千百年精神，同門逡巡數十年，且日凋落，不肖學非夙悟，

[一] 方自懷玉下七盤嶺　「自」，底本訛作「是」，據文淵閣本、摛藻堂本改。

安敢輒承，非兄極力主裁，慨然舉筆，許與同事，不敢完也。又非柏泉公極力主裁，名山勝地，深居廪食，不能完也。豈先師精神，前此久未就者，時有所待耶？

伸理冀元亨一段，如兄數言，簡而核，後當俱如此下筆也。聞老師遺冀行，爲劉養正來致濠慇懃，故冀有此行，答其禮也。兄所聞核，幸即裁之。「鋪張」二字，最切病端，此貧子見金而喜也。平時稍有得，每與師意會，便起贊嘆稱羡。富家子只作如常茶飯，見金而起喜心者，貧子態也。此非老成持重，如兄巨眼，安能覷破？兄即任意盡削之，不肖得兄舉筆，無不快意，決無護持疼痛也。信之信之。教學三變諸處，俱如此例，若不可改，盡削去之。其餘所批，要收不可少處，此弟之見，正竊比於兄者。自古聖賢，未有不由憂勤惕勵，而能成其德業。今之學者，只要説微妙玄通，凌躐超頓，在言語見解上轉，殊不知老師與人爲善之心，只要實地用功，其言自謙遜卑抑。大學「誠意」章，惟不自欺者，其心自謙；非欲謙也，心常不自足也。兄所批教處，正見近來實得與師意同也。

舒國裳在師門，文録無所見，惟行福建市舶司取至軍門一牌。傳習續録則與陳維濬、夏于中同時在坐，問答語頗多。且有一段，持紙乞寫「拱把桐梓」一章，欲時讀以省。師寫至「至於身而不知所以養」之句，因與座中諸友笑曰：「國裳中過狀元來，豈尚不知所以養，時讀以自警耶？」

在座者聞之，皆竦然汗背。此東廓語也。又丙午年，遊安福復古書院，諸友説張石盤初不信師學，人有辯者。張曰：「豈有好人及其門耶？」辯者曰：「及門皆好人也。」張曰：「東廓豈及門乎？」辯者曰：「已在贛及門矣。」又曰：「舒國裳豈及門乎？」曰：「國裳在南昌及門矣。」張始默然俛首，後亦及門。是年，石磐携其子會復古，其子舉人□□，至今常在會，未有及門之説。昨南昌聞之諸友，相傳因問律吕元聲，乃心服而拜，蓋其子姪輩叙其及門之端也。昨見兄疑，又檢中離續同志考，舒芬名在列，則其諸所相傳者不誣也。如兄之教，去前「不欲」一段，存後「問元聲」語可矣。徐珊嘗爲師刻居夷集，蓋在癸未年，及門則辛巳年九月，非龍場時也。繼後可商量處甚多，兄有所見，任舉筆裁之。兹遣徐生時舉，持全集面正門下。弟心力已竭，雖聞指教，更不能再著思矣。惟兄愛諒之。

不肖五月季旬到舍下，又踰月十日，始接兄二月四日峽江書。一隔千里，片紙之通，遂難若此，感慨又何深也。玉體久平復，在懷玉已得之柏泉兄，兹讀來諭，更覺相警之情也。深入究竟，雖父子之間，不能一語接，誠然誠然。此可與千古相感，而不可與對面相傳，在有志者自究自竟之耳。天根亥子，白沙詩中亦泄此意，達性命之微者，信口拈來，自與道合。但我陽明先師全部文集，

無非此意，特無一言攙入者，爲聖學立大防也。兄之明教究悉，然於此處，幸再詳之。兄卧處卑濕，早晚亦須開關，徑行登跳[一]，以舒泄蔽鬱之氣，此亦去病之一端也。徐時舉來，師譜當已出稿，乞早遣發。遠仰遠仰。

春來與王敬所爲赤城會，歸天真，始接兄峽江書。兼讀師譜考訂，感一體相成之心，慶師教之有傳也。中間題綱整潔，增録數語，皆師門精義，匪徒慶師教之有傳，亦以驗兄閉關所得，默與師契，不疑其所行也。去年歸自懷玉，黄滄溪讀譜草，與見吾、肖溪二公，互相校正，亟謀梓行。未幾，滄溪物故，見吾閩去，刻將半矣。六卷已後，尚得証兄考訂，然前刻已定，不得盡如所擬，俟番刻，當以兄考訂本爲正也。中間增采文録、外集、傳習續録數十條，弟前不及録者，是有説，願兄詳之。

先師始學，求之宋儒不得入，因學養生而沉酣於二氏，恍若得所入焉。至龍場，再經憂患，而始豁然大悟良知之旨。自是出與學者言，皆發誠意格物之教，病學者未易得所入也。每談二氏，猶若津津有味，蓋將假前日之所入，以爲學者入門路徑。辛巳以後，經寧藩之變，則獨信良知，

[一] 徑行登跳　「跳」，文淵閣本作「眺」。

單頭直入，雖百家異術，無不具足。自是指發道要，不必假途傍引，無不曲暢旁通。故不肖刻文録，取其指發道要者爲正録，其涉假借者則釐爲外集。譜中所載，無非此意，蓋欲學者志專歸一，而不疑其所往也。師在越時，同門有用功懇切，而泥於舊見，鬱而不化者，時出一險語以激之。如水投石，於烈焰之中，一擊盡碎，纖滓不留，亦千古一大快也。聽者於此等處多好傳誦，而不究其發言之端。譬之用藥對症，雖芒硝、大黄，立見奇效；若不得症，未有不因藥殺人者。故聖人立教，只指揭學問大端，使人自証自悟，不欲以峻言隱語，立偏勝之劑，以快一時聽聞，防其後之足以殺人也。

師没後，吾黨之教日多岐矣。洪居吴時，見吾黨喜爲高論，立異説，以爲親得師傳，而不本其言之有自，不得已，因其所舉，而指示立言之端。私録數條，未敢示人，不意爲好事者竊録。甲午，主試廣東，其録已入嶺表。故歸而删正，刻傳習續録於水西，實以破傳者之疑，非好爲多述，以聳學者之聽也。故譜中俱不欲采入，而兄今節取而增述焉，然删刻苦心，亦不敢不謂兄一論破也。願更詳之。

室遠，書劄往復甚難，何時合併，再圖面証，以了未盡之私。德教在思，寤寐如見，惟不惜遐音。仰切仰切。是書復去，念庵隨以訃報，竟不及一見。痛哉痛哉！

王文成公全書卷之三十七

附録六　世德紀

門人餘姚錢德洪編述
山陰王畿校閲

傳

王性常先生傳

張壹民 撰

王綱，字性常，一字德常，弟秉常、敬常，並以文學知名。性常尤善識鑒，有文武長才。少與永嘉高則誠族人元章相友善，往來山水間，時人莫測也。元末，嘗奉母避兵五洩山中。有道士

夜投宿，性常異其氣貌，禮敬之，曰：「君必有道者，願聞姓字。」道士曰：「吾終南隱士趙緣督也。」與語達旦，因授以筮法，且爲性常筮之，曰：「公後當有名世者矣，然公不克終牖下。今能從吾出遊乎？」性常以母老，有難色。道士笑曰：「公俗緣未斷，吾固知之。」遂去。誠意伯劉伯温微時常造焉，性常謂之曰：「子真王佐才，然貌微不稱其心，宜厚施而薄受之。老夫性在丘壑，異時得志，幸勿以世緣見累則善矣。」後伯温竟薦性常於朝。

洪武四年，以文學徵至京師，時性常年已七十，而齒髮精神如少壯。上問而異之，親策治道，嘉悦其對，拜兵部郎中。未幾，潮民弗靖，遂擢廣東參議，往督兵糧，謂所親曰：「吾命盡兹行乎？」致書與家人訣，携其子彦達以行。至則單舸往諭，潮民感悦，咸扣首服罪，威信大張。回至增城，遇海寇曹真竊發，鼓譟突至，截舟羅拜，願得性常爲帥。性常諭以逆順禍福，不從，則厲聲叱罵之，遂共扶舁之而去。賊爲坛坐性常，日羅拜，請不已，性常亦罵不絶聲，遂遇害。時彦達亦隨入賊中，從傍哭罵求死。賊欲并殺之，其酋曰：「父忠而子孝，殺之不祥。」與之食，不顧。賊憫其誠孝，容令綴羊革裹尸，負之而出，得歸葬禾山。洪武二十四年，御史郭純始備上其事，得立廟死所，録用彦達。彦達痛父以忠死，躬耕養母，麄衣惡食，終身不仕。性常之殁，彦達時年十六云。

遯石先生傳

祭酒胡儼　撰

翁姓王氏，諱與準，字公度，浙之餘姚人，晉右軍將軍羲之之裔也。父彦達，有隱操。祖廣東參議性常，以忠死難。朝廷旌録彦達，而彦達痛父之死，終身不仕，悉取其先世所遺書付翁，曰：「但毋廢先業而已，不以仕進望爾也。」翁閉門力學，盡讀所遺書。鄉里後進或來從學者，輒辭曰：「吾無師承，不足相授。」因去從四明趙先生學易。趙先生奇其志節，妻以族妹而勸之仕。翁曰：「昨聞先生『遯世無悶』之誨，與準請終身事斯語矣。」趙先生媿謝之。

先世嘗得筮書於異人，翁暇試取而究其術，爲人筮，無不奇中，遠近輻輳。縣令亦時遣人來邀筮，後益數數，日或二三至。翁厭苦之，取其書對使者焚之，曰：「王與準不能爲術士，終日奔走公門，談禍福。」令大啣之，翁因逃入四明山石室中，不歸者年餘。時朝廷督有司訪求遺逸甚嚴，部使者至縣，欲起翁。令因言曰：「王與準以其先世嘗死忠，朝廷待之薄，遂父子誓不出仕，有怨望之心。」使者怒，拘翁三子，使人督押，入山求之。翁聞，益深遯，墜崖傷足，求者得之以出。部使見翁創甚，且視其言貌，坦直無他，翁亦備言其焚書逃遯之故，使者悟，始釋翁。見翁次子世傑之賢，因謂翁曰：「足下不仕，終恐及罪，寧能以子代行乎？」不得已，遂補世傑

邑庠弟子員，而翁竟以足疾得免。翁謂人曰：「吾非惡富貴而樂貧賤，顧吾命甚薄，且先人之志，不忍渝也。」又曰：「吾非傷於石，將不能遂栖遯之計，石有德於吾，不敢忘也。」因自號遯石翁云。

翁偉貌修髯，精究禮、易，著易微數千言。嘗筮居秘圖湖陰，遇大有之震，謂其子曰：「吾先世盛極而衰，今衰極當復矣。然必吾後再世而始興乎？興必盛且久。」至是，翁没且十年，而世傑以名儒宿學膺貢，來遊南雍。大司成陳公一見，待以友禮，使毋就弟子列，命六堂之士咸師資之。儼忝與同舍，受世傑教益爲最多，而相知爲最深。因得備聞翁之隱德，乃私爲志之若此。

昔人有言：「公侯子孫，必復其始。」王氏自漢吉、祥至祥、覽〔一〕，皆以令德孝友垂裕江左，聯綿數百祀，門第之盛，天下莫敢望。中微百餘年，天道未爲無意也。元末時，其先世嘗遇異人，謂其後必有名世者出，而翁亦嘗再世而興之筮〔二〕。今世傑於翁亦再世矣，充世傑之道，真足以弘濟天下，而能澹然爵禄不入其心。古所謂「富貴不能淫，貧賤不能移，威武不能屈」者，吾誠於世傑見之。異時求當天下之大任者，非世傑而誰乎？則異人之言與翁之筮，於是始可驗矣。

〔一〕自漢吉祥至祥覽　摛藻堂本「吉祥」之「祥」作「陽」。

〔二〕而翁亦嘗再世而興之筮　文淵閣本「嘗」作「有」，摛藻堂本「有」在「嘗」之下。

槐里先生傳

編修戚瀾 撰

先生姓王，名傑，字世傑，居秘圖湖之後。其先世嘗植三槐於門，自號槐里子，學者因稱曰槐里先生。始祖爲晉右將軍羲之，曾祖綱性常，與其弟秉常、敬常，俱以文學顯名國初，而性常以廣東參議死於苗之難。祖秘湖漁隱彦達，父遯石翁與準，皆以德學爲世隱儒。先生自爲童子，即有志聖賢之學，年十四，盡通四書五經及宋諸大儒之說。時朝廷方督有司求遺逸，部使者聞遯石翁之名，及門迫起之，不可得。見先生，奇焉，謂遯石翁曰：「足下不屑就，罪且及身，寧能以子代行乎？」不得已，乃遣先生備邑庠弟子員。時教諭程晶負才倨傲，奴視諸生，見先生輒敬服，語人曰：「此今之黄叔度也。」歲當大比，邑有司首以先生應薦。比入試，衆皆散髮袒衣，先生歎曰：「吾寧曳履衡門矣。」遂歸，不復應試。

宣德間，詔中外舉異才堪風憲者，破常調任使之。時先生次當貢，邑令黄維雅重先生，爲之具行李，戒僕從，强之應詔。先生固以親老辭，乃讓其友汪生叔昂。既而遯石翁殁，又當貢，復以母老辭，讓其友李生文昭，而躬耕受徒[一]，以養其母，饔飧不繼，休如也。母且殁，謂先生曰：

[一] 而躬耕受徒　「受」，文淵閣本、摛藻堂本作「授」。

「爾貧日益甚，吾死，爾必仕。毋忘吾言。」已終喪，先生乃膺貢，入南雍。祭酒陳公敬宗聞先生至，待以友禮，使毋就弟子列。明年，薦先生於朝，未報而先生歿。

先生儀觀玉立，秀目修髯，望之以爲神人。無賢愚戚踈，皆知敬而愛之。言行一以古聖賢爲法，嘗謂其門人曰：「學者能見得曾點意思，將灑然無入而不自得，爵禄之無動於中，不足言也。」與先生與先君泠川先生友，先君每稱先生所著易、春秋説、周禮考正，以爲近世儒者皆所不及。與人論人物，必以先生爲稱首。瀾時爲童子，竊志之，然從先君宦遊於外，無因及門也。今兹之歸，先生歿已久矣。就其家求所著述，僅存槐里雜稿數卷，而所謂易、春秋説、周禮考正者，則先生之歿於南雍，其二子皆不在侍，爲其同舍生所取，已盡亡之矣。嗚呼惜哉！

先君幼時，嘗聞鄉父老相傳，謂王氏自東晉來盛江左，中微且百數年。元時有隱士善筮者，與其先世遊，嘗言其後當有大儒名世者出，意其在先生，而先生亦竟不及用，豈尚在其子孫耶？

竹軒先生傳

布政魏瀚 撰

先生名倫，字天叙，以字行。性愛竹，所居軒外環植之，日嘯咏其間，視紛華勢利，泊如也。客有造竹所者，輒指告之曰：「此吾直諒多聞之友，何可一日相舍耶？」學者因稱曰竹軒先生。

早承厥考槐里先生廷訓[一]，德業夙成。甫冠，浙東西大家争延聘爲子弟師，凡及門經指授者，德業率多可觀。槐里先生蚤世，環堵蕭然，所遺惟書史數篋。先生每啓篋，輒揮涕曰：「此吾先世之所殖也。我後人不殖，則將落矣。」乃窮年口誦心惟，於書無所不讀，而尤好觀儀禮、左氏傳、司馬遷史。雅善鼓琴，每風月清朗，則焚香操弄數曲。弄罷，復歌古詩詞，而使子弟和之。識者謂其胸次灑落，方之陶靖節、林和靖，無不及焉。居貧，躬授徒以養母。母性素嚴重，而於外家諸孤弟妹，憐愛甚切至。先生每先意承志，解衣推食，惟恐弗及，而於妻孥之寒餒，弗遑恤焉。弟粲幼孤，爲母所鍾愛。先生少則教之於家塾，長則挈之遊江湖，有無欣戚，罔不與居。逮子華官翰林，請於朝，分禄以爲先生養，先生復推其半以贍弟。鄉人有萁豆相煎者，聞先生風，多愧悔，更爲敦睦之行。

先生容貌瓌偉[二]，細目美髯，與人交際，和樂之氣藹然可掬，而對門人弟子，則矩範嚴肅，凛乎不可犯。爲文章好簡古而厭浮靡，賦詩援筆立就，若不介意，而亦未嘗逸於法律之外。所著有竹軒稿，及江湖雜稿若干卷，藏于家。先生與先君菊莊翁訂盟吟社，有莫逆好。瀚自致政歸，

[一] 早承厥考槐里先生廷訓　「廷」，文淵閣本作「庭」。

[二] 先生容貌瓌偉　「瓌」，底本訛作「環」，據文淵閣本、擒藻堂本改。

每月旦亦獲陪先生杖屨遊，且辱知於先生仲子龍山學士。學士之子守仁，又與吾兒朝端同舉於鄉。累世通家，知先生之深者，固莫如瀚，因節其行之大者於此，以備太史氏之採擇焉。

海日先生墓誌銘

大學士楊一清　撰

正德己卯，寧濠稱亂江西，鳩集群盜，發數千艘而東，遠近震動。巡撫南贛都御史王守仁伯安，傳檄鄰境，舉兵討賊。時其父南京吏部尚書王公致仕居會稽，有傳伯安遇害者，人謂公曰：「盍避諸？」公曰：「吾兒方舉大義，吾避安之？」或曰：「伯安既仇賊，賊必陰使人行不利於公，避之是也。」公笑曰：「吾兒能棄家討賊，吾何可先去以爲民望？祖宗功澤在天下，賊行且自斃。吾爲國大臣，恨老不能荷戈首敵，即有不幸，猶將與鄉里子弟共死此城耳。」因使人趣郡縣，宜急調兵糧爲備，禁訛言，勿令動摇人心。鄉人竊視，公晏然如常時，衆志亦稍稍定。蓋不旬月，而伯安之捷報至矣。

初，賊濠東下，將趨南都，伯安引兵入南昌，奪其巢。賊聞大恐，急旋舟。伯安帥吉安知府今都憲伍君文定等，大戰於鄱陽湖，賊兵風靡，遂擒濠并其黨與數千人，獻俘於闕。嗚呼！自古奸雄構亂，雖有忠臣義士，必假以歲月，乃能削平禍難。伯安奮戈一呼，以身臨不測之淵，呼吸

之間，地方大定。公聞變從容，群囂衆惑，屹然不爲動。伯安得直前徇國，不嬰懷回顧，以成懋績。公之雅量，伯安之忠義，求之載籍，可多見哉？

及是武廟南巡，權奸妬功，搆飛語陷伯安，迹甚危。衆慮禍且及家，公寂若無聞。辛巳，今皇帝入嗣大統，始下詔表揚伯安之功，召還京師，因得便道歸省。尋論功封奉天翊運推誠宣力守正文臣、特進光禄大夫、柱國、新建伯。又以廷推兼南京兵部尚書，參贊機務，錫之誥券，封公勳階爵邑如子，俾子孫世其爵。適公誕辰，伯安捧觴爲壽。公蹙然曰：「吾父子乃得復相見邪？賊濠之亂，皆以汝爲死矣，而不死；以爲事難猝平，而平之。然此仗宗社神靈，朝廷威德，豈汝一書生所能辦？比讒構横行，禍機四發，賴武廟英明保全。今國是既定，吾父子之榮極矣。然福者禍之基，能無懼乎？古云：『知足不辱，知止不殆。』吾老矣，得父子相保牖下，孰與犯盈滿之戒，覆成功而毀令名者邪？」伯安跪曰：「謹受教。」公自是日與姻黨置酒宴樂。歲暮，舊疾作，嘉靖壬午春二月十二日，終於正寢，得年七十有七。未屬纊時，使者以部咨將新命至，公尚能言，趣諸子曰：「不可以吾疾廢禮，宜急出迎。」既成禮，偃然而逝。訃聞，上賜諭祭，命有司治葬事。伯安偕諸弟卜以卒之明年秋八月某日，葬公郡東天柱峰之南之原，具書戒使者詣鎮江，請予銘公墓。予曩官外制、官太常，接公班行不鄙，謂予以知言見待。予遷南京太常，辱贈以文。

公校文南畿，道舊故甚洽。正德丁卯，取嫉權奸，歸致仕，予亦避讒構，謝病歸，杜門不接賓客，公直造内室，慰語久之。伯安又予掌銓時，首引置曹屬，號知己。公銘當予屬。顧以江西之變，關繫公父子大節，特先書之。乃按公門人國子司業陸君深所著狀，摘而叙之曰：

公姓王氏，諱華，字德輝，號實庵，晚號海日翁，嘗讀書龍泉山中，學者稱爲龍山先生。上世自琅琊徙居會稽之山陰，又自山陰徙餘姚。四世祖諱性常，有文武才。國初，爲誠意伯所薦，仕至廣東參議，峒苗爲亂，死之。高祖諱彦達，號秘湖漁隱。年十六，裹父屍自苗壤歸葬，痛父死忠，布蔬終其身，人稱孝子。曾祖諱與準，號遯石翁，學精於易。嘗筮得震之大有，謂其子曰：「吾後再世其興，興其久乎？」祖諱世傑，號槐里子，以明經貢爲太學生卒。父諱天叙，號竹軒。初以公貴，封修撰，後與槐里公俱贈嘉議大夫、禮部右侍郎。今以伯安功，俱追封新建伯。祖妣孟氏，封淑人。妣岑氏，累封太淑人，進封太夫人。公生正統丙寅九月。孟淑人夢其姑抱緋衣玉帶一童子授之曰：「婦事吾孝，孫婦亦事汝孝。吾與若祖丐於上帝，以此孫畀汝，世世榮華無替。」故公生以今名名，長兄以榮名，符夢也。

公生而警敏，始能言，槐里公口授以詩歌，經耳輒成誦。稍長，讀書過目不忘。六歲，與群兒戲水濱，見一客來濯足，已大醉，去，遺其所提囊，取視之，數十金也。公度其醒必復來，恐

人持去，以投水中，坐守之。少頃，其人果號而至，公迎謂曰：「求爾金邪？」爲指其處。其人喜，以一錠爲謝，却不受。年十一，從里師授業，日異而月不同，歲終，里師無所施其教。年十四，嘗與諸子弟讀書龍泉山寺。寺故有妖物爲祟，解傷人，寺僧復張皇其事，諸生皆喪氣走歸。公獨留居，妖亦寖滅。僧以爲異，假妖勢恐，且試之百方，不色動。僧謝曰：「君天人也，異時福德何可量！」弱冠，提學張公時敏試其文，與少傅木齋謝先生相甲乙，並以狀元及第奇之，名遂起，故家世族争禮聘爲子弟師。浙江方伯祁陽甯君良擇師於張公，張公曰：「必欲學行兼優，無如王某者。」甯親造其館，賓禮之，請爲子師。延至祁陽，湖湘之士，聞而來從者踵相接。居甯之梅莊別墅，墅中積書數千卷，日夕諷誦其間，學益進。祁俗好妓飲，公峻絶之，三年如一日，祁士有化服者。

歸，連舉不利。成化庚子，發解浙江第二人。明年辛丑，廷試第一甲第一人，授翰林院修撰。甲辰，充廷試彌封官。丁未，同考會試。弘治改元戊申，與修憲廟實録，充經筵官。己酉，滿九載，以竹軒公憂去。癸丑，服闋，遷右春坊右諭德。丙辰，命爲日講官，賜金帶四品服。公講筵音吐明暢，詞多切直。每以勤聖學，戒逸豫，親仁賢，遠邪佞爲勸，孝廟嘉納焉。内侍李廣方貴幸，嘗講大學衍義，至唐李輔國結張后，表裏用事，衆以事頗涉嫌，欲諱之。公朗然誦說，無少避忌，

左右皆縮頸吐舌。上樂聞之不厭，罷講，遣中官賜尚食。皇太子出閣，詔選正人輔導，用端國本。公卿多薦公，自是日侍東宫講讀，眷賜加隆。戊午，命主順天鄉試。辛酉，再主鄉試應天，得士爲多。壬戌，遷翰林院學士，食從四品禄，命授庶吉士業。修大明會典，爲纂修官，書成，遷詹事府少詹事，兼學士掌院事，與編纂通鑑纂要。是歲，遷禮部右侍郎，仍兼日講。武廟嗣位，遣祭江、淮諸神，乞便道歸省。以岑太夫人年高，乞歸便養，不允。明年改元丙寅，瑾賊竊柄，士夫側足立，争奔走其門，求免禍。公獨不往，瑾銜之。時伯安爲兵部主事，疏瑾罪惡。瑾矯詔執之，幾斃廷杖，竄南荒以去。瑾復移怒於公，尋知爲微時所聞名士，意稍解，冀公一見，且將柄用焉。公竟不往，瑾益怒。丁卯，遷南京吏部尚書，猶以舊故慰言，冀必往謝，公復不行，遂推尋禮部舊事，與公本不相涉者，勒令致仕。既歸，有以其同年友事誣毁之者，人謂公當速白，不然且及罪。公曰：「是焉能浼我，我何忍訐吾友？」後伯安復官京師，聞士夫論及此，將疏辨於朝。公馳書止之曰：「汝將重吾過邪？」

公性至孝。初，竹軒公病報至，當道以不受當遷官，宜出受新命。公卧家不出，日憂懼，不知所爲。踰月，訃始至，慟絶幾喪生。襄葬穴湖山，遂廬墓下。墓故虎穴，虎時群至，不爲害，久且益馴，人謂孝感。比致仕，岑太夫人年近百歲，公壽踰七十，猶朝夕爲童子嬉戲以悦親，左

右扶掖，不忍斯須去側[一]。太夫人卒，塊苫擗踊，過毁致疾，及葬，徒跣數十里，疾益甚，竟以是不起。處諸昆弟篤友愛，禄食贏餘，恒與共之，視其子若己出。氣質醇厚，坦坦自信，不立邊幅。議論風生，由衷而發，廣廷之論，入對妻孥無異語。人有片善，亟稱之；有急，惻然赴之；至人有過惡，則盡言規斥，不少回曲，坐是多遭嫉忌。然人諒其無他，則亦無深怨之者。識宏而守固，百務紛沓，應之如流。至臨危疑震蕩，衆披靡惶惑，獨卓立毅然不爲變，若是，蓋有人不及知者矣。

公之學一出于正，書非正不讀。客有以仙家長生之術來説者，則峻拒之曰：「修身以俟命，吾儒家法，長生奚爲？」儉素自持，貨利得喪，不屑爲意。樓居厄于火，貲積一空，親朋來救焚者，款語如常。爲詩文取達意，不以雕刻爲工，而自合程度。所著有龍山稿、垣南草堂稿、禮經大義諸書，雜録、進講餘抄等稿，共四十六卷，藏于家。

初配贈夫人鄭氏，淵静孝慈。與公起微寒，同貧苦，躬紡績以奉舅姑。既貴，恭儉不衰。壽四十一，先公三十六年卒。繼室趙氏，封夫人。側室楊氏。子男四：長即伯安，守仁名，别號陽明子，其學邃於理性，中外士争師之，稱陽明先生；次守儉，太學生；次守文，郡庠生；次守章。

[一] 不忍斯須去側　「側」，國圖本、天圖本、叢刊本訛作「測」。

女一，適南京工部都水郎中同邑徐愛。初，鄭夫人祔葬穴湖，已而改殯郡南石泉山。石泉近有水患，乃卜今地葬公云。

惟古賢人君子未遇之時，每以天下國家爲己任。出而登仕，其所遭際不同，而其志有遂有不遂，非人之所能爲也。公少負奇氣，壯强志存用世，顧其職業恒在文字間，而未能達之於政。際遇孝宗，講筵啓沃，聖心簡在，柄用有期，不幸龍馭上賓，弗究厥用。晚登八座，旋見沮於權奸，偃蹇而歸，豈非天哉？然有子如伯安，所建立宏偉卓犖。凡公之所欲爲，噤而不得施用者，皆於其子之身而顯施大發之。公又親及見之，較之峻登大受既久且專，而泯然無聞於世者，其高下榮辱，宜如何也[一]？王氏之先，有植槐於庭，蔭後三公者，遯石翁大有之占，其類是乎？銘曰：

孰不有母，孰如公母壽？七十之叟，傞傞拜舞，百歲而終，歸得其所。孰不有子，公子天下士。亶其忠勤，以事其事，不有其身，惟徇之義。是子是父，允文允武，勳在册府，帝錫之爵土。其生不負，而殁不朽，銘以要諸久。

海日先生行狀

國子司業門人陸深　撰

[一]　宜如何也　「如何」，國圖本、天圖本、叢刊本、文淵閣本、摛藻堂本作「何如」。

先生姓王氏，諱華，字德輝，別號實庵，晚復號海日翁，嘗讀書龍泉山中，學者又稱爲龍山先生。其先出自晉光祿大夫覽之曾孫右軍將軍羲之，由琅琊徙居會稽之山陰。後二十三代孫迪功壽，又自山陰徙餘姚，至先生之四世祖廣東參議性常，又五世矣。參議博學，善識鑑，有文武長才，與永嘉高則誠族人元章相友善，往來山水間，時人莫測也。誠意伯劉伯溫微時嘗造焉，參議謂曰：「子真王佐才，然異時勿累老夫則善矣。」伯溫既貴，遂薦以爲兵部郎中，擢廣東參議，卒死於苗難。高祖諱彥達，號秘湖漁隱。漁隱年十六，自苗中裹父尸歸葬，朝夕哭墓下。痛父以忠死，麄衣惡食，終身不仕，鄉里以孝稱之。曾祖諱與準，號遯石翁，偉貌修髯，精究禮、易，著易微數千言。居秘湖陰，嘗筮得大有之震，謂其子曰：「吾先世盛極而衰，今衰極當復矣。然必吾後再世而始興乎？興必盛且久。爾雖不及顯，身没亦與有焉。」祖諱世傑，號槐里子，以明經貢爲太學生卒，贈嘉議大夫、禮部右侍郎。祖妣孟氏，贈淑人。父諱天叙，別號竹軒，封翰林院修撰，贈禮部右侍郎。妣岑氏，封太淑人。

正統丙寅九月甲午，先生生。先夕，孟淑人夢其姑趙，抱一童子緋衣玉帶授之曰：「新婦平日事吾孝，今孫婦事汝亦孝。吾與若祖丐於上帝，以此孫畀汝，子孫世世榮華無替。」故先生生而以今名名，先生之長兄半岩先生以榮名，夢故也。先生生而警敏絶人，始能言，槐里先生抱弄之，

因口授以古詩歌，經耳輒成誦。稍長，使讀書，過目不忘。

六歲時，與群兒戲水濱，見一客來濯足，已大醉，遺其所提囊而去，取視之，數十金也。先生度其人酒醒必復來，恐人持去，投水中，坐守之。有頃，其人果號泣而至，先生迎謂曰：「求爾金邪？」爲指其處。其人喜躍，以一金謝，先生笑却之曰：「不取爾數十金，乃取爾一金乎？」客且慚且謝，隨至先生家，無少長，咸遍拜而去。岑太夫人嘗績窓下，先生從傍坐讀書，時邑中迎春，里兒皆競呼出觀，先生獨安讀書不輟。太夫人謂曰：「若亦暫往觀乎？」先生曰：「大人誤矣，觀春何若觀書？」太夫人喜曰：「兒是也，吾言誤矣。」年十一，從里師錢希寵學，初習對句，月餘，習詩，又兩月餘，請習文。數月之後，學中諸生盡出其下。錢公嘆異之，曰：「歲終，吾無以教爾矣。」縣令呵從到塾，同學皆廢業擁觀，先生據案朗誦若無睹。錢奇之，戲謂曰：「爾獨不顧，令即謂爾倨傲，呵責及爾，且奈何？」先生曰：「令亦人耳，視之奚爲？若誦書不輟，彼亦便奈呵責也？」錢因語竹軒公曰：「公子德器如是，斷非凡兒。」

十四歲時，嘗與親朋數人，讀書龍泉山寺。寺舊有妖爲祟，數人者，皆富家子，素豪俠自負，莫之信，又多侵侮寺僧，僧甚苦之。信宿妖作，數人果有傷者。寺僧因復張皇其事，衆皆失氣，狼狽走歸。先生獨留居如常，妖亦遂止，僧咸以爲異。每夜分，輒衆登屋號笑，或瓦石撼卧榻，

或乘風雨雷電之夕，奮擊門障。僧從壁隙中窺，先生方正襟危坐，神氣自若，輒又私相嘆異。然益多方試之，技殫，因從容問曰：「向妖爲祟，諸人皆被傷，君能獨無恐乎？」先生曰：「吾何恐？」僧曰：「諸人去後，君更有所見乎？」先生曰：「吾何見？」僧曰：「此妖但觸犯之，無得遂已者，君安得獨無所見乎？」先生笑曰：「吾見數沙彌爲祟耳。」諸僧相顧色動，疑先生已覺其事，因佯謂曰：「此豈吾寺中亡過諸師兄爲祟邪？」先生笑曰：「非亡過諸師兄，乃見在諸師弟耳。」僧曰：「君豈親見吾儕爲之，但臆説耳。」先生曰：「吾雖非親見，若非爾輩親爲，何以知吾之必有見邪？」寺僧因具言其情，且嘆且謝曰：「吾儕實欲以此試君耳。君天人也，異時福德何可量！」至今寺僧猶傳其事。

天順壬午，先生年十七，以三禮投試邑中。邑令奇其文，後數日，復特試之。題下，一揮而就，令疑其偶遇宿構，連三命題，其應益捷。因大奇賞，謂曰：「吾子異日必大魁天下。」遠邇争禮聘爲子弟師。提學松江張公時敏考校姚士，以先生與木齋謝公爲首，並稱之曰：「二子皆當狀元及第，福德不可量也。」方伯祁陽甯公良擇師於張公，張曰：「但求舉業高等，則如某某者皆可，必欲學行兼優，惟王某耳。」時先生甫踰弱冠，甯親至館舍，講賓主禮，請爲其子師。延至家，湖湘之士，翕然來從者以數十。在祁，居梅莊別墅，墅中積書數千卷，先生晝夜諷誦其間，

不入城市者三年。永士有陳姓者，聞先生篤學，特至梅莊請益。間取所積書叩之，先生皆默誦如流，陳嘆曰：「昔聞『五經笥』，今乃見之。」祁俗好妓飲，先生峻絶之。比告歸，祁士以先生客居三年矣，乃祕兩妓於水次，因餞先生於亭上，宿焉。客散，妓從祕中出，先生呼舟不得，撤門爲桴而渡，衆始嘆服其難。

始，先生在梅莊，嘗一夕夢迎春歸其家，前後鼓吹旛節，中導白土牛，其後一人輿以從，則方伯杜公謙也。既覺，先生以竹軒公、岑太夫人皆生於辛丑，謂白爲凶色，心惡之，遂語諸生欲歸。諸生堅留之，甯生曰：「以紘占是夢，先生且大魁天下矣。夫牛，丑屬也，謂之一元大武；辛，金屬，其色白；春者，一歲之首也，世以狀元爲春元；先生之登，其在辛丑乎？故事，送狀元歸第者，京兆尹也。其時杜公殆爲京兆乎？」先生以親故，遂力辭而歸。舟過洞庭，阻風君山祠下，因入祠謁。祝者迎問曰：「公豈王狀元邪？」先生曰：「何從知之？」祝者曰：「疇昔之夕，夢山神曰：後日薄暮，有王狀元來。吾以是知之。」先生異其言，與梅莊之夢適相協，因備紀其事。自是先生連舉不利，至成化庚子，始以第二人發解。明年辛丑，果狀元及第，杜公爲京兆，悉如其占云。

是歲，授官翰林院修撰。甲辰，廷試進士，爲彌封官。丁未，充會試同考官。弘治改元，與修憲廟實録，充經筵官。己酉，秩滿九載，當遷，聞竹軒疾，即移病不出。當道使人來趣，親友

亦交勸之且出遷官，若凶聞果至，不出未晚也。先生曰：「親有疾，已不能匍匐歸侍湯藥，又逐逐奔走，爲遷官之圖，須家信至，幸而無恙，出豈晚乎？」竟不出。庚戌正月下旬，竹軒之訃始至，號慟屢絶，即日南奔。葬竹軒於穴湖山，遂廬墓下。墓故虎穴，虎時時群至，先生晝夜哭其傍，若無睹者，久之益馴，或傍廬卧，人畜一不犯，人以爲異。

癸丑，服滿，陞右春坊右諭德，充經筵講官。嘗進勸學疏，其略謂：「貴緝熙于光明。今每歲經筵，不過三四御，而日講之設，或間旬月而始一二行，則緝熙之功，無亦有間歟？雖聖德天健，自能乾乾不息，而宋儒程頤所謂涵養本原，薰陶德性者，必接賢士大夫之時多，而後可免於一暴十寒之患也。」上然其言，御講日數。丙辰三月，特命爲日講官，賜金帶四品服。四月，以選正人端國本，公卿會推爲東宫輔導。戊午三月，又命兼東宫講讀，眷賜日隆。是歲，奉命主順天府鄉試。辛酉，又奉命主應天鄉試。壬戌，陞翰林院學士，從四品俸。尋命教庶吉士魯鐸等，繼又命與纂修大明會典，踰年書成，陞詹事府少詹事，兼翰林院學士。五月，復命與編通鑑纂要。六月，陞禮部右侍郎，仍兼日講。上以先生講釋明贍，故特久任。是歲冬，命祭江、淮諸神，乞便道歸省。還朝，以岑太夫人年邁，屢疏乞休，以便色養，不允。尋陞禮部左侍郎。

明年，武宗皇帝改元，賊瑾用事，呼吸成禍福。士大夫奔走其門者如市，先生獨不之顧。時

先生元子今封新建伯方爲兵部主事，上疏論瑾罪惡。瑾大怒，既逐新建，復移怒於先生。然瑾微時，嘗從先生鄉人方正習書史，備聞先生平日處家孝友忠信之詳，心敬慕之。先生蓋不知也。瑾後知爲先生，怒稍解，嘗語陰使人，謂於先生有舊，若一見，可立躋相位。先生不可，瑾意漸拂。丁卯，陞南京吏部尚書。瑾猶以舊故，使人慰之曰：「不久將大召。」冀必往謝，先生又不行，瑾復大怒。然先生乃無可加之罪，遂推尋禮部時舊事，與先生無干者，傳旨令致仕。先生聞命忻然，束裝而歸，曰：「吾自此可免於禍矣」。既而有以同年友事誣毀先生於朝者，人咸勸先生一白。先生曰：「某，吾同年友，若白之，是我訐其友矣。是焉能浼我哉？」竟不辨。後新建復官京師，聞士夫之論，具本奏辨。先生聞之，即馳書止之曰：「是以爲吾平生之大耻乎？吾本無可耻。今迺無故而攻發其友之陰私，是反爲吾求一大耻矣。人謂汝智於吾，吾不信也。」迺不復辨。

歷事三朝，惟孝廟最知，末年尤加眷注。屢因進講，勸上勤聖學，戒逸豫，親仁賢，遠邪佞，上皆虛心嘉納。故事，講官數人，當直者必先期演習，至上前猶或盭張失措。先生未嘗豫習，及進講，又甚條暢。一日，上已幸講筵，直講者忽風眩仆地，衆皆惶遽，共推先生代。先生從容就案，展卷敷析，尤極整暇，衆咸服其器度。内侍李廣者方貴幸，嘗於文華殿講大學衍義，至唐李輔國與張后表裏用事，諸學士欲諱，不敢言。先生特誦説朗然，開諷明切。左右聞者，皆縮頸吐舌，

而上樂聞不厭。明日，罷講，命中官賜食。中官密語先生云：「連日先生講書明白，聖心甚喜，甚加眷念。」先生自慶知遇，益用剴切，上亦精勤彌勵。詎意孝廟升遐，先生志未及行，亦偃蹇而歸矣。天道如斯，嗚呼悲夫！

先生氣質醇厚，平生無矯言飾行，仁恕坦直，不立邊幅，與人無衆寡大小，待之如一。談笑言議，由衷而發，廣庭之論，入對妻孥，曾無兩語。人有片善，稱之不容口；有急難來控者，惻然若身陷於溝穽，忘己拯救之，雖以此招謗取嫌，亦不恤。然於人有過惡，亦直言規切，不肯少回曲，以是往往反遭嫉忌。然人亦知其實心無他，則亦無有深怨之者。先生才識宏達，無所不可，而操持堅的，屹不可動，百務紛沓，應之沛然，未嘗見其有難處之事。至臨危疑震蕩，衆多披靡惶惑，而先生毅然卓立，然未嘗以此自表見，故人之知者罕矣。爲詩文皆信筆立就，不事雕刻，但取詞達而止。所著有龍山稿、垣南草堂稿、禮經大義諸書，雜録、進講餘抄等稿，共四十六卷。

先生孝友出于天性，禄食盈餘，皆與諸昆弟共之，視諸昆弟之子不啻己出。竹軒公及岑太夫人色愛之養，無所不至。太夫人已百歲，先生亦壽踰七十矣，朝夕爲童子色，嬉戲左右，撫摩扶掖，未嘗少離。或時爲親朋山水之邀，乘舟蹔出，忽念太夫人，即蹙然反棹。及太夫人之歿，寢苫蔬食，哀毁踰節，因以得疾。逮葬，跣足隨號，行數十里，於是疾勢愈增，病卧踰年，始漸瘳，然自是

氣益衰。

先生素聞寧濠之惡，疑其亂，嘗私謂所親曰：「異時天下之禍，必自兹人始矣。」令家人卜地於上虞之龍溪，使其族人之居溪傍者買田築室，潛爲棲遯之計。至是正德己卯，寧濠果發兵爲變。遠近傳聞駭愕，且謂新建公亦以遇害，盡室驚惶，請徙龍溪。先生曰：「吾往歲爲龍溪之卜，以有老母在耳。今老母已入土，使吾兒果不幸遇害，吾何所逃於天地乎？」飭家人勿輕語動。已而新建起兵之檄至，親朋皆來賀，益勸先生宜速逃龍溪，咸謂新建既與濠爲敵，其勢必陰使奸人來不利於公。先生笑曰：「吾兒能棄家殺賊，吾乃獨先去以爲民望乎？祖宗德澤在天下，必不使殘賊覆亂宗國，行見其敗也。吾爲國大臣，恨已老，不能荷戈首敵，倘不幸勝負之筭不可期，猶將與鄉里子弟共死此城耳。」因使趨郡縣，宜急調兵糧，且禁訛言，勿令摇動。鄉人來竊視，先生方晏然如平居，亦皆稍稍復定。不旬月，新建捷至，果如先生所料。親朋皆携酒交慶，先生曰：「此祖宗深仁厚澤，漸漬人心，紀綱法度，維持周密，朝廷威靈，震懾四海，蒼生不當罹此荼毒。故旬月之間，罪人斯得，皆天意也。豈吾一書生所能辦此哉[一]？然吾以垂盡之年，幸免委填溝壑，家門無夷僇之慘，鄉里子弟，又皆得免於征輸調發，吾兒幸全首領，父子相見有日。凡此，皆足

[一]豈吾一書生所能辦此哉　「辦」，底本訛作「辨」，據文淵閣本、摛藻堂本改。

以稍慰目前者也。」諸親友咸喜，極飲盡歡而罷。

已而武廟南巡，奸黨害新建之功，飛語構陷，危疑洶洶，旦夕不可測。群小偵伺〔一〕，旁午於道，或來先生家，私籍其産宇丁畜，若將抄没之爲。姻族皆震撼，莫知所出。先生寂若無聞，日休田野間，惟戒家人謹出入，慎言語而已。辛巳，今上龍飛，始下詔宣白新建之功，召還京師，新建因得便道歸省。尋進南京兵部尚書，封新建伯，遣行人賚白金文綺慰勞新建，遂下温旨，存問先生於家，兼有羊酒之賜。適先生誕辰，親朋咸集，新建捧觴爲壽。先生蹙然曰：「吾父子不相見者幾年矣。始汝平寇南贛，日夜勞瘁，吾雖憂汝之疾，然臣職宜爾，不敢爲汝憂也。寧濠之變，皆以汝爲死矣，而不死；皆以事爲難平矣，而卒平。吾雖幸汝之成，然此實天意，非人力可及，吾不敢爲汝幸也。讒構朋興，禍機四發，前後二年，岌乎知不免矣。人皆爲汝危，吾能無危乎？然於此時，惟有致命遂志，動心忍性，不爲無益，雖爲汝危，又復爲汝喜也。天開日月，顯忠遂良，穹官高爵，濫冒封賞，父子復相見於一堂，人皆以爲榮，吾謂非榮乎？然盛者衰之始，福者禍之基，雖以爲榮，復以爲懼也。夫知足不辱，知止不殆。吾老矣，得父子相保於牖下，孰與犯盈滿之戒，

〔一〕群小偵伺　「偵」，徐本作「偵」，底本作「偵」，國圖本、天圖本、叢刊本、摛藻堂本訛作「偵」，據文淵閣本訂正。

覆成功而毁令名者邪？」新建洗而跽曰：「大人之教，兒所日夜切心者也。」聞者皆嘆息感動。於是會其鄉黨親友，置酒燕樂者月餘。歲且暮，疾復作，新建率其諸弟日夜侍湯藥。壬午正月，勢轉劇，二月十二日己丑，終於正寢，享年七十有七。臨絶，神識精明，略無昏憒。時朝廷推論新建之功，進封先生及竹軒、槐里皆爲新建伯。是日部咨適至，屬疾且革，先生聞使者已在門，促新建及諸弟曰：「雖倉遽，烏可以廢禮？爾輩必皆出迎。」間已成禮〔一〕，然後偃然瞑目而逝。

先生始致政歸，客有以神仙之術來説者。先生謝之曰：「人所以樂生於天地之間，以内有父母、昆弟、妻子、宗族之親，外有君臣、朋友、姻戚之懿，從遊聚樂，無相離也。今皆去此，而槁然獨往於深山絶谷，此與死者何異？夫清心寡欲，以怡神定志，此聖賢之學所自有。吾但安樂委順，聽盡於天而已，奚以長生爲乎？」客謝曰：「神仙之學，正謂世人悦生惡死，故其所欲而漸次導之〔二〕。今公已無惡死悦生之心，固以默契神仙之妙，吾術無所用矣。」先生於異道外術，一切奇詭之説，廓然皆無所入。惟岑太夫人稍崇佛教，則又時時曲意順從之，亦復不以爲累也。

先生既歸，即息意丘園，或時與田夫野老同遊共談笑，蕭然形迹之外。人有勸之宜且閉門養

〔一〕間已成禮　「間」，摛藻堂本作「問」，文淵閣本作「聞」。

〔二〕故其所欲而漸次導之　文淵閣本、摛藻堂本「故」下有「因」字。

威重者，先生笑曰：「汝豈欲我更求作好官邪？」性喜節儉，然於貨利得喪，曾不以介意。嘗構樓居十數楹，甫成而火，貲積爲之一蕩。親友來救焚者，先生皆一一從容款接，談笑衎衎如平時，略不見有倉遽之色。人以是咸嘆服其德量云。

先生元配贈夫人鄭氏，淵靖孝慈。與先生共甘貧苦，起微寒，躬操井臼，勤紡績以奉舅姑。既貴，而恭儉益至。壽四十九，先先生三十六年卒。繼室趙氏，封夫人。側室楊氏。子四人：長守仁，鄭出，南京兵部尚書，封新建伯；次守儉，楊出，太學生；次守文，趙出，郡庠生；次守章，楊出。一女，趙出，適南京工部都水郎中同邑徐愛。始，鄭夫人殯郡南之石泉山，已而有水患，乃卜地於天柱峰之陽而葬先生焉。

深，先生南畿所録士也。暨於登朝，獲從班行之末，受教最深。又辱與新建公游處，出入門墻最久，每當侍側講道之際，觀法者多矣。正德壬申秋，以使事之餘，迂道拜先生於龍山里第。扁舟載酒，相與遊南鎮諸山，乃休於陽明洞天之下，執手命之曰：「此吾兒之志也。大業日遠，子必勉之。」臨望而别。嗚呼！深鄙陋無狀，不足以窺見高深，然不敢謂之不知先生也。謹按王君琥所録行實，泣而叙之，將以上于史官，告於當世之司文柄者，伏惟採擇焉。

陽明先生墓誌銘

甘泉湛若水　撰

甘泉子挈家閉關於西樵煙霞之洞，故友新建伯陽明王先生之子正億，以其岳舅禮部尚書久庵黄公之狀及書來請墓銘，曰：「公知陽明公者也，非公莫能銘。」甘泉子曰：「吾又何辭焉？公知陽明公者也，非公莫能狀。公狀之，吾銘之，公狀其詳，吾銘其大，吾又何義之辭焉？」乃發狀而謹按之。

讀世系狀云云，曰：公出於龍山狀元大宗伯公華，大宗伯公出於贈禮部侍郎竹軒公天叙，竹軒公出於太學生贈禮部侍郎槐里公傑，槐里公出於遯石公與準，厥有禮、易之傳。遯石公出於秘湖漁隱公彦達，秘湖出於性常公綱，有文武長才，與括蒼劉伯温友善，仕爲廣東參議，死難也。推其華胄遥遥，遠派於晉高士羲之、光禄大夫覽焉。曰：公其有所本之矣。夫水土之積也厚，其生物必蕃，有以也夫。

讀誕生狀云云，曰：祖妣岑太淑人有赤子乘雲下畀、天樂導之之夢，公乃誕焉。是名曰雲，蓋徵之矣。神僧言之，遂改今名。曰：然則陽明公殆神授歟？其異人矣。六年乃言。十一年，有金山之詩。十七年，聞一齋「聖人可學」之語。曰：其有所啓之矣。

讀學術狀云云，曰：初溺於任俠之習，再溺於騎射之習，三溺於辭章之習，四溺於神仙之習，五溺於佛氏之習。正德丙寅，始歸正于聖賢之學。會甘泉子於京師，語人曰：「守仁從宦三十年，未見此人。」甘泉子語人亦曰：「若水泛觀於四方，未見此人。」遂相與定交講學，一宗程氏「仁者渾然與天地萬物同體」之指。故陽明公初主「格物」之説，後主「良知」之説；甘泉子一主「隨處體認天理」之説[一]，然皆聖賢宗指也。而人或舍其精義，各滯執於彼此言語，蓋失之矣。故甘泉子嘗爲之語曰：「良知必用天理，天理莫非良知，以言其交用則同也。」

讀仕進狀云云，曰：初舉己未禮闈第二，徐穆争之，落第二，然益有聲。登進士，試工部，差督造王威寧墳，辭却金幣，獨受軍中佩劍之贈，適符少時夢，蓋兆之矣。疏邊務朝政之失，有聲。授刑部主事，審囚淮甸，有聲。告病歸養，起補兵部主事，上疏乞宥南京所執諫官戴銑等，毋使遠道致死，朝廷有殺諫官之名。劉瑾怒，矯詔廷杖之。不死，謫貴州龍場驛，萬里矣，而公不少怵。甘泉子贈之九章，其七章云：「皇天常無私，日月常盈虧。聖人常無爲，萬物常往來。何名爲無爲？自然無安排。勿忘與勿助，此中有天機。」其九章云：「天地我一體，宇宙本同家。與君心已通，别離何怨嗟。浮雲去不停，游子路轉賒。願言崇明德，浩浩同無涯。」及居夷，端

[一] 隨處體認天理 「處」，底本訛作「準」，據天圖本、叢刊本、文淵閣本、摛藻堂本改。

居默坐，而夷人化惡爲善，有聲。人或告曰：「陽明公至浙，沉于江矣，至福建始起矣。登鼓山之詩曰『海上曾爲滄水使，山中又拜武夷君』，有徵矣。」甘泉子聞之，笑曰：「此佯狂避世也。」故爲之作詩有云：「佯狂欲浮海，説夢癡人前。」及後數年，會于滁，乃吐實。彼誇虚執有以爲神奇者，烏足以知公者哉？復起尹廬陵，卧治六月而百務具理，有聲。取入南京刑部主事，留爲吏部驗封主事，有聲。陽明公謂甘泉子曰：「乃今可卜鄰矣。」遂就甘泉子長安灰廠右鄰居之。時講于大興隆寺，而久庵黄公宗賢會焉。三人相懽語合意，久庵曰：「他日天台、雁蕩，當爲二公作兩草亭矣。後合兩爲一焉，明道一也。」明年，甘泉子使安南。後二年，陽明公遷貳南太僕，聚徒講學，有聲。甘泉子還，期會于滁陽之間，夜論儒釋之道。又明年，甘泉子丁憂，扶母柩南歸。陽明公時爲南大鴻臚，逆吊于龍江關，尋遷南贛都憲矣。

讀平贛之狀云云，曰：夫倡三廣夾攻之策，收横水、左溪、桶岡、浰頭之功，用兵如神矣。甘泉子曰：「雖有大司馬王晉谿之知，請授之便宜旗牌以備他用，亦以陽明公素養鋭士於營，以待不時之出也，迅雷呼吸之間也，又以身先士卒以作軍氣也。」

讀平江西之狀云云，曰：甘泉子先是在憂，致書於公，幸因閩行之使以去也。蓋公前有宰相之隙，後有江西未萌之禍，不去必爲楚人所鈐。兩不報。未幾，有寧府之變，公幾陷於虎口。然

而贛兵素振，既足爲之牽制而倡義，檄諸府縣興兵會豐城。誓師，分攻七門，七門大開，遂除留守之黨，封府庫之財，收劫取之印，安脅從之民[一]，釋被執之囚[二]，表死難之忠。據省城，絕其歸路，直趨樵舍，因成擒賊之功。是水也以淺見測淵謀也。然始而翕然，稱爲掀天揭地之功矣。既而大吏妬焉，内幸争功者附焉，輾轉殫力竭精矣，僅乃得免，或未嘗不思前慮也。所以危而不死者，内臣張永護之也。於大吏門列，不亦愧乎？由是遂流爲先與後擒之言，上下騰沸，是不足辯也。夫陽明逆知宸濠有異志，劉養正來說：「必得公乃發。」公應之曰：「時非桀、紂，世無湯、武，臣有伏節死義耳。」其猶使冀生元亨往與之語者，實欲誘其善，不動干戈，潛消莫大之禍也。使陽明公而實許養正，則宸濠殺孫都憲、許副使，必待陽明至乃發，陽明未至而發者，知絕意于陽明之與己矣。使陽明實許之，必乘風直抵南昌，必不與豐城聞顧佖告變[三]，即謀南奔以倡大義，奪漁艇，使如漁人然以奔吉安矣。其宸濠兵校追公者，非迎公也，將脅公也。且宸濠之上不能直趨中原以北，中不能攻陷金陵以據者，以陽明爲之制其尾，兵威足以累之使不前也。又取據省城，

[一] 安脅從之民　「脅」，底本訛作「協」，據文淵閣本、摛藻堂本改。按，以下同例者徑改，不再出校。

[二] 釋被執之囚　「執」，底本訛作「報」，據徐本、文淵閣本改。

[三] 顧佖　底本訛作「顧泌」，據文淵閣本改。

絶其資重與歸路也，功莫大焉者也。若夫百年之後，忌妬者盡死，天理在人心者復明，則公論定矣。已而該部果題賜敕錫勞，封新建伯、奉天翊衛推誠宣力守正文臣、特進光禄大夫、柱國，兼南京兵部尚書，參贊機務，歲支米一千石。于時天其將定矣，而置之南者，有人焉以參乎其間矣。公丁父憂，而四方從學者日衆，有迎忌者意，致有僞學之劾者，人其勝天乎？或以浮語沮公，六年不召，尋以論薦，命爲兩廣總制軍務，平岑猛之亂。或曰：其且進且沮，使公不得入輔乎？

讀思、田之狀云云，曰：公奏行剿之患十，行撫之善十，乃撤防兵，解戰甲，諭威信，受來降，杖土目，復岑後，設流守而思、田平。夫陽明公不革岑猛之後之土官，以夷治夷也。盧蘇等杖之百而釋之，置流守以制焉，仁義之術也。人知殺伐之爲功，而不知神武不殺者，功之上也。仁義兩全之道也。

讀八寨之狀云云，曰：檄參將，會守巡，命指揮馬文瑞、永順宣慰彭明輔、保靖宣慰彭九霄，分兵布哨，擒斬賊酋黨與，遂破諸巢。移衛所制諸蠻，貫八寨之中，扼道路之衝，設縣治，增城堡，皆保治安民之要。或曰：「八峒掩襲村落以爲功，無破巢之功也，無功以爲有功也，何則？」辯之曰：「夫陽明之貪功，當取岑猛、盧蘇之大功，而不取焉，不宜捨其大者，取其小者，其亦不智不武也。謂陽明公爲之乎？夫宣慰諸哨之兵，可襲則襲，出其不意，兵法之奇，不可預授者也。

而以病陽明焉，將使爲宋襄、陳儒之愚已耶？非馭戎不測之威矣。事竣而請歸告，病危矣。不待報而遽行，且行且候命，其卒於南安途次而不及命下，亦命也。江西輔臣進帖以譖公，上革之恤典，人衆之勝天也，亦命也。百年之後，天定將不勝人矣乎？」甘泉子始召入禮部，面叩輔臣曰：「外人皆云陽明之事，乃公爲之乎？」輔臣默然，然亦不以作怒加禍，猶爲有君子度量焉，可尚也。

公卒之日，兩廣、江西之民，相與吊于途曰：「哲人其萎矣。」士夫之知者，相與語於朝曰：「忠良其逝矣。」四方同志者，且與吊於家曰：「斯文其喪矣。」久庵公爲之狀，六年而後就，慎重也。甘泉子曰：「吾志其大義，銘諸墓，將使觀厥詳於狀也。」銘曰：

南鎮嶙嶙，在浙之濱，奇氣鬱積，是生異人。生而氣靈，乘雲降精，十一金山，詩成鬼驚。志學踰二，廣信館次，婁公一言，聖學可至。長而任俠，未脱舊習，馳馬試劍，古文出入。變化屢遷，逃仙逃禪，一變至道，丙寅之年。邂逅語契，相期共詣，天地爲體，物莫非己。抗疏廷杖，龍場煙瘴，居夷何陋，諸蠻歸向。起尹廬陵，卧治不庭，六月之間，百廢具興[一]。入司驗封，衆志皆通，孚于同朝，執經相從。轉南太僕，鴻臚太畜[二]，遂巡南贑，乃展驥足。浰頭桶岡，

[一] 百廢具興 「興」，底本訛作「典」，據徐本、叢刊本、文淵閣本、摛藻堂本改。

[二] 鴻臚太畜 「太」，徐本作「大」。

三廣夾攻，身先士卒，屢收奇功。蓄勇養鋭，隱然有待，云胡養正，陰謀來説。詐言尊師，公明灼知，冀子往化，消變無爲。閩道豐城，及變未萌，聞變遄返，心事以明。旌旗蔽空，聲義下江，尾兵累之，北趨不從。乃擒巨賊，乃親獻馘，争功欲殺，永也護翊。彼同袍者，反戈不怩，隱之于心，以莫不戚。憂居六年，起治思田，撫而不戮，夷情晏然。武文兼資，仁義並行，神武不殺，是稱天兵。凡厥操縱，聖學妙用，一以貫之，同静異動。

陽明先生行狀

門人黄綰　撰

陽明先生王公，諱守仁，字伯安，其先琅琊人，晉光禄大夫覽之後。覽曾孫羲之，少隨父曠渡江家建康，不樂，徙會稽。其後復徙剡之華塘，自華塘徙石堰，又徙達溪。有曰壽者，仕至迪功郎，乃徙居餘姚[一]。六世祖諱綱，字性常，博學善識鑑，有文武長才，與永嘉高則誠宗人高元章、括蒼劉伯温友善。仕國朝，爲廣東參議，死苗難。五世祖諱彦達，號秘湖漁隱，有孝行。高祖諱與準，號遯石翁，精究禮、易，著易微數千言。曾祖諱傑，號槐里子，以明經貢爲太學生，贈禮部右侍郎。曾祖妣孟氏，贈淑人。祖諱天叙，號竹軒，封翰林院編修，贈禮部右侍郎。祖妣

[一]　乃徙居餘姚　徐本無「居」字。

岑氏，封太淑人。父諱華，成化辛丑狀元及第，仕至南京吏部尚書，封新建伯。妣鄭氏，封孺人，贈夫人。繼母趙氏，封夫人。

鄭氏孕十四月而生公。誕夕，岑太淑人夢天神抱一赤子，乘雲而來，導以鼓樂，與岑。岑寤而公生，名曰雲。六歲不言。一日，有僧過之，摩其頂曰：「有此寧馨兒，却叫壞了。」龍山公悟，改今名，遂言，穎異頓發。年十一，竹軒翁携之上京，過金山，作詩曰：「金山一點大如拳，打破維揚水底天。醉倚妙高臺上月，玉簫吹徹洞龍眠。」有相者謂塾師曰：「此子他日官至極品，當立異等功名。」年十三，侍龍山公爲考官，入場評卷，高下皆當。性豪邁不羈，喜任俠。畿内石英、王勇、湖廣石和尚之亂，爲書將獻于朝，請往征之，龍山公力止之。年十七，至江西成婚于外舅養和諸公官舍。明年還廣信，謁一斋婁先生，異其質，語以所當學，而又期以聖人，爲可學而至，遂深契之。

領弘治壬子年鄉薦，己未登進士，觀政工部。與太原喬宇、廣信汪俊、河南李夢陽、何景明、姑蘇顧璘、徐禎卿、山東邊貢諸公，以才名争馳騁，學古詩文。欽差督造威寧伯王公墳于河間，馭役夫以十五之法，暇即演八陣圖，識者已知其有遠志。少日嘗夢威寧伯授以寶劍，既竣事，威寧家以金幣爲謝，辭不受，乃出威寧軍中佩劍贈之，適符其夢，受焉。時有慧星，及鞑虜猖獗，

上疏論邊務，因言朝政之失，辭極剴切。明年，授刑部主事，差往淮甸審囚，多所平反，復命。日事案牘，夜歸，必燃燈讀五經及先秦兩漢書，爲文字益工。龍山公恐過勞成疾，禁家人不許置燈書室。俟龍山公寢，復燃，必至夜分，因得嘔血疾。養病歸越，闢陽明書院，究極仙經秘旨，静坐，爲長生久視之道，久能預知。其友王思裕等四人欲訪公〔一〕，方出五雲門，即命僕要于路，歷語其故，四人驚以爲神。甲子，聘爲山東鄉試考官，至今海内所稱重者，皆所取士也。改兵部武庫司主事，明年，白沙陳先生高第甘泉湛公若水一會而定交，共明聖學。

明年丙寅，正德改元，宦官劉瑾竊國柄，作威福，差官校至南京拏給事中戴銑等下獄。公上疏乞宥之，瑾怒，矯詔廷杖五十，斃而復甦，謫貴州龍場驛丞。瑾怒未釋，公行至錢塘，度或不免，乃托爲投江，潛入武夷山中，决意遠遯。夜至一山庵投宿，不納，行半里許，見一古廟，遂據香案卧。黎明，道士特往視之，方熟睡，乃推醒曰：「此虎狼穴也，何得無恙？」因詰公出處，公乃吐實。道士曰：「如公所志，將來必有赤族之禍。」公問：「何以至此？」道士曰：「公既有名朝野，若果由此匿迹，將來之徒，假名以鼓舞人心，朝廷尋究汝家，豈不致赤族之禍？」公深然其言。嘗有詩云：「海上曾爲滄水使，山中又拜武夷君。」遂由武夷至廣信，泝彭蠡，歷沅湘，至龍場。

〔一〕王思裕　年譜作「王思輿」。

始至，無屋可居，芟于叢棘間，遷于東峰，就石穴而居。夷俗于中土人至，必蠱殺之，及卜公于蠱神，不協，于是日來親附。以所居陰濕，乃相與伐木，爲何陋軒、君子亭、賓陽堂、玩易窩以居之。三僕歷險冒瘴，皆病，公日夕躬爲湯糜調護之。瑾欲害公之意未已，公於一切得失榮辱，皆能超脱，惟生死一念，尚不能遣于心，乃爲石廓自誓曰：「吾今惟俟死而已，他復何計？」日夜端居默坐，澄心精慮，以求諸静一之中。一夕，忽大悟，踴躍若狂者。以所記憶五經之言證之，一一相契，獨與晦庵註疏若相抵牾，恒往來於心，因著五經臆説。時元山席公官貴陽，聞其言論，謂爲聖學復睹。公因取朱子大全閲之，見其晚年論議，自知其所學之非，至有「誑已誑人」之説，曰：「晦翁亦已自悔矣。」日與學者講究體察，愈益精明，而從游者衆。時思州守遣人至龍場，稍侮慢公，諸役夫咸憤惋，輒相與毆辱之。守大怒，白憲副毛公科[一]，令公請謝，且喻以禍福。公致書于守，遂釋然，愈敬重公。安宣慰聞公名，使人餽米肉，給使令，辭不受。既又重以金帛鞍馬，復固辭不受。及議減驛事，則力折之，且申説朝廷威信令甲，其議遂寢。已而僮酋有阿賈、阿札者，剽掠爲地方患[二]，公復以書詆諷之。安悚然，操切所部，民賴以寧。

[一] 白憲副毛公科 「白」，國圖本、天圖本、叢刊本、摛藻堂本訛作「曰」。
[二] 剽掠爲地方患 「剽」，底本訛作「標」，據文淵閣本、摛藻堂本改。

庚午，陞廬陵知縣。比至，稽國初舊制，慎選里正三老，委以詞訟，公坐視其成，囹圄清虚。是歲冬，以朝覲入京，調南京刑部主事，館于大興隆寺。予時爲後軍都事，少嘗有志聖學，求之紫陽、濂、洛、象山之書，日事静坐，雖與公有通家之舊，實未嘗深知其學。執友柴墟儲公巏與予書曰：「近日士夫，如王君伯安，趨向正，造詣深，不專文字之學。足下肯出與之游，麗澤之益，未必不多。」予因而慕公，即夕趨見，適湛公共坐室中。公出與語，喜曰：「此學久絶，子何所聞，而遽至此也？」予曰：「雖粗有志，實未用功。」公曰：「人惟患無志，不患無功。」即問：「曾識湛原明否？來日請會，以訂我三人終身共學之盟。」明日，公令人邀予至公館中，會湛公，共拜而盟。又數日，湛公與予語，欲謀白巖喬公，轉告冢宰邃庵楊公，留公北曹。楊公乃擢公爲吏部驗封主事。予三人者，自職事之外，稍暇必會講，飲食啓居，日必共之，各相砥勵。

未幾，陞文選員外郎，陞考功郎中，而學益不懈。士大夫之有志者，皆相率從游。如此二年，而湛公使安南，予與公又居一年。壬申冬，予以疾告歸，公爲文及詩送予，且托予結廬天台、雁蕩之間而共老焉。湛公又欲買地蕭山、湘湖之間，結廬與予三人共之。明年癸酉，陞南京太僕寺少卿，從游者日益衆。甲戌，陞南京鴻臚寺卿，始專以「良知」之旨訓學者。乙亥，朝廷舉考察之典，爲疏自劾，力乞休致，以踐前言，不允。八月，又上疏力以疾甚，乞養病，又不允。

明年丙子十月，陞都察院左僉都御史，撫鎮南、贛、汀、漳等處。先是，南贛撫鎮屢用非人，山谷兇民，初爲攘竊，漸至劫掠州縣，肆無忌憚，遠近視效。凡在虔、楚、閩、廣，接壤山谷，無非賊巢，小大有司，束手無策，皆謂終不可除。兵部尚書王公瓊獨知公，特薦而用之。又懇疏以辭，亦不允，督旨益嚴，公遂受命。既至南贛，先嚴戰禦之法。時龍南賊二千餘，突至信豐，又糾合廣東龍川浰頭諸賊酋，分隊以進，勢甚猖獗。公於未戰之先，令兵備官調兵斷賊歸路，又委官統領，前後夾擊。又曰：「此賊既離巢穴，利在速戰。」又令乘險設伏，厚集以待，及各鄉村往來路徑，多張疑兵，使進無所獲，退無所據，不過旬日，可以坐擒。一違節制，以軍法從事。先時在官吏書、門皂，及在門軍民、陰陽占卜，皆與賊通，日在官府左右詗覘。不惟言出于口，賊必先知，凡意向顏色之間，賊亦知之。公知其然，在此則示以彼，在彼則示以此。每令陰陽擇日，日者占卜，或已吉而不用，或欲用而中止。每勵兵蓐食，令俟期而發，兵竟不出。賊各依險自固，四路設伏，公潛令三省兵備官，各率兵從徑道與賊交鋒，前後大戰數合，擒斬首俘獲無算。餘黨奔聚象湖山拒守。諭令佯言犒軍退師，俟秋再舉。密探虛實，乘賊懈弛，以護送廣東布政使邵蕡爲名，選精兵一千五百當先，重兵四千二百繼後。夜半，自率數十騎至，密招前軍來，令分三路，各啣枚直趨象湖山，擣其巢穴。我兵奪據隘口，賊猶不知。賊雖失險，其間驍悍猶能凌絕谷，超

距如飛，復據上層峻險，四面飛打滚木礧石，以死拒敵。我兵奮勇鏖戰，自辰至午，三省所發奇兵，復從間道鼓噪突登，始驚潰大敗。我兵乘勝追殺，擒斬俘獲無算，墜崖壑而死者不可勝計。賊餘黨復入流恩山岡等巢，與諸賊合勢。明日復戰，賊又不利，遯入廣東界上黄蠟、樟溪大山。賊酋詹師富等，恃居可塘洞山寨，聚糧守險，勢甚强固。公命分兵五路攻擊，與賊連戰，令知府鍾湘破長富村等巢三十餘處，擒斬俘獲益多。其脅從餘黨，悉願携家以聽撫安，公委官招撫，復業者四千餘人。又令僉事顧應祥等，委官統領軍兵，會同福建，剋期進剿。揚言班師，出其不意，從牛皮石、嶺脚等處，分爲三哨，鼓噪並進。賊瞻顧不暇，望風瓦解。攻破古村、柘林、白土村、赤石巖等巢，直搗箭灌，及攻破水竹、大重坑〔一〕、苦宅溪〔二〕、清泉溪〔三〕、白羅〔四〕、南山等巢，直搗洋竹洞、三角湖等處。前後大戰十餘，俘獲四千人有奇，牛馬貨物無算。

嘗上疏申明賞罰，以勵人心，因請敕便宜行事，及請令旗令牌，不報。及是大庾、南康、上

〔一〕大重坑　「坑」，底本訛作「玩」，據閩廣捷音疏、文淵閣本改。
〔二〕苦宅溪　底本重複此三字，據閩廣捷音疏删。
〔三〕清泉溪　閩廣捷音疏作「靖泉溪」。
〔四〕白羅　底本訛作「曰羅」，據閩廣捷音疏、徐本改。

猶三縣羣賊，虜掠居民，廣東浰頭等處强賊池大鬢等[一]，三千餘徒，突圍南康縣，殺損官兵，與湖廣桂陽、廣東樂昌等巢相聯，盤據流劫三省。時兵備等官，請調三省狼達等兵，與官兵夾剿。又上疏論狼兵所過，不減於盜；轉輸之苦，重困於民。仍請便宜行事，期于成功，不限以時，則兵衆既練，號令既明，人知激勸，事無掣肘，可以伸縮自由，相機而動，日剪月削，可使漸盡。復請添設清平縣治，通鹽法以足兵食。會湖廣巡撫都御史秦公金奏請夾剿疏下，復上疏議處兵糧事宜。六月，召知府季斆、縣丞舒富等，密授方略，領兵分剿，生擒賊酋陳曰能等，搗其巢，俘獲賊黨無算。又上疏論三省交剿方略。先是，屢請敕便宜行事，衆皆笑公爲迂，惟尚書王公慨然曰：「朝廷此等權柄，不與此等人用，又與誰用？我必與之。」故因公疏覆議，奉旨，改公提督南、贛、汀、漳等處軍務，賜敕書及前所請旗牌，便宜行事。廷議以公前攻破長富村、象湖山、可塘洞諸處，擒斬首從賊級數多，降敕奬勵，陞俸一級，賞銀二十兩，紵絲二表裏。

時汀漳左溪賊酋藍天鳳與贛南上新、穩下等硐賊酋雷鳴聰、高文輝等相結，盤據千里，荼毒三省。公與諸從事議曰：「諸巢爲患雖同，事勢各異。以湖廣言之，則桶岡諸巢爲賊之咽喉，而橫水、左溪諸巢爲之腹心；以江西言之，則橫水、左溪諸巢爲賊之腹心，而桶岡諸巢爲之羽翼。

[一] 强賊池大鬢等　底本脱「賊」字，諸本同，據攻治盜賊二策疏補。

今不先去横水、左溪腹心之患，而欲與湖廣夾攻桶岡，進兵兩寇之間，腹背受敵，勢必不利。今我出其不意，進兵速擊，可以得志。已破横水、左溪，移兵而臨桶岡，勢如破竹矣。」議既決，命指揮郟文帥兵千餘，自大庾縣義安入；知府唐淳帥兵千餘，自大庾縣聶都入；知府季斆帥兵千餘，自大庾縣穩下入；縣丞舒富帥兵千餘，自上猶縣金坑入；親帥兵千餘，自南康進屯至坪，期直擣横水，與諸軍會。命副使楊璋、參議黄宏，監督各營官兵，往來給餉，以促其後。是月初七日，各哨齊發，初十日，進兵至坪。會間諜詗知各險隘皆設衮木礧石，公度此時賊已據險，勢未可近，乃自率兵，乘夜遂進，未至賊巢三十里止舍，使人伐木立栅，開塹設堠，示以久屯之形。復遣官分帥鄉兵，及樵竪善登山者四百人，各與一旗，齎銃砲鈎鐮[一]，使由間道攀崖壁而上，分列遠近極高山頂以覘賊，張立旗幟，爇茅爲數千竈，度我兵至險，則舉砲燃火相應。十二日黎明，公進兵至十八面隘，賊方據險迎敵，驟聞遠近山頂砲聲如雷，煙焰四起。我兵復呼哨分逼，銃箭齊發，賊皆驚潰失措，以爲官兵盡破其巢，遂棄險退走。公預遣千户陳偉、高睿，分帥壯士數十，緣崖上奪賊險，盡發其衮木礧石。我兵乘勝驟進，指揮謝昶、馬廷瑞兵[二]，由間道先入，悉焚賊巢。

[一] 齎銃砲鈎鐮　「銃」，國圖本、天圖本、叢刊本、文淵閣本訛作「鋭」。

[二] 馬廷瑞　横水桶岡捷音疏作「馮廷瑞」。

賊退無所據，乃大敗奔潰。横水既破，遂乘勝進攻左溪，擒斬首級無算，俘獲男婦、牛馬、什物不可勝算。會霧雨連日，公令休兵犒勞。

是月二十七日，官兵乘勝進攻桶岡。公復議桶岡天險，四山壁立萬仞，中盤百餘里，連峰參天，深林絶谷，不覩日月。因詢訪鄉導，賊所由入，惟鎖匙龍、葫蘿洞[一]、茶坑、十八磊、新地五處，皆假棧梯鑿，禽懸絶壁而上。惟上章一路稍平，然深入湖廣，迂回取道，半月始至。令移屯近地，休兵養鋭，振揚威聲，使人諭以禍福，彼必懼而請服。其或不從，乘其猶豫，襲而擊之，乃可以逞。縱所獲桶岡賊鍾景，縋入賊營，期以翼日早，使人於鎖匙龍受降。賊方恐，集衆會議。又遣縣丞舒富，帥數百人，屯鎖匙龍，促使出降。遣知府邢珣入茶坑，伍文定入西山界，唐淳入十八磊，知縣張戩入葫蘿洞，皆于是月晦日，乘夜各至分地。遇大雨，不得進，明早，冒雨疾登。賊酋藍天鳳方就鎖匙龍聚議，聞各兵已入險，皆驚愕散亂，猶驅其男婦千餘人，據内隘絶險，隔水爲陣以拒。我兵渡水前擊，復分部左右夾攻，賊不能支，且戰且却。及午雨霽，各兵鼓奮而前，賊乃敗走，桶岡諸巢悉平。親行相視形勢，據險之隘，議以其地請建縣治，控制三省諸瑶，斷其往來之路。又進兵攻穩下、朱坑等巢，悉平。又以湖、廣二省之兵方合，雖近境之賊悉以掃蕩，

[一] 葫蘿洞　横水桶岡捷音疏作「葫蘆洞」，下文仿此。

而四遠奔突之虞難保必無，乃留兵二千餘，分屯茶寮諸隘，餘兵令回近縣休息，候二省夾攻盡絶，然後班師。驅卒不過萬餘，用費不滿三萬，兩月之間，俘斬六千有奇，破巢八十有四，渠魁授首，噍類無遺。又疏請三縣適中之處立崇義縣，移置小溪驛于大庾縣城内，使督兵防遏。

浰頭賊酋池大鬢等，聞横水諸巢皆破，始懼加兵，乃遣其弟池仲安等，率老弱二百餘徒，赴軍門投降，隨衆立效，意在緩兵，因窺虚實，乘間内應。公逆知其謀，乃陽許之。及進攻桶岡，使領其衆截路於上新地，以遠其歸途。十一月，池大鬢等聞復破桶岡，益懼，爲戰守備。公使人賜各酋長牛酒，以察其變。賊度不可隱，詐稱龍川新民盧珂等將掩襲之，是以密爲之防，非虞官兵也。亦陽信其言，因復陽怒盧珂等擅兵仇殺，移檄龍川，使廉其實，且趣伐木開道，將回兵浰頭，取道往征之。賊聞之，且喜且懼。盧珂、鄭志高、陳英者，皆龍川舊招新民，有衆三千餘，爲池大鬢所脅，而三人者，獨深忌之，乃來告變，云池大鬢僭號設官，及以僞授盧珂等「金龍霸王」官爵印信來首。公先已諜知其事，乃復陽怒，不信，遂械繫盧珂，而使人密諭其意。珂遂遣人歸集其衆，待時而發。又使人往諭池大鬢，且密購其所親信頭目二十人，陰説之，同部下百八十人，使自來投訴。還贛，乃張樂大享將士，下令城中散兵，使各歸農，示不復用。賊衆皆喜，遂弛其備。池大鬢等乃謂其衆曰：「若要伸，先用屈。贛州伎倆，亦須親往勘破。」率其麾下四十人自

詣贛。公使人探知池大鬢已就道，密遣人先行屬縣，勒兵分哨，候報而發，又使人督集盧珂等兵。俱至，令所屬官寮以次設羊酒，日犒池大鬢等，以緩其歸。會正旦之明日，復設犒于庭，先伏甲士，引池大鬢入，并其黨悉擒之。出盧珂等所告狀，訊鞫皆伏，寘于獄斬之。夜使人趨發屬縣兵，期以初七日入巢。諸哨兵皆從各徑道以入，自率帳下官兵，從龍南縣令水直搗下浰大巢[一]，與各哨兵會于三浰。先是，賊徒得池大鬢報，謂贛州兵已罷歸，皆已弛備，散處各巢。至是驟聞官兵四路並進，皆驚懼，分投出禦，悉其精鋭千餘，據險設伏，併勢迎敵于龍子嶺。我兵聚爲三衝，掎角而前，大戰良久，賊敗，復奮擊數十合，遂克上、中、下三浰。各哨官兵，遥聞三浰大巢已破，皆奮勇齊進，各賊潰敗，遂進攻九連山。于是選精鋭七百餘人，皆衣所得賊衣，佯若奔潰者，乘暮直衝賊所據崖下澗道而過。賊以爲各巢敗散之黨，皆從崖下招呼，我兵亦佯應之。賊疑，不敢擊，已度險，遂斷其後路。次日，賊始知爲我兵，併勢衝敵。我兵已據險，從上下擊，賊不能支。公度其必潰，預令各哨官兵，四路設伏以待。賊果潛遁，邀擊而悉俘之，前後擒斬首級無算，俘獲男婦、牛馬、器仗、什物不可勝計。餘黨張仲全等二百餘人，及遠近村寨，一時爲賊所驅，從惡未久者，勢窮計迫，聚于九連谷口，呼號痛哭，誠心投降。遣邢珣驗實，量加責治，籍其名數，

[一] 令水　浰頭捷音疏作「冷水」。

悉安插於白沙。相視險易，經理立縣設隘，可以久安長治之策，留兵防守而歸。贛人皆戴香遮道而迎，爲立生祠，又家肖其像，而歲時祭禱。

上疏乞休致，不允。又以龍川諸處，係山林險阻之所，盜賊屯聚之鄉，當四縣交界之隙，乃三省閏餘之地，政教不及，人迹罕到。其間接連閩、廣，反覆賊巢，動以百數，據而守之，真足控諸賊之往來，杜奸宄之潛匿，遂疏請于和平地方，建設和平縣治，以扼其要害。又以大賊酋龔福全、高仲仁、李斌、吴玔等，邀路劫殺軍民，攻掠郡縣，命三省將官剿平。上三省夾剿捷音疏，朝廷論功行賞，陞右副都御史，廕子一人錦衣衛，世襲百户，寫敕獎勵。懇疏辭免，乞原職致仕，温旨慰留。因奏平定廣東韶州府樂昌縣等賊捷音，查例加陞子本衛世襲副千户。在贛雖軍旅擾擾，四方從游日衆，而講學不廢，褒崇象山陸子之後以扶正學。贛人初與賊通，俗多鄙野，爲立保甲十家牌法，於是作業出入皆有紀。又行鄉約，教勸禮讓。又親書教誡四章，使之家諭户曉，而贛俗丕變，贛人多爲良善，而問學君子亦多矣。

十四年正月，再疏乞放歸田里。當路忌公，欲從其請。王公瓊逆知宸濠必將爲變，一日，召其屬主事應典曰：「我寘王某于江西，與之便宜行事者，不但爲溪洞諸賊而已。或有他變，若無

便宜行事敕書旗牌，將何施用？」時福建有軍人進貴等之變[一]，王公曰：「此小事，不足煩王某，但假此以牽便宜敕書在彼手中，以待他變，爾可爲我做一題稿來看。」稿成具題，降敕與公曰：「福州三衛軍人進貴等脅衆謀反，特命爾暫去彼處地方，會同查議處置，參奏定奪。」時濠陰謀不軌，亦已有年。一日，令安福舉人劉養正往説公云：「寧王尊師重道，有湯武之資，欲從公講明正學。」公笑曰：「殿下能舍去王爵否？」既而令門人冀元亨先往與濠講學，以探其誠否。元亨與語矛盾，濠怒，遣還，密使人殺于途，不果。公以六月初九日，自贛往福建勘事。十五日，至豐城縣界，典史鄆人報濠反狀，繼而知縣顧佖具言之。公度單旅倉猝，兵力未集，難即勤王，亟欲溯流趨吉安。南風方盛，舟人聞宸濠發千餘人來劫公，畏不敢發，乃以逆流無風爲辭。公密禱于舟中，誓死報國，無何，北風大作。舟人猶不肯行，拔劍馘其耳，遂發舟。薄暮，度勢不可前，潛覓漁舟，以微服行，留麾下一人服己冠服在舟中。濠兵果犯舟，而公不在，欲殺其代者，一人曰：「何益？」遂捨之，故追不及。是夜至臨江，知府戴德孺喜甚，留公入城調度。曰：「臨江居大江之濱，與省城相近，且當道路之衝，莫若吉安爲宜。」又以三策籌之，曰：「濠若出上策，直趨京師，出其不意，則宗社危矣。若出中策，則趨南都，大江南北，亦被其害。若出下策，但據江西省城，則勤王之事

[一] 進貴 國圖本作「進貢」，下文仿此。

尚易爲也。」行至中途，恐其速出，乃爲間諜，假奉朝廷密旨，先知寧府將反，行令兩廣、湖襄都御史楊旦、秦金及兩京兵部，各命將出師，暗伏要害地方，以俟寧府兵至襲殺。復取優人數輩，各與數百金以全其家，令至伏兵處所，飛報竊發日期，將公文各縫置袷衣絮中。將發間，又捕捉僞太師李士實家屬至舟尾，令其覘知。公即佯怒，牽之上岸處斬，已而故縱之，令其奔報。宸濠邏獲優人，果於袷衣絮中搜得公文，遂疑不發。

十八日，至吉安，知府伍文定甚喜，軍民皆遮道呼號。公入城撫慰，兩上疏告變，請命將征討，以解東南倒懸。奏至，王公瓊揚言於朝曰：「王某在南贛，必能擒之，不久當有捷報至。但朝廷不命將出師，則無以壯其軍威。」時濠畜養死士二萬，招誘四方盜賊渠魁亦萬數，舉事之日，復驅其護衛黨與，並脅從之人，又六七萬，虐焰張熾。公以百數從卒，退保吉安，遥爲牽制之圖。遠近軍民，劫于濠積威，道路以目，莫敢出聲。公率知府伍文定、戴德孺、邢珣、徐璉等，調集軍民兵快，召募四方報效義勇，會計應解留錢糧，支給糧賞，造作軍器戰船，奏留公差回任御史謝源、伍希儒，分職任事，約會鄉官致仕右副都御史王懋忠、養病編修鄒守益、郎中曾直、評事羅僑、丁憂御史張鰲山、赴部調用僉事劉藍、依親進士郭持平、致仕副使劉遜、參政黄繡、閒住知府劉昭等，相與激勸忠義，曉諭禍福。調度已定，移檄遠近，宣布朝廷仁德，暴濠罪惡。濠始

覺爲公所欺，亟欲引兵而出。公謂急衝其鋒，攻其有備，皆非計之得也。始示以自守不出之形，必俟其出，然後尾而圖之。先復省城，以搗其巢穴，彼聞必回兵來援，我則出兵邀而擊之，此全勝之策也。濠果使人探公未出，先發兵出次南康〔一〕、九江，自居省城以禦公。

七月初二日，濠又使人探公兵果不出，乃留兵萬餘，屬其腹心宗室，及儀賓、内官，并僞都督、都指揮等官，使守省城，自引兵向安慶。公知其出，遂急促各府兵，期以本月十五日，會于臨江樟樹鎮，身督伍文定等兵徑下。於是知府戴德孺引兵自臨江來，知府徐璉引兵自袁州來，知府邢珣引兵自贛州來，通判胡堯元、童琦引兵自瑞州來，通判談儲、推官王暐、徐文英、新淦知縣李美、太和知縣李楫、寧都知縣王天與、萬安知縣王冕，亦各以兵來赴。十八日，遂至豐城，分布哨道，使伍文定攻廣潤門，邢珣攻順化門，徐璉攻惠民門，戴德孺攻永和門，胡堯元、童琦攻章江門，李美攻德勝門，都指揮余恩攻進賢門，談儲、王暐、李楫、王天與、王冕等，各以其兵乘七門之釁，從旁夾擊，以佐其勢。又探得濠伏兵千餘于新舊墳廠，以備省城之援，乃遣奉新知縣劉守緒、典史徐誠，領兵四百，從間道夜襲破之，以摇城中。十九日，登市汲誓師，且申布朝廷之威，再暴濠惡。約諸將一鼓而附城，再鼓而登城，三鼓不克誅其伍，四鼓不克斬其將。誓已，莫不切齒痛心，

〔一〕先發兵出次南康　據江西捷音疏，「次」當爲「攻」之訛。

踴躍激奮。薄暮徐發，二十日黎明，各至信地。城中爲備甚嚴，滚木、灰瓶、火砲、石弩、機毒之械，無不畢具。及我兵已破新舊墳廠，敗潰之卒皆奔告城中。城中聞我師四面驟集，莫不震駭。我師呼譟並進，梯絙而登，城中倒戈而奔，遂破，擒其居守宜春王拱樤，及僞太監萬鋭等千餘人。宫眷縱火自焚，延燒居民房屋。公令各官分道捄火，撫定居民，釋其脅從，封其府庫，搜出原收大小衙門印信九十六顆。其脅從布政使胡廉、參政劉斐、參議許效廉、副使唐錦、僉事賴鳳、都指揮王玘，皆自上江西捷音疏〔一〕，仍分兵四路追躡。

是時濠攻安慶未下，親自督兵運土填塹，期在必克，及聞我兵至豐城，大恐，即欲回舟。李士實阻勸，以爲必須徑往南京，既登大寶，則江西自服。濠不應。次日，遂解安慶之圍，移兵泊阮子江，會議歸援。先是，兵至豐城，衆議安慶被圍，宜引兵直趨安慶。公以九江、南康皆以爲賊所據，而南昌城中數萬之衆，精悍亦且萬餘，食貨充積。我兵若抵安慶，賊必回軍死鬬，安慶之兵僅僅自守，必不能援我于湖中。南昌之兵絶我糧道，而九江、南康之賊合勢撓躡，而四方之援又不可望，事難圖矣。今我師驟集，先聲所加，城中必已震懾，因而併力急攻，其勢必下。已破南昌，賊先破膽奪氣，失其本根，勢必歸救，則安慶之圍可解，濠亦可以坐擒。果如公料。及

〔一〕皆自上江西捷音疏　按，據江西捷音疏，「自」下或脱「首投罪」等字，讀作「皆自首投罪」云云。

議所以禦之之策，衆謂宜斂兵入城，堅壁自守，以待四方援兵。公獨謂宜先出鋭卒，乘其惰歸，要迎掩擊，一挫其鋒，衆將不戰自潰，所謂「先人有奪人之氣，攻瑕則堅者瑕」矣。

是日，撫州知府陳槐引兵亦至。公遣伍文定、邢珣、徐璉、戴德孺，共領精兵五百[一]，分道並進，擊其不意。濠亦先使精悍千餘人，從間道，欲出公不意攻收省城。偶遇于某處，遂交戰，我兵失利。報至，公怒甚，欲以軍法斬取伍文定、邢珣、戴德孺、徐璉等首，乃自帥兵親戰。或以敵鋒方交，若即斬其首，兵無統領而亂，俟各奮勵，以圖後效。明日，各帥兵奮死以戰，大敗之。又遣余恩以兵四百，往來湖上，誘致賊兵。陳槐、胡堯元、童琦、談儲、王暐、徐文英、李美、李楫、王冕、王軾、劉守緒、劉源清等，各領百餘，四面張疑設伏，候伍文定等兵交，然後四起合擊。分布既定，大賑城中軍民。慮宗室郡王將軍或爲内應生變，親慰諭之，以安其心。出給告示，凡脅從皆不問，雖嘗受賊官爵，能逃歸者皆免死，能斬賊徒歸降者皆給賞。使内外居民及鄉導人等，四路傳布，以解散其黨。

二十三日，濠先鋒已至樵舍，風帆蔽江，前後數十里。公乃分督各兵乘夜趨進，使伍文定以正兵當其前，余恩繼其後，邢珣引兵繞出賊背，徐璉、戴德孺張兩翼以分其勢。二十四日早，賊

[一] 共領精兵五百　按，此據擒獲宸濠捷音疏改寫，原文作「合領精兵伍百」，「合」爲「各」之訛。

兵鼓譟，乘風而前，逼黄家渡，其氣驕甚。伍文定、余恩之兵佯北以致之。賊争進趨利，前後不相及。邢珣之兵從後横擊，直貫其中，賊敗走。伍文定、余恩督兵乘之，徐璉、戴德孺合勢夾攻，呼譟並起，賊不知所爲，遂大潰，奔走十餘里，擒斬二千餘級，落水死者以萬數。賊勢大沮，引兵退保八字腦，衆稍遁散。濠震懼，身自激勵將士，賞其當先者以千金，被傷者銀百兩，盡發九江、南康守城之兵以益師。是日，建昌知府曾璵引兵至。公以九江不破，則湖兵終不敢越九江以援我；南康不復，則我兵亦不能踰南康以躡賊。乃遣知府陳槐領兵四百[一]，合饒州知府林城之兵，乘間以攻九江；知府曾璵領兵四百[二]，合廣信知府周朝佐之兵，乘間以取南康。二十五日，賊復并力盛氣挑戰。時風勢不便[三]，我兵少却，死者數十人，公急令人斬取先却者[四]。知府伍文定等立於銃砲之間，火燎其鬚，不敢退，奮督各兵，殊死並進[五]。砲及寧王舟，寧王退走，

[一] 乃遣知府陳槐領兵四百　徐本無「知府」二字。
[二] 知府曾璵領兵四百　徐本無「知府」二字。
[三] 時風勢不便　「時」，徐本作「而」。
[四] 公急令人斬取先却者　徐本作「公急令斬取先却者頭」。
[五] 知府伍文定等……殊死並進　徐本作「伍文定奮督各兵，殊死並進」。

遂大敗[一]，擒斬二千餘級，溺水死者不計其數[二]。賊復退兵保樵舍[三]，連舟爲方陣，盡出其金銀以賞士。公乃夜督伍文定等爲火攻之具[四]，邢珣擊其左，徐璉、戴德孺出其右，余恩等各官分兵四伏[五]，期火發而合。二十六日，寧王方朝群臣[六]，拘集所執三司各官，責其間以不致死力[七]，坐觀成敗者，將引出斬之。爭論未決，而我兵已奮擊[八]，四面而集，火及寧王副舟[九]，衆遂奔散。寧王與妃嬪泣別，妃嬪

[一] 砲及寧王舟寧王退走遂大敗　徐本作「砲及濠舟，濠遂大敗」。
[二] 溺水死者不計其數　「不」，徐本作「莫」。
[三] 賊復退兵保樵舍　徐本無「兵」字。
[四] 公乃夜督伍文定等爲火攻之具　徐本無「等」字。
[五] 余恩等各官分兵四伏　徐本無「官」字。
[六] 寧王方朝群臣　「寧王」，徐本作「宸濠」。
[七] 責其間以不致死力　徐本無「間以」二字。
[八] 而我兵已奮擊　徐本無「而」字。
[九] 火及寧王副舟　「寧王」，徐本作「濠」。

宫人皆赴水死[一]。我兵遂執寧王[二]，并其世子、郡王、將軍、儀賓，及僞太師、國師李士實[三]、劉養正、元帥、參贊、尚書、都督、指揮、千百户等官數百餘人[四]，被執脅從官太監王宏、御史王金、主事金山、按察使楊璋、僉事王疇、潘鵬、參政程果、布政使梁辰、都指揮郟文、馬驥、白昂等，擒斬賊黨三千餘級，落水死者約三萬餘。棄其衣甲器仗財物，與浮尸積聚，横亘若洲。餘賊數百艘，四散逃潰。公復遣官分路追剿，毋令逸入他境爲患。二十七日，及之于樵舍，大破之，於吴城又破之，擒斬復千餘級，落水死者殆盡。濠既擒，衆執見公，呼曰：「王先生，我欲盡削護衛所有，請降爲庶民，可乎？」對曰：「有國法在。」遂令送至囚所。

公既擒濠，欲令人獻俘，慮有餘黨沿途竊發，欲親解赴闕。因在吉安上疏，乞命將出師。朝廷差安邊伯許泰爲總督軍務，充總兵官，平虜伯江彬爲提督等官，左都督劉翬爲總兵官，太監張

[一] 寧王與妃嬪泣别妃嬪宫人皆赴水死　徐本作「濠與妃嬪泣别，宫人皆赴水死」。

[二] 我兵遂執寧王　徐本作「遂執濠」。

[三] 及僞太師國師李士實　徐本作「及李士實」。

[四] 元帥參贊尚書都督指揮千百户等官數百餘人　徐本作「劉吉屠欽王綸熊瓊盧珩羅璜丁瓚王春吴十三凌十一秦榮葛江劉勛何鏜王信吴國七火信等數百餘人」。

忠爲提督軍務，張永爲提督贊畫機密軍務，并體勘濠反逆事情，及查理庫藏宮眷等事，太監魏彬爲提督等官，兵部侍郎王憲爲督理糧餉，往江西征討。至中途聞捷報，計欲奪功，乃密請上親征。上遂自稱爲總督軍務威武大將軍總兵官後軍都督府太師鎮國公，往江西親征。廷臣力諫，不聽，有被杖而死者。江彬、許泰、劉翬、張忠、張永、魏彬等，先領兵由大江至，入居城中，人馬填溢衢巷，至不可行。乃倡言誣公始同濠謀反，因見天兵猝臨征討，始擒濠以脱罪，欲并擒公爲己功。公于官軍慰勞有加，病者爲之醫藥，死者爲之棺斂，間自行撫，衆心皆悦。初見彬輩，皆設席于傍令公坐，公乃佯爲不知，遂坐上席，轉傍席于下，以坐彬輩。彬輩啣之，出語誚公，公以常行交際事體諭之，左右皆爲公解，遂無言。公非争一坐也，恐一受節制，則事機皆將聽彼而不可爲矣。

又欲置濠湖中，待駕至列陣擒之，然後奏凱論功。公竟發南昌，數遣人追至廣信，不聽，戴星趨玉山，度草萍。上疏力止，以爲濠睥睨神器，陰謀久蓄，招納叛亡，探輦轂之動静，日無停迹；廣置奸細，臣下之奏白，百不一通。發謀之始，逆料大駕必將親征，先於沿途伏有奸黨，爲博浪、荆軻之謀。今逆不旋踵，遂已成擒，法宜解赴闕門[一]，式昭天討。欲付部下各官押解，恐舊所潛布乘隙竊發，或致意外之虞，臣死有餘憾。況平賊獻俘，固國家常典，亦臣子職分。臣謹于九

[一] 法宜解赴闕門 「門」，國圖本、天圖本、叢刊本、文淵閣本、摛藻堂本作「下」。

月十一日，親自量帶官軍，將濠并宫眷逆賊情重人犯督解赴闕。行至廣信聞報，疏上不聽。

既抵杭，謂張永曰：「西民久遭濠毒，經大亂，繼旱災，困苦既極，必逃聚山谷爲亂，奸黨群應，土崩之勢成矣。然後興兵平之，不已難乎？」永深然之，徐曰：「吾此出爲君側群小，欲調護而默輔之，非掩功也。但將順天意，猶可挽回萬一；苟逆之，徒激群小之怒，何救于大事？」公始深信，以濠付之。復上捷音，以爲宸濠不軌之謀，已踰一紀，今旬月之間，遂克堅城，俘擒元惡，是皆欽差總督威德，指示方略所致。以此歸功總督軍門，以止上江西之行。稱病净慈寺。張永在上前，備言公盡心爲國之忠之功，及彬等欲加害之意。既而彬等果誣公無君欲叛，上不信。又言此既不信，試召之，必不來，則可知其無君矣。上乃召公，公即奔南京龍江關，將進見。忠等皆失意，又從中阻之，使不見。公乃以綸巾野服入九華山。永聞知，又力言于上曰：「王守仁實忠臣，今聞衆欲争功，欲并棄其官，入山修道。」由是上益信公之忠，公復還江西視事。西人皆家肖公像，歲時報祀，猶夫贛焉。

十五年閏八月，四乞省葬。節奉旨：「王守仁奉命巡視福建，行至豐城，一聞宸濠反叛，忠憤激烈，即便倡率所在官司，起集義兵，合謀剿殺，氣節可嘉。已有旨，着督兵討賊，兼巡撫江西地方。所奏省親事情，待賊平之日來説。」故復領巡撫事。江西兵殘之餘，宗室人民凋敝之甚，

官府衙門，居民房屋，燒毁殆盡。公爲之賑恤，綏勞撫定，奏免租税。又將城中没官房屋，及濠違制宫室，與革毁一應衙門，皆修改爲公廨。濠占奪民間田地、山塘、房屋，遵奉詔書，給還原主管業。其餘照依時估，變賣價銀入官，先儘撥補南、新二縣兑軍淮安、京庫折銀糧米及王府禄米[一]，餘羡收貯布政司，用備緩急。

是年□月[二]，上晏駕。今上皇帝登極，特降璽書曰：「爾昔能剿平亂賊，安靖地方，朝廷新政之初，特兹召用。敕至，爾可馳驛來京，毋或稽遲。」於二十日，公馳驛起程。爲輔臣所忌，潛諷科道建言，以爲朝廷新政，武宗國喪，資費浩繁，不宜行宴賞之事，行至中途而返。道經錢塘，上疏懇乞便道歸省，制曰：「可。」陞南京兵部尚書，參贊機務。又具疏辭免，慰旨益勤。本年十二月内，該部題爲捷音事，議封公伯爵，給與誥券，子孫世世承襲。賜敕遣官獎勞慰諭，錫以銀幣，犒以羊酒。乃封公新建伯、奉天翊衛推誠宣力守正文臣、特進光禄大夫、柱國，兼南京兵部尚書，參贊機務，歲支禄米一千石，三代并妻一體追封。累疏辭免，欲朝廷普恩賞于報效諸臣。又極言舉人冀元亨因説宸濠，反爲奸黨搆陷獄中，以忠受禍，爲賊報仇，抱冤賫恨，願盡削己官，

[一] 京庫折銀糧米 「庫」，底本訛作「軍」，據巡撫地方疏改。
[二] 是年□月 底本闕一字，文淵閣本、擒藻堂本作「三月」。

移報元亨以贖此痛。先是元亨在獄，又爲移咨六部，申理其冤，及元亨死，又爲移文湖廣兩司，優恤其家屬。元年，丁父海日翁憂。四方來游其門益衆，科道官迎當路意，以僞學舉劾。服闋，輔臣忌公才高望重，六載不召。御史石金等交章論荐，禮部尚書席公書爲疏特荐公及石淙楊公，曰：「生在臣前見一人，曰楊一清；生在臣後見一人，曰王守仁。」皆不報。

丁亥，田州土知府岑猛之亂，提督都御史姚鏌不克成功。張公孚敬拉桂公萼同荐，桂公不得已，勉從荐公。得俞旨，兵部奉欽依，差官持檄，授公總制軍務，督同都御史姚鏌，勘處彼中事情。上疏辭免，舉尚書胡世寧、李承勛自代，不允。上與楊公一清曰：「若姚鏌不去，王守仁決不肯來。」遂令鏌致仕。又降旨督趨赴任，旨云：「卿識敏才高，忠誠體國。今兩廣多事，方藉卿威望，撫定地方，用舒朕南顧之懷。姚鏌已致仕了，卿宜星夜前去，節制諸司，調度軍馬，撫剿賊寇，安戢兵民。勿再遲疑推諉，以負朕望。還差官鋪馬裹賫文前去，敦取赴任行事。該部知道。」予時爲光禄寺少卿，具疏論江西軍功，及薦公才德堪任輔弼[一]。上喜，親書御劄，并疏付内閣議。楊公一清忌公入閣與之同列，乃與張公孚敬具揭帖對曰：「王守仁才固可用，但好服古衣冠，喜談新學，人頗以此異之。不宜入閣，但可用爲兵部尚書。」桂公知，遂大怒詈予，潛進揭帖毀公，

[一] 及薦公才德堪任輔弼　「堪」，國圖本、天圖本、叢刊本訛作「勘」。

上意遂止。

公遂扶病莅任，沿途涉歷，訪諸士夫，詢諸行旅，皆云岑猛父子固有可誅之罪，然所以爲亂者，皆當事諸人不能推誠撫安以致之。上疏謝恩，極言致亂之由，平復之策。十二月，楊公一清與桂公萼謀，恐事完回京復命見上，予與張公又薦之，上必留用，又題命公兼理巡撫。奉聖旨：「王守仁暫令兼理巡撫兩廣等處地方。寫敕與他。」咨到，又力疏辭免，舉致仕都御史伍文定、刑部左侍郎梁才自代[一]，不允。建議大約以爲進兵行剿之患十，罷兵行撫之善十，與夫二幸、四毀之弊。時布政使林富、紀功御史石金，皆以爲然。至南寧府，乃下令盡徹調集防守之兵，數日之内，解散而歸者數萬有餘。湖兵數千，道阻且遠，不易即歸，仍使分留南寧、賓州，解甲休養，待間而發。

初，思、田二府目民盧蘇、王受等聞公來，知無必殺之心，皆有投生之念，日夜懸望，惟恐公至之不速。既至，又見防守之兵盡撤，投生之念益堅，乃遣其頭目黄富等十餘人，先赴軍門訴告。公諭以朝廷威信，及開示更生之路。明日，蘇、受等皆囚首自縛，各與其頭目數百人投見，號哀控訴。公復諭以朝廷恩德，下蘇、受于軍門，各杖一百。衆皆合辭扣首，爲之請命，乃解其縛曰：「今日宥爾一死者，是朝廷好生之仁；杖爾一百者，乃我等人臣執法之義。」於是衆皆扣首悦服。

[一] 梁才　辭巡撫兼任舉能自代疏作「梁材」。

公隨至其營，撫定餘衆，莫不感泣歡呼，感恩誓以死報，殺賊立功，以贖前罪。公復諭以朝廷惟願生全爾等，今爾方來投生，豈忍又驅之兵刃之下。爾等逃竄日久，家業破蕩，且宜速歸，完爾室家，及時耕種，修復生理。至於各處盜賊，軍門自有區處，不須爾等剿除。待爾等家事稍定，徐當調發。於是又皆感泣歡呼。遂委布政林富、總兵官張祐，分投安插，督令各歸復業。

既而上疏，處置平復地方以圖久安，宜仍立土官以順其情，分土目以散其黨，設流官以制其勢。猶以爲土夷之心未必盡得，而窮山僻壤或有隱情，則又備歷田州、思恩村落，而經理其城堡。因以所以處之之道，詢諸其長目，率皆以爲善；又詢諸父老子弟，又皆以爲善；然後信其可以久行。而反覆其辭，更互其説，請田州仍立岑氏後爲土官知州，以順土夷之情；特設流官知府，以制土官之勢；分設土官巡檢，以散各夷之黨。又以田州既設流官，宜更其府名爲田寧，蓋取「田石傾，田州兵；田石平，田州寧」之謡。至于思恩，則岑濬之後已絶，不必復有土官之設矣。

又按視斷藤峽諸處瑶賊，上連八寨，下通仙臺、花相諸洞，連絡數十餘巢，盤亘三百餘里，彼此犄角，結聚憑險，流劫郡縣，檄參將張經，會同守巡各官集議。于是命潯州衛指揮馬文瑞、永順統兵宣慰彭明輔、男彭宗舜、保靖統兵宣慰彭九霄、辰州等衛指揮彭飛等，分兵布哨，以永順土兵進剿牛腸等賊巢，保靖土兵進剿六寺等賊巢。先是，賊酋詗知公住劄南寧，寂無征剿消息，

又不見調兵集糧，遂皆怠弛，不以爲意。至是突遇官兵四面攻圍，倉惶失錯。擒斬賊酋及黨與頗多，餘賊退敗，復據仙女大山。我兵追圍，拔大緣崖[一]，仰攻，復大破之，乘勝攻破油碎、石壁、大陂等巢。餘賊奔至斷藤峽横石江邊，我兵追急，争渡，溺死者無算，斬獲首從，俘獲男婦、牛畜、器械等項，不可勝計。還兵潯州府住劄，復進剿仙臺諸賊巢。諸軍吏各率永順、保靖壯兵，争先陷陣。賊又大敗，奔入永安邊界立山，將險結寨。乃摘調指揮王良輔，并目兵彭愷等，分路並進，四面仰攻，賊敗散。命林富、張祐，分投密調各目兵盧蘇、王受等，分道進剿，前後生擒、斬獲并俘獲男婦、頭畜、器械殆盡。

以八寨之地據其要害，欲移設衛所，控制諸蠻。復於三里設縣，迭相引帶。親臨視思恩府基，景定衛縣規則。蓋南丹衛僻在廣西極邊之地，非中土之人所可居者。於是移築於周安堡，當八寨之中，以阻扼其道路之衝，則柳、慶諸賊不必征剿，皆將效順服化。思恩舊在寨城山内，尚歷高山數十餘里，令移于荒田地方四野寬衍之處，開圖立里，用漢法以治武緣之衆，夷夏交和，公私兩便。移鳳化縣治於虞鄉[二]，爲立廨宇，屬之思恩。于宣化思龍地方，添設流官縣治，是皆保

[一] 拔大緣崖　據八寨斷藤峽捷音疏，「拔大」當爲「攀木」之訛。
[二] 虞鄉　處置八寨斷藤峽以圖永安疏作「無虞鄉」。

治安民之要。增築守鎮城堡于五屯，以壯威設險。仍選取協守諸兵，及附近土寨目兵，智略忠勇官一員，重任而專責之，使之訓練撫摩。令參將、兵備等官，時至其地，經理而振作之，則賊勢自摧。將思、田分設九土巡檢司，各立土目衆所信服者管之。節疏奏請定奪，奉旨：「王守仁受命提督軍務，蒞任未久，乃能開誠宣恩，處置得宜，致令叛夷畏服，率衆歸降，罷兵息民，奇功可加[一]。寫敕差行人齎去奬勵，還賞銀五十兩，紵絲四表裏，布政司買辦羊酒送用。」九月八日，行人馮恩賫至廣城。是時，公已卧病月餘，扶病疏謝，而病勢日篤，猶力憊視事。

年十五歲時，夢中嘗得句云：「卷甲歸來馬伏波，早年兵法鬢毛皤。」莫知其謂。至是舟至烏蠻灘，舟人指曰：「此伏波廟前灘也。」公呀然，登拜，如夢中所見，因誦夢中詩，嘆人生行止之不偶云。十月初十日，復上疏乞骸骨，就醫養病，因薦林富自代。又一月乃班師，至大庾嶺，謂布政使王公大用曰：「爾知孔明之所以付托姜維乎？」大用遂領兵擁護，爲敦匠事。廿九日，至南康縣，將屬纊，家童問何所囑。公曰：「他無所念，平生學問，方纔見得數分，未能與吾黨共成之，爲可恨耳。」遂逝，舁至南安府公館而斂。柩經南贛，雖深山窮谷，男女老弱皆縞素，匍匐哀迎，若喪考妣。凡所過江西地方，行道之人無不流涕者。

[一] 奇功可加　「加」，文淵閣本、摛藻堂本作「嘉」，據奬勵賞賫謝恩疏，此句當作「其功可嘉」。

訃至，桂公萼欲因公乞養病疏參駁害公，令該司匿不舉，乃參其擅離職役，及處置廣西思、田、八寨恩威倒置，又詆其擒濠軍功冒濫，乞命多官會議。先此，張公孚敬見公所處岑猛諸子及盧蘇、王受得宜，征剿八寨有方，奏至甚喜，極口稱嘆，謂予知人之明。又述在南京時與言惓惓欲公之意，曰：「我今日方知王公之不可及，即荐于朝，取來作輔，共成天下之治。」桂公、楊公聞之，皆不樂，及嗾錦衣衛都指揮聶能遷，誣奏公用金銀百萬，托余送與張公，故荐公于兩廣。余疏辯其誣，奉旨：「黄綰學行才識，衆所共知。王守仁功高望隆，輿論推重。聶能遷這厮，捏詞妄奏，傷害正類，都察院便照前旨，嚴加審問，務要追究與他代做奏詞，并幫助奸惡人犯來説。黄綰安心供職，不必引嫌辭避。」下能遷于獄，杖之死。時予爲詹事，桂公、楊公計欲害公，恐予在朝，適南禮侍缺，即推予補之。明年春，上將出郊，桂公密具揭帖奏云云。上遂允命多官會議，削公世襲伯爵，并朝廷常行卹典贈謚，至今人以爲恨。

公生而天資絶倫，讀書過目成誦。少喜任俠，長好詞章仙釋，既而以斯道爲己任，以聖人爲必可學而至。實心改過，以去己之疵；奮不顧身，以當天下之難。上欲以其學輔吾君，下以其學淑吾民，惓惓欲人同歸于善，欲以仁覆天下蒼生。人有宿怨深讐，皆置不較。雖處富貴，常有煙霞物表之思。視棄千金，猶如土芥，藜羹珍鼎，錦衣緼袍，大厦窮廬，視之如一。真所謂天生豪傑，

挺然特立于世，求之近古，誠所未有者也。配諸氏，參議養和公諱某女，不育，撫養族子曰正憲。諸氏卒，繼張氏，舉一子正億，適予女。僅二週而公卒，遂鞠于予，以恩廕授國子生。孫男□曰承勳、承學□□□□［一］，孫女五。所著有陽明集、居夷集、撫夷節略、五經臆説、大學古本旁註，及門人所記傳習録、所纂則言，誦而習者，可知其造詣矣。

濠之變，蓋非一日，其烝淫奸暴，腥穢彰聞，賊殺善類，剥害細民，招亡納叛，誘致劇賊，召募四方驍勇，力能拔樹排關者，萬有餘徒。又使其黨王春等，分賫金銀數百萬，造奇巧器玩，賄結内外大小臣僚。至有奏保其仁孝者，有復其護衛者，有備其官僚者，有爲潛布腹心於各鎮，及畿内各要地，復陰置奸徒於滄州、淮揚、山東、河南之間。起事之日，號稱一十八萬，從之東下者實八九萬，非公忠義智勇，誓不與賊俱生，奚旬月之間，遂得克復堅城，俘擒元惡，以成宗社無疆之休哉？不特此也，南贛等處賊巢，蟠居三省，積數十年，如池大鬢之儔，皆勇力機智絶人者，非先計除之，則宸濠一呼，風從烏合，其爲天下禍當何如也？且八寨爲害，積幾百年，思、田擾攘，亦既數年，一旦除而安之，文武並用，處置經畫，皆久遠之圖。惜當路忌之既深，而南

［一］孫男□承勳承學□□□□　徐本「男」下有「人」字。據姚江王氏宗譜，王正億生三子：承勳、承學、承恩。

北言臣又皆承望風旨，反肆彈劾。雖平日雅好公者，方公成功時，亦心害其能。考察之歲，承輔臣意，有功如邢珣、徐璉、陳槐、謝源等皆黜之，則國典之所以議功議能者安在哉？

予以女許公之子，蓋憫其孤而撫之。汪公鋐因予諍張公大同之征，當别其善惡，不當玉石俱焚，張公怒，汪迎其意，劾予回護屬官鄒守益，難居大臣，調予邊方參政，賴聖明復職。汪又爲疏論公僞學，及指予皆爲黨邪不忠。予又爲疏明諍大同之心，又明公學術之忠國，及予所以憫子許婚携撫，皆非得已。疏上，亦賴聖明拔之窞穽，因察公與守益之無辜。於乎！公既困屈，没齒尚尤不免，則公與予平生所期何如，而皆僅止此者，豈非天與命也？悲夫！子正憲、正億，將以是年仲冬十一日，奉公柩葬於洪溪之高村，爲次其世行功爵，及所以致謗者，乞銘于宗工，幸憐而屬筆焉，以備他日太史氏之擇。謹狀。

親友祭文

祭文[一]

[一] 祭文 徐本無此二字。

石潭汪俊　禮部尚書

惟公豪傑之才，經綸之業，習坎心亨，窮標峻揭。勳名既懋，德譽亦隆，陽明之稱，走卒兒童。維吾兄弟，投分最早，坐或達旦，何幽不討。忽謫萬里，執手贈言，誓將結茅，待子雲煙。公茲東來，曰予無樂，樂見故人，來踐舊約。旗旐央央，流水瀰瀰，公私皇皇，或卧或起。乃重訂約，其待予歸，歸將從容，山遨水嬉。公既奏凱，吾治吾館，忽聞訃音，乃以喪返。嗚呼！公有大勞，國史輝煌；公有心學，傳者四方。公何以没，吾何以傷？交情未竟，公進此觴。嗚呼哀哉！

北原熊浹［一］　吏部尚書　南昌人

於乎！公有安危，朝廷重輕；公有進退，世道升降；公有存亡，聖學晦明。公之生也，士如寐覺，民如醉醒，吏振循良之化，將知仁義之兵，寇賊奸宄，逆節不敢以復萌。譬如祥麟威鳳，一見於海嶽，群鳥百獸，率快覩以飛鳴。公之死也，士迷嚮往，民壞長城，吏肆貪殘之虐，將無紀律之馮，不遑餘孽，四方嘯聚而横行。譬如山崩梁折，物害民殃，徒奔走而無寧。在昔江藩不軌，荷義舉兵，談笑而清。今幾何年，元惡大憝，已湮没而無形，曠恩厚德，尚爾如生。方公之歸也，

［一］北原熊浹　「北原」，徐本作「清溪」。

幸其饘堂載啓，木鐸揚聲，斯文未喪，庶幾有興。其再出也，意其入秉鈞衡，輔成聖德，豈期仗鉞，不得一日立乎朝廷。倏然長逝，豈厭世濁之不可攖？抑天不憖遺，俾我民之失典刑？雖然，可盡者，公五十七年之身；其不可盡者，與天地相爲終始之令名。豫章爲公過化之地，浹等遥瞻靈櫬，匍匐往迎，豈無昭假，以慰微誠。此又不得以天下哀而奪吾黨私公之情。嗚呼哀哉！

誠齋汪鋐　兵部尚書

惟公擅華國之文，奮匡君之節，懷希聖之心，彰伐叛之烈。一代之英，萬夫之傑，追韓范以驅馳，兼朱程而教設［一］。夫何梁木忽傾，台星俄折，章水咽而不流，楚雲愁而四結。豈物理之乘除有數，抑造化之無常者不可以臆决？鋐叨繼公後，亦惟遵公之轍。辱公深知，大懼累公之哲，不敢以公所不屑者而自屑也。旅櫬摇摇，瀉椒漿以薦潔。陳詞未竟，自貽無窮之咽。

胡東皋　四川廉使

嗚呼哀哉！公其可死乎？母太夫人，孰爲之養？煢煢遺孤，孰爲之撫而成之乎？其大者，聖

［一］兼朱程而教設　「朱」，天圖本、叢刊本、文淵閣本、擒藻堂本作「周」。

明堯舜，方倚公爲皋夔，四方未甚迪亂，正倚公神武之功以鎮定之，而公其忍死乎？又其大者，聖學不明，幾千百年於兹，賴公良知之學以昭揭之。雖其妙契獨得，亦天之有意於斯世斯人，故屬公以先知先覺之責。公之門人滿天下，固不無如顏、如閔、如參、如賜者出於其間，足以繼往開來，永公之傳於不朽，然公不及親見其道之大明大行於天下，公其忍死矣乎？嗚呼哀哉！雖然，功在社稷，道在人心，文章在遺書，母老子幼，而有二仲之賢爲可恃，且死王事，公復何憾？予又安得戚戚於生死之間乎？獨相去萬里，不得執手永訣，親視含襚，爲可恨耳。兹以兵事就道，臨風一奠，以寄吾哀，而萬一之私，曷其有涯也邪？

徐璽

嗚呼！先生有汲長孺之直，而辭不至於戇；有張晉公之忠，而謀不至於疎；有朱晦庵、陸象山之讀書窮理，穎悟直截，而存心致知不至於偏廢。方其夷江左之大難也，浩然歸志，自謂得所欲矣。及聞百粵之亂也，應召而起，履險若夷，功以時建，大彰德威，中道而殞，輿櫬以歸。嗚呼！先生而止於斯耶？吾子曰愛，受教門下，先生愛重，匪特親故。先十年而卒，先生哭之慟，孰謂吾今之哭先生，猶先生之哭吾子也？嗚呼痛哉！壽夭，天也。生順死安，吾豈爲先生憾？然朝廷

失重臣，斯文失宗主，幼子失所怙。嗚呼痛哉！敬陳薄奠，聊寄痛哀。魂兮耿耿，鑒茲永懷。

儲良材　巡按御史

嗚呼！先生勳業文章，聲光榮遇，夫人能知之，亦能道之，夫復何言！客歲云暮，柩臨南浦，良材等載奠載奔，小大莫處。想其道玉山，歷草萍，東望會稽，先生故里也，揺揺旅魂，庶其寧止。嗚呼！異土之殯，數也；首丘之敦，仁也。數以任其適然，仁以歸於至當，君子也。尚何言哉！

儲良材

嗚呼！濂洛云逝，斯道攸卬。公啓絶學，允協于中。鑰蔽發蒙，我知孔良。允文允武，綏我四方。四方既同，公歸江東。童冠二三，春風融融。岑寇匪茹，跳梁三紀。維公來止，載櫜弓矢。南夷底績，公既彌留。人百其哀，況我同儔。小人靡悱，君子曷宗？羞我黄流，爲天下慟。嗚呼哀哉！

王堯封　右副都御史

嗚呼！先生以純粹之資，剛毅之氣，通達之才，雄渾之文，心得之學，今焉已哉！方其抗逆豎也，

而奸黨息；殲叛宗也，而天下安；化瑶僮也，而邊夷格。帝念厥勳，爵位載錫，聲光洋洋，簪纓奕奕，今焉已哉！方今聖明在上，勵精唐虞之治，天奚奪之速，而顧不慭遺，以共弼厥成耶？嗚呼！天宇茫茫，至難諶也。寒蛩唧唧於月砌，鸞鳳淪没於岑丘。蕙蘭靡靡於蔓草，蒼葹蕃盛於道周。慨物運之不齊，於天道乎奚尤？於乎！先生其已焉哉。堯封等竟陳詞兮酌醴，靈彷彿兮淹留。

王暐

嗚呼！先生排奸觸忌，忠則烈矣；蒙難考貞，節則甘矣；戡亂靖戎，功則懋矣；修辭立教，文則崇矣；撝謙下士，德則允矣；明誠合一，道則章矣。忠足以名世，而孤忠諛簸弄之黨；節足以名世，而奪循資固寵之習；功足以名世，而基社稷無疆之休；文足以名世，而洗杜撰鑿空之陋；德足以名世，而動凌高厲空之志；道足以名世，而破支離偏曲之學。然則先生之生也，雖謂其隨之以存；先生之死也，孰謂其隨之以滅？如有作者，其不可及已夫。嗚呼先生！

有司祭文

吉安府知府張漢等

於乎！先生弘毅剛大，履險涉崎，忠孝文武，爲學者師。任崇正黜邪之責，而功同孟氏；合知行動静之一，而道傳子思。問罪興師[一]，堂堂豫章之陣；而懷來安輯，正正百粵之旗。方南仲奏春風之凱，而武侯星殞；乃龍蛇遘康成之夢，而學者興悲。六經之迷途誰指？明堂之梁棟誰支？誰作萬里之長城？誰窺一貫之藩籬？豈非天奪朝廷之楊綰與吾黨之濂溪？漢等晚生末學，敬仰光休。矧廬陵望邑，爲先生過化舊邦，而流風餘韻，爲先生之山斗門墻。遡姚江而源流滚滚，瞻五嶺而雲樹蒼蒼。訃聞螺浦，悲傷旁皇，徒使吾黨德鍘道範之望，付之於無何有之鄉。有奠椒漿，有淚淋浪，臨風載拜，先生其來嘗。

南昌府儒學教授廖廷臣等

惟公以心會道，倡學東南；以義興師，討平逆藩。天子曰都，爰錫公爵。四方景之，泰山喬嶽。公方東歸，江漢龍飛。冀公憑翼，道與時熙。固天下之延頸，實我公之優爲。詎意百粵群醜，弄

[一] 問罪興師 「師」，國圖本訛作「思」。

兵潢池[一]。僉曰平之，匪公弗宜。拜命南征，蠻方丕敘。經略彌年，委身勞瘁。連章乞歸，公疾乃革。天不憖遺，斯文之厄。嗚呼！公之功業，似若未竟。公之道德，曷繫存亡。蓋功雖以存而建，道不以死而弗彰。公無憾矣。

玉山知縣吕應陽[二]

嗚呼哀哉！明堂遺棟石之思，稽山還英靈之氣。嗚呼哀哉！銅柱標伏波之勳，峴碑墮羊公之淚。嗚呼哀哉！邊陲罷鎖鑰之防，章縫奪蓍龜之恃。殲我哲人，豈其躬瘁。應陽等竊嘗淑公緒論，恨未登其庭也。來吏茲土，聞諸異時，逆藩拂經，丕曰是膺，伊豪傑之奮義，實夫子之先聲。不然，雖竭西江之水，未足以洗數年之兵。是則公之澤在天下，而西人再造于公，世世德也。靈輀何來，載疑載驚。今也號咷，昔也懽迎。我奠我奔，願百其身。公乘白雲，厥鑒孔神，而陽耿耿于平日者，猶未能盡鳴也。

[一] 弄兵潢池　「潢」，底本訛作「横」，據文淵閣本、摛藻堂本改。
[二] 玉山知縣吕應陽　徐本「山」下有「縣」字，又「陽」下有「禮科給事中少華詹泮作」十字。

門人祭文

顧應祥應良

嗚呼夫子！天其憫俗學之卑陋，而生此真儒耶？何栽培之獨厚也？其眷聖上之中興，而生此賢佐邪？又何遽奪而使之不壽也？嗚呼夫子！今不可作矣。斯道斯民，真不幸矣。夫復何言，夫復何言。尤所私痛者，妙道精義，不可復聞；霽月光風，不可復見矣。將使末學倀倀，可受而不可傳邪？嗚呼哀哉！敬陳遠奠，封寄潺湲。盛德大業，言莫能名。至痛深悲，辭莫能宣。

黃宗明

自道術爲天下裂，而人不知其有己，忘内逐外，誇多鬬靡，搜羅訓詁，立世赤幟。孔孟既遠，濂洛亦逝，豈無豪傑，如草廬氏，覺彼暮年，精力隨弊。金溪之學，爲世大忌。惟我夫子，丰神凛異，少也雄傑，出入亦幾。鬼神通思，精識徑詣，汛掃支離，收功一致。哀我人斯，開關啓閉。良知之説，直截簡易，無俟推求，無不該具，順我良知，行罔或悖。逆瑾扇惑，言官盡繫。公觸危機，從容就理，謫官蠻貊，艱難罔躓。汀、贛賊起，公握兵符，獷狡既殄，老稚歌呼。藩王稱亂，

海内憂虞，夫子倡義，一鼓獻俘。岑氏構禍，東南驛騷，五六年間，財耗兵逃。公撫循之，鞭笞其豪。事適機宜，畏威懷德，出其死力，裹糧滅賊。八寨奇功，神武難名。十年命將，手提重兵，出入曰勞止，馳驅靡寧。先生再至，寂無軍聲，講學其間，朝夕靡停，運籌決策，賊以計平。出入兩廣，瘴癘傷生，積成疾疢，中道殞傾。於乎痛哉！夫子之教，如揭日月，人方瞻仰，斯文遽絶。夫子之忠，功在社稷，身死未幾，讒謗交集。世路險巇，人言易訛，命也如何，憂患寔多。某自服膺，十有餘年，奔走畏途，舊學就捐，孤負教育，誰執其愆？今兹矢心，昕日勉旃。昝夕跽奠，號呼旻天。明發赴官，敢附告焉。嗚呼哀哉！

魏良器

嗚呼！先生遽止於斯邪？振千年之絶學，發吾人之良知。靡用志以安排，曷思索而議擬。自知柔而知剛，自知顯而知微。挽人心於根本，洗末學之支離。真韓子所謂功不在禹下，障百川而東之。使天假先生以年，大明此道，斯世殆將皞皞而熙熙。於乎！曾謂先生而遽止於斯邪？壬癸甲乙之歲，坐春風於會稽。先生携某於陽明之麓，放舟於若耶之溪，徘徊晨夕，以砭其愚而指其迷。

已而已而，今不可得而復矣！嗚呼！天果有意於斯道耶，何嗇我先生之期頤？天果無意於斯道耶？則二三子在焉，苟不忘先生之教，其傳猶或可期。洋洋如在之靈，尚其陰騭而默相之[一]。於乎！章江之水，其流湯湯。既羞我殽，爰薦我觴。覩靈輀之既駕，愴予衷之皇皇。

應典

維公學承千聖之傳，道闡諸儒之秘。立言垂訓，體本良知，功歸格致，修齊治平，一言以蔽。將刊末學之支離，訂二教之同異，總攝萬殊，歸之一致。進以覺夫當時，退以淑諸來裔。彼忠諫之動朝廷，勳業之銘鼎彝，文章之被金石，世之君子或以爲難，在公則爲餘事耳。方奉命以南征，爲朝野之毘倚[二]，胡天命之不延，乃一朝而云瘞。典等受教有年，卒業無恃，慟候江干，淚無從止。嗚呼！公雖已矣，神其在天，文未墜地，庶幾有傳。握椒蘭以薦心，指江流而誓焉。惟遜志以無負，庶歆格乎斯筵。

[一] 尚其陰騭而默相之　「騭」，國圖本訛作「隙」。
[二] 爲朝野之毘倚　「毘」，國圖本、天圖本、叢刊本作「昆」。

嗚呼！乾坤孕秀，哲人降生。睿智間出，忠孝天成。多材多藝，天縱其能。精一之學，堯舜是承。良知垂教，如夢得醒。四方風動，豪傑奮興。雲集魚貫，日萃講庭。豈其徒學，爲國柱石。忠鯁立朝，不避權逆。竄逐夷方，優游自適。世態浮華，無能損益。玉藴山輝，珠沉光溢。宸濠倡亂，人心虩虩。禍自蕭墻，誰敢爲敵？惟師威武，一鼓褫魄。功業既著，讒口交棘。師乃休休，退而自食。榮辱毁譽，弗留于臆。惟道不明，心焉則戚。與二三子，講學是力。風月爲朋，山水成癖。點瑟回琴，歌詠其側。天王聖明，旂常紀績。西醜陸梁，日費千倉。凱功未奏，主憂寧忘？奉詔徂征，應時翱翔。既負重委，文德丕揚。先聲按撫，弓矢斯張。醜類來歸，緝緝洋洋。曰今已後，弗復敢攘。師乃諭曰：兵加不軌，不殺投降。爾歸王化，我豈爾戕。歸完爾室，幹乃農桑。亦有八寨，盜賊叢積。一羅其毒，朝不謀夕。開國以來，屢征弗獲。選將用兵，曾何休息。貽禍非小，實傷國脉。竊望竊發，其機已迫。師軫民憂，不計失得。詢謀僉同，便宜行策。神機應變，旬日剿賊。巢穴既空，瘡痍蕩滌。招撫流移，復其田宅。長慮永圖，扶病區畫。相彼夷方，隨俗因革。爰立土官，分地授職。犬牙相制，世守疆域。保甲既嚴，部伍既飭。統于流官，庶無間隙。爰修文教，俾肄

儒籍。變化夷族，實爲美則。似兹哲人，邦其有光。蒼生父母，後學梯航。宜應福祉[一]，享壽無疆。胡天不憫，俾没瘴鄉。王事忠矣，遺孤誰將？斯道之責，孰能擔當？嗚呼已矣！朝野悲傷。知夫子者，和氣春陽。昧夫子者，如刺如鋩。嗚呼！道大難容，古今之常。爰有公論，孰能泯藏？惠等聞訃驚悼，涕泣霑裳。匪天喪師，二三子殃。百拜荐奠，聊洩悲腸。靈其不昧，庶幾鑒嘗。

王良知

嗚呼已矣！自夫子没，而乾坤無粹氣矣，山嶽無英靈矣，國家無柱石矣，弟子無依歸矣。嗚呼已矣！詎謂廣南之役，遂爲永訣矣乎？夫子以道殉身，以身殉國，超然於壽夭之間，則亦何憾？而二三子之悲傷，則固無以自贖於今日也。嗚呼哀哉！薄奠一觴，摛詞伸忱。神其不昧，庶幾來歆。

薛侃　翁萬達

嗚呼！世有一長一善，皆足以自章明，而吾夫子學繼往聖，功在生民，顧不能安于有位，以

[一] 宜應福祉　「應」，文淵閣本、摛藻堂本作「膺」。

大其與人爲善之心。豈非淺近易知，而精微難悟，劣己者容，而勝己者難爲讓耶？且自精一之傳岐而爲二，學者淪無滯有，見小遺大，茫無所入。吾夫子發明良知之説，真切簡易，廣大悉備。漫汗者疑其約，而不知隨遇功成，無施不可，非枯寂也。拘曲者疑其泛，而不知方員無滯，動出規矩，非率略也。襲古者疑其背經，考之孔孟，質諸周程，蓋無一字一意之弗合。尚同者疑其立異，然即乎人情，通乎物理，未嘗有一事一言之或迂。是大有功於世教，聖門之宗旨也。蓋其求之也，備嘗艱難，故其得之也，資之深，若淵泉之莫測；應之妙，若鬼神之不可知。教之有序，若時雨之施，弗先弗後；而言之易入，若春風煦物，一沾一長。其平居收斂，若山林之叟，了無聞識。其發大論，臨大難，斷大事，則沛然若河海之傾，確然若蓍龜之信，而莫知其以也。世之議夫子者，非晏嬰之知，則彭更之疑；非互鄉之惑，則子路之不悦；非沮、溺、荷蕢之譏，則武叔、淳于髡之詆。用是紛紜，非夫子之不幸，世之不幸也已。侃也不肖，久立門墻而無聞。頃年以來，知切淬勵，夫子逝矣。慨依歸之無從，慮身世之弗立，鬱鬱如癡，奄奄在告，蓋一年于兹矣。方將矢證同志，期奉遺訓，尚賴在天之靈，昭鑒啓牖，使斯道大明于天下，傳之來世，以永芘於無窮，是固夫子未盡之志也。靈輀將駕，薄奠一觴，衷懷耿耿，天高地長。於乎哀哉！

應大桂

嗚呼！人知有先生之道，而或未盡得先生之教；人陰荷先生之功，而或未盡白先生之忠。己卯之變，吾不知其何如也，而謗固以隨；交廣之難，吾又不知其何如也，而死竟以俱。嗚呼！外吾教者斯仇，晦吾忠者斯妬。豈瘴癘之足尤，實氣運之不扶。虎豹委于空山，豺狼號于當路。風雨嗟其何及，家園慘而誰顧？吾念先生之悟道也，以良知爲扃鑰；其收功也，以格致爲實際。體常秘於玄默，用實粲於經濟。桂等猶及見先生之面，復密邇先生之居。雖未稔于耳提口授之下，或少得于神交契悟之餘。方有待于卒業，而先生竟以若斯。痛先覺之早逝，悵末學其何依。幸門墻之無恙，或斯文之在兹。

劉魁

嗚呼！夫子已矣。後學失所宗矣，生民失所望矣，吾道一脉之傳，將復付之誰矣？雖然，人心有覺，德音未亡，儼門墻之在望，顧堂室之非遥。去意見之私而必於嚮往，掃安排之障而果於先登，是在二三子，後死者不得辭其責矣。歸葬有日，築室無期，臨風遣使，有淚漣洏，嗟何及矣。矢志靡他，庶其慰矣。

萬潮

嗚呼！古所謂豪傑之才，聖賢之學，社稷之臣，非先生其人耶？曩哭先生之柩於錢塘之滸，今拜先生之墓於蘭亭之陽，吾道終天之慟，其何能已耶？潮早歲受知，不徒文字。循循善誘，孔孟我師。剖障決藩，直指本體。良知是致，一以貫之。謹服膺以周旋，若飲渴而食飢。悟大道之易簡，信精一而無私。顧雖有覺而即在，實惟念兹而在兹。夙夜戰兢，深懼無以奉揚先生之教。惟先生在天之靈，陰啓予而終成兮。

張津等

惟我夫子，德本誠明，才兼文武。以踐履爲實，而厭俗學之支離；以廣大爲心，而陋專門之訓詁。功夫啓易簡之規，指授闢良知之户。惟所立之甚高，故隨在而有補。以之講道，則化洽時雨之施；以之立朝，則儀漸鴻羽之楚；以之承詔奏，則右尹祈招之詩〔一〕；以獻君謨，則宣公獨對之語。至於名振華夷，勳邁今古。季札觀魯，方陳南籥之儀；山甫徂齊，復正東方之虜。元

〔一〕則右尹祈招之詩　「祈」，底本訛作「析」，據文淵閣本、摛藻堂本改。

惡之首既殲，醜類之儔咸撫。此則勇夫悍士猶以爲難，而夫子獨談笑於指顧。夫何中山之功甫就，俄盈謗篋之書；武侯之恨有餘，輒動英雄之憮。一老不遺，萬民何懋。天軸西馳，江聲東吐。草正芳兮鳩鳴，日未斜兮鵩舞。叫臺城兮雲悲，撫鐘阜兮煙鎖。吁嗟夫子兮固無所憾，而辱倚門墻者，不能不爲終身之苦。學未傳心，言徒在耳。忍觀絶筆之銘，式奠臨棺之祖。悵吾道之已窮，蓋不知涕洒長空之雨。嗚呼哀哉！

王時柯等

嗚呼！天惟純佑，材生文武。學本誠明，道宗鄒魯。羽翼程朱，頡頏申甫。早掇巍科，筮仕天部。始謫龍場，直言忤主。九死不回，孤忠自許。繼遷廬陵，人思召父。再擢鴻臚，荐登樞府。專閫分符，衣繡持斧。機密慮周，戰勝攻取。芟夷洞寇，四民安堵。蠢兹逆藩，束身就虜。勤在王家，爵封南浦。瑶僮相攻，賴公柔撫。煢獨無告，賴公哺乳。民昔干戈，今豆且俎。民昔呻吟，今歌且舞。式遏寇攘，孰敢予侮？憂無西顧，殿有南土。麗日祥雲，和風甘雨。山斗仰瞻，鳳凰快覩。厥德斯懋，厥施斯普。人懷至今，公竟作古。意公神靈，翱翔天宇。在帝左右，爲帝夾輔。降爲河嶽，廟食簋簠。柯等親炙至教，恩沾肺腑。憶昔請益，期以振旅。云胡背棄，使我心苦。敬奠

一觴，痛深談虎。

鄒守益

聖學綿綿，嘻其微矣。貿然末俗，紛交馳矣。矧茲寡陋，莫知所之矣。謂考究遺經，可自得矣。旁搜遠勘，亦孔之疲矣。將摹彷而傚，千古可期矣。外貌或似，精神非矣。不遇□□，孰醒我迷矣。良知匪外鑠，自秉彝矣。戒慎恐懼，通晝夜而知矣。酬酢萬化，□我規規矣。聲應氣求，四方其隨矣。譬彼昏曀，慶□□矣。霜霧忽乘之，衆安歸矣。將民之無禄，罹此菑矣。百世之慟，豈獨予私矣。

葉溥〔一〕

嗚呼先生！乾坤間氣。嗚呼先生！夷夏重名。謂孔孟學必可成也，謂周召功必可立也。故以心覺天下，不罔以生也；以身翰天下，力盡而斃也。竟虚天子之注，日深吾黨之思。將造物者忌功，抑忌德也？何遽止此而不究所志也？嗚呼先生！緊誰無福？

〔一〕葉溥　徐本「溥」下有「玉山庠生程煇作」七字。

陽克慎

嗚呼！天胡奪我先生之速耶？有濂溪之學而能自强，有武侯之忠而能自將，有子儀之功而能自忘，有良平之智而能自藏。真所謂文武兼資，乾坤間氣，領袖後學，柱石明堂者也。天胡奪之速耶？撫靈輀兮涕泗淋浪，泰山頽兮莫知嚮往。絮酒爲儀兮荐此衷腸，神尚不昧兮來格洋洋。

師服問 [一]

錢德洪

夫子既没於南安，寬、畿奔喪廣信，擬所服於竹峰邵子。邵子曰：「昔者孔子没，子貢若喪父而無服，制也。」寬、畿曰：「然。然則今日若有間也。夫子没於道路，執喪者弗從。寬也父母在，麻衣布絰，弗敢有加焉。畿請服斬以從，至越則釋；麻衣布絰，終葬則釋。寬居越則絰，歸姚則否，何如？」邵子曰：「亦宜。」於是畿也服斬以行。

訃告同門

去年季冬十九日，寬、畿西渡錢塘，將北趨殿對。二十二日，有人自廣來，傳夫子以病告，

[一] 師服問 徐本此上另行有「雜録」二字。

將還庾嶺。聞之且喜且疑，即日舟迎，至蘭溪，傳言夫子已逝，相顧駭怖，不知所出。且相慰曰：「天爲吾道，必無此事。」兼程夜抵龍游，驛吏曰：「信矣。於十一月二十九日午時，終於江西之南安。」聞之昏殞憒絶，不知所答。及旦，反風且雨，舟弗能前，望南而哭。天乎！何至此極邪？吾生如偃草棘薪，何益於世，胡不使我百身以贖，而顧萎吾夫子邪？日夜痛哭，病不能興。除夕，至常山，又相與自解曰：「命也已矣。天實爲之，奈之何哉！」

斯道晦冥幾千百年，而昭明靈覺之體終古不磨，至吾夫子始盡發其秘。同志相承，日孚以博，乃有今日，亦云兆矣。天子聖明，注眷日殷，在朝諸老，又更相引汲，使其得遂同心，則其未盡之志當更展矣。今若此，天意若將何哉？或者三代以降，氣數薄蝕，天道之秘，既以其人而發泄之，又旋而撲滅之乎？遡觀孔孟，已莫不然。夫孔孟之不得身行其學者，上無君也。今有君矣，而夫子又若此，果何謂邪？

前年秋，夫子將有廣行，寬、畿各以所見未一，懼遠離之無正也，因夜侍天泉橋而請質焉。夫子兩是之，且進之以相益之義。冬初，追送於嚴灘，請益，夫子又爲究極之説。由是退與四方同志更相切磨，一年之别，頗得所省，冀是見復得遂請益也。何遽有是邪？嗚呼！别次嚴灘，踰年而聞訃復於是焉，云何一日判手，遂爲終身永訣已乎？

夫子勤勞王家，殉身以道，古固有勤事而野死者，則亦何憾，特吾二三子不能以爲生耳。向使吾人懵然無聞，如夢如醉以生於世，則亦已矣。聞道及此，而遽使我止此焉，吾何以生爲哉？人生不聞道，猶不生也；聞道而未見其止，猶不聞也。夫子教我、發我、引我、翼我，循循拳拳而不倦者幾十年，而吾所聞止此，是夫子之没，亦吾没也。吾何以生爲哉？嗚呼！命也已矣。天實爲之，奈之何哉！

所幸四方同志信道日衆，夫子遺書之存，五經有删正，四書有傍註，傳習有録，文有文録，詩有詩録，政事有政事録，亦足恃矣。是夫子雖没，其心在宇宙，其言在遺書，百世以俟聖人，斷斷乎知其不可易也。明發踰玉山，水陸兼程，以尋吾夫子遊魂，收其遺書，歸襄大事於稽山之麓。與其弟姪子姓，及我書院同志，築室於場，相勉不懈，以冀成吾夫子之志。尚望我四方同志，爰念根本之地，勿爲遐遺，乃大慰也。

昔者孔子之道，不能身見於行，没乃光於萬世者，亦以其門人子弟相守不變耳。三年之外，門人治任將歸，入揖子貢，相向失聲，是非兒女之情也。三年之聚，亦以精其學也。子貢反，築室獨居三年，則益粹於進矣。凡我同志，遠者仕者，雖不必居三年，其亦肯間相一聚，以庶幾相期於成乎？

踰月之外，喪事少舒，將遣人遍採夫子遺言，及朋友私録，以續成書。凡我同志，幸於夫子片紙隻語，備録以示。嗣是而後，每三年則復遣人，一以裒吾夫子之教言，不至漫逸；一以驗朋友之進，足爲吾不肖者私淑也。荒悖恍惚，不知所云。水陸茫茫，預以陳告。惟吾同志，憐念憐念。

遇喪於貴溪書哀感

嘉靖戊子八月，夫子既定思、田、賓、潯之亂，疾作。二十六日，旋師廣州。十一月己亥，疾亟，乃疏請骸骨。二十一日，踰大庾嶺，方伯王君大用密遣人備棺後載。二十九日，疾將革，問侍者曰：「至南康幾何？」對曰：「距三郵。」曰：「恐不及矣。」侍者曰：「王方伯以壽木隨，弗敢告。」夫子時尚衣冠倚童子危坐，乃張目曰：「渠能是念邪？」須臾氣息，次南安之青田，實十一月二十九日丁卯午時也。

是日，贛州兵備張君思聰、太守王君世芳、節推陸君府奔自贛，節推周君積奔自南安，皆弗及訣，哭之慟。明日，張敦匠事，飭附設披。積請沐浴於南埜驛，親進含，王、陸同殮襚。又明日，南贛巡撫汪公鋐來蒞喪紀，士民擁途哀號，汪爲之揮涕慰勞。十二月二十日，喪至南昌，有司分道而迎，巡按御史儲君良材、提學副使趙君淵哭，士民皆哭，聲載於道。乃挽喪留於南浦，請改

歲而行，以盡士民之哀。趙日至三踊哭，有問之，曰：「吾豈爲乃公哭邪？」己丑改歲，六日，將發舟，北風厲甚。儲焚香虔祝於柩曰：「公弗行，豈爲士民留邪？公黨有子嗣門人，亦望公久矣。」即時反風，不四日，直抵信州。

嗚呼！夫子没而諸大夫之周旋者至矣。是固夫子盛德所感，亦諸大夫好德之誠也。二三子弗身承其勞，聞其事，能弗以爲思乎？詳述之，用以告吾同門者。

書稽山感別卷

人有異常之恩於我者，君子感乎？異常之恩，不可恩也；不可恩，不可感也。是故稽顙再拜，頌言煩悉，報之微也；適館受飱，左右以贐，惠之微也。其遭也無自，其合也不媒，其聚弗親，其離弗違，無致而至，莫知其以，此恩之至也，感之極也。今夫龍興而雲從，雲非恩乎龍而從也，噓吸爲變，莫之致也。計功量者，孰爲恩，孰爲感，悉悉而數之則薄矣。吾於贛城楊君竹溪之於夫子何以異，吾固不能忘情於恩感，固亦無以爲恩感也。

昔者夫子奉命南征，以不殺之仁，綏思、田之頑民。維時荷戈持戟之士，其孫謀吴略，勇力拔衆者，爲不少矣。及成功之日，乃皆一時歸散，環視諸庭，依依不忍去，若左廣之武和齋，吉

水之龍北山，贛之劉易齋及君者，乃皆退然若弗勝衣之士，是四君者，豈有意而相遭邪？必其所存有以近吾夫子不殺之仁，故不謀而自合。至夫子待命北巡，忽爲南安之變也，君皇皇然親含襚，扶輿櫬，行則與蒸徒共楫，止則與二三同門麻衣布絰[一]，並就哭位，是固何自而然哉？夫仁，人心也，通幽明，忘物我，不以生而親，不以死而忘，無致而至[二]，雖四君亦莫之知也。四君且莫之知，吾又得而恩感乎哉？故吾欲稽顙再拜，頌言煩悉，以報其情，而其情終不可報；吾欲適館受飱，左右以贐，以惠其去，而其去終不可惠，故相率歸於無言。噫！無言之感，洞徹千古，吾亦無如之何也已。雖然，君去而能益篤吾夫子不殺之仁，則吾之無言者，尚有無窮之言也。因其去，吾復能已於言乎？是爲書。

謝江廣諸當道書

冬暮，寬、畿渡錢塘，將趨北上。適廣中有人至，報父師陽明先生以病告，沿途待命，將踰庾嶺矣。即具舟南迎，至蘭溪，忽聞南安之變，慌怖三問三疑，奔至龍游，傳果實矣。天乎！何

[一] 麻衣布絰　「絰」，底本訛作「經」，據國圖本、天圖本、叢刊本、文淵閣本、摛藻堂本改。
[二] 無致而至　「至」，國圖本、天圖本、叢刊本、文淵閣本、摛藻堂本作「致」。

至此極邪？吾師以王事馳驅，盡心亶力，今果勤事而野死矣乎？在吾師以身許國，死復何憾，獨不肖二三子哀恨之私，有不能一日解諸懷耳。夫自講學四十餘年，從之遊者遍海内，没乃無一人親含襚，殮手足，以供二三子之職，哀恨何堪！寬、畿北面有年矣，教我、撫我、誘我、翼我，實有罔極之恩，而今若此，無涯之感，誰則任之？兼程至貴溪，始得馮哭其棺。間乃詢之厮吏，始知臨終之地，長途空寂，前後弗及，幸我大人先生有預事之謀，載棺相隨，使永訣之晨，得以時殮襚。是雖子嗣門人親臨其事，當無踰此，誠死生而骨肉者也，恩孰大焉！夫吾師有罔極之恩，而没則貽我以無涯之感，今賴大人得少慰焉，是大人之恩於二三子，寔有無涯之感矣。夫野死而無悔者，夫子之忠也；無歸而殯者，大人之仁也。斯二者，固皆天下之公義，而區區之恩感不與焉。特吾二三子兒女之情，至此皆不能已於無言耳。剖心刻骨，有言莫盡。詩云：「中心藏之，何日忘之。」荒悖布情不悉，惟憐而終教之。

再謝汪誠齋書

父師之喪頗德庇，於二月四日奠於堂矣。感公之私，與日俱積。乃弟乃子，頗能承襲遺規，弗至踰禮，四方同門亦日來奔，頗具執事。是皆先生倡厚德於前，故子弟門人知激勸於後，不敢

以薄自處，重獲罪於大君子之門也。所諭父師軍中羨餘銀兩，責其官賫送嗣子，是執事哀死之情，推及遺孤。此恩此德，非特其子弟知感，在門人小子，佩刻亦殊深矣。但父師嗣子方及四齡，未有知識，親弟守儉、守文、守章、繼子正憲欲代之言，顧其中有願言而不敢盡者。生輩恃在舊愛，敢代爲之言，惟執事其終聽焉。

父師兩廣事宜，間嘗詢之幕士矣，頗有能悉其槩者。謂奏凱之日，禮有太平筵宴，及慶賀贐送之儀，水夫門子供具中，有情不得却，與例不必却者，收貯賞功所，謂之羨餘，以作公賞之費。成功之後，將歸，乃總其賞功正數，所給公帑不過一萬餘兩，皆發梧州矣。正數之外，有此羨餘，仍命并發梧州。從者又以沿途待命，恐遲留日久，尚有不時之需，姑携附以行，俟隨地遺發。不意未至南安，罹此凶變。病革之晨，親命僕隸檢遺書，治行篋，命賞功官勞其勤勞，而歸羨餘于公。此實父師之治命也。當事者既匿其情不以告夫先生，而先生又切哀死之情，篤遺孤之愛，案官吏之請，從合得之議，謂大臣驅馳王事，身殞邊陲，痛有餘哀，禮當厚報。況物出羨餘，受之不爲傷義，故直以事斷，而不疑其爲私，其恩可謂厚矣。特弟子登受之餘，尚不免於惶惑。蓋以父師既有成命，前日之歸是，則今日之受非矣。苟不度義而私受之，恐拂死者之情，終無以白於地下也。且子弟之事親，平時一言罔敢踰越，況軍旅之事，易簀之言，顧忍違忘而私受乎？夫可以與者，

大人之賜；可以無取者，父師之心；取之，惟恐違死者之命而重生者之罪，則又其子弟衷由之情。用是不避呵叱，謹勒手狀，代爲先生布。并原銀五百三十二兩，托叅隨州判龍光、原義男添貴送復臺下。伏望驗發公帑，使存歿之心，可以質諸天地鬼神。是則先生無窮之賜，幽明共戴之恩也。不勝冒犯殞悼之至。

再謝儲谷泉書

寬、畿不幸，弗祐於天，遽奪我師之速。黄髮乳口，失所保哺，皇皇然無所歸。時聞凶訃，又恨未及相隨以趨曳杖之歌，天喪斯文，後死者終弗與聞矣乎？既而奔喪貴溪，馮哭之餘，水漿不入於口，奄奄氣息，若無復可生於人世矣。間乃詢其後事，乃知諸君子殫心瘁力，送死無憾，而先生左右維持之力居多。愚以爲相知之情，至此亦云足矣。及凡所經歷，舟未入境，而執事之戒命已先。哭奠虔慤，雖有司好德之同，而激勸之機，不無所自，哀感何言。僕且私告曰：「公慮吾主君家事也」云云，曰：「公慮吾主君勳業未著」云云。已而朋友又私相語曰：「公慟吾夫子者，悼其教未明於天下也」云云。生輩矍然而起曰：「有是哉？何公信愛之至有如此也。」噫！天下之愛吾夫子者有矣，嘆之而已矣；信吾夫子者有矣，感之而已矣。孰有如吾執事，

精神心思，周旋曲折，實以見之行事者乎？必其平日相孚默契，有甚不得已者藏於其中，是未可聲音笑貌爲也。吾儕小人，自失所恃，遽恐吾道終底於阨塞。不知天下大君子有如先生者出於其間，斯道雖重，主盟得人，吾何以懼乎哉？孟子曰：「然而無有乎爾，則亦無有乎爾。」今兹有乎爾矣，今兹有乎爾矣。於是自衢以下，順流而歸，慷慨激亢，無復爲兒女之情。是先生不言之教，起我跛鼈於顛躋之中，吾當何以爲報哉！

二月四日，已妥靈於堂，乃弟乃子，頗知自植，四方同門，又日來至，喪事聊此議處，不復敢遠嬰先生之懷矣。蕭尚賢事略具汪公别紙，并奉請教。小廝輩以小嫌構辭，致煩案牘，在先生寬仁之下，當必有處。然是人亦無足過責者，夫子用之，所謂略其全體之陋，以用其一肢之能，故其報死之情，亦如是而已矣。今欲望之大過，是又若以其一肢之得，而復責其全體之失也，難矣。恃在推愛，妄敢喋喋。荒悖不恭，萬罪萬罪。

喪紀

程煇

我師緒山先生編次陽明夫子家乘成，煇受而讀之，作而嘆曰：「嗟乎！天道報施善人，抑何其不可測邪？方夫子之生也，苦心妙悟，以續如綫之道脉矣，乃僞學之謗不能弭；倡義興師，以

殲謀畔之獨夫矣，乃君側之惡不能去；開誠布公，不煩一旅，以格數百年負固之黨矣，乃當軸之忌不能回，使其身一日立乎朝廷之上，何其與世之落落也。及其没也，哭者盡哀，祭者盡誠，至今有弔其墓，謁其祠，拜其家廟，爲之太息流涕而不置者，又何其得衆之鼎鼎也。竊惑焉。」先生進而教之曰：「是不可以觀天人貞勝之機矣乎？夫子之所不能者，時之艱也，人之勝也；其所能者，德之孚也，天之定也，而又何惑哉？吾方哀祭文之不能盡録者，屬子以終事焉。蓋文固有略者矣，將人之祭于地，與就其家而祭焉者，皆其實德所感，而人情之所不能已者，顧可略而不書乎？子其揭日月爲序，凡顯而公卿，微而庶人，有舉必書。庶乎定者可考而見，且使我後之人，知夫子有不待生而存，不隨死而滅者，良在此而不在彼也。」煇避席曰：「敬聞命矣。」作喪紀。

夫子以戊子仲冬之丁卯，卒于南安府青龍鋪，輿止南埜驛。越四日，爲季冬庚午，門人廣東布政王大用、推官周積、舉人劉邦采，寔敦後事。副使張思聰率屬吏知府王世芳、同知何瑶、大庾知縣葉章、府學訓導楊登玉、王圭、陳守道、庠生張紱、李節、王輅、王輔等哭奠，乃殮。殮已，署上猶縣事經歷許同朝、崇義知縣祝澍、南康教諭管輔、訓導劉森、庠生劉爵等、千户劉環、俞春、周祥、門人知府王鑾、陽克慎、鄉約王秉言，各就位哭奠。

壬申，櫬抵贛州府水西驛。提督都御史汪鋐、同知何瑤、推官陸府、檢校唐本、鄉宦宋元、指揮錢堂、知事郭鉞、千百户何湧江、馬昂、吴倫、譚景受、卜福、嚴述、王寧、王憲、潘鉦、余洪、畢祥、楊守、武昌、千户所指揮陳偉、門人郎中劉寅、都指揮同知余恩、庠生易紹宣、李喬崇、李挺、李憲、何進隆、何進德、曾廷珂、曾廷璉、黄譜、黎教、王槐密、王振朝、劉鳳月、劉天錫、劉瞬、彭遇貴、謝天表、謝天眷、桂士元、桂薰、袁泰、張鏜、汪梅、周蘭、宋金、雷鋭、雷兑、應辰、鍾振、俞鶚、湯偉、杜相、黄鏊，各就位哭奠。張思聰、周積，又各特舉焉。

丁丑，櫬抵吉安府螺川驛。僉事陳璧、知府張漢、同知張烈、通判蔣英、林春澤、推官周在、廬陵知縣常序、署泰和縣事知事汪仲、縣丞劉綸、主簿莊伯瑶、典史李江、教諭林文焯、訓導金玥、張旦、吉水縣丞楊伯謙、主簿辛仲實、萬安主簿楊廷蘭、信豐指揮同知林節、鄉宦尚書羅欽順、副使羅欽德、副都御史羅欽忠、門人御史王時柯、庠生蕭寵、蕭榮、王舜鵬、袁登應、羅絅、謝廷昭、周文甫、王惠迪、劉德、藍瑜、龍潢、龍漸、幕吏龍光，各就位哭奠。

戊子，櫬抵臨江府蒲灘驛。同知宇賓、通判林元、推官俞振强，清江知縣陳府[一]、新淦縣丞唐和、主簿王綸、教諭向欽、訓導從介，各就位哭奠。

[一] 清江　國圖本、天圖本、叢刊本、文淵閣本、摛藻堂本訛作「靖江」。

辛卯，櫬抵南昌府南浦驛。建安府鎮國將軍宸洪、太監黎鑑、御史儲良材、參政葉溥、李緋、參議鍾雲瑞、副使趙淵、僉事陳璧、王暐、吴瀚、陳端甫、都指揮僉事劉璽、王寧、崔昂、府學教授廖廷臣、訓導范昌期、張琚、譚倬、廖金、新建縣學教諭劉環、訓導梁子鍾、何樂、南昌縣學訓導邢寬、庠生崔嵩、陶潮、劉伯盛、舒泰、武進、鄒輗、鄉宦副都御史熊浹、布政胡訓、副使劉伯秀、知府張元春、御史涂相、郎中張欽、主事張鏊、進士熊汲、檢校張默、通判萬奎、閔魯、知縣余琪、聶儀、楊璋、甘柏、胡大化、舉人丁夔、門人裘衍、張良才、張召、魏良器、魏价、萬世芳、鄒賓、齊昇、周麟、黄鍾、鍾文奎、艾鐸、安仁縣桂宸、桂宮、桂容、桂軏、孫鋹、孫鈞、吉安府曾偉器、報效生員陳文榮、承差劉昂、鄉民蕭華、李廷祥〔一〕、程玉石、陳本道、高顯彰、劉珏、楊文、嚴洪、徐榿、杜秉文、王欽，各就位哭奠。葉溥、趙淵、王暐、張元春、齊昇，又各特舉焉。

歲己丑正月庚子，櫬發南昌府。自儲大夫以下，凡百有位，越百姓里居，市兒巷婦，哭而送者載道。風迅不可帆，又不可纜而前也。儲大夫撫之曰：「先生豈有懷邪？越中子弟門人，泣而迎者，延首跂足而徯至者，蓋有日矣。」須臾反風，若或使之，遂行。丙午，餘干縣主簿陳瑢、

〔一〕李廷祥　國圖本、天圖本、叢刊本、文淵閣本、摛藻堂本作「李延祥」。

教諭林秀、訓導趙珊、傅諮、萬年縣主簿龍光、相安、仁和縣主簿鄒軿、訓導周鐸、黄選、庠生桂輿、蒲田縣廖大璧、貴溪知縣方克、主簿錢珊、典史馮璁、教諭謝炯、庠生丘民節、宋廷豸、葉可久、葉可大、許文明、鉛山主簿戚鏜、鄉宦大學士費宏、尚書汪俊，各就位哭奠。先是，緒山、龍溪二先生將赴廷對，聞先生將還，逆之嚴灘，忽得訃音，相向慟哭。疑于服制，作師服問，厥既成服，兼程趨廣信，訃告同門。會先生嗣子正憲至自越，至是同遇先生之櫬于貴溪，哭之幾絶，書遇喪哀感以寄懷云。

癸丑，櫬抵廣信府葛陽驛。知府趙煒、同知盧元愷、通判曾大有、龍綱、舉人劉偉、玉山知縣呂應陽、教諭霍重、庠生鄭世遷、李材、程松、葉廷秀、徐森、常山縣丞殷學夔，各就位哭奠。儲良材又檄呂應陽而特舉焉。夫子弟守儉、守文、門人欒惠、黄洪、李洪[一]、范引年、柴鳳，會櫬于玉山。

辛酉，櫬抵衢州府上杭驛。同知楊文奎、通判簡閲、推官李翔、西安知縣林鍾、門人欒惠、黄昫、何倫、王修、林文瓊、徐霈、蔣蘭、金華府通判高鳳、蘭溪縣主簿高禹、教諭朱驥、訓導

[一] 李洪　年譜作「李珙」。

胡奕、羅輝[一]、門人應典、嚴州府推官程淳、桐廬縣主簿屠繼祖，各就位哭奠。

丁卯，櫬抵杭州府浙江驛。布政潘旦、劉節、參政胡纘宗、葉寬、參議萬廷彩、龐浩、按察使葉溥、副使傅鑰、萬潮、党以平、何鰲、汪金、僉事孫元、巴思明、梁世驃、江良材、林茂竹、都指揮使劉宗偉、都指揮僉事李節、劉翺、孫仁、王佐、杭州府推官劉望之、府學教授陶賀、仁和縣主簿曹官、富陽縣主簿李珍、教諭黄寧、訓導程大有、王裕、莆人知縣黄銘介、子黄中、百户施經，各就位哭奠。

庚午，櫬抵越城，奠于明堂。御史陳世輔、王化、分守龐浩、紹興知府洪珠、同知孔庭訓、通判陸遠、洪晳、推官喻希禮、府學訓導舒哲、陳箴、林文斌、曾昇、會稽知縣王文儒、教諭張槩、訓導詹詔、山陰知縣楊行中、教諭林斌、訓導王昇、廣西布政李寅、參政沈良佐、參議汪必東、按察使錢宏、副使李中、翁素、張鋌、伍箕、僉事張邦信、王世爵、都指揮僉事高松、金華府同知劉業、友人侍郎湛若水、副都御史劉節、門人侍郎黄綰、給事中毛憲、員外郎王臣、主事石簡、陸澄、按察使顧應祥、副使郭持平、蕭璆、應良、知州王直、劉魁、訓導周桐、周衢、教授周衡、陳炳、陳焞、陳煉、李敬、應佐、監丞周仲、周浩、周甸、辨印生錢君澤、私淑門人知

[一] 羅輝　底本脱「羅」字，據徐本補。

縣戚賢、武林驛丞何圖、贛州衛指揮同知劉鏜、指揮僉事楊基、廣州府右衛指揮僉事武鑾、南昌衛指揮僉事趙昇、廣州府前衛舍人孫紹英，各就位哭奠。洪珠、欒惠，又各特舉焉。劉鏜、楊基、武欒[一]、龍光，咸以營護至越，時將告歸，緒山先生書稽山感別卷贈之。因寓書江、廣諸當道，蓋德其虔于襄大事也。

仲冬癸卯，奉夫子櫬窆于越城南三十里之高村，會葬者數千人。副都御史王堯封、御史端廷赦、陳世輔、梁尚德、萬潮、黄卿、萬廷彩、龐浩、傅鑰、党以平、汪金、區越、梁世驃、江良材、林茂竹、王臣、劉宗仁、李節、劉翱、孫仁、洪珠、孔庭訓、洪晳、杭州知府婁世德、同知楊文昇、通判周忠、劉坎濬、推官劉望之、運同錢瀾、副使李信、判官林同、方禾、錢塘知縣王橋、會稽知縣王文儒、山陰縣丞應佐、餘姚主簿彭英、典史劉文璁[二]、教諭徐鋭、訓導謝賢、陳元、廣東御史何豳、布政邵鋭、姻人大學士謝遷、尚書韓邦問、編修周文燭、御史毛鳳、都御史胡東皋、參政汪惇、副使吴便、司馬公輊、僉事汪克章、沈欽、司馬相、韓明、知府陸寧、金椿、運同徐冕、知縣宋溥、金謐、陶天祐、劉瀚、田惟立、徐璽、徐俊民、吴昊、葉信、汪侶穀、周大經、周文

[一] 武欒　上文作「武鑾」。
[二] 劉文璁　國圖本、天圖本、叢刊本、文淵閣本、摛藻堂本作「劉文聰」。

熯、胡瀛、陳廷華、知縣王軾、鄉生錢繼先、王廷輔、王文軒、夏文琳、何鉉[一]、徐應、周大賚、高隆、友生尚書伍文定、侍郎楊大章、陳筐、嚴毅、楊霓、楊譽、知府吴叙、廉使韓廉、邵賁、徐彬、鄒鵠、員外郎張璿、施信、史伯敏、王代、于震、朱梁、晚生僉事汪應軫、知府朱衮、李節、郎中胡廷禄、陳良謨、田汝成、王度、王漸逵、王一和、王文訓、王文輗、王文輅、王文輹、良直、費思義、門人大學士方獻夫、侍郎黄綰、編修歐陽德、給事中魏良弼、李逢、行人薛侃、應大柱、郎中鄒守益、員外郎藍渠、主事潘穎、黄宗明、翁萬達、石簡、胡經、參政萬潮、副使蕭鳴鳳、參議王洙、博士馬明衡、監丞趙顯榮、助教王崑、薛僑、知縣薛宗鎧、周桐、孫琈、劉本、劉樽、諸訓、諸陽、諸守忠、舉人諸大綱、楊汝榮、金佩、金克厚、僉事韓柱、主事顧敦復、胡冲、徐沂、徐楷、徐潞、葉鍇、徐霈、張津、錢翀、錢翱、錢祚詔、凌世華、朱箎、龔溥、龔漸、員外郎龔芝、杜應豸、縣丞朱紱、周應塤[二]、秦輗、章乾、楊柱、從弟王守第，各就位哭奠。

嗚呼！喪紀作，則有孚惠我德者，固美而必章；而有孚惠我心者，亦盛而必傳。讀是編者，毋但曰雷陽寇公之竹而已也。

[一] 何鉉　國圖本、天圖本、叢刊本、文淵閣本、摛藻堂本作「何炫」。
[二] 周應塤　國圖本、天圖本、叢刊本、文淵閣本、摛藻堂本作「周應損」。

王文成公全書卷之三十八

附録七　世德紀附録一

門人餘姚錢德洪　編次
山陰王畿　緝録
後學諸暨酈琥　校閲

辯忠讒以定國是疏

門人陸澄刑部主事時上

臣切見巡按江西監察御史程啓充、户科給事中毛玉，各論劾丁憂新建伯王守仁，似若心迹未明，功罪未當者。此論一倡，一二嫉賢妬功之徒固有和者，而在朝在市，冤憤不平。臣係守仁門生，知之最詳，冤憤特甚，敢昧死一言。

謹按守仁學本誠明，才兼文武，抗言時事，致忤逆瑾，杖之幾死。謫居龍場，居夷處困，

動心忍性，獨悟道真。荷先帝收用，屢遷至於巡撫。其在南贛，四征而福建、湖廣、廣東、江西數十年之巨寇爲之蕩平。因奉敕勘事福建，道由江西，至於豐城，適遇賊變，拜天轉風，舟返吉安，倡義督兵，不旬月而賊滅。人但見其處變之從容，而不知其忠誠之激切；人但見其成功之迅速[一]，而不知其謀略之淵微；人但見其遭非常之搆陷而禍莫能中，而不知其守身無毫髮之可疵。當時張鋭、錢寧輩，以不遂賣國之計而恨之；張忠、江彬輩，以不遂冒功之私而恨之；宸濠、劉吉輩，以不遂篡逆之謀而恨之。凡可以殺其身而赤其族者，誅求搜剔，何所不至？使守仁而初有交好之情，中有猶豫之意，後有貪冒之爲，諸人其肯隱忍而不發乎？迨皇上龍飛，而褒慰殊恩，形於詔旨。天下方快朝廷之清明，不意功罪既白，賞罰既定，乃復有此怪僻顛倒之論，欲以曖昧不明之事，而掩其顯著不世之功，天理人心安在哉？

論者之意，大略有六：一謂宸濠私書，有「王守仁亦好」一語；二謂守仁曾遣冀元亨往見宸濠；三謂守仁亦因賀宸濠生辰而來；四謂守仁起兵，由於致仕都御史王懋中、知府伍文定攀激；五謂守仁破城之時，縱兵焚掠，而殺人太多；六謂宸濠本無能爲，一知縣之力可擒，守仁之功不足多，而其捷本所陳，粧點過實。然究其本心，不過忌其功名而已。

[一] 人但見其成功之迅速 「迅」，徐本作「神」。

宸濠私書「王守仁亦好」之說，乃啓充得於湖口知縣章玄梅者。切惟刑部節奉欽依：「原搜簿籍，既未送官封記收掌，又事發日久，别生事端，委的真僞難辨，無憑查究。着原搜獲之人，盡行燒毀。欽此。」今玄梅之書從何而來？使有之，何足憑據？且出於宸濠之口，尤其不足取信者。夫豪傑用意，類非尋常可測。守仁雖有防宸濠而圖之之意，使幾事不密，則亦不過如孫燧、許逵之一死以報國而已，其何以成後功，以貽皇上今日之安哉？設使守仁略有交通宸濠之迹，而卒以滅之，其心事亦可以自白，況可以不足憑信之迹，遂疑其心而舍其討賊之大功哉？其遣冀元亨往見者，是守仁知宸濠素蓄逆謀，而元亨素懷忠孝，欲使啓其良心，而因以探其密計爾。元亨一見，不合而歸。使言合志投，當留信宿，何反逆之日，反在千里之外乎？今元亨之冤魂既伸，而守仁之心事不白，天理人心何在乎？

毛玉疑守仁因賀宸濠生辰，而偶爾遇變。殊不知守仁奉敕將往福建，而瑞金、會昌等縣，瘴氣生發，不敢經行，故道出豐城。且宸濠生日在十三，而守仁十五方抵豐城，若賀生辰，何獨後期而至乎？其謂守仁由王懋中等攀激起兵，尤爲乖謬。守仁近豐城五里而聞變，即刻僞寫兩廣都御史楊旦大兵將臨火牌，於知縣顧佖接見之時，令人詐爲驛夫入遞。守仁佯喜，以爲大兵既至，賊必易圖，當令顧佖傳牌入城，以疑宸濠。又令顧佖守城，許與撥兵助守。時有報稱宸濠遣賊

六百追虜王都者，守仁回船而南風大逆，乃慟哭告天，而頃刻反風。守仁又恐賊兵追至，急乘漁舟脱身，此時王懋中安在？次日，奔至蛇河，遇臨江知府戴德孺，即議起兵。因不足恃，又奔入新淦城，欲與知縣李美集兵。度不可居，復奔至吉安，見倉庫充實，遂乃駐劄，傳檄各處，起調軍民。一面榜募忠義之士，方令伍文定以書請各鄉官王懋中等盟誓勤王，而懋中又遲疑二日，乃始同盟。夫各府及萬之兵，若非提督軍門以便宜起調，其肯聽致仕鄉官而集乎？今乃顛倒其説，至謂守仁掩懋中之功，天理人心安在乎？

至於破城之時，焚者，宮中自焚，故内室毁而外宇存，官兵但救而無焚也；掠者，伍文定之兵乘勝奪賊衣資，衆兵不然也；殺人者，知縣劉守緒所領奉新之兵，以守仁號令「閉門者生，迎敵者死」，故殺迎敵者百餘人；及守仁至，斬官兵殺掠者四十六人，遂無犯者矣。且省城之人，各受宸濠銀二兩，米一石，與之拒守，是賊也，殺之何罪？又宮爲賊巢，財皆賊贓，焚之掠之，亦何罪哉？今舍其大功，而摘其小過，幾何而不爲逆賊報仇乎？且宸濠勢焰薰天，觸者萬死，人皆望風奔靡而已。及守仁調兵四集，搗其巢穴，散其黨與，數敗之餘，羽翼俱盡，妻妾赴水，乃窮寇爾，夫然後知縣王冕得以近之。今乃以爲一知縣可擒，甚無據也。果若所言，則孫燧、許逵何爲被殺，而三司衆官何爲被縛耶？楊鋭、張文錦，何爲守之一月不敢出戰，必待省城破而賊自

解圍耶？伍文定何以一敗而被殺者八百人，其餘諸將，又何以戰之三日而後擒滅耶？至若捷本所陳，若作僞牌以疑賊心，行反間以解賊黨之類，所不載者尤多，而謂以無爲有，可乎？夫宸濠積謀有年，一旦大發，震撼兩京，而守仁以一書生，談笑平之於數日之内，功亦奇矣。使不即滅，而貽先帝親征之勞，臣不知賣國之徒計安出也。使不即滅，先帝崩，臣又不知聖駕之來，能高枕無憂否也？今建不世之功，而遭不明之謗，天理人心安在哉？

臣知守仁之心，决非榮辱死生所能動者，但恐公論不昭，而忠臣義士解體爾。此萬世忠義之冤，而國是之大不定者，宜乎天變之疊見也。臣與守仁，分係師生，義均生死，前之所辯，天下公言。伏願聖明詳察，乞降綸音，慰安守仁，仍戒飭言官，勿爲異論，庶幾國是以定，而亦消天變之一端也。臣干冒天威，不勝戰慄待罪之至。

明軍功以勵忠勤疏

門人黄綰光禄寺少卿時上

臣聞賞罰者，人主御天下之操柄也。得其操柄，死命可致，天下可運之掌；不得其操柄，百事具廢，欲治，得乎？故明主慎之，至親不可移，至讐不可奪，有功必賞，有罪必誅，然必稱天以命之，示非私也。臣下視之，不飾虚譽，不結援黨，不思賄托，惟勉忠勤，死不敢易，欲不治，

得乎？今或不然，凡飾譽、援黨、賄托，譏讒不及，必獲顯擢，無不如意；凡盡忠勤職，即譏讒蝟集，黜辱隨至，無不失意。以此操柄失御，人皆以奸結巧避爲賢，孰肯身任國家事哉？

臣不能枚舉，姑以先朝末年，陛下初政一事論之。如宸濠搆逆，虐焰吞天，藩郡震動，宗親懾憂，陛下嘗身見之矣。腹心應援，布滿中外，鼎卿近倖，賄賂交馳，賣國奸臣，待時發動。兩京乏備，四路無人，方鎮遠近，莫之如何，握兵觀望，滔滔皆是。惟鎮守南贛都御史王守仁，領敕福建勘事，道經南昌，中途聞變，指心籲天，誓不與賊俱生。赤身孤走，設奇運謀，乃遣優人賫諜，假與天兵約征，方鎮會戰，俾其邀獲，以示有備，牽疑賊謀，以俟四路設備。中執叛臣家屬，繆托腹心，又示無爲，以安其心。然後激衆以義，糾集烏合，待兵成慮審，發書罵賊，使覺悔。既出，攝兵收復南昌，按甲待之。賊至安慶，攻城方銳，警聞使還，篺其歸途，水陸邀擊，大潰賊衆，遂擒宸濠于樵舍。兵法有先勝而後求戰者，非此謂也？成功之後，江右瘡痍未復，武宗皇帝南巡，奸權攘功，嫉譖百端，危疑莫測。守仁恭勤曲致，方靖地方，僅獲身免。守仁爲忠，可謂艱貞竭盡者矣。使時無守仁倡義統衆，謀獲機宜，戰取有方，安慶卒破，金陵不保，長驅北上，應援蜂起，腹心陰助，京師存亡未可知也。雖畢竟天命有在，終必殲夷，曠日持久，士夫戮辱，蒼生荼毒，可勝言也。守仁南贛鎮守，地方之責，初無所與。今受責地方者，遇事不敢擔當，不過告變

待命而已。守仁家于浙之山陰，浙乃江右通衢，兵力素弱，長驅或下，父兄宗族，有噍類乎？此時守仁夫豈不思，但忘私奉公，以爲社稷，不幸或敗，夷滅何悔。守仁之志，可謂精貫白日者矣。幸而成功，宇内太平，所謂徙薪曲突，人不爲功，亦不致思其忠。

又守仁於武宗初年，劉瑾爲奸，人莫敢言。守仁斥之觸恨，選杖毒決，碎尻折髀[一]，死而復甦。流竄瘴裔，久方赦還，始獲録用。乃者南贛之鎮，谿谷兇民，聚黨爲盜，視效虐劫，肆無忌憚。凡在虔、楚、閩、廣，接壤山澤，無非賊巢，大小有司，束手無策，皆謂終不可理。守仁鎮守，未及三年，兵威武略，奇變如神，以故茶寮、桶岡諸寨，大冒、浰頭諸寨，次第擒滅，增縣置邏，立明約，遂爲治境。視古名將，何以過此？江右之民，爲立生祠，歲時祝祭，民心不忘，亦可見矣。

曩者陛下登極，命取來京宴賞，封之新建伯，而陞南京兵部尚書。言者又謂不當來京宴賞，以致奢費。夫陛下大官之厨，日用無紀，較諸一湌之宴，所費幾何，猶煩論之。北京豈無一職，必欲置之南京，此乃邪比蔽賢嫉功之所爲也。守仁後丁父憂，服滿遂不起用，反時造言排論。然雖蒙拜爵陞官，鐵券未給，禄米未頒，朝事無與，迹比樵漁。縱使有過，何庸論之，況有功無過哉？其意尤可知矣。

[一] 碎尻折髀　「髀」，底本訛作「脾」，據天圖本、叢刊本、文淵閣本、摛藻堂本改。

不獨守仁，凡共勤王大小臣工，亦廢黜殆盡。臣不能枚舉，姑以一二論之。彼時領兵知府，惟伍文定得陞副都御史，得廕一子千户。邢珣、徐璉但陞布政，即令閒住，彼亦何過？縱使有過，八議惡在？戴德孺雖陞布政，即死于水，皆無廕子。副使陳槐，因勸宰臣進賢致怒，讐人希意誣之，獨黜爲民。御史伍希儒、謝源輒以考察去官。且陳槐、邢珣等，皆抱用世之才，秉捐軀之義，因功廢黜，深可太息。然在今日，陛下操柄之失，莫此爲甚。他日無事則可，萬一有事，將誰效用哉？況守仁學原性命，德由忠恕，才優經濟，使之事君處物，必能曲盡其誠，尤足以當薰陶，備顧問。以陛下不世出明聖之資，與之浹洽講明，天下之治，生民之福，豈易言哉！前者言官屢薦，故尚書席書、吴廷舉、今侍郎張璁、桂萼皆薦之。曾蒙簡命，用爲兩廣總制，臣謂總制寄止一方，何若用之廟堂，可以贊襄謀議，轉移人心，所濟天下矣。

伏惟陛下念明良遭遇之難，蚤召守仁，令與大學士楊一清等共圖至治，另推才能爲兩廣總制。仍敕該部，給與守仁應得鐵券禄米，將陳槐、邢珣、徐璉等起用，伍希儒、謝源等，查酌軍功事例議録，戴德孺量與廕襲。此實陛下奉天所操之大柄，不可毫髮移奪者，宜早收之，以爲使人宣忠效力之勸[一]。臣不勝懇悃之至。

[一] 以爲使人宣忠效力之勸　「勸」，國圖本、天圖本、叢刊本、文淵閣本、摛藻堂本作「權」。

地方疏

霍韜

竊見新建伯南京兵部尚書兼都察院左都御史王守仁，奉命巡撫兩廣，已將田州、思恩撫處停當，隨復剿平八寨及斷藤峽等賊。臣等皆廣東人，與賊鄰壤，備知各賊爲患實迹。嘗竊切齒蹙額而歎曰：「兩廣良民何其不幸，生鄰惡境，妻子何日寧也？」又嘗竊計曰：「兩廣何日得一好官員，剿平各賊，俾良民各安其生，而頑民染患未深者，亦得格心向化也。」乃今恭遇聖明，特起王守仁撫剿田州、思恩地方，臣等竊謀曰：「兩廣自是有底寧之期也。聖天子知人之澤也。」是役也，臣等爲王守仁計曰：「前巡撫動調三省兵若干萬[一]，梧州三府積年儲畜軍餉費用不知若干萬[二]，復從廣東布政司支去庫銀若干萬[三]，米不知支去若干萬，殺死疫死狼兵、鄉兵、民壯、打手不知若干萬，僅得田州安靖五十日耳。自是而思恩叛矣，吊巖賊出圍肇慶府矣，殺數千家矣。此賊併時同出，蓋與田州、思恩東西相應和者也。若王守仁者，乘此大敗極敝之後，仰承聖明特擢之恩，雖合四省兵力，再支庫銀百餘萬，支米數百萬，剿平田州，報功級數萬人，亦且曰天下

[一] 前巡撫動調三省兵若干萬　「若干」，清刻霍文敏公全集（以下簡稱霍集）作「數十」。

[二] 梧州三府積年儲畜軍餉費用不知若干萬　「若干」，霍集作「幾千」。

[三] 復從廣東布政司支去庫銀若干萬　「若干」，霍集作「五十二」。

大功也。」然而守仁不役一卒，不費斗糧，只宣揚陛下聖德，遂致思恩、田州兩府頑民稽首來服，其奉揚聖化，以來遠人，雖舜格有苗，何以過此？臣等是以歎服王守仁，不惟能肅將天威，實能誕敷天德也。

若八寨之賊、斷藤峽之賊，又非田州、思恩可比也。天下十二省[一]，俱多平壤。惟廣西獨在萬山之叢，其土險，其水迅，其山之高，有猿猴不度、飛鳥不越者。故諺語曰[二]：「廣西民三而賊七。」由山高土惡，氣習兇悍，雖良民至者亦化爲賊也。八寨賊，洪武年間所不能平。斷藤峽，成化八年都御史韓雍僅得討平[三]，及今五十餘年，遺孽復熾。故廣西賊巢，柳州、慶遠、鬱林、府江諸賊，雖時出劫掠，官兵亦屢請征之。若八寨賊，則自國初至今，未有輕議征剿者。蓋謂山水兇惡，進兵無路，消息少動，賊已先知，一夫控險，萬兵莫敵，故百六十年未有敢征八寨賊者也。賊亦恃險肆惡，時出攻圍城堡，殺掠良民，何啻萬計。四方頑民，犯罪脱逃，投入八寨，則有司不敢追攝矣。鄰近流賊，避兵追剿，投入八寨，則官兵不敢誰何矣。是八寨者，實四方寇

[一] 天下十二省　「二」，霍集作「三」。

[二] 故諺語曰　霍集「故」上有「是」字。

[三] 都御史韓雍僅得討平　「僅得」，霍集作「始能」。

賊淵藪也；斷藤峽，又八寨之羽翼也。廣西有八寨諸賊，猶人有心腹疾也。八寨不平，則兩廣無安枕期也。今王守仁沉機不露，掩賊不備，一舉而平之，百數十年豺虎窟穴，掃而清之，如拂塵然，非仰藉聖人神武不殺之威，何以致此？臣等是以歎服王守仁，能體陛下之仁，以懷綏田州、思恩向化之民；又能體陛下之義，以討服八寨、斷藤峽梗化之賊也。仁義之用，兩得之也。

謹按王守仁之成功，有八善焉：乘湖兵歸路之便，則兵不調而自集，一也。因田州、思恩效命之助，則勞而不怨，二也。機出意外，賊不及遯，所誅者真積年渠惡，非往年濫殺報功者比，三也。因歸師討逆賊[一]，無糧運之費，四也。不役民兵，不募民馬，一舉成功，民不知擾，五也。平八寨，平斷藤峽，則極惡者先誅，其細小巢穴，可漸施德化，使去賊從良，得撫剿之宜，六也。八寨不平，則西而柳、慶，東而羅旁、綠水、新寧、恩平之賊，合數千里共爲窟穴。雖調兵數十萬，費糧數百萬，未易平伏。今八寨平定，則諸賊可以漸次撫剿，兩廣良民可漸安生業，紓聖明南顧之憂，七也。韓雍雖平斷藤峽賊矣，旋復有賊者，實當爾時未及區畫其地，爲經久圖，俾餘賊復據爲巢穴故也。今五十年生聚，則賊復熾盛也亦宜。若八寨乃百六十年所不能誅之劇賊，山川天險，尤難爲功。今守仁既平其巢窟，即徙建城邑以鎮定之，則惡賊失險，後日固不能爲變，逋賊來歸，

[一] 因歸師討逆賊　霍集「師」下有「以」字。

不日且化爲良民矣。誅惡綏良，得民父母之體，八也。

或者議王守仁則曰：「所奉命撫剿田州、思恩也，乃不剿田州則亦已矣，遂剿八寨，可乎？」臣則曰：「昔吴、楚反，攻梁，景帝詔周亞夫救梁，亞夫不奉詔，而絶吴、楚糧道，遂破吴、楚而平七國，安漢社稷。夫不奉詔，大罪也，景帝不以罪亞夫，何也？傳曰『閫以内，寡人制之，閫以外，將軍制之』，又曰『大夫出疆，有可以安國家，利社稷，專之可也』，古之道也。是故周亞夫知制吴、楚在絶其食道，而不在於救梁也，是故雖有詔命，猶不受也。惟明君則以爲功，若腐儒則以爲罪。今王守仁知田州、思恩可以德懷也，遂約其降而安定之[一]；知八寨諸賊百六十年未易服也，遂因時仗義而討平之。仁義之用，達天德者也[二]。雖無詔命，先發後聞可也，況有便宜從事之旨乎？」

或者又曰：「建置城邑，大事也；區處錢糧，户部職也；不先奏聞而輒興功，可乎？」臣則曰：「古者帝王千里之内自治，千里之外，附之侯伯而已。是豈堯、舜、湯、武聖智反後世不如哉？蓋慮輿圖既廣，則智力不及，與其役一己耳目之力而無益於事，孰若以天下賢才理天下事爲逸而

[一]　遂約其降而安定之　「約」，霍集作「納」。
[二]　達天德者也　「天德」，霍集作「德術」。

有功也？是故帝王之職，在於知人而已。既知其人之賢而委任之矣，則事之舉錯，一以付之，而責其成功。若功效不孚，乃制其罪可也。今既任之，又從而牽制之，則豪傑何所措手足乎[一]？是故王守仁之平八寨也，所殺者，賊之渠魁耳；若逋逃者[二]，固未及殺也。乘此時機，建置城邑，遂招逋逃之賊復業焉，則積年之賊，皆可化爲良民也。失此機會，撤兵而歸，俟奏得旨，乃興版築，則賊漸來歸，又漸生聚，據險結寨，以抗我師，雖欲築城，亦不能矣。昔者范仲淹之守西邊也，欲築大順城，慮敵人争之，乃先具版築，然後巡邊，急速興工，一月成城，西夏覺而争之，已不及矣。爾時范仲淹若俟奏報，豈不敗乃事哉？王守仁於建置城邑之役，蓋計之熟矣。錢糧夫役，固不仰足户部而後有處也[三]。其以一肩而分聖明南顧之憂，可謂賢矣。不以爲功，反以爲過，可乎？」

先是正德十四年，宸濠謀反，江西兩司俛首從賊，惟王守仁同御史伍希儒、謝源誓心效忠。不幸奸臣張忠、許泰等，欲掩王守仁之功以爲己有，乃揚諸人曰：「王守仁初同賊謀。」及公論

[一] 則豪傑何所措手足乎　「何」，霍集作「安」。
[二] 若逋逃者　霍集無「者」字。
[三] 固不仰足户部而後有處也　「而」，霍集作「然」。

難掩，乃又曰：「宸濠金帛，俱王守仁、伍希儒、謝源滿載以去。」當時大學士楊廷和、尚書喬宇，亦忌王守仁之功，遂不與辯白，而黜伍希儒、謝源，俾落仕籍。王守仁不辯之謗，至今未雪，可謂黯啞之冤矣。夫國家論功，有二道焉：有開國效功之臣焉，有定亂拯危之臣焉。開國之臣，成則侯也，敗則虜也，雖勿崇焉可也[一]。惟禍變倏起，社稷安危，凛乎一髮，效忠定亂之臣則不忘也[二]，何也？所以衛社稷也。昔者王守仁之執宸濠也，可謂定亂拯危之功矣。奸人猶或忌之而謗其短，夫如是，則後有事變，誰肯效忠乎？甚矣，小人忌功足以誤國也。臣等是以歎曰：「王守仁等江西之功不白，無以勸勵忠之臣；若廣西之功不白，又無以勸策勳之臣；是皆天下地方大慮也。」王守仁，大臣也，豈以功賞有無爲重輕哉？第恐當時有功之人[三]，及土官立功之人，視此解體，則在外撫臣，遂無所激勸以爲建功之地耳。

[一] 雖勿崇焉可也　「崇」，國圖本、天圖本、叢刊本爲墨釘，文淵閣本闕字，擒藻堂本作「論」，通行本或作「計」。按，底本墨色漶漫，「崇」字略可辨，今據霍集訂正。
[二] 效忠定亂之臣則不忘也　霍集「不」下有「可」字。
[三] 第恐當時有功之人　「當」，霍集作「同」。

臣等廣人也，目擊八寨之賊爲地方大患百數十年，一旦仰賴聖明任用守仁以底平定[一]，不勝慶忭。今兵部功賞未見施行，户部覆題，又復再勘。臣恐機會一失，大功遂沮，城堡不得修築，逋賊復據巢穴，地方不勝可慮也。是故冒昧建言，惟聖明察焉。乞早裁斷，俾官僚早得激勸，城寨早得修築，逋賊早得招安，良民早得復業。嶺海之外，歌詠太平，祝頌聖德，實臣等所以報陛下知遇一節也，亦臣等自爲地方大慮也，不得已也。爲此具奏。

征宸濠反間遺事

錢德洪

龍光云：是年六月十五日，公於豐城聞宸濠之變[二]，時參謀雷濟、蕭禹在侍，相與拜天[三]，誓死起兵討賊。欲趨還吉安，南風正急，舟不能動，又痛哭告天，頃之，得北風。宸濠追兵將及，潛入小漁船，與濟等同載，得脱免。舟中計議，恐宸濠徑襲南京[四]，遂犯北京，兩

[一] 任用守仁以底平定　「定」，霍集作「之」。
[二] 公於豐城聞宸濠之變　「公」，黄本、閭本、董本作「恩府王公」。
[三] 相與拜天　黄本、閭本、董本「與」下有「痛哭」二字。
[四] 恐宸濠徑襲南京　黄本、閭本、董本「恐」上有「慮」字。

京倉卒無備[一]，圖欲沮撓，使遲留半月，遠近聞知，自然有備無患。乃假寫兩廣都御史火牌云：「提督兩廣軍務都御史楊，爲機密軍務事。准兵部咨，及都察院右副都御史顔咨，俱爲前事。本院帶領狼達官兵四十八萬，齊往江西公幹，的於五月初三日，在廣州府起馬前進。仰沿途軍衛有司等衙門，即便照數預備糧草，伺候官兵到日支應。若臨期缺乏悮事[二]，定行照依軍法斬首」等因。意示朝廷先差顔等勘事，已密於兩廣各處起調兵馬，潛來襲取宸濠，使之恐懼遲疑觀望，不敢輕進。使濟等密遣乖覺人役，持火牌，設法打入省城。宸濠見火牌，果生疑懼。

十八日，回至吉安，又令濟等，假寫南雄、南安、贛州等府報帖，日逐飛報府城，打入省下，一以動摇省城人心，一以鼓勵吉安效義之士。又與濟等謀，假寫迎接京軍文書云：「提督軍務都御史王，爲機密軍務事。准兵部咨，該本部題，奉聖旨：『許泰、郤永，分領邊軍四萬，從鳳陽等處陸路，徑撲南昌；劉暉、桂勇，分領京邊官軍四萬，從徐州、淮安等處，水陸並進，分襲南昌；王守仁領兵二萬，楊旦等領兵八萬，秦金等領兵六萬，各從信地分道並進，刻期夾攻南昌。務要遵照方略，并心協謀，依期速進，毋得彼先此後，致悮事機。欽此』等因。咨到職，除欽遵外。

[一]　兩京倉卒無備　黄本、閭本、董本「京」下有「必然」二字。
[二]　若臨期缺乏悮事　「若」，黄本、閭本、董本作「毋得」。

照得本職先因奉敕前往福建公幹，行至豐城地方，卒遇寧王之變，見已退住吉安府起兵。今准前因，遵奉敕旨，候兩廣兵齊，依期前進外。看得兵部咨到緣由，係奉朝廷機密敕旨，皆是掩其不備，先發制人之謀。其時必以寧王之兵尚未舉動，今寧王之兵已出，約亦有二三十萬。若北來官兵，不知的實消息，未免有悮事機。以本職計之，若寧王堅守南昌，擁兵不出，京邊官軍遠來，天時地利，兩皆不便，一時恐亦難圖。須是按兵徐行，或分兵先守南都，候寧王已離江西，然後或遮其前，或擊其後，使之首尾不救，破之必矣。今寧王主謀李士實、劉養正等，各有書密寄本職，其賊將凌十一、閔廿四，亦各密差心腹，前來本職遞狀，皆要反戈立功報效。可見寧王已是衆叛親離之人，其敗必不久矣。今聞兩廣共起兵四十八萬，其先鋒八萬，係遵敕旨之數，今已到贛州地方。湖廣起兵二十萬，其先鋒六萬，係遵敕旨之數，今聞已到黄州府地方。本職起兵十萬，遵照敕旨，先領二萬，屯吉安府地方。各府知府等官，各起兵快，約亦不下一萬之數，共計亦有十一二萬人馬，儘已彀用。但得寧王早離江西，其中必有内變，因而乘機夾攻，爲力甚易。爲此今用手本，備開緣由前去，煩請查照裁處。并將一應進止機宜，計議停當，選差乖覺曉事人員，與同差去人役，星夜回報施行。須至手本者。」既已寫成手本，令濟等選差慣能走遞家人，重與盤費，以前事機陽作實情，備細密切説與，令渠潛踪隱迹，星夜前來南京及淮揚等處，迎接官兵。

又令濟等尋訪素與宸濠交通之人，厚加結納，令渠密去報知寧府。宸濠聞知，大加賞賜，差人四路跟捉。既見手本，愈加疑懼，將差人備細拷問詳悉，當時殺死。因此，宸濠又疑李士實、劉養正，不信其謀。

又與龍光計議，假寫回報李士實書，内云：「承手教密示，足見老先生精忠報國之本心，始知近日之事，迫於勢，不得已而然，身雖陷於羅網，乃心罔不在王室也。所喻密謀，非老先生斷不能及此。今又得子吉同心協力，當萬萬無一失矣。然幾事不密則害成，務須乘時待機而發乃可。不然，恐無益於國，而徒爲老先生與子吉之累，又區區心所不忍也。況今兵勢四路已合，只待此公一出，便可下手，但恐未肯輕出耳。昨淩、閔諸將，遣人密傳消息，亦皆出於老先生與子吉開導激發而然，但恐此三四人者皆是粗漢，易有漏泄，須戒令慎密，又曲爲之防可也。目畢即付丙丁，知名不具。」與劉養正亦同。兩書既就，遣雷濟設法差遞李士實，龍光設法差遞劉養正，各差遞人皆被宸濠殺死。宸濠由是愈疑劉、李，劉、李亦各自相疑懼，不肯出身任事。以故上下人心互生疑懼，兵勢日衰。

又遣素與劉養正交厚指揮高睿，致書劉養正，及遣雷濟、蕭禹，引誘内官萬鋭等，私寫書信與内官陳賢、劉吉、喻木等，俱皆反間之謀。又多寫告示及招降旗號，開諭逆順禍福，及寫木

牌等項，動以千計，分遣雷濟、蕭禹、龍光、王佐等，分役經行賊壘，潛地將告示粘貼，及旗號木牌四路摽插。又先張疑兵於豐城，示以欲攻之勢。又遣雷濟、龍光，將劉養正家屬在吉安者，厚加看養，陰遣其家人密至劉養正處傳遞消息，亦皆反間之謀。

初時，宸濠謀定六月十七日出兵，自己於二十二日，在江西起馬，徑趨南京，謁陵即位，遂直犯北京。因聞前項反間疑沮之謀，遂不敢輕出。故十七等日，先遣兵出攻南康、九江，而自留省城。賊兵等候宸濠不出，亦各疑懼退沮，久駐江湖之上，師老氣衰，又見四路所貼告示及插旗號木牌，人人解體，日漸離散，以故無心攻鬭。其後宸濠探知四路無兵，前項事機【皆是虛傳，七月初二日，方敢出兵，然其時事機】已失，兵勢已阻，人馬已散[一]，多有潛來投降者。我師一候宸濠出城，即統伍知府等官兵，疾趨攻破省城。度宸濠顧念根本之地，勢必歸救，遂預發兵迎擊於鄱陽湖，大戰三日，罪人斯得。

右反間始末，嘗聞諸吉水致仕縣丞龍光。光謂德洪曰：昔夫子寫楊公火牌將發時，雷濟問曰：「寧王見此，恐未必信。」曰：「不信，可疑否？」對曰：「疑則不免。」夫子笑曰：「得渠一疑，

[一] 兵勢已阻人馬已散 黄本、閭本、董本作「兵勢已自阻喪，人馬已自潰散」。

彼之大事去矣。」既而歎曰：「宸濠素行無道，殘害百姓，今雖一時從逆者衆，必非本心，徒以威劫利誘，苟一時之合耳。縱使奮兵前去，我以問罪之師徐躡其後，順逆之勢既判，勝負預可知也[一]。但賊兵早越一方，遂破殘一方民命，虎兕出柙，收之遂難。爲今之計，只是遲留宸濠一日不出，則天下實受一日之福。」

光又言夫子捷疏，慮繁文太多，一切反間之計，俱不言及，亦以設謀用詭，非君子得已之事，不欲明言示人。當時若使不行間計，遲留寧王，寧王必即時擁兵前進，正所謂迅雷不及掩耳。兩京各路，何恃爲備？所以破敗寧王，使之坐失事機，全是遲留寧王一着；所以遲留寧王，全是謀行反間一事。今人讀奏册所報，皆是可書之功，而不知書不能盡者，十倍於奏册。

又言寧藩事平之後，京邊官軍南來，失其奸計，由是痛恨夫子，百計搜尋羅織，無所泄毒，擠怒門人冀元亨與濟、禹、光等，俱欲置之死地。冀元亨被執，光等四竄逃匿，家破人亡，妻子離散，直伺官軍離却省城，方敢出身回家。當時光等粘貼告示，標插旗號木牌，皆是半夜昏黑，衝風冒雨，涉險破浪，出入賊壘，萬死中得一生。所差行間人役，被宸濠要殺者，俱是親信家人。今當事平之後，議者不究始原，并將在册功次亦盡削去。此光等走役微勞，雖皆臣子本分，不足

[一] 勝負預可知也　「預」，黄本、閭本、董本作「未」。

深惜。但賞罰若此，繼後天下倘或再有事變，人皆以光等爲鑒戒矣，誰肯復效死力哉？

又言夫子應變之神，真不可測。時官兵方破省城，忽傳令造免死木牌數十萬，莫知所用，及發兵迎擊宸濠於湖上，取木牌順流放下。時賊兵既聞省城已破，脅從之衆，俱欲逃竄無路，見水浮木牌，一時争取散去，不計其數。二十五日，賊勢尚鋭，值風不便，我兵少挫，夫子急令斬取先却者頭。知府伍文定等，立於銃鉋之間[一]，方奮督各兵，殊死抵戰。賊兵忽見一大牌，書「寧王已擒，我軍毋得縱殺」，一時驚擾，遂大潰。次日，賊兵既窮促，宸濠思欲潛遁，見一漁船，隱在蘆葦之中，宸濠大聲叫渡，漁人移棹請渡，竟送中軍，諸將尚未知也。其神運每如此。

又言嘗聞雷濟云：夫子昔在豐城聞變，南風正急，拜天哭告曰[二]：「天若憫恤百萬民命，幸假我一帆風。」須臾，風稍定，頃之，舟人讙譟回風。濟、禹取香煙試之舟上，果然，久之，北風大作。宸濠追兵將及，時夫人公子在舟，夫子呼一小漁船，自縛印敕[三]，令濟、禹持米二斗、鱐魚五寸，與夫人爲别。將發，問濟曰：「行備否？」濟、禹對曰：「已備。」夫子笑曰：「還

[一] 立於銃鉋之間　「銃」，國圖本、天圖本、叢刊本訛作「鋭」。
[二] 拜天哭告曰　「天」，國圖本、天圖本、叢刊本訛作「受」。
[三] 自縛印敕　國圖本、天圖本、叢刊本、文淵閣本、摛藻堂本脱「印」字。

少一物。」濟、禹思之不得，夫子指船頭羅蓋曰[一]：「到地方無此，何以示信？」於是又取羅蓋以行。明日，至吉安城下，城門方戒嚴，舟不得泊岸。濟、禹揭羅蓋以示，城中遂讙慶曰：「王爺爺還矣。」乃開門羅拜迎入。於是濟、禹心歎危迫之時，暇裕乃如此。

德洪昔在師門，或問：「用兵有術否？」夫子曰：「用兵何術？但學問純篤，養得此心不動，乃術爾。凡人智能，相去不甚遠，勝負之決，不待卜諸臨陣，只在此心動與不動之間。昔與寧王逆戰於湖上，時南風轉急，面命某某爲火攻之具。是時前軍正挫却，某某對立矍視，三四申告，耳如弗聞。此輩皆有大名於時者，平時智術，豈有不足，臨事忙失若此，智術將安所施？」

又嘗聞鄒謙之曰[二]：昔先生與寧王交戰時[三]，與二三同志坐中軍講學，諜者走報前軍失利，坐中皆有怖色。先生出見諜者，退而就坐，復接緒言，神色自若。頃之，諜者走報賊兵大潰，坐中皆有喜色。先生出見諜者，退而就坐，復接緒言，神色亦自若。

[一] 夫子指船頭羅蓋曰　底本殘「子指」二字，據黄本、閭本、董本、文淵閣本、摛藻堂本補。
[二] 鄒謙之　黄本、閭本、董本作「鄒守益」。
[三] 昔先生與寧王交戰時　「先生」，黄本、閭本、董本作「夫子」，下文仿此。

又嘗聞陳惟濬曰[一]：惟濬嘗聞之尚謙矣[二]。尚謙言昔見有侍於先生者[三]，自稱可與行師。先生問之，對曰：「某能不動心。」曰：「不動心可易言耶？」對曰：「某得制動之方。」先生笑曰：「此心當對敵時，且要制動，又誰與發謀出慮耶？」又問：「今人有不知學問者，儘能履險不懼，是亦可與行師否？」先生曰：「人之性氣剛者，亦能履險不懼，但其心必待強持而後能，即強持便是本體之蔽，便不能宰割庶事。孟施舍之所謂守氣者也。若人真肯在良知上用功，時時精明，不蔽於欲，自能臨事不動，不動真體，自能應變無方[四]。此曾子之所謂守約，自反而縮，雖千萬人，吾往者也。」

又嘗聞劉邦采曰：昔有問人能養得此心不動，即可與行師否？先生曰：「也須學過。此是對刀殺人事，豈意想可得？必須身習其事，斯節制漸明，智慧漸周，方可信行天下。未有不履其事而能造其理者，此後世格物之學所以爲謬也。孔子自謂『軍旅之事未之學』，此亦不是謙言。但

[一] 陳惟濬　黃本、閭本、董本作「陳九川」。
[二] 惟濬嘗聞之尚謙矣　黃本、閭本、董本「惟濬」作「九川」、「尚謙」作「薛侃」。
[三] 尚謙言昔見有侍於先生者　黃本、閭本、董本「尚謙」作「侃」；國圖本、天圖本、叢刊本「侍」訛作「待」。
[四] 應變無方　「方」，國圖本、天圖本、叢刊本、文淵閣本、摛藻堂本作「言」。

聖人得位行志，自有消變未形之道，不須用此。後世論治，根源上全不講及，每事只在半中截做起，故犯手脚。若在根源上講求，豈有必事殺人而後安得人之理。某自征贛以來，朝廷使我日以殺人爲事，心豈割忍，但事勢至此。譬之既病之人，且須治其外邪，方可扶回元氣，病後施藥，猶勝立視其死故耳。可惜平生精神[一]，俱用此等没緊要事上去了。」

昔者德洪事先生八年，在侍同門每有問兵事者，皆默而不答，以故南贛、寧藩始末俱不與聞。先生没後，搜録遺書七年，而奏疏文移始集，及查對月日，而後五征始末具見。獨於用間一事，昔嘗槩聞，奏疏文移俱無所見。去年，德洪主試廣東，道經江西，訪問龍光，始獲間書間牌諸稿，并所聞於諸同門者，歸以附録云。時嘉靖乙未八月，書于姑蘇之郡學。

陽明先生平浰頭記

大學士湖東費宏

惠之龍川北抵贛，其山谷賊巢亡慮數百，而浰頭最大。浰之賊，肆惡以毒吾民者亡慮數千，而池仲容最著。仲容之放兵四劫亡慮數十年，而龍川、翁源、始興、龍南、信豐、安遠、會昌，

[一] 可惜平生精神 「平」，黄本、閭本、董本作「半」。

以邇巢受毒□數[一]。正德丁丑之春，信豐復告急于巡撫都御史王公伯安[二]，召諸縣苦賊者數十人，問何以攻之？皆謂非多集狼兵弗濟。又謂狼兵亦嘗再用矣，竟以招而後定。公曰：「盜以招蔓，此頃年大弊也，吾方懲之。且兵無常勢，奚必狼而後濟耶？若等能爲吾用，獨非兵乎？」乃與巡按御史屠君安卿、毛君鳴岡，合疏以剿請。又請重兵權，肅軍法，以一士心。詔加公提督軍務，賜之旗牌，聽以便宜區畫，惟功之有成，不限以時。

時横水、桶岡盜亦起，而視浰爲急[三]。公議先攻二峒，乃會兵以圖浰。凡軍中籌畫，多諮之兵備副使楊君廷宜，請募諸縣機兵[四]，而以其傭募新民之任戰者，取贖金、儲穀、鹽課以餉之，而兵與食足焉。二峒之攻，慮仲容乘虚以擾我也，謀伐其交，使辨士周祥等[五]，諭其黨黄金巢等，

[一] 以邇巢受毒□數　底本「數」上脱一字，文淵閣本、摛藻堂本作「尤」，明嘉靖本太保費文憲公摘稿（以下簡稱摘稿）作「最」。

[二] 巡撫都御史王公伯安　摘稿「安」下有「伯安」二字，讀屬下句。

[三] 而視浰爲急　「急」，摘稿作「暇」。

[四] 請募諸縣機兵　摘稿作「副使君請汰諸縣機兵」。

[五] 使辨士周祥等　摘稿作「使辯士黄表周祥」。

得降者五百人，籍以爲兵。仲容獨憤不從。冬初[一]，聞横水破，始懼，使弟仲安率老弱三百人來圖緩兵[二]，且我覘之[三]。公陽許之，使據上新地，以遏桶岡之賊，而實遲其歸圖[四]。閲月，仲容聞桶岡破，益懼，爲備益嚴。公使以牛酒詗之[五]，賊度不可隱，則曰：「盧珂、鄭志高、陳英，吾讎也，恐其見襲而備之耳。」珂等皆龍川歸順之民，有衆三千，仲容脅之不可，故深讎之。公方欲以計生致仲容，乃陽檄龍川盧珂等構兵之實[六]，若甚恐焉[七]，趣浰刊木[八]，且假道以誅珂黨。十二月望，珂等各來告仲容必反。公復怒其誣構，叱收之，陰諭意向，使遣人先歸集衆。時兵還自桶岡，公合樂大饗，散之歸農，示不復用，使仲安亦領衆歸。又遣指揮余恩，諭仲容毋

[一] 冬初　摘稿無此二字。
[二] 來圖緩兵　摘稿「緩」下有「我」字。
[三] 且我覘之　摘稿作「且覘我也」。
[四] 而實遲其歸圖　「遲」，摘稿作「遠」。
[五] 公使以牛酒詗之　「詗」，摘稿作「餉」。
[六] 乃陽檄龍川盧珂等構兵之實　「盧」，摘稿作「廉」。
[七] 若甚恐焉　「恐」，摘稿作「怒」。
[八] 趣浰刊木　「浰」，底本訛作「利」，據摘稿改。

撤備，以防珂黨。仲容益喜，前所辨士因説之親詣公謝[一]，且曰：「往則我公信爾無他，而誅珂等必矣。」仲容然[二]，率四十人來見。公聞其就道也，密飭諸縣，勒兵分哨。又使千户孟俊僞持一檄，經浰巢，宣言將拘珂黨，實督集其兵也。賊導俊出境，不復疑。閏十二月下弦，仲容既至贛，是夕，釋珂等馳歸，縻仲容，令官屬以次饗犒。

明年正月癸卯朏[三]，公度諸兵已集，引仲容入，并其黨擒之。出珂等所告，訊鞫具狀，亟使人約諸兵入巢。越四日丁未，同時並進。其軍于龍川者，惠州知府陳祥，率通判徐璣[四]，從和平都入；指揮姚璽率新民梅南春等，從烏龍鎮入；孟俊率珂等，從平地水入。軍于龍南者，贛州知府邢珣，率同知夏克義、知縣王天與等，從太平保入；推官危壽率義民葉方等，從南平入；守備指揮郟文，率義民孫洪舜等，從冷水逕入；余恩率百長王受等，從高砂保入。軍于信豐者，南安知府季斆，率訓導藍鐸等，從黄田岡入；縣丞舒富率義民趙志標等，從烏逕入。公自率中堅，

[一] 前所辨士因説之　摘稿「所」下有「遣」字。
[二] 仲容然　摘稿「然」下有「之」。
[三] 正月癸卯朏　「朏」，摘稿作「朔」。
[四] 率通判徐璣　摘稿「璣」下有「等」字。

督文擣下浰大巢[一]，副使君督餘哨會于三浰。賊黨自仲容至贛，備已弛矣，至是聞官兵驟入，皆驚失措[二]，乃分投出禦[三]，而悉其精鋭千餘，迎敵于龍子嶺。我兵列爲三衝[四]，掎角而前，恩以受兵首與賊戰，却之，奮追里許，賊伏四起，擊受後。壽乃以方兵鼓噪往援[五]，俊復以珂等兵從旁衝擊，呼聲震山谷，賊大敗而潰，遂併上中二浰克之。各哨兵乘勝奮擊，是日遂破巢十一：曰熱水、曰五花障、曰淡方、曰石門[六]、曰上下陵、曰芳竹湖[七]、曰白沙、曰曲潭、曰赤塘、曰古坑、曰三坑。明日，探賊所奔，分道急擊。己酉，破巢凡六：曰鐵石障、曰羊角山、曰黄田坳、曰嶺岡[八]、曰塘含岡、曰溪尾。庚戌，破巢凡二：曰大門山、曰鎮里寨。辛亥，破

[一] 督文擣下浰大巢　「文」，摘稿作「以」。
[二] 皆驚失措　摘稿「驚」下有「惧」字。
[三] 乃分投出禦　「投」，摘稿作「兵」。
[四] 我兵列爲三衝　「列」，摘稿作「聚」。
[五] 壽乃以方兵鼓噪往援　「方」，摘稿作「芳」。
[六] 曰石門　摘稿「門」下有「山」字。
[七] 曰芳竹湖　「芳」，浰頭捷音疏作「芳」，下文仿此。
[八] 曰嶺岡　「嶺」，浰頭捷音疏、摘稿作「岺」。

巢凡九：曰中村、曰半逕、曰都坑、曰尺八嶺、曰新田逕、曰古地[一]、曰空背、曰旗嶺、曰頓岡。癸丑，破巢凡四[二]：曰狗脚坳、曰水晶洞、曰五洞[三]、曰藍州。丙辰，破巢凡二：曰風盤、曰茶山。

其奔者尚八百餘徒，聚于九連山，山峻而衺廣[四]，與龍門山後諸巢接。公慮以兵進逼，其勢必合，合難制矣。乃選鋭士七百餘人，衣所得賊衣，若潰而奔，取賊所據崖下澗道，乘暮而入。賊以爲其黨也，從崖下招呼[五]，我兵亦佯與和應[六]，已度險，扼其後路。明日賊始覺，併力求敵[七]，我兵從高臨下擊敗之。公度其必潰也，預戒各哨，設伏以待[八]。乙丑，覆之于五花

[一] 曰古地　「地」，摘稿作「城」。
[二] 破巢凡四　「四」，摘稿作「三」。
[三] 曰五洞　摘稿無此三字。
[四] 山峻而衺廣　「廣」，摘稿作「東」，讀屬下句。
[五] 從崖下招呼　「下」，摘稿作「上」。
[六] 我兵亦佯與和應　「佯」，國圖本、天圖本、叢刊本訛作「洋」。
[七] 併力求敵　「求」，摘稿作「來」。
[八] 預戒各哨設伏以待　摘稿作「戒設伏以待」。

障，于白沙，于銀坑水。丁卯，覆之于烏龍鎮[一]，于中村，于北山，于風門奥[二]。分逃餘孽尚三百餘徒，各哨乃會兵追之。二月辛未，復與戰于和平。甲戌，戰于上坪、下坪。丁丑，戰于黄田坳。辛巳，戰于鐵障山。癸未，戰于乾村，于梨樹。乙酉，戰于芳竹[三]。壬辰，戰于百順[四]，于和峒。乙未，戰于水源，于長吉，于天堂寨。諜報各巢之稔惡者，蓋幾盡矣。惟脅從二百餘徒，聚九連谷山[五]，呼號乞降[六]。公遣珣往撫之，籍其處之白沙[七]。公率副使君乃即祥應和平[八]，相其險易，經理立縣設隘，庶幾永寧，遂班師而歸，蓋戊寅三月丁未也。凡所擣

[一] 覆之于烏龍鎮　「龍」，洲頭捷音疏、摘稿作「虎」。
[二] 于風門奥　「門」，摘稿作「府」。
[三] 戰于芳竹　摘稿「竹」下有「湖」字。
[四] 戰于百順　「百」，洲頭捷音疏、摘稿作「北」。
[五] 聚九連谷山　文淵閣本、擒藻堂本「谷山」作「山谷」；洲頭捷音疏、摘稿「山」作「口」。
[六] 呼號乞降　摘稿作「呼聲稱乞降」。
[七] 籍其處之白沙　「其」，文淵閣本、擒藻堂本作「而」；摘稿「其」下有「名」字。
[八] 公率副使君乃即祥應和平　疑有誤，摘稿作「公率副使君及祥歷和平」。

賊巢三十八[一]，所擒斬賊酋二十九人[二]，中酋三十八人，從賊三千六十八人[三]，俘賊屬男婦八百九十人，鹵獲馬牛器仗稱是。是役也，以力則兵僅數千，以時則旬僅六夾[四]，遂能滅此兇狡稽誅之虜，以除三徼數十年之大患，其功偉矣。

捷聞，有詔褒賞，官公之子世錦衣百户，副使君加俸一秩。於是邢侯、夏侯、危侯，偕通判文侯運、吴侯昌，謂公兹舉，足以威不軌而昭文德，不可以無傳也。使人自贛來，請予書其事。嗟乎！惟兵者，不祥之器。王公用儒者謀謨之業，而乃躬擐甲冑，率先將士，下上山谷，與死寇角勝争利，出於萬死[五]，而公平日[六]，豈習殺伐之事[七]，而貪取摧陷之功以爲快哉？顧盜之

[一] 凡所搗賊巢三十八　「凡」，摘稿作「計」。
[二] 所擒斬賊酋二十九人　「賊」，摘稿作「大」。
[三] 從賊三千六十八人　「三」，摘稿作「二」。
[四] 以時則旬僅六夾　「夾」，摘稿、文淵閣本、摛藻堂本作「浹」。
[五] 出於萬死　摘稿作「出於萬有一危之塗」。
[六] 而公平日　摘稿無此四字。
[七] 豈習殺伐之事　摘稿「習」下有「爲」字。

於民[一]，不容並育，譬則莠驕害稼，而養之弗薅；從虎狼之狂噬[二]，而聽孽牧之衰耗[三]。此不仁者所不忍爲[四]，而公亦必不以不仁自處也。公之心，予知之；公之功，則播之天下，傳之後世，何俟於予之書之也。然而人知渠魁之坐縛，兇孽之蕩平，以爲成功如此其易，而不知公之籌慮如此其密，建請如此其忠，上之所以委任如此其專，副使君之所贊佐如此其勤[五]，文武將吏之所以奔走禦侮如此其勞，而功之成所以如此其不易[六]，是則不可以不書也。予故爲備書之，以昭示贛人，庶其無忘，且有考焉。

移置陽明先生石刻記

昔陽明王先生督兵于贛也，與學士大夫切劘于聖賢之學，自縉紳至於閭閻，以及四方之過賓，

[一] 顧盗之於民　「於」，摘稿作「與」。
[二] 從虎狼之狂噬　「狂」，摘稿作「强」。
[三] 而聽孽牧之衰耗　「孽」，摘稿作「孳」。
[四] 此不仁者所不忍爲　上「不」字，摘稿作「必」。
[五] 副使君之所贊佐　摘稿作「憲副君之所以贊任」。
[六] 而功之成所以如此其不易　「成所以」，摘稿作「所以成」。

皆得受業問道。蓋濂洛之傳，至是復明[一]，而先生治兵料敵，卒有以平奸宄者，皆原於切劘之力。於是深信人心本善，無不可復，其不然者，由倡之不力，輔之不周，而爲學之志未立故也。既以責志爲教，肆其子弟[二]，復取大學、中庸古本，序其大端，與濂溪太極圖説聯書石于鬱孤山之上[三]。使登覽而遊息於此者，出埃壒之表[四]，動高明曠遠之志[五]，庶幾見所書而興起其志，不使至於懈惰，蓋所以爲倡而輔之之慮切也[六]。

先生去贛二十餘年，石爲風雨之所摧剥者，日就缺壞，而是山復爲公廨所拘，觀者出入不便。嘉靖壬寅，憲副江陰薛君應登備兵之暇，訪先生故迹，覩斯石，悲慨焉。既移置于先生祠中，復求搨本之善者，補刻其缺壞，而托記于予。予嘗觀先生所書，恨其學之不俱傳也。自孔孟以後，

[一] 至是復明 「復」，明萬曆本石蓮洞羅先生文集（以下簡稱羅集）作「再」。

[二] 肆其子弟 羅集「肆」下有「習」字。

[三] 書石于鬱孤山之上 「石」，底本字形近「不」而闕末筆，國圖本、天圖本、叢刊本作「不」，摛藻堂本作「立」，據羅集、文淵閣本訂正。

[四] 出埃壒之表 「壒」，底本訛作「墻」，據羅集、文淵閣本、摛藻堂本改。

[五] 曠遠之志 「志」，羅集作「思」。

[六] 蓋所以爲倡而輔之之慮切也 羅集「切」上有「至」字。

明其學者濂溪耳。故圖說原天所以生人者本於無極，而求復其原，則以無欲爲主，舍無欲而言中正仁義，皆不可以合德而反終。故大學言「致知」，中庸言「慎獨」，獨知之地，欲所由辨，求其寡而無焉，此至易而難者也。先生數百年之下[一]，處困而後自得，恍然悔既往之非，真若脱溷淖而御泠風。故既自以切劘，而尤不敢有隱於天下，於是擇其辭，書之石，冀來者之自得猶夫己也。

今先生之言偏天下，天下之人多易其言，而不知其處困之功，與責志之教。故深於解悟者，每不屑於持守，而意見所至，即皆自是而不疑，嘵嘵然方且以議論相持競[二]。譬則石已缺壞，而猶不蔽風雨，顧以爲崇獲之嚴[三]，貿焉莫知其所出入，豈不失哉？夫欲之易熾，速於風雨，而志之難立，有甚於石，其積習之久，非一日可移置也。然使精神凝聚，即獨知之地以從事焉，則又不易地，不由人，而足以自反。譬則石之摧剥於風雨者，復庇之以厦屋，雖失於昔，不猶可以保其終乎？今石存，則升先生之堂者，宜有待矣。薛君有志於學，其完此石，蓋亦輔世之意，

[一] 先生數百年之下　羅集「生」下有「生」字。
[二] 以議論相持競　「議論」，羅集作「門户」。
[三] 顧以爲崇獲之嚴　「獲」，羅集、文淵閣本、摛藻堂本作「護」。

而余之困而不學，則有愧於切劘之助也。書之石陰，亦以爲久要云。

陽明王先生報功祠記

經世保民之道，濟其變而後顯其功，厚其施而後食其報。傳曰：「太上有立德，其次有立功。」時而至於立功，則去太上遠矣。士君子遭時遇主，處常盡變，不得已而立功，固不望其報之久近，人之思報，自不能已。故昌黎祀潮，子厚祀柳，張詠繪像而祀於蜀，羊祜建碑而祀於襄陽，其致一也。

贛之牙境萬山盤互，群盜縱横，士酋跳梁於東南，逆藩窺伺於西北。正德丙子春，陽明王公以大中丞秉鉞來鎮，綱紀號令，朝發夕新。凡四省、五道、九府州、六十九縣、二十五衛所之奔命者，皇皇汲汲，恐干後至之誅[一]。又卓見大本，廣集衆思，張施操縱[二]，不出庭户，而遥制黠虜於江山數千里之外，英聲義烈，肅於雷霆。今年平南靖，明年平桶岡，又明年平浰頭，又明年平逆藩。如虔，如楚，如閩，如粵，四郊力穡，清夜絃歌，而邊圉之患除。如豫州，如江州，

[一] 恐干後至之誅　「干」，國圖本、天圖本、叢刊本、文淵閣本作「于」。
[二] 張施操縱　「施」，文淵閣本、摛藻堂本作「弛」。

如桐城，如淮甸，千里肅清，萬夫解甲，而社稷之憂釋。夫公以文儒之資，生承平之世，蹈蹺逖之蹤，當盤錯之會，天樞全斗極之光，地維掃豺狼之穴，璽書頻奬，茅土加封，一時遭際，可以風勵群工矣。

公之去贛久矣，而人猶思之，復建祠以祀之。富者輸財，貧者效力，巧思者摸像，善計者糾工，虚堂香火，無替歲時。報施之道，不於其存而於其亡，身後之事，未定於天下而私於一方，吾是以知贛人之重義也。孔子曰：「斯民也，三代之所以直道而行也。」兹非三代之遺民歟？公繼其父龍山公之學，且與孫忠烈同年同官，忠烈死逆藩之難，而公成靖難之功，浩然之氣，充塞兩間，增光皇國，幸與不幸，易地則皆然者。然則公之立功，雖有先後大小，要皆以忠輸君，以孝成親，以信許友者歟？

公諱守仁，字伯安，别號陽明；龍山公諱華，以大魁冢宰；孫忠烈諱燧，以中丞贈宗伯；皆吾鄉先達也。嗚呼！望雷陽而思新竹，按營壘而歎奇才，高山仰止，景行行止。謹紀其實，以備野史之拾遺云。

田石平記

田江之濱[一]，有怪石焉。狀若一龜，卧于衍石之上，長倍尋，厚廣可尋之半。境土寧静，則偃卧維平，有眚，則傾欹潛浮，以離故處，故俗傳有「平寧傾兵」之讖[二]。歲乙酉[三]，岑氏猛食采日殷，恣横搆兵[四]。守臣方上疏議討，一夕，石忽浮去數百武[五]。猛懼，乃使力士復之[六]，嚮夕殷祀之[七]，以潛弭其變。明年大兵至，猛竟失利以滅，人益異焉。

[一] 田江之濱　明刻南雋文集（以下簡稱南雋集）「濱」下有「衍石之上」四字。

[二] 狀若一龜……平寧傾兵之讖　南雋集作「狀若大亀，左右頷腋中陷，有文十二，曰：田石平，田州寧；田石傾，田州兵。然摩視點畫頑敝，如人指所劃，水齒所嚙，若不經斧鑿意者。故俗傳以爲鬼神之剜，而境土安危，遂以爲占」。

[三] 歲乙酉　南雋集「歲」下有「之」字。

[四] 恣横搆兵　南雋集「兵」下有「略土自太」四字。

[五] 石忽浮去數百武　「浮去」，南雋集作「傾浮」。

[六] 乃使力士復之　南雋集作「乃使私屬力復之」。

[七] 嚮夕殷祀之　南雋集「嚮」上有「而」字。

猛黨盧、王二酋，脅衆連兵[一]，據思、田以重煩我師[二]。朝議特起今新建伯陽明王公來平[三]，比至，集衆告曰[四]：「蠢兹二酋，豈憚一擒，維瘡痍未瘳，而重罹鋒刃[五]，爲可哀也[六]。」即日下令，解十萬之甲，掣四省之兵，推赤二酋，俾自善計。二酋憚公威德，且知大信不殺，遂率衆自縛泣降[七]。公如初令[八]，諭而遣之，單車詣田，經畫建置[九]，以訓莫有

[一] 猛黨盧王二酋脅衆連兵　南雋集作「而猛黨盧王二酋，方且脅衆連兵」。
[二] 據思田以重煩我師　南雋集「據」上有「陷」字。
[三] 朝議特起今新建伯陽明王公來平　南雋集作「憲臣以撫剿求至計於朝，朝臣難其議。僉請于上，特起今新建伯陽明王公來總厥策」。
[四] 比至集衆告曰　南雋集作「公至，集衆屬告曰」。
[五] 而重罹鋒刃　南雋集作「而鋒刃重毒」。
[六] 爲可哀也　南雋集作「其若殘甿何」。
[七] 二酋憚公威德且知大信不殺遂率衆自縛泣降　南雋集作「二酋初疑伏險，不果。公日講學敷文，一以鎮静待之，既乃知大信不殺，遂率衆七千有奇來降」。
[八] 公如初令　南雋集「公」下有「一」字。
[九] 單車詣田經畫建置　南雋集作「既乃單車詣田，悉親經畫建置」。

衆。田父老望風觀德，如堵如墻，羅拜泣下曰[一]：「大兵不加，明公再生之賜也。田醜何以爲報[二]？」維田始禍，石實釁之，具以怪狀聞[三]，且曰：「自王師未旋[四]，石靡有寧，田人惴惴，守之如嬰，今則亡是恐矣[五]。願公毁此[六]，以寧我田。」公曰：「其然？與若等往觀之[七]。」既觀，曰[八]：「汝能怪乎[九]？吾不汝毁而與决[一〇]。」取筆大書其上[一一]，曰：「田

[一] 羅拜泣下曰　南雋集「羅」上有「争攀呼」三字。
[二] 田醜何以爲報　南雋集作「衆萬田醜，何以報此大德」。
[三] 具以怪狀聞　南雋集作「乃具以怪狀告公」。
[四] 自王師未旋　南雋集作「自夫王師未停」。
[五] 今則亡是恐矣　南雋集「今」上有「而」字。
[六] 願公毁此　南雋集作「願明公遂毁此」。
[七] 與若等往觀之　南雋集作「與若觀之」。
[八] 曰　南雋集作「則詰曰」。
[九] 汝能怪乎　南雋集作「其能怪乎否也」。
[一〇] 吾不汝毁而與决　南雋集作「即有之，與爾革厥命」。
[一一] 取筆大書其上　南雋集作「即取筆改書其上」。

石平，田州寧；千萬世，鞏皇明[一]。」明年春，公使匠氏鐫之[二]，遂以爲田鎮。田人無遠近老穉，咸謳歌於道以相慶焉[三]。

嗟夫！維石在阿，賦性不邪。孰使之行，豈民之訛？維妖維祥，肇是興亡。天實變幻，而莫知其方。維邪則洩，維正則滅，亦存乎其人而已矣。公忠誠純正[四]，其静一之學，浩然之氣[五]，見於勤王靖難者，可以格神明而貫金石，天下已信之，有弗靈於是石乎[六]？田人寶兹石文[七]，蓋不啻交人之纍銅柱也已[八]。公車將旋，田人趨必東曰：「兹不可無述，以告于世世。」

[一] 鞏皇明　南儁集「明」下有「嘉靖歲，戊子春，新建伯，告後人」十二字。
[二] 明年春公使匠氏鐫之　南儁集作「使匠氏鐫而飾之」。
[三] 田人無遠近老穉咸謳歌於道以相慶焉　南儁集作「田人無遠近老孺，咸傳呼謳歌於道以相慶焉」。
[四] 公忠誠純正　南儁集「公」下有「平生」二字。
[五] 其静一之學浩然之氣　南儁集作「以主静養浩爲學，所至驅邪消僞，功烈無前」。
[六] 見於勤王……有弗靈於是石乎　南儁集作「而其見於豫章勤王靖難之大者，天下已能言之。況其法言之勒諸石者，有弗靈於一方乎」。
[七] 田人寶兹石文　南儁集「田」上有「吾知」二字。
[八] 蓋不啻交人之纍銅柱也已　南儁集「蓋」作「誠」。

作田石平記[一]。

陽明先生畫像記

少師徐階

陽明先生像一幅，水墨寫。嘉靖己亥，予督學江西，就士人家，摹得先生燕居像二，朝衣冠像一。明年庚子夏，以燕居之一贈呂生舒[二]，此幅是也。先生在正德間，以都御史巡撫南贛，督兵敗宸濠，平定大亂，拜南京兵部尚書，封新建伯。其後以論學爲世所忌，竟奪爵。予往來吉、贛間，問其父老，云濠之未叛也，先生奉命按事福州，乞歸省其親，乘單舸下南昌，至豐城聞變，將走還幕府爲討賊計，而吉安太守松月伍公議適合，郡又有積谷可養士，因留吉安，徵諸郡兵，與濠戰湖中，敗擒之。其事皆有日月可按覆，而忌者謂先生始赴濠之約，後持兩端遁歸，爲伍所强，會濠攻安慶不克，乘其沮喪，幸成功。夫人情苟有約，其敗徵未見，必不遁。凡攻討之事，勝則侯，不勝則族，苟持兩端，雖强之必不留。武皇帝之在御也，政由嬖倖，濠悉與結納，至或許爲内應，

[一] 公車將旋……作田石平記　南雋集作「公車既旋，禮燕既筵，鼓鍾則填，士也無言，是不彰美德而播大功於遐邊也。於是藩臬群僚咸囑東作田石平記」。

[二] 呂生舒　明萬曆本世經堂集作「同年淡泉鄭子」。

方其崛起，天下皆不敢意其遽亡。先生引兵而西〔一〕，留其家吉安之公署，聚薪環之，戒守者曰：「兵敗即縱火，毋爲賊辱。」嗚呼！此其功豈可謂幸成，而其心事，豈不皦然如日月哉？忌者不與其功足矣，又舉其心事誣之。甚矣，小人之不樂成人善也。

自古君子爲小人所誣者多矣，要其終必自暴白。乃予所深慨者，今世士大夫，高者談玄理，其次爲柔愿，下者直以貪黷奔競，謀自利其身。有一人焉，出死力，爲國家平定大亂，而以忌厚誣之，其勢不盡驅士類入於三者之途不止。凡爲治，不患無事功，患無賞罰，議論者，賞罰所從出也。今天下漸以多事，庶幾得人焉馳驅其間，而平時所謂議論者如此。雖在上智，不以賞罰爲勸懲，彼其激勵中才之具，不已踈乎？此予所深慨也。

濠之亂，孫、許二公死於前，先生平定之於後，其迹不同，同有功於名教。江西會城，孫、許皆廟食，而先生無祠。予督學之二年，始祀先生於射圃。未幾被召，因摹像以歸，將示同志者，而首以贈呂生〔二〕。予嘗見人言，此像於先生極似，以今觀之，貌殊不武，然獨以武功顯，於此見儒者之作用矣。呂生誠有慕乎，尚於其學求之。

〔一〕先生引兵而西　「西」，底本訛作「兩」，據天圖本、叢刊本、文淵閣本、摛藻堂本改。
〔二〕呂生　世經堂集作「鄭子」，下文仿此。

重修陽明王先生祠記

大學士李春芳

陽明先生祠，少師存翁徐公督學江右時所創建也。公二十及第，宏辭博學，燁然稱首詞林，一時詞林宿學皆自以爲不及，而公則曰：「學豈文詞已也？」日與文莊歐陽公窮究心學，聞陽明先生「良知」之説而深契焉。江右爲陽明先生過化地，公既闡明其學以訓諸生，而又謂崇祀無所，不足以繫衆志，乃於省城營建祠宇，肖先生像祀之，遴選諸生之儁茂者，樂群其中，名曰龍沙會。公課藝暇，每以心得開示諸生，而一時諸生多所興起云。既公召還，荐躋綸閣，爲上所親信，蓋去江右幾三十年矣。有告以祠宇傾圮者，公則愀然動心，捐賜金九十，屬新建錢令修葺之。侍御甘齋成君聞之曰：「此予責也。」遂身任其事，鳩工庀材，飾其所已敝，增其所未備，堂宇齋舍，焕然改觀。不惟妥祀允稱，而諸生之興起者，益勃勃不可禦矣。

噫！公當樞筦之任，受心膂之寄，無論幾務叢委，即宸翰咨答，日三四至，而猶惓惓於崇先哲、興後學如此，誠以學之不可以已也。夫「致知」之學發自孔門，而孟子「良知」之説，則又發所未發。

陽明先生合而言之，曰「致良知」[一]，則好善惡惡之意誠，推其極，家國天下[二]，可坐而理矣。公篤信先生之學，而日以體之身心，施之政事。秉鈞之初，即發私餽，屏貪墨，示以好惡，四海嚮風，不數年，而人心吏治翕然丕變。此豈有異術哉？好善惡惡之意誠於中也。故學非不明之患，患不誠耳。知善知惡，良知具存。譬之大明當天，無微不照。當好當惡，當賞當罰，當進當退，錙銖不爽，各當天則。循其則而應之，則平平蕩蕩，無有作好，無有作惡，而天下平矣。故誠而自慊，則好人所好，惡人所惡而爲仁；不誠而自欺，則好人所惡，惡人所好而爲不仁。苟爲不仁，生於其心，害於其事，蠹治戕民，有不可勝言者矣。公爲此懼，又舉明道定性、識仁二書，發明其義，以示海内學者，而「致知」之學益明以切。諸生能心惟其義而體諸身，則於陽明先生之學幾矣。業斯舍者，其尚體公之意而殫力於誠，以爲他日致用之地哉！

成君守節[三]，曹州人，癸丑進士。按治江右，飭紀布惠，卓有賢聲，蓋有志於學者。

[一] 曰致良知　明萬曆本貽安堂集「知」下有「蓋以知取諸性而自足，不必求之於外也，知善知惡之知致」二十三字。
[二] 推其極家國天下　貽安堂集作「推之家國天下」。
[三] 成君守節　貽安堂集「君」下有「名」字。

平寧藩事略

敬齋蔡文見任廉使

陽明先生道德功業，冠絶古今，無容議矣。獨寧藩一事，不理於讒口者有二，曰：始與寧府交通，後知事不可成，因人之力，從而剪之，以成厥功。又曰：寧府財寶山積，兵入其宫，悉取以歸。此二者當時讒口嗷嗷，至形諸章奏，播諸遠近。縉紳有識，皆知其爲必無，而莫悉其無之故；皆知其絶無可疑，而無以破人之疑。余甚恨之，足迹半天下，訪之，莫有知者。迨移官入贛，贛故先生開府之地，當時故老尚有存者，咨訪累月，迺得其詳。於是躍然以喜，疾讒口之無根，且知先生計慮之深，規模之遠，有非常情之所能測識也。

自古建非常之功，必待非常之人。逆藩之積慮，非一日矣，當時所憚，獨先生在耳。殺之不得，必欲致之，事乃可成，故致惓惓於先生，而先生亦示不絶於彼者，力有所爲，機有所待。峒酋葉芳等，有衆萬人，感不殺之恩，樂爲我用。先生推誠撫之，間示以意，芳叩首踴躍，待報而發。逆藩招集無賴，亦屬意於葉芳，嘗以厚貲啗之，芳受不却。有以聞於先生者，先生憮然有失，久之，搏案起曰：「吾今日視義當爲，事之成敗，身之禍福，不計也。」會逆兵起，遂部所屬民卒，督知府邢珣、伍文定等以行。葉芳密使人告曰：「吾以款彼也。今日之事，生死惟命。」先

生大喜，即携以往[一]。鄱湖之戰，逆藩覘望芳來，芳乘之，遂就擒。大難之平，芳與有力。不然，逆兵衆且强，獨以民卒之脆弱涣散，安能當其鋒哉？兵入南昌，先生召芳語之曰：「吾請於朝，以官償若勞，如何？」芳叩首曰：「芳士人，不樂拘束，願得金帛作富家翁耳。」遂入宫，藉所有以獻，餘以予芳，滿其欲焉。

由前觀之，先生所以陽示不絶於彼者，陰欲有爲於此。使當時積穀練兵，寧不啓彼之疑而厚其毒？法曰「藏於九地之下，奮於九天之上」是也。其後以貲委葉芳者，則以夷治夷之法。故先生心事，如青天白日，用兵若風雨雷霆，本無可疑，何疑者之紛紛也？故表而出之。

蔭子咨呈

正德十六年七月十八日，奉到兵部「鳳」字二千八百八十號勘合，内開一件捷音事。准武選司付奉本部連送該本部題送，准浙江布政司咨呈，據紹興府申，據餘姚縣申，蒙本府紙牌，仰縣速將都御史王承蔭子姪應該之人，取具無碍親供，并官吏里鄰人等不扶結狀繳報等因。依蒙行據該隅里老吕時進等，勘得右副都御史王，任江西南贛等處，剿賊成功，欽承蔭子一人，世襲錦衣

[一] 即携以往 「即」，底本訛作「郎」，據文淵閣本、摛藻堂本改。

衛百户。行縣取具里老并本族親供。今據前因，合將繳到王冕等供狀一紙，係本縣東北隅五里民籍，有姪王守仁，任江西南贛等處右副都御史，爲剿賊成功，欽承蔭子王正憲，世襲錦衣衛百户。行縣取具里老并本族親供，呈繳到部。

查得先該提督南贛都御史王，奏稱征剿江西南贛等處賊寇〔一〕，驅卒不過萬餘，用費不滿三萬，兩月之間，俘斬六千有奇，破巢八十有四，渠魁授首，噍類無遺。該本部查議得都御史王，躬親督戰，獲有軍功，所當先録。伏望聖明俯照節年平寇陞蔭有功官員事例，將王照例陞職蔭子，以酬其功等因。具題，正德十三年四月十八日，節該奉聖旨：「是。各官既剿賊成功，地方有賴，陞右副都御史，蔭子姪一人做錦衣衛，世襲百户。欽此。」查無本官應襲子姪姓名，已經備行原籍官司查取去後。

又該提督南贛軍務右副都御史王，奏報廣東韶州府樂昌等縣平賊捷音。内開擒斬首從賊人首級共二千八百九名顆，俘獲賊屬，并奪回被擄男婦五百名口等因。該本部查議得本官分兵設策，一旦剿平，厥功非細。本部議將王量加陞級，於先蔭子百户上再加陞蔭，以酬其功。伏蒙欽依，王守仁已因功陞職，還賞銀四十兩，紵絲二表裏。臣等以爲王守仁累建奇功，各不相掩，今止給賞，

〔一〕奏稱征剿江西 「奏」，底本訛作「奉」，據文淵閣本、摛藻堂本改。

似不足酬其功，合無王守仁量陞俸給，於先蔭子百户上量加陞蔭等因。本年十二月初三日，具題，本月二十六日，奉聖旨：「王守仁累有成功，他男先蔭職事上，還加陞一級。欽此。」又經備行欽遵訖。

今據前因，久查陞級事例，實授百户上加一級，該副千户。通查案呈到部，欲將都御史王應蔭子王正憲，查照先奉欽依，「加蔭子姪一人做錦衣衛，世襲百户」。再加續奉欽依，「加陞一級，與做副千户，填註錦衣衛左所支俸」。緣係查録恩蔭，節奉欽依，「王守仁蔭子姪一人做錦衣衛，世襲百户」，及「他男先蔭職上，還加陞一級」事理等因。正德十五年三月初四日，少師兼太子太師本部尚書王等具題，次年四月二十五日，奉聖旨：「是。欽此。」欽遵，擬合通行。爲此合行浙江布政司，轉行紹興府餘姚縣，着落當該官吏，照依本部題奉欽依内事理，即便查取王正憲，作速起程，前來赴任。仍將本官起程日期，繳報施行。

處分家務題册

門人黄宗明書

先師陽明先生夫人諸氏，諸無出，先生立從姪正憲爲繼。嘉靖丙戌，繼室張氏生子，名正聰，未及一歲，輒有兩廣之命，當將大小家務，處分詳明，托人經理。歿幾一載，家衆童僕，不能遵守，

在他日能保無悔乎？宗明等因送先生葬回，太夫人及親踈宗族子弟、四方門人俱在，將先生一應所遺家務，逐一禀請太夫人，與衆人從長計處，分析區畫，以爲閑家正始，防微杜漸之原。寫立一樣五本，請於按察司僉事王、紹興府知府洪，用印鈐記。一本留府，一本留太夫人，正憲、正聰各留一本，同志一本，永爲照守。先生功在社稷，澤被生民，道在宇宙，人所瞻仰。其遺孤嫠室，識與不識，無不哀痛，況骨肉親戚，門生故舊，何忍棄之負之哉？凡我同事，自今處分之後，如有異議，人得舉正，毋或輕貸。

同門輪年撫孤題單

門人薛侃書

先師陽明先生同祖兄弟五人：伯父之子曰守義、守智，叔父之子曰守禮、守信、守恭，同父兄弟四人：長爲先師，次守儉、守文、守章。先師年逾四十，未有嗣子，擇守信第五男正憲爲嗣，撫育婚娶。嘉靖丙戌，生子正聰，明年奉命之廣，身入瘴鄉，削平反亂，遂嬰奇疾，卒於江西之南安。凡百家務，維預處分，而家衆欺正聰年幼，不知遵守。吾儕自千里會葬，痛思先師平生憂君體國，拳拳與人爲善之心，今日之事，宜以保孤安寡爲先，區區田業，非其所重。若後人不體，見小失大，甚非所以承先志也。乃禀太夫人及宗族、同門、戚里、僉事汪克章、太守朱衮，酌之

情禮，參以律令，恤遺孤以弘本，嚴内外以別嫌，分爨食以防微，一應所有，會衆分析，具有成議。日後倘復恩典，承襲亦有成法。正聰年幼，家事立親人管理，每年輪取同志二人，兼同扶助，諸叔姪不得參撓。爲兄者務以總家愛弟爲心，以副恩育付托之重；爲弟者務以嗣宗愛兄爲心，以盡繼志述事之美；爲旁親者亦願公心扶植孤寡，以爲家門之光；則先師在天之靈，庶乎其少慰矣。倘有踈虞，執此聞官。輪年之友，亦具報四方同門，咸爲轉達。明有憲典，幽有師靈，尚冀不爽。所有條宜，開具于後。

請恤典贈謚疏

禮科等科都給事中等官辛自修等題，爲開讀事。伏覩詔書内一款：「近年病故大臣，有應得恤典而未得，亦有不應得而得者，科道官舉奏定奪。欽此。」臣等公同面議，舉得大學士楊廷和、蔣冕、石瑶[一]、尚書王守仁、王廷相、毛澄、汪俊、喬宇、梁材、湛若水、喻茂堅、劉訒、聶豹、侍郎吕柟、周廣、江曉、程文德、少詹事王佐[二]、祭酒王雲鳳、魏校、鄒守益二十一人，

[一] 石瑶 底本如此，或爲「石珤」之訛，下文仿此。

[二] 王佐 國圖本、天圖本、叢刊本、文淵閣本、摛藻堂本作「王偉」。按，下文作「黄佐」，題贈謚疏同。

奇勳大節，茂著于生前；令望高風，愈隆于身後；俱應得恤典而未得者。中間如呂柟，有祭葬而無謚；石瑶有謚，而不足以盡其平生；俱應改擬補賜。又訪得文臣中，如曾銑、楊守謙、商大節、程鵬[一]、朱方、張漢、王杲、孫繼魯八人，或志在立功，身遭重辟；或事存體國，罪累流亡；至今無問知與不知，皆痛惜之。臣等仰惟恩詔，既恤得罪之臣，復舉原終之典，而諸臣獨以一時負罪，遂不得沾被洪慈，人心咸爲憫惻，似應查復原官，量加優恤，以示褒答等因。奉聖旨：「禮部看議來説。欽此。」

浙江等道監察御史王等題，爲開讀事。伏覩詔書内一款：「近年病故大臣，有應得恤典而未得，亦有不應得而得者，科道官舉奏定奪。欽此。」欽遵。臣等備行禮部祠祭司，查取節年給過大臣恤典，并有請未給緣由。隨行浙江等道，各公舉所知，以奉明詔。續行祠祭司及各道手本，開具各臣前來，臣等逐一會同詳議。舉得原任大學士楊廷和、蔣冕、石瑶、尚書王守仁、王廷相、湛若水、毛澄、汪俊、喬宇、梁材、喻茂堅、劉訒、聶豹、侍郎呂柟、周廣、江曉、程文德、少詹事黄佐、祭酒魏校、王雲鳳、鄒守益等，即其立朝，則大節不虧；遡其居身，則制行無議；公是在人，不容泯没，俱應得恤典而未得者也。中間如呂柟，雖有恤典而未得贈謚；石瑶已有贈謚，而未盡其人；似應

[一] 程鵬 下文作「翟鵬」，或是。

得補賜改擬者也。又查得節年給過恤典，如尚書邵元節、陶仲文、顧可學、徐可成、甘爲霖、侍郎郭文英、張電、朱隆僖等[一]，或穢迹昭彰，人所共指；或雜流冒濫，法所不容；俱不應得而得者也。伏望敕下該部，再加詳議，將楊廷和、王守仁等，應復官廕者，復其官廕，仍給祭葬贈謚；吕柟准賜贈謚，以成恩禮；石瑶如法改擬，以符名實。其濫叨恩典，如邵元節、陶仲文，先經刑部議處外，其顧可學等，均爲冒濫，名器可惜，合當追奪，以昭明法者也。

再照録忠恤罪，聖朝厚下之典也；觀過而知仁，明主鑒物之公也。臣等又訪得如文臣之中，如曾銑、楊守謙、商大節、翟鵬、朱方、張漢、王杲、孫繼魯等，究其罹禍之迹，原其爲國之忠，生則未雪，死而益明。武臣之中，如周尚文者，出謀宣力，功在邊疆，恤典未給，人心稱屈。兹當聖仁湛濡之時，正煩冤洗濯之會，諸臣之恤典，似當應給，以廣殊恩者也。再乞敕下該部，一并酌議，請自上裁。仍通行各該撫按，遵照詔書，廣求博訪。凡大臣恤典，果有應得而未得，及不應得者，各宜悉心甄别，以宣上德，亦不得曲意徇物，濫及庸劣。庶幾恩之所敷，潛晦不遺；義之所抑，回慝莫逃；勸懲之典行，而風世之道備矣等因。奉聖旨：「禮部看議來説。欽此。」

[一] 朱隆僖等　底本「朱」訛作「未」，據文淵閣本、摛藻堂本改。

辨明功罰疏

南京户科給事中岑用賓一本開讀事。臣惟國家之禮大臣，其生也，固重其爵禄以寵異之；其殁也，亦必優其恤典以旌褒之；所以示君臣一體之義，終始存殁無間也。然是恩寵之澤，予奪出自朝廷之上，忠良之臣，固在所必加，其匪人惡德，亦不使得以倖及焉。蓋加于忠良則爲公，及于匪人則爲僭，公而不僭，則君子以勸，小人以懲。此固人君奉天而不私，而實默寓勸懲之機于其間也。臣伏讀皇上登極之詔，内一款有曰：「一近年病故大臣，有應得恤典而未得，亦有不應得而得者，科道官舉奏定奪。欽此。」臣有以仰見皇上之新政，固將欲使朝廷恩寵之大典，昭大公于天下萬世也。臣備員南垣，敢不祗承德意哉？

臣謹諮之縉紳，參之聞見，查得已故原任刑部尚書林俊，福建興化府莆田縣人，舉成化戊戌科進士。歷官四十餘年，屢陳讜言，忠誠剴切，抗犯顔敢諫之節，尚簡素清約之風，迭仆迭起，朝野推重。在四川則撫剿藍、鄢之劇寇，在江西則裁制寧藩之逆萌，功尤不泯。暮年遭際，保終完名。居家構疾，具疏預辭身後恤典，竟爲不合者所忌，乘機排阻，至今公論惜之。已故原任南京兵部尚書新建伯王守仁，浙江紹興府餘姚縣人，舉弘治己未科進士。筮仕三十餘年，敭歷中外，

所至有聲，而討江西宸濠之叛，平廣西思恩、田州及斷藤、八寨之賊，功烈尤著。且博極經史，究心理學，倡明「良知」之訓，洞暢本源，至今爲人士所宗。不幸其殁也，遽爲忌者疏論，遂削去伯爵并恤典贈謚，迄今人以爲恨。已故原任南京兵部尚書湛若水，廣東廣州府增城縣人，舉弘治乙丑科進士。歷官三十餘年，立朝正大重厚，有休休有容之風；治事經緯詳明，有濟世匡時之略。尤倡明正學，以接引後進爲己任，自始至終，孜孜忘倦，凡所造就，多爲時名流。致仕家居逾二十載，壽考而終。其子孫曾陳乞恤典贈謚，未蒙先帝俞允，至今衆論咸以爲歉。已故原任南京工部尚書吴廷舉，廣西横州府千户所人，舉成化丁未科進士。歷官四十餘年，機略優長，節操素勵，犯逆瑾之怒而剛正不回，諭桃源之寇而誠信久布。且始終一介不取，殁後殯殮無資，廉潔高風，古今鮮儷。訪其贈謚，尚亦未與云。已故原任户部侍郎唐胄，廣東瓊州府瓊山縣人，舉弘治壬戌科進士。歷官四十餘年，始終正直，不少變易。迭任藩臬巡撫，勞代最多，在部建議陳言，忠讜更切。後以忤旨，被杖削籍，衆皆韙之。昨吏部題請，雖以復職贈官，而祭葬并謚未議，猶爲缺典。以上五臣，其任職先後雖稍不同，而負忠良重望則無二致，明詔所謂「應得恤典而未得者」，此其最也。

又查得已故原任禮部尚書顧可學，其先後居官，臣無暇論已。獨其晚年，挾持邪淫誕術，干

求進用，因而濫叨恩賞，穢濁清曹，迄今輿論咸羞稱之。其始而鍊合秋石，繼而鍊製紅鉛，妄行進御，至使方士人等踵迹效尤。皇上所謂「王金、陶倣等妄進藥物，致損聖躬」。臣愚以爲若誅求首惡，則顧可學尤不容逭矣。其存日既倖逃刑憲，不與方士人等同就誅夷，則其死也，寧可復使之冒濫朝廷恩賚于泉下也哉？明詔所謂「有不應得而得者」，此誠其最也。

夫表揚善類，則天下皆知爲善之利；排斥姦諛，則天下皆知肆惡之非；乃治世所不容緩者。伏乞敕下該部查議，如果臣言不謬，即將林俊、王守仁、湛若水、吴廷舉、唐胄五臣，查照舊例，一體追補贈謚、祭葬、廕子等項。顧可學前後所冒官職、贈廕等項，盡行削奪。其王守仁伯爵應否承襲，并行集議題請，取自上裁。如此，庶乎予奪明而恩威不忒，賞罰當而勸懲以昭矣。

再照臣子冤抑，久當獲伸；殊恩濫竊，終宜釐正。如已故原任吏部尚書李默，生平博雅能文，清修鯁介，居官守職，茂著風猷。止緣入柄銓曹，不阿權勢，遂致姦人乘望風旨，竟爾擠排，含冤囹圄，齎志而死。今際遇昌時，彼泉壤之下，寧無昭雪之望乎？已故原任江西副使汪一中，在昔統兵征剿，始而無料敵之明，繼而無禦敵之策，坐使狂寇冲突，命殞兵殲，較之守備不設，誠爲一律。倘若憫其死事，姑不追論，存其官職，猶或可也。乃隆忠贈廕，崇之貌祀，其爲冒濫，不已甚乎？當時與一中同事者，僉事王應時也。應時被虜贖回，尋冒陞秩，旋被參論落職。觀應

時不當冒陞，則一中不應贈廕明矣。再乞敕下該部查議，將李默一臣，比照遺詔恤録之典，復其官職，加之贈祭，少雪冤魂；將一中一臣，遵照明詔不當得之旨，奪其贈廕祠祀，俾毋終辱明典；則予奪益彰，而淑慝益著，未必不爲聖朝平明之治少裨也。奉聖旨：「該部知道。」

請從祀疏

欽差提督學校巡按直隸監察御史臣耿定向謹題，爲應明詔，乞褒殊勳，以光聖治事。恭惟皇上御極之初，詔下中外，搜剔幽滯，恤録往忠，鼓動寰宇，凡有血氣者，靡不競勸矣。伏思原封新建伯南京兵部尚書王守仁者，雖經科臣列舉題請，顧其功在社稷，道啓群蒙，是猶未可以槩凡論也。臣敢特爲陛下言之。

臣伏聞武宗初年，舊邸宦官，有馬永成、劉瑾等，時號「八虎」，置造淫巧，蠱惑上心，日進走馬飛鷹，導爲娱樂，不令親近儒臣，講學修德，耽廢萬幾。時科道官諫不聽，户部尚書韓文泣血苦諫不聽，左右輔臣時時密諫不聽，以致海内洶洶思亂，盜賊蜂起，天下騷動。江藩宸濠由此乘機竊發，謀危宗社，時非守仁在贛，倡義擒滅，今日之域中，殆有不忍言者矣。此其功在國論，章章較著，人所共明也。及宸濠既擒，太監張忠及許泰等，復又誘惑武宗，以親征爲名，巡

幸南都，其實陰懷異志，欲逞不軌，時宗社之危，益如累卵矣。全賴守仁握兵上游，隨機運變，各惡潛自震慴，武宗因得還京厚終，於以啓先皇帝逮我皇上今日萬世無疆之業。此其功甚鉅，而爲力尤難，其迹則甚隱矣。至其倡明道術，默贊化理，未易言述。即舉所著拔本塞源一論，開示人心，猶爲明切[一]。如使中外大小臣工實是體究，則所以翊我皇上太平無疆之治者，尤非淺小。此其功則百千世可頌者也。在昔先皇帝入繼大統，首議錫爵進秩，遣官存問，即欲召入密勿，以咨啓沃。維時輔臣桂萼者，妬其軋己，陰肆擠排，故薦令督師兩廣，竟使賫志以殁。尋復構煽，致削封爵，智士忠臣，至今扼腕悼嘆而不置矣。

伏惟皇上俯垂軫念，敕下廷臣虛心集議，特賜復爵贈謚，從祀孔廟，萬代瞻仰，甚盛舉也。臣竊又伏思，爲此請，在國家詔功彝典當如此耳。乃若篤忠效知之臣，其心惟願國家永靈長之慶，而不願有建功之賞；惟願朝端協一德之交，而不樂有倡道之名。伏惟皇上省覽及此，深惟往事之鑒，益弘保大之圖，而左右臣工共明一體之學，頓消有我之私，則守仁之道，即已表章于今日；而守仁之志，即已獲伸于九原矣。即今奕世阨窮[二]，永言銷滅，亦其所安。此守仁之心，亦微

[一] 猶爲明切 「猶」，文淵閣本、摛藻堂本作「尤」。

[二] 即今奕世阨窮 「今」，文淵閣本、摛藻堂本作「令」。

臣之心也。臣無任祝望激切隕越之至。爲此專差舍人丁憲，賫捧謹題請旨。奉聖旨：「禮部知道。」

題贈謚疏

吏部一本，爲開讀等事。節該本部驗封清吏司案呈，奉本部送准禮部咨，該科道等官，會舉已故原任新建伯南京兵部尚書兼都察院左都御史王守仁等官，各應得恤典等因。除祭葬照例給與外，據贈官備咨前來本部，俱經照例題奉欽依外。准吏部咨，該翰林院接出揭帖某人等因，開咨送司，案呈到部。查得贈謚官員，例應給與誥命，本部欲行翰林院撰文，中書舍人關軸書寫，臣等未敢擅便開坐，謹題請旨。

計撰述官　員，誥命　軸。

〇原任新建伯南京兵部尚書兼都察院左都御史王守仁，今贈新建侯，謚文成。〇原任少師兼太子太師吏部尚書華蓋殿大學士楊廷和，今贈太保，謚文忠。〇原任少傅兼太子太傅户部尚書謹身殿大學士蔣冕，今贈少師，謚文定。〇原任太子太保吏部尚書兼武英殿大學士石瑶，今贈少保。〇原任少保兼太子太保吏部尚書喬宇，今贈少傅，謚莊簡。〇原任太子太保兵部尚書兼都察院左都御史王廷相，今贈少保，謚肅敏。〇原任太子太保兵部尚書聶豹，今贈少保，謚貞襄。〇原任

太子太保兵部尚書彭澤，今贈少保，謚襄毅。○原任太子少保户部尚書王杲，今贈少保。○原任太子少保户部尚書梁材，今贈太子太保，謚端肅。○原任禮部尚書汪俊，今贈太子少保，謚文莊。○原任刑部尚書喻茂堅，今贈太子少保。○原任刑部尚書劉訒，今贈太子少保。○原任刑部尚書林俊，今贈太子少保，謚貞肅。○原任南京工部尚書吴廷舉，今贈太子少保，謚清惠。○原任南京兵部尚書湛若水，今贈太子少保。○原任兵部左侍郎張漢，今贈兵部尚書。○原任南京工部左侍郎程文德，今贈禮部尚書。○原任南京工部左侍郎何孟春，今贈禮部尚書，謚文簡。○原任南京禮部右侍郎吕柟，今贈禮部尚書，謚文簡。○原任兵部右侍郎兼都察院左副都御史曾銑，今贈兵部尚書，謚襄愍。○原任兵部右侍郎兼都察院右副都御史楊守謙，今贈兵部尚書，謚恪愍。○原任兵部右侍郎兼都察院右僉都御史商大節，今贈兵部尚書，謚端愍。○原任南京刑部右侍郎江曉，今贈工部尚書。○原任都察院右副都御史孫繼魯，今贈兵部左侍郎，謚清愍。○原任詹事府少詹事兼翰林院侍讀學士黄佐，今贈禮部右侍郎。○原任都察院右僉都御史朱方，今贈都察院右副都御史。○原任南京國子監祭酒鄒守益，今贈禮部右侍郎，謚文莊。○原任刑部左侍郎劉玉，今贈刑部尚書，謚端毅。○原任太子太保吏部尚書熊浹，今贈少保，謚恭肅。○原任太僕寺卿楊最，今贈右副都御史，謚忠節。○原任左春坊左贊善羅洪先，今贈光禄寺少卿，謚文恭。○原任兵部

員外郎楊繼盛，今贈太常寺少卿，謚忠愍。

題遣官造葬照會

工部爲開讀事，書填「堂」字一千八百二十號勘合，照會浙江布政司，仰比號相同，照依後開事件，作速完報施行。須至照會者。

計開一件開讀事。屯田清吏司奉本部送該本部題，本司案呈，奉本部送准禮部咨，該禮科等科都給事中等官辛自修等題前事。該本部看得大學士蔣冕，性行朴忠，學識雅正。當武朝南巡之日[一]，而協謀靖亂，共成康定之功；遇先皇繼統之初，而秉正立朝，克效贊襄之職。乞身遠引，似得進退之宜；潔己令終，無損平生之譽。新建伯兵部尚書王守仁，具文武之全才，闡聖賢之絶學。筮官郎署，而抗疏以犯中璫，甘受炎荒之謫；建臺江右，而提兵以平巨逆，親收社稷之功。偉節奇勳，久已見推於輿論；封盟恤典，豈宜遽奪於身終？尚書汪俊，秉剛介之性，持廉慎之操。筮仕詞林，而再蹶復起，生平之制行可知；繼司邦禮，而百折不回，立朝之節槩具見。潔己無慚於古道，歸田見重於鄉評。尚書喬宇，才猷博達，德量宏深。預計伐叛濠之謀，而留都賴之以不聳；

[一] 當武朝南巡之日 「朝」，文淵閣本、摛藻堂本作「廟」。

持法落逆彬之膽，而奸萌藉此以潛消。入掌銓衡，公明懋著；晚歸田里，譽望彌隆。左都督周尚文，志本忠勤，才尤清耿。深謀秘略，克成保障於雲中；鋭幹强才，久震威名於閫外。近年良將，均在所首稱，身後恤典，委難報罷。以上諸臣，論其職任才猷，不無差等之别；要其官常人品，均爲賢碩之儔；所當厚加恤典，以優異者也。尚書喻茂堅，歷官中外，積有年勞，守己始終，並無訾論。尚書王杲，持身清慎，任事剛方，謫死本無非罪，大節委有可加[一]。以上二臣，所當照例給與祭葬者也。相應題請，合無將大學士蔣冕、尚書喬宇、左都督周尚文，各照例與祭九壇；新建伯王守仁，與祭七壇；尚書汪俊，與祭二壇；尚書喻茂堅，與祭二壇；尚書王杲，與祭四壇。移咨工部，照依品級，造墳安葬，及行各該布政使，備辦祭物香燭紙，就遣本司堂上官致祭等因。題奉聖旨：「蔣冕、喬宇、周尚文、王守仁、汪俊，各照例與祭葬，還同吕柟，俱與他謚，石瑶准改謚，其餘都依擬行。欽此。」欽遵，咨部送司。

查得先該本部，爲審時省禮，以寬民力事。議得病故大臣，照依今定後開價值，轉行有司措辦，給付喪家自行造葬，不必差官。中間果有功德昭彰，聞望素著，公私無過，或曾歷邊務，建立奇功，及經帷纂修，效勞年久，此等官員，合照舊例，差官造葬。俱聽本部臨時斟酌，奏請定奪等因。

[一] 大節委有可加 「加」，文淵閣本、摛藻堂本作「嘉」。

題奉武宗皇帝聖旨：「是。造墳開壙工料價銀則例准擬。欽此。」已經通行欽遵去後。今該前因，通查案呈到部。看得大學士蔣冕、尚書喬宇、王守仁、汪俊、喻茂堅、王杲、都督周尚文，俱功德昭彰，聞望素著，及效勞經帷纂修，并建立邊功，俱應差官造葬。查得本部司屬官員，各有差占，及查見今行人司，并中書等衙門俱缺官，不敷委用。合候命下之日，容職等查順便省分，行移事簡衙門，查有應差官員，或一人兼差二三省，本部照例，各給批文定限，仍行兵部應付各官前去。各該布政司，比號相同，着落當該官吏，照依後開擬定價值派辦。各該布政司，仍委堂上官一員，會同本部委官，前去造墳處所，依式造葬。各畢日，備將夫匠價銀數目，各該布政司，類造黃册奏繳，青册送部查考等因。隆慶元年六月初八日，少傅本部尚書雷等具題，本月初十日，奉聖旨：「是。欽此。」欽遵，擬合通行。爲此合連送司，仰類行各該布政司，着落當該官吏，照依本部題奉欽依内事例，欽遵造葬施行等因。連送到司，各付前去類填施行。

計開：

浙江布政司派辦，已故原任新建伯兼南京兵部尚書王守仁，係兩京二品文官〔一〕，造墳工料價銀二百五十兩，夫匠一百五十名，每名出銀一兩，通共該銀四百兩正。右照會浙江等處承宣布

〔一〕係兩京二品文官　國圖本、天圖本、叢刊本、文淵閣本、摛藻堂本無「兩」字。

政使司准此。隆慶元年六月十七日，對同都吏王宜，開讀事。右照會浙江布政司，當堂開拆。

祭葬劄付

浙江等處承宣布政使司，爲開讀事。禮房准户部勘合科付承准禮部「以」字四千二百五十二號勘合，照會前事。准祠祭清吏司付奉本部題，本司案呈，奉本部送禮科都給事中等官辛自修等題，欽奉詔書内一款：「近年病故大臣，有應得恤典而未得，亦有不應得而得者，科道官舉奏定奪。欽此。」臣等會同科道官，復加詢訪，公同面議，舉得尚書王守仁，奇勳大節，茂著於生前；令望高風，愈隆於身後；應得恤典而未得者。伏乞敕下該部，再加查議。如果恤典未給，將王守仁應復官廕者，先復其官廕，仍給以祭葬贈謚等因。奉聖旨：「禮部看議來說。欽此。」欽遵，抄出送司。行准吏部文選清吏司回稱，王守仁原任新建伯，兼南京兵部尚書，及准考功清吏司手本，回稱王守仁病故。各回報到司。

查得大明會典并見行事例，文官見任并致仕者，二品病故，祭二壇。又查得凡伯爵管事有軍功者，祭七壇，工部造墳安葬。又查得先爲比例乞恩贈謚事，節奉孝宗皇帝聖旨：「今後有乞恩贈的，恁部裏還要斟酌可否來説，務合公論，不許一槩徇情，比例濫請。該科記着。欽此。」

今該前因，案呈到部。看得恤典一節，朝廷所以崇奬賢哲[一]，褒答忠勞，表章於既往，激勸於將來，其典至重，其法至嚴者也。若使有當得而不得，有不應得而濫得者，又何以示教戒於天下，而公是非於後世耶？兹者躬遇我皇上嗣承大統，典禮鼎新，正人心争自濯磨之始，而明詔所及，特開釐正恤典一款。言官奉詔諮詢，陳列上請，無非祗承明命，以公勸懲之意，相應議擬。爲照新建伯兵部尚書王守仁，具文武之全才，闡聖賢之絶學。筮官郎署，而抗疏以犯中璫，甘受炎荒之謫；建臺江右，而提兵以平巨逆，親收社稷之功。偉節奇勳，久已見推於輿論；封盟恤典，豈宜遽奪於身終？所當厚加恤典，以示優異者也。臣等參稽公論，查照事例明白，相應題請，合無將新建伯王守仁與祭七壇，照依品級造葬，仍乞賜謚易名，以表潛懿。其爵廕移咨吏部查議外，合候命下，行翰林院撰祭文并擬謚號，工部差官，造墳安葬，及行該布政司，買辦祭物香燭紙，就遣本布政司堂上官致祭。恩典出自朝廷，臣等不敢定擬，伏乞聖裁等因。

隆慶元年四月二十七日，本部尚書兼翰林院學士高等具題，二十九日，節奉聖旨：「王守仁照例與祭葬，還與他謚。欽此。」欽遵，擬合就行。爲此合就連送，仰付該司類行浙江布政司，轉屬支給官錢，買辦祭物香燭紙，就遣本布政司堂上官致祭。仍將用過官錢，開報户部知數，毋

[一] 朝廷所以崇奬賢哲　「廷」，國圖本、天圖本、叢刊本作「是」。

得因而科擾不便。連送到司，合付前去，煩爲類填施行，等因到司，案呈到部。擬合就行浙江布政司，照依勘合内事理，一體遵奉施行等因。備承移付，准此，擬合就行。爲此除外，劄付本官，照劄備承照會内事理，即便轉行該縣，支給官錢，買辦祭物香燭紙完備，擇日申請，本司分守該道，親詣致祭施行。畢日，將用過官錢，行過日期，明開動支何項銀數，備造青黄文册三本申報，以憑轉繳施行，毋得違錯不便。須至劄付者。

計開：

一、祭文

諭祭文

維隆慶　年　月　日，皇帝遣本布政司堂上某官某，諭祭原任新建伯兼兵部尚書贈新建侯王守仁。文曰：惟卿學達天人，才兼文武。拜官郎署，抗疏以斥權奸；擁節江西，仗義而討凶逆。芟夷大難，茂著奇勳。又能倡絶學於將湮，振斯文於不墜。豈獨先朝之名佐，實爲當代之真儒。顧公評未定於生前，致恤典尚缺於身後。朕兹嗣統，特用頒恩，爵陟侯封，申錫酬功之命；謚加美號，庸彰節惠之公。冥漠有知，英靈斯烈。

首七等文

曰：惟卿學探洙、泗之奥，才爲管、葛之儔。直節著於立朝，奇功收於定難。德既茂矣，勳莫尚焉。方膺顯命以貤榮，遽罹讒言而褫爵。公評殊快，恩寵特加。首七莫追，載頌諭祭。服茲明渥，用慰幽靈。終七、百日文同，但改「首七」爲「終七」，又改「終七」爲「百日」。

下葬等文

曰：惟卿學問閎淵，謀猷敏練。接千載聖賢之正脉，建萬年社稷之奇功。久被浮言，莫伸國是。雖爵隨身廢，而名與道存。茲當窀穸之期，用賁幽泉之寵。歆茲彝典，獎爾忠魂。朞年、除服文同，但改「窀穸」爲「周朞」，又改爲「禫除」。

一、祭品

猪一口、羊一羫、饅頭五分、粉湯五分、果子五色每色五斤、按酒五盤、鳳鷄一隻、煠骨一塊、煠魚一尾、酥餅酥錠各四箇、湯鷄一分、魚湯一分[一]、降真香一炷、燭一對重一斤、焚祝紙一百張、酒二瓶。

右劄付紹興府准此。入遞不差人。隆慶二年二月十三日，對同通吏朱椿，開讀事。十四日申時，發行紹興府。劄付押。十六日到府。

[一] 魚湯一分　「魚湯」，國圖本、天圖本、叢刊本、文淵閣本、摛藻堂本作「湯魚」。

江西奏復封爵咨

任士憑

欽差巡撫江西等處地方兼理軍務兵部右侍郎兼都察院右僉都御史任，爲開讀事。據江西布政司呈，奉職按驗，准吏部咨前事。内開會同巡按御史，即查新建伯王守仁，當宸濠倡亂之時，仗義勤王，奮身率衆，中間分兵遣將，料敵設謀，斬獲功次，擒縛渠魁等項，是否的有實蹟可據；地方蕩平之後，群情果否誦功；爵廕削除以來，群情果否稱枉；即今應否准其子孫世襲。逐一備查明白，作速會奏施行等因。備咨前來，案行本司，會同司道，查議詳報。并蒙巡按江西監察御史蘇案驗，奉都察院勘劄同前事。

依奉行據南昌府呈，據南昌縣申稱，故牒府縣儒學師生，及唤通縣耆民坊里陳一鳴等，并質之鄉宦原任侍郎等官曾鈞、丁以忠、劉伯躍、胡植等，逐一查結得宸濠陰謀不軌，已將十年，蓄養死士，招集盜賊，一旦舉事，勢焰燻灼。於時本爵方任南贛都御史，往閩勘事。正德十四年六月十五日，行至豐城聞變，即旋吉安，督率知府伍文定等，調集軍民兵快，約會該府鄉官王懋中等，相與激發忠義，移檄遠近，暴揚逆濠罪惡。於是豪傑響應，人始思奮，士民知有所恃而壯膽，逆黨知有所畏而落魄。夫本爵官非守土，而討逆之命又未下，一旦舉大事，定大謀，此非忠憤激

切，克惇大義者不能也。至七月初二日，逆濠留兵萬餘，守江西省城，而自引兵向闕。本爵晝夜促兵，十五日，會臨江之樟樹。十八日，分布督遣知府伍文定等攻廣閏七門[一]。二十二日，破城[二]，盡擒逆惡。二十四日，逼黄家渡。二十六日，逆濠就擒。不延時日，江省底定，此非謀略素定，料敵若神者不能也。

夫逆濠，一大變也，以六月十四日起事，以七月二十六日蕩平，兵不血刃，民不易市，即本爵之勳烈，誠與開國同稱。迨先帝登極，大定公典，論江西首功，封本爵爲新建伯，給券世襲，此固報功之盛典，而江右咸稱快焉。繼因平蠻病故，朝議南寧之事，霍韜、黄綰諸臣奏疏甚明，竟扼於衆忌，而天下咸稱枉焉。邇者爲開讀事，科道等官疏欲復其世襲，此公道之在人心，不容泯也。昔開國文臣劉基，以武功封誠意伯，停襲百餘年，嘉靖初，特取其的裔世襲。夫本爵學貫天人，才兼文武，忠揭日月，功維社稷，恩庇生民，擬之劉誠意，不相伯仲。儻蒙覆奏，准其世襲，扶植崇德報功之公道，興起忠臣義士之世教等因。并據本縣儒學生員王緝等結報相同，備申本府，轉申到司。

[一] 廣閏　江西捷音疏作「廣潤」，下文仿此。
[二] 破城　國圖本、天圖本、叢刊本、文淵閣本、摛藻堂本作「破賊」。

據此，隨該本司左布政使曹三暘、右布政使程琟，會同按察使張柱、都司署都指揮僉事耿文光、分守南昌道左參政方弘静、分巡南昌道僉事嚴大紀，會看得原封新建伯王守仁，正德十四年督撫南贛之時，於六月初九日自贛起行，往福建勘事。時宸濠謀爲不軌，欲圖社稷，本月十四日，擅殺都御史孫燧、副使許逵，并執縛都、布、按三司官，及府縣等衙門大小官員，俱因之，盡收在城各衙門印信，及搬搶各庫藏一空，釋放在城各司府縣見監重囚，舟楫蔽江而下，聲言直取南京。次日，本爵在於豐城舟中聞變，疾趨吉安，集兵勤王。行至中途，尤恐兵力未集，若宸濠速出，難以遽支，乃間諜揚言朝廷先知寧府將叛，行令兩廣、湖襄都御史楊旦、秦金，准兵部咨，調遣各處兵馬，暗伏要害地方，以伺寧府兵出襲殺。復取優人數輩，將公文各縫衣袼中，各與數百金以全其家，令其至伏兵處所飛報竊發日期。將發間，又捕捉僞太師李士實家屬至舟尾，令其覘知。本爵佯怒，令牽之上岸處斬，已而故縱之，令其奔報。宸濠邏獲優人，果於衣袼中搜得公文，宸濠遂疑懼，不敢即發。

十八日，至吉安，督率本府知府伍文定、臨江知府戴德孺、贛州知府邢珣、袁州知府徐璉等，調集軍民，召募義勇，會計一應解留錢糧，支給糧餉，造作戰船，奏留公差回任御史謝源、伍希儒，分職任事，約會致仕、養病、丁憂、閑住，及赴部調用等項一應鄉官，相與激勸忠義，曉諭禍福。

又恐宸濠知其調度，覺其間諜，發兵速出，乃密使僞國師劉養正家屬，及平日與宸濠往來鄉官，陰致歸附之意，以緩其出。直伺調度已定，乃移檄遠近，宣布朝廷威惠，暴露宸濠罪惡。又度兵家決勝之機，不宜急冲其鋒，須先復省城，搗其巢穴，賊聞必回兵來援，則出兵邀而擊之，此全勝之策。於是佯示以自守不出之計。

七月初二日，宸濠留兵萬餘，使守江西省城，乃自引兵向安慶。本爵探知其出，遂星馳促各府兵，期以本月十五日，會於臨江之樟樹鎮，身督知府伍文定等兵徑下。戴德孺等兵，各依期奔集。十八日，遂至豐城，分布哨道，約會齊攻省城廣閏等七門。是日又探得宸濠伏兵於新舊墳廠，以備省城之援，乃密遣兵，從間道襲破之，以摇城中。十九日，發市汊。二十日，各兵俱至信地。我師鼓噪並進，綈絙而登，一時七門齊入，城遂破，擒其居守宜春王拱樤，及僞太監萬鋭等千餘人。宸濠宫中眷屬縱火自焚。遂封府庫，搜出原收大小衙門印信九十六顆。先上江西捷音疏，仍分兵四路追躡。

宸濠攻圍安慶未下，至是果解圍歸援省城，卒如本爵所料。於是議禦寇之策，本爵斷以宜先出鋭卒，乘其惰歸，邀擊以挫其鋒，衆將不戰而自潰。遂遣知府伍文定等，分道並進，擊其不意，

奮死殊戰，賊大潰。因榜諭城中軍民[一]，雖嘗受賊官爵，能逃歸者皆免死，能斬賊徒歸降者皆給賞。使内外居民及鄉導人四路傳布，以解散其黨。

二十三日，宸濠先鋒至樵舍，風帆蔽江。本爵親督伍文定等，四面分布，以張其勢。二十四日，賊逼黄家渡，乃合兵交擊，噪呼並進，賊大潰而奔，擒斬二千餘級，落水死者以萬數。賊氣大沮，退保八字腦。二十五日，伍文定等奮督各兵並進，砲及宸濠舟，賊又大潰，擒斬二千餘級，溺水死者莫計其數。乃夜督伍文定等爲火攻之具，邢珣等分兵四伏，期火發而合。二十六日，宸濠方召群臣，責其間不致死力者，將引出斬之。争論未决，我兵已四面而集，火及宸濠副舟，衆遂奔散。宸濠與妃泣别，宫人皆赴水死。宸濠并其母子[二]、郡王、將軍、儀賓，及僞太師、國師、元帥、參贊、尚書、都督、都指揮、千百户等官數百人，皆就擒矣。擒斬賊黨凡三千餘級，落水死者約三萬餘，所棄衣甲器仗財物，與浮尸積聚，横亘若洲，餘賊數百艘四散逃潰。二十七日，復遣官分兵追剿殆盡。計先後擒斬首從賊人賊級，并獲宫人賊屬，奪回被脅被虜，招撫畏服官民男婦等項，共一萬一千五百九十六名顆口，功成而事定矣。

[一] 因榜諭城中軍民　「榜」，國圖本、天圖本、叢刊本作「傍」。

[二] 宸濠并其母子　「母」，擒獲宸濠捷音疏作「世」。

先是本爵起兵吉安時，兩上疏乞命將出師。蒙朝廷差安遠伯朱泰即許泰、平虜伯朱彬即江彬、左都督朱翬即劉翬、太監張忠、張永等，爲總督軍務、贊畫機密等官，體勘宸濠叛逆事情，前往江西。至中途聞宸濠受擒，報捷至京，計欲奪功，乃密請駕親征。江彬、許泰等，乃倡言本爵始同宸濠謀叛，因見天兵親討，始擒宸濠，以功脱罪，欲併擒本爵以爲己功。又諭本爵，欲將宸濠放至城中，待駕至，列陣重擒。本爵不可，遂各引兵至南京候駕。本爵乃力疏請止親征。九月十一日，親自量帶官軍[一]，將宸濠并宫眷逆情重犯督解赴闕，扶病前進。行止浙江杭州府[二]，又遇奏差太監張永齎駕帖[三]，開稱宸濠等，待親臨地方，覆審明白，具奏定奪。本爵遂按行浙江按察司，轉呈太監張永，會同監軍御史，公同該省都、布、按三司等官，將見解逆首宸濠并宫眷等項，逐一交付明白轉解。於是江彬等日夕謀欲奪功，欲反坐本爵并擒爲功，賴張永極力辯護得免。

時本爵功高望重，頗爲當路所忌。正德十六年十二月内，該部題爲捷音事，議封公伯爵，給

[一] 親自量帶官軍　「量」，底本訛作「諒」，據請止親征疏改。
[二] 行止浙江杭州府　「止」，文淵閣本、摛藻堂本作「至」。
[三] 又遇奏差太監張永齎駕帖　「奏」，文淵閣本、摛藻堂本作「欽」。

守力宣誠推衛翊天奉、伯建新封，酒羊以犒，幣銀以錫，勞奬官遺敕賜，襲承世世孫子，券誥與

追體一妻并代三，石千一米禄支歲，務機贊參，書尚部兵京南兼，國柱、夫大禄光進特、臣文正

意路當迎官道科。衆益學講，門其游來方四，憂父丁爵本，元改靖嘉年明。免辭疏累爵本。封

，役職離擅其參力部本時。進其阻以讒進爲密，者爵本憾私有臣輔西江。召不年六，復起該例，闋服。學僞公劾

，年明。議會官多命乞，濫冒功軍時濠宸擒其詆又，功大成又，平蕩去前，務軍省四督總爵本，薦論部兵，亂倡猛岑西廣

。職到因等，〔一〕矣被沾不皆典恤行當并，爵伯襲世削遂，議會官多命，揭密進復臣輔西江。置倒威恩，事寨八、田、思西廣置處其參及

西江按巡同會職該，因前據今。後去議查同會，司該行案經已，事前咨部吏准先查卷，此據

。也發未之濠宸。時之贛南撫督正，日之逆叛濠宸當，仁守王伯建新任原得看參，宗朝蘇史御察監

行非若，也發既之濠宸及；禍之延蔓肆大必，用所賊爲皆，徒之倫絶智勇則，巢等頭浰平剿非若

，等珣邢督，儒德戴督，定文伍督。功之滅撲爲難必，集可夕朝非，衆之兵大方四則，出其緩以間

斬。智之謀設敵料有信，神若勝決，舍樵係，渡家黄係，城省係；能之將遣兵分見足，力協歌飽

義仗；據可歷歷皆，勞之衆率身奮且。文之割交於明甚，魁渠縛擒而，册之功紀於載具，次功獲

〔一〕皆不沾被矣　「沾」，底本訛作「沽」，據文淵閣本、摛藻堂本改。

勤王之舉，尚昭昭在人。先與後擒，乃豪黨利己之誣[一]，本不足辯，而其中原以北，終不能攻陷金陵以據者，要皆本爵至微之謀。論之今日，江西死節皆蒙贈恤，生存皆獲撫安，孰非本爵勤勞之舉？地方蕩平之後，誦功者載在口碑；爵廕削除以來，稱枉者孚於士論。蓋較之開國元勳，若非同事，而擬其奠安社稷，則與同功。但世襲之典，事體重大，出自朝廷，非臣下所敢輕議。爲此除具題外，今備前由，理合移咨貴部，煩請查照施行。須至咨者。

右咨吏部。隆慶元年十月十一日行説堂。十一月十三日到。

浙江撫巡奏復封爵疏[二]

王得春

巡按浙江監察御史王題，爲懇乞鑒忠義，復襲爵，以光聖政事。臣惟人臣報國之忠，致身之義，雖得之天性，然其所以鼓舞而激勵之者，實賴君父在上有以握其機也。臣會同提督軍門趙，竊見原任新建伯王守仁，爲浙江餘姚人。方正德己卯寧庶人宸濠謀反時，守仁以南贛巡撫提督軍務，奉旨前往福建勘處叛軍，道經豐城聞變，乃潛回吉安，遂與知府伍文定等誓死討賊。當是時也，

[一] 乃豪黨利己之誣　「豪」，文淵閣本作「濠」。

[二] 浙江撫巡奏復封爵疏　「撫巡」，文淵閣本、擒藻堂本作「巡撫」。

宸濠以數十年逆謀，發之一旦，遠邇駭震。内而武宗皇帝左右近習，多昏酣宸濠賂遺，甚有與之交通者；外而孫燧、許逵同時被害，三司而下，多就拘囚。又遣其黨，分收諸郡邑印信，逆焰所薰，視湖湘、閩、浙，不復在目中。帆檣東下，日蔽江塞，遂破南康、九江，如摧枯拉朽。急攻安慶，直瞰留都，東南事勢，亦孔棘矣。

守仁以書生，民非素屬，地非統轄，兵非素練，餉非素具，徒以區區忠義，號召豪傑，倉卒調度，誓死討賊。其報宸濠謀反疏曰：「臣以區區之命，誠爲討賊之舉，務使牽其舉動，而使進不得前；擣其巢穴，而使退無所據。」夫觀守仁血誠之言，其忠義根諸天性者，固將昭日月而貫金石矣。而其牽舉動，擣巢穴之見，智勇殊絶，視宸濠真爲囊中物耳。宸濠固兇狡，竟莫能逃，繼之南昌破而巢穴平矣，宸濠返而渠魁執矣。不兩月間，地方底寧，朝廷無徵兵遣將之煩，地方臻反亂爲治之效。此功在社稷，甚爲奇偉。乃天祐國家，生此偉人，而其誠與才合，蓋有追蹤乎百代之上者矣。使是時而非遇守仁，使守仁以南昌非故屬，不以討賊爲己任，即使討賊，張虚聲，待奏報，而不速爲撲滅之計，臣等知東南安危未可必也。即使朝廷之上，聞變急圖，遣將得人，供餉得人，調度得人，未免延緩日時。及其戡定，又不知所傷人命幾何，所費糧餉幾何，所費爵賞幾何，所損國家元氣幾何，此守仁之功所以爲大也。

奈何功雖成矣，而奸黨忌嫉，不惟爵賞不及，抑且媒孽多方。又賴天祐我國家，不使忠義抱屈終身。幸遇世宗皇帝入繼大統，即位未幾，首録守仁之功，封新建伯，世襲，部下伍文定等，陞賞有差。當是之時，海内之人，又莫不以世宗皇帝能賞忠義之勳，亦莫不以守仁之功爲足以當封爵而不愧也。是時守仁雖膺封爵，徒淹家居，未嘗一日柄用。嘉靖六年間，始起奉敕討兩廣叛目盧蘇、王受等，既平，以衝冒炎瘴病篤，具疏辭官，不待報而歸，至江西南康地方病故。

夫以守仁江西之功論之，誠已竭夫報國之忠；以兩廣之還迹之，又未失夫致身之義；俱無可以議焉者。祇以當時大臣，有忌其兩廣功成，疏中未叙己者，乃從中主議，謂其不俟命而行，非大臣體，遂有旨削襲爵。臣等嘗爲守仁冤之，何則？假使守仁詐病而歸，與地方未平而急身謀，誠爲可罪。然地方已平矣，即不病，亦當聽其辭歸，以彰朝廷均勞大臣之義。矧地方已平，而又病，病又篤，卒死於道路，而人猶執其迹以罪之，冤亦甚矣。

兹幸我皇上御極，即位一詔，將使天下無一物不得其所。故凡平日内外大小臣工，或一言有益于國家，一行有益于生民者，無不恤録。若守仁者，其伯爵之襲，臣等固謂其爲皇上新政第一事也。況經言官疏請，往復行勘，海内臣工，萬口一詞，咸以守仁伯爵當襲。臣等謬膺撫按，浙江爲守仁桑梓地，其得之公論，稽之群情，揆之國典，察諸守仁討賊之心之功，其伯爵誠宜使襲

而不可泯者。且方今南北多事，北虜尤甚，皇上宵旰九重，内外大小臣工，非不競競圖謀[一]，思以陳見伐虜悃誠，而犁廷掃穴之績，尚未有能奏者。臣等誠謂皇上宜籍守仁報國之忠，致身之義，皇上俯採公議，復其襲爵，將見内外大小臣工，莫以守仁忠義不白於正德之季[二]，我世宗皇能白之[三]；又稍抑於嘉靖六七年間，我皇上今日又獨能察而伸之；莫不相率激勵於守仁之忠義以報皇上矣。其爲聖政之光豈小哉！伏乞敕下吏部，再加查議，節次言官奏疏，亟爲上請，守仁幸甚，天下幸甚。緣係懇乞鑒忠義、復襲爵，以光聖政事理，爲此具題。奉聖旨：「吏部知道。」

題請會議復爵疏

吏部題爲開讀事。驗封清吏司案呈，奉本部送吏科抄出巡撫江西等處地方兼理軍務兵部右侍郎兼都察院右僉都御史任題云云等因。又該巡按江西監察御史蘇等題同前事。俱奉聖旨：「該部知道。欽此。」欽遵。按查先奉本部送准禮部咨，内開原任新建伯兼南京兵部尚書王守仁，具文

[一] 非不競競圖謀　「競競」，文淵閣本、摛藻堂本作「兢兢」。
[二] 莫以守仁忠義　「莫」，文淵閣本作「皆」。
[三] 我世宗皇能白之　文淵閣本、摛藻堂本「皇」下有「帝」字，無「能」字。

武之全才，闡聖賢之絶學。筮官郎署，而抗疏以犯中璫，甘受炎荒之謫；建臺江右，而提兵以平巨逆，親收社稷之功。偉節奇勳，久已見推於輿論；封盟恤典，豈宜遽奪於身終？爵廕仍咨吏部，查議施行，等因到部。除新建伯王守仁照例追贈新建侯，已該本部具題，奉有諭旨外。所據世襲一節，當武廟之末造，江西宸濠突然稱變，事關社稷。本爵親調官兵，一鼓擒之，不動聲色，措天下於太山之安，較之靖遠、威寧之功，良亦偉矣。但因南寧之事，停襲歲久，一旦議復，事體重大，相應就彼再行查勘，以昭公論。已經備行移咨去後。

今該前因，續該奉本部送吏科抄出提督軍務巡撫浙江等處地方都察院地方都察院右僉都御史趙題云云等因[一]。又該巡按浙江監察御史王題同前事。俱奉聖旨：「吏部知道。欽此。」欽遵。抄送到司，通查按呈到部。查得王守仁以正德十四年討平逆藩宸濠之亂，該本部題，奉世宗皇帝聖旨：「王守仁封新建伯、奉天翊衛推誠宣力守正文臣、特進光禄大夫、柱國，還兼南京兵部尚書，照舊參贊機務，歲支禄米一千石，三代并妻一體追封。欽此。」嘉靖八年正月内，爲推舉才望大臣以安地方事，該本部會題，節奉欽依：「王守仁伯爵，姑終其本身。」除通行欽遵外。今該前因，案呈到部。看得爵人於朝，賞延於世，昔聖王所不能廢。即如王守仁削平宸濠之變，功在社稷，

[一] 巡撫浙江等處地方都察院地方 「都察院地方」五字或爲衍文，文淵閣本、摛藻堂本作「兵部右侍郎」。

豈有僅封伯爵，止終其身之理？所據南北兩京科道官，江、浙兩省撫按官，交章論薦於四十年之後，寔惟天下人心之公是。但事體重大，必須廣延衆論，本部難以獨擬。合候命下，容臣等會同五府、九卿、科道等官，從公詳議。如果新建伯應該世襲，具實奏請，恭候宸斷。緣係開讀事理，謹題請旨。奉聖旨：「是。」

會議復爵疏

吏部尚書楊博

少傅兼太子太傅吏部尚書楊博題，爲開讀事。驗封清吏司案呈，奉本部送吏科抄出巡撫江西等處都察院右僉都御史任題，爲開讀事。據江西布政司呈，奉職案驗，准吏部咨前事，内開會同巡按御史，即查新建伯王守仁云云。臣等會同太師兼太子太師後軍都督府掌府事成國公臣朱等、户部等衙門尚書等官馬等，議得戡亂討逆者，固人臣效忠之常；崇功懋賞者，實國家激勸之典。已故新建伯王守仁，本以豪傑命世之才，雅負文武濟時之略。方逆濠稱兵南下也，正值武宗巡幸之時，虐焰薰灼，所至瓦解，天下之事，蓋已岌岌矣。本爵聞變豐城，不以非其職守，急還吉安，倡義勤王。用敵間，張疑兵，得跋胡疐尾之算；攻南昌，擊樵舍，中批亢擣虚之機。未踰旬朔而

元兇授首，立消東南尾大之憂；不動聲色而奸宄蕩平，坐紹宗社石盤之固[一]。較之開國佐命，時雖不同，擬之靖遠、威寧，其功尤偉。仰蒙先帝知眷，圭符剖錫之賞，已榮于生前；不幸後被中傷，山河礪帶之盟，尚靳于身後。此誠四十年未備之缺典，海内人心，興滅繼絶，所望于皇上者，誠不淺也。先該南北科道官交章騰荐，公論益明；近該江、浙撫按官勘報相符，功次甚確。所據新建伯爵，臣等稽之令典，質之輿情，委應補給誥券，容其子孫承襲，以彰與國咸休，永世無窮之報。但封爵重大，係干特恩，臣等擅難定擬，伏乞聖裁。奉聖旨：「你每既説王守仁有擒逆之功，着遵先帝原封伯爵，與世襲。欽此。」欽遵，已經查取應襲兒男去後。今據浙江布政使司咨呈，據紹興府申，據餘姚縣申，内開勘據該圖里鄰呂本隆等結稱，王正億，見年四十三歲，原係南京兵部尚書都察院左都御史新建伯王守仁繼妻張氏，於嘉靖五年十二月十二日所生嫡長親男。向因伊父先年節次剿平南贛、樂昌等處山賊，恩廕一子，世襲錦衣衛副千户。本官見任前職，並非旁枝過繼，亦無别項違碍，相應承襲伯爵等因。給文起送到司，擬合起送。爲此除給批付本官親賫赴部告投外，今將前項緣由，同原來結狀，理合備送咨呈施行等因。到部送司，案呈到部。看得浙江布政使司查勘過見在錦衣衛副千户王正億，委係新建伯王守仁嫡長親男，並無違碍，相應承

[一] 坐紹宗社石盤之固　文淵閣本、摛藻堂本「紹」作「貽」，「石盤」作「磐石」。

襲一節，既經奉有前項明旨，合無將王正億准其承襲新建伯伯爵，以後子孫世襲。但恩典出自朝廷，未敢擅便等因。隆慶二年十月二十五日，少傅兼太子太傅吏部尚書楊博等具題，本月二十七日，奉聖旨：「是。王正億准襲伯爵。欽此。」

再議世襲大典

吏部等衙門少傅兼太子太傅尚書等官楊博等題，爲懇乞聖明再議世襲大典，以服人心，以重名器等因。奉聖旨：「該部知道。欽此。」欽遵，抄出到部送司。案查先爲開讀事，該科道等官都給事中辛自修等，及南京户科給事中岑用賓等，各奏荐原任新建伯王守仁應復爵廕等因。該本部題奉欽依，備行江西撫按衙門查勘去後。續該江西撫按官任士憑等，查勘得原任新建伯王守仁應復伯爵等因。又該浙江撫按官趙孔昭等，會荐前來。隨該本部題奉欽依，會同太師兼太子太師後軍都督府掌府事成國公朱希忠等、户部等衙門尚書等官馬森等，議得本爵一聞逆濠之變，不以非其職守，急還吉安，倡義勤王。未踰旬朔而元兇授首，立消東南尾大之憂；不動聲色而奸宄蕩平，坐貽宗社盤石之固。較之開國佐命，時雖不同，擬之靖遠、咸寧[一]，其功尤偉。委應補給

[一] 咸寧 文淵閣本、摛藻堂本作「威寧」，下文仿此。按，此引述會議復爵疏語，該篇亦作「威寧」。

「你每既説王守仁有擒逆之功，誥券，容其子孫承襲，以彰與國咸休，永世無窮之報等因。奉聖旨：着遵先帝原封伯爵〔一〕，與世襲。欽此。」欽遵，案呈到部。看得新建伯王守仁一事，始而江西撫按勘議，繼而府部科道會議，揆之公論，似亦允協。乃今南京十三道官復有此奏，係干賞延重典，臣等難以獨擬。合候命下，容本部仍照例會同在京應議各官，覆議明白，具奏定奪，未敢擅便，伏乞聖裁等因。五月十五日，奏奉聖旨：「是。欽此。」欽遵。查得誠意伯劉基食糧七百石，乃太祖欽定，靖遠伯王驥一千石，新建伯王守仁一千石，係累朝欽定，多寡不同。今該前因，臣等會同太師兼太子太師後軍都督府掌府事成國公朱希忠等、户部尚書劉體乾等，議得國家封爵之典〔二〕，論功有六：曰開國，曰靖難，曰禦胡，曰平番，曰征蠻，曰擒反。而守臣死綏，兵樞宣猷，督府剿寇，咸不與焉。蓋六功者，關社稷之重輕，係四方之安危，自非茅土之封，不足報之。至於死綏、宣猷、剿寇，則皆一身一時之事，錫以錦衣之蔭則可，槩欲剖符，則未可也。竊照新建伯王守仁，乃正德十四年親捕反賊宸濠之功。南昌、南、贛等府，雖同邦域，分土分民，各有專責，提募兵而平鄰賊，不可不謂之倡義。南康、九江等處，首罹荼毒，且進且攻，人心摇動，以藩府

〔一〕着遵先帝原封伯爵　「着遵」，底本訛作「遵着」，據會議復爵疏、文淵閣本、摛藻堂本改。
〔二〕議得國家封爵之典　底本脱「家」字，據文淵閣本、摛藻堂本補。

而叛朝廷，不可不謂之勁敵。出其不意，故俘獻於旬月之間。若稍懷遲疑，則賊謀益審，將不知其所終。攻其必救，故績收乎萬全之略。若少有踈虞，則賊黨益繁，自難保其必濟。膚功本自無前，奇計可以範後。靖遠、咸寧，姑置不論，即如寧夏安化之變，比之江西，難易迥絶。遊擊仇鉞，于時得封咸寧伯，人無間言。同一藩服捕反，何獨於新建伯而疑之乎？所據南京各道御史欲要改蔭錦衣衛，于報功之典未盡，激勸攸關，難以輕擬。合無將王守仁男襲新建伯王正億不必改議，以後子孫，仍照臣等先次會題明旨，許其世襲。但予奪出自朝廷，臣等未敢定擬，伏乞聖裁。

奉聖旨：「王守仁封爵，你每既再議明白，准照舊世襲。」

新附校本逸稿

傳習録　五條

蕭本　語録一條　國會本、德安本、孫本、錢本、水西本、范本、胡本同

「千古聖人，只有這些子。」又曰：「人生一世，惟有這件事。」

水西精舍本　語録三條

先生曰：「良知猶主人翁，私欲猶豪奴悍婢，主人翁沉疴在床，奴婢便敢擅作威福，家不可以言齊矣。若主人翁服藥治病，漸漸痊可，略知檢束，奴婢亦自漸聽指揮，及沉疴脱體，起來擺布，誰敢有不受約束者哉？良知昏迷，衆欲亂行，良知精明，衆欲消化，亦猶是也。」

先生曰：「合着本體的是工夫，做得工夫的方識本體。」

南逢吉曰：吉嘗以答徐成之書請問。先生曰：「此書於格致誠正及尊德性而道問學處，説得尚支離。蓋當時亦就二君所見者，將就調停説過，細詳文義，然猶未免分爲兩事也。」嘗見一友問云：「朱子以存心、致知爲二事，今以道問學爲尊德性之功，作一事，如何？」先生云：「天命於我之謂性，我得此性之謂德。今要尊我之德性，須是道問學。如要尊孝之德性，便須學問箇孝；尊弟之德性，便須學問箇弟；學問箇孝，便是尊孝之德性；學問箇弟，便是尊弟之德性。不是尊德性之外，别有道問學之功；道問學之外，别有尊德性之事也。心之明覺處謂之知，知之存主處謂之心，原非有二物。存心便是致知，致知便是存心，亦非有二事。」曰：「存心恐是静中存養意，與道問學不同？」曰：「就是静中存養，還謂之學否？若亦謂之學，亦即是道問學矣」。觀者宜以此意求之。

胡宗憲本 語録一條

知者，良知也。天然自有，即至善也。物者，良知所知之事也。格者，格其不正以歸於正也。

格之，斯實致之矣。

居夷集 詩一首

始得東洞遂改爲陽明小洞天

群峭會龍場，戟雉四環集。邇覯有遺觀，遠覽頗未給。尋溪涉深林，陟巘下層隰。東峰叢石秀，獨往凌日夕。崖穹洞蘿偃，苔骨徑路澀[一]。月照石門開，風飄客衣入。仰窺嵌竇玄，俯聆暗泉急。愜意恋清夜，會景忘旅邑。熠熠岩鶻翻，凄凄草蟲泣。點詠懷沂朋，孔嘆阻陳楫。躊躇且歸休，毋使霜露及。

[一] 苔骨徑路澀　據詩義，「骨」或爲「滑」之訛。

人大本陽明先生文録 書三首

與王晉叔 壬申

昨見晉叔，已槩其外，乃今又得其心也。吾非晉叔之徒與而誰與，晉叔夫何疑乎？當今之時，苟志於斯道者，雖在庸下，亦空谷之足音，吾猶欣然而喜也。況晉叔豪傑之士，無文王猶興者乎？吾非晉叔之徒與而誰與，晉叔又何疑乎？屬有客，不及詳悉，得暇過此閒話。守仁頓首。

所惠文字，見晉叔筆力甚簡健，異時充養淵粹，到古人不難也。中間稍有過當處，却因守仁前在寺中說得太疎略所致，今寫一通去，從傍略下註脚，蓋毫釐之差耳。晉叔更詳之，得便别寄一紙爲佳。諸友詩，亦有欠穩者，意向却不碌碌。凡作詩，三百篇後，須從漢、晉求之，庶幾近古。唐詩李、杜之外，如王維、高適諸作，有可取者，要在不凡俗耳。閒及之。守仁頓首。

劉易仲來，備道諸友相念之厚，甚媿甚媿。薄德亦何所取，皆諸友愛望之過也。古人有言：「他山之石，可以攻玉。」諸友則誠美璞矣，然非他山之石，則無以砥礪磨礱而發其瑩然之光。諸友之取於區區者，當以是也。甚媿甚媿。「道不遠人，人之爲道而遠人，不可以爲道。」諸友用功何如？路遠無由面扣，易仲去，略致鄙懷。所欲告於諸友者，易仲當亦能道其大約。不盡不盡，惟心亮之而已。九月望，守仁頓首。

王杏本陽明先生文録續編

書十四首　文四首　詩二首

與尚謙尚遷子修書 [一]

別去，即企望還朝之期，當有從容餘月之留也。不意遂聞尊堂之訃，又繼而遂聞令兄助教之訃，皆事變之出於意料之外者。且令兄助教之逝，乃海内善類之大不幸，又非特上宅一門之痛而已。不能走哭，傷割奈何。況在賢昆叔姪，當父子兄弟之痛，其爲毒苦，又當奈何。季明德往，聊寄一慟。既病且冗，又兼妻疾，諸餘衷曲，略未能悉。

與薛子修書 [二]

承遠顧，憂病中別去，殊不盡情。此時計已蒞任，人民社稷，必能實用格致之力，當不虚度

[一] 按，本篇又見九大本文録卷三。
[二] 按，本篇又見九大本文録卷二。

日月也。心之良知是謂聖，人之學[一]，致此良知而已矣。謂良知之外，尚有可致之知者，侮聖言者也。致知焉，盡矣。令叔不審何時往湖湘，歸途經貴溪，想得細論一番。廷仁回省便，輒附此致間闊。心所欲言，廷仁當能面悉，不縷。

答懋貞少參

別後怀企益深，朋友之内，安得如執事者數人，日夕相與，磨礱砥礪，以成吾德乎？困處中忽承箋教，洒然如濯清風。獨惟進與，雖初學之士，便當以此爲的，然生則何敢當此，悚愧。中間嘆近來學術之陋，謂「前輩三四公，能爲伊洛本源之學，然不自花實而專務守其根，不自派別而專務守其源。如和尚專念數珠而欲成佛，恐無其理」。又自謂「慕古人體用之學，恐終爲外物所牽，使兩途之皆不到」。足以知執事之致力於學問思辨，重内輕外，惟日不足，而不隳於空虚渺茫之地無疑矣。

生則於此少有所未盡者，非欲有所勗，將以求益耳。夫君子之學，先立乎其大者，而小者不能奪。故子思之論修德凝道，必曰「尊德性而道問學」，而朱子論之，以爲「非存心無以致知，

[一] 人之學　九大本「人」上有「聖」字。

而存心者，又不可以不致知」。執事所謂「不自花實派别，而專務守其根源」，不知彼所守者，果有得於根源否爾。誠得其根源，則花實派别將自此而出。但不宜塊然守此，而不復有事於學問思辨耳。

君子之學，有立而後進者，有進而至於立者，二者亦有等級之殊。蓋立而後進者，卓立後有所進，所謂「三十而立」、「吾見其進」者；進而至於立者，「可與適道」，而至於「可與立」者也。蓋不能無差等矣。夫子謂子貢曰：「賜也，汝以予爲多學而識之者與？」又曰：「蓋有不知而作之者，我無是也。多聞，擇其善者而從之，多見而識之，知之次也。」執事之言，殆有懲於世之爲禪學者而設夫？亦差有未平與？

若夫「兩途」之説，則未知執事所指者安在。道一而已矣，寧有兩耶？有兩之心，是心之不一也，是殆本源之未立與？恐爲外物所牽，亦以是耳。程子曰：「苟以外物爲外，牽己而從之，是以己性爲有内外也。」又曰：「自私，則不能以有爲爲應迹；用智，則不能以明覺爲自然。今以惡外物之心，而求照無物之地，是反鏡而索照也。」又曰：「君子之學，莫若擴然而大公，物來而順應。」由是言之，心迹之不可判而兩之也明矣。

執事挺特沈毅，豈生昧劣所敢望於萬一？然乃云爾者，深慕執事樂取諸人之盛心，而自忘其

無足取。且公事有暇，無吝一一教示。成之、文鳴如相見，亦乞爲致此意也。

答文鳴提學

書來，非獨見故舊之情，又以見文鳴近來有意爲己之學，竊深喜望。與文鳴別久，論議不入吾耳者三年矣。所以知有意於爲己者，三年之間，文鳴於他朋舊，書札之問甚簡，而僕獨三至焉。今又遣人走數百里，邀候於途，凡四至矣。所以於四至之書，而知其有爲己之心者，蓋亦有喻。人有出見其鄰之人病，惻焉煦煦，訊其所苦，導之求醫，詔之以藥餌者，入門而忽焉忘之，無他，痛不切於己也。己疾病則呻吟喘息，不能旦夕，求名醫，問良藥，有能已者，不遠秦、楚而延之，無他，誠病疾痛切身，欲須臾忘，未能也。是必文鳴有切身之痛，將求醫藥之未得，謂僕蓋同患，而方求醫與藥者，故復時時念之。兹非其爲己乎？兼來書辭，其意見趨向，亦自與往年不類，是殆克治涵養，既有所得矣。惜乎隔遠，無因面見講究，遂請益耳。

夫學而爲人，雖日講於仁義道德，亦爲外化物，於身心無與也。苟知爲己矣，寢食笑言，焉往而非學？譬如木之植根，水之濬源，其暢茂疏達，當日異而月不同。曾子所謂「誠意」，子思所謂「致中和」，孟子所謂「求放心」，皆此矣。此僕之爲文鳴喜而不寐，非爲文鳴喜，爲吾道

喜也。願亦勉之，使吾儕得有所矜式。幸甚幸甚。

病齒兼虛下，留長沙八日，大風雨，絶往來。間稍霽，則獨與周生金者，渡橘州，登嶽麓，嘗有三詩，奉懷文鳴與成之、懋貞，録上請正。又有一長詩，稿留周生處，今已記憶不全，兼亦無益之談，不足呈也。南去儔類益寡，麗澤之思，惄如調飢，便間無吝教言。秋深，得遂歸圖，嶽麓、五峰之間，倘能一會，甚善。公且豫存之意，果爾，當先時奉告也。

寄雲卿

尊翁厭世，久失吊慰。雲卿不理於讒口，乃得歸盡送終之禮，此天意也。哀疚寂寥，益足以爲反身修德之助，此天意也。亦何恨，亦何恨。君子之學，惟求自得，不以毁譽爲欣戚，不爲世俗較是非，不以榮辱亂所守，不以死生二其心。故夫一凡人譽之而遽以爲喜，一凡人毁之而遽以爲戚者，凡民也。然而君子之自責，則又未嘗不過於嚴也；自修，則又未嘗不過於力也。夫然後可以遺榮辱，一死生。學絶世衰，善儔日寡，卓然雲卿，自愛自愛。雨風半日之程，無緣聚首細扣新得，動心忍性，自當一日千里。嘗謂友朋，言道者在默識，德在默成。顏子以能問於不能，

有若無，實若虚，犯而不較，此最吾儕準的。雲卿進修之功，想亦正如此矣。秋半，乘考滿，且反棹稽山，京口信宿，其期也。不盡不盡。

答汪仁峰

遠承教劄，見信道之篤，趨道之正，喜幸何可言。自周、程後，學厭道晦，復四百餘年，逃空寂者，聞人足音跫然喜矣，況其親戚平生之歡乎？朱、陸異同之辯，固某平日之所以取謗速尤者，亦嘗欲爲一書，以明陸學之非禪，見朱説之猶有未定者。又恐世之學者，先懷黨同伐異之心，將觀其言而不入，反激怒焉，乃取朱子晚年悔悟之説，集爲小册，名曰朱子晚年定論，使具眼者自擇焉，將二家之學，不待辯説而自明也。近門人輩刻之雩都，士夫見之，往往亦頗有啓發者。今復得執事之博學雄辭，闡揚剖析，烏獲既爲之先登，懦夫益可魚貫而前矣。喜幸何可言。

承以精舍記見責，未即奉命，此守仁之罪也。悚息悚息。然向雖習聞執事之高名，而於學術趨向之間，尚有未能悉者。今既學同道合，同心之言，自不容已矣。兵革搶攘中，筆劄殊未暇。乞休疏已四上，不久歸投山林，當徐爲之也。盛价立俟回書，草草作此，不盡不盡。

寄貴陽諸生

諸友書來，間有疑吾久不寄一字者，吾豈遂忘諸友哉？顧吾心方有去留之擾，又部中亦多事，率難遇便，遇便適復不暇，事固有相左者，是以闊焉許時。且得吾同年秦公爲之宗主，諸友既得所依歸，凡吾所欲爲諸友勸勵者，豈能有出於秦公之教哉？吾是可以無憂於諸友矣。諸友勉之。吾所以念諸友者，不在書劄之有無。諸友誠相勉於善，則凡書之所誦，夜之所思，孰非吾書劄乎？不然，雖日致一書，徒取憧憧往來，何能有分寸之益於諸友也？爲仁由己，而由人乎哉？諸友勉之。因便拾楮，不一。

寄葉子蒼

消息久不聞，徐曰仁來，得子蒼書，始知掌教新化，得遂迎養之樂，殊慰殊慰。古之爲貧而仕者，正如此，子蒼安得以位卑爲小就乎？苟以其平日所學，薰陶接引，使一方人士得有所觀感，誠可以不媿其職。今之爲大官者何限，能免竊禄之譏者幾人哉？子蒼勉之，毋以世俗之見爲懷也。尋復得鄒監生鄉人寄來書，又知子蒼嘗以區區之故，特訪甯兆興，足仞相念之厚。兆興近亦不知

何似，彼中朋友，亦有可相砥礪者否？區區年來頗多病，方有歸圖，人還匆匆，略布間闊，餘俟後便再悉也。

奉石谷吴先生書

生自壬子歲拜違函丈，即羈縻太學，中間餘八九年，動息之所懷仰，寤寐之所思及，其不在函丈之下者，有如白日。然而曾無片簡尺牘，致起居之敬，而伸仰慕之私者，其敢以屢黜屢辱，有負知己之故，遂尔慚沮哉？實以受知過深，蒙德過厚，口欲言而心無窮，是以每每伸紙執筆，輒復不得其辭而且中止者，十而二三矣。坐是情愈不達，而禮益加疎，姑且逡巡，日陷於苟簡澆薄，將遂至恝然之地而不自覺，推咎所因，則亦誠可閔也。

蜀士之北來者，頗能具道尊候，以爲動履益康，著述益富，身閒而道愈尊，年高而德弥邵，聞之無任忻慰慶躍。嗟乎！古之名儒碩德，如先生者，曾亦多見也？夫今之人，動輒嘆息咨嗟，以爲曾不得如古之名儒碩德者，處之廟堂以輔吾君，至如先生，乃復使之優游林下，烏在其能思古之人也？居先生門下，爲先生謀，則不宜致嘆於此；立吾君之朝，爲斯世謀，則斯言也，實天下之公論，雖以俟後賢無惑也。

生近者授職刑部雲南司，才踈事密，惟日擾擾於案牘間而已。於同僚侯守正之行，思其閑暇時，猶不能略致起居之問，今且日益繁冗，是將終不得通一問也。是以姑置其所願陳者以需後便，且尔先伸數載間闊之懷，以請罪于門下。伏惟大賢君子，不以久而遂絶，不以微而見遺，仍賜收録，俾得復爲門下士，豈勝慶幸感激哉！香帕將遠誠萬一，伏惟尊照，不備。

答王應韶

昨承枉顧，適兹部冗，未獲走謝。向白岩自關中回，亟道執事志行之高，深切企慕，惟恐相見之晚，及旌節到此，獲相見，又惟恐相别之速。以是汲汲數圖一會，罄所欲請，亦承相亮，兩辱枉教，辯難窮詰，不復退讓。蓋彼此相期於道義，將講去其偏，以求一是，自不屑爲世俗諛媚善柔之態，此亦不待相喻而悉也。别去，深惟教言，私心甚有所未安者。欲候面請，恐人事纏繞，率未有期，先以書告。其諸講説之未合，皆所未暇。

惟執事自謂「更無病痛，不須醫藥」，又自謂「不待人啓口，而已識其言之必錯」。在執事之爲已篤實，决非謬言以欺世，取給以禦人者。然守仁竊甚惑之，昔者夫子猶曰「五十以學易，可以無大過」，又曰「丘也幸，苟有過，人必知之」，未聞以爲無過也。子路，人告之以其過則喜，

未聞人之欲告以過而拒也。今執事一過之，一反焉，此非淺陋之所能測也。舜好問而好察邇言，邇言者，淺近之言也，猶必察焉。夫子嘗曰「不逆詐」，又曰「不以人廢言」。今不待人之啓口，而已識其必錯者，何耶？

又以守仁爲鄉醫，未曉方脉，故不欲聞其説。夫醫術之精否，不專係於鄉國，世固有國醫而誤殺人者矣。今徒以鄉醫聞見不廣，於大方脉未必能通曉，固亦有得於一證之傳，知之真切者，寧可槩以庸醫視之，兹不近於以人廢言乎？雖然，在守仁則方爲病人，猶未得爲鄉醫也。手足痿痺而弗能起，未能遠造國都，方將求鄉醫而問焉。驟聞執事自上國而來，意其通於醫也，而趨就之，乃見執事手足若有攣拳焉，以爲猶吾之痿痺也，遂疑其病，固宜執事之笑而弗納矣。伏惟執事誠國醫也，則願出一匕之藥以起其痿痺；誠亦攣拳乎，則願相與講其受病之源，得無亦與痿痺者同乎？而將何以瘳之？

「汎汎揚舟，載沉載浮。既見君子，我心則休。」幸執事之亮此情也。

答汪抑之

昨承枉教，甚荷至情。中間「定性」之説，自與僕向時所論者無戾。僕向之不以爲然，殆聽

之未審也。然訓旨條貫，似於前日精采十倍，雖僕之不審於聽，亦兄之學日有所進歟？惟「未發」之説，則終不敢以爲然者，蓋喜怒哀樂，自有已發未發，故謂未發時無喜怒哀樂則可，而謂喜怒哀樂無未發則不可。今謂喜怒哀樂無未發，已發固已發，未發亦已發，而必欲强合於程子「動亦定，靜亦定」之説，則是「動亦動，靜亦動」也。非惟不得子思之旨，而於程子之意，似亦有所未合歟？執事聰明絶人，其於古人之言，求之悉矣，獨此似猶有未盡者，宜更詳之，勿遽云云也。

又

所不避於煩瀆，求以明道也。承喻論「向所質者，乃疑思問耳，非敢遽有之也」，乃執事謙退不居之過。然又謂「度未能遽合，願且置之，恐從此多費議論」，此則大非僕之所望於吾兄者也。子思曰：「有弗問，問之弗得，弗措也；有弗辯，辯之弗明，弗措也。」既曰「疑思問」矣，而可憚於議論之費耶？横渠有云：「凡致思到説不得處，始復審思明辯，乃爲善學。若告子，則到説不得處遂已，更不復求。」老兄之云，無乃亦是病歟？所謂「不若據見成基業者」，雖誠確論，然詳老兄語意，似尚不以爲然者。如是而遂據之不疑，何以免於毫釐之差，千里之謬乎？始得教，亦遂欲罷去不復議，顧僕於老兄，不宜如此。已昏黑，將就枕，輒復云云，幸亮此情也。

答陳文鳴

別後企仰日甚，文鳴趨向端實而年茂力强，又當此風化之任，異時造詣，何所不到，甚爲吾道喜且幸也。近於名父處，見所寄學規，深嘆用意精密，計此時行之已遍。但中間似亦有稍繁，必欲事事責成，則恐學者誦習之餘，力有弗逮。若但施行，無所稽考，又恐凡百一向廢墜，學者不復知所尊信。何若存其切要者數條，其餘且悉删去，直以瑣屑自任爲過，改頒學者，亦無不可。僕意如此，想高明自有定見，便中幸加斟酌，示知之。僕碌碌度日，身心之功，愈覺荒耗。所謂未學而仕，徒自賊耳。進退無據，爲之奈何？懋真、成之亟相見，必大有所講明。凡有新得，不惜示教。因鄭汝華去，草率申問。

答徐子積[一]

承示送别諸叙，雖皆出於一時酬應，中間往往自多新得，足驗學力之進。性論一篇，尤見潛心之學，近來學者所未能道。詳味語意，大略致論於理氣之間，以求合於夫子「相近」之説，甚

[一] 徐子積　按，「徐」或爲「余」之訛。余祐，字子積，鄱陽人。見明儒學案卷三。

盛心也。其間鄙意所未能信者，辭多不能具，輒以别幅寫呈，略下註脚求正。幸不吝往復，遂以蹇劣見棄也。

夫析理愈精，則爲言愈難；立論愈多，則爲繆愈甚。孔、孟「性善」「相近」之説，自是相爲發明，程、朱之論詳矣。學者要在自得，自然循理盡性，有不容已。毫分縷析，此最窮理之事，言之未瑩，未免支離。支離，判於道矣。是以有苦心極力之狀，而無寬裕温厚之氣，意屢偏而言多窒，雖横渠有所不免。故僕亦願吾兄之完養思慮，涵泳義理，久之自當條暢也。

兄所言諸友，永清與僕同舉於鄉。子才嘗觀政武選，時僕以病，罕交接，未及與語。葉君雖未相識，如兄言，要皆難得者也。微服中，不答書，爲致意。學術不明，人心陷溺之餘，善類日寡，諸君幸勉力自愛，以圖有成也。嘗有論性書，録去一目。

書劉生卷

仁者以天地萬物爲一體，醫書以手足痿痺爲不仁。大庾劉生慎請爲仁之説，生儒而善醫，吾嘗見其起危疾，療沉疴，皆應手而驗。夫儒也，則知一体之仁矣；醫也，則知痿痺之非仁矣。世之人，仁義不行於倫理，而私欲以戕其天性，皆痿痺者也。生惟無以其非仁者而害其仁焉，求仁

之功盡此矣。吾何說？生方以貢入京，自此將爲民社之寄，生能以其素所驗於醫者而施之於政，民其有瘳乎！

策問一道

問：自天子以至於庶人，自上古之聖神以至於後之賢士君子，未有不由師友能有成者，經傳之載詳矣。請試言之。夫師以傳道授業，必賢於己者也。孔子之師，萇、郯之流也，果賢於孔子歟？無友不如己，而文王之友四人，果皆文王所不若歟？果文王所不若也，則四人者爲友不若己矣。民生於三，事之如一。弟子於師，心喪三年，若子貢之徒於孔子是已，未聞孔子之喪萇、郯若是也。友不可以有挾，若獻子之友五人者是矣，而孔子於原壤，以杖叩脛焉，無乃近於有挾乎？不保其往，待物之洪，而取瑟之歌不已甚？犯而不較，與人之厚，而責善之道無乃虧？後世若操戈入室，已無足責，而施帳登堂者，於師生之道，果無愧乎？擠井下石，已非所倫，而彈冠結綬者，於朋友之誼，果已盡乎？立雪坐風，嚴和不同，而同稱善教，何居？分金投杖，避讓不同，而同稱善交，何說？今師友之道淪廢久矣，欲起而振之，以上有承於洙泗，下無忝於濂洛，若之何而可？諸君辱在不佞，方有責於師友之間，不可以不講也。

蜀府伴讀曹先生墓誌銘

弘治十八年三月己亥，蜀府伴讀曹先生卒。又三年始克葬，是爲正德戊辰之冬。緩，家難也。將葬，其子軒謀所以誌其墓者，於時餘姚王守仁以言事謫貴陽，軒曰：「是可以托我先人於不朽矣。」以其妹婿越榛狀來請。貴陽之士從守仁遊者，詢焉，皆曰信，乃爲誌之。

先生始以明詩經舉於鄉，入試進士，中乙榜，選教夔之建始。建始之學，名存實廢。先生至，爲立學宫，設規條，啓新滌穢，口授身率。士始去誕諺，循帖知學，科第勃興，化爲名庠。改教成都華陽，化之如建始。部使者以良有司薦，將試之州郡，先生聞曰：「是非吾所能也。」會以滿考至部，懇求補，遂以爲蜀惠王伴讀。先生入則論經史，開諭德義，出浴否可，備替獻。王甚尊寵敬信之，欲加之秩，請於朝，固辭不可，乃止。及嗣王立，復加之，辭益至。王使私焉，曰：「聞府之進秩者，皆先容而獲。今王以義舉，而使者以賄成之，辱上甚矣。其敢不承於先王。」王嘆曰：「純士，勿强之。」先生以知遇之厚，無弗盡，憸曲有陰嫉之者，居久之，乃以老求去。王曰：「君忘先王耶？」先生再拜，謝曰：「臣死不朽！殿下之及此言，將顧諟明命，正厥事。臣孰敢非正之供，奚事億臣？不然，臣死且無日，况能左右是圖？」不得已，許之。家居五年，壽七十有一。

卒之五月，以藩府舊勞，進階登仕郎。

先生之先爲吴人也。永樂間，曾大父迪功郎炯，始來自蘇之長洲，戍貴陽，家焉。炯生伏乙，伏乙生二子：榮、昌。昌娶秦氏，生先生及弟雨，方齔而相繼以殁，掬於大父之側室王，伯榮是庇。王卒，先生去官，喪焉。伯榮既耄，先生奉以之官，不欲，留養，不許，乃大備羞耇慎終之具而後行。謂其子曰：「吾聞紋紟衾冒，死而後制，然吾四方之役也，可異乎？」亦爲之具。嗚呼！若先生，乃可以爲子諒篤行之士，今亡矣。配孺人劉氏，子五人：輊幹蠱，軾先卒，轍旌義民，軒庠生，力學有聞，軏業舉。女五人，適知縣尤善輩，皆名家。孫男女六人。先生之世德，於是乎證。先生諱霖，字時望，號譩庵。墓在貴陽城東祖塋之次。銘曰：

於維斯人，此士之方。彼藩之良，淵塞孔將。不寧維藩，可以相邦。靡曰其下，厥聞既起。靡曰其逝，其儀孔邇。我行其野，我踐其里。其耇若稺，其昆若嗣。於維斯人，不愧銘只。

孺人詹母越氏墓誌銘

予年友詹恩藎臣既卒之明年，予以言事謫貴陽，哭藎臣之墓，有宿草矣。登其堂，有母孺人之殯在，重以爲藎臣傷。見藎臣之弟惠，及其子雲章，則如見藎臣焉。惠將舉葬事，因以乞銘於予，

不及爲藎臣銘，銘其母之墓，又何辭乎？

按狀，孺人姓越氏，高祖爲元平章，曾祖鎮江路總管，入國初，來居貴陽。父存仁翁，生孺人，愛之，必爲得佳婿。時藎臣之祖止庵，亦方爲藎臣父封評事公求配，皆未有當意者。一日，止庵携評事過存仁飲，見孺人焉，兩父遂相心許之，故孺人歸於評事。評事公好奇，有文事，累立軍功，倜儻善遊。嘗自滇南入蜀踰湘〔一〕，歷吴楚齊魯燕趙之區，動逾年歲。孺人閨處，釐外内之務，家政斬然。評事公出，則資馬僕從，入則供具飲食，以交四方之賢。孺人蚤夜承之，無怠容。恩亦隨舉進士，歷官大理寺正。公、孺人卒，受恩封焉。嗚呼！孺人相夫爲聞人，訓其子以顯於時，可謂賢也矣。兩子：恩先卒，惠方爲郡庠生；女一，適舉人張宇；孫三：雲表、雲章、雲行。雲章以評事公軍功，百户優給，人謂孺人之澤未艾也。墓從評事公兆於城西原。銘曰：

母也惟慈，妻也惟順。嗚呼孺人，慈順以訓。生也惟從，死也惟同。城西之祔，歸於其宫。

〔一〕入蜀踰湘　「湘」，底本訛作「相」，據石刻改。按，此文墓石存貴州省博物館，整理本見貴州省墓誌選集（貴州省博物館編，一九八六年十二月版）。

送人致仕

人生貴適意，何事久天涯？栗里堪栽柳，青門好種瓜。冥鴻辭網罟，塵土换煙霞。有子真騏驥，歸歟莫怨嗟。

龍岡謾書

子規晝啼蠻日荒，柴扉寂寂春茫茫。北山之薇應笑汝，汝胡侷促淹他方。綵鳳葳蕤臨紫蒼，予亦鼓棹還滄浪。只今已在由求下，顔閔高風安可望？

九大本陽明先生文録 詩三首

因雨和杜韻 [一]

江上月明看不徹，山窓夜半只須開。萬松深處無人到，千里空中有鶴來。受此幽期真結托，憐予遊迹尚風埃。年來病馬秋尤瘦，不向黄金高築臺。

贈岑東隱先生

岑東隱老先生，余祖母族弟也。今年九十有四矣，雙瞳炯然，飲食談笑如少壯，所謂聖世之人瑞者非耶？涉江來訪，信宿而别，感嘆之餘，贈之以詩。

東隱先生白髮垂，猶能持竹釣江湄。身當百歲康强日，眼見九朝全盛時。寂寂群芳摇落後，蒼蒼松柏歲寒枝。結廬聞説臨瀛海，欲問桑田幾變移。

[一] 原詩見九大本卷四，在因雨和杜韻（晚堂踈雨暗柴門）之下，詩題仍之。

聖學工夫在致知，良知知處即吾師。勿忘勿助能無間，春到園林鳥自啼[一]。

[一] 按，此詩在前一首贈岑東隱先生之下，二詩間有空行，或原詩失題。

黄綰本陽明先生文録 書十三首 公移一百五十首

與黄宗賢 癸未

别去，得杭城寄回書，知人心之不可測，良用慨嘆。然山鬼伎倆有窮，老僧一空無際，以是自處而已。講學一事，方犯時諱，老婆心切，遂能椷口結舌乎？然須默而成之，不言而信。不量淺深，而呶呶多口，真亦無益也。議論欠簡切，不能虚心平氣，此是吾儕通患。吾兄行時，此病蓋已十去八九，未審近來消釋已盡否？謙之行便，草草莫既衷私，幸亮。

寄薛尚謙 癸未

原中、宗賢、誠甫前後去，所欲言者，想已皆能口悉。士鳴、崇一諸友，咸集京師，一時同志聚會之盛，可想而知。但時方多諱，伊川所謂「小利貞」者，其斯之謂歟？道不同，不相爲謀，而仁者愛物之誠，又自有不容已者，要在默而成之，不言而信耳。困心衡慮以堅淬其志節，動心忍性以增益其不能，自古聖賢，未有不如此而能有立於天下者也。聞已授職大行，南差得便，後

會或有可期。因便草草，言無倫次。

答方思道僉憲 甲申

祝生來，辱書惠，勤勤愛念之厚，何可當也。又推許過情[一]，以爲能倡明正學，則僕豈其人哉？顧自忘其愚不肖，而欲推人於賢聖之域，不顧己之未免於俗，而樂人之進於道，則此心耿耿，雖屢被詆笑非斥，終有所不能已。海内同志，苟知趨向者，未嘗不往來于懷，況如思道之高明俊偉，可一日而千里也，其能已於情乎？子美、太白有造道之資，而不能入於賢聖者，詞章綺麗之尚，有以羈縻之也。如吾思道之高明俊偉[二]，而詞章綺麗之尚，終能羈縻之乎？終能羈縻之乎？

與王公弼 二 乙酉

王汝止來，得備聞政化之善，殊慰傾想。昔人謂「做官奪人志」，若致知之功能無間斷，寧

[一] 又推許過情 「情」，底本訛作「性」，據閻本、董本、范本改。

[二] 如吾思道之高明俊偉 「思」，底本訛作「師」，據董本、范本改。

有奪志之患耶？歐崇一久不聞問，不審近來消息何如？若無朋友規覺，恐亦未免摧墮，便中望爲寄聲。此間朋友相聚，頗覺比前有益。欲共結廬山中，須汝止爲之料理，而汝止以往歲救荒事繫心，必欲辭去。今乃强留於此，望公弼一爲解紛，事若必不可爲，然後放令汝止歸也。

三　乙酉

汝止去後，即不聞消息，邇惟政學日新爲慰。汝止頗爲救荒一事所累，不能久居於此。不審此時回家作何料理，亦曾來相見否？倘其事稍就緒，須促之早來爲佳。此間朋友，望渠至者，甚切甚切。兼恐渠亦久累其間，不若且來此一洗滌耳。入覲在何時？相見尚未有定，臨紙怏悒。

答歐陽崇一　三　丁亥

去冬十二月十二日未時，得一子，今已踰百日，或可望長成也。北上之説信有之，聖主天高地厚之恩，粉身無以爲報。今即位六年矣，徒以干進之嫌，不得一稽首門廷，臣子之心誠跼蹐不安。近日又有召命，豈有謝恩之禮，待君父促之而後行者？但賤軀咳患方甚，揆之人情，恐病勢稍間，終當一行。來書所謂「如此人情，如此世道，何處着脚？」凡在吾黨，所見略同。千里拳拳之念，

何敢忘也，何敢忘也。道之不行，已知之矣。區區之心，固不敢先有意必，然亦自有不容已者耳。

四 丁亥

遠勞問惠，甚愧。兩廣之任，豈病廢所堪？但事勢又若難避，俟懇辭疏下，更圖進止耳[一]。喻及持志養氣，甚善。暴其氣，亦只是不能持其志耳。釋氏輪迴變現之論，亦不必求之窈冥。今人不能常見自己良知，一日之間，此心倏焉而夷狄，倏焉而禽獸，倏焉而趨入悖逆之途，倏焉而流浪貪淫之海，不知幾番輪迴，多少變現，但人不自覺耳。釋氏言語，多有簸弄精神者，大槩當求之遊方之外，得其意而已矣。淫聲美色之喻，亦是吾儒作好作惡處，正須勘破此等病痛，方見廓然大公之本體也。

與黄宗賢 丁亥

所委文字，以通家之情，重以吾兄道義骨肉之愛，更復何辭。向日之約，誠有不得已者。近來人事日益紛擾，每每自晨發至更餘，無須臾稍閒，精神驟衰，往往終日自不得食。吾兄若見之，

[一] 更圖進止耳 「圖」，底本訛作「固」，據閭本、董本、范本改。

將亦自有不忍以此相責者矣。北來消息，昨晚始聞，承喻信然。所謂「甚難行止」者，恐亦毀譽之心猶在。今且只論纂修一事，爲可耶？爲不可耶？若纂修未爲盡非，則北赴未爲不可，陞官之與差委，事體亦自不同。況議禮本是諸君始終其事，中間萬一猶有未盡者，正可因此潤色調停。以今事勢觀之，元山既以目疾未能躬事，方、霍恐未即出，二君若復不往，則朝廷之意益孤，而元山之志荒矣。務潔其身者，楊氏爲我之義，君子之心，未肯硜硜若此也。凡人出處，如人飲水，冷煖自知，非他人所能與，高明自裁度之。北行過越，尚需一面，不一一。

答伍汝真僉憲 丁亥

書來，見相念之厚，感媿感媿。彼此情事，何俟於今日之言乎？士潔之怨，蓋有不度於事理矣。數年憂居，身在井中，下石者紛然不已。己身且不敢一昂首視，況能爲人辯是非乎？昔人有言：「何以止謗？曰無辯。」人之是非毀譽，如水之濕，或火之熱，久之必見，豈能終掩其實者？故有其事，不可辯也；無其事，不必辯也。無其事而辯之，是自謗也；有其事而辯之，是益增己之惡，而甚人之怒也。皆非所以自修而平物也。今主上聖明無比，洞察隱微，在位諸公，皆兢兢守正奉法，京師事體，與往時大有不同。故二君今日之事，惟宜安靜自處，以聽其來，順受之而

已耳。天下事往往多有求榮而反辱，求得而反失者。在傍人視之甚明，及身當其事，則冥行而罔覺，何也？榮辱得失之患，交戰於其中，是以迷惑而不能自定耳。區區非徒爲此迂闊之言，而苟以寬二君之心者。二君但看數年來，區區所以自處者如何。當時若不自修自耐，但一開口與人辯，則其擠排戮辱之禍，將必四面而立至，寧獨數倍於今日而已乎？當時諸君從傍静觀，其事勢豈不洞見？諸君之事，自與區區休戚相關，故今日之言，非獨以致惻怛之愛於二君，實亦所以自愛也。幸以此意致之士潔，北行且勿往爲是，往必有悔矣。迫切之言，不罪不罪。

與張羅峰閣老 丁亥

兩承手教，深荷不遺。僕迂踈之才，口耳講説之學耳。薄書案牘，已非其能，而況軍旅之重乎？往歲江西之役，蓋僥倖偶集。近年以來，益病益衰，惟養痾丘園，爲鄉里子弟考正句讀，使趨向方。庶於保身及物，亦稍效其心力，不致爲天地間一蠹物。若必責之使出，自擇其宜，惟留都之散部，或南北太常、國學，猶可勉效其襪線。外是，舉非所能矣。近日之舉，雖過承繆愛，然投之以其所不能，則亦適所以壞之也。懇辭之情，疏内亦有所不敢盡言者，奏下，望相與扶持曲成之。時事方亟，惟竭誠盡道，以膺天眷。不具。

二　丁亥

奏本人去，曾附小札。腐劣多病，已成廢人，豈能堪此重任？若懇辭不獲，終不免爲相知愛者之累矣。奈何奈何。東南小蠢，特皮膚瘡疥之疾。若朝廷之上，人各有心，無忠君愛國之誠，讒嫉險伺，黨比不已，此則心腹之病，大爲可憂者耳。諸公方有湯藥之任，蓋天下莫不聞，不及今圖所以療治之，異時能辭其責乎？不旬日間，木齋翁且啓行[一]。此老重望，其愼默鎮定，終當與流輩不同，惜其精力則益衰矣。差來官守催甚懇迫，力遣許時始肯還。病筆草草，未盡欲言，千萬心亮。

與霍兀崖宮端　二　丁亥

每讀章奏，見磊落奇偉之志，挺持奮發之勇[二]，卓然非儕輩可望，深用嘆服。果得盡如所志，天下之治，誠可煥然一新。然其事勢，自有不能盡如人意者，要在寬以居之，仁以行之而已。高

[一] 木齋翁且啓行　「木」，底本訛作「未」，據董本改。
[二] 挺持奮發之勇　據文義，「持」當爲「特」之訛。

明既有定見，顧無俟於鄙劣者之喋喋。西樵書中，亦致芹曝之獻，倘覽及之，幸有一言示其可否也。田州事實無緊要，徒勞師費財，紛紛兩年，重爲地方之患。今於謝恩疏中，略陳愚見，須得朝廷俯從其議，庶可以圖久安[一]。不然，起伏之變，未有已也。齎奏人去，草草附問。地方之事，有可見教者，人還不惜示及。

寄何燕泉 二 戊子

兵冗中久缺裁候，乃數承使問，兼辱嘉儀，重之以珍集，其爲感愧，何可言也。僕病卧且餘四月，咳痢日甚，淹淹床席間，耳聾目眩，視聽皆廢。故珍集之頒，雖喜踰珙璧之獲，而精光透射，尚未敢遽一瞬目其間。候病疏得允，苟還餘喘於田野，幸而平復，精神稍完，然後敢納足玄圃之中，盡觀天下之至寶，以一快平生，其時當別有請也。伏枕，不盡謝私，伏冀照亮。

[一] 庶可以圖久安　「安」，底本訛作「要」，據董本改。

陽明先生別録卷之八　公移一

巡撫南贛等處通行各屬　共五條

其一　欽奉敕諭通行各屬　正德十二年正月二十日

巡撫南贛欽奉敕諭通行各屬　正德十二年正月　卷十六[一]

其二　案行各兵備官選揀民兵　正月二十六日

選揀民兵　卷十六

其三　行十家牌法告諭各府父老子弟　二月初一日

十家牌法告諭各府父老子弟　卷十六

[一] 此爲全書對應篇目及卷次，以下各條仿此。

其四　案行各分巡道督編十家牌　三月初五日

案行各分巡道督編十家牌 卷十六

其五　告諭各府父老子弟　三月

告諭各府父老子弟 卷十六

巡撫南贛征剿漳寇始末　共九條

其一　批福建漳南道操揀民快呈

批漳南道教練民兵呈 正德十一年十一月二十五日 卷三十

其二　批福建漳南道攻剿盧溪等洞賊呈

批漳南道進剿呈 十一月二十六日 卷三十

其三　牌行廣東福建兵備官剿捕方略　正德十二年正月二十二日

剿捕漳寇方略牌　正月　卷十六

其四　案行廣東福建領兵官進剿事宜　二月二十二日

案行廣東福建領兵官進剿事宜　卷十六

其五　案行福建漳南道守巡等官戴罪督兵剿賊　二月二十日

案行漳南道守巡官戴罪督兵剿賊　卷十六

其六　案行福建廣東守巡漳南嶺東道領兵官搜剿餘賊　三月十六日

案行領兵官搜剿餘賊　卷十六

其七　獎勵福建守巡漳南道廣東守巡嶺東道領兵官　三月二十九日

獎勵福建守巡漳南道廣東守巡嶺東道領兵官　卷十六

其八　告諭新民　四月初二日

告諭新民 卷十六

其九　欽奉敕諭切責失機官員通行各屬

欽奉敕諭切責失機官員通行各屬 卷十六

巡撫南贛征剿横水桶岡等巢賊始末　共四十四條　是年九月奉敕提督軍務

其一　案行江西兵備分巡嶺北道兵符節制　正德十二年五月初五日

兵符節制 五月 卷十六

其二　案行江西嶺北道預整操練　五月十三日

預整操練 卷十六

其三　牌行湖廣郴桂兵備道選募將領　六月初二日

選募將領牌 卷十六

其四　批留嶺北道楊璋給由呈　六月初九日

批留嶺北道楊璋給由呈 卷十六

其五　批南安府請兵協剿呈　六月初十日

批南安府請兵策應呈 六月初十日 卷三十

其六　批江西嶺北道防遏各巢事宜呈　六月二十六日

批嶺北道攻守機宜呈 六月二十六日 卷三十

其七　獎勵副使楊璋等[一]　七月初一日

據副使楊璋呈，據知府季斆等，依奉本院方略，攻破禾沙、石路坑等巢一十九處，擒斬首從賊人陳曰能、鍾明貴、唐洪等，及殺死燒死賊徒，俘獲賊屬，奪獲馬牛騾羊器械等項。爲照各賊，肆毒無厭，名號不軌。若使其奸謀[二]，得以乘虛入廣，其爲患害，何可勝言？副使楊璋，乃能先事運謀，出衆設策，督發官兵，潛行剿襲，一夕之間，攻破巢穴，擒斬賊徒數多。撲燎原之火於方然，障潰岸之波於已決。賊謀遂阻，地方復寧，計績論功，良亦不小。除將功次另行查奏外。爲此仰贛州府官吏，即便支給商税銀兩，買辦綵段二疋，銀花二枝，羊酒各一事。就仰委本府掌印官，備用綵亭鼓樂，迎送本官處，用旌剿襲之功，以明獎勵之典。其南安府知府季斆，親領兵衆，徑入巢賊[三]，比與各官，功勞尤著。就仰該道，動支商税，買辦花紅羊酒，差人一體賞勞。仍將支過買辦數目，差過官員職名，具由回報。

[一]　按，全書合「其七」「其八」二篇爲批兵備道獎勵官兵呈，文見卷三十。

[二]　若使其奸謀　批兵備道獎勵官兵呈「使」有「遂」字。

[三]　徑入巢賊　據辭例，「巢賊」當作「賊巢」。

其八　賞勞知府季斅指揮馮翔　七月初四日

據嶺北道副使楊璋呈，將督營知府季斅、指揮馮翔等擒斬功次賞格，開報到院。爲照各官，運謀設策，屢挫賊鋒，各營將士，俱能用命效力，奮勇擒斬，論績計庸，相應勞賞，以勵功能。爲此牌仰本府官吏，即將發去賞功銀兩及銀牌羊酒，遵照後開等第，照名給賞。其陣亡射傷兵夫，亦各依數，查給優恤。各官務要益竭忠貞，協謀并勇，大作三軍之氣，共收萬全之功。仍將給賞優恤過姓名數目，具由回報，以憑查考。

其九　批廣東嶺南道調用瑶人呈　七月二十七日

據兵備僉事王大用呈稱，賊首龐政深等，積年稔惡，叛服無常。瑶官徐璧等，自願統領新民，及委百户麥貴等，督同併力擒捕。看得該道兵快悉已調征，選募驍勇又皆未集，賊勢復爾猖狂，據理豈宜坐視？照得所屬向化瑶人，既已革心，當能效力。若使統馭得宜，亦與官兵何異？仰該道即將向化瑶民悉行查出，選委膽略諳曉瑶情屬官，起集分統，量加犒賞，使知激勵。仍行稍發機兵，遥爲聲勢，指授方略，相機剿捕。雖固一時權宜，或亦可以濟事。但事變無常，兵難遥度，

該道自宜酌量緩急，須要措置得宜，以靖地方。其選募驍勇，一面上緊整理，務在速成，以濟實用。呈繳。

其十　批廣東嶺南道地理兵糧呈　七月二十八日

據兵備僉事王大用呈繳韶州府查過應剿應截賊巢，及堪支錢糧、合用兵夫等項，并南雄府畫圖貼説呈詳。看得韶州府知府姚鵬所具賊巢地理兵糧事宜，皆有條理，頗得機要。足見本官平日既肯用心，臨事又能縝密。仰該道即行本官，悉照所議，一面整飭齊備，候三府會議至日刻期行事。其南雄府不見開有賊巢要路及兵糧事理，亦欠分曉。該道仍要再與區畫停當，并將商税銀兩盡與查筭明白，併呈繳。

其十一　案行預委江西吉安府九江府福建汀州府廣東惠州府程鄉縣等官領兵聽調　八月十五日

調用三省夾攻官兵　七月十五日　卷三十

其十二　批廣東韶州府留兵防守申　八月二十八日

批廣東韶州府留兵防守申 卷十六

其十三　咨報湖廣巡撫右副都御史秦發兵把截防賊奔竄　八月

咨報湖廣巡撫右副都御史秦防賊奔竄 八月 卷十六

其十四　欽奉敕諭提督軍務新命通行各屬　九月

欽奉敕諭提督軍務新命通行各屬 九月 卷十六

其十五　案委江西分巡嶺北道紀録功次　九月十九日

節該欽奉敕諭：「生擒盜賊，鞫問明白，就行斬首示衆。斬獲賊級，行令各該兵備守巡官，即時紀驗明白，備行江西按察司造册奏繳，查照陞賞激勸。欽此。」欽遵。查得先准兵部咨，内開湖廣、廣東、江西三省，起調官軍兵快，夾剿郴桂、上猶等處峯賊。已該本院備將南、贛二府

兵糧事宜，及合用本省巡按御史紀功等項緣由具奏去後。今照進兵在邇，各賊四散出掠，官兵擒斬，已有陸續解到功次，所據紀録官員，若候命下前往，未免緩不及事。爲此仰抄案回道，照依案驗，備奉敕諭内事理，行委兵備副使楊璋，不妨本等職事，照舊軍前贊畫庶務，將陸續解到功次一面紀録，仍呈巡按衙門，查照本院具題事理，前往紀録施行。

其十六　咨報湖廣巡撫右副都御史秦分兵守把龍泉隘口　十月

夾攻防守咨 十月 卷三十

其十七　咨報湖廣巡撫右副都御史秦夾攻事宜

咨報湖廣巡撫右副都御史秦夾攻事宜 卷十六

其十八　分委贛州府知府邢珣等統哨　十月初十日

征剿横水桶岡分委統哨牌 卷十六

其十九　案行催督各哨官兵　十月初十日

行嶺北道催督進剿牌　十月初十日　卷三十

其二十　案行分守嶺北道官兵戴罪剿賊　十月二十一日

案行分守嶺北道官兵戴罪剿賊　卷十六

其二十一　牌行統兵官協謀搜剿

據參議云云。爲此牌仰指揮郟文等，仍屯穩下，督同指揮馮翔，分領兵快，與知府伍文定協謀合力，搜剿稽蕪等賊。知府季斆退屯義安，分兵守把沙村等隘，遥與聶都守隘推官徐文英聲勢相應，務遏諸賊南奔要路，相機搜剿。各官俱要勵志奮勇，毋徒退縮以自全，毋以小挫而自餒，務奮澠池之翼，以收桑榆之功。如復仍前畏縮違誤，軍令具存，難再輕貸。

其二十二　咨湖廣巡撫右副都御史秦剋期會剿　十月二十一日

刻期會剿咨　十月二十一日　卷三十

其二十三　案行江西嶺北道剋期會剿

仰抄案回道，會同分守官，一面監督各哨，分投追襲未獲賊徒[一]，行令務在十一月初一日，移兵徑趨桶岡等處[二]，分布夾攻。一面備行湖廣參將史春，務要□期進兵夾剿[三]，不得後期誤事。倘致參錯，責有所歸。

其二十四　牌行分守巡嶺北道搜滅餘黨　十月二十三日

搜剿餘黨牌 卷十六

其二十五　牌行典史梁儀千户林節立營防守　十月二十七日

横水建立營場牌 十月二十七日 卷三十

[一] 分投追襲未獲賊徒　底本「分投追襲」四字殘損，閭本作「兵馬即將」，據董本補。

[二] 移兵徑趨桶岡等處　底本「徑趨桶岡」四字殘損，閭本作「江西嶺北」，據董本補。

[三] 務要□期進兵夾剿　底本「務要□期」四字殘損，閭本作「遵照原行」，據董本補。

其二十六　奬勵湖廣統兵參將史春　十一月初四日

奬勵湖廣統兵參將史春牌 卷十六

其二十七　咨湖廣巡撫右副都御史秦摘兵搜扒　十一月十一日

搜扒殘寇咨 十一月十一日 卷三十

其二十八　案行湖廣郴桂兵備摘兵搜扒

據知府邢珣云云。爲此仰抄案回道，備呈撫鎮等衙門，查照施行。一面轉行統兵參將史春，將原調官兵内，摘撥三四千人，前來桂東連界大山内逐一搜扒，必使各山果無噍類，然後班師。仍嚴飭前項官兵，止於連界大山搜扒，不得過境深入，重爲地方之患。毋得違誤。

其二十九　犒賞湖廣官兵　十一月十五日

據湖廣兵備副使陳璧差舍人王廷璽禀稱，該省土兵，已於本月十一日，俱至桂東。隨據湖廣

守備武岡指揮王翰呈稱，剋期於十一月十三日進剿等因。參看得湖廣官兵，既已約定十一月初一日進剿，自合依期速進。今本省官兵攻破桶岡，已將半月，始聞各兵前來，揆之初約，實已後期。但念各兵千里遠涉，亦已勞頓，若能悉力搜剿，尚有可冀之功，且宜略棄小過，先行犒勞。及照郴桂地方，原係本院所屬，相應差官押束。爲此除差贛州衛指揮同知明德，齎執令旗令牌前往監押外，牌仰郴州兵備道官吏，即將發去牛酒，照數查給，用見本院慰恤犒勞之意。各官務要嚴飭兵衆，遵照該省巡撫軍門及本院號令約束，各於當境界内藏賊山坳去處搜扒，務使地方解倒懸之苦，百姓有安堵之休。共勤忠貞之節，以收廓清之功。如或參錯乖繆，致有踈虞，國典具存，决不輕貸。仍取犒賞過緣由，并各士兵頭目人等姓名數目，各具依准，隨牌繳來。

其三十　牌行監軍巡守官分屯把截　十一月十五日

訪得桶岡峒殘賊，見今俱逃上章山内，若湖廣官兵從彼四路并入，其勢必復遁回。所據賊奔要路，惟茶寮、茶坑、竹瓦窑等處，最當兵鋒。除本院親率帳下，見屯茶寮，分遣守備指揮郟文，督同指揮謝昶、馮廷瑞等屯新地，知府唐淳屯霹靂坑，知府邢珣屯胡蘆洞，知縣張戩屯竹瓦窑，縣丞舒富屯茶坑，知府伍文定屯大水、小水，知府季敩屯聶都，各人嚴加把截，相機行事外。其

茶坑、竹瓦窑等處，合遣方面重臣，往彼監督，庶使兵威振揚，士兵不致生事。爲此牌仰兵備副使楊璋、分守參議黄宏，即便前去地名茶坑、聶都等處，監督各項官兵，務要設奇埋伏，以邀奔賊。仍令厚集營陣，振揚兵威以待。湖廣士兵，止令於連界賊遁各山搜扒，不得過境深入，重爲民患。毋得違誤，致有疎虞，國典具存，罪亦難逭。

其三十一　犒恤統兵士舍　十一月二十一日

據兵備副使陳璧呈稱，會同指揮王翰、知府何詔，遵將指揮明德齎到犒賞牛酒銀兩，眼同給受。當即申明軍門號令，嚴督本哨漢土官民軍兵，在于本省界内山箐深密巖寨去後[一]，設法搜扒，期在盡絶，及禁束不許一兵一卒越過江西境界，并將本哨原領兩江口士兵頭目人等姓名，開報到院。

看得前項士兵頭目人等，赴夾攻之期雖亦稍遲，涉艱險之路則已甚遠，宜録勤勞，量行犒恤。爲此牌仰郴桂兵備道官吏，即便公同差去指揮明德，將本院發去牛酒銀兩，查照後開數目，逐名分給，用宣本院慰勞之意，以勉各役報效之忠。仍各嚴加戒飭，務於本省界内賊遁大山搜扒，不

[一] 山箐深密巖寨去後　據辭例，「去後」當作「去處」。

得過境，侵擾良民。獲有多功，重賞不吝。苟違節制，軍法具存。備開給賞過緣由，繳牌。

其三十二　牌行統兵知府伍文定把截奔賊撫處降民　十一月二十五日

照得湖廣官兵，見今攻剿朱廣、魚黄等處，賊必東奔，聶都地方，正當衝要。先該本院行委知府季斆，分兵把截。近因本官禀稱，朱雀等坑峯人何文秀等，俱各告招，已經行令從宜處置，勢難輕動，兼且賊奔要路，非止聶都一處，必須委官協把。又據百長朱文清禀稱，新溪等巢告招峯人劉汝貴等三十二名，自願隨兵殺賊立功，亦合委官撫處。爲此牌仰知府伍文定，分兵前往聶都等處，督同推官徐文英，嚴加把截，相機擒捕。一面拘集朱文清等鄉兵，先將投招劉汝貴等從宜處置，督令殺賊立功。或將老幼婦女，責令附近村寨領養，免致士兵人等殺害。候獲有功次，通行開具花名，一併解赴軍門，以憑議處安插。承委官員，務要周悉詳慎，區畫停當，毋致踈虞。

其三十三　牌行江西袁州府提問失期官員　十二月初九日

據袁州府萍鄉縣申稱，知縣高桂到任兩月，查追各年未完錢糧，清理軍伍。又稱城垣倒塌，修補未完等項緣由。申報到院。卷查前事，已經調取高桂等前來軍門，領兵殺賊。隨准兵部咨，

奏奉欽依，「各官之中，敢有抗違者，即以軍法從事」，又經通行催取去後。今據前因，參看得知縣高桂，既奉明文調取殺賊，自合依期，星夜前赴軍門聽用爲當，乃敢故違軍令，繁文抵搪。且本院於七月行縣調取，抗違兩月之上，不行前來。至十月初一日，本院親督各哨，進剿峯賊，本官已是違期，却至本月十六日，方纔具申遮飾。若使調用各官，俱若高桂傲慢違抗，豈不有誤軍機？合就處以軍法，但今師已克捷，姑從輕提問，以警將來。爲此牌仰本府官吏，即便行提犯人高桂正身到官，問擬應得罪名，具招申報發落。毋得容延取罪不便。

其三十四　犒賞統兵致仕宣慰彭世麒　十二月十六日

據哨探指揮明德報稱，湖廣、廣東魚皇[一]、洛平石等處，賊巢悉破，地方已寧等因。照得統兵致仕宣慰彭世麒，素稱儒雅，久著勳勞，養高林下，猶深報國之誠；同苦行間，復建平瑶之績。合行犒獎，以勵忠勤。爲此今差舍人任光，領賫後項禮物，前去本官處親行犒勞，用見嘉樂之意。仍仰本官益敦鄒魯詩書之習，以爲湖湘忠義之倡。惟爲善之不替，庶永譽以無窮。

[一] 魚皇　按，「皇」或爲「黄」之訛，「魚黄峒」在湖廣桂陽縣，見類奏擒斬功次疏。

其三十五　批廣東嶺南道調摘兵壯呈　閏十二月二十二日

據兵備僉事王大用呈。看得三省會剿，調摘各處兵壯，蓋亦事不容已。若使該縣官吏，果能先事爲備，多方設法，在城在鄉，俱行起集排門父子兵夫操演，振揚威聲，盜賊聞風，自然不敢輕犯。今乃無事則袖手坐視，及至賊已入境搶掠，方纔選兵，此亦何能有濟？所據各該官吏，俱合拏問，但既稱正在用人之際，姑記其罪。仰該道急與查處，仍行鄰道及附近府縣，一體多方設法，嚴謹督捕，務期剿獲，以贖前罪。如再因循怠慢，徒以兵少爲辭，致有疎虞，定行從重拏究不恕。呈繳。

其三十六　案行嶺北道慶賀湖廣鎮巡司等官　閏十二月二十九日

照得湖廣郴桂等處所轄峯賊，連年糾合廣東、江西賊衆，劫掠鄉村，攻打縣堡，遠近荼毒，神人痛憤。近因奏奉欽依，三省合兵征剿，三月之内，巢穴掃蕩，賊黨盡擒，共收克捷之功，用樹安攘之績。是皆湖廣巡撫、監軍，懷遠略而行之以慎密，出奇謀而鎮之以安静，及各守巡、兵備等官，同心協力，竭忠奮勇之所致。自此各省人民，悉解倒懸之苦，偕享衽席之安。推功仰德，

禮宜行慶。爲此仰抄案回道，即於賞功所動支後開銀花綵段禮物，差官賫賫，前去湖廣，送赴欽差巡撫都御史秦、鎮守太監杜，及巡按紀功監察御史王，并方布政、惲副使等官，少將本省慶賀之意，以見同舟共濟之情。

其三十七　案行嶺北道設立茶寮隘所

設立茶寮隘所 卷十六

其三十八　批嶺北道新設縣治事宜呈

據副使楊璋備將橫水事宜開款呈詳：

一、大兵撤後，餘孽不無再集。查得縣丞舒富，才頗有爲，擒賊功多。合無將上猶、大庾、龍泉三縣機兵、打手、鄉兵，各點集一千名，專委統領，于新立縣所住劄，將已破賊巢不時巡視。如有餘黨復集，即便擒拏。

看得橫水雖建縣治，工未易就。近照本院議於桶岡、橫水兩處，先立隘所。行仰該道，將附近虛設隘夫，及各村寨并通賊人户，悉行查編隘夫，各一千餘名，計亦足以防剿餘賊。若復於三

縣各點機快千名，不無糧餉費多。但欲委官往來巡視，亦須用兵防護，每縣止點三百名，分作三班，跟隨委官舒富，於橫水、桶岡等處巡視。遇有殘黨嘯聚，即便兼督隘夫剿撲，有功照例陞賞。機兵行糧，准於各縣所餘餉內支給，每日人各一升。候縣治已建，地方寧謐，再行呈處。

一、建立縣治，雖候命下，而土木興造，必須委任得人。查得南安府推官徐文英，在任年久，幹事勤能。合無三縣各撥人夫三百名，專委本官，總督採辦木植，燒造磚瓦，會計城池衙門與夫工力匠作，逐一計處呈詳。

看得地方兵困之餘，量宜寬恤，而推官徐文英亦有公務相妨。查得橫水見編隘夫一千餘名，今盜賊新平，各夫未有追襲之役。合將三縣人夫，分作三班，委官統領。每縣輪班兩月，就委縣丞舒富，不妨往來巡邏，兼督一應採辦木植，燒造磚瓦等役。就令本隘各夫相兼並作。況本官又有跟隨機快三百名，無事之時，亦可通融役使。如此，則民不重困，事亦易集。

一、二府舊俗，田地自不耕種，皆佃與龍泉、泰和、萬安等縣流移人户。至于盜賊之興，前項之人，指引出劫，合夥分贓，害不可言者。合無痛加禁約，如田多人少者，止許佃與本地之人。如違，田主佃户，一體坐罪發遣。

看得所議，深切時弊，實乃弭盜之源。仰即出給告示，嚴加禁絕。今後但有異府各縣之人，

潛住本處村寨佃種者，即係奸細之徒。但有容留，潛將田土佃種者，即係窩藏流賊奸細之人。體訪得出，或被人告發，即便擒拏到官，斷治如律。

一、新設縣治，界乎三縣之中，道路俱被輋人鑿峻，往來甚阻。合無三縣各委官帶人夫百名，石工數名，將前項道路開通。仍於適均去處，先建公館一所，及鋪舍各一座，庶車馬流通，盜無所容。

看得所議，委官起夫，漸次開通，就委縣丞舒富兼督。候道路既平，即將各夫解放。其設立公館鋪舍等項，悉照詳施行。

一、新設縣治，三縣該剖圖分，累年被賊搔擾占據，錢糧皆其包納。其餘人民，俱以兵馬之擾，搬運之勞，困苦已極。況今添設縣治，未免仍于三縣取辦。合無將三縣正德十二年該割圖分，連正德十三年税糧差役，盡行蠲免，候十四年一體納糧當差。

看得所建縣治，未經奏准，各縣錢糧，縱復奏蠲，恐未允免。除合用人夫量行撥起外，其餘不急事務，該道悉行查革，以甦民困。蠲免錢糧，候設縣之後，另行議奏。

一、縣治既設，學校當先。合行提學副使，將三縣之中見在增廣，考其尤者，撥于新縣，以充廩膳，起送民間俊秀，以充增附。

看得議選生徒，良亦先務，然亦須兼存填實之意。仰先行提督學校官，於三學之内，但有願於新設縣治起蓋房屋，占籍移居者，即便聽撥新學。仍於其中略考文藝，以充廪膳增附之數。如此，則既庶既富，而學校之教可興矣。

其三十九　牌行招撫官縣丞舒富　正德十三年二月初八日

牌行招撫官 正德十三年二月 卷十六

其四十　牌行南安府撫緝新民　二月初八日

據縣丞舒富禀，招撫過新民二百餘徒，乞於横水、思順等處安插，已經行仰照議施行外。看得招來新民，安插漸多，恐有貪功譎詐之徒，潛去激誘生變，致亂大謀，合先禁約。爲此牌仰知府季斆，將該府招出新民，自行時加撫緝，毋令得與外人交接，致有驚疑。其思順、横水等處，尤要嚴禁所屬一應官兵人等，不得輒往問訊，傳遞消息，造作語言。惟當專責縣丞舒富，悉心經理，一應事機，俱聽從宜區處。敢有假以公差報效等項名色，擅去新民安插地方，有所規圖者，定行拏赴軍門，治以軍法。該府行遵照施行。

其四十一　奬勞廣東兵備等官　七月初六日

據廣東兵備僉事王大用等會呈，督領官兵，前後擒斬賊犯高快馬、李斌等，共一千四百餘名顆；及據嶺東道僉事顧應祥等呈，督領官軍，前後俘斬賊犯吴珮等一千一百七十餘名顆口到院。爲照僉事王大用、顧應祥等，備效勤勞，懋收克捷，可謂克稱委任，不負所學。都指揮王英、歐儒及知府姚鵬、同知阮仲義、通判鄒級、莫相、知縣李增、李蕚，或領兵督哨，或進剿防截。類皆身親行陣，且歷險難，俱各奬勞，以表勤能。爲此仰抄案回府，即便查照後開奬勞數目，動支商税銀兩，差人分送各官。用見本院嘉奬之意，以明師旅激揚之典。

其四十二　批廣東統兵都指揮等官留兵搜捕呈　七月十九日

批留兵搜捕呈 卷十六

其四十三　批廣東嶺南道將士争功呈　十月十一日

批將士争功呈 卷十六

其四十四　欽奉陞廕敕諭通行各屬　七月初一日

六月二十九日，節該欽奉敕諭：「爾奏上猶等縣桶岡、横水、左溪等巢賊首藍天鳳、謝志山等，盤據險阻，荼毒數郡，僭擬王號，圖謀不軌，基禍種惡，已非一日。今幸奉行成筭，督同兵備、分守等官，調集官兵，分哨並進，擒斬首惡并從賊三千二百五十四名顆，俘獲賊屬男婦二千三百三十六名口，奪獲被虜人口及頭畜贓仗數多，渠魁皆已授首，黨惡亦無遺類等因。朕惟蠢兹盗賊，恃險聚衆，稔惡歲久。雖嘗設法招撫，愈肆桀驁，及用兵攻剿，又未見成功。乃今僅兩月之間，克殄此數十年未熄之患，自非爾運籌定議，親臨巢穴，申嚴號令，調度有方，何以致此？捷奏來聞，朕心嘉悦。除有功官員人等，命該部查議陞賞外，兹特陞爾前職，廕一子爲錦衣衛，世襲百户，仍降敕獎勵，以旌爾勞。尚念盗賊甫平，居民未盡安堵，爾尤宜竭心殫慮，從宜撫處，以靖地方。務使黔黎樂業，永保無虞，庶不負朝廷委任至意。欽此。」欽遵。擬合通行，爲此仰抄案回司道，着落當該官吏，照依案驗，備奉敕諭内事理，并行各道守巡、兵備等官，轉行府、衛所、州縣等衙門，一體欽遵施行。

陽明先生別録卷之九　公移二

征剿浰頭巢賊始末　共三十三條

其一　告諭各巢賊黨　正德十二年五月

告諭浰頭巢賊　正德十二年五月　卷十六

其二　牌行廣東兵備兼分巡嶺東道計處進剿方略　八月二十二日

進剿浰賊方略　卷十六

其三　牌行嶺北道等官剋期進剿　正德十三年正月初二日

剋期進剿牌　正德十三年正月　卷十六

其四　牌行信豐縣主簿等把截竄道　正月初八日

牌仰主簿譚聚璉，督同義官何廷珂、王紱、張嶽謙、張穡、鍾漢鼎等官兵，前去守把江尾、陂頭、樟木等隘賊行要路。如遇奔賊，就便嚴督相機截殺，獲功解報。官兵人等，敢有不遵軍令，臨陣退縮者，許令本官以軍法從事。本官務要奮勇竭力，悉心守把。毋得怯懦怠忽，致令奔走，定依軍法斬首，决不輕恕。

其五　牌行督哨官　正月初十日

照得本院親率諸軍，前去剿除龍南、龍川、浰頭等處叛賊，除將各營官兵分布哨道，指受方略，刻期進剿外。所據督哨官員，擬合行委。爲此牌仰守備郟文、知府邢珣，即便前去浰頭等處賊巢，催督前項各營官兵，務要依期夾剿，不得違誤。其所擒斬俘獲并奪回男婦、贓物、牛馬等項，俱仰先行解赴軍門，以憑批發紀功兵備實驗紀録。各營官兵，敢有臨陣退縮，逗遛不進者，即以軍法從事。各官務要悉心竭智，往來嚴督，圖爲萬全之策，以收克捷之功。如或逡巡怠忽，致有疎虞，國典具存，罪難輕貸。

其六　牌行督理糧餉官　正月十一日

牌仰委官主簿于旺，協同龍南縣知縣盧鳳，督理該縣糧餉馬夫一應軍務。官吏、里老、隸卒、義民、總小甲人等，若有回抗不聽約束者，就便遵照本院欽奉敕諭内事理，許以軍法從事。仍仰知縣盧鳳，勵志虚心，協和幹理。毋得因循怠忽，及彼此參錯，致有失誤，罪不輕貸。

其七　牌委參謀生員黄表　正月十三日

牌仰生員黄表，齎執令旗令牌，前往上下坪等處，督同百長王受、謝鉞、黄金巢，并該地方義官、里老、總小甲謝俊玉、丘隆、謝鵬、李積玉等父子鄉兵，守把賊奔要路，相機進剿。兵夫人等，但有臨陣畏縮退避者，仰即照本院欽奉敕諭内事理，許以軍法從事。本生亦要悉心催督，不得違誤。致有踈虞，及因而擾人，罪不輕恕。

其八　牌行指揮金英等把截竄道　正月十三日

牌仰指揮金英，即便統領石背兵夫三百名，前去太平堡等處，督同陰陽官廖思欽等兵，守把

賊奔要路，相機進剿，獲功解報。兵夫人等，但有臨陣畏縮退避者，仰即遵照本院欽奉敕諭内事理，許以軍法從事。本官務要悉心竭力，毋得怠忽踈虞，自取軍法重究。

其九　牌行河源始興翁源長樂四縣官分探遁賊

正月二十日

查得河源、始興等縣地方，俱係賊奔要路，已經牌仰委官把截，相機擒捕。近該本院親率諸軍，剋期進剿，前項巢穴，悉已焚蕩。首賊雖已盡擒，而餘黨尚多奔遁，探得皆逃河源、始興等處藏躲。各縣掌印、捕盜、巡司官吏，平素因循怠弛，不行嚴加把截，本當拏赴軍門，治以軍法，但今緊關用人之際，姑且記罪督捕。爲此牌仰該縣官吏，作急選差乖覺人役，分投爪探各賊潛遁何處，星夜前來禀報。一面嚴督官兵人等，不分遠近，相機擒捕解報，務使根株悉拔，噍類無遺。如或坐視玩寇，貽患地方，定依軍法，拏赴軍門斬首，决不輕貸。

其十　奬勞知府陳祥邢珣等

二月二十八日

據知府陳祥、邢珣等，呈解拏斬浰頭賊人賊級，并俘獲賊屬贓仗等項數目開報。所據各官，

遵照方略，奮勇協攻，一月之間，渠魁授首，巢穴掃蕩，忠勤備著，功勞可嘉[一]，合行獎勞。爲此牌仰惠州、贛州府官吏，即支在庫官錢，買辦後開儀物，備用鼓樂，就差本府同知徐大用、夏克義，率領官吏師生，送至惠州府知府陳祥、通判徐璣、龍川等縣典史姚思衡、巡檢張行、驛丞何春、贛州府知府邢珣、推官危壽等，以勵敢勇之風。

其十一　牌仰留屯官兵　二月二十八日

牌仰典史梁儀等，與同百户周芳、巡檢張行、驛丞何春，管領留屯官兵人等，守禦浰頭地方。務要申嚴號令，整肅行伍，關防出入，禁止侵擾，謹風火以備災，除糞穢以防疾。如有殘賊出没，就選精鋭驍勇，相機擒捕，獲功解報，不得貪利窮追。其餘兵衆，仍須固守營場，不許輕率妄動。其白沙等處安插新民，務禁下人，不許驚擾。若彼或有人來，即與慰勞撫喻。各兵班滿之際，務候本院差官前來點閘犒賞，或就彼放回，或引至贛州發遣。中間敢有拒抗，不聽約束，輕則量照軍令究治，重則綁解軍門斬首。仍仰各官，俱要協和行事，一應機宜，須聽典史梁儀照數

[一] 功勞可嘉　「嘉」，底本訛作「加」，據閭本改。

收貯[一]，扣查給散。事畢造册，通行繳報查考。

其十二　牌行龍南縣陞奬百長王受等　二月二十九日

照得本院親統官兵，勦平浰賊，但恐撤兵之後，餘黨仍復嘯聚。除浰頭已留屯官兵，責仰盧珂等把守。爲照牛岡、高砂、上蒙等隘，俱係賊行要路。查得老人葉秀芳等，原在牛岡隘把截，近因臨陣畏縮，致賊奔逃，當照軍法究治革退。遂令伊弟葉秀聰頂替，充爲百長，協同老人黄啓濟，管領兵夫，仍在原隘守把。及照百長王受、謝鉞、王金巢等[二]，俱係誠心向善，出力報效，近復屢有戰功，合將王受、謝鉞陞爲千長，王金巢陞爲百長，以旌其功。就仰王受，統領新民總甲謝遜[三]、劉粗眉、温仲秀等兵夫，與同謝鉞等，在於高砂等隘把截。其劉遜等，俱要禀聽王受節制。中間若有不依約束者，輕則量行責治，重則綁解軍門，治以軍法。如遇殘賊出没，各役務要密切約會盧珂等，併力夾攻，獲功解報，照例給賞。爲此牌仰龍南縣官吏，即便備行出給印

[一]　須聽典史粱儀照數收貯　按，此前後文義不甚相屬，或有脱誤。

[二]　王金巢　浰头捷音疏、剋期进勦牌等篇作「黄金巢」，下文仿此。

[三]　謝遜　下文作「劉遜」。

信帖文，付與千長王受、謝鉞、百長王金巢、老人黄啓濟、百長葉秀聰、總甲劉遜、劉粗眉、温仲秀等，各執照管束各手下兵夫新民，各照分地方住劄守把，有警互相策應，毋分爾我，致有違誤。仍加省諭，不許縱容下人生事。今後新民里老人等，俱不許擅受詞狀斷理。敢有故違者，不論應否曲直，告者受者，悉行拏送軍門，照依軍法斬首。每月朔望，各具不違結狀，赴縣投遞查考。仍行嶺北道守巡、兵備、守備官，查照施行。

其十三　牌督惠州府建立縣治巡司及留屯官兵　三月十五日

據副使楊璋、僉事朱昂會呈，於和平建立縣治，浰頭移設巡司。已經批仰設道〔一〕，會行各該府縣，查照所議施行。今照本院住軍浰頭，已將兩月，前項工程，尚未見委何官督理。其浰頭巡司，雖經本院親督匠作，起蓋官廳，其餘公廨營房等項，皆未完備。及照盧珂等新民，至今未見復業；陳英等兵夫，至今未見解到。本院回軍曾未兩日，訪得留屯各兵已漸逃回，止存贛州官軍兵快在彼守禦。今四出殘賊，難保必無，似此踈墮懈弛，萬一乘間嘯聚，虎兕出柙，誰任其咎？爲此牌仰本府官吏，即將前項事情，逐一上緊整理，毋得彼此相推，徒事文移往復，苟求遮飾。

〔一〕已經批仰設道　據辭例，「設」當爲「該」之訛。

每月仍將建設縣隘等項，見委某官管理，曾否興工築造，及浰頭巡司公廨營房之類，有無添修完備，隘夫人等曾否編發着役，屯守各兵有無見在逃回，俱要備開申報，以憑查考。如再因循懈怠，縱無踈虞，定行拏治參究，决不輕貸。

其十四　牌委贛州府推官危壽　三月初五日

照得本院近因浰賊猖熾，親督諸軍，掃蕩巢穴，而山深林密，漏殄殘黨，難保必無。已經行令各官，計處防禦去後。今照本院回軍在邇，雖已分布有緒，必須調度得人。看得推官危壽，持身謹確，處事詳慎。先經領兵剿賊，深入賊穴，擒斬數多，即今見署龍南縣印，就合併委提調。爲此牌仰本官，不妨縣事，往來各隘，經理整督。其葉秀聰等兵夫，務要拘集於南埠結屋，屯劄守把，不許仍在縣城潛住。劉遜等兵夫，亦要隨同王受等住劄，不得四散分住，事無統紀。各隘兵夫，不時常與點閘，間或犒賞，以示懲戒激勵。如有殘賊出没，即便督令各役，併力夾剿。其招撫新民張仲全等，見在白砂安插[一]，亦要時常撫諭，務使誠心向化。遇有殘賊，亦就督令出力報效，毋得自存猜忌，招致罪累。仍戒各隘兵夫，亦不得輒有侵擾，致生驚疑。該縣通賊奸細、

[一] 白砂　浰头捷音疏作「白沙」。

磊積吞併之徒，罪在可誅，未盡查究。本官亦且暫行戒諭，容令改革。如有長惡不悛者，遵照軍令，輕則量行責治，重則斬首示衆。本官務要殫心竭力，以副委任。一應事機，尚有計議未盡，悉聽從宜區處。具由呈繳。

其十五　批汀州知府唐淳乞休申　三月十五日

批汀州知府唐淳乞休申　卷十六

其十六　告諭百姓　五月初一日

告諭　卷十六

其十七　牌仰南安贛州府印行告諭　五月二十一日

仰南安贛州府印行告諭牌　卷十六

其十八　案行嶺北道禁約搉商官吏　五月十一日

禁約搉商官吏　卷十六

其十九　批贛州府賑濟石城縣申　五月十二日

批贛州府賑濟石城縣申　卷十六

其二十　批廣東兵備官河源餘賊呈　五月十三日

批攻取河源賊巢呈　三月二十三日　卷三十

其二十一　批嶺南道議處河源餘賊呈　五月十四日

議處河源餘賊　卷十六

其二十二　欽奉敕諭協剿廣東清遠等處賊　七月二十一日

申明便宜敕諭　七月二十一日　卷三十

其二十三　案行廣東嶺東兵備道議剿河源巢賊　八月十一日

再批攻剿河源賊巢呈　八月二十一日　卷三十

其二十四　案行江西嶺北道區畫軍餉　八月十四日

行嶺北等道議處兵餉　八月十四日　卷三十

其二十五　案行廣東布按二司添設縣治　十月十九日

准兵部備咨，該本院題，該本部覆題，設縣治以保安地方事。卷查先經會同欽差巡按廣東監察御史毛鳳，各另具本奏請定奪間。續准户部咨，内開煩爲會同兩廣撫按，會委各道守巡等官，督同各該府縣掌印正官，上緊親詣前項地方，再行從公相度堪以營建處所。其工作人匠夫役等項，責令何處出辦；應用材木磚瓦等料，動支何項銀兩收買；人匠工食，於何處支給；坐委何衙門官員專一董理；務要查明，議處穩便，具結回報。各撫按衙門另行會奏，以憑上請。其選官給印等項，候營建略有次第，備由咨來，本部具奏，移咨吏、禮二部，銓官鑄印施行等因。

爲照前項添設縣治，已該兵部覆議相應，别無違礙，擬合通行。爲此仰抄案回司，即行該道守巡等官，作急選委府縣佐貳能幹官員，先將添設縣治事宜，詳加議處。原議竹木於和平浰頭各山採辦，及於龍川縣并河源縣惠化都起夫應用外。其磚石灰瓦等料，及各色匠作工食，備細估計，通該價銀若干，扣除清出賊占典賣田價若干可支，餘於惠州府庫堪動官銀補給。務要轃處停當，便就委官分理。速將城池、衙門、學校、倉廒、牢獄、鋪舍、街道等項，作急築造，務使堅固經久，毋得虚應故事。其餘分割都圖，及編僉隘夫、添設隘所事宜，悉憑本院所奏，徑自施行。先取該道委官職名、估計數目呈報，以憑稽考。仍呈總督、總鎮、鎮守、巡按衙門知會。

其二十六　批福建漳南道議處深田巢賊呈　十二月初三日

批漳南道設立軍堡呈 十二月初三日 卷三十

其二十七　欽奉敕諭處置湖廣郴衡瑶賊　十二月十二日

再申明三省敕諭 十二月十二日 卷三十

其二十八　告諭父老子弟 正德十四年二月初一日

告諭父老子弟 正德十四年二月 卷十六

其二十九　案行福州等六府行十家牌法 二月十六日

本院奉命巡撫福建等處地方，思欲禁革奸弊，安養小民，以期無負委托之重。顧才力短淺，知慮不及，雖切愛民之心，未有及民之政。照得本院舊撫南、贛、汀、漳等處，訪得所屬軍民之家，多有窺圖小利，寄住來歷不明之人，同爲奸究[一]。兼之有司訓養無方，淫侈競作，而民僞日滋，禮教不興，而風俗日壞。頑梗之不率，賊盜之繁多，皆原於此。已經行仰各府所屬各縣，在城居民，每家各置一牌，備寫門户籍貫，及人丁多寡之數，揭於各家門首，以憑官府查考。仍團編十家爲一牌，開列各户姓名，背寫本院告諭，日輪一家，沿門按牌審察動静。但有面目生疎之人，踪迹可疑之事，及違犯戒諭者，即行報官究理。或有隱匿，十家連罪。如此，庶居民知所趨向，而奸僞無所潛容。施行既久，人所稱便。

[一] 同爲奸究　據文義，「究」當爲「宄」之訛。

所據福州等府屬縣，民俗大抵相同，應合通行編置。及照汀、漳二府，雖已先行刊給曉諭，尤恐有司虛文搪塞，頑民罔知遵守，亦各再行申督禁諭。爲此仰抄案回府，即行屬縣分，着落各該掌印官，將領去告諭依様翻刊，户給一張，及照十家牌式，逐巷隨村，挨次編置，務在一月之內了事。仍於各縣耆老中，推選年高有德，爲衆所服者五六人，官府優加禮待，委令每日沿街曉諭稽考，不舉行者，及時送官責治。該府亦要嚴加督察各屬，期於着實施行，毋使虛應故事。仍令各將編置過緣由，依限差人繳報，以憑查考。非獨因事以别勤惰，且將旌罰以示勸懲。

其三十　牌行龍川縣撫諭新民　三月十八日

行龍川縣撫諭新民 卷十六

其三十一　牌委參隨何圖撫諭新民　四月初三日

訪得和平地方居民，因見招撫新民盧源等在彼安插，不思各民已是向化之人，却乃各將房屋毁棄，田地抛荒，挈帶妻子，投城住坐，以致新民各懷疑忌，欲行奔遁。該縣官吏，不聞禁約處置，又不申禀本院，本當究治，姑記查處。爲此仰參隨何圖，前去龍川縣，會同掌印官，即便拘集前

項居民，坐委佐貳官一員，公同押領，前去原住地方，各令選擇便利高要去處，結寨團住。仍各推保衆所信服寨長一名，時常鈐束寨丁，謹守法度，各務農耕，毋致失業，驚擾各寨。仍置大鼓一面，梆鈴數付，每夜輪流寨丁，支更巡邏，以防不測。及仰撫諭所招新民，誠心改行，各安生理，毋得妄生驚擾，彼此扇惑。如有故違，定行拏赴軍門，治以軍法，決不輕貸。

其三十二　案行嶺北道禁革商鹽　四月十三日

准户部咨，該本院題，該本部覆查，議得南、贛盜賊已平，而廣東事情緩急未定。其前項龜角尾所立抽分，亦經題奉欽依裁革。合咨本官，及咨都察院，轉行巡按江西、廣東監察御史，將廣東海北二提舉司鹽，許南、贛二府發賣，其袁、臨、吉三府，不許輒擅行賣。如有違者，不拘有引無引，鹽追入官，人犯照例問發。前項抽分商税去處，亦查照先奉欽依事理，即爲停革，不許私税，以便客商。正德十四年二月初三日，太子少保户部尚書石等具題，奉聖旨：「是，欽此。」欽遵。擬合就行，爲此仰抄案回道，備云該部題奉欽依内事理，東西二河鹽商所販鹽引，止許於南、贛發賣，不許違例越下袁、臨、吉三府。如有犯者，着巡司地方人等挨拏，照例問罪没官。其抽分商税，凡在停革之例者，悉行查革。仍將禁革商鹽緣由，申報查考。

其三十三　咨湖廣巡撫都御史秦會定縣治摘撥屯軍　五月三十日

議處添設縣所城堡巡司咨 五月三十日 卷三十

欽奉敕諭查處福州叛軍　共二條

其一　牌行福州等八府　六月初八日

照得當職節該欽奉敕：「福州三衛軍人進貴、葉元保等，脅衆謀反，隨該鎮巡等官設法擒獲。今特命爾不妨提督原任，前去彼處地方，將前項事情，用心查議處置。軍衛有司官員，平時不能撫處，通行查究。情輕者就便拏問，情重者差人解京問理；干礙方面官，參奏提問罰治；事干鎮巡官，指實陳奏。凡可以兼濟軍民，有益地方，行之久遠無弊者，隨宜斟酌施行。一應事宜，敕內該載不盡者，聽爾便宜處置。欽此。」除欽遵外。爲照福建所轄，八府一州五十三縣，道路遼遠，一時未能通歷。所據地方利弊，各該守令，在任既久，必能周知，合行采訪，庶可從宜區處。爲此牌仰本府官吏，即將本府并所屬地方，凡有利所當興，弊所當革，可以行之久遠者，務要用心咨訪停當。從實簡切，開具印信揭帖，就仰掌印官親齎，前赴省城都察院，面議可否，以憑施行。

毋得違延取究不便。

其二　牌委千百户孫裕周芳祝震王儀　六月初八日

督責哨官牌　六月初七日　卷三十

優獎致仕縣丞龍韶牌　八月初九日

優獎致仕縣丞龍韶牌　卷十六

陽明先生別録卷之十　公移三

平寧藩叛亂　上　共八十八條

其一　牌行贛州府集兵策應　正德十四年六月十八日

牌行贛州府集兵策應　正德十四年六月十八日　卷十七

其二　牌行南昌吉安袁州臨江撫州建昌饒州廣信南安九江南康瑞州十二府集兵策應

照得本院云云。爲此仰本府官吏，照牌事理，并行附近衛所，各要起集驍勇精壯父子鄉兵、機快軍餘人等，多備鋒利器械，委官管領，操演武藝，固守城池。聽候本院公文調發，相機防剿。仍一面多方差人，四散爪探緩急聲息，飛報本院知會。毋得失誤，罪及未便。

其三　案行吉安府權處兵糧　六月二十日

行吉安府收囤兑糧牌　正德十四年六月二十日　卷三十一

其四　牌委福建都布按三司照處本地叛軍　六月二十五日

照得本院於正德十四年六月初五日，奉敕前往福建公幹，已於本月初九日自贛州啓行，由水路，於本月十五日，行至豐城縣地名黄土腦，節據地方總甲人等禀報，本月十四日，江西省城突然變亂，及聞撫巡、三司等官，俱遭拘執殺害，人心十分洶洶。本院原未曾帶有官軍，勢難輕進。

除就近暫回吉安地方住劄，一面分投差人，爪探的確，及仰臨江等府衛，起集鄉兵，固守城池，以候調發進剿外。所據兵部前後咨到福建一應事情公文，俱已查照，備寫明白。若候撫臨之日發行，未免遲悞，擬合先行查處。爲此牌仰都、布、按三司，即將發去後項公文，各仰遵照，作急查處停當。聽候本院處置江西地方稍有次第，前來覆議，會奏施行。毋得違誤，仍呈鎮巡等衙門知會。

其五　牌行吉安府查理饋送鎮守物價　六月二十日

行吉安府禁止鎮守貢獻牌　六月二十日　卷三十一

其六　牌行贛州府調發官兵　六月二十一日

案照已經行仰贛州府，速將原操官兵取赴教場操練，聽候調發去後。今照前因，合行調用。爲此牌仰本府官吏，即將見在兵快人等，各帶鋒利器械，委官統領，就於官庫錢糧，支給行糧，并顧船裝送，不分雨夜，兼程前赴軍門調用[一]。如或遲誤，定以軍法論處，決不輕貸。其餘各縣未到兵快，亦就分差催調，通赴教場操練，聽候調遣，毋得遲誤不便。

[一] 兼程前赴軍門調用　「程」，底本訛作「呈」，據閭本改。

其七　咨兩廣總制都御史楊共勤國難

咨兩廣總制都御史楊共勤國難 卷十七

其八　案行廣東布政司共勤國難

節該云云，具奏外。仰抄案回司，會同都、按二司，轉行各道，并呈鎮守、撫按等衙門，各一體查照知會施行。

其九　案行福建布政司督兵防截

行福建布政司調兵勤王 卷三十一

其十　案行福建漳南道預備赴調兵船

節該云云，濟事。爲此仰抄案回道，即將前項見在上杭教場操練精壯兵快人等，大約四五千名，并取漳州銃手李棟等一起[一]，各帶隨身鋒利器械，責委謀勇官員統領，就於汀、漳官庫錢糧，

[一] 并取漳州銃手 「銃」，底本訛作「統」，據閭本改。

查支給各兵行糧，計算日期，兼程不分雨夜，直抵本院住劄吉安府，隨兵進剿。仍備行瑞金縣，查支官錢，預先雇辦船隻，伺候裝送。經過去處，敢有兵快人等，擅取民間一草一木，或在途延緩，及不聽約束者，就仰領兵官照依軍法論處。其用船隻裝送去處，若該縣臨期失誤，亦就指名參呈，以憑拿赴軍門斬首，决不輕貸。仍將支過各兵行糧、起程日期、委官職名，先行呈繳。

其十一　咨巡撫湖廣都御史秦吴共勤國難

節該云云，方克濟事。爲此合咨貴院，煩爲選取驍勇精壯、曾經戰陣軍兵，及土官素抱忠義，不與逆黨交通者，大約一二萬名，選委謀勇膽略方面官員分領，仍煩貴院親督，兼程前來，共勤國難。諒貴院素秉忠孝之節，久負剛大之氣，聞此必奮袂而起，秉鉞長驅，當在郭汾陽之先，肯居祖士遠之後哉？紛擾之中，莫罄懇切，惟高明速圖之。

其十二　咨都御史李共勤國難

節該云云，奏外。照得南畿係朝廷根本重地，今寧府逆謀既著，北趨不遂，必將圖據南都。若不早爲之所，誠恐噬臍無及。爲此合咨貴院，煩爲選取所屬驍勇精壯、曾經戰陣軍兵，及民間

義勇，約二三萬名，選委謀勇膽略官員分領，會約鄰近郡省，合勢刻期，仍煩貴院親督，兼程前來，共勤國難。諒貴院忠孝自許，剛大素聞，當茲主憂臣辱之時，必將奮袂而起，秉鉞長驅，自有不容已者矣。紛擾之中，莫罄懇切，惟高明速圖之。

其十三　咨南京兵部集謀防守

預行南京各衙門勤王咨 卷三十一

其十四　告示軍民　六月二十二日

撫安百姓告示 六月二十二日 卷三十一

其十五　牌行南安府調發官兵　六月二十四日

案照已經行仰南安府，起集驍勇兵快，委官管領操演，聽候調發防剿，擬合行取。爲此牌仰本府官吏，即將原開單内曾經戰陣兵快，及取峰山弩手一百餘名，各備隨身鋒利器械，就於庫内

官錢給作行糧，行委推官徐文英統領。仍顧船裝送，不分雨夜，兼程前赴軍門，聽候調用。此係急剿謀叛，事關宗社安危，非比尋常賊情，毋得稽遲時刻，斷以軍法處斬。兵快人等，敢有在途延緩，不聽約束者，就仰遵照本院欽奉敕諭事理，即以軍法從事。

其十六　牌諭臨江府知府戴德孺等合勢進剿　六月二十五日

屢據差人稟報，足見本官忠誠爲國。今逆黨上悖天道，下失人心，勤王之師，四面已集，忠孝豪傑，憤激響應，成擒不久。仰府縣整集兵馬，聽候本院指日東下，面授約束，合勢進剿。軍民人等，但有私通逆黨，陰來游說，及違犯號令，退縮觀望者，仰照本院欽奉敕諭事理，即以軍法從事。嗚呼！主憂臣辱，主辱臣死，凡有血氣，孰無是心？仍諭槩縣父老子弟，使各知悉，同舉伐叛之師，共收勤王之績。

牌行袁州知府徐璉等、瑞州通判胡堯元等、新淦知縣李美等、奉新知縣劉守緒等、豐城知縣顧佖等、靖安知縣萬士賢等、新昌知縣王廷等、撫州知縣陳槐等[一]、高安知縣應恩等、萬載知

[一] 撫州知縣陳槐等　據開報征藩功次贓仗咨等篇，「縣」當作「府」。

縣張邦國等[二]、寧州同知張偉等、進賢知縣劉源清等，同。

其十七　示諭吉安府城内外居民　六月二十六日

示諭府城内外，但有南昌府縣人民，在此生理，住居年久，鄰里保管不致容留奸細者，聽其照舊居住，毋得擾害。若有奸徒潛來投住，能擒拿送院者，即行給賞。地方人等受賄容隱者，治以軍法。

其十八　案仰南安等十二府及奉新縣募兵策應　六月二十六日

案行南安等十二府及奉新等縣募兵策應　六月二十六日　卷十七

其十九　牌行吉安府揀練官兵　六月二十六日

近因江西省城變亂，已經發放該府，行令廬陵、吉水等縣，起集鄉兵，保障地方，一面揀選精兵，委官管束聽調去後。今據各兵以次漸到，各行陸續調發。爲此牌仰吉安府官吏，即將已到兵快人

[一]　萬戴　「戴」當爲「載」之訛，萬載縣屬江西袁州府。

等，通行揀閱操練，分委謀勇膽略官員統領，送赴軍門，以憑陸續發往豐城、臨江等處，屯劄防守，聽候本院刻期進剿。毋得稽遲不便。

其二十　案行吉安等十二府及豐城等縣寬恤禁約事宜　六月二十七日

寬恤禁約 卷十七

其二十一　牌行吉安安福守禦千户所調兵策應　六月二十七日

照得先因省城變亂，已經行仰吉安等府并各屬縣，選調精兵，聽候調用去後。今照前項兵快，雖已陸續齊集，但恐分布不敷，必須添調策應。爲此牌仰本所官吏，即將見在旗軍，揀選驍勇慣戰之人，約吉安所六百、安福所五百名，各備鮮明器械，選委勇謀膽略官一員統領，就於該府安福縣官庫錢糧查給行糧，不分雨夜，兼程直抵軍門，聽候調遣。毋得稽遲時刻，定以軍法從事。

其二十二　牌差千户高睿起調梅花峒等處民兵　六月二十七日

差官調發梅花等峒義兵牌 六月二十七日 卷三十一

其二十三　奬勸瑞州府通判胡堯元擒斬叛黨　六月二十七日

奬瑞州府通判胡堯元擒斬叛黨　六月二十七日　卷十七

其二十四　牌行吉安府通判楊昉統兵策應豐城

策應豐城牌　卷十七

其二十五　牌行豐城縣知縣顧佖遵照方略　六月二十九日

據豐城縣云云。爲此牌仰本縣官吏，照牌事理，即行知縣顧佖遵施行〔一〕。毋得違錯。

其二十六　牌差致仕縣丞龍光調取吉水縣八九等都民兵　七月初一日

調取吉水縣八九等都民兵牌　卷十七

〔一〕即行知縣顧佖遵施行　據辭例，「遵」下或脱「照」字。

其二十七　牌行廣東龍川等縣調取民兵　七月初二日

照得江西變亂，已經行仰吉安等府，及行湖廣、福建等省，起調鄉兵及土漢官兵去後。查得廣東龍川等縣所轄和平等處，義官陳英、鄭志高、盧琢，及百長林義、關三，并新民盧源、陳秀堅、謝鳳勝、吴富等寨，各有曾經戰陣精兵。今兹逆黨倡亂，民遭荼毒，亦合調取，以赴國難。爲此牌仰龍川縣官吏，即將前項部下驍勇兵夫，各行量調三分之一，共計二三千名，各備鋒利器械，選委謀勇官員統領，就與縣庫官錢給與口糧〔一〕，不分雨夜，兼程前赴軍門〔二〕，聽候親統征剿。此係征剿謀反重務，非比尋常賊情，毋得稽遲。仍仰委官嚴加約束，兵夫人等，沿途不許擾民間一草一木〔三〕。違者許以軍法論處。

其二十八　牌行贛州南安府寧都等縣選募民兵　七月初三日

訪得寧都、興國、瑞金、雩都、信豐、南康等縣，各有大家巨族，人丁衆多，兼亦素有膽

〔一〕就與縣庫官錢　據辭例，「與」當作「於」。
〔二〕兼程前赴軍門　「赴」，底本訛作「起」，據閭本改。
〔三〕沿途不許擾民間一草一木　「民」，底本訛作「人」，據閭本改。

略。今兹逆黨倡亂，民遭荼毒，正各民效忠奮義之日，亦合調取，以赴國難。爲此牌仰本府官吏，即便分投差人，前去各該縣分，着落各掌印官，速於該縣大族人家，堪出人丁二百者，止令出五十，務選驍勇精壯，各備鋒利器械。就於各户，推選衆所信服，堪爲百長、總小甲者管領。各縣查將在庫官錢給與行糧，另委相應謀勇官員總統，不分雨夜，兼程，無拘前後，各另前赴軍門，以憑調用。此係征剿謀反重務，非比尋常賊情。果能立有功勞，當即封官拜將，亦非比尋常賞格。敢有違抗，捏故推搪，致誤軍機，定照軍法論處，決不輕貸。

其二十九　牌行福建布政司預備水戰　七月初四日

預備水戰牌 卷十七

其三十　咨都察院御史顔權宜進剿　七月初五日

咨都察院都御史顔權宜進剿 七月初五日 卷十七

其三十一　牌差百户楊鋭督發建昌官兵　七月初六日

案經通行各府，起集鄉夫，保障地方，一面調選驍勇精兵，聽候調發去後。爲照所調官兵未到，尤恐行文未至，或道路阻塞。本院已於本月初八日，領兵前往豐城、市汊等處住劄，刻日進攻省城，若不差官督催，不無愈加遲悞。爲此牌仰百户楊鋭，前往建昌府，着落當該官吏，即將本府并屬調集兵快，務選驍勇慣戰，各備器械，該府縣掌印官親自統領。於各官庫不拘何項錢糧，支作行糧，無分雨夜，兼程前進，期在本月十四、十五，俱赴軍門[一]，面受約束，并勢追勦。該府印信，就能幹佐貳官掌管[二]，行令嚴加守禦，毋致踈虞取罪。此係急勦謀逆重務，非比尋常賊情，不許時刻稽遲。兵快人等，敢有違犯節制，觀望不行前進者，就仰遵照本院欽奉敕諭内事理，即以軍法從事，毋得姑息不便。

牌差百户任金善往饒州[三]，百户劉昶往廣信，百户劉雄往撫州，同。

[一] 俱赴軍門　「赴」，底本訛作「付」，據閭本改。
[二] 就能幹佐貳官掌管　據辭例，「就」下當脱「委」字。
[三] 任金善　奏聞淮王助軍餉疏作「任全善」。

其三十二　牌行統兵知府徐璉面受進剿方略　七月初六日

案照已經行袁州等府，起調機快，前赴軍門，聽候征剿去後。今照官兵俱已齊集，相應委官監統。爲此牌仰知府徐璉，即將前項兵夫，編成隊伍，整搠器械，親自統領，星夜前赴臨江、豐城地方，以憑面受方略，刻期並進。仍詳察險易，相度機宜，不得爾先我後，力散勢分，及要多方差人，爪探聲息，不時飛報軍門知會。其軍兵及領兵官員人等，敢有逗遛觀望，退縮誤事者，仰照本院欽奉敕諭事理，即以軍法斬首示衆。仍諭下人，不得貪圖陞賞，妄殺平民，冒報功次，國典具存，法難輕貸。承委官員，務要竭忠盡命，以效勤勞。苟或違誤，罪亦難逭。

其三十三　牌行通判陳旦往進賢等縣督發民兵　七月初六日

據南昌府通判陳旦禀稱，原蒙巡撫衙門委催拖欠錢糧在外，因聞前變，前赴軍門投到等因。所據本官頗有幹辦，及照進賢等縣，各有驍勇義兵尚未調用，合就行委起調。爲此牌仰通判陳旦、知印熊環，前去進賢等縣，督同各縣掌印等官，除調集在官兵快，仍仰各縣官自行統領，前來隨征外。其城郭鄉村内外，尚有大家巨族，人丁衆多，素被寧府侵害，思欲報讐泄憤者，諭令多選驍勇精壯子弟佃僕人等，或二三百名，或五六百名，每縣大約計四五千名，各備鋒利器械，選

委謀勇官員分領，查支在庫官錢，給與行糧。就便督同各縣掌印官，一併督發，不分雨夜，兼程前赴豐城、市汊等處，面禀軍門約束，刻期進攻，毋得稽違時刻。仍一面曉諭官吏、監生、生員、里老人等，各起父子鄉夫，固守城池；一面分投差人爪探，但有奸細之徒潛入境內，就便擒拿，遵本院欽奉敕諭內事理，即以軍法從事。兵快及領兵人等，敢有違犯節制，畏避退縮者，亦就論以軍法處治。承委官員，各要效忠竭力，以副委任。苟或故違，罪不輕貸。

其三十四　牌行袁州等九府新淦等縣給助糧餉　七月初六日

行袁州等府查處軍中備用錢糧牌　十月初六日　卷三十一

其三十五　牌行撫州府權處行糧

權處行糧牌　卷十七

其三十六　案行吉安府知會兩廣巡按御史紀録軍功　七月初八日

行吉安府知會紀功御史牌　七月初八日　卷三十一

其三十七　牌行吉安府敦請鄉大人共守城池　七月初八日

牌行吉安府敦請鄉士夫共守城池 七月初八日 卷十七

其三十八　牌行贛州府權處軍糧　七月初十日

據贛州府申稱，動調官兵，進剿逆賊，費用錢糧浩大，本府再無別項支用，欲借於民，尤恐激竄，乞查照原額，委官抽税，以救燃眉之急，候征剿完日停止一節，實係目前三軍存亡所關。況本院所屬南、贛、汀、漳、南、韶、惠、湖[一]、郴、桂等處，原係盜賊淵藪，雖經調兵剿除，而漏網竄伏，不時竊發，倉卒起調，將何供應？且今寧王逆謀，已行北上，本院集兵一千餘萬，粘踪追襲，糧賞皆藉各府支應，中間多稱倉庫空虛，無從措辦。隨該本院具本奏聞，仍遵敕旨便宜事理，於龜角尾照舊抽分外。爲此仰抄案回府，即委佐貳能幹官員，暫於原設廠内，將東西二關往來客商鐵鹽等項貨物，查照原定則例，照舊抽取税銀，以助軍餉支用。仍嚴禁吏書及隸快人等，不許作弊生事，侵欺税銀，亦不許客商私通橋子，縱放船隻，及聽信奸詐牙行，包攬赴廠，

[一] 湖　當爲「潮」之訛，即潮州，爲南贛巡撫撫屬之地。

投遞報單，希圖匿税。承委官員，必須親臨，驗船大小及貨物多寡，令其從實開報納税，毋得虧損，致生嗟怨。仍照舊規，每五日開報稽考。仍通沿路巡檢司等衙門，不得生事阻絶未便。

其三十九　牌行吉安永新千户所解送軍器　七月十一日

照得本院調集各處官軍，親統追剿逆賊，所有軍中合用防牌、弓箭、鎗刀等項，訪得吉安等千户所俱有收貯在官，擬合取用。爲此牌仰官吏，即將本所見在防牌、弓箭、鎗刀等項器械，不拘制造解京之數，盡行查出，無分雨夜，差人解赴軍門，以憑給用。事畢，發回收貯。毋得遲違時刻不便。

其四十　牌行南贛吉臨四府及萬安泰和吉水新淦豐城五縣預備犒勞行軍　七月十一日

照得近因寧府反叛，已該本院通行各處，起調漢土官兵追剿，俱由南安、贛州、萬安、泰和、吉安、吉水、新淦、臨江、豐城等處經過，必須犒勞，以勵人心。爲此仰府縣官吏，即便查照先年用兵則例，支給在庫官錢，預先買辦牛酒等項，聽候所調各處官兵到日，就行分別等第犒勞，毋得臨期有誤。

其四十一　牌行指揮麻璽策應豐城　七月十一日

據豐城知縣顧佖稟稱，兵力不敷，請兵策應。已經調發龍泉、安福、永新等縣，并及吉安千户所機快軍兵，陸續防剿去後。今照發去官兵，必須選委謀勇膽略官員統領，庶幾調度得宜。爲此牌仰指揮麻璽，即便前去，會同通判楊昉[一]，督同千户蕭英等，將防守軍兵先行訓飭操演。務要行伍整肅，號令嚴明，進退齊一，聽候本院督臨，剋期分哨並進。軍兵人等所過，毋令侵擾。敢有違犯退縮者，許以軍法從事。各官仍要同心併力，協和行事，共效忠貞，以紓國家之難。

其四十二　牌行通判談儲統領吉水官兵　七月十一日

牌仰通判談儲，即便統領吉水縣調集官兵一千五百員名，跟隨本院，前去江西追剿逆賊。務要申嚴號令，整肅行伍。兵快敢有違犯節制，畏避退縮者，許照本院欽奉敕諭内事理[二]，以軍法從事。其該縣印信，就仰縣丞任禮署掌，嚴加防禦，固守城池。俱毋違錯。

計開領哨官：

[一] 楊昉　底本訛作「楊眆」，據開報征藩功次贓仗咨、牌行吉安府通判楊昉統兵策應豐城等篇改。

[二] 欽奉敕諭内事理　底本「内事」訛作「事内」，據前後辭例乙正。

義官三員：蕭連朴、李尚禮、李良蔡。永豐巡檢劉以貴，管理糧餉主簿何池。

其四十三　牌行餘干縣知縣馬津預備戰船　七月十二日

照得本院調集各處官軍，前去追剿逆賊，所有裝兵船隻，止顧有民船，緣狹小，不堪水戰。本院不久沿江前進，惟恐臨期有誤。訪得餘干縣所屬龍津驛，河埠灣泊俱係運糧及民間大船，約有六七百號，在彼空閑，俱應起撥。爲此仰知縣馬津等，即便親至前項河埠，盡將官民船隻，責令各船運軍船户，裝載調到軍兵，跟隨本院前往剿賊。中間若有運軍不齊，亦聽隨宜顧募慣便水手代駕，仍各給與口糧。毋違時刻，定以軍法論處。

其四十四　牌行臨江府戴德孺解送軍器戰船　七月十二日

照得本院調集各處官軍，追剿逆賊，所有裝兵船隻，狹小不堪水戰，及照軍中合用弓箭、鎗刀、防牌等項器械，訪得臨江府所轄樟樹埠頭俱有袁州等處運糧并民間船隻數多，庫内收有前項軍器，應合取用起撥。爲此仰臨江府官吏，即行知府戴德孺，速將在庫軍器，不拘解京之數，盡

行差人星夜送赴軍門，給與各軍應用。并將前項埠頭灣泊官民船隻，責令各船運軍船户，裝載官兵，跟隨本院前去剿賊。中間若運軍不齊，亦聽隨宜顧募慣便水手代駕。仍撥小漁船百隻，聽候差用，仍各給與口糧。毋違時刻，定以軍法處論。

其四十五　牌行饒州府解送軍器戰船　七月十三日

照得本院調集各處官兵，追剿逆賊，所有軍前合用防牌、鎗刀、弓箭、器械，及木鐵等匠，應合取用，及照裝兵船狹小，不堪水戰。訪得饒州府縣，收有前項軍器，及各色匠數多，并運糧新舊及民間船隻，約有六七百號，俱在河下空閑，亦合起撥。爲此仰府官吏，即行掌印官，速將見收軍器，無拘解京之數，盡行差人，不分雨夜，解赴軍門，給軍應用，事畢發回。仍拘慣造器械鐵匠、木匠等役，各二三十名，各帶隨用家火，官辦孰鐵一二千斤，煤炭數十担，亦差的當人員管領。及另選委能幹官員，速將官民船隻，通行責令運軍并各船户，裝載官兵，速到南昌省城，跟隨本院前去，沿江剿殺前賊。中間若各運軍不齊，亦就顧募慣便水手代駕，各給口糧。毋得稽違時刻，定以軍法論處。

其四十六　牌行奉新縣知縣劉守緒等撲勦伏兵　七月十三日

行知縣劉守緒等襲勦墳廠牌　七月十三日　卷三十一

其四十七　牌差千户劉祥督發福建官兵　七月十五日

案照已於六月二十一日，備行漳南道，即將見在上杭操練兵快，并取漳州銃手李棟等，委官統前赴本院督發進勦未報〔一〕。續又牌仰布政司，選募海滄打手，就仰布政席書、僉事周期雍，自行統赴軍門，相機擒勦去後，亦未見到，合再立限督催。爲此今差千户劉祥，齎牌前去福建布政司，分巡該道，着落官吏，即將前項見在兵快四五千名，并將海滄打手一二萬名，作急調取到官。令其各帶隨身鋒利器械等項，查取在庫不拘何項錢糧，給與行糧并雇募之資。就仰左布政使席書統領，毋分雨夜，定限本月二十九日，直抵江西省城，隨軍前進。如違時刻，定以軍法論處。此係叛逆謀危宗社重務，非比尋常賊情。軍兵人等，敢有違犯節制者，許以軍法從事。其軍中合用火藥等項，亦仰支給官錢買辦應用，不得臨期失誤。仍查本院差來本道并布政司官舍，的於何

〔一〕委官統前赴本院　據辭例，「統」下或脱「領」字。

日到彼，有無在途延緩緣由，各另呈報。

其四十八　牌行各哨統兵官進攻屯守　七月十七日

牌行各哨統兵官進攻屯守 七月十七日 卷十七

其四十九　告示在城官民　七月十八日

告示在城官兵 七月十八日 卷十七

其五十　牌示諭江西布按三司從逆官員

示諭江西布按三司從逆官員 卷十七

其五十一　牌行主簿余旺督運兵糧　七月十九日

牌仰部糧主簿余旺[一]，即回吉安府，速將原部寧都縣糧里曾元興等九名，原寄各府倉廒收

[一] 余旺　獎勵主簿于旺、牌差千户楊基追回起運官兵糧米等篇皆作「于旺」。

囤兑淮糧米七千七百石，盡數用船裝載，無分雨夜，督同各役正身，運赴江西省城河次，以憑支給官兵行糧等用。中間糧里人等，敢有違延誤事，及不聽約束者，就仰本官照依軍法，輕則量情責治，重則綁赴軍門斬首，決不輕貸。完日，通行造册繳報。

其五十二　告示七門從逆軍民　七月二十一日

告示七門從逆軍民 七月二十一日 卷十七

其五十三　牌行劉守緒把守武寧渡　七月二十一日

照得本院原調奉新縣劉守緒，統領民兵，把守武寧渡。今因策應入城，搶擄妄殺，不無違犯軍令，本當重治，姑記過類處。爲此牌仰本官，即便統領原管兵快，速赴前渡守把，不許一人一馬擅自渡江入城。敢有潛躲在城，并一應違犯軍令者，斬首示衆。牌具不違依准，并離城定營地方時刻，火速繳來。

其五十四　牌行江西二司安埜寧府宮眷　七月二十二日

牌行江西二司安埜寧府宮眷　卷十七

其五十五　手本南京内外守備追襲叛首　七月二十三日

手本南京内外守備追襲叛首　七月二十三日　卷十七

其五十六　咨兩廣總督都指揮楊停止原調狼兵　七月二十三日

咨兩廣總督都御史楊停止調集狼兵　卷十七

其五十七　牌行撫州知府陳槐等收復南康九江　七月二十四日

牌行撫州知府陳槐等收復南康九江　七月二十四日　卷十七

其五十八　牌飭吉安府知府伍文定等同心遵依方略　七月二十五日

督責知府伍文定等同心剿賊牌　七月二十五日　卷三十一

其五十九　牌行撫州府知府陳槐掣兵設伏　七月二十五日

據各哨探報，逆黨近在地方王家渡屯住，去離江西程途不遠。雖經本院先已督發官兵，四路相機夾剿，但城守未備，而張疑設伏，亦爲緊要。所據知府陳槐部下兵快，合行掣取。爲此牌仰本官，即將原統兵快，中分一半，掣入省城，以憑面授方略，別有指使。分掣之際，務在密迹潛形，毋得張皇，致有驚動。牌具依准繳來。

其六十　牌行建昌府知府曾璵會兵夾剿　七月二十五日

牌仰知府曾璵，即便挑選部下驍勇精兵一千餘名，會同各哨官兵，相機夾剿叛賊，張疑設伏，候警急應。毋得違遲時刻，定以軍法從事。軍兵人等，敢有臨陣退縮，違犯號令，仰遵本院欽奉敕諭事理，照依軍法斬首。

其六十一　牌行進賢縣知縣劉源清會兵夾剿　七月二十六日

牌仰知縣劉源清，即便挑選部下精兵七八百名，星夜前去吴城等處，會同各哨官兵，相機夾剿逆賊，張疑設伏，候警急應。毋得稽遲時刻，定以軍法從事。兵快人等，敢有違犯節制，及畏避退縮者，斬首示衆。

其六十二　牌行安義靖安二縣知縣焚燒墳廠

仰知縣王軾、萬士賢，即便會兵前去，速將新舊墳、雙嶺二廠藏賊房屋樹木等項，用火焚燒，以免逆賊復據。毋得違悮時刻，定以軍法從事。

其六十三　咨總督兩廣右都御史楊停止原調官兵　七月二十六日

案照已經通行吉安等府，調選官兵，委官統領，督追叛逆。續該本院看得前項事情，係國家大難，存亡所關，誠恐兵力不敷，隨即備咨南京兵部，及欽差總督兩廣都察院右都御史楊、欽差巡撫蘇松等處都察院右都御史李、欽差巡撫湖廣都察院右副都御史秦、吴，并福建三司等官，

煩爲選取驍勇兵快，選委謀勇官員監統，兼程前來，共勤國難去後。節據知縣顧佖等差報，寧王已下南京，留有逆黨萬餘固守城池。隨該本院分布哨道，親督刻期於七月二十日寅時，攻破省城。各賊奔潰，分兵搜擒逆黨，以次審決。一面分哨，四路並進，或當其前，或躡其後。隨於七月二十六日，在於鄱陽湖大戰，遂已擒獲寧賊，逆黨悉就翦平。除奏聞外，看得逆賊已獲，逆黨已盡，所據原調各省官兵，應該停止。爲此合行移咨貴院，煩爲查照，希將起調軍兵人等俱行停止。如已起行，即便差官追回施行。

咨巡撫應天、蘇松都御史李，咨巡撫湖廣都御史秦、吴，咨南京兵部，同。

其六十四　案行福建按察司停止原調兵快

案照云云。爲此仰抄案回司，即便遵照，速將所調兵快、打手人等，俱行停止，免致往返，徒勞跋涉。毋得違悮。仍行巡按衙門知會。

案行福建漳南道、淛江布政司，牌行吉安府，轉行鄰界衡州等府，同。

其六十五　牌行知縣劉源清楊材追剿逆黨　七月二十七日

牌仰進賢、安仁二縣劉源清、楊材，各統部下驍勇精兵，星夜前去進賢等處，追剿逆黨陳賢、秦榮、屠典寶等，務在日下名名獲報，以靖地方。毋得稽遲時刻。兵快人等，敢有違犯節制，畏避退縮者，仰照本院欽奉敕諭内事理，即以軍法從事。承委各官，務要竭忠效力，以副委任。苟或故違，致有疎虞，國典具存，罪不輕貸。

其六十六　案行河間等府通州等州停止見調軍兵　八月十三日

案照先因寧王圖危宗社，興兵作亂，已經具奏，請兵征剿，及通行各該官司，調兵併勢追襲去後。隨該本院催督吉安、贛州等處官軍，分布哨道，親督刻期於七月二十日，攻破省城。當即發兵分路，收南康、九江等處。一面設伏張疑，誘襲寧王，已於本月二十四日，在鄱陽湖連日大戰，至二十六日，遂已擒獲寧王，餘黨亦就誅戮。除具本奏捷外，近訪得南北直隸順天、應天、河間、通州、海州、涿州等處一帶官司，即今仍起調軍兵追襲。若不通行差人阻遏，非但徒勞跋涉，亦恐騷擾地方。爲此仰抄案回府州，着落當該官吏，即便遵照，火速將見調軍兵俱行停止，放散

寧家。毋得拘留，妨誤生業未便。

照會順天府，同。

其六十七　犒賞福建官軍　八月十四日

犒賞福建官軍 卷十七

其六十八　牌行統兵各哨官查報功次　八月十五日

牌仰各哨統兵官，將哨下官軍兵快人等前後擒斬功次，分別首從，及各地名日期，并奉本院批發隨征報效人員，俱要查明，開造草册，送院覆查相同，以憑轉發類造，奏繳施行。毋得查造不實，及將非奉批發報效之人一槩濫造在册。查究得出，定行照例追問如律，決不容恕。

計開：

二十日破城，二十四日戰王家渡，二十五日戰八字腦，二十六日戰樵舍，二十七日戰吴城，二十八日戰沿江諸處。

吉安府知府伍文定、贛州府知府邢珣、臨江府知府戴德孺、袁州知府徐璉、撫州府知府陳槐、饒州府知府林珹、建昌府知府曾璵、廣信府知府周朝佐、瑞州府通判胡堯元、童琦、贛州衛指揮俞恩[一]、泰和縣知縣李楫、萬安縣知縣王冕、奉新縣知縣劉守緒、安義縣知縣王軾、新淦縣知縣李美、吉安府通判談儲、吉安府推官王暐、吉安府通判鄒琥、臨川縣知縣傅南喬。

其六十九　案仰南昌府清查侵占田土　正德十四年八月十六日

行南昌府清查占奪民産 八月十六日 卷三十一

其七十　牌行南昌府追征寧府私債　八月二十九日

據二哨領兵贛州府知府邢珣呈，將盤出寧府各縣人民借去銀兩花户并保人姓名，開報到院。參照所開前銀，俱係没官之數，合行追究。爲此拈單，仰府官吏，即便行拘各民到官，照數追取足色銀兩還官，不許縱容欺騙，亦不許分外加增擾害。完日，取具印信庫收，并官吏不違依准，隨牌繳報查考。

[一] 俞恩　牌行各哨統兵官進攻屯守等篇作「余恩」。

其七十一　批江西按察司呈禮殯孫許　八月二十五日

批江西按察司優恤孫許死事　八月二十五日　卷三十一

其七十二　牌行南昌府委官護送巡撫孫喪柩

行南昌府禮送孫公歸櫬牌　八月二十九日　卷三十一

其七十三　牌行南昌府委官護送許副使喪柩　九月

照得江西按察司副使許，近被寧賊殺害。續該本院統兵攻復省城，當給銀兩，買棺裝殮。隨據伊男許某告稱扶柩還鄉，所據護送人員，擬合行委。爲此仰南昌府官吏，即於見在府衛官内，定委一員，送至原籍交割云云。毋得稽遲未便。

其七十四　牌行上元縣護送馬主事喪柩　九月

據福建興化府莆田縣民馬順告稱，伊父馬思聰，由進士任南京户部主事。本年六月内，奉命差至江西催儹錢糧時，被寧王謀反，拘執囚禁而死。後蒙將父屍買棺裝殮，今欲扶柩回籍，緣路

途窵遠，況父家小見在原任，無力，俱各不能還鄉，告乞脚力口糧等因。看得本官因公奉差，遭亂被執監故是實，除行南昌府縣應付，差人遞送回籍外。仰上元縣官吏，即便照例起關，應付本官脚力船隻，差人護送還鄉。其本官應得俸糧、柴薪、馬夫等銀，就使查明，照數給與。或應該僉與長行水手，亦就查給，毋得稽滯。

其七十五　牌行寧州府知府汪憲釋放投首　九月初一日

釋放投首牌 卷十七

其七十六　欽奉南征敕諭通行

討叛敕旨通行各屬 九月初二日 卷三十一

其七十七　案行江西布按二司官戴罪護印　九月初三日

照得江西省大務繁，都、布、按三司不可一日缺官掌理。今亂平之後，各官俱係戴罪，未經復職，其新除參議周文光考滿，僉事王崇仁尚未到司。所有各衙門印信錢糧，并朝覲進表等項，一應重務，

缺官管理。除題知外，爲此仰抄案回司，即行布政使胡濂、按察使楊璋，暫且戴罪護印，管理本司庶務；副使唐錦戴罪，仍行管理學校；僉事王疇戴罪，暫且管理南昌道。各官不得以緣事之故，輒退避苟且，玩愒日月，墮廢職務，反益罪愆。候參議官周文光等到任，及有官之日，各將印信倉庫等項交代。仍與左布政使梁宸、參議王綸、程杲、劉斐、副使賀鋭、僉事賴鳳、潘鵬及首領等官，俱令本衙門知在，不許私自回籍。

其七十八　案行江西都司官戴罪護印　九月初三日

照得云云。爲此仰抄案回司，即行都指揮馬驥，暫且戴罪護印，管理本司事務。候有官之日，仍將印信交代。

其七十九　案行知府鄭瓛戴罪護印　九月初三日

仰抄案回司，即行知府鄭瓛，戴罪署掌印信，管理府事，候參奏明文至日施行。毋得懈怠苟且，墮廢職業不便。

其八十　咨南京兵部撥船接解賊犯　九月初三日

咨南京兵部議處獻俘船隻 九月初二日 卷三十一

其八十一　牌行撫州等府縣選取督解官員　九月初三日

照得先因寧王云云。本院擬於本月十一日，親自督解赴闕，所據押解官員，必須得人，擬合通行選取。爲此牌仰本府，着落當該官吏，即行後開官員，速備衣裝，并帶堪任信老成人役數名，查支在庫官錢，照名給作往回盤費。定限本月初九日，前赴軍門。此係重務立等事理，毋得稽遲。

計取：撫州府知府陳槐、進賢縣知縣劉源清、安義縣知縣王軾、廣昌縣知縣余罃。

其八十二　牌仰沿途各府州縣衛所驛遞巡司等衙門慰諭軍民

牌仰沿途各府州縣衛所驛遞巡司衙門慰諭軍民 卷十七

其八十三　案行江西都布按三司查報寄庫錢糧　九月初四日

行江西三司清查被劫府庫起運錢糧 九月初四日 卷三十一

其八十四　案行各府州縣衛掌印官從宜發落罪犯

九月初四日

照得各府州縣衛所，奉有部院撫按二司等衙門委問勘合批詞，或各衙門自理詞訟，問有徒罪以上人犯，俱應申呈上司，參詳發落。但省城亂平之後，撫按缺官，二司并巡守等官俱各戴罪，前項應詳人犯無憑請奪，今但從宜處置通行。爲此仰抄案回司，轉行南昌等府縣衛所，遇有申詳人犯，除死罪充軍重犯，監候請奪外，徒罪以下，擺站、瞭哨、納米，或折納工價、工食等項，俱行該府掌印官，秉公持憲，詳審發落。候有上司至日，類行照驗，仍照舊規，申呈詳奪。其杖罪以下，應該納贖的決，各衙門徑自發落。各不許倚法爲奸，出入人罪，自取罪譴。

其八十五　用手本御馬監太監張

九月初六日

據南康府申，奉欽差提督軍務御馬監太監張劄付，内開訪得宸濠已該都御史王擒獲，克復南昌府城等語，不曾親到江西，又無堪信文移，止是見人傳説，遽難憑據。會同欽差提督軍務平賊將軍充總兵官左軍都府左都督朱，議照係干反逆重情，況係宗藩人衆，中間恐有撥置同謀逆黨，尚有漏網未盡，抑恐前言虛傳未的，將來爲患非細等因。備申到職。

卷查先爲飛報地方謀反重情事云云。本職親自量帶官兵，徑從水路，於本月十一日啓行，解赴京師，及具本專差舍人金昇，先期赴京奏知外。今申前因，爲照寧賊果已就擒，同謀黨惡果已盡獲，餘孽果已掃蕩，其妃媵干礙眷屬見今起解，家資錢糧并僞造軍器等項，俱該本職公同原經奏留巡按兩廣監察御史謝源、伍希儒，及都、布、按三司，并各該府縣領兵等官，眼同封貯在庫，聽候命下之日定奪外。合用手本前去，煩請查照施行。

其八十六　案行江西布按二司委官巡守庫藏　九月十一日

行江西布按二司看守寧府庫藏 九月十一日 卷三十一

其八十七　牌行領兵官留兵防守　九月十二日

委知府伍文定邢珣防守省城牌 九月十二日 卷三十一

其八十八　案行江西布按二司處分亂後事宜　九月十二日

行江西布按二司釐革撫綏條件 九月十二日 卷三十一

陽明先生別録卷之十一 公移四

平寧藩叛亂 下 共三十八條

其一 案行江西按察司紀録續報功次 正德十四年九月十二日

委按察使伍文定紀驗殘孽 九月二十日 卷三十一

其二 案行江西按察司禁約九姓漁户 九月二十四日

行江西按察司編審九姓漁户牌 九月二十四日 卷三十一

其三 牌委隨行獻俘各官 九月二十五日

仰推官陳輅、縣丞王彦肅，督領殺手人等，管押寧王，水陸人夫，船隻轎馬，并日逐飲食動静等項，務要晝夜嚴加防範。毋致傷損，及有踈虞，罪有所歸。

仰知縣余謩、千户王欽，督領官兵，管押郡王將軍，各水陸人夫，船隻轎馬，并日逐飲食動静等項，務要晝夜嚴加防範。毋致傷損，及有踈虞，罪有所歸。

仰知縣劉守緒、指揮孟俊，管押衆犯，各水陸人夫，船隻轎馬，并日逐飲食動静等項，務要晝夜嚴加防範。毋致傷損，及有踈虞，罪有所歸。

仰典史區澄、參隨周祥、生員劉旦，管押宫人，各水陸人夫，船隻轎馬，并日逐飲食等項。

仰指揮斯泰、該吏李景，專一管理見解男婦衣服刑具等項，毋得違悮。

仰主簿張恩，專管馬匹草料等項，毋得違悮。

仰指揮高睿、教官艾珪，專管本院出入門禁，賓客往來，及各官關文等項，毋得違悮。

仰指揮陳偉、參隨官龍光，分撥本院隨帶參隨官吏并各重犯官兵人等夫船轎馬，務要公平均一，毋得違悮。

仰指揮劉鏜，與同承差劉昂，專管旗號器仗，及卷箱等項，毋得違悮。

其四　用揭帖知會御馬監太監張　九月二十六日

獻俘揭帖 九月二十六日 卷三十一

其五　案行江西按察司停止獻俘呈　九月二十六日

案行江西按察司停止獻俘呈 卷十七

其六　呈奉欽差總督軍務鈞帖　九月二十七日

正德十四年九月二十六日酉時，奉欽差總督軍務鈞帖云云。仰提督南、贛、汀、漳兼巡撫江西等處右副都御史王，照依制諭内事理，即便轉行所屬司府、衛所、州縣、驛遞等衙門，一體欽遵施行等因。奉此，卷查先爲飛報地方謀反重情事。先該寧王圖危宗社，興兵作亂，當即具本奏聞，請兵征剿。隨該本職看得寧王虐焰熏張，恐其徑往南都，驚動京輔，當就退保吉安，設策牽制。一面調集各府官兵，親自統領，於七月二十日攻破省城。本月二十四等日，在鄱陽湖連日與賊大戰。至二十六日，遂將寧王俘執，及其謀黨李士實、劉養正、王春等，賊首吴十三、林十一、閔念四、吴國七、閔念八等，俱已前後擒獲，餘黨蕩平，地方稍靖。已於本月三十等日具本奏捷，并行南京兵部、内外守備等衙門，及沿途一帶直抵北直隸各官司知會止兵去訖。續爲獻馘以昭聖武事云云，本職擬於九月十一日，親自解赴闕下，隨將前項緣由奏聞訖。

後因傳報大駕南征，京邊各官軍四路隨進，地方愚民，妄相驚擾逃竄，往往溺水自縊。本職屢次親行撫諭，尚未能息。殊不知朝廷出兵，專爲除剿寧賊，救民水火之中。況統兵將帥，皆係素有威望老臣宿將，紀律嚴明，遠近素所稱服，縱使復來，亦自無擾害。況今寧賊已擒，地方已靖，京邊官軍，亦豈肯無事遠涉？愚民無知，轉相驚惑，深爲可憫。誠恐沿途一帶居民，亦多聽信傳聞不實之言，而北來京軍尚或未知寧王已就擒獲，又於九月初四日，分投差官，各從水陸前去，沿途曉諭軍民，及一面迎候北來官兵，煩請就彼轉回。本職亦將寧王并逆黨，親自量帶官兵，徑從水路，照依原擬日期啓行，解赴京師，已至廣信地方外。今奉前因，合就呈報通行。爲此，除依奉鈞帖内事理施行外，今備緣由，合行具呈，伏乞照驗施行。

其七　准答安邊伯朱留查功次手本

九月二十七日

准欽差提督軍務充總兵官安邊伯朱手本，開稱即查節次共擒斬叛逆賊首級若干，内各處原奏報有名若干，無名若干，有名未獲漏網并自首[一]，及得獲馬騾器械等項各若干，連獲功官軍衛所職役姓名，備查明白，俱各存留江西省城，聽候審驗。仍查宸濠餘黨，有無奔潰，及曾否殄滅

[一] 有名未獲漏網并自首　「漏」，底本訛作「陋」，據閭本改。

盡絶緣由，通行明白作急開報，以憑遵奉鈞帖，備由回奏，及督併各營官軍，粘蹤襲剿施行等因。照得寧王宸濠，及其餘黨李士實、劉養正、王春等，賊首林十一、吴十三、閔念四、吴國七、閔念八等，已該本職調集官兵，親自統領追襲，前後俘執擒獲，見今督解赴闕，以昭聖武。其餘脅從之人，又該本職備奉欽降黄榜，曉諭俱赴所在官司投首安撫外。所有各哨擒斬首從賊人賊級，并俘獲贓仗馬騾等項，俱經發送紀功巡按兩廣監察御史謝源、伍希儒，審驗紀録造册，徑自奏繳定奪去後。今准前因，合用手本前去，煩查照施行。

其八　咨兵部查驗各項文移　十月初二日

咨兵部查驗文移 卷十七

其九　案行浙江按察司交割逆犯暫留養病　十月初九日

案行浙江按察司交割逆犯暫留養病 十月初九日 卷十七

其十　案行江西按察司交割逆犯知會兵部及欽差等官

照得云云，審處。除行浙江按察司云云，施行外。仰抄案回司，着落當該官吏，一體查照，并呈本部，及欽差提督軍務御馬監太監張、欽差總督軍務充總兵官安邊伯朱，各知會施行。

其十一　咨報兵部交割逆犯

照得云云，審處。爲此，除行浙江按察司，備呈欽差提督贊畫機密軍務御用監太監張，煩請會同監軍御史，公同當省都、布、按三司，將見解逆首宸濠，及逆黨劉吉等各犯，并宫眷馬匹等項，逐一查交明白，轉解施行外。合咨知會施行。

其十二　牌行副使陳槐督解逆犯　十月十一日

照得當職督解寧王等犯，行至杭州地方，適遇欽差提督贊畫機密軍務御用監太監張，奉命前來江西，體勘宸濠等反逆事情，及查理庫藏宫眷等事。當准鈞帖，開稱宸濠等，待親臨地方，復審明白，具奏軍門定奪等因。爲照本職因疾從便，在於杭州城内請醫調治，候稍痊可，仍回江西

省城，或仍前進，沿途迎駕外。所據原解前項逆犯，雖經按仰浙江按察司，備呈太監張，會同監軍御史，公同該省都、布、按三司，將宸濠并其黨類，及各宫眷馬匹等項，查交明白，另委相應官員管押，帶回省城，聽候駕臨之日，轉解軍門審處。但路途遥遠，恐致踈虞，或生他變，必須才能風力官員相幫督押。今照江西按察司新任副使陳槐，見在軍門公幹，合就行委兼同委官督解。爲此將前項逆犯，發仰兼同督押，解回江西省城，聽候轉解軍門定奪，毋得違誤，及踈虞未便。先將起程日期申報查考。

其十三　案行江西按察司查照解回逆犯

行江西按察司知會逆黨宫眷姓名　卷三十一

其十四　案行江西都指揮馬驥巡邏地方

防制省城奸惡牌　十二月十一日　卷三十一

其十五　案行江西布按二司預備官軍糧草

准欽差整理兵馬糧草等項兵部左侍郎兼都察院左僉都御史王咨，爲委官分理庶務事云云，擬合就行。爲此仰布、按二司，即將前項官軍經過住劄府州縣地方，合用糧料草束，及廩給拽船人夫，作急坐委本司佐貳能幹官員，并行該道巡邏等官，分投前去整理，務要齊備，聽候至日應用。如有不敷，亦就上緊設法，多方處置，毋致臨期有誤未便。

其十六　案仰江西按察司計處官軍糧草

行江西按察司查禁因公科索民財 十二月十一日 卷三十一

其十七　咨整理兵馬兵部侍郎王接濟官軍糧草

據江西按察司呈云云。查照先准户部咨，内開題准將正德十三年兑運糧米，俱准停留。如或用兵日久，本處軍餉供億不敷，前項糧米亦准動支應用外。爲照豆料草束，非江西地方所産，每年止籍湖、浙客商販賣。近因寧府變亂，商賈不通，雖經節行布、按二司，設法給銀，差人分買，

尚果缺乏。今聖駕將臨，軍馬衆多，遠近人心惶惶，事益難處。合行移咨貴職，煩爲憫念殘破之地，瘡痍重疊，勢難復支。請即轉行湖、浙等省，差能幹官員，上緊收買豆料草束，顧船裝運江西省城，聽候接濟。待事畢之日，或設法追銀解補，或准作正支銷。如此，則人心稍定，地方免召意外之虞，軍餉有咨[一]，軍馬得濟，臨期不乏。

其十八　牌行江西按察司查收隨軍糧賞　十月十五日

照得本院督解寧王宸濠并其黨與，已至浙江杭州地方，適遇欽差提督贊畫機密軍務御用監太監張，奉命前來江西，體勘宸濠反逆等情。當准揭帖，隨將各犯，案仰浙江按察司，備呈太監張，就仰原委官兵，解回江西省城，聽候轉解軍門審處外。所據原帶各項賞功銀牌、花紅、彩段及糧餉等項，應合隨軍解回。爲此，除差原解縣丞等官龍光等，仍將前項銀牌糧餉等項，解回江西按察司，照數查收貯庫，待候逆犯轉解起程之日，隨軍支用。牌仰本司官吏，即便查照施行。仍具收過數目緣由，印信結狀及庫收，隨牌申繳。

[一] 軍餉有咨　據文義，「咨」或爲「資」之訛。

其十九　牌差千户楊基追回起運官兵糧米　十月十七日

令差百户楊基[一]，前往南直隸地方，同原委主簿于旺，即將原運官兵人等日用糧米，裝回江西省城河下，聽候官兵起解人犯之日，仍發隨軍支給。仍仰南昌、新建二縣，差人公同看守。

其二十　案行江西布政司查報各衛兑運遇變錢糧　十月二十七日

准欽差提督漕運都察院右副都御史臧咨，據南京留守中衛運糧甲餘徐禄等狀告，蒙派江西南昌等縣，兑改正糧四千九百石零。於本年五月二十二日，官軍四十七員名，到吴城水次，至六月十四日，兑完各縣糧米，俱遺下耗米并行糧，未曾兑領，在彼守兑。至六月十六日，忽被王府承奉熊太監帶領流賊千餘，齊擁上船，就將指揮綁縛截回江西去訖。有禄等奔命躲避，乞賜憐憫，轉達搶擄情苦等因。又據百户何鈺呈，旗甲梁承宗等狀告，跟隨指揮盛勳，領兑南昌等縣糧一萬九百九十石零。至六月十四日，先將兑完糧米起運，止留下載船裝米八百石零，差委百户田榮，帶領承宗等，守兑行糧及輕齎銀兩。至十六日午時，亦同留守中衛糧船被賊擄去，官銀

［一］令差百户楊基　目録「百」作「千」，開報征藩功次贓仗咨亦作「千」。

一百四十三兩四錢四分，南昌縣輕齎銀九百三十六兩五錢零，進賢縣行糧一千八十三石，并官軍田榮等六員名，俱被搶擄去訖。止有承宗與董勝上岸逃命，乞賜轉達等因。續據湖廣蘄州衛指揮王驥呈報，黄州武昌二衛兑領糧米入船，被賊劫虜。武昌左衛指揮丁鉞呈，本衛百户高鎔下運軍，被賊搶擄二十八名。沔陽衛指揮張銘呈，本衛軍船遇賊截虜。武昌衛指揮李璁呈，本衛軍船旗甲，俱被虜去。九江衛指揮陳勳呈，本衛千户王濟，兑完金谿等縣船糧，被賊綁打劫虜等情。各呈到院，議照案候間。

今照江西首惡被擒，地方寧靖，誠恐各該領運官軍，或乘機侵欺，或在家延住，合行查催。爲此備咨貴院，煩請分委廉幹官員，前去江西吴城等水次，嚴督原兑有司糧里，并江西等總兑糧官軍人等，查勘船糧擄劫若干，搶去輕齎銀兩若干，虜去運軍餘丁若干，數内侵欺、乘機盜去若干，其見在倉糧，截留聽用若干，催趕前進若干，中間原被搶虜糧銀，有無見在，應否給領起運。通煩查處明白，備由咨報。

又准欽差提督漕運鎮守淮安地方總兵官鎮遠侯顧手本，爲查催運糧事云云。煩行江西司、府、州、縣等官，查明回示。案查先該本院看得前項糧米交兑，正是寧王反逆之時，節審被虜運軍報稱，中間有官軍兑運已畢，稍泊吴城、湖口等處者，亦有糧長裝糧，在水次交兑未全者，多被賊

黨執虜等情。查究間，續准户部覆題，開稱强賊往來，大肆侵劫，所據京儲重務，相應議處。合無移咨巡撫并漕運等衙門，將正德十三年兑軍，已行裝運，賊勢不相及者，即便差人，嚴督儹運，赴京交納。未曾交兑者，暫免赴運，不遠者差人趕回，俱留彼處堅完城内，另廒收貯，極力防守。如用兵日久，本處軍餉不敷，亦准動支應用。如有因而乘機侵埋者，撫按衙門，准自查究施行。事寧之日，造册奏繳，仍造青册，送部查考等因。題奉欽依，備咨前來。已經案仰江西布政司欽遵，即行掌印，并原委司府管糧監兑等官，速將各該糧米，逐一清查。要見何處水次，在前交兑，已經裝運起程若干，相應嚴督儹運。其未曾交兑者，暫免起運，准留本處收貯防守。收留之時，查照漕運則例，加耗折收。但恐未經篩晒，并濕潤等項，不無折耗，難以放支，合照舊規，每石再加濕潤米一斗三升。其被虜糧米，亦要查係何府縣糧米，該何衛所官軍交兑，務要的實明白。定限一月以裏，類造手册，呈報本院，以憑奏報。仍刊給告示，曉諭運糧官軍，并管糧等官及糧里等，不許乘機通同侵盗埋没，捏作被賊劫虜。如違，許令各該地方呈首拿問，首告之人，重加給賞。受賄買和，并知而不舉，事發，一體重治不恕，去後未報。今准前因，擬合就行。爲此仰抄按回司，作急委官，催督查報，仍一面徑自備呈漕運衙門本院查照施行。如再違延，先將首領官吏提問，掌印官别議不恕。

其二十一　告諭軍民　十二月十五日

告諭軍民 十二月十五日 卷十七

其二十二　欽奉詔書行江西按察司寬宥脅從　十二月十六日

欽奉詔書寬宥脅從 卷十七

其二十三　告諭各府州縣軍民止息争訟　十二月十七日

禁省詞訟告諭 十二月十七日 卷三十一

其二十四　再行告諭軍民止息争訟　十二月

再禁詞訟告諭 十二月 卷三十一

其二十五　牌行江西布按二司查報用過糧餉　十二月二十日

行江西布按二司清查軍前取用錢糧 卷三十一

其二十六　批江西追徵錢糧呈

批追徵錢糧呈 卷十七

其二十七　再批江西布政司追徵錢糧呈

再批追徵錢糧呈 卷十七

其二十八　批南昌府追徵錢糧呈

批南昌府追徵錢糧呈 卷十七

其二十九　批金谿縣褒崇陸氏子孫　正德十五年正月初四日

褒崇陸氏子孫　正德十五年正月　卷十七

其三十　告諭安義等縣漁户　三月

告諭安義等縣漁户　卷十七

其三十一　咨整理兵馬糧草兵部左侍郎王查報功次　三月初四日

開報征藩功次贓仗咨　正德十五年三月初四日　卷三十一

其三十二　進繳鈞帖　四月十七日

進繳征藩鈞帖　四月十七日　卷三十一

其三十三　案行郴桂衡永等處兵備道添設縣治　正德十五年四月二十一日

批湖廣兵備道設縣呈　十六年　卷三十一

其三十四　案仰南昌湖東湖西九江各道頒行十家牌式　四月十五日

照得本院初撫南贛地方，看得盜賊充斥，風俗弊壞。因念禦外之策，必以治内爲先；安民之術，須以化俗爲本。遍訪民情，博詢物議，爰立十家牌式。行令二府所屬各縣，不論在城在鄉，軍民每家各置一牌，備寫門户籍貫，及人丁多寡之數，有無寄住暫宿之人，揭於各門首，以憑官府查考。仍編十家爲一牌，開列各户姓名，背寫本院告諭，日輪一家，沿門曉諭。因而審察各家動静，但有面目生踈之人，踪迹可疑之事，及違條犯教，不聽勸諭者，即行報官究理。或有隱匿，十家連罪。行之未久，盜賊稍息，人頗稱便。今本院謬膺重寄，兼撫是方。看得南昌等十一府所屬，其間民風土俗，雖與南贛間有不同，但近經寧王之變，加以師旅饑饉之災，盜賊繁興，狡僞潛匿，究觀流弊，亦不相遠。前項十家牌式，合就通行編置。爲此仰抄案回道，即行該管各府州縣，着落各掌印官，照依頒去牌式，沿村逐巷，挨次編排，務在一月之内了事。該道亦嚴加督察，期於着實施行，毋得虚應故事。仍令各將編置過人户名姓，造册繳院，以憑查考。非獨因事以別勤惰，

且將旌罰以示勸懲。

其三十五　批按察使伍文定患病呈　正德十五年四月二十八日

批按察使伍文定患病呈　卷十七

其三十六　案行江西都布按三司捕剿鄱陽湖盜賊　五月

行江西三司搜剿鄱陽餘賊牌　五月二十日　卷三十一

其三十七　牌行南昌道守巡及守備官督鄱陽湖盜賊

追剿入湖賊黨牌　十五年　卷三十一

其三十八　牌行通判林寬選委義勇

牌仰通判林寬，即於九姓良善之中，挑選義勇武藝，及沿湖諸處，起集習水壯健之人，身自

督領。密取各賊鄰族，隨同知因鄉道，四路爪探，或躡賊踪，或截要路，或歸防縣治，張疑設伏，聲東擊西。一應事機，俱聽從宜施行。合用糧餉，已行按察司量行給發。有功人員，從重給賞。本官務要悉心委命，殺賊立功，以靖地方。毋得輕忽縮懦，復致踈虞，軍法具存，决難再逭。

陽明先生別録卷之十二 公移五

提督軍務兼理巡撫批行事宜 共五十條

其一 批臨江府耆民建立生祠呈 正德十五年五月初十日

批臨江府耆民建立生祠呈 卷十七

其二 批吉安府救荒申 五月

批吉安府救荒申 卷十七

其三　案行湖西道處置豐城水患　六月初九日

爲處置地方水患事。查得先據分巡南昌道副使顧應祥呈，豐城縣申稱，被水冲倒地名毛家壋等處，係干重務，欲行動支官錢修理緣由。備呈到院。看得前項決堤[一]，若不及時修築，秋水再泛，民害益深。該道所議，悉中事宜，已經批仰即先行該縣知縣顧佖，動支見在庫銀，坐委縣丞沈廷用專理其事。一面督工，分投修築；一面備行本府知府吴嘉聰，親詣該縣，查照所議，督同顧佖，再加詢訪計議，務在周悉停當，備由呈報施行。近該本院撫臨該縣，督同巡守該道副使顧應祥、參議周文光、知縣等官顧佖等，看得前項決堤，漸侵縣治，委係緊急民害。但正當水衝，欲便築塞，必須依倣水簾桅之法，用大船數十，裝載磚石沙土，阻遏水勢，方可施工。已將水簾桅等法，面與知縣顧佖等備細指説，督令遵照施行間。隨據袁州衛運糧指揮余恭呈，爲儹運糧儲事。開稱本衛原額運糧淺船一百九十二隻内，除見運及已賣完糧并漂流船隻外，見在不堪裝運淺船一十四隻，實難修艌，乞要變賣價銀，以備釘造船隻，下年裝運等因。據此，爲照豐城縣即今見要破損大船塞阻水勢，所據前項船隻，合行查處變賣，以濟急務。

[一] 看得前項決堤　「堤」，底本訛作「提」，據閭本改。

爲此：

一、仰江西分巡湖西道抄案，仰抄案回道，着落當該官吏，照依案驗内事理，即便會同巡守南昌道官，將袁州衛不堪裝運淺船，查明的有若干。就便督同該衛官旗人等，從公估計，每隻值價若干，差官押解，前去該縣裝載沙石，修築决堤。就行該縣見貯官庫銀兩内照數動支，給與各船旗軍，以爲釘造船隻之費。如此，則築堤者易於興工，而賣船者速於得價，以爲彼此兩得其濟。所賣船隻，不許多估虧損，及容姦人作弊侵剋。旗甲已賣運船，曾否告嗚官司，賣銀完糧，惟復私自變賣銀兩，及漂流船隻，有無所在官司文憑可據，亦就通行開查，具由回報。俱毋違錯。抄案官吏，具依准呈來。

一、仰江西分巡南昌道，除行分巡湖西道，會將袁州衛不堪裝運淺船查明云云，開查具由回報外。仰抄案回道，着落當該官吏，照依案驗内事理，即會本道分守官，查照督理，上緊完報施行。俱毋違錯。抄案官吏，具依准呈來。

一、仰南昌府豐城縣，除行分巡湖西道，會同守巡南昌該道官，將袁州衛不堪裝運淺船云云，及容作弊侵剋外。仰抄案回縣，着落當該官吏，照依案驗内事理，即行知縣顧佖，速差能幹官員，帶領人夫，前來樟樹地方，接駕前項淺船到縣。照依該道估定價值，於官庫銀内支給各船旗軍收

領，取具領狀附卷。就便擇日起衆，催督委官縣丞沈廷用，遵照本院面授水簾桅等法，興工修築。務將前船銜結勾連，多用串關扇束縛堅牢，足障水勢，以便施工，毋爲催蕩，虚費財力。俱毋違錯。抄案官吏，具依准呈來。

其四　批撫州府同知汪嵩乞休呈　七月十九日

批撫州府同知汪嵩乞休呈 卷十七

其五　批提學僉事邵鋭乞休呈　七月二十二日

批提學僉事邵鋭乞休呈 卷十七

其六　案行廣東按察司立縣事宜　七月二十八日

批廣東按察司立縣呈 七月二十八日 卷三十一

其七　牌行江西都布按三司及南昌府停止工役　八月初九日

行江西三司停止興作牌　八月初九日　卷三十一

其八　牌行福建布政司禮取副提舉舒芬　八月二十三日

禮取副提舉舒芬牌　卷十七

其九　立南贛鄉約　閏八月

南贛鄉約　卷十七

其十　牌行嶺北道集兵操練　閏八月二十七日

先該本院行仰本道，將原調上下輪班操演機快，各留該縣，委官管束。遵照本院原定伍法，時常操習武藝，看守城池，毋容懈弛。若奉本院明文調取，便就依期，速赴軍門聽候去後。今照所轄地方，盜賊不時竊發，所據原散兵快人等，應該通取赴教場操演。爲此牌仰本道官吏，即將

寧都等各縣原定上下班次兵快，通令整備鮮明器械，取赴贛州教場，大閱武藝，考較勤惰。俱限九月十五日齊到，敢有遲違，治以軍法。

其十一　案行嶺北道禁約操軍　九月十七日

行嶺北道申明教場軍令　九月十七日　卷三十一

其十二　牌行吉安府旌獎節婦　九月初九日

旌獎節婦牌　卷十七

其十三　牌行嶺北道興舉社學　九月十三日

興舉社學牌　卷十七

其十四　案行嶺北道頒定里甲雜辦　九月十五日

頒定里甲雜辦　卷十七

其十五　批江西布政司設縣呈　十月初二日

批江西布政司設縣呈 卷十七

其十六　案行江西布政司議處官吏廩俸　十月初十日

議處官吏廩俸 卷十七

其十七　咨六部伸理冀元亨　十月十五日

咨六部申理冀元亨 卷十七

其十八　獎勵主簿于旺　十月二十六日

獎勵主簿于旺 卷十七

其十九　申諭十家牌法　十月二十六日

申諭十家牌法 卷十七

其二十　申諭十家牌法增立保長　十一月初八日

申諭十家牌法增立保長 卷十七

其二十一　牌行嶺北道及贛州府頒行社學教條　十一月

頒行社學教條 卷十七

其二十二　批湖西道清理永新田糧　十一月十九日

清理永新田糧 卷十七

其二十三　批寧都縣祠祀知縣王天與申　十一月十九日

批寧都縣祠祀知縣王天與申 卷十七

其二十四　仰江西布政司查佃没官房産　十月

行江西布政司清查没官房産 十一月二十日 卷三十一

其二十五　批江西按察司失事官員呈　正德十五年十一月二十九日

批再申十家牌法呈　十一月二十九日　卷三十一

其二十六　牌行撫州府同知陸俸等曉諭安仁餘干頑民　正德十五年十二月初八日

曉諭安仁餘干頑民牌　正德十五年二月　卷十七

其二十七　告諭安仁餘干東鄉三縣頑民　十二月十五日

告諭頑民　十二月十五日　卷十七

其二十八　批江西都司掌管印信　十二月二十一日

批江西都司掌管印信　卷十七

其二十九　批江西按察司分巡該道　十二月二十六日

批各道巡歷地方呈　十二月二十六日　卷三十一

其三十　牌行雩都縣興舉社學　十二月二十七日

行雩都縣建立社學牌　十二月二十七日　卷三十一

其三十一　告示從逆官校人等　正德十六年正月初五日

禁約釋罪自新軍民告示　正德十六年正月初五日　卷三十一

其三十二　牌行崇義縣知縣陳瓚查行十家牌法　正月初十日

牌行崇義縣查行十家牌法　卷十七

其三十三　案行南昌道選揀兵士　正月三十日

照得南昌等處，盜賊不時竊發，欲行起調各處軍兵勦捕，但春作方興，兼且往來道路，未免驚擾。所據羊房校尉籍左衛軍旗人等，先因從逆投首，遇蒙恩宥釋放。近經本院奏請，免其罪戮遷徙，見在省城屯住，相應選用，令其立功報效。爲此仰抄案回道，即將前項軍旗校尉人等，

盡數查點，挑選膂力强壯者，送赴軍門，指授操演，以憑調遣殺賊，立功贖罪。其軍民人等，中間若有膂力膽略出衆，願從殺賊報效者，亦聽揀選聽用。毋得違錯不便。

其三十四　牌行奉新縣典史徐誠調選兵夫　二月十一日

督剿安義逆賊牌　二月十一日　卷三十一

其三十五　牌行饒州南康九江等府剿殺安義逆賊　二月十三日

截剿安義逃賊牌　二月十三日　卷三十一

其三十六　牌諭都指揮馮動等振旅還師　二月二十三日

牌諭都指揮馮動等振旅還師　卷十七

其三十七　批東鄉民投順訴狀　四月初九日

批東鄉叛民投順狀詞　四月初九日　卷三十一

其三十八　批瑞州知府告病申　正德十六年五月初二日

批瑞州知府告病申　卷十七

其三十九　牌行南昌道賑恤水災　五月初五日

賑恤水災牌　卷十七

其四十　牌行江西臨江府賑恤水災　正月初七日[一]

據臨江府新喻縣申稱，近年自春入夏，淫雨連綿，田地衝成江河，沙石積成丘陵。即今四野一空，秋成絶望，要將本縣在倉稻穀賑濟緣由。爲照臨江一府，被水縣分，恐亦非止新喻，合就通行。爲此牌仰本府官吏，即便分委佐貳等官，及行所被水各縣掌印佐貳等官，將在倉稻穀用船裝載，或募人夫挑擔，親至鄉村，踏勘水災。驗果貧難下户，就便量給升斗，暫救目前之急。就各申嚴十家牌諭，通加撫慰開導，令各相安相卹。各官務要視民如子，務施實惠，不得虛文搪塞，

[一] 正月初七日　據正文所述，「正月」或爲「五月」之訛。

徒費錢糧，無救民患。若其間事勢可緩，或行或止，徑自因時斟酌施行，不必拘定一議。

其四十一　案仰湖廣布按二司優恤冀元亨家屬　五月二十日

仰湖廣布按二司優恤冀元亨家屬 卷十七

其四十二　案行嶺北道停革龜角尾抽分　五月二十日

照得先因南贛等處，盜賊生發，調兵征勦，而糧餉缺乏。隨該本院奏奉欽依，於龜角尾抽分廠，將東西二關往來客貨，照例抽税，以助軍餉。續准户部咨稱，地方事寧，商税相應停止，已行嶺北道遵照禁止訖。正德十四年六月内，爲因江西反叛，本院駐兵吉安，通行各府州縣調兵征勦，費用錢糧浩大。當即遵照欽奉敕諭，一應軍馬錢糧事宜，俱聽便宜區畫事理。案行贛州府照舊委官抽分，以助軍餉。今照反逆已平[一]，盜賊亦頗停息，所據抽税合且查革。若日後果有緊急軍情，再行議處。爲此仰抄案回道，即將龜角尾抽分，自本年六月初五日爲止，就行查革。仍出告示，曉諭客商人等知悉。其南安折梅亭抽分，係先年奏准事例，該府仍舊抽税，以助軍餉，毋容侵剋，

[一] 今照反逆已平　「平」，底本訛作「憑」，據閭本改。

務禁下人，不許騷擾客商。仍將贛州府自奉本院明文抽分起，并以前在庫商稅銀兩，通行查明。已用若干，見在若干，就拘銀匠辨驗成色，責令吏庫人等秤封收貯，非奉本院明文，分文不許擅支。敢有故違，定行拏究，决不輕貸。

其四十三　批江西按察司故官水手呈　六月初十日

批江西按察司故官水手呈 卷十七

其四十四　牌行江西按察司問擬罪犯王鼐　六月十五日

行江西按察司審問通賊罪犯牌 六月十五日 卷三十一

其四十五　牌行江西按察司清查隨軍糧餉　六月十六日

行江西按察司清查軍前解回糧賞等物 六月十九日 卷三十一

留處江西事宜

其四十六　奉敕赴京案照　六月十六日

照得當職於正德十六年六月十六日，奉敕行取赴京，即日起行，所有撫屬大小衙門呈申一應公文，合行處置。爲此仰抄案回司，凡遇所屬府衛申呈，及兩京部院咨行公文，或差人領賫到來，即便收候新任巡撫至日，類送查照。其福建、廣東、湖廣各官呈申，俱仰賫至贛州嶺北道投下，亦候新任提督開送定奪。各給收照，付原差回銷。俱毋違錯。

其四十七　案照江西都布按三司并南昌府　六月十八日

照得當職云云，啓行。仰抄案回司府，即將本院未完事件，及暫發監問人犯，果有重大事情，就呈巡按衙門區處。若事情輕小，徑自查審發落，毋令久禁人難。仍候提督巡撫至日，通行呈報查考。

其四十八　牌行南昌府防守錢糧文卷　六月十九日

照得當職近奉敕旨行取赴京，所有本院衙門，見有軍機錢糧、各項勘合詞訟等項文卷，爲因

居住未定，陸續盤檢亂雜，向未清理。即今暫收大廳左廂房内，及合用什物亦收衙内，必須撥人防守，庶免踈失。爲此牌仰本府官吏，即行南、新二縣，各差地方總小甲，或均徭皂隸數名，晝夜看守。仍差官不時巡察防範，及將應閉門户，亦即封鎖停當。每日取各巡察官員，并地方人等，不致違悮踈失結狀在官，聽候新任巡撫到日，查考施行。

其四十九　仰南康府勸留教授蔡宗兖　六月

仰南康府勸留教授蔡宗兖 卷十七

其五十　批江西布政司禮送致仕官呈　六月二十五日

批江西布政司禮送致仕官呈 卷十七

陽明先生别録卷之十三　公移六

總督兩廣平定思田始末　共八十七條

其一　欽奉敕諭通行 嘉靖六年十月初三日

欽奉敕諭通行 嘉靖六年十月初三日 卷十八

其二　牌行江西都司操閱軍馬

照得本爵奉敕總制四省軍務，征剿叛賊，所據各屬軍馬錢糧，相應查處調發。爲此牌仰本司官吏，即行掌印官，督同領操官，將見在軍門通行整搠齊備，聽候本爵親臨視閱，以憑臨時調發。軍官人等，敢有雜亂喧譁，違犯軍令者，遵照敕諭事理，治以軍法，決不輕貸。仍行鎮巡衙門，至日俱赴教場，聽候本爵督同閱視施行。

其三　牌行江西布政司備辦糧賞

照得云云。爲此牌仰本司官吏，即查在庫錢糧，計有若干，務要盡數開報，以憑查支應用。仍先動支銀兩，買辦花紅、銀牌等項，聽候犒賞。至日，供事大小員役，敢有雜亂喧譁，違犯節制者，遵照敕諭事理，治以軍法，決不輕貸。

其四　牌行江西按察司監視行罰　十月十二日

照得云云。爲此牌仰本司官吏，即查在庫錢糧，計有若干，務要盡數開報，以憑查支應用。本司將帶刑具，監視行罰。至日，供事員役，敢有雜亂喧譁，違犯節制者，遵照敕諭事理，治以軍法，決不輕貸。

其五　牌行廣西布政林富及右江桂林道守巡等官湖兵進止事宜　十月十八日

湖兵進止事宜 十月 卷十八

其六　牌諭安遠縣舊從征義官葉芳等　十一月初二日

牌諭安遠縣舊從征義官葉芳等 十一月 卷十八

其七　批吉安勤王有功張焰等詞　十一月初五日

據千百户丁紀、張焰、陳煉、蔣溥等告稱，自奉查功以來，俸糧未支。看得各官，原在軍

門效力勤王，有功無罪，止因讒嫉，致令虧枉。仰該所即行遵奉詔書事理，各行支俸管事。詞繳[一]。

其八　牌行廣西統兵各官相機行事　十一月初五日

行廣西統領軍兵各官剿撫事宜牌 嘉靖六年十一月初五日 卷三十

其九　批南康縣生員張雲霖復學詞　十一月初七日

批南康縣生員張雲霖復學詞 卷十八

其十　牌行韶州南雄府選取力士　十一月十二日

行南韶二府招集民兵牌 十一月十二日 卷三十

[一] 詞繳　據辭例，「詞」當爲「此」之訛。

其十一　案仰廣東嶺東嶺南嶺西海南海北及廣西桂林蒼梧左江右江等道行十家牌法　十一月二十一日

照得本院往年巡撫南贛地方，看得盜賊充斥，風俗弊壞。因念禦外之策，必以治内爲先；安民之術，須以化俗爲本。遍訪民情，博詢物議，爰立十家牌式。行令二府所屬各縣，不論在城在鄉，軍民每家各置一牌，備寫門户籍貫，及人丁多寡之數，有無寄住暫宿之人，揭於各家門首，以憑官府查考。仍編十家爲一牌，開列各户姓名，背寫本院告諭，日輪一家，沿門曉諭。因而審察各家動静，但有面目生疎之人，踪迹可疑之事[一]，及違犯教條，不聽勸諭者，即行報官究理。或有隱匿，十家連罪。行之未久，盜賊稍息，人頗稱便。今本院繆膺重寄，兼撫兩省。看得所屬地方，其間民風土俗，亦與南贛相去不遠。前項十家牌式，合就通行編置。爲此仰抄案回道，即行該管各府州縣，着落各掌印官，照依頒去牌式，沿途逐巷，挨次編排，務在一月之内了事。該道亦要嚴加省察，期於着實施行，毋得虚應故事。仍令各將編置過人户姓名，造册繳報，以憑查考。非獨因事以别勤惰，且將旌罰以示勸懲。

[一]　踪迹可疑之事　底本脱「迹」字，據閭本補。

一、仰廣東南雄、廣州、潮州、韶州、肇慶、雷州、廉州、惠州、潯州、平樂、瓊州、高州十府，廣西梧州、桂林、柳州、南寧、慶遠、太平八府官照。

一、仰廣西布、按二司同。

其十二　批嶺西道添募呈　十一月二十三日

批嶺西道議處兵屯事宜呈十一月二十三日 卷三十

其十三　批嶺西道税法呈　十一月二十四日

據僉事李香呈。看得立税征商，本非善政，從權濟急，似可暫行。仰該道仍行各該地方，務須歷訪居民之意，備詢行旅之情。若果於事無擾，於商有便，可照議施行。不然，則毋以一時之獲，遂貽一方之怨。慎之慎之。

其十四　批廣州後衛官軍便宜呈　十一月二十五

批廣州衛議處哨守官兵呈十一月二十五日 卷三十

其十五　批廣東都指揮李翺操演打手呈　十一月二十七日

批都指揮李翺操演哨守官兵呈 十一月二十七日 卷三十

其十六　批海南道策謀巢賊　十二月初二日

據副使范嵩呈，賊首王那整等，督令指揮徐爵，密運謀策，計誘擒拏緣由。看得設守備以防奸，出奇謀以擒賊，固在經營有素，尤貴委任得人。依擬施行，務求實效。繳。

其十七　案行兩廣都布按三司公舉將領　十二月初七日

行兩廣都布按三司選用武職官員 十二月初七日 卷三十

其十八　批廣州府起蓋漏澤園申　十二月初九日

據廣州府申稱，起蓋東門北門二處漏澤園緣由。看得掩骼埋胔，仁政之一，況近奉恩詔，正宜舉行。仰府照議動支銀兩，委官修理，事完繳報。

其十九　案行兩廣按察司備奉欽依事理　十二月十二日

行兩廣按察司稽查冒濫關文 十二月十二日 卷三十

其二十　牌差千户梅元輔省諭田州思恩　十二月十七日

今差千户梅元輔、舍人王義、百户鄧瓚、舍人趙楠，賫捧令旗令牌，并賫軍門牌諭一封，前往田州、思恩地方，交付與土目盧蘇、王受等，省令開讀，與部下各兵夫知會。仰各官舍，一到地方交付牌諭訖，當時即回，毋得在彼遲留，生事擾人。如違刻限，定依軍法斬首，決不輕貸。仍仰所過有司驛遞，即時應付馬匹夫船口糧，星夜前去，毋致遲悮，自取軍法重究。

其二十一　牌行那地州土官羅廷鳳等放回本州　十二月十七日

發土官羅廷鳳等牌 十二月十七日 卷三十

其二十二　牌行廣西林布政放回各處官軍　十二月二十五日

放回各處官軍牌 十二月二十五日 卷十八

其二十三　批湖州府預備軍餉[一]　十二月二十六日

據梧州府申。看得軍士方殷，而錢糧匱竭若此，誠爲可慮。仰廣東布政司，即於庫貯軍餉銀内，動支五萬，委官先解梧州府，秤收貯庫，以備軍前支給。及照各軍糧米，每月不下數千，而梧州見在倉糧，已稱不滿一萬。仍仰該司，備將各處收貯糧米，盡數查出，陸續運送軍門，以濟目前之急。俱毋遲悞，開數查考。繳。

其二十四　犒諭都康等州官男彭一等放回復業　十二月二十八日

犒諭都康等州官男彭一等　十二月二十八日　卷十八

其二十五　劄付永順宣慰司官舍彭宗舜冠帶聽調　十二月二十九日

劄付永順宣慰司官舍彭宗舜冠帶聽調　卷十八

[一] 湖州　據正文所述，「湖」當爲「梧」之訛。

其二十六　牌行南康府收買回軍馬匹　嘉靖七年正月初二日

照得軍門缺欠馬匹，答應不敷。訪得放回各處官舍頭目人等，各將馬匹貨賣，經旬不售，相應收買，似於官民兩便。爲此牌仰本府，即便動支軍餉銀兩，將見賣馬匹盡行收買。非但接濟回兵之缺乏，亦可少蘇里甲之困苦。承委人員，務要兩平估買，毋致偏虧。仍將用過銀兩、買過馬匹數目，開報查考。

其二十七　牌行南寧府收買回軍刀鎗　正月初二日

照得軍門隨征官舍人等，防護器械，俱各缺乏。訪得放回各處土舍頭目人等，俱乏盤費，各有刀鎗在市貨賣，相應收買。爲此牌仰本府官吏，即便動支軍餉銀兩，將出賣刀鎗盡行平價收買。及查該府見收在庫器械，揀選鋒利堪用者，解赴軍門，以憑給發應用。毋得違誤。

其二十八　批廣西布按二司請建講堂呈　正月十三日

其二十九　批思明府立社學師耆老名呈　正月十四日

批立社學師耆老名呈 嘉靖七年正月 卷十八

其三十　牌行廣西布按二司議處江古諸處瑶賊

議處江古諸處瑶賊 卷十八

其三十一　批桂林道稱獲賊首呈　正月二十一日

據參政龍誥呈，獲稱賊首莫銀等緣由[一]。看得各官，不費兵糧，計擒首惡，足見用心之勤，機事之密。除候事完具奏外，仰行布政司，先支在庫無礙官銀，將各官每員具禮幣羊酒銀十兩，行仰桂林府學教官，率領合屬師生人等，送付各官收領，用見本院獎勞之意。其亦領牌領銀，設法獲功人役，悉准查照原許銀數，通行給賞。毋靳小費，致失大信。開數繳報查考。

[一] 獲稱賊首莫銀等緣由　據篇題，「獲稱」當作「稱獲」。

其三十二　批放回富州廣南屯兵呈　正月二十一日

據知府楊美璜、雲南右指揮同知蘇昂呈，調到土舍目兵緣由。看得所呈，足見該府衛官勤勞王事，夾輔共濟之義。其土舍頭目人等，悉能奉命趨事，亦有可嘉。但思恩、田州地方，漸就平復，兩廣狼達土漢官兵，俱已放歸復業，而富州、廣南遠在異省，各兵乃尚屯守不懈，其爲勞苦，尤爲可念。況今春氣萌動，東作方興。公文至日，仰該府衛官，即將各兵通行放回，及時耕種，毋廢農作。地遠事隔，各兵不能略加犒賞，以少慰其勤勞。該府衛官，仍各諭以本院惓惓之意。批呈繳來。

其三十三　牌行通判陳志敬約束歸順目民　正月二十四日

據武緣等處稟報，盧蘇、王受等，帶領手下目民人等，出赴軍門投撫，今已見在應墟等處住劄。惟恐手下目民人等，萬一或有騷擾鄉村，反致貽累蘇、受。爲此牌仰南寧府通判陳志敬，前去省諭盧蘇、王受等，務要嚴束下人，經過地方，毋得侵犯人家一草一木。上緊星夜前赴軍門，面聽約束。毋得在途遲疑，驚動遠近，自取罪悔。仍仰禁緝所過各鄉村居民人等，亦毋得記惡，因而

有所侵侮，别生事端，定以軍法重治。

其三十四　批嶺西道顧募防守呈　二月初五日

批嶺西道立營防守呈二月 卷十八

其三十五　案行廣西布政林富安插歸順目民　二月二十五日

先該禮部右侍郎方奏，節奉聖旨，田州應否設都御史在彼云云，除具題外。爲此案仰本官，公同副總兵張祐[一]，將前項復業各土目人等，不時往來於思、田二府，加意撫恤省諭，令各及時修復生理。仍將該府城池廨宇等項，通行查估，堪修緝者即便修緝，應改移者即便改移，須創建者即便創建。合用木石磚瓦釘灰等項，各速買辦措備。一面擇日興工，趁時修理，務在堅固經久。委用官員，選擇呈取人夫，照前催調打手人等應役，不必干預目民。仍要嚴禁下人，不許騷擾貽患。本官合用廪給，及打手工匠人等口糧工食，俱於南寧府軍餉糧米内支應。其餘事情，俟命下之日施行。仍將土目人等復業日期緣由，并各夷情土俗，本爵料理不及，區畫未盡，應須呈禀者，

[一] 張祐　下文作「張佑」。

俱仰密切呈報。毋得違錯。

案行副總兵張佑同。俱二月二十五日。

其三十六　牌委化州知州安插歸順目民

照得思、田二府土目盧蘇、王受等，率衆數萬，俱赴軍門，自縛投降，就經省發，各歸復業。本院見臨該府，看得城池廨宇等項，俱該修復，必須選委精力才幹官員專理，庶克濟事。看得廣東高州府化州知州林寬，識見通敏，心計周密，且精力强健，舊任江西南康通判，曾經軍門委用，著有成效，合就行取。爲此牌仰本州官吏，即行知州林寬，將該州印信暫行佐貳官掌管，選帶跟隨人役，不分星夜，兼程前赴軍門，以憑委用施行。

其三十七　牌委該道沿途督發湖廣回兵

照得先因田州等處變亂，該前軍門奏調湖廣永順、保靖二宣慰司官舍目兵，前來征剿。即今各夷自縛歸降，地方悉已平復。況春氣萌動，東作方興，應合放回休息，及時耕種。但兵衆在途，

約束不嚴，未免騷擾，應合行委各道分巡官，接程督押出境。爲此除委參政龍誥，督至湖廣交界地方，發遣各兵出境外。牌仰本官，即便公同湖廣統兵官，統督永、保二司宣慰官舍，管領所部目兵，回還休息農種。在途各要嚴加鈐束，各兵經過城市鄉村，遵守朝廷法度、軍門號令，不許纖毫騷擾人民。敢有違法，指實呈禀，以憑從重參奏處治。本官督至梧州，交與分巡蒼梧道僉事李傑，督至廣西省城，交與分巡桂林道僉事申惠，一體督至全州，發遣各兵出境，徑就回還，各具回報。先行各官，查照施行。俱毋違錯。仍行巡按御史知會。

其三十八　牌行南寧府犒賞湖廣回兵

照得先因徵調湖廣永、保二司土官目兵，坐委僉事汪溱、都指揮謝珮統領，聽調剿殺。今各夷自縛投順，地方安孚[一]，各官即目督兵回還，間關山海，王事勤勞，應合慰勞。其跟隨人役，亦合一體犒賞。爲此牌仰南寧府官吏，照依此處查計開數，於軍餉銀内支出，分送各官，少慰勤勞，及給與跟隨人員收領，以充犒賞。

[一]　地方安孚　「孚」，閭本作「妥」。

其三十九　牌行左江道計處湖廣回兵沿途糧賞　俱三月初十日

犒送湖兵　卷十八

其四十　批嶺南道估修三水縣城池呈　三月初八

據參政胡璉等呈，勘估修理三水縣城池緣由。看得本官綜理精密，稽功省費。但其三次傾塌，皆由風雨，事出不測，至其修築不堅之罪，亦居然難掩。該縣既申稱，各匠債負貧苦，姑准量增工食每丈二錢，諭令從此加意堅築。若再有傾塌，仍將所增工食追出還官。監工官不行用心督理，一體究治。批至，通將各匠決責二十，以警其怠。備行該縣，查照施行。

其四十一　批蒼梧道修復梧州府城串樓呈

批蒼梧道修理梧州府城呈　三月十一日　卷三十

其四十二　批廣東兵備議處新寧賊峒呈　三月十八日

據副使徐度呈，廣海衛并新寧縣矬峒都民彭道立等連名告，合無請乞調發狼兵數千，遣官督押前來，及行布政司暫發銀三四千兩應用。看得各處賊情，多因招撫稍定，即便棄置，不復乘時計處。俟其勢焰復熾，却乃議撫議剿，急迫無措，此當今之通患也。仰該兵備官，即便會同該道守巡官，上緊再行議處，應撫應剿，火速施行，一面呈奪。合用錢糧，亦准行布政司照數支取，開數查考。繳。

其四十三　批嶺西道撫處各處盜賊　三月十九日

批嶺西道撫處盜賊呈 卷十八

其四十四　批嶺西道呈　三月十九日

據僉事李香呈。各僮既有願效之誠，宜如所議，將各僮量行犒賞，密加撫諭存恤，以連屬其志。雖目今未即調用，而異時終有可資。該道所轄稔惡瑤村，本院原有剿除之意。近該道呈申，各瑤皆已分給告示，欲出投撫。若復掩其不備，輒行剿撲，則虧失信義，後難行事。惟殺害李松一巢，

自知罪大，不肯出投，亦不過五六千人。況住近沿江，若乘水漲之月，相機襲捕，似亦非難。不必興師動衆，震驚遠邇，該道且宜密切圖之，别有機宜，密行呈禀。

其四十五　批廣西布政司呈　七年三月二十一日

據廣西布政司呈，庫内止有鹽利、折糧銀各五千兩，設若地方有警，將何支給？乞俯念邊方支費浩大，將前項鹽利銀兩，除湖兵支用外，其嘉靖四年起，至六年止，未發銀四萬八千八百餘兩，酌量於梧州府庫支發，以備不足。看得歲額糧米，雖有停徵之日，尚有可徵之時。發補鹽利，既爲接濟歲用不足，自聽該司通融支費。況當軍門連年兵耗之後，梧州庫藏所餘，不滿五萬之數。今各道守巡、兵備等官，軍餉缺乏，請給無時，費此不貲[一]，尤難逆計。該司所呈銀兩，非但既往者已莫補支，雖於見在者尚難措給。如前所呈，科舉等費，自有額辦，皆已准於南寧、梧州府庫照數動支。今再准行梧州府鹽利銀内，動支一萬一千兩。通將連年請給過銀兩，開數繳報，以憑查考。繳。

[一]　費此不貲　「此」，間本作「出」。

其四十六　批廣東布政司參問擅離職役官呈

禁革輕委職官　卷十八

其四十七　仰田州龍寄等各目分管各甲　初

分派思田土目辦納兵糧　四月　卷十八

其四十八　牌行田州土目暫管岑氏八甲

爲照田州八甲兵糧，議立岑氏之後，未奉明旨，必須選委土目暫行管理，庶不有誤辦納。爲此牌仰土目黃寶[一]、羅愿，將後開八甲兵糧等項，暫行管理，依期完納。一應事情，悉聽本府流官知府調度。候岑氏子孫授職之日，照舊交還，聽其自行理辦，仍赴本府交納，悉聽知府節制。其八甲舊朔勒呰英、横懶歸仁一甲，亦就撥與本目，永遠食用，照數辦納兵糧。本目務要守法奉公，不許踰分躐等，别生弊端。但有變亂是非，違犯號令，就仰該府，將撥與原食甲分革去，拿赴軍門，

[一] 黃寶　下文作「黃實」。

治以軍法，決不輕貸。

計開：

拱田子戍剥蔭半甲

每年納夏税秋糧米一十三石二斗四升九合三勺

每調出兵四十六名

每年表箋用銀五分

三年大貢用銀一兩四錢七分

須知册一本赴廣西用銀一分八釐

須知册二本赴京用銀一錢四分

甲周甲

每年納夏税秋糧米六十三石二斗五升

每年出兵二百五十四名〔一〕

每年表箋用銀二錢六分九釐六毫二絲五忽

〔一〕每年出兵　閭本「年」下有「調」字。

三年大貢用銀七兩七錢零二釐

須知册一本赴廣西用銀八分六釐二毫五絲

須知册二本赴京用銀六錢八分二釐五毫

控溝畫田子甲

每年納夏税秋糧米六十三石二斗五升

每調出兵二百五十四名

每年表箋用銀二錢六分九釐六毫二絲五忽

三年大貢用銀七兩七錢零二釐

須知册一本赴廣西用銀八分六釐二毫五絲

須知册二本赴京用銀六錢八分二釐五毫

羅博龍威甲

每年納夏税秋糧米六十三石二斗五升

每調出兵二百五十四名

每年表箋用銀二錢六分九釐六毫二絲五忽

三年大貢用銀七兩七錢零二釐

須知册一本赴廣西用銀八分六釐二毫五絲

須知册二本赴京用銀六錢八分二釐五毫

凡耶共一甲

每年納夏税秋糧米七十四石四斗七升一合

每調出兵二百九十名

每年表箋用銀三錢零七釐

三年大貢用銀九兩一錢九分

須知册一本赴廣西用銀一錢

須知册二本赴京用銀八錢二分五釐

洞里他雙共一甲

每年納夏税秋糧米六十三石二斗五升

每調出兵二百五十名

每年表箋用銀二錢六分九釐六毫二絲五忽

三年大貢用銀七兩七錢零二釐

須知册一本赴廣西用銀八分六釐二毫五絲

須知册二本赴京用銀六錢八分二釐五忽

水册槐並半甲

每年納夏税秋糧米四十石

每調出兵一百五十六名

每年表箋用銀一錢六分一釐

三年大貢用銀四兩八錢三分四釐

須知册一本赴廣西用銀五分三釐

須知册二本赴京用銀四錢二分

怕牙那馬甲

每年納夏税秋糧米一百一十石三斗三升七合五勺

每調出兵一百八十二名

每年表箋用銀四錢四分

三年大貢用銀一十二兩八錢

須知册一本赴廣西用銀一錢五分

須知册二本赴京用銀一兩一錢八分

每年納官猪等銀六兩五錢

每年納官禾六十担

每年納供皂隸禾七担

育半甲

每年納夏税秋糧米四十四石一斗三升五合一勺

每調出兵九十二名半

每年表箋用銀一錢七分五釐

三年大貢用銀五兩零二分五釐

須知册一本赴廣西用銀六分

須知册二本赴京用銀四錢七分[一]

[一] 赴京用銀四錢七分　「赴」，底本訛作「起」，據上下文辭例改。

每年納官猪等例銀二兩六錢

每年納官禾二十担

每年納供皂隸禾七担半

以上俱屬州管理

土目黃實名下食

舊朔勒砦英一甲

每年納夏税秋糧米四十九石四斗四升二合二抄

每調出兵二百名

每年表箋用銀二錢

三年大貢用銀六兩零一分二釐五毫

須知册一本赴廣西用銀六分六釐二毫五絲

須知册二本赴京用銀五錢三分二釐五毫

土目羅愿名下食

横懶歸仁一甲

每年納夏税秋糧米一十七石九斗五升九合三勺

每調出兵六十七名

每年表箋用銀七分

三年大貢用銀二兩零六分

須知册一本赴廣西用銀二分四釐

須知册二本赴京用銀一錢八分

其四十九　牌仰思恩府土目分管各城頭

照得思恩、田州二府，各設流官知府，治以土俗，其二府原舊甲分城頭云云。其襲授調發，必皆經由於知府；其官職土地，皆得各傳其子孫。除具題外，爲照各甲城頭既已分析，若不先令各目暫行分管，誠恐事無統紀，别生弊端。爲此牌仰思恩府土目韋賢等，遵照後開甲分，每歲應該納辦兵糧，查照開數，依期上緊完納出辦。一應供設征調等項事情，悉聽知府調度約束。本目仍要守法奉公，正己律下，愛養小民，保安境土。毋得放縱恣肆，踰分干紀，自取罪累，後悔無及。候奏請命下，仰各欽遵施行。

計開：

興隆七城頭兼都陽十二城頭

每年納夏税秋糧米八百一石一斗

每調出兵四百一十二名

每年表箋用銀二兩七錢六分六釐九毫七絲

三年大貢用銀七十七兩四錢五分五釐七毫三絲

須知册一本赴廣西用銀九錢二分二釐四毫五絲

須知册二本赴京用銀七兩三錢七分八釐四毫六絲

每年春秋祭祀猪羊等物該銀九兩二錢二分四釐五毫

每年納官禾

迎接詔赦使客往來供應廩給夫馬等項出銀三十八兩

右仰興隆巡檢司署土巡檢事土目韋貴准此

白山七城頭兼丹良十城頭

每年納夏税秋糧米六百八十七石五斗五升

每調出兵三百六十名

每年表箋用銀二兩四錢七分五釐七毫一絲

三年大貢用銀六十九兩三錢二分三毫九絲

須知册一本赴廣西用銀八錢二分五釐三毫五絲

須知册二本赴京用銀六兩六錢零一釐七毫八絲

每年春秋祭祀猪羊等物用銀八兩二錢五分三釐五毫

迎接詔赦使客往來供給廪給夫馬等項出銀一十七兩

每年納官禾

右仰白山巡檢司署土巡檢事土目王受准此

定羅十二城頭

每年納夏税秋糧米九百九十七石五斗一升三合

每調出兵五百二十名

每年表箋用銀一兩七錢四分七釐五毫六絲

三年大貢用銀四十八兩九錢三分二釐四絲

須知册一本赴廣西用銀五錢八分二釐六毫

須知册二本赴京用銀四兩六錢六分八絲

每年春秋祭祀猪羊等物用銀五兩八錢二分六釐

每年納官禾

迎接詔赦使客往來供給廩給夫馬等項出銀二十二兩

右仰定羅巡檢司署土巡檢事土目徐五准此

每年納夏税秋糧米八百四十五石七升

每調出兵四百五十名

每年表箋用銀八錢七分三釐七毫八絲

三年大貢用銀二十四兩四錢六分六釐二絲

須知册一本赴廣西用銀二錢九分一釐三毫

須知册二本赴京用銀二兩三錢三分四絲

安定六城頭

每年春秋祭祀猪羊等物用銀二兩九錢一分三釐

每年納官禾

迎接詔敕使客往來供給廩給夫馬等項出銀一十二兩

右仰安定巡檢司署土巡檢事土目潘良准此

古零、通感、那學、下半四保四城頭

每年納夏税秋糧米四百四十三石一斗七升九合六勺

每調出兵二百四十名

每年表箋用銀五錢八分二釐五毫二絲

三年大貢用銀一十六兩三錢一分六毫八絲

須知册一本赴廣西用銀一錢九分四釐二毫

須知册二本赴京用銀一兩五錢五分三釐三毫六絲

每年春秋祭祀猪羊等物用銀一兩九錢四分二釐

每年納官禾

迎接詔敕使客往來供給廩給夫馬等項出銀八兩

右仰古零巡檢司署土巡檢事土目覃益准此

舊城十一城頭

每年納夏税秋糧米四百九十石八斗四升

每調出兵二百六十名

每年表箋用銀一兩六錢一釐九毫三絲

三年大貢用銀四十四兩八錢伍分四釐三毫八絲

須知册一本赴廣西用銀五錢三分四釐五絲

須知册二本赴京用銀四兩二錢七分一釐七毫四絲

每年春秋祭祀猪羊等物用銀五兩三錢四分五釐

每年納官禾

迎接詔赦使客往來供給廪給夫馬等項出銀二十二兩

右仰舊城巡檢司署土巡檢事土目黄石准此

那馬十六城頭

每年納夏税秋糧米一千八十六石八斗八升五合五勺九抄一圭

每調出兵五百九十三名

每年表箋用銀二兩三錢三分八絲
三年大貢用銀六十五兩二錢四分二釐七毫二絲
須知册一本赴廣西用銀七錢七分六釐八毫
須知册二本赴京用銀六兩二錢一分三釐四毫四絲
每年春秋祭祀猪羊等物用銀七兩七錢六分八釐
每年納官禾
迎接詔赦使客往來供給廩給夫馬等項出銀三十二兩
右仰那馬巡檢司署土巡檢事土目蘇關准此

下旺一城頭兼南海十城頭
每年納夏稅秋糧米一百八十四石五斗
每調出兵一百名
每年表箋用銀一兩六錢一釐九毫三絲
三年大貢用銀四十四兩八錢五分四釐三毫八絲
須知册一本赴廣西用銀五錢三分四釐五絲

須知册二本赴京用銀四兩二錢七分一釐七毫四絲

每年春秋祭祀猪羊等物用銀五兩三錢四分五毫

每年納官禾

迎接詔赦使客往來供給廩給夫馬等項出銀二十二兩

右仰下旺巡檢司署士巡檢事士目韋文明准此

都陽中團一城頭兼順山六城頭

每年納夏税秋糧米一百三十六石四斗六升五合

每年出兵六十五名[一]

每年表箋用銀一兩零一分九釐四毫九絲

三年大貢用銀二十八兩五錢四分三釐五毫九絲

須知册一本赴廣西用銀三錢三分九釐八毫五絲

須知册二本赴京用銀二兩七錢一分八釐三毫八絲

[一] 每年出兵六十五名 「年」，閭本作「調」。

每年春秋祭祀用猪羊等物用銀三兩三錢九分八釐五毫

每年納官禾

迎接詔赦使客往來供應廩給夫馬等項出銀一十四兩

右仰都陽巡檢司署土巡檢事土目黄留准此

其五十　牌仰土目蔡德政統率各土目　四月初一日

委土目蔡德政統率各土目牌 四月初一日 卷三十

其五十一　案行廣西提學道創立田州學政

案行廣西提學道興舉思田學校 卷十八

其五十二　批潮州府揭陽縣舉行鄉約呈

揭陽縣主簿季本鄉約呈 四月 卷十八

其五十三 牌行廉州府推官胡松督行十家牌諭

行廉州府清查十家牌法 四月十六日 卷三十

其五十四 批申行廣西按察司議處湖兵糧賞

批興安縣請發糧餉申 四月十三日 卷三十

其五十五 梧州府同知舒柏查理南寧府軍餉銀兩

照得近來思、田二府擾亂，該前軍門調發各處官兵，俱在南寧府駐劄防守，各處解到軍餉銀兩，俱發該府收貯支用。今照地方事已平復，軍兵悉皆放回，合行委官清查。爲此牌仰梧州府同知舒柏，速往南寧府，吊取自嘉靖四年十月起，至嘉靖六年十一月終止，一應文卷，到官清查。要見舊管若干，新收解到若干，支給過若干，實在若干。又自十二月初起，今至四月終止，俱要清查明白，造册繳報，以憑施行。中間若有侵欺借貸，抵換隱瞞，事有可疑等項情弊，應拿問者，就便拿問；應參究者，呈來施行。承委官員，務秉至公，毋得循情代爲揑飾，有負委托，罪亦難逭。

其五十六　又仰同知舒柏查理賓州軍餉銀兩

照得近來思、田二府擾亂，該前軍門前後調發各處官兵，俱在賓州住劄防守，其各處解到軍餉銀兩，俱發該州官庫收貯支用。今照地方事已平復，軍兵悉皆發回，合行委官清查。爲此牌仰梧州府同知舒柏，即便前去賓州，吊取自嘉靖四年十月起，至嘉靖六年十二月二十六日止，一應文卷到官，逐一清查。要見舊管若干，新收各處解到若干，奉某衙門明文用過若干，實在若干。又自十二月二十七日本院撫臨地方起，至今年六月二十二日止，俱要清查明白，造册繳報，以憑查對施行。中間若有侵欺借貸等項情弊，應拿問者，就便拿問；應參究者，呈來施行。承委官員，務秉至公，以副委託。

其五十七　批海南道鈐束立功官員呈

據副使范嵩呈稱，立功官員，俱發分守、兵備等官，分發各處關隘立功，私逃者問罪。看得各處立功官員，類多用計逃避，有名無實，誠有如該道所議者。合准所議，今後立功官，俱發各道兵備、守備官處統領鈐束，聽其酌量各官才能强弱，分發緊要關隘地方，督兵防守截捕，着實

立功。仍要不時點閘，但有私逃回家，及用計偷避者，即便提問，責令從新立功，庶幾法不虛行，人知懲創。仍備行各該衙門，知會施行。此繳。

其五十八　批嶺西道優處負户呈　四月二十一日

據參政應大猷呈稱，福慶州陳山鷄等六户，共糧五十石零，被賊殺占拋荒，遞年負累排年李鑑替賠，要行全折京銀，以甦民困緣由。看得該州所申田糧，既勘係賊占拋荒，負累排年賠納是實。准議，備行布政司，將該州前米定折京價銀兩徵解。仍行該州，查照施行。繳。

其五十九　牌行南寧府賑給停歇湖兵之家

賑給思田二府　四月　卷十八

其六十　牌行同知桂鏊收貯軍餉　五月初三日

牌仰思恩府署印同知桂鏊，即將發去軍餉銀一千兩，照數收貯庫内。就便督同韋貴等，用心經理一應軍務，毋得怠墮。訪得賊寨米穀甚多，若遇各處土民人等，或有挑擔前來糶賣者，毋拘

多寡，就量收買，儲積思恩、上林等處，以備修理城池廨宇支用。仍要嚴禁下人，不得因而侵漁騷擾。通候事完之日，開報查考。

其六十一　批仰通判陳志敬田州税課呈

行通判陳志敬查禁田州府私徵商税牌　五月十五日　卷三十

其六十二　批南寧衛關領土官陪償銀兩申

批南寧衛給發土官銀兩申　五月十八日　卷三十

其六十三　批平樂府計處賊情申　五月十八日

據平樂府申，荔浦縣賊首閉公定、韋公護等，乞調兵征剿。看得前項賊情，先已屢行仰司及該道各官，密切計處，相機行事去後。今復據申前因，仰該道守巡等官，查照先今牌批事理，上緊密切行事。中間若有機宜，須稟報軍門者，星夜火速飛報。毋得因仍坐視，畏難苟安，致有踈失，罪終有歸。此繳。

其六十四　牌行思明府官孫黄朝比例冠帶　六月初七日

據左江道僉事吴天挺呈，據思明府族目黄志盛等狀告，先蒙軍門行取官男黄澤，防守武緣，年老有疾，又蒙行取應襲官孫黄朝，督兵前來南寧聽調更替。乞將黄朝給與冠帶，庶使夷民知有定主等情。查得黄朝年壯循禮，亦經督兵征剿古田、思恩有功，若非寵異，無以示信。合請照依向武州黄仲金父在亦給冠帶事宜，令替黄澤鈐束目兵聽調緣由。呈詳到院。

參看得黄朝比例冠帶，既經該道查勘相應，合行給與。爲此牌仰官男黄朝，遵照本院欽奉敕諭内便宜事理，就便冠帶，望闕謝恩。候該襲之時，另行具奏。本官男務要竭忠效命，以報國恩，毋得恃强凌弱，倚衆暴寡。苟違法制，罪罰難逃，戒之敬之。

其六十五　劄付永順宣慰司官舍田榮有成冠帶督兵　六月初十日

據湖廣上湖南道僉事汪溱呈，據宣慰司宣慰彭明輔并指揮彭飛呈稱，遵依會勘得施溶州田貴身故，並無兒男，官舍田榮領兵隨征，係田貴同祖親堂兄弟。及審田家洞長官田有旺，先年調征田州，軍前陣亡，别無兒男，官舍田有成領兵隨征，係田有旺同父親弟，别無違碍。前項知州長官，

應該各舍承襲，乞要比例賜給冠帶，統束目兵。爲照土官襲替，必經該管官司委官結勘，以杜詐冒。今各舍雖稱應襲，未經結勘，但見今領兵殺賊，似亦相應俯從。呈詳到爵。

爲照土舍田榮、田有成，各領兵隨調剿賊，勤勞王事，固朝廷之所嘉悦。况經該道查勘應襲之人，且近於潯州平南諸處，多有斬獲，功勞可嘉。合就遵照本爵欽奉敕諭内便宜事理，給與冠帶，一以便其行事，二以酬其勞績。爲此劄仰永順宣慰司施溶州官舍田榮、田家洞長官司官舍田有成，先行冠帶，望闕謝恩。仍須秉節持身，正己律下，申嚴約束，而使兵行所在，無犯秋毫；作興勇敢，而使兵威所加，有如破竹。益竭忠貞，以圖報稱。

其六十六　劄付保靖永順宣慰司官舍彭飛遠汪相冠帶 [一] 六月初十日

據湖廣上湖南道僉事汪溱呈，據保靖宣慰司宣慰彭九霄及指揮張恩呈稱，依奉查勘得隨司辦事長官彭昂，舊年奉調征進田州，斬獲賊級，解驗班師，因患炎瘴身故，土舍彭飛遠領兵隨征，係彭昂嫡長男。及照宣慰彭明輔、指揮彭飛遠呈稱，查勘施溶洞長官汪勝霖，去年奉調田州，箭

[一] 汪相　底本「汪」訛作「王」，據正文改。

傷身故，土舍汪相領兵隨征，係汪勝霖嫡長男，前項長官，應該本舍應襲。爲照土舍襲替，必經該管官司委官結勘，以杜詐冒。今各舍雖稱應襲，未經結勘，但見今領兵聽調殺賊，欲比照土舍彭宗舜事例，賜給冠帶，似亦相應俯從。呈詳到爵。

爲照土舍彭飛遠、汪相，各領兵隨同宣慰彭九霄等，遠來聽調剿賊，勤勞王事，固朝廷之所嘉與。況又經該道審勘應襲兒男，且近於潯州平南諸處，多有斬獲，功勞可嘉。合就遵照欽奉敕諭内便宜事理，給與冠帶，一以便其行事，一以酬其勞績。爲此劄仰保靖宣慰司隨司辦事官舍彭飛遠、永順宣慰司施溶洞長官舍汪相，先行冠帶，望闕謝恩。仍須正己律下，申嚴約束，使兵行所在，無犯秋毫；兵威所加，有如破竹。益竭忠貞，以圖報稱。

其六十七　牌行靈山縣延師訓士　六月二十日

牌行靈山縣延師設教　六月　卷十八

其六十八　牌行委官陳逅整教靈山　六月二十日

牌行委官陳逅設教靈山　卷十八

其六十九　牌行南寧府延師立教敷文書院

牌行南寧府延師設教 卷十八

其七十　牌行委官季本立教敷文書院　六月二十一日

牌行委官季本設教南寧 卷十八

其七十一　批嶺東道姑留民壯呈　六月二十六日

批嶺東道額編民壯呈 六月 卷十八

其七十二　批廣東布政司裁革文移呈　六月二十八日

裁革文移 卷十八

其七十三　批右江道土目相屬呈　七月初二日

批右江道調和寨目呈 卷十八

其七十四　批南寧府表揚先哲申　七月十二日

批南寧府表揚先哲申 卷十八

其七十五　批增城縣改立忠孝祠申　七月十五日

批增城縣改立忠孝祠申 卷十八

其七十六　告諭賓州軍民　七月二十五日

照得近因思、田二府多事，該前總鎮等官，奏調三省漢土官兵，前來賓州屯住防守。軍民大小，男不得耕，女不得織，而湖兵安歇之家，騷擾尤甚。今雖地方幸已平靖，湖兵亦已放回，然瘡痍未起，困苦未蘇。況自三月不雨，至於五月，農田龜拆[一]，佈種太遲。即今正值青黄不接，民多缺食，誠可憫念。當委判官楊耀，遍歷城郭内外，查報停歇湖兵之家，大小共計一千四百家，合就量行賑給。已經牌仰賓州官吏，行委判官楊耀，將大家給米一石，小家給米六斗。就於該州

[一] 農田龜拆　據文義，「拆」當爲「坼」之訛。

倉貯軍餉等米内，照數支給，略見本院存恤之意。其餘軍民，不能遍及，須諭以本院心雖無窮，而錢糧有限。況今八寨既平，地方已無盜賊之患，比之豐亨豫大之日雖未足，而方之兵戈擾攘之時已有餘。各宜安心生理，勤儉立家，毋縱驕奢，毋習游惰，務爲守法良善之民，共享太平無事之樂。故諭。

其七十七　牌行廣西左江道　八月初十日

行左江道賑濟牌　八月初十日　卷三十

其七十八　批參政張懷奏留應朝正官呈

批参政張懷奏留朝覲官呈　卷十八

其七十九　批左江道議處書院成規呈　八月十一日

經理書院事宜　八月　卷十八

其八十　批賓州建立書院申　八月十三日

據賓州申稱，張指揮宅居一所，廳房樓屋宜作書院。看得該學諸生，乞要建立書院以爲藏修之地。其一念進德向學之美，正宜鼓舞作興，合就准行。但其間以師尊本院爲辭，則吾豈敢當哉？仰分巡該道，再加議處施行。繳。

其八十一　牌行南寧府選集生員延師講禮

牌行南寧府延師講禮 八月 卷十八

其八十二　批蒼梧道增建學舍呈　九月初六日

批蒼梧道創建敷文書院呈 九月初六日 卷三十

其八十三　劄付同知林寬管理田寧

劄付同知林寬經理田寧 卷十八

其八十四　劄付同知桂鏊遷立思恩府縣治

劄付同知桂鏊經理思恩　卷十八

其八十五　牌行南昌府及保昌縣資送故官杜洞

牌行南昌府保昌縣禮送故官　卷十八

其八十六　牌行廣西副總兵李璋更調土兵事宜

調發土兵　十月　卷十八

其八十七　牌行廣東布政司犒賞儒士岑伯高

犒獎儒士岑伯高　卷十八

征勦八寨斷藤峽　共四十五條

其一　牌行右布政林富副總兵張祐進勦方略　三月十三日

征勦八寨斷藤峽牌 七年三月 卷十八

其二　牌行永順宣慰司統兵致仕宣慰使彭明輔進勦方略

據分守潯、梧等處左參將署都指揮僉事張經等會呈，開稱斷藤峽、牛腸、六寺、磨刀等處瑶賊云云。合就遵奉敕諭事理，量調官軍，協同湖兵乘釁勦撲。爲此牌仰宣慰使彭明輔，即便統率所領目兵，分哨進勦牛腸諸賊[一]。冠帶廕襲官男彭宗舜，親督頭目彭明弼、彭杰等，領湖兵八百，隨同領哨指揮馬文瑞、千户李宗、武管等官兵二百五十名，用鄉道黎散、陸英、黄方保引路，從龍村冲舊灣上岸四十五里，徑冲牛腸賊巢前路而入。頭目向永壽、嚴謹等，領兵四百名，隨同領哨指揮王勳、百户蔣綸、聶弘禮等官兵二百五十名，用鄉道韋英、戴禮勝、鍾讚等引路，

[一] 分哨进勦牛腸諸賊　「哨」，底本訛作「勦」，據閭本改。

從龍村埠上岸六十里，徑冲賊巢後路而入。未至信地三日之前，停軍中途，候約參將張經，與同守巡各官議集[一]。先將進兵道路之險夷遠近，各巢賊徒之多寡强弱，及所過良民村分之經由往復，面同各鄉道人等，備細講明，務要彼此習識通曉。然後刻定日時，偃旗息鼓，寂若無人，密至信地，乘夜速發，務使迅雷不及掩耳，將各稔惡賊魁盡數擒剿，以除民害，以安地方。仍要禁約目兵人等，所過良民村分，毋得侵擾一草一木。有犯令者，當依軍法，斬首示衆。本官素懷忠義，當兹委用，務要殫心竭力，以益輸報國之誠。事完之日，通將功次解報紀功官處紀驗，以憑奏聞旌賞。俱毋違錯，自貽悔累。

其三　牌行保靖宣慰司宣慰彭九霄進剿方略

牌仰致仕宣慰使彭九霄，即便統率所領目兵，分哨進剿六寺、磨刀等寨諸賊。就内分委頭目彭志明等，領兵二百，隨同領哨指揮唐宏、百户胡儀等官兵二百五十名，用鄉道李賢引路，至龍村埠上岸五十里，徑衝六寺賊巢後路而入。又委頭目彭九臯等，領湖兵二百，隨同原哨指揮卞琚、千户黄政等官兵二百五十名，用鄉道韋扶錦引路，至龍村埠上岸四十五里，徑衝六寺賊巢前路而

[一]　與同守巡各官議集　據辭例，「議集」當作「集議」。

入。又分委頭目彭輔等，領湖兵二百，隨同領哨指揮張緡、千户鄧瑛等官兵二百五十名，用鄉道李芳引路，至龍村埠上岸五十里，徑衝磨刀賊巢後路而入。又委頭目李英等，領湖兵二百，隨同領哨千户劉宗本、百户王神兒等官兵二百五十名，用鄉道黄雲通引路，至龍村埠上岸四十五里，徑衝磨刀賊巢前路而去。未至信地三日之前，停軍中途，候約參將張經，與同守巡各官集議。先將進兵路道之險夷遠近[二]，各巢賊徒之多寡强弱，及所過良民村分之經由往復，面同各鄉道人等，備細講明，務要彼此習熟通曉。然後剋定日期，偃旗息鼓，寂若無人，密至信地，乘夜速發，務使迅雷不及掩耳，將各稔惡賊魁盡數擒剿，以除民害，以安地方。仍要禁約目兵人等，所過良民村分，毋得侵擾一草一木。有犯令者，當依軍法，斬首示衆。本官素懷忠義，當茲委用，務要殫心竭力，以益輸報國之誠。事完之日，通將功次解報紀功官處紀驗，以憑奏聞旌賞。俱毋違錯，自貽悔累。

其四　牌行左參將張經守巡左江道參議汪必東僉事吴天挺進剿方略

牌行領兵官　卷十八

[二] 先將進兵路道之險夷遠近　據辭例，「路道」當作「道路」。

其五　牌行湖廣督兵僉事汪溱都指揮謝珮

牌仰督兵僉事汪溱，會同都指揮謝珮，及廣西左江道守巡、守備等官，監督永順宣慰彭明輔，統兵進剿牛腸諸賊云云。當依軍法，斬首示衆。本官既有監督責任，兼復素懷忠義，隨地報效，乃其本心，豈分異省，有所不盡？當兹委託，務大展才猷，以祛患安民。一應機宜，牌内未盡者，公同各官計議，從便施行。事完之日，通將獲過功次開報紀功官處紀驗，以憑奏報。俱無違錯。

其六　牌行參將沈希儀督兵防捕　三月二十三日

行參將沈希儀守八寨牌 二月二十三日 卷三十

其七　牌行左江道守巡官布發旗號　三月二十三日

牌仰左江道守巡官，即將發去號色旗號等項，公同參將張經，收發各哨官兵人等，及各良民村分應用。俱候事完之日，照數取回，差人解赴軍門交納，以備别用。毋違。

計開：

黄布號色八千六百　　良民村分旗一百

軍令五百張　　黄招安旗一百

其八　牌行左江道守巡守備等官釋宥投撫賊巢

左江道剿撫仙臺白竹諸瑶牌　三月二十四日　卷三十

其九　牌行南寧府支給糧餉

四月十九日

照得本院見委柳州府同知桂鏊，前去思恩等處，督兵剿除流賊，所有糧餉，合行支給。爲此牌仰本府官吏，即於軍餉銀内動支六百兩，秤付本官收領，前去軍前支用。就仰本官，即便星夜前往，督促各兵，務將各寨稔惡賊徒盡數剿滅，以絶禍根。毋得容情放縱，致貽後患。就將解到賊徒賊級，即與紀驗明白，事完之日，通送紀功御史衙門，覆驗奏報。俱毋違錯。

其十　牌行副總兵張祐督諭報效土目

五月一日

戒諭土目　五月　卷十八

其十一　牌行南丹衛指揮程萬全等搜捕逋賊

追捕逋賊 卷十八

其十二　牌行指揮孫繼武搜捕逋賊

牌仰指揮孫繼武等，督率該所土舍梁甫、韋玠、韋錦、覃洪、覃璋，各起集士兵人等，前去洛春、高徑、大潘等處，搜捕各賊。仍行曉諭各良善云云，毋自取悔。

其十三　牌仰千户丁文盛等搜捕逋賊

牌仰千户丁文盛，督率招至馬廷器等，起集管下兵款人等，前去渌里等處，搜捕各賊。仍行曉諭各良善云云，毋自取悔。各官及舍目兵夫人等，獲有功次，俱仰解送右江道兵備官處，紀驗明白，一體給賞。

其十四　牌行副使翁素招復良民　五月初一日

行右江道招回新民牌 五月初六日 卷三十

其十五　牌行知州林寬隨軍贊畫　五月初七日

委官贊畫牌　五月初七日　卷三十

其十六　牌行委官應聽督諭土目　五月初九日

牌行委官林應驄督諭土目　五月　卷十八

其十七　牌仰委官季本　俱五月初九日

牌仰原任監察御史，今降揭陽縣主簿季本，齎執令旗令牌前去，會同總兵、監軍等官，公同署思恩府事同知桂鏊，身督領兵頭目王受等，閱視各營。但有云云，决不虚言。

其十八　牌行兼管柳慶地方參將沈希儀　五月初九日

參將沈希儀計剿八寨牌　五月初九日　卷三十

其十九　牌行歸順州官男岑瓛　五月初十日

調發土官岑瓛牌　五月初十日　卷三十

其二十　牌行東蘭州知州韋虎林撲剿逋賊

分調土官韋虎林進剿事宜牌　五月十五日　卷三十

其二十一　批左江道紀驗賊級呈　五月二十六日

批左江道紀驗首級呈　五月二十八日　卷三十

其二十二　牌委左江道僉事吴天挺犒賞湖兵　六月初十日

行左江道犒賞湖兵牌　六月初十日　卷三十

其二十三　牌仰僉事吴天挺獎勵監督官　六月初十日

獎勞督兵官牌　六月初十日　卷三十

其二十四　劄付保靖宣慰司官舍彭藎臣　六月初十日

土舍彭藎臣軍前冠帶劄付　六月初十日　卷三十

其二十五　牌仰僉事吴天挺獎勞統兵土官　六月初十日

獎勞永保二司官舍土目牌　六月初十日　卷三十

其二十六　牌行賓州預處兵屯　六月十五日

照得本院不日進駐賓州，督調軍馬，誠恐該州居民房屋稀少，跟隨官兵無處屯住。爲此牌仰本州官吏，即於州城内外寬平穩便去處，量搭營房，多或百餘間，少或數十間，聽候本院至日，分撥官兵人等屯住。毋得違悮。

其二十七　牌委通判陳志敬起調鄉兵　六月十八日

調發武緣鄉兵搜剿八寨殘賊牌 六月十八日 卷三十

其二十八　牌委指揮趙璇督剿逋賊　六月二十五日

牌委指揮趙璇留剿餘賊 六月 卷十八

其二十九　牌行右江道犒賞土目　七月初三日

行右江道犒賞盧蘇王受牌 七月初三日 卷三十

其三十　牌行副總兵張佑督剿緑茅諸巢

牌行副總兵張祐搜剿餘巢 七月 卷十八

其三十一　牌行右江道督調報效頭目

給土目行糧牌 七月初八日 卷三十

其三十二　牌行署思恩府事同知桂鏊賑給報效士目　八月初一日

犒勞從征土目　八月　卷十八

其三十三　牌行署田州府事知州林寬給發軍賞

牌仰署田州府事知州林寬，即便會同南寧府掌印官，將該府見貯魚鹽軍餉糧米内，照依後開數目，分給各目收領食用，以見本院體恤之心。仍開給散過數目，繳報查考。

其三十四　牌行南寧府犒賞官兵　八月十九日

獎勞剿賊各官牌　八月十九日　卷三十

其三十五　批左江道清查賊田呈　四月十一日

批左江道查給狼田呈　四月十一日　卷三十

其三十六　牌行左江道綏柔流賊　五月初三日

綏柔流賊 五月 卷十八

其三十七　告諭村寨　五月初五日

告諭村寨 卷十八

其三十八　牌行潯州府知府招撫殘賊

行潯州府撫恤新民牌 卷三十

其三十九　牌行右江道副使翁素議立縣衛

議立縣衛 卷十八

其四十　批右江道議立縣衛呈

批右江道移置鳳化縣南丹衛事宜呈 八月初十日 卷三十

其四十一　批參將張經撫恤來降呈

撫恤來降　八月　卷十八

其四十二　告諭十冬里

告諭新民　八月　卷三十

其四十三　批右江道計築思恩府城呈　八月十五日

批右江道議築思恩府城垣呈　八月十五日　卷三十

其四十四　批參政沈良佐議處五屯呈

批參將沈良佐經理軍伍呈　八月二十四日　卷三十

其四十五　牌行柳州衛指揮李楠守備賓州

改委南丹衛監督指揮牌　卷三十

天圖本王文成公全書 叢刊本、文淵閣本、擒藻堂本同

山東鄉試録［一］ 弘治甲子 前序已刻前卷

四書

所謂大臣者以道事君不可則止

負大臣之名，盡大臣之道者也。夫大臣之所以爲大臣，正以能盡其道焉耳。不然，何以稱其名哉？昔吾夫子因季子然之問，以由、求可爲大臣，而告之以爲大臣之道未易舉也。大臣之名，可輕許乎？彼其居於廟堂之上，而爲天子之股肱；處於輔弼之任，而爲群僚之表帥者，大臣也。夫所謂大臣也者，豈徒以其崇高貴重，而有異於群臣已乎？豈亦可以奔走承順，而無異於群臣已乎？必其於事君也，經德不回，而凡所以啓其君之善心者，一皆仁義之言；守正不撓，而凡所以格其君之非心者，莫非堯舜之道。不阿意順旨，以承君之欲也；必繩愆糾繆，以引君於道也。夫

［一］ 底本、國圖本無此卷，天圖本、叢刊本、文淵閣本、擒藻堂本有，兹據各本補。

以道事君如此。

使其爲之君者，於吾仁義之言，説而弗繹焉，則是志有不行矣，其可詘身以信道乎？於吾堯舜之道，從而弗改焉，則是諫有不聽矣，其可枉道以徇人乎？殆必奉身而退，以立其節，雖萬鍾有弗屑也；固將見幾而作，以全其守，雖終日有弗能也。是則以道事君，則能不枉其道；不可則止，則能不辱其身。所謂大臣者蓋如此，而豈由、求之所能及哉？

嘗觀夫子許由、求二子以爲國，則亦大臣之才也已，而於此獨不以大臣許之者，豈獨以陰折季氏之心？誠以古之大臣，進以禮，退以義，而二子之於季氏，既不能正，又不能去焉，則亦徒有大臣之才而無其節，是以不免爲才之所使耳。雖然，比之羈縻於爵禄而不知止者，不既有間矣乎？

齊明盛服非禮不動所以修身也

盡持敬之功，端九經之本。夫修身爲九經之本也，使非内外動静之一於敬焉，則身亦何事而修哉？昔吾夫子告哀公之問政而及於此，若曰：九經莫重於修身，修身惟在於主敬。誠使内志静專，而罔有錯雜之私，中心明潔，而不以人欲自蔽，則内極其精一矣；冠冕佩玉，而穆然容止

之端嚴，垂紳正笏，而儼然威儀之整肅，則外極其檢束矣。又必克己私以復禮，而所行皆中夫節，不但存之於静也；遏人欲於方萌，而所由不睽於禮，尤必察之於動也。是則所謂盡持敬之功者如此，而亦何莫而非所以修身哉？

誠以不一其内，則無以制其外；不齊其外，則無以養其中；修身之道未備也。静而不存，固無以立其本；動而不察，又無以勝其私；修身之道未盡也。今焉制其精一於内，而極其檢束於外，則是内外交養而身無不修矣。行必以禮，而不戾其所存，動必以正，而不失其所養，則是動静不違而身無不修矣。是則所謂端九經之本者如此，而亦何莫而不本於持敬哉？

大抵九經之序，以身爲本，而聖學之要，以敬爲先，能修身以敬，則篤恭而天下平矣。是蓋堯舜之道，夫子舉之以告哀公，正欲以興唐虞之治於春秋，而子思以繼大舜、文、武、周公之後者，亦以明其所傳之一致耳。後世有能舉而行之，則二帝三王之治，豈外是哉？斯固子思之意也。

禹思天下有溺者由己溺之也稷思天下有飢者由己飢之也

聖人各有憂民之念，而同其任責之心。夫聖人之憂民，其心一而已矣。所以憂之者，雖各以其職，而其任之於己也，曷嘗有不同哉？昔孟子論禹、稷之急於救民，而原其心，以爲大禹之平

水土也，雖其所施，無非决川距海之功，而民可免於昏墊矣。然其汲汲之心，以爲天下若是其廣也，吾之足迹既有所未到之地，則夫水之未治者亦必有之矣；水之汎濫既有所不免之地，則夫民之遭溺者亦容有之矣。夫民之陷溺，由水之未治也。吾任治水之責，使水有不治以溺吾民，是水之溺民，即吾之溺民也；民之溺於水，實吾之溺之也。吾其救之，可不急乎？后稷之教稼穡也，雖其所爲，無非播時百穀之事，而民可免於阻飢矣。然其遑遑之心，以爲萬民若是其衆也，吾之稼穡，固未能人人而面誨矣，能保其無不知者乎？民之樹藝，既未能人人而必知矣，能保其無不飢者乎？夫民之有飢，由穀之未播也。吾任播穀之責，使穀有未播以飢吾民，是飢之厄民，即吾之厄民也；民之飢於食，實吾之飢之也。吾其拯之，可以緩乎？夫禹、稷之心，其急於救民蓋如此。此其所以雖當治平之世，三過其門而不入也歟？

雖然，急於救民者，固聖賢憂世之本心；而安於自守者，又君子持己之常道。是以顏子之不改其樂，而孟子以爲同道於禹、稷者，誠以禹、稷、顏子，莫非素其位而行耳。後世各徇一偏之見，而仕者以趨時爲通達，隱者以忘世爲高尚。此其所以進不能憂禹、稷之憂，而退不能樂顏子之樂也歟？

易

先天而天弗違後天而奉天時

大人於天，默契其未然者，奉行其已然者。夫大人與天，一而已矣，然則默契而奉行之者，豈有先後之間哉？昔文言申乾九五爻義而及此，意謂大人之於天，形雖不同，道則無異。自其先於天者言之，時之未至，而道隱於無，天未有爲也。大人則先天而爲之，蓋必經綸以造其端，而心之所欲，暗與道符；裁成以創其始，而意之所爲，默與道契。如五典未有也，自我立之，而與天之所叙者有脗合焉；五禮未制也，以義起之，而與天之所秩者無差殊焉。天何嘗與之違乎？

以其後於天者言之，時之既至，而理顯於有，天已有爲也。大人則後天而奉之，蓋必窮神以繼其志，而理之固有者，祇承之而不悖；知化以述其事，而理之當行者，欽若之而不違。如天叙有典也，立爲政教以道之，五典自我而敦矣；天秩有禮也，制爲品節以齊之，五禮自我而庸矣。我何嘗違於天乎？是則先天不違，大人即天也；後天奉天，天即大人也。大人與天，其可以二視之哉？此九五所以爲天下之利見也歟？

大抵道無天人之别，在天則爲天道，在人則爲人道，其分雖殊，其理則一也。衆人牿於形體，知有其分，而不知有其理，始與天地不相似耳。惟聖人純於義理，而無人欲之私，其體即天地之體，其心即天地之心，而其所以爲之者，莫非天地之所爲也。故曰循理則與天爲一。

河出圖洛出書聖人則之

天地顯自然之數，聖人法之以作經焉。甚矣，經不徒作也。天地不顯自然之數，則聖人何由而法之以作經哉？大傳言卜筮，而推原聖人作易之由，其意蓋謂易之用也，不外乎卜筮，而易之作也，則法乎圖書。是故通於天者，河也。伏羲之時，天降其祥，龍馬負圖而出，其數則以五生數統五成數，而同居其方，是爲數之體焉。中於地者，洛也。大禹之時，地呈其瑞，神龜載書而出，其數則以五奇數統四偶數，而各居其所，是爲數之用焉。

圖書出矣，聖人若何而則之？彼伏羲則圖以畫卦，虚五與十者，太極也。積二十之奇，而合二十之偶，以一二三四而爲六七八九，則儀象之體立矣。析四方之合，以爲乾、坤、坎、離，補四隅之空，以爲兑、震、巽、艮，則八卦之位定矣。是其變化無窮之妙，何莫而不本於圖乎？大禹則書以叙疇，實其中五者，皇極也。一五行而二五事，三八政而四五紀，第於前者有序而不亂也；

六三德而七稽疑，八庶徵而九福極，列於後者有條而不紊也。是其先後不易之序，何莫而不本於書乎？吁！聖人之作易，其原出於天者如此，而卜筮之用，所以行也歟？

大抵河圖洛書，相爲經緯；八卦九章，相爲表裏。但伏羲先得乎圖以畫卦，無所待於書；大禹獨得乎書以敘疇，不必考於圖耳。若究而言之，則書固可以爲易，而圖亦可以作範，又安知圖之不爲書，書之不爲圖哉？噫！理之分殊，非深於造化者，其孰能知之？

書

王懋昭大德建中于民以義制事以禮制心垂裕後昆予聞曰能自得師者王

大臣告君，既勉其修君道以貽諸後，必證以隆師道而成其功。夫君道之修，未有不隆師道而能致者也。大臣之論如此，其亦善於告君者哉！吾想其意，若謂新德固所以屬人心，而建中斯可以盡君道。吾王其必勤顧諟之功，以明其德，求此中之全體，而自我建之，以爲斯民之極也；操日躋之敬，以明夫善，盡此中之妙用，而自我立之，以爲天下之準也。然中果何自而建邪？彼中見於事，必制以吾心之裁制，使動無不宜，而後其用行矣；中存於心，必制以此理之節文，使静

無不正，而後其體立矣。若是，則豈特可以建中于民而已邪？本支百世，皆得以承懿範於無窮，而建中之用，綽乎其有餘裕矣；子孫千億，咸得以仰遺矩於不墜，而建中之推，恢乎其有餘地焉。

然是道也，非學無以致之。蓋古人之言，以爲傳道者師之責，人君苟能以虚受人，無所拂逆，則道得于己，可以爲建極之本，而王者之業益以昌大矣；考德者師之任，人君果能願安承教，無所違拒，則德成于身，足以爲立準之地，而王者之基日以開拓矣。是則君道修而後其及遠，師道立而後其功成，吾王其可以不勉於是哉！

抑嘗反覆仲虺此章之旨，「懋德建中」，允執厥中之餘緒也；「制心制事」，制外養中之遺法也；至於「能自得師」之一語，是又心學之格言，帝王之大法；則仲虺之學，其得于堯、舜之所授受者深矣。孟子叙道統之傳，而謂伊尹、萊朱爲見而知者，而説者以萊朱爲仲虺，其信然哉！

繼自今立政其勿以憸人其惟吉士

大臣勉賢王之爲治，惟在嚴以遠小人，而專于任君子也。蓋君子小人之用舍，天下之治忽繫焉。人君立政，可不嚴於彼而專於此哉[一]？周公以是而告成王，意豈不曰：立政固在於用人，

[一] 可不嚴於彼而專於此哉　叢刊本脱「而」字。

而非人適所以亂政。彼吉士之不可舍，而憸人之不可用，蓋自昔而然矣。繼今以立政，而使凡所以治其民者，不致苟且而因循，則其施爲之詳，固非一人所能任也，而將何所取乎？繼此以立政，而使凡所謂事與法者，不致懈怠而廢弛，則其料理之煩，亦非獨力所能舉也，而將何所用乎？必其於憸人也去之而勿任，於吉士也任之而勿疑，然後政無不立矣。

蓋所謂憸人者，行僞而堅，而有以飾其詐；言非而辯，而有以亂其真者也。不有以遠之，將以妨吾之政矣。必也嚴防以塞其倖入之路，慎選以杜其躁進之門，勿使得以戕吾民，壞吾事而撓吾法焉。所謂吉士者，守恒常之德，而利害不能怵；抱貞吉之操，而事變不能搖者也。不有以任之，無以成吾之治矣。必也推誠信而彼此之不疑，隆委托而始終之無間，務使得以安吾民，濟吾事而平吾法焉。吁！嚴以去之，則小人無以投其釁；專以任之，則君子有以成其功。國家之治也，其以是歟？

抑考之於書，禹、益、伊、傅、周、召之告君，至君子小人之際，每致意焉。蓋君德之隆替，世道之升降，其原皆出于此，非細故也。秦漢以下，論列之臣，鮮知此義。惟諸葛孔明之言曰：「親君子，遠小人，先漢所以興隆也。」其意獨與此合，故論者以爲三代之遺才云。

詩

不遑啓居玁狁之故

戍者自言勞之未息，由患之未息也。夫玁狁之患，不可以不備，則戍役之勞，自有所不免矣。王者於遣戍之時，而代爲之言若此，所謂叙其情而風之以義者歟？此詩之意，蓋謂人固有不能忘之情，然亦有不容已之義。彼休息之樂，吾豈獨無其情乎？啓居之安，吾寧獨無其念乎[一]？誠以王命出戍，則此身既已屬之軍旅，而勢不容於自便耳。是以局促行伍之間，奔走風塵之下，師出以律，而號令之嚴其敢違？軍法有常，而更代之期何敢後？則吾雖有休息之情，而固所不暇矣；雖懷啓居之念，而亦所不遑矣。

然此豈上人之故欲困我乎？豈吾君之必欲勞我乎？誠以玁狁猾夏，則是舉本以衛夫生靈，而義不容於自已耳。彼其侵擾疆場之患雖亦靡常，而憑陵中國之心實不可長，使或得肆猖獗，則腥羶之憂，豈獨在於廊廟？如其乘間竊發，則塗炭之苦，遂將及於吾民。是我之不遑休息者，無非

[一] 吾寧獨無其念乎　「寧」，文淵閣本作「豈」。

保乂室家，而玁狁之是備也；我之不暇啓居者，無非靖安中國，而外寇之是防也。吁！叙其勤苦悲傷之情，而風以敵愾勤王之義，周王以是而遣戍役，此其所以勞而不怨也歟？

大抵人君之爲國，好戰則亡，忘戰則危。故用兵雖非先王之得已，而即戎之訓，亦有所不敢後也。觀此詩之遣戍，不獨以見周王重於役民，憫惻哀憐不容已之至情，而亦可以見周之防禦玁狁於平日者，蓋亦無所不至，故玁狁之在三代，終不得以大肆其荼毒。後世無事則懈弛，有事則張皇，戎之不靖也，有由然哉！

孔曼且碩萬民是若

新廟制以順人心，詩人之頌魯侯也。夫人君之舉動，當以民心爲心也。魯侯修廟，而有以順乎民焉，詩人得不頌而美之乎？魯人美僖公之修廟，而作是詩及此，謂夫我公之修廟也，材木盡來、甫之良，經畫殫奚斯之慮。意以卑宫之儉，可以自奉，而非致孝乎鬼神，則新廟之作，雖甚曼焉，亦所宜矣；茅茨之陋，可以自處，而非敬事其先祖，則新廟之修，雖甚碩焉，亦非過矣。是以向之卑者，今焉增之使高，而體制極其巍峩，蓋斯革斯飛，孔曼而長也；向之隘者，今焉拓之使廣，而規模極其弘遠，蓋閑如奕如，且碩而大也。

然廟制之極美者，豈獨以竭我公之孝思，實所以從萬民之仰望。蓋以周公皇祖，德洽下民，而廟之弗稱，固其所願改作也，今之孔曼，亦惟民之所欲是從耳；澤流後世，而廟之弗緝，固其所願修治也，今之孔碩，亦惟吾民之所願是順耳。是以向之有憾於弗稱者，今皆翕然而快睹，莫不以爲廟之曼者，宜也，非過也；向之致怨于弗緝者，今皆欣然而滿望，莫不以爲廟之碩者，非過也，宜也。吁！廟制修於上，而民心順於下，則其舉事之善於此可見，而魯公之賢亦可想矣。

抑考魯之先君，自伯禽以下，所以懷養其民人者，無非仁愛忠厚之道，而周公之功德，尤有以衣被而漸漬之，是以其民久而不忘，雖一廟之修，亦必本其先世之澤而頌禱焉。降及秦漢干戈之際，尚能不廢弦誦，守禮義，爲主死節，而漢高不敢加兵。聖人之澤，其遠矣哉！

春秋

楚子入陳 宣公十一年　楚子圍鄭　晉荀林父帥師及楚子戰于邲晉師敗績

楚子滅蕭　晉人宋人衛人曹人同盟于清丘 俱宣公十二年

外兵順，而伯國自褻其威，既可貶；外兵黷，而伯國徒禦以信，尤可譏。此楚以争伯爲心，而晉失待之之道，春秋所以兩示其法也。自夫晉景無制中夏之略，而後楚莊有窺北方之圖。始焉縣陳，以討罪也，而徵舒就戮；繼焉入鄭，以貳己也，而潘尫遂盟。一則討晉之所未討，一則平鄭之所欲平。是雖未免以力假仁，然其義則公，其辭則順矣。晉欲强之，必修德以俟，觀釁而動，斯可也。顧乃興無名之師，而師之以林父[一]，楚子退師矣，而猶欲與之戰；先縠違命矣，而不能行其辟；遂致邲戰既北而晉遂不支。則是主晉之師者，林父也；棄晉之師者，林父也；責安所逃乎？春秋於陳書「入」，於鄭書「圍」者，所以減楚之罪，而于邲之戰，則獨書林父以主之，用以示失律喪師之戒也。

自夫晉人之威既褻，而後楚人之勢益張，伐蕭不已而圍其城，圍蕭不已而潰其衆。以吞噬小國之威，爲恐動中華之計，是其不能以禮制心，而其志已盈，其兵已黷矣。晉欲禦之，必信任仁賢，修明政事，斯可也。顧乃爲清丘之盟，而主之以先縠，不能强於爲善，而徒刑牲歃血之是崇；不能屈於群策，而徒要質鬼神之是務；故其盟亦隨敗而晉卒不競。則是主斯盟者，喪師之縠也；同

[一] 而師之以林父 「師」，文淵閣本、摛藻堂本作「帥」。

斯盟者，列國之卿也；責安所歸乎？春秋不稱蕭潰，特以「滅」書者，所以斷楚之罪，而清丘之盟，則類貶列卿而人之，用以示謀國失職之戒也。吁！楚莊之假仁，晉景之失策，不待言説，而居然於書法見之，此春秋之所以爲化工歟？

抑又論之，仗義執言，桓、文之所以制中夏者也。晉主夏盟，雖世守是道，猶不免爲三王之罪人，而又并其先人之家法而棄之，顧汲汲於會狄伐鄭，而以討陳遺楚，使楚得風示諸侯於辰陵，則是時也，雖邲之戰不敗，清丘之盟不渝，而大勢固已屬之楚矣。嗚呼！孔子沐浴之請，不用於哀公而魯替，董公縞素之説，見用於高帝而漢興，愚於是而重有感也。

楚子蔡侯陳侯許男頓子沈子徐人越人伐吴　昭公五年

春秋紀外兵，而特進夫遠人，以事有可善，而類無可絶也。蓋君子與人爲善，而世類之論，亦所不廢也。然則徐、越從楚伐吴，而春秋進之者，非以此哉？慨夫慶封就戮，楚已見銜於吴；東鄙告入，吴復致怨於楚；至是楚子内摟諸侯，外連徐、越，而有伐吴之役。然何以見其事有可善邪？蓋慶封之惡，齊之罪人也。吴子納而處之，是爲崇惡；楚子執而戮之，是爲討罪。彼曲此直，

公論已昭於當時矣。夫何吴子違義舉兵，困三邑之民，報朱方之憾，豈非狄道哉？楚子率諸侯以伐之，聲崇惡之過，問違義之由，是乃以有名而討無名，以無罪而討有罪也。揆之彼善於此之義，固有可善者矣。

又何以見其類無可絶邪？蓋徐、越之夷，夏之變於夷者也。徐本伯益之後，越本大禹之後，元德顯功，先世嘗通於周室矣。惟其後人瀆禮稱王，甘心於僭僞，得罪於典常，故爲狄道耳。君子正王法以黜之，上雖不使與中國等，下亦不使與夷狄均。蓋以後人之僭僞，固法所不貸，而先世之功德，亦義所不泯也。揆之賞延于世之典，殆非可絶者歟？夫事既有可善，類又無可絶，故越始見經，而與徐皆得稱人。聖人以爲楚之是伐，比吴爲善，其從之者又皆聖賢之後，則進而稱「人」可也。春秋之慎於絶人也如是夫。

抑論吴、楚在春秋，亦徐、越而已矣。吴以泰伯之後而稱王，楚以祝融之後而稱王，故春秋亦以待徐、越者待之。猾夏則舉號，慕義則稱人，及其浸與盟會，亦止於稱子，曾不得以本爵通焉，蓋待之雖恕，而其法固未始不嚴也。然則僭僞者，其能逃於春秋之斧鉞邪？

禮記

君子慎其所以與人者

君子之所謹者，交接之道也。夫君子之與人交接，必有其道矣。於此而不謹，烏能以無失哉？記禮器者，其旨若曰：觀禮樂而知夫治亂之由，故君子必慎夫交接之具。君子之與人交接也，不有禮乎？而禮豈必玉帛之交錯，凡事得其序者，皆是也。禮之得失，人之得失所由見，是禮在所當慎矣。不有樂乎？而樂豈必鐘鼓之鏗鏘，凡物得其和者，皆是也。樂之邪正，人之邪正所從著，是樂在所當慎矣。

君子於和序之德，固嘗慎之於幽獨之地，而於接人之際，又和序之德所從見也，其能以無慎乎？君子於禮樂之道，固嘗謹之於制作之大，而於與人之時，亦禮樂之道所由寓也，其可以不謹乎？故其與人交接也，一舉動之微，若可忽矣，而必兢兢焉常致其檢束，務有以比於禮而比於樂；其與人酬酢也，一語默之細，若可易矣，而必業業焉恒存夫戒謹，務有以得其序而得其和。所與

者鄉邦之賤士，而其笑語卒獲[一]，肅然大賓是接也，況其所與之尊貴乎？所對者閭閻之匹夫，而其威儀卒度，嚴乎大祭是承也，況其所對之嚴憚乎？君子之慎其所以與人者如此。此其所以動容周旋必中夫禮樂，而無失色於人也歟？

抑論禮樂者，與人交接之具；慎獨者，與人交接之本也。君子戒慎於不睹不聞，省察於莫見莫顯，使其存於中者，無非中正和樂之道，故其接於物者，自無過與不及之差。昔之君子，乃有朝會聘享之時，至於失禮而不自覺者，由其無慎獨之功，是以陽欲掩之，而卒不可掩焉耳。故君子而欲慎其所以與人，必先慎獨而後可。

心好之身必安之君好之民必欲之

内感而外必應，上感而下必應。夫君之於民，猶心之於身也。雖其内外上下之不同，而感應之理，何嘗有異乎？昔聖人之意，謂夫民以君爲心也，君以民爲體也。體而必從夫心，則民亦必從夫君矣。彼其心具於内，而體具於外，内外之異，勢若不相蒙矣。然心惟無好則已，一有所好，而身

[一] 而其笑語卒獲 「卒」，天圖本、叢刊本訛作「率」，據文淵閣本、摛藻堂本改。

之從之也，自有不期然而然。如心好夫采色，則目必安夫采色；心好夫聲音，則耳必安夫聲音；心而好夫逸樂，則四肢亦惟逸樂之是安矣。發於心而慊於己，有不勉而能之道也；動於中而應於外，有不言而喻之妙也。是何也？心者，身之主，心好於内而體從於外，斯亦理之必然歟？

若夫君之於民，亦何以異於是？彼其君居於上，而民居於下，上下之異，分若不相關矣。然君惟無好則已，一有所好，而民之欲之也，亦有不期然而然。如君好夫仁，則民莫不欲夫仁；君好夫義，則民莫不欲夫義；君而好夫暴亂，則民亦惟暴亂之是欲矣。倡於此而和於彼，有不令而行之機也；出乎身而加乎民，有不疾而速之化也。是何也？君者，民之主，君好於上而民從於下，固亦理之必然歟？是則内外上下，本同一體，而此感彼應，自同一機，人君之於民也，而可不慎其所以感之邪？

抑論之，身固必從乎心矣，民固必從乎君矣。抑孰知心之存亡有繫於身，而君之存亡有繫於民乎？爲人君者，但知下之必從夫上，而不知上之存亡有繫於下，則將恣己徇欲，惟意所爲，而亦何所忌憚乎？故夫子於下文必繼之曰：「君以民存，亦以民亡。」噫，可懼乎！

論

人君之心惟在所養

人君之心，顧其所以養之者何如耳。養之以善，則進於高明，而心日以智；養之以惡，則流於汙下，而心日以愚。故夫人君之所以養其心者，不可以不慎也。天下之物，未有不得其養而能生者。雖草木之微，亦必有雨露之滋，寒煖之劑，而後得以遂其暢茂條達。而況於人君之心，天地民物之主也，禮樂刑政教化之所自出也，非至公無以絶天下之私，非至正無以息天下之邪，非至善無以化天下之惡，而非其心之智焉，則又無以察其公私之異，識其邪正之歸，辯其善惡之分，而君心之智否，則固繫於其所以養之者也，而可以不慎乎哉？

君心之智，在於君子之養之以善也；君心之愚，在於小人之養之以惡也。然而君子小人之分，亦難乎其爲辯矣。「人心惟危，道心惟微」，堯、舜之相授受，而所以丁寧反覆者，亦惟以是，則夫人君之心，亦難乎其爲養矣。而人君一身，所以投間抵隙而攻之者，環於四面，則夫君心之養，固又難乎其無間矣。是故必有匡直輔翼之道，而後能以養其心；必有洞察機微之明，而

後能以養其心；必有篤確精專之誠，而後能以養其心。斯固公私之所由異，邪正之所從分，善惡之所自判，而君心智愚之關也。

世之人君，孰不欲其心之公乎？然而每失之於邪也。孰不欲其心之善乎？然而每失之於惡也。是何也？無君子之養也。養之以君子，而不能不間之以小人也，則亦無惑乎其心之不智矣。昔者太甲顛覆典刑，而卒能處仁遷義，爲有商之令主，則以有伊尹之聖以養之；成王孺子襁褓，而卒能祗勤于德，爲成周之盛王，則以有周公之聖以養之。桀、紂之心，夫豈不知仁義之爲美，而卒不免於荒淫敗度，則其所以養之者，惡來、飛廉之徒也。嗚呼！是亦可以知所養矣。

人雖至愚也，亦寧無善心之萌？雖其賢智也，亦寧無惡心之萌？於其善心之萌也，而有賢人君子擴充培植於其間，則善將無所不至，而心日以智矣；於其惡心之萌也，而有小夫憸人引誘逢迎於其側，則惡亦無所不至，而心日以愚矣。故夫人君而不欲其心之智焉，斯已矣。苟欲其心之智，則賢人君子之養，固不可一日而缺也。何則？人君之心，不公則私，不正則邪，不善則惡，不賢人君子之是與，則小夫憸人之是狎，固未有漠然中立，而兩無所在者。一失其所養，則流於私而心之智蕩矣，入於邪而心之智惑矣，溺於惡而心之智亡矣，而何能免於庸患之歸乎[一]？

[一] 而何能免於庸患之歸乎　「患」，文淵閣本、摛藻堂本作「愚」。

夫惟有賢人君子以爲之養，則義理之學，足以克其私心也；剛大之氣，足以消其邪心也；正直之論，足以去其惡心也。擴其公而使之日益大，扶其正而使之日益强，作其善而使之日益新，夫是之謂匡直輔翼之道，而所以養其心者有所賴。然而柔媚者近於純良，而兇險者類於剛直，故士有正而見斥，人有憸而獲進，而卒無以得其匡直輔翼之資。於是乎慎擇而明辯〔一〕，必使居於前後左右者，無非賢人君子，而不得有所混淆於其間。夫是之謂洞察幾微之明，而所以養其心者無所惑。然而梗直者難從，而諂諛者易入也；拂忤者難合，而阿順者易親也。則是君子之養未幾，而小人之養已隨；養之以善者方退，而養之以惡者已入。故夫人君之於賢士君子，必信之篤而小人不得以間，任之專而邪佞不得以阻，并心悉慮，惟匡直輔翼之是資焉。夫是之謂篤確專一之誠，而所以養其心者，不至於有鴻鵠之分，不至於有一暴十寒之間。夫然後起居動息，無非賢士君子之與處，而所謂養之以善矣。夫然後私者克而心無不公矣，邪者消而心無不正矣，惡者去而心無不善矣。公則無不明，正則無不達，善則無不通，而心無不智矣。夫然後可以絶天下之私，可以息天下之邪，可以化天下之惡，可以興禮樂，修教化，而爲天地民物之主矣。而此何莫而不在於其所養邪？何莫而不在於養之以善邪？

〔一〕於是乎慎擇而明辯　「擇」，天圖本、叢刊本訛作「釋」，據文淵閣本、摛藻堂本改。

人君之心，惟在所養，范氏之説，蓋謂養君心者言也。而愚之論，則以爲非人君有洞察之明，專一之誠，則雖有賢士君子之善養，亦無從而效之，而猶未及於人君之所以自養也。然必人君自養其心，而後能有洞察之明、專一之誠以資夫人，而其所以自養者，固非他人之所能與矣。使其勉强於大庭昭晰之時，而放縱於幽獨得肆之地，則雖有賢人君子，終亦無如之何者，是以人君尤貴於自養也。若夫自養之功，則惟在於存養省察，而其要又不外乎持敬而已。愚也請以是爲今日獻。

表

擬唐張九齡上千秋金鑑録表 開元二十四年

開元二十四年八月五日，具官臣張九齡上言：恭遇千秋聖節，謹以所撰千秋金鑑録進呈者。臣九齡誠惶誠恐，頓首頓首。伏以古訓有獲，成憲無愆。自昔致治之明君，莫不師資於往典，故武王有洪範之訪，而高宗起舊學之思。兹蓋伏遇〇〇〇〔一〕，乃武乃文，好問好察，赤龍感唐堯之瑞，

〔一〕 兹蓋伏遇〇〇〇 文淵閣本、摛藻堂本闕字作「皇帝陛下」。

白魚兆周武之興，是以誕應五百載之昌期，而能起紹億萬年之大統。時維八月，節届千秋，凡兹鼎軸之臣，皆有寶鏡之獻，祝頌所寓，恭敬是將。臣九齡學本面墻，忠存自牖，竊謂群臣所獻，雖諸侯以爲殃。仰窺文皇以人爲鑑之謨，竊取伏羲制器尚象之義，覃思古昔，效法丹書，粗述廢興，謬名金鑑。蓋搜尋舊史，無非金石之言；而採掇前聞，頗費陶鎔之力。躬鉛槧以實録，敢粉飾乎虚文？鼓鑄堯舜之模，鑪冶商周之範。考是非之迹，莫遁妍媸；觀興替所由，真如形影。彼六經之道，夫豈不明？而諸子之談，亦寧無見？顧恐萬機之弗暇，願攄一得而少裨。雖未能如賈山之至言，或亦可方陸生之新語。善可循而惡可戒，情狀具在目前；亂有始而治有源，儀刑視諸掌上。公私具燭，光涵陽德之精；幽隱畢陳，寒照陰邪之膽。蓋華封之祝，未罄於三；而魏徵所亡，聊獻其一。若陛下能自得師，或亦可近取諸此，視遠亦維明矣，反觀無不瞭然。誠使不蔽於私，自當明見萬里；終能益磨以義，固將洞察纖毫。維兹昧爽所需，用爲緝熙之助。伏願時賜披閲，無使遂掩塵埃。宜監于殷，勵周宣之明發；顧諟天命，效成湯之日新。永惟丕顯之昭昭，庶識微衷之耿耿。月臨日照，帝德運於光天；嶽峙川流，聖壽同於厚地。臣無任瞻天仰聖、激切屏營之至。謹以所述千秋金鑑録隨表上進以聞。

策五道

問：王者功成作樂，治定制禮，故功大者樂備，治徧者禮具，而五帝不沿樂，三王不襲禮也。自漢而下，禮樂日衰，既不能祖述憲章，以復三代之舊制，則亦不過苟且因循，以承近世之陋習而已。蓋有位無德，固宜其然也。惟我太祖、太宗，以聖人在天子之位，故其制作之隆，卓然千古，誠有不相沿襲者，獨其廣大淵微，有非世儒所能測識耳。夫合九廟而同堂，其有倣於古乎？一郊社而並祭，其有見於經乎？聲容之爲備，而郊祭之舞去干戚以爲容；雅頌之爲美，而燕享之樂屬教坊以司頌；是皆三代所未聞，而創爲之者。然而治化之隆，超然於三代之上，則其間固宜自有考諸三王而不謬者，而非聖人，其孰能知之？夫魯，吾夫子之鄉，而先王之禮樂在焉。夫子之言曰：「吾學周禮，今用之，吾從周。」斯固魯人之所世守也。諸士子必能明言之。

聖人之制禮樂，非直爲觀美而已也。固將因人情以爲之節文，而因以移風易俗也。夫禮樂之說，亦多端矣，而其大意，不過因人情以爲之節文。是以禮樂之制，雖有古今之異，而禮樂之情，則無古今之殊。傳曰：「知禮樂之情者能作，識禮樂之文者能述。作者之謂聖，述者之謂明。」

故夫鐘鼓管磬羽籥干戚者，樂之器也；屈伸俯仰綴兆舒疾者，樂之文也。簠簋俎豆制度文章者，禮之器也；升降上下周旋裼襲者，禮之文也。夫所謂禮樂之情者，豈徒在於鐘鼓干戚簠簋制度之間而已邪？豈徒在於屈伸綴兆升降周旋之間而已邪？後世之言禮樂者，不本其情，而致詳於形器之末。是以論明堂則惑於呂氏、考工之説，議郊廟而局於鄭氏、王肅之學，鐘呂紛爭於秬黍，而尺度牽泥於周天，紛紛藉藉，卒無一定之見，而禮樂亦因愈以廢墜。是豈知禮樂之大端，不過因人情而爲之節文者乎？

傳曰：「禮也者，義之實也。協諸義而協，則禮雖先王未之有，可以義起也。」孟子曰：「今之樂，猶古之樂也。」今夫行禮於此，而有以即夫人心之安焉；作樂於此，而使聞之者欣欣然有喜色焉；則雖義起之禮，世俗之樂，其亦何異於古乎？使夫行禮於此，而有以大拂乎人之情；作樂於此，而聞之者疾首蹙頞而相告也；則雖折旋周禮而戛擊咸韶，其亦何補於治乎？即是説而充之，則執事之所以下詢者，雖九廟異制可也，合而同堂亦可也；郊社異地可也，一而並祭亦可也。聲容之備固善矣，而苟有未備焉，似亦無傷也；雅頌之純固美矣，而苟有未純焉，或亦無患也。嗚呼！此我太祖、太宗之所以爲作者之聖，而有以深識夫禮樂之情者歟？竊嘗伏觀祖宗之治化功德，蕩蕩巍巍，蟠極天地之外，真有以超越三代而媲美於唐虞者，使非禮樂之盡善盡美，其亦何

以能致若是乎？草莽之臣，心亦能知其大，而口莫能言之。故嘗以爲天下之人，苟未能知我祖宗治化功德之隆，則於禮樂之盛，固宜其有所未識矣。

雖然，先王之制，則亦不可以不講也。祭法：天子七廟，三昭三穆，與太祖之廟而七，益以文武世室而爲九廟，門皆南向，主皆東向，各擅一廟之尊，而昭穆不紊焉，則周制也。郊社之禮，天尊而地卑，郊以大報天，而社以神地道。故燔柴於泰壇，祭天也；瘞埋於泰折，祭地也；其不並祭久矣。祭天之用樂，則呂氏月令以仲夏「命樂師修鞀鞞鼓，均琴瑟管簫，執干戚戈羽，調竽笙篪簧，飭鐘磬柷敔」，而用盛樂，以大雩帝，則祭天之樂，有干戚戈羽矣。子夏告魏文侯以古樂，以爲「進旅退旅，和正以廣，弦匏笙簧，會守拊鼓，始奏以文，復亂以武，治亂以相，訊疾以雅」，而所謂「及優侏儒」者，謂之新樂。夫國家郊廟之禮，雖以義起，固亦不害其爲協諸義而協矣。雖然，豈若協於義而合於古之爲尤善乎？國家祀享之樂，雖不效古，固亦不害其爲因人情而爲之飾矣。雖然，豈若因人情而又合於古之尤善乎？昔者成周之禮樂，至周公而始備，其於文武之制，過者損之，不及者益焉，而後合於大中至正，此周公所以爲善繼善述，而以達孝稱也。儒生稽古之談，固未免於拘滯，所敢肆其狂言，則恃有善繼善述之聖天子在上也。

問：佛老爲天下害，已非一日，天下之訟言攻之者，亦非一人矣，而卒不能去，豈其道之不可去邪？抑去之而不得其道邪？將遂不去，其亦不足以爲天下之患邪？夫今之所謂佛老者，鄙穢淺劣，其妄初非難見，而程子乃以爲比之楊墨尤爲近理。豈其始固自有説，而今之所習者，又其糟粕之餘歟？佛氏之傳，經傳無所考，至於老子，則孔子之所從問禮者也。孔子與之同時，未嘗一言攻其非，而後世乃排之不置，此又何歟？夫楊氏之爲我，墨氏之兼愛，則誠非道矣。比之後世貪冒無耻，放於利而行者，不有間乎？而孟子以爲無父無君，至比於禽獸，然則韓愈以爲佛老之害甚於楊墨者，其將何所比乎？抑不知今之時，而有兼愛、爲我者焉，其亦在所闢乎？其將在所取乎？今之時，不見有所謂楊墨者，則其患止於佛老矣。不知佛老之外，尚有可患者乎？其無可患者乎？夫言其是而不知其所以是，議其非而不識其所以非，同然一辭，而以和於人者，吾甚耻之，故願諸君之深辨之也。

天下之道，一而已矣，而以爲有二焉者，道之不明也。孔子曰：「道之不行也〔一〕，我知之矣，

〔一〕道之不行也　「行」，天圖本、叢刊本訛作「明」，據文淵閣本、擒藻堂本改。

知者過之，愚者不及也。道之不明也[一]，我知之矣，賢者過之，不肖者不及也。」嗚呼！道一也，而人有知愚賢不肖之異焉。此所以有過與不及之弊，而異端之所從起歟？然則天下之攻異端者，亦先明夫子之道而已耳。夫子之道明，彼將不攻而自破。不然，我以彼爲異端，而彼亦將以我爲異端，譬之穴中之鬭鼠，是非孰從而辨之？

今夫吾夫子之道，始之於存養慎獨之微，而終之以化育參贊之大；行之於日用常行之間，而達之於國家天下之遠。人不得焉，不可以爲人，而物不得焉，不可以爲物，猶之水火菽帛，而不可一日缺焉者也。然而異端者，乃至與之抗立而爲三，則亦道之不明者之罪矣。道苟不明，苟不過焉，即不及焉。過與不及，皆不得夫中道者也，則亦異端而已矣，而何以攻彼爲哉？

今夫二氏之説，其始亦非欲以亂天下也，而卒以亂天下，則是爲之徒者之罪也。夫子之道，其始固欲以治天下也，而未免於二氏之惑，則亦爲之徒者之罪也。何以言之？佛氏，吾不得而知矣。至於老子，則以知禮聞，而吾夫子所嘗問禮，則其爲人，要亦非庸下者，其修身養性以求合於道，初亦豈甚乖於夫子乎？獨其專於爲己，而無意於天下國家，然後與吾夫子之格致誠正而達

[一] 道之不明也 「明」，天圖本、叢刊本訛作「行」，據文淵閣本、摛藻堂本改。

之於修齊治平者之不同耳[一]。是其爲心也，以爲吾仁矣，則天下之不仁，吾不知可也；吾義矣，則天下之不義，吾不知可也。居其實而去其名，斂其器而不示之用，置其心於都無較計之地，而亦不以天下之較計動於其心。此其爲念，固亦非有害於天下者，而亦豈知其弊之一至於此乎？今夫夫子之道，過者可以俯而就，不肖者可以企而及，是誠行之萬世而無弊矣。然而子夏之後有田子方，子方之後爲莊周，子弓之後有荀況，荀況之後爲李斯，蓋亦不能以無弊，則亦豈吾夫子之道使然哉？故夫善學之，則雖老氏之説，無益於天下，而亦可以無害於天下；不善學之，則雖吾夫子之道，而亦不能以無弊也。

今天下之患，則莫大於貪鄙以爲同，冒進而無耻。貪鄙爲同者曰：「吾夫子固無可無不可也。」冒進無耻者曰：「吾夫子固汲汲於行道也。」嗟乎！吾以吾夫子之道以爲奸，則彼亦以其師之説而爲奸，顧亦奚爲其不可哉？今之二氏之徒，苦空其行而虚幻其説者，既已不得其原矣。然彼以其苦空，而吾以其貪鄙；彼以其虚幻，而吾以其冒進。如是而攻焉，彼既有辭矣，而何以服其心乎？孟子曰：「經正，則庶民興；庶民興，斯無邪慝矣。」今不皇皇焉自攻其弊，以求明吾夫子之道，而徒以攻二氏爲心，亦見其不知本也。

[一] 之不同耳　「之」，文淵閣本、摛藻堂本作「有」。

夫生復言之，執事以攻二氏爲問，而生切切於自攻者，夫豈不喻執事之旨哉？春秋之道，責己嚴而待人恕。吾夫子之訓，先自治而後治人也。若夫二氏與楊墨之非，則孟子闢之於前，韓歐諸子闢之於後，而豈復俟於言乎哉？執事以爲夫子未嘗攻老氏，則夫子蓋嘗攻之矣。曰：「鄉愿，德之賊也。」蓋鄉愿之同乎流俗，而合乎汙世，即老氏之所謂「和其光」而「同其塵」者也。「和光同塵」之說，蓋老氏之徒爲之者，而老氏亦有以啓之。故吾夫子之攻鄉愿，非攻老氏也，攻鄉愿之學老氏而又失之也。後世談老氏者，皆出於鄉愿，故曰夫子蓋嘗攻之也。

問：古人之言曰：「志伊尹之所志，學顏子之所學。」諸君皆志伊學顏者，請遂以二君之事質之。夫伊尹之耕於有莘之野，而樂堯舜之道也，固將終身爾矣。湯之聘幣三往，而始幡然以起，是豈苟焉者？而後世至以爲割烹要湯，斯固孟子已有明辯；至於桀，則固未嘗以幣聘尹也，而自往就之，至再至五，昔人謂其急於生人而往速其功也。果爾，其不類於以割烹要之歟？顏淵之學於孔子也，其詳且要，無有過於「四勿」之訓。兹四言者，今之初學之士，皆自以爲能知，而孔門之徒以千數，其最下者，宜其猶愈於今之人也，何獨唯顏子而後可以語此乎？至於簞瓢陋巷而不改其樂，此尤孔子之所深嘉屢嘆，而稱以爲賢者。而昔之人乃以爲哲人之細事，將無類於

今之初學，自謂能知「四勿」之訓者乎？夫尹也，以湯之聖，則三聘而始往；以桀之虐，則五就而不辭。顏之「四勿」，孔門之徒所未聞，而今之初學自以爲能識；簞瓢之樂，孔子以爲難，而昔人以爲易也。茲豈無其説乎？不然，則伊尹之志荒而顏子之學淺矣。

求古人之志者，必先自求其志，而後能辨其出處之是非；論古人之學者，必先自論其學，而後能識其造詣之深淺。此伊尹之志、顏子之學，所以未易於窺測也。

嘗觀伊尹耕於有莘之野，而樂堯舜之道，固將終其身於畎畝，雖禄之以天下，有弗顧者。其後感成湯三聘之勤，而始幡然以起，是誠甚不易矣。而戰國之士，猶以爲割烹要湯，向非孟氏之辯，則千載之下，孰從而知其説之妄乎？至於五就桀之説，則尚有可疑者。孟子曰：「往役，義也；往見，不義也。」夫尹以庶人而往役於桀，可也；以行道而往就於桀，不可也。尹於成湯之聖，猶必待其三聘者，以爲身不可辱，而道不可枉也[一]。使尹不俟桀之聘而自往，則其辱身枉道也甚矣，而何以爲伊尹乎？使尹之心，以爲湯雖聖，臣也，桀雖虐，君也，而就之，則既以爲君矣，又可從而伐之乎？桀之暴虐，天下無不知者，彼置成湯之聖而弗用，尚何有於伊尹？使尹不知而

[一] 而道不可枉也 「枉」，天圖本、叢刊本訛作「往」，據文淵閣本、摛藻堂本改。

就之，是不知也；知而就之，是不明也；就之而復伐之，是不忠也。三者無一可，而謂伊尹爲之乎？柳宗元以爲伊尹之五就桀，是大人之欲速其功，且曰：「吾觀聖人之急生人，莫若伊尹。伊尹之大，莫大於五就桀。」蘇子瞻譏之，以爲宗元欲以此自解其從叔文之非，可謂得其心矣。然五就之説，孟子亦嘗言之，而説者以爲尹之就桀，湯進之也，則尹惟知以湯之心爲心而已。是在聖人，固必自有以處此，而愚以爲雖誠有之，亦孟子所謂有伊尹之志則可耳。不然，吾未見其不爲反覆悖亂之歸也。

至於顔子「四勿」之訓，此蓋聖賢心學之大，有未易以言者。彼其自謂能知，則譬之越南冀北，孰不知越之爲南，而冀之爲北，至其道理之曲折險易，自非所嘗經歷，莫從而識之也。今以「四勿」而詢人，則誠未見其有不知者，及究其所謂非禮，則又莫不暗然，而無以爲答也。今夫天下之事，固有似禮而非禮者矣，亦有似非禮而實爲禮者矣。其纖悉毫釐，至於不可勝計，使非盡格天下之物，而盡窮天下之理，則其疑似幾微之間，孰能决然而無所惑哉？夫於所謂非禮者既有未辨，而斷然欲以之勿視聽言動，是亦告子之所謂不得於言，而勿求於心耳，其何以能克己復禮而爲仁哉？夫惟顔子博約之功已盡於平日，而其明睿所照，既已略無纖芥之疑，故於事至物來，天理人欲，不待議擬而已判然，然後行之勇决而無疑滯，此正所謂「有至明以察其幾，有至健以致其决」者也。

孔門之徒，自子貢之穎悟，不能無疑於「一貫」，則「四勿」之訓，宜乎唯顔子之得聞也。

若夫簞瓢之樂，則顔子之賢盡在於此，蓋其所得之深者。周子嘗令二程尋之，則既知其難矣。惟韓退之以爲顔子得聖人爲之依歸，則其不憂而樂也豈不易。顧以爲哲人之細事，初若無所難者，是蓋言其外而未究其中也。蓋簞瓢之樂，其要在於窮理，其功始於慎獨。能窮理，故能擇乎中庸，而復禮以爲仁［一］；能慎獨，故能克己不貳過，而至於三月不違。蓋其人欲净盡，天理流行，是以内省不疚，仰不愧，俯不怍，而心廣體胖，有不知其手舞足蹈者也。退之之學，言誠正而弗及格致，則窮理慎獨之功，正其所大缺，則於顔子之樂，宜其得之淺矣。

嗟乎！志伊尹之志也，然後能知伊尹之志；學顔子之學也，然後能知顔子之學。生亦何能與於此哉？顧其平日，亦有所不敢自暴自棄，而心融神會之餘，似亦微有所見，而執事今日之問，又適有相感發者，是以輒妄言之，幸執事不以爲僭而教之也。

問：風俗之美惡，天下之治忽關焉。自漢以來，風俗之變而日下也，猶江河之日趨於海也，不知其猶可挽而復之古乎？將遂往而不返也？孔子謂「齊一變至於魯，魯一變至於道」，而説者

［一］而復禮以爲仁　「禮」，天圖本、叢刊本訛作「理」，據文淵閣本、摛藻堂本改。

以爲「二國之俗有美惡，故其變而之道也有難易」。夫風俗之在三代也，不知其凡幾變矣，而始爲漢；其在漢也，又不知其凡幾變矣，而始爲唐爲宋。就使屢變而上焉，不過爲漢而止耳〔一〕，爲唐而止耳，而何以能遂復於三代乎？今之風俗，則賈誼之所太息者有之矣。皇上之德，過於漢文，諸士苟有賈生之談焉，固所喜聞而樂道也。

天下之患，莫大於風俗之頹靡而不覺。夫風俗之頹靡而不覺也，譬之潦水之赴壑，浸淫泛濫，其始若無所患，而既其末也，奔馳潰决，忽焉不終朝而就竭。是以甲兵雖强，土地雖廣，財賦雖盛，邊境雖寧，而天下之治終不可爲，則風俗之頹靡實有以致之。古之善治天下者，未嘗不以風俗爲首務。武王勝殷，未及下車而封黄帝、堯、舜之後，下車而封王子比干之墓，釋箕子之囚，式商容之閭。當是時也，拯溺救焚之政未暇悉布，而先汲汲於爲是者，誠以天下風俗之所關，而將以作興其篤厚忠貞之氣也。故周之富强不如秦，廣大不如漢，而延世至於八百年者，豈非風俗之美致然歟？

〔一〕不過爲漢而止耳　「止」，天圖本、叢刊本訛作「上」，據文淵閣本、摛藻堂本改。

今天下之風俗，則誠有可慮者，而莫能明言之，何者？西漢之末，其風俗失之懦，東漢之末，其風俗失之激，晉失之虚，唐失之靡，是皆有可言者也。若夫今之風俗，謂之懦，則復類於悍也；謂之激，則復類於同也；謂之虚，則復類於瑣；而謂之靡，則復類於鄙也。是皆有可慮之實，而無可狀之名者也。生固亦有見焉，而又有所未敢言也。雖然，聖天子在上，賢公卿在位，於此而不直，是無所用其直矣。請遂言之。孔子曰：「鄉愿，德之賊也。」孟子曰：「非之無舉也，刺之無刺也。居之似忠信，行之似廉潔，同乎流俗，合乎汙世，自以爲是，而不可與入堯舜之道。」「閹然媚於世者，是鄉愿也。」蓋今風俗之患，在於務流通而薄忠信，貴進取而賤廉潔，重儇狡而輕朴直，議文法而略道義，論形迹而遺心術，尚和同而鄙狷介。若是者，其浸淫習染，既非一日，則天下之人，固已相忘於其間而不覺，驟而語之，若不足以爲患，而天下之患終必自此而起。泛而觀之，若無與於鄉愿，而徐而察之，則其不相類者幾希矣。

愚以爲欲變是也，則莫若就其所藐者而振作之。何也？今之所薄者，忠信也，必從而重之；所賤者，廉潔也，必從而貴之；所輕者，朴直也，必從而重之；所遺者，心術也，必從而論之；所鄙者，狷介也，必從而尚之。然而今之議者，必以爲是數者未嘗不振作之也，則亦不思之過矣。大抵聞人之言，不能平心易氣，而先横不然之念，未有能見其實然者也。夫謂是數者之未嘗不振

作之也，則夫今之所務者，果忠信歟？果流通歟？所貴者，果進取歟？果廉潔歟？其餘者，亦皆以是而思之。然後見其所謂振作之者，蓋亦其名而實有不然矣。今之議者，必且以爲何以能得其忠信廉潔之實而振作之，則愚以爲郭隗之事，斷亦可見也。爲人上者，獨患無其誠耳。苟誠心於振作，吾見天下未有不翕然而向風者也。孟子曰：「伯夷，聖之清者也；柳下惠，聖之和者也。故聞伯夷之風者，頑夫廉，懦夫有立志；聞柳下惠之風者，鄙夫敦，薄夫寬。」夫夷、惠之風，所以能使人聞於千載之下而興起者，誠焉而已耳。今曰吾將以忠信廉潔振作天下，而中心有弗然焉，則夫鄉愿之所謂居之似忠信［一］，而行之似廉潔者，固亦未嘗無也。

問：明於當世之務者，惟豪傑爲然。今取士於科舉，雖未免於記誦文辭之間，然有司之意，固惟豪傑是求也。非不能鈎深索隱，以探諸士之博覽，然所以待之淺矣，故願相與備論當世之務。夫官冗矣，而事益不治，其將何以釐之？賦繁矣，而財愈不給，其將何以平之？建屏滿於天下，而賦禄日增，勢將不掉，其將何以處之？清戎遍於海内，而行伍日耗，其將何以籌之？蝗旱相仍，流離載道，其將何以拯之？獄訟煩滋，盜賊昌熾，其將何以息之？勢家侵利，人情怨咨，何以裁之？

［一］則夫鄉愿之所謂居之似忠信　「鄉」，天圖本、叢刊本訛作「情」，據文淵閣本、摛藻堂本改。

戎胡窺竊，邊鄙未寧，何以攘之？凡此數者，皆當今之急務，而非迂儒曲士之所能及也。願聞其說。

執事詢當世之務，而以豪傑望於諸生，誠汗顔悚息，懼無以當執事之待。然執事之問，則不可虚也，生請無辭以對[一]。蓋天下之患，莫大於紀綱之不振，而執事之所問者未及也。夫自古紀綱之不振，由於爲君者垂拱宴安於上，而爲臣者玩習懈弛於下。今朝廷出片紙，以號召天下，而百司庶府莫不震慄悚懼[二]，不可謂紀綱之不振。然而下之所以應其上者，不過簿書文墨之間，而無有於貞固忠誠之實。譬之一人之身，言貌動止，皆如其常，而神氣恍然，若有不相攝者，則於險阻煩難，必有不任其勞矣，而何以成天下之亹亹哉？故愚以爲當今之務，莫大於振肅紀綱，而後天下之治可從而理也。是以先進紀綱之説，而後及執事之問。

夫官冗而事不治者，其弊有三：朝廷之所以鼓舞天下，而奔走豪傑者，名器而已。孔子曰：「惟名與器，不可以假人。」今者不能慎惜，而至或加之於異道憸邪之輩，又使列於賢士大夫之上，有志之士，吾知其不能與之齒矣。此豪傑之所以解體，而事之所以不治者，名器之太濫也。至於

[一] 生請無辭以對　「請」，文淵閣本作「敢」。

[二] 而百司庶府莫不震慄悚懼　「慄」，天圖本、叢刊本訛作「慄」，據文淵閣本、摛藻堂本改。

陞授之際，不論其才之堪否，而槩以年月名次之先後爲序，使天下之人皆有必得之心，而無不可爲之慮。又一事特設一官，或二人而共理一職，十羊九牧，徒益紛擾。至於邊遠疲弊之地，宜簡賢能，特加撫緝，功成績著，則優其遷擢，以示崇奬，有志之士，宜亦無不樂爲者，而乃反委之於庸劣，遂使日益凋瘵，則是選用太忽之過也。天下之治，莫急守令，而令之於民尤爲切近。昔漢文之時，爲吏者長子孫，居官以職爲氏。今者徒據紙上之功績，亟於行取，而責效於二三年之間。彼爲守令者，因是亦莫不汲汲於求去，而莫有誠確久遠之圖，此則求效太速之使然耳。

賦繁而財不給者，此無益之費多，而冗食之徒衆也。去是二者，而又均一天下之賦，使每郡各計其所入之數，而均之於田，不得有官民三則之異，則詭射之弊息，而賦亦稍平矣。至於建屏之議，尤爲當今之切務，而天下之人莫敢言者。欲求善後之策，則在於朝廷之上，心於繼志，而不以更改爲罪；建議之臣，心於爲國，而不以獲罪自阻；然後可以議此。不然，雖論無益矣。蓋昔者漢之諸侯，皆封以土地，故其患在强大而不分，分則易弱矣；今之藩國，皆給以食禄，故其患在衆多而不合，合則易辦矣。然鼂錯一言而首領不保，天下雖悲錯之以忠受戮，其誰復敢言乎？清戎之要，在於因地利而順人情。蓋南人之習於南，而北人之習於北，是謂地利；南之不安於北，而北之不安於南，是謂人情。今以其清而已得者，就籍之於其本土，而以其清而不得者之糧餽輸

之於邊，募驍勇以實塞下，或亦兩得之矣。蝗旱相仍，而流離載道者，官冗而事益不治之所致也。獄訟繁滋，而盜賊昌熾者，賦繁而財愈不給之所起也。勢家侵利，而人情怨咨，則在於制之以禮，而一轉移於向背之間而已。昔田蚡請考工地以益宅，武帝怒曰：「何不遂取武庫？」蚡懼而退。夫以田蚡之横，而武帝一言，不敢復縱，況未及蚡者？誠有以禁戒懲飭之，其亦何敢肆無忌憚也哉？

胡戎窺竊，而邊鄙未寧，則在於備之不預，而畏之太深之過也。夫戎虜之患，既深且久，足可爲鑒矣。而當今之士，苟遇邊報稍寧，則皆以爲不復有事，解嚴弛備，恬然相安，以苟歲月，而所謂選將練兵、蓄財養士者，一旦置之度外[一]。縱一行焉，亦不過取具簿書，而實無有於汲汲皇皇之意，及其一旦有事，則倉黄失措，若不能以終日。蓋古之善禦戎狄者，平居無怠忽苟且之心，故臨事無紛張繆戾之患，兢惕以備之，談笑以處之，此所以爲得也。若夫制御之策，則古今之論詳矣。在當事者擇而處之，生不能别爲之説也。

夫執事之所以求士者，不專於記誦文辭之間，故諸生之文，亦往往出於科舉之外。惟其説之或有足取，則執事幸採擇之。

[一] 一且置之度外　「且」，文淵閣本、摛藻堂本作「切」。

山東鄉試録後序

弘治甲子秋八月甲申，山東鄉試録成，考試官刑部主事王守仁既序諸首簡，所以紀試事者慎且詳矣。鼎承乏執事後，有不容無一言以申告登名諸君子者。夫山東，天下之巨藩也，南峙泰岱，爲五嶽之宗；東匯滄海，會百川之流。吾夫子以道德之師，鍾靈毓秀，挺生於數千載之上，是皆窮天地，亘古今，超然而獨盛焉者也。然陟泰岱則知其高，觀滄海則知其大，生長夫子之邦，宜於其道之高且大者有聞焉，斯不愧爲邦之人矣。諸君子登名是録者，其亦有聞乎哉？夫自始學焉，讀其書，聚而爲論辯，發而爲文詞，至於今資藉以階尺寸之進，而方來未已者，皆夫子之緒餘也。獨於道未之聞，是固學者之通患，不特是邦爲然也。然海與岱，天下知其高且大也，見之真而聞之熟，必自東人始，其於道，則亦宜若是焉可也。且道豈越乎所讀之書，與所論辯而文詞之者哉？理氣有精粗，言行有難易，窮達有從違，此道之所以鮮聞也。夫海岱云者，形勝也；夫子之道德也者，根本也。雖若相參並立於天地間，其所以爲盛，則又有在此而不在彼者矣。鼎實陋於聞道，幸以文墨從事此邦，冀所録之士有是人也，故列東藩之盛，樂爲天下道之。

親友祭文

甘泉湛若水 兵部尚書

於呼哀乎！於呼戚乎！而遽至於是乎？而止於是乎？前有南來，報兄病瘺，及傳二詩，題我湫止。予曰小恙，未足爲異。開歲以來，凶問疊至，余心驚怛，疑信未已。黄中紹興，訃來的矣。於呼戚乎！於呼哀乎！而止於是乎？而遽至於是乎？謂天之生人，其有意邪？其無意邪？以爲無意也，何以厚賦兄之智若是。以爲有意也，則能篤生是，曷不永成是。嗟惟往昔，歲在丙寅，與兄邂逅，會意交神，同驅大道，期以終身。渾然一體，程稱識仁，我則是崇，兄亦有心。既以言去，龍場之濱，贈詩九章，致我慇懃。聚首長安，辛壬之春，兄復吏曹，於吾卜鄰。自公退食，晤對日親，存神養氣，剖析疑義。我云聖學，體認天理，天理惟何，曰廓然爾。兄時心領，不曰非是。乙丙南雍，遺我書尺，謂我訓規，實爲聖則。兄撫兩廣，我書三投，兄則杳然，不還一墨，及得病狀，我疑乃釋。遥聞風旨，開講穗石，但致良知，可造聖域，體認天理，乃謂義襲，勿忘勿助，

云匪學的。離合異同，撫懷今昔，切磋長已，幽明永隔。於呼，凌高厲空之勇，超凡入聖之志，彊立力勝之雄，武定文戢之才，與大化者同寂矣。使吾倀倀而無侶，欲語而默默，俯仰大道，疇與共適？安得不動予數千里之嗟惻，而遥瞻慟哭，以哀以戚哉？既返其真，萬有皆息，死而不忘，豈藉人力？兄其有知，可以默識。

湖東費宏　内閣大學士

嗚呼！公負超世之才，絶倫之智，名滿海内，功在朝廷，固可垂諸百代而不朽矣。然而經綸之略未究，而天遽奪之，是乃民之無禄，可以爲天下痛，非公一身之不幸也。嗚呼哀哉！昔者宏忤逆濠，恒憂禍及。己卯之亂，自分無生，賴公處變以權，旋即戡定，一家百口，幸而保全，常愧無以報公。嗚呼！公今已矣。宏卒無以爲公報矣。前臘過我，言笑怡怡，曾幾何時，凶聞忽至。憶公顔回，有櫬在舟，宴豆莫陳，奠觴爰舉，無涯之慟，誄以斯文。嗚呼哀哉！

從始至終，采薇閣各部門的工作人員在文獻下載以及排版改稿等方面提供了很多支持。編者等人的工作，因爲大量珍本、孤本文獻的發掘，使得彙校工作近乎坐享其成，但其中頭緒很多，脱校、誤校之處或者未能盡免，希望讀者不吝賜正。

二〇二三年二月二十七日識於成都

益良多，但是本書并没有大量採用長編的考證結論。主要是因爲長編考證涉及很多文獻細節，編者於此祇能採取一種審慎的態度，與其採用一些自己没有充分理解的結論引起無謂的争議，不如將有關判斷留給讀者。事實上，我們原來希望在這個問題上走得更遠，我們相信一部考證注釋版的王文成公全書或者王陽明全集將是陽明文獻整理的一個重要方向，而畢其功於一役的想法在我們的頭腦裏盤旋了很久，但是稍加嘗試之後，我們不得不認識到這是另外一份工作。我們也希望有志於此的同好，能將這一工作繼續推進。

本書的完成得到很多機構以及個人的鼓勵與幫助。中國國家圖書館、上海圖書館、日本國立公文書館、名古屋市蓬左文庫、九州大學圖書館、國士館大學圖書館、美國普林斯頓大學圖書館等機構提供了部分文獻支持。國家圖書館向輝、山東大學朱新林、寧波大學鄒建鋒等先生在收羅文獻方面提供了很多幫助。我們對陽明文獻歷史源流的認識，在某些細節上曾與向輝以及鄒建鋒先生討論，并採納了他們的某些觀點。本書也得到錢明老師的支持，二〇二一年十月，在浙江紹興舉辦的陽明心學大會上，錢明老師對我們的工作表示了肯定。在出版編輯審校階段，揚州廣陵書社的責編爲本書的最終定稿付出了辛勤的勞動，校正了初稿中的若干錯誤以及不甚合理的地方。

利讀者，同時也是對本書的補充，我們將天真書院本以及毛汝麒本全文點校，交由北京燕山出版社出版。讀者如果覺得本書年譜部分使用不便，可以參考單行的整理本。

古籍標點是一項煩難的工作，現在可以看到十多種整理本的王陽明全集，這在一定程度上減輕了我們的工作難度，但是也造成了一些困擾。特别是在我們的整理本與通行本有出入的地方，包括對某些異體字的認定，具體的句讀，以及需要標注專名綫的地方。我們利用的很多校本都有前人批讀的痕迹，部分校本原來就有句讀。這些舊式的句讀與現代標點不完全相同，但句子的起訖很分明。我們在具體文句的處理上，很多地方都參考了這些舊本的讀法。與通行本比較，本書的句子可能更短，舊本大體上也是這樣。短句能更好地滿足誦讀的要求，我們把這點也看作古文獻傳統的一部分。

當代對於王陽明生平以及文獻的綜合研究，以束景南先生用力最深，所著王陽明年譜長編對王陽明的傳記細節以及具體篇目的寫作背景做了大量的考證，與本書有關的部分，主要是具體篇目的繫年問題。長編說「錢德洪在陽明全書中給陽明文所作繫年，有三分之一繫年錯誤」，長編對很多篇目的繫年做了考證并得出了新的結論。本書大略定稿以後，我們曾將長編檢讀一過，受

後記

從事王文成公全書的校勘，完全是出於一種偶然的機緣。先是二〇一二年底，我們轉型從事出版工作。二〇一三年下半年，我們將陽明文獻的收集整理作爲工作方向。當時國家圖書館的「中華古籍資源庫」還没有上綫，很多嘉靖年間的刻本很難看到。到了二〇一五年，隨著文獻的積累，我們發現通行整理本王陽明全集在底本以及校本選擇上皆有不足。二〇一七年初，綜合研究了多種陽明文獻的早期刻本，又咨詢了部分朋友的意見，我們決定彙校王文成公全書。

具體工作頭緒很多，當時還没有拿到郭朝賓本，我們先用國家圖書館藏本作底本。後來拿到郭本，發現郭本是初刻本，於是改以郭本爲底本，以國圖本爲通校本。在校勘過程中，因爲陸續發現有關文獻，又對校本做了幾次調整。本書的年譜部分，校本與底本差異很大，異文很多。我們曾猶豫是否要寫成通常的校記格式。如果不出校，難免有避重就輕之嫌，而出校又十分繁瑣。考慮到在本書之前，天真書院本没有引起大家的重視，很多讀者對年譜的源流存在誤解。爲了便

游心舉業外矣[一]，吾何及也[二]。」先生接人，故和易善謔[三]，一日悔之[四]，遂端坐省言[五]。四子未信[六]，先生正色曰：「吾昔放逸[七]，今知過矣。」自後四子亦漸斂容[八]。

五年壬子，先生二十一歲，在越[九]。

舉浙江鄉試。

是年，場中夜半見二巨人，各衣緋綠，東西立，自言曰：「三人好作事。」忽不見。已而先生與孫忠烈燧、胡尚書世寧同舉。其後宸濠之變，胡發其奸，孫死其難，先生平之，咸以爲奇

[一] 彼已游心舉業外矣　蓬左本作「彼已游心舉業之外」。

[二] 吾何及也　毛本無此四字。

[三] 先生接人故和易善謔　蓬左本作「先生平時，接人和易，出言善謔」；毛本作「先生故善謔」。

[四] 一日悔之　蓬左本作「一日自悔」；毛本作「久乃悔之」。

[五] 遂端坐省言　毛本無「遂」字。

[六] 四子未信　蓬左本作「四子始未信，反狎之」。

[七] 吾昔放逸　蓬左本「逸」下有「不自知過」四字。

[八] 自後四子亦漸斂容　「斂容」，蓬左本作「檢束」。

[九] 在越　蓬左本無此二字。

驗[一]。○是年，爲宋儒格物之學[二]。先生始侍龍山公于京師[三]，徧求考亭遺書讀之[四]。一日[五]，思先儒謂衆物必有表裏精麄[六]，一草一木[七]，皆涵至理[八]。官署中多竹[九]，即取竹格之[一〇]，沉思其理不得[一一]，遂遇疾[一二]。先生自委聖賢有分[一三]，乃隨世就辭章

[一]　是年……咸以爲奇驗　蓬左本無此條。
[二]　是年爲宋儒格物之學　蓬左本「年」下有「先生」二字；毛本無此九字。
[三]　先生始侍龍山公于京師　蓬左本作「始，龍山公如京師，先生在侍」；毛本作「始在京師」。
[四]　徧求考亭遺書讀之　蓬左本作「至則徧求考亭遺書讀之，欲通其源」。
[五]　一日　毛本無此二字。
[六]　思先儒謂衆物必有表裏精麄　毛本「思」上有「因」字。
[七]　一草一木　毛本「一草」上有「即」字。
[八]　皆涵至理　毛本「理」下有「不可不察」四字。
[九]　官署中多竹　蓬左本「中」上有「亭」字；毛本「中」作「前」。
[一〇]　即取竹格之　「即」，蓬左本、毛本作「乃」。
[一一]　沉思其理不得　蓬左本作「求其理不得，即沉思不止」；毛本「沉思」作「苦求」。
[一二]　遂遇疾　毛本作「病作而止」。
[一三]　先生自委聖賢有分　蓬左本「分」下有「非吾人所及」五字；毛本無此八字。

之學[一]。明年春，會試下第，縉紳知者咸來慰諭[二]。宰相李西涯戲曰：「汝今歲不第，來科必爲狀元，試作來科狀元賦[三]。」先生懸筆立就，諸老驚曰：「天才天才。」退，有忌者曰：「此子取上第，目中無我輩矣[四]。」及丙辰會試[五]，果爲忌者所抑[六]。同舍有以不第爲恥者，先生慰之曰：「世以不得第爲恥，吾以不得第動心爲恥。」識者服之。歸餘姚，結詩社龍泉山寺。致仕方伯魏瀚，平時以雄才自放，與先生登龍山，對奕聯詩[七]，有佳句輒爲先生得之[八]，乃謝曰：「老夫當退數舍[九]。」

[一] 乃隨世就辭章之學　毛本作「乃貶志爲辭章之習」。
[二] 縉紳知者咸來慰諭　毛本無此八字。
[三] 宰相李西涯……試作來科狀元賦　毛本作「宰相李西涯東陽戲呼爲來科狀元，且曰：試以吾言作賦」。
[四] 退有忌者曰……目中無我輩矣　毛本無此十六字。
[五] 及丙辰會試　毛本無「及」字。
[六] 果爲忌者所抑　蓬左本作「爲忌者所抑，先生弗爲意」；毛本「果」作「竟」。
[七] 與先生登龍山對奕聯詩　蓬左本作「聞先生名，每登龍泉山，下棋聯詩，一子一句」。
[八] 有佳句輒爲先生得之　蓬左本作「魏有佳句，輒爲先生先得」。
[九] 歸餘姚……老夫當退數舍　毛本無此條。

十年丁巳，先生二十六歲，寓京師[一]。

是年，先生學兵法。當時邊報甚急[二]，朝廷推舉將才[三]，莫不遑遽[四]。先生念武舉之設[五]，僅得騎射搏擊之士，而不可以收韜略統馭之才。於是留情武事[六]，凡兵家秘書，莫不精究。每遇賓宴，嘗聚果核列陣勢爲戲。

十一年戊午，先生二十七歲，寓京師[七]。

[一]　寓京師　蓬左本無此三字。
[二]　當時邊報甚急　蓬左本無「當」字。
[三]　朝廷推舉將才　蓬左本「朝」上有「先生見」三字。
[四]　莫不遑遽　蓬左本、毛本「遑」作「惶」，又蓬左本「遽」下有「謂才不可以不預畜」八字。
[五]　先生念武舉之設　蓬左本作「又以武舉之設」；毛本作「兼念武舉之設」。
[六]　於是留情武事　蓬左本「是」下有「又」字。
[七]　寓京師　蓬左本無此三字。

是年，先生談養生[一]。先生自念辭章藝能[二]，不足以通至道[三]，求師友于天下[四]，又不數遇，心持惶惑[五]。一日，讀晦翁上宋光宗疏，有曰：「居敬持志，爲讀書之本；循序致精，爲讀書之法。」乃悔前日探討雖博，而未嘗循序以致精[六]，宜無所得[七]。又循其序[八]，思得漸漬洽浹[九]，然物理吾心，終若判而爲二也[一〇]。沉鬱既久，舊疾復作，益委聖賢有

[一] 先生談養生 蓬左本作「先生聞養生之術」。
[二] 先生自念辭章藝能 蓬左本「能」下有「之習」二字。
[三] 不足以通至道 毛本「不」上有「既」字。
[四] 求師友于天下 毛本無「于」字。
[五] 心持惶惑 蓬左本「惶」作「遑」；毛本作「遑惑靡定」。
[六] 乃悔前日探討雖博而未嘗循序以致精 毛本作「乃悔前者未嘗循序致精」。
[七] 宜無所得 毛本無此四字。
[八] 又循其序 蓬左本作「又循其進爲之方」；毛本無此四字。
[九] 思得漸漬洽浹 毛本無「思得」二字。
[一〇] 然物理吾心終若判而爲二也 蓬左本無「也」字；毛本作「然物理與吾必（心）終判爲二」。

分[一]。偶聞道士談養生[二]，遂有遺世入山之意。

十有二年己未，先生二十八歲，在京師[三]。

舉進士出身。

是年春[四]，會試，舉南宮第二人，賜二甲進士出身第七人[五]，觀政工部。

疏陳邊務[六]。

[一] 益委聖賢有分　蓬左本作「乃自分聖賢之學，决非吾人可及」；毛本無此六字。
[二] 偶聞道士談養生　蓬左本「生」下有「之術」二字；毛本「聞」作「遇」。
[三] 在京師　蓬左本無此三字。
[四] 是年春　毛本作「二月」。
[五] 賜二甲進士出身第七人　毛本「賜」上有「廷試」二字。
[六] 疏陳邊務　蓬左本無此四字。

先生未第時，嘗夢威寧伯遺以弓劍[一]。是秋[二]，欽差督造威寧伯王越墳[三]，馭役夫以什伍法[四]，休食以時，暇即驅演八陣圖[五]。事竣[六]，威寧家以金帛謝[七]，不受，乃出威寧所佩寶劍爲贈[八]，適與夢符[九]，遂受之。時有星變，朝廷下詔求言，及聞達虜猖獗[一〇]，先

[一] 先生未第時嘗夢威寧伯遺以弓劍　蓬左本無「伯」字，句在「乃出威寧所佩寶劍爲贈」下；毛本作「未第時，嘗夢王威寧以弓劍爲贈」。
[二] 是秋　毛本作「至秋」。按，蓬左本此二字緊接上文「觀政工部」之下。
[三] 欽差督造威寧伯王越墳　毛本作「遣造威寧公墳，既得細詢王用兵之詳」。
[四] 馭役夫以什伍法　毛本作「遂以什伍法馭役夫」。
[五] 暇即驅演八陣圖　毛本無此七字。
[六] 事竣　毛本作「速得畢事」。
[七] 威寧家以金帛謝　蓬左本「謝」上有「爲」字；毛本「威寧」作「其」。
[八] 乃出威寧所佩寶劍爲贈　毛本作「比出威寧所佩寶劍」。
[九] 適與夢符　蓬左本「適」上有「至是」二字。
[一〇] 時有星變朝廷下詔求言及聞達虜猖獗　毛本作「是時星變，達虜猖獗，朝廷下詔求言」。

生復命[一]，上邊務八事，言極剴切[二]。

十有三年庚申，先生二十九歲，在京師[三]。

授刑部雲南清吏司主事。

十有四年辛酉，先生三十歲，在京師[四]。

奉命審録江北。

先生録囚，多所平反。事竣，遂遊九華[五]，作遊九華賦，宿無相、化城諸寺[六]。是時道者蔡蓬頭善談仙，待以客禮，請問。蔡曰：「尚未。」有頃，屏左右，引至後亭，再拜請問。蔡曰：

[一] 先生復命　蓬左本「命」下有「時」字；毛本無「先生」二字。
[二] 上邊務八事言極剴切　蓬左本作「即上邊務八事，言及時政得失，辭極剴切」。
[三] 在京師　蓬左本無此三字。
[四] 在京師　蓬左本無此三字。
[五] 遂遊九華　毛本「華」下有「山」字。
[六] 化城諸寺　蓬左本「寺」下有「多所述作」四字。

「尚未。」問至再三，蔡曰：「汝後堂後亭禮雖隆，終不忘官相。」一笑而別。聞地藏洞有異人，坐卧松毛，不火食，歷嵓險訪之，正熟睡，先生坐傍撫其足。有頃醒，驚曰：「路險，何得至此？」因論最上乘，曰：「周濂溪、程明道，是儒家兩箇好秀才」。後再至，其人已他移，故後有「會心人遠」之歎[一]。

十有五年壬戌，先生三十一歲，在京師[二]。

八月，疏請告[三]。

是年，先生漸悟僊釋二氏之非[四]。先是五月復命[五]，京中舊遊[六]，俱以才名相馳騁[七]，

[一] 是時道者……有會心人遠之歎 蓬左本無此條。

[二] 在京師 蓬左本無此三字。

[三] 八月疏請告 蓬左本作「告病歸越」。

[四] 是年先生漸悟仙釋二氏之非 蓬左本作「是年，先生學漸有悟，始辨仙釋二氏之非」；毛本無「仙釋」二字。

[五] 先是五月復命 蓬左本「命」下有「回部」二字。

[六] 京中舊遊 蓬左本作「時京中交遊」。

[七] 俱以才名相馳騁 「才名」，毛本作「古文」。

學古詩文[一]。先生歎曰：「吾焉能以有限精神爲無用之虛文也[二]。」遂告病歸越[三]，築室陽明洞中[四]，行導引術[五]。久之，遂先知[六]。一日坐洞中[七]，友人王思輿等四人來訪[八]，方出五雲門，先生即命僕迎之[九]，且歷語其來蹟[一〇]。僕遇諸途，與語良合[一一]。衆驚異，以爲得道[一二]。久之悟曰：「此簸弄精神，非道也。」又屏去。已而静久，思離世遠

[一] 學古詩文　毛本無此四字。
[二] 吾焉能以有限精神爲無用之虛文也　蓬左本「限」下有「之」字。
[三] 遂告病歸越　毛本無「越」字。
[四] 築室陽明洞中　蓬左本無「中」字。
[五] 行導引術　蓬左本作「究仙經秘旨，爲導引諸術」。
[六] 久之遂先知　蓬左本「遂」作「即能」；毛本作「未幾，即前知」。
[七] 一日坐洞中　毛本無「坐洞中」三字。
[八] 友人王思輿等四人來訪　蓬左本作「其友王思輿等四人欲訪先生」。
[九] 先生即命僕迎之　蓬左本「迎」上有「出」字；毛本作「先生僕已往迎」。
[一〇] 且歷語其來蹟　毛本作「能道來蹟」。
[一一] 僕遇諸途與語良合　蓬左本「諸」作「之」；毛本無此八字。
[一二] 以爲得道　毛本無此四字。

去[一]，惟祖母岑與龍山公在念[二]，因循未決[三]。久之，又忽悟曰：「此念生於孩提。此念可去，是斷滅種性矣[四]。」明年，遂移疾錢塘西湖，復思用世。往來南屏、虎跑諸刹，有禪僧坐關三年，不語不視。先生喝之曰：「這和尚終日口巴巴説甚麼？終日眼睁睁看甚麼？」僧驚起，即開視對語[五]。先生問其家，對曰：「有母在。」曰：「起念否？」對曰：「不能不起。」先生即指愛親本性諭之[六]，僧涕泣謝。明日問之，僧已去矣[七]。

十有七年甲子，先生三十三歲，在京師[八]。

[一] 已而静久思離世遠去　蓬左本作「比静坐久，汙穢六合，每思離世遠去」；毛本作「已而思離世累」。
[二] 惟祖母岑與龍山公在念　蓬左本作「祖母岑與龍山公在堂，不忍違」；毛本無「岑」字。
[三] 因循未決　毛本無此四字。
[四] 是斷滅種性矣　毛本無「是」字。
[五] 不語不視……即開視對語　蓬左本無此三十六字。
[六] 先生即指愛親本性諭之　毛本作「先生因指本性諭之」。
[七] 明日問之僧已去矣　毛本作「明日遂返其家」。
[八] 在京師　蓬左本無此三字；毛本作「在越」。

秋，主考山東鄉試。

巡按山東監察御史陸偁聘主鄉試[一]，試録皆出先生手筆[二]。其策問議國朝禮樂之制[三]，老佛害道[四]，由於聖學不明，綱紀不振[五]，由於名器太濫，用人太急，求效太速，及分封、清戎、禦夷、息訟，皆有成法[六]。録出，人占先生經世之學[七]。

九月，改兵部武選清吏司主事。

十有八年乙丑，先生三十四歲，在京師[八]。

[一] 巡按山東監察御史陸偁聘主鄉試　蓬左本「巡」上有「是年」二字。
[二] 試録皆出先生手筆　毛本作「試録皆出其手」。
[三] 其策問議國朝禮樂之制　毛本無「其」字。
[四] 老佛害道　蓬左本「佛」下有「之」字。
[五] 綱紀不振　蓬左本「紀」下有「之」字。
[六] 皆有成法　毛本「法」下有「叙略有曰：山東古齊魯宋衛之地（中略）無媿於夫子之鄉人也矣」云云（原文見卷二十二）。
[七] 録出人占先生經世之學　毛本無此十字。
[八] 在京師　蓬左本無此三字。

是年，先生門人始進[一]。學者溺於詞章、記誦[二]，不復知有身心之學[三]。先生首倡言之[四]，使人先立必爲聖人之志[五]。聞者漸覺興起[六]，有願執贄及門者[七]，至是專志授徒講學[八]。然師友之道久廢，咸目以爲立異好名[九]。惟甘泉湛先生若水時爲翰林庶吉士[一〇]，一見定交[一一]，共以倡明聖學爲事[一二]。

[一] 是年先生門人始進　蓬左本作「門人受學于京師」，七字大字爲綱，無黑底框。

[二] 學者溺於詞章記誦　蓬左本作「是時，學者溺於詞章記誦之習」。

[三] 不復知有身心之學　毛本作「不知身心之學爲何等」。

[四] 先生首倡言之　蓬左本作「先生指其自明之機」。

[五] 使人先立必爲聖人之志　蓬左本「使人」作「使之」；毛本無此十字。

[六] 聞者漸覺興起　毛本無「漸覺」二字。

[七] 有願執贄及門者　蓬左本、毛本「有」上有「久之」二字。

[八] 至是專志授徒講學　蓬左本「至是」作「是年」；毛本無「講學」二字。

[九] 咸目以爲立異好名　蓬左本作「聞者多以爲立異好名」。

[一〇] 時爲翰林庶吉士　毛本無「時」字。

[一一] 一見定交　毛本「交」下有「爲莫逆」三字。

[一二] 共以倡明聖學爲事　毛本無此八字。

武宗正德元年丙寅，先生三十五歲，在京師[一]。

二月[二]，上封事[三]，下詔獄，謫龍場驛驛丞。

是時武宗初政[四]，奄瑾竊柄，南京科道戴銑、薄彦徽等，以諫忤旨，逮繫詔獄[五]。先生首抗疏救之[六]，其言[七]：「君仁臣直，銑等以言爲責，其言如善，自宜嘉納；如其未善，亦宜包容，以開忠讜之路。乃今赫然下令[八]，遠事拘囚，在陛下不過少示懲創，非有意怒絶之也。下民無知，妄生疑懼，臣切惜之。自是而後，雖有上關宗社危疑不制之事，陛下孰從而聞之？陛下

[一] 在京師　蓬左本無此三字。

[二] 二月　據咎言詩注以及獄中詩注，陽明上封事當在本年十一月十二月間。

[三] 上封事　蓬左本作「劾逆瑾」。

[四] 是時武宗初政　毛本無「是時」二字。

[五] 逮繫詔獄　毛本無「詔」字。

[六] 先生首抗疏救之　毛本無「首」字。

[七] 其言　蓬左本、毛本作「具言」。

[八] 乃今赫然下令　毛本無「乃」字。

聰明超絶，苟念及此，寧不寒心？伏願追收前旨，使銑等仍舊供職，擴大公無我之仁，明改過不吝之勇，聖德昭布，遠邇人民胥悦，豈不休哉[一]。」疏入，亦下詔獄。已而廷杖四十，既絶復甦，尋謫貴州龍場驛驛丞[二]。

二年丁卯，先生三十六歲，在越[三]。

夏，赴謫至錢塘[四]。

[一] 豈不休哉　蓬左本「哉」下有「臣又惟君者（中略）爲陛下一言」云云（原文見卷九乞宥言官去權姦以章聖德疏）。

[二] 尋謫貴州龍場驛驛丞　毛本此下引詩：「獄中讀易、别湛元明、答乔白巖、夢抑之昆季」（原詩見卷十九）。

[三] 在越　蓬左本無此二字。

[四] 夏赴謫至錢塘　蓬左本、毛本作「冬，赴龍場」。

先生至錢塘[一]，瑾遣人隨偵[二]。先生度不免[三]，乃托言投江以脱之[四]。因附商船遊舟山[五]，偶遇颶風大作[六]，一日夜至閩界。比登岸[七]，奔山徑數十里[八]，夜扣一寺求宿[九]，僧故不納[一〇]。趨野廟，倚香案卧，蓋虎穴也[一一]。夜半，虎遶廟大吼，不敢

[一] 先生至錢塘　蓬左本作「是年夏至錢塘」；毛本作「是夏至錢塘」。
[二] 瑾遣人隨偵　蓬左本「隨」作「追」，又「偵」下有「相隨不釋」四字；毛本「偵」下有「久之，微示以意」六字。
[三] 先生度不免　蓬左本「度」下有「或」字；毛本無「度不免」三字。
[四] 乃托言投江以脱之　「脱」，蓬左本作「緩」。
[五] 因附商船遊舟山　毛本作「因附商舟，欲遊舟山」。
[六] 偶遇颶風大作　蓬左本作「海上偶遇颶風」。
[七] 比登岸　毛本「岸」下有「巡海兵疑其狀」六字。
[八] 奔山徑數十里　蓬左本無此六字。
[九] 夜扣一寺求宿　蓬左本作「遇夜，扣寺門求宿」；毛本作「扣一寺」。
[一〇] 僧故不納　蓬左本「納」作「應」；毛本作「寺故不納暮客」。
[一一] 趨野廟倚香案卧蓋虎穴也　毛本作「計將趨寺旁野廟，自入虎穴，且利其遺囊爲常。是夜，先生以饑疲，熟寢香案下」。

入[一]。黎明，僧意必斃于虎，將收其囊，見先生方熟睡，呼始醒[二]，驚曰：「公非常人也[三]。不然，得無恙乎[四]？」邀至寺。寺有異人，嘗識于鐵柱宫，約二十年相見海上，至是出詩，有「二十年前曾見君，今來消息我先聞」之句。與論出處，且將遠遁，其人曰：「汝有親在，萬一瑾怒，逮爾父，誣以北走胡，南走粤，何以應之？」因爲蓍，得明夷，遂决策返[五]。先生題詩壁間曰[六]：「險夷原不滯胸中，何異浮雲過太空。夜静海濤三萬里，月明飛錫下天風。」因取間道[七]，由武夷而歸[八]。時龍山公官南京吏部尚書[九]，從鄱陽往

[一] 夜半虎遶廟大吼不敢入　蓬左本無此十字；國圖本、天圖本、叢刊本、文淵閣本、摛藻堂本「廟」作「廊」。
[二] 黎明……呼始醒　毛本作「僧聞虎意快，旦往，見先生，以爲既死，杖其足試之，先生始醒」。
[三] 驚曰公非常人也　毛本作「僧驚曰：公非常人」。
[四] 得無恙乎　毛本作「能伏虎乎」。
[五] 嘗識于鐵柱宫……遂决策返　蓬左本作「識之，因與議出處，諭以禍福，促其行，且贈之詩」。
[六] 先生題詩壁間曰　毛本「曰」上有「有」字。
[七] 因取間道　「因」，毛本作「乃」。
[八] 由武夷而歸　毛本作「遊武夷，出鉛山，訪上饒婁氏，助其歸」。
[九] 時龍山公官南京吏部尚書　「時」，毛本作「以」。

省[一]。十二月，返錢塘，赴龍場驛[二]。○是時先生與學者講授[三]，雖隨地興起[四]，未有出身承當，以聖學爲己任者[五]。徐愛，先生妹婿也，因先生將赴龍場，納贄北面，奮然有志于學[六]。愛與蔡宗兗、朱節同舉鄉貢[七]，先生作別三子序以贈之[八]。

[一] 從鄱陽往省　蓬左本作「從鄱陽省留都」；毛本無「從鄱陽」三字。
[二] 赴龍場驛　毛本作「旋赴龍場」。
[三] ○是時先生與學者講授　蓬左本「○」符下有「按是夏，門人徐愛見」八字，八字加黑底框，又無「是時」二字；毛本作「是時學者講授雖多」。
[四] 雖隨地興起　毛本無此五字。
[五] 未有出身承當以聖學爲己任者　蓬左本「未」下有「見」字，又「任」作「事」；毛本作「未見有承當者」。
[六] 徐愛先生妹婿也……奮然有志于學　毛本作「先生妹婿徐曰仁，首納贄北面，奮然有志於聖學」。
[七] 愛與蔡宗兗朱節同舉鄉貢　毛本作「是秋，愛與蔡宗兗、朱節同舉鄉試」。
[八] 先生作別三子序以贈之　蓬左本作「先生作別三子序，曰：自程朱諸大儒没（中略）亦渺乎難哉（原文見卷七）。○按徐愛同志考叙曰：愛於丁卯夏，始得以家君命執弟子禮，於時門下，亦莫予先者也。繼而是秋，山陰蔡希顔、朱守中來學，鄉之興起始多，而先生已赴謫所矣。是知崇信師教，莫先於曰仁也。」毛本此下引文：「略曰：自程朱諸大儒没（中略）亦渺乎難哉。○徐愛同志考叙曰云云（與蓬左本同）。○愛嘗問：道心常爲一身之主云云（原文見卷一傳習録上）。○武夷次壁間韻（原詩見卷十九）。」

三年戊辰，先生三十七歲，在貴陽[一]。

春，至龍場。

先生始悟格物致知[二]。龍場在貴州西北萬山叢棘中，蛇虺魍魎[三]，蠱毒瘴癘[四]，與居夷人，鴃舌難語[五]，可通語者[六]，皆中土亡命。舊無居[七]，始教之範土架木以居[八]。時瑾憾未

[一] 在貴陽　蓬左本無此三字。

[二] 先生始悟格物致知　蓬左本「格物致知」作「格致之學」；毛本「先」上有「是年」二字。

[三] 蛇虺魍魎　蓬左本「魎」下有「與居」二字。

[四] 蠱毒瘴癘　蓬左本「癘」下有「所寓」二字；毛本作「瘴厲蠱毒」。

[五] 與居夷人鴃舌難語　蓬左本無「與居」「難語」四字；毛本「人」下有「又皆」二字。按，據蓬左本辭例，「與居」二字當讀屬上句。

[六] 可通語者　蓬左本「語」上有「言」字。

[七] 舊無居　「居」，蓬左本、毛本作「屋」。

[八] 始教之範土架木以居　蓬左本作「始教人範土架木爲居」。

已[一]，自計得失榮辱，皆能超脱[二]，惟生死一念，尚覺未化[三]，乃爲石墎自誓曰[四]：「吾惟俟命而已[五]。」日夜端居澄默[六]，以求静一，久之[七]，胸中灑灑，而從者皆病[八]，自析薪取水[九]，作糜飼之[一〇]。又恐其懷抑鬱[一一]，則與歌詩[一二]，又不悦，復調越曲，雜

[一] 時瑾憾未已　「時」，毛本作「而」。
[二] 皆能超脱　「能」，毛本作「可」。
[三] 尚覺未化　蓬左本、毛本作「尚未能遣」。
[四] 乃爲石墎自誓曰　毛本作「乃爲石墎以自誓」。
[五] 吾惟俟命而已　蓬左本作「吾惟俟命，有死而已，他無計也」；毛本無此六字。
[六] 日夜端居澄默　「日」，毛本作「晝」。
[七] 久之　蓬左本作「日覺」。
[八] 而從者皆病　「而」，蓬左本作「但」。
[九] 自析薪取水　蓬左本「析」作「折」；毛本作「即自折薪汲水」。
[一〇] 作糜飼之　「作」，毛本作「烹」。
[一一] 又恐其懷抑鬱　蓬左本作「病者猶懷抑鬱」；毛本作「既又恐其抑鬱」。
[一二] 則與歌詩　蓬左本作「先生始與歌詩」。

以詼笑[一]，始能忘其爲疾病夷狄患難也[二]。因念聖人處此[三]，更有何道[四]？忽中夜大悟格物致知之旨[五]，寤寐中若有人語之者[六]，不覺呼躍[七]，從者皆驚[八]。始知聖人之道，吾性自足[九]，向之求理於事物者誤也[一〇]。乃以默記五經之言證之[一一]，莫不胞

[一] 又不悦復調越曲雜以詼笑　蓬左本作「不悦，既與唱曲，雜恢笑，始悦，病漸輿」。

[二] 始能忘其爲疾病夷狄患難也　蓬左本作「亦能忘其爲夷狄患難也」。

[三] 因念聖人處此　蓬左本「因」作「默」；毛本「處此」作「當之」。

[四] 更有何道　毛本作「或有進於此者」。

[五] 忽中夜大悟格物致知之旨　蓬左本「忽」上有「一日」二字，又「旨」作「學」；毛本「大悟」作「思」。

[六] 寤寐中若有人語之者　毛本作「若有語之者」。

[七] 不覺呼躍　蓬左本作「不覺叫呼躑躅」；毛本作「寤寐中不覺叫呼躑躅」。

[八] 從者皆驚　毛本「驚」下有「自是始有大悟」六字。

[九] 吾性自足　蓬左本「足」下有「無俟外求」四字。

[一〇] 始知聖人之道吾性自足向之求理於事物者誤也　毛本無此二十字。

[一一] 乃以默記五經之言證之　毛本作「乃嘿記五經證之」。

合[一]，因著五經憶説[二]。居久[三]，夷人亦日來親狎[四]。以所居湫濕[五]，乃伐木搆龍岡書院[六]，及寅賓堂、何陋軒、君子亭、玩易窩以居之[七]。思州守遣人至驛，侮先生[八]，諸夷不平，共毆辱之。守大怒[九]，言諸當道。毛憲副科令先生請謝，且諭以禍福。先生致書復

[一] 莫不脗合　毛本無此四字。
[二] 因著五經憶説　蓬左本「説」下有「〇夷狄多用蠱毒害人，中土人來輒中之。初，以先生卜諸蠱神，神不許，命敬事之」三十字；毛本「憶」作「臆」，「説」下有「〇夷俗多蠱，惡中土人輒害之。初，卜先生蠱神，神不許，命敬事之」二十四字。
[三] 居久　蓬左本、毛本無此二字。
[四] 夷人亦日來親狎　蓬左本、毛本作「於是夷人日來親狎」。
[五] 以所居湫濕　「湫」，蓬左本作「陰」。
[六] 乃伐木搆龍岡書院　蓬左本「乃」下有「爲」字。
[七] 玩易窩以居之　毛本此下引文：「先生何陋記有曰：昔孔子欲居九夷（中略）斯孔子所爲欲居也歟」（原文見卷二十三）。
[八] 思州守遣人至驛侮先生　蓬左本「侮」下有「慢」字；毛本作「〇思州人有侮於先生」。
[九] 守大怒　毛本無「大」字。

之，守惭服[一]。水西安宣慰聞先生名[二]，使人餽米肉[三]、給使令[四]，既又重以金帛鞍馬，俱辭不受[五]。始朝廷議設衛於水西，既置城，已而中止，驛傳尚存[六]。安惡據其腹心[七]，欲去之，以問先生。先生遺書折其不可，且申朝廷威信令甲，議遂寢[八]。已而宋氏酋長有阿賈、阿札者，叛宋氏，爲地方患[九]。先生復以書詆諷之[一〇]，安悚然，率所部

[一] 守惭服　蓬左本作「守惭懼，愈敬重」；毛本作「守顧惭懼」。
[二] 水西安宣慰聞先生名　毛本「水」上有「〇」符。
[三] 使人餽米肉　毛本作「遺餽米肉」。
[四] 給使令　蓬左本「令」下有「先生辭不受」五字；毛本「令」下有「辭不受」三字。
[五] 俱辭不受　蓬左本「俱」作「復」；毛本作「復不受」。
[六] 既置城已而中止驛傳尚存　毛本作「既置城傳而中止」。
[七] 安惡據其腹心　毛本作「安惡其漸」。
[八] 先生遺書折其不可且申朝廷威信令甲議遂寢　毛本作「先生折其不可，遂寢」。
[九] 已而宋氏酋長有阿賈阿札者叛宋氏爲地方患　毛本作「已而宋氏酋長有阿賈阿札叛爲患」。
[一〇] 先生復以書詆諷之　毛本作「先生復以書諷安曰：阿賈、阿札等畔宋氏（中略）使君幸熟思之」（原文見卷二十一與安宣慰之三）。

平其難[一]，民賴以寧[二]。

四年己巳，先生三十八歲，在貴陽[三]。

提學副使席書聘主貴陽書院。

是年，先生始論知行合一[四]。始席元山書提督學政，問朱陸同異之辯。先生不語朱陸之學，而告之以其所悟[五]，書懷疑而去[六]。明日復來，舉知行本體[七]，證之五經諸子[八]，漸

[一] 率所部平其難　毛本作「率所部平之」，又下引文：「〇有問僊術者，先生答之曰：詢及神僊有無（中略）妄言不罪」（原文見卷二十一答人問神僊）。
[二] 民賴以寧　毛本無此四字。
[三] 在貴陽　蓬左本無此三字。
[四] 先生始論知行合一　蓬左本作「先生有知行合一之説」；毛本「論」作「悟」。
[五] 先生不語朱陸之學而告之以其所悟　毛本作「先生不答而告以所悟」。
[六] 書懷疑而去　蓬左本、毛本「書」作「元山」，又毛本無「而」字。
[七] 舉知行本體　蓬左本、毛本無此五字。
[八] 證之五經諸子　蓬左本「之」下有「以」字。

有省[一]。往復數四[二]，豁然大悟[三]，謂聖人之學，復覩於今日[四]，朱陸異同，各有得失，無事辯詰，求之吾性，本自明也[五]。遂與毛憲副修葺書院，身率貴陽諸生，以所事師禮事之。○後徐愛因未會先生知行合一之訓，决於先生。先生曰：「試舉看。」愛曰：「如今人已知父當孝，兄當弟矣[六]，迺不能孝弟[七]，知與行分明是兩事[八]。」先生曰：「此被私欲隔斷耳[九]，非本體也[一〇]。聖賢教人知行，正是要人復本體[一一]。故大學指出真知行以示

[一] 漸有省　蓬左本、毛本「漸」下有「覺」字。
[二] 往復數四　蓬左本、毛本「往」上有「繼是」二字。
[三] 豁然大悟　蓬左本、毛本「豁」上有「乃」字。
[四] 復覩於今日　毛本無「日」字。
[五] 求之吾性本自明也　毛本無此八字。
[六] 如今人已知父當孝兄當弟矣　毛本作「如今人儘有知得父當孝，兄當弟」。
[七] 迺不能孝弟　毛本作「却不能孝，不能弟」。
[八] 知與行分明是兩事　毛本作「便是知與行分明是兩件」。
[九] 此被私欲隔斷耳　毛本作「此已被私欲隔斷矣」。
[一〇] 非本體也　毛本無此四字。
[一一] 正是要人復本體　毛本作「正是要復那本體，不是着你只恁的便罷」。

人[一]，曰『如好好色[二]，如惡惡臭』。夫見好色屬知[三]，好好色屬行，只見色時，已是好矣[四]，非見後而始立心去好也[五]。聞惡臭屬知，惡惡臭屬行，只聞臭時，已是惡矣[六]，非聞後而始立心去惡也[七]。又如稱某人知孝[八]，某人知弟，必其人已曾行孝行弟，方可稱他知孝知弟[九]。此便是知行之本體[一〇]。」愛曰：「古人分知行爲二，恐是要人用工有分曉

[一] 故大學指出真知行以示人　毛本作「故大學指箇真知行與人看」。
[二] 曰如好好色　「曰」，毛本作「説」。
[三] 夫見好色屬知　毛本無「夫」字。
[四] 只見色時已是好矣　毛本作「只見那好色時，已自好了」。
[五] 非見後而始立心去好也　毛本作「不是見了後又立箇心去好」。
[六] 只聞臭時已是惡矣　毛本作「只聞那惡臭時，已自惡了」。
[七] 非聞後而始立心去惡也　毛本作「不是聞了後別立箇心去惡」。
[八] 又如稱某人知孝　「又」，毛本作「就」。
[九] 必其人已曾行孝行弟方可稱他知孝知弟　毛本「必」下有「是」字，又「知弟」下有「又如知痛，必已自痛了，方知痛；知寒，必已自寒了，方知寒」二十二字。
[一〇] 此便是知行之本體　毛本「之」作「的」，又「體」下有「不然，只是不曾知，此却是何等緊切着實的工夫」十九字。

否[一]？」先生曰：「此正失却古人宗旨[二]。某嘗説知是行之主意[三]，行實知之功夫[四]，知是行之始，行實知之成[五]，已可理會矣[六]。古人立言，所以分知行爲二者[七]，緣世間有一種人[八]，懵懵然任意去做[九]，全不解思惟省察[一〇]，是之爲冥行妄作[一一]，所以必説

[一] 古人分知行爲二恐是要人用工有分曉否　毛本作「古人説知行做兩箇，亦是要人見箇分曉，即工夫始有下落」。
[二] 此正失却古人宗旨　毛本作「此却失了古人宗旨也」。
[三] 知是行之主意　「之」，毛本作「的」。
[四] 行實知之功夫　「之」，毛本作「的」。
[五] 行實知之成　毛本「成」下有「若會得時，只説一箇知，已自有行在」十四字。
[六] 已可理會矣　毛本無此五字。
[七] 古人立言所以分知行爲二者　毛本作「古人所以既説一箇知，又説一箇行」。
[八] 緣世間有一種人　「緣」，毛本作「只爲」。
[九] 懵懵然任意去做　毛本作「懵懵懂懂的任意去做」。
[一〇] 全不解思惟省察　毛本「察」下有「也」字。
[一一] 是之爲冥行妄作　毛本作「只是箇冥行妄作」。

知而後行無繆[一]。又有一種人，茫茫然懸空去思索[二]，全不肯着實躬行[三]，是之爲揣摸影響[四]，所以必説行而後知始真[五]。此是古人不得已之教[六]。若見得時[七]，一言足矣[八]。今人却以爲必先知然後能行[九]，且講習討論以求知[一〇]，俟知得真時方去行[一一]。

[一] 所以必説知而後行無繆　毛本作「所以必説箇知方纔行得是」。
[二] 茫茫然懸空去思索　毛本作「茫茫蕩蕩懸空去思索」。
[三] 全不肯着實躬行　毛本「行」下有「也」字。
[四] 是之爲揣摸影響　毛本作「只是箇揣摸影響」。
[五] 所以必説行而後知始真　毛本作「所以必説一箇行方纔知得真」。
[六] 此是古人不得已之教　毛本作「此是古人不得已補偏救弊的説話」。
[七] 若見得時　毛本作「若見得這箇意時」。
[八] 一言足矣　毛本作「即一言而足」。
[九] 今人却以爲必先知然後能行　毛本作「今人却就將知行分作兩件去做，以爲必先知了，然後能行」。
[一〇] 且講習討論以求知　毛本作「我如今且去講習討論，做知的工夫」。
[一一] 俟知得真時方去行　毛本作「待知得真了，方去做行的工夫」。

故遂終身不行，亦遂終身不知[一]。某今説知行合一[二]，使學者自求本體，庶無支離决裂之病[三]。」

五年庚午，先生三十九歲，在吉[四]。

陞廬陵縣知縣。

[一] 亦遂終身不知　毛本「知」下有「此不是小病，其來已非一日矣」十二字。

[二] 某今説知行合一　毛本作「某今説箇知行合一，正是對病的藥。又不是某鑿空杜撰，知行本體，原是如此。今若知得宗旨時，即説兩箇亦不妨亦只是一箇。若不會宗旨，便説做一箇，亦濟得甚事，只是閒説話」。又下録遺事：「〇書院舊有妖，守者以告。先生藏燈按劍，坐後堂。將二鼓，黑氣撞門入，拔劍腰斬之，血淋淋，踰墻大喊去。妖遂息。」

[三] 使學者自求本體庶無支離决裂之病　毛本無此十五字。按，「〇後徐愛因未會先生知行合一之訓」云云（原文見傳習録卷上），蓬左本作「先生以晦庵分知行爲進學之次第，先之以格致，而於知無不明，然後實之以誠正，而於行無所繆。是使學者影響測憶以求知，而不知性體有自然之明覺也；拘執固滯以爲行，而不知性體有自然之感應也。本體知行，原無可間，故功夫不得以有二。乃立知行合一之説，使學者自求本體，而知行不繆，庶無支離决裂之病」。

[四] 在吉　蓬左本無此二字。

先生三月至廬陵[一]，爲政不事威刑[二]，惟以開導人心爲本[三]。莅任初[四]，首詢里役，察各鄉貧富奸良之實而低昂之[五]。獄牒盈庭[六]，不即斷射[七]，稽國初舊制[八]，慎選里正三老，坐申明亭，使之委曲勸諭。民胥悔勝氣嚚訟[九]，至有涕泣而歸者[一〇]，由

[一] 先生三月至廬陵　蓬左本、毛本無「先生」二字，「三月至廬陵」五字，二本皆大字爲綱，文在下文「語學者悟入之功」條下。
[二] 爲政不事威刑　蓬左本、毛本「爲」上有「先生」二字，毛本「威刑」作「刑威」。
[三] 惟以開導人心爲本　「導」，蓬左本作「諭」。
[四] 莅任初　蓬左本作「莅任之日」。
[五] 察各鄉貧富奸良之實而低昂之　蓬左本作「先知各鄉貧富暴良之實」。
[六] 獄牒盈庭　蓬左本「獄」上有「初」字。
[七] 不即斷射　蓬左本無此四字。
[八] 稽國初舊制　毛本無「國初」二字。
[九] 民胥悔勝氣嚚訟　蓬左本無「民胥悔勝氣嚚訟之爲非」；毛本作「勝氣嚚訟之非」。
[一〇] 至有涕泣而歸者　毛本無「涕」字。

是囹圄日清。在縣七閱月，遺告示十有六[一]。大抵諄諄慰父老[二]，使教子弟[三]，毋令蕩僻[四]。城中失火，身禱返風[五]，以血禳火而火即滅[六]。因使城中闢火巷[七]，定水次兑運[八]，絶鎮守横征[九]，杜神會之借辦[一〇]，立保甲以弭盜，清驛遞以延賓旅[一一]。

[一] 遺告示十有六　蓬左本作「惟留告示十六通」；毛本「遺」上有「所」字。
[二] 大抵諄諄慰父老　蓬左本作「其詞諄諄，慰安父老」。
[三] 使教子弟　蓬左本作「使之歸教子弟」。
[四] 毋令蕩僻　蓬左本無此四字。
[五] 身禱返風　蓬左本作「拜天返風」。
[六] 以血禳火而火即滅　毛本作「教民歃血禳火，至今行之」。
[七] 因使城中闢火巷　毛本作「因闢城中火巷若干」。
[八] 定水次兑運　蓬左本作「水次定兑運」。
[九] 絶鎮守横征　蓬左本「守」下有「之」字。
[一〇] 杜神會之借辦　毛本作「俗尚鬼，民遇社日，多苦借辦，力禁止之」。
[一一] 立保甲以弭盜清驛遞以延賓旅　毛本作「其保甲驛遞，無不周慮」。

至今數十年，猶踵行之[一]。○語學者悟入之功[二]。先是，先生赴龍場時，隨地講授，及歸，過常德、辰州[三]，見門人冀元亨、蔣信、劉觀時輩俱能卓立[四]，喜曰[五]：「謫居兩年，無可與語者，歸途乃幸得諸友[六]。」悔昔在貴陽舉知行合一之教，紛紛異同，罔知所入[七]。兹來乃與諸生靜坐僧寺，使自悟性體，顧恍恍若有可即者[八]。既又途中寄書曰[九]：「前在寺中

[一] 至今數十年猶踵行之　蓬左本作「至今行之數十年，士民思其遺澤」；毛本「至今」作「後」。

[二] ○語學者悟入之功　蓬左本無「○」符，又「語」上有「先生」二字；毛本無此七字并「○」符；下文「過常德辰州」云云，二本并在「三月至廬陵」條之前。

[三] 先是先生赴龍場時隨地講授及歸過常德辰州　蓬左本作「昔過常德、辰州，隨地講授，及歸」；毛本作「先生往過常德、辰州，隨地講授，及歸」。

[四] 見門人冀元亨蔣信劉觀時輩俱能卓立　蓬左本無「劉觀時」三字；毛本無「門人」二字。

[五] 喜曰　蓬左本作「先生喜」；毛本作「喜甚，且曰」。

[六] 無可與語者歸途乃幸得諸友　毛本無此十二字。

[七] 悔昔在貴陽……罔知所入　蓬左本作「比與貴陽諸士論知行異同，紛紛辯詰，若無所入」；毛本略同蓬左本，惟無句首「比」字。

[八] 使自悟性體顧恍恍若有可即者　蓬左本作「使自悟性體，以求有入，諸生恍恍若有可即」。

[九] 既又途中寄書曰　蓬左本「寄」作「與」；毛本作「途中書曰」。

所云静坐事，非欲坐禪入定也。蓋因吾輩平日，爲事物紛拏，未知爲己，欲以此補小學收放心一段功夫耳[一]。明道云：『纔學，便須知有用力處；既學，便須知有得力處。』諸友宜於此處着力，方有進步，異時始有得力處也[二]。」

冬十有一月[三]，入覲。

先生入京，館於大興隆寺。時黄宗賢綰爲後軍都督府都事，因儲柴墟巏請見。先生與之語，喜曰：「此學久絶，子何所聞？」對曰：「雖粗有志，實未用功[四]。」先生曰：「人惟患無志，不患無功。」明日，引見甘泉，訂與終日共學[五]。○按，宗賢至嘉靖壬午春，復執贄稱

[一] 收放心一段功夫耳　毛本無「耳」字。

[二] 異時始有得力處也　蓬左本此下引文：「又曰絶學之餘（中略）着實用力」（原文見卷四與辰中諸生）；毛本引文與蓬左本同，又下引詩：「○齋夜、睡起寫懷、再過濂溪祠用前韻」（原詩見卷十九）。

[三] 冬十有一月　蓬左本、毛本無「十有一月」四字。

[四] 實未用功　「功」，毛本作「力」。

[五] 訂與終日共學　蓬左本作「訂終身共學之盟」；毛本「日」作「身」。

門人[一]。

十有二月[二]，陞南京刑部四川清吏司主事。

論實踐之功[三]。先生與黄綰、應良論聖學久不明，學者欲爲聖人[四]，必須廓清心體，使纖翳不留，真性始見，方有操持涵養之地[五]。應良疑其難[六]，先生曰：「聖人之心如明鏡，纖翳自無所容，自不消磨刮。若常人之心，如斑垢駁蝕之鏡，須痛刮磨一番[七]，盡去駁蝕，然後纖塵即見，纔拂便去，亦不消費力。到此，已是識得仁體矣。若駁蝕未去，其間固自有一點明處，

[一] ○按宗賢至嘉靖壬午春復執贄稱門人　蓬左本「春」下有「聞先生致良知之旨，深服師教」十二字；毛本作「後嘉靖壬午春，聞先生致良知之旨，大加歎服，復執贄稱門人」。

[二] 十有二月　蓬左本、毛本無「有」字。

[三] 論實踐之功　蓬左本作「先生與綰應良論實踐之功」；毛本無此五字。

[四] 先生與黄綰應良論聖學久不明學者欲爲聖人　蓬左本作「謂聖學久不明，人心馳於聲利俗習，陷溺既久，學者欲爲聖人」；毛本作「先生與宗賢及應原忠良論學聖者」。

[五] 方有操持涵養之地　「方」，蓬左本作「始」。

[六] 應良　蓬左本、毛本作「原忠」。

[七] 須痛刮磨一番　蓬左本、毛本「痛」下有「加」字。

塵埃之落，固亦見得，纔拂便去，至于堆積於駁蝕之上，終弗之能見也。此學利困勉之所由異，幸勿以爲難而疑之也[一]。凡人情好易而惡難，其間亦自有私意氣習纏蔽在，識破後，自然不見其難矣。古之人至有出萬死而樂爲之者，亦見得耳。向時未見得裏面意思，此功夫自無可講處，今已見此一層，却恐好易惡難，便流入禪釋去也[二]。」○按，先生立教，皆經實踐，故所言懇篤若此。自揭良知宗旨後，吾黨又覺領悟太易，認虛見爲真得，無復向裏着己之功矣。故吾黨穎悟承速者，往往多無成，甚可憂也[三]。

六年辛未，先生四十歲，在京師[四]。

[一] 幸勿以爲難而疑之也　蓬左本、毛本「難」上有「煩」字。
[二] 便流入禪釋去也　毛本「也」下引詩：「别方叔賢」（原詩見卷二十）。
[三] ○按先生立教……甚可憂也　蓬左本作「○按，先生立教，皆經自身實踐，故所言真切懇篤若此。自揭良知宗旨之後，吾黨頓覺領悟太易。聞言之下，即見本體，遂認虛見爲真得。兀兀保任虛見，無復向裏着己之功矣。故吾黨之穎悟速承者，往往多無成功。甚至流蕩不法，尚自信以爲真性自然，誠可憂也。盍取先生前後所教，反覆觀之」；毛本無此條。
[四] 在京師　蓬左本無此三字。

正月，調吏部驗封清吏司主事。

論晦庵、象山之學

[一]。王輿庵讀象山書有契[二]，徐成之與辯不決[三]。先生曰：「是朱非陸，天下論定久矣，久則難變也。雖微成之之争，輿庵亦豈能遽行其説乎？」成之謂先生漫爲含糊兩解，若有以陰助輿庵而爲之地者。先生以書解之曰：「輿庵是象山，而謂其專以尊德性爲主。今觀象山文集所載，未嘗不教其徒讀書，而自謂理會文字頗與人異者，則其意實欲體之於身。其亟所稱述以誨人者，曰『居處恭，執事敬，與人忠』，曰『克己復禮』，曰『萬物皆備於我，反身而誠，樂莫大焉』，曰『學問之道無他，求其放心而已』，曰『先立乎其大者，而小者不能奪』。是數言者，孔子、孟軻之言也，烏在其爲空虚乎？獨其易簡、覺悟之説，頗爲當時所疑。然易簡之説出於繫辭，覺悟之説雖有同于釋氏，然釋氏之説，亦自有同于吾儒，而不害其爲異者，惟在於幾微毫忽之間而已。亦何必諱於其同而遂不敢以言，狃於其異而遂不以察之乎？是輿庵之是象山，固猶未盡其所以是也。吾兄是晦庵，而謂其專以道問學爲事。然晦庵之言，曰

[一] 論晦庵象山之學　蓬左本「論」上有「先生」二字；毛本無此七字。
[二] 王輿庵讀象山書有契　毛本「庵」下有「某」字。
[三] 徐成之與辯不決　蓬左本「辯」上有「論」字；毛本作「與徐成之論辨不決」。

『居敬窮理』，曰『非存心無以致知』，曰『君子之心，常存敬畏，雖不見聞，亦不敢忽，所以存天理之本然，而不使離於須臾之頃也』。是其爲言雖未盡瑩，亦何嘗不以尊德性爲事，而又烏在其爲支離乎？獨其平日汲汲於訓解，雖韓文、楚辭、陰符、參同之屬，亦必與之註釋考辯，而論者遂疑玩物[一]。又其心慮恐學者之躐等[二]，而或失之於妄作，必先之以格致而無不明[三]，然後有以實之於誠正而無所謬。世之學者，掛一漏萬，求之愈煩而失之愈遠，至有弊力終身，苦其難而卒無所入，而遂議其支離。不知此乃後世學者之弊，而當時晦庵之自爲，則亦豈至是乎？是吾兄之是晦庵，固猶未盡其所以是也。夫二兄之所信而是者，既未盡其所以是，則其所疑而非者，亦豈盡其所以非乎[四]？僕嘗以爲晦庵之與象山，雖其所以爲學者若有不同，而要皆不失爲聖人之徒。今晦庵之學，天下之人童而習之，既已入人之深，有不容於論辯者。而獨惟象山之學，則以其嘗與晦庵之有言，而遂藩籬之。使若由、賜之殊科焉，則可矣；而遂

[一] 而論者遂疑玩物　蓬左本、毛本「疑」下有「其」字。
[二] 又其心慮恐學者之躐等　毛本「又」下有「疑」字。
[三] 必先之以格致而無不明　蓬左本、毛本「必」上有「使」字。
[四] 亦豈盡其所以非乎　毛本「豈」下有「必」字。

擯放廢斥，若碔砆之與美玉，則豈不過甚矣乎？故僕嘗欲冒天下之譏，以爲象山一暴其說，雖以此得罪無恨。晦庵之學，既已章明於天下，而象山猶蒙無實之誣[一]，于今且四百年，莫有爲之一洗者，使晦庵有知，將亦不能一日安享於廟廡之間矣[二]。此僕之至情，終亦必爲兄一吐露者[三]，亦何肯漫爲兩解之說，以陰助于輿庵已乎？」

二月，爲會試同考試官[四]。

是年，僚友方獻夫受學[五]。獻夫時爲吏部郎中[六]，位在先生上，比聞論學，深自感悔[七]，

[一] 而象山猶蒙無實之誣　「猶」，毛本作「獨」。
[二] 將亦不能一日安享於廟廡之間矣　毛本無「一日」二字。
[三] 終亦必爲兄一吐露者　蓬左本作「終亦必爲一吐者」；毛本作「終亦必爲吾兄一吐者」。
[四] 爲會試同考試官　毛本「爲」在「同」字之上。
[五] 是年僚友方獻夫受學　蓬左本無「方獻夫」三字；毛本無此九字。
[六] 獻夫時爲吏部郎中　蓬左本作「始，吏部郎中方叔賢獻夫」；毛本作「吏部郎中方叔賢獻夫」。
[七] 深自感悔　蓬左本「深」作「痛」；毛本無此四字。

遂執贄事以師禮[一]。是冬，告病歸西樵[二]，先生爲叙別之[三]。

十月，陞文選清吏司員外郎。

送甘泉奉使安南[四]。先是，先生陞南都，甘泉與黄綰言於冢宰楊一清[五]，改留吏部。職事之暇，始遂講聚[六]，方期各相砥切，飲食啓處必共之。至是，甘泉出使安南封國將行[七]，先

[一] 遂執贄事以師禮　蓬左本、毛本「贄」下有「納拜」二字。

[二] 告病歸西樵　蓬左本「樵」下有「山」。

[三] 先生爲叙別之　蓬左本、毛本此下引文：「略曰：予與叔賢處二年（中略）亦可謂善變矣」（原文見卷七別方叔賢序）；毛本又下引「○答汪石潭俊書曰：夫喜怒哀樂（中略）終不免於對塔説相輪耳。○答王虎谷雲鳳書曰：弘毅之説極是（中略）則自無不弘毅矣（二書并見卷四）。○是年作徐昌國墓誌，有曰：始昌國與李夢陽、何景明數子友（中略）吾則有憾焉」（原文見卷二十五）。

[四] 送甘泉奉使安南　毛本無此七字。

[五] 甘泉與黄綰言於冢宰楊一清　蓬左本、毛本「黄綰」作「黄宗賢」，「楊」下有「邃庵」二字。

[六] 始遂講聚　「始」，毛本作「得」。

[七] 甘泉出使安南封國將行　毛本無「封國」二字。

生懼聖學難明而易惑，人生别易而會難也[一]，乃爲文以贈[二]。略曰[三]：「顔子没而聖人之學亡，曾子『唯』『一貫』之旨傳之孟軻，絶又二千餘年而周程續。自是而後，言益詳，道益晦[四]。孟氏患楊墨[五]，周程之際，釋老大行。今世學者，皆知尊孔孟，賤楊墨，擯釋老，聖人之道，若大明於世[六]，然吾從而求之，聖人不得而見之矣。其能有若墨氏之兼愛者乎？其能有若楊氏之爲我者乎？其能有若老氏之清浄自守，釋氏之究心性命者乎？吾何以楊墨老釋之思哉？彼於聖人之道異，然猶有自得也。而世之學者，章繪句琢以誇俗，詭心色取，相飾以僞，謂聖人之道勞苦無功，非復人之所可爲，而徒取辯於言辭之間。古之人有終身不能究者，今吾皆能言其略，自以爲若是亦足矣，而聖人之學遂廢。則今之所大患者，豈非記誦辭章之習，

[一] 人生别易而會難也　「會難」，毛本作「難會」。
[二] 乃爲文以贈　蓬左本「贈」下有「處」字。
[三] 略曰　蓬左本、毛本無「略」字。
[四] 道益晦　蓬左本、毛本「晦」下有「析理益精，學益支離無本」云云（原文見卷七别湛甘泉序）。
[五] 孟氏患楊墨　蓬左本、毛本「孟」上有「蓋」字。
[六] 若大明於世　「世」，毛本作「時」。

而弊之所從來，無亦言之太詳，析之太精者之過歟[一]？某幼不問學，陷溺於邪僻者二十年，而始究心於老釋。賴天之靈，因有所覺，始乃沿周程之説求之，而若有得焉。顧一二同志之外，莫予翼也[二]，岌岌乎仆而復興[三]。晚得於甘泉湛子[四]，而後吾之志益堅，毅然若不可遏，則予之資於甘泉多矣。甘泉之學，務求自得者也。世未之能知，其知者且疑其爲禪。誠禪也，吾猶未得而見，而況其所志卓爾若此，則如甘泉者，非聖人之徒歟？多言又烏足病也？夫多言不足以病甘泉，與甘泉之不爲多言病也，吾信之。吾與甘泉，有意之所在[五]，不言而會，論之所及，不約而同，期於斯道，斃而後已者。今日之别，吾容無言？夫惟聖人之學難明而易惑，習俗之降，愈下而益不可回[六]，任重道遠，雖已無俟於言，顧復於吾心，若有不容已也，則甘泉亦豈以予言爲綴乎？」

[一] 析之太精者之過歟　蓬左本、毛本「歟」下有「夫楊墨老釋（中略）學聖人之道」云云。
[二] 莫予翼也　「翼」，底本訛作「冀」，據蓬左本、毛本改。
[三] 岌岌乎仆而復興　毛本「興」下有「矣」字。
[四] 晚得於甘泉湛子　毛本「得」下有「友」字。
[五] 有意之所在　蓬左本「有」作「友」，讀屬上句。
[六] 愈下而益不可回　「益」，底本訛作「抑」，據蓬左本、毛本改。

七年壬申，先生四十一歲，在京師[一]。

三月，陞考功清吏司郎中[二]。

按同志考[三]，是年穆孔暉[四]、顧應祥、鄭一初、方獻科、王道、梁穀、萬潮、陳鼎、唐鵬、路迎、孫瑚、魏廷霖、蕭鳴鳳、林達、陳洸及黄綰、應良、朱節、蔡宗兖、徐愛同受業[五]。

[一] 在京师　蓬左本無此三字。

[二] 陞考功清吏司郎中　蓬左本「中」下有「門人日進」四字。

[三] 按同志考　毛本作「同志考中」。

[四] 是年穆孔暉　蓬左本「年」下有「載」字；毛本「穆孔暉」下有「冀元亨」三字。

[五] 徐愛同受業　蓬左本此下雜録遺事：「〇王純甫道以進士爲應天府學教授，先生贈序爲别。比涖任，上下多不協。先生以金爲譬，使之動心忍性，以大其所受。又自咎平日，每有傲視行輩，輕忽世故之心，受謫龍場，備歷艱阻，始信孟子『生於憂患』之言，誠非欺我也。道見書，意不懌，及道以書辯學，先生謂『純甫之問，詞則謙下，而意實自以爲是』，復書喻之。後曰仁至京，詳發師旨，始能釋然。先生曰：近見與曰仁書（中略）純甫何尤乎（原文見卷四與王純甫之四）。〇是年，林以吉歸省，宗伯喬白岩之南都，給事王堯卿歸終南，太史張常甫歸四明，俱有贈序，致同學相規之意」。毛本「業」下引王道事與蓬左本略同，無「〇是年林以吉歸省」云云，而於「純甫何尤乎」下引文：「〇答儲柴墟書曰云云（原文見卷二十一答儲柴墟一）。〇與王道書曰云云（原文見卷四與王純甫一）。」

十二月，陞南京太僕寺少卿，便道歸省。

與徐愛論學[一]。愛是年以祁州知州考滿進京，陞南京工部員外郎[二]。與先生同舟歸越，論大學宗旨[三]，聞之踴躍痛快[四]，如狂如醒者數日[五]，胸中混沌復開。仰思堯、舜、三王、孔、孟，千聖立言，人各不同，其旨則一，今之傳習録所載首卷是也[六]。其自叙云[七]：「愛

[一] 與徐愛論學　蓬左本「學」上有「大」字；毛本無此五字。

[二] 愛是年以祁州知州考滿進京陞南京工部員外郎　蓬左本作「○按，是年，曰仁以祁州知州考滿進京，陞南京工部員外，與先生同舟歸越。同門領悟師旨，惟曰仁獨先。先生以全與，曰仁以全受。蓋其所得，由於反躬實踐，故能一信而無回也。厥後先生論學，每至入微，必曰：斯意惟與曰仁舟中言及」。毛本作「○是年，曰仁以祁州知州考滿，陞南京工部員外，故得同舟。先生以全與，曰仁以全受。蓋得於反躬實踐，一信而不回也。後先生論學，每至入微處，必曰：斯意惟與曰仁舟中及之」。二本俱在文末「不覺手舞足蹈」之下。

[三] 與先生同舟歸越論大學宗旨　蓬左本、毛本作「先生舟中與愛論大學宗旨」。

[四] 聞之踴躍痛快　蓬左本「聞」上有「愛」字；毛本無「聞之」二字。

[五] 如狂如醒者數日　「醒」，蓬左本作「酲」。

[六] 如狂如醒者數日……今之傳習録所載首卷是也　毛本無此四十四字。

[七] 其自叙云　蓬左本、毛本作「自謂」。

因舊説汩没[一]，始聞先生之教，實駭愕不定，無入頭處。其後聞之既久，漸知反身實踐，然後始信先生之學爲孔門嫡傳，舍是皆傍蹊小徑，斷港絶河矣。如説格物是誠意功夫，明善是誠身功夫，窮理是盡性功夫，道問學是尊德性功夫，博文是約禮功夫，惟精是惟一功夫。諸如此類，皆落落難合，其後思之既久，不覺手舞足蹈。」

八年癸酉，先生四十二歲，在越[二]。

二月，至越。

先生初計，至家即與徐愛同遊台、蕩[三]，宗族親友絆弗能行[四]。五月終，與愛數友期候黄綰

[一] 愛因舊説汩没　毛本無「愛因」二字。
[二] 在越　蓬左本無此二字。
[三] 先生初計至家即與徐愛同遊台蕩　蓬左本作「先生到家，即欲與日仁同遊台、蕩」；毛本「徐愛」作「日仁」，「蕩」下有「不果」二字。
[四] 宗族親友絆弗能行　蓬左本「絆」上有「牽」字；毛本無此八字。

不至[一]，乃從上虞入四明[二]，觀白水，尋龍谿之源[三]，登杖錫，至雪竇，上千丈巖，以望天姥、華頂[四]。欲遂從奉化取道赤城[五]，適久旱，山田盡龜坼[六]，慘然不樂[七]，遂自寧波還餘姚[八]。綰以書迎[九]，先生復書曰[一〇]：「此行相從諸友，亦微有所得，然無大發明，其最所歉然，宗賢不同兹行耳。後輩習氣已深，雖有美質，亦漸消盡。此事正如淘沙，會有見金時，但目下未可必得耳。」先生兹遊雖爲山水，實注念愛、綰二子[一一]。蓋先生點化同志，多得之

[一] 與愛數友期候黄綰不至　蓬左本作「與曰仁數友定期，候黄宗賢不至」；毛本作「與曰仁數友」。
[二] 乃從上虞入四明　毛本無「乃」字。
[三] 尋龍谿之源　毛本無「之」字。
[四] 以望天姥華頂　毛本無「以」字。
[五] 欲遂從奉化取道赤城　毛本無「從奉化」三字。
[六] 山田盡龜坼　「坼」，蓬左本、毛本作「裂」；蓬左本「裂」下有「道傍人家，徬徨望雨」八字。
[七] 慘然不樂　蓬左本「慘」上有「意」字。
[八] 遂自寧波還餘姚　蓬左本作「遂自寧波買舟還餘姚，曰仁爲乃翁督促之任」。
[九] 綰以書迎　蓬左本作「宗賢以書來迎」；毛本「綰」作「宗賢」。
[一〇] 先生復書曰　毛本無「書」字。
[一一] 先生兹遊雖爲山水實注念愛綰二子　蓬左本「愛綰二子」作「曰仁、宗賢」；毛本無此十五字。

登遊山水間也[一]。

冬十月，至滁州。

滁山水佳勝[二]，先生督馬政，地僻官閒，日與門人遊遨琅琊、瀼泉間[三]。月夕，則環龍潭而坐者數百人，歌聲振山谷[四]。諸生隨地請正，踴躍歌舞，舊學之士皆日來臻[五]，於是從遊之衆自滁始[六]。○孟源問[七]：「静坐中思慮紛雜，不能强禁絶。」先生曰：「紛雜思慮，亦强禁絶不得。只就思慮萌動處省察克治，到天理精明後，有箇物各付物的意思，自然精專，

[一] 蓋先生點化同志多得之登遊山水間也　毛本作「先生點化同志，多在登遊山水間」。
[二] 滁山水佳勝　蓬左本、毛本「滁」下有「州」字。
[三] 遊遨琅琊瀼泉間　蓬左本「間」上有「之」字。
[四] 歌聲振山谷　毛本無「山」字。
[五] 踴躍歌舞舊學之士皆日來臻　蓬左本「舞」下有「或以静悟入，或以詞章入，或以仙佛入」十五字；毛本無此十二字。
[六] 於是從遊之衆自滁始　蓬左本「始」下有「也」字；毛本「於是」作「故」。
[七] ○孟源問　蓬左本「○」下有「按是年」三字。

無紛雜之念，大學所謂『知止而後有定』也[一]。」

九年甲戌，先生四十三歲，在滁[二]。

四月，陞南京鴻臚寺卿。

滁陽諸友送至烏衣，不能別，留居江浦，候先生渡江。先生以詩促之歸，曰：「滁之水，入江流，江潮日復來滁州。相思若潮水，來往何時休？空相思，亦何益？欲慰相思情，不如崇令德。掘地見泉水，隨處無弗得。何必驅馳爲，千里遠相即。君不見堯羹與舜墻，又不見孔與蹠，對面不相識。逆旅主人多慇懃，出門轉盻成路人。」

五月，至南京。

[一] 大學所謂知止而後有定也　蓬左本「也」下有「嘉靖癸丑秋，太僕寺少卿呂懷，聚徒於師祠，洪往遊焉。同門高年朱勛輩，尚有能道師遺事者。後輩多喜談靜中光景，洪與呂子講師門立教，與前不同，乃指撥良知宗旨。聞之，皆相慶以爲新得」七十四字；毛本「定」下有「此」字，句下引文：「與王道書曰：純甫平日（中略）難乎免於毫釐千里之謬矣（原文見卷四與王純甫二），答朱汝德用韻、送蔡希顏」（二詩見卷二十）。

[二] 在滁　蓬左本無此二字。

自徐愛來南都，同志日親。黄宗明、薛侃、馬明衡、陸澄、季本、許相卿、王激、諸偁、林達、張寰、唐愈賢、饒文璧、劉觀時、鄭騮、周積、郭慶、欒惠、劉曉、何鰲、陳傑、楊杓[一]、白説[二]、彭一之、朱篪輩，同聚師門[三]，日夕漬礪不懈[四]。客有道自滁游學之士[五]，多放言高論，亦有漸背師教者。先生曰：「吾年來欲懲末俗之卑污[六]，引接學者，多就高明一路，以救時弊。今見學者漸有流入空虚，爲脱落新奇之論，吾已悔之矣。故南畿論學，只教學者存天理，去人欲，爲省察克治實功。」王嘉秀、蕭惠好談仙佛[七]，先生嘗警之曰[八]：

[一]　楊杓　蓬左本作「楊杓」，據長編，作「楊杓」者是。
[二]　白説　毛本作「白悦」。
[三]　同聚師門　毛本作「同受業」。
[四]　日夕漬礪不懈　毛本無此六字。
[五]　客有道自滁游學之士　毛本無「自」字。
[六]　吾年來欲懲末俗之卑污　毛本作「吾欲懲末俗卑污」。
[七]　王嘉秀蕭惠好談仙佛　毛本「王」上有「〇」符。
[八]　先生嘗警之曰　蓬左本「嘗」下有「以自悔」三字；毛本「嘗」下有「以」字。

「吾幼時求聖學不得，亦嘗篤志二氏[一]。其後居夷三載，始見聖人端緒[二]，悔錯用功二十年[三]。二氏之學[四]，其妙與聖人只有毫釐之間[五]，故不易辯。惟篤志聖學者，始能究析其

[一] 吾幼時求聖學不得亦嘗篤志二氏　蓬左本「氏」下有「謂儒者不足學」六字；毛本作「吾幼篤志二氏，自謂既有所得」。

[二] 始見聖人端緒　蓬左本「始」作「得」；毛本作「見得聖人之道，簡易廣大」。

[三] 悔錯用功二十年　蓬左本作「始悔錯用功三十年」；毛本作「始自歎悔，錯用了三十餘年氣力」。

[四] 二氏之學　毛本「二」上有「大抵」二字。

[五] 其妙與聖人只有毫釐之間　毛本「間」下引文：「汝今所學，乃其土苴（中略）汝自不會」（原文見卷一傳習録上）。○又嘗與宗賢書曰：近與朋友論學，惟説立誠二字（中略）誠可哀也已（原文見卷四與黃宗賢五）。○又與陸澄書曰：義理無定在（中略）文王何以望道而未之見。○又問知識不長進，如何？（中略）講求得盡，豈有此理。○立志用功（中略）怕沒有枝葉花實。○澄嘗問象山在人情事變上做工夫（中略）其要只在致中和。○定者，心之本體云云。○又曰：不可謂未發之中常人俱有（中略）亦未能全得（原文俱見卷一傳習録上）。○書張寰卷，有曰：先儒之學，得有淺深（中略）此言最可以自警。○見賢思齊焉云云。○議論好勝（中略）斯亦可哀也已。○某之於道（中略）斯乃深望於同志者也（原文見卷八書石川卷）。○是年，張東所詡會於南京。次韻寄張東所云云」（原詩見卷二十寄張東所次前韻）。

隱微，非測憶所及也[一]。」

十年乙亥，先生四十四歲，在京師[二]。

正月，疏自陳，不允。

是年，當兩京考察，例上疏[三]。

立再從子正憲爲後。

[一] 惟篤志聖學者始能究析其隱微非測憶所及也　蓬左本作「惟篤志聖學，始能悟破，非言語測憶所及也」；毛本無「故不易辯……測憶所及也」二十三字。

[二] 在京師　蓬左本無此三字；毛本作「在南京」。

[三] 是年當兩京考察例上疏　蓬左本無此十字；毛本「疏」下引文：「○先生嘗曰：易之辭是初九云云。○陸澄問操存舍亡（中略）豈有鄉邪。○精神道德言動，大率收斂爲主云云。○澄問：道一而已（中略）不假外求始得。○又曰：問心要逐物（中略）六卿亦皆不得其職。○又曰：萬象森然時亦冲漠無朕云云。○先生問在坐之友，此來功夫何似（中略）不是工夫」（原文俱見卷一傳習録上）。

正憲，字仲肅，季叔易直先生兖之孫[一]，西林守信之第五子也[二]。先生年四十四，與諸弟守儉、守文、守章，俱未舉子[三]，故龍山公爲先生擇守信子正憲立之[四]，時年八齡[五]。○是年，御史楊琠薦改祭酒[六]，不報。

八月，擬諫迎佛疏。

時命太監劉允烏思藏齎幡供諸佛[七]，奉迎佛徒[八]。允奏請鹽七萬引，以爲路費，許之。輔

[一] 易直先生兖之孫　毛本「先生」作「公」；據易直先生墓誌，「兖」當爲「衮」之訛。

[二] 西林守信之第五子也　毛本無「之」字。

[三] 俱未舉子　「俱」，毛本作「皆」。

[四] 故龍山公爲先生擇守信子正憲立之　蓬左本作「守信子衆，故澤（擇）立之」；毛本作「惟守信子衆，故擇立之」。

[五] 時年八齡　蓬左本作「時正憲年八齡」；毛本作「正憲年方八歲」。

[六] 楊琠　底本訛作「楊典」，據蓬左本、毛本改。

[七] 時命太監劉允烏思藏齎幡供諸佛　毛本「時」上有「是」字，無「諸」字。

[八] 奉迎佛徒　毛本「奉」上有「兼」字。

臣楊廷和等，與户部及言官各疏執奏[一]，不聽。先生欲因事納忠，擬疏欲上[二]，後中止。

疏請告[三]。

是年，祖母岑太夫人年九十有六，先生思乞恩歸[四]，一見爲訣。疏凡再上矣[五]，故辭甚懇切[六]。

[一] 各疏執奏　毛本「疏」上有「上」字。
[二] 擬疏欲上　「欲」，毛本作「將」。
[三] 疏請告　蓬左本作「上疏告病」。
[四] 先生思乞恩歸　蓬左本無「恩」字；毛本無「乞恩」二字。
[五] 疏凡再上矣　蓬左本、毛本無此五字。
[六] 故辭甚懇切　蓬左本、毛本作「故疏辭甚懇」；毛本「懇」下引文：「○先生曰：種樹者必培其根（中略）故立志貴專一。○侃因論先生之門（中略）日有餘者日不足矣（原文俱見卷一傳習録上）。○嘗爲觀時作見齋説，曰：道有可見乎（中略）斯求見之道也已（原文見卷七）。○觀時問未發之中（中略）在座諸友皆有省（原文見本書卷一傳習録上）。次韻别欒子仁：從來尼父欲無言云云。○操持存養本非禪云云。○野夫非不愛吟詩云云」（原詩并見卷二十）。按，蓬左本卷一至此終。

十有一年丙子，先生四十五歲，在南京[一]。

九月，陞都察院左僉都御史，巡撫南、贛、汀、漳等處。

是時[二]，汀、漳各郡皆有巨寇，尚書王瓊特舉先生[三]。

十月，歸省至越。

王思輿語季本曰：「陽明此行，必立事功。」本曰：「何以知之？」曰：「吾觸之不動矣。」

十有二年丁丑，先生四十六歲[四]。

正月，至贛。

[一] 在南京　蓬左本無此三字；毛本此下有「三月」條，其下引文：「先生嘗謂薛侃曰：無善無惡者理之静（中略）即知未發之中。○侃問：先儒以心之静爲體（中略）却不妨。○蕭惠問死生（中略）更有甚麽死生。○黄誠甫問：先儒以孔子告顔子爲邦之問（中略）便把做天大事看了」（原文見卷一傳習録上）。

[二] 是時　蓬左本作「時虔鎮所轄」。

[三] 尚書王瓊特舉先生　蓬左本、毛本作「都御史文森受命，稱疾，尚書王瓊劾罷之，特舉先生」。

[四] 先生四十六歲　毛本「歲」下有「在贛」二字。

先生過萬安，遇流賊數百，沿途肆劫，商舟不敢進[一]。先生乃聯商舟[二]，結爲陣勢，揚旗鳴鼓，如趨戰狀[三]。賊乃羅拜于岸[四]，呼曰：「饑荒流民，乞求賑濟[五]。」先生泊岸[六]，令人諭之曰：「至贛後，即差官撫插[七]，各安生理[八]，毋作非爲[九]，自取戮滅[一〇]。」賊懼散歸[一一]。以是年正月十六日開府[一二]。

[一] 沿途肆劫商舟不敢進　毛本作「肆劫商舟，避不敢進」。
[二] 先生乃聯商舟　毛本無「商」字。
[三] 如趨戰狀　「趨」，蓬左本作「進」。
[四] 賊乃羅拜于岸　「于岸」，毛本作「岸上」。
[五] 乞求賑濟　毛本作「乞賑」。
[六] 先生泊岸　蓬左本「生」下有「進舟」二字。
[七] 即差官撫插　蓬左本無「即」字。
[八] 各安生理　蓬左本「各」作「歸」；毛本無此四字。
[九] 毋作非爲　毛本作「毋輕犯法」。
[一〇] 自取戮滅　毛本「滅」下有「也」字。
[一一] 賊懼散歸　蓬左本作「賊懼，即時遁散」；毛本作「賊聽諾散歸」。
[一二] 以是年正月十六日開府　蓬左本無此十字。

行十家牌法。

先是，贛民爲洞賊耳目[一]，官府舉動未形，而賊已先聞[二]。軍門一老隸，奸尤甚[三]。先生偵知之[四]，呼入卧室[五]，使之自擇生死[六]，隸乃輸情吐實[七]。先生許其不死[八]，試所言，悉驗[九]，乃於城中立十家牌法。其法編十家爲一牌[一〇]，開列各户籍貫、姓名、年貌、

[一] 先是贛民爲洞賊耳目　毛本無「先是」二字，「民」下有「故」字。
[二] 官府舉動未形而賊已先聞　蓬左本「聞」下有「及」字；毛本作「官府欲舉動，賊已先覺，甚苦之」。
[三] 軍門一老隸奸尤甚　蓬左本作「軍門有一老隸，爲奸尤甚」。
[四] 先生偵知之　蓬左本作「先生覺之」。
[五] 呼入卧室　「室」，毛本作「内」。
[六] 使之自擇生死　毛本作「使自擇生死孰便」。
[七] 隸乃輸情吐實　蓬左本作「隸輸情，盡吐積年奸弊」；毛本作「隸吐實」。
[八] 先生許其不死　「其」，毛本作「以」。
[九] 試所言悉驗　蓬左本作「遂用其言悉驗」。
[一〇] 其法編十家爲一牌　蓬左本無「其法」二字；毛本「爲」作「共」。

行業[一]，日輪一家，沿門按牌審察[二]，遇面生可疑人[三]，即行報官究理[四]。或有隱匿[五]，十家連坐[六]。仍告諭父老子弟[七]，務要父慈子孝，兄愛弟敬，夫和婦隨，長惠幼順。小心以奉官法，勤謹以辦國課。恭儉以守家業，謙和以處鄉里。心要平恕，毋得輕易忿争[八]；事要含忍[九]，毋得輒興詞訟[一〇]。見善互相勸勉，有惡互相懲戒[一一]。務興禮讓之風，

[一] 開列各户籍貫姓名年貌行業　蓬左本作「開列各户姓名」。
[二] 沿門按牌審察　蓬左本「察」下有「動静」二字；毛本「審」作「查」。
[三] 遇面生可疑人　蓬左本作「但有面目生踈，踪迹可疑之人」。
[四] 即行報官究理　毛本作「即報之官」。
[五] 或有隱匿　毛本作「如或隱匿」。
[六] 十家連坐　蓬左本「坐」作「罪」；毛本作「則十家同坐，且諭所屬，無遠近，皆務實行之」。
[七] 仍告諭父老子弟　毛本作「告諭其父老子弟」。
[八] 毋得輕易忿争　毛本作「毋懷險譎」。
[九] 事要含忍　「要」，毛本作「貴」。
[一〇] 毋得輒興詞訟　毛本作「毋輕鬬争」。
[一一] 有惡互相懲戒　毛本「戒」下有「父老子弟，曾見温良遜讓（中略）亦何苦而爲此也。言教懇懇，其勉聽之」云云（原文見卷十六告諭各府父老子弟）。

以成敦厚之俗[一]。

選民兵。

先生以南贛地連四省，山險林深[二]，盜賊盤據[三]，三居其一[四]，窺伺剽掠[五]，大爲民患。當事者每遇盜賊猖獗，輒復會奏，請調土軍狼達[六]，往返經年[七]，糜費逾萬[八]。逮至集兵舉事，即已魍魎潛形；班師旋旅，則又鼠狐聚黨；是以機宜屢失，而備禦益弛[九]。先生乃使

[一] 務興禮讓之風以成敦厚之俗　毛本無此十二字。

[二] 先生以南贛地連四省山險林深　蓬左本作「先生以撫屬地方，界連四省，山谷險隘，林木茂深」。

[三] 盜賊盤據　蓬左本作「盜賊所盤」。

[四] 三居其一　蓬左本「三」上有「與民」二字；毛本作「三之一」。

[五] 窺伺剽掠　蓬左本作「乘間劫掠」。

[六] 當事者每遇盜賊猖獗輒復會奏請調土軍狼達　毛本作「當事者不勝忿，多調狼達土軍」。

[七] 往返經年　毛本作「動經歲年」。

[八] 糜費逾萬　毛本「萬」下有「有損無益」四字。

[九] 逮至集兵舉事……而備禦益弛　蓬左本「弛」下有「古之善用兵者，驅市人而使戰，假閭戍以興師。豈以十州八府之地，無奮勇敢戰之夫乎」三十四字；毛本無此三十三字。

四省兵備官[一]，於各屬弩手、打手、機快等項，挑選驍勇絶群、膽力出衆者。每縣多或十餘人，少或八九人，務求魁傑[二]，或懸召募[三]。大約江西、福建二兵備，各以五六百名爲率；廣東、湖廣二兵備，各以四五百名爲率[四]。中間更有出衆者[五]，優其廩餼，署爲將領。除南贛兵備自行編選[六]，餘四兵備官[七]，仍於每縣原額數内[八]，揀選可用者[九]，量留三分之二[一〇]，委該縣賢能官統練[一一]，專以守城防隘爲事；其餘一分，揀退疲弱不堪者，免其着

[一] 先生乃使四省兵備官　蓬左本、毛本無「先生」二字。
[二] 務求魁傑　蓬左本「傑」下有「異材」二字。
[三] 或懸召募　蓬左本「懸」下有「賞」字；毛本「懸」作「行」。
[四] 各以四五百名爲率　毛本無「各」字。
[五] 中間更有出衆者　蓬左本作「中間若有力能扛鼎，勇敵千人者」；毛本無「更」字。
[六] 除南贛兵備自行編選　蓬左本作「編選之外」。
[七] 餘四兵備官　蓬左本無「官」字。
[八] 仍於每縣原額數内　毛本作「仍其原額」。
[九] 揀選可用者　蓬左本「選」下有「精壯」二字；毛本無此五字。
[一〇] 量留三分之二　毛本無「分」字。
[一一] 委該縣賢能官統練　蓬左本作「就委該縣能官統練」。

役，止出工食，追解該道，以益募賞[一]。所募精兵，專隨各兵備官屯劄，別選官分隊統押教習之[二]。如此，則各縣屯戍之兵，既足以護守防截；而兵備募召之士，又可以應變出奇。盜賊漸知所畏[三]，平良益有所恃而無恐矣[四]。

二月，平漳寇[五]。

初，先生道聞漳寇方熾，兼程至贛，即移文三省兵備，剋期起兵[六]。自正月十六日蒞任[七]，纔旬日，即議進兵。兵次長富村，遇賊大戰，斬獲頗多。賊奔象湖山拒守，我兵追至蓮花石，

[一] 以益募賞　蓬左本作「以益召募犒賞之費」。

[二] 別選官分隊統押教習之　蓬左本「選」下有「素有膽略屬」五字。

[三] 盜賊漸知所畏　蓬左本「畏」下有「而革心」三字；毛本「畏」下有「服矣」二字。

[四] 平良益有所恃而無恐矣　蓬左本無「矣」字，「恐」下有「是使聲罪之義克振，然後撫綏之仁可施矣」十七字；毛本無此十字。

[五] 二月平漳寇　蓬左本此條在「立兵符」條之下。

[六] 剋期起兵　蓬左本「兵」下有「無失機事，召募智勇，集于轅門」十二字。

[七] 自正月十六日蒞任　毛本無「自」字。

與賊對壘。會廣東兵至〔一〕，方欲合圍，賊見勢急，遂潰圍而出〔二〕，指揮覃桓、縣丞紀鏞，馬陷死之〔三〕。諸將請調狼兵，俟秋再舉。先生乃責以失律罪〔四〕，使立功自贖。諸將議猶未决〔五〕，先生曰：「兵宜隨時，變在呼吸，豈宜各持成說耶〔六〕？福建諸軍稍緝，咸有立功贖罪心〔七〕，利在速戰。若當集謀之始，即掩賊不備〔八〕，成功可必。今既聲勢彰聞〔九〕，各賊必聯黨設械，以禦我師，且宜示以寬懈〔一〇〕，而猶執乘機之說，以張皇於外〔一一〕，是徒知吾卒

〔一〕會廣東兵至　毛本無「至」字。
〔二〕遂潰圍而出　毛本無「而」字。
〔三〕馬陷死之　蓬左本「陷」下有「深泥」二字。
〔四〕先生乃責以失律罪　蓬左本「罪」上有「之」字；毛本無「以」字。
〔五〕諸將議猶未决　蓬左本作「既而諸將進議未决」；毛本無「猶」字。
〔六〕豈宜各持成說耶　蓬左本無「耶」字。
〔七〕咸有立功贖罪心　蓬左本、毛本「咸」上有「且」字；又蓬左本「心」上有「之」字。
〔八〕即掩賊不備　蓬左本、毛本「備」下有「奮擊而前」四字。
〔九〕今既聲勢彰聞　蓬左本、毛本「既」下有「曠日持久」四字。
〔一〇〕且宜示以寬懈　蓬左本、毛本「懈」下有「待間而發」四字。
〔一一〕而猶執乘機之說以張皇於外　蓬左本、毛本作「而猶執其乘機之說，張皇於外，以堅賊志」。

之可擊[一]，而不知敵之未可擊也。廣東之兵[二]，意在倚重狼達士軍然後舉事[三]，諸賊亦候吾士兵之集以卜戰期[四]，乘此機候，正可奮怯爲勇，變弱爲强，而猶執持重之説[五]，以坐失事機，是徒知吾卒之未可擊，而不知敵之正可擊也。善用兵者，因形而借勝於敵，故其戰勝不復，而應形於無窮。勝負之筭，間不容髮，烏可執滯哉[六]？」於是親率諸道鋭卒，進屯上杭，密敕群哨，佯言犒衆退師，俟秋再舉。密遣義官曾崇秀覘賊虚實，乘其懈[七]，選兵分三路[八]，俱於二月十九日，乘晦夜啣枚並進[九]，直擣象湖，奪其隘口。諸賊失險，復據上層

[一] 是徒知吾卒之可擊　「徒」，蓬左本作「謂」。
[二] 廣東之兵　毛本「之」作「諸」；又蓬左本、毛本「兵」下有「集謀稍緩」四字。
[三] 然後舉事　蓬左本、毛本「事」下有「利於持久」四字。
[四] 以卜戰期　蓬左本、毛本「期」下有「其備必弛，若因而形之以緩」十一字。
[五] 而猶執持重之説　蓬左本、毛本「執」下有「其」字。
[六] 烏可執滯哉　蓬左本無「哉」字；毛本「可」下有「以」字。
[七] 乘其懈　蓬左本「其」下有「勢」字。
[八] 選兵分三路　蓬左本作「會選精兵，分爲三路」。
[九] 乘晦夜啣枚並進　毛本無「夜」字。

峻壁，四面滚木礧石，以死拒戰。我兵奮勇鏖戰，自辰至午，呼聲震地。三省奇兵，從間鼓噪突登[一]，乃驚潰奔走，遂乘勝追剿。已而福建兵攻破長富村等巢三十餘所，廣東兵攻破水竹、大重坑等巢一十三所[二]。斬首從賊詹師富、温火燒等七千有奇，俘獲賊屬輜重無筭，而諸洞蕩滅。是役僅三月，漳南數十年逋寇悉平。〇是月奏捷[三]，具言福建僉事胡璉、參政陳策、副使唐澤、知府鍾湘、廣東僉事顧應祥、都指揮楊懋、知縣張戬勞績[四]，賜敕獎賚[五]，其餘陞賞有差。初議進兵[六]，諭諸將曰：「賊雖據險而守，尚可出其不意，掩其不備，則用鄧艾破蜀之策，從間道以出；若賊果盤據持重，可以計困，難以兵剋，則用充國破羌之謀，減冗兵以省費。務在防隱禍于顯利之中，絶深奸於意料之外，此萬全無失者也[七]。」已而桓等狃於

[一] 從間鼓噪突登　蓬左本「間」下有「道」字。
[二] 大重坑等巢一十三所　毛本無「等」字。
[三] 是月奏捷　蓬左本作「按别録，先生班師奏捷」。
[四] 知縣張戬勞績　蓬左本「勞」上有「皆有」二字。
[五] 賜敕獎賚　蓬左本「賜」上有「事聞」二字。
[六] 初議進兵　蓬左本「初」上有「〇先是」二字。
[七] 此萬全無失者也　蓬左本作「萬全無失」。

小勝，不從間道，故違節制，以致挫衄，諸將志沮，遂請濟師。先生獨以爲見兵二千有餘，已爲不少，不宜坐待濟師以自懈，遥制以失機也。遂親督兵而出，卒成功[一]。

四月，班師。

時三月不雨[二]，至于四月。先生方駐軍上杭，禱于行臺，得雨，以爲未足。及班師，一雨三日，民大悦。有司請名行臺之堂曰「時雨堂」[三]，取王師若時雨之義也[四]。先生乃爲記[五]。

五月，立兵符[六]。

[一] 卒成功　蓬左本「卒」下有「以」字。

[二] 時三月不雨　「時」，毛本作「是年」。

[三] 時雨堂　毛本無「堂」字。

[四] 若時雨之義也　毛本無「也」字。

[五] 先生乃爲記　蓬左本「爲」下有「作」字；毛本無「乃」字。又「記」下二本并有「是日參政陳策、僉事胡璉，至自班師」十四字。

[六] 五月立兵符　蓬左本無「五月」二字，此條在「選民兵」條之下。

先生謂習戰之方，莫要於行伍；治衆之法，莫先於分數。將調集各兵[一]，每二十五人編爲一伍[二]，伍有小甲；五十人爲一隊，隊有總甲；二百人爲一哨，哨有長，有協哨二人[三]；四百人爲一營，營有官，有參謀二人；一千二百人爲一陣，陣有偏將；二千四百人爲一軍，軍有副將，偏將無定員，臨事而設。小甲，於各伍之中，選才力優者爲之[四]；總甲，於小甲之中，選才力優者爲之[五]；哨長，於千百户義官之中，選材識優者爲之[六]。副將得以罰偏將，偏將得以罰營官，營官得以罰哨長，哨長得以罰總甲，總甲得以罰小甲，小甲得以罰伍衆。務使上下相維，大小相承，如身之使臂，臂之使指[七]，自然舉動齊一，治衆如寡，庶幾有制之兵矣。編選既定，

[一] 將調集各兵　「將」，毛本作「每」。
[二] 每二十五人編爲一伍　毛本無「每」字。
[三] 有協哨二人　蓬左本、毛本無「有」字。
[四] 小甲於各伍之中選才力優者爲之　毛本作「小甲選於各伍中」。
[五] 總甲於小甲之中選才力優者爲之　毛本作「總甲選於小甲中」。
[六] 哨長於千百户義官之中選材識優者爲之　毛本作「哨長選於千百户義官中」。
[七] 如身之使臂臂之使指　毛本無二「之」字。

仍每五人給一牌[一]，備列同伍二十五人姓名[二]，使之連絡習熟，謂之伍符；每隊各置兩牌，編立字號，一付總甲，一藏本院，謂之隊符；每哨各置兩牌，編立字號，一付哨長，一藏本院，謂之哨符；每營各置兩牌，編立字號，一付營官，一藏本院，謂之營符。凡遇征調，發符比號而行，以防奸僞。其諸緝養訓練之方，旗鼓進退之節[三]，務濟實用行之[四]。

奏設平和縣，移枋頭巡檢司[五]。

先生以賊據險[六]，久爲民患，今幸破滅[七]，須爲拊背扼吭之策[八]，乃奏請設平和縣治于

[一] 仍每五人給一牌　毛本「每」作「於」，「五」作「伍」。

[二] 備列同伍二十五人姓名　毛本無「二十五人」四字。

[三] 旗鼓進退之節　蓬左本「節」下有「皆要逐一講求」六字。

[四] 務濟實用行之　蓬左本作「務濟實用以收成績」。

[五] 奏設平和縣移枋頭巡檢司　毛本此條之上有「疏請申明賞罰」條，其下引文「伏覩大明律内，該載失誤軍事云云」（蓬左本及底本在「九月改授提督」條下）。

[六] 先生以賊據險　蓬左本「賊」下有「本」字。

[七] 今幸破滅　蓬左本作「今幸滅賊平巢，惟有設縣控制，屯兵要害」。

[八] 須爲拊背扼吭之策　蓬左本「須爲」作「爲得」；底本「拊」訛作「柎」，據蓬左本、毛本改。

河頭，移河頭巡檢司于枋頭。蓋以河頭爲諸巢之咽喉，而枋頭又河頭之唇齒也。且曰：「方賊之據河頭也，窮兇極惡，至動三軍之衆，合二省之力，而始克蕩平。若不及今爲久遠之圖，不過數年，勢將復起，後悔無及矣。蓋盜賊之患，譬諸病人，興師征討者，針藥攻治之方；建縣撫輯者，飲食調攝之道。徒恃攻治而不務調攝，則病不旋踵，後雖扁鵲、倉公，無所施其術也[一]。」○按[二]，是月，聞蔡宗兗、許相卿、季本、薛侃、陸澄同舉進士。先生曰[三]：「入仕之始，意況未免摇動，如絮在風中，若非粘泥貼網，亦自主張未得，不知諸友却何如？想平時工夫，亦須有得力處耳。」又聞曰仁在告[四]，買田霅上，爲諸友久聚之計[五]，遺二詩慰之[六]。

[一] 無所施其術也　「也」，蓬左本、毛本作「矣」。
[二] ○按　毛本無「按」字。
[三] 先生曰　毛本作「遺之書曰」。
[四] 又聞曰仁在告　「在」，蓬左本作「病」。
[五] 爲諸友久聚之計　蓬左本「爲」上有「以」字；毛本無「之」字。
[六] 遺二詩慰之　蓬左本「遺」上有「先生」二字；毛本作「遺以二詩」。

六月，疏請疏通鹽法。始，都御史陳金以流賊軍餉，於贛州立廠抽分，廣鹽許至袁、臨、吉三府發賣，然起正德六年，至九年而止。至是，先生以敕諭有便宜處置語，疏請暫行，待平定之日，仍舊停止。從之[一]。

九月，改授提督南、贛、汀、漳等處軍務[二]**，給旗牌，得便宜行事**[三]。南贛舊止以巡撫莅之[四]，至都御史周南曾請旗牌[五]，事畢繳還[六]，不爲定制[七]。至是，

[一] 六月疏請疏通鹽法……從之　蓬左本無此條。

[二] 改授提督南贛汀漳等處軍務　蓬左本無「改授」「等處」四字。

[三] 給旗牌得便宜行事　蓬左本無此八字。

[四] 南贛舊止以巡撫莅之　蓬左本「南贛」作「虔鎮」；毛本無「止」字。

[五] 至都御史周南曾請旗牌　蓬左本無「都御史」三字；毛本作「至周公南嘗請旗牌」；「曾」，國圖本、天圖本、叢刊本、文淵閣本、摛藻堂本訛作「會」。

[六] 事畢繳還　蓬左本作「隨繳還」。

[七] 不爲定制　蓬左本無此四字。

先生疏請[一]，遂有提督之命，後不復更[二]。疏以「我國家有罰典，有賞格[三]。然罰典止行于參提之後，而不行于臨陣對敵之時[四]；賞格止行于大軍征勦之日[五]，而不行於尋常用兵之際，故無成功[六]。今後凡遇討賊[七]，領兵官不拘軍衛有司，所領兵衆[八]，有退縮不用命

[一] 先生疏請　蓬左本作「先生復以請」。
[二] 後不復更　蓬左本作「是後因之，不復更」；毛本「更」下有「乃上疏换敕謝恩」七字。
[三] 疏以我國家有罰典有賞格　按，此約舉原文而成，蓬左本作「其請旗牌疏曰：據兵備副使楊璋呈，大明律失誤軍事條（中略）此賞格也。賞罰如此，宜乎人心激勸，功無不立。然而有未能者」（下引原疏二千餘字，亦略有删節潤色，原文見卷九申明賞罰以礪人心疏）；毛本此引文在「疏請申明賞罰」條下，其文云：「伏覩大明律内，該載失誤軍事（中略）此皆賞格也。賞罰如此，宜乎人心激勸，功無不立。然而未有能者，蓋以賞罰之典雖備」。
[四] 然罰典止行于參提之後而不行于臨陣對敵之時　蓬左本作「蓋以罰典行于參提之後，而不行于臨陣之時」。
[五] 賞格止行于大軍征勦之日　蓬左本作「賞格行于大軍征勦」。
[六] 而不行於尋常用兵之際故無成功　蓬左本作「而不行于尋常用兵故也。且以嶺北一道言之（中略）宜申明舊典」；毛本作「而不行於尋常用兵之際故也。合無申明賞罰之典」。
[七] 今後凡遇討賊　毛本作「今後但遇前項賊情」。
[八] 領兵官不拘軍衛有司所領兵衆　蓬左本「不拘」作「無論」，無「所」字。

者，許領兵官軍前以軍法從事；領兵官不用命者，許總統官軍前以軍法從事[一]。所領兵衆，有對敵擒斬功次[二]，或赴敵陣亡[三]，從實具報，覆實奏聞[四]，陞賞如制[五]。若生擒賊徒[六]，問明[七]，即押赴市曹[八]，斬之以徇[九]。庶使人知警畏[一〇]，亦可比于令典决不待

[一] 許總統官軍前以軍法從事　毛本「統」下有「兵」字。
[二] 所領兵衆有對敵擒斬功次　毛本作「所統兵衆，有能對敵擒斬功次」。
[三] 或赴敵陣亡　毛本「亡」下有「者」字。
[四] 覆實奏聞　蓬左本「覆」作「覈」；毛本作「覆覈是實，轉達奏聞」。
[五] 陞賞如制　毛本作「一體陞賞」。
[六] 若生擒賊徒　毛本「若」上有「至」字。
[七] 問明　毛本作「鞫問明白」。
[八] 即押赴市曹　蓬左本、毛本「即」下有「時」字。
[九] 斬之以徇　毛本作「斬首示衆」。
[一〇] 庶使人知警畏　蓬左本作「庶人知懼」。

時者[一]。如此，則賞罰既明，人心激勵，盜起即得撲滅[二]，糧餉可省，事功可建[三]。」又曰[四]：「古者賞不踰時，罰不後事。過時而賞，與無賞同；後事而罰，與不罰同。况過時而不賞，後事而不罰，其何以齊一人心，作興士氣？雖使韓、白爲將，亦不能有所成[五]。誠得以大軍誅賞之法[六]，責而行之於平時[七]，假臣等令旗令牌[八]，便宜行事[九]，如是而兵有

[一] 亦可比于令典决不待時者　毛本作「亦與見行事例决不待時無相悖戾」。
[二] 盜起即得撲滅　毛本作「盜賊生發，得以即時撲滅」。
[三] 事功可建　蓬左本「建」下有「呈乞奏聞議處（中略）但未申明而舉行耳」云云；毛本作「事功可見矣」，句下又有「夫盜賊之日滋，由於招撫之大濫；招撫之大濫，由於兵力之不足；兵力之不足，由於賞罰之不行。臣請因是爲陛下略言之。於是反覆四事，曲盡其詳，且曰」五十九字。
[四] 又曰　蓬左本無此二字。
[五] 亦不能有所成　蓬左本「成」下有「况如臣等腐儒（中略）略有可觀」云云；毛本無「又曰……亦不能有所成」六十二字。
[六] 誠得以大軍誅賞之法　毛本作「誠使得以大軍誅討之賞罰」。
[七] 責而行之於平時　蓬左本「時」下有「假臣等以便宜行事（中略）更爲申明」云云；毛本作「而行之平時」。
[八] 假臣等令旗令牌　蓬左本「假」上有「特」字；毛本「等」下有「以」字。
[九] 便宜行事　毛本「便」上有「使得」二字。

不精，賊有不滅，臣等亦無以逃其死矣[一]。」事下兵部，尚書王瓊覆奏[二]，以爲宜從所請。於是改巡撫爲提督，得以軍法從事[三]，欽給旗牌八面[四]，悉聽便宜。既而鎮守太監畢真謀于近倖，請監其軍。瓊奏以爲兵法最忌遥制，若使南贛用兵，而必待謀於省城鎮守，斷乎不可。惟省城有警，則聽南贛策應。事遂寢[五]。○按，敕諭有曰[六]：「江西南安、贛州地方，與福建汀、漳二府，廣東南、韶、潮、惠四府，及湖廣郴州桂陽縣，壤地相接，山嶺相連，其間盜賊不時生發，東追則西竄，南捕則北奔。蓋因地方各省[七]，事無統屬，彼此推調，難爲處置。先年嘗設有都御史一員，巡撫前項地方，就令督剿盜賊。但責任不專，類多因循苟且，不能申

[一] 臣等亦無以逃其死矣　蓬左本「矣」下有「夫任不專（中略）少逭死罪於萬一矣」云云。
[二] 事下兵部尚書王瓊覆奏　毛本作「兵部尚書王瓊等覆奏」。
[三] 於是改巡撫爲提督得以軍法從事　毛本無此十四字。
[四] 欽給旗牌八面　「欽」，毛本作「始」。
[五] 事下兵部……事遂寢　毛本此數語在下文敕諭引文之下。
[六] ○按敕諭有曰　毛本無「○按」字。
[七] 地方各省　「方」，換敕謝恩疏作「分」。

明賞罰以勵人心，致令盜賊滋多，地方受禍。今日所奏[一]，及各該部覆奏事理，特改命爾提督軍務，撫安軍民，修理城池，禁革奸弊。一應軍馬錢糧事宜，俱聽便宜區畫[二]，以足軍餉。但有盜賊生發，即便設法調兵剿殺，不許踵襲舊弊，招撫蒙蔽，重爲民患。其管領兵快人等官員，不問文職武職，若在軍前違期，并逗遛退縮者，俱聽軍法從事。生擒盜賊，鞫問明白，亦聽就行斬首示衆[三]。」

撫諭賊巢。

[一] 今日所奏　「日」，換敕謝恩疏作「因」。
[二] 俱聽便宜區畫　「俱」，國圖本、天圖本、叢刊本訛作「但」。
[三] 亦聽就行斬首示衆　毛本「衆」下引録遺言遺事：「先生常言，兵無定勢，謀貴從時。苟勢或因地而異便，則事宜量力以乘機。兵部尚書王瓊等覆奏云云（與上文略同）。○先生在贛，懸弓壁上，暇則就壁挽數十回，不令臂軟。少年酷好弓馬，奉命造威寧伯墳，墜馬吐血。蓋平生强力不懈若此。○先生在贛，平諸寇，未嘗調狼土一人。每有大征，密檄吉安各縣，發機兵若干人往。即羸弱，無損壞者。由先生能以身先，且善部勒，聚散不在兵耳。」按，「○按敕諭有曰……斬首示衆」云云，蓬左本無此條。

是時漳寇雖平[一]，而樂昌、龍川諸賊巢尚多嘯聚[二]，將用兵剿之[三]，先犒以牛酒銀布，復諭之曰[四]：「人之所共耻者[五]，莫過於身被爲盜賊之名[六]；人心之所共憤者，莫過於身遭劫掠之苦。今使有人駡爾等爲盜，爾必憤然而怒[七]。又使人焚爾室廬，劫爾財貨，掠爾妻女，爾必懷恨切骨，寧死必報。爾等以是加人，人其有不怨者乎？人同此心，爾寧獨不知？乃必欲爲此，其間想亦有不得已者。或是爲官府所迫，或是爲大户所侵，一時錯起念頭，誤入其中，後遂不敢出。此等苦情，亦甚可憫，然亦皆由爾等悔悟不切耳。爾等當時去做賊時[八]，是生

[一] 是時漳寇雖平　毛本無「是時」二字。
[二] 而樂昌龍川諸賊巢尚多嘯聚　蓬左本作「而龍川各賊巢尚多聚嘯」；毛本無「樂昌」二字。
[三] 將用兵剿之　蓬左本作「正欲平之」；毛本「剿」作「平」。
[四] 先犒以牛酒銀布復諭之曰　蓬左本作「先以撫諭，其文曰」；蓬左本、毛本「曰」下有「本院巡撫是方（中略）爾等豈不聞見」云云（原文見卷十六告諭浰頭巢賊）。
[五] 人之所共耻者　蓬左本、毛本「人」上有「夫」字。
[六] 莫過於身被爲盜賊之名　毛本無「爲」字。
[七] 爾必憤然而怒　毛本「憤」作「拂」；蓬左本、毛本「怒」下有「爾等豈可心惡其名而身蹈其實」十三字。
[八] 爾等當時去做賊時　毛本「賊」下有「之」字。

人尋死路[一]，尚且要去便去；今欲改行從善，是死人求生路[二]，乃反不敢耶[三]？若爾等肯如當初去做賊時拼死出來，求要改行從善，我官府豈有必要殺汝之理？爾等久習惡毒，忍於殺人，心多猜疑。豈知我上人之心，無故殺一鷄犬，尚且不忍，况於人命關天？若輕易殺之，冥冥之中，斷有還報，殃禍及於子孫，何苦而必欲爲此？我每爲爾等思念及此，輒至於終夜不能安寢[四]，亦無非欲爲爾等尋一生路。惟是爾等冥頑不化，然後不得已而興兵，此則非我殺之，乃天殺之也。今謂我全無殺人之心[五]，亦是誑爾；若謂必欲殺爾，又非吾之本心。爾等今雖從惡，其始同是朝廷赤子。譬如一父母同生十子，八人爲善，二人背逆，要害八人。父母之心，須去二人[六]，然後八人得以安生。均之爲子，父母之心，何故必欲偏殺二子，不得已也。吾於爾等，亦正如此。若此二子者，一旦悔惡遷善，號泣投誠，爲父母者，亦必哀憫而赦之。何

[一]　是生人尋死路　蓬左本、毛本「是」上有「乃」字。
[二]　是死人求生路　蓬左本、毛本「是」上有「乃」字。
[三]　乃反不敢耶　蓬左本「敢」下有「何」字；毛本「敢」作「改」。
[四]　輒至於終夜不能安寢　「安寢」，蓬左本作「寢安」。
[五]　今謂我全無殺人之心　「人」，蓬左本作「爾」。
[六]　須去二人　蓬左本「須」下有「除」字。

王文成公全書卷之十九

外集一

門人餘姚錢德洪編次
安成鄒守益葺録
泰和歐陽德校正
山陰王畿增葺
餘姚嚴中考訂

賦騷七首

太白樓賦 丙辰

歲丙辰之孟冬兮，泛扁舟予南征。凌濟川之驚濤兮[一]，覽層搆乎任城。曰太白之故居兮，儼高風之猶在。蔡侯導余以從陟兮，將放觀乎四海。木蕭蕭而亂下兮，江浩浩而無窮。鯨敖敖而湧海兮，鵬翼翼而承風。月生輝於采石兮，日留景於嶽峰。蔽長煙乎天姥兮，渺匡廬之雲松。慨昔人之安在兮，吾將上下求索而不可。蹇予雖非白之儔兮，遇季真之知我。羌後人之視今兮，又烏知其不果？吁嗟太白公奚爲其居此兮？余奚爲其復來？倚穹霄以流盼兮，固千載之一哀。

昔夏桀之顛覆兮，尹退乎莘之野。成湯之立賢兮，迺登庸而伐夏。謂鼎俎其要說兮，維黨人之擠詬。曾聖哲之匡時兮，夫焉前枉而直後。當天寶之末代兮，淫好色以信讒。惡來、妹喜其猖獗兮，衆皆狐媚以貪婪。判獨毅而不顧兮，爰命夫以僕妾之役。寧直死以顑頷兮[二]，夫焉患得而局促。開元之紹基兮，亦遑遑其求理。生逢時以就列兮，固雲臺麟閣而容與。夫何漂泊于天之涯兮，登斯樓乎延佇。信流俗之嫉妬兮，自前世而固然。懷夫子之故都兮，沛余涕之湲湲。廟堂之偃蹇兮，或非情之所好。惟不合於斯世兮，恣沉酣而遠眺。

[一] 凌濟川之驚濤兮　「川」，董本作「州」。

[二] 寧直死以顑頷兮　「頷」，底本訛作「頜」，據董本、文淵閣本、摛藻堂本改。

進吾不遇於武丁兮，退吾將顔氏之簞瓢。奚麯蘖其昏迷兮，亦夫子之所逃。管仲之輔糾兮，孔聖與其改行。佐璘而失節兮，始以見道之未明。覩夜郎之有作兮，横逸氣以徘徊。亦初心之無他兮，故雖悔而弗摧。吁嗟其誰無過兮，抗直氣之爲難。輕萬乘於褐夫兮，固孟軻之所嘆。曠絶代而相感兮，望天宇之漫漫。去夫子其千祀兮，世益隘以周容。媒婦妾以馳騖兮，又從而爲之吮癰。賢者化而改度兮，兢規曲以爲同[一]。

卒曰[二]：嶧山青兮河流瀉，風颼颼兮澹平野。凭高樓兮不見，舟楫紛兮樓之下。舟之人兮儼服，亦有庶幾夫子之蹤者。

九華山賦

壬戌

循長江而南下，指青陽以幽討。啓鴻濛之神秀，發九華之天巧。非效靈於坤軸，孰搆奇於玄造？涉五溪而徑入，宿無相之窈窕。訪王生於邃谷，掬金沙之清潦[三]。凌風雨乎半霄，登望

[一] 兢規曲以爲同　「兢」，文淵閣本、擒藻堂本作「競」。

[二] 卒曰　黄本、閭本、董本、范本、聞本、鄒本、宋本、邵本無此二字。

[三] 掬金沙之清潦　「掬」，董本、邵本、擒藻堂本作「掬」。

江而遠眺。步千仞之蒼壁，俯龍池於深窅。吊謫仙之遺迹，躋化城之縹緲。飲鉢盂之朝露〔一〕，見蓮花之孤標。扣雲門而望天柱，列仙舞於晴昊。儼雙椒之闢門，真人駕陽雲而獨蹻。翠蓋平臨乎石照，綺霞掩映乎天姥。二神升於翠微，九子鄰於積稻。炎熇起於玉甑，爛石碑之文藻。回澄秋於枕月，建少微之星旄。覆甌承滴翠之餘瀝，展旗立雲外之旌纛。下安禪而步逍遥，覽雙泉於松杪。踰西洪而憇黄石，懸百丈之灝灝。瀨流觴而縈紆，遺石船於澗道。呼白鶴於雲峰，釣嘉魚於龍沼。倚透碧之峗屼，謝塵寰之紛擾。攀齊雲之巉峭，鑑琉璃之浩渶。沿東陽而西歷，殞九節之蒲草。樵人導余以冥探，排碧雲之瑶島。群巒翳其繆藹，失陰陽之昏曉。垂七布之沉沉，靈龜隱而復佻。履高僧而屧招賢，開白日之杲杲。試明茗於春陽〔二〕，汲垂雲之淵湫。凌繡壁而據石屋，何文殊螺髻之蟠糾。梯拱辰而北盻，隳遺光於拾寶。緇裳迓於黄匏，休圓寂之幽俏。

烏呼春於叢篁，和雲韶之鷕鷕。唤起促余之晨興，落星河於簷橑。護山嘎其驚飛，怪遊人之太早。攬卉木之如濯，被晨暉而争姣。静鑱聲之剥啄，幽人劚參蕨於冥杳。碧鷄㖃於青林，鵰翻雲而失皓。隱搗藥於樛蘿，挾提壺餅焦而翔繞。鳳凰承盂冠以相遺，飲沉瀣之仙醥。羞竹實以嬉翱，

〔一〕飲鉢盂之朝露　「飲」，國圖本、天圖本、叢刊本、文淵閣本、摛藻堂本訛作「欽」。

〔二〕試明茗於春陽　「明」，黄本、閭本、董本、范本、聞本、宋本、邵本作「胡」。

集梧枝之娟娟。嵐欲雨而霏霏，鳴濕濕於蘴葆。躐三遊而轉青峭，拂天香於茫渺。席泓潭以濯纓，浮桃瀉而揚縞。淙澌澌而落蔭，飲猿猱之捷狡。睨斧柯而昇大還，望會仙於雲表。憫子京之故宅，款知微之碧桃。倏金光之閃映，睫累景於穹坳。弄玄珠於赤水，舞千尺之潛蛟。並花塘而峻極，散香林之迴飈。撫浮屠之突兀，泛五釵之翠濤。襲珍芳於絶巘，裊金步之摇摇。莎羅躑躅芬敷而燦燿，幢玉女之妖嬌。搴龍鬚於靈寶，墮鉢囊之飄飄。開仙掌於嶔嵌，散青馨之迢迢。披白雲而踸崇壽，見叅錯之僧寮。日既夕而山冥，掛星辰於巀嶭。宿南臺之明月，虎夜嘯而羆嘷。鹿麋群遊於左右，若將侶幽人之岑寥。迥高寒其無寐，聞冰壑之洞簫。溪女厲晴瀧而曝朮，雜精苓之春苗。邀予觴以玉液，飯玉粒之瓊瑶。溘辭予而遠去，颯霞裾之飄飄。復中峰而悵望，或仙蹤之可招。迺下見陽陵之蜿蜒，忽有感於子明之宿要。逝予將遺世而獨立，採石芝於層霄。雖長處於窮僻，迺永離乎囮囂。

彼蒼黎之緝緝，固吾生之同胞。苟顛連之能濟，吾豈靳於一毛？矧狂胡之越獗，王師局而奔勞。吾寧不欲請長纓於闕下，快平生之鬱陶。顧力微而任重，懼覆敗於或遭。又出位以圖遠，將無誚於鴟鶚。嗟有生之迫隘，等滅没於風泡。亦富貴其奚爲，猶榮蕣之一朝。曠百世而興感，蔽雄傑於蓬蒿。吾誠不能同草木而腐朽，又何避乎群喙之呶呶。已矣乎！吾其鞭風霆而騎日月，被儿霞之翠袍。搏鵬翼於北溟，釣三山之巨鰲。道崑崙而息駕，聽王母之雲璈。呼浮丘於子晉，招勾曲之三茅。長遨遊於碧落，共太虛而逍遥。

亂曰：蓬壺之藐藐兮，列仙之所逃兮。九華之矯矯兮，吾將於此巢兮。匪塵心之足攪兮，念鞠育之劬勞兮。苟初心之可紹兮，永矢弗撓兮。

吊屈平賦

丙寅[一]

正德丙寅，某以罪謫貴陽[二]，取道沅湘，感屈原之事，爲文而吊之。其詞曰：

山黯慘兮江夜波，風颼颼兮木落森柯。汎中流兮焉泊？湛椒醑兮吊湘纍。雲冥冥兮月星蔽晦，冰崚嶒兮霰又下。纍之宫兮安在？悵無見兮愁予。高岸兮嶔崎，紛糾錯兮樛枝。下深淵兮不測[三]，穴澒洞兮蛟螭。山岑兮無極，空谷谽谺兮迴寥寂。猿啾啾兮吟雨，熊羆嗥兮虎交蹟。念纍之窮兮焉托處？四山無人兮駭狐鼠。魑魅遊兮群跳嘯，瞰出入兮爲纍姦宄。嫉纍正直兮反詆

[一] 丙寅　據長編，本篇當作於正德戊辰，作「丙寅」，蓋涉正文「正德丙寅」而誤。

[二] 某以罪謫貴陽　「某」，居夷集、九大本作「守仁」。

[三] 下深淵兮不測　「測」，國圖本、天圖本、叢刊本訛作「惻」。

爲殃，昵比上官兮子蘭爲臧。幽叢薄兮疇侶，懷故都兮增傷。望九疑兮參差，就重華兮陳辭。沮積雪兮磵道絶，洞庭渺邈兮天路迷。要彭咸兮江潭，召申屠兮使驂。娥鼓瑟兮馮夷舞，聊遨遊兮湘之浦。乘回波兮泊蘭渚，睠故都兮獨延佇。君不還兮郢爲墟，心壹鬱兮欲誰語？郢爲墟兮函崤亦焚，讒鬼逋戮兮快不酬冤。歷千載兮耿忠悃，君可復兮排帝閽。望逌迹兮渭陽，箕罹囚兮其佯以狂。艱貞兮晦明，懷若人兮將予退藏。宗國淪兮摧腑肝，忠憤激兮中道難。勉低回兮不忍，溘自沉兮心所安。雄之諛兮讒喙，衆狂穉兮謂纍揚己。爲魈爲魅兮爲讒媵妾，纍視若鼠兮佞顡有泚。纍忽舉兮雲中，龍莳晻靄兮飄風[一]。横四海兮倏忽，駟玉虬兮上衝。降望兮大壑，山川蕭條兮漭寥廓[二]。逝遠去兮無窮，懷故都兮蜷局。

亂曰：日西夕兮沅湘流，楚山嵯峨兮無冬秋。纍不見兮涕泗，世愈隘兮孰知我憂？

思歸軒賦

庚辰

陽明子之官于虔也，廨之後喬木蔚然，退食而望，若處深麓，而遊於其鄉之園也。構軒其下，

[一] 龍莳晻靄兮飄風　「莳」，文淵閣本作「旂」，擒藻堂本作「旗」。

[二] 山川蕭條兮漭寥廓　「漭」，文淵閣本作「莽」，擒藻堂本作「漭」。

而名之曰「思歸」焉。門人相謂曰：「歸乎？夫子之役役於兵革，而没没於徽纏也[一]，而靡寒暑焉，而靡昏朝焉，而髮蕭蕭焉，而色焦焦焉。雖其心之固囂囂也，而不免於呶呶焉，嘵嘵焉，亦奚爲乎槁中竭外，而徒以勞勞焉爲乎哉？且長谷之迢迢也，窮林之寥寥也，而耕焉，而樵焉，亦焉往而弗宜矣。夫退身以全節，大知也；斂德以亨道[二]，大時也；怡神養性以遊於造物，大熙也。又夫子之夙期也，而今日之歸，又奚以思爲乎哉？」則又相謂曰：「夫子之思歸也，其亦在陳之懷歟？吾黨之小子其狂且簡[三]，倀倀然若瞽之無與偕也。非吾夫子之歸，孰從而裁之乎？」則又相謂曰：「嗟乎！夫子而得其歸也，斯士之人爲失其歸矣乎？天下之大也，而皆若是焉，其誰與爲理乎？雖然，夫子而得其歸也，而後得於道。惟夫天下之不得於道也，故若是其貿貿。夫道得而志全，志全而化理，化理而人安，則夫斯人之徒，亦未始爲不得其歸也。而今日之歸，又奚疑乎？而奚以思爲乎？」

陽明子聞之，憮然而嘆曰：「吾思乎？吾思乎？吾親老矣，而暇以他爲乎？雖然，之言也，

[一] 而没没於徽纏也　「纏」，閭本、董本、文淵閣本、摛藻堂本作「纆」。
[二] 斂德以亨道　「德」，黄本、閭本作「得」。
[三] 其狂且簡　「且」，黄本、閭本、董本、范本作「其」。

其始也，吾私焉；其次也，吾資焉；又其次也，吾幾焉。」乃援琴而歌之，歌曰：「歸兮歸兮，又奚疑兮？吾行日非兮，吾親日衰兮，胡不然兮？日思予旋兮，後悔可遷兮？歸兮歸兮，二三子之言兮！」

咎言 丙寅

正德丙寅冬十一月，守仁以罪下錦衣獄，省愆内訟，時有所述，既出而録之[一]。

何玄夜之漫漫兮，悄予懷之獨結。嚴霜下而增寒兮，皦明月之在隙。風呶呶以憎木兮，鳥驚呼而未息。魂營營以惝恍兮，目窅窅其焉極。懔寒飈之中人兮，杳不知其所自。夜展轉而九起兮，沾予襟之如泗。胡定省之弗遑兮，豈荼甘之如薺？懷前哲之耿光兮，耻周容以爲比。何天高之冥冥兮，孰察予之衷？予匪戚於累囚兮，牿匪予之爲恫。沛洪波之浩浩兮，造雲阪之濛濛。稅予駕其安止兮，終予去此其焉從？孰瘿瘰之在頸兮，謂累足之何傷[二]。熏目而弗顧兮，惟盲者以

[一] 居夷集、九大本小序在詩題「咎言」之前，九大本小序之前題「獄中稿正德丙寅年上疏忤逆瑾」十三字，則小序爲獄中稿序。
[二] 謂累足之何傷 「累」，居夷集、九大本作「予」。

爲常。孔訓之服膺兮，惡訐以爲直。辭婉孌期巷遇兮，豈予言之未力？皇天之無私兮，鑒予情之靡他。寧保身之弗知兮，膺斧鑕之謂何？蒙出位之爲愆兮，信愚忠而蹈亟。苟聖明之有裨兮，雖九死其焉恤。

亂曰：予年将中，歲月遒兮。深谷崆峒，逝息遊兮。飄然凌風，八極周兮。孰樂之同，不均憂兮。匪修名崇仁之求兮，出處時從天命何憂兮[一]！

守儉弟歸曰仁歌楚聲爲别予亦和之

庭有竹兮青青，上喬木兮鳥嚶嚶。妹之來兮，弟與偕行。竹青青兮雨風，鳥嚶嚶兮西東。弟之歸兮，兄誰與同？江雲闇兮暑雨，江波渺渺兮愁予。弟别兄兮須臾，兄思弟兮何處？景翳翳兮桑榆，念重闈兮離居。路修遠兮崎嶮，沮風波兮江湖。山有洞兮洞有雲，深林窅窅兮澗道曛。松落落兮葛櫐櫐，猿啾啾兮鶴怨群。山之人兮不歸，山鬼晝嘯兮下上煙霏。風嫋嫋兮桂花落，草凄

[一] 出處時從天命何憂兮 「憂」，居夷集、九大本作「尤」。

凄兮春日遲[一]。葺予屋兮雲間，荒予圃兮溪之陽。驅虎豹兮無踐我藋，擾麋鹿兮無駭我場。解予綬兮鍾阜，委予佩兮江湄。往者不可追兮，嘆鳳德之日衰。将沮溺其耦耕兮，孰接輿之避予。回予駕兮扶桑，鼓予枻兮滄浪。終携汝兮空谷，採三秀兮徜徉。

祈雨辭 正德丙子南贛作。

嗚呼！十日不雨兮，田且無禾。一月不雨兮，川且無波。一月不雨兮，民已爲疴。再月不雨兮，民將奈何？小民無罪兮，天無咎民。撫巡失職兮，罪在予臣。嗚呼！盜賊兮爲民大屯，天或罪此兮，赫威降嗔。民則何罪兮[二]，玉石俱焚。嗚呼！民則何罪兮，天何遽怒？油然興雲兮，雨兹下土。彼罪曷逋兮，哀此窮苦。

歸越詩三十五首 弘治壬戌年，以刑部主事告病歸越并楚遊作。

[一] 草凄凄兮春日遲 「凄凄」，國圖本、天圖本、叢刊本、文淵閣本、摛藻堂本作「萋萋」。

[二] 民則何罪兮 「民」，國圖本、天圖本、叢刊本、文淵閣本、摛藻堂本作「臣」。

遊牛峰寺四首 牛峰今改名浮峰。

洞門春靄閉深松[一]，飛磴纏空轉石峰。猛虎踞崖如出柙，斷螭蟠頂訝懸鐘。金城絳闕應無處，翠壁丹書尚有踪。天下名區皆一到，此山殊不厭來重。

縈紆鳥道入雲松，下數湖南百二峰。巖犬吠人時出樹，山僧迎客自鳴鐘。凌飈陟险真扶病，異日探奇是舊踪。欲扣靈關問丹訣，春風蘿薜隔重重。

偶尋春寺入層峰，曾到渾疑是夢中。飛鳥去邊懸棧道，馮夷宿處有幽宫。溪雲晚度千巖雨，海月凉飄萬里風。夜擁蒼崖卧丹洞，山中亦自有王公。

一卧禪房隔歲心，五峰煙月聽猿吟。飛湍映樹懸蒼玉，香粉吹松落細金[二]。翠壁年多霜蘚合，石牀春盡雨花深。勝遊過眼俱陳迹，珍重新題滿竹林。

[一] 洞門春靄閉深松　「閉」，國圖本、天圖本、叢刊本、文淵閣本、摛藻堂本作「蔽」。

[二] 香粉吹松落細金　「松」，底本訛作「香」，文淵閣本作「花」，摛藻堂本改「香粉」作「蠡粉」，據王本、九大本、黄本、閭本、董本、范本、宋本、邵本改。

又四絶句[一]

翠壁看無厭，山池坐益清。深林落輕葉，不道是秋聲。
怪石有千竅，老松多半枝。清風灑巖洞，是我再來時。
人間酷暑避不得，清風都在深山中。池邊一坐即三日，忽見巖頭碧樹紅。
兩到浮峰興轉劇，醉眠三日不知還。眼前風景色色異，惟有人聲似世間。

姑蘇吴氏海天樓次鄺尹韻

晴雪吹寒春事濃，江樓三月尚殘冬。青山暗逐回廊轉，碧海真成捷徑通[二]。風暖簷牙雙燕劇，雲深簾幕萬花重。倚闌天北疑回首，想像丹梯下六龍。

山中立秋日偶書

風吹蟬聲亂，林卧驚新秋。山池静澄碧，暑氣亦已收。青峰出白雲，突兀成瓊樓。袒裼坐溪石，

[一] 又四絶句　王本題作「牛峰寺」。
[二] 碧海真成捷徑通　「海」，王本、九大本作「漢」。

對之心悠悠。倏忽無定態，變化不可求。浩然發長嘯，忽起雙白鷗。

夜雨山翁家偶書[一]

山空秋夜静，月明松檜凉。沿溪步月色，溪影摇空蒼。山翁隔水語，酒熟呼我嘗。褰衣涉溪去，笑引開竹房。謙言值暮夜，盤飧百無將。露華明橘柚，摘獻冰盤香。洗盞對酬酢，浩歌入蒼茫。醉拂巖石卧，言歸遂相忘。

尋春

十里湖光放小舟，謾尋春事及西疇。江鷗意到忽飛去，野老情深只自留。日暮草香含雨氣[二]，九峰晴色散溪流。吾儕是處皆行樂，何必蘭亭説舊遊？

西湖醉中謾書二首

[一]　夜雨山翁家偶書　王本「夜」上有「月」字。

[二]　日暮草香含雨氣　「日」，王本、九大本、黄本、閭本、董本、范本作「薄」。

十年塵海勞魂夢，此日重來眼倍清。好景恨無蘇老筆，乞歸徒有賀公情。白鳥飛處青林晚，翠壁明邊返照晴。爛醉湖雲宿湖寺，不知山月墮江城。

掩映紅粧莫謾猜，隔林知是藕花開。共君醉卧不須到，自有香風拂面來。

九華山下柯秀才家

蒼峰抱層嶂[一]，翠瀑繞雙溪[二]。下有幽人宅，蘿深客到迷[三]。

夜宿無相寺

春宵卧無相，月照五溪花。掬水洗雙眼，披雲看九華。巖頭金佛國，樹杪謫仙家。彷佛聞笙鶴，青天落絳霞。

[一] 蒼峰抱層嶂　「峰」，王本、九大本作「松」。
[二] 翠瀑繞雙溪　王本、九大本作「白瀑流雙溪」。
[三] 蘿深客到迷　「迷」，王本、九大本作「稀」。

題四老圍棋圖

世外煙霞亦許時，至今風致後人思。却懷劉項當年事，不及山中一着棋。

無相寺三首 [一]

老僧巖下屋，繞屋皆松竹。朝聞春鳥啼，夜伴巖虎宿。

坐望九華碧，浮雲生曉寒。山靈應秘惜，不許俗人看。

静夜聞林雨，山靈似欲留。只愁梯石滑，不得到峰頭。

化城寺六首

化城高住萬山深，樓閣憑空上界侵。天外清秋度明月，人間微雨結浮陰[二]。鉢龍降處雲生座，巖虎歸時風滿林。最愛山僧能好事，夜堂燈火伴孤吟。

[一] 以下「坐望」「静夜」二首，王本、九大本題作「無相寺夜宿聞雨」。

[二] 人間微雨結浮陰 「微」，黄本爲墨釘，范本作「細」。

雲裏軒窗半上鈎，望中千里見江流。高林日出三更曉，幽谷風多六月秋。仙骨自憐何日化[一]，塵緣翻覺此生浮。夜深忽起蓬萊興，飛上青天十二樓。

雲端鼓角落星斗，松頂袈裟散雨花。一百六峰開碧漢，八十四梯踏紫霞。山空仙骨葬金槨，春暖石芝抽玉芽。獨揮談塵拂煙霧，一笑天地真無涯。

化城天上寺，石磴入星躔。雲外開丹井，峰頭耕石田。月明猿聽偈，風静鶴參禪。今日指雙眼，幽懷二十年。

僧屋煙霏外，山深絶世譁。茶分龍井水，飯帶石田砂。香細雲嵐雜，窗高峰影遮。林棲無一事，終日弄丹霞。

突兀開穹閣，氤氳散曉鍾。飯遺黄稻粒，花發五釵松。金骨藏靈塔，神光照遠峰。微茫竟何是，老衲話遺踪。

李白祠二首

千古人豪去，空山尚有祠。竹深荒舊徑，蘚合失殘碑。雲雨羅文藻，溪泉繫夢思。老僧殊未解，

[一] 仙骨自憐何日化　「憐」，黄本、閭本、董本、范本作「懷」。

猶自索題詩。

謫仙棲隱地，千載尚高風。雲散九峰雨，巖飛百丈虹。寺僧傳舊事，詞客吊遺踪。回首蒼茫外，青山感慨中。

雙峰

凌崖望雙峰，蒼茫竟何在？載拜西北風，爲我掃浮靄。

蓮花峰

夜静凉飈發，輕雲散碧空。玉鈎掛新月，露出青芙蓉。

列仙峰

靈峭九萬丈，參差生曉寒。僊人招我去，揮手青雲端。

雲門峰

雲門出孤月，秋色坐蒼濤。夜久群籟絕，獨照宮錦袍。

芙蓉閣二首

青山意不盡，還向月中看。明日歸城市，風塵又馬鞍。

巖下雲萬重，洞口桃千樹。終歲無人來，惟許山僧住。

書梅竹小畫

寒倚春霄蒼玉杖，九華峰頂獨歸來。柯家草亭深雲裏[一]，却有梅花傍竹開。

山東詩六首 弘治甲子年起復，主試山東時作。

[一] 柯家草亭深雲裏　「雲」，黄本、閭本、董本、范本、閩本、宋本、邵本作「雪」。

登泰山五首

曉登泰山道，行行入煙霏。陽光散巖壑，秋容淡相輝[一]。雲梯掛青壁，仰見蛛絲微。長風吹海色，飄颻送天衣。峰頂動笙樂，青童兩相依。振衣將往從，凌雲忽高飛。揮手若相待，丹霞閃餘暉。凡軀無健羽，悵望未能歸。

二

天門何崔嵬，下見青雲浮。泱漭絶人世，迥豁高天秋。暝色從地起，夜宿天上樓。天鷄鳴半夜，日出東海頭。隱約蓬壺樹，縹緲扶桑洲。浩歌落青冥，遺響入滄流。唐虞變楚漢，滅没如風漚。藐矣鶴山僊，秦皇豈堪求？金砂費日月，頹顔竟難留。吾意在龐古，冷然馭凉飇。相期廣成子，太虚顯遨遊。枯槁向巖谷，黄綺不足儔。

[一] 秋容淡相輝　「輝」，王本、九大本作「揮」。

三

窮崖不可極[一]，飛步淩煙虹。危泉瀉石道，空影垂雲松。千峰互攢簇，掩映青芙蓉。高臺倚巉削，傾側臨崆峒。失足墮煙霧，碎骨顛崖中。下愚竟難曉，摧折紛相從。吾方坐日觀，披雲笑天風。赤水問軒后，蒼梧叫重瞳。隱隱落天語，閶闔開玲瓏。去去勿復道，濁世將焉窮。

四

塵網苦羈縻，富貴真露草。不如騎白鹿，東遊入蓬島。朝登太山望，洪濤隔縹緲。陽輝出海雲，來作天門曉。遥見碧霞君，翩翻起員嶠[二]。玉女紫鸞笙，雙吹入晴昊。舉首望不及，下拜風浩浩。擲我玉虚篇，讀之殊未了。傍有長眉翁，一一能指道。從此煉金砂，人間迹如掃。

五

我才不救時，匡扶志空大。置我有無間，緩急非所賴。孤坐萬峰巔，嗒然遺下塊。已矣復何

[一] 窮崖不可極 「窮」，王本、九大本、董本作「穹」。
[二] 翩翻起員嶠 「翻」，國圖本、天圖本、叢刊本、文淵閣本、摛藻堂本作「翩」。

求，至精諒斯在。澹泊非虚杳，灑脱無芥蔕。世人聞予言，不笑即吁怪。吾亦不强語，惟復笑相待。魯叟不可作，此意聊自快。

泰山高次王内翰司獻韻

歐生誠楚人，但識廬山高。廬山之高猶可計尋丈，若夫泰山，仰視恍惚，吾不知其尚在青天之下乎？其已直出青天上？我欲仿擬試作泰山高，但恐培塿之見[一]，未能測識高大，筆底難具狀。扶輿磅薄元氣鍾，突兀半遮天地東。南衡北恒西泰華[二]，俯視傴僂誰争雄？人寰茫昧乍隱見，雷雨初解開鴻濛。繡壁丹梯，煙霏靄䨴。海日初湧，照耀蒼翠。平麓遠抱滄海灣，日觀正與扶桑對。聽濤聲之下瀉，知百川之東會。天門石扇，豁然中開。幽崖邃谷，襞積隱埋。中有遯世之流，龜潛雌伏，飱霞吸秀於其間，往往怪譎多僊才。上有百丈之飛湍，懸空絡石，穿雲而直下，其源

[一] 但恐培塿之見　「恐培塿」，王本、九大本、宋本、邵本作「恐丘垤」，黄本、閭本、董本、范本作「見丘垤」。

[二] 南衡北恒西泰華　「泰」，王本、九大本、黄本、閭本、董本、范本、宋本、邵本作「有」。

疑自青天來。巖頭膚寸出煙霧，須臾滂沱遍九垓。古來登封七十二主，後來相效，紛紛如雨。玉檢金函無不爲，只今埋没知何許？但見白雲猶復起封中，斷碑無字，天外日日磨剛風[一]。飛塵過眼倏超忽，飄蕩豈復有遺踪[二]？天空翠華遠，落日辭千峰。魯郊獲麟，岐陽會鳳。明堂既毁，閟宫興頌。宣尼曳杖，逍遥一去不復來。幽泉嗚咽而含悲，群巒拱揖如相送。俯仰宇宙，千載相望。墮山喬嶽，尚被其光。峻極配天，無敢頡頏。嗟予瞻眺門墻外，何能彷彿窺室堂。也來攀附躡遺迹[三]，三千之下，不知亦許再拜占末行？吁嗟乎！泰山之高，其高不可極。半壁回首，此身不覺已在東斗傍。

京師詩八首

弘治乙丑年，改除兵部主事時作。

[一] 天外日日磨剛風　「日日」，國圖本、天圖本、叢刊本、文淵閣本、摛藻堂本作「日月」。

[二] 飄蕩豈復有遺踪　「有遺」，王本、九大本、黄本、閭本、董本、范本作「留其」。

[三] 也來攀附躡遺迹　「躡」，底本訛作「攝」，據王本、九大本、黄本、閭本、董本、范本改。

憶龍泉山[一]

我愛龍泉寺，寺僧頗踈野。盡日坐井欄，有時卧松下。一夕别山雲，三年走車馬。媿殺巖下泉，朝夕自清瀉。

憶諸弟

久别龍山雲，時夢龍山雨。覺來枕簟凉，諸弟在何許？終年走風塵，何似山中住。百歲如轉蓬，拂衣從此去。

寄舅

老舅近何如？心性老不改。世故惱情懷，光陰不相待。借問同輩中，鄉鄰幾人在？從今且爲樂，舊事無勞悔[二]。

[一] 自此以下八首，王本、九大本統題作「雜詩」。

[二] 舊事無勞悔　「舊」，王本、九大本、黄本、閭本、范本作「清」。

送人東歸

五洩佳山水，平生思一遊。送子東歸省，蓴鱸況復秋。幽探須及壯，世事苦悠悠。來歲春風裏，長安憶故丘。

寄西湖友

予有西湖夢，西湖亦夢予。三年成闊别，近事竟何如？況有諸賢在，他時終卜廬。但恐吾歸日，君還軒冕拘。

贈陽伯

陽伯即伯陽，伯陽竟安在？大道即人心，萬古未嘗改。長生在求仁，金丹非外待。繆矣三十年，于今吾始悔。

故山

鑑水終年碧，雲山盡日閑。故山不可到，幽夢每相關。霧豹言長隱，雲龍欲共攀。緣知丹壑意，未勝紫宸班。

憶鑑湖友

長見人來説，扁舟每獨遊。春風梅市晚，月色鑑湖秋。空有煙霞好，猶爲塵世留。自今當勇往，先與報江鷗。

獄中詩十四首

正德丙寅年十二月，以上疏忤逆瑾下錦衣獄作。

不寐

天寒歲云暮，冰雪關河迥。幽室魍魎生，不寐知夜永。驚風起林木，驟若波浪洶。我心良匪石，詎爲戚欣動[一]。滔滔眼前事，逝者去相踵。崖窮猶可陟，水深猶可泳。焉知非日月，胡爲亂予衷。深谷自逶迤，煙霞日悠永[二]。匡時在賢達，歸哉盍耕壠。

有室七章

有室如簾，周之崇墉。窒如穴處，無秋無冬。
耿彼屋漏，天光入之。瞻彼日月，何嗟及之。
倏晦倏明，凄其以风。倏雨倏雪，當晝而蒙。
夜何其矣，靡星靡粲。豈無白日，寤寐永嘆。
心之憂矣，匪家匪室。或其啓矣，殞予匪恤。
氤氳其埃，日之光矣。淵淵其鼓，明既昌矣[三]。
朝既式矣，日既夕矣。悠悠我思，曷其極矣。

[一] 詎爲戚欣動 「詎」，底本訛作「鉅」，據閭本、董本、文淵閣本、摛藻堂本改。

[二] 煙霞日悠永 「悠永」，居夷集、九大本、董本、范本作「澒洞」。

[三] 明既昌矣 「明」，居夷集、九大本、黄本、閭本、董本、范本、聞本、鄒本、宋本、邵本作「朝」。

讀易

囚居亦何事？省愆懼安飽。瞑坐玩羲易，洗心見微奧。乃知先天翁，畫畫有至教。包蒙戒爲寇，童牿事宜早。蹇蹇匪爲節，虩虩未違道。遯四獲我心，蠱上庸自保。俛仰天地間，觸目俱浩浩。簞瓢有餘樂，此意良匪矯。幽哉陽明麓，可以忘吾老。

歲暮

兀坐經旬成木石，忽驚歲暮還思鄉。高簷白日不到地，深夜黠鼠時登床。峰頭霽雪開草閣，瀑下古松閒石房。溪鶴洞猿爾無恙，春江歸棹吾相將。

見月

屋罅見明月，還見地上霜。客子夜中起，旁皇涕沾裳。匪爲嚴霜苦，悲此明月光。月光如流水，徘徊照高堂。胡爲此幽室，奄忽踰飛揚。逝者不可及，來者猶可望。盈虛有天運，嘆息何能忘。

天涯

天涯歲暮冰霜結，永巷人稀罔象遊。長夜星辰瞻閣道，曉天鐘鼓隔雲樓。思家有淚仍多病，報主無能合遠投。留得昇平雙眼在，且應簑笠卧滄洲。

屋罅月

幽室不知年，夜長晝苦短。但見屋罅月，清光自虧滿。佳人宴清夜，繁絲激哀管。朱閣出浮雲，高歌正凄婉。寧知幽室婦，中夜獨愁嘆。良人事遊俠，經歲去不反。來歸在何時？年華忽將晚。蕭條念宗祀，淚下長如霰。

别友獄中

居常念朋舊，簿領成闊絶。嗟我二三友，胡然此簪盍？累累囹圄間，講誦未能輟。桎梏敢忘罪，至道良足悦。所恨精誠眇，尚口徒自蹶。天王本明聖，旋已但中熱。行藏未可期，明當與君别。

願言毋詭隨[一]，努力從前哲。

赴謫詩五十五首 正德丁卯年，赴謫貴陽龍場驛作。

答汪抑之三首

去國心已恫，別子意彌惻。伊邇怨昕夕，況茲萬里隔。戀戀歧路間，執手何能默？子有昆弟居，而我遠親側。回思菽水懽，羡子何由得。知子念我深，夙夜敢忘惕。良心忠信資[二]，蠻貊非我戚。

北風春尚號，浮雲正南馳。風雲一相失，各在天一涯。客子懷往路，起視明星稀。驅車赴長阪，迢迢入嵐霏。旅宿蒼山底[三]，霧雨昏朝彌。間關不足道，嗟此白日微。切磋懷良友，願言毋心違。

聞子賦茆屋，來歸在何年？索居間楚越，連峰鬱參天。緬懷巖中隱，磴道窮扳緣。江雲動蒼壁，山月流澄川。朝採石上芝，暮漱松間泉。鵝湖有前約，鹿洞多遺編。寄子春鴻書，待我秋江船。

[一] 願言毋詭隨 「毋」，國圖本、天圖本、叢刊本、文淵閣本、摛藻堂本作「無」。

[二] 良心忠信資 「心」，居夷集、九大本作「無」。

[三] 旅宿蒼山底 「山」，居夷集、九大本、黄本、閭本、董本、范本、宋本、邵本作「峽」。

陽明子之南也其友湛元明歌九章以贈崔子鍾和之以五詩於是陽明子作八詠以答之

君莫歌九章，歌以傷我心[一]。微言破寥寂，重以離別吟。別離悲尚淺，言微感逾深。瓦缶易諧俗，誰辯黄鐘音？

其二

君莫歌五詩，歌之增離憂。豈無良朋侣，洵樂相遨遊。譬彼桃與李，不爲倉囷謀。君莫忘五詩，忘之我焉求？

其三

洙泗流浸微，伊洛僅如綫。後來三四公，瑕瑜未相掩。嗟予不量力，跛蹩期致遠。屢興還屢仆，

[一] 歌以傷我心 「以」，居夷集、九大本、董本、范本作「之」。

惴息幾不免[一]。道逢同心人，秉節倡予敢。力争毫厘間，萬里或可勉。風波忽相失，言之淚徒泫。

其四

此心還此理，寧論己與人。千古一噓吸，誰爲嘆離群。浩浩天地内，何物非同春。相思輒奮勵，無爲俗所分。但使心無間，萬里如相親。不見宴遊交，徵逐胥以淪。

其五

器道不可離，二之即非性。孔聖欲無言，下學從泛應。君子勤小物，蘊蓄乃成行。我誦窮索篇，於子既聞命。如何圜中士，空谷以爲静？

其六

静虚匪虚寂，中有未發中。中有亦何有？無之即成空。無欲見真體，忘助皆非功。至哉玄化機，非子孰與窮？

[一] 惴息幾不免　「惴」，居夷集、董本作「喘」。

其七

憶與美人別，贈我青琅函。受之不敢發，焚香始開椷。諷誦意彌遠，期我濂洛間。道遠恐莫致，庶幾終不慚。

其八

憶與美人別，惠我雲錦裳。錦裳不足貴，遺我冰雪腸。寸腸亦何遺，誓言終不渝。珍重美人意，深秋以爲期。

南遊三首

元明與予有衡嶽、羅浮之期，賦南遊，申約也[一]。

南遊何迢迢，蒼山亦南馳。如何衡陽雁，不見燕臺書？莫歌澧浦曲，莫吊湘君祠。蒼梧煙雨絶，從誰問九疑？

[一] 申約也 居夷集、九大本、黄本、閭本、董本、范本「申」上有「以」字。

其二

九疑不可問，羅浮如可攀。遥拜羅浮雲，奠以雙瓊環。渺渺洞庭波，東逝何時還？人生不努力，草木同衰殘。

其三

洞庭何渺茫，衡嶽何崔嵬。風飄迴雁雪，美人歸未歸？我有紫瑜珮，留掛芙蓉臺。下有蛟龍峽，往往興雲雷。

憶昔答喬白巖因寄儲柴墟三首

憶昔與君約，玩易探玄微。君行赴西嶽，經年始來歸。方將事窮索，忽復當遠辭。相去萬里餘，後會安可期。問我長生訣，惑也吾誰欺。盈虧消息間，至哉天地機。聖狂天淵隔，失得分毫厘。

其二

毫厘何所辯？惟在公與私。公私何所辯？天動與人爲。遺體豈不貴，踐形乃無虧。願君崇德性，問學刊支離。毋爲氣所役[一]，毋爲物所疑。恬澹自無欲，精專絶交馳。博奕亦何事，好之甘若飴。吟咏有性情，喪志非所宜。非君愛忠告，斯語容見嗤。試問柴墟子，吾言亦何如？

其三

柴墟吾所愛，春陽溢鬢眉[二]。白巖吾所愛，慎默長如愚。二君廊廟器，予亦山泉姿。度量較齒德，長者皆吾師。置我五人末，庶亦忘崇卑。迢迢萬里别，心事兩不疑。北風送南雁，慰我長相思。

一日懷抑之也抑之之贈既嘗答以三詩意若有歉焉是以賦也

一日復一日，去子日以遠。惠我金石言，沉鬱未能展。人生各有際，道誼尤所眷。嘗嗤兒女悲，憂來仍不免。緬懷滄洲期，聊以慰遲晚。

[一] 毋爲氣所役 「毋」，國圖本、天圖本、叢刊本、文淵閣本、摛藻堂本作「無」。

[二] 春陽溢鬢眉 「鬢」，居夷集、董本、范本作「鬚」。

其二

遲晚不足嘆，人命各有常。相去忽萬里，河山鬱蒼蒼。中夜不能寐，起視江月光。中情良自抑，美人難自忘[一]。

其三

美人隔江水，彷彿若可覯[二]。風吹蒹葭雪，飄蕩知何處？美人有瑶瑟，清奏含太古。高樓明月夜，惆悵爲誰鼓？

夢與抑之昆季語湛崔皆在焉覺而有感因紀以詩三首

夢與故人語，語我以相思。才爲旬日別，宛若三秋期。令弟坐我側，屈指如有爲。須臾湛君至，崔子行相隨。肴醑旋羅列，語笑如平時。縱言及微奥，會意忘其辭。覺來復何有，起坐空嗟咨。

[一] 美人難自忘 「自」，居夷集、九大本作「可」。
[二] 彷彿若可覯 「彷彿」，國圖本、天圖本、叢刊本、文淵閣本、摛藻堂本作「佛彷」。

其二

起坐憶所夢，默遡猶歷歷。初談自有形，繼論入無極。無極生往來，往來萬化出。萬化無停機，往來何時息？來者胡爲信，往者胡爲屈？微哉屈信間，子午當其窟[一]。非子盡精微，此理誰與測？何當衡廬間，相携玩羲易。

其三

衡廬曾有約，相携尚無時。去事多翻覆，來踪豈前知？斜月滿虚牖，樹影何參差。林風正蕭瑟，驚鵲無寧枝。邈彼二三子，惄焉勞我思。

因雨和杜韻

晚堂踈雨暗柴門，忽入殘荷瀉石盆。萬里滄江生白髮，幾人燈火坐黄昏。客途最覺秋先到，荒徑惟憐菊尚存。却憶故園耕釣處，短簑長笛下江村。

[一] 子午當其窟 「窟」，底本訛作「屈」，據居夷集、九大本、黄本、閭本、董本、范本、聞本、宋本、邵本、摛藻堂本改。

赴謫次北新關喜見諸弟

扁舟風雨泊江關，兄弟相看夢寐間。已分天涯成死別，寧知意外得生還。投荒自識君恩遠，多病心便吏事閒。携汝耕樵應有日，好移茅屋傍雲山。

南屏

溪風漠漠南屏路，春服初成病眼開。花竹日新僧已老，湖山如舊我重來。層樓雨急青林迥[一]，古殿雲晴碧嶂迴。獨有幽禽解相信，雙飛時下讀書臺。

卧病静慈寫懷[二]

卧病空山春復夏，山中幽事最能知。雨晴階下泉聲急，夜静松間月色遲。把卷有時眠白石[三]，解纓隨意濯清漪。吴山越嶠俱堪老，正奈燕雲繫遠思。

[一] 層樓雨急青林迥　「雨」，居夷集或本作「風」。

[二] 卧病静慈寫懷　「静」，文淵閣本、擒藻堂本作「净」。

[三] 把卷有時眠白石　「時」，居夷集或本作「詩」。

移居勝果寺二首

江上但知山色好，峰迴始見寺門開。半空虛閣有雲住，六月深松無暑來。病肺正思移枕簟，洗心兼得遠塵埃。富春咫尺煙濤外，時倚層霞望釣臺。

病餘巖閣坐朝曛，異景相新得未聞。日脚倒明千頃霧，雨聲高度萬峰雲。越山陣水當吴嶠[一]，江月隨潮上海門。便欲携書從此老，不教猿鶴更移文。

憶別

憶別江干風雪陰，艱難歲月兩侵尋。重看骨肉情何限，況復斯文約舊深。賢聖可期先立志，塵凡未脱謾言心。移家便住煙霞壑，緑水青山長對吟。

泛海

險夷原不滯胸中，何異浮雲過太空。夜静海濤三萬里，月明飛錫下天風。

[一] 越山陣水當吴嶠 「陣」，范本、宋本、邵本、擒藻堂本作「障」。

武夷次壁間韻

肩輿飛度萬峰雲，回首滄波月下聞。海上真爲滄水使，山中又遇武夷君。溪流九曲初諳路，精舍千年始及門。歸去高堂慰垂白，細探更擬在春分。

草萍驛次林見素韻奉寄

山行風雪瘦能當，會喜江花照野航。本與宦途成懶散，頗因詩景受閑忙。鄉心草色春同遠，客鬢松梢晚更蒼。料得煙霞終有分，未須連夜夢溪堂。

玉山東嶽廟遇舊識嚴星士[一]

憶昨東歸亭下路，數峰簫管隔秋雲[二]。肩輿欲到妨多事，鼓柵重來會有云。春夜絶憐燈節近，溪聲最好月中聞。行藏無用君平卜，請看沙邊鷗鷺群。

[一] 玉山東嶽廟遇舊識嚴星士　「廟」，手稿作「祠」。

[二] 數峰簫管隔秋雲　手稿「雲」下小字注「去秋過祠下土人方賽□」，「□」不易辨，或爲「祭」字。

廣信元夕蔣太守舟中夜話

樓臺燈火水西東，簫鼓星橋渡碧空。何處忽談塵世外，百年惟此月明中。客途孤寂渾常事，遠地相求見古風[一]。別後新詩如不惜，衡南今亦有飛鴻。

夜泊石亭寺用韻呈陳婁諸公因寄儲柴墟都憲及喬白巖太常諸友

廿年不到石亭寺，惟有西山只舊青。白拂掛墻僧已去，紅闌照水客重經。沙村遠樹凝春望，江雨孤篷入夜聽。何處故人還笑語，東風啼鳥夢初醒。悵望沙頭成久坐，江洲春樹何青青。煙霞故國虛夢想，風雨客途真慣經。白璧屢投終自信，朱絃一絕好誰聽？扁舟心事滄浪舊，從與漁人笑獨醒。

過分宜望鈐岡廟

共傳峰頂樹[二]，古廟有靈神。楚俗多尊鬼，巫言解惑人。望禋存舊典，捍禦及斯民。世事

[一] 遠地相求見古風 「遠」，居夷集、范本作「畏」。

[二] 共傳峰頂樹 「頂」，居夷集或本作「頭」。

渾如此，題詩感慨新。

雜詩三首[一]

危棧斷我前，猛虎尾我後。倒崖落我左，絶壑臨我右[二]。我足復荆榛，雨雪更紛驟。邈然思古人，無悶聊自有。無悶雖足珍，警惕忘爾守[三]。君觀真宰意[四]，匪薄亦良厚。

其二

青山清我目，流水静我耳。琴瑟在我御，經書滿我几。措足踐坦道，悦心有妙理。頑冥非所懲[五]，賢達何靡靡。乾乾懷往訓，敢忘惜分晷。悠哉天地内，不知老將至。

[一] 其一、其二二首，手稿題作「險易詞二章」。

[二] 絶壑臨我右 「臨」，手稿作「横」。

[三] 警惕忘爾守 「忘」，居夷集、九大本作「亡」。

[四] 君觀真宰意 「觀」，手稿作「看」。

[五] 頑冥非所懲 「頑冥」，手稿作「冥頑」。

其三[一]

羊腸亦坦道[二]，太虛何陰晴[三]？燈窗玩古易，欣然獲我情。起舞還再拜[四]，聖訓垂明明。拜舞詎踰節，頓忘樂所形。斂衽復端坐，玄思窺沉溟。寒根固生意[五]，息灰抱陽精。冲漠際無極，列宿羅青冥。夜深向晦息，始聞風雨聲。

袁州府宜春臺四絶[六]

宜春臺上還春望，山水南來眼未嘗。却笑韓公亦多事，更從南浦羡滕王。

臺名何事只宜春，山色無時不可人。不用煙花費粧點，儘教刊落儘嶙峋。

[一] 手稿此首題作「玩易有述」。

[二] 羊腸亦坦道 「亦」，手稿作「自」。

[三] 太虛何陰晴 「何」，手稿作「有」。

[四] 起舞還再拜 「再」，手稿作「下」。

[五] 寒根固生意 「固」，手稿作「伏」。

[六] 袁州府宜春臺四絶 手稿作「晚登袁州宜春臺四絶」。

持修江藻拜祠前[一]，正是春風欲暮天。童冠儘多歸詠興，城南兼説有温泉[二]。
古廟香燈幾許年，增修還費大官錢。至今楚地多風雨，猶道山神駕鐵船[三]。

夜宿宣風館

山石崎嶇古轍痕，沙溪馬渡水猶渾。夕陽歸鳥投深麓，煙火行人望遠村。天際浮雲生白髮，林間孤月坐黄昏。越南冀北俱千里，正恐春愁入夜魂[四]。

萍鄉道中謁濂溪祠[五]

木偶相沿恐未真，清輝亦復凛衣巾。簿書曾屑乘田吏，俎豆猶存畏壘民[六]。碧水蒼山俱過化，

[一] 持修江藻拜祠前　「持」，手稿爲草書，據字形當作「獨」，釋文同；國圖本、天圖本、叢刊本「修」作「脩」。
[二] 城南兼説有温泉　手稿、居夷集、九大本句下注「右三先生祠」。
[三] 猶道山神駕鐵船　手稿句下注「右仰山神祠」，居夷集、九大本句下注「右孚惠廟」。
[四] 正恐春愁入夜魂　「夜」，九大本、黄本、閭本、董本、范本、宋本、邵本作「夢」。
[五] 萍鄉道中謁濂溪祠　九大本卷四作「前謁濂溪祠」。
[六] 俎豆猶存畏壘民　「猶存」，九大本卷四作「常懷」。

光風霽月自傳神。千年私淑心喪後，下拜春祠薦渚蘋[一]。

宿萍鄉武雲觀

曉行山徑樹高低，雨後春泥没馬蹄。翠色絶雲開遠嶂，寒聲隔竹隱晴溪。已聞南去艱舟楫，漫憶東歸沮杖藜。夜宿仙家見明月，清光還似鑑湖西。

醴陵道中風雨夜宿泗洲寺次韻

風雨偏從險道嘗[二]，深泥没馬陷車箱。虚傳鳥路通巴蜀，豈必羊腸在太行。遠渡漸看連暝色，晚霞會喜見朝陽。水南昏黑投僧寺，還理羲編坐夜長。

長沙答周生

旅倦憩江觀，病齒廢談誦。之子特相求，禮殫意彌重。自言絶學餘，有志莫與共。手持一編

[一] 下拜春祠薦渚蘋　九大本卷四作「下拜祠前薦蓼蘋」。
[二] 風雨偏從險道嘗　「嘗」，居夷集、范本作「當」。

書，披歷見肝衷。近希小范踪，遠爲賈生慟。兵符及射藝，方技靡不綜。我方懲創後，見之色亦動。子誠仁者心，所言亦屢中。願子且求志，藴蓄事涵泳。孔聖固遑遑，與點樂歸詠。回也王佐才，閉户避鄰閧。知子信美才，大搆中梁棟。未當匠石求，滋植務培壅。愧子勤綣意，何以相規諷？養心在寡欲，操存舍即縱。嶽麓何森森，遺址自南宋。江山足游息，賢迹尚堪踵[一]。何當謝病來，士氣多沉勇。

涉湘于邁嶽麓是遵仰止先哲因懷友生麗澤興感伐木寄言二首[二]

客行長沙道，山川鬱稠繆。西探指嶽麓，凌晨渡湘流。踰岡復陟巘，吊古還尋幽。林壑有餘采，昔賢此藏修[三]。我來寔仰止，匪伊事盤遊。衡雲閒曉望[四]，洞野浮春洲。懷我二三友，伐木增離憂。何當此來聚，道誼日相求。

[一] 賢迹尚堪踵　「尚」，九大本作「高」。
[二] 伐木寄言二首　居夷集無「二首」二字，而「其二」中自「陟岡採松柏」以下別爲一首，則共三首。
[三] 昔賢此藏修　「昔」，底本訛作「普」，據居夷集、九大本、董本、范本、宋本、邵本改。
[四] 衡雲閒曉望　「閒」，居夷集、九大本、黄本、閭本、范本作「開」。

其二

林間憇白石，好風亦時來。春陽熙百物，欣然得予懷。緬思兩夫子，此地得徘徊。當年靡童冠，曠代登堂階。高情詎今昔，物色遺吾儕。顧謂二三子，取瑟爲我諧。我彈爾爲歌，爾舞我與偕。吾道有至樂，富貴真浮埃。若時乘大化，勿愧點與回。陟岡採松柏，將以遺所思。勿採松柏枝，兩賢昔所依。緣峰踐臺石，將以望所期。勿踐臺上石，兩賢昔所躋。兩賢去邈矣，我友何相違。吾斯未能信，役役空爾疲。胡不此簪盍，麗澤相遨嬉。渴飲松下泉，飢飧石上芝。偃仰絶餘念，遷客難久稽。洞庭春浪闊，浮雲隔九疑。江洲滿芳草，目極令人悲。已矣從此去，奚必兹山爲。戀繫乃從欲，安土惟隨時。晚聞冀有得，此外吾何知。

遊嶽麓書事

醴陵西來涉湘水，信宿江城沮風雨。不獨病齒畏風濕，泥潦侵途絶行旅。人言嶽麓最形勝，隔水溟濛隱雲霧。趙侯需晴邀我遊，故人徐陳各傳語。周生好事屢來速，森森雨脚何由住。曉來陰翳稍披拂，便携周生涉江去。戒令休遺府中知，徒爾勞人更妨務。橘洲僧寺浮江流[一]，鳴鐘出延立沙際。停橈一至答其情，三洲連綿亦佳處。行雲散漫浮日色，是時峰巒益開霽。亂流蕩槳濟倏忽，繫檝江邊老檀樹。岸行里許入麓口，周生道予勤指顧。柳蹊梅堤存彷彿，道林林壑獨如故。赤沙想像虚田中[二]，西嶼傾頹今冢墓。道鄉荒址留突兀，赫曦遠望石如鼓。殿堂釋菜禮從宜，下拜朱張息游地。鑿石開山面勢改，雙峰闢闕見江渚。聞是吴君所規畫，此舉良是反遭忌。九仞誰虧一簣功，嘆息遺基獨延佇。浮屠觀閣摩青霄，盤據名區遍寰宇。其徒素爲儒所擯，以此方之反多愧。愛禮思存告朔羊，況此實作匪文具。人云趙侯意頗深，隱忍調停旋修舉。昨來風雨破棟脊，方遺圬人補殘敝。予聞此語心稍慰，野人蔬蕨亦羅置。欣然一酌才舉盃，津夫走報郡侯至。此行隱迹何由聞，遣騎候訪自吾寓。潛來鄙意正爲此，倉率行庖益勞費[三]。整冠出迓見兩蓋，乃知王君亦同御。肴羞層疊絲竹繁，避席興辭懇莫拒。多儀劣薄非所承，樂闋觴周日將暮。黄堂吏散君請先，病夫沾醉須少憩。入舟暝色漸微茫，却喜順流還易渡。嚴城燈火人已稀，小巷曲折忘歸路。

[一] 橘洲僧寺浮江流 「江」，居夷集作「中」。
[二] 赤沙想像虚田中 「虚」，居夷集、九大本作「墟」。
[三] 倉率行庖益勞費 「率」，文淵閣本、摛藻堂本作「卒」。

僊宫酣倦成熟寐，曉聞簷聲復如注。昨遊偶遂寔天假，信知行樂皆有數。涉躐差償夙好心，尚有名山敢多慕。齒角虧盈分則然[一]，行李雖淹吾不惡。

次韻答趙太守王推官

詰朝事虔謁，玄居宿齋沐。積霖喜新霽，風日散清燠。蘭橈渡芳渚，半涉見水陸。溪山儼新宇，雷雨荒大麓。皇皇絃誦區，斯文昔炳郁。興廢尚屯疑，使我懷悱懊。近聞牧守賢，經營亟乘屋。方舟爲予來，飛蓋遥肅肅。花絮媚晚筵，韶景正柔淑。浴沂諒同情，及兹授春服。令德倡高詞[二]，混珠愧魚目。努力崇修名，迂踈自巖谷。

天心湖阻泊既濟書事

掛席下長沙，瞬息百餘里。舟人共揚眉，予獨憂其駛[三]。日暮入沅江，抵石舟果圮。補敝

[一] 齒角虧盈分則然　「虧盈」，國圖本、天圖本、叢刊本、文淵閣本、摛藻堂本作「盈虧」。

[二] 令德倡高詞　「詞」，底本訛作「祠」，據居夷集、董本、文淵閣本、摛藻堂本改。

[三] 予獨憂其駛　「駛」，底本訛作「駃」，閭本作「駃」，據居夷集、九大本、董本、范本改。

詰朝發，衡風遂齟齬。暝泊後江湖，蕭條旁罾壘。月黑波濤驚，蛟鼉互睥睨。翌午風益厲，狼狽收斷汜。天心數里間，三日但遥指。甚雨迅雷電，作勢殊未已。溟溟雲霧中，四望渺涯涘。篙槳不得施，丁夫盡嗟譩。淋漓念同胞，吾寧忍暴使。饘粥且傾橐，苦甘吾與爾。衆意在必濟，糧絶亦均死。憑陵向高浪，吾亦詎容止。虎怒安可攖，志同稍足倚。且令並岸行，試涉湖濱沚。收舵幸無事，風雨亦浸弛。逡巡緣沚湄，迤邐就風勢。新漲翼回湍，倏忽逝如矢。夜入武陽江，漁村穩堪艤。羅市謀晚炊，且爲衆人喜。江醪信漓濁，聊復盪胸滓。濟險在需時，徼倖豈常理？爾輩勿輕生，偶然非可恃。

居夷詩 [一]

去婦嘆五首

楚人有間於新娶而去其婦者，其婦無所歸，去之山間獨居，懷綣不忘，終無他適。予聞其事而悲之，爲作去婦嘆。

[一] 居夷詩　此三字據總目補，以下共計録詩一百一十首。

委身奉箕箒，中道成棄捐。蒼蠅間白璧，君心亦何愆？獨嗟貧家女，素質難爲妍。命薄良自喟，敢忘君子賢。春華不再艷，頹魄無重圓。新歡莫終恃，令儀慎周還。

依違出門去，欲行復遲遲。鄰嫗盡出別，强語含辛悲。陋質容有繆，放逐理則宜。姑老籍相慰，缺乏多所資。妾行長已矣，會面當無時。

妾命如草芥，君身比琅玕。奈何以妾故，廢食懷憤冤。無爲傷姑意，燕爾且爲歡。中厨存宿旨，爲姑備朝飧。畜育意千緒，倉卒徒悲酸[一]。伊邇望門屏，盍從新人言。夫意已如此，妾還當誰顔。

去矣勿復道，已去還躊躕。鷄鳴尚聞響，犬戀猶相隨。感此摧肝肺，淚下不可揮。岡回行漸遠，日落群鳥飛。群鳥各有托，孤妾去何之？

空谷多凄風，樹木何蕭森[二]。浣衣澗冰合，採苓山雪深。離居寄巖穴，憂思托鳴琴。朝彈別鶴操，暮彈孤鴻吟。彈苦思彌切，巑岏隔雲岑。君聰甚明哲，何因聞此音？

[一] 倉卒徒悲酸　「卒」，居夷集、九大本、黄本、閭本、董本、范本作「率」。

[二] 樹木何蕭森　「蕭」，國圖本、天圖本、叢刊本作「瀟」。

羅舊驛

客行日日萬峰頭，山水南來亦勝遊。布谷鳥啼村雨暗[一]，刺桐花暝石溪幽。蠻煙喜過青楊瘴，鄉思愁經芳杜洲。身在夜郎家萬里，五雲天北是神州。

沅水驛

辰陽南望接沅州，碧樹林中古驛樓。遠客日憐風土異，空山惟見瘴雲浮。耶溪有信從誰問，楚水無情只自流。却幸此身如野鶴，人間隨地可淹留。

鐘鼓洞

見説水南多異迹，巖頭時有鼓鐘聲。空遺石壁千年在，未信金砂九轉成。遠地星辰瞻北極，春山明月坐更深。年來夷險還忘却[二]，始信羊腸路亦平。

[一] 布谷鳥啼村雨暗　「布」，底本訛作「市」，據居夷集、九大本、黃本、閭本、董本、范本、聞本、鄒本、胡本、宋本、邵本、文淵閣本、摛藻堂本改。

[二] 年來夷險還忘却　「年來」，國圖本、天圖本、叢刊本作「來年」。

平溪館次王文濟韻

山城寥落閉黄昏，燈火人家隔水村。清世獨便吾職易，窮途還賴此心存。蠻煙瘴霧承相往[一]，翠壁丹崖好共論。畎畝投閑終有日，小臣何以答君恩。

清平衛即事

積雨山途喜乍晴，煖雲浮動水花明。故園日與青春遠，敝緼涼思白苧輕。煙際卉衣窺絶棧，峰頭戍角隱孤城。時土苗方仇殺。華夷節制嚴冠履，漫説殊方列省卿。

興隆衛書壁

山城高下見樓臺，野戍參差暮角催。貴竹路從峰頂入，夜郎人自日邊來。鶯花夾道驚春老，雉堞連雲向晚開。尺素屢題還屢擲，衡南那有雁飛回？

[一] 蠻煙瘴霧承相往　「往」，居夷集、九大本、范本作「待」，董本作「枉」。

七盤

鳥道縈紆下七盤，古藤蒼木峽聲寒。境多奇絶非吾土，時可淹留是謫官。猶記邊烽傳羽檄[一]，近聞苗俗化衣冠。投簪實有居夷志，垂白難承菽水懽。

初至龍場無所止結草庵居之

草庵不及肩，旅倦體方適。開棘自成籬，土階漫無級。迎風亦蕭踈，漏雨易補緝。靈瀨響朝湍[二]，深林凝暮色。群獠環聚訊，語龐意頗質。鹿豕且同遊，兹類猶人屬。污樽映瓦豆[三]，盡醉不知夕。緬懷黄唐化，略稱茅茨迹。

始得東洞遂改爲陽明小洞天三首[四]

[一]　猶記邊烽傳羽檄　「烽」，國圖本、天圖本、叢刊本訛作「峰」。

[二]　靈瀨響朝湍　「瀨」，居夷集、九大本作「籟」；「響」，居夷集、文淵閣本作「嚮」。

[三]　污樽映瓦豆　「污」，居夷集、九大本、黄本、閭本、董本、范本、宋本、邵本作「窪」。

[四]　始得東洞遂改爲陽明小洞天三首　居夷集題作「移屋陽明小洞天」。

古洞閟荒僻，虛設疑相待。披萊歷風磴，移居快幽塏。營炊就巖竇，放榻依石壘。穹室旋薰塞，夷坎仍灑掃。卷帙漫堆列，樽壺動光彩。夷居信何陋，恬淡意方在。豈不桑梓懷，素位聊無悔。童僕自相語：洞居頗不惡。人力免結搆，天巧謝雕鑿。清泉傍厨落，翠霧還成幕。我輩日嬉偃，主人自愉樂。雖無棨戟榮，且遠塵囂聒。但恐霜雪凝，雲深衣絮薄。我聞莞爾笑，周慮愧爾言。上古處巢窟，杯飲皆汙樽[一]。沍極陽内伏，石穴多冬暄。豹隱文始澤，龍蟄身乃存。豈無數尺榱，輕裘吾不温。邈矣簞瓢子，此心期與論。

謫居糧絶請學于農將田南山永言寄懷

謫居屢在陳，從者有慍見。山荒聊可田，錢鎛還易辦。夷俗多火耕，倣習亦頗便。及兹春未深，數畝猶足佃。豈徒實口腹，且以理荒宴。遺穗及鳥雀，貧寡發餘羨。出耒在明晨，山寒易霜霰。

觀稼

下田既宜稌，高田亦宜稷。種蔬須土疏，種蕷須土濕。寒多不實秀，暑多有螟螣。去草不厭頻，

[一] 杯飲皆汙樽　「杯」，居夷集作「掊」，九大本、黄本、閭本、董本、范本、聞本、文淵閣本、摛藻堂本作「抔」。

耘禾不厭密。物理既可玩，化機還默識。即是參贊功，毋爲輕稼穡。

採蕨

採蕨西下山[一]，扳援陟崔嵬。遊子望鄉國，淚下心如摧。浮雲塞長空，頹陽不可回。南歸斷舟楫，北望多風埃。已矣供子職，勿更貽親哀。

猗猗

猗猗澗邊竹，青青巖畔松。直榦歷冰雪，密葉留清風。自期永相托，雲壑無違踪。如何兩分植，憔悴嘆西東。人事多翻覆，有如道上蓬。惟應歲寒意，隨處還當同。

南溟

南溟有瑞鳥，東海有靈禽。飛遊集上苑，結侶珍樹林。願言飾羽儀，共舞簫韶音。風雲忽中變，一失難相尋。瑞鳥既遭縻，靈禽投荒岑。天衢雨雪積，江漢虞羅侵。哀哀鳴索侶，病翼飛未任。

[一] 採蕨西下山　「下山」，居夷集、董本、范本、國圖本、天圖本、叢刊本、文淵閣本、摛藻堂本作「山下」。

群鳥亦千百，誰當會其心？南嶽有竹實，丹溜青松陰。何時共棲息，永托雲泉深。

溪水

溪石何落落，溪水何泠泠。坐石弄溪水，欣然濯我纓。溪水清見底，照我白髮生。年華若流水，一去無回停。悠悠百年内，吾道終何成？

龍岡新構

諸夷以予穴居，頗陰濕，請構小廬，欣然趨事，不月而成。諸生聞之，亦皆來集，請名龍岡書院，其軒曰「何陋」。

謫居聊假息，荒穢亦須治。鑿巘薙林條，小構自成趨[一]。開牕入遠峰，架扉出深樹。墟寨俯逶迤，竹木互蒙翳。畦蔬稍溉鋤，花藥頗穠蒔。宴適豈專予，來者得同憇。輪奂匪致美[二]，毋令易傾攲。

[一] 小構自成趨 「趨」，居夷集、九大本、宋本、邵本、國圖本、天圖本、叢刊本、文淵閣本、摛藻堂本作「趣」。

[二] 輪奂匪致美 「匪」，國圖本、天圖本、叢刊本、文淵閣本、摛藻堂本作「非」。

營茅乘田隙[一]，洽旬始苟完。初心待風雨，落成還美觀。鋤荒既開徑，拓樊亦理園。低簷避松偃，踈土行竹根。勿翦墻下棘，束列因可藩。莫擷林間蘿，蒙籠覆雲軒。素缺農圃學，因茲得深論。毋爲輕鄙事，吾道固斯存。

諸生來

簡滯動罹咎[二]，廢幽得幸免。夷居雖異俗，野朴意所眷。思親獨疚心，疾憂庸自遣。門生頗群集，樽斝亦時展。講習性所樂，記問復懷靦。林行或沿澗，洞遊還陟巘。月榭坐鳴琴，雲牕卧披卷。澹泊生道真，曠達匪荒宴。豈必鹿門栖，自得乃高踐。

西園

方園不盈畝，蔬卉頗成列。分溪免甕灌，補籬防豕蹢。蕪草稍焚薙，清雨夜來歇。濯濯新葉敷，

[一] 營茅乘田隙　「茅」，居夷集或本作「巢」。

[二] 簡滯動罹咎　「簡」，文淵閣本、摛藻堂本作「簡」。

熒熒夜花發[一]。放鋤息重陰，舊書漫披閱。倦枕竹下石，醒望松間月。起來步閑謡，晚酌簷下設。盡醉即草鋪，忘與鄰翁别。

水濱洞

送遠憇岨谷，濯纓俯清流。沿溪涉危石，曲洞藏深幽。花静馥常閟，溜暗光亦浮。平生泉石好，所遇成淹留。好鳥忽雙下，鯈魚亦群遊。坐久塵慮息，澹然與道謀。

山石

山石猶有理，山木猶有枝。人生非木石，别久寧無思？愁來步前庭，仰視行雲馳。行雲隨長風，飄飄去何之？行雲有時定，遊子無還期。高梁始歸燕，題鴂已先悲。有生豈不苦，逝者長若斯。已矣復何事，商山行采芝。

[一] 熒熒夜花發 「夜」，居夷集、九大本作「夏」。

無寐二首

煙燈曖無寐，憂思坐長往。寒風振喬林，葉落聞㤂響。起窺庭月光，山空遊罔象。懷人阻積雪，崖冰幾千丈。

其二

窮崖多雜樹，上與青冥連。穿雲下飛瀑，誰能識其源？但聞清猿嘯，時見皓鶴翻。中有避世士，冥寂栖其巔。緊予亦同調，路絶難攀緣。

諸生夜坐

謫居澹虛寂，眇然懷同遊。日入山氣夕，孤亭俯平疇。草際見數騎，取徑如相求。漸近識顔面，隔樹停鳴騶。投轡雁鶩進，携榼各有羞。分席夜堂坐，絳蠟清樽浮。鳴琴復散帙，壺矢交觥籌。夜弄溪上月，曉陟林間丘。村翁或招飲，洞客偕探幽。講習有真樂，談笑無俗流。緬懷風沂興，千載相爲謀。

艾草次胡少參韻

艾草莫艾蘭，蘭有芬芳姿。況生幽谷底，不礙君稻畦。艾之亦何益，徒令香氣衰。荆棘生滿道，出刺傷人肌。持刀忌觸手，睨視不敢揮。艾草須艾棘，勿爲棘所欺。

鳳雛次韻答胡少參

鳳雛生高崖，風雨摧其翼。養痾深林中，百鳥驚辟易。虞人視爲妖，舉網争彈弋。此本王者瑞，惜哉誰能識。吾方哀其窮，胡忍復相亟。鴟梟據叢林，驅鳥恣搏食。嗟爾獨何心，梟鳳如白黑。

鸚鵡和胡韻

鸚鵡生隴西，群飛恣鳴遊。何意虞羅及，充貢來中州。金絲縻華屋，雲泉謝林丘。能言實階禍，吞聲亦何求。主人有隱寇，竊發聞其謀。感君惠養德，一語思所酬。懼君不見察，殺身反爲尤。

諸生

人生多離別，佳會難再遇。如何百里來，三宿便辭去？有琴不肯彈，有酒不肯御。遠陟見深情，寧予有弗顧。洞雲還自栖，溪月誰同步？不念南寺時，寒江雪將暮。不記西園日，桃花夾川路。相去倏幾月，秋風落高樹。富貴猶塵沙，浮名亦飛絮。嗟我二三子，吾道有真趣。胡不携書來，茆堂好同住。

遊來僊洞早發道中

霜風清木葉，秋意生蕭踈。衝星策曉騎，幽事將有徂。股蟲亂飛擲，道狹草露濡。傾暑特晨發，征夫已先途。淅米石間溜，炊火巖中廬。煙峰上初日，林鳥相嚶呼。意欣物情適，戰勝癯色腴。行樂信宇宙，富貴非吾圖。

別友

幽尋意方結，奈此世累牽。凌晨驅馬別，持盃且爲傳。相求苦非遠，山路多風煙。所貴明哲士，秉道非苟全。去矣崇令德，吾亦行歸田。

贈黃太守澍

歲宴鄉思切，客久親舊疎。卧疴閉空院，忽來故人車。入門辯眉宇，喜定還驚吁。遠行亦安適，符竹膺新除。荒郡號難理，況兹征索餘。君才素通敏，窘劇宜有紓。蠻鄉雖瘴毒，逐客猶安居。經濟非復事，時還理殘書。山泉足遊憩，鹿麋能友予[一]。澹然穹壤内，容膝皆吾廬。惟縈垂白念，旦夕懷歸圖。君行勉三事，吾計終五湖。

寄友用韻

懷人坐沉夜，帷燈曖幽光。耿耿積煩緒，忽忽如有忘。玄景逝不處，朱炎化微涼。相彼谷中葛，重陰殞衰黃。感此遊客子，經年未還鄉。伊人不在目，絲竹徒滿堂。天深雁書杳，夢短關塞長。情好矢無斁，願言覬終償。惠我金石編，徽音激宮商。馳輝不可即，式爾增予傷。馨香襲肝膂，聊用中心藏。

[一] 鹿麋能友予 「予」，居夷集、九大本作「于」。

秋夜

樹暝栖翼喧，螢飛夜堂静。遥穹出晴月，低簷入峰影。窅然坐幽獨，怵爾抱深警。年徂道無聞，心違迹未屏。蕭瑟中林秋，雲凝松桂冷[一]。山泉豈無適，離人懷故境。安得駕雲鴻，高飛越南景。

採薪二首

朝採山上荆，暮採谷中栗。深谷多凄風，霜露霑衣濕。採薪勿辭辛，昨來斷薪拾。晚歸陰壑底，抱甕還自汲。薪水良獨勞，不愧食吾力。

倚擔青崖際，歷斧崖下石。持斧起環顧，長松百餘尺。徘徊不忍揮，俯略澗邊棘。同行笑吾餒，爾斧安用歷？快意豈不能，物材各有適。可以相天子，衆穉詎足識？

龍岡漫興五首

投荒萬里入炎州，却喜官卑得自由。心在夷居何有陋，身雖吏隱未忘憂。春山卉服時相問，

[一] 雲凝松桂冷　「雲」，居夷集、九大本、范本作「露」。

雪寨藍輿每獨遊。擬把犁鋤從許子，謾將絃誦比言游[一]。

旅況蕭條寄草堂，虛簷落日自生凉。芳春已共煙花盡，孟夏俄驚草木長。絶壁千尋凌杳靄，深崖六月宿冰霜。人間不有宣尼叟，誰信申棖未是剛？

路僻官卑病益閑，空林惟聽鳥間關。地無醫藥憑書卷，身處蠻夷亦故山。用世謾懷伊尹耻，思家獨切老萊斑。夢魂兼喜無餘事，只在耶溪舜水灣。

卧龍一去忘消息[二]，千古龍岡漫有名。草屋何人方管樂，桑間無耳聽咸英。江沙漠漠遺雲鳥，草木蕭蕭動甲兵。好共鹿門龐處士，相期採藥入青冥。

歸與吾道在滄浪，顔氏何曾擊柝忙？枉尺已非賢者事，斲輪徒有古人方。白雲晚憶歸岩洞，蒼蘚春應遍石床。寄語峰頭雙白鶴，野夫終不久龍場。

[一] 謾將絃誦比言游 「比」，底本訛作「止」，據居夷集、九大本、黄本、閭本、董本、范本、聞本、宋本、邵本改。

[二] 卧龍一去忘消息 「忘」，居夷集、九大本作「亡」，董本作「無」。

答毛拙庵見招書院

野夫病卧成踈懶，書卷長抛舊學荒。豈有威儀堪法象，實慚文檄過稱揚。移居正擬投醫肆，虚席仍煩避講堂。範我定應無所獲，空令多士笑王良。

老檜

老檜斜生古驛傍，客來繫馬解衣裳。托根非所還憐汝，直榦不撓終異常。風雪凛然存節槩，刮摩聊爾見文章。何當移植山林下，偃蹇從渠拂漢蒼。

却巫

卧病空山無藥石，相傳土俗事神巫。吾行久矣將焉禱，衆議紛然反見迂。積習片言容未解，輿情三月或應孚。也知伯有能爲厲，自笑孫僑非丈夫[一]。

[一] 自笑孫僑非丈夫 「丈」，居夷集、九大本、黄本、閭本、董本、范本作「大」。

過天生橋

水光如練落長松，雲際天橋隱白虹。遼鶴不來華表爛，僊人一去石橋空[一]。徒聞鵲駕横秋夕，謾説秦鞭到海東。移放長江還濟險，可憐虚却萬山中。

南霽雲祠

死矣中丞莫謾疑，孤城援絶久知危。賀蘭未滅空遺恨，南八如生定有爲。風雨長廊嘶鐵馬，松杉陰霧捲靈旗。英魂千載知何處？歲歲邊人賽旅祠。

春晴

林下春晴風漸和，高巖殘雪已無多。遊絲冉冉花枝静，青壁迢迢白鳥過[二]。忽向山中懷舊侶，幾從洞口夢煙蘿。客衣塵土終須换，好與湖邊長芰荷。

[一] 僊人一去石橋空　「橋」，居夷集、九大本、黄本、閭本、董本、范本、宋本、邵本作「樓」。

[二] 青壁迢迢白鳥過　「壁」，居夷集、九大本、董本、邵本、文淵閣本、摛藻堂本作「璧」。

陸廣曉發[一]

初日曈曈似曉霞[二]，雨痕新霽渡頭沙。溪深幾曲雲藏峽，樹老千年雪作花。白鳥去邊迴驛路[三]，青崖缺處見人家[四]。遍行奇勝才經此[五]，江上無勞羨九華。

雪夜

天涯久客歲侵尋，茆屋新開楓樹林。漸慣省言因病齒，屢經多難解安心。猶憐未繫蒼生望，且得閒爲白石吟。乘興最堪風雪夜，小舟何日返山陰？

元夕二首

[一] 陸廣曉發　九大本卷四題作「冬日山行」。
[二] 初日曈曈似曉霞　「曉」，居夷集、九大本、黄本、間本、董本、范本作「晚」。
[三] 白鳥去邊迴驛路　「去」，九大本卷四作「在」。
[四] 青崖缺處見人家　「缺」，九大本卷四作「絶」。
[五] 遍行奇勝才經此　「才」，九大本卷四作「方」。

故園今夕是元宵，獨向蠻村坐寂寥。賴有遺經堪作伴，喜無車馬過相邀。春還草閣梅先動，月滿虛庭雪未消。堂上花燈諸弟集，重闈應念一身遥。

去年今日卧燕臺[一]，銅鼓中宵隱地雷。月傍苑樓燈彩淡，風傳閣道馬蹄迴。炎荒萬里頻回首，羌笛三更謾自哀。尚憶先朝多樂事，孝皇曾爲兩宮開。

家僮作紙燈

寥落荒村燈事賒，蠻奴試巧剪春紗。花枝綽約含輕霧，月色玲瓏映綺霞。取辦不徒酬令節，賞心兼是惜年華。何如京國王侯第，一盞中人産十家。

白雲堂

白雲僧舍市橋東，别院迴廊小徑通。歲古簷松存獨榦，春還庭竹發新叢。晴牕暗映群峰雪[二]，清梵長飄高閣風。遷客從來甘寂寞，青鞋時過月明中。

[一] 去年今日卧燕臺　「日」，居夷集、九大本、范本作「夕」。

[二] 晴牕暗映群峰雪　「暗」，居夷集作「曉」。

來僊洞

古洞春寒客到稀，緑苔荒徑草霏霏。書懸絶壁留僧偈，花發層蘿繡佛衣。壺榼遠從童冠集，杖藜隨處宦情微。石門遥鎖陽明鶴，應笑山人久不歸〔一〕。

木閣道中雪

瘦馬支離緣絶壁，連峰窅窕入層雲。山村樹暝驚鴉陣，澗道雪深逢鹿群。凍合衡茅炊火斷，望迷孤戍暮笳聞。正思講席諸賢在，絳蠟清醅坐夜分。

元夕雪用蘇韻二首

林間暮雪定歸鴉，山外鈴聲報使車。玉盞春光傳柏葉，夜堂銀燭亂簷花。蕭條音信愁邊雁，迢遞關河夢裏家。何日扁舟還舊隱，一簑江上把魚叉。

寒威入夜益廉纖，酒甕爐床亦戒嚴。久客漸憐衣有結，蠻居長嘆食無鹽。飢豺正爾群當路，凍雀從渠自宿簷。陰極陽回知不遠，蘭芽行見發春尖。

〔一〕應笑山人久不歸　「不」，居夷集、九大本、黄本、董本、范本作「未」。

曉霽用前韻書懷二首

雙闕鐘聲起萬鴉，禁城月色滿朝車。竟誰詩詠東曹檜，正憶梅開西寺花。此日天涯傷逐客，何年江上却還家？曾無一字堪驅使，謾有虚名擬八叉。

澗草巖花欲鬪纖，溪風林雪故争嚴。連岐盡説還宜麥，煮海何曾見作鹽？路斷塹憐無過客，病餘兼喜曝晴簷。謫居亦自多清絶，門外群峰玉笋尖。

次韻陸僉憲元日喜晴

城裹夕陽城外雪，相將十里異陰晴。也知造物曾何意，底是人心苦未平。柏府樓臺啣倒景，茆茨松竹瀉寒聲。布衾莫謾愁僵卧，積素還多達曙明。

元夕木閣山火

荒村燈夕偶逢晴，野燒峰頭處處明。内苑但知鰲作嶺，九門空説火爲城。天應爲我開奇觀，地有兹山不世情。却恐炎威被松柏，休教玉石遂同頳。

夜宿汪氏園

小閣藏身一斗方，夜深虚白自生光。梁間來下徐生榻，座上慚無荀令香。驛樹雨聲翻屋瓦，龍池月色浸書床。他年貴竹傳遺事，應説陽明舊草堂。

春行

冬盡西歸滿山雪，春初復來花滿山。白鷗亂浴清溪上，黄鳥雙飛緑樹間。物色變遷隨轉眼，人生豈得長朱顔？好將吾道從吾黨，歸把漁竿東海灣。

村南

花事紛紛春欲酣，杖藜隨步過村南。田翁開野教新犢，溪女分流浴種蠶。稺犬吠人依密槿，閑鳧照影立晴潭。偶逢江客傳鄉信，歸卧楓堂夢石龕。

山途二首

上山見日下山陰，陰欲開時日欲沉。晚景無多傷遠道，朝陽莫更沮雲岑。人歸暝市分漁火，客舍空林依暮禽。世事驗來還自領，古人先已得吾心。

南北驅馳任板輿，謫鄉何地是安居？家家細雨殘燈後，處處荒原野燒餘。江樹欲迷遊子望，朔雲長斷故人書。茂陵多病終蕭散，何事相如賦子虚？

白雲

白雲冉冉出晴峰，客路無心處處逢。已逐肩輿度青壁，還隨孤鶴下蒼松。此身愧爾長多繫，他日從龍謾托踪。斷鶩殘鴉飛欲盡，故山回首意重重。

答劉美之見寄次韻

休疑遷客迹全貧，猶有沙鷗日見親。勳業久辭滄海夢[一]，煙花多負故園春。百年長恐終無補，萬里寧期尚得身[二]。念我不勞傷鬢雪，知君亦欲拂衣塵。

[一] 勳業久辭滄海夢 「久」，國圖本、天圖本、叢刊本、文淵閣本、摛藻堂本作「已」。

[二] 萬里寧期尚得身 「里」，居夷集、九大本、范本作「死」。

寄徐掌教

徐穉今安在？空梁榻久懸。北門傾蓋日，東魯校文年。歲月成超忽，風雲易變遷。新詩勞寄我，不愧鳥鳴篇。

書庭蕉

簷前蕉葉緑成林，長夏全無暑氣侵。但得雨聲連夜静，不妨月色半床陰。新詩舊葉題將滿，老芟踈梧恨共深[一]。莫笑鄭人談訟鹿，至今醒夢兩難尋。

送張憲長左遷滇南大參次韻[二]

世味知公最飽諳，百年清德亦何慚。柏臺藩省官非左，江漢滇池道益南。絶域煙花憐我遠，今宵風月好誰談。交遊若問居夷事，爲説山泉頗自堪。

[一] 老芟踈梧恨共深　「恨」，國圖本、天圖本、叢刊本、文淵閣本作「根」。

[二] 送張憲長左遷滇南大參次韻　「滇」，居夷集、九大本作「鎮」。

南庵次韻二首

隔水樵漁亦幾家，緣岡石路入溪斜。松林晚映千峰雨，楓葉秋連萬樹霞。漸覺形骸逃物外，未妨遊樂在天涯。頻來不用勞僧榻，已借汀鷗一席沙［一］。

斜日江波動客衣，水南深竹見巖扉。漁人收網舟初集，野老忘機坐未歸。漸覺雲間栖翼亂，愁看天北暮雲飛。年年歲晚長爲客，閒殺西湖舊釣磯。

觀傀儡次韻

處處相逢是戲場，何須傀儡夜登堂？繁華過眼三更促，名利牽人一線長。稈子自應争詫説，矮人亦復浪悲傷。本來面目還誰識，且向樽前學楚狂。

徐都憲同遊南庵次韻

巖寺藏春長不夏，江花映日艷於桃。山陰入户川光暮，林影浮空暑氣高。樹老豈能知歲月，

［一］已借汀鷗一席沙　「借」，底本訛作「僭」，據居夷集、董本、宋本、邵本、文淵閣本、摛藻堂本改。

溪清真可鑑秋毫。但逢佳景須行樂，莫遣風霜着鬢毛。

即席次王文濟少參韻二首

摇落休教感客途，南來秋興未全孤。肝腸已自成金石，齒髪從渠變柳蒲。傾倒酒懷金谷罰，逼真詞格輞川圖。謫鄉莫道貧消骨，猶有新詩了舊逋。

此身未擬泣窮途，隨處翻飛野鶴孤。霜冷幾枝存晚菊，溪春兩度見新蒲。荆西寇盗紓籌策[一]，湘北流移入畫圖。莫怪當筵倍凄切，誅求滿地促官逋。

贈劉侍御二首[二]

蹇以反身，困以遂志，今日患難，正閣下受用處也。知之，則處此當自别。病筆不能多及，然其餘亦無足言者。聊次韻。

[一] 荆西寇盗紓籌策 「紓」，董本、國圖本、天圖本、叢刊本、文淵閣本、摛藻堂本作「紆」。
[二] 贈劉侍御二首 居夷集、九大本無此六字，徑以「蹇以反身」云云爲詩題；董本、文淵閣本無「二首」二字，摛藻堂本「二首」作「一首」。

某頓首劉侍御大人契長[一]。

相送溪橋未隔年，相逢又過小春天。憂時敢負君臣義，念別羞爲兒女憐。道自升沉寧有定，心存氣節不無偏。知君已得虚舟意，隨處風波只晏然。

夜寒

簷際重陰覆夜寒，石爐松火坐更殘。窮荒正訝鄉書絶，險路仍愁歸夢難。僊侣春風懷越嶠，釣船明月負嚴灘。未因謫宦傷憔悴，客鬢還羞鏡裏看[二]。

冬至

客牀無寐聽潛雷，珍重初陽夜半回。天地未嘗生意息，冰霜不耐鬢毛催。春添衮線誰能補，歲晚心丹自動灰。料得重闈强健在，早看消息報牕梅。

[一] 某頓首劉侍御大人契長 「某」，居夷集作「守仁」。

[二] 客鬢還羞鏡裏看 「客」，居夷集、九大本、黄本、閭本、范本作「容」；「還」，國圖本、天圖本、叢刊本訛作「遠」。

春日花間偶集示門生

閒來聊與二三子，單夾初成行暮春。改課講題非我事，研幾悟道是何人？階前細草雨還碧，簷下小桃晴更新。坐起咏歌俱實學，毫釐須遣認教真。

次韻送陸文順僉憲

貴陽東望楚山平，無奈天涯又送行。杯酒豫期傾蓋日，封書煩慰倚門情。心馳魏闕星辰迥，路遶鄉山草木榮。京國交游零落盡，空將秋月寄猿聲。

次韻陸僉憲病起見寄

一賦歸來不願餘，文園多病滯相如。籬邊竹笋青應滿，洞口桃花紅自舒。荷蕢有心還擊磬，周公無夢欲删書。雲間憲伯能相慰，尺素長題問謫居。

次韻胡少參見過

旋營小酌典春裘[一]，佳客真慚竟日留。長怪嶺雲迷楚望，忽聞吳語破鄉愁。鏡湖自昔堪歸老，杞國何人獨抱憂？莫訝臨花倍惆悵，賞心原不在枝頭。

雪中桃次韻

雪裏桃花强自春，蕭踈終覺損精神。却慚幽竹節逾勁，始信寒梅骨自真。遭際本非甘冷淡，飄零須勝委風塵[二]。從來此事還希闊，莫怪臨軒賞更新。

舟中除夕二首

扁舟除夕尚窮途，荆楚還憐俗未殊。處處送神懸楮馬，家家迎歲换桃符。江醪信薄聊相慰，世路多岐謾自吁。白髮頻年傷遠別，綵衣何日是庭趨。

遠客天涯又歲除，孤航隨處亦吾廬。也知世上風波滿，還戀山中木石居。事業無心從齒髮，親交多難絶音書。江湖未就新春計，夜半樵歌忽起予。

[一] 旋營小酌典春裘 「營」，國圖本作「管」，通行本或訂作「管」。

[二] 飄零須勝委風塵 「勝」，國圖本、天圖本、叢刊本、文淵閣本、摛藻堂本作「信」。

溆浦山夜泊 [一]

溆浦山邊泊，雲間見驛樓。灘聲迴遠樹，崖影落中流。柳放新年緑，人歸隔歲舟。客途時極目，天北暮陰愁。

過江門崖

三年謫宦沮蠻氛，天放扁舟下楚雲。歸信應先春雁到，閒心期與白鷗群。晴溪欲轉新年色，蒼壁多遺古篆文。此地從來山水勝，它時回首憶江門。

辰州虎溪龍興寺聞楊名父將到留韻壁間

杖藜一過虎溪頭，何處僧房是惠休？雲起峰頭沉閣影，林疎地底見江流。煙花日煖猶含雨，鷗鷺春閒欲滿洲。好景同來不同賞，詩篇還爲故人留。

武陵潮音閣懷元明

[一] 溆浦山夜泊 「溆」，底本訛作「漵」，據居夷集、董本、范本改，正文仿此。

高閣憑虚臺十尋，捲簾踈雨動微吟。江天雲鳥自來去，楚澤風煙無古今。山色漸疑衡嶽近，
花源欲問武陵深。新春尚沮東歸楫，落日誰堪話此心？

閣中坐雨

臺下春雲及寺門，懶夫睡起正開軒。煙蕪漲野平堤緑，江雨隨風入夜喧。道意蕭踈慚歲月，
歸心迢遞憶鄉園。年來身迹如漂梗，自笑迂癡欲手援。

霽夜

雨霽僧堂鐘磬清，春溪月色特分明。沙邊宿鷺寒無影，洞口流雲夜有聲。静後始知群動妄，
閑來還覺道心驚。問津久已慚沮溺，歸向東皋學耦耕。

僧齋

盡日僧齋不厭閒，獨餘春睡得相關。簷前水漲遂無地，江外雲晴忽有山。遠客趁墟招渡急，
舟人曬網得魚還。也知世事終無補，亦復心存出處間。

德山寺次壁間韻

乘興看山薄暮來，山僧迎客寺門開。雨昏碧草春申墓[一]，雲捲青峰善卷臺。性愛煙霞終是僻，詩留名姓不須猜。岩根老衲成灰色，枯坐何年解結胎？

沅江晚泊二首

去時煙雨沅江暮，此日沅江暮雨歸。水漫遠沙村市改，泊依舊店主人非。草深廨宇無官住，花落僧房自鳥啼。處處春光蕭索甚[二]，正思荆棘掩巖扉。

春來客思獨蕭騷，處處東田没野蒿。雷雨滿江喧日夜，扁舟經月住風濤。流民失業乘時横，原獸争群薄暮號。却憶鹿門栖隱地，杖藜壺榼餉東臯。

夜泊江思湖憶元明

扁舟泊近漁家晚，茅屋深環柳港清。雷雨驟開江霧散，星河不動暮川平。夢回客枕人千里，

[一] 雨昏碧草春申墓　「墓」，國圖本、天圖本、叢刊本訛作「暮」。

[二] 處處春光蕭索甚　「春」，居夷集或本作「青」。

月上春堤夜四更。欲寄愁心無過雁，披衣坐聽野鷄鳴。

睡起寫懷

江日熙熙春睡醒[一]，江雲飛盡楚山青。閑觀物態皆生意，静悟天機入窅冥。道在險夷隨地樂，心忘魚鳥自流形。未須更覓羲唐事[二]，一曲滄浪擊壤聽。

三山晚眺

南望長沙杳靄中，鵝羊只在暮雲東。天高雙櫓哀明月，江闊千帆舞逆風。花暗漸驚春事晚[三]，水流應與客愁窮。北飛亦有衡陽雁，上苑封書未易通。

[一] 江日熙熙春睡醒　「江」，九大本卷四作「紅」。
[二] 未須更覓羲唐事　「唐」，九大本卷四作「黄」。
[三] 花暗漸驚春事晚　「驚」，九大本作「又」。

鵝羊山

福地相傳楚水阿，三年春色兩經過。羊亡但有初平石，書罷誰籠道士鵝[一]？禮斗壇空松影静，步虚臺迥月明多。巖房一宿猶緣薄，遥憶開雲住薜蘿[二]。

泗洲寺

渌水西頭泗洲寺，經過轉眼又三年。老僧熟認直呼姓，笑我清癯只似前。每有客來看宿處，詩留佛壁作燈傳。開軒掃榻還相慰，慚愧維摩世外緣。

再經武雲觀書林玉璣道士壁

碧山道士曾相約，歸路還來宿武雲。月滿僊臺依鶴侣，書留蒼壁看鵝群。春巖多雨林芳淡，暗水穿花石溜分。奔走連年家尚遠，空餘魂夢到柴門。

[一] 書罷誰籠道士鵝 「誰」，國圖本作「惟」。
[二] 遥憶開雲住薜蘿 「遥」，居夷集作「謾」。

再過濂溪祠用前韻[一]

曾向圖書識面真，半生長自愧儒巾。斯文久已無先覺，聖世今應有逸民。一自支離乖學術，競將雕刻費精神。瞻依多少高山意，水漫蓮池長綠蘋。

[一] 再過濂溪祠用前韻 九大本卷四題作「後謁濂溪祠」。

王文成公全書卷之二十

外集二

門人餘姚錢德洪 編次
安成鄒守益 葺録
泰和歐陽德 校正
山陰王畿 增葺
餘姚嚴中 考訂

廬陵詩六首 正德庚午年三月遷廬陵尹作。

遊瑞華二首

簿領終年未出郊，此行聊解俗人嘲。憂時有志懷先達，作縣無能愧舊交。松古尚存經雪幹，竹高還長拂雲稍。溪山處處堪行樂，正是浮名未易抛。

其二

萬死投荒不擬回，生還且復荷栽培。逢時已負三年學，治劇兼非百里才。身可益民寧論屈，志存經國未全灰。正愁不是中流砥，千尺狂瀾豈易摧。

古道

古道當長坂，肩輿入暮天。蒼茫聞驛鼓，冷落見炊煙。凍燭寒無焰，泥爐濕未燃。正思江檻外，閒却釣魚船。

立春日道中短述

臘意中宵盡，春容傍曉生。野塘冰轉緑，江寺雪消晴。農事沾泥犢，羈懷聽谷鶯。故山梅正發，誰寄欲歸情？

公館午飯偶書

行臺依獨寺，僧屋自成鄰。殿古凝殘雪，墻低入早春。巷泥晴淖馬，簷日暖堪人。雲散小岩碧[一]，松梢挂月新。

午憇香社寺

修程動百里，往往餉僧居。佛鼓迎官急，禪牀爲客虚。桃花成井落，雲水接郊墟。不覺泥塗澀，看山興有餘。

京師詩二十四首

正德庚午年十月，陞南京刑部主事，辛未年入覲，調北京吏部主事作。

夜宿功德寺次宗賢韻二絶

山行初試夾衣輕，脚軟黄塵石路生。一夜洞雲眠未足，湖風吹月渡溪清。

[一] 雲散小岩碧 「雲」，國圖本、天圖本、叢刊本、文淵閣本、摛藻堂本作「雪」。

水邊楊柳覆茅楹，飲馬春流更一登[一]。坐久遂忘歸路夕，溪雲正瀉暮山青。

別方叔賢四首

西樵山色遠依依，東指江門石路微。料得楚雲臺上客，久懸秋月待君歸。

自是孤雲天際浮，篋中枯蠹豈相謀。請君静後看羲畫，曾有陳編一字否[二]？

休論寂寂與惺惺[三]，不妄由來即性情。笑却殷懃諸老子，翻從知見覓虚靈。

道本無爲只在人，自行自住豈須鄰。坐中便是天台路，不用漁郎更問津。

白灣六章

宗巖文先生居白浦之灣，四方學者稱曰白浦先生，而不敢以姓字。某素高先生，又辱爲之僚，因爲書「白灣」二字，并詩以詠之。

[一] 飲馬春流更一登　「流」，九大本作「遊」。

[二] 曾有陳編一字否　「編」，國圖本、天圖本、叢刊本作「篇」。

[三] 休論寂寂與惺惺　「惺惺」，九大本作「惶惶」。

浦之灣，其白漫漫。彼美君子，在水之盤。

灣之浦，其白瀰瀰。彼美君子，在水之涘。

雲之溶溶，于灣之湄。君子于處，民以爲期。

雲之油油，于灣之委。君子于興，施及四海。

白灣之渚，于遊以處。彼美君子兮，可以容與。

白灣之洋，于濯以湘。彼美君子兮，可以徜徉。

寄隱巖

每逢山水地，便有卜居心。終歲風塵裏，何年滄海潯？洞寒泉滴細，花暝石房深。青壁須留姓，他時好共尋。

香山次韻

尋山到山寺，得意却忘山。巖樹坐來静，壁蘿春自閑。樓臺星斗上，鐘磬翠微間。頓息塵寰念，清溪踏月還[一]。

夜宿香山林宗師房次韻二首

幽壑來尋物外情，石門遥指白雲生。林間伐木時聞響，谷口逢僧不記名。天壁倒涵湖月曉，煙梯高接緯堦平。松堂静夜渾無寐，到枕風泉處處聲。

久落泥途惹世情，紫崖丹壑是平生。養真無力常懷静，竊禄未歸羞問名。樹隱洞泉穿石細[二]，雲迴溪路入花平[三]。道人只住層蘿上，明月峰頭有磬聲。

别湛甘泉二首

行子朝欲發，驅車不得留。驅車下長坂，顧見城東樓。遠别情已慘，况此艱難秋。分手訣河梁，涕下不可收。車行望漸杳，飛埃越層丘。遲回岐路側，孰知我心憂？

[一] 清溪踏月還　「踏」，王本、九大本、黄本、范本作「蹈」。
[二] 樹隱洞泉穿石細　「細」，九大本作「綱」。
[三] 雲迴溪路入花平　「迴」，王本、九大本、黄本、閭本、范本作「過」。

其二

我心憂以傷，君去阻且長。一別豈得已，母老思所將。奉命危難際，流俗反猜量。黄鵠萬里逝，豈伊爲稻粱？楝火及毛羽，燕雀猶棲堂。跳梁多不測，君行戒前途。達命諒何滯，將母能忘虞。安居尤穽擭，關路非岐嶇。令德崇易簡，可以知險阻。結茆湖水陰，幽期終不忘。伊爾得相就[一]，我心亦何傷？世艱變倏忽，人命非可常。斯文天未墜，別短會日長。南寺春月夜，風泉閒竹房[二]。逢僧或停檝，先掃白雲床。

贈別黄宗賢

古人戒從惡，今人戒從善。從惡乃同污，從善翻滋怨。紛紛嫉媢興，指謫相非訕。自非篤信士，依違多背面。寧知竟漂流，淪胥亦污賤[三]。卓哉汪陂子，奮身勇厥踐。拂衣還舊山，霧隱期豹變。嗟嗟吾黨賢，白黑匪難辯。

[一] 伊爾得相就　「爾」，王本、九大本作「邇」。

[二] 風泉閒竹房　「閒」，王本、九大本、黄本、閭本、董本、范本作「間」。

[三] 淪胥亦污賤　「亦」，王本、九大本作「入」。

歸越詩五首 正德壬申年，陞南京太僕寺少卿，便道歸越作。

四明觀白水二首 [一]

邑南富巖壑，白水尤奇觀。興來每思往，十年就茲觀。停騶指絶壁，涉澗緣危蟠 [二]。百源旱方歇，雲際猶飛湍。霏霏灑林薄，漠漠凝風寒。前聞若未愜，仰視終莫攀。石陰暑氣薄，流觸遡迴瀾。茲遊詎盤樂，養静意所關。逝者諒如斯，哀此歲月殘。擇幽雖得所，避時時猶難。劉樊古方外，感慨有餘嘆。

千丈飛流舞白鸞，碧潭倒影鏡中看。藤蘿半壁雲煙濕，殿角長年風雨寒。野性從來山水癖，直躬更覺世途難。卜居斷擬如周叔，高卧無勞比謝安。

杖錫道中用張憲使韻

山鳥懽呼欲問名，山花含笑似相迎。風迴碧樹秋聲早，雨過丹巖夕照明。雪嶺插天開玉帳，

[一] 四明觀白水二首　九大本題下注「正德壬申以滁州太僕之命便道歸姚」。

[二] 涉澗緣危蟠　「蟠」，王本、九大本、董本作「磻」。

雲溪環碧抱金城。懸燈夜宿茅堂静，洞鶴林僧相對清。

又用曰仁韻

每逢佳處問山名，風景依稀過眼生。歸霧忽連千嶂暝，夕陽偏放一溪晴。晚投巖寺依雲宿，静愛楓林送雨聲。夜久披衣還起坐，不禁風月照人清[一]。

書杖錫寺

杖錫青冥端，澗壁環天險。垂巖下陡壑，涉水攀絶巘。溪深聽喧瀑[二]，路絶駭危棧。捫蘿登峻極，披翳見平衍。僧逋寄孤衲，守廢遺荒殿。傷兹窮僻墟，曾未誅求免。探幽冀累息，憤時翻意慘。拯援才已疎，栖遲心益眷。哀猿嘯春嶂，懸燈宿西崦。誅茆竟何時，白雲愧舒卷。

[一] 不禁風月照人清 「風」，王本、九大本作「松」。

[二] 溪深聽喧瀑 「溪」，王本、九大本、黄本、閭本、董本、范本、聞本、鄒本、胡本、宋本作「磵」。

滁州詩三十六首[一]

正德癸酉年到太僕寺作[二]。

梧桐江用韻[三]

鳳鳥久不至，梧桐生高岡。我來竟日坐，清陰灑衣裳。援琴俯流水，調短意苦長。遺音滿空谷，隨風遞悠揚。人生貴自得，外慕非所臧。顔子豈忘世，仲尼固遑遑。已矣復何事，吾道歸滄浪。

林間睡起

林間盡日掃花眠，祇是官閒媿俸錢。門徑不妨春草合，齋居長對晚山妍。每疑方朔非真隱，始信楊雄誤太玄。混世亦能隨地得[四]，野情終是愛丘園。

[一] 滁州詩三十六首　按，以下録詩三十七首。
[二] 正德癸酉年到太僕寺作　九大本作「正德壬申年官滁州太僕寺少卿」。
[三] 梧桐江用韻　明嘉靖本南滁會景編題作「坐龍潭梧桐岡用韻」，「江」或爲「岡」之訛。
[四] 混世亦能隨地得　「亦」，黄本、閭本、范本作「非」。

贈熊彰歸

門徑荒凉蔓草生，相求深媿遠來情。千年絶學蒙塵土，何處澄江無月明。坐看遠山凝暮色，忽驚廢葉起秋聲[一]。歸途望嶽多幽興，爲問山田待耦耕。

別易仲

辰州劉易仲從予滁陽，一日，問：「道可言乎？」予曰：「啞子喫苦瓜，與你説不得。爾要知我苦，還須你自喫。」易仲省然有悟，久之辭歸，別以詩。

迢遞滁山春，子行亦何遠。纍然良苦心，惝恍不遑飯。至道不外得[二]，一悟失群闇。秋風洞庭波，遊子歸已晚。結蘭意方勤，寸草心先斷。末學久仳離，頹波竟誰挽？歸哉念流光，一逝不復返。

[一] 忽驚廢葉起秋聲 「廢」，王本、九大本、黄本、閭本、董本、范本、聞本、鄒本、胡本、宋本、邵本作「庭」。

[二] 至道不外得 「不」，王本、九大本作「非」。

送守中至龍盤山中

未盡師生六日情，天教風雪阻西行。茅堂豈有春風坐，江郭虛留一月程。客邸琴書燈火静，故園風竹夢魂清。何年穩閉陽明洞，榾柮山爐煮石羹。

龍蟠山中用韻

無奈青山處處情，村沽日日辦山行。真慚廩食虛官守，只把山遊作課程。谷口亂雲隨騎遠，林間飛雪點衣輕。長思澹泊還真性，世味年來久絮羹。

琅琊山中三首[一]

草堂寄放琅琊間，溪鹿巖僧且共閒。冰雪能回草木死，春風不化山石頑。六經散地莫收拾，叢棘被道誰刊删？已矣驅馳二三子，鳳圖不出吾將還。

狂歌莫笑酒盃增，異境人間得未曾。絶壁倒翻銀海浪，遠山真作玉龍騰。浮雲野思春前動，

[一] 以下「狂歌」「風景」二首，王本、九大本題作「遊瑯琊用韻」。

虛室清香静後凝。懶拙惟餘林壑計，伐檀長自媿無能。

風景山中雪後增，看山雪後亦誰曾？隔溪巖犬迎人吠，飲澗飛猱踔樹騰[一]。歸騎林間燈火動，鳴鐘谷口暮光凝。塵踪正自縚籠在，一宿雲房尚未能。

答朱汝德用韻

東去蓬瀛合有津，若爲風雨動經旬。同來海岸登舟者[二]，俱是塵寰欲渡人。弱水洪濤非世險，長年三老定誰真。青鸞眇眇無消息，悵望煙花又暮春。

送惟乾二首

獨見長年思避地，相從千里欲移家。慚予豈有萬間庇，借爾剛餘一席沙。古洞幽期攀桂樹，春溪歸路問桃花。故人勞念還相慰，回雁新秋寄綵霞。

簦笈連年愧遠求，本來無物若爲酬。春城驛路聊相送，夜雪空山且復留。江浦雲開廬嶽曙，

[一] 飲澗飛猱踔樹騰 「踔」，王本、九大本作「掉」。

[二] 同來海岸登舟者 「者」，國圖本、天圖本、叢刊本訛作「在」。

洞庭湖闊九疑浮。懸知再鼓瀟湘柁，應是芙蓉湘水秋。

別希顔二首

中歲幽期亦幾人，是誰長負故山春？道情暗與物情化，世味争如酒味醇？耶水雲門空舊隱，青鞋布襪定何晨？童心如故容顔改，慚愧年年草木新。

後會難期别未輕，莫辭行李滯江城。且留南國春山興，共聽西堂夜雨聲。歸路終知雲外去，晴湖想見鏡中行。爲尋洞裏幽棲處，還有峰頭雙鶴鳴。

山中示諸生五首

路絶春山久廢尋，野人扶病强登臨。同遊仙侶須乘興，共探花源莫厭深。鳴鳥遊絲俱自得，閒雲流水亦何心？從前却恨牽文句，展轉支離嘆陸沉。

其二 [一]

[一] 其二至其五四首，王本、九大本題作「用韻四絶」。

滁流亦沂水，童冠得幾人？莫負詠歸興，溪山正暮春。

其三

桃源在何許？西峰最深處。不用問漁人，沿溪踏花去。

其四

池上偶然到，紅花間白花。小亭閒可坐，不必問誰家。

其五

溪邊坐流水，水流心共閒。不知山月上，松影落衣班。

龍潭夜坐

何處花香入夜清，石林茅屋隔溪聲。幽人月出每孤往，棲鳥山空時一鳴。草露不辭芒屨濕[一]，松風偏與葛衣輕。臨流欲寫猗蘭意，江北江南無限情[二]。

送德觀歸省二首

雪裏閉門十日坐，開門一笑忽青天。茅簷正好負暄日，客子胡爲思故園？椿樹慣經霜雪老，梅花偏向歲寒妍。琅琊春色如相憶，好放山陰月下船。

琅琊雪是故園雪，故園春亦琅琊春。天機動處即生意，世事到頭還俗塵。立雪浴沂傳故事，吟風弄月是何人？到家好謝二三子，莫向長沮錯問津。

送蔡希顏三首

正德癸酉冬，希淵赴南宫試[三]，訪予滁陽，遂留閱歲。既而東歸，問其故，辭以疾，希淵與予論學琅琊之間，於斯道既釋然矣，別之以詩。

[一] 草露不辭芒屨濕　「屨」，王本、九大本、黄本、閭本、董本、范本作「履」。

[二] 江北江南無限情　「限」，國圖本、天圖本、叢刊本訛作「恨」。

[三] 希淵　王本作「希顔」，下文仿此。

風雪蔽曠野，百鳥凍不翻。孤鴻亦何事，嗷嗷遡寒雲。豈伊稻粱計，獨往求其群。之子眇萬鍾，就我滁水濱。野寺同遊詣[一]，春山共攀援。鳥鳴幽谷曙，伐木西澗曛。清夜湛玄思，晴牕玩奇文。寂景賞新悟，微言欣有聞。寥寥絶代下，此意冀可論。

群鳥喧北林，黄鵠獨南逝。北林豈無枝，羅弋苦難避。之子丹霞姿，辭我雲門去。山空響流泉，路僻迷深樹。長谷何盤紆[二]，紫芝春可茹。求志蹔棲巖，避喧寧遯世。緊予辱風塵，送子媿雲霧。匡時已無術，希聖徒有慕。倘入陽明峰，爲尋舊棲處。

何事憧憧南北行，望雲依闕兩關情[三]。風塵蹔息滁陽駕，鷗鷺還尋鑑水盟。悟後六經無一字，静餘孤月湛虚明。從知歸路多相憶，伐木山山春鳥鳴。

贈守中北行二首

江北梅花雪易殘，山牕一樹自家看。臨行掇贈聊數顆，珍重清香是歲寒。

[一] 野寺同遊詣　「詣」，底本訛作「請」，據王本、九大本、黄本、閭本、董本、范本、宋本、邵本改。
[二] 長谷何盤紆　「紆」，底本訛作「紓」，據王本、九大本、董本、文淵閣本、摛藻堂本改。
[三] 望雲依闕兩關情　「依」，九大本卷四作「倚」。

來何匆促去何遲，來去何心莫漫疑。不爲高堂雙雪鬢，歲寒寧受北風欺。

鄭伯興謝病還鹿門雪夜過別賦贈三首

之子將去遠，雪夜來相尋。秉燭耿無寐，憐此歲寒心。歲寒豈徒爾，何以贈遠行？聖路塞已久，千載無復尋。豈無群儒迹，蹊徑榛茆深。濬流須尋源，積土成高岑。攬衣望遠道，請君從此征。

濬流須有源，植木須有根。根源未濬植，枝派寧先蕃？謂勝通夕話，義利分毫間。至理匪外得，譬猶鏡本明。外塵蕩瑕垢，鏡體自寂然。孔訓示克己，孟子垂反身。明明賢聖則，請君勿與諼。

鹿門在何許？君今鹿門去。千載龐德公，猶存棲隱處。潔身匪亂倫，其次乃避地。世人失其心，顧瞻多外慕。安宅舍弗居，狂馳驚奔騖。高言詆獨善，文非遂巧智。瑣瑣功利儒，寧復知此意？

門人王嘉秀實夫蕭琦子玉告歸書此見別意兼寄聲辰陽諸賢

王生兼養生，蕭生頗慕禪。迢迢數千里，拜我滁山前。吾道既匪佛，吾學亦匪仙。坦然由簡易，日用匪深玄。始聞半疑信，既乃心豁然。譬彼土中鏡，闇闇光內全。外但去昏翳，精明燭媸妍。世學如翦綵，粧綴事蔓延。宛宛具枝葉，生理終無緣。所以君子學，布種培根原。萌芽漸舒發，暢茂皆由天。秋風動歸思，共鼓湘江船。湘中富英彥，往往多及門。臨岐綴斯語，因之寄拳拳。

滁陽別諸友

滁陽諸友從遊，送予至烏衣，不能別。及暮，王性甫汝德諸友送至江浦[一]，必留居，俟予渡江。因書此促之歸，并寄諸賢，庶幾共進此學，以慰離索耳。

滁之水，入江流，江潮日復來滁州。相思若潮水，來往何時休？空相思，亦何益？欲慰相思情，不如崇令德。掘地見泉水，隨處無弗得。何必驅馳爲，千里遠相即。君不見堯羹與舜墻，又不見孔與跖，對面不相識。逆旅主人多慇懃，出門轉盼成路人。

寄浮峰詩社

晚涼庭院坐新秋，微月初生亦滿樓。千里故人誰命駕，百年多病有孤舟。風霜草木驚時態，砧杵關河動遠愁。飲水曲肱吾自樂，茆堂今在越溪頭。

[一] 王性甫 王本作「王惟甫」。

棲雲樓坐雪二首

纔看庭樹玉森森，忽漫階除已許深。但得諸生通夕坐，不妨老子半酣吟。瓊花入座能欺酒，冰溜垂簷欲墮針。却憶征南諸將士[一]，未禁寒夜鐵衣沉。

此日棲雲樓上雪[二]，不知天意爲誰深。忽然夜半一言覺，又動人間萬古吟。玉樹有花難結果，天機無線可通針。曉來不覺城頭鼓，老懶羲皇睡正沉。

與商貢士二首[三]

見説浮山麓，深林遶石溪。何時拂衣去，三十六巖棲。

其二

見説浮山勝，心與浮山期。三十六巖内，爲選一巖奇。

[一] 却憶征南諸將士　「將士」，王本、九大本作「士子」。
[二] 此日棲雲樓上雪　「日」，王本、九大本作「夕」。
[三] 與商貢士二首　王本、九大本作「與高貢士」。

南都詩四十七首

正德甲戌年四月，陞南京鴻臚寺卿作。

題歲寒亭贈汪尚和

一覺紅塵夢欲殘，江城六月滯風湍。人間炎暑無逃遯，歸向山中卧歲寒。

與徽州程畢二子

句句糠粃字字陳，却於何處覓知新[一]？紫陽山下多豪俊，應有吟風弄月人。

山中懶睡四首

竹裏藤床識懶人，脱巾山麓任吾真[二]。病夫久已逃方外[三]，不受人間禮數嗔。

掃石焚香任意眠，醒來時有客談玄。松風不用蒲葵扇，坐對青崖百丈泉。

[一] 却於何處覓知新　九大本卷四作「更於何處覓知音」。

[二] 脱巾山麓任吾真　「任」，王本、九大本作「認」。

[三] 病夫久已逃方外　「久已」，國圖本、天圖本、叢刊本、文淵閣本、摛藻堂本作「已久」。

古洞幽深絶世人，石床風細不生塵。日長一覺羲皇睡，又見峰頭上月輪。
人間白日醒猶睡，老子山中睡却醒。醒睡兩非還兩是，溪雲漠漠水泠泠。

題灌山小隱二絶

茆屋山中早晚成，任他風雨任他晴。男婚女嫁多年畢，不待而今學向平。
一自移家入紫煙，深林住久遂忘年[一]。山中莫道無供給，明月清風不用錢。

六月五章

六月乙亥，南都熊峰少宰石公以少宗伯召，南都之士聞之，有惻然而戚者，有欣然而喜者。其戚者曰：「公端介敏直，方爲留都所倚重，今兹往，善類失所恃，群小罔以嚴，辯惑考學者，曷從而討究？剖政斷疑者，曷從而咨决？南都非根本地乎？而獨不可以公遺之。」其喜者曰：「公之端介敏直，寧獨留都所倚重，其在京師，獨無善類乎？獨無群小乎？獨無辯惑考學、剖政斷疑者乎？且天子之召之也，亦寧以少宗伯？將必大用，大用則以

[一] 深林住久遂忘年　「住久」，手稿作「久住」。

庇天下，斯彙征之慶也[一]。」公聞之曰：「戚者非吾之所敢，喜者乃吾之所憂也。吾思所以逃吾之憂者，而不得其道，若之何？」陽明子素知于公，既以戚衆之戚，喜衆之喜，而復憂公之憂，乃叙其事，爲賦六月，庸以贈公之行。

六月淒風，七月暑雨。倏雨倏寒，道修以阻。允允君子，迪爾寢興。毋沾爾行，國步斯頻。哀此下民，靡屆靡極。不有老成，其何能國？吁嗟老成，獨遺典刑。若屋之傾，尚支其楹。心之憂矣，言靡有所。如彼暗人，食荼與苦。依依長谷，言采其芝。人各有能，我歸孔時。昔彼叔季，沉湎以逞。耄集以咨，我人自靖。允允君子，淑慎爾則。靡曰休止，民何于極。日月其逝，如彼滄浪。南北其望，如彼參商。允允君子，毋沾爾行。如日之升，以曷不光。

守文弟歸省携其手歌以别之

爾來我心喜，爾去我心悲。不爲倚門念，吾寧舍爾歸？長途正炎暑，爾行慎興居。凉茗勿頻啜，

[一] 斯彙征之慶也 「斯」，王本、九大本、黄本、閭本、董本、范本、聞本、宋本、邵本作「期」。

節食但無飢。勿出船旁立[一]，勿登岸上嬉[二]。收心每澄坐，適意時觀書。申洪皆冥頑，不足長嗔笞。見人勿多說，慎默真如愚。接人莫輕率，忠信持謙卑。從來爲己學，慎獨乃其基。紛紛多嗜欲，爾病還爾知。到家良足樂，怡顔報重闈。昨秋童蒙去，今夏成人歸。長者愛爾敬，少者悦爾慈。親朋稱嘖嘖，羨爾能若兹。信哉學問功，所貴在得師。吾匪崇外飾，欲爾沽名爲。望爾日慥慥，聖賢以爲期。九兄及印弟，誦此共勉之。

書扇面寄館賓

湖上群山落照晴，湖邊萬木起秋聲。何年歸去陽明洞，獨棹扁舟鑑裏行。

用實夫韻

詩從雪後吟偏好，酒向山中味轉佳。巖瀑隨風雜鐘磬，水花如雨落袈裟。

[一] 勿出船旁立　「出」，王本、九大本、黄本、閭本、董本、范本、聞本、宋本、邵本作「去」。

[二] 勿登岸上嬉　「勿」，國圖本、天圖本、叢刊本訛作「忽」。

游牛首山

春尋指天闕，煙霞眇何許。雙峰久相違，千巖來舊主。浮雲刺中天，飛閣淩風雨。探秀澗阿入，蘿陰息筐筥。滅迹避塵纓，清朝入深沮。風磴仰捫歷，淙壑屢窺俯。梯雲躋石閣，下榻得吾所。釋子上方候，鳴鐘出延佇。頹景耀回盻，層飈翼輕舉。曖曖林芳暮，泠泠石泉語[一]。清宵耿無寐，峰月升煙宇。會晤得良朋，可以寄心腑。

送徽州洪侹承瑞

平生舉業最踈慵，挾册虚煩五月從。竹院檢方時論藥，茆堂放鶴或開籠。憂時漫有孤忠在，好古全無一藝工。念我還能來夜雪，逢人休説坐春風。

病中大司馬喬公有詩見懷次韻奉答二首

十日無緣拜後塵，病夫心地欲生榛。詩篇極見憐才意，仗倆慚非可用人。黄閣望公長秉軸，

[一] 曖曖林芳暮泠泠石泉語　王本、九大本「曖曖」作「暖暖」，「泠泠」作「冷冷」。

滄江容我老垂綸。保鼇珍重回天手，會看春風萬木新。

一自多岐分路塵，堂堂正道遂生榛。聊將膚淺窺前聖，敢謂心傳啓後人。淮海帝圖須節制，雲雷大造看經綸。枉勞詩句裁風雅，欲借盤銘獻日新。

送諸伯生歸省

天涯送爾獨傷神，歲月龍山夢裏春。爲謝江南諸故舊，起居東嶽太夫人。閑中書卷堪時展，靜裏工夫要日新[一]。能向塵途薄軒冕，不妨簑笠老江濱。

寄馮雪湖二首

竿竹誰隱扶桑東，白眉之叟今龐公。隔湖聞鷄謝墅接，渡海有鶴蓬山通。鹵田經歲苦秋雨，浪痕半壁驚湖風。歌聲屋低似金石[二]，點也此意當能同。

海岸西頭湖水東，他年簑笠擬從公。釣沙碧海群鷗借，樵徑青雲一鳥通。席有春陽堪坐

[一] 靜裏工夫要日新　「日」，王本作「自」。

[二] 歌聲屋低似金石　「低」，王本、九大本、董本、文淵閣本、摛藻堂本作「底」。

雪[二]，門垂五柳好吟風。于今猶是天涯夢，悵望青霄月色同。

諸用文歸用子美韻爲別

一別煙雲歲月深，天涯相見二毛侵。孤帆江上親朋意，樽酒燈前故國心。冷雪晴林還作雨，鳥聲幽谷自成吟。飲餘莫上峰頭望，煙樹迷茫思不禁。

題王實夫畫

隨處山泉着草廬，底須松竹掩柴扉。天涯遊子何曾出，畫裏孤帆未是歸。小酉諸峰開夕照，虎溪春寺入煙霏。他年還向辰陽望，却憶題詩在翠微。

贈潘給事

五月滄浪濯足歸，正堪荷葉製初衣。甲非乙是君休問，酉水辰山志未違。沙鳥不須疑雀舫，江雲先爲掃魚磯。武陵溪壑猶深僻，莫更移家入翠微。

[二] 席有春陽堪坐雪 「坐」，王本作「立」。

與沅陵郭掌教

記得春眠寺閣雲，松林水鶴日爲群。諸生問業衡星入，稚子拈香静夜焚。世事暗隨江草换，道情曾許碧山聞。别來點瑟還誰鼓，悵望煙花此送君。

别族太叔克彰

情深宗族誼同方，消息那堪别後荒。江上相逢疑未定，天涯獨去意重傷。身閑最覺湖山静，家近殊聞草木香。雲路莫嗟遲發軔，世塗崎曲盡羊腸。

登憑虚閣和石少宰韻

山閣新春負一登，酒邊孤興晚堪乘。松間鳴瑟驚棲鶴，竹裏茶煙起定僧。望遠每來成久坐，傷時有涕恨無能。峰頭見説連閶闔，幾欲排雲尚未曾。

登閲江樓

絶頂樓荒舊有名，高皇曾此駐龍旌。險存道德虛天塹，守在蠻夷豈石城。山色古今餘王氣，江流天地變秋聲。登臨授簡誰能賦，千古新亭一愴情。

獅子山

殘暑須還一雨清[一]，高峰極目快新晴。海門潮落江聲急，吴苑秋深樹脚明[二]。烽火正防胡騎入，羽書愁見朔雲横[三]。百年未有涓埃報，白髮今朝又幾莖。

遊清凉寺三首

春尋載酒本無期，乘興還嫌馬足遲。古寺共憐春草没，遠山偏與夕陽宜。雨晴澗竹消蒼粉，風煖巖花落紫蕤。昏黑更須凌絶頂[四]，高懷想見少陵詩。

[一] 殘暑須還一雨清 「須」，九大本卷四作「初」。
[二] 吴苑秋深樹脚明 「深」，九大本卷四作「生」。
[三] 羽書愁見朔雲横 「羽」，九大本卷四作「鴈」。
[四] 昏黑更須凌絶頂 「頂」，底本訛作「項」，據黄本、閭本、董本、范本、聞本、鄒本、胡本、宋本、邵本改。

其二

積雨山行已後期，更堪多病益遲遲。風塵漸覺初心負，丘壑真於野性宜。緑樹陰層新作蓋，紫蘭香細尚餘蕤。輞川圖畫能如許，絶是無聲亦有詩。

其三

不顧尚書此日期，欲爲花外板輿遲。繁絲急管人人醉，竹徑松堂處處宜。雙樹暗芳春寂寞，五峰晴秀晚羲蕤。暮鍾杳杳催歸騎，惆悵煙光不盡詩。

寄張東所次前韻

遠勞君命忽中違，此意年來識者稀。黄綺曾爲炎祚出，子陵終向富春歸。江船一話千年闊，塵夢今驚四十非。何日孤帆過天目，海門春浪掃漁磯。

別余縉子紳 [一]

[一] 別余縉子紳　九大本卷四作「與俞子伸」。

不須買棹往來頻，我亦携家向海濱。但得青山隨鹿豕，未論黄閣畫麒麟。喪心疾已千年痼，起死方存六籍真。歸向蘭溪溪上問[一]，桃花春水正迷津。

送劉伯光[二]

五月茅茨静竹扉，論心方洽忽辭歸。滄江獨棹衝新暑[三]，白髮高堂戀夕暉。謾道六經皆註脚，還誰一語悟真機[四]。相知若問年來意，已傍西湖買釣磯。

冬夜偶書

百事支離力不禁，一官棲息病相侵[五]。星辰魏闕江湖迥，松柏茅茨歲月深[六]。欲倚黄精

[一] 歸向蘭溪溪上問　「問」，九大本卷四作「路」。
[二] 送劉伯光　「光」，九大本卷四作「元」。
[三] 滄江獨棹衝新暑　「新暑」，九大本卷四作「風雨」。
[四] 還誰一語悟真機　「誰」，九大本卷四作「隨」。
[五] 一官棲息病相侵　「侵」，王本、九大本作「尋」。
[六] 松柏茅茨歲月深　「柏」，王本、九大本作「竹」。

消白髮，由來空谷有餘音。曲肱已醒浮雲夢，荷蕢休疑擊磬心。

寄潘南山

秋風吹散錦溪雲，一笑南山雨後新。詩妙盡從言外得，易微誰見畫前真？登山脚健何妨老，留客情深不計貧。朱呂月林傳故事，他年還許卜西鄰[一]。

送胡廷尉

鍾陵雪後市燈殘，簫鼓江船發曉寒。山水總憐南國好，才猷須濟朔方艱。綵衣得侍仙舟遠，春色行應故里看。別去中宵瞻北極，五雲飛處是長安。

與郭子全[二]

[一] 他年還許卜西鄰　「卜」，九大本、國圖本、天圖本、叢刊本訛作「上」。

[二] 與郭子全　九大本卷四題作「與郭完」。

相别翻憐相見時，碧桃開盡桂花枝。光陰如許成虚擲，世故催人總不知[一]。雲路不須朱紱去，歸帆且得綵衣隨。嵐山風景濂溪近[二]，此去還應自得師。

次欒子仁韻送别四首

子仁歸[三]，以四詩請，用其韻答之，言亦有過者，蓋因子仁之病而藥之，病已則去其藥。

從來尼父欲無言，須信無言已躍然。悟到鳶魚飛躍處[四]，工夫原不在陳編[五]。

操持存養本非禪，矯枉寧知已過偏。此去好從根脚起，竿頭百尺未須前。

野夫非不愛吟詩，才欲吟詩即亂思。未會性情涵泳地，二南還合是淫辭。

道聽塗傳影響前，可憐絶學遂多年。正須閉口林間坐，莫道青山不解言。

[一] 世故催人總不知 「故」，九大本卷四作「事」。
[二] 嵐山風景濂溪近 「嵐」，九大本卷四作「舊」，王本、九大本作「崖」。
[三] 子仁歸 九大本「歸」上有「辭」字。
[四] 悟到鳶魚飛躍處 「鳶魚飛躍」，九大本卷四作「鳶飛魚躍」。
[五] 九大本卷四此首題作「與徽州程畢二子」。

書悟真篇答張太常二首

悟真篇是誤真篇，三註由來一手箋。恨殺妖魔圖利益，遂令迷妄競流傳。造端難免張平叔，首禍誰誣薛紫賢？直説與君惟箇字，從頭去看野狐禪。

悟真非是悟真篇[一]，平叔當時已有言。只爲世人多戀着，且從情欲起因緣。癡人前豈堪談夢，真性中難更説玄。爲問道人還具眼，試看何物是青天？

贛州詩三十六首

正德丙子年九月，陞南贛僉都御史以後作。

丁丑二月征漳寇進兵長汀道中有感

將略平生非所長，也提戎馬入汀漳。數峰斜日旌旗遠[二]，一道春風鼓角揚。莫倚貳師能出塞，

[一] 悟真非是悟真篇 首「悟」字，國圖本、天圖本、叢刊本、摛藻堂本作「悞」，文淵閣本作「誤」；王本、九大本此句作「悟真篇是誤真篇」。

[二] 數峰斜日旌旗遠 「斜」，王本作「晴」。

極知充國善平羌。瘡痍到處曾無補，翻憶鍾山舊草堂。

回軍上杭

山城經月駐旌戈，亦復幽尋到薜蘿。南國已忻回甲馬[一]，東田初喜出農蓑。溪雲曉度千峰雨，江漲新生兩岸波[二]。暮倚七星瞻北極，絶憐蒼翠晚來多[三]。

喜雨三首

即看一雨洗兵戈，便覺光風轉石蘿。順水飛檣來賈舶[四]，絶江喧浪舞漁蓑。片雲東望懷梁國，五月南征想伏波。長擬歸耕猶未得，雲門初伴漸無多。

轅門春盡猶多事，竹院空閒未得過。特放小舟乘急浪，始聞幽碧出層蘿。山田旱久兼逢雨，

[一] 南國已忻回甲馬 「忻」，手稿作「看」。
[二] 江漲新生兩岸波 「新生」，手稿作「春深」。
[三] 手稿篇末署「雨過南泉菴，梁郡伯携酒來，即席潑書，遂録呈。守仁頓首」。
[四] 順水飛檣來賈舶 「舶」，王本、九大本、黄本、閭本、董本、聞本、鄒本、胡本、宋本、邵本作「泊」。

野老歡騰且縱歌。莫謂可塘終據險，地形原不勝人和。

吹角峰頭曉散軍，横空萬騎下氤氲。前旌已帶洗兵雨，飛鳥猶驚捲陣雲。南畝漸忻農事動，東山休共凱歌聞。正思鋒鏑堪揮淚，一戰功成未足云。

聞曰仁買田霅上携同志待予歸二首

見説相携霅上耕，連簑應已出烏程。荒畬初墾功須倍，秋熟雖微稅亦輕。雨後湖舠兼學釣，餉餘堤樹合閒行。山人久有歸農興，猶向千峰夜度兵。

月色高林坐夜沉，此時何限故園心。山中古洞陰蘿合，江上孤舟春水深。百戰自知非舊學，三驅猶媿失前禽。歸期久負雲門伴，獨向幽溪雪後尋。

祈雨二首

旬初一雨遍汀漳，將謂汀虔是接疆。天意豈知分彼此，人情端合有炎凉。月行今已虚纏畢，斗杓何曾解挹漿。夜起中庭成久立，正思民瘼欲沾裳。

見説虔南惟苦雨，深山毒霧長陰陰。我來偏遇一春旱，誰解挽回三日霖？寇盜郴陽方出掠，干戈塞北還相尋。憂民無計淚空墮，謝病幾時歸海潯？

還贛

積雨雩都道，山途喜乍晴。溪流遲渡馬，岡樹隱前旌。野屋多移竈[一]，窮苗尚阻兵。迎趨勤父老，無補媿巡行。

借山亭

借山亭子近如何？乘興時從夢裏過。尚想清池環醉影，猶疑花徑駐鳴珂。踈簾細雨燈前局，碧樹涼風月下歌。傳語諸公合頻賞，休令歲月亦蹉跎。

[一] 野屋多移竈　「竈」，九大本作「竄」。

桶岡和邢太守韻二首

處處山田盡入畲，可憐黎庶半無家。興師正爲民痍甚，陟險寧辭鳥道斜[一]。勝勢真如瓴水建[二]，先聲不碍嶺雲遮。窮巢容有遭驅脅，尚恐兵鋒或濫加。

戢亂興師既有名，揮戈真已見風行。豈云薄劣能驅策，實仗皇威自震驚。爛額尚慚爲上客，徙薪尤覺費經營。主恩未報身多病，旋凱須還隴上耕。

通天巖

青山隨地佳，豈必故園好？但得此身閑，塵寰亦蓬島。西林日初暮，明月來何早。醉卧石牀凉，洞雲秋未掃[三]。

遊通天巖次鄒謙之韻

[一] 陟險寧辭鳥道斜　「斜」，王本、九大本作「賖」。

[二] 勝勢真如瓴水建　「勢」，底本訛作「世」，據王本、九大本、黄本、閭本、董本、范本改。

[三] 刻石篇末署「正德庚辰八月八日，訪鄒、陳諸子於玉巖，題壁，陽明山人王守仁書」。

天風吹我上丹梯，始信青霄亦可躋。俯視氛寰成獨慨[一]，却憐人世尚多迷。東南真境埋名久[二]，閩楚諸峰入望低。莫道仙家全脱俗，三更日出亦聞鷄。

又次陳惟濬韻

四山落木正秋聲，獨上高峰望眼明。樹色遥連閩嶠碧[三]，江流不盡楚天清。雲中想見雙龍轉，風外時傳一笛横。莫遣新愁添白髮，且呼明月醉沉觥[四]。

忘言巖次謙之韻[五]

意到已忘言，興劇復忘飯。坐我此巖中，是誰鑿混沌？尼父欲無言，達者窺其本。此道何古今，

[一] 俯視氛寰成獨慨 「氛」，九大本卷四作「人」。

[二] 東南真境埋名久 「真」，九大本卷四作「絶」。

[三] 樹色遥連閩嶠碧 「嶠」，底本訛作「蟜」，據王本、九大本、黄本、閭本、董本、范本、聞本、鄒本、胡本、宋本、邵本、文淵閣本改。

[四] 且呼明月醉沉觥 「沉」，王本、九大本作「深」。

[五] 忘言巖次謙之韻 總目「韻」下有「二首」二字。按，詳詩義，自「空巖不見人」以下似别爲一首。

斯人去則遠。空巖不見人，真成面墻立。巖深雨不到，雲歸花亦濕。

圓明洞次謙之韻

群山走波浪，出没龍蛇脊。岩棲寄盤渦，沉淪遂成癖。我來汲東溟，爛煮南山石。千年熟一炊，欲餉岩中客。

潮頭岩次謙之韻

潮頭起平地，化作千丈雪。棹舟者何人？試問巖頭月。

天成素有志於學兹得告東歸林居静養其所就可知矣臨别以此紙索贈漫爲賦此遂寄聲山澤諸賢

予有山水期[一]，荏苒風塵際。高秋送將歸，神往迹還滯。回車當盛年，養痾非遯世。垂竿

[一] 予有山水期　「水」，國圖本、天圖本、叢刊本、文淵閣本、摛藻堂本作「林」。

鑑湖雲，結廬浮峰樹。愛日遂庭趨，芳景添遊詣。擣生悟玄魄，妙静息緣慮。眇眇素心人，望望滄洲去。東行訪天沃，雲中倘相遇。

坐忘言巖問二三子[一]

幾日巖棲事若何？莫將佳景復虚過[二]。未妨雲壑淹留久，終是塵寰錯誤多。澗道霜風踈草木[三]，洞門煙月掛藤蘿。不知相繼來遊者，還有吾儕此意麽[四]？

留陳惟濬

聞説東歸欲問舟，清遊方此復離憂。却看陰雨相淹滯，莫道山靈獨苦留。薜荔巖高兼得月，桂花香滿正宜秋。煙霞到手休輕擲，塵土驅人易白頭。

[一] 坐忘言巖問二三子 九大本卷四題作「巖坐」。
[二] 莫將佳景復虚過 九大本卷四作「莫將佳境亦空過」。
[三] 澗道霜風踈草木 「霜風」，九大本卷四作「風霜」。
[四] 還有吾儕此意麽 「還」，九大本卷四作「亦」。

棲禪寺雨中與惟乾同登

絶頂深泥冒雨扳，天於佳景亦多慳。自憐久客頻移棹，頗羨高僧獨閉關。江草遠連雲夢澤，楚雲長斷九嶷山。年來出處渾無定，慚愧沙鷗盡日閒。

茶寮紀事

萬壑風泉秋正哀[一]，四山雲霧晚初開。不因王事兼程入，安得閑行向北來[二]？登陟未妨安石興，縱擒徒羡孔明才。乞身已擬全師日，歸掃溪邊舊釣臺。

回軍九連山道中短述

百里妖氛一戰清，萬峰雷雨洗回兵。未能干羽苗頑格，深媿壺漿父老迎。莫倚謀攻爲上策，

[一] 萬壑風泉秋正哀　「風泉」，黄本、閭本、董本、范本作「峰前」。
[二] 安得閑行向北來　「北」，黄本、閭本、董本、范本作「此」。

還須内治是先聲。功微不願封侯賞[一]，但乞蠲輸絶横征[二]。

回軍龍南小憩玉石巖雙洞絶奇徘徊不忍去因寓以陽明别洞之號兼留此作三首[三]

甲馬新從鳥道回[四]，覽奇還更陟崔嵬[五]。寇平漸喜流移復，春煖兼欣農務開[六]。兩竇高明行日月[七]，九關深黑閉風雷[八]。投簪最好支茅地[九]，戀土猶懷舊釣臺[一〇]。

[一] 功微不願封侯賞 「封」，黄本、閭本、董本、范本、聞本、宋本、邵本作「希」。
[二] 但乞蠲輸絶横征 「輸」，王本、九大本作「租」。
[三] 徘徊不忍去因寓以陽明别洞之號兼留此作 手稿作「繾綣不能去寓以陽明别洞之名兼留是作」。
[四] 甲馬新從鳥道回 手稿作「鉄馬初鳥從道回」，「鳥從」二字誤倒。
[五] 覽奇還更陟崔嵬 「更」，手稿作「復」。
[六] 春煖兼欣農務開 「煖」，手稿作「晚」。
[七] 兩竇高明行日月 「行」，手稿作「懸」。
[八] 九關深黑閉風雷 手稿「關」作「淵」、「閉」作「祕」；王本、九大本「關」作「天」。
[九] 投簪最好支茅地 「最好」，手稿作「欲問」。
[一〇] 戀土猶懷舊釣臺 手稿作「懷土難忘舊釣臺」。

洞府人寰此最佳，當年空自費青鞵。麾幢旖旎懸仙仗，臺殿高低接緯階[一]。天巧固應非斧鑿，化工無乃太安排。欲將點瑟携童冠，就攬春雲結小齋。

陽明山人舊有居[二]，此地陽明景不如。但在乾坤俱逆旅[三]，曾留信宿即吾廬。行窩已許人先號[四]，別洞何妨我借書。他日巾車還舊隱，應懷茲土復鄉閭[五]。

再至陽明別洞和邢太守韻二首

春山隨處款歸程，古洞幽虛道意生[六]。澗壑風泉時遠近，石門蘿月自分明。林僧住久炊遺火，野老忘機罷席争。習静未緣成久坐，却慚塵土逐虛名。

山水平生是課程，一淹塵土遂心生。耦耕亦欲隨沮溺，七縱何緣得孔明？吾道羊腸須蠖屈，

[一]　臺殿高低接緯階　「緯」，手稿作「上」。
[二]　陽明山人舊有居　手稿「山人」作「勝地」，「有」作「曾」。
[三]　但在乾坤俱逆旅　「俱」，手稿作「皆」。
[四]　行窩已許人先號　手稿「已」作「既」，「先」作「傳」。
[五]　手稿篇末署「二月廿九日，陽明山人書」。
[六]　古洞幽虛道意生　「意」，王本、九大本作「定」。

浮名蝸角任龍争。好山當面馳車過，莫漫尋山説避名。

夜坐偶懷故山

獨夜殘燈夢未成，蕭蕭牕外故園聲[一]。草深石徑鼪鼯笑，雪静空山猿鶴驚。漫有緘書懷舊侶，常牽纓冕負初情。雲溪漠漠春風轉，紫菌黄花又自生。

懷歸二首

深慚經濟學封侯，都付浮雲自去留。往事每因心有得，身閒方喜世無求。狼煙幸息昆陽患，蠡測空懷杞國憂。一笑海天空闊處[二]，從知吾道在滄洲。

[一] 蕭蕭牕外故園聲 「牕」，底本訛作「總」，鄒本「牕」字「片」部有改筆痕迹，國圖本、天圖本、叢刊本、文淵閣本、摛藻堂本「牕外」作「總是」，蓋承「總外」而臆改者，此據王本、九大本、黄本、閭本、董本、范本、聞本、宋本、邵本改。

[二] 一笑海天空闊處 「處」，王本、九大本、黄本、閭本、董本、范本作「外」。

身經多難早知非，此事年來識者稀。老大有情成舊德[一]，細謀無計解重圍。意常不足真夷道，情到方濃是險機。悵望衡茅無事日，漫吹松火織秋衣。

送德聲叔父歸姚 并序[二]

守仁與德聲叔父共學於家君龍山先生[三]，叔父屢困場屋，一旦以親老辭廩歸養，交遊强之出，輒笑曰：「古人一日養，不以三公易，吾豈以一老母博一弊儒冠乎？」嗚呼[四]！若叔父，真知内外輕重之分矣。今年夏，來贛視某，留三月，飄然歸興不可挽。因謂某曰：「秋風蓴鱸，知子之興無日不切，然時事若此，恐即未能脱。吾不能俟子之歸舟。吾先歸，爲子開荒陽明之麓，如何？」嗚呼！若叔父，可謂真知内外輕重之分矣。某方有詩戒[五]，叔父曰：「吾行，子可無言？」輒爲賦此。

[一] 老大有情成舊德　「舊」，王本、九大本、黄本、間本、董本、范本作「腐」。
[二] 送德聲叔父歸姚并序　九大本卷四題作「閑詠」，無序文。
[三] 守仁　王本、九大本作「某」。
[四] 嗚呼　王本、九大本、黄本、間本、董本、范本無此二字。
[五] 某方有詩戒　「有」，王本、九大本作「以」。

猶記垂髫共學年，于今鬢髮兩蒼然。窮通只好浮雲看，歲月真同逝水懸。歸鳥長空隨所適，秋江落木正無邊。何時却返陽明洞，蘿月松風掃石眠。

示憲兒

幼兒曹，聽教誨：勤讀書，要孝弟。學謙恭，循禮義。節飲食，戒遊戲。毋説謊，毋貪利。毋任情，毋鬭氣。毋責人，但自治。能下人，是有志。能容人，是大器。凡做人，在心地。心地好，是良士。心地惡，是兇類。譬樹菓，心是蒂。蒂若壞，菓必墜。吾教汝，全在是。汝諦聽，勿輕棄。

贈陳東川

白沙詩裏莆陽子，盡是相逢逆旅間。開口向人談古禮，拂衣從此入雲山。

江西詩一百二十首

正德己卯年，奉敕往福建處叛軍，至豐城遭宸濠之變，趨還吉安，集兵平之，八月，陞副都御史，巡撫江西作。

鄱陽戰捷

甲馬秋驚鼓角風，旌旗曉拂陣雲紅。勤王敢在汾淮後，戀闕真隨江漢東。群醜漫勞同吠犬[一]，九重端合是飛龍。涓埃未遂酬滄海，病懶先須伴赤松。

書草萍驛二首

九月，獻俘北上，駐草萍，時已暮，忽傳王師已及徐淮，遂乘夜速發，次壁間韻紀之二首。

一戰功成未足奇，親征消息尚堪危。邊烽西北方傳警，民力東南已盡疲。萬里秋風嘶甲馬，千山斜日度旌旗。小臣何爾驅馳急，欲請回鑾罷六師。

千里風塵一劍當，萬山秋色送歸航。堂垂雙白虛頻疏，門已三過有底忙。羽檄西來秋黯黯，關河北望夜蒼蒼。自嗟力盡螳螂臂，此日回天在廟堂。

西湖

[一] 群醜漫勞同吠犬　王本、九大本「漫勞」作「莫教」；黄本、聞本「吠犬」作「犬吠」。

靈鷲高林暑氣清，竺天石壁雨痕晴。客來湖上逢雲起，僧住峰頭話月明。世路久知難直道，此身那得尚虛名。移家早定孤山計，種菓支茅却易成。

寄江西諸士夫

甲馬驅馳已四年，秋風歸路更茫然。慚無國手醫民病，空有官銜縻俸錢。湖海風塵雖暫息，江湘水旱尚相沿[一]。題詩忽憶并州句，回首江西亦故園。

太息

一日復一日，中夜坐嘆息。庭中有嘉樹，落葉何淅瀝。蒙翳亂藤纏，寧知絶根脉。丈夫貴剛腸，光陰勿虛擲。頭白眼昏昏，吁嗟亦何及！

宿净寺四首

十月至杭，王師遣人追寧濠復還江西，是日，遂謝病退居西湖。

老屋深松覆古藤，羈棲猶記昔年曾。棋聲竹裏消閒晝，藥裹牕前對病僧。煙艇避人長曉出，

[一] 江湘水旱尚相沿　「湘」，王本、九大本作「鄉」。

高峰望遠亦時登。而今更是多牽繫，欲似當時又不能。

常苦人間不盡愁，每拚須是入山休。若爲此夜山中宿，猶自中宵煎百憂。百戰西江方底定，六飛南甸尚淹留。何人真有回天力，諸老能無取日謀。

百戰歸來一病身，可堪時事更愁人[一]。道人莫問行藏計，已買桃花洞裏春。

山僧對我笑，長見説歸山。如何十年别，依舊不曾閑？

歸興

一絲無補聖明朝，兩鬢徒看長二毛。自識淮陰非國士，由來康節是人豪。時方多難容安枕，事已無能欲善刀。越水東頭尋舊隱，白雲茅屋數峰高。

即事漫述四首

從來野性只山林，翠壁丹梯處處尋。一自浮名縈世網，遂令真訣負初心。夜馳險寇天峰雪，秋虜强王漢水陰。辛苦半生成底事，始憐莊舄亦哀吟。

[一] 可堪時事更愁人　「堪」，國圖本、天圖本、叢刊本訛作「看」。

百戰深秋始罷兵，六師冬盡尚南征。誠微未足回天意，性僻還多拂世情。烟水滄江從鶴好，風雲溟海任龍争。他年若訪陶元亮，五柳新居在赤城。

窅窅深愁伴客居，江船風雨夜燈虚。尚勞車駕臣多缺，無補瘡痍術已踈。親老豈堪還遠别，時危那得久無書？明朝且就君平卜，要使吾心不負初。

茅茨松菊别多年，底事寒江尚客船[一]？强所不能儒作將，付之無奈數由天。徒聞諸葛能興漢，未必田單解誤燕。最羨漁翁閒事業，一竿明月一簑煙。

泊金山寺二首 十月，將趨行在。

但過金山便一登，鳴鐘出迓每勞僧。雲濤石壁深龍窟[二]，風雨樓臺逈佛燈。難後詩懷全欲減，酒邊孤興尚堪憑。巖梯未用妨苔滑，曾踏天峰雪棧冰。

醉入江風酒易醒，片帆西去雨冥冥。天迴江漢留孤柱，地缺東南着此亭。沙渚亂更新世態，峰巒不改舊時青。舟人指點龍王廟，欲話前朝不忍聽。

[一] 底事寒江尚客船 「事」，王本、九大本作「是」。
[二] 雲濤石壁深龍窟 「龍」，王本、九大本作「鼉」。

舟夜

隨處看山一葉舟，夜深霜月亦兼愁。翠華此際遊何地，畫角中宵起戍樓。甲馬尚屯淮海北，旌旗初散楚江頭。洪濤滚滚乘風勢，容易開帆不易收。

舟中至日

歲寒尤嘆滯江濱[一]，漸喜陽回大地春。未有一絲添衮繡，謾提三尺净風塵。丹心倍覺年來苦，白髮從教鏡裏新。若待完名始歸隱，桃花笑殺武陵人。

阻風

冬江盡説風長北，偏我北來風便南。未必天公真有意，却逢人事偶相參。殘農得暖堪登穫，破屋多寒且曝簷。果使困窮能稍濟，不妨經月阻江潭。

用韻答伍汝真

[一] 歲寒尤嘆滯江濱　「尤」，王本、九大本、董本、范本作「休」，通行本或作「猶」。

莫怪鄉思日夜深[一]，干戈衰病兩相侵。孤腸自信終如鐵，衆口從教盡鑠金。碧水丹山曾舊約，青天白日是知心。茅茨歲晚饒風景，雲滿清溪雪滿岑。

過鞋山戲題

曾駕雙虬渡海東，青鞋失脚墮天風。經過已是千年後，踪迹依然一夢中。屈子慢勞傷世隘，楊朱空自泣途窮。正須坐我匡廬頂，濯足寒濤步曉空。

楊邃庵待隱園次韻五首

嘉園名待隱，專待主人歸。此日真歸隱，名園竟不違。巖花如共語，山石故相依。朝市都忘却，無勞更掩扉。

其二

大隱真廛市，名園陋給孤。留侯先謝病，范老竟歸湖。種竹非醫俗，移山不是愚。是日公方移山石。

[一] 莫怪鄉思日夜深 「鄉思」，王本、九大本作「鄉愁」，黄本、聞本作「鄉隨」，范本作「愁隨」。

對時存燮理[一]，經濟自成謨。

其三

緑野春深地，山陰夜静時。冰霜緣逕滑，雲石向人危。平難心仍在，扶顛力未衰。江湖兵甲滿，吟罷有餘思。

其四

兹園聞已久，今度始來窺。市裏煙霞静，壺中結搆奇。勝遊須繼日，虚席亦多時。莫道東山僻，蒼生或未知。

其五

芳園待公隱，屯世待公亨[二]。花竹深臺榭，風塵暗甲兵。一身良得計，四海未忘情。語及

[一] 對時存燮理　「存」，王本、九大本作「成」。

[二] 屯世待公亨　「亨」，底本訛作「亭」，據王本、九大本、黄本、間本、董本、范本、聞本、鄒本、胡本、宋本、邵本改。

艱難際，停盃淚欲傾。

登小孤書壁

人言小孤殊阻絶，從來可望不可攀。上有顛崖勢欲墮，下有劍石交巉頑。峽風閃壁船難進，洪濤怒撞蛟龍關。帆檣摧縮不敢越，往往退次依前山。崖傍沙岸日東徙，忽成巨浸通西灣。帝心似憫舟楫苦，神斧夜闢無痕斑。風雷倏翕見萬怪，人謀不得容其間。我來鋭意欲一往，小舟微服沿回瀾。側身脅息仰天竇，懸空絶棧蛛絲慳[一]。風吹卯酒眼花落，凍滑丹梯足力孱。青鼉吹雨出仍没[二]，白鳥避客來復還。峰頭四顧盡落日，宛然風景如瀛寰。煙霞未覺三山遠，塵土聊乘半日閒。奇觀江海詎爲險，世情平地猶多艱。嗚呼！世情平地猶多艱，回瞻北極雙淚潸。

[一] 懸空絶棧蛛絲慳 「空」，王本、九大本作「松」。

[二] 青鼉吹雨出仍没 「鼉」，王本、九大本作「黿」。

登蟂磯次草泉心劉石門韻二首 [一] 二詩壬戌年作，誤入此。

中流片石倚孤雄，下有馮夷百尺宫。灧瀩西蟠渾失地，長江東去正無窮。徒聞吴女埋香玉，惟見沙鷗亂雪風。往事凄微何足問，永安宫闕草萊中。

江上孤臣一片心，幾經漂没水痕深。極怜撑住即從古，正恐崩頽或自今。蘚蝕秋螺殘老翠，蟂嗚春雨落空音 [二]。好携雙鶴磯頭坐，明月中宵一朗吟。

望廬山

盡説廬山若箇奇，當時圖畫亦堪疑。九江風浪非前日，五老煙雲豈定期？眼慣不妨層壁險，足跰須着短筇隨。香爐瀑布微如綫，欲决天河瀉上池。

除夕伍汝真用待隱園韻即席次答五首

[一] 登蟂磯次草泉心 「草」，王本、九大本作「莫」。按，清康熙本蟂磯山志卷下陽明此詩後録有同韻「石門劉淮」以及「晉陵莫息」詩各二首，則「草」或爲「莫」之訛。

[二] 蟂嗚春雨落空音 「嗚」，王本、九大本、董本、范本、宋本、邵本、文淵閣本、摛藻堂本作「鳴」。

一年今又去，獨客尚無歸。人世傷多難，親庭嘆久違。壯心都欲盡，衰病特相依。旅館聊隨俗，桃符换早扉。

其二

向憶青年日[一]，追歡興不孤。風塵淹歲月，漂泊向江湖。濟世渾無術，違時竟笑愚。未須悲蹇難，列聖有遺謨。

其三

正逢兵亂地，況是歲窮時。天運終無息，人心本自危。憂疑紛并集，筋力頓成衰。千載商山隱，悠然獲我思。

其四

世道從卮漏，人情只管窺。年華多涉歷，變故益新奇。莫憚顛危地，曾逢全盛時。海翁機已息，

[一] 向憶青年日 「向」，王本、九大本作「尚」。

應是白鷗知[一]。

其五

星窮回曆紀，貞極起元亨。日望天迴駕，先沾雨洗兵。雪猶殘歲戀，風已舊春情[二]。莫更辭藍尾，人生未幾傾。

元日霧

元日昏昏霧塞空，出門咫尺誤西東。人多失足投坑塹，我亦停車泣路窮。欲斬蚩尤開白日，還排閶闔拜重曈。小臣漫有澄清志，安得扶摇萬里風？

二日雨

昨朝陰霧埋元日，向曉寒雲迸雨聲。莫道人爲無感召，從來天意亦分明。安危他日須周勃，

[一] 應是白鷗知「知」，黄本、閭本、范本作「飛」。

[二] 風已舊春情「情」，王本、九大本作「晴」。

痛哭當年笑賈生。坐對殘燈愁徹夜，静聽晨鼓報新晴。

三日風

一霧二雨三日風，田家卜歲疑凶豐。我心惟願兵甲解，天意豈必斯民窮。虎旅歸思懷舊土，鑾輿消息望還宫。春盤濁酒聊自慰，無使戚戚干吾衷。

立春二首

才見春歸春又來，春風如舊鬢毛衰。梅花未放天機泄，萱草先將地脉回。漸老光陰逢世難，經年懷抱欲誰開。孤雲渺渺親庭遠，長日斑衣羡老萊[一]。

天涯霜雪嘆春遲，春到天涯思轉悲。破屋多時空杼軸，東風無力起瘡痍。周王車駕窮南服，漢將旌旗守北陲。莫訝春盤斷生菜，人間菜色正離仳。

[一] 長日斑衣羡老萊　「日」，王本、九大本作「自」。

遊廬山開元寺 [一]

僻性尋常慣受猜，看山又是百忙來。北風留客非無意，南寺逢僧即未回。白日高峰開雨雪，青天飛瀑瀉雲雷。緣溪踏得支茆地，修竹長松覆石臺。

又次壁間杜牧韻

春山路僻問歸樵，爲指前峰石逕遥。僧與白雲還暝壑，月隨滄海上寒潮。世情老去渾無賴，遊興年來獨未消。回首孤航又陳迹，踈鐘隔渚夜迢迢。

舟過銅陵埜云縣東小山有鐵船因往觀之果見其彷彿因題石上 [二]

青山滚滚如奔濤，鐵船何處來停橈？人間刳木寧有此，疑是仙人之所操。仙人一去已千載，

[一] 遊廬山開元寺　「元」，九大本、董本作「先」。按，毛本年譜正德十四年十一月有「遂遊廬山、白鹿洞及開先寺」云云，則作「先」者是。

[二] 舟過銅陵云云　手稿題作「銅陵觀鐵船録寄士潔侍御道契見行路之難也」。

山頭日日長風號。船頭出土尚彷彿，後岡有石云船稍。我行過此費忖度，昔人用心無乃忉[一]。由來風波平地惡，縱有鐵船還未牢。秦鞭驅之未能動[二]，奡力何所施其篙。我欲乘之訪蓬島，雷師鼓舵虹爲繅[三]。弱流萬里不勝芥，復恐駕此成徒勞。世路難行每如此，獨立斜陽首重搔[四]。

山僧

巖下蕭然老病僧，曾求佛法禮南能。論詩自許窺三昧，入聖無梯出小乘。高閣松風飄夜磬，石床花雨落寒燈。更深月出山牕曙，漱齒焚香誦法楞。

[一] 昔人用心無乃忉　「乃」，手稿作「已」。
[二] 秦鞭驅之未能動　「未」，手稿作「不」。
[三] 雷師鼓舵虹爲繅　「繅」，底本訛作「鏁」，據手稿、王本、九大本、國圖本、天圖本、叢刊本改。
[四] 手稿篇末署「陽明山人書于銅陵舟次，時正德庚辰春分，獻俘還自南都」。

江上望九華山二首

當年一上化城峰，十日高眠雷雨中。霽色曉開千嶂雪，濤聲夜渡九江風。此時隔水看圖畫，幾歲緣雲住桂叢。却負洞仙蓬海約，玉函丹訣在崆峒。

窮探雖得盡幽奇，山勢須從遠望知。幾朵芙蓉開碧落，九天屏嶂列旌麾。高同華嶽應無忝，名亞匡廬却稍卑。信是謫仙還具眼，九華題後竟難移。

觀九華龍潭

飛流三百丈，澒洞秘靈湫。峽坼開雷斧，天虛下月鈎。化形時試鉢，吐氣或成樓。吾欲鞭龍起，爲霖遍九州。

廬山東林寺次韻

東林日暮更登山，峰頂高僧有蘭若。雲蘿磴道石參差，水聲深澗樹高下。遠公學佛却援儒，淵明嗜酒不入社。我亦愛山仍戀官，同是乾坤避人者。我歌白雲聽者寡，山自點頭泉自瀉。月明壑底忽驚雷，夜半天風吹屋瓦。

又次邵二泉韻

昨遊開元殊草草[一]，今日東林遊始好。手持蒼竹撥層雲[二]，直上青天招五老。萬壑笙竽松籟哀[三]，千峰晻映芙蓉開[四]。坐俯西巖窺落日，風吹孤月江東來。莫向人間空白首，富貴何如一杯酒？種蓮栽菊兩荒凉[五]，惠遠陶潛骨何朽[六]。乘風我欲還金庭，三洲弱水連沙汀。他年海上望廬頂[七]，煙際浮萍一點青[八]。

[一] 昨遊開元殊草草　「元」，刻石、王本、九大本作「先」。
[二] 手持蒼竹撥層雲　「蒼」，刻石作「青」。
[三] 萬壑笙竽松籟哀　「竽」，底本訛作「竿」，據刻石、王本、九大本、黃本、閭本、董本、范本、聞本、鄒本、宋本、邵本改。
[四] 千峰晻映芙蓉開　「蓉」，刻石作「蕖」。
[五] 種蓮栽菊兩荒凉　「栽」，刻石作「採」。
[六] 惠遠陶潛骨何朽　刻石「惠」作「慧」，又刻石、王本、九大本「何」作「同」。
[七] 他年海上望廬頂　「頂」，刻石、王本、九大本作「岳」。
[八] 刻石末署「遊東林，次邵二泉韻。正德庚辰三月廿三日，陽山人識」。

遠公講經臺

遠公説法有高臺，一朵青蓮雲外開。臺上久無獅子吼，野狐時復聽經來。

太平宫白雲

白雲休道本無心，隨我迢迢度遠岑。攔路野風吹斲斷，又穿深樹候前林。

書九江行臺壁

九華真實是奇觀，更是盧山亦耐看。幽勝未窮三日興，風塵已覺再來難。眼餘五老晴光碧，衣染天池積翠寒。却怪寺僧能好事，直來城市索詩刊。

又次李僉事素韻

省災行近郊，探幽指層麓。回飈振玄岡，頹陽薄西陸。菑田收積雨，禾稼泛平菉。取徑歷村墟，停車問耕牧。清溪厲月行，暝洞披雲宿。淅米石間溜[一]，斧薪澗底木。田翁來聚觀，中宵尚馳逐。將迎愧深情，瘡痍慚撫掬。幽枕静無寐，風泉朗鳴玉。雖繆真訣傳，頗苦塵緣熟。終當遁名山，鍊藥洗凡骨。槭辭謝親交，流光易超忽。

繁昌道中阻風二首

阻風夜泊柳邊亭，懶夢還鄉午未醒。卧穩從教波浪惡，地深長是水雲冥。入林沽酒村童引，隔水放歌漁父聽。頗覺看山緣獨在，蓬牕剛對一峰青。

東風漠漠水澐澐，花柳沿村春事殷。泊久漁樵來作市，心閒麋鹿漸同群。自憐失脚趨塵土，長恐歸期負海雲。正憶山中詩酒伴，石門延望幾斜曛。

江邊阻風散步至靈山寺

歸船不遇打頭風，行脚何緣到此中。幽谷餘寒春雪在，虚簷斜日暮江空。林間古塔無僧住，花外仙源有路通。隨處看山隨處樂，莫將踪迹嘆萍蓬。

[一] 淅米石間溜 「間」，國圖本、天圖本、叢刊本、文淵閣本、擒藻堂本作「澗」。

泊舟大同山溪間諸生聞之有挾册來尋者

扁舟經月住林隈，謝得黄鶯日日來。兼有清泉堪洗耳，更多修竹好啣盃。諸生涉水携詩卷，童子和雲掃石苔。獨奈華峰隔煙霧，時勞策杖上崔嵬[一]。

巖下桃花盛開携酒獨酌

小小山園幾樹桃，安排春色候停橈。開樽旋掃花陰雪，展席平臨松頂濤。地遠不須防俗駕，溪晴還好着漁舠。雲間石路稀人迹，深處容無避世豪。

白鹿洞獨對亭

五老隔青冥，尋常不易見。我來騎白鹿，凌空陟飛巘。長風捲浮雲，褰帷始窺面。一笑仍舊顔，媿我鬢先變。我來爾爲主，乾坤亦郵傳。海燈照孤月，静對有餘眷。彭蠡浮一觴，賓主聊酬勸。悠悠萬古心，默契可無辯。

[一] 時勞策杖上崔嵬　「崔嵬」，王本、九大本作「崔巍」。

豐城阻風 前歲遇難於此，得北風幸免。

北風休嘆北船窮，此地曾經拜北風。句踐敢忘嘗膽地，齊威長憶射鈎功。橋邊黄石機先授，海上陶朱意頗同。況是倚門衰白甚，歲寒茅屋萬山中。

江上望九華不見

五旬三過九華山，一度陰寒一度雨。此來天色稍晴明，忽復昏霾起亭午。平生山水最多緣，獨此相逢容有數。人言此山天所秘，山下居人不常睹。蓬萊涉海或可求，瑶水崑崙俱舊遊。洞庭何止吞八九，五嶽曾向囊中收。不信開雲掃六合，手扶赤日照九州。駕風騎氣覽八極，視此瑣屑真浮漚。

江施二生與醫官陶埜冒雨登山人多笑之戲作歌

江生施生頗好奇，偶逢陶埜奇更癡。共言山外有佳寺，勸予往遊争願隨。是時雷雨雲霧塞，多傳險滑難車騎。兩生力陳道非遠，埜請登高覘路岐。三人冒雨陟岡背，既仆復起相牽携。同儕咻笑招之返，奮袂徑往淩嶔崎。歸來未暇顧沾濕，且説地近山逕夷。青林宿靄漸開霽，碧巘絳氣浮微曦。津津指譬在必往，興劇不道傍人嗤[一]。予亦對之成大笑，不覺老興如童時。平生山水已成癖，歷深探隱忘飢疲。年來世務頗羈縛，逢場遇境心未衰。埜本求仙志方外，兩生學士亦爾爲。世人趨逐但聲利，赴湯蹈火甘傾危。解脱塵囂事行樂，爾輩狂簡翻見譏。歸與歸與吾與爾，陽明之麓終爾期。

遊九華道中

微雨山路滑，山行入輕舟。桃花夾岸迷遠近，迴巒疊嶂盤深幽。奇峰應接勞回首，瞻之在前忽在後。不道舟行轉屈曲，但怪青山亦奔走。薄午雨霽雲亦開，青鞋布襪無塵埃。梅蹊柳徑度村落，長松白石穿林隈。始攀風磴出木杪，更俯懸崖聽瀑雷。亂山高頂藏平野，茆屋高低自成社。此中那得有人家，恐是當年避秦者。西巖日色漸欲下，且向前林秣吾馬。世途濁隘不可居，吾將此地營蘭若[二]。

[一] 興劇不道傍人嗤　「道」，國圖本、天圖本、叢刊本訛作「到」。

[二] 吾將此地營蘭若　「營」，王本、九大本、黃本、閭本、董本、范本作「成」。

芙蓉閣

九華之山何崔嵬，芙蓉直傍青天栽。剛風倒海吹不動，大雪裂地凍還開。夜半峰頭掛明月，宛如玉女臨粧臺。我拂滄浪寫圖畫[一]，題詩還媿謫仙才。

重遊無相寺次韻四首

遊興殊未盡，塵寰不可留。山青只依舊，白盡世間頭。

其二

人迹不到地，茆茨亦數間。借問此何處，云是九華山。

其三

拔地千峰起，芙蓉插曉寒。當年看不足，今日復來看。

[一] 我拂滄浪寫圖畫 「浪」，國圖本、天圖本、叢刊本、文淵閣本、摛藻堂本作「海」。

其四

瀑流懸絶壁，峰月上寒空。鳥鳴蒼磵底，僧住白雲中。

登蓮花峰

蓮花頂上老僧居，脚踏蓮花不染泥。夜半華心吐明月[一]，一顆懸空黍米珠。

重遊無相寺次舊韻

舊識仙源路未差，也從谷口問桃花。屢攀絶棧經殘雪，幾度清溪踏月華。虎穴相鄰多異境，鳥飛不到有僧家。頻來休下仙翁榻，只借峰頭一片霞。

登雲峰望始盡九華之勝因復作歌

九華之峰九十九，此語相傳俗人口。俗人眼淺見皮膚，焉測其中之所有？我登華頂拂雲

[一] 夜半華心吐明月　九大本「心」作「星」；國圖本、天圖本、叢刊本、文淵閣本、摛藻堂本「華」作「花」。

霧[一]，極目奇峰那有數？巨壑中藏萬玉林，大劍長鎗攢武庫。有如智者深韜藏，復如淑女避讒妬。闇然避世不求知，卑己尊人羞逞露。何人不道九華奇，奇中之奇人未知。我欲窮搜盡拈出，秘藏恐是天所私。旋解詩囊旋收拾，脱穎露出錐參差。從來題詩李白好，渠於此山亦潦草。曾見王維畫輞川，安得渠來拂繖縞。

雙峰遺柯生喬[二]

爾家雙峰下，不見雙峰景。如錐處囊中，深藏未脱穎。盛德心愈卑，幽人迹多屏。悠然望雙峰，可以發深省。

歸途有僧自望華亭來迎且請詩

方自華峰下，何勞更望華。山僧援故事，要我到渠家。自謂遊已至，那知望轉佳。正如酣醉後，醒酒却須茶。

[一] 我登華頂拂雲霧　「拂」，王本、九大本作「掃」。

[二] 雙峰遺柯生喬　王本題作「登雲峰望，始盡九華之勝」，九大本在前首之下，無題。

無相寺金沙泉次韻

黄金不布地，傾沙瀉流泉。潭净長開鏡，池分或鑄蓮。興雲爲大雨，濟世作豐年。縱有貪夫過，清風自灑然。

夜宿天池月下聞雷次早知山下大雨三首

昨夜月明峰頂宿，隱隱雷聲在山麓。曉來却問山下人，風雨三更捲茆屋。

野人權作青山主，風景朝昏頗裁取。巖傍日脚半溪雲，山下雷聲一村雨。

天池之水近無主，木魅山妖競偷取。公然又盗山頭雲，去向人間作風雨。

文殊臺夜觀佛燈

老夫高卧文殊臺，拄杖夜撞青天開。散落星辰滿平野，山僧盡道佛燈來。

書汪進之太極巖二首[一]

一竅誰將混沌開，千年樣子道州來。須知太極元無極，始信心非明鏡臺。

始信心非明鏡臺，須知明鏡亦塵埃。人人有箇圓圈在[二]，莫向蒲團坐死灰。

勸酒

平生忠赤有天知，便欲欺人肯自欺。毛髮暗從愁裏改，世情明向笑中危。春風脉脉回枯草，殘雪依依戀舊枝。謾對芳樽辭酩酊，機關識破已多時。

重遊化城寺二首

愛山日日望山晴，忽到山中眼自明。鳥道漸非前度險，龍潭更比舊時清[三]。會心人遠空遺

[一] 書汪進之太極巖二首　九大本卷四題作「題太極窩」。
[二] 人人有箇圓圈在　「在」，九大本卷四作「子」。
[三] 龍潭更比舊時清　「更」，九大本卷四作「還」。

洞[一]，識面僧來不記名。莫謂中丞喜忘世[二]，前途風浪苦難行[三]。

山寺重來十九秋[四]，舊僧零落老比丘。簷松盡長青冥榦，瀑水猶懸翠壁流。人住層崖嫌洞淺，鳥鳴春磵覺山幽。年來別有閑尋意，不似當時孟浪遊。

遊九華

九華原亦是移文，錯怪山頭日日雲。乘興未甘回俗駕，初心終不負靈均[五]。紫芝香煖春堪茹，青竹泉高晚更分。幽夢已分塵土累[六]，清猿正好月中聞。

弘治壬戌嘗遊九華值時陰霧竟無所覩至是正德庚辰復往遊之風日清朗

[一]　會心人遠空遺洞　「遠」，九大本卷四作「去」。

[二]　莫謂中丞喜忘世　「謂」，九大本卷四作「道」。

[三]　九大本卷四此首題作「重遊光孝寺」。

[四]　山寺重來十九秋　「重」，國圖本、天圖本、叢刊本、摛藻堂本訛作「從」。

[五]　初心終不負靈均　「均」，王本、九大本作「君」。

[六]　幽夢已分塵土累　「分」，王本、九大本作「無」。

盡得其勝喜而作歌[一]

昔年十日九華住，雲霧終旬竟不開。有如昏夜入寶藏，兩目無覩成空回。每逢好事談奇勝，即思策蹇還一來。頻年驅逐事兵革，出入賊壘衝風埃。恐恐晝夜不遑息，豈復山水能徘徊？鄱湖一戰偶天幸，遠隨歸凱停江隈。是時軍務頗多暇，況復我馬方虺隤。舊遊諸生亦群集，遂將童冠登崔嵬[二]。先晨霏靄尚暝晦，却疑山意猶嫌猜。肩輿一入青陽境，忽然白日開西嶺。長風擁篲掃浮陰，九十九峰如夢醒。群巒踊躍争獻奇，兒孫俯伏摩其頂。今來始識九華面，恨無詩筆爲傳影。層樓疊閣寫未工，千朵芙蓉抽玉井。怪哉造化亦安排，天下奇山此兼并。攬衣登高望八荒，雙闕下見日月光。長江如帶繞山麓，五湖七澤皆陂塘。蓬瀛海上浮拳石，舉足可到虹可梁。仙人爲我啓閶闔，鸞軿鶴駕紛翱翔。從兹脱屣謝塵世，飄然拂袖淩蒼蒼。

巖頭閒坐漫成

盡日巖頭坐落花，不知何處是吾家。静聽谷鳥遷喬木，閒看林蜂散午衙。翠壁泉聲穿亂石，

[一] 弘治壬戌云云　王本此上另行題作「九華歌」。

[二] 遂將童冠登崔嵬　「崔嵬」，王本、九大本作「崔巍」。

碧潭雲影透晴沙。癡兒公事真難了，須信吾生自有涯。

將遊九華移舟宿寺山二首

逢山未愜意，落日更移船。峽寺緣溪逕，雲林帶石泉。鐘聲先度嶺，月色已浮川。今夜巖房宿，寒燈不待懸。

其二

維舟谷口傍煙霏，共説前岡石逕微。竹杖穿雲尋寺去，藤筐採藥帶花歸。諸生晚佩聯芳杜[一]，野老春霞綴衲衣。風詠不須沂水上，碧山明月更清輝。

登雲峰二三子詠歌以從欣然成謡二首

淳氣日凋薄，鄒魯亡真承。世儒倡臆説，愚瞽相因仍。晚途益淪溺，手援吾不能。棄之入煙

[一] 諸生晚佩聯芳杜　「聯芳」，王本、九大本作「芳聯」。

霞[一]，高歷雲峰層。開茅傍虎穴，結屋依巖僧。豈曰事高尚，庶免無予憎。好鳥求其侶，嚶嚶林間鳴。而我在空谷，焉得無良朋？飄飄二三子，春服來從行。詠歌見真性，逍遥無俗情。各勉希聖志，毋爲塵所縈。

深林之鳥何間關，我本無心雲自閒。大舜亦與木石處，醉翁惟在山水間。晴牕展卷有會意，絶壁題詩無厚顔。顧謂從行二三子，隨遊麋鹿俱忘還。

有僧坐巖中已三年詩以勵吾黨

莫怪巖僧木石居，吾儕真切幾人如。經營日夜身心外，剽竊糠粃齒頰餘。俗學未堪欺老衲，昔賢取善及陶漁。年來奔走成何事，此日斯人亦起予。

春日遊齊山寺用杜牧之韻二首

即看花發又花飛，空向花前嘆式微。自笑半生行脚過，何人未老乞身歸。江頭鼓角翻春浪，雲外旌旗閃落暉。羨殺山中麋鹿伴，千金難買芰荷衣。

[一] 棄之入煙霞 「霞」，王本、九大本作「霧」。

倦鳥投枝已亂飛，林間暝色漸霏微。春山日暮成孤坐，遊子天涯正憶歸。古洞濕雲含宿雨，碧溪明月弄清暉。桃花不管人間事，只笑山人未拂衣。

重遊開元寺戲題壁[一]

中丞不解了公事，到處看山復尋寺。尚爲妻孥守俸錢，至今未得休官去。三月開元兩度來[二]，寺僧倦客門未開。山靈似嫌俗士駕，溪風攔路吹人回。君不見，富貴中人如中酒，折腰解酲須五斗。未妨適意山水間，浮名于我亦何有？

賈胡行

賈胡得明珠，藏珠剖其軀。珠藏未能有，此身已先無。輕己重外物，賈胡一何愚。請君勿笑

[一] 重遊開元寺戲題壁　「元」，王本、九大本、董本作「先」。

[二] 三月開元兩度來　「三」，王本作「二」；「元」，王本、九大本、董本作「先」，范本、國圖本、天圖本、叢刊本作「花」。

賈胡愚，君今奔走聲利途。鑽求富貴未能得，弊精勞形骨髓枯[一]。竟日惶惶憂毁譽，終宵惕惕防艱虞。一日僅得五升米，半級仍甘九族誅。胥靡接踵略無悔，請君勿笑賈胡愚。

送邵文實方伯致仕

君不見塒下鷄，引類呼群啄且啼。稻粱已足脂漸肥，毛羽脱落充庖厨。又不見籠中鶴，斂翼垂頭困牢落。籠開一旦入層雲，萬里翱翔縱廖廓[二]。人生山水須認真[三]，胡爲利禄纏其身？高車駟馬盡桎梏，雲臺麟閣皆埃塵。鴟夷抱恨浮江水，何似乘舟逃海濱[四]？舜水龍山予舊宅，讓公且作煙霞伯。拂衣便擬逐公回，爲予先掃峰頭石。

[一] 弊精勞形骨髓枯　「弊」，底本訛作「疫」，國圖本、天圖本、叢刊本、文淵閣本、摛藻堂本作「役」，據王本、九大本、黄本、閭本、董本、范本、聞本、鄒本、胡本、宋本、邵本改。

[二] 萬里翱翔縱廖廓　「縱」，國圖本、天圖本、叢刊本作「從」；「廖」，王本、九大本、董本、文淵閣本、摛藻堂本作「寥」。

[三] 人生山水須認真　「認」，王本、九大本作「任」。

[四] 何似乘舟逃海濱　「乘」，王本、九大本、范本作「扁」。

紀夢 并序

正德庚辰八月廿八，夕卧小閣[一]，忽夢晉忠臣郭景純氏以詩示予，且極言王導之奸，謂世之人徒知王敦之逆，而不知王導實陰主之。其言甚長，不能盡録，覺而書其所示詩於壁，復爲詩以紀其略。嗟乎！今距景純若干年矣，非有實惡深冤，鬱結而未暴，寧有數千載之下，尚懷憤不平若是者耶？

秋夜卧小閣，夢遊滄海濱。海上神仙不可到[二]，金銀宮闕高嶙峋。中有仙人芙蓉巾，顧我宛若平生親。欣然就語下煙霧，自言姓名郭景純。携手歷歷訴衷曲，義憤感激難具陳。切齒尤深怨王導，深奸老滑長欺人。當年王敦覬神器，導實陰主相緣夤。不然三問三不答，胡忍使敦殺伯仁？寄書欲拔太真舌，不相爲謀敢爾云。敦病已篤事已去，臨哭嫁禍復賣敦。事成同享帝王貴，事敗仍爲顧命臣。幾微隱約亦可見，世史掩覆多失真。袖出長篇再三讀，覺來字字能書紳。開緘試抽晉史閲，中間事迹頗有因。因思景純有道者，世移事往千餘春。若非精誠果有激，豈得到今猶憤嗔？不成之語以筮戒[三]，敦實氣沮竟殞身。人生生死亦不易，誰能視死如輕塵？燭微先幾

[一] 夕卧小閣　王本、九大本無「卧」字。

[二] 海上神仙不可到　「仙」，黄本、閭本、董本、范本、聞本、宋本、邵本作「山」。

[三] 不成之語以筮戒　「不」，黄本作「丁」，范本作「無」。

炳易道，多能餘事非所論。取義成仁忠晉室，龍逢龔勝心可倫。是非顛倒古多有，吁嗟景純終見伸，御風騎氣遊八垠，彼敦之徒，草木糞土臭腐同沉淪。

我昔明易道，故知未來事。時人不我識，遂傳鯱一技。一思王導徒，神器良久覬。諸謝豈不力，伯仁見其底。所以敦者傭，罔顧天經與地義。不然百口未負托，何忍置之死。我於斯時知有分，日中斬柴市。我死何足悲〔一〕，我生良有以。九天一人撫膺哭〔二〕，晉室諸公亦可耻。舉目山河徒嘆非，携手登亭空灑淚。王導真奸雄，千載人未議。偶感君子談中及，重與寫真記。固知倉卒不成文，自今當與頻謔戲。倘其爲我一表揚，萬世萬世萬萬世。

右晉忠臣郭景純自述詩，蓋予夢中所得者，因表而出之。

無題

巖頭有石人，爲我下嶙峋。脚踏破履五十兩，身披舊衲四十斤。任重致遠香象力，餐霜坐雪金剛身。夜寒雙虎與温足，雨後禿龍來伴宿。手握頑磚鏡未光，舌底流泉梅未熟。夜來拾得遇寒山，

〔一〕 我死何足悲 「何足悲」，王本、九大本作「悲何足」。

〔二〕 九天一人撫膺哭 「哭」，王本、九大本、黄本、閭本、董本、范本、宋本、邵本作「笑」。

翠竹黄花好共看。同來問我安心法，還解將心與汝安。

遊落星寺

女媧煉石補天漏，璇璣晝夜無停走。自從墮却玉衡星，至今七政迷前後。渾儀晝夜徒揣摩[一]，敬授人時亦何有？玉衡墮却此湖中，眼前誰是補天手？

遊通天巖示鄒陳二子

鄒陳二子皆好遊，一往通天十日留。候之來歸久不至，我亦乘興聊尋幽。巖扉日出雲氣浮，二子晞髮登巖頭。谷轉始聞人語響，蒼壁杳杳長林秋。嗒然坐我亦忘去，人生得休且復休。採芝共約陽明麓，白首無慚黄綺儔。

青原山次黄山谷韻

[一] 渾儀晝夜徒揣摩　「摩」，王本、九大本作「摸」。

咨觀歷州郡，驅馳倦風埃。名山特乘暇，林壑盤縈迴。雲石緣欹逕[一]，夏木深層隈。仰窮嵐霏際，始覩臺殿開。衣傳西竺舊，搆遺唐宋材。風松溪溜急，湍響空山哀。妙香隱玄洞，僧屋懸穹崖。扳依儼龍象，陟降臨緯階。飛泉瀉靈竇，曲檻連雲榱。我來慨遺迹，勝事多湮埋。邈矣西方教，流傳遍中垓。如何皇極化[二]，反使吾人猜？剥陽幸未絶，生意存枯荄。傷心眼底事，莫負生前盃。煙霞有本性，山水乞歸骸。崎嶇羊腸坂，車輪幾傾摧。蕭散麋鹿伴，澗谷終追陪。恬愉返真澹，闃寂辭喧豗。至樂發天籟，絲竹謝淫哇。千古自同調，豈必時代偕？珍重二三子，兹遊非偶來。且從山叟宿，勿受役夫催。東峰上煙月，夜景方徘徊。

睡起偶成

四十餘年睡夢中[三]，而今醒眼始朦朧。不知日已過停午[四]，起向高樓撞曉鐘。

[一] 雲石緣欹逕　「欹」，王本、九大本、黄本、閻本、聞本作「歌」。
[二] 如何皇極化　「如何」，王本、九大本作「何如」。
[三] 四十餘年睡夢中　「睡」，九大本卷四作「是」。
[四] 不知日已過停午　「停午」，九大本卷四作「庭户」。

起向高樓撞曉鐘，尚多昏睡正懵懵。縱令日暮醒猶得，不信人間耳盡聾。

立春

荒村亂後耕牛絶，城郭春來見土牛。家業苟存鄉井戀，風塵先幸甲兵休。未能布德慚時令，聊復題詩寫我憂。爲報胡雛須遠塞，暫時邊將駐南州。

遊廬山開元寺[一]

清晨入谷到斜曛，徧歷青霞躡紫雲。閶闔遠從雙劍闢[二]，銀河真自九天分。驅馳此日原非暇，夢想當年亦自勤。斷擬罷官來駐此，不教林鶴更移文。

登小孤次陸良弼韻

看盡東南百二峰，小孤江上是真龍。攀龍我欲乘風去，高躡層霄絶世踪。

[一] 遊廬山開元寺　「元」，董本作「先」。

[二] 閶闔遠從雙劍闢　「闢」，王本、九大本作「闕」。

月下吟三首

露冷天清月更輝，可堪遊子倍沾衣[一]。催人歲月心空在，滿眼兵戈事漸非。方朔本無金馬意，班超惟願玉門歸。白頭應倚庭前樹，怪我還期秋又違。

江天月色自清秋，不管人間底許愁。謾憶翠華旋北極[二]，正憐白髮倚南樓。狼烽絶塞寒初入，鶴怨空山夜未休。莫重三公輕一日，虚名真覺是浮漚。

依依牕月夜還來，渺渺鄉愁坐未回。素位也知非自得，白頭無奈是親衰。當年竹下曾裘仲，何日花前更老萊？懇疏乞骸今幾上，中宵翹首望三台。

月夜二首

高臺月色倍新晴，極浦浮沙遠樹平。客久欲迷鄉國望，亂餘愁聽鼓鼙聲。湖南水潦頻移粟，磧北風煙且罷征。濡手未辭援溺苦，白頭方切倚閭情。

舉世困酣睡，而誰偶獨醒。疾呼未能起，瞪目相怪驚。反謂醒者狂，群起環鬪争。洙泗輟金

[一] 可堪遊子倍沾衣　「堪」，國圖本、天圖本、叢刊本、文淵閣本、摛藻堂本訛作「看」。

[二] 謾憶翠華旋北極　「憶」，國圖本、天圖本、叢刊本、文淵閣本、摛藻堂本作「擬」。

鐸，濂洛傳微聲。誰鳴塗毒鼓[一]，聞者皆昏冥。嗟爾欲奚爲，奔走皆營營[二]。何當聞此鼓，開爾天聰明。

雪望四首

風雪樓臺夜更寒，曉來霽色滿山川。當歌莫放陽春調，幾處人家未起煙。

初日湖山雪未融，野人村落閉重重。安居信是豐年兆，爲語田夫莫惰農。

霽景朝來更好看，河山千里思漫漫。茅簷日色猶堪曝，應是邊關地更寒。

法象冥濛失巨纖，連朝風雪費粧嚴。誰將塵世化珠玉，好與貧家聚米鹽。

大秀宮次一峰韻三首[三]

兹山堪遁迹，上應少微星。洞裏乾坤別，壺中日月明。道心空自警，塵夢苦難醒。方嶠由來此，

[一] 誰鳴塗毒鼓　「塗毒」，王本、九大本闕字存空格，黄本爲墨釘，閭本作「鍾擊」，范本作「雷門」。

[二] 奔走皆營營　「皆」，王本、九大本作「空」。

[三] 大秀宮　「大」，底本訛作「火」，據王本、九大本、董本改。

虛無隔九溟。

其二

清溪曲曲轉層林，始信桃源路未深。晚樹煙霏山閣静，古松雷雨石壇陰。丹爐遺火飛殘藥，仙樂浮空寄絶音。莫道山人才一到，千年陳迹此重尋。

其三

落日下清江，悵望閣道晚。人言玉笥更奇絶，漳口停舟路非遠。肩輿取徑沿村落，心目先馳嫌足緩。山昏欲就雲儲眠[一]，踈林月色與風泉[二]。夢魂忽忽到真境，侵曉循迹來洞天。洞天非人世，予亦非世人。當年曾此寄一迹，屈指忽復三千春。巖頭坐石剥落盡，手種松柏枯龍鱗。三十六峰僅如舊，澗谷漸改溪流新。空中仙樂風吹斷，化爲鼓角驚風塵。風塵慘淡半天地，何當

[一] 山昏欲就雲儲眠　「欲」，黄本、閩本爲墨釘，王本、九大本作「且」，閻本、董本、宋本、邵本作「聊」。

[二] 踈林月色與風泉　「與」，黄本、閩本、胡本爲墨釘，王本、九大本作「鳴」，閻本、董本、宋本、邵本作「聞」，范本作「泠」，鄒本作「映」（或爲「映」之訛）。

一掃還吾真？從行諸生駭吾説，問我恐是兹山神。君不見廣成子，高卧崆峒長不死，到今一萬八千年，陽明真人亦如此。

歸懷

行年忽五十，頓覺毛髮改。四十九年非，童心獨猶在。世故漸改涉[一]，遇坎稍無餒。每當快意事，退然思辱殆。傾否作聖功[二]，物覩豈不快？奈何桑梓懷，衰白倚門待。

啾啾吟

知者不惑仁不憂，君胡戚戚眉雙愁。信步行來皆坦道，憑天判下非人謀。用之則行舍即休，此身浩蕩浮虚舟。丈夫落落掀天地，豈顧束縛如窮囚？千金之珠彈鳥雀，掘土何煩用鐲鏤？君不見東家老翁防虎患，虎夜入室啣其頭。西家兒童不識虎，執竿驅虎如驅牛。癡人懲噎遂廢食，愚者畏溺先自投。人生達命自灑落，憂讒避毀徒啾啾。

[一] 世故漸改涉　「改」，王本、九大本作「更」。
[二] 傾否作聖功　「作聖功」，王本、九大本作「仰聖作」。

居越詩三十四首[一]

正德辛巳年，歸越後作。

歸興二首

百戰歸來白髮新，青山從此作閒人。峰攢尚憶衝蠻陣，雲起猶疑見虜塵。島嶼微茫滄海暮，桃花爛熳武陵春。而今始信還丹訣，却笑當年識未真。

其二

歸去休來歸去休，千貂不换一羊裘。青山待我長爲主，白髮從他自滿頭。種菓移花新事業，茂林修竹舊風流。多情最愛滄州伴，日日相呼理釣舟。

次謙之韻

珍重江船冒暑行，一宵心話更分明。須從根本求生死，莫向支流辯濁清。久奈世儒横臆説，

[一] 居越詩三十四首　按，以下録詩四十一首。

競搜物理外人情。良知底用安排得，此物由來自渾成。

再遊浮峰次韻

廿載風塵始一回，登高心在力全衰。偶懷勝事乘春到，況有良朋自遠來。還指松蘿尋舊隱，撥開雲石翦蒿萊[一]。後期此別知何地，莫厭花前勸酒盃。

夜宿浮峰次謙之韻

日日春山不厭尋，野情原自懶朝簪。幾家茅屋山村静，夾岸桃花溪水深。石路草香隨鹿去，洞門蘿月聽猿吟。禪堂坐久發清磬[二]，却笑山僧亦有心。

再遊延壽寺次舊韻

[一] 撥開雲石翦蒿萊　「撥」，王本、九大本、黄本、閭本、董本作「提」，范本作「掃」。
[二] 禪堂坐久發清磬　「坐」，王本、九大本作「夜」。

歷歷溪山記舊蹤，寺僧遥住翠微重。扁舟曾泛桃花入，岐路新多草樹封[一]。谷口鳥聲兼伐木，石門煙火出深松。年來百好俱衰薄，獨有幽探興尚濃[二]。

碧霞池夜坐

一雨秋凉入夜新，池邊孤月倍精神。潛魚水底傳心訣，棲鳥枝頭説道真。莫謂天機非嗜欲，須知萬物是吾身。無端禮樂紛紛議，誰與青天掃宿塵？

秋聲[三]

秋來萬木發天聲，點瑟回琴日夜清[四]。絶調迴隨流水遠，餘音細入晚雲輕。洗心真已空千古，傾耳誰能辯九成？徒使清風傳律吕，人間瓦缶正雷鳴。

[一] 岐路新多草樹封　「新」，國圖本、天圖本、叢刊本作「心」。
[二] 獨有幽探興尚濃　「有」，黄本、間本、董本、范本作「在」。
[三] 此首與下「萬里中秋月正晴」「獨坐秋庭月色新」二首，九大本卷四并題作「中秋三首」。
[四] 點瑟回琴日夜清　「日」，九大本卷四作「入」。

林汝桓以二詩寄次韻爲别

斷雲微日半晴陰，何處高梧有鳳鳴？星漢浮槎先入夢，海天波浪不須驚。魯郊已自非常典，膰肉寧爲脱冕行。試向滄浪歌一曲，未云不是九韶聲。

堯舜人人學可齊，昔賢斯語豈無稽？君今一日真千里，我亦當年苦舊迷。萬理由來吾具足，六經原只是階梯。山中儘有閑風月，何日扁舟更越溪？

月夜二首 與諸生歌于天泉橋。

萬里中秋月正晴，四山雲靄忽然生。須臾濁霧隨風散，依舊青天此月明[一]。肯信良知原不昧，從他外物豈能攖[二]？老夫今夜狂歌發，化作鈞天滿太清。

處處中秋此月明，不知何處亦群英。須憐絶學經千載，莫負男兒過一生。影響尚疑朱仲晦，支離羞作鄭康成。鏗然舍瑟春風裏，點也雖狂得我情。

[一] 依舊青天此月明 「此」，王本、九大本、黄本、閭本、董本、范本、聞本、宋本、邵本作「自」。

[二] 從他外物豈能攖 「能」，九大本卷四作「相」。

秋夜

春園花木始菲菲[一]，又是高秋落葉稀[二]。天迴樓臺含氣象，月明星斗避光輝。閒來心地如空水，静後天機見隱微。深院寂寥群動息，獨憐烏鵲繞枝飛。

夜坐

獨坐秋庭月色新[三]，乾坤何處更閒人？高歌度與清風去，幽意自隨流水春。千聖本無心外訣，六經須拂鏡中塵。却憐擾擾周公夢，未及惺惺陋巷貧。

心漁歌爲錢翁希明别號題

錢翁，德洪父，三歲雙瞽，好古博學，能詩文[四]。

有漁者歌曰：「漁不以目惟以心，心不在魚漁更深。北溟之鯨殊小小，一舉六鰲未足歆。」

[一] 春園花木始菲菲　「木」，王本、九大本、黄本、閭本、董本、范本、聞本、宋本、邵本作「竹」。

[二] 又是高秋落葉稀　「葉」，王本、九大本、黄本、閭本、董本、范本、聞本、宋本、邵本作「木」。

[三] 獨坐秋庭月色新　「秋」，九大本卷四作「中」。

[四] 錢翁德洪父三歲雙瞽好古博學能詩文　王本、九大本、黄本、閭本、董本、范本無此十六字。

「敢問何如其爲漁耶？」曰：「吾將以斯道爲網，良知爲綱，太和爲餌，天地爲舫[一]。絜之無意，散之無方，是謂得無所得，而忘無可忘者矣。」

登香爐峰次蘿石韻

曾從爐鼎躡天風，下數天南百二峰。勝事縱爲多病阻，幽懷還與故人同。旌旗影動星辰北，鼓角聲迴滄海東。世故茫茫渾未定，且乘溪月放歸篷。

觀從吾登爐峰絶頂戲贈

道人不奈登山癖，日暮猶思絶棧雲。巖底獨行穿虎穴，峰頭清嘯亂猿群。清溪月出時尋寺，歸棹城隅夜款門[二]。可笑中郎無好興，獨留松院坐黄昏。

[一] 天地爲舫　「舫」，國圖本、天圖本、叢刊本、文淵閣本、摛藻堂本作「舫」。

[二] 歸棹城隅夜款門　「款」，黄本、間本、董本、范本作「扣」。

書扇贈從吾

君家只在海西隈，日日寒潮去復迴。莫遣扁舟成久別，爐峰秋月望君來。

嘉靖甲申冬二十一日再登秦望自弘治戊午登後二十七年矣將下適董蘿石與二三子來復坐久之暮歸同宿雲門僧舍[一]

初冬風日佳，杖策登崔嵬[二]。自予羈宦迹，久與山谷違。屈指廿七載，今兹復一來。沿溪尋往路，歷歷皆所懷。躋險還屢息，興在知吾衰。薄午際峰頂[三]，曠望未能回。良朋亦偶至，歸路相徘徊。夕陽飛鳥静，群壑風泉哀[四]。悠悠觀化意，點也可與偕。

[一] 嘉靖甲申云云　王本、九大本題作「與二三子登秦望」。

[二] 杖策登崔嵬　「杖策」，王本作「策杖」，九大本作「策林」。按，「林」亦當爲「杖」之訛。

[三] 薄午際峰頂　「薄」，王本、九大本、范本作「停」，黄本、閻本作「行」。

[四] 群壑風泉哀　「壑」，王本作「壁」，九大本作「壁」。

山中漫興

清晨急雨度林扉[一]，餘滴煙稍尚濕衣。雨水霞明桃亂吐[二]，沿溪風煖藥初肥。物情到底能容懶，世事從前頓覺非。自擬春光還自領，好誰歌詠月中歸。

挽潘南山

聖學宮墻亦久荒，如公精力可升堂。若爲千古經綸手，只作終年著述忙。末俗澆漓風益下，平生辛苦意難忘。西風一夜山陽笛，吹盡南岡落木霜。

和董蘿石菜花韻

油菜花開滿地金，鶉鳩聲裏又春深。閭閻正苦饑民色，畎畝常懷老圃心。自有牡丹堪富貴，也從蜂蝶漫追尋。年年開落渾閒事，來賞何人共此襟？

[一] 清晨急雨度林扉　「急」，王本、九大本作「忽」。

[二] 雨水霞明桃亂吐　「雨」，王本、九大本作「隔」。

天泉樓夜坐和蘿石韻[一]

莫厭西樓坐夜深[二]，幾人今夕此登臨。白頭未是形容老，赤子依然混沌心。隔水鳴榔聞過棹，映牕殘月見疎林。看君已得忘言意，不是當年只苦吟。

詠良知四首示諸生

箇箇人心有仲尼，自將聞見苦遮迷。而今指與真頭面，只是良知更莫疑。

問君何事日憧憧，煩惱場中錯用功。莫道聖門無口訣，良知兩字是參同。

人人自有定盤針，萬化根源總在心[三]。却笑從前顛倒見，枝枝葉葉外頭尋。

無聲無臭獨知時，此是乾坤萬有基。拋却自家無盡藏，沿門持鉢效貧兒[四]。

[一] 天泉樓夜坐和蘿石韻　九大本卷四作「諸生夜坐」。

[二] 莫厭西樓坐夜深　「坐夜」，九大本卷四作「夜坐」。

[三] 萬化根源總在心　國圖本、天圖本、叢刊本、文淵閣本、擒藻堂本「源」作「緣」；黄本、閭本、董本、范本「總」作「本」。

[四] 手稿篇末跋：「馮子仁問良知之説，舊嘗有四絶，遂書贈之。陽明山人王守仁書，時嘉靖戊子九月望日也。」

示諸生三首

爾身各各自天真，不用求人更問人[一]。但致良知成德業，謾從故紙費精神。乾坤是易原非畫，心性何形得有塵[二]？莫道先生學禪語，此言端的爲君陳[三]。

人人有路透長安，坦坦平平一直看。盡道聖賢須有秘，翻嫌易簡却求難。只從孝弟爲堯舜，莫把辭章學柳韓。不信自家原具足[四]，請君隨事反身觀。

長安有路極分明，何事幽人曠不行？遂使蓁茅成間塞，儘教麋鹿自縱横。徒聞絶境勞懸想，指與迷途却浪驚。冒險甘投蛇虺窟，顛崖墮壑竟亡生。

[一] 不用求人更問人　「用」，國圖本、天圖本、叢刊本、文淵閣本、摛藻堂本訛作「問」。
[二] 心性何形得有塵　「有」，九大本卷四作「染」。
[三] 九大本卷四此首題作「别南浦勉諸同志」。
[四] 不信自家原具足　「家」，王本、九大本、黄本、閭本、董本、范本、聞本、鄒本、胡本、宋本、邵本作「心」。

答人問良知二首

良知即是獨知時[一]，此知之外更無知[二]。誰人不有良知在，知得良知却是誰[三]？

知得良知却是誰？自家痛癢自家知。若將痛癢從人問，痛癢何須更問爲？

答人問道

饑來喫飯倦來眠，只此修行玄更玄。説與世人渾不信，却從身外覓神僊。

寄題玉芝庵 丙戌

塵途駿馬勞千里，月樹鷦鷯足一枝。身既了時心亦了，不須多羨碧霞池。

[一] 良知即是獨知時 「即」，國圖本、天圖本、叢刊本、文淵閣本、摛藻堂本作「却」。
[二] 此知之外更無知 「此」，九大本卷四作「獨」。
[三] 九大本卷四此首題作「勉同志」。

別諸生[一]

綿綿聖學已千年，兩字良知是口傳[二]。欲識渾淪無斧鑿，須從規矩出方圓。不離日用常行内，直造先天未畫前。握手臨岐更何語，殷懃莫媿别離筵。

後中秋望月歌

一年兩度中秋節，兩度中秋一様月。兩度當筵望月人，幾人猶在幾人别。此後望月幾中秋，此會中人知在否？當筵莫惜慇懃望，我已衰年半白頭。

書扇示正憲

汝自冬春來，頗解學文義。吾心豈不喜，顧此枝葉事。如樹不植根，暫榮終必瘁。植根可如何，願汝且立志。

[一] 别諸生　九大本卷四作「與武陵萬秀夫」。

[二] 兩字良知是口傳　「良知」，九大本卷四作「求仁」。

送蕭子雝憲副之任[一]

衰疾悟止足，閒居便静修。採芝深谷底，考槃南澗頭。之子亦早見，枉帆經舊丘。幽尋意始結，公期已先遒。星途觸來暑，拯焚能自由。黄鵠一高舉，剛風翼難收。懷兹戀丘隴[二]，回顧未忘憂。往志局千里，豈伊枋榆投？哲士營四海，細人聊自謀。聖作正思治，吾衰亮何酬[三]。所望登才俊，濟濟揚鴻休。隱者嘉肥遯[四]，仕者當誰儔？寧無寥寂念，宜急瘡痍瘳[五]。舍藏應有時[六]，行矣毋淹留[七]。

[一] 送蕭子雝憲副之任　「憲副」，王本、九大本作「副憲」。

[二] 懷兹戀丘隴　「兹」，手稿、王本、九大本作「慈」。

[三] 吾衰亮何酬　「何」，黄本、閶本、董本、范本作「可」。

[四] 隱者嘉肥遯　「肥」，手稿、王本、九大本、黄本、閶本、范本作「連」。

[五] 寧無寥寂念宜急瘡痍瘳　手稿、王本、九大本「宜」作「且」；國圖本、天圖本、叢刊本「寥」「瘳」互訛，又三本「寥」并作「廖」。

[六] 舍藏應有時　「應」，手稿作「會」。

[七] 手稿篇末跋：「子邕懷抱弘濟，而當道趍駕甚勤，戀戀庭闈，孝情雖至，顧恐事君之義□未爲得也。詩以餞之，亦見老懷耳。陽明山人守仁識，時嘉靖丁亥五月晦。」

中秋

去年中秋陰復晴，今年中秋陰復陰。百年好景不多遇，况乃白髮相侵尋。吾心自有光明月，千古團圓永無缺。山河大地擁清輝，賞心何必中秋節。

嘉靖丙戌十二月庚申始得子年已五十有五矣六有静齋二丈昔與先公同舉于鄉聞之而喜各以詩來賀藹然世交之誼也次韻爲謝[一]

海鶴精神老益强，晚途詩價重圭璋。洗兒惠比金錢貴，爛目光呈奎井祥。何物敢云繩祖武，他年只好共爺長。偶逢燈事開湯餅，庭樹春風轉歲陽。

其二

自分秋禾後吐芒，敢云琢玉晚珪璋[二]。漫憑先德餘家慶，豈是生申降嶽祥？携抱且堪娱老况，

[一] 六有静齋二丈　「六有」，國圖本、天圖本、叢刊本訛作「六月」。

[二] 敢云琢玉晚珪璋　「珪」，黄本、閭本、董本、范本、聞本、鄒本、胡本、宋本、邵本作「成」。

長成或可望書香。不辭歲歲臨湯餅，還見吾家第幾郎。

兩廣詩二十一首 嘉靖丁亥，起平思田之亂。

秋日飲月巖新搆别王侍御

湖山久繫念，塊處限形迹[一]。遥望一水間，十年靡由即。軍旅起衰廢，驅馳豈遑息。前旌道回岡，取捷上崎側[二]。新搆鬱層椒，石門轉深寂。是時霜始降，風凄群卉拆[三]。螿静響江聲，牕虚涵海色。夕陰下西岑，凉月穿東壁。觀風此餘情，撫景見高臆。匪從群公餞，何因得良覿。南徼方如燬，救焚敢辭亟。來歸幸有期，終遂幽尋僻[四]。

[一] 塊處限形迹 「塊」，王本、九大本、黄本、閭本、范本作「愧」。

[二] 取捷上崎側 「崎」，底本訛作「畸」，國圖本、天圖本、叢刊本、文淵閣本、摛藻堂本沿襲作「畸」，據王本、九大本、黄本、閭本、董本、范本、聞本、鄒本、胡本、宋本、邵本改。

[三] 風凄群卉拆 「拆」，閭本、董本作「折」。

[四] 終遂幽尋僻 九大本此下另行有「嘉靖丁亥九月十九日癸巳書是日霜降」十六字。

復過釣臺

憶昔過釣臺，驅馳正軍旅。十年今始來，復以兵戈起。空山煙霧深，往迹如夢裏。微雨林徑滑，肺病雙足胝。仰瞻臺上雲，俯濯臺下水。人生何碌碌，高尚當如此。瘡痍念同胞，至人匪爲己。過門不遑入，憂勞豈得已。滔滔良自傷，果哉末難矣。

右正德己卯，獻俘行在，過釣臺而弗及登。今兹復來，又以兵革之役，兼肺病足瘡，徒顧瞻悵望而已。書此付桐廬尹沈元材刻置亭壁，聊以紀經行歲月云耳。嘉靖丁亥九月廿二日書。時從行進士錢德洪、王汝中、建德尹楊思臣及元材，凡四人[一]。

方思道送西峰

西峰隱真境，微境臨通衢。行役空屢屢，過眼被塵迷[二]。青林外延望，中闕何由窺？方子

[一] 右正德己卯……凡四人　王本無此跋。

[二] 過眼被塵迷　「被」，王本、九大本作「黄」，黄本、閩本爲墨釘，閻本、宋本、邵本作「仍」，董本作「風」，范本作「俱」。

巖廊器，兼已雲霞姿[一]。每逢泉石處，必刻棠陵詩。兹山秀常玉，之子囊中錐。群峰灝秋氣，喬木含涼吹。此行非佳餞，誰爲發幽奇。奈何眷清賞，局促牽至期[二]。悠悠傷絶學，之子亦如斯。爲君指周道，直往勿復疑。

西安雨中諸生出候因寄德洪汝中并示書院諸生

幾度西安道，江聲暮雨時。機關鷗鳥破，踪迹水雲疑。仗鉞非吾事，傳經媿爾師。天真泉石秀，新有鹿門期。

德洪汝中方卜書院盛稱天真之奇并寄及之

不踏天真路，依稀二十年。石門深竹逕，蒼峽瀉雲泉。泮壁環胥海，龜疇見宋田。文明原有象，卜築豈無緣？

[一] 兼已雲霞姿　「已」王本作「稟」，九大本作「凛」，黄本、聞本爲墨釘，董本、范本作「抱」，閭本、宋本、邵本作「負」。

[二] 局促牽至期　「至」，王本、九大本、董本作「王」。

寄石潭二絶 [一]

僕兹行無所樂，樂與二公一會耳。得見閑齋，固已如見石潭矣。留不盡之興於後期，豈謂樂不可極耶？聞尊恙已平復，必於不出見客，無乃太以界限自拘乎？奉次二絶，用發一笑，且以致不及請教之憾。

見説新居止隔山，肩輿曉出暮堪還。知公久已藩籬撤，何事深林尚閉關？

乘輿相尋涉萬山，扁舟亦復及門還。莫將身病爲心病，可是無關却有關？

長生

長生徒有慕，苦乏大藥資。名山遍探歷，悠悠鬢生絲。微軀一繫念，去道日遠而。中歲忽有覺，九還乃在兹。非爐亦非鼎，何坎復何離？本無終始究，寧有死生期？彼哉遊方士，詭辭反增疑。紛然諸老翁，自傳困多岐[二]。乾坤由我在，安用他求爲？千聖皆過影，良知乃吾師。

南浦道中

[一] 寄石潭二絶　王本、九大本題作「寄石潭書并詩二絶」。

[二] 自傳困多岐　「傳」，董本作「縛」。

南浦重來夢裏行，當年鋒鏑尚心驚。旌旗不動山河影，鼓角猶傳草木聲。已喜閭閻多復業，獨憐饑饉未寬征。迂踈何有甘棠惠，慚愧香燈父老迎。

重登黄土腦

一上高原感慨重，千山落木正無窮。前途且與停西日，此地曾經拜北風。劍氣晚横秋色净，兵聲寒帶暮江雄。水南多少流亡屋，尚訴征求杼軸空。

過新溪驛[一]

猶記當年築此城，廣瑶湖寇正縱横。人今樂業皆安堵，我亦經過一駐兵。香火沿門慚老稚，壺漿遠道及從行。峰山弩手疲勞甚，且放歸農莫送迎[二]。

[一] 過新溪驛　王本、九大本作「過宿新城」。

[二] 且放歸農莫送迎　「農」，王本、九大本、黄本、閭本、董本、范本作「休」。按，九大本詩下跋：「嘉靖丁亥十一月四日，有事兩廣，駐兵新城，此城予巡撫時所築。峰山弩手，其始蓋優恤之以俟調發，其後漸苦於送迎之役，故詩及之。」

夢中絶句[一]

此予十五歲時夢中所作[二]。今拜伏波祠下[三]，宛如夢中[四]。茲行殆有不偶然者[五]，因識其事于此。

卷甲歸來馬伏波，早年兵法鬢毛皤。雲埋銅柱雷轟折，六字題詩尚不磨[六]。

謁伏波廟二首

四十年前夢裏詩，此行天定豈人爲。徂征敢倚風雲陣，所過須同時雨師。尚喜遠人知向望，却慚無術救瘡痍。從來勝算歸廊廟，耻説兵戈定四夷。

樓船金鼓宿烏蠻，魚麗群舟夜上灘。月遶旌旗千嶂静，風傳鈴柝九溪寒。荒夷未必先聲服，神武由來不殺難。想見虞廷新氣象，兩堦干羽五雲端。

[一] 夢中絶句　王本、九大本題作「謁伏波廟」。

[二] 此予十五歲時夢中所作　「所」，王本、九大本作「之」。

[三] 今拜伏波祠下　王本、九大本作「今來祠下」。

[四] 宛如夢中　王本、九大本作「宛如始寤」。

[五] 茲行殆有不偶然者　「殆」，王本、九大本作「若」。

[六] 六字題詩尚不磨　「詩」，王本、九大本作「文」。

破斷藤峽

纔看干羽格苗夷，忽見風雷起戰旗。六月徂征非得已，一方流毒已多時。遷賓玉石分須早，柳慶雲霓怨莫遲。嗟爾有司懲既往，好將恩信撫遺黎。

平八寨

見說韓公破此蠻，貔貅十萬騎連山。而今止用三千卒，遂爾收功一月間。豈是人謀能妙算，偶逢天助及師還。窮搜極討非長計，須有恩威化梗頑。

南寧二首

一駐南寧五月餘，始因送遠過僧廬。浮屠絕壁經殘燹，井灶沿村見廢墟。撫恤尚慚凋弊後，遊觀正及省耕初。近聞襁負歸瑶僮，莫陋夷方不可居。

勞矣田人莫遠迎，瘡痍未定犬猶驚。燹餘破屋須先緝，雨後荒畬莫廢耕。歸喜逃亡來負襁，貧憐繻絝綴旗旌。聖朝恩澤寬如海，甑鮒盆魚縱爾生。

往歲破桶岡宗舜祖世麟老宣慰實來督兵今茲思田之役乃隨父致仕宣慰明輔來從事目擊其父子孫三世皆以忠孝相承相尚也詩以嘉之

宣慰彭明輔，忠勤晚益敦。歸師當五月，冒暑浄蠻氛。九霄雖已老，報國意尤懃。五月衝炎暑，回軍立戰勳。

愛爾彭宗舜，少年多戰功。從親心已孝，報國意尤忠。

題甘泉居

我聞甘泉居，近連菊坡麓。十年勞夢思，今來快心目。徘徊欲移家，山南尚堪屋。渴飲甘泉泉，飢飡菊坡菊。行看羅浮雲，此心聊復足。

書泉翁壁

我祖死國事，肇禋在增城。荒祠幸新復，適來奉初蒸。亦有兄弟好，念言思一尋[一]。蒼蒼

[一] 念言思一尋　「言」，黄本、閭本、董本、范本、聞本、宋本、邵本作「年」。

蒹葭色，宛隔環瀛深。入門散圖史，想見抱膝吟。賢郎敬父執，童僕意相親。病軀不遑宿，留詩慰慇懃。落落千百載，人生幾知音。道同著形迹[一]，期無負初心。

[一] 道同著形迹 「同」，國圖本、天圖本、叢刊本、文淵閣本、擒藻堂本作「通」。

王文成公全書卷之二十一

外集三　書

門人餘姚錢德洪　編次
安成鄒守益　葺録
泰和歐陽德　校正
山陰王畿　增葺
南昌唐堯臣　考訂

答佟太守求雨　癸亥

昨楊、李二丞來，備傳尊教，且詢致雨之術，不勝慚悚。今早謀節推辱臨，復申前請，尤爲懇至，令人益增惶懼。天道幽遠，豈凡庸所能測識，然執事憂勤爲民之意，真切如是，僕亦何可以無一言之復。

孔子云：「丘之禱久矣。」蓋君子之禱，不在於對越祈祝之際，而在於日用操存之先。執事之治吾越，幾年於此矣。凡所以爲民祛患，除弊興利而致福者，何莫而非先事之禱，而何俟於今日？然而暑旱尚存，而雨澤未應者，豈别有所以致此者歟？古者歲旱，則爲之主者減膳徹樂，省獄薄賦，修祀典，問疾苦，引咎賑乏，爲民遍請於山川社稷，故有叩天求雨之祭[一]，有省咎自責之文，有歸誠請改之禱。蓋史記所載，湯以六事自責，禮謂「大雩帝，用盛樂」，春秋書「秋九月，大雩」，皆此類也。僕之所聞於古如是，未聞有所謂書符呪水，而可以得雨者也。唯後世方術之士，或時有之，然彼皆有高潔不污之操，特立堅忍之心。雖其所爲不必合於中道，而亦有以異於尋常，是以或能致此。然皆出於小説[二]，而不見於經傳，君子猶以爲附會之談。又況如今之方士之流，曾不少殊於市井嚚頑，而欲望之以揮斥雷電，呼吸風雨之事，豈不難哉。

僕謂執事且宜出齋於廳事，罷不急之務，開省過之門，洗簡冤滯，禁抑奢繁，淬誠滌慮，痛自悔責，以爲八邑之民請於山川社稷。而彼方士之祈請者，聽民間從便得自爲之，但弗之禁，而

[一] 故有叩天求雨之祭　「叩」，黄本、董本、范本作「吁」。

[二] 然皆出於小説　國圖本、天圖本、叢刊本、文淵閣本、摛藻堂本無「於」字。

不専倚以爲重輕。夫以執事平日之所操存，苟誠無愧於神明，而又臨事省惕，躬帥僚屬，致懇乞誠，雖天道亢旱，亦自有數，使人事良修，旬日之内，自宜有應。僕雖不肖，無以自别於凡民，以誠使可有致雨之術[一]，亦安忍坐視民患而恬不知顧，乃勞執事之僕僕，豈無人之心者耶？一二日内，僕亦將禱於南鎮，以助執事之誠。執事其但爲民悉心以請，毋惑於邪説，毋急於近名。天道雖遠，至誠而不動者，未之有也。

答毛憲副 戊辰

昨承遣人喻以禍福利害，且令勉赴太府請謝。此非道誼深情，决不至此，感激之至，言無所容。但差人至龍場陵侮，此自差人挾勢擅威，非太府使之也。龍場諸夷與之争鬬，此自諸夷憤愠不平，亦非某使之也[二]。然則太府固未嘗辱某，某亦未嘗傲太府，何所得罪，而遽請謝乎？跪拜之禮，亦小官常分，不足以爲辱，然亦不當無故而行之。不當行而行，與當行而不行，其爲取

[一] 以誠使可有致雨之術 「以誠使可有」，黄本、閭本、董本、范本、聞本、鄒本、胡本、宋本、邵本作「使可以誠有」，文淵閣本、摛藻堂本作「使誠有可以」。

[二] 亦非某使之也 「某」，居夷集作「守仁」，下文仿此；又黄本、閭本、范本無「某」字。

辱一也。廢逐小臣，所守以待死者，忠信禮義而已。又棄此而不守，禍莫大焉。凡禍福利害之説，某亦嘗講之。君子以忠信爲利，禮義爲福。苟忠信禮義之不存，雖禄之萬鍾，爵以侯王之貴，君子猶謂之禍與害；如其忠信禮義之所在，雖剖心碎首，君子利而行之，自以爲福也，況於流離竄逐之微乎？

某之居此，蓋瘴癘蠱毒之與處，魑魅魍魎之與遊，日有三死焉。然而居之泰然，未嘗以動其中者，誠知生死之有命，不以一朝之患，而忘其終身之憂也。太府苟欲加害，而在我誠有以取之，則不可謂無憾；使吾無有以取之而横罹焉，則亦瘴癘而已爾，蠱毒而已爾，魑魅魍魎而已爾。吾豈以是而動吾心哉？執事之諭，雖有所不敢承，然因是而益知所以自勵，不敢苟有所隳墮，則某也受教多矣。敢不頓首以謝。

與安宣慰 戊辰

某得罪朝廷而來[一]，惟竄伏陰崖幽谷之中，以禦魑魅，則其所宜。故雖夙聞使君之高誼，經旬月而不敢見，若甚簡伉者。然省愆内訟，痛自削責，不敢比數於冠裳，則亦逐臣之禮也。使

[一] 某得罪朝廷而來　「某」，居夷集作「守仁」，下文仿此。

君不以爲過，使廪人餽粟，庖人餽肉，圉人代薪水之勞[一]，亦寧不貴使君之義，而諒其爲情乎？自惟罪人，何可以辱守土之大夫，懼不敢當，輒以禮辭。使君復不以爲罪，昨者又重之以金帛，副之以鞍馬，禮益隆，情益至。某益用震悚，是重使君之辱，而甚逐臣之罪也，愈有所不敢當矣。使者堅不可却，求其説而不得，無已，其周之乎？周之亦可受也。敬受米二石[二]，柴炭鷄鵝，悉受如來數。其諸金帛鞍馬，使君所以交於卿士大夫者，施之逐臣，殊駭觀聽，敢固以辭。伏惟使君處人以禮，恕物以情，不至再辱，則可矣。

二 戊辰

減驛事，非罪人所敢與聞，承使君厚愛，因使者至，閑問及之，不謂其遂達諸左右也。悚息悚息。然已承見詢，則又不可默。凡朝廷制度，定自祖宗，後世守之，不可以擅改[三]，改在朝

[一] 圉人代薪水之勞　「圉」，底本訛作「園」，據居夷集、黄本、閭本、董本、范本、聞本、鄒本、胡本、宋本、邵本改。

[二] 敬受米二石　「二」，居夷集作「一」。

[三] 不可以擅改　「可」，居夷集、黄本、閭本、董本、范本、聞本、宋本、邵本作「敢」。

廷[一]，且謂之變亂，況諸侯乎？縱朝廷不見罪，有司者將執法以繩之，使君必且無益。縱遂幸免於一時[二]，或五六年，或八九年，雖遠至二三十年矣，當事者猶得持典章而議其後。若是，則使君何利焉？使君之先，自漢唐以來，千幾百年，土地人民，未之或改。所以長久若此者，以能世守天子禮法，竭忠盡力，不敢分寸有所違，是故天子亦不得踰禮法[三]，無故而加諸忠良之臣。不然，使君之土地人民富且盛矣，朝廷悉取而郡縣之，其誰以爲不可？夫驛可減也，亦可增也；驛可改也，宣慰司亦可革也。由此言之，殆甚有害，使君其未之思耶？

所云奏功陞職事，意亦如此。夫剗除寇盜，以撫綏平良，亦守土之常職。今縷舉以要賞，則朝廷平日之恩寵禄位，顧將欲以何爲？使君爲參政，亦已非設官之舊，今又干進不已，是無抵極也，衆必不堪。夫宣慰，守土之官，故得以世有其土地人民；若參政，則流官矣，東西南北，惟天子所使。朝廷下方尺之檄，委使君以一職，或閩或蜀，其敢弗行乎？則方命之誅，不旋踵而至；

[一] 改在朝廷　底本脱「改」字，據居夷集、黄本、間本、董本、范本、聞本、鄒本、胡本、宋本、邵本補。
[二] 縱遂幸免於一時　國圖本、天圖本、叢刊本、文淵閣本、擒藻堂本無「遂」字。
[三] 是故天子亦不得踰禮法　「是」，居夷集、黄本、間本、董本、范本、聞本、鄒本、胡本、宋本、邵本作「越」，讀屬上句。

捧檄從事，千百年之土地人民，非復使君有矣。由此言之，雖今日之參政，使君將恐辭去之不速，其又可再乎？凡此以利害言，揆之於義，反之於心，使君必自有不安者。夫拂心違義而行，衆所不與，鬼神所不嘉也。承問及，不敢不以正對，幸亮察。

三 戊辰

阿賈、阿札等畔宋氏，爲地方患，傳者謂使君使之。此雖或出於妬婦之口，然阿賈等自言，使君嘗錫之以氈刀，遺之以弓弩，雖無其心，不幸乃有其迹矣。始三堂兩司得是說，即欲聞之於朝，既而以使君平日忠實之故，未必有是，且信且疑，姑令使君討賊。苟遂出軍剿撲，則傳聞皆妄，何可以濫及忠良；其或坐觀逗遛，徐議可否，亦未爲晚；故且隱忍其議[一]，所以待使君者甚厚。既而文移三至，使君始出，衆論紛紛，疑者將信。喧騰之際，適會左右來獻阿麻之首，偏師出解洪邊之圍，群公又復徐徐。今又三月餘矣，使君稱疾歸卧，諸軍以次潛回，其間分屯寨堡者，不聞擒斬以宣國威，惟增剽掠以重民怨，衆情愈益不平。而使君之民罔所知識，方揚言於人，謂「宋氏之難，當使宋氏自平，安氏何與而反爲之役？我安氏連地千里，擁衆四十八萬，深坑絶坉，飛

[一] 故且隱忍其議 「忍」，居夷集作「息」。

鳥不能越，猿猱不能攀，縱遂高坐，不爲宋氏出一卒，人亦卒如我何？」斯言已稍稍傳播，不知三堂兩司已嘗聞之否。使君誠久卧不出，安氏之禍，必自斯言始矣。

使君與宋氏同守土，而使君爲之長，地方變亂，皆守土者之罪，使君能獨委之宋氏乎？夫連地千里，孰與中土之一大郡？擁衆四十八萬，孰與中土之一都司？深坑絶坉，安氏有之，然如安氏者，環四面而居以百數也。今播州有楊愛，愷黎有楊友，酉陽、保靖有彭世麒等諸人。斯言苟聞於朝，朝廷下片紙於楊愛諸人，使各自爲戰，共分安氏之所有，蓋朝令而夕無安氏矣。深坑絶坉，何所用其險，使君可無寒心乎？且安氏之職，四十八支更迭而爲，今使君獨傳者三世，而群支莫敢争，以朝廷之命也。苟有可乘之釁，孰不欲起而代之乎？然則揚此言於外，以速安氏之禍者，殆漁人之計，蕭墻之憂，未可測也。使君宜速出軍，平定反側，破衆讒之口，息多端之議，弭方興之變，絶難測之禍，補既往之愆，要將來之福。某非爲人作説客者[一]，使君幸熟思之。

答人問神仙 戊辰

詢及神仙有無，兼請其事，三至而不答，非不欲答也，無可答耳。昨令弟來，必欲得之。僕

[一] 某非爲人作説客者　「某」，居夷集作「守仁」。

誠生八歲而即好其説，今已餘三十年矣。齒漸摇動[一]，髮已有一二莖變化成白，目光僅盈尺，聲聞函丈之外，又常經月卧病不出[二]，藥量驟進[三]，此殆其效也。而相知者猶妄謂之能得其道，足下又妄聽之而以見詢，不得已，姑爲足下妄言之。

古有至人，淳德凝道，和於陰陽，調於四時，去世離俗，積精全神，遊行天地之間，視聽八遠之外。若廣成子之千五百歲而不衰，李伯陽歷商、周之代，西度函谷，亦嘗有之。若是而謂之曰無，疑於欺子矣。然其呼吸動静[四]，與道爲體，精骨完久，禀於受氣之始，此殆天之所成[五]，非人力可强也。若後世拔宅飛昇，點化投奪之類，譎怪奇駭，是乃秘術曲技，尹文子所謂「幻」，釋氏謂之「外道」者也。若是而謂之曰有，亦疑於欺子矣。夫有無之間，非言語可况，存久而明，養深而自得之，未至而强喻，信亦未必能及也。蓋吾儒亦自有神仙之道，顔子三十二而卒，至今未亡也。足下能信之乎？後世上陽子之流，蓋方外技術之士，未可以爲道。若

[一] 齒漸摇動　「摇動」，居夷集、黄本、董本、范本作「摇摇」。
[二] 又常經月卧病不出　「常」，居夷集、黄本、閭本、董本、范本作「能」。
[三] 藥量驟進　「量」，毛本引文作「裹」。
[四] 然其呼吸動静　「其」，國圖本、天圖本、叢刊本、文淵閣本、摛藻堂本作「則」。
[五] 禀於受氣之始此殆天之所成　居夷集無「氣」下之「之」字，又「此」作「先」。

達磨、慧能之徒，則庶幾近之矣，然而未易言也。足下欲聞其説，須退處山林三十年，全耳目，一心志，胸中洒洒，不掛一塵，而後可以言此。今去仙道尚遠也，妄言不罪。

答徐成之 壬午[一]

承以朱、陸同異見詢，學術不明於世久矣，此正吾儕今日之所宜明辨者。細觀來教，則輿庵之主象山既失，而吾兄之主晦庵亦未爲得也。是朱非陸，天下之論定久矣，久則難變也。雖微吾兄之争，輿庵亦豈能遽行其説乎？故僕以爲二兄今日之論，正不必求勝，務求象山之所以非，晦庵之所以是，窮本極源，真有以見其幾微得失於毫忽之間。若明者之聽訟，其事之曲者，既有以辨其情之不得已；而辭之直者，復有以察其處之或未當。使受罪者得以伸其情，而獲伸者亦有所不得辭其責，則有以盡夫事理之公，即夫人心之安，而可以俟聖人於百世矣。

今二兄之論，乃若出於求勝者，求勝，則是動於氣也。動於氣，則於義理之正，何啻千里，而又何是非之論乎？凡論古人得失，決不可以意度而懸斷之。今輿庵之論象山曰：「雖其專以尊

[一] 壬午　黄本、董本、范本作「壬申」。按，年譜系於正德六年辛未，壬申爲正德七年，亦相去不遠，則「壬午」或爲「壬申」之訛。

德性爲主，未免墮於禪學之虚空，而其持守端實，終不失爲聖人之徒。若晦庵之一於道問學，則支離決裂，非復聖門誠意正心之學矣。」吾兄之論晦庵曰：「雖其專以道問學爲主，未免失於俗學之支離，而其循序漸進，終不背於大學之訓。若象山之一於尊德性，則虚無寂滅，非復大學格物致知之學矣。」夫既曰「尊德性」，則不可謂「墮於禪學之虚空」；墮於禪學之虚空，則不可謂之尊德性矣。既曰「道問學」，則不可謂「失於俗學之支離」；失於俗學之支離，則不可謂道問學矣。二者之辯，間不容髮，然則二兄之論，皆未免於意度也。

昔者子思之論學，蓋不下千百言，而括之以「尊德性而道問學」之一語。即如二兄之辯，一以「尊德性」爲主，一以「道問學」爲事，則是二者固皆未免於一偏，而是非之論尚未有所定也。烏得各持一是，而遽以相非爲乎？故僕願二兄置心於公平正大之地，無務求勝。夫論學而務以求勝，豈所謂尊德性乎？豈所謂道問學乎？以某所見[一]，非獨吾兄之非象山，輿庵之非晦庵皆失之非，而吾兄之是晦庵，輿庵之是象山，亦皆未得其所以是也。稍暇當面悉[二]，姑務養心息辯，毋遽。

[一] 以某所見 「某」，蕭本、國會本作「守仁」，國圖本、叢刊本作「其」；孫本「所」作「之」。
[二] 稍暇當面悉 孫本「當」上有「尚」字。

二　壬午[一]

昨所奉答，適有遠客，酬對紛紜，不暇細論。姑願二兄息未定之争，各反究其所是者，必己所是已無絲髮之憾[二]，而後可以及人之非。早來承教，乃爲僕「漫爲含胡兩解之説，而細繹辭旨，若有以陰助輿庵而爲之地者」。讀之不覺失笑，曾謂吾兄而亦有是言耶？僕嘗以爲君子論事，當先去其有我之私。一動於有我，則此心已陷於邪僻，雖所論盡合於理，既已亡其本矣。嘗以是言於朋友之間，今吾兄乃云爾，敢不自反，其殆陷於邪僻而弗覺也？求之反復，而昨者所論實未嘗有是，則斯言也，無乃吾兄之過歟？雖然，無是心而言之未盡於理，未得爲無過也。僕敢自謂其言之已盡於理乎？請舉二兄之所是者以求正。

輿庵是象山，而謂其專以尊德性爲主。今觀象山文集所載，未嘗不教其徒讀書窮理，而自謂理會文字頗與人異者，則其意實欲體之於身。其亟所稱述以誨人者，曰「居處恭，執事敬，與人忠」，曰「克己復禮」，曰「萬物皆備於我，反身而誠，樂莫大焉」，曰「學問之道無他，求其放心而已」，曰「先立乎其大者，而小者不能奪」。是數言者，孔子、孟軻之言也，烏在其爲

[一] 壬午　黄本、董本、范本作「壬申」。
[二] 必己所是已無絲髮之憾　「己」，黄本、范本作「凡」。

空虛者乎？獨其「易簡」「覺悟」之說，頗爲當時所疑。然「易簡」之說出於繫辭，「覺悟」之說雖有同於釋氏，然釋氏之說，亦自有同於吾儒，而不害其爲異者，惟在於幾微毫忽之間而已。亦何必諱於其同而遂不敢以言，狃於其異而遂不以察之乎？是輿庵之是象山，固猶未盡其所以是也。

吾兄是晦庵，而謂其專以道問學爲事。然晦庵之言，曰「居敬窮理」，曰「非存心無以致知」，曰「君子之心，常存敬畏。雖不見聞，亦不敢忽，所以存天理之本然，而不使離於須臾之頃也」。是其爲言雖未盡瑩，亦何嘗不以尊德性爲事，而又烏在其爲支離者乎？獨其平日汲汲於訓解，雖韓文、楚辭、陰符、參同之屬，亦必與之註釋考辯，而論者遂疑其玩物。又其心慮恐學者之躐等，而或失之於妄作，使必先之以格致而無不明，然後有以實之於誠正而無所謬[一]。世之學者，掛一漏萬，求之愈繁而失之愈遠，至有弊力終身，苦其難而卒無所入，而遂議其支離。不知此乃後世學者之弊，而當時晦庵之自爲，則亦豈至是乎？是吾兄之是晦庵，固猶未盡其所以是也[二]。

[一] 然後有以實之於誠正　「有以」，王本、九大本作「有以自」，德安本作「自有以」，蕭本、國會本、孫本、錢本、黃本、董本、范本作「有自以」。

[二] 固猶未盡其所以是也　「也」，國會本作「明」，讀屬下句。

夫二兄之所信而是者，既未盡其所以是，則其所疑而非者，亦豈必盡其所以非乎？然而二兄往復之辯，不能一反焉，此僕之所以疑其或出於求勝也。一有求勝之心，則已亡其學問之本[一]，而又何以論學爲哉？此僕之所以惟願二兄之自反也，安有所謂「含胡兩解而陰爲輿庵之地者」哉？夫君子之論學，要在得之於心。衆皆以爲是，苟求之心而未會焉，未敢以爲是也；衆皆以爲非，苟求之心而有契焉，未敢以爲非也。心也者，吾所得於天之理也，無間於天人，無分於古今[二]。苟盡吾心以求焉，則不中不遠矣。學也者，求以盡吾心也，是故尊德性而道問學。尊者，尊此者也；道者，道此者也。不得於心，而惟外信於人以爲學，烏在其爲學也已？

僕嘗以爲晦庵之與象山，雖其所爲學者若有不同[三]，而要皆不失爲聖人之徒。今晦庵之學，天下之人童而習之，既已入人之深，有不容於論辯者。而獨惟象山之學，則以其嘗與晦庵之有言，而遂藩籬之。使若由、賜之殊科焉，則可矣；而遂擯放廢斥，若碔砆之與美玉，則豈不過甚矣乎？夫晦庵折衷群儒之説，以發明六經語孟之旨於天下，其嘉惠後學之心，真有不可得而議者；而象

[一] 則已亡其學問之本　「亡」，國會本作「失」。
[二] 無分於古今　「古今」，蕭本、國會本、德安本、孫本、錢本、王本、九大本作「今古」。
[三] 雖其所爲學者　蕭本、國會本、德安本、孫本、錢本、王本、九大本「所」下有「以」字。

山辯義利之分，立大本，求放心，以示後學篤實爲己之道，其功亦寧可得而盡誣之？而世之儒者，附和雷同，不究其實，而槩目之以禪學，則誠可冤也已。故僕嘗欲冒天下之譏，以爲象山一暴其説，雖以此得罪無恨。僕於晦庵亦有罔極之恩，豈欲操戈而入室者？顧晦庵之學，既已若日星之章明於天下，而象山獨蒙無實之誣，于今且四百年，莫有爲之一洗者，使晦庵有知，將亦不能一日而安享於廟廡之間矣。此僕之至情，終亦必爲吾兄一吐者，亦何肯漫爲兩解之説，以陰助於輿庵？輿庵之説，僕猶恨其有未盡也。

夫學術者，今古聖賢之學術，天下之所公共，非吾三人者所私有也。天下之學術，當爲天下公言之，而豈獨爲輿庵地哉？兄又舉太極之辯，以爲「象山於文義且有所未能通曉，而其强辯自信，曾何有於所養」。夫謂其文義之有未詳，不害其爲有未詳也；謂其所養之未至，不害其爲未至也。學未至於聖人，寧免太過不及之差乎[一]？而論者遂欲以是而蓋之，則吾恐晦庵禪學之譏，亦未免有激於不平也。夫一則不審於文義，一則有激於不平，是皆所養之未至。昔孔子大聖也，而猶曰「假我數年以學易，可以無大過」，仲虺之贊成湯，亦惟曰「改過不吝」而已。所養之未至，亦何傷於二先生之爲賢乎？此正晦庵、象山之氣象，所以未及於顏子、明道者在此。吾儕正

[一] 寧免太過不及之差乎　「太」，蕭本、國會本、德安本、黄本、董本、聞本、宋本、邵本作「大」。

當仰其所以不可及，而默識其所未至者，以爲涵養規切之方，不當置偏私於其間，而有所附會增損之也。夫君子之過也，如日月之食，人皆見之，更也，人皆仰之，而小人之過也必文。世之學者，以晦庵大儒，不宜復有所謂過者，而必曲爲隱飾增加，務詆象山於禪學以求伸其說，且自以爲有助於晦庵，而更相倡引，謂之扶持正論。不知晦庵乃君子之過，而吾反以小人之見而文之；晦庵有聞過則喜之美，而吾乃非徒順之，又從而爲之辭也。晦庵之心，以聖賢君子之學期後代，而世之儒者，事之以事小人之禮，是何誣象山之厚，而待晦庵之薄邪？

僕今者之論，非獨爲象山惜，實爲晦庵惜也。兄視僕平日於晦庵何如哉？而乃有是論，是亦可以諒其爲心矣。惟吾兄去世俗之見[一]，宏虛受之咸[二]，勿求其必同，而察其所以異；勿以無過爲聖賢之高，而以改過爲聖賢之學；勿以其有所未至者爲聖賢之諱，而以其常懷不滿者爲聖賢之心；則兄與輿庵之論，將有不待辯說而釋然以自解者。孟子云：「君子亦仁而已，何必同？」惟吾兄審擇而正之。

[一] 惟吾兄去世俗之見　「去」，王本、九大本作「出」。

[二] 宏虛受之咸　「咸」，施本、俞本作「誠」，通行本多據改。按，周易咸，象曰「山上有澤，咸。君子以虛受人」，不必改字。

答儲柴墟 壬申

盛价來，適人事紛紜，不及細詢北來事[一]。既還，却殊怏怏。承示劉生墓誌，此實友義所關，文亦縝密，獨叙乃父側室事，頗傷忠厚，未刻石，删去之爲佳。子於父過，諫而過激，不可以爲幾；稱子之美，而發其父之陰私，不可以爲訓。宜更詳之。

喻及交際之難，此殆謬於私意。君子與人，惟義所在，厚薄輕重[二]，己無所私焉，此所以爲簡易之道。世人之心，雜於計較，毁譽得喪交於中，而眩其當然之則，是以處之愈悉，而行之愈難。夫大賢吾師，次賢吾友，此天理自然之則，豈以是爲炎凉之嫌哉？吾兄以僕於今之公卿，若某之賢者，則稱謂以「友生」；若某與某之賢不及於某者，則稱謂以「侍生」，豈以矯時俗炎凉之弊？非也。夫彼可以爲吾友，而吾可以友之，彼又吾友也，吾安得而弗友之？彼不可以爲吾友，而吾不可以友之，彼又不吾友也，吾安得而友之？夫友也者，以道也，以德也。天下莫大於道，莫貴於德，道德之所在，齒與位不得而干焉，僕於某之謂矣。彼其無道與德，而徒有其貴與齒也，則亦貴齒之而已。然若此者，與之見亦寡矣，非以事相臨，不往見也。若此者，

[一] 不及細詢北來事 王本「北來事」作「他事」；天圖本、叢刊本、文淵閣本、摛藻堂本「北」作「比」。

[二] 厚薄輕重 「輕重」，王本作「重輕」。

與凡交游之隨俗以侍生而來者，亦隨俗而侍生之。所謂事之無害於義者，從俗可也。千乘之君，求與之友而不可得，非在我有所不屑乎？嗟乎！友未易言也。今之所謂友，或以藝同，或以事合，徇名逐勢，非吾所謂輔仁之友矣。仁者，心之德，人而不仁，不可以爲人。輔仁，求以全心德也，如是而後友。今特以技藝文辭之工，地勢聲翼之重，而鶩然欲以友乎賢者[一]，賢者弗與也。吾兄技藝炎凉之説，貴賤少長之論，殆皆有未盡歟？孟子曰「友也者，不可以有挾」，「孟獻子之友五人，無獻子之家者也」，曾以貴賤乎？仲由少顏路三歲，回、由之贈處，蓋友也；回與曾點同時，參曰「昔者吾友」，曾以少長乎？將矯時俗之炎凉，而自畔於禮，其間不能以寸矣。

吾兄又以僕於後進之來，其質美而才者，多以先後輩相處；其庸下者，反待以客禮，疑僕別有一道。是道也，奚有於別？凡後進之來，其才者皆有意於斯道者也，吾安得不以斯道處之？其庸下者，不過世俗泛然一接，吾亦世俗泛然待之，如鄉人而已。昔伊川初與呂希哲爲同舍友，待之友也；既而希哲師事伊川，待之弟子也；謂敬於同舍而慢於弟子，可乎？孔子待陽貨以大夫，待回、賜以弟子，謂待回、賜不若陽貨，可乎？師友道廢久，後進之中，有聰明特達者，頗知求道，往往又爲先輩待之不誠，不諒其心，而務假以虛禮，以取悦於後進，干待士之譽，此正所謂「病

[一]　而鶩然欲以友乎賢者　「乎」，王本、德安本作「夫」。

則吾固有志於夏畦」者也。以是師友之道日益淪没，無由復明。僕常以爲，世有周、程諸君子[一]，則吾固得而執弟子之役，乃大幸矣；其次有周、程之高弟焉，吾猶得而私淑也，不幸世又無是人。有志之士，倀倀其將焉求乎？然則何能無憂也？憂之而不以責之己，責之己而不以求輔於人，求輔於人而待之不以誠，終亦必無所成而已耳。凡僕於今之後進，非敢以師道自處也，將求其聰明特達者，與之講明，因以自輔也。彼自以後進求正於我[二]，雖不師事我，固有先後輩之道焉。伊川瞑目而坐，游、楊侍立不敢去，重道也。今世習於曠肆，憚於檢飭[三]，不復知有此事。幸而有一二後進，略知求道爲事，是有復明之機，又不誠心直道，與之發明，而徒闒然媚世[四]，苟且阿俗，僕誠痛之惜之。傳曰：「師嚴，然後道尊；道尊，然後民知敬學。」夫人必有所嚴憚，然後言之而聽之也審，施之而承之也肅[五]。凡若此者，皆求以明道，皆循理而行，非有容私於其間也。

[一] 世有周程諸君子　「周程」，王本作「程朱」，下文仿此。
[二] 彼自以後進求正於我　「進」，王本作「學」。
[三] 憚於檢飭　「飭」，王本、國圖本、天圖本、叢刊本、文淵閣本、摛藻堂本作「飾」。
[四] 而徒闒然媚世　「媚世」，王本、德安本作「希媚」。
[五] 施之而承之也肅　「肅」，王本作「前」。

伊尹曰：「天之生斯民也，使先知覺後知，使先覺覺後覺。予天民之先覺也，非予覺之而誰也？」是故大知覺於小知，小知覺於無知，大覺覺於小覺，小覺覺於無覺。夫已大知大覺矣，而後以覺於天下，不亦善乎？然而未能也，遂自以小知小覺，而不敢以覺於人，則終亦莫之覺矣。仁者固如是乎？夫仁者，己欲立而立人，己欲達而達人。僕之意以爲，己有分寸之知，即欲同此分寸之知於人；己有分寸之覺，即欲同此分寸之覺於人。人之小知小覺者益衆，則其相與爲知覺也益易以明，如是而後大知大覺可期也。僕於今之後進，尚不敢以小知小覺自處。譬之凍餒之人，知耕桑之可以足衣食，而又偶聞藝禾樹桑之法，將試爲之，而遂以告其凡凍餒者，使之共爲之也，亦何嫌於己之未嘗樹藝，而遂不以告之乎？雖然，君子有諸己而後求諸人，僕蓋未嘗有諸己也[一]，而可以求諸人乎？夫亦謂其有意於僕而來者耳[二]。承相問，輒縷縷至此。有未當者，不惜往復。

二　壬申

[一] 僕蓋未嘗有諸己也　「僕蓋」，王本作「蓋僕」。
[二] 夫亦謂其有意於僕而來者耳　王本無「其」字。

昨者草率奉報，意在求正，不覺蕪冗。承長箋批答，推許過盛，殊增悚汗也。來喻責僕不以師道自處，恐亦未爲誠心直道。顧僕何人，而敢以師道自處哉？前書所謂「以前後輩處之」者，亦謂僕有一日之長，而彼又有求道之心者耳。若其年齒相若，而無意於求道者，自當如常待以客禮，安得例以前後輩處之，是亦妄人矣。又況不揆其來意之如何[一]，而抗顔以師道自居，世寧有是理邪[二]？夫師法者[三]，非可以自處得也。彼以是求我，而我以是應之耳[四]。

嗟乎[五]！今之時，孰有所謂師云乎哉？今之習技藝者則有師，習舉業、求聲利者則有師，彼誠知技藝之可以得衣食，舉業之可以得聲利，而希美官爵也。自非誠知己之性分，有急於衣食官爵者，孰肯從而求師哉？夫技藝之不習，不過乏衣食；舉業之不習[六]，不過無官爵；己之性

[一] 又況不揆其來意之如何　「如何」，王本作「何如」。
[二] 世寧有是理邪　王本無「世」字。
[三] 夫師法者　「法」，王本、德安本、黄本、閭本、董本、范本作「云」。按，聞本作「法」，底本沿襲作「法」。
[四] 而我以是應之耳　王本無「而」字。
[五] 嗟乎　王本作「嗟夫」。
[六] 舉業之不習　王本無「之」字。

分有所蔽悖，是不得爲人矣。人顧明彼而暗此也，可不大哀乎？往時僕與王寅之[一]、劉景素同遊太學。每季考，寅之恒居景素前列，然寅之自以爲講貫不及景素[二]，一旦執弟子禮師之。僕每嘆服，以爲如寅之者，真可爲豪傑之士[三]，使寅之易此心以求道，亦何聖賢之不可及[四]？然而寅之能於彼[五]，不能於此也。曾子病革而易簀，子路臨絶而結纓，横渠撤虎皮，而使其子弟從講於二程[六]，惟天下之大勇無我者能之。今天下波頽風靡，爲日已久，何異於病革臨絶之時，然又人是己見，莫肯相下求正。故居今之世，非有豪傑獨立之士，的見性分之不容已，毅然以聖賢之道自任者，莫之從而求師也[七]。

吾兄又疑後進之來，其資稟意向，雖不足以承教，若其齒之相遠者，恐亦不當槩以客禮相

[一] 王寅之　王本作「王演之」，下文仿此。
[二] 自以爲講貫不及景素　王本、德安本無「爲」字。
[三] 真可爲豪傑之士　王本「可」下有「以」字。
[四] 使寅之易此心以求道亦何聖賢之不可及　王本無此十七字。
[五] 然而寅之能於彼　「然而」，王本作「使」。
[六] 而使其子弟從講於二程　「子弟」，王本、德安本作「弟子」。
[七] 莫之從而求師也　「之」，王本、德安本、黄本、閭本、董本、范本、聞本、宋本、邵本作「知」。

待。僕前書所及，蓋與有意於斯道者相屬而言[一]，亦謂其可以客，可以無客者耳。若其齒數邈絶[二]，則名分具存，有不待言矣。孔子使闕黨童子將命，曰「吾見其居於位也，見其與先生並行也，非求益者也，欲速成者也」，亦未嘗無誨焉。雖然，此皆以不若己者言也。若其德器之夙成，識見之超詣者，雖生於吾後數十年，其大者吾師，次者吾友也，得以齒序論之哉？人歸遽劇，極潦草，便間批復可否，不一一。

答何子元 壬申

來書云：「禮曾子問：諸侯見天子，入門，不得終禮，廢者幾？孔子曰：四。又問：諸侯相見，揖入門，不得終禮，廢者幾？孔子曰[三]：六。而日食存焉。曾子曰：當祭而日食、太廟火，其祭也如之何？孔子曰：接祭而已矣。如牲至未殺，則廢。孟春於此有疑焉。天子崩，太廟火，后夫人之喪，雨霑服失容，此事之不可期，或適相值。若日食，則可預推也，諸侯行禮，獨不容

[一] 蓋與有意於斯道者相屬而言　「相屬」，王本作「對舉」。
[二] 若其齒數邈絶　王本「絶」下有「者」字。
[三] 孔子曰　王本無「孔」字。

以少避乎？祭又何必專於是日，而匆匆於接祭哉？牲未殺則祭廢，當殺牲之時，而不知日食之候者[一]，何也？執事幸以見教，千萬千萬[二]。」

承喻曾子問「日食」「接祭」之説，前此蓋未嘗有疑及此者[三]，足見爲學精察[四]，深用嘆服。如某淺昧[五]，何足以辨此？古者天子有日官，諸侯有日御，日官居卿以底日，日御不失日，以授百官之朝，豈有當祭之日，而尚未知有日食者？夫子答曾子之問，竊意春秋之時，日官多失其職，固有日食而弗之知者矣。堯命羲和，敬授人時，何重也。仲康之時，去堯未遠，羲和已失其職，迷於天象，至日食罔聞知，故有胤之征，降及商、周，其職益輕。平王東遷，政教號令不及於天下，自是而後，官之失職又可知矣。春秋所書日食三十有六，今以左傳考之，其以鼓用牲幣于社，及其他變常失禮書者三之一，其以官失其職書者四之二。凡日食而不書朔日者，杜預皆

[一] 而不知日食之候者　王本「知」下有「爲」字。

[二] 王本篇目「答何子元」下注「來書附」，篇首無「來書云」三字，文末「千萬」下有「何生孟春頓首再拜陽明王先生執事」十五字。

[三] 前此蓋未嘗有疑及此者　王本無「蓋」字。

[四] 足見爲學精察　王本「察」下有「非尋常所及」五字。

[五] 如某淺昧　德安本無「如」字；王本「如某」作「守仁」。

以爲官失之，故其必有考也。經：「桓公十七年，冬十月朔，日有食之。」傳曰：「不書日，官失之也。」「僖公十五年，夏五月，日有食之。」傳曰：「不書朔與日，官失之也。」則傳固已言之矣。襄公之二十七年，冬十二月乙卯朔，日有食之，而傳曰：「辰在申，司曆過也，再失閏矣。」夫推候之繆，至於再失閏，則日食之不知，殆其細者矣。古之祭者，七日戒，三日齋，致其誠敬，以交於神明。謂之「當祭而日食」，則固已行禮矣，如是而中輟之，不可也。接者，疾速之義，其儀節固已簡略，接祭則可兩全而無害矣。況此以天子嘗禘郊社而言，是乃國之大祀。若其他小祭，則或自有可廢者，在權其輕重而處之。若祭于太廟而太廟火，則亦似有不得不廢者。然此皆無明文，竊意其然，不識高明且以爲何如也？

上晉溪司馬 戊寅

郴、衡諸處群孽，漏殄尚多，蓋緣進剿之時，彼省士兵不甚用命，而廣兵防夾又復稍遲，是以致此。其在目今，若無凶荒之災，兵革之釁，料亦未敢動作，但恐一二年後，則有所不能保耳。今大征甫息，勢既未可輕舉，而地方新遭士兵之擾，復不堪重困。將紓目前之患，不過添立屯堡，若欲稍爲經久之圖，亦不過建立縣治。然此二端，彼省鎮巡已嘗會奏舉行，生雖復往，豈能別有區畫？但度其事勢，屯堡之設，雖可以張布聲威，然使守瞭日久，未免怠弛散歸。無事則虚具名數，冒費糧餉；有急即張皇賊勢[一]，復須調兵，此其勢之所必至者。惟建縣一事，頗爲得策。又聞所設縣分，乃瓜分兩省三縣之地，彼此各吝土地人民，豈肯安然割己所有，以資異省别郡？必有紛争異同之論，未能歸一，則立縣之舉，勢亦未易克就。既承責委，亦已遣人再往詢訪，苟有利弊稍可裨益者，當復舉請。但因閩事孔棘，遥聞廟堂之議，亦欲繆以見責，故且未敢輒往郴、桂，然敕書又未見到，則閩中亦不敢遽往，旦夕諮訪其事，頗悉顛末。

大槩閩中之變，亦由積漸所致。其始作於延平，繼發於邵武，又繼發於建寧，發於汀漳，發於沿海諸衛所。其間驚閧，雖小大不一，然亦皆因倡於前者略無懲創，遂敢效尤而興。今省城渠魁雖已授首，人心尚爾驚惶未定，邵武諸處，尤不可測，急之必致變。縱而不問，將來之禍，尤有不可勝言者。蓋福建之軍，縱恣驕驁，已非一日。既無漕運之勞，又無征戍之役，飽食安坐，徭賦不及，居則朘民之膏血以供其糧，有事返藉民之子弟而爲之鬬。有司豢養若驕子，百姓疾畏如虎狼。稍不如意，呼吸群聚而起，焚掠居民，綁笞官吏，氣燄所加[二]，帖然惟其所欲而後已。

[一] 有急即張皇賊勢　「即」，國圖本、天圖本、叢刊本、文淵閣本、摛藻堂本作「則」。

[二] 氣燄所加　「燄」，底本訛作「欿」，據黄本、閭本、董本、聞本、宋本、邵本、國圖本、天圖本、叢刊本改。

今其勢既盈，如將潰之隄，岌乎洶洶，匪朝伊夕。雖有智者，難善其後，固非迂劣如守仁者所能辦此也。又況積弱之軀，百病侵剥，近日復聞祖母病危，日夜痛苦，方寸已亂，豈復堪任？臨期敗事，罪戮益重，輒敢先以情訴。伏望曲加矜憫，改授能者，使生得全首領，歸延殘息於田野，非生一人之幸，實一省數百萬生靈之幸也。情蹙辭隘，忘其突冒，死罪死罪。

二 己卯

齎奏人回，每辱頒教，接引開慰，勤惓懇惻，不一而足。仁人君子，愛物之誠，與人之厚，雖在木石，亦當感動激發，而況於人乎？無能報謝，銘諸心腑而已。生始懇疏乞歸，誠以祖母掬育之恩[一]，思一面爲訣，後竟牽滯兵戈，不及一見，卒抱終天之痛。今老父衰疾又復日亟，而地方已幸無事，且蒙朝廷曾有「賊平來説」之旨，若再拘縛，使不獲一申其情，後雖萬死，無以贖其痛恨矣。老先生亦何惜一舉手投足之勞，而不以曲全之乎？今生已移疾舟次，若復候命不至，斷亦逃歸，死無所憾。老先生亦何惜一舉手投足之勞，而必欲置之有罪之地乎？情隘辭迫，瀆冒威嚴，臨紙涕泣，不知所云，死罪死罪。

[一] 誠以祖母掬育之恩 「掬」，文淵閣本、摛藻堂本作「鞠」。

上彭幸庵 壬午

不孝延禍先子，自惟罪逆深重，久擯絶於大賢君子之門矣。然猶强息忍死，未即殞滅，又復有所控籲者，痛惟先子平生，孝友剛直，言行一出其心之誠然，而無所飾於其外。與人不爲邊幅，而至於當大義，臨大節，則毅然奮卓，而不可回奪。忝從大夫之後，逮事先朝，亦既荐被知遇；中遭逆瑾之變，退伏田野，忠貞之志，抑而不申；近幸中興之會，聖君賢相，方與振廢起舊，以發舒幽枉，而先子則長已矣。德藴壅閼而未宣，終將泯溷於俗，豈不痛哉！伏惟執事才德勳烈動一世，忠貞之節，剛大之氣，屹然獨峙，百撼不摇，真足以廉頑而立懦。天子求舊圖新，復起以相，海内仰望其風采。凡天下之韜伏堙滯，窒而求通，絀而求直者，莫不延頸跂足，望下風而奔訴。況先子素辱知與，不肖孤亦嘗受教於門下。近者又蒙爲之刷垢雪穢，繆承推引之恩，蓋不一而足者。反自踈外，不一以其情爲請，是委先子於溝壑，而重棄於大賢君子也。不孝之罪，不滋爲甚歟？先子之没，有司以贈謚乞，非執事之憫之也，而爲之一表白焉，其敢覬覦於萬一乎？荒迷懇迫，不自知其僭罔瀆冒，死罪死罪。

寄楊邃庵閣老 壬午

孤聞之：昔古之君子之葬其親也，必求名世大賢君子之言，以圖其不朽。然而大賢君子之生，不數數於世，固有世有其人，而不獲同其時者矣；又有同其時，而限於勢分，無由自通於門墻之下者矣；則夫圖不朽於斯人者，不亦難乎？痛惟先君，宅心制行，庶亦無媿於古人。雖已忝在公卿之後，而遭時未久[一]，志未大行，道未大明，取嫉權奸，斂德而歸，今則復長已矣。不孝孤將以是歲之冬舉葬事，圖所以爲不朽者，惟墓石之誌爲重。伏惟明公道德文章，師表一世；言論政烈，儀刑百辟[二]。求之昔人，蓋歐陽文忠、范文正、韓魏公其人也，所謂名世之大賢君子，非明公其誰歟？不幸而生不同時也，則亦已矣；幸而猶及在後進之末，雖明公固所不屑，揮之門墻之外，猶將冒昧强顏而入焉。況先君素辱知與，不肖孤又嘗在屬吏之末，受教受恩，懷知己之感，有道誼骨肉之愛。邇者又嘗辱使臨吊，寵之以文詞，惻然憫念其遺孤，而不忍遽棄遺之者。是以忘其不孝之罪，犯僭踰之戮，而輒敢以誌爲請。伏惟明公休休容物，篤厚舊故，甄陶一世之士，而各欲成其名；收録小大之才，而惟恐没其善。則如先君之素受知愛者，其忍靳一言之惠，而使

[一] 而遭時未久 「遭時」，黄本爲墨釘，董本作「立朝」，范本作「歷官」。
[二] 儀刑百辟 「儀刑」，黄本、閭本、董本、范本、聞本、宋本、邵本作「刑儀」。

之泯然無聞於世耶？不腆先人之幣，敢以陸司業之狀先於將命者。惟明公特垂哀矜，生死受賜，世世子孫捐軀殞命，未足以爲報也。不勝惶悚顛越之至，荒迷無次。

二　癸未

前日嘗奉啓，計已上達。自明公進秉機密，天下士夫，忻忻然動顔相慶，皆爲太平可立致矣。門下鄙生，獨切生憂，以爲猶甚難也。亨屯傾否，當今之時，舍明公無可以望者，則明公雖欲逃避乎此，將亦有所不能。然而萬斛之舵，操之非一手，則緩急折旋，豈能盡如己意？臨事不得專操舟之權，而僨事乃與同覆舟之罪，此鄙生之所謂難也。夫不專其權，而漫同其罪，則莫若預逃其任，然在明公，亦既不能逃矣。逃之不能，專又不得，則莫若求避其罪，然在明公，亦終不得避矣。天下之事，果遂卒無所爲歟？夫惟身任天下之禍，然後能操天下之權；操天下之權，然後能濟天下之患。當其權之未得也，其致之甚難；而其歸之也，則操之甚易。萬斛之舵，平時從而争操之者，以利存焉，一旦風濤顛沛，變起不測，衆方皇惑震喪，救死不遑，而誰復與争操乎？於是起而專之，衆將恃以無恐，而事因以濟。苟亦從而委靡焉，固淪胥以溺矣。故曰「其歸之也，則操之甚易」者，此也。

古之君子，洞物情之向背而握其機，察陰陽之消長以乘其運，是以動必有成而吉無不利，伊、旦之於商、周是矣。其在漢、唐，蓋亦庶幾乎此者。雖其學術有所不逮，然亦足以定國本而安社稷，則亦斷非後世偷生苟免者之所能也。夫權者，天下之大利大害也，小人竊之以成其惡，君子用之以濟其善，固君子之不可一日去，小人之不可一日有者也。欲濟天下之難，而不操之以權，是猶倒持太阿而授人以柄，希不割矣。故君子之致權也有道，本之至誠以立其德，植之善類以多其輔，示之以無不容之量以安其情，擴之以無所競之心以平其氣，昭之以不可奪之節以端其向，神之以不可測之機以懾其奸[一]，形之以必可賴之智以收其望。坦然爲之，下以上之；退然爲之，後以先之；是以功蓋天下而莫之嫉，善利萬物而莫與爭。此皆明公之能事，素所蓄而有者，惟在倉卒之際，身任天下之禍，决起而操之耳。夫身任天下之禍，豈君子之得已哉？既當其任，知天下之禍將終不能免也，則身任之而已，身任之而後可以免於天下之禍。小人不知禍之不可以倖免，而百詭以求脱，遂致釀成大禍，而已亦卒不能免。故任禍者，惟忠誠憂國之君子能之[二]，而小人不能也。某受知門下，不能效一得之愚以爲報，獻其芹曝，伏惟鑒其忱悃，而憫其所不逮，幸甚。

[一] 以懾其奸　「懾」，底本訛作「攝」，據董本、范本、宋本、邵本改。
[二] 惟忠誠憂國之君子能之　黄本脱「憂」字，存空格，董本、范本作「體」。

三　丁亥

某素辱愛下，然久不敢奉狀者，非敢自外於門墻，實以地位懸絶，不欲以寒暄無益之談塵瀆左右。蓋避嫌之事，賢者不爲，然自嘆其非賢也。菲才多病[一]，待罪閑散，猶懼不堪，乃今復蒙顯擢，此固明公不遺下體之盛。某亦寧不知感激，但量能度分，自計已審，貪冒苟得，異時僨事，將爲明公知人之累，此所以聞命驚惶而不敢當耳。謹具奏辭免，祈以原職致仕。伏惟明公因材而篤於所不能，特賜曲成，俾得歸延病喘於林下，則未死餘年，皆明公之賜，其爲感激，寧有窮已乎！懇切至情，不覺瀆冒，伏冀宥恕，不具。

四　丁亥

竊惟大臣報國之忠，莫大於進賢去讒，故前者兩奉起居，皆嘗僭及此意。亦其自信山林之志已堅，而又素受知己之愛，不當復避嫌疑，故率意言之若此。迺者忽蒙兩廣之命，則是前日之言，適以爲己地也，悚懼何以自容乎？某以迂踈之才，口耳講説之學耳，簿書案牘，已非其能，而況

[一] 菲才多病　「菲」，鄒本、國圖本、天圖本、叢刊本作「非」。

軍旅之重乎？往歲江西之役，實亦僥倖偶成。近年以來，憂病積集，尫羸日甚。惟養痾丘園，爲鄉里子弟考訂句讀，使知向方，庶於保身及物，亦稍得效其心力，不致爲天地間一蠹，此其自處亦既審矣。聖天子方勵精求治，而又有老先生主張國是於上，苟有襪線之長者，不於此時出而自效，則亦無其所矣。老先生往歲方秉銓軸時，有以邊警薦用彭司馬者，老先生不可，曰：「彭始成功，今或少挫，非所以完之矣。」老先生之愛惜人才，而欲成就之也如此，至今相傳，以爲美談，今獨不能以此意而推之某乎？懇辭疏上，望賜曲成，使得苟延喘息。俟病痊之後，老先生不忍終廢，必欲强使一出，則如留都之散部，或南北太常、國子之任，量其力之可能者，使之自效，則圖報當有日也。不勝恃愛懇瀆，幸賜矜察。

寄席元山 癸未

某不孝，延禍先子，罪逆之深，自分無復比數於人。仁人君子，尚未之知，憫念其舊，遠使存録，重以多儀，號慟拜辱，豈勝哀感，豈勝哀感。伏惟執事長才偉志，上追古人，進德勇義，罕與儔匹。向見鳴冤録，及承所寄道山書院記，蓋信道之篤，任道之勁，海内同志，莫敢有望下風者矣。何幸何幸。不肖方在苦毒中，意所欲請者千萬，荒迷割裂，莫得其端緒。使還遽，臨疏昏塞，不盡所云。

答王亹庵中丞 甲申

往歲旌節臨越，猥蒙枉顧，其時憂病懵懵，不及少申款曲。自後林居，懶僻成性，平生故舊，不敢通音問，企慕之懷，雖日以積，竟未能一奉起居，其爲傾渴，如何可言。使來，遠辱問惠，登拜感怍。舍親宋孔瞻亦以書來，備道執事勤勤下問之盛，不肖奚以得此！

近世士夫之相與，類多虛文彌誑，而實意衰薄，外和中妬，徇私敗公，是以風俗日惡，而世道愈降。執事忠信高明，克勤小物，長才偉識，翹然海内之望，而自視欿然，遠念不遺，若古之君子，有而若無，以能問於不能者也。僕誠喜聞而樂道，自顧何德以承之。僕已無所可用於世，顧其心痛聖學之不明，是以人心陷溺至此，思守先聖之遺訓，與海内之同志者講求切劘之，庶亦少資於後學，不徒生於聖明之朝。然蔽惑既久，人是其非，其能虛心以相聽者鮮矣。若執事之德盛禮恭，而與人爲善，此誠僕所願效其愚者，然又邑里隔絶，無因握手一叙，其爲傾渴，又如何可言耶。雖然，目擊而道存，僕見執事之書，既已知執事之心，雖在千萬里外，當有不言而信者。

謹以新刻小書二册，奉求教正，蓋鄙心之所欲效者，亦略具於其中矣。便間幸示[一]。

與陸清伯　甲申

惟乾之事將申而遂没，痛哉寃乎！不如是，無以明區區罪惡之重，至於貽累朋友；不如是，無以彰諸君之篤於友道。痛哉寃乎！不有諸君在，則其身没之後，將莫知所在矣，況有爲之衣衾棺殮者乎？是則猶可以見惟乾平日爲善之報，於大不幸之中，而尚有可幸者存也。嗚呼痛哉！即欲爲之一洗，自度事勢，未能遽脱，或必須進京，候到京日，再與諸君商議而行之。苟遂歸休，終須一舉，庶可少泄此痛耳。其歸喪一事，托王邦相爲之經理。倘有不便，須僕到京，圖之未晚也。行李倥偬中，未暇悉所欲言，千萬心照。

與黄誠甫　甲申

近得宗賢寄示禮疏，明甚。誠甫之議，當無不同矣。古之君子，恭敬撙節，退讓以明禮，僕之所望於二兄者，則在此而不在彼也。果若是，以爲斯道之計，進於議禮矣。先妻不幸於前月

[一]　便間幸示　黄本、閭本、董本、范本「示」下有「一言可否之」五字。

奄逝，方在悲悼中，適陳子文往，草草布間闊[一]。

二　甲申

別久，極渴一語。子莘來，備道諸公進修，亦殊慰。大抵吾人習染已久，須得朋友相夾持，離群索居，即未免隳惰。諸公既同在留都，當時時講習爲佳也。

三　乙酉

盛价來，領手札，知有貴恙，且喜漸平復矣。賤軀自六月暑病，然兩目蒙蒙，兩耳蓬蓬，幾成廢人，僅存微息。旬日前，元忠、宗賢過此，留數日北去。山廬卧病[二]，期少謝人事，而應接亦多。今復歸卧小閣，省愆自訟而已。聞有鼓柮之興，果爾，良慰渴望，切磋砥礪之益，彼此誠不無也。

[一] 草草布間闊　「布」，國圖本作「存」。
[二] 山廬卧病　「病」，聞本、宋本、邵本作「痾」。

與黄勉之 乙酉

承欲刻王信伯遺言，中間極有獨得之見，非餘儒所及。惜其零落既久，後學莫有傳之者，因勉之寄此，又知程門有此人也。幸甚幸甚。中間如論明道、伊川處，似未免尚有執著，然就其所到，已甚高明特達〔一〕，不在游、楊諸公之下矣。中間可省略者，删去之爲佳。凡刻古人文字，要在發明此學，惟簡明切實之爲貴。若支辭蔓説，徒亂人耳目者，不傳可也。高明以爲何如？

復童克剛 乙酉

春初枉顧時，承以八策見示，鄙意甚不爲然。既而思之，皆學術不明之故，姑且與克剛講學，未暇細論策之是非。旬日之後，學術漸明，克剛知見豁然，如白日之開雲霧，遂翻然悔其初志，即欲焚棄八策，以爲自此以後，誓不復萌此等好高務外之念矣。當時同志諸友，無不嘆服克剛，以爲不憚改過，而勇於從善若此，人人皆自以爲莫及也。盛价遠來，忽辱長箋巨册，諄諄懇懇，意求删改前策，將圖復上，與臨别丁寧意大相矛盾。豈間闊之久，切磋無力，遂爾迷誤至此耶？

〔一〕已甚高明特達　「達」，底本訛作「遠」，據董本、范本、文淵閣本、摛藻堂本改。

易曰「君子思不出其位」，若克剛斯舉，乃所謂「思出其位」矣。又曰「不易乎世，不成乎名，遁世無悶，憂則違之」，若克剛斯舉，是易乎世而成乎名，非「遁世無悶，憂則違之」之謂矣。

克剛向處山林，未嘗知有朝廷事體。今日群司之中，縉紳士夫之列，其間高明剴切之論，經略康濟之謨，何所不有？如八策中所陳，蓋已不知幾十百人幾十百上矣，寧復有俟於克剛耶？克剛此舉，雖亦仁人志士之心，然夜光之璧，無因而投，人亦且按劍而怒。況此八策者，特克剛之敝箒耳，亦何保嗇之深，而必以投人爲哉？若此策遂上，亦非獨不見施行，且將有指摘非訾之者，其爲克剛之累不小小也。克剛亦何苦，而汲汲於爲是哉？八策之中，類皆老生常談，惟第五策，於地方利害頗有相關，然亦不過訴狀之詞，一有司聽之足矣。而克剛乃以爲致治垂統之一策，得無以身家之故，遂爲利害所蔽，而未暇深思之耶？明者一覽，如見肺肝，但克剛不自知耳。

昔者顏子在陋巷簞瓢，孔子賢之，夫陋巷簞瓢，豈遂至於人不堪憂？其間蓋亦必有患害屈抑，常情所不能當，如克剛今日之所遭際者矣。若其時遂以控之於時君世主，譾譾屑屑，求白於人，豈得復謂之賢乎？禹、稷昌言於朝，過門不入，以有大臣之責也。今克剛居顏子陋巷之地，而乃冒任禹、稷之憂，是宗祝而代庖人之割，希不傷手矣。册末「授受」之説，似未端的，此則姑留於此，俟後日再講。至於八策，斷斷不宜復留，遂會同志諸友，共付丙丁，爲克剛焚此魔障。克剛自此但宜收斂精神，日以忠信進德爲務，默而成之，不言而信，不見是而無悶可也。

與鄭啓範侍御 丁亥

某愚不自量[一]，痛此學之不講，而竊有志於發明之。自以劣弱，思得天下之豪傑，相與扶持砥礪，庶幾其能有成。故每聞海内之高明特達，忠信而剛毅者，即欣慕愛樂，不啻骨肉之親。以是於吾啓範，雖未及一面之識，而心孚神契，已如白首之交者，亦數年矣。每得封事讀之，其間迺有齒及不肖者，則又爲之赧顔汗背，促蹐不安。古之君子，耻有其名而無其實。吾於啓範，惟切磋之是望，乃不考其實，而過情以譽於朝，異時苟有不稱，將使啓範爲失言矣，如之何而可？不肖志雖切於求學，而質本迂狂踈謬，招尤速謗，自其所宜。近者復聞二三君子，以不肖之故，相與憤争力辯於鑠金銷骨之地，至於衝鋒冒刃而弗顧，僕何以當此哉？二三君子之心，豈不如青天白日，誰得而瑕滓之者？顧僕自反，亦何敢自謂無愧？則不肖之軀，將不免爲輕雲薄霧於二三君子者矣，如之何而可？病軀懶放日久，已成廢人，尚可勉强者，惟宜山林之下，讀書講學而已。

[一] 某愚不自量 「某」，王本作「守仁」。

兩廣之任，斷非所堪[一]，已具疏懇辭，必不得請，恐異日終爲知己之憂也。言不能謝，惟自鞭策，以期無負相知，庶以爲報耳。

答方叔賢　丁亥

久不奉狀，非敢自外，實以憂疾頻仍，平生故舊[二]，類不敢通問。在吾兄誠不當以此例視，然廣士之來遊者相踵，山中啓處，時時聞之，簡札虚文，似有不必然者，吾兄當能亮之也。聖主聰明不世出，諸公既蒙知遇若此，安可不一出圖報？今日所急，惟在培養君德，端其志向。於此有立，政不足間，人不足謪，是謂一正君而國定。然此非有忠君報國之誠，其心斷斷休休者，亦只好議論粉飾於其外而已矣。僕積衰之餘[三]，病廢日甚，豈復更堪兵甲驅馳之勞？况讒搆未息，又可復出而冒爲之乎？懇辭疏下，望與扶持，得且養痾林下[四]。稍俟痊復，出而圖報非晚也。

[一] 斷非所堪　「所」，王本作「可」。
[二] 平生故舊　「故」，董本、范本作「知」。
[三] 僕積衰之餘　「衰」，黄本、閭本、董本、范本作「哀」。
[四] 得且養痾林下　「且」，底本訛作「具」，據黄本、閭本、董本、范本、聞本、宋本改。

二　丁亥

昨見邸報，知西樵、兀崖皆有舉賢之疏，此誠士君子立朝之盛節，若干年無此事矣。深用嘆服。但與名其間，却有一二未曉者，此恐鄙人淺陋，未能知人之故。然此乃天下治亂盛衰所繫，君子小人進退存亡之機，不可以不慎也。此事譬之養蠶，但襍一爛蠶於其中，則一筐好蠶盡爲所壞矣。凡薦賢於朝，與自己用人又自不同。自己用人，權度在我，故雖小人而有才者，亦可以器使；若以賢才薦之於朝，則評品一定，便如白黑，其間舍短録長之意，若非明言，誰復知之？小人之才，豈無可用？如砒硫芒硝，皆有攻毒破壅之功，但混於參苓耆术之間而進之，養生之人，萬一用之不精，鮮有不誤者矣。僕非不樂二公有此盛舉，正恐異日或爲此舉之累，故輒叨叨，當不以爲罪也。

思、田事，貴鄉往來人當能道其詳，俗諺所謂「生事事生」，此類是矣。今其事體既已壞盡，欲以無事處之，要已不能，只求減省一分，則地方亦可減省一分勞擾耳。鄙見略具奏内，深知大拂喜事者之心，然欲殺數千無罪之人，以求成一己之功[一]，仁者之所不忍也。齎奏人去，凡百望指示之。舟次草草，未盡鄙懷，千萬鑒恕。

[一] 以求成一己之功 「求成」，國圖本、天圖本、叢刊本、文淵閣本、摛藻堂本作「其求」。

與黄宗賢　丁亥

僕多病積衰，潮熱痰嗽，日甚一日，皆吾兄所自知，豈復能堪戎馬之役者？況讒構未息，而往年江西從義將士，至今查勘未已，往往廢業傾家，身死牢獄，言之實爲痛心，又何面目見之？今若不量可否，冒昧輕出，非獨精力決不能支，極其事勢，正如無舵之舟，乘飄風而泛海，終將何所止泊乎？在諸公亦不得不爲多病之人一慮此也。懇辭疏千望相扶持[一]，終得養疴林下是幸。席元山喪已還蜀否？前者奠辭，想已轉達，天不憖遺，此痛何極！數日間，唐生自黄巖歸，知宅上安好。世恭書來，備道佳子弟悉知向方，可喜，間附知之。

二　丁亥

得書，知别後動定，且知世事之難爲，人情之難測，有若此者，徒增慨嘆而已。朽才病廢，百念俱息，忽承重寄，豈復能堪？若懇辭不獲，自此將爲知己之憂矣。奈何奈何。江西功次，固不足道，但已八年餘矣，尚爾查勘未息，致使效忠赴義之士，廢産失業，身死道途。縱使江西之功盡出冒濫，獨不可比於留都、湖、浙之賞乎？此事終須一白。但今日言之，又若有挾而要者，

[一] 懇辭疏千望相扶持　「千」，閭本、董本、國圖本、天圖本、叢刊本、文淵閣本、摛藻堂本作「下」。

奈何奈何。木翁旬日間亦且啓行矣[一]。此老慎默簡重，當出流輩，但精力則向衰[二]。若如兀崖之論，欲使之破常格以用財[三]，不顧天下之毀譽榮辱，以力主國議，則恐勢有所未能盡行耳[四]。因論偶及，幸自知之。

東南小蠢，特瘡疥之疾，群僚百司，各懷讒嫉黨比之心，此則腹心之禍，大爲可憂者。近見二三士夫之論，始知前此諸公之心，尚未平貼，姑待釁耳。一二當事之老，亦未見有同寅協恭之誠，間聞有口從面諛者，退省其私，多若讐仇。病廢之人，愛莫爲助，竊爲諸公危之，不知若何而可以善其後，此亦不可不早慮也。兵部差官還，病筆草草附此。西樵、兀崖皆不及别簡，望同致意。近聞諸公似有德色傲容者，果爾，將重失天下善類之心矣。相見間，可隱言及之。

三 丁亥

近得邸報及親友書，聞知石龍之於區區，乃無所不用其極若此，而西樵、兀崖諸公，愛厚勤拳，

[一] 木翁旬日間亦且啓行矣　董本「翁」下有「不」字；范本「木」下有「齋」字。

[二] 但精力則向衰　「向」，黄本、閭本、范本作「益」。

[三] 破常格以用財　國圖本、天圖本、叢刊本「常」作「長」；黄本、閭本、董本、范本「財」作「才」。

[四] 則恐勢有所未能盡行耳　黄本、董本、范本作「則恐未可以是望之也」。

亦復有加無已，深用悚懼。嗟乎！今求朝廷之上，信其有事君之忠，憂世之切，當事之勇，用心之公，若諸公者，復何人哉？若之何而不足悲也？諸公既爲此一大事出世，則其事亦不得不然。但於不肖，則似猶有溺愛過情者，異日恐終不免爲諸公知人之累耳。悚懼悚懼。

思、田之事，本亦無大緊要，只爲從前張皇太過，後來遂不可輕易收拾，所謂天下本無事，在人自擾之耳。其略已具奏詞，今往一通，必得朝廷如奏中所請，則地方庶可以圖久安。不然，反覆未可知也。賤軀患咳，原自南贛蒸暑中得來，今地益南，氣類感觸，咳發益甚，恐竟成痼疾，不復可藥。地方之事，苟幸塞責，山林田野，則惟其宜矣，他尚何説哉？西樵、兀崖家事，極爲時輩所擠排，殊可駭嘆。此亦皆由學術不明，近來士夫專以客氣相尚，凡所毁譽，不惟其是，惟其多且勝者是附是和，是以至此。近日來接見者，略已一講，已覺豁然有省發處，自後此等意思亦當漸消除。京師近來事體如何？君子道長，則小人道消，疾病既除，則元氣亦當自復。但欲除疾病而攻治太厲，則亦足以耗其元氣，藥石之施，亦不可不以漸也。木翁、邃老相與如何？能不孤海内之望否？亦在諸公相與調和。此如行舟，若把舵不定而東撑西曳，亦何以致遠涉險？今日之事，正須同舟共濟耳。齎本人去，凡百望指示。

四

戊子

兩廣大勢，罷敝已極，非得誠於爲國爲民，强力有爲者爲之數年，未可以責效也。思、田之患，則幸已平靖，其間三五大巢，久爲廣西諸賊之根株淵藪者，亦已用計剿平。就今日久困積冤之民言之，亦可謂之太平無事矣。病軀咳患日增，平生極畏炎暑，今又深入炎毒之鄉，遍身皆發腫毒，旦夕動履且有不能。若巡撫官再候旬月不至，亦只得且爲歸休之圖，待罪於南贛之間耳。聖天子在上，賢公卿在朝，真所謂明良相遇，千載一時。鄙人世受國恩，從大臣之末，固非果於忘世者，平生亦不喜爲尚節求名之事，何忍遽言歸乎？自度病勢，非還故土就舊醫，決將日甚一日，難復療治，不得不然耳。静庵、東羅、見山、西樵、兀崖諸公，聞京中方嚴書禁，故不敢奉啓。諸公既當事，且須持之以鎮定久遠。今一旦名位俱極，固非諸公之得已，是迺聖天子崇德任賢，更化善治，非常之舉，諸公當之，亦誠無媿。但貴不期驕，滿不期溢，賢者充養有素，何俟人言？更須警惕朝夕，謙虚自居。其所以感恩報德者，不必務速效，求近功，要在誠心實意，爲久遠之圖，庶不負聖天子今日之舉，而亦不負諸公今日之出矣。僕於諸公，誠有道義骨肉之愛，故不覺及此，會間幸轉致之。

五 戊子

前齎奏去，曾具白區區心事，不審已能遂所願否？自入廣來，精神頓衰，雖因病患侵凌，水土不服，要亦中年以後之人，其勢亦自然至此，以是懷歸之念日切。誠恐坐廢日月，上無益於國家，下無以發明此學，竟成虚度此生耳。奈何奈何。春初思、田之議，悉蒙朝廷裁允，遂活數萬生靈。近者八寨、斷藤之役，實以一方塗炭既極，不得已而爲救焚之舉，乃不意遂獲平靖。此非有諸公相與協贊，力主於内，何由而致是乎？書去，各致此感謝之私。相見時，更望一申其懇懇。巡撫官久未見推，僕非厭外而希内者，實欲早還鄉里耳。恐病勢日深，歸之不及，一生未了心事，石龍其能爲我恝然乎？身在而後道可弘，皮之不存，毛將焉附？諸公不敢輒以此意奉告，至於西樵，當亦能諒於是矣，曷亦相與曲成之。地方處置數事附進，自度已不能了此。倘遂允行，亦所謂盡心焉耳已。舟次，伏枕草草，不盡所懷。

答見山冢宰 丁亥

向齎本人去，曾奉短札，計已達左右矣。朽才病廢，寧堪重托？懇辭之疏，必須朝廷憐准，與其他日蒙顛覆之戮，孰若今日以是獲罪乎？東南小夷，何足以動煩朝廷若此，致有今日，皆由憤激所成。以主上聖明，德威所被，指日自將平定，但廟堂之上，至今未有同寅協恭之風，此則殊爲可憂者耳。不知諸公竟何以感化而斡旋之？大抵讒邪不遠，則賢士君子，斷不能安其位以有爲於時。自昔當事諸公，亦豈盡不知進賢而去不肖之爲美？顧其平日，本無忠君愛國之誠，不免阿時附俗，以苟目前之譽，卒之悦諛信讒，終於蔽賢病國而已矣。來官守催，力遣數四始肯還，病筆草草，未盡傾企。

與霍兀崖宫端 丁亥

往歲曾辱大禮議見示，時方在哀疚，心善其説而不敢奉復。既而元山亦有示，使者必求復書，草草作答。意以所論良是，而典禮已成，當事者未必能改，言之徒益紛争，不若姑相與講明於下，俟信從者衆，然後圖之。其後議論既興，身居有言不信之地，不敢公言於朝。然士夫之問及者，亦時時爲之辯析，期在委曲調停，漸求挽復，卒亦不能有益也。後來賴諸公明目張膽，已申其義，然如倒倉滌胃，積淤宿痰，雖亦快然一去，而病勢亦甚危矣。今日急務，惟在扶養元氣，諸公必有回陽奪化之妙矣。僕衰病陋劣，何足以與於斯耶？數年來，頻罹疾搆，痰嗽潮熱，日益尫羸，僅存喘息，無復人間意矣。乃者忽承兩廣之推，豈獨任非其才，是蓋責以其力之所必不能支，將以用之，而實以斃之也。懇辭疏下，望相與扶持曲成，使得就醫林下。幸而痊復，量力圖報，尚有時也。

答潘直卿 丁亥

遠承遺問，情意藹切，兼復獎與過分，僕何以得此哉！僕何以當此哉！媿悚媿悚。病廢日久，習成懶放，雖問水尋山，漸亦倦興，況茲軍旅之役，豈其精力所復能堪？已具疏懇辭，必須得請，始可免於後悔。不然，將不免爲知己之憂矣。奈何奈何。寧藩之役，湖、浙及留都之有功者，皆已陞賞，獨江西功次，今已六七年矣，尚爾查勘未息。今復欲使之荷戈從役，僕將何辭以出號令，亦何面目見之？賞罰，國之大典，今乃用之以快恩仇若此，僕一人不足恤[一]，其如國事何？連年久分廢棄，此等事不復掛之齒牙，今疼痛切身，不覺呻吟之發，不知畢竟如何而可耳[二]。知

[一] 僕一人不足恤　「恤」，國圖本、天圖本、叢刊本、文淵閣本、摛藻堂本作「惜」。

[二] 不知畢竟如何而可耳　「如何」，國圖本、天圖本、叢刊本、文淵閣本、摛藻堂本作「何如」。

子文道長尚未至，且不作書，見時望致意。

寄翟石門閣老 戊子

思、田之議，悉蒙裁允，遂活一方數萬之生靈。近者八寨、斷藤之役，實以生民塗炭既極，不得已而爲之救焚之舉，乃不意遂獲平靖。此非有魏公力主於朝，則金城之議無因而定；非有裴公贊決於内，則淮蔡之績何由而成？今日之事，敢忘其所由來乎？賫奏人去，輒申感謝之誠，并附起居之敬。但惟六月徂征，衝冒瘴疫，將士危險，頗異他時，稍得沾濡，亦少慰其勤苦耳。處置地方數事附進，得蒙贊允，尤爲萬幸。舟中伏枕，莫既下懷，伏祈鑒亮。

寄何燕泉 戊子

某久卧山中[一]，習成懶僻，平生故舊，音問皆疎。遥聞執事養高歸郴，越東楚西，何因一話？煙水之涯，徒切瞻望而已。去歲復以兵革之役，扶病强出，殊乖始願。正如野麋入市，投足摇首，

[一] 某久卧山中 「某」，手稿作「守仁」。

皆成駭觸。忽枉箋教，兼辱佳章，捧誦洒然，蓋安石東山之高，靖節柴桑之興，執事兼而有之矣。仰嘆可知。地方事苟幸平靖，伏枕已踰月，旬日後，亦且具疏乞還。果遂所圖，雖不獲握手林泉，然郴嶺之下，稽山之麓，聊復同此悠悠之懷也。使來，值湖兵正還，兼有計處地方之奏，冗冗乃爾久稽，又未能細請。臨紙惘然，伏冀照亮，不具[二]。

[二] 手稿篇末署「六月四日，王守仁頓首□泉何老先生大人執事，餘空」。

王文成公全書卷之二十二

外集四　序

羅履素詩集序　壬戌

履素先生詩一帙，爲篇二百有奇，浙大參羅公某以授陽明子某而告之曰：「是吾祖之作也。今詩文之傳，皆其崇高顯赫者也。吾祖隱於草野，其所存要無愧於古人，然世未有知之者，而所爲詩文，又皆淪落止是。某將梓而傳焉，懼人之以我爲僭也，吾子以爲奚若？」某曰：「無傷也。孝子仁孫之於其父祖，雖其服玩嗜好之微，猶將謹守而弗忍廢，況乎詩文，其精神心術之所寓，有足以發聞於後者哉？夫先祖有美而弗傳，是弗仁也，夫孰得而議之？蓋昔者夫子之取於詩也，非必其皆有聞於天下，彰彰然明著者而後取之，滄浪之歌，採之孺子，萍實之謠，得諸兒童，夫固若是其寬博也。然至於今，其傳者不過數語而止，則亦豈必其多之貴哉？今詩文之傳，則誠富矣，使有删述者而去取之，其合於道也能幾？履素之作，吾誠不足以知之，顧亦豈無一言之合於道乎？夫有一言之合於道，是其於世也，亦有一言之訓矣。又況其不止於是也，而又奚爲其不可以傳哉？吾觀大參公之治吾浙，寬而不縱，仁而有勇，温文蘊藉，居然稠衆之中，固疑其先必有以開之者，乃今觀履素之作，而後知其所從來者之遠也。世之君子，苟未知大參公之所自，吾請觀於履素之作；苟未知履素之賢，吾請觀於大參公之賢，無疑矣。然則是集也，固羅氏之文獻係焉，其又可以無傳乎哉？」大參公起拜曰：「某固將以爲羅氏之書也，請遂以吾子之言序之。」大參公名鑒，字某，由進士累今官，有厚德長才，向用未艾。大參之父某，亦起家進士，而以文學政事顯。羅氏之文獻，於此益爲有證云。

兩浙觀風詩序　壬戌

兩浙觀風詩者，浙之士夫爲僉憲陳公而作也。古者天子巡狩，而至諸侯之國，則命太師陳詩以觀民風，其後巡狩廢而陳詩亡。春秋之時，列國之君大夫，相與盟會問遺，猶各賦詩以言己志，而相祝頌。今觀風之作，蓋亦祝頌意也。王者之巡狩，不獨陳詩觀風而已。其始至方岳之下，則望秩於山川，朝見兹士之諸侯，同律曆、禮樂、制度、衣服，納價，以觀民之好惡，就見百年者而問得失，賞有功，罰有罪。蓋所以布王政而興治功，其事亦大矣哉。漢之直指、循行，唐宋之觀察、廉訪、採訪之屬，及今之按察，雖皆謂之觀風，而其實代天子以行巡狩之事。故觀風，王者事也。

陳公起家名進士，自秋官郎擢僉浙臬，執操縱予奪、生死榮辱之柄，而代天子觀風於一方，其亦榮且重哉。吁！亦難矣。公之始至吾浙，適歲之旱，民不聊生。飢者仰而待哺，懸者呼而望解，病者呻，鬱者怨，不得其平者鳴，弱者、强者、蹶者，噣者，梗而孽者，狡而竊者，乘間投隙，沓至而環起。當是之時，而公無以處之，吾見其危且殆也。賴公之才，明知神武，不震不激，撫柔摩剔，以克有濟。期月之間，而飢者飽，懸者解，呻者歌，怨者樂，不平者申，蹶者起，噣者馴，孽者順，竊者靖，滌蕩剖刷而率以無事。於是乎修廢舉墜，問民之疾苦而休息之，勞農勸學，以興教化。然後上會稽，登天姥，入雁蕩，陟金娥，覽觀江山之形勝，慨然太息。吊子胥之忠誼，禮嚴光之高節，希退躅於隆龐，挹流風於彷彿，固亦大丈夫得志行道之一樂哉！然公之始，其憂民之憂也，亦既無所不至矣。公唯憂民之憂，是以民亦樂公之樂，而相與歡欣鼓舞以頌公德。然則今日觀風之作，豈獨見吾人之厚公，抑以見公之厚於吾人也。雖然，公之憂民之憂，其惠澤則既無日而可忘矣；民之樂公之樂，其愛慕亦既與日而俱深矣。以公之才器，天子其能久容於外乎？則公固有時而去也，然則其可樂者能幾？而可憂者，終誰任之？則夫今日觀風之作，又不徒以頌公之厚於吾人，將遂因公而致望於繼公者亦如公焉。則公雖去，而所以憂其民者，尚亦永有所托，而因以不墜也。

山東鄉試録序　甲子

山東，古齊、魯、宋、衛之地，而吾夫子之鄉也。嘗讀夫子家語，其門人高弟，大抵皆出於齊、魯、宋、衛之間〔一〕，固願一至其地，以觀其山川之靈秀奇特，將必有如古人者生其間，而吾無從得之也。今年爲弘治甲子，天下當復大比，山東巡按監察御史陸偁輩，以禮與幣來，請守仁爲考試官。故事，司考校者惟務得人，初不限以職任。其後三四十年來，始皆一用學職，遂致應名取具，事歸外簾，而糊名易書之意微。自頃言者頗以爲不便，大臣上其議，天子曰：「然。其如故事。」於是聘禮考校，盡如國初之舊，而守仁得以部属，來典試事於兹土。雖非其人，寧

〔一〕大抵皆出於齊魯宋衛之間　「間」，底本訛作「葉」，文淵閣本作「國」，據人大本、九大本、黄本、間本、董本、范本、聞本、鄒本、胡本、宋本、邵本、擒藻堂本改。

不自慶其遭際？又況夫子之鄉，固其平日所願一至焉者，而乃得以盡觀其所謂賢士者之文而考校之，豈非平生之大幸歟？

雖然，亦竊有大懼焉。夫委重於考校，將以求才也；求才而心有不盡，是不忠也；心之盡矣，而真才之弗得，是弗明也。不忠之責，吾知盡吾心爾矣；不明之罪，吾終且奈何哉？蓋昔者夫子之時，及門之士嘗三千矣，身通六藝者七十餘人。其尤卓然而顯者，德行言語，則有顏、閔、予、賜之徒；政事文學，則有由、求、游、夏之屬。今所取士，其始拔自提學副使陳某者，蓋三千有奇，而得千有四百，既而試之，得七十有五人焉。嗚呼！是三千有奇者，其皆夫子鄉人之後進而獲游於門墻者乎？是七十有五人者，其皆身通六藝者乎？夫今之山東，猶古之山東也。雖今之不逮於古，顧亦寧無一二人如昔賢者？而今之所取，苟不與焉，豈非司考校者不明之罪歟？

雖然，某於諸士亦願有言者[一]。夫有其人而弗取，是誠司考校者不明之罪矣。司考校者以是求之，以是取之，而諸士之中，苟無其人焉以應其求，以不負其所取，是亦諸士者之耻也。雖然，予豈敢謂果無其人哉？夫子嘗曰：「魯無君子者，斯焉取斯？」顏淵曰：「舜何人也，予何人也？有爲者亦若是。」夫爲夫子之鄉人，苟未能如昔人焉，而不耻不若，又不知所以自勉，是自暴自

[一] 某於諸士亦願有言者　「者」，人大本、九大本作「焉」。

棄也，其名曰不肖。夫不肖之與不明，其相去何遠乎？然則司考校者之與諸士，亦均有責焉耳矣。嗟夫！司考校者之責，自今不能以無懼，而不可以有爲矣。若夫諸士之責，其不能者猶可以自勉，而又懼其或以自畫也。諸士無亦曰：「吾其勖哉！無使司考校者終不免於不明也。」斯無媿於是舉，無媿於夫子之鄉人也矣。是舉也，某某同事於考校，而御史偁實司監臨，某某司提調，某某司監試，某某某又相與翊贊防範於外，皆與有勞焉，不可以不書。自餘百執事，則已具列于録矣[一]。

氣候圖序

戊辰

天地一元之運，爲十二萬九千六百年，分而爲十二會，會分而爲三十運，運分而爲十二世，世分而爲三十年，年分而爲十二月，月分而爲二氣，氣分而爲三候，候分爲五日，日分爲十二時，積四千三百二十時三百六十日而爲七十二候。會者，元之候也；世者，運之候也；月者，歲之候也；候者[二]，月之候也。天地之運，日月之明，寒暑之代謝，氣化人物之生息終始，盡於此矣。候也；候，證於月者也；氣，證於氣者也；候，證於物者也。若孟春之月，其氣爲立春，爲雨水；其候

[一] 人大本、九大本篇末署「刑部雲南清吏司主事王守仁謹序」。
[二] 候者　文淵閣本、摛藻堂本作「氣者」。

爲東風解凍，爲蟄虫始振，爲魚負冰、獺祭魚之類，月令諸書可考也。

氣候之運行，雖出於天時，而實有關於人事。是以古之君臣，必謹修其政令，以奉若夫天道；致察乎氣運，以警惕夫人爲。故至治之世，天無疾風盲雨之愆[一]，而地無昆虫草木之孽。孔子之作春秋也，大雨、震電、大雨雪則書，大水則書，無冰則書，無麥苗則書，多麋則書，蜮蜚、雨螽、蝝生則書，六鷁退飛則書，隕霜不殺草、李梅實則書，春無冰則書[二]，鸜鵒來巢則書。凡以見氣候之愆變失常，而世道之興衰治亂，人事之汙隆得失，皆於是乎有證焉，所以示世之君臣者恐懼修省之道也。

大總兵懷柔伯施公命繪工爲七十二候圖，遣使以幣走龍場，屬守仁叙一言於其間。守仁謂使者曰：「此公臨政之本也，善端之發也，戒心之萌也。」使者曰：「何以知之？」守仁曰：「人之情必有所不敢忽也，而後著於其念；必有所不敢忘也[三]，而後存於其心。著於其念，存於其心，而後見之於顔色言論，志之於弓矢、几杖、盤盂、劍席，繪之於圖畫，而日省之於其心。是故思

[一] 疾風盲雨 「盲」，底本訛作「肓」，邵本作「苦」，據居夷集、黄本、間本、董本、范本、聞本、宋本改。
[二] 春無冰則書 「冰」，底本訛作「水」，據居夷集、黄本、間本、范本、聞本、鄒本、胡本、邵本改。
[三] 必有所不敢忘也 「敢」，居夷集作「能」。

馳騁者，愛觀夫射獵遊田之物；甘逸樂者，喜親夫博局燕飲之具。公之見於圖繪者，不於彼而於此，吾是以知其爲善端之發也，吾是以知其爲戒心之萌也。其殆警惕夫人爲，而謹修其政令也歟？其殆致察乎氣運，而奉若夫天道也歟？夫警惕者，萬善之本，而衆美之基也。公克念於是，其可以爲賢乎！由是因人事以達於天道，因一月之候，以觀夫世運會元，以探萬物之幽賾，而窮天地之始終，皆於是乎始。吾是以喜聞而樂道之，爲之叙而不辭也。」

送毛憲副致仕歸桐江書院序 戊辰

正德己巳夏四月，貴州按察司副使毛公承上之命，得致其仕而歸。先是，公嘗卜桐江書院於子陵釣台之側者幾年矣，至是將歸老焉，謂其志之始獲遂也，甚喜。而同僚之良，惜公之去，乃相與咨嗟不忍，集而餞之南門之外。酒既行，有起而言於公者曰：「君子之道，出與處而已，其出也有所爲，其處也有所樂。公始以名進士從政南部，理繁治劇，頎然已有公輔之望，及爲方面於雲、貴之間者十餘年，内厘其軍民，外撫諸戎蠻夷，政務舉而德威著。雖或以是召嫉取謗，而名稱亦用是益顯建立，暴於天下，斯不謂之有所爲乎？今兹之歸，脱屣聲利，垂竿讀書，樂泉石之清幽，就煙霞而屏迹，寵辱無所與，而世累無所加，斯不謂之有所樂乎？公於出處之際，其亦無憾焉耳已。」公起拜謝。

復有言者曰：「雖然，公之出而仕也，太夫人老矣。先大夫忠襄公又遺未盡之志，欲仕則違其母，欲養則違其父[一]，不得已，權二者之輕重，出而自奮於功業。人徒見公之憂勞爲國而忘其家，不知凡以成忠襄之志，而未嘗一日不在於太夫人之養也。今而歸，告成於忠襄之廟，拜太夫人於膝下，旦夕承懽，伸色養之孝，公之願遂矣。而其勞國勤民，拳拳不舍之念，又何能釋然而忘之，則公雖欲一日遂歸休之樂，蓋亦有所未能也。」公復起拜謝。

又有言者曰：「雖然，君子之道，用之則行，舍之則藏。用之而不行者，往而不返者也；舍之而不藏者，溺而不止者也。公之用也，既有以行之；其舍之也，有弗能藏者乎？吾未見夫有其用而無其體者也。」公又起拜，遂行。

陽明山人聞其言而論之曰：「始之言，道其事也，而未及於其心；次之言者，得公之心矣，而未盡於道；終之言者，盡於道矣，不可以有加矣。斯公之所允蹈者乎？」諸大夫皆曰：「然。子盍書之以贈從者？」

[一] 欲仕則違其母欲養則違其父　居夷集二「違」字皆作「遺」。

恩壽雙慶詩後序 戊辰

正德丙寅，丹徒沙隱王公壽七十，配孺人嚴六十有九。其年，天子以厥子侍御君貴，封公監察御史，配爲孺人。在朝之彦，咸爲歌詩，侈上之德，以祝公壽，美侍御君之賢。又明年，侍御君奉命巡按貴陽，以王事之靡盬，將厥父母之弗遑也。載是册以俱，每陟屺岵，望飛雲，徘徊瞻戀，喟然而興嘆，黯然而長思，輒取是册而披之，而微諷之，而長歌詠嘆之，以舒其懷，見其志。雖身在萬里，固若稱觴膝下，聞詩禮而趨於庭也。大夫士之有事於貴陽者，自都憲王公而下，復相與歌而和之，聯爲巨帙，屬守仁叙於其後。

夫孝子之於親，固有不必捧觴戲綵以爲壽，不必柔滑旨甘以爲養，不必候起居奔走扶携以爲勞者。非子之心謂不必如是也，子之心願如是，而親以爲不必如是，必如彼而後吾之心始樂也。子必爲是不爲彼以拂其情，而曰：「吾以爲孝，其得爲養志乎？孝莫大乎養志。」親之願於其子者曰：「弘乃德，遠乃猶，嘻嘻旦夕，孰與名垂簡册，以顯我於無盡？飲食口體，孰與澤被生民，以張我之能施？服勞奔走，孰與比迹夔皋，以明我之能教？」非必親之願於其子者咸若是也，親以是願其子，而子弗能焉，弗可得而願也；子能之，而親弗以願其子焉，弗可得而能也。以是願其子者，賢父母也；以是承於其父母者，賢子也。二者恒百不一遇焉，其庸可冀乎？侍御君之在朝，則忠愛達於上；其巡按於兹也，則德威敷於下。凡其宣布恩惠，摩赤子，起其疾而乳哺之者，孰非公與孺人之慈？凡其懾大奸使不得肆，祛大弊使不復作，爬梳調服，撫諸夷而納之夏，以免天子一方之顧慮者，孰非侍御君之孝？而凡若此者，亦孰非侍御君之所以壽於公與孺人之壽哉？公、孺人之賢，靳太史之序詳矣。其所以修其身，教其家，誠可謂有是父，有是子。是詩之作，不爲虚與諛，故爲序之云爾。

重刊文章軌範序 戊辰

宋謝枋得氏取古文之有資於場屋者，自漢迄宋，凡六十有九篇，標揭其篇章句字之法，名之曰文章軌範。蓋古文之奥不止於是，是獨爲舉業者設耳。世之學者，傳習已久，而貴陽之士獨未之多見。侍御王君汝楫於按歷之暇，手録其所記憶，求善本而校是之，謀諸方伯郭公輩，相與捐俸廩之資，鋟之梓，將以嘉惠貴陽之士，曰：「枋得爲宋忠臣，固以舉業進者，是吾微有訓焉。」屬守仁叙一言於簡首。

夫自百家之言興，而後有六經；自舉業之習起，而後有所謂古文。古文之去六經遠矣，由古文而舉業，又加遠焉。士君子有志聖賢之學，而專求之於舉業，何啻千里？然中世以是取士，士雖有聖賢之學，堯舜其君之志，不以是進，終不大行於天下。蓋士之始相見也必以贄，故舉業者，士君子求見於君之羔雉耳。羔雉之弗飾，是謂無禮；無禮，無所庸於交際矣。故夫求工於舉業，而不事於古作，弗可工也；弗工於舉業，而求於倖進，是僞飾羔雉以罔其君也。雖然，羔雉飾矣，而無恭敬之實焉，其如羔雉何哉？是故飾羔雉者，非以求媚於主，致吾誠焉耳；工舉業者，非以要利於君，致吾誠焉耳。世徒見夫由科第而進者，類多徇私媒利，無事君之實，而遂歸咎於舉業，不知方其業舉之時，惟欲釣聲利[一]，弋身家之腴，以苟一旦之得，而初未嘗有其誠也。鄒孟氏曰：「恭敬者，幣之未將者也。」伊川曰：「自洒掃應對，可以至聖人。」夫知恭敬之實在於飾羔雉之前，則知堯舜其君之心，不在於習舉業之後矣；知洒掃應對之可以進於聖人，則知舉業之可以達於伊、傅、周、召矣。吾懼貴陽之士謂二公之爲是舉，徒以資其希寵禄之筌蹄也，則二公之志荒矣。於是乎言。

五經臆説序 戊辰

[一] 惟欲釣聲利　「釣」，居夷集作「鈎」。

得魚而忘筌，醪盡而糟粕棄之，魚醪之未得，而曰是筌與糟粕也，魚與醪終不可得矣。五經，聖人之學具焉，然自其已聞者而言之，其於道也，亦筌與糟粕耳。竊嘗怪夫世之儒者，求魚於筌，而謂糟粕之爲醪也。夫謂糟粕之爲醪，猶近也，糟粕之中而醪存；求魚於筌，則筌與魚遠矣。龍場居南夷萬山中，書卷不可攜，日坐石穴，默記舊所讀書而録之。意有所得，輒爲之訓釋[一]，期有七月，而五經之旨略遍，名之曰臆説。蓋不必盡合於先賢，聊寫其胸臆之見，而因以娱情養性焉耳。則吾之爲是，固又忘魚而釣，寄興於麯蘖，而非誠旨於味者矣[二]。嗚呼！觀吾之説而不得其心，以爲是亦筌與糟粕也，從而求魚與醪焉，則失之矣。夫説凡四十六卷，經各十，而禮之説尚多缺，僅六卷云。

潘氏四封録序

辛未

歙潘氏之仕於朝者，户部主事君選、大理寺副君珍、户部員外君旦、南大理評事君鑑[三]，

[一] 輒爲之訓釋 「釋」，居夷集、黄本、閭本、范本、聞本、宋本作「什」。

[二] 而非誠旨於味者矣 居夷集、黄本、閭本、董本、范本、聞本、宋本、邵本無「而」字。

[三] 南大理評事君鑑 王本無「南」字。

如封其親，皆得推恩，旬月之間，以兩宫徽號，鑑、選、最，三載以上且、珍，冬，年五德正。人四凡其官焉。於是叙八制爲録，侈上之賜，以光其族裔，而來謁某曰：「德下寵浮，若之何其可？請一言以永我潘氏。」某曰：「一族而四顯[一]，來者相望也，其盛哉！夫一月之間，而均被榮渥，則又何難也！蓋吾聞之，大山之木，千仞而四榦垂，而四峰之巔[二]，飛鳥之鳴聲不相及也。春氣至，而四榦之杪花葉若一，則其所出之根同，有不期致焉。潘氏之在婺，聞望自宋元而來，其培本則厚，四子者，固亦潘氏之四榦矣。是惟否塞閉晦，苟際明期而諧景會，其軒竦條達孰禦？則夫寵命之沾[三]，暨不約而同也，其又足異哉？雖然，木之生，風霆之鼓舞，炎暑之酷烈，陰寒冰雪之嚴沍剥落，俾堅其質而完其氣[四]，非獨雨露之沾濡生成之也。夫恩寵爵禄，雨露也；號令宣播，風霆也；法度政事之苛密煩困，炎暑也；時之險阨，患難顛沛，陰寒冰雪之嚴沍剥落

[一] 一族而四顯　王本無「而」字。
[二] 而四峰之巔　「而」，王本、董本作「蔭」，讀屬上句。
[三] 則夫寵命之沾　王本、閭本、宋本「則」作「而」；黄本、董本、范本、聞本、邵本「則夫」作「而天」。
[四] 俾堅其質而完其氣　王本「俾」作「彼」；聞本、宋本「俾」上有墨釘，闕三字；黄本、閭本作「彼疑作捍，堅其質而完其氣」，范本作「彼凝其精，堅其質而完其氣」。

也，何莫而非生成[一]？四子蓋亦略嘗歷之，其材中楹柱而任梁棟矣。吾願潘氏之益培其根也。」四子拜而起曰：「吾其益培之以忠孝乎！溉之以誠敬乎！植之以義而防之以禮乎！」某曰：「然則潘氏之軒竦條達，其益無窮爾已矣。」某不爲應酬詩文餘四年矣。寺副君之爲暨陽也，予嘗許之文，未及爲而有南北之别，今茲復見於京師，而以是責償焉，故不得而辭也。

送章達德歸東雁序 辛未

章達德將歸東雁，石龍山人爲之請，於是甘泉子托以考槃，陽明子爲之賦衡門。客有在坐者，啞然曰：「異哉！二夫子之言，吾不能知之。夫閟爾形，無瑩爾精也，其可矣。今茲將惟職業之弗遑，而顧雁蕩之懷乎[二]？彼章子者，雁蕩之産矣，則又可以居而弗居，依依於京師者，數年而未返，是二者交相慕乎其外也？夫苟游心恬淡，而栖神於流俗塵囂之外，環堵之間，其無屏霞、天柱乎？雁蕩又奚必造而後至？不然，托踪泉石，而利禄狃其中，雖廬常雲之頂[三]，其

[一] 何莫而非生成 「莫」，王本、黄本、閭本、董本、范本、聞本、宋本、邵本作「適」。
[二] 而顧雁蕩之懷乎 「顧」，黄本、董本、范本作「暇」。
[三] 常雲 黄本、閭本、董本、范本、宋本、邵本作「雲霄」。

得而居諸？」於是陽明子仰而喟，俯而默，卒無以應之也。志其言以遺章子曰：「客見吾杜權焉，行矣。子毋忘客之言，亦無以客之言而忘甘泉子之托。」

壽湯雲谷序　甲戌

弘治壬戌春，某西尋句曲，與丹陽湯雲谷偕。當是時，雲谷方爲行人，留意神仙之學，爲予談呼吸屈伸之術，凝神化氣之道，蓋無所不至。及與之登三茅之巔，下探華陽[一]，休玉宸，感陶隱君之遺迹，慨嘆穢濁，飄然有脱屣人間之志。予時皆未之許也，雲谷意不然之，曰：「子豈有見於吾乎？」予曰：「然。子之眉間慘然，猶有怛世之色，是道也，遲之十年庶幾矣。」雲谷曰：「子見吾之貌，而吾信吾之心。」既别，雲谷尋入爲給事中，又遷爲右給事，殫心職務，驅逐瘁勞，竟以直道抵權奸斥外，而予亦以言事得罪，奔走謫鄉，不相見者十餘年。

至是正德癸酉某月，予自吏部徙官南太僕，再過丹陽，而雲谷已家居三年矣。訪之，迎謂予曰：「尙憶眉間之説乎？吾信吾之心，而不若子之見吾貌，何也？今果十年而始出於泥塗，是

[一] 華陽　底本訛作「葉陽」，據人大本、九大本、黄本、閭本、范本、宋本、邵本改。

則信矣。然謂吾之庶幾也[一]，則貌益衰，年益逝，去道益遠，獨是若未之盡然耳。」予曰：「乃今則幾矣。今吾又聞子之言，見子之貌矣，又見子之廬矣，又見子之鄉人矣。」雲谷曰：「異哉！言貌既遠矣，廬與鄉人，亦可以見我乎？」曰：「古之有道之士，外槁而中澤，處隘而心廣，累釋而無所撓其精，機忘而無所忤於俗。是故其色愉愉，其居于于，其所遭若清風之披物，而莫知其所從往也。今子之步徐髮改，而貌若益憊，然而其精藏矣；言下意懇，而氣若益衰，然而其神守矣；室廬無所增益於舊，而志意擴然，其累釋矣；鄉之人相忘於賢愚貴賤，且以爲慈母，且以爲嬰兒，其機忘矣。夫精藏則太和流，神守則天光發，累釋則怡愉而靜，機忘則心純而一，四者，道之證也。夫道無在而神無方，安常處順，其至矣，而又何人間之脱屣乎？」雲谷曰：「有是哉？吾信吾之心，乃不若子之見吾廬與吾鄉人也。」

於是雲谷年七十矣，是月，值其懸弧，鄉人方謀所以祝壽者，聞予至，皆來請言。予曰：「嘻！子之鄉先生既幾於道，而尚以壽爲賀乎？夫壽不足以爲子之鄉先生賀，子之鄉而有有道之士，若子之鄉先生者，使爾鄉人之子弟皆有所矜式視傚，出而事君，則師其道以用世；入而家居，則師其道以善身。若射之有的，各中乃所向，則是先生之壽，乃於爾鄉之人復有足賀也

[一] 然謂吾之庶幾也 「吾」，國圖本、天圖本、叢刊本訛作「古」。

已[一]。」明年三月，予再官鴻臚[二]，而鄉之人復以書來請，遂追書之。

文山別集序　甲戌

文山別集者，宋丞相文山先生自述其勤王之所經歷，後人因而採集之以成者也。其間所值險阻艱難，顛沛萬狀，非先生之述[三]，固無從而盡知者。先生忠節蓋宇宙[四]，皆於是而有據。後之人因詞考迹，感先生之大義，油然興起其忠君愛國之心，固有泫然泣下，裂眥扼腕，思喪元首之無地者。是集之有益於臣道，豈小小哉！

古之君子之忠於其君，求盡吾心焉以自慊而已，亦豈屑屑言之，以蘄知於世？然而仁人之心，忠於其君，亦欲夫人之忠於其君也。忠於其君，則盡心焉已。欲夫人忠於其君，而思以吾之忠於其君者啓其良心，固有人弗及知之者，非自言之，何由以及人乎？斯先生之所爲自述，將以教世

[一] 復有足賀也已　「復」，人大本、九大本、董本作「爲」。
[二] 予再官鴻臚　「再」，人大本、九大本作「又徙」，黄本訛作「月」，董本作「徒（徙）」，范本作「遷」。
[三] 非先生之述　董本「之」下有「自」字。
[四] 忠節蓋宇宙　閩本、宋本「忠」下有墨釘，墨釘黄本作「自」，閭本作「謀」，范本作「貞」，邵本作「義」。

之忠也。當其時，仗節死義之士〔一〕，無不備載，亦因是以有傳，是又與人爲善者也。是集也，在先生之自盡，若嫌於蘄世之知；以先生之教人，則吾惟恐其知之不盡也。在先生之自盡，若可以無傳；以先生之與人爲善，則吾惟恐其傳之不遠也。

先生之裔孫，今太僕少卿公宗巖復刻是集，而屬某爲之序。某之爲廬陵也，公之族弟某嘗以序謀，兹故不可得而辭。嗚呼！當顛沛之心，而不忘乎與人爲善者，節之裕也；致自盡之心，而欲人同歸於善者，忠之推也；不以蘄知爲嫌，而行其教人之誠者，仁之篤也。象賢崇德，以章其先世之美之謂孝；明訓述事，以廣其及人之教之謂義。吾於是集之序，無愧辭耳矣。

金壇縣志序 乙亥

麻城劉君天和之尹金壇也，三月而政成，考邑之故而創志焉。曰：「於乎艱哉！吾欲觀風氣之所宜，民俗之所尚〔二〕，而無所證也，以諏於鄉老，有遺聽焉。吾欲觀往昔之得失，民俗之急緩弛張，先後之無所稽也，以詢於閭野，有遁情焉。吾欲觀山川之條理，疆域之所際，道路井邑

〔一〕仗節死義之士 「仗」，黄本、閭本、董本、范本、閩本、宋本作「伏」。
〔二〕民俗之所尚 「尚」，國圖本、天圖本、叢刊本、文淵閣本、摛藻堂本作「向」。

之往來聚散，制其經，適其變，而無所裁也，則以之闢荒穢，入林麓，有遺歷焉。亦惟文獻之未足也，而爾已矣[二]。嗚呼！古君子之忠也，舊政以告於新尹，吾何以盡吾心哉？夫政有時而或息焉，告有時而或窮焉，書之册而世守之，斯其爲告也，不亦遠乎！」志成，使來請序。

吾觀之，秩然其有倫也，錯然其有章也。天也，物之祖也；地也，物之妣也；故先之以天文，而次之以地理。地必有所産，故次之以食貨；物産而事興，故次之以官政；政行而齊之以禮，則教立，故次之以學校；學以興賢，故次之以選舉；賢興而後才可論也，故次之以人物；人物必有所居，故次之以宫室；居必有所事，事窮則變，變則通，故次之以雜志終焉。嗚呼！此豈獨以志其邑之故，君子可以觀政矣。夫經之天文，所以立其本也；紀之地理，所以順其利也；參之食貨，所以遂其養也；綜之官政，所以均其施也；節之典禮，所以成其俗也；達之學校，所以新其德也；作之選舉，所以用其才也；考之人物，所以辨其等也；修之宫室，所以安其居也；通之雜志，所以盡其變也。故本立而天道可睹矣，利順而地道可因矣，養遂而民生可厚矣，施均而民政可平矣，俗成而民志可立矣，德新而民性可復矣，才用等辨而民治可久矣，居安盡變而民義不匱矣。修此十者以治，達之邦國天下可也，而況於邑乎？故曰君子可以觀政矣。

[二] 而爾已矣　「矣」，黄本、閭本、董本、范本、聞本、宋本、邵本作「也」。

送南元善入覲序　乙酉

渭南南侯之守越也，越之敝數十年矣，巨奸元憝，窟據根盤，良牧相尋，未之能去，政積事隳，俗因隳靡。至是乃斬然翦剔而一新之，兇惡貪殘，禁不得行，而狡僞淫侈，游惰苟安之徒，亦皆拂戾失常，有所不便，相與斐斐緝緝，搆讒騰誹，城狐社鼠之奸，又從而黨比翕張之，謗遂大行。士夫之爲元善危者沮之曰：「謗甚矣，盍已諸？」元善如不聞也，而持之彌堅，行之彌決。且曰：「民亦非無是非之心，而蔽昧若是，固學之不講，而教之不明也。吾寧無責，而獨以咎歸於民？」則日至學宫，進諸生而作之以聖賢之志，啓之以身心之學。士亦蔽於習染，閧然疑怪以駭，曰：「是迂闊之談，將廢吾事。」則又相與斐斐緝緝，訾毁而詆議之。士夫之爲元善危者沮之曰：「民之謗，若火之始炎，士又從而膏之，孰能以無爐乎？盍遂已諸[一]？」元善如不聞也，而持之彌堅，行之彌決。則又緝稽山書院，萃其秀穎，而日與之諄諄焉，亹亹焉，越月踰時[二]，誠感而意孚，三學洎各邑之士亦漸以動，日有所覺，而月有所悟矣。於是爭相奮曰：「吾乃今知聖賢之必可爲矣，非侯之至，吾其已夫，侯真吾師也。」於是民之謗者亦漸消沮，其始猶曰：「侯之於我，利害半；

[一]　盍遂已諸　「盍」，底本訛作「蓋」，據人大本、九大本、黄本、閭本、董本、范本、宋本、邵本改。

[二]　越月踰時　「月」，人大本、九大本作「日」。

我之於侯，恩怨半[一]。」至是惠洽澤流而政益便，相與悔曰：「吾始不知侯之愛我也，而反以爲殃我也；吾始不知侯之拯我也，而反以爲勞我也。我其無人之心乎？侯真吾之嚴父也，慈母也。」於是侯且入覲，百姓皇皇請留，不得，相與謀之多士曰：「吾去慈母，吾將安哺乎？嚴父吾去，吾將安恃乎？」士曰：「吁嗟！維父與母，則生爾身；維侯我師，實生我心。吾寧可以一日而無吾師之臨乎？」則相與假重於陽明子而乞留焉。陽明子曰：「三年之覲，大典也。侯焉可留乎？雖然，此在爾士爾民之心。夫承志而無違，子之善養也；離師友而不背，弟子之善學也。不然，雖居膝下而侍几杖，猶爲不善養而操戈入室者也，奚必以留侯爲哉？」衆皆默然，良久曰：「公之言是也。」相顧逡巡而退。明日，復師生相率而來請曰：「無以輸吾之情，願以公言致之於侯，庶侯之遄其來旋，而有以速諸生之化，慰吾民之延頸也。」

送聞人邦允序

聞人言邦允者[二]，陽明子之表弟也，將之官閩之嵢峽而請言。陽明子謂之曰：「重矣！勿

[一] 恩怨半「怨」，底本訛作「愛」，據人大本、九大本、黄本、間本、董本、范本、閩本、宋本、邵本改。
[二] 聞人言邦允者 清光緒本餘姚聞人氏宗譜（以下簡稱宗譜）無「言」字。

以進非科第而自輕；榮矣！勿以官卑而自慢。夫進非科第，則人之待之也易以輕[一]，從而自輕者有矣；官卑，則人之待之也易以慢，從而自慢者有矣。夫科第以致身，而恃以爲暴，是厲階也；高位以行道，而遽以媒利[二]，是盜資也。於吾何有哉？吾所謂重，吾有良貴焉耳，非矜與敖之謂也；吾所謂榮，吾職易舉焉耳，非顯與耀之謂也。夫以良貴爲重，舉職爲榮，則夫人之輕與慢之也，亦於吾何有哉？行矣，吾何言[三]！」

送別省吾林都憲序[四]

戊子

嘉靖丁亥冬，守仁奉命視師思、田，省吾林君以廣西右轄實與有司[五]。既思、田來格，謀所以緝綏之道，咸以爲非得寬厚仁恕、德威素爲諸夷所信服者，父臨而母鞠之，殆未可以强力詭

[一] 則人之待之也易以輕　「待」，宗譜作「望」。

[二] 而遽以媒利　「遽」，宗譜作「據」。

[三] 宗譜篇末署「旹正德壬申五月陽明居士王守仁伯安書於慎獨軒」。

[四] 送別省吾林都憲序　王本作「送林布政陞任湖廣都御史序」。

[五] 以廣西右轄實與有司　「司」，王本作「事」。

計劫制於一時，而能久於無變者也，則莫有踰於省吾者[一]。遂以省吾之名上請，乞加憲職，委之重權[二]，以留撫於兹土，蓋一年二年而化洽心革，朝廷永可以無一方顧也乎[三]！則又以爲聖天子方側席勵精，求卓越之才，須更化善治[四]，則如省吾之成德夙望，大臣且交章論薦，或者請未及上，而先已有隆委峻擢，恐未肯爲區區兩府之遺黎淹歲月而借之以重也。疏去未踰月，而巡撫鄖陽之命果下矣。

當是時，八寨之瑶積禍千里，且數十年，方議進兵討罪，省吾將率思、田報效之民以先之。報聞，衆咸爲省吾賀，且謂得免兵革驅馳之勞也[五]。省吾曰：「不然。當事而中輟之，仁者忍之乎？遇難而苟避之，義者爲之乎？吾既身任其責，幸有改命，而亟去之以爲吾心[六]，吾能如

[一] 則莫有踰於省吾者　王本「者」下有「矣」字。
[二] 委之重權　王本、閭本、宋本、邵本無「之」字。
[三] 無一方顧也乎　王本「顧」上有「之」字。
[四] 須更化善治　「須」，王本、閭本、鄒本、胡本、宋本、邵本作「以」。
[五] 且謂得免兵革驅馳之勞也　王本「免」下有「於」字。
[六] 而亟去之以爲吾心　「爲」，王本、文淵閣本、摛藻堂本作「違」。

是哉？」遂弗停驅而往，冒暑雨，犯瘴毒，乘危破險，竟成八寨之伐而出。嗟乎！今世士夫計逐功名[一]，甚於市井刀錐之較，稍有患害可相連及，輒設機阱，立黨援，以巧脱幸免，一不遂其私，瞋目攘臂，以相抵捍鈎摘，公然爲之，曾不以爲耻[二]，而人亦莫有非之者。蓋士風之衰薄，至於此而亦極矣[三]。而省吾所存，獨與時俗相反若是，古所謂托孤寄命，臨大節而不可奪者，省吾有焉。

正德初，某以武選郎抵逆瑾[四]，逮錦衣獄，而省吾亦以大理評觸時諱在繫，相與講易於桎梏之間者彌月，蓋晝夜不怠，忘其身之爲拘囚也。至是，别已餘二十年，而始復會於此。省吾貌益充，氣益粹，議論益平實[五]，而其孜孜講學之心，則固如昔，加懇切焉。公事之餘，相與訂舊聞而考新得。予自近年偶有見於良知之學，遂具以告於省吾，而省吾聞之，沛然若决江河，可

[一] 今世士夫計逐功名　「士夫」，王本作「士大夫」。
[二] 曾不以爲耻　王本「不」下有「自」字。
[三] 至於此而亦極矣　王本無「亦」字。
[四] 某以武選郎抵逆瑾　「某」，王本作「守仁」。
[五] 議論益平實　「議論」，王本作「論議」。

謂平生之一快[一]，無負於二十年之别也矣。今夫天下之不治[二]，由於士風之衰薄；而士風之衰薄，由於學術之不明；學術之不明，由於無豪傑之士者爲之倡焉耳。省吾忠信仁厚之質，得之于天者既與人殊[三]，而其好學之心，又能老而不倦若此，其德之日以新而業之日以廣也，何疑乎？自此而明學術，變士風，以成天下治，將不自省吾爲之倡也乎[四]？於省吾之别，庸書此以致切劘之意。若夫期望於聲位之間，而繫情於去留之際，是奚足爲省吾道之哉！

[一] 可謂平生之一快　王本「可」上有「真」字，又「謂」作「爲」。
[二] 今夫天下之不治　王本無「今」字。
[三] 得之于天者既與人殊　「與」，王本作「於」。
[四] 將不自省吾爲之倡也乎　王本「吾」下有「之」字。

王文成公全書卷之二十三

外集五　記

門人餘姚錢德洪　編次
安成鄒守益　葺録
泰和歐陽德　校正
山陰王畿　增葺
餘姚嚴中　考訂

興國守胡孟登生像記　壬戌

弘治十年，胡公孟登以地官副郎謫貳興國，越三年，擢知州事。公既久於其治，乃奸鋤利植，而民以大和。又明年壬戌，擢浙江按察司僉事以去，民既留公不可，則相率祀公之像，以報公德。

而學宫之左，有疊山祠以祀宋臣謝枋得者舊矣，其士曰：「合祀公像於是。嗚呼！吾州違胡元之亂，以入於皇朝，雖文風稍振，而陋習未除。士之登名科甲以顯於四方者，相望如晨天之星，數不能以一二，蓋至于今，遂茫然絶響者凡幾科矣。自公之來，斬山斥地以恢學宫，洗垢摩鈍以新士習，然後人知敦禮興樂，而文采蔚然於湖湘之間，薦於鄉者一歲而三人，蓋夫子之道大明於興國，實自公始。公之德惠，固無庸言，而化民成俗，於是爲大，祀公於此，其宜哉！」民曰：「不可，其爲公别立一廟。公之未來也，吾民外苦於盜賊，内殘於苛政，濱湖之民，死於魚課者數千餘家。自公之至，而盜不敢履興國之界，民違猛虎魚鱉之患，而始釋戈而安寢，歌呼相慰，以嬉於里巷。公之惠澤，吾獨不能出諸口耳。嗚呼！公有大造於吾民，乃不能别立一廟，而使並食於謝公，於吾心有未足也。」士曰：「不然，公與謝公，皆以遷謫而至吾州，謝公以文章節義爲宋忠臣；而公之氣槩風聲，實相輝映。祀公於此，所以見公之庇吾民者，不獨以其政事；而吾民之所以懷公於不忘者，又有在於長養恩恤之外也。其於尊嚴崇重，不滋爲大乎？」於是其民相顧喜曰：「果如是，我亦無所憾矣。然其誰紀諸石以傳之？」士曰：「公之經歷四方也久矣，四方之人，其聞公之賢亦既有年矣。然而屢遭讒嫉，而未暢厥猷，意亦知公之深者難也。公嘗令於餘姚，以吾人之知公，則其人宜於公爲悉。」乃走幣數千里，而來請於某，且告之故。某曰：「是姚人之願，不獨興國也。」公之去吾姚已二十餘年，民之思公，如其始去。每有自公而來者，必相與環聚，問公之起居飲食，及其履歷之險夷，丰采狀貌，鬚髮之蒼白與否，退則相傳告以爲欣戚。以吾姚之思公，知興國之爲是舉，亦其情之有不得已也。然公之始去吾姚，既嘗有去思之碑以紀公德，今不可以重複其説。而興國之績，吾雖聞之甚詳，然於其民爲遠，雖極意揄揚之，恐亦未足以當其心也。姑述其請記之辭，而詩以系之。

公諱瀛，河南之羅山人，有文武長才，而方嚮於用。詩曰：

於維胡公，允毅孔直。惟直不撓，以來興國。惟此興國，實荒有年。自公之來，闢爲良田。寇乘于垣，死課于澤。公曰吁嗟，兹惟予謫[一]。勤爾桑禾，謹爾室家。歲豐時和，民謡以歌。乃築泮宫，教以禮讓。弦誦詩書，溢于里巷。庶民諄諄，庶士彬彬。公亦欣欣，曰惟家人。維公我父，維公我母。自公之去，奪我恃怙。維公之政，不專於寬。雨暘維若，時其燠寒。維公文武，亦周于藝。射御工力，展也不器。我拜公像，從我父兄。率我子弟，集于泮宫。父兄相謂，毋爾敢望。天子用公，訓于四方。

[一] 兹惟予謫　「謫」，國圖本、天圖本、叢刊本作「譴」。

新建預備倉記

癸亥

倉廩以儲國用，而民之不給，亦於是乎取。故三代之時，上之人不必其盡輸之官府，下之人不必其盡藏於私室。後世若常平義倉，蓋猶有所以爲民者，而先王之意亦既衰矣。及其大弊，而倉廩之蓄，遂邈然與民無復相關。其遇凶荒水旱，民餓莩相枕籍〔一〕，苟上無賑貸之令，雖良有司，亦坐守鍵閉，不敢發升合以拯其下。民之視其官廩，如仇人之壘，無以事其刃爲也。嗚呼！倉廩之設，豈固如是也哉？

紹興之倉目如坻，大有之屬，凡三四區，中所積亦不下數十萬，然而民之饑餒，稍不稔即無免焉。歲癸亥春，融風日作，星火宵隕。太守佟公曰：「是旱徵也，不可以無備。」既命民間積穀謹藏，則復鳩工度地，得舊太積庫地於郡治之東，而建以爲預備倉。於是四月不雨，至於八月，農工大壞，比室磬懸。民陸走數百里，轉嘉、湖之粟以自療，市火間作，貿遷無所居。公帥僚吏，遍禱於山川社稷，迺八月己酉，大雨洽旬，禾稿復穎，民始有十一之望，漸用蘇息。公曰：「嗚呼！予所建，今兹之旱，雖誠無補，於後患其將有裨。」迺益遂厥營。九月丁卯工畢，凡爲廩三面，

〔一〕民餓莩相枕籍　「餓」，黄本、閭本、董本、范本、聞本、鄒本、胡本、宋本、邵本作「雖」。

廿有六楹，約受穀十萬幾千斛。前爲廳事，以司出納，而以其無事時，則凡賓客部使之往來而無所寓者，又皆可以館之於是。極南阻民居，限以高垣，東折爲門，出之大衢。並門爲屋，廿有八楹，自南亘北，以居商旅之貿遷者，而月取其值，以實廩粟。又於其間區畫而綜理之，蓋積三歲，而可以有一年之備矣。

二守錢君謂其僚曰：「公之是舉，其惠於民豈有窮乎？夫後之民，食公之德，而弗知其所自，是吾儕無以贊公於今日，而又以泯其績於後也。」於是相率來屬某以記。某曰：「唯唯。夫憫災而恤患，庇民之仁也；未患而預防，先事之知也；已患而不怠，臨事之勇也；創今以圖後，敷德之誠也。行一事而四善備焉，是而可以無紀也乎？某雖不文也，願與執筆而從事[一]。」

平山書院記

癸亥

平山在鄞陵之北三里，今杭郡守楊君温甫蚤歲嘗讀書其下。鄞人之舉進士者，自温甫之父僉憲公始，而温甫承之。温甫既貴，建以爲書院，曰：「使吾鄉之秀，與吾楊氏之子弟誦讀其間，翹翹焉相繼而興，以無亡吾先君之澤。」於是其鄉多文士，而温甫之子晉復學成，有器識，將紹

[一] 願與執筆而從事 「筆」，國圖本、天圖本、叢刊本作「事」。

温甫而起，蓋書院爲有力焉。

温甫始爲秋官郎，予時實爲僚佐，相懷甚得也。温甫時時爲予言：「平山之勝，聳秀奇特，比於峨嵋。望之巖厲壁削，若無所容，而其上乃寬衍平博，有老氏宫焉，殿閣魁傑偉麗，聞於天下，俯覽大江，煙雲杳靄。暇輒從朋儕往遊其間，鳴湍絶壑，拂雲千仞之木，陰翳虧蔽。書院當其麓，其高可以眺，其邃可以隱，其芳可以采，其清可以濯，其幽可以棲。吾因而望之以『含遠』之樓，蟄之以『寒香』之塢，揭之以『秋芳』之亭，澄之以『洗月』之池，息之以『棲雲』之窩。四時交變，風雪晦暝之朝，花月澄芬之夕，光景超忽，千態萬狀，而吾誦讀於其間，蓋冥然與世相忘，若將終身焉，而不知其他也。今吾汩没於簿書案牘，思平山之勝，而庶幾夢寐焉，何可得耶？」

既而某以病告歸陽明，温甫尋亦出守杭郡。錢塘波濤之洶怪，西湖山水之秀麗，天下之言名勝者無過焉。噫！温甫之居是地，當無憾於平山耳矣。今年與温甫相見於杭，而亹亹於平山者猶昔也。吁！亦異矣。豈其沉溺於兹山，果有不能忘情也哉？温甫好學不倦，其爲文章，追古人而並之。方其讀書於平山也，優悠自得[一]，固將發爲事業，以顯於世，及其施諸政事，沛然有餘矣，則又益思致力於問學，而其間又自有不暇者，則其眷戀於兹山也，有以哉！温甫既已成己，則不

[一] 優悠自得　「悠」，國圖本、天圖本、叢刊本、文淵閣本、摛藻堂本作「游」。

能忘於成物，而建爲書院，以倡其鄉人。處行義之時，則不能忘其隱居之地，而拳拳於求其志者，無窮已也。古人有言：「成己，仁也；成物，知也。」温甫其仁且知者歟？又曰：「隱居以求其志，行義以達其道，吾聞其語矣，未見其人也。」温甫殆其人也，非歟？温甫屬予記，予未嘗一至平山，而平山巖巖之氣象，斬然壁立而不可犯者，固可想而知，其不異於温甫之爲人也。以温甫之語予者記之。

何陋軒記 戊辰

昔孔子欲居九夷，人以爲陋。孔子曰：「君子居之，何陋之有？」守仁以罪謫龍場，龍場，古夷蔡之外，於今爲要綏，而習類尚因其故。人皆以予自上國往[一]，將陋其地，弗能居也。而予處之旬月，安而樂之，求其所謂甚陋者而莫得。獨其結題鳥言，山棲羝服，無軒裳宫室之觀，文儀揖讓之縟，然此猶淳龐質素之遺焉。蓋古之時，法制未備則有然矣，不得以爲陋也。夫愛憎面背，亂白黝丹[二]，浚奸窮黠，外良而中螫，諸夏蓋不免焉。若是而彬郁其容，宋甫魯掖，折

[一] 人皆以予自上國往　手稿「以」下有「爲」字，「國」下有「而」字。

[二] 亂白黝丹　手稿、居夷集、黄本、閭本、董本、范本、聞本、宋本、邵本無「丹」字。

旋矩矱，將無爲陋乎？夷之人迺不能此，其好言惡詈，直情率遂則有矣。世徒以其言辭物采之眇而陋之[一]，吾不謂然也。

始予至，無室以止，居於叢棘之間則鬱也[二]。遷於東峰，就石穴而居之，又陰以濕。龍場之民，老稚日來視予，喜不予陋，益予比[三]。予嘗圃於叢棘之右[四]，民謂予之樂之也，相與伐木閣之材，就其地爲軒以居予。予因而翳之以檜竹，蒔之以卉藥，列堂階，辯室奧，琴編圖史[五]，講誦遊適之道略具，學士之來遊者，亦稍稍而集。於是人之及吾軒者，若觀於通都焉，而予亦忘予之居夷也。因名之曰「何陋」[六]，以信孔子之言。

嗟夫！諸夏之盛，其典章禮樂，歷聖修而傳之，夷不能有也，則謂之陋固宜。於後蔑道德而

[一] 世徒以其言辭物采之眇而陋之　手稿無「其」字。
[二] 居於叢棘之間　「居」，居夷集、范本作「茇」。按，手稿爲草書，字形亦近「茇」。茇，草舍也。
[三] 益予比　「予」，手稿、居夷集、黄本、董本、范本作「孚」。
[四] 予嘗圃於叢棘之右　「右」，手稿作「後」。
[五] 琴編圖史　「琴編」，手稿作「編琴」。
[六] 因名之曰何陋　「名之」，手稿作「軒扁」，居夷集作「名軒」，黄本作「軒者」，董本作「署軒」，范本作「軒之」。

專法令，搜抉鈎縶之術窮，而狡匿譎詐[一]，無所不至，渾朴盡矣。夷之民，方若未琢之璞，未繩之木。雖粗礪頑梗，而椎斧尚有施也，安可以陋之？斯孔子所爲欲居也歟？雖然，典章文物，則亦胡可以無講？今夷之俗，崇巫而事鬼，瀆禮而任情，不中不節[二]，卒未免於陋之名，則亦不講於是耳，然此無損於其質也。誠有君子而居焉，其化之也蓋易，而予非其人也，記之以俟來者[三]。

君子亭記 戊辰

陽明子既爲何陋軒，復因軒之前榮[四]，架楹爲亭[五]，環植以竹，而名之曰「君子」。曰：「竹有君子之道四焉：中虛而靜，通而有間，有君子之德；外節而直[六]，貫四時而柯葉無所改，

[一] 而狡匿譎詐 「詐」，居夷集作「僞」。
[二] 不中不節 手稿作「不巾不笄」。
[三] 手稿篇末署「弟守仁謫居龍場，久而樂之，聊寄此以慰舜功年丈遠懷」。
[四] 復因軒之前榮 「榮」，天圖本、叢刊本作「營」。
[五] 架楹爲亭 「架」，國圖本、天圖本、叢刊本、文淵閣本、摛藻堂本作「駕」。
[六] 外節而直 「節」，居夷集、董本、范本作「堅」。

有君子之操；應蟄而出，遇伏而隱，雨雪晦明，無所不宜，有君子之時；清風時至，玉聲珊然，中采齊而協肆夏，揖遜俯仰，若洙泗群賢之交集，風止籟靜，挺然特立，不撓不屈，若虞廷群后，端冕正笏而列於堂陛之側，有君子之容。竹有是四者，而以『君子』名，不愧於其名；吾亭有竹焉，而因以竹名，名不愧於吾亭。」門人曰：「夫子蓋自道也。吾見夫子之居是亭也，持敬以直內，靜虛而若愚，非君子之德乎？遇屯而不懾，處困而能亨，非君子之操乎？昔也行於朝，今也行於夷，順應物而能當，雖守方而弗拘，非君子之時乎？其交翼翼，其處雍雍，意適而匪懈，氣和而能恭，非君子之容乎？夫子蓋謙於自名也〔一〕，而假之竹。雖然，亦有所不容隱也。夫子之名其軒曰『何陋』，則固以自居矣。」陽明子曰：「嘻！小子之言過矣，而又弗及。夫是四者，何有於我哉？抑學而未能，則可云爾耳。昔者夫子不云乎，『汝爲君子儒，無爲小人儒』。吾之名亭也，則以竹也，人而嫌以君子自名也，將爲小人之歸矣，而可乎？小子識之。」

遠俗亭記　戊辰

憲副毛公應奎名其退食之所曰「遠俗」。陽明子爲之記曰：俗習與古道爲消長，塵囂溷濁之

〔一〕夫子蓋謙於自名也　「謙」，居夷集、黄本、閭本、董本、范本、聞本、宋本、邵本作「嫌」。

既遠，則必高明清曠之是宅矣，此「遠俗」之所由名也。然公以提學爲職，又兼理夫獄訟軍賦，則彼舉業辭章，俗儒之學也；簿書期會，俗吏之務也；二者公皆不免焉。舍所事，而曰「吾以遠俗」，俗未遠而曠官之責近矣。君子之行也，不遠於微近纖曲，而盛德存焉，廣業著焉。是故誦其詩，讀其書，求古聖賢之心，以蓄其德而達諸用，則不遠於舉業辭章，而可以得古人之學，是遠俗也已。公以處之，明以決之，寬以居之，恕以行之，則不遠於簿書期會，而可以得古人之政，是遠俗也已。苟其心之凡鄙猥瑣，而徒閒散疏放之是托，以爲遠俗，其如遠俗何哉？昔人有言：「事之無害於義者，從俗可也。」君子豈輕於絶俗哉？然必曰「無害於義」，則其從之也，爲不苟矣。是故苟同於俗以爲通者，固非君子之行；必遠於俗以求異者，尤非君子之心。

象祠記

戊辰

靈博之山有象祠焉，其下諸苗夷之居者，咸神而事之[一]。宣慰安君因諸苗夷之請，新其祠屋，而請記於予。予曰：「毁之乎？其新之也？」曰：「新之。」「新之也，何居乎？」曰：「斯祠之肇也，蓋莫知其原。然吾諸蠻夷之居是者，自吾父吾祖遡曾高而上，皆尊奉而禋祀焉，舉之

[一] 咸神而事之 「事」，手稿作「祀」。

而不敢廢也。」予曰：「胡然乎？有鼻之祠[一]，唐之人蓋嘗毁之。象之道，以爲子則不孝，以爲弟則傲，斥於唐而猶存於今，毁於有鼻而猶盛於兹土也[二]，胡然乎？我知之矣。君子之愛若人也[三]，推及於其屋之烏，而況於聖人之弟乎哉？然則祀者爲舜[四]，非爲象也。意象之死，其在干羽既格之後乎？不然，古之驁桀者豈少哉，而象之祠獨延於世。吾於是益有以見舜德之至，入人之深，而流澤之遠且久也。象之不仁，蓋其始焉爾，又烏知其終之不見化於舜也？書不云乎，『克諧以孝，烝烝乂，不格姦。瞽瞍亦允若。』則已化而爲慈父[五]，象猶不弟，不可以爲諧。進治於善，則不至於惡；不抵於姦，則必入於善；信乎象蓋已化於舜矣。孟子曰：『天子使吏治其國，象不得以有爲也。』斯蓋舜愛象之深而慮之詳，所以扶持輔導之者之周也[六]。不然，

[一] 有鼻之祠　「鼻」，手稿、天圖本、叢刊本、文淵閣本、摛藻堂本作「庳」，下文仿此。
[二] 毁於有鼻而猶盛於兹土也　「毁」，手稿作「壞」。
[三] 君子之愛若人也　手稿「愛」下有「夫」字。
[四] 然則祀者爲舜　「祀」，手稿作「祠」。
[五] 則已化而爲慈父　「則」，手稿作「瞍」。
[六] 所以扶持輔導之者之周也　手稿無「之周」之「之」字。

周公之聖，而管、蔡不免焉。斯可以見象之既化於舜，故能任賢使能而安於其位，澤加於其民，既死而人懷之也。諸侯之卿命於天子，蓋周官之制，其殆倣於舜之封象歟？吾於是益有以信人性之善[一]，天下無不可化之人也。然則唐人之毀之也[二]，據象之始也；今之諸夷之奉之也，承象之終也。斯義也，吾將以表於世，使知人之不善，雖若象焉，猶可以改；而君子之修德，及其至也，雖若象之不仁，而猶可以化之也。」

卧馬塚記

戊辰

卧馬塚在宣府城西北十餘里，有山隆然，來自蒼茫，若湧若滀，若奔若伏，布爲層裀，擁爲覆釜，漫衍陂迤，環抱涵迴，中凝外完，内缺門若[三]，合流泓洄，高岸屏塞，限以重河，敷爲廣野，桑乾燕尾，遠泛近挹，今都憲懷來王公實葬厥考大卿於是。方公之卜兆也，禱於大卿，然後出從事，屢如未迪，末迺來兹，顧瞻徘徊，心契神得，將歸而加諸卜。爰視公馬，眷然跽卧，

[一] 吾於是益有以信人性之善　「益」，手稿、黄本、間本、范本、閩本、宋本、邵本作「蓋」。
[二] 然則唐人之毁之也　「則」，手稿作「是」。
[三] 内缺門若　「内」，居夷集、董本作「丙」。

噓嗅盤旋，繾綣蜥秝，若故以啓公之意者。公曰：「嗚呼！其弗歸卜，先公則既命於此矣。」就其地窆焉，厥土五色，厥石四周，融潤喣淑，面勢環拱。既葬，弗震弗崩，安靖妥謐。植樹蓊蔚〔一〕，庶草芬茂，禽鳥哺集，風氣凝毓，産祥萃休，祉福駢降。鄉人謂公孝感所致，相與名其封曰「卧馬」，以志厥祥，從而歌之。士大夫之聞者，又從而和之。

正德戊辰，守仁謫貴陽，見公於巡撫臺下，出聞是於公之鄉人。客有在坐者曰：「公其休服於無疆哉！昔在士行，牛眠協兆，峻陟三公，公兹實類於是。」守仁曰：「此非公意也。公其慎厥終，惟安親是圖，以庶幾無憾焉耳已。豈以徼福於躬，利其嗣人也哉？雖然，仁人孝子，則天無弗比，無弗祐，匪自外得也。親安而誠信竭，心斯安矣，心安則氣和，和氣致祥，其多受祉福，以流衍於無盡，固理也哉！」他日見於公，以鄉人之言問焉。公曰：「信。」以守仁之言正焉。公曰：「嗚呼！是吾之心也。子知之，其遂志之，以訓於我子孫，毋替我先公之德。」

〔一〕植樹蓊蔚　「蓊」，居夷集、范本作「葱」。

賓陽堂記 戊辰

傳之堂東向，曰「賓陽」，取堯典「寅賓出日」之義，志向也。賓日，羲之職而傳冒焉，傳職賓賓，羲以賓賓之寅而賓日，傳以賓日之寅而賓賓也。不曰日乃陽之屬[一]，爲日，爲元，爲善，爲吉，爲亨治，其於人也爲君子，其義廣矣，備矣。內君子而外小人爲泰。曰：「賓自外而內之，傳將以賓君子而內之也。傳以賓君子，而容有小人焉，則如之何？」曰：「吾知以君子而賓之耳。吾以君子而賓之也，賓其甘爲小人乎哉[二]？」爲賓日之歌，日出而歌之，賓至而歌之。歌曰：

日出東方，再拜稽首，人曰予狂，匪日之寅，吾其怠荒。

東方日出，稽首再拜，人曰予憊，匪日之愛，吾其荒怠。

其翳其暳，其日惟霽。其昫其霧，其日惟雨。勿忭其昫，倏焉以霧。勿謂終翳，或時其暳。暳其光矣，其光熙熙。與尔偕作，與尔偕宜[三]。倏其霧矣，或時以熙。或時以熙，孰知我悲！

[一] 不曰日乃陽之屬 「乃」，居夷集、黄本、董本作「易」。

[二] 賓其甘爲小人乎哉 「賓」，居夷集作「人」。

[三] 與尔偕作與尔偕宜 二「尔」字，黄本、閭本、董本、范本、聞本、宋本、邵本作「你」，國圖本、天圖本、叢刊本、文淵閣本、摛藻堂本作「爾」。

重修月潭寺建公館記

戊辰

興隆之南[一]，有巖曰月潭，壁立千仞，簷垂數百尺。其上澒洞玲瓏，浮者若雲霞，亘者若虹霓，豁若樓殿門闕，懸若鼓鐘編磬，幨幢纓絡。若搏風之鵬，翻隼翔鵠[二]，螭虺之糾蟠，猱猊之駭攫，譎奇變幻，不可具狀。而其下澄潭邃谷，不測之洞，環秘回伏，喬林秀木，垂陰蔽虧，鳴瀑清溪，停洄引映。天下之山，萃於雲、貴，連亘萬里，際天無極。行旅之往來，日攀緣下上於窮崖絕壑之間，雖雅有泉石之癖者，一入雲、貴之途，莫不困踣煩厭，非復夙好。而惟至於兹巖之下，則又皆灑然開豁，心洗目醒，雖庸儔俗侶，素不知有山水之遊者，亦皆徘徊顧盻，相與延戀而不忍去，則兹巖之勝，蓋不言可知矣。

巖界興隆、偏橋之間，各數十里，行者至是，皆憊頓飢悴，宜有休息之所。而巖麓故有寺，附巖之戍卒官吏，與凡苗夷犵狘之種，連屬而居者，歲時令節，皆於是焉釐祝。寺漸蕪廢，行禮無所。憲副滇南朱君文瑞按部至是，樂兹巖之勝，憫行旅之艱，而從士民之請也，乃捐資化材，

[一] 興隆　底本訛作「隆興」，據居夷集乙正。按，據謝東山貴州通志卷二、卷五，月潭寺在興隆衛東坡山麓。

[二] 翻隼翔鵠　「隼」，底本訛作「集」，據居夷集、黄本、閶本、董本、范本、閩本、鄒本、胡本、宋本、邵本改。

新其寺於巖之右，以爲釐祝之所。曰：「吾聞爲民者，順其心而趨之善。今苗夷之人，知有尊君親上之禮，而憾於弗伸也。吾從而利道之，不亦可乎？」則又因寺之故材與址，架樓三楹，以爲部使者休食之館。曰：「吾聞爲政者，因勢之所便而成之，故事適而民逸。今旅無所舍，而使者之出，師行百里，飢不得食，勞不得息。吾圖其可久而兩利之，不亦可乎？」使遊僧正觀任其勞，指揮狄遠度其工[一]，千户某某相其役，遠近之施捨勤助者，欣然而集，不兩月而工告畢。自是飢者有所炊，勞者有所休，遊觀者有所舍，釐祝者有所瞻依，以爲竭虔效誠之地，而茲巖之奇，若增而益勝也。

正觀將記其事於石，適予過而請焉。予惟君子之政，不必專於法，要在宜於人；君子之教，不必泥於古，要在入於善。是舉也，蓋得之矣。況當法綱嚴密之時，衆方喘息憂危，動虞牵觸，而乃能從容於山水泉石之好，行其心之所不愧者，而無求免於俗焉。斯其非見外之輕而中有定者，能若是乎？是誠不可以不志也矣。寺始於戍卒周齋公，成於遊僧德彬，增治於指揮劉瑄、常智、李勝，及其屬王威、韓儉之徒。至是凡三緝，而公館之建，則自今日始[二]。

[一] 指揮狄遠度其工　「狄」，國圖本、天圖本、叢刊本訛作「逖」。

[二] 居夷集篇末署「餘姚王守仁記」。

玩易窩記　戊辰

陽明子之居夷也，穴山麓之窩而讀易其間[一]。始其未得也，仰而思焉，俯而疑焉，函六合，入無微，茫乎其無所指，孑乎其若株。其或得之也，沛兮其若決，瞭兮其若徹，菹淤出焉，精華入焉，若有相者，而莫知其所以然。其得而玩之也，優然其休焉，充然其喜焉，油然其春生焉，精粗一，外内翕，視險若夷，而不知其夷之爲阨也。

於是陽明子撫几而嘆曰：「嗟乎！此古之君子，所以甘囚奴，忘拘幽，而不知其老之將至也夫。吾知所以終吾身矣。」名其窩曰「玩易」，而爲之説曰：夫易，三才之道備焉。古之君子，居則觀其象而玩其辭，動則觀其變而玩其占。觀象玩辭，三才之體立矣；觀變玩占，三才之用行矣。體立，故存而神；用行，故動而化。神，故知周萬物而無方；化，故範圍天地而無迹。無方，則象辭基焉；無迹，則變占生焉。是故君子洗心而退藏於密，齋戒以神明其德也。蓋昔者夫子嘗韋編三絶焉。嗚呼！假我數十年以學易，其亦可以無大過已夫。

[一] 穴山麓之窩　「之」，居夷集作「爲」。

東林書院記 癸酉

東林書院者，宋龜山楊先生講學之所也。龜山没，其地化爲僧區，而其學亦遂淪入于佛老、訓詁、詞章者且四百年。成化間，今少司徒泉齋邵先生，始以舉子復聚徒講誦於其間。先生既仕而址復荒，屬于邑之華氏。華氏，先生之門人也，以先生之故，仍讓其地爲書院，以昭先生之迹，而復龜山之舊。先生既已紀其廢興[一]，則以記屬之某。當是時，遼陽高君文豸方來令兹邑，聞其事，謂表明賢人君子之迹，以風勵士習，此吾有司之責，而顧以勤諸生，則何事[二]？爰畢其所未備，而亦遣人來請。

嗚呼！物之廢興，亦決有成數矣，而亦存乎其人。夫龜山没[三]，使有若先生者相繼講明其間，龜山之學，邑之人將必有傳，豈遂淪入于老佛、詞章而莫之知求？當時從龜山遊不無人矣，使有如華氏者相繼修緝之[四]，縱其學未即明，其間必有因迹以求道者，則亦何至淪没於四百年

[一] 先生既已紀其廢興 王本、黄本、閻本、董本、范本、聞本、宋本、邵本無「既」字。
[二] 則何事 王本、董本「則」上有「令」字。
[三] 夫龜山没 「夫」，王本作「當」。
[四] 相繼修緝之 「緝」，國圖本、天圖本、叢刊本、文淵閣本、摛藻堂本作「葺」。

之久[一]？又使其時有司有若高君者，以風勵士習爲己任，書院將無因而圮，又何至化爲浮屠之居，而蕩爲草莽之野？是三者，皆宜書之以訓後。

若夫龜山之學，得之程氏，以上接孔、孟，下啓羅、李、晦庵，其統緒相承，斷無可疑，而世猶議其晚流於佛，此其趨向毫釐之不容於無辨。先生必嘗講之精矣。先生樂易謙虚，德器溶然[二]，不見其喜怒，人之悦而從之，若百川之趨海[三]。論者以爲有龜山之風，非有得於其學，宜弗能之[四]。然而世之宗先生者，或以其文翰之工，或以其學術之邃，或以其政事之良，先生之心，其殆未以是足也。從先生游者，其以予言而深求先生之心[五]，以先生之心，而上求龜山之學[六]，庶乎書院之復不爲虚矣。

[一] 則亦何至淪没於四百年之久　「於四百年」，王本作「置」，黄本、閭本、董本、范本、聞本、宋本、邵本作「廢置」。
[二] 德器溶然　「溶」，王本、黄本、閭本、董本、范本、聞本、宋本、邵本作「瑢」。
[三] 若百川之趨海　王本、黄本、閭本、董本、范本、聞本、宋本、邵本作「若百谷之趨大川」。
[四] 宜弗能之　「弗」，王本、黄本、閭本、董本、范本、聞本、宋本、邵本作「勿」。
[五] 其以予言而深求先生之心　王本、黄本、閭本、董本、范本、聞本、宋本、邵本無「深」字。
[六] 而上求龜山之學　王本、黄本、閭本、董本、范本、聞本、宋本、邵本無「上」字。

書院在錫百瀆之上，東望梅村二十里而遥，周太伯之所從逃也。方華氏之讓地爲院，鄉之人與其同門之士，争相趨事，若耻於後，太伯之遺風尚有存焉[一]，特世無若先生者以倡之耳。是亦不可以無書。

應天府重修儒學記

甲戌

應天，京兆也，其學爲東南教本，國初以爲太學。洪武辛酉，始改創焉，再修於宣德之己酉[二]，自是而後，浸以敝圮。正德壬申，府尹張公宗厚始議新之，未成，而遷中丞以去。白公輔之相繼爲尹，乃克易朽興頽，大完其所未備，而又自以俸餘，增置石欄若干楹於櫺星門之外。於是府丞趙公時憲，亦協心贊畫。故數十年之廢一旦修舉，焕然改觀，師模士氣，亦皆鼓動興起，廟學一新。教授張雲龍等，與合學之士二百有若干人，撰序二公之績，徵予文爲記。予既不獲辭，則謂之曰：

多師多士，若知二公修學之爲功矣，亦知自修其學，以成二公之功者乎？夫立之師儒，區其

[一] 太伯之遺風尚有存焉　王本「太」上有「若」字。
[二] 再修於宣德之己酉　「宣德」，國圖本、天圖本、叢刊本、文淵閣本、摛藻堂本訛作「正德」。

齋廟，昭其儀物，具其廪庖，是有國者之立學也，而非士之立學也。緝其弊壞，新其圬墁[一]，給其匱乏，警其怠弛，是有司者之修學也，而非士之修學也。士之學也，以學爲聖賢。聖賢之學，心學也。道德以爲之地，忠信以爲之基，仁以爲宅，義以爲路，禮以爲門，廉耻以爲垣墻，六經以爲户牖，四子以爲階梯。求之於心而無假於雕飾也，其功不亦簡乎？措之於行而無所不該也，其用不亦大乎？三代之學皆此矣。我國家雖以科目取士，而立學之意，亦豈能與三代異？學之弗立，有國者之缺也；弗修焉，有司者之責也[二]。立矣，修矣，而居其地者弗立弗修，是師之咎、士之耻也。二公之修學，既盡有司之責矣。多師多士，無亦相與自修其學，以遠於咎耻者乎？無亦擴乃地，厚乃基，安乃宅，闢乃門户，固乃垣墻，學成而用，大之則以庇天下，次之則以庇一省一郡，小之則以庇其鄉閭家族，庶亦無負於國家立學之意，有司修學之心哉！若乃曠安宅，舍正路，圮基壞垣，倚聖賢之門户以爲姦，是學校之爲萃淵藪也。則是朝廷立之而爲士者傾之，有司修之而爲士者毁之，亦獨何心哉？應天爲首善之地，豪傑俊偉，先後相望，其文采之炳蔚，科甲之盛多，乃其所素餘，有不屑於言者。故吾因新學之舉，嘉多師多士忻然有維新之志，而將進

[一] 新其圬墁　「圬墁」，人大本、九大本作「污漫」。

[二] 有司者之責也　人大本、九大本、黄本、閭本、董本、范本、聞本、宋本、邵本無「者」字。

之以聖賢之學也。於是乎言。

重修六合縣學記 [一]　乙亥

六合之學敝久矣，師生因仍以苟歲月，有司者若無覩也，故廢日甚。正德甲戌，縣尹安福萬廷瑆氏，既和輯其民，始議拓而新之。維時教諭長興徐丙氏，來就圮舍，日夜砥新厥士。尹因謂曰：「子爲我造士，而講肄無所，斯吾責，何敢不力？顧兵荒之餘，民不可重困，吾姑日積月累而徐圖焉，其可乎？」民聞，相謂曰：「學諭方急訓吾子弟，無寧居，尹不忍困吾民，而躬苦節省，吾儕獨坐視，非人也。」於是耆民李景榮，首出百金以倡，從而應者相繼，不終日，聚金五百。以告尹，尹喜曰：「吾民尚義若此，吾事不難辦矣。然吾職務繁劇，孰可使以鳩吾事者乎？」學諭曰：「尹爲吾師生甚勞苦，父老奮義捐金，既費其財，又盡其力，丙與一二僚 [二]，請無妨教事以敦。」民聞，相謂曰：「尹不忍困吾民，學諭方急訓吾子弟，又不忍吾勞而身董之，吾儕

[一] 重修六合縣學記　國圖本、天圖本、叢刊本、文淵閣本、擒藻堂本「縣」下有「儒」字。
[二] 丙與一二僚　「丙」，底本訛作「而」，據人大本、九大本、黄本、董本、范本改。

獨坐視，非人也。」於是耆民王彰、陳模[一]，首請任其役，從而應者十夫。以告尹，尹喜曰：「吾民尚義如此，吾事不難辦矣。」提學御史張君適至，聞其事而嘉之，衆益趨以勸。十月辛卯，尹乃興事，學諭經度規制以襄，訓導某、典史某，察其勤惰，稽其出納，修大成殿，修兩廡神厨，庫前爲戟門，又前爲欞星門，又前爲泮宫，坊皆以石。殿後爲明倫堂，爲東西齋，又後爲尊經閣。明倫堂之左，爲三廨以宅三師，前區三圃，圃前爲名宧祠，又前爲鄉賢祠，又前爲崇文倉。明倫堂之右，爲致齋所，又右爲饌房，又右爲射圃，而亭其圃之北，曰「觀德」。致齋之外，爲宰牲所，又前爲六號。凡爲屋百九十有七楹。十二月丁巳，工告畢役，未逾時也。閭閈之民，尚或未知其興作，聞而來聚觀者，皆相顧喈愕，以爲是何神速爾！是何井井爾，焕焕爾！

庠生某撰考其事，來請予記。予曰：「甚哉！誠之易以感民也。甚哉！民之易以誠感也。有司者賦民奉國，鞭笞累縶，不能得則反仇視。今縣尹、學諭一言，而民應之若響，使天下之爲有司學職者咸若是，天下其有不治乎？此可以爲天下之爲有司學職者倡矣。民之愛其財與力，至争刀錐，靳舉手投足，寧殆其身而不悔。今六合之民，感其上之一言，捐數十百金，效力争先恐後，使天下之爲民者咸若是，天下其有不治乎？此可以爲天下之民倡矣。民之蔽於欲而厚於利，苟有

[一] 陳模　人大本、九大本作「陳謨」。

以感之，然且不憚費己之財，勞己之力，以赴上之所欲爲。士秀於民而志於道，修其明德親民之學，以應邦家之求，固不費財勞力而可能也。苟有以感之，有不翕然而興者乎？吾聞徐諭之教六合，不數月而士習已爲之一變，使由此日遷於高明廣大，以洗俗學之陋，則夫興起聖賢之學，以爲天下士之倡者，將又不在於六合之士邪？將又不在於六合之士邪？」

時雨堂記 丁丑

正德丁丑，奉命平漳寇，駐軍上杭。旱甚，禱於行臺，雨日夜，民以爲未足。迺四月戊午，班師，雨，明日又雨，又明日大雨。乃出田，登城南之樓以觀，民大悅。有司請名行臺之堂爲「時雨」，且曰：「民苦於盜久，又重以旱，將謂靡遺。今始去兵革之役，而大雨適降，所謂『王師若時雨』，今皆有焉，請以志其實。」嗚呼！民惟稼穡，德惟雨，惟天陰騭，惟皇克憲，惟將士用命，去其螣蜮[一]，惟乃有司，實耨獲之，庶克有秋，乃予何德之有，而敢叨其功？然而樂民之樂，亦不容於無紀也[二]。巡撫都御史王守仁書。是日，參政陳策、僉事胡璉，至自班師。

[一] 去其螣蜮 「螣」，黄本、范本作「蒖」。

[二] 亦不容於無紀也 「紀」，底本訛作「已」，據國圖本、天圖本、叢刊本、文淵閣本、摛藻堂本改。

重修浙江貢院記　乙酉

古之選士者，其才德行誼，皆論定於平日，而以時升之。故其時有司之待士，一惟忠信禮義，而無有乎防嫌逆詐之心也；士之應有司，一惟廉恥退讓，而無有乎奔競僥倖之圖也。迨世下衰，科舉之法興，而忠信廉恥之風薄。上之人不能無疑於其下，而防範日密；下之人不能無疑於其上，而鄙詐日生。於是乎至有搜檢巡綽之事，而待之不能以禮矣；有糊名易書之制，而信之不能以誠矣。有志之士，未嘗不嘆惜於古道，而千數百年，卒無以改，殆亦風氣習染之所成，學術教化之所積，勢有不可得而逸焉者也[一]。雖然，古人之法，不可得而復矣，所以斟酌古人之意而默行之者，不猶有可盡乎？後世之法，不可得而改矣，所以匡持後世之弊而善用之者，不猶有可爲乎？有司之奉行，其識下者，昧古之道，而益浚之以刻薄猥瑣之意；其見高者，鄙時之弊，而遂行之以忽慢苟且之心；是以陋者益陋而疏者愈疏，則亦未可專委咎於法也。

若浙之諸君子之重修貢院，斯其有足以起予者矣。浙之貢院，舊在城西，嘗以隘，遷於藩治

[一] 勢有不可得而逸焉者也　「逸」，人大本、九大本、范本作「挽」，董本作「返」，國圖本、天圖本、叢刊本作「誤」，文淵閣本、摛藻堂本作「復」。

之東北，而苟簡尚仍其舊。乃嘉靖乙酉，復當大比，監察御史潘君倣實來監臨，乃與諸司之長佐，慎慮其事而預圖之。慨規制之弗備弗飾，相顧而言曰：「凡政之施，孰有大於舉賢才者，而可忽易之若是？夫興居靡所，而責以殫心厥事，人情有所不能矣。無亦休其啓處，優其餼養，使人樂事勸忠，以各供其職，庶亦盡心求士之誠乎？慢令始禁[一]，罔使陷於非僻，而後摧辱之，其爲狎侮士類亦甚矣。無亦張其紀度，明其視聽，使人不戒而肅，以全其廉耻，庶亦待士以禮之意乎？」於是新選秀堂，而軒於其前爲三楹；新至公堂，而軒於其前爲五楹。庖湢器用，無不備具。又拓明遠樓以爲三楹，而上崇三簷，下疏三道。創石臺於四隅，而各亭其上，以爲眺望之所。其諸防閑之道，靡不恪修。夫然後入而觀焉，則森嚴洞達，供事者莫敢有輕忽慢易之心，而就試者自消其回邪非僻之念。蓋不費財力，而事修於旬月之間，不大聲色而政令行肅[二]，觀向一新。若諸君者，誠可謂能求古人之意而默行之者矣，能匡後世之弊而善用之者矣。諸君之盡心，其可見者如此，至其妙運於心術之微，而務竭於得爲之地，不可以盡見者，固將無所不用其極可知也。是舉也，其必有才德行誼之士，如三代之英者，出以應諸君之求已乎！

[一] 慢令始禁 「始」，人大本、九大本、董本、范本、宋本作「弛」。
[二] 政令行肅 人大本、九大本、董本作「政行令肅」。

工訖，使來請記，辭不克而遂爲書之。嗚呼！天下之事，所以弊於今而不可復於古者，寧獨科舉爲然乎？誠使求古人之意而默行善用之，皆如諸君今日之舉焉，其於成天下之治也何有哉！

濬河記

乙酉

越人以舟楫爲輿馬，濱河而廛者，皆巨室也。日規月築，水道淤隘[一]，畜洩既亡，旱潦頻仍，商旅日争於途，至有鬬而死者矣。南子乃决沮障，復舊防，去豪商之壅，削勢家之侵。失利之徒，胥怨交謗，從而謡之曰：「南守瞿瞿，實破我廬。瞿瞿南守，使我奔走。人曰吾守，其厲民歟？何其謗者之多也？」陽明子曰：「遲之。吾未聞以佚道使民，而或有怨之者也。」既而舟楫通利，行旅歡呼絡繹。是秋大旱，江河龜坼，越之人收穫輸載如常。明年大水，民居免於墊溺，遠近稱抃[二]。又從而歌之曰：「相彼舟人矣，昔揭以曳矣，今歌以楫矣。旱之熇也，微南侯兮，吾其燋矣。霪其彌月矣，微南侯兮，吾其魚鱉矣。我輸我穫矣，我遊我息矣，長渠之活矣，維南侯之流澤矣。」人曰：「信哉陽明子之言，未聞以佚道使民，而或有怨之者也。」紀其事于石，以詔來者。

[一] 水道淤隘　「隘」，黄本、閭本、董本、范本、聞本、宋本作「溢」。

[二] 遠近稱抃　「抃」，范本、宋本、邵本、國圖本、天圖本、叢刊本、文淵閣本、摛藻堂本作「忭」。

王文成公全書卷之二十四

外集六　說　雜著

白說字貞夫說　乙亥

白生說，常太保康敏公之孫，都憲敬齋公之長子也。敬齋賓予而冠之阼，既醮而請曰：「是兒也，嘗辱子之門，又辱臨其冠，敢請字而教諸。」曰：「字而教諸，說也。吾何以字而教諸？吾聞之，天下之道，說而已；天下之說，貞而已。乾道變化，於穆流行，無非說也，天何心焉？坤德闔闢，順成化生，無非說也，坤何心焉？仁理惻怛，感應和平，無非說也，人亦何心焉？故說也者，貞也；貞也者，理也。全乎理而無所容其心焉之謂貞，本於心而無所拂於理焉之謂說。故天得貞而說道以亨，地得貞而說道以成，人得貞而說道以生。貞乎貞乎，三極之體，是謂無已；說乎說乎，三極之用，是謂無動。無動，故順而化；無已，故誠而神。誠、神，剛之極也；順、化，柔之則也。故曰『剛中而柔外，説以利貞，是以順乎天而應乎人』。説之時義大矣哉，非天下之至貞，其孰能與於斯乎？請字説曰貞夫。」

敬齋曰：「廣矣，子之言！固非吾兒所及也，請問其次。」曰：「道一而已，孰精粗焉，而以次爲？君子之德，不出乎性情，而其至塞乎天地。故説也者，情也；貞也者，性也。説以正，情之性也；貞以説，性之命也。性情之謂和[一]，性命之謂中，致其性情之德，而三極之道備矣，而又何二乎？吾姑語其略而詳可推也，本其事而功可施也。目而色也，耳而聲也，口而味也，四肢而安逸也，説也，有貞焉，君子不敢以或過也，貞而已矣。仁而父子也，義而君臣也，禮而夫婦也，信而朋友也，説也，有貞焉，君子不敢以不致也，貞而已矣。故貞者，説之榦也；説者，貞之枝也。故貞以養心則心説，貞以齊家則家説，貞以治國平天下則國天下説。説必貞，未有貞而不説者也；貞必説，未有説而不貞者也。説而不貞，小人之道，君子不謂之説也。不僞則欲，不佞則邪，奚其貞也哉？夫夫，君子之稱也；貞，君子之道也；字説曰貞夫，勉以君子而已矣。」

敬齋起拜曰：「子以君子之道訓吾兒，敢不拜嘉。」顧謂説曰：「再拜稽首，書諸紳，以蚤夜祇承夫子之命。」

[一] 性情之謂和　「性情」，人大本、九大本作「情性」。

劉氏三子字説 乙亥

劉毅齋之子三人，當毅齋之始入學也，其孟生，名之曰甫學；始舉於鄉也，其仲生，名之曰甫登；始從政也，其季生，名之曰甫政。毅齋將冠其三子，而問其字於予[一]。予曰：「君子之學也，以成其性，學而不至於成性，不可以爲學，字甫學曰子成，要其終也。學成而登庸，登者必以漸，故登高必自卑，字甫登曰子漸，戒其驟也。登庸則漸以從政矣，政者，正也，未有己不正而能正人者，字甫政曰子正，反其本也。」毅齋起拜曰：「乾也既承教，豈獨以訓吾子。」

南岡説 丙戌

浙大參朱君應周居莆之壺公山下，應周之名曰鳴陽，蓋取詩所謂「鳳皇鳴矣，于彼朝陽」之義也。莆人之言曰：「應周則誠吾莆之鳳矣。其居青瑣，進讜言，而天下仰望其風采[二]，則誠若鳳之鳴於朝陽者矣。夫鳳之棲必有高岡，則壺公者，固其所從而棲鳴也。」於是號壺公曰「南岡」，蓋亦取詩所謂「鳳皇鳴矣，于彼高岡」之義也。應周聞之曰：「嘻！因予名而擬之以鳳焉，

[一] 而問其字於予 「而」，人大本、九大本、黄本、間本、董本、范本作「并」。

[二] 而天下仰望其風采 「仰」，王本、黄本、間本、董本、范本、聞本、宋本、邵本作「想」。

其名也，人固非鳳也；因壺公而號之以『南岡』焉，其實也，固亦岡也。吾方媿其名之虚，而思以求其號之實也。」因以「南岡」而自號。大夫鄉士爲之詩歌序記，以咏嘆揄揚其美者，既已連篇累牘，而應周猶若未足，勤勤焉以蘄於予，必欲更爲之一言。是其心殆不以贊譽稱頌之爲喜，而以樂聞規切砥礪之爲益也。吾何以答應周之意乎？姑請就南岡而與之論學。

夫天地之道，誠焉而已耳；聖人之學，誠焉而已耳。誠故不息，故久，故徵，故悠遠，故博厚。是故天惟誠也，故常清；地惟誠也，故常寧；日月惟誠也，故常明。今夫南岡，亦拳石之積耳，而其廣大悠久，至與天地而無疆焉，非誠而能若是乎？故觀夫南岡之崖石，則誠崖石爾矣；觀夫南岡之溪谷，則誠溪谷爾矣；觀夫南岡之峰巒巖壑[一]，則誠峰巒巖壑爾矣。是皆實理之誠然，而非有所虚假文飾，以僞爲於其間。是故草木生焉，禽獸居焉，寶藏興焉。四時之推敚[二]，寒暑晦明，煙嵐霜雪之變態，而南岡若無所與焉。鳳凰鳴矣[三]，而南岡不自以爲瑞也；虎豹藏焉，而南岡不自以爲威也；養生送死者資焉，而南岡不自以爲德；雲霧興焉而見光怪，而南岡不自以

[一] 觀夫南岡之峰巒巖壑　王本無「夫」字。
[二] 四時之推敚　「敚」，王本作「遷」。
[三] 鳳凰鳴矣　「矣」，王本、黄本、閭本、董本、范本、聞本、宋本、邵本作「焉」。

爲靈。是何也？誠之無所爲也，誠之不容已也，誠之不可掩也。君子之學，亦何以異於是？是故以事其親，則誠孝爾矣；以事其兄，則誠弟爾矣；以事其君，則誠忠爾矣；以交其友，則誠信爾矣。是故藴之爲德行矣，措之爲事業矣，發之爲文章矣。是故言而民莫不信矣，行而民莫不悦矣，動而民莫不化矣。是何也？一誠之所發，而非可以聲音笑貌幸而致之也。故曰「誠者，天之道也；思誠者，人之道也。」應周之有取於南岡，而將以求其實者，殆亦無出於斯道也矣。果若是，則知應周[一]，豈非思誠之功歟[二]？夫思誠之功，精矣，微矣，應周蓋嘗從事於斯乎[三]？異時來過稽山之麓，尚能爲我一言其詳[四]。

悔齋説

癸酉

悔者，善之端也，誠之復也。君子悔以遷於善，小人悔以不敢肆其惡，惟聖人而後能無悔，

[一] 則知應周　「知」，王本、黄本、閭本、董本、范本作「如」。
[二] 豈非思誠之功歟　「功」，黄本作「君」，王本、閭本、董本、范本作「君子」。
[三] 應周蓋嘗從事於斯乎　王本、黄本、閭本、董本、范本作「應周蓋已知之真而得之純矣」。
[四] 尚能爲我一言其詳　王本、黄本、閭本、董本、范本「詳」下有「乎」字。

無不善也，無不誠也。然君子之過，悔而弗改焉，又從而文焉，過將日入於惡；小人之惡，悔而益深巧焉，益憒譎焉，則惡極而不可解矣。故悔者，善惡之分也，誠僞之關也，吉凶之機也。君子不可以頻悔，小人則幸其悔，而或不甚焉耳。吾友崔伯欒氏以「悔」名其齋，非曰吾將悔而已矣，將以求無悔者也。故吾爲之説如是。

題湯大行殿試策問下 [一] 壬戌

士之登名禮部，而進于天子之廷者，天子臨軒而問之，則錫之以制，皆得受而歸藏之於廟，以輝榮其遭際之盛，蓋今世士人皆爾也。丹陽湯君某 [二]，登弘治進士 [三]，方爲行人，以其嘗所受之制，屬某跋數語於其下。

[一] 題湯大行殿試策問下　王本作「書湯大行御試策題下」。

[二] 丹陽湯君某　「某」，王本作「仁甫」。

[三] 登弘治進士　黃本、閭本、范本、聞本、宋本、邵本「治」字下闕二字，闕字王本作「丙辰」，董本作「壬戌」。據長編，湯氏爲弘治九年進士，則作「丙辰」者是。

嗟夫！明試以言，自虞廷而然，乃言底可績，則三代之下，吾見亦罕矣。君之始進也，天子之所以咨之者何如耶？而君之所以對之者何如耶[一]？夫矯言以求進，君之所不爲也；已進而遂忘其言焉，又君之所不忍也。君於是乎朝夕焉，顧諟聖天子之明命，其將曰：是天子之所以咨詢我者也，始吾既如是其對揚之矣，而今之所以持其身以事吾君者，其亦果如是耶？抑其亦未踐耶[二]？夫伊尹之所以告成湯者數言而終身踐之，太公之所以告武王者數言而終身踐之，推其心也[三]，君其志於伊、吕之事乎？夫輝榮其一時之遭際以誇世，君所不屑矣。不然，則是制也者，君之所以鑑也。昔人有惡形而惡鑑者，遇之則掩袂却走，君將掩袂却走之不暇，而又烏揭之焉日以示人，其志於伊、吕之事奚疑哉？君其勉矣。「上帝臨汝，毋貳爾心。」某亦常繆承明問，雖其所以對揚[四]，與其所以爲志者，不可以望君，然亦何敢忘自勖[五]。

[一] 而君之所以對之者何如耶　王本無「君之」之「之」字。
[二] 抑其亦未踐耶　王本作「抑其有未耶」，摛藻堂本作「抑亦有未踐耶」。
[三] 推其心也　「其」，王本、摛藻堂本作「是」。
[四] 雖其所以對揚　「雖」，王本作「惟」。
[五] 然亦何敢忘自勖　王本、黄本、閭本、董本、范本「敢」下有「以」字。

示徐曰仁應試　丁卯

君子窮達，一聽於天，但既業舉子，便須入場，亦人事宜爾[一]。若期在必得，以自窘辱，則大惑矣。入場之日，切勿以得失橫在胸中[二]，令人氣餒志分，非徒無益，而又害之。場中作文，先須大開心目，見得題意大槩了了[三]，即放膽下筆，縱昧出處，詞氣亦條暢。今人入場，有志氣局促不舒展者[四]，是得失之念爲之病也。夫心無二用，一念在得，一念在失，一念在文字，是三用矣，所事寧有成耶？只此，便是執事不敬，便是人事有未盡處。雖或幸成，君子有所不貴也。

將進場十日前，便須練習調養。蓋尋常不曾起早得慣，忽然當之，其日必精神恍惚，作文豈有佳思？須每日鷄初鳴即起，盥櫛整衣端坐，抖擻精神，勿使昏惰，日日習之，臨期不自覺辛苦矣。

[一] 亦人事宜爾　黄本、閭本、董本、范本、宋本、邵本「亦」上有「此」字。
[二] 切勿以得失横在胸中　「在」，黄本、閭本、董本、范本作「於」。
[三] 見得題意大槩了了　「了了」，黄本、閭本、董本、范本作「了」。
[四] 有志氣局促不舒展者　「志氣局促」，閩本、宋本、邵本作「志局促促」。

今之調養者，多是厚食濃味，劇酣譃浪，或竟日偃卧。如此，是撓氣昏神，長傲而召疾也[一]，豈攝養精神之謂哉？務須絶飲酒[二]，薄滋味，則氣自清；寡思慮，屏嗜欲，則精自明；定心氣，少眠睡，則神自澄。君子未有不如此，而能致力於學問者，兹特以科場一事而言之耳。每日或倦甚思休，少偃即起，勿使昏睡。既晚即睡，勿使久坐[三]。進場前兩日，即不得翻閱書史，雜亂心目。每日止可看文字一篇以自娱，若心勞氣耗，莫如勿看。務在怡神適趣，忽充然滚滚，若有所得，勿便氣輕意滿，益加含蓄醖釀。若江河之浸，泓衍泛濫，驟然決之[四]，一瀉千里矣。每日閑坐時，衆方囂然，我獨淵默[五]，中心融融，自有真樂，蓋出乎塵垢之外，而與造物者游，非吾子槩嘗聞之，宜未足以與此也。

[一] 長傲而召疾也　「傲」，黄本、閭本、董本、范本、聞本、宋本、邵本作「惰」。
[二] 務須絶飲酒　「酒」，國圖本、天圖本、叢刊本訛作「食」；文淵閣本、摛藻堂本「絶飲酒」作「節飲食」。
[三] 勿使久坐　「勿使」，黄本、閭本、董本、范本作「却勿」。
[四] 驟然決之　「驟」，黄本、閭本、董本、范本、聞本、宋本、邵本作「駸」。
[五] 我獨淵默　「默」，黄本、閭本、董本、范本作「然」。

龍場生問答　戊辰

龍場生問於陽明子曰：「夫子之言於朝侶也，愛不忘乎君也。今者譴於是，而汲汲於求去，殆有所渝乎？」陽明子曰：「吾今則有間矣。今吾又病，是以欲去也。」龍場生曰：「夫子之以病也，則吾既聞命矣。敢問其所以有間，何謂也？昔爲其貴而今爲其賤，昔處於內而今處於外歟？夫乘田委吏，孔子嘗爲之矣。」陽明子曰：「非是之謂也。君子之仕也以行道，不以道而仕者，竊也。今吾不得爲行道矣，雖古之有禄仕，未嘗奸其職也。曰『牛羊茁壯，會計當也』，今吾不無愧焉。夫禄仕，爲貧也，而吾有先世之田，力耕足以供朝夕。子且以吾爲道乎？以吾爲貧乎？」龍場生曰：「夫子之來也，譴也，非仕也。子於父母，惟命之從，臣之於君，同也。不曰『事之如一』，而可以拂之，無乃爲不恭乎？」陽明子曰：「吾之來也，譴也，非仕也；吾之譴也，乃仕也，非役也。役者以力，仕者以道，力可屈也，道不可屈也。吾萬里而至，以承譴也，然猶有職守焉。不得其職而去，非以譴也。君猶父母，事之如一，固也，不曰『就養有方』乎？惟命之從而不以道，是妾婦之順，非所以爲恭也。」龍場生曰：「聖人不敢忘天下，賢者而皆去，君誰與爲國矣？」曰：「賢者則忘天下乎？夫出溺於波濤者，没人之能也，陸者冒焉，而胥溺矣。吾懼於胥溺也。」

龍場生曰：「吾聞賢者之有益於人也，惟所用，無擇於小大焉。若是，亦有所不利歟？」曰：「賢者之用於世也，行其義而已。義無不宜，無不利也。不得其宜，雖有廣業，君子不謂之利也。且吾聞之，人各有能，有不能，惟聖人而後無不能也。吾猶未得爲賢也，而子責我以聖人之事，固非其擬矣。」曰：「夫子不屑於用也。夫子而苟屑於用，蘭蕙榮於堂階，而芬馨被於几席，萑葦之刈，可以覆垣，草木之微，則亦有然者，而況賢者乎？」陽明子曰：「蘭蕙榮於堂階也，而後芬馨被於几席；萑葦也，而後可刈以覆垣[一]。今子將刈蘭蕙，而責之以覆垣之用，子爲愛之耶？抑爲害之耶？」

論元年春王正月 戊辰

聖人之言，明白簡實，而學者每求之於艱深隱奥，是以爲論愈詳，而其意益晦。春秋書「元年，春，王正月」，蓋仲尼作經始筆也。以予觀之，亦何有於可疑，而世儒之爲説者，或以爲周雖建子而不改月，或以爲周改月而不改時。其最爲有據，而爲世所宗者，則以夫子嘗欲行夏之時，此以夏時冠周月，蓋見諸行事之實也。紛紛之論，至不可勝舉，遂使聖人明易簡實之訓，反爲千

[一] 而後可刈以覆垣 「可刈」，國圖本作「刈可」。

古不决之疑。嗟夫！聖人亦人耳，豈獨其言之有遠於人情乎哉？而儒者以爲是聖人之言，而必求之於不可窺測之地，則已過矣。

夫聖人之示人無隱，若日月之垂象於天，非有變怪恍惚，有目者之所覩，而及其至也，巧曆有所不能計，精於理者有弗能盡知也，如是而已矣。若世儒之論，是後世任情用智，拂理亂常者之爲，而謂聖人爲之耶？夫子嘗曰「吾從周」，又曰「非天子，不議禮，不制度」，「生乎今之世，反古之道，災及其身者也」。仲尼有聖德，無其位，而改周之正朔，是議禮制度自己出矣，其得爲「從周」乎？聖人一言，世爲天下法，而身自違之，其何以訓天下？夫子患天下之夷狄横，諸侯强背，不復知有天王也，於是乎作春秋以誅僭亂，尊周室，正一王之大法而已。乃首改周之正朔，其何以服亂臣賊子之心？春秋之法，變舊章者必誅，若宣公之税畝；紊王制者必誅，若鄭莊之歸祊；無王命者必誅，若莒人之入向；是三者之有罪，固猶未至於變易天王正朔之甚也。使魯宣、鄭莊之徒，舉是以詰夫子，則將何辭以對？是攘鄰之鷄而惡其爲盜，責人之不弟而自毆其兄也。豈春秋忠恕，先自治而後治人之意乎？

今必泥於「行夏之時」之一言而曲爲之説，以爲是固見諸行事之驗，又引孟子「春秋，天子之事，罪我者，其惟春秋」之言而證之。夫謂春秋爲天子之事者，謂其時天王之法不行於天下，而夫子作是以明之耳。其賞人之功，罰人之罪，誅人之惡，與人之善，蓋亦據事直書，而褒貶自見，若士師之斷獄，辭具而獄成。然夫子猶自嫌於侵史之職，明天子之權，而謂天下後世，且將以是而罪我。固未嘗取無罪之人而論斷之，曰吾以明法於天下；取時王之制而更易之，曰吾以垂訓於後人。法未及明，訓未及垂，而已自陷於殺人，比於亂逆之黨矣。此在中世之士，稍知忌憚者所不爲，而謂聖人而爲此，亦見其陰黨於亂逆，誣聖言而助之攻也已。

或曰：「子言之則然耳。爲是說者，以伊訓之書『元祀十有二月』，而證周之不改月；以史記之稱『元年冬十月』，而證周之不改時，是亦未爲無據也。子之謂周之改月與時也，獨何據乎？」曰：「吾據春秋之文也。夫商而改月，則伊訓必不書曰『元祀十有二月』；秦而改時，則史記必不書曰『元年冬十月』；周不改月與時也，則春秋亦必不書曰『春王正月』。春秋而書曰『春王正月』，則其改月與時已何疑焉[一]？況禮記稱『正月、七月、日至』，而前漢律曆至武王伐紂之歲[二]：周正月辛卯朔，合辰在斗前一度。戊午，師度孟津，明日己未冬至。考之太誓『十有三年春』、武成『一月壬辰』之說，皆足以相爲發明，證周之改月與時，而予意直據夫子春秋之筆，

[一] 則其改月與時已何疑焉 「已」，居夷集作「也」。
[二] 而前漢律曆至武王伐紂之歲 「至」，居夷集、范本、文淵閣本、摛藻堂本作「志」。

有不必更援是以爲之證者。今舍夫子明白無疑之直筆，而必欲傍引曲據，證之於穿鑿可疑之地而後已，是惑之甚也。」

曰：「如子之言，則冬可以爲春乎？」曰：「何爲而不可？陽生於子而極於巳午，陰生於午而極於亥子。陽生而春始，盡於寅，而猶夏之春也；陰生而秋始，盡於申，而猶夏之秋也。自一陽之復，以極於六陽之乾，而爲春夏；自一陰之姤，以極於六陰之坤，而爲秋冬。此文王之所演，而周公之所係，武王、周公，其論之審矣。若夫仲尼『夏時』之論，則以其關於人事者，比之建子爲尤切，而非謂其爲不可也。啓之征有扈，曰『怠棄三正』，則三正之用，在夏而已然，非始於周而後有矣。」

曰：「夏時冠周月，此安定之論，而程子亦嘗云爾，曾謂程子之賢而不及是也，何哉？」曰：「非謂其知之不及也。程子蓋泥於論語『行夏之時』之言，求其説而不得，從而爲之辭，蓋推求聖言之過耳。夫論語者，夫子議道之書；而春秋者，魯國紀事之史。議道自夫子，則不可以不盡；紀事在魯國，則不可以不實；道並行而不相悖者也。且周雖建子，而不改時與月，則固夏時矣，而夫子又何以『行夏之時』云乎？程子之云，蓋亦推求聖言之過耳，庸何傷？夫子嘗曰『君子不以人廢言』，使程子而猶在也，其殆不廢予言矣。」

書東齋風雨卷後 癸酉

悲喜憂快之形於前，初亦何常之有哉？向之以爲愁苦凄鬱之鄉，而今以爲樂事者有矣。向之歌舞歡愉之地，今過之而嘆息咨嗟，泫然而泣下者有矣。二者之相尋於無窮，亦何以異於不能崇朝之風雨，而顧執而留之於胸中，無乃非達者之心歟？吾觀東齋風雨之作，固亦寫其一時之所感遇，風止雨息，而感遇之懷，亦不知其所如矣。而猶諷咏嗟嘆於十年之後，得非類於夢爲僕役，覺而涕泣者歟？夫其隱几於蓬窓之下，聽芹波之春響，而咏夜簷之寒聲，自今言之，但覺其有幽閒自得之趣，殊不見其有所苦也。借使東齋主人得時居顯要，一旦失勢，退處寂寞，其感念疇昔之懷，當與今日何如哉？然則録而追味之[一]，無亦將有洒然而樂，廓然而忘言者矣。而和者以爲真有所苦，而類爲垂楚不任之辭，是又不可與言夢者，而於東齋主人之意，失之遠矣。

竹江劉氏族譜跋 甲戌

劉氏之盛，散於天下，其在安成者，出長沙定王發，今昔所傳，有自來矣[二]。竹江之譜，

[一] 然則録而追味之 「味」，黄本、閭本、董本、范本、摛藻堂本作「咏」。
[二] 有自來矣 聞本、宋本、邵本無「自」字。

斷自竹溪翁而下，不及於定王，見素子曰：「大夫不敢祖諸侯，禮也。」夫大夫之不祖諸侯也，蓋言祭也。若其支系之所自，則魯三桓之屬是失不可得而翦[一]。孔子曰：「吾猶及史之闕文也。」蓋孔子之時，史之闕疑者既鮮矣。竹江之不及定王，闕疑也，可以爲譜法也已。王道不明，人僞滋而風俗壞，上下相罔以詐，人無實行，家無信譜，天下無信史。三代以降，吾觀其史，若江河之波濤焉，聊以知其起伏之槩而已爾。士夫不務誠身立德，而徒誇詡其先世以爲重，冒昧攀緣，適以絶其類，亂其宗。不知桀、紂、幽、厲之出於禹、湯、文、武，而顏、閔、曾、孟之先，未始有顯者也。若竹江之譜，其可以爲世法也哉！孔子曰：「斯民也，三代之所以直道而行。」充是心，雖以復三代之淳可也。且竹溪翁之後，其聞於世者歷歷爾，至其十一祖敬齋公，而遂以清節大顯於當代，録名臣者以首廉吏[二]。敬齋之孫南峰公，又以清節文學顯，德業聲光，方爲天下所屬望。竹江之後，祖敬齋而宗南峰焉，亦不一足矣，況其世賢之多也，而又奚必長沙之爲重也夫！

[一]　則魯三桓之屬是失不可得而翦　「失」，邵本作「矣」，國圖本、天圖本、叢刊本、文淵閣本、摛藻堂本作「實」。
[二]　録名臣者以首廉吏　「吏」，底本爲墨釘，據國圖本、天圖本、叢刊本、文淵閣本、摛藻堂本補。

書察院行臺壁 丁丑

正德丁丑三月，奉命征漳寇，駐軍上杭。旱甚，禱於行臺，雨日夜，民以爲未足。四月戊午，寇平旋師，是日大雨，明日又雨，又明日復雨。登城南之樓以觀農事，遂謁晦翁祠於水南，覽七星之勝槩。夕歸，志其事於察院行臺。

諭俗四條 丁丑

爲善之人，非獨其宗族親戚愛之，朋友鄉黨敬之，雖鬼神亦陰相之。爲惡之人，非獨其宗族親戚叛之[一]，朋友鄉黨怨之，雖鬼神亦陰殛之。故「積善之家，必有餘慶；積不善之家，必有餘殃」。

見人之爲善，我必愛之；我能爲善，人豈有不愛我者乎？見人之爲不善，我必惡之；我苟爲不善，人豈有不惡我者乎？故凶人之爲不善，至於隕身亡家而不悟者，由其不能自反也。

[一] 非獨其宗族親戚叛之 「叛」，國圖本、天圖本、叢刊本、文淵閣本、摛藻堂本作「惡」。按，底本「叛」字漶漫，作「惡」，蓋承上文「愛」字改。

今人不忍一言之忿，或争銖兩之利，遂相搆訟。夫我欲求勝於彼，則彼亦欲求勝於我，讐讐相報，遂至破家蕩産，禍貽子孫。豈若含忍退讓，使鄉里稱爲善人長者，子孫亦蒙其庇乎？

今人爲子孫計，或至謀人之業，奪人之産，日夜營營，無所不至。昔人謂「爲子孫作馬牛」，然身没未寒，而業已屬之他人，讐家群起而報復，子孫反受其殃，是殆爲子孫作蛇蝎也。吁，可戒哉！

題遥祝圖 戊寅

薛母太孺人曾，方就其長子俊養于玉山，仲子侃既舉進士，告歸來省。孺人曰：「吾安而兄養，子出而仕。」侃曰：「吾斯之未能信。」曰：「然則盍往學。」於是携其弟僑、姪宗鎧，來就予于虔。其室在揭陽，别且數年，未遑歸視。踰年五月望日，爲孺人初誕之晨，以命不敢往，遥拜而祝。其友正之、廷仁、崇一輩，相與語曰：「薛母之教其子，可謂賢矣；薛子之養其親，可謂孝矣；吾儕與薛子同學，因各勵其所以事親之孝，可謂益矣。而不獲登其堂，申其敬。」乃命工繪遥祝之圖，寓諸玉山，以致稱觴之意。請於予，予爲題其事。

書諸陽卷 [一] 戊寅

諸陽伯偁從予而問學，將別請言。予曰：「相與數月，而未嘗有所論，別而後言也，不既晚乎？」曰：「數月而未敢有所問，知夫子之無隱於我，而冀或有所得也。別而後請言，已自知其無所得，而慮夫子之或隱於我也。」予曰：「吾何所隱哉？道若日星然，子惟不用目力焉耳，無弗覩者也。子又何求乎？道在邇而求諸遠，事在易而求諸難，天下之通患也。子歸而立子之志，竭子之目力，若是而有所弗覩，則吾爲隱於子矣。」

書陳世傑卷 庚辰

堯允恭克讓，舜温恭允塞，禹不自滿假，文王徽柔懿恭，小心翼翼，望道而未之見，孔子温良恭儉讓，蓋自古聖賢，未有不篤於謙恭者。向見世傑以足恭爲可耻，故遂入於簡抗自是，簡抗自是則傲矣。傲，凶德也，不可長。足恭也者，有所爲而爲之者也。無所爲而爲之者，謂之謙。「謙，德之柄」；「温温恭人，惟德之基」；「堂堂乎張也，難與並爲仁矣」。仲尼贊易之謙曰：「謙，

[一] 書諸陽卷 底本「陽」下有「伯」字，總目無，據姚江諸氏宗譜，諸陽，字伯復，又字伯偁，兹據删。

尊而光，卑而不可踰，君子之終也。」故地不謙，不足以載萬物；天不謙，不足以載地[一]；聖人不謙[二]，不足以受天下之益。昔者顔子以能問於不能，有而若無，蓋得夫謙道也。慎獨、致知之説，既嘗反覆於世傑，則百凡私意之萌，自當退聽矣。復嚌嚌於是，蓋就世傑氣質之所急者言之。躬自厚而薄責於人則遠怨，見賢思齊，見不賢而内自省則德修。毋謂已爲已知，而輒以誨人；毋謂人爲不知，而輒以忽人。終日但見己過，默而識之，學而不厭，則於道也，其庶矣乎！

諭泰和楊茂

其人聾痖，自候門求見，先生以字問，茂以字答[三]。

你口不能言是非，你耳不能聽是非，你心還能知是非否？答曰：知是非。如此，你口雖不如人，你耳雖不如人，你心還與人一般。茂時首肯拱謝。大凡人只是此心，此心若能存天理，是箇聖賢的心，口雖不能言，耳雖不能聽，也是箇不能言不能聽的聖賢心。若不存天理，是箇禽獸的心，口雖能言，

[一] 不足以載地　「載地」，范本作「覆地」，國圖本、天圖本、叢刊本、文淵閣本、摛藻堂本作「覆萬物」。

[二] 聖人不謙　國圖本、天圖本、叢刊本、文淵閣本、摛藻堂本無「聖」字。

[三] 其人聾痖自候門求見先生以字問茂以字答　黄本、閭本、范本作「其人不能言，不能聽，自候門求見，庚辰」，董本略同，惟「見」下有「寫示之」三字。

耳雖能聽，也只是箇能言能聽的禽獸。茂時扣胸指天。你如今於父母，但盡你心的孝；於兄長，但盡你心的敬；於鄉黨鄰里、宗族親戚，但盡你心的謙和恭順。見人怠慢，不要嗔怪[一]。見人財利，不要貪圖。但在裏面行你那是的心，莫行你那非的心。縱使外面人說你是也不須聽，說你不是也不須聽。茂時首肯拜謝。你口不能言是非，省了多少閑是非；你耳不能聽是非，省了多少閑是非。凡說是非，便生是非，生煩惱；聽是非，便添是非，添煩惱。你口不能說，你耳不能聽，省了多少閑是非，省了多少閑煩惱，你比別人到快活自在了許多。茂時扣胸指天躃地。我如今教你，但終日行你的心，不消口裏說；但終日聽你的心，不消耳裏聽。茂時稽首再拜而已[二]。

書欒惠卷 庚辰

欒子仁訪予於虔，舟遇於新淦。嗟乎！子仁久別之懷，茲亦不足爲慰乎？顧茲簿領紛沓之地，雖固道無不在，然非所以從容下上其議時也，子仁歸矣。乞骸之疏已數上，行且得報，子仁其候

[一] 不要嗔怪　「要」，黄本、聞本、鄒本、胡本、宋本、邵本作「見」。

[二] 茂時稽首再拜而已　國圖本、天圖本、叢刊本、文淵閣本、摛藻堂本「稽」作「頓」；黄本、閭本、董本、范本「已」作「去」。

我於桐江之滸，將與子盤桓於雲門、若耶間有日也。聞子仁之居鄉，嘗以鄉約善其族黨，固亦仁者及物之心[一]，然非子仁所汲汲。孔子云：「言忠信，行篤敬，雖蠻貊之邦行矣。」然惟「立則見其參於前[二]，在輿則見其倚於衡也」而後行。子仁其務立參前倚衡之誠乎！至誠而不動者，未之有也；不誠，未有能動者也。聊以是爲子仁别去之贈。

書佛郎機遺事

庚辰[三]

見素林公聞寧濠之變，即夜使人範錫爲佛郎機銃，并抄火藥方，手書勉予竭忠討賊。時六月毒暑，人多道暍死，公遣兩僕裹糧，從間道，冒暑晝夜行三千餘里以遺予，至則濠已就擒七日。予發書，爲之感激涕下[四]。蓋濠之擒，以七月二十六，距其始事六月十四，僅月有十九日

[一] 固亦仁者及物之心　聞本、邵本「心」下有墨釘，占五字格，黄本、閭本、董本、范本、宋本「心」下雙行小字注「時有妬忌鄉約者故言之」。

[二] 然惟立則見其參於前　「惟」，黄本、閭本、董本、范本、聞本、宋本、邵本作「必」，鄒本、胡本作「非」。

[三] 庚辰　國圖本、天圖本、叢刊本訛作「庚戌」。按，庚辰，即正德十五年。

[四] 爲之感激涕下　「激」，九大本卷四作「動」。

耳[一]。世之君子，當其任，能不畏難巧避者鮮矣。況已致其事，而能急國患踰其家如公者乎！蓋公之忠誠，根於天性，故老而彌篤，身退而憂愈深，節愈勵。嗚呼！是豈可以聲音笑貌爲哉？嘗欲列其事于朝，顧非公之心也。爲作佛郎機私詠，君子之同聲者，將不能已於言耳矣。

佛郎機，誰所爲？截取比干腸，裹以鴟夷皮。萇弘之血纍不足，睢陽之怒恨有遺。老臣忠憤寄所洩，震驚百里賊膽披。徒請尚方劍，空聞魯陽揮。段公笏板不在茲，佛郎機，誰所爲？

正德戊寅之冬[二]，福建按察僉事周期雍[三]，以公事抵贛。時逆濠奸謀日稔，遠近洶洶。予思預爲之備，而濠黨伺覘左右，摇手動足，朝聞暮達。以期雍官異省，當非濠所計及，因屏左右語之故，遂與定議。期雍歸，即陰募驍勇，具械束裝，部勒以俟。予檄晨到，而期雍夕發。故當濠之變，外援之兵惟期雍先至，適當見素公書至之日，距濠始事，亦僅月有十九日耳。初，予嘗使門人冀元亨者，因講學説濠以君臣大義，或格其奸。濠不懌，已而滋怒，遣人陰購害之。冀辭予曰：「濠必反，先生宜早計。」遂遁歸。至是聞變，知予必起兵，即日潛行赴難，亦適以是

[一] 僅月有十九日耳　「九」，文淵閣本作「二」，下文仿此。
[二] 正德戊寅之冬　「冬」，九大本卷四作「夏」。
[三] 福建按察僉事周期雍　九大本「察」下有「司」字。

日至。見素公在莆陽，周官上杭，冀在常德，去南昌各三千餘里，乃皆同日而至，事若有不偶然者。輒附録於此，聊以識予之耿耿云。

題壽外母蟠桃圖 庚辰

某之妻之母諸太夫人張，今年壽八十，十二月二十有二日，其設帨辰也。某縻於官守，不能歸捧一觴於堂下，幕下之士有郭詡者，因爲作王母蟠桃之圖以獻。夫王母蟠桃之説，雖出於僊經異典，未必其事之有無，然今世之人，多以之祝願其所親愛，固亦古人岡陵松柏之意也。吾從衆可乎？遂用之以寄遥祝之私，而詩以歌之云。

維彼蟠桃，千歲一華。夫人之壽，兹維始葩。
維彼蟠桃，千歲一實。夫人之壽，益堅孔碩。
維華維實，厥根彌植。維夫人孫子[一]，亦昌衍靡極。

[一] 維夫人孫子　「孫」，底本訛作「孔」，據黄本、閭本、董本、范本、宋本、邵本、國圖本、天圖本、叢刊本改。

書徐汝佩卷 癸未

壬午之冬，汝佩别予北上，赴南宫試。已而門下士有自京來者，告予以汝佩因南宫策問若陰詆夫子之學者，不對而出，遂浩然東歸，行且至矣。予聞之，黯然不樂者久之。士曰：「汝佩斯舉，有志之士，莫不欽仰歆服，以爲自尹彦明之後，至今而始再見者也。夫人離去其骨肉之愛，齎糧束裝，走數千里，以赴三日之試，將竭精弊力，惟有司之好是投，以蘄一日之得，希終身之榮，斯人人之同情也。而汝佩於此，獨能不爲其所不爲，不欲其所不欲，斯非其有見得思義，見危授命之勇，其孰能聲音笑貌而爲此乎？是心也，固富貴不能淫，貧賤不能移，威武不能屈者矣。將夫子聞之，躍然而喜，顯然而嘉與之也，而顧黯然而不樂也，何居乎？」予曰：「非是之謂也。」士曰：「然則汝佩之爲是舉也，尚亦有未至歟？豈以汝佩骨肉之養，且旦暮所不給，無亦隨時順應，以少蘇其貧困也乎？若是，則汝佩之志荒矣。」予曰：「非是之謂也。」士曰：「然則何居乎？」予默然不應，士不得問而退。

他日，汝佩既歸，士往問於汝佩曰：「向吾以子之事問於夫子矣，夫子黯然而不樂，予云云，而夫子云云也，子以爲奚居？」汝佩曰：「始吾見發策者之陰詆吾夫子之學也，蓋怫然而怒，憤然而不平。以爲吾夫子之學，則若是其簡易廣大也；吾夫子之言，則若是其真切著明也；吾夫子之心，則若是其仁恕公普也。夫子憫人心之陷溺，若己之墮於淵壑也，冒天下之非笑詆詈，而日諄諄焉，亦豈何求於世乎？而世之人曾不覺其爲心，而相嫉媢詆毀之若是。若是，而吾尚可與之並立乎？已矣！吾將從夫子而長往於深山窮谷，耳不與之相聞，而目不與之相見，斯已矣，故遂浩然而歸。歸途無所事事，始復專心致志，沉潛於吾夫子致知之訓，心平氣和而良知自發，然後黯然而不樂，曰：嘻吁乎[一]！吾過矣。」士曰：「然則子之爲是也，果尚有所不可歟？」汝佩曰：「非是之謂也。吾之爲是也亦未不可，而所以爲是者，則有所不可也。吾語子：始吾未見夫子也，則聞夫子之學，而亦嘗非笑之矣，詆毀之矣。及見夫子，親聞『良知』之誨，恍然而大寤醒，油然而生意融，始自痛悔切責，吾不及夫子之門，則幾死矣。今雖知之甚深，而未能實諸己也；信之甚篤，而未能孚諸人也；則猶未免於身謗者也，而遽爾責人若是之峻。且彼蓋未嘗親承吾夫子之訓也，使得親承焉，又焉知今之非笑詆毀者，異日不如我之痛悔切責乎？不如我之深知而篤信乎？何忘己之困而責人之速也？夫子冒天下之非笑詆毀，而日諄諄然，惟恐人之不入於善，而我則反之，其間不能以寸矣。夫子之黯然而不樂也，蓋所以愛珊之至而憂珊之深也。雖然，夫子之心，

[一] 嘻吁乎　黄本「吁」字爲墨釘，閭本、董本作「嗟」，范本作「噫」。

則又廣矣，大矣，微矣，幾矣，不覩不聞之中，吾豈能盡以語子也？」汝佩見，備以其所以告於士者爲問。予頷之而弗答，默然者久之，汝佩悚然若有省也。明日，以此卷入請曰：「昨承夫子不言之教，珊傾耳而聽，若震驚百里，粗心浮氣，一時俱喪矣。請遂書之。」

題夢槎奇遊詩卷 乙酉

君子之學，求盡吾心焉爾。故其事親也，求盡吾心之孝，而非以爲孝也；事君也，求盡吾心之忠，而非以爲忠也。是故夙興夜寐，非以爲勤也；剸繁理劇，非以爲能也；嫉邪祛蠹，非以爲剛也；規切諫諍，非以爲直也；臨難死義，非以爲節也。吾心有不盡焉，是謂自欺其心，心盡而後吾之心始自以爲快也。惟夫求以自快吾心，故凡富貴貧賤、憂戚患難之來，莫非吾所以致知求快之地。苟富貴貧賤、憂戚患難，而莫非吾致知求快之地，則亦寧有所謂富貴貧賤、憂戚患難者足以動其中哉？世之人徒知君子之於富貴貧賤、憂戚患難無入而不自得也，而皆以爲獨能人之所不可及，不知君子之求以自快其心而已矣。

林君汝桓之名，吾聞之蓋久，然皆以爲聰明特達者也，文章氣節者也。今年夏，聞君以直言被謫，果信其爲文章氣節者矣。又踰月，君取道錢塘，則以書來，道其相愛念之厚，病不能一往爲恨[一]，且惓惓以聞道爲急，問學爲事。嗚呼！君蓋知學者也，志於道德者也，寧可專以文章氣節稱之。已而郡守南君元善示予以夢槎奇遊卷，蓋京師士友贈君南行者[二]。予讀之終篇，嘆曰：君知學者也，志於道德者也，則將以求自快其心者也。則其奔走於郡縣之末也，猶其從容於部署之間也。則將地官郎之議國事，未嘗以爲抗；而徐聞丞之親民務，未嘗以爲瑣也。則夢槎未嘗以爲異，而南遊未嘗以爲奇也。君子樂道人之善，則張大而從諛之，是固贈行者之心乎？予亦以病，不及與君一面，感君好學之篤，因論君子之所以爲學者以爲君贈。

爲善最樂文　丁亥

君子樂得其道，小人樂得其欲，然小人之得其欲也，吾亦但見其苦而已耳。五色令人目盲，五聲令人耳聾，五味令人口爽，馳騁田獵，令人心發狂。營營戚戚，憂患終身，心勞而日拙，欲縱惡積，以亡其生，烏在其爲樂也乎？若夫君子之爲善，則仰不愧，俯不怍，明無人非，幽無

[一] 病不能一往爲恨　「往」，人大本、黄本、閭本、董本、范本作「枉」。
[二] 贈君南行者　「君」，國圖本、天圖本、叢刊本、文淵閣本、摛藻堂本作「之」。

鬼責，優優蕩蕩，心逸日休。宗族稱其孝，鄉黨稱其弟，言而人莫不信，行而人莫不悅。所謂無入而不自得也，亦何樂如之。

妻弟諸用明，積德勵善[一]，有可用之才而不求仕。人曰：「子獨不樂仕乎？」用明曰：「爲善最樂也。」因以四字扁其退居之軒，率二子階、陽，日與鄉之俊彥讀書講學於其中。已而二子學日有成，登賢薦秀，鄉人嘖嘖，皆曰：「此亦爲善最樂之效矣。」用明笑曰：「爲善之樂，大行不加，窮居不損，豈顧於得失榮辱之間而論之？」聞者心服。僕夫治圃，得一鏡，以獻於用明，刮土而視之，背亦適有「爲善最樂」四字。坐客嘆異，皆曰：「此用明爲善之符，誠若亦不偶然者也。」相與詠其事，而來請於予以書之，用以訓其子孫，遂以勖夫鄉之後進。

客座私祝 丁亥

但願温恭直諒之友，來此講學論道，示以孝友謙和之行，德業相勸，過失相規，以教訓我子弟，使毋陷於非僻。不願狂懆惰慢之徒，來此博奕飲酒，長傲飾非，導以驕奢淫蕩之事，誘以貪

[一] 積德勵善 「勵」，閭本、范本作「爲」。

財黷貨之謀，冥頑無耻，扇惑鼓動，以益我子弟之不肖。嗚呼！由前之説，是謂良士；由後之説，是謂凶人；我子弟苟遠良士而近凶人，是謂逆子[一]。戒之戒之。嘉靖丁亥八月，將有兩廣之行，書此以戒我子弟，并以告夫士友之辱臨於斯者[二]，請一覽教之[三]。

[一] 是謂逆子　王本「子」下有「弟」字。
[二] 并以告夫士友之辱臨於斯者　王本無「以」字。
[三] 請一覽教之　王本「請」上有「俱」字。

王文成公全書卷之二十五

外集七　墓誌銘　墓表　墓碑　傳　碑　贊　箴　祭文

易直先生墓誌　壬戌

易直先生卒，鄉之人相與哀思不已，從而纂述其行以誄之。曰：「嗚呼！先生之道，諒易平直，内篤於孝友，外孚於忠實，不戚戚於窮，不欣欣於得，翦徹崖幅，於物無牴，于于施施，率意任真，而亦不干於禮。藝學積行，將施于邦，六舉於鄉，竟弗一獲以死。嗚呼傷哉！自先生之没，鄉之子弟無所式，爲善者無所倚，談經究道者莫與考論，含章秘迹，林棲而澤遁者，莫與遨遊以處，天胡奪吾先生之速耶？先生姓王，名衮，字德章。古者賢士死則有以易其號，今先生没且三年，而猶襲其常稱，其謂鄉人何？盍相與私謚之，曰易直。」

於是先生之姪守仁聞而泣曰[一]：「叔父有善，吾子姪弗能紀述，而以辱吾之鄉老，亦奚爲於子姪？請得誌諸墓。」嗚呼！吾宗江左以來，世不乏賢，自吾祖竹軒府君以上，凡積德累仁者數世，而始發於吾父龍山先生。叔父生而勤修砥礪，能協成吾父之志。人謂相繼而興以昌王氏者，必在叔父，而又竟止於此，天意果安在哉？叔母葉孺人，先叔父十有三年卒，生二子：守禮、守信。繼孺人方氏，生一子守恭。叔父之生，以正統己巳十月戊午，得壽四十有九，而以弘治戊午之八月廿三卒。卒之歲，太夫人岑氏方就養於京，泣曰：「須吾歸視其柩。」於是壬戌正月，太夫人自京歸，始克以十月甲子，葬叔父於邑東穴湖山之陽。南去竹軒府君之墓十武而近，去葉孺人之墓十武而遥，未合葬，蓋有所俟也。

陳處士墓誌銘　癸亥

處士諱泰，字思易，父剛，祖仲彰，曾祖勝一，世居山陰之錢清。剛戍遼左，娶馬氏，生處士。正統甲子，處士生十二年矣，始從其父自遼來歸。當是時，陳雖巨族，然已三世外戍，基業凋廢殆盡，處士歸，與其弟耕於清江之上，數年遂復其故。處士狷介純篤，處其鄉族親黨，無内外

[一] 於是先生之姪守仁聞而泣曰　「守仁」，王本作「某」。

少長戚踈，朴直無委曲，又好面折人過，不以毛髮假借，不爲斬險刻削。故其生也，人争信憚；其死也，莫不哀思之。處士於書史，僅涉獵，不專於文，敦典崇禮，務在躬行。郡中名流以百數，皆雕繪藻飾，熻熠以賈聲譽，然稱隱逸之良，必於處士，皆以爲有先太丘之風焉。弘治癸亥正月庚寅，以疾卒，年七十二。九月己丑，其子琢卜葬于郡西之迴龍山。

初，處士與同郡羅周、管士弘、朱張弟涎友[一]，以善交稱。成化間，涎以歲貢至京，某時爲童子，聞涎道處士，心竊慕之，至是歸求其廬，則既死矣。涎姪孫節與予遊，以世交之誼，爲處士請銘，且曰：「先生於處士，心與之久矣，即爲之銘，亦延陵掛劍之意耶？」予曰：「諾。」明日，與琢以狀來請。惟陳氏世有顯聞，剛之代父戍遼也，甫年十四。主帥壯其爲人，召與語，大説，遂留參幕下，累立戰功，出奇計，當封賞輒爲當事者沮抑，竟死牖下。處士亦狀貌魁岸，幼習邊機，論議根核，的然可施於用。性孝友，屬其家多難，收養其弟姪之孤，掇拾扶持，不忍舍去，遂終其身。琢亦能詩，有行。次子玠，三孫徠、衡、彶，皆向於學。夫屢抑其進，其後將必有昌者。銘曰：

[一] 朱張弟涎友 據清光緒本山陰白洋朱氏宗譜，朱昂生三子：純、綖、綱，又純生科，科生節，則此句當爲「朱純弟綖友」之訛，下文數「涎」字亦當作「綖」。

嗟惟處士，敦朴厚堅。猶玉在璞，其輝熠然。秉義揭仁，鄉之司直。邈矣太丘，其孫孔式。胡溘而逝，其人則亡，德音孔邇。鄉人相告，毋或而弛。無寧處士，愧其孫子。迴龍之岡，其鬱有蒼。毋爾芻伐，處士所藏。

平樂同知尹公墓誌銘　癸亥

尹自春秋爲著姓，降及漢、唐，代不乏賢，至宋而太常博士源、中書舍人洙及其孫焞，皆以道學爲世名儒。其後有爲點檢者，自洛徙越之山陰，迨公七世矣。公父達，祖性中，曾祖齊賢[一]，皆有聞於鄉。公生十八年，選爲郡庠弟子，以詩學知名，遠近從之遊者數十，往往取高第，躋顯級，而公乃七試有司不偶。天順年，詔求遺才可經濟大用者，於是有司以公應詔，而公亦適當貢，遂卒業太學。成化某甲子，授廣西南寧通判，時部中久苦瑶患[二]，方議發兵，人情洶洶。公至，請守得緩旬日，稍圖之。乃單騎入瑶硐，呼酋長與語，諸酋倉卒不暇集謀，相與就公，問所由來。公曰：「斯行爲爾曹乞生，無他疑也。」因爲具陳禍福，言辨爽慨。諸酋感動，顧謂

[一] 齊賢　黄本、閭本作「齊焉」。
[二] 時部中久苦瑶患　「部」，國圖本、天圖本、叢刊本、文淵閣本、摛藻堂本作「郡」。

其黨曰：「何如？」皆曰：「願從使君言。」遂相率羅拜，定約而出。尋督諸軍討木頭等硐，皆捷。大臣交章薦公可大用。庚子，擢同知平樂府事。平樂地皆嶃山互壑，瑶憑險出没深翳，非時剽掠，居民如處穽中，動慮機觸，不敢輕往來，農末俱廢。聞公至，喜曰：「南寧尹使君來，吾無恐耳已。」居月餘，公從土著間行巖谷，盡得其形勢，縱火悉焚林薄，瑶失藉潰散，公因盡築城堡要害據守。瑶來無所匿，從高巔遠覘，嘆息踟蹰而去，蓋自是平樂遂爲安土。居三年，屢以老請，輒爲民所留。弘治改元，以慶賀赴京師，力求致仕以歸，家居十四年乃卒，得壽若干。

公性孝友淳篤，自其貧賤時，即委産三弟，拾取其遺。少壯衰老[一]，雖盛暑急遽，未嘗見其不以衹服。與物熙然無牴，至其涖官當事，奮毅敢直，析法繩理，勢悍無所撓避，庶幾古長者，而今亡矣。先後娶陳氏、朱氏、殷氏，子騏，孫公貴、公榮。卒之又明年癸亥，將葬，騏以幣狀來姚請銘。某幼去其鄉，聞公之爲人，恨未嘗從之遊，銘固不辭也。公諱浦，字文淵，葬在郡東保山，合殷氏之兆。銘曰：

赫赫尹氏，望於宗周。源洙比潁[二]，焞暢厥休。自洛徂越，公啓其闇。君子之澤，十世未斬。

[一] 少壯衰老 「衰」，黄本、董本、范本作「以」。

[二] 源洙比潁 「潁」，文淵閣本作「穎」。

篤敬忠信，鑾貊以行。一言之烈，雄於九軍。豈惟威儀，式其黨里。豈惟友睦，篤其昆弟。彼保之陽，維石巖巖。尹公之墓，今人所瞻。

徐昌國墓誌

辛未〔一〕

正德辛未，三月丙寅，太學博士徐昌國卒，年三十三。士夫聞而哭之者皆曰：「嗚呼！是何促也？」或曰：「孔門七十子，顏子最好學，而其年獨不永，亦三十二而亡。」説者謂顏子好學，精力瘁焉。夫顏雖既竭吾才，然終日如愚，不改其樂也。此與世之謀聲利，苦心焦勞，患得患失，逐逐終其身，耗勞其神氣，奚啻百倍，而皆老死黄馘，此何以辨哉？天於美質，何生之甚寡，而壞之特速也？夫鼪鼯以夜出，凉風至而玄鳥逝，豈非凡物之盛衰以時乎？夫嘉苗難植而易槁，芝榮不踰旬，蔓草薙而益繁，鴟梟虺蝮遍天下，而麟鳳之出，間世一覩焉。商周以降，清淑日澆，而濁穢薰積，天地之氣則有然矣，於昌國何疑焉？

始，昌國與李夢陽、何景明數子友，相與砥礪於辭章，既殫力精思，傑然有立矣。一日諷道

〔一〕徐昌國墓誌辛未　文淵閣本、摛藻堂本「國」作「穀」，下文仿此。總目「辛未」作「乙亥」。

書[一]，若有所得，嘆曰：「弊精於無益，而忘其軀之斃也，可謂知乎？巧辭以希俗，而捐其親之遺也，可謂仁乎？」於是習養生。有道士自西南來，昌國與語，悦之，遂究心玄虛，益與世泊，自謂長生可必至[二]。正德庚午冬，陽明王守仁至京師，守仁故善數子，而亦嘗没溺於僊釋。昌國喜馳往省，與論攝形化氣之術。當是時，增城湛元明在坐，與昌國言不協，意沮去。異日復來，論如初，守仁笑而不應。因留宿，曰：「吾授異人五金八石之秘，服之冲舉可得也，子且謂何？」守仁復笑而不應。迺曰：「吾隳黜吾昔而游心高玄，塞兑斂華而靈株是固，斯亦去之競競於世遠矣，而子猶余拒然，何也？」守仁復笑而不應。於是默然者久之，曰：「子以予爲非邪？抑又有所秘邪？夫居有者不足以超無，踐器者非所以融道。吾將去知故，而宅於埃壒之表，子其語我乎？」守仁曰：「謂吾爲有秘，道固無形也；謂吾謂子非，子未吾是也。雖然，試言之。夫去有以超無，無將奚超矣；外器以融道，道器爲偶矣；而固未嘗超乎？而固未嘗融乎？夫盈虚消息，皆命也；纖巨内外，皆性也；隱微寂感，皆心也。存心盡性，順夫命而已矣，而奚所趨舍於其間乎？」昌國首肯，良久曰：「冲舉有諸？」守仁曰：「盡鳶之性者，可以冲於天矣；盡魚之性者，可以泳於川矣。」

[一] 一日諷道書　「日」，國圖本、天圖本、叢刊本、文淵閣本、摛藻堂本作「旦」。
[二] 自謂長生可必至　「自」，黄本、閭本、董本、范本、宋本、邵本作「如」，讀屬上句。

曰：「然則有之。」曰：「盡人之性者，可以知化育矣。」昌國俛而思，蹶然而起，曰：「命之矣。吾且爲萌甲，吾且爲流澌，子其煦然屬我以陽春哉！」數日復來謝曰：「道果在是，而奚以外求，吾不遇子，幾亡人矣。然吾疾且作，懼不足以致遠，則何如？」守仁曰：「悸乎？」曰：「生，寄也；死，歸也；何悸？」津津然既有志於斯。已而不見者踰月，忽有人來訃，昌國逝矣。王、湛二子馳往哭盡哀，因商其家事。其長子伯虬言昌國垂殁，整衽端坐，託徐子容以後事。子容泣，昌國笑曰：「常事耳。」謂伯虬曰：「墓銘其請諸陽明。」氣益微，以指畫伯虬掌，作「冥冥漠漠」四字，餘遂不可辯，而神志不亂[一]。

嗚呼！吾未竟吾説以時昌國之及[二]，而昌國乃止於是，吾則有憾焉。臨殁之託，又可負之？昌國名禎卿，世姑蘇人。始舉進士，爲大理評事，不能其職，於是以親老，求改便地爲養。當事者目爲好異，抑之，已而降爲五經博士。故雖爲京官數年，卒不獲封其親以爲憾。所著有談藝録，古今詩文若干首，然皆非其至者。昌國之學凡三變，而卒乃有志於道。墓在虎丘西麓。銘曰：

[一] 而神志不亂　「志」，國圖本、天圖本、叢刊本、文淵閣本、摛藻堂本作「氣」。
[二] 以時昌國之及　「時」，九大本作「待」。

惜也昌國，吾見其進，未見其至。早攻聲詞，中迺謝棄。脱淖垢濁，修形鍊氣。守静致虚，恍若有際。道幾朝聞，遐夕先逝。不足者命，有餘者志。璞之未琢，豈方頑礪？隱埋山澤，有虹其氣。後千百年，曷考斯誌。

凌孺人楊氏墓誌銘

乙亥[一]

古之葬者，不封不樹，葬之有銘，非古矣，然必其賢者也。然世之皆有銘也，亦非古矣，而婦人不特銘，婦人之特銘也，則又非古矣，然必其賢者也。賢而銘，雖婦人其可哉！是故非其人而銘之，君子不與也；銘之而非其實，君子不爲也。吾於銘人之墓也，未嘗敢以易，至於婦人而加審焉，必有其證矣。凌孺人楊氏之銘也，曷證哉？證於其夫之狀，證於其子之言，證於其鄉人之所傳，其賢者也。孺人之夫，爲封監察御史凌公石巖諱雲者也。石巖之狀，謂孺人爲通懷遠將軍之曾孫女，茂年十八而來歸[二]，姑舅愛之，族黨稱之，鄉閭則之，不悉數其行，則賢可知矣。

[一] 乙亥 總目作「丙子」。

[二] 茂年十八而來歸 「來」，底本訛作「未」，據閭本、董本、范本、鄒本、宋本、邵本改。

子僉憲相，予同年[一]，賢也；地官員外郎楷，又賢也；孺人之慈訓存焉。相嘗爲予言孺人之賢十餘年矣，與今石巖之狀同也。吾鄉之士，遊業於通者以十數，稱通之巨族以凌氏爲最，凌氏之賢以石巖爲最，則因及於孺人之内助，其所稱舉，與今之狀又同也。夫夫或溺譽焉，子或溢羨焉，吾鄉人之言，不要而實契，斯又何疑矣。

孺人之生，以正統丁卯十二月九日，卒於正德癸酉十一月九日，壽蓋六十七。男四：長即相，次棋早卒，次即楷，次栻；女二。孫男八，女三；曾孫男一，女一。相將以乙亥正月内丙寅，附葬孺人於祖塋之左，而格於其次。迺以石巖之狀來請銘，且問葬：「合葬，非古也。周公以來，未之有改也。先孺人附於祖塋之左，昭也，家君百歲後將合焉。葬左則疑於陽，虚右則疑於陰，若之何則可？」予曰：「附也，則祖爲之尊，左陽右陰也。陽兼陰而主變者也，陰從陽而主常者也。陽在左則居左，而在右則居右；陰在左則從左，而在右則從右；其虚右而從左乎？」於是孺人之葬虚右而從左。銘曰：

孺人之賢，予豈究知？知子若夫，鄉議是符。如彼作室，則觀其隅。彼昏懵懵，謂予盡誣。狼山之西，祖塋是依。左藏右虚，孺人之居。

[一] 予同年　「予」，底本訛作「與」，據黄本、閭本、董本、范本、聞本、宋本、邵本、擒藻堂本改。

文橘庵墓誌　乙亥

高吾之丘兮，胡然其巋巋兮，鄉人所培兮。高吾之木兮，胡然其蹟蹟兮，鄉人所植兮。高吾之行兮，胡然其砥砥兮，鄉人所履兮。陽明子曰：「嗚呼！兹橘庵文子之墓耶？」冀元亨曰：「昔陽明子自貴移廬陵，道出辰、常間，遇文子於武陵溪上，與之語，三夕而不輟，旬有五日而未能去。」門人問曰：「夫子何意之深耶？」陽明子曰：「人也朴而理，直而虚，篤學審問，比耄而不衰。吾聞其莅官矣，執而恕，惠而節，其張叔之儔歟？吾聞其居鄉矣，勵行飭己，不言而俗化，其太丘之儔歟？嗚呼！於今時爲難得也矣。」別，以其墓銘屬，陽明子心許之而不諾。門人曰：「文子之是請也，殆猶未達歟？」陽明子曰：「達也。」曰：「達，何以不諾也？」曰：「古之葬者，不封不樹，銘非古也。後世則有銘，既葬而後具，豫不可也。」曰：「然則惡在其爲達矣？」曰：「死生之變大，而若人晝夜視之不以諱，非達歟？蓋晉之末有陶潛者，嘗自誌其墓。」文子既殁，其子棐、棠、東、集、栻葬之高吾之原，陽明子乃掇其所狀而爲之銘。文子名澍，字汝霖，號橘庵。舉進士，歷官刑部郎中，出爲重慶守，已而忤時貴，改思州，遂謝病去。文子之先，爲南昌人，曾祖均玉，始避地桃源。門人有閔廷圭者，爲之行狀甚悉。

登仕郎馬文重墓誌銘　丙子

沛漢臺里有馬翁者，長身而多知，涉書史，少喜談兵，交四方之賢，指畫山川道里，弛張闔闢，自謂功業可掉臂取。嘗登芒碭山，左右眺望，嘻吁慷慨[一]，時人莫測也。中年，從縣司辟爲掾，已得選，忽不愜，復遂棄去。授登仕郎，歸與家人力耕，致饒富，輒以散其族黨鄉鄰，葬死恤孤，賑水旱，修橋梁，惟恐有間。既老，乃益循飭，邑人望而尊之，以爲大賓焉。年八十六，正德丙子四月三日，無疾而卒[二]。長子思仁，時爲鴻臚司儀署丞，勤而有禮，予既素愛之。至是聞父喪，慟毀幾絶，以狀來請予銘，又哀而力[三]，遂不能辭。按狀，翁名珍，字文重，父某，祖某，曾某，皆有隱德。子男若干人，女若干人。以是年某月某日，葬祖塋之側[四]。爲之銘曰：

豐沛之間，自昔多魁。若漢之蕭、曹，使不遇高祖，乘風雨之會[五]，固將老終其身於刀筆之間。

[一] 嘻吁慷慨　「嘻吁」，王本作「正肅」。
[二] 無疾而卒　「疾」，王本作「病」。
[三] 又哀而力　「力」，王本作「切」。
[四] 葬祖塋之側　王本「葬」下有「悉軍營」三字。
[五] 乘風雨之會　「雨」，王本、國圖本、叢刊本、文淵閣本、擒藻堂本作「雲」。

世之懷奇不偶，無以自見於時，名湮没而不著者，何可勝數？若翁者亦其人非耶？然考其爲迹，亦異矣。嗚呼！千里之足，困於伏櫪。連城之珍，或混瓦礫。不琢其章，於璧何傷？不駕以驤，奚損於良？嗚呼馬翁，兹焉永藏〔一〕。

明封刑部主事浩齋陸君墓碑誌 丙子

封君之葬也，子澄毁甚失明，病不能事事，以問於陽明子曰：「吾湖俗之葬也，咸竭資以盛賓客〔二〕，至於毁家，不則以爲儉其親也。不肖孤則何費之敢靳，大懼疾之不任，遂底於顛殞，以重其不孝，敢請已之，如何？」陽明子曰：「不亦善乎！棺槨衣衾之得爲也者，君子不以儉其親。徇湖俗之所尚，是以其親遂非而導侈也，又況以殆其遺體乎？吾子已之。既葬而以禮告，人豈有非之者？將湖俗之變，必自吾子始矣。一舉而三善，吾子其已之。」既而復以誌墓之文請，陽明子辭之不得，則謂之曰：「誌墓非古也。古之葬者，不封不樹。孔子之葬其親也，自以爲東西南北之人，不可以無識也，而封之崇四尺。其於季札之塋，則爲之識曰：『有吳延陵季子之墓。』

〔一〕兹焉永藏　「永」，國圖本、叢刊本、文淵閣本、擒藻堂本作「允」。
〔二〕咸竭資以盛賓客　「客」，國圖本、叢刊本、文淵閣本、擒藻堂本作「主」。

後之誌者，若是焉可矣。而内以誣其親，外以誣於人，是故君子耻之。吾子志於賢聖之學，苟卒爲賢聖之歸，是使其親爲賢聖者之父也，誌孰大焉。吾子曷已之。封君之存也，嘗以其田二頃，給吾黨之貧者以資學，是於斯文爲有裹也。而又重以吾子之好，無已，則如夫子之於札也乎？」因爲之題其識墓之石，曰「皇明封刑部主事浩齋陸君之墓」，而書其事於石之陰。君諱璩，字文華，湖之歸安人，墓在樊澤。子澄，舉進士，方爲刑部員外郎。澄之兄曰津。

謚襄惠兩峰洪公墓誌銘

特進光禄大夫、柱國、太子太保、刑部尚書，兼都察院左都御史致仕洪公，以嘉靖二年四月十九日薨，時年八十有一矣。訃聞，天子遣官九諭祭，錫謚襄惠，賜葬錢塘東穆塢之原。其嗣子澄將以明年乙酉月日舉葬事，以幣以狀來請銘。

維洪氏世顯於鄱陽，自宋太師忠宣公皓，始賜第於錢塘西湖之葛嶺，三子景伯、景嚴、景盧，皆以名德相承，遂爲錢塘望族。八世祖諱其二，仕宋爲浙東安撫使，元興，避地上虞。曾祖諱榮甫，祖諱有恒，迨皇朝建國，迺復還家錢塘。有恒初名洪武昌，忌者上書，言其名犯年號，高皇帝親録之，曰：「此朕興之兆耳。」御書「有恒」易之。父諱薪，徽州街口批驗所大使。自曾祖以下，皆以公貴，贈太子太保、刑部尚書，妣皆贈一品夫人。

公諱鏜，字宣之，自幼岐嶷不凡。成化戊子，年二十六，以易經領鄉薦。乙未，舉進士，授官刑部主事，諳習憲典。時相繼爲大司寇者，皆耆德宿望，咸器重禮信之，委總諸司章奏，疑議大獄，取裁於公，聲聞驟起。庚子，陞員外郎，仍領諸司事。癸卯，丁内艱。丙午起復，陞郎中，尋慮囚山西。乙巳，江西、福建流賊甫定，公承命往審處之。歸言福建之武平、上杭、清流、永定，江西之安遠、龍南，廣東之程鄉，皆流移混雜，習於鬬争，以武力相尚，是以易鬨而亂。譬若群豺虎而激怒之，欲其無相攫噬，難矣。宜及其平時，令有司多立社學，以訓誨其子弟，銷其兵器，易之以詩書禮讓，庶幾潛化其奸宄。時以爲知本之論。弘治己酉，陞江西按察副使。癸丑，陞四川按察使。所在發奸擿伏，無所撓避，而聽決如流，庭無宿訟。由是豪横屏息〔一〕，自土官宣慰使皆懔懔奉約束。安氏世有馬湖，恃力驕僭，爲地方患。公從容畫策去之，請吏于朝，遂以帖定。丙辰入覲，陞江西右布政使；丁巳，轉福建左布政使，著績兩省。戊午，陞都察院右副都御史，巡撫順天等府，兼整飭薊州諸邊備。時朵顔虜勢日猖獗，公以邊備積弛，乃建議增築邊墻，自山海關界嶺口西北至密雲古北口黄花鎮，直抵居庸，延亘千餘里，繕復城堡三百七十，悉城沿

〔一〕由是豪横屏息　「豪横」，國圖本、天圖本、叢刊本、文淵閣本、摛藻堂本作「横豪」。

邊諸縣，官無浪費，而民不知勞，自是緩急有賴。又奏減防秋官兵六千人，歲省輓輸犒賞之費以數萬；創建浮橋於通州，以利病涉；毁永平陶窑，以息軍民横役之苦；奪民産及牧圉草場之入於權貴者而悉還之，遠近大悦，名稱藉甚。然權貴人之扼勢失利者，數短公於上，遂改雲南巡撫，再改貴州。頃之召還，督理漕運，兼巡撫鳳陽諸處。正德丁卯，陞右都御史，仍董漕政。戊辰，命掌南京都察院事，尋陞南京刑部尚書。己巳，改北京工部，復改刑部，兼都察院左都御史，加太子少保，賜玉帶。庚午，特命出總川、陜、湖、河四省軍務。時沔陽洞庭水寇丘仁、楊清等，攻掠城邑，其鋒甚鋭，官軍屢失利。公至，以計擒滅之。藍五起蜀，與鄢老人等聚衆往來，寇暴川、陜間，遠近騷動。公涉歷險阻，深入賊巢，運謀設奇，躬冒矢石，前後斬獲招降以十數萬，擒其渠酋二十八人，露布以聞。土官楊友、楊愛相仇，激爲變，衆至三萬餘，流劫重慶、保寧諸州縣。公隨調兵剿平之，復其故業。朝廷七降敕奬勵，賜白金麒麟服，進太子太保。公辭不獲，則引年懇疏乞歸，章七上，始允之。聖諭優奬，賜馳驛還。仍進光禄大夫，録其孫一人入胄監。

公既歸，築兩峰書院於西湖之上，自號兩峰居士，日與朋舊徜徉詩酒以爲樂，如是者十有一年。嘉靖改元之壬午，朝廷念公壽耇，詔進公階特進光禄大夫、柱國，賜玄纁羊酒，遣有司勞問。士夫之議者，咸以公先朝之老，抱負經濟，年雖若邁而精力未衰，優之廊廟，足倚以爲重，思復起公於家，而公已不可作矣。公元娶鄭氏，累贈一品夫人。繼周氏、徐氏。又繼魏氏，南京吏部尚書文靖公之孫[一]，女卒，贈一品夫人。二子魏出，長澄，鄉進士，才識英敏，方向於用；次濤，廕授南京都察院都事，先卒。女二，側出，長適漕運參將張奎，次適國子生李綦。孫男四：梗、楠、橋、檀，女七。墓合魏夫人之兆。銘曰：

桓桓襄惠，嶷然人傑。自其始仕，聲聞已揭。于臬于藩，益弘以騫。略于西陲，寔屏寔垣。既荒南服，圻漕是督。亟命于南，亟召于北。司空司寇，邦憲是肅。帝曰司寇，爾總予師。寇賊奸宄，維爾予治。既獀既遏，豕斃狐逸。暨其成功，卒以老乞。天子曰俞，可長爾劬。西湖之湄，徉徉于于。聖化維新，聿懷舊臣。公已不作，維時之屯。天子曰咨，謚錫有隮。哀榮終始，其疇則如。穆塢之原，有鬱其阡。詩此貞石，垂千萬年。

贈翰林院編修湛公墓表 壬申

嗚呼！聖學晦而中行之士鮮矣。世方弇阿爲工，方特爲厲，紛縱倒置，孰定是非之歸哉？蓋公治長在縲絏之中，仲尼明非其罪；匡章通國稱不孝，孟子辯之，夫然後在所禮貌焉。剛狷振礪

[一] 文靖公之孫 「孫」，國圖本、天圖本、叢刊本作「女」。

之士，獨行違俗，爲世所媢嫉，卒以傾廢踣墮，又浼以非其罪者，可勝道哉？予讀怡庵誌而悲之。怡庵湛公英者，廣之增城人。介直方嚴，刻行砥俗，鄉之善良，咸服信取則，倚以扶弱禦侮。然不辭色少貸人，面斥人過惡，至無所容。狡獪之徒，動見矯拂，嫉視如讐，聚謀必覆公於惡，毋使抗吾爲。公直行其心不顧，竟爲所搆誣，憤發病以死。公既死，其徒惡益行。鄉之人遂皆謂湛公行義，顧報戾其施，而惡者自若，吾儕何以善爲？後十餘年，爲奸者貫盈，翦滅浸盡，而公子若水求濂洛之學，爲世名儒，舉進士，官國史編修。推原尋繹，公德益用表著，朝廷贈官如子，日顯赫竦耀。鄉人相與追嗟慕嘆，爲善之報何如，向特未定耳。

嗚呼！古有狷介特行之士，直志犯衆惡，之死靡悔，湛公殆其人非邪？向使得志立朝，當大節，其肯俛首爲奸人僕役，呴濡喘息，以蘄緩須臾死，其不能矣。夫脂韋佞悦，亦何能緩急有毫毛之賴，爲國者當何取哉？予悲斯人之不遇，而因重有所感也。昔者君子顯微闡幽，以明世警聵，信暴者無庸揚矣；彼忞然就抑，蒙溷垢而弗雪，其可以無表而出之？

節庵方公墓表　乙酉

蘇之崑山，有節庵方翁麟者，始爲士，業舉子，已而棄去，從其妻家朱氏居。朱故業商，其友曰：「子乃去士而從商乎？」翁笑曰：「子烏知士之不爲商，而商之不爲士乎？」其妻家勸之從事，遂爲郡從事。其友曰：「子又去士而從從事乎？」翁笑曰：「子又烏知士之不爲從事，而從事之不爲士乎？」居久之，嘆曰：「吾憤世之碌碌者，刀錐利禄，而屑爲此以矯俗振頽，乃今果不能爲益也。」又復棄去。會歲歉，盡出其所有，以賑饑乏。朝廷義其所爲，榮之冠服，後復遥授建寧州吏目。翁視之蕭然若無與，與其配朱，竭力農耕，植其家，以士業授二子鵬、鳳，皆舉進士，歷官方面。

翁既老，日與其鄉士爲詩酒會，鄉人多能道其平生，皆磊落可異[一]。顧太史九和云：「吾嘗見翁與其二子書，亹亹皆忠孝節義之言，出於流俗，類古之知道者。」陽明子曰：「古者四民異業而同道，其盡心焉一也。士之修治[二]，農以具養，工以利器，商以通貨，各就其資之所近，力之所及者而業焉，以求盡其心，其歸要在於有益於生人之道，則一而已。士農以其盡心於修治具養者而利器通貨，猶其士與農也；工商以其盡心於利器通貨者而修治具養，猶其工與商也；故曰四民異業而同道。蓋昔舜叙九官，首稷而次契，垂工益虞，先於夔、龍。商周之代，伊尹耕於

[一] 皆磊落可異　「磊落」，人大本、九大本、黄本、閭本、董本、范本、聞本、宋本、邵本作「磊磊」。

[二] 士之修治　「之」，人大本、九大本、國圖本、天圖本、叢刊本、文淵閣本、摛藻堂本作「以」。

莘野，傅説板築於巖，膠鬲舉於魚鹽，吕望釣於磻渭，百里奚處於市，孔子爲乘田委吏，其諸儀封、晨門、荷蕢、斲輪之徒，皆古之仁聖英賢，高潔不群之士，書傳所稱，可考而信也。自王道熄而學術乖，人失其心，交鶩於利，以相驅軼，於是始有歆士而卑農，榮宦遊而耻工賈。夷考其實，射時罔利有甚焉，特異其名耳。極其所趨，駕浮辭詭辯，以誣世惑衆，比之具養器貨之益，罪浮而實反不逮。吾觀方翁士商、從事之喻，隱然有當於古四民之義，若有激而云者。嗚呼！斯義之亡也久矣。翁殆有所聞歟？抑其天質之美，而默有契也？吾於是而重有所感焉。吾嘗獲交於翁二子，皆穎然敦古道，敏志於學，其居官臨民，務在濟世及物，求盡其心。吾以是得其源流，故爲之論著之云耳。」翁既殁，葬於邑西馬鞍山之麓[一]，配朱孺人，有賢行，蓋合葬焉[二]。鄉人爲表其墓，曰「明贈禮部主事節庵方公之墓」。嗚呼！若公者，其亦可表也矣。

湛賢母陳太孺人墓碑　甲戌

[一] 葬於邑西馬鞍山之麓　底本「於」下衍一「於」字，據人大本、九大本、黄本、間本、董本、范本、閩本、宋本、邵本、文淵閣本、擒藻堂本删。

[二] 蓋合葬焉　底本脱「合」字，閩本「合」字爲墨釘，宋本、邵本作「並」，國圖本、天圖本、叢刊本、文淵閣本、擒藻堂本脱「蓋」字，據人大本、九大本、黄本、間本、董本、范本訂正。

湛子之母卒於京師，葬於增城，陽明子迎而弔諸龍江之滸。已湛子泣曰：「若水之辱於吾子，蓋人莫不聞，吾母歿而子無一言，人將以病子。」陽明子曰：「名者[一]，爲之銘矣；表者，爲之表矣。某何言？雖然，良亦無以紓吾情。吾聞太孺人之生七十有九，其在孀居者餘四十年，端靖嚴潔如一日。既老，雖其至親卑幼之請謁，見之未嘗踰閾也，不亦貞乎？績蔴舂粱，教其子以顯，嘗使從白沙之門，曰『寧學聖人而未至也』，不亦知乎？恤其庶姑與其庶叔，化厲爲順，撫孤與女，愛不違訓，不亦慈乎？已膺封錫，禄養備至，而縞衣疏食，不改其初，不亦儉乎？貞知慈儉，老而彌堅，不亦賢乎？請著其石曰『湛賢母之墓』。」湛子拜泣而受之。

既行，人曰：「湛母之賢，信矣。若湛子之賢，則吾猶有疑焉。湛子始以其母之老，不試者十有三年，是也。復出而取上第，爲美官，則何居？母亦老矣，又去其鄉而迎養，既歸復往，卒於旅，則何居？」陽明子曰：「是烏足以疑湛子矣？夫湛子，純孝人也，事親以老於畎畝，其志也。其出而仕，母命之也；其迎之也，母欲之也；既歸而復往，母泣而强之也。是能無從乎？無大拂於義，將東西南北之惟命。彼湛子者，亦豈以人之譽毀於外者，以易其愛親之誠乎？」曰：「湛

[一] 名者　黄本、閭本、董本、范本、宋本、邵本作「銘者」。

子而是，則湛母非歟？」曰：「烏足以非湛母矣？夫湛父之早世也，屬其子曰：『必以顯吾世。』故命之出者，行其夫之志也；就之養者，安其子之心也；强之往者，勉其子之忠，以卒其夫之願也。昔者孟母斷機，以勵其子，蓋不歸者幾年，君子不以孟子爲失養，孟母爲非訓。今湛母之心亦若此，而湛子又未嘗違乎養也。故湛母，賢母也；湛子，孝子也。然猶不免於世惑，吾雖欲無言也，可得乎？」

程守夫墓碑 甲申

吾友程守夫以弘治丁巳之春卒於京，去今嘉靖甲申二十有八年矣。嗚呼！朋友之墓有宿草則勿哭，而吾於君，尚不能無潸然也。君之父味道公，與家君爲同年進士，相知甚厚，故吾與君有通家之誼。弘治壬子，又同舉於鄉，已而又同卒業於北雍，密邇居者，四年有餘。凡風雪之晨，花月之夕，山水郊園之遊，無不與共。蓋爲時甚久，而爲迹甚密也，而未嘗見君有憤詞忤色。情日益篤，禮日以恭[一]。其在家庭，雍雍于于，内外無間。交海内之士，無貴賤少長，咸敬而愛之，雖粗鄙暴悍，遇君未有不薰然而心醉者。

[一] 禮日以恭　「以」，王本作「益」。

當是時，予方馳騖於舉業詞章，以相矜高爲事，雖知愛重君，而尚未知其天資之難得也。其後君既殁，予亦入仕，往往以粗浮之氣得罪於人，稍知創艾，始思君爲不可及。尋謫貴陽，獨居幽寂窮苦之鄉，困心衡慮，乃從事於性情之學。方自苦其勝心之難克，而客氣之易動。又見夫世之學者，率多娼嫉險隘，不能去其有我之私，以共明天下之學，成天下之務，皆起於勝心客氣之爲患也。於是愈益思君之美質，蓋天然近道者。惜乎當時莫有以聖賢之學啓之，有啓之者，其油然順道，將如决水之赴壑矣。嗚呼惜哉！乃今稍見端緒，有足以啓君者，而君已不可作也已。君之子國子生烓，致君臨没之言，欲予與林君利瞻爲之表誌。林君既爲之表，而君之葬已久，誌已無所及，則爲書其墓之碑，聊以識吾之哀思。夫君者，不徒嬉遊征逐之好而已。君諱文楷，世居嚴之淳安，其詳已具於墓表。

太傅王文恪公傳 丁亥

公諱鏊，字濟之，王氏。其先自汴扈宋南渡諱百八者[一]，始居吴之洞庭山。曾祖伯英，祖惟道，考光化知縣朝用，皆贈光禄大夫、柱國、少傅，兼太子太傅、户部尚書、武英殿大學士，

[一] 其先自汴扈宋南渡諱百八者 「百八」，王本作「八百」。

妣三代皆一品夫人。公自幼穎悟不凡，十六，隨父讀書太學，太學諸生争傳誦其文，一時先達名流，咸屈年行求爲友。侍郎葉文莊、提學御史陳士賢，咸有重望于時，見而奇之，曰「天下士」，於是名聲動遠邇。成化甲午，應天鄉試第一，主司異其文，曰：「蘇子瞻之流也。」録其論策，不易一字。乙未會試，復第一。入奉廷對，衆望翕然，執政忌其文，乃置一甲第三，時論以爲屈。授翰林編修，閉門力學，避遠權勢，若將浼焉。九載，陞侍講。憲廟實録成[一]，陞右諭德，尋薦爲侍講學士，兼日講官。每進講，至天理人欲之辯，君子小人之用舍，必反覆規諭，務盡啓沃。方春，上遊後苑，左右諫不聽，公講文王不敢盤于遊田，上爲罷遊。講罷，常召所幸廣戒之曰[二]：「今日講官所指，殆爲若等，好爲之。」時東宫將出閣，大臣請選正人以端國本，首薦用公，以本官兼諭德，尋陞少詹事，兼侍講學士。既而吏部闕侍郎，又遂以爲吏部。時北虜入寇，公上籌邊八事，雖忤權倖，而卒多施行，公輔之望日隆。於是災異，内閣謝公引咎求退，遂舉公以自代。武宗在亮闇，内侍八人荒遊亂政，臺諫交章，中外洶洶。公協韓司徒率文武大臣伏闕以

[一]　憲廟實録成　「廟」，黄本、閭本、董本、范本作「朝」。
[二]　常召所幸廣戒之曰　「常」，王本作「嘗」。

請[一]，上大驚怒，有旨召公等至左順門，中官傳諭甚厲。衆相視，莫敢發言，公曰：「八人不去，亂本不除，天下何由而治？」論議侃侃[二]，韓亦危言繼之，中官語塞，一時國論倚以爲重。然自是八人者，竟分布要路，瑾入柄司禮，而韓公遂逐，内閣劉、謝二公亦去矣。詔補内閣缺，瑾意欲引冢宰焦，衆議推公。瑾雖中忌，而外難公論，遂與焦俱入閣。瑾方威鉗士類，按索微瑕[三]，輒枷械之，幾死者累累。公亟言於瑾曰：「士大夫可殺不可辱，今既辱之，又殺之，吾尚何顔於此？」由是類從寬釋。瑾啣韓不已，必欲置之死，無敢言者，又欲以他事中内閣劉、謝二公，前後力救之，乃皆得免。大司馬華容劉公，以瑾舊怨，逮至京，將坐以激變土官岑氏罪死。公曰：「岑氏未叛，何名爲激變乎？」劉得減死。或惡石淙楊公於瑾，謂其築邊太費，屢以爲言。公曰：「楊有高才重望，爲國修邊，乃可以功爲罪乎？」瑾議焚廢后吴氏之喪以滅迹，曰：「不可以成服。」公曰：「服可以不成，葬不可以苟。」景泰汪妃薨，疑其禮。公曰：「妃廢不以罪，宜復其故號，葬以妃，祭以后。」皆從之。當是時，瑾權傾中外，雖意不在公，然見公開誠與言，

[一] 率文武大臣伏閣以請　「閣」，黄本作「間」，王本、范本作「闕」。
[二] 論議侃侃　「論議」，國圖本、天圖本、叢刊本、文淵閣本、摛藻堂本作「議論」。
[三] 按索微瑕　「微」，國圖本、天圖本、叢刊本訛作「徵」。

初亦間聽。及焦專事婞阿，議彌不協，而瑾驕悖日甚，毒流縉紳。公遏之不能得，居常戚然，瑾曰：「王先生居高位，何自苦乃爾耶？」公日求去，瑾意愈咈，衆虞禍且不測。公曰：「吾義當去，不去乃禍耳。」瑾使伺公，無所得，且聞交贄亦絶，乃笑曰：「過矣。」於是懇疏三上，許之，賜璽書乘傳歲夫月米以歸。時方危公之求去，咸以爲異數云。

公既歸吴，屏謝紛囂，翛然山水之間，究心理性，尚友千古。至其與人，清而不絶於俗，和而不淆於時，無貴賤少長，咸敬慕悦服，有所興起。平生嗜欲澹然，吴中士夫所好尚珍賞觀遊之具，一無所入。惟喜文辭翰墨之事，至是亦皆脱落雕繪，出之自然。中年嘗作明理、克己二箴，以進德砥行，及充養既久，晚益純明。凡所著述[一]，必有所發。其論性善云：「欲知性之善乎？盍反而内觀乎？寂然不動之中，而有至虚至靈者存焉。湛兮其非有也，窅兮其非無也[二]，不墮於中邊，不雜於聲臭[三]。當是時也，善且未形，而惡有所謂惡者哉？惡有所謂善惡混者哉？惡有所謂三品者哉？性，其猶鑑乎？鑑者，善應而不留，物來則應，物去則空，鑑何有焉？性，惟

[一] 凡所著述 「所」，國圖本、天圖本、叢刊本、文淵閣本、摛藻堂本作「有」。
[二] 窅兮其非無也 王本無此六字。
[三] 不雜於聲臭 「雜」，國圖本、天圖本、叢刊本、文淵閣本、摛藻堂本作「離」。

虛也，惟靈也，惡安從生，其生於蔽乎？氣質者，性之所寓也，亦性之所由蔽也。氣質異而性隨之，譬之珠焉，硺於澄淵則明，硺於濁水則昏，硺於污穢則穢。澄淵，上智也；濁水，凡庶也；污穢，下愚也。天地間腷塞充滿，皆氣也；氣之靈，皆性也[一]。人得氣以生而靈隨之，譬之月在天，物各隨其分而受之。江湖淮海，此月也；池沼，此月也；溝渠，此月也；坑塹，亦此月也；豈必物物而授之[二]？心者，月之魄也；性者，月之光也；情者，光之發於物者也。」其所論造，後儒多未之及。居閑十餘年，海内士夫，交章論薦不輟。及今上即位，始遣官優禮，歲時存問，將復起公而公已没，時嘉靖三年三月十一日，壽七十五矣。贈太傅，謚文恪，祭葬有加禮。四子：延喆，中書舍人；延素，南京中軍都督府都事；延陵，郡學生；延昭尚幼，皆彬彬世其家。

史臣曰：世所謂完人，若震澤先生王公者非邪？内裕倫常，無俯仰之憾；外際明良，極禄位聲光之顯。自爲童子至於耆耋，自廟朝下逮閭巷[三]，至於偏隅，或師其文學，或慕其節行，或

[一] 皆性也　「皆」，王本作「則」。

[二] 豈必物物而授之　「豈」，王本作「蓋」。

[三] 自廟朝下逮閭巷　王本「自」上有「上」字。

公殆仰其德業，隨所見，異其稱，莫或有瑕疵之者。所謂壽、富、康寧、攸好德而考終命[一]，公殆無媿爾矣。無錫邵尚書國賢與公壻徐學士子容，皆文名冠一時，其稱公之文規模昌黎，以及秦漢，純而不流于弱，奇而不涉于怪，雄偉俊潔，體裁截然，振起一代之衰，得法於孟子，論辯多古人未發；詩蕭散清逸，有王、岑風格；書法清勁自成，得晉、唐筆意；天下皆以爲知言。陽明子曰：「王公所深造，世或未之能盡也，然而言之亦難矣。著其『性善』之說，以微見其槩，使後世之求公者以是觀之。」

平茶寮碑　丁丑

正德丁丑，瑶寇大起，江、廣、湖郴之家[二]，騷然且三四年矣[三]。於是三省奉命會征[四]，乃十月辛亥，予督江西之兵，自南康入。甲寅，破横水、左溪諸巢，賊敗奔。庚

[一] 所謂壽富康寧攸好德而考終命　「富」，底本訛作「福」，據王本、文淵閣本、摛藻堂本改。
[二] 湖郴之家　「家」，刻石作「間」。
[三] 騷然且三四年矣　刻石作「騷然且四三年」。
[四] 於是三省奉命會征　刻石作「於是上命三省會征」。

申[一]，復連戰，奔桶岡[二]。十一月癸酉，攻桶岡，大戰西山界。甲戌，又戰，賊大潰。丁亥[三]，盡殪之。凡破巢八十有四[四]，擒斬三千餘[五]，俘三千六百有奇，釋其脅從千有餘衆。歸流亡使復業，度地居民，鑿山開道，以夷險阻。辛丑，師旋。於乎！兵惟凶器，不得已而後用。刻茶寮之石，匪以美成，重舉事也。提督軍務都御史王某書[六]。

平浰頭碑 丁丑

四省之寇，惟浰尤黠。擬官僭號，潛圖孔蒸[七]。正德丁丑冬，輋、瑶既殄，益機險阱毒，以虞王師，我乃休士歸農。戊寅正月癸卯，計擒其魁，遂進兵擊其懈。丁未，破三浰，乘勝歸

[一] 庚申　刻石作「庚辛」。
[二] 奔桶岡　刻石「奔」上有「賊」字。
[三] 丁亥　刻石「亥」下有「與湖兵合於上章」七字。
[四] 凡破巢八十有四　刻石「巢」下有「大小」二字。
[五] 擒斬三千餘　「三」，刻石作「二」。
[六] 都御史王某書　刻石「某」作「守仁」，又「書」下開列從征官屬名録。
[七] 潛圖孔蒸　「蒸」，國圖本、天圖本、叢刊本、文淵閣本作「烝」，摛藻堂本作「亟」。

北[一]，大小三十餘戰，滅巢三十有八，俘斬三千餘。三月丁未，回軍，壺漿迎道，耕夫遍野，父老咸懽。農器不陳，於今五年，復我常業，還我室廬[二]，伊誰之力？赫赫皇威，匪威曷憑？爰伐山石，用紀厥成。提督軍務都御史王某書。

田州立碑 丙戌

嘉靖丙戌夏，官兵伐田，隨與思恩之人相比復煽，集軍四省，洶洶連年。于時皇帝憂憫元元：「容有無辜而死者乎？」迺命新建伯王守仁：「曷往視師，其以德綏，勿以兵虔。」班師撤旅，信義大宣。諸夷感慕，旬日之間，自縛來歸者，七萬一千。悉放之還農，兩省以安。昔有苗徂征，七旬來格，今未朞月而蠻夷率服，綏之斯來，速於郵傳，舞干之化，何以加焉。爰告思、田，毋忘帝德。爰勒山石，昭此赫赫。

文武聖神，率土之濱，凡有血氣，莫不尊親。

[一] 乘勝歸北　「歸」，董本、文淵閣本、摛藻堂本作「追」。
[二] 還我室廬　「廬」，黄本、閭本、董本、范本作「家」。

田州石刻

田石平，田州寧。民謡如此。田水縈，田山迎。府治新向。千萬世，鞏皇明。嘉靖歲，戊子春，新建伯[一]，王守仁，勒此石，告後人。

陳直夫南宮像贊[二]

夫子稱史魚曰：「直哉！邦有道如矢，邦無道如矢。」謂祝鮀、宋朝曰：「非斯人，難免乎今之世矣[三]。」予嘗三復而悲之，直道之難行，而諂諛之易合也[四]，豈一日哉？魚之直信乎後世[五]，其在當時，不若朝與鮀之易容也[六]，悲夫！吾越直夫陳先生，嚴毅端潔，其正言直氣，

[一] 新建伯　王本作「陽明子」。
[二] 陳直夫南宮像贊　王本作「陳直夫先生南宮像贊并序」。
[三] 難免乎今之世矣　「難免乎」，王本作「難乎免於」。
[四] 而諂諛之易合也　王本「諂諛」作「諛諂」，「合」作「悦」。
[五] 魚之直信乎後世　「乎」，王本作「於」。
[六] 不若朝與鮀之易容也　王本、黄本、閭本、董本、范本、宋本、邵本「不」上有「曾」字。

放蕩佞諛之士，嫉視若讐。彼寧無知之，卒於己非便也。故先生舉進士，不久輒致仕而歸[一]，屢薦復起[二]，又不久則退，以是也哉[三]！然天下之言直者，必先生與焉。始予拜先生於錢清江上[四]，歡然甚得。先生奚取於予，殆空谷之足音也？世日趨於下[五]，先生而在，雖執鞭之事，吾亦爲之。今既没矣，其子子欽[六]，以先生南宫圖像請識一言。先生常塵視軒冕，豈一第之爲榮？聞之子欽，蓋初第時有以相遺者，受而存之。先生没，子欽始裝潢，將藏諸廟，則又爲子者宜爾也。詩曰：

有服襜襜，有冠翼翼[七]。在彼周行，其容孔式。秉笏端弁，中溫且栗。既醉以酒，既飽以德。彼何人斯？邦之司直。邦之司直，宜公宜孤。既來既徂，爲冠爲模。孰久其道，衆聽且孚。如江

[一] 不久輒致仕而歸　王本「不」上有「仕」字，又「致仕」作「致政」。
[二] 屢薦復起　「復」，王本作「後」。
[三] 以是也哉　王本無「哉」字。
[四] 始予拜先生於錢清江上　王本「拜」作「見」，無「清」字；范本「清」作「塘」。
[五] 世日趨於下　「於下」，王本作「以俛」。
[六] 子欽　王本作「世恭」，下文倣此。
[七] 有冠翼翼　「冠」，底本訛作「牝」，閭本、宋本、邵本作「牡」，據國圖本、天圖本、叢刊本改。

如河，其趨彌汙。邦之司直，今也則亡。

三箴 [一]

嗚呼小子，曾不知警。堯詎未聖，猶日兢兢。既墜于淵，猶恬履薄。既折爾股，猶邁奔蹶。人之冥頑，則疇與汝。不見瘇腫，砭迺斯愈。不見痿痺，劑迺斯起。人之毁詬，皆汝砭劑。汝曾不知，反以爲怒。匪怒伊色，亦反其語。汝之冥頑，則疇之比。嗚呼小子，告爾不一。既四十有五，而曾是不憶。

嗚呼小子，慎爾出話。慄言維多，吉言維寡。多言何益，徒以取禍。德默而成，仁者言訒。孰默而譏，孰訒而病？譽人之善，過情猶耻。言人之非，罪曷有已？嗚呼多言，亦惟汝心。汝心而存，將日欽欽。豈遑多言，上帝汝臨。

嗚呼小子，辭章之習，爾工何爲？不以釣譽，不以蠱愚。佻彼優伶，爾視孔醜。覆蹈其術，爾顔不厚。日月踰邁，爾胡不恤？棄爾天命，昵爾讐賊。昔皇多士，亦胥兹溺。爾獨不鑒，自抵伊亟。

[一] 九大本此篇在「丁丑二月征漳寇進兵長汀道中有感」之前，屬贛州稿。

南鎮禱雨文

癸亥

惟神秉靈毓秀，作鎮於南，實與五嶽分服而治。維是揚州之域，咸賴神休，以生以養。凡其疾疫災眚之不時，雨暘寒暑之弗若，無有遠近，莫不引頸企足，惟神是望。怨有歸，功有底，神固不得而辭也。而況紹興一郡，又神之宫墻輦轂之下乎？謂宜風雨節而寒暑當，民無疾而五穀昌，特先諸郡，以霑神惠。而乃入夏以來，亢陽爲虐，連月弗雨，泉源告竭，黍苗莠槁，歲且不登，民將無食。農夫相與咨於野，商賈相與憾於市，行旅相與怨於途，守士之官，帥其吏民，奔走呼號，維是祈禱告請[一]，亦無不至矣。而猶雨澤未應，旱烈益張，是豈吏之不職，而貪墨者衆歟？賦斂繁刻，而獄訟冤滯歟？祀典有弗修歟？民怨有弗平歟？夫是數者，皆吏之讁，而民何咎之有？夫怒吏之不臧，而移其讁於民[二]，又知神之所不忍也。不然，豈民之冥頑妄作者衆，將奢淫暴殄，以怒神威，神將罰而懲之歟？夫薄罰以示戒，神之威靈亦既彰矣。百姓震懼憂惶，請罪無所，遂棄而絶之，使無噍類，神之慈仁，固應不爲若是之甚也。夫民之所賴者神，神之食于兹土，亦非一日矣。今民不得已，有求於神，而神無以應之，然則民將何恃，而神亦何以信於民乎？某生長

[一] 維是祈禱告請　「禱」，黄本、閭本、董本、范本、聞本、宋本作「告」。

[二] 而移其讁於民　「讁」，國圖本、天圖本、叢刊本、文淵閣本、摛藻堂本作「謫」。

茲土，猶鄉之人也。鄉之人以某嘗讀書學道[一]，繆以爲是鄉人之傑者，其有得於山川之秀爲多，藉之以爲吾愚民之不能自達者，通誠於山川之神，其宜有感。夫某非其人也，而冒有其名，人而冒以其名加我，我既不得而辭矣，又何敢獨辭其責耶？是以冒昧輒爲之請，固知明神亦有所不得而辭也。謹告。

瘞旅文

戊辰[二]

維正德四年秋月三日[三]，有吏目云自京來者，不知其名氏，攜一子一僕，將之任，過龍場，投宿土苗家。予從籬落間望見之，陰雨昏黑，欲就問訊北來事，不果。明早遣人覘之，已行矣。薄午，有人自蜈蚣坡來，云一老人死坡下，傍兩人哭之哀。予曰：「此必吏目死矣，傷哉！」薄暮，復有人來，云坡下死者二人，傍一人坐嘆。詢其狀，則其子又死矣。明日[四]，復有人來，云見

[一] 鄉之人以某嘗讀書學道 「某」，黄本、閭本、董本、范本、聞本、宋本、邵本作「其」。

[二] 戊辰 按，正文云「正德四年」，則本篇當作於「己巳」。

[三] 維正德四年秋月三日 居夷集「月」上有「七」字。

[四] 明日 居夷集、黄本、閭本、董本、范本、聞本、宋本、邵本作「明早」。

坡下積尸三焉，則其僕又死矣。嗚呼傷哉！念其暴骨無主，將二童子，持畚鍤往瘞之。二童子有難色然，予曰：「嘻！吾與爾，猶彼也。」二童憫然涕下，請往，就其傍山麓爲三坎埋之。又以隻鷄、飯三盂，嗟吁涕洟而告之曰：

嗚呼傷哉！繄何人？繄何人？吾龍場驛丞餘姚王守仁也。吾與爾皆中土之産，吾不知爾郡邑，爾烏爲乎來爲兹山之鬼乎？古者重去其鄉，遊宦不踰千里，吾以竄逐而來此，宜也。爾亦何辜乎？聞爾官吏目耳，俸不能五斗，爾率妻子躬耕可有也。烏爲乎以五斗而易爾七尺之軀？又不足，而益以爾子與僕乎？嗚呼傷哉！爾誠戀兹五斗而來，則宜欣然就道，烏爲乎吾昨望見爾容蹙然，蓋不任其憂者？夫衝冒霧露，扳援崖壁，行萬峰之頂，饑渴勞頓，筋骨疲憊，而又瘴厲侵其外，憂鬱攻其中，其能以無死乎？吾固知爾之必死，然不謂若是其速，又不謂爾子爾僕亦遽爾奄忽也。皆爾自取，謂之何哉？吾念爾三骨之無依而來瘞爾，乃使吾有無窮之愴也。嗚呼傷哉[一]！縱不爾瘞[二]，幽崖之狐成群，陰壑之虺如車輪，亦必能葬爾於腹，不致久暴露爾。爾既已無知，然吾何能爲心乎？自吾去父母鄉國而來此，二年矣，歷瘴毒而苟能自全，以吾未嘗一日之戚戚也。

[一] 嗚呼傷哉 「傷」，國圖本、天圖本、叢刊本、文淵閣本、摛藻堂本作「痛」。
[二] 縱不爾瘞 居夷集「縱」下有「吾」字。

今悲傷若此，是吾爲爾者重，而自爲者輕也。吾不宜復爲爾悲矣，吾爲爾歌，爾聽之。歌曰：連峰際天兮，飛鳥不通。遊子懷鄉兮，莫知西東。莫知西東兮，維天則同。異域殊方兮，環海之中。達觀隨寓兮，奚必予宫？魂兮魂兮，無悲以恫。

又歌以慰之曰：與爾皆鄉土之離兮，蠻之人言語不相知兮。性命不可期，吾苟死於兹兮，率爾子僕來從予兮。吾與爾遨以嬉兮，驂紫彪而乘文螭兮，登望故鄉而噓唏兮。吾苟獲生歸兮，爾子爾僕尚爾隨兮，無以無侣悲兮。道傍之塚累累兮，多中土之流離兮，相與呼嘯而徘徊兮。飱風飲露，無爾飢兮。朝友麋鹿，暮猿與栖兮。爾安爾居兮，無爲厲於兹墟兮。

祭鄭朝朔文 甲戌

維正德九年，歲次甲戌，七月壬戌朔，越十有六日丁丑[一]，南京鴻臚寺卿王守仁，馳奠于監察御史亡友鄭朝朔之墓。嗚呼！道之將行，其命也與？道之將廢，其命也與？嗚呼朝朔，命實爲之，將何如哉？將何如哉？辛未之冬，朝於京師。君爲御史，余留銓司。君因世傑，謬予是資。

[一] 越十有六日丁丑 「越」，底本訛作「月」，據人大本、九大本、黄本、閭本、董本、范本、閩本、宋本、邵本、國圖本、天圖本、叢刊本改。

予辭不獲，抗顔以尸。君嘗問予，聖學可至？余曰然哉，克念則是。隱辭奥義，相與剖析，探本窮原，夜以繼日[一]。君喜謂予，昔迷今悟，昔陷多岐，今由大路。嗚呼絶學，幾年于兹，孰沿孰繹[二]，君獨奮而。古稱豪傑，無文猶興，有如君者，無愧斯稱。當是之時，君疾已搆，忍痛扶孱，精微日究。人或勸君，盍亦休只？君曰何哉？夕死可矣。君遂疾告，我亦南行。君與世傑，訪予陽明。君疾亦篤，遂留杭城。天不與道，善類云傾。嗚呼痛哉！嗚呼痛哉！時予祖母，亦嬰危疾，湯藥自須，風江阻涉。君喪遂行，靡由一訣，扶櫬而南，事在世傑。負恨負愧，予復何説。嗟予顓弱，實賴友朋，砥礪切磋，庶幾有成。死者生者，索居離群[三]，静言永懷，中心若焚。墓草再青，甫兹馳奠，遥望嶺雲，有淚如霰。嗚呼哀哉，予復何言。尚饗！

祭浰頭山神文　戊寅

維正德十三年戊寅，二月十五日甲申，提督軍務都御史王某，謹以剛鬣柔毛，昭告于浰頭山

[一] 夜以繼日　人大本、九大本、黄本、閭本、范本、聞本、宋本、邵本作「夜以日繼」。
[二] 孰沿孰繹　「孰繹」，國圖本、天圖本、叢刊本訛作「就繹」。
[三] 死者生者索居離群　黄本、閭本、范本「居」作「焉」；人大本作「死者永訣，生者離群」。

川之神。惟廣谷大川，阜財興物，以域民畜衆，故古者諸侯祭封内山川，亦惟其有功於民。然地靈則人傑，人之無良，亦足以爲山川之羞。兹土爲盜賊所盤據，且數十年，遠近之稱浰頭者，皆曰賊巢，耻莫大焉。是豈山川之罪哉？雖然，清洌之井，糞穢而不除，久則同於厠溷矣[一]；丹鳳之穴，鴟狐聚而不去，久則化爲妖窟矣。糞穢之所，過者掩鼻；妖孽之窟，人將持刃燔燎，環而攻之。何者？其積聚招致使然也。誠使除其糞穢，刮剜滌蕩，將不終朝而復其清洌；鴟狐逐而鸞鳳歸，妖孽之窟，還爲孕祥育瑞之所矣。今兹土之山川，亦何以異於是？

守仁奉天子明命，來鎮四陲[二]，憤浰賊之兇悖，民苦荼毒，無所控籲，故遹者計擒渠魁，提兵搗其巢穴，所向克捷，動獲如志。斯固人怨神怒，天人順應之理[三]，將或兹土山川之神厭惡兇殘，思一洗其積辱[四]，陰有以相協，假手於予。今駐兵於此，彌月餘旬，雖巢穴悉已掃蕩，擒斬十且八九，然漏殄之徒尚有潛逃，小民不能無怨于山川之神爲之逋逃主萃淵藪也。今予提兵

[一] 久則同於厠溷矣　「厠」，九大本作「斯」。

[二] 來鎮四陲　「四」，通行本作「西」。

[三] 天人順應之理　「順應」，人大本、九大本、黄本、閭本、董本、范本、聞本、宋本、邵本作「應順」。

[四] 思一洗其積辱　「一」，國圖本、天圖本、叢刊本、文淵閣本、摛藻堂本作「欲」。

深入，豈獨除民之害，亦爲山川之神雪其耻。夫安舊染，棄新圖，非中人之情，而況於鬼神乎？今此殘徒，勢窮力屈，亦方遣人投招，將順而撫之，則慮其無革心之誠，復遺患於日後；逆而弗受[一]，又恐其或出於誠心，殺之有不忍也。神其陰有以相協，使此殘寇而果誠心邪，即益佑其衷[二]，俾盡携其黨類，自縛來投，若水之赴壑，予將隄沿停畜之。如其設詐懷奸，即陰奪其魄，張我軍威，風驅電掃，一鼓而殲之。茲惟下民之福，亦惟神明之休。壇而祀之，神亦永永無怍，惟神實鑒圖之。尚饗！

祭徐曰仁文　戊寅

嗚呼痛哉！曰仁，吾復何言！爾言在吾耳，爾貌在吾目，爾志在吾心，吾終可奈何哉？記爾在湘中還，嘗語予以壽不能長久。予詰其故，云嘗遊衡山，夢一老瞿曇撫曰仁背，謂曰「子與顔子同德」，俄而曰「亦與顔子同壽」，覺而疑之。予曰：「夢耳，子疑之，過也。」曰仁曰：「此亦可奈何？但今得告疾，早歸林下，冀從事於先生之教，朝有所聞，夕死可矣。」嗚呼！吾以爲

[一] 逆而弗受　黄本脱「受」字，董本「受」作「聽」，范本作「内」。

[二] 即益佑其衷　國圖本、天圖本、叢刊本、文淵閣本、摛藻堂本「益」作「陰」；董本「佑」作「牖」。

是固夢耳，孰謂乃今而竟如所夢邪？向之所云，其果夢邪？今之所傳，其果真邪？今之所傳，亦果夢邪？向之所夢，亦果妄邪？嗚呼痛哉！

曰仁嘗語予：「道之不明，幾百年矣。今幸有所見，而又卒無所成，不亦尤可痛乎？願先生早歸陽明之麓，與二三子講明斯道，以誠身淑後。」予曰：「吾志也。」自轉官南贛，即欲過家堅卧不出。曰仁曰：「未可，紛紛之議方馳，先生且一行。愛與二三子姑爲饘粥計[一]，先生了事而歸。」嗚呼！孰謂曰仁而乃先止於是乎？吾今縱歸陽明之麓，孰與予共此志矣？二三子又且離群而索居，吾言之而孰聽之？吾倡之而孰和之？吾知之而孰問之？吾疑之而孰思之？嗚呼！吾無與樂餘生矣。吾已無所進，曰仁之進未量也。天而喪予也，則喪予矣，而又喪吾曰仁，何哉？天胡酷且烈也！嗚呼痛哉！朋友之中，能復有知予之深，信予之篤，如曰仁者乎？夫道之不明也，由於不知不信，使吾道而非邪，則已矣；吾道而是邪，吾能無蘄於人之不予知予信乎？

自得曰仁訃，蓋哽咽而不能食者兩日，人皆勸予食。嗚呼！吾有無窮之志，恐一旦遂死不克就，將以托之曰仁，而曰仁今則已矣。曰仁之志，吾知之，幸未即死，又忍使其無成乎？於是復

[一] 愛與二三子　「愛」，國圖本、天圖本、叢刊本、文淵閣本、摛藻堂本訛作「爰」。

强食。嗚呼痛哉！吾今無復有意於人世矣。姑俟冬春之交[一]，兵革之役稍定，即拂袖而歸陽明。二三子苟有予從者，尚與之切磋砥礪，務求如平日與曰仁之所云。縱舉世不以予爲然者，亦且樂而忘其死，惟百世以俟聖人而不惑耳。曰仁有知，其尚能啓予之昏，而警予之惰邪？嗚呼痛哉！予復何言！

祭孫中丞文 己卯

嗚呼！弇阿苟容，生也何庸！慷慨激烈，死也何恫！勤勞施於國，而惠澤被於民，孰謂公之死而非生乎？守臣節以無虧，秉大義而不屈，孰謂公之歸而非全乎？方逆焰之已炎，公蓋力撲其燎原之勢而不能，屢疏乞免，又不獲請，則旁行曲成，冀緩其怒，而徐爲之圖。蓋公處事之權，而人或未之盡知也。比其當危臨難，伏節申忠，之死靡回，然後見公守道之常，心迹如青天白日，而天下之人始洞然無疑矣。

嗚呼！逆藩之謀，積之十有餘年，而敗之旬日，豈守仁之知謀才力能及此哉[二]？是固祖宗

[一] 姑俟冬春之交　「春」，國圖本、天圖本、叢刊本、文淵閣本、摛藻堂本訛作「夏」。

[二] 豈守仁之知謀才力能及此哉　「哉」，國圖本、天圖本、叢刊本、文淵閣本、摛藻堂本作「乎」。

之德澤，朝廷之神武，而公之精忠憤烈，陰助默相於冥冥之中，是亦未可知也。公之子挾刃赴仇，奔走千里，至則逆賊已擒，遂得改殯正斂，扶公櫬而還，父子之間，忠孝兩無所媿矣，亦何憾哉？守仁於公，既親且友，同舉於鄉，同官於部，今又同遭是難，豈偶然哉？靈輀將發，薄奠寫哀，言有盡而意無窮。嗚呼！

祭外舅介庵先生文 辛巳

嗚呼！自公之葬茲土，逮今二十有六年，乃始復一拜墓下。中間盛衰之感，死喪之戚[一]，險夷之變，聚散之情，可悲可愕，可扼腕而流涕者，何可勝道？嗚呼傷哉！死者日以遠，生者日以謝，而少者日以老矣。自今以往，其可悲可愕，可扼腕而流涕者，其又可勝道耶？二十六年而始獲一拜，自今以往，獲拜公之墓下者，知復能幾？嗚呼傷哉！惟是公之子姓群然集於墓下，皆鸞停鶴峙，振羽翮而翱乎雲霄未已也。所以報純德而慰公于地下者，庶亦在茲已乎。某奉召北行，便道歸省，甫申展謁，輒已告辭。言有盡而意無窮，顧瞻丘壠，豈勝淒斷。尚饗！

[一] 死喪之戚 「喪」，國圖本、天圖本、叢刊本、文淵閣本、摛藻堂本作「生」。

祭文相文

嗚呼！文相邁往直前之氣，足以振頹靡而起退懦；通敏果决之才，足以應煩劇而解紛拏；激昂奮迅之談，足以破支辭而折多口。此文相之所以超然特出乎等夷，而世之人亦方以是而稱文相者也。然吾之所望於文相，則又寧止於是而已乎？與文相别數年矣，去歲始復一會於江滸，握手半日之談，豁然遂破百年之惑，一何快也！吾方日望文相，反其邁往直前之氣，以内充其寬裕温厚之仁；歛其通敏果决之才，以自昭其文理密察之智；收其奮迅激昂之辯，以自全其發强剛毅之德；固將日趨於和平，而大會於中正，斯乃聖賢之德之歸矣。豈徒文章氣節之士而已乎？惜乎！吾見其進而未見其止也。一疾奄逝，豈不痛哉！聞訃，實欲渡江一慟，以舒永訣之哀。暑病且冗，欲往不能，臨風長號，有淚如雨。嗚呼文相，予復何言！

又祭徐曰仁文 甲申

嗚呼曰仁！别我而逝兮，十年于今。葬兹丘兮，宿草幾青。我思君兮一來尋，林木拱兮山日深，君不見兮，窅嵯峨之雲岑。四方之英賢兮日來臻，君獨胡爲兮，與鶴飛而猿吟？憶麗澤兮欷歆，奠椒醑兮松之陰，良知之説兮聞不聞？道無間於隱顯兮，豈幽明而異心？我歌白雲兮，誰同此音？

祭國子助教薛尚哲文[一] 甲申

嗚呼！良知之學不明於天下，幾百年矣。世之學者，蔽於見聞習染，莫知天理之在吾心，而無假於外也。皆舍近求遠，舍易求難，紛紜交鶩，以私智相高，客氣相競，日陷於禽獸夷狄而不知。間有獨覺其非，而略知反求其本源者[二]，則又群相詬笑[三]，斥爲異學。嗚呼！可哀也已。蓋自十餘年來，而海内同志之士，稍知講求於此，則亦如晨星之落落[四]，乍明乍滅，未見其能光大也。

潮陽在南海之濱，聞其間亦有特然知向之士，而未及與見，間有來相見者，則又去來無常。自君之弟尚謙始從予於留都，朝夕相與者三年，歸以所聞於予者語君。君欣然樂聽不厭，至忘寢

[一] 薛尚哲　王本、九大本作「薛尚節」，總目、黄本、閭本、董本、范本、宋本、邵本作「薛尚賢」。

[二] 而略知反求其本源者　「其」，王本、九大本作「於」。

[三] 則又群相詬笑　「詬」，王本、九大本作「詆」。

[四] 則亦如晨星之落落　王本、九大本無「如」字。

食，脱然棄其舊業如敝屣。君素篤學高行，爲鄉邦子弟所宗依[一]，尚謙自幼受業焉。至是聞尚謙之言[二]，遂不知己之爲兄，尚謙之爲弟；己之嘗爲尚謙師，而尚謙之嘗師於己也；盡使其群弟子姪來學於予[三]，而君亦躬枉辱焉。非天下之大勇，能自勝其有我之私，而果於徙義者，孰能與於此哉！自是其邑之士[四]，若楊氏兄弟，與諸後進之來者[五]，源源以十數。海内同志之盛，莫有先於潮陽者[六]，則實君之昆弟之爲倡也[七]。其有功於斯道，豈小小哉！方將因藉毗賴[八]，以共明此學，而君忽逝矣。其爲同志之痛，何可言哉[九]！雖然，君於斯道亦既有聞，

[一] 爲鄉邦子弟所宗依　王本、九大本「鄉邦子弟」作「遠近」。
[二] 至是聞尚謙之言　「言」，王本、九大本作「論」。
[三] 盡使其群弟子姪來學於予　「群弟子姪」，國圖本、天圖本、叢刊本、文淵閣本、擒藻堂本作「群子弟姪」。
[四] 自是其邑之士　「邑」，王本、九大本作「鄉」。
[五] 與諸後進之來者　王本、九大本「來」下有「從」字。
[六] 莫有先於潮陽者　王本、九大本無「陽」字。
[七] 則實君之昆弟之爲倡也　王本、九大本作「則皆君之昆弟實爲之倡也」。
[八] 方將因藉毗賴　「因藉毗賴」，王本、九大本作「憑籍毗倚」。
[九] 何可言哉　王本、九大本作「可勝道哉」。

則夕死無憾矣。其又奚悲乎？吾之所爲長號涕洟而不能自已者[一]，爲吾道之失助焉耳。天也，可如何哉[二]！相望千里，靡由走哭，因風寄哀，言有盡而意無窮。嗚呼哀哉！

祭朱守忠文 甲申

嗚呼！聖學之不明也久矣。予不自量，犯天下之詆笑，而冒非其任，恃以無恐者，謂海内之同志，若守忠者，爲之胥附先後[三]，終將必有所濟也。而自十餘年來，若吾姚之徐曰仁、潮陽之鄭朝朔、楊仕德、武陵之冀惟乾者，乃皆相繼物故。其餘諸同志之尚存足可倚賴者[四]，又皆離群索居，不能朝夕相與，以資切磋砥礪之益。今守忠又復棄我而逝，天其或者既無意於斯文已乎？何其善類之難合而易睽，善人之難成而易喪也？嗚呼痛哉！守忠之於斯道，既已識其大者，又能樂善不倦，旁招博采，引接同志，而趨之同歸於善，若

[一] 吾之所爲長號涕洟而不能自已者 「長號」，王本、九大本作「傷痛」。
[二] 可如何哉 王本、九大本無「哉」字。
[三] 爲之胥附先後 「胥」，王本作「疏」。
[四] 其餘諸同志 「其」，王本作「而」。

飢渴之於飲食，視天下之務，不啻其家事，每欲以身徇之。今兹之没也，實以驅賊山東，晝夜勞瘁，至隕其身而不顧。嗚呼痛哉！始守忠之赴山東也，過予而告别，云：「節於先生之學，誠有終身几席之願，顧事功之心，猶有未能脱然者，先生將何以裁之？」予曰：「君子之事，進德修業而已。雖位天地，育萬物，皆己進德之事，故德業之外，無他事功矣。乃若不由天德，而求騁於功名事業之場，則亦希高慕外。後世高明之士，雖知向學，而未能不爲才力所使者，猶不免焉。守忠既已心覺其非，固當不爲所累矣。」嗚呼！豈知竟以是而忘其身乎？守忠之死，蓋禦災捍患而死勤事，能爲忠臣志士之所難能矣。而吾猶以是爲憾者，痛吾道之失助，爲海内同志之不幸焉耳。嗚呼痛哉！靈輀云邁，一奠永訣。豈無良朋，孰知我心之悲？嗚呼痛哉！

祭洪襄惠公文

嗚呼！公以雄特之才，豪邁之氣，際明良之會，致位公孤，勳業振於當時，聲光被於遠邇，功成身退，全節令終。若公真可謂有濟時之具，而爲一世之傑矣。悲夫！才之難成也，干雲合抱，豈歲月所能致？任之棟梁，已不爲不見用矣。又輟而置之閒散者十餘年，不亦大可惜也乎？天豈以公有克肖之子，將斂其所未盡者，而大發諸其後人也乎？公優游林下，以樂太平之盛，其没也，天子錫之祭葬，褒以美謚，生榮死哀，亦復何憾矣？而予獨不能無悲且感者，方公之生，人皆知公之才美，而忌者抑之，使不得盡用，時之人顧亦槩然視之，曾不知以爲意。嗚呼！豈知其没也，遂一仆而不可復起矣。老成典刑，爲世道計者，能無悲傷乎哉？先君子素與於公，守仁雖晚，亦辱公之知愛。公子嘗以公之墓銘見屬，曾不能發揚盛美，兹公之葬，又不能奔走執紼，馳奠一觴，聊以寓其不盡之衷焉爾。嗚呼哀哉。尚饗！

祭楊士鳴文 丙戌

嗚呼士鳴，吾見其進也，而遽見其止邪？往年士德之歿，吾已謂天道之無知矣。今而士鳴又相繼以逝，吾安所歸咎乎？嗚呼痛哉！忠信明睿之資，一郡一邑之中，不能一二見，而顧萃於一家之兄弟，又皆與聞斯道，以承千載之絶學，此豈出於偶然者？固宜使之得志大行，發聖學之光輝，翼斯文於悠遠。而乃栽培長養，則若彼其艱；而傾覆摧折，又如此其易。其果出於偶然，倏聚倏散，而天亦略無主宰於其間邪？嗚呼痛哉！

潮郡在南海之涯，一郡耳。一郡之中，有薛氏之兄弟子姪，既足盛矣，而又有士鳴之昆季，其餘聰明特達，毅然任道之器，後先頡頏而起者以數十。其山川靈秀之氣，殆不能若是其淑且厚，則亦宜有盈虚消息於其間矣乎？士鳴兄弟，雖皆中道而逝，然今海内善類，孰不知南海之濱有楊士德、士鳴者，爲成德之士，如祥麟瑞鳳，争一睹之爲快，因而向風興起者比比。則士鳴昆季之生，其潛啓默相，以有績於斯道，豈其微哉？彼黄馘槁甕，與草木同腐者，又何可勝數，求如士鳴昆季一日之生以死，又安可得乎？嗚呼！道無生死，無去來，士鳴則既聞道矣，其生也奚以喜？其死也奚以悲？獨吾黨之失助，而未及見斯道之大行也，則吾亦安能以無一慟乎？嗚呼痛哉！

祭元山席尚書文　丁亥

嗚呼！元山真可謂豪傑之士，社稷之臣矣。世方没溺於功利辭章，不復知有身心之學，而公獨超然遠覽，知求絶學于千載之上。世方黨同伐異，徇俗苟容，以鈎聲避毁，而公獨卓然定見，惟是之從，蓋有舉世非之而不顧。世方植私好利，依違反覆，以壟斷相與，而公獨世道是憂，義之所存，冒孤危而必吐心之所宜，經百折而不回[一]。蓋其所論，雖或亦有動於氣，激於憤[二]，

[一] 經百折而不回　「經」，王本、黄本、閭本、董本、范本、聞本作「徑」。

[二] 激於憤　「憤」，國圖本、天圖本、叢刊本、文淵閣本、摛藻堂本作「忿」。

而其心事磊磊，則如青天白日，洞然可以信其無他。世方媢嫉讒險[一]，排勝己以嫉高明，而公獨誠心樂善，求以伸人之才，而不自知其身之爲屈；求以進賢於國，而不自知怨謗之集於其身。蓋所謂「斷斷休休，人之有技，若己有之」者，此大臣之盛德，自古以爲難，非獨近世之所未見也。

嗚呼！世固有有君而無臣，亦有有臣而無君者矣。以公之賢，而又遭逢主上之神聖，知公之深而信公之篤，不啻金石之固，膠漆之投，非所謂明良相逢，千載一時者歟？是何天意之不可測，其行之也，方若巨艦之遇順風；而其傾之也，忽中流而折檣舵。其植之也，方爾枝葉之敷榮；而摧之也，遂根株而蹶拔。其果無意於斯世斯人也乎？嗚呼痛哉！嗚呼痛哉[二]！

某之不肖[三]，屢屢辱公過情之薦，自度終不能有濟於時，而徒以爲公知人之累，每切私懷慚愧。又憶往年，與公論學於貴州[四]，受公之知實深[五]。近年以來，覺稍有所進，思得與公一面，

[一] 世方媢嫉讒險 「嫉」，王本作「諱」。
[二] 嗚呼痛哉 王本無「嗚呼」二字。
[三] 某之不肖 「某」，王本作「守仁」。
[四] 貴州 王本作「貴竹」。
[五] 受公之知實深 「實」，王本作「寂」。

少叙其愚，以求質正，斯亦千古之一快，而公今復已矣。嗚呼痛哉！聞公之訃，不能奔哭，千里設位，一慟割心。自今以往，進吾不能有益于君國〔一〕，退將益修吾學，期終不負知己之報而已矣。嗚呼痛哉！言有盡而意無窮。嗚呼痛哉！

祭吴東湖文 丁亥

嗚呼吴公！吾不可得而見之矣。公之才，如干將、莫邪，隨其所試，皆迎刃而解；公之志，如長川逝河，信其所趣，雖百折不回；公之節，如堅松古柏，必歲寒而後見；公之學，如深林邃谷，必窮探而始知。自其筮仕，迄於退休，歘歷中外，幾於四十年，而天下皆以爲未能盡公之才；登陟崇顯，至於大司空，而天下皆以爲未能行公之志。雖未嘗捐軀喪元，而天下信其有成仁死義之勇；雖未嘗講學論道，而天下知其有闢邪衛正之心。嗚呼！若公者，真可謂一世之豪傑，無所待而興者矣。某於公，未獲傾蓋而向慕滋切，未獲識公之面，而久已知公之心。公於某，其教愛勤惓，不特篇章之稠疊，而過情推引，亦復薦剡之頻煩。長愧菲薄，何以承公之教，而懼其終不免爲知

〔一〕進吾不能有益于君國　王本無「于」字。

人之累也。今兹承乏是土而來，正可登堂請謝，論心求益，而公則避我長逝已一年矣。嗚呼傷哉！幸與公並生斯世，而復終身不及一面，茫茫天壤，竟成千古之神交，豈不痛哉！薄奠一觴，以哭我私。公神有知，尚來格斯！

祭永順保靖土兵文[一] 戊子

維湖廣永順、保靖二司之土兵，多有物故於南寧諸處者。嘉靖七年六月十五日乙卯，欽差總制四省軍務、尚書、左都御史、新建伯王，委南寧府知府蔣山卿等，告於南寧府城隍之神，使號召諸物故者之魂魄，以牛二、羊四、豕四，祭而告之曰：

嗚呼！諸湖兵壯士，傷哉！爾等皆勤國事，而來死於兹土，山谿阻絶，不能一旦歸見其父母妻子，旅魂飄飖於異域，無所依倚。嗚呼傷哉[二]！三年之間，兩次調發，使爾絡繹奔走於道途，不獲顧其家室，竟死客鄉，此我等上官之罪也。復何言哉！復何言哉！古者不得已而後用兵，先

[一] 保靖 底本訛作「寶靖」，據文淵閣本、摛藻堂本改，正文仿此。
[二] 嗚呼傷哉 「傷」，國圖本、天圖本、叢刊本、文淵閣本、摛藻堂本作「痛」。

王不忍一夫不獲其所，況忍群驅無辜之赤子而填之於溝壑？且兵之爲患，非獨鋒鏑死傷之酷而已也。所過之地，皆爲荆棘；所住之處，遂成塗炭；民之毒苦，傷心慘目，可盡言乎？邇者思、田之役，予所以必欲招撫之者，非但以思、田之人無可剿之罪，於義在所當撫，亦正不欲無故而驅爾等於兵刃之下也。而爾等竟又以疾病物故於此，則豈非命耶？嗚呼傷哉！人孰無死，豈必窮鄉絶域能死人乎？今人不出户庭，或飲食傷多，或逸欲過節，醫治不痊亦死矣。今爾等之死，乃因驅馳國事，捍患禦侮而死，蓋得其死所矣。古之人固有願以馬革裹尸，不願死於婦人女子之手者。若爾等之死，真無愧於馬革裹尸之言矣。嗚呼壯士！爾死何憾乎？

今爾等徒侣，皆已班師去矣。爾等游魂漂泊，正可隨之西歸，爾等尚知之乎？爾等其收爾游魂，歛爾精魄，駕風逐霧，隨爾徒侣去歸其鄉。依爾祖宗之墳墓，以棲爾魂；享爾妻子之蒸嘗，以庇爾後。爾等徒侣或有征調之役，則爾等尚鼓爾生前義勇之氣，以陰助爾徒侣，立功報國，爲民除患，豈不生爲壯烈之夫，而没爲忠義之士也乎？予因疾作，不能親臨祭所一哭爾等，以舒予傷感之懷，臨文悽愴，涕下沾臆。今委知府布告予衷，爾等有靈，尚知之乎？嗚呼傷哉！

祭軍牙六纛之神文 戊子[一]

惟神秉揚神武，三軍司命。今制度聿新，威靈丕振。伏惟仰鎮國家，緝定禍亂，平服蠻夷，以永無窮之休。尚饗！

祭南海文 戊子

天下之水，萃于南海，利濟四方，涵濡萬類。自有天地，厥功爲大。今皇聖明，露降河清。我實受命，南荒以平。陰陽表裏，維海效靈。乃陳牲帛，厥用告成。尚饗！

祭六世祖廣東參議性常府君文 戊子

於維我祖，效節於高皇之世，肇禋茲土，歲久淪蕪。無寧有司之不遑，實我子孫門祚衰微，弗克靈承顯揚。蓋冥迷昏隔者八九十年，言念愴惻，子孫之心，亦徒有之。恭惟我祖，晦迹長遁，迫而出仕，務盡其忠，豈曰有身没之祀？父死於忠，子殫其孝，各安其心，白刃不見，又知有一

[一] 戊子 總目作「丁亥」。

祀之榮乎[一]？顧表揚忠孝，樹之風聲，實良有司修舉國典，以宣流王化之盛美，我祖之烈，因以復彰。見人心之不泯，我子孫亦藉是獲申其愴鬱，永有無窮之休焉。及兹廟成，而末孫某適獲來蒞，事若有不偶然者。我祖之道，其殆自兹而昌乎？某承上命，來撫是方，上無補於君國，下無益於生民，循例省績[二]，實懷多慚，至於心之不敢以不自盡，則亦求無忝於我祖而已矣。承事之餘，敢告不忘。以五世祖秘湖漁隱先生彦達府君配□[三]。尚饗！

[一] 又知有一祀之榮乎　「祀」，黄本、閭本、范本作「祝」。

[二] 循例省績　「例」，胡本爲墨釘，黄本、閭本、董本、范本、聞本、鄒本、宋本、邵本作「事」，文淵閣本、摛藻堂本作「分」。

[三] 以五世祖秘湖漁隱先生彦達府君配□　「配□」，黄本、閭本、董本、范本作「配食」，聞本、鄒本、胡本、宋本、邵本作「配合」。

王文成公全書卷之二十六

續編一

門人餘姚錢德洪 編次
安成鄒守益 葺録
泰和歐陽德 校正
山陰王畿 增葺
餘姚嚴中 考訂

德洪葺師文録，始刻于姑蘇，再刻于越，再刻于天真，行諸四方久矣。同志又以遺文見寄，俾續刻之。洪念昔葺師録，同門已病太繁，兹録若可緩者。既而伏讀三四，中多簡書墨迹，皆尋常應酬、瑣屑細務之言，然而道理昭察[一]，仁愛惻怛，有物各付物之意。此師無行不與，四時行而百物生，言雖近而旨實遠也。且師没既久，表儀日隔，苟得一紙一墨，如親面覿。況當今師學大明，四方學者，徒喜領悟之易，而未究其躬踐之實，或有離倫彝日用，樂懸虚妙頓以爲得者，讀此能無省然激衷？此吾師中行之證也，而又奚以太繁爲病邪？同門唐子堯臣僉憲吾浙，嘗謀刻未遂。今年九月，虬峰謝君來按吾浙，刻師全書，檢所未録盡刻之[二]，凡五卷，題曰文録續編。師胤子王正億，嘗録陽明先生家乘，凡三卷，今更名世德紀，并刻於全書末卷云[三]。隆慶壬申一陽日[四]，德洪百拜識。

[一] 然而道理昭察　「道」，徐本作「文」。
[二] 今年九月……檢所未録盡刻之　徐本作「今年十月，洪過嘉禾，郡侯徐君必進方與諸生講學于育才别館。洪出示之，遂捐俸入梓，以嘉惠多士」。
[三] 今更名世德紀并刻於全書末卷云　徐本作「并刻之」。
[四] 隆慶壬申一陽日　徐本作「嘉靖丙寅一陽日」。

大學問

吾師接初見之士，必借學、庸首章以指示聖學之全功，使知從入之路。師征思、田將發，先授大學問，德洪受而録之[一]。

「大學者，昔儒以爲大人之學矣，敢問大人之學，何以在於『明明德』乎？」

陽明子曰：「大人者，以天地萬物爲一體者也，其視天下猶一家，中國猶一人焉。若夫間形骸而分爾我者，小人矣。大人之能以天地萬物爲一體也，非意之也，其心之仁本若是，其與天地萬物而爲一也。豈惟大人，雖小人之心亦莫不然，彼顧自小之耳。是故見孺子之入井，而必有怵惕惻隱之心焉，是其仁之與孺子而爲一體也；孺子猶同類者也，見鳥獸之哀鳴觳觫，而必有不忍之心焉，是其仁之與鳥獸而爲一體也；鳥獸猶有知覺者也，見草木之摧折，而必有憫恤之心焉，是其仁之與草木而爲一體也；草木猶有生意者也，見瓦石之毁壞，而必有顧惜之心焉，是其仁之與瓦石而爲一體也。是其一體之仁也，雖小人之心亦必有之。是乃根於天命之性，而自然靈昭不昧者也，是故謂之『明德』。小人之心，既已分隔隘陋矣，而其一體之仁猶能不昧若此者，是其

[一] 王本無此小序。

未動於欲，而未蔽於私之時也[一]。及其動於欲、蔽於私，而利害相攻，忿怒相激，則將戕物圮類，無所不爲，其甚至有骨肉相殘者，而一體之仁亡矣。是故苟無私欲之蔽，則雖小人之心，而其一體之仁，猶大人也；一有私欲之蔽，則雖大人之心，而其分隔隘陋，猶小人矣。故夫爲大人之學者，亦惟去其私欲之蔽，以自明其明德，復其天地萬物一體之本然而已耳。非能於本體之外，而有所增益之也。」

曰：「然則何以在『親民』乎？」

曰：「明明德者，立其天地萬物一體之體也；親民者，達其天地萬物一體之用也。故明明德必在於親民，而親民乃所以明其明德也。是故親吾之父，以及人之父，以及天下人之父，而後吾之仁實與吾之父、人之父，與天下人之父而爲一體矣。實與之爲一體，而後孝之明德始明矣。親吾之兄，以及人之兄，以及天下人之兄，而後吾之仁實與吾之兄、人之兄，與天下人之兄而爲一體矣。實與之爲一體，而後弟之明德始明矣。君臣也，夫婦也，朋友也，以至於山川鬼神、鳥獸草木也，莫不實有以親之，以達吾一體之仁，然後吾之明德始無不明，而真能以天地萬物爲一體矣。夫是之謂『明明德於天下』，是之謂『家齊國治而天下平』，是之謂『盡性』。」

[一] 而未蔽於私之時也　王本無「於私」二字。

曰：「然則又烏在其爲『止至善』乎？」

曰：「至善者，明德、親民之極則也。天命之性，粹然至善，其靈昭不昧者，皆其至善之發見[一]，是乃明德之本體，而即所謂良知者也。至善之發見，是而是焉，非而非焉，輕重厚薄，隨感隨應，變動不居，而亦莫不自有天然之中，是乃民彝物則之極，而不容少有議擬增損於其間也。少有議擬增損於其間[二]，則是私意小智，而非至善之謂矣。自非慎獨之至，惟精惟一者，其孰能與於此乎？後之人惟其不知至善之在吾心，而用其私智，以揣摸測度於其外，以爲事事物物各有定理也。是以昧其是非之則，支離決裂，人欲肆而天理亡，明德、親民之學遂大亂於天下。蓋昔之人固有欲明其明德者矣，然惟不知止於至善，而鶩其私心於過高，是以失之虚罔空寂，而無有乎家國天下之施，則二氏之流是矣；固有欲親其民者矣，然惟不知止於至善，而溺其私心於卑瑣，是以失之權謀智術，而無有乎仁愛惻怛之誠，則五伯功利之徒是矣。是皆不知止於至善之過也。故止至善之於明德、親民也，猶之規矩之於方圓也，尺度之於長短也，權衡之於輕重也。

[一] 皆其至善之發見　「皆」，國圖本、天圖本、叢刊本、文淵閣本、摛藻堂本作「此」。

[二] 少有議擬增損於其間　「議擬」，國圖本、天圖本、叢刊本、文淵閣本、摛藻堂本作「擬議」；文淵閣本、摛藻堂本上句「議擬」亦作「擬議」。

故方圓而不止於規矩，爽其則矣；長短而不止於尺度，乖其劑矣；輕重而不止於權衡，失其準矣；明明德、親民而不止於至善，亡其本矣。故止於至善，以親民而明其明德，是之謂大人之學。」

曰：「『知止而後有定，定而後能静，静而後能安，安而後能慮，慮而後能得』，其説何也？」

曰：「人惟不知至善之在吾心，而求之於其外，以爲事事物物皆有定理也，而求至善於事事物物之中，是以支離決裂，錯雜紛紜，而莫知有一定之向。今焉既知至善之在吾心，而不假於外求，則志有定向，而無支離決裂、錯雜紛紜之患矣。無支離決裂、錯雜紛紜之患，則心不妄動而能静矣。心不妄動而能静，則其日用之間，從容閑暇而能安矣。能安，則凡一念之發，一事之感，其爲至善乎，其非至善乎，吾心之良知，自有以詳審精察之而能慮矣。能慮，則擇之無不精，處之無不當，而至善於是乎可得矣。」

曰：「『物有本末』，先儒以明德爲本，新民爲末，兩物而内外相對也。『事有終始』，先儒以知止爲始，能得爲終，一事而首尾相因也。如子之説，以新民爲親民，則本末之説，亦有所未然歟？」

曰：「終始之説，大略是矣。即以新民爲親民，而曰明德爲本，親民爲末，其説亦未爲不可，但不當分本末爲兩物耳。夫木之榦謂之本，木之梢謂之末，惟其一物也，是以謂之本末。若曰兩物，則既爲兩物矣，又何可以言本末乎？新民之意，既與親民不同，則明德之功，自與新民爲二。若知明明德以親其民，而親民以明其明德，則明德親民[一]，焉可析而爲兩乎？先儒之說，是蓋不知明德親民之本爲一事，而認以爲兩事，是以雖知本末之當爲一物，而亦不得不分爲兩物也。」

曰：「『古之欲明明德於天下者』，以至於『先修其身』，以吾子明德親民之說通之，亦既可得而知矣。敢問『欲修其身』以至於『致知在格物』，其工夫次第，又何如其用力歟？」

曰：「此正詳言明德、親民、止至善之功也。蓋身、心、意、知、物者，是其工夫所用之條理，雖亦各有其所，而其實只是一物。格、致、誠、正、修者，是其條理所用之工夫，雖亦皆有其名，而其實只是一事。何謂身？心之形體運用之謂也。何謂心？身之靈明主宰之謂也。何謂修身？爲善而去惡之謂也。吾身自能爲善而去惡乎？必其靈明主宰者欲爲善而去惡，然後其形體運用者始能爲善而去惡也。故欲修其身者，必在於先正其心也。然心之本體則性也，性無不善，則心之本體，本無不正也。何從而用其正之之功乎？蓋心之本體，本無不正，自其意念發動而後有不正。故欲正其心者，必就其意念之所發而正之。凡其發一念而善也，好之真如好好色；發一念而惡也，惡之真如惡惡臭；則意無不誠而心可正矣。然意之所發，有善有惡，不有以明其善惡之分，亦將真

[一] 則明德親民　「明」，國圖本、天圖本、叢刊本、摛藻堂本訛作「民」。

妄錯雜，雖欲誠之，不可得而誠矣。故欲誠其意者，必在於致知焉。致者，至也，如云『喪致乎哀』之『致』。易言『知至至之』，知至者，知也；至之者，致也。致知云者，非若後儒所謂充廣其知識之謂也，致吾心之良知焉耳。良知者，孟子所謂『是非之心，人皆有之』者也。是非之心，不待慮而知，不待學而能，是故謂之良知。是乃天命之性，吾心之本體，自然靈昭明覺者也。凡意念之發，吾心之良知無有不自知者。其善歟，惟吾心之良知自知之；其不善歟，亦惟吾心之良知自知之；是皆無所與於他人者也。故雖小人之爲不善，既已無所不至，然其見君子則必厭然，揜其不善而著其善者，是亦可以見其良知之有不容於自昧者也。今欲別善惡以誠其意，惟在致其良知之所知焉爾。何則？意念之發，吾心之良知既知其爲善矣，使其不能誠有以好之，而復背而去之，則是以善爲惡，而自昧其知善之良知矣。意念之所發，吾之良知既知其爲不善矣，使其不能誠有以惡之，而復蹈而爲之，則是以惡爲善，而自昧其知惡之良知矣。若是，則雖曰知之，猶不知也，意其可得而誠乎？今於良知所知之善惡者，無不誠好而誠惡之，則不自欺其良知而意可誠也已。然欲致其良知，亦豈影響恍惚，而懸空無實之謂乎？是必實有其事矣。故致知必在於格物。物者，事也。凡意之所發，必有其事，意所在之事謂之物。格者，正也，正其不正，以歸於正之謂也。正其不正者，去惡之謂也；歸於正者，爲善之謂也；夫是之謂格。書言『格于上下』、

『格于文祖』、『格其非心』，『格物』之『格』，實兼其義也。良知所知之善，雖誠欲好之矣，苟不即其意之所在之物而實有以爲之，則是物有未格，而好之之意猶爲未誠也。良知所知之惡，雖誠欲惡之矣，苟不即其意之所在之物而實有以去之，則是物有未格，而惡之之意猶爲未誠也。今焉於其良知所知之善者，即其意之所在之物而實爲之，無有乎不盡；於其良知所知之惡者，即其意之所在之物而實去之，無有乎不盡。然後物無不格，而吾良知之所知者，無有虧缺障蔽，而得以極其至矣。夫然後吾心快然，無復餘憾而自謙矣；夫然後意之所發者，始無自欺而可以謂之誠矣。故曰：『物格而後知至，知至而後意誠，意誠而後心正，心正而後身修。』蓋其功夫條理，雖有先後次序之可言，而其體之惟一，實無先後次序之可分；其條理功夫，雖無先後次序之可分，而其用之惟精，固有纖毫不可得而缺焉者。此格致誠正之說，所以闡堯舜之正傳，而爲孔氏之心印也。」

德洪曰：大學問者，師門之教典也。學者初及門，必先以此意授，使人聞言之下，即得此心之知，無出於民彝物則之中；致知之功，不外乎修齊治平之內。學者果能實地用功，一番聽受，一番親切。師常曰：「吾此意思，有能直下承當，只此修爲，直造聖域，參之經典，無不脗合，不必求之多聞多識之中也。」門人有請録成書者，曰：「此須諸君口口相傳。若筆之於書，使人作一文字看過，無益矣。」嘉靖丁亥八月，師起征思、田，將發，門人復請，師許之。録既就，以書貽洪曰：「大學或問數條，非不願共學之士盡聞斯義，顧恐藉寇兵而賫盜糧，是以未欲輕出。」蓋當時尚有持異説以混正學者，師故云然。師既没，音容日遠，吾黨各以己見立説。學者稍見本體，即好爲徑超頓悟之説，無復有省身克己之功。謂一見本體，超聖可以跂足，視師門誠意格物、爲善去惡之旨，皆相鄙以爲第二義。簡略事爲，言行無顧，甚者蕩滅禮教，猶自以爲得聖門之最上乘。噫！亦已過矣。自便徑約，而不知已淪入佛氏寂滅之教，莫之覺也。古人立言，不過爲學者示下學之功，而上達之機，待人自悟而有得，言論知解[一]，非所及也。大學之教，自孟氏而後，不得其傳者幾千年矣。賴良知之明，千載一日，復大明於今日。兹未及一傳，而紛錯若此，又何望於後世耶？是篇鄒子謙之嘗附刻於大學古本，兹收録續編之首。使學者開卷讀之，思吾師之教，平易切實，而聖智神化之機固已躍然，不必更爲別説，匪徒惑人，祇以自誤，無益也[二]。

[一] 言論知解　「論」，國圖本、天圖本、叢刊本、文淵閣本、擒藻堂本作「語」。

[二] 德洪曰大學問者……祇以自誤無益也　王本無此跋。

教條示龍場諸生

諸生相從於此，甚盛，恐無能爲助也，以四事相規，聊以答諸生之意。一曰立志，二曰勤學，三曰改過，四曰責善。其慎聽毋忽。

立志

志不立，天下無可成之事。雖百工技藝，未有不本於志者。今學者曠廢隳惰，玩歲愒時，而百無所成，皆由於志之未立耳。故立志而聖則聖矣，立志而賢則賢矣。志不立，如無舵之舟，無銜之馬，漂蕩奔逸，終亦何所底乎？昔人有言：「使爲善而父母怒之，兄弟怨之，宗族鄉黨賤惡之，如此而不爲善可也；爲善則父母愛之，兄弟悦之，宗族鄉黨敬信之，何苦而不爲善、爲君子？使爲惡而父母愛之，兄弟悦之，宗族鄉黨敬信之，如此而爲惡可也；爲惡則父母怒之，兄弟怨之，宗族鄉黨賤惡之，何苦而必爲惡、爲小人？」諸生念此，亦可以知所立志矣。

勤學

已立志爲君子，自當從事於學。凡學之不勤，必其志之尚未篤也。從吾遊者，不以聰慧警捷爲高，而以勤確謙抑爲上。諸生試觀儕輩之中，苟有虛而爲盈，無而爲有，諱己之不能，忌人之有善，自矜自是，大言欺人者，使其人資稟雖甚超邁，儕輩之中，有弗疾惡之者乎？有弗鄙賤之者乎？彼固將以欺人，人果遂爲所欺，有弗竊笑之者乎？苟有謙默自持，無能自處，篤志力行，勤學好問，稱人之善而咎己之失，從人之長而明己之短，忠信樂易，表裏一致者，使其人資稟雖甚魯鈍，儕輩之中，有弗稱慕之者乎？彼固以無能自處，而不求上人，人果遂以彼爲無能，有弗敬尚之者乎？諸生觀此，亦可以知所從事於學矣。

改過

夫過者，自大賢所不免，然不害其卒爲大賢者，爲其能改也。故不貴於無過，而貴於能改過。諸生自思，平日亦有缺於廉潔忠信之行者乎[一]？亦有薄於孝友之道，陷於狡詐偷刻之習者乎？諸生殆不至於此。不幸或有之，皆其不知而誤蹈，素無師友之講習規飭也。諸生試内省，萬一有近於是者，固亦不可以不痛自悔咎。然亦不當以此自歉，遂餒於改過從善之心。但能一旦脱然洗

[一] 平日亦有缺於廉潔忠信之行者乎　「潔」，國圖本、天圖本、叢刊本、文淵閣本、摛藻堂本作「恥」。

滌舊染，雖昔爲寇盜，今日不害爲君子矣。若曰吾昔已如此，今雖改過而從善，將人不信我，且無贖於前過，反懷羞澀疑沮[一]，而甘心於汙濁終焉，則吾亦絶望爾矣。

責善

責善，朋友之道，然須忠告而善道之。悉其忠愛，致其婉曲，使彼聞之而可從，繹之而可改，有所感而無所怒，乃爲善耳。若先暴白其過惡，痛毁極詆，使無所容，彼將發其愧耻憤恨之心，雖欲降以相從，而勢有所不能，是激之而使爲惡矣。故凡訐人之短，攻發人之陰私以沽直者，皆不可以言責善。雖然，我以是而施於人，不可也；人以是而加諸我，凡攻我之失者，皆我師也，安可以不樂受而心感之乎？某於道未有所得，其學鹵莽耳。謬爲諸生相從於此，每終夜以思，惡且未免，况於過乎？人謂事師無犯無隱，而遂謂師無可諫，非也。諫師之道，直不至於犯，而婉不至於隱耳。使吾而是也，因得以明其是；吾而非也，因得以去其非，蓋教學相長也。諸生責善，當自吾始。

[一] 反懷羞澀疑沮　「疑」，國圖本、天圖本、叢刊本訛作「凝」。

五經億説十三條

師居龍場，學得所悟，証諸五經，覺先儒訓釋未盡，乃隨所記億，爲之疏解。閲十有九月，五經略遍，命曰億説。既後自覺學益精，工夫益簡易，故不復出以示人。洪嘗乘間以請。師笑曰：「付秦火久矣。」洪請問。師曰：「只致良知，雖千經萬典，異端曲學，如執權衡，天下輕重莫逃焉，更不必支分句析，以知解接人也。」後執師喪，偶於廢稿中得此數條。洪竊録而讀之，乃嘆曰：「吾師之學，於一處融徹，終日言之，不離是矣。即此以例〔一〕，全經可知也。」

元年，春，王正月。〇人君即位之一年，必書「元年」。元者，始也，無始則無以爲終，故書「元年」者，正始也。大哉乾元，天之始也；至哉坤元，地之始也；成位乎其中，則有人元焉。故天下之元在於王，一國之元在於君，君之元在於心。元也者，在天爲生物之仁，而在人則爲心。心生而有者也，曷爲爲君而始乎？曰：「心生而有者也。未爲君，而其用止於一身；既爲君，而其

〔一〕即此以例　「即」，徐本作「據」。

用關於一國。故元年者，人君爲國之始也。當是時也，群臣百姓，悉意明目以觀維新之始，則人君者，尤當洗心滌慮以爲維新之始。故元年者，人君正心之始也。」曰：「前此可無正乎？」曰：「正也，有未盡焉，此又其一始也。故元年者[二]，人君改過遷善，修身立德之始也；端本澄源，三綱五常之始也；立政治民，休戚安危之始也。嗚呼！其可以不慎乎？」

元年者，魯隱公之元年；春者，天之春；王，周王也；王次春，示王者之上承天道也。正月者，周王之正月，周人以建子爲天統，則夏正之十一月也。夫子以天下之諸侯不復知有周也，於是乎作春秋以尊王室，故書「王正月」，以大一統也。書「王正月」以大一統，不以王年而以魯年者，春秋魯史而書「王正月」，斯所以爲大一統也。隱公未嘗即位也，何以有元年乎？曰：「隱公即位矣。不即位，何以有元年？夫子削之不書，欲使後人之求其實也。」曰：「隱公即位矣，而不書，何也？」曰：「隱公以桓之幼而攝焉，其以攝告，故不即位也。然而天下知隱公讓國之善，而爭奪覬覦者知所愧矣。」曰：「以攝告，則宜以攝書，而不書，何也？」曰：「隱公，兄也；桓公，

[二] 故元年者 「故」，國圖本、天圖本、叢刊本、文淵閣本、摛藻堂本作「改」。

弟也。庶均以長，隱公，君也，奚攝焉？然而天下知嫡庶長幼之分，而亂常失序者知所定也。」曰：「隱公，君也，非攝也，則宜即位矣，而不即位焉，何也？」曰：「諸侯之立國也，承之先君，而命之天子，隱無所承命也。然而天下知父子君臣之倫，而無父無君者知所懼矣。一不書『即位』，而隱公讓國之善見焉，嫡庶長幼之分明焉，父子君臣之倫正焉，善惡兼著而是非不相掩。嗚呼！此所以爲化工之妙也歟？」

鄭伯克段于鄢○書「鄭伯」，原殺段者惟鄭伯也。段以弟篡兄，以臣伐君，王法之所必誅，國人之所共討也。而專罪鄭伯，蓋授之大邑而不爲之所，縱使失道以至於敗者，伯之心也。段之惡，既已暴著於天下，春秋無所庸誅矣。書「克」，原伯之心素視段爲寇敵，至是而始克之也。段居于京而書「于鄢」，見鄭伯之既伐諸京，而復伐諸鄢，必殺之而後已也。鄭伯之於叔段，始焉授之大邑，而聽其收鄙，若愛弟之過而過於厚也。既其畔也，王法所不赦，鄭伯雖欲已焉，若不容已矣。天下之人，皆以爲段之惡在所必誅，而鄭伯討之，宜也。是其迹之近似，亦何以異於周公之誅管、蔡。故春秋特誅其意，而書曰「鄭伯克段于鄢」，辨似是之非，以正人心，而險譎無所容其奸矣。

天地感而萬物化生，實理流行也；聖人感人心而天下和平，至誠發見也，皆所謂貞也。觀天地交感之理、聖人感人心之道，不過於一貞，而萬物生、天下和平焉，則天地萬物之情可見矣。

恒，所以亨而無咎，而必利於貞者，非恒之外復有所謂貞也，久於其道而已。貞即常久之道也。天地之道，亦惟常久而不已耳。天地之道，無不貞也。「利有攸往」者，常之道，非滯而不通，止而不動之謂也。是乃始而終，終而復始，循環無端，周流而不已者也。使其滯而不通，止而不動，是乃泥常之名，而不知常之實者也，豈能常久而不已乎？故「利有攸往」者，示人以常道之用也。以常道而行，何所往而不利，無所往而不利，乃所以爲常久不已之道也。天地之道，一常久不已而已。日月之所以能晝而夜，夜而復晝，而照臨不窮者，一天道之常久而不已也；四時之所以能春而冬，冬而復春，而生運不窮者，一天道之常久不已也；聖人之所以能成而化，化而復成，而妙用不窮者，一天道之常久不已也。夫天地、日月、四時、聖人之所以能常久而不已者，亦貞而已耳。觀夫天地、日月、四時、聖人之所以能常久而不已者，不外乎一貞，則天地萬物之情，其亦不外乎一貞也，亦可見矣。恒之爲卦，上震爲雷，下巽爲風，雷動風行，簸揚奮厲，翕張而交作，若天下之至變也；而所以爲風爲雷者，則有一定而不可易之理，是乃天下之至恒也。

君子體夫雷風爲恒之象，則雖酬酢萬變，妙用無方，而其所立，必有卓然而不可易之體，是乃體常盡變。非天地之至恒，其孰能與於此？

遯，陰漸長而陽退遯也。彖言得此卦者，能遯而退避則亨。當此之時，苟有所爲，但利小貞，而不可大貞也。夫子釋之，以爲遯之所以爲亨者，以其時陰漸長，陽漸消，故能自全其道而退遯，則身雖退而道亨，是道以遯而亨也。雖當陽消之時，然四陽尚盛，而九五居尊得位；雖當陰長之時，然二陰尚微，而六二處下應五。蓋君子猶在於位，而其朋尚盛，小人新進，勢猶不敵，尚知順應於君子，而未敢肆其惡。故幾微君子，雖已知其可遯之時，然勢尚可爲，則又未忍決然舍去而必於遯，且欲與時消息，盡力匡扶，以行其道，則雖當遯之時，而亦有可亨之道也。雖有可亨之道，然終當陰長之時〔一〕，小人之朋日漸以盛，苟一裁之以正，則小人將無所容，從而大肆其惡〔二〕，是將以救敝，而反速之亂矣。故君子又當委曲周旋，修敗補罅，積小防微，以陰扶正道，使不至於速亂。程子所謂「致力於未極之間，强此之衰，艱彼之進，圖其暫安」者，是乃小利貞

〔一〕然終當陰長之時　「當」，國圖本、天圖本、叢刊本、文淵閣本、擒藻堂本作「從」。
〔二〕從而大肆其惡　「從」，國圖本、天圖本、叢刊本爲「○」符，文淵閣本、擒藻堂本脱此字。

之謂矣。夫當遯之時，道在於遯，則遯其身以亨其道；道猶可亨，則亨其遯以行於時。非時中之聖，與時消息者，不能與於此也。故曰：「遯之時義大矣哉！」

「明出地上，晉。君子以自昭明德。」日之體本無不明也，故謂之大明。有時而不明者，入於地則不明矣。心之德本無不明也，故謂之明德。有時而不明者，蔽於私也；去其私，無不明矣。日之出地，日自出也，天無與焉。君子之明明德，自明之也，人無所與焉。自昭也者，自去其私欲之蔽而已。

初陰居下，當進之始，上與四應，有晉如之象。然四意方自求進，不暇與初爲援，故又有見摧之象。當此之時，苟能以正自守，則可以獲吉。蓋當進身之始，德業未著，忠誠未顯，上之人豈能遽相孚信？使其以上之未信，而遂汲汲於求知，則將有失身枉道之耻，懷憤用智之非，而悔咎之來必矣。故當寬裕雍容，安處於正，則德久而自孚，誠積而自感，又何咎之有乎？蓋初雖晉如，而終不失其吉者，以能獨行其正也。雖不見信於上，然以寬裕自處，則可以無咎者，以其始進在下，而未嘗受命當職任也。使其已當職任，不信於上，而優裕廢弛，將不免於曠官之責，其能以無咎乎？

時邁十五句。武王初克商，巡守諸侯，朝會祭告之樂歌。言我不敢自逸，而以時巡行諸侯之邦，我勤民如此，天其以我爲子乎？今以我巡行之事占之，是天之實有以右序夫我有周矣。何者？我之巡行諸侯，所以興廢舉墜，削有罪，黜不職者，亦聊以警動震發其委靡頹惰者耳。而四方諸侯，莫不警懼修省，敦薄立懦，而興起夫維新之政，至於懷柔百神，而河之深廣，嶽之崇高，莫不感格焉，則信乎天之以我爲王，而于以君臨夫天下矣。于是我其宣明昭布我有周之典章，于以式序在位之諸侯；我其戢斂夫干戈弓矢，以偃夫武功；我其旁求懿德之士，陳布於中國，以敷夫文德；則亦信乎可以爲王，而能保有上天右序我有周之命矣。

執競十四句。言武王持其自强不息之心，其功烈之盛，天下既莫得而强之矣。成、康繼之，其德亦若是其顯，而復爲上帝之所皇焉。夫繼武王之後，蓋難乎其爲德也。然自成、康之相繼爲君，而其德愈益彰明，則於武王無競之烈爲有光，而成、康誠可謂善繼矣。今我以三王之功德，作之於樂，以祈感格，而果能降福之多且大若此，我其可不反身修德，而思有以成之乎？我能反身修德，而威儀之反，則可享神之福，既醉既飽，而三王之所福我者，益將反覆而無窮矣。此蓋祭武王、成王、康王之詩也。

思文八句。言思文后稷，其德真可以配上天矣。蓋凡使我烝民之得以粒食者，莫非爾后稷之德之所建也，斯固后稷之德矣。然來牟之種，非天不生，則是來牟之貽我者，實由上帝以此命之后稷，而使之徧養夫天下。是以天下之民皆有所養，而得以復其常道，則后稷之德，固亦莫非上天之德也。此蓋郊祀后稷以配天之詩，故頌后稷之德，而卒歸之於天云。

臣工十五句，戒農官之詩。言嗟爾司農之臣工，當各敬爾在公之事。今王以治農之成法賜汝，汝宜來咨來度，而敬承毋怠也。因并呼農官之屬而總詔之曰：「嗟爾保介，當茲暮春之月，牟麥在田，而百穀未播，蓋農工之暇也，汝亦何所爲乎？」因問：「汝所治之新田，其牟麥亦如何哉？」夫牟麥之茂盛，皆上帝之明賜也。牟麥漸熟，則行將受上帝之明賜矣。上帝有是明賜，爾苟惰農自安，是不克靈承，而泯上帝之賜矣。爾尚永力爾田，以昭明上帝之賜，務底於豐年有成可也。

然則汝亦烏可謂兹農工之尚遠[一]，而遂一無所事乎？汝當命爾衆農，乘兹閑暇，預修播種之事，以具乃田器，奄忽之間，又將艾麥而興東作矣。暮春，周正建寅之月，夏之正月也。

有瞽十三句。言「有瞽有瞽，在周之廷」，而樂工就列矣。「設業設虡，崇牙樹羽，應田縣鼓，鞉磬柷圉」，而樂器具陳矣。樂器既以備陳，於是衆樂乃奏，而簫管之屬，亦皆備舉矣。由是樂聲之喤喤，其整密麗肅者[二]，莫非至敬之所寓，而雍容暢達者，莫非至和之所宣[三]。其肅雝和鳴如此，是以幽有以感乎神，而先祖是聽；明有以感乎人，而我客來觀厥成者。蓋武王功成作樂，使非繼述之孝，真無愧於文考，固無以致先祖之格；而非其盛德之至，伐紂救民之舉，真有以順乎天，應乎人，而於湯有光焉，其亦何以能使亡國者之子孫永觀厥成，而略無忌嫉之心乎？此蓋始作樂而合於祖廟之詩。

[一] 然則汝亦烏可謂兹農工之尚遠　「汝」，國圖本、天圖本、叢刊本、文淵閣本、摛藻堂本作「爾」。
[二] 其整密麗肅者　「麗」，徐本殘損，審字形，或爲「嚴」字。
[三] 莫非至和之所宣　「宣」，底本訛作「宜」，據文淵閣本、摛藻堂本改。

與滁陽諸生書并問答語

諸生之在滁者，吾心未嘗一日而忘之。然而闊焉無一字之往，非簡也，不欲以世俗無益之談徒往復爲也。有志者，雖吾無一字，固朝夕如面也。其無志者，蓋對面千里，況千里之外盈尺之牘乎？孟生歸，聊寓此於有志者，然不盡列名，且爲無志者諱，其或因是而尚能興起也[一]。

或患思慮紛雜，不能强禁絶。陽明子曰：「紛雜思慮，亦强禁絶不得。只就思慮萌動處，省察克治，到天理精明後，有箇物各付物的意思，自然静專，無紛雜之念，大學所謂『知止而後有定』也。」

德洪曰：滁陽爲師講學首地，四方弟子從遊日衆。嘉靖癸丑秋，太僕少卿吕子懷，復聚徒於師祠，洪往遊焉，見同門高年，有能道師遺事者。當時師懲末俗卑污，引接學者，多就高明一路，以救時弊，既後漸有流入空虚，爲脱落新奇之論。在金陵時，已心切憂焉，故居贛則教學者存天理，去人欲，致省察克治實功。而征寧藩之後，專發「致良知」宗旨，則益明切簡易矣。

[一] 其或因是而尚能興起也　國圖本、天圖本、叢刊本、文淵閣本、摛藻堂本無「或」字

兹見滁中子弟，尚多能道静坐中光景。洪與吕子相論「致良知」之學無間於動静，則相慶以爲新得。是書孟源伯生得之金陵，時聞滁士有身背斯學者，故書中多憤激之辭。後附問答語，豈亦因静坐頑空，而不修省察克治之功者發耶？

家書墨迹四首

四書墨迹，先師胤子正億得之書櫝中，裝製卷册，手澤宛然，每篇乞洪跋其後。

一　與克彰太叔

克彰，號石川，師之族叔祖也。聽講，就弟子列；退坐私室，行家人禮。

别久缺奉狀，得詩，見邇來進修之益，雖中間詞意未盡純瑩，而大致加於時人一等矣。願且玩心高明，涵泳義理[一]，務在反身而誠，毋急於立論飾辭，將有外馳之病。所云「善念纔生，惡念又在」者，亦足以見實嘗用力，但於此處須加猛省，胡爲而若此也？無乃習氣所纏耶？自俗儒之説行，學者惟事口耳講習，不復知有反身克己之道。今欲反身克己，而猶狃於口耳講誦之事，固宜其有所牽縛而弗能進矣。夫惡念者，習氣也；善念者，本性也。本性爲習氣所汩者，由於志之不立也。故凡學者爲習所移，氣所勝，則惟務痛懲其志，久則志亦漸立，志立而習氣漸消。學

[一] 涵泳義理　「泳」，底本訛作「詠」，據天圖本、叢刊本、文淵閣本、摛藻堂本改。

本於立志，志立而學問之功已過半矣。此守仁邇來所新得者，願毋輕擲。若初往年亦常有意左、屈，當時不暇與之論，至今缺然。若初誠美質，得遂退休，與若初了夙心，當亦有日。見時爲致此意，務相砥勵，以臻有成也。人行遽，不一一。

惡念者，習氣也；善念者，本性也。本性爲習所勝、氣所汩者，志不立也。痛懲其志，使習氣消而本性復，學問之功也。噫！此吾師明訓昭昭，告太叔者，告吾人也，可深省也夫！德洪爲億弟書。

二　與徐仲仁

仲仁即曰仁，師之妹婿也。

北行倉率，不及細話。别後日聽捷音，繼得鄉録，知秋戰未利。吾子年方英妙，此亦未足深憾。惟宜修德積學，以求大成，尋常一第，固非僕之所望也。家君舍衆論而擇子，所以待子者[一]，實有在於衆論之外。子宜勉之。勿謂隱微可欺而有放心，勿謂聰明可恃而有怠志。養心莫善於義理，爲學莫要於精專。毋爲習俗所移，毋爲物誘所引，求古聖賢而師法之。切勿以斯言爲迂闊

[一] 所以待子者　「待」，國圖本、天圖本、叢刊本、文淵閣本、摛藻堂本作「擇」。

也[一]。昔在張時敏先生時，令叔在學，聰明蓋一時，然而竟無所成者，蕩心害之也。去高明而就污下，念慮之間，顧豈不易哉？斯誠往事之鑒。雖吾子質美而淳，萬無是事，然亦不可以不慎也。意欲吾子來此讀書，恐未能遂離侍下，且未敢言此，俟後便再議。所不避其切切爲吾子言者，幸加熟念，其親愛之情，自有所不能已也。

海日翁爲女擇配，人謂曰仁聰明不逮於其叔，海日翁舍其叔而妻曰仁。既後其叔果以蕩心自敗，曰仁卒成師門之大儒。噫！聰明不足恃，而學問之功不可誣也哉！德洪跋。

三　上海日翁書

寓吉安男王守仁百拜書上父親大人膝下：

江省之變，昨遣來隆歸報，大略想已如此[二]。時寧王尚留省城，未敢遠出，蓋慮男之搗其虛，

[一] 切勿以斯言爲迂闊　「勿」，國圖本、天圖本、叢刊本、文淵閣本、摛藻堂本作「莫」。

[二] 大略想已如此　「如」，徐本作「知」。按，據徐本，「此」字或當讀屬下句。

躡其後也。男處所調兵，亦稍稍聚集，忠義之氣[一]，日以奮揚，觀天道人事，此賊不久斷成擒矣。昨彼遣人賫檄至，欲遂斬其使，奈賫檄人乃參政季敩，此人平日善士，又其勢亦出於不得已，姑免其死，械繫之。已發兵至豐城諸處分布，相機而動。所慮京師遥遠，一時題奏無由即達，命將出師，緩不及事，爲可憂爾。男之欲歸已非一日，急急圖此已兩年，今竟陷身於難。人臣之義至此，豈復容苟逃幸脱，惟俟命師之至，然後敢申前懇。俟事勢稍定，然後敢决意馳歸爾。伏望大人陪萬保愛[二]，諸弟必能勉盡孝養，旦暮切勿以不孝男爲念。天苟憫男一念血誠，得全首領，歸拜膝下，當必有日矣。因聞巡檢便，草此，臨書慌憒，不知所云。七月初二日。

右吾師逢寧濠之變，上父海日翁第二書也。自豐城聞變，與幕士定興兵之策，恐翁不知，爲賊所襲，即日遣家人間道趨越，至是發兵於吉安，復爲是報，慰翁心也。且自稱姓者，别疑也。嘗聞幕士龍光云：時師聞變，返風回舟，濠追兵將及，師欲易舟潛遯。顧夫人諸、公子正憲在舟，夫人手提劍别師曰：「公速去，毋爲妾母子憂。脱有急，吾恃此以自衛爾。」及退還吉安，將發兵，

[一] 忠義之氣 「氣」，國圖本、天圖本、叢刊本、文淵閣本、摛藻堂本作「風」。
[二] 伏望大人陪萬保愛 「陪」，文淵閣本、摛藻堂本作「倍」。

命積薪圍公署，戒守者曰：「儻前報不利，即舉火爇公署。」時鄒謙之在中軍，聞之，亦取其夫人來吉城，同誓國難。人勸海日翁移家避讐，翁曰：「吾兒以孤旅急君上之難，吾爲國舊臣，顧先去以爲民望耶？」遂與有司定守城之策，而自密爲之防。噫！吾師於君臣、父子、夫婦之間，一家感遇若此，至今人傳忠義凜凜。是書正億得於故紙堆中，讀之愴然，如身值其時，晨夕展卷，如侍對親顔。嘉靖壬子，海夷寇黄巖，全城煨燼。時正億遊北雍，内子黄哀惶奔亡，不携他物，而獨抱木主圖像以行，是卷亦幸無恙。噫！豈正億平時孝感所積，抑吾師精誠感通，先時身離患難，而一墨之遺，神明有以護之耶？後世子孫，受而讀之，其知所重也哉！德洪拜手跋。

四　嶺南寄正憲男

初到江西，因聞姚公已在賓州進兵，恐我到彼，則三司及各領兵官未免出來迎接，反致阻撓其事，是以遲遲其行，意欲俟彼成功，然後往彼，公同與之一處。十一月初七，始過梅嶺，乃聞姚公在彼，以兵少之故，尚未敢發哨，以是只得晝夜兼程而行。今日已度三水，去梧州已不遠，再四五日可到矣。途中皆平安，只是咳嗽尚未全愈，然亦不爲大患。書到，可即告祖母、汝諸叔知之，皆不必掛念。家中凡百，皆只依我戒諭而行。魏廷豹、錢德洪、王汝中，當不負所托，汝宜親近敬信，如就芝蘭可也。廿二叔忠信好學，携汝讀書，必能切勵汝，不審近日亦有少進益否？聰兒邇來眠食如何？凡百只宜謹聽魏廷豹指教，不可輕信奶婆之類。至囑至囑。一應租稅帳目，自宜上緊，須不俟我丁寧。我今國事在身，豈復能記念家事，汝輩自宜體悉勉勵，方是佳子弟爾。

十一月望。

正億，初名聰，師之命名也。嘉靖壬辰秋，依其舅氏黄久庵寓留都，值時相更名于朝，責洪爲文告師，請更今名。當時問眠食如何，今正億壯且立，男女森列矣。噫！吾何以不負師托乎？方今四方講會日殷，相與出求同志，研究師旨，以成師門未盡之志，庶乎可以慰遺靈於地下爾，是在二子。嘉靖丁巳端陽日，門人錢德洪百拜跋于天真精舍之傳經樓。

贛州書示四姪正思等

近聞爾曹學業有進[一]，有司考校，獲居前列，吾聞之喜而不寐。此是家門好消息，繼吾書香者，在爾輩矣。勉之勉之。吾非徒望爾輩但取青紫，榮身肥家，如世俗所尚，以誇市井小兒。

[一] 近聞爾曹學業有進　手稿「近」上有「伯父陽明山人書示正心、正思、正惠等諸姪」十七字。

爾輩須以仁禮存心，以孝弟爲本，以聖賢自期，務在光前裕後，斯可矣。吾惟幼而失學無行，無師友之助，迨今中年，未有所成。爾輩當鑒吾既往，及時勉力，毋又自貽他日之悔，如吾今日也。習俗移人，如油漬麪，雖賢者不免，況爾曹初學小子，能無溺乎？然惟痛懲深創，乃爲善變。昔人云：「脱去凡近，以游高明。」此言良足以警，小子識之。吾嘗有立志説與爾十叔[一]，爾輩可從抄録一通，置之几間，時一省覽，亦足以發。方雖傳於庸醫，藥可療夫真病。爾曹勿謂爾伯父只尋常人爾，其言未必足法；又勿謂其言雖似有理，亦只是一場迂闊之談，非我輩急務。苟如是，吾末如之何矣[二]。讀書講學，此最吾所宿好。今雖干戈擾攘中，四方有來學者，吾亦未嘗拒之。所恨牢落塵網，未能脱身而歸。今幸盜賊稍平，以塞責求退[三]，歸卧林間，携爾曹朝夕切磋砥礪，吾何樂如之！偶便[四]，先示爾等，爾等勉焉，毋虚吾望。正德丁丑四月三十日[五]。

[一]　吾嘗有立志説與爾十叔　「十」，手稿作「道」。
[二]　吾末如之何矣　手稿「何」下有「也」字。
[三]　以塞責求退　手稿「以」上有「可」字。
[四]　偶便　手稿「偶」上有二字爲草書，或爲「下足」二字。
[五]　正德丁丑四月三十日　手稿作「四月卅日，寓贛州陽明山人書示」。

又與克彰太叔

日來德業，想益進修，但當兹末俗，其於規切警勵，恐亦未免有群雌孤雄之嘆，如何？印弟凡劣，極知有勞心力，聞其近來稍有轉移，亦有足喜。所貴乎師者，涵育薰陶，不言而喻，蓋不誠未有能動者也。於此亦可以驗己德。因便布此，言不盡意。

正月廿六日得旨，令守仁與總兵各官解囚至留都，行及蕪湖，復得旨回江西撫定軍民，皆聖意有在，無他足慮也。家中凡百安心，不宜爲人摇惑。但當嚴緝家衆，掃除門庭，清静儉樸以自守，謙虚卑下以待人，盡其在我而已，此外無庸慮也。正憲輩狂稚，望以此意曉諭之。近得書，聞老父稍失調，心極憂苦。老年之人，只宜以宴樂戲遊爲事，一切家務，皆當屏置，亦望時時以此開勸，家門之幸也。至祝至祝。事稍定，即當先報歸期。家中凡百，全仗訓飭照管，不一。

老父瘡疾，不能歸侍，日夜苦切，真所謂欲濟無梁，欲飛無翼。近來誠到，知漸平復，始得稍慰，早晚更望太叔寬解，怡悦其心。聞此時尚居喪次，令人驚駭憂惶。衰年之人，妻孥子孫，日夜侍奉承直，尚恐居處或有未寧，豈有復堪孤疾勞苦如此之理？就使悉遵先王禮制，則七十者，亦惟衰麻在身，飲酒食肉處於内，宴飲從於遊可也。況今七十五歲之人，乃尚爾煢煢獨苦若此，妻孥子孫何以自安乎？若使祖母在冥冥之中，知得如此哀毁，如此孤苦，將何如爲心？老年之人，獨不爲子孫愛念乎？況於禮制亦自過甚，使人不可以繼，在賢知者亦當俯就。切望懇懇勸解，必須入内安歇，使下人亦好早晚服事。時嘗遊嬉宴樂，快適性情，以調養天和，此便自爲子孫造無窮之福。此等言語，爲子者不敢直致，惟望太叔爲我委曲開譬，要在必從而後已。千萬千萬，至懇至懇。正憲讀書，一切舉業功名等事，皆非所望，但惟教之以孝弟而已。來誠還，草草不盡。

祖母岑太夫人百歲考終時，海日翁壽七十有五矣，尤煢煢苦塊[一]，哀毁踰制。師十二失恃，鞠於祖母，在贛屢乞終養弗遂，至是聞訃，已不勝痛割，又聞海日翁居喪之戚，將何以爲情？「欲濟無梁，欲飛無翼」，讀之令人失涕。師之學，發明同體萬物之旨，使人自得其性，故於人義天常，無不懇至，而居常處變，神化妙應，以成天下之務，可由此出[二]。其道可以通諸萬世而無弊者，得其道之中也。録此可以想見其槩。德洪跋。

[一]　尤煢煢苦塊　「尤」，文淵閣本、摛藻堂本作「猶」。

[二]　可由此出　「可」，徐本作「皆」。

寄正憲男手墨二卷

正憲，字仲肅，師繼子也。嘉靖丁亥，師起征思、田，正億方二齡，托家政于魏廷豹，使飭家衆，以字胤子。托正憲于洪與汝中，使切磨學問，以飭内外。延途所寄音問[一]，當軍旅倥偬之時，猶字畫遒逕[二]，訓戒明切，至今讀之，宛然若示嚴範。師没後，越庚申，鄒子謙之、陳子惟濬來自懷玉，奠師墓于蘭亭，正憲携卷請題其後。噫！今二子與正憲俱爲泉下人矣，而斯卷獨存。正憲年十四，襲師錦衣廕，喜正億生，遂辭職出就科試。即其平生，鄒子所謂「授簡不忘」，「夫子於昭之靈，實寵嘉之」，其無媿于斯言矣乎！

即日舟已過嚴灘，足瘡尚未愈，然亦漸輕減矣。家中事凡百與魏廷豹相計議而行，讀書敦行，是所至囑。内外之防，須嚴門禁。一應賓客來往，及諸童僕出入，悉依所留告示，不得少有更改。四官尤要戒飲博，專心理家事。保一謹實可託，不得聽人哄誘，有所改動。我至前途，更有書報也。

[一] 延途所寄音問　「延」，文淵閣本作「沿」。

[二] 猶字畫遒逕　「逕」，文淵閣本、摛藻堂本作「勁」。

舟過臨江，五鼓，與叔謙遇於途次，燈下草此，報汝知之。沿途皆平安，咳嗽尚未已，然亦不大作。廣中事頗急，只得連夜速進，南贛亦不能久留矣。汝在家中，凡宜從戒諭而行，讀書執禮，日進高明，乃吾之望。魏廷豹此時想在家，家衆悉宜遵廷豹教訓，汝宜躬率身先之。書至，汝即可報祖母、諸叔。況我沿途平安，凡百想能體悉我意，鈐束下人，謹守禮法，皆不俟吾喋喋也。廷豹、德洪、汝中及諸同志親友，皆可致此意。

近兩得汝書，知家中大小平安。且汝自言能守吾訓戒，不敢違越，果如所言，吾無憂矣。凡百家事及大小童僕，皆須聽魏廷豹斷決而行。近聞守度頗不遵信，致抵牾廷豹，未論其間是非曲直，只是抵牾廷豹，便已大不是矣。況聞其遊蕩奢縱如故[一]，想亦終難化導。試問他畢竟如何乃可，宜自思之。守悌叔書來，云汝欲出應試，但汝本領未備，恐成虛頭[二]。汝近來學業所進，吾不知，汝自量度而行，吾不阻汝，亦不强汝也。德洪、汝中及諸直諒高明，凡肯勉汝以德義，規汝以過失者，汝宜時時親就。汝若能如魚之於水，不能須臾而離，則不及人不爲憂矣。吾平生講學，只

[一] 況聞其遊蕩奢縱如故　「況」，國圖本、天圖本、叢刊本訛作「紀」，文淵閣本、摛藻堂本作「繼」。

[二] 恐成虛頭　「頭」，文淵閣本、摛藻堂本作「願」。

是「致良知」三字。仁，人心也。良知之誠愛惻怛處便是仁，無誠愛惻怛之心，亦無良知可致矣。汝於此處，宜加猛省。家中凡事不暇一一細及，汝果能敬守訓戒，吾亦不必一一細及也。餘姚諸叔父昆弟，皆以吾言告之。前月曾遣舍人任鋭寄書曆，此時當已發回。若未發回，可將江西巡撫時奏報批行稿簿一册，共計十四本，封固付本舍帶來。我今已至平南縣，此去田州漸近。田州之事，我承姚公之後，或者可以因人成事。但他處事務似此者尚多，恐一置身其間，一時未易解脱耳。汝在家，凡百務宜守我戒諭，學做好人。德洪、汝中輩，須時時親近，請教求益。聰兒已托魏廷豹時常一看，廷豹忠信君子，當能不負所托。但家衆或有桀驁不肯遵奉其約束者，汝須相與痛加懲治。我歸來日，斷不輕恕，汝可早晚常以此意戒飭之。廿二弟近來砥礪如何？守度近來修省如何？保一近來管事如何？保三近來改過如何？王祥等早晚照管如何？王禎不遠出否？此等事，我方有國事在身，安能分念及此？瑣瑣家務，汝等自宜體我之意，謹守禮法，不致累我懷抱乃可耳。

東廓鄒守益曰：先師陽明夫子家書二卷，嗣子正憲仲肅甫什襲藏之。益趨天真，奠蘭亭，獲覩焉，喜曰：「是能授簡不忘矣。」書中「讀書敦行，日進高明」，「鈐束下人，謹守禮法」，及切磋道義，請益求教，互相夾持，接引來學，真是一善一藥。至「吾平日講學，只是『致良知』三字。仁，人心也。良知之誠愛惻怛處便是仁，無誠愛惻怛，亦無良知可致。」是以繼志述事望吾仲肅也。仲肅日孳孳焉，進而書紳，退而服膺，則大慰吾黨愛助之懷，而夫子於昭之靈，實寵嘉之。

又

去歲十二月廿六日，始抵南寧，因見各夷皆有向化之誠，乃盡散甲兵，示以生路。至正月廿六日，各夷果皆投戈釋甲，自縛歸降，凡七萬餘衆，地方幸已平定。是皆朝廷好生之德，感格上下，神武不殺之威，潛孚默運，以能致此。在我一家，則亦祖宗德澤陰庇，得無殺戮之慘，以免覆敗之患。俟處置略定，便當上疏乞歸，相見之期，漸可卜矣。家中自老奶奶以下想皆平安，今聞此信，益可以免勞掛念。我有地方重寄，豈能復顧家事？弟輩與正憲，只照依我所留戒諭之言，時時與德洪、汝中輩切磋道義，吾復何慮！餘姚諸弟姪，書到咸報知之。

八月廿七日，南寧起程，九月初七日，已抵廣城，病勢今亦漸平復，但咳嗽終未能脱體耳。

養病本北上已二月餘，不久當得報，即踰嶺東下，則抵家漸可計日矣。書至，即可上白祖母知之。近聞汝從汝諸叔諸兄，皆在杭城就試，科第之事，吾豈敢必於汝，得汝立志向上，則亦有足喜也。汝叔汝兄今年利鈍如何？想旬月後，此間可以得報，其時吾亦可以發舟矣。因山陰林掌教歸便，冗冗中寫此與汝知之。

我至廣城已踰半月，因咳嗽兼水瀉，未免再將息旬月，候養病疏命下，即發舟歸矣。家事亦不暇言，只要戒飭家人，大小俱要謙謹小心。餘姚八弟等事，近日不知如何耳？在京有進本者，議論甚傳播，徒取快讒賊之口，此何等時節，而可如此？兄弟子姪中，不肯略體息，正所謂操戈入室，助仇爲寇者也。可恨可痛。兼因謝姨夫回便，草草報平安。書至，即可奉白老奶奶及汝叔輩知之。錢德洪、王汝中及書院諸同志，皆可上覆。德洪、汝中亦須上緊進京，不宜太遲滯。

近因地方事已平靖，遂動思歸之懷，念及家事，乃有許多不滿人意處。守度奢淫如舊，非但不當重托，兼亦自取敗壞，戒之戒之，尚期速改可也。寶一勤勞，亦有可取，只是見小欲速，想福分淺薄之故，但能改創亦可。寶三長惡不悛，斷已難留，須急急遣回餘姚，別求生理；有容留者，即是同惡相濟之人，宜并逐之。來貴姦惰，略無改悔，終須逐出。來隆、來价，不知近來幹辦何如？須痛自改省，但看同輩中，有能真心替我管事者，我亦何嘗不知。添福、添定、王三等輩，只是終日營營，不知爲誰經理，試自思之。添保尚不改過，歸來仍須痛治。只有書童一人實心爲家，不顧毁譽利害，真可愛念。使我家有十箇書童，我事皆有托矣。來瑣亦老實可托，只是太執戆，又聽婦言，不長進。王祥、王禎，務要替我盡心管事，但有闕失，皆汝二人之罪。俱要拱聽魏先生教戒，不聽者責之。

明水陳九川曰：此先師廣西家書，付正憲仲肅者也。中間無非戒諭家人，謹守素訓，至「致良知」三字，乃先師平素教人不倦者。云「誠愛惻怛之心，即是致良知」，此晚年所以告門人者，僅見一二於全集中，至爲緊要，乃於家書中及之。可見先師之所以丁寧告戒者，無異於得力之門人矣。仲肅宜世襲之。

王文成公全書卷之二十七

續編二　書

與郭善甫

朱生至，得手書，備悉善甫相念之懇切[一]。苟心同志協，工夫不懈，雖隔千里，不異几席，又何必朝夕相與一堂之上而後爲快耶[二]？來書所問數節，楊仁夫去，適禫事方畢，親友紛至，未暇細答。然致知格物之説，善甫已得其端緒，但於此涵泳深厚，諸如數説，將沛然融釋，有不俟於他人之言者矣。荒歲道路多阻，且不必遠涉，須稍收稔，然後乘興一來。不縷縷。

[一] 備悉善甫相念之懇切　徐本無「懇」字。

[二] 而後爲快耶　「後爲」，底本訛作「爲後」，據文淵閣本、摛藻堂本乙正。

寄楊仕德

臨別數語極奮勵，區區聞之，亦悚然有警。歸途又往西樵一過，所進當益不同矣。此時已抵家。大抵忘己逐物，虛内事外，是近來學者時行症候。仕德既已看破此病，早晚自不廢藥石。康節云：「與其病後能服藥，不若病前能自防。」此切喻愛身者自當無所不用其極也。病疏至今未得報，此間相聚日衆，最可喜。但如仕德、謙之既遠去，而惟乾復多病，又以接濟乏人爲苦爾。尚謙度未能遽出，仕德明春之約，果能不爽，不獨區區之望，尤諸同遊之切望也。

與顧惟賢

聞有枉顧之意，傾望甚切，繼聞有夾剿之事，蓋我獨賢勞，自昔而然矣。此間上猶、南康諸賊，幸已掃蕩，渠魁悉已授首，回軍且半月，以湖廣之故，留兵守隘而已。奏捷須湖廣略有次第然後舉。朱守忠聞在對哨，有面會之圖，此亦一奇遇。近得甘泉書，已與叔賢同住西樵[一]，令人想企，不能一日處此矣。

[一] 已與叔賢同住西樵　「住」，國圖本、天圖本、叢刊本、文淵閣本、擒藻堂本作「往」。

承示「既飽，不必問其所食之物」，此語誠有病。已不能記當時所指，恐亦爲世之專務辨論講説，而不求深造自得者説，故其語意之間，不無抑揚太過。雖然，苟誠知求飽，將必五谷是資。鄙意所重，蓋以責夫不能誠心求飽者，故遂不覺其言之過激，亦猶養之未至也。凡言意所不能達，多假於譬喻，以意逆志，是爲得之。若必拘文泥象，則雖聖人之言，且亦不能無病。況於吾儕學未有至，詞意之間，本已不能無弊者，何足異乎？今時學者大患，不能立懇切之志，故鄙意專以責志立誠爲重，同志者亦觀其大意之所在，斯可矣。惟賢謂「有所疑而未解，正如飢者之求食，若一日不食，則一日不飽」，誠哉是言。果能如飢者之求飽，安能一日而不食，又安能屏棄五穀，而食畫餅者乎？此亦可以不言而喻矣。承示爲益已多，友朋切磋之職，不敢言謝。何時遇甘泉，更出此一正之。

閩、廣之役，偶幸了事，皆諸君之功，區區蓋坐享其成者。但閩寇雖平，而虔南之寇乃數倍於閩，善後之圖，尚未知所出。野人歸興空切，不知知己者亦嘗爲念及此否也？曰仁近方告病，與二三友去耕霅上。霅上之謀，實始於陸澄氏。陸與潮人薛侃，皆來南都從學，二子並佳士，今皆舉進士，未免又失却地主矣。向在南都相與者，曰仁之外，尚有太常博士馬明衡、兵部主事黄宗明、見素之子林達，有御史陳傑、舉人蔡宗兗、饒文璧之屬，蔡今亦舉進士，其時凡二三十人，日覺有相長之益。今來索居，不覺漸成放倒，可畏可畏。閒中有見，不妨寫寄，庶亦有所警發也。甘泉此時已報滿，叔賢聞且束裝，曾相見否？霍渭先亦美質，可與言，見時皆爲致意。

承喻「討有罪者，執渠魁而散脅從」，此古之政也，不亦善乎。顧猘賊皆長惡怙終，其間脅從者無幾，朝撤兵而暮聚黨[一]，若是者亦屢屢矣。誅之則不可勝誅，又恐以其患遺諸後人。惟賢謂「政教之不行，風俗之不美，以至於此」，豈不信然。然此膏肓之疾，吾其旬日之間，可奈何哉？故今三省連累之賊，非殺之爲難，而處之爲難；非處之爲難，而處之者能久於其道之爲難也。賤軀以多病之故，日夜冀了此塞責而去，不欲復以其罪累後來之人，故猶不免於意必之私，未忍一日舍置。嗟乎！「我躬不閱，遑恤我後」，盡其力之所能爲，今其大勢亦幸底定，如其禮樂，以俟君子而已。數日前，已還軍贛州，風毒大作，壅腫坐卧，恐自此遂成廢人，行且告休。人還，草草復。

[一] 朝撤兵而暮聚黨 「撤」，底本訛作「撒」，據文淵閣本、摛藻堂本改。

承喻用兵之難，非獨曲盡利害，足以開近議之惑，其所以致私愛於僕者，尤非淺也。媿感媿感。但龍川群盜爲南贛患，歲無虚月，剿捕之命屢下，所以未敢輕動，正亦恐如惟賢所云耳。雖今郴、桂夾攻之舉，亦甚非鄙意所欲，況龍川乎？夏間嘗具一疏，頗止其事[一]，以湖廣奉有成命，遂付空言。今録去一目，鄙心可知矣。湖廣夾攻，爲備已久，郴、桂之賊，爲湖廣兵勢所迫，四出攻掠，南贛日夜爲備，今始稍稍支持。然廣東以府江之役，尚未調集，必待三省齊發，復恐老師費財，欲視其緩急，以次漸舉。蓋桂東、上猶之賊，湖廣與江西夾攻，廣東無與也；樂昌[二]、乳源之賊，廣東與湖廣夾攻[三]，江西無與也；龍川之賊，江西與廣東夾攻，湖廣無與也；事雖一體，而其間賊情地勢，自不相及。若先舉桂東、上猶，候廣東兵集，然後舉乳源諸處，末乃及於龍川，似亦可以節力省費而易爲功。不知諸公之見又何如耳？所云龍川，亦止浰頭一巢，蓋環巢數邑，被害已極，人之痛憤，勢所不容已也。

[一] 頗止其事 「止」，國圖本、天圖本、叢刊本、文淵閣本、摛藻堂本作「上」。
[二] 樂昌 底本訛作「昌樂」，據議夾剿方略疏改。
[三] 廣東與湖廣夾攻 「攻」，國圖本、天圖本、叢刊本作「持」。

來諭謂「得書之後，前疑涣然冰釋」，幸甚幸甚。學不如此，只是一場説話，非所謂盈科而後進，成章而後達也。又自謂「終夜思之，如污泥在面而不能即去」，果如污泥在面，有不能即去者乎？幸甚幸甚。自來南贛，平生益友，離群索居，切磋之言不聞[一]。近日始有薛進士輩一二人自北來，稍稍覺有砥礪[二]。又以討賊事急，今屯兵浰頭且半月矣。浰頭賊首池大鬢等，二十餘人，悉已授首，漏網者甲從一二輩，其餘固可略也。狼兵利害相半，若調猶未至，且可已之。此間所用，皆機快之屬，雖不能如狼兵之犀利，且易驅策，就約束。聞乳源諸賊已平蕩，可喜。湖兵四哨，不下數萬，所獲不滿二千。始得子月朔日會剿，依期而往，彼反以先期見責，所謂文移時出侵語，誠有之。此舉本渠所倡，今所俘獲反不能多，意有未愜，而憤激至此，不足爲怪。浰頭巢穴雖已破蕩，然須建一縣治以控制之，庶可永絶嘯聚之患。已檄贛、惠二知府會議可否，高見且以爲何如？南贛大患，惟桶岡、横水、浰頭三大賊，幸皆以次削平。年來歸思極切，所恨風波漂蕩，茫無涯涘，乃今幸有灣泊之機，知己當亦爲吾喜也。乳源各處克捷，有兩廣之報，區區不敢冒捷，然亦且須題知。事畢之日，須備始末知之。

[一] 切磋之言不聞　「言」，國圖本、天圖本、叢刊本、文淵閣本、摛藻堂本訛作「間」。

[二] 稍稍覺有砥礪　「覺」，國圖本、天圖本、叢刊本、文淵閣本、摛藻堂本作「各」。

近得甘泉、叔賢書，知二君議論既合。自此，吾黨之學廓然同途，無復疑異矣[一]。喜幸不可言[二]。承喻日來進修[三]，警省不懈，尤足以慰傾望[四]。此間朋友亦集[五]，亦頗有奮起者[六]。但惟鄙人冗疾相仍[七]，精氣日耗[八]，兼之淹滯風塵中，未遂脱屣林下，相與專心講習。正如俳優場中奏雅，縱復音調盡協[九]，終不免於劇戲耳[一〇]。乞休疏已四上，鑾輿近聞且

[一] 無復疑異矣 黄本、董本、范本無「異」字。
[二] 喜幸不可言 黄本、董本、范本無此五字。
[三] 承喻日來進修 「承」，黄本、董本、范本作「所」。
[四] 尤足以慰傾望 「傾」，黄本、董本、范本作「渴」。
[五] 此間朋友亦集 黄本、董本、范本無「亦集」二字。
[六] 亦頗有奮起者 黄本、董本、范本「有」下有「能」字。
[七] 但惟鄙人冗疾相仍 「冗」，黄本、董本、范本作「憂」。
[八] 精氣日耗 「日」，黄本、董本、范本作「漸」。
[九] 縱復音調盡協 黄本、董本、范本「縱」作「雖」，「協」作「正」。
[一〇] 終不免於劇戲耳 黄本、董本、范本無「耳」字。

南幸[一]，以瘡疾暫止。每一奏事[二]，輒往返三四月[三]，此番倘得遂請，亦須冬盡春初矣。後山應援之説，審度事勢，亦不必然。但奉有詔旨，不得不一行，此亦公文體面如此。聞彼中議論頗不齊，惟賢何以備，見示區區，庶可善處也[四]。

近得省城及南都諸公書報，云即月初十日[五]，聖駕北還，且云頭船已發。不勝喜躍，賤恙亦遂頓減。此宗社之福，天下之幸，人臣之至願，何喜何慰如之。但區區之心，猶懷隱憂，或恐須及霜降以後，冬至以前，方有的實消息。其時賤恙當亦平復，即可放舟東下，與諸君一議地方事，遂圖歸計耳。聞永豐、新淦、白沙一帶皆被流劫，該道守巡官，皆宜急出督捕。非但安靖地方，亦可乘此機會，整頓兵馬，以預備他變。今恐事勢昭彰，驚動遠近，且不行文。書至，即可與各

[一] 鑾輿近聞且南幸　黄本、董本、范本作「聞鑾輿且南幸」。
[二] 每一奏事　黄本、董本、范本無此四字。
[三] 輒往返三四月　黄本、董本、范本作「往返輒三四月」；國圖本、天圖本、叢刊本、文淵閣本、摛藻堂本「返」作「復」。
[四] 後山應援之説……可善處也　黄本、董本、范本無此五十四字。
[五] 云即月初十日　「月」，國圖本、天圖本、叢刊本、文淵閣本、摛藻堂本訛作「日」。

守巡備道區區之意，即時一出，勿更遲遲，輕忽坐視。思抑歸興，近却如何？若必不可已，俟回鑾信的，徐圖之未晚也。

近得江西策問，深用警惕，然自反而縮，固有舉世非之而不顧者矣。其敢因是遂靡然自弛耶？易曰「知至至之」，知至者，知也；至之者，致知也，此知行之所以合一也。若後世「致知」之說，止說得一「知」字，不曾説得「致」字，此知行所以二也。病廢茶苦之人[一]，已絶口人間事，念相知之篤，輒復一及。

北行不及一面，甚闕久别之懷。承寄慈湖文集，客冗未能遍觀。來喻欲摘其尤粹者，再圖翻刻，甚喜。但古人言論，自各有見，語脉牽連，互有發越。今欲就其中以己意删節之，似亦甚有不易，莫若盡存，以俟具眼者自加分别。所云超捷，良如高見。今亦但當論其言之是與不是，不當逆觀者之致疑，反使吾心昭明洞達之見，有所掩覆而不盡也。尊意以爲何如？

[一] 病廢茶苦之人 「廢」，國圖本、天圖本、叢刊本、文淵閣本、摛藻堂本作「發」。

與當道書

江省之變，大略具奏内。此人逆謀，已非一日，久而未發，蓋其心懷兩圖，是以遲疑未決，抑亦慮生之躡其後也。近聞生將赴閩，必經其地，已視生爲几上肉矣。賴朝廷之威靈，諸老先生之德庇，竟獲脱身虎口，所恨兵力寡弱，不能有爲爾。南贛舊嘗屯兵四千，朝有警而夕可發，近爲户部必欲奏革商税，糧餉無所取給，故遂放散。未三月而有此變，復欲召集，非數月不能，亦且空然無資矣。世事之相撓阻，每每如此，亦何望乎？今亦一面號召忠義，取調各縣機快，且先遣疲弱之卒，張布聲勢於豐城諸處，牽躡其後。天奪其魄，彼果遲疑而未進。若再留半月，南都必已有備。彼一離窠穴，生將奮搗其虚，使之進不得前，退無所據，勤王之師又四面漸集，必成擒矣。

此生憶料若此，切望諸老先生急賜議處，速遣能將，將重兵，聲罪而南，以絶其北窺之望，飛召各省，急興勤王之師。此人兇殘忌刻，世所未有，使其得志，天下無遺類矣。諒在廟堂，必有成筭，區區愚誠，亦不敢不竭盡。生病疲尫，僅存餘息，近者入閩，已具本乞休，必不得已，且容歸省。不意忽遭此變，本非生之責任，但闔省無一官見在，人情涣散，洶洶震摇，使無一人牽制其間，彼得安意順流而下，萬一南都無備，將必失守。彼又分兵四掠，十三郡之民，素劫於積威，必向風而靡。如此，則湖、湘、閩、浙皆不能保，及事聞朝廷，大兵南下，彼之奸計漸成，破之難矣。以是遂忍死暫留於此，徒以空言收拾散亡，感激忠義，日望命帥之來，生得以輿疾還越，死且瞑目。伏惟諸老先生鑒其血誠，必賜保全，勿遂竭其力所不能，窮其智所不及，以爲出身任事者之戒。幸甚幸甚。

與汪節夫書

足下數及吾門，求一言之益，足知好學勤勤之意。人有言：「古之學者爲己，今之學者爲人。」今之學者，須先有篤實爲己之心，然後可以論學。不然，則紛紛口耳講説[一]，徒足以爲爲人之資而已。僕之不欲多言者，非有所靳，實無可言耳。以足下之勤勤下問，使誠益勵其篤實爲己之志，歸而求之，有餘師矣。「有能一日用其力於仁矣乎，我未見力不足者。」足下勉之。「道南」之説，明道實因龜山南歸，蓋亦一時之言，道豈有南北乎？凡論古人得失，莫非爲己之學。「誦其詩，讀其書，不知其人可乎？是以論其世也，是尚友也。」果能有所得於尚友之實，又何以斯録爲哉？節夫姑務爲己之實，無復往年務外近名之病，所得必已多矣，此事尚在所緩也。凡作文，惟務道

[一] 則紛紛口耳講説 「紛紛」，國圖本、天圖本、叢刊本、文淵閣本、摛藻堂本作「紛紜」。

其心中之實，達意而止，不必過求雕刻，所謂修辭立誠者也。

寄張世文

執謙枉問之意甚盛，相與數月，無能爲一字之益，乃今又將遠別矣。媿負媿負。今時友朋，美質不無，而有志者絶少。謂聖賢不復可冀，所視以爲準的者，不過建功名，炫耀一時，以駭愚夫俗子之觀聽。嗚呼！此身可以爲堯舜，參天地，而自期若此，不亦可哀也乎？故區區於友朋中，每以「立志」爲説，亦知往往有厭其煩者，然卒不能舍是而别有所先。誠以學不立志，如植木無根，生意將無從發端矣。自古及今，有志而無成者則有之，未有無志而能有成者也。遠别無以爲贈，復申其「立志」之説，賢者不以爲迂，庶勤勤執謙枉問之盛心爲不虚矣。

與王晉溪司馬書[一]

[一] 董本在文録卷五書黄夢星卷之下，題作「類刻陽明先生與晉溪書」，篇首有王宗沐嘉靖癸亥三月序，篇末有吴百朋嘉靖甲子仲冬跋。

伏惟明公德學政事高一世[一]，守仁晚進，雖未獲親炙，而私淑之心已非一日。乃者承乏鴻臚，自以迂腐多疾，無復可用於世，思得退歸田野，苟存餘息。乃蒙大賢君子不遺葑菲，拔置重地，適承前官謝病之後，地方亦復多事，遂不敢固以疾辭。已於正月十六日抵贛，扶疾莅任。雖感恩圖報之心無不欲盡，而精力智慮有所不及，恐不免終爲薦舉之累耳。伏惟仁人君子，器使曲成，責人以其所可勉，而不强人以其所不能，則守仁羈鳥故林之想，必將有日可遂矣。因遣官詣闕陳謝，敬附申謝私於門下。伏冀尊照，不備。

守仁近因峯賊大修戰具[二]，遠近勾結，將遂乘虚而入[三]，乃先其未發，分兵掩撲。雖斬獲未盡，然克全師而歸，賊巢積聚亦爲一空。此皆老先生申明律例，將士稍知用命，以克有此。不然，以南贛素無紀律之兵，見賊不奔，亦已難矣。況敢暮夜撲剿[四]，奮呼追擊。功雖不多，

[一] 伏惟明公德學政事云云　董本此篇題爲「第一書」，篇首作「侍生王守仁頓首再拜啓，上太保大司馬晉溪老先生大人尊丈執事，明公德學政事高一世」云云。

[二] 守仁近因峯賊云云　董本此篇題爲「第二書」。

[三] 將遂乘虚而入　「而入」，董本作「入廣」。

[四] 況敢暮夜撲剿　「剿」，董本作「巢」。

其在南贛，則實創見之事矣。伏望老先生特加勸賞，使自此益加激勵。幸甚。今各巢奔潰之賊，皆聚横水、桶岡之間，與郴、桂諸賊接境。生恐其勢窮，或并力復出，且天氣炎毒，兵難深入遠攻，乃分留重卒於金坑、營前，扼其要害，示以必攻之勢，使之旦夕防守，不遑他圖。又潛遣人於已破各巢山谷間，多張疑兵，使既潰之賊不敢復還舊巢，聊且與之牽持。候秋氣漸凉[一]，各處調兵稍集，更圖後舉。惟望老先生授之以成妙之筭，假之以專一之權，明之以賞罰之典。生雖庸劣，無能爲役，敢不鞭策駑鈍，以期無負推舉之盛心。秋冬之間，地方苟幸無事，得以歸全病喘於林下，老先生骨肉生死之恩[二]，生當何如爲報耶！正暑，伏惟爲國爲道自重，不宣。

前月奏捷人去[三]，曾瀆短啓，計已達門下。守仁才劣任重，大懼覆餗，爲薦揚之累。近者南贛盜賊，雖外若稍定，其實譬之疽癰[四]，但未潰决，至其惡毒，則固日深月積，將漸不

[一] 候秋氣漸凉　「氣」，董本作「風」。
[二] 老先生骨肉生死之恩　「骨肉」，文淵閣本、摛藻堂本作「肉骨」。
[三] 前月奏捷人去云云　董本此篇題爲「第三書」。
[四] 其實譬之疽癰　「疽癰」，董本作「癰疽」。

可瘳治[一]。生等固庸醫，又無藥石之備，不過從旁撫摩調護，以紓目前。自非老先生發鍼下砭[二]，指示方藥，安敢輕措其手，冀百一之成？前者申明賞罰之請，固來求鍼砭於門下[三]，不知老先生肯賜俯從，卒授起死回生之方否也？近得輋中消息，云將大舉[四]，乘虛入廣。蓋兩廣之兵，近日皆聚府江，生等恐其聲東擊西，亦已密切布置，將爲先事之圖。但其事隱而未露，未敢顯言於朝，然又不敢不以聞於門下。且聞府江不久班師，則其謀亦將自阻。大抵南贛兵力極爲空踈，近日稍加募選訓練，始得三千之數，然而糧賞之資[五]，則又百未有措。若夾攻之舉果行，則其勢尤爲窘迫，欲稱貸於他省，則他省各有軍旅之費；欲加賦於貧民，則貧民又有從盜之虞。惟贛州雖有鹽稅一事，邇來既奉户部明文停止，但官府雖有禁止之名，而奸豪實竊私通之利。又鹽利下通於三府，皆民情所深願，而官府稍取其什一，亦商人所悅從。用是輒因官僚之議，仍

[一] 將漸不可瘳治　「瘳」，董本作「療」。
[二] 自非老先生發鍼下砭　董本無「下砭」二字。
[三] 固來求鍼砭於門下　「固來」，董本作「□亦」，「□」字漶漫不可識。
[四] 云將大舉　董本無「將」字。
[五] 然而糧賞之資　「而」，董本作「自」。

舊抽放，蓋事機窘迫[一]，勢不得已。然亦不加賦而財足，不擾民而事辦，比之他圖，固猶計之得者也。今特具以聞奏，伏望老先生曲賜扶持，使兵事得賴此以濟，實亦地方生靈之幸。生等得免於失機誤事之誅，其爲感幸，尤深且大矣。自非老先生體國憂民之至[二]，何敢每事控聒若此，伏冀垂照，不具。

生於前月二十日[三]，地方偶獲微功，已於是月初二日，具本聞奏。差人既發，始領部咨，知夾攻已有成命。前者嘗具兩可之奏，不敢專主夾攻者，誠以前此三省嘗爲是舉，乃往返勘議[四]，動經歲月，形迹顯暴，事未及舉，而賊已奔竄大半。今老先生略去繁文之擾，行以實心，斷以大義，一決而定，機速事果，則夾攻之舉，固亦未嘗不善也。凡敗軍僨事，皆緣政出多門。每行一事，既稟巡撫，復稟鎮守，復稟巡按，往返需遲之間，謀慮既泄，事機已去。昨睹老先生

[一]　蓋事機窘迫　「迫」，董本作「急」。
[二]　自非老先生體國憂民之至　「至」，董本作「心」。
[三]　生於前月二十日云云　董本此篇題爲「第四書」。
[四]　乃往返勘議　「返」，國圖本、天圖本、叢刊本、文淵閣本、摛藻堂本作「復」。

所議，謂「閫外兵權[一]，貴在專委；征伐事宜，切忌遥制」。且復除去「總制」之名，使各省事有專責，不令掣肘，致相推托。真可謂一洗近年瑣屑牽擾之弊，非有大公無我之心，發强剛毅者，孰能與於斯矣。廟堂之上，得如老先生者爲之張主[二]，人亦孰不樂爲之用乎？幸甚幸甚。今各賊巢穴之近江西者，蓋已焚毁大半，但擒斬不多，徒黨尚盛，其在廣東、湖廣者，猶有三分之一。若平日相機掩撲，則賊勢分而兵力可省。今欲大舉，賊且并力合勢，非有一倍之衆，未可輕議攻圍。況南贛之兵，素稱疲弱，見賊而奔，乃其長技。廣、湖所用[三]，皆土官狼兵，賊所素畏，夾攻之日，勢必偏潰江西。今欲請調狼兵，以當賊鋒[四]，非惟慮其所過殘掠，兼恐緩不及事。生近以漳南之役，親見上杭、程鄉兩處機快，頗亦可用，且在撫屬之内。故今特調二縣各一千名，并凑南贛新集起倩，共爲一萬二千之數。若以軍法五攻之例，必須三省合兵十萬而後可。但南贛糧餉無措，不得已，而從減省若此。伏望老先生特賜允可，若更少損其數，斷然力不足以

[一] 謂閫外兵權　董本無「謂」字。
[二] 得如老先生者爲之張主　「張主」，董本作「主張」。
[三] 廣湖所用　「廣湖」，董本作「湖廣」。
[四] 以當賊鋒　「賊」，國圖本、天圖本、叢刊本、文淵閣本、摛藻堂本作「其」。

支寇矣。腐儒小生，素不習兵，勉强當事，惟恐覆公之餗。伏惟老先生憫其不逮，教以方略，使得有所持循。幸甚幸甚。

守仁始至贛[一]，即因閩寇猖獗，遂往督兵。故前者瀆奉謝啓，極爲草略，迄今以爲罪。閩寇之始，亦不甚多，大軍既集，乃連絡四面而起[二]，幾不可支[三]。今者偶獲成功，皆賴廟堂德威成筭，不然，且不免於罪累矣。幸甚[四]。守仁腐儒小生，實非可用之才。蓋未承南贛之乏，已嘗告病求退，後以托疾避難之嫌，遂不敢固請，黽勉至此，實恐得罪於道德，負薦舉之盛心耳[五]。伏惟終賜指教而曲成之，幸甚幸甚。今閩寇雖平，而南贛之寇，又數倍於閩，且地連四省，事權不一，兼之敕旨又有「不與民事」之説，故雖虚擁巡撫之名，而其實號令之所及[六]，止於

[一] 守仁始至贛云云　董本此篇題爲「第五書」。
[二] 乃連絡四面而起　「絡」，董本作「結」。
[三] 幾不可支　「幾」，董本作「機」。
[四] 幸甚　董本作「幸甚幸甚」。
[五] 負薦舉之盛心耳　「薦舉」，董本作「舉薦」。
[六] 而其實號令之所及　「之所及」，徐本、董本作「所不及」。

贛州一城，然且尚多牴牾，是亦非皆有司者敢於違抗之罪，事勢使然也。今爲南贛，止可因仍坐視，稍欲舉動[一]，便有掣肘。守仁竊以南贛之巡撫可無特設，止存兵備，而統於兩廣之總制，庶幾事體可以歸一。不然，則江西之巡撫，雖三省之務尚有牽碍，而南贛之事猶可自專，一應軍馬錢糧，皆得通融裁處而預爲之所，猶勝於今之巡撫，無事則開雙眼以坐視，有事則空兩手以待人也。夫弭盜所以安民，而安民者，弭盜之本。今責之以弭盜，而使無與于民，猶專以藥石攻病，而不復問其飲食調適之宜，病有日增而已矣。今巡撫之改革，事體關係，或非一人私議之間便可更定，惟有申明賞罰，猶可以稍重任使之權，而因以略舉其職，故今輒有是奏。伏惟特賜採擇施行，則非獨生一人得以稍逭罪戮，地方之困，亦可以少蘇矣。非恃道誼深愛，何敢冒瀆及此，萬冀鑒恕，不宣。

即日[二]，伏惟經綸邦政之暇，台候萬福。守仁學徒慕古，識乏周時，謬膺簡用，懼弗負荷。祇命以來，推尋釀寇之由，率因姑息之弊。所敢陳請，實恃知己，乃蒙天聽，並賜允從，蕃錫寵

[一] 稍欲舉動　「欲」，董本作「有」。
[二] 即日云云　董本此篇題爲「第六書」。

石[一]，恩與至重，是非執事器使曲成，獎飾接引，何以得此？守仁無似，敢不勉奮庸劣，遵稟成略，冀收微效，以上答聖眷，且報所自乎？兹當發師，匆遽陳謝。伏惟台照，不備[二]。

生惟君子之於天下[三]，非知善言之爲難，而能用善言之爲難。舜在深山之中，與木石居，鹿豕遊[四]，其所以異於深山之野人者幾希，舜亦何以異於人哉？至其聞一善言，見一善行，沛然若決江河，莫之能禦，然後見其與世之人相去甚遠耳。今天下知謀才辨之士，其所思慮謀猷，亦無以大相遠者。然多蔽而不知，或雖知而不能用，或雖用而不相決[五]，雷同附和。求其的然真見其孰爲可行，孰爲不可行，孰爲似迂而實切，孰爲似是而實非，斷然施之於用。如神醫之用藥，寒暑虛實，惟意所投，而莫不有以曲中其機[六]。此非有明睿之資，正大之學，剛直之氣，

[一] 蕃錫寵石　「石」，董本作「名」，天圖本、叢刊本、文淵閣本、摛藻堂本作「右」。
[二] 董本篇末有「外具用兵事宜一通，極知狂妄，伏冀曲賜採擇，并垂恕察，幸甚幸甚」二十六字。
[三] 生惟君子之於天下云云　董本此篇題爲「第七書」，無「生惟」二字。
[四] 鹿豕遊　董本「鹿」上有「與」字。
[五] 或雖用而不相決　「相」，董本作「能」。
[六] 而莫不有以曲中其機　董本無「以」字。

其孰能與於此？若此者，豈惟後世之所難能，雖古之名世大臣[一]，蓋亦未之多聞也。守仁每誦明公之所論奏，見其洞察之明，剛果之斷，妙應無方之知，燦然剖析之有條，而正大光明之學，凛然理義之莫犯，未嘗不拱手起誦，歆仰嘆服。自其識事以來，見世之名公巨卿，負盛望於當代者，其所論列，在尋常亦有可觀，至於當大疑，臨大利害，得喪毀譽，眩瞀於前，力不能正，即依違兩可，掩覆文飾，以幸無事。求其卓然之見，浩然之氣，沛然之詞，如明公之片言者，無有矣。在其平時，明公雖已自有以異於人，人固猶若無以大異者，必至於是，而後見其相去之甚遠也。守仁耻爲佞詞以諛人[二]，若明公者，古之所謂社稷大臣，負王佐之才，臨大節而不可奪者，非明公其誰歟？守仁後進迂劣，何幸辱在驅策之末，奉令承教，以效其尺寸，所謂駑駘遇伯樂而獲進於百里，其爲感幸何如哉[三]！邇者龍川之役，亦幸了事，窮本推原，厥功所自，已略具於奏末，不敢復縷縷。所恨福薄之人，難與成功，雖仰賴方略，僥倖塞責，而病患日深，已成廢棄。昨日乞休疏

[一] 雖古之名世大臣　「大」，董本作「人」。
[二] 守仁耻爲佞詞以諛人　董本「耻」上有「素」字，無「爲」字。
[三] 其爲感幸何如哉　董本「幸」下有「又」字。

入[一]，輒嘗恃愛，控其懇切之情，日夜瞻望允報。伏惟明公終始曲成，使得稍慰老父衰病之懷，而百歲祖母，亦獲一見爲訣，生死骨肉之恩[二]，生當何如爲報耶！情隘詞迫，乞冀矜亮。死罪死罪。

近領部咨[三]，見老先生之於守仁[四]，可謂心無不盡，而凡其平日見於論奏之間者，亦已無一言之不酬。雖上公之爵[五]，萬户侯之封，不能加於此矣[六]。自度鄙劣，何以克堪[七]，感激之私，中心藏之，不能以言謝[八]。然守仁之所以隱忍扶疾，身被鋒鏑，出百死一生，以赴地

[一] 昨日乞休疏入　「日」，董本作「者」。
[二] 生死骨肉之恩　國圖本、天圖本、叢刊本「生死」作「死生」；董本、文淵閣本、擒藻堂本「骨肉」作「肉骨」。
[三] 近領部咨云云　董本此篇題爲「第八書」。
[四] 見老先生之於守仁　董本「見」上有「仰」字。
[五] 雖上公之爵　「爵」，董本作「錫」。
[六] 不能加於此矣　「加」，董本作「榮」。
[七] 何以克堪　「克堪」，董本作「堪冒」。
[八] 不能以言謝　董本作「言不能以爲謝」。

方之急者，亦豈苟圖旌賞，希階級之榮而已哉？誠感老先生之知愛，期無負於薦揚之言，不媿稱知己於天下而已矣。今雖不能大建奇偉之績，以仰答知遇，亦幸苟無撓敗戮辱，遺繆舉之羞於門下[一]，則守仁之罪責亦已少塞，而志願亦可以無大憾矣。復何求哉！復何求哉[二]！伏惟老先生愛人以德，器使曲成，不責人以其所不備，不强人以其所不能，則凡才薄福，尩羸疾廢如某者，庶可以遂其骸骨之請矣。乞休疏待報已三月，尚杳未有聞，歸魂飛越，夕不能旦。伏望憫其迫切之情，早賜允可，是所謂生死而骨肉者也[三]。感德當何如耶[四]！

輒有私梗[五]，仰恃知愛，敢以控陳。近日三省用兵之費，廣、湖兩省，皆不下十餘

[一] 遺繆舉之羞於門下　董本「遺」上有「重」字。

[二] 復何求哉　董本不重此四字。

[三] 是所謂生死而骨肉者也　「骨肉」，文淵閣本、擒藻堂本作「肉骨」。

[四] 伏惟老先生……感德當何如耶　董本作「伏惟老先生終始曲成，使得保全首領，歸延餘息於林下，免致覆餗，爲大賢君子知人之玷，生死骨肉，當如何圖報耶？情隘詞迫，伏祇矜宥，幸甚幸甚。奏稿三通奉瀆」。

[五] 輒有私梗云云　董本此篇爲「第十一書」（自去冬畏途多沮云云）後半部分，「輒」上有「附瀆」二字，則此篇當爲「第十一書」之附録。

萬[一]，生處所乞止於三萬，實皆分毫扣筭，不敢稍存嬴餘。已蒙老先生洞察其隱，極力扶持，盡賜准允。後户部復見沮抑，以故昨者進兵之際，凡百皆臨期那借屑凑，殊爲窘急。賴老先生指授，幸而兩月之内，偶克成功，不然，决致敗事矣。此雖已遂之事，然生必欲一鳴其情者，竊恐因此遂誤他日事耳。又南贛盗賊巢穴，雖幸破蕩，而漏殄殘黨難保必無。兼之地連四省，深山盤谷，逃流之民，不時嘯聚。輒采民情，議於横水大寨，請建縣治，爲久安之圖，乘間經營，已略有次第。守仁迂踈病懶[二]，於凡勞役之事，實有不堪，但籌度事勢，有不得不然者。是以不敢以病軀欲歸之故，閉遏其事而不以聞[三]，苟幸目前之塞責而已也。伏惟老先生并賜裁度施行。幸甚。

守仁不肖[四]，過蒙薦奬，終始曲成，言無不行，請無不得，既假以賞罰之權，復委以提督之任，授之方略，指其迷謬。是以南贛數十年桀驁難攻之賊，兩月之内，掃蕩無遺，是豈駑劣若

[一] 皆不下十餘萬　董本無「皆」字。
[二] 守仁迂踈病懶　董本「懶」下有「之軀」二字。
[三] 閉遏其事而不以聞　「以」，國圖本、天圖本、叢刊本訛作「可」。
[四] 守仁不肖云云　董本此篇題爲「第十二書」。

守仁者之所能哉？昔人有言：「追獲獸兔，功狗也；發縱指示，功人也。」守仁賴明公之發縱指示，不但得免於撓敗之戮，而又且與於追獲獸兔之功，感恩懷德[一]，未知此生何以爲報也[二]。因奏捷人去，先布下悃，俟兵事稍間，尚當具啓脩謝。伏惟爲國爲道自重，不宣[三]。

邇者南贛盜賊遂獲底定[四]，實皆老先生定議授筭，以克有此。生輩不過遵守奉行之而已，何功之有，而敢冒受重賞乎？伏惟老先生橐籥元和，含洪無迹，乃欲歸功於生。物物惟不自知其生之所自焉爾，苟知其生之所自，其敢自以爲功乎？是自絶其生也已。拜命之餘，不勝慚懼，輒具本辭免，非敢苟爲遜避，實其中心有不自安者。陞官則已過甚，又加之廕子，若之何其能當

[一] 感恩懷德 董本「感」上有「其爲」二字。
[二] 未知此生何以爲報也 董本「未」上有「尚」字。
[三] 董本篇末有「外奏稿揭帖奉呈」七字，又下爲「第十三書」：「畏途所沮，不敢亟上啓，感恩佩德，非言語可盡。所恨羸病日增，近復吐血潮熱，此身恐不能有圖報之地矣。伏望終始曲成，使得苟延餘喘於林下，亦仁人君子不忍一物失所之本心，當不俟其哀號控籲也。情隘勢迫，復爾冒干，伏惟憫宥，不具。」
[四] 邇者南贛盜賊云云 董本此篇題爲「第九書」。

之[一]？「負且乘，致寇至。」生非無貪得之心，切懼寇之將至也。伏惟老先生鑒其不敢自安之誠，特賜允可，使得仍以原職致事而去，是乃所以曲成而保全之也。感刻當何如哉！瀆冒尊威，死罪死罪。

憂危之際[二]，不敢數奉起居，然此心未嘗一日不在門墻也。事窮勢極，臣子至此，惟有痛哭流涕而已。可如何哉？生前者屢乞省葬，蓋猶有隱忍苟全之望。今既未可[三]，得以微罪去歸田里，即大幸矣。素蒙知愛之深[四]，敢有虚妄，神明誅殛。惟鑒其哀懇，特賜曲成，生死骨肉之感也[五]。地方事决知無能爲[六]，已閉門息念，袖手待盡矣。惟是苦痛切膚，未免復爲一控，

[一] 若之何其能當之　董本無「其」字。
[二] 憂危之際云云　董本此篇題爲「第十書」。
[三] 今既未可　董本「可」下有「得」字。
[四] 素蒙知愛之深　「深」，董本作「心」。
[五] 生死骨肉之感也　「骨肉」，文淵閣本、摛藻堂本作「肉骨」。
[六] 地方事决知無能爲　董本無「知」字。

亦聊以盡吾心焉爾[一]。臨啓悲愴，不知所云[二]。

自去冬畏途多沮[三]，遂不敢數數奉啓，感刻之情，無由一達[四]。繆劣多忤，尚獲曲全，非老先生何以得此？「中心藏之，何日忘之」，誦此而已，何能圖報哉！江西之民，困苦已極，其間情狀，計已傳聞，無俟復喋。今騷求既未有艾，錢糧又不得免，其變可立待。去歲首爲控奏，既未蒙旨，繼爲申請，又不得達。今兹事窮勢極，只得冒罪復請。伏望憫地方之塗炭，爲朝廷深憂遠慮，得與速免，以救燃眉。幸甚幸甚。生之乞歸省塋，去秋已蒙「賊平來説」之旨[五]，冬底復請，至今未奉允報。生之汲汲爲此，非獨情事苦切，亦欲因此稍避怨嫉。素蒙老先生道誼骨肉之愛，無所不至，於此獨忍不一舉手投足，爲生全之地乎？今地方事殘破憊極，其間宜修舉者百端，去歲嘗繆申一二奏，皆中途被沮而歸。繼是而後，遂以形迹之嫌，不敢復有所建白。兼賤

[一] 亦聊以盡吾心焉爾　董本「爾」下有「耳」字。
[二] 董本篇末有「奏稿二通瀆覽」六字。
[三] 自去冬畏途云云　董本此篇題爲「第十一書」。
[四] 無由一達　「由」，董本作「從」。
[五] 去秋已蒙賊平來説之旨　「秋」，董本作「歲」。

恙日尫瘠，又以老父憂危致疾之故[一]，神志恍恍，終日如在夢寐中。今雖復還省城，不過閉門昏臥，服藥喘息而已。此外人事，都不復省，況能爲地方救灾拯難，有所裨益於時乎？所以復有籲租之請者，正如夢中人被錐刺，未能不知疼痛，縱其手足撲療不及[二]，亦復一呻吟耳。老先生幸憐其志，哀其情，速免征科，以解地方之倒懸，一允省葬之乞，使生得歸全首領於牖下，則闔省蒙更生之德，生父子一家，受骨肉之恩，舉含刻於無涯矣。昏憒中，控訴無叙，臨啓不勝愴慄[三]。

屢奉啓[四]，皆中途被沮，無由上達。幸其間乃無一私語，可以質諸鬼神，自是遂不敢復具。然此顛頓窘局、苦切屈抑之情，非筆舌可盡者，必蒙憫照，當不俟控籲而悉也。日來嘔血，飲食頓減，潮熱夜作，自計決非久於人世者，望全始終之愛，使得早還故鄉。萬一苟延餘息，生死骨

[一] 又以老父憂危致疾之故　「老父」，國圖本、天圖本、叢刊本、文淵閣本、擒藻堂本訛作「父老」。

[二] 縱其手足撲療不及　董本無「縱」字。

[三] 董本篇末有「奏稿二通瀆覽。又一通係去冬中途被沮者，今仍令原舍賫上。惟老先生面賜尊裁，可進進之，不可進已之。恃深愛，敢瀆冒至此，死罪死罪。（又下有「附瀆輒有私梗」云云，文見第十一書附録。）」

[四] 屢奉啓云云　董本此篇題爲「第十四書」。

肉之恩[一]，當何如圖報耶！餘情張御史當亦能悉，伏祈垂亮，不備。

比兵部差官來[二]，賫示批札，開諭勤惓。佐亦隨至，備傳垂念之厚。昔人有云：「公之知我，勝於我之自知。」若公今日之愛生，實乃勝於生之自愛也。感報當何如哉！明公一身係宗社安危，持衡甫旬月，略示舉動，已足以大慰天下之望矣。百凡起居，尤望倍常慎密珍攝，非獨守仁之私幸也。佐且復北，當有別啓，差官回便，輒先附謝。伏惟台鑒，不具[三]。

與陸清伯書

屢得書，見清伯所以省愆罪己之意，可謂真切懇到矣。即此，便是清伯本然之良知。凡人之爲不善者，雖至於逆理亂常之極，其本心之良知，亦未有不自知者。但不能致其本然之良知，是以物有不格，意有不誠，而卒入於小人之歸。故凡致知者，致其本然之良知而已。大學謂之「致

[一] 生死骨肉之恩 「骨肉」，文淵閣本、摛藻堂本作「肉骨」。
[二] 比兵部差官來云云 董本此篇題爲「第十五書」。
[三] 董本篇末有「歸省疏已蒙曲成，得蚤下一日，□（校本殘損不可辨）家之感也，懸切懸切」二十一字。

知格物」，在書謂之「精一」，在中庸謂之「慎獨」，在孟子謂之「集義」，其工夫一也。向在南都，嘗謂清伯喫緊於此，清伯亦自以爲既知之矣。近覩來書，往往似尚未悟，輒復贅此。清伯更精思之。大學古本一冊，寄去時一覽。近因同志之士，多於此處不甚理會，故序中特改數語。有得，便中寫知之。季惟乾事[一]，善類所共冤，望爲委曲周旋之。

與許台仲書

榮擢諫垣，聞之喜而不寐，非爲台仲喜得此官，爲朝廷諫垣喜得台仲也。孟子云：「人不足與適也，政不足與間也，惟大人爲能格君心之非」，「一正君而國定矣」。碌碌之士，未論其言之若何，苟言焉，亦足尚矣。若夫君子之志於學者，必時然後言而後可，又不專以敢言爲貴也。去惡先其甚者，顛倒是非，固已得罪於名教，若搜羅瑣屑，亦君子之所耻矣。尊意以爲如何[二]？向時「格致」之説，近來用工有得力處否？若於此見得真切，即所謂「一以貫之」，如前所云，亦爲瑣瑣矣。

[一] 季惟乾　擿藻堂本作「冀惟乾」。
[二] 尊意以爲如何　「如何」，國圖本、天圖本、叢刊本、文淵閣本、擿藻堂本作「何如」。

又

吾子累然憂服之中，顧勞垂念，至勤賢郎以書幣遠及，其何以當！其何以當！道不可須臾而離，故學不須臾而間。居喪亦學也，而喪者以荒迷自居，言不能無荒迷爾，學則不至於荒迷，故曰：「喪事不敢不勉。」「寧戚」之説，爲流俗忘本者言也。喜怒哀樂，發皆中節之謂和。哀亦有和焉，發於至誠，而無所乖戾之謂也。夫過情，非和也；動氣，非和也；有意必於其間，非和也；孺子終日啼而不嗌，和之至也。知此，則知居喪之學，固無所異於平居之學矣。聞吾子近日有過毀之憂，輒敢以是奉告，幸圖其所謂大孝者可也。

與林見素

執事孝友之行，淵博之學，俊偉之才，正大之氣，忠貞之節，某自弱冠從家君於京師，幸接比鄰，又獲與令弟相往復，其時固已熟聞習見，心悦而誠服矣。第以薄劣之資，未敢數數有請。其後執事德益盛，望益隆，功業益顯，地益遠，某企仰益切。雖欲忘其薄劣，一至君子之庭，以濡咳唾之餘，又益不可得矣。執事中遭讒嫉，退處丘園，天下之士，凡有知識，莫不爲之扼腕不平，思一致其勤惓，而况某素切向慕者，當如何爲心？顧終歲奔走於山夷海獠之區，力不任重，日不暇給，無由一申起居，徒時時於交游士夫間，竊執事之動履消息。皆以爲人不堪其憂憤，而執事處之恬然，從容禮樂之間，與平居無異。易所謂「時困而德辨，身退而道亨」，於執事見之矣。

聖天子維新政化，復起執事，寄之股肱，誠以慰天下之望。此蓋宗社生民之慶，不獨知游之幸，善類之光而已也。正欲作一書，略序其前後傾企、紆鬱未伸之懷，并致其歡欣慶忭之意，值時歸省老親，冗病交集，尚爾未能。而區區一時僥倖之功，連年屈辱之志，乃蒙爲之申理，誘掖過情，而褒賞踰分，又特遣人馳報慰諭。此固執事平日與人爲善之素心，大公無我之盛節，顧淺陋卑劣，其將何以承之乎？感激惶悚，莫知攸措，使還冗劇，草草略布下悃。至於恩命之不敢當，厚德之未能謝者，尚容專人特啓。不具。

與楊邃庵

某之繆辱知愛，蓋非一朝一夕矣。自先君之始托交於門下，至於今且四十餘年，父子之間，受惠於不知，蒙施於無迹者，何可得而勝舉？就其顯然可述，不一而足者，則如先君之爲祖母乞塋祭也，則因而施及其祖考。某之承乏於南贛，而行事之難也，則因而改授以提督。其在廣會征，偶獲微功，而見詘於當事也，則竟違衆議而申之。其在西江，幸夷大憝，而見搆於權奸也，則委曲調護，既允全其身家。又因維新之詔，而特爲之表揚暴白於天下，力主非常之典，加之以顯爵。其因便道而告乞歸省也，則既嘉允其奏，而復優之以存問。其頒封爵之典也，出非望之恩，而遂推及其三代。此不待人之請，不由有司之議，傍無一人可致纖毫之力，而獨出於執事之心者，恩德之深且厚也如是，受之者宜何如爲報乎？

夫人有德於己，而不知以報者，草木鳥獸也。櫟之樹，隨之蛇，尚有靈焉，人也而顧草木鳥獸之弗若耶？顧無所可效其報者，惟中心藏之而已。中心藏之，而輒復言之，懼執事之謂其藐然若罔聞知，而遂以草木視之也。邇者先君不幸大故，有司以不肖孤方煢然在疚，謂其且無更生之望，遂以塋祭贈謚爲之代請，頗爲該部所抑，而朝廷竟與之以塋祭，是執事之心，何所不容其厚哉！乃今而復有無厭之乞，雖亦其情之所不得已，實恃知愛之篤，遂徑其情，而不復有所諱忌嫌沮，是誠有類於藐然若罔聞知者矣。事之顛末，別具附啓。惟執事始終其德，而不以之爲戮也，然後敢舉而行之。

與蕭子雍

繆妄迂疎，多招物議，乃其宜然。每勞知己爲之憂念不平，徒增悚赧耳。荼毒未死之人，此身已非己有，況其外之毁譽得喪，又敢與之乎？哀痛稍蘇，時與希淵一二友，喘息於荒榛叢草間，惴惴焉惟免於戮辱是幸，他更無復願矣。近惟教化大行，已不負平時祝望。知者不慮其不明，而慮其過察；果者不慮其無斷，而慮其過嚴。若夫尊德樂善[一]，激濁揚清，以丕變陋習，吾與昔人，可無間然矣。盛价還，草草無次。

與德洪

大學或問數條，非不願共學之士盡聞斯義，顧恐藉寇兵而賫盜糧，是以未欲輕出。且願諸公與海内同志口相授受，俟其有風動之機[二]，然後刻之非晚也。此意嘗與謙之面論，當能相悉也。江、廣兩途，須至杭城始决。若從西道，又得與謙之一話於金、焦之間。冗甚，不及寫書，幸轉致其略。

[一] 若夫尊德樂善　「善」，國圖本、天圖本、叢刊本、文淵閣本、摛藻堂本作「義」。

[二] 俟其有風動之機　「風動之機」，國圖本、天圖本、叢刊本、文淵閣本、摛藻堂本作「風機之動」。

王文成公全書卷之二十八

續編三

門人餘姚錢德洪 編次
安成鄒守益 葺録
泰和歐陽德 校正
山陰王畿 增葺
餘姚嚴中 考訂

自劾不職以明聖治事疏

臣聞之：「主聖則臣直，上易知而下易治。」今聖主在上，澤壅而未宣，怨積而不聞，臣等曾無一言，是甘爲容悦，而上無以張主之聖，下無以解於百姓之惑也。伏惟陛下神明英武，自居春宫，萬姓仰德；及登大寶，四夷向風。不幸賊臣劉瑾，竊弄威柄，流毒生靈，潛謀僭逆，幾危郊社。賴祖宗上天之靈，俾張永等早發其奸，陛下奮雷霆之斷，誅滅黨與，剗滌兇穢，復祖宗之舊章，吊黎元之疾苦，任賢修政，與民更始。天下莫不懽欣鼓舞，謂陛下固愛民之主，而前此皆賊瑾之蒙蔽；日夜跂足延頸，以望太平。奈何積暴所加，民痍未復，餘烈所煽，妖孽連興，幾及二年，愈肆愈横。兵屯不解，民困日深，賊勢相連殆遍，財匱糧竭，旦夕洶洶。臣等備位大臣，不能展一籌以紓患害，寬一縛以蘇倒懸，撫心反己，皆賊瑾之荼毒；知陛下固有爲之君，而前此皆賊瑾之蒙蔽；日夜跂足延頸，以望太平。

夫朝以出政，政以成事。陛下每月視朝，朔望之外，不過一二，豈不以臣等分職於下，事苟無廢，不朝奚損乎？然群臣百司，願時一覩聖顔而不獲，則憂思傍惶，漸以懈弛；遠近之民，遂疑陛下不復念其困苦而日興怨懟；四方盜賊，亦謂陛下未嘗有意剪除而益猖獗。夫昧爽臨朝，不過頃刻，陛下何憚而不爲？所以若此，則實由臣等不能備言天下洶洶之情以悟陛下，是其大罪一也。

陛下日於後苑訓練兵事，鼓噪之聲，震駭城域，豈不以寇盜未平，思欲奮威講武乎？然此本亦將卒之事，兼非宮禁所宜。況今前星未燿，震位猶虛，而乃勞力於掣肘，耗氣於馳逐，群臣惶惑，兩宮憂危，宗祀大本〔一〕，無急於是。而臣等不能力勸陛下蓄精養神，以衍皇儲之慶；思患預防，以爲燕翼之謀，是其大罪二也。

夫日近儒臣，講論道德，涵泳義理，以培養本原，開發志意，則耳目日以聰明，血氣日以和暢，窮天地之化，盡萬物之情，優游泮渙，以與古先神聖爲伍，此亦天下之至樂矣。陛下苟知此，則將樂之終身，而不能以須臾舍，奚暇遊戲之娛乎？今陛下自即位以來，經筵之御，未能四五，而悅心於騎射疲勞之事。皆由臣等不能備陳至樂，以易陛下之所好，是其大罪三也。

陛下有堯舜之資，臣等不能導陛下於三代，而使天下之民疾首蹙額相告，歸咎懷憒，若漢唐之季，臣等死有餘罪矣。伏願陛下繼自今昧爽以視朝，勵精而圖治，端拱玄默以養天和，正關雎之風，毓麟趾之祥。日御經筵，講求治道，悦理義之悦心，去遊宴之敗度。正臣等不職之罪，罷歸田里，舉耆德宿望之賢，與共天職。使天下曉然，皆知陛下憂憫元元之本心，由臣等不能極言切諫，以至於斯。自兹以往，務在休養生息，無復有所騷擾，躬修聖政，以弭天下之艱屯，廣聖嗣以定天下之危疑，勤聖學以立天下之大本。其餘習染，以次洗刷，則民生自遂，若陽氣至而

〔一〕宗祀大本　「祀」，國圖本、天圖本、叢刊本、文淵閣本、摛藻堂本作「社」。

萬物春；寇盗自消，若白日出而魍魎滅。上以承祖宗之鴻休，下以垂子孫之統緒，近以慰臣庶之憂惶，遠以答四夷之觀向[一]。臣等雖死之日，猶生之年。不勝激切顛隕待罪之至，具疏上聞。

乞恩表揚先德疏

竊照臣父致仕南京吏部尚書王華，以今年二月十二日病故。臣時初喪荼苦，氣息奄奄，不省人事。有司以臣父忝在大臣之列，特爲奏聞，兼乞塟祭贈謚。事下該部，以臣父爲禮部侍郎時，嘗爲言官所論，謂臣父於暮夜受金而自首，清議難明；承朝廷遺告而乞歸，誠意安在？又爲南京吏部尚書時，因禮部尚書李傑乞恩認罪回話事，奉欽依：「李傑、王華彼時共同商議，如何獨言張昇，顯是飾詞。本當重治，姑從輕都著致仕。」伏遇聖慈，覆載寬容，不輕絶物，然猶賜之塟祭，感激浩蕩之恩，闔門粉骨，無以爲報。竊念臣父始得暗投之金，若使其時秘而不宣，人誰知者？而必以自首，其於心迹，可謂清矣。乞便道省母於既行祭告之後，其於遺祀之誠，自無妨矣。當時論者不察其詳，而輒以爲言。臣父蓋嘗具本六乞退休，請究其事。當時朝廷特爲暴白，屢賜温旨，慰諭勉留，其事固已明白久矣，乃不意身没之後，而尚以此爲罪也。臣切痛之。

[一] 遠以答四夷之觀向　「夷」，國圖本、天圖本、叢刊本、文淵閣本、摛藻堂本作「方」。

正德初年，逆瑾肇亂，威行中外。其時臣爲兵部主事，因瑾綁拿科道官員，臣不勝義憤，斥瑾罪惡。瑾怒臣，因而怒及臣父，既而使人諷臣父，令出其門。臣父不往，瑾益怒。然臣父乃無可加之罪，後遂推尋禮部舊事，與臣父無干者，因傳旨，并令臣父致仕，以泄其怒[一]。此則臣父以守正不阿，觸忤權奸，而爲所擯抑，人皆知之，人皆冤之，乃不知身没之後，而反以此爲咎也。臣尤痛之。

臣父以一甲進士，授官翰林院修撰，歷陞春坊諭德、翰林院學士、詹事府少詹事、禮部侍郎、南京吏部尚書。其間充經筵官、經筵講官、日講官，又選充東宫輔導官、東宫講讀官，與修憲廟實録及大明會典、通鑑纂要等書，積勞久而被遇深矣。故事，侍從、日講、輔導等官，身没之後，類得優以殊恩，榮以美謚。而臣父獨以無實之謗，不附權奸之義，生被誣抑，而没有餘耻，此臣之所以割心痛骨，不得不從陛下而求一表暴者也。夫人子之孝，莫大於顯親；其不孝，亦莫大於辱親。臣以犬馬微勞，躐致卿位。故事，在卿佐之列者，親没之後，皆得爲之乞請恩典。臣今未敢有所陳乞，以求顯其親，而反以無實之詬，辱其親於身没之後，不孝之罪，復何以自立於天地間乎？此臣之所尤割心痛骨，不得不從陛下而求一表暴者也。

[一] 以泄其怒　「其」，底本訛作「一」，據徐本、國圖本、天圖本、叢刊本、文淵閣本、摛藻堂本改。

臣自去歲乞恩便道歸省，陛下垂憫烏鳥，且念臣父係侍從舊臣，特推非常之恩，賜之存問。臣父先於正德九年，嘗蒙朝廷推恩進階，臣伏覩制詞有云：「直道見沮於權奸，晚節遂安於静退。」則當時先帝固已洞知臣父之枉矣。臣又伏覩陛下即位詔書，内開自弘治十八年五月十八日以後，大小官員，有因忠直諫諍，及守正被害去任等項，各該衙門，備查奏請，大臣量進階級，并與應得恩廕。臣父以守正觸怒逆瑾，無故被害去任，此固恩詔之所憫録，正在量進階級之列。臣父既耻於自陳，而有司又未爲奏請，乃今身没之後，而反猶以爲詬，臣竊自傷痛其無以自明也。臣父中遭屈抑，晚遇聖明，庶幾沐浴恩澤，以一雪其拂鬱，而忽復逝矣，豈不痛哉！今又反以爲辱，豈不冤哉！

臣又查得先年吏部尚書馬文昇、屠滽等，皆嘗屢被論劾，其後朝廷推原其事，卒賜之以贈謚。臣父才猷，雖或不逮於二臣，而無故被誣，實有深於二臣者，惟陛下矜而察之。臣以功微賞重，深憂覆敗，方爾冒死辭免封爵，前後恩典，已懼不克勝荷，故於臣父之没，斷已不敢更有乞請。乃不意蒙此誣辱，臣又安能含羞飲泣，不爲臣父一致其辨乎？夫人臣之於國也，主辱則臣死，子之於父也亦然。今臣父辱矣，臣何以生爲哉？夫朝廷恩典，所以報有功而彰有德，豈下臣所敢倖乞？顧臣父被無實之耻於身後，陛下不爲一明其事，自此播之天下，傳之後代，孝子慈孫，將有所不能改，而臣父之目不瞑於地下矣。豈不冤哉！夫飾非以欺其上者不忠，矯辭以誣於世者無耻，不忠無耻，亦所以爲不孝。若使臣父果有纖毫可愧於心，而臣乃爲之文飾矯誣，以欺陛下，以罔天下後世，縱幸逃於國憲，天地鬼神，實臨殛之！臣雖庸劣之甚，不忠無耻之事，義不忍爲也。惟陛下哀而察之。臣不勝含哀抱痛、戰慄惶懼、激切控籲之至。謹具本，令舍人王宗海代賫奏聞，伏候敕旨。

辯誅遺奸正大法以清朝列疏

丁憂南京兵部尚書臣王某謹奏，爲誅遺奸，正大法，以清朝列事。嘉靖元年十月初十等日，准南京兵部咨，准都察院咨，該巡按廣西監察御史張鉞奏爲前事。題奉聖旨：「是。這所劾張子麟事情，還着王守仁、伍希儒、伍文定看了，上緊開具明白，奏來定奪。欽此。」又准該部咨，准都察院咨，該丁憂刑部尚書張子麟奏，爲辨污枉，清名節，以雪大冤事。題奉聖旨：「是。張子麟所奏事情，着王守仁等一併看了來說。欽此。」俱欽遵外。方在衰絰之中，憂病哀苦，神思荒憒，一切世務，悉已昏迷恍惚，奉命震悚。旋復追惟，臣先正德十四年六月初六日，奉敕前往福建，查處聚衆謀反等事。本月十五日，行至豐城地方，適遇寧藩之變，倉卒脱身[一]，誓死討賊。十八日，回至吉安，督同知府伍文定等起兵。七月二十日，引兵收復南昌。二十三日，宸濠還救。二十六日，宸濠就擒。其時餘黨尚有未盡，百務叢集，臣因先令各官，分兵守視王府各門。至月初五六間，始克率同御史伍希儒、知府伍文定等入府，按視宫殿庫藏諸處。其間未經燒毁者，重加封識，以俟朝命；已被殘壞者，分令各官逐一整檢。有刑部尚書張子麟啓本一封，衆共開視，云是胡世寧招詞。臣當與各官商説，此等公文書啓之類，皆在宸濠未反數年前事。雖私與交往，不爲無罪，而反逆之舉，未必曾與通謀。況此交通之人，今或多居禁近，分布聯絡。若存此等形迹，恐彼心懷疑懼，將生意外不測之變。且慮憸人因而點綴掇拾，異時根究牽引，奸黨未必能懲，而忠良或反被害。昔人有焚吏民交關文書數千章，以安反側之心者，今亦宜從其處，以息禍端，遂議與各官公同燒毁。後奉刑部題奉欽依：「原搜簿籍，既未送官封記收掌，又事發日久，别生事端，委的真僞難辯，無憑查考，着原搜獲之人盡行燒毁。欽此。」欽遵外。臣等莫不仰嘆，聖主包含覆幬之量，範圍曲成之仁，可謂思深而慮遠也已。以是臣等不復爲言，且謂朝廷於此等事，既已一槩宥略，與天下洗滌更始矣。

[一] 倉卒脱身　「卒」，徐本作「率」。

今御史張鉞風聞其事，復有論列，是亦防閑爲臣之大義，效忠於陛下之心也。尚書張子麟力辨其事，而都察院覆奏，以爲世寧之獄，悉由該院，與子麟無干，則誠亦曖昧難明之迹[一]。今臣等亦不過據事直言其實耳，豈能别有所查訪？然以臣愚度之，嘗聞昔年宸濠奸黨，爲之經營布置於外，往往亦有詐爲他人書啓，歸以欺濠而罔利者，則此子麟之啓，無乃亦是類歟？不然，子麟身爲執法大臣，非一日矣。縱使與濠交通，豈略不知有畏忌，而數年之前輒以肆然稱臣於濠耶？夫人臣而懷二心，此豈可以輕貸？然亦加人以不忠之罪，則亦非細故矣。此在朝廷必有明斷。臣偶有所見，亦不敢不一言之。緣奉欽依「這所劾張子麟事情，還着王守仁、伍希儒、伍文定看了，上緊開具明白，奏來定奪」，及「張子麟所奏事情，着王守仁等一併看了來説」事理，爲此具本，差舍人李昇親賫奏聞，伏候敕旨。

書同門科舉題名録後

嘗讀文中子，見唐初諸名臣，若房、杜、王、魏之流，大抵皆出其門，而論者猶以文中子之書，乃其徒僞爲之而托焉者，未必其實然也。今以邃庵先生之徒觀之，則文中子之門又奚足異乎？予

[一] 則誠亦曖昧難明之迹　徐本「則」下有「亦」字，底本删「亦」字存空格。

嘗論文中子，蓋後世之大儒也。自孔、孟既没而周、程未興，董、韓諸子，未或有先焉者。先生自爲童子，即以神奇薦入翰林，未弱冠而已爲人師。其穎悟之蚤，文學之懿，比之文中，實無所愧，而政事之敏卓，才識之超偉，文中未有見焉。文中之在當時，嘗以策干隋文，不及一試，而又早死。先生少發科第，入中書，督學政，典禮太常，經略邊陲，弭奸戢亂，陟司徒，登冢宰，晉位師相，威名振於夷狄，聲光被於海宇，功成身退，優游未老之年，以身係天下安危。聖天子且將復起之，以恢中興之烈，而海内之士，日翹首跂足焉，則天之厚於先生者，殆文中子所不能有也。

文中之徒，雖顯於唐，然皆異代隔世。若先生之門，具體而微者，亦且幾人。其餘或得其文學，或得其政事，或得其器識，亦各彬彬成章，足爲名士，布列中外，不下數十，又皆同朝共事，並耀於時。其間喬、靳諸公，遂與先生同升相位，相繼爲冢宰。若此者，文中子之門，益有所不敢望矣。且文中子之門[一]，其親經指受，若董常、程元之流，多不及顯，而章明於世，往往或請益於片言，邂逅於一接，非若今之題名所載，皆出於先生之陶冶，其出於陶冶而不顯於世，若常、元之徒，殆未暇悉數也。

先生之在吏部，守仁嘗爲之屬，受知受教，蓋不止於片言一接者，然以未嘗親出陶冶，不敢

[一] 且文中子之門　徐本「且」下有「也」字，底本删「也」字存空格。

憾於兹録之不與。若其出於陶冶，而有若常、元者焉，或亦未可以其不顯於世，而遂使之不與也。續兹録者，且以爲何如？嘉靖甲申季冬望。

書宋孝子朱壽昌孫教讀源卷

教讀朱源見其先世所遺翰墨，知其爲宋孝子壽昌之裔也，既弊爛矣，使工爲裝緝之。因諭之曰：「孝，人之性也。置之而塞乎天地，溥之而横乎四海，施之後世而無朝夕。保爾先世之翰墨，則有時而弊；保爾先世之孝，無時而或弊也。人孰無是孝，豈保爾先世之孝，保爾之孝耳。保先世之翰墨，亦保其孝之一事，充是心而已矣。源歸，其以吾言遍諭鄉鄰，苟有慕壽昌之孝者，各充其心焉，皆壽昌也已。」正德己卯春三月晦，書虔臺之静觀軒。

書汪進之卷

程先生云：「有求爲聖人之志，然後可與共學。」夫苟有必爲聖人之志，然後能加爲己謹獨之功，能加爲己謹獨之功，然後於天理人欲之辨，日精日密，而於古人論學之得失，孰爲支離，孰爲空寂，孰爲似是而非，孰爲似誠而僞，不待辨説而自明。何者？其心必欲實有諸己也。必欲實有諸己，則殊途而同歸，其非且僞者，自不得而强入。不然，終亦忘己逐物，徒弊精力於文句之間，而曰吾以明道，非惟有捕風捉影之弊，抑且有執指爲月之病，辨析愈多，而去道愈遠矣。故某於朋友論學之際，惟舉「立志」以相切礪。其於議論同異之間，姑且置諸未辨。非不欲辨也，本之未立，雖欲辨之，無從辨也。夫志，猶木之根也；講學者，猶栽培灌溉之也。根之未植，而徒以栽培灌溉，其所滋者，皆蕭艾也。進之勉之。

書趙孟立卷

趙仲立之判辰也[一]，問政於陽明子。陽明子曰：「郡縣之職，以親民也。親民之學不明，而天下無善治矣。」「敢問親民？」曰：「明其明德以親民也。」「敢問明明德？」曰：「親民以明其明德也。」曰：「明德、親民一乎？君子之言治也，如斯而已乎？」曰：「親吾之父，以及人之父，而孝之德明矣；親吾之子，以及人之子，而慈之德明矣。明德親民也，而可以二乎？惟夫明其明德以親民也，故能以一身爲天下；親民以明其明德也，故能以天下爲一身。夫以天下

[一] 趙仲立　此與標題及總目不符，文淵閣本、摛藻堂本「仲」作「孟」。

爲一身也，則八荒四表，皆吾支體，而況一郡之治，心腹之間乎？」

書李白騎鯨

李太白，狂士也。其謫夜郎，放情詩酒，不戚戚於困窮。蓋其性本自豪放，非若有道之士，真能無入而不自得也。然其才華意氣，足蓋一時，故既没而人憐之。騎鯨之説，亦後世好事者爲之，極怪誕，明者所不待辨。因閲此，聊及之爾。

書三酸

人言鼻吸五斗醋，方可作宰相。東坡平生自謂放達，然一滴入口，便爾閉目攢眉，宜其不見容於時也。偶披此圖，書此發一笑。

書韓昌黎與太顛坐叙

退之與孟尚書書云：「潮州有一老僧，號太顛，頗聰明，識道理。與之語，雖不盡解，要自胸中無滯礙。因與來往，及祭神於海上，遂造其廬。來袁州，留衣服爲別，乃人情之常，非崇信其法，求福田利益。」退之之交太顛，其大意不過如此，而後世佛氏之徒，張大其事，往往見之圖畫，真若弟子之事嚴師者，則其誣退之甚矣。然退之亦自有以取此者，故君子之與人，不可以不慎也。

春郊賦別引

錢君世恩之將歸養也，厚於世恩者，皆不忍其去。先行三日，會于天官郎杭世卿之第以聚別。明日，再會于地官秦國聲，與者六人：守仁與秋官徐成之、天官楊名父，及世卿之弟進士東卿也。世恩以其歸也，以疾告也，皆不至。於是惜別之懷，無所於發，而托之詩，前後共得詩十首。六人者以世恩之猶在也，而且再會而不一見，其既去也，又可以幾乎？乃相與約爲郊餞，必期與世恩一面以別。至日，成之以候旨，東卿以待選，世卿、名父以各有部事，皆勢不容出，及餞者，守仁與國聲兩人而已。世恩既去之明日，復會于守仁，各言所以，相與感歎咨嗟，復成二詩。世卿曰：「世恩之行也，終不及一餞，雖發之於詩，而不以致之世恩，吾心有缺也。盍亦章次而將之，何如？」皆曰：「諾。」國聲得小卷，使世卿書首會之作，國聲與名父、東卿分書再會，成之書末會，謂守仁弱也，宜爲諸公執筆硯之役以叙。

嗟乎！一别之間，而事之參錯者凡幾。雖吾與世恩復期於來歲之秋，以爲必得重聚於此，然又何可以逆定乎？惟是相勉以道義，而相期於德業，没之汙塗之中，而質之天日之表，則雖斷金石，曠百世，而可以自信其常合。然則未忘於言語之間者，其亦相厚之私歟？考功正郎喬希大聞之，來題其卷端，曰「春郊賦别」，給事陳惇賢復爲之圖，皆曰：「吾亦厚於世恩也，聊以致吾私。」

告諭廬陵父老子弟

廬陵文獻之地，而以健訟稱，甚爲吾民羞之。縣令不明，不能聽斷，且氣弱多疾。今與吾民約：自今非有迫於軀命，大不得已事，不得輒興詞。興詞但訴一事，不得牽連，不得過兩行，每行不得過三十字。過是者不聽，故違者有罰。縣中父老謹厚知禮法者，其以吾言歸告子弟，務在息争興讓。嗚呼！一朝之忿，忘其身以及其親，破敗其家，遺禍於其子孫。孰與和巽自處，以良善稱於鄉族，爲人之所敬愛者乎？吾民其思之。

今灾疫大行，無知之民，惑於漸染之説，至有骨肉不相顧療者。湯藥饘粥不繼，多飢餓以死，乃歸咎於疫。夫鄉鄰之道，宜出入相友，守望相助，疾病相扶持，乃今至於骨肉不相顧。縣中父老，豈無一二敦行孝義，爲子弟倡率者乎？夫民陷於罪，猶且三宥致刑。今吾無辜之民，至於闔門相枕籍以死，爲民父母，何忍坐視，言之痛心。中夜憂惶，思所以救療之道，惟在諸父老勸告子弟，興行孝弟，各念爾骨肉，毋忍背棄。洒掃爾室宇，具爾湯藥，時爾饘粥，貧弗能者，官給之藥。雖已遣醫生、老人分行鄉井，恐亦虛文無實。父老凡可以佐令之不逮者，悉以見告。有能興行孝義者，縣令當親拜其廬。凡此灾疫，實由令之不職，乖愛養之道，上干天和，以至於此。縣令亦方有疾，未能躬問疾者，父老其爲我慰勞存恤，諭之以此意。

諭告父老，爲吾訓戒子弟。吾所以不放告者，非獨爲吾病不任事，以今農月，爾民方宜力田，苟春時一失，則終歲無望。放告〔一〕，爾民將牽連而出，荒爾田畝，棄爾室家，老幼失養，貧病莫全，稱貸營求，奔馳供送，愈長刁風，爲害滋甚。昨見爾民號呼道路，若真有大苦而莫伸者。姑一放告，爾民之來訟者以數千，披閱其詞，類虛妄，取其近似者窮治之，亦多憑空架捏，曾無實事。甚哉！

〔一〕放告　徐本作「收告」。

爾民之難喻也。自今吾不復放告，爾民果有大冤抑，人人所共憤者，終必彰聞，吾自能訪而知之。有不盡知者，鄉老據實呈縣；不實，則反坐鄉老以其罪。自餘宿憾小忿，自宜互相容忍。夫容忍，美德，衆所悦愛，非獨全身保家而已。嗟乎！吾非無嚴刑峻罰以懲爾民之誕，顧吾爲政之日淺，爾民未吾信，未有德澤及爾，而先繋治以法，是雖爲政之常，然吾心尚有所未忍也。姑申教爾，申教爾而不復吾聽，則吾亦不能復貸爾矣。爾民其熟思之，毋遺悔。

一應公差人員，經過河下，驗有關文，即行照關應付，毋得留難取罪。其無關文，及雖有關文，而分外需求生事者，先將裝載船户摘拏，送縣取供[一]。即與搜盤行李，上驛封貯，仍將本人綁拿送縣，以憑參究懲治。其公差人安分守法，以禮自處，而在官人役輒行辱慢者，體訪得出，倍加懲究不恕。

借辦銀兩，本非正法，然亦上人行一時之急，計出於無聊也。今上人有急難，在爾百姓亦宜與之周旋。寧忍坐視不顧，又從而怨詈訕訐之，則已過矣。夫忘身爲民，此在上人之自處，至於

[一] 送縣取供　底本「供」下空二字格，徐本同。

全軀保妻子，則亦人情之常耳。爾民毋責望太過。吾豈不願爾民安居樂業，無此等騷擾事乎？時勢之所值，亦不得已也。今急難已過，本府決無復行追求之理。此必奸僞之徒，假府爲名，私行需索。自後但有下鄉征取者，爾等第與俱來，吾有以處之。毋遽洶洶。

今縣境多盜，良由有司不能撫緝，民間又無防禦之法，是以盜起益横。近與父老豪傑謀，居城郭者，十家爲甲，在鄉村者，村自爲保。平時相與講信修睦，寇至務相救援，庶幾出入相友，守望相助之義。今城中略已編定，父老其各寫鄉村爲圖，付老人呈來。子弟平日染於薄惡者，固有司失於撫緝，亦父老素缺教誨之道也。今亦不追咎，其各改行爲善。老人去，宜諭此意，毋有所擾。

諭示鄉頭糧長人等，上司奏定水次兑運，正恐爾輩在縣拖延，不即起運。苟錢糧無虧，先期完事，豈有必以水次責爾之理？縱罪不免，比之後期不納者，獲罪必輕。昨呼兑運軍旗面語，亦皆樂從，不敢有異。爾輩第於水次速兑。苟有益於民，吾當身任其咎，不以累上官。但後期誤事，則吾必爾罰，定限二十九日未時完報。

今天時亢旱，火災流行，水泉枯竭，民無屋廬，歲且不稔，實由令之不職，獲怒神人，以致於此。不然，爾民何罪。今方齋戒省咎，請罪於山川社稷，停催征，縱輕罪。爾民亦宜解訟罷争，息心火，無助烈焰。禁民間毋宰殺酗飲。前已遣老人遍行街巷，其益修火備，察奸民之因火爲盗者。縣令政有不平，身有缺失，其各赴縣直言，吾不憚改。

昨行被火之家，不下千餘，實切痛心。何延燒至是，皆由衢道太狹，居室太密，架屋太高，無磚瓦之間，無火巷之隔，是以一遇火起，即不可救撲。昨有人言，民居夾道者，各退地五尺，以闢衢道；相連接者，各退地一尺，以拓火巷。此誠至計，但小民惑近利，迷遠圖，孰肯爲久長之慮，徒往往臨難追悔無及。今與吾民約：凡南北夾道居者，各退地三尺爲街；東西相連接者，每間讓地二寸爲巷。又間出銀一錢，助邊巷者爲墻，以斷風火。沿街之屋，高不過一丈五六，厢樓不過二丈一二，違者各有罰。地方父老及子弟之諳達事體者，其即赴縣議處，毋忽。

昨吴魁昊、石洪等軍民互争火巷，魁昊等赴縣騰告，以爲軍强民弱已久，在縣之人，皆請抑軍扶民。何爾民視吾之小也？夫民，吾之民，軍亦吾之民也。其田業，吾賦稅；其室宇，吾井落；其兄弟宗族，吾役使；其祖宗墳墓，吾土地；何彼此乎？今吉安之軍，比之邊塞雖有間，然其差役亦甚繁難，月糧不得食者半年矣。吾乃憫其窮[一]，又可抑乎？今法度嚴厲，一陷於罪，即投諸邊裔，出樂土，離親戚墳墓，不保其守領[二]，國典具在，吾得而繩之，何强之能爲？彼爲之官長者，平心一視，未嘗少有同異，而爾民先倡爲是説，使我負愧於彼多矣。今姑未責爾，教爾以敦睦，其各息争安分，毋相侵陵。火巷吾將親視，一不得，其吾罪爾矣[三]。訴狀諸軍，明早先行赴縣面審。

諭告父老子弟，縣令到任且七月，以多病之故，未能爲爾民興利去弊。中間局於時勢，且復未免催科之擾，德澤無及於民，負爾父老子弟多矣。今兹又當北覲，私計往返，與父老且有半年之别。兼亦行藏靡定，父老其各訓戒子弟，息忿罷争，講信修睦。各安爾室家，保爾産業，務

[一]　吾乃憫其窮　「乃」，國圖本、天圖本、叢刊本、文淵閣本、摛藻堂本作「方」。
[二]　不保其守領　據文義，「守」當作「首」。
[三]　其吾罪爾矣　摛藻堂本「其」作「實」；通行本「其吾」或作「吾其」。

爲善良，使人愛樂，勿作兇頑，下取怨惡於鄉里，上招刑戮於有司。嗚呼！言有盡而意無窮，縣令且行矣，吾民其聽之。

廬陵縣公移

廬陵縣爲乞蠲免以蘇民困事。准本縣知縣王關，查得正德四年十一月二十六日，本縣抄蒙本府紙牌，抄奉欽差鎮守江西等處太監王鈞牌，差吏龔彰，賫原發銀一百兩到縣，備仰掌印官，督同主簿宋海，拘集通縣糧里收買葛紗。比因知縣員缺，主簿宋海官徵錢糧，典史林嵩部糧，止有縣丞楊融署印。又蒙上司絡繹行委，催提勘合人犯，印信更替不一。正德五年三月十八日，本職方纔到任，隨蒙府差該吏郭孔茂到縣守併，當拘糧里陳江等，着令領價收買。據各稱本縣地方，自來不產葛布，原派歲額，亦不曾開有葛布名色。惟於正德二年，蒙欽差鎮守太監姚，案行本布政司，備查出產葛布縣分，行令依時採辦；無產縣分，量地方大小，出銀解送收買。本縣奉派折銀一百五兩。當時百姓呶呶，衆口騰沸，江等迫於徵催，一時無由控訴，只得各自出辦賠賠。正德四年，仍前一百五兩，又復忍苦陪解。今來復蒙催督買辦，又在前項加派一百五兩之外，百姓愈加驚惶，恐自此永爲定額，遺累無窮。兼之歲辦料杉楠、木炭、牲口等項，舊額三千四百九十八兩，今年增至一萬餘兩，比之原派，幾於三倍。其餘公差往來，騷擾刻剥，日甚一日。江等自去年以來，前後賠販七十餘兩，皆有實數可查。民産已窮，征求未息，況有旱災相仍，疾疫大作，比巷連村，多至闔門而死，骨肉奔散，不相顧療。幸而生者，又爲征求所迫，弱者逃竄流離，强者群聚爲盜，攻刼鄉村，日無虚夕。今來若不呈乞寬免，切恐衆情忿怨，一旦激成大變。爲此連名具呈，乞爲轉申祈免等情。

據此，欲爲備由申請間，驀有鄉民千數，擁入縣門，號呼動地，一時不辯所言，大意欲求寬貸。倉卒誠恐變生，只得權辭慰解，諭以知縣自當爲爾等申請上司，悉行蠲免。衆始退聽，徐徐散歸。本月初七日，復蒙鎮守府紙牌催督前事，并提當該官吏。看得前項事件，既已與民相約，豈容復肆科斂？非惟心所不忍，兼亦勢有難行。參照本職自到任以來，即以多病不出，未免有妨職務。坐視民困而不能救，心切時弊而不敢言，至於物情忿激，擁衆呼號，始以權辭慰諭。又復擅行蠲免，論情雖亦紓一時之急，據理則亦非萬全之謀。既不能善事上官，又何以安處下位？苟欲全信於民，其能免禍於己？除將原發銀兩解府轉解外，合關本縣當道，垂憐小民之窮苦，俯念時勢之難爲，特賜寬容，悉與蠲免。其有遲違等罪，止坐本職一人，即行罷歸田里，以爲不職之戒，中心所甘，死且不朽等因。備關到縣。准此，理合就行。

教場石碑[一]

正德丁丑，瑶寇大起，江、廣、湖郴之間，騷然且四三年矣。於是三省奉命會征，乃十月辛亥，予督江西之兵，自南康入。甲寅，破横水、左溪諸巢，賊敗奔。庚辛，復連戰，賊奔桶岡。十一月癸酉，攻桶岡，大戰西山界。甲戌，又戰，賊大潰。丁亥，盡殪之。凡破巢八十有四，擒斬三千餘，俘三千六百有奇，釋其脅從千有餘衆。歸流亡，使復業，度地居民，鑿山開道，以夷險阻。辛丑，師旋。於乎！兵惟凶器，不得已而後用。刻茶寮之石，匪以美成，重舉事也。

戊寅正月癸卯，計擒其魁，遂進兵擊其懈。丁未，破三浰，乘勝追北，大小三十餘戰，滅巢三十有八，俘斬三千餘。三月丁未，回軍，壺漿迎道，耕夫遍野，父老咸懽。農器不陳，於今五年，復我常業，還我室家，伊誰之力？四省之寇，惟浰尤黠，擬官僭號，潛圖孔亟。正德丁丑冬，輋賊既殄，蓋機險阱毒，以虞王師，我乃休士歸農。赫赫皇威，匪威曷憑？爰伐山石，用紀厥成。

[一] 教場石碑 按，此篇重出，見卷二十五平茶寮碑、平浰頭碑。

銘一首

來爾同志，古訓爾陳。惟古爲學，在求放心。心苟或放，學乃徒勤。勿憂文辭之不富，惟慮此心之未純。勿憂名譽之不顯，惟慮此心之或湮。斯須不敬鄙慢入，造次不謹放僻成。反觀而內照，虚己以受人。言勿傷於煩易，志勿惰於因循。勿以亡而爲有，勿以虚而爲盈。勿遂非而文過，勿務外而徇名。温温恭人，允惟基德。堂堂張也，難與爲仁。卓爾在如愚之回，一貫乃質魯之參。終身可行惟一恕，三年之功去一矜。不貴其辨貴其訥，不患其鈍患其輕。惟黽焉而時敏，乃闇然而日新。凡我同志，宜鑒兹銘。

箴一首

古之教者，莫難嚴師。師嚴道尊，教乃可施。嚴師維何？莊敬自持。外内若一，匪徒威儀。施教之道，在勝己私。孰義孰利，辨析毫釐。源之弗潔，厥流孔而。毋忽其細，慎獨謹微。毋事於言，以身先之。教不由誠，曰惟自欺。施不以序，孰云匪愚。庶予知新，患在好爲。凡我師士，宜鑒於兹。

陽朔知縣楊君墓誌銘

陽明子謫居貴陽，有齊衰而杖者，因鄉進士鄭鑾氏而來請曰：「陽朔令楊尚文卒，其孤姪卿來謂鑾曰：『先伯父死無嗣，子所知，我後人又不競，非得當世名賢勗一言於墓，將先德其泯廢無日。子辱於伯父久，亦宜所甚憫，其若之何？』敢遂以卿奉其先人之遺幣，再拜階下以請。」陽明子曰：「嘻！予擯人，懼僇辱之弗遑，奚取以銘人之墓爲，其改圖諸？」卿伏階下，泣弗興。鄭爲之請益固，則登其狀與幣於席，而揖使歸，曰：「吾徐思之。」明日，卿來伏階下泣，又明日復來，曰：「不得命，無以即喪次。」館下之士，多爲之請，且言尚文之爲人，曰：「尚文敦信狷直，其居鄉不苟與，所交必名士巨人，視儕輩之弗臧者若浼焉。嘗召其友飲，狂士有因其友願納歡者，與偕往。尚文拒弗受，曰：『吾爲某，不爲若。』其峻絶如是。」陽明子曰：「其然，斯亦難得矣。今之人，惟同汙逐垢，弗自振立，故風俗靡靡至此。若斯人，又易得耶？」因取其狀視之，多若館下士之言焉，乃許爲之誌。

維楊氏之先，居揚之泰州[一]。祖廉，爲監察御史，擢參議貴陽，卒，遂家焉。考祥，終昭

[一] 居揚之泰州 「揚」，底本訛作「楊」，據文淵閣本、摛藻堂本改。

化縣尹，生三子：伯敦；仲敞，即尚文；季敬，宰荆門之建陽驛。尚文始從同郡都憲徐公授易，尋舉鄉薦，中進士乙榜。三爲司訓，廬江、溧陽、平樂，總試事於蜀。末用大臣薦，擢尹桂林陽朔縣。瑶頑弗即工者累年，尚文諭以威德，皆相率來受約束，供賦税。流移聞之，歸復業者以千數。部使者以聞，將加擢用，而尚文死矣。得年僅五十有三[一]，又無嗣，天於善人何哉？然尚文所歷，三庠之士思其教，陽朔之民懷其惠，鄉之後進高其行。其與身没而名踣，又爲人所穢鄙者，雖有子若孫，何如哉？娶同郡阮氏瑞，新昌主簿君女。尚文雖無子，有卿存焉，猶子也。銘曰：

獅山之麓，有封若斧。左岡右砠，栩栩其樹。爰有周行，于封之下。鄉人過者，來視其處，曰：

嗚呼！斯楊尹之墓耶！

劉子青墓表

此浙江按察僉事劉子青之墓。嗚呼！子青潔其行，不潔其名；有其實，不宏其聲。寧藩之討，子青在師，相知甚悉。吾每歎其才敏，而世或訾之以無能；吾每稱其廉慎，而世或訴之以不清。豈非命耶？安常委命，其往而休。人謂子青爲憤抑不平以卒，殆其不然。既以奠於子青，復以識

[一] 得年僅五十有三　「三」，國圖本、天圖本、叢刊本、文淵閣本、摛藻堂本作「五」。

其墓石。

祭劉仁徵主事

維正德三年，歲次戊辰，十一月十八日，友生王某[一]，謹以清酌庶羞，致奠于亡友劉君。嗚呼！仁者必壽，吾敢謂斯言之予欺乎？作善而降殃，吾竊於君而有疑乎？蹠、蹻之得志，在往昔而既有；夷、平之餒以槁也[二]，亦寧獨無於今之時乎？人謂君之死，瘴癘爲之。噫嘻！彼封豕長蛇，膏人之髓，肉人之肌者，何啻千百？曾不彼厄，而惟君是罹。斯言也，吾初不以爲是。人又謂瘴癘，蓋不正之氣，其與人相遭於幽昧邅難之區也，在憸邪爲同類，而君子爲非宜。則斯言也，吾又安得而盡非之乎？於乎！死也者，人之所不免；名也者，人之所不可期。雖修短枯榮，變態萬狀，而終必歸於一盡。君子亦曰：「朝聞道，夕死可矣。」視若夜旦。其生也，奚以喜？其死也，奚以悲乎？其視不義之物，若將浼己，又肯從而奔趨之乎？而彼認爲己有，戀而弗能舍，因以沉酗於其間者，近不出三四年，或八九年，遠及一二十年，固已化爲塵埃，蕩爲沙泥矣。而

[一] 友生王某 「某」，王本作「守仁」。

[二] 夷平之餒以槁也 「槁」，底本殘損，國圖本、天圖本、叢刊本、文淵閣本、摛藻堂本作「稱」，據徐本、王本補。

君子之獨存者，乃彌久而益輝。嗚呼！彼龜鶴之長年，蜉蝣亦何自而知之乎？屬有足疾，弗能走哭。寄奠一觴，有淚盈掬。復何言哉！復何言哉！嗚呼尚饗。

祭陳判官文

維嘉靖七年月日，欽差總制四省軍務、新建伯、兵部尚書，兼都察院左都御史王，差南寧府推官馮衡，南寧衛指揮王佐，致祭于已故德慶州陳判官之墓。往年羅滂、淥水諸賊，爲地方患害，判官嘗與已故指揮李松，議設墟場，以制禦賊黨，安靖地方，殫心竭力，盡忠國事，人皆知之。然其時百姓雖稍賴以寧，而各賊之不得肆其兇虐者，嫉恨日深。其後不幸判官與李松竟爲賊首趙木子等所害，以忠受禍，心事未由暴白。連年官府亦欲爲之討賊雪憤，然以地方多事之故，又恐鋒刃所加，玉石無分，濫及良善，是以因循，未即進兵。今賊首趙木子等，已爲該道官兵用計擒獲，明正典刑，松與判官之忠勤，益以彰著〔一〕。已特遣官，以趙木子等各賊首級，祭告于李松之墓矣；今復遣南寧府衛官，祭告于判官之墓，死而有知，亦可以少泄連年忠憤不平之氣也夫！

〔一〕益以彰著　「以」，王本作「於」。

祭張廣漢司徒[一]

嗚呼！留都之別，倏焉二載，詎謂迄今，遂成永訣？嗚呼傷哉！悼朋儕之零落，悲歲月之遄逝。感時事之艱難，歎老成之彫謝。傷心觸目，有淚如瀉。靈柩南還，維江之湄。聊奠一觴，以寄我悲。嗚呼傷哉！

［一］祭張廣漢司徒　「漢」，天圖本、叢刊本、文淵閣本、摛藻堂本訛作「溪」。

王文成公全書卷之二十九

續編四　序

是卷，師作于弘治初年，筮仕之始也，自題其稿曰上國遊。洪葺師録，自辛巳以後文字，釐爲正録，已前文字，則間採外集而不全録者。蓋師學静，入于陽明洞，得悟于龍場，大徹于征寧藩，多難殷憂，動忍增益，學益徹，則立教益簡易。故一切應酬諸作，多不彙入，是卷已廢閣逸稿中久矣。兹刻續録，復檢讀之，見師天禀夙悟，如玉出璞，雖未就追琢，而闇闇内光。因嘆師禀夙智，若無學問之全功，則逆其所造，當只止此。使學者智不及師，肯加學問之全功，則其造詣日精，當亦莫禦。若智過於師，而功不及師，則終無所造，自負其質者多矣。乃復取而刻之，俾讀師全録者，聞道貴得真修，徒恃其質，無益也。嘉靖辛酉，德洪百拜識。

鴻泥集序

鴻泥集十有三卷，燕居集八卷，半閒龍先生之作也。其子僉憲君致仁將刻諸梓，而屬其序於守仁曰：「斯將來之事也，然吾家君老矣，及見其言之傳焉，庶以悅其心。吾子以爲是傳乎？」守仁曰：「是非所論也。孝子之事親也，求悅其心志耳目[一]，惟無可致力，無弗盡焉。況其言語文辭，精神之所存，非獨意玩手澤之餘，其得而忽也？既思永其年，又思永其名，篤愛無已也。將務悅其親，寧是之與論乎？」君曰：「雖然，吾子言之。」守仁曰：「是乃所以自盡者。夫必其弗傳也，斯幾於不仁；必其傳之也，斯幾於不知。其傳也屬之己，其傳之弗傳之也屬之人，姑務其屬之己也已。」君曰：「雖然，吾子必言之。」守仁曰：「繪事之詩，不入於風雅；孺子之歌，見稱於孔孟。然則古之人，其可傳而弗傳者多矣，不冀傳而傳之者有矣。抑傳與不傳之間乎？昔馬談之史，其傳也遷成之；班彪之文，其傳也固述之。衛武公老矣，而有抑之戒，蓋有道矣。夫子删詩，列之大雅，以訓於世。吾聞先生年八十，而博學匪懈，不忘乎警惕。又嘗數述六

[一] 求悅其心志耳目　王本「求」下有「其」字。

經[一]、宋儒之緒論，其於道也，有聞矣；其於言也，足訓矣。致仁又尊顯而張大之，將益興起乎道德而發揮乎事業，若泉之達，其放諸海，不可限而量。是集也，其殆有傳乎！」致仁起拜曰：「是足以爲家君壽矣。霓也敢忘吾子之規。」遂書之爲叙。

澹然子序 有詩[二]

澹然子四易其號，其始曰凝秀，次曰完齋，又次曰友葵，最後爲澹然子。陽明子南遷，遇於瀟湘之上，而語之故，且屬詩焉。詩而叙之，其言曰：「人，天地之心而五行之秀也。凝則形而生，散則游而變。道之不凝，雖生猶變。反身而誠，而道凝矣，故首之以凝秀。道凝於己，是爲率性，率性而人道全，斯之謂完，故次之完齋[三]。齋完者[四]，盡己之性也。盡己之性，而後能盡人之性，盡萬物之性，至於草木，至矣。葵，草木之微者也，故次之以友葵。友葵，同於物也，内盡於己，

[一] 又嘗數述六經　「數」，徐本、王本作「類」。
[二] 澹然子序有詩　王本無「有詩」二字，文末亦不附詩。
[三] 故次之完齋　徐本、王本「之」下有「以」字。
[四] 齋完者　徐本、王本無「齋」字；摛藻堂本「齋完」作「完齋」，通行本同。

而外同乎物，則一矣。一則脗然而天游，混然而神化，同歸而殊途，一致而百慮，天下何思何慮矣，故次之以澹然子終焉。」或曰：「陽明子之言倫矣，而非澹然子之意也。澹然之意玄矣，而非陽明子之言也。」陽明子聞之曰：「其然，豈其然乎？」書之以質於澹然子。澹然子，世所謂滇南趙先生者也。

詩曰[一]：

兩端妙闔闢，五運無留停。藐然覆載内，真精諒斯凝。鷄犬一馳放，散失隨飄零。惺惺日收斂，致曲乃明誠。

明誠爲無忝，無忝斯全歸。深淵春冰薄，千鈞一絲微。膚髪尚如此，天命焉可違？參乎吾與爾，免矣幸無虧。

人物各有稟，理同氣乃殊。曰殊非有二，一本分澄淤。志氣塞天地，萬物皆吾軀。炯炯傾陽性，葵也吾友于。

孰葵孰爲予，友之尚爲二。大化豈容心，緊我亦何意。悠哉澹然子，乘化自來去。澹然匪冥然，勿忘還勿助。

[一] 以下四詩，王本編入詩類，無詩序，題作「澹然子四號」。

壽楊母張太孺人序

考功主事楊名父之母張太孺人，以敏慧貞肅，爲鄉邑女氏師。凡鄉人稱閨閫之良，必曰張太孺人。而名父亦以孝行聞，苟擬人物，有才識行誼，無問知不知，必首曰名父。名父，蓋今鄉評士論之公則爾也。

今年六月，太孺人壽六十有七，大夫卿士，美楊氏母子之賢，以爲難得，舉酒畢賀。於是太孺人之長女若婿，從事於京師且歸，太孺人一旦欣然治裝，欲與俱南。名父帥妻子從親戚百計以留，太孺人曰：「噫！小子無庸爾焉。自爾舉進士，爲令三邑，今爲考功，前後且十有八年，吾能一日去爾哉？爾爲令，吾見爾出入以勞民務，昕夕不遑，而爾無怠容，吾知爾之能勤。然其時監司督於上，或爾有所畏也。見爾之食貧自守，一介不以苟，而以色予養，吾知爾之能廉。然其時方有以賄敗者，或爾有所懲也。見爾毁淫祠，崇正道，禮先賢之後，旌行舉孝，拳拳以風俗爲心，吾知爾能志於正。然其時遠近方以是煒，爾或以是發聞也。自爾入爲部屬且五年，庶幾得以自由，而爾食忘味，寢忘寐，鷄鳴而作，候予寢而出，朝於上，疾風甚雨，雷電晦暝，而未嘗肯以一日休，予然後信爾之誠於勤。身與妻子爲清苦，而澹然以爲樂，交天下之士，而莫有以苞苴饋遺至，予然後信爾之誠於廉。凡交爾而來者，予耳其言，非文學道義之相資，則朝廷之政，邊徼之務是謀，磨礱砥礪，惟不及古之人是憂焉，予然後信爾之誠志於正，而非有所色取於其外。吾於是而可以無憂爾也已。且爾弟亦善養，吾老矣，姻族鄰黨之是懷[一]，南歸，予樂也。」名父跽請不已，太孺人曰：「止。而獨不聞之，夫煦煦焉飲食供奉以爲孝，而中衡拂之，孰與樂親之心而志之養乎？」名父懼，乃不敢請。縉紳士夫，聞太孺人之言者，莫不咨嗟歎息，以爲雖古文伯、子輿之母，何以加是。於是相與倡爲歌詩，以頌太孺人之賢，而嘉名父之能養。某於名父厚也，比而序之。

對菊聯句序

職方南署之前，有菊數本，閱歲既槁。李君貽教爲正郎，于時天子居亮闇，西北方多事，自夏徂秋，荒頓窘戚，菊發其故叢，高及於垣署，花盛開且衰，而貽教尚未之知也。一日，守仁與黃明甫過貽教語，開軒而望，始見焉。計其時，重陽之節，既去之旬有五日。相與感時物之變衰，歎人事之超忽，發爲歌詩，遂成聯句。鬱然而憂深，悄然而情隱，雖故托辭於觴咏，而沉痛惋悒，終有異乎昔之舉酒花前，劇飲酣歌，陶然而樂者矣。古之人謂菊爲花之隱逸，則菊固惟澗谷巖洞、村圃籬落之是宜，而以植之簿書案牘之間，殆亦昔之所謂吏而隱者歟？守仁性僻而野，嘗思鹿豕

[一] 姻族鄰黨之是懷 「鄰」，國圖本、天圖本、叢刊本、文淵閣本、摛藻堂本作「鄉」。

木石之群。貽教與明甫，雖各惟利器處劇任，而飄然每有煙霞林壑之想。以是人對是菊，又當是地，嗚呼！固宜其重有感也已。

東曹倡和詩序

正德改元之三月，兩廣缺總制大臣，朝議以東南方多事，其選於他日宜益慎重。於是湖南熊公，由兵部左侍郎且滿九載秩矣，擢左都御史以行。衆皆以兩廣爲東南巨鎮，海外諸蠻夷之所向背，如得人而委之，天子四方之憂可免二焉。雖於資爲屈，而以清德厚望選，重可知矣。然而司馬執兵之樞，居中斡旋〔一〕，以運制四外，不滋爲重歟？方其初議時，亦有以是言者，慮非不及，而當事者卒以公之節操才望爲辭，謂非公不可，其意實欲因是而出公於外也。於是士論閧然，以爲非宜，然已命下無及矣。爲重鎮得賢大臣而撫之，朝議以重舉，而公以德升，物議顧怏然而不滿也。衡物之情，以行其私，而使人懷不滿焉，非夫忘世避俗之士，不能無憂焉。自命下暨公之行，曹屬之爲詩以寫其眷留之情者，凡若干人。以前驅之驟發也，叙而次之，僅十之一，遮公御而投之，庸以寄其私焉。

〔一〕居中斡旋　「斡」，底本訛作「幹」，據文淵閣本、摛藻堂本改。

豫軒都先生八十受封序

弘治癸亥冬，守仁自會稽上天目，東觀於震澤，遇南濠子都玄敬於吴門，遂偕之入玄墓[一]，登天平，還，值大雪，次虎丘，凡相從旬有五日。予與南濠子爲同年，蓋至是而始知其學之無所不窺也。歸造其廬，獲拜其父豫軒先生。與予坐而語，蓋屯然其若避而彙趨也，秩然其若斂而陽煦也。予峇然而心撼焉，倏而色慚焉，倏而目駭焉，亡予之故。

先生退，守仁謂南濠子曰：「先生殆有道者歟？胡爲乎色之不存予，而德之予薰也？」南濠子笑而頷之，曰：「然。子其知人哉！吾家君於藝鮮不通，而人未嘗見其學也；於道鮮不究，而人未嘗知其有也。夫善之弗彰也，則於子乎避。雖然，吾家君則甚惡之。吾子既知之也，穆其敢隱乎？凡穆之所見知於吾子，皆吾家君之所弗屑也，故鄉之人無聞焉。非吾子之粹於道，其寧孰識之？」夫南濠子之學以該洽聞，四方之學者，莫不誦南濠子之名，而莫有知其學之出自先生者。先生之學，南濠子之所未能盡，而其鄉人曾莫知之，古所謂潛世之士哉！彼且落其榮而核之存，彼且固靈株而塞其兑，彼且被褐而懷玉，離形迹，遁聲華，而以爲知己者累，孰比比焉。迹形骸

[一] 遂偕之入玄墓 「墓」，底本訛作「幕」，據文淵閣本、擒藻堂本改。

而求之，其遠哉！

今年先生壽八十，神完而氣全，齒髮無所變。八月甲寅，天子崇徽號於兩宫，推恩臣下，於是南濠子方爲冬官主事，得被異數，封先生如其官。同年之任於京者，美先生之高壽，樂南濠子之獲榮其親也，集而賀之。夫樂壽康寧，世之所慕，而予不敢以爲先生侈；章服華寵，世之所同貴，而予不敢以爲先生榮。南濠子以予言致之先生，亦且以予爲知言乎？乙丑十月序。

送黄敬夫先生僉憲廣西序

古之仕者，將以行其道；今之仕者，將以利其身。將以行其道，故能不以險夷得喪動其心，而惟道之行否爲欣戚；利其身，故懷土偷安，見利而趨，見難而懼。非古今之性爾殊也，其所以養於平日者之不同，而觀夫天下者之達與不達耳。

吾邑黄君敬夫，以刑部員外郎擢廣西按察僉事。廣西，天下之西南徼也。地卑濕而土疏薄，接境於諸島蠻夷，瘴癘鬱蒸之氣，朝夕瀰茫，不常睹日月。山僮海獠，非時竊發，鳥妖蛇毒之患，在在而有，固今仕者之所懼而避焉者也。然予以爲中原固天下之樂土，人之所趨而聚居者。然中原之民至今不加多，而嶺廣之民至今不加少，何哉？中原之民，其始非必盡皆中原者也，固有從嶺廣而遷居之者矣；嶺廣之民，其始非必盡皆嶺廣者也，固有從中原而遷居之者矣。久而安焉，習而便焉，父兄宗族之所居，親戚墳墓之所在，自不能一日捨此而他也。古之君子，惟知天下之情不異於一鄉，一鄉之情不異於一家，而家之情，不異于吾之一身。故視其家之尊卑長幼，猶家之視身也；視天下之尊卑長幼，猶鄉之視家也；是以安土樂天，而無入不自得。後之人，視其兄之於己，固已有間，則又何怪其險夷之異趨，而利害之殊節也哉？今仕於世，而能以行道爲心，求古人之意，以達觀夫天下，則嶺廣雖遠，固其鄉閭；嶺廣之民，皆其子弟；郡邑城郭，皆其父兄宗族之所居；山川道里，皆其親戚墳墓之所在。而嶺廣之民，亦將視我爲父兄，以我爲親戚，雍雍愛戴，相眷恋而不忍去，況以爲懼而避之耶？

敬夫，吾邑之英也。幼居於鄉，鄉之人無不敬愛。長徙於南畿之六合，六合之人敬而愛之，猶吾鄉也。及舉進士，宰新鄭，新鄭之民曰：「吾父兄也。」入爲冬官主事，出治水於山東，改秋官主事，擢員外郎，僚寀曰：「吾兄弟也。」蓋自居於鄉以至于今，經歷且十餘地，而人之敬愛之如一日。君亦自爲童子以至於爲今官，經歷且八九職，而其所以待人愛衆者，恒如一家。今之擢廣西也，人咸以君之賢，宜需用於内，不當任遠地。君曰：「吾則不賢。使或賢也，乃所以宜於遠。」嗚呼！若君者，可不謂之志於行道，素養達觀，而有古人之風也歟？夫志於爲利，雖欲其政之善，不可得也；志於行道，雖欲其政之不善，亦不可得也。以君之所志，雖未有所見，吾猶信其能也。況其赫煒之聲，奇偉之績，久熟於人人之耳目，則吾於君之行也，頌其所難而易者見矣。

性天卷詩序

錫之崇安寺，有浮屠净覺者，扁其居曰「性天」，因地官秦君國聲而請序於予。予不知净覺，顧國聲，端人也，而净覺托焉，且嘗避所居以延國聲誦讀其間，此其爲人，必有可與言者矣。然性天既非净覺之所及，而性與天，又孔子之所罕言，子貢之所未聞，則吾亦豈易言哉？

吾聞浮屠氏以寂滅爲宗，其教務抵於木槁灰死、影絶迹滅之境，以爲空幻，則净覺所謂「性天」云者，意如此乎？净覺既已習聞，而復予請焉，其中必有願也。吾不可復以此而瀆告之，姑試與净覺觀於天地之間，以求所謂性與天者而論之。則凡赫然而明，篷然而生，訇然而驚，油然而興，凡蕩前擁後，迎盼而接�者，何適而非此也哉？今夫水之生也潤以下，木之生也植以上，性也；而莫知其然之妙，水與木不與焉，則天也。激之而使行于山顛之上，而反培其末，是豈水與木之性哉？其奔决而仆夭[一]，固非其天矣。人之生，入而父子、夫婦、兄弟，出而君臣、長幼、朋友，豈非順其性以全其天而已耶？聖人立之以紀綱，行之以禮樂，使天下之過弗及焉者，皆於是乎取中，曰：此天之所以與我，我之所以爲性云耳。不如是，不足以爲人，是謂喪其性而失其天，而況於絶父子，屏夫婦，逸而去之耶？吾儒之所謂性與天者，如是而已矣。若曰性天之流行云，則吾又何敢躐以褻净覺乎哉？夫知而弗以告，謂之不仁；告之而躐其等，謂之誣；知而不爲焉者，謂之惑。吾不敢自陷於誣與不仁，觀净覺之所與，與其所以請，亦豈終惑者邪？既以復國聲之請，遂書于其卷。

送陳懷文尹寧都序

木之産於鄧林者，無棄材；馬之出於渥洼者，無凡足；非物性之有異，其種類土地使然也。剡溪自昔稱多賢，而陳氏之居剡者，尤爲特盛。其先有諱過者，仕宋爲侍御史。子匡，由進士爲少詹事[二]。匡之四世孫聖，登進士，判處州。子頤，徵著作。頤子國光，元進士，官大理卿。

[一] 其奔决而仆夭 「夭」，國圖本、天圖本、叢刊本、文淵閣本、摛藻堂本作「天」。
[二] 由進士爲少詹事 「事」，國圖本、天圖本、叢刊本訛作「士」。

光姪彦範，爲越州路總管。至懷文之兄堯，由鄉進士掌教濮州；弟璟，蜀府右長史；珂，進士，刑曹主事。衣冠文物，輝映後先，豈非人之所謂鄧林、渥洼者乎？宜必有瓌奇之材，絶逸之足，干青雲而躡風電者出乎其間矣。

懷文始與予同舉於鄉，望其色而異，耳其言而驚，求其世，則陳氏之産也。曰：「嘻，異哉！土地則爾，他時柱廊廟而致千里者，非彼也歟？」既而匠石靡經，伯樂不遇，遂復困寂寞而伏鹽車者十有五年，斯則有司之不明，於懷文固無病也。今年赴選銓曹，授尹江西之寧都。夫以懷文合抱之具，此宜無適而不可，顧寧都百里之地，吾恐懷文之驥足有所不展也。然而行遠之邇，登高之卑，自今日始矣。則如予之好於懷文者，於其行能無言乎？贈之詩曰：

矯矯千金駿，鬱鬱披雲枝。跑風拖雷電，梁棟惟其宜。寒林棲落日，暮色江天卮。元龍湖海士，客衣風塵緇。牛刀試花縣，鳴琴坐無爲。清濯廬山雲，心事良獨奇。悠悠西江水，别懷諒如斯。

送駱藴良潮州太守序

昔韓退之爲潮州刺史，其詩文間亦有述潮之土風物産者，大抵謂潮爲瘴毒崎險之鄉。而海南帥孔戣，又以潮州小禄薄，特給退之錢千十百，周其闕乏，則潮蓋亦邊海一窮州耳。今之嶺南諸郡，以饒足稱，則必以潮爲首舉，甚至以爲雖江、淮財賦之地，且亦有所不及[一]。豈潮之土地啬於古而今有所豐，抑退之貶謫之後，其言不無激於不平而有所過也？退之爲刑部侍郎，諫迎佛骨，天子大怒，必欲置之死。裴度、崔群輩爲解，始得貶潮州，則潮在當時不得爲美地，亦略可見。今之所稱，則又可以身至而目擊，固非出於妄傳，特其地之不同於古，則要爲有自也。

予嘗謂牧守之治郡，譬之農夫之治田。農夫上田，一歲不治則半收，再歲不治則無食，三歲不治，則化爲蕪莽而比於瓦礫。苟盡樹藝之方，而勤耕耨之節，則下田之收與上等。江、淮故稱富庶，當其兵荒之際，凋殘廢瘠，固宜有之。乃今重熙累洽之日，而其民往往有不堪之嘆，豈非以其俗素習於奢逸，而上之人又從而重斂繁役之，刓剥環四面而集，則雖有良守牧，亦一暴十寒，其爲生也無幾矣。潮地岸大海，積無饒富之名，其民貢賦之外，皆得以各安地利，業儉朴，而又得守牧如退之、李德裕、陳堯佐之徒，相望而撫掬梳摩之，所以積有今日之盛，實始於此。邇十餘年來，富盛之聲既揚，則其勢不能久而無動，有司者又將顧而之焉，則吾恐今日之潮，復爲他時之江、淮，其甚可念也。

[一] 且亦有所不及 「且亦」，國圖本、天圖本、叢刊本、文淵閣本、摛藻堂本作「亦且」。

今年潮知府員缺，諸暨駱公藴良，以左府經歷擢是任以往。公嘗守安陸，至今以富足號，遂用是建重屏其地，繼後循其迹而治之者，率多有聲聞。及入經歷左府都督事，兵府政清，自府帥下迨幕屬軍吏，禮敬畏戴，不謀而同。其于潮州也，以其治安陸者治之，而又獲夫上下之心，如今日之在兵府，將有爲而無不從，有革而無不聽，政績之美，又果足爲後來者之所遵守，則潮之富足，將終保於無恙，而一郡民神爲有福矣。夫爲天子延一郡之福，功豈小乎哉？推是以進，他日所成，其又可論？公僚友李載暘輩請言導公行，予素知公之心，且稔其才，自度無足爲贈者，爲潮民慶之以酒，而頌之以此言。

高平縣志序

高平志者，高平之山川、土田、風俗、物產，無不志焉。曰「高平」，則其地之所有皆舉之矣。禹貢、職方之述，已不可尚。漢以來，地理、郡國志，方輿勝覽、山海經之屬，或略而多漏，或誕而不經，其間固已不能無憾。惟我朝之一統志，則其綱簡於禹貢而無遺，其目詳於職方而不冗。然其規模宏大闊略，實爲天下萬世而作，則王者事也。若夫州縣之志，固又有司者之職，其亦可緩乎？

弘治乙卯，慈谿楊君明甫令澤之高平，發號出令，民既悅服，乃行田野，進父老，詢邑之故，將以修廢舉墜，而邑舊無志，無所於考。明甫慨然太息曰：「此大闕，責在我。」遂廣詢博採，搜秘闕疑，旁援直據，輔之以己見，遵一統志凡例，總其要節，而屬筆於司訓李英，不踰月編成。於是繁劇紛沓之中，不見聲色，而數千載散亂淪落之事，棄廢磨滅之迹，燦然復完，明甫退然若無與也。邑之人士動容相慶，駭其昔所未聞者之忽睹，而喜其今所將泯者之復明也，走京師請予序。

予惟高平，即古長平。戰國時，秦白起攻趙，坑降卒四十萬於此，至今天下冤之。故自爲童子，即知有長平。慷慨好奇之士，思一至其地，以吊千古不平之恨而不可得。或時考圖志，以求其山川形勢於彷彿間。予嘗思睹其志，以爲遠莫致之，不謂其無有也。蓋嘗意論趙人以四十萬俯首降秦，而秦卒坑之，了無哀恤顧忌。秦之毒虐，固已不容誅，而當時諸侯，其先亦自有以取此者。夫先王建國分野，皆有一定之規畫經制。如今所謂志書之類者，以紀其山川之險夷，封疆之廣狹，土田之饒瘠，貢賦之多寡，俗之所宜，地之所産，井然有方。俾有國者之子孫世守之，不得以己意有所增損取予，夫然後講信修睦，各保其先世之所有，而不敢冒法制以相侵陵。戰國之君，惡其害己，不得騁無厭之欲也，而皆去其藉。於是强陵弱，衆暴寡，兼并僭竊，先王之法制蕩然無考，而奸雄遂不復有所忌憚，故秦敢至於此。然則七國之亡，實由文獻不足證，而先王之法制無存也。

典籍圖志之所關，其不大哉？

今天下一統，皇化周流，州縣之吏，不過具文書，計歲月，而以贅疣之物視圖志。不知所以宜其民，因其俗，以興滯補弊者，必於志焉是賴，則固王政之首務也。今夫一家，且必有譜而後可齊，而況於州縣？天下之大，州縣之積也，州縣無不治，則天下治矣。明甫之獨能汲汲於此，其所見不亦遠乎？明甫學博而才優，其爲政廉明，毁淫祠，興社學，敦倫厚俗，扶弱鋤强，實皆可書之於志，以爲後法，而明甫謙讓不自有也。故予爲序其略於此，使後之續志者考而書焉。

送李柳州序

柳州去京師七千餘里，在五嶺之南。嶺南之州，大抵多卑濕瘴癘，其風土雜夷獠[一]，自昔與中原不類。唐、宋之世，地盡荒服，吏其土者，或未必盡皆以譴謫，而以譴謫至者居多。士之立朝，意氣激軋，與時抵忤，不容於儕衆，於是相與擯斥，必致之遠地。故以譴謫而至者，或未必盡皆賢士君子，而賢士君子居多。予嘗論賢士君子，於平時隨事就功，要亦與人無異，至於處

[一] 其風土雜夷獠　「獠」，底本作「撩」，國圖本、天圖本、叢刊本作「從」，文淵閣本作「戎」，摛藻堂本作「猺」，兹據文義訂正。

困約之鄉，而志愈勵，節益堅，然後心迹與時俗相去遠甚。然則非必賢士君子而後至其地，至其地而後見賢士君子也。

唐之時，柳宗元出爲柳州刺史，劉蕡斥爲柳州司户。蕡之忠義，既已不待言。宗元之出，始雖有以自取，及其至柳，而以禮教治民，砥礪奮發，卓然遂有聞于世。古人云：「庸玉女於成也。」其不信已夫！自是寓遊其地，若范祖禹、張廷堅、孫覿、高穎、劉洪道、胡夢昱輩，皆忠賢剛直之士，後先相繼不絕。故柳雖非中土，至其地者，率多賢士，是以習與化移，而衣冠文物，蔚然爲禮義之邦。我皇明重熙累洽，無間邇遐，世和時泰，瘴疫不興〔一〕，財貨所出，盡於東南，於是遂爲嶺南甲郡，朝廷必擇廉能以任之。則今日之柳州，固已非唐、宋之柳州；而今日之官其土者，豈惟非昔之比，其爲重且專亦較然矣。

弘治丙辰，柳州知府員缺，内江李君邦輔，自地官正郎膺命以往。人皆以邦輔居地官十餘年，綽有能聲，爲縉紳所稱許，不當遠去萬里外。予於邦輔，知我也，亦豈不惜其遠别？顧邦輔居地官上曹，著廉聲，有能績，徐速自如，優游榮樂之地，皆非人所甚難，人亦不甚爲邦輔屈，不知其中之所存。今而間關數千里，處險僻難爲之地，得以試其堅白於磨涅，則邦輔之節操志慮，庶

〔一〕瘴疫不興　「疫」，國圖本、天圖本、叢刊本、文淵閣本、摛藻堂本作「癘」。

幾盡白於人人，而任重道遠，真可以無負今日縉紳之期望，豈不美哉？夫所處冒艱險之名，而節操有相形之美，以不滿人之望，加之以不自滿之心，吾於邦輔之行，所以獨欣然而私喜也。

送呂丕文先生少尹京丞序

昔蕭望之爲諫議大夫，天子以望之議論有餘，才任宰相，將觀以郡事，而望之堅欲拾遺左右，後竟出試三輔，至元帝之世，而望之遂稱賢相焉。古之英君，其將任是人也，既已納其言，又必考其行；將欲委以重，則必老其才；所以用無不當，而功無不成。若漢宣者，史稱其綜核名實，蓋亦不爲虚語矣。

新昌呂公丕文，以禮科都給事中擢少尹南京兆。給事，諫官也；京兆，三輔之首也；以給事試京兆，是諫官試三輔也。是其先後名爵之偶同於望之，非徒以寵直道而開讜言，固亦微示其意於其間耳。呂公以純篤之學，忠貞之行，自甲辰進士爲諫官十餘年，其所論于朝而建明者，何如也？致于上而替可否者，何如也？聲光在人，公道在天下。聖天子詢事考言，方欲致股肱之良，以希唐虞之盛，耳目之司，顧獨不重哉？然則公京兆之擢，固將以信其夙所言者于今日，而須其大用於他時也。其所以賢而試之，有符於漢宣之於望之，而其所將信而任之，則吾又知其決非彼若而已也。君行矣，既已審上意之所在，公卿大夫士，傾耳維新之政，以券其所言，且謂日需其效以俟庸也，其得無念於斯行乎哉？

學士謝公輩，與公有同舉同鄉之好，飲以餞之，謂某也宜致以言。予惟君之文學政事，於平常既已信其必然，知言之弗能毫末加也，而超擢之榮，又不屑爲時俗道。若夫名譽之美，期俟之盛，則固君之所宜副，而實諸公飲餞之情也。故比而序之以爲贈。

慶呂素庵先生封知州序

朝廷褒德顯功，因其子以及其親，斯固人情事理之所宜然，蓋亦所謂忠厚之至也。然舊制，京官三載，舉得推恩，而州縣之職，非至於數載之外，屢爲其上官所薦揚，則終不可幸而致。故京官之得推恩，非必其皆有奇績異能者，苟得及乎三載，皆可以坐而有之。州縣之職，非必其皆無奇績異能，苟其人事之不齊，得於民矣而不獲乎上，信於己矣而未孚於人，百有一不如式，則有司者以例繩之，雖累方岳，欲推恩如其京官之三載者焉，不可得也。夫父母之所以教養其子，而望其榮顯夫我者，豈有異情哉？人子之所以報於其親，以求樂其心志者，豈有異情哉？及其同爲王臣，而其久近難易，相去懸絶如此，豈不益令人重内而輕外也？夫惟其難若此，其久若此，而後能有所成就，故其教子之榮，顯親之志，亦因之而有盛於彼，皆於此見焉。

浙之新昌，有隱君子曰素庵呂公者，今刑部員外郎中原之父也。自幼有潔操，高其道，不肯爲世用，優游煙壑，專意教其子，使之盡學夫修己治人之方。凡其所欲爲而不及爲者，皆一以付之，曰：「吾不能有補於時，不可使吾子復爲獨善者。」學成，使之仕。成化庚子，中原遂領鄉薦，與家君實同登焉。甲辰舉進士，出守石州。石故號難治，中原至，即除舊令之不便於民者，布教條爲約束，以其素所習於家庭者，坐而治之。民皆靡然而從，翕然而起。士夫之騰於議者，部使之揚薦者，曰某廉吏，某勤吏，某才而有能，某賢而多智，必皆於中原是歸焉。有司奉舊典，推原中原厥績所自，而公之所以訓誨其子之功爲大。天子下制褒揚，封公爲奉直大夫，配某氏，封宜人，以寵榮之。鄉士夫皆曰：「子爲京職，而能克享褒封者，于今皆爾，此不足甚異。公之教其子，爲其難而獨能易其獲，此則不可以無賀。」於是李君輩，皆爲詩歌，而來屬予言。

予惟天下之事，其得之也不難，則其失之也必易；其積之也不久，則其發之也必不宏。今夫松柏之拂穹霄而繫車輪也[一]，其始蓋亦必有蔽於蓬蒿而厄於牛羊，以能有成立。公之先世，自

[一]　拂穹霄而繫車輪也　「繫」，徐本作「絜」，國圖本、天圖本、叢刊本、文淵閣本、摛藻堂本作「擊」。

文惠公以來，相業吏治，世濟其美，固宜食報於其後矣，而不食，以鍾於公；公之道自足以顯於時矣，而不顯，以致於其子；且復根盤節錯，而中爲之處焉，乃有所獲。是豈非所謂積之久而得之難者歟？則其他日所發之宏大，其子之陟公卿而樹勲業，身享遐齡，以永天禄於無窮，蓋未足以盡也。然則公之可賀者在此，而不專在於彼。某也敢贅言之。

賀監察御史姚應隆考績推恩序

御史姚君應隆監察江西道之三年，冢宰考其績有成，以最上。於是天子進君階文林郎，遂下制封君父坡鄰公如君之階，君母某氏爲孺人，及君之配某氏。於是僚友畢賀，謂某尤厚於君，屬之致所以賀之意。

某曰：應隆之幼而學之也，坡鄰公之所以望之者何？將不在於樹功植名，以光大其門閭已乎？坡鄰公之教之，而應隆之所以自期之者何？將不在於顯揚其所生，以不負其所學已乎？然此亦甚難矣。銖銖而積之，皓首而無成者，加半焉。幸而有成，得及其富盛之年，以自奮於崇赫之地者幾人？是幾人者之中，方起而躓，半途而廢，垂成而毁者，又往往有之，可不謂之難乎？應隆年二十一，而歌鹿鳴於鄉，明年，遂舉進士，由郎官陟司天子耳目，謂非富盛之年，以自奮於崇赫之地不可也。英聲發於新喻，休光著於沛邑，而風裁振於朝署，三年之間，遂得以成績被天子之寵光於其父母，謂非樹功植名，以光大其門閭而顯揚其所生不可也。坡鄰之所望，應隆之所自期，於今日而兩有不負焉。某也請以是爲賀。

雖然，君子之成身也，不惟其外，惟其中；其事親也，不惟其文，惟其實。應隆之所以自奮于崇赫之地者，果足以樹身植名，而成其身已乎？外焉而已耳。應隆之所以被寵光於其父母者，果足以爲顯揚其所生，而爲事親之實已乎？文焉而已耳。夫子曰「誠身有道〔一〕，不明乎善，不誠其身矣」，斯之爲中；「悦親有道，反身不誠，不悦於親矣」，斯之謂實。應隆内明而外通，動以古之豪傑自標準，其忠孝大節，皆其素所積蓄。雖隱而不揚，其所以成身而事親者自若也。況其外與文者又兩盡焉，斯其不益足賀乎？

送紹興佟太守序

成化辛丑，予來京師，居長安西街，久之，文選郎佟公實來與之鄰。其貌頎然以秀，其氣熙

〔一〕誠身有道　「誠」，底本訛作「成」，據文淵閣本、摛藻堂本改，下句仿此。

然以和，介而不絶物，寛而有分劑。予嘗私語人，以爲此真廊廟器也。既而以他事外補，不相見者數年。弘治癸丑，公爲貳守於蘇。蘇，大郡，繁而尚侈，機巧而多僞。公至，移侈以朴，消僞以誠，勤於職務，日夜不懈。時予趨京，見蘇之士夫與其民之稱頌之也，於是始知公之不獨有其德器，又能循循吏職。甲寅，移守嘉興。嘉興，財賦之地，民苦於兼并，俗殘於武斷。公大鋤强梗，剪其蕪蔓，起嘉良而植之。予見嘉之民歡趨鼓舞，及其士夫之欽崇之也，於是又知公有剛明果决之才，不獨能循循吏事，乃嘆其不可測識固如此。

今年吾郡太守缺，吾郡繁麗不及蘇而敦朴或過，財賦不若嘉而淳善則踰，是亦論之通於吴越之間者。然而邇年以來，習與時異，無蘇之繁麗，而亦或有其糜；無嘉之財賦，而亦或效其强。每與士大夫論，輒嘆息興懷，以爲安得如昔之化蘇人者而化之乎？安得如昔之變嘉民者而變之乎？方思公之不可得，而公適以起服來朝；又懼吾郡之不能有公也，而天子適以爲守。士大夫動容相賀，以爲人所祝願，而天必從之，意者郡民之福亦未艾也。公且行，相與舉杯酒爲八邑之民慶，又不能無懼也。公本廊廟之器，出居於外者十餘年，其爲蘇與嘉，京師之士論，既已惜其歸之太徐。其爲吾郡，能幾月日？且天子之意，與其福一郡，孰與福天下之大也？雖然，公之去蘇與嘉，亦且數年，德澤之流，今未替也。公雖不久於吾郡矣，如其不得公也，則如之何？

送張侯宗魯考最還治紹興序

膠州張侯宗魯之節推吾郡也，中清而外慎，寬持而肅行，大獲於上下，以平其政刑，三載而績成。是爲弘治十三年，將上最天曹。吾父老聞侯之有行也，皆出自若耶山谷間，送於錢清江上。侯曰：「父老休矣。吾無德政相及，徒勤父老，吾懼且怍。父老休矣，吾無以堪也。」父老曰：「明府知斯水之所以爲『錢清』者乎？昔漢劉公之去吾郡也，吾儕小人之先亦皆出送，各有所贈獻。劉公不忍違先民之意，乃人取一錢，已而投之斯水，因以名焉。所以無忘劉公之清德，且以志吾先民之事劉公，其勤如此也。今明府之行，吾儕小人限於法制，既不敢妄有所贈獻，又不獲奔走服役，致其惓惓之懷，其如先民何？」固辭不可，復行數十里始去。

三月中旬，侯至於京師，天曹以最上。明日，遂駕以行。鄉先生之仕於朝者聞之，皆出餞，且邀止之曰：「侯之遠來，亦既勞止。適有司之不暇，是以未能羞一觴於從者，是何行之速耶？」侯俯而謝。復止之曰：「侯之勞於吾郡，三年有餘，今者行數千里，無非爲吾民，其勤且劬也。事既竣矣，吾黨不得相與爲一日之從容，其如吾民何？」侯謝而起。守仁趨而進曰：「諸先生毋爲從者淹，侯之急於行也，守仁則知之矣。」僉曰：「謂何？」曰：「昔者漢郭伋之行部也，與諸童爲歸期，及歸而先一日，遂止于野亭，須期乃入，曰：『懼違信於諸兒也。』吾聞侯之來也，鄉父老與侯爲歸期矣。而復濡遲於此，以徇一朝之樂，隳其所以期父老者，此侯之所懼，而有不容已於急行也。毋爲侯淹。」侯起拜曰：「正學非敢及此，然敢不求承吾子之教。」

送方壽卿廣東僉憲序

士大夫之仕於京者，其繁劇難爲，惟部屬爲甚。而部屬之中，惟刑曹典司獄訟，朝夕恒窘於簿書案牘，口決耳辯，目證心求，身不暫離於公座，而手不停揮於鉛槧，蓋部屬之尤甚者也。而刑曹十有三司之中，惟雲南以職在京畿，廣東以事當權貴，其劇且難，尤有甚於諸司者。若是而得以行其志，無愧其職焉，則固有志者之所願爲，而多才者之所欲成也。然而紛揉雜沓之中，又從而拂抑之，牽制之。言未出於口，而辱已加于身；事未解於倒懸，而機已發於陷穽。議者以爲處此而能不撓於理法，不罹於禍敗，則天下無復難爲之事，是固然矣。然吾以爲一有惕於禍敗，則理法未免有時而或撓。苟惟理法之求伸，而欲不必罹於禍敗，吾恐聖人以下，或有所不能也。訟之大者，莫過於人命；惡之極者，無甚於盜賊。朝廷不忍一民冒極惡之名，而無辜以死也，是以屢下矜恤之詔[一]，以求必得其實。今强禦之徒，自東廠錦衣而來者，歲不下數百。彼其唯利是射，獲一人而蒙一級之賞，則亦何所不至？然而數年之間，未聞有一平反者，豈其間盡皆心伏其辜，而無復可寬者耶？無亦或有撓於理法，而求苟免於禍敗也？蓋嘗以是而質之當事者，則往往歸過于上，以爲莫肯爲民而任怨，其爵禄是固而毁謗是虞，則其籠絡掩抑之術，將必至於甚而後已。在下者雖有分寸之辨[二]，何從而直之？嗟夫！逆天而從欲，殺人以媚人，苟猶有人之心也，而忍爲之耶？

莆田方君壽卿，以進士爲刑曹主事，凡數年，皆居廣東。既又擢其司之員外郎，亦以久矣，而未嘗外有動色之悔，忤言之謗，豈亦偶免於斯耶？然而人之論者，又未嘗謂有所屈撓，則其間無乃别有一道以善處之歟？今年擢廣東按察司僉事，僉事禄薄而位淹，既爲員外郎，則三四年之間，上可以希京堂，次亦不失爲副使。僉事之於副使，猶在數年之外，時俗之論皆然，而壽卿獨以僉事爲樂。此其間夫亦容有所未安，是以寧處其薄與淹者，以求免於過愆歟？夫知其不安而

[一] 是以屢下矜恤之詔　「是」，文淵閣本、摛藻堂本作「世」。按，「以屢下矜恤……數年之外時」云云，三百餘字，國圖本、天圖本、叢刊本、文淵閣本、摛藻堂本脱，通行本同。

[二] 在下者雖有分寸之辨　「辨」，徐本作「亦」。按，徐本或脱「辨」字，則「亦」字當讀屬下句。

不處，過慝之懼而淹薄是甘焉，是古君子之心也。吾於壽卿之行，請以此爲贈。

提牢廳壁題名記

京師，天下獄訟之所歸也。天下之獄，分聽於刑部之十三司，而十三司之獄，又并繫於提牢廳，故提牢廳，天下之獄皆在焉。獄之繫，歲以萬計，朝則皆自提牢廳而出，以分布於十三司。提牢者目識其狀貌，手披其姓名，口詢耳聽，魚貫而前，自辰及午而始畢；暮自十三司而歸，自未及酉，其勤亦如之，固天下之至繁也。其間獄之已成者，分爲六監；其輕若重而未成者，又自爲六監。其桎梏之緩急，扃鑰之啓閉，寒暑早夜之異防，饑渴疾病之殊養，其微至於箕箒刀錐，其賤至於滌垢除下。雖各司於六監之吏，而提牢者一不與知，即弊興害作，執法者得以議擬於其後，又天下之至猥也。獄之重者入於死，其次亦皆徒流。夫以共工之罪惡，而舜姑以流之於幽州，則夫拘繫於此，而其情之苟有未得者，又可以輕棄之於死地哉？是以雖其至繁至猥，而其勢有不容於不身親之者，是蓋天下之至重也。

舊制，提牢月更主事一人。至是弘治庚申之十月，而予適來當事。夫予天下之至拙也，其平居無恙，一遇紛擾，且支離厭倦，不能酬酢。況茲多病之餘，疲頓憔悴，又其平生至不可强之日；而每歲决獄，皆以十月下旬，人懷疑懼，多亦變故不測之虞[一]，則又至不可爲之時也。夫其天下之至繁也，至猥也，至重也，而又適當天下至拙之人，值其至不可强之日，與其至不可爲之時，是亦豈非天下之至難也？以予之難，不敢忘昔之治於此者，將求私淑之，而廳壁舊無題名，搜諸故牒，則存者僅百一耳。大懼泯没，使昔人之善惡無所考徵，而後來者益以畏難苟且，莫有所觀感，於是迺悉取而書之廳壁。雖其既亡者不可復追，而將來者尚無窮已，則後賢猶將有可別擇以爲從違，而其間苟有天下之至拙如予者，亦得以取法明善而免過愆，將不爲無小補。然後知予之所以爲此者，固亦推己及物之至情，自有不容於已也矣。弘治庚申十月望。

重修提牢廳司獄司記

弘治庚申七月，重修提牢廳工畢，又兩越月，而司獄司成。於是餘姚王守仁適以次來提督獄事，六監之吏皆來言曰：「惟茲廳若司，建自正統，破敝傾圮，且二十年。其卑淺隘陋，則草創

[一] 多亦變故不測之虞　「亦」，摛藻堂本作「有」。

之制，無尤焉矣。是亦豈惟無以凛觀瞻而嚴法制，將治事者風雨霜雪之不免，又何暇於職務之舉，而奸細之防哉？然兹部之制，修廢補敗，有主事一人，以專其事，久壞不理[一]，吾儕小人，無得而知之者。獨惟拓隘以廣，易朽以堅，則自吾劉公實始有是。吾儕目覩其成，而身享其逸，劉公之功不敢忘也。」又曰：「六監之囚，其罪大惡極，何所不有？作孽造奸，吏數逢其殃，而民徒益其死，獨禁防之不密哉？亦其間容有以生其心。自吾劉公始出己意，創爲木閑，令不苛而密，奸不弭而消，桎梏可弛，縲絏可無。吾儕得以安枕無事，而因亦獲免於法外之誅[二]，則劉公之功於是爲大。小人事微而謀窒，無能爲也。敢以布於執事，實重圖之。」

於是守仁既無以禦其情，又與劉公爲同僚，嫌於私相美譽也，乃謂之曰：「吾爲爾記爾所言，書劉公之名姓，使承劉公之後者，益修劉公之職；繼爾輩而居此者，亦無忘劉公之功；則於爾心其亦已矣。」皆應曰：「是小人之願也。」遂記之曰：劉君名璉，字廷美，江西鄱陽人也。由弘治癸丑進士，今爲刑部四川司主事云。弘治庚申十月十九日。

[一] 久壞不理　「久」，國圖本、天圖本、叢刊本、文淵閣本、摛藻堂本作「又」。

[二] 而因亦獲免於法外之誅　「獲」，國圖本、天圖本、叢刊本、文淵閣本、摛藻堂本作「或」。

黄樓夜濤賦

朱君朝章將復黄樓，爲予言其故。夜泊彭城之下，子瞻呼予曰：「吾將與子聽黄樓之夜濤乎？」覺則夢也。感子瞻之事，作黄樓夜濤賦。

子瞻與客宴於黄樓之上，已而客散日夕，暝色横樓，明月未出，乃隱几而坐，嗒焉以息[一]。忽有大聲起於穹窿，徐而察之，乃在西山之麓，倏焉改聽，又似夾河之曲。或隱或隆，若斷若逢，若揖讓而樂進，歘掀舞以相雄，觸孤憤於崖石，駕逸氣於長風。爾乃乍闔復闢，既横且縱，摐摐渢渢，洶洶瀜瀜。若風雨驟至，林壑崩奔，振長平之屋瓦，舞泰山之喬松，咽悲吟於下浦，激高響於遥空，恍不知其所止，而忽已過於吕梁之東矣。

子瞻曰：「噫嘻，異哉！是何聲之壯且悲也？其烏江之兵，散而東下，感帳中之悲歌，慷慨激烈，吞聲飲泣，怒戰未已，憤氣決臆，倒戈曳載[二]，紛紛籍籍，狂奔疾走，呼號相及，而復會於彭城之側者乎？其赤帝之子，威加海内，思歸故鄉，千乘萬騎，霧奔雲從，車轍轟霆，旌

[一]　嗒焉以息　「嗒」，底本訛作「哈」，據文淵閣本、摛藻堂本改。

[二]　倒戈曳載　「載」，施本、俞本作「戟」。

旗蔽空，擊萬夫之鼓，撞千石之鐘，唱大風之歌，按節翺翔，而將返於沛宫者乎？」於是慨然長噫，欠伸起立，使童子啓户，憑欄而望之，則煙光已散，河影垂虹，帆檣泊於洲渚，夜氣起於郊坰，而明月固已出於芒碭之峰矣。子瞻曰：「噫嘻！予固疑其爲濤聲也。夫風水之遭於澒洞之濱而爲是也，兹非南郭子綦之所謂天籟者乎？而其誰倡之乎？其誰和之乎？其誰聽之乎？當其滔天浴日，湮谷崩山，横奔四潰，茫然東翻，以與吾城之争於尺寸間也，吾方計窮力屈，氣索神憊，懔孤城之岌岌，覬須臾之未壞，山頽於目懵，霆擊於耳聵，而豈復知所謂天籟者乎？及其水退城完，河流就道，脱魚腹而出塗泥，乃與二三子徘徊兹樓之上而聽之也。然後見其汪洋涵浴，潏潏汩汩，澎湃掀簸，震蕩澤渤。吁者爲竽，噴者爲箎，作止疾徐，鐘磬柷敔，奏文以始，亂武以居，呶者、嗃者、嚻者、嗥者，翕而同者、繹而從者，而啁啁者、而嘐嘐者。蓋吾俯而聽之，則若奏簫咸於洞庭；仰而聞焉，又若張鈞天於廣野。是蓋有無之相激，其殆造物者將以寫千古之不平，而用以盪吾胸中之壹鬱者乎？而吾亦胡爲而不樂也？」

客曰：「子瞻之言過矣。方其奔騰漂蕩，而以厄子之孤城也，固有莫之爲而爲者，而豈水之能爲之乎？及其安流順道，風水相激，而爲是天籟也，亦有莫之爲而爲者，而豈水之能爲之乎？夫水亦何心之有哉？而子乃欲據其所有者以爲懽，而追其既往者以爲戚，是豈達人之大觀，將不得爲上士之妙識矣。」子瞻啞然而笑曰：「客之言是也。」乃作歌曰：「濤之興兮，吾聞其聲兮。濤之息兮，吾泯其迹兮。吾將乘一氣以遊於鴻濛兮，夫孰知其所極兮。」弘治甲子七月，書于百步洪之養浩軒。

來兩山雪圖賦[一]

昔年大雪會稽山，我時放迹遊其間。巖岫皆失色，崖壑俱改顏。歷高林兮入深巒，銀幢寶纛森圑圜。長矛利戟白齒齒，駭心慄膽，如穿虎豹之重關。澗谿埋没不可辨，長松之杪，修竹之下，時聞寒溜聲潺潺。沓嶂連天，凝華積鉛，嵯峨嶄削，浩蕩無巔。嶙峋眩耀勢欲倒，溪迴路轉，忽然當之，却立仰視不敢前。嵌竇飛瀑，豁然中瀉[二]，冰磴崚嶒，上通天罅。枯藤古葛，倚巖嶶而高掛。如瘦蛟老螭之蟠糾，蜕皮换骨而將化。舉手攀援足未定，鱗甲紛紛而亂下。側足登龍虬，傾耳俯聽寒籟之飀飀，陸風蹀躡，直際縹緲，恍惚最高之上頭。迺是仙都玉京，中有上帝遨遊之

[一] 來兩山雪圖賦 「兩」，國圖本、天圖本、叢刊本、文淵閣本、摛藻堂本訛作「雨」。

[二] 豁然中瀉 「豁」，國圖本、天圖本、叢刊本、文淵閣本、摛藻堂本作「忽」。

三十六瑶宫，傍有玉妃舞婆娑十二層之瓊樓，下隔人世知幾許？真境倒照見毛髮，凡骨高寒難久留。劃然長嘯，天花墜空，素屏縞障坐不厭，琪林珠樹窺玲瓏。白鹿來飲澗，騎之下千峰。寡猿怨鶴時一叫，彷彿深谷之底呼其侶，蒼茫之外，争行蹙陣排天風。鑒湖萬頃寒濛濛，雙袖拂開湖上雲，照我鬢眉，忽然皓白成衰翁。手掬湖水洗雙眼，回看群山萬朵玉芙蓉。草團蒲帳青莎蓬，浩歌夜宿湖水東。夢魂清徹不得寐，乾坤俯仰，真在冰壺中。幽朔陰巖地，歲暮常多雪，獨無湖山之勝，使我每每對雪長鬱結。朝回策馬入秋臺，高堂大壁寒崔嵬。恍然昔日之湖山，雙目驚喜，三載又一開。誰能縮地法，此景何來？石田畫師我非爾，胸中胡爲亦有此？來君神骨清莫比，此景奇絶酷相似。石田此景，非爾不能摸[一]。來君、來君，非爾不可當此圖。我嘗親遊此景得其趣，爲君題詩，非我其誰乎[二]？

詩

[一] 非爾不能摸　「摸」，文淵閣本作「摹」。

[二] 非我其誰乎　徐本篇末署「弘治己未季冬」。

雨霽遊龍山次五松韻[一]

冒雨相期上釣臺，山靈特地放陰開。兒童叩馬知將别，草木餘光惜再來。晴渚鳧眠江色净，暮天鴻帶夕陽迴。共憐巖菊寒猶盛，爲報溪梅且讓魁。

晴日須登獨秀臺，碧山重疊畫圖開。閒心自與澄江老，逸興誰還白髮來？潮入海門舟亂發，風臨松頂鶴雙迴。夜憑虚閣窺星漢，殊覺諸峰近斗魁。

嚴光亭子勝雲臺，雨後高憑遠目開。鄉里正須吾輩在，湖山不負此公來。江邊秋思丹楓盡，霜外緘書白雁迴。幽朔會傳戈甲散，已聞南檄授渠魁[二]。

容易誰當到此臺，草亭唯與子陵開。高風直節公何忝，野性踈才我亦來。斜日半江人欲醉，紫雲雙闕首重迴。暮年不獨雄文藻，豪興猶堪四座魁。

日落滄江雲滿臺，眼前詩景逐時開。踈鐘瞑靄千峰寂，一鶴青霄萬里來。身遇明時唯可飲，

[一] 雨霽遊龍山次五松韻　總目作「雨中與錢二雁魏五松約遊龍山」，徐本作「雨中與錢二雁、魏五松約遊龍山，次日，適開霽，錢公忽有歸興，遂乘晚晴，携酒登絶頂，半酣，五松有作，即席次韻」。按，此爲組詩，底本爲節縮版面，删改詩題，又刊落原詩之第一、第四、第五三首，兹據徐本補録。

[二] 已聞南檄授渠魁　「檄」，文淵閣本作「徼」。

醉分禪榻未須迴。行厨不用愁供給，一味山羹足芋魁。

雪窓閒卧

夢回雙闕曙光浮，懶卧茅齋且自由。巷僻料應無客到，景多唯擬作詩酬。千巖積素供開卷，疊嶂迴溪好放舟。破虜玉關真細事，未將吾筆遂輕投。

次韻畢方伯寫懷之作

孔顔心迹皋夔業，落落乾坤無古今。公自平生懷直氣[一]，誰能晚節負初心？獵情老去驚猶在，此樂年來不費尋。矮屋低頭真局促，且從峰頂一高吟。

春晴散步

清晨急雨過林霏，餘點煙稍尚滴衣。隔水霞明桃亂吐，沿溪風暖蘗初肥。物情到底能容懶，世事從前且任非。對眼春光唯自領，如誰歌咏月中歸。

[一] 公自平生懷直氣 「直」，國圖本、天圖本、叢刊本、文淵閣本作「真」。

又

祇用舞霓裳〔一〕，巖花自舉觴。古崖松半朽，陽谷草長芳。徑竹穿風磴，雲蘿繡石床。孤吟動梁甫，何處卧龍岡？

次魏五松荷亭晚興

入座松陰盡日清，當軒野鶴復時鳴。風光於我能留意，世味酣人未解醒。長擬心神窺物外，休將姓字重鄉評。飛騰豈必皆伊吕，歸去山田亦可耕。

又

醉後飛觴亂擲梭，起從風竹舞婆娑。踈慵已分投箕潁，事業無勞問保阿。碧水層城來鶴駕，紫雲雙闕笑金娥。摶風自有天池翼，莫倚蓬蒿斥鷃窠。

次張體仁聯句韻

〔一〕祇用舞霓裳　「祇」，文淵閣本作「底」。

眼底湖山自一方，晚林雲石坐高凉。閒心最覺身多繫，遊興還堪鬢未蒼。樹杪風泉長滴翠，霜前巖菊尚餘芳。秋江畫舫休輕發，忍負良宵燈燭光。

又

山寺幽尋亦惜忙，長松落落水浪浪。深冬平野風煙淡，斜日滄江鷗鷺翔。海内交游唯酒伴，年來踪迹半僧房。相過未盡青雲話，無奈官程促去航。

又

青林人静一燈歸，回首諸天隔翠微。千里月明京信遠，百年行樂故人稀。已知造物終難定，唯有煙霞或可依。總爲迂疎多牴牾，此生何忍便脂韋。

題郭詡濂溪圖

郭生作濂溪像，其類與否，吾何從辨之？使無手中一圈，蓋不知其爲誰矣。然筆畫老健超然，自不妨爲名筆。

郭生揮寫最超群，夢想形容恐未真。霽月光風千古在，當時黄九解傳神。

西湖醉中謾書

湖光瀲灧晴偏好，此語相傳信不誣。景中况有佳賓主，世上更無真畫圖。溪風欲雨吟堤樹，春水新添没渚蒲。南北雙峰引高興，醉携青竹不須扶。

文衡堂試事畢書壁

棘闈秋鎖動經旬，事了驚看白髮新。造作曾無酣蟻句，支離莫作畫蛇人。寸絲擬得長才補，五色兼愁過眼頻。袖手虚堂聽明發，此中豪傑定誰真。

白髮謾書一絶

諸君以予白髮之句，試觀予鬢，果見一絲，予作詩實未嘗知也。謾書一絶識之。

忽然相見尚非時，豈亦殷勤效一絲。總使皓然吾不恨，此心還有爾能知。

遊泰山

飛湍下雲窟，千尺瀉高寒。昨向山中見，真如畫裏看。松風吹短鬢，霜氣肅群巒。好記相從地，秋深十八盤。

雪巖次蘇潁濱韻[一]

客途亦幽尋，窈窕穿谷底。塵土填胸臆，到此方一洗。仰視劍戟鋒，巑岏類有泚。俯窺蛟龍窟，匍伏首如稽。絶境固靈秘，兹遊實天啓。梵宇遍巖壑，簷牙相角觝。山僧出延客，經營設酒醴。道引入雲霧，峻陟歷堂陛。石田唯種椒，晚炊仍有米。張燈坐小軒，矮榻便倦體。清遊感疇昔，陳李兩昆弟。侵晨訪舊迹，古碣埋荒薺。

試諸生有作

醉後相看眼倍明，絶憐詩骨逼人清。菁莪見辱真慚我，膠漆常存底用盟。滄海浮雲悲絶域，碧山秋月動新情。憂時謾作中宵坐，共聽蕭蕭落木聲。

[一] 雪巖次蘇潁濱韻　「潁」，底本訛作「穎」，據文淵閣本、摛藻堂本改。

再試諸生

草堂深酌坐寒更，蠟炬煙消落絳英。旅況最憐文作會，客心聊喜困還亨。春回馬帳慚桃李，花滿田家憶紫荆。世事浮雲堪一笑，百年持此竟何成？

夏日登易氏萬卷樓用唐韻

高樓六月自生寒，沓嶂迴峰擁碧闌。久客已忘非故土，此身兼喜是閒官。幽花傍晚煙初瞑，深樹新晴雨未乾。極目海天家萬里，風塵關塞欲歸難。

再試諸生用唐韻

天涯猶未隔年回，何處嚴光有釣臺？樽酒可憐人獨遠，封書空有雁飛來。漸驚雪色頭顱改，莫漫風情笑口開。遥想陽明舊詩石，春來應自長莓苔。

次韻陸文順僉憲

春王正月十七日，薄暮甚雨雷電風。捲我茅堂豈足念，傷茲歲事難爲功。金滕秋日亦已異，魯史冬月將無同。小臣正憂元氣泄[一]，中夜起坐心忡忡。

太子橋

乍寒乍煖早春天，隨意尋芳到水邊。樹裏茅亭藏小景，竹間石溜引清泉。汀花照日猶含雨，岸柳垂陰漸滿川。欲把橋名尋野老，凄凉空説建文年。

與胡少參小集

細雨初晴蛾蜢飛，小庭花竹晚涼微[二]。後期客到停杯久，遠道春來得信稀。翰墨多憑消旅況，道心無賴入禪機。何時喜遂風泉賞，甘作山中一白衣。

[一] 小臣正憂元氣泄 「小」，國圖本、天圖本、叢刊本、文淵閣本、摛藻堂本作「老」。

[二] 小庭花竹晚涼微 「庭」，國圖本、天圖本、叢刊本、文淵閣本、摛藻堂本作「亭」。

再用前韻賦鸚鵡

低垂猶憶隴西飛，金鎖長羈念力微。祇爲能言離土遠，可憐折翼歎群稀。春林羞比黄鸝巧，晴渚思忘白鳥機。千古正平名正賦，風塵誰與惜毛衣？

送客過二橋

下馬溪邊偶共行，好山當面正如屏。不緣送客何因到，還喜門人伴獨醒。小洞巧容危膝坐，清泉不厭洗心聽。經過轉眼俱陳迹，多少高崖漫勒銘。

復用杜韻一首

濯纓何處有清流，三月尋幽始得幽。送客正逢催驛騎，笑人且復任沙鷗。崖傍石偃門雙啓，洞口蘿垂箔半鈎。淡我平生無一好，獨於泉石尚多求。

先日與諸友有郊園之約是日因送客後期小詩寫懷

郊園隔宿有幽期，送客三橋故故遲。樽酒定應須我久，諸君且莫向人疑。同遊更憶春前日，歸醉先拼日暮時。却笑相望才咫尺，無因走馬送新詩。

自欲探幽肯後期，若爲塵事故能遲。緩歸已受山童促[一]，久坐翻令溪鳥疑。竹裏清醅應幾酌，水邊相候定多時。臨風無限停雲思，回首空歌伐木詩。

三橋客散赴前期，縱轡還嫌馬足遲。好鳥花間先報語，浮雲山頂尚堪疑。曾傳江閣邀賓句，頗似籬邊送酒時。便與諸公須痛飲，日斜潦倒更題詩。

待諸友不至

花間望眼欲崇朝，何事諸君迹尚遥？自處豈宜同俗駕，相期不獨醉春瓢。形忘爾我雖多缺[二]，義重師生可待招。自是清遊須秉燭，莫將風雨負良宵。

[一] 緩歸已受山童促 「童」，徐本作「奚」。

[二] 形忘爾我雖多缺 「形忘」，國圖本、天圖本、叢刊本、文淵閣本、摛藻堂本作「忘形」。

夏日遊陽明小洞天喜諸生偕集偶用唐韻

古洞閒來日日遊，山中宰相勝封侯。絶糧每自嗟尼父，愠見還時有仲由。雲裏高崖微入暑，石間寒溜已含秋。他年故國懷諸友，魂夢還須到水頭[一]。

將歸與諸生別於城南蔡氏樓

天際層樓樹杪開，夕陽下見鳥飛回。城隅碧水光連座，檻外青山翠作堆。頗恨眼前離別近，惟餘他日夢魂來。新詩好記同遊處，長掃溪南舊釣臺。

諸門人送至龍里道中二首

蹊路高低入亂山，諸賢相送愧間關。溪雲壓帽兼愁重，峰雪吹衣着鬢斑。花燭夜堂還共語，桂枝秋殿聽躋攀[二]。躋攀之説甚陋，聊取其對偶耳。相思不用勤書札，別後吾言在訂頑。

雪滿山城入暮天，歸心別意兩茫然。及門真愧從陳日，微服還思過宋年。樽酒無因同歲晚，

[一] 魂夢還須到水頭　「須」，王本作「應」。

[二] 桂枝秋殿聽躋攀　「躋」，王本作「齊」，小注仿此。

緘書有雁寄春前。莫辭秉燭通宵坐，明日相思隔隴煙。

贈陳宗魯

學文須學古，脱俗去陳言。譬若千丈木，勿爲藤蔓纏。又如崑崙派，一瀉成大川。人言古今異，此語皆虚傳。吾苟得其意，今古何異焉？子才良可進，望汝師聖賢。學文乃餘事，聊云子所偏。

醉後歌用燕思亭韻

萬峰攢簇高連天，貴陽久客經徂年。思親謾想斑衣舞，寄友空歌伐木篇。短鬢蕭疏夜中老，急管哀絲爲誰好？斂翼樊籠恨已遲，奮翮雲霄苦不早。緬懷冥寂巖中人，蘿衣薩佩芙蓉巾[一]。黄精紫芝滿山谷，採石不愁倉菌貧[二]。清溪常伴明月夜，小洞自報梅花春。高閒豈説商山皓，綽約真如藐姑神。封書遠寄貴陽客，胡不來歸浪相憶？記取青松澗底枝，莫學楊花滿阡陌。

[一] 蘿衣薩佩芙蓉巾　「薩」，文淵閣本作「茝」，摛藻堂本作「薩」。

[二] 採石不愁倉菌貧　「菌」，文淵閣本、摛藻堂本作「囷」。

題施總兵所翁龍

君不見所翁所畫龍，雖畫兩目不點瞳。曾聞弟子誤落筆，即時雷雨飛騰空。運精入神奪元化，淺夫未識徒驚詫。操蛇移山律回陽，世間不獨所翁畫。高堂四壁生風雲，黑雷紫電白晝昏。山崩谷陷屋瓦震，雨聲如瀉長平軍。頭角峥嶸幾千丈，倏忽神靈露乾象。小臣正抱烏號思，一墮胡髯不可上。視久眩定凝心神，生綃漠漠開嶙峋。乃知所翁遺筆迹，當年爲寫蒼龍真。只今旱劇枯原野，萬國蒼生望霑灑。憑誰拈筆點雙睛，一作甘霖遍天下。

王文成公全書彙校

四

〔明〕王守仁 著
王　强　彭啓彬　彙校

廣陵書社

王文成公全書卷之三十

續編五　三征公移逸稿

門人餘姚錢德洪　編次
安成鄒守益　葺録
泰和歐陽德　校正
山陰王畿　增葺
餘姚嚴中　考訂

德洪昔裒次師文，嘗先刻奏疏、公移凡二十卷，名曰別録，爲師征濠之功未明於天下也。既後刻文録，志在删繁，取公移三之二而去其一。沈子啓原冲年即有志師學，搜獵遺文若干篇，録公移所遺者，類爲四卷，名曰三征公移逸稿，將增刻文録續編，用以補其所未備也。

出以示余，余讀而嘆曰：「吾師學敦大源，故發諸政事，瀾湧川决，千態萬狀，時出而無窮。是稿皆據案批答，平常説去，殊不經意，而仁愛自足以淪人心髓，思慮自足以徹人機智，文章又足以鼓舞天下之人心。若金沙玉屑，散落人世，人自不能棄之，又奚病於繁耶？」乃爲條揭其綱以遺之，使讀者即吾師應感之陳迹，可以推見性道之淵微云。隆慶庚午八月朔日，德洪百拜識。

南贛公移　凡三十三條

批漳南道教練民兵呈　正德十一年十一月二十五日

據兵備僉事胡璉呈，將各縣民快，操練教習頗成[一]。看得事苟庇民，豈吝小費；功有實效，何恤浮言。參據呈詞，區畫允當，仰該道依擬施行。再照兵不在多，惟貴精練；事欲可久，尤須簡嚴。所募打手等項，更宜逐一校閲，必皆技藝絶倫，驍勇出衆，因能別隊，量材分等，使將有

[一] 操練教習頗成　「練」，黄本、閭本、董本作「揀」。

餘勇[一]，兵有餘資，庶平居不致於冗食，臨難可免於敗師[二]。批呈繳。

批漳南道進剿呈 十一月二十六日

據兵備僉事胡璉呈，盧溪等洞賊首詹師富等，勢甚猖獗，備將畫圖貼説，待期攻剿。看得兵難遥度，事貴乘時。今打手、民快等兵，既已募集，仰該道上緊密切相機剿撲。惟在殲取渠魁，毋致横加平善。其大舉夾攻，行詳議[三]。呈繳。

教習騎射牌 十二年五月十六日

看得五兵之用，弓矢爲先，南方之技，騎射所短，最宜習演，以修長技。今南、贛諸處軍兵所操弓矢，類皆脆弱，十步之外，不穿魯縞，以是禦敵，真同兒戲。訪得福建省城弓矢，頗勝他處，合行選取。爲此牌仰福建漳南道，轉行福建都司，選取精巧慣習弓兵四名，該道量給口糧、

[一] 使將有餘勇 黄本、閭本、董本作「務使人有餘勇」。
[二] 臨難可免於敗師 「師」，黄本、閭本、董本作「群」。
[三] 行詳議 黄本、閭本、董本「行」上有「再」字。

脚力[一]，送赴軍門，成造弓矢。事完，仍發原伍着役。

批南安府請兵策應呈 六月初十日

據知府季斆呈，各巢賊黨衆多，本府兵力寡弱，乞添兵協剿。該嶺北道議將南康二班賴養介兵，撥補縣丞舒富；興國謝庄兵、雩都張英才兵，撥補馮廷瑞統領。其本府仍用添兵營策應[二]，及行該府起立軍營二處，聽候官兵到彼安插。其南康、上猶二縣，俱該一體起立回報。

看得賴養介、謝庄、張英才所統，准令與峰山、雙秀等兵更補，預建營房，議尤適當。即行該府議行[三]，務要地勢雄壯，溝塹深高，雖係一時之謀，亦爲可久之計。看得南安上猶所聚兵衆[四]，每處不下二千，防遏剿襲，略已足用。各官猶以兵少爲辭，不能運謀出奇，亦已可見。今可行令各官，分部原領各兵，一意防遏。另調坎字營一千二百人，令指揮來春統領，往屯南安；

[一] 脚力　國圖本、天圖本、叢刊本、文淵閣本、摛藻堂本作「脚夫」。
[二] 其本府仍用添兵營策應　黄本、閭本、董本「營」上有「一」字。
[三] 即行該府議行　「議行」，黄本、閭本、董本作「照議施行」。
[四] 看得南安上猶所聚兵衆　黄本、閭本、董本「看」上有「及」字。

又調艮字營一千二百人，令指揮姚璽統領，往屯上猶。二營人馬，專以相機剿襲爲事。聲東擊西，務使踪迹靡定；條聚復散，每令變態無常[一]。該道即將該去各兵，查給口糧，二十四日巳時，起營前去。仍行該府縣官，務要協力同心，相爲犄角之勢，共成夾剿之功。呈繳。

批嶺北道攻守機宜呈 六月二十六日

據兵備副使楊璋呈稱，訪得前項賊徒，俱被逃往横水、桶岡大巢屯聚，所平巢穴，未免復來營給。合行知府季斅，統領巽字營兵一千二百名，防遏大庾縣賊巢；縣丞舒富，仍統震字營兵一千二百名，防遏上猶、南康二縣賊巢。

看得各巢賊黨，雖已潰散，計其勢窮食絶，必將復出剽虜，所議防遏事理，照議施行[二]。仍行縣丞舒富，務要在於賊巢總會處所屯劄，多遣乖覺鄉導，分路爪緝，探知賊徒將出，即便設伏擒剿。務竭忠誠，以副委任，毋得虛文粉飾。此後但有推奸坐視，定行治以軍法。再照前項賊徒，今皆聚於横水、桶岡，若遣重兵直擣其地，示以必攻之勢，彼將團結自守不暇，勢必不敢分衆

[一] 每令變態無常 「令」，底本訛作「念」，據黄本、閭本、董本、文淵閣本、摛藻堂本改。
[二] 照議施行 黄本、閭本、董本「照」上有「即便」二字。

出掠，不過旬餘，兩巢之賊可以坐取。仍仰該道密議直擣方略，呈來定奪。呈繳。

批漳南道給由呈　十二年六月二十八日

據僉事胡璉呈給由事。看得本官才器充達，執履堅方，始因軍機重務，以致考滿過期。今盜賊既靖，合准給由。但久安之圖，尚切資於經理；招撫之衆，方有待於緝綏。仰本官給由事畢，即便作急回任。勿爲桑梓之遲，有孤閭閻之望。呈繳。

批兵備道奬勵官兵呈　七月初一日[一]

據副使楊璋呈，據知府季斆等，依奉本院方略，攻破禾沙、石路坑等巢一十九處，擒斬首從賊人陳曰能、鍾明貴、唐洪衆[二]，及殺燒死賊從，俘獲賊屬，奪獲馬牛騾羊器械等項。爲照各賊肆毒無厭，名號不軌，若使遂其奸謀，得以乘虚入廣，其爲患害，何可勝言？副使楊璋，乃能

[一] 黄本、閭本、董本有奬勵副使楊璋等以及賞勞知府季斆指揮馮翔二篇，此篇蓋合二篇而成者，文見附録。又總目「初一」作「初二」。

[二] 唐洪衆　「衆」，黄本、閭本、董本作「等」。

先事運謀，潛行剿襲，一夕之間，攻破巢穴，撲燎原之火於方燃，障潰岸之波於已決。知府季斆、指揮馮翔等，親領兵衆，屢挫賊鋒，相應獎勵，以旌功能。其各營將士，俱能用命效力，奮勇擒斬，亦合一體賞勞。爲此仰贛州府官吏，即便支給商税銀兩，買辦後開禮物，及將發去銀牌羊酒，就委府衛掌印官，備用綵亭鼓樂，迎送各官，用旌剿襲之功，以明獎勵之典。仍將發去賞功銀兩，照名給賞；其陣亡、射傷兵夫，亦各查給優恤。各官務要益竭忠貞，協謀并勇，大作三軍之氣，共收萬全之功。

調用三省夾攻官兵 七月十五日

准兵部咨，該湖廣巡撫都御史秦題云云。已經開陳兩端[一]，具本上請去後。今准前因，除南、贛二府兵糧事宜另行外，所據領兵等官，俱在得人，必須先委。訪得九江府知府汪穎[二]、吉安府知府伍文定、汀州府知府唐淳，久習軍旅[三]；惠州府知府陳祥，器度深沉，俱各才識練

[一] 已經開陳兩端 黄本、閭本、董本「已」上有「案照前事」四字。
[二] 汪穎 底本訛作「汪隸」，據黄本、閭本、董本改。
[三] 久習軍旅 黄本、閭本、董本此四字在「惠州府知府陳祥」句下，又「久」上有「俱各」二字。

達[一]。程鄉縣知縣張戩，近征大傘等處[二]，獨統率新民，奮勇當先，功勞尤著。撫州府東鄉縣知縣黃堂、建昌府新城縣知縣黃文鸑、袁州府萍鄉縣知縣高桂、吉安府龍泉縣知縣陳允諧，素有才名，堪以領兵。但事干各府，各官之中，或有違抗推託，臨期必致誤事。除具本題請，但有不遵約束，許以軍法從事[三]，合就通行知會。爲此仰抄案回府，即行本官，密切整備衣裝，及將上杭縣義官李福英名下打手，再行揀選，務要驍勇精悍者一千名，給與資裝器械[四]，聽候命下。另有公文至日，即便不分星夜，兼程前進軍門[五]，以憑調用施行。

夾攻防守咨　十月

准湖廣巡撫都御史秦咨云云[六]。看得龍泉一縣，與上猶縣諸巢接境，將來三省夾攻，使龍

[一]　俱各才識練達　黃本、閭本、董本無「俱各」二字。
[二]　近征大傘等處　「征」，黃本、閭本、董本作「往」。
[三]　許以軍法從事　黃本、閭本、董本「事」下有「外」字。
[四]　及將上杭縣義官……資裝器械　黃本、閭本、董本無此三十四字。
[五]　兼程前進軍門　「進」，黃本、閭本、董本作「赴」。
[六]　都御史秦咨云云　黃本、閭本、董本無「咨」字。

泉所守不固，則吉安屬縣俱被騷擾，必須大兵一哨，就從此路進剿，方可止賊奔衝。已行吉安府知府伍文定，備行所屬龍泉、萬安、太和等縣，永新、安福等所，精選民間打手，或在官機兵，共二千名，編成隊伍，督同知縣陳允諧等分統，俱赴龍泉縣屯劄。該縣鄉夫，即日起集，守把隘口，聽候刻期夾剿外。今准前因，合就咨報。爲此備由移咨前去，煩爲查照施行。

行嶺北道催督進剿牌 十月初十日

案照先經行仰該道守巡官，分投先往上猶、大庾等處住劄，聽候各哨官兵至日，即便催督進剿去後。今照領兵等官[一]，已該本院坐委，合行分投催督。爲此仰抄案回道，即便催督各哨官兵，遵照方略，依期星夜直抵巢穴，務將前賊掃蕩撲滅，以靖地方，毋遺芽蘖，致貽後患。本官仍行各官[二]，詳察地里險易，相度機宜，慎重行事。毋得輕率寡謀，及逗遛退縮，致誤事機，定行軍法從事[三]。軍中未盡事宜，亦聽隨機應變施行。仍呈本院知會，俱毋違錯。

[一] 今照領兵等官 黄本、閭本、董本「兵」下有「官」字。
[二] 本官仍行各官 「本官」，黄本、閭本、董本作「本道」。
[三] 定行軍法從事 「行」，黄本、閭本、董本作「以」。

刻期會勦咨　十月二十一日

准巡撫湖廣都御史秦咨：「議照會勦事情，已該兵部議奉欽依，刻期於九月中進兵。職等督理兵糧，粗有次第。近因楊總兵病故，又爲兩廣路遠[一]，約會頗難，只得改期十月初旬[二]，衡州取齊，聽候分哨會兵，具題，及差官約會進勦。即今所調漢土官兵，不旬日間俱集。若令住劄，候至閏十二月方行會勦，非惟糧餉不敷，亦恐地方騷擾。況賊情狡詐，必致乘虛奔逸。除移文兩廣總鎮軍門查照，作急會議，一面嚴督布守官兵，謹把賊路，防其奔逸；一面督發兵糧，委官分哨，相機策應勦殺外。備咨貴職，查照事理，至期督發各哨夾勦，仍希由咨報」等因。

案照先爲緊急軍務事，本職看得進攻次第，江西惟桶岡一處，該與湖廣之兵會合。其長流、左溪、横水等處[三]，皆深入南安府所屬三縣腹心之内，見今不次擁衆奔衝，勢難止遏。欲將前項賊巢，以次相機勦撲，候貴治之兵齊集，夾攻桶岡，又經移咨貴職外。續據縣丞舒富等呈稱，各犇賊首，聞知湖廣士兵將到，欲奔桶岡，集衆拒戰，戰而不勝，奔入范陽大山，乞急爲區處，

[一] 又爲兩廣路遠　「路」，黄本、閭本、董本作「地」。
[二] 只得改期十月初旬　「十月」，黄本、閭本、董本作「十一月」。
[三] 其長流左溪横水等處　「其長流」，黄本、閭本、董本作「其餘」。

等因到院。隨將領兵知府邢珣等，指授方略，刻期於十月十二日子時，發兵進兵[一]。本院即日進屯，親臨南康督戰，遂破横水、左溪等巢，但賊首未獲，方行各哨追襲。今准前因，照得江西兵糧粗已齊集，及照十一月初一日之期亦已不遠。除行兵備等官，監督各哨，一面分投追襲未獲賊徒；一面行令，務在十一月初一日移兵徑趨桶岡等處，分布夾攻，不許後期誤事，及行兵備副使楊璋，移文參將史春知會外。爲此合咨前去，煩請貴院查照，早爲督發，切勿後時。【實爲地方之幸。】

横水建立營場牌 十月二十七日

照得本院親督諸軍，進破横水等巢，賊徒已就誅戮。但山高林密，誠恐漏殄之徒，大軍撤後，仍復嘯聚，必須建立營場，委官防守。爲此牌仰典史梁儀，協同千户林節，統領寧都機兵四百名，信豐機兵六百名，就在横水大村[二]，砍伐木植，相視地勢雄阜去處，建立營場一所，周圍先豎木柵，逐旋修築土城，聽候本院回軍住劄，以憑委官留兵防守。各官務要同力協謀[三]，精勤幹理，

[一] 發兵進兵 「進兵」，黄本、間本、董本作「進剿」。
[二] 就在横水大村 黄本、間本、董本無「横」字。
[三] 各官務要同力協謀 「力」，黄本、間本、董本作「心」。

工完之日，照依軍功論賞。所領兵衆，如有不聽約束，許以軍令責治。其合用夫匠等項[一]，聽於南安所屬上猶、南康等縣取用。該縣俱要即時應付，毋得遲違誤事。

搜扒殘寇咨　十一月十一日

據知府邢珣、唐淳會呈，各職近奉本院調發，於本年十一月初一日，依湖廣刻期，夾攻桶岡峒諸巢，遵依攻破茶寮等處，擒斬賊黨已盡，見今各兵四散搜扒，無賊可捕。訪得官兵未進之先，各賊帶領家屬，逃往桂東縣連界大山藏躲，及將捕獲賊人黃順等，備細研審相同。但今彼處官兵未見前來，若不移文催督，誠恐先遁各賊乘虛在彼奔竄，各營官兵難於過境搜扒，呈乞照詳等因到院。

查卷先爲前事，已經通行湖廣、江西、廣東三省該道兵備、守巡等官，調集官軍，把截夾攻，及嚴督府、衛所、州縣等官，起集兵快鄉夫，各於賊行要路，晝夜把截，若賊奔遁，就便相機擒捕去後。今據前因，照得桶岡賊徒陸續潛逃，所據守隘等官，未暇參究。但今各賊久在彼處藏躲，若不速行搜扒，將來大兵既撤，諸賊必將復歸桶岡，重貽後患。爲此合咨貴院，煩將原調官兵，

[一] 其合用夫匠等項　「夫匠」，黄本、閭本、董本作「匠作」。

量摘三四千，前來桂東連界大山，逐一搜扒，必使果無噍類，然後班師，庶幾一勞永逸，而彼此兩無遺憾。及請戒令各兵[一]，止於連界大山搜扒，不得過境深入，尤爲地方之幸。

批准惠州府給由呈 正德十三年二月二十四日

據知府陳祥申給由事。看得知府陳祥，政著循良，才堪統馭，近因興師之舉，且遲考績之行。今本官親從本院，征剿叛賊，效勞備至，斬獲居多，巢穴悉皆掃平，地方已就寧靖，既喜奏功於露布，允宜上最於天曹。除賞功之典另行外，仰該府即便照例起送給由。申繳。

批攻取河源賊巢呈 三月二十三日

據僉事王大用呈，河源朱峒、吴天王、曹總兵、鄧都督等一十三團，并上下二山，共有先鋒三千餘兵，五府六部俱全，聲言起城立殿，勢誠猖獗[二]。看得所呈各賊，聚衆三千[三]，設官僭號，

[一] 及請戒令各兵　「兵」，黄本、閭本、董本作「官」。
[二] 勢誠猖獗　「誠」，黄本、閭本、董本作「盛」。
[三] 聚衆三千　「衆」，黄本、閭本、董本作「兵」。

即其事勢，亦豈一朝一夕之故？而各該府縣等官，前此曾無一言申報，據法即合拿究。但稱所呈亦據傳聞，未委虛的，又慮萬一果如所呈，各該官吏正在緊關剿截之際，姑且俱未參提。仰該道再行查勘的實，果如前情，即便一面嚴督各該官司加謹防遏；一面議處機宜，或移夾剿之回師，或促候調之狼卒，度量緩急，相機而行。如其事未猖揚，情猶可撫，亦要周防安插，區處得宜。俱仰火速具由呈來，以憑議奏。仍呈總督、巡按等衙門，公同計議施行。呈繳。

批贛州府賑濟呈　四月二十八日

據贛州府呈，本府贛縣等七縣，將在倉稻谷糶銀賑濟。看得兵革之餘，民困未蘇，加以雨水爲災，農務多廢。雖將來之患，固宜撙節預防；而目前之急，亦須酌量賑濟。據該府所申，計處得宜，合行各縣，照議施行。仍仰各掌印官，務須嚴禁富豪之規利，痛革奸吏之夤緣，庶官府不爲虛文之應，而貧民果沾實惠之及。各具由回報。申繳。

批嶺北道修築城垣呈　五月十五日

據副使楊璋呈，所屬府、衛、縣城垣倒塌數多，而石城一縣尤甚，應該估計修理。合委知府季敦、邢珣，不妨府事，督修本府城垣。龍南縣署印推官危壽、興國縣知縣黄泗、瑞金縣知縣鮑珉，各委督修本縣城垣。惟石城縣知縣林順，柔懦無爲，合行同知夏克義估計督修。

看得城垣倒塌，地方急務，幸兹盜賊蕩平，正可及時修築。若患至而備，則事已無及。該道即行各該承委官員查照，估算工程，措置物料，一應事宜，各自從長議處呈奪。各官務要視官事如家事，惜民財如己財，因地任力，計日驗功，役不踰時而成堅久之績，費不擾民而有節省之美，庶稱保障之職，以副才能之舉。呈繳。

查訪各屬賢否牌 六月十九日

節該欽奉敕諭：「軍衛有司官員中，政務修舉者，量加奬勸；其有貪殘畏縮誤事者，文職五品以下，武職三品以下，徑自拿問發落。欽此。」欽遵。切照當職撫臨贛州等處，向因親剿群賊，多在軍前，所據大小衙門官員，中間志行之賢否，政務之修廢，類皆未暇采訪，擬合通行查報。爲此除布、按二司，本院自行詢訪外，牌仰本道官吏，即便從公查訪所屬軍衛有司官員，要見某官廉勤公謹，某官貪婪畏縮，某官罷軟無爲，某官峻刑酷暴。備細開造小册，就於前件下填註，印封密切，馬上差人齎報，以憑復奏，黜陟拿問施行。毋得循情，查報不公，致有物議，自取參究。仍行本道，各將掌印、佐貳等官年甲、籍貫、到任年月日期，亦開前件揭帖一本，印信，各令差人齎報，不得稽遲。

一、仰廣東守巡嶺東、嶺南道，福建守巡漳南道，湖廣守巡上湖南道同。

行漳南道禁支税牌　六月二十八日

照得上杭河税，原係本院欽奉敕諭，軍馬錢糧，徑自便宜區畫事理，專爲軍餉而設。自來非奉本院明文，分毫不許擅自動支，與該省各衙門原無干預。牌仰該道官吏，今後凡有相應動支，止許具由呈禀本院，聽候批允，不得一槩申請，有乖事體，漸開多門之弊，反生侵漁之姦。具依准，繳牌。

禁約驛遞牌　七月初一日

照得水西驛遞舊例，每遇公差，驗有真正關文，隨即送赴軍門掛號，此乃防姦革弊定規。本院撫臨贛州未幾，即因盜賊猖獗，屢出剿平，尚未清查。訪得近來多有姦詐之徒，起一關文，輒就洗改，或改一名爲二三名者，或改紅船爲站船者，或改口糧爲廪給者，或改下等馬爲中等、上等馬者，或該有司支應，而夤緣驛遞應付者。又有或看望親朋，或經過買賣，因與驛遞官吏相識，求買關文，詐僞百端。若不掛號清查，非惟姦人得計，抑且有乖事體。爲此牌仰本驛所官吏，即便印鈐厚白申紙，裝釘方尺文簿，一樣二本，送赴軍門。每遇公差關文，驗無前項奸弊，就與謄換，隨送軍門掛號給付。如或本院出巡，就赴該道兵備掛號。中間若有交通，私與關文，或不經本院掛號，潛行應付者，定行拿問贓罪，决不輕貸。仍仰今後差撥船隻迎送，止許各至交界驛遞倒換，立限回還。敢有貪圖過關米糧，或權要逼勒過界者，就便指實申來，以憑拿問。仍行嶺北道，一體查照施行。

申明便宜敕諭　七月二十一日

節該欽奉敕：「廣東清遠、從化、後山等處，與爾所轄南、韶等府，壤地相接，事體互相有關[一]。近該彼處鎮巡官奏稱，盜賊生發，師行有日。如遇彼處行文徵兵協剿，亦要隨即發兵前去，

[一] 事體互相有關　「相有」，黄本、閭本、董本作「有相」。

防剿應援，以收全功，毋得自分彼此，致失事機。欽此。」欽遵。照得南雄府，界連南贛大庾、信豐、龍南等縣，而惠州河源、興寧，亦各逼近賊巢，俱係緊關奔遯潛匿之處，進攻防截之路。訪得前賊爲患日久，雖奉成命徵兵協剿，誠恐賊計狡猾詐變，東追則西竄，南捕則北奔，若不早爲查處，未免有悞軍機。爲此仰抄案回司，會同三司掌印[一]，及各該守巡、兵備等官，上緊調集兵糧，聽候尅期防剿。并將應剿賊巢，通行查出，行拘熟知地利險易鄉導，責令畫圖貼説。要見某處賊巢[二]，連近某處鄉落，某巢界抵某處，係是良善村寨[三]，某處係是善惡相兼；某處平坦，可以直搗；某處險阻，可以把截；某處係賊必遁之路，可以設伏邀擊；某處賊所不備，可以間道掩撲；何處官軍可以起調，何官可以委用、可以監統；糧餉何處措辦，住劄何處聽候。各要查處停當，備由馬上差人，飛報本院，以憑遵照欽奉敕諭，與各該鎮巡官計議而行。其有軍中一應進止機宜，亦要明白呈報，毋分彼此，致有踈虞，國典具存，罪難容恕。仍呈總督、鎮守、

[一] 會同三司掌印　黄本、閭本、董本「印」下有「官」字。
[二] 要見某處賊巢　黄本、閭本、董本無「處賊」二字。
[三] 係是良善村寨　黄本、閭本、董本無「係是」二字，「良善村寨」四字讀屬上句。

巡按衙門知會[一]。

犒賞新民牌 七月二十八日

據招撫新民張仲全、陳順珠等，呈解擒斬賊首池滿仔、屠天祐等八名顆到院。爲照張仲全等，始能脱離惡黨，誠心向善，已爲可取；又能擒斬叛賊，立功報效，即其忠勇，尤足嘉尚。所據張仲全合陞授以百長，陳順珠合陞爲總甲，各給銀牌，以酬其功。其兵衆三百餘人，皆能齊心協力，擒捕叛賊，俱合犒賞。爲此牌差百户周芳，前去龍南縣，著落當該官吏，即將賫去銀牌，給與張仲全、陳順珠；牛酒及賞功銀兩，照數給與部下有功兵衆。仍仰督同張仲全等，整束部下兵衆，會同王受、鄭志高等，并力夾剿殘賊，務要盡數搜擒，照例從重給賞。其屠天祐手下走散兵夫，原由牽引哄誘，皆可免死。仍仰張仲全遣人告諭，但能悔惡來歸，仍與安插；或能擒斬同夥歸投者，准其贖罪，仍與給賞。各役俱聽推官危壽等節制調度，務要竭忠盡力，愈加奮勇，期收全功，以圖報稱。

[一] 仍呈總督鎮守巡按衙門知會 黄本、閭本、董本「督」下有「總鎮」二字。

行嶺北等道議處兵餉　八月十四日

節該欽奉敕諭[一]：「一應軍馬錢糧事宜，俱聽便宜區畫，以足軍餉。欽此。」欽遵。照得近因夾剿上猶桶岡等賊，糧餉無措。當時仰賴朝廷威德，兩月之間，偶速克捷[二]，不然必致缺乏。今各巢雖已掃定，而遺黨竄伏，難保必無。況廣東後山等處，方議征剿，萬一奔决過境，調兵遏剿，糧餉爲先。查得見行措置軍餉，以防民患事例：今後江西南、贛等府，有兵備去處，各該軍衛有司所問囚犯，審有家道頗可者，不拘笞杖徒流，并雜犯死罪，各照做工年月，每日折收工價銀一分，送府收貯，以備巡撫衙門軍情緩急之用。雖有別項公務，不得擅支，仍要按季申報合干上司，以憑稽考等因。照得近來官吏因循，不行查照，槩將問追工價等銀，俱稱類解買穀，遂致軍餉無備，甚屬故違。具訪前項銀兩[三]，埋没侵漁甚衆，今姑未查究，再行申明。仰抄案回道，着落當該官吏，并行南、贛二府衛所縣，今後奉到問理等項，笞杖徒流雜犯斬絞罪[四]，除有力納米

[一] 節該欽奉敕諭　黄本、閭本、董本無「節該欽奉」四字。

[二] 偶速克捷　「速」，黄本、閭本、董本作「幸」。

[三] 具訪前項銀兩　「具」，黄本、閭本、董本作「且」。

[四] 今後奉到問理等項笞杖徒流雜犯斬絞罪　黄本作「今後奉到問理笞杖徒流雜犯絞斬等項罪囚」。

照舊外[一]，其家道頗可者，俱要查照見行事例[二]，折納工價，俱收貯該府，以備本院軍情緩急。敢有故違者，定行參以贓罪，決不輕貸。仍仰各置文簿二扇，按季循環，開報查考，毋致隱匿。仍呈撫、按衙門知會。

再批攻剿河源賊巢呈 八月二十一日

據廣東嶺東道僉事朱昂等會呈，河源縣賊巢一十三處，勢相聯絡，互爲應援。賊首吴何俊等，并帽子峰賊首譚廣護等，招亡納叛，不止二千餘衆，累歲荼毒生靈[三]。況又僭稱天王、總兵、都督等號，罪惡滔天，人神共怒。必須請調大兵，剿絶根由[四]，庶足以雪軍民之冤。但此黠賊，性尤兇强[五]，必藉狼兵，可以搗巢攻寨，大約以軍兵二萬有餘，方克濟事。合行布政司，查議糧餉，

[一] 除有力納米照舊外 黄本、間本、董本無「除」字。
[二] 俱要查照見行事例 「見」，國圖本、天圖本、叢刊本、文淵閣本、摛藻堂本作「先」。
[三] 累歲荼毒生靈 「累歲」，黄本、間本、董本作「累招累叛」。
[四] 剿絶根由 「由」，黄本、間本、董本作「苗」。
[五] 性尤兇强 「强」，黄本、間本、董本作「惡」。

并賞功銀兩等項[一]。又據惠州府云云[二]。

看得賊衆兵寡，委難集事，但動調狼兵，亦利害相半[三]。況開報賊巢，前後不同，合用糧賞[四]，俱合預行查處。爲此仰抄案回道，會同各守巡、兵備等官，將各巢穴再行備細查訪[五]。若果賊巢衆多，官兵分哨不敷，必須添調狼兵，仰即徑自呈請該省總督等衙門，上緊起調。若見在官兵略已足用，可以不調狼兵，亦免騷擾地方。就仰選委謀勇官，督同府衛縣所等官，將各漢達官軍、兵快、鄉夫，預先起集選練，於該府及近賊縣分，密切屯劄，勿令張揚。候剋期已定，然後晝伏夜行，出其不意，併擊合勦。合用糧餉、賞功等銀，備行廣東布政司，查照上年大征事體[六]，及時措備，毋致臨期悮事。如是兵糧措置俱已齊備，仰即馬上差人，飛報軍門，以憑親臨督戰；或差官齎執令旗令牌，分督進勦。其各賊奔遁關隘，相應江西防截者，亦要上緊查報，

[一] 并賞功銀兩等項　黄本、閭本、董本作「并賞功等項銀兩等因」。
[二] 又據惠州府云云　黄本、閭本、董本無「府」字。
[三] 亦利害相半　「半」，國圖本、天圖本、叢刊本作「伴」。
[四] 合用糧賞　「賞」，黄本、閭本、董本作「餉」。
[五] 將各巢穴再行備細查訪　「各」，黄本、閭本、董本作「前」。
[六] 查照上年大征事體　「征」，黄本、閭本、董本作「攻」。

以憑調發。各毋稽違，致有失誤，國典具存，决難輕貸。先選熟知賊情三四人[一]，赴軍門聽用。軍中一應進止，或未盡機宜，應呈報者，亦就上緊呈報[二]。仍呈總鎮、鎮守、巡按等衙門，查照知會。

優禮謫官牌　十一月二十七日

照得本院奉命提督軍務，征剿四省盜賊，深慮才微責重，懼無以仰稱任使，合求賢能，以資謀略。訪得潮州府三河驛驛丞王思，志行高古，學問淵源，直道不能趨時，長才足以濟用；惠州府通衢馬驛驛丞李中，堅忍之操，篤實之學，身困而道益亨，志屈而才未展；合就延引，以匡不及。爲此牌仰該府，照牌事理，措辦羊酒禮幣，差委該縣教官齎送本官處，用見本院優禮之意。仍照例起關應付，以禮起送，前赴軍門，以憑諮訪。該驛印記，別行委官署掌。先具依准及禮過緣由，繳牌。

[一]　先選熟知賊情三四人　「賊情」，黄本、閭本、董本作「情由」。
[二]　亦就上緊呈報　「就」，黄本、閭本、董本作「宜」。

批漳南道設立軍堡呈　十二月初三日

據兵備僉事周期雍呈，深田、半砂等處，負山濱海，地僻人稀，以致賊徒誘結，勢漸猖獗。今雖議立軍堡，一時未得完工，合行署都指揮僉事侯汴，暫且住劄南、韶，設法擒捕。候軍堡已完，行令遵照欽奉敕諭，前往武平縣駐劄。

看得所呈深田等處，盜賊日漸猖熾。各該巡捕等官，因循坐視，致令滋蔓，俱合拏赴軍門，但當用人之際，姑且記罪。仰該道嚴加督捕，在目下靖絶[一]，以功贖罪。及照該道原議，設立軍堡十處，每堡軍兵不過二三十人，勢分力弱，恐亦不足以振軍威而扼賊勢。仰該道會同守備官[二]，再加酌量，如果軍堡工費浩大[三]，且可停止，將各堡該戍軍兵[四]，分作兩營，選委勇官二員分統[五]，於各該盜賊出没地方，絡繹搜捕。每月限定往來次數，就仰經過縣分，按月開

[一] 在目下靖絶　黄本、閭本、董本「在」上有「務」字。
[二] 仰該道會同守備官　黄本、閭本、董本無「該道」二字。
[三] 如果軍堡工費浩大　「果」，黄本、閭本、董本作「是」。
[四] 將各堡該戍軍兵　黄本、閭本、董本「將」上有「止」字。
[五] 選委勇官二員分統　黄本、閭本、董本「勇」上有「謀」字。

報兵備官處，不時考較督責。其該設軍堡[一]，止於每日程途所到去處，建立一所，以備宿歇。非獨省費易舉，亦且勢并力合，地方可恃以無恐，盜賊聞風而自息矣。但事難遥度，該道仍須計審詳議[二]，一面呈報，務求至當，亦無苟從。再照前項地方，盜賊日盛，備禦未立，准議暫委守備侯汴，前往南、韶住劄，嚴剿捕以靖地方[三]。稍候武備既設[四]，施行有次，仍舊還歸武平住劄。該道照議批呈事理，即便備行本官，查照施行。俱毋違錯。

再申明三省敕諭　十二月十二日

節該欽奉敕：「該兵科給事中周文熙奏，湖廣郴、衡地方瑶賊，不乘時處置，抑恐遺孽復滋，重貽後患。乞要推舉撫治憲臣一員，前去會同湖廣、廣東、江西鎮巡、三司等官，相度事宜，或

[一]　其該設軍堡　「該設」，黄本、閭本、董本作「設立」。
[二]　該道仍須計審詳議　「計審詳議」，黄本、閭本、董本作「詳審計議」。
[三]　嚴剿捕以靖地方　黄本、閭本、董本「嚴」下有「督」字。
[四]　稍候武備既設　「候」，黄本、閭本、董本作「俟」。

設添衛所縣治[一]，或置立屯戍屯堡，或仍敕爾每年春夏在南、贛等處[二]，秋冬在郴、衡等處，住劄整理，庶幾委任專一，有備無患等因。該部議謂宜如所奏施行。今特敕爾親詣郴、衡等處地方，照依周文熙所奏，并查照御史王度、唐濂，及僉事顧英等建言事理，從長議處，定立長治久安之法。應施行者，徑自會同各該鎮巡等官，從長施行。事體重大者，奏請定奪。爾爲風憲大臣，受茲委托，尤宜廣詢博訪，擇善而行，務使盜息民安，地方有賴。欽此。」欽遵。

卷查先准兵部咨，爲圖議邊方後患事。該兵科給事中周文熙奏，該本部覆題[三]，已經案仰湖廣都、布、按三司，即行該道守巡、兵備等官，一體欽遵，各詣郴、桂、衡州等處，督同各該掌印等官[四]，相度山川險易之勢，諮訪賊情起伏之由[五]，查照各官建言事理，從長議處方略。要見某處可以開建縣治，某處相應添設衛所，某處營堡宜修，某處道路宜開，備詢高年有

[一] 或設添衛所縣治　「設添」，黄本、閭本、董本作「添設」。
[二] 每年春夏在南贛等處　黄本、閭本、董本「年」下有「於」字。
[三] 該本部覆題　黄本、閭本、董本作「該本部覆奏，該本部覆」。
[四] 一體欽遵各詣郴桂衡州等處督同各該掌印等官　黄本、閭本、董本無此二十字。
[五] 諮訪賊情起伏之由　「訪」，黄本、閭本、董本作「詢」。

識，務宜土俗民情。如或開建添設等項，有勞於民，無補於事，亦要明白聲說，毋拘成議，附和雷同。別有防奸禦患長策，俱要備細呈奪，毋憚改作。仰惟朝廷采納群策，非徒苟爲文具；諒在各官協心承委，決無了塞公移。務竭保民安土之謀，共圖久安長治之策。應施行者，就便具由呈來[一]，以憑會議施行。若有事體重大，該具奏者，亦即呈來，奏請定奪去後。今奉前因，擬合通行。爲此仰抄案回司，即行掌印，并各該道守巡、兵備、守備等官，一體查照欽遵，作急議報施行，毋得稽違[二]。仍行鎮守、巡撫、總督、總鎮、巡按衙門知會。

批贛州府給由呈　十二月二十五日

據知府邢珣申給由事。照得知府邢珣，久勞郡政，屢立戰功，合有賞功之典，出於報最之外。今三年之考，既因事久稽，而六載之期，亦計日非遠。況地方盜賊雖平，瘡痍未起。仰行本官，照舊支俸，益弘永圖。苟有善可及民，何厭久於其道。微疾已痊，即起視事。給由一節，六年并考。申繳。

[一] 就便具由呈來　「就便」，黄本、閭本、董本作「便就」。

[二] 毋得稽違　「違」，黄本、閭本、董本作「遲」。

行嶺北道裁革軍職巡捕牌　十四年五月初五日

訪得南贛巡捕軍職官員，有名無實，每遇火盜生發，坐視觀望，曾不以時策應。中間更有不守法律，在於私宅接受詞訟，嚇取財賄紙米；或捕獲一賊，則招攀無干之人，乘機詐騙。僉充總小甲，則需索拜見；更換鋪夫，則索要年例。稍或不從，百般羅織。又如前往所屬巡邏，則索要折乾，刻取酒食，甚至容隱賊徒，竊分贓賄。欲便拏究，緣無指實，查行間。爲此仰抄案回道，即將巡捕軍職官員，就便裁革，一應地方事宜，俱令府縣捕盜等官管理。中間倘有未盡事宜，該道再行議處呈奪。仍候考選之日，備呈鎮巡等衙門，查照知會。

遵奉欽依行福建三司清查錢糧　五月二十七日

准兵部咨云云。查得先准本部咨，題奉欽依，備行前來，已經案仰福建都、布、按三司，并行所屬一體欽遵。仍查各該府縣、衛所，每年額徵各項秋屯糧米各計若干，中間起運每石折銀若干，魚課折銀若干，存留數内，應否輸納本色折收銀兩。見今小民拖欠者，已徵若干，未徵若干，有無已徵捏作未徵。其各衛所軍士該支月糧，某衛所若干石，見今某衛所已缺支若干月，共該補給米若干石。起運秋屯糧米，要查是何年月，奉何事例，分派某府衛所解京，今經幾年，是否已爲定例。設若存留，必須先查各屬官吏、師生、旗軍人等，歲用錢糧，大約共計若干，有無足勾。及查該司并各府州縣見貯庫内銀兩，某項共計若干，中間可以借支，俟後追補，如是扣算不敷，應否將前起運存留。并查汀、漳二府用兵之時，所用糧餉係何項錢糧，曾否將官軍月糧借輳。務要備查明白，具由差人，馬上齎報。一面會同三司掌印、守巡各官，將一應利弊相應興革者，逐一查議停當，俟本院撫臨之日呈奪去後。今准前因，合再通行查處。爲此仰抄案回司，即行掌印并各道守巡等官，公同本院委官，速將前項事情，再加用心查議，務要事體穩當，以便經久，明白具由開呈，以憑會處。中間若有未盡事宜，亦就查議呈奪。毋得虛應故事，苟且目前，復遺後患，罪有所歸。

議處添設縣所城堡巡司咨 五月三十日

准兵部咨云云。續據湖廣按察司呈[一]，奉巡撫湖廣都御史秦案驗，爲計處地方，以弭盜賊

[一] 續據湖廣按察司呈 「據」，黄本、閭本、董本作「照」。

事。准兵部咨[一]，該本院題，備由呈報，及移咨到院案候間。今准前因，爲照添設縣所，查處更夫，并設屯堡、置巡司等項事宜，俱奉有成命。況皆經巡撫衙門悉心區畫，各已慮無遺策，豈能別有議處？惟稱分割乳源、樂昌二縣里分，節行廣東該道會勘未報。尚恐兩省各官，未免互分彼此，不肯協和成事，必須貴院不憚一行，親臨其地，約會總督兩廣軍務都御史楊，面會一處，庶幾兩省之事，可以一言而決。及照建立三屯，摘發湖廣各衛所官軍[二]，協同巡檢弓兵守把一節，以今事勢而論，亦爲久長之防。但訪得各衛所官軍，皆有安土重遷之懷，無故摘撥，必致奏告推搪[三]，非惟無補於防禦，兼且徒益於紛擾，似須更爲一處，必使人情樂從，庶幾事功易集。本職見奉朝命，前往福建，巡視地方，處置軍人作亂事情，不日啓行，必須遵照敕旨，候事完回日，方可親詣郴、衡地方，面會貴院議處。但恐曠日彌久，行事益遲，爲此合咨貴院，煩請先爲查處施行。

[一] 准兵部咨　「兵」，黄本、閭本、董本作「本」。

[二] 摘發湖廣各衛所官軍　「發」，黄本、閭本、董本作「撥」。按，據下文辭例，作「撥」者是。

[三] 必致奏告推搪　「必致」，黄本、閭本、董本作「致有」。

督責哨官牌 六月初七日

照得本院見往福建公幹，所有調來贛州教場操備寧都等縣兵快，雖分四哨管領，已有定規，惟恐本院遠出，因而懈怠廢弛，頭目人等，亦或受財放逃，必須委官管領操備。爲此仰千百户孫裕等，各照軍門原分哨分，用心管領，不時操練，務使行伍整肅，武藝精通。中間若有拒頑不聽約束者，輕則量情責治[一]，重則論以軍法斷處。其各兵快、義官、百長人等口糧，各照近日減去五分，則例每月人各二錢，義官、百長各三錢五分，總小甲各二錢五分，俱仰前去贛州府支給，亦不許冒名頂替關支。查訪得出，定行追給還官[二]，仍問重罪發落。承委各官，務稱委托，不得假此生奸擾害未便。

委分巡嶺北道暫管地方事 六月初八日[三]

據副使楊璋呈，奉兵部劄付，題稱福建軍人作亂事情，請敕提督南贛等處軍務都御史王前去

[一] 輕則量情責治 「情」，黄本、閭本、董本作「行」。
[二] 定行追給還官 「追」，黄本、閭本、董本作「支」。
[三] 六月初八日 「初八」，國圖本、天圖本、叢刊本、文淵閣本、摛藻堂本作「初六」。

處置。其南贛等處地方事情，合行兵備副使楊璋，暫且代替管理，一應緊急賊情，悉聽楊璋徑自從宜施行，不許失悞。候處置福建事寧之日照舊等因。題奉欽依，備由劄仰欽遵外。今照本職陞任本司按察使，啓行在邇，缺官管理，合就通行呈詳等因。

看得本官既已陞任，本院不日又往福建公幹，南贛賊情及該道印信，必須得人經理。已經案仰江西按察司，速委風力老成堂上官一員，毋分星夜，前赴該道，暫且管理去後。今照前因，爲照本院已奉敕書，的於本月初九日啓行。但分巡該道官員未至，所有各處遞報一應公文，多係地方事務，若待議置停當前去，未免顧此失彼，愈加積滯，合行處置。爲此仰抄案回府，凡遇各該官司賫到一應公文，除地方賊情重事，俱仰差人，送赴分巡該道議處，徑自施行，仍呈本院知會。其餘地方，盜息民安，繳報、批申、呈詞、招由，不急之務，就便收候，類賫本院。仍仰作急備行該道，查照施行。俱毋違錯。

思田公移　凡四十九條

行廣西統領軍兵各官剿撫事宜牌 嘉靖六年十一月初五日

先據領兵參政等官龍誥等禀稱，湖兵已至，已經行令相機行事去後。近訪得各兵已入深地，利在速戰，若曠日持久，未免師老氣衰，且臨敵易將，進退之間，呼吸成敗。是以本院沿途且行且訪，而傳聞不一，未有的報。爲此牌仰統兵各官，公同計議。若已在進兵之際，則宜遵照舊任提督軍門約束，齊心并力，務在了事，方許旋回軍門參謁。若猶在遲疑觀望之地，而王受、盧蘇等尚有可生之道，朝廷亦豈以必殺爲心，則宜旋軍左次，開其自新之路，聽候本院督臨審處。俱毋違錯。仍行提督、總鎮、總兵及巡按等衙門知會，務在進退合宜[一]，不得輕忽誤事。

行南韶二府招集民兵牌 十一月十二日

牌仰韶州、南雄府當該官吏，即於該府地方，及所屬各縣，不拘機兵、打手各色人内，訪求武藝驍勇、膽力之士，超群出衆、以一當百者。每府三名或四名[二]，每縣二名或三名，無者，

[一] 務在進退合宜 「在」，黄本、閭本、董本作「要」。
[二] 每府三名或四名 「每」，黄本、閭本、董本作「該」。

仍於別縣通融取補，務要年齒少壯，三十歲以下者。每月給與工食八錢，就於機快工食内頂貼，仍與辦衣裝器械[一]。各名備開年貌、親族、鄰里，限一月之内[二]，送赴軍門應用。毋得遲違。

獎留僉事顧溱批呈　十一月二十三日

看得士大夫志行無慚，不因毁譽而有榮辱；君子出處有義，豈以人言而爲去留？況公論自明，物情已覩。本官素有學術涵養，正宜動心忍性，以增益其所不能，豈可托疾辭歸，以求申其憤激？此繳。

批嶺西道議處兵屯事宜呈　十一月二十三日

據僉事李香呈。看得財匱於兵冗，力分於備多[三]，此是近日大弊，相應議處。所呈打手，且不必添募。仰將該道屯哨分布打手，通行查出，大約共有若干；再加精選，去其劣弱，大約共

[一] 仍與辦衣裝器械　黄本、閭本、董本無「辦」字。
[二] 限一月之内　黄本、閭本、董本無「之」字。
[三] 力分於備多　「備」，黄本、閭本、董本作「將」。

得驍勇若干[一]；及查某處屯堡可裁，某處關隘可革，大約共用打手若干。某哨堪備操演[二]，分聚開闔，若何而力不分，若何而財不費，若何而免於屯兵坐食[三]，若何而可以運謀出奇。該道會同分守道，通融斟酌，務求簡易可久之道，呈來施行。

批廣州衛議處哨守官兵呈　十一月二十五日

據指揮趙璇呈[四]。看得軍門哨守官軍，兩班共該一千餘名，類皆脆弱，不堪征調。兼亦遠離鄉土，往往多稱疾故逃亡，非徒無益於公家之用，而抑未便於軍士之情[五]。仰蒼梧守巡道，公同會議[六]，酌量利害之多寡，審察人情之順逆，務求公私兩便，經久可行之策，呈來定奪施行。

[一]　大約共得驍勇若干　黄本、閭本、董本「約」下有「可」字。

[二]　某哨堪備操演　黄本、閭本、董本「某」作「其」，又無「堪」字。

[三]　若何而免於屯兵坐食　「屯」，黄本、閭本、董本作「頓」。

[四]　趙璇　黄本、閭本、董本作「趙旋」。

[五]　而抑未便於軍士之情　「而抑」，黄本、閭本、董本作「抑且」。

[六]　公同會議　「會」，黄本、閭本、董本作「計」。

批都指揮李翱操演哨守官兵呈　十一月二十七日

看得都指揮李翱所呈，足見留心職任，不肯偷惰苟安，有足嘉尚。仰分巡蒼梧道，公同坐營官張輗，將見在哨守軍兵、打手人等，分立班次，發與李翱，在於教場輪班操演，使兵識將意[一]，將識士情，庶職任不虛，緩急可用。仰行各官，查照施行。

行兩廣都布按三司選用武職官員　十二月初七日

准兵部咨云云。爲照兩廣地方廣闊，武職官員數多，當爵鎮臨之初，賢否一時未能備知，擬合通行詢訪。爲此仰抄案回司[二]，備云該部題奉欽依内事理，合行掌印、守巡等官欽遵，嚴加詢訪。不拘已用未用，曾否減革，武職官員，但有謀勇素著，雄才大略，堪任將領者，從公舉保[三]，以憑具奏推用。不許循情濫舉贓犯人員，自貽玷累。毋得違錯。都司仍轉行總兵等官，

[一] 使兵識將意　黄本、閭本、董本「使」上有「務」字。
[二] 爲此仰抄案回司　黄本、閭本、董本「仰」上有「牌」字。
[三] 從公舉保　黄本、閭本、董本「從」上有「各」字。

一體欽遵，查照施行[一]。

行兩廣按察司稽查冒濫關文 十二月十二日

准兵部咨云云，擬合通行。爲此仰抄捧回司，照依案驗，備奉欽依内事理，即行都、布二司，一體欽遵。仍轉行鎮守、主副參將等官，今後除地方機密重情，【不及會本，聽各差人星馳奏報。若重大事情，】應該會奏者，各具本，共差一人，於批文列會奏職銜。其餘常行事務，各自行奏報者，必須積至二三起以上，方許差人。亦於批文開坐硃語，以便稽考，毋得泛填「公務」字樣。若是專爲己私，假借公幹，擅便分給符驗關文掛號，并承委人等，越例索要應付，定行從公參究治罪。俱毋違錯。

給思明州官孫黄永寧冠帶劄付牌

據左江兵備僉事吴天挺呈，據思明府族目王瑙等狀告，先蒙軍門行取思明州官孫黄永寧領兵聽調，乞給冠帶，管轄夷民等情。勘得官孫黄永寧，被占年久，今奉斷明，若非寵異，無以示信。

[一] 查照施行 黄本、閭本、董本無「查照」二字。

合請照依黄澤冠帶事理，使地方知爲定主，實心歸向。呈詳到院，相應給與。爲此牌仰官孫黄永寧，遵照本院欽奉敕諭内便宜事理，就彼暫行冠帶，望闕謝恩。該襲之時，具告撫、按衙門，另行具奏施行。本官孫務要持身律下[一]，謙以睦鄰，修復州治，保安境土。凡遇征調，竭忠效命，以報國恩。毋得因此輒興越分之思，自取侵凌之禍。苟違法制，罰罪難逃，戒之敬之。

省發土官羅廷鳳等牌　十二月十七日

看得那地等州土官羅廷鳳[二]、泗城州土舍岑施、東蘭州知州韋虎林、南丹州土舍莫振亨等[三]，帶領兵夫，屯守日久，勞苦良多，即今歲暮天寒，豈無室家之念？牌至，仰【本官即帶兵夫，仍回本州駐劄。候元宵以後，天氣漸和，】本官徑自前來軍門，面聽發放。

給還隆寨巡檢黄添貴冠帶牌　嘉靖七年正月初八日

[一]　本官孫務要持身律下　國圖本、天圖本、叢刊本、文淵閣本、摛藻堂本「孫」下有「黄」字。
[二]　看得那地等州土官羅廷鳳　黄本、間本、董本「地」下有「州」字。
[三]　南丹州土舍莫振亨等　黄本、間本、董本無「州」字。

據廣西左江道僉事吴天挺呈稱，查得方輿勝境内開思明路下有遷隆州，緣無誌書案卷可考沿革，但查遞年黄册，及審各目老，皆稱遷隆洞黄添貴，果係官户宗枝。凡有征調，黄添貴亦果領兵立功。其地界廣有百里，雖止征糧四十石，而煙爨多踰二千。雖額屬思明，而征兵則各自行管束。委因失其衙門印信，以致地方懷疑生奸。合無准行，暫立爲思明府遷隆寨巡檢司，就授黄添貴職事，聽其以後立功積效，漸次陞改，庶人心知勸，地方可定，等因到院。

查得先該前巡撫都御史張，累經案仰廣西都、布、按三司，及該道兵備、守巡等官，查勘相同，設立巡司，似亦相應。除另行具題外。緣黄添貴正在統兵行事，合無遵照欽奉敕諭便宜事理，先與冠帶，以便行事。爲此牌仰黄添貴，就彼冠帶，望闕謝恩，暫署土巡檢司事，候命下之日，方許實授。本官務要奉法，嚴束下人，輯和鄰境，保守疆土。每遇調遣，即便出兵報效，立有功勞，賞陞不吝。如或貪殘恣肆，國典具存，罪亦難逃。

批左州分俸養親申

正月十八日

據左州申，知州周墨分俸回太倉州養親。看得本官發身科甲，久困下僚，雖艱苦備嘗，而貧淡如故；雖折挫屢及，而儒朴猶存。凡所施爲，多不合於時尚，而原其處心，終不失爲善人。即其分俸一事，亦豈今之仕宦於外者所汲汲，而本官申乞不已。雖屢遭厭抑之言，而愈申懇切之請，固流俗共指以爲迂，而君子反有取焉者也。案照先任軍門蓋已屢經批發，而公文至今未到，想亦道途修阻，不易通達之故。本官近該給由，道經原籍，合就批仰親自齎遞。仰蘇州府太倉州當該官吏，查照軍門先今批行事理，即將本官分回俸給，照數查考，以慰其一念孝親之誠。具由繳報。仍行太平府及該州知會。此繳。

批右江道斷復向武州地土呈　正月二十六日

據參議鄒輗、僉事張邦信呈，勘處都康、向武二州争佔安寶峒地土，合斷還向武州管業緣由。看據所呈，官男馮一執稱，安寶峒深入地方都康界内，遠隔向武六十餘里，以近就近，應該都康管業。其言於人情似亦爲便。王仲金又執稱，國初設立郡州，原要犬牙相制。今安寶地方深入都康，正是祖宗法制。其言於國典又爲有據。況博訪民間物論，亦多是向武而疑都康。今該道又審得王仲金舊藏吏部勘合，奉有聖旨，安寶峒村庄，還着向武州管是實。先年都康州又曾有印信吐退文書。今以此地斷還向武，其於天理人心，公論國法，悉已允當。事在不疑，不必再行後湖查册，往復勞擾。該道又審得王仲金，先年混將都康州村峒人畜殺虜，要依土俗，責令陪償，亦於事理相應。悉照所議，取具王仲金、馮一情願陪償、吐退歸一親筆供詞，備寫劄付，用印鈐連，送赴軍門重加批判，給付各州，永爲執照，以杜後争。此繳。

批左江道推立土官呈　二月初一日

據參議汪必東呈稱，武靖州缺官管事，乞推相應土官子孫一員[一]，仍授該州職事，理辦兵糧。仰布政林富，會同各守巡、兵備、副參等官，再行從公酌量計議，採諸物論，度諸人情，務要推選素有爲該州人民信服愛戴者，坐名呈來，以憑上請。不得苟避一時之嫌疑，不顧百年之禍患，輕忽妄舉，異時事有乖繆，追咎始謀，責亦難辭。此繳。

批遣還夷人歸國申　二月十四日

據兵備副使范嵩呈稱，番人奈邦等不係番賊，又無别項爲非重情，合行瓊州府查支官銀，買辦船隻，量給米飯，送回該國。若有便船搭附隨宜。其原搜獲葫蘆五個，給還收領；鎗鏢等物入

[一] 乞推相應土官子孫一員　「土」，國圖本、叢刊本訛作「上」。

官，以防在海劫奪之患。看得各夷既審進貢是實，又無別項詐僞，相應聽其回還本國，却淹留日久，致令死亡數多，而郡縣徒增供饋之擾，處置失宜，貽累不少。仰該道即如所議，行令瓊州府查支官銀，買辦船隻，及措與糧米等項，趁此北風未盡，上緊送發回國。若再會議往復，則愈加遲悞。備行合干衙門，知會施行。繳。

批蒼梧道修理梧州府城呈 三月十一日

據僉事李傑呈，梧州府城垣修復串樓等項，合用木石甎瓦[一]，於府庫抽收竹木銀兩動支[二]。看得城上串樓，雖有風雨崩塌之備，亦有兵火焚毀之防，得失相半，誠有如該道所慮者。今議修復，雖亦舊貫之仍，若損多益少，則亦終爲浪費。該道再行計處，或將見在串樓間節拆卸，每隔二三十丈，則存留三四間，或四五間，以居防守之兵夫，而拓其空地，以絶延燒之患。一以便人馬往來之奔突，旗鼓刀槍之運用。以其拆卸之材料，修補焚燒之空缺，當亦綽然有餘，而更樓、

[一] 合用木石甎瓦 「石」，黄本、閭本、董本作「植」。
[二] 於府庫抽收竹木銀兩動支 「兩」，黄本、閭本、董本作「内」。

火鋪之類，亦可藉此以修理矣。但地利土宜，隨處各異，未可以本院一時之見，懸斷遥度。仰該道廣詢博訪，如果有益無損，即查本院所議，斟酌施行。若是得失相半，准如該道所呈[一]，一面動支銀兩修理，一面會同各官，再加量度計議，具由呈報。繳。

批永安州知州乞休呈 三月十四日

據僉事申惠呈，永安州知州陳克恩，立心持己，舉無可議。委因感嵐瘴，心氣不時舉發，仍稱母老在家，久缺奉侍，情甚懇切。看得知州陳克恩，雖患前病是實，然其年力尚强，才器可用，非可准令休致之時。但以母老多病，固求歸養，情詞懇迫，志已難奪。其恬退之節，孝母之心，誠有可尚。合照所議，准令致仕還鄉。仰該道仍備行本官原籍官司，務要以禮相待，以崇奬恬退孝行之風。

[一] 准如該道所呈 黄本、閭本、董本「准」上有「亦且」二字。

行參將沈希儀守八寨牌　二月二十三日[一]

爲照八寨巢穴及斷藤峽等賊，素與柳、慶所割地方瑶、僮村寨連絡交通[二]，誠恐乘機奔突，亦合督兵防捕。爲此牌仰參將沈希儀，照牌事理，即便督率官兵人等，於賊衝要路嚴加把截。如遇奔突，相機擒捕[三]，毋容逃遁。仍要嚴禁下人，惟在殄除真正賊徒，不得妄殺無辜，及侵擾良善一草一木[四]。敢有違犯者，即照軍法斬首示衆。所獲功次，解送該道分巡官紀驗，聽候紀功御史覆驗造報。軍中事宜，牌内該載不盡者，亦聽本官徑自酌量而行，一面禀報。俱毋違錯。

行左江道剿撫仙臺白竹諸瑶牌　三月二十四日

照得白竹、古陶、羅鳳、仙臺、花相、石馬等巢諸賊，皆稔惡多年，在所必誅，已經牌仰各官督兵進剿。近據參將張經續禀，仙臺、花相、石馬等瑶，一月之前，皆各出投撫，願給告示，

[一] 二月二十三日　「二月」，黄本、閭本作「三月」。
[二] 素與柳慶所割地方瑶僮村寨連絡交通　「割」，黄本、閭本作「轄」。
[三] 相機擒捕　「擒捕」，黄本、閭本作「捕獲」。
[四] 及侵擾良善一草一木　「擾」，黄本、閭本作「犯」。

從此不敢爲惡。看得各瑶投撫，誠僞雖未可料，但既許其改惡，若復進兵襲剿，未免虧失信義，無以心服蠻夷，亦合暫且寬宥，容其舍舊圖新。其白竹、古陶、羅鳳等賊，負險桀驁，略無忌憚，若不加剿，何以分別善惡，明示勸懲？爲此牌仰左江道守巡、守備等官參議汪必東、僉事吴天挺、參將張經，會同湖廣督兵僉事汪溱、都指揮謝珮，督同各宣慰等官，俟牛腸等處事完之日，即便移兵進剿白竹、古陶、羅鳳諸賊。其領哨官員，及引路向導人等，俱聽參將張經，督同指揮周胤宗等，分佚停當，照例逐一講明，然後分投速進。縱使諸賊先已聞風逃避，亦要嚴兵深入，擣其巢穴，以宣明本院聲罪致討之義。一剿不獲至於再，再剿不獲至於三，至四至五，至絶終禍根[一]。不得以今次斬獲之少，或遂濫及已招賊巢[二]，虧失信義，所損反多。經過良善村分，尤要嚴禁官土軍兵，不得侵犯一草一木。有犯令者，即以軍法斬首示衆。

委土目蔡德政統率各土目牌

四月初一日

爲照前項城頭兵糧等項，雖經行令各目暫行管理，但在流官知府處，必須通曉事體土目一人，

[一] 至四至五至絶終禍根　黄本、董本首「至」下殘四字，閭本作「至於四，務至於絶禍根」。

[二] 或遂濫及已招賊巢　黄本、董本「及已」二字殘損，無「招」字，「已」下空格。閭本「已招」作「投撫」。

專一在府聽候，傳布政令，通達土情，不然，未免上下之情亦有扞格。查得土目蔡德政，平日頗能通曉事情，相應選委。爲此牌仰本目，統率各土目供應人役，專一在府聽候答應。凡遇差遣及催督公事等項，就便遵照傳布督催。各管城頭土目人等，或有未便情由，亦與申達本府，務通上下之情，以成一府之治。就將七處一城頭，撥與本目，永遠食用，流傳子孫。本目務要奉公守法[一]，盡心答應。其或違犯節制，輕則該府官量行究治[二]，重則具由三府軍門，治以軍法。

【右仰管七處一城頭兼雜役土目蔡德政准此】

批左江道查給狼田呈　四月十一日

據僉事吳天挺呈稱，遵奉軍門方略，剿平牛腸、六寺、磨刀等賊，所有賊田，合行清查，免致紛爭。宜選委府衛賢能官親查，酌量應給還狼民者[三]，明立界至，給還原主耕種；係賊開墾者，

[一] 永遠食用流傳子孫本目務要奉公守法　黄本、閭本、董本作「務要奉公守法」。
[二] 輕則該府官量行究治　黄本、閭本、董本無「官」字。
[三] 酌量應給還狼民者　「狼」，黄本、閭本、董本作「良」。

丈量頃畝，均給各里十名，招狼佃種[一]；俱候成業一年，方行起科納糧免差。本院之意，正欲如此區處。據呈，足見該道各官用心之勤，悉准照依所議，就仰行委該府衛賢能官各一員，親臨踏勘，清查明白，酌量給派招佃，具由呈報。

行潯州府撫恤新民牌

照得潯州等處稔惡瑶賊，既已明正討伐，其奔竄殘黨，亦合撫處[二]。但其驚懼之餘，未能遽信，必須先將附近良善厚加撫恤，使爲善者益知勸勉，然後各賊漸知歸向，方可以漸招撫。除行守巡該道施行外，牌仰知府程雲鵬等，即行會同指揮等官周胤宗等，及各縣知縣等官，分投親至良善各寨，照依案驗内開諭事情，諄復曉諭。就將發去告示、魚鹽，量行分給，務使向善之心愈加堅定，毋爲殘賊所扇誘[三]，則良民日多，而惡黨日消。又因而使之勸諭各賊，令各改過自新。果有誠心來投者，即與招撫，就便清查侵占田土，以絶後争。推選衆所信服之人，立爲頭目，使各統領，

[一] 均給各里十名招狼佃種　黄本、閭本、董本作「均給各里，并各招良民佃種」。
[二] 亦合撫處　「合」，黄本、閭本、董本作「各」。
[三] 毋爲殘賊所扇誘　黄本、閭本、董本無「扇」字。

毋令散亂，以漸化導。務使日益親附，庶幾地方可安，而後患可息。各官務要誠愛惻怛，視下民如己子，處民事如家事，使德澤垂於一方[一]，名實施於四遠，身榮功顯，何所不可[二]。如其苟且目前，虛文抵塞，欺上罔下，假公營私，非但明有人非，幽有鬼責，抑且物議不容。【國法難逭，各官勉之戒之。】

批興安縣請發糧餉申　四月十三日

據興安縣申稱，本縣庫内並無軍餉銀兩，亦無堪以動支官錢，誠恐湖兵猝至，不無誤事。合無請給發軍餉銀兩下縣[三]，先顧船馬。參看湖兵歸途合用廪給口糧、下程犒勞等項，已經各有成議。自南寧府至梧州止，又自梧州至桂林府止，又自桂林至全州止[四]，各經過幾縣幾驛，每縣驛扣算該銀若干，各於該府軍餉銀内，照數一并支給，各州縣止是應付人夫數十名，再不許别

[一] 使德澤垂於一方　「澤」，黄本、閭本、董本作「業」。
[二] 何所不可　「所」，黄本、閭本、董本作「事」。
[三] 合無請給發軍餉銀兩下縣　黄本、閭本、董本無「無」字。
[四] 又自桂林至全州止　黄本、閭本、董本「林」下有「府」字。

項科派勞擾[一]。已行該道守巡等官，通行各該府縣查照施行去後。今已兩月有餘，而各州縣尚罔聞知，不知該道各官所理何事。似此緊急軍務，尚爾遲慢，其餘抑又可知。姑記未究外，仰按察司將該吏先行提問[二]。仍備行各道守巡官，今後該行職務，各要自任其責，可行即行，可止即止[三]，悉心計處。事體重大，自難裁決者，即爲定議呈禀。必使政無多門之弊，人有畫一之守，毋得虛文委下，推避傍觀。州縣小官，無所遵承，紛然申擾，奔走道路，延誤日月，曠職廢事，積弊滋奸，推厥所由，罪歸該道。各具不違依准，回報查考。繳。

行廉州府清查十家牌法

四月十六日

案照本院先行十家牌諭，專爲息盜安民。訪得各該官員，因循怠惰，不行經心幹理。雖有委官遍歷城市鄉村查編，亦止取具地方開報，代爲造繳，其實未曾編行。且承委人員，反有假此科

[一] 再不許別項科派勞擾　黄本、閭本、董本作「再不許別派科擾」。
[二] 仰按察司將該吏先行提問　黄本、閭本、董本「將」下有「各」字。
[三] 可行即行可止即止　黄本、閭本、董本二「即」字皆作「則」。

取紙張供給，或乘機清查流民，分外騷擾，是本院之意務要安民[一]，而各官反以擾民也。本欲拏究，緣出傳聞，姑候另行。所有前項牌諭，必須專委賢能官員督查清理。爲此牌仰廉州府推官胡松，先將該府及所屬州縣原編牌諭，不論軍民，在城在鄉，逐一挨查，務著實舉行[二]，仍須責令勤加操演。若各官仍前虛文搪塞者，指實參究。果有科罰騷擾等項，仰即拏問究治。仍行各官，務將牌諭講究明白，必使胸中洞徹，沛然若出己意，然後施行，庶幾事有條理，而功可責成[三]。各府州縣，以次清理，非獨因事以別勤惰，且將旌罰以示勸懲。各具講究過依准，繳報查考。又訪得各處軍民雜居之地[四]，多有桀驁軍職，及頑梗軍旗，不服有司清查約束，妨礙行事者，仰行重加懲治；應參職官，指名申來，以憑拏究，斷不輕恕。

行右江道招回新民牌　五月初六日

[一]　是本院之意務要安民　「要」，黄本、閭本、董本作「在」。
[二]　務著實舉行　黄本、閭本、董本「務」下有「要」字。
[三]　而功可責成　「可」，黄本、閭本、董本作「有」。
[四]　又訪得各處軍民雜居之地　「又」，黄本、閭本、董本作「仍」。

仰右江道副使翁素，即便選委的當官員，帶同上林縣知因曉事之人[一]，將一十八村搬移上山者，通行招回復業，給與良民旗榜，使各安守村寨。仍諭以其間有與賊交通、結親往來者，但能搜捕賊徒，立功自贖，即不追論既往[二]，一體給賞。仍要催督分差各官，上緊搜捕，毋令各賊奔逃漸遠。曉諭各該地方良善向化村寨，務將逃躲各賊盡數擒斬[三]，以泄軍民之憤，獲功解報，一體給賞。若是與賊通謀，容留隱蔽，訪究得出，國憲難逃。如是各賊果有誠心悔罪，願來投撫立功報效者，亦准免其一死，帶來軍門，撫諭安插。各官務要盡心竭力，上報國恩，下除民患，副軍門之委託，立自己之功名。仍督平日與賊交通之人，令其向導追捕，痛加懲改，及此機會，立功自贖。果能奮不顧身，多獲真正惡賊，非但免其既往之罪，抑且同受維新之賞。若猶疑貳觀望，意圖苟免，定行斬首示衆，斷不虛言。各官舍目兵人等[四]，若有解到功次，即與紀驗明白，

[一] 帶同上林縣知因曉事之人　黃本、閭本、董本「知」下有「縣」字。
[二] 即不追論既往　「即」，黃本、閭本、董本作「既」。
[三] 盡數擒斬　黃本、閭本、董本「斩」下有「云云」二字，省略「以泄軍門之憤……維新之賞」等百餘字。
[四] 各官舍目兵人等　黃本、閭本、董本「各」下有「該」字。

以憑照例給賞。事完之日，通送紀功御史衙門，覆驗奏報。一應機宜[二]，牌諭所不能盡者，就與副總兵張祐計議施行，一面呈報。本院不久亦且親臨各該地方，躬行賞罰，仰各上緊立功，毋自貽悔。

委官贊畫牌　五月初七日

今差知州林寬，齎文前往賓州、思恩等處公幹。就仰本官，在右江道守巡官處隨軍贊畫，一應機宜，不時差人，前赴軍門稟報。其領兵頭目盧蘇等，亦要遣人催促，上緊剿捕，立功報效。毋得怠墮放縱，玩廢日月，徒勞無功。本官務要盡心竭慮，以副委託。

行參將沈希儀計剿八寨牌　五月初九日

近因八寨瑶賊稔惡，已經調發思、田目兵，攻破賊巢，方在分投搜捕。訪得八寨後路，潛通柳州，又有一路與韋召假賊巢相通，皆未委虛的，合行密切查處。爲此牌仰參將沈希儀，即行密

[二] 一應機宜　「機」，黄本、閭本、董本作「事」。

訪，若果有潛通賊路，就仰本官，從宜相機行事。或從彼地掩襲韋召假賊巢，就從彼巢徑趨八寨後路[一]；或以迎候本院爲名，徑來賓州督調別項軍兵，就從八寨取道。然須將勇兵精，又得知因向導，可以必勝。本院亦無意必之心，俱聽本官相機行事[二]，量力可行即行，可止即止。牌至，務在慎密，毋令一人輕泄。

調發土官岑瓛牌

五月初十日

牌仰歸順州官男岑瓛，挑選部下驍勇慣戰精兵二千名，各備鋒利器械，親自統領，前赴軍門，面授約束，有事差委。所帶兵夫，但在精勇[三]，不許徒多。軍門不差旗牌官員，正恐張揚事勢，騷擾地方，故今止差參隨百户扈濂前去，密切督調。前月官男赴軍門參見，已曾當面分付。牌至，限三日内，即便起程，星夜前來，毋得循常遲慢。違誤刻期，定行究治，決無虛言。

[一] 就從彼巢徑趨八寨後路　「彼」，黄本、閭本、董本作「本」。

[二] 俱聽本官相機行事　黄本、閭本、董本無「行事」二字。

[三] 但在精勇　「在」，黄本、閭本、董本作「有」。

分調土官韋虎林進剿事宜牌　五月十五日

除行守備參將沈希儀相機行事，及差南寧鎮撫朱鈺[一]，齎捧令旗令牌，前去督調外。牌仰東蘭州知州韋虎林，挑選驍勇慣戰精兵三四千名，親自統領。就於該州附近三旺、德合等處取道，密切進兵，撲剿下岜、中寨、尋令、東鄉、馬攔、南嶺、新村、莫村[二]、落村等寨賊首韋召鑾、召曠、召假、召僚、召號、召旺、天臘公、線仲、言轉周、韋馬、覃廣、覃文祥等[三]，務要盡數擒斬，以靖地方。所獲功次，通行解赴軍門，以憑紀驗給賞。如遇參將沈希儀已到地方，仍聽節制行事。若是尚未來到，仰即火速進剿，不必等候，以致張揚泄漏，失誤事機，罪有所歸。

行通判陳志敬查禁田州府私徵商税牌　五月十五日

據委官通判陳志敬呈稱，查得田州府舊例，鹽每百斤税銀一分，本府河埠税銀四分半，經紀税銀三分，檳榔每百斤税銀一錢，本府税課并經紀各税銀二錢，其雜貨亦各税不一，除買辦應用，

[一] 及差南寧鎮撫朱鈺　黄本、閭本、董本「寧」下有「衛」字。
[二] 新村莫村　黄本、閭本、董本作「親村、英村」。
[三] 黄本、閭本、董本「召曠」下有「召院」，而無「覃廣」。

年終俱歸本府，此岑猛之餘烈也。今尚因之而未除，要行照依南寧府事例，止容一稅[一]，等因到院。

參看得思、田二府，近該本院會議，設立流官知府，控制土官，各以土俗自治。其官吏合用柴薪、馬匹，及春秋祭祀等項，仍許商課設於河下，薄取其稅，以資給用。而本院明文尚未有行，乃敢輒先私立抽分，巧取民利，甚屬違法，合當拿問，緣無指實，合行查究。爲此牌仰本官，即查前項抽分，奉何衙門明文，惟復積年奸猾，私立巧取，侵騙稅銀肥己，務要從實查明，具由星馳呈報。一面密切差人訪拿，解赴軍門究治，以軍法論。毋得容情回護，自取罪戾[二]。

批南寧衛給發土官銀兩申

五月十八日

據南寧衛申，原收王仲金陪償都康州銀三百兩[三]，令官男馮一差頭目黄淰等四人來領[四]。

[一] 止容一稅　「容」，黄本、閭本、董本作「應」。

[二] 自取罪戾　「戾」，黄本、閭本、董本作「累」。

[三] 原收王仲金陪償都康州銀三百兩　「三」，國圖本、天圖本、叢刊本、文淵閣本、摛藻堂本作「二」。

[四] 令官男馮一差頭目黄淰等四人來領　黄本、閭本、董本「令」作「今」；又「馮一」作「馮壹」，下文仿此。

看得王仲金陪償銀兩，既該馮一差有的當頭目黃淰[一]，賫有該州印信領狀前來關領。仰衛審驗是實，即將銀兩照數給與黃淰等，帶領回州[二]，付與馮一收受，取收過日期回報[三]。仍行該道守巡官，備行馮一、王仲金，務要洗滌舊嫌[四]，講信修睦，各保土地人民，安分守己，同爲奉法循禮之官[五]，共享太平無事之樂。如其不能自爲主張，聽信小民扇惑[六]，規圖近利，懷挾前仇，徒使利分下人，惡歸一己，貫滿罪極，滅身亡家，前車可鑒，後悔何及。各遵照奉行[七]。此繳。

批左江道紀驗首級呈　五月二十八日

[一] 既該馮一差有的當頭目黃淰　黃本、間本、董本「淰」下有「等」字。

[二] 帶領回州　「帶領」，黃本、間本、董本作「領帶」。

[三] 取收過日期回報　「過」，黃本、間本、董本作「數」。

[四] 務要洗滌舊嫌　黃本、間本、董本「務」上有「今後」二字。

[五] 同爲奉法循禮之官　「禮」，黃本、間本、董本作「理」。

[六] 聽信小民扇惑　「民」，黃本、間本、董本作「人」。

[七] 各遵照奉行　黃本、間本、董本「各」上有「仰」字。

據僉事吴天挺呈，獲過牛腸、六寺、古陶、羅鳳等處山巢賊級，中間無小功者，應否紀驗。看得各處用兵，多因貪獲首級，不肯奮勇破敵[一]，往往多致失事。是以前月發兵之日，本院分付督兵各官[二]，務以破巢誅惡爲事，不以多獲首級爲功。今若以無小功之故，不與紀驗，即與前日號令自相矛盾矣。其湖兵破巢首級，雖無小功，仰該道仍與紀驗。至於官軍人等剿捕所獲，仍照常規施行。繳。

行左江道犒賞湖兵牌 六月初十日

照得湖廣永、保二州官舍、頭目、土兵[三]，先該本院撤放回還，道經潯州等處，已經行仰該道守巡等官，督押前進，乘便剿除稔惡瑶賊。隨已破蕩巢穴，擒斬數多，回報前來。就經牌仰各官，仍押各兵，直抵桂林地方交替，及行參議汪必東，就於梧州府庫量支軍餉銀一二千兩，帶去省城，聽候本院親行犒賞。今照本院因地方有事，兼患腫毒，未能親往。行委該道僉事吴天挺，

[一] 不肯奮勇破敵 「勇」，國圖本、天圖本、叢刊本、文淵閣本、摛藻堂本訛作「庸」。
[二] 本院分付督兵各官 黄本、間本、董本「各」在「官」字之下，讀屬下句。
[三] 照得湖廣永保二州官舍頭目土兵 「州」，黄本、間本、董本作「司」。

前去省城，代行賞勞。爲此牌仰本官，即查前項銀兩，若未動支，就於該府軍餉銀内[一]，照數動支二千兩，委官管領，隨帶廣西省城，聽候支給犒賞湖兵等項應用。完日，開數查考。

獎勞督兵官牌　六月初十日

照得先因廣西思、田等處土酋倡亂[二]，徵調湖廣永、保二司宣慰、舍目人等，坐委僉事汪溱、都指揮謝珮，統領前來，聽調剿殺。後因各酋自縛投順，班師回還。又該軍門行委各官統領，乘便征剿潯州牛腸、六寺及平南仙臺、花相等山積年稔惡賊寇，遂能攻破堅巢，多有斬獲。雖各宣慰素抱報國之心[三]，舍目人等，并心協力，奮勇效命，亦由監督各官設策運謀，用能致有成功。今師旋有日，所據宴勞之禮，相應舉行。但本院見征八寨瑶賊，未能親至省城大享軍士，合就先行獎勞。爲此仰本官[四]，即便親詣省城，公同布、按二司掌印等官，將軍門發去綵段銀花等物，

[一] 就於該府軍餉銀内　黄本、閭本、董本無「内」字。
[二] 照得先因廣西思田等處土酋倡亂　黄本、閭本、董本「先因」在「西」字之下。
[三] 雖各宣慰素抱報國之心　「抱」，黄本、閭本、董本作「懷」。
[四] 爲此仰本官　黄本、閭本、董本「此」下有「牌」字。

照數備用鼓樂，導送僉事汪溱等收領，用見本院嘉獎宴勞之意。仍行鎮巡衙門知會。

計開[一]：

僉事汪溱

盤盞一副十兩　段二疋十兩

銀花二枝二兩[二]　席面一卓銀十兩

都指揮謝珮

盤盞一副十兩　段二疋十兩

銀花二枝二兩　席面一卓銀十兩

部押指揮二員

每員銀牌五兩　銀花一枝五錢

席面銀二兩

[一] 自「計開」以下至篇末，黄本、間本、董本無。

[二] 銀花二枝二兩　「枝」，底本訛作「根」，據國圖本、天圖本、叢刊本、文淵閣本、摛藻堂本改。

分押千户八員

每員銀牌三兩　　銀花一枝五錢

席面銀一兩

土舍彭藎臣軍前冠帶劄付　六月初十日

據湖廣上湖南僉事汪溱呈[一]，據辰州衛部押指揮張恩呈，據舍目彭九皋等告稱，嘉靖五年，奉調征剿田州，有廕襲官男彭虎臣，同弟彭良臣，自備衣糧報效，蒙授彭虎臣冠帶殺賊。後因陣亡，蒙軍門奏奉欽依勘合，内開：「彭虎臣殁於王事，情可矜憐，贈指揮僉事，移恩弟彭良臣，就彼冠帶，襲替宣慰使職事，免其赴京。伊父彭九霄，仍升湖廣布政司右參政，准令致仕。」除遵依外。近奉軍門復調征剿，行令致仕宣慰彭九霄親統啓行。不意宣慰使彭良臣在任病故，有彭藎臣係宣慰的親次男，見年一十四歲，與故兄彭良臣同母冉氏所生，應該承襲，别無違礙。乞比照永順土舍彭宗舜事例，賜給冠帶，撫管地方等情。爲照土官襲替，必經原籍該管衙門委官重覆查勘，

[一] 據湖廣上湖南僉事汪溱呈　「南」，黄本、閭本、董本作「道」。

今彭藎臣不在隨征之列，未經結勘，但伊父彭九霄見在統兵，本舍又稱選帶家丁三千名，前往報效[一]，似應俯從。呈詳到院[二]。

爲照彭藎臣，本以童子[三]，早著英風，自選家丁，隨父報效，即其一念報國之誠，已有可嘉，況有查係應襲次男[四]。近日報效家丁於潯州、平南諸處，又能奮勇破賊，斬獲數多，則藎臣身雖不出户庭，而功已著於異省。除别行具題外，合就遵照欽奉敕諭内便宜事理，給與冠帶。爲此劄仰官舍彭藎臣，先行冠帶，就彼望闕謝恩，撫管地方。仍須立志持身，正己律物[五]，顧章服之在躬，思成人之有道；念傳世之既遠，期紹述於無窮。益竭忠貞，以圖報稱。先具冠帶日期，依准繳報。仍徑行本省鎮巡衙門知會[六]。毋得違錯。

[一] 前往報效　「往」，黄本、閭本、董本作「來」。
[二] 呈詳到院　「院」，黄本、閭本、董本作「爵」。
[三] 本以童子　「童子」，國圖本、叢刊本、文淵閣本訛作「章一」，摛藻堂本作「土舍」。
[四] 況有查係應襲次男　「有」，黄本、閭本、董本作「又」。
[五] 正己律物　「物」，黄本、閭本、董本作「下」。
[六] 仍徑行本省鎮巡衙門知會　「巡」，黄本、閭本、董本作「撫」。

獎勞永保二司官舍土目牌　六月初十日

照得先因思、田等處土酋倡亂，復調永、保二司宣慰彭明輔、彭九霄，各統領舍目[一]，聽調剿賊。後因各酋自縛投順，班師回還。又該軍門行委各官統領，乘便征剿潯州牛腸、六寺及平南仙臺、花相等山稔惡賊寇，遂能攻破堅巢，多有斬獲。是皆各宣慰及伊官男平日素抱忠誠報國之心，故能身督各舍目人等，并心協力，奮勇效命，致有成功。今師旋有日，所據宴勞之禮，相應舉行。但本院見征八寨瑶賊，未能親至省城大享軍士，合就先行獎勞。爲此牌仰本官，即便親詣省城，公同布、按二司掌印等官，將軍門發去禮物，照依後開數目，各用鼓樂，送發宣慰彭明輔、彭九霄等收領，用見本院嘉獎宴勞之意。各宣慰、官舍、目兵人等，查照單開等則[二]，逐一支出賞犒，就彼督發各兵，回還休息。支過數目，開單查考。俱仍行鎮巡衙門知會。

計開[三]：

[一] 各統領舍目　黄本、閭本、董本「目」下有「人等」二字。
[二] 查照單開等則　「則」，國圖本訛作「明」，通行本或作「項」。
[三] 自「計開」以下至篇末，黄本、閭本、董本無。

保靖宣慰司

宣慰彭九霄

盤盞一副十兩　段二疋

一兩重金花一枝　一兩重銀花一枝

席面銀五十兩

官男彭藎臣

銀花二枝各一兩　段二疋

席面銀二十兩

永順宣慰司

宣慰彭明輔

盤盞一副十兩　段二疋

一兩重金花一枝　一兩重銀花一枝

席面銀五十兩

官男彭宗舜

銀花二枝各一兩　　段二疋

席面銀二十兩

冠帶把總頭目每名三兩重銀牌一面

領征管隊冠帶頭目每名二兩重銀牌一面

旗甲小頭目洞老每名一兩重銀牌一面

隨征士兵每名銀二錢　　家丁銀一錢

病故頭目每名銀四兩

病故士兵每名銀二兩

首級每顆銀一兩　　賊首銀三兩

生擒每名銀二兩

調發武緣鄉兵搜剿八寨殘賊牌 六月十八日

先該本院進剿八寨，賊巢已破，但餘黨逃遁，尚須追捕。訪得各處鄉民，素被前賊劫害，多有自願出力，殺賊報讎。及訪得武緣縣地方嬰墟等處鄉兵[一]，素稱驍勇慣戰，皆肯爲民除害。已經牌差經歷羅珍等前去起調，誠恐各官因循，姑未究治。看得通判陳志敬莅官日久，前項嬰墟等處鄉兵，曾經訓緝，頗得其心，合委催督。爲此牌仰本官，速往嬰墟等處，即將前項鄉兵量行選調，多或一千五百名，少或八九百名，各備鋒利器械。仍督經歷羅珍等分統，前赴賓州，照名關支行糧等項，就彼相機搜剿前賊[二]，仍聽參將沈希儀調度節制。獲有功次，一體重加旌賞。仍諭以當此農忙暑月，本院亦不忍動勞爾民，但欲爲爾民除去地方之害，不得已而爲此。爾等各宜仰體此情，務要盡心效力[三]，以報爾讎，是亦一勞永逸之事。先將調過名數，并起程日期，隨牌回報查考。

行右江道犒賞盧蘇王受牌 七月初三日

看得思、田頭目盧蘇、王受等，率領部下兵夫，征剿八寨，搜屯日久，勞苦寔多，合行量加

[一] 及訪得武緣縣地方嬰墟等處鄉兵　「方」，黄本、閭本、董本作「名」。
[二] 就彼相機搜剿前賊　「搜」，黄本、閭本、董本作「攻」。
[三] 務要盡心效力　「要」，黄本、閭本、董本作「各」。

犒勞[一]。爲此牌仰右江道分巡官，即行賓州，起撥夫役人等[二]，將見貯軍餉糧米，照依後開數目，運赴三里地方各目劄營去處，分給各兵，以見本院犒賞之意。開數繳報查考。

計開[三]：

盧蘇二百石　王受一百五十石

給土目行糧牌　七月初八日

照得本院見在進兵征剿八寨瑶賊，而鎮安頭目岑瑜等，率領目兵四百五十名，前赴軍門，自願隨軍殺賊報效，意有可嘉。除量行犒賞外，仰分巡右江道官，將各目兵，即行照名給與行糧一月，就發都指揮高崧哨内，聽憑督調殺賊。獲有功次，一體解驗，以憑給賞施行。

批右江道移置鳳化縣南丹衛事宜呈　八月初十日

[一] 合行量加犒勞　「勞」，黄本、閭本、董本作「賞」。
[二] 起撥夫役人等　「役」，黄本、閭本、董本作「款」。
[三] 自「計開」以下至篇末，黄本、閭本、董本無。

據副使翁素呈，議得南丹衛城垣，并鳳化縣城垣合用銀兩。看得該道議於八寨地方移立南丹衛，三里地方移設鳳化縣，俱各查訪相應，人心樂從。其築立城垣，起造公廨等項[一]，料價工食，一應合用銀兩，既經該道守巡官公同計議停當，南丹衛該銀三千六百四十五兩，鳳化縣該銀三千一百七十六兩，其食米南丹衛一萬石，鳳化縣八千石，每石價銀三錢，共該銀五千四百兩。見今各處倉廒貯有糧米[二]，尚穀支給，候缺米之日[三]，照數給價。先各量支一半，收貯聽用，南丹衛一千五百兩，鳳化縣一千二百兩，准議於南寧府庫貯軍餉銀内支給。該道各官，仍要推選力量廉能官各一員[四]，委同該衛指揮孫綱，及該縣掌印、哨守官，親至南寧府，照數支出，三面秤對匣收，領付賓州庫寄貯。置立支銷文簿，該道用印鈐記[五]，各付一本收執。每用銀兩，即同該州官開封動支，照數登記，務在實用，不得花費分毫。工完之日，開數繳報，通將各支銷

[一] 起造公廨等項　「廨」，黄本、間本、董本作「廳」。
[二] 見今各處倉廒貯有糧米　「糧」，黄本、間本、董本作「銀」。
[三] 候缺米之日　黄本、間本、董本「候」上有「俟」字。
[四] 仍要推選力量廉能官各一員　「選」，黄本、間本、董本作「訪」。
[五] 該道用印鈐記　「用」，黄本、間本、董本作「行」。

簿會合查考。

該道守巡官，仍要不時親詣調度，督促工程，務在精緻堅牢，永久無壞。當兹盜賊蕩滅之餘，況又秋冬天氣，正可及時工作。各官務在上緊催督，晝夜鳩工，不日而成，一則可以速屯防守之官兵，二則可以不妨來歲之農作。城完之日，本院自行旌保擢用，決不虛言。各官視官事須如家事[一]，刻刻盡心，仰稱朝廷之官職，中副上司之委任，内以建自己之功勞，外以垂一方之事業，豈不事立身榮，功成名顯，垂譽無窮者哉？若其因循玩愒，隳績廢事，非獨自取敗壞，抑且罪責難逃。仰該道備行各官，查照施行，期務體勤勤囑付之意[二]，毋負毋負。此繳。

行左江道賑濟牌　八月初十日

案照先因南寧府軍民困苦，騷擾二年有餘，況天道亢旱，青黄不接。已經行仰同知史立誠，將停歇湖兵之家，量行賑給。然各色軍民人等，同被騷擾[三]，均合行賑[四]。爲此牌仰本道官吏，

[一] 各官視官事須如家事　黄本、閭本、董本作「各官必須視如家事」。
[二] 期務體勤勤囑付之意　黄本、閭本、董本作「其務體本院勤勤囑付之意」。
[三] 同被騷擾　「擾」，黄本、董本作「屑」。
[四] 均合行賑　黄本、閭本、董本「賑」下有「恤」字。

會同分巡道[一]，即行南寧府，備查府城内外大小人户，照依後開等第，就於軍餉米内，照數通行賑給。務使各沾實惠，毋容奸吏斗級人等，作弊剋減，有名無實。事完，開報查考。

計開：

鄉官舉人監生之家每家三石[二]

生員每家二石

大小人户每家一石

貧難小官，通行查出，量分差等，呈來給賑。

批右江道議築思恩府城垣呈 八月十五日

據副使翁素呈，估計起造思恩府城池等項，通用銀八千五百七十七兩零[三]。看得思恩府城垣，仰行知府桂鏊，自行督工起築，合用料價工食等項銀兩，准照議於南寧府軍餉銀内動支。就仰桂

[一] 會同分巡道 黄本、閭本、董本無「道」字。
[二] 每家三石 黄本、閭本、董本無「每家」二字。
[三] 八千五百七十七兩零 「七十」，黄本、閭本、董本作「五十」。

鏊，公同該府掌印官，當堂秤明，匣鎖領回，寄貯賓州庫内，查明前批南丹衛事理，置立文簿支銷。該道守巡官，仍要不時親至地方，料理催督，務要修築堅固，工程早完。事畢，開報查考。繳。

獎勞剿賊各官牌 八月十九日

照得八寨積爲民患，今克剿滅，罷兵息民，此實地方各官，與遠近百姓之所同幸。昨者敷文之宴[一]，已與百姓同致其喜，而犒賞尚未及行。爲此牌仰南寧府官吏，即便動支庫貯軍餉銀兩[二]，照依後開則例，買辦綵幣羊酒，分送各官，用見本院嘉勞之意。開報查考。

計開：[三]

副總兵張裕[四]、副使翁素

各花二枝二兩　段四疋十兩

[一] 昨者敷文之宴　「者」，黄本、閭本、董本作「日」。
[二] 即便動支庫貯軍餉銀兩　「便」，黄本、閭本、董本作「與」。
[三] 自「計開」以下至篇末，黄本、閭本、董本無。
[四] 張裕　八寨斷藤峽捷音疏作「張祐」。

羊四隻三兩　酒四埕一兩

參政沈良佐、僉事吴天挺

副總兵李璋、參將張經、馮勳

各花二枝二兩　段二疋六兩

羊二隻　酒二埕共二兩

知府桂鏊、同知陳志敬、林寬、推官馮衡，同上。

行福建漳州府取回岑邦佐牌

照得田州府土官岑猛，稔惡不悛，搆禍鄰境。該前軍門奏奉調兵征剿，并將伊妾子女岑邦相等，及各目家屬解京，給付功臣之家爲奴，及將出繼武靖州次男岑邦佐遷徙，已將岑邦佐及母妻人口家當，差委指揮周胤宗等解發福建漳州府安置爲民，及將岑邦相等押發南雄府監候聽解去後。續照本爵欽奉敕諭：「特命爾提督兩廣及江西、湖廣等處地方軍務，星馳前去彼處，即查前項夷情，可撫則撫，當剿即剿。公同計議，應設土官流官，何者經久利便，奏聞區處。欽此。」欽遵。隨據頭目盧蘇等，率衆自縛來降，軍門仰體朝廷好生之德，俯順其情，安插復業，及因其告乞憐憫岑猛原無反叛情罪，存其一脉等因。已該本爵議將該府四十八甲内，割八甲降立田州，立其子一人，以承其後云云。合將岑邦佐仍爲武靖州知州，保障地方，而立邦相於田州，以安守其宗祀，庶爲兩得其宜，已經具題外。今照前項地方，撫處寧靖，所據各男，應合取回議處。爲此牌仰福建漳州府官吏，即將發去安置爲民岑邦佐并母妻人口家當，通取到官，照例起關，沿途給與脚力口糧，差委的當人員，押送軍門，以憑面審施行。仍行本省鎮巡衙門及布政司知會。俱毋違錯。

批參將沈良佐經理軍伍呈　八月二十四日

看得五屯，係遠年賊巢要害之處，而備禦廢弛若此，正宜及此平蕩之餘，經理修復。今該道各官公同議處，要將城垣展拓，建置守備等衙門，及將該所分調各處哨守旗軍，盡數取回，調用廣東協守官軍，發回原衛[一]，缺伍僮軍，清查足數，每年貼貱藤縣甲首銀一百兩，通行除免，查編甲軍，務足千名之數。議處悉當，除本院已經依議具奏外，仰該道各官，照議施行。仍行總鎮、總兵及鎮巡等衙門知會。該府縣、衛所等官，俱仰查照施行。繳。

[一] 發回原衛　「回」，黄本、閭本、董本作「還」。

告諭新民 八月

告諭各該地方十冬里老人等，今後各要守法安分，務以寧靖地方爲心。不得乘機挾勢，侵迫新舊投撫僮、瑶等人，因而脅取財物，報復舊讎，以致驚疑遠近，阻抑向善之心。有違犯者，官府體訪得出，或被人告發，定行拏赴軍門，處以軍法，決不輕恕。【訪得該府地方，有等奸惡十冬，擅將投附僮民綁拿殺死者，仰府通行訪拿，從重究治。】

批僉事吴天挺乞休呈 八月二十五日

據僉事吴天挺呈，乞要致仕。看得本官識見練達，才行老成，且於左江一道夷情土俗，熟諳久習。今地方又在緊急用人之際，本院方切倚任。況精力未衰，偶有疾患，不妨就醫調理，豈得遽爾懇辭求歸？近因征剿潯州諸處賊巢，冒暑督兵，備歷艱阻，功勞茂著，不日朝廷必有旌擢之典。仰本官且行安心管理該道印信，勉進藥餌，暫輟歸圖，以慰上下之望，毋再固辭，有孤重委。此繳。

批蒼梧道創建敷文書院呈　九月初六日

據僉事李傑呈，據梧州府并蒼梧縣學生員黎㵕[一]、嚴肅等連名呈，欲於縣之側[二]，照依南寧書院規制，鼎建書院一所。看得崇正學以淑人心者，是固該道與有司各官作興人才之盛心，亦足以見該學師生之有志，舉而行之，夫豈不可？但謂本院能講明是學，而後人心興起，則吾豈敢當哉？該學師生既稱號房缺少，不足以爲講論遊息之地，合准於舊書院之傍，開拓地基，增建學舍。該道仍爲相度經理，合用銀兩，亦准於該府庫内照數動支。務速成功，以底實效；毋徒浪費，以飾虚文。完日繳報。

改委南丹衛監督指揮牌

先該本院分道進剿八寨，及於八寨周安堡移設南丹衛，以控制要害。查將遷江等所通賊指揮王禄等，明正典刑，斬首示衆，及將各該目兵，通發煙瘴地方哨守。後因王禄等哀求免死，

[一] 據梧州府并蒼梧縣學生員黎㵕　黄本、閭本、董本無「并」字。
[二] 欲於縣之側　黄本、閭本、董本「縣」下有「學」字。

容令各領目兵殺賊贖罪，該道守巡、兵備等官亦爲懇請，遂遵照欽奉敕諭便宜事理，容令報效贖罪[一]。就委南丹衛指揮孫綱，監督王禄等，各頭土目兵夫人等[二]，與同該衛所官軍，前去八寨周安堡相兼屯劄搜剿[三]，及將移設衛所，估筭合用木石[四]、甎瓦、匠作、人夫、工食等項，一面擇日興工，先築土城，設立營房，以居民衆[五]。又委南寧府同知陳志敬，支領官餉銀兩[六]，前去協同督理。俱具奏行事外。今訪得王禄等，與孫綱舊連姻婭，而該衛各官又皆親舊，狎恩恃愛，不聽約束。所據違梗各官，俱合從重究治，姑且記罪，合行改委。看得指揮李楠，年力富强，才識通敏，頗有操持，能行紀律。爲此牌仰本官，即便前去守備賓州及新改南丹衛地方，遵照本院欽奉敕諭便宜事理，暫以都指揮體統行事，仍聽副總兵及該道守巡、兵備官節制。該衛

[一] 該道守巡兵備等官……容令報效贖罪　黄本、閭本、董本無此二十九字。
[二] 各頭土目兵夫人等　「頭」，黄本、閭本、董本作「領」。
[三] 相兼屯劄搜剿　黄本、閭本、董本「剿」下有「遁賊」二字。
[四] 估筭合用木石　「木石」，黄本、閭本、董本作「石木」。
[五] 以居民衆　「民」，黄本、閭本、董本作「兵」。
[六] 支領官餉銀兩　「官」，黄本、閭本、董本作「軍」。

各官及土官王禄等，敢有違犯約束者，當即治以軍令。本官務要殫忠竭力，展布才猷，與同南寧府同知陳志敬，上緊起築城垣，相機撫剿餘賊，務建奇功，以靖地方，以副委任。事完之日，奏功推用[一]，决不相負。若玩愒日月，苟且因仍，事無成效，罪亦難逭。一應機宜，牌内該載不盡者，俱聽從宜區處，就近於該道守巡等官處計議施行。事體重大者，一面申稟軍門。本官合用廪給等項，聽於賓州軍餉銀内支給。指揮孫綱仍照舊掌管衛印。通行總鎮、總兵及鎮巡衙門知會。

[一] 奏功推用 「推」，黄本、閭本作「擢」。

王文成公全書卷之三十一

續編六　征藩公移上 凡二十九條

門人餘姚錢德洪　編次
安成鄒守益　葺録
泰和歐陽德　校正
山陰王畿　增葺
餘姚嚴中　考訂

行吉安府收囤兑糧牌 正德十四年六月二十日

據贛縣、興國、永新等縣縣丞等官李富[一]、雷鳴嶽等呈稱，各蒙差押糧里，裝運正德十三

[一] 李富　黄本、閭本、董本作「李福」。

年兑淮米[一]，到於吉安水次聽候交兑，經今數月，未見糧船回還。況今省城變亂，被將各處兑米盡行搬用，恐被奸人乘機越來搬搶，等因到院。爲照所呈，係干兑淮錢糧，合行處置。爲此抄案，仰回府即便處置空閒倉廒[二]，或寬敞寺觀去處[三]，令各糧里暫將運來兑淮糧米收囤[四]，候官軍回日，聽其交兑。毋得遲悮，致有他虞。仍行管糧官知會。

行吉安府禁止鎮守貢獻牌　六月二十日

據吉安府守禦千户所旗甲馬思稟稱，蒙所批差，領解鎮守江西太監王發買葛布銀三封[五]，及本所出備葛布折銀，并貢禮銀共三千兩[六]，前赴本鎮，今因途阻，不敢前去等情。參照該所

[一] 裝運正德十三年兑淮米　黄本、閭本、董本「米」上有「糧」字。
[二] 爲此抄案仰回府即便處置空閒倉廒　黄本、閭本、董本「仰」在「抄」字之上。
[三] 或寬敞寺觀去處　「敞」，黄本、閭本、董本作「闊」。
[四] 暫將運來兑淮糧米收囤　「來」，底本訛作「米」，據黄本、閭本、董本、國圖本、天圖本、叢刊本、文淵閣本、摛藻堂本改。
[五] 發買葛布銀三封　黄本、閭本、董本「銀」上有「價」字。
[六] 并貢禮銀共三千兩　黄本、閭本、董本「貢」下有「獻」字，又「千」作「百」。

掌印官，既該鎮守衙門發銀買布，若勢不容已，只合照價兩平收買爲當。乃敢不動原封，分外備辦禮銀饋送，若非設計巧取，必是科剋旗軍，事屬違法，本當參拏究問。但今江西變亂，姑行從輕查理。爲此牌仰吉安府，即查前項布價并貢獻禮銀[一]，務見的確。如稱各軍名下糧銀，就仰會同該所，唱名給散，取領備照。若是各官自行出備，合仰收入官庫[二]，聽候軍餉支用。毋得縱容侵收入己，及查報不實未便。

行福建布政司調兵勤王

及照福建[三]、浙江，係江西鄰省，今寧府逆謀既著，彼若北趨不遂，必將還取閩、浙。若不先行發兵，乘間擣虛，將來之噬臍何及[四]。除行湖廣、廣東及行漳南道，即將見在上杭教場操練兵快，并取漳州銃手李棟等，責委謀勇官員統領，直抵本院住劄吉安府，隨兵進剿外。仰抄

[一] 即查前項布價并貢獻禮銀　「貢獻禮銀」，黃本、閭本、董本作「見禮」。
[二] 合仰收入官庫　「仰」，黃本、閭本、董本作「行」。
[三] 及照福建　黃本、閭本、董本「及」上有「節該云云奏外」六字。
[四] 將來之噬臍何及　黃本、閭本、董本「之」下有「悔」字。

案回司，會行都、按二司，轉行各道，并行鎮巡等衙門，各一體查照知會，選調兵馬[一]，選委忠勇膽略堂上官督領[二]，各項交界地方[三]，加謹防截，相機夾勦。仍知會浙江都、布、按三司，一體遵照施行。俱毋違錯。

預行南京各衙門勤王咨

爲照前事[四]，係天下非常之變，宗社安危之機。雖今備行江西吉安等府，及湖廣、福建、廣東等處，調集軍兵，合勢征勦外，但彼聲言，欲遂順流東下，竊據南都。看得長江天險，南北之限；留都根本，咽喉所關。雖以朝廷威德，人心效順，逆謀斷無有成，但其譎奸陰圖，已非一日。兼聞潛伏奸細於京城，期爲内應，萬一預備無素，爲彼所掩，震驚遠邇，噬臍何及。爲此合

[一] 選調兵馬　黄本、閭本、董本無此四字。
[二] 選委忠勇膽略堂上官督領　「領」，黄本、閭本、董本作「令」，「督令」二字或讀屬下句。
[三] 各項交界地方　「各項」，黄本、閭本、董本作「於」。
[四] 爲照前事　黄本、閭本、董本「爲」上有「節該云云奏外」六字。

咨貴部，煩爲通行在京及大小衙門[一]，會謀集議，作急繕完城守，簡練舟師。設伏沿江[二]，以防不虞之襲；傳檄傍郡[三]，以張必討之威。先發操江之兵，聲義而西，約會湖湘，互爲犄角。本職亦砥鈍策駑，牽躡其後。以義取暴，以直加曲，不過兩月之間，斷然一鼓可縛。惟高明速圖之[四]。

撫安百姓告示 六月二十二日

示仰遠近城郭鄉村軍民人等，近日倡亂之徒，上逆天道，下失人心。本院駐軍於此，已有定計，勤王之師，四面已集。仰各安居樂業，毋得驚疑。敢有擅自搬移[五]，因而扇惑擾攘者，地方里甲人等，綁赴軍門，治以軍法。其有忠義豪傑，能獻計效力，願從義師擊反叛者，俱赴軍門投見。

[一] 煩爲通行在京及大小衙門　黄本、閭本、董本無「及」字。
[二] 設伏沿江　黄本、閭本、董本無「設」字。
[三] 傳檄傍郡　黄本、閭本、董本無「傳」字。
[四] 惟高明速圖之　黄本、閭本、董本「惟」上有「仰」字。
[五] 敢有擅自搬移　「擅」，黄本、閭本、董本作「私」。

差官調發梅花等峒義兵牌　六月二十七日

近因省城遭變，戕害守臣，正人心思奮，忠義效用之時。訪得永新縣梅花峒及龍田、上鄉、樟梘[一]、關北諸處，人民精悍，見義能勇，擬合起調。爲此今差千户高睿，齎牌前去該縣，著落知縣柯相，即便起集梅花峒等鄉精勇民兵，大約一千名，各備便用堅利器械，選差該鄉義官良民部領[二]，就委該縣謀勇膽略官一員總統[三]。其合用行糧或募役之費，就於本縣在官錢糧查支，不分雨夜，兼程前進軍門[四]，聽候調遣。此係緊急事理[五]，毋比尋常賊情，敢有故違，定以軍法從事。

行吉安府踏勘災傷　七月初五日

[一] 樟梘　底本訛「梘」訛作「視」，據黄本、閭本、董本、國圖本、天圖本、叢刊本改。
[二] 選差該鄉義官良民部領　「差」，黄本、閭本、董本作「委」。
[三] 就委該縣謀勇膽略官一員總統　「統」，黄本、閭本、董本、國圖本、天圖本、叢刊本作「領」。
[四] 兼程前進軍門　「進」，黄本、閭本、董本作「赴」。
[五] 此係緊急事理　黄本、閭本、董本無「係」字。

照得本院駐兵吉安，節據廬陵等縣人民告稱[一]，自五月以來，天時亢陽[二]，田禾枯死，衣食無所仰給，税糧難以措辦。近蒙僉點民兵，保守把截，農業既妨，天時不利，人心皇皇，莫知所依，等因到院。參照邇者省城反叛，煽動軍民，各屬調發官軍，僉點民壯，保障城池，把絶要隘，團結保甲，隨同征進，人皆爲兵，不暇耕種。况兼三月不雨，四郊赤地，民之危急，莫甚於此。本院除具題外，爲此仰抄案回府，着落掌印正官，即便親臨，踏看災傷輕重分數，覆查相同，取具鄉都里老及官吏不致扶同重甘結狀，申報本院，火速徑自差人具奏。本年各項錢糧，暫且停徵，候命下之日，另行區處。毋得遷延坐視，重貽民患，取究不便。

行吉安府知會紀功御史牌 七月初八日

照得江西寧府據城謀叛云云[三]。仰抄案回府，即便備行巡按兩廣監察謝御史、伍御史，查照知會。凡軍中一應事宜，悉要本官贊理區畫，以匡本院之不逮。各哨官兵，俱聽監督，獲有功

[一] 節據廬陵等縣人民告稱 「陵」，底本訛作「陸」，據國圖本、天圖本、叢刊本、文淵閣本、摛藻堂本改。
[二] 天時亢陽 「陽」，國圖本、天圖本、叢刊本、文淵閣本、摛藻堂本作「旱」。
[三] 照得江西寧府據城謀叛云云 黄本、閭本、董本無「據城」二字。

次，俱憑本院送發，本官驗實紀録。官兵人等，但有騷擾所過地方，及軍前逗遛觀望、畏避退縮者，就行照依本院欽奉敕諭事理，治以軍法。抄案官吏，具行過日期，同依准申繳[一]。

行知縣劉守緒等襲剿墳廠牌　七月十三日

爲照本院親督諸軍，刻期於本月二十日，進攻南昌府省城[二]，以破逆黨巢穴。探得逆黨先曾伏兵三千於老墳廠、新墳廠諸處，以爲省城應援。若不先行密爲撲剿，誠恐攻城之日，或從間道掩襲我師，未免亦爲牽制。爲此牌仰奉新縣知縣劉守緒、靖安縣知縣萬士賢，各統精兵三千，密於西山地界約會，刻期分哨[三]，設伏運奇，竝力夾剿。各官務要詳察險易，相度機宜，不得爾先我後，力散勢分，致有疎失。仍一面差人爪探聲息，飛報軍門。擒斬功次，審驗解院，轉發紀録，照例具奏陞賞。兵快人等，敢有臨陣退縮者，許照本院欽奉敕諭事理，就以軍法從事。各

[一] 同依准申繳　「繳」，黄本、閭本、董本作「來」。
[二] 進攻南昌府省城　黄本、閭本、董本無「府」字。
[三] 刻期分哨　「刻期」，黄本、閭本、董本作「期刻」。

官務竭忠貞，以勤國難。苟或觀望逗遛，違誤事機[一]，軍令具存，罪亦難逭。

督責知府伍文定等同心剿賊牌

七月二十五日

切照天下之事，成於同而敗於異。本院選調吉安、贛州、臨江、袁州等府衛所軍民兵快，委各該文武等官知府伍文定、邢珣等統領[二]，分立哨分，授以方略，令其併力進剿，互相策應。今訪得各官各持己見，自爲異同，累有事機可乘，坐是輒致違錯[三]，本當拏究，治以軍法，但以用人之際[四]，姑且容恕。及照逆賊歸援，聲息已逼，慮恐各官仍蹈覆轍，臨期或致僨事，擬合申飭通行。爲此牌仰本官，即便督率原領軍兵，在於見駐劄處所，務要遵依方略，與各哨領兵官同心而行，誓竭并力進死之志，毋爲觀望苟生之謀[五]。敢有仍前人懷一心，互有同異[六]，

[一] 違誤事機　「違」，黃本、閭本、董本作「有」。
[二] 委各該文武等官　「等」，黃本、閭本、董本作「職」。
[三] 坐是輒致違錯　「是」，國圖本、天圖本、叢刊本、文淵閣本、摛藻堂本作「視」。
[四] 但以用人之際　「以」，黃本、閭本、董本作「係」。
[五] 毋爲觀望苟生之謀　「爲」，黃本、閭本、董本作「懷」。
[六] 互有同異　「同異」，國圖本、天圖本、叢刊本、文淵閣本、摛藻堂本作「異同」。

以致悮事，定行罪坐所由，斷依軍法斬首，的不食言。先具不致異同重甘結狀，并不違依准，隨牌繳來。

【牌行贛州知府邢珣、臨江府知府戴德孺、袁州府知府徐璉同】

行南昌府清查占奪民産 八月十六日

照得寧王自正德二年以來，圖爲不軌，誅求財貨，强占田土、池塘、屋基，立表所至，敢怒而不敢言。税糧在户，而租利盡入王府；家眷在室，而房屋已屬他人；流移困苦，無所赴愬[一]。見今天厭其虐，自速滅亡，一應侵占等項，合行改正，以甦民困。爲此案仰南昌府，即便清查寧王并内官、校尉，倚勢强占。不問省城内外，查係黄册軍民，該載税糧明白，即與清復管業，收租住坐，不許鄰佑佃民仍前倚勢争奪。其曾經奏請，如陽春書院等處，雖有侵占，難以擅動，俟另行處治外。仍行官吏[二]，務要盡心清查，以副委用[三]，毋得偏私執拗，致生弊端。

[一] 無所赴愬　「赴愬」，黄本、閭本、董本作「愬訴」。
[二] 仍行官吏　「仍」，黄本、閭本、董本作「承」。
[三] 務要盡心清查以副委用　黄本、閭本、董本無「要」字，「用」下有「以安生民」四字。

通毋違錯。

批江西按察司優恤孫許死事 八月二十五日[一]

據按察司呈[二]，副使許逵家眷日食久缺，并孫都御史未曾殯殮等情。參看得各官被賊殺害，委可矜憐[三]，合於本司庫内各支銀三十兩，以禮殯殮。候裝回日，盤費水手，另行呈奪。許副使家眷缺食，亦聽支銀五十兩，給付應用。取具各該領狀，并殯殮過由，同批呈繳[四]。

行南昌府禮送孫公歸櫬牌 八月二十九日

照得江西巡撫都御史孫燧[五]，被寧賊殺害[六]。續該本院統兵攻復省城，當給銀兩買棺

[一] 八月二十五日 國圖本、天圖本、叢刊本、文淵閣本、摛藻堂本無「二」字。
[二] 據按察司呈 黄本、閭本、董本「呈」下有「稱」字。
[三] 委可矜憐 黄本、閭本、董本作「誠可哀痛」。
[四] 并殯殮過由同批呈繳 黄本、閭本、董本「由」作「緣」，又無「同」字。
[五] 照得江西巡撫都御史孫燧 黄本、閭本、董本無「燧」字。
[六] 被寧賊殺害 黄本、閭本、董本「被」上有「近」字。

裝殮間。隨據伊男孫慶，帶領家人前來，扶柩還鄉，所據護送人員，擬合行委。爲此牌仰府官吏[一]，即於見在府衛官内，定委一員，送至原籍浙江紹興府餘姚縣河下交割，并行沿途經過軍衛有司、驛遞、巡司等衙門，各撥人夫，程程護送。仍仰照例從厚僉撥長行水手，起關應付，人夫脚力，驗口給與行糧。毋得稽遲未便。

討叛敕旨通行各屬　九月初二日

節該欽奉聖旨敕：「近該南京内外守備參贊等官太監黄偉等，先後奏報，江西寧王殺害巡撫等官，燒燬府縣，肆行反逆等項事情。已下兵部，會官議處停當，朕當親率六師，奉天征討。先差安邊伯朱泰爲前哨，統領各邊官軍，前去南京，相機勦殺。太監張忠、左都督朱暉，統領各邊官軍[二]，前去江西，擣其巢穴。又命南和伯方壽祥，及南直隸、江西、湖廣各該鎮巡等官，各照擬定要路，住劄把截。今特命爾照依該部會奏事理，會同鎮守太監王宏，選調堪用官軍

[一]　爲此牌仰府官吏　黄本、閭本、董本無「牌」字。
[二]　統領各邊官軍　黄本、閭本、董本無「各邊」二字。

民快，親自督領，在於所屬緊要地方，分布防禦。仍委浙江布政司左布政閔楷[一]，選募處州民快[二]，定擬住劄地方，聽候調用。軍中事務[三]，俱要互相傳報[四]，彼此通知，一遇有警，勿誤策應。或就會合各路人馬，設法剿捕。仍出給榜文告示，遍發江西及各該地方，張掛曉諭：但有能聚集義兵，擒殺反逆賊犯者，量其功績大小，封拜侯伯，及陞授都指揮、指揮、千百户等官世襲。賊夥内，有能自相擒斬首官者，與免本罪，仍量加恩典。不許乘機挾讎，妄殺平人。一應軍中事宜，敕内該載未盡者，俱聽爾隨宜區處。爾爲風憲大臣，受兹重託，宜罄竭忠誠，掃除叛賊[五]。尤要詳審慎重，計出萬全，務俾地方寧靖，軍民安堵，以紓朕南顧之憂，庶稱委任。欽此。」欽遵。擬合就行[六]，爲此仰都、布、按三司，照依案驗，備奉敕内事理，通行所屬，一體欽遵施行。

[一] 左布政閔楷 「布」，黄本、閭本、董本作「參」。按，請止親征疏作「參」。
[二] 選募處州民快 「快」，黄本、閭本、董本作「兵」。
[三] 軍中事務 「務」，黄本、閭本、董本作「宜」。
[四] 俱要互相傳報 「俱」，黄本、閭本、董本作「務」。
[五] 掃除叛賊 「賊」，黄本、閭本、董本作「逆」。
[六] 擬合就行 黄本、閭本、董本作「合就通行」。

咨南京兵部議處獻俘船隻 九月初二日

照得屬者寧王宸濠，殺害守臣，舉兵謀逆云云。擬於九月十一日，親自督解赴闕，但應解人犯并護解官兵數多，本地驛遞殘破，紅站座船，俱被虜毁無存，議顧民船，自浙取道而北，須煩兵部[一]，於南京濟州[二]、江淮二衛馬快船内，各撥十隻，中途接載，庶克有濟。爲此移咨，特差千户林節、主簿于旺前去，煩請選撥馬快船二十隻，點齊撑駕人役，差委的當官員，與差去官預先押至鎮江河下[三]，候本職到彼，替换裝載而行，實爲兩便。諒寧藩之叛逆，固天下臣民之所共憤，則今日之獻俘於京，以彰天討，必亦忠臣義士之所同欲[四]，當不吝於煩勞也。仍希先示之[五]。

[一] 須煩兵部　「兵」，黄本、閭本、董本作「貴」。
[二] 濟州　黄本、閭本、董本作「濟川」。按，據明史卷九十志第六十六，濟州衛屬北平都司，江淮、濟川二衛屬南京衛所親軍衛，作「濟川」者是。
[三] 與差去官預先押至鎮江河下　黄本、閭本、董本「與」下有「同」字。
[四] 必亦忠臣義士之所同欲　「同」，國圖本、天圖本、叢刊本、文淵閣本、摛藻堂本作「共」。
[五] 仍希先示之　「之」，黄本、閭本、董本作「咨報」。

行江西三司清查被劫府庫起運錢糧 九月初四日

照得本年六月十四日，寧王謀反，盡將江西都、布、按三司及附郭南昌等府縣庫盤檢去訖[一]。中間多係各府州縣解到起運等項錢糧，未經轉解，若不嚴加查考，恐滋侵欺。爲此仰抄案回司，即便弔取原行卷簿到官，責令該庫官攢并經手人役[二]，從公清查。要見某項原收某府州縣解到某色起運錢糧若干，某項原係貯庫紙米贓罰、金銀器物等件各若干[三]，寧王盤檢若干，中間有無官吏、庫役人等乘機侵騙情弊，即今見在若干。務要通行查明，備造印信手本[四]，火速繳報[五]，以憑查考施行。仍行南昌等府州縣，一體遵照，將起解赴庫錢糧查報[六]。俱毋違錯。

[一] 盤檢去訖 「訖」，黄本、閭本、董本作「後」。
[二] 經手人役 「手」，黄本、閭本、董本作「收」。
[三] 某項原係貯庫紙米贓罰金銀器物等件各若干 黄本、閭本、董本無此十九字。
[四] 備造印信手本 「本」，黄本、閭本、董本作「册」。
[五] 火速繳報 「繳」，黄本、閭本、董本作「遞」。
[六] 將起解赴庫錢糧查報 黄本、閭本、董本「赴」下有「司寄」二字。

行江西布按二司看守寧府庫藏　九月十一日

照得寧府庫藏，已經本院督同戴罪三司官員，并各府知府，公同封識完固，合就委官監督看守。爲此仰抄案回司，即行該司掌印官，督同南昌府同知何繼周，及南、新二縣掌印官，定委老成曉事官二員，分領僉定大户人等，每夜上宿，看守東西二庫[一]。仍令兵快把守寧府南東西三門[二]，晝夜巡邏，不許移動一草一瓶。二司掌印并該道分巡官，不時巡視閘點，毋得視常虚應故事。倘致疎失，責有所歸。

委按察使伍文定紀驗殘孽　九月二十日

照得節該欽奉敕諭：「但有生擒盜賊，鞫審明白[三]，亦聽就行斬首示衆。賊級行令各該兵備、守巡官，即時紀驗明白，備行江西按察司造册奏繳，查照事例，陞賞激勸。欽此。」欽遵。爲照

[一] 看守東西二庫　黄本、閭本、董本無「東西」二字。

[二] 仍令兵快把守寧府南東西三門　「令」，黄本、閭本、董本作「分」。

[三] 鞫審明白　「審」，黄本、閭本、董本作「問」。

寧王謀反，隨本院調兵[一]，已將寧王俘執，謀黨李士實、劉養正、王春等，并賊首凌十一、閔念四等，亦就擒獲。即今見該本院不日親自督解赴闕，式昭聖武，及紀功御史謝源、伍希儒，亦各赴京復命。所有各哨官兵，尚在搜剿殘孽，惟恐解報前來，不無缺官紀録。爲此仰抄案回司，即行新任按察使伍文定，如遇各哨官兵解到叛賊，并贓仗等項[二]，務要從實審驗。應處决者，照依本院敕諭事理，就行斬首，賊級梟掛，明白紀録。備造印鈐文册[三]，差人徑自奏繳。仍造清册一本[四]，繳報本院查考。毋得違錯不便。

委知府伍文定邢珣防守省城牌

九月十二日

照得江西大亂剿平，地方幸已稍靖，但巡撫官員被殺，巡按及三司、府、州縣、衛所等官[五]，俱各戴罪聽參。本院即今又督官兵，押解寧王并其黨與赴京。省城居民，久遭荼

[一] 隨本院調兵　黄本、閭本、董本「隨」下有「該」字。
[二] 并贓仗等項　黄本、閭本、董本「項」下有「前來」二字。
[三] 備造印鈐文册　黄本、閭本、董本作「備造文册，用印鈐記」。
[四] 仍造清册一本　「清」，黄本、閭本、董本作「青」。
[五] 府州縣衛所等官　黄本、閭本、董本無「州」字。

苦[一]，瘡痍未起，驚疑未息，雖經撫諭，誠恐本院去後，或有意外之虞，擬合委官留兵防守。爲此牌仰領兵知府伍文定、邢珣等，即便照依後開班次，輪流各行量帶官兵，晝夜固守城池，保障地方，撫安居民，禁革騷擾。候撫按官員及三司等官到任事定之日，方許回還，照舊管事。毋得違錯。

計開：

一班知府伍文定、邢珣　二班徐璉、戴德孺

三班曾璵　四班周朝佐、林瑊[二]

行江西布按二司釐革撫綏條件　九月十二日

照得江西未亂之前，民僞頗滋，吏政多弊，撫治之責，已號煩難。況大亂之後，錢糧有侵剋之費，軍伍有缺乏之虞，奸惡僞興[三]，災旱荐作，法度申明之未至，官吏怠玩之或生。本院

[一] 久遭荼苦　「苦」，黄本、聞本、董本作「毒」。

[二] 林瑊　底本訛作「林城」，據黄本、聞本、董本、文淵閣本改。

[三] 奸惡僞興　「僞」，黄本、聞本、董本作「蝟」。

討賊平亂，功雖告成，釐革撫綏，力尚未徧，若不條析處分，深爲未便。爲此仰抄案回司，照依案驗內事理[一]，逐一遵照施行[二]，務使事各舉行[三]，民沾實惠。毋得虚應故事，取罪不便[四]。

計開：

一、省城大亂，固已剿平，地方守備，難便廢弛。除南、新二縣機兵，令分巡該道分撥守門外。仰布、按二司掌印官，會同於所屬鄰近府州[五]，酌量原編機兵多寡，量取輳二千名，各委相應人員，帶領來省操練，以備不虞。仍行南昌道分巡官，較視點閘。其各兵口糧，就令各該縣分，動支預備倉米穀，計日分給，候事完之日停止。

一、十四年起運兑淮，間有被賊虜掠，其未兑及未到水次并偏僻去處，未經賊掠者尚多，誠

[一] 照依案驗内事理　黄本、閭本、董本無「内」字。
[二] 逐一遵照施行　「一」，黄本、閭本、董本作「款」。
[三] 務使事各舉行　「使」，底本訛作「便」，據黄本、閭本、董本、叢刊本、摛藻堂本改。
[四] 取罪不便　「不」，黄本、閭本、董本作「未」。
[五] 會同於所屬鄰近府州　「州」，黄本、閭本、董本作「縣」。

恐官吏、糧里人等，乘機隱匿，捏故侵欺，合先行查。仰布、按二司掌印官，即行各該府州縣，將已兑糧數通查。要見見在若干，果被賊虜若干，取具重甘結狀，造册繳報，以憑議處。其見在糧米，就於所在地方，暫且囤貯看守[一]。如有未兑捏作已兑，不曾被賊捏作賊劫者，照例問發充軍，官吏坐擬贓罪不恕。

一、南昌、九江、南康三府，被賊殘害，尤宜矜恤。仰布、按二司掌印官，作急查勘呈來，以憑議處。

一、南昌左衛旗軍，多因從逆擒斬，以致缺伍。仰布、按二司官，即便出給告示，許令在逃旗軍并餘丁投首，照依榜例，免其罪名，着令頂補軍役，暫委官員管領，以備操守。

一、建昌、安義二縣，賊首雖已擒獲，遺漏餘黨尚多，今既奉有牓例[二]，合與更新。仰布、按二司，轉行該縣，出給告示，許各自新，痛改前惡，即爲良民，有司照常撫恤，團保糧里[三]，不得挾私陷害。如有不悛，仍舊爲非者，擒捕施行。

[一] 暫且囤貯看守　「囤貯」，黄本、閭本、董本作「貯囤」。
[二] 今既奉有牓例　黄本、閭本、董本無「有」字。
[三] 團保糧里　「里」，黄本、閭本、董本作「長」。

一、寧王庄田、基屋、湖地[一]，并寧府官員人役，及投入用事從逆等項人犯田產，例應籍没，合先查理。除將内官黄瑞基屋改作東湖書院[二]，以便學者講習外，其餘仰布、按二司掌印官，會同南昌道分巡官，行委的當官員，逐一清查。如田庄，要見坐落地名何處，田畝若干，山場樹木若干，湖地廣闊若干[三]。【如基屋，要見坐落何處，基地廣闊若干，】房屋幾間。今年見在花利[四]，即便收貯所在地方，責人看守，通造手册繳報。其有原係占奪民間物業，相應給還，及估價發賣仍佃者[五]，俱候查明之日，從容呈議審處。敢有隱匿，及指以原業捏稱借貸，輒行據占者[六]，先行拏問不恕。

一、省城各衙門并公廨，有殘圮應合修理者，仰布、按二司掌印官，會同該道官，參酌緩急，

[一] 寧王庄田基屋湖地　黄本、閶本、董本「王」作「府」，「地」作「池」。

[二] 改作東湖書院　黄本、閶本、董本無「作」字。

[三] 湖地廣闊若干　「地」，黄本、閶本、董本作「池」。

[四] 今年見在花利　「在」，黄本、閶本、董本作「存」。

[五] 及估價發賣仍佃者　「仍」，黄本、閶本、董本作「承」。

[六] 輒行據占者　「據」，黄本、閶本、董本作「隱」。

行令府縣，移拆無用房屋，量加修理，毋得虚費財物[一]。

一、省城湖地[二]，仰布、按二司，行南昌府縣，其城濠，行都司，各委人看守。魚利公同變收入官[三]，以備公用，不許私取及致人偷盜。

一、今年鄉試，因亂廢格，除應否補試，另行議奏外。其未亂之前，已經舉行未畢事件，合先查究。仰布政司，將原發修理貢院席舍，并發買物料等項銀兩若干，委何人管[四]，即今已修完并已買到物料若干，見存銀兩若干，查明造報，毋得因循，致令吏胥乘機隱匿作弊。其已買物料有不堪貯者[五]，姑令變價還官，以俟再買[六]。以後未舉事件，有應合預處者，會同按察司并該道官，一面議處施行。按察司仍行提學官，轉行所屬知悉。

[一] 毋得虚費財物　「物」，黄本、間本、董本作「力」。
[二] 省城湖地　「地」，黄本、間本、董本作「池」。
[三] 魚利公同變收入官　「變收」，黄本、間本、董本作「收取」。
[四] 委何人管　黄本、間本、董本作「原委何人管領」。
[五] 其已買物料有不堪貯者　黄本、間本、董本無「物」字。
[六] 以俟再買　「俟」，黄本、間本、董本作「候」。

行江西按察司知會逆黨宫眷姓名

仰抄案回司[一]，著落當該官吏，即便查照施行。仍呈欽差提督軍務御馬監太監張、欽差提督軍務充總兵官安邊伯朱知會。俱毋違錯。

計開：

寧王、郡王、將軍、世子共十六名：

見在十四名：宸濠、拱栟、覲鋌、拱樤、宸湔、宸濎[二]、宸瀛[三]、覲鑛、宸汲　宸湯、宸渢　宸漄、宸瀾、大世子一哥

已故二名：拱榐、二世子二哥

謀黨重犯六十七名：

見在五十九名：劉吉、涂欽、樂平、黃瑞、傅明、陳賢、尹秀、梁偉、沈鏊、熊綬、周瑞、

[一] 仰抄案回司　黃本、閶本、董本「仰」上有「照得當職云云定奪」八字。

[二] 宸濎　底本脱此人，因而不足「十四名」之數，據黃本、閶本、董本補。

[三] 宸瀛　黃本、閶本、董本作「宸溋」。

吴松、張暠、李蕃、于全、秦榮、蕭奇、徐輅、賀俊、李琳[一]、丁瓚、王儲、甘桂、王琪、楊昇、張隆、劉勳、葛江、楊允、徐鋭、丁綱、夏振、唐玉、何受、朱煜、馮旻[二]、周勇、周鼎、於琦、張鳳、袁貴、聞鳳、顧正、顧雄、徐紀、倪六、王鳳、唐全、閔念八、李世英、徐淦鳳、張宣、閔念四、凌十一、萬賢一、朱會价[三]、萬賢二、熊十四、熊十七

已故八名：萬鋭、陸程、劉養正、余祥、甘楷、王信、盧鏞[四]、劉子達

宫眷四十三口[五]：趙氏、萬氏、鍾氏、徐氏、宣氏、張氏、張氏、陸氏、蔣氏、陸氏、趙氏、王氏、王氏、李氏、朱氏、鄭氏、陳氏、徐氏、劉氏、何氏、張氏、祥瑞[六]、王氏、錦英、王氏、

[一] 李琳　黄本、閭本、董本作「林琳」。
[二] 馮旻　黄本、閭本、董本作「馮昱」。
[三] 朱會价　黄本、閭本、董本作「丁會价」。
[四] 盧鏞　黄本、閭本、董本作「盧鏞」。
[五] 宫眷四十三口　「口」，黄本、閭本、董本作「名」。
[六] 祥瑞　黄本、閭本、董本作「祥氏」。

徐氏[一]、周氏、周氏、桂祥[二]、陳氏、春受、劉氏、顧氏、陳氏、婆氏、王氏、艾兒、碧雲、劉氏、串香、異蘭、愛蓮、彭氏

小火者二口[三]：樂秋、樂萱

馬八匹　金册十二副，計二十四葉

行江西按察司編審九姓漁户牌　九月二十四日

爲照賊首吴十三、凌十一、閔念四、念八等，俱已擒獲，黨類亦多誅剿[四]，雖有脅從之徒，皆非得已。節該本院備奉欽降黄榜，通行給發曉諭，許其自首，改過自新，安插訖。數内楊子橋等九姓漁户[五]，又該知縣王軾引赴軍門投首，審各執稱被脅，情有可矜。當該本院量行責治，

[一]　徐氏　黄本、閭本、董本作「余氏」。
[二]　桂祥　黄本、閭本、董本作「桂氏」。
[三]　小火者二口　「口」，黄本、閭本、董本作「名」。
[四]　黨類亦多誅剿　「剿」，黄本、閭本、董本作「戮」。
[五]　楊子橋　黄本、閭本、董本作「楊子喬」，下文仿此。

仍發本官帶回安撫外。今訪得前項漁户[一]，尚有隱匿未報，及已報在官，而乘勢爲非者。況查沿江湖港等處[二]，亦有漁户以打魚爲由[三]，因而劫殺人財。雖嘗緝捕禁約，而官吏因循[四]，禁防廢弛，合就通行查處[五]。

爲此仰抄案回司，即便選委能幹官員，會同安義等縣掌印、捕盜等官，拘集楊子橋等九姓漁户到官，從公查審。要見户計若干，丁計若干[六]，已報在官若干，未報在官若干，各駕大小漁船若干[七]，原在某處地方打魚生理。著定年貌籍貫，編成牌甲，每十名爲一牌[八]，内僉衆所

[一] 今訪得前項漁户　黄本、閭本、董本「户」下有「數多」二字。
[二] 況查沿江湖港等處　黄本、閭本、董本作「況查江西沿江兩岸湖港等處」。
[三] 以打魚爲由　「以」，黄本、閭本、董本作「每倚」。
[四] 而官吏因循　黄本、閭本、董本「而」下有「近年以來」四字。
[五] 合就通行查處　黄本、閭本、董本作「就合通行」。
[六] 要見户計若干丁計若干　黄本、閭本、董本作「要見通計若干户，人計若干丁」。
[七] 各駕大小漁船若干　黄本、閭本、董本「干」下有「隻」字。
[八] 每十名爲一牌　黄本、閭本、董本「十」下有「一」字。

畏服一名爲小甲。地方多寡[一]，每五牌或六牌爲一甲，内僉衆所信服一名爲總甲，責令不時管束戒諭。仍於原駕船梢，粉飾方尺，官爲開寫姓名、年甲、籍貫、住址，及註定打魚所在，用鐵打字號，火烙印記，開造印信手册在官[二]。每月朔望，各具不致爲非結狀，親自赴縣投遞，用憑稽考點閘。中間如有隱匿不報者，俱許投首免罪，亦就照前行[三]。若有已報在官，仍前乘機爲非，抗頑不行到官[四]，就仰從長計議，應撫應捕，遵照本院欽奉敕諭隨宜處置事理，徑自施行。今後但有上户官民客商人等被害[五]，就於本處追究[六]，務在得獲，明正典刑。仍即通行南昌等一十三府及各州縣，一體查處，編立牌甲，嚴加禁約施行，造册繳報查考。如或故違，定將首領官吏拏問，決不輕貸。

[一] 地方多寡　黄本、閭本、董本「地」上有「因」字。
[二] 開造印信手册在官　黄本、閭本、董本「册」下有「收貯」二字。
[三] 亦就照前行　黄本、閭本、董本「行」上有「施」字。
[四] 抗頑不行到官　黄本、閭本、董本「抗」上有「及」字。
[五] 今後但有上户官民客商人等被害　「户」，黄本、閭本、董本作「下」。
[六] 就於本處追究　「本處」，黄本、閭本、董本作「所害去處」。

獻俘揭帖 九月二十六日

准欽差提督贊畫機密軍務御用監太監張揭帖，開稱今照聖駕，親率六師，奉天征討，已臨山東、南直隸境界。所據前項人犯，宜合比常加謹防守調攝，待候駕臨江西省下之日，查勘起謀根由明白，應否起解、斬首、梟掛等項，就彼處分定奪[一]。若不再行移文知會，誠恐地方官員不知事理[二]，不行奏請明旨，那移他處。或擅自起解，致使臨難對証，有悮事機，難以悔罪等因。准此，卷查先爲飛報地方謀反重情事云云[三]。本職已將寧王并逆黨，親自量帶官兵，徑從水路，照依原擬日期啓行，解赴京師，已至廣信地方外。今又准前因，及該差官留本職并寧王及各黨類回省。爲照前項人犯，先監按察司，責委官員人等，晝夜嚴加關防，有病隨即撥醫調治。數内謀黨李士實、王春、劉養正等，已多醫治不痊，俱各身故。隨差官吏、仵作人等，前去相驗，責付淺殯，撥人看守。其寧王及謀黨劉吉等，俱係惡焰久張之人，設若淹禁，不行解報，縱有官兵加謹防守，恐或扇誘，别生他奸。今若留回省城，中途踈虞，尤爲可慮。兼且人犯多生瘧痢，沿途

[一] 就彼處分定奪 「彼」，黄本、間本、董本作「便」。
[二] 不知事理 「理」，黄本、間本、董本作「體」。
[三] 謀反重情事云云 黄本、間本、董本無「事」字。

亦即撥醫調治。又有數内鎮國將軍拱樧并世子二哥，各行身故，又經差官相明，買棺裝殮[一]，終責仰貴溪縣撥人看守。其餘尚未痊可，若更往返跋涉，未免各犯性命，愈加狼狽，相繼死亡，終無解京人犯，抑恐驚摇遠近，變起不測。本職親解寧王[二]，先已奏聞朝廷，定有起程日期，豈敢久滯因循，不即解獻，違慢躁虞，罪將焉逭？及照庫藏册籍等項[三]，未准揭帖之先，已會多官，封貯在府[四]，待命定奪。況新任按察使伍文定，及戴罪三司官、領兵知府等官[五]，俱各見在[六]，封識明白，别無可疑。除將寧王宸濠等，各另差官分押，宫眷婦女，行各將軍府取有内使管伴，俱照舊親自解京外。所有庫藏等項，奉有明旨，自應查盤起解，就請公同三司，并各府等官[七]，眼同徑自區處。爲此合用揭帖前去，煩請查照施行。

[一] 買棺裝殮　「買」，黄本、閭本、董本作「置」。
[二] 本職親解寧王　黄本、閭本、董本「本」上有「況」字。
[三] 及照庫藏册籍等項　「册籍」，黄本、閭本、董本作「籍册」。
[四] 封貯在府　「府」，國圖本作「庫」。
[五] 領兵知府等官　黄本、閭本、董本「兵」下有「各」字。
[六] 俱各見在　「在」，黄本、閭本、董本作「任」。
[七] 并各府等官　黄本、閭本、董本「各」下有「該」字。

行袁州等府查處軍中備用錢糧牌　十月初六日[一]

據吉安府申，奉本院鈞牌，查得本府在庫止有贓罰紙米銀一萬五千四百三十一兩零，其各縣寄庫銀四萬六千一百五十九兩零，俱係轉解之數[二]，似難動支[三]。見今動調各處軍快人等數多，誠恐支用不敷，及查廬陵等九縣，貯庫錢糧亦多稱乏，合行鄰近府分幫助支用緣由到院。

爲照江西寧府變亂，雖經本院起調廣東、福建二省漢土狼達官軍、江西南、贛等處兵快，計有二十餘萬，合用糧餉，大約且計三四月之費。今該府所申，堪支紙米等銀止有一萬五千四百有零，其餘俱係解京之數。就便從權支用，亦有未敷，必須於各府縣見貯錢糧數内[四]，查支接濟，庶不誤事。擬合通行，爲此牌仰本府，即將收貯在庫不拘何項錢糧，作急通行查出，三分爲率，内將二分稱封明白，就委相應官員，不分雨夜，領解軍門，以憑接支應用。此係征討叛逆[五]，

[一] 十月初六日　「十」，黄本、閭本、董本作「七」。按，審牌中事體，作「七」者是。
[二] 俱係轉解之數　黄本、閭本、董本無「係」字。
[三] 似難動支　「動支」，國圖本、天圖本、叢刊本、文淵閣本、擒藻堂本作「支動」。
[四] 必須於各府縣見貯錢糧數内　黄本、閭本、董本無「縣」字。
[五] 此係征討叛逆　「討」，底本訛作「計」，據黄本、閭本、董本、國圖本、天圖本、叢刊本改。

軍機重務，毋得稽遲時刻，定以軍法論處，決不輕貸。

行江西布按二司清查軍前取用錢糧

案照先因寧王變亂，該本部備行南、贛等府[一]，起調各項軍兵追剿[二]，合用糧餉等項，就仰聽將在官錢糧支給間。隨據吉安府申稱，動調兵快數萬，本府錢糧數少，乞爲急處等情。已經通行各府，速將見貯不拘何項錢糧，以三分爲率，内將二分解赴軍前接濟外。續看前項事情[三]，係國家大難，存亡所關，誠恐兵力不敷。又牌行各該官司，即選父子鄉兵，在官操練，聽將官錢支作口糧，候本院另有明文一至啓行去後[四]。今照前項首惡并其謀黨俱已擒斬，原調各處軍兵久已散歸[五]，所據用過糧餉等項，合行查造。爲此仰抄案回司，即查各府州縣，自用

[一] 該本部備行南贛等府　「部」，黄本、閭本、董本作「院」。
[二] 起調各項軍兵追剿　黄本、閭本、董本「兵」下有「人等」二字。
[三] 續看前項事情　黄本、閭本、董本「看」下有「得」字。
[四] 候本院另有明文一至啓行去後　黄本、閭本、董本「啓」上有「即便」二字。
[五] 久已散歸　黄本、閭本、董本作「已久放歸」。

兵日起[一]，至掣兵日止，要見某項錢糧，差何人役，解赴軍前應用若干，有無獲奉批迴在卷。又將某項錢糧，差何人役，解赴某官處，支給官兵口糧等項若干，自某月日期起，至某月日止，各支若干。或係那借，惟復措置之數，務要清查明白，類造文册，星馳差人，送院查考。中間如有官吏人等，通同作弊，重支冒領，或以少作多，侵欺捏報者，就便拏問，照例發遣。毋得違錯。

防制省城奸惡牌　十二月十一日

照得江西省城，近遭寧王之變，巡邏無官，非但軍門凋弊[二]，禁防踈闊，兼又軍馬充斥街巷，難辨真僞。有等無籍小民，因而售奸爲惡，恐致日久釀成大患，必須預防早戒[三]，庶使地方有賴。查得江西都司都指揮馬驥，素有幹材，軍民畏服，合就行委。爲此牌仰抄案回司[四]，即行本官，不妨原任，嚴督府衛所縣軍民兵快，并地方總小甲人等，於省城内外晝夜巡邏，固守城池，保

[一] 自用兵日起　「日」，黄本、董本作「以」。
[二] 非但軍門凋弊　「門」，黄本、閭本、董本作「民」。
[三] 必須預防早戒　黄本、閭本、董本「須」下有「委官」二字。
[四] 爲此牌仰抄案回司　黄本、閭本、董本無「牌」字。

障地方，潔静街道[一]，禁緝喧争。但有盜賊，即便設法擒捕，務在得獲，解官問招呈詳。不許妄拏平人，攀誣無干良善，及縱令積年刁徒，嚇詐財物，擾害無辜。仍要嚴加省諭，遠近鄉村居民，各安生理，毋得非爲[二]，及容隱面生可疑之人在家，通誘賊情，坐地分贜。敢有故違，仰即拏赴軍門，治以軍法。承委官員，務在地方爲事[三]，用心管要[四]，以稱委用，不得因循怠忽，取究未便。

行江西按察司查禁因公科索民財　十二月十一日

照得聖駕南征，所有供應軍馬糧草，并合用器皿等項，已該江西布、按二司，分派各府州縣，支給在庫官錢，均派經過府縣應用。近訪得各該官吏，多有不遵法度，或將官庫錢糧通同侵欺入己，

[一] 潔静街道　「静」，黄本、閭本、董本作「浄」。
[二] 毋得非爲　「得」，黄本、閭本、董本作「作」。
[三] 務在地方爲事　「在」，黄本、閭本、董本作「以」。
[四] 用心管要　「要」，黄本、閭本、董本作「理」。

乘機科派民間出辦，或取金銀器皿銀兩[一]，或要牛馬猪羊等物，輒差多人下鄉，狐假虎威，擾害殆徧。中間積年刁徒，又行百般需索，稍有不遂，輒稱毆打抗拒，聳信官府，添人捉拏，加以刑辱，重行追索。若不查禁處置，深爲民患。爲此仰抄案回司，即便會同布政司掌印官，速行計處，先將各應支銀兩[二]，查解應用。若有不足，就將在庫不拘何項銀兩，給支接濟[三]。俱要造册開報，以憑查考。事畢之日[四]，再行議處，作正支銷[五]，或設法追補。其各府州縣科取民間財物，即行查究禁革，未到官者，毋再追併；已在官者[六]，照數給還。中間敢有隱瞞纖毫不發，體訪得出，或被人首告，定行拏問贓罪，決不輕貸。仍先出給告示，發仰所屬，張掛曉諭，務使知悉。俱毋違錯。

[一]　或取金銀器皿銀兩　黄本、閭本、董本無「銀兩」二字。
[二]　先將各應支銀兩　黄本、閭本、董本「各」下有「府」字。
[三]　給支接濟　「給」，黄本、閭本、董本作「暫」。
[四]　事畢之日　黄本、閭本、董本「事」上有「待」字。
[五]　作正支銷　黄本、閭本、董本「作」上有「或」字。
[六]　已在官者　「在」，黄本、閭本、董本作「到」。

禁省詞訟告諭 十二月十七日

近據南昌等府州縣人等，訴告各項情詞到院。看得中間多係户婚、田土等事，雖有一二地方重情，又多繁瑣，牽搯不干己事在狀。除情可矜疑者，亦量輕重准理，其餘不行外。爲照江西地方，近因寧王變亂，比來官軍見省城空虚[一]。況聞聖駕將臨，有司官員，俱各公占委用，分理不暇；遠近居民，又有差役答應，奔走無休。本院志在撫安地方，休息軍民，當此多事之時，豈暇受理詞訟？必待地方寧靖，兵衆既還，官府稍暇，方從容聽斷[二]。爲此合行出給告示，曉諭各府州縣軍民人等，暫且各回生理，保爾家室，毋輕忿争，一應小事，各宜含忍，不得輒興詞訟。不思一朝之忿[三]，錙銖之利，遂致喪身亡家。始謀不臧，後悔何及。中間果有贓官酷吏，豪奸巨賊，虐衆殃民，患害激切者[四]，務要簡切直言，字多不過一二行，陳告亦須自下而上，毋致驀越。其餘一切事情，俱候地方寧謐，官軍班還之日，各赴該管官司告理。若剖斷不公，或有虧枉，方

[一] 比來官軍見省城空虚 黄本、閭本、董本作「北來官軍見屯省城」。
[二] 方從容聽斷 黄本、閭本、董本「方」下有「可」字。
[三] 不思一朝之忿 「思」，黄本、閭本、董本作「忍」。
[四] 患害激切者 「激」，黄本、閭本、董本作「急」。

許申訴。敢有故違，仍前告擾者，定行痛責，仍照例枷號問發，决不輕貸。

再禁詞訟告諭 十二月

照得本院屢出告示，曉諭軍民人等，令其含忍寧耐，止息争訟，而軍民人等，全不體悉[一]，紛紛告擾不已。及看所告情詞，多係小事忿争，全是繁文牽搪，細字疊書，殊可厭惡。當此多事，日不暇給，詞狀動以千百，徒費精神，何由遍覽？除已前情詞，俱已不行外。爲此再行曉諭[二]，敢有仍前不遵告諭，故違告擾者，定行照例枷號，從重問發，的不虚示。

計開：

一、本院係風憲大臣，職當秉持大體，正肅百僚，非瑣屑聽理詞訟之官。今後軍民人等，一應户婚、田土、鬬争、債負、錢糧、差役等事，俱要自下而上，府、州、縣問斷不公，方許告守巡、

[一] 全不體悉 「悉」，底本訛作「息」，據黄本、閭本、董本改。
[二] 爲此再行曉諭 「諭」，黄本、閭本、董本作「示」。

按察衙門；守巡、按察問斷不公[一]，方許赴本院陳告。敢有越訴瀆冒憲體者，痛責[二]。

【一、地方强盜緊急重情，及贓官污吏，虐害切己者，亦許赴院直告。敢有因而扯捏前項名目告擾者，痛責枷號問發。

一、詞狀止許直告一事，硃語不過數十字，俱要踈行大字，不得過兩行，每行不得過三十字，不得牽告多人姓名，違者痛責，狀詞不行。

一、告人俱於放告日，以次隨牌入告，不許攔街截巷，非時告擾，違者并地方人等通行拏治。】

征藩公移下　凡二十四條

開報征藩功次贓仗咨　正德十五年三月初四日

准欽差整理兵馬糧草等項兵部左侍郎兼都察院左僉都御史王咨，內開煩爲查照，將征剿防守

[一] 守巡按察問斷不公　黄本、閭本、董本「察」下有「衙門」二字。
[二] 痛責　黄本、閭本、董本「責」下有「枷號」二字。

有功官軍人等，俱照功次[一]，分别明白，造册咨送，以憑查議等因。卷查先爲飛報地方謀叛重情事[二]，本職奉命前往福建公幹，中途遭遇寧府反叛，謀危宗祀[三]，係國家大難，義不容舍之而往[四]。當即保吉安[五]，隨具本奏聞，及星夜行文各府，起調兵快，召募四方報效義勇。適遇巡按兩廣御史謝源、伍希儒回京復命，又行具本，奏留軍前，協謀行事，各哨官兵俱聽監督，獲有功次，俱憑本職送發各官，審驗紀録去後。續督官兵，前後攻復省城，俘執宸濠，并其黨與劇賊起解間[六]。隨准南京兵部咨，開稱前事云云[七]。照得江西逆賊既已擒獲，逆黨已經剪平，所獲功次，合行紀驗。除原差科道官前來外，煩將征剿逆賊官軍民兵，召募義勇，及鄉官人等所

[一] 俱照功次　黄本、閭本、董本無「俱照」二字。
[二] 卷查先爲飛報地方謀叛重情事　「叛」，黄本、閭本、董本作「反」。
[三] 謀危宗祀　「祀」，黄本、閭本、董本作「社」。
[四] 義不容舍之而往　「往」，黄本、閭本、董本作「去」。
[五] 當即保吉安　黄本、閭本、董本「即」下有「退」字。
[六] 并其黨與劇賊起解間　黄本、閭本、董本無「劇賊」二字。
[七] 開稱前事云云　黄本、閭本、董本無「前事云云」四字。

獲功次[一]，分别奇功、頭功、次功，造册覆驗等因。案經備行江西按察司查照施行去後。

今准前因，看得征剿宸濠之時，止是分布哨道，設伏運謀，以攻城破敵爲重，擒斬賊徒爲輕。且攻城破敵，雖係本職督領各哨官兵協謀併力，緣任非一人，事非一日，各官俱係同功一體，難以分别等第。其擒斬賊徒，雖有等級，自有下手兵夫，難以加於各官之上。止將各哨擒斬賊犯送發御史謝源、伍希儒，審驗明白，從實直紀。緣各官不曾奉有紀功之命，但照本職欽奉敕諭便宜事理，從權審驗紀録，難以分别奇功、頭功、次功等項名目。止於造册内[二]，開寫某人擒斬某賊首、某賊從，重輕多寡，據實造册，中間等第，亦自可見。除行各官，再行查照造册徑繳外，所據擒獲功次總數[三]，及官軍兵快報效人等員名數目，合行開造咨報施行。

計開：

一、提督領兵官一員：

欽差提督南、贛、汀、漳等處軍務都察院右副都御史王

[一] 及鄉官人等所獲功次　黄本、閶本、董本無「及」字。

[二] 止於造册内　黄本、閶本、董本無「造」字。

[三] 所據擒獲功次總數　黄本、閶本、董本無「數」字。

一、協謀討賊審驗功次官二員：

欽差巡按兩廣監察御史謝源、伍希儒

一、領哨官十員：

衝鋒破敵

吉安府知府伍文定、贛州府知府邢珣、袁州府知府徐璉、臨江府知府戴德孺

邀伏截殺

贛州衛署都指揮僉事余恩［一］、撫州府知府陳槐、建昌府知府曾璵、饒州府知府林珹、廣信府知府周朝佐、瑞州府通判胡堯元

一、分哨官十一員：

邀伏截殺

吉安府泰和縣知縣李楫、臨江府新淦縣知縣李美、吉安府萬安縣知縣王冕、南康府安義縣知縣王軾、瑞州府通判童琦

守把截殺

［一］贛州衛署都指揮僉事余恩　黄本、閭本、董本無「都」字。

吉安府通判談儲、吉安府推官王暐、南昌府進賢縣知縣劉源清、南昌府奉新縣知縣劉守緒、南昌府推官徐文英[一]、撫州府臨川縣知縣傅南喬

一、隨哨官四十六員：

邀伏截殺

吉安府通判楊昉、吉安守禦千户所指揮同知麻璽、贛州府同知夏克義、贛州衛指揮僉事孟俊、永新守禦千户所指揮同知高睿、南昌府通判陳旦、南昌府豐城縣知縣顧佖、袁州府推官陳軨、南昌府寧州知州汪憲、饒州府餘干縣知縣馬津、瑞州府上高縣知縣張淮、瑞州府高安縣知縣應恩、吉安府永新縣知縣柯相、南康府建昌縣知縣方澤[二]、南昌府靖安縣知縣萬士賢

守把截殺

廣信府鉛山縣知縣杜民表[三]、廣信府永豐縣知縣譚緡、瑞州府同知楊臣、瑞州府新昌

[一] 南昌府推官徐文英 「南昌」，黄本、閭本、董本作「南安」。按，徐文英爲南安府推官，見横水桶岡捷音疏。

[二] 南康府建昌縣知縣方澤 國圖本「南康」訛作「南昌」；「方澤」，下文作「方鐸」。

[三] 鉛山縣知縣杜民表 「鉛」，底本訛作「沿」，據黄本、閭本、董本、文淵閣本、摛藻堂本改。

縣知縣王廷、饒州府安仁縣知縣楊材、廣信府通判俞良貴、廣信府通判安節、廣信府推官嚴鎧、臨江府同知奚鉞、臨江府通判張郁、廣信府同知桂鏊、瑞州府推官金鼎、贛州府贛縣知縣宋瑢、贛州衛正千户劉鍠、贛州衛正千户楊基、廣信守禦千户所千户秦遜、永新縣儒學訓導艾珪、瑞州府高安縣縣丞盧孔光、饒州府餘干縣縣丞梅霖、南昌府靖安縣縣丞彭齡、吉安府萬安縣縣丞李通、南昌府武寧縣縣丞張翺〔一〕、贛州府興國縣主簿于旺、瑞州府高安縣主簿胡鑑、饒州府餘干縣龍津驛驛丞孫天裕〔二〕、南昌府南昌縣市汊驛驛丞陳文瑞〔三〕、吉安府吉水縣致仕縣丞龍光、贛州府贛縣聽選官雷濟、南昌府豐城縣省祭官文棟材、贛州府贛縣義官蕭庾、南安府上猶縣義官尹志爵

一、協謀討賊鄉官十二員

致仕都御史王懋中、養病痊可編修鄒守益、丁憂御史張鼇山、養病郎中曾直、養病評事羅僑、調用僉事劉藍、致仕按察使劉遜、致仕參政黄繡、閒住知府劉昭、依親進士郭持平、

〔一〕張翺　下文作「張翔」。

〔二〕孫天裕　黄本、間本、董本作「孫天祐」。

〔三〕市汊驛驛丞陳文瑞　「汊」，底本作「义」，據黄本、間本、董本、國圖本改。

參謀驛丞王思、參謀驛丞李中

一、戴罪殺賊官一十七員

九江兵備副使曹雷、九江府知府汪穎、九江府德化縣知縣何士鳳、九江府彭澤縣知縣潘琨、九江府湖口縣知縣章玄梅、南康府知府陳霖、南康府同知張禄[一]、南康府通判蔡讓、南康府通判俞椿、南康府推官王詡、南康府星子縣主簿楊永禄、南康府星子縣典史葉昌、南昌府知府鄭瓛、南昌府同知何繼周、南昌府通判張元澄、南昌府南昌縣知縣陳大道、南昌府新建縣知縣鄭公奇

一、提調各哨官軍兵快人等[二]，除分布把守外，臨陣共一萬四千二百四十三員名

一、擒斬首從賊人賊級，并俘獲宫人賊屬，奪回被脅被虜，招撫畏服官民男婦等項，共一萬

一千五百九十六名顆口

生擒六千二百七十九名

首賊一百零四名

[一] 張禄 黄本、閭本、董本作「潘禄」。

[二] 提調各哨官軍兵快人等 「提」，黄本、閭本、董本作「督」。

從賊六千一百七十五名，内審放一千一百九十二名

斬獲賊級四千四百五十九顆

俘獲宫人四十三名，賊屬男婦二百三十八名口

奪回被脅被虜官民人等三百八十四員名口

招撫畏服投首一百九十三位名[一]

一、奪獲誥命、符驗并各衙門印信關防，金銀、首飾、贓仗等物[二]

誥命一道

符驗一道

印信關防一百零六顆

金并首飾六百二十三兩一錢二分[三]

[一] 一百九十三位名　黄本、閭本、董本無「位」字。

[二] 金銀首飾贓仗等物　國圖本、天圖本、叢刊本、文淵閣本、摛藻堂本無「首飾」二字。

[三] 金并首飾六百二十三兩一錢二分　黄本、閭本、董本無此十四字。

銀首飾器皿八萬三千八百九十七兩一錢五分八釐五毫[一]

贓仗一千八百九十件

器械一千一百九十九件

牛三十頭，馬一百零八匹，驢騾一十三頭，鹿三隻

一、追獲金璽二顆，金册二付

一、燒燬賊船七百四十六隻

一、陣亡兵六十八名

【吉安府知府伍文定哨下臨陣官兵人等一千五百員名，共擒斬首從賊人賊級一千一百八名顆，審放一百零一名。

贛州府知府邢珣哨下臨陣官兵人等一千二百一十員，共擒斬首從賊人賊級一千二百二十六名顆，内審放二百六名。

袁州府知府徐璉哨下臨陣官兵人等一千一十員名，共擒斬首從賊人賊級一千零二十八名顆，内審放九名。

[一] 銀首飾器皿八萬三千八百九十七兩一錢五分八釐五毫　「銀」，黄本、閭本、董本作「金并」。

臨江府知府戴德孺哨下臨陣官兵人等一千三百員名，共擒斬首從賊人賊級一千零四十八名顆，内審放一十九名。

贛州衛署都指揮僉事余恩哨下官兵人等六百七員名，共擒首從賊人賊級七百零一名，内審放一十二名。

撫州府知府陳槐哨下官兵人等四百三十五員名，共擒斬首從賊人賊級三百三十四名顆，内審放三十一名。

饒州府知府林瑊哨下官兵人等二千五百員名，共擒斬首從賊人賊級五百七十八名顆，内審放一百零五名。

廣信府知府周朝佐哨下官兵人等四百三十一員名[一]，共擒斬首從賊人賊級三百七十四名顆，内審放七名。

建昌府知府曾璵哨下官兵人等六百七十員名，共擒斬首從賊人賊級三百七十六名顆，内審放五十八名。

[一] 自「員名」至下文「萬安縣知縣王冕……八十八名顆内審」，黄本闕，據閭本、董本補。

瑞州府通判胡堯元哨下官兵人等一百九十六員名[一]，共擒斬首從賊人賊級二百五十三名顆，内審放一十一名。

吉安府通判談儲哨下官兵人等五百員名，共擒斬首從賊人賊級三百一十一名顆。

吉安府推官王暐哨下官兵人等三百員名，共擒斬首從賊人賊級一百七十五名顆，内審放三名。

泰和縣知縣李楫哨下官兵人等五百員名，共擒斬首從賊人賊級二百三十一名顆，内審放二十四名。

新淦縣知縣李美哨下官兵人等二百二十六員名，共擒斬首從賊人賊級一百三十名顆，内審放二名。

萬安縣知縣王冕哨下官兵人等一千二百五十七員名，共擒斬首從賊人賊級八十八名顆，内審放一十四名。

進賢縣知縣劉源清哨下官兵人等三百三十三員名，共擒斬首從賊人賊級一百六十一名顆，内審放二十八名。

奉新縣知縣劉守緒哨下官兵人等五百員名，共擒斬首從賊人賊級二百三十九名顆，内審放

[一] 一百九十六員名　底本「六」下衍「六」字，兹據文義删。

二十二名。

安義縣知縣王軾哨下官兵人等五百四十三員名，共擒斬首從賊人賊級九百四十三名顆，内審放三百七十三名。

一、先督各府縣官軍兵快人等，於各該地方要路防守，陸續擒獲首從賊人賊級共：

臨江府知府戴德孺下獲賊從一十四名，同知奚鉞下獲從賊四名，通判張郁下獲從賊三名。

廣信府知府周朝佐下獲賊二十名，内審放十名；同知桂鏊下獲賊五名，内審放一名；通判安節下獲從賊六名，推官嚴鎧下獲從賊二名。

廣信守禦千户所千户秦遜下獲從賊七名，内審放一名。

瑞州府同知楊臣下獲賊首從賊人七名，通判胡堯元下獲首從賊三名，通判童琦下獲從賊三名，推官金鼎下獲從賊三名。

高安縣縣丞盧孔光下獲從賊三名，主簿胡鑑下獲從賊三名。

瑞州府吏聶富、高安縣機兵總甲雷玄、唐交才等，擒斬賊人賊級八十二名顆。

饒州府餘干縣縣丞梅霖下獲從賊七十七名。

餘干縣龍津驛驛丞孫天祐下獲從賊一十七名。

南昌府豐城縣省祭官文楝材下獲從賊二名。

南昌府安義縣知縣王軾下獲從賊十二名[一]。

一、後督各該官兵人等陸續緝捕擒斬首從賊人賊級共：

瑞州府同知楊臣下獲首從賊人六名。

廣信府通判俞良貴下斬獲賊級二顆，推官嚴鎧下獲從賊七名。

南昌府豐城縣知縣顧佖下擒斬首從賊人賊級四十七名顆。

南康府安義縣知縣王軾下獲斬首從賊人賊級共五十三名顆，内審放三名。

建昌縣知縣方澤下獲斬首從賊人賊級共一百七十二名顆，内審放三十一名。

饒州府安仁縣知縣楊材下獲從賊一十七名。

吉安府永新縣知縣柯相下獲首賊一名。

南昌府靖安縣縣丞彭齡下獲從賊二名。

吉安府萬安縣縣丞李通下獲首從賊三名。

南昌府武寧縣縣丞張翔下獲從賊二十一名。

[一] 南昌府安義縣　按，安義縣屬南康府。

饒州府餘干縣縣丞梅霖下獲從賊六名。

南昌府南昌縣市汊驛驛丞陳文瑞獲從賊五名。

南安府上猶縣義官尹志爵下獲從賊一名。

一、戴罪殺賊官一十七員：

九江兵備副使曹雷、九江知府汪穎，督同德安縣知縣何士鳳、湖口縣知縣章玄梅、彭澤縣知縣潘琨，各率官兵，共擒斬首從賊人賊級三百二十五名顆，内審放八十七名。

南康府知府陳霦下擒斬首從賊人賊級二百二十一名顆，内審放三十二名。同知張禄下擒斬賊人賊級一十二名顆，通判俞椿下擒斬賊人賊級五十四名顆，通判蔡讓下擒斬賊人賊級一十二名顆，推官王詡下擒斬首從賊人賊級一十二名顆。

星子縣主簿楊永禄下斬獲賊級三顆，典史葉昌下斬獲賊人賊級二名顆。

南昌府知府鄭瓛下擒斬賊人賊級四十一名顆，招降從賊一百三十七名。同知何繼周下獲首從賊人四十三名，内審放一名。通判張元澄下獲首從賊人一十一名。

南昌縣知縣陳大道下獲從賊二十九名，内審放二名。

新建縣知縣鄭公奇下獲從賊六十五名，内審放九名。

第一等有功官六員：

巡按兩廣監察御史謝源、巡按兩廣監察御史伍希儒、吉安府知府伍文定、贛州府知府邢珣、袁州府知府徐璉、臨江府知府戴德孺

第二等有功官一十八員：

署都指揮僉事余恩、撫州府知府陳槐、建昌府知府曾璵、饒州府知府林城、廣信府知府周朝佐、瑞州府通判胡堯元、泰和縣知縣李楫、新淦縣知縣李美、萬安縣知縣王冕、安義縣知縣王軾、吉安府通判談儲、瑞州府通判童琦、吉安府推官王暐、進賢縣知縣劉源清、奉新縣知縣劉守緒[一]、鄉官致仕都御史王懋中、養病痊可編修鄒守益、丁憂御史張鰲山

第三等有功官三十員：

南安府推官徐文英、臨川縣知縣傅南喬、吉安府通判楊昉、吉安千户所指揮同知麻璽、贛州府同知夏克義、贛州府指揮僉事孟俊、永新千户所指揮同知高睿、南昌府通判陳旦、豐城縣知縣顧佖、袁州府推官陳輅、寧州知州汪憲、餘干縣知縣馬津、上高縣知縣張淮、高安縣知縣應恩、永新縣知縣柯相、建昌縣知縣方鐸、靖安縣知縣萬士賢、鉛山縣知縣

[一] 奉新縣知縣劉守緒　「新」，底本訛作「先」，據上文改。

杜民表、永豐縣知縣譚縉、瑞州府同知楊臣、新昌縣知縣王廷、安仁縣知縣楊材、鄉官養病郎中曾直、養病評事羅僑、調用僉事劉藍、致仕按察使劉遜、閑住知府劉昭、依親進士郭持平、參謀驛丞王思、參謀驛丞李中[一]

第四等有功官二十五員：

廣信府通判俞良貴、廣信府通判安節、廣信府推官嚴鎧、臨江府同知奚鉞、臨江府通判張郁、廣信府同知桂鏊、瑞州府知府金鼎、贛州府贛縣知縣宋鎔、贛州衛千户劉鎧、廣信守禦千户秦遜、永豐縣學訓導艾珪[二]、高安縣縣丞盧孔光、餘干縣縣丞梅霖、靖安縣縣丞彭齡、萬安縣縣丞李通、武寧縣縣丞張翔、興國縣主簿于旺、高安縣主簿胡鑑、餘干縣龍津驛驛丞孫天祐、南昌縣市汊驛驛丞陳文瑞、吉水縣致仕縣丞龍光、贛縣聽選官雷濟、豐城縣省祭官文棟材、贛縣義官蕭庾、上猶縣義官尹志爵

合行開造咨報，爲此今將前項手册一本，印封差人領齎前來外，合行移咨貴職，煩請查照，裁處施行。】

[一] 李中　底本訛作「李忠」，據上文改。
[二] 永豐縣學訓導艾珪　「永豐」，上文作「永新」。

進繳征藩鈞帖　四月十七日

卷查先奉欽差總督軍務威武大將軍總兵官後軍都督府太師鎮國公朱鈞帖[一]，節該欽奉制諭：「江西宸濠，悖逆天道，謀爲不軌，欲圖社稷，得罪祖宗。兹特命爾統率六師，往正其罪，殄除叛逆，以安地方。其隨軍内外提督，及各處鎮巡等官，悉聽節制。欽此。」欽遵。合行鈞帖，仰提督南、贛、汀、漳兼巡撫江西等處右副都御史王守仁，照依制諭内事理，即便轉行所屬司府、衛所、州縣、驛遞衙門[二]，一體欽遵施行等因。已經依奉，備行各屬欽遵，及具不違依准，備由呈繳去後。

本職遵奉總督軍門節制方略[三]，領部下官軍[四]，克復南昌府城，擒獲叛黨宜春王栱

[一] 卷查先奉欽差總督軍務威武大將軍總兵官後軍都督府太師鎮國公朱鈞帖　黄本、閭本、董本作「卷查先奉欽差總督軍務鈞帖」。
[二] 驛遞衙門　黄本、閭本、董本「遞」下有「等」字。
[三] 本職遵奉總督軍門節制方略　黄本、閭本、董本「本」上有「照得」二字，又「遵」作「欽」。
[四] 領部下官軍　黄本、閭本、董本「領」上有「督」字。

樇[一]，及將軍、儀賓、從逆守城人等一千有餘。隨於鄱陽湖等處連日大戰，擒獲叛首寧王宸濠，并其謀主李士實、劉養正、王春等，大賊首吴十三、凌十一等，及其黨與脅從人等共一萬一千有奇。除將擒斬緣由先後具奏外。竊照宸濠謀危宗社，陰蓄異圖十有餘年，及其稱兵倡亂，遠近憂危，海内震動。仰賴總督軍門統領六師，奉天征討，督率内外提督等官，及運謀設策，分布前來南京、江西等處，相繼進剿，故旬月之間，掃平逆黨，奠安宗社。此皆總督軍門神武英略，奇謀妙算，一振不殺之威，遂收平定之績，而内外提督等官，協謀贊成，并力效命之所致也。職等仰仗德威，遵奉方略，不過奔走驅逐，少效犬馬之勞而已，何功之有？所有原奉鈞帖[二]，今已事完，理合進繳。除部下獲功官兵人等，備行紀功官，徑自查審繳報外。緣係十分緊急軍情，及奏繳鈞帖事理[三]，合行具由呈乞施行。

行江西三司搜剿鄱陽餘賊牌

五月二十日

[一] 擒獲叛黨宜春王栱樇　「栱」，黄本、閭本、董本作「珙」。
[二] 所有原奉鈞帖　黄本、閭本、董本無「所有原奉」四字。
[三] 及奏繳鈞帖事理　「奏」，黄本、閭本、董本作「進」。

照得江西鄱陽湖等處盜賊，節行告示曉諭，各安生理，而稔惡不悛者尚多。又有應捕人等，相率同盜，或名雖投首，實陰懷反側。近因本院住劄省城月餘，節據官民赴告，盜賊縱橫，隨行巡捕等官，上緊緝捕，未見以時獲報。各官平素怠玩，本當參拏究治，姑且記罪另行。所據前賊，若不速剿，未免釀成大患。爲此仰抄案回司，即便備行督捕都指揮僉事馮勳、分守該道、分巡該道，密切齎文，分投近湖各府縣該司等衙門[一]，著落掌印、捕盜等官，各選驍勇機快人等，各備鋒利刀鎗、弓箭、火銃等項，顧慣經風浪船隻[二]，及能諳水勢水手撑駕，查將在庫官錢給作口糧，選委膽略官員管領，俱聽都指揮僉事馮勳總統約束，分布哨道，多差知因人役，探賊向往，就便刻期剿殺。務限一月之内盡獲，無留芽孽遺患。若違限不獲，先將各官住俸殺賊。若怠玩兩月之外，通行解赴軍門，治以軍法。其兵快人等，若有違限逗遛，畏縮悮事者，就仰總統官，於軍前查照本院欽奉敕諭事理，量以軍法罰治。仍要戒約應捕，不許妄拏平人，及容賊妄攀[三]，嚇詐財物，并賣放真盜，濫及無辜。敢有故違，一體治以軍法。承委各官，務要慎重行事，不得輕率寡謀，

[一] 各府縣該司等衙門　黄本、閭本、董本「府」下有「州」字，「該」作「巡」。

[二] 顧慣經風浪船隻　「顧」，黄本、閭本、董本作「刷雇」。

[三] 及容賊妄攀　黄本、閭本、董本作「及容賊人讐攀」。

中賊奸計。所獲功次，俱仰解赴該道，從實紀録造報，以憑查考功罪，輕重罰賞[一]。如違節制，國典具存，罪不輕貸。其軍中未盡機宜，該道徑自處置施行。仍一面先督所屬府縣，查照本院先頒十家牌式，上緊編舉，以爲弭盗安民之本。俱毋違錯。

追剿入湖賊黨牌 十五年

據南康府通判林寬呈稱，後港逆犯楊本榮等百十餘人，擄船逃入鄱陽湖等處，乞行南昌、饒州等府縣，及沿湖巡司居民人等截捕。看得賊既入湖，良善已分，正可乘機合兵捕剿[二]。爲此牌仰守巡南昌道[三]，即行點選驍勇軍快六七百名，各執備鋒利器械[四]，給與口糧一月。就行督捕都指揮僉事馮勳統領[五]，星夜躡賊向往，用心緝捕，獲功人役，一體重賞。如有違令退縮者，

[一] 以憑查考功罪輕重罰賞　黄本、閭本、董本作「以憑查考功罪輕重，照例賞罰」。
[二] 正可乘機合兵捕剿　「捕」，黄本、閭本、董本作「急」。
[三] 爲此牌仰守巡南昌道　黄本、閭本、董本「守」上有「分」字。
[四] 各執備鋒利器械　黄本、閭本、董本無「執」字。
[五] 就行督捕都指揮僉事馮勳統領　黄本、閭本、董本無「僉事」二字。

遵照欽奉敕諭事理[一]，聽以軍法從事。本官務要申嚴紀律，相機而行，毋得退避輕忽，有失機宜，致賊遠竄，貽患地方，軍法具存，罪亦難逭。

行嶺北道清查贛州錢糧牌 十月二十三日

照得本院及嶺北守巡該道并贛州府衛所縣問完批申呈詞，囚犯、紙米、工價、贓罰等項，及官廠日逐收到商税銀兩，俱經該官府追收貯庫，以備軍餉。年久未經清查，該府官吏更换不常，中間恐有那移、侵漁、隱漏等情。爲此仰抄案回道，即便親詣贛州府庫，督同該府官，先將正德十二年二月起，至正德十五年九月終止，各項紙米、工價、贓罰、商税等項銀兩卷簿，逐一清查盤理。要見軍前用過若干，即今見在若干，有無侵漁、隱漏若干，及有衣物等項，年久朽壞，相應變貿若干。備查開册，繳報本院查考。如有奸弊，就便拏究追問，具招呈詳，毋得故縱未便。

申行十家牌法

凡立十家牌，專爲止息盜賊。若使每甲各自糾察，甲内之人，不得容留賊盜。右甲如此，左

[一] 遵照欽奉敕諭事理 黄本、閭本、董本「照」下有「本院」二字。

甲復如此，城郭鄉村無不如此，以至此縣如此，彼縣復如此，遠近州縣無不如此，則盜賊亦何自而生？夫以一甲之人，而各自糾察十家之内，爲力甚易。使一甲而容一賊，十甲即容十賊，百甲即容百賊，千甲即容千賊矣。聚賊至於千百，雖起一縣之兵而剿除之，爲力固已甚難。今有司往往不嚴十家之法，及至盜賊充斥，却乃興師動衆，欲於某處屯兵，某處截捕，不治其本而治其末，不爲其易而爲其難，皆由平日怠忽因循，未嘗思念及此也。自今務令各甲各自糾舉，甲内但有平日習爲盜賊者，即行捕送官司，明正典刑。其或過惡未稔，尚可教戒者，照依牌諭，報名在官，令其改化自新，官府時加點名省諭。又逐日督令各家，輸流沿門曉諭覺察[一]。如此，則奸僞無所容，而盜賊自可息矣。

大抵法立弊生，必須人存政舉。若十家牌式徒爾編置張掛，督勸考較之法，雖或暫行，終歸廢弛。仰各該縣官，務於坊里鄉都之内，推選年高有德，衆所信服之人，或三四十人，或一二十人，厚其禮貌，特示優崇。使之分投巡訪勸諭，深山窮谷必至，教其不能，督其不率，面命耳提，多方化導，或素習頑梗之區，亦可間行鄉約。進見之時，咨詢民瘼，以通下情，其於邑政必有裨補。若巡訪勸諭著有成效者，縣官備禮，親造其廬，重加獎勵。如此，庶幾教化興行，風俗可美。

[一] 輸流沿門曉諭覺察　「流」，底本訛作「留」，據國圖本、天圖本、叢刊本、文淵閣本、摛藻堂本改。

後之守令，不知教化爲先，徒恃刑驅勢迫，由其無愛民之實心。若使果然視民如己子，亦安忍不施教誨勸勉，而輒加箠楚鞭撻？孟子云「善政，不如善教之得民也」，況非善政乎？守令之有志於愛民者，其盍思之。

行江西布政司清查没官房産　十一月二十日

照得逆黨没官房屋、田産等項，近經司府出佃與人暫管，候命下之日定奪。近訪得官民之家，不論告佃年月先後，地里遠近，應否一槩混争。若不預爲查處，立定規則，將來必致大興告擾，漸起釁端。爲此仰抄案回司，即查前項没官房屋、田産，實計若干處所，某月日期[一]，經由某衙門與某人[二]，務以年月先後爲次，先儘本縣人户，然後及於異縣；先儘本府人户，然後及於異府。中間多有勢豪之徒，不遵則例，妄起争訟，或不由官府，私擅占管占住者，該司通行查出呈來[三]，以憑拏問參究施行。毋得容隱，及查報不清未便。

[一] 某月日期　黄本、閭本、董本「某」下有「年」字。
[二] 經由某衙門與某人　黄本、閭本、董本「門」下有「佃」字。
[三] 該司通行查出呈來　「出」，黄本、閭本、董本作「究」。

批再申十家牌法呈　十一月二十九日

據江西按察司呈。看得盜賊之縱横，由於有司之玩弛[一]，沿流推本，實如所呈。失事各官，俱合提究以警將來。但地方多事未完[二]，缺人管理，除該府縣掌印官，姑且記罪，責令懲創奮勵，修敗補隙，務收桑榆之功，以贖東隅之失，其巡捕等官，即行提問，以戒怠弛。仍備行各府縣掌印、巡捕等官，自兹申戒之後，悉要遵照本院近行十家牌諭，及於各街巷鄉村建置鑼鼓等項事理，上緊着實舉行，嚴督查考，務鑒前車之覆，預爲曲突之徙。毋得仍前玩忽怠弛，但有踈虞，定行從重拏究，斷不輕貸。此繳。

批各道巡歷地方呈　十二月二十六日[三]

據江西按察司呈。看得南昌、湖西、湖東、九江各道地方，兵荒之餘[四]，民窮財盡，盜賊蠭起，

[一] 由於有司之玩弛　「弛」，黄本、閭本、董本作「法」。
[二] 但地方多事未完　「完」，黄本、閭本、董本作「免」，「未免」二字讀屬下句。
[三] 十二月二十六日　「二十六」，總目作「十六」。
[四] 兵荒之餘　「荒」，黄本、閭本、董本作「亂」。

劫庫掠鄉，無月無警。府縣各官，事無綱紀，申請旁午，文移日繁，政務日廢。仰各分巡官，不時往來該道，臨督所屬，設法調度，用其所長而不責其備，教其不及而勿撓其權，興廉激懦，祛弊懲奸，務以息訟弭盜，康寧小民。毋憚一身之勞，終歲逸居省城，坐視民患，藐不經心。俱仰備行各官，查照施行。繳。

禁約釋罪自新軍民告示

正德十六年正月初五日

告示：一應平日隨從逆府舍餘、軍校人等[一]，論罪俱在必誅，雖經自首，奉有詔宥，據法亦當遷徙邊遠煙瘴之地。但念其各已誠心悔罪，故今務在委曲安全。仰各洗心滌慮，改惡從善，本分生理，保守身家，毋得仍蹈前非。或又投入各王府，及鎮守、撫按、三司等衙門，充作軍牢、伴當、皂隸、防夫等項名目，挾持復讎[二]，定行擒拏，追坐從逆重刑。知情容留，官司參究，

[一] 一應平日隨從逆府舍餘軍校人等　「舍餘軍校」，黃本、閭本、董本作「官校、舍餘、軍旗」。
[二] 挾持復讎　「持」，黃本、閭本、董本作「勢」。

論以窩藏逆黨。同甲鄰佑不舉首者，連坐以罪[一]。除已奏請外[二]，仰各遵照毋違。

某縣某坊第幾甲釋罪自新一户某人[三]

左鄰某人　右鄰某人

仰各鄰毋念舊惡，務要與之和睦相處，早晚仍須勸化鈐束。毋令投入各府，及鎮守、撫按、三司等衙門，充當軍牢、伴當、皂隸、防夫等項名目，挾勢害人，定行坐以知情容隱逆黨重罪，決不輕貸。

批湖廣兵備道設縣呈　十六年

據整飭郴、桂、衡、永等處兵備湖廣按察司副使汪玉呈稱，本道接管，看得議奏計處地方，以弭盜賊事件。内一件審處賊遺田地，俱經查勘明白，屬宜章者，撥與該圖領種；屬臨武者，各歸原主；屬桂陽者，原議候設立大堰三堡，撥給各堡軍兵頂種。續奉巡撫衙門批，委同知魯玘，

[一] 連坐以罪　黄本、間本、董本無「以罪」二字。
[二] 除已奏請外　黄本、間本、董本無「除」字。
[三] 釋罪自新一户某人　黄本、間本、董本無「某人」二字，下文彷此。

再行踏勘計處，一件添設屯堡，以嚴防禦。見奉提督衙門案驗區處，其第一件，設縣所以便撫禦，最爲緊要重大。縣所既設，則更夫有所歸着，哨營可以掣散，至於添屯堡、處巡司、併縣堡、審田地四事，可以次第興行。但先因廣東守巡、兵備等官，所見或異，致蒙該部請命提督大臣親詣勘處，又緣別有機務，未即臨勘，至於今日。本職竊意廣東各官，決無不肯協和成事之心，蓋因比時多事[一]，未暇細閱文書。及查原經委官，止有同知魯玘見在，原奉提督衙門行令，徑自約會廣東各官，速將設縣事情，及添設屯所事宜查議。除行同知魯玘，前去約會廣東該道委官議處，本職仍親詣適中地方約會外，理合呈詳施行，等因到院。

卷查先爲圖議邊方後患事，准兵部咨云云。續據湖廣按察司呈，奉巡撫湖廣都御史秦案驗云云。候本院撫臨至日，會行議處，具奏定奪施行，各無苟且搪塞去後。今呈前因，參照前項立縣等事，關係地方安危，遠近人心懸望，恨不一日而成。本院雖奉敕旨，別有機務，不暇親詣，而該道前任守巡各官，皆有地方重責，自當遵照晝夜經營，却乃因循二年之上，尚未完報，縱使國法可以倖免，不知此心亦何以自安？今照接管副使汪玉，久負體用之學，素有愛民之心。據所呈報，既已深明事機，洞知緩急，遂使舉而行之，固當易於反掌，合再督催，以速成蹟。爲此仰抄案回

[一] 蓋因比時多事 「比」，黄本、閭本、董本作「此」。

道，即往彼地，約會各該道守巡等官，速將設縣等項事情，議處停當[一]，具由呈奪。應施行者，一面施行，務爲群策畢舉之圖，以收一勞永逸之績。毋再因循，仍蹈前轍未便。仍行都、布、按三司，一體查照，會議施行。

督勦安義逆賊牌　二月十一日

牌仰典史徐誠，即行調選羅坊等處驍勇慣戰兵夫四百名，各備鋒利器械。就仰該縣官，於堪動銀兩内，先行給與口糧二月，統領星夜前赴安義縣，聽憑通判林寛調度追勦，獲功人員，一體從重給賞。但有不遵號令，及逗遛退縮，擾害平人者，仰即遵照本院欽奉敕諭事理，聽以軍法從事。本官務要申嚴紀律，整束行伍，必使所過之地，秋毫無犯，所捕之賊，噍類不遺，庶稱委任。如或縱弛怠忽，致有踈虞，軍令具存，罪亦難貸。

截勦安義逃賊牌　二月十三日

看得安義逆賊，已經本院嚴督官兵，四路邀截，誠恐無所逃竄，或歸衝縣治。除行知縣熊价，

[一] 議處停當　「停」，底本訛作「定」，據黄本、閭本、董本改。

專一防守縣治，以守爲戰；通判林寬，專一追勦逃賊，以戰爲守；及行都指揮馮勳，選領南昌府衛軍快，督兵截勦外。牌仰饒州、南康、九江府掌印官知府張愈嚴、王念等，各行起集兵快，身自督領，於沿湖要害邀截迎擊。仍督令餘干、樂平、都昌[一]、建昌、湖口、彭澤等縣掌印官，領兵把截沿湖緊關隘路江口，毋令此賊得以出境遠遁[二]。一面多差知因鄉導，探賊向往，互相傳報，合勢粘踪追勦，一應機宜，俱聽從宜區處。各官務要竭力殫智，殺賊立功，以靖地方。毋得畏縮因循，輕忽疎略，至賊滋漫，軍法具存，罪難輕貸。

批議賞獲功陣亡等次呈 三月初十日

據江西按察司呈。看得獲功陣亡等員役，俱查照贛州事例，獲賊首者賞銀十兩，次賊首七兩，從賊三兩，老弱二兩；奮勇對敵陣亡者十兩，殺傷死者七兩五錢，被傷者三兩。其有軍民人等，各於賊勢未敗之先，自行帥衆擒獲送官者，仍照出給告示，賊首賞二十兩，次賊首十兩，從賊首

[一] 都昌 黄本、閭本、董本無此二字。
[二] 毋令此賊得以出境遠遁 黄本、閭本、董本「境」下有「江」字。

公同賞功官，照數支給，開數繳報查考。五兩。務查約實[一]，一例給賞，毋吝小費，致失大信。俱仰行南昌府，於本縣支剩軍餉銀内，

覆應天巡撫派取船隻咨 三月二十四日

據江西布政司呈，據應天府呈開，江西九江等府，原派船五十隻，裝運營建宫室物料，乞查處督發。奉批查處呈奪。議照江西南康、南昌等府，竝無馬快船隻。雖有額造紅船，爲因宸濠謀反，被賊燒燬，往來使客及糧運，尚且無船裝送，疲困已極，委果無從區處。呈詳到院。

爲照江西各府，師旅饑饉，疲困已極，況兼本職氣昏多病，坐視民痍，莫措一籌，前項船隻，果難措置。南京素稱富庶，今雖亦有供餽之煩，然得貴院撫緝有方，兼以長才區畫，何事不濟？且江西之疲弊，亦貴院所備知，嘗蒙軫念，爲之奏蠲租税，江西之民，無不感激，獨此數十艘，乃不蒙一爲分處乎？爲此合咨貴院，煩請查照，憫念疲殘之區，終始德惠，别爲處撥裝運施行。

批東鄉叛民投順狀詞 四月初九日

[一] 務查約實 「約」，通行本或據文義改作「的」。

據東鄉縣民陳和等連名訴。看得朝廷添設縣治，本圖以便地方而順民情，但割小益大，安仁之民既稱偏損，亦宜爲之處分[一]。在官府自有通融裁制，各民惟宜聽順。果有未當，又可從容告理，而乃輒稱背抗[二]，稔惡屢年，愈撫愈甚。不得已而有擒捕之舉，亦惟彰國法，禁頑梗，小懲大戒，期在安緝撫定，非必殺爲快也[三]。今各民既來投順，官府豈欲過求，但未審誠僞，恐因擒捕勢迫，暫來投順，以求延緩，亦未可知。仰按察司會同都、布二司[四]，將各情詞備加詳審，及查立縣始末緣由，其各都圖應否歸附某縣，各縣糧差應否作何區處，各民違抗逃叛之罪應否作何理斷，通行議處呈奪[五]。

批江西布政司清查造册呈 四月十六日

據江西布政司呈。看得造册清查之法，既已詳悉備具，但人存政舉，使奉行不至，則革弊之

[一] 亦宜爲之處分 「宜」，黄本、閭本、董本作「須」。
[二] 而乃輒稱背抗 黄本、閭本、董本「稱」下有「兵」字。
[三] 非必殺爲快也 黄本、閭本、董本「非」下有「以」字。
[四] 會同都布二司 黄本、閭本、董本「司」下有「官」字。
[五] 通行議處呈奪 黄本、閭本、董本「奪」下有「安集反側」四字。

法，反爲流弊之源。仰布政司，照議上緊施行。仍備行總理及各守巡官，同以此事爲固本安民之首，各至分地，臨督各該府州縣正官，且將别項職事牒委佐貳官分理，俱要專心致志，身親綜核，照式依期清量查造，務使積弊頓除，後患永絶，以蘇民困。中間但有不行盡心查理，止憑吏胥苟且了事者，即行拏治問發，提調等官，一體參究。其各官分定地方，該司具名開報。繳。

行豐城縣督造淺船牌 十六年

仰抄案回縣，即行知縣顧佖，速差能幹官前來樟樹，接駕淺船到縣，照依該道估價，於官庫支給各船旗軍收領。就便擇日，催督縣丞沈廷用，遵照本院面授水簾桅等法，興工修築。務將前船銜結勾連，多用串關扇束縛堅牢，足障水勢，以便施工。毋爲摧蕩，虚費財力。

行江西按察司審問通賊罪犯牌 六月十五日

照得本院於正德十四年六月内，因寧王謀反，起兵征剿。具本奏聞，當差贛州衛舍人王鼒賫奏，却乃設計詐病，推托不前，顯有通賊情弊，及至擒獲逆賊，差賫緊關題本，赴京奏報，却又迂道私赴太監張忠處，捏報軍中事情[一]，幾至釀成大變，及將原領題本通同邀截回還。所據本犯，罪難輕貸。爲此牌仰本司，即將發去犯人王鼎，從公審問明白，依律議擬，具招呈詳。毋得輕縱未便。

行江西按察司清查軍前解回糧賞等物

六月十九日

卷查先該本院督解宸濠，中途奉旨仍解回省，隨將前項賞功銀牌[二]、花紅、綵段及糧餉等項，牌差縣丞等官龍光等，解發江西按察司查收貯庫，仍候本院明文施行去後。今照前項糧賞等銀，已支未支，清查應該起解者[三]，未審曾否盡數解京，擬合查報。爲此牌仰本司，即查原發糧賞等銀，各計若干，要見於何年月日[四]，奉本院批呈或紙牌，支取某項若干，給與某起官軍人等行糧，或犒勞兵快應用。其應解金冊一十二付、上高、新昌玉印二顆[五]、銀盆六面及衣服等件，

[一] 捏報軍中事情　「報」，黄本、閭本、董本作「謗」。
[二] 隨將前項賞功銀牌　「前」，黄本、閭本、董本作「各」。
[三] 清查應該起解者　黄本、閭本、董本「清」上有「通未」二字，「通未清查」四字爲句。
[四] 要見於何年月日　黄本、閭本、董本無「年」字。
[五] 新昌玉印二顆　「玉」，黄本、閭本、董本作「王」。

曾否盡數解京，中間有無遺漏等情。備查明白，具數回報，以憑查對稽考。毋得遲延未便。

批廣東按察司立縣呈　七月二十八日[一]

據副使汪玉呈稱云云。卷查先爲圖議邊方後患事，准兵部咨云云。續據湖廣按察司呈，奉湖廣巡撫都御史秦案驗[二]，候本院撫臨至日，會行議處，具奏定奪施行。隨據副使汪玉呈云云。看得立縣之舉，今且三年，而兩省會議，猶是道傍之談，似此往復不已，畢竟何時定計？自昔舉事，須順人情，凡今立縣，專爲弭亂。若使兩地人心未協，遂爾執己見而行，則是今日定亂之圖，反爲異時起争之本。今江西安仁、東鄉各縣，紛紜奏告，連年不息，即今徵矣[三]。除行該道兵備官，上緊約會廣東各官，親詣地方，拘集里老年高有識者[四]，備詢輿論[五]，務在衆議調停，

[一]　七月二十八日　「二十八」，總目作「十八」。
[二]　奉湖廣巡撫都御史秦案驗　黄本、閭本、董本「驗」下有「云云」二字。
[三]　即今徵矣　「今」，黄本、閭本、董本作「其」。
[四]　拘集里老年高有識者　黄本、閭本、董本無「者」字。
[五]　備詢輿論　「輿論」，黄本、閭本、董本作「曲論」。

兩情和協，就行相度地勢，會計財力，監追起工，然後各自回任。若使議終不合，必欲各自立縣，亦須酌裁適均。要見廣東於高宿立縣，都圖若干；湖廣於笆籬立縣，都圖若干，城池高廣若干，官員裁減若干。異時賦役兩地逃躲，若何區處；盜賊彼時出没，若何緝捕。一應事宜，逐條開議，須於不同之中，務求通融之術，不得徒事空言，彼此推託，苟延目前，不顧後患。異時追論致禍之因，罪亦終有不免。除批行湖廣該道兵備官查照外，仰抄案回司，會同布政司，各行該道守巡、兵備等官，約會湖廣各官，面議停當。一面會計工料，委官及時興工；一面備由開詳，以憑覆奏。毋再推延執拗[一]，致有他虞，斷行參究不恕。仍行兩廣提督并巡按衙門，查照催督施行[二]。

行江西三司停止興作牌　八月初九日

先該本院看得江西兵荒之餘，重以洪水爲災，民窮財盡，正當體養撫息[三]。各該衙門，一應修理公廨工役，俱宜停止。已經案仰各司，即將工役悉行停止，其勢不容已者，亦待秋成之後，

[一] 毋再推延執拗　黄本、閭本、董本無「再」字；底本「拗」作「抅」，據黄本、閭本、董本改。
[二] 查照催督施行　「催督」，黄本、閭本、董本作「督催」。
[三] 正當體養撫息　「體養撫息」，黄本、閭本、董本作「休養撫恤」。

民困稍蘇，方許以次呈奪去後。近因本院出巡，訪得各該官員，不思地方兵變水患[一]，小民困苦已極，方求蠲賦税，出内帑，欲賑而未能，輒復紛然修理。事屬故違，本當參究，但傳聞未的[二]，姑再查禁。爲此仰各抄案回司，即查前項工程，前此果否悉行停止[三]，近來是否重復興工，具由呈報，以憑施行。毋得隱諱違錯不便。

行嶺北道申明教場軍令　九月十七日

照得本院調到寧都等縣官兵機快人等，見在贛州教場住劄操閲，中間恐有不守軍令，罪及無辜，應合禁約。隨據副使王度呈開合行事宜[四]，參酌相同。爲此仰抄案回道，即行出給告示，張掛教場，曉諭官兵機快，各加遵守。如有違犯，事情重大者，拏送軍門，依軍令斬首；其事情

[一]　不思地方兵變水患　「變」，黄本、閭本、董本作「亂」。
[二]　但傳聞未的　「但」，國圖本作「尚」。
[三]　前此果否悉行停止　「悉」，黄本、閭本、董本作「委」。
[四]　呈開合行事宜　「行」，黄本、閭本、董本作「禁」。

稍輕者，該道徑自究治發落。仍呈本院查考[一]。

計開：

一、各兵但有擅動地方一草一木者，照依軍令，斬首示衆。

一、各兵但有管哨官總，指稱神福、饋送、打點等項名色，科派銀物自一分以上，俱許赴該道面告究治。

一、管哨官凡遇歇操之日，竝在營房居住，鈐束機兵，教演武藝。敢有在家遊蕩[二]，及挾妓飲酒，朋夥喧譁者，訪出綑打一百。

一、各兵但有疾病事故，許管哨官稟明醫驗，不許顧人頂替。如有用財買求地方光棍，替身上操，仰該管總小甲拏獲，首送該道枷號。如隱情不首事發，連總小甲一體枷號。

一、各兵在市買辦柴米、酒肉等項，俱要兩平交易。如有恃强多占分兩，被人告發，枷號示衆。

一、管哨官凡遇各兵鬬毆、喧鬧等項，小事量行懲治，大事稟該道拏問。不許縱容争競，囂亂轅門。

[一] 仍呈本院查考　黄本、閭本、董本無「仍」字。

[二] 敢有在家遊蕩　「家」，黄本、閭本、董本作「街」。

一、各歇操之日，各將隨有器械，務在整刷鋒利鮮明[一]，毋得臨時有悞。如平日懶惰，不行修理，上操之際，弦矢斷折，銃砲不響，旗幟不明，查出綑打一百。

一、各兵遇上班之日，不許因便赴該道府訴告家鄉户婚、田土等項事情，查出痛責四十。

一、各兵上街行走，俱要懸帶小木牌一面，上寫某哨官總下某人[二]、年甲、籍貫辯別。如有隱下兵打名色，另着别樣衣冠，暗入府縣挾騙官吏，及來軍門并道門首打聽消息[三]，訪出枷號不恕。

一、各兵領到工食銀兩，俱要撙節用度，謹慎收放。如有奢侈用盡[四]，及被人偷盗，縱來訴告缺失，俱不准理，仍重加責治。

一、各該上班兵夫，如有限期未滿，先行逃回者，差人原籍拏來，用一百斤大枷，枷號教場

[一] 務在整刷鋒利鮮明　「在」，黄本、閭本、董本作「要」。
[二] 上寫某哨官總下某人　「某人」，黄本、閭本、董本作「旗人」。
[三] 及來軍門并道門首打聽消息　黄本、閭本、董本「并」下有「該」字，又「聽」作「探」。
[四] 如有奢侈用盡　「盡」，黄本、閭本、董本作「度」。

門首三箇月，滿日綑打一百，仍依律問發邊遠充軍[一]。

一、各哨官并兵夫，有軍門一應便宜，及利所當興、害所當革者，許赴軍門及該道直白條陳，不許諸人阻當。

行雩都縣建立社學牌 十二月二十七日

照得本院近於贛州府城，設立社學鄉館，教育民間子弟，風俗頗漸移易。牌仰雩都縣掌印官，即於該縣起立社學，選取民間俊秀子弟，備用禮幣，敦請學行之士，延爲師長。查照本院原定學規，盡心教導，務使人知禮讓，户習詩書，丕變偷薄之風，以成淳厚之俗。毋得違延忽視，及虚文搪塞取咎。

[一] 仍依律問發邊遠充軍 黄本、閭本、董本「律」作「例」，「遠」作「衛」。

王文成公全書卷之三十二

附録一　年譜一

自成化壬辰始生至正德戊寅征贛

門人餘姚錢德洪　編述

山陰王畿　補葺

後學吉水羅洪先　考訂

滁上胡松　校閲

新昌吕光洵　增訂

先生諱守仁，字伯安，姓王氏。其先出晉光禄大夫覽之裔[一]，本瑯琊人，至曾孫右軍將軍羲

[一] 其先出晉光禄大夫覽之裔　蓬左本「出」下有「自」字，無「之裔」二字。

之，徙居山陰。又二十三世[一]，迪功郎壽[二]，自達溪徙餘姚，今遂爲餘姚人[三]。壽五世孫綱，善鑑人，有文武才。國初，誠意伯劉伯温薦爲兵部郎中，擢廣東參議，死苗難[四]。子彦達綴羊革裹尸歸，是爲先生五世祖。御史郭純上其事於朝，廟祀增城。彦達號秘湖漁隱[五]，生高祖[六]，諱與凖，精禮、易[七]，嘗著易微數千言。永樂間，朝廷舉遺逸，不起，號遁石翁[八]。曾祖諱世傑，人呼爲槐里子，以明經貢太學卒[九]。祖諱天叙，號竹軒，魏嘗齋瀚嘗

[一] 又二十三世　「又」，蓬左本作「其後」。
[二] 迪功郎壽　蓬左本作「曰迪功郎壽者」。
[三] 今遂爲餘姚人　蓬左本作「遂世爲餘姚人」。
[四] 死苗難　蓬左本「死」下有「於」字。
[五] 子彦達……彦達號秘湖漁隱　蓬左本作「御史郭純上其事於朝，廟祀增城，子彦達綴羊革裹父尸以歸，自號秘湖漁隱，蓋先生五世祖也」。
[六] 生高祖　蓬左本無「生」字，「高祖」二字屬下讀。
[七] 精禮易　蓬左本「精」下有「究」字。
[八] 號遁石翁　蓬左本「號」上有「自」字。
[九] 以明經貢太學卒　蓬左本「卒」下有「贈嘉議大夫、禮部右侍郎，追贈新建伯」十五字。

立傳[一]，叙其環堵蕭然[二]，雅歌豪唫，胸次灑落，方之陶靖節、林和靖。所著有竹軒稿、江湖雜稿行於世，封翰林院修撰。自槐里子以下，兩世皆贈嘉議大夫[三]、禮部右侍郎[四]，追贈新建伯。父諱華，字德輝，别號實庵，晚稱海日翁[五]，嘗讀書龍泉山中，又稱爲龍山公[六]。成化辛丑，賜進士及第第一人[七]，仕至南京吏部尚書，進封新建伯。龍山公常思山陰山水佳麗，又爲先世故居[八]，復自姚徙越城之光相坊居之。先生嘗築室陽明洞，洞距越城東南二十里，學者咸稱陽明先生云[九]。

[一] 嘗立傳　蓬左本「嘗」下有「爲」字。
[二] 叙其環堵蕭然　蓬左本「其」下有「居」字。
[三] 自槐里子以下兩世皆贈嘉議大夫　蓬左本無此十四字。
[四] 禮部右侍郎　蓬左本「禮」上有「贈」字。
[五] 晚稱海日翁　「稱」，蓬左本作「號」。
[六] 又稱爲龍山公　蓬左本「又」上有「學者」二字。
[七] 賜進士及第第一人　蓬左本無「人」字。
[八] 又爲先世故居　蓬左本無「又」字。
[九] 學者咸稱陽明先生云　蓬左本無「咸」字。

憲宗成化八年壬辰[一]**，九月丁亥，先生生。**

是爲九月三十日[二]。太夫人鄭娠十四月[三]，祖母岑夢神人衣緋玉，雲中鼓吹，送兒授岑[四]。岑驚寤[五]，已聞啼聲。祖竹軒公異之[六]，即以雲名[七]。鄉人傳其夢，指所生樓曰瑞雲樓[八]。

十有二年丙申，先生五歲[九]。

[一] 憲宗成化八年壬辰　蓬左本「憲」上有「皇明」二字；毛本「憲」上有「明」字。

[二] 是爲九月三十日　蓬左本作「九月三十日丁亥」。

[三] 太夫人鄭娠十四月　蓬左本「娠」下有「彌」字。

[四] 送兒授岑　毛本無「授岑」二字。

[五] 岑驚寤　毛本無「岑」字。

[六] 祖竹軒公異之　「公」，毛本作「翁」。

[七] 即以雲名　毛本無「即」字。

[八] 鄉人傳其夢指所生樓曰瑞雲樓　毛本作「鄉人指所生樓曰瑞雲」。

[九] 十有二年丙申先生五歲　蓬左本無「十有二年」之「有」字，下文仿此；毛本無此十字，下文「五歲」云云在「指所生樓曰瑞雲」下。

先生五歲不言[一]。一日與群兒嬉[二]，有神僧過之[三]，曰[四]：「好箇孩兒[五]，可惜道破[六]。」竹軒公悟[七]，更今名[八]，即能言。一日誦竹軒公所嘗讀過書[九]，訝問之[一〇]，曰：「聞祖讀時已默記矣[一一]。」

[一] 先生五歲不言　毛本作「五歲猶不言」。
[二] 一日與群兒嬉　毛本無此六字。
[三] 有神僧過之　「過」，蓬左本作「目」。
[四] 曰　蓬左本作「謂竹軒公曰」；毛本作「笑曰」。
[五] 好箇孩兒　毛本無此四字。
[六] 可惜道破　「道」，蓬左本作「叫」。
[七] 竹軒公悟　毛本作「翁悟」。
[八] 更今名　蓬左本「更」上有「乃」字。
[九] 一日誦竹軒公所嘗讀過書　毛本作「且誦翁所讀書」。
[一〇] 訝問之　毛本無「問」字。
[一一] 聞祖讀時已默記矣　蓬左本「祖」作「公」；毛本作「聞聲已默記矣」。

十有七年辛丑[一]**，先生十歲，皆在越**[二]**。**

是年[三]，龍山公舉進士第一甲第一人[四]。

十有八年壬寅，先生十一歲，寓京師。

龍山公迎養竹軒翁[五]，因携先生如京師，先生年纔十一[六]。翁過金山寺[七]，與客酒酣[八]，擬賦詩未成[九]。先生從傍賦曰[一〇]：「金山一點大如拳，打破維揚水底天。醉倚妙

[一] 十有七年辛丑　毛本無「有」字，下文仿此。
[二] 皆在越　蓬左本無此三字。
[三] 是年　毛本無此二字。
[四] 龍山公舉進士第一甲第一人　蓬左本無「甲第一人」四字。
[五] 龍山公迎養竹軒翁　蓬左本「龍」上有「是年」二字。
[六] 先生年纔十一　蓬左本此六字在「擬賦詩未成」句下；毛本無「先生」二字。
[七] 翁過金山寺　蓬左本作「夏中，過金山寺」。
[八] 與客酒酣　毛本作「與客酣飲」。
[九] 擬賦詩未成　蓬左本作「擬賦金山詩」；毛本無「詩」字。
[一〇] 先生從傍賦曰　蓬左本作「在傍賦詩曰」；毛本作「先生在旁曰」。

高臺上月，玉簫吹徹洞龍眠。」客大驚異[一]，復命賦蔽月山房詩[二]。先生隨口應曰[三]：「山近月遠覺月小，便道此山大於月。若人有眼大如天，還見山小月更闊。」明年就塾師，先生豪邁不羈[四]，龍山公常懷憂，惟竹軒公知之[五]。一日與同學生走長安街，遇一相士，異之曰[六]：「吾爲爾相，後須憶吾言[七]：鬚拂領，其時入聖境；鬚至上丹臺，其時結聖胎；鬚至下丹田，其時聖果圓[八]。」先生感其言[九]，自後每對書，輒静坐凝思[一〇]。嘗問塾師曰：「何

[一] 客大驚異　蓬左本「客」上有「座」字；毛本無「大」字。
[二] 復命賦蔽月山房詩　蓬左本「復」上有「於是」二字。
[三] 先生隨口應曰　毛本無「隨口」二字。
[四] 先生豪邁不羈　蓬左本「羈」下有「塾師責過嚴，每越繩束」九字；毛本無「先生」二字。
[五] 龍山公常懷憂惟竹軒公知之　毛本無此十二字。
[六] 一日與同學生走長安街遇一相士異之曰　毛本作「爲相士所異，嘗熟視曰」。
[七] 吾爲爾相後須憶吾言　毛本作「天下有斯人乎」。
[八] 其時聖果圓　毛本「圓」下有「驗之將來，斷不誣也」八字。
[九] 先生感其言　「其」，蓬左本作「相士」。
[一〇] 自後每對書輒静坐凝思　蓬左本無「静」字；毛本作「自是對書凝思」。

爲第一等事？」塾師曰：「惟讀書登第耳。」先生疑曰[一]：「登第恐未爲第一等事[二]，或讀書學聖賢耳[三]。」龍山公聞之，笑曰：「汝欲做聖賢耶？」

二十年甲辰，先生十三歲，寓京師[四]。

母太夫人鄭氏卒[五]。

居喪哭泣甚哀[六]。

二十有二年丙午，先生十五歲，寓京師[七]。

[一] 先生疑曰　蓬左本作「疑」，「蓬左本作「對」。
[二] 爲第一等事　蓬左本無「第」字。
[三] 或讀書學聖賢耳　蓬左本作「讀書學爲聖賢耳」；又「嘗問塾師曰……或讀書學聖賢耳」，毛本作「嘗聞塾師以登第爲第一等事，竊不謂然，嘗曰：惟有爲聖賢可耳」。
[四] 先生十三歲寓京師　蓬左本無「寓京師」三字，「歲」下有「母鄭夫人卒」五字大字爲綱。
[五] 母太夫人鄭氏卒　蓬左本作「母鄭夫人卒」，五字大字爲綱，在上文「歲」字之下。
[六] 居喪哭泣甚哀　蓬左本作「先生十三歲，居鄭母喪，哭泣甚哀」。
[七] 先生十五歲寓京師　蓬左本無「寓京師」三字，「歲」下有「夢賦征南詩」五字大字爲綱。

先生出遊居庸三關，即慨然有經略四方之志。詢諸夷種落，悉聞備禦策。逐胡兒騎射，胡人不敢犯，經月始返[一]。一日，夢謁伏波將軍廟，賦詩曰：「卷甲歸來馬伏波，早年兵法鬢毛皤。雲埋銅柱雷轟折，六字題文尚不磨。」時畿内石英、王勇盜起[二]，又聞秦中石和尚、劉千斤作亂[三]，屢欲爲書獻於朝[四]。龍山公斥之爲狂，乃止。

孝宗弘治元年戊申，先生十七歲，在越[五]。

七月，親迎夫人諸氏於洪都。

[一] 先生出遊居庸三關……經月始返　蓬左本作「是年，出遊居庸三關，經月不返，問諸夷種落，因得備禦之策。嘗逐胡兒騎射，胡人不敢狎視。比歸，慨然有經略四方之志」；毛本作「先生十五歲，遊居庸三關，慨然有經略四方之志」。

[二] 時畿内石英王勇盜起　毛本無「盜起」二字。

[三] 又聞秦中石和尚劉千斤作亂　蓬左本無「作」字；毛本作「秦中石和尚、劉千斤俱作亂」。

[四] 屢欲爲書獻於朝　毛本作「屢欲獻書於朝」。

[五] 在越　蓬左本無此二字。

外舅諸公養和爲江西布政司參議[一]，先生就官署委禽。合巹之日[二]，偶閒行入鐵柱宫[三]，遇道士趺坐一榻[四]，即而叩之，因聞養生之説[五]，遂相與對坐忘歸[六]。諸公遣人追之，次早始還[七]。〇官署中蓄紙數篋[八]，先生日取學書，比歸，數篋皆空，書法大進。先生嘗示學者曰：「吾始學書，對模古帖，止得字形。後舉筆不輕落紙，凝思靜慮，擬形於心[九]，久之始通其法。既後讀明道先生書曰[一〇]：『吾作字甚敬，非是要字好，只此是學。』既非要字

[一] 外舅諸公養和爲江西布政司參議　蓬左本「外」上有「是年」二字，又無「司」字。
[二] 合巹之日　毛本作「合巹後，既釋衣」。
[三] 偶閒行入鐵柱宫　毛本作「信步閒行，遂至鐵柱宫」。
[四] 遇道士趺坐一榻　「趺」，底本訛作「跌」，據蓬左本、文淵閣本、擒藻堂本改。
[五] 因聞養生之説　蓬左本「説」下有「慨然有意長往，是夕」八字。
[六] 遇道士趺坐一榻……遂相與對坐忘歸　毛本作「見蜀中一道者靜坐，與語説之，相對終宵」。
[七] 諸公遣人追之次早始還　蓬左本「還」上有「迫」字；毛本作「諸不知，遣人遍索城中，次早始得」。
[八] 〇官署中蓄紙數篋　蓬左本「〇」符在下文「先生嘗示學者曰」之前。
[九] 後舉筆不輕落紙凝思靜慮擬形於心　毛本作「其後不輕落紙，凝思於心」。
[一〇] 既後讀明道先生書曰　毛本作「後讀明道先生有曰」。

好[一]，又何學也[二]？乃知古人隨時隨事，只在心上學。此心精明，字好亦在其中矣[三]。」

後與學者論格物[四]，多舉此爲證[五]。

二年己酉，先生十八歲，寓江西[六]。

十二月，夫人諸氏歸餘姚[七]。

是年，先生始慕聖學[八]。先生以諸夫人歸，舟至廣信[九]，謁婁一齋諒，語宋儒格物之

[一] 既非要字好　毛本作「夫既不要字好」。

[二] 又何學也　毛本作「果何學耶」。

[三] 乃知古人隨時隨事……字好亦在其中矣　毛本無此二十四字。

[四] 後與學者論格物　蓬左本「物」下有「之旨」二字。

[五] 多舉此爲證　蓬左本作「多舉學字一事爲證」。

[六] 寓江西　蓬左本無此三字。

[七] 夫人諸氏歸餘姚　「餘」，蓬左本作「于」。

[八] 先生始慕聖學　「始慕」，蓬左本作「有志」。

[九] 先生以諸夫人歸舟至廣信　蓬左本作「先生舟至廣信」；毛本無「舟」字。

學[一]，謂聖人必可學而至[二]，遂深契之[三]。明年，龍山公以外艱歸姚[四]，命從弟冕、階、宮及妹壻牧相，與先生講析經義[五]。先生日則隨衆課業[六]，夜則搜取諸經子史讀之[七]，多至夜分[八]。四子見其文字日進[九]，嘗愧不及，後知之[一〇]，曰[一一]：「彼已

[一]　語宋儒格物之學　蓬左本「語」下有「以」字；毛本無「之學」二字。
[二]　謂聖人必可學而至　毛本「謂」上有「且」字。
[三]　遂深契之　蓬左本作「先生深契之」。
[四]　龍山公以外艱歸姚　蓬左本「以」作「丁」；毛本無「姚」字。
[五]　與先生講析經義　蓬左本無「與先生」三字。
[六]　先生日則隨衆課業　蓬左本「日」上有「每」字；毛本作「先生日則業課」。
[七]　夜則搜取諸經子史讀之　「夜則」，毛本作「每夜」。
[八]　多至夜分　蓬左本作「往往多至夜分」。
[九]　四子見其文字日進　蓬左本「其」作「先生」；毛本「日」作「大」。
[一〇]　嘗愧不及後知之　毛本無此七字。
[一一]　曰　毛本作「異之曰」。